Münchener Vertragshandbuch
Band 3/2: Internationales Wirtschaftsrecht

Münchener Vertragshandbuch

Band 3. Wirtschaftsrecht
2. Halbband: Internationales Wirtschaftsrecht

Herausgegeben von

Prof. Dr. Rolf A. Schütze

Rechtsanwalt und Notar in Stuttgart

Bearbeitet von

Dr. Christoph Graf von Bernstorff, Rechtsanwalt in Bremen; *Prof. Dr. Peter Chrocziel*, Rechtsanwalt in Frankfurt/Main; *Prof. Dr. Dr. Carsten-Thomas Ebenroth*, Konstanz; *Prof. Dr. Dr. Michael Martinek*, Saarbrücken; *Dr. Burghard Piltz*, Rechtsanwalt und Notar in Gütersloh; *Vivienne E. Pitroff*, Solicitor in London; *Dr. Günter Reiner*, Konstanz; *Dr. Wolfgang Rosener*, Rechtsanwalt in Berlin; *Prof. Dr. Rolf A. Schütze*, Rechtsanwalt und Notar in Stuttgart; *Dr. Roderich C. Thümmel*, Rechtsanwalt in Stuttgart; *Dr. Lutz Weipert*, Rechtsanwalt und Notar in Bremen; *Dr. Friedrich Graf von Westphalen*, Rechtsanwalt in Köln; *Dr. Klaus Wiegel*, Rechtsanwalt in Hamburg; *Barbara von Würzen*, Assessorin in München

Neu in der 4. Auflage des Gesamtwerks,
zugleich 1. Auflage des Bandes 3, 2. Halbband

C. H. Beck'sche Verlagsbuchhandlung
München 1997

Die Deutsche Bibliothek - CIP-Einheitsaufnahme

Münchener Vertragshandbuch. – München : Beck
ISBN 3 406 34321 X
ISBN 3 406 41258 0 (4. Aufl.)
Bd. 3. Wirtschaftsrecht / hrsg. von Rolf A. Schütze
  Halbbd. 2. Internationales Wirtschaftsrecht / bearb. von
  Christoph Graf von Bernstorff ... – 1. Aufl. – 1997
  ISBN 3 406 40454 5 Gewebe

Durchgesehener Nachdruck März 1998

ISBN 3 406 40454 5

Umschlag- und Einbandentwurf von Bruno Schachtner, Dachau
Druck der C. H. Beck'schen Buchdruckerei, Nördlingen

Vorwort

Deutsch ist keine Weltsprache. Die internationale Geschäftssprache ist Englisch. Der vorliegende Band unternimmt es deshalb, wichtige Vertragstypen, Rechtsinstitute und juristische Erklärungen (z.B. legal opinion) in englischer Sprache – in einem Fall auch wegen der Üblichkeit in Französisch – vorzuschlagen. Zur leichteren Benutzbarkeit sind deutsche Übersetzungen – oder wo dies untunlich ist – deutsche Inhaltsangaben wiedergegeben.

Die Erläuterungen sind – dem wesentlichen Benutzerkreis entsprechend – dagegen in Deutsch. Denn der Band wendet sich – wie die gesamte Reihe, deren Teil er ist – in erster Linie an den deutschen Wirtschaftsjuristen, insbesondere Rechtsanwalt und Justitiar.

Für die Auswahl der Formulare gilt dasselbe wie für die wirtschaftsrechtlichen Bände 2 und 3/1. Halbband. Es ist sowohl auf die Häufigkeit des Gebrauchs (z.B. AGB, Kaufvertrag), als auch auf die schwierige Zugänglichkeit für den Nichtfachmann (Franchisevertrag, financial futures etc.) Bedacht genommen worden. Gerade der letztere Gesichtspunkt ist in den Besprechungen der Bände 2 und 3 (jetzt 3/1. Halbband) in den Vorauflagen immer wieder als Stärke herausgestellt worden. Wo Standardformulare allgemeine Durchsetzung erlangt haben, sind diese aufgenommen und kommentiert (ICC-Formulare zu Dokumentenakkreditiven und Garantien, ISDA-Swap-Regeln, BIMCO Formular der Liner Bill of Lading). Denn wir wollen das Rad nicht neu erfinden. Dieser Band soll die Üblichkeit im Geschäftsverkehr nicht ändern, sondern wiedergeben.

Die Mehrzahl der Formulare ist übersetzt. Angesichts der Schwierigkeiten, englische Terminologie ins Deutsche zu übertragen, dürfen die deutschen Texte lediglich als Übersetzungshilfe verstanden werden; maßgebend ist das englische Original.

Ein Handbuch fremdsprachlicher Formulare mit deutschem Kommentar ist ein Novum. Herausgeber und Verlag glauben aber, daß der internationale Wirtschaftsverkehr ein solches Unterfangen rechtfertigt und angezeigt erscheinen läßt. So wird der bisherige Band 3 aufgeteilt, und der fremdsprachliche (internationale) Teil als Band 3/2 in die Reihe aufgenommen.

Herausgeber und Verlag sind für Anregungen aus der Praxis dankbar. Gedankt sei den Autoren, die trotz großer beruflicher Beanspruchung in kurzer Zeit das Werk zustande gebracht haben. Dank gilt jedoch in erster Linie dem Verlag C. H. Beck und insbesondere Herrn Dr. Warth, der in allen schwierigen Situationen hilfreich mit Rat und Tat dem Herausgeber zur Seite stand.

Stuttgart, im Oktober 1996   Rolf A. Schütze

Inhaltsübersicht

Band 1 (Gesellschaftsrecht)

I. Gesellschaft des bürgerlichen Rechts, Partnerschaftsgesellschaft
II. Offene Handelsgesellschaft
III. Kommanditgesellschaft
IV. Gesellschaft mit beschränkter Haftung
V. Aktiengesellschaft
VI. Genossenschaft
VII. Stiftung
VIII. Stille Beteiligung, Unterbeteiligung, gesellschaftsrechtliche Treuhand
IX. Unternehmensverträge, Eingliederung
X. Verschmelzung
XI. Spaltung
XII. Formwechselnde Umwandlung
XIII. Gesellschaften in den neuen Bundesländern
XIV. Europäische wirtschaftliche Interessenvereinigung

Band 2 (Handels- und Wirtschaftsrecht)

I. Vertriebsverträge
II. Unternehmenskauf/Unternehmenspacht
III. Internationales Anlagengeschäft
IV. Internationales Transportrecht (einschl. Lager- und Distributionsvertrag)
V. Energielieferungsvertrag
VI. Kartellvertragsrecht
VII. Öffentliches Baurecht
VIII. Forschungs- und Entwicklungsverträge

Band 3 (Deutsches und internationales Wirtschaftsrecht)

1. Halbband: Wirtschaftsrecht

I. Kreditsicherungen
II. Finanzierungsverträge
III. Bankrecht
IV. Franchising
V. EDV-Recht
VI. Patent- und Know-how-Lizenzvertragsrecht
VII. Arbeitnehmererfindungsrecht
VIII. Markenrecht
IX. Urheber- und Verlagsrecht
X. Werbe- und Wettbewerbsrecht
XI. Sport- und Sendungssponsoring
XII. Placement

2. Halbband: Internationales Wirtschaftsrecht

I. Vertragsvorbereitende und -begleitende Maßnahmen
II. Vertriebsverträge
III. Lieferverträge
IV. Bankgeschäfte
V. Seefrachtrecht
VI. Lizenz- und Know-how-Verträge

Inhalt

Band 4 (Bürgerliches Recht)

1. Halbband

I. Grundstückskaufverträge
II. Mietrecht
III. Dienstleistungs- und Herstellungsverträge
IV. Dienst- und Arbeitsvertragsrecht
V. Betriebsvereinbarungen
VI. Einheitsverträge und AGB

2. Halbband

VII. Zuwendungsverträge
VIII. Erbbaurechtsverträge
IX. Wohnungseigentum
X. Sachenrechtliche Verträge und Erklärungen
XI. Eheverträge, Scheidungsvereinbarungen
XII. Der Vertrag der nichtehelichen Lebensgemeinschaft
XIII. Annahme als Kind
XIV. Sonstige familienrechtliche Rechtsgeschäfte
XV. Formelle Gestaltung der Verfügung von Todes wegen
XVI. Zuwendung des Nachlasses im Ganzen oder zu Bruchteilen
XVII. Unselbständige Stiftung
XVIII. Erb- und Pflichtteilsverzicht
XIX. Erbauseinandersetzung
XX. Erbschaftskauf

Inhaltsverzeichnis

Bearbeiterverzeichnis XI
Abkürzungsverzeichnis XIII

I. Vertragsbeendende und -begleitende Maßnahmen

1. Letter of Intent (Absichtserklärung) 1
2. Non-Disclosure Agreement (Geheimhaltungsvereinbarung) 17
3. Legal Opinion 30

II. Vertriebsverträge

1. Agency Contract (Handelsvertretervertrag) 47
2. Distributor Agreement (Vertragshändlervertrag) 68
3. Consignment Stock Agreement (Konsignationslagervertrag) 91

Franchiseverträge

4. Contrat de Franchisage (Französischer Franchisevertrag) 127
5. Franchise Agreement/UK (Englischer Franchisevertrag) 192
6. Franchise Agreement/USA (US-amerikanischer Franchisevertrag) 293

III. Lieferverträge

1. Export Contract (Exportvertrag-Maschine) 375

Verträge über das Anlagengeschäft

2.1 FIDIC: Conditions of Contract for Works of Civil Engineering Construction
  (Vertrag über die Herstellung einer Industrieanlage) 445
2.2 FIDIC: Conditions of Subcontract for Works of Civil Engineering Construction
  (Subunternehmervertrag) 518
2.3 Consortium Agreement
  (Vertrag über ein Außenkonsortium mit Federführer) 547

Qualitätssicherung und AGB

3. Contract of Quality Control (Qualitätssicherungsvertrag) 578
4. Standard Terms and Conditions for the Sale of Goods (Export) (Allgemeine Lieferbedingungen beim Warenverkauf) 626
5. Standard Terms and Conditions for the Purchase of Goods (Import) (Allgemeine Einkaufsbedingungen beim Warenkauf) 669

IV. Bankgeschäfte

1. Irrevocable Documentary Credit (Unwiderrufliches Dokumentenakkreditiv) 693
2. Tender Guarantee (Bietungsgarantie) 706
3. Advance Payment Guarantee (Anzahlungsgarantie) 720
4. Performance Guarantee (Erfüllungsgarantie) 724

Inhalt

5. Warranty Guarantee (Gewährleistungsgarantie) 726
6. Retention Money Guarantee (Einbehaltsgarantie) 731
7. International Swaps and Derivatives Association Inc. 1992 ISDA Multicurrency-Cross Border – Master Agreement (OTC-Derivative nach dem 1992 ISDA Multicurrency-Cross Border Master Agreement: Swaps, Swap-Derivate, Futures und Optionen) 734
Anhang 1: 1992 ISDA FX and Currency Option Definitions 846
Anhang 2: 1993 ISDA Commodity Derivatives Definitions 854
Anhang 3: 1993 ISDA Bond Option Confirmation 889
Anhang 4: 1994 ISDA Equity Option Definitions 896
Anhang 5: 1991 ISDA Definitions... 919
Anhang 6: 1994 ISDA Credit Support Annex 981
Anhang 7: 1995 ISDA Credit Support Deed 993
Anhang 8: 1995 ISDA Credit Support Annex 1008
Anhang 9: User's Guide to the 1994 ISDA Credit Support Annex 1017

V. Seefrachtrecht

1. Time Charter – NYPE 1946 and 1993 1052
2. Cross Charterparty 1102
3. Slot Charter Agreement 1117
4. Liner Bill of Lading (Linien-Konnossement) 1123

VI. Lizenz- und Know-how-Verträge

1. Patent and Know-How License Agreement (Gemischter Patent- und Know-how-Lizenzvertrag) 1157
2. Patent License Agreement (Patentlizenzvertrag) 1204
3. Know-How License Agreement (Know-how-Lizenzvertrag) 1217
4. Trademark License Agreement (Markenlizenzvertrag) 1238
5. License Agreement (Lizenzvertrag im Konzern) 1255

Stichwortverzeichnis 1275

Bearbeiterverzeichnis

Dr. Christoph Graf von Bernstorff	III. 6. Standard Terms and Conditions for the Sale of Goods (Export)
	III. 7. Standard Terms and Conditions for the Purchase of Goods (Import)
Prof. Dr. Peter Chrocziel	I. 2. Non-Disclosure Agreement
	VI. Lizenz- und Know-How-Verträge
Prof. Dr. Dr. Carsten-Thomas Ebenroth . .	IV. 7. International Swaps and Derivatives (zusammen mit Dr. Günter Reiner)
Prof. Dr. Dr. Michael Martinek	II. 4. Contrat de Franchisage
	II. 5. Franchise Agreement/UK
	II. 6. Franchise Agreement/USA
Dr. Burghard Piltz	III. 1. Export Contract
Vivienne E. Pitroff	V. 1. Time Charter – NYPE 1946/1993
Dr. Günter Reiner	IV. 7. International Swaps and Derivatives (zusammen mit Prof. Dr. Dr. Carsten-Thomas Ebenroth)
Dr. Wolfgang Rosener	III. 2.1. FIDIC: Conditions of Contract for Works of Civil Engeneering Construction
	III. 2.2. FIDIC: Conditions of Subcontract for Works of Civil Engeneering Construction
	III. 2.3. Consortium Agreement
Prof. Dr. Rolf A. Schütze	IV. 1. Irrevocable Documentary Credit
	IV. 2. Tender Guaratee
	IV. 3. Advance Payment Guarantee
	IV. 4. Performance Guarantee
	IV. 5. Waranty Guarantee
	IV. 6. Retention Money Guarantee
Dr. Roderich C. Thümmel	I. 1. Letter of Intent
	I. 3. Legal Opinion
Dr. Lutz Weipert	V. 4. Liner Bill of Lading
Dr. Friedrich Graf von Westphalen	II. 1. Agency Contract
	II. 2. Distributor Agreement
	III. 5. Contract of Quality Control
Dr. Klaus Wiegel	V. 2. Cross Charterparty
	V. 3. Slot Charter Agreement
Barbara von Würzen	Stichwortverzeichnis

Abkürzungsverzeichnis

A. R.	Atlantic Reporters
AA	Arbitration Act
AAA	American Arbitration Association
aA.	andere Ansicht
aaO.	an anderem Ort
ABEI	Allgemeine Bedingungen für Entwicklungsverträge mit Industriefirmen
ABGB	Gesetz zur Regelung des Rechts der Allgemeinen Geschäftsbedingungen
ABlEG	Amtsblatt der Europäischen Gemeinschaft
abgedr.	abgedruckt
Abk.	Abkommen
abl.	ablehnend
Abl.	Amtsblatt
Abs.	Absatz
Abschn.	Abschnitt
Abt.	Abteilung
abw.	abweichend
AC	Appeal Cases
A. C.	Law Reports, Appeal Cases, House of Lords and Privy Council, 1890 ff.
A/CONF.	United Nations Conference on Contracts for the International Sale of Goods, Official Records
AcP	Archiv für die civilistische Praxis (Band, Jahr und Seite)
ADR	Alternative Dispute Resolution
a. E.	am Ende
AFB	Association Francaise des Banques
AFMA	Australian Financial Markets Association
AFNOR	Association Francaise de Normation
AGB	Allgemeine Geschäftsbedingungen
AGBG	Gesetz zur Regelung des Rechts der Allgemeinen Geschäftsbedingungen
AGC	The Associated General Contractors of America
AIA	American Institute of Architects
AKA	Ausfuhrkreditgesellschaft
ALL E. R., All ER	All England Reports, 1936 ff.
allg	allgemein
A. L. R.	American Law Reports Annotated
Anm.	Anmerkung
AO	Abgabenordnung
App.Div.	Appellate Division
AR	Atlantic Reporters
ARGE	Arbeitsgemeinschaft (von Bauunternehmern)
Art.	Artikel
ASA	American Subcontractors Associated
ASBA	Association of Shipbrokers and Agents (USA) Inc.
ASC	Associated Speciality Contractors
Aufl.	Auflage
AWD/BB	Außenwirtschaftsdienst des Betriebs-Beraters
AWG	Außenwirtschaftsgesetz
AWV	Arbeitsgemeinschaft für Wirtschaftliche Verwaltung; Außenwirtschaftsverordnung
Az.	Aktenzeichen

Abkürzungen

BAFA	Bundesausfuhramt
BAG	Bundesarbeitsgericht
BAKred	Bundesaufsichtsamt für Kreditwesen
Bankr. C. D.Cal.	Bankruptcy Court, Central District of California
Bankr. D. N. J.	Bankruptcy District Court of New Jersey
Bankr. M. D. Ga.	Bankruptcy Court, Middle District of Georgia
Bankr. S. D. Ohio	Bankruptcy Court, Southern District of Ohio
BAnz.	Bundesanzeiger
Baumbach/Hopt	Baumbach/Hopt, Handelsgesetzbuch, 29. Aufl. 1995
BB	Der Betriebsberater (Jahr und Seite)
BBA	British Bankers Association
BC	US-Bankruptcy Code of 1978
Bd.	Band
BdB	Bundesverband der deutschen Banken
Begr.	Begründung
Beil.	Beilage
Beschl.	Beschluß
bestr.	bestritten
betr.	betrifft
Betr.	Der Betrieb (Jahr und Seite)
BFA	British Franchise Association (UK)
BFH	Bundesfinanzhof
BGB	Bürgerliches Gesetzbuch
BGBl.	Bundesgesetzblatt
BGH	Bundesgerichtshof
BGHZ	Entscheidungen des Bundesgerichtshofes in Zivilsachen
BIA	Bankruptcy and Insolvency Act 1985 (Kanada)
BIMCO	Baltic International Maritime Council
BIS	Bank for International Settlements
BJIBFL	Butterworths Journal of International Banking and Financial Law
Bl.	Blatt
BOCC	Bulletin officiel de la concurrence et de la consomation
BODACC	Bulletin officiel des l'annonces civiles et commercielles
BOT	Build, Operate and Transfer
BR	Bankruptcy Reporter
BStBl.	Bundessteuerblatt
Buchst.	Buchstabe
Bull. Civ.	Bulletin des arrêts de la cour da cassation (chambres civiles)
BVerfG	Bundesverfassungsgericht
BVerfGE	Entscheidungen des Bundesverfassungsgerichts (Band, Seite)
bzgl.	bezüglich
bzw.	beziehungsweise
c.	chapter
CA/C. A.	Court of Appeal
Cah. dr. entr.	Cahiers de droit de l'entreprise (complément du J. C. P., éd. E.)
Cal. Civ. Code	California Civil Code
Calif. Bus.	California Business and Professions Code
Cass. civ.	Arrets de la Cour de cassation, chambre civile
Cass. com.	Arrets de la Cour de cassation, chambre civile, section commerciale
Cass. crim.	Arrets de la Cour de cassation, chambre criminelle
CBOE	Chicago Board of Exchange
CBOT	Chicago Board Options Exchange
CCAA	Companies' Creditors Arrangement Act (Kanada)
C. C. H.	Commerce Clearing House
CCP	Cross Charterparty
CD	Certificate of Deposit
CDIC	Canada Deposit Insurance Corporation

Abkürzungen

CEA	US-Commodity Exchange Act
cert.den.	certiorari denied
CFR	US-Code of Federal Regulations
CFTC	US-Commodity Futures Trading Commission
CGI	Code Général des Impôts (Frankreich)
Ch.	Law Reports, Chancery Division, 1890 ff.
Ch. crim.	Chambre criminelle
Ch. D.	Law Reports, Chancery Division (1875–1890)
Chr. Dalloz	Chroniques Dalloz
CIDEF	Centre d'information de développement de la Franchise
CIF	Cost, Insurance, Freight
CIP	Carriage and Insurance Paid To
Cir.	Circuit (Court of Appeal (federal))
CISG	Convention on Contracts for the International Sale of Goods
CME	Chicago Mercantile Exchange
CMLR	Common Market Law Review
CMR	Übereinkommen über den Beförderungsvertrag im internationalen Straßengüterverkehr
Co.	Company
COB	Commission des Opérations de Bourse
COGSA	Carriage of Goods by Sea Act
Com. Cas.	Cour de Cassation, Chambre commerciale et financière
Cons. conc.	Conseil de la concurrence
CPT	Carriage Paid To
CR	Computer und Recht
D.	Recueil Dalloz de doctrines, de jurisprudence et de législation
D/A	Dokumenteninkasso
DAF	Delivered at Frontier
DB	Der Betrieb (Jahr und Seite)
DBA	Doppelbesteuerungsabkommen
D. 1987 chron.	Recueil Dalloz Chronique 1987
D. Colo.	District Court for District of Colorado
DDP	Delivered Duty Paid
DDR	Deutsche Demokratische Republik
DDU	Delivered Duty Unpaid
Del.	Deleware Reports
DEQ	Delivered Ex Quay
ders.	derselbe
DES	Delivered Ex Ship
dies.	dieselbe/dieselben
DIN	Deutsche Industrienorm
Diss.	Dissertation
D.Mass.	District Court for District of Massachussets
D/P	Dokumenteninkasso
Dr. soc.	Droit social
ECE	European Commission for Europe/United Nations
ECU	European Currency Union
Ed.	Editor
ed.	édition
E.D. Mo.	District Court for the Eastern District of Missouri
E.D. Pa	District Court for the Eastern District of Pennsylvania
E.D.S.C.	District Court for the Eastern District of South Carolina
E.D. Va.	District Court for the Eastern District of Virginia
eff. Nov.	effective November
EFTA	European Free Trade Association
EG	Europäische Gemeinschaft(en)

Abkürzungen

EGBGB	Einführungsgesetz zum Bürgerlichen Gesetzbuch
EGInsO	Einführungsgesetz zur Insolvenzordnung vom 5. 10. 1994
EGK	Einheitliches Gesetz über den internationalen Kauf beweglicher Sachen
Einf.	Einführung
Einl.	Einleitung
einschl.	einschließlich
EKG	Einheitliches Kaufgesetz
EMTA	Emerging Markets Traders Association
entspr.	entsprechend
E.Pa	Case in the Eastern District's Local Division of the Supreme Court of Pennsylvania
ERA	Einheitliche Richtlinien und Gebräuche für Dokumenten-Akkreditive
Erl.	Erläuterung
ERMA	Energy Risk Management Association
EStG	Einkommenssteuergesetz
EU	Europäische Union
EUFISERV	European Financial Services Company SC
EuGH	Europäischer Gerichtshof
EuGHE	Entscheidungen des Europäischen Gerichtshofes
EuGVÜ	Europäisches Übereinkommen über die gerichtliche Zuständigkeit und die Vollstreckung gerichtlicher Entscheidungen in Zivil- und Handelssachen
EUV	Vertrag zur Gründung der Europäischen Union
EuZW	Europäische Zeitschrift für Wirtschaftsrecht
e. V.	eingetragener Verein
EWG	Europäische Wirtschaftsgemeinschaft
EWiR	Entscheidungen zum Wirtschaftsrecht
EXW	Ex Works
F.	Federal Reporter
f.	folgende
FALCA	Fast And Low Cost Arbitration
FAS	Free Alongside Ship
Fasc.	Fasciscule
FCA	Free Carrier
FCC	Fonds Commun de Créances
FCL	Full Container Load
FCP	Fonds Commun de Placement
F. 2d	Federal Reporter, Second Series
FDIA	US-Federal Deposit Insurance Act
FDIC	US-Federal Deposit Insurance Corporation
FDICIA	US-Federal Deposit Insurance Corporation Improvement Act
Fed Reg.	Federal Register
ff.	fortfolgende
FFF	Féderation francaise de Franchise
FFR	Französischer Franc
FIDIC	Féderation Internationale des Ingénieurs-Conseils
FIEC	Féderation Internationale Européene de la Construction
fio	free in and out
fios	free in and out stowed
FIRREA	US-Financial Institutions Reform, Recovery, and Enforcement Act of 1989
Fn.	Fußnote
FOB	Free on Board
FOF	Futures and Options Fund (UK)
FONASBA	Federation of National Associatons of Shipbrokers and Agents
Form.	Formular
FRA	Forward Rate Agreement

Abkürzungen

FS	Festschrift
FSA, F. Supp.	Federal Supplement
FTC	Federal Trade Commission
FTC Advisory Op. Dig.	Federal Trade Commission – Advisory Operator Digest
FTPA	US-Futures Trading Practices Act of 1992
Ga. App.	Georgia Appeals Advisory Operator Digest
Gaz. Pal.	Gazette du Palais
Gbl. DDR	Gesetzblatt der DDR
GBP	Britisches Pfund
GefahrgutVO	Gefahrgutverordnung
GEFI	Gesellschaft zur Finanzierung von Industrieanlagen
gem.	gemäß
GewStG	Gewerbesteuergesetz
Ges.	Gesetz
gez.	gezeichnet
GFOF	Geared Futures and Options Fund (UK)
ggf.	gegebenenfalls
GIW	Gesetz über internationale Wirtschaftsverträge vom 5. 2. 1976 Gbl. DDR I Nr. 5 S. 61
GMAA	German Maritime Arbitration Association
GOA	Gebührenordnung für Architekten
G. P.	Gazette du palais
GRUR	Gewerblicher Rechtsschutz und Urheberrecht (Seite und Jahr)
GRUR Int	Gewerblicher Rechtsschutz und Urheberrecht, Auslands- und internationaler Teil (Jahr und Seite)
GVO	Gruppenfreistellungsverordnung
GWB	Gesetz gegen Wettbewerbsbeschränkung; Kartellgesetz
Hans. OLG Bremen	Hanseatisches Oberlandesgericht Bremen
Hans. OLG Hbg	Hanseatisches Oberlandesgericht Hamburg
HANSA	Zentralorgan für Schiffahrt, Schiffbau, Hafen
HGB	Handelsgesetzbuch
Hdb.	Handbuch
hL.	herrschende Lehre
HL	House of Lords
hM.	herrschende Meinung
HOAI	Verordnung über die Honorare für Leistungen der Architekten und Ingenieure
Hrsg.	Herausgeber
ICC	International Chamber of Commerce
ICE	Institute of Civil Engineers
ICL Charge	Less than full Container Load-Charge
ICOM	International Currency Options Market
idF.	in der Fassung
idR	in der Regel
IFA	International Franchise Association
IFEMA	International Foreign Exchange Master Agreement
IFLR	International Financial Law Review
IFR	International Financing Review
IHK	Industrie- und Handelskammer
IKÜ	Internationales Übereinkommen zur einheitlichen Feststellung von Regeln über Konnossemente – Haager Regeln vom 25. 8. 1924
Ill.Comp.Stat.	Illinois Compiled Statutes
IMDG-Code	International Maritime Dangerous Goods Code
INCOTERMS	International Commercial Terms
INDI	Institut National de la Proprieté Indistruelle
inf. rap.	informations rapides

Abkürzungen

IOC-Klausel	Identity of Carrier-Klausel
IPR	Internationales Privatrecht
IPrax	Praxis des internationalen Privat- und Verfahrensrechts (Jahr und Seite)
IRCEA	1987 ISDA Interest Rate and Currency Exchange Master Agreement
IREFF	Institut de recherche et de formation de la Franchise
IRS	US-Internal Revenue Service
iS.	im Sinne
iSd.	im Sinne des/der
iSv.	im Sinne von
ISDA	International Swaps and Derivatives Association
ISMA	International Securities Market Association
ISO	International Organization for Standardization
IÜK	Internationales Übereinkommen zur einheitlichen Feststellung von Regeln über Konnossemente – Haager Regeln vom 25. 9. 1910
IÜZ	Internationales Übereinkommen zur einheitlichen Feststellung von Regeln über den Zusammenstoß von Schiffen vom 23. 9. 1910
i. V. m.	in Verbindung mit
IWF	Internationaler Währungsfonds
Jan.	Januar
J. Cl. Fasc.	Jurisclasseur Fascicule
JCP	Juris-Classeur périodique, La Semaine juridique
JIBL	Journal of International Banking Law
J. O. C. E.	Journal officiel des Communautés Européennes
JR	Juristische Rundschau (Seite und Jahr)
Jura	Juristische Ausbildung (Jahr und Seite)
Jurispr.	Jurisprudence
JuS	Juristische Schulung (Jahr und Seite)
JZ	Juristen-Zeitung (Jahr und Seite)
KaAG	Kommanditgesellschaft auf Aktien
KB	King's Bench
KO	Konkursordnung
KOM	Kommission (so zitiert in Dokumenten)
KOM Abl.	Kommission – Amtsblatt
KOME	Kommission der Europäischen Gemeinschaften, Entscheidungen
Komm.	Kommentar
KSt	Körperschaftsteuergesetz
KWG	Gesetz über das Kreditwesen
L/C	Letter of Credit
LCL	Less than full Container Load-charge
L. Ed.	Lawyer's Edition Supreme Court Reports
lfd.	laufend
Lfg.	Lieferung
LG	Landgericht
LGDJ	Librairie générale de droit et jurisprudence
LIFFE	London International Financial Futures and Options Exchange
Liner B/L	Liner Bill of Lading
LJ	Lord Justice
Ll. L. Rep.	Lloyd's List Law Reports (Jahr, Band und Seite)
Lloyd's Rep	Lloyd's List Law Reports
LM	Lindenmaier/Möhring
LMAA	London Maritime Arbitrator's Association
L. T.	Law Times Report (1859–1947)
Ltd.	Limited Company

Abkürzungen

LugÜ	Lugano-Übereinkommen
LW	Law Weekly
MA	1992 ISDA Master Agreement (Multicurrency-Cross Border)
MarkenG	Gesetz über den Schutz von Marken und sonstigen Kennzeichen (Markengesetz)
MAS	ISDA-Marketing Advisory Service
MATIF	Marché à Terme International de France
MDR	Monatsschrift für Deutsches Recht (Jahr und Seite)
Mic.	Michigan Reports
Mio.	Million
Misc.	Miscellaneous
MMA	Madrider Markenrechtsabkommen
mN.	mit Nachweisen
MONEP	Marché des Options Négotiables de Paris
MünchVertrHdb	Münchener Vertragshandbuch
mwBsp.	mit weiteren Beispielen
mwN.	mit weiteren Nachweisen
N.	Northeastern Reporter
NASAA	North American Administration Association
NCPC	Nouveau code de procedure civile
N. D.Cal.	Northern District of California
N. D.Ill.	Northern District of Illinois
N. E.	North Eastern Reporters
N. E.2 d	North Eastern Reporter, Second Series
Nev.	Nevada
nF.	neue Fassung
NJW	Neue Juristische Wochenschrift
NJW-RR	Neue Juristische Wochenschrift – Rechtsprechungsreport Zivilrecht
N. L. R. B.	National Labor Relations Board
N. M.	New Mexico Reports
No.	number
Nr.	Nummer
NVOCC	Non-Vessel-Operating Common Carrier
N. Y.	Reports of Cases decided in the Court of Appeals of the State of New York (1877–1921)
NYBL	New York Banking Law
NYGOL	New York General Obligations Law
N. Y.2 d	New York Reporter, Second Series
NYPE	New York Product Exchange Time Charter
N. Y. S.2 d	New York Supplement, Second Series
N. Y. Sup. Ct.	New York Supreme Court
NYUCC	New York Uniform Commercial Code
o.	oben
oa.	oben angegeben
OECD	Organization for Economic Coopration and Development
ÖJBL	Österreichische Juristische Blätter
o. J.	ohne Jahr
Okt.	Oktober
OLG	Oberlandesgericht
OPCVM	Organismes de Placement Collectif en Valeurs Mobilières
ORGALIME	Organisme de Liaison des Industries Métallique Européennes
O. R. S.	Obligationenrecht (Schweiz)
OTC	over-the-counter

Abkürzungen

P. 2 d	Pacific Reporter, Second Series
PIBD	Bulletin documentaire de la propriété industrielle
P & I-Versicherung	Protection & Indemnity – Versicherung
P. L.	Public Laws
PLC	public limited company
POB	Post Office Box
ProdHaftG	Produkthaftungsgesetz
Prof.Code Div.	Profession Code Division
PSA	Public Securities Association
QB	Queen's Bench
QBD	Queen's Bench Division
QFC	qualified financial contract(s)
RabelsZ	Rabels Zeitschrift für ausländisches und internationales Privatrecht (Band, Jahr und Seite)
R. C. W.	Revised Code of Washington
Rdnr.	Randnummer
Rec. Dalloz Sirey	Receuil Dalloz Sirey
RegE	Regierungsentwurf
Revue Jurispr.com.	Revue de jurisprudence commerciale (ancien journal des agréés)
RGBl.	Reichsgesetzblatt
RGRK	Reichsgerichts-Räte-Kommentar
RGRK-HGB	Reichsgerichts-Räte-Kommentar-Handelsgesetzbuch
RGZ	Entscheidungen des Reichsgerichts in Zivilsachen
RICO	US-Racketeer Influenced and Corrupt Organizations Act
RIW	Recht der Internationalen Wirtschaft (Jahr und Seite)
RIW/AWD	Recht der Internationalen Wirtschaft, Außenwirtschaftsdienst des Betriebs-Beraters
Rn.	Randnummer
RNM	Registre nationale de la marque
R. S. C.	Revised Statutes of Canada
Rspr.	Rechtsprechung
RSVÜ	Römisches Schuldbertragsübereinkommen
R. T. D.	Revue trimestrielle de droit
RTD civ.	Revue trimestrielle de droit civil
Rz.	Randziffer
S.	Seite; Satz
s.	siehe
S. C.	Statutes of Canada
S.Ct.	Supreme Court Reporter
S. D. N. Y.	Southern District of New York
SEA	US-Securities and Exchange Act of 1934
SEC	US-Securities and Exchange Commission
SICAV	Société d'Investissement à Capital Variable
Slg.	Sammlung der Rechtsprechung des Gerichtshofes des Europäischen Gemeinschaften
S. N. Y.	New York State Court
sog.	sogenannt
SOFFEX	Swiss Options and Financial Futures Exchange
somm.	sommaire
Stat.	Statistics
str.	strittig
S. W.	South Western Reporter
SWIFT	Society For Worldwide Interbank Financial Telecommunication

Abkürzungen

T. com.	Tribunal de commerce
TEU	Twenty Foot Equivalent Unit
TGI	Tribunaux de Grandes Instances
THC	Terminal Handling Charges
TKHP	Turnkey Contracts for Heavy Plants
Trade Cas.	bound as Trade Cases
Trade Reg. Rep.	Trade Regulation Reporter
TransportR	Transportrecht
TÜV	Technischer Überwachungsverein e. V.
u.	unten
u. a.	unter anderem
U. C. C.	Uniform Commercial Code (USA)
UCP	Uniform Customs and Practice of Documentary Credits
UFOC	Uniform Franchise Offering Circular (USA)
UK	United Kingdom
UNCITRAL	United Nations Commission on International Trade Law
UNCTAD	United Nations Conference on Trade and Development
UNIDO	United Nations Industrial Development Organization
UNO	United Nations Organization
unstr.	unstreitig
U. S.	United States; United States Supreme Court Reports
USA	United States of America
U. S. C.	United States Code
U. S. C. Ch.	United States Code, Chapter
USD	US-Dollar
UStG	Umsatzsteuergesetz
U. S. Sup. Ct.	U. S. Supreme Court
usw.	und so weiter
uU.	unter Umständen
UWG	Gesetz gegen den unlauteren Wettbewerb
v.	versus; von
VAT	Value Added Tax
VBI	Verband Beratender Ingenieure
VDMA	Verband Deutscher Maschinen- und Anlagenbau e. V.
VerBAV	Veröffentlichungen des Bundesaufsichtsamtes für Versicherungswesen
VerbrKG	Verbraucherkreditgesetz
VersR	Versicherungsrecht (Jahr und Seite)
vgl.	vergleiche
VO	Verordnung
VOB/A, VOB/B	Verdingungsordnung für Bauleistungen, Teil A, B
VOL	Verdingungsordnung für Leistungen
Vol.	Volume
WährG	Währungsgesetz
Wash. Rev. Code	Revised Code of Washington
Washington L. R.	Washington Law Review
W. D. Pa.	Western District of Pennsylvania
WiB	Wirtschaftsrechtliche Beratung (Zeitschrift)
WIPO	World Intellectual Property Organization
WiR	Wirtschaft und Recht (Jahr und Seite)
WL	Westlaw
WLR	Weekly Law Reports
WM	Wertpapier-Mitteilungen (Jahr und Seite)
WUA	Winding-Up Act (Kanada)
WuW/E	Wirtschaft und Wettbewerb, Entscheidungssammlung zum Kartellrecht

Abkürzungen

YAR	York-Antwerp-Rules
zB.	zum Beispiel
ZBB	Zeitschrift für Bankrecht und Bankwirtschaft
ZgS/JITE	Zeitschrift für die gesamte Staatswissenschaft
ZHR	Zeitschrift für das gesamte Handels- und Konkursrecht (Band, Jahr und Seite)
Ziff.	Ziffer
ZIP	Zeitschrift für Wirtschaftsrecht und Insolvenzpraxis (Seite und Jahr)
ZPO	Zivilprozeßordnung
zust.	zuständig
ZVglRWiss	Zeitschrift für vergleichende Rechtswissenschaft
ZZP	Zeitschrift für Zivilprozeß
zZt.	zur Zeit

I. Vertragseinleitende und -begleitende Maßnahmen

1. Letter of Intent[1-3]
(Absichtserklärung)

This Letter of Intent is made on the ... day of ... 19 .. by and between

(1) A-GmbH, a limited liability company duly organized under the laws of the Federal Republic of Germany with its corporate headquarters at Siemensstraße 5, 70167 Stuttgart, Germany (hereinafter referred to as „A");

(2) B Pte. Ltd., a closely held limited liability company duly organized under the laws of the Republic of Singapore with its registered office at 6 Keng Yang Road, # 1020, Singapore 1426 (hereinafter referred to as „B"); and

(3) Mr. C, a national and resident of the Republic of Singapore with his address at 860 Harbour Road, Singapore 1234.

Preamble[1]

A is in the business of developing, manufacturing and distributing certain coatings which are used for the protection and colouring of indoor wood applications (the „Products"). It owns extensive know how and proprietary information with regard to the composition, manufacturing, application, distribution and after-sale-service of the Products.

B is the manufacturer of a variety of chemicals which are used in the construction industry. It has extensive know how and management skills with regard to the marketing of various chemical products in the Southeast Asian construction industry.

Mr. C is a civil engineer and, for a long period of time, has served as an independent agent for B with regard to B's chemical products. He is extremely knowledgeable about the market situation as to chemicals used in the Southeast Asian construction industry, maintains close contacts to customers and is skilled in the necessary marketing techniques.

The parties wish to cooperate with regard to the manufacturing and marketing of the Products in Southeast Asia. To this end, they intend to enter into a joint venture (the „Joint Venture"). They are in the process of negotiating the terms and conditions of the Joint Venture. In order to facilitate such negotiations and to enable the parties to make initial investments, the parties wish to summarize their discussions and record their preliminary understandings as follows:

§ 1 Purpose of Joint Venture[1, 2, 5, 6]

(1) It is the intention of the parties to jointly manufacture and market the Products in the Southeast Asian countries Singapore, Indonesia, Malaysia and Thailand (the „Territory"). Other countries of the region may be included in the Territory at a later point in time. The parties will enter into a joint venture agreement and necessary ancillary agreements (collectively referred to as the „Agreement") setting forth the terms and conditions of their cooperation.

(2) The manufacturing and marketing of the Products shall in the final stage be entirely conducted and administered by a Singapore based limited liability company to be jointly formed by the parties (the „Joint Venture Company"). In a first stage, A will grant to the Joint Venture Company the exclusive right to distribute the Products in the Territory and

provide sufficient quantities of the Products. In a second stage, A will license its know how and proprietary information regarding the Products to the Joint Venture Company, which will manufacture the Products from raw material delivered by A. B will provide the Joint Venture Company with production facilities pursuant to a production contract. The final stage will be the local sourcing of raw material by the Joint Venture Company.

(3) Mr. C shall act as Managing Director of the Joint Venture Company. In the initial phase of the cooperation, the Joint Venture Company will use skilled employees of B for its marketing activities on a cost basis. A will train those employees and Mr. C with respect to the Products. At some future point, the Joint Venture Company shall use its own personnel for marketing purposes.

(4) The Joint Venture Company shall in the final stage be free to determine whether and to what extent it will require the services and support of A and B. Within their capacities and to the extent there is no conflict with their obligations vis-à-vis third parties, A and B are prepared to offer to the Joint Venture Company their goods and services on an arms length basis. Any support obligations expressly set forth in this Letter of Intent shall remain unaffected.

§ 2 Structure of Joint Venture Company

(1) The Joint Venture Company shall be formed as a private company by shares (Pte. Ltd.) pursuant to the laws of the Republic of Singapore. Its issued and paid-up capital shall amount to Sing.–$ 500.000, represented by 500.000 shares at Sing.–$ 1 each. A will subscribe 200.000 shares (representing 40% of the issued share capital), B will subscribe 200.000 shares (representing 40% of the issued share capital) and Mr. C will subscribe 100.000 shares (representing 20% of the issued share capital).

(2) The shares shall be issued at par for cash. However, A shall have the right to contribute in kind by transferring ownership to the Joint Venture Company of certain machinery still to be determined. The value to be allotted to such machinery shall be its resale market value as determined by a sworn expert agreed upon by the parties.

(3) The Memorandum and Articles of Association of the Joint Venture Company shall be in compliance with all of the terms and conditions of the Agreement to be negotiated. In particular, it will provide for a list of business transactions which will require the prior unanimous approval of the shareholders or directors.

(4) The number of directors of the Joint Venture Company shall not exceed five. A shall be entitled to nominate two directors, B shall be entitled to nominate two directors and Mr. C himself shall be one of the directors. In addition, Mr. C shall hold the office of Managing Director.

(5) The name of the Joint Venture Company shall be A (ASIA) Pte. Ltd., or a similar name subject to the approval of the Registrar of Companies.

§ 3 Exploratory Phase[7]

(1) Upon the signing of this Letter of Intent A will disclose to B and Mr. C certain technical information regarding the composition, manufacture and application of the Products in order to enable B and Mr. C to assess the marketability of the Products in the Territory and to determine necessary adjustments in B's production facilities. The selection of the information to be disclosed shall be at A's discretion.

(2) A will allow two qualified chemists in the employ of B to visit, together with Mr. C, A's plants in Germany for up to four days, to have access to the production facilities during their stay and to become acquainted with certain technical information as aforementioned. Upon the prior approval of A's management and after the execution of A's standard individual confidentiality agreement, the visiting employees of B and Mr. C shall be entitled to take notes and to copy documents which are released by A.

1. Letter of Intent (Absichtserklärung)   I.1

(3) A shall bear the cost of suitable accommodation and reasonable living expenses of B's personnel and Mr. C during their stay in Germany, whereas B shall bear the travel cost and the continuing salary and other benefits of its employees. Mr. C shall bear its own travel cost.

(4) On the basis of the information received and their general market knowledge, B and Mr. C shall prepare a feasibility study formulating a detailed opinion with respect to (a) their views on the marketability of the Products in the Territory in general; (b) a business plan for, and the likely budget of, the Joint Venture Company for the first five years of its activity; (c) governmental subsidies which might be obtainable (e.g. subsidies from the Economic Development Board – EDB – or the Trade Development Board – TDB –); and (d) the likely amount of cost and time necessary to implement the Joint Venture. B and Mr. C will provide A with a copy of the feasibility study. A will contribute to the cost of this study by paying an amount of DEM 50.000 (fifty thousand German Marks) to B. The payment shall be due immediately after the signing of this Letter of Intent.

§ 4 Time Frame[8]

(1) The exploratory phase as outlined in § 3 of this Letter of Intent shall be completed by 31 December 19.. At such time, B and Mr. C shall have furnished A with the feasibility study.

(2) If following the feasibility study each of the parties agrees to proceed with the Joint Venture, the parties shall execute the Agreement on or before 30 April 19.. The Joint Venture Company shall be established immediately thereafter; the Joint Venture shall begin operation on or before 30 June 19..

§ 5 Confidentiality[9]

(1) The parties hereto shall keep in strict confidence and shall not disclose to any third party information which is received in connection with the implementation of the intended Joint Venture and which is of a technical, financial or business nature and concerns the composition, the manufacture, the application, the distribution, the service of the Products, the sources of supply of raw material for or customers of the Products or any details of the businesses of the parties (the „Information"). In addition to the foregoing, no party shall be entitled to use the Information for purposes other than those expressly set forth in this Letter of Intent. The confidentiality obligation contained in this paragraph shall not apply to Information which the parties hereto lawfully received from third parties or which is in the public domain.

(2) The parties shall ensure that all of their employees, agents or other persons having access to the Information will be under the same confidentiality obligation set forth in the subparagraph (1) above.

(3) Any party which breaches one or more of the obligations set forth in the foregoing subparagraphs (1) and (2) shall be obligated to pay to the party or parties injured by such breach liquidated damages in an amount of DEM ...... (...... German Marks) for each individual such breach. Any rights of the party concerned to claim additional damages caused by the breach shall remain unaffected.

§ 6 Exclusivity[10]

None of the parties hereto will enter into negotiations with third parties with regard to any cooperation concerning the manufacture and/or distribution in the Territory of products being entirely or partly in competition with the Products. The exclusivity obligation under this Letter of Intent shall terminate upon the execution of the Agreement or upon the withdrawal of one of the parties from the intended Joint Venture becoming effective in accordance with § 7 below.

§ 7 Withdrawal from Joint Venture[11, 12]

(1) Nothing in this Letter of Intent shall be understood or construed as obligating the parties hereto to enter into the Joint Venture or to execute the Joint Venture Agreement. Instead, all parties hereto are free without cause to declare their withdrawal from the Joint Venture and from further negotiations at any time until the Agreement ist signed. A party's notification of withdrawal shall be in writing and properly served upon all other parties. Subject to subparagraph (2) below, a party's withdrawal shall be effective by the end of the month during which the party's withdrawal notification was served to the last party to receive such notification. If Mr. C should decide to withdraw, negotiations under this Letter of Intent shall continue between A and B.

(2) The withdrawal under the foregoing subparagraph (1) shall not in any way affect the continuing applicability of the provisions of §§ 5, 7 para. (3), 8 and 10 of this Letter of Intent, which shall remain binding on the parties hereto.

(3) If A should notify B and Mr. C of its intention to withdraw, A shall be obligated to compensate B and Mr. C for their cost in connection with the negotiations under this Letter of Intent in the amount of DEM 10.000 to be paid to B and DEM 2.000 to be paid to Mr. C. If B should notify A and Mr. C of its intention to withdraw, B shall be obligated to compensate A for its negotiation cost in the amount of DEM 30.000. Possible additional claims for compensation granted by law as a consequence of the withdrawal from further negotiations shall remain unaffected.

§ 8 Cost[14]

Subject to the provisions of §§ 3 para. (3) and 7 para. (3) above which shall remain unaffected, each one of the parties hereto shall bear its own cost in connection with this Letter of Intent and the negotiations for the Joint Venture, including but not limited to cost of experts, consultants, lawyers or travel expenses.

§ 9 Notices[14]

(1) Any notices which can or have to be given under this Letter of Intent shall be directed to the parties at the addresses mentioned in the heading hereof.

(2) The parties hereto will notify each other without delay of any changes occurring with regard to their addresses or means of communication.

§ 10 Governing Law[4] and Jurisdiction[13]

(1) This Letter of Intent and all of the obligations contained herein, including possible claims for damages arising from the withdrawal of one of the parties from the Joint Venture (§ 7 para. (3) above), shall be governed in its entirety by the laws of the Federal Republic of Germany.

(2) In the event of any disputes arising under this Letter of Intent or the negotiations hereunder the local courts of Stuttgart, Germany shall have exclusive jurisdiction. The plaintiff shall also be entitled to bring suit in the courts at the defendant's place of business.

Stuttgart, ... 19..   Singapore, ... 19..

....
          A-GmbH   B Pte. Ltd.
                                                            Singapore, ... 19..

                                                             ....
                                                                   Mr. C

1. Letter of Intent (Absichtserklärung) I.1

Übersetzung*

Letter of Intent

Dieser Letter of Intent ist am .... 19.. von folgenden Parteien unterzeichnet worden:

(1) A-GmbH, einer Gesellschaft mit beschränkter Haftung, die nach dem Recht der Bundesrepublik Deutschland ordnungsgemäß errichtet wurde und ihren Sitz in Siemensstraße 5, 70167 Stuttgart, Bundesrepublik Deutschland hat (im folgenden als „A" bezeichnet);

(2) B Pte. Ltd., einer Gesellschaft mit beschränkter Haftung, die nach dem Recht der Republik Singapur ordnungsgemäß errichtet wurde und ihren Sitz in 6 Keng Yang Road, # 1020, Singapore 1426 hat (im folgenden als „B" bezeichnet); und

(3) Herrn C, Staatsbürger der Republik Singapur mit seinem Wohnsitz in 860 Harbour Road, Singapore 1234.

Präambel

A ist im Bereich der Entwicklung, der Herstellung und des Vertriebes bestimmter Lacke tätig, die für die Behandlung von Holzapplikationen in Innenräumen Verwendung finden (im folgenden „Produkte" genannt). A ist im Besitz von erheblichem Know-how und vertraulichen Informationen, die die Zusammensetzung, die Herstellung, die Anwendung, den Vertrieb und den after-sales-service der Produkte betreffen.

B ist Hersteller verschiedener Chemikalien, die in der Baubranche Verwendung finden. B besitzt ebenfalls erhebliches Know-how und Managementerfahrung in bezug auf den Vertrieb verschiedener chemischer Produkte in der südostasiatischen Bauindustrie.

Herr C ist Bauingenieur und war für einen erheblichen Zeitraum als Handelsvertreter für B bezüglich der chemischen Produkte von B tätig. Er hat erhebliche Marktkenntnis in bezug auf Chemikalien, die in der südostasiatischen Bauindustrie Verwendung finden, unterhält enge Verbindungen zu Kunden und kennt die erforderlichen Marketing-Techniken.

Die Parteien beabsichtigen, bezüglich der Herstellung und des Vertriebes der Produkte in Südostasien zusammenzuarbeiten. Zu diesem Zwecke wollen sie ein Joint Venture gründen (im folgenden das „Joint Venture"). Zum gegenwärtigen Zeitpunkt befinden sie sich in Verhandlungen über die Bedingungen des Joint Ventures. Um diese Verhandlungen voranzubringen und sich wechselseitig in die Lage zu versetzen, gewisse Anfangsinvestitionen vorzunehmen, möchten die Parteien die bisherigen Verhandlungsergebnisse zusammenfassen und ihre vorläufigen Vereinbarungen wie folgt niederlegen:

§ 1 Zweck des Joint Ventures

(1) Die Parteien beabsichtigen, die Produkte gemeinschaftlich herzustellen und in den südostasiatischen Ländern Singapur, Indonesien, Malaysia und Thailand (im folgenden das „Vertragsgebiet") zu vertreiben. Weitere Länder der Region können zu einem späteren Zeitpunkt in das Vertragsgebiet aufgenommen werden. Die Parteien werden einen Joint Venture-Vertrag und erforderliche zusätzliche Vereinbarungen (gemeinschaftlich als der „Joint Venture-Vertrag" bezeichnet) abschließen, aus denen sich die Bedingungen ihrer Zusammenarbeit im einzelnen ergeben.

---

* Diese Übersetzung dient ausschließlich dem besseren Verständnis des englischen Originals; sie erhebt keinen Anspruch auf Verbindlichkeit.

(2) Die Herstellung und der Vertrieb der Produkte wird in der Endstufe durch eine in Singapur ansässige Gesellschaft mit beschränkter Haftung, die von den Parteien gemeinschaftlich errichtet wird (im folgenden die „Joint Venture-Gesellschaft"), betrieben und administriert werden. In einem ersten Schritt wird A der Joint Venture-Gesellschaft das exklusive Recht zum Vertrieb der Produkte in dem Vertragsgebiet einräumen und die Produkte in ausreichenden Mengen zur Verfügung stellen. In einem zweiten Schritt wird A das bei ihr befindliche Know-how und sämtliche vertraulichen Informationen, die die Produkte betreffen, der Joint Venture-Gesellschaft im Wege eines Lizenzvertrages vermitteln; diese wird dann die Produkte auf der Grundlage von Rohmaterialien herstellen, welche von A geliefert werden. B wird der Joint Venture-Gesellschaft Produktionskapazität entsprechend einem abzuschließenden Produktionsvertrag zur Verfügung stellen. In einem letzten Schritt soll die Joint Venture-Gesellschaft dann auch das Rohmaterial lokal beschaffen.

(3) Herr C wird als Managing Director der Joint Venture-Gesellschaft tätig. In der Eingangsphase der Zusammenarbeit wird die Joint Venture-Gesellschaft für ihren Vertrieb ausgebildete Mitarbeiter von B auf Kostenbasis verwenden. A wird diese Mitarbeiter und Herrn C bezüglich der Produkte schulen. Zu einem späteren Zeitpunkt wird die Joint Venture-Gesellschaft dann auf eigenes Personal zurückgreifen.

(4) Die Joint Venture-Gesellschaft bestimmt in der Endstufe der Zusammenarbeit selbst, ob und in welchem Umfange sie die Unterstützung von A und B in Anspruch nimmt. Innerhalb ihrer Möglichkeiten und soweit kein Konflikt mit Verpflichtungen gegenüber Dritten besteht, sind A und B bereit, der Joint Venture-Gesellschaft Waren und Dienstleistungen zu Konditionen, wie sie unter fremden Dritten üblich sind, anzubieten. Von dieser Regelung bleiben die Verpflichtungen unberührt, die in diesem Letter of Intent ausdrücklich geregelt sind.

§ 2 Struktur der Joint Venture-Gesellschaft

(1) Die Joint Venture-Gesellschaft wird als Gesellschaft mit beschränkter Haftung (Pte. Ltd.) nach den Gesetzen der Republik Singapur gegründet. Das einzuzahlende Stammkapital wird Sing-$ 500.000,– betragen, aufgeteilt auf 500.000 Anteile zu jeweils Sing-$ 1,–. A übernimmt 200.000 Anteile (was 40% des Kapitals entspricht), B 200.000 Anteile (was ebenfalls 40% des Kapitals entspricht) und Herr C 100.000 Anteile (was 20% des Kapitals entspricht).

(2) Die Anteile werden zu Pari und gegen Bareinzahlung ausgegeben. A hat jedoch das Recht, seine Einlageverpflichtung dadurch zu erfüllen, daß maschinelle Anlagen, welche im einzelnen noch zu bestimmen sind, von A in die Joint Venture-Gesellschaft eingebracht werden. Der den maschinellen Anlagen zuzuordnende Wert hat dem Marktwert zu entsprechen und ist von einem vereidigten Sachverständigen festzustellen, auf den sich die Parteien einigen.

(3) Das Memorandum und die Articles of Association der Joint Venture-Gesellschaft müssen sämtlichen Bestimmungen des noch zu verhandelnden Joint Venture-Vertrages entsprechen. Insbesondere wird eine Liste von Geschäften enthalten sein, die der vorherigen einstimmigen Zustimmung der Anteilseigner oder Direktoren der Joint Venture-Gesellschaft bedürfen.

(4) Die Zahl der Direktoren der Joint Venture-Gesellschaft beträgt im Höchstfalle fünf. A hat das Recht, zwei Direktoren zu benennen, B wird ebenfalls zwei Direktoren benennen und Herr C selbst wird einer der Direktoren sein. Zusätzlich wird Herr C das Amt des Managing Directors übernehmen.

(5) Der Name der Joint Venture-Gesellschaft wird A (ASIA) Pte. Ltd. oder ein ähnlicher Name je nach den Anforderungen der Registerbehörde sein.

1. Letter of Intent (Absichtserklärung)

§ 3 Erkundungszeitraum

(1) Unmittelbar im Anschluß an die Unterzeichnung dieses Letter of Intent wird A gegenüber B und Herrn C bestimmte technische Informationen offenlegen, die die Zusammensetzung, die Herstellung und die Verwendung der Produkte betreffen; der Zweck der Offenlegung liegt darin, B und Herrn C in die Lage zu versetzen, die Vermarktbarkeit der Produkte in dem Vertragsgebiet zu ermitteln und etwa erforderliche Anpassungen im Hinblick auf B's Produktionseinrichtungen festzustellen. Der Umfang der offenzulegenden Informationen liegt in dem Ermessen von A.

(2) A wird zwei qualifizierten Chemikern von B erlauben, zusammen mit Herrn C die Produktionsstätten von A in Deutschland für einen Zeitraum von bis zu vier Tagen zu besuchen. A wird den betreffenden Personen Zugang zu ihren Produktionsanlagen während ihres Aufenthaltes gewähren, um sich mit bestimmten technischen Informationen vertraut zu machen. Nach vorheriger Genehmigung des Managements von A und nach Unterzeichnung des von A üblicherweise verwendeten Textes einer Vertraulichkeitsvereinbarung haben die Mitarbeiter von B und Herr C die Möglichkeit, Notizen zu machen und Unterlagen zu kopieren, soweit diese von A freigegeben werden.

(3) A trägt die Kosten der angemessenen Unterbringung und des Lebensunterhaltes der Mitarbeiter von B und des Herrn C während ihres Aufenthaltes in Deutschland; B trägt die Reisekosten sowie das fortlaufende Gehalt (einschließlich sonstiger Leistungen) ihrer Mitarbeiter. Herr C trägt seine eigenen Reisekosten.

(4) Auf der Grundlage der so erhaltenen Informationen sowie ihrer generellen Marktkenntnis werden B und Herr C eine Machbarkeitsstudie fertigen, die (a) ihre Auffassung zu der generellen Vermarktbarkeit der Produkte in dem Vertragsgebiet wiedergibt; (b) eine Planung und das voraussichtliche Budget der Joint Venture-Gesellschaft für die ersten fünf Jahre ihrer Tätigkeit enthält; (c) staatliche Förderungsmöglichkeiten benennt, die erhältlich sein könnten (z. B. Fördermittel des Economic Development Board – EDB – oder des Trade Development Board – TDB); (d) die für die Durchführung des Joint Ventures erforderlichen voraussichtlichen Kosten und den voraussichtlichen Zeitaufwand benennt. B und Herr C werden A eine Kopie der Machbarkeitsstudie übergeben. A wird zu den Kosten dieser Studie einen Beitrag in Höhe von DM 50.000,– (fünfzigtausend Deutsche Mark) leisten, der an B zu zahlen ist. Die Zahlung ist mit Unterzeichnung dieses Letter of Intent fällig.

§ 4 Zeitplan

(1) Die Erkundungsphase nach § 3 dieses Letter of Intent ist bis 31. Dezember 19.. abzuschließen. Bis zu diesem Zeitpunkt haben B und Herr C die vorgenannte Machbarkeitsstudie an A zu übergeben.

(2) Wenn die Parteien auf der Grundlage der Machbarkeitsstudie die Fortsetzung des Joint Ventures beschließen, so soll der Joint Venture-Vertrag bis 30. April 19.. unterzeichnet sein. Die Joint Venture-Gesellschaft wird unmittelbar im Anschluß hieran gegründet; sie soll ihre Tätigkeit bis 30. Juni 19.. aufnehmen.

§ 5 Vertraulichkeit

(1) Die Parteien sind verpflichtet, sämtliche Informationen, die sie in Zusammenhang mit der Durchführung des beabsichtigten Joint Ventures erhalten und die technischer, finanzieller oder sonst geschäftlicher Natur sind und die Zusammensetzung, die Herstellung, die Anwendung, den Vertrieb, den Service der Produkte, die Bezugsquellen für Rohmaterialien, die Kunden der Produkte oder sonstige Einzelheiten des Geschäftsbetriebes der Parteien (im folgenden die „Informationen") betreffen, streng geheim zu halten und nicht an Dritte weiterzugeben. Ferner ist es den Parteien untersagt, die Informationen

zu anderen als denjenigen Zwecken zu verwenden, die in diesem Letter of Intent ausdrücklich genannt sind. Die in diesem Absatz enthaltene Vertraulichkeitsvereinbarung ist nicht auf solche Informationen anwendbar, die die Parteien in gesetzlich zulässiger Weise von dritter Seite erhalten haben oder die offenkundig sind.

(2) Die Parteien werden dafür sorgen, daß ihre Mitarbeiter, Vertreter oder sonstige Personen, die Zugang zu den Informationen haben, derselben Vertraulichkeitsverpflichtung unterfallen wie sie in vorstehendem Abs. (1) niedergelegt ist.

(3) Jede Partei, die eine oder mehrere der in den vorgenannten Abs. (1) und (2) erwähnten Verpflichtungen verletzt, ist verpflichtet, der jeweils durch die entsprechende Pflichtverletzung geschädigten Partei in jedem Einzelfall einen Betrag von DM ...... (Deutsche Mark ....) als Mindestschaden zu bezahlen. Das Recht der betroffenen Partei, einen durch die Pflichtverletzung entstandenen weitergehenden Schaden ersetzt zu verlangen, bleibt unberührt.

§ 6 Exklusivität

Die Parteien verpflichten sich, mit Dritten in keinerlei Verhandlungen über eine mögliche Zusammenarbeit in bezug auf die Herstellung und/oder den Vertrieb solcher Produkte in dem Vertragsgebiet einzutreten, die ganz oder teilweise im Wettbewerb mit den Produkten stehen. Die Verpflichtung zur Ausschließlichkeit nach diesem Letter of Intent endet mit der Unterzeichnung des Vertrages oder mit der Abstandnahme von dem Joint Venture durch eine der Parteien gemäß dem nachfolgenden § 7.

§ 7 Abstandnahme vom Joint Venture

(1) Die Bestimmungen dieses Letter of Intent begründen keine Verpflichtung der Parteien, in das Joint Venture einzutreten oder den Joint Venture-Vertrag zu unterzeichnen. Vielmehr haben sämtliche Parteien bis zu Unterzeichnung des Joint Venture-Vertrages das Recht, jederzeit ohne Angabe von Gründen von den weiteren Verhandlungen Abstand zu nehmen. Die Erklärung der Abstandnahme seitens einer Partei bedarf der Schriftform und muß sämtlichen anderen Parteien ordnungsgemäß zugestellt werden. Die Erklärung einer Partei wird – soweit sich aus dem nachfolgenden Abs. (2) nichts anderes ergibt – zum Ende des Monats wirksam, währenddessen sie der letzten der beiden anderen Parteien zugestellt worden ist. Soweit Herr C Abstand nehmen sollte, werden die Verhandlungen nach diesem Letter of Intent zwischen A und B fortgesetzt.

(2) Die Abstandnahme nach vorstehendem Abs. (1) läßt die Anwendbarkeit der Bestimmungen der §§ 5, 7 Abs. (3), 8 und 10 dieses Letter of Intent unberührt; diese Bestimmungen bleiben für die Parteien verbindlich.

(3) Soweit A Abstand nimmt, ist A verpflichtet, B und Herrn C von deren Kosten im Zusammenhang mit den Verhandlungen nach diesem Letter of Intent einen Pauschalbetrag von DM 10.000,–, zahlbar an B, und DM 2.000,–, zahlbar an Herrn C zu erstatten. Soweit die Abstandnahme von B ausgeht, ist B verpflichtet, A deren Verhandlungskosten in Höhe eines Pauschalbetrages von DM 30.000,– zu ersetzen. Weitergehende Ansprüche auf Kosten- oder Schadensersatz, die sich nach den anwendbaren gesetzlichen Bestimmungen aus der Abstandnahme von den weiteren Verhandlungen ergeben, bleiben unberührt.

§ 8 Kosten

Vorbehaltlich der Bestimmungen der §§ 3 Abs. (3) und 7 Abs. (3) dieses Letter of Intent, die unberührt bleiben, trägt jede Partei ihre eigenen Kosten im Zusammenhang mit diesem Letter of Intent und den Verhandlungen bezüglich des Joint Ventures einschließlich etwaiger Kosten von Gutachtern, Beratern, Anwälten oder Reisekosten.

1. Letter of Intent (Absichtserklärung) I.1

§ 9 Benachrichtigungen

(1) Benachrichtigungen, die nach diesem Letter of Intent erfolgen können oder müssen, sind den Parteien an den im Rubrum dieses Letter of Intent genannten Adressen zuzustellen.

(2) Die Parteien werden sich wechselseitig unverzüglich über etwaige Änderungen unterrichten, die sich in bezug auf ihre Adressen oder Kommunikationseinrichtungen ergeben.

§ 10 Anwendbares Recht und Gerichtsstand

(1) Dieser Letter of Intent und sämtliche Verpflichtungen, die sich daraus ergeben, einschließlich möglicher Schadensersatzansprüche aus der Abstandnahme einer der Parteien von dem Joint Venture (oben § 7 Abs. (3)) unterliegen in ihrer Gesamtheit dem Recht der Bundesrepublik Deutschland.

(2) Ausschließlicher Gerichtsstand für etwaige Streitigkeiten, die sich aus diesem Letter of Intent ergeben, ist Stuttgart, Bundesrepublik Deutschland. Der Kläger ist im übrigen berechtigt, eine Klage auch bei den für den Geschäftssitz des Beklagten zuständigen Gerichten anzubringen.

Stuttgart, ... 19..   Singapur, ... 19..

....
              A-GmbH   B Pte. Ltd.

                                                      Singapur, ... 19..

                                                      ....
                                                                    Herr C

Schrifttum: Blaurock, Der Letter of Intent, ZHR 147 (1983) S. 334; *Hertel,* Rechtsgeschäfte im Vorfeld eines Projekts, BB 1983, 1824; *Lutter,* Der Letter of Intent – Zur rechtlichen Bedeutung von Absichtserklärungen, 1982; *Siebourg,* Der Letter of Intent, Diss. Bonn 1979; *Weber,* Der Optionsvertrag, JuS 1990, 249, 252.

Übersicht

	Seite
1. Zweck und Anwendungsbereich	10
a) Begriff	10
b) Zweck	10
c) Bindungswirkung	10
d) Geschäftsarten	11
2. Sachverhalt	11
3. Wahl des Formulars	11
4. Anwendbares Recht	12
5. Hauptvertrag	12
6. Stand der Vertragsverhandlungen	13
7. Vorleistungen	13
8. Fortgang der Verhandlungen	13
9. Vertraulichkeitsvereinbarung	14
10. Exklusivität	14
11. Bindungswirkung	15
12. Haftung	15
a) Überblick	15
b) Culpa in Contrahendo	15
c) Regelungen im Letter of Intent	16
13. Gerichtsstandsklausel	17
14. Sonstiges	17

Anmerkungen

1. Zweck und Anwendungsbereich. a) Begriff. Der Letter of Intent ist kein Rechtsbegriff, sondern eine Erfindung der Wirtschaftspraxis. Er reiht sich in eine größere Zahl vertraglicher oder quasi-vertraglicher Regelungswerke ein, die **im Vorfeld** wirtschaftlich bedeutsamerer oder auch komplexerer Geschäftsabschlüsse häufig verwendet werden. Die Bezeichnungen sind vielfältig. Neben dem Letter of Intent gibt es Vorverträge, Optionen, Grundsatzvereinbarungen, Traktate, Punktationen, Rahmenverträge, Memoranda of Understanding, Heads of Agreement, Instructions to Proceed oder Gentlemen Agreements (vgl. die Zusammenstellung bei *Hertel* BB 1983, 1824, 1825). Die Begriffe werden nicht in einheitlichem Sinne verwendet und überschneiden sich vielfältig. Ein bestimmter rechtlicher Inhalt läßt sich ihnen daher – bis auf den klassischen Vorvertrag oder die Option – kaum zuordnen. Gemeinsames Merkmal sämtlicher der vorgenannten Schöpfungen ist aber, daß das eigentlich beabsichtigte Geschäft noch nicht abgeschlossen wurde, sondern erst vorbereitet werden soll. Die Parteien wollen typischerweise zwar gewisse Festlegungen treffen, um mit den Vertragsverhandlungen fortfahren zu können, gleichzeitig aber nur in beschränktem Maße gebunden sein. Sie schaffen in aller Regel nicht mehr als ein „**verdichtetes Rechtsverhältnis**" (vgl. etwa *Blaurock* ZHR 147 (1983), 334, 337). Art und Umfang der gewünschten Bindungswirkung variieren und hängen vom Einzelfall ab.

b) **Zweck.** Der Letter of Intent hat in der Regel das Ziel, den erreichten Verhandlungsstand festzuhalten, den weiteren Gang der Verhandlungen zu strukturieren, offene Vertragspunkte zu benennen, Einigungen über zu erbringende Vorleistungen und deren Vergütung zu dokumentieren und gewisse gegenseitige Rücksichtnahmepflichten (z.B. Exklusivität der Verhandlungen, Vertraulichkeit) zu begründen (vgl. *Lutter*, Der Letter of Intent, S. 9ff.; *Weber* JuS 1990, 249, 252; MünchKomm/*Kramer*, BGB, 3. Aufl., Vor § 145 Rdn. 34). Nützlich ist dies bei komplexeren Geschäften, die mehrere Verhandlungsrunden unter Beiziehung der jeweiligen technischen und kaufmännischen Fachleute sowie eine umfangreiche Vorbereitung mit gewissen Vorleistungen (z.B. Planungsleistungen, Offenlegung vertraulicher Informationen) erfordern. Abgesehen von dem praktischen Vorteil einer schriftlichen Dokumentation des Verhandlungsstandes kann der Letter of Intent in derartigen Fällen vor allem auch **wechselseitige Sicherungsbedürfnisse** der Parteien berücksichtigen und einer angemessenen Regelung zuführen. Schließlich sind auch gewisse psychologische Wirkungen nicht zu übersehen: Eckpunkte von Verhandlungen, die schon einmal zu Papier gebracht wurden, lassen sich nicht mehr ganz so leicht aus der Welt schaffen und bewirken wenn auch keine rechtliche (s. hierzu aber Anm. 6), so möglicherweise aber doch eine faktische Bindung der Beteiligten.

c) **Bindungswirkung.** Die Reichweite der rechtlichen Bindungswirkung des Letter of Intent liegt in der Hand der Parteien. Sie können den getroffenen Regelungen beidseits bindende Wirkung im Sinne eines Vorvertrages oder eine einseitige Bindungswirkung nach Art einer Option beigeben oder aber auf jede Bindung verzichten. Die Verwendung des Begriffes „Letter of Intent" hat für Art und Umfang der Bindung keine Aussagekraft (vgl. *K. Schmidt*, Handelsrecht, 4. Aufl., S. 609). Entscheidend ist vielmehr die **Auslegung des Inhaltes** der niedergelegten Erklärungen. Geht man allerdings von dem oben beschriebenen typischen Zweck eines Letter of Intent aus, so ergibt sich für die Bindungswirkung folgendes: Bezüglich des Hauptvertrages wollen die Parteien in der Regel noch keine rechtliche Bindung schaffen, weil die Vertragsbedingungen im Detail noch gar nicht festliegen. Es soll daher nach wie vor Abschlußfreiheit herrschen. Soweit der Letter of Intent jedoch sog. Vorfeldverabredungen enthält (s. hierzu *Lutter*, Der Letter of Intent, S. 35ff.; MünchKomm/*Kramer*, BGB, 3. Aufl., Vor § 145 Rdn. 34), sollen diese bindend sein. Hierzu gehört etwa die Verpflichtung einer oder beider Parteien zur Erbringung von Vorleistungen im Hinblick auf den zukünftigen Vertragsabschluß, zur Geheimhaltung von im Rahmen der Verhandlungen erhaltenen Informationen oder zur Unterlassung von Par-

1. Letter of Intent (Absichtserklärung)

allelverhandlungen. Die Notwendigkeit einer Bindung der Parteien in diesem Falle ergibt sich aus der wechselseitigen Schutzbedürftigkeit. Ohne Bindung wären die Vorfeldverpflichtungen rechtlich nicht erzwingbar. Würden sie nicht eingehalten, bliebe der jeweilige Partner, der auf die Erfüllung der Verpflichtungen vertraute und sich seinerseits vereinbarungsgemäß verhielt, schutzlos.

d) **Geschäftsarten.** Die Art der Geschäftsvorfälle, für die der Letter of Intent in Betracht kommt, ist nicht begrenzt. Deswegen kann ein Muster wie das vorliegende Form. immer nur ein Beispiel liefern. Meist handelt es sich um Geschäfte eines gewissen Umfanges und einer gewissen Komplexität, die in mehreren Stufen abgewickelt werden. Typisch ist im übrigen der Einsatz des Letter of Intent **im Auslandsgeschäft,** wenn er auch hierauf nicht beschränkt ist. Häufig werden Joint Ventures (so das Beispiel des Form.), Unternehmensakquisitionen (vgl. hierzu *Günther,* Münchener Vertragshandbuch Bd. 2, 3. Aufl., Form. II.1 Anm. 6), größere Maschinenlieferungen, Lizenz- oder Franchisingverträge oder Verträge über die Lieferung und Montage ganzer Industrieanlagen mit einem Letter of Intent vorbereitet. Im anglo-amerikanischen Rechtskreis, wo der Letter of Intent auch seinen Ursprung hat, ist seine Verwendung verbreiteter als in anderen Rechtsordnungen.

2. Sachverhalt. Dem Form. zugrunde liegt ein geplantes Joint Venture zwischen einem deutschen Hersteller von Lacken, einem in Singapur ansässigen Unternehmen der chemischen Industrie und dessen ebenfalls dort beheimateten Handelsvertreter. Ziel des Joint Ventures ist es, die Produkte des deutschen Partners im südostasiatischen Raum zu vermarkten. Zu diesem Zweck soll eine Kapitalgesellschaft nach dem Recht des Staates Singapur gegründet werden (siehe hierzu etwa *Klötzel,* in: Lutter (Hrsg.), Die Gründung einer Tochtergesellschaft im Ausland, 3. Aufl., S. 689 ff.), an der die drei Partner beteiligt sind. Die Gesellschaft wird in der Anfangsphase als Vertragshändler des deutschen Herstellers agieren, später aber auch selbst produzieren. Der genaue Ablauf des Joint Ventures soll in einem Joint Venture Agreement niedergelegt werden, über dessen Inhalt noch verhandelt wird. Dies ist der **„Hauptvertrag",** auf den der Letter of Intent sich bezieht. Die weiteren Verhandlungen erfordern die Offenlegung von Know how durch den deutschen Partner sowie die Zurverfügungstellung von Unterlagen und gewissen finanziellen Mitteln. Der Letter of Intent soll die grobe Struktur der geplanten Zusammenarbeit fixieren und eine Basis für die ins Auge gefaßten Vorleistungen abgeben.

3. Wahl des Formulars. Das Form. ist in der Art eines Vertrages gestaltet, und zwar vor dem Hintergrund des deutschen Rechtes und deutscher Vertragsformen (vgl. zu den im anglo-amerikanischen Rechtskreis üblichen Vertragsformen etwa das Form. II.3 in diesem Band – Konsignationslagervertrag). Wie der Begriff „Letter of Intent" verdeutlicht, wird auch häufig die **Form eines Briefes** gewählt, den der eine Verhandlungspartner dem anderen übermittelt. Welche Form man verwendet ist im wesentlichen Geschmackssache, hängt aber auch vom gewünschten Detaillierungsgrad der ins Auge gefaßten Regelung und von der Frage ab, in welchem Umfang bindende Erklärungen enthalten sein sollen. Je umfänglicher der Letter of Intent ist und je mehr verbindliche Regelungen er enthalten soll, desto eher wird man auch äußerlich zur Vertragsform übergehen. Bevorzugt man im letzteren Falle dennoch die Briefform, muß sichergestellt werden, daß der andere Vertragspartner den Inhalt auch tatsächlich akzeptiert. Da die Regeln über das kaufmännische Bestätigungsschreiben trotz der vereinbarten Anwendbarkeit deutschen Rechts (§ 10 Abs. 1 des Form.) im grenzüberschreitenden Rechtsverkehr möglicherweise wegen Fehlens entsprechender Usancen am Sitz des ausländischen Verhandlungspartners nicht zur Anwendung kommen (vgl. Art. 31 Abs. 2 EGBGB, so z.B. nach niederländischem Recht, s. *Kegel,* IPR, 7. Aufl., S. 449 f.), empfiehlt es sich in diesem Falle, eine ausdrückliche Rückbestätigung einzuholen.

Im übrigen ist die Wahl des Form. wesentlich von dem beabsichtigten Geschäft (vorliegend z.B. Joint Venture) und dem erreichten Verhandlungsstand bestimmt. Von daher ist das Form. nur mit Vorsicht auf andere Konstellationen übertragbar; dies gilt selbst dann, wenn ebenfalls ein Joint Venture in Rede steht. Immerhin läßt sich ein **typischer Grundaufbau** feststellen: Geboten ist zunächst eine Beschreibung des Projektes, auf das sich der Letter of Intent bezieht (Präambel des Form.). Sodann sollte der erreichte Verhandlungsstand festgehalten werden (§§ 1, 2 des Form.). Sind konkrete weitere Schritte im Rahmen der Verhandlungen geplant, wären diese im Anschluß zu fixieren (§ 3 des Form.), wobei die Vereinbarung eines Zeitplanes zweckmäßig ist (§ 4 des Form.). Fast immer enthalten sind Vertraulichkeitsvereinbarungen (§ 5 des Form.), oft auch Regelungen zur Exklusivität der Verhandlungen (§ 6 des Form.). In jedem Falle sinnvoll ist eine ausdrückliche Festlegung dahin, ob und in welchem Umfang den getroffenen Absprachen Bindungswirkung zukommt (§ 7 des Form.). Den Abschluß bilden verschiedene Schlußbestimmungen, zu denen neben der Kostenregelung vor allem eine Rechtswahl- und Gerichtsstandsklausel (§ 10 des Form.) gehört (vgl. hierzu die folgenden Ausführungen).

4. **Anwendbares Recht.** Soweit der Letter of Intent vertraglich bindende Verpflichtungen enthält (z.B. Vorleistungspflichten, Kostenübernahmen, Vertraulichkeitsvereinbarungen, vgl. §§ 3, 5 bis 8 des Form.) bestimmt sich das anwendbare Recht nach den am jeweiligen Forum geltenden **Kollisionsregeln zu vertraglichen Schuldverhältnissen.** Aus deutscher Sicht sind dies die Art. 27 ff. EGBGB. Danach kommt mangels Rechtswahl das Recht des Staates zur Anwendung, zu dem der Vertrag – d.h. der Letter of Intent – die engsten Verbindungen aufweist (Art. 28 Abs. 1 EGBGB; Abs. 2 wird selten anwendbar sein, weil der Letter of Intent oft wechselseitige „charakteristische" Leistungen vorsieht). Welches dies ist, wird in vielen Fällen Zweifeln unterliegen. Deshalb ist eine Rechtswahlklausel (§ 10 Abs. 1 des Form.) besonders sinnvoll. Zu klären bleibt in diesem Fall, ob jedes in Betracht kommende Forum die Rechtswahlklausel nach seinem IPR akzeptiert. Hier bietet sich die Verbindung mit einer Gerichtsstandsvereinbarung (§ 10 Abs. 2 des Form., hierzu unten Anm. 13) an.

Aufwendungen, die eine Verhandlungspartei im Vertrauen auf die Fortsetzung der Verhandlungen und den zu erwartenden Abschluß des Geschäftes getätigt hat, können aus deutscher Sicht (im übrigen auch aus der Sicht des US-amerikanischen und, zurückhaltender, des englischen Rechts, vgl. *Lutter,* Der Letter of Intent, S. 103 ff.) als **Vertrauensschaden** ersatzfähig sein (culpa in contrahendo, s. näher hierzu unten Anm. 12). Auf derartige Ansprüche kommt im deutschen IPR nach h.M. (etwa *Kegel,* IPR, 7. Aufl., S. 447, 508; *Reithmann/Martiny,* Internationales Vertragsrecht, 4. Aufl., Rdn. 191) das Geschäftsrecht zur Anwendung. Das ist die Rechtsordnung, welche den abzuschließenden Hauptvertrag beherrscht. Auch hier ergibt sich wiederum die Möglichkeit zur Rechtswahl (Art. 27 EGBGB), die wegen der Unsicherheiten bei der Bestimmung der engsten Verbindung des Hauptvertrages (Art. 28 EGBGB) genutzt werden sollte. Die Aufnahme einer Rechtswahlklausel in den Letter of Intent ist daher auch dann empfehlenswert, wenn dieser ansonsten keine bindenden Verpflichtungen der Parteien enthält. Die Rechtswahlklausel des Form. (§ 10 Abs. 1) erwähnt zur Klarstellung mögliche Ansprüche auf Ersatz des Vertrauensschadens ausdrücklich.

5. **Hauptvertrag.** Der Letter of Intent findet seinen Bezugspunkt in dem abzuschließenden Geschäft, dem Hauptvertrag. Auf diesen hin verdichtet er das zwischen den Verhandlungspartnern bestehende und mit Beginn der Verhandlungen eingeleitete Rechtsverhältnis. Im Form. ist der Hauptvertrag das **Joint Venture Agreement** (erwähnt in § 1 Abs. 1 des Form.), welches die beabsichtigte Zusammenarbeit zwischen den Parteien umfassend regelt. Hierzu gehört nach dem Beispiel des Form. die Gründung einer Kapitalgesellschaft in Singapur mit bereits festgelegten Beteiligungsverhältnissen (§ 2 des Form.), der Abschluß eines Vertragshändlervertrages sowie eines Lizenzvertrages zwischen dem deutschen Hersteller und der neuen Gesellschaft (§ 1 Abs. 2 des Form.), der Abschluß eines Managing Director Agreement (§ 1 Abs. 3 des Form.), der Abschluß eines Produktionsvertrags (§ 1 Abs. 2 des Form.) und der Abschluß weiterer support agreements (§ 1 Abs. 4 des Form.).

1. Letter of Intent (Absichtserklärung)

Das Joint Venture Agreement nimmt die entsprechenden Verpflichtungen der Parteien in der Art eines Rahmenvertrages („*Master Agreement*") auf und wird damit ein komplexerer Vertrag, der die Verwendung eines Letter of Intent in der Verhandlungsphase nahelegt (vgl. oben Anm. 1).

6. Stand der Vertragsverhandlungen. Ein wesentlicher Zweck des Letter of Intent liegt darin, den erreichten Verhandlungsstand zu dokumentieren (s. oben Anm. 1). Damit wird ein psychologisches, aber auch ein rechtliches Ziel verfolgt: Mit der Anerkennung des niedergelegten Verhandlungsstandes wird es für die Parteien bereits faktisch deutlich schwieriger, ihre Positionen im Laufe der weiteren Verhandlungen noch einmal zu ändern. Rechtlich beschränken die Parteien damit die möglichen Begründungen für eine einseitige Aufsage der weiteren Verhandlungen; denn werden diese wegen eines Positionswechsels (entgegen dem niedergelegten Verhandlungsstand) nicht weitergeführt, drohen **Schadensersatzansprüche** aus culpa in contrahendo (s. unten Anm. 12). Je nach Intention bietet sich daher eine mehr oder minder detaillierte Fixierung des Erreichten an. Während etwa die Präambel des Form. und § 1 Abs. 1 noch relativ unbestimmt formuliert sind, gehen § 1 Abs. 2 bis 4 und insbesondere § 2 des Form. weit mehr ins Detail. Die Parteien werden jeweils abwägen, wie feststehend die bisherigen Verhandlungsergebnisse sind und wie sehr sie sich selbst damit binden wollen.

7. Vorleistungen. Nimmt der Letter of Intent bestimmte Vorleistungen der Parteien auf, die diese während des weiteren Laufs der Verhandlungen erbringen sollen, so handelt es sich hierbei um **echte vertragliche Verpflichtungen** im Vorfeld des Hauptvertrages (s. *Lutter*, Der Letter of Intent, S. 36 ff.; MünchKomm/*Kramer*, BGB, 3. Aufl., Vor § 145 Rdn. 34). Der Letter of Intent hat insoweit den Charakter eines selbständigen Vertrages. Entsprechend sorgfältig sollten die Regelungen ausfallen. Neben einer klar umrissenen Beschreibung der Leistungspflichten (welche Vorleistung ist von wem wann zu erbringen?) geht es hierbei auch um angemessene Vergütungsregelungen.

Im Form. enthält § 3 Vorleistungsverpflichtungen. Der deutsche Hersteller soll den singapurischen Partnern Produktinformationen zur Verfügung stellen, damit diese die Marktchancen des Produktes und notwendige Anpassungsmaßnahmen beurteilen können. Er wird Mitarbeiter der Partner für eine gewisse Zeit bei sich aufnehmen und die Aufenthaltskosten übernehmen (§ 3 Abs 2 und 3 des Form.). Die Partner wiederum haben es übernommen, die Reisekosten zu tragen und eine Machbarkeitsstudie zu erarbeiten (§ 3 Abs. 4 des Form.). Die wechselseitigen Leistungen werden bei einem Scheitern der weiteren Verhandlungen pauschal vergütet (§ 7 Abs. 3 des Form.); ansonsten bleiben sie unbezahlt.

8. Fortgang der Verhandlungen. Regelmäßig enthält der Letter of Intent Aussagen dazu, wie die Vertragsverhandlungen weitergeführt werden sollen. Bereits aus der Beschreibung des Verhandlungsstandes wird sich meist ergeben, welche Bereiche des Geschäftes noch nicht behandelt sind. Soweit es der Verhandlungsstand zuläßt, kann es auch sinnvoll sein, die offenen Fragen ausdrücklich zu benennen („*list of open issues*"). Insoweit dominiert die **psychologische Komponente** des Letter of Intent: Die Parteien treiben sich gegenseitig an, die nicht geklärten Punkte offensiv anzugehen. Vernünftig ist meist auch die Aufstellung eines Zeitplanes (s. § 4 des Form.), vor allem wenn Vorleistungen vereinbart sind. Wenn die Fortsetzung der Verhandlungen von weiteren Prüfungen der Parteien, die technischer, finanzieller oder marktorientierter Art sein können (z.B. Bodenuntersuchung, Marktstudie, Investitionsrechnung), abhängig ist, sollte der mögliche Einfluß des Ergebnisses der Prüfung auf die Vertragsverhandlungen geklärt werden. Dies kann dadurch geschehen, daß den Parteien das Recht zur für sie **folgenlosen Aufsage** des beabsichtigten Geschäftes eingeräumt wird, wenn sich bestimmte (insbesondere quantifizierbare) Ergebnisse zeigen. Die Regelung des § 4 Abs. 2 des Form. geht im Hinblick auf die vereinbarte Machbarkeitsstudie einen anderen Weg, indem sie deren Bewertung in das Ermessen der Parteien stellt und diesen damit vollkommene Abschlußfreiheit (und ein Schlupfloch) bewahrt.

9. Vertraulichkeitsvereinbarung. Fast immer nehmen die Verhandlungspartner eine Geheimhaltungsabrede in den Letter of Intent auf (§ 5 des Form.). Auch hierbei handelt es sich wie bei den Vorleistungen um eine vom Hauptvertrag unabhängige **eigenständige vertragliche Verpflichtung**, die ihren Grund allein in dem Letter of Intent findet. Sie ist von großer praktischer Bedeutung, denn die Verhandlung komplexerer Geschäfte ist häufig mit einem gewissen Know-how-Transfer verbunden. Dabei sind manche Geschäftsarten besonders gefahrgeneigt, wie z.B. die Verhandlung von Vertriebs-, Joint Venture- oder Lizenzverträgen. Bei diesen wird daher oft auch eine eigenständige Geheimhaltungsvereinbarung in Betracht kommen (vgl. Form. I.2), vor allem dann, wenn die eigentlichen Verhandlungen noch gar nicht begonnen haben und für eine Zusammenfassung des Verhandlungsstandes deshalb kein Raum ist.

Die Vertraulichkeitsvereinbarung als einer der Kernpunkte des Letter of Intent sollte **möglichst detailliert** sein und die Art von Informationen, um deren Geheimhaltung es geht, exakt bezeichnen. Bei grenzüberschreitenden Verhandlungen sollten die verwendeten Begriffe aus der Sicht aller beteiligten Rechtsordnungen verständlich sein. Der Grund hierfür liegt darin, daß bei Geheimhaltungsverletzungen die betroffene Partei sich nur dann wirksam wehren kann, wenn sie in der Lage ist, am Ort der Verletzungshandlung selbst gerichtliche Hilfe (**einstweiligen Rechtsschutz**) in Anspruch zu nehmen. Maßnahmen einstweiligen Rechtsschutzes werden durch die getroffene Gerichtsstandsvereinbarung grundsätzlich nicht gehindert. Eine preliminary injunction gegen den Verletzer wird ein ausländisches Gericht auf der Basis des Letter of Intent aber nur erlassen, wenn die Regelung eindeutig und dem Richter verständlich ist. Auf die Rechtsbegriffe der Rechtsordnung des Verhandlungspartners muß daher Rücksicht genommen werden.

Dennoch helfen gerichtliche Unterlassungsverfügungen nur beschränkt, weil der Geheimhaltungsverstoß schon stattgefunden hat und nicht mehr rückgängig gemacht werden kann. Eine Kompensation von erlittenen Schäden ist oft nicht möglich, weil der Verletzte einen konkreten Schadensnachweis nicht führen kann. Aus diesem Grunde ist die Aufnahme einer **Vertragsstrafenregelung** überlegenswert. Nach dem anwendbaren deutschen Recht ist die Vereinbarung einer Vertragsstrafe zulässig (§§ 339 ff. BGB); in ausländischen Rechtsordnungen vor allem des anglo-amerikanischen Rechtskreises gibt es gelegentlich Schwierigkeiten. Man kann dort auf die Konstruktion eines **pauschalierten Schadensersatzes** ausweichen (so in § 5 Abs. 1 des Form. vorgesehen). Abgesehen von rechtlichen Überlegungen scheitert die Vertragsstrafenregelung bei ausländischen Partnern allerdings in der Praxis oft an mangelnder Akzeptanz und Vermittelbarkeit.

10. Exklusivität. Häufig wird mit einem Letter of Intent die Absicht verbunden, den Verhandlungspartner von **Parallelverhandlungen** mit Dritten abzuhalten. Hierzu genügt oft schon die Dokumentation des erreichten Verhandlungsstandes und des Willens, die Verhandlungen fortzusetzen. Beides gibt dem Partner das Gefühl, wesentliche Fortschritte erreicht zu haben und auf dem richtigen Wege zum Ziel zu sein, was Parallelverhandlungen unnötig macht. Je nach Umfang der geschaffenen Vertrauenslage muß der Partner bei Aufnahme von Parallelverhandlungen auch **Schadensersatzansprüche aus culpa in contrahendo** (hierzu unten Anm. 12) befürchten. Einen Schritt weiter geht § 6 des Form., der die ausdrückliche Verpflichtung der Parteien enthält, bis zu einer förmlichen Aufsage der Verhandlungen (§ 7 Abs. 1 des Form.) keine Gespräche über denselben Gegenstand mit Dritten zu führen. Eine solche Regelung ist bei sensitiven Verhandlungsgegenständen und/oder erheblichen, nicht extra vergüteten Vorleistungen zu empfehlen. Ein Verstoß hiergegen stellt eine **positive Forderungsverletzung** dar und führt damit zu entsprechenden vertraglichen Schadensersatzansprüchen des Verletzten, ohne daß es eines Rückgriffes auf das Rechtsinstitut der culpa in contrahendo bedürfte. Der Schaden wird regelmäßig in den Aufwendungen liegen, die der Verletzte im Vertrauen auf die Exklusivität der Verhandlungen getätigt hat. Der Ersatz des positiven Interesses am Abschluß des Hauptvertrages wird dagegen nur in Betracht kommen, wenn die Exklusivitätsvereinbarung in Wahrheit bereits

1. Letter of Intent (Absichtserklärung)   I.1

eine Abschlußverpflichtung i. S. eines Vorvertrages enthielt. Ob sie so gemeint war, muß die Auslegung des Vereinbarungstextes ergeben.

11. Bindungswirkung. Die Bindungswirkung der getroffenen Abreden ist ein zentraler Problembereich des Letter of Intent (s. *Blaurock* ZHR 147 (1983), 334, 337; *Lutter,* Der Letter of Intent, S. 18 ff.; vgl. oben Anm. 1). Zu unterscheiden sind **mehrere Ebenen:** Vereinbarungen über zu erbringende **Vorleistungen** (oben Anm. 7) enthalten in der Regel (wechselseitig) bindende Verpflichtungen, die mit ihrer Erfüllung erledigt sind. In den Letter of Intent aufgenommene **Unterlassungspflichten** (z. B. Geheimhaltung, Exklusivität) werden im Regelfall ebenfalls bindenden Charakter haben, da ihre Vereinbarung ansonsten wenig Sinn machen würde. Allerdings bedarf die zeitliche Erstreckung solcher Verpflichtungen genauerer Überlegung. Eine Pflicht zur Geheimhaltung wird nach dem Willen der Parteien auf unbestimmte Dauer bzw. bis zum Offenkundigwerden der betreffenden Informationen Geltung beanspruchen. Eine Exklusivitätsvereinbarung dagegen benötigt naturgemäß eine von den Parteien zu setzende zeitliche Grenze (z. B. förmliche Aufsage der weiteren Verhandlungen, vgl. § 6 des Form.). Bleibt noch der **Abschluß des Hauptvertrages:** Diesbezüglich besteht im typischen Fall keine bindende Verpflichtung der Parteien (vgl. *Lutter,* Der Letter of Intent, S. 33; *Blaurock* ZHR 147 (1983), 334, 338; MünchKomm/*Kramer,* BGB, 3. Aufl., Vor § 145 Rdn. 34; Staudinger/*Dilcher,* BGB, 12. Aufl., Vorbem. zu §§ 145 ff., Rdn. 30; *Weber* JuS 1990, 249, 252); diese behalten vielmehr – im Rahmen möglicher Ansprüche auf Ersatz des Vertrauensschadens (s. Anm. 12) – ihre volle Abschlußfreiheit. Ein hiervon abweichender Wille der Parteien (i. S. eines Vorvertrages) müßte sich deutlich aus dem Wortlaut des Letter of Intent ergeben.

Die Regelung des Form. folgt der beschriebenen Differenzierung. § 7 Abs. 1 des Form. stellt klar, daß keine Verpflichtung zum Abschluß des Hauptvertrages besteht. Die Parteien können sich vielmehr von der Fortsetzung der Verhandlungen ohne Angabe von Gründen lossagen, wobei die entsprechende Erklärung einer der drei Parteien (außer derjenigen des Herrn C) genügt, um die Verhandlungen insgesamt zu beenden. § 7 Abs. 2 des Form. benennt die fortgeltenden und die Parteien auch nach Beendigung der Verhandlungen weiterhin bindenden Regelungen (Geheimhaltungsverpflichtung, finanzieller Ausgleich, Kostentragung, anwendbares Recht und Gerichtsstand). Die zeitliche Schranke der Exklusivitätsvereinbarung ergibt sich aus §§ 6, 7 Abs. 1 des Form.: Das der förmlichen Verhandlungsaufsage folgende Monatsende ist maßgeblich.

12. Haftung. a) Überblick. Die mögliche wechselseitige Haftung der Verhandlungspartner aus dem Letter of Intent hängt zunächst eng mit der Frage nach dem Rechtsbindungswillen zusammen (oben Anm. 11). Soweit bindende Verpflichtungen bestehen (z. B. Vorleistungen, Vertraulichkeit) begründet deren Verletzung Schadensersatzansprüche des anderen Teils aus positiver Forderungsverletzung. Aber auch außerhalb vertraglicher Absprachen können sich Schadensersatzansprüche ergeben. Der Letter of Intent schafft, auch ohne daß vorvertragliche Abschlußpflichten begründet werden, ein **verdichtetes Rechtsverhältnis** (*Blaurock* ZHR 147 (1983), 334, 337) i. S. eines gesetzlichen Schuldverhältnisses, aus dem sich **Verhaltenspflichten der Verhandlungspartner** ergeben. Deren Verletzung begründet eine Haftung aus culpa in contrahendo (*Lutter,* Der Letter of Intent, S. 59 ff.; MünchKomm/*Kramer,* BGB, 3. Aufl., Vor § 145 Rdn. 34; *Hertel* BB 1983, 1824, 1826; *K. Schmidt,* Handelsrecht, 4. Aufl., S. 609; näher hierzu im folgenden). Daneben können im Einzelfall Ansprüche aus Geschäftsführung ohne Auftrag oder nach Bereicherungsrecht bestehen (vgl. *Lutter,* Der Letter of Intent, S. 47 ff., 79 ff.; *Hertel* BB 1983, 1824, 1826). Zur Frage des anwendbaren Rechtes s. oben Anm. 4.

b) Culpa in contrahendo. Das sich aus der Vertragsanbahnung ergebende gesetzliche Schuldverhältnis erzeugt **gegenseitige Schutz- und Treuepflichten** der Verhandlungspartner. Diese sind im Falle des Letter of Intent, der das bestehende Verhandlungsverhältnis gewissermaßen „formalisiert" und das gegenseitige Vertrauen erhöht, tendenziell von gesteigerter Intensität. Zu den Pflichten der Verhandlungspartner gehört es danach insbesondere, den Abschluß des Hauptvertrages nach Kräften zu fördern, den Partner vor Schäden im Zusammenhang mit den Verhandlungen zu bewahren und ihn über Umstände, die für ihn erkennbar von Bedeutung sind, aufzuklären (vgl. etwa *Staudinger/Dilcher*, BGB, 12. Aufl., Vorbem zu §§ 145 ff. Rdn. 34 ff.). Eine Verletzung dieser Pflichten kann etwa darin liegen, daß der eine Partner dem anderen seine Erkenntnisse über Schwierigkeiten mit dem ins Auge gefaßten Projekt nicht mitteilt, Parallelverhandlungen mit Dritten führt, obwohl er den Eindruck exklusiver Verhandlungen erweckte (hierzu oben Anm. 10), den Abschluß des Hauptvertrages nicht mehr ernsthaft verfolgt und insbesondere die Verhandlungen ohne hinreichenden Grund abbricht (vgl. hierzu z.B. BGH NJW 1975, 1774; *Staudinger/Dilcher*, BGB, 12. Aufl., Vorbem zu §§ 145 ff., Rdn. 34 mwN). Gerade der letzte Fall ist von besonderer praktischer Bedeutung: Der Letter of Intent erweckt in aller Regel bei den Partnern ein weitreichendes **Vertrauen auf das Zustandekommen des Hauptvertrages.** Kommt dieser nicht zum Abschluß, weil einer der Verhandlungspartner von den im Letter of Intent getroffenen Festlegungen nichts mehr wissen will, wird das Vertrauen des anderen Partners enttäuscht. Hieraus ergibt sich der Anspruch aus culpa in contrahendo. Etwas anderes gilt dann, wenn eine Einigung über die in dem Letter of Intent ausdrücklich offengehaltenen oder sich aus dem Gesamtzusammenhang heraus noch als offen ergebenden Punkte nicht erzielt werden kann oder aber objektive Hinderungsgründe (z.B. ungeeigneter Standort, Im- oder Exportbeschränkungen) das Projekt scheitern lassen. Letzterenfalls droht demjenigen Verhandlungspartner wiederum die Haftung, der von solchen Hinderungsgründen Kenntnis hat, sie aber nicht offenbart.

Schadensersatzansprüche aus culpa in contrahendo sind grundsätzlich auf das **negative Interesse** gerichtet (s. etwa *Blaurock* ZHR 147 (1983), 334, 337). Hieraus folgt, daß der Verletzer der beschriebenen Schutz- und Treuepflichten dem Verhandlungspartner die Aufwendungen zu ersetzen hat, die dieser im Vertrauen auf das Zustandekommen des Hauptvertrages tätigte. Hierzu können die Kosten nicht ausdrücklich vergütungspflichtiger Vorleistungen, Beratungskosten, Reisekosten und eigener Zeitaufwand gehören. In der Regel (mangels anderweitiger Absprachen im Letter of Intent) nicht ersatzfähig ist der Schaden, der dem Verhandlungspartner daraus entsteht, daß der Hauptvertrag nicht zum Abschluß kommt (entgangener Gewinn etc.).

c) **Regelungen im Letter of Intent.** Aus der beschriebenen Rechtslage folgt, daß das Haftungsrisiko der Verhandlungspartner wesentlich von der Gestaltung des Letter of Intent abhängt. Eine vertragliche Haftung kann nur dann entstehen, wenn der Letter of Intent bindende vertragliche Absprachen enthält. Ist dies der Fall, kann das Risiko, falls gewünscht, mit vertraglichen Haftungsbeschränkungsklauseln (z.B. keine Haftung für entgangenen Gewinn oder Produktionsausfall, Haftung nur bei grober Fahrlässigkeit, betragsmäßige Höchstgrenze) begrenzt werden. Die Haftung aus culpa in contrahendo basiert auf Vertrauen, welches durch die textliche Gestaltung des Letter of Intent **abgeschwächt** oder **verstärkt** werden kann. Je präziser das bisher erreichte Verhandlungsergebnis beschrieben wird, desto höher ist das Risiko für die Partei, die sich lösen möchte. Je mehr offene Punkte es gibt und je stärker die Abschlußfreiheit der Parteien betont wird, desto geringer ist deren Risiko. Im übrigen kann der Letter of Intent auch zu Ansprüchen aus culpa in contrahendo (oder aus anderen Rechtsgründen) Haftungsbeschränkungsklauseln enthalten. In Betracht kommen werden hier vor allem betragsmäßige Beschränkungen.

Das Form. wählt in § 7 Abs. 3 den Weg einer zwingenden **pauschalen Abgeltung** voraussehbarer Vertrauensschäden (Vergütung erbrachter Vorleistungen). Einzige Voraussetzung ist die Aufsage der Verhandlungen; auf die Gründe kommt es nicht an. Der Anspruch nach § 7 Abs. 3 des Form. besteht daher auch dann, wenn gar keine Verletzung der Abschlußförderungspflicht vorliegt. **Weitergehende Ansprüche,** etwa aus culpa in contrahendo, werden ausdrücklich vorbehalten. Das Risiko solcher Ansprüche ist allerdings nach der Konzeption des Form. nicht allzu hoch. §§ 4 Abs. 2 und 7 Abs. 1 betonen die Ausstiegsmöglichkeiten der Parteien, so daß die Reichweite ihres möglichen Vertrauens

2. Non-Disclosure Agreement (Geheimhaltungsvereinbarung) I.2

auf den Abschluß des Joint Venture Agreement von vornherein beschränkt ist. Im Falle des Ausstiegs sind erbrachte Vorleistungen pauschal zu vergüten, so daß auch weitergehende Schäden eher unwahrscheinlich sind.

13. Gerichtsstandsklausel. Die **Gerichtsstandsklausel** des § 10 Abs. 2 des Form. soll dem deutschen Partner ein ausländisches Forum ersparen und im übrigen die Anwendung der Rechtswahlklausel sicherstellen. Aus der Sicht eines deutschen Gerichtes würde sie akzeptiert (Art. 27 Abs. 1 EGBGB); ob dies auch in einem ausländischen Forum der Fall ist, muß im Einzelfall geprüft werden (vgl. dazu näher Form. II.3 Anm. 24). Der Vorbehalt der Klagemöglichkeit am Sitz des Beklagten wird relevant, wenn ein im vereinbarten Gerichtsstand ergangenes Urteil nicht ohne weiteres im Sitzstaat des Beklagten anerkannt und vollstreckt würde.

14. Sonstiges. Die **Kostenregelung** des § 8 des Form. ergänzt die sonstigen Regelungen zur Vergütung und Kostenübernahme in dem Letter of Intent (§§ 3 Abs. 3 und 7 Abs. 3 des Form.). Sie besagt, daß über diese Bestimmungen hinaus die Parteien die jeweils bei ihnen anfallenden Kosten selbst tragen. Ansprüche auf Ersatz von Kosten als Vertrauensschäden sind wegen des Verweises auf § 7 Abs. 3 des Form. nicht ausgeschlossen. – Die Regelung zu **Mitteilungen und Zustellungen** (§ 9 des Form.) ist nützlich, weil sie den Parteien jeweils die Pflicht auferlegt, eingetretene Adressänderungen mitzuteilen oder zumindest geeignete Vorkehrungen dafür zu treffen, daß Zustellungen sie dennoch erreichen. Eine Verletzung dieser Pflichten kann Schadensersatzansprüche auslösen oder auch die Annahme einer Zustellungsfiktion rechtfertigen.

2. Non-Disclosure Agreement[1,2]
(Geheimhaltungsvereinbarung)

By and between
A
Germany
                                          (hereinafter referred to as „A")[3]
and
B
United States of America
                                          (hereinafter referred to as „B")

Whereas[4], A is designing and manufacturing machines to produce packaging devices and distributes such machines throughout the European market.

Whereas, B is a manufacturer of assembly lines in the United States and desires to add machines for packaging devices to its line of products;

Whereas, A is the owner of secret Know-How for the manufacture of machines for packaging devices;

Whereas, in extending its product line to machines for packaging devices, B wants to make use of the secret Know-How of A;

Whereas, the Parties have entered into a letter of intent on May 1, 1996, which letter of intent foresees that A shall make available to B information, including secret Know-How, for evaluation of the further relationship of the Parties;

Whereas, the Parties have agreed that before such secret Know-How is made available, a non-disclosure agreement has to be entered into,

Now, therefore, the Parties agree as follows:

Article 1. Definitions[5]

1. „Affiliated Companies" means companies as defined in Section 15 et subseq. of the German Code on Share Companies (Aktiengesetz)[6], which are in existence as affiliated companies at the time of entering into this Agreement.
2. „Know-How" means the secret Know-How of A on the Technology and any related Know-How of A, regardless of the means of fixation, provided, however, that the Know-How of A in connection with the design and manufacture of small sized packaging devices („series 173 B") shall not be covered by this Agreement[7].
3. „Letter of Intent" means the letter of intent entered into between the Parties on May 1, 1996 covering the basic understanding of a possible licensing relationship between the Parties.
4. „Technology" means the design and manufacture of machines for packaging devices to be used for fastening of straps, made from various materials, around boxes[8].

Article 2. Access to Know-How

1. A is the owner of the Know-How to which B desires to obtain access[9]. B declares that at the time of entering into this Agreement it does not have any knowledge, secret or otherwise, on the Technology, but wants to obtain such knowledge from A[10].
2. To enable B to evaluate the Technology before entering into a license agreement with A, A shall make available the Know-How to B[11].
3. A shall also make available any further Know-How which might be developed by A relating to the Technology until a license agreement is entered into or until the Parties have declared their negotiations to have ended, as set forth in the Letter of Intent[12].
4. To have B acceed to the Know-How, A shall at the premises of A make available to B all documentation relating to the Know-How. Furthermore, A shall have such employees of A available to B which are knowledgeable on the Know-How. B shall not be entitled to make any copies of the documentation nor shall B be entitled to request any additional documentation to be prepared for its evaluation[13].

Article 3. Secrecy Obligation

1. B shall keep all Know-How of A confidential and shall provide the necessary means to prevent unauthorized disclosure of the Know-How[14].
2. B shall allow access to the Know-How only to those employees who have signed a secrecy obligation in the form as set forth in Annex 1 to this Agreement before they gain access to the Know-How. The originals of such signed secrecy obligations shall be forwarded to A. For the purpose of this Agreement, the term „B" does also include any and all employees of B gaining access to the Know-How[15].
3. Subject to the secrecy obligation is the Know-How, including but not limited to, all documents, material, drawings, data, articles etc. which already have been or will be provided to B or of which B gains knowledge of otherwise. Verbal explanations by the employees of A in regard of the Know-How are also included in the secrecy obligation. This secrecy obligation also extends to any further Know-How which may be developed by A according to Article 2 paragraph 3.[16]
4. Notwithstanding B's evaluation of the Technology, B shall not use the Know-How for its own or third Parties' purposes and shall not file for any intellectual right protection for the Know-How, or parts of it.[17]
5. For each single case of violation of this secrecy obligation B shall pay a penalty of DM 50.000.– which shall not be accounted to any damages suffered by A as a result of such violation.[18]
6. The secrecy obligation does not apply to any Know-How which at the time of access by B is already in the possession of B, is developed by B independently of such access, is disclosed to B by a third party without breach of any secrecy obligation of such third

2. Non-Disclosure Agreement (Geheimhaltungsvereinbarung)

party, or is part of the public domain at the time of access. B has the burden of proof that any of such exceptions apply.[19]

Article 4. Affiliated Companies[20]

1. To the extent necessary for evaluating the Technology, the Affiliated Companies of B may gain access to the Know-How under the terms and conditions of this Agreement, which apply mutatis mutandis.
2. The secrecy obligation set forth in this Agreement does also apply to the Affiliated Companies of B. B will impose the secrecy obligation to any Affiliated Company that will come in contact with the Know-How. B warrants that the Affiliated Companies of B will fulfill the terms and conditions of this Agreement.
3. B agrees to hold A harmless (as set forth in Article 6) from any violation of the secrecy obligation on the side of such Affiliated Companies.

Article 5. No Further Rights[21]

B acknowledges that nothing contained in this Agreement is intended or shall be construed to convey to B any rights or license under the Know-How or any intellectual property rights of A.

Article 6. Reimbursement[22]

B shall hold A harmless from any damages, costs or expenses incurred (including court costs and reasonable attorney's fees) in case of a violation of the secrecy obligation. This obligation is also applicable to any breach of the secrecy agreement by any of the employees of B.

Article 7. Governing Law and Jurisdiction[23]

1. This Agreement shall be governed by and construed in accordance with the laws of the Federal Republic of Germany.
2. Any dispute arising out of or in connection with this Agreement shall be exclusively adjudicated by the Landgericht Frankfurt am Main.

Article 8. Severability

In case one or more of the provisions contained in this Agreement should be or become fully or in part invalid, illegal or unenforceable in any respect under any applicable law, the validity, legality, and enforceability of the remaining provisions of this Agreement shall not in any way be affected or impaired. Any provision which is fully or in part invalid, illegal or unenforceable shall be replaced by a provision which best meets the purpose of the replaced provision; the same applies in case of an omission.

Article 9. Term of this Agreement[24]

1. The Parties agree that this Agreement is concluded for a term of 6 months.
2. At the expiration of this term this Agreement shall be extended for an additional 6 months if not terminated by one of the Parties with one month notice to the end of the initial term.
3. This Agreement automatically terminates if the Letter of Intent is terminated.

Article 10. Survival[25]

The secrecy obligation imposed on B under this Agreement shall survive the expiration or termination of this Agreement and shall remain binding as long as the Know-How has not become part of the public domain, for which B has the burden of proof.

Article 11. Language, Amendments

1. This Agreement has been drawn up in the English language. Any German translation is made available for reading purposes only and the English version prevails in case of any discrepancies in the wording.[26]
2. All amendments to this Agreement shall be made in writing and shall be signed by the Parties[27]. This also applies to an amendment of this form requirement.

Date: .... Date: ....

....
A   B

Annex 1. Secrecy Obligation[15]

The undersigning ......, employee of B („the Employee"), declares that he/she is aware of the secrecy obligation of B under the Non-Disclosure Agreement with A.

By signing this secrecy obligation, the Employee obliges himself/herself to keep the Know-How of A confidential and to prevent unauthorized disclosure of the Know-How.

The Employee is also bound by this secrecy obligation after leaving the employment of B as long as the Know-How remains secret.

Date:

....
Employee

Übersetzung

Geheimhaltungsvereinbarung*

zwischen
A
Deutschland
                                                                                  – im folgenden „A" –
und
B
Vereinigte Staaten von Amerika
                                                                                  – im folgenden „B" –

Präambel

A entwickelt und produziert Maschinen zur Herstellung von Verpackungsgeräten und vertreibt diese Geräte innerhalb des Europäischen Marktes.

B ist Hersteller von Fabrikationsstraßen in den USA und beabsichtigt, seiner Produktpalette Herstellungsmaschinen für Verpackungsgeräte beizufügen.

A ist der Inhaber von geheimem Know-How für die Produktion von Maschinen zur Herstellung von Verpackungsgeräten.

B wünscht, das geheime Know-How von A zu nutzen, um seine Produktpalette um Maschinen für Verpackungsgeräte zu erweitern.

---

* Diese Übersetzung dient ausschließlich dem besseren Verständnis des englischen Originals; sie erhebt keinen Anspruch auf Verbindlichkeit.

2. Non-Disclosure Agreement (Geheimhaltungsvereinbarung) I.2

Die Parteien haben am 1. Mai 1996 eine Absichtserklärung abgeschlossen, die vorsieht, daß B von A Informationen (einschließlich des geheimen Know-Hows) zugänglich gemacht werden, um so eine Einschätzung der zukünftigen Beziehung zwischen den Parteien zu ermöglichen.

Die Parteien sind sich darin einig, daß eine Geheimhaltungsvereinbarung abgeschlossen werden soll, bevor das geheime Know-How zur Verfügung gestellt wird.

Die Parteien vereinbaren daher folgendes:

Artikel 1. Definitionen

1. „Verbundene Unternehmen" bedeutet Unternehmen im Sinne von § 15 ff Aktiengesetz, die zum Zeitpunkt des Vertragsschlusses als verbundene Unternehmen existieren.
2. „Know-How" bedeutet das geheime Know-How von A über die Technologie und das dazugehörige Know-How, unabhängig von dessen Verkörperung. Der Begriff schließt allerdings nicht das Know-How von A zur Entwicklung und Herstellung von kleinen Verpackungsgeräten („Serie 173 B") ein, das von diesem Vertrag nicht erfaßt wird.
3. „Absichtserklärung" bedeutet die Absichtserklärung, die am 1. Mai 1996 von den Parteien unterzeichnet wurde und die das grundlegende Verständnis einer möglichen Lizenzvereinbarung zwischen den Parteien enthält.
4. „Technologie" bedeutet die Entwicklung und Herstellung von Maschinen für Verpakkungsgeräte, die zum Befestigen von Bändern (aus den verschiedensten Materialien) um Kartons verwendet werden.

Artikel 2. Zugang zum Know-How

1. A ist der Inhaber des Know-Hows, zu dem B Zugang erhalten möchte. B erklärt, daß B zum Zeitpunkt des Vertragsabschlusses selbst über die Technologie keine Kenntnisse, seien diese geheim oder nicht, besitzt, sondern diese Kenntnisse von A erhalten möchte.
2. Um B zu ermöglichen, vor Abschluß des Lizenzvertrages mit A die Technologie zu überprüfen, stellt A das Know-How B zur Verfügung.
3. A wird darüber hinaus zusätzliches Know-How zur Verfügung stellen, das von A in Bezug auf die Technologie bis zum Abschluß eines Lizenzvertrages noch entwickelt wird, oder bis zu dem Zeitpunkt, zu dem die Parteien ihre Verhandlungen als beendet erklärt haben, wie dies in der Absichtserklärung vorgesehen ist.
4. Um B den Zugang zum Know-How zu ermöglichen, wird A in seinem Geschäftslokal B die Dokumentation zur Verfügung stellen, die sich auf das Know-How bezieht. Weiterhin wird A die Arbeitnehmer von A bereithalten, die Kenntnisse über das Know-How besitzen. B ist weder berechtigt, Kopien der Dokumentation anzufertigen, noch hat B einen Anspruch darauf, daß zusätzliches Material für die Überprüfung hergestellt wird.

Artikel 3. Geheimhaltungsverpflichtung

1. B verpflichtet sich, das Know-How von A geheimzuhalten. Dazu wird B die erforderlichen Schritte unternehmen, um eine unzulässige Offenlegung des Know-Hows zu verhindern.
2. B darf das Know-How nur den Arbeitnehmern zugänglich machen, die eine Geheimhaltungsvereinbarung gemäß dem Muster in Anlage 1 unterzeichnet haben, bevor sie Zugang zum Know-How erhalten. Die Originale der unterschriebenen Geheimhaltungserklärungen sind A zur Verfügung zu stellen. Für die Zwecke dieses Vertrages umfaßt der Begriff „B" auch die Arbeitnehmer von B, die Zugang zum Know-How erhalten.
3. Die Geheimhaltungsverpflichtung umfaßt das Know-How, einschließlich aller Dokumente, Materialien, Zeichnungen, Daten und Artikel, die B bereits zur Verfügung gestellt wurden oder noch werden oder von denen B auf andere Art und Weise Kenntnis erlangt. Mündliche Erklärungen durch die Arbeitnehmer von A im Hinblick auf das

Know-How werden von der Geheimhaltungsverpflichtung ebenso erfaßt. Diese Geheimhaltungsverpflichtung erstreckt sich auch auf alles zusätzliche Know-How, das von A noch entsprechend Artikel 2 Nr. 3 entwickelt wird.

4. Abgesehen von der Überprüfung der Technologie ist B nicht berechtigt, das Know-How für eigene Zwecke oder die Zwecke Dritter zu nutzen. Ebenso ist es B untersagt, für das Know-How oder Teile davon gewerbliche Schutzrechte anzumelden.

5. Für jeden einzelnen Fall der Verletzung der Geheimhaltungsabrede verpflichtet sich B zur Zahlung einer Vertragsstrafe von DM 50 000, die auf etwaige Schäden, die A als Folge der Verletzung der Geheimhaltungsabrede erleidet, nicht angerechnet wird.

6. Die Geheimhaltungsabsprache erfaßt nicht solches Know-How, das sich zum Zeitpunkt der Zurverfügungstellung bereits im Besitz von B befindet, von B unabhängig entwickelt wird, B von dritter Seite ohne Bruch einer Geheimhaltungsabrede zur Verfügung gestellt wird, oder bereits offenkundig ist. B trägt die Beweislast für das Vorliegen dieser Ausnahmen.

Artikel 4. Verbundene Unternehmen

1. Soweit dies zur Überprüfung der Technologie erforderlich ist, darf B auch verbundenen Unternehmen entsprechend den Bedingungen dieses Vertrages Zugang zum Know-How verschaffen.

2. Die in diesem Vertrag enthaltene Geheimhaltungsverpflichtung gilt auch für verbundene Unternehmen von B. B verpflichtet sich, diese Geheimhaltungsverpflichtung allen verbundenen Unternehmen aufzuerlegen, die Zugang zum Know-How erhalten. B sichert zu, daß die verbundenen Unternehmen von B die Bestimmungen dieses Vertrages einhalten werden.

3. B verpflichtet sich, A (wie in Artikel 6 vorgesehen) für etwaige Verletzungen der Geheimhaltungsverpflichtung auf seiten der verbundenen Unternehmen schadlos zu halten.

Artikel 5. Keine weitere Rechtseinräumung

B erkennt an, daß diese Vereinbarung weder beabsichtigt noch dahin ausgelegt werden kann, daß B irgendwelche Rechte oder eine Lizenz an dem Know-How oder anderen gewerblichen Schutzrechten von A eingeräumt wird.

Artikel 6. Freistellung

B wird A von allen Schadensersatzansprüchen oder Kosten freistellen (einschließlich Gerichtsgebühren und angemessenen Anwaltsgebühren), die sich aus einer Verletzung der Geheimhaltungsvereinbarung ergeben. Diese Verpflichtung erstreckt sich auch auf eine etwaige Verletzung der Geheimhaltungsvereinbarung durch die Arbeitnehmer von B.

Artikel 7. Anwendbares Recht und Gerichtsstand

1. Dieser Vertrag unterliegt dem Recht der Bundesrepublik Deutschland.

2. Alle Streitigkeiten aus oder im Zusammenhang mit diesem Vertrag werden der ausschließlichen Zuständigkeit des Landgerichtes Frankfurt am Main unterstellt.

Artikel 8. Salvatorische Klausel

Falls eine oder mehrere Vorschriften dieses Vertrages ganz oder teilweise unwirksam sind oder werden, ist die Wirksamkeit der übrigen Bestimmungen dieses Vertrages davon nicht beeinflußt. Eine entsprechend unwirksame Klausel wird durch eine Klausel ersetzt werden, die dem Zweck der unwirksamen Bestimmung am nächsten kommt; dasselbe gilt im Fall einer Lücke.

2. Non-Disclosure Agreement (Geheimhaltungsvereinbarung)

Artikel 9. Laufzeit

1. Die Parteien vereinbaren, daß dieser Vertrag eine Laufzeit von 6 Monaten hat.
2. Nach 6 Monaten verlängert sich dieser Vertrag um weitere 6 Monate, falls er nicht von einer der Parteien mit einmonatiger Kündigungsfrist gekündigt wird.
3. Dieser Vertrag endet automatisch, sobald die Absichtserklärung gekündigt wird.

Artikel 10. Weitergeltung

Die Geheimhaltungsverpflichtung, die B in diesem Vertrag auferlegt wird, gilt auch nach Beendigung dieses Vertrages weiter, solange das Know-How nicht offenkundig geworden ist, wofür B die Beweislast trägt.

Artikel 11. Sprache des Vertrages und Ergänzungen

1. Dieser Vertrag wurde in englischer Sprache erstellt. Eine deutsche Übersetzung wird nur zu Verständniszwecken zur Verfügung gestellt. Sollte die deutsche Version einen anderen Inhalt haben, geht die englische Version vor.
2. Alle Ergänzungen zu diesem Vertrag müssen schriftlich erfolgen und von den Parteien unterzeichnet sein. Dies gilt auch für eine Änderung dieser Schriftformklausel.

Datum: ....   Datum: ....

....
A   B

Anlage 1. Geheimhaltungsverpflichtung

Der unterzeichnende ......, Arbeitnehmer von B (im folgenden „Arbeitnehmer") erklärt hiermit, daß er von der Geheimhaltungsverpflichtung von B unter dem Geheimhaltungsvertrag mit A Kenntnis genommen hat.

Durch Unterzeichnung dieser Geheimhaltungserklärung verpflichtet sich der Arbeitnehmer persönlich, das Know-How von A geheimzuhalten und jede nicht erlaubte Offenlegung des Know-Hows zu verhindern.

Der Arbeitnehmer ist an diese Geheimhaltungserklärung auch nach Beendigung des Arbeitsverhältnisses mit B gebunden, solange das Know-How noch geheim ist.

....
Arbeitnehmer

Übersicht

		Seite
1.	Allgemeines	24
2.	Sachverhalt	25
3.	Vertragsparteien	25
4.	Präambel	25
5.	Definitionen	25
6.	Verbundene Unternehmen	25
7.	Know-How	25
8.	Technologie	26
9.	Eigentümer	26
10.	Kenntnisse des Know-How-Empfängers	26
11.	Zweck	26
12.	Weiterentwicklungen	26
13.	Zugang zum Know-How	26
14.	Geheimhaltungsverpflichtungen	27
15.	Arbeitnehmer	27
16.	Weiteres Know-how	27

	Seite
17. Umfang der Nutzung	27
18. Vertragsstrafe	27
19. Grenzen der Geheimhaltungsverpflichtung	28
20. Verbundene Unternehmen	28
21. Nutzungsbeschränkung	29
22. Kostenerstattung	29
23. Anwendbares Recht und Zuständigkeit	29
24. Laufzeit	29
25. Dauer der Geheimhaltungspflicht	29
26. Sprachversionen	29
27. Vertragsänderung	29

Anmerkungen

1. Allgemeines. Das Non-Disclosure Agreement hat sich als Geheimhaltungsvereinbarung im internationalen Geschäftsverkehr zu einem Standardinstrument entwickelt. Auf diese Weise soll es den Parteien ermöglicht werden, Zugang zu geheimem Know-How zu erhalten. Der Hintergrund für diesen Wunsch beider Parteien kann sehr vielfältig sein. So kann es dem Know-How-Inhaber daran gelegen sein, einen Betriebsteil (oder das gesamte Unternehmen) zu verkaufen, ein Gemeinschaftsunternehmen mit der anderen Partei zu gründen, das Know-How selbst zu verkaufen oder daran eine Nutzungsberechtigung einzuräumen. In allen Fällen wird die andere Partei Wert darauf legen, vorab, d.h. noch vor Abschluß der entsprechenden Verträge, Zugang zu dem geheimen Wissen zu erlangen, um so abzuklären, ob das vom Inhaber des Wissens Behauptete tatsächlich vorliegt und inwieweit sich dieses Know-How für den interessierten Vertragspartner nutzen läßt.

Da auf der anderen Seite die „Verletzlichkeit" des Know-How-Inhabers evident ist, sobald er sein Know-How dem anderen zugänglich macht und auch zu diesem Zeitpunkt noch nicht abgesehen werden kann, ob es tatsächlich zu einem Vertragsschluß kommen wird, muß sich der Know-How-Inhaber schützen.

Der gesetzliche Geheimnisschutz, insbesondere §§ 17, 18 UWG (aber auch die strafrechtlichen Vorschriften, §§ 202a ff StGB) sind für den Know-How-Inhaber nicht ausreichend. Für die strafrechtlichen Regelungen, ebenso wie für § 17 UWG folgt dies schon daraus, daß es in der Regel an den tatbestandlichen Voraussetzungen hinsichtlich der Kenntniserlangung des geheimen Know-Hows fehlen wird, da dieses, jedenfalls unter den üblichen Umständen, dem Vertragspartner vom Know-How-Inhaber offengelegt wird. Aber auch § 18 UWG, der davon ausgeht, daß die entsprechenden Unterlagen dem Vertragspartner vom Know-How-Inhaber selbst anvertraut wurden, reicht insoweit nicht. Dies schon deswegen nicht, weil § 18 UWG in seiner tatbestandsmäßigen Anwendbarkeit auf „Vorlagen oder Vorschriften technischer Art" begrenzt ist (zum strafrechtlichen Schutz des Know-Hows vergleiche allgemein *Lampe,* Der strafrechtliche Schutz des Knowhow gegen Veruntreuung durch den Vertragspartner (§§ 18, 20 UWG), BB 77, 1477 ff.).

Das Non-Disclosure Agreement versucht den erforderlichen Schutz zu erreichen. Nicht übersehen werden darf jedoch, daß auch trotz Abschluß eines Non-Disclosure Agreements der Know-How-Inhaber sich einer letztlich nicht auszuräumenden Gefährdung aussetzt. Sofern es dem anderen Vertragspartner von vornherein darauf ankommt, das Know-How für eigene Zwecke zu nutzen, ohne zu einem Vertragsschluß zu kommen, sind letztlich die Schutzmöglichkeiten des Know-How-Inhabers begrenzt. In einem solchen Falle kann der Know-How-Inhaber nur darauf hoffen, daß er mit der gewählten Vertragsstrafensumme (Artikel 3 Paragraph 5) einen Betrag getroffen hat, der für den anderen Vertragspartner abschreckend wirkt. Selbstverständlich bleibt darüber hinaus die Möglichkeit, gerichtliche Hilfe (einschließlich einstweiligen Rechtsschutzes) in Anspruch zu nehmen.

2. Non-Disclosure Agreement (Geheimhaltungsvereinbarung) I.2

2. Sachverhalt. Das Muster geht davon aus, daß A für einen bestimmten Industriebereich über wertvolles geheimes Know-How verfügt, das allerdings nicht nur für den Bereich eingesetzt werden kann, der den anderen Vertragspartner interessiert. Aus diesem Grund heraus muß das Muster eine Abschichtung der verschiedenen technischen Bereiche vornehmen. Weiterhin wird unterstellt, daß die interessierte andere Vertragspartei nicht nur selbst, sondern auch durch mit ihr verbundene Unternehmen (Artikel 4) eine Prüfung des Know-Hows vornehmen will.

Die Parteien haben zum Zeitpunkt des Abschlusses der Geheimhaltungsvereinbarung bereits eine Absichtserklärung (Letter of Intent) unterzeichnet (Siehe dazu Form. I. 1), die allgemeine Regeln über den Umgang miteinander, eine eigene Laufzeit und eigene Beendigungsmöglichkeiten enthält. Auf diese Absichtserklärung bezieht sich das Muster, auch hinsichtlich der Laufzeit.

3. Vertragsparteien. Eine „Definition" der Vertragspartei empfiehlt sich grundsätzlich. Sie ist dann unabdingbar, wenn mehr als zwei Partner am Vertrag beteiligt sind (wenn z. B. auf seiten des Know-How-Gebers zwei separate juristische Personen auftreten).

4. Präambel. Die Verwendung einer Präambel („Whereas"-Klauseln) ist im internationalen Zusammenhang üblich und auch für nationale Verträge zu empfehlen. Wenn auch davon auszugehen ist, daß solche Whereas-Klauseln noch „vor" dem Vertrag stehen und somit selbst nicht bindender Vertragsinhalt werden, ergibt sich doch für die Partner mit solchen Whereas-Klauseln in der Präambel die Möglichkeit, das niederzuschreiben und für beide verbindlich festzulegen, was die Parteien bei Abschluß des Vertrages in ihrem Handeln bestimmt. Hier findet sich in zeitlich geordneter und logischer Folge eine Beschreibung des Hintergrundes der Beziehung der Parteien, der u. U. bestehenden sonstigen Verträge und der jeweiligen Motivation bei Abschluß des Vertrages, d. h. der von jeder Partei mit diesem Vertrag angestrebten Ziele. Auf diese Weise bietet (jedenfalls für das deutsche Recht) die Präambel eine wichtige Auslegungsgrundlage bei späteren Streitigkeiten hinsichtlich der Historie und der Auslegung nach Sinn und Zweck.

5. Definitionen. Eine separate Klausel nur zu den Definitionen hat sich ebenso eingebürgert, um den Vertragstext selbst schlanker und kürzer halten zu können. Wenn nicht jedesmal eine erneute Umschreibung der einzelnen Begriffe in jedem Paragraphen in ihrem vollen Bedeutungsumfang vorgenommen werden soll, empfiehlt es sich, mit allgemein gültigen Definitionen zu arbeiten. Dies schließt nicht aus, daß im einzelnen Paragraphen auch ein bereits vorab definierter Begriff nur für den Zweck dieses Paragraphen eine neue Definition erfährt. Dies sollte jedoch mit äußerster Vorsicht erfolgen und muß im entsprechenden Kontext klargestellt werden. Soweit vorab Definitionen gegeben werden, muß sichergestellt sein, daß im Vertrag diese Definitionen konsistent verwendet werden.

6. Verbundene Unternehmen. Die Definition der verbundenen Unternehmen im Sinne des § 15 AktienG erweist sich im Umgang mit einem Partner, dem das Deutsche Recht nicht vertraut ist, als sinnvoll und letztlich auch vertrauensbildend.

7. Know-How. Es ist unabdingbar, den Begriff Know-How genau zu definieren. Üblicherweise wird sich um diesen Begriff eine Diskussion zwischen den Parteien ergeben, die sehr hilfreich dafür ist, festzustellen, was nun tatsächlich beiderseits zur Offenlegung angeboten bzw. gewünscht wird. Es empfiehlt sich bereits an dieser Stelle, etwaige Ausschlüsse von der Offenbarungspflicht auszunehmen, um frühzeitig Mißverständnisse zu vermeiden.

Als geheimes Know-How kann jede Tatsache angesehen werden, die nicht offenkundig ist. Dabei ist es unerheblich, daß diese Tatsache einem begrenzten Personenkreis bereits bekannt ist, wenn dennoch der Know-How-Inhaber ein berechtigtes wirtschaftliches Interesse an der Geheimhaltung hat und der Wille des Geschäftsinhabers vorliegt, daß die Tatsache geheimgehalten werden soll (vgl. BGH GRUR 1955, 424 – Möbelwachspaste, BGH GRUR 1961, 40 – Wurftaubenpresse). Dabei ist der Geheimnisbegriff nicht nur auf absolute Geheimnisse zu beziehen, sondern er erstreckt sich auch auf solche Tatsachen, die zwar nicht absolut geheim sind, die aber einem Dritten nicht ohne weiteres (d. h. ohne Mühen und Anstrengungen) zugänglich sind. Es kann auch ein Betriebsgeheimnis darstellen, daß ein an sich offenkundiges Verfahren für eine bestimmte Herstellungstätigkeit in einem Unternehmen verwendet wird, wenn diese Tatsache der Verwendung nicht allgemein bekannt ist (insoweit kann auf die allgemeinen Ausführungen zu § 17 UWG verwiesen werden, vgl. *Baumbach/Hefermehl*, § 17 UWG Rdnr. 2 ff.). Eine dem Geheimnisschutz entgegenstehende Offenkundigkeit liegt erst dann vor, wenn der Fachmann im einzelnen die genaue Beschaffenheit von Stoffen oder den genauen Ablauf von Verfahren kennt (vgl. BGH GRUR 1980, 750 – Pankreaplex II).

8. Technologie. Die separate Definition des Begriffes „Technologie" erfolgt, um festzuschreiben, in welchem technischen Bereich das Know-How anzutreffen ist. Dem Partner ist es möglich, über diesen technischen Bereich Erklärungen abzugeben (wie z. B. hinsichtlich Nutzungswunsch des Know-Hows oder Angabe, daß eigenes Wissen nicht existiert), ohne daß der Partner zum Zeitpunkt des Vertragsschlusses schon wüßte, wie denn nun das Know-How aussieht und was sich dahinter verbirgt.

9. Eigentümer. Die deklaratorisch erscheinende Feststellung der Eigentümerstellung erhält dann Bedeutung, wenn A (z. B. im Konzern) selbst nur Lizenznehmer des Know-Hows ist.

10. Kenntnisse des Know-How-Empfängers. Diese Formulierung findet ihren Hintergrund darin, daß damit der Inhaber des Know-Hows von vornherein klarstellen möchte, daß sein Vertragspartner zur Zeit des Abschlusses der Geheimhaltungsvereinbarung nicht über eigenes Wissen in diesem Bereich verfügt. Damit eröffnet sich dem Know-How-Inhaber eine leichtere Möglichkeit zur späteren Durchsetzung seiner Ansprüche. Wenn der andere Vertragspartner bereit ist, zu unterschreiben, daß er selbst über keine Kenntnisse verfügt, kann er sich zu einem späteren Zeitpunkt nur noch sehr eingeschränkt damit verteidigen, daß er das ihm zugänglich gemachte Know-How doch bereits selbst zur Verfügung hatte. In diesem Zusammenhang ist der Hinweis auf die Technologie von Bedeutung, da der Vertragspartner insoweit in bindender Weise zum Know-How noch keine Aussage treffen kann.

11. Zweck. Damit wird die Zweckbeschreibung der Zurverfügungstellung des Know-Hows gegeben und der andere Vertragspartner auf diesen Zweck der Verwendung des Know-Hows festgelegt.

12. Weiterentwicklungen. Es muß genau überlegt werden, ob eine solche Klausel aufgenommen werden soll. Sie dient dem unter Umständen bestehenden Interesse der Parteien, bis zum Abschluß des angestrebten Lizenzvertrages miteinander im Gespräch bleiben zu können. Dem Vertragspartner wird damit die Gelegenheit eröffnet, Neuentwicklungen in seine Überlegung mit einzubeziehen. Die Klausel ist für den Know-How-Inhaber insoweit gefährlich, als er damit aktuelle und besonders wettbewerbsrelevante Entwicklungen seinem Vertragspartner offenlegen muß. Aus diesem Grund schlägt das Formular vor, daß die Verpflichtung klar begrenzt wird bis zum Abschluß des Lizenzvertrages, in der Annahme, daß dieser Vertrag selbst über die Know-How-Zurverfügungstellung Regelungen treffen wird. Alternativ dazu endet die Verpflichtung dann, wenn nach den Regeln des Letter of Intent eine der Parteien die beabsichtigte Zusammenarbeit für beendet erklärt hat. Sollte eine entsprechende Verpflichtung nicht eingegangen werden, so empfiehlt es sich klarzustellen, daß der Know-How-Inhaber neues Wissen dem Vertragspartner vorenthalten darf.

13. Zugang zum Know-How. Das Muster geht davon aus, daß der Vertragspartner B keine Unterlagen über das Know-How zur Verfügung gestellt bekommt, sondern lediglich in den Räumen von A Zugang zu dem Know-How erhält und auch dort nur Einsicht nehmen darf. Dies kann im Einzelfall zu restriktiv und (insbesondere bei sehr komplexer Technik) nicht praktikabel sein und es daher erforderlich sein, dem Vertragspartner tat-

2. Non-Disclosure Agreement (Geheimhaltungsvereinbarung) I.2

sächlich Dokumentation über das Know-How auszuhändigen. In einem solchen Fall muß der Vertrag regeln, daß nach Überprüfung des Know-Hows (auf alle Fälle aber bei Nichtzustandekommen des Lizenzverhältnisses und der Beendigung des Letter of Intent) alle Unterlagen, einschließlich etwaiger angefertigter Kopien wieder an den Know-How-Inhaber herauszugeben sind. Aufgrund der Annahme, daß hier der Vertragspartner keine Unterlagen erhält, sieht das Muster folgerichtig vor, daß dann jedenfalls die Arbeitnehmer des Know-How-Inhabers zur Verfügung stehen müssen, um dem Vertragspartner über das Know-How Rede und Antwort zu stehen.

14. Geheimhaltungsverpflichtung. Artikel 3 regelt das „Herzstück" der Geheimhaltungsvereinbarung. Durch Absatz 1 soll der Vertragspartner noch einmal darauf hingewiesen werden, daß er alles zu tun hat, um zu verhindern, daß das ihm anvertraute Know-How offenkundig wird. Damit schafft es der Know-How-Inhaber, einen über den gesetzlichen Umfang hinausgehenden Schutz seines Know-Hows zu erreichen.

15. Arbeitnehmer. Es ist sinnvoll, die Arbeitnehmer des Vertragspartners unmittelbar in die Geheimhaltungsvereinbarung mit aufzunehmen. Sicherlich obliegt den Arbeitnehmern allein aufgrund ihres Arbeitsverhältnisses mit B eine mittelbare Pflicht, insoweit Schaden von B abzuwenden, daß nicht durch eine Offenkundigmachung des Know-Hows B direkt Schadensersatzansprüchen ausgesetzt wird. Durch die ausdrückliche Regelung wird der Vertragspartner noch einmal auf die Verpflichtung seiner Arbeitnehmer hingewiesen (vgl. auch *Vortmann*, Lizenzverträge richtig gestalten, 3. Auflage 1995, Ziffer 5.11, Anmerkung 3). Zum anderen kann sich der Know-How-Inhaber insbesondere durch die Verpflichtung zum Abschluß von schriftlichen Vereinbarungen gemäß eines bereits vorgegebenen Texts aber auch sicher sein, daß die Arbeitnehmer von B noch einmal ausdrücklich auf ihre Verpflichtung hingewiesen werden (ein Umstand, der auch zur Beweiserleichterung dienen kann). Letztlich hat es damit der Know-How-Inhaber unter seiner Kontrolle, nur solche Arbeitnehmer von B zuzulassen, die nachweisen können, daß sie die Geheimhaltungsverpflichtung in der vorgeschriebenen Form abgegeben haben. Die hin und wieder in internationalen Verträgen anzutreffende Ausgestaltung, daß in der Geheimhaltungsvereinbarung, die von den Arbeitnehmern ausgestellt wird, der Know-How-Inhaber direkte Rechte erhält und sich auch die Arbeitnehmer mit eigener Vertragsstrafe gegenüber dem Know-How-Inhaber binden, scheint dagegen für den Regelfall zu weitreichend zu sein (und kann im Einzelfall einen Verstoß gegen die Fürsorgepflicht des Arbeitgebers darstellen).

16. Weiteres Know-How. An sich ist diese Regelung durch die Definition in Artikel 1 Nr. 2 bereits erfaßt. Sie wird dennoch vorgeschlagen, um den Vertragspartnern noch einmal vor Augen zu führen, wie weitreichend seine Geheimhaltungsverpflichtung ist. Substantiell erforderlich ist die Regelung hinsichtlich ihres letzten Satzes, um so auch das zusätzlich entwickelte Know-How nach Artikel 2 Nr. 3 mit einzubeziehen.

17. Umfang der Nutzung. Dem Vertragspartner sollen hinsichtlich seiner Nutzungsmöglichkeiten für die erlangten Kenntnisse noch einmal klare Schranken gesetzt werden. Jenseits der Überprüfung des Know-Hows für den angestrebten Vertrag wird ihm jede Nutzung des Know-Hows verboten.

18. Vertragsstrafe. Aufgrund der bereits oben in Anmerkung 1 angesprochenen Gefährdung des Know-How-Inhabers empfiehlt es sich in der Regel, in Geheimhaltungsvereinbarungen eine Vertragsstrafe für den Fall der unerlaubten Verwendung oder des Offenlegens des Know-Hows vorzusehen. Letztlich ist dies die einzige für den Vertragspartner sofort sichtbare Sanktion für eine mögliche Verletzung der Geheimhaltungsabsprache. Da auch der Nachweis eines durch die Offenkundigmachung des Geheim-Know-Hows entstandenen Schadens oftmals schwierig, wenn nicht gar unmöglich sein wird, empfiehlt sich eine solche Vertragsstrafenabsprache. Die Höhe der Vertragsstrafe muß im Einzelfall so gewählt werden, daß der Abschreckungseffekt tatsächlich eintreten kann. Eine Vertragsstrafe von DM 50.000,00 für den Fall der Zuwiderhandlung zwischen großen Unternehmen stellt eine solche Abschreckung nicht dar. Hier kann unter Umständen ein Vertragsstrafenversprechen auch deutlich im siebenstelligen Bereich liegen. Gegenüber einem kleineren Unternehmen oder einer Einzelperson kann dagegen eine hohe Vertragsstrafe unter Umständen als sittenwidrig im Sinne von § 138 BGB angesehen werden. Der hier gewählte Betrag von DM 50.000,00 sollte aber auch bei kleinen Unternehmen und Einzelpersonen im zulässigen Bereich liegen. Es ist wichtig, im Zusammenhang mit der Vertragsstrafenregelung anzusprechen, ob die Vertragsstrafe auf einen zusätzlich entstandenen Schaden anzurechnen ist oder nicht. Das Muster geht aus dem Abschreckungsgedanken heraus wieder davon aus, daß der Vertragspartner zusätzlich zum Schadensersatz verpflichtet ist, so daß die Regelung nach § 343 Abs. 2 BGB der Anrechnung der Vertragsstrafe abbedungen wird.

Aufgrund der neueren Rechtsprechung des Bundesgerichtshofes ist zweifelhaft, ob der im Muster vorgeschlagene Ausschluß der Einrede des Fortsetzungszusammenhanges noch wirksam vereinbart werden kann (vgl. BGH NJW 1994, 1663, aber auch OLG Hamm NJW-RR 1990, 1197, OLG Frankfurt NJW-RR 1992, 620). Jedenfalls in formularmäßigen Vertragsstrafenversprechen ist der Verzicht auf die Einrede des Fortsetzungszusammenhanges unwirksam (BGHZ 121, 18; vgl. aber auch BGH NJW 1993, 1786).

19. Grenzen der Geheimhaltungsverpflichtung. Dieser Absatz enthält Einschränkungen der absoluten Geheimhaltungsverpflichtung. Diese Einschränkungen sind nicht zuletzt aus kartellrechtlichen Gründen erforderlich, um so zu verhindern, daß ein tatsächlich offenkundiges Wissen gegenüber einem Marktbeteiligten mit einer Geheimhaltungsverpflichtung belegt wird und so dieser Marktbeteiligte nicht mehr im Wettbewerbsgeschehen mit diesem Wissen tätig werden kann. Wissen, das daher bereits offenkundig ist, kann von einer Geheimhaltungserklärung nicht erfaßt werden (vgl. hierzu auch BGH GRUR 1958, 349 – Spitzenmuster; BGH GRUR 1960, 554 – Handstrickverfahren). Unabhängig von der Laufzeit der Geheimhaltungsvereinbarung entfällt die Verpflichtung zur Geheimhaltung dann, wenn nach Bekanntgabe des Know-Hows dieses (ohne Vertragsverletzung durch den Vertragspartner oder einen Dritten) offenkundig wird (vgl. hierzu BGH GRUR 1960, 554 – Handstrickverfahren, *Immenga/Mestmäcker*, GWB Kommentar zum Kartellgesetz, 2. Auflage 1992, § 21 Rdnr. 69).

Die Umkehr der Beweislast ist ein sinnvolles Mittel, um zu verhindern, daß der Vertragspartner sich allzu leichtfertig auf das Vorliegen der Ausnahmen beruft. Nach der gesetzlichen Regelung (§ 18 UWG) müßte sonst der Know-How-Inhaber den Geheimnischarakter beweisen, da er gegen den Vertragspartner Ansprüche geltend macht. Die hier vorgesehene Beweislastumkehr ändert dies zugunsten des Know-How-Inhabers (in diesem Sinne auch *Vortmann*, a.a.O., Ziffer 5.11, Anmerkung 6).

20. Verbundene Unternehmen. Das Muster sieht zugunsten des Vertragspartners vor, daß dieser auch mit ihm verbundene Unternehmen (so wie diese in Artikel 1, Nummer 1 definiert sind) mit dem geheimen Know-How in Kontakt bringt. Dies hat seinen Hintergrund darin, daß davon ausgegangen wird, daß auch für das spätere Lizenzverhältnis die verbundenen Unternehmen mit berechtigt werden sollen. Hieraus entsteht für den Know-How-Inhaber ein erhöhtes Risiko, dem die Regelungen in Artikel 4 Rechnung zu tragen versuchen. Durch die Beschränkung auf die zum Zeitpunkt des Vertragsschlusses bestehenden verbundenen Unternehmen bleibt der Kreis für den Know-How-Inhaber überschaubar (hier empfiehlt es sich oftmals, mit einer Liste im Anhang zu arbeiten, die die verbundenen Unternehmen im einzelnen aufführt). In einer Reihe von Geheimhaltungsvereinbarungen findet sich diese Öffnung auf verbundene Unternehmen nicht; stattdessen erlaubt die vertragliche Regelung oftmals, daß der Vertragspartner seinen Zulieferern Kenntnis vom Know-How verschafft (um es so dem Vertragspartner zu ermöglichen, seine Produktionstätigkeit in der erforderlichen Weise zu organisieren). Die in Artikel 4 vorgeschlagenen Regelungen können auf diesen Fall entsprechend angewendet werden.

2. Non-Disclosure Agreement (Geheimhaltungsvereinbarung) I.2

21. Nutzungsbeschränkung. Hiermit wird klargestellt, daß der Vertragspartner vom Know-How-Inhaber nicht bereits durch die Geheimhaltungsvereinbarung berechtigt wird, das ihm zur Verfügung gestellte Know-How (auch nicht für andere eigene Zwecke) zu nutzen.

22. Kostenerstattung. Nach deutschem Recht zwar eine Selbstverständlichkeit, empfiehlt es sich doch, in internationalen Verträgen den Vertragspartner darauf aufmerksam zu machen, daß er in diesem Umfang zum Schadensersatz verpflichtet ist. Gerade gegenüber amerikanischen Unternehmen ist der Hinweis auf Erstattung von Anwaltsgebühren erforderlich, da nach dem Rechtssystem der US-amerikanischen Bundesstaaten eine solche Kostenerstattung nur in seltenen Ausnahmefällen vorgesehen ist.

23. Anwendbares Recht und Zuständigkeit. Wie jeder internationale Vertrag muß auch die Geheimhaltungsvereinbarung Vorschriften zum anwendbaren Recht und zur Zuständigkeit für Streitigkeiten enthalten. Das Muster empfiehlt, die Zuständigkeit bei den nationalen Gerichten anzusiedeln. Oftmals wird dies aufgrund der geforderten Neutralität der Regelungen zwischen den Parteien nicht vereinbart werden können. In einem solchen Fall muß entweder auf ein neutrales Rechtssystem und eine neutrale Gerichtszuständigkeit ausgewichen werden oder (insbesondere, wenn es sich um komplexes und besonders schutzbedürftiges Know-How handelt) eine Streitschlichtung durch ein Schiedsverfahren vorgesehen werden.

24. Laufzeit. Bei dem für das Muster gewählten Sachverhalt empfiehlt es sich, den Vertrag mit einer kurzen Laufzeit zu versehen, nicht zuletzt, um zu verhindern, daß der Know-How-Inhaber ständig das bei ihm neu entstehende Know-How dem Vertragspartner offenlegen muß. Die Geheimhaltungsvereinbarung mit dieser laufenden Verpflichtung muß ihr Ende finden, sobald die Absichtserklärung selbst aus den in ihr vorgesehenen Gründen endet. Es findet sich häufig in Mustern eine begrenzte Laufzeit der Geheimhaltungsvereinbarung von 5 Jahren. Dies hat seinen Hintergrund zum einen darin, daß man davon ausgeht, daß nach 5 Jahren das Know-How oftmals veraltet ist. Zum anderen will man aber auch durch eine feste Laufzeit die ordentliche Kündigung ausschließen, die bei einer unbegrenzten Laufzeit sonst möglich wäre.

25. Dauer der Geheimhaltungspflicht. Auch ohne ausdrückliche Regelung besteht die Verpflichtung zur Geheimhaltung so lange, wie das Geheimnis selbst noch nicht offenkundig geworden ist (vgl. BHG GRUR 1980, 750 – Pankreaplex II; *Immenga/Mestmäcker*, a. a. O., § 21, Randnr. 55). Eine dauernde Pflicht zur Geheimhaltung kann jedoch dem Vertragspartner nicht auferlegt werden. Sobald das Know-How offenkundig wird, endet die ihm obliegende Geheimhaltungspflicht (vgl. BGH GRUR 1960, 554 – Handstrickverfahren; *Immenga/Mestmäcker*, a. a. O., § 21, Rdnr. 56 m.w.N.). Das Freiwerden des Vertragspartners infolge der eintretenden Offenkundigkeit des Know-Hows liegt damit im Kartellrecht begründet.

Wiederum trifft den Know-How-Inhaber die Beweislast dafür, daß über die Vertragsdauer hinaus das zugängig gemachte Know-How noch geheim ist. Das Muster erleichtert diese Situation zugunsten des Know-How-Inhabers dadurch, daß insoweit dem Vertragspartner die Beweislast auferlegt wird (zur Zulässigkeit dieser Umkehr: WUWE BKartA 465, 477 f; *Immenga/Mestmäcker*, a. a. O., § 21, Rdnr. 59).

26. Sprachversionen. Die Praxis, neben dem „internationalen" Vertragstext, der in Englisch erstellt wird, auch mit einer deutschen Lesekopie zu arbeiten (die oftmals zusätzlich unterschrieben wird), macht es erforderlich, in den Vertragsdokumenten eine Hierarchie zwischen beiden Versionen zu bestimmen.

27. Vertragsänderung. Die an sich nach deutschem Rechtsverständnis überflüssige Formulierung, daß eine Änderung des Vertrages nicht nur schriftlich, sondern auch unterschrieben sein muß (die deutsche Schriftform nach § 126 BGB erfordert immer die Unterschrift), ist insbesondere im Umgang mit US-amerikanischen Unternehmen keine leere

Floskel, da dort die Schriftform entsprechend definiert wird. Nach deutschem Recht sollte jede Änderung schon wegen § 34 GWB schriftlich erfolgen.

3. Legal Opinion[1, 2, 7, 12]

B Corporation[3, 5]
135 West 86th Street
New York, N.Y. 10037
U.S.A.

Gentlemen,

we have[4] represented Mr. X, the executor of the estate of Ms. Y (the „Estate"), as counsel in connection with the negotiation and the preparation of a certain Sale and Transfer Agreement together with all of the exhibits, schedules and ancillary agreements relating thereto (the „Agreement") executed on July 15, 19... The Agreement provides for the sale and transfer of all of the Estate's shares in A-GmbH, a limited liability company organized under the laws of the Federal Republic of Germany with its headquarters in Stuttgart, by Mr. X to B Corp. (the „Transaction"). You informed us that closing is scheduled for August 20, 19...[2]

According to Sec. 23 of the Agreement and as a condition of closing, Mr. X is required to have an Opinion Letter prepared with respect to certain aspects of the Transaction. Mr. X has asked us to provide you with such Opinion Letter as requested.

We have examined[8] the Agreement and any ancillary documents, the corporate documents of A-GmbH as filed with the Commercial Register (Handelsregister) in Stuttgart, certified excerpts from the Land Title Register (Grundbuchamt) as to A-GmbH's premises in Stuttgart, the draft bank guarantee of Z-Bank, Stuttgart, in B Corp.'s favor, an official copy (Ausfertigung) of the letters testamentary empowering Mr. X to act for the Estate, a certified copy of Ms. Y's last will and testament and an official copy of the certificate of inheritance and such other documents which we have considered necessary or appropriate for the purposes of this Opinion Letter.

Legal Opinions:[9]

Based on the understandings statet above and on the assumptions, reservations and provisos made below, we are of the opinion:

1.[9i] Mr. X ist duly empowered to act for and to obligate the Estate and to dispose of its assets unless such disposal is not supported by consideration (§§ 2205, 2206 BGB – German Civil Code). We base this opinion on the certified copy of the last will and testament of Ms. Y and official copies of the certificate of inheritance and the letters testamentary which we have in our possession. All of these documents name Mr. X as executor of the Estate with the powers provided for in §§ 2205, 2206 BGB. In accordance with §§ 2368, 2366 BGB third parties may rely on the official copy of the letters testamentary and are protected unless the document is a forgery or they positively know that its contents are incorrect, or if the document is called for withdrawal by the Surrogate's Court. Although we have no indication that any of those circumstances are present, we are unable to formulate a firm statement in this regard.

2.[9b, c] A-GmbH is a limited liability company duly incorporated for an unlimited duration, validly existing under the laws of the Federal Republic of Germany and in good standing. It has the power and authority to own its assets and to conduct its business as

3. Legal Opinion I.3

presently being conducted. We have not examined whether the conducting of such business is in compliance with applicable administrative laws and orders and whether A-GmbH on this basis could be forced to cease all or part of its business activities. To our knowledge, no insolvency or composition proceedings have been instituted as to A-GmbH's assets as of the date hereof.

3.[9i] A-GmbH's stated capital amounts to DEM 3.000.000 (three million German Marks) and consists of five shares with a nominal value of DEM 1.000.000, DEM 720.000, DEM 580.000, DEM 400.000 and DEM 300.000. All of these shares were validly acquired by Ms. Y and, accordingly, form part of her Estate unlesss they were silently disposed of by Ms. Y or one of her predecessors in title at an earlier point in time. Although we have no indication that any such transfer occurred, we are unable to formulate a firm statement in this regard.

4.[9i] The transfer of the shares in A-GmbH will require the execution of a notarial deed duly recorded by a German notary public. The draft deed presented to us by you which shall be executed at closing is in compliance with the requirements of German law and would, if notarially recorded, effect the transfer of all of the shares in A-GmbH from the Estate to B Corp. unless the Estate would not be the lawful owner of those shares.

5.[9d] The Agreement as executed and delivered constitutes legal valid and binding obligations of the Estate and is enforceable in accordance with its terms under German law. We are not qualified to give an opinion as to the validity of the Agreement under New York law which is the law applicable to the Agreement under the stipulation contained therein.

6.[9e] The execution and delivery by Mr. X as executor for the Estate of, and the performance of the Estate's obligations contained in, the Agreement do not violate applicable provisions of German statutory law or regulations, the Articles of Incorporation (Gesellschaftsvertrag) of A-GmbH or any known order of any judicial or other German authority or governmental commission or agency. All authorisations, approvals, consents, licenses, exemptions, filings, registrations, notarisations and other requirements under German law which are required in connection with the execution, delivery and performance of the Agreement have been duly obtained.

7.[9f] A-GmbH is the lawful owner of the properties located at L-Straße 5–12, Stuttgart, which is the company's corporate headquarters, including land, buildings and fixtures. The total encumbrance of those properties amounts to DEM 1.000.000, with S-Bank and R-Bank being the secured creditors. As of the date hereof, no applications for the registration of any transfer of ownership in, or of additional encumbrances of, the properties have been made.

8.[9g] The resolution of any disputes between the Estate and B Corp. arising out of the Agreement would be regarded by the German courts as not being a matter within their jurisdiction. German courts, if confronted with a claim by the Estate or B Corp., would accept the jurisdiction clause contained in the Agreement in favor of New York courts and would reject such claim on the grounds of lack of jurisdiction.

9.[6] Even if the circumstances were such as to convince the courts of Germany to accept jurisdiction over disputes arising from the Agreement, they would not look to German substantive law but would apply New York law to any claim raised as stipulated in the Agreement.

10.[9h] German courts would generally allow a judgment entered by New York courts under the Agreement in favor of B Corp. to be executed in Germany according to its terms against the assets of the Estate, unless the Estate as defendant of B Corp.'s action did not have sufficient opportunity to defend itself, the judgment would be in conflict with an earlier German judgment, with an earlier foreign judgment which will be recognised in Germany or with German legal proceedings instituted earlier than the New York proceedings, the judgment would violate German public policy or a German judgment under similar circumstances would not be recognised and enforced in New York.

11.[9i] The bank guarantee to be provided by the Estate as a condition of closing which will cover potential warranty claims of B Corp. under the Agreement is, as drafted by B Corp.'s counsel, enforceable against the bank on first demand in accordance with its terms. The Estate and Mr. X will not be in a position to stop or prevent payments due under the bank guarantee unless there is clear and convincing evidence that B Corp. is not entitled to any payment under the Agreement. We base our opinion on the draft bank guarantee which forms an annex to the executed and delivered Agreement.

12.[9i] There are, to the best of our knowledge, no actions or proceedings against A-GmbH pending or overtly threatened in writing, before any court, governmental agency or arbitrator which seek to affect the enforceability of the Agreement, except as disclosed in the Agreement. We base our opinion on documents and information provided to us by A-GmbH. Although we have no indication to the contrary, we are not in a position to formulate a firm statement to the effect that no such proceedings exist.

Assumptions, Qualifications, Limitations and Exceptions:[10]

For the purposes of the opinions herein expressed we have assumed (a) the genuineness of all signatures, (b) the authenticity of all documents submitted to us as originals and the conformity to original documents of all documents submitted to us as certified, conformed or reproduction copies, and (c) the due authorization, execution and delivery of, and the validity and bindung effect of the Agreement with regard to all parties involved. In this connection we understand that the Agreement is governed by the laws of the State of New York and that any and all obligations and stipulations contained therein are valid, binding and fully enforceable under the substantive law of New York as applied by New York courts. We further understand that the Agreement entrusts New York courts with exclusive jurisdiction with regard to any disputes arising from the Agreement and that those courts will accept such stipulation and exercise their jurisdictional powers accordingly.

The above opinions are based on the laws of the Federal Republic of Germany and do not purport to express any views on any other legal order's position[6]. No opinions are expressed regarding, and our opinions are subject to the effect of, applicable bankruptcy, moratorium, or similar laws affecting the rights of creditors generally.

The opinions expressed herein are limited to the matters stated herein and no opinion may be implied or inferred beyond the matters expressly stated herein. We assume no obligation to update or supplement these opinions to reflect any facts or circumstances which may after the date hereof come to our attention or any changes in law which may hereafter occur.

We provide you with this Opinion Letter on the express conditions that (a) any claims based on incorrect or incomplete statements contained in this Opinion Letter shall be solely subject to German law; (b) the Stuttgart courts shall have exclusive jurisdiction for such claims; and (c) our professional liability[11] to you shall not exceed DEM 10.000.000 (ten million German Marks) unless we or our employes can be charged with gross negligence or intentions misconduct. You are deemed to have accepted these conditions when you accept this Opinion Letter.

This Opinion Letter may be relied upon by you only in connection with the Transaction and may not be used or relied upon by you or any other person for any other purpose whatsoever. You may not deliver this Opinion Letter nor disclose its terms to any third party without our prior written consent.

Very truly yours,

3. Legal Opinion   I.3

*Übersetzung**

Legal Opinion

B Corporation
135 West 86th Street
New York, N.Y. 10037
U.S.A.

Sehr geehrte Damen und Herren,

wir haben Herrn X, den Testamentsvollstrecker des Nachlasses der Frau Y (der „Nachlaß"), im Zusammenhang mit der Vorbereitung eines Verkaufs- und Übertragungsvertrages einschließlich sämtlicher Anlagen und zusätzlichen Vereinbarungen hierzu (im folgenden der „Vertrag"), welcher am 15. Juli 19.. abgeschlossen wurde, sowie der Verhandlungen hierüber anwaltlich vertreten. Der Vertrag regelt den Verkauf und die Übertragung sämtlicher Geschäftsanteile des Nachlasses an der A-GmbH, einer Gesellschaft mit beschränkter Haftung nach dem Recht der Bundesrepublik Deutschland mit ihrem Geschäftssitz in Stuttgart, durch Herrn X auf die B Corp. (im folgenden die „Transaktion"). Sie haben uns mitgeteilt, daß das closing für 20. August 19.. vorgesehen ist.

Gemäß Sect. 23 des Vertrages und als eine Bedingung für das closing ist Herr X gehalten, einen Opinion Letter bezüglich bestimmter Aspekte der Transaktion vorzulegen. Herr X hat uns gebeten, Ihnen den erforderlichen Opinion Letter zur Verfügung zu stellen.

Wir haben den Vertrag und sämtliche dazugehörigen Unterlagen, die seitens der A-GmbH bei dem Handelsregister in Stuttgart eingereichten Unterlagen, beglaubigte Grundbuchauszüge bezüglich des der A-GmbH gehörenden Geländes in Stuttgart, den Entwurf der Bankgarantie der Z-Bank in Stuttgart zugunsten der B Corp., Ausfertigungen des Testamentsvollstreckerzeugnisses von Herrn X, eine beglaubigte Kopie des Testaments von Frau Y und eine Ausfertigung des Erbscheines sowie weitere Unterlagen, welche wir für die Zwecke dieses Opinion Letters als erforderlich oder nützlich angesehen haben, geprüft.

Legal Opinions:

Auf der Grundlage der obigen Ausführungen und der Annahmen sowie Vorbehalte, welche weiter unten niedergelegt sind, treffen wir folgende Feststellungen:

(1) Herr X ist ordnungsgemäß ermächtigt, für den Nachlaß zu handeln, diesen zu verpflichten und über Vermögensgegenstände des Nachlasses zu verfügen, es sei denn, derartige Verfügungen erfolgten ohne Gegenleistung (§§ 2205, 2206 BGB). Wir gründen diese Feststellung auf die beglaubigte Abschrift des Testaments von Frau Y und der Ausfertigungen des Erbscheins sowie des Testamentsvollstreckerzeugnisses, die wir bei unseren Akten haben. Sämtliche dieser Unterlagen bezeichnen Herrn X als Testamentsvollstrecker des Nachlasses mit den Rechten nach §§ 2205, 2206 BGB. Gemäß §§ 2368, 2366 BGB können Dritte auf die Ausfertigung des Testamentsvollstreckerzeugnisses vertrauen und sind in ihrem guten Glauben an die Richtigkeit des Dokumentes geschützt, es sei denn, es läge eine Fälschung vor oder der entsprechende Dritte hätte positive Kenntnis davon, daß der Inhalt unzutreffend ist oder das Nachlaßgericht hätte die Rückgabe des Dokuments wegen Unrichtigkeit verlangt. Obwohl wir keinerlei Anzeichen dafür haben, daß eine der genannten Umstände gegeben ist, können wir diesbezüglich keine verbindlichen Erklärungen abgeben.

---

* Diese Übersetzung dient ausschließlich dem besseren Verständnis des englischen Originals; sie erhebt keinen Anspruch auf Verbindlichkeit.

(2) A-GmbH ist eine Gesellschaft mit beschränkter Haftung, die für einen unbeschränkten Zeitraum ordnungsgemäß errichtet wurde und nach dem Recht der Bundesrepublik Deutschland rechtlichen Bestand hat. A-GmbH ist berechtigt, das Eigentum an den ihr zugewiesenen Vermögensgegenständen innezuhaben und in der Weise geschäftlich tätig zu sein, wie dies gegenwärtig der Fall ist. Wir haben nicht geprüft, ob die Geschäftstätigkeit mit anwendbaren verwaltungsrechtlichen Bestimmungen und Verfügungen in Übereinstimmung steht und ob die A-GmbH auf dieser Grundlage gezwungen werden könnte, ihren Geschäftsbetrieb ganz oder teilweise aufzugeben. Nach unserer Kenntnis ist bis zum heutigen Tage weder ein Vergleichs- noch ein Konkursantrag über das Vermögen der A-GmbH gestellt worden.

(3) Das Stammkapital der A-GmbH beträgt DM 3.000.000,– (drei Millionen Deutsche Mark) und besteht aus fünf Geschäftsanteilen mit Nominalbeträgen von DM 1.000.000,–, DM 720.000,–, DM 580.000,–, DM 400.000,– und DM 300.000,–. Sämtliche dieser Geschäftsanteile wurden von Frau Y ordnungsgemäß erworben und gehören dementsprechend zu ihrem Nachlaß, soweit sie nicht von Frau Y oder einer der vorangehenden Inhaber der Geschäftsanteile zu einem früheren Zeitpunkt abgetreten worden sind. Obwohl wir keinerlei Anhaltspunkte dafür haben, daß eine solche Abtretung erfolgt ist, können wir diesbezüglich keine verbindlichen Erklärungen abgeben.

(4) Die Übertragung der Geschäftsanteile an der A-GmbH erfordert die Aufnahme einer notariellen Urkunde durch einen deutschen Notar. Der Entwurf einer solchen Urkunde, der uns von Ihnen vorgelegt wurde und der bei dem closing Gegenstand der Beurkundung sein wird, entspricht den Anforderungen des deutschen Rechtes und würde im Falle der notariellen Beurkundung den Übergang sämtlicher Geschäftsanteile an der A-GmbH aus dem Nachlaß auf die B Corp. bewirken, es sei denn, der Nachlaß wäre nicht wirksam Inhaber dieser Geschäftsanteile gewesen.

(5) Der Vertrag in der unterzeichneten Fassung beinhaltet rechtlich wirksame und bindende Verpflichtungen des Nachlasses und ist nach deutschem Recht entsprechend seinen Bestimmungen durchsetzbar. Wir sind nicht in der Lage, Feststellungen im Hinblick auf die Wirksamkeit des Vertrages nach dem New Yorker Recht zu treffen, welches nach der entsprechenden Rechtswahlbestimmung des Vertrages anwendbar ist.

(6) Die Unterzeichnung des Vertrages durch Herrn X als Testamentsvollstrecker des Nachlasses und die Erfüllung der in dem Vertrag enthaltenen Verpflichtungen des Nachlasses durch Herrn X verletzen keine anwendbaren gesetzlichen Bestimmungen des deutschen Rechtes, des Gesellschaftsvertrages der A-GmbH oder etwaiger bekannter Verfügungen gerichtlicherseits oder von seiten deutscher Behörden oder sonstiger Körperschaften des öffentlichen Rechtes. Sämtliche Ermächtigungen, Genehmigungen, Zustimmungen, Freistellungen, Registrierungen, Beurkundungen oder Beglaubigungen oder sonstige nach deutschem Recht erforderlichen Erklärungen, die mit dem Abschluß und der Erfüllung des Vertrages zusammenhängen, sind ordnungsgemäß eingeholt worden.

(7) A-GmbH ist Eigentümerin der Liegenschaften an der L-Straße 5–12 in Stuttgart, auf denen sich der Geschäftssitz des Unternehmens befindet, einschließlich des Grund und Bodens, der Gebäude und des Zubehörs. Die Gesamtbelastung dieser Liegenschaften beträgt DM 1.000.000,–, wobei die S-Bank und die R-Bank die gesicherten Gläubiger sind. Bis zum heutigen Tage sind beim Grundbuchamt Anträge auf Eintragung einer Eigentumsänderung oder zusätzlicher Belastungen der Liegenschaften nicht eingereicht worden.

(8) Die Entscheidung etwaiger Streitigkeiten zwischen dem Nachlaß und B Corp. aus dem Vertrag werden deutsche Gerichte nicht als innerhalb ihrer Zuständigkeit liegend ansehen. Deutsche Gerichte würden, wenn sie mit einem Anspruch des Nachlasses oder der B Corp. konfrontiert werden, die Gerichtsstandsklausel in dem Vertrag zugunsten New Yorker Gerichte anerkennen und dementsprechend solche Ansprüche mangels Zuständigkeit abweisen.

3. Legal Opinion   I.3

(9) Selbst wenn die deutschen Gerichte nach den maßgeblichen Umständen ihre eigene Zuständigkeit bezüglich etwaiger Streitigkeiten aus dem Vertrag annähmen, so würden sie nicht deutsches materielles Recht, sondern New Yorker Recht entsprechend der Rechtswahlklausel in dem Vertrag auf die geltend gemachten Ansprüche anwenden.

(10) Deutsche Gerichte würden ein nach dem Vertrag ergangenes Urteil der New Yorker Gerichte zugunsten der B Corp. in Deutschland entsprechend seinem jeweiligen Inhalt gegen das Vermögen des Nachlasses für vollstreckbar erklären, es sei denn, der Nachlaß als Beklagter hätte keine ausreichende Gelegenheit der Verteidigung gehabt, das Urteil würde mit einem früheren deutschen Urteil oder mit einem früheren ausländischen Urteil, das in Deutschland anerkannt würde, oder mit einem in Deutschland anhängigen Prozeß, der früher als das New Yorker Verfahren anhängig gemacht worden ist, in Konflikt stehen, das Urteil würde den deutschen ordre public verletzen oder ein deutsches Urteil würde unter ähnlichen Umständen in New York nicht anerkannt und für vollstreckbar erklärt werden.

(11) Die von dem Nachlaß als Bedingung des closing bereitzustellende Bankgarantie, die mögliche Gewährleistungsansprüche der B Corp. nach dem Vertrag abdecken soll, ist – so wie sie von dem Rechtsvertreter der B Corp. entworfen wurde – gegenüber der Bank auf erste Anforderung und nach den in der Bankgarantie aufgeführten näheren Bestimmungen durchsetzbar. Der Nachlaß und Herr X sind nicht in der Lage, eine Zahlung der Bank auf die Bankgarantie zu verhindern, es sei denn, es lägen liquide Beweismittel dafür vor, daß die B Corp. nach dem Vertrag zu keinerlei Zahlungen berechtigt wäre. Wir gründen unsere Feststellungen auf den Entwurf der Bankgarantie, der dem unterzeichneten Vertrag als Anlage beigefügt ist.

(12) Nach unserem besten Wissen sind zum gegenwärtigen Zeitpunkt keine Klagen oder sonstigen Verfahren gegenüber der A-GmbH vor Gericht, Behörden oder Schiedsrichtern anhängig, die geeignet sind, die Durchsetzbarkeit des Vertrages zu beeinträchtigen; auch gibt es keine schriftlichen Androhungen solcher Verfahren. Ausnahmen hierzu sind in dem Vertrag offengelegt. Wir gründen unsere Feststellungen auf die Unterlagen und Informationen, die uns die A-GmbH übermittelt hat. Obwohl wir keinerlei Anhaltspunkte für das Gegenteil haben, sind wir nicht in der Lage, eine verbindliche Erklärung dahin abzugeben, daß solche Verfahren nicht existieren.

Annahmen, Einschränkungen und Ausschlüsse:

Im Hinblick auf die in diesem Schreiben genannten Feststellungen haben wir folgendes angenommen: (a) Die Echtheit sämtlicher Unterschriften, (b) die Echtheit sämtlicher Unterlagen, die uns im Original übergeben wurden, und die Übereinstimmung sämtlicher uns übergebener beglaubigter Abschriften oder Kopien mit den jeweiligen Originaldokumenten, und (c) die Unterzeichnung, die Wirksamkeit und die Bindungswirkung des Vertrages bezüglich sämtlicher beteiligten Parteien. Diesbezüglich gehen wir davon aus, daß der Vertrag dem Recht des Staates New York unterfällt und daß sämtliche Verpflichtungen und Erklärungen, die hierin enthalten sind, nach dem New Yorker Recht, so wie es von New Yorker Gerichten angewendet wird, wirksam, bindend und durchsetzbar sind. Wir gehen ferner davon aus, daß der Vertrag den New Yorker Gerichten bezüglich etwaiger Streitigkeiten aus dem Vertrag die ausschließliche Zuständigkeit zuweist und daß diese Gerichte eine solche Regelung akzeptieren und ihre Zuständigkeit entsprechend ausüben würden.

Die obigen Feststellungen beruhen auf dem deutschen Recht; Einschätzungen aus der Sicht anderer Rechtsordnungen sind hiermit nicht verbunden. Sämtliche Feststellungen stehen unter dem Vorbehalt anwendbarer Bestimmungen des Konkurs- oder Vergleichsrechtes, die die Rechte von Gläubigern generell beeinträchtigen.

Die in diesem Opinion Letter enthaltenen Feststellungen sind auf die Materien beschränkt, die hierin ausdrücklich angesprochen sind; Feststellungen zu Materien, die nicht ausdrücklich angesprochen sind, können aus dem Opinion Letter nicht abgeleitet werden. Wir übernehmen keine Verpflichtung, die Feststellungen im Hinblick auf tatsächliche Umstände, die nach dem Datum dieses Opinion Letters zu unserer Kenntnis gekommen sind oder Rechtsänderungen, die danach eingetreten sind, auf den neuesten Stand zu bringen oder zu ergänzen.

Wir stellen Ihnen diesen Opinion Letter unter der ausdrücklichen Bedingung zur Verfügung, daß (a) etwaige Ansprüche, die sich auf unzutreffende oder unvollständige Aussagen in diesem Opinion Letter gründen, ausschließlich deutschem Recht unterliegen; (b) ausschließlicher Gerichtsstand für derartige Ansprüche Stuttgart ist; und (c) unsere Berufshaftung Ihnen gegenüber auf den Betrag von DM 10.000.000,– (zehn Millionen Deutsche Mark) beschränkt ist, es sei denn, uns oder unseren Erfüllungsgehilfen fiele Vorsatz oder grobe Fahrlässigkeit zur Last. Mit der Annahme dieses Opinion Letters gelten diese Bedingungen als von Ihnen akzeptiert.

Ihr Vertrauen auf diesen Opinion Letter ist nur im Zusammenhang mit der Transaktion geschützt; er darf von Ihnen oder von einem Dritten zu keinerlei anderem Zweck verwendet werden bzw. Sie dürfen und ein Dritter darf zu keinerlei anderem Zweck hierauf vertrauen. Eine Offenlegung des Opinion Letters gegenüber Dritten ist ohne unsere vorherige schriftliche Zustimmung unzulässig.

Mit freundlichen Grüßen

Schrifttum (Auswahl): American Bar Association (Section of Business Law), Third Party Legal Opinion Report, 1991; *Babb/Barnes/Gordon/Kjellenberg,* Legal Opinions to Third Parties in Corporate Transactions, Bus. Lawyer 32 (1977) 553; *v. Bernstorff,* Die Bedeutung der Legal Opinion in der Außenhandelsfinanzierung, RIW 1988, 680; *Döser,* Gutachten für den Gegner: Third Party Legal Opinions im deutschen Recht, FS Nirk, 1992, S. 151; *Field/Ryan,* Legal Opinions in Corporate Transactions, 1991; *Fuld,* Legal Opinions in Business Transactions – An Attempt to bring Some Order out of Some Chaos, Bus. Lawyer 28 (1973) 915; *Gruson,* Opinion of Counsel on Agreements Governed by Foreign Law, 1986; *Harries,* Die Rechtsscheinhaftung für fehlerhafte Rechtsgutachten bei internationalen Verträgen, FS Zweigert, 1981, S. 451; *ders.,* Bona Fide Reliance on Legal Opinions, Int. Bus. Lawyer 1985, 480; *Jander/Du Mesnil de Rochement,* Die Legal Opinion im Rechtsverkehr mit den USA, RIW 1976, 332; *Meyrier,* Legal Opinions in Financial Transactions Involving Foreign Law, Int. Bus. Lawyer 1985, 410. Weiteres Schrifttum zur Haftung des Ausstellers bei Anm. 11.

Übersicht

	Seite
1. Zweck und Anwendungsbereich	37
2. Sachverhalt	38
3. Wahl des Formulars	38
4. Aussteller	39
5. Adressat	39
6. Anwendbares Recht	40
7. Standesrechtliche Erwägungen	40
8. Documents	41
9. Operativer Teil	41
a) Allgemeines	41
b) Legal Existence and Good Standing	41
c) Power Clause	41
d) Binding Agreement Clause	42
e) No Violation Clause	42
f) Lawful Owner Clause	42
g) Denial of Jurisdiction Clause	42

3. Legal Opinion   I.3

Seite

    h) Enforcement of Judgment Clause 43
    i) Sonstiges 43
10. Assumptions, Reservations and Qualifications 43
11. Haftung des Ausstellers 44
12. Kosten 45

Anmerkungen

1. Zweck und Anwendungsbereich. Allgemein betrachtet handelt es sich bei einer Legal Opinion um die gutachtliche Äußerung eines Rechtskundigen zu bestimmten rechtlichen Fragestellungen. Soweit diese im Rahmen eines Geschäftsbesorgungs(Mandats-)verhältnisses abgegeben wird, bestehen keine Besonderheiten: Der Beauftragte hat die vertragliche Verpflichtung zur sorgfältigen Erstellung des Gutachtens, erhält hierfür in der Regel von seinem Auftraggeber eine Vergütung und muß diesem gegenüber für eine etwaige Schlechtleistung nach den allgemeinen Regeln einstehen. Soweit es sich um einen Anwalt handelt, gelten im übrigen die berufsrechtlichen Bindungen.

Die Legal Opinion hat aber ausgehend vom anglo-amerikanischen Rechtskreis eine hierüber hinausgehende Bedeutung, auf die allein das Form. sich bezieht. Sie dient im Rahmen komplexerer oder hochwertiger wirtschaftlicher Transaktionen dazu, den **jeweiligen Vertragspartnern** Sicherheit und einen weiteren Haftpflichtigen bezüglich bestimmter wertbildender Grundvoraussetzungen des Geschäftes zu verschaffen (vgl. etwa *Jander/Du Mesnil de Rochemont* RIW/AWD 1976, 332 ff.; *v. Bernstorff* RIW 1988, 680 ff.; *Döser* FS Nirk, S. 151, 158 ff.). Dabei handelt es sich typischerweise um solche Faktoren, die von dem interessierten Vertragspartner nicht ohne weiteres überprüft werden können und die sich in der Regel im Einflußbereich des anderen Vertragspartners befinden oder diesen betreffen (vgl. *Harries* FS Zweigert, S. 450, 451). Die Legal Opinion in diesem Sinne richtet sich **nicht an den Auftraggeber**. Vielmehr bestätigt der rechtliche Berater des Auftraggebers gegenüber dessen (prospektivem) Vertragspartner bestimmte den Auftraggeber, sein Unternehmen oder seine Verpflichtungen aus dem abzuschließenden Geschäft betreffende Umstände. Die Legal Opinion wird daher klarstellend auch als *„Third-Party Legal Opinion"* oder als *„Opinion Letter"* bezeichnet.

Die besondere Bedeutung der Legal Opinion für den **anglo-amerikanischen Rechtskreis** ergibt sich daraus, daß dort verschiedene, für den deutschen Juristen ohne weiteres feststellbare Grundvoraussetzungen einer Transaktion nur mit gewisser Mühe ermittelbar sind und oft auch von rechtlichen Bewertungen abhängen. So gibt es in den U.S.A. weder eine dem Handelsregister noch dem Grundbuch vollständig vergleichbare Institution. Die rechtliche Existenz von Gesellschaften, die Vertretungsberechtigung der handelnden Personen oder das Eigentum an Liegenschaften muß daher aus den *Corporate Books* (Gründungsurkunde, Vereinbarungen der Gesellschafter, Beschlüsse etc.) oder aus den *Transfer Documents* (Urkunden zur Grundstücksübertragung und -belastung) und weiteren zur Verfügung stehenden Informationen erschlossen werden (vgl. *v. Bernstorff* RIW 1988, 680; *Jander/Du Mensil de Rochemont* RIW/AWD 1976, 332, 333). Hinzu kommt, daß das *common law* von seinem Ausgangspunkt her Fallrecht ist und Kodifikationen mit tatbestandsmäßig klar umrissenen Regelungen (z.B. Vermutungen zugunsten des Rechtsverkehrs) in den angelsächsisch geprägten Ländern weit weniger verbreitet sind als im kontinentaleuropäischen Rechtskreis. Auch von daher erklärt sich das Bedürfnis nach einer über die eigenen Erklärungen des Vertragspartners hinausgehenden Sicherheit.

Das im anglo-amerikanischen Rechtskreis ausdifferenzierte Rechtsinstitut der Legal Opinion ist im Rahmen internationaler Unternehmens- und Finanztransaktionen weltweit exportiert worden. Dies erklärt sich zunächst daraus, daß US-amerikanische oder englische Vertragsparteien, gewohnt im Umgang mit dem Instrument der Legal Opinion und im grenzüberschreitenden Rechtsverkehr naturgemäß noch unsicherer als im eigenen Recht, wie selbstverständlich auch von den Anwälten ihrer ausländischen Partner Opinion Letters erwarteten, die vor allem zu den ihnen **unbekannten Fragen des jeweiligen ausländischen Rechtes** Stellung nehmen sollten. Aber auch in anderen Ländern ist das Instrument – jedenfalls für grenzüberschreitende Transaktionen gewisser Größenordnung – als nützlich erkannt worden, weil es zeitaufwendige Recherchen und die kostenträchtige Einschaltung eigener Anwälte im Ausland erspart. So sind auch deutsche Anwälte, soweit sie im grenzüberschreitenden Rechtsverkehr tätig sind, durchaus gewohnt, Opinion Letters herauszulegen. Diese Bereitschaft steht in einem überraschenden Gegensatz zu der bisher eher stiefmütterlich behandelten Frage nach den rechtlichen Konsequenzen derartiger Erklärungen (so zurecht *Harries* FS Zweigert, S. 451, 452 ff.; *Döser* FS Nirk, S. 151, 157 ff.).

2. Sachverhalt. Dem Form. zugrunde liegt der Erwerb sämtlicher Geschäftsanteile an einer deutschen GmbH durch eine im US-Bundesstaat New York domizilierte Kapitalgesellschaft US-amerikanischem Rechts (B Corp.). Der **Gründungsstaat** der B Corp. ist nicht näher bestimmt; Registrierungs- und Sitzstaat müssen nicht identisch sein, sondern können auseinanderfallen. Häufig werden US-Corporations aus Gründen geringen Kosten- und Formalaufwandes nach dem Recht des Staates Delaware gegründet. Sie bleiben dann Delaware-Gesellschaften, auch wenn sich ihr tatsächlicher Sitz woanders befindet oder ändert. Veräußerer ist vorliegend der Testamentsvollstrecker der verstorbenen Frau Y, zu deren Nachlaß die Geschäftsanteile gehören. Das schuldrechtliche Veräußerungsgeschäft wurde bereits abgeschlossen, und zwar nach New Yorker Recht. US-amerikanischem Vertragsgebrauch entsprechend ist ein gesondertes **Closing** vorgesehen, zu dem die Parteien ihre beiderseitigen Leistungspflichten erfüllen. Der Veräußerer hat zu diesem Zeitpunkt u. a. die Übertragung der Geschäftsanteile zu bewirken sowie eine Bankgarantie zur Abdeckung seiner Gewährleistungsverpflichtungen und die Legal Opinion vorzulegen. Die Legal Opinion ist **condition of closing**, d. h. erst mit ihrer Beibringung hat der Veräußerer seine Leistungspflichten voll erfüllt und erwirbt den Anspruch auf die Gegenleistung (Kaufpreiszahlung).

Der **Text** der erforderlichen Legal Opinion kann in dem zugrundeliegenden Vertrag (Veräußerungsgeschäft) bereits in vollem Umfange festgelegt sein; meist geschieht dies in Form einer Anlage zu dem Vertrag. Der Veräußerer kann seine Leistungspflicht dann nur durch Vorlage genau dieses Textes erfüllen, es sei denn der Käufer wäre nachträglich mit Änderungen einverstanden. Im Regelfalle ist daher notwendig, daß der mit der Erstellung der Legal Opinion befaßte (ausländische) Anwalt an den Vertragsverhandlungen beteiligt war und den Entwurf für die Legal Opinion mitgestaltet hat (instruktiv zur Aushandelung des Textes die Guidelines for the Negotiation and Preparation of Third-Party Legal Opinions der Section of Business Law der American Bar Association, Third-Party Legal Opinion Report, 1991, S. 48 ff.). Eine andere Möglichkeit, von der das Form. ausgeht, besteht darin, daß der Vertrag lediglich die wesentlichen Fragestellungen skizziert, zu denen die Legal Opinion Stellung nehmen soll, und die Erfüllungswirkung at closing von der „Abnahme" der Legal Opinion durch den Käufer abhängig macht. Hierbei versteht sich, daß der Käufer die Abnahme nicht grundlos verweigern darf („... which shall be acceptable to Purchaser in its form and substance on the understanding that such acceptance shall not be unreasonably withheld.").

3. Wahl des Formulars. Die Legal Opinion ist ein rechtliches Instrument, welches im anglo-amerikanischen Rechtskreis nicht nur seinen Ursprung genommen hat, sondern nach wie vor entscheidend von den Usancen dieses Rechtskreises geprägt ist. Dementsprechend basiert auch das Form. auf den Gepflogenheiten der US-amerikanischen und englischen Praxis, welche im Laufe der Zeit detaillierte **Standards** entwickelt haben. Die Legal Opinion wird in der Regel von den Anwälten des Auftraggebers in Form eines Briefes an dessen Vertragspartner, gelegentlich auch an die Anwälte des Vertragspartners aufgesetzt.

3. Legal Opinion I.3

Die Formulierungen sind zu einem guten Teil standardisiert (vgl. auch die Textvorschläge bei *Jander/Du Mesnil de Rochement* RIW/AWD 1976, 332, 339 f., *v. Bernstorff* RIW 1988, 680, 683 und *Harries* FS Zweigert, S. 451, 452), im wesentlichen aber von den besonderen **Anforderungen der jeweiligen Transaktion** abhängig. Muster sind daher immer nur von beschränktem Wert; auch das Form. ist in seinen zentralen Aussagen lediglich ein Beispiel für eine mögliche Gestaltung. Der Rahmen – insbesondere der Eingang des Opinion Letter und die Assumptions etc. am Ende – sind dagegen allgemein verwendbar.

Typisch ist der **Aufbau des Opinion Letter** (vgl. auch *v. Bernstorff* RIW 1988, 680, 681): Er beginnt mit einer kurzen Beschreibung der zugrundeliegenden Transaktion und erläutert, woraus sich die Verpflichtung zur Erstellung der Legal Opinion ergibt. In einem weiteren Schritt werden die wesentlichen Unterlagen benannt, die dem Anwalt bei der Formulierung zur Verfügung standen und auf die er sein Urteil stützt. Daran schließen sich die „*views*", d.h. die gutachtlichen Äußerungen an, die den Kern der Legal Opinion ausmachen. Handelt es sich hierbei lediglich um thesenartige Zusammenfassungen, spricht man von „*Non-Explained Opinions*". Ist eine rechtliche Analyse enthalten, wird hierfür der Begriff „*Explained Opinion*" verwendet (vgl. ABA, Section of Business Law, Third-Party Legal Opinions, 1991, S. 55). Die Unterscheidung kann für die Haftung des Ausstellers Bedeutung haben (vgl. unten Anm. 11). Non-explained Opinions enthalten z.B. die Ziff. 2, 5 bis 9 des Form., während es sich bei Ziff. 1 bis 4 und 10 bis 12 des Form. eher um explained opinions handelt. Am Schluß, ggf. auch innerhalb der views, werden die Annahmen („assumptions") kenntlich gemacht, auf denen die Opinion beruht, und im übrigen notwendige Einschränkungen (hinsichtlich des Inhaltes der Opinion, ihrer Benutzung sowie der Haftung des Ausstellers) vorgenommen. Bei allen Unterschieden im Detail bleibt diese Grobstruktur meist unverändert: Description of transaction, views, assumptions and reservations.

4. Aussteller. Wie bereits erwähnt ist der Aussteller der Legal Opinion typischerweise ein Anwalt, der von der Partei beauftragt wurde, die die Opinion beim closing vorzulegen hat. Im Form. ist dies die Verkäuferseite, d.h. Herr X als Testamentsvollstrecker. Dabei kann es sich – was in der Praxis meist der Fall ist – um denjenigen Anwalt handeln, der die Opinion-pflichtige Partei (d.h. den Auftraggeber) während der gesamten Vertragsverhandlungen beraten und den Vertragstext mit ausgehandelt hat. Möglich ist auch, daß ein neuer, bisher nicht mit der Sache betrauter Anwalt beauftragt wird, und zwar allein zum Zwecke der Ausstellung der Legal Opinion. Dies kommt vor, wenn eine Transaktion mehrere Rechtsordnungen berührt und dementsprechend Opinion Letters verschiedener lokaler Anwälte eingeholt werden müssen. Die Koordination übernimmt hier regelmäßig der „*lead counsel*" des Auftraggebers. In jedem Falle bestehen **vertragliche Beziehungen** zwischen der zur Vorlage der Legal Opinion verpflichteten Partei und dem Aussteller, in der Regel aber nicht zwischen diesem und dem Adressaten der Legal Opinion (vgl. etwa die Eingangsbemerkungen des Third-Party Legal Opinion Report, dort S. (iii), der ABA, Section of Business Law). Hieraus folgt, daß der Aussteller allein seinem Auftraggeber zur Erstellung der Legal Opinion verpflichtet ist und von diesem hierfür bezahlt wird, nicht aber dem Adressaten gegenüber.

5. Adressat. Der Adressat der Legal Opinion ist in der Regel der (zukünftige) **Vertragspartner** derjenigen Partei, die zur Vorlage der Legal Opinion verpflichtet ist. Im Form. ist das die B Corp., die die Geschäftsanteile an der A-GmbH erwerben will. Gelegentlich werden stattdessen die Anwälte dieser Partei als Adressaten benannt. Bei komplexeren Transaktionen können auch beide Vertragsparteien zur wechselseitigen Vorlage von Opinion Letters verpflichtet sein und damit zu Adressaten werden. Der jeweilige Adressat hat lediglich gegenüber seinem Vertragspartner, d.h. der Opinion-pflichtigen Partei, aus der zugrundeliegenden Transaktion einen Anspruch auf Zurverfügungstellung der Legal Opinion, nicht aber gegenüber dem Aussteller (vgl. *Döser*, FS Nirk S. 151, 157 ff.; zur zutreffenden Ablehnung eines berechtigenden Vertrages zugunsten Dritter nach § 328

BGB etwa *Schwichtenberg* ZVglRWiss 91 (1992) 290, 312 f.). Über die aus Haftungsgründen immer wieder bemühte Konstruktion eines selbständigen Auskunftsvertrages zwischen Adressat und Aussteller vgl. unten Anm. 11.

6. Anwendbares Recht. Die Frage des anwendbaren Rechts hat bei der Legal Opinion zwei Aspekte: Zu bestimmen ist zunächst die Rechtsordnung, auf die sich **die im operativen Teil der Legal Opinion enthaltenen rechtlichen Aussagen** beziehen (vgl. *Harries* FS Zweigert, S. 451, 453). Dies ist wichtig, weil etwa die Feststellung, daß eine Gesellschaft rechtlich existent ist (s. Ziff. 2 des Form.) oder ein im vereinbarten Gerichtsstand ergangenes Urteil anerkennungsfähig ist (s. Ziff. 10 des Form.), aus der Sicht einer bestimmten Rechtsordnung zutreffend und aus derjenigen einer anderen falsch sein kann. Häufig ergibt sich die in Bezug genommene Rechtsordnung bereits aus der jeweiligen rechtlichen Aussage selbst (so z.B. bei Ziff. 2, 4 bis 6, 8 bis 10 des Form.). In jedem Falle empfehlenswert ist aber ein entsprechender genereller Hinweis wie im viertletzten Absatz des Form. (dort der erste Satz) vorgesehen.

Unabhängig hiervon zu beantworten ist die Frage nach dem auf etwaige **Haftungsansprüche** gegenüber dem Aussteller anzuwendenden Recht, die wegen etwaiger Mängel der Legal Opinion von dem Adressaten geltend gemacht werden (vgl. hierzu unten Anm. 11). Entscheidend ist hier das internationale Privatrecht des jeweiligen Forumstaates. Im Form. wird davon ausgegangen, daß deutsche Anwälte die Legal Opinion fertigen und Adressat eine New Yorker Corporation ist. Bei dieser Sachlage ist für Schadensersatzansprüche gegen die Anwälte jedenfalls ein deutscher Gerichtsstand gegeben (§§ 12, 13 ZPO). Nicht ganz ausgeschlossen werden kann, daß auch New Yorker Gerichte aufgrund der dortigen *long arm jurisdiction* sich für zuständig halten würden, obwohl dies angesichts des deutlichen Schwerpunktes der gesamten Transaktion in Deutschland eher unwahrscheinlich ist.

Deutsche Gerichte stünden vor der Aufgabe, die geltend gemachten Ansprüche **vertragsrechtlich** oder **deliktsrechtlich** zu qualifizieren (vgl. zu den verschiedenen möglichen Anspruchsgrundlagen jüngst etwa *Damm* JZ 1991, 373 ff. sowie die weiteren Literaturangaben bei Anm. 11). Ginge man von einem vertraglichen Anspruch aus, gelangte man über Art. 28 Abs. 1, 2 EGBGB unschwer zur Anwendung deutschen Rechts. Bei deliktsrechtlicher Qualifikation hingegen käme es nach der *lex loci delicti commissi* auf den Tatort an, der nach Wahl des Gläubigers der **Handlungs- oder Erfolgsort** sein kann (vgl. *Kegel*, IPR, 7. Aufl., S. 536 ff.). Der Handlungsort liegt sicherlich in Deutschland, wenn die Legal Opinion hier abgegeben wird. Nachdem der Schaden aber bei der B Corp. in New York eintritt, könnte dort der Erfolgsort liegen, womit in den Grenzen des Art. 38 EGBGB auch New Yorker Recht in Betracht zu ziehen wäre, wenn sich die B Corp. hierauf beriefe.

Bei diesen Unsicherheiten im Bereich des anwendbaren Rechtes (vgl. auch *Döser* FS Nirk, S. 151, 157) wird häufig versucht, Regelungen hierzu (und zum Gerichtsstand) in den Text der Legal Opinion aufzunehmen. So enthält der vorletzte Absatz des Form. eine vertragliche Konstruktion, nach der die Legal Opinion nur unter der Bedingung abgegeben wird, daß der Adressat **mit ihrer Annahme** im Hinblick auf mögliche Haftungsansprüche eine bestimmte Gerichtsstandsvereinbarung und eine Rechtswahl zugunsten deutschen Rechts akzeptiert. Man muß sich allerdings klar darüber sein, daß ein derartiger Text gerade bei anglo-amerikanischen Adressaten Akzeptanzprobleme bereiten wird, weil die Legal Opinion – jedenfalls ihr Rahmen – weitgehend standardisiert ist und nach US-Usancen eine Regelung des anwendbaren Rechtes und des Gerichtsstandes in aller Regel nicht vorsieht. Im übrigen hängt die rechtliche Wirksamkeit der Regelung davon ab, daß über sie tatsächlich eine vertragliche Vereinbarung zustandekommt (Problem der Erklärungsfiktion).

7. Standesrechtliche Erwägungen. Die Ausstellung einer Legal Opinion bringt den Anwalt ohne Zweifel in die Nähe einer **Interessenkollision,** die er nach standesrechtlichem Selbstverständnis und jedenfalls nach § 356 StGB zu meiden hat (vgl. *Döser* FS Nirk, S. 151, 158). Denn die in der Legal Opinion enthaltenen Aussagen müssen einerseits

3. Legal Opinion

zutreffend sein, um den Anwalt nicht einem Haftungsrisiko auszusetzen, andererseits dürfen sie nicht dem Interesse des Mandanten, welches der Anwalt kraft Mandatsverhältnis wahrzunehmen hat, zuwiderlaufen. Die Lösung liegt darin, daß das **Mandatsverhältnis mit dem Auftrag zur Fertigung der Legal Opinion modifiziert** wird (so auch *Jander/Du Mesnil de Rochemont* RIW/AWD 1976, 332, 338). Der Anwalt wird partiell von seiner Schweigepflicht entbunden und ermächtigt, auch dem Mandanten ungünstige Sachverhalte in Abstimmung mit ihm offenzulegen. Dennoch ist für alle Beteiligten klar, daß der Anwalt **allein im Interesse des Mandanten** und für diesen tätig wird, so daß sich die Einwilligungsproblematik bei § 356 StGB mangels Erfüllung des objektiven Tatbestandes der Norm gar nicht stellt (anders *Döser* FS Nirk, S. 151, 158).

8. Documents. Der dritte Absatz des Form. enthält eine Aufzählung verschiedener Unterlagen, die der Aussteller der Legal Opinion eingesehen hat. Vorliegend handelt es sich um die verhältnismäßig leicht zugänglichen Register-, Grundbuch- und Nachlaßakten sowie die Vertragsdokumente (Purchase and Sale Agreement mit Anlagen, Entwürfe für Bankgarantie und Abtretung der Geschäftsanteile). Der Zweck der Auflistung liegt in der **Klarstellung der Beurteilungsgrundlagen.** Soweit etwa lediglich Entwürfe vorlagen und dies festgehalten ist, gehen Fehler der Opinion, die auf späteren Änderungen der Entwürfe beruhen, nicht zulasten des Ausstellers. Lagen gewisse Unterlagen gar nicht vor (und sind deshalb bei den documents nicht erwähnt) und ergeben sich aus ihrem späteren Auftauchen Änderungen der Beurteilung, so trifft den Aussteller ebenfalls keine Haftung.

9. Operativer Teil. a) Allgemeines. Der operative Teil der Legal Opinion besteht aus den **rechtlichen Aussagen und Feststellungen** (den *„views"*), die im Form. in den Ziff. 1 bis 12 enthalten sind. Der Inhalt dieser Aussagen hängt wesentlich von den Anforderungen ab, die von dem Grundgeschäft an die Legal Opinion gestellt werden. Regelmäßig enthalten sind allerdings gewisse Grundaussagen, die die Handlungsfähigkeit des Geschäftspartners und die rechtliche Durchsetzbarkeit seiner vertraglichen Verpflichtungen betreffen. Sie werden im folgenden näher dargestellt. Oft sind die maßgeblichen Feststellungen nur thesenartig festgehalten (*Non-Explained Opinions*, vgl. oben Anm. 3). Je nach Art der Aussage empfiehlt sich aber die Verwendung einer **Explained Opinion,** um die Herleitung der rechtlichen Schlußfolgerung zu verdeutlichen und auf (den Aussteller entlastende) Unsicherheiten bei der Bewertung hinzuweisen.

b) **Legal Existence and Good Standing.** Dies ist eine Standardaussage und in Ziff. 2 des Form. enthalten. Sie bezweckt die Feststellung der rechtlichen Existenz einer Vertragspartei oder – im Falle eines Unternehmenskaufes im Wege des share deal – auch des vertragsgegenständlichen Unternehmens. Im Form. geht es um letzteren Fall. Die Frage nach der **rechtlichen Existenz** spielt nur bei Kapitalgesellschaften eine Rolle, weil deren Entstehen und Fortbestand als juristische Person in der Regel von bestimmten Formalien (etwa Registrierungen) abhängig ist. Das *Good Standing* ist eine Besonderheit vieler angloamerikanisch geprägter Gesellschaftsrechte und bedeutet, daß Unternehmenssteuern und Registergebühren bezahlt sind. Dies ist wichtig, weil andernfalls u. U. der Bestand der Gesellschaft als juristische Person gefährdet ist. Aus deutscher Sicht kann die rechtliche Existenz schnell und zuverlässig mit Hilfe des Handelsregisters beurteilt werden, so daß die Abgabe dieses Teils der Opinion in der Regel keine Schwierigkeiten bereitet und auch kein wesentliches Haftungsrisiko begründet.

c) **Power Clause.** Hierbei handelt es sich ebenfalls um eine Standardformulierung. Sie ist im zweiten Teil der Ziff. 2 des Form. enthalten und bestätigt, daß die betreffende Vertragspartei (oder das vertragsgegenständliche Unternehmen) die Kompetenz und Berechtigung hat, ihre Vermögensgegenstände rechtswirksam innezuhaben und ihrer gegenwärtigen geschäftlichen Tätigkeit nachzugehen. Hinzu kommt, sofern (anders als im Form.) die Vertragspartei eine juristische Person ist, die Erklärung, daß sie zum Abschluß der Transaktion ermächtigt ist („... duly authorized by corporate action to perform the Agreement.") Aus der Sicht des anglo-amerikanischen Juristen geht es um den **Ausschluß von**

ultra-vires-Bedenken (vgl. hierzu *Merkt*, US-amerikanisches Gesellschaftsrecht, 1991, S. 182 ff.) sowie die Feststellung **ausreichender board-Beschlüsse**. Aus deutscher Sicht ist zu prüfen, ob die handelnden Personen die Gesellschaft wirksam verpflichten können, die Transaktion mit der **Gegenstandsklausel** des Gesellschaftsvertages übereinstimmt und gesellschaftsrechtliche **Zustimmungsvorbehalte** beachtet wurden (vgl. auch *Döser* FS Nirk, S. 151, 154). Die beiden letzten Punkte sind zwar grundsätzlich im Außenverhältnis irrelevant, können aber über die Lehre vom **Vollmachtsmißbrauch** (vgl. etwa *Baumbach/ Hueck/Zöllner*, GmbHG, 15. Aufl., § 37 Rdn. 25 ff. mwN. zur Rechtslage bei der GmbH; s. auch *Ruter/Thümmel*, Beiräte in mittelständischen Familienunternehmen, 1994, Rdn. 167) für die Wirksamkeit des Geschäfts Bedeutung gewinnen. Einschränkungen der Opinion sollten hinsichtlich der Zulässigkeit der Geschäftstätigkeit vorgenommen werden, weil die Einhaltung **öffentlich-rechtlicher Vorschriften** (man denke etwa an das Umweltrecht) in ihrer Gesamtheit kaum übersehbar ist (vgl. Satz 3 der Ziff. 2 des Form.).

d) **Binding Agreement Clause.** Weithin üblich ist auch die Bestätigung, daß der Grundvertrag insgesamt wirksam ist und bindende, gegen die jeweils betroffene Vertragspartei durchsetzbare Verpflichtungen begründet (Ziff. 5 des Form.). Zu prüfen ist hier, ob die **Grenzen der Vertragsfreiheit** eingehalten sind. Soweit ausländisches Recht auf den Vertrag zur Anwendung kommen soll (wie nach dem Form. vorgesehen), ist die Prüfung darauf beschränkt, ob zwingende inländische Normen (öffentlich-rechtliche Bestimmungen, insbesondere Kartellrecht, Vorschriften i. S. des Art. 34 EGBGB, zum *ordre public* gehörende Normen) der Wirksamkeit des Vertrages oder der Geltendmachung von Ansprüchen hieraus entgegenstehen. Zum Prüfungsumfang kann auch gehören, ob die getroffene Rechtswahl von einem etwa zuständigen inländischen Gericht akzeptiert wird (vgl. Ziff. 9 des Form.). Empfehlenswert ist der **Vorbehalt insolvenzrechtlicher Schranken**; dies gilt vor allem für Finanzierungstransaktionen, bei denen häufig die Gleichrangigkeit der Vertragsansprüche mit anderen Verbindlichkeiten des Schuldners *(Pari Passu Clause)* bestätigt werden soll (s. *Döser* FS Nirk, S. 151, 155). Der viertletzte Absatz der Legal Opinion nimmt diese Einschränkung ausdrücklich auf.

e) **No Violation Clause.** Häufig zu finden ist auch die in Ziff. 6 des Form. enthaltene Opinion, daß der Abschluß des Grundvertrages und seine Erfüllung weder mit anwendbaren gesetzlichen Vorschriften, noch mit Regelungen des Gesellschaftsvertrages oder mit Verwaltungs- und Gerichtsentscheidungen unvereinbar ist. Hinzu kommt meist die Feststellung, daß sämtliche erforderlichen behördlichen Genehmigungen etc. vorliegen. Zwischen dieser Bestimmung und der *Binding Agreement Clause* sowie der *Power Clause* bestehen weitgehende Überschneidungen. Erneut sind vor allem öffentlich-rechtliche Regelungen sowie die **Beschränkungen des Gesellschaftsvertrages** bei der betreffenden Vertragspartei zu prüfen.

f) **Lawful Owner Clause.** Gelegentlich wird die Bestätigung gefordert, daß die Opinionpflichtige Vertragspartei **Eigentümerin bestimmter Vermögensgegenstände** ist, welche nicht mit Rechten Dritter belastet sind. Insbesondere für die Besicherung von Darlehen in Finanzierungstransaktionen spielt dies eine Rolle. Derartige Opinions sind jedenfalls bei beweglichen Sachen problematisch, da die Eigentumslage und etwaige Belastungen kaum mit hundertprozentiger Sicherheit ermittelt werden können. Vorbehalte sind erforderlich. Mit Hilfe des Grundbuches kann die Bestätigung für Grundstücke aber relativ leicht abgegeben werden (Ziff. 7 des Form.).

g) **Denial of Jurisdiction Clause.** Diese Opinion (Ziff. 8 des Form.) bezweckt die Feststellung, daß eine vertraglich **vereinbarte Gerichtsstands- oder Schiedsklausel** von den Gerichten am Sitz der zur Vorlage der Legal Opinion verpflichteten Partei **akzeptiert** wird und eine dort dennoch angebrachte Klage mangels Zuständigkeit abgewiesen würde. Dies sichert die andere Vertragspartei vor unliebsamen Überraschungen – etwa im Hinblick auf das anwendbare Recht, das nach dem IPR des Forums bestimmt wird – in einem vertraglich ausgeschlossenen Gerichtsstand.

3. Legal Opinion

h) **Enforcement of Judgment Clause.** Diese Bestimmung (Ziff. 10 des Form.) ist wichtig, wenn im zugrundeliegenden Vertrag ein nicht am Sitz der zur Vorlage der Legal Opinion verpflichteten Partei belegener Gerichtsstand oder ein Schiedsgericht vereinbart wurde. Für die Durchsetzbarkeit von Ansprüchen gegen diese Partei kommt es dann entscheidend darauf an, daß ein in dem vereinbarten Gerichtsstand ergangenes Urteil oder ein Schiedsspruch auch tatsächlich am Sitz der Opinion-pflichtigen Partei (oder dort, wo Vermögen belegen ist) **vollstreckt** wird. Vorbehalte hinsichtlich der Voraussetzungen des § 328 ZPO sind empfehlenswert.

i) **Sonstiges.** Im Form. vorgesehen ist eine Opinion zur **Verfügungsbefugnis** des Verkäufers (Ziff. 1 des Form.), die sich aus der besonderen Konstellation des Verkaufs durch den Testamentsvollstrecker ergibt. Auf die Grundlagen der Verfügungsbefugnis des Testamentsvollstreckers und ihre Grenzen sollte hingewiesen werden. – Die Opinion zur **Inhaberschaft an den Geschäftsanteilen** (Ziff. 3 des Form.) ist problematisch, weil ein redlicher Erwerb von GmbH-Anteilen nicht möglich ist und deshalb nie mit vollkommener Sicherheit feststeht, daß der Verkäufer (hier der Nachlaß) Inhaber der Beteiligung ist bzw. diese dem Käufer auch tatsächlich verschaffen kann. Geprüft werden müssen die Kette der (bekannten) Abtretungen seit Gründung sowie die zum Handelsregister eingerichteten Gesellschafterlisten (§ 40 GmbHG). Ein Vorbehalt ist aber auch bei positivem Ausgang der Prüfung erforderlich. – Ziff. 4 des Form. macht deutlich, daß die Übertragung der Anteile der **notariellen Form** bedarf (§ 15 Abs. 3 GmbHG, zwingend anwendbar, weil es sich um eine deutsche GmbH mit Sitz im Inland handelt und Gesellschaftsstatut demgemäß deutsches Recht ist, vgl. *Staudinger/Großfeld*, BGB, 12. Aufl., IntGesR, Rdn. 29 ff., 290 ff.), wobei auf einen bereits vorliegenden Entwurf der Abtretungsurkunde Bezug genommen wird. Die Formvorschrift des § 15 Abs. 4 GmbHG ist im übrigen nicht anwendbar, weil der schuldrechtliche Vertrag New Yorker Recht untersteht. – Ferner enthält das Form. in Ziff. 11 Aussagen zur Durchsetzbarkeit der im Entwurf vorliegenden **Gewährleistungsgarantie** mit dem notwendigen Vorbehalt einstweiligen Rechtsschutzes bei mißbräuchlicher Inanspruchnahme (vgl. etwa *Wieczorek/Schütze/Thümmel*, ZPO, 3. Aufl., § 940 Rdn. 29 ff. mwN.). – In Ziff. 12 sind schließlich Feststellungen zu gegen das vertragsgegenständliche Unternehmen anhängigen **Prozessen** getroffen, die allerdings auf den Kenntnisstand des Ausstellers der Opinion reduziert sind.

10. Assumptions, Reservations and Qualifications. Eine wesentliche Aufgabe für den Aussteller einer Legal Opinion liegt in der Aufnahme **geeigneter Vorbehalte und Beschränkungen** hinsichtlich der getroffenen Aussagen. Vorbehalte, die Einzelaussagen des operativen Teils der Legal Opinion betreffen, müssen dort erwähnt werden. Der Schluß der Legal Opinion ist dagegen der richtige Ort für generelle Vorbehalte. In den Text der Opinion sind zunächst assumptions zur Echtheit von Unterschriften und vorgelegten Dokumenten aufgenommen. Ferner wird angenommen, daß auf die zugrundeliegende Transaktion New Yorker Recht zur Anwendung kommt, die in dem Vertrag enthaltenen Regelungen und Verpflichtungen danach in vollem Umfang wirksam und durchsetzbar sind und New Yorker Gerichte sich aufgrund der getroffenen Gerichtsstandsklausel für zuständig halten würden. Diese Annahmen werden **als zutreffend unterstellt** und der Beurteilung zugrundegelegt. Sollten sie unzutreffend sein und die Legal Opinion deshalb falsch werden, so wäre der Aussteller hierfür nicht einstandspflichtig.

Ferner wird im Form. festgestellt, daß die enthaltenen Opinions **auf der Basis nur des deutschen Rechtes** getroffen wurden (drittletzter Absatz des Form.) und sich lediglich an den ausdrücklich benannten Adressaten richten, der allein die Legal Opinion benutzen und auf die in ihr enthaltenen Aussagen vertrauen darf (letzter Absatz). Damit wird verhindert, daß **Dritte**, die die Opinion zur Kenntnis erhalten haben, hieraus Ansprüche herleiten. Auch die **betragsmäßige Haftungsbegrenzung** des vorletzten Absatz des Form. ist ein, allerdings nur bei vertraglicher Vereinbarung wirksamer (vgl. oben Anm. 6) Vorbehalt. Aufgenommen ist schließlich der Ausschluß einer etwaigen Verpflichtung zur späteren

Ergänzung der Opinion (viertletzter Absatz) sowie der allgemeine **Konkursvorbehalt** (vgl. oben Anm. 9 d).

11. Haftung des Ausstellers. *Schrifttum zur Auskunftshaftung gegenüber Dritten, soweit für die Legal Opinion relevant (Auswahl):* Aring/Assmann/Bergmann/Brinkmann, Die Anwaltsauskunft, JuS 1973, 39; *v. Bar,* Liability for Information and Opinions Causing Pure Economic Loss to Third Parties: a Comparison of English and German Case Law, in: *Markesinis,* The Gradual Convergence, Foreign Ideas, Foreign Influence and English Law on the Eve of the 21st Century, 1994, S. 98; *Damm,* Entwicklungstendenzen der Expertenhaftung, JZ 1991, 373; *v. Gierke,* Die Dritthaftung des Rechtsanwalts – Eine rechtsvergleichende Untersuchung zum amerikanischen und deutschen Recht unter Berücksichtigung der Rechtslage in England, 1984; *Grunewald,* Die Haftung des Experten für seine Expertise gegenüber Dritten, AcP 187 (1987) S. 285; *Harries,* Die Rechtsscheinhaftung für fehlerhafte Rechtsgutachten bei internationalen Verträgen, FS Zweigert, 1981, S. 451; *Honsell,* Probleme der Haftung für Auskunft und Gutachten, JuS 1976, 626; *Jost,* Vertragslose Auskunfts- und Beratungshaftung, 1991; *Lammel,* Zur Auskunftshaftung, AcP 179 (1979) S. 337; *Lorenz,* Das Problem der Haftung für primäre Vermögenschäden bei der Erteilung einer unrichtigen Auskunft, FS Larenz, 1973, S. 575; *Müssig,* Falsche Auskunftserteilung und Haftung, NJW 1989, 1697; *Schwichtenberg,* Anwaltshaftung im Niemandsland zwischen Vertrag und Delikt – Ein rechtsvergleichender Beitrag zur Anwaltshaftung gegenüber Dritten im englischen und deutschen Recht, ZVglRWiss 91 (1992), 290.

Die Inanspruchnahme des Ausstellers einer Legal Opinion auf Schadensersatz wegen unzutreffender Aussagen ist bisher von der deutschen obergerichtlichen Rechtsprechung, soweit erkennbar, nicht behandelt worden. Dies mag – neben der verhältnismäßig geringen Verbreitung des Instruments der Legal Opinion bei uns – damit zusammenhängen, daß die für Opinion Letters gewünschten Aussagen aus deutscher Sicht häufig einfach (z.B. rechtliche Existenz einer Gesellschaft) sind oder, wenn dies nicht der Fall ist, mit weitgehenden Vorbehalten versehen werden. Ein weiterer Grund ist möglicherweise, daß die in dem zugrundeliegenden Vertrag getroffenen Regelungen und Ansprüche in der Regel zum Schutz der von der unzutreffenden Aussage betroffenen Vertragspartei ausreichen, so daß das „Sicherheitsnetz" der Legal Opinion gar nicht bemüht zu werden braucht. Jedenfalls reiht sich die Haftung des Ausstellers gegenüber dem Adressaten für eine fehlerhafte Legal Opinion aus deutscher Sicht problemlos in den größeren Zusammenhang der **Auskunftshaftung gegenüber Dritten** ein. Ob auf derartige Haftungsansprüche deutsches Recht zur Anwendung kommt, bedarf allerdings gesonderter Prüfung und mag im Einzelfalle zweifelhaft sein (vgl. oben Anm. 6).

Das Recht der Auskunftshaftung gegenüber Dritten ist im Fluß. In Rechtsprechung und Schrifttum werden im wesentlichen fünf Meinungen zur anwendbaren Haftungsgrundlage vertreten (vgl. die Darstellungen von *Lammel* AcP 179 (1979) S. 337, 339 ff.; *Grunewald* AcP 187 (1987), 285, 288 ff., *Damm* JZ 1991, 373, 375 ff.; *Vollkommer,* Anwaltshaftungsrecht, 1989, Rdn. 225 ff., jeweils mit Nachweisen zur Rechtsprechung): Haftung aus **selbständigem Auskunftsvertrag** mit dem Adressaten, Haftung aus **Vertrag mit Schutzwirkung** zugunsten des Adressaten, **culpa in contrahendo** wegen Inanspruchnahme besonderen persönlichen Vertrauens gegenüber dem Adressaten, **allgemeine Vertrauenshaftung** und **deliktische Haftung** (§§ 823 Abs. 2 BGB iVm 263 StGB, 826 BGB). Das gemeinsame Element dieser unterschiedlichen (und im Detail durchaus angreifbaren) theoretischen Ansätze besteht darin, daß der Auskunftgeber dem Adressaten für die Richtigkeit seiner Auskunft jedenfalls dann einstandspflichtig sein soll, wenn dieser **erkennbar hierauf vertraut hat.** Auch nach US-amerikanischem und englischem Recht wird unter dieser Voraussetzung dem Adressaten im Grundsatz ein Schadensersatzanspruch zuerkannt (vgl. *v. Gierke,* Die Dritthaftung des Rechtsanwalts, S. 84 ff., 146 ff.; *Schwichtenberg* ZVglRWiss 91 (1992), 290, 294 ff.; *v. Bar,* in: Markesinis, The Gradual Convergence, S. 98 ff.).

3. Legal Opinion

Ein solches Vertrauen ist bei der Legal Opinion bereits definitionsgemäß gegeben: Die Opinion hat gerade den Zweck, den Adressaten bezüglich gewisser Voraussetzungen des Geschäftes abzusichern. Im Vertrauen auf das Vorliegen dieser Voraussetzungen erbringt er beim *closing* seine Leistung. An der **grundsätzlichen Einstandspflichtigkeit** des Ausstellers – soweit dieser **schuldhaft falsche Aussagen** getroffen hat – besteht daher kein Zweifel, wobei die rechtliche Grundlage eher sekundär ist. Immerhin liegt aber bei der Legal Opinion wegen des engen Kontaktes zwischen Aussteller und Adressat und der besonderen Zweckbestimmung der Opinion die Annahme eines gesonderten Auskunftsvertrages näher als bei anderen Auskunftsfällen.

Damit haftet der Aussteller dem Adressaten bei fehlerhaften Feststellungen in der Legal Opinion, soweit diese zumindest auf **Fahrlässigkeit** beruhen, auf Ersatz des Schadens, den der Adressat **durch sein Vertrauen** hierauf erleidet. Ist die Legal Opinion eine *condition of closing* wird der Schaden in der Regel im Abschluß des Geschäftes (zu den gegebenen Konditionen) liegen. Der Aussteller wäre dann verpflichtet, den Adressaten im Wege der Naturalrestition (§ 249 BGB) von den ihn belastenden Auswirkungen des Geschäftes zu befreien oder zumindest ihn so zu stellen wie er stünde, wenn er das Geschäft unter Berücksichtigung einer zutreffenden Legal Opinion abgeschlossen hätte.

Das **Haftungsrisiko** ist daher **erheblich,** seine Eingrenzung wäre dementsprechend wünschenswert. Haftungsbegrenzungsklauseln sind jedoch problematisch, weil sie eine vertragliche Vereinbarung zwischen Aussteller und Adressat voraussetzen. Die im Form. (vorletzter Absatz) vorgesehene Regelung einer betragsmäßigen Grenze (vorstellbar wäre auch eine allein am Verschuldensgrad orientierte Begrenzung, etwa Haftung nur bei grober Fahrlässigkeit) versucht, eine solche Vereinbarung zu schaffen (vgl. zum Problem der Erklärungsfiktion oben Anm. 6). Da bei der Legal Opinion die Annahme eines gesonderten Auskunftsvertrages nicht ganz fern liegt (vgl. auch *Döser* FS Nirk, S. 151, 160), ließe sich die Haftungsbeschränkungsklausel konstruktiv in diesen Auskunftsvertrag einbetten. Abgesehen von rechtskonstruktiven Schwierigkeiten beinhaltet die Haftungsbeschränkung aber auch das Problem der Akzeptanz beim Adressaten. Gerade US-amerikanische oder englische Adressaten sind derartige Klauseln nicht gewohnt und werden sie häufig unter Hinweis auf die weitgehend standardisierte Form von Legal Opinions zurückweisen. Gelegentlich hilft das Argument, daß die „deutschen Standards" nicht notwendig den angloamerikanischen entsprechen.

12. Kosten. Die Kosten der Legal Opinion fallen in aller Regel dem Auftraggeber, d.h. der zur Vorlage der Opinion verpflichteten Partei zur Last. Die Erstellung der Legal Opinion ist wegen ihrer besonderen Zielrichtung (vgl. auch oben Anm. 7) grundsätzlich ein **eigenständiger Auftrag,** der getrennt von der sonstigen Beratungstätigkeit des Anwaltes im Hinblick auf die Transaktion abzurechnen ist. Anwendbar können die Gebührentatbestände der §§ 21 oder 118 BRAGO sein (s. auch *Döser* FS Nirk, S. 151, 162). Häufig wird auch ein an der Bedeutung der Legal Opinion oder dem Haftungsrisiko des Anwaltes orientiertes Pauschalhonorar vereinbart. Die Vereinbarung von Zeithonoraren ist dagegen selten und wird vor allem dem im Verhältnis zum meist übersichtlichen Zeitaufwand hohen Haftungsrisiko des Anwalts nicht gerecht.

II. Vertriebsverträge

1. Agency Contract[1, 2]

(Handelsvertretervertrag)

XY-GmbH
Street
City
(hereinafter referred to as „Principal")
and

Mister Joseph Z
Street
City
(hereinafter referred to as „Agent")

Whereas, the Principal designs, manufacturers and sells certain products (hereinafter referred to as „Products);
whereas, the Agent has established certain relations with customers in the Territory;
whereas, the Principal ist willing to engage the Agent in order to enlarge his business opportunities within the Territory;
now, in consideration of all the terms and conditions set out hereunder, the parties convene and agree as follows:

Art. 1 – Appointment[3]

(1) The Principal hereby appoints the Agent as his sole agent for the Territory set out in Annex 1.

(2) The Agent shall solicit the sale of the following Products within the Territory (insert and specify).

(3) The Agent is presently acting as agent for the following principals (insert names and addresses) and solicits sales for the following products (insert particulars).

Art. 2 – Obligations of the Agent[4]

(1) The Agent shall endeavour to obtain business in the name and for the account of the Principal and shall serve the interests of the Principal to the best of his ability. He shall not be entitled to enter into any sales contracts with third parties thereby binding the Principal.

(2) He shall provide all information necessary for the purpose of promoting business, and shall inform the Principal immediately about every order received, thereby transmitting the original of the order so solicited to the Principal for acceptance.

(3) He shall not deviate from the prices, delivery and payment conditions of the Principal without his prior written consent.

(4) He shall not in any way whatsoever compete in the sale of the Products, unless the Principal has consented in writing.

Art. 3 – Obligations of the Principal[5]

(1) The Principal shall provide to the Agent all necessary samples as well as printed and advertising material free of charge, customs, duties and cost for carriage. The samples remain the property of the Principal, provided that they are not intended for consumption, and will be returned by the Agent on request and at the expense of the Principal.

(2) The Principal shall supply to the Agent at regular intervals all information for the conduct of his business. Furthermore he will inform him without delay, if any order placed has been accepted or refused. He will also inform the Agent without delay, if it is likely that he can only accept orders in parts.

(3) The Principal shall supply copies of all correspondence, including invoices with customers in the Territory.

Art. 4 – Commission[6, 7]

(1) The commission will be ...... in words (...... %) of all invoiced amount for all business transactions, be they direct or indirect with customers in the Territory.

(2) If, due to legal regulations, commission will be subject to turnover tax either at the Principal's place of business or at Agent's place of business, then the respective commission shall be calculated from the amount invoices excluding turnover tax.

(3) The Principal will furnish to the Agent a statement of commission due for all deliveries of Products executed during each calendar month, but not later than the 15th of the following month. The commission, to which the Agent shall be entitled in accordance therewith, shall fall due on the day the statement has been forwarded to the Agent.

(4) The Agent's right to claim commission shall not be honoured with respect to such deliveries of Products which the customer has not effected any payments; commission fees already received by the Agent in these instances will be taken into account upon issuing the next commission statement.

(5) The Agent shall be entitled to a commission, if there is evidence that the Principal has failed to execute any transaction or has not executed some in the manner agreed upon. This shall not apply if the Principal can demonstrate that he is not responsible for such nonexecution.

Art. 5 – No Authority of the Agent to collect Monies[8]

The Agent shall not be entitled to collect monies from Principals's customers, unless the Principal has granted such authority to the Agent.

Art. 6 – Reimbursement[9, 10]

The Principal shall reimburse the Agent the following expenses and costs (insert details).

Art. 7 – Infringement of Property Rights and Claims

(1) All claims that might be brought against the Agent because of an alleged infringement of a patent right or any other industrial property right shall fall within the exclusive responsibility of the Principal. He shall be obligated to grant to the Agent the necessary advance payments for any legal proceedings and shall, at the request of the Agent, furnish all such information as may be reasonably required. The Principal shall, furthermore, reimburse the Agent for all expenses reasonably incurred.

(2) This shall also apply when and insofar claims have been asserted against the Agent for any infringement of any third party's right concerning labelling and packaging of the Products or because of any product liability claims relating to the sale and the use of the Products.

1. Agency Contract (Handelsvertretervertrag)

Art. 8 – Duration[11]

(1) The Contract shall come into force at the date set forth hereunder.

(2) It shall have a duration of ...... (insert) years.

(3) It may be terminated by either party by giving written notice, at least six months at the end of a calendar year.

(4) The right of either party to terminate this Contract in case of a fundamental breach of contract[12] shall not be impaired by the foregoing.[13]

Art. 9 – Miscellaneous[14, 15]

(1) This Contract shall be governed by German law.

(2) Place of jurisdiction shall be Cologne.[16]

(3) If any term or condition of this Contract is null and void or will become null and void, then all other terms and conditions shall remain in full force and effect.

(4) All modifications, alterations or amendments to this Contract shall be binding upon the parties hereto provided that they have been signed by the parties hereto.

Cologne, ...   Paris, ...
(For the Principal)   (For the Agent)

Schrifttum: Ankele, Das deutsche Handelsvertreterrecht nach der Umsetzung der EG-Richtlinie, DB 1989, 2211 ff.; *Eberstein,* Der Handelsvertretervertrag, 7. Aufl., Heidelberg 1991; *Freund,* Handelsvertreterverträge und EG-Kartellrecht, EuZW 1992, 408 ff.; *Hopt,* Handelsvertreterrecht, München 1992; *Kindler,* Neues deutsches Handelsvertreterrecht aufgrund der EG-Richtlinien, RiW 1990, 358 ff.; *Küstner/von Manteuffel,* Handbuch des gesamten Außendienstrechts, Bd. 1, Rechte des Handelsvertreters, 2. Aufl, Heidelberg 1992; Bd. 2, Der Ausgleichsanspruch des Handelsvertreters, 5. Aufl., Heidelberg 1988; *ders.,* Die Änderungen des Handelsvertreterrechts aufgrund der EG-Harmonisierungsrichtlinie vom 18. 12. 1986, BB 1990, 291 ff.; RGRK-BGB (Verfasser) 4. Aufl., Berlin, New York 1983; *Westphal,* Provisionskollisionen durch Zusammenwirkungen mehrerer Handelsvertreter für einen Vertragsabschluß, BB 1991, 2027 ff.; *ders.,* Die Handelsvertreterrichtlinie und deren Umsetzung in den Mitgliedstaaten der Europäischen Union, Diss. Köln 1994; *Graf von Westphalen,* Handbuch des Handelsvertreterrechts in der EU, Köln 1996.

Übersicht

	Seite
1. Der Handelsvertreter als selbständiger Gewerbetreibender	50
2. Abgrenzung zu verwandten Erscheinungsformen	51
3. Tätigkeitspflichten des Handelsvertreters	52
4. Wesentliche Pflichten	54
5. Dispositions-Informationspflicht	55
6. Provisionsanspruch	56
7. Abrechnungsanspruch	58
8. Delkredere-Provision	59
9. Aufwendungserstattung	60
10. Verjährungsbestimmungen	60
11. Ordentliche Kündigungsklauseln	60
12. Fristloses Kündigungsrecht	61
13. Der Ausgleichsanspruch	62
14. Der ausländische Handelsvertreter	64
15. Wettbewerbsabreden	66
16. Gerichtsstandsvereinbarungen	67

Anmerkungen

1. Der Handelsvertreter als selbständiger Gewerbetreibender. a) Gemäß § 84 Abs. 1 HGB ist der Handelsvertreter **selbständiger Gewerbetreibender.** Gemäß § 1 Abs. 2 Nr. 7 HGB ist er Voll- oder Minderkaufmann, je nach Art und Umfang seines Betriebs.

Die **Rechtsprechung** bejaht oder verneint die nach § 84 Abs. 1 HGB **erforderliche Selbständigkeit** aufgrund einer alle Einzelfallumstände erfassenden **Gesamtbetrachtung** (BGH VersR 1964, 331; BGH BB 1982, 1877; BAG BB 1983, 1398; OLG Nürnberg VersR 1961, 1090; OLG München BB 1957, 1053; *Hopt* § 84 Rdnr. 35 f.). Unter diesem Gesichtswinkel ist – über die Legaldefinition von § 84 Abs. 1 HGB hinausgehend – entscheidend für die Bejahung der **Selbständigkeit** des Handelsvertreters: Er ist nur in eingeschränktem Maß weisungsgebunden; er trägt ein **eigenes unternehmerisches Risiko** (BAG BB 1972, 1096; OLG Celle BB 1958, 246). Darin eingeschlossen ist als **Indiz,** ob der Handelsvertreter darüber bestimmen kann, ob und welche Angestellten/Hilfskräfte er zur Erfüllung seiner Aufgaben beschäftigt, und ob – insbesondere – der Handelsvertreter alle **Betriebskosten** aus der verdienten Provision bestreiten muß (BGH VersR 1964, 331; *Hopt* § 84 Rdnr. 36). Ist nach alledem die Selbständigkeit eines Handelsvertreters zu **verneinen,** so ist es mit § 9 Abs. 2 Nr. 1 AGBG **unvereinbar,** sein Geschäft durch eine entsprechende Formulierung im Vertrag in die Kategorie der Selbständigkeit gemäß § 84 Abs. 1 HGB „aufzuwerten". Im übrigen gilt der Schutz der **zwingenden Bestimmungen** der §§ 84 ff. HGB ohnehin uneingeschränkt.

b) § 84 Abs. 2 HGB setzt die Verneinung der Selbständigkeit im Sinn von § 84 Abs. 1 Satz 2 HGB gleich mit der Bejahung eines **Angestelltenverhältnisses** (*Hopt* § 84 Rdnr. 39). Dabei kommt es nicht entscheidend darauf an, ob der Beauftragte als „Handelsvertreter" oder als „Freier Mitarbeiter" bezeichnet ist (LAG Frankfurt VersR 1966, 236) und ob die ihm zugestandene Vergütung als „Provision" oder als „Entgelt" bezeichnet ist (*Hopt* § 84 Rdnr. 36). Entscheidend ist und bleibt eine alle Umstände des Einzelfalls einschließende **Gesamtwertung** (RGRK-HGB/Brüggemann § 84 Rdnr. 14). § 84 Abs. 2 HGB ist als soziale Schutznorm mit ihren Konsequenzen für das Arbeits- und Sozialrecht zwingend (*Hopt* § 84 Rdnr. 39).

c) Soweit Unternehmen ihren Vertrieb über Handelsvertreter organisieren, sind Handelsvertreterverträge grundsätzlich als **Formularverträge** gemäß § 1 Abs. 1 AGBG aufgebaut. Folglich ist ein „Aushandeln" der Bestimmungen im Sinn von § 1 Abs. 2 AGBG **selten,** weil die Unternehmen – nicht zuletzt unter Berücksichtigung von § 26 Abs. 2 GWB – großen Wert darauf legen, ihre Handelsvertreter **gleich zu behandeln** (vgl. BGH NJW 1989, 3010 – Staatslotterie). Auf vorformulierte Verträge sind gemäß § 24 AGBG die Bestimmungen der §§ 2, 10, 11 und 12 AGBG **nicht anwendbar.** Vorformulierte Preisabreden unterliegen jedoch nicht der Inhaltskontrolle gemäß § 9 AGBG. Dies gilt etwa auch für die Klausel, daß der Handelsvertreter „für die Alleinvertriebsrechte in seinem Vertragsgebiet einen Pauschalbetrag von DM 66 000,00 zzgl. MwSt" zahlt (BGH NJW-RR 1993, 375). Andererseits ist mit Recht geltend gemacht worden, daß die Zahlung einer bereits **vorformulierten** „Vertragssumme" nicht dem Typenbild des Handelsvertretervertrages entspricht, da ihr auch **keine** Gegenleistung des Prinzipals entspricht. Derartige Klauseln sind daher nach § 9 Abs. 1 AGBG zu beanstanden (OLG Frankfurt NJW-RR 1987, 548; LG Paderborn NJW-RR 1987, 672 sittenwidrig: Zahlung von DM 3420,00). So gesehen ist entscheidend im Sinn von § 1 Abs. 1 AGBG, daß auch die Ausfüllung eines **Blanketts** nicht nach § 1 Abs. 2 AGBG zu beurteilen ist (OLG Frankfurt a.a.O.).

aa) In der **Literatur** ist die Frage streitig, ob für den sozialschutzbedürftigen **Einfirmenvertreter** eine Ausnahme gerechtfertigt ist (so *Ulmer/Brandner/Hensen/Schmidt* Anh. zu §§ 9 bis 11 Rdnr. 410; *Ulmer/Brandner/Hensen* § 23 Rdnr. 10). Wegen seiner sozialen Schutzbedürftigkeit, so wird geltend gemacht, sei der Einfirmenvertreter in Wirklichkeit – jedenfalls in bestimmten Beziehungen – einem **Arbeitnehmer** gleichzustellen, so daß die

1. Agency Contract (Handelsvertretervertrag)   II.1

Schutzvorschriften des Gesetzes uneingeschränkt für anwendbar erklärt werden (*Ulmer/ Brandner/Hensen* § 23 Rdnr. 10). Angesichts des eindeutigen Wortlauts aus § 24 AGBG ist dieser Auffassung jedoch nicht zu folgen (*Löwe/Graf von Westphalen* § 23 Rdnr. 7; *Wolf/Horn/Lindacher* § 23 Rdnr. 38; *Staudinger/Schlosser* § 24 Rdnr. 2), zumal kein Weg an der Erkenntnis vorbeiführt: Gemäß § 1 Abs. 2 Nr.7 HGB sind auch die Einfirmenvertreter jedenfalls **Minderkaufleute** im Sinn von § 4 HGB. Folglich besteht ausreichende Möglichkeit, die erhöhte Schutzbedürftigkeit von Einfirmenvertretern im Rahmen von § 9 AGBG zu berücksichtigen (vgl. auch OLG Oldenburg NJW-RR 1989, 1081, 1082).

bb) Dies wirft die Frage auf, ob die zwingenden Schutzvorschriften der §§ 2, 10, 11, 12 AGBG auch dann Anwendung finden, wenn der Handelsvertreter, ohne zuvor ein Gewerbe dieser Art ausgeübt zu haben, **erstmals** den Handelsvertretervertrag unterzeichnet. Da jedoch die Kaufmannseigenschaft erst durch den Abschluß des Handelsvertretervertrages begründet wird, ist § 24 AGBG auf den unten Vertragsabschluß **nicht** anwendbar (*Wolf/ Horn/Lindacher* § 9 H 101; *ders.*, § 24 Rdnr. 6; *Soergel/Stein* § 9 Rdnr. 82; a.M. *Ulmer/ Brandner/Hensen/Schmidt* Anh. zu §§ 9–11 Rdnr. 410). Die Auffassung in der **Judikatur** ist geteilt (wie hier OLG Koblenz NJW 1987, 74; a.M. OLG Oldenburg NJW-RR 1989, 1081). Die Unterschiede beider Auffassungen sind – praktisch gewertet – gering; sie beziehen sich im Ergebnis vor allem darauf, ob die strengen **Einbeziehungsvoraussetzungen** von § 2 AGBG beachtet sind. Da jedoch Handelsvertreterverträge für gewöhnlich **Formularverträge** im Sinn von § 1 Abs. 1 AGBG sind, bestehen grundsätzlich gemäß § 2 AGBG keine durchgreifenden Bedenken: Der Handelsvertreter ist bei Abschluß des Vertrages in der Lage, die einzelnen vorformulierten Vertragsbestimmungen zur Kenntnis zu nehmen, bevor er den Kontrakt unterzeichnet. Im übrigen kann in ausreichender Weise im Rahmen der Wertungskriterien von § 9 AGBG auf die besondere **Schutzbedürftigkeit** des Handelsvertreters Rücksicht genommen werden: Ob es sich im Einzelfall um einen Einfirmenvertreter oder um einen Handelsvertreter handelt, der erstmals dieses Gewerbe ausübt, gilt gleich. Doch ist der Abschluß des Vertrages – für sich allein genommen – nicht geeignet, die teils hohe Schutzbedürftigkeit des Handelsvertreters gemäß § 9 AGBG unter voller Ausschöpfung der §§ 10 und 11 AGBG zu berücksichtigen. Dies deckt sich auch mit der parallel zu schaltenden Wertung gemäß § 1 Abs. 1 VerbrKrG: Die Begründung des „ausgeübten" Gewerbes ist nicht deckungsgleich mit dem Abschluß des Vertrages.

2. Abgrenzung zu verwandten Erscheinungsformen. a) **Handelsvertreter** im Sinn von § 84 Abs. 1 HGB ist nur, wer aufgrund der mit einem Prinzipal getroffenen Vereinbarung verpflichtet ist, sich ständig um die **Vermittlung** oder um den **Abschluß von Geschäften** für diesen zu bemühen. Vermitteln von Geschäften heißt, daß der Handelsvertreter deren Abschluß durch Einwirkung auf den Kunden **fördert** (*Hopt* § 84 Rdnr. 22); es genügt insoweit eine **Mitursächlichkeit** (BGH NJW 1980, 1793). Beschränkt sich die Tätigkeit des Beauftragten lediglich auf den Nachweis, so liegt darin keine Vermittlung im Sinn von § 84 Abs. 1 HGB (OLG Bamberg MDR 1966, 55; *Hopt* § 84 Rdnr. 23).

aa) Neben die Vermittlung stellt § 84 Abs. 1 HGB den **Abschluß** eines Geschäfts im Namen des Prinzipals. Hierfür bedarf der Handelsvertreter eines besonderen **Auftrags**, einschließlich einer entsprechenden Vollmacht (*Hopt* § 84 Rdnr. 24).

bb) Die **Art des Geschäfts** ist im Rahmen von § 84 Abs. 1 HGB irrelevant; es genügt jedes „Unternehmen", wie etwa die Vermittlung von Anzeigen (OLG Celle HVR 436), die Vermittlung eines Grundstücks (BGH DB 1982, 590) oder die Tätigkeit im Rahmen eines Reisebüros (BGH BB 1982, 2008) oder einer Lotto-/Toto-Bezirksstelle (BGH DB 1972, 1624). Die vom Handelsvertreter ausgeübte Tätigkeit muß für einen **anderen Unternehmer** (principal) vorgenommen werden. Fest steht dabei, daß **jeder Unternehmer** – ohne Rücksicht auf seine Rechtsform – diese Tatbestandsvoraussetzungen des § 84 Abs. 1 HGB erfüllen kann: Erfaßt werden auch öffentliche Unternehmen, die sich am rechtsgeschäftlichen Verkehr in den Formen des Privatrechts beteiligen (BGH DB 1972, 1624); aber auch der Immobilienmakler unterfällt dieser Kategorie (BGH DB 1982, 590). Entscheidend ist, daß der Begriff „Unternehmer" im Sinn von § 84 Abs. 1 HGB weit auszulegen ist (BGH a.a.O.; *Hopt* § 84 Rdnr. 27).

cc) Ein **ständiges Betrauen** im Sinn von § 84 Abs. 1 HGB deckt sich mit dem Begriff des Beauftragten gemäß §§ 611 ff., 675 BGB (*Hopt* § 84 Rdnr. 41). Es schließt eine **Tätigkeitspflicht** des Handelsvertreters ein; diese ist gekoppelt an seine allgemeine **Interessenwahrungspflicht**, wie sich aus § 86 Abs. 1 HGB ergibt. Doch muß das Betrauen im Sinn von § 84 Abs. 1 HGB auf **gewisse Dauer** gerichtet sein; allerdings reicht z.B. eine Messe oder sonstige Ausstellungsveranstaltung aus. Wichtig ist allein, daß sich der Handelsvertreter in dieser Zeit um eine **unbestimmte Anzahl** von Abschlüssenzu bemühen hat (OLG Bamberg MDR 1966, 55; *Hopt* § 84 Rdnr. 42).

b) **Zum Franchisenehmer:** Hierzu Form. II. 4.

c) **Zum alleinbeauftragten Makler.** Die Trennlinie zwischen Handelsvertreter und **alleinbeauftragtem Makler** im Sinne von § 652 BGB ist abhängig von den jeweiligen Umständen des Einzelfalls (BGH BB 1992, 2178 f.). Für den Handelsvertreter im Sinn der §§ 84 ff. HGB ist die **beiderseitige**, auf Dauer berechnete Bindung entscheidend (BGH BB 1992, 2178). Unbestimmtheit und Vielzahl der zu veräußernden Gegenstände/Objekte und das Interesse an dadurch bewirkter Umsatzförderung sprechen dafür, daß es sich um einen Handelsvertreter im Sinn von § 84 Abs. 1 HGB handelt. Demgegenüber ist der Makler **weisungsunabhängig**, und zwar auch dann, wenn er einen Alleinauftrag erfüllt (BGH BB 1992, 2178, 2179). Für die Bejahung des Maklervertrages ist deshalb entscheidend, ob er neben dem Alleinauftrag noch weitere Kunden betreut, um auf diese Weise sein Geschäft zu machen, während die Übernahme von Konkurrenzprodukten nicht unbedingt für den Handelsvertreter typisch ist (BGH a.a.O.).

d) **Unterschied zum Handelsmakler.** Gemäß § 93 HGB übernimmt es der **Handelsmakler** gewerbsmäßig für andere Personen, ohne daß ein ständiges Betrauungsverhältnis vorliegt, Verträge über Anschaffung oder Veräußerung von Waren/Wertpapieren zu vermitteln, einschließlich von Verträgen über Versicherungen, Güterbeförderungen, Schiffsmiete oder sonstige Gegenstände des Handelsverkehrs. Diese Geschäfte schließt er gewerbsmäßig im **fremden Namen** ab, ohne ständig damit betraut zu sein (*Hopt* § 84 Rdnr. 20). Im Unterschied zum Makler gemäß §§ 652 ff. BGB schuldet der Handelsmakler die **Vermittlung** des Geschäfts und nicht nur die Nachweistätigkeit.

e) **Zum Kommissionär.** Der Unterschied zwischen Handelsvertreter und **Kommissionär** besteht gemäß §§ 383 ff. HGB darin, daß der Kommissionär im **eigenen Namen** Waren/Wertpapiere für Rechnung eines Dritten, des Kommittenten, kauft oder verkauft (BGH BB 1964, 823). Die Trennlinie zwischen beiden Erscheinungsformen wird dann schwierig, wenn der Kommissionär aufgrund eines ständigen Betrauungsverhältnisses für einen bestimmten Unternehmer tätig wird (*Küstner/von Manteuffel*, Handbuch des gesamten Außendienstrechts, Rdnr. 82). Soweit dies der Fall ist, ist von einem **Kommissionsagenten** die Rede (*Baumbach/Hopt* § 383 Rdnr. 2). Auf das Vertragsverhältnis zu einem Kommissionsagenten finden deshalb die Rechtsregeln des Handelsvertreterrechts entsprechende Anwendung (*Hopt* § 84 Rdnr. 19), was insbesondere auch für den **Ausgleichsanspruch** gemäß § 89 b HGB Bedeutung besitzt.

3. Tätigkeitspflichten des Handelsvertreters. a) Die Hauptpflicht des Handelsvertreters besteht gemäß § 86 Abs. 1 HGB darin, sich um die Vermittlung oder um den Abschluß von Geschäften zu **bemühen** (vgl. BGHZ 30, 98, 102). So gesehen ist der Handelsvertreter verpflichtet, gewisse „**Mindestumsätze**" zu realisieren (*Hopt* § 86 Rdnr. 12; RGRK-HGB/ *Brüggemann* § 86 Rdnr. 21). Von praktisch weitreichender Bedeutung ist in diesem Zusammenhang, inwieweit der Handelsvertreter verpflichtet ist, die **Bonität** seiner Kunden zu prüfen (RGRK-HGB/*Brüggemann* § 86 Rdnr. 12). Als Faustregel wird man hier davon ausgehen können: Bei neuen Kunden ist der Handelsvertreter grundsätzlich verpflichtet, eine **strenge Bonitätsprüfung** durchzuführen, sofern weder er noch sein Prinzipal ausreichende Kenntnisse über die Bonität dieses Kunden besitzen. Bei **alten** Kunden besteht nur

1. Agency Contract (Handelsvertretervertrag)

dann Anlaß zu einer Bonitätsprüfung, wenn besondere Anhaltspunkte dafür vorliegen, wie etwa säumige Zahlung, Wechselproteste etc.

b) Aus § 86 Abs. 4 HGB folgt, daß die in § 86 Abs. 1 HGB und in § 86 Abs. 2 HGB verankerten Pflichten in der Weise **unabdingbar** sind, daß hiervon nicht in wirksamer Weise abgewichen werden kann. Indessen wird allgemein eine **Konkretisierung** dieser Pflichten als wirksam angesehen (*Küstner/von Manteuffel* BB 1990, 291, 294; *Hopt* § 86 Rdnr. 50; *Kuther* NJW 1990, 304).

aa) Soweit der Prinzipal vom Handelsvertreter **bestimmte Mindestumsätze verbindlich** erwartet, verstößt eine solche Klausel gegen das **Leitbild** des § 86 Abs. 1 HGB. Sie ist daher gemäß § 86 Abs. 4 HGB unwirksam; die gleiche Rechtsfolge leitet sich aus § 9 Abs. 2 Nr. 1 AGBG ab (*Ulmer/Brandner/Hensen/Schmidt* Anh. zu §§ 9–11 Rdnr. 413). Dies gilt auch dann, wenn der Handelsvertreter bestimmte Mindestumsätze „**garantiert**" (a. M. *Hopt* § 86 Rdnr. 14). Dabei kommt es selbstverständlich gemäß § 9 Abs. 2 Nr. 1 AGBG auch entscheidend darauf an, welche **Sanktionsfolgen** für den Fall vorgesehen werden, daß der Handelsvertreter diese „Garantie" nicht erreicht. Zielen sie etwa auf Ersatz des dem Prinzipal dadurch entstehenden **Schadens,** so ist der Kernbestand des in § 86 Abs. 1 HGB bezeichneten **Bemühens** berührt. Gleiches gilt dann, wenn als Sanktionsfolge eine außerordentliche **Kündigung** des Handelsvertretervertrages vorgesehen ist (a. M. *Hopt* § 86 Rdnr. 14; wie hier *Ulmer/Brandner/Hensen/Schmidt* a. a. O.). Daraus folgt: Jegliche Sanktion, welche an das Nichterfüllen einer solchen „Garantie" geknüpft ist, verstößt gegen § 86 Abs. 4 HGB und ist deshalb gemäß § 9 Abs. 2 Nr. 1 AGBG **unwirksam.** Aber auch dann, wenn im Vertrag selbst **keine Sanktion** verankert ist, wird man eine so bedungene Mindestumsatz-Garantie als Verstoß gegen § 86 Abs. 4 HGB – bei gleichzeitiger Unwirksamkeit gemäß § 9 Abs. 2 Nr. 1 AGBG – einstufen müssen, weil in diesen Fällen zwangsläufig die allgemeinen **Rechtsfolgen** eingreifen, welche die Konsequenz eines nicht eingehaltenen Garantieversprechens sind. Regelmäßig zielen diese auf Schadensersatz gemäß §§ 249 ff. BGB. Ob der Prinzipal dem Handelsvertreter im Hinblick auf eine derartige Mindestumsatz-Garantie eine **zusätzliche** oder eine **erhöhte** Provision zahlt, ist in der Sache unerheblich, weil der Provisionsanspruch des Handelsvertreters an sein in § 86 Abs. 1 HGB niedergelegtes **Bemühen** und an den daran anschließenden Erfolg geknüpft ist. Das Form. sieht deshalb davon ab, solche – problematischen – Pflichten niederzulegen (Mindestumsatz etc.).

bb) Grundsätzlich sind auch alle **sonstigen Bestimmungen** nach § 86 Abs. 4 HGB sowie gemäß § 9 Abs. 2 Nr. 1 AGBG unwirksam, welche zum Nachteil des Handelsvertreters Leistungen vorschreiben, die über die seinem Berufsbild entsprechenden typischen Aufgaben hinausreichen und nicht durch eine besondere Gegenleistung ausgeglichen werden (AGB-Klausel-Werke/*Graf von Westphalen* – Handelsvertreter Rdnr. 19; *Ulmer/Brandner/Hensen/Schmidt* Anh. zu §§ 9–11 Rdnr. 413). Ist z. B. der Handelsvertreter zur **Lagerhaltung** verpflichtet, so ist dies nicht zu beanstanden, wenn er hierfür eine **zusätzliche Provision** erhält. Gleiches gilt dann, wenn der Prinzipal den Handelsvertreter **uneingeschränkt** verpflichtet, bei jedem Kunden – gleichgültig, ob es sich um Neu- oder Altkunden handelt – eine Bonitätsprüfung vorzunehmen (AGB-Klauselwerke/*Graf von Westphalen* a. a. O.). Verpflichtet der Prinzipal den Handelsvertreter dazu, einen **Untervertreter** einzusetzen, so gelten hier die gleichen Grundsätze, welche ganz allgemein für die **Änderungsbefugnisse** des Prinzipals gelten.

c) Das Form. geht davon aus, daß der Handelsvertreter als **Bezirksvertreter** gemäß § 87 Abs. 2 HGB tätig werden soll. Dies ergibt sich daraus, daß der Handelsvertreter für ein bestimmtes Gebiet als alleiniger Handelsvertreter eingesetzt wird. Hier wird man immer genau untersuchen müssen, ob diese Konstellation den Interessen beider Vertragsparteien entspricht.

d) Des weiteren empfiehlt es sich dringend, die konkrete **Wettbewerbssituation** des Handelsvertreters zu umschreiben, um von vornherein Zweifelsfragen auszuschalten. Dafür ist zum einen erforderlich, daß die jeweilige Produktionspalette, für deren Absatz der

Handelsvertreter tätig werden soll, im Vertrag bezeichnet ist. Zum anderen ist es angeraten, den Ist-Zustand festzuschreiben und zu bestimmen, für welche sonstigen Prinzipale der Handelsvertreter tätig ist.

4. Wesentliche Pflichten. a) § 86 Abs. 2 HGB geht davon aus, daß der Handelsvertreter verpflichtet ist, "**unverzüglich**" dem Prinzipal die erforderlichen Nachrichten zu geben, namentlich ihm von jeder Geschäftsvermittlung und von jedem Geschäftsabschluß Mitteilung zu machen. Sofern der Handelsvertreter verpflichtet ist, diese Mitteilungen unter Berücksichtigung bestimmter **Formulare** vorzunehmen, verstößt dies nicht gegen § 86 Abs. 4 HGB oder gegen § 9 Abs. 2 Nr. 1 (*Wolf/Horn/Lindacher* § 9 H 103; *Ulmer/Brandner/Hensen/Schmidt* Anh. zu §§ 9–11 Rdnr. 413). Die Grenze des § 86 Abs. 2 HGB ist jedoch überschritten, wenn starre Berichtsintervalle vorgeschrieben werden, soweit dadurch die in § 84 Abs. 1 HGB als für den Handelsvertreter charakteristische **Selbständigkeit** beeinträchtigt wird (AGB-Klauselwerke/*Graf von Westphalen* – Handelsvertreter Rdnr. 20). Die Pflicht, regelmäßig alle 14 Tage Bericht zu erstatten, verstößt jedoch nicht gegen den Kern der in § 86 Abs. 2 HGB konkretisierten Pflicht, weil man davon ausgehen kann, daß solches zeitiges Intervall sich ohnehin mit der aus § 86 Abs. 2 HGB resultierenden Berichtspflicht deckt.

b) Das zwischen Prinzipal und Handelsvertreter bestehende Treueverhältnis, insbesondere die Pflicht des Handelsvertreters, die Interessen des Prinzipals zu wahren, schließen eine Tätigkeit des Handelsvertreters im Geschäftsbereich des Prinzipals für einen **Dritten** aus (RGRK-HGB/*Brüggemann* § 86 Rdnr. 34; *Hopt* § 86 Rdnr. 20 ff.). Ein Verstoß gegen den **Grundsatz der Interessenwahrung** liegt immer dann vor, wenn sich das Angebot des Prinzipals als Waren/Dienstleistungen mit dem Angebot eines Dritten **überschneidet** (*Küstner/von Manteuffel* Bd. 1 Rdnr. 438). Hierbei gelten **strenge Maßstäbe**; es kommt entscheidend darauf an, ob die weitere Tätigkeit des Handelsvertreters die **Vertrauensbasis** zwischen ihm und dem Prinzipal stören wird (BGH BB 1968, 60).

aa) Deshalb ist es gemäß § 9 Abs. 2 Nr. 1 AGBG nicht zu beanstanden, wenn der Prinzipal die **Aufnahme** einer Wettbewerbstätigkeit seines Handelsvertreters davon abhängig macht, daß er hierzu seine **ausdrückliche Zustimmung** erteilt (BGHZ 42, 59, 61; RGRK-HGB/*Brüggemann* § 86 Rdnr. 37). Davon geht das Form aus. Gleiches gilt, soweit der Prinzipal seinen Handelsvertreter verpflichtet, ihn von einer etwaigen Konkurrenzabsicht rechtzeitig zu benachteiligen, weil der Handelsvertreter schon in Zweifelsfällen verpflichtet ist, seinen Prinzipal zu befragen, ob gegen die beabsichtigte Übernahme einer weiteren Vertretung etwas einzuwenden ist (BGH DB 1958, 512). Grundsätzlich besteht **keine Pflicht** des Prinzipals, den Wettbewerb seines Handelsvertreters zu dulden. Doch zeichnet der Grundsatz von Treu und Glauben gemäß § 242 BGB auch hier eine zu beachtende Grenze (vgl. BGH BB 1968, 60). Soweit der Handelsvertreter **vertragsbrüchig** für ein Konkurrenzunternehmen tätig wird, schuldet er Auskunft (BGH BB 1996, 118); entsprechend der erteilten Auskunft ist Schadensersatz zu leisten (BGH a.a.O.).

bb) Soweit es sich um eine nicht vom Prinzipal genehmigte Konkurrenztätigkeit des Handelsvertreters handelt, steht dem Prinzipal das Recht zur **fristlosen Kündigung** des Handelsvertretervertrages zu (BGH BB 1968, 60; BGH BB 1974, 353; BAG NJW 1988, 438). Darüber hinaus macht sich der Handelsvertreter, soweit das Vertragsverhältnis aus wichtigem Grund gekündigt worden ist, gemäß § 89a Abs. 2 HGB **schadensersatzpflichtig**. Die Höhe dieses Schadensersatzes bemißt sich nach dem Zeitpunkt der nächstmöglichen **ordentlichen** Kündigung (BGH NJW 1993, 1386). Auch bestehen grundsätzlich keine Bedenken dagegen, das Wettbewerbsverbot dadurch abzustützen, daß zugunsten des Prinzipals eine **Vertragsstrafe** gemäß §§ 339 ff. BGB vereinbart wird; freilich sind in diesem Fall die allgemeinen Grenzen der Vertragsstrafe zu berücksichtigen (AGB-Klauselwerke/*Graf von Westphalen* – Vertragsstrafeklauseln Rdnr. 8 ff.). Zur Folge hat dies, daß die Vertragsstrafe zum einen die Schwere des Wettbewerbsverstoßes des Handelsvertreters berücksichtigen muß, zum anderen muß sie eine Begrenzung nach oben enthalten (BGH

1. Agency Contract (Handelsvertretervertrag) II.1

ZIP 1993, 703, 706 – Forderung einer Vertragsstrafe von DM 250,00 für jede unbefugte Weitergabe von Kundenanschriften an Dritte; vgl. a. OLG München NJW-RR 1996, 1181). Gerade bei Wettbewerbsverstößen ist stets der Gesichtspunkt des **Fortsetzungszusammenhangs** im Auge zu behalten: Vertragsstrafeklauseln, die darauf abzielen, die gleiche Verpflichtung bei mehreren Verstößen entstehen zu lassen, sind grundsätzlich nicht nach § 9 Abs. 2 Nr. 1 AGBG zu beanstanden (BGH ZIP 1993, 703, 705). Deshalb wird man in diesen Fällen – trotz Bestehens eines Fortsetzungszusammenhangs – die Vertragsstrafe für jeden Einzelfall der Zuwiderhandlung als verwirkt ansehen können, ohne daß dies gegen § 9 Abs. 1 AGBG verstößt, weil und soweit der Prinzipal ein **besonderes Interesse** an der Durchsetzung des Wettbewerbsverbots hat (BGH ZIP 1993, 703, 706). Regelmäßig wird man eine Vertragsstrafe in Höhe einer durchschnittlichen Provision als mit § 9 Abs. 2 Nr. 1 AGBG vereinbar bewerten können; der dem Prinzipal entstehende Schaden ist regelmäßig beträchtlich größer, so daß eine so ausgestaltete Vertragsstrafe lediglich als **Mindestschaden** eingeordnet werden kann (vgl. OLG Hamm MDR 1984, 404: Doppelte Monatsprovision für jeden Fall der Zuwiderhandlung ist allerdings nach § 9 Abs. 1 AGBG unwirksam; großzügiger OLG München BB 1994, 1104 – DM 10 000,00 für jeden Fall des Abwerbens anderer Mitarbeiter des Prinzipals).

cc) Wettbewerbsverbote sind stets auch darauf zu überprüfen, ob sie mit dem **deutschen** und dem **europäischen Kartellrecht** im Einklang stehen. Soweit es sich um einen echten Handelsvertretervertrag im Sinn der §§ 84 ff. HGB handelt – davon geht das Form. aus –, gilt das Preis- und Konditionenbindungsverbot des § 15 GWB nicht (BGHZ 97, 317). Deshalb ist auch die im Artikel 2 Abs. (3) vorgesehene Klausel insoweit **unbedenklich**. Entscheidend ist in diesem Zusammenhang, daß der Prinzipal das typische **Geschäftsrisiko** der Verträge trägt, welche der Handelsvertreter in seinem Namen und auf seine Rechnung abschließt. Auch die **Ausschließlichkeitsbindung** gemäß § 18 GWB – mit der Konsequenz, daß gemäß § 34 GWB der Vertrag der Schriftform bedarf – gilt für Handelsvertreterverträge gemäß § 84 ff. HGB nicht (BGHZ 52, 173; *Hopt*, § 86 Rdnr. 36; vgl. aber auch *Immenga/Mestmäcker/Emmerich* § 18 Rdnr. 50). Soweit allerdings vertragliche Wettbewerbsverbote nicht mehr davon gedeckt sind, daß sie durch die dem Handelsvertretervertrag wesenseigene und sachengerechte Interessenwahrung geboten sind, ist stets im einzelnen zu prüfen, ob nicht § 18 GWB eingreift (BGHZ 112, 218 – TUI).

dd) Soweit es sich um **grenzüberschreitende** Handelsvertreterverträge handelt, ist auch stets im einzelnen zu untersuchen, inwieweit das Kartellverbot des Art. 85 Abs. 1 EU-Vertrag eingreift. Für gewöhnlich ist aufgrund der Bekanntmachung der Kommission über Alleinvertriebsverträge mit Handelsvertretern vom 24. 12. 1962 (ABl. 1962 S. 2921) davon auszugehen, daß weder die Ausschließlichkeitsbindung noch das Wettbewerbsverbot kartellrechtlich nach Art. 85 Abs. 1 EU-Vertrag zu beanstanden sind (vgl. im einzelnen *Freund* EuZW 1992, 408 ff.). Dies entspricht auch der Einschätzung des EuGH (EUGH Slg. 1975, 1663 – Zucker; EuGH Slg. 1987, 3801 – Flämisches Reisebüro) und der Kommission (ABl. L 1987, 49/19; ABl. L 1992, 131/2).

5. **Dispositionsrecht – Informationspflicht.** a) Als Grundsatz ist festzuhalten, daß der Prinzipal die Dispositionsfreiheit gegenüber dem Handelsvertreter besitzt (RGRK-HGB/ *Brüggemann* § 86 a Rdnrn. 19 ff.). Soweit der Prinzipal beabsichtigt, einen **weiteren Handelsvertreter** in dem Vertragsgebiet zu engagieren, gelten bei Verwendung von **AGB-Klauseln** die Grundsätze der Daihatsu-Entscheidung des BGH (BGH ZIP 1994, 461, 466). Es sind dies die gleichen Grundsätze, wie sie für den Vertragshändlervertrag entwickelt worden sind (Vertragshändlervertrag Anm. 5).

b) Ist allerdings der Handelsvertreter ein **Bezirksvertreter** im Sinn von § 87 Abs. 2 HGB, bedarf die Einsetzung eines weiteren Handelsvertreters einer **Änderungskündigung**, so daß die Kündigungsfristen gemäß § 89 b HGB zu beachten sind. Eine Teilkündigung ist unzulässig, soweit sie nicht individualvertraglich vereinbart ist.

c) Doch sind – anders als beim Vertragshändlervertrag – Herstellung, Vertrieb, Qualität und Preis der Ware ausschließlich Sache des Prinzipals (BGHZ 26, 161; *Hopt* § 86 a

Graf von Westphalen

Rdnr. 13). Änderungen in diesem Bereich unterliegen in weitem Umfang dem Dispositionsrecht des Prinzipals. Zur Änderung der Provision Anm. 6.

d) Allerdings ergibt sich aus der Pflicht des Prinzipals, die Interessen des Handelsvertreters angemessen zu wahren, eine **Einschränkung**: Willkürlich und ohne triftigen Grund ist der Prinzipal nicht berechtigt, die Produktion einzustellen oder sein Vertriebssystem zu ändern (BGHZ 49, 39), ohne zuvor mit **ausreichender Frist** den Handelsvertreter informiert zu haben. Verletzt er diese Pflicht, macht er sich **schadensersatzpflichtig** (vgl. RGRK-HGB/*Brüggemann* § 86 Rdnr. 10).

e) Aus § 86 Abs. 3 HGB folgt im übrigen, daß von § 86 a HGB abweichende Vereinbarungen **nichtig** sind: Es sind weder eine Erweiterung noch eine Einschränkung der Pflichten zulässig, weil § 86 a Abs. 3 HGB zwingendes Recht enthält (*Hopt* § 86 b Rdnr. 18).

f) Die in Art. 3 Abs. (1) aufgeführten Pflichten ergeben sich unmittelbar aus § 86 a HGB.

aa) Gemäß § 86 a Abs. 2 Satz 2 HGB ist der Prinzipal darüber hinaus verpflichtet, dem Handelsvertreter **unverzüglich** die Annahme oder Ablehnung oder die Nichtausführung eines vom Handelsvertreter vermittelten Geschäfts mitzuteilen. Dies gilt nur insoweit nicht, als der Handelsvertreter **Bezirksvertreter** ist und es sich um ein Geschäft im Sinn von § 87 Abs. 2 HGB handelt, welches ohne Mitwirkung des Handelsvertreters zustande gekommen ist.

bb) Gemäß § 86 a Abs. 2 Satz 3 HGB ist der Prinzipal schließlich auch verpflichtet, den Handelsvertreter unverzüglich davon zu unterrichten, wenn ein vermitteltes Geschäft nur in **eingeschränktem Umfang** angenommen wird. Dabei ist es gleichgültig, ob es sich um eine freiwillige oder eine unfreiwillige, eine quantitative oder eine qualitative Beschränkung bei der Annahme der Bestellung handelt (*Hopt* § 86 a Rdnr. 11). Verletzt der Prinzipal schuldhaft diese Pflicht, macht er sich gegenüber dem Handelsvertreter schadensersatzpflichtig. Dabei ist jedoch im Auge zu behalten, daß – wie bereits angedeutet – der Prinzipal trotz des Tätigwerdens des Handelsvertreters in seiner Entschließungsfreiheit **ungebunden** bleibt.

6. Provisionsanspruch. a) Bei der nach § 87 Abs. 1 HGB geschuldeten Provision handelt es sich um eine **Erfolgsvergütung,** welche in der Regel tätigkeitsbezogen ausgestaltet ist (*Hopt* § 87 Rdnr. 2). Erforderlich ist, daß die Tätigkeit des Handelsvertreters die zum Abschluß führenden Verhandlungen veranlaßt hat (BAG BB 1971, 492; BAG BB 1969, 178). Das Entstehen des Provisionsanspruchs setzt lediglich **Mitursächlichkeit** der Tätigkeit des Handelsvertreters voraus (RGRK-HGB/*Brüggemann* § 87 Rdnr. 15 ff.). Ob diese vorliegt, ist danach zu beurteilen, welche Art von Mitwirkung nach dem Handelsvertretervertrag zu erwarten war (BAG BB 1971, 492; *Hopt* § 87 Rdnr. 11). Notwendig ist dabei grundsätzlich, daß ein **endgültiger, rechtswirksamer Vertragsabschluß** zwischen Prinzipal und dem vom Handelsvertreter vermittelten Kunden vorliegt (*Hopt* § 87 Rdnr. 7). Dabei ist zu berücksichtigen, daß der Prinzipal **frei** darüber befinden kann, ob er den vom Handelsvertreter vermittelten Vertrag annimmt oder ablehnt (*Hopt* § 86 a Rdnr. 13).

b) **Zweifelhaft** ist, ob der Prinzipal überhaupt berechtigt ist, während der Laufzeit des Handelsvertretervertrages die **Provisionssätze einseitig zu ändern**. Dies ist grundsätzlich zu verneinen; einseitige Änderungsbefugnisse verstoßen regelmäßig gegen § 9 Abs. 2 Nr. 1 AGBG und sind daher **unwirksam** (*Küstner/von Manteuffel* Bd. 1 Rdnr. 327). Dies gilt auch dann, wenn formularmäßig vereinbart wird, daß der Provisionssatz „bis auf weiteres" gelten soll (a. M. *Küstner* RVR 1968, 149, 150). Das darin liegende einseitige Ermessen gemäß § 315 BGB entbehrt des sachlich gerechtfertigten Grundes (BGH ZIP 1994, 461, 466); das Vertrauen des Handelsvertreters auf den Fortbestand des festgesetzten Provisionssatzes überwiegt. Daraus folgt: Will der Prinzipal die einmal festgesetzte Provision einseitig während der Dauer des Handelsvertretervertrages ändern, ist er darauf angewiesen, eine **Änderungskündigung** auszusprechen (vgl. auch *Ulmer/Brandner/Hensen/ Schmidt* Anh. zu §§ 9–11 Rdnr. 414). Etwas anderes gilt nur, soweit formularmäßig die

1. Agency Contract (Handelsvertretervertrag) II.1

Voraussetzungen und Rechtsfolgen einer Änderung der Provision konkret und sachgerecht vereinbart sind (BGH a. a. O.).

c) Umstritten ist, ob der Anspruch des Handelsvertreters auf **Inkassoprovision** gemäß § 87 Abs. 4 HGB formularmäßig abbedungen werden kann. Das Form. berücksichtigt diesen Fall nicht. Gemäß § 87 Abs. 4 HGB steht dem Handelsvertreter eine Inkassoprovision für die auftragsgemäße Einziehung von Geldern zu. Zutreffend erscheint es, den formularmäßigen Ausschluß der Inkassoprovision als nach § 9 Abs. 1 AGBG **unwirksam** zu halten (a. M. *Ulmer/Brandner/Hensen/Schmidt* Anh. zu §§ 9–11 Rdnr. 414). Denn der Handelsvertreter leistet in diesen Fällen mehr als nach dem gesetzlichen Erscheinungsbild des § 84 HGB bedungen (vgl. RGRK-HGB/*Brüggemann* § 87 Rdnr. 51; für Abdingbarkeit wohl auch *Hopt* § 87 Rdnr. 47).

d) Der Anspruch auf Zahlung einer **Überhangprovision** gemäß § 87 Abs. 3 HGB ist grundsätzlich abdingbar (OLG Nürnberg BB 1963, 203; RGRK-HGB/*Brüggemann* § 87 Rdnr. 44; *Hopt* § 87 Rdnr. 48). Ob allerdings eine **formularmäßige Abbedingung** wirksam ist, erscheint unter Berücksichtigung der Neufassung von § 87 Abs. 3 Satz 1 Nr. 2 HGB zweifelhaft (a. M. *Ulmer/Brandner/Hensen/Schmidt* Anh. zu §§ 9–11 Rdnr. 414). Es überzeugt nicht, darauf abzustellen, daß dem Handelsvertreter jedenfalls der **Ausgleichsanspruch** gemäß § 89b HGB verbleibt, weil dieser Anspruch gemäß § 89b Abs. 4 HGB ohnehin **unabdingbar** ist. Darüber hinaus ist es nicht überzeugend, die Wirksamkeit einer solchen Abbedingung davon abhängig zu machen, ob die dem Handelsvertreter gemäß § 87 Abs. 3 HGB zustehende Überhangprovision einen größeren oder einen geringeren Umfang hat (so aber *Ulmer/Brandner/Hensen/Schmidt* a. a. O.). Denn es kann nicht entscheidend darauf ankommen, ob der Handelsvertreter seinerseits – bei Beginn des Vertragsverhältnisses – Provisionen erhalten hat, welche streng genommen Überhangprovisionen des – ausgeschiedenen/früheren – Handelsvertreters gemäß § 87 Abs. 3 HGB waren. Die nach § 9 Abs. 1 AGBG zu beanstandende unangemessene Benachteiligung kann nicht durch die Gewährung **wirtschaftlicher** Vorteile kompensiert werden, sofern diese ihrerseits dem ausgeschiedenen/früheren Handelsvertreter **rechtlich und wirtschaftlich nachteilig** waren (zur gerichtlichen Billigkeitskontrolle vgl. auch BAG DB 1972, 2113; BAG DB 1973, 2405).

e) Soweit in einem Handelsvertretervertrag formularmäßig bestimmt ist, daß der Handelsvertreter sich verpflichtet, sich mit seiner Provisionsforderung an einem **Preisnachlaß des Prinzipals gegenüber dessen Kunden zu beteiligen**, bestehen gegen die Wirksamkeit einer solchen Vereinbarung durchgreifende Bedenken gemäß § 9 Abs. 1 AGBG. Das Form. verzichtet daher auf eine solche Klausel. Es überzeugt nicht, wenn in diesem Zusammenhang auf Umfang und Häufigkeit der Provisionskürzung abgestellt wird (*Ulmer/Brandner/ Hensen/Schmidt* Anh. zu §§ 9–11 Rdnr. 414), weil diese Kriterien der generell-abstrakten Bewertung von AGB-Klauseln widerstreiten. Damit ist freilich nichts darüber gesagt, daß es dem Handelsvertreter nicht **freisteht**, bei einem etwaigen Preisnachlaß des Prinzipals auch **freiwillig** auf einen Teilbetrag seiner Provision zu verzichten. Dies wird der Handelsvertreter in der Regel schon deswegen – aus freien Stücken – tun, um so das Geschäft seinem Prinzipal und sich selbst den Provisionsanspruch im **Einzelfall** zu sichern.

f) Da die Provision grundsätzlich nicht als Leistungs-, sondern als **Erfolgsvergütung** gewährt wird, besteht keine Provision ohne Abschluß des Geschäfts im Sinn von § 87 HGB, was § 87a HGB dahin konkretisiert, daß es auf die **Ausführung** des Geschäfts durch den Prinzipal oder durch den Dritten entscheidend ankommt (*Hopt* § 87a Rdnr. 1). Der Provisionsanspruch **entsteht** folglich mit dem **Abschluß des Vertrages** zwischen Prinzipal und Kunden zunächst aufschiebend bedingt (BGH BB 1961, 147). Diese Bedingung tritt jedoch dann ein, wenn der Prinzipal das Geschäft ausführt. Eine **abweichende Vereinbarung** kann gemäß § 87a Abs. 1 Satz 2 HGB getroffen werden: Soweit dies geschieht, hat der Handelsvertreter einen **unabdingbaren Anspruch** auf Leistung eines angemessenen Vorschusses, der mit **Ausführung des Geschäfts** durch den Prinzipal entsteht (*Hopt* § 87a Rdnr. 9; RGRK-HGB/*Brüggemann* § 87a Rdnr. 10).

Graf von Westphalen

aa) Es verstößt nicht gegen § 9 Abs. 2 Nr. 1 AGBG, wenn im Handelsvertretervertrag vereinbart wird, daß der Prinzipal dem Handelsvertreter die Provision erst dann schuldet, wenn der **Dritte** das Geschäft ausführt (*Schlegelberger/Schröder* § 87a Rdnr. 13; *Hopt* § 87a Rdnr. 10). Konkret bedeutet dies: Soweit die Zahlung des Kunden beim Prinzipal **eingegangen** ist, hat der Dritte das Geschäft ausgeführt, so daß in diesem Zeitpunkt der Anspruch des Handelsvertreters auf Provision entsteht. Ziel und Zweck einer solchen Absprache ist es, dem Handelsvertreter provisionsmäßig das volle Risiko der Ausführung des Geschäfts durch den Dritten aufzuerlegen (*Schlegelberger/Schröder* a.a.O.).

bb) Gemäß § 87a Abs. 5 HGB sind alle Vereinbarungen – also: auch formularmäßige Abreden – **unwirksam**, welche das Entstehen des Provisionsanspruchs an Voraussetzungen knüpfen, die von § 87a Abs. 3 HGB abweichen und für den Handelsvertreter **nachteilig** sind (*Hopt* § 87a Rdnr. 33; *Ulmer/Brandner/Hensen/Schmidt* Anh. zu §§ 9–11 Rdnr. 414). Maßgebend kommt es also darauf an, ob Klauseln irgendwelche Abweichungen/Änderungen gegenüber den Tatbestandsmerkmalen des § 87a Abs. 3 HGB enthalten, welche für den Handelsvertreter nachteilig sind. Von besonderem praktischen Belang sind in diesem Zusammenhang Klauseln, welche die vom Prinzipal nicht zu vertretenden **Umstände** im Sinn von § 87a Abs. 3 Satz 2 HGB modifizieren. Nicht zu vertreten im Sinn dieser Bestimmung sind nur solche Ereignisse, die aus dem Rahmen der §§ 275, 276 BGB fallen; auf das Kriterium der **fehlenden Zumutbarkeit** kommt es deshalb nur in sehr eingeschränkter Weise an (vgl. *Palandt/Heinrichs* § 276 Rdnr. 7). Die **frühere** Judikatur zu § 87a Abs. 3 HGB ist praktisch überholt.

cc) Problematisch bleibt die Frage, ob das Risiko der **Zahlungsunfähigkeit** des Kunden ein Umstand ist, der gemäß § 87a Abs. 3 Satz 2 HGB die Provision **entfallen** läßt (*Küstner/ von Manteuffel* Bd. 1 Rdnr. 1169). Hier kommt es entscheidend darauf an, ob in der Klausel sichergestellt ist, daß der Prinzipal alle organisatorischen Vorkehrungen getroffen hat, welche ein Vorsorge- und Übernahmeverschulden ausschließen. Diese Anforderungen sind hoch. Das gilt nicht zuletzt für die Darlegungs- und Beweislast des Prinzipals. Unproblematisch sind demgegenüber alle Klauseln, welche dem Raster entsprechen, daß für Höhere-Gewalt-Klauseln entwickelt wurde (AGB-Klauselwerke/*Graf von Westphalen* – Höhere-Gewalt-Klausel Rdnr. 1 ff.).

g) § 87a Abs. 4 HGB bestimmt, daß der Anspruch auf Provision am **letzten Tag des Monats fällig** wird, in dem nach § 87c Abs. 1 HGB über den Provisionsanspruch **abzurechnen** ist. Es handelt sich hierbei um eine **zwingende Regelung** (*Hopt* § 87a Rdnr. 31). Der **Abrechnungszeitraum** beträgt gemäß § 87c Abs. 1 HGB höchstens **drei Monate**. Daraus folgt des weiteren, daß etwaige **Stornoklauseln** wegen Verstoßes gegen § 87a Abs. 5 HGB gemäß § 9 Abs. 2 Nr. 1 AGBG **unwirksam** sind: Die nachträgliche Stornierung – gleichgültig, ob sie auf Wunsch des Kunden oder auf Wunsch des Prinzipals erfolgt – führt nicht zum Wegfall des Provisionsanspruchs des Handelsvertreters (*Küstner/von Manteuffel* BB 1990, 294, 296; *Ulmer/Brandner/Hensen/Schmidt* Anh. zu §§ 9–11 Rdnr. 414). Abzugrenzen sind diese Fälle freilich stets von dem Tatbestand der **Nichtausführung** im Sinn von § 87a Abs. 3 Satz 2 HGB: Wie gezeigt (Anm. f) cc)), kommt es in diesem Zusammenhang stets darauf an, ob die Nichtausführung auf einem Umstand beruht, die **nicht** vom Prinzipal zu vertreten ist.

7. **Abrechnungsanspruch.** a) Der Anspruch des Handelsvertreters, daß der Prinzipal ihm **Abrechnung über die verdiente Provision** erteilt, ist gemäß § 87c HGB **unabdingbar**. Gleiches gilt für den Anspruch des Handelsvertreters, gemäß § 87c Abs. 2 HGB einen **Buchauszug** über alle Geschäfte zu verlangen, für die ihm Provision gebührt. Ferner kann der Handelsvertreter gemäß § 87c Abs. 2 HGB **Mitteilung** über alle Umstände verlangen, welche für den Provisionsanspruch, seine Fälligkeit und seine Berechnung **wesentlich** sind. Die durch die Einsichtnahme in die Geschäftsbücher des Prinzipals erlangten Kenntnisse darf der Handelsvertreter nur dazu verwerten, die Richtigkeit und Vollständigkeit der ihm erteilten Abrechnung oder die des Buchauszugs zu überprüfen (*Schlegelberger/Schröder* § 87c Rdnr. 17c).

1. Agency Contract (Handelsvertretervertrag)

b) Ob **Kostentragungsklauseln** gemäß § 9 Abs. 1 AGBG wirksam oder unwirksam sind, hängt entscheidend davon ab, ob die Klausel ausreichend differenziert: Soweit nämlich der Handelsvertreter deswegen in die Bücher des Prinzipals Einsicht nimmt, weil der ihm erteilte Buchauszug im Sinn von § 87c Abs. 4 HGB – aufgrund **begründeter Zweifel** – unrichtig oder unvollständig war, so fallen diese Kosten notwendigerweise dem Prinzipal zur Last; sie dürfen nicht auf den Handelsvertreter überwälzt werden, ohne daß dies gemäß § 9 Abs. 1 **unwirksam** wäre (vgl. BGH BB 1959, 935; *Ulmer/Brandner/Hensen/ Schmidt* Anh. zu §§ 9–11 Rdnr. 415). Etwas **anderes** gilt freilich in den Fällen, in denen der Handelsvertreter – ohne daß die Voraussetzungen von § 87c Abs. 4 HGB vorliegen – Einsicht durch einen Steuerberater/Wirtschaftsprüfer verlangt; unter dieser Voraussetzung sind Kostentragungsklauseln nach § 9 Abs. 1 AGBG nicht zu beanstanden (vgl. auch *Schlegelberger/Schröder* § 87c Rdnr. 17c). Die nach § 9 Abs. 1 AGBG erforderliche Differenzierung ist allerdings auch dann gewahrt, wenn die Klausel grundsätzlich die Kosten für Bucheinsicht pp. dem Handelsvertreter überwälzt, diesem aber das Recht vorbehält, bei Unvollständigkeit oder Unrichtigkeit der erteilten Abrechnung/des Auszugs Regreß beim Prinzipal zu nehmen. **Nicht ausreichend** im Sinn des Differenzierungsgebots von § 9 Abs. 1 AGBG ist es, wenn die Klausel keine Aussage über den Regreß gegenüber dem Prinzipal macht, so daß dann – streng genommen – lediglich eine **Schadensersatzpflicht** des Prinzipals besteht, weil dieser eine unvollständige/unrichtige Abrechnung oder Auszug erteilt hat. Denn eine solche Klausel gibt dem Prinzipal die Möglichkeit, im außergerichtlichen Bereich Rechte gegenüber dem Handelsvertreter geltend zu machen, die ihm so nicht zustehen.

c) Die **Erteilung einer Abrechnung ist ein Schuldanerkenntnis** im Sinn der §§ 781, 782 BGB (vgl. OLG München VersR 1961, 1090). Ergibt sich nachträglich, daß die erteilte Abrechnung **unrichtig** war, dann ist sowohl der Prinzipal als auch der Handelsvertreter berechtigt, das erteilte Schuldanerkenntnis gemäß § 812 Abs. 2 BGB **zurückzufordern.** Selbst die jahrelange, widersprüchliche Entgegennahme von Provisionsabrechnungen führt nicht zu einem negativen Schuldanerkenntnis, so daß dem Handelsvertreter durchaus weitere Ansprüche auf Provision zustehen (BGH ZIP 1996, 129 – Änderung der bisherigen Rechtsprechung).

aa) Daraus folgt: **Anerkenntnisklauseln**, welche an das Schweigen des Handelsvertreters – nach Erhalt der Abrechnung – anknüpfen, sind sowohl gemäß § 87c Abs. 5 HGB als auch gemäß § 9 Abs. 2 Nr. 1 AGBG **unwirksam** (BGH BB 1964, 409; OLG Hamm BB 1979, 442; OLG Karlsruhe BB 1980, 226; OLG Frankfurt DB 1983, 1951). Dies gilt insbesondere für alle Anerkenntnisklauseln, welche – mangels fristgemäßen Widerspruchs – die erteilte Abrechnung/den erteilten Auszug als „genehmigt" betrachten (BAG BB 1973, 141; *Hopt* § 87c Rdnr. 29; *Ulmer/Brandner/Hensen/Schmidt* Anh. zu §§ 9–11 Rdnr. 415). Im Ergebnis muß also klargestellt werden, daß dem Handelsvertreter der **Kondiktionsanspruch** gemäß § 812 Abs. 2 BGB ungekürzt verbleibt. Folglich ist jede Fiktion zu vermeiden.

bb) Da die Erteilung einer Abrechnung – rechtlich gewertet – ein Schuldanerkenntnis gemäß §§ 781, 782 BGB ist, liegt die Rechtsfolge auf der Hand: Stellt sich nachträglich heraus, daß die erteilte Abrechnung **unrichtig** ist, dann ist jeder Vertragsteil berechtigt, das erteilte Schuldanerkenntnis gemäß § 812 Abs. 2 BGB zurückzufordern (vgl. OLG München VersR 1961, 1090). Dabei gilt die allgemeine **Beweislastregel:** Diejenige Partei, welche Rechte aus § 812 Abs. 2 BGB herleitet, ist gehalten, die dafür erforderlichen Voraussetzungen darzulegen und zu beweisen (OLG Karlsruhe BB 1980, 226). Die widerspruchslose Hinnahme von Buchauszügen ist regelmäßig keine Zustimmung (BGH NJW 1996, 388). Etwas anderes kann aber dann gelten, wenn der Handelsvertreter die Abrechnung jahrelang stillschweigend angenommen hat (BGH a.a.O.).

8. Delkredere Provision. Gemäß § 86b Abs. 1 HGB kann der Handelsvertreter eine besondere **Delkredere-Provision** beanspruchen, sofern er sich verpflichtet hat, für die Erfüllung der Verbindlichkeiten aus einem Geschäft **einzustehen**. Es handelt sich hierbei regelmäßig um die Begründung einer einfachen, nicht selbstschuldnerischen Bürgschaft (RGRK-HGB/*Brüggemann* § 86 b Rdnr. 3; *Hopt* § 86 b Rdnr. 6). Gemäß § 86 b Abs. 1 Satz 1 HGB ist der Anspruch auf Delkredere-Provision **zwingend**. Dies ist auch gemäß § 9 Abs. 2 Nr. 1 AGBG zu beachten. Umgekehrt: Ist dem Handelsvertreter **keine Delkredere-Provision** gemäß § 86 b HGB geschuldet, dann verstößt es gegen § 9 Abs. 2 Nr. 1 AGBG, wenn der Prinzipal den Handelsvertreter gleichwohl verpflichtet, für die Zahlungsfähigkeit des Kunden einzustehen. Bei Vereinbarung eines unangemessen niedrigen Satzes gilt der **übliche Satz,** was entweder gemäß § 87 b Abs. 1 HGB oder gemäß § 354 HGB zu begründen ist (*Hopt* § 86 b Rdnr. 10).

9. **Aufwendungserstattung.** Gemäß § 87 d HGB ist der Handelsvertreter berechtigt, Ersatz seiner im regelmäßigen Geschäftsbetrieb entstandenen Aufwendungen zu verlangen, wenn und soweit dies **handelsüblich** ist. Aus diesem Grund geht das Form. davon aus, daß es zweckmäßig und erforderlich ist, Inhalt und Umfang dieses Aufwendungserstattungsanspruchs im Detail vertraglich zu regeln.

10. **Verjährungsbestimmungen.** a) Gemäß § 88 HGB verjähren die Ansprüche des Handelsvertreters, welche aus dem Vertragsverhältnis zum Prinzipal resultieren, in **vier Jahren,** beginnend mit dem Schluß des Jahres, in welchem sie fällig geworden sind. Damit werden **alle** Ansprüche erfaßt, welche aus dem Handelsvertretervertrag resultieren (*Hopt* § 88 Rdnr. 1). Die Regelung des § 88 HGB gilt für **beide Vertragsteile** gleichermaßen. Eine **Verkürzung** der Verjährungsfrist des § 88 HGB ist gemäß § 225 Satz 2 BGB grundsätzlich nicht zu beanstanden; sie muß jedoch für beide Teile in gleicher Weise gelten.

b) AGB-Klauseln, welche einseitig zum Nachteil des Handelsvertreters die Verjährungsfrist des § 88 HGB verkürzen, sind gemäß § 9 Abs. 2 Nr. 1 AGBG **unwirksam** (BGHZ 75, 218; RGRK-HGB/*Brüggemann* § 88 Rdnr. 3; im einzelnen auch *Stötter* NJW 1978, 799; *Ulmer/Brandner/Hensen/Schmidt* Anh. zu §§ 9–11 Rdnr. 416). **Wirksam** ist hingegen eine Klausel, wonach die Verjährungsfrist **sechs Monate** beträgt, gerechnet ab **Kenntnis** von der Entstehung des Anspruchs (BGH ZIP 1990, 1469). Eine solche Frist dient dem legitimen Interesse beider Vertragsteile, das Vertragsverhältnis zügig abzuwickeln und die beiderseitigen Rechte und Pflichten rasch zu klären (BGH ZIP 1990, 1469, 1471). Die Verjährungsfrist für **Provisionsansprüche** kann jedoch nur dann gemäß § 9 Abs. 2 Nr. 1 AGBG wirksam sein, wenn sie von dem Zeitpunkt der **Endabrechnung** zu laufen beginnt (BGH ZIP 1990, 1469, 1470, 1471). Das gleiche gilt für Schadensersatz- und **Ausgleichsansprüche** gemäß § 89 b HGB. Auch die Frist von einem Jahr ist als Verjährungsfrist nach § 9 Abs. 2 Nr. 1 AGBG nicht zu beanstanden (OLG Hamm NJW-RR 1988, 674 – Provisionsanspruch). **Unwirksam** gemäß § 9 Abs. 2 Nr. 1 AGBG ist es jedoch, wenn eine derart kurze Verjährungsfrist für den Provisionsanspruch festgelegt ist, daß diese bereits in dem Zeitpunkt der **Abrechnungserteilung** gemäß § 87 c Abs. 1 HGB beginnt. Auch die kurze Verjährungsfrist von sechs Monaten ist nur dann nicht als unangemessene Benachteiligung im Sinn von § 9 Abs. 2 Nr. 1 AGBG zu bewerten, wenn **durch die Klauselfassung** sichergestellt ist, daß der Handelsvertreter vom Inhalt und Umfang des jeweiligen Anspruchs tatsächlich konkrete Kenntnis erhalten hat (vgl. OLG München NJW-RR 1996, 991, 992; a. M. OLG Celle NJW-RR 1988, 1064 – sechs Monate ab Fälligkeit zu kurz, da Provisionsansprüche laufend entstehen). Es ist unter allen Umständen nach § 9 Abs. 2 Nr. 1 AGBG zu beanstanden, wenn die kurze Verjährungsfrist so ausgeprägt ist, daß Ansprüche des Handelsvertreters verjähren, bevor er überhaupt Gelegenheit hatte, sie – abgesehen von einer Feststellungsklage gemäß § 256 ZPO – durch Klage geltend zu machen.

11. **Ordentliche Kündigungsklauseln.** a) § 89 HGB betrifft nur die ordentliche Kündigung von Verträgen, die auf **unbestimmte Zeit** abgeschlossen worden sind. Gemäß § 89 Abs. 1 HGB ist demnach zu differenzieren, ob der Vertrag mit **Probezeit** mit Ablauf der Zeit, für die er abgeschlossen wurde, automatisch beendet ist, oder ob ein Vertretervertrag mit **vorgeschalteter Probezeit** gewollt ist – mit der Konsequenz, daß der Inhalt des Vertra-

1. Agency Contract (Handelsvertretervertrag) II.1

ges darauf abzielt, den Handelsvertreter nach erfolgreich überstandener Probezeit weiter zu beschäftigen. Der auf bestimmte Zeit abgeschlossene Probe-Handelsvertretervertrag ist – ausgenommen: im Fall einer fristlosen Kündigung – **unkündbar**. Demgegenüber gilt § 89 HGB für den Handelsvertretervertrag, dem eine Probezeit vorgeschaltet ist. Folglich sind auch in diesem Fall die **gesetzlichen Kündigungsfristen** des § 89 HGB zu beachten (BGHZ 40, 235; BAG BB 1971, 1282; *Hopt* § 89 Rdnr. 19). Soweit der Prinzipal in diesen Fällen bestimmt, daß der Handelsvertreter zur Entrichtung einer **Gebühr** bei Abschluß des Vertrages verpflichtet ist, verstößt es gegen § 9 Abs. 1 AGBG sowie gegen § 9 Abs. 2 Nr. 1 AGBG (vgl. auch OLG Karlsruhe BB 1980, 226), wenn das **Rückforderungsrecht** des Handelsvertreters für den Fall ausgeschlossen wird, daß das Vertragsverhältnis bereits während der Probezeit vom Handelsvertreter gekündigt wird (BGH BB 1982, 72). Voraussetzung ist freilich, daß der Prinzipal während der Dauer des Vertragsverhältnisses keine angemessene Gegenleistung erbracht hat (BGH a.a.O.).

b) Eine **Teilkündigung** ist grundsätzlich **unzulässig** (BGH WM 1977, 589, 590; BAG BB 1958, 194; OLG Stuttgart BB 1965, 926; *Hopt* § 89 Rdnr. 18). Der Grundsatz der Unzulässigkeit von Teilkündigungen schließt jedoch eine ausdrückliche vertragliche **Gestattung** einer Teilkündigung – bezogen auf einen abgrenzbaren Teil der Tätigkeit des Handelsvertreters – nicht aus (BAG a.a.O.; OLG Karlsruhe DB 1978, 298; BGH WM 1977, 589, 590). Das gleiche gilt dann, wenn ein Gesamtvertragsverhältnis sich aus **mehreren Teilverträgen** zusammensetzt und diese Teilverträge selbst nach dem Gesamtbild des Vertrages – jeweils für sich genommen – als nach dem Vertrag selbständig lösbar qualifiziert werden können und müssen (BGH WM 1977, 589, 590 – Kündigung des Vertrages als Bezirksleiter; Fortbestand des Vertrages als Verkaufsvertreter). Jedoch sind in diesen Fällen die **Schranken** von § 9 Abs. 1 AGBG zu beachten. Dies ist insbesondere dann der Fall, wenn das dem Handelsvertreter zugewiesene **Vertragsgebiet** aufgrund einer Teilkündigung geändert werden kann (vgl. auch *Hopt* § 89 Rdnr. 18). In diesem Fall ist eine Teilkündigung nur dann zulässig, wenn im übrigen die Voraussetzungen eines **einseitigen Änderungsrechts** des Prinzipals vorliegen. Ist dies zu bejahen, dann ist allemal insoweit, als die Teilkündigung zulässig ist, ein **Ausgleichsanspruch** gemäß § 89b HGB geschuldet.

12. Fristloses Kündigungsrecht. a) Gemäß § 89a HGB kann das Vertragsverhältnis von beiden Seiten aus **wichtigem Grund** – ohne Einhaltung einer Kündigungsfrist – gekündigt werden. Dieses Recht darf gemäß § 89a Abs. 1 Satz 2 HGB weder ausgeschlossen noch beschränkt werden. Soweit § 89a Abs. 1 HGB eingreift, handelt es sich um eine **Sonderregelung**, welche den allgemeinen Bestimmungen der §§ 626–628 BGB vorgeht (*Schlegelberger/Schröder* § 89a Rdnr. 1; *Hopt* § 89a Rdnr. 2). Dies ist im Hinblick auf die Frist des § 626 Abs. 2 BGB bedeutsam, welche hier nicht anzuwenden ist (*Schlegelberger/Schröder* § 89a Rdnr. 13; RGRK-HGB/*Brüggemann* § 89a Rdnr. 16; BGH WM 1982, 429, 431; BGH NJW-RR 1993, 682, 683). Unter Berücksichtigung aller Umstände ist in diesen Fällen stets zu prüfen, ob die Kündigung im Hinblick auf den **Zeitablauf** nach Treu und Glauben zulässig ist. Stets entscheiden die Umstände des Einzelfalls; eine Frist von allenfalls **zwei Monaten** darf noch als vertretbar bezeichnet werden (BGH WM 1982, 429, 431). Im Ergebnis kommt es – außerhalb von § 626 Abs. BGB – darauf an, ob eine **Verwirkung** des fristlosen Kündigungsrechts vorliegt (BGH NJW-RR 1993, 682, 684).

b) Die Beendigung des Handelsvertretervertrages aus wichtigem Grund setzt voraus, daß dem Kündigenden eine Fortsetzung des Vertragsverhältnisses **schlechterdings nicht zumutbar** ist, und zwar selbst nicht bis zu dem Zeitpunkt, in welchem eine ordentliche Kündigung möglich wäre (RGRK-HGB/*Brüggemann* § 89a Rdnr. 6; *Hopt* § 89a Rdnr. 6). Dies ist stets zu bejahen, soweit der Handelsvertreter nicht genehmigten **Wettbewerb** zum Prinzipal betreibt (Anm. 4). Es ist grundsätzlich **empfehlenswert**, wenn im Handelsvertretervertrag besondere Umstände im einzelnen spezifiziert werden, bei deren Vorliegen ein Recht zur fristlosen Kündigung des Vertragsverhältnisses besteht. Dabei gilt freilich ein **strenger Maßstab**. In jedem Einzelfall ist zu prüfen, inwieweit das Kriterium der Unzumutbarkeit erfüllt ist. Trifft dies nicht zu, ist stets zu erwägen, ob – bei formularmäßiger Textierung – die gesamte Klausel oder nur das **Einzeltatbestandselement** wegen Verstoßes gegen § 9 Abs. 2 Nr. 1 AGBG unwirksam ist; letzteres setzt freilich voraus, daß die Klausel **teilbar** ist (AGB-Klauselwerke/*Graf von Westphalen* – Salvatorische Klausel Rdnr. 4f.). Umgekehrt: Sind die Kündigungsgründe auf einzelne besonders gravierende Tatbestände **beschränkt**, so ist zu prüfen, ob nicht deswegen ein Verstoß gegen § 89a Abs. 1 Satz 2 HGB vorliegt, weil darin eine unzulässige **Beschränkung** des fristlosen Kündigungsrechts liegt (*Alff*, Handelsvertreterrecht, Rdnr. 211 m.w.N.).

c) Im Zusammenhang mit **Formular-Klauseln** ist vor allem zu berücksichtigen, daß **kein fristloses Kündigungsrecht** darin liegt, wenn der Handelsvertreter sich weigert, der Verkleinerung seines Bezirks zuzustimmen (*Hopt* § 89a Rdnr. 18). Gleiches gilt dann, wenn der Handelsvertreter sich weigert, die vom Prinzipal gewünschten Mitteilungen/Informationen auf besonderen Formblättern zu erfüllen, sofern er auf andere Weise sicherstellt, daß der Prinzipal die ihm gebührenden Mitteilungen/Informationen erhält (BGH ZIP 1987, 1543). Auch **Umsatzrückgang** ist nicht ohne weiteres ein Grund zur fristlosen Kündigung (BGH NJW 1990, 2889, 2890), sofern kein schuldhaftes Verhalten des Handelsvertreters hierfür ursächlich ist (OLG Karlsruhe DB 1971, 572). Aus diesem Grund verstößt es auch gegen § 9 Abs. 2 Nr. 1 AGBG, wenn dem Handelsvertreter **Mindestumsätze** – mit dem Recht zur fristlosen Kündigung – vorgegeben werden, weil der Handelsvertreter lediglich gemäß § 84 HGB ein **Bemühen** schuldet (OLG Karlruhe a.a.O.). Daraus folgt: Die Vernachlässigung der vom Handelsvertreter geschuldeten Bemühungen ist nur dann als wichtiger Grund zur fristlosen Kündigung zu werten, wenn sie einen anhaltenden und **schweren Grad** erreicht hat (OLG Stuttgart BB 1960, 956). **Stets** liegt ein fristloser Kündigungsgrund jedoch darin, daß der Handelsvertreter die **ungenehmigte Vertretung** eines **Wettbewerbsunternehmens** übernimmt (BGH DB 1984, 289; BGH NJW 1987, 57). Die Ausübung unzulässigen Wettbewerbs stellt regelmäßig einen schweren **Treueverstoß** dar (*Hopt* § 89a Rdnr. 19). Auch müssen die formularmäßigen **Fristen,** innerhalb derer die fristlose Kündigung auszusprechen ist, gemäß § 9 Abs. 1 AGBG **angemessen** sein. Eine Frist von zwei Monaten verstößt allemal gegen § 9 Abs. 1 AGBG und ist daher **unwirksam** (BGH DB 1983, 1590). Eine Frist von vier Wochen/einem Monat erscheint gemäß § 9 Abs. 1 AGBG vertretbar, gerechnet ab Kenntnis des fristlosen Kündigungsgrundes (BGH a.a.O.; *Hopt* § 89a Rdnr. 30).

d) Eine fristlose Kündigung berechtigt den Kündigenden, Schadenersatz wegen Nichterfüllung geltend zu machen. Doch ist dieser Anspruch (zeitlich) bis zum nächstmöglichen Kündigungstermin begrenzt (BGH NJW 1993, 1386). Die **Darlegungs- und Beweislast** für die Höhe des Schadensersatzanspruches obliegt dem Prinzipal, sofern der Handelsvertreter Anlaß zur fristlosen Kündigung gegeben hat (BGH NJW-RR 1990, 171).

e) Schadensersatzansprüche **verjähren** innerhalb von vier Jahren nach § 88 HGB. Eine Verkürzung der Verjährungsfrist in AGB auf 12 Monate ist jedoch nach § 9 Abs. 2 Nr. 1 AGBG unwirksam (BGH BB 1996, 1188).

13. Der Ausgleichsanspruch. a) Sinn und Zweck des Ausgleichsanspruchs gemäß § 89b HGB ist es, dem Handelsvertreter für einen auf seiner Tätigkeit beruhenden Vorteil – dieser liegt in der Schaffung des Kundenstamms – eine Gegenleistung zu gewähren, weil nunmehr der Prinzipal diesen Vorteil allein nutzen kann (BGHZ 24, 214, 222; *Hopt* § 89b Rdnr. 2; *Alff*, Handelsvertreterrecht, Rdnr. 227). Der Ausgleichsanspruch ist kein reiner Vergütungsanspruch, weil er weitgehend durch Gesichtspunkte der **Billigkeit** bestimmt ist (BGH a.a.O.). Der Anspruch entsteht mit der **Beendigung** des Vertragsverhältnisses; der Beendigungsgrund spielt gemäß § 89b Abs. 1 Satz 1 HGB keine Rolle (*Schlegelberger/ Schröder* § 89b Rdnr. 4; BGHZ 24, 214, 216).

aa) Auch eine **Teilbeendigung** des Vertragsverhältnisses kann einen Ausgleichsanspruch gemäß § 89b HGB auslösen (*Alff*, Handelsvertreterrecht, Rdnr. 229; *Hopt* § 89b Rdnr. 10; vgl. BGH BB 1965, 434). Ob in diesen Fällen eine – zulässige – Teilkündigung

1. Agency Contract (Handelsvertretervertrag) II.1

oder eine Änderungskündigung vorliegt, gilt gleich. Auch eine **einvernehmliche Aufhebung** des Vertragsverhältnisses führt zum Ausgleichsanspruch gemäß § 89b HGB (RGRK-HGB/ *Brüggemann* § 89b Rdnr. 14). Kein Ausgleichsanspruch steht dem als Immobilienmakler tätigen Handelsvertreter zu, da keine Folgegeschäfte zu erwarten sind (LG Frankfurt NJW-RR 1980, 1181).

bb) Soweit der Prinzipal eine **Altersversorgung** des Handelsvertreters finanziert, entfällt grundsätzlich der Ausgleichsanspruch, es sei denn, die Fälligkeiten beider Ansprüche liegen zeitlich weit auseinander (BGH BB 1994, 594 – Frist von 21 Jahren: keine Anrechnung; 1590 mit Anm. *Küstner*).

b) Gemäß § 89b Abs. 3 HGB ist der Ausgleichsanspruch dann **ausgeschlossen,** wenn der **Handelsvertreter kündigt.** Ob es sich um eine ordentliche oder um eine außerordentliche Kündigung handelt, gilt gleich (*Hopt* § 89b Rdnr. 53). Dies gilt auch dann, wenn im Anschluß an eine Kündigung des Handelsvertreters der Vertrag einvernehmlich aufgehoben wird (BGH VersR 1960, 1111; OLG Hamm BB 1987, 1761).

c) § 89b Abs. 3 HGB normiert **zwei Ausnahmen,** welche den Ausgleichsanspruch gemäß § 89b Abs. 1 HGB bestehen lassen. Die Bestimmung ist eng auszulegen (BGH NJW 1995, 1958). Dies ist zunächst dann zu bejahen, wenn der Handelsvertreter das Vertragsverhältnis deswegen kündigt, weil hierzu ein „**begründeter Anlaß**" im Verhalten des Prinzipals besteht. Anlaß bedeutet hier – entgegen dem Wortlaut – **nicht Ursächlichkeit** (*Hopt* § 89b Rdnr. 56). Der in § 89b Abs. 3 HGB genannte „begründete Anlaß" ist **nicht identisch** mit dem Vorliegen eines „wichtigen Grundes" im Sinn von § 89a HGB (BGHZ 40, 13, 15; RGRK-HGB/*Brüggemann* § 89b Rdnr. 95; *Hopt* § 89b Rdnr. 57). Auch ein unverschuldetes (RGRK-HGB/*Brüggemann* a.a.O.) oder ein rechtmäßiges Verhalten (BGH BB 1987, 221) kann als „begründeter Anlaß" verstanden werden, wie z.B. Betriebsstillegung, Produktionseinschränkung, erhebliche wirtschaftliche Schwierigkeiten des Prinzipals (*Hopt* a.a.O.). Schafft der Prinzipal eine Konstellation, so daß der Handelsvertreter in **Interessenkollision** gerät, dann kann darin ein begründeter Anlaß zur Kündigung liegen (BGH BB 1987, 221). Ein begründeter Anlaß kann ferner darin liegen, daß der Prinzipal Provisionen zurückhält und der Handelsvertreter befürchten muß, der Prinzipal werde dieses Verhalten auch künftig fortsetzen (BGH NJW-RR 1989, 862). Dabei ist stets zu beachten, daß der Ausschluß des Ausgleichsanspruchs unmittelbar in das Grundrecht der **Berufsfreiheit** des Handelsvertreters gemäß Art. 12 GG eingreift. Folglich ist eine **verfassungskonforme Auslegung** (BVerfG WM 1995, 1761 – keine Aufhebung) mit dem Ziel erforderlich (vgl. LG Koblenz NJW 1992, 72), die Voraussetzungen an einen „begründeten Anlaß" im Sinn von § 89b Abs. 3 HGB möglichst weit zu fassen, die Anforderungen an den Ausschluß des Anspruchs möglichst hoch anzusetzen (LG Koblenz DB 1992, 2182). Auch mehr oder weniger geringfügige Meinungsverschiedenheiten zwischen Prinzipal und Handelsvertreter reichen deshalb aus, den **Ausnahmetatbestand** von § 89b Abs. 3 HGB – und damit die Erhaltung des Ausgleichsanspruchs gemäß § 89b HGB – zu sanktionieren (LG Koblenz a.a.O.).

d) Gemäß § 89b Abs. 3 HGB **entfällt** der Anspruch des Handelsvertreters auf Ausgleich auch dann **nicht,** wenn ihm eine Fortsetzung seiner Tätigkeit wegen seines Alters oder wegen Krankheit **nicht zugemutet** werden kann (BGH NJW-RR 1993, 996). Auch hier ist die Ursächlichkeit für die Kündigung nicht nötig (*Hopt* § 89b Rdnr. 60). Eine altersbedingte Kündigung ist immer dann zu bejahen, wenn der Handelsvertreter das Rentenalter erreicht hat (RGRK-HGB/*Brüggemann* § 89b Rdnr. 17); eine **Krankheitskündigung** ist dann anzunehmen, wenn die Krankheit schwerwiegend und von nicht absehbarer Dauer ist, so daß dadurch auch eine mit Ersatzkräften nicht behebbare nachhaltige Verhinderung der Tätigkeit des Handelsvertreters eintritt (RGRK-HGB/*Brüggemann* § 89b Rdnr. 18). Berufsunfähigkeit ist nicht erforderlich (*Hopt* § 89b Rdnr. 62).

e) Gemäß § 89b Abs. 3 Nr. 2 HGB ist der Ausgleichsanspruch des Handelsvertreters auch dann **ausgeschlossen,** wenn für die Kündigung ein **wichtiger Grund** auf seiten des Handelsvertreters vorlag (RGRK-HGB/*Brüggemann* § 89b Rdnr. 98; *Hopt* § 89b

Rdnr. 64). Es werden nur die Fälle erfaßt, die auf einem **schuldhaften** Verhalten des Handelsvertreters beruhen (*Schlegelberger/Schröder* § 89 b Rdnr. 32; RGRK-HGB/*Brüggemann* § 89 b Rdnr. 99; *Hopt* § 89 b Rdnr. 65). Zwar ist das Tatbestandselement „wichtiger Grund" in § 89 a HGB und in § 89 b Abs. 3 Nr. 2 HGB identisch; doch ist § 89 b Abs. 3 Nr. 2 HGB zugunsten des Handelsvertreters **enger** als § 89 a HGB, wonach ein wichtiger Grund zur Kündigung eben nicht immer Verschulden des Handelsvertreters voraussetzt (*Hopt* § 89 b Rdnr. 65). Deshalb verstößt es auch gegen § 9 Abs. 2 Nr. 1 AGBG, wenn der Prinzipal als AGB-Verwender im Handelsvertretervertrag bestimmt, daß der Ausgleichsanspruch immer dann in Fortfall gerate, wenn der Prinzipal das Vertragsverhältnis kündigt. Unbedenklich ist es freilich, wenn der Prinzipal die Tatbestandselemente des „wichtigen Grundes" präzisiert. Werden sie allerdings zugunsten des Prinzipals **modifiziert**, so verstößt dies gegen § 9 Abs. 2 Nr. 1 AGBG.

f) Der Ausgleichsanspruch gemäß § 89 b HGB **entfällt** gemäß § 89 b Abs. 3 Nr. 3 HGB auch dann, wenn ein Dritter anstelle des Handelsvertreters in das Vertragsverhältnis **eintritt** und dies aufgrund einer Vereinbarung zwischen dem Prinzipal und dem Handelsvertreter geschieht. Allerdings kann diese Vereinbarung **nicht vor Vertragsende** getroffen werden (*Hopt* § 89 b Rdnr. 68). **Vorformulierte** Zustimmungserklärungen des Handelsvertreters verstoßen deshalb gegen § 89 b Abs. 3 Nr. 3 HGB und sind gemäß § 9 Abs. 2 Nr. 1 AGBG **unwirksam** (*Ulmer/Brandner/Hensen/Schmidt* Anh. zu §§ 9–11 Rdnr. 418). Liegen die Voraussetzungen von § 89 b Abs. 3 Nr. 3 HGB **nicht** vor, so kommt eine befreiende Schuldübernahme des **Nachfolgers** des ausgeschiedenen Handelsvertreters in Betracht, sofern dieser sich gegenüber dem Prinzipal verpflichtet, die eigentlich von diesem geschuldete Ausgleichszahlung gemäß § 89 b HGB zu bewirken (vgl. *Schlegelberger/Schröder* § 89 b Rdnr. 34 c). Eine solche Vereinbarung ist lediglich als Individualabrede zu akzeptieren – vorausgesetzt, sie wird **nach Vertragsende** geschlossen (BGH BB 1968, 927; BGH NJW 1975, 1926; *Hopt* § 89 b Rdnr. 75). Als **formularmäßige Klausel** verstößt sie jedoch gegen § 9 Abs. 1 AGBG und ist daher unwirksam, zumal sie nur das **Innenverhältnis** zwischen Prinzipal und neuem Handelsvertreter erfaßt, es sei denn, der alte Handelsvertreter habe nach Beendigung des Handelsvertretervertrages – zugestimmt.

g) Ist in diesen Fällen – gleichgültig, ob die Voraussetzungen von § 89 b Abs. 3 Nr. 3 HGB vorliegen – vereinbart, daß **keine Rückzahlungsansprüche** zugunsten des – neuen – Handelsvertreters bestehen, sofern der (neue) Handelsvertretervertrag durch den Prinzipal gekündigt wird, dann ist eine Individualabrede grundsätzlich gemäß § 138 Abs. 1 BGB kritisch zu würdigen, weil es an der äquivalenten Gegenleistung fehlt. Handelt es sich hingegen um eine **vorformulierte** Klausel, so verstößt sie gegen § 9 Abs. 1 und ist daher **unwirksam** (vgl. *Schlegelberger/Schröder* § 89 b Rdnr. 34 d).

h) Zur Berechnung des Ausgleichsanspruchs nach § 89 b HGB: BGH NJW 1985, 860 – verwaltende Tätigkeiten: Lagerhaltung, Inkasso, Auslieferung, bleiben außer Betracht; BGH NJW-RR 1988, 1081 – Tankstellenpächter; BGH NJW-RR 1993, 221 – Begrenzung nach § 89 b Abs. 2 HGB; OLG Frankfurt NJW-RR 1996, 548 – Handelsbrauch).

i) Gemäß § 89 b Abs. 4 Satz 2 HGB ist eine **zwingende Ausschlußfrist** von einem Jahre, gerechnet ab Vertragsende vorgesehen: Innerhalb dieser Frist muß der Ausgleichsanspruch, ohne daß es einer besonderen Form bedarf, gegenüber dem Prinzipal geltend gemacht werden. Nach **früherem Recht** war eine Verkürzung der dreimonatigen Ausschlußfrist bereits gemäß § 89 b Abs. 4 Satz 1 HGB unwirksam (*Schlegelberger/Schröder* § 89 b Rdnr. 37; RGRK-HGB/*Brüggemann* § 89 b Rdnr. 109). Würde man unter Berücksichtigung der **Neugeltung** von § 89 b Abs. 4 Satz 2 HGB es als gemäß § 9 Abs. 1 AGBG wirksam erachten, wiederum eine Ausschlußfrist von drei Monaten formularmäßig zu verankern, so würden damit auf dem Umweg über eine Formularklausel exakt die Ungereimtheiten eingeführt, die zu verhindern die Novellierung von § 89 b Abs. 4 Satz 2 HGB im Auge hatte (vgl. *Kindler* RIW 1990, 358, 362). **Unbedenklich** erscheint es jedoch, die Ausschlußfrist von § 89 b Abs. 4 Satz 2 HGB auf **sechs Monate** zu verkürzen (*Ulmer/Brandner/Hensen/Schmidt* Anh. zu §§ 9–11 Rdnr. 418). Dabei ist zu berücksichtigen, daß

1. Agency Contract (Handelsvertretervertrag)   II.1

die Geltendmachung des Ausgleichsanspruchs gemäß § 89 b HGB keiner besonderen Form, insbesondere keiner Substantiierung bedarf (BGH NJW 1996, 2100, 2101 – Auskunftsanspruch); erforderlich ist lediglich, daß der Wille des Handelsvertreters, den Ausgleichsanspruch gemäß § 89 b HGB geltend zu machen, klar und eindeutig zu Ausdruck gelangt.

k) Gemäß § 89 b Abs. 4 Satz 1 HGB ist der dem Handelsvertreter zustehende Ausgleichsanspruch insoweit **unabdingbar, als er nicht im voraus** ausgeschlossen werden kann (BGH NJW 1990, 2889). Unter diesen Verbotstatbestand fallen alle Abreden, die in irgendeiner Weise – zum Nachteil des Handelsvertreters – das Entstehen oder die Höhe des Ausgleichsanspruchs beeinträchtigen oder modifizieren (RGRK-HGB/*Brüggemann* § 89 b Rdnr. 5; *Schlegelberger/Schröder* § 89 b Rdnr. 34; *Hopt* § 89 b Rdnr. 70). Alle ausgleichsberechtigten Klauseln sind jedoch **wirksam**, wenn sie nach Beendigung des Handelsvertretervertrages oder in einer Aufhebungsvereinbarung getroffen werden, die gleichzeitig den Vertrag beenden (BGH NJW 1990, 2889). Kein Ausgleichsanspruch entsteht bei Abschluß eines **Aufhebungsvertrages** nach vorangegangener Kündigung durch den Handelsvertreter (OLG Hamm NJW-RR 1988, 45). Der Schutzzweck des § 89 b Abs. 4 HGB soll den Handelsvertreter vor der Gefahr bewahren, sich aufgrund seiner wirtschaftlichen Abhängigkeit von dem Prinzipal auf ihn benachteiligende Abreden einzulassen (BGH NJW 1967, 248, 249; BGH NJW 1990, 2889). Deshalb verstoßen auch alle Klauseln gegen § 9 Abs. 2 Nr. 1 AGBG, in denen in irgendeiner Weise eine quantitative Beschränkung des Ausgleichsanspruchs oder sonstige Regelungen vereinbart werden, welche – bezogen auf die Höhe oder die Fälligkeit des Ausgleichsanspruchs – diesen in abweichender Weise zum Nachteil des Handelsvertreters regeln (*Hopt* § 89 b Rdnr. 71).

14. Der ausländische Handelsvertreter. a) Gemäß § 92 c HGB kommt es **nunmehr** ausschließlich darauf an, ob der Handelsvertreter seine Tätigkeit für den Prinzipal „innerhalb des Gebietes der **Europäischen Gemeinschaft**" ausübt: Trifft dies zu, so gelten die zwingenden Bestimmungen der §§ 84 ff. HGB **uneingeschränkt** (hierzu *Wittmann* BB 1994, 2295 ff.). **Rechtswahlklauseln** sind in diesem Zusammenhang allerdings uneingeschränkt zulässig (AGB-Klauselwerke/*Graf von Westphalen* – Rechtswahlklauseln Rdnr. 1 ff.); dasselbe gilt für Vereinbarungen eines **Schiedsgerichts** (AGB-Klauselwerke/*Graf von Westphalen* – Schiedsgerichtsvereinbarung Rdnr. 1 ff.). Soweit keine Rechtswahl zwischen den Parteien vereinbart ist, ist gemäß Art. 28 Abs. 2 EGBGB an das Recht am Ort der **Niederlassung** des Handelsvertreters anzuknüpfen; soll das Recht des Prinzipals gelten, muß es ausdrücklich oder stillschweigend gemäß Art. 27 EGBGB vereinbart werden.

b) **Umstritten** ist die Anwort auf die Frage, ob der Ausschluß des Ausgleichsanspruchs gemäß § 89 b HGB – deutsches Recht als anwendbar vereinbart – gemäß § 9 Abs. 1 AGBG **unwirksam** ist, sofern der Handelsvertreter seine Tätigkeit außerhalb des EG-Gebietes ausübt (*Ulmer/Brandner/Hensen/Schmidt* Anh. zu §§ 9–11 Rdnr. 418 a. M. *Hepting/Detzner* RIW 1989, 339, 344).

aa) Sofern das **Heimatrecht/Wohnsitzrecht** des Handelsvertreters einen (zwingenden) Ausgleichsanspruch nicht kennt, bestehen keine Bedenken dagegen, eine Ausschlußklausel gemäß § 9 Abs. 1 AGBG als **wirksam** einzustufen (*Hepting/Detzner* a. a. O.; *Ulmer/Brandner/Hensen/Schmidt* a. a. O.). Die gleiche Erwägung gilt dann, wenn der Ausschluß des Ausgleichsanspruchs nach dem Heimat- und Aufenthaltsrecht des Handelsvertreters als **branchenüblich** zu qualifizieren ist (*Ulmer/Brandner/Hensen/Schmidt* a. a. O.). Kennt das Heimat- und Aufenthaltsrecht des Handelsvertreters den Ausgleichsanspruch als **dispositive Norm,** so ist nicht zu erkennen, aus welchen Gründen dann die Sperrwirkung von § 9 Abs. 1 AGBG eingreifen sollte, weil ja dann der Prinzipal nur von den gesetzlichen Möglichkeiten Gebrauch macht, auf die sich der Handelsvertreter ohnehin im vorhinein einstellen kann (a. M. *Ulmer/Brandner/Hensen/Schmidt* a. a. O.). Eine unangemessene Benachteiligung im Sinn von § 9 Abs. 1 AGBG ist dann nicht festzustellen.

bb) **Umgekehrt:** Sofern ein **inländischer Handelsvertreter** seine Tätigkeit **außerhalb** des Gebietes der Europäischen Gemeinschaften ausübt, gilt § 92 c HGB nicht. Es bestehen daher keine durchgreifenden Bedenken, zu seinem Nachteil den Ausgleichsanspruch gemäß § 89 b HGB durch eine vorformulierte Klausel abzubedingen (a.M. *Ulmer/Brandner/Hensen/Schmidt* a.a.O.). Dies gilt freilich dann **nicht**, wenn auf dieses Vertragsverhältnis gemäß Art. 27 EGBGB **deutsches Recht** vereinbart worden ist; dann kann der (inländische) Handelsvertreter davon ausgehen, daß er in den Genuß des Ausgleichsanspruchs gemäß § 89 b HGB gelangt. Es ist also der durch die Rechtswahl bewirkte **Vertrauenstatbestand,** der hier zugunsten des Handelsvertreters durchschlägt und den Ausschluß des Ausgleichsanspruchs als unangemessene Benachteiligung des Handelsvertreters im Sinn von § 9 Abs. 1 AGBG erscheinen läßt. Folglich gilt in diesen Fällen nur dann etwas anderes, wenn ein Recht gemäß Art. 27 EGBGB vereinbart worden ist, welches außerhalb der Europäischen Gemeinschaft gilt; gleiches trifft dann zu, wenn an das **Niederlassungsrecht** des Handelsvertreters gemäß Art. 28 EGBGB angeknüpft wird. Nur in diesen Fällen ist der inländische Handelsvertreter nicht schutzbedürftig und auch nicht schutzwürdig.

15. Wettbewerbsabreden. a) Das Form. verzichtet auf die Textierung einer nachvertraglichen Wettbewerbsabrede.

aa) Die **Wettbewerbsabrede** ist eine Vereinbarung, die den Handelsvertreter nach Beendigung des Vertragsverhältnisses in seiner gewerblichen Tätigkeit beschränkt (*Hopt* § 90 a Rdnr. 4). Die **Neufassung** von § 90 a HGB setzt jedem Wettbewerbsverbot enge Grenzen: Gemäß § 90 a Abs. 1 Satz 1 HGB ist **Schriftform** erforderlich, also: eigenhändige Unterzeichnung einer Urkunde, welche den Inhalt der gesamten Vereinbarung wiedergibt. Darüber hinaus ist die **Aushändigung** dieser Urkunde erforderlich. § 90 a Abs. 1 Satz 2 HGB beschränkt die **Zeitdauer** des Wettbewerbsverbots auf höchstens zwei Jahre, gerechnet ab Beendigung des Vertrages. Dabei ist zwingend, daß sich das Wettbewerbsverbot nur auf den dem Handelsvertreter zugewiesenen **Bezirk** oder **Kundenkreis** beziehen darf sowie auf die **Gegenstände,** welche Inhalt des Handelsvertretervertrages waren.

bb) Gemäß § 90 a Abs. 1 Satz 3 HGB ist der Prinzipal verpflichtet, dem Handelsvertreter für die Dauer der Wettbewerbsbeschränkung eine **Karenzentschädigung** zu zahlen. Diese ist nicht Schadensersatz, sondern Entgelt für die Abrede der Wettbewerbsenthaltung (BGH DB 1975, 298). Die Entschädigungspflicht folgt aus dem Gesetz; sie braucht nicht besonders vereinbart zu werden. Kommt eine Einigung zwischen den Parteien nicht zustande, ist die angemessene Entschädigung vom Gericht festzusetzen (OLG Nürnberg BB 1960, 1261). Stets schuldet der Prinzipal eine **angemessene** Entschädigung (*Hopt* § 90 a Rdnr. 19); sie muß unter Berücksichtigung aller Umstände der **Billigkeit** entsprechen (BGHZ 63, 353; BGH DB 1975, 288).

b) Die gesetzliche Bestimmung des § 90 a HGB ist grundsätzlich nicht zum Nachteil des Handelsvertreters abdingbar. Erst nach Beendigung des Vertragsverhältnisses hat der Grundsatz der Vertragsfreiheit wieder seine Berechtigung (*Hopt* § 90 a Rdnr. 11). Es ist **umstritten,** ob der Rechtsgedanke von § 74 a HGB auch im Bereich von § 90 a HGB gilt, soweit **formularmäßig** eine Wettbewerbsbeschränkung vereinbart wird (bejahend: RGRK-HGB/*Brüggemann* § 90 a Rdnr. 4; a.M. *Schlegelberger/Schröder* § 90 a Rdnr. 11a). Unter Berücksichtigung der Wertungskriterien von § 9 Abs. 1 AGBG ist dies in der Sache zu **bejahen:** Eine Wettbewerbsabrede ist also **unwirksam,** als sie nicht zum Schutz von berechtigten geschäftlichen Interessen des Prinzipals erforderlich ist. Ist z.B. die Verwertung von Kundenanschriften dem Handelsvertreter **ausnahmslos** untersagt, so verstößt die Geheimhaltungsabrede gegen § 9 Abs. 1 AGBG (OLG Koblenz NJW-RR 1987, 95, 97). Jedenfalls Kunden, die die Geschäftsbeziehung zum Prinzipal **nicht** fortsetzen wollen, müssen vom Verbot ausgenommen werden (OLG Koblenz a.a.O.). Gleiches gilt dann, wenn die Wettbewerbsabrede unter Berücksichtigung der gewährten Entschädigung nach Ort, Zeit und Gegenstand eine **unbillige Erklärung des Fortkommens des Handelsvertreters** darstellt. Dem steht nicht entgegen, daß im Verhältnis zwischen Prinzipal und Handelsvertreter kein

1. Agency Contract (Handelsvertretervertrag)

sozialrechtliches Abhängigkeitsverhältnis besteht, daß vielmehr Rechtsbeziehungen vorliegen, welche zwei selbständige Unternehmer miteinander verbinden (hierzu *Schlegelberger/ Schröder* a.a.O.; wie hier auch im Ergebnis *Ulmer/Brandner/Hensen/Schmidt* Anh. zu §§ 9–11 Rdnr. 419). Entscheidend ist letzten Endes, daß der Prinzipal die Vertragsgestaltungsfreiheit nur dann für sich im Rahmen von § 90a HGB in Anspruch nehmen kann, wenn er dabei auch die berechtigten Belange des Handelsvertreters im Auge behält. Nach § 9 Abs. 2 Nr. 1 AGBG ist es auch nicht zu beanstanden, wenn der Prinzipal – gemessen an § 90a Abs. 1 Satz 3 HGB – im **voraus** eine angemessene Entschädigung vereinbart.

c) Verstößt ein Wettbewerbsverbot gegen § 9 Abs. 1 AGBG, so ist es im Zweifel **insgesamt** gemäß § 6 Abs. 2 AGBG **unwirksam**. Eine Reduktion auf das gesetzliche Schutzmaß findet nicht statt (vgl. aber BGHZ 40, 235, 239). Dies gilt auch dann, wenn eine Wettbewerbsabrede für einen Zeitraum vereinbart wird, der zwei Jahre übersteigt (a.M. *Hopt* § 90a Rdnr. 31; *Schlegelberger/Schröder* § 90 Rdnr. 31). Jedenfalls gilt eine Wettbewerbsabrede, die für die Dauer des Vertrages vereinbart war, nicht nach dieser Beendigung fort (LG Krefeld NJW-RR 1991, 1063).

d) Zur Sicherung der Wettbewerbsabrede kann der Prinzipal gegenüber dem Handelsvertreter eine **Vertragsstrafe** vereinbaren. Dies gilt auch für den Fall, daß der Handelsvertreter das Wettbewerbsverbot **umgeht**, z.B. bei Tätigwerden seiner Ehefrau (vgl. BGH BB 1970, 1347; RGRK-HGB/*Brüggemann* § 90a Rdnr. 26). In diesen Fällen kann eine Vertragsstrafe für **jeden Fall** der **Zuwiderhandlung** vorgesehen werden, ohne daß dies gegen § 9 Abs. 1 verstößt (BGH NJW 1984, 919, 921; BGH ZIP 1993, 703, 705). Dabei ist im Auge zu behalten, daß die Vertragsstrafe – wie stets – zum einen die Funktion hat, als Druckmittel zu dienen, um die Sicherung ordnungsgemäßer Leistungserbringung zu gewährleisten und zum anderen dem AGB-Verwender im Verletzungsfall die Möglichkeit eröffnen soll, den ihm entstandenen Schaden – ohne Einzelnachweis – leichter zu führen (BGH ZIP 1993, 703, 705 f.). Freilich muß die Vertragsstrafe das jeweilige Verhalten des Schuldners berücksichtigen; es ist der objektiven Schwere des Verstoßes und dem Grad des Verschuldens Rechnung zu tragen (OLG München NJW-RR 1996, 1181). Darüber hinaus muß sie eine Begrenzung nach oben aufweisen (BGH NJW 1981, 1509, 1510 – Bauvertrag; im übrigen AGB-Klauselwerke/*Graf von Westphalen* – Vertragsstrafeversprechen Rdnr. 8 f.). Bei Anwendung dieser Kriterien ist ein Vertragsstrafeversprechen in Höhe von DM 250,00 für jeden Fall der Zuwiderhandlung mit § 9 Abs. 2 Nr. 1 AGBG vereinbar, die sich auf dem Handelsvertreter zugängliche Kundenanschriften bezieht, sofern er sich „bei Beendigung des Vertrages Aufzeichnungen" hierüber „zurückbehält" (BGH ZIP 1993, 703). Verstößt nämlich ein Handelsvertreter gegen ein so ausgestaltetes Verbot, so liegt ein regelmäßig **vorsätzliches** Verhalten vor, welches Schadensersatzansprüche des Prinzipals auslöst (BGH ZIP 1993, 703, 706). Deshalb liegt auch in diesem Fall kein Fortsetzungszusammenhang vor, obwohl die uneingeschränkte Abbedingung der Einrede des Fortsetzungszusammenhangs in AGB regelmäßig nach § 9 Abs. 2 Nr. 1 AGBG unwirksam ist (BGH ZIP 1993, 292). Soweit eine **Kumulierung** von Vertragsstrafe und Schadensersatz als Sanktionsinstrument des Prinzipals vorgesehen ist (BGH NJW 1992, 1096, 1097 – Verlust von Stornoreserven und Schadenersatz bei fristloser Kündigung) gelten im übrigen die allgemeinen Grundsätze nach § 9 Abs. 2 Nr. 1 AGBG.

16. Gerichtsstandsvereinbarungen. Innerhalb der EU ist Art. 17 EuGVÜ zu beachten. Dies bedeutet grundsätzlich beiderseitige Schriftlichkeit. Davon geht das Form. aus. Im übrigen ist § 38 ZPO – außerhalb des Anwendungsbereichs des EuGVÜ – zu beachten.

2. Distributor Agreement[1]
(Vertragshändlervertrag)

between
XY-GmbH
Street
City
(hereinafter referred to as "Principal")
and
Z S. A.
Street
City
(hereinafter referred to as "Distributor")

Whereas, the Principal is designing, manufacturing and selling certain products (hereinafter referred to as "Products") to third parties;
whereas, the Distributor is selling and distributing certain products to third parties within the territory of France (hereinafter referred to as the "Territory");
whereas, the Principal is willing to expand his business in the Territory by appointing the Distributor as his sole and exclusive distributor for the sale of the Products to third parties residing in the Territory;
whereas, the Distributor is willing to act as Distributor for the Products in the Territory; now, in consideration of the terms and conditios set forth hereunder, the parties convene and agree as follows:

Art. 1 – Appointment of the Distributor[2]

(1) The Principal hereby appoints the Distributor as his distributor for the sale of the Products within the Territory.

(2) The Distributor shall buy and sell the Products directly from the Principal in his own name and his own account, and he then shall sell them to third parties domiciling within the Territory in his own name and on his own account.[3]

(3) Nothing in this Agreement shall constitute the right of the Distributor to act as agent of the Principal or to represent the Principal in any way whatsoever. The Distributor shall have no authority whatsoever to enter into any obligations on behalf of the Principal.

Art. 2 – Exclusivity[4]

(1) The Distributor shall act as Principal's sole and exclusive Distributor within the Territory.[5]

(2) The Distributor shall not be entitled to act as agent, representative or distributor, dealer or alike for products being held competitive to the Products sold within the Territory.

(3) The Distributor shall not solicit any sales of the Products outside of the Territory. He shall restrict his efforts to advertise and solicit sales of the Products to activities executed within the Territory. However, he may sell the Products to third parties residing outside of the Territory.

(4) The Distributor shall not be entitled to engage subcontractors or any other third party as his subagent without having obtained Principal's prior written approval to do so. Such approval shall not be unreasonably withheld.

2. Distributor Agreement (Vertragshändlervertrag)

(5) The Distributor shall not change his place of business without having informed the Principal in advance.

Art. 3 – Purchase and Sale of the Products

(1) The Principal shall sell to the Distributor Products[6] on the basis of the General Conditions attached hereto as Exhibit 1.

(2) The Distributor shall not be bound in any way whatsoever by the prices paid to the Principal, but shall determine at his own risk the prices for the sale of the Products to third parties. In selling the Products to third parties the Distributor shall incorporate the General Conditions of Sale, attached hereto as Exhibit 2.

(3) The term „Product" shall also incorporate spare parts, designed, manufactured and sold to third parties by the Principal.

(4) The Distributor shall inform the Principal of any and all sales effected to third parties by sending copies of the respective order confirmation.

Art. 4 – Sales Forecast

(1) The parties shall convene from time to time in order to reasonably agree the sales forecast for the forthcoming calendar quarter.[7] Such sales forecast, if confirmed by the Distributor, will not be binding upon the parties hereto.

(2) The Distributor acknowledges and accepts the following discounts[8] for the purchase of the Products as attached as Exhibit 3.

(3) Every and each purchase order shall become binding upon the Principal for the sale of Products, if it has been transmitted to the Principal using the form attached hereto as Exhibit 4. The Principal shall be bound to execute such order on the basis of the General Conditions attached hereto as Exhibit 1, unless the Principal has rejected any order received within two working days, thereby giving due reasons for not accepting and executing the respective order.

Art. 5 – Trademarks – Sales Promotion

(1) The Principal shall grant to the Distributor the non-exclusive license to use any and all trademarks, logos and other markings used by the Principal in order to promote the sale of the Products. The grant of such license shall be free of any charge whatsoever.

(2) All major marketing and advertising activities of the Distributor relating to the sale of the Products shall be coordinated by the Principal in order to not divulge the identity and image of the Product. The Distributor shall comply with the guidelines[9] issued by the Principals, as attached in Exhibit 5.

(3) The Distributor shall be obligated to display the trademark, logo or any other marking relevant to the sale of the Products at his premises, thereby complying with the relevant terms and conditions of Exhibit 5.

(4) The Distributor shall be obliged to reasonably promote the sale of the Products by keeping such number of Products at his shop as has been agreed upon with the Principal.

Art. 6 – After Sales Activities

(1) In order to promote the sale of the Products the Distributor shall be obligated to effect after sales activities to his customers in line with the requirements laid down in Exhibit 6.

(2) The Distributor shall be obligated to secure that his personnel is in the possession of the relevant know-how for the due performance of such after sales activities. Therefore he

is obligated to send a reasonable number of his staff for adequate training to seminars held by the Principal. The costs incurred thereby shall be borne by the Distributor.

(3) The Distributor shall duly perform any and all warranty obligations[10] in line with the requirements set forth in Exhibit 7. The costs incurred for such activities shall be reimbursed by the Principal on the basis of the prices laid down in said Exhibit.

(4) The Distributor shall order the necessary spare parts[11] and any other machinery deemed necessary for the due and proper performance of any warranty claims. The necessary quantities of spare parts will be incorporated in the respective sales forecasts.

Art. 7 – Information Requirements

(1) The Distributor shall be obligated to transmit to the Principal its attested annual balance sheet at the latest by June 30 of the following year.[12] Furthermore, the Principal shall be entitled to check the books and records of the Distributor inasmuch as reasonable, provided that the legitimate interests of the Distributor are not impaired thereby.

(2) The Distributor shall not change the structure of his company and/or its ownership without having informed the Principal beforehand in writing of any such prospective undertaking.[13] If the legitimate interests of the Principal are likely to be unreasonably impaired by such undertaking, then the parties shall convene and agree a reasonable solution. Failing to do so within a reasonable time, the Principal, at his option, may terminate this Agreement, thereby reasonably compensating any losses incurred by the Distributor in consideration of such termination.

Art. 8 – Duration – Termination

(1) This Agreement shall become effective upon signing of the two parties. The Agreement then shall run for an indefinite period of time.[14]

(2) The Agreement may be terminated by either party at the following dates. During the first three years the termination period shall be twelve months, becoming effective at the end of a calendar year. If the Agreement has run for a period of more than three consecutive years, then the termination period shall be eighteen months, becoming effective at the end of a calendar year. If this Agreement has run for a period of more than five consecutive years, then the termination period shall be two years, becoming effective at the end of a calendar year.

(3) This Agreement shall be terminated forthwith if any party to this Agreement has fundamentally breached any of the obligations of the Agreement. The party being in breach of its contractual obligations shall be obligated to compensate to the other party any damages incurred due to such breach.[15]

(4) The same shall apply, if bancruptcy proceedings have been initiated or if a liquidator has been appointed.

(5) If the Principal has terminated the Agreement in line with subsection (2), then the Distributor shall no longer be obligated to act as Principal's sole and exclusive Distributor but shall be dissolved from his obligation to not compete with the Principal's Products.

(6) The Principal shall be obligated to repurchase any and all spare parts from the Distributor upon expiry of this Agreement at the prices shown in Exhibit 7, provided that the respective spare parts are still unpacked, unused and can reasonably be used by any other third party having reasonable expertise in doing any necessary repair work for the Products. This obligation shall elapse if there is evidence that the Principal has terminated this Agreement with cause.[16, 17]

(7) The Principal shall be obligated to reasonably compensate the prospective losses of the Distributor on the basis of the agency law (Art. 89b Commercial Code).[18]

Art. 9 – Miscellaneous

(1) This Agreement shall not be altered or modified, unless in writing and signed by the parties hereto.[19]

(2) If any term or condition of this Agreement is null and void or will become null and void during its course, then the validity and effectiveness of all other terms and conditions shall not be impaired thereby. All terms and conditions of this Agreement are separable.

(3) This Agreement shall be governed by German Law.[20]

(4) Place of jurisdiction shall be Hamburg.[21]

Schrifttum: Bechthold, Ausgleichsansprüche für Eigenhändler, dargestellt am Beispiel des Automobilvertriebs, NJW 1983, 1393 ff.; *ders.,* Rechtstatsachen zum Ausgleichsanspruch des Automobil-Händlers, Eine rechtliche Untersuchung auf der Grundlage einer demoskopischen Befragung der Automobilkäufer, BB 1984, 1262 ff.; *Bunte,* Das Urteil des BGH zur Gestaltung von Automobilvertragshändlerverträgen, NJW 1985, 600 ff.; *Creutzig,* Fabrikneue Fahrzeuge vom „Grauen Markt": Ein Widerspruch?, BB 1987, 283 ff.; *Ebel,* Die Wiederverkäuferklausel in Kfz-Vertragshändlerverträgen, DB 1984, 101 ff.; *Ebel/Genzow,* Freistellung der selektiven Vertriebssysteme der Automobilbranche vom Kartellverbot des Artikel 85 EWGV, DB 1985, 741 ff.; *Ebenroth,* Absatzmittlungsverträge im Spannungsverhältnis von Kartell- und Zivilrecht, Konstanz 1980; *Ebenroth/Abt,* Beendigung von Absatzmittlungsverhältnissen nach dem Recht des EWGV, EWS 1993, 81 ff.; *Ebenroth/Parche,* Kartell- und zivilrechtliche Schranken bei der Umstrukturierung von Absatzmittlungsverhältnissen, BB-Beilage Nr. 10/1988; *Ebenroth/Obermann,* Zweitvertretungsanspruch in Absatzmittlungsverhältnissen aus § 26 Abs. 2 GWB?, DB 1981, 829 ff.; *Foth,* Der Investitionsanspruch des Vertragshändlers, BB 1987, 1270 ff.; *Gutbrod,* Der Vertragshändlervertrag zwischen Kartell- und AGB-Recht EuZW 1991, 235 ff.; *Immenga/Mestmäcker,* Gesetz gegen Wettbewerbsbeschränkungen, 2. Aufl., München 1992; *Martinek,* Aktuelle Fragen des Vertriebsrechts, 3. Aufl., Köln 1992; *Niebling,* Das Recht des Automobilvertriebs, Heidelberg 1996; *Pfeffer,* Die Neuordnung der Vertragshändlerverträge in der Automobilbranche, NJW 1985, 1241 ff.; *Reuter,* Die Original-Ersatzteile der Kraftfahrzeughersteller, DB 1979, 293 ff.; *Stumpf,* Der Vertragshändlervertrag, 2. Aufl., Heidelberg 1979; *Stumpf/Hesse,* Der Ausgleichsanspruch des Vertragshändlers, BB 1987, 1474 ff.; *Ulmer,* Der Vertragshändler, München 1969; *Ulmer/Brandner/Hensen,* AGBG, 7. Aufl., Köln 1993; *Ulmer/Schäfer,* Zum Anspruch des Kfz-Vertragshändlers gegen den Hersteller auf Zustellung zur Übernahme einer Zweitvertretung, ZIP 1994, 753 ff.; *Graf von Westphalen,* Das Dispositionsrecht des Prinzipals im Vertragshändlervertrag, NJW 1982, 2465 ff.; *ders.,* Die analoge Anwendbarkeit des § 89 b HGB auf Vertragshändlerverträge der Kfz-Branche, DB-Beilage 12/1981; *ders.,* Die analoge Anwendbarkeit von § 89 b HGB auf Vertragshändler unter besonderer Berücksichtigung spezifischer Gestaltungen in der Kfz-Branche, DB-Beilage 24/1984; *ders.,* Der Ausgleichsanspruch des Vertragshändlers in der Kfz-Branche gemäß § 89 b HGB analog unter Berücksichtigung der neuesten BGH-Judikatur, DB-Beilage Nr. 8/1988; *Wolf/Horn/Lindacher,* AGBG, 3. Aufl., München 1994.

Übersicht

	Seite
1. Der maßgebende Vertragstyp	72
2. Anwendbarkeit des GWB	73
3. Europäisches Kartellrecht	74
4. Vertragshändlerverträge als AGB-Klauselwerke	76
5. Alleinvertriebsrecht – Marktverantwortungsgebiet – Änderungsvorbehalte	77
6. Belieferungspflicht – Modellpolitik	80
7. Mindestabnahmen	80

	Seite
8. Rabatte – Änderungen	81
9. Richtlinien	82
10. Gewährleistungsarbeiten – Herstellungsgarantien – Rückvergütungspauschalen	82
11. Ersatzteilbindung	82
12. Einblick in Geschäftsbücher, Bilanzen	83
13. Geschäftsveräußerung – Inhaberwechsel – Erbfolge	83
14. Die ordentliche Kündigung	83
15. Das fristlose Kündigungsrecht	85
16. Rücknahmepflichten	85
17. Erstattung nichtamortisierter Investitionen	87
18. Der Ausgleichsanspruch	89
19. Schriftformklausel	91
20. Rechtswahl	91
21. Gerichtsstandsvereinbarung	91

Anmerkungen

1. Der maßgebende Vertragstyp. a) Es ist weitgehend anerkannt, daß Vertragshändlerverträge als **Dienstverträge** zu qualifizieren sind, denen eine **Geschäftsbesorgung** im Sinn der §§ 675, 611 ff. BGB zukommt (*Ulmer* S. 241 ff.; *Stumpf* Rdnr. 4; *Evans/von Krbek* S. 94; *Ebenroth* S. 33). Dieser Ansatzpunkt ist auch von der **Judikatur** bestätigt (BGHZ 29, 33/37; BGHZ 34, 283/285; BGHZ 54, 338/340 f; BGHZ 68, 340/343). Es handelt sich hierbei um ein **Dauerschuldverhältnis** (*Ulmer* S. 251 ff.; RGRK-HGB/*Brüggemann* vor § 84 Rdnr. 7), das dem Vertragshändler die Verpflichtung zur selbständigen Wahrnehmung fremder Vermögensinteressen auferlegt (*Ulmer* S. 276 ff.), der ihrerseits spiegelbildlich die **besondere Treuepflicht** und Rücksichtnahme des Herstellers korrespondiert (BGH NJW-RR 1993, 682; *Ulmer* S. 411 ff., 422 ff.; *Bunte* ZIP 1982, 1166/1168 f.). Damit ist gleichzeitig gesagt, daß der Vertragshändlervertrag ein typischer **Rahmenvertrag** ist. Sein Regelungsgehalt bezieht sich darauf, die grundlegenden Rechte und Pflichten zu normieren, die zwischen den Parteien zu beachten sind. Der Vertragshändlervertrag ist damit sozusagen die „Verfassung" zwischen dem Hersteller und seinem Vertragshändler (*Martinek,* Aktuelle Fragen des Vertriebsrechts, 3. Aufl., Rdnr. 35). Durch diese Kategorisierung ist aber auch klargestellt, daß der Hersteller verpflichtet ist, dem Vertragshändler die Vertragserzeugnisse („Products") zum Kauf anzubieten; der Vertragshändler ist verpflichtet, diese vom Hersteller abzukaufen – mit der Konsequenz, daß diese Kaufverträge integraler Bestandteil des Vertragshändlervertrages sind. Erst auf diese Weise – verbunden mit der Absatzpflicht, die der Vertragshändler zu erfüllen hat – erhält der Vertragshändlervertrag seine wirtschaftliche Dimension. Sieht man alle diese Elemente zusammen, so liegt es nahe, den Vertragshändlervertrag in seiner **Gesamtheit** als einen typenkombinierten Vertrag zu qualifizieren.

b) Mit der Klassifizierung dieses Vertragstyps als eines Geschäftsbesorgungsvertrages, auf den Dienstvertragsrecht gemäß §§ 675, 611 ff. BGB Anwendung findet, ist freilich nicht viel gewonnen (RGRK-HGB/*Brüggemann* vor § 84 Rdnr. 12). Im **Vordergrund** praktischer Erwägungen steht deshalb regelmäßig die Frage, inwieweit die Bestimmungen des Handelsvertreterrechts gemäß §§ 84 ff. HGB auch analog auf den Vertragshändler Anwendung finden (RGRK-HGB/*Brüggemann,* vor § 84 Rdnr. 11 ff.). Dies gilt in erster Linie für die **Interessenwahrnehmungspflicht** des Vertragshändlers, wie sie für den Handelsvertreter in § 86 HGB normiert ist. Im engen Zusammenhang hierzu steht die **Loyalitätspflicht** des Herstellers im Sinn von § 86 a HGB, das dem Vertragshändler eingeräumte Vertriebsrecht zu sichern (BGH NJW-RR 1993, 682; im einzelnen Anm. 5). Unproblematisch ist daher die analoge Anwendung von § 89 a HGB für den Fall der **fristlosen Kündi-**

2. Distributor Agreement (Vertragshändlervertrag)   II.2

gung aus wichtigem Grund (Anm. 5). Höchst bedeutsam ist auch, daß der BGH in ständiger Rechtsprechung dem Vertragshändler einen **Ausgleichsanspruch** in analoger Anwendung von § 89b HGB zuerkannt hat, soweit der Vertragshändler – wie ein Handelsvertreter – in die Absatzorganisation des Herstellers eingegliedert ist, so daß er – wirtschaftlich betrachtet – in erheblichem Umfang Aufgaben übernimmt, die denen des Handelsvertreters vergleichbar sind, vorausgesetzt, er ist zudem verpflichtet, seinem Hersteller den von ihm geworbenen Kundenstamm zu übertragen, so daß der Hersteller in der Lage ist, die Vorteile des Kundenstamms (sofort) und ohne weiteres zu nutzen (BGH NJW 1982, 2819; BGH NJW 1983, 2877; BGH NJW 1985, 623; BGH NJW-RR 1988, 42; BGH NJW-RR 1988, 1305; BGH NJW-RR 1993, 678; BGH BB 1993, 1312; im einzelnen Anm. 18).

2. Anwendbarkeit des GWB. a) Aus der Funktion des Vertragshändlers folgt, daß seine Tätigkeit eine „Leistung" im Sinn von § 18 GWB ist, weil das Ergebnis seines Handelns unmittelbar – der Hersteller hat ja die Vertriebsfunktion dem Vertragshändler übertragen – dem Hersteller zugute kommt. Da die vom Vertragshändler erbrachte Leistung nicht auf einem Dienst- oder Arbeitsverhältnis beruht, ist sie allemal auch als „gewerblich" zu kategorisieren (*Ebenroth* BB-Beilage Nr. 10/1988 S. 12f.). Unter den in § 18 GWB erwähnten **Ausschließlichkeitsbindungen** sind vertragliche Beschränkungen der Parteien im Geschäftsverkehr mit Dritten zu verstehen; sie beziehen sich also auf fremde Waren oder Dienstleistungen. Geht man davon aus, daß dem Vertragshändler eine **Ausschließlichkeitsbindung** auferlegt werden darf, so stellt sich stets die Frage, ob ein an § 86a HGB angelehntes **Wettbewerbsverbot** dem Vertragshändler auch berechtigterweise die Pflicht auferlegen kann, sonstige Waren/Leistungen Dritter nicht anzubieten, welche in Konkurrenz mit dem jeweiligen Produkt bzw. der „Marke" des Herstellers stehen. Dies ist regelmäßig zu verneinen. Daraus folgt, daß etwaige dem Vertragshändler auferlegte **Wettbewerbsverbote** unmittelbar an § 18 Abs. 1 Nr. 2 GWB zu messen sind. Soweit der Vertragshändler die „Products" nur in einem bestimmten **Vertragsgebiet** absetzen darf, gilt § 18 Abs. 1 Nr. 3 GWB. Die Konsequenz ist: Es gilt das Erfordernis der **Schriftform** gemäß Art. 34 GWA (Anm. 2 (4)). Ein Eingreifen der Kartellbehörde nach § 18 GWB ist selten (Martinek, a.a.O., Rdnr. 276).

b) Nach der Rechtsprechung des BGH ist ein Vertragshändler – hier: ein Kfz-Vertragshändler mit Ausschließlichkeitsbindung – regelmäßig vom Hersteller **sortiments- und unternehmensbedingt** im Sinn von **§ 26 Abs. 2 Satz 2 GWB abhängig** (*Schiele,* Kraftfahrzeugvertrieb, 1994, S. 42ff.), sofern sein Geschäftsbetrieb so stark auf die Produkte des Herstellers ausgerichtet ist, daß er nur unter Inkaufnahme erheblicher Wettbewerbsnachteile auf die Vertretung eines anderen Herstellers überwechseln könnte (BGH DB 1988, 1690 – Opel-Blitz). Die damit angeschnittene Frage ist zum einen dann bedeutsam, wenn der Hersteller beabsichtigt, einen **neuen Vertragshändlervertrag** abzuschließen (BGH a.a.O.). Zum anderen ist das in § 26 Abs. 2 Satz 2 GWB enthaltene Diskriminierungsverbot dann zu berücksichtigen, wenn – unter Beachtung der beiderseitigen Interessen der Parteien – eine unterschiedliche Behandlung – gleichgültig, ob während des Vertragshändlervertrages oder im Zusammenhang mit der **Kündigung** – stattfindet, ohne daß hierfür ein sachlich gerechtfertigter Grund vorliegt.

c) Praktische Bedeutung hat das Diskriminierungsverbot des § 26 Abs. 2 Satz 2 GWB vor allem im Zusammenhang mit Fragen des **Kfz-Leasing** in letzter Zeit erhalten. Danach gilt grundsätzlich, daß ein marktbeherrschender Kfz-Hersteller nicht verpflichtet ist, Fahrzeugverkäufe seiner Vertragshändler an ein sehr großes – fremdes – Leasingunternehmen ebenso durch Zahlung von Zuschüssen zu fördern, wie Verkäufe an seine eigene, im Leasinggeschäft tätige Tochtergesellschaft (BGH ZIP 1992, 428). Denn in diesem Fall liegt ein sachlich gerechtfertigtes Interesse des Herstellers vor, die Gestaltung seiner Abgabebedingungen an seine – konzerneigene – Leasinggesellschaft anders zu gestalten als gegenüber fremden Leasinggesellschaften, die hierzu in Wettbewerb stehen, zumal in diesen Fällen zwischen Hersteller und konzerneigener Leasinggesellschaft eine „unternehmerische Einheit" besteht (BGH ZIP 1992, 428/430). Folglich unterliegen Maßnahmen innerhalb eines Konzerns – etwa: zwischen einem Hersteller und einer herstellereigenen Leasinggesellschaft – grundsätzlich nicht der kartellrechtlichen Beurteilung gemäß § 26 Abs. 2 Satz 2 GWB (OLG Frankfurt ZIP 1989, 1425 – Toyota II). Ob **Art. 85 Abs. 1 EWG-Vertrag** verletzt ist, wenn ein führender inländischer Kfz-Hersteller seinen Vertragshändlern untersagt, **Leasingverträge** an andere, nicht herstellereigene Leasinggesellschaften zu vermitteln oder an diese zu verkaufen, ist vom BGH nicht abschließend entschieden, sondern dem EuGH zur Entscheidung vorgelegt worden (BGH WM 1993, 1062). Es liegt auf dieser Linie, daß der BGH des weiteren dem EuGH die Frage unter Berücksichtigung von Art. 85 Abs. 1 EWG-Vertrag in Verbindung mit der EG-VO Nr. 123/85 zur Entscheidung vorgelegt hat, ob der Handel zwischen Mitgliedstaaten unzulässigerweise beeinträchtigt wird, wenn ein Kfz-Hersteller mit seinen Vertragshändlern vereinbart, daß herstellerunabhängige Leasingunternehmen dann nicht mit Kraftfahrzeugen beliefert werden dürfen, wenn diese Leasinggesellschaften außerhalb des Vertragsgebietes des betreffenden Vertragshändlers ihren Wohn- oder Geschäftssitz haben (BGH ZIP 1993, 455 – Fremdleasingboykott; BGH ZIP 1993, 864 – Vorlage an den EuGH). Inzwischen hat der EuGH die an ihn gerichteten Fragen abschließend beantwortet: die VW-AG darf ihren Vertriebshändlern keine Bindungen auferlegen, Leasinggeschäfte ausschließlich über die V. A. G. Leasing abzuwickeln (EuGH EuZW 1995, 795). Des weiteren: Die BMW-AG darf ihre Vertriebshändler nicht verpflichten, keine Fahrzeuge an Fremd-Leasinggesellschaften zu liefern, soweit der Endabnehmer seinen Wohnsitz außerhalb des Vertragsgebietes des jeweiligen Vertriebshändlers hat (EuGH EuZW 1995, 797). In beiden Fällen spielt die inzwischen aufgegebene GVO 128/85 für die Interpretation von Art. 85 EGV eine Rolle. Durch die inzwischen in Kraft getretene GVO 1475/95 hat sich an dem Ergebnis jedoch nichts geändert.

d) Unproblematisch ist, daß auf Vertragshändlerverträge das **Schriftformerfordernis** des § 34 GWB zur Anwendung kommt, weil Vertragshändlerverträge typischerweise im Sinn von § 18 Abs. 1 Nr. 2 und 3 GWB Beschränkungen enthalten. Aus allgemeinen Erwägungen kann jedoch die Berufung auf fehlende Schriftform ausnahmsweise treuwidrig sein (*Mestmäcker/Immenga/Emmerich*, GWB, 2. Aufl., § 34 Rdnr. 110).

3. **Europäisches Kartellrecht.** a) **Alleinvertriebsverträge** unterfallen dem Kartellverbot von Art. 85 Abs. 1 EG-Vertrag, sofern sie geeignet sind, den Handel zwischen Mitgliedstaaten zu beeinträchtigen. Für diese Verträge gilt jedoch zum einen die EG-VO Nr. 1983/83 der Kommission vom 22. 6. 1983 über die Anwendung von Art. 85 Abs. 3 des Vertrages auf Gruppen von **Alleinvertriebsvereinbarungen;** zum anderen gilt die EG-VO Nr. 1984/83 der Kommission vom 22. 6. 1983 über die Anwendung von Art. 85 Abs. 3 des Vertrages auf Gruppen von **Alleinbezugsvereinbarungen** (hierzu im einzelnen G. *Wiedemann,* Kommentar zu den Gruppenfreistellungsverordnungen des EWG-Kartellrechts, Bd. II S. 1 ff., 93 ff.; *Bunte/Sauter,* EG-Gruppenfreistellungsverordnungen, 1988, III 1, S. 287 b ff., III, 2, S. 266 ff.). Das Verhältnis dieser beiden EG-VOs ist eindeutig: Die EG-VO 1983/83 stellt in Art. 2 Abs. 2 b die Verpflichtung des Alleinvertriebshändlers frei, Vertragswaren zum Zwecke des Weiterverkaufs nur von dem anderen Vertragspartner zu beziehen. Eine solche Verpflichtung ist auch zentraler Bestandteil von Alleinbezugsvereinbarungen, welche in der EG-VO Nr. 1984/83 geregelt sind (*Wiedemann,* a. a. O., EG-VO 1983/83 Rdnr. 11). Hinzu kommt, daß Art. 16 EG-VO 1984/83 klarstellt, daß diese EG-VO keine Anwendung auf Vereinbarungen findet, in denen sich der Lieferant dem Wiederverkäufer gegenüber verpflichtet hat, zum Zwecke des Weiterverkaufs im „Gesamtgebiet oder in einem abgegrenzten Teilgebiet der Gemeinschaft bestimmte Ware nur an ihn zu liefern, und der Wiederverkäufer sich dem Lieferanten gegenüber verpflichtet, diese Waren nur von ihm zu beziehen." Daraus folgt: Für die hier allein zu behandelnden Alleinvertriebsvereinbarungen ist dem Vertragshändler – dort „Wiederverkäufer" genannt – ein bestimmtes Vertragsgebiet zugewiesen (vgl. Art. 1 EG-VO Nr. 1983/83). Bei **Alleinbezugs-**

2. Distributor Agreement (Vertragshändlervertrag) II.2

vereinbarungen handelt es sich jedoch um einen grundlegend anderen Vertragstyp; bei ihm ist ein abgegrenztes Vertragsgebiet weder vorgesehen noch erforderlich.

aa) Die durch Art. 1 EG-VO 1983/83 freigestellte Wettbewerbsbeschränkung ist die **Alleinvertriebs-Verpflichtung** des Herstellers gegenüber dem Vertragshändler, zum Zweck des Weiterverkaufs im Vertragsgebiet bestimmte Waren „nur an ihn" zu liefern. Freigestellt ist – korrespondierend hierzu – in Art. 2 Abs. 1 EG-VO 1983/83 die Verpflichtung des Herstellers, im Vertragsgebiet auch keine **Endverbraucher** zu beliefern. Damit wird in der Sache das **Alleinbezugsrecht** des Vertragshändlers abgesichert (*Wiedemann*, a.a.O., EG-VO 1983/83 Art. 1 Rdnr. 17).

bb) Aus Art. 2 Abs. 2 EG-VO Nr. 1983/83 folgt, daß dem Vertragshändler nur bestimmte **Wettbewerbsbeschränkungen** auferlegt werden können. **Freigestellt** ist daher gemäß Art. 2 Abs. 2 lit. a) EG-VO Nr. 1983/83 die Verpflichtung des Vertragshändlers, mit den Vertragswaren *(Products)* im Wettbewerb stehende Waren nicht herzustellen oder zu vertreiben; maßgebend ist also eine exakte Festlegung der sachlichen Reichweite des Begriffs *Products,* auf die bei der Abfassung von Verträgen große Sorgfalt verwendet werden sollte. Dieses Wettbewerbsverbot bezieht sich jedoch nur auf die **Laufzeit** des Vertrages (*Wiedemann*, a.a.O., EG-VO Nr. 1983/83 Art. 2 Rdnr. 14). Es spricht einiges dafür, zugunsten des Vertragshändlers das Wettbewerbsverbot jedenfalls von dem Zeitpunkt für gegenstandslos zu erklären, in welchem das Vertragsverhältnis **gekündigt** ist (Anm. 14). **Freigestellt** ist des weiteren, wie bereits kurz erwähnt, die ausschließliche Bezugspflicht gemäß Art. 2 Abs. 2b. Auch diese Pflicht korrespondiert mit der Alleinbelieferungspflicht des Herstellers. Sie ist integraler Bestandteil des Alleinvertriebsrechts.

cc) **Freigestellt** ist schließlich auch gemäß Art. 2 Abs. 2c die Verpflichtung des Vertragshändlers, außerhalb seines Vertragsgebiets für die *Products* keine Kunden zu werben, keine Niederlassungen einzurichten und keine Auslieferungslager zu unterhalten. Eingeschränkt ist mithin die **aktive Vertriebspolitik** des Vertragshändlers; diese ist auf das ihm zugewiesene Vertragsgebiet konzentriert. Umgekehrt: **Passive Verkäufe** dürfen dem Vertragshändler nicht verboten werden. Folglich muß ihm das Recht zustehen, Kunden außerhalb seines Vertragsgebiets auf deren **Anfrage** zu beliefern, selbst wenn dies dazu führt, eine Wettbewerbssituation mit einem anderen Alleinvertriebshändler zu schaffen. Das Form. sieht dies in Art. 2 Abs. (3) vor. Freilich ist damit nicht die Frage beantwortet, ob das Verbot passiver Verkäufe auch **innerhalb** eines Mitgliedstaates der EU gilt oder nur auf Vereinbarungen beschränkt ist, die den Handel **zwischen** den einzelnen Mitgliedstaaten betreffen (vgl. *Wiedemann*, a.a.O., EG-VO Nr. 1983/83 Art. 2 Rdnr. 17). Man kann hier auch **restriktiver** textieren und jedenfalls für Alleinvertriebsverträge, welche lediglich innerhalb eines Mitgliedstaates der EU praktiziert werden, eine weitergehende Beschränkung vorsehen. Allerdings gilt dies sicherlich dann nicht, wenn gleiche *Products* auch in einem anderen, angrenzenden EU-Mitgliedstaat von anderen Alleinvertriebshändlern vertrieben werden. Hinsichtlich der in Art. 2 Abs. (3) Satz 2 des Form. angesprochenen Verbots von **Werbemaßnahmen,** die außerhalb des Vertragsgebiets durchgeführt werden, empfiehlt sich stets eine sorgfältige Prüfung: Abhängig von den Verkaufsaktivitäten für die *Products* kann es durchaus hilfreich sein, eine Vertragsbestimmung aufzunehmen, wonach eine **Gemeinschaftswerbung** der in den angrenzenden Vertragsgebieten residierenden Vertragshändler zulässig ist, um auf diese Weise größere Verkaufserfolge zu sichern. Dies gilt z.B. auch für Werbemaßnahmen im Regionalfernsehen, soweit diese auch andernorts von Kunden empfangen werden können. Es ist also sicherzustellen, daß in solchen – verkaufsfördernden – Maßnahmen des Vertragshändlers kein Vertragsverstoß liegt, welcher – eng ausgerichtet an den Bestimmungen der EG-VO 1983/83 – die aktive Verkaufspolitik auf das Vertragsgebiet konzentriert und begrenzt. Angesichts dieser Konstellation ist der Versuch unternommen worden, in Art. 2 Abs. (3) des Form. eine Art „Kompromiß" zwischen aktiver und passiver Verkaufstätigkeit anzustreben.

dd) **Unbedenklich** im Sinn von Art. 2 Abs. 3 EG-VO 1983/83 sind die Verpflichtungen des Vertragshändlers, vollständige Warensortimente oder **Mindestmengen** abzunehmen

(Anm. 7). Das gleiche gilt gemäß Art. 2 Abs. 3 b EG-VO 1983/83 für die Verpflichtung des Vertragshändlers, die „Products" nur mit dem **Warenzeichen** oder in der Ausstattung zu vertreiben, die der Hersteller **„vorschreibt"** (vgl. Art. 5 des Form.). Nichts anderes gilt gemäß Art. 2 Abs. 3 lit. c) auch für sonstige **vertriebsfördernde Maßnahmen,** insbesondere für die Werbung, für die Verpflichtung des Vertragshändlers, ein Ersatzteillager zu unterhalten (vgl. Art. 6 des Form.). Gleiches gilt für die Gewährung von Kundendienst- und Garantieleistungen (vgl. Art. 6 des Form.) sowie für die Verpflichtung des Vertragshändlers, fachlich und technisch geschultes Personal einzusetzen (vgl. Art. 6 des Form.).

ee) Gemäß Art. 10 EG-VO Nr. 1983/83 ist diese VO bis zum 31. Dezember 1997 terminiert.

b) Die Gruppenfreistellungsverordnung von Vertriebs- und Kundendienstvereinbarungen über Kraftfahrzeuge vom 12. 12. 1984: EG-VO Nr. 123/85 (ABl. EG Nr. L 15 vom 18. 1. 1985, S. 16; hierzu *Bunte/Sauter* III IV) – ist zu einer bedeutsamen Rechtsquelle für Vertragshändlerverträge geworden (*Pfeffer* NJW 1985, 1241 ff.; *Ebel/Genzow* DB 1985, 741 ff.; *Joerges* RIW 1985, 525 ff.; *Möschel/Bach* GRUR Int. 1990, 505 ff.). Inzwischen gilt freilich seit dem 1. Juli 1995 die GVO 1475/95 für Vertriebs- und Kundendienstvereinbarungen im Kfz-Bereich (EuZW 1995, 732 ff.). Die damit zusammenhängenden Fragen haben in der Literatur bislang kein sehr ausgiebiges Echo gefunden (*Creutzig* EuZW 1995, 723 ff.; *ders.,* EuZW 1996, 197 ff.; *Ebel* BB 1995, 1701 ff. – Ersatzteilhandel; im einzelnen auch *Niebling,* Das Recht des Automobilvertriebs, Heidelberg 1996, S. 66 ff.). Die Kommission hat zu dieser VO einen Leitfaden veröffentlicht – IV/9509/95 – (hierzu *Creutzig* EuZW 1996, 197 ff.).

4. Vertragshändlerverträge als AGB-Klauselwerke. Vertragshändlerverträge sind **typischerweise** AGB-Verträge im Sinn von § 1 Abs. 1 AGBG. Dies folgt schon daraus, daß der Hersteller ein berechtigtes Interesse daran hat, die Beziehungen zu seinen Vertragshändlern **einheitlich** zu gestalten; darüber hinaus ist der Hersteller verpflichtet, alle seine Vertragshändler im Sinn von § 26 Abs. 2 GWB **gleich zu behandeln** (*Ebenroth* S. 86 ff.). Auch wenn der Inhalt der Vertragshändlerverträge – dies entspricht der regeltypischen Erfahrung – zwischen dem Hersteller und etwaigen „Beiräten", „Kommissionen" oder „Ausschüssen" beraten und gemeinsam beschlossen wird, so ändert dies für sich genommen nichts daran, daß es sich um ein AGB-Klauselwerk im Sinn von § 1 Abs. 1 AGBG handelt (BGH BB 1985, 218 – Opel; BGH ZIP 1994, 461 – Daihatsu). Auch soweit diese „Beiräte", „Kommissionen" oder „Ausschüsse" **Änderungen** im vorformulierten Text durchgesetzt haben, bleibt es im Ergebnis dabei, daß diese Verträge nicht im Sinn von § 1 Abs. 2 AGBG „ausgehandelt" sind und **individualvertraglichen Charakter** besitzen (*Ulmer/Brandner/Hensen,* § 1 Rdnr. 59). Ob dann etwas anderes gilt, wenn diese „Beiräte" pp. maßgebenden Einfluß auf die inhaltliche Gestaltung des Vertragshändlervertrages genommen haben, erscheint **zweifelhaft** (a. M. *Ulmer/Brandner/Hensen* a. a. O.). Freilich sind die Grenzen hier fließend: Wie durch § 1 Abs. 2 AGBG vorgegeben, wird es zunächst entscheidend darauf ankommen, wie weit die jeweiligen „Beiräte" pp. **Vertretungsmacht** hatten, den Text des Vertragshändlervertrages im einzelnen mit bindender Wirkung für die Beteiligten zu gestalten (*Heinrichs* NJW 1977, 1505/1509; *Wolf/Horn/Lindacher* § 1 Rdnr. 40). Ist dies der Fall und sind vom Hersteller vorformulierte AGB-Klauseln tatsächlich inhaltlich **abgeändert** worden, so wird man nicht umhin können, darin wichtige Teile für ein „Aushandeln" im Sinn von § 1 Abs. 2 AGBG zu sehen. Es kommt dann auf die jeweilige **Einzelklausel** an, ob sie noch vorformuliert oder abgeändert worden ist. Dabei entscheidet das **Gesamtbild.** Liegen die Voraussetzungen einer **Individualvereinbarung** vor, weil die beteiligten „Beiräte" pp. die reale Möglichkeit besaßen, den vorformulierten Vertragstext inhaltlich zu gestalten, wird man auch insoweit eine Individualvereinbarung bejahen können, als die einzelnen Klauseln inhaltlich nicht abgeändert worden sind (BGH NJW 1992, 2283/2285; *Palandt/Heinrichs* § 1 Rdnr. 18; a. M. *Ulmer/Brandner/Hensen* § 1 Rdnr. 51). Auch hier sind indessen die Grenzlinien fließend: Hat nämlich der Hersteller die – inhaltlich nicht abgeänderte – Formularklausel als **unverzichtbar** oder als **unabdingbar** bezeichnet, so wird man jedenfalls dann von einer AGB-Klausel im Sinn von § 1 Abs. 1 AGBG ausgehen müssen, falls nicht feststeht, daß die an der Verhandlung beteiligten „Beiräte" pp. bereit waren, in der Übernahme dieser – unveränderten – Formularklausel eine angemessene Regelung zu sehen, die auch ihren eigenen wohlverstandenen Interessen entsprach (so im Ergebnis auch *Ulmer/Brandner/Hensen* a.a.O.).

5. Alleinvertriebsrecht – Marktverantwortungsgebiet – Änderungsvorbehalte. a) Der Vertragshändlervertrag ist regelmäßig – und davon geht auch das Form. aus – dadurch charakterisiert, daß zum einen ein Alleinvertriebsrecht, zum anderen ein Marktverantwortungsgebiet dem Vertragshändler zugewiesen wird. Beides dient dem Zweck, die exklusive Bindung des Vertragshändlers an den Hersteller zu sichern; beides ist Teil des **selektiven Vertriebssystems**. Bei der Gestaltung des dem Vertragshändler zugewiesenen **Vertragsgebiets** ist darauf zu achten, ob dieses so ausgestaltet ist, daß dem Vertragshändler – innerhalb des Vertragsgebiets – lediglich das **Organisationsrecht** zusteht, dort exklusiv seinen Betrieb zu errichten und zu unterhalten, oder ob die vertragliche Regelung darauf hinausläuft, das Vertragsgebiet praktisch als „Schutzbezirk" für potentielle Kunden des Vertragshändlers zu normieren. Das Form. geht davon aus, daß letztere Alternative gewählt ist.

b) Es ist weiter darauf zu achten, daß der Vertragshändlervertrag klarstellt, ob dem Hersteller ein **Direktbelieferungsrecht** zusteht oder ob das dem Vertragshändler zugewiesene Alleinvertriebsrecht als abschließende Regelung zu verstehen ist (BGH ZIP 1994, 461/462f.). Denn das Alleinvertriebsrecht folgt nicht zwingend aus der Natur des Vertragshändlervertrages (BGH ZIP 1994, 461/463). Je umfassender die Einbindung des Vertragshändlers ist, desto eher ist – unter Berücksichtigung des allgemeinen Treuegedankens – davon auszugehen, daß der Hersteller dem Vertragshändler **keine** Konkurrenz machen darf (BGH a.a.O.). Soweit dies aber gestattet ist, schuldet der Hersteller einen angemessenen Ausgleich (BGH a.a.O.). Um dem Alleinvertriebsrecht des Vertragshändlers zu genügen, ist die **Belieferungspflicht** des Herstellers unabdingbar; sie ist nach § 9 Abs. 2 Nr. 2 AGBG eine unwesentliche Pflicht (BGH ZIP 1989, 461/464ff.).

c) Das dem Vertragshändler jeweils – individualvertraglich – **zugewiesene Marktverantwortungsgebiet** gehört zum wesentlichen Kern des Vertragshändlervertrages (BGH BB 1984, 233 – Ford; BGH BB 1985, 218/223f. – Opel). Denn die ihm zustehenden Gewinnchancen sind unmittelbar davon abhängig, wie ertragreich das ihm zugewiesene Marktverantwortungsgebiet und damit der dort vorhandene **Kundenkreis** ist. Dabei ist – jedenfalls im Rahmen von Kfz-Vertragshändlerverträgen – im Auge zu behalten, daß das dem Vertragshändler zugewiesene Marktverantwortungsgebiet nur das – ausschließliche oder nicht-ausschließliche – **Organisationsrecht** des Vertragshändlers begründet (*Pfeffer* NJW 1985, 1241/1244f.; vgl. auch *Ebel/Genzow* DB 1985, 741 ff.). Dies besagt: Der Vertragshändler ist berechtigt, innerhalb des ihm zugewiesenen Marktverantwortungsgebiets seine gewerbliche Niederlassung zu unterhalten und – abhängig von der Zustimmung des Herstellers – Zweigniederlassungen zu errichten. Doch trägt allemal der Vertragshändler für das ihm zugewiesene Marktverantwortungsgebiet die unmittelbare **Verantwortung**. Er muß im Interesse des Herstellers dafür Sorge tragen, daß das Kundenpotential des jeweiligen Marktverantwortungsgebiets optimal zugunsten der „Marke" ausgenutzt wird.

d) Vertragshändlerverträge sind dadurch charakterisiert, daß sie an verschiedenen Stellen **Änderungsvorbehalte** zugunsten des Herstellers aufweisen (BGH BB 1980, 1481; BGH BB 1982, 146/147; BGH BB 1984, 233/234; BGH BB 1985, 218/219f.; BGH ZIP 1988, 1182/1185; BGH ZIP 1994, 461/466). Dabei ist im Auge zu behalten, daß die – nachträgliche – Kontrolle gemäß § 315 Abs. 3 BGB regelmäßig nicht ausreichend ist, die nach § 9 Abs. 1 erforderliche **Konkretisierung** der Voraussetzungen und des Umfangs des Änderungsvorbehalts formularmäßig zu verankern (BGH BB 1980, 1480/1481; BGH BB 1982, 146/147; BGH BB 1984, 233/234; BGH BB 1985, 218/219; BGH ZIP 1994, 461/466; a.M. BGH DB 1985, 224 – Preisanpassungsklauseln: Veedol-Öle). Dabei ist zwischen der

Einräumung eines Leistungsbestimmungsrechts und den Maßstäben für seine Ausübung zu differenzieren (*Wolf/Horn/Lindacher* § 9 L 92). Soweit es also um die **Einräumung** eines Leistungsbestimmungsrechts geht, ist – auch im kaufmännischen Verkehr – eine **Konkretisierung** der Voraussetzungen und des Umfangs des Änderungsvorbehalts erforderlich (BGH BB 1980, 1480/1481; BGH BB 1985, 218/219). Seine Voraussetzungen dürfen weder „einschränkungslos" (BGH BB 1985, 218/219) sein, noch dürfen sie auf rein subjektiven Wertungskriterien des AGB-Verwenders aufbauen (BGH BB 1984, 233/234). Sie müssen schwerwiegende Änderungsgründe nennen (BGH ZIP 1994, 461/466). Des weiteren müssen sie – bezogen auf die **Folgen** – **die Interessen des Rechtspartners angemessen berücksichtigen** (BGH a.a.O.).

aa) Das **Änderungsrecht** des Herstellers, das dem Vertragshändler – individualvertraglich – zugewiesene Marktverantwortungsgebiet zu ändern und gegebenenfalls einen weiteren Vertragshändler einzusetzen, ist nur dann mit § 9 Abs. 1 AGBG vereinbar, wenn die **Voraussetzungen,** bei deren Vorliegen der Hersteller zu einer Änderung berechtigt ist, ausreichend **transparent** umschrieben und **sachlich angemessen** sind (BGH BB 1984, 233 – Ford; BGH ZIP 1988, 1182/1185 – Peugeot). Dabei ist wie stets entscheidend, daß es Sache des Herstellers ist, den erforderlichen Nachweis betreffend die jeweiligen Voraussetzungen zu führen. So läßt z.B. die Anknüpfung an die „Sicherung des Marktanteils" in keiner Weise erkennen, welcher Maßstab hier an die den Vertragshändler in erheblichem Maß treffende Veränderung seines Marktverantwortungsgebiets angelegt werden soll (BGH ZIP 1988, 1182/1186 – Peugeot). Dies gilt auch dann, wenn formularmäßig darauf hingewiesen wird, daß in diesen Fällen eine „angemessene Berücksichtigung" der Interessen des Vertragshändlers erfolgt (BGH a.a.O.).

bb) Mithin besteht eine Verpflichtung des Herstellers, das dem Vertragshändler **ausschließlich** zugewiesene Marktverantwortungsgebiet jedenfalls nicht ohne schwerwiegende, dem Risikobereich des Vertragshändlers zuzurechnende Gründe durch Einsetzung eines weiteren Vertragshändlers zu schmälern (BGH a.a.O.). Anders gewendet: Der Hersteller ist – gerade bei Ausübung eines solchen Änderungsvorbehalts – verpflichtet, in besonderer Weise **Rücksicht** auf die sachlich angemessenen Belange des Vertragshändlers zu nehmen (BGH NJW-RR 1993, 678/681). Er muß die für den Vertragshändler eintretenden **nachteiligen** Folgen angemessen im Auge behalten (BGH a.a.O.). Insbesondere ist es dem Hersteller verwehrt, unter Berufung auf derartige Änderungsvorbehalte sein Vertriebssystem **einseitig** umzustrukturieren. Die unternehmerische Entscheidungs- und Dispositionsfreiheit findet darin ihre Grenze, daß der Hersteller – auch in diesen Fällen – verpflichtet ist, das **besondere Treueverhältnis** zwischen ihm und dem Vertragshändler zu honorieren (vgl. BGH NJW-RR 1993, 678/682).

cc) Diese Erwägungen gelten auch dann, wenn dem Vertragshändler ein **Alleinvertriebsrecht** oder eine dem nahekommende Position zugewiesen ist (BGH NJW-RR 1993, 678/681). Deshalb verhält sich auch der Hersteller **vertragswidrig,** wenn er einen parallelen Direktvertrieb aufnimmt, weil er damit die Treuepflicht gegenüber dem Vertragshändler verletzt (BGH a.a.O.).

dd) Ist jedoch dem Vertragshändler **kein** bestimmtes **Marktverantwortungsgebiet** zugewiesen, mithin auch **kein Alleinvertriebsrecht,** so ist nach Auffassung des BGH ein einseitiges Änderungsrecht des Herstellers nach § 9 Abs. 1 AGBG nicht zu beanstanden, weil das Interesse des Herstellers hier gegenüber dem Interesse des Vertragshändlers der **Vorrang** gebührt (BGH BB 1985, 218/223 – Opel). Unter Berücksichtigung von Art. 5 Abs. 2 Nr. 1b der EG-VO Nr. 123/85 ist diese Entscheidung jedoch inzwischen **überholt** (*Pfeffer* NJW 1985, 1141/1146; *Ulmer/Brandner/Hensen* Anh. zu §§ 9–11 Rdnr. 883). Denn danach greift die Gruppenfreistellungs-VO nur ein, wenn eine Änderung des Marktverantwortungsgebiets davon abhängt, daß der Hersteller **sachlich gerechtfertigte Gründe** hierfür nachweist (*Pfeffer* NJW 1985, 1241/1246). Es bleibt deshalb bei den Grundaussagen, wie sie in der Ford-Entscheidung des BGH formuliert (BGH BB 1984, 233/234) und in der Peugeot-Entscheidung übernommen worden sind (BGH ZIP 1988, 1182/1185f.). Diese

2. Distributor Agreement (Vertragshändlervertrag)

Gesichtspunkte decken sich in der Sache mit dem Regelungsgehalt von Art. 5 Abs. 2 Nr. 1 b der EG-VO Nr. 123/85.

ee) Es ist kein Grund ersichtlich, daß diese auch von der Interessenabwägung gemäß § 9 Abs. 1 AGBG umfaßten Gesichtspunkte nicht auch für alle **anderen Vertragshändlerverträge** (außerhalb der Kfz-Branche) gelten, auf welche die EG-VO Nr. 1475/95 keine Anwendung findet. Denn die engeren Schranken, an die der Änderungsvorbehalt des Herstellers gebunden ist, sind im Ergebnis **Reflex** der beiderseitigen gesteigerten Treuepflichten, wie sie das Verhältnis von Herstellern und Vertragshändlern als eines auf Dauer angelegten Vertragsverhältnisses prägen.

ff) Dabei ist stets im Auge zu behalten, daß es keinen sachlichen Unterschied macht, ob das einem Vertragshändler zugewiesene Marktverantwortungsgebiet – geographisch betrachtet – verkleinert oder ob das Marktpotential – im Gegensatz zu seiner früheren Struktur – weiteren Vertragshändlern eröffnet wird. Denn im einen wie im anderen Fall ergibt sich daraus eine tendenzielle **Schmälerung** der Gewinnchancen des Vertragshändlers (BGH NJW-RR 1993, 678/681).

e) Ein besonderes Problem in der Vertragsgestaltung, insbesondere aber in der **Vertragsabwicklung** ergibt sich, wenn es darauf geht, die Voraussetzungen festzulegen, bei deren Vorliegen der Vertragshändler berechtigt ist, eine **Zweitvertretung** zu übernehmen (hierzu *Ulmer/Schäfer*, ZIP 1994, 753 ff.). Das Form. regelt diesen Gesichtspunkt nicht. Ob eine solche Regelung sich empfiehlt, ist entscheidend davon abhängig, welche Interessengestaltung im Vordergrund steht. Üblicher Vertragsgestaltung entspricht es, diesen Aspekt nicht vertraglich zu regeln, was dadurch erklärlich ist, daß die überwältigende Mehrzahl der Vertragshändlerverträge AGB-Verträge sind, welche den **Hersteller** als AGB-Verwender ausweisen. Unter Berücksichtigung der besonderen Treue- und Loyalitätspflichten, welche Hersteller und Vertragshändler miteinander verbinden, wird man jedoch folgendes Schema im Auge behalten können, um eine angemessene Regelung zu finden: **Unproblematisch** ist eine Vertragsregelung, wonach die Übernahme einer Zweitvertretung der schriftlichen **Zustimmung** des Herstellers bedarf. Diese ist dann an die inhaltlichen Schranken des § 242 BGB gebunden. Dies bedeutet, daß die Zustimmung nicht unbillig verweigert werden darf. Hierbei sind alle Umstände des Einzelfalls – unter besonderer Berücksichtigung der beiderseitigen Rechte und Pflichten – zu berücksichtigen. Eine generelle Antwort verbietet sich. **Problematisch** ist hingegen eine Formulierung, die darauf abstellt, dem Vertragshändler immer dann das Recht einzuräumen, eine Zweitvertretung – in Konkurrenz zu den *Products* des Herstellers – zu übernehmen, sofern der ihm zugewiesene exklusive Vertrieb die Rentabilität seines Vertriebs nicht mehr sichert. Denn unter dieser Voraussetzung entsteht sicherlich nur dann eine Zustimmungspflicht des Herstellers, wenn abgeklärt ist, daß die fehlende Rentabilität des Vertriebs des Vertragshändlers nicht auf Umstände zurückzuführen ist, welche der Vertragshändler – im weitesten Sinn verstanden – zu vertreten hat, etwa mangelnder Einsatz, schlecht geschultes Personal, schlechte Führung der Werkstatt etc. Mit anderen Worten: Eine solche Klausel „funktioniert" nur dann, wenn sie von vornherein sicherstellt, daß die fehlende Rentabilität **ausschließlich** auf Umstände zurückzuführen ist, welche der Hersteller – wiederum: im weitesten Sinn verstanden – zu vertreten hat, etwa verfehlte Modellpolitik, schlechtes Image etc. **Möglich** erscheint jedoch eine Formulierung, welche an die EG-VO Nr. 123/85 anknüpft und eine Parallele aus der dort vorgesehenen Regelung zieht. Danach gilt nämlich, daß der Hersteller verpflichtet ist, seine Zustimmung zur Übernahme einer Zweitvertretung zu erteilen (hierzu im einzelnen *Ulmer/Schäfer*, a.a.O.), wenn der Vertragshändler in der Lage ist, hierfür „**sachlich gerechtfertigte Gründe**" nachzuweisen. Dies ist insbesondere dann zu bejahen, wenn das wirtschaftliche Überleben des Betriebs des Vertragshändlers nur gewährleistet werden kann, wenn der Hersteller ihm gestattet, eine Zweitvertretung zu übernehmen. Gleiches gilt dann, wenn der Hersteller den Vertragshändler zu **Investitionen** veranlaßt hat, welche sich im Rahmen der exklusiven Bindung nicht oder nicht ausreichend amortisieren, ohne daß hierfür Umstände maßgebend sind, welche der Vertragshändler zu vertreten hat. Wie immer man die Dinge formulieren mag, fest steht des weiteren: Der Vertragshändler hat keinen Anspruch darauf, eine Zweitvertretung schon dann zu übernehmen, wenn ihm der Vertragshändler nachweist, daß hierfür „sachlich gerechtfertigte Gründe" vorliegen, ohne daß der Hersteller überhaupt in der Lage war, deren Berechtigung zu prüfen und seine Zustimmung zu erteilen. Folglich ist der Vertragshändler grundsätzlich darauf angewiesen, die **Zustimmung** des Herstellers – notfalls im Wege einer Klage – herbeizuführen, so daß dann die Rechtskraft des Urteils die Zustimmung gemäß § 894 ZPO ersetzt. Schwerwiegende Nachteile, die in der Zwischenzeit eintreten, können dadurch überbrückt werden, daß der Vertragshändler im Wege eines vorläufigen Rechtsschutzes die Zustimmung des Herstellers gemäß §§ 935, 940 ZPO im Rahmen einer einstweiligen Verfügung erwirkt. Etwas **anderes** gilt sicherlich dann, wenn das Vertragsverhältnis im Wege einer **ordentlichen** Kündigung beendet worden ist. Denn das dann einsetzende Abwicklungsverhältnis ist keineswegs in so starkem Maße von Interessen- und Loyalitätspflichten geprägt, so daß – bezogen auf den Kündigungszeitraum – **Interessenkonflikte** dem Hersteller durchaus zumutbar sind. Das Form. berücksichtigt diesen Zusammenhang in Art. 7 Abs. (5).

6. Belieferungspflicht – Modellpolitik. a) Der Vertragshändler hat einen Anspruch darauf, daß der Hersteller ihn mit „Products" beliefert. Da der Vertragshändler in seiner wirtschaftlichen Existenz hiervon abhängig ist, ist die Belieferungspflicht eine „wesentliche" Vertragspflicht. Dies hat zur Konsequenz, daß der Hersteller nicht berechtigt ist, in AGB-Klauseln Vertragsbestimmungen niederzulegen, welche von den §§ 286ff., 326 BGB erheblich abweichen (BGH ZIP 1994, 461, 465 – Daihatsu). Die gesamte Belieferungspflicht, die der Hersteller gegenüber dem Vertragshändler zu erfüllen hat, wird durch **Allgemeine Geschäftsbedingungen** geregelt; diese sind integraler Bestandteil eines jeden Vertragshändlervertrages. Für ihre Ausformulierung gelten keinerlei Besonderheiten verwiesen werden kann. Vertragstechnisch empfiehlt es sich, die Verkaufs- und Lieferbedingungen als Anlage zum Vertragshändlervertrag vorzusehen.

b) Man wird dem Hersteller – auch in seinem Verhältnis zum Vertragshändler – das Recht einräumen müssen, seine **Modellpolitik** frei festlegen zu können. Dies schließt ein, daß der Vertragshändler in ganz erheblichem Maße von der erfolgreichen Modellpolitik seines Herstellers abhängig ist (BGH BB 1985, 218/220f. – Opel). Gleichwohl ist der Hersteller gehalten, auf die berechtigten Interessen des Vertragshändlers Rücksicht zu nehmen. Im Rahmen von § 9 Abs. 1 AGB ergeben sich deshalb folgende Erwägungen. Einen wesentlich **weiterreichenden** Freiraum besitzt der Hersteller, soweit es um Änderungen seiner **Modellpolitik** geht (BGH BB 1985, 218/222f. – Opel). Der Hersteller hat ein genuines Interesse daran, die Modellpolitik für seine „Products" so zu gestalten, daß ein möglichst hoher **Markterfolg** gewährleistet wird. Doch es ist nach § 9 Abs. 1 AGBG geboten, daß der Hersteller den Vertragshändler rechtzeitig im voraus darüber unterrichtet, daß Änderungen von Modellen anstehen, weil nur so der Vertragshändler in der Lage ist, seine Dispositionen entsprechend einzurichten. Daraus ergibt sich auch eine weitere, nach § 9 Abs. 1 AGBG zu berücksichtigende **Einschränkung**, als der Hersteller verpflichtet ist, bei Änderung seiner Modellpolitik auf alle die Fälle angemessen Rücksicht zu nehmen, in denen der Vertragshändler bereits eine **feste Vertragsbindung** gegenüber seinen Kunden begründet hat (BGH BB 1985, 218/222f. – Opel). In der Sache muß verhindert werden, daß eine „Deckungslücke" zwischen dem Hersteller einerseits und dem Endabnehmer andererseits entsteht, so daß der Vertragshändler in unangemessener Weise in die Zange genommen wird (BGH a.a.O.). Das bedeutet auch, daß eine solche Änderung der Modelle nicht Verträge betreffen darf, die der Vertragshändler bereits wirksam mit seinen Kunden abgeschlossen hat.

7. Mindestabnahmen. a) Es entspricht üblicher Praxis in Vertragshändlerverträgen zu bestimmen, daß – pro Geschäftsjahr – **Mindestabnahmen** für Vertragsprodukte, Ersatzteile etc. vorgesehen werden (BGH ZIP 1994, 461/467 – Daihatsu). Diese Vereinbarungen

2. Distributor Agreement (Vertragshändlervertrag) II.2

werden grundsätzlich **individualvertraglich** kontrahiert, weil sie zwischen den Vertragsparteien im einzelnen diskutiert und dann festgelegt werden. Doch kommt es auch hier entscheidend darauf an festzustellen, ob und inwieweit der Vertragshändler auf die inhaltliche Gestaltung der Abnahmemenge tatsächlich **Einfluß** nehmen konnte. Denn nur dann liegt eine Individualabrede gemäß § 1 Abs. 2 AGBG vor. Formularmäßige Festlegungen entziehen sich im übrigen **nicht** der richterlichen Inhaltskontrolle, weil sie im Rahmenvertrag vereinbart, nicht aber Gegenstand des kaufvertraglichen Leistungsaustauschverhältnisses im Sinn von § 8 AGBG sind. Soweit aber **Sanktionen** wegen Unterschreitens der Mindestabnahme vorgesehen werden, müssen diese – im Blick auf Pflichtverletzung und Verschulden – angemessen sein (BGH ZIP 1994, 461/467 – Daihatsu).

b) Dies gilt vor allem dann, wenn der Hersteller **einseitig** etwaige Mindestabnahmen dem Vertragshändler bindend vorschreibt, ohne daß dieser in der Lage ist, auf deren Festlegung Einfluß zu nehmen. Bei solchen **einseitigen Leistungsvorgaben** greift § 9 Abs. 1 AGBG ein. Dies ist zum Schutz des Vertragshändlers erforderlich, weil regelmäßig **weitreichende Sanktionen** daran geknüpft werden, daß die vorgegebenen Mindestabnahmen nicht erreicht werden. In diesen Fällen steht dem Hersteller auch nicht das Recht zu, sich auf sein unternehmerisches Dispositionsrecht mit Erfolg zu berufen (hierzu BGH NJW 1982, 644 – Pressegrossist). Da es sich in der Sache um ein **einseitiges Leistungsbestimmungsrecht** handelt, ist es – **jedenfalls nachträglich** – auch der Kontrolle des § 315 Abs. 3 BGB im Rahmen der Angemessenheit der bedungenen Mindestabnahme unterworfen.

c) Dies gilt vor allem dann, wenn der Vertragshändlervertrag **Sanktionen** für den Fall vorsieht, daß sich Hersteller und Vertragshändler nicht über die jeweils festzusetzende Mindestabnahme einigen (AGB-Klauselwerke/*Graf von Westphalen* – Vertragshändlervertrag, Rdnr. 23 ff.). Entscheidend ist und bleibt für die Kontrolle gemäß § 315 Abs. 3 BGB stets der Rechtsgedanke, daß die beiderseitige – gesteigerte – **Treuepflicht** es gebietet, daß der Hersteller bei Festsetzung der Mindestabnahme auf die berechtigten Belange des Vertragshändlers Rücksicht nimmt.

8. Rabatte – Änderungen. (1) Der dem Vertragshändler zugewiesene Rabatt ist das Entgelt im Rahmen der §§ 675, 611 ff. BGB. Oft werden auch **Boni** verschiedener Art in einem Vertragshändlervertrag vorgesehen (Mengen-, Zulassungsboni etc.) (*Niebling*, Das Recht des Automobilvertriebs, S. 149 ff.). Die **Vertragsgestaltung** in diesem Punkt ist nicht einfach, sie muß folgendes berücksichtigen: Der Vertragshändler ist berechtigt und verpflichtet, die Preise, welche er für den Verkauf der „Products" verlangt, autonom festzusetzen. Soweit der Hersteller eine **unverbindliche** Preisempfehlung ihm an die Hand gibt, setzt dies voraus, daß es sich gemäß § 38 a Abs. 1 GWB um eine **Markenware** handelt. Dies wird regelmäßig bei Alleinvertriebsverträgen der hier behandelten Art zutreffen (im einzelnen *Immenga/Mestmäcker/Sauter*, GWB, § 38 a Rdnr. 14 ff., 27 ff.). Das dem Vertragshändler zustehende Entgelt, sein „Unternehmerlohn", besteht also regelmäßig in der Differenz zwischen Einkaufspreis und unverbindlicher Preisempfehlung. Bei etwaigen Preisänderungen, welche der Vertragshändler von seinen Kunden fordert, wird es regelmäßig so sein, daß die „Handelsspanne" des Vertragshändlers **ungeschmälert** erhalten bleibt. Notwendig ist dies jedoch nicht.

b) **Änderungen** von Rabatten sind wie Änderungen des Preises als **einseitiges** Leistungsbestimmungsrecht des Herstellers nach § 9 Abs. 1 AGBG wirksam, wenn die Klausel schwerwiegende Änderungsgründe benennt und in ihren Voraussetzungen verbindlich und angemessen umschreibt (BGH ZIP 1994, 461/466 – Daihatsu). Etwas anderes gilt jedoch in all den Fällen, in denen die Änderungsbefugnis nicht eine Preisnebenabrede darstellt, sondern sich unmittelbar auf freiwillig gewährte Boni oder Rabatte bezieht (BGH ZIP 1994, 461/467 f. – Daihatsu).

9. Richtlinien. a) Es entspricht gängiger Praxis in Vertragshändlerverträgen, daß der Hersteller Wert darauf legt, daß der Vertragshändler seinen Betrieb so einrichtet, daß gewisse Mindeststandards eingehalten werden. Sie beziehen sich auf die Bevorratung von

Ersatzteilen, auf die Verfügbarkeit von Vorführprodukten, aber auch auf die Ausstattung der Räumlichkeiten, insbesondere etwaiger Werkstätten sowie die Schulung des Personals des Vertragshändlers.

b) Wenn derartige Richtlinien einseitig aufgrund einer Formularklausel des Herstellers geändert werden sollen, dann gelten hier im Grundsatz die gleichen Kriterien wie zuvor dargestellt (Anm. 8 b)).

c) Soweit der Hersteller vom Vertragshändler verlangt, daß dieser bestimmte Investitionen tätigt, um den jeweiligen Richtlinien zu entsprechen, so kann darin die Begründung eines Vertrauenstatbestandes gesehen werden. Dieser kann dazu führen, daß dem Vertragshändler bei vorzeitiger Beendigung des Vertragsverhältnisses Ersatzansprüche aus § 242 BGB erwachsen (Anm. 17).

10. Gewährleistungsarbeiten – Herstellergarantien – Rückvergütungspauschalen. a) In Vertragshändlerverträgen ist es üblich, daß der Hersteller den Vertragshändler dazu verpflichtet, Gewährleistungs- und Garantiearbeiten durchzuführen (BGH NJW 1985, 623/ 627). Soweit eine **Herstellergarantie** in Rede steht, übernimmt der Hersteller unmittelbar gegenüber dem Endabnehmer eine rechtsgeschäftliche Garantie für die Mängelfreiheit und Funktionstüchtigkeit seines **Produkts** während der Garantiezeit (AGB-Klauselwerke/*Graf von Westphalen* – Garantieklauseln Rdnr. 15 ff.). Üblicherweise ist der Vertragshändler verpflichtet, Garantiearbeiten gegenüber dem Endkunden durchzuführen. Jedenfalls bei Vorliegen einer Herstellergarantie ist davon auszugehen, daß der Vertragshändler als **Erfüllungsgehilfe** des Herstellers gemäß § 278 BGB tätig wird. Diese Garantie steht in Konkurrenz zu den **kaufvertraglichen Gewährleistungsansprüchen,** welche dem Endkunden gegenüber dem Vertragshändler unmittelbar zustehen (*Graf von Westphalen* NJW 1980, 2227 ff.; BGH ZIP 1988, 577 – Sony; AGB-Klauselwerke/*Graf von Westphalen* – Garantieklauseln Rdnr. 22). Das Rangverhältnis zwischen Herstellergarantie einerseits und Gewährleistungspflichten des Vertragshändlers andererseits ist ein generelles Problem und nicht auf Vertragshändlerverträge beschränkt (*Graf von Westphalen* a.a.O. Rdnrn. 16 f.; 20 ff.). Gegenüber dem rechtlich nicht vorgebildeten Durchschnittskunden ist in diesem Zusammenhang das **Transparenzgebot** im Sinn von § 9 Abs. 1 zu berücksichtigen (*Graf von Westphalen* a.a.O. Rdnrn. 5 ff.). Dies besagt: Es darf nicht der Eindruck erweckt werden, die Herstellergarantie verdränge die gesetzlichen Gewährleistungsansprüche gegenüber dem Vertragshändler.

b) Soweit im Vertragshändlervertrag eine **Rückvergütungspauschale** für etwa durchgeführte Garantie- oder Gewährleistungsarbeiten zugunsten des Vertragshändlers vorgesehen ist, steht nach der hier vertretenen Auffassung dem Vertragshändler ein Anspruch auf Aufwendungserstattung (BGH ZIP 1994, 461/468), einschließlich eines angemessenen Gewinns zu (AGB-Klauselwerke/*Graf von Westphalen* – Mangelbeseitigung Rdnr. 25 m.w.N.). Im übrigen gelten im Hinblick auf die Gewährleistungsbestimmungen die Vorschriften von § 11 Nr. 10 AGBG unmittelbar, weil nur so verhindert werden kann, daß der Vertragshändler vom Hersteller „in die Zange" genommen wird (a.M. *Gutbrod* EuZW 1991, 235/241 f.). Der Hersteller ist nicht berechtigt, die Pauschale einseitig zu ändern, ohne die Preisfaktoren verbindlich und angemessen zu konkretisieren (BGH a.a.O.).

11. Ersatzteilbindung. a) Die Bezugsbindung für etwaige Ersatzteile kann wirksam nur in den Grenzen vorgesehen werden, soweit konkurrierende Teile nicht den Qualitätsstandard der Original-Teile erreichen. Darüber hinaus ist der Hersteller berechtigt, eine **Ersatzteilbindung** für die Verwendung von Teilen bei Gewährleistungs-, Garantie- oder Kulanzarbeiten vorzusehen, welche auf Kosten des Herstellers vorgenommen werden (vgl. Pfeffer NJW 1985, 1241/1243). Im übrigen sind auch stets die Bestimmungen des EG-VO 1983/ 83 zu beachten. Wegen des **Vorrangs** des EG-Kartellrechts gegenüber den Bestimmungen des GWB kann deshalb die abweichende BGH-Judikatur (BGH WuW/E 1455 – BMW-Direkthändler I; OLG Stuttgart WuW/E 1846 – BMW-Direkthändler II) nicht aufrechterhalten werden (*Bunte/Sauter* III 4 Rdnr. 44; *Ebel/Genzow* DB 1985, 741/743; *Pfeffer*

2. Distributor Agreement (Vertragshändlervertrag) II.2

NJW 1985, 1241/1243; insbesondere auch *Ulmer* ZHR 152 (1988) 564/598); zu GVO 1475/95 *Creutzig* EuZW 1995, 723, 724).

b) Man wird hier die Regelung von Art. 10 Nr. 6 GVO 1475/95 auch für andere Vertragshändlerverträge einschlägig ansehen dürfen (*Ebel* BB 1995, 1701 ff.), so daß man die gleiche Wertung – orientiert an den Kriterien von § 9 Abs. 1 AGBG – aufrechterhalten kann, weil sonst der Händler in seiner Dispositionsfreiheit unangemessen eingeschränkt wird: Verwendet er bei Wartungs- und Reparaturarbeiten **Identteile** Dritter, so ist ihm dies unbenommen, zumal auch eine etwa nach § 823 Abs. 1 BGB eingreifende **Produzentenhaftung** den Vertragshändler (BGH BB 1987, 707 – Honda) – insbesondere in seiner Funktion als Reparaturwerkstatt – nur soweit belastet, als ihm eine **Pflichtverletzung** nachzuweisen ist.

12. Einblick in Geschäftsbücher, Bilanzen. Unbedenklich im Sinn von § 9 Abs. 1 AGBG ist des weiteren, wenn sich der Hersteller das Recht ausbedingt, in die **Geschäftsbücher** des Vertragshändlers Einblick zu nehmen. Gleiches gilt dann, wenn der Vertragshändler verpflichtet ist, dem Hersteller die jeweiligen **Bilanzen** sowie die **Jahresabschlüsse** in testierter Form zu überlassen. Denn es ist selbstverständlich, daß der Hersteller im Sinn von § 9 Abs. 1 AGBG ein legitimes Interesse daran hat, daß die Bonität des Vertragshändlers nicht notleidend wird, ohne daß der Hersteller hierüber rechtzeitig Warnsignale erhalten hat. Etwaige **Geheimhaltungsinteressen** des Vertragshändlers rangieren deutlich niedriger. Dies gilt insbesondere auch dann, wenn der Hersteller – dies entspricht üblicher Vertragspraxis – einen **Beratungsservice** unterhält, der den Vertragshändler in allen finanziellen Fragen – insbesondere bei etwaigen Neuinvestitionen – unterstützt.

13. Geschäftsveräußerung – Inhaberwechsel – Erbfolge. a) Im Rahmen von § 9 Abs. 1 ist es nicht zu beanstanden, wenn der Vertragshändlervertrag im Hinblick auf eine etwaige Geschäftsveräußerung, einen Inhaberwechsel oder eine eingetretene Erbfolge Regelungen enthält, die geeignet sind, die berechtigten Belange des Herstellers zu schützen (BGH BB 1985, 218/219 f. – Opel). Dies gilt unabhängig davon, ob der Vertragshändler eine Einzelfirma oder eine Kapitalgesellschaft ist. Denn in jedem Fall hat der Hersteller ein legitimes Interesse daran, daß der Gewerbebetrieb des Vertragshändlers von zuverlässigen, ihm bekannten Persönlichkeiten geführt wird, daß insbesondere auch die wesentlichen Besitz- und Eigentumsverhältnisse während der Dauer des Vertragshändlervertrages unverändert bleiben. Allerdings müssen etwaige Änderungen in diesen Beziehungen wegen der **Selbständigkeit** des Vertragshändlers **einschränkungslos** zulässig sein, solange dadurch nicht die berechtigten Belange des Herstellers beeinträchtigt werden (BGH a. a. O.). Daran fehlt es, wenn ein etwaiger **Zustimmungsvorbehalt** des Herstellers daran geknüpft wird, daß der Vertragshändler die Absicht verfolgt, Anteile an seinem Unternehmen zu veräußern, die nicht über 10% des Eigenkapitals hinausgehen (BGH BB 1985, 218/219 f., 224 – Opel).

b) Notwendigerweise sind auch hier die **Voraussetzungen** einschließlich der **schwerwiegenden Änderungsgründe** (BGH ZIP 1994, 461/466 – Daihatsu) zu konkretisieren und im Einzelfall nachzuweisen, bei deren Vorliegen der Hersteller verpflichtet ist, seine Zustimmung zu erteilen; es muß sich/wie stets – um objektivierbare, nachprüfbare Kriterien handeln, weil auch hier ein einschränkungsloses „Ermessen" des Herstellers an § 9 Abs. 1 AGBG scheitert. Gleiches gilt erst Recht in den Fällen, in denen der Hersteller sich für diese Fälle das Recht vorbehält, das Vertragsverhältnis **fristlos** zu kündigen (BGH a. a. O.). Denn ein solches Recht setzt unter Berücksichtigung der Kriterien von § 242 BGB voraus, daß die berechtigten Belange des Herstellers in ganz schwerwiegender Weise – und dies bedeutet auch: konkret nachweisbar – beeinträchtigt sind (vgl. BGH NJW-RR 1993, 682).

14. Die ordentliche Kündigung. a) Im Fall einer ordentlichen Kündigung eines Vertragshändlervertrages stellt sich stets zunächst die Frage, ob sie sachlich gerechtfertigt ist, weil insoweit etwa bei einem Autohändler eine Abwägung nach § 26 Abs. 2 GWB erforderlich ist (BGH NJW-RR 1988, 1502 – Opel-Blitz). Darüber hinaus ist zu fragen, ob die vertraglich vereinbarte **Kündigungsfrist** im Sinn von § 9 Abs. 1 AGBG angemessen ist. Der BGH meint, eine Frist von einem Jahr sei mit § 9 AGBG vereinbar (BGH BB 1995, 1657 – Citroen).

b) Dies wirft freilich unter Berücksichtigung der Zweijahresfrist des Art. 5 Abs. 2 Nr. 2 GVO 1475/95 (EuZW 1995, 732/733) die Frage auf, welche Kündigungsfristen bei Vertragshändlerverträgen unter Berücksichtigung der **Dauer** des Vertrages als angemessen im Sinn von § 9 Abs. 1 AGBG anzusehen sind: *Ulmer* tendiert offenbar dahin, eine Mindestkündigungsfrist von einem Jahr zu verlangen (*Ulmer/Brandner/Hensen* Anh. zu §§ 9–11 Rdnr. 891); *Pfeffer* fordert eine Kündigungsfrist von zwei Jahren (*Pfeffer* NJW 1985, 1241, 1247; so auch *Wolf/Horn/Lindacher* § 9 V 41). Weder die eine noch die andere Ansicht ist befriedigend (abweichend noch *Löwe/Graf von Westphalen* – Vertragshändlerverträge Rdnr. 23). Unabhängig davon, ob es sich um einen befristeten oder um einen unbefristeten Vertragshändlervertrag handelt, ist vielmehr nur eine **gestaffelte Kündigungsfrist** mit § 9 Abs. 1 AGBG vereinbar. Nur sie ist geeignet, im Sinn von § 9 Abs. 1 AGBG die beiderseitigen Interessen angemessen in Gleichklang zu bringen. In erster Linie bezieht sich dieser Kündigungsschutz auf das **Amortisationsinteresse** des Vertragshändlers; er muß – gerade im Hinblick auf etwaige Kündigungsfristen – davor geschützt werden, daß der Hersteller das Vertragsverhältnis beendet, bevor die **berechtigten** Investitionserwartungen des Vertragshändlers amortisiert sind (a. M. BGH a. a. O.). Dies besagt freilich nicht, daß der Vertragshändler stets damit rechnen kann, nur mit solchen Kündigungsfristen konfrontiert zu werden, welche im Ergebnis sicherstellen, daß alle Investitionen des Vertragshändlers, die dieser auf Veranlassung des Herstellers getätigt hat, in vollem Umfang amortisiert worden sind. Denn auch der Vertragshändler ist **selbständiger Unternehmer;** es ist daher nicht angemessen, ihn insgesamt von allen unternehmerischen Risiken durch extrem lange Kündigungsfristen freizuhalten. Anderseits ist zu berücksichtigen, daß der **Hersteller** ein legitimes Interesse daran haben kann, entweder einen anderen Vertragshändler einzusetzen oder – dies ist in der Praxis besonders schwierig – sein Vertriebsnetz **umzustrukturieren** (hierzu *Ebenroth/Strittmatter* BB 1993, 1521/1527 ff.; *Ebenroth/Parche* BB-Beilage Nr. 10/1988 S. 26 ff.). Daraus folgt: Bis zu einer Vertragslaufzeit von drei Jahren beträgt die Mindestkündigungsfrist ein Jahr; bis zu einer Vertragslaufzeit zwischen drei und sechs Jahren beträgt sie 18 Monate und erhöht sich auf 24 Monate für alle längerlaufenden Verträge. Damit ist eine **Balancierung** der beiderseitigen Interessen angestrebt: Je größer nämlich die Verpflichtung des Vertragshändlers zu fremdbestimmten Investitionen und dem damit einhergehenden **Risiko,** je geringer andererseits die Anforderungen an einen ordentlichen Kündigungsgrund sind, desto länger müssen die Kündigungsfristen bemessen sein (*Ebenroth/Parche* BB-Beilage Nr. 10/1988 S. 25; *Ebenroth* S. 190).

c) Dieser Ansatzpunkt erscheint unter Berücksichtigung der generalisierend-abstrakten Betrachtungsweise von Kündigungsfristen als AGB-Klauseln sachgerechter als der Rückgriff auf § 26 Abs. 2 Satz 2 GWB – mit der Konsequenz, daß nur die Kündigungsfrist als angemessen bewertet wird, welche im Einzelfall sicherstellt, daß die fremdbestimmten Investitionen des Vertragshändlers amortisiert sind (vgl. *Ebenroth/Strittmatter* BB 1993, 1521/1528 f.). Denn die Anwendung von § 26 Abs. 2 Satz 2 GWB würde – so verstanden – die „Abwesenheit von Wettbewerb" nach sich ziehen (so mit Recht *Ebenroth/Strittmatter* BB 1993, 1521/1529). Gleichzeitig ist damit gesagt, daß auch der generelle Rückgriff auf den Grundsatz von Treu und Glauben gemäß § 242 BGB nicht geeignet ist, als **generelle Kündigungsschranke** zu fungieren, weil insbesondere das Verbot widersprüchlichen Verhaltens von den Umständen des **Einzelfalls** abhängt (vgl. auch *Ebenroth/Parche* BB-Beilage Nr. 10/1988 S. 26 ff.). Mit einer so gestalteten – **gestaffelten** – Kündigungsregelung wird letztlich auch erreicht, daß der aus § 242 BGB herzuleitende Anspruch des Vertragshändlers auf **Amortisation** der fremdbestimmten Investitionen eine Begrenzung erfährt und deshalb nur in den Fällen reklamiert werden kann, in denen dem Hersteller ein **widersprüchliches Verhalten** gemäß § 242 BGB anzulasten ist.

2. Distributor Agreement (Vertragshändlervertrag)　　　　　　　　　II.2

d) Soweit in Vertragshändlerverträgen die Kündigungsfristen gemäß § 9 Abs. 1 AGBG **unwirksam** sind, stellt sich regelmäßig im Sinn von § 6 Abs. 2 AGBG die Frage, in welcher Weise hier auf das Instrumentarium der **ergänzenden Vertragsauslegung** gemäß §§ 133, 157 BGB deswegen mit Erfolg zurückgegriffen werden kann, weil der Vertragshändlervertrag keinem gesetzlichen Typenbild entspricht, so daß insoweit dispositives Recht nicht zur Verfügung steht. Das bedeutet konkret, daß die vorerwähnte Kündigungsstaffel gemäß §§ 133, 157 BGB anzuwenden ist, sofern hierfür hinreichende Indizien in Form fremdbestimmter Investitionen des Vertragshändlers vorliegen. Ist dies nicht der Fall, stellt sich ohnedies die Frage, ob nicht die vertraglich vereinbarten wesentlich kürzeren Kündigungsfristen mit § 9 Abs. 1 AGBG vereinbar sind. Denn es ist stets neben der Gewinnerwartung auch die Amortisation der fremdbestimmten Investitionen, welche die Angemessenheit von Kündigungsfristen prägen.

15. Das fristlose Kündigungsrecht. a) Da Vertragshändlerverträge typische Dauerschuldverhältnisse sind, auf welche im Zweifel die Bestimmungen der §§ 84 ff. HGB **analog** anwendbar sind, ist das fristlose Kündigungsrecht des Herstellers – in Anlehnung an die Bestimmung des § 89 a HGB – nur dann wirksam, wenn unter Berücksichtigung von Wesen und Zweck des Vertragshändlervertrags und der durch diesen begründeten Rechte und Pflichten einem der beiden Vertragsteile die weitere Fortsetzung des Vertragshändlervertrages unzumutbar ist (im einzelnen *Stumpf* Rdnr. 111). Grundsätzlich muß es sich dabei um **wesentliche** Vertragsverletzungen des Vertragshändlers handeln, welche die legitimen Interessen des Herstellers gröblich mißachten. Auch hierbei fällt ins Gewicht, daß der Vertragshändlervertrag in besonderem Maße durch gegenseitige Treue- und Rücksichtspflichten geprägt ist (BGH NJW-RR 1993, 682).

b) In erster Linie kommt hier ein Verstoß gegen das auch durch § 86 HGB analog geschützte **Wettbewerbsverbot** in Betracht (BGH NJW-RR 1993, 682/683). Aber auch andere Kündigungsgründe sind denkbar, etwa die Vorlage gefälschter Bilanzen oder Jahresabschlüsse oder Manipulationen bei der Abrechnung von Garantie- oder Gewährleistungsarbeiten. Regelmäßig ist in allen diesen Fällen **formularmäßig** eine Abmahnung vorzusehen, damit die Klausel nicht unter Berücksichtigung des Rechtsgedankens von § 553 BGB wegen Verstoßes gegen § 9 Abs. 2 Nr. 1 AGBG unwirksam ist. Freilich können im Einzelfall die Verstöße so gravierend sein, daß es der Abnahme nicht bedarf. Es gelten die zu § 326 BGB entwickelten Rechtsgrundsätze entsprechend (vgl. *Palandt/Heinrichs* § 326 Rdnr. 20), die bei einer Erfüllungsvereinbarung die Setzung einer Nachfrist entbehrlich machen.

c) Nach der zutreffenden Auffassung des BGH muß eine Kündigung aus wichtigem Grund weder sofort nach Kenntnisnahme vom Kündigungsgrund noch in der **Zweiwochenfrist** des § 626 Abs. 2 BGB erklärt werden (BGH WM 1982, 429/431; BGH NJW-RR 1993, 682/683 f.). Vielmehr ist unter Würdigung aller Umstände zu prüfen, ob die Kündigung im Hinblick auf den Zeitablauf nach Treu und Glauben zulässig ist, weil dem Hersteller jedenfalls eine angemessene Überlegungsfrist verbleibt (*Ebenroth* S. 155 ff.; BGH WM 1982, 429/431). Eine Frist von allenfalls zwei Monaten, gerechnet ab Kenntnisnahme des Kündigungsgrundes, erscheint gerade nicht vertretbar (BGH WM 1982, 429/431); doch kommt alles entscheidend auf die Umstände des Einzelfalls an, weil der Gedanke der **Verwirkung** hier Bedeutung erlangt (BGH NJW-RR 1993, 682/684).

d) Soweit die Kündigung eines Vertragshändlervertrages **unzulässig** war, steht dem Vertragshändler oder dem Hersteller ein Schadensersatzanspruch zu, der aus positiver Vertragsverletzung oder aus § 326 BGB abzuleiten ist (OLG Stuttgart BB 1990, 1015/1016). Zum gleichen Ergebnis gelangt man, wenn man für diese Fälle § 89 a Abs. 2 HGB **analog** anwendet (BGH NJW 1967, 248; BGH WM 1982, 429/430; *Hopt* § 89 b Rdnr. 40).

16. Rücknahmepflichten. a) Es muß in jedem Einzelfall geklärt werden, ob die Rücknahmepflichten sich auch auf die „Products" beziehen (*Martinek*, a.a.O., Rdnr. 233 ff.).

Dies hängt entscheidend davon ab, ob die „Products" während der Laufzeit des Vertragshändlervertrages bereits in das Eigentum des Vertragshändlers übergegangen sind. Dies ist geschehen, trägt aber eher das Vertriebs- und **Absatzrisiko**. Indessen kann die Interessenkonstellation anders sein, wenn es sich um Ausstellungsware, insbesondere – in der Kfz-Industrie – um Vorführwagen handelt. In diesen Fällen kann ein berechtigtes Interesse des Vertragshändlers bestehen, diese *Products* zurückzugewähren. Eine solche Verpflichtung ist im Form. **nicht vorgesehen**. Notfalls ist daher das Form. entsprechend zu ergänzen. Geschieht dies, so ist auch darauf zu achten, zu welchem **Preis** die *Products* zurückgenommen werden müssen. Soweit eine Pauschale – bezogen auf Wertminderung oder Aufwendungsersatz – vereinbart wird, ist die Regelung des § 11 Nr. 5 AGBG auch im kaufmännischen Verkehr gemäß § 9 Abs. 2 Nr. 1 AGBG zu berücksichtigen (BGH ZIP 1994, 461/473). Dies bedeutet, daß auch im kaufmännischen Verkehr der an § 11 Nr. 5 b AGBG ausgerichtete **Gegenteilsbeweis** formuliert wird (BGH a.a.O.). Das Form. berücksichtigt derartige Nutzungs- und Aufwandsentschädigungen nicht. Die Rücknahmepflicht des Herstellers ist nur dann ausgeschlossen, wenn allein der Vertragshändler für die Beendigung des Vertragsverhältnisses verantwortlich ist.

b) Als unmittelbare Folge der **Kündigung** des Vertragshändlervertrages ist der Hersteller verpflichtet, die vom Vertragshändler bezogenen **Ersatzteile** zurückzukaufen (BGH ZIP 1994, 461/470 – Daihatsu; BGH ZIP 1995, 222 – Suzuki; BGH NJW 1971, 29; OLG Frankfurt WM 1986, 139; OLG Frankfurt WM 1986, 141; a.M. OLG Köln BB 1987, 148/149 f.). Grundlage dieser Verpflichtung ist die **nachvertragliche Treuepflicht** des Vertragshändlers; es kommt deshalb nicht entscheidend darauf an, ob eine entsprechende Vertragsbestimmung vereinbart ist (BGH ZIP 1995, 222/223 – Suzuki). Daraus folgt weiter: Der Hersteller ist verpflichtet, das Ersatzteillager zurückzunehmen, wenn ihn für die Vertragsbeendigung keinerlei Verantwortlichkeit trifft (BGH ZIP 1988, 1182/1188 – Peugeot). Eine so gefaßte Klausel verstößt gegen § 9 Abs. 1 AGBG und ist unwirksam, weil sie – unter Verletzung des Äquivalenzprinzips – die Interessen des Vertragshändlers unberücksichtigt läßt (BGH a.a.O.). Folglich ist der Hersteller auch dann verpflichtet, das Ersatzteillager zurückzunehmen, wenn die Kündigung von beiden Seiten zu vertreten ist (BGH ZIP 1988, 1182 – Peugeot). Insoweit ist dann an § 254 BGB anzuknüpfen; dies bedeutet, daß entsprechend der beiderseitigen Verantwortlichkeit die vom Hersteller zu zahlende Vergütung für die Rücknahme des Ersatzteillagers berechnet wird (BGH ZIP 1988, 1182/1188 – Peugeot). Im Sinn des durch § 9 Abs. 1 AGBG gestützten **Transparenzgebots** muß folglich der Vertragshändlervertrag diese Risikoverteilung **ausdrücklich** reflektieren.

c) Hinsichtlich der **Preisgestaltung** für die Rücknahme von Ersatzteilen, Werkzeugen etc. ist der Hersteller keineswegs frei. Vielmehr ergeben sich im Sinn von § 9 Abs. 1 AGBG wesentliche Bindungen: Da der Hersteller den Vertragshändler verpflichtet, ein **Ersatzteillager** während der Dauer des Vertragsverhältnisses zu unterhalten, ist er grundsätzlich verpflichtet, das gesamte Ersatzteillager – bei Beendigung des Vertrages – käuflich zurückzunehmen. Für die Ermittlung des Rückkaufpreises ist vom jeweils gültigen **Listenpreis** des Herstellers auszugehen; notwendigerweise sind Skonto und Rabatte so wie sonstige Sondervergütungen in Abzug zu bringen, weil diese Nachlässe ja auch den vom Vertragshändler entrichteten **Kaufpreis** bestimmt haben. Es ist nicht einzusehen, daß von diesem so ermittelten Listenpreis ein weiterer Preisabschlag zugunsten des Herstellers gemacht werden darf, ohne daß dies gegen § 9 Abs. 1 AGBG verstößt. Allerdings wird man eine **Bearbeitungsgebühr** in angemessener Höhe berücksichtigen können; diese kann auch pauschaliert werden. Keinesfalls aber darf die Grenze von 10% überschritten werden (vgl. BGH ZIP 1988, 1182/1187 – Peugeot; BGH ZIP 1995, 222/224 – Suzuki: 25%: unwirksam). Da jedoch die Höhe der Bearbeitungsgebühr nicht in unmittelbarer Relation zum Rücknahmepreis des Ersatzteillagers steht, wird man eine etwa in Ansatz gebrachte Bearbeitungsgebühr an § 10 Nr. 7b AGBG oder an § 11 Nr. 5 AGBG messen müssen. Dies bedeutet, daß dem Vertragshändler nicht der Nachweis abgeschnitten werden darf, daß im

2. Distributor Agreement (Vertragshändlervertrag)

konkreten Einzelfall eine **geringere Bearbeitungsgebühr** angefallen ist (BGH ZIP 1994, 461/472; *Palandt/Heinrichs* § 11 Rdnr. 27). **Unbedenklich** ist freilich in diesem Zusammenhang, wenn der Hersteller dem Vertragshändler die durch die Rücknahme verursachten **Transportkosten** anlastet (vgl. BGH ZIP 1988, 1182/1183 – Peugeot). Zwar ist die Rücknahmepflicht im Sinn von § 269 BGB eine Holschuld, doch belasten regelmäßig die dabei anfallenden Transportkosten den Vertragshändler nicht unangemessen im Sinn von § 9 Abs. 1 AGBG.

d) **Rücknahmepflichtig** sind nur solche Ersatzteile, die nachweislich vom jeweiligen Hersteller bezogen worden sind. Es muß sich also um **Original-Ersatzteile** handeln. Unbedenklich im Sinn von § 9 Abs. 1 AGBG ist es, wenn der Hersteller verlangt, daß diese Ersatzteile **originalverpackt** (BGH ZIP 1994, 461/471 – Daihatsu) und noch in den gängigen Preis- und Lieferlisten des Herstellers aufgeführt sein müssen (OLG Köln BB 1987, 148/149). Sie müssen sich in einem „wiederverkaufsfähigen Zustand" befinden (BGH ZIP 1994, 461/470 – Daihatsu). Aber auch dann, wenn die Ersatzteile nicht mehr originalverpackt sind, besteht eine Rücknahmepflicht, soweit die Teile ohne weiteres verwendbar sind. Indessen erfaßt die Rücknahmepflicht **das gesamte Ersatzteillager**; es verstößt gegen § 9 Abs. 1 AGBG, die zurückzunehmende Menge auf 25% des Jahreseinkaufs zu begrenzen (a. M. OLG Köln BB 1987, 148/149), es sei denn, die gewöhnliche Umschlaghäufigkeit des Ersatzteillagers entspricht dieser Größenordnung (Bedenken auch bei *Ulmer/Brandner/Hensen* Anh. zu §§ 9 bis 11 Rdnr. 892 bei Fn. 52 a). Maßstab ist hierbei: Zum einen kann die Rücknahmepflicht des Herstellers nicht eingeschränkt werden, zum anderen ist der Hersteller vor **Fehldispositionen** des Händlers zu schützen. Auch eine „Altersgrenze" von drei Jahren für das Alter der zurückzunehmenden Ersatzteile ist nicht nach § 9 Abs. 1 AGBG hinzunehmen (BGH ZIP 1995, 222/224 – Suzuki).

e) Soweit für die Geltendmachung des Rückkaufsanspruchs eine **Ausschlußfrist** gesetzt ist, muß diese gemäß § 9 Abs. 1 AGBG angemessen sein. Fristen, die unter **drei Monaten** liegen, verstoßen gegen § 9 Abs. 1 AGBG und sind daher unwirksam (BGH ZIP 1995, 222/224 – Suzuki). Wägt man die beiderseitigen Interessen, so wird man eine Ausschlußfrist von sechs Monaten als angemessen ansehen können; denn es sind keine vitalen Interessen des Herstellers berührt, die eine kürzere Frist rechtfertigen: Solange nämlich die von der Rückkaufpflicht erfaßten Ersatzteile **marktgängig** sind, hat der Hersteller kein anerkennenswertes Interesse daran, den Vertragshändler – wegen einer zu kurz bemessenen Ausschlußfrist – auf diesen Teilen „sitzen" zu lassen. Dieser Gesichtspunkt wird auch durch die **nachvertragliche Treuepflicht** unterstrichen, welche die Depotabrede charakterisiert.

f) Soweit die Rücknahmepflicht für **Spezialwerkzeuge** in Rede steht, gelten die weiter unten darzustellenden Grundsätze, welche für **nicht-amortisierte** Investitionen des Vertragshändlers gelten. **Unbedenklich** im Sinn von § 9 Abs. 1 AGBG sind freilich solche Klauseln, in denen der Hersteller den Händler verpflichtet, Spezialwerkzeuge an ihn zu einem angemessenen Preis zurückzuübereignen (*Ulmer/Brandner/Hensen* Anh. zu §§ 9 bis 11 Rdnr. 892).

17. Erstattung nichtamortisierter Investitionen. a) Strukturell steht die **Kündigungsfrist** sowie der **Ausgleichsanspruch** in analoger Anwendung von § 89b HGB in unmittelbarer Relation zu den aus § 242 BGB abzuleitenden Erwägungen, ob und inwieweit die Kündigung eines Vertragshändlervertrages zur Konsequenz hat, daß die vom Händler auf Veranlassung des Herstellers getätigten Investitionen zu kompensieren sind, soweit sie während der Dauer des Vertragshändlervertrages nicht amortisiert sind. Folgt man der hier vertretenen Auffassung, so werden die schutzwürdigen Belange des Händlers in erster Linie dadurch berücksichtigt, daß eine an der Vertragsdauer orientierte **gestaffelte Kündigungsfrist** vertraglich verankert werden muß. Der Amortisierungsanspruch folgt dann aus § 242 BGB und ist auf den **Einzelfall** begrenzt, kann aber durchaus generell eingreifen, wenn der Hersteller etwa das Händlernetz **insgesamt** einstellt.

b) Läßt man es hingegen im Rahmen von § 9 Abs. 1 AGBG bei **starren Kündigungsfristen,** so stellt sich stets die Frage (ablehnend allerdings BGH BB 1985, 1617 – Citroen), ob die Kündigung des Vertragshändlervertrages nicht dazu führt, dem Vertragshändler einen Anspruch auf Erstattung der noch nicht amortisierten vom Hersteller veranlaßten Investitionen zu gewähren (*Foth,* Der Ausgleichsanspruch des Vertragshändlers, 1985, S. 131 ff.; ders. BB 1987, 1270 ff.; *Ebenroth/Parche* BB-Beilage Nr. 10/1988 S. 26 ff.; *Ebenroth/ Strittmatter* BB 1993, 1521/1530). Denn das dem Vertragshändlervertrag eigentümliche **besondere Vertrauensverhältnis** (BGH NJW-RR 1993, 682) läßt nur diese beiden Möglichkeiten unter Berücksichtigung von § 242 BGB zu: Entweder hält man eine unabhängig von der Dauer des Vertragshändlervertrages eingreifende, starre Kündigungsfrist für unwirksam gemäß § 9 Abs. 1 AGBG, oder man betrachtet sie als wirksam, verbindet aber damit einen dem Vertragshändler zustehenden Ersatzanspruch auf Erstattung der noch nicht amortisierten, vom Hersteller veranlaßten Investitionen (*Ebenroth/Strittmatter* a. a. O.). Unter Berücksichtigung **genereller** Schutzerwägungen ist der Investitionserstattungsanspruch zugunsten des Vertragshändlers nicht mit der Vereinbarung gestaffelter Kündigungsfristen äquivalent: Ob nämlich der Investitionserstattungsanspruch durchgreift, ist entscheidend von den Umständen des Einzelfalls abhängig, insbesondere von dem Umfang der vom Hersteller veranlaßten Investitionen. Demgegenüber stützt das System der hier vorgeschlagenen gestaffelten Kündigungsfristen primär das **Entgeltinteresse** des Vertragshändlers, welches als Folge der Dauer des Vertragshändlervertrages **gestärkt** wird.

c) Soweit im **Einzelfall** dem Vertragshändler ein Anspruch darauf zusteht, die noch nicht amortisierten, vom Hersteller veranlaßten Investitionen kompensiert zu erhalten, sind folgende Erwägungen maßgebend: Kardinale Voraussetzung ist, daß der Hersteller durch sein Verhalten einen **Vertrauenstatbestand** geschaffen hat. Dieses liegt grundsätzlich nicht schon darin begründet, daß ein auf unbestimmte Dauer abgeschlossener Vertragshändlervertrag kontrahiert wurde. Maßgebend kommt es vielmehr darauf an, ob und in welchem Umfang der Hersteller **Investitionen** des Vertragshändlers veranlaßt hat, wie z. B. die Errichtung von Lagerhallen, Werkstätten, Anstellung von Personal, Anschaffung von Spezialwerkzeugen etc. Mithin ist das gestaltende Merkmal dieses Vertrauenstatbestandes darin zu sehen, daß diese Investitionen **fremdbestimmt** sind (*Ebenroth* S. 175; *Ebenroth/ Parche* BB-Beilage Nr. 10/1988 S. 26; *Foth* BB 1987, 1270/1272). Dieser Vertrauenstatbestand kann nicht durch formularmäßige Erklärungen negiert werden, wonach etwa der Vertragshändler „bestätigt", daß die vom Hersteller veranlaßten Investitionen „in seinem eigenen Interesse" liegen; denn eine solche Vertragsgestaltung verstößt gegen § 11 Nr. 15 a AGBG und ist daher gemäß § 9 Abs. 2 Nr. 1 AGBG **unwirksam.** Sie widerstreitet auch dem **Vorrangprinzip** des Individualvertrages gemäß § 4 AGBG, so daß insoweit eine Kongruenz zwischen dem vom Hersteller veranlaßten Vertrauenstatbestand besteht. Damit ist gleichzeitig klar, daß solche Investitionen nicht geschützt sind, welche der Vertragshändler aus eigenen unternehmerischen Erwägungen heraus tätigt.

d) In der Praxis wird hier häufig eine **Gemengelage** vorliegen, weil sich Hersteller und Vertragshändler im Ergebnis darüber einig sind, daß Investitionen erforderlich sind, um das „Product" angemessen zu vermarkten. Folglich kommt hier alles auf die Umstände des jeweiligen Einzelfalls an, weil der dem Vertragshändler zustehende Erstattungsanspruch im Ergebnis aus § 242 BGB resultiert und damit **voraussetzt,** daß das Verhalten des Herstellers – von ihm veranlaßte Investitionen und gleichwohl von ihm ausgesprochene Kündigungen des Vertragshändlervertrags –als **widersprüchliches Verhalten** zu klassifizieren ist. Dabei liegt es freilich zunächst nahe, unter diesen Voraussetzungen die aus § 242 BGB abzuleitende **Rechtsbegrenzung** darin zu sehen, daß die ordentliche Kündigung im Einzelfall als **Kündigung zur Unzeit** und damit als unzulässig bewertet wird (*Ebenroth/Parche* BB-Beilage Nr. 10/1988 S. 27). Doch ist dem entgegenzuhalten, daß letzten Endes das dem Hersteller anzulastende widersprüchliche Verhalten darin besteht, daß er bei Ausspruch der Kündigung keine Rücksicht darauf nimmt, ob die von ihm veranlaßten, vom Vertrags-

2. Distributor Agreement (Vertragshändlervertrag)

händler vorgenommenen Investitionen tatsächlich amortisiert sind (*Foth* BB 1987, 1240/ 1242). Es ist also die Nichtberücksichtigung des Ersatzanspruchs, welche hier – bei Wirksamkeit der Kündigung im übrigen – den **Amortisationsanspruch** des Vertragshändlers begründet.

e) Der **Umfang** dieses Anspruchs erfaßt sowohl den **Minderwert** der nicht-amortisierten, aber fremdveranlaßten Investitionen des Vertragshändlers als auch den darauf aufbauenden **Geschäftsgewinn** (*Ebenroth/Parche* BB-Beilage Nr. 10/1988 S. 27 f.; a. M. *Foth* BB 1987, 1270/1273). Unter Berücksichtigung des vom Hersteller veranlaßten **Vertrauenstatbestandes** ist es nicht überzeugend, die **Gewinnerwartung** des Vertragshändlers seiner eigenen unternehmerischen Risikosphäre zuzuweisen, so daß sich der Ersatzanspruch lediglich auf die nichtamortisierten, fremdbestimmten Investitionen bezieht (*Ulmer*, Festschrift für Möhring, 1975, 295, 310). Denn die Motivation des Vertragshändlers, die vom Hersteller veranlaßten Investitionen tatsächlich zu tätigen, umschließen notwendigerweise auch den Gewinn, den er bei Fortsetzung seiner Geschäftstätigkeit unter Ausnutzung der vorgenommenen Investitionen erzielt hätte (*Ebenroth/Parche* a. a. O.).

f) Dem Hersteller steht nicht das Recht zu, diesen Investitionserstattungsanspruch formularmäßig **auszuschließen**. Damit verstieße er gegen § 9 Abs. 1 AGBG – möglicherweise auch gegen § 9 Abs. 2 Nr. 2 AGBG –, weil der vom Hersteller veranlaßte **Vertrauenstatbestand** dem konkreten Vertragshändlervertrag das Gepräge gegeben hat (*Foth* BB 1987, 1270/1273). Deshalb ist es auch mit § 9 Abs. 1 AGBG nicht vereinbar, den Gewinnanspruch des Vertragshändlers auszuklammern oder zu beschränken. Mit dem Verbot, den Ausgleichsanspruch in analoger Anwendung von § 89 b HGB abzubedingen, hat dies freilich nichts zu tun; beide Ansprüche stehen unabhängig voneinander: ihre Ziel- und Zweckrichtung ist unterschiedlich. Der **Ausgleichsanspruch** kompensiert den vom Vertragshändler geschaffenen Kundenstamm, den der Hersteller – trotz Beendigung des Vertragsverhältnisses – weiter nutzen kann; der Investitionserstattungsanspruch kompensiert die vom Hersteller veranlaßten und wegen der Beendigung des Vertragsverhältnisses nicht mehr amortisierten **Investitionen** (a. M. *Foth* BB 1987, 1270/1273). Daraus folgt: Unabhängig davon, ob im Einzelfall ein Investitionserstattungsanspruch gemäß § 242 BGB besteht, ist es gemäß § 9 Abs. 1 AGBG unwirksam, in einem Vertragshändlervertrag formularmäßig den Investitionserstattungsanspruch des Vertragshändlers auszuschließen oder zu beschränken. Denn der Vertragshändler ist auch bei außergerichtlichen Auseinandersetzungen im Sinn des Transparenzgebots **schutzbedürftig**.

18. Der Ausgleichsanspruch. a) In der BGH-Judikatur ist es anerkannt, daß einem Vertragshändler in entsprechender Anwendung von § 89 b HGB ein Ausgleichsanspruch dann zuzubilligen ist, wenn zwischen ihm und dem Hersteller ein Rechtsverhältnis besteht, das sich nicht in einer bloßen Käufer-Verkäufer-Beziehung erschöpft, sondern den Vertragshändler aufgrund **vertraglicher Abmachungen** so in die Absatzorganisation des Herstellers eingliedert, daß er – wirtschaftlich betrachtet – in erheblichem Umfang dem Handelsvertreter **vergleichbare Aufgaben** zu erfüllen hat, und er des weiteren verpflichtet ist, bei Beendigung des Vertragshändlervertrages dem Hersteller seinen Kundenstamm zu übertragen, so daß sich dieser die Vorteile des Kundenstamms sofort und ohne weiteres nutzbar machen kann (BGH NJW 1982, 2819; BGH NJW 1983, 2877; BGH NJW 1984, 2101; BGH NJW-RR 1988, 42; BGH NJW-RR 1993, 678).

b) Das Form. geht hier davon aus, daß die Voraussetzungen des Ausgleichsanspruchs in analoger Anwendung von § 89 b HGB insoweit vertraglich geschaffen sind, als Art. 3 Abs. (4) die Verpflichtung des Vertragshändlers zum Gegenstand hat, den Hersteller über die jeweiligen Vertragsabschlüsse zu informieren, indem der Vertragshändler dem Hersteller Kopien der Bestellungen/Auftragsbestätigungen übersendet. Will man die Voraussetzungen des Ausgleichsanspruchs gemäß § 89 b HGB analog nicht vertraglich fixieren, so ist hier die „**Sollbruchstelle**". Es ist dann unbedingt erforderlich, diese Vertragsformulierung **ersatzlos** zu streichen. So gesehen ist dieses Form. auf die Interessen des **Vertragshändlers** zugeschnitten (hierzu auch BGH ZIP 1996, 1131 – Toyota).

c) Eine der Stellung eines Handelsvertreters vergleichbare Eingliederung in die Absatzorganisation des Herstellers ist dann zu bejahen, wenn der Vertragshändler sich für den Vertrieb der Produkte des Herstellers wie ein Handelsvertreter einzusetzen hat und auch sonst Bindungen und Verpflichtungen unterworfen ist, wie sie für einen Handelsvertretervertrag typisch sind (BGH NJW-RR 1993, 678/679). Dazu reicht es nicht schon aus, wenn dem Vertragshändler ein Alleinvertriebsrecht sowie eine ausschließliche Bezugsverpflichtung auferlegt ist, so daß er sich „intensiv" um den Verkauf der Produkte des Herstellers bemühen muß; denn damit ist der Umfang der für einen Handelsvertreter typischen Verpflichtungen noch nicht ausreichend konkretisiert (BGH NJW-RR 1988, 1305).

Ob der Vertragshändler tatsächlich in die **Absatzorganisation** des Herstellers – wie ein Handelsvertreter – eingegliedert ist, entscheidet sich stets unter Berücksichtigung des **Gesamtbildes** der vertraglichen Beziehungen, wobei es entscheidend auf die dem Vertragshändler auferlegten **Pflichten** ankommt (BGH NJW 1983, 2877/2878). In Betracht kommt hier in erster Linie: Zuweisung eines Absatzgebietes, auch wenn kein Gebietsschutz besteht und der Vertragshändler berechtigt ist, auch außerhalb des Vertragsgebiets das „Product" abzusetzen. Bestehen eines Konkurrenzverbots, Pflicht zur Förderung des Absatzes und zur Wahrung der Interessen des Herstellers, Pflege des Erscheinungsbildes der Marke, Auferlegung von Werbeaufwand, Lagerhaltung, Vorhalten von Vorführwagen, Personalschulung, Pflicht zur Erhaltung eines Kundenstammes für Wartung und Reparatur, einschließlich eigener Werkstatt mit Ersatzteillager, Preisempfehlungen über Listenpreise (BGH NJW-RR 1993, 678). Fehlen Kontroll- und Überwachungspflichten, ist der Vertragshändler insbesondere in der **Beweisgestaltung** frei, so spricht dies gegen eine vertragliche Einbindung des Vertragshändlers (BGH NJW-RR 1988, 1305).

d) Für die **vertragliche Verpflichtung** des Vertragshändlers, den von ihm **geschaffenen Kundenstamm** dem Hersteller zu überlassen, kommt es nicht darauf an, welchem Zweck die Verpflichtung des Vertragshändlers dient, seine Kundendaten dem Hersteller zu offenbaren (BGH NJW-RR 1993, 678). Entscheidend ist allein, ob der Hersteller sich bei Beendigung des Vertragshändlervertrages die Vorteile des Kundenstammes sofort und ohne weiteres nutzbar machen kann (BGH BB 1992, 596/597; BGH NJW-RR 1993, 678). Dabei ist es unerheblich, ob die Verpflichtung zur Überlassung des Kundenstamms erst im Zeitpunkt der Beendigung des Vertrages oder schon während der Dauer des Vertrages durch laufende Unterrichtung des Herstellers über die Geschäftsentwicklung und Geschäftsabschlüsse zu erfüllen ist (BGH NJW-RR 1993, 678/680). So ist z.B. die Übersendung von Abrechnungsunterlagen (BGH NJW 1983, 1789/1790), von Rechnungskopien (BGH NJW 1964, 1952/1953), von Verkaufsberichten (BGH NJW 1984, 2102), von Tagesverkaufsberichten (BGH NJW 1981, 1961/1962), von Meldekarten (BGH NJW 1983, 2877/2878) sowie eines wöchentlichen Statusreports über getroffene Kundenvereinbarungen (BGH NJW-RR 1983, 678/680) der Gewährleistungsmeldungen als ausreichend angesehen worden. **Nicht ausreichend** ist es, wenn dem Hersteller lediglich die **Reklamationen** zugänglich gemacht werden (BGH NJW-RR 1988, 1305). Gleiches gilt dann, wenn die Kunden des Vertragshändlers branchenbekannt sind (OLG Hamm NJW-RR 1988, 550), weil dann keine Überlassung des Kundenstamms gegeben ist. Welchen Zweck der Hersteller mit dieser Berichtspflicht verbindet, ist im Rahmen von § 89b HGB analog gleichgültig (BGH NJW-RR 1993, 678). Auch wenn der Hersteller hiermit nur statistische Zwecke oder Maßnahmen der Verkaufsförderung verbinden sollte, ist dies irrelevant (BGH NJW 1982, 2819/2829; *Bamberger* NJW 1985, 33/34f.).

e) Auf die **besondere Schutzbedürftigkeit** des Vertragshändlers kommt es zur Begründung einer analogen Anwendung von § 89b HGB nicht an (BGH BB 1992, 596, 597; a.M. *Eckert* WM 1991, 1237/1244; *Stumpf/Hesse* BB 1987, 1474/1477f.).

f) Auch die Vorschrift des § 89b Abs. 3 Satz 2 HGB ist **analog** auf den Vertragshändler anwendbar (BGH BB 1993, 1312).

g) Bei der **Berechnung** des Ausgleichsanspruchs eines Kfz-Vertragshändlers sind nach Auffassung des BGH regelmäßig Umsätze durch die Verwertung von Ersatzteilen im

3. Consignment Stock Agreement (Konsignationslagervertrag) II.3

Werkstattbereich nicht zu berücksichtigen (BGH NJW-RR 1988, 42; a.M. wohl auch BGH WM 1991, 1513 – Ersatzteile und Leasinggeschäfte; *Horn* ZIP 1988, 137/143f.; *Graf von Westphalen* DB-Beilage Nr. 8/1988). Gleiches gilt für die Umsätze, die organisatorisch eingebundene **Unterhändler** erzielen (BGH NJW-RR 1988, 42). Dieser Ansicht ist freilich nicht zu folgen, weil das **Ersatzteilgeschäft** auch in der Kfz-Branche wesentlich die werbende Tätigkeit des Vertragshändlers bestimmt (*Graf von Westphalen* a.a.O.). Nach Meinung des BGH sind jedenfalls auch die Ersatzteilgeschäfte in die Berechnung des Ausgleichsanspruchs des Vertragshändlers einzubeziehen, wenn hierfür besondere werbliche Leistungen des Vertragshändlers Anlaß sind (BGH BB 1991, 1210/1211). Dies wird man regelmäßig als gegeben ansehen dürfen, etwa auch in der Kfz-Branche. Zum Zweck der Berechnung des Ausgleichsanspruchs muß der dem Vertragshändler zustehende Rabatt auf das Niveau eines Handelsvertreters abgesenkt werden (BGH NJW 1959, 144). Zu den Einzelheiten der Berechnungen (vgl. *Küstner/von Manteuffel* BB 1988, 1972ff.; auch *Ekkenga* AG 1992, 345ff.).

h) Es verstößt gegen § 9 Abs. 2 Nr. 1 AGBG, wenn entgegen § 89b Abs. 4 Satz 1 HGB der Ausgleichsanspruch des Vertragshändlers formularmäßig oder durch Individualvertrag ausgeschlossen wird (BGH BB 1985, 218, 224/225; BGH BB 1985, 1084). Hierzu auch *Weirichkuhn* BB 1996, 1517ff.

19. Schriftformklausel.
Vergleiche hierzu Form. I.2 Anm. 27.

20. Rechtswahl.
Hierzu Form. I.2 Anm. 23, II.3 Anm. 23.

21. Gerichtsstandsvereinbarung.
Siehe dazu Form. III.3 Anm. 24.

3. Consignment Stock Agreement[1–5, 26]
(Konsignationslagervertrag)

This Agreement is made on the ... day of ... 19.. by and between A-GmbH, a limited liability company duly organized under the laws of the Federal Republic of Germany with its business premises in Stuttgart, Germany (hereinafter referred to as "Consignor"), and B Inc., a corporation duly organized under the laws of the State of Delaware with its business premises in Milwaukee, WI, U.S.A. (hereinafter referred to as "Consignee").

WHEREAS,

– the parties to this Agreement entered into a Distributorship Agreement on ... 19.. on the basis of which Consignee is marketing certain of Consignor's products in the Contractual Territory;
– Consignee's customers in the Contractual Territory expect the availability of Contractual Products on short notice;
– there is a need for Consignee to demonstrate and exhibit Contractual Products individually on customer demand and for the general public at trade shows;
– Consignee is, according to the terms of the Distributorship Agreement, responsible for the after-sale-service of the Contractual Products in the Contractual Territory;
– Consignee is unable to purchase and maintain a sufficient stock of Contractual Products on his own account and risk in order to meet the aforementioned customer demands; and

– Consignor, therefore, is willing to place on consignment with Consignee a certain quantity of Contractual Products;

NOW, THEREFORE, the parties hereto in consideration of the premises and the mutual covenants, agreements, representations and warranties contained herein, with the intention to be legally bound record their agreement as follows:

I. Introductory Provisions[6]

§ 1 Definitions

The following terms used in this Agreement shall have the following meaning unless otherwise expressly indicated:

Agreement	This consignment stock agreement together with any and all exhibits as entered into by the parties;
Consignee	B Inc., including all of its successors and assigns;
Consignee's Premises	B Inc.'s premises and warehouses at 23rd Street E 234, Milwaukee, WI, U.S.A.;
Consignor	A-GmbH, including all of its successors and assigns;
Contractual Products	Certain of the products manufactured by A-GmbH as more closely described in the Distributorship Agreement;
Contractual Territory	The Territory covered by and more closely described in the Distributorship Agreement;
Customer	Any customer of Consignee with regard to Contractual Products;
Distributorship Agreement	That certain agreement entered into by the parties to this Agreement on ... 19.. entrusting Consignee with the marketing of certain of Consignor's products in the Contractual Territory;
Goods	Those Contractual Products, fixtures, spare parts and accessories actually placed on consignment.

§ 2 Scope of Distributorship Agreement[5]

(1) The Distributorship Agreement governs the relationship between the parties to this Agreement with regard to the marketing of the Contractual Products in the Contractual Territory including after-sale-service. Nothing in this Agreement shall be construed as an amendment to or modification of the terms of the Distributorship Agreement unless this Agreement expressly provides otherwise.

(2) This Agreement shall be construed in light of the terms and purposes of the Distributorship Agreement. Any incomplete provision of this Agreement and any unintentional gap shall be supplemented, to the extent possible, by appropriate provisions of the Distributorship Agreement.

II. Establishment of Consignment Stock

§ 3 Creation of Consignment

(1) Consignor will place at Consignee's disposal a certain quantity of Contractual Products on consignment in order to enable Consignee to deliver Contractual Products to customers in the Contractual Territory on short notice, to demonstrate and exhibit Contractual Products and to adequately service Contractual Products which are in the field.

3. Consignment Stock Agreement (Konsignationslagervertrag)

The consignment stock will be established on Consignee's premises. Consignee will make available the necessary space and facilities free of charge.

(2) Consignee shall dispose of the Goods only in accordance with the terms of this Agreement.

§ 4 Goods, Quantities[7]

(1) The selection of Contractual Products (including any fixtures) to be sent on consignment is specified in Exhibit 1 to this Agreement. Exhibit 1 also specifies the relative quantities of each item. In addition to the products listed, Consignor will make available, on request of Consignee, reasonable quantities of spare parts and accessories necessary to service Contractual Products.

(2) The value of the stocks on consignment including transportation but excluding any applicable taxes, customs and other duties shall not exceed an amount of DEM 2.000.000,– (German Marks two million). The applicable value shall be calculated at the original cost of Consignee.

(3) The parties may from time to time by mutual agreement alter or amend the list of Goods and/or the maximum value of the stock. In addition, Consignor reserves the right unilaterally to delete certain items from the list of Goods if their production and/or distribution is discontinued or their delivery to Consignee would be impossible, impracticable or unduly burdensome for reasons not within the control of Consignor. Consignor shall give Consignee six (6) months' prior written notice of any such unilateral deletion, unless such notice period cannot be observed by Consignor for reasons not within Consignor's control. In such a case Consignor shall give Consignee the longest possible notice period under the circumstances.

§ 5 Taxes, Customs Duties, Import Licenses etc.

(1) Consignor will deliver the Goods free United States border. Consignee will be responsible for the importation of the Goods and their transportation to its premises. Any cost involved with the importation, any customs duties, any taxes levied on the Goods in connection with the importation and the cost of transportation will be borne by Consignee. Necessary import licenses and any other official documents or permits required by authorities for the importation or its facilitation or for the payment of monies due under this Agreement shall be obtained by Consignee. Consignee will keep Consignor informed about such requirements and upcoming changes.

(2) The parties may agree to use a bonded warehouse[8] for the stock on consignment instead of Consignee's premises. They will do so if the use of a bonded warehouse is permissible under local laws and regulations, if it is in compliance with the logistical requirements of Consignee's distribution task and if the importation of the entire consignment stock would be unduly burdensome for Consignee in light of the volume of applicable tax and customs duties. The allocation of cost and responsibilities set forth in the foregoing subparagraph (1) shall remain unaffected hereby. Any additional cost in connection with the use of a bonded warehouse shall be borne by Consignee.

§ 6 Title to Goods[9, 10]

(1) The Goods remain the sole and exclusive property of Consignor until they are withdrawn from the consignment stock in accordance with the terms of this Agreement and title to them is effectively transferred to Customers (or Consignee, respectively). Consignee has the rights and duties of a bailee with regard to the Goods. Subject to § 14 para. (1) below, nothing in this Agreement or in the actual handling of this Agreement shall be construed as a transfer of title from Consignor to Consignee.

(2) Consignee will keep the Goods separate from its own property. If possible, the Goods will be stored in a separate room within Consignee's warehouses. In any event, the Goods will have to be clearly marked as property of Consignor and stored at a designated area within Consignee's warehouses which is reserved only for the Goods.

(3) Consignor has the right to inspect the Goods at any time during normal business hours of Consignee. Consignee shall grant Consignor access to its warehouses and, if necessary and not unduly burdensome, give necessary technical support for such inspection.

(4) Consignee will immediately notify Consignor of any acts or threatening acts of third parties which tend to dishonor or violate Consignor's ownership in the Goods, including but not limited to trespassing, acts of execution by creditors of Consignee or a Court appointed receiver or taking under eminent domain. Consignee will take all measures necessary to protect Consignor's property until Consignor is in a position to act on its own. Consignee will give Consignor any and all support it needs to defend or recover its property. The cost of such defensive or recovering measures will be borne by Consignor unless the third party interference with Consignor's ownership in the Goods was caused by Consignee's fault; then, Consignee shall bear the cost.

(5) If according to applicable local laws[3,11], an effective protection of Consignor's ownership in the Goods would need any registration or filing (of Consignor's ownership rights or of a protective measure, e.g. a security interest), Consignee shall explore the legal situation, inform Consignor accordingly and – after consultation with and on request of Consignor – provide for the filing or registration in Consignor's favor.

§ 7 Risk of Loss etc.[12]

The risk of any accidental loss or deterioration of the Goods shall pass to Consignee on its taking over of the Goods from customs.

III. Duties of Consignee

§ 8 Warehouse[12, 13]

(1) Consignee will make available free of charge sufficient space for the consignment stock in its warehouse(s) located on Consignee's premises. The warehouse space shall be adequate in terms of size, humidity, cleanliness, security, and support functions (e.g. hoisting equipment, etc.) and shall allow the storage of the Goods for an indefinite period of time without any impairment of their condition and quality. Furthermore, easy access to the Goods and their easy removal shall be warranted.

(2) Consignee will supply Consignor with a ground plan of the warehouse(s) used for the storage of the Goods showing their exact location in the building(s).

§ 9 Duty of Care[12, 13]

(1) Consignee shall store and administer the Goods with the care of a prudent businessman. § 690 BGB (German Civil Code) shall not be applicable.

(2) Consignee shall separate the Goods from its own property (see § 6 para. (2) above) and provide for a kind of storage which secures that the condition and the quality of the Goods, especially their usability and saleability will not suffer even if the Goods are stored over a longer period of time. Consignee will maintain the Goods in good repair and bear the necessary maintenance expenses. Consignee will take all measures necessary to protect the Goods against any deterioration.

3. Consignment Stock Agreement (Konsignationslagervertrag) II.3

(3) Consignee will keep separate books showing at any given time the inventory of Goods and the fact that those are in Consignor's ownership. On request, Consignee shall allow Consignor access to such books.

(4) Consignee shall not be entitled to alter or change the Goods as long as they are on consignment unless he obtained the prior written approval of Consignor which shall not be unreasonably withheld.

§ 10 Insurance[12, 13]

(1) Consignee shall, at its own expense, obtain and, during the term of this Agreement, maintain an insurance policy adequately protecting the Goods against loss or damage by fire, burglary and theft, storm, water and other basic risks typically covered by property insurance. The terms of the insurance coverage actually obtained by Consignee shall require the written approval of Consignor which shall not be unreasonably withheld. Consignee will provide Consignor with a copy of the insurance policy at its earliest convenience.

(2) Consignee is obligated immediately to inform Consignor of any facts coming to its attention which might impair the validity of the insurance coverage or the enforceability of possible insurance claims. Consignee further agrees to bear all applicable expenses and to fulfil all incidental obligations under the insurance contract, especially to file all due declarations with the insurer in a timely manner.

(3) Consignee shall assign to Consignor any and all of his insurance claims and provide Consignor with a declaration of his insurance carrier to the effect that the insurance carrier (a) will make payments relating to damages in the Goods only to Consignor; (b) will not accept a termination or request for an alteration of the insurance contract by the Consignee without the written consent of the Consignor; (c) will inform Consignor immediately if Consignee should default in the payment of any premiums due; and (d) shall allow Consignor to continue the insurance contract in case Consignee defaults with any premium payments.

§ 11 Examination of Goods[14]

(1) Consignee shall be obligated to inspect and examine the Goods immediately on their arrival at Consignee's warehouses or at the bonded warehouse, respectively. In case of any defects in the Goods or in case of an otherwise faulty or mistaken delivery, Consignee shall notify Consignor without delay. If no such notification is received by Consignor within one month from the arrival of the Goods as aforementioned, the Goods shall be deemed approved by Consignee and free of defects to the extent such defects could have been ascertained on inspection. Defects which were unascertainable on inspection have to be notified to Consignor immediately after they became apparent; otherwise the Goods shall be deemed approved with regard to such defects as well.

(2) To the extent the Goods are deemed approved, Consignee is no longer entitled to reject the Goods or to invoke any warranty claims (e.g. remedying of defects, reduction of price, cancellation of contract, damages) on the basis of defects or an otherwise mistaken delivery. Such rights and claims of Consignee are excluded irrespective of whether they are based on the terms of the Distributorship Agreement or on applicable statutory law. § 13 para. (1) shall be applicable with regard to Goods which are taken to be approved.

(3) As to defects which are notified in a timely manner in accordance with para. (1) above, Consignee shall be entitled immediately to invoke the rights granted to it under the Distributorship Agreement. Statutory rights and claims shall only apply to the extent they are not excluded by the Distributorship Agreement. The applicable Statute of Limitations for any such rights and claims – whether based on the Distributorship Agreement or

staturory law – shall run from the arrival of the Goods at the Consignee's warehouses or the bonded warehouse, respectively.

IV. Right to Withdraw

§ 12 Withdrawal of Goods[15]

(1) Consignee is entitled to withdraw Goods from the consignment stock in the usual course of business for the purposes of (a) performing sales contracts concluded with Customers; (b) demonstrating Goods to potential Customers; (c) exhibiting Goods at trade shows; or (d) servicing Contractual Products in the field. With regard to alternatives (a) and (d), Consignee shall further be authorized to transfer title in the Goods to the Customer (§ 185 para. (1) BGB – German Civil Code). The value of Goods taken from the consignment stock according to alternatives (b) and (c) during the same or an overlapping period of time shall in no event exceed the amount of DEM 100.000,– (one hundredthousend German Marks); the value is to be calculated in accordance with § 4 para. (2) above. Consignee must not withdraw Goods from the stock for any other than the aforementioned purposes.

(2) Goods taken from the consignment stock according to the aforementioned para. (1), alternatives (b) or (c) may be returned by Consignee to the stock if and to the extent the condition and quality of those Goods did not deteriorate in the meantime.

(3) Consignee shall notify Consignor of any withdrawals and returns made according to the foregoing para. (1) and (2) on a monthly basis. To this end, Consignee will provide Consignor with a list of all Goods withdrawn and/or returned during the course of each calendar month. The list is due until the end of the following month. It shall state in detail the specifications of the Goods withdrawn and/or returned, their quantity and the balance of each item still on stock.

(4) Consignor has the right, at any time, to revoke the authorization of Consignee to make withdrawals from the consignment stock and/or to transfer title in the Goods to third parties. The revocation, if not expressly restricted to certain of the purposes set forth in the foregoing para. (1), is of a general nature and has the effect that Consignee will no longer be entitled to remove any of the Goods for whatever purpose from the stock. The revocation shall be in writing and to be served to Consignee by registered mail.

§ 13 Implied Withdrawal[16]

(1) Any Goods which are still on consignment stock after a period of two years from their arrival at Consignee's warehouse(s) or at the bonded warehouse, respectively, are to be regarded as withdrawn by Consignee at such time. Goods taken from the stock for demonstration or exhibition purposes but returned or to be returned at a later time according to § 12 para. (2) above are to be considered as Goods still on consignment in the meaning of the foregoing sentence.

(2) Any Goods lost or deteriorated after the risk of loss passed to Consignee (§ 7 above) are also to be regarded as withdrawn at the time the loss or the deterioration occurred.

(3) Consignor has the right to take back Goods which are to be regarded as withdrawn according to the foregoing para. (1) and (2) unless such Goods are physically no longer on the stock. If Consignor wishes to invoke this right, it will notify Consignee in writing of its intention. Unless the exception stated in the first sentence of this paragraph is met, Consignee will within one month return the Goods at the risk and cost of Consignor.

3. Consignment Stock Agreement (Konsignationslagervertrag)

§ 14 Legal Effect of Withdrawal

(1) The withdrawal of Goods according to § 12 para. (1), alternatives (a) and (d) and the implied withdrawal according to § 13 para. (1) and (2) above shall effect the conclusion of contracts of sale between the parties to this Agreement with respect to those Goods pursuant to the terms and conditions of the Distributorship Agreement. Title to the Goods shall directly pass to the Customer (see §§ 6 para. (1), 12 para. (1) above). In case of an implied withdrawal title shall, to the extent possible, pass to Consignee.

(2) The withdrawal according to § 12 para. (1), alternatives (b) and (c) shall not change the legal relationship between the parties. Specifically, §§ 8 and subs. setting forth Consignee's duties shall remain applicable directly or by analogy, as the case may be.

V. Duties of Consignor

§ 15 Delivery of Goods[17]

(1) Consignor shall be obligated to deliver Goods to Consignee as more specifically described in § 4 for the purpose of establishing the consignment stock (see § 3 above). At the request of Consignee and to the best of its ability in terms of production capacity and other delivery obligations, Consignor will refill the consignment stock after withdrawals have been made by Consignee and keep the stock on the level provided for by § 4 above during the term of this Agreement.

(2) Deliveries shall be made free U.S. border.

(3) To the extent this Agreement does not expressly provide otherwise, the delivery obligation of Consignor shall be governed by the terms of the Distributorship Agreement. This shall especially apply to the quality standards required, Consignor's warranties, necessary accompanying documentation and delivery periods.

(4) Consignor's obligation to perform under the foregoing paragraphs shall only become absolute after Consignee provided Consignor with adequate proof that an insurance policy as outlined in § 10 above (with the required declarations of the insurance carrier) and any applicable licenses and permits according to § 5 para. (1) above are in place and that the collateralization according to § 19 below is perfected. Consignor may cease further deliveries if Consignee is in breach of any of its obligations under this Agreement or the Distributorship Agreement.

§ 16 Support to Consignee[17]

Unless expressly stated to the contrary in this Agreement, Consignor shall at its discretion provide Consignee with any support necessary to make it possible for Consignee to import the Goods or to facilitate their importation. In particular, Consignor will prepare necessary documentation and give explanations required by authorities.

VI. Payment and Collateral

§ 17 Payment for Goods[18]

(1) The prices to be charged for the Goods are those listed in the Distributorship Agreement or mutually agreed upon by the parties from time to time.

(2) Payment shall become due sixty (60) days after the date of invoice unless the Distributorship Agreement provides for a different payment target. Goods will be invoiced after the date upon which contracts of sale are concluded in accordance with § 14 above.

(3) The currency to be used for payment shall be DEM (German Marks). Payment shall be effected by wire transfer to Consignor's account with X-Bank in Stuttgart, account number ..., bank identification code (BLZ) ... Late payments shall entitle Consignor to charge interest of 4% above the official rate of discount of the German Federal Bank (Deutsche Bundesbank) from the due date. Consignor is not barred from claiming damages exceeding the agreed interest rate if it can be shown that the delay in payment resulted in higher damages. Deviating terms of the Distributorship Agreement shall prevail.

§ 18 Remuneration of Consignee[19]

Consignee shall not be entitled to a special remuneration with regard to the obligations performed by it under this Agreement. The rebates and other financial benefits granted to it under the Distributorship Agreement shall equally cover its activities under this Agreement.

§ 19 Collateralization[20]

(1) Consignee herewith assigns and transfers to Consignor any and all future receivables it will obtain vis-à-vis Customers from the sale of the Goods. Consignor accepts such assignment. Consignee will take all acts and make all declarations necessary to validate the assignment, including but not limited to the notification of Customers or the registration or filing of the assignment with official authorities. Consignee will provide Consignor in monthly intervals with a list of Customers showing names and addresses of the Customers, the volume of each account receivable and its due date. Consignee shall be authorized to collect the receivables assigned. Consignor is entitled to revoke this authority at any time with immediate effect; the revocation must be in writing delivered to Consignee by registered mail. If such revocation is effected, Consignor may notify Customers of the assignment and ask them to make payment in Consignor's favor.

(2) If the assignment as aforementioned should not be permissible under applicable local laws[3] or should be impracticable, Consignee will provide Consignor with another adequate security available under local laws, e.g., a security interest in the receivables. The scope of such security shall be agreed upon by the parties. Consignee will produce appropriate proof for the valid implementation of such security in Consignor's favor.

(3) In addition to the foregoing, Consignee will provide Consignor with the guarantee of a major German bank in an amount of DEM ... (German Marks ...). The bank guarantee shall be due for payment on first demand of Consignor. The demand shall be in writing (telefax or telex are sufficient) and shall state that Consignee breached its duties under this Agreement or under the Distributorship Agreement. Form and contents of the bank guarantee require the written approval of Consignor which shall not be unreasonably withheld.

(4) The assignment or other security according to para. (1) to (3) above shall serve as security for any and all of Consignor's claims for payment from contracts of sale formed or implied under this Agreement (§ 14 above) or under the Distributorship Agreement. In addition, it shall serve as security for any and all of Consignor's claims for damages arising out of Consignee's breach of any of its obligations under this Agreement or under the Distributorship Agreement. Consignor is entitled to invoke the security as soon as Consignee is in default of payments due or in breach of any other of its obligations as aforesaid. Consignor is unrestricted, to the extent warranted by applicable local laws, as to how it makes use of the security.

(5) Should the realisable value of the securities according to para. (1) to (3) above exceed the value of the consignment stock (as calculated according to § 4 para. (2) above) by more than 20% for a period of more than two (2) consecutive months, Consignor shall be, at Consignee's request, obligated to release an adequate portion of such securities.

3. Consignment Stock Agreement (Konsignationslagervertrag)   II.3

VII. Term and Termination

§ 20 Term of Agreement[21]

(1) This Agreement shall be effective as of the date first above written. Its term shall be limited to the term of the Distributorship Agreement. Thus, any incident terminating the Distributorship Agreement (e.g. end of fixed term, termination with or without notice) shall automatically cause the termination of this Agreement effective simultaneously with the termination of the Distributorship Agreement.

(2) Irrespective of para. (1) above, the parties shall be entitled to terminate this Agreement by observing a three (3) months period of notice upon the end of each calendar quarter. The notice of termination shall be in writing and served to the other party by registered mail.

§ 21 Termination for Cause

(1) In addition to § 20 above, each party reserves the right to terminate this Agreement without notice for cause.

(2) "Cause" in the meaning of para. (1) shall mean all grave and weighty incidents beyond the control of the terminating party which render the continuation of the Agreement unacceptable to the terminating party, including but not limited to severe and/or repeated breaches of contract by the other party. For the Consignor cause justifying the termination of this Agreement shall include but not be limited to the default of Consignee with two successive payments, any jeopardizing of Consignor's ownership in the Goods by not protecting them adequately or otherwise, any unauthorized withdrawal from the consignment stock, the default of Consignee in providing for or maintaining adequate insurance coverage for the Goods (see § 10 above) or the default of Consignee in providing adequate collateral (see § 19 above).

§ 22 Effect of Termination[22]

(1) Any termination of this Agreement obligates Consignee to return to Consignor all Goods still on consignment which are not withdrawn or regarded as withdrawn (§§ 12, 13 above). Consignee shall return the Goods at its own risk and cost. If Consignor directs Consignee to send the Goods to another location than Consignor's premises, the transport shall be at Consignor's risk and cost.

(2) Consignor may reject the return of Goods which are in a defective, unsaleable or otherwise impaired condition, unless Consignee had notified Consignor of such defects in a timely manner (§ 11 above). In the event of such a valid rejection, a contract of sale is deemed concluded between the parties with regard to those Goods on the terms and conditions of the Distributorship Agreement.

(3) Consignee is not entitled to a right of retention as to Goods to be returned which is based on alleged counterclaims unless such counterclaims are reduced to judgment or are undisputed between the parties.

(4) Consignee is not entitled to any kind of compensation in connection with the termination of this Agreement, the Distributorship Agreement or the return of Goods.

VIII. Miscellaneous Provisions

§ 23 Governing Law[3, 23]

This Agreement shall be governed by the laws of the Federal Republic of Germany. The Vienna Convention on the International Sale of Goods shall be inapplicable.

Thümmel

§ 24 Jurisdiction[24]

In the event of any disputes arising out of this Agreement, the local courts of Stuttgart, Germany shall have exclusive jurisdiction. The claimant shall also be entitled to bring a complaint in the courts at the defendant's place of business.

§ 25 Notices[25]

(1) Any notices which can or have to be given in accordance with this Agreement shall be directed to the parties at the following addresses:

Consignor	A-GmbH Geschäftsleitung Kolbestr. 3 70190 Stuttgart Fed. Rep. of Germany
Consignee	B Inc. 23rd Street E 234 Milwaukee, WI U.S.A.

(2) The parties will notify each other without delay of any changes occurring with regard to their addresses or means of communication.

§ 26 Entire Agreement

This Agreement is the entire understanding between the parties as to the establishment of a consignment stock. There are no other oral or written agreements except the Distributorship Agreement. Any changes or amendments to this Agreement must be in writing.

§ 27 Severability

If one or more provisions of this Agreement should be or become invalid or unenforceable, the balance of the Agreement shall remain unaffected thereby and remain in full force and effect. In this event, the parties shall substitute the invalid or unenforceable provision by a valid one which as closely as possible achieves the economic purpose of the invalid or unenforceable provision.

IN WITNESS WHEREOF, the parties as abovenamed have set their hands under this Agreement on the date first above written

....
     A-GmbH
     Geschäftsführer

....
     B Inc.
     President

3. Consignment Stock Agreement (Konsignationslagervertrag) II.3

Übersetzung*

Konsignationslagervertrag

Dieser Vertrag ist am ...... 19.. zwischen der A-GmbH, einer Gesellschaft mit beschränkter Haftung, die nach dem Recht der Bundesrepublik Deutschland ordnungsgemäß errichtet wurde und ihren Sitz in Stuttgart, Bundesrepublik Deutschland hat (im folgenden als „Hersteller" bezeichnet), und B-Inc., einer corporation, die nach dem Recht des Staates Delaware ordnungsgemäß errichtet wurde und ihren Sitz in Milwaukee, Wisconsin, USA unterhält (im folgenden als „Händler" bezeichnet), abgeschlossen worden.

Ausgehend davon, daß
— die Parteien dieses Vertrages unter dem Datum des ...... 19.. einen Vertragshändlervertrag abgeschlossen haben, auf dessen Basis der Händler bestimmte Produkte des Herstellers im Vertragsgebiet vermarktet;
— die Kunden des Händlers in dem Vertragsgebiet die kurzfristige Verfügbarkeit von Vertragsprodukten erwarten;
— es für den Händler erforderlich ist, Vertragsprodukte im einzelnen vorzuführen und auszustellen, und zwar entweder auf entsprechende Kundenanfrage oder auf Messen;
— der Händler nach den Bestimmungen des Vertragshändlervertrages für den after-sale-service bezüglich der Vertragsprodukte in dem Vertragsgebiet verantwortlich ist;
— der Händler nicht in der Lage ist, auf eigene Rechnung und eigenes Risiko ein ausreichend umfangreiches Lager an Vertragsprodukten aufzubauen, um die vorgenannten Kundenwünsche zu befriedigen;
— der Hersteller aus diesem Grunde bei dem Händler ein Konsignationslager einrichten und dort gewisse Mengen an Vertragsprodukten vorhalten möchte;
vereinbaren die Parteien im Hinblick auf die wechselseitigen Zusagen und Versprechen, die in diesem Vertrag enthalten sind, hiermit verbindlich folgendes:

I. Einleitende Bestimmungen

§ 1 Definitionen

Die folgenden Begriffe, die in diesem Vertrag verwendet werden, haben die folgende Bedeutung, es sei denn, anderes wäre ausdrücklich vereinbart:

Vertrag	Dieser Konsignationslagervertrag zusammen mit allen Anlagen so wie er von den Parteien abgeschlossen wurde;
Händler	B-Inc. einschließlich ihrer Rechtsnachfolger;
Geschäftssitz des Händlers	B Inc.'s Geschäftssitz und Lager in 23rd Street E 234 Milwaukee Wisconsin USA;
Hersteller	A-GmbH einschließlich ihrer Rechtsnachfolger;
Vertragsprodukte	Bestimmte von der A-GmbH hergestellte Produkte, so wie sie näher in dem Vertragshändlervertrag beschrieben sind;
Vertragsgebiet	Das Gebiet, welches näher in dem Vertragshändlervertrag beschrieben ist;
Kunde	jeder Kunde des Händlers bezüglich der Vertragsprodukte;
Vertragshändlervertrag	Der Vertrag, der von den Parteien am ...... 19.. abgeschlossen worden ist und den Händler mit dem Vertrieb bestimmter Produkte des Herstellers in dem Vertragsgebiet betraut;

---

* Diese Übersetzung dient ausschließlich dem besseren Verständnis des Originals; sie erhebt keinen Anspruch auf Verbindlichkeit.

Waren	Die Vertragsprodukte, Zubehör- und Ersatzteile, die tatsächlich in das Konsignationslager eingebracht werden.

§ 2 Regelungsgegenstand des Vertragshändlervertrages

(1) Der Vertragshändlervertrag regelt das Rechtsverhältnis zwischen den Parteien dieses Vertrages bezüglich des Vertriebes von Vertragsprodukten in dem Vertragsgebiet einschließlich des after-sale-service. Keine der Regelungen dieses Vertrages sind als Änderungen oder Ergänzungen des Vertragshändlervertrages zu verstehen, es sei denn, dieser Vertrag sieht eine solche Ergänzung oder Änderung ausdrücklich vor.

(2) Die Auslegung dieses Vertrages soll sich an den Bestimmungen und dem Zweck des Vertragshändlervertrages orientieren. Jede unvollständige Bestimmung dieses Vertrages und jede unbeabsichtigte Lücke soll, soweit möglich, durch die entsprechenden Bestimmungen des Vertragshändlervertrages ergänzt werden.

II. Konsignationslager

§ 3 Errichtung eines Konsignationslagers

(1) Der Hersteller wird dem Händler eine bestimmte Menge an Vertragsprodukten auf Konsignationslager zur Verfügung stellen, um den Händler in die Lage zu versetzen, kurzfristig Vertragsprodukte an Kunden in dem Vertragsgebiet zu liefern, solche Produkte vorzuführen und auszustellen und in dem erforderlichen Umfange Vertragsprodukte, die bereits im Markt sind, zu warten. Das Konsignationslager wird am Geschäftssitz des Händlers errichtet. Der Händler wird entsprechende Räumlichkeiten kostenlos zur Verfügung stellen.

(2) Der Händler ist berechtigt, entsprechend den Bestimmungen dieses Vertrages über die Waren zu verfügen.

§ 4 Waren, Mengen

(1) Die Auswahl an Vertragsprodukten (einschließlich Zubehör), die in das Konsignationslager eingebracht werden, ergeben sich aus der Anlage 1 zu diesem Vertrag. Anlage 1 beschreibt ferner die jeweiligen Mengen jeder einzelnen Produktart. Zusätzlich zu den angegebenen Vertragsprodukten wird der Hersteller auf entsprechende Anforderung des Händlers angemessene Mengen an Ersatzteilen und sonstigem Zubehör bereitstellen, welche für den Service der Vertragsprodukte erforderlich sind.

(2) Der Wert des Konsignationslagers einschließlich Transport, aber exklusive Steuern, Zöllen und anderen Abgaben soll den Betrag von DM 2.000.000,– (zwei Millionen Deutsche Mark) nicht überschreiten. Der entsprechende Wert ist anhand der Anschaffungskosten des Händlers zu ermitteln.

(3) Die Parteien können die Warenliste und/oder den Höchstbetrag für den Wert des Lagers durch Vereinbarung abändern. Ferner behält sich der Hersteller das Recht vor, einseitig einzelne Gegenstände von der Warenliste zu streichen, wenn ihre Produktion oder ihr Vertrieb aufgegeben wird oder ihre Lieferung an den Händler aus nicht von dem Hersteller zu vertretenden Gründen unmöglich, undurchführbar oder unzumutbar wird. Der Hersteller wird den Händler mit einer Ankündigungsfrist von sechs Monaten schriftlich von derartigen einseitigen Veränderungen informieren, es sei denn, die Ankündigungsfrist kann aus Gründen, die der Hersteller nicht zu vertreten hat, nicht eingehalten werden. In diesem Falle wird der Hersteller die unter den Umständen längstmögliche Ankündigungsfrist einhalten.

3. Consignment Stock Agreement (Konsignationslagervertrag)

§ 5 Steuern, Zölle, Importgenehmigungen etc.

(1) Der Hersteller liefert die Waren frei Grenze (USA). Der Händler ist für den Import der Waren und ihren Transport an seinen Geschäftssitz verantwortlich. Sämtliche Kosten, die mit dem Import zusammenhängen, sämtliche Zölle und Steuern, die im Zusammenhang mit dem Import erhoben werden sowie die Transportkosten werden von dem Händler getragen. Notwendige Importgenehmigungen und andere Bescheinigungen oder Genehmigungen, die von den Behörden zum Zwecke des Importes oder seiner Erleichterung oder hinsichtlich der Zahlung von Geldern nach den Bestimmungen dieses Vertrages gefordert werden, sind von dem Händler zu beschaffen. Der Händler hält den Hersteller über die Anforderungen und etwaige Änderungen unterrichtet.

(2) Die Parteien können vereinbaren, daß sie für die Lagerung der Ware ein Freilager anstelle von Räumlichkeiten am Geschäftssitz des Händlers verwenden. Sie werden eine entsprechende Regelung treffen, wenn die Verwendung eines Freilagers nach den örtlichen Regelungen und Gegebenheiten zulässig ist, wenn es sich mit den logistischen Anforderungen an die Vertriebsaufgabe des Händlers vereinbaren läßt und wenn der Import des gesamten Konsignationslagers für den Händler in Anbetracht der anfallenden Steuern und Zölle unzumutbar wäre. Eine solche Regelung führt jedoch zu keiner Veränderung der im vorangegangenen Abs. (1) beschriebenen Kostenlast sowie der Verantwortlichkeiten. Etwaige Zusatzkosten, die durch die Verwendung eines Freilagers entstehen, werden von dem Händler getragen.

§ 6 Eigentum an der Ware

(1) Die gelieferte Ware verbleibt im alleinigen Eigentum des Herstellers, bis sie aus dem Konsignationslager entsprechend den Bestimmungen dieses Vertrages entnommen wird und das Eigentum hieran auf die jeweiligen Kunden (oder den Händler selbst) übergeht. Der Händler hat bezüglich der Ware die Rechte und Pflichten eines Treuhänders, dem die Verwahrung aufgegeben ist. Weder die Bestimmungen dieses Vertrages noch deren tatsächliche Handhabung sollen dazu führen, daß das Eigentum an der Ware von dem Hersteller auf den Händler übergeht; § 14 Abs. (1) dieses Vertrages bleibt unberührt.

(2) Der Händler wird die Ware getrennt von seinem Eigentum halten. Soweit möglich, soll die Ware in einem abgeschlossenen Raum innerhalb des Lagers des Händlers aufbewahrt werden. In jedem Falle ist die Ware eindeutig als Eigentum des Herstellers zu kennzeichnen und auf einem bezeichneten Gelände innerhalb des Lagers des Händlers aufzubewahren, welches für die Ware reserviert ist.

(3) Der Hersteller hat das Recht, die Ware jederzeit während der üblichen Geschäftszeiten des Händlers zu untersuchen. Der Händler wird dem Hersteller Zugang zu seinem Lager und, soweit notwendig und nicht unzumutbar, etwa erforderliche technische Hilfe bei der Untersuchung gewähren.

(4) Der Händler unterrichtet den Hersteller unverzüglich von etwaigen Handlungen oder drohenden Handlungen Dritter, die zu einer Beeinträchtigung des Eigentums des Herstellers an der Ware führen können; hierzu gehören unter anderem Diebstähle, Vollstreckungsakte von Gläubigern des Händlers oder von einem Konkursverwalter oder Enteignungsakte. Der Händler unternimmt alle notwendigen Maßnahmen, um das Eigentum des Herstellers zu schützen, bis der Hersteller selbst tätig werden kann. Der Händler unterstützt den Hersteller in jeder erforderlichen Weise, um sein Eigentum zu verteidigen oder wiederzubeschaffen. Die Kosten solcher Maßnahmen werden von dem Hersteller getragen, soweit nicht von dritter Seite erfolgte Eingriffe in das Eigentum des Herstellers an der Ware durch das Verschulden des Händlers verursacht wurden; in diesem Falle trägt der Händler die Kosten.

(5) Soweit nach den anwendbaren örtlichen Bestimmungen ein effektiver Schutz des Herstellereigentums an der Ware eine Registrierung (der Rechte des Herstellers oder eines

Sicherungsrechtes) erfordert, so ist es die Aufgabe des Händlers, die Rechtslage zu ermitteln, den Hersteller entsprechend zu informieren und – in Abstimmung mit dem Hersteller – die entsprechende Registrierung zugunsten des Herstellers zu bewirken.

§ 7 Gefahrenüberganges etc.

Die Gefahr des zufälligen Unterganges oder der zufälligen Verschlechterung der Ware geht auf den Händler in dem Augenblick über, zu dem er die Ware von den Zollbehörden übernimmt.

III. Pflichten des Händlers

§ 8 Lager

(1) Der Händler stellt kostenfrei ausreichende Räumlichkeiten für das Konsignationslager innerhalb der Lagerräume an seinem Geschäftssitz zur Verfügung. Die Räumlichkeiten müssen im Hinblick auf ihre Größe, die Feuchtigkeit, die Sauberkeit, die Sicherheit und etwaige Hilfsfunktionen (z.B. Krananlagen etc.) geeignet sein und müssen die Lagerung der Ware für einen unbestimmten Zeitraum ohne die Gefahr der Beeinträchtigung ihres Zustandes oder ihrer Qualität erlauben. Ferner ist sicherzustellen, daß die Ware ohne weiteres zugänglich und entfernbar ist.

(2) Der Händler übergibt dem Hersteller einen Grundriß des Lagers, welches für die Einlagerung der Waren verwendet wird; der Grundriß soll deren genaue Position innerhalb der Gebäude zeigen.

§ 9 Sorgfaltspflichten

(1) Der Händler hat die Ware mit der Sorgfalt eines ordentlichen Kaufmannes aufzubewahren und zu verwalten. § 690 BGB ist nicht anwendbar.

(2) Der Händler hält die Ware von seinem Eigentum getrennt (vgl. oben § 6 Abs. (2)) und sorgt für eine Lagerung, die sicherstellt, daß der Zustand und die Qualität der Ware insbesondere im Hinblick auf ihre Verwendbarkeit und Verkäuflichkeit nicht leidet, und zwar auch wenn die Ware über einen längeren Zeitraum aufbewahrt wird. Der Händler wird einen einwandfreien Erhaltungszustand der Ware sicherstellen und die entsprechenden Kosten der Unterhaltung tragen. Der Händler ergreift sämtliche Maßnahmen, die erforderlich sind, um die Ware gegen Verschlechterungen aller Art zu schützen.

(3) Der Händler führt getrennte Bücher, die zu jedem Zeitpunkt den Warenbestand und die Tatsache, daß dieser sich im Eigentum des Herstellers befindet, aufzeigt. Auf entsprechenden Wunsch des Herstellers wird der Händler diesem Einsicht in die Bücher gestatten.

(4) Der Händler ist nicht berechtigt, Änderungen an der Ware vorzunehmen, solange sich diese auf Konsignationslager befindet, es sei denn, er habe zuvor die schriftliche Zustimmung des Herstellers erhalten, welche nicht ohne wichtigen Grund versagt werden darf.

§ 10 Versicherung

(1) Der Händler wird während der Laufzeit dieses Vertrages auf eigene Kosten eine Versicherung unterhalten, die die Ware angemessen gegen Verlust, Feuerschaden, Diebstahl, Sturm, Wasser und sonstige Elementarschäden sichert, die typischerweise durch Sachversicherung abgedeckt werden können. Die Bedingungen der Versicherungspolice, die der Händler erwirbt, bedürfen der vorherigen schriftlichen Zustimmung des Herstellers, die nicht ohne wichtigen Grund versagt werden darf. Der Händler übergibt dem Hersteller zum frühestmöglichen Zeitpunkt eine Kopie der Versicherungspolice.

3. Consignment Stock Agreement (Konsignationslagervertrag)   II.3

(2) Der Händler ist verpflichtet, den Hersteller unverzüglich über sämtliche ihm bekannt werdenden Umstände zu informieren, die die Gültigkeit der Versicherungsdeckung oder die Geltendmachung möglicher Versicherungsansprüche beeinträchtigen können. Der Händler verpflichtet sich ferner, sämtliche Kosten im Zusammenhang mit dem Versicherungsvertrag zu tragen, und alle ihm danach obliegenden Verpflichtungen zu erfüllen, insbesondere sämtliche erforderlichen Erklärungen dem Versicherer gegenüber rechtzeitig abzugeben.

(3) Der Händler tritt an den Hersteller seine sämtlichen zukünftigen Versicherungsansprüche ab und übergibt dem Hersteller eine Erklärung des Versicherers, daß der Versicherer (a) sämtliche Zahlungen, die sich auf Schäden an der Ware beziehen, ausschließlich an den Hersteller leisten wird; (b) eine Kündigung oder einen Änderungsantrag bezüglich des Versicherungsvertrages durch den Händler ohne die schriftliche Zustimmung des Herstellers nicht annehmen wird; (c) den Hersteller unverzüglich informieren wird, wenn der Händler mit der Zahlung fälliger Prämien in Verzug gerät; und (d) dem Hersteller zugesteht, den Versicherungsvertrag fortzusetzen, wenn der Händler mit Prämien in Verzug gerät.

§ 11 Untersuchung der Ware

(1) Der Händler ist verpflichtet, die Ware unverzüglich nach ihrer Ankunft am Lager des Händlers oder im Freilager zu untersuchen. Soweit Mängel der Ware vorliegen oder sonst eine Fehllieferung erfolgt ist, unterrichtet der Händler den Hersteller unverzüglich hiervon. Soweit dem Hersteller nicht innerhalb eines Monates gerechnet ab der Ankunft der Ware (wie vorstehend) eine Mängelanzeige zugeht, gilt die Ware als durch den Händler genehmigt und mangelfrei, soweit derartige Mängel bei der Untersuchung hätten festgestellt werden können. Mängel, die bei der Untersuchung nicht festgestellt werden konnten, müssen dem Hersteller unverzüglich nach ihrer Entdeckung mitgeteilt werden; andernfalls gilt die Ware auch in bezug auf solche Mängel als genehmigt.

(2) Soweit die Ware als genehmigt gilt, ist der Händler nicht mehr berechtigt, die Ware zurückzuweisen oder Gewährleistungsansprüche (z.B. Nachbesserung, Ersatzlieferung, Minderung, Wandelung, Schadensersatz) aufgrund von Mängeln oder der sonst fehlerhaften Lieferung geltend zu machen. Derartige Rechte und Ansprüche des Händlers sind unabhängig davon ausgeschlossen, ob sie sich aus den Bedingungen des Vertragshändlervertrages oder den anwendbaren gesetzlichen Regelungen ergeben. Auf Ware, die als genehmigt zu behandeln ist, kommt § 13 Abs. (1) zur Anwendung.

(3) Bezüglich solcher Mängel, die nach dem vorstehenden Abs. (1) rechtzeitig gerügt worden sind, ist der Händler berechtigt, unverzüglich die Rechte geltend zu machen, die ihm nach dem Vertragshändlervertrag zustehen. Gesetzliche Rechte und Ansprüche sind nur gegeben, soweit sie durch den Vertragshändlervertrag nicht ausgeschlossen sind. Die anwendbare Verjährungsfrist für derartige Rechte und Ansprüche – unabhängig davon, ob diese auf dem Vertragshändlervertrag oder gesetzliche Regelungen gegründet werden – beginnt zu dem Zeitpunkt zu laufen, zu dem die Ware am Lager des Händlers oder am Freilager eintrifft.

IV. Entnahmerecht

§ 12 Entnahme von Ware

(1) Der Händler ist berechtigt, Ware aus dem Konsignationslager im Rahmen seines üblichen Geschäftsverkehrs zu entnehmen, und zwar, um (a) Lieferverträge mit Kunden zu erfüllen; (b) Ware potentiellen Kunden vorzuführen; (c) Ware bei Messen auszustellen; oder (d) Serviceleistungen zu erbringen. Bezüglich der Alternativen (a) und (d) ist der

Thümmel

Händler im übrigen ermächtigt, das Eigentum an der Ware auf den jeweiligen Kunden (§ 185 Abs. 1 BGB) zu übertragen. Der Wert der Ware, der nach den Alternativen (b) und (c) während derselben oder einer überlappenden Zeitspanne aus dem Konsignationslager entnommen wird, darf in keinem Falle den Betrag von DM 100.000,– (einhunderttausend Deutsche Mark) übersteigen; der Wert ist entsprechend § 4 Abs. (2) dieses Vertrages zu ermitteln. Dem Händler ist es untersagt, Ware aus dem Lager zu anderen als den oben genannten Zwecken zu entnehmen.

(2) Ware, die nach den Alternativen (b) oder (c) des vorstehenden Abs. (1) aus dem Konsignationslager entnommen worden ist, kann von dem Händler in das Lager wieder eingelegt werden, wenn in der Zwischenzeit keine Verschlechterung des Zustandes und der Qualität dieser Ware eingetreten ist.

(3) Der Händler wird den Hersteller über etwaige Entnahmen und Einlagen in das Lager nach den vorstehenden Abs. (1) und (2) monatlich unterrichten. Der Händler wird zu diesem Zwecke dem Hersteller eine Liste sämtlicher während eines jeden Kalendermonates entnommenen und/oder wieder eingelegten Waren übergeben. Die Übergabe der Liste hat bis zum Ende des jeweils folgenden Monates zu erfolgen. Sie soll die Spezifikationen der entnommenen und/oder wieder eingelegten Ware, ihre Menge und den auf Lager verbliebenen Restbestand einer jeden Warenkategorie wiedergeben.

(4) Der Hersteller hat das Recht, die Ermächtigung des Händlers zur Vornahme von Entnahmen aus dem Lager und/oder zur Übertragung des Eigentums an Waren auf Dritte zu jedem beliebigen Zeitpunkt zu widerrufen. Der Widerruf betrifft regelmäßig sämtliche der in Abs. (1) genannten Entnahmezwecke und hat die Wirkung, daß der Händler nicht mehr berechtigt ist, Ware – zu welchem Zweck auch immer – aus dem Lager zu entnehmen. Der Widerruf kann ausdrücklich auf einzelne der in Abs. (1) genannten Entnahmezwecke beschränkt werden. Der Widerruf bedarf der Schriftform und ist dem Händler per Einschreiben zuzustellen.

§ 13 Entnahmefiktion

(1) Ware, die sich noch nach Ablauf von zwei Jahren ab ihrer Ankunft am Lager des Händlers oder am Freilager auf Konsignationslager befindet, gilt zu diesem Zeitpunkt als von dem Händler entnommen. Zu der Ware, die sich noch immer auf Konsignationslager befindet, gehören auch die Stücke, die zu Vorführ- oder Ausstellungszwecken entnommen und später nach § 12 Abs. (2) dieses Vertrages wieder eingelegt werden sollen (oder bereits wieder eingelegt wurden).

(2) Ware, bezüglich derer nach Gefahrübergang (§ 7 dieses Vertrages) eine Verschlechterung oder der Verlust eingetreten ist, gilt ebenfalls als zum Zeitpunkt des Verlustes oder der Verschlechterung entnommen.

(3) Der Hersteller hat das Recht, Ware zurückzunehmen, die nach den vorstehenden Abs. (1) oder (2) als entnommen gilt, es sei denn, die entsprechende Ware wäre im Lager tatsächlich nicht mehr vorhanden. Wenn der Hersteller von seinem Rücknahmerecht Gebrauch machen will, unterrichtet er den Händler schriftlich hiervon. Der Händler wird dann innerhalb eines Monates die Ware auf Kosten und Risiko des Herstellers zurückschicken, soweit nicht der in Satz (1) dieses Absatzes erwähnte Ausnahmefall vorliegt.

§ 14 Rechtliche Wirkung der Entnahme

(1) Die Entnahme von Ware nach vorstehendem § 12 Abs. (1), Alternativen (a) und (d) und die fingierte Entnahme nach vorstehendem § 13 Abs. (1) und (2) bewirken den Abschluß von Kaufverträgen zwischen den Parteien dieses Vertrages in bezug auf die entsprechende Ware nach den Bedingungen des Vertragshändlervertrages. Das Eigentum an der Ware geht unmittelbar auf den Kunden über (siehe oben §§ 6 Abs. (1), 12 Abs. (1)). Im Falle der fingierten Entnahme geht das Eigentum, soweit möglich, auf den Händler über.

3. Consignment Stock Agreement (Konsignationslagervertrag) II.3

(2) Eine Entnahme noch vorstehendem § 12 Abs. (1) Alternativen (b) und (c) führt zu keiner Änderung des zwischen den Parteien bestehenden Rechtsverhältnisses. Insbesondere die Bestimmungen der §§ 8 ff., die die Pflichten des Händlers regeln, bleiben direkt oder jedenfalls analog anwendbar.

V. Pflichten des Herstellers

§ 15 Lieferverpflichtung

(1) Der Hersteller ist verpflichtet, an den Händler Ware nach den Bestimmungen des § 4 dieses Vertrages zum Zwecke der Errichtung eines Konsignationslagers (siehe § 3 dieses Vertrages) zu liefern. Auf Wunsch des Händlers und nach bestem Vermögen des Herstellers (unter Berücksichtigung der Kapazitäten des Herstellers und seiner sonstigen Lieferverpflichtungen) wird dieser das Konsignationslager – nach entsprechenden Entnahmen durch den Händler – wieder auffüllen und während der Laufzeit dieses Vertrages auf dem in obigem § 4 geregelten Stand halten.

(2) Die Lieferung erfolgt frei Grenze (USA).

(3) Soweit dieser Vertrag keine anderen Bestimmungen enthält, gelten für die Lieferverpflichtungen des Herstellers die Regelungen des Vertragshändlervertrages. Dies gilt insbesondere für die vereinbarte Qualität, die Gewährleistung des Herstellers, die erforderliche Begleitdokumentation und anwendbare Lieferfristen.

(4) Die Lieferverpflichtung des Herstellers nach vorstehenden Regelungen steht unter der Bedingung, daß der Händler geeignete Nachweise über den Abschluß einer Sachversicherung nach vorstehendem § 10 (zusammen mit der erforderlichen Erklärung des Versicherers), über das Vorliegen etwa erforderlicher Genehmigungen nach vorstehendem § 5 Abs. (1) sowie über die rechtswirksame Einräumung von Sicherungsrechten nach § 19 dieses Vertrages vorlegt. Der Hersteller ist berechtigt, weitere Lieferungen einzustellen, wenn der Händler eine seiner Verpflichtungen nach diesem Vertrag oder nach dem Vertragshändlervertrag verletzt.

§ 16 Unterstützung des Händlers

Der Hersteller wird nach seinem Ermessen und soweit nicht dieser Vertrag ausdrücklich anderes vorsieht den Händler im Hinblick auf den Warenimport unterstützen. Insbesondere wird der Hersteller Unterlagen zusammenstellen und Erläuterungen geben, soweit diese von den Behörden gefordert werden.

VI. Zahlung und Zahlungssicherung

§ 17 Zahlung

(1) Die auf die Ware zur Anwendung kommenden Preise ergeben sich aus dem Vertragshändlervertrag oder aus den von den Parteien getroffenen besonderen Vereinbarungen.

(2) Zahlungsfälligkeit tritt 60 Tage nach Rechnungsdatum ein, soweit nicht der Vertragshändlervertrag ein anderes Zahlungsziel enthält. Rechnungsstellung erfolgt nach dem gemäß § 14 dieses Vertrages angenommenen Zeitpunkt des Abschlusses der entsprechenden Kaufverträge.

(3) Die Rechnungstellung erfolgt in DEM (Deutsche Mark). Zahlungen sind durch telegraphische Überweisung auf das Konto des Herstellers bei der X-Bank in Stuttgart, Kontonummer ......, Bankleitzahl (BLZ) ...... zu bewirken. Zahlungsverzug berechtigt den Hersteller zur Berechnung von Zinsen in Höhe von 4% über dem Diskontsatz der Deutschen Bundesbank ab Fälligkeit. Diese Regelung hindert den Hersteller nicht, einen

höheren Zinssatz zu fordern, wenn er nachweisen kann, daß der Zahlungsverzug bei ihm zu einem höheren Schaden geführt hat. Abweichende Bestimmungen des Vertragshändlervertrages gehen der vorstehenden Regelung vor.

§ 18 Vergütung des Händlers

Der Händler hat keinen Anspruch auf eine gesonderte Vergütung für die Tätigkeit, die er nach diesem Vertrag ausübt. Der Händlerrabatt und die anderen finanziellen Vorteile, die ihm nach dem Vertragshändlervertrag zustehen, decken auch seinen nach diesem Vertrag entstehenden Aufwand ab.

§ 19 Zahlungssicherung

(1) Der Händler tritt hierdurch an den Hersteller seine sämtlichen zukünftigen Forderungen ab, die er aus dem Verkauf der Ware gegenüber Kunden erwirbt. Der Hersteller nimmt die Abtretungen an. Der Händler wird sämtliche Maßnahmen ergreifen und Erklärungen abgeben, die etwa erforderlich sind, um die Abtretungen wirksam werden zu lassen; hiervon betroffen sein kann unter anderem die Benachrichtigung von Kunden oder die Registrierung der Abtretung bei Behörden. Der Händler wird dem Hersteller monatlich eine Kundenliste zur Verfügung stellen, die die Namen und Adressen der entsprechenden Kunden, die Höhe der einzelnen Forderungen und die Fälligkeitsdaten enthält. Der Händler ist berechtigt, die abgetretenen Forderungen einzuziehen. Der Hersteller kann die Einziehungsermächtigung zu jedem Zeitpunkt mit sofortiger Wirkung widerrufen; der Widerruf bedarf der Schriftform und ist dem Händler per Einschreiben zuzustellen. Im Fall des Widerrufs ist der Hersteller berechtigt, Kunden von der Abtretung zu unterrichten und diese zur Zahlung an ihn aufzufordern.

(2) Soweit die vorstehende Abtretung nach dem anwendbaren Recht unzulässig oder undurchführbar sein sollte, wird der Händler dem Hersteller ein nach dem anwendbaren Recht zulässiges Sicherungsrecht – z.B. ein security interest – an den Kundenforderungen verschaffen. Gegenstand und Reichweite dieses Sicherungsrechtes unterliegen der Vereinbarung zwischen den Parteien. Der Händler wird einen geeigneten Nachweis über die wirksame Bestellung eines solchen Sicherungsrechtes zugunsten des Herstellers vorlegen.

(3) Zusätzlich wird der Händler dem Hersteller die Garantie einer deutschen Großbank im Betrage von DEM...... (Deutsche Mark ......) übergeben. Die Zahlung aus der Bankgarantie soll auf erstes Anfordern des Herstellers fällig sein. Die Zahlungsanforderung bedarf der Schriftform (Telefax und Telex sind ausreichend) und muß zum Ausdruck bringen, daß der Händler seinen Verpflichtungen nach diesem Vertrag oder nach dem Vertragshändlervertrag nicht nachgekommen ist. Form und Inhalt der Bankgarantie bedürfen der schriftlichen Genehmigung des Herstellers, die nicht ohne wichtigen Grund versagt werden darf.

(4) Die Abtretung bzw. die sonstigen Sicherungsrechte nach vorstehenden Abs. (1) bis (3) dienen der Besicherung sämtlicher Zahlungsansprüche des Herstellers aus den Kaufverträgen, die nach diesem Vertrag (§ 14) oder nach dem Vertragshändlervertrag abgeschlossen worden sind oder als abgeschlossen gelten. Zusätzlich dienen sie der Besicherung sämtlicher Ansprüche des Herstellers auf Schadensersatz, die sich aus der Verletzung von Verpflichtungen nach diesem Vertrag oder nach dem Vertragshändlervertrag durch den Händler ergeben. Der Hersteller ist berechtigt, die Sicherungsrechte geltend zu machen, sobald der Händler in Zahlungsverzug geraten ist oder eine seiner Verpflichtungen wie vorstehend beschrieben verletzt hat. Der Hersteller unterliegt bei der Verwertung der Sicherheiten keinen Beschränkungen, soweit sich nicht aus dem anwendbaren Recht anderes ergibt.

(5) Soweit der realisierbare Wert der Sicherheiten nach vorstehenden Abs. (1) bis (3) den Wert des Konsignationslagers (ermittelt nach der Bestimmung des § 4 Abs. (2) dieses

Vertrages) um mehr als 20% für einen Zeitraum von mehr als zwei aufeinanderfolgenden Monaten übersteigt, ist der Hersteller auf entsprechende Anforderung des Händlers verpflichtet, Sicherheiten in angemessenem Umfange freizugeben.

VII. Laufzeit des Vertrages und Vertragsbeendigung

§ 20 Laufzeit des Vertrages

(1) Dieser Vertrag tritt zu dem im Rubrum genannten Zeitpunkt in Kraft. Seine Laufzeit entspricht derjenigen des Vertragshändlervertrages. Jeder Tatbestand, der zu einer Beendigung des Vertragshändlervertrages (z.B. Ende einer festen Laufzeit, Kündigung unter Einhaltung einer Kündigungsfrist, fristlose Kündigung) führt, bewirkt automatisch die Beendigung dieses Vertrages zu dem Zeitpunkt, zu dem der Vertragshändlervertrag endet.

(2) Unabhängig von vorstehendem Abs. (1) können die Parteien diesen Vertrag durch Kündigung unter Einhaltung einer Kündigungsfrist von drei Monaten zum Ende eines jeden Kalendervierteljahres kündigen. Die Kündigungserklärung bedarf der Schriftform und ist der jeweils anderen Partei per Einschreiben zuzustellen.

§ 21 Fristlose Kündigung aus wichtigem Grunde

(1) Unabhängig von vorstehendem § 20 bleibt das Recht jeder Partei zur fristlosen Kündigung dieses Vertrages aus wichtigem Grunde unberührt.

(2) Ein wichtiger Grund im Sinne des Abs. (1) ist jeder schwerwiegende Umstand außerhalb des Verantwortungsbereiches der kündigenden Partei, welcher die Fortsetzung des Vertrages für die kündigende Partei unzumutbar macht. Hierzu gehören unter anderem schwere oder wiederholte Vertragsverletzungen der jeweils anderen Partei. Für den Hersteller besteht ein wichtiger Grund zur fristlosen Kündigung dieses Vertrages unter anderem dann, wenn der Händler mit zwei aufeinanderfolgenden Zahlungen in Verzug gerät, das Eigentum des Herstellers an der Ware nicht ausreichend schützt und damit gefährdet, nicht genehmigte Entnahmen aus dem Konsignationslager vornimmt, keine ausreichende Versicherungsdeckung für die Ware (siehe § 10) beschafft oder erforderliche Sicherheiten (siehe § 19) nicht rechtzeitig zur Verfügung stellt.

§ 22 Wirkung der Vertragsbeendigung

(1) Zum Zeitpunkt der Beendigung dieses Vertrages ist der Händler verpflichtet, an den Hersteller sämtliche Waren zurückzugewähren, die sich noch auf dem Konsignationslager befinden und weder entnommen wurden (§ 12 dieses Vertrages) noch der Entnahmefiktion des § 13 dieses Vertrages unterliegen. Der Händler hat die Ware auf sein Risiko und seine Kosten zurückzusenden. Sollte der Hersteller den Händler auffordern, die Ware an einen anderen Ort als den Geschäftssitz des Herstellers zu versenden, so erfolgt der Transport auf das Risiko und die Kosten des Herstellers.

(2) Der Hersteller kann die zurückgegebene Ware zurückweisen, wenn sich diese in einem mangelhaften, unverkäuflichen oder sonst beschädigten Zustand befindet, soweit nicht der Händler dem Hersteller derartige Mängel rechtzeitig angezeigt hatte (§ 11 dieses Vertrages). Die wirksame Zurückweisung bewirkt den Abschluß eines Kaufvertrages zwischen den Parteien in bezug auf die entsprechende Ware nach den näheren Bestimmungen und zu den Bedingungen des Vertragshändlervertrages.

(3) Dem Händler steht wegen behaupteter Gegenansprüche an der zurückzugewährenden Ware kein Zurückbehaltungsrecht zu, soweit nicht derartige Gegenansprüche rechtskräftig zuerkannt oder unbestritten sind.

(4) Dem Händler steht keinerlei Anspruch auf irgendeine Art von Ausgleich oder Entschädigung im Zusammenhang mit der Beendigung dieses Vertrages oder des Vertragshändlervertrages oder im Zusammenhang mit der Rückgabe der Ware zu.

VIII. Schlußbestimmungen

§ 23 Anwendbares Recht

Dieser Vertrag unterliegt dem Recht der Bundesrepublik Deutschland. Das Wiener UN-Übereinkommen über Verträge über den internationalen Warenkauf kommt nicht zur Anwendung.

§ 24 Gerichtsstand

Ausschließlicher Gerichtsstand für etwaige Streitigkeiten, die sich aus diesem Vertrag ergeben, ist Stuttgart, Bundesrepublik Deutschland. Der Kläger ist im übrigen berechtigt, eine Klage auch bei den für den Geschäftssitz des Beklagten zuständigen Gerichten anzubringen.

§ 25 Benachrichtigungen

(1) Benachrichtigungen, die nach diesem Vertrag abgegeben werden können oder müssen, sind den Parteien an folgende Adressen zuzustellen:

Hersteller	A-GmbH Geschäftsleitung Kolbestraße 3 70190 Stuttgart Federal Republic of Germany
Händler	B-Inc. 23rd Street E 234 Milwaukee, WI U.S.A.

(2) Die Parteien werden sich wechselseitig unverzüglich über etwaige Änderungen informieren, die sich in bezug auf ihre Adressen oder Kommunikationseinrichtungen ergeben.

§ 26 Schriftform

Dieser Vertrag enthält sämtliche Vereinbarungen der Parteien im Hinblick auf die Errichtung eines Konsignationslagers. Mündliche oder schriftliche Nebenabreden existieren mit Ausnahme des Vertragshändlervertrages nicht. Sämtliche Änderungen oder Ergänzungen dieses Vertrages bedürfen der Schriftform.

§ 27 Salvatorische Klausel

Sollten eine oder mehrere Bestimmungen dieses Vertrages unwirksam oder undurchführbar sein oder werden, so sollen die übrigen Bestimmungen dieses Vertrages hiervon unberührt und in vollem Umfange wirksam bleiben. In diesem Falle werden die Parteien die unwirksame oder undurchführbare Bestimmung durch eine solche wirksame Bestimmung ersetzen, die den wirtschaftlichen Zweck der unwirksamen oder undurchführbaren Bestimmung weitestmöglich erfüllt.

Demgemäß haben die Parteien zu dem oben genannten Zeitpunkt ihre Unterschriften unter diesen Vertrag gesetzt

....
A-GmbH
Geschäftsführer

....
B-Inc.
President

3. Consignment Stock Agreement (Konsignationslagervertrag) II.3

Übersicht

	Seite
1. Sachverhalt	111
2. Wahl des Formulars	112
3. Anwendbares Recht	112
a) Grundsatz	112
b) Sachenrechtliche Verhältnisse	113
c) Sicherungsrechte	113
d) Öffentlich-rechtliche Regelungen	114
4. AGB-Beschränkungen	114
5. Vertragscharakter	114
6. Definitionen	115
7. Art und Umfang des Lagers	115
8. Freilager	115
9. Eigentum an der Ware	115
a) Eigentum des Herstellers	115
b) Eigentumsvorbehalt statt Verwahrung	116
10. Eigentum und Lageort	116
a) Grundsatz	116
b) Folgerungen für die Verwahrungslösung	117
c) Folgerungen für die Eigentumsvorbehaltslösung	117
11. Zusätzliches Sicherungsrecht des Herstellers an der ihm gehörenden Ware	117
12. Schutz der Ware vor Verlust etc.	118
a) Grundsatz	118
b) Gefahrtragungsregelung	118
c) Versicherung	118
d) Berichtspflichten, Kontrollrechte	119
e) Vollstreckungszugriff Dritter	119
13. Pflichten des Händlers	119
14. Haftung für Sachmängel	119
15. Entnahmerecht	120
a) Umfang und Grenzen	120
b) Rechtliche Wirkung der Entnahme	121
14. Übernahmepflicht bei längerfristig nicht entnommener Ware	121
17. Pflichten des Herstellers	121
18. Zahlung	121
19. Vergütung des Händlers	121
20. Weitergehende Besicherung des Herstellers	122
21. Vertragsdauer	122
22. Rechtsfolgen der Vertragsbeendigung	122
23. Gerichtsstand	123
24. Rechtswahl	123
25. Benachrichtigungen	124
26. Produkthaftung	124

Anmerkungen

1. Sachverhalt. Der Konsignationslagervertrag ist ein zwar rechtlich selbständiger, der Sache nach aber abhängiger Vertrag, der ein bereits bestehendes oder jedenfalls gleichzeitig mit seinem Abschluß zu begründendes Vertriebsmittlungsverhältnis zwischen den Parteien voraussetzt. Typischerweise ist die Grundlage ein Vertragshändlervertrag (vgl. *Baumbach/Hopt*, HGB, 29. Aufl., Überbl. v. § 373, Rdn. 15); in Betracht kommen aber auch Handelsvertreter- oder Kommissionsverträge. Vorliegend zugrundegelegt wird eine **Vertragshändlerbeziehung** (Distributorship Agreement) mit einem in den U.S.A. domizilierten Händler, der u. a. den U.S.-amerikanischen Markt zu bearbeiten hat und zu diesem

Zweck Ware von dem in Deutschland ansässigen Hersteller bezieht. In dem Form. ist der Hersteller als „Consignor", der Händler als „Consignee" bezeichnet.

Bei grenzüberschreitenden Vertriebsmittlungsverhältnissen entsteht häufig das Problem, daß der vor Ort tätige Händler kurzfristig lieferfähig sein muß, um gegenüber der Konkurrenz bestehen zu können. Dies ist nicht ohne weiteres gewährleistet, wenn die Ware beim Hersteller erst bestellt werden muß. Hinzu kommt, daß der Kunde im Regelfall erwartet, vom Händler Ansichtsstücke zu erhalten oder die Ware zumindest vorgeführt zu bekommen. Schließlich muß der Händler meist auch auf Fachmessen präsent sein. All dies ist nur möglich, wenn er die von ihm zu vertreibende Ware **unmittelbar zur Verfügung** hat. Dies gilt in noch stärkerem Maße für Ersatzteile, wenn der Händler, wie bei grenzüberschreitenden Vertriebssystemen üblich, für den after-sale-service zuständig ist. Gewährleistungs- und Reparaturarbeiten dulden keinen Aufschub, weswegen der Zugriff auf die notwendigen Ersatzteile unmittelbar gegeben sein muß.

Herstellen läßt sich die sofortige Verfügbarkeit von Ware und Ersatzteilen durch die Einrichtung eines Lagers direkt beim Händler. Allerdings liegt die Schwierigkeit für den Händler darin, daß er in aller Regel ein solches Warenlager, welches, um seinen Zweck erfüllen zu können, einen gewissen Umfang benötigt, nur schwer finanzieren kann. Deswegen ist die Praxis seit langem weitgehend dazu übergegangen, daß nicht der Händler Ware für das Lager kauft, sondern der Hersteller beim Händler ein „Außenlager" einrichtet. Dies wird als **Konsignationslager** bezeichnet. Anders ist die Regelung bei der sog. Depotabrede, die den Händler im Rahmen der Vertriebsbeziehung zur Unterhaltung eines *eigenen* Lagers verpflichtet (vgl. etwa den Fall BGHZ 54, 338). Bei dem Konsignationslager handelt es sich also um einen dem Hersteller gehörenden, aber dem Händler zur Verwendung im Rahmen seiner Vertriebsaufgabe überlassenen Warenbestand (vgl. *Semler*, Münchener Vertragshandbuch Bd. 2, 3. Aufl., Form. I. 10, Anm. 1). Typische Regelungsgegenstände des Konsignationslagervertrages sind damit die Einrichtung und der Umfang des Lagers, die Eigentums- und Sicherungsverhältnisse, die Sorgfaltspflichten des Händlers im Hinblick auf die Ware, Art und Umfang von Entnahmen aus dem Lager sowie die Rückgabe von Ware an den Hersteller.

2. Wahl des Formulars. Das Form. geht von einem eigenständigen Konsignationslagervertrag aus, der neben dem zugrundeliegenden Vertragshändlervertrag abgeschlossen wird. Möglich wäre auch, die Konsignationslagerabrede als **Teil des Vertriebsvertrages** zu gestalten. Dies empfiehlt sich bei kleineren Lagern (z.B. nur Ersatzteile), wenn von vornherein feststeht, daß das Lager während der gesamten Vertragslaufzeit Bestand haben soll. Wird das Lager erst später oder nur für einen Teil der Vertragslaufzeit eingerichtet oder hat es einen erheblichen Umfang, liegt ein **gesonderter Vertrag** näher. Ein solcher erlaubt im übrigen eine detaillierte Regelung der Sorgfaltspflichten des Händlers, seiner Entnahmerechte und der Sicherung des Eigentums des Herstellers. Diese Gesichtspunkte sind für die Rechtsposition des Herstellers von erheblicher Bedeutung, werden in Vertriebsverträgen, für die das Außenlager lediglich ein Regelungsgegenstand am Rande ist, regelmäßig aber nur kurz abgehandelt.

Das Form. ist vor dem Hintergrund des **deutschen Rechtes** konzipiert (vgl. die Rechtswahlklausel des § 23). Dennoch enthält es in der Formulierung verschiedentlich Anlehnungen an den anglo-amerikanischen Sprach- und Vertragsgebrauch. Dies gilt etwa für das Rubrum, die Gestaltung der Präambel, die Eingangs- und Schlußformeln oder die Regelungen der §§ 1 und 25 ff. Der Vorteil solcher Anlehnungen liegt in der **erhöhten Akzeptanz** des Textes insgesamt für den ausländischen Vertragspartner. Die Praxis zeigt, daß es häufig leichter ist, dem Partner bestimmte Regelungen (einschließlich der Rechtswahl zugunsten des eigenen Rechtes) zu vermitteln, wenn das Vertragsdokument in einer ihm gewohnten Form präsentiert wird. Ebenso möglich wäre, in vollem Umfange die deutsche Vertragsform zugrundezulegen, wie dies etwa bei dem Muster des VDMA (Abteilung Recht und Wettbewerbsordnung, Konsignationslagervertrag, deutsch/englisch/französisch, Fassung 6/90) der Fall ist.

3. Consignment Stock Agreement (Konsignationslagervertrag)

3. Anwendbares Recht. a) Grundsatz. Auf den Vertrag und die sich aus ihm ergebenden schuldrechtlichen Rechte und Pflichten der Parteien kommt im Grundsatz deutsches Recht zur Anwendung. § 23 des Form. enthält die entsprechende Rechtswahlklausel, wobei stillschweigend davon ausgegangen wird, daß auch der zugrundeliegende Vertragshändlervertrag deutschem Recht unterliegt. Andernfalls wäre mit **unerwünschten Kollisionen** bei den beiden im Grunde zusammengehörigen Verträgen zu rechnen. Die Rechtswahl zugunsten deutschen Rechtes wird von dem als zuständig vereinbarten deutschen Gericht (§ 24 des Form.) unproblematisch akzeptiert (Art. 27 Abs. 1 EGBGB). Ist ein ausländisches Gericht zuständig – etwa weil jenes die getroffene Gerichtsstandsvereinbarung nicht akzeptiert und seine Zuständigkeit nach den prozessualen Bestimmungen der *lex fori* bejaht oder weil § 24 Satz 2 des Form. zur Anwendung kommt – hängt die Hinnahme der Rechtswahl von den international-privatrechtlichen Regelungen des Forumstaates ab. So wird etwa aus der Sicht des US-Staates New York eine „reasonable relationship" des Sachverhalts zum gewählten Recht verlangt, es sei denn der Wert des Vertrages übersteigt den Betrag von US-$ 250.000 (vgl. das New Yorker Gesetz vom 19. 7. 1984 sowie *Kegel*, Internationales Privatrecht, 7. Aufl., S. 483). Es empfiehlt sich daher zur Vermeidung unliebsamer Überraschungen, das **jeweilige IPR** der möglichen Forumstaaten (in der Regel sind dies der Sitzstaat von Hersteller und Händler sowie ggf. ein hiervon abweichender Tätigkeitsstaat des Händlers) daraufhin zu befragen, ob die getroffene Rechtswahl akzeptiert und das vereinbarte Recht tatsächlich zur Anwendung gebracht wird.

b) **Sachenrechtliche Verhältnisse.** Mit der Rechtswahl erfaßt wird allerdings nur die schuldrechtliche Seite der Rechtsbeziehung zwischen Hersteller und Händler. Die **sachenrechtlichen Verhältnisse** dagegen unterliegen grundsätzlich nicht der vertraglichen Dispositionsfreiheit der Parteien. Hier gilt aus der Sicht des deutschen IPR (und nach dem IPR der meisten anderen Staaten) der Grundsatz der *lex rei sitae*. Rechtsverhältnisse an Sachen unterliegen danach dem Recht des jeweiligen **Lageortes**, ohne daß die Parteien dies durch Rechtswahl beeinflussen könnten (vgl. etwa *Staudinger/Stoll*, BGB, 10./11. Aufl., IntSachenR Rdn. 216; MünchKomm/*Kreuzer*, BGB, 2. Aufl., Nach Art. 38 Anh. I, Rdn. 72 ff.; *Kegel* IPR, 7. Aufl., S. 570 f., jeweils auch mit Hinweisen auf die Kritik an der starren Situs-Regel). Dabei ist – jedenfalls aus deutscher Perspektive – unerheblich, ob es sich um unbewegliche Sachen oder Fahrnis handelt. Im Falle des Konsignationslagers bedarf die sachenrechtliche Seite genauerer Betrachtung, weil mit der Einrichtung des Lagers sich **der Lageort der Ware ändert** und damit ein Statutenwechsel eintritt. Anwendbar auf die Berechtigung an der Ware ist zunächst deutsches Recht, später das Recht am Sitz des ausländischen Händlers. Dennoch muß sichergestellt werden, daß das Eigentum an der Ware beim Hersteller bleibt und erst mit der erlaubten Entnahme aus dem Lager die Rechtszuständigkeit wechselt (s. im einzelnen hierzu unten Anm. 9).

c) **Sicherungsrechte.** Ebenfalls nicht von der Rechtswahl des § 23 des Form. betroffen sind Sicherungsrechte wie die Sicherungsabtretung von Kundenforderungen durch den Händler (§ 19 Abs. 1 des Form.) bzw. das security interest an diesen Forderungen (§ 19 Abs. 2 des Form.) oder die Bankgarantie (§ 19 Abs. 3 des Form.). Letztere ist selbständig anzuknüpfen, da es sich um einen eigenständigen Vertrag zwischen Bank und Hersteller handelt. Die Rechte des Herstellers aus der Garantie richten sich damit nach dem **für die Bankgarantie gewählten Recht** (Art. 27 Abs. 1 EGBGB, meist das Recht am Sitz der Bank), ansonsten nach dem Recht des Staates, zu dem die Bankgarantie die engsten Verbindungen aufweist (Art. 28 Abs. 1 EGBGB); mit der Vermutung des Art. 28 Abs. 2 EGBGB ist dies das Recht am Sitz der Bank. Die **Abtretung der Kundenforderungen** (oder das security interest hieran) und ihre Rechtsfolgen im Verhältnis des Herstellers (= neuer Gläubiger bzw. Sicherungsberechtigter) zum Kunden des Händlers (= bisheriger Gläubiger), insbesondere auch die Frage ihrer Abtretbarkeit und der befreienden Wirkung von Leistungen an den bisherigen Gläubiger bestimmen sich aus deutscher Perspektive nach dem Recht, dem die Kundenforderung selbst unterliegt (Art. 33 Abs. 2 EGBGB). Dies wird zumeist das

Recht des Staates sein, in dessen Territorium der Händler seiner Vertriebstätigkeit nachgeht, im Falle des Form. also das Recht verschiedener US-Bundesstaaten. Eine zuverlässige Evaluierung der Werthaltigkeit dieser Sicherungsmittel erfordert daher die Prüfung des jeweils anwendbaren (ausländischen) materiellen Rechts.

d) **Öffentlich-rechtliche Regelungen.** Schließlich sind auch öffentlich-rechtliche Bindungen **nicht durch Rechtswahl** regelbar. Vielmehr bestimmt jeder Staat in seinem Territorium selbst, welche Eingriffe und Beschränkungen er zur Anwendung bringen will (**Territorialitätsprinzip,** vgl. *Kegel,* IPR, 7. Aufl., S. 849 ff.). Im Zusammenhang mit der Einrichtung eines Konsignationslagers müssen hier Importrestriktionen und (wegen der Bezahlung) Devisenbeschränkungen des Staates, in dem der Händler seinen Sitz hat und das Lager entstehen soll, bedacht werden (vgl. hierzu auch § 5 des Form.). Ferner sind kartellrechtliche Regelungen des Zielstaates zu beachten, wobei dies mehr den Vertragshändlervertrag als die Konsignationslagerabrede betrifft (vgl. für das deutsche Recht §§ 18, 19 GWB, für das europäische Recht Art. 85 Abs. 1 EGV sowie die GruppenfreistellungsVO für Alleinvertriebsvereinbarungen).

4. **AGB-Beschränkungen.** Das Form. ist auf eine individualvertragliche Regelung zugeschnitten. Jedoch gerät der Hersteller schnell in das Risiko, AGB-rechtlichen Beschränkungen zu unterfallen. Es genügt, daß der Hersteller beabsichtigt, das Form. **in einer Mehrzahl von Fällen** zu verwenden und dem jeweiligen Händler vorzulegen (§ 1 Abs. 1 AGB-Gesetz). Die grundsätzliche Anwendbarkeit des AGB-Gesetzes ist unproblematisch (und unabhängig von § 12 AGB-Gesetz gegeben), weil nach § 23 des Form. deutsches Recht vereinbart ist. Will ein Hersteller das Form. mehrfach verwenden, kann er die Anwendung des AGB-Gesetzes nur vermeiden, wenn er die Bestimmungen individuell mit dem Händler aushandelt (§ 1 Abs. 2 AGB-Gesetz).

Der Konsignationslagervertrag betrifft allein den **kaufmännischen Geschäftsverkehr,** so daß die Klauselverbote des AGB-Gesetzes nicht direkt zur Anwendung kommen (§ 24 Abs. 1 Nr. 1 AGB-Gesetz). Anwendbar bleibt aber die Generalklausel des § 9 AGB-Gesetz; immer zu beachten ist auch das Verbot überraschender Klauseln (§ 3 AGB-Gesetz). An diesen Bestimmungen wären die vertraglichen Regelungen zu messen. Dabei ist allerdings zu bedenken, daß es für den Konsignationslagervertrag **kein gesetzliches Leitbild** gibt (vgl. hierzu im folgenden Anm. 5), von dem abgewichen werden kann. Dies erleichtert die AGB-Problematik, da sich eine unangemessene Benachteiligung auf diesen Gesichtspunkt jedenfalls nicht stützen läßt. Von daher sollten die Regelungen des Form. im Grundsatz auch den Maßstäben des AGBG entsprechen, wobei folgende Regelungen im Grenzbereich liegen: § 4 Abs. 3 (einseitiges Recht des Herstellers, die Zusammensetzung des Lagers zu ändern), § 7 (Gefahrübergang ohne Übergang der Nutzungen), § 9 Abs. 1 (Verschärfung des Haftungsmaßstabes für den Händler), §§ 13, 14 (fingierte Erklärungen) und § 22 (keine Kompensation für Investitionen des Händlers in das Lager, fingierte Erklärung). Entsprechende Änderungen wären, falls das Form. als AGB Verwendung fände, empfehlenswert.

5. **Vertragscharakter.** Der Konsignationslagervertrag ist ein Vertrag *sui generis,* der Elemente verschiedener Vertragstypen in sich aufnimmt. Neben dem vor allem für den zugrundeliegenden Vertragshändlervertrag kennzeichnenden Geschäftsbesorgungscharakter (§ 675 BGB) weist der Konsignationslagervertrag Verwahrungsvertragselemente (§§ 688 ff. BGB) auf. Die entsprechenden Vorschriften können daher zur Lückenfüllung herangezogen werden. Im übrigen sind die Bestimmungen des Vertragshändlervertrages, der sozusagen der „Hauptvertrag" ist, im Zweifelsfalle auf die Konsignationslagerabrede zu übertragen bzw. diese im Lichte des Händlervertrages auszulegen. Der Vorrang des Händlervertrages ist in § 2 des Form. zu Klarstellungszwecken ausdrücklich niedergelegt. Er bedeutet, daß der Konsignationslagervertrag „händlervertragsfreundlich" auszulegen ist und Änderungen des Händlervertrages damit nicht beabsichtigt sind, es sei denn dies ist im Konsignationslagervertrag ausdrücklich so vorgesehen.

6. Definitionen. Die Zusammenstellung von Definitionen in § 1 des Form. lehnt sich an anglo-amerikanische Gebräuche an. Sie erleichtert die textliche Gestaltung des Vertrages und hilft, langatmige Wiederholungen zu vermeiden. Zweckmäßigerweise benutzt man für die definierten Begriffe die Großschreibung, wenn sie im Text verwendet werden; auf diese Weise werden sie als Schlüsselbegriffe kenntlich.

7. Art und Umfang des Lagers. Für die Bestimmung von Art und Umfang des Warenlagers gibt es verschiedene Möglichkeiten. Entscheidend ist hier, in welchem Maße die Zurverfügungstellung des Lagers für den Hersteller **Recht oder Pflicht** ist. Das Form. geht davon aus, daß der Hersteller grundsätzlich verpflichtet ist, beim Händler ein Lager einer bestimmten Größenordnung zu errichten und zu erhalten (§§ 3 Abs. 1, 15 des Form.). Dies dürfte für die Mehrzahl der Fälle zutreffen, da der Händler auf das Lager zur Ausübung seiner Vertriebstätigkeit regelmäßig angewiesen ist. Dann ist es aber auch erforderlich, die Art und Menge der zur Verfügung zu stellenden Ware zu definieren. § 4 Abs. 1 des Form. sieht als Anlage zu dem Vertrag eine **Warenliste** vor, wobei nicht notwendig sämtliche Vertragsprodukte des Händlervertrages in der Liste auftauchen müssen. Entscheidend ist, welche Produkte oder Ersatzteile der Händler häufig benötigt. Die Warenliste bestimmt auch den „Warenmix", d.h. den prozentualen (oder anderweit bestimmten) Anteil der verschiedenen Waren am Gesamtlagerbestand. § 4 Abs. 2 des Form. enthält eine wertmäßige Schranke (nach Einkaufspreisen), welche auch die nicht in der Warenliste aufgeführten Ersatzteile mit umfaßt. Änderungen der Warenliste sind einvernehmlich immer möglich; nach § 4 Abs. 3 des Form. kann der Hersteller unter bestimmten Umständen auch einseitig Änderungen vornehmen, was dem Händler unter Einhaltung von Fristen mitzuteilen ist.

Ist die Einrichtung des Lagers eher Recht des Herstellers bedarf es keiner allzugenauen Bezeichnung der einzulagernden Ware. Die Auswahl kann in diesem Fall weitgehend dem Hersteller überlassen werden. Festgehalten werden sollte lediglich, daß der Händler für ein bestimmtes Volumen Platz vorzuhalten hat und der Hersteller berechtigt ist, Ware bis zu einer bestimmten Menge oder einem bestimmten Wert bei dem Händler einzulagern. Auch kann in diesem Falle ein jederzeitiges Rücknahmerecht des Herstellers vorgesehen werden (vgl. etwa Münchener Vertragshandbuch Bd. 2, 3. Aufl., Form. I. 10, § 6 Abs. 1). Im Form. besteht ein solches nur nach Vertragsbeendigung, was der dort aufgenommenen Verpflichtung des Herstellers zur Errichtung und Unterhaltung des Lagers entspricht.

8. Freilager. Da das Konsignationslager typischerweise im Interesse des Händlers errichtet wird (der auf diese Weise einen Marktvorsprung erwirbt), während die Finanzierung des Lagers den Hersteller trifft, werden üblicherweise die mit der Einrichtung des Lagers verbundenen Kosten dem Händler auferlegt. Hierzu gehören Transportkosten (vom Hersteller zum Händler oder, wie in § 5 Abs. 1 des Form. vorgesehen, von der Landesgrenze des Importlandes zum Händler), Einfuhr(umsatz)steuern und Zoll (§ 5 Abs. 1 des Form.). Die Verzollung bedeutet nicht selten eine erhebliche Investition für den Händler, weswegen das Konsignationslager gelegentlich als Freilager eingerichtet wird. Das Freilager ist ein auf dem Freihafengelände befindliches, **unverzolltes Lager**; die Verzollung erfolgt bei Entnahme der jeweiligen Ware. Ob ein Freilager eingerichtet werden kann, hängt von den örtlichen Gegebenheiten ab. Im übrigen sind die erschwerte Zugänglichkeit, die Kosten sowie die u.U. erhöhten logistischen Probleme beim Versand mitzubedenken. Im Form. ist das Freilager als Option des Händlers bei Vorliegen bestimmter Voraussetzungen ausgestaltet (§ 5 Abs. 2 des Form.).

9. Eigentum an der Ware. a) **Eigentum des Herstellers.** Ein zentrales Merkmal der Konsignationslagerabrede besteht darin, daß der Hersteller das Eigentum an der eingelagerten Ware behält. Das Form. erreicht dieses Ergebnis, indem es in der Einlagerung lediglich einen **Verwahrungsvorgang** zugunsten des Herstellers, nicht aber eine Übereignung (auch nicht im Sinne einer bedingten Übereignung) sieht. Dies ergibt sich aus § 14 des

Form., der erst mit der (erlaubten) Entnahme aus dem Lager einen Kaufvertrag zustandekommen läßt, im Zusammenspiel mit § 6 Abs. 1, der das Eigentum bis zur (erlaubten) Entnahme durch den Händler dem Hersteller zuordnet.

Nach §§ 6, 12 des Form. erwirbt der Händler an der weiterveräußerten Ware **zu keinem Zeitpunkt Eigentum.** Vielmehr verfügt er als Nichtberechtigter aufgrund der ihm erklärten Zustimmung (§ 185 Abs. 1 BGB) wirksam über das Eigentum des Herstellers, welches direkt auf den Kunden des Händlers übergeht. Die Zustimmung gilt nur für Entnahmen und Verfügungen, die sich im Rahmen des § 12 Abs. 1 des Form. (Weiterveräußerung oder Einbau im ordnungsgemäßen Geschäftsverkehr) halten. Der Händler erwirbt selbst Eigentum im Falle der fingierten Entnahme nach § 13 (§ 14 Abs. 1 des Form.), es sei denn der Hersteller nimmt die entsprechende Ware zurück. Durch die Verpflichtung des Händlers zur Separierung der Ware (§§ 6 Abs. 2, 8 Abs. 2 und 3 des Form.) sowie zur Unterlassung von Bearbeitungen (§ 8 Abs. 4 des Form.) soll ein Eigentumserwerb des Händlers oder Dritter kraft Gesetzes weitestgehend ausgeschlossen werden.

b) **Eigentumsvorbehalt statt Verwahrung.** Denkbar wäre statt der im Form. enthaltenen Verwahrungsvereinbarung bezüglich des unangetasteten Herstellereigentums auch eine klassische Eigentumsvorbehaltsabrede (vgl. *Baumbach/Hopt*, HGB, 29. Aufl., Überbl. v. § 373, Rdn. 15). Diese würde voraussetzen, daß bereits vor oder spätestens **mit Einlagerung ein Kaufvertrag** zwischen den Parteien über das gesamte Lager abgeschlossen wird. Die Zahlung des Kaufpreises wäre bis zur Entnahme gestundet. Die Übereignung des Warenbestandes erfolgte im Zeitpunkt der Einlagerung, jedoch unter der aufschiebenden Bedingung der vollständigen Bezahlung des Kaufpreises.

Der wesentliche Unterschied beider Konstruktionen liegt in dem nur bei der Eigentumsvorbehaltsabrede entstehenden **Anwartschaftsrecht des Händlers.** Im übrigen beruht das Recht zum Besitz des Händlers im einen Falle auf dem abgeschlossenen Kaufvertrag, im anderen allein auf der Konsignationslagerabrede. Dies hat Konsequenzen für das Schicksal des Lagers bei Beendigung des Vertriebsvertrages: Recht und Pflicht des Herstellers zur Rücknahme folgen bei der vom Form. gewählten Konstruktion aus seinem Eigentum an der Ware sowie der Beendigung der Konsignationslagerabrede. Bei der Eigentumsvorbehaltsabrede bedarf es dazuhin einer **Rückabwicklung des abgeschlossenen Kaufvertrages,** andernfalls müßte dieser vom Händler auch nach dem Ende der Vertriebsbeziehung noch erfüllt werden.

10. **Eigentum und Lageort.** a) **Grundsatz.** In diesem Zusammenhang sind die bereits beschriebenen (oben Anm. 3) international-privatrechtlichen Fragestellungen zu beachten. Solange sich die Ware im Inland befindet, entscheidet über die Eigentumslage deutsches Recht; sobald sie aber den ausländischen Händlerstaat erreicht hat, kommt das entsprechende ausländische Recht zur Anwendung (Grundsatz der *lex rei sitae*). In der Zwischenphase (res in transitu) wird man zweckmäßigerweise auch bereits das Recht des Bestimmungslandes anzuwenden haben (vgl. *Kegel*, IPR, 7. Aufl. S. 577; *Staudinger/Stoll*, BGB, 10./11. Aufl., IntSachenR, Rdn. 309 f., allerdings mit Präferenz für Rechtswahl, die jedoch im Zweifel zu keinem anderen Ergebnis führen würde). Im übrigen gilt für den bei der Relokation des Warenlagers notwendig eintretenden **Statutenwechsel,** daß abgeschlossene Tatbestände unberührt bleiben und von dem neuen Statut hingenommen werden, wobei sich die aus dem bestehenden Rechtsverhältnis ergebenden Rechte und Pflichten der Betroffenen (z.B. welchen konkreten Inhalt das vom neuen Statut anerkannte Eigentum hat, welche Abwehransprüche sich hieraus ergeben etc.) allerdings nach dem Recht des neuen Lageortes richten (*Kegel*, IPR, 7. Aufl., S. 574 f.; MünchKomm/*Kreuzer*, BGB, 2. Aufl., Nach Art. 38 Anh. I, Rdn. 59 ff., 71; *Staudinger/Stoll*, BGB, 10./11. Aufl., IntSachenR, Rdn. 295 ff.). Im Zeitpunkt des Statutenwechsels nicht abgeschlossene Tatbestände werden dagegen insgesamt von der Rechtsordnung des Staates beurteilt, innerhalb dessen Territorium sich die betroffene Sache bei Verwirklichung des letzten Tatbestandsmerkmales befindet (MünchKomm/*Kreuzer*, BGB, 2. Aufl., Nach Art. 38 Anh. I, Rdn. 71).

3. Consignment Stock Agreement (Konsignationslagervertrag) II.3

b) **Folgerungen für die Verwahrungslösung.** Hieraus folgt für das Konsignationslager, daß das Eigentum des Herstellers von der Rechtsordnung des Händlerstaates **grundsätzlich respektiert** wird. Voraussetzung ist allerdings, daß weder im Herstellerstaat (bis zur Absendung) noch im Händlerstaat (seit der Ankunft) ein Übereignungsvorgang nach dem jeweiligen lokalen Recht stattgefunden hat. Für den Herstellerstaat dürfte dies bei der im Form. vorgesehenen Konstruktion (§ 6 Abs. 1) unproblematisch sein. Erwerbsvorgänge im Händlerstaat sind jedoch nicht ausgeschlossen und können vom Hersteller nur begrenzt kontrolliert werden. In Betracht kommen vor allem redlicher Dritterwerb oder Erwerb kraft Gesetzes (z.B. Vermischung etc.). Der Hersteller hat daher trotz seines Eigentums ein **weitergehendes Sicherungsinteresse,** welches das Form. in § 19 anspricht.

c) **Folgerungen für die Eigentumsvorbehaltslösung.** Problematisch wäre im übrigen die als Alternative zum Form. gelegentlich gewählte und oben beschriebene Eigentumsvorbehaltslösung. Der Eigentumsvorbehalt wird international-privatrechtlich überwiegend nicht als gestreckter, und damit zum Zeitpunkt des Statutenwechsels nicht abgeschlossener Erwerbstatbestand qualifiziert (so aber mit guten Gründen *Schurig* IPRax 1994, 27, 28), sondern als ein **Sicherungsrecht** zugunsten des Verkäufers (vgl. z.B. BGHZ 45, 95 „Strickmaschine"; OLG Koblenz IPRax 1994, 46, 47; MünchKomm/*Kreuzer*, BGB, 2. Aufl., Nach Art. 38 Anh. I, Rdn. 91; *Staudinger/Stoll*, BGB, 10./11. Aufl., IntSachenR, Rdn. 274 ff.). Hieraus folgt, daß die Wirksamkeit des Eigentumsvorbehaltes zunächst nach dem Recht des Herstellerstaates zu beurteilen ist, weil sich die Ware zum Zeitpunkt der Eigentumsvorbehaltsvereinbarung noch auf dem Territorium dieses Staates befand. Ist der Eigentumsvorbehalt wirksam entstanden, muß geprüft werden, welchen Inhalt er nach erfolgtem Statutenwechsel als Sicherungsrecht nach dem dann anwendbaren Recht des Händlerstaates hat, d.h. ob er **als Sicherungsrecht dort anerkannt wird** und welche Rechte der Hersteller hieraus herleiten kann (MünchKomm/*Kreuzer*, BGB, 2. Aufl., Nach Art. 38 Anh. I, Rdn. 91 m.w.N.). An dieser Hürde wird der Hersteller häufig scheitern, weil viele ausländische Rechte einen Eigentumsvorbehalt im Sinne des deutschen Rechtes nicht kennen und vergleichbare Sicherungsrechte andere Entstehungsvoraussetzungen, insbesondere im Hinblick auf die Publizität (Registrierungspflichten) haben (vgl. die Übersicht bei *Staudinger/Stoll*, BGB, 10./11. Aufl., IntSachenR, Rdn. 258 ff., für die vorliegend interessierenden Rechte der U.S.A. Rdn. 271 f.). Infolge der bestehenden Unterschiede scheidet eine Angleichung (zum Begriff *Kegel*, IPR, 7. Aufl., S. 259 ff.) aus. Das Ergebnis liegt dann darin, daß die wirksame Bestellung eines Sicherungsrechtes verneint wird, das Eigentum an der Ware daher ohne Sicherung des Herstellers als übergegangen gilt (zu Recht kritisch hierzu *Schurig* IPRax 1994, 27, 30 ff.). Von der Aufnahme einer Eigentumsvorbehaltsabrede in den Konsignationslagervertrag ist daher abzuraten.

11. Zusätzliches Sicherungsrecht des Herstellers an der ihm gehörenden Ware. In die Konsignationslagerabrede aufgenommen werden kann die Verpflichtung des Händlers, zusätzlich ein nach dem anwendbaren lokalen Recht (oben Anm. 10) zulässiges Sicherungsrecht an der Ware zu bestellen (so in § 6 Abs. 5 des Form. vorgesehen). Dies empfiehlt sich dann, wenn nach dem Recht des Händlerstaates die Anerkennung des Herstellereigentums an dem Lager zweifelhaft ist oder sich Ansprüche aus dem Eigentum nur schwer (oder jedenfalls schwerer als das Sicherungsrecht) durchsetzen lassen. In jedem Fall ist eine solche Regelung bei der Verwendung der beschriebenen (oben Anm. 9) Eigentumsvorbehaltslösung nötig. Im vorliegend ins Auge gefaßten Falle eines in den U.S.A. ansässigen Händlers kommt das **security interest** des Art. 9 des Uniform Commercial Code (UCC) in Betracht. Der UCC gilt als einzelstaatliches Recht im wesentlichen gleichlautend in sämtlichen US-Bundesstaaten. Das security interest wirkt Dritten gegenüber grundsätzlich **nur nach Registrierung.** Diese erfolgt durch Einreichung („filing") eines *financial statement* bei der zuständigen Behörde, meist dem *Secretary of State* des jeweiligen US-Bundesstaates. Das financial statement enthält eine Beschreibung des Sicherungsgutes, wobei Vermögensgegenstände aller Art in Betracht kommen wie z.B. einzelne Gegenstände, ein ganzes Warenlager (auch mit wechselndem Bestand) oder gegenwärtige und zukünftige Forderungen. Ferner sind die Parteien sowie der Sicherungszweck zu bezeichnen. Für das financial statement werden üblicherweise einfache Formulare verwendet. Der Rang des security interest bestimmt sich nach der zeitlichen Priorität der Registrierung, so daß an demselben Sicherungsgut auch mehrere security interests bestehen können. Der jeweilige Gläubiger ist durch die Möglichkeit der Einsichtnahme in das Register geschützt. Auch der Rangrücktritt einzelner Gläubiger ist möglich und kommt vor allem bei Bankengläubigern vor, die – ausgestattet mit globalen security interests – zugunsten von Warenlieferanten zurücktreten.

12. Schutz der Ware vor Verlust etc. a) **Grundsatz.** Mit der rechtlichen Absicherung der Eigentümerstellung des Herstellers (oben Anm. 9 ff.) ist nur ein Teil des Risikos abgedeckt, das der Hersteller bei der Einrichtung eines Konsignationslagers im Ausland trägt. Der andere Teil liegt in mehr **praktischen Gefährdungen** wie etwa dem unerlaubten Entfernen der Ware durch den Händler, seine Angestellten oder Dritte, dem Vollstreckungszugriff von Gläubigern des Händlers oder der Zerstörung der Ware durch Naturereignisse. Diesen Gefahren wird in dem Form. mit verschiedenen Regelungen begegnet, wobei man sich klar darüber sein muß, daß es einen lückenlosen Schutz nicht gibt. Auch aus diesem Grunde ist die in § 19 Abs. 3 des Form. vorgesehene Bankgarantie unbedingt erwägenswert.

b) **Gefahrtragungsregelung.** Soweit kriminelle Dritteinwirkung oder die Zerstörung durch Naturgewalten in Rede steht, kommt zunächst die Gefahrtragungsregelung des § 7 des Form. zur Anwendung. Ab Übernahme aus dem Zoll trägt der Händler die Gefahr des zufälligen Untergangs oder der zufälligen Verschlechterung. Der Gefahrübergang könnte ggf. auch schon auf den Zeitpunkt der Absendung der Ware beim Hersteller vorverlegt werden, was sich jedenfalls bei der Einrichtung eines Freilagers (§ 5 Abs. 2 des Form. und oben Anm. 8) empfiehlt. Die Folge der Gefahrtragung durch den Händler liegt darin, daß der Hersteller **Anspruch auf Bezahlung** der verlorengegangenen oder beschädigten Ware hat. Das Form. sieht bei verlorengegangenen oder beschädigten Stücken vor, daß diese als entnommen gelten (§ 13 Abs. 1 Satz 1 und Abs. 2 des Form.). Die fiktive Entnahme bewirkt den Abschluß entsprechender Kaufverträge (§ 14 Abs. 1 des Form.). Der Zahlungsanspruch wird – Rechnungstellung durch den Hersteller vorausgesetzt – im Falle des Verlustes 60 Tage danach, im Falle der Beschädigung spätestens 60 Tage nach Ablauf von zwei Jahren ab Einlagerung fällig (§§ 13 Abs. 1 Satz 1 und 3, 14 Abs. 1, 17 Abs. 2 des Form.).

c) **Versicherung.** Allerdings kann der genannte Zahlungsanspruch nur realisiert werden, wenn der Händler solvent ist. Da dies, jedenfalls bei großen Warenlagern und einem dementsprechend großen Schadenspotential, nicht ohne weiteres gesichert ist und im übrigen die Rechtsverfolgung gegenüber dem Händler mühsam sein kann (vgl. hierzu unten Anm. 23), empfiehlt sich eine **Versicherungslösung** (§ 10 des Form.). Erforderlich ist dabei, daß der Händler zur Unterhaltung einer ausreichend hohen Deckung verpflichtet wird. Außerdem muß sichergestellt sein, daß die Deckungssituation nicht vom Händler einseitig ohne Kenntnis des Herstellers verschlechtert werden kann. Schließlich sollte, soweit möglich, dem Hersteller der Anspruch auf Auszahlung der Versicherungsleistung zustehen. Um dies zu erreichen, ist im Form. vorgesehen, daß der Hersteller nur nach Vorlage einer ausreichenden, von ihm genehmigten Versicherungspolice Ware zu liefern hat (§§ 10 Abs. 1, 15 Abs. 4 des Form.), der Händler den Hersteller laufend über den Stand der Versicherung zu informieren und sämtliche Maßnahmen zu ergreifen hat, die zu einem Erhalt der Deckung erforderlich sind (§ 10 Abs. 2 des Form.). Ferner geht das Form. von einer **Abtretung der Sachversicherungsansprüche** des Händlers an den Hersteller aus und sieht dementsprechend bestimmte Erklärungen des Versicherers zugunsten des Herstellers – insbesondere, daß er direkt an den Hersteller zahlen wird – vor (so auch das oben zitierte Vertragsmuster des VDMA). Ohne Vorlage dieser Erklärungen ruht wiederum die Lieferverpflichtung des Herstellers (§§ 10 Abs. 3, 15 Abs. 4 des Form.). Derartige Erklä-

3. Consignment Stock Agreement (Konsignationslagervertrag)   II.3

rungen werden von Versicherungsgesellschaften üblicherweise in Form sogenannter Sicherungsbestätigungen abgegeben.

d) **Berichtspflichten, Kontrollrechte.** Kriminelle Machenschaften des Händlers selbst sind kaum beherrschbar, da Schadensersatzansprüche am Ende schwer realisierbar sein werden. Ein Stück weit helfen die Aufzeichnungs- und Berichtspflichten des Händlers (§§ 8 Abs. 2, 9 Abs. 3, 12 Abs. 3 des Form.) im Zusammenhang mit dem Recht des Herstellers, das Lager jederzeit zu inspizieren (§ 6 Abs. 3 des Form.). Die Kontrollmöglichkeiten sollten im Interesse des Herstellers möglichst weit ausgedehnt werden. Im übrigen kann die in § 19 Abs. 3 des Form. vorgesehene Bankgarantie, sofern sie denn erlangbar ist, durch eigene Einwirkungen des Händlers entstandenen Schaden vom Hersteller abwenden.

e) **Vollstreckungszugriff Dritter.** Dem Vollstreckungszugriff Dritter kann aus deutscher Sicht mit der Drittwiderspruchsklage des § 771 ZPO begegnet werden. Da die Ware sich im Ausland befindet, müssen die prozessualen Rechtsbehelfe des Rechts am jeweiligen Lage- (und Vollstreckungs-)ort bemüht werden. Dies ist nicht selten zeit- und kostenaufwendig. Zur Vermeidung von Vollstreckungshandlungen Dritter sieht das Form. in §§ 6 Abs. 2, 9 Abs. 2 und 3 eine deutliche **Separierung der Ware** des Herstellers vor. Außerdem kann die Bestellung eines lokal anerkannten **Sicherungsrechtes** an der eigenen Ware helfen (§ 6 Abs. 5 des Form.). Schließlich ist dem Händler mit § 6 Abs. 4 des Form. die Verpflichtung auferlegt, den Hersteller über bereits vollzogene oder drohende Vollstreckungsmaßnahmen oder sonstige Eingriffe Dritter in sein Eigentum an der Ware zu informieren und sämtliche erforderlichen **Schutzmaßnahmen** im Namen des Herstellers zu ergreifen bis dieser selbst handlungsfähig ist. Die Kosten solcher Maßnahmen werden vom Hersteller getragen, es sei denn der Händler hätte die Dritteingriffe verschuldet.

13. Pflichten des Händlers. Die zentralen Pflichten des Händlers aus dem Konsignationslagervertrag liegen in der Bereitstellung geeigneter Lagerflächen, in der Übernahme der Transportkosten zum Lager (einschließlich Zoll), in der Pflege, dem Schutz und der Erhaltung der Ware sowie in deren angemessener Versicherung gegen übliche Risiken. Diese Pflichten sind in den §§ 3 Abs. 1, 5 Abs. 1, 6 Abs. 2–5, 8 bis 10 und 12 Abs. 3 des Form. konkretisiert. Über die konsignationslagertypischen Pflichten hinaus geht § 17 des Form., der die **Zahlungspflicht** regelt. Diese gehört sachlich zum zugrundeliegenden Vertriebsvertrag und ist hier allein der Vollständigkeit halber mitaufgenommen. Bei der **Erhaltungspflicht** geht es einerseits um die erforderlichen Vorkehrungen zur Verhinderung von Qualitätseinbußen der Ware durch Beeinträchtigungen von außen (z. B. Korrosion infolge von Feuchtigkeitseinwirkungen), andererseits um Maßnahmen, die zur Erhaltung ihrer Brauchbarkeit und Verkäuflichkeit notwendig sind (z. B. regelmäßige Wartung von Maschinen). Verletzungen dieser Pflichten machen den Händler aus dem rechtlichen Gesichtspunkt der positiven Forderungsverletzung schadensersatzpflichtig. Der Sorgfalts- und Verschuldensmaßstab ist derjenige eines ordentlichen Kaufmanns (§ 9 Abs. 1 des Form.). Die in § 690 BGB für die unentgeltliche Verwahrung vorgesehene Haftungserleichterung (eigenübliche Sorgfalt) ist ausdrücklich abbedungen.

14. Haftung für Sachmängel. Die Haftung des Herstellers für Fehler oder das Fehlen zugesicherter Eigenschaften der in das Lager gelieferten Ware richtet sich nach den Bestimmungen des zugrundeliegenden Vertragshändlervertrages und, soweit dort keine Regelungen enthalten sind, nach den §§ 459 ff. BGB sowie den ergänzenden Regeln des HGB zum Handelskauf. Allerdings setzt diese Haftung das Vorliegen eines Kaufvertrages bezüglich der mangelhaften Ware voraus, der nach dem Grundkonzept des Form. erst **mit deren vertragsgemäßer Entnahme** aus dem Lager zustandekommt (§ 14 Abs. 1 des Form.). Der Händler könnte daher die Prüfung der Ware und die Rüge etwaiger Mängel auf diesen Zeitpunkt vertagen, obwohl sich die Ware möglicherweise dann schon lange Zeit in seinem Einflußbereich befindet. Das Interesse des Herstellers geht dagegen dahin, bald nach

Anlieferung der Ware am Lager des Händlers Klarheit über mögliche Mängelansprüche zu gewinnen.

Aus diesem Grunde ist § 11 in das Form. aufgenommen, der die Verpflichtung des Händlers zur Untersuchung und Rüge **vorverlegt** und bestimmte Rügefristen statuiert. Der Händler ist nun nicht aufgrund eines Kaufvertrages, sondern aufgrund entsprechender Anordnung in dem Konsignationslagervertrag zur Untersuchung der Ware unmittelbar nach ihrer Anlieferung bei ihm (oder im Freilager) verpflichtet. Festgestellte Mängel muß er sogleich anzeigen. Ihm stehen dann sofort die sich aus der Vertriebsvereinbarung ergebenden Rechte wie etwa die Zurückweisung oder ein Anspruch auf Neulieferung zu (§ 11 Abs. 3 des Form.). Wird nicht rechtzeitig – d. h. nicht spätestens innerhalb eines Monats ab Anlieferung (§ 11 Abs. 1 des Form.) – gerügt, **gilt die Ware** in Anlehnung an § 377 Abs. 2 HGB **als genehmigt;** der Händler verliert sämtliche Gewährleistungsansprüche. Ferner gilt die Ware spätestens nach Ablauf von zwei Jahren ab Anlieferung als aus dem Lager entnommen und muß unter Beachtung der Zahlungsziele des § 17 Abs. 2 des Form. bezahlt werden, auch wenn sie mangelhaft ist. Die Genehmigungsfiktion erstreckt sich auf sämtliche bei einer Untersuchung erkennbaren Mängel. Nicht erkennbare Mängel müssen sogleich nach Auftreten gerügt werden. Entsprechende Gewährleistungsansprüche verjähren innerhalb der im Vertriebsvertrag vereinbarten (oder gesetzlichen Frist), die allerdings bereits ab Anlieferung der Ware am Lager des Händlers läuft (§ 11 Abs. 3 des Form.).

15. Entnahmerecht. a) Umfang und Grenzen. Da das Konsignationslager im Eigentum des Herstellers steht und dieser daher die alleinige Verfügungsbefugnis über die Ware hat, muß das Zugriffsrecht des Händlers in dem Vertrag geregelt werden. § 12 des Form. sieht entsprechend dem wirtschaftlichen Ziel des Konsignationslagers vor, daß der Händler **im ordnungsgemäßen Geschäftsgang** zum Zwecke des Weiterverkaufs, zu Ausstellungs- und Vorführzwecken und zum Zwecke der Wartung und Reparatur **entnehmen darf.** Letzterer Fall ist vor allem in der Maschinenbau-Branche relevant. Soweit der Weiterverkauf oder die Entnahme von Ersatzteilen zum Einbau in Kundengeräte in Rede steht, besitzt der Händler auch die Ermächtigung zur Verfügung über die Ware nach § 185 Abs. 1 BGB bzw. nach den entsprechenden Bestimmungen des anwendbaren ausländischen Rechts. Er kann damit dem Kunden wirksam Eigentum verschaffen, ohne selbst Eigentum an der Ware zu erwerben (**kein Durchgangseigentum**). Bei Ausstellungsware ist diese Ermächtigung nicht erforderlich, da nicht verfügt wird. Im übrigen kann der Händler Ausstellungsware auch wieder in das Lager einlegen, wenn ihre Qualität durch die zwischenzeitliche Benutzung nicht beeinträchtigt ist (§ 12 Abs. 2 des Form.). Die Ermächtigung zur Entnahme und Verfügung über die Ware kann im übrigen nach § 12 Abs. 4 des Form. von dem Hersteller jederzeit widerrufen werden. Allerdings ist die praktische Wirkung des Widerrufs eher beschränkt, weil die faktische Zugriffsmöglichkeit des Händlers nicht entfällt und auch redlicher Dritterwerb möglich bleibt.

Wichtig ist, daß der Händler ausschließlich zu den vertraglich **vereinbarten Zwecken** entnehmen darf (so ausdrücklich festgestellt in § 3 Abs. 2 des Form.). Insbesondere die Verfügungsermächtigung sollte eng umgrenzt sein, um vertragsfremde Verfügungen wie z.B. die Verpfändung der Ware zu verhindern. Zweckmäßig ist auch, den Händler zu einer präzisen **Dokumentation der Entnahmen** (und erneuten Einlagen) sowie ihrer Zwecke zu veranlassen (so § 12 Abs. 3 des Form.), um dem Hersteller die Kontrolle über den Stand des Lagers zu ermöglichen. Im übrigen muß an die Sicherung der sich aus der Entnahme ergebenden Ansprüche des Herstellers gedacht werden (Zahlungsansprüche nach § 17 des Form. oder Schadensersatzansprüche bei Beschädigung oder Verlust), denn die Ware steht ihm als Sicherungsmittel nach Entnahme nicht mehr ohne weiteres zur Verfügung. Das Form. sieht hierzu die **Vorausabtretung von Kundenforderungen** seitens des Händlers bzw., falls diese nach dem anwendbaren Recht (s. oben Anm. 3) nicht möglich ist, die Einräumung eines anderen geeigneten Sicherungsrechts an den Forderungen vor (§ 19 Abs. 1 und 2 des Form.). Bei Entnahmen zu Vorführ- und Ausstellungszwecken scheidet

3. Consignment Stock Agreement (Konsignationslagervertrag) II.3

dieser Weg aus, weswegen für derartige Entnahmen eine wertmäßige Grenze in § 12 Abs. 1 des Form. festgelegt ist. Ansonsten wäre das entsprechende Risiko durch eine Bankgarantie abzudecken (§ 19 Abs. 3 des Form.).

b) **Rechtliche Wirkung der Entnahme.** Die Wirkung der Entnahme zum Zwecke des Weiterverkaufs (oder des Einbaus beim Kunden) liegt nach der Konzeption des Form. im Zustandekommen eines Kaufvertrages über die entnommene Ware zwischen Hersteller und Händler zu den Bedingungen des zugrundeliegenden Vertragshändlervertrages und dessen gleichzeitiger Erfüllung seitens des Herstellers (§ 14 Abs. 1 des Form.). Es handelt sich um einen durch die Entnahme **aufschiebend bedingten Kaufvertrag**; seine Erfüllung seitens des Herstellers liegt in der Einräumung der Verfügungsmacht über die Ware. Alternativ wäre möglich, von vornherein einen unbedingten Kaufvertrag über den gesamten im Lager enthaltenen Warenbestand abzuschließen und gleichzeitig eine klassische Eigentumsvorbehaltsabrede zu treffen. Die Vor- und Nachteile der beiden Konzeptionen wurden oben bereits diskutiert (Anm. 9, 10).

16. Übernahmepflicht bei längerfristig nicht entnommener Ware. Regelungsbedürftig ist die Frage, was mit längerfristig nicht entnommener Ware geschehen soll. Denkbar wäre einerseits eine **Rücknahmepflicht** des Herstellers, andererseits eine **Übernahmepflicht** des Händlers. Das Form. entscheidet sich für den letzteren Weg, der jedenfalls bei Waren mit relativ hoher Umschlagsgeschwindigkeit angemessen ist. Nach § 13 Abs. 1 des Form. gelten Waren, die sich nach Ablauf eines Zeitraumes von zwei Jahren ab Anlieferung noch im Lager befinden oder lediglich zu Ausstellungszwecken das Lager vorübergehend verlassen haben, zu diesem Zeitpunkt als entnommen. Die Folge ist, daß der Händler hierfür zahlungspflichtig wird (§ 17 Abs. 2 des Form.). Dem Hersteller ist aber das Recht zur Rücknahme vorbehalten (§ 13 Abs. 2 des Form.), welches er jedenfalls bei drohender Insolvenz des Händlers ausüben wird.

17. Pflichten des Herstellers. Die vertraglichen Hauptpflichten des Herstellers beschränken sich regelmäßig auf die Verpflichtung zur **Einrichtung des Lagers** und zur **Aufrechterhaltung** eines bestimmten Lagerbestandes (§§ 3 Abs. 1, 15 Abs. 1 des Form.). Bereits aus dem Vertragszweck ergeben sich verschiedene Nebenpflichten wie etwa die Pflicht zur Unterstützung des Händlers bei der Zollabfertigung (so ausdrücklich § 16 des Form.). Weitere wesentliche Vertragspflichten des Herstellers ergeben sich meist aus dem zugrundeliegenden Vertriebsvertrag. Gelegentlich werden Einrichtung und Aufrechterhaltung des Lagers auch nur als Recht des Herstellers ausgestaltet (vgl. oben Anm. 7), was dann naheliegt, wenn das Lager mehr den Interessen des Herstellers als des Händlers dient. Wird eine Bestückungspflicht vereinbart, sollte die einzulagernde Ware nach Art und Wert möglichst genau beschrieben werden (so etwa § 4 des Form.). Im übrigen empfiehlt es sich, die Voraussetzungen exakt festzulegen, unter denen seitens des Herstellers Ware geliefert werden muß. Hierzu gehört in der Regel der Nachweis einer ausreichenden Versicherung sowie der Bestellung der vereinbarten Sicherheiten. Begeht der Händler während der Vertragslaufzeit Pflichtverletzungen, sollte dies den Hersteller zur Einstellung der weiteren Belieferung berechtigen (so § 15 Abs. 4 des Form.).

18. Zahlung. Die Zahlungspflicht des Händlers findet typischerweise seine Grundlage in dem Vertragshändlervertrag. Dort sind regelmäßig auch Preise und Zahlungsbedingungen vereinbart. Die Regelungen des § 17 des Form. sind daher eher als Merkposten gedacht und zumeist verzichtbar. Wegen der eigentümlichen Konstruktion aufschiebend bedingter Kaufverträge (die im Zeitpunkt der vertragsgemäßen Entnahme zustandekommen, vgl. oben Anm. 16) ist jedoch der **Zeitpunkt der Rechnungstellung** erwähnenswert (nicht nach Lieferung, sondern nach Entnahme, § 17 Abs. 2 des Form.). Aus zolltechnischen Gründen wird der Hersteller allerdings der Lieferung meist eine pro-forma-Rechnung beizufügen haben.

19. Vergütung des Händlers. Im Form. ist eine gesonderte Vergütung des Händlers für die Betreuung des Lagers nicht vorgesehen (§ 18 des Form.). Wegen § 689 BGB bedarf dieser Umstand im Vertrag ausdrücklicher Erwähnung. Dabei wird davon ausgegangen, daß die dem Händler aufgrund des Vertragshändlervertrages eingeräumte Handelsspanne die Lagerhaltung mit abdeckt. Bei einer Lagerhaltung vor allem im Interesse des Herstellers wird eine besondere Vergütung eher in Betracht kommen.

20. Weitergehende Besicherung des Herstellers. Die Grundkonzeption der Konsignationslagerabrede geht davon aus, daß das Eigentum an der Ware bis zu ihrer vertragsgerechten Entnahme aus dem Lager beim Hersteller liegt. Auf den ersten Blick ist daher kaum ein Bedürfnis für eine weitergehende Absicherung des Herstellers erkennbar. Bei genauerer Betrachtung ergeben sich jedoch **eine Reihe von Risikofeldern:** Die vertragsgerechte Entnahme verbunden mit der Weiterveräußerung der Ware führt bestimmungsgemäß zum Verlust des Eigentums beim Hersteller. Die vertragswidrige Entnahme kann ebenfalls den Eigentumsverlust herbeiführen (z.B. durch redlichen Erwerb eines Dritten). Schließlich mag das nach dem Recht des Absendestaates begründete Eigentum des Herstellers im Bestimmungsstaat gegenüber Gläubigern des Händlers nach dem dort geltenden Recht nur schwer durchsetzbar sein (vgl. oben Anm. 10). Diese Überlegungen lassen es ratsam erscheinen, weitere Sicherheiten in den Konsignationslagervertrag mit aufzunehmen. Zur Einräumung von Sicherheiten am eigenen Gut vgl. oben Anm. 11.

Das Form. sieht in § 19 Abs. 1 zunächst die stille **Vorausabtretung von Kundenforderungen** im Sinne des deutschen verlängerten Eigentumsvorbehaltes vor. Diese Regelung ist zwar nach deutschem Recht wirksam und empfehlenswert, mag aber nach dem anwendbaren ausländischen Recht (Recht der abgetretenen Forderung, vgl. oben Anm. 3) so nicht möglich sein. Deswegen ist der Händler nach § 19 Abs. 2 des Form. alternativ verpflichtet, dem Hersteller nach dem anwendbaren Recht zulässige Sicherheiten an den Kundenforderungen einzuräumen (in den U.S.A. z.B. das *security interest,* vgl. oben Anm. 11). Außerdem ist die Stellung einer **Bankgarantie** vorgesehen (§ 19 Abs. 3), die vor allem das kaum beherrschbare Restrisiko eines sich nicht vertragskonform verhaltenden Händlers abdeckt. Sämtliche Sicherheiten dienen nach der getroffenen Sicherungsabrede (§ 19 Abs. 4 des Form.) der Absicherung von **Zahlungs- und Schadensersatzansprüchen** des Herstellers aus dem Konsignationslager- und dem Vertragshändlervertrag.

21. Vertragsdauer. Der Konsignationslagervertrag sollte als „Hilfsvertrag" zu dem zugrundeliegenden Vertragshändlerverhältnis grundsätzlich **an dessen Laufzeit** angepaßt werden. In jedem Fall muß sichergestellt werden, daß mit dem Ende des Vertriebsvertrages auch die Konsignationslagerabrede entfällt (so geregelt in § 20 Abs. 1 des Form.), da diese für sich allein genommen keinen Sinn hat (vgl. BGHZ 54, 338, 344). Daneben können besondere Kündigungsmöglichkeiten vereinbart sein, die eine **vorzeitige Beendigung** des Konsignationslagervertrages ermöglichen. In Betracht kommt die Verankerung eines ordentlichen Kündigungsrechtes, das von den Parteien unter Einhaltung bestimmter Fristen auszuüben ist (vgl. § 20 Abs. 2 des Form.). Das Recht zur außerordentlichen und fristlosen Kündigung aus wichtigem Grund bleibt ohnehin wie bei jedem Dauerschuldverhältnis unberührt. Allerdings erweist es sich immer wieder als hilfreich, wenn bestimmte Sachverhalte ausdrücklich benannt werden, die nach Auffassung der Parteien die Kündigung aus wichtigem Grund rechtfertigen sollen. Im Kontext des Konsignationslagervertrages kämen hier Verstöße des Händlers gegen seine Obhutspflichten oder unberechtigte Entnahmen in Betracht (vgl. die Formulierung bei § 21 Abs. 2 des Form.).

22. Rechtsfolgen der Vertragsbeendigung. Die Auswirkungen der Vertragsbeendigung auf das Lager bedürfen genauerer Überlegung und Regelung. In Betracht kommen im Grundsatz zwei Möglichkeiten: Zum einen kann der Hersteller zur Rücknahme berechtigt und verpflichtet werden. Zum anderen kann der Händler verpflichtet werden, das Lager zum Zeitpunkt der Vertragsbeendigung zu übernehmen, wobei entweder der in dem Vertriebsvertrag vereinbarte volle Preis oder aber ein reduzierter Übernahmepreis vereinbart werden könnte. Als Mittellösung in Betracht käme, daß Teile des Lagers zurückgenommen

3. Consignment Stock Agreement (Konsignationslagervertrag)

werden (z. B. der unbeschädigte und weiterhin verkäufliche Warenbestand), andere dagegen beim Händler verbleiben (z. B. beschädigte Ware und Ersatzteile).

Welches Konzept gewählt wird, hängt auch von den **weiteren Verwertungsmöglichkeiten des Händlers** ab. So hat die Rechtsprechung (vgl. BGHZ 54, 338, 344 ff. mit zust. Anm. *Finger* NJW 1971, 555; BGH WM 1988, 1344, 1349 f.; OLG Frankfurt WM 1986, 141) verschiedentlich – allerdings bezogen auf ein ins Eigentum des Händlers übergegangenes Lager – eine Rücknahmeverpflichtung angenommen, wenn dem Händler eine angemessene Verwertung des Lagers nach Vertragsende nicht mehr möglich war. Umso weniger wird man dem Händler ein ihm noch gar nicht gehörendes Lager aufdrängen können, wenn er dieses wegen der Beendigung seiner Vertriebsrechte nicht mehr ohne weiteres verwenden (Ersatzteile) oder absetzen (Ware) kann. Etwas anderes mag gelten, wenn er das Vertragsende verschuldet hat (vgl. BGHZ 54, 338, 346 f.; *Baumbach/Hopt*, HGB, 29. Aufl., Überbl. v. § 373 Rdn. 15; a. A. *Finger* NJW 1971, 555, 556) oder angemessene Ausgleichsregelungen getroffen sind, die z. B. in erheblichen Preisreduzierungen oder in der Unterstützung des Händlers bei der Verwertung liegen könnten.

Das Form geht in § 22 Abs. 1 von einer **grundsätzlichen Rücknahmepflicht** des Herstellers aus. Auch für den Händler ist die Rückgabe als Pflicht ausgestaltet. Ebenso möglich wäre, ihm ein Rückgaberecht einzuräumen, womit die Entscheidung bei ihm läge, ob zurückgegeben werden soll. Die im Form. verankerte Pflicht zur Rückgabe bedeutet für den Händler auch die Übernahme von Gefahr und Kosten des Rücktransportes, es sei denn das Lager würde auf Veranlassung des Herstellers an einen Dritten versandt. Keine Rücknahmeverpflichtung (sondern eine Verpflichtung des Händlers zur Bezahlung) besteht hinsichtlich mangelhafter, beschädigter oder sonst unverkäuflicher Ware, es sei denn, es handelte sich um bereits bei Anlieferung vorhandene Mängel, die vom Händler rechtzeitig gerügt wurden (§ 22 Abs. 2 des Form.). Dies ist eine Folge der vereinbarten Gefahrtragungs- und Gewährleistungsregelungen. Keine Rücknahmeverpflichtung besteht auch für Ware, die sich länger als 2 Jahre im Lager befindet und deswegen als entnommen gilt (§ 13 Abs. 3 des Form.); hier hat der Hersteller allerdings ein Rücknahmerecht.

Dem Händler sollte bei Vertragsbeendigung an der Ware **kein Zurückbehaltungsrecht** zustehen (§ 22 Abs. 3 des Form.). Auch empfiehlt es sich, Ersatz- und Ausgleichsansprüche ausdrücklich auszuschließen (§ 22 Abs. 4 des Form.). Solche könnten sich einerseits aus § 89 b HGB in analoger Anwendung ergeben (vgl. etwa zu den Voraussetzungen *Baumbach/Hopt*, HGB, 29. Aufl., § 84 Rdn. 12 ff.), wobei dieser Ausgleichsanspruch, soweit er überhaupt auf den Vertragshändler zur Anwendung kommt, nach § 92 c Abs. 1 HGB abbedungen werden kann, wenn das Tätigkeitsgebiet des Vertragshändlers außerhalb der Europäischen Union liegt. Der entsprechende Ausschluß wird regelmäßig bereits in dem Vertragshändlervertrag enthalten sein. Andererseits ist teilweise die Auffassung vertreten worden, dem Vertragshändler, der ein Lager unterhält, müßte wegen seiner Investitionen in das Lager (und ggf. in Ausstellungsräume etc.) ein „**Investitionsersatzanspruch**" zustehen (so *Foth* BB 1987, 1270 ff.; dagegen *Baumbach/Hopt*, HGB, 29. Aufl., Überbl. v. § 373, Rdn. 15). Obwohl die Rechtsprechung dieser Auffassung bisher nicht gefolgt ist, sollte sicherheitshalber eine entsprechende Klarstellung in den Vertrag aufgenommen werden (§ 22 Abs. 4 des Form.).

24. Gerichtsstand. § 24 des Form. begründet einen deutschen ausschließlichen Gerichtsstand für sämtliche Streitigkeiten aus dem Vertragsverhältnis. Die Möglichkeit einer Klage am Sitz des Beklagten ist vorbehalten, um etwaigen Anerkennungs- und Vollstreckungs-

23. Rechtswahl. Die in § 23 des Form. enthaltene Rechtswahlklausel unterwirft den Konsignationslagervertrag in seiner Gesamtheit **deutschem materiellem Recht.** Das Wiener Kaufrecht (CISG) ist ausdrücklich ausgeschlossen, weil es wegen des Charakters der Konsignationslagerabrede als typengemischtem Vertrag nicht paßt. Seine Anwendbarkeit wäre ohnehin zweifelhaft. Die Grenzen der Rechtswahl sind in Anm. 3 ausführlich dargestellt.

problemen im voraussichtlichen Vollstreckungsstaat hinsichtlich eines am vereinbarten Gerichtsstand ergangenen Urteiles aus dem Wege gehen zu können.

Die Wirksamkeit und praktische Eignung einer **Gerichtsstandsklausel** ist unter mehreren Aspekten zu prüfen: Soweit ein ansonsten gegebener EU-Gerichtsstand abbedungen wird (was bei dem Sachverhalt, der dem Form. zugrundeliegt, nicht der Fall ist), müssen die Voraussetzungen des Art. 17 Abs. 1 EuGVÜ erfüllt sein (vgl. zum Anwendungsbereich des Art. 17 EuGVÜ etwa *Kropholler,* Europäisches Zivilprozeßrecht, 5. Aufl., Art. 17 Rdn. 1 ff.). In der Regel notwendig ist dann die Einhaltung der beiderseitigen Schriftform. Ansonsten ist nach der *lex fori* des prorogierten Gerichtsstandes zu prüfen, **ob die Prorogation akzeptiert** wird. Vorliegend anwendbar ist § 38 Abs. 1 und 2 ZPO, der eine Gerichtsstandsvereinbarung unter Kaufleuten grundsätzlich unbeschränkt zuläßt, ansonsten auch eine Prorogation zugunsten inländischer Gerichte akzeptiert, wenn eine Vertragspartei ihren Sitz im Ausland hat und das prorogierte Gericht dasjenige am Sitz der inländischen Partei ist. Ferner zu prüfen ist, ob die **Derogation** ansonsten gegebener ausländischer Gerichtsstände nach der jeweils anwendbaren ausländischen *lex fori* **zulässig ist** und die entsprechenden Gerichte ihre Zuständigkeit auf der Basis der getroffenen Gerichtsstandsvereinbarung verneinen würden. Erst wenn dies sichergestellt ist, können sich die Parteien auf die Gerichtsstandsklausel verlassen. Überlegen sollten sie im übrigen immer, ob ein in dem vereinbarten Gerichtsstand ergangenes Urteil auch dort vollstreckungsfähig ist, wo sich voraussichtlich Vermögen des späteren möglichen Beklagten befindet (s. etwa die Übersicht bei *Geimer/Schütze,* Internationale Urteilsanerkennung, § 246; zum US-Bundesstaat North Carolina z. B. *Thümmel* IPRax 1986, 256).

Eine Alternative zur Gerichtsstandsvereinbarung bietet die **Schiedsklausel,** mit der Streitigkeiten aus dem Vertrag der staatlichen Gerichtsbarkeit entzogen und einem privaten Schiedsgericht zugewiesen werden. In Betracht kommen sog. *ad hoc*-Schiedsgerichte, die einer detaillierten Regelung hinsichtlich ihrer Zusammensetzung und dem einzuhaltenden Verfahren bedürfen, sowie institutionelle Schiedsgerichte (wie die Internationale Handelskammer in Paris), bei denen die Parteien sich auf existierende Verfahrensordnungen verlassen können. Schiedsgerichte haben im internationalen Handel den erheblichen Vorteil, daß ihre Entscheidungen nach dem New Yorker UN-Übereinkommen über die Anerkennung und Vollstreckung ausländischer Schiedssprüche vom 10. 6. 1958 (der Konventionstext ist etwa bei *Jayme/Hausmann,* Internationales Privat- und Verfahrensrecht, 7. Aufl., S. 531 ff. abgedruckt) in einer großen Anzahl von Staaten anerkennungs- und vollstreckungsfähig sind. Trotz u. U. höherer Kosten (welche allerdings dadurch relativiert werden, daß der Instanzenzug entfällt) ist die Vereinbarung eines Schiedsgerichtes daher immer dann erwägenswert, wenn die Vollstreckung des Urteiles eines inländischen staatlichen Gerichtes in dem betreffenden ausländischen Staat zweifelhaft ist.

25. Benachrichtigungen. Die Aufnahme von bestimmten Adressen, an die nach dem Vertrag erforderliche oder mögliche Zustellungen und Benachrichtigungen erfolgen, entspricht anglo-amerikanischem Vertragsgebrauch. Der Vorteil liegt darin, daß sich der Absender von Nachrichten auf die Richtigkeit der angegebenen Adresse verlassen kann, solange ihm keine Änderungen bekannt gemacht wurden. Zustellungen können daher in jedem Falle dort vorgenommen werden. Zuweilen sehen derartige Bestimmungen zusätzlich vor, daß bereits die Absendung einer Nachricht an die benannte Adresse innerhalb eines festgelegten Zeitraumes (meist einige Tage) deren ordnungsgemäße Zustellung bewirkt (Zustellungsfiktion).

26. Produkthaftung. Der Export von Waren ins Ausland wirft auch immer die Frage nach den Haftungsrisiken des Warenherstellers für Schäden auf, die Produktfehler bei Benutzern verursachen. Insbesondere im Warenverkehr mit den U.S.A., auf den das Form. sich bezieht, ist das ein Thema (vgl. zu den US-typischen Risiken etwa *Hoechst,* Die US-amerikanische Produzentenhaftung, 1986; *Noel/Phillips,* Products Liability 2nd ed.; *Thümmel,* RIW 1988, 359 ff.; *ders.,* WM 1987, 1087 f.). Da Produkthaftung außervertragliche Haftung ist und die Geschädigten meist auch in keiner vertraglichen Beziehung zum Hersteller des schadensstiftenden Produktes stehen, sind **vertragliche Haftungsbegrenzungsregelungen** etwa in Vertriebsverträgen, wenn sie überhaupt zulässig sind (vgl. § 14 ProdHaftG), **meist wirkungslos.** Der Hersteller wird allerdings versuchen, seinem Vertriebspartner gewisse Untersuchungs-, Marktbeobachtungs- und Instruktionspflichten den Kunden gegenüber aufzuerlegen, um bei ihm notfalls Regreß nehmen zu können. An der primären Einstandspflicht des Herstellers dem Geschädigten gegenüber ändern solche Regelungen nichts. Im übrigen wird man sie regelmäßig nicht in einem Konsignationslagervertrag, sondern in dem zugrundeliegenden Vertragshändlervertrag finden. Deshalb ist im Form. keine gesonderte Bestimmung enthalten.

Franchiseverträge*

Vorbemerkung zum internationalen Franchisevertrag

Im folgenden werden ein französischer, ein englischer und ein U.S.-amerikanischer Franchisevertrag vorgestellt und kommentiert. Sie sind im wesentlichen für einen deutschen Franchisegeber gedacht, der in Frankreich, in England bzw. in den USA ein vertragliches Vertriebssystem nach der Methode des Franchising für den Absatz von Waren und/oder Dienstleistungen aufbauen möchte. Die Vertragsformulare und Kommentierung sind um die Einbeziehung aller praktisch wichtigen Fragen des Vertragsrechts, des Kartell- und Wettbewerbsrechts sowie des Gewerblichen Rechtsschutzes und des internationalen Privatrechts bemüht. Die drei fremdsprachigen Formulare folgen in ihrem sachlichen Inhalt und in ihrer äußeren Gestaltung jeweils der kautelarjuristischen Praxis des jeweiligen Landes. Dabei unterliegen diese drei internationalen Franchiseverträge durchweg dem Recht desjenigen Landes, für dessen Märkte sie eingesetzt werden, weil in sämtlichen drei Verträgen eine entsprechende Rechtswahlklausel zu finden ist. Auch bei fehlender Rechtswahlklausel gälte nach deutschem internationalen Privatrecht sowie nach dem internationalen Privatrecht Frankreichs, Englands und des jeweiligen U.S.-Bundesstaats das hier jeweils zugrunde gelegte Recht. Denn nach ganz herrschender Ansicht in der Rechtsprechung bestimmt sich das auf systemische Vertriebsverträge anwendbare Recht nicht nach dem Sitz der Systemzentrale, sondern nach dem Sitz des Franchisenehmers, der den Schwerpunkt des Vertragsverhältnisses begründet. In allen Fällen ist also ausländisches und nicht deutsches Recht anwendbar.

Dies weicht von der ansonsten im Band „Internationales Wirtschaftsrecht" des Münchener Vertragshandbuchs geübten Praxis ab, derzufolge die vorgestellten Verträge zu allermeist nach deutschem bzw. „autonomen" Recht ausgerichtet sind. Diese Abweichung ist indes sachlich geboten. Gewiß ist theoretisch denkbar, daß die hier behandelten internationalen Franchiseverträge unter Verwendung einer entsprechenden Rechtswahlklausel ausdrücklich dem deutschen Recht unterworfen werden. Insbesondere kann sowohl nach U.S.-amerikanischer (vgl. Form. II.6 Anm. 74 zum U.S.-amerikanischen Franchisevertrag), englischer (vgl. Form. II.5 Anm. 111 zum englischen Franchisevertrag) sowie französischer Rechtsordnung (vgl. Form. II.4 Anm. 66 zum französischen Franchisevertrag) von den Parteien die Anwendung fremden (deutschen) Rechts vereinbart werden. Selbst wenn man als Franchisegeber auf der Grundlage einer Rechtswahl- und Gerichtsstandsklausel ein

---

* Der Verfasser ist seinem Mitarbeiter, Herrn Assessor Mansur Pour Rafsendjani für seine wertvolle Hilfe bei der aufwendigen Materialsuche und -aufbereitung in Dankbarkeit verbunden.

Urteil in der Bundesrepublik Deutschland erstritten haben sollte, ist indes nicht auszuschließen, daß spätestens bei der Vollstreckung mit Überraschungen zu rechnen ist, weil dem Urteil die Anerkennung im Land des Franchisenehmers wegen des ordre public- bzw. public policy-Vorbehalts versagt bleibt, insbesondere wenn das deutsche Gericht ausländisches zwingendes Recht unberücksichtigt gelassen hat. In der Praxis kommt es denn auch so gut wie niemals vor, daß auf grenzüberschreitende Franchiseverträge deutscher Franchisegeber mit ausländischen Franchisenehmern schlicht deutsches Recht für anwendbar erklärt wird, wenn man von ganz besonders gelagerten Ausnahmekonstellationen absieht. Vielmehr werden Franchiseverträge von deutschen Franchisegebern, die im Ausland operieren und mit ausländischen Franchisenehmern abgeschlossen werden, in aller Regel dem Heimatrecht der Franchisenehmer und damit dem Recht des Operationslandes und des Zielmarkts unterstellt. Dies gilt unabhängig davon, ob der deutsche Franchisegeber unmittelbar grenzüberschreitende Franchiseverträge abschließt oder von einer ausländischen Tochtergesellschaft als Franchisegeberin die Verträge mit ausländischen Franchisenehmern abschließen läßt.

Der Grund hierfür ist, daß Franchiseverträge die sensibelsten unter den Vertriebsverträgen darstellen. Schon zivilrechtlich sind sie durch Gesetz und Rechtsprechung eines jeden Landes einer weitgehenden Regulierung unterworfen, die sich zum Gutteil als Ausdruck des „ordre public international" bzw. der „public policy" des betreffenden Staates versteht und sich damit ohnehin gegenüber jeder Rechtswahl durchsetzt. Das wird etwa durch die zwingende Geltung von Ausgleichsansprüchen des Franchisenehmers bei Vertragsbeendigung, aber schon durch viele nationale Spezialbestimmungen zu den Aufklärungs- und Offenbarungspflichten des Franchisegebers deutlich. Gerade Aufklärungs- und Offenbarungspflichten des Franchisegebers sind in den USA ebenso wie in Frankreich spezialgesetzlich zwingend zugunsten sämtlicher inländischen Franchisenehmer geregelt (vgl. Form. II.6 Anm. 6 zur U.S.-amerikanischen Rechtslage und Form. II.4 Anm. 11 zur französischen Rechtslage). Damit können wesentliche Bereiche des Franchisevertragsrechts, die erhebliches Streitpotential aufweisen, nicht mit Erfolg dem deutschen Recht unterworfen werden. Vor allem aber sind Franchiseverträge hochgradig kartellrechtsrelevant, denn sie zeichnen sich durch eine Vielzahl von Vertikalbindungen (Absatzbindungen, Vertriebsbindungen, Verwendungsbindungen, Koppelungsbindungen, wenn nicht gar Preis- und Konditionenbindungen) aus, für die das jeweils nationale Kartellrecht des betroffenen Marktes nach dem Marktauswirkungsprinzip zwingende Anwendung findet, u. U. in Ergänzung zum EU-Kartellrecht der Art. 85 f. EGV. Die Kartellrechtsrelevanz des Franchising beschränkt sich dabei nicht auf materielle Fragen des Rechts der Wettbewerbsbeschränkungen; vielmehr stellen die jeweiligen nationalen Kartellrechtsvorschriften schon zahlreiche formelle Bedingungen auf, von denen die zivilrechtliche Wirksamkeit der im jeweiligen nationalen Markt wirksamen Franchiseverträge abhängt. Dies reicht von einfachen Schriftformerfordernissen bis hin zur nationalen kartellbehördlichen Anmeldung der Franchiseverträge mit ihren wettbewerbsbeschränkenden Vereinbarungen. Schon weil ein Franchisesystem in einem fremden Land kaum ohne enge Abstimmung mit der nationalen Kartellbehörde aufgebaut werden kann, ist die entsprechende Fremdrechtswahl tunlich. Hinzu kommen Gründe des Markenrechts und anderer Gebiete des Immaterialgüterrechts, die es gleichfalls als unausweichlich, jedenfalls aber als höchst opportun erscheinen lassen, einen Franchisevertrag von vornherein dem jeweiligen nationalen Recht desjenigen Landes zu unterstellen, dessen Markt von dem vertraglichen Vertriebssystem betroffen ist. Die Problematik der vertraglichen Rechtswahl wird in den Anmerkungen zu den verschiedenen Franchiseverträgen nochmals gesondert kommentiert (vgl. hierzu Form II.6 Anm. 74 zur U.S.-amerikanischen, Form. II.4 Anm. 66 zur französischen und Form II.5 Anm. 111 zur englischen Rechtslage).

4. Contrat de Franchisage
(Französischer Franchisevertrag)

Contrat de franchisage[1-11] *(oder:* Contrat de franchise)

ENTRES LES SOUSSIGNÉES

La Société A, ayant son siège social dans la ville de ...... en ......, représentée aux présentes par M. X ayant pouvoir, ci-après dénommée „Le Franchiseur"
et
La Société B, ayant son siège social dans la ville de ...... en ......, représentée par M. Y ayant pouvoir, ci-après dénommée „Le Franchisé"

Préambule.[11,12]

Le Franchiseur dispose d'une notoriété et d'un savoir-faire reconnus, d'une réputation commerciale bien établie et d'une clientèle actuelle et potentielle importante. En plus, il est titulaire des marques et d'autres droits intellectuels qui concernent son acitivité dans la grande distribution *(respectivement la prestation de service)*. Le Franchiseur a l'intention de concéder au Franchisé son système de franchisage sous les conditions suivantes du présent contrat.

Le Franchisé reconnaît avoir été informé des possibilités et des exigences de la formule du Franchiseur. Il a visité le ...... et le ...... à ...... deux magasins franchisés et il a eu la faculté d'examiner leurs documents comptables, et il a suivi du ...... au ...... un stage d'information au siège du Franchiseur.

Il exprime en conséquence son désir de bénéficier de l'expérience et du savoir-faire du Franchiseur.

Il déclare prendre risque d'ouvrir un commerce à son compte, sous sa responsabilité, sans garantie formelle de succès, et sans qu'aucune des deux parties ne puisse prétendre, en dehors des stipulations financières contenues au contrat, de partager son profit ou ses pertes avec l'autre.

Art. 1 Indépendance des parties.[13,14]

Le contrat est conclu par le Franchiseur en considération expresse et déterminante de la personalité du Franchisé, de sa situation de dirigeant effectif dans l'acitivité objet du contrat et à cause du contrôle qu'il détient grâce à la majorité des parts et des droits de vote de la société soussignée.

Le Franchisé dispose, dans le respect des dispositions du présent contrat, de l'indépendance de sa gestion exclusive de lien de subordination ou de représentation sous quelque forme que ce soit.

Cette indépendance s'applique notamment tant au recrutement et à la rémunération du personnel qu'il juge adapté, qu'à ses recettes, y incluant la récupération des créances qui lui sont dues, dépens et charges, notamment fiscaux et sociaux.

Art. 2 Clause de confidentialité.[15]

Le Franchisé reconnaît que tous les éléments du système, contenus ou non dans le manuel, comme tous documents, motifs publicitaires, méthodes commerciales, techniques ou comptables, droits privatifs ou non de propriété industrielle, sans que la présente liste soit limitative, sont de la propriété du Franchiseur.

En conséquence, le Franchisé s'engage:
- à en cesser l'emploi du seul fait de la perte, pour quelque cause et à quelque moment que ce soit, de la qualité de Franchisé;
- à ne pas divulguer à des personnes étrangères au réseau, les méthodes, procédés ou techniques qui lui sont ou qui lui seront connus du fait du présent contrat et de son exécution;
- à faire signer à tous les membres de son personnel appelés à travailler dans l'établissement franchisé une lettre contenant de leur part les mêmes engagements que les énoncés au paragraphe ci-dessus, et contenant reconnaissance personnelle par eux que toute violation de cette obligation de confidentialité constituerait le délit de divulgation de secret de fabrique.

Art. 3 Clause de répartition des responsabilités.[16]

Le Franchisé est seul responsable des prestations qu'il aura effectuées ou qu'il fait effectuer pour le compte de sa clientèle. Le Franchisé supportera donc seul les conséquences de toute action éventuelle dirigée contre le Franchiseur du fait d'une prestation défectueuse, y compris la charge de frais juridiques que le Franchiseur serait éventuellement appelé à engager pour sa défense.

Art. 4 Obligations du Franchiseur.[17]

4.1 Concession des droits de propriété intellectuelle.[18]

Dans le délai de huits jours de la signature du contrat, le Franchiseur s'engage à effectuer les concessions suivantes au Franchisé:

a) Marque et nom commercial.[19,20]

Le Franchiseur concède au Franchisé pour le territoire de la ville de . . . . . . et le département . . . . . . et pour la durée convenue, la jouissance exclusive du nom commercial et de la marque . . . . . . dont le Franchiseur est le propriétaire, ainsi que des annexes actuelles ou futures bulletins, procédés, suppléments, formules, éléments publicitaires, dispositifs, marques, marques de service ou marques commerciales, slogans, faisant partie occasionnellement, accessoirement ou de façon permanente du concept du Franchiseur.

b) Transmission du savoir-faire.[21]

Le Franchiseur s'engage à fournir au Franchisé selon les modalités convenues dans le présent contrat, l'ensemble de son savoir-faire technique et commercial, tel que précisé en annexe.

4.2 Protection des droits de la propriété intellectuelle.[22,23,24]

Le Franchiseur s'oblige de défendre les droits de la propriété intellectuelle comme il lui convient, qu'il soit demandeur ou défendeur. Le Franchisé lui apportera toute assistance raisonnable dans ces actions. Le Franchisé pourra s'il le souhaite, se joindre à ces actions en ce qui concerne le respect de ses droits et la réparation des dommages qu'il aurait subis.

4.3 Prestations de service.[25]

a) Service avant l'ouverture.

Le Franchiseur s'engage à collaborer à l'ouverture et au lancement de l'acitivité franchisée en apportant les services suivants:
- Communication du cahier des charges d'une entreprise franchisée, concernant l'aménagement du local;
- Communication de l'assortiment type du stock nécessaire et conseils pour son adaptation au marché local, en vue de la passation de la première commande;
- Assistance et conseils pour la préparation et la mise en place de l'ouverture;
- Formation du Franchisé par stage théorique et pratique de 9 semaines.
- Conseils publicitaires de lancement.

Les susdits services seront rémunerés par le droit d'entrée.

4. Contrat de franchisage (Französischer Franchisevertrag)

b) Service en cours de l'ouverture.

Le Franchiseur se mettra à la disposition du Franchisé pour l'ouverture de l'acitivité franchisée et assurera une présence effective sur place de trois jours, de manière à aider et à conseiller le Franchisé pendant la période d'ouverture et de lancement.

Ce service sera rémuneré par le droit d'entrée.

c) Service après l'ouverture.

Le Franchiseur s'oblige à mettre à la disposition du Franchisé les services suivants:
- Information technique par des mises à jour régulières sur les services techniques que peut apporter le Franchiseur, sur les nouvelles techniques utilisables, ce qui constitue en fait la mise à jour du savoir-faire communiqué;
- Conception et gestion de la publicité nationale;
- Information commerciale, notamment par l'envoi d'un bulletin contentant les nouvelles de la concurrence, les nouveautés, les idées de promotion etc.;
- Formation permanente par la visite d'un conseiller et par des possibilités de séjours techniques auprès du Franchiseur.

Tous ces services seront rémunerés par des redevances périodiques proportionnelles prévues dans le présent contrat.

4.4 Publicité.[26]

Le Franchiseur s'engage de promouvoir le système franchisé à l'échelle nationale et internationale pour son propre bénéfice et pour le bénéfice mutuel de toutes les personnes ou sociétés franchisées.

Le Franchiseur s'engage en plus d'effectuer une publicité groupée pour tous les membres de la chaîne sur le plan national ou international.

Art. 5. L'exclusivité de la Franchise.[27,28,29]

Les droits exclusifs attachés au présent contrat sont accordés par le Franchiseur au Franchisé pour son magasin situé à ...... Le Franchiseur garantit au Franchisé l'exclusivité d'exploitation desdits droits pour toute la zone géographique comprise dans un rayon de ...... kilomètres autour du point de vente.

Dans la zone définie au-dessus, le Franchiseur reconnaît au Franchisé l'exclusivité d'appartenance au réseau de Franchise. Il s'engage pendant toute la durée du contrat et dans cette zone:
- à n'instituer aucun Franchisé et, en conséquence,
- à n'autoriser aucune autre personne physique ou morale à utiliser l'enseigne du réseau,
- à ne communiquer à aucune autre personne physique ou morale le système franchisé.

Mais en revanche les produits fabriqués ou diffusés (distribués) par le Franchiseur pourront cependant être proposés au public dans cette zone, sous leur marque habituelle, par d'autres revendeurs.

Le Franchisé ne pourra pas accorder dans le territoire concédé de sous-licences ou tout autre droit à un tiers, à quelque titre que ce soit, sauf accord écrit préalable du Franchiseur.

Art. 6 Le point de vente.[30,31]

Le présent contrat prévoit que le point de vente soit exploité dans un immeuble appartenant au Franchiseur, demeurant ...... et loué au Franchisé, selon bail à usage commercial en date du ...... dont une copie est jointe au présent contrat de Franchise en annexe.

Le point de vente ne peut servir qu'à l'exploitation du présent contrat et aucune marchandise autre que celles vendues au Franchisé par le Franchiseur ou les fournisseurs désignés par celui-ci ne peut être détenue ou vendue.

Art. 7 Obligations du Franchisé.[32]

7.1 Obligation de diligence et de meilleur effort.[33]

Le Franchisé consacrera toute diligence et toute son activité à l'exploitation de la présente, de façon à donner pleine satisfaction à la clientèle.

Compte tenu des droits qui sont reconnus au Franchisé dans son secteur, celui-ci a l'obligation de consacrer tout son temps et de déployer tous les efforts nécessaires pour permettre une exploitation convenable de l'établissement. Il ne pourra à cet égard s'intéresser en aucun cas, directement ou indirectement, à toute autre activité concurrente de celle du réseau du Franchiseur. Toute adjonction d'activité nouvelle devra être agréée par le Franchiseur.

Il s'engage à ouvrir son magasin durant les jours et les heures d'ouverture en usage dans la profession et la localité.

7.2 Obligation financière du Franchisé.[34]
   a) Droit d'entrée.[35]

Le Franchisé s'oblige à verser au Franchiseur un droit d'entrée fixe et ferme se montant à 100.000 FF, payable en une seule fois à la date de signature du contrat. Il demeure irrévocablement acquis au Franchiseur.

   b) Redevances périodiques de Franchise.[36]

Pendant toute la durée du contrat, le Franchisé s'engage à verser au Franchiseur une redevance mensuelle en pourcentage du montant net global des ventes (ou services) facturé par le Franchisé hors taxes sous la seule déduction des remises, rabais et soldes raisonnables consentis par le Franchisé payable dans les 8 jours suivant la fin de chaque période.

   aa) Mode de calcul.

Le terme „montant net global des ventes (respectivement des services)" s'entend de tous les produits reçus au titre des ventes de biens et de services réalisés dans le cadre de la Franchise sans aucune réserve et avant (respectivement après) déduction du montant de tous impôts directs ou indirects sur les revenus.

(oder: Ce montant net s'entend après déduction de toutes taxes, ainsi que des rabais ou remises bénéficiant aux clients, mais non des commissions versées aux intermédiaires).

La rémunération sera égale à 4% du montant net global des ventes du Franchisé.

   bb) Le paiement.

Cette redevance est payable au plus tard le 25 de chaque mois sur le chiffre d'affaires du mois précédent (oder: sur les facturations du mois précédent), étant observé que la redevance est due, pour chaque contrat entre le Franchisé et un consommateur, à partir de la date de sa signature. Elle sera versée au Franchiseur par chèque ou virement bancaire.

Le paiement sera accompagné d'un bordereau récapitulatif ventilant le décompte des sommes relatives à chaque facturation suivant le modèle fourni par le Franchiseur cité dans le présent contrat.

   cc) Inexécution de paiement.[37]

Faute du paiement parvenu le 25 de chaque mois, la somme due portera de plein droit des intérêts au taux légal de ...... pour cent annuels à compter de la date de leur exigibilité, et ceci sans préjudice de tous autres dommages-intérêts et du droit du Franchiseur de mettre fin au contrat un mois après une mise en demeure, par lettre recommandée avec accusé de réception, contenant d'indication précise des griefs retenus contre le Franchisé, et le rappel que le contrat se trouvera résilié au seul gré du Franchiseur si les comportements défectueux du Franchisé ne sont pas intégralement corrigés dans les 30 jours de la présentation de la lettre recommandée.

   dd) Bordereau récapitulatif.

Le Franchisé devra remplir et remettre au Franchiseur un état écrit mensuel selon le modèle prescrit par le Franchiseur sur le montant net des ventes réalisées au cours du mois précédent et sur toute information requise par le Franchiseur.

Ce bordereau récapitulatif sera adressé dans les mêmes délais que le versement de la redevance stipulée précédemment. Si le Franchiseur demande des rapports plus fréquents, le Franchisé s'engage à les fournir.

7.3 Respect des normes d'acitivités.[38]

Le Franchiseur a élaboré un manuel d'opérations dans l'intention que les Franchisés alignent leurs activités sur ces dernières. Ce manuel vaut recommandation et guide tant au plan technique, commercial et adminstratif que dans les rapports avec la clientèle.

Le Franchisé s'engage à respecter ce manuel d'opération qui constitue un document fixant contractuellement les modes opérationnels que le Franchisé s'engage à suivre et que le Franchiseur s'engage à modifier chaque fois que nécessaire pour mettre à jour le système d'exploitation de la Franchise.

7.4 Obligation d'information.[39]

Le Franchisé tiendra informé le Franchiseur, et il lui formulera toutes remarques quant à l'état du marché et aux attentes de la clientèle notamment. En outre une information préalable du Franchiseur doit être faite par le Franchisé avant toute opération sur le fonds de commerce du Franchisé.

Le franchisé informera aussi promptement le Franchiseur de toute violation réelle ou supposée de la marque dont il pourra avoir connaissance.

7.5 L'emploi obligatoire des signes de ralliement de la clientèle.[40]

Le Franchisé doit utiliser pour la signalisation de son magasin, et dans toute sa publicité, les mots composant la dénomination de la chaîne, et les caractéristiques distinctives du système, suivant la combinaison, la disposition et la manière qui figurent dans le manuel d'opérations, et qui peuvent être vérifiées dans les magasins pilotes dont la liste figure en tête du manuel d'opérations, de telle sorte que le magasin du Franchisé soit aisément reconnaissable par le public comme étant un élément de la chaîne. La marque de la chaîne doit être utilisée sur le papier à lettre, le matériel publicitaire suivant la combinaison, la disposition et la manière qui figurent dans le manuel d'opérations.

7.6 Standard d'aménagement du point de vente.[41]

Afin de respecter l'image commune de tous les points de vente du réseau de Franchise étudiée par le Franchiseur et dont il s'engage à faire bénéficier le Franchisé, le magasin doit être aménagé en parfaite conformité avec les prescriptions du cahier des charges annexé au présent contrat. Le Franchiseur apporte son savoir-faire en matière d'aménagement, présentation et entretien du magasin au Franchisé.

Le Franchiseur fournira au Franchisé un catalogue complet et détaillé de tous ces éléments, matériaux, mobiliers, accessoires et fournitures avec l'indication des fournisseurs, prix et délais de livraison. Le Franchisé en fera directement l'acquisition chez les fournisseurs indiqués.

Le Franchisé devra également effectuer toutes les démarches en vue d'obtenir l'autorisation d'apposer la ou les enseignes sur la façade de son magasin.

L'ouverture du magasin est subordonnée à l'agrément du Franchiseur que les partenaires reconnaissent expressément comme étant seul juge de la conformité du magasin à l'image commune de la Franchise.

Les travaux d'aménagement et de décoration du magasin devront débuter dans les soixante jours de la signature du présent contrat et devront être terminés dans les cent quatre-vingt jours de cette signature.

Faute par le Franchisé de respecter les délais précités, et sauf force majeure, le présent contrat sera automatiquement résilié si dans les trente jours de la réception d'une mise en demeure émanant de Franchiseur, il n'a pas été remédié, à la satisfaction du Franchiseur, à la carence dénoncée.

Durant tout le temps du contrat, le Franchisé s'engage à maintenir son magasin en parfait état d'entretien et de conformité à l'image commune de la Franchise.

Au cours du contrat, le Franchiseur a la faculté d'apporter toute modification qu'il jugerait utile à l'image commune de la Franchise et donc à l'aménagement et à la présentation du magasin.

Le Franchisé s'engage à réaliser ces modifications dans les six mois de la notification qui lui en aura été faite par le Franchiseur, qui lui fournira son assistance pour la réalisation de ces modifications.

7.7 Stock minimum.[42]

Le Franchisé s'engage à détenir en permanence un stock minimum disponible fixé au manuel.

7.8 Clause d'objectif.[43]

Le Franchisé s'engage à réaliser un chiffre d'affaires hors de taxe annuel minimum de 1.000.000 FF à compter de la deuxième année contractuelle, objectif qui, sauf accord contraire des parties, sera revisé en fonction de variation de l'indice sectoriel des prix I.N.S.E.E.

Non obstant toute disposition contraire dans le contrat, dans le cas où le Franchisé ne parviendrait pas, à l'issue d'une année commerciale donnée, à remplir l'objectif défini dans le présent contrat, le Franchiseur sera en droit de résilier le contrat immédiatement sans indemnité ou compensation au Franchisé.

7.9 Revente des marchandises.[44,45]

Le Franchisé n'est autorisé à revendre les marchandises au détail qu'à des consommateurs finals ou autres franchisés sans préjudice de droit pour le Franchisé.

7.10 Publicité et promotion.[46]

Le Franchisé s'engage à participer aux campagnes promotionnelles menées par le Franchiseur et visant à développer l'ensemble du réseau et participer à leur financement ainsi qu'indiqué dans l'article 7.2.

De plus le Franchisé s'engage à consacrer à des actions publicitaires locales une somme au moins égale à 2% de son chiffre d'affaires local, dont les modalités et les périodes d'utilisation seront décidées par le Franchisé.

Le Franchisé s'oblige à consulter au préalable le Franchiseur et à obtenir son accord exprès sur les mesures de publicité envisagées par lui dans le cadre de l'obligation susvisée.

7.11 Interdiction de faire de la publicité en dehors de la zone attribuée.

Le Franchiseur se réserve le droit de demander au Franchisé de déplacer, modifier ou de supprimer tous panneaux de signalisation ou de publicité routière que s'avéreraient préjudiciables, soit à l'ensemble de la chaîne, soit à un certain nombre d'établissements voisins.

Le Franchisé s'interdit de faire de la publicité en faveur de l'objet du présent contrat, notamment par affichage et par distribution de tracts, dans la zone d'influence incontestable d'un autre établissement de la chaîne.

7.12 Clause de non concurrence.[47]

Le Franchisé, pendant toute la durée du présent contrat, s'interdit expressément d'entreprendre aucune activité susceptible de concurrencer directement ou indirectement ce réseau et de lui porter préjudice en France ou à l'étranger.

Il est notamment entendu par concurrence indirecte l'action concurrentielle qui serait faite par une personne morale ou physique autre que le Franchisé, en utilisant les connaissances, l'assistance, ou les moyens financiers du Franchisé.

Sont notamment considérés comme concurrence, sans que cette énumération soit limitative:

- toute participation directe ou indirecte à l'exploitation de tous magasins de la même catégorie que ceux du réseau,
- toute affiliation ou collaboration avec tout réseau de magasin de la même catégorie que les établissements du réseau,
- toute communication aux tiers de documents, manuels, ratios, relatifs à la gestion du réseau.

7.13 Assurance.[48]

Le Franchisé s'engage à contracter toute assurance couvrant les risques divers. Il devra assurer sa responsabilité du fait de tous actes entraînés par l'exercice du commerce et/ou

4. Contrat de franchisage (Französischer Franchisevertrag) II.4

l'exécution de prestations techniques, assurer son stock et ses installations contre tout risque (incendies, vols, dégâts des eaux, bris de glaces).

Les contrats d'assurance doivent être communiqués au Franchiseur qui peut exiger des couvertures complémentaires, en rapport avec l'activité du Franchisé.

En cas de sinistre, le Franchiseur et les fournisseurs agréés recevront l'indemnité afférente aux marchandises sinistrées non payées directement.

Il est convenu d'autre part qu'aucune partie ne pourra être considérée responsable de manquements au contrat provoqués par la grève, par l'incendie, par le fait de guerre ou tous autres cas de force majeure.

Art. 8 Clause d'approvisionnement exclusif.[49]

En conséquence de l'exclusivité qui lui est consentie, le Franchisé s'engage à s'approvisionner en produits exclusivement auprès du Franchiseur ou auprès des fabricants désignés par celui-ci.

Toutefois, s'il advient que le Franchisé juge opportun de créer un rayon d'articles complémentaires et non concurrents à la collection réunie par le Franchiseur, il pourra le faire après demande préalable au Franchiseur. Si celui-ci accepte cet élargisssement de l'assortiment du Franchisé, ce dernier ne pourra y consacrer plus de 15% du montant de ses achats hors taxes et devra adresser au Franchiseur un exemplaire de chacun des modèles mis en vente dans la boutique franchisée avec un double de la facture d'achat.

(Für Dienstleistungsfranchising:
La méthode de traitement mise au point par le Franchiseur nécessite l'utilisation de produits spécifiques et particuliers dont le dosage, la composition et le procédé de mélange garantissent non seulement l'efficacité, mais aussi la sécurité d'utilisation. A ce titre le Franchisé s'approvisionnera exclusivement auprès du Franchiseur pour tous les produits destinés à être utilisés dans l'établissement franchisé).

Art. 9 Prix des marchandises.[50]

Le parties conviennent que le prix des marchandises fournies au Franchisé pour la revente aux clients sera le prix du tarif du Franchiseur étant en vigueur au jour de commandes d'approvisionnement.

Art. 10 Règles de contrôle.[51]

Le Franchiseur peut à tout moment faire procéder au contrôle de la clause d'exclusivité et du maintien des normes d'activités.

Les mandataires du Franchiseur pourront entrer à tout moment raisonnable dans les locaux du Franchisé et inspecter en détail, vérifier les méthodes de vente ainsi que l'organisation générale comptable et administrative, et cela au minimum 4 fois par an.

S'il découle de la visite qu'une intervention de formation complémentaire sur place est nécessaire à la bonne mise en oeuvre du concept franchisé par le Franchisé, cette intervention sera, pour la première fois, faite gratuitement par le Franchiseur, à concurrence de deux jours d'intervention.

Le Franchisé s'engage à modifier les couleurs, l'enseigne, le logo, l'aménagement intérieur et extérieur du magasin lorsque le Franchiseur en aura ainsi décidé.

Cette transformation de l'aménagement intérieur et des couleurs étant nécessaire à une évolution éventuelle du marché, le Franchisé reconnaît l'importance de cette clause, et s'engage expressément à la respecter avec rigueur.

Art. 11 Durée et renouvellement.[52,53]

Le contrat est conclu pour une durée de 5 années commerciales. Il sera renouvelé par période de 5 (cinq) années commerciales successives, sauf si l'une des parties notifie à l'autre sa volonté contraire au moins un an avant l'échéance considérée, sans qu'aucune indemnité ne puisse être due au Franchisé de ce seul fait.

Le renouvellement n'entraîne pas de nouveau versement de la redevance initiale.

Art. 12 L'extinction anticipée.[54,55,56]

12.1 Dissolution.

La disparition par dissolution de la société franchisée ou la dissolution de la société du Franchiseur met fin au contrat même avant l'expiration du terme convenu.

12.2 Résiliation.

En cas d'inexécution par l'une des parties de l'une quelconque des obligations résultant du contrat, le contrat pourra être résilié à l'initiative de l'autre partie, en le notifiant trente jours après mise en demeure par lettre recommandée avec accusé de réception précisant l'inexécution visée en lui indiquant très exactement le comportement fautif et les remèdes à y apporter ainsi que l'intention de résilier le contrat, l'expiration du délai étant restée infructueuse.

Art. 13 Conséquence de l'extinction du contrat.[57,58,59,60]

13.1 Cessation d'usage des signes de ralliement.[61]

Le Franchisé s'engage à cesser immédiatement tout usage des droits de la propriété intellectuelle et du savoir-faire lui étant concédés.

A la fin du présent contrat, à quelque moment et pour quelque cause qu'elle intervienne, le Franchisé devra immédiatement cesser tout usage de la dénomination et des logos symbolisant la Franchise.

Il reconnaît que tout usage de ces signes de ralliement de la clientèle, survenue la fin du contrat, que ce soit à titre d'enseigne, comme motif publicitaire, dans la décoration du magasin, sur ses papiers commerciaux, ou autrement, constituerait une contrefaçon, justiciable de sanctions civiles et pénales.

13.2 Reprise des marchandises en stock.[62]

Dans le cas où l'interruption de la relation de la Franchise ne serait pas le fait direct ou indirect du Franchisé, tenant notamment en l'inexécution de l'une de ses obligations, le Franchisé disposerait d'un délai complémentaire de 3 mois, à compter de la résiliation pour liquider la marchandise en stock dans les conditions et sous l'enseigne de la Franchise, à moins que le Franchiseur ne préfère reprendre l'ensemble des stocks restant à leur prix d'achat.

13.3 Retournement des signes de ralliement.

Le Franchisé s'engage à retourner au Franchiseur tous documents liés à la description du savoir-faire et des méthodes du Franchiseur, sans pouvoir en garder aucune copie, directement ou indirectement, ainsi que tout document promotionnel portant la marque en sa possession, ainsi que tout produit qu'il n'aurait pas payé à cette date, sans droit de rétention à leur ègard.

13.4 Clause de non-concurrence post-contractuelle.[63,64]

En cas de l'extinction du présent contrat, pour quelque cause que ce soit, ou de résiliation judiciaire, quels que soient les torts et griefs prononcés, le Franchisé personnellement, et la société franchisée s'engagent à ne pas s'intéresser, sous quelque forme que ce soit, fut-ce comme conseil, directement ou indirectement, à une entreprise similaire et cependant une période de deux ans dans le territoire consenti au Franchisé.

Toute infraction constatée à la présente clause sera sanctionnée par une somme forfaitaire de 20.000 FF par jour de retard à compter de ladite infraction et à partir du moment où le Franchisé aura été mis en demeure par le Franchiseur.

Pendant 2 (deux) ans après la rupture du contrat, à quelque moment et pour quelque cause qu'elle intervienne, les parties s'interdisent réciproquement de recruter à titre salarié ou d'utiliser à quelque titre que ce soit, directement ou indirectement, les salariés ou anciens salariés de l'autre partie.

Art. 14 Transmission du Contrat.[65]

Ce contrat est incessible et intransmissible sauf l'agrément écrit préalable du Franchiseur, que ce soit du fait de cession ou de mutation par héritage ou autrement, de location-gérance ou location-vente du fonds de commerce du Franchisé ou de la modification des organes dirigeants, de la cession de la majorité des droits de vote dans la société franchisée, ou encore par suite de sa fusion ou absorption, scission apport partiel ou autrement.

Pour instruire la demande du Franchisé, le Franchiseur dispose d'un temps de reflexion d'un mois à compter de la réception de la notification pour y répondre, sans avoir à motiver sa décision. Le silence du Franchiseur vaut approbation de la transmission du contrat.

Art. 15 Attribution de droit applicable.[66]

Le contrat est soumis au droit français.

Art. 16 Attribution de compétence.[67,68]

Tout différend pouvant s'élever relativement à la négociation, à l'exécution ou à l'interprétation des présentes sera soumis au tribunal compétent de ......

Art. 17 Annulation des accords antérieurs.[69]

Le présent contrat contient l'intégralité de l'accord des parties sur son objet et annule et remplace dans toutes ses dispositions les accords écrits ou verbaux ayants pu exister antérieurement entre les parties.

Fait en deux exemplaires,
A Saarbrücken, le ....

....
Signature du Franchiseur   Signature du Franchisé

*Übersetzung**

Franchisevertrag[1–11]

zwischen den Unterzeichnern
Gesellschaft A mit Hauptsitz in der Stadt ......, in ......, vertreten durch den Bevollmächtigten Herrn X., nachfolgend als Franchisegeber bezeichnet,
und
Gesellschaft B mit Hauptsitz in ......, ..., vertreten durch den Bevollmächtigten Herrn Y., nachfolgend als Franchisenehmer bezeichnet,

Präambel[11]

Der Franchisegeber verfügt über einen beachtlichen Bekanntheitsgrad, ein anerkanntes Know-how sowie über ein gewachsenes geschäftliches Ansehen und über eine bedeutende bestehende und potentielle Klientel. Des weiteren ist er Inhaber von Markenrechten und sonstigem geistigen Eigentum im Bereich des Großhandels bzw. des Dienstleistungssektors. Der Franchisegeber beabsichtigt, sein Franchisesystem auf den Franchisenehmer zu den folgenden, im vorliegenden Vertrag festgelegten Bedingungen zu übertragen.

---

* Diese Übersetzung dient ausschließlich dem besseren Verständnis des französischen Originals; sie erhebt keinen Anspruch auf Verbindlichkeit.

Der Franchisenehmer erklärt hiermit, über die Chancen und Anforderungen des Geschäftskonzepts des Franchisegebers informiert worden zu sein. Er hat zwei Franchisegeschäfte am ...... und am ...... in ...... besucht, wobei ihm die Möglichkeit eingeräumt war, die einschlägigen Buchungsunterlagen einzusehen. Des weiteren hat er am ...... am Sitz des Franchisegebers ein Einführungsseminar besucht.

Infolgedessen wünscht er, von der Erfahrung und dem Know-how des Franchisegebers zu profitieren.

Er erklärt, das Risiko der Eröffnung eines eigenen Geschäftes auf eigene Rechnung auf sich nehmen und dies auf eigene Verantwortung ohne förmliche Erfolgsgarantie betreiben zu wollen, ohne daß über die im Vertrag enthaltenen, die finanziellen Regelungen betreffenden Klauseln hinaus eine der Parteien eine Teilung von Gewinn und Verlust beanspruchen könnte.

Artikel 1 Unabhängigkeit der Parteien[13,14]

Der Vertrag wurde vom Franchisegeber abgeschlossen in ausdrücklicher und bestimmter Würdigung der Persönlichkeit des Franchisenehmers, seiner Stellung als Führungskraft in bezug auf die Tätigkeit, die Gegenstand des vorliegenden Vertrages ist, sowie auf die von ihm gehaltene Kontrolle in der unterzeichnenden Gesellschaft, die er wegen seiner Mehrheit an den Gesellschaftsanteilen und der Stimmrechte ausübt.

Der Franchisenehmer genießt gemäß den Bestimmungen des vorliegenden Vertrages die Unabhängigkeit in seiner Geschäftsführung und ist von jeglicher Art von Bindungen frei, die zu einer Unterordnung bzw. einer Einschränkung seiner Vertretungsmacht führen könnten.

Diese Unabhängigkeit bezieht sich sowohl auf die Rekrutierung und Entlohnung des von ihm für geeignet gehaltenen Personals, als auch auf seine Einnahmen, einschließlich der Eintreibung ihm zustehender offener Forderungen sowie auf seine Ausgaben und insbesondere Steuer- und Sozialabgaben.

Artikel 2 Vertraulichkeitsklausel[15]

Der Franchisenehmer erkennt an, daß alle Elemente des Franchisesystems Eigentum des Franchisegebers sind, und zwar unabhängig davon, ob sie im Handbuch erwähnt sind oder nicht, wie z.B. alle Dokumente, Werbemotive, Handelsmethoden, Methoden der Technik und Buchführung, ausschließliche und nicht ausschließliche Rechte gewerblichen Eigentums, ohne daß diese Auflistung abschließend ist.

Infolgedessen verpflichtet sich der Franchisenehmer:
– bei Verlust der Eigenschaft als Franchisenehmer – aus welchem Grund und zu welcher Zeit auch immer – die Nutzung (der Rechte des Franchisegebers) einzustellen;
– die Methoden, Verfahrensweisen und Techniken, die ihm aufgrund des vorliegenden Vertrages und seiner Ausführung zu seiner Kenntnis gelangt sind, nicht an systemfremde Personen preiszugeben;
– von allen zur Tätigkeit im Franchisegeschäft berufenen Mitgliedern seiner Belegschaft ein Schreiben unterzeichnen zu lassen, welches die gleichen, zuvor genannten Verpflichtungen sowie die persönliche Anerkenntnis enthält, daß jede Verletzung dieser Vertraulichkeitspflicht den Tatbestand einer unerlaubten Offenbarung von Betriebsgeheimnissen darstellt.

Artikel 3 Verteilung der Haftung[16]

Der Franchisenehmer ist allein verantwortlich für die von ihm für seine Kunden bewirkten bzw. von ihm veranlaßten Leistungen. Der Franchisenehmer trägt damit allein die Konsequenzen einer eventuell gegen den Franchisegeber gerichteten Klage aufgrund einer fehlerhaften Leistung. Er übernimmt auch die Kostenlast der Rechtsverfolgung, die der Franchisegeber gegebenenfalls zu seiner Verteidigung aufbringen muß.

4. Contrat de franchisage (Französischer Franchisevertrag)

Artikel 4 Verpflichtungen des Franchisegebers[17]

4.1 Einräumung von Immaterialgüterrechten[18]

Innerhalb einer Frist von acht Tagen nach Vertragsunterzeichnung erteilt der Franchisegeber dem Franchisenehmer folgende Lizenzen:

a) Marke und Handelsname[19,20]

Der Franchisegeber überträgt dem Franchisenehmer für das Gebiet der Stadt ...... und für das Departement ...... für die vereinbarte Vertragsdauer das ausschließliche Nutzungsrecht an dem Handelsnamen und dem Markenrecht ......, deren rechtmäßiger Inhaber der Franchisegeber ist. Der Franchisenehmer erhält gleichfalls aktuelle bzw. zukünftige Anlagen, Berichte, Verfahren, Zusätze, Formeln, Elemente der Werbung, Marken, Dienstleistungsmarken oder Handelsmarken sowie Slogans, die gelegentlich oder dauerhaft als Zubehör zum Konzept des Franchisegebers gehören.

b) Übertragung des Know-how[21]

Der Franchisegeber verpflichtet sich, dem Franchisenehmer gemäß den im vorliegenden Vertrag vereinbarten Modalitäten sein gesamtes technisches und gewerbliches Know-how zu übertragen, das im Annex zu diesem Vertrag genau bezeichnet ist.

4.2 Schutz der Immaterialgüterrechte[22,23,24]

Der Franchisegeber verpflichtet sich, soweit er es für angebracht hält, zum Schutz der Immaterialgüterrechte, sei es als Kläger, sei es als Beklagter. Der Franchisenehmer gewährt ihm hierzu angemessenen Beistand. Der Franchisenehmer kann auf eigenen Wunsch den Klagen im Hinblick auf seine Rechte sowie von ihm möglicherweise erlittene Schäden beitreten.

4.3 Beistandsleistungen[25]

a) Leistungen vor Betriebseröffnung

Der Franchisegeber verpflichtet sich zur Zusammenarbeit für die Eröffnung und den Beginn des Franchisebetriebs, indem er folgende Leistungen erbringt:

– Übermittlung des Lastenheftes eines Franchiseunternehmens, welches Aussagen über die Ausstattung des Geschäftslokals enthält;
– Übermittlung des standardisierten Grundwarenbestandes mit Ratschlägen für dessen Anpassung an die Gegebenheiten des lokalen Marktes im Hinblick auf die erste Auftragserteilung;
– Hilfestellung und Beratung für die Vorbereitung und Durchführung der Geschäftseröffnung;
– Ausbildung des Franchisenehmers in einem neunwöchigen Kursus in Theorie und Praxis;
– werbetechnische Beratung zur Markteinführung.

Die vorstehend genannten Leistungen sind durch die Eintrittsgebühr abgegolten.

b) Leistungen im Verlaufe der Geschäftseröffnung

Der Franchisegeber hält sich beim und für den Beginn der Franchisetätigkeit zur Verfügung des Franchisenehmers und sichert ihm eine dreitägige Anwesenheit vor Ort zu, wobei er dem Franchisenehmer mit Rat und Tat während dieser Zeit der Geschäftseröffnung und der Markteinführung zur Seite steht.

Diese Serviceleistung ist mit der Eintrittsgebühr vergütet.

c) Serviceleistung nach Geschäftseröffnung

Der Franchisegeber verpflichtet sich, für den Franchisenehmer folgende Dienstleistungen bereitzuhalten:

– technische Informationen im Wege laufender Aktualisierungen der vom Franchisegeber erbringbaren technischen Dienstleistungen sowie neuartiger Einsatztechniken, was praktisch auf die laufende Aktualisierung des übermittelten Know-hows hinausläuft;
– Planung und Durchführung der landesweiten Werbung;

- gewerbliche Information, insbesondere durch Übersendung eines Informationsblattes, das Nachrichten über die Mitbewerber, Marktneuheiten, Werbeideen usw. enthält;
- ständige Ausbildung durch Besuch eines Beraters sowie durch die Ermöglichung von Schulungsaufenthalten beim Franchisegeber.

All diese Dienstleistungen werden durch die wiederkehrenden Gebühren abgedeckt, so wie es im vorliegenden Vertrag vorgesehen ist.

4.4 Werbung[26]

Der Franchisegeber verpflichtet sich, im Eigeninteresse wie im gemeinsamen Interesse aller franchisierten Einzelpersonen und Gesellschaften das Franchisesystem weiterzuentwickeln und zu fördern, sowohl national als auch international.

Er verpflichtet sich weiterhin zur Durchführung einer gemeinsamen Werbung für alle Mitglieder des Franchisesystems auf der Grundlage eines nationalen oder internationalen Werbekonzepts.

Artikel 5 Exklusivität der Franchise[27,28,29]

Die mit diesem Vertrag verbundenen exklusiven Rechte werden vom Franchisegeber dem Franchisenehmer für sein Ladenlokal in ...... eingeräumt. Der Franchisegeber garantiert dem Franchisenehmer die Exklusivität der Nutzung der besagten Rechte für den gesamten räumlichen Bereich in einem Umkreis von ...... Kilometern um das Ladenlokal.

Der Franchisegeber erkennt dem Franchisenehmer in dem so definierten Bereich das exklusive Auftreten im Franchisenetz zu. Er verpflichtet sich daher, für die gesamte Vertragsdauer innerhalb dieser Zone:
- keine anderen Franchisenehmer einzusetzen und infolgedessen
- keinen anderen natürlichen oder juristischen Personen die Nutzung der Kennzeichen des Systems zu gestatten;
- keinen anderen natürlichen oder juristischen Personen das Franchisesystem zugänglich zu machen.

Im Gegenzug können allerdings die vom Franchisegeber hergestellten oder vertriebenen Waren unter ihrer gewöhnlichen Marke von anderen Wiederverkäufern der Kundschaft in dem geschützten Vertragsgebiet angeboten werden.

Außer im Falle des vorherigen schriftlichen Einverständnisses des Franchisegebers ist der Franchisenehmer nicht berechtigt, auf welcher Grundlage auch immer, Unterlizenzen bzw. andere Rechte (aus diesem Franchiseverhältnis) an Dritte zu gewähren.

Artikel 6 Ladenlokal[30,31]

Der vorliegende Vertrag sieht vor, daß das Ladenlokal in einem dem Franchisegeber gehörenden Gebäude in ...... untergebracht und dem Franchisenehmer auf der Grundlage einer Geschäftsraummiete überlassen wird. Der diesbezügliche Mietvertrag vom ...... ist in Kopie dem vorliegenden Franchisevertrag als Annex beigefügt.

Das Ladenlokal darf lediglich zu Zwecken des vorliegenden Vertrages genutzt werden. Es dürfen dort vom Franchisenehmer nur solche Waren vorrätig gehalten oder verkauft werden, die ihm vom Franchisegeber oder von durch diesen bestimmten Lieferanten verkauft wurden.

Artikel 7 Verpflichtungen des Franchisenehmers[32]

7.1 Sorgfaltspflicht und Besteinsatz[33]

Der Franchisenehmer verpflichtet sich, seine gesamte Aufmerksamkeit und seine volle Einsatzkraft der Ausübung des Franchisebetriebes zu widmen, so daß er seinen Kunden Anlaß zur vollsten Zufriedenheit gibt. Jedwede neue zusätzliche Tätigkeit (des Franchisenehmers) bedarf der Zustimmung des Franchisegebers.

4. Contrat de franchisage (Französischer Franchisevertrag)

Angesichts der dem Franchisenehmer in seinem Vertragsgebiet zuerkannten Rechte, hat dieser die Verpflichtung, all seine Zeit zu investieren und alle notwendigen Anstrengungen zu unternehmen, um eine geeignete Ausübung des Franchisegeschäfts sicherzustellen. In dieser Hinsicht wird es ihm unter keinem Umstand gestattet, direkt oder indirekt irgendeine andere Tätigkeit auszuüben, die mit dem Franchisesystem in Wettbewerb steht.

Er verpflichtet sich, sein Ladenlokal an den berufs- und ortsüblichen Tagen zu öffnen sowie berufs- und ortsübliche Öffnungszeiten einzuhalten.

7.2 Finanzielle Verpflichtungen des Franchisenehmers[34]

a) Eintrittsgebühr[35]

Der Franchisenehmer verpflichtet sich, an den Franchisegeber eine einmalige Eintrittsgebühr in Höhe von 100.000,– FF, insgesamt fällig bei Unterzeichnung des Vertrages, zu zahlen. Sie verbleibt unwiderruflich beim Franchisegeber.

b) Wiederkehrende Franchisegebühren[36]

Der Franchisenehmer verpflichtet sich für die gesamte Vertragsdauer, dem Franchisegeber eine monatliche Franchisegebühr zu zahlen. Diese errechnet sich aus dem Nettoumsatz der in Rechnung gestellten Verkäufe (bzw. Dienstleistungen) ohne die darauf zu leistenden Steuern. Abgezogen werden hiervon lediglich die Rücknahmen, Rabatte und die angemessenen, mit dem Franchisenehmer abgestimmten Schluß(Räumungs)verkäufe. Der Betrag wird acht Tage nach dem Ende einer jeden Abrechnungsperiode fällig.

aa) Berechnungsmodalität

Der (vorstehende) Begriff der Nettosumme aller Verkäufe (oder: Dienstleistungen) umfaßt alle im Rahmen des Franchisegeschäfts getätigten Verkäufe von Gütern bzw. jede im Rahmen des Franchisegeschäfts erbrachten Dienstleistungen ohne Vorbehalt und vor (bzw. nach) Abzug der sich aus der direkten bzw. indirekten Besteuerung der Einnahmen ergebenden Beträge.

(oder: Der Nettobetrag versteht sich nach Abzug aller Steuern, Rabatte oder zugunsten von Kunden getätigten Rücknahmen, jedoch ohne die an Vermittler gezahlten Provisionen).

Die Vergütung beträgt 4 % des Nettoumsatzes des Franchisenehmers.

bb) Zahlung

Die laufende Gebühr ist spätestens am 25. eines jeden Monats auf der Grundlage des Geschäftsergebnisses des Vormonats fällig (bzw. auf der Grundlage der Rechnungsausgänge des Vormonats). Entscheidend hierfür ist das Datum der Unterzeichnung des zwischen Franchisenehmer und Kunden geschlossenen Vertrages. Die Gebühr ist per Scheck oder Banküberweisung an den Franchisegeber zu zahlen.

Der Zahlung soll eine zusammenfassende Aufstellung beigefügt werden, aus der genau die in Rechnung gestellten Beträge hervorgehen und zwar nach Maßgabe des vom Franchisegeber im vorliegenden Vertrag spezifizierten Abrechnungsmodells.

cc) Zahlungsverzug[37]

Wenn die vereinbarte Zahlung nicht am 25. jeden Monats erfolgt, wird auf die geschuldete Summe ein Zinssatz von x % jährlich, gerechnet ab Fälligkeit, erhoben. Dem Franchisegeber bleibt in diesem Falle die Geltendmachung weiteren Schadensersatzes sowie das Recht zur Vertragsbeendigung nach Ablauf einer Verzugsfrist von einem Monat vorbehalten. Die Fristsetzung soll per Einschreiben mit Rückschein erfolgen und die genaue Bezeichnung der gegen den Franchisenehmer erhobenen Vorwürfe enthalten. Des weiteren muß der Hinweis enthalten sein, daß der Vertrag vom Franchisegeber einseitig gekündigt werden kann, falls das fehlerhafte Verhalten des Franchisenehmers nicht innerhalb von 30 Tagen nach Erhalt des Einschreibens wiedergutgemacht wird.

dd) Sammelbericht

Der Franchisenehmer ist verpflichtet, einen schriftlichen Monatsbericht nach dem vom Franchisegeber vorgegebenen Muster zu erstellen und an diesen zu senden. Er muß Aufschluß über die im Monatsverlauf getätigten Nettoabschlüsse sowie alle sonstigen vom Franchisegeber gewünschten Informationen enthalten.

Dieser Sammelbericht ist innerhalb der Fristen zu übersenden, die zuvor für die Zahlung der laufenden Gebühren vereinbart wurden. Auf Verlangen des Franchisegebers verpflichtet sich der Franchisenehmer, diese Sammelberichte häufiger zu erstellen.

7.3 Beachtung der Tätigkeitsrichtlinien (des Franchisegebers)[38]

Der Franchisegeber hat ein Betriebshandbuch erstellt, an dem die Franchisenehmer ihre Tätigkeiten auszurichten haben. Dieses Handbuch dient als Empfehlung und Führung sowie als Anleitung für den technischen, kaufmännischen und betriebswirtschaftlichen Umgang mit der Kundschaft.

Der Franchisenehmer verpflichtet sich zur Beachtung dieses Betriebshandbuchs als eines Dokuments, das die Betriebsmodalitäten vertraglich festhält, die der Franchisenehmer einzuhalten hat. Der Franchisegeber verpflichtet sich im Gegenzug, so oft wie nötig Änderungen vorzunehmen, um die laufende Anpassung des Franchisekonzepts und seiner Nutzbarkeit zu gewährleisten.

7.4 Informationsverpflichtung[39]

Der Franchisenehmer ist verpflichtet, den Franchisegeber informiert zu halten und ihm alles mitzuteilen, was die Gegebenheiten des Marktes und insbesondere die Erwartungen der Kundschaft anbetrifft. Darüber hinaus ist der Franchisenehmer verpflichtet, dem Franchisegeber vor jeder den „Fonds de Commerce" des Franchisenehmers betreffenden Maßnahme zu unterrichten.

Der Franchisenehmer informiert ebenso umgehend den Franchisegeber von jeder tatsächlichen oder vermuteten Verletzung des Markenrechts, die ihm zur Kenntnis gelangt ist.

7.5 Verpflichtung zur Verwendung der zugkräftigen System-Kennzeichen[40]

Der Franchisenehmer ist verpflichtet, für die Kennzeichnung seines Ladenlokals und bei jeder Werbung, die Schlagworte zur Bezeichnung des Franchisesystems und die unterscheidungskräftigen System-Merkmale in der im Handbuch beschriebenen Kombination sowie Art und Weise zu benutzen. Diese können anhand der Pilotbetriebe überprüft werden, die am Anfang des Handbuches aufgelistet sind. Die Verwendung der Kennzeichen des Franchisesystems soll in der Weise erfolgen, daß das Geschäft des Franchisenehmers von der Öffentlichkeit leicht als ein Glied der Franchisekette erkennbar ist. Die Marke der Franchisekette ist sowohl auf dem Briefpapier, als auch auf dem Werbematerial zu verwenden und zwar in der im Handbuch beschriebenen Kombination, Anordnung und Art.

7.6 Standardeinrichtung des Ladenlokals[41]

Um das vom Franchisegeber angestrebte einheitliche Erscheinungsbild aller Ladenlokale des Franchisenetzes zu gewährleisten, von dem auch der Franchisenehmer Nutzen trägt, muß das Ladenlokal in vollständiger Übereinstimmung mit den Vorschriften des als Annex zu diesem Vertrag beigefügten Lastenheftes eingerichtet werden. Der Franchisegeber überträgt dem Franchisenehmer auch sein Know-how in bezug auf Einrichtung, Präsentation und Unterhaltung des Ladenlokals.

Der Franchisegeber liefert dem Franchisenehmer einen vollständigen und detaillierten Katalog, aus dem all diese Elemente, Materialien, Einrichtungsgegenstände, Zubehörteile und Zutaten hervorgehen, verbunden mit der Angabe der Lieferanten, der Preise und der Lieferfristen. Der Franchisenehmer ist verpflichtet, direkt den Einkauf bei den angegebenen Lieferanten zu tätigen.

Der Franchisenehmer ist weiterhin gehalten, alle Anstrengungen zu unternehmen, um die Erlaubnis zur Anbringung des oder der Kennzeichen an der Geschäftsfassade zu erhalten.

Die Eröffnung des Ladenlokals ist an die vorherige Zustimmung des Franchisegebers gebunden, den alle Systempartner ausdrücklich als alleinige Entscheidungsinstanz über die Systemkonformität des Ladenlokals und das einheitliche Erscheinungsbild anerkennen.

Die Einrichtungs- und Ausstattungsarbeiten im Ladenlokal müssen innerhalb von sechzig Tagen nach Vertragsunterzeichnung beginnen und innerhalb von 180 Tagen nach Vertragsunterzeichnung abgeschlossen sein.

Hält der Franchisenehmer diese Fristen nicht ein und liegt kein Fall höherer Gewalt vor, wird der vorliegende Vertrag automatisch dreißig Tage nach Empfang einer Inverzugsetzung durch den Franchisegeber aufgelöst, sofern nicht eine den Franchisegeber zufriedenstellende Abhilfe innerhalb der genannten Karenzfrist erfolgt.

Der Franchisenehmer verpflichtet sich während der genannten Vertragslaufzeit, sein Ladenlokal in tadellosem Betriebszustand und systemkonformem Erscheinungsbild zu halten.

Während der Laufzeit des Vertrages soll es dem Franchisegeber frei bleiben, jede von ihm für das gemeinsame Erscheinungsbild des Franchisesystems nützliche Änderung anzuregen. Dies kann auch die Einrichtung und Außendarstellung des Ladenlokals betreffen.

Der Franchisenehmer verpflichtet sich, diese Änderungen innerhalb von sechs Monaten nach Bekanntgabe durch den Franchisegeber vorzunehmen, der seinerseits Hilfe zur Umsetzung dieser Änderungen leisten wird.

7.7 Mindestwarenbestand[42]

Der Franchisenehmer ist zur Lagerhaltung eines wie im Handbuch beschriebenen ständig verfügbaren Mindestwarenbestandes verpflichtet.

7.8 Mindestumsatz[43]

Der Franchisenehmer verpflichtet sich, ab dem zweiten Vertragsjahr einen jährlichen Mindestumsatz von 1.000.000,- FF ohne Steuern zu erwirtschaften. Dieses Ziel soll, sofern die Parteien nichts anderes vereinbaren, nach Maßgabe des sich ändernden Lebenserhaltungsindex (I.N.S.E.E) angepaßt werden.

Ohne einer anderweitigen Vorschrift dieses Vertrages entgegenzustehen, ist der Franchisegeber zur sofortigen Kündigung dieses Vertrages ohne Leistung von Schadensersatz oder Entschädigung berechtigt, wenn es dem Franchisenehmer nicht gelingt, am Ende des betreffenden Geschäftsjahres das in diesem Artikel festgesetzte Mindestumsatzziel zu erreichen.

7.9 Wiederverkauf der Vertragswaren[44,45]

Der Franchisenehmer ist lediglich zum Wiederverkauf der Vertragswaren an Endverbraucher oder zum Verkauf an andere Franchisenehmer berechtigt, sofern er keinen Schaden an eigenen Rechten erleidet.

7.10 Öffentlichkeitsarbeit und Werbung[46]

Der Franchisenehmer verpflichtet sich, an vom Franchisegeber geleiteten Werbekampagnen mitzuwirken und sich im Hinblick auf die Weiterentwicklung des Systems auch an der Finanzierung entsprechend Artikel ...... zu beteiligen.

Darüber hinaus verpflichtet sich der Franchisenehmer, einen Betrag von mindestens 2% seines Geschäftsumsatzes für die lokale Werbung vorzusehen, über deren Art und Weise sowie zeitlichen Einsatz der Franchisenehmer selbst entscheidet.

Der Franchisenehmer ist im Rahmen der vorgenannten Aufgabe verpflichtet, hinsichtlich der von ihm vorgesehenen Werbemaßnahmen den Franchisegeber vorher zu konsultieren und dessen ausdrückliche Zustimmung einzuholen.

7.11 Werbeverbot außerhalb der dem Franchisenehmer zugewiesenen Zone

Der Franchisegeber behält sich das Recht vor, dem Franchisenehmer aufzugeben, jede Beschilderung und jede Straßenwerbung zu entfernen, zu ändern oder zu unterlassen, die sich schädlich für das gesamte System oder auch nur für eine bestimmte Anzahl benachbarter Franchisebetriebe erweisen könnte.

Dem Franchisenehmer ist es untersagt, für die Vertragswaren dieses Franchisevertrags in der Schutzzone eines anderen Unternehmens des Franchisesystems Werbung, insbesondere durch Plakatierung und Verteilung von Flugblättern zu betreiben.

7.12 Konkurrenzschutzklausel[47]

Dem Franchisenehmer ist es für die gesamte Laufzeit des vorliegenden Vertrages ausdrücklich untersagt, irgendwelche Aktivitäten zu entwickeln, die geeignet sind, direkt oder indirekt in dem Franchisesystem zu konkurrieren oder diesem in Frankreich bzw. im Ausland Nachteile zuzufügen.

Als indirekte Konkurrenz ist insbesondere jede Tätigkeit zu verstehen, die von einer vom Franchisenehmer verschiedenen juristischen oder natürlichen Person ausgeübt wird, die sich die Kenntnisse, die Hilfe oder finanzielle Mittel des Franchisenehmers zunutze macht.

Insbesondere wird als Konkurrenztätigkeit – ohne daß diese Aufzählung abschließend wäre – verstanden:
- jede direkte oder indirekte Beteiligung am Betrieb eines Ladenlokals, das in derselben Branche wie das Franchisesystem angesiedelt ist;
- jede Beteiligung an bzw. Zusammenarbeit mit anderen Geschäftssystemen derselben Branche des vorliegenden Franchisesystems;
- jede Mitteilung an Dritte von Dokumenten, Handbüchern oder sonstige Information, die die Leitung des Franchisesystems betreffen.

7.13 Versicherung[48]

Der Franchisenehmer verpflichtet sich, sämtliche Versicherungen zur Abdeckung der verschiedenen Risiken abzuschließen. Er hat seine Haftungsrisiken zu versichern, die aus allen Tätigkeiten bei Ausübung des Gewerbes bzw. bei der Ausführung technischer Leistungen entstehen. Er hat auch den Warenbestand und die Ladeneinrichtung gegen jedes denkbare Risiko (Brandstiftung, Diebstahl, Wasserschäden, Hagel) zu versichern.

Der Versicherungsvertrag ist dem Franchisegeber bekanntzugeben. Dieser kann zusätzliche Deckung im Hinblick auf die Aktivitäten des Franchisenehmers verlangen.

Im Schadensfall sind der Franchisegeber bzw. die von ihm zugelassenen Lieferanten berechtigt, den ihnen gebührenden Schadensersatz für die beschädigten und noch nicht bezahlten Waren zu erhalten.

Es gilt jedoch als vereinbart, daß keine Partei für mangelnde Vertragserfüllung haftbar gemacht wird, welche durch Streik, Brand, Krieg oder sonstige Fälle höherer Gewalt verursacht worden ist.

Artikel 8 Exklusivbezug[49]

Im Gegenzug für die ihm gewährte (territoriale) Exklusivität erklärt sich der Franchisenehmer mit der Verpflichtung zum ausschließlichen Bezug der Vertragswaren beim Franchisegeber bzw. bei von diesem bestimmten Herstellern einverstanden.

Wenn es der Franchisenehmer dennoch für opportun hält, ein zusätzliches Sortiment von Artikeln aufzunehmen, die freilich nicht mit der Kollektion des Franchisegebers konkurrieren dürfen, so kann er dies tun, wobei er zuvor die Erlaubnis des Franchisegebers einzuholen hat. Wenn dieser der Sortimentserweiterung zustimmt, ist der Franchisenehmer nur unter der Voraussetzung dazu berechtigt, daß er höchstens 15% des Geschäftsumsatzes (Steuer nicht inbegriffen) hierfür ansetzt. Er ist darüber hinaus verpflichtet, dem Franchisegeber ein Musterexemplar all derjenigen Waren zukommen zu lassen, welche im Ladenlokal des Franchisenehmers verkauft werden, und eine Zweitausfertigung der jeweiligen Rechnung mitzuliefern.

(Für das Dienstleistungs-Franchising:
Die vom Franchisegeber vorgesehene Verfahrensweise erfordert den Einsatz besonderer und eigenartiger Erzeugnisse, deren Dosierung, Zuammensetzung und Mischung nicht nur ihre Wirksamkeit sondern auch ihre Gebrauchssicherheit gewährleistet. Deshalb wird sich der Franchisenehmer ausschließlich sämtliche Produkte, die für die Verwendung in seinem Franchisebetrieb bestimmt sind, beim Franchisegeber besorgen.)

4. Contrat de franchisage (Französischer Franchisevertrag)

Artikel 9 Preis der Vertragswaren[50]

Die Parteien vereinbaren, daß der Preis für die an den Franchisenehmer gelieferten und zum Weiterverkauf an Kunden bestimmten Waren sich nach dem Tarif des Franchisegebers richtet, der zum Zeitpunkt der Warenbestellung in Kraft ist.

Artikel 10 Kontrollregel[51]

Der Franchisegeber ist jederzeit berechtigt, die Einhaltung der Bedingungen bezüglich der Exklusivität und der Umsetzung der Richtlinien im Betrieb des Franchisegeschäftes zu kontrollieren.

Die Bevollmächtigten des Franchisegebers sind berechtigt, mindestens viermal im Jahr zu angemessenen Zeiten die Lokalitäten des Franchisenehmers zu betreten und detaillierte Untersuchungen vorzunehmen sowie die Einhaltung der vorgegebenen Verkaufsmethoden und die allgemeine Buchführung und Verwaltung zu überwachen.

Stellt sich im Verlaufe der Inspektion heraus, daß eine zusätzliche Schulung vor Ort notwendig ist, um eine fachgerechte Umsetzung des Franchisekonzepts zu gewährleisten, so soll diese Maßnahme bei erstmaliger Erforderlichkeit mit einer Dauer von zwei Tagen vom Franchisegeber kostenlos bereitgestellt werden.

Auf Verlangen des Franchisegebers ist der Franchisenehmer dann verpflichtet, die farbliche Ausstattung, das Kennzeichen, das Logo, die Außen- sowie die Inneneinrichtung des Ladenlokals zu verändern.

In Anbetracht der Notwendigkeit der Umgestaltung der Inneneinrichtung und der farblichen Gestaltung zwecks Anpassung an eine allfällige Weiterentwicklung der Marktgegebenheiten, erkennt der Franchisenehmer die Wichtigkeit dieser Klausel an und verpflichtet sich ausdrücklich, sich streng an diese Vorgaben zu halten.

Artikel 11 Vertragsdauer und Vertragserneuerung[52,53]

Der Vertrag ist für eine Dauer von fünf Geschäftsjahren geschlossen. Er verlängert sich um weitere fünf Geschäftsjahre, es sei denn, daß eine Vertragspartei der anderen ihren gegenteiligen Willen mindestens ein Jahr vor dem ordentlichen Vertragsablauf mitteilt, wobei dem Franchisenehmer allein aufgrund dieser Tatsache keine Entschädigung zustehen soll.

Die Vertragsverlängerung erfordert nicht die erneute Zahlung einer Eintrittsgebühr.

Artikel 12 Vorzeitige Beendigung[54,55,56]

12.1 Gesellschaftsauflösung

Die Auflösung der Franchisenehmer- bzw. Franchisegebergesellschaft führt zur sofortigen Beendigung des Vertrages, auch wenn der Vertrag noch nicht ausgelaufen sein sollte.

12.2 Kündigung

Im Falle der Nichterfüllung irgendeiner der sich aus diesem Vertrag ergebenden Pflichten einer Partei, ist der Vertrag durch die andere Vertragspartei kündbar. Dabei muß dies 30 Tage nach Inverzugsetzung per Einschreiben mit Rückschein angedroht werden. In diesem Schreiben ist die betreffende Nichterfüllung genau zu bezeichnen und das vertragswidrige Verhalten mit den hierfür vorgesehenen Heilungsmöglichkeiten genau anzugeben sowie die Absicht anzuzeigen, den Vertrag bei fruchtlosem Fristablauf zu kündigen.

Artikel 13 Folgen der Vertragsbeendigung[57,58,59,60]

13.1 Einstellung der Verwendung von Kennzeichen[61]

Der Franchisenehmer verpflichtet sich, umgehend jede Verwendung von Immaterialgüterrechten sowie des ihm übertragenen Know-hows einzustellen.

Bei Eintritt des Vertragsendes, zu welcher Zeit und aus welchem Grund dies auch geschehen mag, muß der Franchisenehmer umgehend jede Verwendung der Bezeichnung des Franchisegeschäfts und der dieses symbolisierenden Logos einstellen.

Er erkennt an, daß jede Verwendung dieser die Kunden anziehenden Kennzeichen als Werbemotiv, in der Geschäftsdekoration, auf den Geschäftsbriefen oder in anderer Weise nach Vertragsbeendigung einen mit zivil- und strafrechtlichen Sanktionen bedrohten Mißbrauch darstellen.

13.2 Rücknahme des Warenbestandes[62]

Für den Fall, daß die Beendigung der Vertragsbeziehung nicht direkt oder indirekt vom Franchisenehmer verursacht worden ist, insbesondere durch Nichterfüllung einer seiner Pflichten, soll der Franchisenehmer über eine zusätzliche Frist von drei Monaten, gerechnet ab Kündigung des Vertrages, verfügen können, um den Restwarenbestand zu den Bedingungen und unter den Kennzeichen des Franchisegeschäfts zu veräußern, es sei denn, daß der Franchisegeber es vorzieht, den gesamten Restwarenbestand zum Einkaufspreis zurückzunehmen.

13.3 Rückgabe der Kennzeichen des Franchisegeschäfts

Der Franchisenehmer ist verpflichtet, dem Franchisegeber alle Dokumente über die Beschreibung des Know-how und der Methode des Franchisegebers zurückzugeben, ohne auch nur direkt oder indirekt eine Kopie behalten zu dürfen. Desgleichen hat er jedes in seinem Besitz befindliche Werbedokument mit der Franchisemarke sowie jedes zu diesem Zeitpunkt unbezahlte Franchiseprodukt zurückzugeben, ohne diesbezüglich ein Zurückbehaltungsrecht geltend machen zu dürfen.

13.4 Nachvertragliches Wettbewerbsverbot[63,64]

Für den Fall der Beendigung des vorliegenden Vertrages, aus welchem Grund auch immer, und für den Fall der gerichtlichen Auflösung des Franchiseverhältnisses, aus welchen vorgebrachten Klagegründen auch immer, sind sowohl der Franchisenehmer persönlich als auch die Franchisenehmergesellschaft verpflichtet, sich jeder direkten oder indirekten Beteiligung, in welcher Form auch immer, an einem ähnlichen Unternehmen innerhalb seines Vertragsgebietes für die Dauer von zwei Jahren zu enthalten.

Jeder festgestellte Verstoß gegen die vorgenannte Klausel ist pauschal mit einer Summe von 20.000,– FF pro Tag zu bestrafen, gerechnet ab dem Tag des besagten Verstoßes bzw. nach Inverzugsetzen durch den Franchisegeber.

Die Parteien verpflichten sich gegenseitig, für einen Zeitraum von zwei Jahren nach Vertragsbeendigung – unabhängig vom Zeitpunkt und Grund der Beendigung – weder direkt noch indirekt, auf welcher Grundlage auch immer, Mitarbeiter bzw. ehemalige Mitarbeiter der anderen Vertragspartei abzuwerben oder zu beschäftigen.

Artikel 14 Übertragung des Vertrages[65]

Ohne vorherige schriftliche Zustimmung des Franchisegebers ist dieser Vertrag nicht abtretbar bzw. übertragbar, und zwar weder im Wege einer Abtretung, Vererbung, Verpachtung oder eines Mietkaufs des „Fonds de Commerce" des Franchisenehmers, noch im Wege einer Änderung der Organe der Franchisenehmergesellschaft oder einer Abtretung der mehrheitlichen Stimmrechte in der Franchisenehmergesellschaft, noch schließlich im Wege einer Abtretung im Rahmen einer Fusion, einer Verschmelzung oder einer teilweisen Abspaltung oder dergleichen.

Um der Initiative des Franchisenehmers Folge zu leisten, verfügt der Franchisegeber über eine Bedenkzeit von mindestens einem Monat, gerechnet ab dem Erhalt der Mitteilung, wobei er bei seiner Antwort zu keiner Begründung seiner Entscheidung verpflichtet ist. Stillschweigen des Franchisegebers kommt einer Zustimmung zur Übertragung des Vertrages gleich.

4. Contrat de franchisage (Französischer Franchisevertrag)   II.4

Artikel 15 Rechtswahl[66]

Der Vertrag ist dem französischen Recht (oder dem deutschen Recht) unterworfen.

Artikel 16 Gerichtsstandsvereinbarung[67, 68]

Alle sich aus der Vertragsverhandlung, der Vertragsausführung oder der Vertragsinterpretation ergebenden Differenzen sollen vor dem zuständigen Gericht in Saarbrücken (Paris) verhandelt werden.

Artikel 17 Annullierung vorheriger Vereinbarungen[69]

Der vorliegende Vertrag enthält die vollständige Vereinbarung der Vertragsparteien hinsichtlich des Vertragsobjekts und annulliert und ersetzt in allen Vorschriften vorher zwischen den Parteien getroffene Vereinbarungen schriftlicher oder mündlicher Art.

Gefertigt in zwei Exemplaren,

Saarbrücken, den ....

....
Unterschrift des Franchisegebers   **Unterschrift des Franchisenehmers**

Allgemeiner Literaturhinweis: Für das Verständnis der allgemeinen Grundlagen des Vertriebsrechts und der rechtlichen Besonderheiten der Vertriebsmethode des Franchising sei auf die umfassenden Darstellungen in *Martinek/Semler* (Hrsg.), Handbuch des Vertriebsrechts, 1996 (C. H. Beck-Verlag) hingewiesen.

Übersicht

	Seite
Sachverhalt	148
1. Entwicklung des Franchiserechts in Frankreich	148
2. Franchiseorganisationen	149
3. Rechtsquellen	150
4. Rechtsnatur des Franchisevertrages	151
5. Allgemeine Geschäftsbedingungen	152
6. Sprachschutzregelung	154
7. Formvorschriften	153
8. Publizitätspflicht für ausländische Zweigniederlassungen	154
9. Kartellrechtliche Zulässigkeit	155
10. Die Belieferungsverweigerung – Refus de vente	157
11. Vorvertragliche Aufklärungspflichten des Franchisegebers	159
12. Präambel	160
13. Parteien	161
14. Marktzutrittsmodalitäten	163
15. Vertraulichkeitsklausel	164
16. Haftungsfragen	164
17. Pflichten des Franchisegebers	165
18. Übertragung der Nutzungsrechte an Marken und anderen Immaterialgüterrechten	165
19. Markenrecht	166
20. Lizenzvertragliche Regelungen (insbesondere Markenlizenz)	166
21. Übertragung des „savoir-faire" (Know-how)	167
22. Schutz des geistigen Eigentums	170
23. Rechtsmängelhaftung des Franchisegebers (garantie d'éviction)	170
24. Schutz des „savoir-faire"	171
25. Serviceleistungen des Franchisegebers	171
26. Werbung des Franchisegebers	172
27. Exklusive Übertragung der Franchise	172
28. Territoriale Exklusivität	172
29. Geschäftsverbot außerhalb des Vertragsgebietes	173

	Seite
30. Standort des Ladenlokals	174
31. Besonderheiten der Geschäftsraummiete	174
32. Pflichten des Franchisenehmers	175
33. Besteinsatzklausel	176
34. Zahlungsverpflichtungen des Franchisenehmers	176
35. Einstandsgebühr	176
36. Wiederkehrende Gebühren	176
37. Zahlungsverzug	177
38. Verpflichtung zu systemkonformem Verhalten	177
39. Verpflichtung zur Information des Franchisegebers	177
40. Verpflichtung des Franchisenehmers zur Benutzung von Systemkennzeichen	177
41. Standardausstattung des Geschäftslokals	177
42. Mindestwarenbestand	177
43. Mindestumsatz	178
44. Wiederverkaufsbeschränkungen	178
45. Preisbindungsverbot	178
46. Beschränkungen der Werbung	178
47. Vertragliches Wettbewerbsverbot	179
48. Versicherungspflicht	179
49. Bezugsbindung des Franchisenehmers	179
50. Preisklausel bzgl. Sukzessivlieferungen	180
51. Kontrollrechte des Franchisegebers	182
52. Dauer des Franchisevertrages	182
53. Vertragsverlängerung bzw. Vertragsweiterführung	183
54. Beendigung des Vertrages	184
55. Vorzeitige Vertragsbeendigung des befristeten Franchisevertrages	184
56. Auflösung unbefristeter Franchiseverträge	186
57. Konsequenzen der Vertragsbeendigung	187
58. Rückzahlung der Eintrittsgebühr	187
59. Goodwillausgleich	187
60. Investitionsersatzanspruch	187
61. Einstellung des Gebrauchs der gewerblichen Schutzrechte	188
62. Rücknahme des verbleibenden Warenbestandes	188
63. Nachvertragliches Wettbewerbsverbot	188
64. Vertragsstrafen	189
65. Veräußerung des Franchisegeschäftes durch den Franchisenehmer	190
66. Rechtswahlklauseln	190
67. Gerichtsstandsvereinbarung	191
68. Schiedsgerichtsvereinbarung	192
69. Ablöseklausel	192

Literatur zum französischen Franchiserecht: Anstett-Gardea, Französisches Handels- und Wirtschaftsrecht, RIW 1993, S. 243; *dies.,* in: *Martinek/Semler,* Handbuch des Vertriebsrechts, § 46, Rn. 60 ff.; *Azema,* Définition juridique du know-how, Actualités de droit de l'entreprise, 1975; *Baldi,* Das Recht des Warenvertriebs in der Europäischen Gemeinschaft, 1988; *ders.,* Distributorship, Franchising, Agency, 1987; *Baschet,* A qui appertient le clientèle, Franchise Magazine, Okt. 1994, S. 26 ff.; *Baudenbacher/Klauer,* Der Tatbestand der „concurrence déloyale" des französischen Rechts und der Vertrieb selektiv gebundener Ware durch einen Außenseiter, GRUR Int. 1991, S. 799–806; *Bénabent,* Droit civil – Les contrats spéciaux, 1993; *Bidan/Le Bras,* La responsabilité civile et économique du Franchiseur dans la gestion du franchisé, Rev. Jurispr. com. 1986, S. 1–18 und 41–50; *Blanc,* Les contrats de distribution concernés par la loi Doubin, Dalloz 1993, S. 218 ff.; *Boursican,* La Franchise commerciale et les possibilités qu'elle offre à la petite et moyenne entreprise, Diss. Toulouse 1972; *Bucelle,* Le contrat de Franchise, Mémoire Montpellier 1970; *Burst,* Eléments de ralliements de clientèle et Franchise, Cahiers de

4. Contrat de franchisage (Französischer Franchisevertrag) II.4

droit de l'entreprise Nr. 2, 1988, S. 40 ff.; *Cas/Bout,* LAMY Economique, Concurrence, Distribution, Consommation. 1993; *Casel,* Refus de vente. Clauses d'exclusivité, 1960; *Champaud,* La concession commerciale, Rev. trim. dr. com. 1963, S. 451; *Cosnard,* Le refus de vente, Dr. soc 1961, S. 515; *Delestraint/Légier,* Droit civil – les obligations, 11. Aufl. 1988; Dictionnaire Permanent Droit des Affaires, Distribution Commerciale, Feuillets 125, Formule 27, Oktober 1991, S. 4431 ff.; *Ebenroth/Auer,* Grenzüberschreitende Verlagerung von unternehmerischen Leitungsfunktionen im Zivil- und Steuerrecht, RIW 1992, Beilage 1, S. 13 ff.; *Ebenroth/Strittmatter,* Französisches Wettbewerbs- und Kartellrecht im Markt der Europäischen Union, 1995; *Endrös,* Das französische Sprachenschutzgesetz und seine Unvereinbarkeit mit dem EG-Recht, RIW 1995, S. 17–25; *Enghusen,* Rechtliche Probleme der Franchiseverträge in den Vereinigten Staaten von Amerika und in Europa unter besonderer Berücksichtigung des Kartellrechts, 1977; *Flessner,* Entwicklungen im internationalen Konkursrecht, besonders im Verhältnis Frankreich – Deutschland, ZIP 1989, S. 749–757; *Garrigou,* Le Franchising – une strategie de croissance, Diss. Paris 1972; *Ghestin,* Réflexions sur le domaine et le fondement de la nullité pour indétermination du prix, Chronique Dalloz 1993, S. 251 ff.; *Grollemund/Loustalot/Forest,* L'obligation d'information entre contractants dans les contras de distribution, Rev. de Jurisprudence commerciale 1993, S. 60 ff.; *Guyénot,* La Franchise commerciale. Etude comparée des systèmes de distribution interentreprises constitutifs de groupments de concessionaires, Rev. trim. dr. comp. 1973, S. 161; *ders.,* Licensing et franchising, La revue des Huissiers des Justices, Nov. 1976, S. 290; *ders.,* Concessionaires et commercialisation des marques. La Distribution integrée, 1975; *Gyon,* Droit des Affaires, Tome 1, 8. Aufl. 1994; *Hiestand,* Die international-privatrechtliche Beurteilung von Franchiseverträgen ohne Rechtswahlklausel, RIW 1993, S. 173 ff.; *Husson-Dumontier/de Montarlot,* Guide pratique du franchising, 1974; *Ittenbach,* Handelsrechtssysteme in Deutschland, Frankreich und England – Entwicklung, Ausgestaltung und Zukunftsperspektiven, 1994; *Jauffret/Mestre,* Manuel du droit commercial, LGDJ, 21. Aufl. 1990; *Jayme,* Rechtswahlklausel und zwingendes ausländisches Recht beim Franchise-Vertrag, IPrax 1983, S. 105 ff.; *Jeantet,* Réflexions sur l'application du droit des ententes aux contrats comportant une clause d'exclusivité, J.C.P. 1963/1, No. 1743; *Kropholler,* Kommentar zum EuGVÜ, 3. Aufl. 1991; Lamy Droit Commercial, 1995; *Le Tourneau,* Franchisage, Fascicule 565, 566 u. 577, November 1993, Jurisclasseur, Editions Technique; *Lefebre,* Mementoz Dalloz Distribution, 1992; *Legeais,* La détermination du prix d'achat des marchandises dans les contrats de Franchise: l'espoir decu, JCP éd. E 1992, I, S. 135 ff.; *Leloup,* La Franchise Droit et Pratique, 1991; *Lob,* Exklusive und selektive Vertriebssysteme im französischen Wettbewerbsrecht, WuW 1985, S. 852; *ders.,* Der französische Wettbewerbsrat, RIW 1995, S. 272–280; *Malaurie et Aynes,* Droit Civil, les contrats speciaux, 1993; *dies.,* Droit Civil, les obligations, 1993–1994; *Marot,* Entreprise franchisée et propriété de la clientèle: l'incertitude ne peut plus durer, Les annonces de la Seine, Nr. 52, 1995, S. 2 ff. und Nr. 54, 1995, S. 2 ff.; *Martinek,* Das europäische Bankgeschäft der Finanzierung von Franchisesystemen, ZBB 1990, S. 190 ff.; *ders.,* Franchising 1987, insbes. S. 70 f.; *Meissner,* Das Institut des „Refus de Vente" im französischen Recht, RIW 1991, S. 13–18; *Mercadal/Janin,* Les contrats de coopération interentreprises, 1974; *Mousseron/Burst/Chollet/Lavabre/Leloup/Seube,* Droit de la distribution, 1975; *Muth,* Moniteur du commerce internationale, S. 17–19; *Niggemann,* Zustandekommen des Kaufvertrages, Einbeziehung und Inhaltskontrolle von Allgemeinen Geschäftsbedingungen, in: *Witz/Bopp* (Hrsg.), Französisches Vertragsrecht für deutsche Exporteure, S. 20–27; *Oechsler,* Internationales Vertriebsrecht in: *Martinek/Semler* (Hrsg.), Handbuch des Vertriebsrechts, § 59; *Opatz,* Die Vertragsbeendigung im Bereich des Integrierten Vertriebs als wettbewerbswidrige Handlung – Ein Vergleich des deutschen mit dem französischen Wettbewerbsrecht unter Berücksichtigung wettbewerbspolitischer Konzeptionen, 1993; *Paisant,* Les clauses abusives et la présentation des contrats dans la loi n° 95–96 du 1er fevrier 1995, D. 1995, S. 99–108; *Pariser Anwaltskammer,* Droit Pratique de L'Homme d'Affaire, 1994; *Pédamont,* Droit commercial, 1994; *Peukert,* Abschlußverweigerung und Abschlußzwang im Kartellrecht, 1968; *Piotraut,* Les contrats de distribution et la détermination du prix, Revue de Jurisprudence commerciale, 1992, S. 16 ff.; *Schmidt-Szalewski,* Die theoretischen Grundlagen des französischen Urheberrechts im 19. und 20. Jahrhundert, GRUR Int. 1993, S. 187–194; *Scholtissek,* Franchising in Frankreich, Die Wirtschaftsprüfung 1975, S. 209; *Skaupy,* Wirtschaftliche und rechtliche Probleme der Franchise-Systeme in USA und Europa, AWD/BB 1973, S. 296; *ders.,* Die neue EG-Gruppen-Freistellungsverordnung für Franchisevereinbarungen, DB 1989, S. 705 ff.; *ders,* Franchising, Handbuch für die Betriebs- und Rechtspraxis, 1995; *Sölter,* Franchising weiter im Aufwind, WuW 1983, S. 955; *Sonnenberger/ Dammann,* Französisches Handels- und Wirtschaftsrecht, 2. Aufl. 1991; *Sonnenberger/ Schweinberger,* Einführung in das französische Recht, 1986; *Sousi,* La spécifité juridique de l'obligation de somme de l'argent, RTD civ. 1982, S. 514 ff.; *Teston/Teston,* Le franchising et les concessionaires, 1973; *Tietz,* Handbuch Franchising – Zukunftsstrategien für die Marktbearbeitung, 2. Aufl. 1991; *Tietz/Mathieu,* Das Franchising als Kooperationsmodell für den mittelständischen Groß- und Einzelhandel, 1979, insbes. S. 44 ff. und 158 ff.; *Thrierr,* Das französische Markengesetz Nr. 91–7 vom 4. Januar 1991, GRUR Int. 1991, S. 516–527; *Ulmer,* Die Stellung des Vertragshändlers im französischen Recht, 1968; *Vogel,* Neue Verpflichtungen für deutsche Vertriebsfirmen in Frankreich, RIW 1991, S. 801–804; *ders.,* Ein neues Risiko für den Vertrieb in Frankreich: Unlösbare Vertragsbeziehungen, RIW 1992, S. 795 ff.; *ders.,* Plaidoyer pour un revirement: contre l'obligation de détermination du prix dans les contrats de distribution, Receuil Dalloz Sirey, 1995, Heft 21, S. 156–161; *von Bernstorff,* Vertragsgestaltung im Auslandsgeschäft, 1991; *Weltrich,* Die EG-Gruppenfreistellungsverordnung für Franchisevereinbarungen, RIW 1989, 90; *ders.,* Die Anpassung von Franchiseverträgen an die neue EG-Gruppenfreistellungsverordnung, DB 1988, 1481; *ders.,* Franchising im EG-Kartellrecht – Eine kartellrechtliche Analyse nach Art. 85 EWGV, 1992; *Willke,* Lehrbuch des internationalen Steuerrechts, 5. Aufl. 1994; *Winkel,* Die Alleinvertriebsverträge im französischen, deutschen und europäischen Recht, 1968; *Witz/Bopp* (Hrsg.), Französisches Vertragsrecht für deutsche Exporteure, 1989; *Witz/Wolter,* Die Umsetzung der EG-Richtlinie über mißbräuchliche Klauseln in Verbraucherverträgen, ZEuP 1996, S. 648–658; *Yves Serra,* La non – concurrence, Dalloz, 1991; *ders.,* La vialidité de la clause de non-concurrence: De la vente du fonds de commerce au contrat de franchisage: D. 1987 chron., S. 113 ff.; *Zilles,* Die Auflösung von Konzessionsverträgen auf unbestimmte Zeit in Frankreich, RIW 1993, S. 716 f.

Anmerkungen

Sachverhalt. Ein deutsches Unternehmen beliebiger gesellschaftsrechtlicher Rechtsform hat für den Absatz seiner anspruchsvollen Produkte des Heimwerker- und Hobbybedarfs bereits in Deutschland und in einigen Nachbarländern mit großem Erfolg ein Franchisesystem aufgebaut. Die besondere Geschäftsidee besteht in einer eigenartigen Kombination von Produkten und Serviceleistungen, die unter der Marke des Franchisesystems in den Regionen der bisherigen Präsenz schnell einen hohen Bekanntheitsgrad erlangt hat. Dieses Unternehmen sucht nun den Eintritt in den französischen Markt und schließt über eine französische Repräsentanz (in Paris) mit verschiedenen bislang freien Einzelhändlern in und um Paris Franchiseverträge ab, nachdem es für seine Immaterialgüterrechte die notwendigen Schutzvorkehrungen getroffen hat. Diese Franchiseverträge sollen dem französischen Recht unterstellt werden sowie – im Hinblick auch auf weitere Expansionspläne – EG-kartellrechtskonform sein. Die Franchisenehmer sollen weitgehenden Bezugsbindungen für die Vertragswaren unterliegen, die teils vom Franchisegeber selbst, teils von durch ihn eingeschalteten Lieferanten hergestellt worden sind. Den Franchisenehmern wird auf der Grundlage eines Raumordnungsplans des Franchisegebers relativer Gebietsschutz im Sinne von exklusiven Marktverantwortungsbereichen eingeräumt. – Der hierfür vorge-

4. Contrat de franchisage (Französischer Franchisevertrag) II.4

schlagene Vertragsentwurf ist auch für andersartige Sachverhalte einsetzbar; auf Besonderheiten bei abweichender Interessenlage und auf Gestaltungsalternativen wird teilweise bereits im Vertragstext, vor allem aber in den Anmerkungen aufmerksam gemacht.

1. Entwicklung des Franchiserechts in Frankreich. In Frankreich läßt sich annähernd die gleiche Entwicklung des Franchiserechts feststellen, wie sie in den Vereinigten Staaten von Amerika und in Deutschland stattgefunden hat. In Europa übernahm Frankreich insoweit eine Vorreiterrolle (vgl. *Guyénot*, Rev. trim. dr. com. 1973, S. 161 ff.; *Skaupy* AWD/BB 1973, S. 296, 299; *Scholtissek*, Die Wirtschaftsprüfung, S. 209; *Enghusen*, S. 130 ff.). Die Vorläufer des Franchising stammen aus den Filialsystemen des Warenhaus- und Dienstleistungsbereiches zu Anfang des 20. Jahrhunderts (Ecole Pigier). Diese Systeme waren zunächst als Direktvertriebssysteme der Hersteller geplant, wandelten sich aber durch die Einschaltung von Absatzmittlern zu vertraglichen Vertriebssystemen (*Tietz*, S. 95). Das bekannte Rodier-System (Damenoberbekleidung) geht bereits auf eine Gründung im Jahre 1928 zurück und hatte sich schon vor der aus den USA kommenden Franchise-Welle ganz nach Art eines Franchisesystems entwickelt. Überhaupt ist Frankreich das klassische Land der Vertriebssysteme in Europa, wo vor allem auf den Gebieten des Handels mit Spirituosen, Wein, Parfümerie-Artikeln und Erzeugnissen der Haute Couture schon sehr früh die „concession" zur Stütze des Markenartikel-Vertriebs wurde (*Sölter* WuW 1983, S. 955 f.). Der sogenannte Babyboom nach dem 2. Weltkrieg führte mit dem im Textilbereich für Schwangere bekannten Unternehmen „Prénatal" zum ersten eigentlichen Franchisesystem. Viele bekannte Franchisesysteme folgten, wie z. B. „Roche Bobois" (Innenausstattung) im Jahre 1960 und „Pronuptia" (Hochzeitskleidung) im Jahre 1962. In den 70er Jahren begann (auch) in Frankreich eine kräftige Auf- und Ausbauphase für Franchisesysteme. In diese Zeit fallen die ersten größeren Niederlassungen ausländischer Franchisegeber, wie z. B. aus den USA die bekannte Hotelkette „Holiday Inn" (*Tietz*, S. 95). Es folgen die ersten vertieften Auseinandersetzungen in der juristischen Literatur mit der Thematik des Franchising. Im Jahre 1971 wurde der französische Verband der Franchisegeber (FFF = Fédération française de la Franchise) gegründet, der sich bereits nach wenigen Monaten einen Ehrenkodex (code de déontologie) gab, der mit Wirkung vom 1. Januar 1991 vom europäischen Ehrenkodex des Europäischen Franchiseverbandes abgelöst wurde. Der Europäische Franchiseverband wurde 1972 gegründet. Seine Mitglieder sind die nationalen Franchiseverbände, die sich in Europa konstituiert haben. Allein durch die Mitgliedschaft im jeweiligen Franchiseverband verpflichten sich die Mitglieder zur Einhaltung des Ehrenkodex. Die Entwicklungsphase ab 1977 führte zu einem regelrechten Franchiseboom in Frankreich, da große Filialunternehmen ihre Distributionssysteme auf Franchisesysteme umstrukturierten (*Tietz*, S. 95). Mitte der 80er Jahre kam es zum Erfolgseinbruch, nachdem betrügerische Systeme auf dem französischen Markt auftauchten. Als Reaktion hierauf versteht sich die Schaffung neuer Organisationen wie die der IREFF und der CIDEF (vgl. dazu Anm. 2). In Anlehnung an die US-amerikanische Gesetzgebung der „disclosure laws" wurde schließlich im Jahre 1989 ein Gesetz erlassen (Loi Doubin; vgl. hierzu Anm. 11), aus dem sich die gegenseitigen Aufklärungs- und Offenbarungspflichten des Franchisegebers sowie des Franchisenehmers ergeben. In Paris findet schließlich jedes Jahr eine Franchisemesse – der „Salon International de la Franchise" – statt, der 1995 zum 12. Male in Paris veranstaltet wurde. Der Franchisesalon dient überwiegend dem Abschluß bzw. der Anbahnung von Franchiseverhältnissen (vgl. *Skaupy*, Franchising, Handbuch für die Rechts- und Betriebspraxis, S. 242) (zur aktuellen Resonanz vgl. auch *Muth*, S. 17–19).

2. Franchiseorganisationen. Rund um das Franchising haben sich Organisationen entwickelt, die sich die Information, Finanzierung, Versicherung, Interessenvertretung und Ausbildung zur Aufgabe gemacht haben. Auskünfte über Finanzierungshilfen sind bei einer eigens hierfür gegründeten Franchise-Bank erhältlich, welche Informationen über den französischen Bildschirmtext „Minitel" unter dem Code 3615 FRAN bereithält. Spezielle Franchisebanken sind z.B. die „Franchise Expansion" sowie die „Société de caution mutuelle nationale de la Franchise" (vgl. *Le Tournereau*, Fasc. 566, S. 13; vgl. auch zu den Problemen der Finanzierung von Franchisesystemen und Franchisebetrieben in Frankreich, England und Deutschland *Martinek* ZBB 1990, S. 190 ff.). Informationen über das Franchising erhält man auch über das „Institut de recherche et de formation de la Franchise" (IREFF), welches im Jahre 1981 gegründet wurde, sowie über das im Jahre 1985 geschaffene „Institut de promotion de la Franchise" (IPF). Mit dem internationalen Franchising beschäftigt sich das „Centre d'études internationales de la Franchise" (CETIF) in Straßburg. Von herausragender Bedeutung für die Praxis des Franchising in Frankreich ist aber vor allem die „Fédération française de la Franchise" (FFF), die 1971 gegründet wurde und ihren Sitz in Paris hat (die Anschrift lautet: 60 Rue de la Boétie, F-75008 Paris, Tel.: 0033 (1) 53752225, Fax: 0033 (1) 53752220). Auch die FFF ist über Minitel erreichbar und repräsentiert etwa 25% der Franchisegeber in Frankreich (*Le Tourneau*, Fasc. 566, S. 13 m.w.N.). Sie gibt monatlich ein Bulletin („La lettre de la Franchise; früher Franchise Actualitées") heraus. Zeitschriften, die sich darüber hinaus speziell mit dem Franchising auseinandersetzen sind: „Franchise Magazin, Défis, Entreprendre, PIC und ICF (vgl. hierzu *Skaupy*, Franchising, Handbuch für die Rechts- und Betriebspraxis, S. 240). Die Interessenvertretungen der Franchisenehmer haben sich wiederum im „Centre d'information et de développement de la Franchise" (CIDEF) – ebenfalls mit Sitz in Paris – organisiert. Es entspricht nunmehr gefestigter Rechtsprechung, daß solche Interessenvertretungen prinzipiell keinen Akt der „concurrence déloyale" darstellen (TGI Paris, 8. Dezember 1986; PIBD 1987, III, S. 183).

3. **Rechtsquellen.** a) Aufgrund der Mitgliedschaft Frankreichs in der EU spielt das europäische Kartellrecht mit den Art. 85 und 86 EU-Vertrag und mit der Gruppenfreistellungsverordnung Nr. 4087/88 für Franchiseverträge (Franchise-GVO) eine entscheidende Rolle, wenn es sich um Verträge handelt, die Auswirkungen auf den europäischen Markt haben. Für Bagatellverträge, die nicht in den Anwendungsbereich des europäischen Kartellrechts fallen, ist eine Ordonnance vom 1. Dezember 1986 zu beachten, die wesentlicher Bestandteil des französischen Wettbewerbsrechts ist. In der Praxis unterscheidet diese sich jedoch kaum von den Erfordernissen des EG-Rechts.

b) Ein ausführliches Gesetzeswerk, das sich ausschließlich mit dem Franchiserecht beschäftigt, wie es z.B. in den meisten Bundesstaaten der USA bekannt ist, besteht in Frankreich nicht. Lediglich der Bereich der gegenseitigen vorvertraglichen Aufklärungspflichten wurde spezialgesetzlich geregelt (Gesetz vom 31. Dezember 1989 (Loi Doubin)). Daneben spielt vor allem das allgemeine Zivilrecht eine Rolle, das die schuldrechtlichen Rechtsfolgen des Franchiseverhältnisses regelt. Die Judikatur wendet darüber hinaus auf Franchiseverträge ihre zum Vertragshändlervertrieb (concessionaires) ergangene Rechtsprechung an (*Sonnenberger/Dammann*, S. 53 mit Hinweis auf Cass. Com. vom 24.6.1986, Rev. trim. dr. civ. 1987, S. 94 ff. sowie Cass. Com. vom 12.1.1988, Bull. Civ. 1988 IV Nr. 31, S. 21 ff.), wobei anzumerken bleibt, daß auch der Vertragshändlervertrag (contrat de concession) nicht spezialgesetzlich geregelt ist.

c) Zur Unterstützung bei der Entscheidungsfindung zieht die Judikatur allerdings die sog. „Norme AFNOR NFZ 20–000" vom 16.7.1987 sowie den Ehrenkodex des europäischen Franchiseverbandes zu Rate.

aa) Die „Association Française de Normalisation" (AFNOR) mit Sitz in Paris wurde vom „Sécretaire d'etat au Commerce" (Staatssekretär für Handelsangelegenheiten) zur Ausarbeitung einer einheitlichen Normierung des Franchising ersucht, weil ihm die Regelungen des französischen Ehrenkodex der Franchisegeber nicht ausreichend erschienen (*Leloup*, S. 91; *Anstett-Gardea*, in: Martinek/Semler, Rn. 63). Die „Norme AFNOR" besitzt lediglich Empfehlungscharakter, kann aber rechtliche Verbindlichkeit durch vertragliche Einbeziehung in ein Franchiseverhältnis erlangen.

4. Contrat de franchisage (Französischer Franchisevertrag)

bb) Die Verhaltenscodices des Europäischen Franchiseverbandes und der nationalen Franchiseverbände verstehen sich gleichfalls als Empfehlungen für die Verbandsmitglieder, denen bei Nichteinhaltung allenfalls der Verbandsausschluß droht.

4. Rechtsnatur des Franchisevertrages. a) Contrat innommé. aa) Der Franchisevertrag wird in Frankreich als „contrat innommé" eingestuft. Dieser Vertragstypus ist nicht, wie z.B. der Kauf- oder der Werkvertrag, spezialgesetzlich geregelt. Der Franchisevertrag wird als Vertrag sui generis und als eine Sonderform des Vertriebsvertrages (contrat de distribution) betrachtet (*Anstett-Gardea*, in: Martinek/Semler, Rn. 62; *Bénabent*, Rn. 270ff.). Verbreitet ist ausweislich wiederholter Zitate im Schrifttum die folgende Definition des Franchising nach einer Gerichtsentscheidung (Trib. de Grande Inst. de Bressuire, 19. 6. 1973, Rec. Dalloz Sirey, 1874, 6^{e}cah, Jurispr., S. 105):

„*Une entreprise créatrice d'un procédé secret de fabrication peut vendre le fruit de ses études et il est admis qu'un entreprise peut faire payer ses conseils et sa collaboration lorsqu'elle est propriétaire d'une marque et qu'elle offre une collection de produits ou de services spécifiquement originaux et exploités obligatoirement et totalement selon des techniques commerciales expérimentées, constamment mises au point et périodiquement recyclées, ce qui dénommé contrat de Franchising*".

bb) Der Franchisevertrag ist nicht notwendigerweise handelsrechtlicher Rechtsnatur (Franchise commerciale) (vgl. Cass. com., 25. 10. 1994, Contr.-Cons.-Conc., Febr. 1995, Nr. 27 für ein Fingernagelstudio). Eine „franchise commerciale" liegt nach französischer Rechtsauffassung nur dann vor, wenn der Franchisevertrag zwischen Kaufleuten geschlossen wird oder beide Vertragsparteien spätestens mit Abschluß des Franchisevertrages Kaufleute werden (*Jauffret et Mestre*, Nr. 40). In allen anderen Fällen wird der Franchisevertrag als zivilrechtlicher Franchisevertrag (franchise civile) eingestuft (*Teston/Teston*, S. 12; *Enghusen*, S. 131). Diese Unterscheidung ist letztendlich relevant für die Frage der Zuständigkeit des Gerichts und gegebenenfalls für die Frage der Wirksamkeit einer Gerichtsstandsklausel im Rahmen des nationalen französischen Zivilprozeßrechts (vgl. Anmerkung 67).

b) Rahmenvertrag. aa) Der Franchisevertrag ist auch im französischen Recht ein Rahmenvertrag (contrat-cadre), auf den die Vorschriften über Dauerschuldverhältnisse anzuwenden sind. Die Ausführungsverträge über die Lieferung der Vertragswaren (contrat à exécution successive) werden selbständig beurteilt (*Sonnenberger/Dammann*, S. 95). Bei der Gestaltung eines Franchisevertrages ist aufgrund seiner rahmenvertraglichen Natur die Besonderheit des französischen Rechts zu beachten, daß der Preis für die Warenkäufe des Franchisenehmers im Zuge der späteren Sukzessivlieferungen bereits im Franchisevertrag anhand objektiver Kriterien bestimmbar sein muß und nicht aufgrund einer einseitigen Vertragsmacht des Franchisegebers dem Franchisenehmer aufoktroyiert werden darf (vgl. Anmerkung 50). Weiterhin darf der Franchisegeber aus wettbewerbsrechtlichen Gründen nicht die freie Preisbildung im Verhältnis Franchisegeber – Franchisenehmer beeinflussen.

bb) Mangels umfassender spezialgesetzlicher Regelung sollten die Parteien den Umfang und den Inhalt ihrer Rechte und Pflichten aus dem Franchisevertrag mit äußerster kautelarjuristischer Sorgfalt formulieren. Zur Vertragsbegründung müssen gem. Art. 1108 Code Civil vier Voraussetzungen vorliegen: Geschäftsfähigkeit (capacité), Willensübereinstimmung (consentement), hinreichend bestimmter Vertragsgegenstand (objet certain) und eine erlaubte Geschäftsgrundlage (cause licite). Mangelnder Vertragswille, fehlender oder unerlaubter Vertragsgegenstand, fehlende oder unerlaubte Geschäftsgrundlage sowie ein schwerwiegender Irrtum (erreur obstacle) führen zur Nichtigkeit des Vertrages. Im übrigen führen Mängel des Vertrages zu seiner Anfechtbarkeit (*Sonnenberger/Schweinberger*, S. 59). Wird der Franchisevertrag aufgelöst, so gilt im Regelfall, daß die Unwirksamkeit ex nunc eintritt (*Malaurie/Aynes*, Obligations, Nr. 320, S. 176), wenn der Franchisevertrag bereits für eine geraume Zeit umgesetzt worden ist. Letztendlich werden dem Richter hier weite Ermessensspielräume zugestanden (*Malaurie/Aynes*, Obligations, Nr. 320, S. 176).

Zu den Folgen der Nichtigkeit haben sich zwei Entscheidungen des Kassationshofes aus dem Jahre 1992 geäußert (*Anstett-Gardea*, S. 243 mit Nachweis auf Cass. com., 23. 6. 1992, Beschluß 1204, Nr. 90–17–887 K und 23. 6. 1992, Beschluß 1206, Nr. 90– 18–951 G). In beiden Fällen entschied die „Cour de Cassation", daß den Franchisegeber eine Rückkaufpflicht für die Vertragsware trifft und daß die gelieferten Produkte zu ihrem tatsächlichen Wert (valeur réelle) zu vergüten sind. Dieser Wert schließt einen Gewinnanteil des Lieferanten aus (*Anstett-Gardea*, S. 243).

5. Allgemeine Geschäftsbedingungen. a) Rechtsgrundlagen. Bei Franchiseverträgen handelt es sich im Regelfall um vorformulierte allgemeine Geschäftsbedingungen, die für eine Vielzahl von Franchisenehmern gelten. Die Verwendung allgemeiner Geschäftsbedingungen (conditions générales) ist nicht – anders das deutsche Recht – durch ein dem AGBG vergleichbares Spezialgesetz geregelt, das auch für den professionellen Bereich der Vertriebsverträge anwendbar wäre. Die französische Rechtsordnung kennt zwar ein besonderes Schutzgesetz, das vor Übervorteilung durch mißbräuchliche Vertragsklauseln schützen soll (Gesetz Nr. 78–23 vom 10. 1. 1978, reformiert durch Gesetz Nr. 95–96 vom 1. 2. 1995 zur Umsetzung der Richtlinie 93/13 EWG vom 5. 4. 1993 über mißbräuchliche Klauseln in Verbraucherverträgen). Dieses Gesetz wurde 1993 in den neu geschaffenen Code de la consommation eingefügt (vgl. hierzu *Paisant*, S. 99– 108). Der Franchisenehmer in spe unterfällt jedoch nicht dem Schutzbereich dieses Gesetzes. Der persönliche Anwendungsbereich erfaßt nämlich nur Vertragsverhältnisse zwischen einerseits Verbrauchern (consommateurs) bzw. Geschäftsleuten einer anderen als der im Vertrag vorgesehenen Fachrichtung (non-professionnel = Laie) und andererseits Geschäftsleuten derselben Fachrichtung auf der anderen Seite (professionnel). Der Begriff des „non- professionnel" wird von der Judikatur inzwischen eng ausgelegt, nachdem sie durch eine vielbeachtete Grundsatzentscheidung zunächst den Begriff des „non professionnel" weit gefaßt hatte (Cass. civ. 1ère, 28. 4. 1987, JCP 1987 II. 20893). Sobald der Vertrag jedoch einen direkten Bezug zur ausgeübten Berufstätigkeit aufweist, handelt es sich nach nunmehriger Rechtsauffassung nicht mehr um einen „non-professionnel", und der Vertrag unterfällt nicht mehr dem französischen Verbraucherschutzgesetz (Cass. civ.^{ère}, 24. 1. 1995, D. 1995, S. 327f, mit Anm. *Paisant*). Der Schutz des Franchisenehmers auf der Grundlage des französischen Verbraucherschutzgesetzes wird daher in der französischen Franchiseliteratur, soweit ersichtlich, nicht diskutiert.

b) Einbeziehung in den Franchisevertrag. Probleme können auftauchen, wenn die Vertragsparteien sich gegenseitig widersprechende allgemeine Geschäftsbedingungen zusenden oder eine Partei der anderen ihre allgemeinen Geschäftsbedingungen zusendet und die andere Partei hierauf schweigt. Dies wird im französischen Recht auf eine andere Art als im deutschen Recht gelöst. Zwar entfaltet – wie im deutschen Recht – das einfache Schweigen keine Rechtswirkung. Vielmehr müssen besondere Umstände vorliegen, wie z.B. lang andauernde geschäftliche Beziehungen oder Zusendung der allgemeinen Geschäftsbedingungen im Anschluß an direkt vorausgegangene Vertragsverhandlungen. Jedoch werden nach französischer Rechtsauffassung die allgemeinen Geschäftsbedingungen nur dann Vertragsbestandteil, wenn die Gegenseite vor Vertragsabschluß von den allgemeinen Geschäftsbedingungen ihres Vertragspartners Kenntnis erlangen konnte (*Niggemann*, S. 22). Bei sich widersprechenden allgemeinen Geschäftsbedingungen heben sich die darin enthaltenen Klauseln auf. Der Vertrag gilt im übrigen jedoch als geschlossen, da es eine den §§ 139 oder 154 Abs. 1, Satz 1 BGB entsprechende Vorschrift nicht gibt (*Niggemann*, S. 22).

6. Sprachschutzregelung. a) Die offizielle Verwendung des aus dem anglo-amerikanischen Sprachgebiet stammenden Wortes „Franchising" und der Ableitungen wie „Franchisor", „Franchisee", „Franchise System" usw. ist bereits auf der Grundlage des Gesetzes vom 31. 12. 1975 verboten worden. Dieses Gesetz ist wiederum durch das neue Gesetz Nr. 94/665 vom 4. 8. 1994 zum Schutz der französischen Sprache – das sog. „Loi Tou-

4. Contrat de franchisage (Französischer Franchisevertrag) II.4

bon" – verschärft worden. Es stellt die nach Frankreich exportierenden Unternehmen vor erhebliche Schwierigkeiten. Hersteller, die eine euoropaweite Werbekampagne mit einem unterscheidungskräftigen Slogan durchführen wollen oder ihre Produktpalette unter einer aus mehreren nicht-französischen Worten zusammengesetzten Marke in Frankreich vertreiben wollen, geraten mit dem vorgenannten Gesetz in Konflikt.

b) Die Regelung des Art. 2 des Gesetzes Nr. 94/665 vom 4. 8. 1994 schreibt den alleinigen Gebrauch der französischen Sprache bei der Offerte und der Beschreibung von Waren und Dienstleistungen, in den dazugehörigen Gebrauchsanweisungen sowie in den Garantiebedingungen zwingend vor. Das gleiche gilt für Zusätze und Angaben, die mit einer Marke eingetragen sind. Der Begriff „Franchising" wird daher in den Verträgen durch das französische Substantiv „Franchisage" oder „Franchise" ersetzt (vgl. dazu *Guyénot*, Rev. trim. dr. com. 1973, S. 161 ff., 164; ders., La Revue des Huissiers de Justice Nov. 1976, S. 292; *Mercadal/Janin*, S. 352).

c) Die Mißachtung dieser Vorschrift wird als ein Verstoß gegen die Informationspflicht des Anbieters erachtet (*Endrös*, S. 19). Zuwiderhandlungen können als Ordnungswidrigkeit mit einer Geldbuße bis zu 20.000 FF pro Verstoß geahndet werden. Vor allem der ausländische Franchisegeber muß somit, abgesehen von inhaltlich-rechtlichen Besonderheiten, für eine sorgfältige französische Sprachgestaltung seiner Vertragstexte sorgen. Auch Werbekampagnen sind der französischen Sprache anzupassen. Es wird in der Literatur allerdings die Auffassung vertreten, daß dieses Sprachenschutzgesetz gegen das EG-Recht verstößt, da es eine zumindest mittelbare Handelsbeschränkung i. S. d. Art. 30 EG-Vertrag darstelle und so ausländische Produkte diskriminiere (vgl. *Endrös*, S. 17 u. 21 ff.). Diese hier ausdrücklich unterstützte Rechtsauffassung ist freilich bislang folgenlos geblieben.

7. Formvorschriften. Aufgrund des im französischen Vertragsrecht vorherrschenden Konsens- oder Konsentialprinzips ist für den Franchisevertrag grundsätzlich keine besondere Form als Wirksamkeitsvoraussetzung vorgeschrieben (vgl. *Anstett-Gardea*, in: Martinek/Semler, Rn. 65). Jedoch ergeben sich für die Vertragsparteien mittelbar Formzwänge. Das französische Zivilrecht verlangt nämlich gem. Art. 1341 Code Civil die Schriftlichkeit als Beweisform, wenn es sich um zivilrechtliche Verträge handelt, die den durch Dekret Nr. 80–533 vom 15. 7. 1980 festgelegten Wert von 5000 FF übersteigen. Weiterhin verlangt Art. 1325 Code Civil, daß für jede Partei eine Ausfertigung des Vertrages unter Angabe des Datums zu erstellen ist. Die Vorschrift des Art. 1341 Code Civil, welche die Schriftform zu Beweiszwecken vorsieht, ist nicht Bestandteil des ordre public und somit sowohl ausdrücklich als auch konkludent abdingbar (Civ. 1r^e, 5. 11. 1952, Bull. civ. I, Nr. 256). Abweichungen von diesem Formerfordernis ergeben sich für Kaufleute. Wie im deutschen Recht hat nämlich das französische Handelsrecht die Einhaltung von Formalitäten reduziert (vgl. dazu allgemein *Ittenbach*, S. 126 ff., 155 ff.). So gilt nach Art. 109 Code de Commerce in bezug auf Handelsgeschäfte der Freibeweis, d.h., daß Handelsgeschäfte mit allen Mitteln bewiesen werden können (Com. 21. 6. 1988, J.C.P. 1989 II 21170). Allerdings werden die Parteien schon aufgrund des Umfangs der gegenseitigen Rechte und Pflichten in der Praxis durchweg die Schriftform wählen. Auch der europäische Ehrenkodex verlangt die schriftliche Abfassung des Franchisevertrages (Annex Nr. 9). Die Schriftform ist schließlich zwingend erforderlich, wenn im Rahmen des Franchiseverhältnisses eine Exklusiv-Lizenz an gewerblichen Schutzrechten übertragen wird und die Registrierung des Franchisevertrages in das „Registre nationale de la marque" (RNM) nach Maßgabe des Art. L 714–7 des Code de propriété intellectuelle erforderlich wird (vgl. *Anstett-Gardea*, in: Martinek/Semler, Rn. 66). Dabei erfaßt die Registrierungspflicht den gesamten Franchisevertrag (*Le Tourneau*, Fasc. 566, S. 3). Der europäische Ehrenkodex sieht darüber hinaus vor, daß dem Franchisenehmer ein Vertragsexemplar in seiner eigenen Landessprache geliefert wird. Hieraus ist inzwischen eine gesetzliche Verpflichtung geworden, da das Gesetz Nr. 94/665 vom 4. 8. 1994 zum Schutz der französischen Sprache (Loi

Toubon) die Verwendung der bereits mit Verfassungsrang ausgestatteten französischen Sprache zwingend vorschreibt (vgl. *Endrös*, S. 19). Gem. Art. 1443 NCPC ist ein „acte sous seing privé" auch bei der Aufnahme einer Schiedsgerichtsklausel (clause compromissoire) erforderlich. Schließlich wird die Einhaltung besonderer Formvorschriften auch bei Verträgen von außergewöhnlicher Tragweite verlangt (*Sonnenberger/Dammann*, S. 53). Dies ist immer dann der Fall, wenn z.B. die Immobilie an den Franchisenehmer verkauft wird, in der der Franchisenehmer das Geschäft betreiben soll (*Leloup*, S. 166). In diesem Fall ist die notarielle Beurkundung des Vertrages notwendig (*Delestraint/Legier*, S. 38). Die Nichteinhaltung der Schriftform führt in diesen Fällen prinzipiell zur Nichtigkeit des Vertrages (*Delestraint/Legier*, S. 38). Es lassen sich im Ergebnis praktisch kaum Ausnahmefälle vorstellen, in denen es Gründe dafür geben könnte, von einem schriftlich ausgearbeiteten Franchisevertrag abzusehen.

8. Publizitätspflicht für ausländische Zweigniederlassungen. a) Rechtsgrundlagen.
aa) Mit dem Dekret Nr. 92–521 vom 16. 6. 1992 (abgedruckt in Journal Officiel 1992, S. 7894) wurde die 11. Gesellschaftsrechtsrichtlinie der EG vom 21. 12. 1989 in innerstaatliches Recht umgesetzt, welche die Publizitätspflichten von Zweigniederlassungen behandelt, die in einem Mitgliedstaat von einem Unternehmen mit Sitz in einem anderen Mitgliedstaat, unterhalten werden. Nach Art. 1.1 dieser EG- Gesellschaftsrechtsrichtlinie ist das Recht des Mitgliedstaates anzuwenden, in dem die Zweigniederlassung ihren Sitz hat.
bb) Für den vorliegenden Sachverhalt ergeben sich somit die Publizitätspflichten aus dem Dekret Nr. 92–521. Danach sind sog. „établissements" publizitätspflichtig. Unter „établissements" sind Zweigniederlassungen im weiten Sinne zu verstehen (Mitteilung in RIW 1993, S. 245). Zu beachten ist, daß auch Repräsentationsbüros, die steuerrechtlich keine Betriebsstätten sind, ebenfalls der Publizitätspflicht unterfallen. Die Nichtbeachtung der Vorschriften des Dekrets Nr. 92–521 ist bußgeldbewehrt.
b) Publizitätspflichtige Unternehmen. Art. 5 des Dekrets Nr. 92–521 führt in seinem Anhang die ausländischen (deutschen) Gesellschaftsformen auf, deren Zweigniederlassungen im weiten Sinne publizitätspflichtig sind. Dies sind die AG, die GmbH sowie die Kommanditgesellschaft auf Aktien (KaAG). Niederlassungen von Personenhandelsgesellschaften (GdbR, OHG, KG) sind demzufolge nicht zur Publizität nach Maßgabe des Dekrets Nr. 92–521 verpflichtet (Mitteilung in RIW 1993, S. 245).
c) Verfahren. aa) Die französische Niederlassung muß ihre Eintragung in das Handelsregister („registre du commerce et des sociétés") beim Gerichtsbeamten (greffe) des zuständigen Handelsgerichts der Niederlassung beantragen. Die Eintragung wird als „immatriculation" bezeichnet. Dabei ist zwingend das „Centre de formalités des entreprises" einzuschalten, welches die handels-, sozial-, steuer- und verwaltungsrechtlich vorgeschriebenen Veröffentlichungen organisiert und zentralisiert (*Sonnenberger/Dammann*, S. 80). Nach Art. 15b des Dekrets Nr. 92–521 sind dem „greffe" u.a. das Firmenzeichen, die Tätigkeitsbereiche der Niederlassung sowie die vollständigen Angaben bzgl. des Leiters der Niederlassung anzugeben. Soweit eine ausländische Gesellschaft die im Annex zum Dekret bezeichnete Form hat (GmbH, AG, KaAG), besteht für diese allerdings nur eine eingeschränkte Informationspflicht. Mitgeteilt und veröffentlicht werden nur folgende Angaben: Name und Firma der Gesellschaft sowie das Firmenzeichen; Datum des Jahresabschlusses für publizitätspflichtige Gesellschaften; vollständige Angaben bzgl. der Identität der Gesellschaftsorgane; Angabe des Ortes und der Nummer der Handelsregistereintragung. Bei Errichtung der Niederlassung besteht darüber hinaus gem. Art. 55 des Dekrets Nr. 92–521 die weitere Verpflichtung, die Satzung und alle späteren Änderungen der Satzung in beglaubigter Form (in französischer Sprache) beim Handelsgericht der Niederlassung zu hinterlegen. Weiterhin besteht nunmehr auch eine Hinterlegungspflicht für Jahresabschlüsse der ausländischen Gesellschaften. Jedes Jahr sind zwei Exemplare des geprüften und veröffentlichten Jahresabschlusses in französischer Übersetzung beim Han-

4. Contrat de franchisage (Französischer Franchisevertrag) II.4

delsgericht zu hinterlegen. Das Dekret Nr. 92–521 verlangt schließlich, daß auch auf den Geschäftspapieren der Niederlassung in Frankreich Angaben bzgl. der ausländischen Stammgesellschaft enthalten sein müssen. Dies sind gem. Art. 72 des Dekrets Nr. 92–521 die Firmenbezeichnung, die Rechtsform und der Sitz sowie die Handelsregisternummer und gegebenenfalls Angaben über eine Liquidation.

bb) Besondere Informationspflichten bestehen allerdings für börsennotierte Gesellschaften, da die COB (Commission des Opérations de Bourse) in ihrem Jahresbericht 1991 festgestellt hat, daß sie von ausländischen Gesellschaften, deren Aktien an einer französischen Börse gehandelt werden, so umfassende Informationen erwartet, wie sie für diese Gesellschaft in ihrem Mutterland veröffentlicht werden. Neben dem Jahresbericht werden daher umfangreiche Auszüge aus Bilanzen sowie Erklärungen erwartet (Mitteilung in RIW 1993, S. 245).

9. Kartellrechtliche Zulässigkeit. a) Rechtsgrundlagen im Überblick. Hinsichtlich der kartellrechtlichen Zulässigkeit des Franchisevertrages bzw. seiner wettbewerbsrechtlichen Wirksamkeitsschranken sind einerseits die Vorschriften des nationalen Kartellrechts (Frankreichs) und andererseits die Vorschriften des europäischen Kartellrechts zu beachten. Denn Franchiseverträge weisen üblicherweise zahlreiche Vertikalbindungen und Elemente des selektiven Vertriebs bzw. des Alleinvertriebs auf. Dies führt dazu, daß andere potentielle Nachfrager von der Belieferung ausgeschlossen werden und somit der Wettbewerb formell beschränkt wird.

aa) Die wettbewerbsrechtliche Beurteilung des Franchisevertrages nach französischem Wettbewerbsrecht erfolgt nach Maßgabe der am 1. 12. 1986 erlassenen und am 1. 1. 1987 in Kraft getretenen Verordnung Nr. 86–1243 (Ordonnance relative à la liberté des prix et de la concurrence; veröffentlicht im Journal Officiel vom 8. 12. 1986; im folgenden: WettbewerbsVO Nr. 86–1243). Ergänzt wird diese Verordnung durch das Ausführungsdekret Nr. 86–1309 vom 29. 12. 1986 (Décrét fixant les conditions d'application de l' ordonnance No. 86–1243 du 1 décembre 1986 relative à la liberté des prix et de la concurrence). Diese Vorschriften sind auf Franchiseverhältnisse anwendbar. Denn sie gelten für alle am Wirtschaftsleben beteiligten Personen. Erfaßt wird hierbei der gewerbliche Verkehr mit Gütern und Dienstleistungen jeder Art unter der Voraussetzung, daß der betroffene Markt dem freien Wettbewerb unterliegt und nicht einer totalen verwaltungsmäßigen Regulierung unterworfen ist (*Hertslet*, Rn. 17). Die WettbewerbsVO Nr. 86–1243 gilt für alle Maßnahmen, deren Wettbewerbsschädlichkeit sich auf den französischen Markt auswirkt, gleichgültig, ob der Sitz der Beteiligten innerhalb oder außerhalb des französischen Staatsgebietes liegt oder diese eine Betriebsstätte innerhalb Frankreichs unterhalten (*Hertslet*, Rn. 18).

bb) Führen die wettbewerbsbeschränkenden Maßnahmen zu einer wettbewerbsrechtlich relevanten Einschränkung des zwischenstaatlichen Handels des europäischen Marktes, so gelangt sowohl französisches Recht als auch das EG-Recht (Art. 85 ff. EG-Vertrag und Franchise-GVO) zur Anwendung (EuGH Walt Wilhelm; EG-Kommission J.O.C.E. vom 8. 2. 1982 Nr. C 30, S. 14). Um widersprüchliche Entscheidungen zu vermeiden, die aufgrund des Vorrangs des EG-Rechts entstehen könnten, setzen die französischen Aufsichtsorgane gegebenenfalls das Verfahren unter Verweisung an die europäisch zuständigen Organe in Brüssel aus, es sei denn, daß bereits eine Vorprüfung zum Ergebnis gelangt, daß die beanstandete Maßnahme nicht gem. Art. 85 Abs. 3 EG-Vertrag freigestellt werden kann (*Hertslet*, Rn. 18).

b) Europäisches Kartellrecht. Der Franchisevertrag ist europarechtlich zulässig, wenn er gem. Art. 85 Abs. 3 EG-Vertrag freigestellt ist. Dazu muß er entweder die Voraussetzungen der Franchise-GVO erfüllen oder mittels Einzelfreistellung legitimiert sein. Daneben besteht die Möglichkeit, den Franchisevertrag zur Überprüfung der kartellrechtlichen Zulässigkeit bei der Kommission anzumelden und einen Negativattest (Comfort letter) zu erhalten (vgl. zu den Einzelheiten des EG-Kartellrechts und der Franchise-GVO die einschlägigen Anmerkungen zum englischen Franchisevertrag).

c) **Nationales französisches Kartellrecht. aa)** Die das nationale französische Kartellrecht regelnde WettbewerbsVO Nr. 86–1243 vom 1. 12. 1986 behandelt in ihrem dritten Abschnitt wettbewerbsschädliche Praktiken (pratiques anticoncurrencielles). Die darin enthaltene Vorschrift des Art. 7 WettbewerbsVO Nr. 86–1243 verbietet wettbewerbsbeschränkende Vereinbarungen oder abgestimmte Verhaltensweisen mit dem Ziel oder der Folge einer Ausschaltung, Beschränkung oder Verfälschung des Wettbewerbs. Dabei unterfallen dem Tatbestand des Art. 7 sowohl horizontale als auch vertikale Absprachen von Unternehmen (*Ebenroth/Strittmatter*, S. 39 Rn. 46 m. w. N.). Wettbewerbsbeschränkende Vereinbarungen zwischen kleinen und mittleren Unternehmen, die das Ziel haben, diesen Unternehmen Zutritt zu einem Markt zu verschaffen (und somit den Wettbewerb intensivieren), sind vom Anwendungsbereich des Art. 7 WettbewerbsVO Nr. 86–1243 jedoch ausgeschlossen, da diese Verhaltensweisen nicht die geforderte „Finalität" der Wettbewerbsbeschränkung aufweisen (*Ebenroth/Strittmatter*, S. 40 Rn. 47). Dies ist vergleichbar mit dem im europäischen Kartellrecht geforderten Merkmal der „Spürbarkeit" i.S.d. Art. 85 EG-Vertrag. Die Vorschrift des Art. 8 WettbewerbsVO Nr. 86–1243 verbietet die mißbräuchliche Ausnutzung einer marktbeherrschenden Stellung oder einer wirtschaftlichen Abhängigkeit (dépendance économique).

bb) Die WettbewerbsVO Nr. 86–1243 sieht zwar vor, daß per Dekret Gruppenfreistellungsverordnungen erlassen werden können. Für den Bereich der Franchiseverträge wurde bisher noch keine nationale Gruppenfreistellung per Dekret erlassen. Die für das Franchising einschlägigen Regelungen der Artt. 7 u. 8 WettbewerbsVO Nr. 86– 1243 stehen allerdings unter dem Vorbehalt des Art. 10, wonach die in Art. 7 und 8 aufgeführten verbotenen wettbewerbsschädigenden Praktiken freigestellt werden, wenn sie entweder auf bestimmten Rechtssetzungsakten beruhen oder eine positive „bilan économique" aufweisen, also bei ihnen die positiven wettbewerblichen Auswirkungen überwiegen.

d) **Die positive „bilan économique" beim Franchising. aa)** Für die wettbewerbsbeschränkungsrechtliche Zulässigkeit von Franchiseverträgen kommt es somit entscheidend darauf an, ob sie die Legitimation des Art. 10 WettbewerbsVO Nr. 86–1243 genießen, d.h. ob das Franchisesystem eine positive „bilan économique" aufweist. Dabei muß geprüft werden, welche wirtschaftlichen Nachteile der Verbesserung der wirtschaftlichen Verhältnisse gegenüberstehen. Die Freistellung erfolgt dann nur, wenn die Vorteile wirklich überwiegen; eine Gleichgewichtigkeit von Vor- und Nachteilen reicht also nicht aus (*Hertslet*, Rn. 65).

bb) Dies ist wohl für jedes Franchisesystem individuell zu überprüfen. Eine vorherige Anmeldung des Franchisevertrages bei einer Wettbewerbsbehörde ist nicht erforderlich. Problematisch ist allerdings, daß ein gegen Art. 7 bzw. 8 WettbewerbsVO Nr. 86– 1243 verstoßender Franchisevertrag gem. Art. 9 WettbewerbsVO Nr. 86–1243 nichtig ist, soweit keine Freistellung i. S. d. Art. 10 WettbewerbsVO Nr. 86–1243 eingreift. Daneben kann der Wettbewerbsrat (conseil de la concurrence) gem. Art. 13 WettbewerbsVO Nr. 86–1243 die Parteien anweisen, die Wettbewerbsbehinderung zu unterlassen (injonction), und dies unter Androhung einer Geld- bzw. Nebenstrafe durchsetzen (vgl. hierzu *Hertslet*, Rn. 85 ff.). Der Conseil de la concurrence hat gem. Art. 11 Abs. 3 WettbewerbsVO Nr. 86–1243 auch die Möglichkeit, die Staatsanwaltschaft wegen Betrugs oder Erpressung einzuschalten, wenn eine natürliche Person gem. Art. 17 WettbewerbsVO Nr. 86–1243 in betrügerischer Weise (frauduleusement), persönlich und ausschlaggebend an wettbewerbsbeschränkenden Handlungen teilgenommen hat. Für die Vertragsparteien des Franchisevertrages und insbesondere für den Franchisegeber wäre es daher von Interesse, wenn er den Franchisevertrag offiziell legitimieren lassen könnte. Im Gegensatz zum europäischen Kartellrecht ist die WettbewerbsVO Nr. 86–1243 jedoch nicht nach dem Prinzip des Verbots mit Erlaubnisvorbehalt konzipiert, sondern nimmt Praktiken, die die Kriterien des Art. 10 Abs. 2 erfüllen, vom Anwendungsbereich des Kartellverbots aus

4. Contrat de franchisage (Französischer Franchisevertrag)   II.4

(*Ebenroth/Strittmatter*, S. 83). Das französische Kartellrecht kennt daher nicht die Methodik der Einzelfreistellungsentscheidung. Es besteht kein kartellrechtliches Verbot, solange noch keine Entscheidung gefallen ist. Dagegen sind die Praktiken nach Art. 85 EG-Vertrag per se verboten, ohne daß dies erst festgestellt werden müßte. Die WettbewerbsVO Nr. 86–1243 hat auch nicht die im EG-Recht bekannte Möglichkeit übernommen, einzelne Verträge im Wege eines Negativattests für unbedenklich erklären zu lassen (*Hertslet*, Rn. 71 Fn. 109 a.E.).

cc) Der „Conseil de la concurrence" (Wettbewerbsrat) wird gem. Art. 11 WettbewerbsVO Nr. 86–1243 nur auf eigene Initiative oder auf Antrag des Wirtschaftsministers oder eines der von den wettbewerbsschädigenden Praktiken Betroffenen oder eines der in Art. 5 WettbewerbsVO Nr. 86–1243 genannten Interessenvertreter tätig (zur Stellung des französischen Wettbewerbsrates vgl. *Lob* RIW 1995, S. 272 ff.). Von daher ist es Aufgabe der Unternehmen, die Vereinbarkeit des Franchisevertrages an die Erfordernisse des französischen Wettbewerbs- und Kartellrechtes anzupassen und für eine positive „bilan économique" zu sorgen.

10. Die Belieferungsverweigerung – Refus de vente. a) Unzulässige und zulässige Belieferungsverweigerungen. Unabhängig von der kartellrechtlichen Problematik der Art. 7 und 8 WettbewerbsVO Nr. 86–1243 verbietet das französische Wettbewerbsrecht gem. Art. 36 Abs. 1 Ziff. 2 und Ziff. 3 WettbewerbsVO Nr. 86–1243 die unberechtigte Belieferungsverweigerung (refus de vente). Im französischen Recht ist danach im Grundsatz (zu den Ausnahmen sogleich) jeder Lieferant verpflichtet, an jeden Käufer zu liefern (*Meissner*, S. 13). Der Judikatur zufolge besteht ein Handelsbrauch, daß der Hersteller nicht zur Ablehnung eines Angebots auf Abschluß eines Wiederverkaufsvertrages berechtigt ist, wenn der Antragsteller die vom Hersteller gesetzten Verkaufsbedingungen akzeptiert und einzuhalten vermag (Cour de Cass., 16. 10. 1983, Bull civ. IV–244 R.T.D. com. 1984–715).

aa) **Erscheinungsformen der Belieferungsverweigerung.** Die Belieferungsverweigerung kann zum einen direkt erfolgen; es sind aber auch die subtileren Formen, wie die Nichtübermittlung von Informationen oder von technischen Daten, die zur Formulierung einer Bestellung unerläßlich sind, als Belieferungsverweigerung eingestuft worden (Cour d'appel, 5ème Chambre Civil, 28. 5. 1982, Gaz. Pal. 1982–2–452). Die Belieferungsverweigerung ist jedem Franchisesystem immanent, weil der Franchisegeber sich zumeist nur diejenigen Personen als potentielle Franchisenehmer aussucht, die er nach eigenen Maßstäben für geeignet hält (Selektivcharakter des Franchisevertriebs).

bb) **Rechtmäßigkeitsvoraussetzungen.** Die WettbewerbsVO Nr. 86–1243 hat die ehemals kategorisch strafbewehrte Belieferungsverweigerung depönalisiert und nun unter gewissen Voraussetzungen für zulässig erachtet. Die Belieferungsverweigerung ist danach nicht schlechthin unzulässig. Vielmehr ist sie gegenüber systemfremden Nachfragern zulässig, wenn ein Rechtfertigungsgrund nach Maßgabe des Art. 36 Abs. 2 WettbewerbsVO Nr. 86–1243 vorliegt, der die Belieferungsverweigerung legitimiert. Aufgeführt sind die Fälle, daß eine ihrer Natur bzw. ihrem Inhalt nach ungewöhnliche Nachfrage vorliegt oder daß der Käufer „bösgläubig" ist. Darüber hinaus ist gem. Art. 36 Abs. 2, dritter Fall WettbewerbsVO Nr. 86–1243 eine Belieferungsverweigerung unter den Voraussetzungen des Art. 10 der WettbewerbsVO Nr. 86–1243 zulässig, der wiederum verschiedene Alternativen von Rechtfertigungsgründen vorsieht. Für die Formulierung des Franchisevertrages kommt diesen Rechtfertigungsgründen (Art 36 Abs. 2, 3. Fall und Art. 10 WettbewerbsVO Nr. 86–1243) besondere Bedeutung zu. Ergänzt wird Art. 10 der WettbewerbsVO Nr. 86–1243 durch das noch zur alten Regelung ergangene Rundschreiben „Fontanet" vom 31. 3. 1960 (dazu *Enghusen*, S. 134 f.). Dieses enthält die wesentlichen Voraussetzungen eines zulässigen „refus de vente" aufgrund eines bestehenden Vertriebsnetzes. Dieses Rundschreiben hat keinen Gesetzescharakter. Es wird aber von der Judikatur als Auslegungshilfe der WettbewerbsVO bei der Entscheidungsfindung herangezogen (*Meissner*, S. 13 f.; *Peukert*, S. 141).

(1) Die entscheidende Rolle bzgl. der Rechtfertigung einer Belieferungsverweigerung im Rahmen von Franchisesystemen spielt hier die 2. Alternative der Rechtfertigung des Art. 10 WettbewerbsVO Nr. 86–1243, wonach wettbewerbsbeschränkende Praktiken zulässig sind, wenn sie einen wirtschaftlichen Fortschritt bewirken und dem „utilisateur" einen angemessenen Anteil am erlangten Profit gewähren. Dabei darf es allerdings nicht zu einem völligen Ausschluß des Wettbewerbs in bezug auf einen erheblichen Teil des im Wettbewerb stehenden Produktes kommen.

(2) Weitere Voraussetzung ist die Unabdingbarkeit des an sich wettbewerbsschädlichen Eingriffs für den wirtschaftlichen Fortschritt, womit Art. 10 Abs. 2 WettbewerbsVO Nr. 86–1243 unter dem Grundsatz der Verhältnismäßigkeit steht.

cc) **Rechtliche Unmöglichkeit.** Die Judikatur hat darüber hinaus Kriterien für selektiven Vertrieb und Alleinvertrieb aufgestellt, wonach eine Belieferungsverweigerung aus Gründen der „rechtlichen Unmöglichkeit (indisponibilité juridique)" zulässig ist, weil der Systemkopf sich z.B. vertraglich verpflichtet hat, nicht an andere zu liefern. Diese für den Exklusiv- bzw. Selektivvertrieb entwickelten Grundsätze gelten auch für das Franchiserecht (*Teston/Teston*, S. M 19; *Jeantet*, J.C.P. 1963/I, No. 1743; *Winkel*, S. 98f., 170f.; *Meissner*, S. 13, 17; Cour d'appel de Paris vom 10. 5. 1978 [Inter Flora/Telefleurs] in Encyclopedie pratique de la franchising commerciale et industrielle, les Problèmes juridique, Fascile 54).

b) **Franchising und zulässige Belieferungsverweigerung.** Für den Bereich der Franchiseverträge gibt es nicht viele Entscheidungen, die sich mit der Zulässigkeit des „refus de vente" in Franchiseverhältnissen beschäftigt haben. Da der Franchisegeber sich das Recht vorbehält, nur bestimmte Interessenten als Franchisenehmer in das System aufzunehmen, denen ein Exklusivvertriebsrecht gewährt wird, hat das Franchising stets Selektivvertriebscharakter. Der hiermit für die Systemaußenseiter verbundene „refus de vente" ist der Judikatur zufolge unter folgenden fünf Voraussetzungen zulässig (vgl. hierzu insbes. Nicolas, Soc. Brandt Fréres et Soc. Photo Radio Club, Cour de Cass. (Ch. crim.), 11. 6. 1962, D. 1962, 497; Seeclauze et thurin, Cass. crim. 21. 3. 1972, J.C.P. 1972/II, 222; Cour de Nime, 9. 11. 1972, J.C.P. 1974/II, 17661 mit Anm. *Guérin*; *Meissner*, S. 17f. m.w.N.; *Enghusen*, S. 136ff.):

aa) Die Beschränkung der Handelsfreiheit im Selektivvertriebsvertrag muß gegenseitig und gleichwertig sein. Das bedeutet, daß jedem der Vertragsparteien eine komplementäre Handelsbeschränkung aufgebürdet wird. Eine solche Konstellation liegt regelmäßig vor, wenn der Franchisenehmer keine Konkurrenzprodukte vertreiben darf und der Franchisegeber dem Franchisenehmer im Gegenzug ein territorial abgegrenztes Exklusivrecht gewährt und seine Produkte nicht an andere Interessenten verkauft (Reziprozität der Exklusivität). Zur Erfüllung dieser Voraussetzung ist es allerdings erforderlich, daß das Exklusivgebiet des Franchisenehmers exakt festgelegt ist (*Meissner*, S. 16 m.w.N.).

bb) Des weiteren muß gem. Art. 34 und Art. 7 der Ordonnance vom 1. 12. 1986 die Preisgestaltungsfreiheit gewahrt bleiben. Denn Art. 34 und 7 der WettbewerbsVO Nr. 86–1243 verbieten die Einflußnahme auf die Preisgestaltung des Wiederverkäufers. Preisempfehlungen sind allerdings möglich, soweit der Franchisenehmer in seinen Verträgen mit den Verbrauchern frei bleibt (Arrêt du Conseil d'Etat, vom 1. 2. 1985, G. P. 1986-2-565). Gestattet ist im übrigen die Vorgabe von Höchstabgabepreisen (*Meissner*, S. 16; vgl. *Anstett-Gardea*, in: Martinek/Semler, Rn. 68). Ansonsten aber darf der Franchisevertrag weder direkt noch indirekt die Freiheit des Wiederverkäufers begrenzen, die Verkaufspreise festlegen.

cc) Die Handelsbeschränkung des Franchisesystems muß der Serviceverbesserung dienen und somit einem verbesserten Kundendienst und Verbraucherschutz Rechnung tragen.

dd) Das Diskriminierungsverbot ist zu beachten (dazu ausführlich *Opatz*, aaO., S. 85ff.), insbesondere dürfen Dritte nicht absichtlich ohne rechtfertigenden Grund benachteiligt werden. Der Lieferant muß seine Vertragspartner nach objektiven qualitativen Kriterien ohne Diskriminierung und ohne quantitative Begrenzung auswählen (Cass.

4. Contrat de franchisage (Französischer Franchisevertrag) **II.4**

Crim., 3. 11. 1982, Gaz. Pal., S. 658). Als qualitative Kriterien zählen etwa Fachausbildung der Vertragspartner oder entsprechende technische Einrichtungen. Bei Franchiseverträgen dürfte diese Problematik allerdings dadurch abgeschwächt sein, daß der Franchisegeber für die systemgerechte Einrichtung sorgt und der Franchisenehmer zugleich eine Ausbildung erhält, die Bestandteil der Serviceleistung des Franchisegebers ist.

ee) Die Aufrechterhaltung eines produktinternen (intrabrand-)Restwettbewerbs muß gewahrt bleiben, d. h., daß es nicht zu einem vollständigen Ausschluß des Wettbewerbs der Systempartner kommen darf. Aus diesem Grund ist auch die Gewährung eines absoluten Gebietsschutzes nicht gestattet (Cour d'appel de Nîmes, 9. 11. 1972, J.C.P. 1974–II–17661). Insbesondere darf einem Franchisenehmer nicht verboten werden, Kunden zu bedienen, die von außerhalb seines Vertragsgebietes kommen, um z.B. regionale Preisunterschiede zu nutzen. Aktive Geschäftstätigkeiten des Franchisenehmers außerhalb seines Vertragsgebietes können allerdings verboten werden.

11. Vorvertragliche Aufklärungspflichten des Franchisegebers.
a) **Rechtsgrundlagen.** aa) **Norme AFNOR und Ehrenkodex des Europäischen Franchiseverbandes.** Neben der Norme AFNOR (dazu Anm. 3) sieht auch der Ehrenkodex des europäischen Franchiseverbandes in Art. 4 Abs. 2 besondere vorvertragliche Aufklärungspflichten des Franchisegebers vor. Danach muß der Franchisegeber dem potentiellen Franchisenehmer eine ausführliche Unterrichtung über das Franchisesystem zukommen lassen, insbesondere über dessen Vorzüge, die zu erwartenden Ergebnisse, welche ihrerseits auf Marktstudien und Pilotbetriebe gestützt sein müssen, sowie über die erforderlichen Investitionen (vgl. *Anstett-Gardea,* in: Martinek/Semler, Rn. 65). Diese Vorschriften stellen allerdings nur sogenanntes soft law dar und haben keine Gesetzeskraft erlangt.

bb) **Gesetz Nr. 89–1008 vom 31. 12. 1989 – Loi Doubin.** (1) Zwingende Aufklärungsverpflichtungen ergeben sich dagegen aus dem Gesetz Nr. 89–1008 vom 31. 12. 1989 (Loi Doubin). Für den Franchisegeber resultieren die einschlägigen Aufklärungspflichten aus Art. 1 dieses Gesetzes. Danach müssen alle Personen, die einer anderen Person einen Handelsnamen, eine Marke oder eine Geschäftsbezeichnung (enseigne) zur Benutzung überlassen und ihr dabei bestimmte Ausschließlichkeitsbindungen oder Quasi- Ausschließlichkeitsbindungen auferlegen, dieser dritten Person vor Unterzeichnung des Vertrages ein Dokument mit genauen Informationen übergeben, damit diese ihre Verpflichtungen in voller Kenntnis aller relevanten Tatsachen eingehen kann (vgl. Mitteilung in GRUR Int. 1991, S. 837; ausführlich dazu *Grollemund/Loustalot/Forest,* Rev. Jurispr. com. 1993, S. 60 ff.; *Blanc,* Dalloz 1993, S. 218).

(2) Eine derartige Vorschrift ist, soweit ersichtlich, in Europa einmalig. In Deutschland löst man bekanntlich die Problematik vorvertraglicher Aufklärungspflichten mit Hilfe des Rechtsinstituts der Culpa in contrahendo und der Annahme besonderer Treuepflichten zwischen den Parteien. Zudem ist in Deutschland vor allem das Verbraucherkreditgesetz einschlägig, das inzwischen nach höchstrichterlicher Judikatur auf Franchiseverträge anwendbar ist und dem Franchisenehmer ein Widerrufsrecht verschafft. In Frankreich wird weder in der einschlägigen Literatur noch in den Entscheidungen der Judikatur der Schutz des Franchisenehmers nach Maßgabe von Verbraucherschutzvorschriften diskutiert. Widerrufsrechte ergeben sich in Frankreich eher theoretisch aus dem Gesetz zur Regelung von Haustürwiderrufsgeschäften und den Lois Scrivennaire (diese regeln das Verbraucherkreditgeschäft). Der persönliche Anwendungsbereich dieser Gesetze erstreckt sich allerdings auf das Verhältnis zwischen dem Verbraucher (consommateur) und dem sog. „non-professionnel" (Laie). Diejenigen, die Verträge zu Berufszwecken abschließen, unterfallen somit nicht den einschlägigen Verbraucherschutzvorschriften (vgl. schon Anm. 5), weshalb sich aus diesen Vorschriften des französischen Rechts kein Widerrufsrecht des Franchisenehmers ergibt.

b) **Franchising und Loi Doubin.** aa) **Rechtsnatur der Aufklärungsverpflichtung.** Der Franchisenehmer kann daher das Manko einer mangelhaften Aufklärung nur nach Maßgabe der Loi Doubin und des entsprechenden Ausführungsdekretes Nr. 91–337 vom 4.4. 1991 angreifen (vgl. *Anstett-Gardea,* in: *Martinek/Semler,* Rn. 37 ff.). Die dort aufgeführten Aufklärungs- und Offenbarungspflichten stellen vorbehaltlich einer anderweitigen vertraglichen Regelung eine „obligation de moyen" dar. Dies bedeutet, daß seitens des Franchisegebers insoweit kein Erfolg geschuldet ist, sondern es sich diesbezüglich um eine Art Dienstleistungsverpflichtung handelt (Cass. com. 19. 5. 1992, JCP éd. E 1993, II, S. 387 mit Anmerkung *Leveneur*). Der Franchisegeber haftet selbstverständlich für die Korrektheit seiner Angaben. Wird der Franchisenehmer nicht entsprechend den Vorschriften des Ausführungsdekrets aufgeklärt, so ist er berechtigt, vom Franchisevertrag zurückzutreten (T. com. Paris, 28. 10. 1992; CA Versailles, 29. 10. 1992 und CA Paris, 23. 3. 1993 D., somm. 1995, S. 76). Es bleibt anzumerken, daß teilweise die Auffassung vertreten wird, daß die Offenlegungserfordernisse nach Maßgabe der Loi Doubin und des entsprechenden Ausführungsdekrets auch bei der Verlängerung des Franchisevertrages nach dessen Ablauf greifen. Dieser Ansicht zufolge handelt es sich auch bei einer „Verlängerung" – unabhängig von der Bezeichnung der Parteien – um einen neuen Franchisevertrag (Cass. Com., 13. 3. 1990: Bull. civ. IV, Nr. 77; *Le Tourneau,* Fasc. 565, S. 28).

bb) Verfahren, Umfang und Inhalt der Offenlegung. Der Franchisegeber hat zur ordnungsgemäßen Aufklärung des Franchisenehmers umfangreich Offenlegungen vorzunehmen, die in einem Offenlegungsdokument (Document d'informations précontractuelles) zu fixieren sind (Musterbeispiel abgedruckt in Dictionnaire Permanent Droit des Affaires, Distribution Commerciale F 27, S. 4431). Verfahren, Umfang und Inhalt hinsichtlich der Erstellung des Dokuments zur ordnungsgemäßen Aufklärung des Franchisenehmers ergeben sich aus dem Ausführungsdekret Nr. 91–337:

(1) Nach Art. 2 des Dekrets Nr. 91–337 vom 4. 4. 1991 muß das Dokument mit den erforderlichen Informationen sowie der Text des Franchisevertrages wenigstens zwanzig Tage vor der Unterzeichnung dem Franchisenehmer zugänglich gemacht worden sein. Zuwiderhandlungen werden mit Geldstrafe bedroht.

(2) Aus Art. 1 des vorgenannten Dekrets ergeben sich die inhaltlich erforderlichen Angaben. Danach muß der Franchisegeber die Adresse des Hauptsitzes des Franchisegebers, die Art seiner Aktivitäten, Rechtsform, Inhaber bzw. Geschäftsführer des franchisegebenden Unternehmens sowie die Höhe des Eigenkapitals angeben. Des weiteren sind die Nummern von Registereintragungen des Unternehmens, Rollennummern bzw. Aktenzeichen der Anmeldungen von Marken aufzuführen und Angaben über die Laufzeiten entsprechender Lizenzen zu machen. Der Franchisegeber ist auch zur Offenlegung der (fünf) wichtigsten Bankverbindungen verpflichtet. Der Gründungstag des Unternehmens und die wichtigsten Stationen der Unternehmensgeschichte sind zu beschreiben; dabei ist auch auf die Entwicklung des Unternehmens des Franchisegebers einzugehen, damit der Franchisenehmer die Erfahrung des Unternehmens bzw. die seiner Geschäftsleitung einzuschätzen vermag (vgl. Mitteilung in GRUR Int. 1991, S. 837). Diese Informationen können sich auf die letzten fünf Jahre vor dem beabsichtigten Vertragsschluß beschränken. Sie müssen einen Aufschluß über den Status quo des generellen bzw. des jeweils örtlichen Marktes sowie über dessen Entwicklungsperspektiven geben, und zwar für die Waren bzw. Dienstleistungen, die Gegenstand des Franchisevertrages sein sollen. Es müssen auch die Geschäftsberichte der letzten zwei Jahre beigefügt werden. Weiterhin sind auch Angaben zur Verkaufsstellendichte des Franchisesystems zu machen. Der Franchisegeber hat daher eine Liste der Unternehmen beizufügen, die Mitglied des Franchisesystems sind. Auch die Art der Mitgliedschaft ist anzugeben. Die Adresse von Unternehmen in Frankreich, mit denen der Franchisegeber Verträge ähnlicher Art wie dem anvisierten geschlossen hat, sind ebenso von Bedeutung wie die Angaben über Vertragsverlängerungen bzw. über die Vertragsschlußmodalitäten. Umfaßt das Franchisesystem mehr als fünfzig Unternehmen, so kann sich der Franchisenehmer auf diejenigen fünfzig Unternehmen beschränken, die dem beabsichtigten Standort am nächsten liegen. Weiterhin ist die Zahl der Unternehmen zu nennen, die Mitglied des Franchisesystems mit gleichartigen Verträgen waren und die inner-

4. Contrat de franchisage (Französischer Franchisevertrag) II.4

halb des Jahres vor Übergabe des Dokuments ausgeschieden sind. Dabei muß angegeben werden, ob der Vertrag auslief oder ob er gekündigt oder für nichtig erklärt wurde. Ferner ist die Angabe von anderen Geschäftsstellen erforderlich, die mit der ausdrücklichen Genehmigung des Franchisegebers diejenigen Waren und Dienstleistungen, welche Gegenstand des Vertrages sind, in dem Gebiet des abzuschließenden Vertrages anbieten. Schließlich bedarf es der Mitteilung der Dauer des Vertrages, der Bedingungen für eine Verlängerung, eine Kündigung und Rechtsübertragung sowie der Bezeichnung des Umfangs des exklusiven Vertragsgebiets. Darüber hinaus sind Art und Umfang von Ausgaben und Investitionen offenzulegen, die der Franchisenehmer vor der Aufnahme seines Geschäftsbetriebes tätigen muß.

c) **Nachforschungspflicht des Franchisenehmers.** Der Franchisenehmer ist allerdings nicht von jeglicher Nachforschungspflicht befreit. Er muß sich selbst die ihm zumutbaren Informationsquellen erschließen und sich über die Lage des Marktes in Kenntnis setzen, um so sein unternehmerisches Risiko abschätzen zu können (Cass. Civ. vom 25. 2. 1986, J.C.P. 1988 II 20995 zum Vertragshändlervertrag). Diese Informationen kann er zum Beispiel dem Handelsregister (registre du commerce et des sociétes) entnehmen, das im Unterschied zum deutschen Handelsregister erheblich umfangreichere Eintragungen enthält. Eingetragen sind z.B. familien- und personenstandsrechtliche Verhältnisse, die Auskunft über die Verpflichtungsfähigkeit und die Vermögenssituation des Kaufmanns Aufschluß geben. Eingetragen werden auch relevante Straftaten des Kaufmanns (*Sonnenberger/Dammann*, S. 80). Wer Auskunft über einen Geschäftspartner benötigt, kann sich darüber hinaus über das „Bulletin officiel des annonces civiles et commeciales" (BODACC) kundig machen, welches einen Anhang des „Journal Officiel" bildet. Darüber hinaus führt auch das „Institut National de la Propriété Industrielle" (INPI) ein nationales Handels- und Gesellschaftsregister, von dem Interessenten auf der Grundlage des Art. 35–1 des arrêté vom 9. 2. 1988 Auskunft über Bilanzen etc. erhalten können (*Sonnenberger/Dammann*, S. 81).

12. Präambel. Die Präambel dient der kurzen einführenden Erläuterung des Vertragszwecks. Aus ihr ergeben sich nicht unmittelbar Rechte und Pflichten der Parteien. Dennoch kann der Präambel eine vertragsrechtliche Bedeutung zukommen, die über eine bloße Auslegungshilfe in Zweifelsfällen hinausgeht. In ihr kann nämlich aufgeführt werden, daß der Franchisenehmer die Pilotbetriebe des Franchisegebers besichtigt hat und daß ihm die erforderlichen Informationen nach Maßgabe der „Loi Doubin" mitgeteilt worden sind. Sollte es gegebenenfalls zu einem Rechtsstreit zwischen Franchisenehmer und Franchisegeber kommen, führt dies zu einer Erleichterung des Beweises, daß der Franchisenehmer entsprechend den Anforderungen der „Loi Doubin" (vgl. Anm. 11) aufgeklärt worden ist (*Leloup*, S. 168).

13. Parteien. a) Juristische Unabhängigkeit des Franchisenehmers. Parteien des Franchisevertrages können sowohl juristische als auch natürliche Personen sein, die natürlich verschiedener Nationalität sein dürfen. Der Franchisevertrag ist ein Vertrag, dessen Verpflichtungen im Grundsatz höchstpersönlicher Natur sind (intuitu personae), so daß ein Austausch des Franchisenehmers im Verlaufe des Vertrages nicht gestattet ist, sofern nicht ausdrücklich eine Abtretung vertraglich gestattet wird (CA Paris, 23. 1. 1992, D. 1992 inf. rap., S. 126). Das Konzept des Franchising baut im übrigen darauf auf, daß beide Parteien trotz ihrer wirtschaftlichen Abhängigkeit juristisch unabhängig bzw. juristisch selbständig sind. Dabei spielen sowohl arbeitsrechtliche als auch haftungsrechtliche Motive eine Rolle. Die Judikatur hat insoweit ihre Rechtsprechung zum Vertragshändler (concessionaire) und zum Vertragshändlervertrag (contrat de concession), in der die Verantwortungs- und Haftungssphären zwischen Absatzmittler und Systemzentrale abgegrenzt wurden, auf das Franchising übertragen. Zum einen wurde entschieden, daß der Franchisegeber prinzipiell nicht für die Verbindlichkeiten des Franchisenehmers haftet, die im Verhältnis zu dessen

Lieferanten entstanden sind (Cass. com., 3. 7. 1990, Bull civ. IV, Nr. 201). Zum anderen liegt eine höchstrichterliche Entscheidung der Strafkammer des Kassationshofes vor, wonach der Franchisenehmer (und nicht der Franchisegeber) wegen irreführender Werbung (publicité trompeuse) verurteilt wurde und in der festgelegt wurde, daß der Franchisenehmer sich zu seiner Entlastung nicht darauf berufen kann, daß er das Werbematerial von seinem Franchisegeber geliefert bekommen hat (Cass. crim. 27. 11. 1990, D. 1991, inf. rap. S. 35). Im Unterschied zum Zweigstellen- bzw. Filialsystem (succursalisme) agiert der Franchisenehmer auf eigene Kosten und auf eigene Rechnung und somit eigenverantwortlich (vgl. dazu § 2 Abs. 5 der Norme AFNOR). Mit dieser Konzeption wollen Franchisegeber den finanziellen Nachteilen des Filialsystems ausweichen, die vor allem darin bestehen, daß erhebliche Kosten für Personal aufgewandt werden müssen und dadurch mittelbar weitere Kosten aufgrund arbeitsrechtlicher Schutzvorschriften entstehen. In den Franchiseverträgen wird aus diesem Grund ausdrücklich die juristische Unabhängigkeit der Parteien hervorgehoben. Die Vielzahl von Klauseln zur Einbindung des Franchisenehmers in das System ist dabei zulässig und beeinträchtigt nicht die Qualifizierung des Franchisenehmers als selbständigen Unternehmer. Hierzu gehören die franchiseüblichen Vertragsbestimmungen zum Inspektionsrecht des Franchisenehmers, zur Mitteilungspflicht des Franchisenehmers bzgl. des Warenbestands und der Umsätze sowie zu den Vorgaben der Buchführung entsprechend den für das System einheitlichen Gesichtspunkten (*Leloup*, S. 106 m. w. N.). Wird die prinzipiell zulässige Kontrolle seitens des Franchisegebers allerdings exzessiv gehandhabt, so kann dies gegebenenfalls zur Auflösung des Franchisevertrages führen (CA Paris, 10. 3. 1991 in Gaz. Pal. 1989, S. 544 mit Anmerkung C. *Jamin*).

b) **Franchising und Arbeitsrecht.** aa) Wenn der Franchisenehmer aber tatsächlich in einem „zu" starken juristischen Abhängigkeitsverhältnis zum Franchisegeber steht, so haben die französischen Gerichte die Möglichkeit der „disqualification" des Franchisevertrages nach Maßgabe des Art. 781 Abs. 1 des Code du Travail, welcher aufgrund des Gesetzes vom 21. 3. 1941 in das Arbeitsgesetzbuch Frankreichs aufgenommen wurde. Danach sollen diejenigen Personen in den Schutzbereich des Arbeitsrechtes einbezogen werden, deren Tätigkeit darin besteht, Waren zu verkaufen, die ihnen von einem einzigen Unternehmen exklusiv bzw. nahezu exklusiv geliefert wurden und zwar in einem von diesem Unternehmen zur Verfügung gestellten Ladenlokal zu vorgegebenen Bedingungen und Preisen (die Festlegung der Preise ist seit dem Dekret vom 24. 6. 1958 prinzipiell verboten; erlaubt ist lediglich die Festlegung des erlaubten Höchstpreises; vgl. *Leloup*, S. 108). Das bedeutet im Ergebnis, daß das Gericht den Franchisevertrag wie einen Arbeitsvertrag behandeln kann (vgl. dazu *Husson-Dumoutier/de Montarlot*, S. 91 ff.; *Teston/Teston*, S. N 8 ff.; *Guyénot*, S. 294, Rn. 24; *Leloup*, S. 49 und 117 m. w. N.), wenn es an der unternehmerischen Selbständigkeit des Franchisenehmers mangelt. Dies wird vor allem dann der Fall sein, wenn der Franchisevertrag dem Franchisenehmer nur formal die Stellung eines Selbständigen einräumt, aber dem Franchisegeber gleichzeitig so viele Kontrollrechte und Weisungsrechte einräumt, daß letztendlich jede eigenwirtschaftliche Betätigungsfreiheit des Franchisenehmers stranguliert ist. Dies gilt auch dann, wenn der Franchisenehmer kein nennenswertes Eigenkapital zur Ausführung seiner Tätigkeit besitzt und wenn er nirgends als selbständiger Unternehmer registriert wurde (Cour de Paris, 28. 4. 1978 in Cahiers de droit de l'entreprise 1980, Nr. 5). Das Erfordernis der juristischen Unabhängigkeit bedeutet allerdings nicht, daß auch eine wirtschaftliche Unabhängigkeit bestehen müsse (*Le Tourneau*, Fasc. 565, S. 28).

bb) Kommt das Gericht zum Ergebnis, daß die erforderliche Selbständigkeit des Franchisenehmers nicht vorliegt, so führt dies dazu, daß dem „Franchisenehmer" die arbeits- und sozialrechtlichen Schutzvorschriften zugute kommen. Dies bedeutet insbesondere, daß er Anspruch auf den gesetzlichen Mindestlohn SMIC (Salaire Minimum de Croissance nach Maßgabe des Gesetzes vom 2. 1. 1970) sowie einen Anspruch auf bezahlten Urlaub hat. Daneben werden auch die entsprechenden Sozialabgaben fällig (vgl. zu Fallbeispielen hierzu *Lefebre*, Nr. 1213, S. 399).

4. Contrat de franchisage (Französischer Franchisevertrag) II.4

c) **Bekanntgabe der Selbständigkeit.** Es besteht nach einer „arrêté" des Finanzministers vom 21. 2. 1991 die Verpflichtung, die Selbständigkeit bzw. die juristische Unabhängigkeit des Franchisenehmers auf allen Dokumenten, in jeglicher Werbung und sowohl im Innen- als auch im Außenbereich des Franchisestandorts sichtbar zu machen. Auch Art. 4c Franchise-GVO verlangt eine solche Kennzeichnung. Die Eintragung im Handelsregister (registre de commerce), die Höhe der getätigten Investitionen, das somit übernommene wirtschaftliche Risiko sowie die eigenverantwortliche Einstellung des Personals sind Indizien, die die Judikatur heranzieht, um die erforderliche Selbständigkeit des Franchisenehmers festzustellen (*Leloup*, S. 107 m.w.N.; *Enghusen*, S. 147). Im Regelfall ist der Franchisenehmer Kaufmann, so daß auf ihn auch die Regeln des Handelsrechts anwendbar sind (vgl. zu den Pflichten eines Kaufmanns *Lefebre*, Mementoz De Droit des Affaires, Nr. 950ff.).

d) **Franchisenehmer als juristische Person.** Zur Vermeidung der erläuterten arbeitsrechtlichen Problematik ist in den Franchiseverträgen vielfach vorgesehen, daß der Franchisenehmer in gesellschaftsrechtlicher Organisationsform als juristische Person dem Franchisesystem beitritt. Ist der Franchisenehmer eine juristische Person (personne morale), so kann der Franchisegeber die Unabhängigkeit des Franchisenehmers dadurch „unterwandern", daß er an der Gesellschaft des Franchisenehmers Anteile erwirbt, die es ihm faktisch ermöglichen, bedeutenden Einfluß auf die Geschäftspolitik des Franchisenehmers auszuüben. Es besteht dann die Gefahr, daß es zu einer unerlaubten Einmischung in die Geschäftsführung des Franchisenehmers kommt (Cour de Rouen, 23. 5. 1978 in JCP 1979, 19235). Mißbraucht der Franchisegeber seinen Einfluß, indem er z.B. die Gesellschaft in ihren Entscheidungen blockiert (verrouillage des biens sociaux), so kann dies strafrechtliche Folgen nach sich ziehen. Das Gesetz vom 24. 7. 1966 stellt den sog. „abus de biens sociaux" unter Strafe. Daneben können zivilrechtliche Nichtigkeitsklagen sowie Schadensersatzklagen auf den Franchisegeber zukommen (*Leloup*, S. 113). Darüber hinaus besteht dann auch für Dritte die Möglichkeit, sich angesichts ihrer Forderungen gegen den Franchisenehmer an den Franchisegeber zu halten, wenn nach außen hin der Eindruck erweckt wird, daß es sich bei dem Franchisenehmer um einen Repräsentanten des Franchisegebers handelt (vgl. zur Haftung des Franchisegebers *Leloup*, S. 114).

14. **Marktzutrittsmodalitäten. a) Grundsätzliche Strategieüberlegungen.** Es bieten sich verschiedene Strategien an, um auf dem französischen Franchisemarkt Fuß zu fassen. Zum einen besteht die Möglichkeit, ein eigenes Unternehmen als Tochterunternehmen mit eigener Rechtspersönlichkeit auszustatten, das dann als Franchisegeber auf dem französischen Markt auftritt. Der Franchisegeber kann aber auch Verträge direkt mit den französischen Franchisenehmern schließen, ohne daß er eigens ein Unternehmen in Frankreich gründet. Dann empfiehlt es sich, zumindest eine Repräsentanz zu eröffnen, um eine Abwicklungsmöglichkeit vor Ort zu schaffen und um den Franchisenehmern einen Ansprechpartner am Platz oder in der Nähe des Standortes bereitzustellen. Die Repräsentanz ist i.d.R. nicht rechtsfähig, sondern lediglich unselbständiger Bestandteil des Hauptunternehmens. Schließlich besteht auch die Möglichkeit, mit einem französischen Unternehmen ein „joint venture" zu gründen. Dann sind allerdings die Voraussetzungen des europäischen bzw. französischen Kartellrechts zu beachten (Art. 85 und 86 EWG-Vertrag und Wettbewerbs-VO Nr. 86–1243).

b) **Steuerrechtliche Überlegungen.** Bei einem gesellschaftsrechtlichen Engagement mit einem französischen Handelspartner spielen vor allem Gesichtspunkte des nationalen sowie internationalen Steuerrechts eine Rolle (vgl. hierzu *Ebenroth/Auer*, S. 13ff). Nach § 1 Körperschaftsteuergesetz der Bundesrepublik Deutschland (KStG) ist eine Kapitalgesellschaft subjektiv unbeschränkt körperschaftsteuerpflichtig, wenn entweder der Sitz gem. § 11 Abgabenordnung (AO) oder die Geschäftsleitung gem. § 10 AO in der Bundesrepublik Deutschland liegt. Hat die Gesellschaft weder ihren Sitz noch ihre Geschäftsleitung im deutschen Inland, so ist sie gem. § 2 KStG nur beschränkt körperschaftsteuerpflichtig. Es werden dann nur die inländischen Einkünfte gem. § 49 Einkommensteuergesetz versteuert. Gem. § 2 EStG werden jedoch sämtliche Einkünfte besteuert, wenn sich entweder der Sitz oder die Geschäftsleitung im Inland befinden (Welteinkommensprinzip; BFH, 27. 2. 1991, BStBl II S. 444). Aufgrund der Gebietshoheit des französischen Staates ist dieser allerdings gleichfalls berechtigt, alle auf seinem Territorium verwirklichten Steuertatbestände zum Anlaß einer Besteuerung zu nehmen (Territorialprinzip). Daraus ergibt sich im Grundsatz die Konkurrenz der Steueransprüche Deutschlands und Frankreichs. Zur Vermeidung von Doppelbesteuerungen bei unbeschränkter Steuerpflichtigkeit wurde mit Frankreich ein Doppelbesteuerungsabkommen (vom 21. 7. 1959 in der Fassung des Revisionsprotokolls vom 9. 6. 1969, zuletzt geändert 1989 – im folgenden: DBA) abgeschlossen. Nach Art. 4 Abs. 1 dieses DBA mit Frankreich erfolgt die Besteuerung der Unternehmensgewinne im Sitzstaat des Unternehmens, sofern nicht der Gewinn durch eine Betriebsstätte im anderen Verfassungsstaat erzielt wurde. Ist dies der Fall, so darf der Betriebsstättenstaat den Betriebsstättengewinn besteuern (*Wilke*, S. 125 Rn. 257). Unter einer Betriebsstätte ist eine Geschäftseinrichtung zu verstehen, die eine feste Beziehung zur Erdoberfläche aufweist, die von einer gewissen Dauer ist und durch die die Tätigkeit eines Unternehmens ganz oder teilweise ausgeübt wird (*Wilke*, S. 125, Rn. 259). Werden jedoch nur Hilfs- oder Nebentätigkeiten vorbereitender oder lediglich unterstützender Art vorgenommen (wie z.B. bei einer Repräsentanz), so erfolgt hier ausnahmsweise keine Besteuerung (*Wilke*, S. 125 Rn. 270). Nach Art. 5 DBA darf bei verbundenen Unternehmen eine Gewinnkorrektur vorgenommen werden. Lizenz- bzw. Franchisegebühren werden gem. Art. 15 Abs. 1 i.V.m. Art. 15 Abs. 2 des DBA nur in dem Vertragsstaat besteuert, in dem der Bezugsberechtigte, hier der Franchisegeber, ansässig ist. Eine Ausnahme ergibt sich allerdings aus Art. 15 Abs. 4 DBA. Danach hat der Vertragsstaat das Besteuerungsrecht, in dem der Franchisegeber eine Betriebsstätte oder feste Geschäftseinrichtung unterhält und die Vergütungen dieser Betriebsstätte zuzurechnen sind. Hier rechnen also die Lizenzgebühren zum Betriebsstättengewinn bzw. zu den Einkünften aus selbständiger Arbeit, wofür nach Art. 4 und Art. 13 DBA die Besteuerung im Quellenstaat aufrechterhalten bleibt.

15. Vertraulichkeitsklausel. a) Eine Vertraulichkeitsvereinbarung ist bereits im vorvertraglichen Stadium von Nutzen. Denn der Franchisegeber überläßt dem Franchisenehmer wegen seiner umfassenden Aufklärungsverpflichtung i.d.R. vertrauliche Informationen über sein Know-how und tritt somit in Vorleistung. Dies ist für den Franchisegeber eine gefährliche Situation, da der Franchisenehmer das so zur Kenntnis erlangte Know-how im Prinzip für sich nutzbar machen könnte. Der Franchisegeber ist daher bestrebt, seine gewerblichen Schutzrechte sowie das „savoir-faire" angemessen zu schützen. Dazu bedient man sich sowohl im vorvertraglichen Bereich als auch im Franchisevertrag selbst der „clause de confidentialité" (Vertraulichkeitsklausel).

b) Außerdem besteht auch ein gesetzlicher Schutz des Franchisegebers. Danach kommt eine Haftung des Franchisenehmers gegenüber dem Franchisegeber neben den allgemeinen Vertragsgrundsätzen vor allem dann in Betracht, wenn er sich in betrügerische Weise in das System einschleicht. Dies geschieht in der Regel dadurch, daß der Franchisenehmer dem Franchisegeber vortäuscht, dauerhaft dem System beitreten zu wollen, letztlich jedoch nur die Absicht verfolgt, sich das Know-how des Franchisegebers anzueignen, um später ohne (nennenswerte) eigene Investitionen aus dem System auszuscheiden. Dies ist ein wettbewerbsrechtlicher Verstoß (concurrence déloyale) und wird zivilrechtlich – auch ohne vertraglich vorgesehene Konsequenzen – sanktioniert. Auch wenn die Vertragsparteien keine Vertraulichkeitsklausel aufgenommen haben sollten, steht es im Ermessen der Judikatur, in einen Franchisevertrag die Verpflichtung des Franchisenehmers zur Geheimhaltung des erworbenen Wissens hineinzulesen und dem Franchisenehmer außerdem zu verbieten, das erschlichene Wissen zu nutzen (*Leloup*, S. 121 m.w.N.).

16. Haftungsfragen. a) Eigenverantwortlichkeit der Vertragsparteien. Empfehlenswert ist es, im Franchisevertrag die geschäftliche Selbständigkeit des Franchisenehmers an meh-

4. Contrat de franchisage (Französischer Franchisevertrag) II.4

reren Stellen zu betonen. Hierzu gehört auch die prinzipielle Eigenverantwortlichkeit des Franchisenehmers für seine Geschäftstätigkeit. Auch wenn dies inzwischen nahezu einheitliche Auffassung ist, empfiehlt sich die vorliegende Klausel zur Klarstellung des Innenverhältnisses zwischen Franchisegeber und Franchisenehmer.

b) Haftung des Franchisenehmers gegenüber seinen Kunden. Der Franchisenehmer haftet nach allgemeinen Grundsätzen des französischen Rechts gegenüber seinen Kunden für die Qualität der Produkte und die Sicherheit des Geschäftslokals. Es bestehen allerdings umfangreiche Möglichkeiten, sich gegen eine Vielzahl in Betracht kommender Gefahren zu versichern (vgl. hierzu Droit Pratique de L'homme d'Affaire, Nr. 1526 ff.). Üblicherweise wird daher in den Franchiseverträgen eine Verpflichtung des Franchisenehmers vorgesehen, sich gegen eine Vielzahl von Risiken zu versichern (vgl. Anm. 48).

c) Haftung des Franchisegebers für Verbindlichkeiten des Franchisenehmers. Prinzipiell haftet der Franchisegeber nicht für die Schulden seiner Franchisenehmer, es sei denn, daß diesbezüglich ein spezielles Fehlverhalten des Franchisegebers vorliegt (vgl. CA Bordeaux, 1. 6. 1988 in Petites Affiches vom 12. 6. 1989; Cass. com., 3. 71990, Bull. civ. IV, Nr. 201 sowie *Le Tourneau*, Fasc. 566, S. 29 m. w. N.). Es gilt hier das Prinzip der Vermögenstrennung (Cass. com., 21. 1. 1980, JCP éd. E 1981, II, 13680; Cass. com., 3. 7. 1990; Bull. civ. IV, Nr. 201). Eine weitere Ausnahme ergibt sich auch aus Rechtsscheinsgrundsätzen, wenn z. B. der Franchisegeber sich ungerechtfertigt in die geschäftlichen Angelegenheiten des Franchisenehmers eingemischt hat und somit faktisch die Geschäftsführung (dirigeant de fait) innehat (CA Rouen, 23. 5. 1978, JCP 1979, éd. G, II, 19235). Dritte haben dann die Möglichkeit einer „action directe", einer Art Durchgriffshaftung gegen den Franchisenehmer (*Bidan/Le Bras*, Rev. Jurispr. com. 1986, S. 48). Diese basiert auf der deliktischen Haftung gem. Art. 1382 Code Civil. Daneben haftet der Franchisegeber nach Maßgabe der Produzentenhaftung, wenn er der Hersteller der vom Franchisenehmer bezogenen Produkte ist. Die Produzentenhaftung ist in Frankreich noch nicht an die Richtlinie der EG angepaßt (vgl. hierzu *Caterine Lem*, Produkthaftung). Schließlich kann der Franchisegeber von seiten Dritter zur Verantwortung gezogen werden, wenn er es unterläßt, seinen Franchisenehmer ordnungsgemäß zu kontrollieren, und gerade hierdurch Dritten ein Schaden entsteht (Cass. 2^e civil, 14. 12. 1956, Bull. civ. II, Nr. 694; Cass. com., 6. 11. 1961, D. 1962, S. 186; diese Urteile sind für den Bereich des Vertragshändlerrechts getroffen worden. Sie sind allerdings auf das Franchising übertragbar (*Le Tourneau*, J.-Cl. Fasc. 566, Nr. 157, S. 27)).

17. Pflichten des Franchisegebers. Die Klauseln zu den Pflichten des Franchisegebers bilden den ersten Hauptteil eines Franchisevertrages. Sie werden den Klauseln zu den Pflichten des Franchisenehmers, die als zweiter Hauptteil folgen, regelmäßig vorangestellt. Daraus darf indes nicht gefolgert werden, daß die Pflichten des Franchisegebers im Vordergrund des Vertragsverhältnisses stünden und diesem das Gepräge gäben. Richtiger Ansicht nach sind es weniger die lizenzvertraglichen Pflichten des Franchisegebers als die Absatzförderungspflichten und Interessenwahrungspflichten des Franchisenehmers, die das Rechts- und Pflichtengefüge eines Franchisevertrages dominieren (vgl. dazu ausführlich *Martinek*, in: Martinek/Semler (Hrsgb.), Handbuch des Vertriebsrechts, 1996, §§ 1 bis 4 sowie 18 bis 21).

18. Übertragung der Nutzungsrechte an Marken und anderen Immaterialgüterrechten. a) Die Pflicht des Franchisegebers zur Übertragung der Nutzungsrechte an den Marken und an anderen Immaterialgüterrechten, die für die Kernfähigkeit des Franchisekonzepts konstitutiv sind, ist eine der Hauptleistungspflichten des Franchisegebers. Sie ist ebenso für die Gewinnung von Absatzmittlern als Franchisenehmern wie für die Akquisition der Klientel durch die Franchisenehmer von zentraler Bedeutung (*Burst*, S. 40 ff.). Bei der Vertragsgestaltung ist zu beachten, daß die Schutzdauer der übertragenen Immaterialgüterrechte den Zeitraum des Franchisevertrages abdeckt. Der Franchisegeber muß Inhaber dieser Rechte oder zumindest Lizenzinhaber für das von ihm franchisierte Gebiet sein. Dies verlangt auch § 3.2.2.2.1 der Norme AFNOR. Liegt keine entsprechende Registrierung der Rechte des Franchisegebers vor, so ist der Franchisevertrag nichtig, auch wenn es bisher in der Praxis offenbar nur in geringem Umfang zu Problemen hinsichtlich der Markennutzung gekommen ist (vgl. *Leloup*, S. 40 m. w. N. auf bisher nicht veröffentlichte Rechtsprechung). Patente genießen eine Schutzdauer von zwanzig Jahren vom Zeitpunkt des „dépôt de demande" (Eintragungsantrag) an. Für das Franchising nur am Rande bedeutsame literarische oder künstlerische Werke sind bis zu einem Zeitraum von fünfzig Jahren nach dem Tod des Autors geschützt. Musikalische Werke genießen sogar einen siebzigjährigen Schutz (*Leloup*, S. 35). Die Schutzdauer der Marke (Warenzeichen oder Dienstleistungsmarke) beträgt zehn Jahre. Ist der Franchisegeber nur Lizenznehmer (vgl. Anm. 19) einer Marke, so sollte auch die Abtretung der gewerblichen Schutzrechte an den Franchisegeber im nationalen Markenregister veröffentlicht sein. Dies gilt insbesondere für das Master-Franchising. Versäumt der Franchisegeber die Verlängerung seiner gewerblichen Schutzrechte, so hat der Franchisenehmer das Recht, den Vertrag mit dem Franchisegeber zu kündigen (Versailles, 9. 12. 1987, in cahiers de droit de l'entreprise Nr. 2 S. 42).

b) In der Literatur wird das Problem der Rechtsnatur der Übertragung der gewerblichen Schutzrechte diskutiert. Es gibt Stimmen, die diese als „prêt à l'usage", also als leiheähnliche Nutzungsüberlassung, qualifizieren. Dies hätte dann aber zur Folge, daß der „Verleiher" gem. Art. 1989 Code Civil noch vor Beendigung des Franchisevertrages die übertragenen Ausstattungselemente zurückverlangen könnte. Die „Leihe" setzt im übrigen auch im französischen Recht die Unentgeltlichkeit der Gebrauchsüberlassung voraus. Daher empfiehlt es sich, im Franchisevertrag klarzustellen, daß die Überlassung der Schutzrechte und der Ausstattung entgeltlich erfolgt. Dies hat dann zur Folge, daß das Rechtsverhältnis als Pacht (louage) betrachtet wird und daß der Franchisegeber grundsätzlich bis zum Ablauf des Franchisevertrags an seine Übertragungspflicht gebunden ist (*Leloup*, S. 44).

19. Markenrecht. Das französische Markenrecht wurde 1991 umfassend reformiert, und zwar auf der Grundlage der EG-Richtlinie Nr. 89/104 vom 21. 12. 1988 zur Angleichung der Rechtsvorschriften der Mitgliedstaaten über die Marken. Das französische Markengesetz Nr. 91–7 vom 4. 1. 1991 ist am 28. 12. 1991 in Kraft getreten (instruktiv hierzu *Thrierr*, GRUR Int. 1991, S. 516 ff.). Für den Erwerb des Rechts an der Marke ist nach Art. 5 dieses Gesetzes die Eintragung in das nationale Markenregister („registre national de la marque") erforderlich. Die konstitutive Eintragungswirkung beginnt mit dem Zeitpunkt der Hinterlegung der Anmeldung. Das Recht an der Marke ist dann für zehn Jahre geschützt. Nach Art. 9 des Gesetzes Nr. 91–7 ist die Verlängerung der Schutzdauer möglich, wenn sie weder mit einer Änderung des Zeichens noch mit einer Erweiterung des Waren- oder Dienstleistungsverzeichnisses verbunden ist. Das System der Verlängerung im französischen Recht entspricht damit weitgehend der Regelung des Art. 7 Madrider Markenabkommen (*Thrierr*, S. 519). Das „Institut National de la Propriété Industrielle" (INPI) führt das nationale Markenregister. Ihm obliegt insbesondere gem. Art. 6 und 10 des Gesetzes Nr. 91–7 die Prüfungskompetenz hinsichtlich der Anmeldung der Marke. Zuständig ist nach Art. 33 der Direktor des INPI.

20. Lizenzvertragliche Regelungen (insbesondere Markenlizenz). a) In einem Franchisevertrag kann im Prinzip das gewerbliche Schutzrecht selbst übertragen werden. Dies ist nur in seltenen Fällen, etwa im Rahmen des Hersteller-Franchising angebracht. Denn hierbei tritt der Franchisegeber sämtliche Rechte des gewerblichen Schutzrechtes an den Franchisenehmer ab, der alleiniger neuer Rechtsinhaber wird. Dies bedeutet dann, daß der Franchisegeber von der weiteren Benutzung seines Schutzrechtes ausgeschlossen bleibt. Selbstverständlich besteht aber auch die Möglichkeit des Abschlusses eines Lizenzvertrages, und zu allermeist wird in den Franchiseverträgen die lizenzvertragliche Lösung vorgezogen, denn sie erlaubt es dem Franchisegeber, weiterhin als Inhaber von gewerblichen Schutzrechten gegenüber anderen aufzutreten. In der großen Mehrzahl der Franchiseverträge wird eine Markenlizenz erteilt.

b) Dieses lizenzvertragliche Element des Franchisevertrages unterliegt den allgemeinen Regeln des „droit commun". Dabei wird gem. Art. L 714–7 Code de propriété intellectuelle vorausgesetzt, daß das lizenzierte Recht im „registre nationale de la marque" eingetragen ist (dépôt), da ansonsten der Lizenzvertrag nichtig ist (Lamy Droit Commercial, S. 917 m. w. N. auf einschlägige Judikatur). In gleicher Weise unterliegt auch der Franchisevertrag selbst der Registrierungsverpflichtung (*Le Tourneau*, Fasc. 566, S. 3 mit Hinweis auf Art. L 740–1 Code de propriété intellectuelle).

c) Der Franchisegeber haftet dem Franchisenehmer für die Disponibilität des lizenzierten Rechtes. Soweit nichts anderes vertraglich vereinbart wurde, haftet der Franchisegeber allerdings nicht für die Bekanntheit seiner Marke (*Le Tourneau*, Fasc. 566, S. 3 mit Hinweis auf CA Dijon, 10. 10. 1990). Jedoch ist der Franchisegeber gehalten, den einmal erreichten Bekanntheitsgrad aufrecht zu erhalten und dementsprechende Werbemaßnahmen zu ergreifen. Bei Nichterfüllung dieser Werbeverpflichtung des Franchisegebers ist der Franchisenehmer berechtigt, den Franchisevertrag aufzukündigen (Cass. com. 12. 7. 1993: Contrats, conc., consom. 1993 Nr. 207 mit Anmerkung *Vogel*). Eine weitere Sorgfaltspflicht des Franchisegebers ist die Überprüfung, ob dem Markenrecht (oder sonstigen Immaterialgüterrecht) des Franchisegebers kein früheres Recht vorgeht (antériorité), also keine vorherige Eintragung und keine andere vorrangige Benutzung des in Rede stehenden Markenzeichens besteht. Der Prioritätsschutz unterliegt aber einem Spezialitätsprinzip, wonach der Schutz der Marke grundsätzlich nur für Waren und Dienstleistungen gilt, die im entsprechenden Verzeichnis (dépôt) eingetragen sind. Eine Ausnahme macht das französische Markenrecht allerdings für sog. notorisch bekannte Marken aufgrund ihres weitreichenden Renommés (TGI Paris, 21. 5. 1987 PIBD III, S. 507).

d) Der Gegenstand und die Reichweite des zu übertragenden Markenrechts kann vertraglich beschränkt werden (*Le Tourneau*, Fasc. 566, S. 3). Überschreitet der Franchisenehmer die im Vertrag vorgesehenen Grenzen, so kann der Franchisegeber mit der „action en contrefaçon" gegen den Franchisenehmer vorgehen (Lamy Droit Commercial, 1995, S. 917).

e) Der Lizenznehmer bzw. der Franchisenehmer ist gem. Art. L 716–5 des Code de propriété intellectuelle zur Geltendmachung seiner Markenrechte auch gegenüber Dritten befugt, wenn die Markenlizenz exklusiv (ausschließlich) erteilt wurde. Die Vorschrift des Art. 19 des französischen Markengesetzes Nr. 91–7 vom 4. 1. 1991 knüpft dies jedoch an die Voraussetzung, daß der Franchisenehmer den Franchisegeber von der Verletzung der Markenrechte durch einen Dritten in Kenntnis setzt und der Franchisegeber trotz dieser Anzeige nicht tätig wird. Erforderlich ist darüber hinaus, daß der Franchisegeber vom Franchisenehmer in Verzug gesetzt wird (mise en demeure). Den Franchisenehmer trifft indes eine Anzeigepflicht, die im übrigen nach Art. 3 Abs. 2 c der Franchise-GVO EG-kartellrechtlich freigestellt ist. Ist der Franchisenehmer nicht ausschließlicher Lizenznehmer, so kann er dem vom Franchisegeber geführten Prozeß beitreten, um seine Schadensersatzansprüche geltend zu machen (*Leloup*, S. 41). Mit der Gewährung des lizenzierten Rechtes korrespondiert die Verpflichtung des Franchisenehmers, diese auch zu nutzen.

21. Übertragung des „savoir-faire" (Know-how). Auch die Verpflichtung des Franchisegebers zur Übertragung seines systemspezifischen Know-how ist eine der charakteristischen Hauptleistungspflichten des Franchisevertrages. Von der Übertragung des „savoir-faire" hängt die Wirksamkeit des Franchisevertrages ab.

a) Definition des „savoir-faire". Das „Savoir-faire" ist der französische Ausdruck für den aus dem anglo-amerikanischen Sprachkreis stammenden Begriff des „Know-how". Allgemein wird das „savoir-faire" wie folgt definiert (vgl. *Le Tourneau*, J.-Cl. Fasc. 566, Nr. 18 ff, S. 14): „*Connaissance pratique, transmissible, non immédiatement accessible au public, non brevetée et conférant à celui qui la maîtrise un avantage concurrentiel*. Diese Definition ist nahezu gleichlautend mit derjenigen der Gruppenfreistellungsverordnung für Franchiseverträge. Die Regelung des Art. 1 Abs. 3 f Franchise-GVO beschreibt das Know-how als eine Gesamtheit nicht patentierter, praktischer Kenntnisse von bestimmtem kommerziellen Wert, der dadurch entsteht, daß die Kenntnisse geheim, wesentlich und identifiziert sind und auf Erfahrungen des Franchisegebers sowie Erprobungen durch diesen beruhen.

b) Übertragung als Wirksamkeitsvoraussetzung. aa) Die Übertragung des „savoir-faire" ist eine Schlüsselstelle des gesamten Franchise-Konzeptes, von dem die Wirksamkeit des Franchisevertrages abhängt. Wenn keine Übertragung des „savoir-faire" erfolgt, kann dies zur „disqualification", also zu einer Auslegung als Vertrag anderer Qualität führen. In einer Entscheidung zu einem solchen Fall wurde der Vertrag als „contrat d'approvisionnement et fourniture exklusifs" – Exklusivlieferungsvertrag – eingestuft (CA Paris, 7. 6. 1990: D. 1990, inf. rap., S. 176). Es kann bei fehlender Know-how-Übertragung auch eine „resiliation" (Kündbarkeit) oder gar „nullité" (Nichtigkeit) des Vertrages angenommen werden (vgl. *Leloup*, S. 29 m.w.N.). Die Judikatur ist insoweit offenbar uneinheitlich. Der Franchisevertrag ist jedoch nach einer höchstrichterlichen Entscheidung jedenfalls wegen „absence de cause" nichtig, wenn kein substantielles und ursprüngliches Know-how (savoir-faire substantiel et original) übertragen wird, zu Beginn des Franchisevertrages kein kommerzielles Absatznetz existiert und der Franchisegeber dem Franchisenehmer nicht den versprochenen Beistand zu leisten im Stande ist (Cass. com., 10. 5. 1994, RJDA, Oktober 1994, Nr. 1016, S. 803, zitiert in Dictionnaire Permanent Droit des Affaires, Bulletin 394, S. 1486).

bb) Um dieser Gefahr zu entgehen, ist es in der französischen Franchisevertragspraxis allgemein üblich, in den Vertrag eine Klausel aufzunehmen, wonach der Franchisenehmer im Vertrag ausdrücklich anerkennt, daß ein „savoir-faire" des Franchisegebers existiert und daß dieses, neben der erforderlichen Ausstattung und Unterstützung, dem Franchisenehmer auch übertragen worden ist. Dies führt dann im Streitfall zu einer Umkehr der Beweislast (Cass. com. vom 10. 5. 1994, Nr. 1073, Allemand, zitiert in Dictionnaire Permanent Droit des Affaires, Bulletin 383, S. 1750).

cc) Das EG-Recht betrachtet die Übertragung des „savoir-faire" ebenfalls als unabdingbar, damit überhaupt ein nach der Franchise-GVO freistellbarer und mit dem EG-Wettbewerbs- und Kartellrecht vereinbarer Franchisevertrag vorliegt. Dies ergibt sich aus Art. 1 Abs. 3 b Franchise-GVO. Der EuGH sieht auf der Grundlage seiner Pronuptia-Entscheidung den Unterschied zwischen selektiven Vertriebssystemen und Franchise-Verträgen gerade in der Übertragung des „savoir-faire" (*Metzlaff*, S. 91; EuGHE 1986, S. 353, 381 ff. = NJW 1986, S. 1415 = DB 1976, S. 637 = ZIP 1986, S. 329 = GRUR Int. 1986, S. 193 = WuW 1986, S. 523 = WuW/E EWG/MUV S. 693 = EWiR Art. 85 EWGV Nr. 1/86 m. Anm. *Bunte*).

c) Elemente des „savoir-faire" beim Franchising. Das dem Franchisenehmer übermittelte Wissen muß folgende Elemente aufweisen, um als „savoir-faire" anerkannt zu werden:

aa) Es muß sich um ein Immaterialgut intellektueller Natur (bien mobilier incorporel) handeln (*Leloup*, S. 28).

bb) Das „savoir-faire" muß einen operativen Nutzen aufweisen (connaissance pratique bzw. technique). Erforderlich ist also, daß es sich insoweit um anwendbares Wissen handelt, wobei der Begriff des technischen Wissens (connaissance technique) im weiten Sinne zu verstehen ist (*Le Tourneau*, J.-Cl. Fasc. 566, Nr. 19, S. 14). Es genügt aber auch geschäftliches Wissen (z.B. Kundenlisten, Art der Präsentation von Produkten oder Dienstleistungen etc.).

cc) Entscheidend für den operativen Nutzen ist hierbei die Übertragbarkeit des „savoir-faire" (transmissible). Es unterscheidet sich insoweit von angeborenen Handfertigkeiten und Talenten, die streng an die Person gebunden sind und nicht per Vertrag übertragen werden können (*Azema*, S. 73).

dd) Das „savoir-faire" muß geheim sein (non immédiatement accessible au public), ohne daß dies für jedes einzelne Element gelten muß. Es genügt, wenn die Kombination der Elemente geheim ist (TGI Bressuire, 19. 6. 1973, D. 1974, S. 105 mit Anm. *Bories*). Ein

4. Contrat de franchisage (Französischer Franchisevertrag) II.4

Geheimnis liegt nach allgemeiner Auffassung vor, wenn das Interesse am Know-how des Franchisegebers nur auf Kosten langwieriger Recherchen befriedigt werden kann (Cass. com. 13. 7. 1966, JCP 1967, 15131 mit Anm. *Durand*).

ee) Weiterhin muß es sich beim „savoir-faire" um nicht patentiertes Wissen handeln (non brevetée). Dies bedeutet allerdings nicht, daß das eine oder andere Element des „savoir-faire" nicht patentierbar wäre. Wird es aber patentiert, so unterliegt es einer anderen juristischen Konzeption; der Schutz eines Patents richtet sich dann nach Art. L. 611 ff. Code de propriété intellectuelle.

ff) Das „savoir-faire" setzt schließlich voraus, daß es von einem gewissen geschäftlichen Wert ist, indem Wettbewerbsvorteile irgendwelcher Art geschaffen werden (conférent à celui qui la maîtrise un avantage concurrentiel), etwa die Produktionskosten gesenkt oder die Qualität der Produkte gesteigert werden (*Leloup*, S. 29).

d) **Franchisespezifische Probleme des „savoir-faire".** Für das Franchising stehen diesbezüglich im allgemeinen folgende Problemkreise im Mittelpunkt:

aa) Das „savoir-faire" muß eine hinreichende Substanz als originelles und spezifisches Wissen (original et specifique) aufweisen. Wenn dieses Wissen beim Franchisenehmer schon vorhanden ist, so hat das „savoir-faire" keinen wirtschaftlichen Wert. Jedoch bedeutet Originalität nicht, daß das „savoir-faire" in allen Einzelheiten ausschließlich vom Franchisegeber stammen müßte. Es genügt, wenn das Franchisepaket in seiner Gesamtheit eine gewisse Originalität aufweist (*Leloup*, S. 31).

bb) Entscheidend ist ferner, daß das „savoir-faire" „erprobt" und sozusagen bewährt (éprouvé) ist, sich also nicht auf eine lediglich theoretische Idee beschränkt, die dann dem Franchisenehmer quasi zur Erprobung verkauft wird. Vielmehr muß das Franchisesystem so ausgestaltet sein, daß der Franchisenehmer den Erfolg des Franchisesystems auch wiederholen kann. Die französische Judikatur hat hierbei mehrere Kriterien aufgestellt, die ein hinreichend erprobtes „savoir-faire" ausmachen. Danach muß die Erfahrung aus einem längeren Zeitraum stammen. In der Regel werden sechs Monate an Erprobung des Systems für nicht ausreichend erachtet (*Leloup*, S. 33). Die Erfahrung muß sich darüber hinaus auch auf die Ausgangsbedingungen beziehen, in die der Franchisenehmer einsteigt, um den Erfolg des Systems zu wiederholen. Insbesondere müssen das Verbraucherverhalten und die Populationsdichte des Pilotbetriebs mit denen des franchisierten Betriebs in etwa vergleichbar sein (*Leloup*, S. 33). Es wird daher von der Judikatur gefordert, daß das „savoir-faire" vom Franchisegeber in einem Pilotbetrieb erprobt worden ist. Fehlt ein solcher Pilotbetrieb wird dies als ein vertraglicher Fehler (faute contractuelle) angesehen, der die Verantwortlichkeit des Franchisegebers nach sich zieht (*Le Tourneau*, J.-Cl. Fasc. 566, Nr. 51, S. 10 mit Hinweis auf T. com. Paris, 9.12. 1985, Expertises 1986, S. 168). In der Literatur wird besonders darauf hingewiesen, daß im Bereich des internationalen Franchising der Erfolg in einem Land nicht zugleich die hinreichende „Erprobtheit" in einem anderen Land bedeutet (*Leloup*, S. 33).

cc) Das „savoir-faire" muß dem Franchisenehmer in einer angemessenen Zeit nach Unterzeichnung des Vertrages zur Verfügung gestellt werden. Die Überlassung entsprechender Dokumente erst ein Jahr nach Vertragsschluß hat das tribunal de commerce de Paris als eine schwerwiegende Pflichtverletzung betrachtet (T. com. Paris, 10. 3. 1989, Gaz. Pal. 1989, II, S. 554).

e) **Rechtsfolgen bei Fehlen des „savoir-faire".** Wenn dem Franchisenehmer das „savoir-faire" lediglich vorgespiegelt wird, kann der Vertrag wegen „absence de cause" bzw. wegen „dol" annulliert werden (Cass. com., 19. 2. 1991: D. 1992, somm. 3 mit Anm. *Ferrier;* CA Paris, 25. 2. und 11. 6. 1992, D. 1992, somm. 3). Auch kann nach Art. 44 des Gesetzes vom 27. 12. 1973 eine Klage wegen täuschender Werbung (publicité trompeuse) und wegen Betruges (escroquerie) in Betracht kommen (*Le Tourneau*, J.-Cl. Fasc. 566, Nr. 68 ff., S. 15 ff.). Dies gilt insbesondere für vorwärtsintegrierte Franchisesysteme (sog. Pyramidal- und Schneeballsysteme (boule-de-neige)), deren eigentliches Ziel nicht die Übertragung franchisefähigen Know-hows, sondern die Rekrutierung von Unter-Franchisenehmern ist, um so von diesen erhebliche Eintrittsgebühren zu kassieren, ohne daß eine eigentliche Gegenleistung erfolgt. Zivilrechtlich macht sich der Franchisegeber gem. Art. 1131 Code Civil im Falle der „absence de cause" (Fehlen der Geschäftsgrundlage bzw. illegitime Geschäftsgrundlage) und zum anderen wegen „dol" (Täuschung) des Franchisenehmers nach Art. 1116 Code Civil schuldig, wenn er das dem Franchisenehmer versprochene Know-how nicht zu verschaffen vermag (Cass. com., 19. 2. 1991: D. 1992, somm. 3 mit Anm. *Ferrier*; vgl. hierzu auch Anm. 11).

22. Schutz des geistigen Eigentums. Der Franchisegeber ist gegenüber dem Franchisenehmer zum vollumfänglichen Schutz vor unberechtigter Benutzung der gewerblichen Schutzrechte durch Dritte verpflichtet (vgl. Anm. 24). Gerade hiervon hängt auch der Erfolg des Franchisesystems ab. Verletzt der Franchisegeber diese Pflicht, so kann dies zu erheblichen Schadensersatzforderungen des Franchisenehmers führen. Aufgrund der vom Franchisenehmer eingebrachten erheblichen Investitionen besteht ein gesteigertes Amortisationsinteresse des Franchisenehmers. Die Existenz und die ungestörte Ausübung der ihm übertragenen Rechte ist daher nochmals vertraglich festgehalten. Die „garantie d'eviction" (Rechtsmängelhaftung; vgl. Anm. 23) verlangt daher auch, daß der Franchisegeber auf die rechtzeitige Verlängerung der Schutzdauer des eingetragenen gewerblichen Schutzrechts achtet. Versäumt er dies, so ist der Franchisenehmer zur Aufkündigung des Franchisevertrages berechtigt (CA Versailles, 9. 12. 1987: Cah. dr. entr. 1988/2, S. 42 mit Anmerkung *Burst*).

23. Rechtsmängelhaftung des Franchisgebers (garantie d'éviction). Dem Franchisegeber obliegt die Pflicht, den Franchisenehmer vor jeder unberechtigten Nutzung der übertragenen gewerblichen Schutzrechte durch Dritte zu schützen (Lamy Droit Commercial, 1995, S. 917). Er ist demzufolge gegenüber dem Franchisenehmer verpflichtet, die erforderlichen juristischen Schritte einzuleiten, wenn es darum geht, die aus der Marke oder einem sonstigen gewerblichen Schutzrecht resultierenden Rechte zu verteidigen. Es kommen hier verschiedene Klagen in Betracht:

a) **Vindikationsklage.** Der Franchisegeber kann die Vindikationsklage (action en revendication de propriété) nach Art. 9 des Gesetzes Nr. 91–7 vom 4. 1. 1991 erheben. Das Markenrecht ist nach französischem Rechtsverständnis eine Form des „Eigentums" (*Thierr*, S. 520). Nach Art. 9 des Gesetzes Nr. 91–7 kann daher derjenige, der glaubt, ein Recht an der Marke zu haben, sein Recht gerichtlich geltend machen, wenn die Anmeldung entweder bösgläubig gegenüber den Rechten eines Dritten oder unter Verletzung einer gesetzlichen oder vertraglichen Verpflichtung erfolgt ist. Zweck der Vindikationsklage ist es, den bösgläubigen Eigentümer durch den wirklichen Eigentümer zu ersetzen. Sie erspart es daher dem Rechtsinhaber, in einem ersten Schritt die Löschung herbeiführen zu müssen, um dann in einem zweiten Schritt das Verfahren auf Eintragung der Marke einzuleiten. Die Vindikationsklage verjährt in drei Jahren nach der Bekanntmachung der Anmeldung.

b) **Sonstiger Rechtsschutz. aa)** Über die Vindikationsklage hinaus kann die zivilrechtliche Verletzungsklage (action en contrefaçon) nach Maßgabe der Art. 14, 15 und 19 des Gesetzes Nr. 91–7 vom 4. 1. 1991 erhoben werden. Nach Art. 20 des französischen Markengesetzes besteht auch die Möglichkeit, eine Unterlassungsklage zu erheben. Der Gerichtspräsident des TGI kann auf Antrag im Wege des vorläufigen Rechtsschutzes das sog. „référé"-Verfahren einleiten und ein vorläufiges, strafbewehrtes Verbot anordnen oder aber auch die Fortsetzung der angeblichen Verletzungshandlung von der Beibringung einer Sicherheitsleistung abhängig machen.

bb) Art. 21 des französischen Markengesetzes räumt darüber hinaus dem Inhaber der eingetragenen oder angemeldeten Marke bzw. dem ausschließlichen Lizenznehmer die Befugnis ein, entweder eine detaillierte Beschreibung oder eine echte Beschlagnahme der angeblich verletzenden Waren vornehmen zu lassen. Die tatsächliche Beschlagnahme kann von der Erbringung einer Sicherheitsleistung durch den Antragsteller abhängig gemacht

4. Contrat de franchisage (Französischer Franchisevertrag) II.4

werden. Der Antragsteller muß dann allerdings gem. Art. 26 des französischen Markengesetzes innerhalb von zwei Wochen Straf- bzw. Zivilklage erheben, da ansonsten die Beschlagnahme unwirksam wird.

cc) Die Regelung nach Art. 22 des Gesetzes Nr. 91–7 vom 4. 1. 1991 ermöglicht auch die Zollbeschlagnahme im Falle der bevorstehenden Einfuhr nachgeahmter Waren. Der Antragsteller verfügt über eine zehntägige Frist, beginnend mit dem Datum der Zurückhaltung der Ware durch die Zollbehörde, um den Zollbehörden entweder die Entscheidung des TGI im Eilverfahren oder die Klageerhebung unter Beibringung der Sicherheitsleistung vorzuweisen. Nach fruchtlosem Ablauf dieser Frist wird die zollrechtliche Beschlagnahme von Amts wegen wieder aufgehoben (*Thierr*, S. 524).

dd) Das Beschlagnahmerecht entfällt dem Grunde nach, wenn gem. Art. 15 des französischen Markenrechtes die gemeinschaftsweite Erschöpfung eingetreten ist. Der Inhaber einer Marke kann sich dann weder dem Weitervertrieb einer gekennzeichneten Ware auf französischem Territorium widersetzen, wenn er sie in Frankreich in Verkehr gebracht hat, noch kann er der Einfuhr einer Ware nach Frankreich Einhalt gebieten, wenn die Ware in irgendeinem Mitgliedstaat der EG unter dieser Marke durch den Markeninhaber selbst oder durch einen anderen mit der Zustimmung des Markeninhabers in Verkehr gebracht wurde. Eine Ausnahme gilt allerdings für den selektiven Vertrieb von Waren, und damit auch für Franchiseverträge (*Thierr*, S. 520; vgl. auch Anm. 9 und 10 zur kartellrechtlichen Zulässigkeit von Franchiseverträgen).

24. Schutz des „savoir-faire". Für den Schutz des „savoir- faire" besteht kein spezifisches Gesetz. Das französische Urheberrecht (zu den theoretischen Grundlagen des französischen Urheberrechts vgl. *Schmidt-Szalewski*, S. 187 ff.) ist hierauf nach ständiger Judikatur nicht anwendbar, da weder Ideen noch Erfahrungen isoliert in den Schutzbereich des Urheberrechts fallen (Ca Paris, 15. 1. 1990, D. 1990, inf. rap., S. 67). Urheberrechtlich geschützt ist lediglich die Manifestation der Idee oder Erfahrung (z.B. das Handbuch). Der Schutz des „savoir-faire" beurteilt sich daher nach den allgemeinen Rechtssätzen. In Betracht kommt dafür zum einen der strafrechtliche Schutz des „savoir-faire". Gem. Art. 418 Code pénal steht die Verletzung von Produktionsgeheimnissen (divulgation de secret de fabrique) unter Strafe. Daneben besteht auch ein zivilrechtliches Instrumentarium zum Schutz des „savoir-faire" (vgl. hierzu *Leloup*, S. 29). So kann in den Vertrag eine „clause de non-concurrence" aufgenommen werden, die vor unlauterem Wettbewerb (concurrence déloyale) ausgeschiedener Franchisenehmer schützen soll. Denkbar ist auch eine „clause de confidentialité", in der noch einmal ausdrücklich die Vertraulichkeit der Geschäftsgeheimnisse des Franchisegebers festgehalten wird (*Le Tourneau*, J.-Cl. Fasc. 566, Nr. 33, S. 6). Diese Klauseln können zusätzlich mit Vertragsstrafen (vgl. hierzu Anmerkung 64) abgesichert werden. Werden die Vertragsverhandlungen abgebrochen, so ist der Franchisegeber quasi-deliktisch geschützt. Der Franchisenehmer darf weder die ihm vom Franchisegeber anvertrauten Geheimnisse an andere verraten, noch darf er das so erworbene Wissen für sich ausnutzen (T. com. Meaux, 3. 11. 1987, Expertises 1988, S. 122; Cass. com. 3. 10. 1978, Bull. civ. IV, Nr. 208, Cass. com., 3. 6. 1986, Bull. civ. IV, Nr. 110).

25. Serviceleistungen des Franchisegebers. a) Der Franchisevertrag unterscheidet sich von einem rein lizenzvertraglichen Verhältnis gerade durch die Vielzahl von Serviceleistungen des Franchisegebers, die zum einen der umfassenden Betreuung und Eingliederung des Franchisenehmers in das System dienen und zum anderen der Qualitätssicherung des Franchisekonzepts zugutekommen. Da es sich bei einem Franchisevertrag um ein Dauerschuldverhältnis handelt, ist es erforderlich, daß das „savoir-faire" ständig aktualisiert wird, um mit dem Verbraucherverhalten, dem Stand der technischen Entwicklung sowie mit anderen Faktoren gesetzlicher oder sozialer Art Schritt zu halten (*Leloup*, S. 34 m.w.N.). Daraus resultierend ist eine kontinuierliche Betreuung des Franchisenehmers sine qua non für das einheitliche Auftreten des Systems nach außen. Gewöhnlich wird eine Dreiteilung bzgl. der Betreuungsleistungen vorgenommen. Man unterscheidet danach Serviceleistungen vor Eröffnung des Franchisegeschäfts, Serviceleistungen anläßlich der Eröffnung und schließlich Leistungen, die während der Laufzeit des Vertrages erbracht werden.

b) Soweit der Franchisevertrag die Elemente eines Consulting- bzw. Beratervertrages aufweist, wird die Verpflichtung zur Beratung des Franchisenehmers vorbehaltlich anderweitiger vertraglicher Vereinbarung im allgemeinen als eine „obligation de moyen" (Dienstleistungspflicht) eingestuft (Cass. com., 3. 12. 1985 in Bull. civ. IV, Nr. 284). Dies bedeutet, daß der Franchisegeber nicht für den Erfolg des Beratungselements seines Franchisesystems haftet, da dies von zu vielen Elementen abhängt, die der Franchisenehmer nicht zu beeinflussen vermag (*Le Tourneau*, Fasc. 566, S. 25 m. w. N.). Eine Ausnahme hiervon wird von der Judikatur in den Fällen gemacht, in denen es sich um eine Beratungsleistung handelt, die eine einfache technische Verrichtung zum Gegenstand hat (Cass. 1r^e civ., 8. 1. 1985, Bull. civ. I, Nr. 12; RTD civ. 1986, S. 141 mit Anmerkung *Huet*). Eine weitere Ausnahme besteht für den Fall eines „Turnkey-Vertrages". Auch hier kann gegebenenfalls eine „obligation de résultat" (Werkleistung) geschuldet sein (Cass.com., 12. 12. 1984; Bull. civ. IV, Nr. 346, RTD civ. 1986, S. 141 mit Anm. *J. Huet*). Der Franchisegeber verspricht in diesem Fall die schlüsselfertige Übergabe eines funktionierenden Systems (*Le Tourneau*, J.-Cl., Fasc. 566, S. 26).

26. Werbung des Franchisegebers. Die vertragliche Verpflichtung des Franchisegebers zur Durchführung von Werbemaßnahmen dient der Förderung des Bekanntheitsgrads des Franchisesystems und Steigerung der Anziehungskraft der Marke. In der Regel übernimmt der Franchisegeber nach der systemspezifischen Marketingkonzeption die überörtliche, landesweite Werbung, die sämtlichen Systempartnern zugute kommt, während der einzelne Franchisenehmer sich auf regionale Werbekampagnen in seinem Vertragsgebiet und auf Spontanwerbung am und im Ladenlokal konzentriert. Der Franchisenehmer ist in der Regel nicht nur berechtigt, sondern gleichfalls verpflichtet, Werbemaßnahmen zu ergreifen. Die Werbeverpflichtungen verstehen sich mithin als gegenseitige Unterstützungsverpflichtung bei der Durchsetzung der Marketingkonzeption. Ein Versäumnis des Franchisegebers in diesem wichtigen Punkt kann die Aufkündigung des Franchisevertrages durch den Franchisenehmer rechtfertigen (Cass. com., 12. 7. 1993: Contr., conc., consom., 1993, Nr. 207 mit Anm. *Vogel*). Soweit der Franchisenehmer verpflichtet wird, dem Franchisegeber bestimmte Geldbeträge für die überörtliche Werbung zur Verfügung zu stellen, kann er von ihm Nachweise und Rechnungslegung über die Mittelverwendung verlangen (vgl. *Anstett-Gardea*, in: Martinek/Semler, Rn. 72).

27. Exklusive Übertragung der Franchise. Auf der Übertragung von Exklusivrechten an den Franchisenehmer liegt einer der Schwerpunkte des Franchisevertrags. Damit werden vor allem Fragen des nationalen sowie des europäischen Kartell- und Wettbewerbsrechtes aufgeworfen (vgl. zur kartellrechtlichen und wettbewerbsrechtlichen Zulässigkeit von Franchisesystemen Anm. 9 und 10). Das Gesetz vom 14. 10. 1943 begrenzt die zulässige Höchstdauer von Exklusivitätsklauseln auf zehn Jahre (*Leloup*, S. 93; vgl. zur Vertragsdauer Anmerkung 52). Zu unterscheiden sind Exklusivitätsvereinbarungen bzgl. der Franchise (Gebietsschutz) selbst und Exklusivitätsvereinbarungen bzgl. der Lieferung von Waren (Alleinbezugsgarantie). Im ersten Fall verspricht der Franchisegeber, in dem geschützten Vertragsgebiet keine anderen Franchisen an andere potentielle Franchisenehmer zu übertragen und keine eigene Verkaufsstelle zu eröffnen. Im zweiten Falle verspricht der Franchisegeber, daß er eine bestimmte Ware nur an den Franchisenehmer liefern werde.

28. Territoriale Exklusivität. a) Marktverantwortungsbereiche. Die Gewährung absoluter territorialer Exklusivität ist nach nationalem und nach EG-Kartellrecht unzulässig, weil sie den produktinternen Wettbewerb der Franchisenehmer desselben Systems völlig ausschalten würde; denn jeder Franchisenehmer würde in seinem Gebiet eine absolute Monopolstellung für das Produkt der Marke genießen. Seit der Grundig-Entscheidung des EuGH ist zumindest die Querlieferung innerhalb des Systems (Lieferung an andere Franchisenehmer) zuzulassen (EuGH Slg. 1966, S. 322 ff. (387) – Grundig/Consten). Inzwischen hat sich im Franchisevertrieb – gefördert durch die Franchise-GVO – weithin das System einer relativen territorialen Exklusivität durchgesetzt. Dabei werden den einzelnen Franchisenehmern aufgrund des Raumordnungsplans für das Gesamtsystem sogenannte Marktverantwortungsbereiche eingeräumt. Jedem Franchisenehmer wird sein Marktverantwortungsbereich als geschütztes Gebiet zur vorrangigen aktiven Bearbeitung anvertraut und überlassen, doch bleibt der Verkauf an Kundschaft aus anderen Gebieten ohne aktive Bewerbung zulässig. Eine sehr sorgsame geographische Abgrenzung der exklusiven Vertragsgebiete im Sinne dieser Marktverantwortungsbereiche und eine genaue Formulierung des inhaltlichen Schutzumfangs ist zu beachten, da die Gerichte dazu neigen, diese Gebietsschutzabreden wörtlich und eng auszulegen. Wird beispielsweise Exklusivität in einem bestimmten Stadtviertel versprochen, so kann sich der Franchisenehmer nicht darüber beklagen, daß ein anderer Franchisenehmer nur 1,5 km von ihm entfernt einen anderen Laden eröffnet hat, wenn sich dieser in einem anderen Stadtviertel befindet (*Leloup*, S. 71 m.w.N.).

b) **Keine Exklusivitätspflicht.** In Literatur und Judikatur war lang umstritten, ob es dem Franchisegeber auch ohne ausdrückliche Selbstverpflichtung im Vertrag verwehrt ist, durch die Eröffnung einer Filiale in Konkurrenz mit dem Franchisenehmer zu treten oder durch die Franchisierung eines anderen Franchisenehmers die Gewinnchancen des benachbarten ersteingesetzten Franchisenehmers zu verknappen. Es wurde teilweise die Forderung nach zwingender Einräumung territorialer Exklusivrechte erhoben. Man sprach insoweit von der „garantie du fait personnel" des Franchisegebers (Entscheidung des Cour de Paris vom 20. 4. 1978 in Cahiers de droit de l'entreprise Nr. 5, 1980). Nach einer höchstrichterlichen Entscheidung der Cour de Cassation (Arrêt vom 16. 1. 1990) und nach Maßgabe des Ehrencodex' des Europäischen Franchiseverbandes ist freilich die Konkurrenz durch den Franchisegeber selbst nicht verboten. Auch hat danach der Franchisenehmer keinen Anspruch auf ausschließliche Zuweisung eines Marktverantwortungsbereichs. Es besteht somit keine Verpflichtung des Franchisegebers, dem Franchisenehmer territoriale Exklusivität im Sinne der Freiheit von jeder aktiv werbenden Konkurrenz im Vertragsgebiet zu gewähren. Allerdings ist der Franchisegeber auch nach französischem Recht gem. Art. 1134 des Code Civil an das Gebot von Treu und Glauben gebunden. Es wird daher die Ansicht vertreten, daß es diesem Gebot widerspreche, wenn der Franchisegeber selbst oder ein anderer Franchisenehmer in unmittelbarer Nähe des Franchisenehmers ein Konkurrenzgeschäft eröffnete (*Leloup*, S. 42). Dies ergebe sich auch aus Art. 3–1° des Verhaltenscodex des französischen Franchiseverbandes, der vom Franchisegeber verlangt, daß der Franchisegeber die geschäftlichen Interessen des Franchisenehmers respektiert und die Entwicklung des Franchisesystems fördert. Die Judikatur steht dieser Betrachtung allerdings restriktiv gegenüber und hat dahingehende Klagen der Franchisenehmer ablehnend beschieden (*Leloup*, S. 41 ff. m.w.N.). Sie vertritt die Auffassung, daß die Einräumung eines territorialen Exklusivrechtes zwar zulässig sei, jedoch nicht zum Wesensgehalt des Franchisevertrages gehöre, vorbehaltlich anderweitiger Parteivereinbarung. Das Fehlen einer solchen territorialen Exklusivitätsklausel führe daher nicht zur Nichtigkeit des Franchisevertrages (CA Paris, 16. 12. 1992, Cass. com., 9. 11. 1993 sowie CA Paris, 12. 1. 1994 in Recueil Dalloz Sirey 1995, S.78).

29. Geschäftsverbot außerhalb des Vertragsgebietes. Dem Franchisenehmer kann eine Beschränkung seiner geschäftlichen Aktivitäten (commercialisation active) auf das ihm übertragene Vertragsgebiet gem. Art. 2d Franchise-GVO auferlegt werden. Eine solche Vereinbarung ist bei einem relativen Gebietsschutzsystem von Marktverantwortungsbereichen heute geradezu franchisetypisch. Danach darf der Franchisenehmer außerhalb seines geschützten Gebiets keinen weiteren Geschäftsstandort errichten, keine aktive Kundenakquisition betreiben und auch nicht um Kunden außerhalb seines Vertragsgebietes werben. Allerdings kann dem Franchisenehmer nicht verboten werden, daß er Kunden bedient, die nicht aus seinem Vertragsgebiet stammen und die sich an den Franchisenehmer wenden (commercialisation passive).

30. Standort des Ladenlokals. a) Auswahl des Standorts. Die Auswahl des Standortes für jeden einzelnen franchisierten Betrieb ist ein Schlüssel für den Erfolg des Franchisesystems. Es empfiehlt sich daher, den Standort im Franchisevertrag hinreichend bestimmt zu vermerken. Es steht den Parteien frei, wie sie die Frage der Auswahl des Standortes regeln. Die Auswahl des Standortes kann entweder vom Franchisegeber ausschließlich vorgenommen werden. Dann geht der Auswahl gewöhnlich eine Standortanalyse des Franchisegebers voraus, die wiederum ein Teil des übertragenen Know-hows ist. Denkbar ist aber auch, daß die Auswahl des Standorts dem Franchisenehmer überlassen wird, wobei die Lage des endgültigen Standorts in der Regel von der Zustimmung des Franchisegebers abhängig gemacht wird. Diese Regelung wird bevorzugt, wenn die Gewährung territorialer Exklusivität mittels der Übertragung eines Marktverantwortungsbereiches erfolgt (vgl. hierzu Anm. 28). In diesem Fall trägt der Franchisenehmer aber auch das Risiko, einen ungünstigen Standort ausgewählt zu haben (Cass. com., 3. 10. 1989, JCP éd. E 1989, 19205).

b) Beschränkungen am Standort. Die Verpflichtung des Franchisenehmers, an seinem Standort nur die franchisierte Verkaufs- und Servicetätigkeit auszuüben und sich konkurrierender Tätigkeiten zu enthalten, ist offenbar in der französischen Judikatur verschiedentlich anerkannt worden (*Leloup*, S. 194 m. Nachweis auf unveröffentlichte Entscheidungen) und auch von der Franchise-GVO freigestellt. Darüber hinaus stellt die Verlegung des Standorts ohne die Zustimmung des Franchisegebers (agrément) einen wichtigen Kündigungsgrund dar, der zur vorzeitigen Beendigung des Franchisevertrages führen kann (*Leloup*, S. 194).

c) Ladenlokal. Das Ladenlokal kann (u. U. mit allen Einrichtungsgegenständen) Eigentum des Franchisegebers sein, der dieses dann an den Franchisenehmer verpachtet. In diesem Fall sind die Besonderheiten der „bail commercial" zu beachten; insbesondere hat der Franchisenehmer prinzipiell einen Anspruch auf Verlängerung der Geschäftsraummiete (vgl. Anm. 31). Eine andere Möglichkeit ist, daß der Franchisegeber das Ladenlokal von einem Dritten mietet und dann an den Franchisenehmer untervermietet. Dies erlaubt dem Franchisegeber, die Kontrolle über das vom Franchisenehmer entwickelte Gebiet zu behalten, ohne die hohen Anfangsinvestitionen für den Grunderwerb tätigen zu müssen. Schließlich besteht die theoretische Möglichkeit, daß der Franchisenehmer selbst das Ladenlokal von Dritter Seite mietet. Dann sollte im Vertrag darauf geachtet werden, daß dem Franchisegeber die Möglichkeit eingeräumt wird, bei Beendigung des Franchiseverhältnisses in den Mietvertrag einzusteigen. Dies ist sowohl im Mietvertrag als auch im Franchisevertrag zu vermerken, da es sich um zwei verschiedene Ansprüche gegenüber zwei verschiedenen Personen handelt. Die bauliche Gestaltung des Geschäftslokals kann als Markenrecht in das nationale Markenregister eingetragen werden und so zusätzlich zugunsten des Franchisesystems geschützt werden.

31. Besonderheiten der Geschäftsraummiete. a) Rechtsgrundlagen. Wie jeder Mietvertrag unterliegt auch die Geschäftsraummiete dem Mietrecht des Code Civil. Für die Geschäftsraummiete sind jedoch vorrangig die speziellen Vorschriften des Dekrets vom 30. 6. 1953 – zuletzt geändert durch die Gesetze vom 5. 1. 1988 und 31. 12. 1989 – zu beachten, durch das die Geschäftsraummiete (bail commercial) einem weitgehenden Bestandsschutz unterworfen wurde, der auch für EU-Angehörige gilt (*Sonnenberger*, S. 203; der Mieter kann allerdings auf die Schutzrechte des Dekrets vertraglich verzichten. Voraussetzung ist dabei, daß er zum Zeitpunkt des Verzichts bereits den Schutz des Dekrets genießt).

b) Bestandsschutz. aa) Das Dekret vom 30. 6. 1953 dient der Substanzsicherung des „fonds de commerce". Dies erfolgt vor allem dadurch, daß dem Mieter ein Anspruch auf Verlängerung bzw. Erneuerung des Geschäftsraummietvertrages gewährt wird (dazu so-

4. Contrat de franchisage (Französischer Franchisevertrag) II.4

gleich). Die Geschäftsraummiete erhielt daher mittlerweile einen eigentumsähnlichen Charakter (propriété commerciale). Dies gestattet somit eine langfristige Standortsicherung. Der Charakter der Geschäftsraummiete als „propriété commerciale" wird dadurch untermauert, daß das Mietrecht im Falle einer Veräußerung des Unternehmens abgetreten werden kann. Der Vermieter kann allerdings eine von der Veräußerung des Unternehmens losgelöste Abtretung des Geschäftsraummietvertrages vertraglich unterbinden (*Lefebre*, Affaires Nr. 367).

bb) Der Schutz des Dekrets greift allerdings erst ab einer Laufzeit des Mietvertrages von zwei Jahren ein. Auf die Erneuerung eines Kurzvertrages hat der Mieter kein Recht. Die Schutzwirkung beginnt mit Abschluß des Geschäftsraummietvertrages. Nach Art. 3–1 des Dekretes vom 30. 6. 1953 beträgt dabei die Laufzeit des Geschäftsraummietvertrages grundsätzlich neun Jahre. Die Vorschrift sieht nach Ablauf von jeweils drei Jahren ein Kündigungsrecht des Mieters vor, das jedoch vertraglich abbedungen werden kann. Ein Kündigungsrecht besteht auch dann, wenn der Vermieter Umbau- oder Erweiterungsmaßnahmen vorsieht.

cc) Besondere formelle Anforderungen sind zu wahren, wenn die Laufzeit der Geschäftsraummiete mehr als zwölf Jahre beträgt. In diesem Fall bedarf der Vertrag der notariellen Beurkundung sowie der Eintragung in das Immobiliarregister, damit er auch Dritten gegenüber entgegengehalten werden kann (*Sonnenberger*, S. 205).

dd) Nach den Regelungen der Art. 4 ff. des Dekretes vom 30. 6. 1953 hat der Mieter nach Ablauf des Mietvertrages nach neun Jahren ein Erneuerungsrecht für die Dauer von mindestens neun Jahren, sofern er Eigentümer des Unternehmens ist und dieses in den vergangenen drei Jahren effektiv betrieben hat. Wird der Geschäftsraummietvertrag nicht gekündigt, so verlängert er sich stillschweigend auf unbestimmte Dauer fort (tacite reconduction). Nach Art. 6 des Dekretes vom 30. 6. 1953 kann der Mieter sechs Monate vor Ablauf des Geschäftsraummietvertrages vom Vermieter die Zustimmung zur Vertragsverlängerung verlangen. Dem Vermieter verbleibt eine Frist von drei Monaten, um zu entscheiden, ob er die Miete verlängern möchte oder die Erneuerung abzulehnen gedenkt. Der Vermieter kann allerdings unter Einhaltung der sechsmonatigen Kündigungsfrist den Mietvertrag kündigen. Einschränkende Voraussetzung ist hierfür, daß ein Berechtigungsgrund nach Art. 9 des Dekrets vom 30. 6. 1953 vorliegt (refus de renouvellement). Darunter fallen nur schwerwiegende Gründe (graves et légitimes). Fehlt es an einem solchen schwerwiegenden Grund, so kann das Gericht nach Art. 8 des Dekretes vom 30. 6. 1953 eine Räumungsentschädigung festlegen, die erhebliche Ausmaße annehmen kann, da die Höhe dieser Entschädigung dem Schaden entspricht, den der Mieter durch Ablehnung der Erneuerung erlitten hat (*Sonnenberger* S. 207). Zu berücksichtigen sind in diesem Zusammenhang der Wert des „fonds de commerce" sowie eventuell angefallene Umzugskosten (*Sonnenberger*, S. 207). Die Kündigung durch den Vermieter ist darüber hinaus nach Maßgabe des Art. 25 des Dekrets vom 30. 6. 1953 auch für den Fall der Nichtzahlung des Mietzinses eingeschränkt worden. Bei Eröffnung des Konkursverfahrens über den Mieter wird der Mietvertrag als sog. „contrat en cours" zunächst während der Beobachtungsphase weitergeführt (Lamy Com. Nr. 2558 ff.).

32. Pflichten des Franchisenehmers. Die Klauseln zu den Pflichten des Franchisenehmers bilden den zweiten Hauptteil eines Franchisevertrages. Sie werden den Klauseln zu den Pflichten des Franchisegebers, die im ersten Hauptteil niedergelegt sind, regelmäßig nachgestellt. Daraus darf indes nicht gefolgert werden, daß die Pflichten des Franchisegebers im Vordergrund des Vertragsverhältnisses stünden und diesem das Gepräge gäben. Richtiger Ansicht nach sind es weniger die lizenzvertraglichen Pflichten des Franchisegebers als die Absatzförderungspflichten und Interessenwahrungspflichten des Franchisenehmers, die das Rechts- und Pflichtengefüge eines Franchisevertrages dominieren (vgl. dazu ausführlich *Martinek*, in: Martinek/Semler (Hrsgb.), Handbuch des Vertriebsrecht, 1996. §§ 1 bis 4 sowie 18 bis 21).

33. Besteinsatzklausel. Die sogenannte Besteinsatzklausel, die den „best efforts"-Klauseln der anglo-amerikanischen Vertragspraxis nachempfunden ist, verpflichtet den Franchisenehmer zum vollumfänglichen Einsatz seiner Arbeitkraft für sein Franchisegeschäft. Damit soll die Funktionsfähigkeit des Systems sowie die Bewahrung des Renommees und nicht zuletzt die Sicherung von Umsatz und Ertrag gefördert werden. Diese Klausel ist bislang nicht von der Judikatur beanstandet worden, solange der Franchisenehmer seine rechtliche Selbständigkeit behält (dazu Anm. 13). Der Verstoß gegen diese Klausel kann zur vorzeitigen Auflösung des Vertragsverhältnisses führen, wenn der Franchisenehmer trotz Abmahnung dieses Verhaltens nicht den vollumfänglichen Einsatz bietet (*Leloup*, S. 238 m.w.N. auf T.com. de Bordeaux, 1. 6. 1989).

34. Zahlungsverpflichtungen des Franchisenehmers. Die meisten Franchiseverträge sehen zwei Formen finanzieller Gegenleistungen des Franchisenehmers vor. Zum einen wird zu Beginn des Franchiseverhältnisses eine Einstiegs- oder Eintrittsgebühr verlangt; zum anderen werden während der Laufzeit des Vertrages fortlaufende Gebühren (Franchisegebühren, Tantiemen) verlangt, deren Höhe sich zumeist am Umsatz orientiert (vgl. *Anstett-Gardea,* in: Martinek/Semler, Rn. 71). Diese Gebühren unterliegen der Mehrwertsteuer (vgl. hierzu Le Tourneau, J.-Cl. Fasc. 566, Nr. 199, S. 34). Die Mehrwertsteuerpflicht beginnt nach Art. 259 B CGI, sobald der Franchisenehmer sich in Frankreich niedergelassen hat und Zahlungen seitens des Franchisenehmers für Lieferungen oder Dienstleistungen des Franchisegebers erfolgen. Es obliegt gem. Art. 266 Abs. 1 a CGI dem Franchisegeber, die Mehrwertsteuer abzuführen. Er kann nach Art. 269 Abs. 2 c CGI die Mehrwertsteuer vom Franchisenehmer verlangen, sobald die Zahlung der Franchisegebühren fällig wird.

35. Einstandsgebühr. Die Eintrittsgebühr (droit d'entrée), die zu Beginn der Aufnahme in das Franchisesystem, oftmals bereits mit Vertragsschluß, gelegentlich auch bei Geschäftseröffnung fällig wird, ist nur dann zulässig, wenn sie im Vertrag besonders erläutert und gerechtfertigt wird (*Sonnenberger/Dammann*, S. 96). Beim Franchising erklärt und rechtfertigt sich die Eintrittsgebühr als Entgelt für die Systemeingliederungsmaßnahmen, die der Franchisegeber zugunsten des Franchisenehmers trifft. Allerdings kann die Einstandsgebühr erst nach Erfüllung der sich aus der Loi Doubin und dem ausführenden Dekret ergebenden Pflichten erhoben werden (Art. 4 des Ausführungsdekrets; vgl. hierzu auch Anm. 11). Es unterliegt der Vertragsgestaltungsfreiheit der Parteien, die Fälligkeit und den Zahlungsmodus zu regeln (Le Tourneau, J.-Cl. Fasc. 566, Nr. 179, S. 30; zur Frage der Rückzahlung der Eintrittsgebühr bei vorzeitiger Vertragsbeendigung vgl. Anm. 57).

36. Wiederkehrende Gebühren. Die Regelung der wiederkehrenden Franchisegebühren (redevances périodiques), die der Franchisenehmer während der Vertragslaufzeit an den Franchisegeber als Tantiemen zu entrichten hat, unterliegt der Vertragsgestaltungsfreiheit der Parteien. Häufig findet man in Franchiseverträgen die Koppelung der periodischen Tantieme an den vom Franchisenehmer erwirtschafteten Umsatz. Dabei wird bisweilen eine Degression vereinbart, bei der der Franchisenehmer bei höheren Umsätzen einen niedrigeren Prozentsatz an Franchisegebühren zu entrichten hat. Auf diese Weise soll ihm ein zusätzlicher Anreiz zur Umsatzsteigerung gegeben werden. Es versteht sich, daß der Franchisenehmer dem Franchisegeber gegenüber verpflichtet ist, die entsprechenden Informationen an den Franchisegeber weiterzuleiten. Es besteht insoweit ein Auskunftsanspruch des Franchisegebers (Le Tourneau, J.-Cl. Fasc. 566, Nr. 185, S. 31). Die Höhe der Tantiemen muß allerdings nach Maßgabe des Art. 1129 Code Civil im Vertrag bestimmt werden oder zumindest anhand objektiver Kriterien bestimmbar sein. Sie darf nicht der einseitigen Feststellungsmacht des Franchisegebers anheimgestellt sein (Cass. com., 12. 12. 1989, B.R.D.A. 1990/3, S. 5; vgl. *Anstett-Gardea,* in: Martinek/Semler, Rn. 33; *Piotraut,* Rev. Jurispr. com. 1992, S. 16 ff.; *Ghestin,* Chr. Dalloz 1993, S. 251 ff.).

4. Contrat de franchisage (Französischer Franchisevertrag) II.4

37. Zahlungsverzug. Kommt der Franchisenehmer seiner Zahlungsverpflichtung nicht nach, so droht ihm die Kündigung des Franchisevertrages durch den Franchisegeber und eine Verpflichtung zur Leistung von Schadensersatz (Art. 1147 Code Civil, 2. Fall). Der Franchisegeber ist insbesondere berechtigt, seinen Verzugsschaden geltend zu machen. Dazu kann er vorbehaltlich anderweitiger vertraglicher Regelung in der Regel nach Art. 3 des Gesetzes Nr. 75–611 vom 11. 7. 1975 einen Schaden von fünf Prozentpunkten über dem gesetzlichen Zinssatz geltend machen (*Leloup*, S. 245). Der Verzug beginnt prinzipiell mit der Inverzugsetzung gem. Art. 1153 Code Civil (Cass. Civ., 3^e ch., 16. 12. 1987, Bull. civ. III, Nr. 208, S. 123 RTD civ. 1988, S. 748 mit Anm. *Mestre*), welche in der Regel (vgl. Artt. 1139, 1146 und 1153 Code Civil) durch die sog. „lettre missive" bewerkstelligt wird. Nach Art. 1139 Code Civil kann allerdings die Inverzugsetzung (mise en demeure) abbedungen werden (échéance de terme) (vgl. *Niggemann*, S. 27). Der einfache Rücktritt bedarf keiner „mise en demeure" (*Niggemann*, S. 27).

38. Verpflichtung zu systemkonformem Verhalten. Der Franchisenehmer ist verpflichtet, sich nach Maßgabe der Marketingkonzeption des Franchisegebers systemkonform zu verhalten, damit nach außen hin das systemspezifische einheitliche Auftreten und die Wahrung des Images gesichert werden können. Die Anforderungen hierzu kann der Franchisenehmer im allgemeinen dem Handbuch entnehmen, das in der Regel mit der Unterzeichnung des Vertrages ausgehändigt wird. Wer sich als Franchisenehmer nicht systemkonform verhält, riskiert die vorzeitige Beendigung des Vertragsverhältnisses (*Leloup*, S. 238 m. w. N. auf T. com. de Bordeaux, 23. 3. 1989 und T. com. de Paris, 13. 12. 1988).

39. Verpflichtung zur Information des Franchisegebers. Der Franchisenehmer ist zur ständigen Unterrichtung des Franchisegebers über seine Absatzförderungstätigkeit, über seine Betriebsführung und über seine Ausnutzung der Franchise verpflichtet. Diese Verpflichtung stellt eine Ergänzung zu den Kontrollrechten des Franchisegebers dar (zu den Kontrollrechten vgl. Anm. 51). Die Information dient der Steuerung und Weiterentwicklung des Systems. Dies betrifft nicht nur diejenigen Informationspflichten, die sich auf die regelmäßige Zusendung von Unterlagen beziehen, sondern auch die Berichtspflichten des Franchisenehmers über außergewöhnliche Ereignisse auf dem Markt, die den Franchisegeber zur Veranlassung von Marketingmaßnahmen bewegen können. Der Franchisenehmer kann sich schadensersatzpflichtig machen, wenn er den Franchisegeber trotz Kenntnis nicht von Umständen unterrichtet, die geeignet sind, dem System Schaden zuzufügen (*Leloup*, S. 213 f.).

40. Verpflichtung des Franchisenehmers zur Benutzung von Systemkennzeichen. Nach Art. 1 Abs. 3 b Franchise-GVO ist die Verpflichtung des Franchisenehmers freigestellt, zwecks einheitlichen Auftretens aller Partner des Franchisesystems die vom Franchisegeber vorgegebenen Ausstattungsmittel und Kennzeichen einzusetzen. Darüber hinaus rechtfertigt sich die Verpflichtung zum ständigen Einsatz der Marke auch nach dem Markenrecht, da sonst nach Art. 27 des französischen Markengesetzes der Verfall wegen Nichtbenutzung droht (vgl. hierzu *Thierr*, S. 525 f. und Lamy Droit Commercial, 1995, S. 917).

41. Standardausstattung des Geschäftslokals. Diese Klausel versteht sich als Ergänzung zur voranstehenden Klausel und betont besonders die Systemkonformität des Erscheinungsbildes und der Ausstattung des Geschäftslokals. Dies ist für die franchisespezifische Betriebstypenfixierung unerläßlich. Der Franchisenehmer kann die zur Ausstattung erforderlichen Waren vom Franchisegeber oder von designierten Lieferanten erwerben bzw. mieten. Bei Beendigung des Franchisevertrages entsteht diesbezüglich eine mit der Rückgabeverpflichtung korrespondierende Rücknahmepflicht des Franchisegebers (vgl. hierzu Anm. 62).

42. Mindestwarenbestand. Unklar ist, ob diese Verpflichtung nicht gegen das Koppelungsverbot des Art. 36 Ziff. 2 WettbewerbsVO Nr. 86–1243 verstößt. Denn danach liegt eine unzulässige Koppelungsbindung auch dann vor, wenn der Verkauf eines Produktes von der Voraussetzung einer quantitativen Mindestabnahme abhängig gemacht wird. Ein Rechtfertigungstatbestand ist gesetzlich nicht vorgesehen.

43. Mindestumsatz. Klauseln, die einen Mindestumsatz des Franchisebetriebes vorsehen und bei Nichterreichen dieses Ziels die Kündigung des Franchisevertrages ermöglichen, werden nach nahezu einheitlicher Auffassung als zulässig erachtet. Die sog. „clause d'objectif" (auch „clause de quota" genannt) gibt den Franchisegebern Auskunft über die Qualität des Franchiseverhältnisses. Die Mindestumsatzpflicht des Franchisenehmers korrespondiert mit der Gewährung des exklusiven Vertragsgebietes (*Leloup*, S. 239 m.w.N.). Erreicht der Franchisenehmer nicht die geforderten Umsatzzahlen, so kann der Franchisevertrag die Verkleinerung des Vertragsgebietes, bisweilen sogar Berechtigung zur Aufkündigung des Franchiseverhältnisses vorsehen.

44. Wiederverkaufsbeschränkungen. Die Klausel stellt eine besondere Erscheinungsform von Vertikalbindungen, nämlich eine Kundenbindung dar und beschränkt in zulässiger Weise den potentiellen Abnehmerkreis (hier: auf Verbraucher) für den Verkauf der franchisierten Waren. Dies verstößt nicht gegen wettbewerbsrechtliche Vorschriften, da diese Restriktion dem Schutz des Franchisesystems dient und dem Franchisegeber die Einhaltung der Exklusivvereinbarungen gegenüber anderen Franchisenehmern ermöglicht. Der Franchisenehmer bewegt sich in diesem Fall im Rahmen eines zulässigen „Refus de vente" (vgl. hierzu Anm. 10).

45. Preisbindungsverbot. Die Preisbindung des Wiederverkäufers (Preisbindung der „zweiten Hand"), hier also des Franchisenehmers, ist untersagt. Dabei geht es nicht um die Verkaufspreise in den Sukzessivlieferungsverträgen zwischen dem Franchisegeber und dem Franchisenehmer, sondern um die Verträge (Zweitverträge) im Verhältnis zwischen dem Franchisenehmer und seinen Kunden. Eine Preisbindung des Franchisenehmers durch den Franchisegeber verstößt gegen Art. 34 und 7 WettbewerbsVO Nr. 86–1243. Der Conseil de la Concurrence überprüft in diesem Zusammenhang, ob rechtswidrige Preisabsprachen getroffen wurden, die in den Anwendungsbereich des Art. 7 WettbewerbsVO Nr. 86–1243 fallen und in den individuellen Preisfindungsprozeß eingreifen (*Ebenroth/Strittmatter*, S. 47 Rn. 61). Der Preisbildungsprozeß ist nur frei, wenn sich keine Anhaltspunkte dafür ergeben, daß eine kollektive Orientierung an gewissen Eckwerten stattfindet. Dabei können bereits Preislisten eine per se-Beschränkung darstellen, ohne daß es der tatsächlichen Befolgung des Franchisenehmers bedarf. Dies ist jedenfalls die Entscheidungspraxis der französischen Wettbewerbsbehörden für die Preisabsprachentaktik von Berufsverbänden (vgl. Avis Commission de la Concurrence, 17. 5. 1977, Receuil Lamy Nr. 121; Conseil de la Concurrence, 23. 9. 1989, Receuil Lamy Nr. 355). Der bloße Austausch von Informationen über Preise und Preisbildung in Marktinformationsverfahren ist demgegenüber gestattet, sofern damit die freie Preisbildung nicht beeinflußt wird. Letzteres ist aber der Fall, wenn die Informationen derart präzise und individualisiert sind, daß eine Orientierung der Wettbewerber wahrscheinlich ist, vorausgesetzt, die Substitutionsfähigkeit der von den Konkurrenten angebotenen Güter reicht für einen Preiswettbewerb aus (*Ebenroth/Strittmatter*, S. 48 Rn. 62 m.w.N.). Zulässig ist allerdings nach französischem Wettbewerbsrecht die Festsetzung von Höchstpreisen, sofern sie nicht zu einem gezielten Verdrängungswettbewerb durch Dumping-Geschäfte führt (*Lefebre*, Nr. 1154, S. 373). Gleichfalls zulässig sind unverbindliche Preisempfehlungen für Markenwaren.

46. Beschränkungen der Werbung. Die Klausel zur Beschränkung des Franchisenehmers hinsichtlich seiner Werbeaktivitäten ist (auch EG-kartellrechtlich) zulässig. Verletzt der Franchisenehmer die vom Franchisegeber gesetzten Schranken, so begeht er eine „faute contractuelle". Ganz übliche flankierende Maßnahme hierzu ist die Berechtigung des Franchisegebers, die Werbeaktivitäten des Franchisenehmers zu kontrollieren. Der Franchisenehmer ist für seine örtlichen Werbemaßnahmen im geschützten Vertragsgebiet eigenverantwortlich. Nach einer höchstrichterlichen Entscheidung der Strafkammer des

4. Contrat de franchisage (Französischer Franchisevertrag) **II.4**

Kassationshofes ist der Franchisenehmer wegen irreführender Werbung (publicité trompeuse) zu verurteilen, wenn er in irreführender Weise Werbung betreibt. Er kann sich nicht darauf berufen, daß er das Werbematerial von seinem Franchisegeber geliefert bekommen habe (Cass. crim., 27. 11. 1990, D. 1991, inf. rap. S. 35).

47. Vertragliches Wettbewerbsverbot. Das vertragliche Wettbewerbsverbot, das „unlauteren" Wettbewerb (concurrence déloyale) während der Laufzeit des Vertrages untersagt, resultiert bereits aus Art. 1134 Code Civil: *„Les conventions doivent être exécutées de bonne foi".* Dies ist eine mit § 242 BGB vergleichbare Klausel, wonach die Leistung nach Treu und Glauben zu erbringen ist. Dem Franchisenehmer kann also untersagt werden, mit Konkurrenten zusammenzuarbeiten, Anteile an Konkurrenzunternehmen zu erwerben und Dokumente den Konkurrenten zugänglich zu machen. Auch wenn vertraglich eine solche Konkurrenzklausel nicht vorgesehen ist, unterliegt der Franchisenehmer somit einem Konkurrenzverbot während der Laufzeit des Vertrages. Die Rechtsprechung geht ohne weiteres auch ohne ausdrückliche Vereinbarung im Franchisevertrag von einem Wettbewerbsverbot für die Vertragslaufzeit aus (*Leloup*, S. 85 und S. 121 m.w.N. sowie mit Beispielen für vertragliche Wettbewerbsverbote). Gleichwohl empfiehlt sich zur Klarstellung und zur Warnung für den Franchisenehmer eine ausdrückliche Aufnahme dieser Klausel in den Vertragstext. Besonderheiten für das Wettbewerbsverbot des Franchisenehmers sind nach dem EG-Kartellrecht zu beachten, wonach ihr zulässiger Umfang im Kern davon abhängt, inwieweit sie zum Betreiben des Franchisesystems, insbesondere zur Aufrechterhaltung des Goodwills und zum Schutz von Immaterialgüterrechten erforderlich sind (vgl. *Anstett-Gardea,* in: Martinek/Semler, Rn. 72).

48. Versicherungspflicht. Einige Franchisegeber haben inzwischen eigene Versicherungskonzepte für ihre Systeme unter Einbeziehung aller Systempartner entwickelt. Indes dürfen die Franchisenehmer weder direkt noch indirekt dazu gezwungen werden, einem solchen Versicherungssystem beizutreten, sondern müssen in der Wahl ihrer Versicherer grundsätzlich frei bleiben. Eine Beitrittsverpflichtung verstößt gegen das Verbot der Koppelungsbindungen des Art. 36 Ziff. 2 WettbewerbsVO Nr. 86–1243.

49. Bezugsbindung des Franchisenehmers. Bezugsbindungen (clauses d'approvisionnement) erfüllen zwar den Tatbestand des Art. 7 WettbewerbsVO Nr. 86–1243 (*Ebenroth/ Strittmatter,* S. 48 Rn. 63), sind jedoch nach Maßgabe des Art. 10 WettbewerbsVO Nr. 86–1243 freistellungsfähig (vgl. Anm. Nr. 9 zur kartellrechtlichen Zulässigkeit). Der Franchisegeber kann daher in aller Regel den Franchisenehmer verpflichten, seine Produkte bzw. Dienstleistungen, die er im Rahmen der Franchise anbietet, nur beim Franchisegeber selbst oder bei von ihm autorisierten Drittlieferanten zu beziehen. Der „Conseil de la concurrence" (frz. Wettbewerbsrat) hat hierzu entschieden, daß Bezugsbindungen in Franchiseverträgen den Wettbewerb regelmäßig nicht beschränken, da solche Klauseln notwendig sind, das Image und den Erfolg des Franchisesystems zu wahren (Cons. conc., 24. 5. 1994, Jean Louis David Diffusion, BOCC, 14. 7. 1994, zitiert in Dictionnaire Permanent Droit des Affaires, Bulletin 386, S. 1664). Die Bezugsbindungen korrespondieren meist mit den Exklusivrechten, die dem Franchisenehmer zugestanden werden. Freilich sind Bezugsverpflichtungen, die grundsätzlich wettbewerbsbeschränkende Wirkungen entfalten, nicht uneingeschränkt zulässig. Aus diesem Grund ist der Franchisegeber verpflichtet, zumindest von Absatzmittlern innerhalb des Franchisesystems sowie von anderen selektierten Absatzmittlern außerhalb des Systems Querlieferungen bzw. Querbezüge zuzulassen. Dies ergibt sich für das europäische Kartellrecht im einzelnen aus Art. 4a Franchise-GVO. Darüber hinaus ist nach Art. 5b Franchise-GVO die Auferlegung solcher Bezugsverpflichtungen grundsätzlich verboten, bei denen der Franchisenehmer daran gehindert ist, Waren zu beziehen, die in ihrer Qualität den vom Franchisegeber angebotenen Waren entsprechen. Indes läßt dieser Grundsatz ausweislich des Art. 5 b Franchise-GVO a.E. die Sonderregelungen der Art. 2e und Art. 3 Abs. 1b Franchise- GVO „unberührt". Nach Art. 2a Franchise-GVO ist aber die Verpflichtung des Franchisenehmers freigestellt, keine Erzeugnisse herzustellen, zu verkaufen oder bei der Erbringung von Dienstleistungen zu verwenden, die mit Waren des Franchisegebers im Wettbewerb stehen, welche Gegenstand der Franchise sind; lediglich konnexe Waren (Erzeugnisse und Zubehör) sind hiervon ausgenommen. Und nach Art. 3 Abs. 1 b Franchise-GVO darf der Franchisegeber den Franchisenehmer an den Bezug seiner Waren sowie an den Bezug von Waren bestimmter anderer Unternehmen binden, wenn wegen der Eigenarten der franchisierten Vertragsware keine objektiven Qualitätskriterien aufstellbar sind und wenn der Schutz seiner Immaterialgüterrechte und die Systemeinheitlichkeit solche Bezugsbindungen erfordern. Daraus folgt erstens, daß der Franchisegeber dem Franchisenehmer außerhalb von Ersatz- und Zubehörteilen durchaus Bezugsbindungen für die Vertragsware auferlegen kann, soweit dies der Schutz seiner Immaterialgüterrechte und die Systemeinheitlichkeit verlangen. Daraus folgt zweitens, daß er dem Franchisenehmer zwar nicht den Fremdbezug von Ersatz- und Zubehörteilen verbieten, wohl aber hierfür Qualitätsanforderungen formulieren kann. Im übrigen darf der Franchisegeber nach der (in Art. 5 b nicht erwähnten) Regelung des Art. 3 Abs. 1 a Franchise-GVO den Franchisenehmer verpflichten, nur die vom Franchisegeber autorisierten Produkte zu verkaufen, wenn dies dem Schutz der gewerblichen oder intellektuellen Rechte oder dem Ansehen des Systems dient. Die Qualitätsmerkmale sind dabei nach objektiven Kriterien festzulegen. Ist die Aufstellung objektiver Kriterien allerdings aufgrund der Eigenart der Produkte nicht möglich, so kann der Franchisenehmer verpflichtet werden, nur die vom Franchisegeber vorgeschriebenen Produkte zu verkaufen.

50. **Preisklausel bzgl. Sukzessivlieferungen. a) Fakultative Preisfestlegung im Franchisevertrag.** Seit neuem ist es zulässig, im Franchisevertrag bezüglich des Warenpreises auf die am Tag der Lieferung gültige Preisliste des Franchisegebers zu verweisen (*Witz/Wolter,* ZEuP 1996, S. 648, 655). Waren Bezugsbindungen vorgesehen, hing bislang der Bestand des Franchisevertrags davon ab, daß der Warenpreis bereits bei Vertragsabschluß bestimmt bzw. bestimmbar war (Cass. com. 19. 11. 1991, Bull. Civ. IV Nr. 356, D. 1993, S. 379 mit Anm. *Gesthin;* Cass. com., 8. 11. 1994, Contr.-Conc.-Cons. 1995, Fasc. 565; CA Paris, 24. 3. 1995, D. 1995, inf. rap., S. 127). Der Verstoß gegen das Bestimmtheitsgebot führte daher bisher zur Nichtigkeit des Franchisevertrages (Cass. com. 11. 10. 1978, J.C.P. 1979 II 19034 mit Anm. *Loussuarn;* Cass. com. 11. 10. 1978, D. 1979, S. 135 mit Anm. *Houin*). Diese vor allem auf Art. 1129 Code Civil basierende Rechtsauffassung scheint von der höchstrichterlichen Judikatur nunmehr aufgegeben worden zu sein (vgl. hierzu: Cass. ass. plén., 1er décembre 1995 (4 arrêts): D. 1996, S. 13 mit Anm. *Aynès*). Die Assebé plénière der Cour de Cassation hat hierzu klargestellt, daß die Frage der Sukzessivlieferungspreise nicht notwendiger Weise im Franchisevertrag selbst geregelt werden muß. Vielmehr genüge, die Preise anläßlich der jeweiligen Sukzessivlieferung auch später festzulegen (instruktiv: *Witz/Wolter,* ZEuP 1996, S. 656f. m.w.N.).

b) **Vertragliche Gestaltungsmöglichkeiten.** Wird der Warenpreis im Franchisevertrag selbst festgelegt, ist indes das Bestimmtheitserfordernis zu beachten. Die Preishöhe muß entweder vertraglich fixiert oder anhand objektiver, nicht der einseitigen Gestaltungsmacht des Franchisegebers unterworfenen Kriterien bestimmbar sein (*Lefebre,* Nr. 1153, S. 373; *Anstett-Gardea,* in: Martinek/Semler, Rn. 33 und 81; *Piotraut,* Rev. Jurispr. com. 1992, S. 16ff.; *Ghestin,* Chr. Dalloz 1993, S. 251ff.). Gelangt das Gericht zu dem Ergebnis, daß hinsichtlich der Preisfestlegung gegen das Bestimmtheitsgebot verstoßen wurde, kann der Richter nach neuerer Judikatur entweder den Franchisevertrag ex nunc auflösen (résiliation) und/oder Schadensersatz zusprechen (*Witz/Wolter,* ZEuP 1996, S. 648, 657). Die Parteien können die Frage des Preises für jede Sukzessivlieferung aber auch zunächst offen lassen und vereinbaren, daß der Kaufpreis anläßlich jeder einzelnen Warenlieferung frei ausgehandelt werden soll (Cass. com., 24. 5. 1994, Contr., conc., consom., Okt. 1994, Nr. 190; Cass. com., 19. 11. 1991: Bull. civ. IV Nr. 356; D. 1993, S. 379 mit Anmerkung *Gesthin:* Cass. com., 8. 11. 1994, Nr. 2013, Bressand c/Div., zitiert in Dictionnaire Perma-

4. Contrat de franchisage (Französischer Franchisevertrag) II.4

nent Droit des Affaires, Bulletin 394, S. 1486 = Contr., cons., consom. 1995, S. 5 mit Anm. *Leveneur*). Problematisch ist hierbei, daß über dem Franchisevertrag die Unwirksamkeit droht, wenn sich die Vertragsparteien nicht über den Preis einigen können, oder das Gericht nicht mittels Vertragsauslegung zu einem Preis gelangt. Dieses Problem können die Vertragsparteien auch dadurch umgehen, indem sie für diesen Fall die Festlegung des Warenpreises durch einen Dritten vorsehen (clause à dire expert) (vgl. hierzu *Niggemann*, S. 21).

aa) **Einigung bei Lieferung der Waren.** Dem Bestimmtheitserfordernis kann dadurch Rechnung getragen werden, daß zwischen den Parteien mit Annahme der Waren zum neuen Preis eine Einigung über den neuen Preis bzgl. der folgenden Sukzessivlieferungen für eine vertraglich festgelegte Zeitspanne zustandekommt (*Niggemann*, S. 21). Einigen sich die Parteien über den Warenpreis, so ist der Richter hieran gebunden (*Witz/Wolter*, ZEuP 1996, S. 648, 657). Damit kann aber dem Bedürfnis gerade des internationalen Handels nach einer für beide Seiten langfristigen Preisbindung nicht nachgekommen werden. Denn solche Klauseln zerlegen den Franchisevertrag in viele in regelmäßigen Abständen aufeinanderfolgende Verträge. Damit wird aber das Vertrauen in den Franchisevertrag als Basis einer langfristigen Zusammenarbeit erschüttert.

bb) **Offene Preisklauseln.** Die vertriebsvertragliche Praxis bemüht sich daher um eine offenere Preisgestaltung, um so zukünftigen wirtschaftlichen Entwicklungen Rechnung zu tragen. Eine derartige Vertragspraxis muß sich dann aber an dem Bestimmbarkeitserfordernis messen lassen. Das bedeutet, daß die jeweilige Klausel einer richterlichen Mißbrauchskontrolle unterliegt. Es darf kein „abus dans la fixation du prix" vorliegen. Problematisch ist die vor allem dort, wo der Warenpreis einseitig durch den Franchisegeber festgelegt wird und somit die Vertragsfreiheit der Parteien berührt, weil der Franchisegeber in der Regel der wirtschaftlich Stärkere ist. Anders als im deutschen Recht, welches die einseitige Fixierung des Preises gem. §§ 315, 316 BGB zuläßt, ist nach französischer Rechtsauffassung eine einseitige Festlegung des Preises durch den Franchisegeber im Prinzip unwirksam. Die einseitige Preisfixierung wird als Verstoß gegen Art. 1174 Code Civil betrachtet, wonach eine Potestativbedingung unzulässig ist, die vom Willen desjenigen abhängt, der sich in concreto verpflichtet hat (*Niggemann*, S. 21). Es soll damit vermieden werden, daß derjenige, der einer Bezugsbindung unterliegt, der einseitigen Gestaltungsmacht des wirtschaftlich Stärkeren ausgesetzt ist. Die Judikatur stand infolgedessen derartigen „offenen" Preisklauseln zunächst sehr restriktiv gegenüber. So war z.B. von der höchstrichterlichen Judikatur der Cour de Cassation eine Preisklausel in einem Bierlieferungsvertrag als nicht hinreichend bestimmbar verworfen worden, die für die Bestimmung des Bierpreises die am Ort des Lieferanten üblichen Preise vorgesehen hatte (Cass. com. 11. 10. 1978, J.C.P. 1979 II 19034 mit Anm. *Loussouarn*). Gleichfalls wurden Listenpreisvorbehalte und Listenpreisklauseln für unwirksam erachtet (vgl. hierzu *Niggemann*, S. 21 m.w.N.). Aber auch hier scheint sich eine Trendwende anzubahnen. Infolgedessen sind sog. *Tarifklauseln* (clauses du tarif) – hier richtet sich der Warenpreis nach den bei Anlieferung geltenden Tarifen des Franchisegebers (vgl. hierzu *Vogel*, D. 1995, S. 155) – unter der Voraussetzung zulässig, daß kein „abus de l'exclusivité" (mißbräuchliche Ausnutzung der Exklusivität) vorliegt und die Vertragsleistung gem. Art. 1134 und 1135 Code Civil nach Treu und Glauben (exécuté de bonne fois) erfolgt (vgl. *Vogel*, D. 1995, S. 156 mit Hinweis auf Cass. com., JCP 1995 II, 22371 mit Anm. *Gesthin* = D. 1995, S. 122 mit Anm. *Aynès*). *Marktpreisklauseln,* welche den jeweiligen Marktpreis am Tag der Lieferung zugrundelegen, wurden vereinzelt für zulässig erachtet unter der Voraussetzung, daß die Mitbewerber eindeutig bestimmt werden können und daß tatsächlich auch ein Wettbewerb besteht. Es dürfen keine unzulässigen Absprachen zwischen den Verkäufern vorliegen, die zu einer Wettbewerbsverfälschung führen (Cass. com., 16. 6. 1987, B.R.D.A. 1987/13, S. 12). Eine weitere Möglichkeit, die Preisbestimmungen nach offenen aber objektiven Anhaltspunkten zu bestimmen, ist die sog. *Indexklausel* (clause d'indexation), wonach der Preis anhand eines von den Parteien zugrundegelegten Indexes errechnet wird

(*Vogel, D.* 1995, S. 156). Voraussetzung hierfür ist allerdings, daß die Vorschriften der Ordonnance Nr. 58-1374 vom 30. 12. 1958 eingehalten werden (*Vogel, D.* 1995, S. 156). Danach ist es den Vertragsparteien nicht erlaubt, irgendeinen generellen Preisindex zu verwenden. Vielmehr ist eine Indizierung nur dann zulässig, wenn für das jeweilige Produkt ein eigenständiger Preisindex vorliegt. Die Bezugnahme auf einen generellen Preisindex ist insoweit unzulässig. Die Indexklausel scheitert damit in den meisten Fällen daran, daß kein Index vorliegt, der einen direkten Bezug zum Vertragsgegenstand hat.

51. Kontrollrechte des Franchisegebers. Der Franchisegeber muß sich möglichst umfassende Kontrollrechte mit Sanktionsmöglichkeiten einräumen lassen oder vorbehalten, um das Image und die Funktionsfähigkeit des Systems sicherstellen zu können. Eine Kontrolle des Franchisenehmers ist aber nicht nur aus Gründen der Wahrung des Images des Franchisesystems unerläßlich. Denn unter gewissen Umständen (vgl. zu Haftungsfragen Anm. 16) haftet der Franchisegeber gegenüber Dritten (Kunden oder Lieferanten des Franchisenehmers) nach Maßgabe des Art. 1382 Code Civil, wenn es an einer ordnungsgemäßen Kontrolle des Franchisenehmers gemangelt hat und dadurch ein Schaden bei der dritten Person entstanden ist (*Le Tourneau,* J. Cl. Fasc. 577, S. 12, Anm. 13). Seine Kontrollbefugnisse bestehen regelmäßig zunächst aus einem Inspektionsrecht bezüglich des franchisierten Geschäftslokals, gegebenenfalls der vom Franchisenehmer eingesetzten Transportmittel, der Vertragswaren und der Dienstleistungen, des Inventars und der Buchführung. Ein solches Inspektionsrecht ist ausdrücklich durch Art. 3 Abs. 2 h Franchise-GVO freigestellt. Hierzu hat der Franchisenehmer den Zutritt des Franchisegebers in die Geschäftsräume zu dulden und ihm die Bilanzen sowie die Gewinn- und Verlustrechnung zu übermitteln. Nach Art. 3 Abs. 1g Franchise-GVO ist es zudem gestattet, daß der Franchisegeber die Werbeaktivitäten des Franchisenehmers überwacht. Allerdings stehen diese Kontrollrechte unter dem Vorbehalt des Art. 8e Franchise-GVO, wonach ihre wettbewerbsrechtliche Unbedenklichkeit nur dann gegeben ist, wenn keine Zwecke verfolgt werden, die mit dem Schutz des gewerblichen oder geistigen Eigentums und der Aufrechterhaltung des der Einheitlichkeit und des Ansehens des Franchisesystems oder der Sicherung der Vertragserfüllung „nichts zu tun haben". Das Kontrollrecht darf insbesondere nicht dazu benutzt werden, den Franchisenehmer wegen seiner Verkaufstätigkeit außerhalb seines Vertragsgebietes oder zur Durchsetzung von Preisen zu maßregeln (*Metzlaff,* S. 159). Überschreitet der Franchisegeber den Rahmen einer angemessenen Kontrolle, so daß der Franchisenehmer faktisch seine juristische Selbstständigkeit einbüßt, so kann sich die Rechtsstellung des Franchisenehmers der Judikatur zufolge gem. Art. 781 Abs. 1 und Abs. 2 Code du Travail nach arbeitsrechtlichen Maßstäben beurteilen (CA Paris, 10. 3. 1989, Gaz. Pal. 1989, 2, S. 544 mit Anmerkung *Jamin*). Verstößt der Franchisenehmer gegen zulässige Kontrollauflagen des Franchisegebers, so steht diesem ein Recht zur Beendigung des Vertragsverhältnisses zu. Dabei sind die besonderen Voraussetzungen der ordnungsgemäßen Vertragsbeendigung zu beachten (vgl. zur Vertragsbeendigung Anm. Nr. 54 und 55).

52. Dauer des Franchisevertrages. a) Prinzip der freien Vertragsgestaltung. Den Parteien steht es grundsätzlich frei, wie sie ihren Vertrag in zeitlicher Hinsicht gestalten. Der Franchisevertrag kann sowohl befristet als auch unbefristet geschlossen werden. Die meisten Verträge sehen eine Vertragsdauer von zunächst fünf Jahren vor, wobei sich der Vertrag mangels entgegenstehender Erklärung einer der Parteien stillschweigend verlängert, falls nicht ein ausdrückliches Optionsrecht zur Verlängerung für eine der beiden Vertragsparteien (mit Erklärungspflicht) versehen ist (*Leloup,* S. 223 m.w.N.).

b) Beschränkung der Vertragsautonomie. Das Prinzip der Vertragsgestaltungsfreiheit wird allerdings durch das Gesetz vom 14. 10. 1953 begrenzt, das bei der Vereinbarung von Exklusivitätsklauseln lediglich eine Vertragsdauer von zehn Jahren zuläßt (vgl. dazu Societé Francaise de Pétroles B. et Soc. Parisienne des Nouveaux Garages Citroen-Nord, C. A. Paris, 26. 1. 1966, D. S. 294, J.C.P. 1966/II, 14588; Ruer et Soc. des Grandes Brasseries des Charmes, C. A. Colmar, 5. 11. 1958, 1959 D. 183; *Casel*, S. 89). Der Wortlaut des Gesetzes sieht diese Begrenzung zwar nur bei „usage de biens meubles" (Gebrauchsüberlassung von beweglichen Gegenständen) vor. Seit 1971 findet die vorgenannte Vorschrift jedoch auch auf Lieferverträge aller Art Anwendung (Cass. com., 27. 4. 1971, D. 1972, 353 mit Anmerkung *Ghestin; Enghusen*, S. 140). Ist die erste Frist abgelaufen, so ist eine Vertragsverlängerung um (weitere) zehn Jahre zulässig (Cass. com., 11. 3. 1981, D. 1982, I. R. 108 sowie Cass. com., 30. 3. 1981, JCP 1981, IV, S. 219). Die zeitliche Begrenzung der Laufzeit auf zehn Jahre gilt prinzipiell nur für Lieferverträge, die Exklusivvereinbarungen enthalten, was bei Franchiseverträgen in der Regel immer der Fall sein dürfte. Die übrigen Vereinbarungen sind von der gesetzlichen Begrenzung nicht erfaßt, so daß insoweit auch eine unbefristete Franchisevereinbarung theoretisch denkbar bleibt.

c) **Steuerrechtlicher Aspekt.** Eine Begrenzung der Vertragsdauer kann sich zudem auch aus steuerrechtlichen Gesichtspunkten als erforderlich erweisen. Bei Verträgen von unbestimmter Dauer kann gem. Art. 719 CGI eine besondere Steuer für die Übertragung geistigen Eigentums fällig werden (tax au droit proportionnel), weil dann angenommen wird, daß es sich nicht mehr um einen Lizenzvertrag handelt, sondern um eine faktische Zession des Markenrechts (*Le Tourneau*, J.-Cl. Fasc. 566, Nr. 131, S. 23).

d) **Tod des Franchisenehmers.** Der Franchisevertrag endet aufgrund seines höchstpersönlichen Charakters mit dem Tod des Franchisenehmers. Seine Erben haben keinen Anspruch auf die Übernahme des Franchisegeschäftes, sofern nicht etwas anderes unter den Parteien des Franchisevertrages vereinbart wurde (CA Portiers, 17. 6. 1981, JCP 1984, éd. G, II, 20184 mit Anm. *Bouchard*).

53. Vertragsverlängerung bzw. Vertragsweiterführung. a) Rechtsgrundlagen. Wird ein befristeter Vertrag vom Franchisegeber nicht mehr verlängert oder ein unbefristeter Vertrag nicht mehr weitergeführt, sondern gekündigt, so führt dies zu Konflikten zwischen den Vertragsparteien, da der Franchisenehmer zumeist erhebliche Investitionen getätigt hat, die sich unter Umständen noch nicht amortisiert haben. Es ist den Vertragsparteien zu empfehlen, dieses Konfliktpotential vertraglich möglichst zu entschärfen, zumal sich die Entscheidungspraxis der Judikatur hierzu erst in einem Anfangsstadium befindet. Die Parteien können aufgrund ihrer Vertragsautonomie grundsätzlich die Modalitäten einer Vertragsverlängerung bzw. Vertragsweiterführung regeln. Ohne eine ausdrückliche oder konkludente vertragliche Vereinbarung besteht prinzipiell kein gesetzlicher oder in richterlicher Rechtsfortbildung entstandener Verlängerungs- bzw. Vertragsweiterführungsanspruch (*Leloup*, S. 234; *Le Tourneau*, J.-Cl. Fasc. 566 Nr. 127 S. 22; Cass. com., 5. 7. 1994, Contr., Conc., Cons., November 1994, S. 7 Nr. 219). Aus Entscheidungen zum Vertragshändlerrecht, die im allgemeinen auf das Franchising übertragen werden, geht allerdings hervor, daß die Beendigung des Franchisevertrages ohne den erforderlichen „préavis" (rupture brusque) oder die mißbräuchliche Ausnutzung des Vertragsbeendigungsrechts zu einer Schadensersatzpflicht des Franchisegebers führen kann (*Le Tourneau*, J.-Cl. Fasc. 566 Nr. 127 S. 22, vgl. zu den Konsequenzen der Vertragsbeendigung Anmerkungen 57–64).

b) **Konzeptionen zur Vertragsverlängerung.** Zur Fortführung des Vertrages nach Ablauf der im Vertrag vorgesehenen Laufzeit (meist nach fünf Jahren) sind verschiedene Konzeptionen denkbar: Die Parteien können den Vertrag stillschweigend weiterführen, indem sie ihn nach Ablauf fortführen und weiterhin ihre Leistungen austauschen. Dann wandelt sich der befristete Vertrag in einen Vertrag auf unbestimmte Dauer um (*Leloup*, S. 235; *Malaurie/Aynes*, Obligations, S. 177, Nr. 322), wenn keine exakte Fortführungsdauer festgelegt wird. Die stillschweigende Fortführung des Vertrages (tacite reconduction) wird als allgemeines Prinzip des „droit commun" aus dem Mietrecht nach Maßgabe des Art. 1738 Code Civil abgeleitet (*Malaurie/Aynes*, Obligations, S. 177, Nr. 322). Das bedeutet, auch wenn die Parteien keine ausdrückliche Regelung über die Fortführung in den Franchisevertrag aufgenommen haben, gilt dieser als stillschweigend erneuert, wenn nach Ablauf der vertraglich vorgesehenen Laufzeit die Parteien weiterhin ihre Leistungen austauschen. Eine Ausnahme hiervon besteht nur, wenn die Parteien ausdrücklich im Vertrag die „tacite reconduction" ausgeschlossen haben (*Malaurie/Aynes,* Obligations, S. 177, Nr. 322). Der auf unbestimmte Zeit verlängerte Vertrag ist wiederum unter Einhaltung einer Frist von mindestens drei Monaten (préavis) kündbar. Dies wurde für den Bereich der Vertragshändlerverträge (contrat de concession) von der Judikatur entschieden (*Leloup,* S. 234) und ist auf das Gebiet des Franchiserechts übertragbar (vgl. auch *Leloup,* S. 234, der ebenfalls eine Kündigung unter Einhaltung einer Frist von drei Monaten für zulässig hält; zur Angemessenheit des „préavis" vgl. Anmerkung 56 zur Vertragsbeendigung). Eine weitere Möglichkeit ist die Abgabe einer neuen Vertragsofferte, die dann allerdings den Erfordernissen des Gesetzes vom 31. Dezember 1989 genügen muß (Cass. com., 13. 3. 1990: Bull. civ. IV, Nr. 77; *Le Tourneau,* Fasc. 565, S. 28). Hier bestehen umfangreiche Aufklärungs- und Offenlegungspflichten. Insbesondere müssen dem Franchisenehmer zwanzig Tage vor der erneuten Vertragsunterzeichnung die für die Erfüllung seiner Pflichten notwendigen Dokumente zugesandt werden (*Leloup,* S. 234). Schließlich kann im Vertrag ausdrücklich vereinbart werden, unter welchen Voraussetzungen eine Verlängerung des Vertrages vorgenommen werden soll (z.B. Erreichen eines gewissen Mindestumsatzes etc). Es wird dann ein entsprechender Ablaufplan festgelegt. Denkbar ist z.B. folgende Konstellation: Sechs Monate vor Beendigung des Vertrages Manifestation des Verlängerungswillens durch den Franchisenehmer; dann ein Monat später die Antwort des Franchisegebers und wiederum ein Monat später die Unterzeichnung des Vertrages durch die Vertragsparteien (*Leloup,* S. 234). Kommt es nicht zur Unterzeichnung des neuen Vertrages, so wird das Franchiseverhältnis entsprechend beendet. Ein Erneuerungsrecht in abgeschwächter Form (weil keine Erneuerung des Franchisevertrages an sich) kann sich aber auch aus der Besonderheit des „fonds de commerce" und dem Recht der Geschäftsraummiete ergeben. Wenn sowohl der Franchisegeber als auch der Franchisenehmer den Goodwill (weiter)entwickelt haben, dann kann keine der Vertragsparteien den Goodwill für sich alleine beanspruchen. In diesem Fall kann der Franchisenehmer die Erneuerung der Geschäftsraummiete verlangen, wenn er die Geschäftsräume vom Franchisegeber gemietet hat. Dies ergibt sich aus dem Dekret vom 30. 9. 1953. Ist der Aufbau des Goodwill das alleinige Ergebnis der Bemühungen des Franchisegebers, dann besteht der Erneuerungsanspruch der Geschäftsraummiete des Franchisenehmers (renouvellement du bail) nicht (TGI Paris, 24. 11. 1992; TGI Evry, 9. 12. 1993, Gaz. Pal. 31. 03. 1994 mit Anm. *Belot).*

54. Beendigung des Vertrages. Der Vertrag endet durch Ablauf der Vertragszeit sowie vor Ablauf der Vertragslaufzeit durch die Kündigungserklärung einer der Parteien nach den Grundsätzen für die ordentliche, fristgerechte und für die außerordentliche, fristlose Kündigung, ferner durch die Auflösung der Franchisenehmergesellschaft bzw. durch den Tod des Franchisenehmers; da der Vertrag „intuitu personae" geschlossen wird, ist eine erbrechtliche Nachfolge i. S. einer Weiterführung des Franchisebetriebs durch den oder die Erben grundsätzlich ausgeschlossen, sofern nicht vertraglich etwas anderes vereinbart worden ist (vgl. Anm. 13). Im Fall der außerordentlichen Kündigung aus wichtigem Grund ist danach zu unterscheiden, ob das zur Kündigung berechtigende Fehlverhalten der betreffenden Partei vorsätzlich oder fahrlässig erfolgt ist (vgl. Anm. 55). Die Parteien können aufgrund ihrer Vertragsgestaltungsfreiheit bereits im Vertrag selbst Auflösungsgründe festlegen. Hierbei können allerdings Vorschriften des „ordre public" die Gestaltungsfreiheit der Parteien begrenzen (vgl. Anm. 55 für den Insolvenzfall).

55. Vorzeitige Vertragsbeendigung des befristeten Franchisevertrages. Wenn für den Franchisevertrag eine bestimmte Vertragsdauer vorgesehen ist, kann dennoch unter bestimmten Voraussetzungen, vorbehaltlich anderweitiger vertraglicher Vereinbarungen, eine vorzeitige Beendigung des Vertragsverhältnisses möglicherweise gegen den Willen einer Vertragspartei durchgesetzt werden. Voraussetzung hierfür ist das Vorliegen einer schuld-

4. Contrat de franchisage (Französischer Franchisevertrag)

haft schwerwiegenden Verfehlung der betreffenden Vertragspartei, die Anlaß zur vorzeitigen Beendigung des Franchisevertrages gegeben hat.

a) Schwerwiegender Fehler einer Vertragspartei. aa) Parteibestimmung des Fehlers. Der Franchisevertrag kann für den Fall einer schwerwiegenden Vertragsverfehlung einer Partei von der anderen Partei vorzeitig durch Kündigung beendet werden. Voraussetzung hierfür ist zunächst, daß ein Fehler der Vertragspartei vorliegt (faute). Die Parteien können hier vereinbaren, was ein zur Vertragsbeendigung führender Fehler sein soll. Häufig sind hierbei Klauseln anzutreffen, die die Höchstpersönlichkeit des Franchisevertrages betreffen und die Nichtübertragbarkeit des Franchisevertrages auf Dritte vorsehen. Falls die Übertragung des Franchisegeschäftes zwar gestattet ist, jedoch von der Zustimmung des Franchisegebers abhängig sein soll, wird meist vereinbart, daß die Übertragung des Franchisegeschäftes ohne die vorherige Zustimmung des Franchisegebers zur Auflösung des Franchisevertrages berechtigen soll (*Le Tourneau*, J.-Cl. Fasc. 566, Nr. 170, S. 29). Die Parteien genießen hinsichtlich der vertraglichen Festlegung der Beendigungsgründe prinzipielle Vertragsgestaltungsfreiheit.

bb) Schranken der Vertragsautonomie und Insolvenz des Franchisenehmers. Eine Grenze ergibt sich allerdings aus dem französischen ordre public. So können die Parteien z. B. nicht vereinbaren, daß der Insolvenzfall einer der Vertragsparteien zur vorzeitigen Beendigung des Vertrages führt. Denn das französische Insolvenzrecht sieht in Art. 37 des Gesetzes vom 25. 1. 1985 die regelmäßige Fortführung des Vertrages zum Schutze der Arbeitsplätze des insolventen Betriebes vor. Hierzu wird ein „administrateur" eingesetzt, der darüber entscheiden kann, ob der insolvente Betrieb weitergeführt werden soll. Die Entscheidung des „administrateur" kann per Einschreiben mit Rückschein (lettre recommandé avec accusé de l'avis) herbeigeführt werden. Bleibt nach einem Monat die Antwort des „administrateur" aus, so gilt dies als eine Ablehnung der Weiterführung des Franchisegeschäftes durch den „administrateur". Die Entscheidung des „administrateur" ist indes überprüfbar. Ein kommissarischer Richter (juge commissionaire) entscheidet dann über diesen Fall. Die Vertragsparteien können jedoch andere vertragliche Mittel vorsehen, um im Insolvenzfalle die Vertragsbeendigung „durch die Hintertür" zu vollziehen. Es bieten sich hier zwei Möglichkeiten. Zum einen können die Parteien einen sog. „pacte de préférence" schließen. Darunter ist die Verpflichtung des Franchisenehmers zu verstehen, in der er dem Franchisegeber verspricht, vor jedem Verkaufsfall das Franchisegeschäft zunächst dem Franchisegeber anzubieten. Dem Franchisegeber wird damit eine vertragliche Verkaufspriorität zugestanden (*Leloup*, S. 227 mit Rechtsprechungshinweisen; *Malaurie/Aynes*, Nr. 144–147). Der „pacte de préférence" hat jedoch einen gewichtigen Nachteil: Im Todesfall des Franchisenehmers werden seine minderjährigen Hinterbliebenen von Gesetzes wegen nach Art. 459 Code Civil dadurch geschützt, daß eine Veräußerung des Geschäftsbetriebes nur durch eine öffentliche Versteigerung erfolgen darf (vente aux enchères) (*Leloup*, S. 228 m. w. N.). Größere Sicherheit bietet aber die zweite Möglichkeit, die „promesse unilatéral de vente" des Franchisenehmers. Hierbei handelt es sich um ein einseitiges bindendes Verkaufsangebot des Franchisenehmers, das der Franchisegeber dann gegebenenfalls im Falle der bevorstehenden Insolvenzgefahr des Franchisenehmers annehmen kann (*Malaurie/Aynes*, Nr. 112–127; *Leloup*, S. 228 m. w. N.). Dem Franchisegeber wird damit ein Optionsrecht eingeräumt, an das dann auch die Erben gebunden sind (*Leloup*, S. 228). Problematisch ist hierbei aber folgendes: Wenn dieses Vertragsangebot während der gesamten Vertragslaufzeit bestehen bleibt, kann der Franchisegeber jederzeit den Vertrag mit dem Franchisenehmer dadurch beenden, daß er das Verkaufsangebot annimmt. Da es keine gesetzliche Regelung hierfür gibt, verlangen sowohl die Norme AFNOR als auch der Ehrenkodex des Europäischen Franchiseverbandes, daß die Modalitäten einer etwaigen Vertragsrückabwicklung in den Franchisevertrag aufgenommen werden.

b) Verschulden. Voraussetzung ist weiterhin für eine vorzeitige einseitige Vertragsbeendigung ein schuldhaftes Verhalten der betreffenden Vertragspartei. Der Fehler kann insoweit absichtlich bzw. vorsätzlich herbeigeführt worden sein (dolosiv) oder auf Fahrlässigkeit beruhen. Die Rechtsfolgen, die hieran geknüpft werden, sind unterschiedlich. Liegt vorsätzliches bzw. absichtliches Verhalten vor, so kann der Vertrag ohne Einhaltung einer Frist sofort gekündigt werden. Wurde der Fehler nur fahrlässig verursacht, so muß der Vertragspartei eine Wiedergutmachungsmöglichkeit eingeräumt und dazu eine angemessene Frist bereitgestellt werden. Erst wenn diese Frist fruchtlos verstrichen ist, kann dem sich fehlverhaltenden Vertragspartner der Vertrag aufgekündigt werden (*Leloup,* S. 239).

56. Auflösung unbefristeter Franchiseverträge. a) Grundsatz der jederzeitigen Auflösbarkeit. In der französischen Judikatur und Literatur ist man einheitlich der Auffassung, daß die Vertragsparteien jederzeit unbefristete Verträge auflösen können, wobei eine rechtzeitige Benachrichtigung des Vertragspartners (préavis) vorausgesetzt wird (*Zilles,* S. 716 m.w.N.). In allgemeiner Form ist dieser Grundsatz in Art. 1134 Abs. 2 Code Civil enthalten. Aus diesem Grundsatz folgt, daß bei Franchiseverträgen von unbestimmter Dauer jeder Partei das Recht zusteht, den Vertrag einseitig zu kündigen (*Vogel* RIW 1992, S. 795). Voraussetzung ist freilich, daß das Kündigungsrecht nicht mißbräuchlich ausgeübt wird und daß die üblichen Fristen eingehalten werden (Cour de Cassation, 8. 4. 1986, Bull. civ. IV, Nr. 58). Eine Einschränkung findet diese Formel allerdings bei Eintreten des Insolvenzfalles (vgl. Anm. 55 a)).

b) Ordentliche Beendigung. Der Wille zur Beendigung des unbefristeten Vertrages ist aus Gründen der Verhältnismäßigkeit rechtzeitig anzuzeigen (préavis). Die Frage der Rechtzeitigkeit des „préavis" bemißt sich nach den Gegebenheiten der betreffenden Branche und den Umständen des jeweiligen Einzelfalles. Eine wesentliche Rolle spielt nicht zuletzt die Dauer des in Rede stehenden Vertrages. Eine allgemeine Zeitdauer des „préavis" läßt sich daher schwerlich bestimmen. In der Automobilbranche ist für Konzessionsverträge gem. Art. 5 Abs. 2 der EU-Verordnung Nr. 1475/95 vom 28. 6. 1995 ein Zeitraum von grundsätzlich zwei Jahren vorgesehen. Es ist unklar, ob dieser Zeitraum auch für Franchiseverträge im Automobilbereich gelten soll. Hierfür spricht die Nähe dieser Konzessionsverträge zu den Franchiseverträgen. Bei der Beurteilung der Angemessenheit der Vorankündigung kann man sich allerdings an Sinn und Zweck des „préavis" orientieren. Die den Vertrag auflösende Partei soll ihrem Vertragspartner genügend Zeit lassen, sich auf die neue Situation einzustellen (vgl. schon Cour d'Appel Paris, 16. 6. 1960, Rev. trim. dr. com. 1961, S. 423, No. 11 sowie 14. 6. 1961, Rev. trim. dr. com. 1961, S. 905, No. 10; Soc. Rheinstahl Hanomag à Hanovre-Linden [Allemangne-Federal] et Soc. Française Rheinstahl Hanomag à Levallois-Perret [France] et Soc. d'Exploitation de Machinisme Agricole, C. A. Paris, 14. 2. 1962, D. 514 mit Anm. *Hémard; Zilles,* S. 717; *Guyénot,* S. 82 ff.).

c) Außerordentliche Beendigung. Die vorzeitige Ankündigung ist der Judikatur zufolge entbehrlich, wenn ein schwerwiegender Verhaltensfehler einer Vertragspartei vorangegangen ist (faute dolosive) (*Leloup,* S. 237 m.w.N.). Die Frage des schwerwiegenden Fehlers kann dabei grundsätzlich vertraglich vereinbart werden. Im Regelfall werden solche Verhaltensweisen als schwerwiegende Verfehlung angesehen, die die Höchstpersönlichkeit des Franchisevertrages betreffen (vgl. Anm. 13). Handelt es sich z.B. beim Franchisenehmer um eine Gesellschaft, so verstößt eine Veräußerung von Gesellschaftsanteilen, die zu einer Änderung des Geschäftsleiters (dirigeant) führt, gegen die Höchstpersönlichkeit des Franchisevertrages. Die Judikatur erachtet dies als einen Vertragsbruch, der zur vorzeitigen Aufkündigung des Vertrages berechtigt (CA Paris, 6. 2. 1992, D. 1992, somm., S. 388 mit Anmerkung *Ferrier,* 2e esp.). Auch illoyales Verhalten (z.B. Verstoß gegen das Wettbewerbsverbot) ist anerkanntermaßen ein schwerwiegender Vertragsbruch. Im übrigen ist die Vertragsauflösung nur unter Einhaltung des „préavis" zulässig. Ansonsten kann die verbleibende Vertragspartei Schadensersatz wegen rechtsmißbräuchlicher Auflösung des Vertrages verlangen. Beweisbelastet hierfür ist allerdings diejenige Partei, die eine „rupture abusive" behauptet (*Zilles,* S. 717 m.w.N.).

4. Contrat de franchisage (Französischer Franchisevertrag)   II.4

57. Konsequenzen der Vertragsbeendigung. Wird der Franchisevertrag beendet, so gibt es für die Rückabwicklung keine speziellen gesetzlichen Vorschriften. Die Judikatur wird erst allmählich mit Streitigkeiten befaßt, die die Beendigung des Franchisevertrages betreffen, und hat noch kaum verallgemeinerungsfähige Rechtsgrundsätze hierzu entwickelt. Es empfiehlt sich daher, diese Fragen vertraglich nach den Gesichtspunkten der Zweckmäßigkeit und Angemessenheit zu regeln. Die Konsequenzen der Vertragsbeendigung werden dabei gewiß auch vom Beendigungsgrund bzw. Parteiverhalten abhängig zu machen sein (vgl. zur Vertragsbeendigung *Mousseron et al.*, S. 263 ff.; *Enghusen*, S. 142 f.; *Opatz*, aaO. und *Martinek* RabelZ Bd. 59 (1995), S. 779).

58. Rückzahlung der Eintrittsgebühr. Die Rückzahlung der Eintrittsgebühr kann immer dann verlangt werden, wenn der Vertrag rückwirkend als nichtig erachtet wird (*Lefebre*, Nr. 1236, S. 413 mit Hinweis auf Cass. com. 30. 5. 1989). Dies ist z.B. der Fall, wenn dem Franchisenehmer nicht das erforderliche „savoir-faire" übertragen wurde und der Vertrag daraufhin wegen „absence de cause" oder „dol" für nichtig erklärt wird. Keine Rückzahlung der Eintrittsgebühr erfolgt, wenn der Franchisevertrag lediglich mit ex-nunc Wirkung aufgekündigt wird (*Lefebre*, Nr. 1236, S. 413).

59. Goodwillausgleich. Die Frage des Bestehens eines Anspruchs des Franchisenehmers auf Goodwillausgleich bei Ausscheiden aus dem System ist in Frankreich sehr umstritten (vgl. *Anstett-Gardea*, in: Martinek/Semler, Rn. 75 ff.). Das Bestehen eines Goodwillausgleichsanspruchs hängt offenbar letztlich von der Frage ab, wem (allein oder ganz überwiegend) die Klientel des Franchisebetriebs zugesprochen wird: dem Franchisenehmer vor Ort aufgrund seines akquisitorischen Einsatzes oder dem Franchisegeber wegen der zentral gesteuerten Sogwirkung der Systemmarke. Wenn – wie meist – sowohl der Franchisegeber als auch der Franchisenehmer den Goodwill entwickelt und geprägt haben, dann kann keine der Vertragsparteien den Goodwill für sich alleine beanspruchen. Ist der Aufbau des Goodwill das alleinige Ergebnis der Bemühungen des Franchisegebers, so wird ein Anspruch auf Goodwillausgleich für den Franchisenehmer entfallen (vgl. *Marot*, S. 2 ff. und *Baschet*, S. 26 ff.).

60. Investitionsersatzanspruch. Erst seit kurzer Zeit setzen sich die Gerichte mit der Frage der Ansprüche des Franchisenehmers bei Beendigung des Vertragsverhältnisses auseinander (Anm. 57 bis 59). Für die Frage des Investitionsersatzanspruches kann vor allem auf die Entscheidungspraxis des Kassationshofes zu den Vertragshändlerverträgen zurückgegriffen werden. Vereinzelt findet man aber auch Entscheidungen speziell zum Franchiserecht. Als Quintessenz kann bereits festgehalten werden, daß sowohl Vertragshändlerverträge als auch Franchiseverträge nahezu identischen Kriterien unterliegen (Cass. com., 5. 7. 1994, Contr., conc., consom., Nov. 1994 Nr. 219, S. 7). Zur Begründung eines Investitionsersatzanspruches muß danach der Franchisenehmer einen „abus de droit" gem. Art. 1382 i.V.m. Art. 1134 Code Civil darlegen und beweisen (Cass. com., 5. 7. 1994, Contr., conc., Consom., Nov. 1994, S. 7 Nr. 219; Cass. com., 4. 1. 1994, Bull. civ. IV Nr. 13, D. 1995 und S. 355; Cass. com., 5. 4. 1994, Bull. civ. IV Nr. 149, D. 1995, S. 356 mit Anm. *Virassamy*). Es muß dargelegt und notfalls bewiesen werden, daß der Franchisegeber sein Recht zur Verweigerung der Vertragsverlängerung bzw. sein Kündigungsrecht mißbräuchlich ausgeübt hat. Wann ein „abus de droit" i.S.d. Art. 1382 Code Civil vorliegt, ist nicht abschließend geklärt. Hierzu liegen nur vereinzelte Entscheidungen vor. So hat der Kassationshof entschieden, daß die Tatsache erheblicher noch nicht amortisierter Investitionen für sich alleine noch keinen Investitionsersatzanspruch rechtfertigen (Cass. com., 4. 1.1 994, Bull. civ. IV, Nr. 13, D. 1995, S. 355). Auch die Tatsache, daß der Franchisegeber seine Entscheidung gegenüber dem Franchisenehmer nicht begründet hat, stellt keinen „abus de droit" dar. Es besteht also insoweit keine Begründungspflicht seitens des Franchisegebers (Cass. com., 5. 4. 1994, Bull. civ. IV, Nr. 149, D. 1995, S. 356). Um nicht vom Franchisenehmer in Anspruch genommen zu werden, muß der Franchisegeber für den Fall der Nichtverlängerung des Franchisevertrages jedenfalls rechtzeitig seine Absicht dem Franchisenehmer anzeigen (préavis).

61. Einstellung des Gebrauchs der gewerblichen Schutzrechte. Die Verpflichtung des Franchisenehmers zur Einstellung des Gebrauchs der lizenzierten Immaterialgüterrechte des Franchisegebers nach Vertragsbeendigung ist durch Art. 3 Abs. 2 a Franchise-GVO freigestellt. Sie dient dem Schutz des Images des Franchisesystems sowie dem Schutz der gewerblichen Schutzrechte des Franchisegebers. Weigert sich der Franchisenehmer, den Gebrauch der Signés, Logos oder sonstigen Werbematerials einzustellen, so kann der Franchisegeber mit Hilfe eines Eilverfahrens (référé) die vorgenannte Verpflichtung durchsetzen. Die Judikatur erkennt in diesen Fällen die Dringlichkeit dieser Fälle an (T. com. Aix, 30. 9. 1986; T. com. Paris, 13. Dez. 1984, PLBD 1985, III, S. 208; T. com. Colmar, 6. 12. 1977, Cahier de droit de l'entreprise 1978, 4, mit Anm. *Ferrier*). Verstößt der Franchisenehmer gegen seine Verpflichtung zur Einstellung des Gebrauchs der gewerblichen Schutzrechte, kommt sogar eine strafrechtliche Verfolgung wegen „contrefacon" sowie wegen „abus de confiance" in Betracht (*Leloup,* S. 241 f. m. w. N.). Darüber hinaus macht sich der Franchisenehmer auf zivilrechtlicher Ebene schadensersatzpflichtig wegen „concurrence déloyale" (*Leloup,* S. 242 mit Hinweis auf Cass. com., 22. 10. 1985, arrêt 860).

62. Rücknahme des verbleibenden Warenbestandes. Unklar ist, ob den Franchisegeber nach Beendigung des Vertrages eine Verpflichtung zur Inzahlungnahme des verbleibenden Lagerbestands trifft. In dem von den französischen Gerichten zur Vertragsinterpretation oftmals herangezogenen europäischen Verhaltenskodex ist diesbezüglich keine Regelung zu finden. Früher wurde teilweise die Ansicht vertreten, daß mangels anderweitiger Vereinbarung der Franchisegeber nicht verpflichtet sei, seinem ehemaligen Franchisenehmer den verbleibenden Warenbestand zurückzukaufen (*Guyon,* S. 855 zu Konzessionverträgen mit Hinweis auf Cass. com., 26. 10. 1982, Bull. civ. IV, Nr. 328, S. 275). Der Franchisenehmer als Eigentümer müsse und könne vielmehr seinen Restwarenbestand frei weiterveräußern. Jedoch dürfe dies nicht unter Verwendung der Kennzeichen und Marken des Franchisesystems geschehen, da ansonsten ein Fall des unlauteren Wettbewerbs („concurrence déloyale") vorliege (vgl. hierzu Com. 13. 5. 1975: JCP 75, IV, 211; Paris 29. 4. 1977, D. 1988; IR 89; diese Entscheidungen ergingen für das Vertragshändlerrecht, dürften allerdings auch auf den Franchisebereich übertragbar sein; vgl. auch Anmerkung 61). Neuere Entscheidungen der Cour de Cassation neigen demgegenüber zu einer Rückkaufverpflichtung für noch vorhandene Franchiseware (vgl. hierzu *Anstett/Gardea,* S. 243 mit Nachweis auf Cass. com., 23. 6. 1992, Beschluß 1204, Nr. 90-17887K und Cass. com. 23. 6. 1992, Beschluß 1206, Nr. 90-18-981 G). Danach sind die vom Franchisegeber gelieferten Produkte zum tatsächlichen Wert (valeur réelle) zu vergüten. Anzumerken bleibt, daß die Cour de Cassation diese Entscheidungen im Hinblick auf die Rückabwicklung nichtiger Franchiseverträge bezogen hat.

63. Nachvertragliches Wettbewerbsverbot. a) Überblick. Das nachvertragliche Wettbewerbsverbot bedarf ausdrücklicher Regelung im Franchisevertrag, da das französische Recht auch hierfür keine spezielle gesetzliche Regelung bereithält (*Le Tourneau,* J.-Cl. Fasc. 565, S. 29 Nr. 108 mit Nachweis auf *Y. Serra,* Nr. 170). Der Judikatur zufolge ist die Aufnahme eines nachvertraglichen Wettbewerbsverbotes in Franchiseverträgen grundsätzlich zulässig (CA Collmar, 9. 6. 1982, PIBD 1952, Nr. 308, III, S. 191; CA Paris, 4. 3. 1991, D. 1991, inf. rap., S. 103). Besondere Regelungen hierzu enthalten die Norme AFNOR, der Ehrenkodex und Franchise-GVO.

b) Rechtmäßigkeitsvoraussetzungen. Ein nachvertragliches Wettbewerbsverbot ist zulässig, wenn folgende Voraussetzungen eingehalten werden:

aa) Zum einen muß das Wettbewerbsverbot räumlich und/oder zeitlich begrenzt sein (vgl. Cass. com., 26. 4. 1987, Gaz. Pal. 1987, 2 pan. jur. 166, *Tourneau,* J.-Cl. Fasc. 565, S. 29 Nr. 109). Nach französischem Recht ist eine örtliche bzw. zeitliche Begrenzung nur

4. Contrat de franchisage (Französischer Franchisevertrag)

alternativ erforderlich. Eine abweichende Regelung sieht jedoch das europäische Wettbewerbsrecht vor. Die Regelung des Art. 3 Abs. 1c Franchise-GVO stellt ein nachvertragliches Wettbewerbsverbot frei, wenn es auf das Gebiet beschränkt ist, in dem der Franchisenehmer die Franchise genutzt hat, und wenn es für einen angemessenen Zeitraum nach Beendigung der Vereinbarung auferlegt ist, der ein Jahr nicht überschreiten darf. Die Franchise-GVO verbietet aber nicht rundweg nachvertragliche Wettbewerbsverbote, die einen Zeitraum von einem Jahr überschreiten. Vielmehr sind längerfristige Wettbewerbsverbote im Rahmen des Widerspruchverfahrens nach Art. 6 Franchise-GVO anzumelden und einer besonderen Angemessenheitskontrolle unterworfen. Aus den einschlägigen Entscheidungen der Kommission (KOM Abl. 1987 L 222, 12 EG 22 (iii) – Computerland; KOM Abl. 1987 L 8, 49 EG 48 – Yves Rocher) ist zu entnehmen, daß es dabei auf die Vertragsdauer, die Art und Weise der Vertragserfüllung sowie auf die Art des Know-how ankommt (*Metzlaff*, S. 141 f.). Für EG-kartellrechtliche „Bagatellverträge", die nur dem französischen nationalen Recht unterfallen, ist die Rechtslage nicht eindeutig. Es kommt hier auf die einzelnen Umstände des Vertrages an. In der Judikatur wurde bereits ein Zeitraum von zwei Jahren für rechtens erachtet. Unklar ist auch, welche räumliche Begrenzung als noch zulässig erachtet wird. Jedenfalls muß diese den Bestimmbarkeitsgrundsätzen des Art. 1129 Code Civil genügen.

bb) Weiterhin wird verlangt, daß das nachvertragliche Wettbewerbsverbot nicht zu einem Berufsverbot des Franchisenehmers führen darf. Klauseln, die hiergegen verstoßen, sind nichtig (Cass. com., 20. 5. 1980, Bull. civ. IV, Nr. 220; Cass. com., 28. 4. 1987, Bull. civ. IV, Nr. 95).

cc) In der Literatur wird darüber hinaus die Auffassung vertreten, daß das Wettbewerbsverbot sachlich gerechtfertigt sein müsse (*Serra*, D. 1992, S. 350). Diese Ansicht wird auch von der Arbeitsgerichtsbarkeit Frankreichs geteilt, allerdings ausdrücklich bisher nur im Zusammenhang mit einem Wettbewerbsverbot in Arbeitsverträgen (Cass. soc., 14. 5. 1992, JCP 1992, E, II, 134 mit Anmerkung *Amiel – Donat*). Für den Bereich des Franchiserechts wird man die sachliche Rechtfertigung im allgemeinen problemlos unter dem Gesichtspunkt des Schutzes der erworbenen Klientel anerkennen können (*Le Tourneau*, J.-Cl. Fasc. 565, S. 29 Nr. 111 m. w. N.).

dd) Schließlich verlangen (vereinzelte) Stimmen in der Literatur, daß das Wettbewerbsverbot allgemein den Erfordernissen der Verhältnismäßigkeit genügen muß, weil eine Einschränkung des Wettbewerbs auf das notwendigste beschränkt bleiben müsse (*Le Tourneau*, J.-Cl., Fasc. 565, S. 29 Nr. 112).

ee) Eine Karenzentschädigung für nachvertragliche Wettbewerbsverbote beim Franchising sieht weder Art. 3 Abs. 1 c Franchise-GVO vor noch verlangt es die französische Judikatur. Es wird lediglich in der Literatur die Auffassung vertreten, daß eine solche Kompensationsleistung in den Vertrag aufgenommen werden müsse (*Ferrier*, S. 21), da ansonsten ein Verstoß gegen Art. 8 WettbewerbsVO Nr. 86–1243 vorliege (*Le Tourneau*, J.-Cl., Fasc. 565, S. 30 Nr. 114).

64. Vertragsstrafen. Vertragsstrafeklauseln, die einen pauschalisierten Schadensersatzanspruch vorsehen, können sowohl zu Lasten des Franchisenehmers als auch zu Lasten des Franchisegebers aufgenommen werden (vgl. hiezu auch *von Bernstorff*, S. 140). Die Zulässigkeit solcher Klauseln bestimmt sich nach Maßgabe des Art. 1152 Code Civil: „*Lorsque la convention porte que celui qui manquera de l'executer payera une certaine somme à titre de dommage-interêts, il ne peut être alloué à l'autre partie une somme plus forte, ni moindre*". Wenn eine Vereinbarung vorsieht, daß derjenige, der die Erfüllung einer Verpflichtung versäumt, eine bestimmte Summe als Schadensersatz zahlen soll, dann kann dem anderen Teil weder eine höhere noch eine geringere Summe gewährt werden. Wie im deutschen Recht wird also vorausgesetzt, daß der Schuldner sich im Verzug mit der Erfüllung einer Verbindlichkeit befindet. Der Gläubiger kann freilich nicht gleichzeitig die Erfüllung der Verbindlichkeit verlangen (*Delestrin/Legier*, S. 70). Auch ist die Geltendmachung eines weiteren Schadens prinzipiell ausgeschlossen. Durch die clause pénale wird der Gläubiger lediglich davon befreit, die Existenz und die Höhe des konkreten Schadens zu beweisen (*Delestrin/Legier*, S. 70). Mit dem Gesetz Nr. 75–957 vom 9. 7. 1975 wurde eingeführt, daß der Richter die Vertragsstrafe sowohl verringern als auch erhöhen kann, wenn der geltend gemachte Schaden in keinem Verhältnis zum tatsächlich entstandenen Schaden steht. Nach Maßgabe des Gesetzes Nr. 85–1097 vom 11. 10. 1985 kann der Richter auch von Amts wegen eine Erhöhung oder Absenkung der Vertragsstrafe vornehmen, wenn sie offenkundig exzessiv oder zu gering entworfen wurde. Hierbei kommt es auf den Zeitpunkt der Entscheidung des Richters an (Civ. 1 r^e, 19. 3. 1980, Bull. civ. l, Nr. 95).

65. Veräußerung des Franchisegeschäftes durch den Franchisenehmer. Wegen der grundsätzlich höchstpersönlichen Natur (intuitu personae) des Franchisevertrags berechtigt eine Veräußerung des Franchisegeschäftes durch den Franchisenehmer vorbehaltlich anderweitiger vertraglicher Vereinbarung den Franchisegeber zur Auflösung des Franchisevertrages. Es unterliegt der Vertragsautonomie der Parteien, eine Veräußerung des Franchisegeschäftes zuzulassen, die zumeist an die Zustimmung des Franchisegebers (agrément) gebunden wird. Für den Fall, daß die Geschäftsveräußerung zugelassen wird, sind allerdings einige Vorschriften zwingenden Rechts zu beachten. Nach Art. 1165 Code Civil besteht prinzipiell eine strenge Relativität der Schuldverhältnisse, die teilweise nur spezialgesetzlich durchbrochen werden kann. Dies gilt z.B. für das Arbeitsrecht, wenn die bestehenden Arbeitsverträge anläßlich einer Betriebsveräußerung auf den neuen Arbeitgeber übergehen (vgl. Art. L 122–12 Code de Travail); es gilt auch im Falle der Geschäftsraummiete (vgl. Art. 35–1 des Dekrets vom 30. 9. 1953 sowie Anm. Nr. 31 zu den Besonderheiten der Geschäftsraummiete). Bei einer Fusion oder Abspaltung einer Gesellschaft ist der Schutz Dritter nach Maßgabe eines Gesetzes vom 24. 7. 1966 in besonderer Weise geregelt. Nach Artt. 381–386 dieses Gesetzes haben die Gläubiger ein Widerrufsrecht, über das im Streitfalle das Tribunal de Commerce entscheidet. Die Frist hierfür beträgt dreißig Tage nach Veröffentlichung der unternehmerischen Maßnahme in der JAL und im BALO. Das Tribunal de Commerce kann im Falle des Widerspruchs entweder zur sofortigen Zahlung der offenstehenden Schulden verurteilen oder die Stellung einer Sicherheit verlangen. Erfolgt eine Annullierung der Fusion oder Spaltung der Gesellschaft des Franchisenehmers, so haften die an dieser Operation beteiligten Unternehmen solidarisch für diejenigen Forderungen, die in dieser Phase entstanden sind, nach Art. 386–1 des Gesetzes vom 24. 7. 1966 sowie nach Maßgabe des Gesetzes Nr. 88–17 vom 5. 1. 1988 (*Leloup*, S. 219). Dem Franchisegeber ist für die Erteilung seiner Zustimmung zur Veräußerung des Franchisegeschäftes eine angemessene Überlegungsfrist einzuräumen (*Leloup*, S. 220). Es steht im freien Ermessen des Franchisegebers, seine Zustimmung zur Veräußerung des Franchisegeschäftes zu erteilen. Dennoch darf die Zustimmung nur aus sachlichen Gründen verweigert werden, da die Vertragsparteien gem. Art. 1134 Code Civil an den Grundsatz von Treu und Glauben gebunden sind. Die Zustimmung darf daher verweigert werden, wenn etwa das Image des Systems oder der Schutz des „savoir-faire" sonst nicht gewährleistet werden könnte (*Leloup*, S. 224 m.w.N.; *Le Tourneau*, J.-Cl. Fasc. 566, Nr. 171, S. 30). Die berechtigte Verweigerung kann die sofortige Beendigung des Franchisevertrages nach sich ziehen, sofern dies vertraglich vereinbart wurde.

66. Rechtswahlklauseln. a) Die Frage der Zulässigkeit einer Rechtswahl unterliegt den Vorschriften des französischen bzw. deutschen internationalen Privatrechts (zu Fragen des internationalen Vertriebsrechts vgl. auch *Oechsler* in: *Martinek/Semler* § 59 Rn 1–38). Im Prinzip sind sowohl in Deutschland als auch in Frankreich dieselben IPR-Normen anwendbar. Beide Länder sind Unterzeichnerstaaten des Römischen Schuldvertragsübereinkommens (RSVÜ). In Frankreich gilt dieses Übereinkommen seit dem 1. April 1991. Die Bundesrepublik Deutschland hat das RSVÜ im Jahre 1986 durch ein Änderungsgesetz in das EGBGB (Art. 27–35 EGBGB) integriert. Für grenzüberschreitende Geschäfte inner-

4. Contrat de franchisage (Französischer Franchisevertrag) II.4

halb des Binnenmarkts bedeutet dies, daß in den einzelnen Mitgliedstaaten nicht mehr divergierende kollisionsrechtliche Regeln angewandt werden. Die Gerichte der einzelnen Vertragsstaaten wenden vielmehr die gleiche Rechtsordnung an. Das RSVÜ hat somit für vertragliche Schuldverhältnisse einheitliche Kollisionsregeln geschaffen, die allseitig gelten und daher in ihrem sachlichen Anwendungsbereich abweichende Vorschriften des deutschen bzw. französischen internationalen Privatrechts verdrängen. Es kommt somit für die Frage der kollisionsrechtlichen Behandlung nicht mehr darauf an, in welchem Vertragsstaat das Gericht angerufen wird.

b) Das RSVÜ gestattet die Aufnahme einer Rechtswahlklausel in den Franchisevertrag. Die Grenze bildet allerdings der jeweilige ordre public des betreffenden Staates, in dem das Franchisegeschäft betrieben wird (*Leloup*, S. 299 m. w. N.). Vorschriften des ordre public können sich aus dem Aspekt des Verbraucherschutzes, des Markenrechts, des Steuerrechts sowie des Wettbewerbsrechts ergeben (vgl. *Leloup*, S. 300 sowie *Jayme*, S. 105 ff.). Fehlt es an einer Rechtswahl, unterliegt der Franchisevertrag dem Recht, zu dem er die engste Verbindung aufweist (Art. 28 Abs. 1 EGBGB = Art. 4 Abs. 1 RSVÜ). Die engste Verbindung wird dabei am Niederlassungsort der zur „charakteristischen Leistung" verpflichteten Partei vermutet (Art. 28 Abs. 2 Satz 1 und 1 EGBGB). Es ist (auch) im französischen Recht überaus zweifelhaft, ob hierfür der Ort des Franchisenehmers oder der des Franchisegebers maßgeblich ist; gerichtliche Entscheidungen aus der französischen Judikatur liegen hierzu, soweit ersichtlich, nicht vor (vgl. *Anstett-Gardea,* in: Martinek/Semler, Rn. 81; zur Rechtslage in Deutschland vgl. *Hiestand,* S. 173 ff). Die Gesamtumstände des Einzelfalles können darüber hinaus ausnahmsweise eine engere Verbindung zu einem anderen Staat und somit zur Anwendung dessen nationalen Rechts führen (*Oechsler* in: Martinek/Semler § 59 Rn. 1).

67. Gerichtsstandsvereinbarung. a) Franchising und sachliche Gerichtszuständigkeit. Bei Streitigkeiten, die in bezug auf das Franchiseverhältnis zwischen Franchisegeber und Franchisenehmer entstehen, ist im Regelfall erstinstanzlich das Handelsgericht (Tribunal de Commerce) gem. Art. 631 Abs. 3 Code de commerce sachlich zuständig. Zivilrechtliche Klagen in Markensachen sind gem. Art. 34 des Gesetzes Nr. 91–7 vor den Tribunaux de Grande Instances (TGI) zu erheben. Das französische Recht sieht hier die ausschließliche Zuständigkeit des TGI für Klagen vor, die auf Marken und damit zusammenhängende Ansprüche wegen unlauteren Wettbewerbs gestützt sind (*Thierr*, S. 527). Ausgeweitet wird diese Zuständigkeit auch auf das Modell-Musterrecht (*Thierr*, S. 527). Hinsichtlich der sachlichen Zuständigkeit sind keine Gerichtsstandsvereinbarungen zulässig.

b) Vereinbarungen über die internationale und örtliche Gerichtszuständigkeit. Mit Hilfe der Gerichtsstandsklauseln können die Vertragsparteien die internationale bzw. die örtliche Zuständigkeit des sachlich zuständigen Gerichtes festlegen. Nach nationalem französischem Recht sind Gerichtsstandsvereinbarungen jedoch gem. Art. 48 NCPC nur unter Kaufleuten zulässig. Eine Ausnahme hiervon gilt jedoch für Franchiseverträge mit grenzüberschreitendem Sachverhalt. Da sowohl die Bundesrepublik Deutschland als auch Frankreich Unterzeichnerstaaten des Übereinkommens der Europäischen Gemeinschaften über die gerichtliche Zuständigkeit und die Vollstreckung gerichtlicher Entscheidungen in Zivil- und Handelssachen (Brüsseler Übereinkommen, EuGVÜ) vom 27. 9. 1968 sind, richtet sich die Zulässigkeit einer solchen Klausel nach Art. 17 EuGVÜ (in der Fassung des 2. Beitrittsübereinkommens vom 25. 10. 1982). Aus Art. 1 EuGVÜ ist zu ersehen, daß die Vorschriften der nationalen Rechte verdrängt werden, also auch die die Möglichkeit einer Gerichtstandsvereinbarung einschränkenden Vorschriften der ZPO oder des NCPC (*Kropholler,* Kommentar zum EuGVÜ, 3. Auflage 1991, Einleitung Rn. 12 und vor Art. 2 Rn. 15 f. und Art. 17 Rn. 15). Für rein nationale Sachverhalte – dies ist der Fall, wenn Franchisegeber und Franchisenehmer ihren Sitz in Frankreich haben, auch wenn es sich nur um Tochterunternehmen handeln sollte – gilt weiterhin das nationale französische Recht (*von Bernstorff*, S. 140 u. 144). Anzumerken bleibt, daß für den Fall des Anrufens eines international unzuständigen Gerichts durch rügelose Einlassung gem. Art. 18 EuGVÜ die internationale Zuständigkeit des an sich unzuständigen Gerichts begründet werden kann. Die Unzuständigkeit muß daher gegebenenfalls vorab – d. h. noch vor der sachlichen Einlassung – gerügt werden (OLG Koblenz, RIW 1993, S. 934 f.). Zu beachten ist hier, daß sowohl nach französischem Recht als auch nach Art. 17 EuGVÜ für die Wirksamkeit der Gerichtsstandsklauseln die Schriftform erforderlich ist.

68. Schiedsgerichtsvereinbarung. Auch im französischen Recht besteht die Möglichkeit, Streitigkeiten von der Ebene der staatlichen Judikatur auf die private Schiedsgerichtsbarkeit zu verlegen. Dies geschieht vielfach in französischen Franchiseverträgen (vgl. *Anstett-Gardea*, in: Martinek/Semler, Rn. 81). Das Schiedsverfahren ist in einem Dekret vom 14. 5. 1980 geregelt worden. Es sind zwei Formen von Schiedsklauseln möglich. Zum einen kann von Anfang an in den Franchisevertrag eine Schiedsgerichtsklausel aufgenommen werden, wonach zukünftig entstehende Konflikte vor das Schiedsgericht gebracht werden sollen (clause compromissoire). Zum anderen kann nach Abschluß des Franchisevertrages ohne Schiedsgerichtsklausel eine bereits bestehende oder gar gerichtlich anhängige Streitigkeit durch nachträgliche Schiedsgerichtsvereinbarung vor das Schiedsgericht gebracht werden (compromis d'arbitrage). Dies kann auch noch während des laufenden Prozesses geschehen (*Leloup*, S. 171). Beide Klauseln bedürfen aber der Schriftform. Der Schiedsspruch ist dann vollstreckbar, wenn das TGI die Vollstreckungsklausel (exequatur) erteilt. Der Schiedsspruch kann dann nur mit dem Rechtsmittel des „appel" (Berufung) angegriffen werden. Denkbar ist auch eine Annullationsklage gem. Art. 44 des Dekrets vor der Cour d'appel, die dann in der Sache zu einer eigenen Entscheidung befugt ist (*Leloup*, S. 171).

69. Ablöseklausel. Üblicherweise werden bereits im Stadium vor Unterzeichnung des eigentlichen Franchisevertrages Verträge geschlossen, die zum einen den Vertrauensschutz für den Franchisegeber (Contrat de Confidalité) und zum anderen die Reservierung der Franchise für den zukünftigen Franchisenehmer bis zum Abschluß der Überprüfung der Informationen (Contrat de Réservation) zum Ziel haben. Die Ablösung dieser Verträge durch den Franchisevertrag kann zum Beispiel in der Präambel festgehalten werden (*Leloup*, S. 188 m. w. N.) oder wie hier durch eine eigene Ablöseklausel am Ende des Franchisevertrages vorgesehen werden.

5. Franchise Agreement
(Englischer Franchisevertrag)

Franchise Agreement[1–12]

THIS FRANCHISE AGREEMENT IS ENTERED INTO BETWEEN[13]:

AA whose principal place of business is presently at ......, Berlin, Germany, whose address for service within the jurisdiction of the courts of England is ......, London, England, and whose application for a registered office at the London address is pending
herein referred to as the FRANCHISOR
and
BB whose principal place of BUSINESS is at ......, Birmingham, England
herein referred to as the FRANCHISEE

5. Franchise Agreement (Englischer Franchisevertrag)

WHEREAS

RECITALS[14]

THE FRANCHISOR is a wholesale trader of cigarettes, cigars, pipes and smokers' accessories. THE FRANCHISOR has originated a BUSINESS SYSTEM system for the purpose of establishing and operating through its own and franchised outlets a system of operating retail shops for smokers' requisites combined with servicing facilities and restaurants. The points of sale and service pertinent to this system are named „Smokers' Café". THE FRANCHISOR has expended time, effort and money in developing the KNOW-HOW and the METHOD for the BUSINESS SYSTEM which today enjoys remarkable GOODWILL in Germany and in France. THE FRANCHISOR has recently entered the British market. On the basis of THE FRANCHISOR'S previous success in other countries as well as in the London area THE FRANCHISOR intends to expand the network of „Smokers' Cafés" throughout the United Kingdom. THE FRANCHISOR is the owner of certain INTELLECTUAL PROPERTY rights used in conjunction with the BUSINESS SYSTEM. THE FRANCHISOR is also the inventor and the patent holder of a unique mechanical and chemical pipe cleaning and repair machine used in the „Smokers' Cafés". THE FRANCHISEE intends to establish and operate a franchised outlet within the framework of the „Smokers' Café"-system. For this purpose he desires to use the FRANCHISOR'S BUSINESS SYSTEM and INTELLECTUAL PROPERTY rights. THE FRANCHISOR hereby grants to THE FRANCHISEE the Franchise for such use subject to the terms and CONDITIONS of this Agreement.

1. DEFINITIONS[15]

Unless otherwise determined by the context, the following words shall bear the meanings set forth against them. The singular shall also refer to the plural and vice versa.

1.1 ACCOUNTING REFERENCE DATE[16]
The 31st day of December in each year of the TERM.

1.2 ADVERTISING CONTRIBUTION[17]
2.5% (two point five percent) of the GROSS TURNOVER of the BUSINESS.

1.3 BUSINESS[18]
The commencement and undertaking of the franchised BUSINESS at the LOCATION within the TERRITORY in accordance with the BUSINESS SYSTEM, in compliance with the METHOD and in adherence to the MANUAL.

1.4 BUSINESS SYSTEM[19]
The system of operating the franchise system of Smokers' Cafés as devised and originated by THE FRANCHISOR, recorded in the operating MANUAL and based on the METHOD including any improvements, alterations or variations made by THE FRANCHISOR from time to time.

1.5 COMMENCEMENT DATE[20]
The DATE on which the franchise is to commence. This shall be ...... (*The DATE of acceptance of the Franchise Agreement*).

1.6 CONDITIONS[21]
The provisions contained in all the clauses of this Agreement and in the MANUAL; which shall be incorporated into this Agreement in its entirety as amended or revised from time to time.

1.7 COPYRIGHT[22]
All rights of COPYRIGHT whether existing now or in the future in and
(1) The MANUAL,

(2) The fixation of the KNOW-HOW appertaining to the BUSINESS, whether incorporated in the MANUAL or in any other documentation.

1.8 CREDIT LIMIT[23]

(1) Time: 30 (thirty) days ...... (*or statement of any other exact number of days*) from DATE of delivery (*or invoice*).

(2) Value: 50.000 (fifty thousand) pounds sterling.

...... (*or statement of any other exact amount*) at any time in respect of PRODUCTS delivered or SERVICES rendered (*or invoiced*).

1.9 CURRENCY

Pounds sterling.

1.10 DATE[24]

A day on which the banks are open for business in England and subject to this any reference to a particular date shall include that day itself.

1.11 DESIGNS[25]

The DESIGNS whether or not registered or protected by COPYRIGHT, devised or acquired by THE FRANCHISOR and applied in the sale of the PRODUCTS, in the rendition of SERVICES and in the application of the METHOD, as enlisted in detail in the MANUAL, together with such further registered DESIGNS as may be specified in an addendum to this Agreement and signed by both parties, including in particular all design rights held by THE FRANCHISOR in any written material plans or other work relating to the PRODUCTS, the SERVICES or the METHOD.

1.12 ENTRY FEE[26]

The ENTRY FEE amounts to the sum of ...... (*insert exact amount*) CURRENCY payable on the PAYMENT DATE.

1.13 FUNDAMENTAL BREACH[27]

The occurrence of any of the following events which are FUNDAMENTAL BREACHES of this Agreement:

(1) Failure to pay the MINIMUM FEE or the ROYALTIES on any of the relevant PAYMENT DATES.

(2) Any assignment or other disposal of this Agreement by THE FRANCHISEE.

(3) Any challenge by THE FRANCHISEE of the validity of any part of the INTELLECTUAL PROPERTY.

1.14 GOODWILL[28]

The GOODWILL arising out of the use of the BUSINESS SYSTEM and the INTELLECTUAL PROPERTY by THE FRANCHISOR and all its franchisees, including THE FRANCHISEE.

1.15 GROSS TURNOVER[29]

The gross takings of the BUSINESS in respect of the PRODUCTS sold, the SERVICES supplied and BUSINESS dealings entered into during each accounting month. All payments received under any insurance policy covering loss of profits shall be included for the relevant accounting month. All Value Added Tax (VAT) and any benefit arising from or accruing to the BUSINESS solely attributable to any sale of equipment permitted by this Agreement shall be excluded.

1.16 INSURANCE PREMIUM[30]

The premium for the insurance arranged by THE FRANCHISOR.

1.17 INTELLECTUAL PROPERTY[31]

All or any of the following:
(1) COPYRIGHTS
(2) DESIGNS
(3) THE GOODWILL

5. Franchise Agreement (Englischer Franchisevertrag)

(4) THE KNOW-HOW
(5) THE METHOD
(6) PATENTS
(7) TRADE DRESS
(8) TRADE MARKS
(9) TRADE SECRETS
(10) TRADE NAME
(11) PERMITTED NAME

1.18 KNOW-HOW[32]

All confidential, technical and commercial information relating to the operation of the BUSINESS SYSTEM, including, without limitation, all specifications and information contained in the MANUAL or other documents together with unrecorded information known to individuals who are office bearers or employees of THE FRANCHISEE.

1.19 LOCATION[33]

Premises to be used for the BUSINESS or a site approved by THE FRANCHISOR within the TERRITORY as described in the Agreement. The LOCATION is . . . . . . (*insert exact description of approved premises or site*) as shown marked green on the map attached to this Agreement as annexure number one (A 1).

1.20 LOW ORDERS[34]

The event of the MINIMUM PERFORMANCE not being achieved for two consecutive ACCOUNTING REFERENCE DATES during the TERM.

1.21 MANUAL[35]

THE FRANCHISOR'S ordinary operating manual, as updated from time to time and supplemented by further written directions and regulations, giving details of the BUSINESS SYSTEM and INTELLECTUAL PROPERTY, revealing the METHOD and imparting the KNOW-HOW. The serial number of the MANUAL (also referred to as the „Smokers' Café Franchise-Manual") is . . . . . . (*insert exact number*). It is attached to this Agreement as annexure number two (A 2).

1.22 METHOD[36]

A BUSINESS conducted in accordance with the MANUAL using the INTELLECTUAL PROPERTY and any necessary KNOW-HOW, TRADE SECRETS, modes of operating, insignia identifying materials, methods of advertising, style and character of equipment and insurance arrangements as specified in the MANUAL.

1.23 MINIMUM FEE[37]

Refers to the minimum payment of . . . . . . (*insert exact amount*) currency.

1.24 MINIMUM PACKAGE[38]

Contains the equipment, PRODUCTS and stock of all types and the minimum staff levels at the LOCATION as stipulated in the MANUAL during the TERM.

1.25 MINIMUM PERFORMANCE[39]

The value of . . . . . . (*insert exact amount*) CURRENCY of GROSS TURNOVER of the BUSINESS in each year of the TERM increasing by the rate of increase of the Retail Price Index in the TERRITORY.

1.26 NOTICE PERIOD[40]

(1) For default notice 30 (thirty) days
(2) For any other notice or for Termination of 1 (one) year.

1.27 PATENTS[41]

All PATENTS of which THE FRANCHISOR is patentee or licensee in the TERRITORY and which relate to the PRODUCTS or their manufacture and applications for the grant of any such patent.

1.28 PAYMENT DATES[42]
(1) For the ENTRY FEE on the signing of this Agreement.
(2) For the INSURANCE PREMIUM: within the relevant NOTICE PERIOD.
(3) For the ADVERTISING CONTRIBUTION and the ROYALTIES: every first Monday of every month.
(4) For the MINIMUM FEE: every first Monday of every month.

1.29 PERMITTED NAME[43]
„Berta Barley's Smoker's Cafe" (*exact statement of approved name of franchise outlet*).

1.30 PRODUCT[44]
The Products described in detail in the MANUAL or other Products substituted in accordance with this Agreement.

1.31 PROMOTION FUND[45]
The fund to be maintained by THE FRANCHISOR for advertising purposes in accordance with the Agreement.

1.32 ROYALTIES[46]
The continuing franchise fees of 7% (seven percent) of the GROSS TURNOVER of the BUSINESS net of VAT.

1.33 SERVICES[47]
The Services forming part of the BUSINESS and described in detail in the MANUAL.

1.34 TERM[48]
5 (Five) years ...... (*or any exact number of years*) beginning on the COMMENCEMENT DATE and terminating on the TERMINATION DATE unless extended or earlier as provided by this Agreement.

1.35 TERMINATION DATE[49]
The Termination date is the end of the TERM or such later DATE upon which the franchise shall expire as shall result from any extension of the TERM according to this Agreement.

1.36 TERRITORY[50]
The area in which THE FRANCHISEE is given a geographical territory and within which the franchise is to be operated. This is: ...... (*insert description of area*) as shown marked green on the map attached to this Agreement as annexure number three (A 3).

1.37 TRADE NAME[51]
„...... Smokers' Café" (*insert the name of the BUSINESS which the public shall recognize and which shall be connected with the franchise-network*).

1.38 TRADE DRESS[52]
Includes the get-up for any goods, labels and packing as well as the particular form of design and decor of premises from which the BUSINESS is conducted.

1.39 TRADE MARKS[53]
The trade marks of which THE FRANCHISOR is the registered proprietor in the TERRITORY and which are applied to the PRODUCTS or used in relation to the SERVICES.

1.40 TRADE SECRETS[54]
All confidential information of whatever nature relating to the BUSINESS of THE FRANCHISEE and other franchisees and to the BUSINESS SYSTEM of THE FRANCHISOR.

2. Grant of the Franchise[55]
THE FRANCHISOR hereby grants to the franchisee a license to operate the BUSINESS:

5. Franchise Agreement (Englischer Franchisevertrag) II.5

(1) At and from the LOCATION
(2) Within the TERRITORY
(3) For the TERM
(4) Under the PERMITTED NAME
(5) Strictly in accordance with the BUSINESS SYSTEM
(6) Strictly in adherence to the METHOD
(7) Strictly in compliance with the MANUAL

The license granted by this franchise Agreement shall commence with effect from the COMMENCEMENT DATE and terminate on the TERMINATION DATE. This Agreement, insofar as it relates to the licensing of the BUSINESS SYSTEM as a whole and the remaining INTELLECTUAL PROPERTY Rights shall not terminate by reason of the termination of the patent license upon expiry of the last of the PATENTS.

3. Duties of THE FRANCHISEE[56]

3.1 Conformity with the METHOD[57]

(1) THE FRANCHISEE shall operate the franchised BUSINESS strictly in accordance with the BUSINESS SYSTEM, in adherence to the METHOD and in compliance with the MANUAL, supplemented by any written specifications and directions as may be laid down or given by THE FRANCHISOR from time to time.

(2) THE FRANCHISEE shall not do or attempt to do anything additional to or not in accordance with the METHOD and the MANUAL without the previous consent in writing of THE FRANCHISOR.

(3) THE FRANCHISEE shall adopt all changes in the method as soon as required by THE FRANCHISOR.

(4) THE FRANCHISEE acknowledges that such conformity is essential for and of the utmost importance to the successful operation of the BUSINESS as well as the proper protection of the INTELLECTUAL PROPERTY Rights and in particular the goodwill attaching to the BUSINESS SYSTEM, the TRADE NAME and the METHOD.

3.2 BEST ENDEARVORS AND COMPLIANCE[58]

(1) THE FRANCHISEE shall use its best endeavors to sell the PRODUCTS and to provide the SERVICES and to offer for sale a minimum range and stock of the PRODUCTS as specified in the MANUAL and to plan its re-ordering of such PRODUCTS adequately in advance to achieve the MINIMUM PERFORMANCE.

(2) THE FRANCHISEE shall comply in conducting the BUSINESS with all applicable laws, by-laws and regulations of a any competent authority applicable to the BUSINESS or its conduct.

(3) THE FRANCHISEE shall pay promptly all suppliers of the BUSINESS in accordance with their usual terms and CONDITIONS.

(4) THE FRANCHISEE shall obey THE FRANCHISOR'S orders and instructions and in the absence of any such orders or instructions in relating to any particular matter he shall act in such a manner as THE FRANCHISEE ought reasonably to have considered to be most beneficial to THE FRANCHISOR.

(5) THE FRANCHISEE shall protect and promote the GOODWILL associated with the METHOD throughout the TERM.

3.3 POSITION AS PRINCIPAL AND LICENSEE[59]

(1) THE FRANCHISEE shall not describe itself or act as agent or representative of THE FRANCHISOR except as expressly authorized by THE FRANCHISOR in special cases.

(2) In all correspondence and other dealings relating directly or indirectly to the sale or other dispositions of THE PROCUCTS or SERVICES THE FRANCHISEE shall clearly indicate that he is acting as principal.

(3) THE FRANCHISEE shall give notice in such places as THE FRANCHISOR may from time to time in writing require that THE BUSINESS is operated under license from THE FRANCHISOR and is separate from THE FRANCHISEE.

(4) THE FRANCHISEE shall ensure that all quotations, orders, invoices, promotional material and advertisements shall include a statement that the BUSINESS is operated under license from THE FRANCHISOR and such other information as THE FRANCHISOR may deem necessary to inform third parties that he does not accept liability for the acts; debts or defaults of THE FRANCHISEE.

3.4 PROMOTION OF THE BUSINESS[60]

(1) THE FRANCHISEE shall diligently promote and make every effort steadily to increase the BUSINESS by such advertisements, signs, entries in telephone or trade directories or other forms of publicity as may be approved by THE FRANCHISOR as provided by the MANUAL.

(2) THE FRANCHISEE shall distribute to customers and potential customers in the most effective manner point-of-service advertising material provided by THE FRANCHISOR. He shall expend not less than 10% (ten percent) of the GROSS TURNOVER of the BUSINESS between each ACCOUNTING REFERENCE DATE in such promotion.

(3) THE FRANCHISEE shall also co-operate with THE FRANCHISOR and other franchisees of THE FRANCHISOR in any advertising campaign, sales promotion program or other special promotion activity in which THE FRANCHISOR may engage.

(4) THE FRANCHISEE will pay on the PAYMENT DATES the advertising contribution for general promotion activities set forth by THE FRANCHISOR in relation to the BUSINESS SYSTEM, the PROCUCTS and the SERVICES. The advertising contribution amounts to 1 (one) percent of the GROSS TURNOVER of the BUSINESS of THE FRANCHISEE.

3.5 MAXIMUM PRICES[61]

THE FRANCHISEE shall not advertise or charge customers prices in excess of the prices specified by THE FRANCHISOR in the manual from time to time, provided that THE FRANCHISEE shall be free to charge the public price less than such maxima at any time during the TERM.

3.6 INSURANCE[62]

THE FRANCHISEE shall obtain and keep in full force and effect at all times a policy or policies of insurance covering public liability for injury to persons or property with policy limits and provisions conforming to such requirements as THE FRANCHISOR may from time to time prescribe.

3.7 TRADE DRESS AND APPEARANCE[63]

(1) THE FRANCHISEE shall ensure that all staff engaged in the operation of the BUSINESS use the TRADE DRESS in accordance with the regulations in the MANUAL OR in the manner required by THE FRANCHISOR and at all times present a neat and clean appearance and render competent, sober and courteous service to customers in accordance with the procedure laid down in the MANUAL.

(2) THE FRANCHISEE shall keep the LOCATION and furnishings in a good state of repair and decoration and replace and renew the equipment.

(3) THE FRANCHISEE shall maintain the premises and the LOCATION in a good, clean and sanitary condition.

(4) THE FRANCHISEE shall permit THE FRANCHISOR or THE FRANCHISOR'S duly authorized representatives to carry out such inspections or investigations which they may consider necessary for the purposes of ascertaining whether the provisions of this Agreement are being complied with.

(5) THE FRANCHISEE shall ensure that he or his employees co-operate fully in such inspection or investigations.

3.8 MINIMUM OPENING HOURS

THE FRANCHISEE shall operate minimum opening hours for the BUSINESS as follows:

Mondays to Fridays inclusive (excepting statutory holidays) 8 (eight) hours (*or other BUSINESS hours that are usual in the area in which the LOCATION is situated*).

3.9 TRAINING[64]

(1) THE FRANCHISEE shall not commence the BUSINESS until he has undergone the course of training provided by THE FRANCHISOR and been approved as competent by the latter.

(2) THE FRANCHISEE shall not permit any person to act or assist in the BUSINESS unless and until such person has undergone a course of training by THE FRANCHISOR and been approved as competent by the latter.

(3) THE FRANCHISEE shall pay the travel and subsistence expenses of himself and his employees and the salaries of any of those employees incurred during such training together with the fees charged by THE FRANCHISOR for such training from time to time provided that the initial training is free of charge and that THE FRANCHISOR can offer certain further training programs free of charge.

(4) THE FRANCHISEE shall ensure that all staff who are not required to be trained by THE FRANCHISOR in terms of this Agreement are nevertheless adequately trained in the BUSINESS SYSTEM to the satisfaction of THE FRANCHISOR where it is necessary for the performance of their duties.

3.10 PROTECTION OF THE INTELLECTUAL PROPERTY[65]

(1) THE FRANCHISEE shall not do, cause or permit anything to be done which may adversely affect, damage or endanger the intellectual property of THE FRANCHISOR or assist or allow others to do so.

(2) THE FRANCHISEE shall bring to the attention of THE FRANCHISOR any suspected infringement of the intellectual property of THE FRANCHISOR and take such reasonable action as THE FRANCHISOR shall direct in relation of such infringement.

(3) THE FRANCHISEE shall affix such notices to the PRODUCTS or their packaging or advertising associated with the BUSINESS as THE FRANCHISOR shall direct.

(4) THE FRANCHISEE shall compensate THE FRANCHISOR for any use by THE FRANCHISEE of the INTELLECTUAL PROPERTY other than in accordance with this Agreement.

(5) THE FRANCHISEE shall indemnify THE FRANCHISOR for any liability incurred to third parties for any use of the intellectual property other than in accordance with this Agreement.

(6) THE FRANCHISEE shall not tamper with indication of the source of origin of the PRODUCTS which may be placed by THE FRANCHISOR on the PRODUCTS.

3.11 SECRECY[66]

(1) THE FRANCHISEE shall not at any time during or after the TERM divulge or allow to be divulged to any person any aspect of the BUSINESS SYSTEM, the KNOW-HOW or the TRADE SECRETS or any other confidential information other than to persons who have signed a secrecy undertaking in the form approved by THE FRANCHISOR.

(2) THE FRANCHISEE shall not permit any person to act or assist in the BUSINESS until such person has signed such an undertaking.

(3) THE FRANCHISEE shall not use any confidential information provided to THE FRANCHISEE by THE FRANCHISOR under the terms of this Agreement for purposes other than running the BUSINESS, but after the termination of the TERM this obligation shall cease if such confidential information becomes generally known or easily accessible other than by the FRANCHISEE'S breach.

3.12 NO COMPETITION[67–69]

THE FRANCHISEE shall only sell or use in the course of the provision of the services the products supplied by THE FRANCHISOR.

THE FRANCHISEE shall not sell or use in the course of the provision of SERVICES any goods competing with the PRODUCTS supplied by THE FRANCHISOR.

THE FRANCHISEE shall exclusively sell or use in the course of the provision of the SERVICES spare parts and accessories matching the minimum objective quality specifications specified in the manual.

THE FRANCHISEE shall neither during the TERM nor for 12 (twelve) months after the termination of this Agreement be concerned or interested either directly or indirectly in any BUSINESS which is involved in the supply of goods or services which are similar to the PRODUCTS or the services within a radius of 5 (five) miles of the LOCATION.

3.13 INTERESTS IN COMPETITORS[70]

THE FRANCHISEE shall not acquire any financial interest in the capital of a competing undertaking which could give THE FRANCHISEE power to influence the economic conduct of such undertaking.

3.14 CUSTOMERS RESTRICTIONS[71]

(1) THE FRANCHISEE shall only sell the PRODUCTS to end-users or to other FRANCHISEES of THE FRANCHISOR and to resellers within other channels of distribution supplied by THE FRANCHISOR.

(2) THE FRANCHISEE shall not seek customs for the PRODUCTS or the SERVICES outside the TERRITORY.

3.15 LOCATION[72, 73, 74]

(1) THE FRANCHISEE shall not without THE FRANCHISOR'S written consent change the LOCATION of the BUSINESS.

(2) THE FRANCHISEE shall not carry on or permit the carrying on of any other BUSINESS at THE LOCATION nor extend the scope or range of the BUSINESS.

(3) THE FRANCHISEE shall not carry on the BUSINESS or any part of the BUSINESS other than from the LOCATION without the written consent of THE FRANCHISOR.

3.16 SALES REPORTS AND FEEDBACK[75]

(1) On payment of the ROYALTIES THE FRANCHISEE shall supply THE FRANCHISOR with regular sales reports and additional information in the form stipulated by THE FRANCHISOR in the MANUAL concerning the BUSINESS.

(2) THE FRANCHISEE shall communicate to THE FRANCHISOR any experience gained in the BUSINESS which may improve the METHOD and grant to THE FRANCHISOR and to other FRANCHISEES of THE FRANCHISOR free of charge a non-exclusive license to use any such improvements.

3.17 CUSTOMER LIST[76]

THE FRANCHISEE shall keep a confidential and secret list of actual and potential customers for the PRODUCTS or services or BUSINESS and supply a copy of it to THE FRANCHISOR upon request.

3.18 PAYMENTS[77]

THE FRANCHISEE shall pay THE FRANCHISOR without demand, deduction or set-off on the relevant PAYMENT DATES (time being of the essence):

(1) The ENTRY FEE, which shall cover the initial training, the initial advertising for the launch of the BUSINESS at the LOCATION in the territory and the supply of equipment and other matters specified in the MANUAL.

(2) The ADVERTISING CONTRIBUTION and the ROYALTIES.

(3) The MINIMUM FEE.

(4) The INSURANCE PREMIUM.

3.19 SET-OFFe7[8]

THE FRANCHISEE shall not set off for any reason any money payable by THE FRANCHISEE to THE FRANCHISOR for supplies of the PRODUCTS under this Agreement.

3.20 ACCOUNTS AND AUDITORS[79]

(1) THE FRANCHISEE shall keep accurate and separate records and accounts in respect of the supply of the PRODUCTS, provision of SERVICES and conduct of the BUSINESS in accordance with good accountancy custom in the TERRITORY.

(2) THE FRANCHISEE shall have them audited by qualified auditors once a year during the TERM.

(3) THE FRANCHISEE shall submit copies certified by such auditors to THE FRANCHISOR within ninety days of the ACCOUNTING REFERENCE DATE.

3.21 INSPECTION OF BOOKS AND PREMISES[80]

THE FRANCHISEE shall at all reasonable times permit THE FRANCHISOR to enter THE LOCATION or any other premises used in connection with BUSINESS and for the inspection of books and premises.

3.22 INDEMNITY[81]

(1) THE FRANCHISEE shall indemnify and keep indemnified THE FRANCHISOR from and against all claims of whatever nature, whether real or imagined, criminal or civil, together with any legal fees and costs incurred by THE FRANCHISOR, arising out of the establishment and operation of the franchised BUSINESS by THE FRANCHISEE.

(2) THE FRANCHISEE shall indemnify and keep indemnified THE FRANCHISOR from and against any and all loss, damage or liability and legal fees and costs incurred by THE FRANCHISOR because of any neglect or default of THE FRANCHISEE or his employees or customers in connection with the BUSINESS or the LOCATION.

3.23 ASSIGNMENT[82]

THE FRANCHISEE shall not assign, charge or otherwise deal with this Agreement in any way without the written consent of THE FRANCHISOR.

4. DUTIES OF THE FRANCHISOR[83]

4.1 NO DEREGATION[84]

THE FRANCHISOR shall not derogate from the grant as stated in clause 2 (two) of this Agreement.

4.2 EXCLUSIVE TERRITORY[85]

(1) THE FRANCHISOR shall not itself operate nor grant to any other person the right to operate a BUSINESS using any part of the INTELLECTUAL PROPERTY and other insignia and identifying materials, modes of advertising and publicity forming part of the

(2) Method and of the BUSINESS SYSTEM in the TERRITORY.

(3) THE FRANCHISOR shall not supply goods to third parties in the TERRITORY.

4.3 ESTABLISHEMENT AND EQUIPMENT[86]

THE FRANCHISOR shall advise THE FRANCHISEE of all matters relating to the establishment and equipment of the BUSINESS including design and decor of the premises, suitable shopfitting and furnishings. THE FRANCHISOR shall in due time supply to THE FRANCHISEE, for the commencement of the BUSINESS, the equipment and other items specified in the MANUAL.

4.4 INITIAL TRAINING[87]

(1) THE FRANCHISOR shall provide within 30 (thirty) days of the DATE of this Agreement training free of charge in the METHOD of his BUSINESS SYSTEM for THE FRANCHISEE and up to 5 (five) persons who shall receive initial training.

(2) THE FRANCHISEE, in consultation with THE FRANCHISOR, shall determine which of THE FRANCHISEE'S employees shall undergo training for the BUSINESS SYSTEM.

(3) This training shall take place at a place chosen by THE FRANCHISOR and the extent and duration shall be determined by THE FRANCHISOR according to the standards given in the MANUAL.

4.5 INITIAL ADVERTISING[88]

THE FRANCHISOR shall in due time advertise for the COMMENCEMENT DATE of the BUSINESS and the DATE of such commencement in such newspapers, magazines, radio, television, or any other media as he may consider appropriate devoting to such a purpose a sum of not less than ...... (insert exact amount) CURRENCY.

4.6 GENERAL PROMOTION[89]

(1) THE FRANCHISOR shall promote the TRADE NAME and METHOD in such newspapers, magazines, radio, television or other media in consultation with THE FRANCHISEE and other FRANCHISEES.

(2) For this purpose THE FRANCHISOR shall pay the advertising contribution paid by THE FRANCHISEE and all other FRANCHISEES of THE FRANCHISOR into the promotion fund in a separate bank account solely for this purpose on trust for THE FRANCHISEEs of THE FRANCHISOR.

(3) He shall provide annually THE FRANCHISEE with an audited account of the income and expenditure of the PROMOTION FUND.

4.7 PROMOTION ASSISTANCE[90]

THE FRANCHISOR shall make available to THE FRANCHISEE free of charge point-of-sale service and advertising material for issue to customers or potential customers including the places of BUSINESS and telephone numbers of other FRANCHISEES.

4.8 WARRANTY OF TITLE TO AND MAINTENANCE OF INTELLECTUAL PROPERTY[91]

(1) THE FRANCHISOR warrants that he is entitled to the INTELLECTUAL PROPERTY or authorized by the beneficial owner of the INTELLECTUAL PROPERTY to make the grant.

(2) THE FRANCHISOR shall maintain the INTELLECTUAL PROPERTY during the TERM and not cause or permit anything which may damage or endanger it.

4.9 CONSULTATION[92]

(1) THE FRANCHISOR shall consult with THE FRANCHISEE and give him the benefit of his own knowledge and experience in connection with any problems relating to the METHOD and the BUSINESS SYSTEM.

(2) THE FRANCHISOR shall assist THE FRANCHISEE in endeavoring to overcome any problems which THE FRANCHISEE may encounter in operating THE BUSINESS.

(3) THE FRANCHISOR shall make available to THE FRANCHISEE as promptly as is reasonably practicable members of THE FRANCHISOR'S staff competent to give such advice or assistance as may appear necessary to THE FRANCHISEE.

(4) THE FRANCHISEE shall be responsible for the expenses of staff members of THE FRANCHISOR in traveling from the office to the LOCATION and for paying the current hourly charge-out rate for such staff as set out in the MANUAL and for the fees and expenses of external experts.

4.10 METHOD, MANUAL AND FURTHER TRAINING[93]

(1) THE FRANCHISOR shall constantly improve and develop the METHOD.

(2) THE FRANCHISOR shall update the MANUAL from time to time.

(3) THE FRANCHISOR reserves the exclusive rights to the METHOD and all parts of it including without limitation all amendments and modifications to it and all advertising

matter, slogans and the like which may from time to time be used to promote the METHOD.

(4) THE FRANCHISOR also reserves the exclusive rights to make such additions or modifications to the METHOD including the renewal or substitution of INTELLECTUAL PROPERTY rights as may from time to time appear to THE FRANCHISOR necessary, to promote and improve the METHOD and to amend or revise the MANUAL accordingly.

(5) THE FRANCHISOR shall provide free of charge to THE FRANCHISEE and other persons engaged in the conduct of the BUSINESS further training as may from time to time appear to THE FRANCHISOR to be necessary in the light of such improvements or developments.

4.11 SUPPORT AND INFORMATION[94]

(1) THE FRANCHISOR shall make available to THE FRANCHISEE all support and information facilities which THE FRANCHISOR makes available to his other FRANCHISEES according to the MANUAL.

(2) THE FRANCHISOR shall support THE FRANCHISEE in his efforts to promote the BUSINESS and in particular at its own expense supply samples of the PRODUCTS, provide and promptly update information about the product and notify THE FRANCHISEE of any improvements in the METHOD approved and adopted by THE FRANCHISOR.

4.12 DELIVERY OF PRODUCTS[95]

(1) THE FRANCHISOR shall – subject to availability – supply to THE FRANCHISEE the products which comply with all relevant governmental or other regulations at prices notified to THE FRANCHISEE by THE FRANCHISOR.

(2) THE FRANCHISOR reserves the power to decline to accept any order from or through THE FRANCHISEE and to vary the specification and the price of the PRODUCTS or SERVICES.

4.13 PROCURING SUPPLIES[96]

(1) THE FRANCHISOR shall assist THE FRANCHISEE in procuring supplies and services as well as equipment in addition to those supplied by THE FRANCHISOR to commence and operate the BUSINESS.

(2) THE FRANCHISOR shall as far as possible negotiate and obtain from suppliers discount rates for furnishing such supplies for the benefit of THE FRANCHISEE.

(3) THE FRANCHISOR shall pass on to THE FRANCHISEE any trade discounts obtained from suppliers.

4.14 CREDIT LIMIT AND REVIEW[97]

(1) THE FRANCHISOR shall – subject to the performance by THE FRANCHISEE of all his obligations – allow THE FRANCHISEE credit up to and in accordance with the credit limit.

(2) THE FRANCHISOR shall review the CREDIT LIMIT quarterly to increase the value of the CREDIT LIMIT by the proportion by which the GROSS TURNOVER of the PRODUCTS or SERVICES of THE FRANCHISEE has increased since the last review.

4.15 NO DISCRIMINATION BETWEEN FRANCHISEES[98]

THE FRANCHISOR shall make available to THE FRANCHISEE all SERVICES and facilities which THE FRANCHISOR makes available to his other FRANCHISEES including improvements in the METHOD and the BUSINESS SYSTEM.

4.16 INDEMNITY[99, 100]

THE FRANCHISOR shall indemnify and keep indemnified THE FRANCHISEE from and against any and all loss, damage or liability and legal fees and costs incurred by THE FRANCHISEE in the course of conducting the BUSINESS because of any act, neglect or default of THE FRANCHISOR or his employees.

4.17 LIABILITY INSURANCE[101]

(1) THE FRANCHISOR shall maintain at its own cost a comprehensive or specific insurance policy with an insurer of repute in the United Kingdom to cover the liability of THE FRANCHISOR in respect of any default for which he may become liable to indemnify THE FRANCHISEE under the preceding clause.

(2) THE FRANCHISOR shall arrange that the minimum cover per claim of that policy is 5.000.000 (five million) currency on the accounting reference date and shall increase such cover by the rate of increase in the Retail Price Index in the United Kingdom.

5. TERMINATION AND CONSEQUENCES[102, 103, 104]

5.1 TERMINATION

This Agreement shall terminate:

(1) on the TERMINATION DATE,

(2) if either of the parties gives to the other notice after the term, the notice period being one year,

(3) in the case of LOW ORDERS – provided that in such event THE FRANCHISOR at his discretion may require this agreement to continue,

(4) in the case of fundamental breach – provided that THE FRANCHISOR may waive any breach of this Agreement by THE FRANCHISEE,

(5) in the case of THE FRANCHISOR or THE FRANCHISEE going into liquidation either compulsorily or voluntarily – provided that in such event THE FRANCHISEE or THE FRANCHISOR respectively at his discretion may require this Agreement to continue,

(6) if any material change occurs in the management or control of the BUSINESS and in particular any change of directors or shareholders of THE FRANCHISEE – provided that in such event THE FRANCHISOR at his discretion may require this Agreement to continue.

5.2 DEFAULT NOTICE

In the event of a breach by THE FRANCHISEE of any of the provisions of this Agreement other than a fundamental breach, THE FRANCHISOR may serve a default notice requiring the breach to be remedied within the time stipulated in that notice.

5.3 APPOINTMENT OF MANAGEMENT

Whenever THE FRANCHISOR shall have the right to terminate this Agreement he may assume the control of the BUSINESS and appoint a management of himself until he actually so terminates the Agreement.

5.4 PROCEDURAL CONSEQUENCES

On the termination of this Agreement THE FRANCHISEE undertakes:

(1) immediately to cease carrying on the BUSINESS,

(2) to dispose of all PRODUCTS on hand in accordance with THE FRANCHISOR'S directions,

(3) to return to THE FRANCHISOR all samples and publicity promotional and advertising material used in the BUSINESS,

(4) to sign such notification of cessation of use of the INTELLECTUAL PROPERTY as is required by THE FRANCHISOR,

(5) to return to THE FRANCHISOR all originals and copies of all documents and information in any form containing or covering in any way any part of the INTELLECTUAL PROPERTY,

(6) to vacate the LOCATION.

5.5 FINANCIAL CONSEQUENCES

30 (thirty) days after the receipt of notice terminating this Agreement THE FRANCHISEE shall furnish to THE FRANCHISOR a complete and accurate up-to-date stock

5. Franchise Agreement (Englischer Franchisevertrag) II.5

check with estimates of turnover of the BUSINESS to such date. THE FRANCHISEE shall not later than 60 (sixty) days after such date pay to THE FRANCHISOR any sums due under this Agreement.

6. MISCELLANEOUS PROVISIONS
6.1 DEATH OR INCAPACITY[105]
(1) In the event of the death of THE FRANCHISEE, THE FRANCHISOR may approve the transfer of the BUSINESS to any of the beneficiaries of the deceased Franchisee.

(2) In the event of the death of THE FRANCHISEE the personal representatives of THE FRANCHISEE shall have 30 (thirty) days from the DATE OF the death to notify THE FRANCHISOR of their intention to continue the BUSINESS or to assign this Agreement to any beneficiary of the shall or intestacy or to a third party.

(3) In the event of the incapacity of THE FRANCHISEE at any time or in the event of his death THE FRANCHISOR shall have the right to appoint personnel to supervise the conduct of the BUSINESS to ensure that the BUSINESS is operated in a satisfactory manner to preserve the goodwill and the know-how associated with the BUSINESS pending the recovery of THE FRANCHISEE.

(4) In the event of the incapacity of THE FRANCHISEE lasting for a continuos period of 90 (ninety) days THE FRANCHISOR may require THE FRANCHISEE to dispose of the BUSINESS.

6.2 SALE, CESSION, ASSIGNMENT OR LEASE OF THE BUSINESS[106]
(1) The rights and obligations of THE FRANCHISEE are personal and may not be ceded, assigned, let or otherwise disposed of in any manner whatsoever without the prior written consent of THE FRANCHISOR.

(2) If at any time THE FRANCHISEE wishes to sell, transfer, assign, lease or otherwise part with the BUSINESS or any part of it or the LOCATION or any interest in it he shall immediately give notice of that desire to THE FRANCHISOR and offer by notice in writing to THE FRANCHISOR to sell the same to THE FRANCHISOR.

6.3 DATA PROTECTION[107]
THE FRANCHISOR and THE FRANCHISEE mutually undertake and agree not to disclose to any unauthorized person any data subject to the Data Protection Act 1984. They mutually undertake and agree to apply for registration under the Data Protection Act 1984 either as „data user" or „computer bureau".

6.4 INTEREST[108]
All sums due from either of the parties to the other which are not paid on the due DATE shall bear interest from day to day at the annual rate of ......%.

6.5 Force majeure
Both parties shall be released from their respective obligations in the event of national emergency, war, prohibitive governmental regulation or if any other cause beyond the control of the parties rendering performance of the Agreement impossible whereupon:
    (1) all money due to THE FRANCHISOR shall be paid immediately and
    (2) THE FRANCHISEE shall forthwith cease carrying on the BUSINESS
    (3) THE FRANCHISOR shall not be obliged to continue to provide the services or supply the products stipulated in the MANUAL.

6.6 SEVERANCE[109]
(1) In the event that any provision of this Agreement is declared by any judicial or other competent authority to be void, voidable, illegal or otherwise unenforceable the parties shall amend that provision in such a reasonable manner as will achieve the intention of the parties without illegality.

(2) If such amendment turns out to be unfeasible the pertinent provision shall be severed from this Agreement and the remaining provisions of this Agreement shall remain in full

force and effect unless THE FRANCHISOR decides that the effect of such declaration is to defeat the original intention of the parties.

(3) In the latter case THE FRANCHISOR shall be entitled to terminate this Agreement by 3 (three) months notice to THE FRANCHISEE.

6.7 RETENTION OF TITLE[110]

(1) The PRODUCTS and any other goods delivered by THE FRANCHISOR to THE FRANCHISEE shall remain the sole and absolute property of THE FRANCHISOR as legal and equitable owner until such time as all money due to THE FRANCHISOR has been paid.

(2) THE FRANCHISEE acknowledges that he is in possession of all such goods as bailee for THE FRANCHISOR until such time as they are delivered to a purchaser.

6.8 PROPER LAW AND JURISDICTION[111]

(1) This Agreement shall be governed by English law.

(2) Any proceedings arising out of or in connection with this Agreement may be brought in any court of competent jurisdictions in London.

Signed at .... on this the .... day of ....

Signed by THE FRANCHISEE ....

As Witnesses: ....
....

Signed at .... on this the .... day of ....

Signed by THE FRANCHISOR ....

As Witnesses: ....

*Übersetzung**

Franchisevertrag[1–12]

Dieser Franchisevertrag wird geschlossen zwischen[13]:
AA, mit dem gegenwärtigen Hauptgeschäftssitz in ...... Berlin, Deutschland, mit Zustelladresse für die Gerichtsbarkeit Englands in ...... London, England, (der Antrag auf amtliche Eintragung eines Geschäftssitzes an der Londoner Anschrift ist gestellt),
nachfolgend FRANCHISEGEBER genannt,
und
BB, mit Hauptgeschäftssitz in ......, Birmingham, England,
nachfolgend Franchisenehmer genannt.
In Anbetracht folgender Tatsachen

Präambel[14]

Der FRANCHISEGEBER ist ein Großhandelsunternehmen für Zigaretten, Zigarren, Pfeifen und Raucherbedarfsartikel. Er hat ein GESCHÄFTSSYSTEM entwickelt, in dessen Rahmen eine Kette von Einzelhandelsgeschäften für Raucherbedarfsartikel, verbunden mit Serviceleistungen und Restaurants, durch Filialbetriebe und durch franchisierte Betriebe gegründet und geführt werden soll. Die zu diesem System gehörenden Verkaufs- und Service-Einheiten tragen den Namen „Smokers' Café". Der FRANCHISEGEBER hat Zeit, Mühe und Geld aufgewandt, um das KNOW-HOW und die METHODE für das GE-

---

* Diese Übersetzung dient ausschließlich dem besseren Verständnis des französischen Originals; sie erhebt keinen Anspruch auf Verbindlichkeit.

5. Franchise Agreement (Englischer Franchisevertrag) II.5

SCHÄFTSSYSTEM zu entwickeln, das heute einen beachtlichen GOODWILL in Deutschland und in Frankreich genießt. Der FRANCHISEGEBER hat kürzlich den Eintritt in den britischen Markt vollzogen. Auf der Grundlage der bisherigen Erfolge in anderen Ländern sowie im Großraum London plant der FRANCHISEGEBER eine Ausweitung der Kette von „Smokers' Cafés" im gesamten Vereinigten Königreich. Der FRANCHISEGEBER ist der Inhaber gewisser IMMATERIALGÜTERRECHTE, die im Zusammenhang mit dem GESCHÄFTSSYSTEM ausgeübt werden. Er ist zudem der Erfinder und Patentinhaber eines einzigartigen mechanisch-chemisch arbeitenden Gerätes für die Reinigung und Reparatur von Pfeifen, das in den „Smokers' Cafés" zum Einsatz kommt. Der FRANCHISENEHMER möchte im Rahmen der „Smokers' Café"-Kette einen franchisierten Betrieb gründen und führen. Zu diesem Zweck möchte er das GESCHÄFTSSYSTEM des FRANCHISEGEBERS und dessen IMMATERIALGÜTERRECHTE nutzen. Der FRANCHISEGEBER räumt hiermit dem FRANCHISENEHMER die FRANCHISE für eine derartige Nutzung ein, und zwar nach Maßgabe der Bestimmungen und BEDINGUNGEN dieses Vertrages.

1. BEGRIFFSBESTIMMUNGEN[15]

Soweit sich aus dem Zusammenhang nichts anderes ergibt, sollen die folgenden Begriffe die folgende Bedeutung tragen, wobei es nicht auf die Verwendung in der Einzahl oder der Mehrzahl ankommt.

1.1 ABRECHNUNGSTAG[16]
Der 31. Dezember eines jeden Jahres einer VERTRAGSLAUFZEIT.

1.2 WERBEBEITRAG[17]
2.5% (zweikommafünf Prozent) des BRUTTOUMSATZES des FRANCHISEGESCHÄFTS.

1.3 FRANCHISEGESCHÄFT[18]
Die Errichtung und der Betrieb des franchisierten Geschäfts am STANDORT im VERTRAGSGEBIET im Einklang mit dem GESCHÄFTSSYSTEM, in Übereinstimmung mit der METHODE und unter den Voraussetzungen des HANDBUCHS.

1.4 GESCHÄFTSSYSTEM[19]
Das System des Betriebes einer Franchise-Kette von Smokers' Cafés wie es vom FRANCHISEGEBER ausgedacht und erschaffen wurde, im HANDBUCH festgelegt ist und wie es seine Grundlage in der METHODE findet, einschließlich der Verbesserungen, Veränderungen und Abwandlungen, die von Zeit zu Zeit vom FRANCHISEGEBER gemacht werden.

1.5 ANFANGSZEITPUNKT[20]
Das DATUM, an dem das Franchiseverhältnis beginnen soll. Dies wird der ...... (*DATUM des Zustandekommens des Franchisevertrages*) sein.

1.6 BEDINGUNGEN[21]
Die Regelungen, die in sämtlichen Bestimmungen des Vertrages sowie im HANDBUCH enthalten sind, das in seiner Gesamtheit einschließlich seiner Verbesserungen und Überarbeitungen Bestandteil dieses Vertrages sein soll.

1.7 URHEBERRECHTE[22]
Sämtliche derzeit bestehenden und künftig begründeten URHEBERRECHTE an bzw. auf
  (1) dem bzw. das HANDBUCH
  (2) der bzw. die Festlegung des KNOW-HOW, das zum FRANCHISEGESCHÄFT gehört, ob sie im HANDBUCH oder in irgendeinem anderen Dokument erfolgt ist.

1.8 KREDITLINIE[23]

(1) zeitliche Kreditlinie: 30 (dreißig) Tage ...... (*oder genaue Angabe einer anderen Zahl von Tagen*) ab dem DATUM der Lieferung (*oder Rechnungserteilung*).

(2) betragsmäßige Kreditlinie: 50.000 (fünfzigtausend) Pfund Sterling ...... (*oder genaue Angabe eines anderen Höchstbetrags*) zu jeder Zeit für gelieferte VERTRAGSWAREN oder für DIENSTLEISTUNGEN (*oder in Rechnung gestellte Vertragswaren bzw. Dienstleistungen*).

1.9 WÄHRUNG
Pfund Sterling

1.10 DATUM[24]

Jeder Tag, an dem die Banken in England für Kundengeschäfte geöffnet haben, wobei – unter dieser Voraussetzung – jedes in bezug genommene besondere DATUM eines Tages diesen Tag selbst einschließt.

1.11 MUSTER und MODELLE[25]

Die MUSTER und MODELLE, unabhängig von ihrer urheberrechtlichen Eintragung und Schutzfähigkeit, die der FRANCHISEGEBER ersonnen oder erworben hat und die beim Verkauf der VERTRAGSWARE, der Erbringung von DIENSTLEISTUNGEN oder der Anwendung der METHODE zum Einsatz kommen, so wie sie im einzelnen im HANDBUCH aufgelistet sind, des weiterendie MUSTER und MODELLE, die gegebenenfalls in einer von beiden Vertragsparteien unterschriebenen Anlage zu diesem Vertrag näher bezeichnet werden, einschließlich insbesondere aller Rechte an MUSTERN und MODELLEN, die der FRANCHISEGEBER an schriftlichen Darstellungen oder sonstigen Ausarbeitungen der VERTRAGSWAREN, der DIENSTLEISTUNGEN oder der METHODE innehat.

1.12 EINTRITTSGEBÜHR[26]

Die EINTRITTSGEBÜHR beläuft sich auf ...... (*Angabe des genauen Betrages*) in der WÄHRUNG, zahlbar am ZAHLTAG.

1.13 WESENTLICHE PFLICHTVERLETZUNGEN[27]

Der Eintritt jedes der folgenden Ereignisse wird als WESENTLICHE PFLICHTVERLETZUNG dieses Vertrages angesehen:

(1) Säumnis der Zahlung der MINDESTGEBÜHR oder der LAUFENDEN FRANCHISEGEBÜHREN an einem der ZAHLTAGE.

(2) Jede Übertragung von oder anderweitige Verfügung über Rechte(n) und Pflichte(n) aus diesem Vertrag durch den FRANCHISENEHMER.

(3) Jeder Angriff des FRANCHISENEHMERS auf den Bestand irgendeines Teils der IMMATERIALGÜTERRECHTE

1.14 GOODWILL[28]

Der GOODWILL, der aus der Nutzung des GESCHÄFTSSYSTEMS und der IMMATERIALGÜTERRECHTE des FRANCHISEGEBERS und aller seiner FRANCHISENEHMER, einschließlich des FRANCHISENEHMERS entspringt.

1.15 BRUTTOUMSATZ[29]

Die Bruttoeinkünfte, die der FRANCHISEBETRIEB aus dem Verkauf von VERTRAGSWAREN oder der Erbringung von DIENSTLEISTUNGEN und aus Handelsgeschäften im Laufe jedes Abrechnungsmonats erzielt. Alle Zahlungen, die im Zusammenhang mit den Versicherungspolicen für Gewinnausfälle eingehen, sind in den jeweiligen Abrechnungsmonat einzuschließen. Ausgeschlossen sind die gesamten Mehrwertsteuerbeträge und alle Einkünfte aus dem FRANCHISEBETRIEB, die allein aufgrund von vertraglich genehmigten Veräußerungen von Einrichtungsgegenständen erwachsen.

1.16 VERSICHERUNGSPRÄMIEN[30]

Die Prämien für die vom FRANCHISEGEBER einzudeckenden Versicherungen.

5. Franchise Agreement (Englischer Franchisevertrag) II.5

1.17 IMMATERIALGÜTERRECHTE[31]
Die folgenden Gegenstände in ihrer Gesamtheit und jeder einzelne von ihnen:
(1) URHEBERRECHTE
(2) MUSTER UND MODELLE
(3) GOODWILL
(4) KNOW-HOW
(5) METHODE
(6) PATENTE
(7) GESCHÄFTSAUSSTATTUNG
(8) WARENZEICHEN UND DIENSTLEISTUNGSMARKEN
(9) GESCHÄFTS- UND BETRIEBSGEHEIMNISSE
(10) HANDELSNAME
(11) ERLAUBTE GESCHÄFTSBEZEICHNUNG

1.18 KNOW-HOW[32]
Alle vertraulichen technischen oder kaufmännischen Wissensbestände zur Durchführung des GESCHÄFTSSYSTEMS, worin einschränkungslos alle Ausführungen und Mitteilungen eingeschlossen sind, die im HANDBUCH oder in anderen Unterlagen enthalten sind oder die ohne schriftliche Grundlage den vom FRANCHISENEHMER angestellten oder eingeschalteten Personen bekannt sind.

1.19 STANDORT[33]
Die Geschäftsräume und das Grundstück, die für das FRANCHISEGESCHÄFT genutzt werden sollen, oder der vom FRANCHISEGEBER genehmigte Platz innerhalb des vertraglich festgelegten VERTRAGSGEBIETES. Der STANDORT ist ...... (*genaue Angabe und Beschreibung der genehmigten Geschäftsräume bzw. des Grundstücks oder Platzes*), so wie er auf der Karte, die diesem Vertrag als Anlage Nr. 1 (A 1) beigefügt ist, grün markiert ist.

1.20 AUFTRAGSSCHWÄCHE[34]
Das Nichterreichen des MINDESTUMSATZES an zwei aufeinander folgenden ABRECHNUNGSTAGEN während der VERTRAGSLAUFZEIT.

1.21 HANDBUCH[35]
Das übliche Betriebshandbuch des FRANCHISEGEBERS, das von Zeit zu Zeit aktualisiert wird und durch weitere schriftliche Weisungen und Vorgaben ergänzt wird und das die Einzelheiten des GESCHÄFTSSYSTEMS und der IMMATERIALGÜTERRECHTE enthält, die METHODE offenlegt und das KNOW-HOW vermittelt. Die Seriennummer des HANDBUCHS (auch als „Smokers' Café-Franchise-Handbuch bezeichnet) lautet ...... (*genaue Angabe der Nummer*). Es bildet die Anlage Nr. 2 (A 2) dieses Vertrages.

1.22 METHODE[36]
Ein FRANCHISEGESCHÄFT, das in Übereinstimmung mit dem HANDBUCH durchgeführt wird, die IMMATERIALGÜTERRECHTE einsetzt, mit allen hierfür erforderlichen Beständen des KNOW-HOW und der BETRIEBS- UND GESCHÄFTSGEHEIMNISSE, Verfahrensweisen, prägenden Kennzeichen, Werbemethoden, charakteristischen Stil- und Ausstattungselementen und Versicherungsformen, die im HANDBUCH dargestellt sind.

1.23 MINDESTGEBÜHR[37]
Bezieht sich auf die Mindestzahlungen in Höhe von ...... (*Angabe des genauen Betrages*) der WÄHRUNG.

1.24 MINDESTAUSSTATTUNG[38]
Sie enthält die Einrichtungsgegenstände, die VERTRAGSWARE, den Lagerbestand sowie das Mindestpersonal am STANDORT, so wie sie nach dem HANDBUCH für die VERTRAGSLAUFZEIT gefordert werden.

1.25 MINDESTUMSATZ[39]
Der Wert von ...... (*Angabe des genauen Betrages*) WÄHRUNG des BRUTTOUMSATZES des FRANCHISEGESCHÄFTS in jedem Jahr der VERTRAGSLAUFZEIT, bei Anpassung an den jeweils erhöhten Einzelhandelspreisindex im VERTRAGSGEBIET.

1.26 FRISTEN[40]
(1) Für Abmahnungen bei Fehlverhalten 30 (dreißig) Tage
(2) Für die Kündigung 1 (ein) Jahr
(3) Für jede andere Mitteilung 3 (drei) Monate.

1.27 PATENTE[41]
Alle PATENTE, deren Inhaber oder Lizenznehmer der FRANCHISEGEBER im VERTRAGSGEBIET sind und die sich auf die VERTRAGSWARE oder ihre Herstellung beziehen, sowie die schwebenden Patentanmeldungen.

1.28 ZAHLTAGE[42]
(1) Für die EINTRITTSGEBÜHR: der Tag der Vertragsunterzeichnung.
(2) Für die VERSICHERUNGSPRÄMIEN: innerhalb der jeweiligen Fristen
(3) Für die WERBEBEITRÄGE und die LAUFENDEN FRANCHISEGEBÜHREN: jeder erster Montag eines jeden Monats.
(4) Für die MINDESTGEBÜHR: jeder erster Montag eines jeden Monats.

1.29 ERLAUBTE GESCHÄFTSBEZEICHNUNG[43]
„Berta Barley's Smoker's Cafe" (*genaue Angabe der erlaubten Geschäftsbezeichnung des franchisierten Geschäfts*).

1.30 VERTRAGSWARE[44]
Die Waren, die im einzelnen im HANDBUCH bezeichnet sind, oder andere Waren, die in Übereinstimmung mit diesem Vertrag an deren Stelle treten.

1.31 WERBEFOND[45]
Der vom FRANCHISEGEBER nach Maßgabe dieses Vertrages für Werbezwecke errichtete und verwaltete Fond.

1.32 LAUFENDE FRANCHISEGEBÜHREN[46]
Die laufenden Franchisegebühren in Höhe von 7% (sieben Prozent) des BRUTTOUMSATZES des FRANCHISEGESCHÄFTS ohne Umsatzsteuer.

1.33 DIENSTLEISTUNGEN[47]
Die DIENSTLEISTUNGEN, die einen Bestandteil des FRANCHISEBETRIEBES bilden und im einzelnen im HANDBUCH beschrieben sind.

1.34 VERTRAGSLAUFZEIT[48]
5 (fünf) Jahre ...... (*oder eine andere genaue Angabe einer Jahreszahl*), beginnend mit dem ANFANGSZEITPUNKT und endend zum VERTRAGSENDE, soweit dieser Zeitraum nicht nach Maßgabe dieses Vertrages verlängert oder verkürzt wird.

1.35 VERTRAGSENDE[49]
Das Vertragsende ist das Ende der VERTRAGSLAUFZEIT oder jedes spätere DATUM, zu dem das Franchiseverhältnis aufgrund einer Verlängerung der VERTRAGSLAUFZEIT nach Maßgabe dieses Vertrages aufhört.

1.36 VERTRAGSGEBIET[50]
Das Gebiet, für das dem FRANCHISENEHMER eine geographisch bestimmte Fläche für die Ausübung der Franchise eingeräumt ist. Dies ist ...... (*genaue Beschreibung des Gebietes*), wie auf der Karte, die diesem Vertrag als Anlage Nr. 3 (A 3) beiliegt, grün markiert.

1.37 HANDELSNAME[51]
„Smokers' Café" (*Angabe des Namens des FRANCHISEGESCHÄFTS, den das Publikum mit der Franchisekette sofort assoziiert*).

5. Franchise Agreement (Englischer Franchisevertrag)

1.38 GESCHÄFTSAUSSTATTUNG[52]
Bezieht die Aufmachung aller Güter, Aufschriften und Verpackungen ebenso mit ein wie die besonderen Formen, Ausgestaltungen, Herrichtungen des Betriebsgrundstücks, auf dem das FRANCHISEGESCHÄFT betrieben wird.

1.39 WARENZEICHEN UND DIENSTLEISTUNGSMARKEN[53]
Die Warenzeichen und Dienstleistungsmarken, die im VERTRAGSGEBIET für den FRANCHISEGEBER eingetragen sind und die für die VERTRAGSWAREN oder im Zusammenhang mit den DIENSTLEISTUNGEN verwendet werden.

1.40 BETRIEBS- UND GESCHÄFTSGEHEIMNISSE[54]
Sämtliche vertraulichen Mitteilungen jedweder Art in bezug auf das FRANCHISEGESCHÄFT des FRANCHISENEHMERS oder anderer FRANCHISENEHMER und in bezug auf das GESCHÄFTSSYSTEM des FRANCHISEGEBERS.

2. EINRÄUMUNG DER FRANCHISE[55]
Der FRANCHISEGEBER räumt hiermit dem FRANCHISENEHMER eine Lizenz ein, um das FRANCHISEGESCHÄFT auszuüben:
(1) am und vom STANDORT
(2) innerhalb des VERTRAGSGEBIETS
(3) für die VERTRAGSLAUFZEIT
(4) unter der ERLAUBTEN GESCHÄFTSBEZEICHNUNG
(5) streng in Übereinstimmung mit dem GESCHÄFTSSYSTEM
(6) streng in Verfolgung der METHODE
(7) streng unter Beobachtung des HANDBUCHS

Die durch diesen Franchisevertrag gewährte Lizenz wird zum ANFANGSZEITPUNKT beginnen und zum VERTRAGSENDE aufhören. Soweit sich dieser Vertrag auf die Lizenzierung des GESCHÄFTSSYSTEMS im ganzen und auf die übrigen IMMATERIALGÜTERRECHTE bezieht, soll er nicht allein aufgrund der Beendigung von Patentlizenzen mit dem Auslaufen des letzten PATENTS beendet sein.

3. PFLICHTEN DES FRANCHISENEHMERS[56]
3.1 ÜBEREINSTIMMUNG MIT DER METHODE[57]
(1) Der FRANCHISENEHMER wird das FRANCHISEGESCHÄFT streng in Übereinstimmung mit dem GESCHÄFTSSYSTEM, in Verfolgung der METHODE und unter Beobachtung des HANDBUCHS ausüben, die von Zeit zu Zeit durch schriftliche Konkretisierungen und Weisungen des FRANCHISEGEBERS ergänzt werden.

(2) Der FRANCHISENEHMER wird ohne die vorherige schriftliche Erlaubnis des FRANCHISEGEBERS nichts unternehmen und nichts versuchen, was über die METHODE und das HANDBUCH hinausgeht oder nicht damit übereinstimmt.

(3) Der FRANCHISENEHMER wird unverzüglich auf Verlangen des FRANCHISEGEBERS allfällige Änderungen der METHODE umsetzen.

(4) Der FRANCHISENEHMER erkennt ausdrücklich an, daß solche Übereinstimmung unabdingbar und von wesentlicher Bedeutung ist, und zwar sowohl für die erfolgreiche Durchführung des FRANCHISEGESCHÄFTS wie für den angemessenen Schutz der IMMATERIALGÜTERRECHTE und insbesondere für den GOODWILL des GESCHÄFTSSYSTEMS, des HANDELSNAMENS und der METHODE.

3.2 BESTES BEMÜHEN UND WOHLVERHALTEN[58]
(1) Der FRANCHISENEHMER wird sich nach Kräften darum bemühen, die VERTRAGSWARE zu verkaufen und die DIENSTLEISTUNGEN zu erbringen sowie die Mindestausstattung der VERTRAGSWARE im Angebot zu haben, so wie dies im HANDBUCH festgelegt ist, und die Bestellungen der VERTRAGSWARE rechtzeitig im voraus vorzunehmen, um so den MINDESTUMSATZ zu erzielen.

(2) Der FRANCHISENEHMER wird bei der Führung des FRANCHISEGESCHÄFTS alle darauf anwendbaren und einschlägigen Gesetze, Verordnungen und Vorschriften beachten, die von den zuständigen Behörden erlassen sind.

(3) Der FRANCHISENEHMER wird prompt alle Lieferanten des FRANCHISEGESCHÄFTS nach Maßgabe ihrer Zahlungsbedingungen bezahlen.

(4) Der FRANCHISENEHMER wird den Anordnungen und Weisungen des FRANCHISEGEBERS Folge leisten bzw. bei Fehlen solcher Anordnungen und Weisungen bezüglich irgendwelcher besonderer Fragen so handeln, wie es bei vernünftiger Überlegung im wohlverstandenen Interesse des FRANCHISEGEBERS liegen sollte.

(5) Der FRANCHISENEHMER wird den mit der METHODE verbundenen GOODWILL während der VERTRAGSLAUFZEIT schützen und fördern.

3.3 STELLUNG ALS SELBSTÄNDIGER UNTERNEHMER UND LIZENZNEHMER[59]

(1) Der FRANCHISENEHMER wird sich nicht als Agent oder Vertreter des FRANCHISEGEBERS darstellen oder gerieren, es sei denn, daß ihn der FRANCHISEGEBER in besonderen Fällen hierzu ausdrücklich bevollmächtigt hat.

(2) In seinem geschäftlichen Schriftverkehr und bei seinem sonstigen geschäftlichen Auftreten im unmittelbaren oder mittelbaren Zusammenhang mit dem Verkauf von oder anderen Geschäften über VERTRAGSWARE oder DIENSTLEISTUNGEN wird der FRANCHISENEHMER klar deutlich machen, daß er als selbständiger Unternehmer handelt.

(3) Der FRANCHISENEHMER wird an Orten, die der FRANCHISEGEBER von Zeit zu Zeit schriftlich festlegt, darauf hinweisen, daß das FRANCHISEGESCHÄFT unter Lizenz des FRANCHISEGEBERS geführt wird und von diesem getrennt ist.

(4) Der FRANCHISENEHMER wird sicherstellen, daß alle Preisangaben, Bestellungen, Rechnungen, Werbemittel und Anzeigen einen Hinweis darauf enthalten, daß das FRANCHISEGESCHÄFT unter Lizenz vom FRANCHISEGEBER geführt wird, und weitere entsprechende Informationen veranlassen, die der FRANCHISEGEBER für notwendig erachtet, um Dritte davon in Kenntnis zu setzen, daß er nicht für Handlungen, Schulden oder Fehlverhalten des FRANCHISENEHMERS haftbar gemacht werden kann.

3.4 WERBUNG FÜR DAS FRANCHISEGESCHÄFT[60]

(1) Der FRANCHISENEHMER wird emsig Werbung betreiben und alles in seiner Macht Stehende tun, um das FRANCHISEGESCHÄFT auszubauen, und zwar durch Anzeigen, Hinweisschilder, Eintragungen in Telephonbücher und Händlerverzeichnisse oder durch andere Werbemittel, die vom FRANCHISEGEBER, wie im Handbuch vorgesehen, gebilligt sind.

(2) Der FRANCHISENEHMER wird an bestehende und mögliche Kunden das vom FRANCHISEGEBER zur Verfügung gestellte Werbematerial für die örtliche Werbung in möglichst wirksamer Weise zur Verteilung bringen. Er wird für die örtliche Werbung nicht weniger als 10% (zehn Prozent) des BRUTTOUMSATZES seines FRANCHISEGESCHÄFTS zwischen zwei Abrechnungstagen einsetzen.

(3) Der FRANCHISENEHMER wird zudem mit dem FRANCHISEGEBER und mit anderen FRANCHISENEHMERN bei Werbefeldzügen, Verkaufswerbungsprogrammen und anderen besonderen Werbeaktionen, die vom FRANCHISEGEBER angestrengt werden, zusammenarbeiten.

(4) Der FRANCHISENEHMER wird an den Zahltagen die Werbebeiträge für die allgemeine Systemwerbung zahlen, die der FRANCHISEGEBERS für das GESCHÄFTSSYSTEM, die VERTRAGSWARE und die Dienstleistungen betreibt. Der Werbebeitrag beläuft sich auf 1% (ein Prozent) des BRUTTOUMSATZES des FRANCHISEGESCHÄFTS des FRANCHISENEHMERS.

3.5 HÖCHSTPREISE[61]

Der FRANCHISENEHMER wird nicht mit Preisen werben noch den Kunden Preise berechnen, die über die vom FRANCHISEGEBER im HANDBUCH von Zeit zu Zeit festgesetzten Höchstpreise hinausgehen, wobei dem FRANCHISENEHMER zu jedem Zeitpunkt innerhalb der VERTRAGSZEIT vorbehalten bleibt, der Kundschaft geringere als solche Höchstpreise zu berechnen.

3.6 VERSICHERUNG[62]

Der FRANCHISENEHMER soll eine Versicherung oder mehrere Versicherungen abschließen und laufend vollumfänglich aufrechterhalten, um seine allgemeine Haftpflicht für Personen- und Sachschäden abzudecken. Dabei sollen die Risikogrenzen und die Versicherungsbestimmungen den Vorgaben entsprechen, die der FRANCHISEGEBER von Zeit zu Zeit verlangt.

3.7 GESCHÄFTSAUSSTATTUNG UND AUFTRETEN[63]

(1) Der FRANCHISENEHMER wird sicherstellen, daß das gesamte Personal, das für die Führung des FRANCHISEGESCHÄFTS angestellt ist, die Geschäftsausstattung in Übereinstimmung mit den Bestimmungen des HANDBUCHS oder in der vom FRANCHISEGEBER verlangten Weise benutzt, stets einen netten und sauberen Eindruck macht und einen fachkundigen, sachlichen und höflichen Kundendienst nach Maßgabe der im HANDBUCH festgelegten Modalitäten bietet.

(2) Der FRANCHISENEHMER wird den STANDORT und die Einrichtungsgegenstände in einem guten Pflegezustand erhalten und die Ausstattungsgegenstände notfalls ersetzen und erneuern.

(3) Der FRANCHISENEHMER wird das Grundstück und den STANDORT in einem guten, sauberen und hygienisch einwandfreien Zustand erhalten.

(4) Der FRANCHISENEHMER wird dem FRANCHISEGEBER oder von diesem ermächtigten Vertretern gestatten, Prüfungen und Untersuchungen durchzuführen, die sie für notwendig erachten, um sich der Einhaltung der Bestimmungen dieses Vertrages zu vergewissern.

(5) Der FRANCHISENEHMER wird sicherstellen, daß er oder seine Angestellten bei solchen Prüfungen und Untersuchungen loyal zusammenarbeiten.

3.8 MINDESTÖFFNUNGSZEITEN

Der FRANCHISENEHMER wird folgende Mindestöffnungszeiten beim Betrieb des FRANCHISEGESCHÄFTS einhalten:
montags bis einschließlich freitags (außer an gesetzlichen Feiertagen) 8 (acht) Stunden (*oder andere Geschäftsöffnungszeiten, die im Gebiet des STANDORTES üblich sind*).

3.9 SCHULUNGSMASSNAHMEN[64]

(1) Der FRANCHISENEHMER wird das FRANCHISEGESCHÄFT nicht eröffnen, ohne sich vorher den vom FRANCHISEGEBER veranstalteten Schulungsmaßnahmen unterzogen zu haben und von ihm als sachkundig anerkannt worden zu sein.

(2) Der FRANCHISENEHMER wird keiner Person erlauben, im FRANCHISEGESCHÄFT tätig zu sein oder auszuhelfen, es sei denn, daß diese Person die vom FRANCHISEGEBER veranstalteten Schulungsmaßnahmen erfahren hat und von ihm als sachkundig anerkannt worden ist.

(3) Der FRANCHISENEHMER wird Reisekosten und Tagegelder für sich und seine Angestellten – für letztere auch die Gehaltsweiterzahlung – während der Schulungsmaßnahmen bezahlen. Gleichfalls bezahlt der FRANCHISENEHMER die vom FRANCHISEGEBER verlangten Gebühren für die von Zeit zu Zeit stattfindenden Schulungsmaßnahmen. Allerdings sind die ersten Schulungsmaßnahmen kostenfrei; auch kann der FRANCHISEGEBER später weitere Schulungsmaßnahmen kostenfrei anbieten.

(4) Der FRANCHISENEHMER wird sicherstellen, daß auch dasjenige Personal, das sich keinen Schulungsmaßnahmen des FRANCHISEGEBERS nach Maßgabe dieses Vertrages unterzogen hat, in dem GESCHÄFTSSYSTEM angemessen und zur Zufriedenheit des FRANCHISEGEBERS geschult ist, wo dies für die Erfüllung der Pflichten erforderlich ist.

3.10 SCHUTZ VON IMMATERIALGÜTERRECHTEN[65]

(1) Der FRANCHISENEHMER wird nichts unternehmen, verursachen oder erlauben, was die IMMATERIALGÜTERRECHTE des FRANCHISEGEBERS beeinträchtigt, schädigt oder bedroht, noch wird er anderen Personen dabei helfen oder dies gestatten.

(2) Der FRANCHISENEHMER wird den FRANCHISEGEBER von jedem Verdacht einer Verletzung von IMMATERIALGÜTERRECHTEN des FRANCHISEGEBERS in Kenntnis setzen und die geeigneten Maßnahmen treffen, die vom FRANCHISEGEBER bezüglich solcher Verletzungen angeleitet werden.

(3) Der FRANCHISENEHMER wird auf der Vertragsware, den Verpackungen und den Werbemitteln des FRANCHISEGESCHÄFTS entsprechende Hinweise auf Anordnung des FRANCHISEGEBERS anbringen.

(4) Der FRANCHISENEHMER wird den FRANCHISEGEBER für jede Benutzung von IMMATERIALGÜTERRECHTEN entschädigen, die nicht mit diesem Vertrag in Übereinstimmung steht.

(5) Der FRANCHISENEHMER wird den FRANCHISEGEBER von jeder Haftung freihalten, die aus Schädigungen Dritter durch die Benutzung von IMMATERIALGÜTERRECHTEN außerhalb der Grenzen dieses Vertrages entsteht.

(6) Der FRANCHISENEHMER wird die Herkunftsangaben, die der FRANCHISEGEBER gegebenenfalls an den VERTRAGSWAREN anbringt, unangetastet lassen.

3.11 GEHEIMHALTUNGSPFLICHT[66]

(1) Der FRANCHISENEHMER wird zu keiner Zeit, weder während noch nach der VERTRAGSLAUFZEIT, irgendwelche Bestandteile des GESCHÄFTSSYSTEMS, des KNOW-HOW, der BETRIEBS- und GESCHÄFTSGEHEIMNISSE oder anderer vertraulichen Informationen irgendwelchen Personen offenbaren, es sei denn, daß diese eine Geheimhaltungsverpflichtung in der vom FRANCHISEGEBER gebilligten Form unterschrieben haben.

(2) Der FRANCHISENEHMER wird keiner Person erlauben, im FRANCHISEGESCHÄFT tätig zu sein oder auszuhelfen, sofern sie nicht eine solche Geheimhaltungsverpflichtung unterschrieben hat.

(3) Der FRANCHISENEHMER wird keinerlei vertrauliche Informationen, die ihm vom FRANCHISEGEBER auf der Grundlage dieses Vertrages gegeben wurden, für andere Zwecke als solche des FRANCHISEGESCHÄFTS verwenden. Nach der Beendigung der Vertragslaufzeit endet diese Geheimhaltungspflicht, wenn die vertraulichen Informationen allgemein bekannt oder leicht zugänglich werden, es sei denn letzteres geschieht aufgrund eines Vertragsbruchs durch den FRANCHISENEHMER.

3.12 WETTBEWERBSVERBOT[67–69]

(1) Der FRANCHISENEHMER wird nur vom FRANCHISEGEBER gelieferte VERTRAGSWAREN verkaufen bzw. bei der Erbringung seiner Dienstleistungen verwenden.

(2) Der FRANCHISENEHMER wird keinerlei Waren, die mit den vom FRANCHISEGEBER gelieferten VERTRAGSWAREN konkurrieren, verkaufen oder im Zuge seiner DIENSTLEISTUNGEN verwenden.

(3) Der FRANCHISENEHMER wird ausschließlich Ersatzteile und Zubehör, das den Mindestqualitätsanforderungen nach Maßgabe des HANDBUCHS entspricht, verkaufen oder im Zuge seiner DIENSTLEISTUNGEN verwenden.

(4) Der FRANCHISENEHMER wird weder während der VERTRAGSLAUFZEIT noch während einer Zeit von 12 (zwölf) Monaten danach irgendein Geschäft betreiben noch sich daran direkt oder indirekt beteiligen, das mit dem Vertrieb von Waren oder der Erbringung von DIENSTLEISTUNGEN beschäftigt ist, die den VERTRAGSWAREN oder den DIENSTLEISTUNGEN des GESCHÄFTSSYSTEMS ähnlich sind. Hierfür gilt eine Schutzzone von 5 (fünf) Meilen im Umkreis vom STANDORT.

3.13 BETEILIGUNGEN AN KONKURRENZUNTERNEHMEN[70]

Der FRANCHISENEHMER wird keine Beteiligungen an einem Konkurrenzunternehmen erwerben, die ihm eine Einflußnahme auf das wirtschaftliche Verhalten eines solchen Unternehmens verschaffen können.

3.14 KUNDENBINDUNGEN[71]

(1) Der FRANCHISENEHMER wird die VERTRAGSWARE nur an Endverbraucher oder an andere FRANCHISENEHMER des FRANCHISEGEBERS sowie an Wiederverkäufer in anderen vom FRANCHISEGEBER bedienten Vertriebskanälen veräußern.

(2) Der FRANCHISENEHMER wird für die VERTRAGSWAREN oder DEINSTLEISTUNGEN keine Kundschaft außerhalb des VERTRAGSGEBIETS aktiv werben.

3.15 STANDORT[72,73,74]

(1) Der FRANCHISENEHMER wird nicht ohne die schriftliche Erlaubnis des FRANCHISEGEBERS den STANDORT des FRANCHISEGESCHÄFTS verlegen.

(2) Der FRANCHISENEHMER wird kein anderes Geschäft am STANDORT führen. Er wird auch nicht erlauben, daß ein anderes Geschäft am STANDORT geführt wird. Ferner wird er nicht den Gegenstand und die Reichweite des FRANCHISEGESCHÄFTS ausdehnen.

(3) Der FRANCHISENEHMER wird das FRANCHISEGESCHÄFT als Ganzes oder Teile davon nicht an einem anderen Ort als dem vertraglich vereinbarten STANDORT ausüben, es sei denn, es liegt eine anderweitige schriftliche Erklärung des FRANCHISEGEBERS vor.

3.16 VERKAUFSBERICHTE UND RÜCKMELDUNGEN[75]

(1) Bei der Bezahlung der LAUFENDEN FRANCHISEGEBÜHREN wird der FRANCHISENEHMER den FRANCHISEGEBER mit regelmäßigen Verkaufsberichten und zusätzlichen Informationen in der vom FRANCHISEGEBER im HANDBUCH zum FRANCHISEGESCHÄFT verlangten Form versorgen.

(2) Der FRANCHISENEHMER wird dem FRANCHISEGEBER seine in dem FRANCHISEGESCHÄFT gewonnenen Erfahrungen mitteilen, die zu einer Verbesserung der METHODE führen können. Er wird auch dem FRANCHISEGEBER und anderen FRANCHISENEHMERN des SYSTEMS kostenlos nicht ausschließliche Nutzungsrechte für solche Verbesserungen einräumen.

3.17 KUNDENLISTE[76]

Der FRANCHISENEHMER wird eine vertrauliche und geheime Liste der gegenwärtigen und potentiellen Kunden für die VERTRAGSWARE und die DIENSTLEISTUNGEN des FRANCHISEGESCHÄFT führen und dem FRANCHISEGEBER auf dessen Verlangen hiervon eine Kopie zur Verfügung stellen.

3.18 ZAHLUNGEN[77]

Der FRANCHISENEHMER wird an den FRANCHISEGEBER ohne vorherige Anforderung, ohne Abzüge und ohne Aufrechnungserklärung an den vorgesehenen ZAHLTAGEN die folgenden Zahlungen leisten (wobei die fristgerechte Zahlung vertragswesentlich ist):

(1) Die EINTRITTSGEBÜHR, die die einführenden Schulungsmaßnahmen, die Einführungswerbung bei Eröffnung des FRANCHISEGESCHÄFTS am STANDORT im VERTRAGSGEBIET sowie die Versorgung mit Einrichtungsgegenständen und anderen Materialien gemäß dem HANDBUCH abdeckt.

(2) Den WERBEBEITRAG und die LAUFENDEN FRANCHISEGEBÜHREN.

(3) Die MINDESTGEBÜHR.

(4) Die VERSICHERUNGSPRÄMIE.

3.19 AUFRECHNUNGSVERBOT[78]

Der FRANCHISENEHMER wird gegenüber Forderungen des FRANCHISEGEBERS aus der Lieferung von VERTRAGSWARE keinesfalls die Aufrechnung mit eigenen Forderungen erklären.

3.20 Buchführung und Rechnungsprüfung[79]

(1) Der FRANCHISENEHMER wird eine ordentliche und übersichtliche Aufbewahrung von Unterlagen und Führung von Büchern hinsichtlich der gelieferten VERTRAGSWARE und der erbrachten DIENSTLEISTUNGEN sowie der Führung des FRANCHISEGESCHÄFTS durchführen, sowie es im VERTRAGSGEBIET den Grundsätzen ordnungsgemäßer Buchführung entspricht.

(2) Der FRANCHISENEHMER wird sich einer Prüfung der Buchführung durch vereidigte Wirtschaftsprüfer einmal jährlich während der Vertragslaufzeit unterziehen.

(3) Der FRANCHISENEHMER wird innerhalb von 90 (neunzig) Tagen nach dem Abrechnungstag den Prüfungsbericht der vereidigten Buchprüfer in Kopie an den FRANCHISEGEBER übermitteln.

3.21 KONTROLLE DER GESCHÄFTSBÜCHER UND DES GESCHÄFTSLOKALS[80]

Der FRANCHISENEHMER wird zu allen vernünftigen Zeiten dem FRANCHISEGEBER das Betreten des Geschäftslokals oder anderer im Zusammenhang mit dem FRANCHISEGESCHÄFT benutzter Grundstücke erlauben, um eine Kontrolle der Geschäftsbücher und des Geschäftslokals vorzunehmen.

3.22 SCHADENSFREIHALTUNG[81]

(1) Der FRANCHISENEHMER wird den FRANCHISEGEBER von allen Ansprüchen freihalten, seien diese tatsächlich oder nur vorgeblich erhoben, seien diese strafrechtlicher oder zivilrechtlicher Natur, sowie ihn von allen Gerichtskosten und Anwaltskosten freihalten, soweit solche Ansprüche bzw. Kosten mit der Gründung und dem Betrieb des FRANCHISEGESCHÄFTS durch den FRANCHISENEHMER zusammenhängen.

(2) Der FRANCHISENEHMER wird den FRANCHISEGEBER ferner von allen Verlusten, Schäden und Haftungen sowie von Gerichts- und Anwaltskosten freihalten, denen der FRANCHISEGEBER ausgesetzt ist und die auf einem Fehlverhalten des FRANCHISENEHMERS oder seiner Angestellten oder seiner Kunden im Zusammenhang mit dem FRANCHISEGESCHÄFT oder dem STANDORT beruhen.

3.23 ÜBERTRAGUNG[82]

Der FRANCHISENEHMER wird ohne die schriftliche Erlaubnis des FRANCHISEGEBERS keinerlei Rechte aus diesem Vertrag übertragen, belasten oder in sonstiger Weise darüber verfügen.

4. PFLICHTEN DES FRANCHISEGEBERS[83]

4.1 KEINE BEEINTRÄCHTIGENDE ABWEICHUNG[84]

Der FRANCHISEGEBER wird von der Lizenzgewährung nach der Klausel Nr. 2 (zwei) dieses Vertrages keine beeinträchtigenden Abweichungen vornehmen.

4.2 EXKLUSIVES VERTRAGSGEBIET[85]

(1) Der FRANCHISEGEBER wird weder selbst ein FRANCHISEGESCHÄFT eröffnen, noch das Recht hierzu einer anderen Person übertragen. Er wird auch nicht die teilweise Benutzung der IMMATERIALGÜTERRECHTE oder anderer kennzeichnenden und charakteristischen Materialien und Werbeformen erlauben, die Bestandteil der METHODE und des GESCHÄFTSSYSTEMS im VERTRAGSGEBIET sind.

(2) Der FRANCHISEGEBER wird keine Güter an Dritte im VERTRAGSGEBIET liefern.

4.3 EINRICHTUNG UND AUSSTATTUNG[86]

Der FRANCHISEGEBER wird den FRANCHISENEHMER in allen Fragen im Zusammenhang mit der Einrichtung und Ausstattung des FRANCHISEGESCHÄFTS beraten.

5. Franchise Agreement (Englischer Franchisevertrag) II.5

Dies schließt Fragen der Gestaltung und Verschönerung des Geschäftslokals, der angemessenen Geschäftseinrichtung und Möblierung ein. Der FRANCHISEGEBER wird den FRANCHISENEHMER rechtzeitig vor Eröffnung des FRANCHISEGESCHÄFTS mit Einrichtung und Ausstattungsgegenständen versorgen, wie dies im HANDBUCH vorgesehen ist.

4.4 EINFÜHRENDE SCHULUNGSMASSNAHMEN[87]

(1) Der FRANCHISEGEBER wird innerhalb von 30 (dreißig) Tagen ab dem DATUM dieses Vertrages kostenlose Schulungsmaßnahmen in der METHODE des GESCHÄFTSSYSTEMS durchführen. Dies ist für den FRANCHISENEHMER und für bis zu 5 (fünf) Personen bestimmt, die diese einführende Schulungsmaßnahmen erfahren sollen.

(2) Der FRANCHISENEHMER wird in Abstimmung mit dem FRANCHISEGEBER bestimmen, welche seiner Angestellten die einführenden Schulungsmaßnahmen für das GESCHÄFTSSYSTEM erfahren sollen.

(3) Diese einführenden Schulungsmaßnahmen sollen an einem vom FRANCHISEGEBER ausgewählten Ort stattfinden. Ihre Länge und Dauer sollen vom FRANCHISEGEBER nach Maßgabe des HANDBUCHS festgelegt werden.

4.5 EINFÜHRUNGSWERBUNG[88]

Der FRANCHISEGEBER wird rechtzeitig vor dem Anfangszeitpunkt des FRANCHISEGESCHÄFTS und dem DATUM der Eröffnung eine Einführungswerbung veranstalten. Er wird hierfür Zeitungen, Magazine, Radio, Fernsehen und andere Medien einsetzen, die ihm geeignet erscheinen, und dafür einen Geldbetrag von nicht weniger als ...... (*Angabe des genauen Betrags*) einsetzen.

4.6 ALLGEMEINE WERBEMASSNAHMEN[89]

(1) Der FRANCHISEGEBER wird den HANDELSNAMEN sowie die METHODE in Zeitungen, Magazinen, Radio, Fernsehen und anderen Medien in Absprache mit dem FRANCHISENEHMER und anderen FRANCHISENEHMERN fördern.

(2) Zu diesem Zweck wird der FRANCHISEGEBER den WERBEBEITRAG, den der FRANCHISENEHMER und andere FRANCHISENEHMER dem FRANCHISEGEBER in den WERBEFOND bezahlt haben, auf einem speziellen Bankkonto allein für diesen Zweck treuhänderisch verwalten.

(3) Er wird jährlich dem FRANCHISENEHMER eine geprüfte Rechnungslegung über die Einnahmen und Ausgaben des WERBEFONDS unterbreiten.

4.7 UNTERSTÜTZUNG BEI WERBEMASSNAHMEN[90]

Der FRANCHISEGEBER wird dem FRANCHISENEHMER kostenfrei Materialien für seine Werbemaßnahmen vor Ort zur Verfügung stellen, damit diese an die Kundschaft ausgeteilt werden können. Diese Materialien werden auch die Anschriften und Telephonnummern anderer FRANCHISEGESCHÄFTE und FRANCHISENEHMER enthalten.

4.8 BESTANDSGARANTIE FÜR IMMATERIALGÜTERRECHTE[91]

(1) Der FRANCHISEGEBER garantiert, daß er Inhaber der IMMATERIALGÜTERRECHTE ist oder daß er vom Inhaber ermächtigt ist, eine Lizenz zu gewähren.

(2) Der FRANCHISEGEBER wird die IMMATERIALGÜTERRECHTE während der VERTRAGSLAUFZEIT aufrechterhalten und nichts veranlassen oder erlauben, das diese IMMATERIALGÜTERRECHTE beeinträchtigt oder gefährdet.

4.9 RAT UND TAT[92]

(1) Der FRANCHISEGEBER wird den FRANCHISENEHMER ständig beraten und ihn an seinem Wissen und seiner Erfahrung in Zusammenhang mit allen Fragen der METHODE und des GESCHÄFTSSYSTEMS teilhaben lassen.

(2) Der FRANCHISEGEBER wird den FRANCHISENEHMER in seinem Bemühen unterstützen, die Probleme, die bei der Führung des FRANCHISEGESCHÄFTS auftreten können, zu bewältigen.

(3) Der FRANCHISEGEBER wird dem FRANCHISENEHMER so schnell wie vernünftigerweise möglich sachkundige Fachleute verfügbar machen, die ihm mit Rat und Tat zur Seite stehen können, soweit es dem FRANCHISENEHMER notwendig erscheinen mag.

(4) Der FRANCHISENEHMER soll für alle Auslagen des Personals des FRANCHISEGEBERS für Reisen zwischen der Zentrale und dem STANDORT verantwortlich sein. Er soll für das Beratungspersonal den üblichen Stundensatz zahlen, wie er im HANDBUCH für die Gebühren und Auslagen externer Sachverständigen vorgesehen ist.

4.10 METHODE, HANDBUCH UND WEITERE SCHULUNG[93]

(1) Der FRANCHISEGEBER wird die METHODE ständig verbessern und weiterentwickeln.

(2) Der FRANCHISEGEBER wird das HANDBUCH von Zeit zu Zeit auf den neuesten Stand bringen.

(3) Der FRANCHISEGEBER behält sich das ausschließliche Recht an der METHODE und an allen ihren Bestandteilen vor. Dies schließt ohne Einschränkungen alle Verbesserungen und Veränderungen der METHODE ein und erfaßt auch WERBEMATERIALEN, Slogans und dergleichen, die von Zeit zu Zeit zur Verbreitung der METHODE eingesetzt werden.

(4) Der FRANCHISEGEBER behält sich auch das ausschließliche Recht dazu vor, irgendwelche Erweiterungen und Veränderungen der METHODE einschließlich der Erneuerung oder Ersetzung von IMMATERIALGÜTERRECHTEN vorzunehmen, wenn es ihm von Zeit zu Zeit erforderlich erscheint, die METHODE zu fördern und zu verbessern sowie das HANDBUCH dementsprechend zu ergänzen und zu überarbeiten.

(5) Der FRANCHISEGEBER wird den FRANCHISENEHMER und andere Personen, die mit der Führung des FRANCHISEGESCHÄFTS betraut sind, von Zeit zu Zeit kostenfrei mit weiteren Schulungsmaßnahmen versorgen, wenn es ihm von Zeit zu Zeit erforderlich erscheint, um Verbesserungen und Weiterentwicklungen der METHODE durchzusetzen.

4.11 UNTERSTÜTZUNG UND INFORMATION[94]

(1) Der FRANCHISEGEBER wird dem FRANCHISENEHMER jede Unterstützung und Information verfügbar machen, die er nach dem HANDBUCH auch anderen FRANCHISENEHMERN verfügbar macht.

(2) Der FRANCHISEGEBER wird den FRANCHISENEHMER in seinen Bemühungen zur Förderung des FRANCHISEGESCHÄFTS unterstützen und ihm insbesondere auf eigene Kosten Muster von VERTRAGSWARE zur Verfügung stellen, ihn rechtzeitig mit den neuesten Nachrichten über die VERTRAGSWARE versorgen und ihn von sämtlichen Verbesserungen der METHODE unterrichten, die der FRANCHISEGEBER billigt und sich zu eigen macht.

4.12 VERSORGUNG MIT VERTRAGSWARE[95]

(1) Der FRANCHISEGEBER wird – vorbehaltlich der Erhältlichkeit – den FRANCHISEGEBER mit VERTRAGSWARE versorgen, die allen behördlichen Anforderungen und Vorgaben entspricht, und zwar zu Preisen, die der FRANCHISEGEBER dem FRANCHISENEHMER bekannt gibt.

(2) Der FRANCHISEGEBER behält sich die Macht vor, irgendwelche Bestellungen des FRANCHISENEHMERS zurückzuweisen und die Spezifikation sowie den Preis der VERTRAGSWARE oder der DIENSTLEISTUNGEN zu ändern.

4.13 DRITTLIEFERANTEN[96]

(1) Der FRANCHISEGEBER wird den FRANCHISENEHMER darin unterstützen, Lieferungen und Leistungen sowie Ausstattungsgegenstände von dritter Seite in Ergänzung zu den Lieferungen des FRANCHISEGEBERS für den Beginn und die Durchführung des FRANCHISEGESCHÄFTS zu besorgen.

(2) Der FRANCHISEGEBER wird soweit wie möglich mit Drittlieferanten Rabatte über derartige Lieferungen zugunsten des FRANCHISENEHMERS aushandeln und erstreben.

5. Franchise Agreement (Englischer Franchisevertrag)

(3) Der FRANCHISEGEBER wird an den FRANCHISENEHMER sämtliche von Drittlieferanten eingeräumte Rabatte weitergeben.

4.14 VARIABLE KREDITLINIE[97]

(1) Der FRANCHISEGEBER wird – unter der Voraussetzung der Vertragstreue des FRANCHISENEHMERS hinsichtlich all seiner Verpflichtungen – dem FRANCHISENEHMER Kredit in Übereinstimmung mit der KREDITLINIE einräumen.

(2) Der FRANCHISEGEBER wird diese KREDITLINIE vierteljährlich überprüfen und erweitern nach Maßgabe des Verhältnisses, in dem sich der Bruttoumsatz der VERTRAGSWARE oder DIENSTLEISTUNGEN des FRANCHISENEHMERS gegenüber der letzten Überprüfung erhöht hat.

4.15 KEINE DISKRIMINIERUNG VON FRANCHISENEHMERN[98]

Der FRANCHISEGEBER wird dem FRANCHISENEHMER sämtliche DIENSTLEISTUNGEN und Vergünstigungen verfügbar machen wie allen anderen FRANCHISENEHMERN auch. Dies schließt Verbesserungen der METHODE und des GESCHÄFTSSYSTEMS ein.

4.16 SCHADENSFREIHALTUNG[99,100]

Der FRANCHISEGEBER wird den FRANCHISENEHMER von allen Verlusten, Schäden oder Haftungen sowie von Gerichts- und Anwaltsgebühren freihalten, denen der FRANCHISENEHMER im Zuge der Durchführung des FRANCHISEGESCHÄFTS aufgrund des Fehlverhaltens des FRANCHISEGEBERS oder seiner Angestellten ausgesetzt ist.

4.17 HAFTPFLICHTVERSICHERUNG[101]

(1) Der FRANCHISEGEBER wird auf eigene Kosten eine umfassende und spezifische Versicherung mit einem namhaften Versicherungsunternehmen im Vereinigten Königreich abschließen, um seine Haftpflicht für Fehlverhalten abzudecken, die nach der vorstehenden Klausel zu einem Freihaltungsanspruch des FRANCHISENEHMERS führen kann.

(2) Der FRANCHISEGEBER wird für eine Mindestdeckung pro Anspruch bei der Versicherung in Höhe von 5000.000 (fünf Millionen) WÄHRUNG am Abrechnungstag sorgen und diese Deckungssumme nach Maßgabe der Erhöhungsrate des Einzelhandelspreisindexes im Vereinigten Königreich anheben.

5. VERTRAGSBEENDIGUNG UND VERTRAGSABWICKLUNG[102,103,104]

5.1 VERTRAGSBEENDIGUNG

Dieser Vertrag soll enden:
(1) bei VERTRAGSENDE,
(2) wenn eine der Parteien der anderen nach der VERTRAGSLAUFZEIT mit einer KÜNDIGUNGSFRIST mit einem Jahr die Kündigung erklärt,
(3) im Falle der AUFTRAGSSCHWÄCHE, wobei allerdings dem FRANCHISEGEBER die Entscheidung vorbehalten bleibt, eine Fortsetzung des Vertrags zu verlangen,
(4) im Falle SCHWERWIEGENDER VERTRAGSVERLETZUNG, wobei allerdings dem FRANCHISEGEBER vorbehalten bleibt, auf eine Geltendmachung des Vertragsbruches zu verzichten,
(5) im Fall, daß der FRANCHISEGEBER oder der FRANCHISENEHMER – gezwungenermaßen oder freiwillig – zahlungsunfähig wird, wobei allerdings dem FRANCHISENEHMER wie dem FRANCHISEGEBER die Entscheidung darüber vorbehalten bleibt, eine Fortsetzung dieses Vertrages zu verlangen,
(6) falls irgendeine wesentliche Änderung in der Geschäftsführung oder bei den Anteilseignern des FRANCHISEGESCHÄFTS eintritt, insbesondere etwa eine Änderung der Direktoren oder Teilhaber des FRANCHISENEHMERS, wobei allerdings dem FRANCHISEGEBER die Entscheidung darüber vorbehalten bleibt, daß er den Vertrag fortsetzen kann.

5.2 ABMAHNUNG

Im Falle eines Vertragsbruchs durch den FRANCHISENEHMER außerhalb der Fälle schwerwiegender Vertragsverletzungen soll der FRANCHISEGEBER ein Abmahnschreiben zustellen, das die Beseitigung bzw. Wiedergutmachung der Pflichtverletzung in einer im Abmahnschreiben vorgesehenen Zeit verlangt.

5.3 EINSETZUNG EINES MANAGEMENTS

Wann immer der FRANCHISEGEBER das Recht zur Beendigung dieses Vertrages hat, kann er die Kontrolle über das FRANCHISEGESCHÄFT an sich ziehen und ein Management selbst einsetzen, bis der Vertrag endgültig beendet wird.

5.4 ABWICKLUNGSFRAGEN

Bei Beendigung des Vertrags wird der FRANCHISENEHMER:
(1) sofort mit der Führung des FRANCHISEGESCHÄFTS aufhören,
(2) mit der gesamten Vertragsware in seiner Hand nach Maßgabe der Weisungen des FRANCHISEGEBERS verfahren,
(3) dem FRANCHISEGEBER sämtliche Muster und Werbemittel, die er im FRANCHISEGESCHÄFT benutzt hat, zurückgeben,
(4) auf Verlangen des FRANCHISEGEBERS eine Bestätigung darüber unterschreiben, daß er die Benutzung der IMMATERIALGÜTERRECHTE beendet,
(5) dem FRANCHISEGEBER alle Originale und Kopien sämtlicher Dokumente und Informationen zurückgeben, die in irgendeiner Form Bestandteile der IMMATERIALGÜTERRECHTE betreffen,
(6) den STANDORT räumen.

5.5 FINANZIELLE ABWICKLUNG

30 (dreißig) Tage nach Erhalt des Kündigungsschreibens wird der FRANCHISENEHMER dem FRANCHISEGEBER eine vollständige und genaue Auflistung seines Warenbestandes einreichen, die Schätzungen des Umsatzes des FRANCHISEGESCHÄFTS zum DATUM der Kündigung enthält. Der FRANCHISENEHMER wird spätestens 60 (sechzig) Tage nach diesem DATUM sämtliche noch offenen Forderungen des FRANCHISEGEBERS aus diesem Vertragsverhältnis begleichen.

6. SONSTIGE VORSCHRIFTEN

6.1 TOD ODER GESCHÄFTSUNFÄHIGKEIT[105]

(1) Im Falle des Todes des FRANCHISENEHMERS kann der FRANCHISEGEBER der Übertragung des FRANCHISEGESCHÄFTs an einen Erben des verstorbenen FRANCHISENEHMERS zustimmen.

(2) Im Falle des Todes des FRANCHISENEHMERS sollen dessen persönliche Vertreter innerhalb von 30 (dreißig) Tagen nach dem Tod den FRANCHISEGEBER von ihrer Absicht in Kenntnis setzen, das FRANCHISEGESCHÄFT weiterzuführen oder den Vertrag auf einen gesetzlichen oder testamentarischen Erben bzw. auf eine dritte Partei zu übertragen.

(3) Im Fall der Geschäftsunfähigkeit des FRANCHISENEHMERS zu irgendeiner Zeit oder im Falle des Todes des FRANCHISENEHMERS soll der FRANCHISEGEBER das Recht haben, Personal zur Überwachung der Führung des FRANCHISEGESCHÄFTS einzusetzen, um die zufriedenstellende Führung des FRANCHISEGESCHÄFTS, die Aufrechterhaltung des GOODWILL und des KNOW-HOW in Verbindung mit dem FRANCHISEGESCHÄFT sicherzustellen bis der FRANCHISENEHMER wieder einsatzfähig ist.

(4) Falls die Geschäftsunfähigkeit des FRANCHISENEHMERS länger als eine zusammenhängende Zeit von 90 (neunzig) Tagen dauert, kann der FRANCHISEGEBER vom FRANCHISENEHMER die Aufgabe des FRANCHISEGESCHÄFTS verlangen.

6.2 ÜBERTRAGUNGEN DES FRANCHISEGESCHÄFTS[106]

(1) Die Rechte und Pflichten des FRANCHISENEHMERS sind höchstpersönlich und dürfen nicht übertragen, abgetreten, zur Ausübung überlassen oder in irgendeiner anderen Weise zum Gegenstand von Verfügungen gemacht werden, sofern nicht eine vorherige schriftliche Einwilligung des FRANCHISEGEBERS vorliegt.

(2) Falls der FRANCHISENEHMER zu irgendeiner Zeit die Veräußerung, Übertragung, Abtretung, Überlassung oder sonstige Verfügung hinsichtlich des FRANCHISEGESCHÄFTS oder eines Teiles davon oder des STANDORTS oder eines Anteils davon beabsichtigt, soll er von dieser Absicht dem FRANCHISEGEBER unverzüglich Mitteilung machen und ihm schriftlich mit Fristsetzung das Angebot unterbreiten, das FRANCHISEGESCHÄFT an den FRANCHISEGEBER zu verkaufen.

6.3 DATENSCHUTZ[107]

Der FRANCHISEGEBER und der FRANCHISENEHMER verpflichten sich in gegenseitigem Einverständnis, keiner unbefugten Person irgendwelche Daten zugänglich zu machen, die dem Datenschutzgesetz von 1984 unterworfen sind. Sie verpflichten sich des weiteren in gegenseitigem Einvernehmen, die Anmeldung nach dem Datenschutzgesetz 1984 als „Datenbenutzer" oder „Computerbüro" zu beantragen.

6.4 Zinsen[108]

Alle Geldbeträge, die eine Vertragspartei einer anderen schuldet und nicht zum Datum der Fälligkeit bezahlt werden, sollen von einem Tag auf den anderen verzinsbar sein, und zwar zu einem jährlichen Zinssatz von . . . . . . Prozent.

6.5 HÖHERE GEWALT

Beide Vertragsparteien sollen von ihren jeweiligen Pflichten entlassen werden, wenn es zu einem nationalen Notstand, zum Kriegsausbruch, zu staatlichen Zwangsmaßnahmen kommt oder wenn irgendein anderes Ereignis außerhalb des Einflußbereichs der Parteien eintritt, das die Vertragsdurchführung unmöglich macht, wobei allerdings

(1) sämtliche fälligen Geldbeträge sofort an den FRANCHISEGEBER zu bezahlen sind und

(2) der FRANCHISENEHMER sofort die Weiterführung des FRANCHISEGESCHÄFTS einstellt,

(3) der FRANCHISEGEBER nicht zur weiteren Erbringung von DIENSTLEISTUNGEN oder zur Lieferung von VERTRAGSWARE nach Maßgabe des HANDBUCHS verpflichtet sein soll.

6.6 SALVATORISCHE KLAUSEL[109]

(1) Für den Fall, daß irgendeine Bestimmung dieses Vertrages von gerichtlicher oder anderweitig zuständiger behördlicher Seite für unwirksam, anfechtbar, nichtig oder aus anderen Gründen nicht durchsetzbar erklärt wird, sollen die Parteien diese Vertragsbestimmung in einer solchen vernünftigen Weise verbessern, daß die Absicht der Parteien in rechtlich einwandfreier Weise erreicht werden kann.

(2) Falls eine solche Verbesserung sich als undurchführbar erweisen sollte, soll die einschlägige Vertragsbestimmung aus dem Vertragszusammenhang herausgelöst werden und sollen die verbleibenden Bestimmungen wirksam und in Kraft bleiben, falls nicht der FRANCHISEGEBER entscheidet, daß hierdurch die ursprünglichen Vertragsabsichten der Parteien zunichte gemacht werden.

(3) Im letztgenannten Fall soll der FRANCHISEGEBER das Recht zur Beendigung dieses Vertrages mit einer Kündigungsfrist gegenüber dem FRANCHISENEHMER von 3 (drei) Monaten haben.

6.7 EIGENTUMSVORBEHALT[110]

(1) Die Vertragsware und sämtliche anderen Güter, die der FRANCHISEGEBER dem FRANCHINEHMER liefert, sollen im alleinigen Eigentum des FRANCHISEGEBERS als

rechtmäßiger Eigentümer bleiben, bis der fällige Rechnungsbetrag in voller Höhe vom FRANCHISENEHMER beglichen worden ist.

(2) Der FRANCHISENEHMER erkennt an, daß er sämtliche vorgenannten Waren und Güter als Treuhänder für den FRANCHISEGEBER in Besitz hat, bis sie an einen Käufer ausgeliefert werden.

6.8 RECHTSWAHL UND GERICHTSSTAND[111]

(1) Dieser Vertrag soll englischem Recht unterstehen.

(2) Irgendwelche gerichtlichen Auseinandersetzungen, die aus diesem Vertrag entstehen oder mit ihm in Verbindung stehen, sollen vor dem zuständigen Gericht in London ausgetragen werden.

Vertragsunterzeichnung am ....

Unterschrift des FRANCHISENEHMERS ....

als Zeugen ....

Vertragsunterzeichnung am ....

Unterschrift des FRANCHISEGEBERS ....

als Zeugen ....

Allgemeiner Literaturhinweis: Für das Verständnis der allgemeinen Grundlagen des Vertriebsrechts und der Besonderheiten der Vertriebsmethode des Franchising sei auf die umfassenden Darstellungen in *Martinek/Semler* (Hrsg.), Handbuch des Vertriebsrechts, 1996 (C. H. Beck-Verlag) hingewiesen.

Übersicht

	Seite
Sachverhalt	226
1. Allgemeine Standortfaktoren	226
2. Entwicklung des Franchising im Vereinigten Königreich	227
3. Marktzutrittsstrategie und Geschäftsstruktur	228
4. Das englische Franchiserecht im Überblick	230
5. Vorvertragliche Aufklärungs- und Offenbarungspflichten	232
6. Besonderheiten des Vertragsschlusses	234
7. Allgemeine Vertragsbedingungen	236
8. Eingeschränkter Grundsatz von Treu und Glauben	237
9. Vertragsauslegung	237
10. Wettbewerbsrechtliche Kontrolle von Franchiseverträgen nach nationalem Recht	238
11. EG-Kartellrecht und Franchising in England	240
12. Die Gruppenfreistellungsverordnung Nr. 4087/88 für Franchiseverträge	249
13. Parteien	253
14. Präambel (Recitals)	253
15. Definitionen	253
16. Abrechnungszeitpunkt (Accounting Reference Date)	254
17. Werbegebühr (Advertising Contribution)	254
18. Franchisegeschäft (Business)	254
19. Geschäftssystem (Business System)	254
20. Anfangszeitpunkt (Commencement Date)	255
21. Bedingungen des Vertrags (Conditions)	255
22. Urheberrechte (Copyright)	255
23. Kreditlinie (Credit Limit)	255
24. Geschäftstag (Date)	255
25. Muster und Modelle (Designs)	255
26. Eintrittsgebühr (Entry Fee)	255

5. Franchise Agreement (Englischer Franchisevertrag) — II.5

	Seite
27. Schwerwiegende Vertragsverstöße (Fundamental Breach)	256
28. Goodwill	256
29. Bruttoumsatz (Gross Turnover)	256
30. Versicherungsprämie (Insurance Premium)	256
31. Immaterialgüterrechte (Intellectual Property)	256
32. Know-how	257
33. Standort (Location)	257
34. Auftragsschwäche (Low Orders)	257
35. Handbuch (Manual)	257
36. Franchisekonzept (Method)	258
37. Mindestgebühr (Minimum Fee)	258
38. Mindestausstattung (Minimum Package)	258
39. Mindestumsatz (Minimum Performance)	258
40. Fristen (Notice Period)	259
41. Patente (Patents)	259
42. Zahltage (Payment Dates)	264
43. Erlaubte Geschäftsbezeichnung (Permitted Name)	264
44. Vertragsware (Products)	264
45. Werbefonds (Promotion Fond)	265
46. Laufende Franchisegebühren (Royalties)	265
47. Dienstleistungen (Services)	265
48. Vertragslaufzeit (Term)	265
49. Vertragsende (Termination Date)	266
50. Vertragsgebiet (Territory)	266
51. Handelsname (Trade Name)	266
52. Geschäftsausstattung (Trade Dress)	267
53. Warenzeichen und Dienstleistungsmarken (Trade Marks)	267
54. Betriebsgeheimnisse	268
55. Einräumung der Franchise	269
56. Pflichten des Franchisenehmers	269
57. System- und methodenkonformes Verhalten	269
58. Besteinsatzverpflichtung	269
59. Kennzeichnung als selbständiger Unternehmer und Lizenznehmer	270
60. Werbung	271
61. Preisempfehlungen	272
62. Versicherung	273
63. Kundenkontaktmodalitäten	273
64. Schulungsmaßnahmen	273
65. Schutz von Immaterialgüterrechten durch den Franchisenehmer	273
66. Geheimhaltungspflicht	274
67. Wettbewerbsverbote während der Vertragslaufzeit	275
68. Bezugsbindung und Mindestqualität	275
69. Nachvertragliches Konkurrenzverbot	276
70. Beteiligungsverbot an Konkurrenzunternehmen	278
71. Kundenbindungen	278
72. Standortklausel	279
73. Standortbindung	279
74. Keine andere Tätigkeit am Standort	279
75. Verkaufsberichte und Rückkoppelung	280
76. Kundenliste	280
77. Gebührenzahlungen	280
78. Aufrechnungsverbot (set-off)	281
79. Buchführung und Rechnungsprüfung	281
80. Kontrolle der Bücher und der Geschäftsräumlichkeiten	281
81. Haftungsfreistellung des Franchisegebers durch den Franchisenehmer	282
82. Übertragungsverbot	282
83. Pflichten des Franchisegebers	283
84. Keine Abweichung von der erteilten Franchise	283

	Seite
85. Gebietsschutz	283
86. Einrichtung und Ausstattung	284
87. Einweisungstraining des Franchisenehmers und seines Personals	284
88. Eröffnungswerbung	285
89. Allgemeine Systemwerbung	285
90. Unterstützung bei Werbemaßnahmen	285
91. Bestandsgarantie für Immaterialgüterrechte	285
92. Betriebsförderung	286
93. Methode, Handbuch und weitere Schulung	286
94. Laufende Unterstützung und Information	287
95. Versorgung mit Vertragsware	287
96. Drittlieferanten	287
97. Kreditgewährung	287
98. Gleichbehandlung aller Systempartner	287
99. Haftungsfreistellung des Franchisenehmers (Indemnity)	287
100. Haftung des Franchisegebers gegenüber Dritten	288
101. Haftpflichtversicherung des Franchisegebers	288
102. Beendigung des Franchisevertrages	288
103. Konsequenzen der Vertragsbeendigung	289
104. Vertragsstrafe (penalty)	290
105. Tod oder Geschäftsunfähigkeit des Franchisenehmers	290
106. Veräußerung des Franchisegeschäftes durch den Franchisenehmer	290
107. Datenschutz	290
108. Zinsen	290
109. Salvatorische Klausel	291
110. Eigentumsvorbehalt	291
111. Rechtswahl und Gerichtsstand	291

Literatur zum Franchiserecht Großbritanniens: Abell, European Franchising, 1991; *J. Adams,* Franchise Agreements: Avoiding Pitfalls, 1995; *Adams/Prichard Jones,* Franchising – Practice and Precendents in Business Format Franchising, 3rd ed. 1990; *Atiyah,* Essays on Contract, 1988; *Baldi,* Distributorship, Franchising, Agency, 1987; *ders.,* Das Recht des Warenvertriebs in der Europäischen Gemeinschaft, 1988; *Basedow,* Europarechtliche Grenzen des Postmonopols, EuZW 1994, 359 ff.; *Baudenbacher,* Die Behandlung des Franchisevertrages im schweizerischen und im europäischen Recht, in: *Kramer* (Hrsg.), Neue Vertragsformen der Wirtschaft: Leasing, Factoring, Franchising, 2. Aufl. 1992, 365; *Bunte,* NJW 1986, Franchising und EG-Kartellrecht, 1406; *Bunte/Sauter,* EG-Gruppenfreistellungsverordnungen, 1988, 491 ff.; *Chitty,* Chitty on Contracts, Common Law Library, 2 Bände, 1983; *Christou,* International Agency, Distribution and Licensing Agreements, 1990; *Cockborne,* in: Joerges (Hrsg.), Franchising and the Law, 281 ff., 290 ff.; *Collins,* The Law of Contracts, 1993; *Cornish,* Intellectual Property; Patents, Copyrights, Trade Marks and Allied Rights, 2. Aufl. 1989; *Dressel,* Die Gruppenfreistellungsverordnung für Know-how-Verträge GRUR Int. 1989, 186 ff.; *Ebenroth/Durach,* Vertriebswegegestaltung und Beendigung von Absatzmittlungsverhältnissen aus britischer Sicht, RIW-Beil. 4/1993; *Enghusen,* Rechtliche Probleme der Franchiseverträge in den Vereinigten Staaten von Amerika und in Europa unter besonderer Berücksichtigung des Kartellrechts, 1977; *Eujen,* Die Aufrechnung im internationalen Verkehr zwischen Deutschland, Frankreich und England, 1975; *Flohr,* Wirtschaftsrecht-Beilage 4/1993, B 41 ff.; *ders.,* Franchise-Handbuch, A/III/4; *Gleiss/Hirsch,* Kommentar zum EG-Kartellrecht, 1993; *Goyder,* EC-Distribution Law, 1992; *Grabitz/Koch,* Kommentar zum EWG-Vertrag, 1983; *Gramatidis/Campbell,* International Franchising, 1991; *Groeben/Thiesing/Ehlermann/Meng,* Kommentar zum EWG-Vertrag; *Habel,* Der Eigentumsvorbehalt im englischen Handelsverkehr, 1981; *Habermeier,* in: *Martinek/Semler* (Hrsg.), Handbuch des Vertriebsrechts, 1996; *Habscheid,* Zur Aufrechnung (Verrechnung) gegen eine Forderung mit englischem Schuldstatut im Zivilprozeß, in: FS für Neumayer, 1985; *Hess,*

5. Franchise Agreement (Englischer Franchisevertrag) II.5

Durchgriff im englischen und schottischen Gesellschaftsrecht (Lifting the veil), RIW 1994, 826 ff.; *Heydon*, The Restraint of Trade Doctrine, 1971; *Hiestand*, Die internationalprivatrechtliche Beurteilung von Franchise-Verträgen ohne Rechtswahlklausel, RIW 1993, 173; *Izraeli*, Franchising and the total distribution system, 1972; *Jakob-Siebert*, Franchisevereinbarungen und EG-Kartellrecht, CR 1990, 241 ff.; *Jansen*, Die Anwendung der Wettbewerbsregeln auf das Monopol nationaler Fernmeldedienste für Telekommunikations-Endgeräte, NJW 1991, 3062 ff.; *Joerges*, Franchise-Verträge und europäisches Wettbewerbsrecht, ZHR Bd. 151 (1987), 195; *ders.*, Status und Kontrakt im Franchise-Recht, Die AG 1991, 325; *ders.* (Hrsg.), Franchising and the Law – Theoretical and Comparative Approaches in Europe and the United States = Das Recht des Franchising – Konzeptionelle, rechtsvergleichende und europarechtliche Analysen, 1991; *Kaye*, Civil Jurisdiction and Enforcement of Foreign Judgements, 1987; *Kelly* (Ed.), Agency and Distribution Agreements in Europe, 1994; *Kenyon-Slade/Thornton*, Schmitthoff's Agency and Distribution Agreements, 1992; *Kerly*, Kerly's Law of Trade Marks and Trade Names, 12. Aufl. 1986; *Kevekordes*, Zur EWG-kartellrechtlichen Beurteilung von Franchise-Verträgen, BB 1987, 74; *Kötz*, Vertragsauslegung, Festschrift für Zeuner 1994, 219 ff.; *Kramer* (Hrsg.), Neue Vertragsformen der Wirtschaft – Leasing, Factoring, Franchising, 2. Aufl. 1992; *Kropholler*, Internationales Privatrecht, 1990; *Kurtenbach*, Die Beurteilung von Bezugs- und Alleinvertriebsbindungen in Franchiseverträgen nach § 18 GWB und Art. 85 EWG-Vertrag; *Lipp*, Die Durchsetzung des Eigentumsvorbehalts in England, RIW 1994, 18; *Llewelyn*, Angleichung des nationalen Markenrechts in der EWG: Vereinigtes Königreich, GRUR Int. 1992, 97; *Lutz/Broderick*, Know-how-Lizenzvertrag nach der EG-Gruppenfreistellungsverordnung Nr. 556/89, RIW 1989, 278 f.; *M. Adams*, Franchising – A Case of longterm Contracts, ZgS/JITE Bd. 144 (1988), 145; *Mailänder*, Vereinbarungen zur Knowhow-Überlassung im Wettbewerbsrecht GRUR Int. 1987, 523 ff.; *Martin*, The Dividing Line Between Goodwill and International Reputation: A Comparison of the Law Relating to Passing Off in the United Kingdom, Australia and Other Jurisdictions; *Martin-Jones/Prosser*, in: Frankfurter Kommentar zum GWB, Band I, Auslandsteil B; *Markesinis/Munday*, An Outline of the Law of Agency, 1992; *Martinek*, Das europäische Bankgeschäft der Finanzierung von Franchisesystemen, ZBB 1990, 190 ff.; *ders.*, Franchising – Grundlagen der zivil- und wettbewerbsrechtlichen Behandlung der vertikalen Gruppenkooperation beim Absatz von Waren und Dienstleistungen, 1987; *ders.*, Moderne Vertragstypen Bd. I (1991), Bd. II (1992) und Bd. III (1993); *ders.*, Aktuelle Fragen des Vertriebsrechts – Belieferungs-, Fachhändler-, Agentur- und Franchise-Systeme, 3. Aufl. 1992; *Martinek/Habermeier*, Das Chaos der EG-Gruppenfreistellungsverordnungen, ZHR 158 (1994), 107 ff.; *Martinek/Semler* (Hrsg.), Handbuch des Vertriebsrechts, 1996; *Mendelsohn*, The Guide to Franchising, 5 th ed. 1992; *Metzlaff*, Franchiseverträge und EG-Kartellrecht – Die GruppenfreistellungsVO Nr. 4087/88 für Franchiseverträge, 1994; *Merke*, Gruppenfreistellungsverordnung für Know-how-Vereinbarungen, CR 1989, 457 ff.; *Möschel*, Wird die effet utile-Rechtsprechung des EuGH inutile?, NJW 1994, 1709 ff.; *Müller-Graff*, Franchising – A Case of Long-term Contracts, ZgS/JITE Bd. 144 (1988), 122; *Neumann*, Lizenzverträge im EWG-Kartellrecht, Zur neuen Gruppenfreistellungsverordnung von Patentlizenzverträgen nach Art. 85 Abs. 3 EWG-Vertrag, RIW 1985, 612 ff.; *Niederleithinger/Ritter*, Die kartellrechtliche Entscheidungspraxis, 162 ff.; *Oechsler*, in: *Martinek/Semler* (Hrsg.), Handbuch des Vertriebsrechts, 1996; *Oehl/Reimann*, Franchising, in: Münchener Vertragshandbuch Bd. III, Hrsg. von Schütze und Weipert, 2. Aufl. 1987 und 3. Aufl. 1992; *Reithmann/Martiny*, Internationales Vertragsrecht, 1988; *Sauter*, Die gruppenweise Freistellung von Franchise-Vereinbarungen, WuW 1989, 284; *Schmitthoff*, Schmitthoff's Export Trade – The Law and Practice of International Trade, 1990; *Schultz-Schäfer*, Franchising im Lichte der neuen EG-Gruppenfreistellungsverordnung, GRUR int. 1989, 515 ff.; *Seiler*, Das Recht der Preisbindung in Großbritannien – zur Frage der Wettbewerbsbeschränkung durch zweiseitige Verträge, 1966; *Skaupy* WuW 1986, Pronuptia und die Folgen, 445; *Skaupy*, Franchising – Handbuch für die Betriebs- und

Rechtspraxis, 2. Aufl. 1995; *ders.*, Die neue EG-Gruppen-Freistellungsverordnung für Franchisevereinbarungen, DB 1989, 705; *Skaupy,* Probleme der geplanten EG-Gruppenfreistellungsverordnung für Franchising, RIW 1988, 86 ff.; *Stathopoulos,* Probleme der Vertragsbindung und Vertragslösung in rechtsvergleichender Betrachtung, ACP 194 (1994), 543 ff.; *Strauch,* franchise report 1987/1, 31 ff.; *Tietz,* Handbuch Franchising – Zukunftsstrategien für die Marktbearbeitung, 2. Aufl. 1991; *Triebel/Hodgson/Kellenter/ Müller,* Englisches Handels- und Wirtschaftsrecht, 2. Aufl. 1995; *Veelken,* Vertriebssysteme unter besonderer Berücksichtigung des deutschen und europäischen Wettbewerbsrechts, ZVglRWiss Bd. 89 (1990), 358; *Vorpeil,* Aufrechnungsausschlußklauseln nach englischem Recht, RIW 1993, 718; *Wagner,* EWG-Gruppenfreistellung und nationales Kartellrecht, 1993; *Weijer,* Commercial Agency and Distribution Agreements – Law and Practice in the Member States of European Community, 1990; *Weltrich,* Franchising im EG-Kartellrecht – Eine kartellrechtliche Analyse nach Art. 85 EWGV, 1992; *ders.,* Die EG-Gruppenfreistellungsverordnung für Franchisevereinbarungen, RIW 1989, 90; *ders.,* Die Anpassung von Franchiseverträgen an die neue EG-Gruppenfreistellungsverordnung, DB 1988, 1481; *Wish,* Competition Law, 1993.

Anmerkungen

Sachverhalt. Die Firma AA, ein deutsches Großhandelsunternehmen für Tabakwaren und Raucherbedarfsartikel, das seinen Sitz in Berlin hat und in kapitalgesellschaftlicher Rechtsform organisiert ist, hat in Deutschland und in Frankreich großen Erfolg mit einem Einzelhandelskonzept für Zigaretten, Zigarren, Pfeifen und Accessoires. Dieses Einzelhandelskonzept ist zugleich mit einem Cafeteria-Betrieb besonderer Ausstattung verbunden und zeichnet sich durch den Einsatz türkischer Architektur- und Designelemente aus. Unter dem Namen „Smokers' Café" findet sich in vielen größeren Städten im Zentrum ein solches Geschäft mit kleinem Restaurantbetrieb. Für die Konsumentenschaft sind die Smokers' Cafés zu einem Inbegriff gehobener Rauchkultur und gemütlicher türkischer Café-Atmosphäre geworden, wofür ein stilisierter „Türkenkopf mit Fez" als Markenzeichen steht. Neben einigen Filialen besteht die Kette aus Franchisebetrieben. AA stellt die Produkte nicht selbst her, sondern bündelt die Produkte verschiedener Hersteller zu einem spezifischen Sortiment. Teilweise markiert er die Produkte selbst mit seiner Marke „Smokers' Café" und mit anderen Marken. AA sucht jetzt den Eintritt in den englischen Markt, hat bereits ein Verbindungsbüro in London gegründet, will dort bald eine eigene Gesellschaft errichten und hat schon die ersten Franchiseverträge mit Franchisenehmern im Raum London geschlossen. Das Franchisekonzept für die „Smokers' Cafés" in England ist an die englischen Kosumgewohnheiten angepaßt. AA hält auch ein Europäisches Patent für eine von ihm erfundene Werkzeugmaschine, die unter Verwendung von Chemikalien und unter Einsatz elektromechanischer Mittel für die Reparatur und Reinigung von Pfeifen geeignet ist und in den Smokers' Cafés zum Einsatz gelangt. Nunmehr soll BB als der erste Franchisenehmer in Birmingham gewonnen werden. Der hierfür vorgeschlagene und kommentierte Vertrag legt englisches Recht zugrunde und entspricht englischer kautelarjuristischer Praxis. Er ist auch für andersartige Sachverhalte einsetzbar; auf Besonderheiten bei abweichender Interessenlage und auf Gestaltungsalternativen wird in den Anmerkungen aufmerksam gemacht.

1. Allgemeine Standortfaktoren. a) Das Vereinigte Königreich von Großbritannien und Nordirland besteht aus vier Teilen: England, Wales, Schottland und Nordirland. England und Wales können in rechtlicher Hinsicht als eine Einheit gewertet werden. Nordirland besteht aus sechs irischen Counties, welche teilweise zum Vereinigten Königreich gehören, während das restliche Irland als eigenständige Republik seit 1921 unabhängig ist und sein eigenes Rechtssystem hat. Zwischen England und Wales bestehen in Anbetracht des Wirtschaftsrechts kaum signifikante Unterschiede (*Abell,* S. 938). Besonderheiten sind jedoch

5. Franchise Agreement (Englischer Franchisevertrag)   II.5

im Verhältnis zu Schottland zu beachten. Die Vereinigung Schottlands mit England erfolgte durch den Act of Union vom Jahre 1706. Schottland behielt jedoch sein eigenes Rechtssystem, so daß insoweit bedeutende Unterschiede in gesetzlicher und prozeßrechtlicher Hinsicht zu berücksichtigen bleiben. Auf die Besonderheiten des schottischen Rechtssystems wird allerdings in der vorliegenden Kommentierung nicht eingegangen (instruktiv zum schottischen Recht *Abell,* S. 979 ff.). Zu beachten ist ferner die rechtliche Sonderstellung der Kanalinseln und der Isle of Man, die der Britischen Krone unterstehen, sich aber bis auf die Bereiche Verteidigung und Außenwirtschaft teilautonom verwalten und über ein eigenes Rechts- und Steuersystem verfügen, das vielfach von ausländischen Kapitalanlegern als vorteilhaft empfunden wird. Das Vereinigte Königreich mit seiner im Grundsatz freiheitlich-marktwirtschaftlichen Rechts- und Wirtschaftsordnung kennt im übrigen zahlreiche Regulierungen namentlich auf dem Finanzdienstleistungssektor, dem Bankensektor, im Versicherungswesen, bei der Werbung sowie bei Fragen des Wettbewerbs- und Verbraucherschutzes. Der Dienstleistungssektor ist in seiner Bedeutung in den letzten Jahren erheblich gewachsen (vgl. *Smith,* S. 939).

b) Der ausländische Franchisegeber trifft im Vereinigten Königreich auf eine Rechts- und Wirtschaftsordnung, in der das Franchising als Vertriebsform schon sehr früh etabliert wurde. Sogar die britischen Banken sind mit dem Franchising gut vertraut und warten mit eigenen Finanzierungssystemen für Franchisegeschäfte auf (vgl. dazu *Martinek,* ZBB 1990, S. 190 ff.). Die Franchisegeber finden eine zusätzliche Unterstützung in der 1977 gegründeten British Franchise Association (BFA). Ein Nachteil für ausländische Franchisegeber beim Markteintritt ist allerdings in den relativ hohen Kosten für geeignete Geschäftsräume zu sehen. Grundeigentum wird auch im Vereinigten Königreich gewöhnlich mittels Grundstücksmaklern verkauft, was den Erwerb von geeigneten Geschäftsräumen erheblich verteuern kann (vgl. *Smith,* S. 941, 943 f.).

2. Entwicklung des Franchising im Vereinigten Königreich. Das Franchising kann in Großbritannien auf eine vergleichsweise lange Geschichte zurückblicken. Einer der frühesten Berichte über Vorformen des Franchising im Vereinigten Königreich findet sich im Oxford English Dictionary von 1933. Dort werden „Franchisen" im Sinne von Privilegien erwähnt, die die Krone bereits im 17. Jahrhundert erteilte: Adelige erhielten derartige Franchisen, um Steuern einzutreiben; freien Bürgern wurden Franchisen gewährt, um Produkte zu bestimmten Zeiten auf Märkten zu verkaufen. Als Vorform des Franchising kann man auch das schon im 19. Jahrhundert eingeführte „tied public house system" ansehen. Zur Vermeidung eines unkontrollierten Ausschanks von Alkohol und zur Aufrechterhaltung eines gewissen hygienischen Standards richtete der Staat das System der sog. „licensed premises" ein, wonach nur bestimmte Geschäftslokale und Geschäftsinhaber Alkohol verkaufen durften (*Daintith,* S. 143, 150 ff.). Da viele Inhaber und Pächter von diesen „drinking houses" finanziell nicht in der Lage waren, die notwendigen Verbesserungen an ihren Lokalen vorzunehmen, boten Brauereien Kredite und Sondermieten an, um gesicherte und exklusive „points of sale" für ihre Bier- und Alkoholverkäufe zu erhalten (vgl. *Daintith,* S. 143 ff.). Als kommerzielle Geschäftsidee und als rechtlich eigenständig faßbare Vertriebsform hat das Franchising freilich auch im Vereinigten Königreich erst in den 50er Jahren dieses Jahrhunderts Fuß gefaßt, als sich in England die ersten Franchisesysteme aus den USA ausbreiteten (*Mendelsohn,* The Guide to Franchising, S. 3 ff.; *Izraeli,* Franchising and the Total Distribution System, S. 70 ff.). Pionierarbeit leisteten hier die Fast-Food-Ketten (*Martinek,* Franchising, S. 66 ff.). Einen Einbruch erlitt die Franchisebewegung auch in England – wie weltweit – in den 60er Jahren. In dieser Zeit wurden unter Verwendung des Schlagworts „Franchising" unseriöse Schneeballsystem-Praktiken betrieben, bei denen weniger die Produkte bzw. die Dienstleistungen als vielmehr die Weiterverkäufe der Unterlizenzen im Vordergrund standen und dem „Franchisegeber" als kurzfristige Einnahmequelle dienten (*Smith,* S. 149). Die Regierung reagierte hierauf im Jahre 1973 mit Sonderbestimmungen des „Fair Trading Act 1973", wonach das „pyramid selling" zwar nicht vollständig verboten, aber einer staatlichen Kontrolle unterworfen wurde (*Enghusen*, S. 127f.). Schließlich wurde im Jahre 1977 die British Franchise Association (BFA) gegründet (Thames View, Newton Road, Henley-on-Thames, Oxon. RG9 IHG, Tel.: 0491/578050; Fax: 0491/573517). Der BFA wird sowohl im Parlament als auch in der Öffentlichkeit großes Vertrauen entgegengebracht, was in den 80er Jahren zu einer weiteren Ausbreitung der Franchise-Idee führte. Der größte Zuwachs stellte sich dabei auf dem Dienstleistungssektor ein (vgl. *Smith*, S. 942; *Enghusen*, S. 105ff.; *Izraeli*, S. 66ff.; *Tietz*, S. 100f.). In den 70er Jahren waren es noch zumeist ausländische Franchisegeber, die Masterfranchisen auf dem britischen Markt anboten (Wimpy, Budget Rent a Car, Kentucky Fried Chicken, Home Tune-Autoservice, Snap-on-Tools, Holiday Inn). Seit Ende der 80er Jahre begannen sich jedoch auch britische Franchisesysteme in verstärktem Umfang auf dem Markt zu etablieren. Heute ist Großbritannien nach Frankreich und vor Italien und Deutschland das zweitgrößte „Franchiseland" mit etwa 400 Systemen und 25.000 Franchisenehmern (*Skaupy*, Franchising, S. 209 und S. 242ff.).

3. **Marktzutrittsstrategie und Geschäftsstruktur. a) Master Franchising.** Ausländische Franchisegeber setzen vor allem seit den siebziger und achtziger Jahren drei verschiedene Strategien ein, um auf dem britischen Franchisemarkt Fuß zu fassen. Die wohl wichtigste dieser Strategien ist das Master-Franchising, bei dem der inländische Master-Franchisenehmer vom ausländischen Master-Franchisegeber durch eine Generallizenz beauftragt und berechtigt wird, mit inländischen Sub-Franchisenehmern Franchiseverträge zu schließen (*Taylor*, in: Martinek/Semler, Handbuch des Vertriebsrechts, § 54, Rn. 59; *Skaupy*, Franchising, S. 217; *Mendelsohn*, S. 219). Diese Strategie wird oft bevorzugt, weil der Master-Franchisenehmer hierbei in einer starken Abhängigkeit vom Master-Franchisegeber gehalten werden kann. Auch bleibt das finanzielle Risiko für den Franchisegeber relativ gering. Die Master-Franchise kann dem inländischen Unternehmen für das ganze Land oder für regionale Bezirke erteilt werden. Der Master-Franchisenehmer baut im Einvernehmen mit der Systemzentrale von sich aus ein Franchisenetz auf. Übernimmt der Franchisegeber an dem Unternehmen seines Master-Franchisenehmers Geschäftsanteile, vermischt sich das Master-Franchising mit dem Joint-Venture-Modell. Die besonderen Verhältnisse in England verlangen beim Master-Franchising eine finanziell starke und gesunde Systemzentrale, die den hohen Anforderungen der englischen Master-Franchisenehmer gerecht wird und für die Aufbauphase einen „langen Atem" mitbringt (*Mendelsohn*, S. 219f.).

b) **Joint Venture.** Eine andere verbreitete Methode des grenzüberschreitenden Markteintritts ist das joint venture, bei dem man zwei Formen unterscheiden kann (vgl. allgemein zu den Erscheinungsformen und Abgrenzungen von joint ventures *Martinek*, Moderne Vertragstypen Band III, S. 276ff.). Zum einen kann der Franchisegeber mit einem anderen Partner eine neue Gesellschaft als „joint company" in kapitalgesellschaftlicher Rechtsform gründen, die als eigenständige Franchisegeberin sodann auf dem britischen Markt auftritt (sog. equity joint venture oder corporate joint venture). Es kann aber zum anderen (seltener) auch eine lediglich schuldvertraglich vereinbarte Zusammenarbeit in Form einer partnership (BGB-Gesellschaft) anvisiert werden (sog. contractual joint venture oder non-equity joint venture), bei der es nicht zur Gründung einer Projektträgergesellschaft als eigenständiger Rechtsperson kommt. Das Franchising über ein im Exportland zu gründendes Gemeinschaftsunternehmen (joint venture company) hat sich als Internationalisierungsstrategie offenbar besonders bewährt (*Skaupy*, Franchising, S. 218).

c) **Direct Licensing.** Zum dritten schließlich wird die Strategie des direct licensing oder crossborder franchising angewandt. Hierbei arbeitet der Franchisegeber unmittelbar mit dem Franchisenehmer zusammen, ohne daß der Franchisegeber vor Ort eine Franchiseorganisation bereit hält. Unterstützungen und sonstige Leistungen müssen vom ausländischen Hauptbüro des Franchisegebers erbracht werden. Diese Methode empfiehlt sich in aller Regel nur bei einer überschaubaren Anzahl von Franchisenehmern und bei unkomplizierten Märkten (*Smith*, S. 942; *Skaupy*, Franchising, S. 217). Für deutsche Franchisegeber

5. Franchise Agreement (Englischer Franchisevertrag) II.5

kann sie für den englischen Markteintritt nur bedingt empfohlen werden, da sie sich nur uneingeschränkt bewährt hat, wo ein gleichsprachiges Nachbarland und eine Übernahmemöglichkeit des bestehenden Franchisepaktes ohne größeren Anpassungsaufwand in Rede stehen. An den Erfolgsvoraussetzungen für das direkte Franchising muß vor allem wegen der völlig verschiedenen Rechtsordnung und -kultur Großbritanniens gegenüber Deutschland gezweifelt werden.

d) **Verbindungsbüro (Representative Liaison Office).** Für den britischen Markteintritt eines ausländischen Franchisegebers kann der Aufbau und die Unterhaltung eines Verbindungsbüros (representative liaison office) ratsam sein. Dieses erlaubt es einem ausländischen Franchisegeber, eine permanente Präsenz im Vereinigten Königreich zu unterhalten, ohne in das komplizierte Rechts- und Steuersystem des Vereinigten Königreiches involviert zu sein. Ein solcher Brückenkopf wird gern gewählt, um erste Kenntnisse des britischen Marktes zu gewinnen und erste Erfahrungen zu sammeln, bevor man eine aufwendige Markteroberung mit starkem finanziellen Engagement betreibt. Für ein reines Verbindungsbüro ist keine offizielle Genehmigung erforderlich (*Smith*, S. 949). Sobald dieses Büro jedoch über nur repräsentative Aufgaben hinausgeht und zu einem eigenständigen „place of business" wird, ist eine Vielzahl von Vorschriften (wie insbesondere solche über die Registrierung der Gesellschaft) zu beachten (*Smith*, S. 948). Was ein „place of business" ist, läßt sich offenbar nicht exakt definitorisch erfassen. Jedenfalls läßt sich sagen, daß die inländische englische Repräsentanz eines ausländischen Franchisenehmers in Form eines Verbindungsbüros lediglich dem ausländischen Hauptbüro assistieren, nicht jedoch eigene Verträge mit den inländischen Franchisenehmern und/oder den Sub-Franchisegebern schließen darf (*Smith*, S. 949).

e) **Trading Branch.** Der ausländische Franchisegeber kann auch eine trading branch (Filiale) oder mehrere solcher trading branches in England eröffnen, deren Einkommen dann freilich der Besteuerung durch das Vereinigte Königreich unterliegt. Selbstverständlich ist hierfür eine Anmeldung und Eintragung nach den Vorgaben der UK Companies Registry notwendig. Die Errichtung einer Filiale kommt in Betracht, wenn umfangreiche Unterstützungsmaßnahmen für den Master-Franchisenehmer und Sub-Franchisor bzw. für die unmittelbar vertraglich gebundenen Franchisenehmer notwendig sind. Spezielle Vorschriften für eine Filiale sind nach dem britischen Gesellschaftsrecht zwar nicht zu beachten, doch ist zu berücksichtigen, daß die britischen Buchhaltungsvorschriften eingehalten werden müssen, um die Erfordernisse des britischen Steuerrechtssystems zu erfüllen (*Smith*, S. 949).

f) **Limited Company.** Häufig wird der Franchisegeber die Form einer eigenständigen inländischen (Tochter-) Gesellschaft wählen, um auf dem britischen Markt präsent zu sein. Dies kann gegenüber einem joint venture mit inländischen Partnern vorzugswürdig sein, denn die Gründung eines Gemeinschaftsunternehmens als joint venture-Gesellschaft ist den europäischen bzw. nationalen Wettbewerbsvorschriften zum Schutze des horizontalen Wettbewerbs unterworfen. Es kann dabei steuerlich durchaus vorteilhaft sein, eine sog. „off shore company" auf den Kanalinseln oder der Isle of Man zu gründen. Trotz bestehender eigenständiger Gesetzgebung auf diesen Inseln laufen die wirtschaftsrechtlichen Vorschriften insoweit nahezu parallel (*Smith*, S. 949). Zur Gründung eines Systemkopfes im Vereinigten Königreich bieten sich eine private limited company (Ltd.) oder eine public limited company (PLC) an. Letztere muß ein Mindestkapital von 50.000 Pfund Sterling aufbringen, während die Ltd. keiner besonderen Mindesteinlage bedarf. Dies erklärt wohl, warum die PLC von ausländischen Franchisegebern bevorzugt wird. Mit beiden Gesellschaftsformen setzt sich der Franchisegeber nach dem Companies Act einer Buchführungspflicht nach Maßgabe des britischen Rechts aus und muß sämtliche Transaktionen der Gesellschaft ausreichend und detailliert offenlegen. Die im Exportland gegründete Tochtergesellschaft des Franchisegebers oder die von ihm beherrschte Gesellschaft schließt unmittelbar als Systemzentrale und Franchisegeber die Franchiseverträge mit den inländischen Franchisenehmern ab. Es wird empfohlen, in die Geschäftsleitung solcher Auslandstöchter Experten mit Branchenkenntnissen aus dem betreffenden Land aufzunehmen (*Skaupy*, Franchising, S. 217).

4. Das englische Franchiserecht im Überblick. a) Allgemeine Rechtsgrundlagen. Bisher findet man im Vereinigten Königreich kein eigenständiges, spezifisches, nationales Franchiserecht. Das Franchiseverhältnis ist vielmehr den allgemeinen Prinzipien des „Common Law", den Regeln der „Equity" sowie dem „Statutory Law" unterworfen. Von überragender Bedeutung ist dabei das Vertragsrecht (Law of Contracts) sowie das Wettbewerbsrecht (Competition Law). Im Bereich des Wettbewerbsrechts sind zusätzlich die Vorgaben des EG-Rechts zu beachten, deren Maßstäbe auch auf rein nationale Verträge Ausstrahlungswirkung entfalten. Zwar ist in England am 1. 1. 1994 in Umsetzung der Handelsvertreter-Richtlinie der EG eine Handelsvertreterverordnung (Commercial Agents Regulations 1993) in Kraft getreten, doch wird eine analoge Anwendung von einzelnen Vorschriften dieses Handelsvertreterrechts zum Schutze des Franchisenehmers, so wie sie etwa in Deutschland und Österreich üblich ist, zum gegenwärtigen Zeitpunkt in Judikatur und Literatur des Vereinigten Königreichs nicht ernsthaft diskutiert.

b) **Nationales Vertragsrecht.** Von wenigen Ausnahmen abgesehen, finden sich im englischen Vertragsrecht keine „durchnormierten" besonderen schuldrechtlichen Vertragstypen. Nur wenige Gesetze regeln einzelne besondere Schuldverhältnisse, wie z.B. der Sale of Goods Act 1979, zuletzt geändert durch den Sale and Supply of Goods Act 1994, in Kraft getreten am 3. 1. 1995 (vgl. *Vorpeil* RIW 1995, S. 425). Vor allem ist das Franchiserecht nicht einmal teilweise – wie etwa in den Vereinigten Staaten – spezialgesetzlich geregelt. Vielmehr setzt sich das Franchiserecht aus verschiedenen allgemeinen Rechtsgebieten zusammen und konstituiert sich im Schnittbereich des Vertragsrechts, des Deliktsrechts und des Wettbewerbsrechts sowie des Gewerblichen Rechtsschutzes. Das Fehlen von dispositiv vornormierten Vertragstypen wirkt sich bei der Bestimmung des Vertragsinhalts und bei der erläuternden sowie bei der ergänzenden Auslegung eines Franchisevertrags aus, bei denen die Gerichte vielfach auf die sog. „doctrine of implied terms" zurückgreifen, um den mutmaßlichen Parteiwillen zu ermitteln (*Collins,* S. 224). Für den ausländischen Juristen drängt sich dabei gelegentlich der Eindruck auf, daß die Gerichte den mutmaßlichen Parteiwillen in den Vertrag „hineinlesen", wenn dies angesichts der Zielsetzungen und der wirtschaftlichen Umstände des abgeschlossenen Rechtsgeschäftes für vernünftig gehalten wird. Jedenfalls regeln Gesetze immer nur Einzelfragen des für das Franchising relevanten Vertragsrechts. Eine bedeutsame und weitreichende Konsequenz hieraus ist, daß die Vertragsgestaltungspraxis des Franchising in England sich dazu aufgerufen fühlen muß, sämtliche Einzelheiten des parteilichen Regelungsprogrammes aufzulisten, jedwede denkbare Entwicklung im Vertrag vorherzusehen und die gewünschten Rechtsfolgen detailliert festzulegen. So erklärt sich, daß englische Vertragstexte im Verhältnis zu kontinental-europäischen außerordentlich umfangreich sind. Die Absicht der Vollständigkeit des vertraglichen Regelungswerks entfaltet eine Bremswirkung für die gerichtlichen Einsatzmöglichkeiten der „doctrin of implied terms", von der denn auch die Judikatur in den letzten Jahren immer zurückhaltender Gebrauch macht. Maßgeblicher Beweggrund für die Länge englischer Verträge ist weiterhin, daß bei der Vertragsauslegung durch die „common law jurisdiction" der Wortlaut gegenüber einer teleologischen Interpretation dominiert. Auch deshalb wird von den Vertragsparteien versucht, so viele Einzelheiten wie möglich ausdrücklich und unzweifelhaft zu regeln.

c) **Rechtsnatur des Franchisevertrages.** In der Regel wird der Franchisevertrag als Rahmenvertrag (sceleton contract, framework contract oder auch general cooperation contract) zwischen Franchisegeber und Franchisenehmer abgeschlossen und ist damit von den einzelnen Ausführungsverträgen zu unterscheiden, die in den meisten Fällen als Kaufverträge und/oder Dienstleistungsverträge ausgestaltet sind. In den Kaufverträgen kann der Preis der Vertragsware anläßlich einer jeden Einzellieferung abweichend vereinbart werden, sofern nicht rahmenvertragliche Grenzen der Preisgestaltung zu berücksichtigen sind.

5. Franchise Agreement (Englischer Franchisevertrag)

Für den Fall, daß hinsichtlich des Preises keine ausdrückliche Einigung zustandekommt, gilt der angemessene Preis als stillschweigend vereinbart (implied term).

d) Allgemeine wettbewerbsrechtliche Rahmenbedingungen. Eine dem deutschen Gesetz gegen Wettbewerbsbeschränkungen (GWB) entsprechende ausgefeilte Kodifizierung des Kartellrechts (Wettbewerbsbeschränkungsrechts) kennt das englische Recht nicht. Das Common Law hat sich allerdings bereits zu Anfang des 15. Jahrhunderts auf der Grundlage der „doctrine of restraints of trade" mit Wettbewerbsbeschränkungen befaßt (*Wish*, S. 20). Danach sind alle den Wettbewerb beschränkenden vertraglichen Verpflichtungen grundsätzlich unwirksam und somit nach Common Law nicht einklagbar, es sei denn, daß sie im Hinblick auf die Interessen der betroffenen Parteien und der Öffentlichkeit gerechtfertigt (reasonable) sind (Lord Machathen in Nordenfelt v. Maxim Nordenfelt Guns and Ammunition Co. [1894] A. C. 535 und Lord Parker in Herbert Morris & Co. gegen Saxelby [1916] 1 A. C. 688; *Enghusen*, S. 108; *Heydon*, S. 1 ff.). Von hier aus hat sich ein ausdifferenziertes System des Wettbewerbsbeschränkungsrechts in England ausgeformt, dessen rechtskulturelles Niveau dem des deutschen, französischen oder europäischen Kartellrechts nicht nachsteht. Dies betrifft sowohl das materielle Recht als auch das Kartellverwaltungs-, -straf- und -privatrecht. Das englische Recht kennt auch keine geschlossene Kodifizierung des Lauterkeitsrechts entsprechend etwa dem deutschen Gesetz gegen unlauteren Wettbewerb (UWG); nur Teilaspekte haben eine spezialgesetzliche Regelung erfahren. Die Fragen des unlauteren Wettbewerbs werden nach wie vor in der Hauptsache über das Recht der unerlaubten Handlungen (*law of torts*) geregelt. Hierbei spielen die Anspruchsgrundlagen des „passing off" und der „injurious falsehood" eine herausragende Rolle. Daneben wird auf das Recht des Geheimnisschutzes (confidential information) sowie auf einzelne Tatbestände zurückgegriffen, die sondergesetzlich geregelt sind. Das Wettbewerbs- und Geschäftsgebaren wird in England alles in allem in weitergehendem Maße als in Deutschland den Kaufleuten selbst überlassen. Von einer Einmischung wird weitgehend abgesehen. So ist z.B. die vergleichende Werbung zulässig, solange sie nicht falsch oder irreführend ist und keine Warenzeichenverletzung begründet. Es gibt aber beispielsweise keine Zugabeverordnung und kein Verbot der kostenlosen Abgabe von Waren. Kein Rabattgesetz schränkt die Freiheit des Verkäufers ein, durch Preisnachlässe Wettbewerb zu betreiben. Auch Vorschriften über Konkurswaren-, Saisonschluß- und Räumungsverkäufe nach Art der §§ 6–8 UWG sind dem englischen Recht unbekannt (*Triebel/Hodgson/Kellenter/Müller*, S. 355).

e) Wettbewerbsrechtliche Spezialgesetze. Das nur teilweise gesetzlich geregelte britische Wettbewerbsrecht läßt zwei grundsätzliche Strömungen erkennen. Zum einen werden besondere Formen von Geschäftspraktiken (unlautere Wettbewerbsmethoden) erfaßt, die als wettbewerbswidrig angesehen werden (forms legislation). Darunter fallen solche Vereinbarungen, die eine Beschränkung des Wettbewerbs beabsichtigen. Zum anderen fokussiert das Wettbewerbsrecht wettbewerbswidrige Effekte, die ein an sich zulässiges Geschäftsgebaren mit sich bringt (effect legislation) (*Adams/Prichard Jones*, S. 53; *Enghusen*, S. 118 ff.). Die zu berücksichtigenden Rechtsgrundlagen des Wettbewerbsrechts im weiteren Sinne des Lauterkeits- und des Wettbewerbsbeschränkungsrechts sind zahlreich und unübersichtlich. Hinsichtlich der unlauteren Wettbewerbsmethoden sind vor allem der Restrictive Trade Practices Act 1976 sowie der Resale Practices Act 1976 einschlägig. Die Frage „wettbewerbswidriger Effekte" ist außer auf europarechtlicher Ebene (Art. 85 EG-Vertrag) im britischen Competition Act 1980 geregelt. Von Bedeutung ist weiterhin die Common Law Regel der „doctrine of restraint of trade", die für das Franchising vor allem bei der Formulierung von Konkurrenzschutzklauseln Relevanz gewinnt. Monopolrechtliche Regelungen enthalten ferner der Fair Trading Act 1973 sowie Art. 86 des EG-Vertrages. Der Fair Trading Act 1973 regelt zudem generalklauselartig unlautere Wettbewerbshandlungen (unfair or fraudulent trading). Ergänzend sind schließlich wettbewerbsrechtliche Sondervorschriften zu beachten wie die des Trade Descriptions Act 1968, der strafrechtliche Sanktionen für den Fall vorsieht, daß im Geschäftsverkehr Waren falsch beschriftet oder bezeichnet werden. Aus diesem Regelungswerk können jedoch weder Verbraucher noch Wettbewerber zivilrechtliche Ansprüche herleiten. Unter Warenkennzeichnung versteht man Angaben über Menge, Gewicht, Herstellungsverfahren, Größe, Material, sowie Eigenschaft. Die Einfuhr von Gütern mit falscher Ursprungsbezeichnung oder unter Verletzung von Warenzeichen ist verboten. Importierte Waren ausländischer Herkunft sind deutlich zu kennzeichnen, wobei jedoch der Secretary of State (der politische Leiter eines public departements) von dieser diskriminierenden Vorschrift befreien kann. Ladenschlußzeiten sind im Shops Act 1950 in der Fassung des Shops (Early Closing Days) Act 1965 geregelt.

5. Vorvertragliche Aufklärungs- und Offenbarungspflichten. a) Übersicht. Zwar gibt es keine speziellen auf das Franchising bezogene Vorschriften (wie z.B. in den USA, Japan und Frankreich), die dem Franchisegeber ausdrücklich gewisse Aufklärungs- bzw. Offenbarungspflichten auferlegen. Dies bedeutet jedoch nicht, daß der Franchisegeber sich in England insoweit in einem rechtsfreien Raum bewegt. Vielmehr gelten für ihn diesbezüglich die allgemeinen rechtsgeschäftlichen Regelungen. Dabei kann man – wenn auch nicht randscharf – zwischen Aufklärungspflichten nach dem Misrepresentation Act (unten (b)) und den Offenbarungspflichten (unten (c)) unterscheiden. Für das Franchising sind zudem die Bestimmungen zu den Aufklärungs- und Offenbarungspflichten im Code of Ethics des britischen bzw. des europäischen Franchise-Verbandes zu berücksichtigen (unten (d)). Besondere Aufklärungs- und Offenbarungspflichten sind für Schneeballsysteme (Pyramidalsysteme) des „progressive franchising" zu beachten, die in den Vorschriften des Pyramide Selling Act 1989 sowie den Sections 118ff. des Fair Trading Act 1973 festgelegt sind (unten (e)).

b) Verletzung von Aufklärungspflichten (misrepresentation). aa) Voraussetzungen. Die „misrepresentation" ist der klassische Haftungstatbestand des englischen Rechts für Pflichtverletzungen, die im Vorfeld von Vertragsabschlüssen begangen werden (instruktiv hierzu *Müller*, Vorvertragliche und vertragliche Informationspflichten nach englischem und deutschem Recht, S. 1ff.). Dieses Rechtsinstitut ist teilweise mit der culpa in contrahendo des deutschen Rechts vergleichbar. Eine misrepresentation ist eine sachlich unzutreffende Erklärung einer Partei während der Vertragsverhandlungen, die nicht in den Vertragstext Eingang gefunden und die Gegenseite zum Vertragsabschluß bewogen hat. Voraussetzung hierfür ist allerdings ein positives Tun, so daß ein Schweigen bzw. Unterlassen nicht ausreichend ist. Die Erklärung (representation) muß sich ferner auf einen tatsächlichen, nicht erst zukünftigen Umstand beziehen (misrepresentation must be of existing fact). Eine Verletzung der Aufklärungspflicht liegt dabei nicht schon in der bloßen Anpreisung und Produktwerbung (mere puffs or sales talk). Bloße Meinungsäußerungen (statements of opinion) führen ebenfalls nicht zu einer Haftung wegen Aufsichtsverletzung. Die Abgrenzung zwischen Tatsachenbehauptung und Meinungsäußerung führt gelegentlich zu Problemen, mit denen die Rechtsprechung wiederholt zu kämpfen hatte. Dabei wird eine „misrepresentation" bejaht, wenn die Meinungsäußerung auf Tatsachen beruht, von denen der Handelnde weiß, daß sie gezogene Schlußfolgerungen nicht zu tragen vermögen (Smith v. Land & House Property Corporation [1884] 28 Ch. D. 7, 15). Ausreichend ist es auch, wenn die Meinungsäußerung durch besondere Fachkenntnisse oder einen Wissensvorsprung getragen war und die Expertenstellung der betreffenden Partei von besonderer Bedeutung für den Vertragsschluß war (Box v. Midland Bank Ltd. [1979], 2 Lloyd's Rep. 434). Die Rechtsprechung geht im Ergebnis von einer Tatsachenäußerung (statement of fact) aus, wenn der durch eine bewertende Äußerung Getäuschte keine Möglichkeit hatte, die zugrundeliegenden Fakten zu überprüfen, oder wenn bei einer leichtfertig bewertenden Äußerung „ins Blaue hinein" eine Überprüfung durch den Täuschenden unschwer möglich gewesen wäre (Laurence v. Lexcourt Holdings [1978] 2 All E. R. 810). Aus der Rechtsprechung zur „misrepresentation" läßt sich alles in allem entnehmen, daß es für die Abgrenzung zwischen Tatsachen-Meinungsäußerungen in jedem Einzelfall auf die Gesamtum-

5. Franchise Agreement (Englischer Franchisevertrag) II.5

stände und dabei wiederum im wesentlichen auf den relativen Kenntnisstand der Parteien ankommt (vgl. *Müller*, S. 25). Zu beachten bleibt aber immer, daß sich die Mitteilung (representation) auf gegenwärtige oder zurückliegende Tatsachen beziehen muß. Blanke Zukunftsprognosen oder Absichtserklärungen können keine misrepresentation darstellen. Da Verträge zukunftsorientiert abgeschlossen werden, obliegt es nämlich im Grundsatz den Parteien, ihre Zukunftsvorstellungen in den Vertrag aufzunehmen (*Müller*, S. 27). Prognosen über Geschäfts- und Gewinnentwicklungen können in Ausnahmefällen als misrepresentation eingestuft werden, wenn sie mit Tatsachenbehauptungen verknüpft und bereits im Erklärungszeitpunkt fehlerhaft sind (Esso Petroleum Co. Ltd. v. Mardon [1976] Q. B. 801). Eine misrepresentation kann im Ausnahmefall auch vorliegen, wenn eine Absicht vorgetäuscht wird, die schon im Zeitpunkt der Äußerung nicht oder nicht mehr besteht (vgl. *Müller*, S. 27 m.w.N.). Erforderlich ist in allen Fällen der misrepresentation, daß die andere Partei gerade durch die Verletzung der Aufklärungspflicht zum Vertragsschluß bewogen wurde, also der Getäuschte auf die Richtigkeit der Tatsachenbehauptung vertraut hat und vertrauen durfte. Bei positiver Kenntnis der richtigen Tatsachenlage entfällt daher ein Anspruch wegen misrepresentation. Dies wird etwa bei Spekulationsgeschäften oder in solchen Fällen bedeutsam, in denen der Vertrag wegen des Vorrangs anderer Interessen in jedem Fall zustandegekommen wäre (Beaumant v. Humberts [1988] 2 E.G.L.R. 171).

bb) **Rechtsfolgen.** Als Rechtsfolge einer misrepresentation kann die getäuschte Partei Rücktritt vom Vertrag (rescission) oder Schadensersatz (damages) verlangen (*Müller*, S. 34ff. und S. 40ff.). Der Rücktritt vom Vertrag ist hierbei unabhängig vom Verschulden der anderen Partei zulässig. Aufwendungen des Zurücktretenden sind vom Täuschenden nach den Grundsätzen der „indemnity" zu ersetzen, die einen besonderen Rechtsbehelf des englischen Billigkeitsrechtes (equity) darstellt (vgl. *Müller*, S. 40). An Stelle des Rücktritts kann gem. Section 2 (2) Misrepresentation Act 1967 der Schadensersatzanspruch treten, der allerdings Verschulden – Vorsatz oder Fahrlässigkeit – der täuschenden Partei voraussetzt. Die Schuldform bestimmt dann auch den Modus der Schadensberechnung (*Müller*, S. 34). Im übrigen kann ein Schadensersatzanspruch auch nach Common Law-Grundsätzen auf deliktischer Rechtsgrundlage (tort of deceit; tort of negligence) geltend gemacht werden.

cc) **Misrepresentation und Franchising.** Diese vorstehenden Ausführungen zur misrepresentation betreffen in der Praxis zumeist den Franchisegeber, der wegen unrichtiger, für den Vertragsschluß relevanter Angaben und Erklärungen bei der Vorstellung seines Franchiseprojektes vom Franchisenehmer haftbar gemacht werden kann. Sie können aber grundsätzlich auch für den Franchisenehmer zu einer Haftung führen, denn der Franchisegeber darf erwarten, daß die Angaben des Franchisenehmers etwa zu seiner beruflichen Qualifikation und Kreditwürdigkeit zutreffend sind, liegt doch in der Auswahl der geeigneten Franchisenehmer als Systempartner vielfach der Schlüssel zum Erfolg des gesamten Systems.

c) **Verletzung einer Offenbarungspflicht.** Unter einer Offenbarungspflicht versteht man die Pflicht einer Partei, bei den Vertragsverhandlungen der anderen Partei auch ungefragt vertragsrelevante Informationen zu erteilen. Grundsätzlich besteht auch im englischen Recht keine „automatische" Offenbarungspflicht (Prinzip des caveat emptor). Wie das deutsche Recht kennt auch das englische Recht indes spezialgesetzliche Ausnahmen sowie Ausnahmen nach Common Law-Grundsätzen. Gesetzliche Offenbarungspflichten enthält namentlich der Consumer Protection Act, die jedoch im Zusammenhang mit Franchiseverträgen kaum jemals einschlägig sind. Auch die Ausnahmen des Common Law (wie die sogenannte Korrekturpflicht und das Vertragsprinzip der uberrima fides) sind für den Bereich des Franchising praktisch ohne verallgemeinerungsfähige Bedeutung (*Müller*, S. 95 ff.; *Collins*, S. 187–198).

d) **Code of Ethics.** Besondere Offenbarungs- und Aufklärungspflichten enthält allerdings der Code of Ethics der British Franchise Association bzw. des Europäischen Franchise-Verbandes der Franchisegeber. Diese sind jedoch nicht einklagbar, da die Einhaltung dieser Vorschriften auf freiwilliger Basis erfolgt (soft law). Wer allerdings Mitglied der BFA ist und sich nicht an diese selbstbindenden Regelungen hält, kann unter Umständen aus dieser Organisation ausgeschlossen werden. Die BFA genießt in der britischen Absatzwirtschaft ein großes Vertrauen. Wer sich die Verbandszugehörigkeit als Franchisegeber nicht zunutze machen kann, wird in der Geschäftswelt einen schweren Stand bei der Rekrutierung von Franchisenehmern haben (*Adams/Prichard Jones*, S. 8 f.). Nach den Bestimmungen des Code of Ethics zur Partnerwerbung, Partnergewinnung und Offenlegung werden an den Franchisegeber besonders strenge Anforderungen gestellt (*Taylor*, in: Martinek/Semler, Handbuch des Vertriebsrechts, § 54, Rn. 57 ff. Insbesondere muß er sich bei seiner Partnerrekrutierung aller Zweideutigkeiten und irreführenden Angaben enthalten. Die Anzeigen und Unterlagen zum Zweck der Franchisenehmergewinnung, die direkt oder indirekt auf zu erwartende Ergebnisse eingehen, müssen sachlich und nachprüfbar sein. Um es den angehenden Franchisenehmern zu ermöglichen, jegliche bindende Abmachung in voller Kenntnis der Sachlage zu treffen, muß ihnen ein Exemplar des Verhaltenskodex ausgehändigt werden. Auch müssen ihnen vollständige, sorgfältige und schriftliche Unterlagen und Informationen über alle für das Franchiseverhältnis wichtigen Umstände vor Vertragsschluß übergeben werden.

e) **Besondere Vorschriften für Pyramidalsysteme.** Pyramidalsysteme des sogenannten Strukturvertriebs, auch „progressiv franchising" genannt, sind in England nicht von vornherein rechtswidrig. Sie unterstehen allerdings der Sonderregelung des Pyramide Selling Act 1989 sowie den Vorschriften der sections 118 ff. des Fair Trading Act 1973. Diese sehen vor allem eine verstärkte Kontrolle der Werbemethoden, der Werbeprospekte sowie eine besondere „cooling off"-Phase vor (vgl. hierzu *Adams/Prichard Jones*, S. 298 f.; *Enghusen*, S. 127 f.). Darüber hinaus sind vom Franchisegeber besondere Aufklärungspflichten zu beachten. Der Franchisegeber ist aufgrund des Pyramid Selling Act 1989 verpflichtet, sowohl in eventuellen vorvertraglichen Dokumenten als auch in der Vertragsurkunde selbst deutlich sichtbare Warnhinweise aufzunehmen, in denen vor allem dem Franchisenehmer die Hinzuziehung eines juristischen Beraters empfohlen wird (vgl. hierzu *Adams/ Prichard Jones*, S. 299 f.). Des weiteren muß der Franchisenehmer über die besonderen Risiken eines solchen Vertriebssystems aufgeklärt werden. Denn oftmals realisieren sich in diesen Bereichen lediglich die Gewinnchancen des Systemkopfs und der unmittelbar darunter befindlichen Stufen, weil für die weiteren Stufen schon nach einiger Zeit ein Sättigungseffekt eintritt und es den Franchisenehmern kaum mehr möglich ist, weitere Franchisen abzusetzen (vgl. dazu 61 Georgetown LJ 1257 [1973], 1261). Ein Verstoß gegen die einschlägigen Vorschriften kann sowohl zu zivilrechtlichen als auch zu strafrechtlichen Sanktionen führen (vgl. hierzu *Adams/Prichard Jones*, S. 300). Darüber hinaus kann der Franchisenehmer die entrichteten Gebühren zurückfordern (Re Golden Chemical Products Ltd [1976] Ch 300, [1976] 2 All ER 543).

6. **Besonderheiten des Vertragsschlusses. a) Consideration Doctrine.** Nach englischem Recht kann nur Verträge schließen, wer volljährig ist. Die frühere Altersgrenze von 21 Jahren wurde diesbezüglich auf 18 Jahre herabgesetzt. (Sections 1 und 9 des Familiy Law Reform Act 1969). Auch in England hat sich in der schuldvertraglichen Rechtsgeschäftslehre das Konsensprinzip durchgesetzt. Ein zentraler Systemunterschied zum deutschen Recht besteht jedoch in dem Erfordernis einer „consideration" (Gegenleistung) als Wirksamkeitsvoraussetzung für jeden Vertrag, der nicht in besonderer Form (under seal) geschlossen wird. Die „consideration" wird definiert als irgendein Recht, Gewinn oder Vorteil einer Vertragspartei oder irgendein Unterlassen, Nachteil oder Schaden oder eine Verantwortlichkeit des anderen (*Collins*, S. 52; *Atiyah*, chapter 8). Die Gegenleistung (eigentlich: das „Gegenopfer") kann insbesondere auch in einem gegenseitigen Versprechen (executory consideration) liegen. Die Änderung eines Vertrages bedarf nach der consideration doctrine ebenfalls einer Gegenleistung auf beiden Seiten. Wird ein bestehen-

5. Franchise Agreement (Englischer Franchisevertrag)

der Vertrag nur zugunsten einer Partei geändert, fehlt regelmäßig die Gegenleistung mit der Rechtsfolge, daß die Vertragsänderung unwirksam ist. Ebenso wie die Vertragsänderung ist ein einseitiger Erlaß von Verpflichtungen oder ein einseitiger Verzicht (waiver) auf Rechte ohne Gegenleistung grundsätzlich unwirksam (*Collins*, S. 52 u. 57). Erläßt der Gläubiger dem Schuldner eine Forderung, wenn auch nur teilweise, oder gewährt er ihm ein Zahlungsziel, so ist er hieran in aller Regel nicht gebunden. Dem kann allenfalls nach der doctrine of equitable estoppel der Einwand unzulässiger Rechtsausübung entgegengehalten werden.

b) Angebot und Annahme. Anders als nach § 145 BGB bindet das Angebot den Antragenden im englischen Recht grundsätzlich nicht. Vielmehr ist das Angebot bis zu seiner Annahme frei widerruflich, weil es als ein Versprechen ohne Gegenleistung angesehen wird (Dickinson v. Dodds [1876] 2 Ch. D. 463). Wer sich in den Verhandlungen über den Abschluß eines Franchisevertrags den Vorteil eines bindenden Vertragsangebotes sichern will, muß daher einen Optionsvertrag abschließen und dem Offerenten eine Gegenleistung anbieten, oder sich das Angebot förmlich „under seal" geben lassen. Die freie Widerruflichkeit des Angebots schränkt das englische Recht aber wiederum dadurch ein, daß es die Wirksamkeit der Annahmeerklärung unter Abwesenden vorverlegt. Entscheidend ist hierfür nämlich nicht der Zugang der Annahmeerklärung. Die Annahme, und damit der Vertrag, wird vielmehr nach der sog. „mailbox theory" schon wirksam, wenn der Annehmende seine Erklärung abgibt, insbesondere in den Briefkasten wirft (vgl. *Triebel/Hodgson/Kellenter/Müller*, S. 56 m. w. N.). Selbst wenn die Annahmeerklärung unterwegs verloren geht, bleibt die rechtliche Existenz des Vertrages unberührt. Auch der Ort des Vertragsschlusses liegt dort, wo die Annahmeerklärung abgesandt wird (*Triebel/Hodgson/Kellenter/Müller*, S. 56 m. w. N.). Ein dem deutschen Recht vergleichbares verbraucherschutzrechtliches Widerrufsrecht (§ 7 VerbraucherkreditG) ist für den Bereich des Franchising im Vereinigten Königreich weder allgemein noch im Consumer Protection Act vorgesehen. Allerdings können Besonderheiten für spezielle Pyramidalsysteme zu berücksichtigen sein, bei denen es vorrangig um die Akquisition weiterer Franchisenehmer geht und den Franchisenehmern keine Exklusivität seitens des Franchisegebers gewährt wird (vgl. zur Exklusivität Anm. 85). Vorvertragliche Erklärungen haben grundsätzlich keinen vertragskonstitutiven Charakter. Um ihre Vertragsverhandlungen deutlich vom späteren Vertragsschluß abzugrenzen, benutzen die Parteien bei der schriftlichen Niederlegung von Zwischenergebnissen die Formulierung „subject to contract" (vgl. *Triebel/Hodgson/Kellenter/Müller*, S. 62; Winn v. Bull [1877] 7 Ch. D. 29).

c) Bestimmtheitsgrundsatz. Das englische Recht stellt an die Bestimmtheit des Vertragsinhalts hohe Anforderungen. Wenn die Parteien Bedingungen ihres Vertrages bewußt offen lassen und sich erst später hierüber einigen wollen, fehlt es regelmäßig an der erforderlichen Bestimmtheit. Hingegen ist der Vertrag bindend, wenn die Parteien festlegen, nach welchen Kriterien die Lücken zu füllen sind, etwa durch Bezug auf eine Preisliste (Hillas & Co. v. Arcos Ltd. [1932] 147 L. T. 503). Eine wichtige Sonderregelung gilt für das Recht des Warenkauf- und des Dienstleistungsvertrages nach Section 8 des Sale of Goods Act 1979 und Section 15 Supply of Goods and Services Act 1982: Haben sich die Parteien eines solchen Vertrages nicht über den Preis geeinigt, so ist eine angemessene Gegenleistung zu erbringen.

d) Allgemeine Formfragen. Der Franchisevertrag bedarf nach englischem Recht keiner besonderen Form als Wirksamkeitsvoraussetzung (*Taylor*, in: Martinek/Semler, Handbuch des Vertriebsrechts, § 54 Rn. 61). Das englische Recht unterscheidet prinzipiell von der Form her Verträge unter Siegel (under seal) und einfache Verträge (simple contracts). Nach Common Law ist ein Vertrag „under seal" erforderlich, wenn ein Versprechen ohne Gegenleistung wirksam sein soll. Bei einem Franchisevertrag werden freilich für die mit der Franchise verbundenen Leistungen des Franchisegebers regelmäßig Gegenleistungen des Franchisenehmers (Zahlung der Franchisegebühren, Absatzförderungstätigkeit für den Franchisegeber) vereinbart. Dasselbe gilt für die jeweiligen Ausführungsverträge während der Laufzeit eines Franchisevertrages. Im Grundsatz besteht daher im englischen Recht für Franchiseverträge und deren Ausführungsverträge Formfreiheit. Überhaupt sind die große Mehrzahl der Verträge im englischen Handelsverkehr einfache Verträge (simple contracts), die keiner Form bedürfen, also auch mündlich abgeschlossen werden können, wenn sie die besagte Gegenleistung aufweisen. Nur wenige einfache Verträge müssen aus spezialgesetzlichen Gründen schriftlich abgefaßt sein. Dies gilt etwa für Verbraucherkreditverträge gem. Sections 43 ff. Consumer Credit Act 1974 und für Sicherungsübereignungsverträge nach dem Bills of Sale 1878 Amendment Act 1882. Auch wettbewerbsrechtliche Bestimmungen führen nicht zu einem Formerfordernis im Sinne einer Rechtswirksamkeitsvoraussetzung. Der englische Franchisevertrag unterliegt somit anders als im deutschen Recht (§ 34 GWB) keinem besonderen Formerfordernis. Erst indirekt ergibt sich ein praktisches Formerfordernis aus der Notwendigkeit der Gleichförmigkeit von Franchiseverträgen innerhalb des Vertragssystems, aus Beweis- und Übersichtlichkeitsgründen sowie vor allem aus der wettbewerbsbehördlichen Anmeldepflicht von Franchiseverträgen (vgl. dazu Anm. 10 (2)).

7. **Allgemeine Vertragsbedingungen. a)** Der Franchisevertrag ist in der Regel ein vorformulierter Standardvertrag, der für eine Vielzahl von Vertragsabschlüssen mit verschiedenen Franchisenehmern verwandt wird. Die Inhaltskontrolle von allgemeinen Geschäftsbedingungen (standard form contracts bzw. general terms and conditions) erfolgt hierbei nach Maßgabe des Unfair Contract Terms Act 1977. In den persönlichen Anwendungsbereich dieses Gesetzes fallen nicht nur Endverbraucher, so daß sich auch professionelle Franchiseverträge an diesen Regelungen messen lassen müssen. Vom Grundsatz her gilt das Gesetz zugunsten eines jeden Vertragspartners eines AGB-Verwenders, doch wird seine Schutzwirkung für Konsumenten durch verschiedene Sonderregelungen verstärkt (*Bernstorff*, Vertragliche Haftung, S. 28 ff.). Der Vertragspartner des Verwenders kann freilich nur dann auf die Schutzvorschriften des Unfair Contract Terms Act 1977 zurückgreifen, wenn sein Kontrahent innerhalb seines Geschäftsbetriebs tätig geworden ist (business liability; vgl. *Vorpeil* RIW 1993, S. 720).

b) Nach englischem Recht trägt grundsätzlich derjenige das Risiko der Vertragsunklarheit, der die Vertragsurkunde unterzeichnet. Denn er ist regelmäßig an alle Vertragsklauseln gebunden. Dies ist ein erheblicher Unterschied zu Art. 6 AGBG des deutschen Rechts. Liegt hingegen keine Unterschrift vor, so werden die Geschäftsbedingungen nur Vertragsbestandteil, wenn der Vertragspartner positive Kenntnis von der Geschäftsbedingung hatte. Wußte er lediglich von „etwas Geschriebenem", ist er sich aber dessen Rechtsnatur als Geschäftsbedingung nicht bewußt, so ist die betreffende Klausel nur dann Vertragsbestandteil, wenn sie ihm in angemessener Form und Weise kundgegeben wurden (reasonably sufficient notice-Test, vgl. Interfoto Picture Library Ltd. v. Stiletto Visual Programms Ltd. [1989] Q. B. 433). Vertragsbedingungen auf der Rückseite eines übergebenen Schriftstückes gelten nur dann, wenn auf der Vorderseite hierauf hingewiesen wurde. Allerdings kommt es nicht subjektiv auf die Verhältnisse des Vertragsgegners an, sondern auf objektive Maßstäbe, so daß Unkenntnis der Vertragssprache die Einbeziehung nicht hindert (Geier v. Kubaja Weston and Warne Bros. Transport Ltd. [1970] 1 Lloyd's Rep. 364). Belege, Quittungen und der Einband eines Scheckheftes sind keine vertragskonstitutiven Urkunden, so daß deren Übermittlung in der Regel nicht genügt, um allgemeine Vertragsbedingungen zum Vertragsinhalt werden zu lassen. Allgemeine Geschäftsbedingungen müssen vor- oder gleichzeitig mit dem Vertragsschluß der anderen Vertragspartner bekanntgegeben werden. Nach Vertragsschluß können sie nicht mehr einseitig zum Vertragsinhalt gemacht werden, auch nicht mittels eines Bestätigungsschreibens (vgl. hierzu *Triebel/Hodgson/Kellenter/Müller/Hodgson/Kellenter/Müller*, S. 64 m.w.N.). Etwas anderes gilt nur, wenn Bestätigungsschreiben im Rahmen von längeren Geschäftsbeziehungen „course of dealings" eingeführt werden oder von den Parteien als Beweisurkunde vorgesehen sind. Unangemessene Bedingungen werden von den Richtern gegen den Verwender

5. Franchise Agreement (Englischer Franchisevertrag)

ausgelegt. Je ungewöhnlicher die Klausel ist, um so deutlicher muß der Hinweis auf die Regelung sein (Interfoto Picture Library Ltd. v. Stiletto Visual Programms Ltd. [1989] Q. B. 433). Anzumerken bleibt, daß die Vorschriften des Unfair Contract Terms Act 1977 nicht nur auf allgemeine Vertragsbedingungen anzuwenden sind. Vielmehr werden auch individuell ausgehandelte Bedingungen erfaßt.

8. Eingeschränkter Grundsatz von Treu und Glauben. Die Parteien englischer Verträge sind bei der Erfüllung ihrer Verträge nicht in derart fundamentaler und umfassender Weise an den Grundsatz von Treu und Glauben gebunden wie dies im deutschen Recht der Fall ist. Es entscheidet für den Umfang der Pflichten grundsätzlich der Wortlaut des Vertrages. Dabei darf eine Partei ihre vertraglichen Rechte unter Umständen sogar unbillig oder rechtsmißbräuchlich ausnutzen. Die Parteien können nicht einmal bindend vereinbaren, sich bei den Vertragsverhandlungen entsprechend Treu und Glauben zu verhalten. (Walford v. Miles [1992] 1 All E. R. 453). Das Prinzip von Treu und Glauben wird jedoch im englischen Recht keineswegs ausnahmslos vernachlässigt. Wer z. B. Rechtsbehelfe der equity (wie etwa „specific performance" oder Unterlassung im einstweiligen Rechtsschutz) beansprucht, darf selbst nicht gegen Treu und Glauben verstoßen haben (clean hands doctrine). Ebenso hat die equity-Rechtsprechung verschiedene Arten des Rechtsmißbrauchs bzw. der Verwirkung (estoppel) entwickelt, die einem Anspruch des Klägers entgegen gehalten werden können. Auch hierin liegt ein Grund dafür, daß englische Vertragswerke sehr umfangreich sind und sich um eine abschließende Regelung für alle erdenklichen Fragen und Entwicklungen bemühen.

9. Vertragsauslegung. a) Doctrine of implied terms. Wenn die Parteien eines umfangreichen, schriftlich fixierten Franchisevertrags gleichwohl keine in allen Punkten erschöpfende Vereinbarung getroffen haben, versuchen englische Richter jedenfalls in neuerer Zeit nur zurückhaltend, diese Lücken im Rückgriff auf die „doctrine of implied terms" zu schließen (vgl. hierzu rechtsvergleichend *Kötz,* S. 219 ff.). Hierbei sind zwei Vorgehensweisen zu unterscheiden: Auf tatsächlicher Grundlage (terms implied in fact) ist eine Vertragsergänzung möglich, wenn sie erforderlich ist, um die Durchführung und Abwicklung des Vertrages überhaupt erst möglich zu machen (business efficacy). Darüber hinaus können unausgesprochene, aber offensichtliche Folgerungen aus dem vereinbarten Text als Vertragsbestandteile angesehen werden (bystander doctrine). Es reicht freilich hierfür nicht schon aus, daß eine Klausel angemessen ist; sie muß vielmehr auch erforderlich sein. Dies ist etwa der Fall, wenn beide Parteien bei Kenntnis der Tatsachenlage eine Regelung auf Vorschlag eines Dritten in den Vertragstext aufgenommen hätten (Shell UK Ltd. v. Lostock Garage Ltd. [1977] 1 All E. R. 481). Bei den „terms implied in law" geht es demgegenüber im Kern darum, aus Anlaß eines konkret zu entscheidenden Falles generelle Klauseln aufzustellen, die in allen gleichartigen Verträgen ebenfalls zum Zuge kommen (*Triebel/Hodgson/Kellenter/Müller/Hodgson/Kellenter/Müller,* S. 65).

b) Weitere Besonderheiten. Bei der Vertragsauslegung nach englischem Recht sind im übrigen weitere vom deutschen Recht abweichende Besonderheiten zu beachten. So kennt das englische Recht detaillierte Regeln darüber, ob und unter welchen Voraussetzungen außerhalb einer Vertragsurkunde liegende Beweismittel wie z. B. Zeugenaussagen in ein Streitverfahren eingeführt werden können (extrinsic evidence). Das Beweisrecht (law of evidence) hat dabei unmittelbaren Einfluß auf die materiellrechtliche Vertragsauslegung. Die Grundregel des englischen Beweisrechts lautet: Außerhalb der Vertragsurkunde liegende Beweismittel sind nicht zulässig, wenn sie den Inhalt der Urkunde ergänzen, verändern oder ihm gar widersprechen. Ergänzende mündliche Verhandlungen sind im übrigen unbeachtlich. Sollen sie konstitutiv wirken, so sind sie in einer Nebenabrede (collateral contract) festzuhalten. Grundsätzlich entscheidet nur der Wortlaut eines Vertrages. Sind die Worte klar, bleibt für eine Auslegung oder gar für Verwertung außerhalb der Urkunde liegender Beweismittel kein Raum (plain meaning rule). Haben Begriffe im juristischen oder alltäglichen Sprachgebrauch eine besondere Bedeutung, kann diese grundsätzlich nicht widerlegt werden. Auch die Präambel eines Vertrages (recital) kann eindeutige Formulierungen der Vertragspflichten nicht widerlegen. Auf den von den Parteien verfolgten Zweck kommt es bei der Auslegung einer Vertragsklausel kaum an, wenn sich hierfür keine Andeutung im Wortlaut selbst findet. Lassen die im Vertrag gewählten Worte allerdings Zweifel über ihre Bedeutung aufkommen, sind sie vage, ist eine Beschreibung falsch oder unvollständig, können andere Beweismittel angeführt werden (vgl. dazu *Triebel/Hodgson/Kellenter/Müller/Hodgson/Kellenter/Müller*, S. 68 m. w. N.). Anders als im deutschen Recht bleibt auch die Vertragsgeschichte bei der Vertragsauslegung grundsätzlich unberücksichtigt. Ergänzende Äußerungen oder später geänderte Vertragsentwürfe sind kaum jemals für die Vertragsauslegung erheblich. Letzteres ist jedoch insofern einzuschränken, als englische Gerichte die Vertragsgeschichte durchaus gelegentlich zum Anlaß genommen haben, die wirklichen Absichten der Parteien zu ermitteln und diese auf der Grundlage einer wörtlichen Auslegung in den Vertragstext aufzunehmen (*Triebel/Hodgson/Kellenter/Müller*, S. 69).

10. Wettbewerbsrechtliche Kontrolle von Franchiseverträgen nach nationalem Recht.
a) Anmeldepflicht. Franchiseverträge sind als Vereinbarungen über Waren und Dienstleistungen nach Maßgabe der Vorschriften des Restrictive Trade Practices Act 1976 anmeldungspflichtig und werden behördlich daraufhin untersucht, ob sie unter dem Gesichtspunkt des öffentlichen Interesses wirksam sind (vgl. hierzu *Martin-Jones/Prosser*, S. 13 Rn. 20; *Enghusen*, S. 119 ff.). Nach dem Restrictive Trade Practices Act 1976 sind nämlich bestimmte Geschäftspraktiken generell wettbewerbswidrig und verboten (forms legislation, vgl. dazu Anm. 4 (5)), soweit sie unter die in diesem Gesetz festgelegten Wettbewerbsbeschränkungen in bezug auf Preise, Preisempfehlungen, Vertragsbedingungen, Warenmengen und Warenart, Herstellungsverfahren, räumliche und personelle Marktaufteilung fallen (vgl. hierzu *Martin-Jones/Prosser*, S. 15 Rn. 21 ff.). Andere wettbewerbsbeschränkende Abreden können demgegenüber zulässig sein, wenn sie bestimmte Voraussetzungen erfüllen und damit die gesetzlichen „gateways" passieren. Die zulässigen, registrierbaren Übereinkommen sind in Section 1 Restrictive Trade Practices Act 1976 definiert. Für Warenlieferung ist vor allem Section 6 einschlägig, während für Dienstleistungen Section 11 zu beachten ist. Zwar werden Exklusivvertriebsverträge sowie Handelsvertreterverträge gem. § 2 Schedule 3 und § 7, Schedule 3 Restrictive Trade Practices Act 1976 unter bestimmten Voraussetzungen von der Registrierungspflicht befreit. Die Franchiseverträge genießen jedoch dieses Privileg regelmäßig nicht.
b) Registrierungsvoraussetzungen. Nach Section 6 Restrictive Trade Practices Act 1976 ist die Registrierung eines Vertrages mit wettbewerbsbeschränkenden Abreden von folgenden Voraussetzungen abhängig:
aa) **Vereinbarung.** Es muß ein „Agreement" (Vereinbarung) im Sinne der Legaldefinition von Section 43 (1) vorliegen, die jede vertragliche Vereinbarung einschließlich nicht fixierter „Geheimabsprachen" und stillschweigender Absprachen umfaßt und unter die Franchiseverträge mit ihren begleitenden Vereinbarungen ohne weiteres zu subsumieren sind.
bb) **Wettbewerbsbeschränkung.** Es müssen vertragliche Beschränkungen des Wettbewerbs (restrictions) vorliegen. Nach Section 43 (1) Restrictive Trade Practices Act 1976 ist unter einer „restriction" jede „negative" ausdrückliche oder stillschweigende Verpflichtung zu verstehen, die den Wettbewerb oder die wirtschaftliche Betätigungsfreiheit einer der Parteien betrifft (*Wish*, S. 132).
cc) **Gegenseitigkeit.** Der Restrictive Trade Practices Act 1976 ist nur dann tangiert, wenn sowohl der Franchisegeber als auch der Franchisenehmer einer Beschränkung unterliegt (*Wish*, S. 602). Es muß sich mithin um eine Vereinbarung zwischen mindestens zwei Personen handeln, die beide einer Wettbewerbsbeschränkung ausgesetzt sind (*Enghusen*, S. 120). Für Franchiseorganisationen unter Verwendung eines Gemeinschaftsunternehmens (joint venture) kann insoweit bedeutsam werden, daß nach Section 43 (2) Restrictive

5. Franchise Agreement (Englischer Franchisevertrag)

Trade Practices Act 1976 die verschiedenen Organe einer juristischen Person oder die Gesellschafter einer Gesellschaft bzw. Partnerschaft als nur *eine* Person betrachtet werden (*Wish*, S. 135). Danach ist z.B. eine Beschränkungsvereinbarung zwischen zwei Gesellschaftern kein registrierbares Übereinkommen. Über diese Konstruktion können offenbar manche wettbewerbsbeschränkende Abreden de facto vertikaler Art dem Restrictive Trade Practices Act 1976 entgehen, die dann freilich dem Competition Act 1980 oder dem europäischen Wettbewerbsrecht des Art. 85 EG-Vertrag unterfallen können (*Wish*, S. 136).

dd) Territorialität. Beide Vertragsparteien müssen ihr Geschäft im Vereinigten Königreich betreiben. Dies gilt auch, wenn es sich um ausländische Unternehmen handelt. Jedoch haben die englischen Behörden gem. Section 35 Restrictive Trade Practices Act 1976 kaum eine Zugriffsmöglichkeit gegenüber im Ausland ansässige und vom Ausland aus operierende Personen (*Wish*, S. 135, Fußnote 11). Wenn lediglich eine Seite auf dem englischen Markt präsent ist, ist der Restrictive Trade Practices Act 1976 nicht einschlägig.

c) Mißbrauchsaufsicht. Das englische Wettbewerbsbeschränkungsrecht folgt nicht dem Verbotsprinzip, sondern dem Mißbrauchsprinzip. Wettbewerbsbeschränkende Vereinbarungen in Franchiseverträgen sind danach grundsätzlich solange wirksam, wie sie nicht verboten werden (*Triebel/Hodgson/Kellenter/Müller*, S. 367). Die Mißbrauchsaufsicht ist in einem zweistufigen Verfahren geregelt.

aa) Das Anmeldeverfahren. Jeder an einer wettbewerbsbeschränkenden Vereinbarung Beteiligte ist verpflichtet, die gesamte Vereinbarung einschließlich aller mündlichen Nebenabreden vor ihrem Inkrafttreten, spätestens aber drei Monate nach dem Vertragsschluß beim Präsidenten der Kartellbehörde (Director General of Fair Trading) anzumelden. Die gesamte Vereinbarung wird sodann in ein Register beim Kartellamt (Office of Fair Trading) in der Chancery Lane, London eingetragen, das im Grundsatz öffentlich einsehbar ist. Dieses Register hat allerdings auch einen von der Öffentlichkeit nicht einsehbaren Teil, in dem bestimmte Angaben gemäß § 23 Restrictive Trade Practices Act 1976 eingetragen werden können, wenn der „Secretary of State" befindet, daß die Veröffentlichung dieser Informationen dem öffentlichen Interesse schaden oder die legitimen Geschäftsinteressen der Vertragsparteien erheblich beinträchtigen kann. Erfolgt keine Anmeldung eines Franchisevertrages beim Director General, so droht gem. § 25 Restrictive Trade Practices Act 1976 die Unwirksamkeit der Bestimmungen des Franchisevertrages in bezug auf die darin enthaltenen Wettbewerbsbeschränkungen und Informationsvereinbarungen. Werden die wettbewerbsbeschränkenden Maßnahmen gleichwohl durchgeführt, können die von den rechtswidrigen Handlungen betroffenen Personen dagegen eine einstweilige Verfügung (injunction) beantragen und/oder auf Schadensersatz klagen (*Martin-Jones/Prosser*, S. 20, Rn. 32). Hat der „Director General" den begründeten Verdacht, daß eine nicht angemeldete, aber anmeldepflichtige Franchisevereinbarung besteht, so kann er gem. § 36 Restrictive Trade Practices Act 1976 von den Parteien Auskunft darüber verlangen.

bb) Die Rechtfertigungsgründe. Der Director General kann daran anschließend die bei ihm angemeldete Franchisevereinbarung dem Gericht (Restrictive Trade Practices Court) zur Entscheidung darüber vorlegen, ob die im Franchisevertrag enthaltenen Wettbewerbsbeschränkungen für unwirksam erklärt werden. Dabei besteht zunächst gem. §§ 10 und 11 Restrictive Trade Practices Act 1976 eine Vermutung, daß die Wettbewerbsbeschränkungen dem öffentlichen Interesse entgegenstehen und deshalb unwirksam sind. Wer ihre Rechtswirksamkeit geltend macht, trägt die Darlegungs- und Beweislast hierfür. Er kann insoweit bestimmte – kasuistisch umschriebene – Rechtfertigungsgründe anführen (sog. gateways = Durchlässe; vgl. hierzu *Martin-Jones/Prosser*, S. 18 Rn. 28 und Fn. 24; *Enghusen*, S. 116) und zur Überzeugung des Gerichts darlegen, daß diese Rechtfertigungsgründe nach den Umständen des Falles die Nachteile der Wettbewerbsbeschränkung überwiegen. Wettbewerbsbeschränkungen wurden vor allem aus Gründen der wettbewerblichen Gegenmachtbildung für rechtens erachtet, wenn sie sich als erforderlich erweisen, um mit einem marktmächtigen Verkäufer oder Käufer angemessene Vertragsbedingungen auszuhandeln (Locked Coil Rupemaker's Association's Argreement [1965] 1 All E. R. 382). Eine Rechtfertigung kann insbesondere auch bejaht werden, wenn die Beschränkung der Allgemeinheit, Käufern oder Verbrauchern wesentliche Vorteile wie z. B. Qualitätsverbesserung oder Kostensenkung bringt (Back Bolt and Nut Association's Agreement [1960] 3 All E. R. 122). Auch Bagatellkartelle, die den Wettbewerb nicht wesentlich beschränken, sind gerechtfertigt.

cc) **Rechtsfolge in Ermangelung einer Rechtfertigung der Wettbewerbsbeschränkung.** Liegt eine wettbewerbsbeschränkende Vereinbarung vor, bei der die gesetzliche Vermutung nicht entkräftet wird, daß diese Vereinbarung gegen öffentliche Interessen verstößt, stellt das Gericht fest, daß die Vereinbarung ganz oder teilweise nichtig ist. Das Gericht kann auch verbieten, die Vereinbarung auszuführen oder neue Vereinbarungen mit ähnlicher Wirkung abzuschließen (Re Association Transformer Manufacturer's Agreement [1971] 1 All E. R. 409). Gegen die Entscheidung des Restrictive Trade Practices Court ist die Revision beim Court of Appeal und sodann die Revision beim House of Lords zulässig. Eine Berufung wegen einer Tatsachenfrage ist allerdings nicht vorgesehen (*Martin-Jones/Prosser*, S. 19 Rn. 29). Steht also rechtskräftig fest, daß der Franchisevertrag öffentlichen Interessen zuwiderläuft, so hat dies gem. § 2 Restrictive Trade Practices Act 1976 zur Folge, daß die betreffenden Bestimmungen unwirksam sind und nicht vor Gericht geltend gemacht werden können. Weiterhin können die Gerichte auf Antrag des Director General Verfügungen (orders) erlassen, die es jeder Partei einer anmeldepflichtigen Vereinbarung (sei sie angemeldet oder nicht) verbieten, die Vereinbarung in Kraft zu setzen oder durchzuführen oder eine gleichlautende Vereinbarung abzuschließen. Zuwiderhandlungen gegen eine solche Verfügung werden als Mißachtung des Gerichts (contempt of court) mit einer Gefängnis- bzw. Geldstrafe geahndet (*Martin-Jones/Prosser*, S. 20 Rn. 31).

d) **Vorrang des Unionsrechts.** Nach der herrschenden Vorrangtheorie geht das Gemeinschaftsrecht dem Recht der Mitgliedstaaten vor. Nationales Wettbewerbsrecht bleibt danach zwar grundsätzlich anwendbar; steht dieses jedoch im Widerspruch mit dem EG-Kartellrecht, so genießt letzteres den Vorrang. Demnach setzt sich ein EG-kartellrechtliches Verbot durch, auch wenn das Verhalten nach nationalem Recht zulässig wäre. Allerdings darf ein Verhalten, das durch einen Akt der Kommission erlaubt ist (Einzelfreistellung oder Gruppenfreistellung nach Art. 85 Abs. 3 EGV), durch die nationale Kartellbehörde nicht verboten werden (vgl. hierzu *Habermeier*, in: Martinek/Semler (Hrsg.), Handbuch des Vertriebsrechts, § 29; *Wagner*, S. 5ff.). Bei einem Widerspruch zwischen nationalem und EG-Kartellrecht hat mithin das Europäische Unionsrecht Vorrang (*Wish*, S. 37 m.w.N.; Walt Wilhelm v. Bundeskartellamt 14/68 (1969) ECR 1 [1969] CLMR 100). Die Parteien müssen den Präsidenten der Kartellbehörde (Director General of Fair Trading) davon in Kenntnis setzen, wenn sie der Europäischen Kommission eine Vereinbarung anzeigen oder einen Negativattest beantragen (*Triebel/Hodgson/Kellenter/Müller/Hodgson/Kellenter/Müller*, S. 366 m.w.N.). Der Restrictive Trade Practices Court kann die Ausübung seiner Gerichtsbarkeit verweigern bzw. verschieben, wenn er dies aufgrund der unmittelbar geltenden Vorschriften des EG-Rechts für erforderlich hält. Dies ist der Fall, wenn z.B. der Franchisevertrag von der EG-Kommission genehmigt worden ist oder erkennbar die Vorschriften der Franchise-GVO eingehalten wurden. In diesem Fall ist bereits der Director General berechtigt, von einer Weiterleitung des angemeldeten Franchisevertrages an den Restrictive Trade Practices Court abzusehen.

11. EG-Kartellrecht und Franchising in England. a) **Allgemeines.** Am 1. 1. 1973 wurde das Vereinigte Königreich Mitglied der Europäischen Wirtschaftsgemeinschaft, so daß die direkt anwendbaren Bestimmungen des EG-Rechts in Großbritannien unmittelbar geltendes Recht und von den britischen Gerichten gem. Art. 2 European Communities Act 1972 dementsprechend durchsetzbar sind (Esso Petroleum Co Ltd. v. Kingwood Motors Addlestone Ltd. und andere [1974] Q. B. 142). Das europäische Recht spielt vor allem unter dem Gesichtspunkt des Kartellrechts (Art. 85 EG-Vertrag) und der Regelung des Miß-

5. Franchise Agreement (Englischer Franchisevertrag) II.5

brauchs marktbeherrschender Stellungen eine Rolle (Art. 86 EG-Vertrag). Die Bedeutung des EG-Kartellrechts der Art. 85 ff. EG-Vertrag für die vertriebsvertragliche Praxis ist in den letzten Jahren immens gewachsen. Soweit vertragliche Vertriebssysteme spürbar den Handel zwischen Mitgliedstaaten zu beeinträchtigen geeignet sind, gilt für sie insbesondere das Verbot des Art. 85 Abs. 1 EWGV mit seiner unmittelbaren, auch zivilrechtlichen Wirkung. Nach der in Art. 85 und 86 EG-Vertrag enthaltenen Zwischenstaatlichkeitsklausel gilt das europäische Wettbewerbsrecht aber lediglich für Fälle übernationaler Bedeutung. Wird ein Sachverhalt sowohl vom nationalen als auch vom europäischen Wettbewerbsrecht erfaßt, genießt das europäische Wettbewerbsrecht den Vorrang. Europäisches Wettbewerbsrecht ist darüberhinaus nur dann anwendbar, wenn die Wettbewerbsbeschränkung von einer gewissen qualitativen und quantitativen Relevanz für den Gemeinsamen Markt ist. Diese „de minimis"-Regel ist in der sogenannten Bagatell-Bekanntmachung der Europäischen Kommission vom 3. 9. 1986 konkretisiert (vgl. hierzu *Habermeier*, in: Martinek/Semler (Hrsg.), Handbuch des Vertriebsrechts, § 29; *Skaupy*, Franchising, S. 226 ff.). Mit dieser „Bekanntmachung über Vereinbarungen von geringer Bedeutung, die nicht unter Art. 85 Abs. 1 EWGV fallen" (ABl. Nr. C 231 vom 12. 9. 1986; abgedruckt bei *Skaupy*, Franchising, Anhang, S. 254 ff.; dazu *Strauch*, franchise report 1987/1, S. 31 f.) will die Kommission nach Art der deutschen „Kooperationsfibel" des Bundeswirtschaftsministeriums die Zusammenarbeit der kleinen und mittleren Unternehmen erleichtern und praktisch geringfügige „Wettbewerbsbeeinträchtigungen" aus dem kartellrechtlichen Sanktionsbereich ausnehmen. Die Bagatell-Bekanntmachung der Kommission bezieht sich nicht nur auf Waren, sondern auch auf Dienstleistungen. Nach ihr fallen Vereinbarungen „regelmäßig" nicht unter das Wettbewerbsverbot, wenn Waren oder Dienstleistungen, die Gegenstand der Vereinbarung sind, und die sonstigen Waren oder Dienstleistungen der beteiligten Unternehmen, die vom Verbraucher aufgrund ihrer Eigenschaften, ihrer Preislage und ihres Verwendungszwecks als gleichartig angesehen werden, in dem Gebiet des Gemeinsamen Marktes, auf das sich die Vereinbarung auswirkt, nicht mehr als 5% des Marktes sämtlicher dieser Waren oder Dienstleistungen ausmachen und wenn der Gesamtumsatz der beteiligten Unternehmen innerhalb eines Geschäftsjahres 200 Millionen ECU nicht überschreitet. Diese relativ großzügige Regelung stellt für kleinere und mittlere Franchisesysteme eine erhebliche Erleichterung dar.

b) Anwendbarkeit europäischen Rechts. Nach Art. 227 EG-Vertrag erstreckt sich der räumliche Anwendungsbereich des EG-Vertrags und damit auch der des Kartellrechts auf das Territorium aller Mitgliedstaaten. Der sachliche Anwendungsbereich umfaßt sämtliche Bereiche der Wirtschaft und somit auch das Franchising als Vertriebsform. Ausnahmen ergeben sich aus Art. 42 und Art. 90 Abs. 2 EG-Vertrag, wonach Unternehmen der Landwirtschaft sowie solche (öffentlichen oder privaten) Unternehmen nicht dem EG-Kartellrecht unterfallen, die von staatlichen Stellen mit Dienstleistungen von allgemeinem wirtschaftlichen Interesse betraut sind (*Basedow*, S. 359 ff.; *Möschel*, S. 1709 ff.). Neben den vorgenannten Ausnahmen bestehen für eine Reihe von Wirtschaftszweigen wettbewerbsrechtliche Besonderheiten in unterschiedlichem Umfang (vgl. hierzu *Habermeier*, in: *Martinek/Semler* (Hrsg.), Handbuch des Vertriebsrechts, § 29). Auch wenn der Sitz des Franchise-Unternehmens im europäischen Ausland liegt, kommt europäisches Kartellrecht zur Anwendung, sobald sich die Wettbewerbsbeschränkungen innerhalb der Gemeinschaft auswirken. Dies entspricht ständiger Kommissionspraxis, die jedenfalls im Ergebnis durch die Rechtsprechung des EuGH bestätigt wurde (*Groeben/Thiesing/Ehlermann/Meng*, vor Art. 85 Rdnr. 32; *Gleiss/Hirsch*, Einl. Rdnr. 27 ff.; *Grabitz/Koch*, vor Art. 85 Rdnr. 11; EuGH Slg. 1988, 5193 ff. – Zellstoff).

c) Voraussetzungen des Art. 85 EG-Vertrag. aa) Übersicht. Unter dem Blickwinkel des Art. 85 EG-Vertrag können Franchiseverträge wettbewerbsrechtlich unzulässig sein, wenn eine Vereinbarung zwischen Unternehmen vorliegt, die eine Beeinträchtigung des zwischenstaatlichen Handels zur Folge hat. Diese Maßnahmen müssen dabei eine Wettbewerbsbeschränkung bewirken oder zumindest bezwecken. Als weiteres ungeschriebenes Tatbestandsmerkmal ist die „Spürbarkeit" der Wettbewerbsbeschränkung erforderlich.

bb) Vereinbarung zwischen Unternehmen. Art. 85 Abs. 1 EG-Vertrag erfaßt sowohl vertikale als horizontale Wettbewerbsbeschränkungen, da der Grundsatz der Wettbewerbsfreiheit für alle Wirtschaftsstufen und für alle Erscheinungsformen des Wettbewerbs gilt (EuGHE 1966, 321, 387 = WuW/E EWG, 125 – Grundig-Consten). Die horizontalen oder vertikalen Absprachen müssen zwischen Unternehmen, d. h. zwischen selbständigen Gewerbetreibenden getroffen werden, weshalb z. B. auf die Tätigkeit von Handelsvertretern Art. 85 EG-Vertrag nur sehr eingeschränkt anwendbar ist. Der Franchisenehmer aber handelt, auch wenn er einer gewissen Weisungsgebundenheit gegenüber dem Franchisegeber unterworfen ist, in eigenem Namen und auf eigene Rechnung. Vor allem trägt er das unternehmerische Risiko und nimmt am Markt eigenverantwortlich seine Chancen wahr. Die Tätigkeit des Franchisenehmers ist daher unternehmerische Tätigkeit (*Metzlaff*, S. 44; *Kurtenbach,* S. 103 ff m. w. N.). Art. 85 EG-Vertrag ist allerdings nicht auf Franchiseverträge zwischen Mutter- und Tochtergesellschaft anwendbar (vgl. (*Metzlaff*, S. 45).

cc) Beeinträchtigung des zwischenstaatlichen Handels. Das EG-Kartellrecht ist nur anwendbar, wenn das unternehmerische Verhalten geeignet ist, den Handel zwischen den Mitgliedstaaten zu beeinträchtigen. Diese als „Zwischenstaatlichkeitsklausel" bezeichnete Formulierung wird von den Behörden und dem EuGH weit ausgelegt. Sie setzt eine hinreichende Wahrscheinlichkeit voraus, daß eine Maßnahme unmittelbar oder mittelbar, tatsächlich oder potentiell den Handel zwischen Mitgliedstaaten in einer Weise zu beeinflussen vermag, die sich nachteilig auf den Gemeinsamen Markt auswirkt (*Metzlaff*, S. 45; EuGH Slg 1980, S. 3375 ff.; EuGH 1969, 295 ff. Völk v. Verwaecke; vgl. auch *Habermeier*, a. a. O. mit weiteren Beispielen für die weite Auslegung dieser Zwischenstaatlichkeitsklausel). Die Zwischenstaatlichkeit ist bei Franchiseverträgen jedenfalls stets gegeben, wenn die Parteien ihren Sitz in verschiedenen Mitgliedstaaten haben. Aber auch wenn der Sitz beider Parteien in demselben Mitgliedstaat liegt, kann Zwischenstaatlichkeit zu bejahen sein, etwa wenn der Franchisegeber gleichzeitig Franchisenehmer eines im Ausland ansässigen Master-Franchisegebers ist (*Metzlaff*, S. 46 m. w. N.). Zwischenstaatlichkeit besteht bereits dann, wenn der Franchisevertrag sich auf nur einen Mitgliedstaat erstreckt und es zu einer Abschottung dieses Marktes kommt (EuGHE 1972, S. 977 ff.). Gleiches gilt, wenn der Franchisenehmer gehindert wird, in einem anderen Mitgliedstaat eine Niederlassung zu errichten (EuGHE 1986, S. 353 ff. – Pronuptia), oder wenn es ihm verboten wird, aktiv um Kunden in einem anderen Mitgliedstaat zu werben (vgl. KOM ABl. 1988 L 332, 42 Ziff. 23 – Service Master). Auch wenn die Vertragswaren aus einem anderen Mitgliedstaat stammen, die Franchisevereinbarung Export- bzw. Reimportverbote enthält oder Bezugsbeschränkungen im Hinblick auf Lieferanten aus anderen Mitgliedstaaten aufweist, ist das Zwischenstaatlichkeitserfordernis erfüllt (*Kurtenbach*, S. 109; *Metzlaff*, S. 47; EuGH Slg. 1980, 3125 ff., 3275 – Heintz van Landewyck u. a. v. Kommission).

dd) Ziel bzw. Zweck einer Wettbewerbsbeschränkung. Geschützt ist der legale Wettbewerb in allen seinen Elementen, Mitteln und Stufen, und zwar nicht nur der aktuelle, sondern auch der potentielle Wettbewerb (*Metzlaff*, S. 47). Eine Beschränkung des Wettbewerbs i. S. des Art. 85 EG-Vertrag liegt beispielsweise vor, wenn die Handlungsfreiheit der Marktteilnehmer beeinträchtigt wird, z. B. beim Aushandeln von An- oder Verkaufspreisen oder Geschäftsbedingungen, bei der Wahl herzustellender oder zu verkaufender Erzeugnisse oder anzubietender Dienstleistungen, bei der Bestimmung ihrer Anzahl oder Eigenschaften, bei der Wahl der Absatzorganisation oder der Finanzierung, bei Vornahme von Investitionen, bei dem Betreiben von Forschung für und Entwicklung von neuen Erzeugnissen, bei der Erschließung neuer Märkte, bei der Wahl der Werbeträger etc. (KOME 70/346/EWG – Elektrisch geschweißte Rohre). Keine Wettbewerbsbeschränkung im Sinne des EG-Kartellrechts stellt aber der gemeinschaftliche Gebrauch einheitlicher Gütezeichen oder technischer Normen dar (KOME 78/156/EWG – Video-Cassetten Recorder), auch nicht die gemeinsame Verwendung von Kalkulationsschemata (KOME 75/

5. Franchise Agreement (Englischer Franchisevertrag) II.5

497/EWG IFTRA – Aluminium), der Austausch statistischer Daten ohne Firmenidentifizierung (KOME 77/592/EWG – Cobelpa VNP; 78/252/EWG – Pergamentpapier) oder der bloße Zusammenschluß zu Inkassogemeinschaften. Als wettbewerbsbeschränkend eingestuft werden vor allem folgende, für Franchiseverträge nicht untypische Vereinbarungen: die Verpflichtung zu individualisierendem Austausch von Preisinformationen (KOME 74/292/EWG – IFTRA – Verpackungsglas; 75/497/EWG – IFTRA-Aluminium; 77/592/EWG – Cobelpa/VNP; 78/252/EWG – Pergamentpapier; 82/367/EWG – Hasselblad), die Verpflichtung zum Austausch aller Geschäftsunterlagen (KOME 75/77/EWG – Pilzkonserven) und die Verpflichtung zur Lizenzierung oder Mitteilung künftiger Erfindungen (KOME 72/41/EWG – Henkel/Colgate; 76/172/EWG – Bayer/Gist-Brocades; 76/248/EWG – United Reprocessors; 76/743/EWG – Reuter BASF; 77/781/EWG GEC-Weir; 79/298/EWG – Beecham/Parke, Davis).

ee) **Spürbarkeit der Wettbewerbsbeschränkung.** Allerdings unterfällt nicht jede Wettbewerbsbeschränkung der Vorschrift des Art. 85 EG-Vertrag. Nur Beschränkungen von einer gewissen Relevanz für das Marktgeschehen führen zur Anwendung dieser Regeln. Hierbei handelt es sich um ein ungeschriebenes, durch die Entscheidungspraxis der Kommission und die Rechtsprechung des EuGH entwickeltes zusätzliches Tatbestandsmerkmal (EuGH 1969, S. 295 – Völk v. Vervaeke), das sich auf den allgemeinen Rechtsgrundsatz „de minimis non curat praetor" zurückführen läßt und für das sowohl quantitative als auch qualitative Aspekte des Wettbewerbs von Bedeutung sind.

(1) Quantitative Mindesterfordernisse (Spürbarkeit). In der sog. „Bagatellbekanntmachung" (Bekanntmachung vom 3. 9. 1986 über Vereinbarungen von geringer Bedeutung, die nicht unter Art. 85 Absatz 1 des Vertrages zur Gründung der Europäischen Wirtschaftsgemeinschaft fallen, ABl. 1986 Nr. C 231/2) hat die Kommission dargelegt, daß das EG-Kartellrecht grundsätzlich nicht angewandt wird, wenn die von der Wettbewerbsbeschränkung betroffenen Waren oder Dienstleistungen der beteiligten Unternehmen nicht mehr als 5% des sachlich und räumlich relevanten Marktes dieser Waren oder Dienstleistungen ausmachen (Marktanteilsschwelle) und wenn zudem der Gesamtumsatz der beteiligten Unternehmen innerhalb eines Jahres 200 Mio. ECU (1 ECU = ca. 2,00 DM) nicht überschreitet. Der sachliche relevante Markt umfaßt hierbei nach Ziff. 2 Abs. Nr. 1 der Bekanntmachung neben den Vertragsprodukten alle aus der Sicht der Abnehmer gleichartigen, mit den Vertragsprodukten austauschbaren oder gleichwertigen Produkte (EuGHE 1980, S. 3775 ff. – L'Oréal). Der räumlich relevante Markt versteht sich als das Gebiet innerhalb der Gemeinschaft, in dem sich die Franchisevereinbarung auswirkt. Dies ist regelmäßig das Gebiet, in dem die Franchiseprodukte angeboten werden (*Metzlaff*, S. 49 m.w.N.). Bei der Berechnung des Marktanteils der beteiligten Unternehmen (des vertragsschließenden und der damit verflochtenen Unternehmen) sind stets auch die Umsätze konzernrechtlich verbundener Unternehmen einzubeziehen. Sofern sie mit einem entsprechend großen Unternehmen kooperieren, können demzufolge auch kleinere Unternehmen von den Regelungen des EG-Kartellrechts betroffen sein (*Martinek/Habermeier*, ZHR Bd. 158 (1994), 107 ff., 109 mit Fußn. 3). Nach Ziff. 2 Abs. 2 der Bekanntmachung werden die Umsätze, die der Franchisegeber mit den anderen Franchisenehmern erzielt, in den Gesamtumsatz miteinbezogen. Dies gilt allerdings nicht für die Umsätze der Franchisenehmer untereinander. Schließlich ist für die Marktanteilsbetrachtung auf die jeweilige Marktstruktur abzustellen, wobei nicht zuletzt die Konkurrenzstärke eine Rolle spielt (*Metzlaff*, S. 50). Es bleibt anzumerken, daß die „Bagatellbekanntmachung" sich lediglich als eine Auskunft der Kommission über ihre wahrscheinlichen Beurteilungsmaßstäbe versteht und daher weder die Kommission, noch insbesondere den EuGH oder gar die nationalen Gerichte bindet. Ein willkürliches Abweichen durch die Kommission wäre freilich unzulässig, und speziell im Bußgeldverfahren gewährt die „Bagatellbekanntmachung" weitreichenden Vertrauensschutz.

(2) Qualitative Aspekte (rule of reason). Der EuGH hat aus unterschiedlichen Anlässen und in verschiedenem Umfang im Hinblick auf eine volkswirtschaftliche Nützlichkeit des

wettbewerbsrelevanten Verhaltens nach Maßgabe der sog. „rule of reason" ungeschriebene Ausnahmen vom Kartellverbot begründet (EuGHE 1985, S. 2566 ff. – Rema/Nutricia). Er hat wiederholt betont, daß bei der Anwendung der Kartellgesetze alle für den betroffenen Markt charakteristischen wirtschaftlichen Umstände zu berücksichtigen sind. Vor allem für Wettbewerbsbeschränkungen, die aus Vertriebsverträgen (Vertikalvereinbarungen) hervorgehen und die einem Hersteller das Eindringen in fremde Märkte erleichtern sollen (Markterschließung), hat der EuGH die Legitimität einer einschränkenden Auslegung des Kartellverbots anerkannt. Andererseits ist es der Judikatur des EuGH zufolge zwingend erforderlich, daß ein wirksamer interbrand-Wettbewerb (produktinterner Wettbewerb) der Absatzmittler bestehen bleibt und daß Parallelimporte möglich bleiben (EuGH Slg. 1966, 281 ff., 304 – Maschinenbau Ulm; vgl. auch aus der Kommissionspraxis KOME 68/317/EWG – Machines outils; 69/477/EWG – Dunlopp/Pirelli; 72/23/EWG – SAFCO).

d) Rechtsfolgen der Verletzung des Art. 85 EG-Vertrages. aa) Überblick. Ist der Tatbestand des Art. 85 EG-Vertrages erfüllt, so sieht Art. 85 Abs. 2 EG-Vertrag als Rechtsfolge die Nichtigkeit der wettbewerbsbeschränkenden Vereinbarungen vor, sofern nicht eine Freistellung bzw. eine andere Maßnahme befreiender Wirkung nach Art. 85 Abs. 3 EG-Vertrag dem Franchisevertrag zugute kommt.

bb) Nichtigkeit des Vertrages. Gemäß Art. 85 Abs. 2 EG-Vertrag sind die nach Art. 85 Abs. 1 EG-Vertrag verbotenen Vereinbarungen oder Beschlüsse ipso iure nichtig. Einer Aufhebung der verbotenen Maßnahme bedarf es daher nicht. Die Nichtigkeit erstreckt sich allerdings nur auf die Bestandteile der Vereinbarungen und Beschlüsse, die mit Art. 85 Abs. 1 EG-Vertrag unvereinbar sind. Die Rechtswirkung der Nichtigkeit beurteilt sich dabei nach nationalem Recht. Bislang ungeklärt ist die Frage, ob die Aufnahme einer einzigen verbotenen Klausel alle übrigen wettbewerbsbeschränkenden Klauseln, die an sich freigestellt sind (z.B. durch Gruppenfreistellungsverordnung) ebenfalls mit dem Bann der Nichtigkeit belegt oder ob allein die „überschießende Klausel" von der Nichtigkeit betroffen ist. (vgl. *Habermeier*, a.a.O.).

cc) Strafmaßnahmen der Kommission. Neben den zivilrechtlichen Nichtigkeitsfolgen drohen den Unternehmen auch Zwangsgelder und Geldbußen, zu deren Androhung und Festsetzung die Kommission durch die Artikel 15 und 16 der VO Nr. 17/62 des Rates (sog. „Kartellverordnung", Abl. 1962, S. 204) ermächtigt wurde. Durch VO Nr. 2988/74 des Rates wurde für diese Zwangsgelder und Geldbußen eine Verfolgungs- und Vollstreckungsverjährung eingeführt, deren Frist drei bis – fünf Jahre beträgt. Schließlich kann die Kommission auch ein Untersagungsverfahren gem. Art. 3 VO 17/62 einleiten. Zu diesem Verfahren kommt es insbesondere regelmäßig dann, wenn von einem Bußgeldverfahren abgesehen wird, weil das Unternehmen nicht schuldhaft gehandelt hat (*Metzlaff*, S. 52).

e) Einzelfreistellung und Gruppenfreistellungen. aa) Überblick. Auch wenn ein Vertrag den Tatbestand des Art. 85 Abs 1 EG-Vertrag erfüllt, kann gem. Art. 85 Abs. 3 EG-Vertrag unter bestimmten Voraussetzungen die Kommission auf Antrag der Vertragsparteien eine Freistellung aussprechen. Zuständig ist ausschließlich die Kommission (Art. 9 Abs. 1 der VO Nr. 17/62). Die Freistellung ist als eine Entscheidung der Kommission zu verstehen, mit der Art. 85 Abs. 1 EG-Vertrag für nicht anwendbar erklärt wird (*Metzlaff*, S. 52). Sie erfolgt entweder in Form einer Einzelfreistellung (unten b)) oder einer Gruppenfreistellung (unten c)). Für Franchiseverträge ist vor allem die Gruppenfreistellungsverordnung Nr. 4087/87 einschlägig. Daneben sind die Institute des Negativattests (unten d)) und des einfachen Verwaltungsschreibens (comfort letter) (unten e)) zu beachten.

bb) Einzelfreistellung. (1) Anmeldung. Formelle Voraussetzung einer Einzelfreistellung gemäß Art. 41 der VO Nr. 17/62 ist die Anmeldung der wettbewerbsbeschränkenden Vereinbarung bei der Kommission. Die Formalien und die inhaltlichen Anforderungen hierfür ergeben sich insbesondere aus Art. 6 i.V.m. Art. 4 Abs. 1 der VO Nr. 17/62 sowie aus der VO Nr. 27/62 (zuletzt geändert durch Verordnung Nr. 2526/85, Abl. 1985 Nr. L 172/1).

5. Franchise Agreement (Englischer Franchisevertrag)

(2) Materielle Freistellungsvoraussetzungen. Voraussetzungen für die Nichtanwendbarkeitserklärung sind, daß die Maßnahmen des Vertrages zur Verbesserung der Warenerzeugung oder Warenverteilung oder zur Förderung des technischen oder wirtschaftlichen Fortschritts beitragen und die Verbraucher angemessen an dem entstehenden Gewinn beteiligt werden. Mit dem letztgenannten Passus sind nicht nur finanzielle Gewinne, sondern auch andere Verbesserungen gemeint (*Metzlaff*, S. 54). Durch die Freistellung soll aber das Verbot von Wettbewerbsbeschränkungen nicht unterlaufen werden. Daher verlangt der EuGH (EuGHE 1975, 563 ff. – Frubo), daß die im Vertrag vereinbarten Wettbewerbsbeschränkungen unerläßlich sein müssen, um das betreffende Vertriebssystem funktionsfähig erhalten zu können. Ein Franchisesystem ist daher grundsätzlich nur dann freistellbar, wenn die Beschränkungen des Wettbewerbs unerläßlich sind, um die in Art. 85 Abs. 2 EG-Vertrag beschriebenen Ziele zu erreichen. Da die Kommission mit der Bearbeitung der Anträge überbelastet ist und die Einzelfreistellung zeit- und kostenaufwendig ist, empfiehlt es sich für die Franchise-Praxis, die Verträge an die Bestimmungen der Gruppenfreistellungsverordnungen anzupassen. Dies gilt umso mehr, als nicht sicher ist, ob überhaupt mit einer Einzelfreistellung gerechnet werden kann, wenn es auf einem Rechtsgebiet eine einschlägige Gruppenfreistellungsverordnung gibt (*Habermeier*, a.a.O.). Hinsichtlich der Wirkung der Nichtanwendbarkeitserklärung ist zwischen sog. „Altkartellen" (die vor Inkrafttreten der VO Nr. 17 zustandegekommen sind und gemäß Art. 51 dieser VO ordnungsgemäß angemeldet wurden) und sog. „Neukartellen" (die nach Inkrafttreten der VO Nr. 17 zustandegekommen sind) zu unterscheiden. Nach der Rechtsprechung des EuGH sind „Altkartelle" aus Gründen des Vertrauensschutzes bis zur Entscheidung der Kommission über die Nichtanwendbarkeitserklärung vorläufig gültig. „Neukartelle" sind demgegenüber unwirksam. Eine eventuelle Ablehnung der Nichtanwendbarkeitserklärung hat mithin bei „Altkartellen" konstitutive, bei „Neukartellen" hingegen nur deklaratorische Wirkung (EuGH Slg. 1973, S. 77 ff. – de Haecht/Wikin, Jansen).

(3) Vereinfachte Einzelfreistellung (Widerspruchsverfahren). Art. 6 der Gruppenfreistellungsverordnung für Franchiseverträge (VO Nr. 4087/88) enthält ein vereinfachtes Einzelfreistellungsverfahren, das sog. Widerspruchsverfahren. Danach gilt die Freistellung auch dann als erteilt, wenn die Vereinbarung der Kommission angemeldet wurde und diese nicht innerhalb von sechs Monaten widersprochen hat. Dieses Verfahren kommt jedoch nur für bestimmte Klauseln in Betracht (vgl. hierzu *Metzlaff*, S. 89).

cc) Franchiserelevante Gruppenfreistellungsverordnungen. Allerdings bedarf es keiner Einzelfreistellung nach § 85 Abs. 3 EWGV, wenn ein Franchisesystem den Anforderungen einer der sogenannten Gruppenfreistellungsverordnungen (GVO) entspricht. Art. 85 Abs. 3 EWG-Vertrag eröffnet dem Europäischen Rat die Möglichkeit, Vereinbarungen zwischen Unternehmen, deren wettbewerbsbeschränkende Wirkungen durch die dort bezeichneten positiven volkswirtschaftlichen Effekte überlagert werden, von dem Kartellverbot in Art. 85 EWG-Vertrag nicht nur im Einzelfall, sondern auch allgemein freizustellen. Diese Vorschrift bildet die Grundlage für den Erlaß von Gruppenfreistellungsverordnungen, in denen die Voraussetzungen formuliert sind, unter denen bestimmte Gruppen von Verträgen durch die EG-Kommission vom Verbot des Art. 85 Abs. 1 EG-Vertrag generell freigestellt sind. Die Befugnis steht primär dem Rat zu, der sie jedoch durch entsprechende Ermächtigungen überwiegend auf die Kommission übertragen hat. Die von der Kommission erlassenen GVO stützen sich auf die Verordnung Nr. 19/65 des Rates vom 2. 3. 1965 über die Anwendung von Art. 85 Abs. 3 des EWG-Vertrages auf Gruppen von Vereinbarungen und aufeinander abgestimmte Verhaltensweisen (ABl. Nr. 36 vom 6. 3. 1965, S. 533 ff.). Behörden und Gerichte sowohl der Gemeinschaft als auch der Einzelstaaten sind unmittelbar an die Gruppenfreistellungsverordnung gebunden. Allerdings besteht aufgrund der generalklauselartigen Fassung von Gruppenfreistellungsverordnungen ein beachtlicher Interpretationsspielraum. Nationale Gerichte haben insoweit bei Auslegungszweifeln gem. Art. 177 EG-Vertrag weitreichende Vorlagebefugnisse und Vorlagepflichten. Für das Franchising können zahlreiche GVO Bedeutung erlangen; keineswegs ist eine

Freistellung nur nach der speziellen Franchise-GVO möglich. Die Parteien eines Franchisevertrags können sich vielmehr auf sämtliche einschlägigen Verordnungen berufen, von denen auch zwei oder mehrere nebeneinander zur Freistellung eines Vertriebssystems führen können (zu den Konkurrenzproblemen im GVO-Recht vgl. *Martinek/Habermeier* ZHR Bd. 158 [1994], S. 107 ff.) Als für Franchisesysteme möglicherweise einschlägig erscheint zunächst die Gruppenfreistellung von Alleinvertriebsvereinbarungen nach der Verordnung Nr. 1983/83 vom 22. 6. 1983 (ABl. Nr. L 173 vom 30. 6. 1983, S. 1.) und diejenige von Alleinbezugsvereinbarungen nach der Verordnung Nr. 1984/83 (ABl. Nr. L 173 vom 30. 6. 1983, S. 5) vom selben Tage, die beide die frühere Gruppenfreistellung von Alleinvertriebsvereinbarungen nach der Verordnung Nr. 67/67 vom 22. 3. 1967 ersetzt bzw. ergänzt haben. Beide enthalten einen Numerus clausus von tolerierten Bindungsarten. Auch die GVO Nr. 556/89 zu Know-how-Vereinbarungen vom 30. 11. 1988 kann für Franchisesysteme relevant sein (ABl. EG Nr. 61 v. 4. 3. 1989, 1 ff.) Nur eine eher geringe Rolle spielt für das Vertriebsrecht die Gruppenfreistellung für Patentlizenz-Vereinbarungen nach der Verordnung Nr. 2349/84 vom 23. 7. 1984 (ABl. EG Nr. L 219, 1984, S. 15 ff.). Das EG-Kartellrecht hat für den Bereich des Franchising aber vor allem durch eine vielbeachtete und heftig diskutierte Entscheidung des Europäischen Gerichtshofs vom 28. 1. 1986 zur Vereinbarung eines Franchisevertrags des Pronuptia-Brautmoden-Systems mit Art. 85 EWGV klarere Konturen gewonnen (EuGH WuW/E EWG/MUV 693 = WuW 1986, 523 = NJW 1986, 1415 = ZIP 1986, 329 = GRUR Int. 1986, 193 = JuS 1986, 558 (*Emmerich*) = EWiR Art. 85 EWGV Nr. 2/86, 269 (*Bunte*); vgl. dazu *Bunte* NJW 1986, S. 1406; *Neumann*, RIW 1985, S. 612; *Skaupy* WuW 1986, S. 445; *Kevekordes*, BB 1987, S. 74; *Joerges*, ZHR Bd. 151 (1987), S. 195; *Niederleithinger/Ritter*, Die kartellrechtliche Entscheidungspraxis, S. 162 ff.; *Cockborne*, in: Joerges (Hrsg.), Franchising and the Law, S. 281 ff., 290 ff.). In dieser sogenannten Pronuptia-Entscheidung, die aufgrund eines Vorlagebeschlusses des deutschen BGH ergangen ist (BGH, GRUR Int. 1984, 521 = ABl. EG vom 19. 7. 1984 Nr. C 191/11), hat der EuGH praktisch alle Wettbewerbsbeschränkungen, die er für die Funktion des Franchisesystems für „unerläßlich" hielt, vom Verbot des Art. 85 Abs. 1 EWGV ausgenommen (vgl. zum weiteren Schicksal des Pronuptia-Falles BGH, EWiR Art. 85 EWGV 5/86, 797 (*Bunte*) = WuW/E BGH 2288 („Pronuptia I"); BGH EWiR § 15 GWB 1/94, 575 (*Martinek*) = WiB 1994, 697 (*Bergmann*) („Pronuptia II"); *Martinek*, Moderne Vertragstypen Bd. II, 1992, S. 199 ff.) Daran anschließend hat die EG-Kommission für Franchiseverträge des Waren- wie des Dienstleistungsabsatzes eine spezielle GVO, nämlich die Franchise-GVO Nr. 4087/88 vom 30. 11. 1988 erlassen, die am 1. 2. 1989 in Kraft getreten ist (ABl. EG Nr. L 359/46 vom 28. 12. 1988, abgedruckt z. B. in WuW 1989, S. 306 ff. und in franchise report 1989/1, S. 3 ff. so wie in: *Kramer* (Hrsg.), Neue Vertragsformen der Wirtschaft, 2. Aufl. 1992, Anhang, S. 408 ff.; zur Vorgeschichte vgl. *Skaupy* RIW 1988, S. 86 und *Cockborne*, in: *Joerges* (Hrsg.), Franchising and the Law, S. 281 ff., 289 ff.; *Metzlaff*, Franchiseverträge und EG-Kartellrecht, 1993, S. 58 ff.). Eine besondere praktische Bedeutung für ein Franchisesystem des Automobilvertriebs und der damit zusammenhängenden Kundendienstleistungen kann auch die Kfz-GVO erlangen. Dabei ist zwischen der alten und der neuen Kfz-GVO zu unterscheiden. Die alte GVO Nr. 123/85 der Kommission vom 12. 12. 1984 über die Anwendung von Artikel 85 Abs. 3 des EWG-Vertrages auf Gruppen von Vertriebs- und Kundendienstvereinbarungen über Kraftfahrzeuge (ABl. Nr. L 15 vom 18. 1. 1985, S. 16 ff.) trat am 1. Juli 1985 mit einer Geltung bis zum 30. Juni 1995 in Kraft. Die neue Verordnung Nr. 1475/95 der Kommission vom 28. 6. 1995 über die Anwendung von Art. 85 Abs. 3 des Vertrages auf Gruppen von Vertriebs- und Kundendienstvereinbarungen über Kraftfahrzeuge (neue Kfz-GVO; ABl. Nr. L 145/25 vom 29. 6. 1995; vgl. zu den Vorarbeiten auch die Presseinformation IP (95) 420 der EG-Kommission vom 26. 4. 1995, abgedruckt in WuW 1995, S. 487) ist am 1. 10. 1995 mit einer Laufzeit von sieben Jahren bis zum 30. 9. 2002 in Kraft getreten (Art. 13 Abs. 1). Nach ihrem Art. 7 ist auf Altverträge, die am 1. 10. 1995 in Kraft waren, die alte Kfz-GVO für eine einjährige Übergangsfrist bis zum 30. 9. 1996 noch

5. Franchise Agreement (Englischer Franchisevertrag)   II.5

anwendbar, bis zu deren Ablauf eine Umstellung der Verträge auf die neue GVO erfolgt sein muß. Freilich spielt die vorerwähnte spezielle Franchise-GVO Nr. 4087/88 der EG-Kommission über die Anwendung des Art. 85 Abs. 3 EG-Vertrag auf Gruppen von Franchiseverträgen die mit Abstand größte Rolle. Sie ist am 1. 2. 1989 in Kraft getreten und gilt nach ihrem Art. 9 bis zum 31. 12. 1999.

dd) **Negativattest.** Als schneller und praktischer gegenüber einer Einzelfreistellung erweist sich oft ein Negativattest, auch wenn er nicht denselben Verbindlichkeitsgrad wie eine Einzelfreistellung aufweist. Der Negativattest wird von der Kommission gemäß Art. 2 der VO Nr. 17/62 auf Antrag ausgestellt. Darin bescheinigt sie dem Antragsteller, daß nach den ihr bekannten Tatsachen kein Anlaß besteht, gegen eine Maßnahme aufgrund von Art. 85 Abs. 1 EG-Vertrag einzuschreiten. Der Negativattest hat jedoch nicht die Wirkung einer Nichtanwendbarkeitserklärung im Sinne des Art. 85 Abs. 3 EG-Vertrag. Infolgedessen gewährt er keine Rechtssicherheit über die Vereinbarkeit bzw. Nichtvereinbarkeit einer Wettbewerbsbeschränkung mit Art. 85 EG-Vertrag. Als verwaltungsbehördliche Auskunft bindet der Negativattest indes die Kommission bei gleichbleibendem Sachverhalt (*Metzlaff*, S. 54).

ee) **Verwaltungsschreiben (comfort letter).** Um eine Maßnahme von ähnlicher Wirkung wie ein Negativattest handelt es sich bei dem sogenannten formlosen Verwaltungsschreiben (engl.: comfort letter), das sich in der Kommissionspraxis seit einigen Jahren als ein vereinfachtes Verfahren für die Behandlung von Anträgen auf ein Negativattest etabliert hat. Auch das Verwaltungsschreiben bewirkt wegen seines bloßen Ankündigungscharakters keine Freistellung der angemeldeten Verträge. Es bindet weder die nationalen Behörden noch die nationalen Gerichte. Jedoch darf die Kommission nicht willkürlich entgegen ihrer Ankündigung einschreiten. Das Verwaltungsschreiben hat insoweit eine dem Negativattest vergleichbare Wirkung der Selbstbindung der Verwaltung. Nach der Rechtsprechung des EuGH sollen Verwaltungsschreiben nationale Stellen nicht hindern, strengeres nationales Wettbewerbsrecht anzuwenden (EuGH Slg. 1980, 2327 ff.).

f) **Artikel 86 EG-Vertrag.** aa) **Verhältnis zu Artikel 85 EG-Vertrag.** Art. 86 EG-Vertrag kann für den Franchisevertrieb Bedeutung erlangen, wenn der Franchisegeber eine gewisse Marktstärke oder gar Marktmacht erlangt, die zu strukturellen wettbewerbsrechtlichen Bedenken führt. Während Art. 85 EG-Vertrag die Entstehung von verhaltensbedingter Marktmacht durch Vereinbarungen, Beschlüsse und Verhaltensabstimmungen verhindert bzw. die Machtausübung durch freigestellte Kartelle einer Mißbrauchsaufsicht unterstellt, richtet sich Art. 86 EG-Vertrag gegen die mißbräuchliche Ausnutzung bestehender Machtstellungen. Die Tatbestandsvoraussetzungen beider Vorschriften können dabei auch durch eine einzige Handlung erfüllt werden. Dies ist etwa bei Vereinbarungen der Fall, in denen ein marktbeherrschendes Unternehmen den Vertragspartnern unter mißbräuchlichem Einsatz seiner Macht wettbewerbsbeschränkende Verpflichtungen auferlegt. In solchen Fällen sind Art. 85 und 86 EG-Vertrag nebeneinander anwendbar. Die Kommission hat indessen ihre Entscheidung in solchen Fällen zu allermeist allein auf Art. 86 EG-Vertrag gestützt, ohne sich zur Anwendbarkeit von Art. 85 zu äußern. Der EuGH, der zum Verhältnis der beiden Vorschriften noch nicht abschließend Stellung genommen hat, geht immerhin davon aus, daß wirtschaftliche Abhängigkeit des einen von dem anderen Vertragspartner die Annahme einer „Vereinbarung" nach Art. 85 EG-Vertrag nicht ausschließt (vgl. hierzu instruktiv *Habermeier*, a. a. O.).

bb) **Mißbrauch marktbeherrschender Stellungen.** (1) **Beherrschende Stellung.** Gemäß Art. 86 Abs. 1 EG-Vertrag ist die Ausnutzung einer beherrschenden Stellung als mißbräuchlich verboten, wenn sie zu einer Beeinträchtigung des Handels zwischen Mitgliedstaaten führen kann und zudem einen wesentlichen Teil des gemeinsamen Markts betrifft. Der EuGH umschreibt die beherrschende Stellung abstrakt und im Kern als die wirtschaftliche Machtstellung eines Unternehmens, „die dieses in die Lage versetzt, die Aufrechterhaltung eines wirksamen Wettbewerbs auf dem betreffenden Markt zu verhindern..." Der Judikatur des EuGH zufolge liegt eine beherrschende Stellung jedenfalls dann vor, wenn das Unternehmen den relevanten Markt zu mindestens 85% dominiert. Bei geringeren Marktanteilen kommt es auf Stärke und Zahl der Wettbewerber an. Beträgt beispielsweise ein Marktanteil von 45% ein Mehrfaches des Anteils des stärksten Wettbewerbers und folgen auch die übrigen Wettbewerber in weitem Abstand, so beweist dies zusammen mit anderen Faktoren (weitgehende vertikale Integration, technologischer Vorsprung, Kontrolle des Vertriebs, Marketing) – auch bei vorübergehendem Preiswettbewerb mit Preissenkungen – überragende Stärke (EuGH Slg. 1975, S. 1663 ff., 1996 ff. – Suiker Unie; EuGH Slg. 1979, 461 ff. 526 ff. – Hoffmann La Roche/Vitamine). Problematisch ist auch hier die Abgrenzung des betroffenen Marktes unter Einbeziehung vergleichbarer, gleichartiger oder substituierbarer Waren bzw. Dienstleistungen. Für die Abgrenzung des betroffenen Marktes wendet der EuGH den sogenannten „reasonable interchangeability test" an. Hierbei stellt er auf die Austauschbarkeit unter dem Gesichtspunkt subjektiver Gleichwertigkeit der Erzeugnisse oder Dienstleistungen ab und zieht zur Feststellung der Substituierbarkeit die im funktionellen Vergleich ermittelte Kreuzpreiselastizität der Nachfrage heran (EuGH Slg. 1971, 69 ff., 84 – Sirena; EuGH Slg. 1980, 3775 ff., 3793 – L'Oreal).

(2) **Mißbrauch.** Verboten ist gemäß Art. 86 Abs. 1 EG-Vertrag nicht die bloße Inhaberschaft einer marktbeherrschenden Stellung, sondern allein deren mißbräuchliche Ausnutzung, wobei eine Identität zwischen dem beherrschten Markt und demjenigen Markt, auf den sich der Mißbrauch bezieht, nicht erforderlich ist. Mißbrauch versteht sich zum einen als Macht über Marktpartner und zum anderen als Macht über Marktkonkurrenten. Der Machtmißbrauch wird im ersten Fall als Ausbeutung, im zweiten als Behinderung bezeichnet. Dabei erstreckt sich der Machtmißbrauch auf die Bindungen mit Behinderungseffekten. Die in Art. 86 EG-Vertrag beispielhaft genannten Fälle eines Machtmißbrauchs stellen ausnahmslos Beispiele einer Ausbeutung dar, denn sie betreffen den Mißbrauch der Macht über Handelspartner. In Art. 86 EG-Vertrag sind folgende Fälle des Machtmißbrauchs aufgeführt: Die Erzwingung von unangemessenen Preisen oder sonstigen Geschäftsbedingungen; die Anwendung unterschiedlicher Bedingungen bei gleichwertigen Leistungen gegenüber Handelspartnern, wodurch diese im Wettbewerb benachteiligt werden; die an den Abschluß von Verträgen geknüpfte Bedingung, daß die Vertragspartner zusätzliche Leistungen annehmen, die weder sachlich noch nach Handelsbrauch in Beziehung zum Vertragsgegenstand stehen; die Einschränkung der Erzeugung, des Absatzes oder der technischen Entwicklung zum Schaden der Verbraucher. Als weitere Fälle der Ausbeutung sind die Konstellationen vollständiger Geschäftsverweigerung anerkannt, bei denen Art. 86 EG-Vertrag zu einem Kontrahierungszwang führen kann. Zudem ist es unter diesem Gesichtspunkt mißbräuchlich, wenn ein Marktbeherrscher seinem Kunden Verwendungsbeschränkungen hinsichtlich der erworbenen Leistung aufbürdet. So ist es z.B dem Marktbeherrscher verboten, seinem Händler die Verpflichtung aufzuerlegen, nur unter Bedingungen weiterzuverkaufen oder nur an bestimmte Abnehmer zu liefern bzw. nur zu bestimmten Verwendungszwecken zu liefern oder solche Beschränkungen auch seinen Kunden aufzuerlegen. Mittelbare Behinderungseffekte können sich durch verbotene Absprachen gegenüber Wettbewerbern des marktbeherrschenden Unternehmens ergeben. Hierzu zählt z.B. die Gewährung von Treuerabatten oder der Abschluß von Koppelungsgeschäften. Die Verpflichtungen von Abnehmern zum ausschließlichen Bezug beim Marktbeherrscher stellt ebenfalls einen Machtmißbrauch dar. Aus gleichem Grund können auch die einem Absatzmittler auferlegten Wettbewerbsverbote als Mißbrauch einer marktbeherrschenden Stellung angesehen werden. Nach h. M. ist ein Verschulden des Marktbeherrschers für die Anwendung von Art. 86 EG-Vertrag nicht erforderlich (*Grabitz/Koch*, Art. 86 Rn. 50; *Gleiss/Hirsch*, Art. 86 Rn 35; *Groeben,Thiesing/Ehlermann/Schröter*, Art. 86 Rn. 1). Umstritten ist dagegen, ob subjektive Umstände be- oder entlastend, im Extremfall auch mißbrauchsbegründend oder mißbrauchsausschließend zu berücksichtigen sein können (dafür: *Gleiss/Hirsch*, Art. 86 Rn. 58; dagegen: *Groeben/Thiesing/Ehlermann/Schröter*, Art. 86 Rn. 41).

5. Franchise Agreement (Englischer Franchisevertrag) **II.5**

(3) **Wesentlicher Teil des Gemeinsamen Marktes.** Ein wesentlicher Teil des Gemeinsamen Marktes liegt ohne weiteres vor, wenn das Gebiet der Auswirkung mehrere Mitgliedstaaten umfaßt. Dem EuGH und der Kommission zufolge kann aber auch das Gebiet individueller Mitgliedstaaten, ja selbst eine größere Region nur eines Mitgliedstaates einen wesentlichen Teil des Gemeinsamen Marktes ausmachen (EuGH Slg. 1983, 3461 ff., 3502 – NBI Michelin; KOME 73/109/EGWG – Europäische Zuckerindustrie; KOME 77/327/EWG – ABG/BP).

cc) **Rechtsfolgen.** Verstöße gegen das Verbot der mißbräuchlichen Ausnutzung einer beherrschenden Stellung haben verwaltungsrechtliche und zivilrechtliche Konsequenzen. Die verwaltungsrechtlichen Konsequenzen von Verstößen gegen das Mißbrauchsverbot sind in der Verordnung Nr. 17/62 geregelt. Nach deren Art. 3 kann die Kommission durch Entscheidung die Zuwiderhandlung förmlich (deklaratorisch) feststellen und die beteiligten Unternehmen zur Abstellung (konstitutiv) verpflichten. Die Beteiligten können sodann durch Festsetzung von Zwangsgeldern gemäß Art. 16 Abs. 1a) der Verordnung Nr. 17/62 zur Erfüllung ihrer aus der Kommissionsentscheidung folgenden Verpflichtungen angehalten werden. Vorsätzliche oder fahrlässig begangene Zuwiderhandlungen sind nach Art. 15 Abs. 2 Buchstabe a) der Verordnung mit Geldbußen bedroht. Weil Art. 86 im Gegensatz zu Art. 85 EG-Vertrag keine Nichtigkeitssanktion für rechtsgeschäftliches Handeln des Marktbeherrschers aufweist, bestimmen sich die zivilrechtlichen Folgen von Zuwiderhandlungen gegen Art. 86 EG-Vertrag ausschließlich nach nationalem Recht.

12. **Die Gruppenfreistellungsverordnung Nr. 4087/88 für Franchiseverträge. a) Anwendbarkeit.** Keineswegs werden sämtliche Franchiseverträge bereits als solche von der Franchise-GVO mit Freistellungswirkung erfaßt. Die Bezeichnung „Gruppenfreistellungsverordnung" entbindet nicht von einer Einzelfallprüfung der Anwendbarkeit dieser GVO auf einen konkreten Franchisevertrag für ein bestimmtes Vertriebssystem. Die Franchise-GVO gilt nach ihrem Art. 1 für Franchisevereinbarungen, an denen nicht mehr als zwei Unternehmen beteiligt sind und die eine oder mehrere der in Art. 2 GFVO enthaltenen Wettbewerbsbeschränkungen enthalten. Die Franchise-GVO definiert dabei selbst, was unter einem Franchisevertrag zu verstehen ist. Dies sind nach Art. 1 Abs. 2a, b Franchise-GVO diejenigen Vereinbarungen, durch die das franchisenehmende Unternehmen gegen finanzielle Vergütung berechtigt wird, eine Gesamtheit von gewerblichen Schutzrechten des Franchisegebers zu nutzen (Franchise). Weitere Mindestvoraussetzung für das europarechtliche Franchiseverständnis sind ein einheitliches äußeres Erscheinungsbild der Systembetriebe, die Vermittlung wesentlichen Know-hows sowie die fortlaufende kommerzielle oder technische Unterstützung zugunsten des Franchisenehmers. Diese Voraussetzungen müssen kumulativ vorliegen. Dies folgt aus dem Pronuptia-Urteil des EuGH vom 28. 1. 1986 (EuGHE 1986, S. 353 ff. = NJW 1986, S. 1415 ff.), das den Unterschied zwischen selektiven Vertriebssystemen und Franchisevereinbarungen gerade in der Mitteilung und dem Schutz des Know-how sieht (*Metzlaff*, S. 91 m. w. N.). Erst wenn alle diese Voraussetzungen erfüllt sind, liegt grundsätzlich ein nach der Franchise-GVO freistellungsfähiger Franchisevertrag vor. Auch dies bedeutet allerdings noch nicht, daß auch jeder Franchisevertrag i. S. der Franchise-GVO freigestellt ist. Vielmehr unterscheidet die Franchise-GVO drei Formen des Franchising, nämlich Vertriebs-, Dienstleistungs- und Produktionsfranchising; letzteres wird auch als industrielles Franchising bezeichnet. Die Franchise-GVO stellt grundsätzlich das Vertriebs- und Dienstleistungsfranchising frei. Auch aus beiden Formen bestehende gemischte Franchiseverträge werden freigestellt (*Metzlaff*, S. 103). Keine Freistellung durch die Franchise-GVO erfährt das industrielle Franchising (Produktionsfranchising). Hier kann allerdings eine Einzelfreistellung sowie die Gruppenfreistellung für Patent-, Lizenz- und Know-how-Verträge in Betracht kommen (*Metzlaff*, S. 100 m. w. N.). Großhandelsfranchisen (whole-sale-agreements), d. h. Vereinbarungen zwischen Herstellern und Großhändlern oder Vereinbarungen zwischen Großhändlern untereinander, hat die Kommission mangels Erfahrung überhaupt nicht in die

Franchise-GVO einbezogen. Sie bleiben auf Einzelfreistellungen angewiesen (*Metzlaff*, S. 102). Masterfranchiseverträge werden von Franchise-GVO aufgrund des ausdrücklichen Wortlauts des Art. 1 Abs. 3 c) erfaßt. Wenn der Masterfranchisenehmer seine Unterverträge jedoch nicht mit Franchisenehmern, sondern mit anderen Absatzmittlern schließt, ist die Franchise-GVO nicht anwendbar. Allerdings kann in diesem Fall eine Freistellung nach den Verordnungen für Alleinvertriebs- und Alleinbezugsvereinbarungen Nr. 1983/84 (ABl. 1983, Nr. L 173/1) und Nr. 1984/84 (ABl. 1983, Nr. L 173/5) erfolgen (*Metzlaff*, S. 105 m. w. N.).

b) **Überblick über den Inhalt.** Die seit dem 1. 2. 1989 geltende Franchise-GVO Nr. 4087/88 vom 30. 11. 1988 legt im einzelnen diejenigen Voraussetzungen fest, unter denen Franchiseverträge vom Verbot des Art. 85 Abs. 1 EWGV generell freigestellt sind (ABl. EG Nr. L 359/46 vom 28. 12. 1988, abgedruckt in: WuW 1989, S. 306 ff., und in: franchise report 1989/1, S. 3 ff.; zur Vorgeschichte vgl. *Skaupy* RIW 1988, S. 86 und *Cockborne*, in: Joerges (Hrsg.), Franchising and the Law, S. 281 ff., 289 ff.). Die Verordnung greift für die kartellrechtliche Zulässigkeit von Franchisesystemen im wesentlichen jene Beurteilungsmaßstäbe auf, die im Pronuptia-Urteil des EuGH vom 28. 1. 1986 festgelegt wurden. Demgemäß steht bei der Verordnung die „Unerläßlichkeit" von wettbewerbsbeschränkenden Bindungen für die Funktionsfähigkeit, die Integrität und Identität des Franchisesystems im Mittelpunkt der Beurteilungsmaßstäbe. Die Verordnung enthält für die von ihr erfaßten Franchiseverträge eine Auflistung der unbedenklichen „weißen" Klauseln, der verbotenen „schwarzen" Klauseln und der kritischen „grauen" Klauseln (zu den Einzelheiten vgl. *Weltrich*, Franchising im EG-Kartellrecht – Eine kartellrechtliche Analyse nach Art. 85 EWGV, 1992; *ders.* DB 1988, S. 1481 ff.; *ders.* RIW 1989, S. 90 ff.; *Sauter*, WuW 1989, S. 284 ff.; *Niederleithinger/Ritter*, Die kartellrechtliche Entscheidungspraxis, S. 153 ff., 169 ff.; *Cockborne*, in: Joerges (Hrsg.), Franchising and the Law, S. 281 ff., 303 ff.; *Bunte/Sauter*, EG-Gruppenfreistellungsverordnungen, 1988, S. 491 ff.; *Skaupy* RIW 1988, S. 87 ff.; *Flohr*, Wirtschaftsrecht-Beilage 4/1993, S. B 41 ff.; *ders.*, Franchise-Handbuch, A/III/4; *Goyder*, EC Distribution Law, 1992, S. 125 ff.; *Metzlaff*, Franchiseverträge und EG-Kartellrecht – Die GruppenfreistellungsVO Nr. 4087/88 für Franchiseverträge, 1993, insbes. S. 108 ff.; *Baudenbacher*, in: Kramer (Hrsg.), Neue Vertragsformen der Wirtschaft, 2. Aufl. 1992, S. 365 ff., insbes. 391 ff.). Die Franchise-GVO spiegelt alles in allem eine wohlwollende Grundeinstellung der Kommission gegenüber Franchisesystemen wider. Gerechtfertigt wird dies in den Erwägungsgründen Nrn. 7 und 8 der Verordnung zum einen damit, daß Franchiseverträge es den Franchisegebern erlauben, mit begrenzten finanziellen Vorleistungen ein einheitliches Franchisenetz aufzubauen; damit könne das Franchising den Marktzugang neuer Anbieter erleichtern und den Wettbewerb zwischen Erzeugnissen verschiedener Hersteller verstärken. Zum anderen wird hervorgehoben, daß unabhängige Händler als Franchisenehmer schneller neue Geschäfte eröffnen und mit einer größeren Erfolgsaussicht betreiben können als ohne die Unterstützung einer Systemzentrale. Zu beachten ist, daß entsprechend der Bagatell-Bekanntmachung der Kommission Franchiseverträge dann keine „spürbare" Beeinflussung des Handels zwischen den Mitgliedstaaten darstellen, wenn der Marktanteil des Vertragsprodukts gemäß Ziff. II (15) der Bagatell-Bekanntmachung der EG-Kommission auf dem relevanten Markt nicht mehr als 5% beträgt und wenn zudem der Gesamtumsatz der beteiligten Unternehmen 200 Mio. ECU nicht übersteigt (ABl. Nr. C 231 vom 12. 9. 1986; abgedruckt bei *Skaupy*, Franchising, Anhang, S. 265 ff.; dazu *Strauch* franchise report 1987/1, S. 31 f.).

aa) **Freistellungen nach Art. 2 Franchise-GVO.** Art. 2 Franchise-GVO listet, neben den Sonderfällen des Art. 3 Abs. 3 Franchise-GVO (dazu sogleich) die zugelassenen Wettbewerbsbeschränkungen auf. Sog. „überschießende" Wettbewerbsbeschränkungen, die über die Freistellung dieser beiden Vorschriften hinausgehen, werden nicht mehr von der Franchise-GVO freigestellt und müssen daher bei der Kommission im Rahmen des Widerspruchverfahrens (vgl. hierzu Anmerkung Nr. 11 (5) b) (cc)) angemeldet werden. Nach

5. Franchise Agreement (Englischer Franchisevertrag)

Art. 2 Franchise-GVO sind die Verpflichtungen des Franchisegebers zur Gebietsausschließlichkeit (Art. 2a Franchise-GVO), die Beschränkungen des Franchisenehmers auf sein Vertragsgebiet (Art. 2b Franchise-GVO), die Standortverpflichtung des Franchisenehmers (Art. 2c Franchise-GVO), das Verbot der aktiven Kundenwerbung außerhalb des Vertragsgebiets (Art. 2d Franchise-GVO) und das Konkurrenzverbot für Franchisenehmer (Art. 2e Franchise-GVO) freigestellt.

bb) **Weiße Liste.** (1) Echte „weiße Klauseln". Art. 3 Abs. 2 Franchise-GVO enthält die sog. „weiße Liste". In der „weißen Liste" der Franchise-GVO sind solche Franchisenehmerverpflichtungen aufgezählt, die als nicht wettbewerbsbeschränkend betrachtet werden, weil sie für den Immaterialgüterschutz des Franchisegebers oder zur Aufrechterhaltung der Einheitlichkeit und des Ansehens des Systems erforderlich sind. Diese „echten weißen Klauseln" sind nach dem Verständnis der Kommission nicht von Art. 85 Abs. 1 EWGV erfaßt und nicht freistellungsbedürftig; sie werden nur aus Gründen der Rechtssicherheit in die GVO aufgenommen. Falls sie aufgrund besonderer wirtschaftlicher oder rechtlicher Umstände im Einzelfall wettbewerbsbeschränkend wirken sollten, sind sie nach Art. 3 Abs. 3 Franchise-GVO freigestellt (*Weltrich*, S. 308). Die Aufzählung der in Art. 3 Abs. 2 enthaltenen Klauseln der „Weißen Liste" ist nicht abschließend (Erwägungsgrund 11 der Kommission). Daher können auch andere nicht wettbewerbsbeschränkende Bestimmungen in den Franchisevertrag aufgenommen werden. Allerdings kommt die Privilegierung des Art. 3 Abs. 3 Franchise-GVO nur den in Art. 3 Abs. 2 Franchise-GVO enthaltenen Klauseln zugute (*Jakob-Siebert*, S. 244). Die in der „Weißen Liste" Art. 3 Abs. 2 Franchise-GVO enthaltenen Bestimmungen lassen sich in zwei Gruppen einteilen. Eine Gruppe von Bestimmungen dient dem Schutz des Know-how. Die andere Gruppe dient der Sicherung der Einheitlichkeit und dem Ansehen des Franchisesystems (*Weltrich*, S. 309). Nach diesem Grundsatz sind in Art. 3 Abs. 2 a–d dem Schutz des Know-how dienende Regelungen aufgeführt. Darunter fallen die Geheimhaltungspflicht des Franchisenehmers (Art. 3 Abs. 2a Franchise-GVO), die sog. „grant back"-Verpflichtung des Franchisegebers (Art. 3 Abs. 2b Franchise-GVO), bei der der Franchisenehmer verpflichtet ist, dem Franchisegeber alle bei der Nutzung der Franchise gewonnenen Erfahrungen mitzuteilen. Gleichfalls zulässig ist die Verpflichtung des Franchisenehmers zum Schutz des ihm übertragenen Know-hows des Franchisegebers (Art. 3 Abs. 2c Franchise-GVO) sowie die Verpflichtung des Franchisenehmers, das vom Franchisegeber mitgeteilte Know-how nur für die Nutzung der Franchise zu verwenden (Art. 3 Abs. 2d Franchise-GVO). In der zweiten Gruppe der weißen Liste sind in Art. 3 Abs. 2e–j diejenigen Klauseln freigestellt, die der Aufrechterhaltung der Einheitlichkeit des Franchisesystems dienen. Hierunter fallen die Verpflichtungen des Franchisenehmers, an Ausbildungslehrgängen des Franchisegebers teilzunehmen (Art. 3 Abs. 2e Franchise-GVO), die Geschäftsmethoden und lizenzierten Rechte des Franchisegebers zu nutzen (Art. 3 Abs. 2f Franchise-GVO), den Anforderungen hinsichtlich Gestaltung und Einrichtung des Geschäftslokals Folge zu leisten (Art. 3 Abs. 2g Franchise-GVO), dem Franchisegeber umfassende Kontrollen zu gestatten (Art. 3 Abs. 2h Franchise-GVO), das Geschäftslokal nur mit Gestattung des Franchisegebers zu verlegen (Art. 3 Abs. 2i Franchise-GVO) und schließlich die Franchise nur mit der Erlaubnis des Franchisegebers zu übertragen (Art. 3 Abs. 2j Franchise-GVO).

(2) „Unechte weiße Klauseln" (auch „Graue Liste"). Die Liste der „unechten weißen Klauseln" enthält in Art. 3 Abs. 1 a–g Franchise-GVO solche Beschränkungen, die unter der Bedingung ihrer Unerläßlichkeit für den Rechtsschutz oder den Systemschutz freigestellt werden (sogenannte bedingt freigestellte oder „bedingt weiße" Klauseln; die Kategorisierung der in Art. 3 Abs. 1 Franchise-GVO enthaltenen Bestimmungen ist umstritten. Gelegentlich taucht in der Literatur auch der Ausdruck „graue Liste" auf, der die Zwitterstellung dieser Klauseln zwischen „echt weißen Klauseln" und den „schwarzen Klauseln" kennzeichnen soll (vgl. z.B. *Metzlaff*, S. 126; *Schultz-Schaefer*, S. 519 Fn. 62, *Weltrich*, S. 288f. m.w.N.). Bei der Subsumtion sind hier zwei Schritte zu tätigen. Erstens muß überprüft werden, ob die Vertragsklausel nicht über die jeweilige Regelung von Art. 3

Abs. 1 Franchise-GVO hinausgeht. Zweitens muß die Erforderlichkeit der Vertragsklausel im Rahmen des Gesamtvertrags untersucht werden (*Weltrich*, S. 291). Zu diesen Verpflichtungen, die sich an der Erforderlichkeit i. S. des Art. 3 Abs. 1 Franchise-GVO orientieren, zählen: Die Verpflichtung des Franchisenehmers, nur Leistungen zu erbringen, die der vom Franchisegeber geforderten Mindestqualität entsprechen (Art. 3 Abs. 1 a Franchise-GVO). Alleinbezugsbindungen sind gem. Art. 3 Abs. 1 b Franchise-GVO zulässig, solange sie keine Querlieferungen im System verbieten (vgl. Art. 4 Franchise-GVO); sie sind gleichfalls zulässig, wenn sie sich auf Waren beziehen, für die eine objektive Qualitätsfestsetzung nicht in Betracht kommt (vgl. zu den Bezugsbindungen auch Anmerkung Nr. 68). Art. 3 Abs. 1 c Franchise-GVO behandelt die prinzipielle Zulässigkeit des vertraglichen und nachvertraglichen Wettbewerbsverbots, sofern letzteres nicht den Zeitraum von einem Jahr überschreitet (vgl. hierzu Anmerkung Nr. 67–69) und auf das Vertragsgebiet beschränkt wird. Art. 3 Abs. 1 d Franchise-GVO stellt eine gesonderte Regelung für die Kapitalbeteiligung an Konkurrenzunternehmen dar (vgl. hierzu Anm. 70). Art. 3 Abs. 1 e Franchise-GVO widmet sich der Kundenbeschränkungen (eingeschränktes Querlieferungsverbot). Nach Art. 3 Abs. 1 f können an den Franchisenehmer qualitative Anforderungen an die Betriebsführung – Vertriebsförderungspflichten – gestellt werden (vgl. hierzu *Weltrich*, S. 305). Diese umfassen Verpflichtungen des Franchisenehmers zu Mindestumsatz, Besteinsatz, Mindestsortiment sowie Gewährleistung von Kundendienst- und Garantieleistungen. Schließlich werden zum Schutze des Erscheinungsbildes des Franchisesystems bestimmte Verpflichtungen des Franchisenehmers im Zusammenhang mit der Systemwerbung zugelassen (Art. 3 Abs. 1 g Franchise-GVO).

cc) **Schwarze Liste.** Die „schwarze Liste" (Art. 5 a–g Franchise-GVO) katalogisiert demgegenüber solche Bindungen, die für die Funktionsfähigkeit von Franchisesystemen nicht „unerläßlich" und mithin von einer Gruppenfreistellung kategorisch ausgeschlossen sind (es besteht in diesen Fällen allerdings theoretisch die Möglichkeit einer Einzelfreistellung; vgl. zur Einzelfreistellung Anm. 11 (5)). So darf einem Franchisenehmer der anderweitige Bezug solcher Waren nicht untersagt werden, die durchaus den Qualitätsvorgaben des Systemprodukts entsprechen. Preisbindungen (einschließlich Höchstpreisfestsetzungen) sind natürlich gleichfalls untersagt: Keinesfalls darf der Franchisenehmer vom Franchisegeber in seiner Freiheit, die Verkaufspreise für Waren und Dienstleistungen festzulegen, unmittelbar oder mittelbar beschränkt werden. Preisempfehlungen des Franchisegebers bleiben allerdings zulässig; ebenso sogenannte Kalkulationshilfen, solange sie die Möglichkeit zur freien Bestimmung der Verkaufspreise belassen. Unzulässig sind insbesondere auch Belieferungsverbote, die dem Franchisenehmer die Versorgung mit Dienstleistungen oder die Belieferung mit Waren von Endverbrauchern im gemeinsamen Markt aus Gründen des Wohnsitzes untersagen. Auch Nichtangriffsvereinbarungen zwischen Franchisegeber und -nehmer bezüglich der gewerblichen Schutzrechte stellen eine schwarze Klausel dar.

c) **Zusammenfassung.** Fällt ein Franchisevertrag unter die Kriterien dieser Verordnung, bedarf es keiner Anmeldung und keiner Einzelfreistellung nach § 85 Abs. 3 EWGV, weil die Kommission die Regelungen des Franchisevertrags dann nicht als Verstoß gegen Art. 85 Abs. 1 EWGV betrachtet (Erwägungsgrund 16). Die Kommission kann allerdings den Rechtsvorteil der Anwendung der Verordnung entziehen, wenn sie in einem Einzelfall feststellt, daß eine Franchisevereinbarung mit Art. 85 Abs. 3 EWGV unvereinbare Auswirkungen zeitigt (Erwägungsgrund 15). Die Maßstäbe hierfür hat sie in einer Art antezipierter Mißbrauchsaufsicht in Art. 8 der VO genannt. Sollten danach etwa die kumulativen Auswirkungen paralleler, von konkurrierenden Herstellern oder Händlern errichteter Franchisenetze mit gleichartigen Vereinbarungen zu einer Marktverschlußwirkung führen, dann kann dies ebenso zur Sanktion des Art. 85 Abs. 1 EWGV führen wie ein Preiskartell der Franchisenehmer. Zu beachten ist ferner, daß die in Art. 6 der Franchise-GVO genannten „grauen Klauseln" dem Widerspruchsverfahren unterliegen und angemeldet werden müssen. Erhebt die Kommission innerhalb von sechs Monaten keinen Widerspruch hierge-

5. Franchise Agreement (Englischer Franchisevertrag)

gen, so gilt die Freistellung als erteilt. Im übrigen bleiben Franchiseverträge, die nicht mit der Franchise-GVO im Einklang stehen, nach Art. 85 Abs. 3 EWGV einzelfreistellungsfähig. Durchaus können Franchisegeber, deren Systemzuschnitt eine Konkordanz mit der GVO nicht ohne weiteres erlaubt, auf diesen Weg verwiesen sein (vgl. dazu etwa die Fälle „Service Master", ABl. Nr. C 218/3 vom 20. 8. 1988 und „Charles Jourdan", ABl. Nr. C 220/2 vom 24. 8. 1988; dazu *Weltrich* DB 1988, S. 1481 ff., 1486). Es gilt damit für Franchiseverträge (wie auch für sonstige Vertriebsverträge) im EU-Kartellrecht ein dreistufiges Verfahren: Als erstes muß der Rechtsanwender überprüfen, ob eine Vereinbarung vom Verbot des Art. 85 Abs. 1 EWGV erfaßt wird; hierfür ist insbesondere die Zwischenstaatlichkeitsklausel und die Bagatell-Bekanntmachung heranzuziehen. Findet Art. 85 Abs. 1 EWGV Anwendung, ist als zweites zu fragen, ob die Franchisevereinbarung nach der Franchise-GVO zulässig ist. Ist eine Legalisierung nach der GVO (einschließlich des Widerspruchsverfahrens bei „grauen Klauseln") ausgeschlossen, so ist in einem dritten Schritt eine Einzelfreistellung nach Art. 85 Abs. 3 EWGV zu erwägen. Art. 3 GVO listet diejenigen Klauseln auf, die als wettbewerbsrechtlich unbedenklich gelten. Art. 3 Abs. 1 GVO stellt dabei auf die Erforderlichkeit des Schutzes geistigen Eigentums bzw. der Aufrechterhaltung der Einheitlichkeit und des Ansehens des Franchisesystems ab und macht auch davon die Freistellung abhängig (sog. „graue Liste"). Art. 3 Abs. 2 GVO enthält dagegen Klauseln, die grundsätzlich als nicht wettbewerbsrechtlich bedenklich angesehen werden, ohne daß geprüft werden muß, ob die Klausel zum Schutz der gewerblichen Schutzrechte und der Einheitlichkeit des Auftretens erforderlich ist (sog. weiße Liste).

13. Parteien. Eingangs der Vertragsurkunde sollten die vollständigen Namen und Anschriften beider Parteien des Franchisevertrags aufgeführt werden. Wenn eine der Parteien außerhalb Englands residiert oder außerhalb Englands registriert ist, empfiehlt sich zusätzlich die Angabe einer Zustellungsadresse (address for service). Der Franchisegeber wie der Franchisenehmer können natürliche oder juristische Personen sein. Gelegentlich wird im Franchisevertrag vereinbart, daß sich der Franchisenehmer durch Gründung einer Gesellschaft als juristische Person organisiert. Teilweise scheint damit die Hoffnung verknüpft zu werden, auf diese Weise eine Einordnung und Behandlung des Franchisenehmers als Arbeitnehmer durch die Gerichte verhindern zu können. Denn bei den franchisetypischen massiven Weisungs- und Kontrollrechten des Franchisegebers wird auch in England von der Rechtsprechung gelegentlich die Anwendung arbeitsrechtlicher Schutzvorschriften auf den Franchisenehmer in Betracht gezogen. Da die Aufzählung der unbedingt freistellungsfähigen Klauseln (der „echten weißen" Klauseln, vgl. Anmerkung 12 (2)) in Art. 3 Abs. 2 Franchise-GVO nicht abschließend ist, begegnet die Verpflichtung des Franchisenehmers, den Unternehmensträger in gesellschaftsrechtlicher Form zu organisieren, auch nach den EG-Wettbewerbsregeln keinen durchgreifenden Bedenken (vgl. hierzu schon die Computerland-Entscheidung der Kommission, KOM Abl. 1978 L 222, 12 EG 24, sowie *Metzlaff*, S. 163).

14. Präambel (Recitals). In der Präambel des Franchisevertrags wird regelmäßig das Franchisekonzept in seinen Grundzügen und Eigenarten kurz vorgestellt und beschrieben. Der wirtschaftliche Hintergrund des Vertrages, die Geschichte des Unternehmens und die Interessen der Parteien werden hier angesprochen. Diese Skizze kann für die Auslegung des Vertrages Bedeutung gewinnen, falls über Inhalt und Umfang einzelner Rechte und Pflichten Unklarheit besteht. Denn aus der einleitenden Beschreibung des Franchisekonzepts lassen sich gelegentlich wichtige Rückschlüsse auf die Erwartungshaltungen, Ziele und Absichten der Vertragsparteien ziehen.

15. Definitionen. In der englischen Vertragsgestaltungspraxis ist es üblich, die sogenannten Schlüsselbegriffe (key concepts) des Vertrags vorab zu definieren. Dies entspricht der kautelarjuristischen Tradition des Landes. Dabei werden die Definitionen meist alphabetisch geordnet oder (seltener) in der Reihenfolge ihrer Wichtigkeit aufgelistet. Diese für deutsche Verhältnisse ungewöhnliche Praxis erklärt sich zum einen aus dem strengen

Erfordernis der inhaltlichen Bestimmtheit im englischen Vertragsrecht. Zum andern soll durch einen eindeutigen Wortlaut des Vertragstextes allfälligen Überraschungen einer späteren gerichtlichen Auslegung vorgebeugt werden. Schließlich soll der eigentliche Vertragskern mit der Regelung der gegenseitigen Rechte und Pflichten durch die Entlastung von Begriffsbestimmungen übersichtlich gehalten werden. Der einleitende Vertragsteil zu den Begriffsbestimmungen stellt oft hohe Anforderungen an die kautelarjuristische Gestaltungskraft; gerade hier können sich Fehler verhängnisvoll auswirken. Es ist gleichfalls ganz üblich und typisch, daß die definierten Begriffe in Großbuchstaben gesetzt werden, und zwar nicht nur im Definitionsteil, sondern auch in den anschließenden Vertragsteilen. Soweit ein Begriff später ausnahmsweise in einer anderen als der vorher definierten Bedeutung verwendet wird, ist Kleinschreibung vorgesehen. Beispielsweise wird der Begriff „terms" in der Klausel 3.2 (3) in einem anderen als dem in 1.34 definierten und ansonsten gemeinten Sinn verwendet. Im übrigen sichert sich der Kautelarjurist hinsichtlich seines Definitionsteils durch den einleitenden Hinweis ab, daß sich aus dem Zusammenhang des Vertrags auch eine abweichende Bedeutung ergeben kann.

16. Abrechnungszeitpunkt (Accounting Reference Date). Empfehlenswert ist für den Franchisegeber, einen für alle gleichartigen Franchiseverträge seines Systems gemeinsamen Abrechnungszeitpunkt der Franchisenehmer vorzusehen, an dem der Franchisenehmer über die getätigten Geschäfte Rechnung legt. Dies ermöglicht eine Vergleichbarkeit der Wirtschaftlichkeit der einzelnen points of sale unter Ausschaltung saisonaler Schwankungen oder andere Einflüsse. Der Abrechnungszeitpunkt ist nicht notwendigerweise mit den Zahltagen (payment dates) für die laufenden umsatzabhängigen Franchisegebühren (royalties) identisch (vgl. zu den Zahltagen Anm. 42). Die Zahltage können durchaus monatlich festgelegt werden. Der Franchisenehmer überweist dann die laufenden Franchisegebühren aufgrund seiner monatlichen Umsatzermittlungen ohne nähere Nachweise gegenüber dem Franchisegeber. Demgegenüber muß er zum vorgesehenen Abrechnungszeitpunkt eine umfassende Rechnungslegung gegenüber dem Franchisegeber vornehmen. Neben jährlichen Abrechnungszeitpunkten können auch halbjährliche oder quartalsweise Abrechnungszeitpunkte in Betracht kommen.

17. Werbegebühr (Advertising Contribution). Regelmäßig wird der Franchisenehmer verpflichtet, eine Werbegebühr als finanziellen Beitrag zu den Werbeanstrengungen des Franchisegebers zu entrichten. Vielfach gründet der Franchisegeber einen Fonds für Werbekonzepte (promotion fund, vgl. dazu Anm. 60, 88 u. 89), den er treuhänderisch für seine Franchisenehmer verwaltet. Die Werbebeiträge werden meistens umsatzabhängig berechnet. Aus diesem Werbefonds werden Werbestrategien auf überregionaler Ebene bestritten, die die örtliche Werbung des Franchisenehmers unterstützen.

18. Franchisegeschäft (Business). Unter „business" ist in einem englischen Franchisevertrag die Führung des Franchisegeschäfts durch den Franchisenehmer nach Maßgabe des geschlossenen Vertrages und der in den Handbüchern vorgegebenen Geschäftsmethode zu verstehen. Es geht also um die Umsetzung des Franchisekonzepts durch die Absatzförderungstätigkeit des Franchisenehmers in einem systemkonform standardisierten „Geschäft". In diesem Zusammenhang spricht man auch vom business format franchising, entire business franchising bzw. deutsch vom Betriebs-Franchising oder Betriebsführungs-Franchising (vgl. dazu *Martinek*, Franchising, S. 40 ff.; *ders.*, Moderne Vertragstypen Bd. II, S. 32).

19. Geschäftssystem (Business System). Unter „Business System" ist in einem englischen Franchisevertrag die Geschäftsidee, d. h. das Franchisekonzept als solches zu verstehen, so wie es in den Handbüchern beschrieben ist. Es ist nicht statisch zu verstehen, sondern unterliegt ständigen Anpassungen und Wandlungen nach Maßgabe der wechselnden Markterfordernisse. Das „business system" darf nicht mit dem Franchisesystem i. S. der

5. Franchise Agreement (Englischer Franchisevertrag)

Ladenkette verwechselt und gleichgesetzt werden, auch wenn sich im Franchisesystem das Franchisekonzept (business system) materialisiert.

20. Anfangszeitpunkt (Commencement Date). Der Zeitpunkt, zu dem der Franchisevertrag in Kraft treten soll, bedarf meist einer gesonderten Festsetzung. Denn die Aufnahme der Geschäftstätigkeit durch den Franchisenehmer kann oft nicht schon mit der Unterzeichnung des Vertrages erfolgen, wenn beispielsweise die Räumlichkeiten für das Geschäft noch angemietet und eingerichtet werden müssen, die Finanzierung und Versicherung sichergestellt werden muß oder andere Maßnahmen zu Vorbereitung der Geschäftseröffnung getroffen werden müssen. Üblich ist es, für das Inkrafttreten des Vertrages denjenigen Zeitpunkt zu wählen, zu dem die Gewerbetätigkeit des Franchisenehmers beginnen soll. Dies ist der Eröffnungstag des Franchisegeschäfts. Bisweilen muß der Anfangszeitpunkt vorverlegt werden, wenn zum Franchisepaket des Franchisegebers bereits in größerem Umfang Unterstützungsmaßnahmen der Betriebsausstattung und -einrichtung sowie der Eingliederung des Betriebs in das System gehören, die vor dem Eröffnungstag durchzuführen sind. In Sonderfällen mag sich eine begriffliche Unterscheidung zwischen Anfangszeitpunkt des Vertrages (commencement date) und Eröffnungstag (opening of business date) im Definitionsteil empfehlen.

21. Bedingungen des Vertrags (Conditions). Diese Klausel ist eine kautelarjuristische Routineklausel klarstellenden Charakters. Wichtig ist, daß das Franchise-Handbuch in der jeweils gültigen Form (mit den jeweils neuesten Verbesserungen und Änderungen) zum Vertragsbestandteil erhoben wird.

22. Urheberrechte (Copyright). Vgl. dazu allgemein Anmerkung Nr. 31. Seit 1996 gilt in Großbritannien in Umsetzung der europäischen Richtlinien des Rates 93/100/EWG und 93/98/EWG ein neues urheberrechtliches Gesetz, das die Schutzrechte ausweitet. Insbesondere gilt für den Copyright-Schutz nunmehr eine Frist von 70, statt bisher 50 Jahren.

23. Kreditlinie (Credit Limit). Die Aufnahme einer zeitlichen Beschränkung des Kredits (time credit limit) sowie einer wertmäßigen Begrenzung des Kredits (value credit limit) in den Vertrag gibt dem Franchisegeber eine Möglichkeit an die Hand, das Geschäftsgebaren und die Geschäftsentwicklung des Franchisenehmers zu überwachen. Die Festlegung der Kreditlinie versteht sich somit als eine flankierende Maßnahme zur Kontrolle des Franchisenehmers. Änderungsmöglichkeiten der Kreditlinie sollten dabei im Auge behalten werden, falls das Franchisegeschäft expandiert. Mit erhöhten Umsätzen kann dann die Anpassung der Kreditlinie an die veränderten Gegebenheiten erfolgen. Dabei sollte der Franchisegeber darauf achten, daß die den Franchisenehmern erteilten Kreditlinien mit seiner eigenen Kreditlinie übereinstimmt, da der Franchisegeber ansonsten aufgrund der Unterbrechung des cash-flow selbst in Liquidationsprobleme geraten könnte.

24. Geschäftstag (Date). Bei der in der Vertragsgestaltungspraxis üblichen Begriffsbestimmung zum „date" geht es darum, vor allem bewegliche Feiertage aus den vertraglichen Festsetzungen von kalendermäßig bezeichneten Tagen sowie aus den später in bezug genommenen Anfangs- und Endzeitpunkten von Fristen herauszuhalten. Die Arbeitstage der Geschäftsbanken sind hierfür ein verläßlicher Maßstab. Dabei ist zu beachten, daß in England, Wales, Schottland sowie Nordirland verschiedene Feiertage bestehen (*Adams/Prichard Jones*, S. 318).

25. Muster und Modelle (Designs). Vgl. dazu Anm. 31.

26. Eintrittsgebühr (Entry Fee). Der Franchisegeber sieht im Vertrag in aller Regel (aber nicht ausnahmslos) eine vom Franchisenehmer zu zahlende einmalige Eintrittsgebühr (initial fee, entry fee) vor, die insbesondere die Ausgaben des Franchisegebers für die Betriebsausstattung, die Franchisenehmer-Schulung und für sonstige Betriebseingliederungsmaßnahmen bis zur Eröffnung des Geschäfts abdecken soll. Die Eintrittsgebühr ist allerdings nicht nur als Leistungsentgelt für die Betriebseingliederungsmaßnahmen anzusehen, die der Franchisegeber für den Franchisenehmer bis zur Eröffnung des Betriebs durchführt; sie enthält vielmehr meist auch einen Anteil für den Goodwill des Geschäftssystems und indiziert insoweit den Marktwert der Franchise. Auch wenn Klauseln über die Eintrittsgebühr in der Franchise-GVO keine Erwähnung gefunden haben, sind sie doch nach Art. 85 Abs. 1 EG-Vertrag unbedenklich (KOM Abl. 1987 L 13, 39 EG 25 – Pronuptia). Betriebswirtschaftlich dient diese Gebühr auch dazu, den Franchisenehmer durch Vorab-Investitionen für eine Mindestlaufzeit an das Franchisesystem zu binden, weil er bei einer vorzeitigen Kündigung oder Aufsage des Vertrags „sunk costs" zu befürchten hätte. Grundsätzlich wird die Eintrittsgebühr bei Austritt aus dem System nicht rückvergütet. Etwas anderes gilt freilich, wenn der Franchisegeber gegen seine vorvertragliche Aufklärungs- und Offenbarungspflicht verstoßen hat und der Franchisenehmer auf Schadensersatz klagt (vgl. dazu Anm. 5).

27. Schwerwiegende Vertragsverstöße (Fundamental Breach). Diese Klausel ist eine kautelarjuristische Routineklausel klarstellenden Charakters, die vor allem die späteren Vertragsteile zu den Rechten und Pflichten der Parteien von unübersichtlichen Definitionen entlasten soll. Gelegentlich nehmen die Parteien hier auch noch Bezugnahmen auf spätere Klauseln auf, deren Einhaltung sie für unverzichtbar und deren Nichteinhaltung sie für sanktionswürdig halten. Hintergrund dieser Vertragsgestaltungspraxis ist, daß es keine gesetzlichen Regelungen über die Beendigung eines Franchisevertrages in England gibt (*Taylor*, in: Martinek/Semler, Handbuch des Vertriebsrechts, § 54, Rn. 66), so daß sich die Parteien veranlaßt sehen, eine Liste von schwerwiegenden Pflichtverletzungen in den Vertrag aufzunehmen, die eine vorzeitige Vertragsbeendigung rechtfertigen.

28. Goodwill. Vgl. dazu Anm. 31.

29. Bruttoumsatz (Gross Turnover). Die nähere Bestimmung dessen, was unter Bruttoumsatz zu verstehen ist, gewinnt dadurch besondere Relevanz, daß die Parteien den Bruttoumsatz als Berechnungsbasis für die laufenden Franchisegebühren und für die vom Franchisenehmer zu zahlenden Werbebeiträge zugrundelegen. Wichtig ist, daß nicht nur die Entgelte aus Lieferungen und Leistungen (Verkäufen und Dienstleistungen), sondern auch allfällige Ersatzleistungen von Versicherungen (z.B. für zerstörte oder gestohlene Waren) umfaßt sind. Der Bruttoumsatz schließt grundsätzlich die Umsatzsteuer ein (Value Added Tax = VAT). Die Parteien müssen es daher vertraglich ausdrücklich festlegen, wenn sie eine andere Berechnung des Geschäftsumsatzes als Kalkulationsbasis wünschen (*Adams/Prichard Jones*, S. 318).

30. Versicherungsprämie (Insurance Premium). Nicht nur der Franchisenehmer, sondern auch der Franchisegeber wird durch den Vertrag zum Abschluß von Versicherungen verpflichtet (vgl. Klauseln 3.6 und 4.17). Wenn indes ohne weiteres von „der" Versicherungsprämie die Rede ist, soll damit die vom Franchisenehmer einzudeckende Versicherung gemeint sein, die regelmäßig vom Franchisegeber unter Ausnutzung von Gruppenrabatten den einzelnen Franchisenehmern vermittelt wird. Demgemäß hat der Franchisenehmer seine Versicherungsprämie im Regelfall an den Franchisegeber abzuführen, der sie an das Versicherungsunternehmen weiterleitet. Es liegt im nachhaltigen Interesse des Franchisegebers, daß der Franchisenehmer die erforderlichen Versicherungsprämien pünktlich zahlt, um die rasche Abwicklung eventuell auftretender Schadensfälle zu ermöglichen (vgl. auch die Definitionsbestimmung 1.28 (2) zu den Zahltagen). Denn jeder Schadensfall bedroht das Image des gesamten Franchisesystems und verlangt daher eine schnelle und geordnete Regulierung.

31. Immaterialgüterrechte (Intellectual Property). Die Immaterialgüterrechte und die sonstigen (nicht spezialgesetzlich geschützten) Immaterialgüterpositionen eines Franchisepakets können nach Art, Inhalt und Umfang sehr verschieden ausgestaltet sein. Sie können aus Markenrechten (Warenzeichen und/oder Dienstleistungsmarken), aus Know-how, aus Urheberrechten, aus Goodwill, aus Geschäfts- und Betriebsgeheimnissen, Ausstattungen, Mustern und Modellen und auch – vor allem beim industrial franchising – aus Patenten

5. Franchise Agreement (Englischer Franchisevertrag) **II.5**

bestehen (vgl dazu allgemein *Kerly,* S. 1 ff; *Llewelyn* GRUR Int. 1992, S. 97 ff.; *Cornish,* S. 1 ff.). Der Franchisenehmer bekommt an dieser Stelle des Vertrages vor Augen geführt, welches geistige Eigentum des Franchisegebers die Basis des Franchisekonzepts bildet und für den Wert der Geschäftsidee konstitutiv ist. Auch soll er sich durch die Auflistung der einzelnen Immaterialgüterrechte seiner Verantwortung für den Erhalt, die Pflege und den Schutz bewußt werden. Freilich dient die vorweggenommene Begriffsbestimmung auch der Verkürzung der späteren Vertragsteile, insofern in den Klauseln zu den Rechten und Pflichten der Vertragsparteien nur die Immaterialgüterrechte ohne ihre einzelnen Bestandteile in bezug genommen zu werden brauchen.

32. **Know-how.** Der Begriff des „Know-how" wird auch von der Franchise-GVO definiert. Er bildet ein Element des Begriffs „Franchisevereinbarung". Nur dann, wenn die Mitteilung von Know-how erfolgt, liegt eine Franchisevereinbarung im Sinne der Franchise-GVO vor. Aus diesem Grund kommt dieser Begriffsbestimmung besonderes Gewicht zu (*Weltrich,* S. 281). Gem. Art. 1 Abs. 3 Franchise-GVO ist unter „Know-how" eine Gesamtheit von nicht patentierten praktischen Kenntnissen zu verstehen, die auf Erfahrungen des Franchisegebers sowie Erprobungen durch diesen beruhen und die geheim und wesentlich sind. Was unter geheim, wesentlich und identifiziert zu verstehen ist, wird gleichfalls detailliert beschrieben (vgl. hierzu Art. 1 Abs. 3 g, h und i Franchise-GVO und *Weltrich,* S. 48 f. u. S. 281 m. w. N.). Der Know-how-Begriff ist in der Franchise-GVO weiter gefaßt worden als in der Gruppenfreistellungsverordnung für Know-how-Vereinbarungen. In letzter umfaßt der Begriff des Know-how lediglich technische Kenntnisse (vgl. hierzu *Dressel,* S. 187; *Mailänder,* S. 537). Die Kommission hat dementsprechend in Erwägungsgrund 5 der Know-how-Verordnung erklärt, daß die Verordnung nicht auf Vereinbarungen über die Mitteilung von Vermarktungs-Know-how anwendbar ist, die im Rahmen von Franchiseverträgen abgeschlossen werden (vgl. hierzu *Weltrich,* S. 282 m. w. N.). Vergleiche hierzu auch Anm. 31.

33. **Standort (Location).** Der Standort des Ladenlokals bildet einen besonders wichtigen Fragenkreis des Vertrages und einen bedeutsamen Bestandteil des Franchisegeschäfts. Zahlreiche der folgenden Vertragsbestimmungen nehmen auf den Standort des Franchisegeschäfts Bezug und knüpfen daran verschiedene Rechte und Pflichten des Franchisenehmers. Der Standort entscheidet zum Gutteil über Erfolg bzw. Mißerfolg des Geschäfts. Im Vertrag sollte in diesem Zusammenhang ausdrücklich festgelegt werden, wer zur Auswahl des Standortes berechtigt ist, falls nicht schon (wie hier) eine Festlegung des Standorts vor Vertragsschluß erfolgt ist. In der Regel ist die Standortanalyse und -auswahl Sache des Franchisegebers, der bisweilen selbst Eigentümer des dann an den Franchisenehmer verpachteten Betriebsgrundstücks ist oder anläßlich des Franchisevertrages wird. Der Franchisenehmer darf gewöhnlich nur von diesem genehmigten Ladenlokal aus sein Geschäft betreiben. Eine professionelle Standortauswahl ist daher ebenso unverzichtbar wie die exakte Festlegung des Vertragsgebiets (vgl. hierzu Anm. 1, 50 u. 72–74). Es empfiehlt sich, den Standort auf einer dem Vertrag als Anlage beigefügten Karte zu markieren.

34. **Auftragsschwäche (Low Orders).** Diese Definitionsklausel dient der Erläuterung im Hinblick auf mögliche Sanktionen, die dem Franchisegeber bei unzureichender Absatzförderungstätigkeit des Franchisenehmers bzw. unzulänglichen Bestellungen von Vertragswaren zustehen. Der Franchisenehmer ist vielfach an Mindestabnahmen von Vertragsware interessiert und schreibt dann dem Franchisenehmer Bezugsbindungen in Form von Mindestumsätzen (gegenüber den Kunden), Mindestabnahmequoten (gegenüber dem Franchisegeber) oder gar von Bestellhäufigkeiten bzw. Bestellvolumen einzelner Produkte vor.

35. **Handbuch (Manual).** Das systemspezifische Franchise-Handbuch wird im Regelfall in den Franchisevertrag als Bestandteil einbezogen und liegt ihm als Anlage bei (vgl. dazu die Definitionsklausel 1.6). Es enthält ein Kompendium des Franchisekonzepts in Worten, Bildern, technischen Zeichnungen. Es legt vor allem die Verfahrensweisen fest, die vom Franchisenehmer bei der Betriebsführung des Franchisegeschäfts zu beobachten sind. Re-

gelmäßig beschreibt es auch die einzelnen Vertragswaren und/oder Dienstleistungen. In manchen Franchisesystemen werden sogar mehrere Franchise-Handbücher, etwa zur Betriebsorganisation, zu den Vertragswaren, zur Personalschulung, zur Werbung etc. eingesetzt. Zu einseitigen konzeptionellen oder verwaltungstechnischen Änderungen, Erweiterungen und Verbesserungen des Handbuchs nach Maßgabe des sich verbessernden Franchisekonzepts bleibt der Franchisegeber jedoch nach dem Vertrag berechtigt, ja sogar als Systemführer und Marketingführer verpflichtet. Das Handbuch entlastet zugleich den Vertragstext, da die wesentlichen Einzelheiten des Franchisesystems im Handbuch aufgeführt sind und der Franchisevertrag nur die Rahmenbedingungen festzulegen braucht. Das Handbuch und sein Inhalt sind durch das Urheberrecht (copyright) des Franchisegebers geschützt. Der Franchisenehmer erhält hiervon zumeist eine numerierte Kopie, damit erkenntlich ist, wieviele und welche Handbücher im Umlauf sind.

36. **Franchisekonzept (Method).** Mit dem Ausdruck „Method" ist in der englischen Vertragspraxis des Franchising das abstrakte Franchisekonzept gemeint, das auf den franchisierten Einzelbetrieb konkret angewandt wird. Das Franchisekonzept ist die ausgearbeitete Geschäftsidee, die in den einzelnen Franchisegeschäften umgesetzt wird. Sie ist im Franchise-Handbuch (Manual) festgehalten und stellt einen Bestandteil des geistigen Eigentums des Franchisegebers dar.

37. **Mindestgebühr (Minimum Fee).** Der Franchisegeber sichert sich gegen ein mangelndes Engagement bzw. einen ausbleibenden Erfolg des Franchisenehmers oft dadurch ab, daß er sich eine Mindestgebühr ausbedingt, denn seine laufenden Franchisegebühren (Royalties) sind ansonsten nach dem Bruttoumsatz des Franchisenehmers bemessen. Die Vereinbarung von Mindestgebühren ist vor allem vorteilhaft, wenn es für den Franchisegeber schwierig ist, die Aktivitäten des Franchisenehmers zu kontrollieren (*Adams/Prichard Jones*, S. 320). Die Mindestgebühr erhält vor allem dann eine herausragende Bedeutung, wenn den Franchisenehmer keine Mindestabnahmepflicht für die vom Franchisegeber gelieferte Vertragsware und keine Mindestumsatzverpflichtung trifft (vgl. dazu Anmerkungen 34 und 39). Je nach Zuschnitt des Franchisesystems bezieht der Franchisegeber aus den laufenden Franchisegebühren oder aus den laufenden Lieferungen von Vertragswaren seine größeren Einkommensanteile. Beides hängt vom Umsatzerfolg des Franchisenehmers ab. Durch die vorgeschriebene Mindestgebühr und durch den vorgeschriebenen Mindestumsatz sichert sich der Franchisegeber gegen zu geringe Einnahmen von Franchisegebühren, durch die vorgeschriebene Mindestabnahme gegen zu geringe Einnahmen aus Warenumsatzgeschäften mit dem Franchisegeber ab.

38. **Mindestausstattung (Minimum Package).** Üblicherweise verlangt der Franchisegeber, daß der Franchisenehmer einen Mindestwarenbestand bzw. eine Mindestausstattung bereithält, um das systemspezifische Angebot in jedem Geschäftslokal des Systems sicherstellen und die entsprechende Nachfrage befriedigen zu können. Die Maßstäbe und Einzelheiten der Mindestausstattung sind zumeist im Franchise-Handbuch festgesetzt. Die Erfordernisse können von Zeit zu Zeit geändert werden, um auf eventuelle Markttendenzen eingehen zu können. Mit der Mindestausstattungsverpflichtung des Franchisenehmers ist eine Wettbewerbsbeschränkung verbunden, doch ist die entsprechende Vertragsklausel nach Maßgabe der Art. 3 Abs. 1 f der Franchise-GVO bedingt freigestellt. Die Zulässigkeit richtet sich im Kern nach der Erforderlichkeit der wettbewerbsbeschränkenden Vereinbarung für die Funktionsfähigkeit des Systems. Die Verpflichtung zur Bereithaltung einer Mindestausstattung ist eine Konkretisierung der Absatzförderungspflicht, die z.B. bei bestimmten Dienstleistungssystemen keineswegs für die Funktionsfähigkeit erforderlich ist (vgl. hierzu *Weltrich*, S. 305).

39. **Mindestumsatz (Minimum Performance).** Die Vereinbarung eines Mindestumsatzes ist eine absatzwirtschaftliche Methode, um dem Franchisenehmer eine Zielorientierung zu geben und sicherzustellen, daß er seine volle Arbeitskraft und Arbeitszeit dem Franchisege-

5. Franchise Agreement (Englischer Franchisevertrag)

schäft zugute kommen läßt. Zudem sichert sich der Franchisegeber gegen zu geringe laufende Franchisegebühren und Werbebeiträge des Franchisenehmers ab, denn diese Entgelte bemessen sich nach dem Bruttoumsatz des Franchisegeschäfts. Die Vereinbarung einer Mindestumsatzgrenze wird sich vor allem dort empfehlen, wo dem Franchisegeber nur eingeschränkte Mittel zur dauernden Anleitung und Überwachung des Franchisenehmers zu Gebote stehen und der Franchisenehmer dementsprechend gewisse Verhaltens- und Gestaltungsfreiräume genießt. Der Franchisenehmer kann nämlich versucht sein, für sich selbst das persönliche Nutzenoptimum oder seinen höchsten Gewinn aus dem Franchisegeschäft zu erzielen, anstatt für den Franchisegeber optimale Absatzförderung und maximale Umsatzsteigerung anzustreben. Nicht vergessen werden darf, die Rechtsfolgen für den Fall vertraglich zu klären, daß der Mindestumsatz nicht erreicht wird. Denkbar ist eine Reduzierung der Mindestumsatzklausel oder die Beendigung des Vertragsverhältnisses bzw. der Einsatz von Managementsubstituten durch den Franchisegeber. Auch Mindestumsatzvereinbarungen sind, soweit sie zur Funktionsfähigkeit eines Franchisesystems unerläßlich sind, als Ausdruck der Absatzförderungspflicht des Franchisenehmers gem. Art. 3 Abs. 1 f Franchise-GVO vom Anwendungsbereich des Art. 85 EG-Vertrag ausgenommen (*Weltrich*, S. 305).

40. Fristen (Notice Period). Fristen spielen im englischen Vertragsrecht eine herausragende Rolle und bedürfen deshalb besonderer Regelung und Beobachtung. Dies gilt beim Franchising vor allem für die Abmahnfristen bei Vertragsverstößen, die Mahnungsfristen und die Kündigungsfrist. Entsprechend der englischen Vertragsgestaltungspraxis werden deshalb schon im Definitionsteil die Abmahn- und Kündigungsfristen vertraglich festgelegt. Durch die Abmahnschreiben soll die Möglichkeit einer Beendigung des vertraglichen Fehlverhaltens, einer Beseitigung von Abwicklungsschwierigkeiten und einer Lösung von Durchführungsproblemen gefördert werden, bevor schwerwiegende Sanktionen wie Schadensersatzforderungen oder eine Vertragskündigung ausgesprochen werden. Die Einhaltung von Abmahn- oder Kündigungsfristen ist jedoch nur dann notwendig, wenn kein außerordentlicher Beendigungsgrund vorliegt (*Adams/Prichard Jones*, S. 321). Allerdings müssen die Mitglieder der British Franchise Association den Code of Ethics beachten, wonach auch bei schwerwiegenden Vertragsverletzungen der Franchisenehmer abzumahnen und ihm eine angemessene Frist einzuräumen ist, um die Vertragsverletzung zu beseitigen (*Taylor*, in: Martinek/Semler, Handbuch des Vertriebsrechts, § 54, Rn. 57 ff.; vgl. auch Anm. 5 d).

41. Patente (Patents). a) Der englische Patentrechtsschutz im Überblick. Für einige Franchisesysteme und -verträge kann das Patentwesen eine mehr oder weniger große Rolle spielen, weil nach dem Franchisekonzept im Franchisepaket eine gesetzlich geschützte Erfindung enthalten sein soll. Rechtsschutz für Erfindungen ist in England nur über das Patentrecht zu erlangen; Gebrauchsmuster sind in England nicht bekannt. Der hierfür einschlägige englische Patents Act 1977 weist dank der fortgeschrittenen europäischen Patentrechtsangleichung alles in allem nur wenige gravierende System- und Strukturunterschiede gegenüber dem deutschen Patentrecht auf. Wer in Großbritannien ein Patent anmelden möchte, kann sich an das englische Patentamt (Patent Office) in London mit seinem Präsidenten, dem „Comptroller of Patents, Designs and Trade Marks", wenden. Für die Verhandlungen mit dem Patentamt empfiehlt es sich für den Franchisegeber in aller Regel, einen Patentanwalt (Patent Agent) einzuschalten. Wird die Anmeldung durch das britische Patentamt zurückgewiesen, kann der Franchisegeber die Beschwerdeabteilung des Patentamtes (Patent Appeal Tribunal), anrufen. Gegen dessen Entscheidungen ist die Rechtsbeschwerde beim „High Court" möglich. Wünscht der Franchisegeber die Etablierung eines europaweiten Franchisesystems, empfiehlt es sich auch, die Patentanmeldung beim europäischen Patentamt in München unter Einschaltung eines europäischen Patentanwalts (European Patent Attorney) vorzunehmen. Wird hier die Anmeldung abgelehnt, steht die Beschwerde bei der Beschwerdekammer des europäischen Patentamtes zur Verfügung, gegen deren Entscheidung es allerdings kein Rechtsmittel gibt. Die internationale, weltweite Anmeldung erfolgt schließlich bei der World Intellectual Property Organization (WIPO) in Genf. Dieser Weg kommt für den Franchisegeber dann in Betracht, wenn ihm ausnahmsweise an einem weltweiten Patentschutz gelegen ist.

b) Patentfähige Erfindungen. Nach Section 1 (1) Patents Act 1977 ist eine Erfindung im Sinne dieses Gesetzes (unten (aa)) patentfähig, wenn die Erfindung „neu" ist (unten (bb)), auf einer erfinderischen Tätigkeit beruht (unten (cc)) und gewerblich anwendbar ist (unten (dd)).

aa) Schutzbereich des Patent Act 1977. Der Begriff der patentierbaren Erfindung wurde vom Patents Act 1977 nicht legaldefiniert. Vielmehr werden gem. Sections 1 (2) und 1 (3) Patents Act 1977 eine Vielzahl von Fällen in Form der Negativdefinition vom Schutzbereich des Patents Act 1977 ausgenommen. Für den Franchisegeber sind infolgedessen Entdeckungen, wissenschaftliche Theorien und mathematische Methoden sowie literarische, dramaturgische, musische oder künstlerische Werke sowie andere ästhetische Schöpfungen und Pläne, Regeln und Verfahren für gedankliche Tätigkeiten, für Spiele oder für geschäftliche Tätigkeiten und Programme für Datenverarbeitungsanlagen nicht patentierbar, sofern das Patent für diese Gegenstände oder Tätigkeiten „als solche" (as such) beantragt ist (vgl. Eenentich v. Wellcome [1987] A.P.C. 553 und [1989] R.P.C. 147 [Court of Appeal]; Merrill Lynch's Application [1988] R.P.C. 1 und R.P.C. 561 [CA]; *Triebel/Hodgson/Kellenter/Müller*, S. 319). Diese vom Patentschutz ausgeschlossenen Gegenstände oder Tätigkeiten sind aus diesem Grunde nicht isoliert patentfähig. Indes können derartige vom Patentschutz ausgenommene Gegenstände oder Tätigkeiten als Grundlage oder Hilfsmittel für patentierbare Erfindungen herangezogen werden. Des weiteren sind auch Erfindungen vom Patentschutz ausgenommen, die verletzendes, unmoralisches oder unsoziales Verhalten begünstigen. Gleiches gilt für die Frage der Patentfähigkeit von Pflanzensorten, Tierarten sowie diesbezügliche biologische Verfahren zur Züchtung von Pflanzen und Tieren, sofern es sich nicht um ein mikrobiologisches Verfahren oder um ein Produkt eines solchen Verfahrens handelt (vgl. hierzu Section 1(3) Patents Act 1977).

bb) Neuheit der Erfindung. Eine Erfindung ist nach Maßgabe der Section 2 (1) Patents Act 1977 neu, wenn sie nicht zum gegenwärtigen Stand der Technik (state of the art) gehört. Dies setzt voraus, daß das vom Franchisegeber angemeldete Patent seinem Inhalt nach nicht schon vorangehend veröffentlicht und demgemäß nicht vorweggenommen (anticipated) wurde. Gemäß Section 2 (2) Patents Act 1977 umfaßt der Stand der Technik (state of the art) alles, was vor dem Prioritätsdatum der Erfindung der Öffentlichkeit durch schriftliche Beschreibung, durch Gebrauch oder auf andere Weise zugänglich gemacht worden ist.

cc) Spezifisch erfinderische Tätigkeit. Eine „erfinderische Tätigkeit" (inventive step) liegt gem. Section 3 Patents Act 1977 vor, wenn die Erfindung unter Berücksichtigung des Standes der Technik für einen Sachkundigen nicht naheliegend (obvious) ist (vgl. *Cornish*, Rn. 5/02/037). Dabei wird auf den Kenntnisstand eines durchschnittlich Sachkundigen und hinsichtlich des Standes der Technik auf den weltweiten Kenntnisstand abgestellt. Die Erfindung ist dann für einen durchschnittlich Sachkundigen naheliegend, wenn er sich bereits eines konkreten Problems und einer Lösungsmöglichkeit bewußt ist und seine Forschungen nur das erwartete Resultat bestätigen (Beechan Group's [Amoxycillan] Application [1980] R.P.C. 261; *Triebel/Hodgson/Kellenter/Müller*, S. 320f.).

dd) Gewerbliche Anwendbarkeit der Erfindung. Die Erfindung des Franchisegebers muß gewerblich anwendbar sein (capable of industrial application). Dies ist der Fall, wenn sie in einer beliebigen Sparte des Industrie- bzw. Urerzeugungssektor (einschl. der Landwirtschaft) genutzt werden kann (Section 4 (1) Patents Act 1977). Damit sind vom Patentschutz vor allem medizinische Behandlungsmethoden ausgenommen, an deren ungehinderter Verbreitung und Einsetzbarkeit ein bedeutendes öffentliches Interesse besteht.

c) Erteilung und Widerruf von Patenten. aa) Patentschutz durch Anmeldung. Der Franchisegeber erhält ein Patent nur auf Antrag (application), den er eigenhändig unterschrei-

5. Franchise Agreement (Englischer Franchisevertrag) II.5

ben muß. Der Antrag kann sowohl beim britischen Patentamt in London als auch beim europäischen Patentamt in München eingereicht werden. Das britische Patentrecht kennt drei Patentformen: Produktpatente (product patent), Patente für Herstellungsverfahren (process patent) sowie eine Kombination hiervon für Produkte, die in einem bestimmten Herstellungsverfahren gefertigt werden (product by process patent). Gem. Section 16 Patents Act 1977 kann nach Bekanntmachung der Anmeldung jedermann schriftlich Einspruch erheben. Das Patent wird zunächst dem Erfinder erteilt, es sei denn, daß andere Personen durch vertragliche Abtretung, durch Gesetz (z. B. der Arbeitgeber) oder aufgrund einer Rechtsnachfolge patentberechtigt sind. Nationalität, Wohnsitz oder Status des Anmelders dürfen keine Rolle spielen (Schwarzkopf's Application [1965] R. P. C. 387). Der Franchisegeber muß eine Patentschrift fertigen, die das Patent dokumentiert. Sie besteht aus der Patentbeschreibung und den Patentansprüchen. Die Patentschrift muß die Erfindung deutlich und vollständig beschreiben, so daß sie von einem durchschnittlichen Sachkundigen ausgeführt werden kann (Section 14 (3) Patents Act 1977). Der Patentanspruch definiert den Gegenstand, für den der Franchisegeber Schutz beansprucht. Die Patentansprüche legen den Schutzumfang des Patentes und damit die Monopolstellung des Franchisegebers als Patentinhaber fest (Section 125 Patents Act 1977).

bb) Recherche und Prüfung durch das Patentamt. Der Patents Act 1977 sieht eine umfassende Prüfung durch das Patentamt vor (Sections 17–21 Patents Act 1977), deren Zweck die Feststellung ist, ob die Anmeldung alle Kriterien für die Erteilung eines Patents erfüllt. Im Besonderen wird untersucht, ob es sich um einen patentierbaren Gegenstand handelt, ob die Erfindung neu ist und eine spezifisch erfinderische Tätigkeit beinhaltet. Weiterhin wird überprüft, ob Patentbeschreibung und Patentanspruch den gesetzlichen Vorschriften entsprechen. Aufgrund des Patentkooperationsvertrages können die erforderlichen Recherchen sowohl vom europäischen als auch britischen Patentamt durchgeführt werden. Die jeweilige Behörde versucht, Veröffentlichungen aufzuspüren, die für die Beurteilung der Patentierbarkeit von Bedeutung sind (*Triebel/Hodgson/Kellenter/Müller*, S. 224).

cc) Beginn und Dauer des Patentschutzes. Das britische Patentrecht stellt hinsichtlich der Priorität auf den Zeitpunkt der Anmeldung ab (first to file basis, vgl. Section 5 (2) Patents Act 1977). Eine vorläufige Anmeldung genügt für die Prioritätssicherung, sofern binnen zwölf Monaten die endgültige Patentbeschreibung folgt. Anhand des Standes der Technik am Prioritätstag entscheidet sich auch, ob die Erfindung neu ist. Nach Section 25 Patents Act 1977 beträgt die Schutzdauer britischer Patente zwanzig Jahre, wobei nach Ablauf von 15 Jahren eine jährliche Erneuerungsgebühr fällig wird.

dd) Lizenzierung von Patenten. Der Franchisegeber kann seine aus dem Patent resultierenden Rechte an den Franchisegeber vertraglich zur Nutzung mittels Lizenzen (licences) überlassen. Hierbei kann er Exklusivlizenzen (exclusive licences) gewähren, die sich auf ein bestimmtes Gebiet beziehen und dem Franchisenehmer ausschließliche Rechte gewähren. Der Franchisegeber ist in diesem Fall nicht nur gehindert, weitere Lizenzen für dieses Gebiet zu erteilen, sondern darf die Erfindung im Vertragsgebiet auch selbst nicht nutzen (Section 130 (1) Patents Act 1977). Verspricht der Franchisegeber, keinen weiteren Personen eine Lizenz für das Vertragsgebiet zu erteilen, behält sich aber die Rechte für das Vertragsgebiet selbst vor, dann handelt es sich indes um eine sogenannte Alleinlizenz (sole licence). Liegt jedoch weder eine Exklusiv- noch eine Alleinlizenz vor, so kann der Franchisegeber beliebig vielen Personen eine Lizenz für das gleiche Vertragsgebiet erteilen. Das Patent gewährt dem Inhaber prinzipiell eine Monopolstellung. In Großbritannien kann allerdings das Benutzungsmonopol des Patentinhabers jedoch nach Sections 46 bis 54 Patents Act 1977 unter bestimmten Voraussetzungen durch Zwangslizenzen (compulsory licences) beschränkt werden. Zu berücksichtigen ist ferner, daß Sections 44, 45 und 47 Patents Act 1977 gewisse Nichtigkeitsbestimmungen in bezug auf Vertragsklauseln vorsehen, die über einen notwendigen Patentschutz hinausgehen. Nach Ablauf von drei Jahren nach Patenterteilung kann eine Zwangslizenz beim Patentamt beantragt werden (Section

48 Patents Act 1977). Voraussetzung ist, daß das Patent in Großbritannien überhaupt nicht oder nicht in angemessenem Umfang genutzt wird und die Nachfrage für das patentierte Produkt in Großbritannien nicht zu angemessenen Bedingungen oder in erheblichem Umfang nur durch Import befriedigt werden kann und das relevante Produkt nur unter erschwerten Importbedingungen für Großbritannien erhältlich oder gänzlich verhindert ist. Weiterhin gilt als Voraussetzung, die die Verweigerung einer Lizenz zu vernünftigen Bedingungen verhindert, daß ein Exportmarkt mit Produkten Großbritanniens beliefert wird oder der Aufbau bzw. die Entwicklung der Industrie Großbritanniens negativ beeinflußt wird. In der Praxis scheinen jedoch nur wenig Zwangslizenzen beantragt zu werden (*Triebel/Hodgson/Kellenter/Müller*, S. 329 f.).

d) Verletzung von Patentansprüchen des Franchisegebers. aa) Patentansprüche. Der Schutzumfang des Patents wird durch den Patentanspruch bestimmt (Section 125 Patents Act 1977, Artikel 69 Europäisches Patentübereinkommen 1973). Während in der Bundesrepublik Deutschland der Inhalt von Patentansprüchen (terms) vor allem nach Sinn und Zweck (teleologisch) auslegt wird, orientiert sich die Auslegung in Großbritannien im wesentlichen nach dem Wortlaut. Aber auch in der Bundesrepublik zeichnet sich die Tendenz ab, daß dem Wortlaut der zugrundeliegenden Patentansprüche größeres Gewicht beigelegt wird (BGH GRUR 1992, S. 40 und BGH GRUR 1992, S. 305). Umgekehrt wird nunmehr auch in der englischen Judikatur die Ansicht vertreten, daß die Patentschrift nicht nur wörtlich, sondern auch zweckgerichtet auszulegen ist (vgl. Catnic Componits v. Hill and Smith [1982] R. P. C. 183 [House of Lords]). Der Franchisegeber sollte daher gerade bei der Formulierung seines Patentanspruches Sorgfalt wahren.

bb) Verletzungshandlung. Die Patentverletzung stellt nach englischem Recht eine unerlaubte Handlung (tort) dar. Je nach Patent-Typ kommen unterschiedliche Verletzungshandlungen in Betracht (vgl. hierzu *Triebel/Hodgson/Kellenter/Müller*, S. 326): Produktpatente (product patent) werden durch Herstellung, Veräußerung, Angebot zur Veräußerung, Gebrauch, Einfuhr oder Lagerung zu Veräußerungs- oder anderen Zwecken (Section 60 Patents Act 1977) verletzt. Verfahrenspatente (process patent) werden durch Anwendung des Verfahrens oder durch ein Angebot, es in Großbritannien anzuwenden, sowie durch Veräußerung, Veräußerungsangebote, Gebrauch oder Einfuhr von Produkten, die direkt mit Hilfe des Verfahrens hergestellt wurden, oder durch Lagerung solcher Produkte zu Veräußerungs- oder anderen Zwecken verletzt (vgl. Section 66 Patents Act 1977). Folgende Handlungen stellen demgegenüber keine Verletzung des Patentanspruchs dar:
– Handlungen zu nichtgewerblichen Zwecken,
– Handlungen zu Forschungszwecken hinsichtlich der Grundlage des Patents,
– Handlungen mit Zustimmung des Patentinhabers sowie
– Handlungen außerhalb Großbritanniens.

cc) Einwendungen. Das britische Patentrecht kennt zwei Einwendungsformen. Gem. Section 64 Patents Act 1977 kann die Vorbenutzung (defence of prior use) geltend gemacht werden. Wer eine bisher unveröffentlichte Erfindung im guten Glauben vor dem Prioritätsdatum benutzt hat, darf diese fortsetzen. Der Betreffende ist indes nicht berechtigt, gegen den Willen des Franchisegebers Lizenzen zu erteilen. Gem. Section 62 Patents Act 1977 besteht darüber hinaus die sogenannte „defence of innocent infringement". Diese befreit von einer etwaigen Schadensersatzpflicht respektive einer Gewinnoffenlegungsverpflichtung, wenn das Bestehen eines Patents weder positiv bekannt war oder vernünftigerweise hätte bekannt sein müssen.

dd) Patentverletzungsklagen. Im Patentverletzungsprozeß sind drei Klagearten denkbar: die Unterlassungsklage (prohibitory unjunction), die Klage auf Herausgabe der das Patent verletzenden Produkte (delivery of infringing articles) und schließlich die Schadensersatzklage (damages). Bei der letzteren Klage kann Feststellung des Schadens (inquiry as to damages) oder Rechnungslegung über den vom Beklagten erzielten Gewinn (account of profits) verlangt werden. Bei der Bemessung des Schadenersatzes werden drei Fallgruppen unterschieden. Ist der Franchisegeber alleiniger Hersteller des patentierten Produktes oder

5. Franchise Agreement (Englischer Franchisevertrag) II.5

Verfahrens, kann er den entgangenen Gewinn verlangen. Da er üblicherweise Lizenzen vergibt, hat er überdies Anspruch auf die entgangene Lizenz- bzw. Franchisegebühr. Kann er weder die normale Gewinnquote noch die übliche Lizenzgebühr nachweisen, muß er sich auf Erfahrungen benachbarter Branchen stützen (Eeneral Tyre and Rubber CO v. Firestone Tyre and Rubber Co [1975] 2 All E. R. 1973). Ein Verschulden seitens des Patentverletzers ist nicht erforderlich. Schadensersatzansprüche entfallen jedoch gem. Section 62 Patents Act 1977, wenn der in Anspruch genommene Verletzer nachweisen kann, daß er vom Patent weder wußte noch vernünftigen Anlaß hatte, die Existenz eines solchen Patentes anzunehmen (vgl. hierzu *Triebel/Hodgson/Kellenter/Müller*, S. 328). Gegen die unbegründete Androhung von Patentverletzungsklagen sind nach englischem Recht drei Rechtsbehelfe gegeben (vgl. Section 70 Patents Act 1977): Der Bedrohte kann zum einen auf Feststellung der Ungerechtfertigtkeit der Drohungen klagen. Ferner besteht die Möglichkeit der Klage auf Unterlassung der Drohung flankiert durch eine Schadensersatzklage. Dies ist indes nur für in Großbritannien geschützte Patente möglich. Zu bedenken ist aber, daß in England wegen unberechtigter Drohung geklagt werden kann, wenn sich der Drohende außerhalb Englands befindet (British Oxygen Co. v. Industriegasverwertung GmbH [1931] 48 R. P. C. 130).

e) **Mißbräuchliche Ausnutzung des Patents.** In Großbritannien bewerkstelligen vornehmlich die nationalen wettbewerbsrechtlichen Vorschriften den Schutz vor Patentmißbrauch (instruktiv hierzu *Triebel/Hodgson/Kellenter/Müller*, S. 332 ff.). Die für das Franchising typischen wettbewerbsbeschränkenden Abreden werden hauptsächlich durch den Restrictive Trade Practice Act 1976 kontrolliert. Der Mißbrauch der einem Patent immanenten Monopolstellung wird auf der Grundlage des Fair Trading Act 1973 unterbunden. Außerhalb dieser beiden Normenkomplexe werden wettbewerbswidrige Praktiken durch den Competition Act 1980 sanktioniert. Zunehmend bedeutsamer wird aber für das Patentwesen die Wettbewerbskontrolle nach dem Unionsrecht. Artikel 30 EG-Vertrag untersagt quantitative Einfuhrbeschränkungen sowie alle Maßnahmen gleicher Wirkung. Dieses Verbot der Einfuhrbeschränkungen zum Schutze des gewerblichen und kommerziellen Eigentums greift jedoch nur, wenn sie ein Mittel zur willkürlichen Diskriminierung sind oder eine verschleierte Beschränkung des Handels zwischen den Mitgliedstaaten darstellen (Artikel 36 EG-Vertrag). Wer ein britisches Patent besitzt kann unter Umständen den Vertrieb des patentierten Produkts durch Dritte dennoch nicht verhindern. Die Judikatur des Europäischen Gerichtshofes vertritt insoweit die sogenannte Erschöpfungslehre (doctrine of exhaustion) (Centrafarm BV v. Stirling Drog Inc. [1974] E.C.R. 1147, 1183). Diese Lehre besagt, daß die Rechte an einem Patent erschöpft sind, sobald das patentierte Produkt zum ersten Mal in der europäischen Gemeinschaft von dem Patentinhaber oder mit seiner Genehmigung von einem Dritten auf dem europäischen Markt in den Verkehr gebracht worden ist. Wer ein Produkt in einem Land der Europäischen Union kauft, darf es in ein anderes Land der Europäischen Union exportieren und dort verkaufen, ohne daß der Patentinhaber, der das Produkt in Verkehr gebracht hat, ihn daran hindern kann. Das Patentrecht ist selbst dann erschöpft, wenn der Patentinhaber im Land des Erstverkaufes kein Patent innehatte (Merck v. Stephar [1981] E.C.R. 2063). Durch Zustimmung zum Verkauf in einem anderen EU-Land ist das Patentrecht in der gesamten Europäischen Union erschöpft. Dies gilt jedoch nicht, wenn der Patentinhaber sein Produkt aufgrund einer Zwangslizenz verkaufen mußte (Pharmon v. Hoechst [1985] E.C.R. 2281). Die meisten europaweiten Patentlizenzen werden vorwiegend von der seit 1995 geltenden Gruppenfreistellungsverordnung für Technologie-Transfer-Vereinbarungen erfaßt, die an die Stelle der bisher geltenden Gruppenfreistellungverordnung Nr. 2349/84 für Patentlizenzvereinbarungen und Nr. 556/89 für Know-how-Vereinbarungen getreten ist. Für den Franchisegeber ist allerdings die Gruppenfreistellungsverordnung Nr. 4077/87 für Franchiseverträge einschlägig. Zwar besteht ein ius variandi, jedoch kann er sich nur auf eine der beiden Freistellungsverordnungen berufen (vgl. hierzu auch Anmerkung Nr. 11 u. 12). Im übrigen kann auch eine Einzelfreistellung gem. Artikel 85 Absatz 3 EG-Vertrag bei der

Europäischen Kommission beantragt werden. Gewährt die Kommission keine Freistellung, so kann diese Entscheidung vor dem Europäischen Gerichtshof angegriffen werden.

42. Zahltage (Payment Dates). Die Vereinbarung regelmäßiger Zahltage für die vom Franchisenehmer geschuldeten Gebühren und Beiträge versteht sich aus mehreren Gründen als betriebswirtschaftliche Notwendigkeit. Zum einen muß der Franchisegeber für einen regelmäßigen Zahlungseingang sorgen, um seine eigene Liquidität und Kreditwürdigkeit zu erhalten. Auch wenn er typischerweise den Franchisenehmer durch die Zahlungen von Gebühren und Beiträgen in Vorleistung treten läßt, ist der Franchisegeber auf den pünktlichen Erhalt insbesondere der Eintrittsgebühren, Werbebeiträge und laufenden Franchisegebühren sowie der weiterzuleitenden Versicherungsprämien angewiesen. Namentlich die an ihn abzuführenden umsatzabhängigen Franchisegebühren seiner Systempartner bilden eine wichtige Einkommensquelle neben den Zahlungen für Warenlieferungen sowie für möglicherweise gesondert zu entgeltende Werbemittel, Schulungsmaßnahmen etc. In manchen Franchisesystemen stellen die Franchisegebühren überhaupt die einzige Einnahmequelle dar. Zum anderen aber werden die Zahltage vom Franchisegeber als ein Frühwarnsystem für allfällige Schwächen von Systempartnern angesehen. Falls ein Franchisenehmer die rechtzeitige Zahlung nicht bewerkstelligt, so ist dies ein Zeichen dafür, daß sein Franchisegeschäft in Gefahr ist und sich der Franchisegeber im Interesse des Gesamtsystems und des Systemimages zu Unterstützungsmaßnahmen aufgerufen fühlen muß. Die beiden vorgenannten Gesichtspunkte legen relativ knapp bemessene Zahlungstage nahe. Vielfach erscheinen den Franchisegebern für die laufenden Franchisegebühren, die den umfangreichsten Posten der regelmäßig wiederkehrenden Leistungen des Franchisenehmers ausmachen, monatliche Zahltage angemessen. Die Zahltage sind dann von den meist jährlichen Abrechnungszeitpunkten (accounting reference dates) abgekoppelt, an denen der Franchisenehmer detailliert berichts- und rechenschaftspflichtig ist (vgl. dazu Anm. 16).

43. Erlaubte Geschäftsbezeichnung (Permitted Name). Der Franchisegeber ist regelmäßig an einer genauen vertraglichen Festlegung der Firmierung interessiert, unter der der Franchisenehmer sein Franchisegeschäft betreiben soll. Dabei kommt es darauf an, den Namen, das Schlagwort oder das Symbol des Franchisesystems mit dem individuellen Namen des Franchisenehmers bzw. seines Unternehmens unter Beachtung der einschlägigen Vorschriften des Firmenrechts (Business Namens Regulations) zu kombinieren. Oft enthält das Handbuch die erforderlichen Informationen über die zu beachtenden Vorschriften des Firmenrechts (vgl. *Adams/Prichard Jones*, S. 321). Der Franchisegeber muß darauf achten, daß durch die Kombination der Name des Franchisesystems keine Beeinträchtigung erfährt und keine Kollision mit den erlaubten Geschäftsbezeichnungen anderer Franchisenehmer eintritt.

44. Vertragsware (Products). Besteht die Vertragsware nicht aus wenigen gleichartigen Gegenständen, sondern aus einer Produktpalette bzw. aus mehreren Sortimenten, wird für die detaillierte Auflistung, die genaue Beschreibung und Numerierung meist auf das (tunlichst bebilderte) Handbuch verwiesen, das der Franchisenehmer zugleich für seine Bestellungen zugrunde legt. Beim sogenannten Halbfertigwaren-Franchising liefert der Franchisegeber nur die Rohstoffe, die dann erst vom Franchisenehmer fertiggestellt werden. In solchen Fällen ist zwischen der vom Franchisegeber (oder von dessen genehmigten Lieferanten) zu liefernden Ausgangsware und der vom Franchisenehmer an die Kunden zu verkaufenden Endprodukte zu unterscheiden. Die genaue Bezeichnung der einzelnen Systemprodukte ist vor allem dann unerläßlich, wenn diese Produkte aufgrund detaillierter Vorgaben, Rezepte und Verfahrensrichtlinien des Franchisegebers vom Franchisenehmer hergestellt werden. Die Vertragsprodukte können meist von Zeit zu Zeit ausgetauscht bzw. verändert und verbessert werden und sind regelmäßig Gegenstand verschiedener Bezugs- und Verwendungsbindungen.

5. Franchise Agreement (Englischer Franchisevertrag) II.5

45. Werbefonds (Promotion Fond). Der Werbefonds wird vom Franchisegeber für seine überregionalen Werbeaktivitäten eingerichtet und aus den Werbebeiträgen (advertising contributions) der verschiedenen Systempartner gespeist. Gewöhnlich wird der Werbefonds auf einem separaten Treuhandkonto geführt und verwaltet, für das der Franchisegeber den Franchisenehmern rechnungslegungspflichtig ist (*Adams/Prichard Jones*, S. 321). Denkbar sind freilich auch andere Gestaltungen. So kann in der laufenden Franchisegebühr ein Posten für die vom Franchisegeber eigenverantwortlich gestaltete überregionale Systemwerbung enthalten sein.

46. Laufende Franchisegebühren (Royalties). Die laufenden Franchisegebühren (continuing fees; royalties) werden gewöhnlicherweise auf der Grundlage des Umsatzes berechnet, den der Franchisenehmer erwirtschaftet. Die Prozentsätze variieren in der Praxis erheblich in einer Bandbreite zwischen etwa 3% und 15%. Dabei kann eine degressive Staffelung der Franchisegebühren vorgesehen sein, um dem Franchisenehmer einen zusätzlichen Anreiz zur Umsatzsteigerung zu geben und seinen überdurchschnittlichen Einsatz und Erfolg bei der Absatzförderung zu prämieren. Üblich ist auch die Vereinbarung einer sog. Mindestgebühr (minimum fee), um dem Franchisenehmer einen Mindeststandard für den zu erzielenden Umsatz vorzugeben und um den Franchisegeber gegen Mißerfolge des Franchisenehmers sozusagen nach unten abzusichern (vgl. zu den Mindestgebühren Anm. 37 u. 39). Die laufenden Franchisegebühren werden bisweilen bewußt gering angesetzt, weil der Franchisegeber seinen Hauptprofit aus den Warenlieferungen unter Bezugsbindungen ziehen kann, die dann einen franchisespezifischen „Kalkulationszuschlag" enthalten. Gelegentlich findet sich in Franchiseverträgen eine contingent fee provision, d. h. eine Klausel über eine Sondergebühr, die der Franchisenehmer zu entrichten hat, wenn er bei fehlenden oder wettbewerbsrechtlich unwirksamen Bezugsbindungen Lieferanten von außerhalb des Systems für seinen Warenbezug in Anspruch nimmt. Es ist indes noch ungeklärt, ob eine solche Klausel den EG-Wettbewerbsregeln standhält. Dies ist zweifelhaft, da dem Franchisenehmer mit der contingent fee provision eine indirekte Beschränkung seiner Warenbezugsfreiheit bei anderen Anbietern aufgebürdet wird.

47. Dienstleistungen (Services). Damit wird auf die vom Franchisenehmer gegenüber den Kunden zu erbringenden Dienstleistungen (nicht etwa auf die Leistungen des Franchisegebers gegenüber dem Franchisenehmer) Bezug genommen, die im einzelnen im Franchise-Handbuch beschrieben sind und meist zentraler Bestandteil des Franchisekonzepts sind. Die systemtypischen Dienstleistungen stehen beim reinen Dienstleistungs-Franchising etwa der Hotellerie, der Autovermietung, der Reinigungsbetriebe oder der Musikschulen und Schulhilfen (Nachhilfe-Unterricht für Schüler) völlig im Vordergrund. Sie sind aber auch für Franchisesysteme des Warenabsatzes mehr oder weniger systemprägend, denn sie umfassen auch die Kundenkontaktmodalitäten und die Warenpräsentationsform sowie sämtliche Formen des pre sale- und after sale-Service einschließlich der Garantieleistungen.

48. Vertragslaufzeit (Term). Die Vertragslaufzeit versteht sich als die Zeitdauer des Franchiseverhältnisses, in der die gegenseitigen Rechte und Pflichten der Parteien Bestand haben. Sie setzt sich regelmäßig aus der Anfangslaufzeit und den Anschlußlaufzeiten zusammen. Für Franchiseverträge wird nämlich zunächst eine anfängliche Mindestlaufzeit festgelegt, die nach den Amortisationsmöglichkeiten für die Anfangsinvestitionen des Franchisenehmers zu bemessen ist und innerhalb derer eine ordentliche Kündigung des Vertrages ausgeschlossen ist. Innerhalb dieser Anlaufzeit kann der Vertrag praktisch nur aus wichtigem Grund gekündigt werden. Zum Ende der Anlaufzeit kann der Vertrag im Regelfall mit einer einjährigen Kündigungsfrist ordentlich gekündigt werden. Geschieht dies nicht, verlängert sich der Vertrag nach Ablauf der Anlaufzeit automatisch um sogenannte Anschlußlaufzeiten, die sich nach den meist einjährigen ordentlichen Kündigungsfristen bemessen. Es tritt mithin jeweils eine weitere automatische Verlängerung ein, soweit der Vertrag nicht von einer der Parteien ordentlich zu den vorgesehenen (meist) jährlichen Kündigungsterminen unter Wahrung der vorgesehenen (meist gleichfalls jährlichen) Kündigungsfristen bzw. fristlos aus wichtigem Grund gekündigt wird bzw. kein sonstiger Auflösungsgrund vorliegt. Ungeachtet dieser rechtstechnischen Komplizierung liegt mithin im Normalfall ein auf unbestimmte Zeit geschlossener Vertrag mit erstmaliger Kündigungsmöglichkeit nach fünf Jahren und sodann mit einjähriger Kündigungsmöglichkeit vor. Für die Festsetzung der Mindestlaufzeit ist zu beachten, daß der Franchisenehmer beim Eintritt in das Franchisesystem oft hohe Anfangsinvestitionen (Eintrittsgebühr und sonstige Aufwendungen) tätigen muß und daher ein erhebliches Interesse daran hat, daß sich seine Investitionen amortisieren können. Andererseits darf der Franchisenehmer nicht unangemessen lang an den Franchisevertrag gebunden sein (vgl. Esso Petroleum Co Ltd. v. Harper's Garage [Stourport] Ltd [1967] 1 All ER 699, HL). Üblicherweise wird eine Mindestlaufzeit von fünf Jahren vereinbart (*Baldi*, S. 101 ff.; *Adams/Prichard Jones*, S. 318). Im Gegensatz zur US-amerikanischen Rechtslage kennt das englische Recht keine eigenständige Franchisegesetzgebung (termination and non-renewal laws), die sich dem Anlauf- bzw. Auslaufschutz widmet. Jedenfalls ist im Interesse des Franchisenehmers auch darauf zu achten, daß im Vertrag eine Erneuerungsklausel bzw. eine Vertragsabwicklungsklausel enthalten ist.

49. Vertragsende (Termination Date). Mit dem Vertragsende ist auf der Grundlage der Begrifflichkeit der Vertragslaufzeit (term, vgl. Anm. 48) das Beendigungsdatum des Vertragsverhältnisses gemeint, das nach der Anlaufzeit oder den jeweiligen Anschlußlaufzeiten durch ordentliche Kündigung eintritt, sofern nicht einer dieser Zeitabschnitte durch eine fristlose Kündigung oder einen sonstigen Beendigungsgrund abgekürzt wird.

50. Vertragsgebiet (Territory). Das Vertragsgebiet bezeichnet den Marktverantwortungsbereich des Franchisenehmers im Sinne des Einzugsbereichs des Standorts seines Franchisegeschäfts. In diesem Vertragsgebiet, in dessen Mitte der Standort des Ladenlokals angesiedelt ist, hat der Franchisenehmer seine Absatzförderungstätigkeit aktiv zu entfalten, insbesondere Kunden zu bewerben und zu betreuen. Der National Code of Ethics der BFA und der im wesentlichen gleichlautende Ehrenkodex des Europäischen Franchise Verbandes sehen vor, daß dem Franchisenehmer ein Gebietsschutz gewährt wird. Eine rechtliche Verpflichtung zur Gewährung eines Gebietsschutzes besteht freilich nicht, doch „leben" die meisten Franchisesysteme von einem ausgetüftelten Raumordnungskonzept mit Exklusivgebieten für die einzelnen Franchisebetriebe. Der Gebietsschutz ist nach der Franchise-GVO wettbewerbsrechtlich zulässig, sofern er als für die Funktionsfähigkeit eines Systems als unerläßlich angesehen werden kann (vgl. Anm. 85). Gelegentlich wird mit der Gewährung eines Exklusivgebietes ein sog. „area development agreement" verbunden, in dem sich der Franchisenehmer verpflichtet, innerhalb eines gewissen Zeitraumes das Gebiet mit neuen Standorten (outlets) zu besetzen, um den Goodwill und somit den Umsatz auszubauen. Auch dies ist zulässig, soweit die Grenzen der Verhältnismäßigkeit gewahrt werden und der Franchisenehmer dadurch nicht unzumutbar belastet wird (*Adams/Prichard Jones*, S. 311, 402–404). Es empfiehlt sich, das Vertragsgebiet auf einer dem Franchisevertrag als Anlage beigefügten Karte genau zu markieren.

51. Handelsname (Trade Name). Unter dem trade name eines Franchisesystems versteht man die meist schlagwortartige Bezeichnung des Systems in seiner Gesamtheit, das heißt den Namen, unter welchem das System und die franchisierten Betriebe in der Öffentlichkeit auftreten. Der Handelsname garantiert das einheitliche Auftreten am Markt. Er fördert die Erweiterung des Goodwill des Franchisesystems im ganzen. Besonderheiten sind hier im Zusammenhang mit dem Restrictive Practices Act 1976 zu beachten. Der Franchisenehmer muß anhand der Registereintragungen überprüfen, ob der Franchisegeber Inhaber des Handelsnamens ist bzw. zumindest berechtigt ist, diesen Handelsnamen für sein Franchisesystem zu führen. Für den Fall, daß der Franchisegeber selbst nur Lizenznehmer ist, sollte der Franchisenehmer darauf achten, daß die Lizenz des Franchisegebers die Laufzeit des konkreten Franchisevertrages zuzüglich der Erneuerungsoption überschreitet. Der Franchisenehmer muß beim Auftreten im Geschäftsverkehr zudem seinen eigenen

5. Franchise Agreement (Englischer Franchisevertrag)

Namen kenntlich machen. Dies erfordern der Business Names Act 1985 sowie Artikel 4 c der Franchise-GVO (vgl. dazu Anm. 59).

52. Geschäftsausstattung (Trade Dress). Mit dem Ausdruck „trade dress" ist in der englischen Franchisepraxis zwar in erster Linie, aber keineswegs ausschließlich die einheitliche Kleidung des Personals gemeint. Bei vielen Franchisesystemen spielt die einheitliche Kleidung des im Franchisebetrieb angestellten Personals gewiß eine zentrale Rolle für den Kundenkontakt und die Pflege des einheitlichen Systemimages. Dem Franchisegeber ist daher an der peinlichen Beobachtung seiner Vorgaben für die Kleidung des Personals im Franchisebetrieb gelegen. Darüber hinaus bezeichnet der Begriff des trade dress aber auch die Ausstattung des Franchisebetriebs selbst (Beschilderung, Farbkombinationen, Symbole, Ornamente etc.) nach den Systemvorgaben sowie die Beschaffenheit des Verpackungsmaterials und andere Gestaltungs- und Ausstattungsfragen, die für alle Systempartner einheitlich im Franchise-Handbuch geregelt sind. Für die einzelnen Franchisegeschäfte ist die sogenannte Betriebstypenfixierung im Sinne der einheitlichen Aufmachung aller Einheiten nach Art von Filialen desselben Unternehmens ein wichtiger Schlüssel zum Erfolg, weil die Kundschaft damit das einheitliche systemspezifische Konsumerlebnis unabhängig von dem individuell in Anspruch genommenen Franchisegeschäft verbindet. Die Geschäftsausstattung wird so zu einem „Markenzeichen" des Systems, von dem jeder Franchisenehmer profitiert, das aber auch nur bei systemkonformem Verhalten aller Franchisegeschäfte aufrechterhalten werden kann.

53. Warenzeichen und Dienstleistungsmarken (Trade Marks). a) Übersicht. Warenzeichen und Dienstleistungsmarken haben für fast alle Franchisesysteme eine schlechthin konstitutive Funktion für die Kernfähigkeit des Franchisekonzepts sowie der vertriebenen Waren und/oder Dienstleistungen. Sie bilden daher auch für die einzelnen Franchiseverträge neben den sonstigen Immaterialgüterrechten einen wichtigen Regelungsgegenstand. Damit wird das Markenrecht zum Teilgebiet des Franchiserechts. Der alte englische Trade Marks Act 1938 wurde infolge der EG-Warenzeichenrichtlinie von 1988 neu gefaßt. Dies führte zu zahlreichen Änderungen des britischen Warenzeichenrechts. Die Neufassung des Trade Marks Acts ist am 31. Oktober 1994 in Kraft getreten (vgl. hierzu GRUR Int. 1994, 874; *Llewelyn*, GRUR Int. 1992, S. 97 ff.; *Kerly*, S. 1 ff.; *Cornish*, S. 1 ff.; zur früheren Rechtslage *Enghusen*, S. 123 ff.). Danach ist die Eintragungsfähigkeit von Warenzeichen und Dienstleistungsmarken wesentlich erweitert worden. Die Neuerungen haben zu einer Angleichung der Markenrechte der EU-Mitgliedstaaten geführt, so daß die Rechtslage in England heute mit derjenigen in Deutschland nach dem Inkrafttreten des neuen Markengesetzes zum 1. 1. 1995 weithin vergleichbar ist. Grundsätzlich kann jedes Zeichen eingetragen werden, das graphisch dargestellt werden kann und unterscheidungskräftig ist. Dies war bis dahin in Großbritannien nicht möglich. Nicht eintragungsfähig bleiben jedoch Formen, die durch die Art der Waren selbst oder technisch bedingt sind oder die den Waren einen wesentlichen Wert verleihen. Warenzeichen (trade marks) sowie Dienstleistungszeichen (service marks) sind unter dem Oberbegriff der trade marks zusammengefaßt worden. Die bis dahin übliche Unterteilung in die Klassen A und B entfällt. Nicht eintragungsfähig sind jedoch Defensivmarken. An ihre Stelle treten Vorschriften zum Schutze berühmter Marken vor Verbesserung durch Benutzung gleicher oder ähnlicher Zeichen für andere Warengruppen (Merchandising). Garantiemarken werden beibehalten, Kollektivmarken werden neu geschaffen (vgl. hierzu auch *Llewelyn*, S. 98 ff.).

b) Eintragungshindernisse. Prioritätsältere Marken, internationale Marken und europäische Gemeinschaftsmarken stehen einer Eintragung entgegen. Bei Verwechslungsgefahr bezüglich Zeichen von verwandten Warengruppen ist eine Eintragung ebenfalls nicht möglich. Berühmte Marken werden vor Verwässerungen dadurch geschützt, daß gleiche oder ähnliche Marken auch für völlig fremde Warengruppen nicht eintragungsfähig sind, wenn die Benutzung für diese Waren dem Ruf der berühmten Marke oder ihrer Unterscheidungskraft schaden oder der gute Ruf der berühmten Marke auf unfaire Weise ausgenutzt würde.

c) **Eintragungsverfahren.** Während bis zum Inkrafttreten des neuen Trade Marks Acts die Eintragung eines Warenzeichens im pflichtgemäßen behördlichen Ermessen lag, sind neuerdings die Versagungsgründe gesetzlich genau festgelegt. Das frühere Institut des Schutzrechtsverzichts (disclaimer) ist abgeschafft worden. Stattdessen wurde eine Vorschrift eingeführt, die klarstellt, daß eine Eintragung keine ausschließlichen Rechte an Teilen des eingetragenen Zeichens begründet. Auch die Schutzdauer hat sich geändert. Sie beträgt nunmehr 10 Jahre mit jeweils 10-jähriger Verlängerungsmöglichkeit.

d) **Verletzungshandlungen.** Der Trade Marks Act sieht eine Erweiterung der Definitionen möglicher Verletzungshandlungen vor. Die verwechslungsfähige Benutzung in bezug auf ähnliche Waren und Dienstleistungen und die Verwässerung berühmter Marken unterfallen nunmehr der Verletzungsdefinition. Die bis dahin nach älterem Recht zulässigen Warenzeichen dürfen weiterhin als Marke benutzt werden. Während früher nur die zeichenmäßige Benutzung zu einer Verletzung eines Warenzeichens führte, können inzwischen auch die Benutzung eines fremden Warenzeichens als Firma sowie bestimmte weitere Formen nichtzeichenmäßiger Benutzung eine Verletzung von Warenzeichenrechten begründen. Eine Verletzung des Markenrechts kann somit auch dann vorliegen, wenn ein fremdes Warenzeichen in der Werbung benutzt wird und die Benutzung gegen die guten Geschäftssitten verstößt, sofern sich dies nachteilig für den guten Ruf oder die Unterscheidungskraft des Zeichens auswirkt. Gleiches gilt, wenn der gute Ruf des Zeichens in unzulässiger Weise ausgenutzt worden ist. Ein Warenzeichen bzw. eine Marke kann schließlich nicht nur durch sichtbare, sondern auch durch hörbare Benutzung verletzt werden. In Anlehnung an die Erschöpfungslehre des EuGH (Centrafarm v. Winthrop [1974] C.M.L.R. 480) hat das neue britische Markenrecht den Erschöpfungstatbestand kodifiziert. Danach tritt die Erschöpfung eines Markenrechts vor allem immer dann ein, wenn die Ware mit Zustimmung des Warenzeicheninhabers im gemeinsamen europäischen Markt vertrieben wurden.

e) **Benutzung.** Während nach bisher geltendem Recht nur die Benutzung durch einen eingetragenen Benutzer (registered user) einer Benutzung durch den Warenzeicheninhaber selbst gleichgestellt war, ist seit der Novellierung nunmehr jede Benutzung mit Einverständnis des Inhabers der Marke der Benutzung durch den Inhaber selbst gleichgestellt. Die Eintragung eines Benutzers wird aber dadurch gefördert, daß nur ein eingetragener Lizenznehmer selbst gegen einen Verletzer klagen kann. Darüberhinaus hat eine nicht eingetragene Lizenz keine Drittwirkung, so daß bei der Übertragung des Warenzeichens ein nicht eingetragener Lizenznehmer seine Rechte verlieren kann, wenn der Rechtsnachfolger des Lizenzgebers keine Kenntnis von der Lizenz hatte. Die Beweislast ist insofern neu geregelt worden, als jeder, der durch den Bestand des Warenzeichens beschwert ist, den Inhaber auffordern kann, die Benutzung zu beweisen. Kommt der Inhaber dieser Aufforderung nicht nach, wird die Nichtbenutzung vermutet (vgl. hierzu *Triebel/Hodgson/Kellenter/Müller*, S. 347).

f) **Internationale Aspekte.** Nach der Ratifizierung des Protokolls zum Madrider Markenschutzabkommen sind internationale Marken bei der Word Intellectual Property Organization (WIPO) in Genf auch mit Schutz für das Vereinigte Königreich eintragungsfähig. Die Novellierung des Trade Marks Act sieht darüber hinaus die Europäische Gemeinschaftsmarke (Community trade mark) vor. Gemeinschaftsmarken beruhen auf der EG-Verordnung Nr. 40/94 des Rates vom 20. Dezember 1993, die 1994 in Kraft getreten ist. Die Gemeinschaftsmarke wird danach künftig in der gesamten Europäischen Union Schutz genießen. Zur Verwaltung der Gemeinschaftsmarken ist ein europäisches Markenamt in Alicante in Spanien geschaffen worden, das seine Arbeit im Jahr 1996 aufgenommen hat (*Triebel/Hodgson/Kellenter/Müller*, S. 354).

54. Betriebsgeheimnisse. Vgl. dazu Anm. 31.

5. Franchise Agreement (Englischer Franchisevertrag)

55. Einräumung der Franchise. Im Anschluß an den Definitionenkatalog findet sich im englischen Franchisevertrag die Einräumung der Franchise als das „Herzstück" des Vertrags. Hier wird die Quintessenz des Vertrages in wenigen Sätzen zusammengefaßt, wobei die verwendeten Begriffe ihre Bedeutung erst im Rückgriff auf den Definitionenkatalog gewinnen.

56. Pflichten des Franchisenehmers. Die Klauseln zu den Pflichten des Franchisenehmers bilden hier den zweiten Hauptteil des Franchisevertrages nach der „Einräumung der Franchise" (Anm. 55). Sie werden den Klauseln zu den Pflichten des Franchisegebers, die als dritter Hauptteil folgen, vorangestellt. Denkbar ist freilich auch eine umgekehrte Reihenfolge, die den bisweilen erwünschten vertragsstrategischen Vorteil hat, daß dem Franchisenehmer die Pflichten des Franchisegebers als vorrangig und prägend für das Vertragsverhältnis erscheinen. Richtiger Ansicht nach sind es allerdings weniger die lizenzvertraglichen Pflichten des Franchisegebers als die Absatzförderungspflichten und Interessenwahrungspflichten des Franchisenehmers, die das Rechts- und Pflichtengefüge eines Franchisevertrages dominieren (vgl. dazu ausführlich *Martinek*, in: Martinek/Semler (Hrsg.), Handbuch des Vertriebsrecht, 1996, §§ 1 bis 4 sowie 18 bis 21).

57. System- und methodenkonformes Verhalten. Nach der „weißen" Klausel des Art. 3 Abs. 2f Franchise-GVO (dazu Anm. 12 (2)) kann der Franchisenehmer verpflichtet werden, die vom Franchisegeber entwickelten Geschäftsmethoden mit allen späteren Änderungen anzuwenden und die lizenzierten Rechte an gewerblichem oder geistigen Eigentum zu nutzen. Eine solche Marketingbindung wird als unerläßlich für die Identität und das Ansehen des Franchisesystems betrachtet (EuGHE 1986, 353, 381 ff. EG 17 und 18 – Pronuptia; vgl. auch *Metzlaff*, S. 157, *Weltrich*, S. 310). Deshalb darf auch eine Vertragsbeendigung durch Kündigung aus wichtigem Grund herbeigeführt werden, wenn sich der Franchisenehmer trotz Abmahnung nicht an die Geschäftsmethoden hält. In dieser franchisetypischen Verpflichtung des Franchisenehmers zum systemkonformen Verhalten nach Maßgabe der Weisungen des Franchisenehmers kommt zugleich die Stellung des Franchisenehmers als „verlängerter Arm" des Franchisegebers zum Ausdruck. Franchising ist eine Form des „Anweisungsvertriebs", bei der der Absatzmittler (Franchisenehmer) zum weisungsgebundenen Vasallen der Systemzentrale wird und bei der der Franchisebetrieb weithin wie eine Filiale von der Systemzentrale autokratisch gesteuert wird. Die am Ende der Vertragsklausel ausdrücklich formulierte „Anerkennung" der wesentlichen Bedeutung des system- und methodenkonformen Verhaltens soll dem Franchisenehmer auch vor Augen führen, daß er sich seiner freien unternehmerischen Gestaltungsmacht in einem nicht unerheblichen Ausmaß begibt. Zu beachten ist, daß sich der Franchisegeber bezüglich des system- und methodenkonformen Verhaltens des Franchisenehmers weitreichende Kontroll- und Weisungsbefugnisse gegenüber dem Franchisenehmer vorbehalten darf (*Metzlaff*, S. 157).

58. Besteinsatzverpflichtung. a) Allgemeine Bedeutung. Das sogenannte Besteinsatzgebot, das sich als Konkretisierung der allgemeinen Absatzförderungs- und Interessenwahrungspflicht des Franchisenehmers versteht, ergänzt und erweitert die vorstehende Klausel zum system- und methodenkonformen Verhalten (vgl. Anm. 57). Während die Verpflichtung zu system- und methodenkonformem Verhalten ihren Schwerpunkt im objektiven Bereich des Systemstandards hat, betont die Besteinsatzverpflichtung mehr die subjektive der akquisitorischen Anstrengungen des Franchisenehmers. Die Besteinsatzverpflichtung ist EG-kartellrechtlich nicht unbedingt, sondern unter der Voraussetzung ihrer Erforderlichkeit für den Systemschutz, die Systemeinheitlichkeit und den Systemgoodwill freigestellt, wie sich aus der „bedingt weißen Klausel" des Art. 3 Abs. 1f Franchise-GVO (vgl. dazu Anm. 12 (b)) ergibt (vgl. hierzu *Weltrich*, S. 305). Diese Verpflichtung ist ausdrücklich in den Vertrag aufzunehmen, da weder für das englische Gesetzesrecht noch für das Common Law eine solche Verpflichtung bereits aus der Rechtsnatur des Franchisevertrags folgt, während sie nach deutschem Rechtsverständnis aufgrund der geschäftsbesorgungs-vertraglichen Rechtsnaturkomponente des Franchisevertrags nahezu als selbstverständlich erscheint. Die Konkretisierung der Besteinsatzverpflichtung kann in verschiedener Weise erfolgen. Insbesondere ist der Franchisegeber frei, diejenigen Verhaltensweisen des Franchisenehmers herauszuheben, an denen ihm nach Maßgabe des Systemzuschnitts besonders gelegen ist, um darauf die gesteigerte Aufmerksamkeit seines Vertragspartners zu lenken.

b) Besteinsatz und Nebentätigkeiten. Wenn der Franchisenehmer (unter dem Vorbehalt der Erforderlichkeit für den Systemschutz, die Systemeinheitlichkeit und den Systemgoodwill) mithin verpflichtet werden kann, sich nach besten Kräften um den Absatz der Waren oder die Erbringung der Dienstleistung zu bemühen, die Gegenstand der Franchise sind, bleibt doch die Frage klärungsbedürftig, ob damit zugleich anderweitige Nebentätigkeiten des Franchisenehmers grundsätzlich verboten sind und die Klausel im Grunde ein Verbot jeder weiteren konkurrierenden und nicht-konkurrierenden Tätigkeit enthält. Diese Frage ist zu verneinen. Insbesondere ist der Problemkreis der Konkurrenzverbote beim Franchising von der Besteinsatzverpflichtung abgekoppelt und eigenständig zu regeln (vgl. dazu Anm. Nr. 67–70). Die Freistellungsregelung des Art. 2e Franchise-GVO zum Konkurrenzverbot erfaßt nicht die Verpflichtung des Franchisenehmers, keinerlei andere Nebengeschäfte zu betreiben, bei denen es um nicht konkurrierende Waren oder Dienstleistungen außerhalb des Gegenstands der Franchise geht. Im übrigen nimmt Art. 2e Satz 2 Franchise-GVO Ersatzteile und Zubehör ohnehin vom Wettbewerbsverbot aus (vgl. dazu *Metzlaff*, S. 125). In einer Einzelfreistellung zum Yves Rocher-Franchisesystem hat die Kommission entschieden, daß der Franchisenehmer durch eine Besteinsatzverpflichtung nicht gehindert ist, Tätigkeiten aufzunehmen, die mit der Franchise nicht konkurrieren, sofern der erforderliche persönliche Einsatz für das System gewahrt bleibt (KOM Abl. 1987, L8, 49 EG 49 – Yves Rocher). Aus der Computerland-Entscheidung läßt sich zusätzlich ableiten, daß es das legitime Interesse des Franchisegebers ist, daß im Geschäftslokal selbst weder mit der Franchise konkurrierende noch mit der Franchise nicht konkurrierende Tätigkeiten ausgeübt werden (KOM Abl. 1978 L222, 12 EG 23, Ziff. 23 – Computerland). Außerhalb des Geschäftslokals müssen mithin wohl nicht konkurrierende Nebentätigkeiten, die den Besteinsatz für die Systemprodukte unberührt lassen, erlaubt bleiben (*Metzlaff*, S. 149).

c) Besteinsatz und Garantieleistungspflicht. Im vorliegenden Zuammenhang ist die Regelung des Art. 4b Franchise-GVO zu beachten, wonach der Franchisenehmer den Kunden die systemspezifischen Garantieleistungen erbringen muß, auch wenn diese die Erzeugnisse von einem anderen Unternehmen des Franchisenetzes oder von einem anderen Absatzorgan mit ähnlicher Garantiepflicht im Gemeinsamen Markt erhalten haben. Sofern also dem Franchisenehmer überhaupt eine Verpflichtung zu Garantieleistungen gegenüber den Kunden für die Erzeugnisse des Franchisegebers auferlegt wird, muß sich diese auf die nicht von jenem Franchisenehmer bezogenen Erzeugnisse erstrecken; sonst kommt eine Freistellung nicht in Betracht.

59. Kennzeichnung als selbständiger Unternehmer und Lizenznehmer. a) Kundgabe der Selbständigkeit. Der Franchisenehmer kann dazu verpflichtet werden, seine Kunden durch entsprechende Kennzeichnung seines Franchisegeschäfts und der in diesem Zusammenhang benutzten Dokumente darüber aufzuklären, daß er als selbständiger Unternehmer tätig ist und nicht etwa als Vertreter des Franchisegebers im Geschäftsverkehr auftritt. Dies erfordert ohnehin der Business Names Act 1985. Hiermit soll dazu beigetragen werden, daß die Öffentlichkeit über die wahren Besitzverhältnisse und über die Verantwortlichkeit der einzelnen Verkaufsstellen nicht irregeführt wird (*Metzlaff*, S. 163). Die Klausel ist nach Art. 4c Franchise-GVO Voraussetzung für die Freistellung der Franchisevereinbarung nach Art. 1 Franchise-GVO. Freilich soll das eigenständige Auftreten des Franchisenehmers die Einheitlichkeit des Franchisenetzes, die sich insbesondere aus dem gemeinsamen Systemnamen und dem gleichförmigen Erscheinungsbild der vertraglich be-

5. Franchise Agreement (Englischer Franchisevertrag)

zeichneten Geschäftslokale ergibt, nicht beeinträchtigen (Art. 4c Franchise-GVO am Ende). Diese teilweise widersprüchlichen Erfordernisse lassen sich in der Praxis oft nicht zufriedenstellend umsetzen. Fehlvorstellungen der Kunden lassen sich häufig nicht völlig vermeiden. Die Kundgabe der Selbständigkeit des Franchisenehmers kann etwa durch einen gut sichtbaren Hinweis im Geschäftslokal sowie durch die Angabe des Namens, der Anschrift und Rufnummer auf den verkauften Waren, Rechnungen und anderen Geschäftspapieren erfolgen (*Metzlaff*, S. 169; KOM Abl. 1987 L 222, 12 EG 4 und 24 – Computerland). In der Betonung der Selbständigkeit äußert sich der Unterschied zwischen einem Franchisenehmer und einem Handelsvertreter (agent): Der „agent" handelt für den Prinzipal, indem er in dessen Namen Verträge anbahnt oder abschließt, wobei nach englischem Recht Handlungen des Agenten von Rechts wegen als solche des Prinzipals angesehen werden, auch wenn der Agent nicht ausdrücklich im fremden Namen handelt (kein Offenkundigkeitsprinzip im englischen Stellvertretungsrecht; vgl. *Taylor*, in: *Martinek/ Semler*, Handbuch des Vertriebsrechts, § 54, Rn. 3 ff.). Demgegenüber kommt es zwischen den Kunden des Franchisenehmers und dem Franchisegeber nicht zu unmittelbaren Rechtsbeziehungen. Der Franchisenehmer ist nicht „agent", sondern „distributor" und (franchised) „dealer".

b) Kundgabe der Lizenznehmereigenschaft. Diese Verpflichtung des Franchisenehmers zur Kundgabe seiner Lizenznehmereigenschaft ist zwar nicht von der Franchise-GVO ausdrücklich geregelt worden, wohl weil man einen wettbewerbsbeschränkenden Charakter i.S. des Art. 85 Abs. 1 EG-Vertrag von vornherein verneinen kann. Selbst bei Annahme eines wettbewerbsbeschränkenden Charakters begegnet die Klausel aber kaum durchgreifenden Bedenken, zumal Art. 3 Abs. 2 Franchise-GVO ohnehin keine abschließende Aufzählung der freistellungsfähigen Klauseln beabsichtigt. Darüber hinaus wurde die vorliegende Klausel bereits von der Kommission in der Computerland-Entscheidung unbeanstandet gelassen (KOM Abl. 1978 L 222, 12 EG 24 – Computerland). Der Franchisegeber kann an einer Herausstellung der Lizenznehmereigenschaft seiner Systempartner ein besonderes Interesse haben, das über das Interesse an ihrer Stellung als unabhängige Händler hinausgeht. Beispielsweise kann er Wert darauf legen daß seine eigene Stellung als Inhaber der Immaterialgüterrechte und als Systemkopf im Geschäftsverkehr deutlich wird.

60. Werbung. a) Örtliche Werbung. Die Werbungsklauseln dienen vor allem der Durchführung der systemerforderlichen Werbemaßnahmen am Standort und im Vertragsgebiet des Franchisenehmers. Diese sogenannte örtliche Werbung liegt im Verantwortungsbereich des Franchisenehmers, der hierfür auch allfällige Aufwendungen zu tätigen hat, allerdings das Werbematerial zum großen Teil vom Franchisegeber zur Verfügung gestellt erhält. Es ist sinnvoll, dem Franchisenehmer den Einsatz eines Mindestbetrags für seine örtliche Werbung vorzuschreiben und diesen an einem bestimmten Prozentsatz des Bruttoumsatzes auszurichten. Die Art der örtlichen Werbemaßnahmen differiert je nach dem Systemzuschnitt und ist meist im Handbuch näher erläutert. Die entsprechenden Verpflichtungen des Franchisenehmers bezüglich seiner örtlichen Werbemaßnahmen sind nach Art. 3 Abs. 1g Franchise-GVO freigestellt, soweit sie für Systemschutz, Systemeinheitlichkeit und Systemgoodwill erforderlich sind (*Weltrich*, S. 306 f.). Freigestellt wird auch die Verpflichtung des Franchisenehmers, die vorherige Zustimmung des Franchisegebers zu einer bestimmten Art der eigenen örtlichen Werbung einzuholen. Zu beachten ist hierbei, daß der Text der Franchise-GVO das Zustimmungserfordernis lediglich für die Art und Weise der Werbung vorsieht. Inhalt und Umfang sind also im Grunde nicht vom Zustimmungserfordernis erfaßt. Die Kommission wollte damit vor allem die Preisgestaltungsfreiheit des Franchisenehmers schützen. Dabei wird allerdings ein weites Verständnis der Art und Weise der Werbung zugrundegelegt, von dem letztlich sämtliche Werbeaktivitäten des Franchisenehmers betroffen sind, die nicht die Preisgestaltungsfreiheit des Franchisenehmers berühren (*Metzlaff*, S. 151). In vielen Franchisesystemen bilden die Franchisenehmer einen Werbebeirat, in dem sie ihre örtlichen Werbemaßnahmen mit der überörtlichen Systemwerbung des Franchisegebers abstimmen.

b) Überörtliche Systemwerbung. Die überörtliche Systemwerbung obliegt bei allen Franchisesystemen der Systemzentrale, doch wird sie meist durch die Franchisenehmer finanziert, die Werbebeiträge in einen Werbefonds einzuzahlen haben. Nach Art. 3 Abs. 1g Franchise-GVO kann der Franchisenehmer verpflichtet werden, einen bestimmten Teil seines Einkommens dem Franchisegeber für Werbzwecke zu überlassen. Unter Einkommen ist hierbei der Bruttoumsatz des Franchisenehmers bzw. das Brutto-Einkommen zu verstehen (*Metzlaff*, S. 150). Der Werbefonds wird vom Franchisegeber treuhänderisch für die Franchisenehmer verwaltet (vgl. dazu Anm. 88, 89).

61. Preisempfehlungen. a) Nationales Recht. Die Franchisegeber haben vielfach ein besonderes Interesse daran, die Preise für die Vertragswaren und Dienstleistungen, die ihre Franchisenehmer den Kunden in Rechnung stellen, zu kontrollieren. Häufig wollen sie jedenfalls auf die Höchstpreise Einfluß nehmen, während sie den Franchisenehmern eine Abweichung nach unten im systeminternen Wettbewerb um die Kunden gestatten. Das traditionelle Common Law in England stand Preisbindungen recht tolerant gegenüber, sofern sie nicht Bestandteil einer Monopolisierungsstrategie waren; erst in der Nachkriegszeit haben sich der Resale Prices Act und der Restrictive Trade Practices Act den Problemen der Preisbindungen in wettbewerbsrechtlich systematischer Weise angenommen (vgl. *Heydon*, S. 239; *Enghusen*, S. 115; *Seiler*, S. 1 ff.). Heute sind Vereinbarungen zwischen Franchisegeber und Franchisenehmer, die direkt oder indirekt die Festsetzung von Preisen für den Weiterverkauf von Waren in Großbritannien zum Gegenstand haben, als Preisbindungen (resale price maintenance) nach den Sections 9 ff. des englischen Resale Prices Act 1976 unzulässig. Gestattet ist allerdings die Veröffentlichung von unverbindlichen Preisempfehlungen, vorausgesetzt, daß keine Maßnahmen zur Durchsetzung dieser Empfehlungen ergriffen werden (*Martin-Jones/Prosser*, S. 22 Rn. 36). Das Kartellgericht kann eine vertikale Preisbindung für einzelne Waren oder Warenklassen zulassen, wenn sich sonst – zum Schaden der Allgemeinheit (Verbraucher oder Benutzer) – Qualität oder Auswahl der zum Verkauf stehenden Waren vermindern würde, die Anzahl der Verkaufsstellen für solche Waren verringern würde, ein Anstieg der einzelnen Handelspreise zu erwarten, ein fehlerhafter Gebrauch und Gesundheitsschaden zu befürchten wären oder nötige Serviceleistungen wegfielen. Der Präsident der Kartellbehörde veröffentlicht diesbezüglich eine Liste von Warenklassen, für die eine Ausnahme nach dem Gesetz genehmigt oder verweigert wurde (vgl. Section 22 des Resale Prices Act 1976). Im Zusammenhang mit Franchisesystemen und ihren Produkten ist eine solche Regelung bisher nicht diskutiert worden. Franchisegeber sind damit auf das Mittel der unverbindlichen Preisempfehlungen verwiesen. Solche Empfehlungen sind entweder in den laufend aktualisierten Handbüchern, in den Lieferunterlagen bei den einzelnen Warenlieferungen oder in regelmäßigen Rundschreiben an die Systempartner enthalten.

b) EG-Kartellrecht. Nach europäischem Kartellrecht werden bei Franchiseverträgen ausweislich des Art. 5 e Franchise-GVO keine Vereinbarungen freigestellt, die den Franchisenehmer in seiner Freiheit, die Verkaufspreise für Waren oder Dienstleistungen festzulegen, die Gegenstand der Franchise sind, unmittelbar oder mittelbar beschränken. Das Recht des Franchisegebers, Verkaufspreise unverbindlich zu empfehlen, bleibt allerdings auch hier unberührt. Unverbindliche Richtpreisempfehlungen stellen demzufolge im Ergebnis keine materielle Wettbewerbsbeschränkung dar. Die Kommission hat bereits in ihrer Einzelfreistellungspraxis Richtpreise sowie die Empfehlung an die Franchisenehmer, die vom Franchisegeber bei seiner Verkaufsförderung genannten Preise nicht zu überschreiten, unbeanstandet gelassen (KOM Abl. 1989 L 35, 31 EG 29 – Charles Jourdan; KOM Abl. 1987 L 8, 49 EG 51 – Yves Rocher; KOM Abl. 1987 L 13, 39 EG 26 – Pronuptia). Eine sogenannte unechte und somit unzulässige Preisempfehlung liegt allerdings vor, wenn sich aus dem rechtlichen bzw. wirtschaftlichen Zusammenhang ergibt,

5. Franchise Agreement (Englischer Franchisevertrag)   II.5

daß die Franchisenehmer einer Preisdisziplin unterworfen werden (*Metzlaff*, S. 174). Eine solche unechte Preisempfehlung, die zu einer verbotenen indirekten Preisbindung führt, liegt etwa vor, wenn auf den Franchisenehmer ein wirtschaftlicher oder moralischer Druck ausgeübt wird, nicht von den Preisempfehlungen abzuweichen (KOM Abl. 1982 L 161, 29 – Hasselblatt; EuGH Slg. 1984, 883 ff.). Ohne weiteres ist auch dann eine verbotene indirekte Preisbindung gegeben, wenn eine horizontal aufeinander abgestimmte Verhaltensweise mehrerer Franchisenehmer mit dem Franchisegeber hinsichtlich der tatsächlichen Anwendung der Preise erkennbar ist (EuGHE 1986, 353, 381 ff. EG 25 – Pronuptia). Dementsprechend droht gem. Art. 8 d Franchise-GVO der Entzug der Freistellung, wenn die Franchisenehmer die Verkaufspreise für Waren oder Dienstleistungen, die Gegenstand der Franchise sind, aufeinander abgestimmt haben.

62. Versicherung. Vgl. dazu Anm. 30.

63. Kundenkontaktmodalitäten. Der Franchisenehmer hat in Verfolgung seines Konzepts der Einheitlichkeit aller Systembetriebe (Betriebstypenfixierung) ein besonderes Interesse daran, die Geschäftsausstattung, die Warenpräsentation und die Kundenkontaktmodalitäten vorzuschreiben und zu kontrollieren. Dem trägt das EG-Kartellrecht in der Franchise-GVO Rechnung. Nach Art. 3 Abs. 2g Franchise-GVO kann der Franchisenehmer verpflichtet werden, die Anforderungen des Franchisegebers hinsichtlich der Einrichtung und Gestaltung des vertraglich bezeichneten Geschäftslokals und/oder der vertraglich bezeichneten Transportmittel zu erfüllen. Diese sogenannte Einrichtungs- und Ausstattungsklausel dient dem Schutz und der Identität und des Franchisesystems. Der Begriff des „vertraglich bezeichneten Geschäftslokals" ist in Art. 1 Abs. 3e Franchise-GVO definiert. Er erfaßt die für die Nutzung der Franchise bestimmten Räumlichkeiten oder, wenn die Franchise außerhalb eines solchen Geschäftslokals genutzt wird, den Standort, von dem aus der Franchisenehmer die für die Nutzung der Franchise bestimmten Transportmittel einsetzt.

64. Schulungsmaßnahmen. Die Vereinbarung zu Schulungsmaßnahmen dient der Qualitätssicherung des Franchisesystems: Es sollen nur diejenigen Franchisenehmer ihre Tätigkeit aufnehmen dürfen, die die systemspezifischen Geschäftsprinzipien und Geschäftspraktiken des Franchisegebers beherrschen. Diese wettbewerbsbeschränkende Klausel ist nach Art. 3 Abs. 2e Franchise-GVO freigestellt (vgl. schon die vor Inkrafttreten der Franchise-GVO ergangene Entscheidung KOM Abl. 1987 L 8, 49 EG 23 – Yves Rocher). Aus Punkt 11 der Begründungserwägungen zur Franchise-GVO geht hervor, daß die Aufzählung in Art. 3 Abs. 2e Franchise-GVO nicht abschließend sein soll (*Metzlaff*, S. 154). Daher sind auch Verpflichtungen des Franchisenehmers freigestellt, an Lehrgängen anderer Franchisenehmer teilzunehmen oder sein Personal einem Training zu unterziehen.

65. Schutz von Immaterialgüterrechten durch den Franchisenehmer. Die im Franchisepaket verkörperten Immaterialgüterpositionen sind für den Wert der Franchise und für die Marktstellung des Franchisesystems von zentraler Bedeutung, weshalb beiden Parteien des Franchisevertrags an einer Sicherung und einem Schutz des geistigen Eigentums des Franchisegebers gelegen ist. In den diesbezüglichen vertraglichen Regelungen sagt einerseits der Franchisegeber zu, daß er alle zur Aufrechterhaltung und Bestandssicherung der Immaterialgüterpositionen erforderlichen Schritte unternehmen, insbesondere gerichtlich gegen Verletzungen einschreiten wird (vgl. dazu Anm. 91). Andererseits verpflichtet sich der Franchisenehmer dazu, seinem Vertragspartner unverzüglich Kenntnis von Verletzungs- oder Gefährdungstatbeständen zu geben und Schutzmaßnahmen gegen Verletzungen oder Gefährdungen von Immaterialgüterrechten insbesondere durch Hinweise und Kennzeichnungen auf den Verpackungen und Werbemitteln zu ergreifen. Die Regelung des Art. 3 Abs. 2c Franchise-GVO stellt die Verpflichtung des Franchisenehmers frei, dem Franchisegeber Verletzungen seiner Rechte an gewerblichem oder geistigem Eigentum mitzuteilen, für die er Lizenzen gewährt hat, gegen Verletzer selbst Klage zu erheben oder den Franchisegeber in einem Rechtsstreit gegen Verletzer zu unterstützen. Zu beachten ist allerdings, daß nach Art. 5 f Franchise-GVO dem Franchisenehmer nicht verboten werden darf, die Rechte des Franchisegebers an gewerblichem oder geistigem Eigentum nach den Regeln des gewerblichen Rechtsschutzes anzugreifen. Insoweit ist ein Unterschied zum deutschen Wettbewerbsbeschränkungsrecht festzustellen, das in § 20 Abs. 2 Nr. 4 GWB die Nichtangriffsabrede bei Lizenzverträgen gestattet. Sowohl der EuGH als auch die Kommission haben wiederholt Nichtangriffsabreden beanstandet, weil an der Vernichtung zu Unrecht erteilter gewerblicher Schutzrechte ein öffentliches Interesse bestehe (EuGHE 1986, S. 643 ff., EG 81 und 92 – Windsurfing; KOM Abl. 1976 L 6, 8, 12 – Aoip/Beyrard = GRUR Int. 1976, 182, 183; KOM Abl. 1984 L 229/1983, 1 – Windsurfing = WuW/E EV 981, 988 = GRUR Int. 1984, 171, 178). Der Begriff des gewerblichen und geistigen Eigentums erklärt sich aus Art. 1 Abs. 3 a Franchise-GVO, wo (nicht abschließend, sondern nur beispielhaft) Warenzeichen, Handelsnamen, Ladenschilder, Gebrauchs- und Geschmacksmuster, Urheberrechte, Know-how und Patente aufgezählt sind.

66. Geheimhaltungspflicht. a) Franchise-GVO. Die Geheimhaltungs- oder Verschwiegenheitsklausel ist nach Art. 3 Abs. 2 a Franchise-GVO freigestellt, nach der dem Franchisenehmer auferlegt werden kann, das ihm mitgeteilte System-Know-how nicht an Dritte weiterzugeben. Die Geheimhaltungspflicht ist unerläßlich, damit der mit dem spezifischen Know-how verbundene Wettbewerbsvorteil erhalten bleibt (KOM Abl. 1987 L 8, 49 EG 40 – Yves Rocher; KOM Abl. 1988 L 332, 42 EG 12 – Service Master; *Weltrich*, S. 309). Eine solche Verpflichtung kann auch auf die Angestellten des Franchisenehmers erstreckt und auch für die Zeit nach der Beendigung des Vertrages begründet werden (*Metzlaff*, S. 152). Dies gilt allerdings nur solange, wie das Know-how geheim i. S. d. Art. 1 Abs. 3 g und Art. 5 d Franchise-GVO ist, also nicht allgemein bekannt oder leicht zugänglich geworden ist.

b) Nationales Recht. Der Schutz von Geheimnissen erfolgt darüberhinaus nach nationalem englischen Recht, das überwiegend aus dem Billigkeitsrecht (equity) abgeleitet wird und im wesentlichen den deutschen Tatbeständen des Ausbeutungs- und Behinderungswettbewerbs durch Ausspähen und Verrat von Betriebs- und Geschäftsgeheimnissen (§§ 1, 17, 18 UWG) entspricht. Für einen Geheimnisschutz kommt es im allgemeinen auf drei Voraussetzungen an (vgl. Coco v. A. N. Carak [Enginering] Ltd. [1969] R. P. C. 41):
– Das Geheimnis muß schutzwürdig sein (quality of confidence).
– Es muß eine Verpflichtung des Beklagten bestehen, das Geheimnis zu wahren (obligation of confidence).
– Der Beklagte muß das Geheimnis ohne Genehmigung zum Schaden desjenigen benutzt haben, der ihm das Geheimnis anvertraut hat (unauthorised use of that information to the detriment of the party communicating it).

Schutzwürdig sind alle Arten von Information mit Ausnahme von Klatsch, Trivialitäten sowie skandalösen und unmoralischen Informationen. Keinen Schutz genießen jedoch bereits veröffentlichte Informationen, es sei denn, die Veröffentlichung erfolgte durch den Beklagten. Doch selbst wenn die Informationen veröffentlicht worden sind, kann ein Anspruch nach der sogenannten springboard doctrin bestehen (vgl. dazu Therrapin Ltd. v. Builders Supply Co. [1967] R. P. C. 375; Seager v. Copydex Ltd. [No. 1] [1967] II All E. R. 415). Nach dieser Lehre darf niemand, der eine Information im Vertrauen erhalten hat, diese als „Sprungbrett" zum Schaden desjenigen verwenden, der ihm diese Information im Vertrauen offenbart hat, mag die Information auch bereits veröffentlicht oder öffentlich zugänglich gewesen sein. Aus Gründen des öffentlichen Interesses wird freilich kein Geheimnisschutz an Information über kriminelles oder ungesetzliches Handeln gewährt (vgl. *Triebel/Hodgson/Kellenter/Mülle*, S. 361). Eine Pflicht zur Wahrung von Geschäftsgeheimnissen kann vor allem auf Vertrag, vorvertraglichen Verhandlungen oder einem Vertrauensverhältnis beruhen. Voraussetzung ist dabei, daß derjenige, dem das Geheimnis anvertraut wird, die Pflicht zur Wahrung des Geheimnisses anerkennt. Hierzu

5. Franchise Agreement (Englischer Franchisevertrag)

reicht es aber aus, daß jeder vernünftige Mensch (reasonable man) die Verpflichtung zur Geheimniswahrung hätte erkennen können (vgl. Coco v. A. N. Carak [Engineering] Ltd. [1969] R. P. C. 41). Umstritten ist, ob auch derjenige entsprechend zur Geheimniswahrung verpflichtet ist, der nur mittelbar von einem Geheimnis erfährt. Dies wird allgemein dann bejaht, wenn Bösgläubigkeit bzw. positive Kenntnis vom Geheimnis vorliegt (vgl. Fraiser v. Evans [1969] I All E. R. 8). Die Preisgabe des Geheimnisses muß ungerechtfertigt sein und den Kläger schädigen. Jedoch kann die Preisgabe weder durch einen Irrtum über die Vertraulichkeit noch durch gutgläubige Motive oder durch die Behauptung, die Quelle der Information vergessen zu haben, gerechtfertigt werden (vgl. Seager v. Copydex Ltd. [No. 1] [1967] II All E. R. 415). Als Schaden wird dabei nicht nur der materielle Schaden angesehen, sondern auch der immaterielle Schaden, der in der Minderung des Ansehens des Klägers liegt (*Cornish,* Rz. 8/035 und 8/042).

67. Wettbewerbsverbote während der Vertragslaufzeit. a) Nationales Recht. Nach britischem Recht sind Konkurrenzverbote während der Vertragslaufzeit grundsätzlich zulässig, solange sie sich als „ancillary restraints" darstellen, also der ordnungsgemäßen Durchführung des Vertrags dienen. Wird die Wettbewerbsklausel allerdings überzogen formuliert, dann wird sie als eine unzulässige Beschränkung erachtet. Dies führt freilich nicht zur vollständigen Nichtigkeit des Franchisevertrages. Vielmehr wird nur die betreffende Klausel selbst als nichtig erachtet (Benett-Benett [1952] AKB 249, 260, CA).

b) EG-Kartellrecht. Auf europarechtlicher Ebene stellt Art. 2e Franchise-GVO die wettbewerbsbeschränkende Verpflichtung des Franchisenehmers frei, keine Erzeugnisse herzustellen, zu verkaufen oder bei der Erbringung von Dienstleistungen zu verwenden, die mit den Waren oder Leistungen des Franchisegebers, welche Gegenstand der Franchise sind, im Wettbewerb stehen. Der Begriff der Waren des Franchisegebers ist in Art. 1 Abs. 3 d Franchise-GVO definiert und erfaßt alle Erzeugnisse, die vom Franchisegeber oder nach dessen Anweisungen hergestellt und/oder mit dessen Namen oder Warenzeichen gekennzeichnet sind. Die Freistellung nach Art. 2e Franchise-GVO bezieht sich allein auf ein Verbot des Wettbewerbs mit den franchisierten Waren oder Dienstleistungen, erstreckt sich also nicht auf eine generelle Verpflichtung des Franchisenehmers, überhaupt kein anderes Nebengeschäft zu betreiben. Das generelle Verbot von Nebengeschäften mit Waren oder Dienstleistungen, die nicht Gegenstand der Franchise sind und nicht mit dem Systemprodukt konkurrieren, wäre kein freistellungsfähiges „Wettbewerbsverbot". Die Regelung des Art. 2e Franchise-GVO stellt im übrigen nur solche Klauseln frei, die sich auf diejenigen Gebiete beziehen, in der das Franchisesystem im Markt vertreten ist. Auch dies folgt aus dem Wortlaut des Art. 2e Franchise-GVO, wonach die Waren des Franchisegebers bzw. die von ihm vorprogrammierten Dienstleistungen konkurrenzbedroht sein müssen (*Metzlaff,* S. 123). Nach Art. 2e Satz 2 Franchise-GVO sind allerdings Ersatzteile und Zubehör vom Wettbewerbsverbot ausgenommen, so daß sich die Klauseln zum Wettbewerbsverbot des Franchisenehmers nicht auf Ersatzteile und Zubehör beziehen dürfen (*Metzlaff,* S. 125). Schließlich ist Art. 2e von Art. 3 Abs. 1c Franchise-GVO abzugrenzen, der ebenfalls ein Wettbewerbsverbot des Franchisenehmers freistellt, aber dabei nicht auf die systemspezifischen Waren oder Dienstleistungen, sondern auf das Geschäftssystem als Ganzes abzielt: Nach Art. 3 Abs. 1c Franchise-GVO sind – vorbehaltlich ihrer Erforderlichkeit für den Systemschutz, die Systemeinheitlichkeit und den Systemgoodwill – Klauseln freigestellt, nach denen der Franchisenehmer verpflichtet wird, in Gebieten, in denen er mit Unternehmen des Franchisenetzes in Wettbewerb treten würde, die Franchise weder mittelbar noch unmittelbar in einem ähnlichen Geschäft zu nutzen. Unter einer „mittelbaren" Nutzung ist dabei vor allem die Einschaltung einer Mittelsperson als Strohmann zu verstehen (*Metzlaff,* S. 136; *Weltrich,* S. 283).

68. Bezugsbindung und Mindestqualität. Im Zusammenhang mit einem Wettbewerbsverbot für die Vertragslaufzeit finden sich in vielen Franchiseverträgen auch wettbewerbsbeschränkende Klauseln, die Bezugsbindungen für die Vertragsware vorsehen oder eine

Mindestqualität vorschreiben. Die Verpflichtung des Franchisenehmers, ausschließlich Erzeugnisse zu verkaufen oder bei der Erbringung von Dienstleistungen zu verwenden, die eine vom Franchisenehmer festgestellte Mindestqualität erreichen, ist nach Art. 3 Abs. 1 a Franchise-GVO freigestellt, allerdings unter dem Vorbehalt, daß sie für den Schutz der Immaterialgüterrechte des Franchisegebers oder zur Aufrechterhaltung der Einheitlichkeit und des Ansehens des Franchisesystems erforderlich sind. Unter den „Erzeugnissen" sind hierbei nicht nur die Waren des Franchisegebers i.S.d. Art. 1 Abs. 3 d Franchise-GVO zu verstehen. Vielmehr kann der Franchisegeber nach der Yves-Rocher-Entscheidung der Kommission das Qualitätserfordernis auch auf Zubehör und Ersatzteile als sog. konnexe Waren erstrecken (KOM Abl. 1987 L 8, 49 EG 28 u. 55, Ziff. 45 – Yves Rocher; vgl. *Metzlaff,* S. 128). Können für die Erzeugnisse keine Mindestqualitätsstandards aufgestellt werden, etwa weil die Festlegung objektiver Qualitätskriterien praktisch unmöglich oder ihre Anwendung unpraktikabel ist, dann darf dem Franchisenehmer nach Art. 3 Abs. 1 b Franchise-GVO eine Bezugsbindung auferlegt werden (vgl. hierzu auch *Weltrich,* S. 294 f; a.A. *Schultz-Schaefer,* S. 519 Fn. 68). Das gleiche gilt für Bezugsbindungen, die aufgrund ansonsten übermäßig hoher Überwachungskosten dem Franchisenehmer auferlegt werden (*Weltrich,* S. 295). Das Verbot von Bezugsbindungen für konnexe Waren (Zubehör und Ersatzteile), die nach objektiven Qualitätskriterien bestimmbar sind, erklärt sich daraus, daß die Identität und das Ansehen des Franchisesystems nicht gefährdet erscheinen, wenn der Franchisenehmer Erzeugnisse gleicher Qualität (z.B. sog. Identteile) von einem anderen Unternehmer erwirbt (vgl. *Metzlaff,* S. 129). Soweit der Franchisegeber die Mindestqualität der Erzeugnisse nach Maßgabe des Art. 3 Abs. 1 a Franchise-GVO festlegt, muß dem Franchisenehmer nach Art. 5 b Franchise-GVO der Bezug von Erzeugnissen gleicher oder besserer Qualität von Dritten zugänglich bleiben. Die Freistellung der Bezugsbindung ist ausweislich des Art. 5 c Franchise-GVO gesperrt, wenn sie nicht dem Schutz, der Einheitlichkeit oder dem Ansehen des Franchisesystems dient, wofür der Franchisegeber die Beweislast trägt (*Metzlaff,* S. 172). Die Franchise-GVO läßt im übrigen (anders als die GVO für Alleinbezugsvereinbarungen 1984/83) die Frage unbeantwortet, ob eine Bezugsbindung allein schon aufgrund ihrer Dauer gegen Art. 85 EG-Vertrag verstoßen kann.

69. Nachvertragliches Konkurrenzverbot. a) Nationales Recht. aa) Überblick. Wettbewerbs- oder Konkurrenzverbote können sich nicht nur auf die Laufzeit des Vertrages, sondern auch auf einen Zeitraum nach Beendigung des Vertrages beziehen. Da der Franchisegeber den Franchisenehmer in die Führung des Geschäfts über Jahre eingewiesen hat und der Franchisenehmer während der Vertragsdauer den Goodwill vermehrt hat, besteht die Gefahr, daß der Franchisenehmer dieses Wissen für sich ohne weitere Gegenleistung ausnutzt und nach Beendigung des Franchisevertrages unter Ausnutzung der von ihm erworbenen Geschäftsgeheimnisse und des ihm zugänglichen Goodwill ein eigenes Unternehmen gründet. Hiergegen will sich der Franchisegeber durch ein nachvertragliches Wettbewerbsverbot schützen.

bb) Wirksamkeitsvoraussetzungen. Die rechtlichen Anforderungen nachvertraglicher Konkurrenzschutzklauseln werden im Rahmen des nationalen britischen Rechts auf der Grundlage der alten Common Law-Doktrin des restraint of trade ermittelt. Danach versagen die Gerichte solchen Vertragsklauseln die Rechtswirksamkeit, wenn sie eine unangemessene Beeinträchtigung des Handels zur Folge haben und somit gegen die öffentliche Ordnung verstoßen (*Wish,* S. 48; *Chitty on Contracts,* Rn. 1092 ff.). Wann eine unangemessene Beeinträchtigung (restraint of trade) vorliegt, läßt sich schwerlich klar definieren. Die Judikatur bejaht eine Rechtswirksamkeit von Verträgen, die Wettbewerbsbeschränkungen beinhalten, im wesentlichen unter drei Voraussetzungen:

(1) **Sachliche Rechtfertigung.** *Erstens* bedarf es einer sachlichen Rechtfertigung der Wettbewerbsbeschränkung (interest meriting protection), die bei Konkurrenzschutzklauseln meist ohne weiteres in dem notwendigen Schutz des Know-how und des Goodwill gesehen wird (*Wish,* S. 48 m.w.N.), die aber auch in der Aufrechterhaltung eines stabilen

5. Franchise Agreement (Englischer Franchisevertrag) II.5

Systems von Verkaufsstellen liegen kann (so eine Entscheidung des House of Lords in Esso Petroleum Co Ltd v. Harpers Garage [Stourport] Ltd 1968 AC 269, [1967] 1 All ER 699).

(2) **Angemessenheit.** *Zweitens* überprüft die Rechtsprechung, ob die Wettbewerbsbeschränkung im Lichte der Interessen der schwächeren Partei zeitlich, räumlich und gegenständlich angemessen ist (Nordenfelt v. Maxim Nordenfelt Guns and Ammunition Co [1894], AC 535, 1891–4, ALL ER Rep. 1, HL). Die Beweislast obliegt dabei demjenigen, der die Unwirksamkeit der wettbewerbsbeschränkenden Klausel behauptet (Mason v. Provident Clothing and Supply Co Ltd [1913] AC 724, 733, 741. (1911–13) ALL ER Rep. 400, t 403, 407, HL per Viscount Haldane and Lord Shaw of Dunfermline). Die Angemessenheit wird der Judikatur zufolge anhand der Umstände des Einzelfalles ermittelt. Danach ist eine Begrenzung der Zeitdauer, des räumlichen Geltungsbereiches und des Gegenstandes der Wettbewerbsbeschränkung erforderlich (*Wish*, S. 49 f. m.w.N.). Bei einem Franchisevertrag ist es zulässig, ein nachvertragliches Wettbewerbsverbot räumlich auf einen bestimmten Umkreis um das ehemalige Franchisegeschäft des Franchisenehmers zu erstrecken (vgl. *Adams/Prichard Jones*, S. 97). Die räumliche Ausdehnung des Schutzbereichs hängt im einzelnen von der Lage des Franchisegeschäftes ab. Befindet es sich beispielsweise in einem stark frequentierten Bereich der Innenstadt, so wird ein Radius von etwa einer halben Meile als angemessen angesehen. Liegt das Franchisegeschäft im Außenbereich, so sind größere Radien gestattet. Als angemessene zeitliche Begrenzung wird ein Zeitraum von einem Jahr empfohlen (vgl. *Adams/Prichard Jones*, S. 98). Empfohlen wird eine getrennte Formulierung in bezug auf Zeit und Raum. Denn falls eine Klausel unzulässig ist, so kann die andere unter Umständen aufrechterhalten werden (vgl. *Adams/Prichard Jones*, S. 98 mit Hinweis auf Chemidus Wavin Ltd. v. Société pour la Transformation et l'Exploitation des Rèsines Industrielles [1976] 2 Cmlr 387). Zur gegenständlich angemessenen Beschränkung eines nachvertraglichen Wettbewerbsverbots lassen sich nur wenig allgemeine Aussagen machen. Ausgangspunkt der Angemessenheitsprüfung sind gewiß die Vertragswaren sowie die systemspezifischen Dienstleistungen des Franchisesystems. Mit diesen Systemprodukten können andere Waren und Leistungen konkurrieren, wenn und soweit sie dazu nach dem Maßstab der Kreuzpreiselastizität substitutionsfähig sind.

(3) **Öffentliches Interesse.** Schließlich darf ein nachvertragliches Wettbewerbsverbot nicht gegen das öffentliche Interesse verstoßen; sie muß „reasonable in the public interest" sein (Schroeder Music Publishing Co Ltd v. Macaulay [1974] 3 All ER 616 [1974] 1 WLR 1308, HL). Diesbezüglich wird man bei nachvertraglichen Konkurrenzschutzklauseln in Franchiseverträgen keine Probleme sehen können.

b) Europäisches Recht. Auf europarechtlicher Ebene stellt Art. 3 Abs. 1c Franchise-GVO nachvertragliche Wettbewerbsverbote frei, wenn sie auf das Gebiet beschränkt bleiben, in dem der Franchisenehmer die Franchise genutzt hat, und sie lediglich für einen angemessenen Zeitraum nach Beendigung der Vereinbarung gelten sollen, welcher ein Jahr nicht überschreiten darf. Bei Alleinvertriebsverträgen ist ein solches nachvertragliches Wettbewerbsverbot nicht gestattet, sofern nicht der Weg der Umstrukturierung in ein System des Vertriebsfranchising gewählt wird (*Metzlaff*, S. 136). Der räumliche Geltungsbereich erstreckt sich nicht allein auf das Vertragsgebiet, sondern dem Wortlaut zufolge auf das Nutzgebiet, das regelmäßig größer als das Vertragsgebiet ist. Denn jeder Franchisenehmer kann, auch wenn er nur in seinem Vertragsgebiet aktiv werben und akquirieren darf, die an ihn herangetragene Nachfrage von Endverbrauchern ungeachtet ihres Wohn- bzw. Geschäftssitzes befriedigen, mithin auch weit außerhalb seines Vertragsgebietes Waren verkaufen oder Dienstleistungen erbringen, ja sogar dort einen festen Kundenstamm erwerben (KOM Abl. 1987 L 222, 12 EG 22 (iii) – Computerland). Fraglich und ungeklärt ist allerdings, ob sich das Konkurrenzverbot generell auf das Nutzgebiet beschränken muß oder darüber hinausreichen kann. In jedem Fall ist die räumliche Angemessenheit des nachvertraglichen Wettbewerbsverbotes zu prüfen. Anhaltspunkte hierfür ergeben sich aus den bisherigen Entscheidungen der Europäischen Kommission (KOM Abl. 1987 L 8, 49 EG 48 – Yves Rocher; KOM Abl. 1987 L 222, 12 EG 22 (iii) – Computerland; KOM

ABl. 1988 L 332, 42 Ziff. 23 – Service Master). Die Regelung des Art. 3 Abs. 1c Franchise-GVO schreibt des weiteren vor, daß das nachvertragliche Wettbewerbsverbot einen Zeitraum von einem Jahr nicht überschreiten darf. Wettbewerbsverbote, die den Zeitraum von einem Jahr überschreiten, können allerdings im Rahmen des Widerspruchverfahrens nach Art. 6 Franchise-GVO angemeldet werden. Aus den vorgenannten Kommissionsentscheidungen geht dabei hervor, daß es für die Angemessenheit der Dauer eines Wettbewerbsverbots im Einzelfall auf die Vertragsdauer, die Art und Weise der Vertragserfüllung sowie auf die Art des Know-how ankommt (*Metzlaff*, S. 141 f. m. w. N.). Eine Karenzentschädigung ist in Art. 3 Abs. 1c Franchise-GVO nicht vorgesehen. Eine solche kann daher allenfalls nach nationalem Recht erforderlich sein (*Metzlaff*, S. 142), doch kennt in England weder das Gesetzesrecht noch das Common Law eine zwingende Karenzentschädigung für nachvertragliche Wettbewerbsverbote in Franchiseverträgen. Es bleibt freilich den Parteien unbenommen, eine Vereinbarung zur Karenzentschädigung mit einem nachvertraglichen Wettbewerbsverbot in ihrem Franchisevertrag zu verbinden.

70. **Beteiligungsverbot an Konkurrenzunternehmen.** Nach Maßgabe des Art. 3 Abs. 1 d Franchise-GVO kann dem Franchisenehmer untersagt werden, Anteile am Kapital eines konkurrierenden Unternehmens zu erwerben, die es ihm ermöglichen würden, einen wesentlichen Einfluß auf das geschäftliche Verhalten des Konkurrenzunternehmens auszuüben. An nicht konkurrierenden Unternehmen bleibt selbstverständlich eine Kapitalbeteiligung des Franchisenehmers zulässig (vgl. KOM Abl. 1988 L 332, 42 EG 10 – Service Master). Diese Regelung ist für die Franchisepraxis insoweit von erhöhter Relevanz, als bislang ein absolutes Kapitalbeteiligungsverbot an Konkurrenzunternehmen üblich war (*Weltrich*, S. 299). Das Verbot der Beteiligungen an Konkurrenzunternehmen trägt dem berechtigten Anliegen des Franchisegebers Rechnung, daß der Franchisenehmer seine Systemkenntnisse nicht im Rahmen von Konkurrenzunternehmen zum Einsatz bringt (*Metzlaff*, S. 143; KOM Abl. 1988 L 332, 42 EG 10 – Service Master). Nach Auffassung der Kommission bedarf die Erforderlichkeit selbst bei einem im Sinne von Art. 3 Abs. 1 d ausgestalteten Kapitalbeteiligungsverbot der individuellen Prüfung. Hinsichtlich des „wesentlichen Einflusses" kommt es daher auf alle tatsächlichen und rechtlichen Gesichtspunkte an. In der Literatur wird hierzu die Auffasssung vertreten, daß es in jedem Falle zulässig sei, eine Kapitalbeteiligung von über 25% an einer Aktiengesellschaft (sog. Sperrminorität) zu untersagen (*Weltrich*, S. 301).

71. **Kundenbindungen. a) Eingeschränktes Querlieferungsverbot.** Die Regelung des Art. 3 Abs. 1e Franchise-GVO stellt die Verpflichtung des Franchisenehmers frei, Waren, die Gegenstand der Franchise sind, nur an Endverbraucher, an andere Franchisenehmer und an Wiederverkäufer abzusetzen, die in andere, vom Hersteller dieser Waren oder mit dessen Zustimmung belieferte Vertriebswege eingegliedert sind. Es geht hierbei um Vertriebsbindungen, genauer: um Kundenbeschränkungen (customer restrictions) in Form sogenannter eingeschränkter Querlieferungsverbote. Voraussetzung für eine Freistellung ist, daß eine solche Bindung zum Schutz der Rechte des Franchisegebers an gewerblichen Schutzrechten oder geistigem Eigentum bzw. zur Aufrechterhaltung der Einheitlichkeit und des Ansehens des Franchisesystems erforderlich ist. Nach Art. 4a Franchise-GVO muß der Franchisegeber allerdings Querlieferungen innerhalb des Systems uneingeschränkt zulassen, damit ein gewisser Preiswettbewerb der Systempartner untereinander (intrabrand-Wettbewerb) erhalten bleibt.

b) Vertriebsbindungen bei konnexen Waren. Bei Vertriebsbindungen, die sich auf konnexe Waren (Ersatzteile und Zubehör) beziehen, wird zwischen Hersteller- und Vertriebsfranchising unterschieden. Gestattet ist insoweit eine Vertriebsbindung nur bei einer Herstellerfranchise, bei der die Produkte des Franchisegebers mit dem Namen oder Markenzeichen des Franchisegebers selbst vertrieben werden. Denn hier könnte die Veräußerung an systemfremde Wiederverkäufer zu einer Gefährdung des Franchise-Systems führen, da die Systemaußenseiter nicht gehalten sind, die Geschäftsmethoden des Franchisegebers

5. Franchise Agreement (Englischer Franchisevertrag) II.5

einzuhalten (KOM Abl. 1987, L 222, EG 46 – Yves Rocher; KOM Abl. 1989 L 35, 31 EG 28 Nr. 3 – Charles Jourdan). Bei einer reinen Vertriebsfranchise ist dagegen auch das eingeschränkte Querlieferungsverbot über Zubehör und Ersatzteile nicht freigestellt. Denn Name und Marke beziehen sich hier auf den Geschäftsbetrieb und nicht auf die Produkte, die die Namen der jeweiligen Hersteller tragen, so daß insoweit kein Schutzbedürfnis des Franchisegebers ersichtlich ist (KOM Abl. 1987 L 222, 12 EG 26 – Computerland). In einer Entscheidung zu einem System des Dienstleistungsfranchising hat die Kommission eine Beschränkung des Vertriebs von Zubehör und Ersatzteilen auf Kunden des Systems für zulässig erachtet, weil sich die Haupttätigkeit auf die Erbringung der Dienstleistung und nicht auf den Vertrieb von Waren konzentrierte (KOM Abl. 1988 L 332 42 EG 21 – Service Master).

c) **Akquisitionsverbot außerhalb des Vertragsgebiets.** Eine Vertragsklausel mit der Verpflichtung des Franchisenehmers, sich auf sein Vertragsgebiet zu beschränken, muß den differenzierenden Anforderungen der Franchise-GVO entsprechen. Insbesondere stellt Art. 2 d Franchise-GVO nur die Verpflichtung des Franchisenehmers frei, außerhalb des Vertragsgebietes für Waren oder Dienstleistungen, die Gegenstand der Franchise sind, keine Kunden zu werben. Damit können im Ergebnis nur aktive Verkaufsbemühungen des Franchisenehmers verboten werden, während Geschäfte in „passiver" Reaktion auf eine artikulierte Nachfrage von Kunden außerhalb des eigenen Vertragsgebiets bzw. aus fremden Vertragsgebieten nicht untersagt werden dürfen (vgl. *Metzlaff,* S. 122).

72. Standortklausel. Vgl. zum Standort Anm. 73–74 und zum Vertragsgebiet Anm. 50 und 85.

73. Standortbindung. Die Franchisepraxis und die Franchise-GVO kennen eine Reihe von verschiedenen Klauseln, die sich auf den Standort des Geschäftslokals beziehen (sogenannte location clauses). Sie lassen sich nicht randscharf voneinander abgrenzen. Die Regelung des Art. 2 c Franchise-GVO stellt die Verpflichtung des Franchisenehmers frei, die Franchise nur von dem vertraglich bezeichneten Geschäftslokal aus zu nutzen. Dies bedeutet, daß der Franchisenehmer sich die Immaterialgüterrechte und andere Bestandteile der Franchise nicht in anderer Weise als durch den Betrieb des Franchisegeschäfts am vereinbarten Standort zunutze machen darf. Es bedeutet weiter, daß der Franchisenehmer sein Geschäftslokal nicht verlegen und daß er keine weiteren Geschäftslokale neben dem vertraglich vereinbarten eröffnen darf, weder innerhalb noch insbesondere außerhalb seines Vertragsgebiets. Die Verpflichtung des Franchisenehmers, seinen Standort nur mit Erlaubnis des Franchisegebers zu verlegen, wird allerdings von der speziellen Regelung des Art. 3 Abs. 2 i Franchise-GVO freigestellt. Derartige Standortklauseln sollen bisweilen auch eine genaue Gebietsabgrenzung ersetzen, die vielfach als entbehrlich angesehen wird. In der Judikatur des EuGH werden Standortklauseln eng ausgelegt (EuGHE 1986, S. 353, 381 ff. EG 24). Das „vertraglich bezeichnete Geschäftslokal" ist in Art. 1 Abs. 3 e Franchise-GVO definiert als die für die Nutzung der Franchise bestimmten Räumlichkeiten oder, falls die Franchise außerhalb solcher Räumlichkeiten genutzt wird, als der Standort, von dem aus der Franchisenehmer die für die Nutzung der Franchise bestimmten Transportmittel einsetzt. Beim sogenannten „mobile franchising" ist also der Einsatzort und Ausgangspunkt der Transportmittel maßgeblich (vgl. *Metzlaff,* S. 110). Von Art. 2 c Franchise-GVO wird beim mobilen Franchising wohl auch die Verpflichtung des Franchisenehmers erfaßt, kein weiteres Transportmittel (z.B. keinen weiteren Verkaufs-LKW) von einem bestimmten Standort aus einzusetzen (*Metzlaff,* S. 121).

74. Keine andere Tätigkeit am Standort. Nicht selten wird mit einer Standortklausel die Verpflichtung des Franchisenehmers verbunden, keine anderen Geschäftstätigkeiten am Standort und im Geschäftslokal auszuüben oder zuzulassen. Eine solche Verpflichtung des Franchisenehmers ist als Bestandteil der nach Art. 3 Abs. 1 f Franchise-GVO freigestellten Absatzförderungsverpflichtung anzusehen. Sie ergänzt die Klauseln zur Systemkonformität des Geschäftslokals und zum Besteinsatz des Franchisenehmers. Denn auch mit ihr soll das Funktionieren des Systems gewährleistet werden, indem der Franchisenehmer dazu angehalten wird, alle seine Kräfte auf die erfolgreiche Tätigkeit des Ladenlokals zu konzentrieren, das als point of sale der Systemprodukte von irritierenden Fremdgeschäften freigehalten werden soll. Solche anderen Geschäfte könnten dem Image des Systems schaden. Schon vor Inkrafttreten der Franchise-GVO war eine derartige Verpflichtung von der Kommission in der Computerland-Entscheidung freigestellt worden (KOM Abl. 1978 L 222, 12 EG 23, Ziff. 23 IV – Computerland. In dem Geschäftslokal können mithin in Konkretisierung der Absatzförderungspflicht des Franchisenehmers sowohl konkurrierende als auch noch nicht-konkurrierende Nebentätigkeiten des Franchisenehmers untersagt werden. Demgegenüber sind außerhalb des Geschäftslokals nicht-konkurrierende Nebentätigkeiten des Franchisenehmers erlaubt, solange der erforderliche persönliche Einsatz für den Vertrieb der Waren bzw. die Erbringung der Dienstleistung im Rahmen des Franchiseverhältnisses gewahrt bleibt.

75. **Verkaufsberichte und Rückkoppelung.** Die Klausel über die Verpflichtung des Franchisenehmers zur Übersendung von Verkaufsberichten an den Franchisegeber ist eine denkbare Ausgestaltungsform von Klauseln über Inspektions- und Kontrollrechte des Franchisegebers, die nach Art. 3 Abs. 2h Franchise-GVO vom Anwendungsbereich des Art. 85 EG-Vertrag ausgenommen sind. Die Übermittlung von Rechnungsunterlagen dient schließlich der Festsetzung und Kontrolle der Franchisegebühren sowie der Überprüfung der Funktionsfähigkeit des Systems. Die Verkaufsberichte des Franchisenehmers können zudem mit den Umsatzsteuerangaben des Franchisenehmers verglichen werden. Nach Art. 3 Abs. 2b Franchise-GVO kann der Franchisegeber dem Franchisenehmer zudem auferlegen, dem Franchisegeber alle bei der Nutzung der Franchise gewonnenen Erfahrungen mitzuteilen und ihm die Nutzung des auf diesen Erfahrungen beruhenden Know-hows zu gestatten. Diese Feed-back-Vereinbarung dient der laufenden Verbesserung und Effizienzsteigerung des Franchisesystems (KOM Abl. 1988 L 332, 42 EG 12 – Service Master). Sie schließt auch die Pflicht zur Duldung der Weitergabe dieser Kenntnisse an andere Mitglieder des Franchisesystems ein (*Metzlaff*, S. 156). Die Umstände des Falles können auch eine Verpflichtung des Franchisenehmers angebracht erscheinen lassen, dem Franchisegeber bzw. den anderen Franchisenehmern eine nicht ausschließliche Lizenz zu erteilen bzw. eine Vermittlung des Know-hows an den Franchisegeber vorzunehmen (*Metzlaff*, S. 157).

76. **Kundenliste.** Die Kundenliste repräsentiert in vielen Franchisesystemen den Goodwill des Franchisegeschäfts im Vertragsgebiet. Freilich sind nicht bei allen Formen des Franchising die Kunden individuell fixierbar (z.B. Laufkundschaft im Fast Food-Bereich). Wo aber die Kunden namentlich festgehalten werden können, ist das Interesse des Franchisegebers an einem Zugriff auf eine solche Liste leicht verständlich. Dies gilt auch für sein Interesse daran, daß eine solche Liste vom Franchisenehmer geheimzuhalten ist. Zu beachten ist, daß die wettbewerbsbeschränkende Verpflichtung zur Geheimhaltung von Kundenlisten der englischen Doctrine of Restraint of Trade sowie den europarechtlichen Vorgaben der Franchise-GVO (Art. 3 Abs. 2a und d) unterliegt und unzulässig ist, sobald die Informationen nicht mehr geheim sind (Facenda Chicken v. Fowler [1985] 1 All E. R. 724).

77. **Gebührenzahlungen.** Die jeweilige (rechtzeitige) Entrichtung der verschiedenen systemspezifischen Entgelte (vor allem der Eintrittsgebühr und der laufenden Franchisegebühren) bei Fälligkeit gehört zu den Hauptpflichten des Franchisenehmers. Wichtig ist hier die Klausel: „time being of essence". Dies erklärt sich daraus, daß nach englischem Recht die in einem Vertrag bestimmte Leistungszeit grundsätzlich keine wesentliche Vertragsbestimmung (condition), sondern nur eine „warrenty" darstellt; diese Unterscheidung ist wichtig für die Rechtsbehelfe des Gläubigers. Den Parteien steht jedoch frei, die Leistungszeit zur wesentlichen Vertragsbestimmung zu erheben, indem sie vereinbaren: „Time is of essence of the contract" (vgl. dazu British & Commonwealth Holdings plc v. Quadrex

5. Franchise Agreement (Englischer Franchisevertrag) II.5

Holding Inc. [1989] 3 W.L.R. 723). Allerdings ist eine Tendenz spürbar, bei Kaufleuten ohnehin regelmäßig die Zeit als eine wesentliche Vertragsbestimmung anzusehen (*Triebel/ Hodgson/Kellenter/Müller*, S. 78).

78. Aufrechnungsverbot (set-off). Die Aufrechnung (set-off) ist ein vom englischen Billigkeitsrecht entwickeltes Verteidigungsmittel mit der Funktion eines Erfüllungssurrogats. Ihre Voraussetzungen unterscheiden sich nach der Art der in Rede stehenden Klage bzw. Anspruchserhebung. Im englischen Recht gehört die Aufrechnung zum Bereich des Prozeßrechts. Bei einem liquidated claim steht die Anspruchshöhe fest und ist nicht von weiteren Feststellungen bzw. Schätzungen abhängig. Der Beklagte bzw. Anspruchsgegner kann mit einem liquidated claim (Gegenforderung) gegen einen liquidated claim (Hauptforderung) des Klägers bzw. Anspruchsstellers aufrechnen. Dabei spielt es keine Rolle, ob der aufrechnungsweise entgegengesetzte liquidated claim aus demselben Vertrag oder einem anderen Rechtsverhältnis herrührt. Mit einem unliquidated claim kann der Beklagte bzw. Anspruchsgegner nur aufrechnen, wenn dieser Anspruch aus demselben Vertragsverhältnis herrührt oder untrennbar damit verbunden ist. Die Aufrechnung eines unliquidated claim (als Hauptforderung) mit einem liquidated claim (als Gegenforderung) ist ebenso unzulässig wie die Aufrechnung mit einem vertraglichen unliquidated claim (als Gegenforderung) gegen einen liquidated claim (als Hauptforderung) des Klägers bzw. Anspruchsstellers aus einem anderen Vertrag (vgl. Federal Commerce & Navigation Co. Ltd. v. Molena Alpha Inc. [1978] Q.B. 927). Besondere Aufrechnungsausschlüsse können im übrigen gegen Forderungen aus Wechseln, Akkreditiven oder Garantien bestehen. Grundsätzlich stellt das englische Recht den Parteien frei, Aufrechnungsmöglichkeiten einzuschränken oder jede Aufrechnung auszuschließen (dazu ausführlich *Vorpeil* RIW 1993, 718; *Eujen*, S. 48 ff.; *Habscheid*, S. 263 ff.). Für Formularverträge hat der Court of Appeal dies freilich erheblich eingeschränkt. Danach kann ein Ausschluß oder eine Beschränkung der Aufrechnung danach gegen Section 13 (1) (b) Unfair Contract Terms Act 1977 verstoßen, wenn darin lediglich vorgesehen ist, daß gegen eine Kaufpreisforderung nicht mit Payment oder Credit aufgerechnet werden kann (vgl. Stewart Gill Ltd. v. Horatio Myer & Co. Ltd. [1992] 2 All E.R. 257).

79. Buchführung und Rechnungsprüfung. Eine dieser Klausel entsprechende Verpflichtung zur detaillierten Buchführung besteht für den Franchisenehmer ohnehin auf gesetzlicher Grundlage, wenn er sich einer Corporation als Unternehmensträgerin für das franchisierte Geschäft bedient (*Adams/Prichard Jones*, S. 346). Durch die vertragliche Buchführungsklausel wird aber klargestellt, daß eine derartige Verpflichtung (auch) gegenüber dem Franchisegeber besteht, der hierauf für den Einsatz seiner Kontrollinstrumente angewiesen ist.

80. Kontrolle der Bücher und der Geschäftsräumlichkeiten. Eine Klausel, die dem Franchisegeber gestattet, die Geschäftsräume des Franchisenehmers zu inspizieren und Einblick in die Buchhaltung des Franchisenehmers zu nehmen, ist in Franchiseverträgen ganz üblich und zur Überwachung der Betriebstypenfixierung, der Warenpräsentation und der Kundenkontaktmodalitäten unerläßlich. Solch eine Klausel ist nach Art. 3 Abs. 2 h Franchise-GVO freigestellt. Danach kann der Franchisenehmer verpflichtet werden, dem Franchisegeber zu gestatten, das vertraglich bezeichnete Geschäftslokal, den Umfang der verkauften Waren und der erbrachten Dienstleistungen sowie das Inventar und die Bücher des Franchisenehmers zu überprüfen. Der Franchisenehmer hat den Zutritt des Franchisegebers zu den Geschäftsräumen unabhängig davon zu dulden, ob der Franchisegeber der Vermieter bzw. Verpächter ist. Freilich ist das Recht zur Kontrolle der Buchhaltung und der Geschäftsräumlichkeiten nach seinem Inhalt und Umfang durch den Zweck begrenzt, die Einhaltung der Geschäftsmethode durch den Franchisenehmer zu überprüfen (KOM Abl. 1987 L 222, 12 EG 23 – Computerland); insbesondere sind exzessive Durchsuchungen in Überschreitung des Kontrollzwecks unstatthaft. Ausdrücklich bestimmt Art. 8 e Franchise-GVO, daß das Kontrollrecht des Franchisegebers nicht zu Zwecken mißbraucht werden darf, die mit dem Schutz des Franchisesystems und der Sicherung der Vertragserfüllung nicht in Zusammenhang stehen (vgl. hierzu auch *Weltrich*, S. 311) Vor allem darf das Kontrollrecht nicht dazu eingesetzt werden, den Franchisenehmer wegen seiner Verkaufstätigkeit außerhalb des Vertragsgebietes zu disziplinieren (KOM Abl. 1987 L 8, 49 EG 50 – Yves Rocher; KOM Abl. 1988 L 332, 42 EG 19 – Service Master).

81. Haftungsfreistellung des Franchisegebers durch den Franchisenehmer. Eine Haftungsfreistellungsklausel zugunsten des Franchisegebers (zur Freistellung des Franchisenehmers vgl. Anm. 99) wird vom Franchisegeber vielfach als notwendig angesehen, zumal es bisher in der englischen Rechtsprechung keine klaren richterlichen oder gesetzlichen Vorgaben darüber gibt, wann eine Haftung des Franchisegebers für das Verhalten des Franchisenehmers in Betracht kommt. (*Taylor*, in *Martinek/Semler*, § 54, Rn. 65). Jedenfalls sind aber Fälle denkbar, in denen nach englischem Recht eine Haftung des Franchisegebers für schädigendes Verhalten des Franchisenehmers nach Rechtsscheinsgrundsätzen zu erwägen ist. Dies kommt in Betracht, wenn nach außen hin der Eindruck erweckt wird, der Franchisenehmer sei ein Vertreter des Franchisegebers (agency by estoppel). Dieser Rechtsschein einer ostensible oder apparent authority (vgl. dazu Hely-Hutchinson v. Brayhead Ltd. [1968] 1 Q. B. 549 per Lord Denning) kann vermieden werden, indem der Franchisenehmer unter Einhaltung der Vorschriften des Business Names Act 1985 seine Geschäftsräumlichkeiten deutlich als ein vom Franchisegeber verschiedenes Geschäft kennzeichnet und ausdrücklich klarstellt, daß er nicht als Vertreter des Franchisegebers, sondern als selbständiger Unternehmer agiert (vgl. auch Anmerkungen Nr. 13 u. 59). Eine Haftung des Franchisegebers gegenüber Dritten für Pflichtverletzungen seitens des Franchisenehmers wird auf der Grundlage der principal-agent-Doktrin des englischen Rechts auch dann diskutiert, wenn der Franchisegeber in derart erheblichem Maße Kontrollen über die Tätigkeit des Franchisenehmers ausübt, daß dieser kaum mehr als eigenständiger Unternehmer, sondern eher als Arbeitnehmer des Franchisegebers angesehen werden muß (Ready Mixed Concrete [South West] v. Minister of Pensions and National Insurance [1968] 2 QB 497, (1968) 1 All ER 433).

82. Übertragungsverbot. Das hier vertraglich vorgesehene Abtretungs-, Belastungs- und Verfügungsverbot, das nach Art. 3 Abs. 2j Franchise-GVO freigestellt ist, gilt nur eingeschränkt, insofern Abtretungen, Belastungen und Verfügungen des Franchisenehmers bezüglich seiner franchisevertraglichen Rechtspositionen bei vorher eingeholter Zustimmung des Franchisegebers möglich bleiben. Ausdrücklich versagt Art. 8e Franchise-GVO dem Franchisegeber eine Verweigerung seiner Zustimmung aus Gründen, die mit dem Schutz des Franchisesystems nichts zu tun haben. Weitergehend wird man die nach Art. 3 Abs. 2j Franchise-GVO freigestellte Klausel so auszulegen haben, daß der Franchisegeber seine Zustimmung nicht aus sachfremden Erwägungen zurückhalten darf, mögen sie auch etwas mit dem Schutz des Franchisesystems „zu tun" haben. Es geht im Kern darum, daß die unternehmerische Entscheidungsfreiheit des Franchisenehmers insoweit durch den Franchisegeber nur aus Erwägungen heraus eingeschränkt werden darf, die sich aus dem Franchisesystem, d.h. aus dem Immaterialgüterschutz, dem Einheitlichkeits- und dem Goodwillschutz, legitimieren lassen. Ohne weiteres kann der Franchisegeber aber beispielsweise zu einer Zustimmung zu Abtretungen, Belastungen oder Verfügungen zugunsten einer kreditgebenden Bank verpflichtet sein, wenn hierdurch die Franchisegeberinteressen nicht verletzt, sondern eher gefördert werden. Die Vorschrift soll vor allem das gewerbliche bzw. geistige Eigentum des Franchisegebers schützen, indem sie zu verhindern hilft, daß das dem Franchisenehmer bekanntgewordene Know-how und die ihm gewährte Unterstützung dem Konkurrenten zugute kommt (EuGHE 1986, 353, 381 ff. EG 16 – Pronuptia; vgl. auch *Metzlaff*, S. 161 m.w.N.). Des weiteren dient die Vorschrift der Aufrechterhaltung der Einheitlichkeit und des Ansehens des Franchisesystems, indem das Recht des Franchisegebers auf freie Auswahl des Franchisenehmers geschützt wird (*Metzlaff*, S. 161; KOM Abl. 1987 L 8, 49 EG 41 – Yves Rocher). Ohnehin keiner Zustimmung des Fran-

5. Franchise Agreement (Englischer Franchisevertrag)   II.5

chisegebers bedarf die Übertragung von Eigentumsrechten des Franchisenehmers an Grund und Boden des Ladenlokals, da die Franchise-GVO ausdrücklich auf die „Rechte und Pflichten aus der Franchisevereinbarung" abstellt. Es versteht sich, daß namentlich Übertragungen von Rechten und Pflichten aus der Franchisevereinbarung, die wie ein Verkauf, eine Verpachtung oder eine Verwaltung durch Dritte auf einen Franchisenehmerwechsel hinauslaufen, von der Erlaubnis des Franchisegebers abhängig sind (vgl. KOM Abl. 1989 L 35, 31 EG 27 – Charles Jourdan; KOM Abl. 1987 L 13, 39 EG 25 (i) – Pronuptia; KOM Abl. 1988 L 332, 42 EG 12 – Service Master).

83. **Pflichten des Franchisegebers.** Die Klauseln zu den Pflichten des Franchisegebers bilden hier den dritten Hauptteil des Franchisevertrages (vgl. dazu Anm. 56).

84. **Keine Abweichung von der erteilten Franchise.** Diese Klausel dient der Absicherung des Franchisenehmers gegenüber dem Franchisegeber vor einer Änderung und vor einem Wegfall der ihm lizenzweise übertragenen Rechte, entbindet aber den Franchisenehmer nicht davon, sich im voraus über die Substanz des Franchisepakets und über den Bestand der ihm vom Franchisegeber eingeräumten Rechte zu informieren. Die Klausel soll sozusagen einen schleichenden Verlust der anfangs übertragenen Rechte verhindern.

85. **Gebietsschutz. a) Allgemeines.** Die Gewährung eines Gebietsschutzes für den Franchisenehmer stellt grundsätzlich nach nationalem britischem als auch nach europäischem Wettbewerbsrecht eine Wettbewerbsbeschränkung dar, die jedoch unter gewissen Voraussetzungen zulässig ist. Der Gebietsschutz stellt sich als eine Verpflichtung (Selbstbindung) des Franchisegebers dar, in dem Vertragsgebiet des Franchisenehmers keinen anderen Franchisenehmer einzusetzen und auch selbst dort keine Filiale zu betreiben. Ein jeder Franchisenehmer soll in seinem Vertragsgebiet die Früchte seiner Absatzförderungsanstrengungen selbst genießen können. Den meisten Franchisesystemen liegt ein Raumordnungsplan zugrunde, nach dem das zu erobernde und zu durchdringende Marktgebiet in einzelne Rayons für die Franchisenehmer aufgeteilt ist. Die Rayons werden dabei nach Maßgabe der dort versammelten Kaufkraft und/oder potentiellen Kundenzahl bemessen und bilden für die einzelnen Franchiseverträge die jeweiligen geschützten Vertragsgebiete. Wettbewerbspolitisch sind Gebietsschutzabreden ambivalent. Einerseits sorgen sie dafür, daß die besonderen Anstrengungen eines Absatzmittlers in seinem Gebiet auch belohnt werden, während ohne Gebietsschutz der „faule" Absatzmittler unter Ersparung besonderer Verkaufsanstrengungen das Produkt billiger als sein „fleißiger" Konkurrent anbieten, dadurch die Kunden abwerben und mithin vom Einsatz seines Konkurrenten etwa im Bereich der Warenpräsentation, der pre-sales-service, der Garantieleistungen usw. profitieren könnte (sogenanntes Free Rider-Problem). Andererseits vermindern Gebietsschutzabreden, die jedem einzelnen Franchisenehmer in seinem Vertragsgebiet quasi eine Monopolstellung einräumen, den produktinternen (intrabrand-) Wettbewerb der einzelnen Systempartner untereinander.

b) **Britisches Wettbewerbsrecht.** Gebietsschutzabreden bilden nach britischem Wettbewerbsrecht eine „relevant restriction of trade", die nach Maßgabe des Restrictive Trade Practices Act 1976 dem Präsidenten der Kartellbehörde, dem Director General of Fair Trading beim Office of Fair Trading, angezeigt werden muß (vgl. Anm. Nr. 10). Die in Franchiseverträgen üblichen Gebietsschutzklauseln werden im allgemeinen für zulässig erachtet. Der Director General sieht regelmäßig von einer Weiterleitung an den Restrictive Trade Practices Court ab, sofern die Vorschriften der Franchise-GVO eingehalten sind.

c) **EG-Recht. aa) Freistellungsfähigkeit.** Gebietsschutzabreden sind zwar Wettbewerbsbeschränkungen i.S.d. Art. 85 Abs. 1 EG-Vertrag (EuGHE, 1966, S. 321 ff. – Grundig/Consten), sie sind jedoch bei Franchisesystemen nach Art. 2a Franchise-GVO freistellungsfähig. Wie in den Begründungserwägungen zur Franchise-GVO zum Ausdruck kommt, sollen einerseits die Franchisenehmer veranlaßt werden, ihre Absatzbemühungen auf das Vertragsgebiet zu konzentrieren, andererseits soll ihnen der Lohn ihres Einsatzes im Marktverantwortungsbereich reserviert werden. Ohne ein solches Gebietsschutzsystem könnten Konkurrenten des Franchisenehmers unter Ersparung eigener Aufwendungen mittelbar von den besonderen akquisitorischen Anstrengungen profitieren: die Konkurrenten könnten die Produkte billiger anbieten als der besonders um Absatzförderung bemühte Franchisenehmer, der seine Aufwendungen auf die Preise aufschlagen muß, und kämen in den Genuß eines „free ride" (vgl. auch KOM Abl. 1987 L 13, 39 EG 36 – Pronuptia; KOM Abl. 1987 L 8, 49 EG 13 – Yves Rocher; KOM Abl. 1988 L332/42, EG 26 – Service Master). Nach Art. 2a (1) Franchise-GVO kann der Franchisegeber dritten Unternehmen die Nutzung der Franchise in einem geschützten Gebiet ganz oder teilweise verbieten und damit den Franchisenehmer gegen die aktive Konkurrenz anderer Franchisenehmer in seinem Vertragsgebiet schützen (*Metzlaff*, S. 114). Die Regelung des Art. 2a (2) Franchise-GVO stellt die Selbstverpflichtung des Franchisegebers frei, die Franchise in einem geschützten Marktverantwortungsbereich nicht selbst zu nutzen und Waren oder Dienstleistungen, die Gegenstand der Franchise sind, nicht unter Verwendung einer ähnlichen Methode zu vermarkten. Freilich kann es auch im Interesse des Franchisegebers liegen, weiterhin Markenprodukte von eigenen bereits bestehenden Filialen im Vertragsgebiet des Franchisenehmers zu veräußern; der Franchisenehmer hat keinen Anspruch auf Gebietsschutz. Die Regelung des Art. 2a (3) Franchise-GVO schließlich stellt die Verpflichtung des Franchisegebers frei, Waren des Franchisegebers, nicht selbst an Dritte als potentielle Kunden des gebietsgeschützten Franchisenehmers zu liefern.

bb) **Relativität und Grenzen des Gebietsschutzes.** Ein System des absoluten Gebietsschutzes ist im europäischen Markt allerdings nicht zulässig; zu einem gewissen Grade soll der produktinterne Wettbewerb aufrechterhalten bleiben. Der einzelne Franchisenehmer muß insbesondere nach Art. 5g Franchise-GVO auf Anfragen der Kunden aus Vertragsgebieten anderer Franchisenehmer reagieren können, darf also außerhalb seines Gebietes zwar nicht aktiv akquirieren, wohl aber bestehende Nachfrage bedienen. Auch sollen insoweit die Verbraucher in ihrer Entscheidung, wo sie die Waren kaufen oder die Dienstleistungen in Anspruch nehmen wollen, freibleiben. Desweiteren kann der Franchisenehmer nach Art. 4b Franchise-GVO verpflichtet werden, Garantieleistungen für Erzeugnisse auch dann zu erbringen, wenn diese bei einem anderen Franchisenehmer, den ebenfalls eine Garantiepflicht trifft, gekauft worden sind (vgl. *Metzlaff*, S. 113). Eine derartige Garantieleistungspflicht soll mit dem Gebietsschutz einhergehen, weil andernfalls Verbraucher vom Kauf bei einem bestimmten Franchisenehmer abgehalten werden könnten, wenn die Garantieleistungen nicht bei dem nächstliegenden Franchisenehmer eingelöst würden. Die Kommission kann nach Art. 8c Franchise-GVO die Freistellung einer Gebietsschutzvereinbarung entziehen, wenn einer der Vertragspartner daran gehindert wird, Endverbraucher allein aufgrund der Lage ihres Wohnortes zu beliefern. Gebietsschutzverpflichtungen, die ein Minus gegenüber den in Art. 2 Franchise-GVO aufgestellten Regelungen darstellen, sind desgleichen freigestellt. Gebietsschutzverpflichtungen, die demgegenüber ein aliud darstellen, müssen im Rahmen des Widerspruchverfahrens angemeldet werden. Die vorliegende Klausel des Mustervertrags enthält drei wettbewerbsbeschränkende Gebietsschutzabreden, die allesamt nach Art. 2a Franchise-GVO freigestellt sind.

86. Einrichtung und Ausstattung. Im Bereich des Produktfranchising wie des Dienstleistungsfranchising ist es üblich, daß die Ausstattung des Franchisegeschäfts mit Gegenständen des Franchisegebers bzw. von ihm bestimmter oder genehmigter Lieferanten erfolgt und der Franchisegeber den Franchisenehmer in allen Fragen der Betriebseröffnung berät.

87. Einweisungstraining des Franchisenehmers und seines Personals. Die Schulung und Ausbildung des Franchisenehmers bzw. seines Personals ist in der großen Mehrzahl der Franchisesysteme unerläßlich, damit die Personen an der Absatzfront die Fähigkeit erlangen, das Franchisegeschäft entsprechend den im Handbuch näher beschriebenen Geschäftsmethoden zu führen. Nach Art. 3 Abs. 2e Franchise-GVO darf dem Franchisenehmer die Verpflichtung auferlegt werden, an den vom Franchisegeber durchgeführten Ausbildungslehrgängen selbst teilzunehmen oder sein Personal zur Teilnahme zu verdingen.

5. Franchise Agreement (Englischer Franchisevertrag) II.5

Eine solche Verpflichtung hat die Kommission bereits in der Yves-Rocher Entscheidung wettbewerbsbeschränkungsrechtlich freigestellt (KOM Abl. 1987 L 8, 49 EG 23 – Yves Rocher). Die Freistellung wurde in diesem Fall damit begründet, daß die Trainingseinheiten sowohl zu Beginn als auch während der Vertragslaufzeit erforderlich waren, um das Know-how zu vermitteln und die notwendige Unterstützung zu leisten.

88. Eröffnungswerbung. Die Aufnahme eines neuen Franchisenehmers in das System und insbesondere die Eröffnung seines Franchisegeschäfts wird in der Franchisepraxis meist vom Franchisegeber in besonderer Weise unter Einsatz der Medien bekannt gemacht. Dies ist Ausdruck seiner Pflicht zur Eingliederung des Franchisenehmerbetriebs in das System (Betriebseingliederungspflicht).

89. Allgemeine Systemwerbung. Während der Franchisenehmer für die örtliche Werbung in seinem Vertragsgebiet verantwortlich ist, obliegt dem Franchisegeber die überörtliche allgemeine Systemwerbung (vgl. dazu Anm. 60). Die allgemeine Systemwerbung wird meist nicht vom Franchisegeber, sondern von den Franchisenehmern finanziert, die hierzu Werbebeiträge in einen vom Franchisegeber treuhänderisch verwalteten Werbefonds einzuzahlen haben. Im Franchisevertrag ist eine dementsprechende Regelung mit dem Ziel vorzusehen, einen vom Vermögen des Franchisegebers separaten Vermögensbestand zu schaffen, und zu garantieren, daß die von den Franchisenehmern erhaltenen Gelder auch tatsächlich für Werbemaßnahmen des Franchisegebers eingesetzt werden. Der Franchisegeber verwaltet diesen Fonds zu treuen Händen aller Franchisenehmer. Nach Art. 3 Abs. 1 g Franchise-GVO ist die Verpflichtung des Franchisenehmers, dem Franchisegeber einen bestimmten Teil des Einkommens für Werbezwecke zu überweisen, wettbewerbsbeschränkungsrechtlich freigestellt, denn sie dient letztendlich der Aufrechterhaltung der Franchisekonzeption sowie der Einheitlichkeit und der Reputation des Franchisesystems (vgl. schon EuGH 1986, S. 353, 381 ff. EG 22 – Pronuptia). Der Begriff des „Einkommens" versteht sich nach der Franchise-GVO als der Brutto-Umsatz bzw. als die Brutto-Einkünfte des Franchisenehmers (*Metzlaff,* S. 150). Die Bemessung der Werbebeiträge bleibt freilich den Parteien überlassen; die Franchise-GVO formuliert diesbezüglich keine weiteren Vorgaben. Da die Beiträge zum Werbefonds umsatzabhängig erhoben werden, können sich erhebliche Summen ansammeln. Das Erfordernis der Rechnungslegung dient damit der Kontrolle des Franchisegebers durch den Franchisenehmer. Eine derartige Klausel sollte in einem Franchisevertrag nicht fehlen, da es nach englischem Recht grundsätzlich keine gesetzliche Pflicht zur Rechnungslegung gegenüber dem Franchisenehmer gibt.

90. Unterstützung bei Werbemaßnahmen. Vgl. hierzu Anm. 92.

91. Bestandsgarantie für Immaterialgüterrechte. a) Allgemeines. Vgl. Anm. 8, 9 u. 31.

b) Die Passing-Off-Klage. aa) Überblick. Der Franchisegeber hat zum Schutz seiner Immaterialgüterrechte nach britischem Recht die Möglichkeit der Passing-off-Klage. Die Passing-off-Klage kommt immer dann in Betracht, wenn ein Konkurrent seine Waren oder Dienstleistungen bzw. sein Geschäft in der Öffentlichkeit so darstellt, daß eine Verwechslungsgefahr begründet wird. Hierbei handelt es sich um eine von der Judikatur entwickelte Anspruchsgrundlage. Sie ist deshalb von besonderer Bedeutung, weil es keinen selbständigen Firmenschutz in Großbritannien gibt. Häufigste Begehungsformen des passing-off sind Imitationen der Verpackung, Aufmachung und Ausstattung der Waren eines anderen sowie der Gebrauch von verwechslungsfähigen Namen (*Triebel/Hodgson/Kellenter/Müller,* S. 356). Voraussetzung ist aber immer, daß eine gewisse Verkehrsgeltung erlangt wurde.

bb) Voraussetzungen. Für eine Passing-off-Klage müssen folgende Voraussetzungen akkumulativ vorliegen (vgl. Erven Warnink – BV v. J. Townsend and Sons [Hull] Ltd. [1980] RPC 31):
– eine irreführende Angabe
– durch einen Gewerbetreibenden

- im Rahmen seines Geschäftsverkehrs gegenüber potentiellen Kunden oder gegenüber von ihm belieferten Endverbrauchern von Waren und Gegenleistungen
- mit dem Ziel, das Geschäft bzw. den Goodwill eines anderen Gewerbetreibenden zu beeinträchtigen
- was beim klagenden Gewerbetreibenden zu einem konkreten Schaden führt.

Bezüglich der letztgenannten Voraussetzung genügt im Verfahren der einstweiligen Verfügung (injunction) die Wahrscheinlichkeit des Schadenseintritts. Der Kläger der Passing-off-Klage muß allerdings darlegen und beweisen, daß in Großbritannien ein Goodwill für seine Rechtsposition besteht. Die Judikatur definiert den Goodwill als „the attractive force that brings in custom". Der „gute Ruf" reicht mithin für sich gesehen nicht aus, vielmehr müssen die Waren oder Dienstleistungen des Klägers tatsächlich der allgemeinen Öffentlichkeit in Großbritannien zugänglich sein und die Kunden vom Goodwill angezogen werden (vgl. hierzu Anheuser Busch Inc. v. Budejovichj Budvar [1984] F.S.R. 413]. Umstritten ist, ob zur Etablierung eines Goodwill hinreichend ist, daß die Produkte vor ihrer Markteinführung durch eine Werbekampagne bekanntgemacht wurden (pre launch activity, vgl. *Triebel/Hodgson/Kellenter/Müller,* S. 358 m.w.N.) Auch nach Aufgabe des Geschäftsbetriebes kann ein Goodwill fortbestehen, sofern die Absicht und die Möglichkeit einer Wiederaufnahme des Geschäfts bestehen (vgl. Star Industrial v. Yap [1976] F.S.R. 256). Werden vertrauliche Informationen oder Handelsgeheimnisse im technischen Sinne vom Franchisenehmer ausgenutzt, so hat der Franchisegeber vor allem die Möglichkeit des einstweiligen Rechtsschutzes (injunction, vgl. *Adams/Prichard Jones,* S. 90). Die Anforderungen an die Darlegungs- und Beweislast sind allerdings sehr hoch. Es empfiehlt sich daher jedenfalls, im Vertrag Konkurrenz- bzw. Wettbewerbsverbote vorzusehen, um im Falle eines Prozesses nicht die strengen Voraussetzungen der Passing-off-Klage darlegen und beweisen zu müssen. Die Konkurrenzklauseln sind dabei sowohl nach Maßgabe des britischen Wettbewerbsrechtes als auch nach EG-Recht nur unter bestimmten Voraussetzungen zulässig (vgl. Anm. 67–69).

92. Betriebsförderung. Die laufende Förderung des Franchisenehmerbetriebs während der Laufzeit des Vertrages gehört zu den Hauptpflichten des Franchisegebers. Diese sogenannte Betriebsförderungspflicht hängt in ihrem Umfang und in ihren Ausprägungen vom jeweiligen Zuschnitt des Franchisekonzepts und -systems ab und richtet sich im einzelnen nach den Angaben im Handbuch.

93. Methode, Handbuch und weitere Schulung. Die Weiterentwicklung des Franchisesystems ist notwendig, um der Marktentwicklung und der Entwicklung des Verbraucherverhaltens Rechnung zu tragen. Entsprechende Anpassungen des Handbuches und die Verpflichtung des Franchisenehmers zur Anwendung der jeweils neuen Methoden sind daher in den Franchisevertrag als flankierende Maßnahmen aufzunehmen. Zur unerläßlichen Weiterentwicklung der Marketingkonzeption trägt auch die sogenannte grant back- bzw. feed back-Klausel bei, die nach Art. 3 Abs. 2b Franchise-GVO freigestellt ist und wonach der Franchisenehmer verpflichtet wird, die im Verlaufe seiner Tätigkeit gewonnenen Erkenntnisse dem Systemkopf zwecks Weiterentwicklung des Franchisesystems zur Verfügung zu stellen (vgl. Anm. 75). Dies gilt auch dann, wenn der Franchisenehmer seine Kenntnisse und Erfahrungen hat schützen lassen. Das Handbuch (Franchise Manual) steht vielfach im Mittelpunkt eines Franchisesystems. Da das Franchiseverhältnis auf Dauer angelegt ist und das Franchisesystem auf wechselnde Gegebenheiten und Anforderungen des Marktes schlagkräftig reagieren muß, sind vielfach laufende Aktualisierungen der Produktentwicklung und -präsentation unumgänglich. Das Franchise-Handbuch enthält vertrauliche Informationen, die der Franchisegeber geschützt wissen will. Diesen Schutz erreicht er zum einen über besondere vertragliche Klauseln, die von der Franchise-GVO weitgehend freigestellt sind (vgl. Anm. 66). Zum anderen gewährt auch das britische Recht einen besonderen Geheimnisschutz im Rahmen der Passing-off-Klage (vgl. Anm. 91 (b)). Das Handbuch ist im übrigen selbst urheberrechtlich geschützt. Die ständige Aktualisie-

5. Franchise Agreement (Englischer Franchisevertrag) II.5

rung ist Bestandteil der Pflichtenstellung des Franchisegebers, der zu Weiterentwicklungen und Anpassungen der Marketingkonzeption des Systems verpflichtet ist.

94. Laufende Unterstützung und Information. Vgl. Anm. 47, 64, 75, 80, 87, 88, 89, 90, 92 u. 93.

95. Versorgung mit Vertragsware. Die Belieferungsverpflichtung des Franchisegebers korrespondiert mit der in Franchiseverträgen üblichen Bezugsverpflichtung des Franchisenehmers, unterliegt aber meist vertraglichen Einschränkungen nach Maßgabe der Zumutbarkeit. Verbreitet ist hier eine subject of availability-Klausel, wonach sich der Franchisegeber die Erfüllung seiner Belieferungsverpflichtung nach Maßgabe der Erhältlichkeit der Waren vorbehält, um einer Garantieverpflichtung zur Lieferung zu entgehen (*Adams/Prichard Jones*, S. 332).

96. Drittlieferanten. Bisweilen sieht das Franchisekonzept vor, daß der Franchisenehmer (auch) Waren von Drittlieferanten bezieht, die der Franchisegeber vermittelt und vorschreibt. Dies kann auf Einrichtungsgegenstände für das Geschäftslokal oder auf Zubehör beschränkt sein, es kann aber auch mehr oder weniger große Teile des Warensortiments betreffen. Vor allem bei Großhändlern als Franchisegebern, die die Ware für ihr System von verschiedenen Herstellern beziehen, eine Produktpalette zusammenstellen und die Ware möglicherweise selbst markieren, spielen Drittlieferanten eine wichtige Rolle.

97. Kreditgewährung. Wenn sich das Franchiseverhältnis bewährt, der Franchisenehmer mit Erfolg arbeitet und den Umsatz sowie den Ertrag steigert, wird eine Anpassung der Kreditlinie (vgl. dazu Anm. 23) an die veränderten Gegebenheiten in Betracht kommen. Hierfür ist bereits im Vertragstext Vorsorge zu treffen, denn die Lieferung der Produkte an den Franchisenehmer steht regelmäßig unter dem Vorbehalt, daß dieser die ihm vom Franchisegeber eingeräumte Kreditlinie nicht überschreitet. Eine ungeschriebene vertragliche Nebenpflicht zur Neuverhandlung oder zur Vertragsanpassung kennt das englische Recht grundsätzlich nicht, so daß die Eventualitäten nach Möglichkeit antezipiert und vertraglich geregelt werden sollten.

98. Gleichbehandlung aller Systempartner. Die Franchisenehmer sind regelmäßig daran interessiert, daß sie eine gleichartige Behandlung durch die Systemzentrale erfahren, insbesondere nicht vom Franchisegeber ohne sachlich gerechtfertigten Grund unterschiedlich behandelt werden. Es empfiehlt sich im Franchisevertrag eine Klausel, in der sich der Franchisegeber einem systeminternen Diskriminierungsverbot unterwirft. Im Falle der unternehmensbedingten Abhängigkeit der Franchisenehmer vom Franchisegeber kann ohnehin aus kartellrechtlichen Gründen ein Diskriminierungsverbot zu beachten sein.

99. Haftungsfreistellung des Franchisenehmers (Indemnity). Durch eine Indemnity-Klausel wird der Franchisegeber zur Freistellung des Franchisenehmers von Schadensersatzansprüchen verpflichtet, die von dritter Seite gegen den Franchisenehmer erhoben werden, ihren Grund aber letztlich im Verantwortungsbereich des Franchisegebers haben. Die Klausel deckt vertragliche Ansprüche, die beispielsweise auf der Grundlage des Misrepresentation Act erhoben werden, ebenso ab wie deliktische Ansprüche, etwa aus Produkthaftung. Vielfach wird nämlich von einem Kunden der Franchisenehmer als der nächstliegende Anspruchsgegner herangezogen. Hiervor kann sich der Franchisenehmer nur teilweise durch eine klarstellende Firmenbezeichnung nach Maßgabe des Business Names Act schützen, aus der hervorgeht, daß sich der Franchisegeber vom Franchisenehmer rechtlich unterscheidet (vgl. Anm. 59). Denn auch in diesen Fällen kann eine Haftung des Franchisenehmers nach Rechtsscheingrundsätzen (agency by estoppel) begründet sein, wenn in der Öffentlichkeit der Eindruck erweckt wird, es handele sich bei Franchisegeber und Franchisenehmer um Glieder eines einzigen Unternehmens bzw. der Franchisenehmer sei ein Vertreter des Franchisegebers (*Adams/Prichard Jones*, S. 331). Die Indemnity-Klausel ist für den Franchisenehmer umso wichtiger, als er in den Verträgen mit seinen Kunden keinen völligen Haftungsausschluß durchsetzen kann. Der vertragliche Haftungsausschluß wird nämlich nach den Vorschriften des Unfair Contract Terms Act 1977 begrenzt, wonach insbesondere eine Haftung für Tod und für Körperverletzungen nicht abbedungen werden kann (*Adams/Prichard Jones*, S. 256). Andere Haftungsausschlüsse unterliegen einer Angemessenheitsprüfung (test of reasonableness).

100. Haftung des Franchisegebers gegenüber Dritten. Auch der Franchisegeber kann Schadensersatzansprüchen von Dritten, insbesondere von Kunden des Franchisenehmers ausgesetzt sein. Beispielsweise kommt eine Haftung des Franchisegebers in Betracht, wenn er dem Franchisenehmer falsche Informationen geliefert hat und ein Dritter dadurch zu Schaden kommt (vgl. Hedley Byrne & Co Ltd. v. Heller & Partners Ltd. [1964] AC 465, [1963] 2 ALL ER 575, HL). In Franchiseverhältnissen, in denen der Franchisegeber in besonders weitgehender Weise eine Kontrolle über die Tätigkeit des Franchisenehmers ausübt und letzterer bereits eine eher arbeitnehmerähnliche als eigenunternehmerische Stellung hat, kann nach der principal-agent-Doktrin sogar eine Haftung des Franchisegebers für Fehlverhalten des Franchisenehmers gegenüber Dritten zum Tragen kommen (vgl. Ready Mixed Concrete [South West] v. Minister of Pensions and National Insurance [1968] 2 QB 497, [1968] 1 All ER 433). Schließlich ist die Produkthaftung des Franchisegebers nach Maßgabe des Consumer Protection Act 1987 zu erwähnen, der sich als die britische Umsetzung der europäischen Produkthaftungsrichtlinie darstellt. Insbesondere haftet nach Section 2 des Consumer Protection Act 1987 nicht nur der Hersteller der Produkte, sondern auch derjenige, der auf den Produkten sein Warenzeichen oder ein sonstiges der Unterscheidung dienendes Kennzeichen angebracht hat. Eine Produkthaftungsversicherung ist daher sowohl für den Franchisegeber als auch für den Franchisenehmer als Importeur zu empfehlen (vgl. hierzu *Adams/Prichard Jones*, S. 44 und 261).

101. Haftpflichtversicherung des Franchisegebers. Vgl. Anm. 30 u. 62.

102. Beendigung des Franchisevertrages. a) Vertragsbeendigungsfreiheit. Nach englischem Recht bestehen keine spezialgesetzlichen Schutzvorschriften zugunsten des Franchisenehmers bei Vertragsbeendigung. Vielmehr wird die Vertragsbeendigungsfreiheit der Parteien sehr weitgehend respektiert, so daß die vertraglichen Regelungen der Vertragsbeendigung der privatautonomen Formulierung überlassen bleiben (vgl. hierzu *Ebenroth/ Durach*, Vertriebswegegestaltung und Beendigung von Absatzmittlungsverhältnissen aus britischer Sicht, RIW-Beil. 4/1993). Die Parteien können sowohl die Vertragsdauer als auch die Gründe einer vorzeitigen Beendigung im Grundsatz frei bestimmen. Einschränkend verlangt hinsichtlich der Vertragsdauer das Common Law die Beachtung einer Grenze, weil kein Vertragspartner völlig unangemessen lange in ein Vertragsverhältnis eingebunden werden darf. Bei Franchiseverträgen wird als eine „Faustregel" vielfach die Begrenzung auf einen Zeitraum von zehn Jahren empfohlen (vgl. Anmerkungen Nr. 48 u. 49). Wird der Vertrag auf unbestimmte Zeit geschlossen, so kann jede Partei unter Einhaltung einer angemessenen Kündigungsfrist (notice period) den Vertrag beenden (*Taylor,* in Martinek/Semler, Rn. 66). Die Angemessenheit bestimmt sich bei Fehlen vertraglicher Kündigungsfristen nach den Umständen des Einzelfalles. In der Regel wird eine Frist von einem Jahr als ausreichend angesehen werden können, wenn der Vertrag mehrere Jahre in Kraft war (DECRO-Wall International S. A. v. Practitioners in Marketing [1971] 1 W. L. R. 361).

b) Automatische Vertragsbeendigung. Zu einer automatischen Vertragsbeendigung kommt es nicht nur in den Fällen, in denen bei einem zeitlich befristeten Vertrag die Laufzeit endet (vgl. Anm. 48). Vielmehr kann es hierzu in Ausnahmefällen auch aufgrund der doctrine of frustration im Falle einer nachträglichen Unmöglichkeit oder Unzumutbarkeit kommen. Außerhalb dieser Fälle führt aber selbst eine ernsthafte Vertragsverletzung nicht zur automatischen Beendigung des Vertrages (vgl. Photo Production Ltd v. Securior Transport Ltd. [1980] A. C. 827, [1980] 1 All E. R. 556 [[HL]). Vielmehr hat der Gläubiger in diesem Fall ein Wahlrecht, ob er an dem Vertrag festhalten oder diesen beenden möchte (*Collins,* S. 326). Die Judikatur hält den Grundsatz des „pacta sunt servanda" außerordentlich hoch und verlangt

5. Franchise Agreement (Englischer Franchisevertrag) II.5

für ein Vertragsbeendigungsrecht des Gläubigers eine nicht unerhebliche Vertragsverletzung des Schuldners (vgl. Hong Kong Fir Shipping Co. Ltd. v. Kawasaki Kisen Kaisha Ltd. [1962] 2 Q. B. 26, [1962] 1 All E. R. 474 [C. A.]).

c) **Kündigungsrecht.** Den Parteien steht es allerdings nach englischem Vertragsrecht frei, auch bei Vertragsverletzungen unterhalb der Erheblichkeitsschwelle zugunsten der jeweils anderen Partei ein Vertragsbeendigungsrecht zu vereinbaren. In der Vertragsgestaltungspraxis können Vertragspflichten entweder als „warranty" oder als „condition" eingestuft werden. Nur bei der Verletzung einer „condition" besteht sodann für den Gläubiger die Möglichkeit der Vertragsbeendigung (Bunge Corp. v. Tradax Export SA [1981] 1 WLR 711 [1981] 2 All ER 513 [HL]), während der Gläubiger bei der Verletzung einer „warranty" durch den Schuldner auf einen Schadensersatzanspruch verwiesen ist. Neben diesen beiden Kategorien hat die Judikatur eine dritte Kategorie, nämlich die „fundamental breaches" geschaffen (vgl. *Taylor*, in: Martinek/Semler, Handbuch des Vertriebsrechts, § 54, Rn. 18 und 66; vgl. auch Anm. 9 u. 27), die gleichfalls zu einem Vertragsbeendigungsrecht führt, auch wenn die Parteien keine Kategorisierung der Pflichten nach warranty oder condition vorgenommen haben (Cehave NV v. Bremer Handelsgesellschaft mbH [The Hans Nord] [1976] QB 44, [1975] 3 All ER 739). Hierbei tritt das Gericht in eine umfassende Prüfung und Würdigung der Umstände des Einzelfalls und vor allem der Konsequenzen für den Geschädigten ein. Überprüft wird dabei vor allem auch, ob eine Leistung von Schadensersatz in Geld dem Gläubiger ausreichende Genugtuung verschaffen würde. Im übrigen scheidet ein Vertragsbeendigungsrecht aus, wenn eine Heilung der Vertragsverletzung möglich erscheint (vgl. auch *Taylor*, in: Martinek/Semler, § 54, Rn. 18 und 66).

d) **Code of Ethics.** Die Mitglieder der British Franchise Association haben vor einer Kündigung den Code of Ethics zu beachten, wonach auch bei schwerwiegenden Vertragsverletzungen der Franchisenehmer erst abzumahnen und ihm eine angemessene Frist einzuräumen ist, um die Vertragsverletzung zu beseitigen (*Taylor*, in: Martinek/Semler, Handbuch des Vertriebsrechts, § 54, Rn. 66; vgl. auch Anm. 5 d). Die Richtlinien listen auch die Umstände auf, unter denen ein Franchisegeber zu vorzeitiger Kündigung des Vertrags berechtigt ist. Dazu zählen Konkurs, Liquidation oder Zahlungsunfähigkeit des Franchisenehmers sowie die Nichtbefolgung der Aufforderung, den vertragsmäßigen Zustand wiederherzustellen, wiederholte Vertragsverstöße, Verurteilung wegen erheblicher Straftaten und Aufgabe der Absatzförderungstätigkeit.

103. Konsequenzen der Vertragsbeendigung. a) Allgemeines. Da weder das Common Law noch das Gesetzesrecht des Vereinigten Königreichs nähere Regelungen zu den Konsequenzen einer Vertragsbeendigung kennt, obliegt den Parteien auch insofern die eigenverantwortliche Vertragsgestaltung. Die englischen Gerichte sind sehr zurückhaltend mit der Aufstellung von zwingenden Schutzvorkehrungen zugunsten des Franchisenehmers von Rechts wegen und erkennen bei Fehlen vertraglicher Regelungen weder einen Goodwill-Ausgleichsanspruch noch einen Investitionsersatzanspruch zu. Beides würde offenbar den Anwendungsbereich der „doctrine of implied terms" sprengen. Nur ausnahmsweise verstehen sich die Gerichte dort, wo eine Vertragsbeendigung durch den Franchisegeber zu Unrecht erfolgt ist, zu Schutz- und Ausgleichsmaßnahmen zugunsten des Franchisenehmers (*Taylor*, in: Martinek/Semler, Rn. 20 ff. und 67). Die Parteien haben auch Regelungen über ein nachvertragliches Wettbewerbsverbot zu treffen, denn auch insofern bietet weder Richterrecht noch das Gesetzesrecht einen Ansatzpunkt für einen entsprechenden Schutzanspruch des Franchisegebers von Rechts wegen (dazu Anm. 9).

b) **Ausgleichsanspruch.** Falls keine abweichende Parteivereinbarung vorliegt, steht dem Franchisenehmer nach der Beendigung des Vertragsverhältnisses kein Anspruch auf einen Goodwill-Ausgleich zu, wie dies in Deutschland analog § 89b HGB der Fall ist. Zwar ist die EG-Handelsvertreter-Richtlinie in England durch die Commercial Agents Regulations 1993, in Kraft getreten am 1. 1. 1994, umgesetzt worden, doch verstehen sich Judikatur und Literatur nicht zu einer analogen Anwendung des darin für den Handelsvertreter zwingend vorgeschriebenen Goodwill-Ausgleichsanspruchs (compensation bzw. indemnity) auf Franchisenehmer (vgl. *Taylor,* in: Martinek/Semler, Handbuch des Vertriebsrechts, § 54, Rn. 21 ff. und 67).

104. Vertragsstrafe (penalty). Im Zusammenhang mit den Regelungen über die Vertragsbeendigung findet sich in Franchiseverträgen gelegentlich die Vereinbarung einer Schadensersatzpauschale im Falle von Pflichtverletzungen des Franchisenehmers, durch deren Zahlung er eine Kündigung des Vertrages durch den Franchisegeber vermeiden kann. Nach englischem Recht ist eine Vertragsstrafe „penalty" traditionell unwirksam. In dieser grundsätzlichen Wertentscheidung des englischen Rechts drückt sich eine Zurückhaltung aus, eine Partei zur Erfüllung ihres Vertrages zu zwingen (*Triebel/Hodgson/Kellenter/Müller,* S. 87; *Collins,* S. 343). Hingegen ist die Vereinbarung eines pauschalierten Schadensersatzes (liquidated damages) grundsätzlich zulässig (Golden Bay Realty Ltd. v. Orchard Twelve Investments Ltd. [1991] 1 W.L.R. 981). Ein pauschalierter Schadensersatz liegt vor, wenn die Parteien erkennbar den wahrscheinlichen Schaden im voraus berechnet haben und dieser Betrag als Schadensersatz geltend gemacht wird. Überschreitet die vertraglich festgesetzte Summe augenscheinlich den wahrscheinlichen Schaden, ist eine unwirksame penalty-clause gegeben (*Collins,* S. 343).

105. Tod oder Geschäftsunfähigkeit des Franchisenehmers. Auch die Rechtsfolgen im Fall des Todes bzw. der Geschäftsunfähigkeit des Franchisenehmers (im Sinne der praktischen Unfähigkeit zur Ausübung der Franchise etwa wegen einer Krankheit) müssen einer vertraglichen Regelung zugeführt werden, denn auch insoweit hält das englische Recht keine zwingenden oder dispositiven Regelungen bereit und bietet auch die doctrine of implied terms kaum Hilfe. Den Parteien steht es frei, für diese Fälle eine automatische Beendigung des Franchisevertrages, ein einseitiges Vertragsbeendigungsrecht durch Kündigung oder die Weiterführung des Vertrages unter gewissen Änderungen bzw. Ergänzungen vorzusehen. Sie können sich auch über verschiedene Wahlmöglichkeiten verständigen.

106. Veräußerung des Franchisegeschäftes durch den Franchisenehmer. Die Parteien sind auch gehalten, im Vertrag ausdrücklich eine mögliche Weiterveräußerung des Franchisegeschäftes durch den Franchisenehmer zu regeln, da auch hier die doctrine of implied terms von der Judikatur nicht zur Regelung einer Vertragslücke bemüht wird (vgl. auch Anm. 9 zur Übertragung, Belastung und sonstigen Verfügungen des Franchisenehmers über franchisevertragliche Rechte). Es hat sich in der englischen Franchise-Vertragspraxis eingebürgert, daß sich der Franchisegeber zur Sicherung seines Know-hows und zum Schutz des Systems vor Aufkauf durch unliebsame Erwerber ein Vorkaufsrecht im Vertrag sichert. Das Verbot für den Franchisenehmer, nicht ohne Zustimmung des Franchisegebers, seine Rechtspositionen aus dem Franchisevertrag an Dritte zu übertragen, ist gem. Art. 3 Abs. 2j Franchise-GVO freigestellt (so bereits KOM Abl. 1988 L 332, 42 EG 12 – Service Master).

107. Datenschutz. Die Datenschutzklausel ist eine kautelarjuristische Routineklausel, die sich im einzelnen aus den Vorschriften des Datenschutzgesetzes von 1984 erklärt. Die Vertragsparteien sind danach verpflichtet, Schutzmaßnahmen vor eventuellen Zugriffen unberechtigter Dritter auf die gespeicherten Computerdaten zu ergreifen und sich bei der zuständigen Behörde registrieren zu lassen (vgl. hierzu auch *Adams/Prichard Jones,* S. 263).

108. Zinsen. Während nach älterer englischer Rechtsprechung der Gläubiger bei einer Zahlung nach Fälligkeit nur Zinsen verlangen konnte, wenn dies vertraglich vereinbart war, besteht heute ein Anspruch auf Zinszahlung im Verzugsfalle, sofern zwischen den Parteien längere Geschäftsbeziehungen bestanden haben oder ein entsprechender Handelsbrauch (trade usage) vorliegt (vgl. dazu London Chatham and Dover Railway Co. v. South Eastern Railways Co. [1983] A. C. 429; *Triebel/Hodgson/Kellenter/Müller,* S. 87 f.). Der

5. Franchise Agreement (Englischer Franchisevertrag) **II.5**

Zinssatz wird dabei nicht an den subjektiven Verhältnissen der Parteien, sondern am Kapitalmarkt ausgerichtet. In der Regel werden Sollzinsen nach der Praxis des Commercial Court mit einem Prozent über der London Interbank Offered Rate angenommen (vgl. *Triebel/Hodgson/Kellenter/Müller*, S. 89 mit Hinweis auf Tate and Lyle Food and Distribution Ltd. v. Greater London Council [1982] 1 W.L.R. 149). Daneben können Gerichte aufgrund prozessualer Vorschriften Zinsen auf Geldschulden gewähren. Das Prozeßrecht differenziert hier zum einen nach Zinsen für den Zeitraum vom Entstehen der Geldschuld bis zur Urteilsverkündung und zum anderen nach Zinsen für den Zeitraum nach der Urteilsverkündung. Für den Zeitraum vor Urteilsverkündung ergibt sich der Zinsanspruch aus Section 25 A Supreme Court Act 1981. Für den Zeitraum nach Urteilsverkündigung werden Zinsen auf der Grundlage der Section 17 des Judgment Acts 1838 gewährt (*Triebel/Hodgson/Kellenter/Müller*, S. 402). Die Zinshöhe wird durch den Lordkanzler festgelegt und betrug 1993 8%. Die Zinszahlungspflicht beginnt in diesem Fall mit dem Tag der Fälligkeit, ohne daß es einer Mahnung bedarf (*Triebel/Hodgson/Kellenter/Müller*, S. 403). Für die Fälle säumiger Zahlungen des Franchisenehmers während der Durchführung des Vertrages muß jedenfalls empfohlen werden, eine detaillierte vertragliche Regelung zu Zinsansprüchen des Franchisegebers zu treffen.

109. Salvatorische Klausel. Diese Klausel ist in nahezu allen Vertriebsverträgen anzutreffen. Sie dient der Aufrechterhaltung des Franchiseverhältnisses. Die Parteien verpflichten sich hierdurch im Falle der Unwirksamkeit einer Vertragsbestimmung, diese zu streichen und eine andere, wirksame Vertragsbestimmung an ihre Stelle zu setzen. Dies ist nach englischem Recht statthaft und unterliegt der Vertragsgestaltungsfreiheit der Parteien (vgl. hierzu auch *Adams/Prichard Jones*, S. 365; zu den Rechtsfolgen bei Vorliegen einer gegebenenfalls EU-kartellrechtswidrigen Bestimmung vgl. Anm. 11 (d), (f) cc)).

110. Eigentumsvorbehalt. Der Franchisegeber kann als Lieferant auch einen Eigentumsvorbehalt an den gelieferten Vertragswaren oder an den überlassenen Einrichtungs- und Ausstattungsgegenständen vereinbaren (vgl. hierzu *Triebel/Hodgson/Kellenter/Müller*, S. 143 ff.; *Habel*, S. 1 ff.; *Lipp*, RIW 1994, S. 18 ff.). Seit 1976 ist dieses Sicherungsinstitut im Vereinigten Königreich anerkannt. Insbesondere sind seit der Entscheidung des House of Lords vom 18. 10. 1990 (Amour v. Thyssen Edelstahlwerke AG [1990] 3 All E. R. 481 = RIW 1991, S. 70 ff.) die Formen des einfachen und erweiterten Eigentumsvorbehaltes in Großbritannien etabliert. Unklar ist allerdings die Rechtslage zum sog. verlängerten Eigentumsvorbehalt (vgl. hierzu *Lipp*, S. 18 ff.), der indes für das Franchising kaum eine Rolle spielt.

111. Rechtswahl und Gerichtsstand. a) Europäisches Schuldvertragsübereinkommen. Das Europäische Schuldvertragsübereinkommen (EVÜ) vom 19. 6. 1980 wurde durch den Contracts (Applicable Law) Act 1990 in das britische Recht transformiert. Die Vorschriften dieses Gesetzes gelten seit dem 1. 4. 1991 (vgl. hierzu weiterführend: *Reithmann/Martiny*, S. 86 ff.; *Kropholler*, S. 397 ff.; *Triebel/Hodgson/Kellenter/Müller*, S. 414 ff.). Damit hat das internationale Vertragsrecht (im Sinne des Kollisionsrechts der Schuldverträge mit Auslandsberührungen) in England und Deutschland eine weitreichende Vereinheitlichung erfahren.

b) Grundsatz der Rechtswahlfreiheit. Die Vorschrift des Art. 3 Abs. 1 EVÜ (= Art. 27 Abs. 1 EGBGB) sieht den Grundsatz vor, daß die Parteien dasjenige Recht autonom wählen können, dem ihr Vertrag unterliegen soll. Die Rechtswahl bezieht sich hierbei nur auf die Sachvorschriften des gewählten Rechts, nicht aber auf das dazugehörige Kollisionsrecht; die Beachtung einer Rück- bzw. Weiterverweisung ist gem. Art. 15 EVÜ (= Art. 35 EGBGB) ausgeschlossen. Bei Verträgen mit englischen Franchisenehmern werden sich die Parteien auch dann, wenn der wirtschaftlich stärkere Franchisegeber ein deutsches Unternehmen mit Sitz in Deutschland ist, auf die Anwendung englischen Rechts verständigen. Denn hiermit ist für den Franchisegeber der Vorteil verbunden, daß er der Anwendung von Schutzvorschriften zugunsten des Franchisenehmers, wie sie vor allem das deutsche Recht in Heranziehung des handelsvertreterrechtlichen Regelungsprogramms entwickelt hat, entgehen kann. Aber auch wenn bei einem grenzüberschreitenden Franchisevertrag der englische Franchisenehmer in einer stärkeren Verhandlungsposition als der deutsche Franchisegeber ist (dies mag etwa im Bereich des Hersteller-Franchising vorkommen), wird die Rechtswahlvereinbarung regelmäßig auf das englische Recht hinauslaufen, dessen Inhalt dem Franchisenehmer vertraut ist. Im übrigen kann eine Rechtswahl nicht nur ausdrücklich als auch konkludent erfolgen; letzteres etwa durch die Vereinbarung eines einheitlichen Gerichtsstandes oder eines einheitlichen Erfüllungsortes. Die Rechtswahl ist nach Art. 3 Abs. 2 EVÜ (= Art. 27 Abs. 2 EGBGB) auch nachträglich möglich, etwa durch rügeloses Verhandeln der Parteien im Prozeß. Dabei genügt allerdings nach deutschem Recht ein irrtümliches Anführen von Vorschriften einer bestimmten Rechtsordnung allein nicht für eine entsprechende Rechtswahl, wenn die Parteien insoweit ohne Erklärungsbewußtsein gehandelt haben (vgl. BGH NJW-RR 1990, S. 249). Auch ist die Vertragssprache allein bzw. in Verbindung mit dem Abschlußort nach Ansicht der deutschen Judikatur für eine konkludente Rechtswahl nicht ausreichend (BGH NJW 1991, S. 1293).

c) **Zustandekommen und Wirksamkeit der Rechtswahl.** Zustandekommen und Wirksamkeit einer Rechtswahl richten sich ausweislich des Art. 8 Abs. 1 EVÜ (= Art. 27 Abs. 4 i. V. m. Art. 31 Abs. 2 EGBGB) grundsätzlich nach dem von den Parteien gewählten Recht und nicht etwa der abweichenden lex fori. Ausnahmsweise findet nach Art. 8 Abs. 2 EVÜ die lex fori Berücksichtigung, soweit sich eine Partei darauf beruft, daß sie dem Vertrag nicht zugestimmt habe und es nach den Umständen des Falles unbillig wäre, die Rechtswirkungen des Verhaltens der Partei allein nach dem Vertragsstatut zu beurteilen. Die Wirksamkeit einer in allgemeinen Geschäftsbedingungen enthaltenen Rechtswahlklausel bestimmt sich ebenfalls nach dem von den Parteien gewählten Recht (vgl. dazu OLG Saarbrücken, NJW 1992, S. 988; vgl. zum Ganzen auch *Jayme*, Rechtswahlklausel und zwingendes ausländisches Recht beim Franchise-Vertrag, IPRax 1983, 105).

d) **Objektive Anknüpfung.** Wenn eine Rechtswahl völlig fehlt bzw. keine wirksame Rechtswahl vorgenommen wurde oder eine wirksame Rechtswahl nicht von der Partei, die sich darauf beruft, bewiesen werden kann, ergibt sich das anwendbare Recht aus der Methode der objektiven Anknüpfung, so wie sie in Art. 4 Abs. 1 Satz 1 EVÜ (= Art. 28 Abs. 1 Satz 1 EGBGB) auf der Grundlage der „engsten Verbindung" des Vertrags mit einer Rechtsordnung vorgesehen ist. Die Vorschrift des Art. 4 Abs. 2 Satz 1 (= Art. 28 Abs. 2 Satz 1 EGBGB) stellt dabei die gesetzliche Vermutung auf, daß der Vertrag die engsten Verbindungen mit dem Staat aufweist, in dem die Partei, welche die charakteristische Leistung zu erbringen hat, im Zeitpunkt des Vertragsabschlusses ihren gewöhnlichen Aufenthalt hat bzw. sich die Hauptverwaltung befindet. Beim Franchising hat nach ganz herrschender Ansicht der Franchisenehmer die vertragscharakteristische Leistung zu erbringen (vgl. hierzu *Hiestand*, Die international-privatrechtliche Beurteilung von Franchise-Verträgen ohne Rechtswahlklausel, RIW 1993, S. 173).

e) **Gerichtsstandsvereinbarungen.** Auch für Gerichtsstandsvereinbarungen wurde auf der Grundlage des Art. 220 EG-Vertrag eine Vereinheitlichung des Europäischen Rechts geschaffen. Einschlägig ist hier das Europäische Gerichtsstands- und Vollstreckungsübereinkommen (EuGVÜ) von 1968, das für die Mitgliedstaaten der EU einheitlich die internationale Zuständigkeit der Gerichte sowie die gegenseitige Anerkennung von Gerichtsentscheidungen regelt (vgl. hierzu weiterführend *Triebel/Hodgson/Kellenter/Müller*, S. 376 ff.; *Kropholler*, S. 476 ff.). Dieses Übereinkommen, die sogenannte Brüsseler Konvention, hat durch die Konvention von Lugano eine Ergänzung erfahren, an der außer den seinerzeitigen EU-Mitgliedstaaten auch Österreich, Finnland, Island, Norwegen, Schweden und die Schweiz beteiligt sind. Beide Übereinkommen sind in England durch die Civil Jurisdiction and Judgements Acts von 1982 und 1991 umgesetzt worden. Nach Art. 17 EuGVÜ können die Parteien des Franchisevertrages die internationale Zuständigkeit des anzurufenden Gerichts frei vereinbaren. Diese Vorschrift verdrängt alle nationalen Regelungen, die einer Derogation inländischer Zuständigkeit entgegenstehen können. Ohne

6. Franchise Agreement (Franchisevertrag USA) II.6

Rücksicht auf den Sitz der Parteien sind allerdings für Klagen, die dingliche Rechte an unbeweglichen Sachen zum Gegenstand haben, diejenigen Gerichte des Vertragsstaates zuständig, in denen die unbewegliche Sache belegen ist (lex rei sitae). Für Verfahren, die die Zwangsvollstreckung aus Entscheidungen zum Gegenstand haben, sind gem. Art. 16 Nr. 5 EuGVÜ die Gerichte des Vertragsstaates ausschließlich zuständig, in dessen Hoheitsgebiet die Zwangsvollstreckung durchgeführt werden soll oder durchgeführt worden ist. Bei fehlender bzw. unwirksamer Wahl des Gerichtsstandes kann sich die internationale Gerichtszuständigkeit nach Artt. 2 und 5 EuGVÜ ergeben. Für Streitigkeiten aus Verträgen ergibt sich der Gerichtsstand nach Art. 5 Nr. 1 EuGVÜ. Danach ist das Gericht des Ortes zuständig, an dem die streitige Verpflichtung erfüllt worden ist bzw. zu erfüllen wäre. Hier können Unterschiede zwischen dem deutschen Recht und dem englischen Recht zum Tragen kommen, da die Frage des Erfüllungsortes teilweise unterschiedlich geregelt ist. Nach englischem Recht ist der Erfüllungsort für Geldschulden der Geschäftssitz bzw. Wohnsitz des Gläubigers (*Kaye*, S. 516). Bei Sachleistungsverpflichtungen gilt im Rahmen des Warenverkaufs gem. Section 29 des Sale of Goods Act 1979 bei Speziesschulden im Zweifel der Lagerort der Waren als Erfüllungsort (*Triebel/Hodgson/Kellenter/Müller*, S. 379). Bei Gattungsschulden ist dies dagegen gem. Section 29 (2) Sales of Good Act 1979 der Geschäftssitz des Verkäufers. Im Falle der Anwendbarkeit der Konventionen von Brüssel (und Lugano) muß das in einem Vertragsstaat erlassene Urteil in allen anderen Vertragsstaaten anerkannt werden. Zur Vollstreckung eines ausländischen Urteils in England bedarf es eines Antrags auf Registrierung im High Court.

f) **Schiedsvereinbarungen.** Englische Gerichte erkennen grundsätzlich auch schriftliche Schiedsvereinbarungen in Franchiseverträgen an, die eine Klage vor einem staatlichen Gericht unzulässig machen. Aus einem Schiedsspruch kann vollstreckt werden, indem die begünstigte Partei die andere wegen Verletzung ihrer schiedsvertraglichen Erfüllungspflicht verklagt oder indem sie eine Vollstreckbarkeitserklärung nach dem Arbitration Act 1950 beantragt und dann den Schiedsspruch in gleicher Weise wie ein Urteil vollstreckt (*Taylor*, in: Martinek/Semler, Handbuch des Vertriebsrechts, § 54, Rn. 69). Für Franchisegeber und -nehmer kommen insbesondere Schiedsgerichte im Rahmen des Chartered Institute of Arbitrators British Franchise Association Arbitration Scheme in Betracht, dessen Bestimmungen einen kostengünstigen Weg zur Streitbeilegung eröffnen (dazu *Adams/Prichard Jones*, S. 11 ff.).

6. Franchise Agreement/USA
(Franchisevertrag in den Vereinigten Staaten von Amerika)

Franchise Agreement[1–11]

RECITALS[12]

The FRANCHISOR is a German corporation who holds the rights under various registered trademarks, service marks, trade names and styles including distinctive logos and also certain copyrighted material embodying the use of such marks and has promoted the use of and acceptance of such marks through its own operations and the operations of franchisees and has developed a franchise system identified with its marks which has public acceptance and goodwill. *(Insert: description of the nature of the franchise system in question)*

FRANCHISEE desires to become a part of the franchise system and to establish and operate the franchised BUSINESS using such marks and goodwill.

1. PARTIES[13]

The PARTIES referred to herein are the FRANCHISOR and the FRANCHISEE.

1.1 FRANCHISOR
(name) ....
(form of enterprise) ....
(principal place of business/office) ....

1.2 FRANCHISEE
(name) ....
(street address) ....
(city) ....
(state) ....

2. DEFINITIONS[14]

All references made to words listed in the list of definitions shall have the sole and absolute meaning as defined herein. References to the singular shall include the plural and vice versa. No other meaning shall be implied unless the PARTIES agree to it in writing.

2.1 TERRITORY
The territory referred to in this AGREEMENT is the geographical area for which the Franchise herein specified is extended by the FRANCHISOR.

2.2 BUSINESS
The commencement and undertaking of the franchised BUSINESS at the location within the TERRITORY in accordance with the BUSINESS SYSTEM, in compliance with the METHOD and in adherence to the MANUAL.

2.3 GROSS TURNOVER
The gross takings of the BUSINESS in respect of the PRODUCTS sold, the services supplied and business dealings entered into during each accounting month. All payments received under any insurance policy covering loss of profits shall be included for the relevant accounting month. All Value Added Tax (VAT) and any benefit arising from or accruing to the business solely attributable to any sale of equipment permitted by this Agreement shall be excluded.

2.4 INTELLECTUAL PROPERTY
The trademarks, trade names, trade secrets, insignia, patents and copyrights of the FRANCHISOR.

2.5 KNOW-HOW
All confidential, technical and commercial information relating to the operation of the BUSINESS SYSTEM, including, without limitation, all specifications and information contained in the MANUAL or other documents together with unrecorded information known to individuals who are office bearers or employees of THE FRANCHISEE.

2.6 LOCATION
Premises to be used for the BUSINESS or a site approved by THE FRANCHISOR within the territory as described in the Agreement.

2.7 MANUAL[15]
The franchisor's ordinary operating manual, as updated from time to time and supplemented by further written directions and regulations, giving details of the BUSINESS SYSTEM and intellectual property, revealing the METHOD and imparting the KNOW-HOW. The serial number of the MANUAL is ...... (insert exact number).

2.8 PRODUCT
The PRODUCTS described in detail in the MANUAL or other PRODUCTS substituted in accordance with this Agreement.

2.9 SERVICES
The services forming part of the BUSINESS and described in detail in the MANUAL.

2.10 LEASE
The agreement between the FRANCHISEE and the landlord, pertaining to the premises of the FRANCHISEE'S business.

3. GRANT OF THE FRANCHISE[16–22]

The FRANCHISOR hereby grants to the FRANCHISEE a license, within the following territory, to operate the franchised BUSINESS and to use the INTELLECTUAL PROPERTY of THE FRANCHISOR during the term of this agreement and any renewal thereof.

4. FRANCHISEE'S OBLIGATIONS[23]

4.1 Acknowledgment of FRANCHISOR'S Ownership of the INTELLECTUAL PROPERTY[24]

The FRANCHISEE acknowledges that the FRANCHISOR is the sole and exclusive owner of the INTELLECTUAL PROPERTY. He agrees hereby not to register or attempt to register such INTELLECTUAL PROPERTY rights in the FRANCHISEE'S name or that of any other firm, person or corporation, and not to use the INTELLECTUAL PROPERTY or any part thereof as a part of a corporate name without the previous written consent of the FRANCHISEE.

4.2 RESTRICTIONS ON PRODUCTS OR SERVICES ASSOCIATED WITH THE INTELLECTUAL PROPERTY

The FRANCHISEE agrees to use the FRANCHISOR'S INTELLECTUAL PROPERTY in connection with, and exclusively for, the promotion and conduct of the franchised BUSINESS, as provided herein.

4.3 OBLIGATION TO PROTECT ANS DEFEND THE FRANCHISOR'S INTELLECTUAL PROPERTY[25]

The FRANCHISEE agrees that for the purpose of protecting and enhancing the value and goodwill of the FRANCHISOR'S INTELLECTUAL PROOERTY and of insuring that the public may rely upon foresaid INTELLECTUAL PROPERTY as identifying quality, type and standard of the franchised BUSINESS, that said license is subject to the continued faithful adherence by the FRANCHISEE to the standards, terms and conditions set forth in, or established in accordance with, this agreement and the manual referred to herein and that THE FRANCHISEE will operate its franchised BUSINESS in accordance with the rules and procedures prescribed by the FRANCHISOR from time to time. The FRANCHISEE agrees to report promptly to the FRANCHISOR any possible mark infringement wich comes to the attention of the FRANCHISEE.

4.4 LOCATION[26–27]

The FRANCHISEE shall operate only from LOCATIONS approved by the FRANCHISOR within the TERRITORY. The FRANCHISEE may not operate the franchised BUSINESS from any other location without the prior written consent of the FRANCHISOR. The FRANCHISOR shall not unreasonably withhold its approval of an application by the FRANCHISEE to relocate the office to another LOCATION within the TERRITORY.

4.5 LEASE[28]

The FRANCHISEE shall obtain the lease of the premises in the FRANCHISEE'E name, subject to the FRANCHISOR'S prior approval. The FRANCHISEE agrees that the lease will provide:

(i) for notice to the FRANCHISOR by the landlord of any default by the FRANCHISEE;

(ii) for the FRANCHISOR'S right to remedy the FRANCHISEE'S default under said lease;

(iii) for FRANCHISEE'S right to transfer the LEASE to the FRANCHISOR without the landlord's consent;

(iv) that upon termination of the franchise agreement, the FRANCHISOR has an option to take over or renew the LEASE.

The FRANCHISEE agrees to deliver a complete copy of the signed LEASE to the franchisor within 8 (eight) business days after the execution of the LEASE for the premises. The FRANCHISEE may not execute the LEASE OR agree to any modification of the LEASE without the prior consent of the FRANCHISOR.

4.6 APPEARANCE OF THE PREMISES[29]

The FRANCHISEE'S premises shall be suitable for the operation of a public franchised business, shall be maintained in a clean and presentable condition at all times and shall be adequately manned by competent personnel with 24 (twenty-four) hour coverage on telephones either through the FRANCHISEE'S personnel or answering services.

4.7 USE OF SPECIFIED FURNITURE, FIXTURES AND EQUIPMENT

The FRANCHISEE agrees to use for his outlet only the furniture, fixtures and equipment of the franchise system. The FRANCHISEE shall prominently display at the premises the FRANCHISOR'S then current signs, insignia, symbols, slogans and other forms and devices as specified from time to time by the FRANCHISOR for uniform system and INTELLECTUAL PROPERTY recognition by the public.

4.8 COMMENCEMENT DATE[30]

The FRANCHISEE shall commence operations within ninety (90) days from the date of this agreement.

4.9 ADHERANCE TO THE FRANCHISE METHOD[31]

The FRANCHISEE shall operate the franchised BUSINESS in accordance with the standard procedures and methods established and modified from time to time by the FRANCHISOR, and set forth in the FRANCHISOR'S MANUAL. The FRANCHISEE acknowledges that it has been furnished and has examined a copy of said manual. Such manual shall at all times remain the property of the FRANCHISOR and the FRANCHISEE hereby agrees that it will not disclose or cause to be disclosed the contents of such MANUAL TO anyone without the express prior written consent of the FRANCHISOR. Upon termination or expiration of this agreement, the FRANCHISEE shall return said manual to the FRANCHISOR.

4.10 PAYMENTS TO THE FRANCHISOR[32]

4.10.1 Initial Fee[33]

In consideration of the opportunity to establish and maintain the franchised BUSINESS as provided herein the FRANCHISEE shall pay to the FRANCHISOR an <u>initial fee</u> of $ ...... <u>upon signing of the agreement</u>, which shall be payable in cash or by certified check. The FRANCHISEE acknowledges that such fee is reasonable and it is expressly understood that such fee will not be refunded to the FRANCHISEE upon expiration or termination of this agreement <u>for any reason whatsoever.</u>

4.10.2 Royalties[34]

The FRANCHISEE shall pay to the FRANCHISOR monthly royalties in the amount of ...... percent of the FRANCHISEE'S GROSS TURNOVER (excluding sales tax). Royalties shall be paid on or before the fifteenth day of each month and shall be based upon sales of the preceding calendar month. The payment of royalties shall be accompanied by the FRANCHISEE'S statement of his GROSS TURNOVER during the aforesaid calendar month.

6. Franchise Agreement (Franchisevertrag USA)

4.10.3 Consulting Fee

If the presence or the service of any employee(s) or representative(s) of the franchisor is necessary to aid the operation of the franchisee's business, then the franchisee shall be obliged to pay a consulting fee of $ ...... per day or part thereof for each person assigned by the franchisor.

4.10.4 Advertising Fee[35]

The FRANCHISEE is obliged to pay to the FRANCHISOR a monthly advertising and sales promotion contribution in the amount of ...... % of the FRANCHISEE'S GROSS TURNOVER. The advertising fee shall be paid on the fifteenth day of each month and shall be based on sales of the preceding calendar month. The payment shall be accompanied by the FRANCHISEE'S statement of his GROSS TURNOVER during the aforesaid calendar month. The advertising fee shall be paid into a promotion fund in a separate account which is to be held in trust by the FRANCHISOR. The contents of the promotion fund shall be expended by the FRANCHISOR at its discretion for advertising and sales promotion in the FRANCHISEE'S TERRITORY and on a national basis.

4.10.5 Payment for Supplies or Inventory[36]

Supplies or inventory furnished by the franchisor shall be paid for at the wholesale prices being in force and effect at the time of delivery, as established by the franchisor for all franchisees of the franchisor.

4.11 ACCOUNTING AND RECORD KEEPING[37]

The FRANCHISEE shall prepare and maintain true and accurate records, reports, accounts, books and data which shall accurately reflect all particulars relating to the FRANCHISEE'S BUSINESS in compliance with the standard procedures and specifications which are or may be prescribed from time to time by the FRANCHISOR for record keeping and reporting.

The FRANCHISEE shall permit the FRANCHISOR and its representatives to examine and audit said records, reports, accounts, books, and data at any reasonable time. The FRANCHISEE shall utilize in its franchised BUSINESS only forms which are in compliance with the FRANCHISOR'S standard specifications and which have been approved by the FRANCHISOR.

The FRANCHISEE shall furnish such information and make such standard reports as the FRANCHISOR shall request for the proper administration of the franchise system within a reasonable period of time after such a request.

The FRANCHISEE acknowledges that it has been furnished copies of the FRANCHISOR'S forms and that it has been advised of the standard procedures and specifications referred to in this paragraph.

4.12 BEST EFFORT[38]

The FRANCHISEE shall devote its primary and best efforts toward the development of the whole TERRITORY and each severable part thereof, to establish and maintain an adequate number of franchised BUSINESS LOCATIONS to serve the available market.

The FRANCHISEE shall at all times render prompt and courteous service and conduct its franchised BUSINESS in such a fashion that it reflects favorably on the FRANCHISOR and the franchise system and the good name, goodwill and reputation thereof and shall avoid all deceptive, misleading and unethical practices.

The FRANCHISEE shall not use or cause to be used any franchised INTELLECTUAL PROPERTY in any advertisement(s) or promotion(s) without the prior written approval of the FRANCHISOR.

4.13 TRAINING[39]

The FRANCHISEE is obliged to train in the main office of the FRANCHISOR at the FRANCHISEE'S own expense and cost (no charge for training) for a period of ...... days prior to the FRANCHISEE'S outlet opening in order to become acquainted with the method of the franchise system. The FRANCHISEE shall successfully complete such training.

If in any way the FRANCHISEE fails to maintain the standards of quality or services established by the FRANCHISOR, the FRANCHISOR shall have the right to assign such person(s) as it deems necessary for the training of the franchisee or the franchisee's personnel to ensure the maintenance of the aforesaid standards.

4.14 PERSONNEL

All personnel employed by the FRANCHISEE in connection with the franchised BUSINESS shall maintain such standards as ESTABLISHED by the FRANCHISOR.

The FRANCHISEE agrees to employ only trained personnel to carry out and perform diligently all obligations and responsibilities of the FRANCHISEE under this agreement.

All personnel performing supervisory functions and all personnel receiving special training and instructions shall sign noncompetitive agreements.

4.15 PURCHASING OF INVENTORY OR SUPPLIES[40]

In order to safeguard the integrity of the franchise system, the FRANCHISEE agrees to purchase the equipment, the inventory and all PRODUCTS sold at the franchised premises only from the FRANCHISOR or suppliers approved by the FRANCHISOR.

4.16 MINIMUM BUSINESS VOLUME[41]

As a condition of retaining the franchise the FRANCHISEE is required to deliver a minimum BUSINESS volume of $ . . . . . . for each year of the term.

4.17 ADVERTISEMENT AND PROMOTION[42]

During the term of this agreement the FRANCHISEE shall participate in the cooperative advertising programs of the FRANCHISOR for national and (or) regional advertising created for the benefit of the entire franchise system.

The FRANCHISEE shall provide and maintain regional advertisements in appropriate media within the TERRITORY. Such advertisements shall comply with the standard specifications established by the FRANCHISOR from time to time.

All local advertising and promotions to be arranged by the FRANCHISEE shall be submitted to and approved in writing by the FRANCHISOR prior to the use thereof.

4.18 INSURANCE[43]

The FRANCHISEE agrees to carry at its sole expense and cost workers' compensation, public liability and products liability insurance with accredited insurance companies to an amount of not less than $ . . . . . ., naming the FRANCHISOR as additional insured.

4.19 INDEMNIFICATION[44]

The FRANCHISEE agrees, during and after the term of this agreement, to indemnify the FRANCHISOR and its officers, agents and employees against all loss, damage, liability and expenses incurred as a result of a violation of this agreement and from all claims, damages, causes of action or suits of any persons, firms or corporations arising from the operation of the FRANCHISEE'S BUSINESS.

4.20 COMPLIANCE WITH LAWS

The FRANCHISEE shall be solely responsible for compliance with all laws, statutes, ordinances, orders or codes of any public or governmental authority pertaining to the FRANCHISEE and its BUSINESS, and for payment of all taxes, permits, license and registration fees and other charges or assessments arising out of the establishment and operation of the FRANCHISEE'S BUSINESS.

4.21 COMPLIANCE WITH MANUAL

The FRANCHISEE acknowledges having received one copy of the MANUAL on loan from the FRANCHISOR for the term of this agreement. The FRANCHISEE agrees to operate the franchised BUSINESS strictly in compliance with the provisions, standards and procedures set forth in the FRANCHISOR'S MANUAL which may be amended from time to time by supplementary materials and documents.

4.22 INSPECTION OF BOOKS AND PREMISES[45]

The FRANCHISEE shall at all reasonable times permit the FRANCHISOR to enter the location or any other premises used in connection with business and for the inspection of books and premises.

5. FRANCHISOR'S OBLIGATIONS[46]

During the term of this agreement or any renewal hereof the FRANCHISOR agrees to do the following subject to its right to determine the extent and scope of its activities, but in all events the FRANCHISOR shall give due consideration to the FRANCHISEE'S recommendations:

5.1 PROTECTION OF INTELLECTUAL PROPERTY RIGHTS[47]

The FRANCHISOR shall maintain the INTELLECTUAL PROPERTY during the term of this agreement and not cause or permit anything which may damage or endanger it.

5.2 TERRITORY[48]

The FRANCHISEE may use the franchise in *(full geographical area to be stipulated)* .... The FRANCHISOR will neither authorize nor permit the use of its INTELLECTUAL PROPERTY BY anyone other than the FRANCHISEE in the TERRITORY.

5.3 INITIAL SUPPLY[49]

The FRANCHISOR shall supply at no charge initial quantities of business advertising and promotional material and provide additional material at reasonable prices.

5.4 ADVERTISING AND PROMOTION[50]

The FRANCHISOR shall provide for maintenance and promotion of a national franchise system identified with the INTELLECTUAL PROPERTY and maintenance of a national advertising program.

5.5 SUPPLY OF IDENTIFYING MATERIAL

The FRANCHISOR shall provide signs, business forms, stationery, uniforms and other standardized items at reasonable prices.

5.6 SERVICES AND ASSISTENCE[51]

5.6.1 Training[52]

The FRANCHISOR agrees to make available to the FRANCHISEE and his employees the FRANCHISOR'S following training courses:

(a) Before the commencement date initial training of not less than ...... days shall take place at the main office of the FRANCHISOR in the City of ....

(b) Thereafter and within ...... days following the commencement of the franchised BUSINESS of the FRANCHISEE, the FRANCHISOR agrees to provide qualified and experienced personnel to assist at the premises of the FRANCHISEE for a period of ...... day(s) for consultation purposes, if necessary.

(c) The FRANCHISOR shall provide additional training during the term, if the FRANCHISEE requires further instruction to that already provided by the FRANCHISOR, as set forth in this agreement.

5.6.2 Consulting[53]

The FRANCHISOR shall make available to the FRANCHISEE, upon request, the FRANCHISOR'S management consultant facilities, Know-how and trade secrets in establishing, operating and promoting the franchised BUSINESS regarding:

(1) the selection of premises and the establishment of LOCATIONS;

(2) the institutions and maintenance of office management systems and business operation procedures;

(3) the institutions and maintenance of advertising and marketing programs and promotion campaigns.

6. TERM AND RENEWAL[54]

This agreement shall be in effect from the date of signature hereof by both PARTIES and continue for 5 (five) years unless terminated sooner as provided herein, and may be renewed automatically for additional successive periods of 5 (five) years, unless either PARTY hereto shall give written notice to the other PARTY of his desire to terminate this agreement not later than 3 (three) months prior to the end of the then current term.

7. TERMINATION OF THE AGREEMENT[56–58]

The PARTIES may terminate this agreement by notice in writing upon the occurrence of any of the following events:

7.1 TERMINATION BY THE FRANCHISEE

The FRANCHISEE being in good standing, may terminate this agreement at any time by giving 90 (ninety) days' written notice to the FRANCHISOR, except that such termination shall not relieve the FRANCHISEE of any obligation to the FRANCHISOR that shall have matured under or survived this agreement or under any collateral written agreement of the PARTIES.

7.2 TERMINATION BY THE FRANCHISOR

The franchisor may terminate this AGREEMENT prior to the expiration of the term only with good cause.

7.2.2 Good Cause

Good cause for termination prior to expiration is given, if the FRANCHISEE fails to comply with the term and conditions of this agreement after beeing given notice thereof by the FRANCHISOR, unless the non-performance results from strikes, war or other conditions beyond the control of the FRANCHISEE. The FRANCHISEE shall have the right, if rectifiable, to remedy the aforesaid failure or default within 30 (thirty) days following the mailing of the written notification of the FRANCHISOR.

7.2.3 Grounds for Termination (with opportunity to cure; not limited)

(a) If the FRANCHISEE defaults in payment of royalties or the other fees stipulated in this agreement or

(b) if the FRANCHISEE fails to submit the financial statements provided herein and fails to rectify within 30 (thirty) days after notification thereof;

(c) if the FRANCHISEE ceases the active conduct of its business;

(d) if the FRANCHISEE fails to maintain the standards as set forth in this agreement, and as may be supplemented by the MANUAL, and said failure or default should not be remedied to the satisfaction of the FRANCHISOR within the time provided herein after notification or such later time as the FRANCHISOR may specify in a written notice.

7.2.3 Grounds for Termination (without opportunity to cure.

(a) Transfer or Assignment

Upon the transfer or assignment of any part of the FRANCHISEE'S BUSINESS or assets unless consented to in writing by the FRANCHISOR.

(b) Bankruptcy of FRANCHISEE[59]

Upon the insolvency, the making of an assignment for benefit of creditors, appointment of a receiver or trustee of any part of the assets of the FRANCHISEE'S BUSINESS, the service of a warrant of attachment upon any of the assets of the business or upon service of an execution.

(c) Death or Incapacity of FRANCHISEE[60]

In the event of death or in the event of incapacity for more than 2 (two) months of the FRANCHISEE.

8. CONSEQUENCES OF THE TERMINATION[61-63]

8.1 RETURN OF FRANCHISOR'S ELEMENTS OF INTELLECTUAL PROPERTY[64]

Immediately upon the expiration or termination of this agreement or any renewal thereof, the FRANCHISEE agrees to cease and abstain from using the INTELLECTUAL PROPERTY and shall return to the FRANCHISOR or effectively destroy all documents, instructions, display items, and the like bearing any of the INTELLECTUAL PROPERTY.

8.2 DISPOSAL OF FIXTURES, EQUIPMENT AND INVENTORY[65]

Fixtures and equipment may be returned to the FRANCHISOR *(or to the approved supplier)*. The remaining inventory shall be repurchased by the FRANCHISOR at market price at the time of repurchase less 10% for depreciation.

8.3 SETTLEMENT OF ACCOUNTS

Upon termination of this agreement, the FRANCHISOR shall be entitled to recover from the FRANCHISEE all moneys due in terms of this agreement, together with interest at the highest legal contract rate; as well as all costs and expenses, including reasonable attorney's fees and disbursements, incurred or accrued by the FRANCHISOR in enforcing its rights under this agreement.

8.4 ASSIGNMENT OF THE LEASE

The FRANCHISEE hereby grants to the FRANCHISOR an option for the assignment of any lease to the premises at any LOCATION which the FRANCHISEE may establish. This option shall be exercisable upon termination of the LEASE only through the assumption by the FRANCHISOR of liability for payment of rent in terms of the LEASE.

8.5 RETURN OF ALL CONFIDENTIAL MATERIAL

The departing FRANCHISEE is obliged to return all written materials (e.g. plans, MANUALS etc.), whether originals or reproductions, which contain information subject to the FRANCHISOR'S INTELLECTUAL PROPERTY rights.

9. MISCELLANOUS PROVISIONS[66]

9.1 PARTIES AS INDEPENDENT CONTRACTORS[67]

The FRANCHISOR and the FRANCHISEE are not and shall not be considered as joint ventures, partners, agents, servants, employees or fiduciaries of each other, and neither shall have the power to bind or obligate the other except as set forth in this agreement. There shall be no liability on the part of the FRANCHISOR to any person for any debts incurred by the FRANCHISEE unless the FRANCHISOR agrees in writing to pay such debts.

9.2 CONVENANTS NOT TO COMPETE[68-70]

During the term of this agreement and for a period of 2 (two) years after the expiration or termination of this agreement or any renewal thereof, neither the FRANCHISEE nor the FRANCHISEE'S principals or associates, whether individually or through a partnership or corporation, will engage, either within the TERRITORY, or in any event within a radius of 5 (five) miles of the franchised BUSINESS, any business similar to the franchised BUSINESS operated pursuant to this agreement.

9.3 CONFIDENTIALITY CLAUSE

The FRANCHISEE shall not during the term of this agreement or thereafter, communicate, divulge, or use for the benefit of any other person, partnership, association or corporation any confidential information, knowledge, or Know-how concerning the methods of the franchised BUSINESS which may be communicated to the FRANCHISEE, or of which the FRANCHISEE may be informed, by virtue of the FRANCHISEE'S operation in terms of this agreement.

9.4 TRANSFER, ASSIGNMENT AND SUBLICENSE[71]

The FRANCHISOR'S rights under this agreement shall devolve onto its successors and assignees. Such rights may be assigned provided that the assignee shall agree in writing to assume all of the FRANCHISOR'S obligations herein and notice thereof is served upon the FRANCHISEE. Such assignment shall discharge the FRANCHISOR from any further obligation herein.

The license herein granted is personal to the FRANCHISEE and cannot be transferred, assigned or sublicensed without the prior written consent of the FRANCHISOR, which consent shall not be unreasonably withheld.

Where the FRANCHISOR consents in writing to a transfer, assignment or sublicense, the transferee, assignee or sublicensee shall be bound by each and every limitation and condition contained herein and shall have no right to the further transfer of this license except with the prior written consent of the FRANCHISOR.

9.5 VENUE[72-73]

The venue for any proceeding relating to the provisions of this agreement shall be ......

9.6 GOVERNING LAW[74]

This agreement shall be construed and governed under and in accordance with the laws of ...... *(insert state)*.

9.7 WAIVER

The failure of either PARTY to enforce at any time any of the provisions of this agreement or to exercise any option or remedy herein provided shall in no way be construed to be a waiver of such provisions or to affect in any way the validity of this agreement. The exercise by either party of any of their rights herein or of any options or remedies under the terms or limitations herein shall not prejudice them from later exercising the same or any other rights such party may have in terms of this agreement. Irrespective of any previous action or proceeding taken by the PARTIES hereto, all remedies contained herein are cumulative and severable.

9.8 HEADINGS

The headings of the paragraphs used herein are for convenience only and do not affect the substance of the paragraphs themselves.

9.9 SEVERABILITY

In the event that any provision herein contravenes the law of any state or jurisdiction, such provision shall be deemed not to be a part of this agreement in that jurisdiction.

9.10 NO ORAL REPRESENTATION[75]

This agreement supersedes all prior or contemporanous oral and written understandings and agreements between the parties and my not be changed except by a writing signed by both PARTIES.

SIGNED AT ...... ON THIS THE ...... DAY OF ......
On behalf of the franchisee
....
1. WITNESS ....
2. WITNESS ....

SIGNED AT ...... ON THIS THE ...... DAY OF ......
On behalf of the FRANCHISOR
....
1. WITNESS ....
2. WITNESS ....

6. Franchise Agreement (Franchisevertrag USA) II.6

*Übersetzung**

Franchisevertrag[1-11]

Präambel[12]

Der FRANCHISEGEBER ist ein deutsches Unternehmen und Inhaber verschiedener registrierter Warenzeichen, Dienstleistungsmarken, Handelsnamen und Designs einschließlich unterscheidungskräftiger Logos sowie von bestimmten urheberrechtlich geschütztem Material, welches ebenfalls die Benutzung derartiger Marken umfaßt. Er hat die Verwendung und Akzeptanz der vorgenannten Marken sowohl durch eigene geschäftliche Tätigkeit als auch durch die Tätigkeit von Lizenznehmern gefördert. Des weiteren hat der FRANCHISEGEBER ein Franchisesystem entwickelt, das durch die Marken gekennzeichnet ist, das inzwischen öffentliche Aufnahme gefunden hat und das einen Goodwill repräsentiert. *(Einzufügen ist eine nähere Beschreibung der Natur des fraglichen Franchisesystems)*

Der FRANCHISENEHMER wünscht die Mitgliedschaft in diesem Franchisesystem. Er beabsichtigt, unter Benutzung der vorgenannten Marken und des Goodwill ein FRANCHISEGESCHÄFT zu gründen und zu führen.

1. VERTRAGSPARTEIEN[13]
1.1 FRANCHISEGEBER
(Name) ....
(Gesellschaftsform) ....
(Hauptsitz) ....
1.2 FRANCHISENEHMER
(Name) ....
(Straße) ....
(Stadt) ....
(Bundesstaat) ....

2. BEGRIFFSBESTIMMUNGEN[14]
Alle Bezugnahmen auf die in der Liste der Definitionen enthaltenen Begriffe sollen ausschließlich die vorliegend festgelegte Bedeutung haben. Bezugnahmen auf den Singular schließen den Plural mit ein und umgekehrt. Eine andere Auslegung bedarf des gemeinsamen schriftlichen Einverständnisses beider VERTRAGSPARTEIEN.
2.1 VERTRAGSGEBIET
Unter dem im vorliegenden Vertrag genannten Vertragsgebiet ist der geographische Bereich zu verstehen, auf den der FRANCHISEGEBER die Nutzung der im vorliegenden Vertrag definierten Franchise erstreckt.
2.2 FRANCHISEGESCHÄFT
Die Errichtung und der Betrieb des FRANCHISEGESCHÄFTS am Standort im VERTRAGSGEBIET im Einklang mit dem GESCHÄFTSSYSTEM, in Übereinstimmung mit der METHODE und unter den Voraussetzungen des HANDBUCHS.

---

* Diese Übersetzung dient ausschließlich dem besseren Verständnis des US-amerikanischen Originals, sie erhebt keinen Anspruch auf Verbindlichkeit.

2.3 BRUTTO-UMSATZ

Die Bruttoeinkünfte des FRANCHISEGESCHÄFTS, die aus dem Verkauf von VERTRAGSWAREN oder der Erbringung von DIENSTLEISTUNGEN und aus Handelsgeschäften im Laufe jedes Abrechnungsmonats erzielt werden. Alle Zahlungen, die im Zusammenhang mit den Versicherungspolicen für Gewinnausfälle erhalten werden, sind in den jeweiligen Abrechnungsmonat einzuschließen. Ausgeschlossen sind die gesamten Mehrwertsteuerbeträge sowie alle Einkünfte aus dem FRANCHISEGESCHÄFT, die allein aufgrund von vertraglich genehmigten Veräußerungen von Einrichtungsgegenständen erwachsen.

2.4 IMMATERIALGÜTERRECHTE

Die Marken, Handelsbezeichnungen, Geschäftsgeheimnisse, Patente, Kennzeichen und Urheberrechte des FRANCHISEGEBERS.

2.5 KNOW-HOW

Alle vertraulichen technischen oder kaufmännischen Wissensbestände zur Durchführung des GESCHÄFTSSYSTEMS, worin einschränkungslos alle Ausführungen und Mitteilungen eingeschlossen sind, die im Handbuch oder in anderen Unterlagen enthalten sind oder die ohne schriftliche Grundlage den vom FRANCHISENEHMER angestellten oder eingeschalteten Personen bekannt sind.

2.6 STANDORT

Die Geschäftsräume und das Grundstück, die für das FRANCHISEGESCHÄFT genutzt werden sollen, oder der vom FRANCHISEGEBER genehmigte Platz innerhalb des vertraglich festgelegten VERTRAGSGEBIETES.

2.7 HANDBUCH/BETRIEBSHANDBUCH[15]

Das übliche Betriebshandbuch des FRANCHISEGEBERS, das von Zeit zu Zeit aktualisiert und durch weitere schriftliche Weisungen und Vorgaben ergänzt wird und das die Einzelheiten des Geschäftssystems und der Immaterialgüterrechte enthält, die Methode offenlegt und das Know-how vermittelt. Die Seriennummer des Handbuchs lautet ...... *(genaue Angabe der Nummer einfügen)*.

2.8 VERTRAGSWARE

Die Waren, die im einzelnen im HANDBUCH bezeichnet sind, oder andere Waren, die in Übereinstimmung mit diesem Vertrag an deren Stellen treten.

2.9 DIENSTLEISTUNGEN

Die Dienstleistungen, die einen Bestandteil des FRANCHISEGESCHÄFTS bilden und im einzelnen im Handbuch beschrieben sind.

2.10 MIETVERTRAG

Der Vertrag zwischen FRANCHISENEHMER und Vermieter, der zu dem Grundstück des Geschäfts des FRANCHISENEHMERS gehört.

3. GEWÄHRUNG DER FRANCHISE[16–22]

Der FRANCHISEGEBER gewährt dem FRANCHISENEHMER hiermit für die gesamte Laufzeit des Vertrages einschließlich seiner Verlängerung(en) die Lizenz für den Betrieb des FRANCHISEGESCHÄFTS und die Nutzung der IMMATERIALGÜTERRECHTE DES FRANCHISEGEBERS, innerhalb des nachfolgend festgelegten VERTRAGSGEBIETS.

4. VERPFLICHTUNGEN DES FRANCHISENEHMERS[23]

4.1 ANERKENNUNG DER IMMATERIALGÜTERRECHTE des FRANCHISEGEBERS[24]

Der Franchisenehmer erkennt den FRANCHISEGEBER als alleinigen Inhaber der Immaterialgüterrechte an. Er verpflichtet sich hiermit, diese IMMATERIALGÜTER-

6. Franchise Agreement (Franchisevertrag USA) **II.6**

RECHTE weder im Namen des FRANCHISENEHMERS noch im Namen einer anderen Firma, natürlichen oder juristischen Person registrieren zu lassen oder dieses anzustreben und die IMMATERIALGÜTERRECHTE oder Teile davon, nicht ohne vorherige schriftliche Zustimmung des FRANCHISEGEBERS als Bestandteil seines Gesellschaftsnamens zu verwenden.

4.2 BESCHRÄNKUNGEN HINSICHTLICH DER MIT DEN IMMATERIALGÜTERRECHTEN VERBUNDENEN VERTRAGSWAREN UND DIENSTLEISTUNGEN

Der FRANCHISENEHMER verpflichtet sich, die IMMATERIALGÜTERRECHTE des FRANCHISEGEBERS (nur) im Zusammenhang mit dem FRANCHISEGESCHÄFT und ausschließlich zu dessen Förderung und zu dessen Betrieb im Sinne des vorliegenden Vertrages zu verwenden.

4.3 VERPFLICHTUNG ZUM SCHUTZ UND ZUR VERTEIDIGUNG DER IMMATERIALGÜTERRECHTE DES FRANCHISEGEBERS[25]

Zum Schutz sowie zur Mehrung des Werts und des Goodwills der IMMATERIALGÜTERRECHTE des FRANCHISEGEBERS sowie zur Sicherstellung, daß die Öffentlichkeit den vorbezeichneten IMMATERIALGÜTERRECHTEN als einer Verkörperung der Qualität, der Art und des Standards des FRANCHISEGESCHÄFTS vertraut, erklärt sich der FRANCHISENEHMER damit einverstanden, daß die vorliegende Lizenz von der getreuen Befolgung des Standards, der Regelungen und Bedingungen abhängt, die im vorliegenden Vertrag bzw. dem Handbuch aufgestellt worden sind, auf die hiermit Bezug genommen wird. Des weiteren verpflichtet sich der FRANCHISENEHMER, sein FRANCHISEGESCHÄFT entsprechend den Regeln und Verfahren zu betreiben, die vom Franchisegeber im Laufe der Zeit vorgegeben werden. Der FRANCHISENEHMER erklärt sich bereit, dem Franchisegeber unverzüglich jedwede mögliche Markenverletzung anzuzeigen, die ihm zur Kenntnis gelangt.

4.4 STANDORT[26-27]

Der FRANCHISENEHMER darf das FRANCHISEGESCHÄFT nur von Standorten innerhalb des VERTRAGSGEBIETS betreiben, denen der FRANCHISEGEBER vorher schriftlich zugestimmt hat. Der FRANCHISEGEBER darf nicht ohne triftigen Grund seine Zustimmung zum Antrag des FRANCHISENEHMERS auf Verlegung seines Geschäfts an einen anderen Standort innerhalb des VERTRAGSGEBIETS verweigern.

4.5 MIETE DER GESCHÄFTSRÄUME[28]

Der FRANCHISENEHMER schließt den MIETVERTRAG über die Geschäftsräume nach vorheriger Zustimmung des FRANCHISEGEBERS in seinem eigenen Namen ab. Der FRANCHISENEHMER verpflichtet sich, im MIETVERTRAG folgende Vorkehrungen zu treffen:

(a) Der Vermieter wird den FRANCHISEGEBER über jedwede Vertragsverletzung des FRANCHISENEHMERS unterrichten;

(b) Der FRANCHISEGEBER wird berechtigt, jedweden Verstoß des FRANCHISENEHMERS gegen den MIERVERTRAG zu beheben;

(c) Der FRANCHISENEHMER soll berechtigt sein, den MIETVERTRAG an den FRANCHISEGEBER zu übertragen, ohne daß es einer Zustimmung des Vermieters bedarf.

(d) Dem FRANCHISEGEBER soll im Falle der Beendigung des Franchisevertrages eine Option zur Übernahme oder Verlängerung des MIETVERTRAGES eingeräumt werden.

Der FRANCHISENEHMER verpflichtet sich, dem FRANCHISEGEBER innerhalb von 8 (acht) Werktagen nach dem Inkrafttreten des MIETVERTRAGES über die Geschäftsräume eine vollständige Kopie des unterzeichneten MIETVERTRAGES auszuhändigen. Dem FRANCHISENEHMER ist es nicht gestattet, ohne die vorherige Zustimmung des FRANCHISEGEBERS den MIETVERTRAG zu vollziehen oder irgendwelchen Änderungen des MIETVERTRAGES zuzustimmen.

4.6 ERSCHEINUNGSBILD DER GESCHÄFTSRÄUME[29]

Die Geschäftsräume des FRANCHISENEHMERS sollen für den öffentlichen Betrieb des FRANCHISEGESCHÄFTS geeignet sein, sich jederzeit in einem sauberen und vorzeigbaren Zustand präsentieren und mit einer ausreichenden Anzahl kompetenter Mitarbeiter besetzt werden, und zwar rund um die Uhr mit einer telefonischen Erreichbarkeit entweder des Personals des FRANCHISENEHMERS oder mittels telefonischem Anrufbeantworter.

4.7 Verwendung von spezifischem Mobiliar, Zubehör und Ausstattungsmaterial

Der FRANCHISENEHMER verpflichtet sich, für seinen Betrieb nur Mobiliar, Zubehör und Ausstattung des FRANCHISESYSTEMS zu verwenden. Der FRANCHISENEHMER soll an den Geschäftsräumen die aktuellen Schilder, Kennzeichen, Symbole, Slogans und sonstige Formen und Muster anbringen, wie sie von Zeit zu Zeit vom Franchisegeber für die Wiedererkennung der Systemeinheitlichkeit und der IMMATERIALGÜTERRECHTE durch das Publikum vorgegeben werden.

4.8 GESCHÄFTSBEGINN[30]

Der FRANCHISENEHMER wird den Geschäftsbetrieb innerhalb von 90 (neunzig) Tagen nach Vertragsschluß aufnehmen.

4.9 BEFOLGUNG DER FRANCHISEMETHODE[31]

Der FRANCHISENEHMER verpflichtet sich, das FRANCHISEGESCHÄFT in Übereinstimmung mit den vom FRANCHISEGEBER festgelegten und im Laufe der Zeit veränderten Standardverfahren und Methoden zu betreiben, die im Handbuch des FRANCHISEGEBERS niedergelegt sind. Der FRANCHISENEHMER bestätigt, eine Kopie des HANDBUCHS erhalten und geprüft zu haben. Dieses HANDBUCH verbleibt zu jeder Zeit im Eigentum des FRANCHISEGEBERS, und der FRANCHISENEHMER verpflichtet sich, den Inhalt eines solchen Handbuches ohne die vorherige Zustimmung des FRANCHISEGEBERS weder offenzulegen noch eine Offenlegung herbeizuführen. Bei Beendigung oder Ablauf des vorliegenden Vertrages, hat der FRANCHISENEHMER das besagte HANDBUCH an den FRANCHISEGEBER zurückzugeben.

4.10 ZAHLUNGEN AN DEN FRANCHISEGEBER[32]

4.10.1 Eintrittsgebühr[33]

Als Gegenleistung für die Möglichkeit, das FRANCHISEGESCHÄFT wie hier vorgesehen zu gründen und zu betreiben, zahlt der FRANCHISENEHMER dem FRANCHISEGEBER eine Eintrittsgebühr in Höhe von $......, fällig mit Unterzeichnung des Vertrages und zahlbar in bar oder mittels bestätigtem Scheck. Der FRANCHISENEHMER erkennt an, daß diese Gebühr angemessen ist und daß sie ihm bei Auslaufen des Vertrages oder im Falle der Vertragsbeendigung, aus welchem Grund auch immer, nicht zurückerstattet wird.

4.10.2 Lizenzgebühren[34]

Der FRANCHISENEHMER zahlt dem FRANCHISEGEBER monatliche Lizenzgebühren in Höhe von ...... % vom BRUTTO-UMSATZ (Umsatzsteuer nicht einbegriffen). Die Lizenzgebühren sind am 15. eines jeden Monat fällig und beruhen auf den Umsätzen des vorangehenden Kalendermonats. Der Zahlung der Lizenzgebühren ist die Aufstellung des FRANCHISENEHMERS über seinen BRUTTO-UMSATZ für den vorgenannten Abrechnungszeitraum von einem Monat beizufügen.

4.10.3 Beratungsgebühr

Sollten die Anwesenheit oder die Dienste eines oder mehrerer Angestellten bzw. Repräsentanten des FRANCHISEGEBERS erforderlich sein, um Hilfe im FRANCHISEGESCHÄFT des FRANCHISENEHMERS zu leisten, so ist der FRANCHISENEHMER verpflichtet, eine Beratungsgebühr in Höhe von $...... pro Tag oder (gegebenenfalls) einen entsprechenden Anteil hiervon für jede vom FRANCHISEGEBER zu diesem Zweck bereitgestellte Person zu entrichten.

6. Franchise Agreement (Franchisevertrag USA)   II.6

4.10.4 Werbegebühr[35]

Der FRANCHISENEHMER ist verpflichtet, dem FRANCHISEGEBER eine monatliche Werbe- und Verkaufsförderungsgebühr in Höhe von ...... % des BRUTTO-UMSATZES zu zahlen. Die Werbegebühr ist am 15. eines jeden Monats zu entrichten und beruht auf der Grundlage der Umsätze des vorangehenden Monats. Der Zahlung der Werbegebühren ist die Aufstellung des FRANCHISENEHMERS über seinen BRUTTO-UMSATZ für den vorgenannten Abrechnungsmonat beizufügen. Die Werbegebühr wird in einen Werbefonds auf ein separates Konto eingezahlt, das der FRANCHISEGEBER treuhänderisch verwaltet. Die Beträge aus dem Werbefonds werden vom FRANCHISEGEBER nach eigenem Ermessen zu Werbezwecken und zur Verkaufsförderung im VERTRAGSGEBIET des FRANCHISENEHMERS sowie auf nationaler Ebene eingesetzt.

4.10.5 Zahlung für Warenlieferung bzw. Inventar[36]

Vom FRANCHISEGEBER gelieferte Waren oder Inventar sind zu den zum Zeitpunkt der Lieferung geltenden Großhandelspreisen zu zahlen, wie sie vom FRANCHISEGEBER für sämtliche FRANCHISENEHMER festgesetzt sind.

4.11 BUCHFÜHRUNG UND AUFBEWAHRUNG VON UNTERLAGEN[37]

Der FRANCHISENEHMER ist verpflichtet, ordnungsgemäße Aufzeichnungen, Berichte, Rechnungsabschlüsse, Bücher und Unterlagen anzufertigen und aufzuheben. Diese sollen alle das FRANCHISEGESCHÄFT betreffende Einzelheiten enthalten entsprechend den vom FRANCHISEGEBER im Laufe der Zeit für die Aufbewahrung und Aufzeichnung sowie Übermittlung von Berichten vorgegebenen Verfahren und Angaben.

Der FRANCHISENEHMER gestattet dem FRANCHISEGEBER und seinen Repräsentanten, die vorbenannten Aufzeichnungen, Berichte, Rechnungsabschlüsse, Verzeichnisse und Unterlagen, wann immer es angemessen erscheint, einzusehen und zu prüfen. Dem FRANCHISENEHMER ist im Rahmen seines FRANCHISEGESCHÄFTS nur die Verwendung von Formularen gestattet, die mit den Standardangaben des FRANCHISEGEBERS übereinstimmen und die vom FRANCHISEGEBER genehmigt wurden.

Der FRANCHISENEHMER ist verpflichtet, innerhalb einer angemessenen Zeit nach Anforderung durch den FRANCHISEGEBER solche Informationen zu liefern und solche Standardberichte anzufertigen, wie sie der FRANCHISEGEBER für die ordentliche Verwaltung des FRANCHISESYSTEMS verlangt.

Der FRANCHISENEHMER bestätigt, daß ihm Kopien der Formulare des FRANCHISEGEBERS übergeben wurden und daß er über die in diesem Paragraph angesprochenen Standardverfahren und Standardangaben unterrichtet worden ist.

4.12 BESTEINSATZ[38]

Der FRANCHISENEHMER soll seine ersten und besten Kräfte der Entwicklung des gesamten Vertragsgebiets und aller seiner Einzelbereiche widmen und so eine angemessene Anzahl von Standorten zum Betrieb des Franchisegeschäfts bei Bedienung der vorhandenen Nachfrage schaffen und unterhalten.

Der FRANCHISENEHMER soll stets prompten und aufmerksamen Service erbringen und sein FRANCHISEGESCHÄFT in einer Weise führen, die sich auf den FRANCHISEGEBER, das FRANCHISESYSTEM, seinen guten Namen, seinen Goodwill und sein Ansehen günstig auswirkt. Desgleichen enthält sich der FRANCHISENEHMER aller täuschenden, irreführenden und unsittlichen Methoden.

Der FRANCHISENEHMER wird ohne die vorherige schriftliche Zustimmung des FRANCHISEGEBERS keinerlei franchisierte IMMATERIALGÜTERRECHTE bei Werbe- oder Verkaufsförderungsmaßnahmen jedweder Art verwenden oder eine solche Verwendung zulassen.

4.13 TRAINING[39]

Der FRANCHISENEHMER ist verpflichtet, am Hauptgeschäftssitz des FRANCHISEGEBERS auf eigene Kosten (keine Trainingsgebühr) für einen Zeitraum von ...... Tagen vor Eröffnung der Verkaufsstelle des FRANCHISENEHMERS ein Training zu absolvieren, um sich mit den Methoden des Franchise-Systems vertraut zu machen. Der FRANCHISENEHMER wird ein solches Training erfolgreich beenden.

Sollte der FRANCHISENEHMER in welcher Art auch immer die vom FRANCHISEGEBER aufgestellten Richtlinien für Qualität oder DIENSTLEISTUNGEN nicht erfüllen, so ist der FRANCHISEGEBER berechtigt, geeignete Mitarbeiter zur Ausbildung des FRANCHISENEHMERS bzw. seines Personals zu entsenden, um die Aufrechterhaltung der vorbezeichneten Standards sicherzustellen.

4.14 PERSONAL

Alle vom FRANCHISENEHMER in Verbindung mit dem FRANCHISEGESCHÄFT eingestellten Mitarbeiter haben die vom FRANCHISEGEBER aufgestellten Standards zu wahren.

Der FRANCHISENEHMER verpflichtet sich, zur Erfüllung und Ausübung seiner aus dem vorliegenden Vertrag resultierenden Pflichten und Obliegenheiten ausschließlich ausgebildetes Personal zu beschäftigen.

Alle Mitarbeiter mit Kontrollfunktionen sowie sämtliche Mitarbeiter, die ein spezielles Ausbildungsprogramm absolviert oder spezielle Instruktionen erhalten haben, müssen Wettbewerbsschutzvereinbarungen unterzeichnen.

4.15 KAUF DES INVENTARS BZW. DER WAREN[40]

Zum Schutze der Integrität des Franchisesystems, verpflichtet sich der FRANCHISENEHMER, Ausstattung, Inventar und sämtliche VERTRAGSWAREN, die im FRANCHISEGESCHÄFT verkauft werden, ausschließlich vom FRANCHISEGEBER oder von Lieferanten zu beziehen, die vom FRANCHISEGEBER zugelassen wurden.

4.16 MINDESTUMSATZ[41]

Als Bedingung für den Bestand seiner Franchise ist der FRANCHISENEHMER gehalten, für sein FRANCHISEGESCHÄFT ein Mindestvolumen von ...... $ pro Vertragsjahr zu erreichen.

4.17 WERBUNG UND VERKAUFSFÖRDERUNG[42]

Während der Laufzeit des Vertrages soll sich der FRANCHISENEHMER gemeinsam mit dem FRANCHISEGEBER an einem Werbeprogramm für die nationale und (oder) regionale Werbung beteiligen, das zugunsten des gesamten Franchisesystems geschaffen wurde.

Der FRANCHISENEHMER soll für laufende regionale Werbung in geeigneten Medien innerhalb seines VERTRAGSGEBIETS sorgen. Die Werbemaßnahmen sollen den Standardanforderungen entsprechen, die vom FRANCHISEGEBER im Laufe der Zeit aufgestellt werden.

Jede lokale Werbung und Verkaufsförderungsmaßnahme, die vom FRANCHISENEHMER arrangiert wird, ist vor ihrer Verwendung dem FRANCHISEGEBER bekanntzugeben und bedarf seiner Zustimmung.

4.18 VERSICHERUNG[43]

Der FRANCHISENEHMER verpflichtet sich, auf eigene Kosten eine Arbeitsunfallversicherung, eine allgemeine Haftpflicht sowie eine Produkthaftpflichtversicherung bei staatlich zugelassenen Versicherungsgesellschaften zu unterhalten und für einen Mindestdekkungsbetrag in Höhe von ...... $ unter Benennung des FRANCHISEGEBERS als Mitversicherten zu sorgen.

4.19 HAFTUNGSFREISTELLUNG[44]

Der FRANCHISENEHMER verpflichtet sich, während der Vertragsdauer und für die Zeit danach, den FRANCHISEGEBER sowie seine leitenden Angestellten, Agenten und sonstigen Arbeitnehmer von Verlust, Schaden, Haftung und Kosten jeglicher Art freizustellen, die aus der Verletzung des vorliegenden Vertrages resultieren; das gleiche gilt für Ansprüche, Schäden, Klagegründe oder Klagen jedweder natürlicher Personen, Firmen oder Gesellschaften, die aus dem Betrieb des FRANCHISEGESCHÄFTS herrühren.

4.20 BEFOLGUNG VON RECHT UND GESETZ

Der FRANCHISENEHMER ist allein verantwortlich für die Befolgung sämtlicher staatlicher oder behördlichen Vorschriften, Gesetze, Verordnungen, Verfügungen oder Gesetzeswerke, die den FRANCHISENEHMER und sein FRANCHISEGESCHÄFT betreffen; das gleiche gilt für die Entrichtung sämtlicher Steuern, Genehmigungsgebühren, Lizenz- und Registrierungsgebühren sowie sonstiger Kosten oder Abgaben, die mit der Gründung und dem Betrieb des FRANCHISEGESCHÄFTS verbunden sind.

4.21 BEFOLGUNG DES HANDBUCHES

Der FRANCHISENEHMER bestätigt hiermit, leihweise vom FRANCHISEGEBER eine Kopie des BETRIEBSHANDBUCHES für die Dauer des FRANCHISEVERTRAGES erhalten zu haben. Der FRANCHISENEHMER verpflichtet sich, das FRANCHISEGESCHÄFT streng in Übereinstimmung mit den Vorschriften, Richtlinien und Verfahren zu betreiben, die im BETRIEBSHANDBUCH des FRANCHISEGEBERS niedergelegt sind, das im Laufe der Zeit mit zusätzlichen Materialien und Unterlagen ergänzt werden kann.

4.22 KONTROLLE DER GESCHÄFTSBÜCHER UND DES GESCHÄFTSLOKALS[45]

Der FRANCHISENEHMER wird zu allen vernünftigen Zeiten dem FRANCHISEGEBER das Betreten des Standorts oder anderer im Zusammenhang mit dem FRANCHISEGESCHÄFT benutzter Grundstücke erlauben, um eine Kontrolle der Geschäftsbücher und des Geschäftslokals vorzunehmen.

5. PFLICHTEN DES FRANCHISEGEBERS[46]

Während der Laufzeit des vorliegenden Vertrags sowie seiner Verlängerung verpflichtet sich der FRANCHISEGEBER zu folgenden Leistungen, vorbehaltlich seines Rechts, Umfang und Reichweite seiner Aktivitäten selbst zu bestimmen, wobei er die Empfehlungen des FRANCHISENEHMERS gewissenhaft in seine Überlegungen einzubeziehen hat:

5.1. SCHUTZ DER IMMATERIALGÜTERRECHTE[47]

Der FRANCHISEGEBER wird seine IMMATERIALGÜTERRECHTE während der Vertragsdauer aufrechterhalten und nichts veranlassen oder erlauben, das diese IMMATERIALGÜTERRECHTE beeinträchtigen oder gefährden könnte.

5.2 EXKLUSIVES VERTRAGSGEBIET[48]

Der FRANCHISENEHMER ist befugt, die Franchise für *(Bestimmung des geographischen Bereiches)* ...... zu nutzen. Der FRANCHISEGEBER darf innerhalb dieses VERTRAGSGEBIETS außer dem FRANCHISENEHMER keinem anderen die Nutzung seiner IMMATERIALGÜTERRECHTE gestatten.

5.3 ERSTLIEFERUNG[49]

Der FRANCHISEGEBER wird gebührenfrei einen Grundstock an Geschäftswerbung und Materialien zur Verkaufsförderung liefern und zusätzliches Material zu angemessenen Preisen bereitstellen.

5.4 WERBUNG UND VERKAUFSFÖRDERUNG[50]

Der FRANCHISEGEBER wird für die Aufrechterhaltung und die Förderung eines nationalen FRANCHISESYSTEMS, das durch die IMMATERIALGÜTERRECHTE identifiziert wird, sowie für die Unterhaltung eines nationalen Werbeprogramms Sorge tragen.

5.5 LIEFERUNG ZUGKRÄFTIGEN ERKENNUNGSMATERIALS

Der FRANCHISEGEBER wird für die Bereitstellung von Schildern, Geschäftsformularen, Briefpapier, Dienstkleidung und anderer standardisierter Elemente zu angemessenen Preisen sorgen.

5.6 DEINSTLEISTUNGEN UND UNTERSTÜTZUNG[51]

5.6.1 Training[52]

Der FRANCHISEGEBER verpflichtet sich, dem FRANCHISENEHMER sowie dessen Beschäftigten folgende Trainingskurse anzubieten:

(a) Vor Geschäftseröffnung findet ein erstes Training von mindestens ...... Tagen am Sitz des FRANCHISEGEBERS in ...... statt.

(b) Anschließend und zwar innerhalb von ...... Tagen nach dem Tag der Eröffnung des FRANCHISEGESCHÄFTS des FRANCHISENEHMERS verpflichtet sich der FRANCHISEGEBER, qualifiziertes und erfahrenes Personal zur Unterstützung und Beratung für die Dauer von ...... Tagen in den Geschäftsräumen des FRANCHISENEHMERS zur Verfügung zu stellen, falls nötig.

(c) Der FRANCHISEGEBER sorgt für zusätzliche Trainingsmöglichkeiten während der Laufzeit des Vertrages, falls der FRANCHISENEHMER weitere, als die im vorliegenden Vertrag vom FRANCHISEGEBER vorgesehenen Instruktionen verlangt.

5.6.2 Beratung[53]

Auf Anfrage erhält der FRANCHISENEHMER die Möglichkeit, sich im Bereich der Unternehmensführung vom FRANCHISEGEBER beraten zu lassen. Ihm werden Know-how und Geschäftsgeheimnisse zu Zwecken der Gründung, des Betriebs und der Förderung des FRANCHISEGESCHÄFTS zugänglich gemacht. Hierunter fallen:

(1) Auswahl der Geschäftsräume und Schaffung von Standorten;
(2) Einrichtung und Unterhaltung von Systemen zur Büroorganisation und von geschäftliche Betriebsabläufen;
(3) Entwicklung und Unterhaltung von Werbe- und Marketingprogrammen sowie von Verkaufsförderungskampagnen.

6. VERTRAGSLAUFZEIT UND VERLÄNGERUNG[54–55]

Der vorliegende Vertrag soll mit dem Zeitpunkt der Unterschrift beider Parteien in Kraft treten und für einen Zeitraum von 5 (fünf) Jahren gelten, sofern er nicht vorzeitig, gemäß den Bestimmungen des vorliegenden Vertrages beendet wird. Er verlängert sich automatisch um weitere 5 (fünf) Jahre, es sei denn, daß eine VERTRAGSPARTEI der anderen mindestens 3 (drei) Monate vor Vertragsablauf schriftlich kündigt.

7. BEENDIGUNG DES VERTRAGES[56–58]

Die Parteien können den vorliegenden Vertrag unter schriftlicher Ankündigung in folgenden Fällen beenden:

7.1 BEENDIGUNG DURCH DEN FRANCHISENEHMER

Der FRANCHISENEHMER, der gutes Ansehen genießt, ist berechtigt, den vorliegenden Vertrag jederzeit unter Einhaltung einer Frist von 90 (neunzig) Tagen gegenüber dem FRANCHISEGEBER schriftlich zu kündigen; jedoch soll diese Vertragsbeendigung den FRANCHISENEHMER nicht von irgendeiner dem FRANCHISEGEBER geschuldeten Verpflichtung befreien, die im Rahmen des vorliegenden oder eines sonstigen gegenseitigen schriftlichen Vertrages der Parteien entstanden ist oder fortbesteht.

7.2 BEENDIGUNG DURCH DEN FRANCHISEGEBER

Der FRANCHISEGEBER darf den vorliegenden Vertrag nur aus triftigen Gründen beenden.

7.2.1 Triftige Gründe

Ein triftiger Grund für die vorzeitige Vertragsbeendigung liegt dann vor, wenn der FRANCHISENEHMER trotz Abmahnung durch den FRANCHISEGEBER die Bestimmungen und Bedingungen des vorliegenden Vertrags nicht erfüllt, es sei denn, die Nichterfüllung hat ihre Ursache in einem Streik, Krieg oder einem anderen, sich der Kontrolle des FRANCHISENEHMERS entziehenden Grund. Der FRANCHISENEHMER hat die Möglichkeit, das vorbezeichnete Fehlverhalten innerhalb von 30 (dreißig) Tagen nach Absendung der schriftlichen Abmahnung zu korrigieren, sofern eine Heilung möglich ist.

7.2.2 Gründe für eine Vertragsbeendigung (mit Heilungsmöglichkeit; nicht abschließend):

(a) Wenn der FRANCHISENEHMER die Zahlung der Lizenzgebühren oder anderer vertraglich vereinbarter Gebühren versäumt;

(b) wenn der FRANCHISENEHMER es versäumt, die vertraglich vorgesehenen Finanzberichte zu übersenden, und dies auch 30 (dreißig) Tage nach einer Mahnung nicht nachholt;
(c) wenn der FRANCHISENEHMER den aktiven Geschäftsbetrieb einstellt;
(d) wenn der FRANCHISENEHMER die im vorliegenden Vertrag festgehaltenen und vom BETRIEBSHANDBUCH zusätzlich geforderten Richtlinien nicht einzuhalten vermag und besagtes Fehlverhalten oder Versäumnis nicht behoben wird, und zwar zur Zufriedenheit des FRANCHISEGEBERS innerhalb der hierfür vorgesehenen Frist nach Abmahnung oder innerhalb eines längeren, vom FRANCHISEGEBER in der schriftlichen Abmahnung festgelegten Zeitraums.

7.2.3. Gründe für eine Beendigung ohne Heilungsmöglichkeit
(a) Transfer und Abtretung
Im Falle der vollständigen oder teilweisen Übertragung oder Abtretung des FRANCHISEGESCHÄFTS respektive seiner Aktiva, sofern dies nicht schriftlich vom Franchisegeber gestattet wurde.
(b) KONKURS DES FRANCHISENEHMERS[59]
Im Falle der Insolvenz, des Abschlusses eines Liquidationsvergleichs, der Bestellung eines Zwangsverwalters oder Treuhänders über irgendeinen Teil des Vermögens des Geschäfts des FRANCHISENEHMERS, der Beschlagnahme des Geschäftsvermögens oder im Falle einer Einzelvollstreckung.
(c) Tod und Geschäftsunfähigkeit des FRANCHISENEHMERS[60]
Im Falle des Todes oder der Geschäftsunfähigkeit des FRANCHISENEHMERS für mehr als 2 (zwei) Monate.

8. FOLGEN DER VERTRAGSBEENDIGUNG[61–63]

8.1 RÜCKGABE DER DEM FRANCHISEGEBER GEHÖRENDEN TEILE DER IMMATERIALGÜTERRECHTE[64]

Nach Ablauf oder Beendigung des vorliegenden Vertrages hat der FRANCHISENEHMER die Nutzung der IMMATERIALGÜTERRECHTE unverzüglich einzustellen und jede weitere Nutzung zu unterlassen; desweiteren sind dem FRANCHISEGEBER sämtliche sich auf IMMATERIALGÜTERRECHTE erstreckenden Dokumente, Instruktionen, Ausstellungsgegenstände und ähnliche Unterlagen zurückzugeben.

8.2 ÜBERGABE DES ZUBEHÖRS, DER AUSSTATTUNG UND DES INVENTARS[65]

Zubehör und Ausstattung sind dem FRANCHISEGEBER *(bzw. dem designierten Lieferanten)* zurückzugeben. Das verbleibende Inventar soll vom FRANCHISEGEBER zum Zeitpunkt des Rückkaufs geltenden Marktpreises abzüglich eines 10%igen Abschlags wegen Wertverlusts zurückgenommen werden.

8.3 ABRECHNUNG

Bei Beendigung des vorliegenden Vertrages ist der FRANCHISEGEBER berechtigt, vom FRANCHISENEHMER alle auf der Grundlage des vorliegenden Vertrages geschuldeten Beträge zuzüglich des höchstmöglichen gesetzlichen Vertragszinses einzufordern; das gleiche gilt für sämtliche Kosten und Auslagen, einschließlich angemessener Anwaltshonorare und Auslagen, die dem FRANCHISEGEBER in Folge der Durchsetzung der aus diesem Vertrag resultierenden Rechte entstanden sind.

8.4 ÜBERNAHME DES MIETVERTRAGES

Der FRANCHISENEHMER gewährt hiermit dem FRANCHISEGEBER eine Option zur Übernahme sämtlicher MIETVERTRÄGE bezüglich der an allen Standorten vorhandenen Geschäftsräume. Diese Option gilt bei der Beendigung des Mietvertrages nur dann, wenn der FRANCHISEGEBER die Haftung für den noch ausstehenden Mietzins für die Dauer des MIETVERTRAGES übernimmt.

8.5 RÜCKGABE JEDWEDEN VERTRAULICHEN MATERIALS

Der ausscheidende FRANCHISENEHMER ist verpflichtet, jedwedes schriftliche Material (z.B. Pläne, Handbücher etc.), sei es als Original, sei es als Reproduktion, zurückzugeben, das Informationen in bezug auf die IMMATERIALGÜTERRECHTE des FRANCHISEGEBERS enthält.

9. SONSTIGE BESTIMMUNGEN[66]

9.1 VERTRAGSPARTEIEN ALS SELBSTÄNDIGE UNTERNEHMER[67]

FRANCHISEGEBER und FRANCHISENEHMER sind weder Beteiligte im Rahmen eines Joint venture noch Partner, gegenseitige Stellvertreter, Bedienstete, Angestellte oder Treuhänder und sind auch nicht als solche zu betrachten. Keine der Vertragsparteien ist außer in den vertraglich vorgesehenen Fällen dazu berechtigt, die andere Partei zu binden oder zu verpflichten. Der FRANCHISEGEBER haftet gegenüber Dritten nicht für Schulden des FRANCHISENEHMERS, es sei denn, der FRANCHISEGEBER habe der Übernahme dieser Schulden schriftlich zugestimmt.

9.2 WETTBEWERBSVERBOTE[68–70]

Während der Laufzeit des Vertrages respektive jeder diesbezüglichen Verlängerung sowie für einen Zeitraum von 2 (zwei) Jahren danach dürfen, innerhalb des VERTRAGSGEBIETS oder im Umkreis von 5 (fünf)) Meilen um das FRANCHISEGESCHÄFTS weder der FRANCHISENEHMER noch die Gesellschafter oder Teilhaber des FRANCHISENEHMERS, sei es als Einzelperson oder im Rahmen einer Partnerschaft oder Kapitalgesellschaft, irgendwelche dem FRANCHISEGESCHÄFT ähnlichen Geschäfte betreiben, wie sie Gegenstand des vorliegenden Vertrages sind.

9.3 VERTRAULICHKEITSKLAUSEL

Der FRANCHISENEHMER darf während der Laufzeit des vorliegenden Vertrages und im Anschluß daran keinerlei vertrauliche Information, Kenntnisse oder Know-how, weitergeben, preisgeben oder zugunsten irgendeiner sonstigen Person, Partnerschaft, Gemeinschaft oder Gesellschaft verwenden, sofern diese die Methoden des FRANCHISEGESCHÄFTS betreffen, die dem FRANCHISENEHMER möglicherweise im Rahmen seiner Tätigkeit nach Maßgabe des vorliegenden Vertrages bekannt- oder weitergegeben worden sind.

9.4 ÜBERTRAGUNG, ABTRETUNG UND UNTERLIZENZ[71]

Die im Rahmen des vorliegenden Vertrages bestehenden Rechte des FRANCHISEGEBERS sollen auf seine Erben und Rechtsnachfolger übergehen. Derartige Rechte können abgetreten werden, vorausgesetzt, daß der Zessionar sich schriftlich dazu bereiterklärt, alle vorliegenden Pflichten des FRANCHISEGEBERS zu übernehmen und der FRANCHISENEHMER hiervon in Kenntnis gesetzt wird. Eine derartige Abtretung soll den FRANCHISEGEBER von allen sonstigen bestehenden Verpflichtungen entbinden.

Die hier übertragene Lizenz ist persönlich in Ansehung des FRANCHISENEHMERS und kann ohne die vorherige schriftliche Zustimmung des FRANCHISEGEBERS, die nur aus triftigem Grund verweigert werden darf, nicht übertragen, abgetreten oder unterlizenziert werden.

Gibt der FRANCHISEGEBER seine schriftliche Zustimmung zu einer Übertragung, Abtretung oder Unterlizenzierung, so sind Übernehmer, Zessionar oder Unterlizenznehmer an jede im vorliegenden Vertrag enthaltene Begrenzung und Bedingung gebunden und nicht zu einer weiteren Übertragung dieser Lizenz berechtigt, es sei denn der FRANCHISEGEBER habe dem zuvor schriftlich zugestimmt.

9.5 GERICHTSSTAND[72–73]

Gerichtsstand für jedwede Verfahren, die sich auf Bestimmungen des vorliegenden Vertrags beziehen, ist ....

9.6 RECHTSWAHL[74]
Auslegung und Anwendung des vorliegenden Vertrages unterliegt dem Recht des Bundesstaates von ...... (Bundesstaat einfügen).

9.7 RECHTSVERZICHT
Versäumt es eine der Vertragsparteien zu irgendeinem Zeitpunkt, irgendeiner Bestimmung des vorliegenden Vertrags Geltung zu verschaffen oder eine hierin enthaltene Option oder einen Rechtsbehelf auszuüben oder einzulegen, so gilt dies in keiner Weise als Verzicht auf diese Bestimmungen und berührt nicht die Wirksamkeit des vorliegenden Vertrages. Übt eine der Vertragsparteien irgendeines ihrer Rechte oder eine Option aus oder legt sie einen Rechtsbehelf ein, gemäß den Beschränkungen oder Bestimmungen des vorliegenden Vertrages, so ist sie nicht daran gehindert, zu einem späteren Zeitpunkt erneut das gleiche Recht oder sonstige Rechte auszuüben, die ihr aufgrund des vorliegenden Vertrages zustehen.Ungeachtet irgendwelcher vorangegangener Klagen oder Verfahren, die die Vertragsparteien bereits angestrengt haben, sind alle hierin enthaltenen Rechtsbehelfe kumulativ und abtrennbar.

9.8 ÜBERSCHRIFTEN
Die im vorliegenden Vertrag verwandten Überschriften zu den (einzelnen) Paragraphen dienen lediglich der Übersicht und berühren nicht den Inhalt der Paragraphen selbst.

9.9 TRENNBARKEIT
Sollte eine Bestimmung des vorliegenden Vertrages im Widerspruch zu den Gesetzen oder der Gerichtsbarkeit eines Bundesstaates stehen, so soll eine derartige Vertragsbestimmung für die entsprechende Gerichtsbarkeit nicht gelten.

9.10 SCHRIFTFORMERFORDERNIS FÜR VERTRAGSÄNDERUNGEN[75]
Der vorliegende Vertrag hat Vorrang vor allen vorherigen oder gleichzeitigen mündlichen oder schriftlichen Vereinbarungen und Verträgen zwischen den Parteien und kann nur bei Einhaltung der Schriftform durch beide Parteien geändert werden.

Vertragsunterzeichnung am ....
Unterschrift des FRANCHISENEHMERS ....
als Zeugen ....
Vertragsunterzeichnung am ....
Unterschrift des FRANCHISEGEBERS ....
als Zeugen ....

Allgemeiner Literaturhinweis: Für das Verständnis der allgemeinen Grundlagen des Vertriebsrechts und der Besonderheiten der Vertriebsmethode des Franchising sei auf die umfassenden Darstellungen in *Martinek/Semler* (Hrsg.), Handbuch des Vertriebsrechts, 1996 hingewiesen.

Literatur zum Franchiserecht der Vereinigten Staaten von Amerika: M. *Adams,* Franchising – A Case of Long-term Contracts, ZgS/JITE Bd. 144 (1988), 145; *Alexander,* Franchising and you – Unlimited opportunities for success, 1970; *Arquit/Wolfram,* Die internationalen US-Kartellrichtlinien von 1995 und ihre Bedeutung für deutsche Unternehmen, WIB, S. 939 ff.; *Behr,* Der Franchisevertrag, 1976; *Berg,* The New York Arbitration Convention of 1958, 1981; *Bierce/Barbier,* US-rechtliche Rahmenbedingungen für die Betätigung deutscher Computer-Software-Unternehmen auf dem amerikanischen Markt, RIW 1985, S. 194 ff.; *Blechmann,* in: Frankfurter Kommentar zum GWB, Stand 1995, Band 1, Auslandsteil; *Blumenwitz,* Einführung in das anglo-amerikanische Recht, 5. Aufl. 1994; *Bodewig,* Der Entwurf neuer Kartellrichtlinien für den Erwerb und die Lizenzierung geistigen Eigentums in den USA, GRUR Int. 1995, S. 142 ff.; *ders.,* USA, Kein Beitritt zum Protokoll zum MMA, Mitteilung in GRUR Int. 1994, S. 542; *ders.,* USA – Änderung der Kartellrechtspolitik angekündigt, GRUR Int. 1993, S. 977 f.; *Borchers,* Forum Selection

Agreements in the Federal Courts after Carnival Cruise: A Proposal for Congressional Reform, Washington L. R. 1992, S. 67 ff.; *Born,* Principe v. Mc Donald's – neue Kriterien für Franchising in den USA?, GRUR Int. 1981, S. 213 ff.; *Born/Westin,* International Civil Litigation in United States Courts, 2nd ed., 1994; *Brown,* Franchising – Trap for the trusting, 1969; ders., Franchising – Realities and Remedies, 1981; *Bungert,* Gesellschaftsrecht in den USA, 1994; *Burton,* Breach of Contract and the Common Law Duty to Perform in Good Faith, 94 Harv. L. Rev. 369 (1980) m.w.N.; *Caffey,* Franchise Termination and Renewal Legislation, American Bar Association Antitrust Law Journal Vol. 49 (1980), 1317; *van Cise,* Franchising – From Power to Partnership, in: Antitrust Bulletin, Vol. 15 (1970), 443; *Curry/Larkworthy et al.,* Partners for Profit. A Study of Franchising, 2nd ed., 1966; *Donath,* Die Statutes of Frauds der US-amerikanischen Bundesstaaten aus der Perspektive des deutschen Kollisionsrechts, IPRax 1994, S. 333 ff.; *Dreher,* Die US-amerikanischen Horizontal Merger Guidelines 1992 – Kartellrecht jenseits von Reagonomics?, RIW 1995, S. 376 ff.; *Eaton,* State Regulation of Franchise and Dealership Terminations, American Bar Association Antitrust Law Journal Vol. 49 (1980), 1331; *Ebke,* Neuere Entwicklungen im US-amerikanischen Handels- und Wirtschaftsrecht, RIW 1995, S. 64 ff.; *Ehrenzweig,* Conflicts in a Nutshell, 3. Aufl. 1974; *Emerson, Robert W.,* Franchising Convenants against Competition, Iowa Law Review, July 1995, S. 1049 ff.; *Emmons,* The American Franchise Revolution, 1970; *Enghusen,* Rechtliche Probleme der Franchiseverträge in den Vereinigten Staaten von Amerika und in Europa unter besonderer Berücksichtigung des Kartellrechts, 1977; *Felstead,* The social organization of the franchise: a case of „controlled self-employment", Work, Employment and Society Vol. 5 (1991), 37; *Garner, Michael* (Hrsg.), Franchise and Distribution Law and Practice, 3 Bände; Clark Boardman, Callaghan (CBC), Deerfield, Il, New York, NY, Rochester NY, 1994, zitiert als: Franch & Distr Law & Prac § -; *Geurts/Stevens,* Grundzüge des Doppelbesteuerungsabkommens USA – Niederlande 1992 und USA – Deutschland 1989, RIW 1995, S. 382 ff.; *Glickman et al.,* Franchising, 4 Bände, Loseblattwerk, Stand Juli 1995; *Goodrich/Scoles,* Handbook of the Conflict of Laws, 1964; *Goodwinn,* Business Laywer 1970, S. 25 ff.; *Hewitt,* Termination of Dealer Franchises – Mixing Classified and Coordinated Uncertainty with Conflict, 1967; *Hefter/Cundiff,* Protecting New Ideas: What every Franchise Lawyer should know, in: American Bar Association, Forum on Franchising, 1995; *Joerges* (Hrsg.), Franchising and the Law – Theoretical and Comparative Approaches in Europe and the United States. Das Recht des Franchising – Konzeptionelle, rechtsvergleichende und europarechtliche Analysen, 1991; *Juenger,* Vereinbarungen über den Gerichtsstand nach amerikanischem Recht, RabelsZ 35 (1971), S. 288 ff.; *Kessler,* Automobile Dealer Franchise – Vertical Integration by Contract, The Yale Law Journal Vol. 66 (1957), 1135; ders., Der Konflikt zwischen Antitrustrecht und Vertragsfreiheit im Automobilvertrieb im nordamerikanischen Recht, in: Festschrift für L. Raiser, 1974, 437; *Krämer,* Die Berechnung des Nichterfüllungsschadens bei Sachmängelhaftung im amerikanischen Recht des Warenkaufs, RIW 1994, S. 123 ff.; *Kuner,* Die neuen internationalen Handelsschiedsgesetze der US-amerikanischen Einzelstaaten, RIW 1994, S. 368 ff.; *Kursh,* The Franchise Boom, 2nd ed. 1969; *Lewis/Hancock,* The Franchise System of Distribution, 1963; *Litwinn,* New York Jurisprudence 2nd, Band 60, 1987, S. 385 ff.; *Lokker/Blair,* Judicial Update, in: American Bar Association, Forum on Franchising, 1995; *Macauly* in: Joerges (Hrsg.), Franchising and the Law, S. 179 ff., S. 193 ff.; ders., Law and the Balance of Power – The Automobile Manufacturers and their Dealers, 1966; *Mark,* Amerikanische Class Action und deutsches Zivilprozeßrecht, EuZW 1994, S. 238 ff.; *Martinek,* Franchising – Grundlagen der zivil- und wettbewerbsrechtlichen Behandlung der vertikalen Gruppenkooperation beim Absatz von Waren und Dienstleistungen, 1987; *Martinek,* Moderne Vertragstypen, Band II, 1992; *Martinek/Semler* (Hrsg.), Handbuch des Vertriebsrechts, 1996; *McCarthy,* Trademarks and Unfair Competition, 1984; *Merkt,* US-amerikanisches Gesellschaftsrecht, 1991; *Müller,* Anmerkung zum Urteil des Supreme Court vom 8. Juni 1992 (Kodak), GRUR Int. 1995, S. 86 ff.; *Müller-Graff,* Franchising –

6. Franchise Agreement (Franchisevertrag USA) II.6

A Case of Long-term Contracts, ZgS/JITE Bd. 144 (1988), 122; *Neale,* The Antitrust Laws of the United States of America, 1970; *Oehl/Reimann,* Franchising, in: Münchener Vertragshandbuch Bd. III, Hrsg. von Schütze und Weipert, 2. Aufl. 1987 und 3. Aufl. 1992; *Pitegoff,* Franchise Relationship Laws: A Minefield for Franchisors, The Business Lawyer, November 1989, S. 289 ff.; *Pitegoff/Blinn,* Praktische Erfahrungen mit Franchiseverträgen in den Vereinigten Staaten von Amerika, WuW 1989, S. 904 ff.; *Rabel,* The Conflict of Laws, A Comparative Study, 2. Aufl. 1960; *Rahmann,* Ausschließliche staatliche Gerichtszuständigkeit – Eine rechtsvergleichende Untersuchung des Rechts der Gerichtsstands- und Schiedsvertragsvereinbarungen in der Bundesrepublik Deutschland und den USA, 1984; *Reese,* Agency in Conflict of Laws, in: XXth Century Comparative an Conflicts Law, Festschr. für Hessel E. Yntema, 1961; *Ruijsenaars,* Die Verwertung des Werbewerts bekannter Marken durch den Markeninhaber, Teil 2: Die Rechtslage in den Vereinigten Staaten von Amerika, GRUR Int. 1989, S. 280 ff.; *Sandrock/Jung,* Handbuch der internationalen Vertragsgestaltung, Band 1, 1980; *Schantz/Jackson,* Business Law, 2nd ed. 1987; *Schurtmann/Detjen,* Das Handelsvertreter- und Eigenhändlerrecht in den USA, 1983; *Scoles/Hay,* Conflicts of Laws, 12. Aufl. 1992; *Server,* Mc Donald's Conquers the World, Fortune 1994, 17, S. 59 ff.; *Skaupy,* Franchising – Handbuch für die Betriebs- und Rechtspraxis, 1. Aufl. 1987, 2. Aufl. 1995; *ders.,* Franchising – Exporting for international partnerships, WuW 1981, 17; *ders.,* Das „Franchising" als zeitgerechte Vertriebskonzeption, DB 1982, 2446; *ders.,* Der Franchisevertrag – ein neuer Vertragstyp, BB 1969, 113; *ders.,* Wirtschaftliche und rechtliche Probleme der Franchise-Systeme in USA und Europa, AWD 1973, 296; *Stiefel/Diemann,* Firmengründung in den USA, DB, 1987, S. 1131 ff.; *Thompson,* Franchise Operation and Antitrust Law, 1971; *Treumann/Peltzer/Kuehn,* US-amerikanisches Wirtschaftsrecht – US Business Law, 2. Aufl. 1990; *Vandenburgh,* Trademark Law Procedure, 1968; *Vaughn,* Franchising, 2nd ed. 1982; *von Bernstorff,* Vertragsgestaltung im Auslandsgeschäft, 1989; *von Samson/Himmelstjerna,* Die U. S.-Corporation und ihre Besteuerung – Eine systematische Darstellung des Gesellschafts- und Steuerrechts der Kapitalgesellschaften in den Vereinigten Staaten von Amerika, 1981; *Walker/Etzel,* The Internationalisation of U. S.Franchise-Systems, Journal of Marketing 1973, S. 46 ff.; *Whittemore,* Winds of Change in Franchising, Nations Business, Januar 1994, S. 49 ff.

Übersicht

	Seite
Sachverhalt	317
1. Vorbemerkung	317
2. Entwicklung des Franchising und des Franchiserechts in den USA	318
3. Definition des Franchising	320
4. Rechtsnatur des Franchisevertrages	320
5. Rechtsgrundlagen im Überblick	321
6. Vorvertragliche Aufklärungs- und Offenbarungspflichten	322
7. Registrierung von Franchiseverträgen	328
8. Form	329
9. Kartellrechtliche Zulässigkeit	329
10. Marktzutrittsmodalitäten	335
11. Haftungsfragen	336
12. Präambel	336
13. Parteien	337
14. Begriffsbestimmungen	337
15. Handbücher	338
16. Einräumung der Franchise und der damit verbundenen gewerblichen Schutzrechte	338
17. Übertragung von Marken	339
18. Übertragung von Urheberrechten	341
19. Patent-Lizenzverträge	341
20. Lizenz zum Gebrauch von Geschäftsgeheimnissen	342

	Seite
21. Geschäftsausstattung	343
22. Handelsname	343
23. Pflichten des Franchisenehmers	343
24. Anerkennung des Franchisegebers als Inhaber des gewerblichen Eigentums	344
25. Schutz des gewerblichen Eigentums des Franchisegebers	344
26. Gebietsbindungen	344
27. Standortklauseln	346
28. Miete der Geschäftsräumlichkeiten	346
29. Erscheinungsbild der Geschäftsräume	347
30. Eröffnungsdatum	347
31. Befolgung der Franchisemethode und Mindeststandard des Franchisebetriebes	347
32. Zahlungsverpflichtungen	348
33. Eintrittsgebühr	349
34. Laufende Gebühren	349
35. Werbegebühren	349
36. Zahlungen für Lieferungen des Franchisegebers	349
37. Berichterstattung	350
38. Besteinsatzverpflichtung	351
39. Training	351
40. Bezugsverpflichtungen	351
41. Mindestumsatz	353
42. Werbung	354
43. Versicherung	354
44. Haftungsfreistellung des Franchisegebers	355
45. Kontrollrechte des Franchisegebers	355
46. Pflichten des Franchisegebers	356
47. Gewährleistung und Schutz des geistigen Eigentums	356
48. Exklusive Übertragung der Franchise (Gebietsschutz)	357
49. Unterstützung vor Eröffnung des Franchisegeschäfts	358
50. Werbung und Verkaufsförderung	358
51. Die Beistandspflichten des Franchisegebers	358
52. Training	359
53. Assistenz während der Laufzeit des Vertrages	359
54. Vertragsdauer	359
55. Erneuerungsklausel (renewal clause)	360
56. Beendigung des Franchiseverhältnisses	360
57. Kündigung des Franchisevertrages	361
58. Ablehnung der Vertragsverlängerung durch den Franchisegeber (non-renewal)	363
59. Insolvenz des Franchisenehmers	364
60. Tod bzw. Geschäftsunfähigkeit des Franchisenehmers	365
61. Konsequenzen der Vertragsbeendigung	366
62. Goodwillausgleich	366
63. Investitionsersatz	366
64. Rückgabe der Franchiseausstattung und der Kundenliste	367
65. Rückkauf von Restwarenbeständen und Ausstattungsmaterial	367
66. Sonstige Bestimmungen	367
67. Klarstellung des Rechtsverhältnisses der Parteien	367
68. Vertraglicher Wettbewerbsschutz	368
69. Nachvertragliches Wettbewerbsverbot	368
70. Vertragsstrafen	369
71. Abtretung der Franchise	369
72. Gerichtsstandsklausel	370
73. Außergerichtliche Konfliktregelung	371
74. Rechtswahl	373
75. Vertragsänderungen	374

6. Franchise Agreement (Franchisevertrag USA)   II.6

Anmerkungen

Sachverhalt. Der Franchisegeber hatte mit seiner Geschäftsidee bereits großen Erfolg in Europa. Er hat ein besonderes Einzelhandelskonzept entwickelt, das mit einer besonderen Ausstattung verbunden ist. Unter seinem Handelsnamen betreibt er in verschiedenen Großstädten Europas Franchisegeschäfte. Daneben besteht auch ein Filialsystem. Der Franchisegeber visiert den Eintritt in den US-Markt an. Hierzu schließen die Parteien einen Franchisevertrag, der seiner Konzeption nach die Bereiche des Produkt- oder Waren-Franchising, des Dienstleistungs- oder Service-Franchising sowie des sogenannten Business Format Franchising abdeckt (vgl. zu den Typen und Untertypen des Franchising ausführlich *Martinek*, Franchising, S. 1 ff.; ders., Moderne Vertragstypen Bd. II, S. 1 ff.; ders., Handbuch des Vertriebsrechts, §§ 3, 4 und 18). Das Vertragsformular ist nicht an einem bestimmten Typus des Franchisegeschäfts oder an einer bestimmten Branche orientiert, sondern – mit interessen- und situationsspezifischen Modifikationen – vielseitig einsetzbar. Es werden darin die essentiellen Punkte eines typisch U.S.-amerikanischen Franchisevertrages wiedergegeben, die mit den individuellen Unternehmenskonzeptionen in Einklang gebracht werden können (vgl. hierzu Anm. 1).

1. Vorbemerkung. a) Vertragsgestaltung. Es genügt für den Franchisegeber keinesfalls, einen deutschen Standard-Franchisevertrag in einer englischen Übersetzung zu verwenden, denn dadurch wären seine Rechtspositionen in den Vereinigten Staaten nicht annähernd ausreichend geschützt. Amerikanische Verträge enthalten meist sehr detaillierte Bestimmungen, in denen die Rechte und Pflichten der Vertragsparteien bis in die letzten Einzelheiten festgelegt sind. Unklarheiten bzw. mißverständliche Formulierungen werden von den U.S.-amerikanischen Gerichten gewöhnlich zu Lasten der Vertragspartei ausgelegt, die den Vertragstext aufgesetzt hat (Semmes Motors, Inc. v. Ford Motor Co., 429 F. 2 d 1197, 1207 [2 d Cir. 1970]). Sie folgt in der Regel dem Grundsatz: „Inclusio unius est exclusio alterius". Haben die Vertragsparteien ausdrücklich Vereinbarungen getroffen, so wird angenommen, daß nicht in den Vertrag aufgenommene Bestimmungen absichtlich ausgelassen wurden (*Schurtmann/Detjen*, S. 45 u. 85). Ein Mangel an Genauigkeit und Klarheit kann sich daher unter Umständen zum Nachteil des deutschen Unternehmers auswirken. Der vorliegende Vertragstext beschränkt sich auf die essentialia eines U.S.-amerikanischen Franchisevertrages. Der Verfasser eines Franchisevertrages kommt allerdings nicht umhin, die eigene geschäftliche Situation umfassend zu analysieren und die Regelungen für die entsprechenden individuellen Problemkonstellationen in den Franchisevertrag aufzunehmen.

b) Aufbau des Franchisevertrages. Der vorliegende Franchisevertrag läßt sich in etwa sieben sachlich wichtige und praktisch typische Einheiten untergliedern. Am Anfang des Franchisevertrages wird nach Bekanntgabe der Parteien des Franchisevertrages eine Präambel vorangestellt, in der kurz die Ziele der Vertragsparteien sowie die Konzeption des Franchisesystems dargestellt werden. Es folgen die Begriffsbestimmungen der im Franchisevertrag verwendeten Termini, die die Parteien als besonders wichtig und klärungsbedürftig ansehen. Dies entspricht weitgehend der kautelarjuristischen Tradition des anglo-amerikanischen Vertragswesens. Das vorliegende Vertragsmuster enthält nur einen kurzen Definitionenkatalog. Ergänzend kann für die Gestaltungsfragen und für zahlreiche Definitionen auf das Vertragsmuster des englischen Franchisevertrages mit den Erläuterungen im vorliegenden Werk zurückgegriffen werden. Es folgt sodann die Gewährung oder Einräumung der Franchise (Grant of Franchise). Den nächsten Hauptteil bilden die Pflichten des Franchisenehmers gefolgt von den Pflichten des Franchisegebers. Der letzte Abschnitt des Vertrages beschäftigt sich mit den Bestimmungen zur Beendigung des Franchisevertrages und den sonstigen Regelungen, die unter anderem die Rechtswahl und den Gerichtsstand betreffen (vgl. dazu allgemein und ausführlich *Martinek*, in: Martinek/Semler (Hrsgb.), Handbuch des Vertriebsrechts, 1996, §§ 1 bis 4 sowie 18 bis 21).

c) **Besonderheit des anglo-amerikanischen Präjudiziensystems.** Bei der Konzipierung des Vertragswerkes sieht sich der deutsche Jurist auch dem Problem gegenübergestellt, daß anders als im deutschen Recht das kodifizierte Recht nicht ohne weiteres die Hauptrolle in der Rechtsanwendungspraxis spielt. Vielmehr steht der Richter und nicht der Gesetzgeber oder die Literatur im Mittelpunkt des Rechtsdenkens (*Blumenwitz*, S. 4). Das von der Legislative geschaffene Recht ist dem Grundsatz nach nur Rechtsquelle zweiten Ranges. Das kodifizierte Recht (statute law) hat im anglo-amerikanischen System die Aufgabe, den Normenkomplex des Richterrechts (case law) zu ergänzen oder Korrekturen infolge der gesellschaftsbedingten Weiterentwicklungen vorzunehmen. Der Inhalt dieser Gesetze wird nach ihrem Erlaß von einer Reihe von interpretierenden Entscheidungen der Judikatur verbindlich festgelegt (*Blumenwitz*, S. 44). Die „statutes" werden dabei dem Grundsatz nach einschränkend ausgelegt. Das Prinzip der Gewaltentrennung wird hierbei strikt beachtet. Nach anglo-amerikanischem Verständnis ist es nicht Aufgabe der Richter, schlechte Gesetze zu ändern oder ihre zweckmäßigen Bestimmungen durch Analogie auf im Gesetz nicht geregelte Fälle zu übertragen (*Blumenwitz*, S. 49). In allen Staaten der anglo-amerikanischen Rechtsfamilie spielt dabei die Rechtstechnik des Präjudizienrechts eine entscheidende Rolle. Jedes Präjudiziensystem baut dabei auf einer Grundnorm auf, die die Verbindlichkeit der Vorentscheidung gebietet (stare decises-Doktrin). Eine Vorentscheidung ist ein Präzedenzfall (precedent), wenn der entschiedene Fall für die Entscheidung künftiger Fälle maßgeblich sein soll. Dies setzt voraus, daß der Entscheidung eine abstrakte und objektivierbare „ratio decidendi" innewohnt (*Blumenwitz*, S. 24). Im Gegensatz zu der in England durch die Krone bewirkte Konzentration der Judikative, ist in den USA die Dezentralisation der Gerichtssysteme vorherrschend. Die stare decisis-Doktrin entfaltet ihre Wirkung grundsätzlich nur in dem jeweils selbständigen Jurisdiktionsbereich. Die Bundesgerichte werden nur durch die Entscheidungen höherer Bundesgerichte gebunden. Die Gerichte der einzelnen Bundesstaaten werden im Prinzip nur durch Entscheidungen der im staatlichen Instanzenzug folgenden höheren Gerichte gebunden, nicht aber durch Entscheidungen der Bundesgerichte oder der Obergerichte anderer Staaten. Soweit die Bundesgerichte das Common Law der einzelnen Bundesstaaten anzuwenden haben, sind sie an die maßgeblichen Entscheidungen der Gerichte des betreffenden Bundesstaates gebunden. Andererseits vermag der U. S. Supreme Court die Verfassungswidrigkeit von Gliedstaatenrecht für die Gerichte des betreffenden Bundesstaates verbindlich feststellen (*Blumenwitz*, S. 28).

2. **Entwicklung des Franchising und des Franchiserechts in den USA. a) Franchising der ersten Generation.** Ausgangspunkt der Franchisebewegung waren die USA (vgl. zur Entwicklung des Franchising: *Martinek*, Moderne Vertragstypen Bd. 2, S. 6 ff.; *Tietz*, S. 7 ff., 109; *Thompson*, Franchise Operations, S. 1 ff.; *Vaughn*, S. 1 ff.). Der Begriff des Franchising als Bezeichnung für eine private unternehmerische Kooperationsform unter Übertragung von Rechten setzte sich in den 50er Jahren in den USA durch. Die amerikanischen Franchisesysteme der ersten Generation entstanden allerdings bereits um die Jahrhundertwende und werden heute als „straight product franchising" (reines Produkt-Franchising) bezeichnet (*Vaughn*, S. 18 ff.). Sie etablierten sich vor allem im Soft-Drink-Bereich – angeführt von Coca Cola – und im Bereich des Automobilhandels. Die Franchise-Idee wurde anschließend von der Mineralölindustrie aufgegriffen, die ihren Tankstelleninhabern Franchisen erteilten und dadurch schnell flächendeckende Versorgungsnetze aufbauen konnten. Dieses Franchising der ersten Generation entspricht praktisch dem, was heute bei uns als Vertragshandel oder Alleinvertrieb bzw. Selektivvertrieb bekannt ist.

b) **Franchising der zweiten Generation.** Das Franchising der zweiten Generation entwickelte sich nach dem Zweiten Weltkrieg und wird als „entire business franchising" oder aber auch „business format franchising" bezeichnet, bei dem die vertragliche Bindung sich nicht mehr auf ein einzelnes Produkt bezieht, sondern auf den gesamten Betrieb des Franchisenehmers. Der Franchisegeber erbringt für den Handelsbetrieb des Franchisenehmers ein umfas-

6. Franchise Agreement (Franchisevertrag USA) II.6

sendes Leistungsbündel (package), das sich auf weite Bereich der Ausstattung des Betriebs, auf die Konzeption der Geschäftspolitik und die Organisation der Betriebsführung erstreckt und so zur weitreichenden Integration des Partners in das jeweilige Franchisesystem führt. Mit der Entwicklung zum „business format franchising" (Betriebsfranchising) erhielt das Franchising sein bis heute typisches Gepräge der Multiplizierung einer Geschäftsidee. Gegen Ende der 60er Jahre boomte das Franchising in den USA. Es wurde ein Anwachsen der Systeme von 100 auf über 700 Systeme gezählt (*Kursh*, S. 292 ff.).

c) **Vom Boom zur Krise.** Gegen Ende der 60er Jahre mündete der Franchise-Boom in eine Krise, weil zahlreiche Mißbräuche und Entartungen der Franchise-Idee zu einem massiven Image-Einbruch führten und das Franchising zu einem Politikum werden ließen. Vor allem haben unseriöse Franchisegeber zeitweilig in großem Stil den aus der Armee entlassenen Korea- und Vietnam-Heimkehrern ihre Abfindungssummen unter der Vorspiegelung einer attraktiven Existenzgründungsmöglichkeit abgeschwindelt. Dies führte sowohl auf Bundesebene als auch in den Einzelstaaten zu einer Kodifikationswelle und zur Ausformung eines eigenständigen Franchiserechts (*Macauly*, S. 179 ff., 193 ff.). Anliegen des in sich zwar zersplitterten aber doch als einheitliche Materie behandelten Franchiserechts ist vor allem der Schutz der Franchisenehmer vor betrügerischen und ungeeigneten Franchisegebern durch die Verpflichtung der Systemzentralen zur Offenlegung von Informationen über die erforderliche Investitionshöhe und die Erfolgsaussichten der Franchisen (disclosure; vgl. hierzu Anmerkung Nr. 6) sowie durch die amtliche Registrierung und Kontrolle von Franchise-Offerten an das Publikum (registration; vgl. hierzu Anmerkung Nr. 7). Des weiteren suchen die Vorschriften den Schutz der wirtschaftlichen Existenz der von den Franchisegebern (franchisors) abhängigen Franchisenehmern (franchisees) bei der Beendigung oder Nichterneuerung von Franchiseverträgen zu sichern (termination and non renewal law). Die Eindämmung der meist überstarken Handlungsmacht von Franchisegebern, die leicht zur Übervorteilung der Franchisenehmer führt, wurde zur zentralen Ordnungsaufgabe. Schließlich befaßt sich das Franchiserecht mit den wettbewerbsbeschränkenden Wirkungen von Bezugs-, Vertriebs- und Koppelungsbindungen der Franchisenehmer hinsichtlich der Warenlieferung, der Ausstattungs- und Einrichtungsgegenstände und sonstiger Leistungen des Franchisegebers sowie der abnehmer- und gebietsbezogenen Ausschließlichkeitsvereinbarungen zugunsten der Franchisenehmer (exclusive dealing, vertical restraints). Dabei wurde die wettbewerbsrechtliche Ambivalenz von Franchisesystemen schnell erkannt. Sie vermindern zwar den produktinternen (intrabrand-)Wettbewerb duch die Homogenisierung der Absatzmittler desselben Systems, verstärken jedoch zugleich den produktexternen (interbrand-)Wettbewerb der Systeme untereinander (vgl. *Martinek*, Moderne Vertragstypen Bd. II, S. 1–10 m.w.N.; *ders.*, Handbuch des Vertriebsrechts, insbes. § 20; zur kartellrechtlichen Zulässigkeit von Franchisesystemen vgl. Anmerkung Nr. 11). Schließlich sind die Vorschriften des „Code of Ethics" der International Franchise Association, dem amerikanischen Verband der Franchisegeber (IFA) von Bedeutung, die quasi als „soft law" von den Franchisegebern, die Mitglieder in diesem Verband sind, zu beachten sind. Die Adresse der IFA lautet: International Franchise Association, William Bill Cherkasky, Präsident, Stephen Lynn, Chairman, 1350 New York Avenue N.W. Suite 900, Washington D.C. 20005–4709, USA, Tel.: 1 (202) 628 8000, Fax.: 1 (202) 628 08 12.

d) **Expansion, Konsolidierung und dritte Generation.** Nach der Kodifikationswelle und der Überwindung seiner heilsamen Krise erlebt das Franchising heute eine weitere Expansion und Konsolidierung (*Martinek*, Moderne Vertragstypen, Band 2, S. 9 m.w.N.). In dieser Phase hat sich nun auch eine dritte Generation des Franchising unter dem Motto „partners for profit" und „community interest", das Partnerschafts-Franchising, entwickelt. Die Prognosen für den gesamten Franchisebereich sind äußerst günstig (vgl. hierzu *Skaupy*, S. 238, *Whittemore*, S. 49; für den Erfolg im Bereich des Fast Food-Stichwort: McDonalds – vgl. *Serwer*, S. 59). Es darf daher damit gerechnet werden, daß das Franchising in den kommenden Jahren weiter an Bedeutung gewinnen wird.

3. Definition des Franchising. Nur solche Vertriebsverträge, die der jeweiligen Definition des Begriffs „franchise agreement" entsprechen, unterfallen auch dem Regelungsbereich des betreffenden Franchisegesetzes. In der Regel werden die Definitionen von folgenden drei Elementen getragen: Zum einen kommt es darauf an, daß ein Markenrecht übertragen wird (trademark element). Dies kann zum einen lizenziert werden. Oftmals genügt aber auch die Gestattung des Verkaufs von Waren oder Dienstleistungen, die mit dem Markenrecht verbunden sind (vgl. *Jaglom* CA 63 ALI-ABA 695). Des weiteren ist das Vorhandensein eines vom Franchisegeber vorgegebenen Marketingplans erforderlich. Regelmäßig – jedoch nicht immer – soll nach den Definitionen die Franchise-Gebühr (franchise fee) das dritte und abschließende Element sein. Die im „California Franchise Investment Act" (California Corporation Code § 31005) enthaltene Definition gilt als „basic definition" (vgl. *Skaupy*, S. 4 und *Glickmann*, Bd. 1, § 2.02[4]). Sie folgt im wesentlichen den Empfehlungen der IFA und lautet:

„*Franchise means a contract or agreement, either expresssed or implied, whether oral or written, between two persons by which:*
(a) A franchisee is granted the right to engage in the business of offering, selling or distributing goods or services under a marketing plan or system prescribed in substantial part by a franchisor; and
(b) The operation of the franchisee's business pursuant to such plan or system is substantially associated with the franchisor's trademark, service mark, trade name, logotype, advertising or commercial symbol designating the franchisor or its affiliate; and
(c) The franchise is required to pay, directly or indirectly a franchise fee."

Die deutsche Übersetzung (mit geringfügigen Änderungen übernommen von *Skaupy*, S. 4) lautet:

„*Franchise bedeutet einen Vertrag oder eine Vereinbarung, gleichgültig, ob ausdrücklich oder stillschweigend, ob mündlich oder schriftlich, zwischen zwei oder mehreren Personen; dabei*
(a) wird einem Franchisenehmer das Recht gewährt, nach einem Marketingplan oder -system, das zum wesentlichen Teil von dem Franchisegeber vorgeschrieben wird, Waren oder Dienste anzubieten, zu verkaufen oder zu verteilen; und
(b) ist die Führung des nach einem solchen Plan oder System betriebenen Unternehmens wesentlich verbunden mit dem Warenzeichen, der Dienstleistungsmarke, dem Handelsnamen, dem Logo (der Verfasser) und dem Werbungs- oder sonstigen geschäftlichen Symbol, die den Franchisegeber oder seine angeschlossenen Unternehmen kennzeichnen; und
(c) ist der Franchisenehmer verpflichtet, direkt oder indirekt eine Franchisegebühr zu zahlen."

4. Rechtsnatur des Franchisevertrages. a) Nach U. S.-amerikanischer Rechtsauffassung handelt es sich beim Franchisevertrag um einen Vertrag eigener Art, der die Merkmale verschiedener Verträge aufweist (*Behr*, S. 56; *Hewitt*, S. 204; 1 *Glickmann*, § 2.03; Marinam Medical Supply, Inc. v. Fort Dodge Serum Co., 47 F. 2d 458 [1931]; La Porte Heinekamp Motor Co. v. Ford Motor Co., 24 F. 2d 861 [1928]; Bendix Home Appliances, Inc., v. Radio Accessories Co., 129 F. 2d 177 [1942]). Es spielen vor allem Elemente des Lizenz-, des Kauf- und des Agenturvertrags eine Rolle, wobei das Gewicht der einzelnen Elemente angesichts der Vielzahl an Varianten von Franchisevereinbarungen recht unterschiedlich ausfällt (*Martinek*, Franchising, S. 171 ff.; *Behr*, S. 47).

b) Der Franchisevertrag ist in der Regel als Rahmenvertrag und Dauerschuldverhältnis konzipiert. Aus Gründen der Übersichtlichkeit werden daneben Ausführungs- bzw. Durchführungsverträge geschlossen, die den jeweiligen Franchisevertrag ausfüllen. Hierbei handelt es sich in aller Regel um sukzessive Warenlieferungsverträge oder Rohmaterialbezugsverträge (vgl. hierzu auch *Martinek*, Moderne Vertragstypen, Band 2, S. 39). In diesen Verträgen können dann Einzelheiten der jeweiligen Lieferbedingungen abschließend geklärt werden, die z.B. die Preisgestaltung im einzelnen, Gewährleistungsbedingungen,

6. Franchise Agreement (Franchisevertrag USA)   II.6

Fälligkeit der Lieferung und den Leistungsort betreffen können (zu den Besonderheiten des amerikanischen Gewährleistungsrechts vgl. *Schurtmann/Detjen*, S. 99–129 und *Krämer*, S. 123–126).

c) Franchiseverträge werden in der Regel als vorformulierte Verträge konzipiert. Dies liegt zum einen in der Natur von Franchisebeziehungen als Form der Massendistribution. Die Restatements (Second) of Contracts erkennen die Standardisierung von Verträgen als ein wesentliches Merkmal der Massenproduktion und Distribution an (Restatement (2d), Contracts, § 211). Darüber hinaus erfordern auch die verschiedenen Registration laws und Disclosure laws letztendlich ein standardisiertes Vertragsformular (vgl. hierzu Franch & Distr Law & Prac, § 8:09). Die Tatsache, daß vorformulierte Verträge auf der Take-it-or-leave-it Basis vom Franchisenehmer unterzeichnet werden, stehen ihrer Wirksamkeit nicht entgegen (Stanley A. Klopp, Inc. v. John Deere Co., 510 F Supp 807 (ED Pa 1981), affd 676 F2d 688 (CA3 1982); K&C Westinghouse, 437 Pa 303, 263 A2d 390, 393 (1970).

5. Rechtsgrundlagen im Überblick. a) Anders als in den meisten europäischen Ländern ist das Franchiserecht sowohl bundesrechtlich als auch einzelstaatlich spezialgesetzlich geregelt, allerdings immer nur in Teilbereichen und ohne umfassende vertrags- oder wettbewerbsrechtliche Regelung. Neben diesen speziellen Franchisegesetzen sind vor allem das allgemeine Vertrags-, Wirtschafts- und Handelsrecht und insbesondere das U. S.-amerikanische Kartellrecht (vgl. hierzu Anm. 11) von Bedeutung. Zur Auslegung von Franchiseverträgen können auch die Vorschriften des Uniform Commercial Code (U. C. C.) herangezogen werden, der in erster Linie den Warenaustausch regelt, dessen Vorschriften allerdings teilweise analog auf den Dienstleistungssektor übertragen werden können (*Schurtmann/Detjen*, S. 103; Ralph's Distributing Co. v. AMF, Inc., 667 F2d 670, 673 (CA8 1981); Corenswet, Inc. v. Amana Refrigeration, Inc., 594 F2d 129 (CA5 1979), reh den 597 F2d 772 (CA5 1979), cert den 444 US 938 (1979); Mc Ginnis Piano & Organ Co v. Yamaha International Corp., 480 F2d 474, 480 (CA8 1973); Aaron E. Levine & Co., Inc., v. Calkraft Paper Co., 429 F Supp 1039 (ED Mich 1976); Warrick Beverage Corp. V. Miller Brewing Co., 170 Ind App 114, 352 NE2d 495 (1976); in der Judikatur sind allerdings auch Stimmen laut geworden, die den UCC in bezug auf Franchiseverträge für nicht anwendbar halten, weil die Bestimmungen auf den Warenkauf (sales of goods) zugeschnitten seien und die Interessen der Parteien eines Franchisevertrages insofern weitreichender seien (insbesondere die Gerichte von Missouri halten den UCC für nicht anwendbar auf Franchiseverträge – vgl. z.B. Vigano v. Wylain, Inc., 633 F2d 522 (CA8 1980)). Die entscheidende Rolle wird der U.C.C. allerdings in den Durchführungsverträgen – i.d.R. Sukkzessivlieferungsverträge – spielen (vgl. hierzu Anm. 4 zur Rechtsnatur des Franchisevertrages). Für den internationalen Warenkauf gelten die Vorschriften des Wiener UN-Übereinkommens (UNCITRAL-Abkommen), das in den Vereinigten Staaten seit 1988 in Kraft ist und insoweit abweichendes Bundesrecht und einzelstaatliches Recht verdrängt (*Hay*, S. 71). Das amerikanische Franchisevertragsrecht ist im übrigen ein Gemisch von Fallrecht (case law) und Gesetzesrecht (statute law), wobei das Gesetzesrecht gegenteiliges früheres Fallrecht verdrängt, auf der anderen Seite wiederum von neuem Fallrecht – z.B. bei der Auslegung oder Lückenfüllung – überlagert werden kann (*Hay*, S. 71). Sonderregeln bestehen schließlich für das sogenannte passive Franchising, bei dem es in erster Linie um eine Wertanlage oder stille Beteiligung an einer Franchisegesellschaft geht; hier sind auch die speziellen Vorschriften des Securities Act 1933 zu beachten (vgl. hierzu Anm. Nr. 6 (g)).

b) Zur Angleichung der verschiedenen einzelstaatlichen Regelungen haben sowohl die „National Conference of Commissionars on Uniform State Laws" als auch die North American Administrators Association (NASAA) Modellgesetze erarbeitet, nämlich den Uniform Franchise and Opportunites Act seitens der Uniform State Laws Commissionars und den Model Franchise Investment Act seitens der NASAA, die allerdings bei der Beurteilung von Franchiseverträgen eine nur eingeschränkte Bedeutung haben, da bislang lediglich *ein* Bundesstaat (Rhode Island) diese Vorgabe eines Einheitsgesetzes (Model Franchise Investment Act der NASAA) umgesetzt hat. Auf Bundesebene wurde kein einheitlich geltendes Franchisegesetz erlassen, das für alle Franchiseverhältnisse Wirkung entfaltet. Vielmehr wurden sogenannte „special industry laws" verabschiedet, wovon das älteste Gesetzeswerk den Automobilhandel betrifft (Automobile Dealer's Franchise Act of August 8, 1956, Chap. 1038, secs. 1–5, 70 Stat. 1125; 15 U.S.C., secs. 1221–1225). Gleichfalls sondergesetzlich ist der Handel mit Kfz-Betriebsstoffen geregelt. Hierfür gilt der Petroleum Marketing Practices Act. Dieses Gesetzeswerk ist weitaus komplexer als der Automobile Dealer Franchise Act. Es wurde 1978 erlassen und 1994 letztmalig geändert (October 19, 1994, Public Law 103–371, Sec. 4, 108 Stat. 3484; U.S. Code, Sec. 2805). Die vorgenannten Vorschriften sind leges speciales im Verhältnis zu den allgemeinen einzelstaatlichen Franchisegesetzen, sei es, daß es sich um allgemeines Franchiserecht, sei es, daß es sich um einzelstaatliche „special industry laws" handelt.

c) Auch auf einzelstaatlicher Ebene wurden „special industry laws" erlassen, die für Franchisesysteme in den Bereichen des Automobilhandels, des Kfz-Betriebsstoffhandels (Motor Fuel), der Ausstattung von Farmen (farm equipment) sowie den Spirituosenhandel gelten. Daneben gibt es jedoch auf einzelstaatlicher Ebene, aber nicht in allen Bundesstaaten, generell und branchenübergreifend für das Franchising geltende Gesetze, die vor allem als „termination and non renewal laws" bei der Konzeption des Franchisevertrages gesondert zu beachten sind (vgl. hierzu auch Anm. 54–59). Unter Umständen kann auch der „Truth in Lending Act" eine Rolle spielen (vgl. hierzu Great Expectations Creative Management, Inc., Bus. Fran. Guide (CCH), § 10,684 (FTC 1995), der bestimmte Offenbarungs- und Aufklärungspflichten sowohl für Franchisegeber als auch für Franchisenehmer vorsieht, wenn Finanzierungsleistungen angeboten werden (vgl. auch Aufklärungs- und Offenbarungspflichten – Anm. 6).

d) Eine intensive Regelung hat schließlich der Bereich der Offenlegungs- bzw. Aufklärungspflichten erfahren. Hier gelten die Vorschriften der Federal Trade Commission Rule sowie Erfordernisse des Uniform Franchise Offering Circular (UFOC) (vgl. hierzu Anm. 6). Im Bereich der vorvertraglichen Aufklärung ist des weiteren das Common Law zu den Tatbeständen „misrepresentation" und „fraud" zu beachten (vgl. hierzu Anm. 6 (f) cc)), deren Regelungsgehalt auch während und bei Beendigung des Franchiseverhältnisses von Bedeutung sein kann (vgl. hierzu *Glickmann*, Band 2, § 13.04[10]).

6. Vorvertragliche Aufklärungs- und Offenbarungspflichten. Wenn sich das angestrebte Absatzmittlungsverhältnis unter die vorgenannten Definitionen des US-amerikanischen Franchising subsumieren läßt, ist der Franchisegeber im Vorfeld der Vertragsabwicklung verpflichtet, gewisse ordnungsrechtliche Vorschriften der Offenlegung und Registrierung seines Franchisesystems zu erfüllen. Der Begriff des Franchising wird diesbezüglich weit ausgelegt (vgl. hierzu Federal Trade Commission v. Robbins Reserach Inernational, Inc., Bus. Fran. Guide (CCH), § 10, 679 S. D. Cal. 1995). Danach liegt ein unter die FTC-Rule fallendes Franchisegeschäft bereits vor, wenn es folgende Merkmale aufweist: die Zahlung einer Gebühr, die Verwendung eines Logos sowie urheberrechtlich geschützten Materials und signifikanter Beistand (vgl. Anm. 3 zu der Definition des Begriffs „franchising" in den Franchise-Statutes, welche nicht die Registrierung und Offenbarungspflichten, sondern das vertragliche bzw. das nachvertragliche Verhältnis der Parteien untereinander regeln). Für den Franchisegeber ist diesbezüglich die vorvertragliche Pflichtenstellung spezialgesetzlich geregelt und an die Einhaltung gewisser Formalien geknüpft. Er wird insoweit mit verschiedenen sowohl bundesstaatlichen als auch einzelstaatlichen Vorschriften und Formen der Offenlegung konfrontiert.

a) **Rechtsgrundlagen.** aa) Rechtsgrundlage hierfür ist nach Bundesrecht die „FTC-Franchise and Business Opportunity Rule" (FTC-Rule), eine Rechtsverordnung der Federal Trade Commission. Darüber hinaus ist aber auch in verschiedenen, jedoch nicht allen Bundesstaaten die Frage der vorvertraglichen Aufklärung und Offenbarung eigenständig

6. Franchise Agreement (Franchisevertrag USA)   II.6

geregelt worden (sowohl in allgemeinen Franchisegesetzen als auch in den „special industry laws"). Zu diesen insgesamt fünfzehn Staaten zählen: Kalifornien, Hawai, Illinois, Indiana, Maryland, Michigan, Minnesota, New York, North Dakota, Oregon, Rhode Island, South Dakota, Virginia, Washington und Wisconsin.

bb) Die FTC-Rule findet in den Staaten Anwendung, die kein eigenes Offenlegungsrecht erlassen haben oder deren „disclosure laws" nicht den von der FTC gesetzten Mindeststandard erreichen (vgl. § I. D. 1, 44 Fed Reg. 166, p. 49970 mit den zur FTC-Rule erlassenen Richtlinien, den sogenannten Interpretive Guides to Compliance with the FTC Franchising Rule). Im übrigen gilt vorrangig das Recht der einzelnen Bundesstaaten (*Glickmann*, Bd. 1, § 8.02[1][a]). Aus den einzelstaatlichen „disclosure laws" können sich somit zusätzliche oder von der FTC-Rule unterschiedliche Anforderungen an eine Aufklärung bzw. Offenbarung zugunsten des Franchisenehmers ergeben, die der potentielle Franchisegeber zu beachten hat.

cc) Gelegentlich bietet der Franchisegeber nicht persönlich die Franchise-Lizenzen an, sondern bedient sich Mittelsmännern, die entweder als Makler oder selbständige Lizenzgeber auftreten. Diese unterliegen ebenfalls den Offenlegungs- und Registrierungsvorschriften, denen auch der Franchisegeber als Systemzentrale ausgesetzt ist (*Glickmann*, Bd. 1, § 8.02 und § 8.03[6]).

b) Form und Verfahren. Die Modalitäten der Aufklärung bzw. Offenbarung sind streng formalisiert. Der Franchisegeber hat in einer ganz bestimmten, von der FTC-Rule bzw. von den einzelstaatlichen „disclosure laws" vorgeschriebenen Art die Aufklärung des Franchisenehmers vorzunehmen, welche teilweise die Verwendung eines bestimmten Wortlauts gebieten. Hierzu muß der Franchisegeber ein bestimmtes Formular (offering circular), erstellen und dem Franchisenehmer innerhalb einer ebenfalls gesetzlich bestimmten Zeit vor Vertragsabschluß oder Aktualisierung des Vertrages – dies ist unterschiedlich geregelt – zukommen lassen. Die FTC-Rule verlangt z.B. die Übersendung des „offering circulars" an den Franchisenehmer zehn Werktage vor Aktualisierung des Franchisevertrages (FTC-Rule § 436.1(a)) oder 10 Tage vor der Zahlung irgendeiner Franchisegebühr (FTC-Rule § 436.2(g)), bzw. 10 Tage vor dem ersten persönlichen Treffen mit dem potentiellen Franchisenehmer (FTC-Rule §§ 436.1(a), 436.2(o)).

c) Das Uniform Franchise Offering Circular. aa) Um eine weitgehende Harmonisierung der bundes- und einzelstaatlichen „disclosures" zu bewerkstelligen, hat die North American Securities Administrators Association (NASAA, eine Organisation der Vorstände der einzelstaatlichen Justizministerien, die die Einhaltung der Rechte der einzelnen Bundesstaaten überwacht) das sogenannte „Uniform Franchise Offering Circular" (UFOC) entwickelt. Die Verwendung dieses Formulars ist sowohl von der FTC-Rule als auch vom jeweiligen einzelstaatlichen Offenlegungsrecht zugelassen (*Glickmann*, Band 1, § 8.01).

bb) Die NASAA hat für die Anfertigung des UFOC auch Richtlinien (Uniform Franchise Offering Circular Guidelines and Instructions, im folgenden: Guidelines) erlassen, die mittlerweile in der zweiten Fassung vorliegen und seit dem 1. 1. 1995 in Kraft sind (Guidelines: General Instructions Nr. 265). Diese Richtlinien spezifizieren die Offenlegungserfordernisse für das UFOC und sind unbedingt bei der Anfertigung des UFOC zu beachten (*Glickmann*, Band 1, § 8.02[3]). Der Franchisegeber ist auch hier teilweise gehalten, einen bestimmten Wortlaut bei der Erstellung des UFOC zu verwenden. Eine zusätzliche Hilfestellung bieten die „Guidelines", die vorformulierte Beispiele (sample answers) bereitstellen und die bei der Erstellung des UFOC von großem Nutzen sind. Der Franchisegeber kann diesen „sample answers" entnehmen, wie eine ordnungsgemäß formulierte Aufklärung auszusehen hat.

cc) Bei der Erstellung des UFOC sind gegebenenfalls zusätzliche besondere Richtlinien und Instruktionen von Bundesstaaten zu beachten, bei denen z.B. der Franchisegeber verpflichtet wird, zusätzliche oder von den „Guidelines" abweichende Hinweise auf zwingendes einzelstaatliches Recht aufzunehmen (vgl. *Glickmann*, Band 1, § 8.03[3][c]). So kann z.B. die Aufnahme des Hinweises auf spezielle einzelstaatliche „termination and non renewal"-Gesetze erforderlich sein, die bestimmte Klauseln (beispielsweise nachvertragliche Wettbewerbsverbote, vgl. Anm. 68–70) für nicht durchsetzbar erklären (vgl. California Special Instructions for UFOC; *Glickmann,* Band 1, § 8.02[3][c] m. w. Bsp.).

dd) Unter Umständen kann die Anfertigung verschiedener „offering circulars" erforderlich sein, weil mehrere, verschiedene einzelstaatliche Rechte zu beachten sind. Dies kann der Fall sein, wenn das Franchisegeschäft entweder in mehreren Bundesstaaten betrieben wird oder die zum Vertragsschluß erforderlichen Rechtshandlungen der Vertragsparteien in unterschiedlichen Staaten vorgenommen werden oder die Vertragsparteien ihren Sitz in unterschiedlichen Bundesstaaten haben (vgl. *Glickmann,* Band 1, § 8.02[2][b]). Die Frage dieser interstaatlichen Kollisionen kann nicht einheitlich beantwortet werden, da sie von den jeweiligen Bundesstaaten unterschiedlich geregelt wurde und auf ein einheitliches Kollisionsrecht insoweit nicht zurückgegriffen werden kann. New Yorker Franchiserecht ist z. B. zwingend anzuwenden, wenn (alternativ) entweder das Franchisegeschäft im Staat New York betrieben wird oder die Vertragsparteien eine der zum Vertragsschluß erforderlichen Rechtshandlungen im Staat New York vorgenommen haben oder eine der Vertragsparteien ihren Sitz im Staat New York hat (Mon-Shore Management, Inc. v. Family Media, Inc. 584 F. 2d 186 [S.D.N.Y. 1984]). Andere Staaten sehen wiederum von einer Anwendbarkeit ihres Franchiserechtes ab, wenn keine der Vertragsparteien ihren Sitz im jeweiligen Bundesstaat hat und das Franchisegeschäft nicht in diesem Staat betrieben wird (vgl. z. B. California Franchise Investment Law Regulations § 310 100.1).

d) **Umfang der Offenlegung im Rahmen des UFOC.** Den Franchisegeber treffen in erheblichem Maße Verpflichtungen zur Offenlegung und Aufklärung des Franchisenehmers. Er muß über insgesamt 23 Themen (items) Rechenschaft ablegen und den Franchisenehmer gesondert über jedes denkbare Risiko des Franchisegeschäfts aufklären:

(1) Auskunft über die Person des Franchisegebers, seines Vorgängers (predecessor) sowie Aufklärung über die dem Franchisegeber angegliederten Unternehmen (affiliates), welche ebenfalls Franchisen anbieten oder den Franchisenehmer mit Franchiseprodukten oder Dienstleistungen versorgen. Darüber hinaus werden in allen Einzelheiten Auskünfte über die geschäftlichen Erfahrungen des Franchisegebers und der ihm gleichgestellten Personen erwartet sowie die Angabe einer Geschäftsanschrift und gegebenenfalls die Benennung eines Zustellungsbevollmächtigten (agent for service of process), wenn der Franchisegeber in mehreren Staaten Franchisen anbietet.

(2) Name und Stellung der mit dem Management beauftragten Personen und deren Tätigkeiten während der letzten fünf Jahre.

(3) Angaben über anhängige oder bereits abgeurteilte Gerichts- oder Verwaltungsverfahren gegen den Franchisegeber oder der ihm vom UFOC gleichgestellten Personen während der letzten zehn Jahre. Hierunter fallen auch Schieds- bzw. Schlichtungsverfahren.

(4) Insolvenzrechtlich relevante Vorkommnisse auf seiten des Franchisegebers und der ihm gleichgestellten Personen während der letzten zehn Jahre, wie z. B. Konkurse, Konkursanträge des Franchisegebers oder Dritter (unvolontary petition) oder Restschuldbefreiungen auf der Grundlage des U. S. Bankruptcy Code.

(5) Angabe der Höhe sowie der Zahlungsmodalitäten der Eintrittsgebühr (initial fee) und gegebenenfalls Angaben über die Voraussetzungen einer Rückerstattung der Eintrittsgebühr.

(6) Tabellarische Auflistung der sonstigen, vom Franchisenehmer an den Franchisegeber oder an Dritte zu entrichtenden Gebühren unter Aufführung der Bezeichnung, Höhe, Fälligkeit und Berechnungsgrundlagen.

(7) Angaben – ebenfalls tabellarisch – des Zwecks, der Höhe und Fälligkeit der (voraussichtlichen) Anfangsinvestitionen, die dem Verwendungszweck entsprechen, und zwar unter Angabe der Personen oder Unternehmen, an die die aufgeführten Beträge zu entrichten sind. Erfaßt werden alle Kosten des Franchisenehmers, die während der

6. Franchise Agreement (Franchisevertrag USA) II.6

Startphase des franchisenehmenden Unternehmens (diese Startphase umfaßt in der Regel drei Monate) anfallen (Kommentar der NASAA zu den Instructions für item 7). Sofern der Franchisegeber Finanzierungshilfen anbietet, sind auch die Kosten hierfür tabellarisch aufzuführen. Dem Franchisenehmer soll damit die Möglichkeit gegeben werden, sich einen Überblick über die insgesamt anfallenden Investitionen zu verschaffen (*Glickmann*, Band 1, § 8.02[3]).

(8) Beschränkungen, die dem Franchisenehmer auferlegt werden im Hinblick auf den Bezug und die Veräußerung oder Produktion von Franchisewaren bzw. Beschränkungen hinsichtlich der Erbringung seiner Dienstleistungen. Hierbei ist der Franchisegeber sogar zur Offenlegung der von ihm erreichten Umsätze verpflichtet, die er aufgrund der Bezugsverpflichtungen des Franchisenehmers erwirtschaftet.

(9) Tabellarische Auflistung der Verpflichtungen des Franchisenehmers unter Hinweis auf die jeweiligen Fundstellen im Franchisevertrag. Der Franchisenehmer ist hierbei für jede einzelne Verpflichtung auf entsprechende items des UFOC hinzuweisen, aus denen sich die detaillierten Anforderungen über die vom Franchisegeber zu leistende Aufklärung ergibt.

(10) Angaben über die Bedingungen, zu denen der Franchisegeber oder ihm gleichgestellte Personen dem potentiellen Franchisenehmer finanzielle Hilfe bereitstellen. Dabei ist aufzuschlüsseln, welche Posten im Detail finanziert werden. Des weiteren sind dem Franchisenehmer auch die Folgen eines eventuell notleidenden Kredits darzulegen. Kreditverträge sind gegebenenfalls als Kopie dem UFOC beizufügen.

(11) Auflistung und detaillierte Beschreibung des Leistungsspektrums (respektive der Verpflichtungen) des Franchisegebers, das vor der Eröffnung des Franchisegeschäfts, während der Laufzeit des Vertrages, als auch danach zum Tragen kommt. Gefordert werden beispielsweise die Offenlegung von bzw. Aufklärung über:
– Kriterien der Auswahl des Franchisestandorts
– Baurechtliche Anforderungen hinsichtlich der Räumlichkeiten des Franchisegeschäfts
– Einzelheiten über operativen und administrativen Beistand des Franchisegebers
– Funktionsweise des Werbekonzepts (vgl. hierzu Anm. 42 und 50)
– Anforderungen hinsichtlich zu verwendender Computersysteme oder Kassenbücher und der damit verbundenen weiterführenden Pflichten (z.B. Aktualisierung von Programmen oder Buchungsmethoden)
– Trainings- bzw. Ausbildungsmöglichkeiten.

(12) Beschreibung des Vertragsgebiets, das gegebenenfalls dem Franchisenehmer exklusiv übertragen wird, sowie der Beschränkungen hinsichtlich der Nutzung der Franchise im Vertragsgebiet. Darlegung der Voraussetzungen, unter denen gegebenenfalls die exklusive Übertragung nachträglich entfallen oder sich die Reichweite des Vertragsgebietes ändern kann.

(13) Marken und andere gewerbliche Schutzrechte, die dem Franchisenehmer zur Disposition gestellt werden. Gegebenenfalls Aufnahme eines Warnhinweises (caveat), daß Marken nicht vom Franchisegeber zum Register – geführt beim United States Patent and Trade Mark Office – angemeldet wurden. Aufklärung gegebenenfalls über anhängige Rechtsstreitigkeiten in bezug auf die (zur Nutzung) übertragenen Marken. Darlegung der dem Franchisenehmer respektive dem Franchisegeber diesbezüglich obliegenden Schutzverpflichtungen.

(14) Item 13 entsprechende Verpflichtungen in Anbetracht von Patenten (beim Hersteller-Franchising) und Urheberrechten.

(15) Darlegung der Überwachungs- und Führungsanforderungen in bezug auf die Leitung des Franchisegeschäfts.

(16) Beschränkungen, denen der Franchisenehmer in bezug auf den Warenabsatz respektive der Erbringung von Dienstleistungen unterliegt.

(17) Tabellarische Auflistung der im Franchisevertrag vorgesehenen Bedingungen im Hin-

blick auf Verlängerung bzw. Erneuerung, Beendigung, Übertragung des Franchisevertrages sowie der im Franchisevertrag vorgesehenen Möglichkeiten zur Entspannung von Kontroversen zwischen den Beteiligten des Franchisesystems. Der Franchisenehmer ist auf eine vom Franchisevertrag abweichende Regelung in einzelnen Bundesstaaten hinzuweisen, die gegebenenfalls den Regelungen des Franchisevertrages vorgehen, ohne daß dies zur Nichtigkeit des Vertrages an sich führt (vgl. Guidelines, Item 17, Sample Answer 17, Note 1).

(18) Aufklärung über Abkommen in bezug auf die Verwendung des Abbilds einer in der Öffentlichkeit bekannten Person und der diesbezüglich bestehenden Vereinbarungen.

(19) Mit Verdienstaussichten des potentiellen Franchisenehmers (earning claims) darf nur unter Einhaltung besonders strenger Voraussetzungen geworben werden. Insbesondere werden nur solche Vorhersagen zugelassen, die aufgrund einer vernünftigen Berechnungsgrundlage (reasonable basis) gemacht werden. Als solche wird das Richtmaß (standards) des „American Institute of Certified Public Accountants (Aicpa)" erachtet. In einigen Staaten wird die Beachtung der „standards" des Aicpa überdies gesetzlich vorausgesetzt (vgl. beispielsweise New York Franchise Sales Act Regulation § 200.4(a)(19) oder Alberta Securities Commission Franchise Policy Statement Nr. 4.3).

(20) Offenlegung der übrigen Verkaufsstellen – unter Benennung der Franchisenehmer, ihrer Adressen und Telefonnummern -, welche in franchisierter Form oder anderweitiger Vertriebsform betrieben werden (NASAA Kommentar zu item 20 der „Guidelines"). Bei größeren Franchisesystemen sind mindestens 100 Verkaufsstellen zu nennen, die sich in nächster Umgebung des Franchisenehmers befinden. Der Franchisegeber hat darüber hinaus auch diejenigen Franchisenehmer namentlich unter Angabe der betreffenden Adressen anzugeben, die im letzten Steuerjahr aus dem Franchisesystem ausgeschieden sind. Desweiteren ist der Franchisenehmer über die voraussichtliche Anzahl der noch zu vergebenden Franchisen bzw. Verkaufsstellen zu informieren.

(21) Stellungnahme zu der finanziellen Situation innerhalb des Unternehmens des Franchisegebers. Vorzulegen sind Bilanzen, welche prinzipiell von einem unabhängigen, staatlich zugelassenen Buchprüfer erstellt worden sein müssen. Aus ihnen müssen der cash-flow des Unternehmens innerhalb der letzten drei Jahre und gegebenenfalls das Unternehmen des Franchisegebers betreffende Aktienbewegungen innerhalb dieses Zeitraums hervorgehen.

(22) Beizufügen sind Fotokopien aller Abkommen, die mit der Praxis des Franchisegeschäftes in Zusammenhang stehen (Mietverträge für Inventar oder Geschäftsräume, Vertraulichkeitsabkommen, Kaufverträge, Darlehnsverträge etc.).

(23) Die letzte Seite des UFOC hat die Funktion einer vom Franchisenehmer zu unterzeichnenden Quittung und muß ebenfalls einen bestimmten Wortlaut aufweisen. Der Franchisenehmer wird hier noch einmal auf die Bestandteile des UFOC aufmerksam gemacht und darauf hingewiesen, daß er sich für den Fall unrichtiger, nicht rechtzeitiger oder nicht vollständiger Aufklärung an die Federal Trade Commission Washington, D. C. 20580 sowie an die entsprechende einzelstaatliche Wettbewerbsbehörde wenden kann.

(e) **Rechtsfolgen unterbliebener bzw. regelwidriger Offenlegung.** Unterläßt der Franchisegeber auch nur teilweise die geforderten Offenlegungen oder lanciert er diesbezüglich falsche Angaben, so entstehen Schadensersatzansprüche des Franchisenehmers. Die Rechtsgrundlagen hierfür sind unterschiedlich:

aa) Federal Trade Commission Act. Gemäß Section 5 des Federal Trade Commission Act (FTC-Act = 15 U.S.C. § 45) ist die Federal Trade Commission berechtigt, unfaire oder betrügerische Handelspraktiken (unfair and deceptive practices in commerce) mittels eigenständiger Unterlassungsverfügungen (cease and desist order) zu unterbinden. Darüber hinaus ist die FTC auf der Grundlage des Magnuson-Moss Warranty Act berechtigt, diejenigen mit einer drastischen Zivilstrafe zu versehen, die gegen die Unterlassungsverfü-

6. Franchise Agreement (Franchisevertrag USA)   II.6

gung der FTC verstoßen. Zudem ist die FTC berechtigt, Regress für geschädigte natürliche und juristische Personen einzuklagen (vgl. hierzu *Glickmann*, Band 1, § 8.06[1]).

bb) False Advertising Statutes. In einigen Staaten ist der „state attorney general" berechtigt, gegen unlautere täuschende Werbemaßnahmen (false advertising) vorzugehen, indem er Verwender bzw. Verursacher mit Zivilstrafen und Unterlassungsverfügungen belegt (vgl. z.B. Cal. Bus. & Prof. Code §§ 17500, 17535). In manchen Staaten wird auch die Unterlassung der gesetzlich geforderten Aufklärung als „false advertising" eingestuft (vgl. z.B. N. Y. Gen. Bus. Law § 350a). Einige Bundesstaaten haben den „Uniform Deceptive Trade Practices Act", eine Art Modellgesetz für den unlauteren Wettbewerb, umgesetzt, wobei ein Teil dieser Staaten über die Anforderungen dieses Modellgesetzes hinausgeht. Diese Gesetze werden auch als „Little FTC-Acts" bezeichnet. Im Unterschied zum bundesgesetzlichen FTC-Act können sich hier auch Privatpersonen auf diese Gesetze berufen (*Glickmann*, Band 1, § 8.06[4] m. N. auf Waldo v. North American Van Lines, Inc., 669 F. Supp. 722 [W. D. Pa. 1987]).

cc) Common Law (fraud und misrepresentation). Im Falle des Fehlens eigenständiger Wettbewerbsgesetze kann sich der Franchisenehmer gegen unterlassene oder wissentlich falsche Aufklärung mit den Rechtsbehelfen des Common Law, „fraud" und „misrepresentation" wehren. Voraussetzung hierfür ist, daß der Franchisegeber über Tatsachen täuscht (Vaughn v. General Foods Corp. and Burger Chef Systems, Inc. 797 F. 2d 1403 [7th Cir. 1986]). Bloße Anpreisungen (mere puffings) bzw. Meinungsäußerungen stellen insoweit keine „representations" dar, auch wenn bisweilen die Abgrenzung zwischen Tatsachenäußerung (representation) und bloßer Meinungsäußerung schwer fallen mag.

f) Befreiungen. Sowohl das Bundesrecht (Section 18g FTC-Act = 15 U.S.C. § 57 a[g]) als auch einzelstaatliches Recht (z.B. California Franchise Investment Law § 31101) lassen Ausnahmen von dem Erfordernis der umfangreichen Offenlegung (disclosure) auf Antrag des Franchisegebers zu, wenn es angesichts der Reputation des Franchisegebers nicht erforderlich ist, vor täuschendem oder unfairen Geschäftsgebaren des Franchisegebers zu warnen. Eine Ausnahme wird in der Regel von den zuständigen Wettbewerbsbehörden bewilligt, wenn eindeutig feststeht, daß der potentielle Franchisenehmer zu einer Gruppe höchst qualifizierter und technisch versierter Mitglieder des Franchisesystems gehören wird, deren finanzielle Aussichten vorzüglich sind (*Glickmann*, Band 1, § 8.02[1][c] m.N. auf FTC in Angelegenheit Nr. R 511003, in Sachen Mercedes Benz of North America, Inc.).

g) Franchising als Security. Besondere Offenlegungs- und Registrierungsvorschriften bestehen für Franchisen, die lediglich als Kapitalbeteiligung (passiv investment) dienen, bei denen der Profit des Franchisenehmers allein von den Bemühungen des Franchisegebers abhängt (*Glickmann*, Band 1, § 8.05[1]; *Enghusen*, S. 80; *Goodwinn*, S. 1403f.). Die Franchise hat damit die Funktion einer Wertpapieranlage (*Enghusen*, S. 77). Rechtsgrundlagen hierfür sind der bundesgesetzliche Federal Securities Act (1933) sowie die jeweiligen einzelstaatlichen Securities Laws. Nach der Definition des § 2 (1) Securities Act bedeutet „security":

„any note, stock, treasury stock, bond, debenture, evidence of indebtedness, certificate of interest or participation in any profit-sharing agreement, collateral trust certificate, preorganization certificate or subscription, transferable share, investment contract, voting trust certificate, certificate of desposit for a security, fractional individed interest in oil, gas or instrument commonly known as a security, or any certificate of interest or participation in, temporary or interim certificate for, receipt for, guarantee of, or warrant of right to subscribe to purchase, any of the foregoing."

Franchisevereinbarungen fallen – so die Tendenz der Literatur und Rechtsprechung – hierbei unter die Kategorie der „Investment Contracts" (*Glickmann*, Band 1, § 8.05[1] m.w.N.; *Enghusen*, S. 80; *Goodwinn*, S. 1403f.; SEC v. W. J. Howey Co., 328 U. S. 293, 66 S. Ct. 1100, 90 L. Ed. 1244, 163 A.L.R. 1043 [1946]).

Wann der Verkauf einer Franchise als „investment contract" unter die Kategorie der

Security fällt, wird anhand verschiedener „tests" ermittelt. Der wohl vorherrschende Modus ist der „risk capital test", welcher 1967 durch den California Attorney General eingeführt wurde und seitdem zunehmend von den Gerichten verwendet wird (*Enghusen*, S. 76). Ist danach der Franchisegeber von den Eingangszahlungen des Franchisenehmers abhängig, um sein Franchisesystem aufzubauen, so soll dieser Ansicht zufolge ein „investment contract" und somit eine „security" vorliegen. In der Folgezeit wurde dieser „test" weiterentwickelt. Der Attorney General von Utah hat die verschiedenen Gesichtspunkte zusammengefaßt (C.C.H. Blue Sky Rptr., § 70, 893 [1971]). Nach seiner Auffassung liegt eine „security" vor, wenn folgende Voraussetzungen vorliegen: Bei dem Franchisenehmer muß es sich um einen inaktiven bzw. passiven Investor handeln; der Franchisegeber ist derjenige, der das Franchisegeschäft managt; der Franchisenehmer verfügt über keine nennenswerten Verwaltungsaufgaben, sondern ist auf Kontrollfunktionen beschränkt; der Profit des Franchisenehmers rührt vor allem von den Bemühungen des Franchisegebers her; der Einsatz des Franchisenehmers ist für das Bestehen und Wachsen des Franchisesystems erforderlich (vgl. hierzu auch *Glickmann*, Band 1, § 8.05.[1]).

7. Registrierung von Franchiseverträgen. a) Die FTC-Rule selbst verlangt keine Registrierung der Franchise. Jedoch ist in einigen Bundesstaaten neben der Offenlegung zusätzlich die Registrierung spezialgesetzlich gefordert. Diese Staaten sind Kalifornien, Hawaii, Illinois, Indiana, Maryland, Minnesota, New York, North Dakota, Rhode Island, South Dakota, Virginia, Washington und Wisconsin.

b) Die Registrierung erfolgt auf Antrag des Franchisegebers und ist gebührenpflichtig. Die betreffenden Bundesstaaten – außer Hawaii – gestatten die Verwendung eines einheitlichen Formulars zur Beantragung der Registrierung (Uniform Franchise Registration Application; zum Inhalt dieses Formulars vgl. *Glickmann*, Band 1, § 8.03[1]). Mit dem Antrag sind zwei bzw. drei Kopien des UFOC sowie zwei Kopien des vom Franchisegeber verwendeten Werbematerials beizufügen. Desgleichen ist die „affirmation" eines staatlich geprüften unabhängigen Buchprüfers notwendig. Sobald diese Dokumente bei der zuständigen Behörde hinterlegt sind, verfügt diese in der Regel über einen Zeitraum von 10–15 Tagen zur Überprüfung. Gegebenenfalls erläßt sie einen „deficency letter", in dem das Fehlen bestimmter Angaben aufgelistet ist und eine bestimmte Frist für eine nachträgliche Ablieferung des erforderlichen Materials gewährt wird. Daran anschließend wird die Eintragung der Franchise verfügt. Sie gilt für einen Zeitraum von einem Jahr und ist verlängerbar.

c) Die Registrierung erfolgt durch sogenannte „regulators" der jeweiligen Einzelstaaten. Das UFOC verlangt darüber hinaus, daß der Franchisegeber die jeweilige einzelstaatliche Registrierungsbehörde (regulatory authority) zum sogenannten „agent for service" bestellt. Die Adressen der einzelstaatlichen „Franchise Regulators" lauten:

(a) **Kalifornien:** Corporations Commissioner, Department of Corporations, 3700 Wilshire Boulevard, 6th Floor, Los Angeles, California 90010–3001, Tel.: (213) 736–2741.

(b) **Hawaii:** Commissioner of Securities, 1010 Richards Street, Honolulu, Hawaii 96813, Tel: (808) 586–2744.

(c) **Illinois:** Illinois Attorney General, 500 South Second Street, Springfield, Illinois 62706, Tel.: (217) 782–4465.

(d) **Indiana:** Chief Deputy Commissioner, Securities Division, 302 West Washington Street, Indianapolis, Indiana 46204, Tel: (317) 232–6685.

(e) **Maryland:** Securities Commissioner, Division of Securities, 200 St. Paul Place, 20th Florr, Baltimore, Maryland 21202–6360, Tel.: (301) 576–6360.

(f) **Michigan:** Franchise Administrator, 670 Law Building, Lansing, Michigan 48913, Tel.: (517) 373–7117.

(g) **Minnesota:** Deputy Commissioner, Minnesota Department of Commerce, 133 East Seventh Street, St. Paul, Minnesota 55101, Tel.: (612) 295–2284.

(h) **New York:** Principal Attorney, New York State Department of Law, 120 Broadway, Room 23–122, New York, New York 10271, Tel.: (212) 341–211.

(i) **North Dakota:** Franchise Examiner, 600 East Boulevard, 5th Floor, Bismarck, North Dakota 58505, Tel: (701) 224–4712.

(j) **Rhode Island:** Associate Director and Superintendent of Securities, Division of Securities, 233 Richmond Street, Suite 232, Providence, Rhode Island 02903–4232, Tel: (401) 277–3048.

(k) **South Dakota:** Franchise Administrator, Division of Securities, 500 East Capital, Pierre, South Dakota 57501, Tel.: (605) 773–4823.

(l) **Virginia:** Chief Examiner, State Corporation Commission, 1220 Bank Street, 4th. Floor, Richmond, Virginia 23219, Tel.: (804) 371–9051.

(m) **Washington:** Securities Administrator, Securities Division, 405 Black Lake Boulevard, S.W., 2nd floor, P.O. Box 9033, Olympia, Washington 98502, Tel: (206) 753–6928.

(n) **Wisconsin:** Commissioner of Securities or Franchise Administrator, 111 West Wilson Street, P.O. Box 1768, Madison, Wisconsin 53701, Tel. (608) 266–3431 (Commissioner) und (608) 266–8559 (Administrator).

8. Form. Bis auf wenige Ausnahmen bedürfen Verträge nach anglo-amerikanischem Recht in der Regel zu ihrer Wirksamkeit keiner Schriftform. Allgemein vorgeschrieben ist die Schriftform lediglich für Verträge, die unter das alte englische Statute of Frauds (1677) fallen (vgl. hierzu *Hay*, S. 78 und *Donath*, S. 333–340). Der Franchisevertrag unterliegt daher im Prinzip keinem Formerfordernis. Die meisten spezifischen und allgemeinen Franchisegesetze sowie das Common Law der einzelnen Bundesstaaten erkennen sowohl schriftliche als auch mündliche Verträge an. Allerdings sind in einigen Staaten auf der Grundlage einzelstaatlicher „status of frauds" mündliche Verträge nicht „enforceable" (vgl. z.B. D & N Boening, Inc. v. Kirsch Beverage, Inc., 99 A.D.2d 522, 471 N.Y.S. 2d. 2999 [2d Dep't aff'd, 63 N.Y. 2d 449, 483 N.Y.S.2d 164 (1984)]). Unsicherheiten ergeben sich auch aus dem unterschiedlichen, zum Teil stark variierenden Case Law und Statute Law der jeweiligen Bundesstaaten. Indirekte Formzwänge ergeben sich allerdings aus den umfangreichen Aufklärungs- und Offenlegungsvorschriften (vgl. hierzu Anm. 6), die letztendlich die Beifügung eines schriftlichen Franchisevertrages verlangen. Auch aus Gründen des Beweisrechts ist die Schriftform empfehlenswert, da nach Art. 2-201 U.C.C. für Warenverträge mit einem Wert von 500 $ und mehr die Schriftform erforderlich ist, um sie vor Gericht einklagen zu können.

9. Kartellrechtliche Zulässigkeit. Einen überragenden Schwerpunkt bei der rechtlichen Würdigung von Franchiseverträgen bildet die Frage ihrer kartellrechtlichen Zulässigkeit. Der typische Franchisevertrag ist dabei durch zahlreiche Vertikalbindungen gekennzeichnet, denen die U.S.-amerikanische Judikatur und die mit der Kartellkontrolle betrauten Wettbewerbsbehörden mit Skepsis gegenüberstehen (zur kartellrechtlichen Entwicklung der Franchisesysteme vgl. auch *Enghusen*, S. 12 ff.). Die Parteien des Franchisevertrags können allerdings unter bestimmten Voraussetzungen auch in horizontale Wettbewerbsgefüge eingebunden sein, die kartellrechtlich besonders bedenklich sind. In der Tendenz werden Franchiseverträge in rein vertikal strukturierten Systemen heute weitgehend für kartellrechtlich zulässig erachtet. Voraussetzung hierfür ist – auf einen einfachen Nenner gebracht –, daß die Vereinbarungen des Franchisevertrages nicht zu einer erheblichen Verringerung des Wettbewerbs führen oder dazu geeignet sein können, ein Monopol in einem bestimmten Handelszweig zu begünstigen (*Schurtmann/Detjen*, S. 59). Die Grenze für die Zulässigkeit eines Franchisevertrages liegt somit dort, wo sich Kunden-, Gebiets- und Absatz- bzw. Beschaffungsrestriktionen als exzessiv darstellen.

a) **Wettbewerbsverhältnisse.** Beim Franchising müssen verschiedene Wettbewerbsverhältnisse unterschieden werden (vgl. hierzu *Martinek*, Moderne Vertragstypen, Band 2, S. 171 ff.). Ein Wettbewerbsverhältnis besteht zum einen zwischen dem Franchisegeber und seinen Konkurrenten, die ein vergleichbares Produkt auf dem gemeinsamen Markt anbieten (interbrand-Wettbewerb). Zum anderen stehen die Franchisenehmer innerhalb des jeweiligen Systems bezogen auf das konkrete Franchiseprodukt im Wettbewerb untereinander (intrabrand-Wettbewerb). Aber auch Franchisegeber und Franchisenehmer desselben Systems können im Wettbewerb stehen, wenn der Franchisegeber mit eigenen Filialsystemen auf dem Markt präsent ist und neben seinen Franchisenehmern Produkte oder Dienstleistungen anbietet (hybrid organisation oder dual distribution; franchising and branching). Über die Systembeteiligten hinaus entfalten Franchiseverhältnisse wettbewerbsrechtlich relevante Drittwirkung auf andere, systemfremde Marktteilnehmer, die nicht in Konkurrenz treten, sondern mit den Beteiligten des Franchisesystems in kooperationswirtschaftlichen Kontakt treten wollen.

b) Rechtsgrundlagen. aa) Überblick. Die wichtigsten bundesrechtlichen Wettbewerbs- bzw. Kartellvorschriften sind hier der seit 1890 geltende Sherman Antitrust Act (15 U.S.C. § 1), der durch den International Antitrust Enforcement Act 1994 erweitert wurde (vgl. zur internationalen Kartellkontrolle auch Anmerkung Nr. 9 [6]). Section 1 und 3 des Sherman Act verbieten *„every contract, combination in the form of trust or otherwise, or conspiracy, in restraint of trade or commerce among several states"*. Diese Vorschrift wird weit ausgelegt, so daß sie auf eine Vielzahl unterschiedlicher Verhaltensweisen anwendbar ist, die den Wettbewerb unangemessen beschränken können (vgl. *Blechmann*, S. 2). Section 2 verbietet die versuchte oder vollendete Monopolisierung des Handels zwischen den Bundesstaaten oder des US-Außenhandels (15 U.S.C. § 2). Der 1914 erlassene Clayton Act, der 1936 um den Robinson Patman Act ergänzt worden ist, befaßt sich mit der Preisdiskriminierung und anderen Formen der Diskriminierung von Abnehmern (15 U.S.C. § 13) sowie mit Ausschließlichkeitsverträgen (exclusive dealing) und mit Koppelungsverträgen (ty-in-agreements) (15 U.S.C. § 14). Section 7 des Clayton Act (15 U.S.C. § 18) behandelt schließlich die Frage der Zusammenschlüsse und der „Joint Ventures". Für bestimmte Zusammenschlüsse ist darüber hinaus der Hart-Scott-Rodino Antitrust Improvements Act von Bedeutung (15 U.S.C. § 18a). Der Federal Trade Commission Act von 1914 (FTC-Act) verbietet schließlich den unlauteren Wettbewerb (15 U.S.C. § 45) im weiten Sinne.

Die Befugnis zur Durchsetzung der vorgenannten Vorschriften des Wettbewerbs- und Kartellrechts obliegt in teilweise überschneidender Kompetenz der Antitrust-Abteilung des Bundesjustizministeriums (Department of Justice), der Bundeskartellbehörde (FTC), den Generalstaatsanwälten der einzelnen Bundesstaaten (state attorneys) sowie denjenigen, die durch Kartellverstöße in ihren Rechten verletzt sind. Die Antitrust-Abteilung des Department of Justice kann gemäß 15 U.S.C. §§ 4 und 25 bei Verstößen gegen den Sherman Act vor einem Bundesgericht eine strafrechtliche Anklage oder eine zivilrechtliche Unterlassungsklage erheben. Die Federal Trade Commission kann wegen Verletzung des FTC-Act oder des Clayton Act ein Verwaltungsverfahren einleiten und Unterlassungsanordnungen erlassen, die der Kontrolle durch die Bundesgerichte unterliegen (15 U.S.C. § 45). Daneben verfügen auch die einzelnen Bundesstaaten über ein jeweils eigenes Antitrustrecht, das es bei der Konzeption des Franchisevertrages zu beachten gilt. Die Antitrust-Gesetze der einzelnen Bundesstaaten sind verschieden ausgestaltet und weichen sowohl voneinander als auch vom Bundesrecht ab (*Blechmann*, S. 4).

Eine Besonderheit des amerikanischen Antitrustrechts ergibt sich daraus, daß auch Privatpersonen und Unternehmen gemäß 15 U.S.C. §§ 15, 16 (Section 4 und 16 des Clayton Act) auf Erlaß richterlicher Handlungs- oder Unterlassungsverfügungen sowie auf Ersatz des ihnen entstandenen Schadens klagen können. Dabei kommt die anglo-amerikanische „Spezialität" der Klage auf dreifachen Schadensersatz (punitive damages; triple damages) zum Tragen. Franchisenehmer können sich in diesem Zusammenhang der prozessualen Besonderheit der „class-action" bedienen, die für das amerikanische Bundesprozeßrecht in den Federal Rules of Civil Procedure, Rule 23 geregelt ist. Die „class action" ist freilich auch dem Prozeßrecht der meisten Bundesstaaten bekannt (vgl. z.B. New York Civil

6. Franchise Agreement (Franchisevertrag USA) II.6

Practice Law and Rules §§ 901 ff.; vgl. hierzu auch *Mark*, S. 238 ff.). Private Kläger können auf dieser Grundlage eine Klage im Interesse einer Gruppe (z. B. von Franchisenehmern) einbringen. Der Kläger klagt dann nicht nur in eigenem Namen, sondern auch als Vertreter aller Franchisenehmer, die sich in einer ähnlichen Rechtslage befinden, auf Erlaß richterlicher Handlungs- oder Unterlassungsverfügungen sowie auf Ersatz des ihnen entstandenen (dreifachen) Schadens. Schließlich hat jeder Bundesstaat die Möglichkeit, gemäß 15 U.S.C. § 15 und 15 a auf dreifachen Schadensersatz zu klagen, wenn er selbst oder die in seinem Gebiet ansässigen Bürger aufgrund einer Verletzung des Antitrustrechts einen Schaden erlitten haben (sogenanntes parens-patriae-Konzept). Bei Verstößen gegen das Antitrustrecht können die Gerichte zudem Verträge für nichtig erklären (*Blechmann*, S. 5, Tz. 162). Das US-amerikanische Recht kann bei Antitrust-Verstößen zu erheblichen Sanktionen führen. Eine Verletzung des Sherman Acts kann mit einer Freiheitsstrafe von bis zu drei Jahren sowie mit einer Geldstrafe bis zu $ 100.000 für Einzelpersonen und $ 1 Mio. für Unternehmen oder in Höhe des zweifachen Gewinns oder Geldschadens geahndet werden (15 U.S.C. § 1 und 18 U.S.C. § 3571 [d]).

bb) Franchising und vertikale Absatzorganisation. Das vorliegende Vertragsmuster ist auf das in der Praxis besonders typische Franchising ausgerichtet, das sich durch eine rein vertikale Organisation zwischen den Franchisenehmern einerseits und dem Franchisegeber andererseits auszeichnet (zur Typologisierung von Franchiseverträgen vgl. *Martinek*, Franchising, S. 146 ff. m.w.N.; *Oehl/Reimann*, S. 682). Dabei können die oben beschriebenen Wettbewerbsverhältnisse eine Beschränkung in Form von Gebiets- und Vertriebsbindungen (territorial and customer restrictions), Bezugsbindungen und Bedarfsdeckungsverträge (exclusiv dealing and requirement contracts), Geschäftsverweigerung (refusal to deal), Preisbindungen (resale price maintainance), Preisdiskriminierungen (price discrimination) und Koppelungsvereinbarungen (tying agreements) erfahren (*Enghusen*, S. 16; *Martinek*, Moderne Vertragstypen, Band 2, S. 171–173; *Glickmann*, Band 1, § 4.01–4.03[7]). Diese dem Franchisesystem immanenten wettbewerbsbeschränkenden Verhaltensweisen sind Gegenstand sowohl bundesstaatlichen als auch einzelstaatlichen Kartellrechts (Antitrust-Gesetze). Die Aufgabe des Antitrustrechts liegt vor allem darin, das möglichst ungehinderte Wirken der freien Kräfte des Marktes zu gewährleisten und zu fördern (*Enghusen*, S. 17, *Blechmann*, Rz. 1–13). Insbesondere werden hierbei folgende drei Ziele verfolgt: der Schutz und die Aufrechterhaltung besonders bedrohter Märkte, die Verhinderung der Monopolisierung und schließlich der Schutz kleiner bzw. mittelständischer Unternehmen vor unfairem Wettbewerb großer Hersteller und ihrer bevorzugten Abnehmer (*Treumann/Peltzer/Kuehn*, S. 286). Der Sherman Act verbietet Vereinbarungen zur Beschränkung des Wettbewerbs und zur Monopolbildung. Der Clayton Act verbietet bestimmte Ausschließlichkeitsbindungen, Überkreuzverflechtungen von Verwaltungsratssitzen zwischen großen Gesellschaften, die miteinander im Wettbewerb stehen, sowie Fusionen, Übernahmen und Gemeinschaftsunternehmen zwischen Gesellschaften, die den Wettbewerb beschränken. Der Robinson Patman Act untersagt bestimmte Formen der Preispolitik. Der FTC-Act zeichnet sich durch das Hauptziel aus, unlautere Geschäftsmethoden bzw. unlauteren Wettbewerb (unfair methods of competition in commerce) zu bekämpfen.

c) Maßstab der Beurteilung von Wettbewerbsbeschränkungen. Die kartellrechtliche Zulässigkeit des Franchisevertrages ist bzgl. jeder einzelnen Maßnahme der Wettbewerbsteilnehmer zu überprüfen. Dabei lassen sich zwei Kategorien der Beurteilung wettbewerbsbeschränkender Maßnahmen unterscheiden:

aa) Per se-Rule. Einige wettbewerbsbeschränkende Maßnahmen sind von vornherein unzulässig und „per se" illegal (Northern Pacific Railway Co. v. United States 356, U.S. 1, 5 [1958]). Der Richter hat hier keinen Ermessensspielraum, um die entsprechende Maßnahme auf etwaige positive wettbewerbliche Auswirkungen zu überprüfen. Wenn eine Handlung in die „per se"-Kategorie fällt, braucht das Gericht nur festzustellen, daß eine derartige Praxis vorhanden ist, um daraus zu schließen, daß eine Verletzung des Antitrustrechts vorliegt. Illegal per se sind etwa horizontale Preisabsprachen und Marktaufteilungskartelle.

bb) **Rule of Reason.** Die mit Abstand meisten wettbewerbsbeschränkenden Maßnahmen werden freilich nicht von vornherein und ohne weiteres als illegal betrachtet, sondern unterliegen der in der Standard Oil-Entscheidung entwickelten allgemeinen Auslegungsregel der „rule of reason" (Standard Oil Co. of New Jersey v. U. S., 221 U. S. 1 [1911]) und können danach zulässig sein. Obwohl das Antitrustrecht dem Wortlaut nach zunächst einmal jede Form einer Wettbewerbsbeschränkung für rechtswidrig erklärt, hat der U. S. Supreme Court als oberstes amerikanisches Bundesgericht mit der „rule of reason" eine einschränkende Vernünftigkeits- und Relevanzklausel entwickelt, um sich einen differenzierten Maßstab für die Beurteilung von Wettbewerbsbeschränkungen zu schaffen (*Enghusen*, S. 17): Es sollen nur solche Handlungen verboten sein, die den Wettbewerb unangemessen bzw. unvernünftig (unreasonable) beeinträchtigen. Dies bedeutet im Kern, daß eine Handlung einen nachweisbaren, schädlichen, wettbewerbswidrigen Einfluß haben muß, um als unangemessene (unreasonable) Wettbewerbsbeschränkung und somit als eine Verletzung des Antitrustrechts angesehen zu werden. Um zu bestimmen, ob eine Beschränkung unvernünftig ist, muß das Gericht eine Marktanalyse vornehmen und die Umstände des der Beschränkung zugrundeliegenden Einzelfalles, die Lage vor und nach der Auferlegung der Beschränkung, die Natur der Beschränkung und ihre wahrscheinlichen Auswirkungen würdigen sowie den Zweck und die Geschichte der Wettbewerbsbeschränkung überprüfen (Chicago Board of Trade v. United States, 246 U. S. 231, 238 [1918]). Die Beschränkung des Wettbewerbs darf hierbei im Prinzip nur aus ökonomischen und nicht aus sozialen bzw. anderen nicht-ökonomischen Gründen gerechtfertigt werden (*Blechmann*, mit Hinweis auf FTC v. Superior Court Trial Lawyers Ass'n, 493 U. S. 411, 110 S. Ct. 768, 107 L. Ed. 2 d 851, 866 [1990]).

d) **Kartellrechtliche Zulässigkeit von Franchiseverträgen und -systemen.** Die meisten Wettbewerbsbeschränkungen in Franchiseverträgen und -systemen werden nach der „rule of reason" beurteilt und im Ergebnis als unschädlich angesehen, da man erkannt hat, daß durch derartige Vertriebssysteme der interbrand-Wettbewerb zwischen den Marken häufig angeregt und diese positiven Effekte die intrabrand-Wettbewerbsbeschränkungen innerhalb einer Marke aufwiegen. Die beiden signifikanten Ausnahmen sind die Bindung von Wiederverkaufspreisen (resale price maintenance) und exzessive Ausschließlichkeitsbindungen.

e) **Per se unzulässige Wettbewerbsbeschränkungen. aa) Horizontale Marktaufteilungen zwischen Wettbewerbern.** Der Supreme Court hat entschieden, daß die direkte wie die indirekte Aufteilung von Verkaufsgebieten, von Kunden und Produktmärkten zwischen im Wettbewerb stehenden Unternehmen eine per se-Verletzung des Sherman Act darstellt (Timken Roller Bearing Co. v. United States, 341 U. S. 593 [1981]; United States v. Topco Associates, Nc., 405, 596 [1972]). Es werden jedoch bestimmte enge Ausnahmen für horizontale Preisabsprachen gestattet, die mit Patentlizenzen zusammenhängen. Marktaufteilungen zwischen Wettbewerbern hinsichtlich ihrer Lieferanten sind nicht per se rechtswidrig, müssen aber auf der Grundlage der rule of reason überprüft werden.

bb) **Preisabsprachen auf horizontaler Ebene.** Preisabsprachen zwischen Konkurrenten sind per se-Verletzungen gemäß § 1 Sherman Act und somit rechtswidrig (U. S. v. Socony Vacuum Oil, 310 U. S. 150 [1940]). Hierbei handelt es sich um ausdrückliche oder konkludente Vereinbarungen, die sich unmittelbar oder mittelbar auf den Marktpreis auswirken. Sie können nicht nur in der Fixierung eines Höchst- oder Mindestpreises, sondern auch in der Bereitschaft zum Ausdruck kommen, einem preisführenden Mitbewerber zu folgen oder nach einer gemeinsamen Formel den Preis festzulegen. Dabei werden die Betroffenen mit den naheliegenden Einwänden nicht gehört, daß die Preisabsprachen angemessen und für den Kunden günstig seien oder daß die Preisabsprachen eine Verteidigungstaktik zur Aufrechterhaltung normaler Wettbewerbsverhältnisse und zur Vermeidung zerstörerischer Preiskriege seien oder daß eine Rechtspflicht zur Einhaltung der

6. Franchise Agreement (Franchisevertrag USA) II.6

Preisabsprachen bestehe (*Treumann/Pelzer/Kühn*, S. 296). Eine Unterform des „price fixing" ist der Aufbau eines Marktinformationssystems, bei dem detailliert Preise, Namen von Käufern und Verkäufern und alle Einzelheiten der Verkaufsgeschäfte genannt werden und die es folglich erlauben, eine Prognose über das zukünftige Preisumfeld aufzustellen und diese zur Grundlage der Preisgestaltung zu machen. Ein solches Marktinformationssystem ist meist nicht der Allgemeinheit zugänglich und wird von den Wirtschafts- oder Berufsverbänden möglichst geheimgehalten.

cc) Preisbindung des Franchisenehmers (vertical price fixing). Als eine per se unzulässige Wettbewerbsbeschränkung wird auch die vertikale Preisbindung des Franchisenehmers hinsichtlich des weiteren Absatzes der Franchiseprodukte bzw. der Franchisedienstleistungen erachtet. Dem Franchisegeber ist es untersagt, direkt oder indirekt auf die Freiheit der Preisgestaltung des Franchisenehmers einzuwirken. Dies gilt für die Festlegung einer Mindestpreisgrenze ebenso wie für die Festlegung eines Höchstpreisniveaus (Albrecht v. Herald Co., 390 U. S. 145, 84 S. CT. 1051, 12 L. Ed. 2d 98 [1968]; Dahl v. The Hearst Corp., 1972 Trade Cas. § 74, 196 [C. D.Cal. 1972]; Curry v. Steve's Franchise Co., Inc., 1985–2 Trade Cas., § 66, 877 [D. Mass. 1985]). Gegen diese Form der Wettbewerbsbeschränkung können im Prinzip nur die betroffenen Franchisenehmer klagen (*Glickmann*, Band 1, § 4.03[5]; zu den einzelnen Voraussetzungen vgl. Bender v. Southland Copr., 1984–2 Trade Cas., § 66, 309 [6th Cir. 1984]). Konkurrenten des Franchisegebers sind nur ausnahmsweise klagebefugt (vgl. für den Fall des Dumping Atlantic Richfield Co. v. USA Petroleum 58 LW 4547 [U. S. Sup. Ct. 1990]). Der Franchisegeber ist allerdings berechtigt, Preisempfehlungen auszusprechen. Er begeht freilich einen Wettbewerbsverstoß, wenn er versucht, Druck auf den Franchisenehmer zur Einhaltung der Preisempfehlungen auszuüben (Adolph Coors Co. [FTC] Trade Reg. Reptr., § 20, 403 [1973], aff'd Adolph Coors Co. v. FTC, 497 F. 2d 1178 [10th Cir. 1974], cert. den., 419 U. S. 1105 [1975]; United States v. Parke, Davis & Co., 362 U. S. 29 [1960]).

dd) Gruppenboykott. Eine geschäftlich motivierte, von Wettbewerbern abgestimmte Weigerung, mit einer Partei Geschäfte abzuschließen (group boycott), ist gemäß dem Sherman Act per se rechtswidrig (Klor's Inc. v. Broadway-Hale Stores Inc., 359 U. S. 207 [1959]). Abgestimmte Verhaltensweisen zwischen den Wettbewerbern sind eine per se-Verletzung des Sherman Act, wenn sie in den Boykott einer Partei einmünden, die ein natürlicher Abnehmer in der betreffenden Branche gewesen wäre. Entsprechendes gilt für Verhaltensweisen, die darauf hinauslaufen, daß die Kunden oder Lieferanten des Wettbewerbs gezwungen werden, einen anderen Wettbewerber zu boykottieren oder solchen Vereinbarungen zuzustimmen, die vom geschäftlichen Standpunkt aus ohne Drohung eines Boykottes inakzeptabel gewesen wären. Einige Gerichte haben hierbei einen Beweis dafür verlangt, daß die „Verschwörer" Marktmacht besitzen oder daß sie einen ausschließlichen Zugang zu einem „wettbewerbsentscheidenden Element" haben (*Treumann/Peltzer/Kuehn*, S. 298).

ee) Sonderfall der Koppelungsverträge. Das amerikanische Kartellrecht verbietet unter gewissen Voraussetzungen auch Koppelungsvereinbarungen (ty-in-agreements). Diese fallen allerdings unter eine qualifizierte per se-Regel, wonach gewisse Koppelungsvereinbarungen nicht rechtswidrig sind, wenn hierfür eine sachliche Legitimation gegeben ist (Northern Pacific Railways v. United States, 356 U. S. 1, 5ff. [1958]; Jefferson Parish Hospital District No. 2 v. Hyde 466 U. S. 2, 104 S. Ct. 1551, 80 L. Ed. 2d 2 [1984]). Bei Koppelungsverträgen erfolgt der Verkauf der (gewünschten) Handelsware (koppelndes Produkt) nur unter der Bedingung, daß eine andere (nicht gewünschte) Sache (gekoppeltes Produkt) mitgekauft wird. Diese Praktiken fallen unter die Regelungen des Sherman Act sowie unter Ziffer 3 des Clayton Act. Der Sherman Act regelt Verträge, die sich auf Waren, Dienstleistungen, Rechte und Grundstücke beziehen. Der Clayton Act bezieht sich dagegen ausschließlich auf Waren (*Treumann/Peltzer/Kuehn*, S. 302). Die Judikatur ist hinsichtlich der Frage, ob Franchiseverträge unzulässige Koppelungsabreden enthalten, uneinheitlich (vgl. Anmerkung Nr. 40 zu Bezugsbindungen). Um sich erfolgreich gegen eine unzulässige Koppelung seitens des Franchisegebers zu wehren, muß der Franchisenehmer darlegen und beweisen, daß tatsächlich mindestens zwei verschiedene Produkte gekoppelt werden (Casey v. Diet Center, Inc., 590 F. Supp. 1531 N. D.Cal. [1984]), daß dadurch ein gewisser Teil des Marktes verschlossen wird, den andere Verkäufer bedienen könnten (*Glickmann*, Band 2, § 13.03[1][a] m.w.N.), und daß der Franchisenehmer wiederum hierdurch einen Wettbewerbsschaden (antitrust damage) erleidet (vgl. hierzu Smith Mashinery Co. v. Heston Corp., 1987–1 Trade Cas., § 67, 563 [N. M., 1987]).

f) **Internationale Kartellkontrolle. aa)** Die Beurteilung der kartellrechtlichen Zulässigkeit von Franchiseverträgen erfolgt gerade in den Bereichen der vertikalen Wettbewerbsbeschränkungen regelmäßig auf der Grundlage der rule of reason. Hierbei wird eine begrenzte Marktanalyse durchgeführt, um festzustellen, ob spürbar schädliche Auswirkungen auf den Wettbewerb vorliegen. Bei international tätigen Franchiseunternehmen kommt allerdings insoweit eine Verschärfung der Kartellkontrolle durch die sogenannte effects doctrine (Auswirkungsprinzip) zum Tragen. Bei der Überprüfung der Auswirkungen auf den U.S.-amerikanischen Wettbewerb können nämlich auch Verhaltensweisen außerhalb der USA relevant werden. Dies geht u. a. aus einer Entscheidung des U. S. Supreme Court hervor, die in bezug auf den US-Importhandel gefällt wurde. Danach wird der Sherman Act auf solches ausländisches Verhalten angewandt, von dem lediglich anzunehmen ist, daß es spürbare Auswirkungen auf die Märkte in den Vereinigten Staaten hat (Hartford Fire Ins. Co. v. California, 113 S. Ct. 2891, 2909 [1993]). Dieser Auffassung schließen sich nunmehr auch die für die Kartellkontrolle zuständigen Bundesbehörden – die Antitrustabteilung des Justizministeriums und die Federal Trade Commission – an. Nachdem die US-amerikanische Regierung 1988 die internationale Kartellkontrolle zunächst eingestellt hatte, bemüht sie sich nunmehr um eine Verschärfung und wendet amerikanisches Kartellrecht auch auf Verhaltensweisen außerhalb der Vereinigten Staaten an, wenn die im Ausland stattfindende Verhaltensweise amerikanischer oder nicht-amerikanischer Unternehmen den US-Handel berühren (zur Entwicklung der internationalen Kartellkontrolle in den Vereinigten Staaten vgl. *Arquit/Wolfram*, S. 939 ff.). Sobald eine ausländische Firma ein Mindestmaß an Kontakten mit den Vereinigten Staaten unterhält, ist nach amerikanischer Rechtsauffassung die Gebietshoheit der U. S.-Judikatur gegeben (*Arquit/Wolfram*, S. 941).

bb) Die für die Kartellkontrolle zuständigen Bundesbehörden haben am 5. 4. 1995 neue Kartellrichtlinien, die Antitrust Enforcement Guidelines for International Operations, erlassen, die die Politik der U. S.-Regierung in bezug auf die internationale Kartellkontrolle verdeutlichen sollen. Ziel der internationalen Kartellkontrolle ist es vor allem, von der amerikanischen Industrie nachhaltige Schäden abzuwenden, die dadurch entstehen könnten, daß das Ausland seine Märkte gegenüber U. S.-amerikanischen Produkten abschottet (*Arquit/Wolfram*, S. 940). Diese internationalen Kartellkontrollrichtlinien behandeln u. a. die sachliche Zuständigkeit der U. S.-Kartellbehörden sowie die Anerkennung ausländischer Entscheidungen (comity). Flankierend hierzu wurde bereits der International Antitrust Enforcement Assistance Act erlassen, der Regelungen über den gegenseitigen Informationsaustausch enthält und Rechtsgrundlagen für sonstige gegenseitige Abkommen zur Regelung des Rechtshilfeverfahrens unter Beteiligung nicht-amerikanischer Behörden bereitstellt.

g) **Rechtsfolgen des Verstoßes gegen kartellrechtliche Vorschriften. aa)** Hinsichtlich der Zuständigkeit zur Durchsetzung der Vorschriften des Kartellrechts ist die Besonderheit zu beachten, daß sich die Zuständigkeiten der verschiedenen Behörden des Bundes und der einzelnen Bundesstaaten überschneiden. Die Befugnis, die vorgenannten Vorschriften durchzusetzen, obliegt dem Bundesjustizministerium (Antitrust Division des Department of Justice), der Bundeskartellbehörde (FTC), den Generalstaatsanwälten der einzelnen Bundesstaaten (state attorneys) sowie denjenigen Privatpersonen oder Unternehmen, die durch Kartellverstöße in ihren Rechten verletzt sind.

6. Franchise Agreement (Franchisevertrag USA) II.6

bb) Verstoßen die Parteien des Franchisevertrages gegen Vorschriften des Kartellrechts, so kann das Department of Justice bei Verstößen gegen den Sherman Act vor einem Bundesgericht eine strafrechtliche oder zivilrechtliche Klage auf Unterlassung erheben (15 U.S.C. §§ 4, 25). Die FTC kann wiederum ein Verwaltungsverfahren wegen Verletzung des FTC-Act bzw. des Clayton Act einleiten und Unterlassungsanordnungen erlassen, die der Kontrolle der Bundesgerichte unterliegen (*Blechmann*, Rz. 8). Privatpersonen können bei Verletzungen des Sherman Act, des Clayton Act und des Robinson Patman Act auf Erlaß richterlicher Handlungs- oder Unterlassungsverfügungen klagen und darüber hinaus dreifachen Schadensersatz geltend machen (Sections 4, 16 Clayton Act, 15 U.S.C. §§ 15, 26). Das amerikanische Bundesprozeßrecht (Federal Rules of Civil Procedure, Rule 23) und das Prozeßrecht der meisten Bundesstaaten (zB. New York Civil Practice Law and Rules §§ 901 ff) läßt hierbei die sog „class action" (Klage im Gruppeninteresse) zu. Wenn z.B. mehrere Franchisenehmer durch dieselbe Verletzung von Kartellrechtsbestimmungen beeinträchtigt werden, können sie gemeinsam diese spezielle Form der Klage erheben, in der einige Mitglieder der Gruppe der Franchisenehmer (class representatives) die Gruppeninteressen vertreten. Die übrigen Mitglieder dieser Gruppe (class members) sind dann an das Ergebnis des Rechtsstreits gebunden. Schließlich hat auch jeder einzelne Bundesstaat gemäß 15 U.S.C. § 15 die Möglichkeit, als „parens patriae" zugunsten seiner in seinem Gebiet ansässigen Bürger dreifachen Schadensersatz einzuklagen (vgl. hierzu weiterführend *Blechmann*, Rz. 9). Weiterhin haben die Gerichte die Möglichkeit, bei Verstößen gegen das Antitrustrecht die Nichtigkeit der Franchiseverträge auszusprechen. Darüber hinaus können erhebliche Geld- und Freiheitsstrafen ausgesprochen werden (vgl. hierzu *Blechmann*, Rz. 10; *Ebke* RIW 1995, S. 70; *Bodewig* GRUR Int. 1991, S. 170; vgl. auch schon Anm. 9 (2) a)).

cc) Zu den Rechtsfolgen des Verstoßes im Rahmen der Aufklärungs- und Offenbarungspflichten vgl. Anm. 6 (5).

10. Marktzutrittsmodalitäten. Für den Franchisegeber kommen mehrere Möglichkeiten in Frage, um in den U.S.-amerikanischen Franchisemarkt einzutreten. Dabei spielen Aspekte der Unternehmensform, des internationalen Gesellschaftsrechts sowie des internationalen Steuerrechts eine Rolle (vgl. hierzu *Geurts/Stevens*, S. 392 ff.).

a) **Direct Licencing.** Aufgrund moderner Telekommunikationsmöglichkeiten ist es theoretisch vorstellbar, den Systemkopf für den U.S.-Markt von der Bundesrepublik Deutschland aus zu leiten und von hier aus die Franchisennehmer direkt zu lizenzieren. Oft wird dieser Weg als Probelauf, manchmal auch aus Kapitalmangel oder Risikoscheu, gewählt (*Bierce/Barbier*, S. 195). In den meisten Fällen ist es jedoch empfehlenswert, auf dem amerikanischen Markt mit einer eigenen Zweigstelle oder gar mit einem Tochterunternehmen eigener Rechtsfähigkeit in kapitalgesellschaftlicher Gesellschaftsform präsent zu sein. Denn der Nachteil der direkten Lizenzierung liegt darin, daß man sich schwerlich angemessen um eine Aktualisierung und Weiterentwicklung des Franchisekonzepts kümmern und sich kaum schnell genug an veränderte Bedürfnisse des Verbrauchers anpassen kann.

b) **Joint Venture.** Wenn der Franchisegeber mit den U.S.-amerikanischen Gepflogenheiten noch nicht vertraut ist, so kann es unter Umständen nützlich sein, sich die Erfahrungen eines bereits auf dem U.S.-Markt tätigen Unternehmens durch eine Joint Venture-Gründung nutzbar zu machen. Hierfür wird im allgemeinen die Form einer Kapitalgesellschaft gewählt, an deren Kapital die deutschen und amerikanischen Joint Venture-Partner beteiligt sind und deren Verwaltungsrat (board of directors) von Vertretern beider Partner besetzt wird (vgl. *Bungert*, Gesellschaftsrecht in den USA, S. 1 ff.; *v. Samson/Himmelstjerna*, S. 4; *Merkt*, Rz. 116–119; vgl. allgemein zu den Erscheinungsformen und Abgrenzungen von joint ventures *Martinek*, Moderne Vertragstypen, Band 3, S. 276 ff.). Diese Unternehmensform kann allerdings zu Problemen führen, wenn jede Seite Anspruch auf die beherrschende Rolle in der Geschäftsführung der gemeinsamen Gesellschaft erhebt (*Schurtmann/Detjen*, S. 27). Das Franchising über ein im Exportland zu gründendes

Gemeinschaftsunternehmen (joint venture company) hat sich aber dennoch als Internationalisierungsstrategie besonders bewährt (*Skaupy*, Franchising, S. 218).

c) **Master Franchising.** Das Master Franchising ist die wohl vorherrschende Internationalisierungsstrategie. Hierbei wird der inländische Master-Franchisenehmer vom ausländischen Master-Franchisegeber durch eine Generallizenz beauftragt und berechtigt, mit inländischen Sub-Franchisenehmern Franchiseverträge zu schließen (*Skaupy*, Franchising, S. 36 ff.). Der Vorteil dieser Strategie liegt darin, daß der Master-Franchisenehmer in einer starken Abhängigkeit vom Master-Franchisegeber gehalten werden kann. Auch bleibt das finanzielle Risiko für den Franchisegeber relativ gering. Die Master-Franchise kann dem inländischen Unternehmen für das ganze Land oder für regionale Bezirke erteilt werden. Der Master-Franchisenehmer baut im Einvernehmen mit der Systemzentrale selbst ein Franchisenetz auf. Übernimmt der Franchisegeber an dem Unternehmen seines Master-Franchisenehmers Geschäftsanteile, vermischt sich das Master-Franchising mit dem Joint-Venture-Modell.

11. Haftungsfragen. a) Eine Haftung des Franchisegebers für Handlungen des Franchisenehmers gegenüber Dritten kommt nur dann in Betracht, wenn der Franchisenehmer im Rechtsverkehr als Vertreter des Franchisegebers auftritt oder wenn er generell einer zu starken Kontrolle durch den Franchisegeber ausgesetzt ist (sog. apparent agent; vgl. hierzu O'Banner v. Mc. Donald's Corp., 1995 Ill. App. LEXIS 362 (1995)). Letzteres kann freilich erst dann angenommen werden, wenn die Kontrolle zur Folge hat, daß der Franchisenehmer nicht nur seine wirtschaftliche, sondern auch seine juristische Unabhängigkeit vom Franchisegeber verliert (vgl. Arthur Murray, Inc. v. Parris, 243 AR 441, 420 S. W. 2d 518 [1967]; Baldino's Giant Jersey Subs, Inc. v. Taylor et al., Bus. Fran. Guide (CCH), § 10,647 (Ga. Ct. App. 1995); vgl. hierzu auch *Lokker/Blair*, S. 48–54). Damit sind etwa solche Fälle gemeint, in denen der Franchisenehmer zugleich Mieter der Geschäftsräume ist, die im Eigentum des Franchisegebers und Vermieters stehen, so daß der Franchisegeber durch seine Vermieterposition eine zusätzliche rechtliche Disziplinierungsmöglichkeit gegenüber dem Franchisenehmer erhält. Eine juristische Abhängigkeit in diesem Sinne kann bereits dadurch entstehen, daß der Franchisegeber als Vermieter der Geschäftsräume den Franchisenehmer verpflichtet, die Räumlichkeiten in ordnungsgemäßem Zustand zu halten (Wingert v. Dr. Quick, Inc., 109 Ill. 2d 236, 486 N. E. 2d 908 [1985]).

b) Für Schulden des Franchisenehmers haftet der Franchisegeber nur dann, wenn er sich selbst ausdrücklich verpflichtet hat, die Schulden des Franchisenehmers zu begleichen, oder wenn der Franchisenehmer de facto lediglich abhängiger Vertreter des Franchisegebers ist (Mc Guire v. Madisson Hotels International, 435 S. E. 2d 51 [Ga. App. 1993]). Dies gilt auch für Verpflichtungen des Franchisenehmers aus Arbeitsverträgen mit seinen Angestellten (Wirtz v. Charlton Coca-Cola Bottling Co., 16 Wage & Hour Cas. 857 [E.D.S.C. 1965]). Eine Haftung des Franchisegebers für Schulden des Franchisenehmers kann auch bei Übernahme des Franchisebetriebes durch den Franchisegeber auf der Grundlage eines „collective bargaining agreements" begründet werden. Darunter ist eine Vereinbarung zwischen einer „labor union" (Arbeitnehmervertretung) und dem Arbeitgeber zur Regelung von Arbeitsbedingungen zu verstehen (*Blacks*, S. 180).

12. Präambel. In der Präambel des Franchisevertrags wird regelmäßig das Franchisekonzept in seinen Grundzügen und Eigenarten kurz vorgestellt und beschrieben. Der wirtschaftliche Hintergrund des Vertrages, die Geschichte des Unternehmens und die Interessen der Parteien werden hier angesprochen. Summarisch und programmatisch wird das Kooperationsziel umschrieben sowie der Kern der Franchise, die „Philosophie" des Systems fixiert. Diese Skizze kann für die Auslegung des Vertrages Bedeutung gewinnen, falls über Inhalt und Umfang einzelner Rechte und Pflichten Unklarheit besteht. Denn aus der einleitenden Beschreibung des Franchisekonzepts lassen sich gelegentlich wichtige Rückschlüsse auf die Erwartungshaltungen, Ziele und Absichten der Vertragsparteien ziehen. Die Präambel enthält oft neben der Beschreibung des Franchisesystems Ausführun-

6. Franchise Agreement (Franchisevertrag USA) II.6

gen zum Wert der Marken, zu den Handelsnamen oder zu dem vom Franchisor bereits entwickelten Goodwill. Die Ausführungen der Präambel sollten aber recht kurz und bündig gehalten werden, um nicht unnötig Gefahr zu laufen, einen Widerspruch zu den späteren Vertragsklauseln zu produzieren.

13. Parteien. a) Die Parteien des Franchisevertrags werden grundsätzlich als „franchisor" und „franchisee" bezeichnet. Der „Franchisor" ist der Kopf des Franchisesystems, der Franchisegeber, die Systemzentrale, der Marketingführer und der Absatzherr. Der „franchisee" ist der Franchisenehmer, der Systempartner, der Absatzmittler, der auf einer konsumnäheren Wirtschaftsstufe als der Franchisegeber steht (vgl. auch die Definitionen in §§ 20002 und 20003 California Franchise Relations Act).

b) Der typische Franchisevertrag ist für den Franchisegeber zugleich ein Instrument des selektiven Vertriebs, insofern sich der Franchisegeber seine Systempartner unter qualitativen und quantitativen Gesichtspunkten aussucht und nur bestimmte Personen als Franchisenehmer zu seinem System zuläßt (vgl. im einzelnen *Martinek*, Moderne Vertragstypen, Bd. 2, S. 19; *ders.*, Handbuch des Vertriebsrechts, § 2). Unter Umständen können Anti-Diskriminierungsgesetze sowie wettbewerbsrechtliche Vorschriften diese Vertragsfreiheit beschränken. Wettbewerbsrechtliche Belange sind etwa berührt, wenn die Weigerung des Vertragsabschlusses gegenüber einem beitrittswilligen Systemanwärter in konspirativer Weise dazu gedacht ist, ein bestimmtes Unternehmen bzw. eine bestimmte Firmengruppe zu boykottieren (Klor's, Inc. v. Broadway-Hale Stores Inc., 359 U. S. 207, 79 S. Ct. 705, 3 L. Ed. 2d 741 [1959]); vgl. auch Anmerkung Nr. 9 (5) d) zum Gruppenboykott). Der Selektivvertrieb wird im übrigen nach der „rule of reason" beurteilt (United States v. Arnold Schwinn & Co., 388 U. S. 365 [1967]). Der Franchisegeber kann danach einen Franchisebewerber ablehnen (refusal to deal), wenn dies der Effizienzsteigerung des Franchisesystems dient und vor Übersättigung des Systems schützen soll. Erfüllt der Franchisebewerber nicht die sachlich gerechtfertigten qualitativen Anforderungen, so ist eine Ablehnung ohnehin gerechtfertigt (Klors Inc., v. Broadway Hale Stores Inc., 359 U. S. 207, 79 S. Ct. 705, 3 L. ED. 2d 741 [1959]; United Shoppers Exclusive v. Broadway Hale Stores, Inc., 1966 Trade Cas, P 71727 [N. D. Cal.]). Allerdings darf nach der sogenannten Colgate-Doktrin des U. S. Supreme Court die Weigerung des Vertragsabschlusses nicht den Aufbau oder die Aufrechterhaltung einer Monopolstellung bezwecken (*Enghusen*, S. 21 m. w. N.). Es ist daher im Einzelfall zu überprüfen, ob der Franchisegeber über eine beachtliche Marktmacht bzw. einen beachtlichen, wettbewerbsschädlichen Marktanteil verfügt (Ron Tonkin Gran Turismo, Inc., v. Fiat Distribution, Inc., 631 F2d 1376 [9th Cir. 1981]). Weitere Einschränkungen können sich durch bundesstaatliche bzw. einzelstaatliche Antidiskriminierungsgesetze ergeben, die es dem Franchisegeber z. B. generell verbieten, allein aus rassistisch oder religiös motivierten Gründen einen Bewerber abzulehnen (vgl z. B. Federal Civil Rights Act, 42 U. S. C. § 2000e sowie California Fair Dealership Law, Cal. Civ. Code §§ 81–86).

14. Begriffsbestimmungen. In der anglo-amerikanischen Vertragsgestaltungspraxis werden in der Regel Schlüsselbegriffe (key concepts) des Vertrags vorab definiert (vgl. hierzu auch das Vertragsmuster eines englischen Franchisevertrags mit Erläuterungen im vorliegenden Werk). Schlüsselbegriffe sind solche Wörter und Ausdrücke des Vertrags, die den Parteien besonders wichtig und klärungsbedürftig erscheinen. Dabei werden die Definitionen meist alphabetisch geordnet, wenn sie wegen ihrer Vielzahl unübersichtlich zu werden drohen, oder in der Reihenfolge ihrer Wichtigkeit aufgelistet, wenn sie der Zahl nach überschaubar bleiben. Diese für den deutschen Juristen ungewöhnliche Praxis erklärt sich zum einen aus dem strengen Erfordernis der inhaltlichen Bestimmtheit im anglo-amerikanischen Vertragsrecht. Zum andern soll durch einen eindeutigen Wortlaut des Vertragstextes allfälligen Überraschungen einer späteren gerichtlichen Auslegung vorgebeugt werden. Schließlich soll der eigentliche Vertragskern mit der Regelung der gegenseitigen Rechte und Pflichten durch die Entlastung von Begriffsbestimmungen übersichtlich gehalten werden. Der einleitende Vertragsteil zu den Begriffsbestimmungen stellt oft hohe Anforderungen an die kautelarjuristische Gestaltungskraft; gerade hier können sich Fehler verhängnisvoll auswirken.

15. Handbücher. a) Zur Entlastung des Franchisevertrags werden die genauen Richtlinien zum Betrieb und zur Führung des Franchisegeschäfts in sogenannten Handbüchern (manuals) niedergelegt, die auch genauer als Betriebs-Handbücher (operation manuals) bezeichnet werden. Der Inhalt des Handbuchs wird regelmäßig durch eine hierauf bezugnehmende Klausel zum Bestandteil des Franchisevertrages gemacht. Das Handbuch enthält ein Kompendium des Franchisekonzepts in Worten, Bildern, technischen Zeichnungen. Es legt vor allem die Verfahrensweisen fest, die vom Franchisenehmer bei der Betriebsführung des Franchisegeschäfts zu beobachten sind. Regelmäßig beschreibt es auch die einzelnen Vertragswaren und/oder Dienstleistungen. In manchen Franchisesystemen werden sogar mehrere Franchise-Handbücher, etwa zur Betriebsorganisation, zu den Vertragswaren, zur Personalschuldung, zur Werbung etc. eingesetzt. Zu einseitigen konzeptionellen oder verwaltungstechnischen Änderungen, Erweiterungen und Verbesserungen des Handbuchs nach Maßgabe des sich verbessernden Franchisekonzepts bleibt der Franchisegeber jedoch nach dem Vertrag berechtigt, ja sogar als Systemführer und Marketingführer verpflichtet.

b) Das Handbuch genießt urheberrechtlichen Schutz, wozu eine Registrierung beim Copyright Office erforderlich ist (vgl. zum Urheberrecht der Vereinigten Staaten auch Anmerkung Nr. 18). Der Franchisenehmer erhält hiervon zumeist eine numerierte Kopie, damit erkenntlich ist, wieviele und welche Handbücher im Umlauf sind. Zur weiteren Absicherung wird in der Regel bereits im Franchisevertrag die Rückgabe des Handbuchs bei Beendigung des Franchisevertrages sowie eine Verpflichtung zur vertraulichen Behandlung des Handbuchinhalts aufgenommen (sogenannte Confidentiality-Klausel).

16. Einräumung der Franchise und der damit verbundenen gewerblichen Schutzrechte. a) Der Kernpunkt eines typischen Franchisevertrags ist nach amerikanischem Verständnis die Übertragung der Franchise. Nicht die Indienstnahme des Franchisenehmers für die Durchsetzung der Marketingkonzeption des Franchisegebers, nicht die Einschaltung des Franchisenehmers als interessenwahrender, weisungsgebundener Absatzmittler, nicht das agenturvertragliche Element der vertriebsvertraglichen Zusammenarbeit steht mithin nach amerikanischem Verständnis im Vordergrund. Vielmehr erscheint der Franchisenehmer zuvörderst als der durch eine Franchise begünstigte Lizenznehmer. Seit jeher versuchen die Franchisegeber und ihre Verbände, die Position des Franchisenehmers als eines privilegierten Teilhabers an den Immaterialgüterrechten des Franchisegebers zu betonen und die Vorstellung vom Franchisenehmer als wirtschaftlich abhängigem und weisungsgebundenem Absatzmittler zu bekämpfen. Die von den Franchisegebern beherrschte Franchise-Vertragspraxis ist daher in ihren Sprachregelungen nicht frei von einem gewissen schönfärberischem Geist.

b) Die „Gewährung der Franchise" (grant of franchise) besteht regelmäßig aus der Lizenzierung von Warenzeichen, Dienstleistungsmarken, Namensrechten, Mustern und Modellen oder Patenten des Franchisegebers sowie aus der Vermittlung des systemspezifischen Know-hows, um dem Franchisenehmer die Führung des Franchisegeschäftes sowie den erfolgreichen Verkauf der Franchiseprodukte zu ermöglichen. Auch insoweit ist die Dualität von Bundesrecht und Recht der einzelnen Bundesstaaten zu beachten. Dabei sind in gewissem Umfang auch Exklusivabkommen zu den übertragenen Schutzrechten zulässig, sofern nicht kartellrechtliche bzw. wettbewerbsrechtliche Belange berührt werden (vgl. Anm. Nr. 48). In den allermeisten Fällen wird nicht das gewerbliche Schutzrecht selbst übertragen. Der Franchisenehmer erhält vielmehr lediglich die Lizenz. Dies hat den Vorteil, daß der Franchisegeber weiterhin seine Rechte behält und weiterhin über das gewerbliche Schutzrecht verfügen kann (vgl. hierzu auch Anm. 17 zur Markenlizenz). Die Antitrust Division des U. S. Department of Justice hat am 8. 8. 1994 den Entwurf der „Antitrust Guidelines for the Licensing and Acquisition of Intellectual Property" veröffentlicht, die die Grundsätze der Wettbewerbspolitik des Justizministeriums in bezug auf die Lizenzierung und den Erwerb geistigen Eigentums wiedergeben, das nach dem Patent- und Urheberrecht sowie nach dem Recht der Betriebs- und Geschäftsgeheimnisse geschützt ist. Markenlizenzen werden von diesen Richtlinien zwar nicht expressis verbis erfaßt. Doch geht aus den Richtlinien hervor, daß hierauf letztlich dieselben wettbewerbsrechtlichen Regeln Anwendung finden sollen (vgl. hierzu instruktiv *Bodewig* GRUR Int. 1995, S. 142–144). Lizenzverträge werden diesen Richtlinien zufolge als im allgemeinen wettbewerbsfördernd angesehen, da sie der Verbreitung und Anwendung neuer Technologien dienen. Lizenzvereinbarungen im Franchiseverhältnis sind nach Maßgabe dieser Richtlinien als wettbewerbsrechtlich zulässig zu behandeln, solange es nicht zu Marktverschlüssen oder zu gravierenden Wettbewerbsverzerrungen kommt. Im Regelfall ist freilich mit der Einschränkung des Intrabrand-Wettbewerbs eine Steigerung des Interbrand-Wettbewerbs verbunden, solange sich die Marktstruktur auf der Lizenzgeberseite nicht zum engen Oligopol verdichtet.

c) Gewöhnlich sind die vom Franchisegeber entwickelten und benutzten gewerblichen Schutzrechte im Franchisevertrag aufzuzählen, sofern sie sich nicht aus dem Handbuch ergeben. Mit dieser Auflistung eines numerus clausus der lizensierten Rechtspositionen kann der Franchisegeber darauf abzielen, nicht seine gesamte Palette gewerblicher Schutzrechte in das Franchisegeschäft einzubringen, sondern einen Teil dieser Rechte für andere Geschäftszweige zu nutzen. Verbreitet sind auch Klauseln, wonach der Franchisegeber verspricht, für die Entwicklung von weiteren Patenten und Marken etc. zu sorgen und diese nach Registrierung dem Franchisenehmer zukommen zu lassen (zu Formulierungsbeispielen vgl. *Glickmann,* Band 1, § 10.2).

17. Übertragung von Marken. a) Rechtsgrundlagen im Überblick. In der Regel wird dem Franchisenehmer durch den Franchisevertrag eine Markenlizenz übertragen, die dem erfolgreichen Absatz der Franchiseprodukte dient. Das Markenrecht ist sowohl auf Bundesebene als auch auf einzelstaatlicher Ebene geregelt. Die gesetzliche Grundlage auf Bundesebene bildet der Lanham Act (1946) (15 U.S.C. Ch. 22) ergänzt durch den Law Revision Act 1988 (P.L. 100–667, 102 Stat. 3947, eff. Nov. 16, 1989; vgl. zu den Verwertungsmöglichkeiten von Marken nach U.S.-amerikanischem Recht auch *Ruijsenaars,* S. 280–293).

b) **Definition.** Warenzeichen (trade marks) sind alle Worte, Namen, Symbole oder Muster oder deren Kombination, die von einem Hersteller oder Händler angenommen und verwandt werden, um seine Erzeugnisse zu kennzeichnen und sie von den Erzeugnissen anderer Hersteller oder Händler zu unterscheiden. Unter einer „service mark" (Dienstleistungsmarke) ist ein Zeichen zu verstehen, das beim Verkauf von oder in der Werbung für Dienstleistungen dazu verwandt wird, die Dienstleistungen einer Person zu kennzeichnen und sie von den Dienstleistungen anderer zu unterscheiden. Beide werden in Verträgen gewöhnlich unter dem Oberbegriff „marks" zusammengefaßt. Als Marken (trademarks) können z.B. Werbeslogans, Produktkonfigurationen, Farbkombinationen bzw. andere Kennzeichen, die ein Produkt oder eine Dienstleistung charakterisieren, geschützt werden (*Hefter/Cundiff,* S. 1 ff.).

c) **Erwerb des Markenschutzes. aa)** Das Recht an einer Marke erwirbt nach Common Law derjenige, der als erster eine Marke für seine Erzeugnisse oder Dienstleistungen verwendet, um deren Herkunft zu kennzeichnen (vgl. *Treumann/Peltzer/Kuehn,* S. 352). Markenrechte entstehen also nicht erst durch Eintragung, sondern bereits mit der Benutzung des unterscheidungskräftigen Zeichens (Atlantic Monthly Co. v. Frederick Ungar Publishing Co., 197 F. Supp. 524 [S.D.N.Y. 1961]). Rechte an der Marke sind nach Common Law zeitlich nicht beschränkt, sofern sie ihrem Zweck entsprechend gebraucht werden, d.h. zur Kennzeichnung von Erzeugnissen oder Dienstleistungen dienen. Die

Eintragung hat jedoch eindeutige Vorteile für den Franchisegeber, da spätere Benutzer sich die Kenntnis der Eintragung zurechnen lassen müssen und damit die Priorität des Erstbenutzers manifest ist (*Schurtmann/Detjen*, S. 171; Dawn Donut Co. v. Hart's Food Stores, Inc., 267 F. 2d 358 [2d Cir. 1959]). Die Eintragung der Markenrechte kann sowohl auf Bundes- als auch auf einzelstaatlicher Ebene erfolgen. Nach dem Federal Trade Mark Statute – Lanham Act, der die bundesgesetzliche Grundlage hierfür bildet, kann die Eintragung erfolgen, wenn die Marke über die Grenzen des Bundesstaates hinaus oder im internationalen Außenhandel benutzt wird oder wenn sich die Verwendung innerhalb eines Bundesstaates über dessen Grenzen hinaus auswirkt. Die Eintragung erfolgt beim US-Bundespatent. Hat der Inhaber einer im Hauptregister eingetragenen Marke diese zugleich bei der US-Zollbehörde registrieren lassen, werden Einfuhren in die Vereinigten Staaten, die diese Marke verletzen, zurückgewiesen (*Treumann/Peltzer/Kuehn*, S. 362).

bb) Ein ausländischer Antragsteller, der eine ihm gehörige Marke im Handel über die Grenzen eines Bundesstaates hinaus oder im Außenhandel der USA verwendet, ist berechtigt, diese wie jeder US-Bürger in den USA anzumelden (*Treumann/Peltzer/Kuehn*, S. 356). Die USA sind bisher noch kein Mitgliedstaat des Madrider Übereinkommens, das ein vereinfachtes Eintragungsverfahren für den internationalen Verkehr vorsieht (*Bodewig* GRUR Int. 1994, S. 542). Die Vereinigten Staaten sind allerdings Unterzeichner der Pariser Verbandsübereinkunft zum Schutz des gewerblichen Eigentums. Nach der Pariser Verbandsübereinkunft kann ein Angehöriger eines anderen Unterzeichnerstaates, der seine Marke nicht im Handel über die Grenzen eines Bundesstaates hinaus oder im Außenhandel verwendet, diese Marke in den USA auf der Grundlage einer früheren Eintragung in seinem Heimatland oder einer dort vorgenommenen Anmeldung zur Eintragung registrieren lassen. Die Öffentlichkeit wird über die Registrierung informiert, indem unmittelbar neben der Marke in einem Kreis der Buchstabe „R" für „Registered" oder die Worte „Registered in US-Patent and Trademark Office" angebracht werden. Vor der Eintragung sind die Kürzel SM (service mark) oder TM (trade mark) gebräuchlich.

d) Übertragung. Es bestehen zwei Arten der Übertragung von Rechten an Marken: zum einen das sogenannte „Assignment" (Abtretung) und zum anderen der Lizenzvertrag (licence). Beide Übertragungsarten sind Gegenstand eigener Regeln, wobei die Eintragung der Marke keine besondere Rolle spielt. In Franchiseverträgen wird regelmäßig die Konzeption der Lizenzierung vorgezogen. Denn bei der Abtretung der Marke besteht die Verpflichtung, auch den Goodwill einer Firma zu übertragen, mit dem die Marke verbunden ist (*Treumann/Peltzer/Kuehn*, S. 358). Der Versuch, die Marke ohne den Goodwill abzutreten, würde als dessen Aufgabe durch den Zedenten angesehen und bewirkt den Verlust aller erworbenen Rechte des Zedenten an der Marke. In diesem Fall erwirbt der Zessionar das Recht an der Marke durch Annahme und Gebrauch der Marke, ohne befürchten zu müssen, die Rechte des Zedenten zu verletzen. Bei der Übertragung einer Markenlizenz im Rahmen des Franchisevertrages muß der Franchisegeber darauf achten, daß er sich gemäß 15 U.S.C. § 1065 die Kontrolle über die Art und Qualität seiner Markenprodukte einräumen läßt und daß er diese Kontrolle auch tatsächlich durchführt (*McCarthy*, §§ 3.4 und 18.13–16; *Ruijsenaars*, S. 283; *Glickmann*, Band 1, § 3A.02[4]). Eine Übertragung der Lizenz ohne diese Kontrollmöglichkeit des Franchisegebers wird als unzulässig und rechtsunwirksam nach Maßgabe des 15 U.S.C. §§ 1055 und 1065 erachtet (Ron Matusalem & Matusa v. Ron Matusalem, Inc., 872 F. 2d 1547 [11th Cir. 1989]; Arthur Murray, Inc. v. Horst, 110 F. Supp. 678 [D. Mass. 1953]). Damit befindet sich der Franchisegeber häufig in einer tendenziell dilemmatischen Situation. Zum einen verpflichtet ihn der Lanham Act, den Franchisenehmer zu kontrollieren, andererseits besteht die Gefahr eines Antitrust-Verstoßes. Der Franchisegeber bewegt sich allerdings in wettbewerbsrechtlich zulässigem Rahmen, solange die von ihm ausgeübte Kontrolle nicht zu einer Verzerrung bzw. Behinderung des Interbrand-Wettbewerbs führt (vgl. hierzu *Glickmann*, Band 1, § 3A.02[4][b]).

6. Franchise Agreement (Franchisevertrag USA)

18. Übertragung von Urheberrechten. a) Der Urheberrechtsschutz wird ausschließlich nach dem Federal Copyright Act (17 U.S.C. §§ 101 ff.) gewährt, der zuletzt 1992 nochmals erheblich verschärft worden ist (vgl. hierzu *Bodewig*, GRUR Int. 1993, S. 96). Das Urheberrecht ist das von diesem Gesetz dem Urheber verliehene Recht, andere Personen für eine Anzahl von Jahren von der Veröffentlichung und Verbreitung seines Werkes auszuschließen. Wie im deutschen Recht schützt das US-amerikanische Urheberrecht geistiges Eigentum wie z.B. Bilddarstellungen, Tonaufnahmen, Graphiken, Computerprogramme etc. Damit können z.B. Handbücher, Software, Werbematerial sowie graphisches Material urheberrechtlich geschützt werden (*Hefter/Cundiff*, S. 1 ff.). Der Urheberrechtsschutz kann aber grundsätzlich nicht für Ideen, Verfahren, Herstellungsprozesse und Know-how beansprucht werden. Da auch Deutschland Signatarstaat des Welturheberrechtsabkommens ist, genießen auch in Deutschland erstveröffentlichte Werke den Copyrightschutz nach U.S.-amerikanischem Recht.

b) Urheberrechte können vollständig oder teilweise durch Abtretung oder durch Lizenzvertrag übertragen werden. Damit der Zessionar seine Rechte aus der Abtretung geltend machen kann, müssen diese beim Copyright Office (Urheberrechtsamt) der Vereinigten Staaten eingetragen werden. Es können auch einzelne Verwertungsrechte gesondert übertragen werden, wenn die Übertragung ausschließlich erfolgt (*Treumann/Peltzer/Kuehn*, S. 368). Bei einer Abtretung genießt der Zessionar vollen Rechtsschutz. Anders ist dies bei der Übertragung durch Lizenzvertrag. Dies ist vor allem deshalb relevant, weil gegenüber Dritten nur der Inhaber selbst seine Schutzrechte geltend machen kann (*Treumann/Peltzer/Kuehn*, S. 368).

c) Gemäß 17 U.S.C. §§ 410 (c) und 405 muß auf den Exemplaren des Werkes (z.B. dem Handbuch des Franchisegebers) der Copyright-Vermerk enthalten sein. Dies ist bei Druckwerken das Zeichen © unter Hinzufügung des Jahres der Erstveröffentlichung und des Namens des Inhabers des Copyrights. Bei Tonaufnahmen ist der Buchstabe „p" anstelle des Buchstabens „c" im Kreis zu verwenden (17 U.S.C. § 402 (b)). Um Streitigkeiten bzgl. der Inhaberschaft am Copyright vorzubeugen, sollte daher in den Franchiseverträgen klargestellt werden, daß der Franchisegeber Inhaber des Copyrights ist.

19. Patent-Lizenzverträge. Einige wenige Franchiseverträge, insbesondere im Bereich des Produktions- oder Industriefranchising haben auch Patentlizenzen zum Gegenstand. Eine Patentlizenz ist notwendig, wenn die Franchise ein patentiertes Erzeugnis oder eine patentierte Formel umfaßt (*Glickmann*, Band 1, § 3 a.02). Der Franchisegeber als Patentinhaber hat das gesetzlich geschützte Recht, sein Patent durch Lizenzvergabe zu verwerten. Unter einem US-Patent versteht man den staatlichen Verleihungsakt, der den Erfinder berechtigt, Dritte für die Patentlaufdauer daran zu hindern, den Gegenstand der Erfindung innerhalb der USA herzustellen, zu gebrauchen oder zu verkaufen (*Treumann/Peltzer/Kuehn*, S. 328). Der Erfinder muß als Gegenleistung für die Gewährung dieser rechtlichen Monopolstellung die Erfindung veröffentlichen und zulassen, daß sie nach Ablauf der Patentzeit von jedermann genutzt werden kann. Gegenstand eines Patentes sind gewerblich verwertbare Erfindungen und Gebrauchsmuster. Die Anmeldung und Eintragung des Patents erfolgt beim United States Patent and Trademark Office (US-Patent- und Markenamt), kurz Patent Office genannt. Nach den Bestimmungen des Zollgesetzes (Tariff Act) kann die Einfuhr eines Erzeugnisses verhindert werden, das ein Patentrecht verletzt. Amerikanische Unternehmen können darüber hinaus gemäß Section 337 Trade Act vor der International Trade Commission ein Verfahren anstrengen, um Produkte vom U.S.-Markt fernzuhalten, die geistige Eigentumsrechte in den USA verletzen (vgl. hierzu *Bodewig* GRUR Int. 1994, S. 767).

b) Wie die Markenlizenz kann auch die Patentlizenz hinsichtlich des Absatzgebietes und des Gebrauches beschränkt werden (vgl. *Glickmann*, Band 1, § 8A.02[2]). Der Franchisegeber verstößt jedoch gegen Antitrustrecht, wenn er hierbei versucht, seinem Lizenznehmer unangemessene Beschränkungen aufzuerlegen, die für die wirtschaftliche Verwertung des Patentes nicht notwendig (reasonable) sind. Das Schutzrecht, das aus dem eingetragenen Patent resultiert, ist zeitlich begrenzt (17 Jahre). Diese Beschränkung wirkt sich freilich auch auf die übertragene Patentlizenz aus (vgl. *Glickmann*, Band 1, § 3A.03). Die Verletzung des Patents kann nur durch Erhebung einer Klage innerhalb von sechs Jahren nach der Verletzung geltend gemacht werden. Aus diesem Grunde wird in den Franchiseverträgen die Verpflichtung des Franchisenehmers aufgenommen, den Franchisegeber von allen ihm bekannt werdenden Patentverletzungen unverzüglich zu unterrichten (vgl. Anm. 25).

20. Lizenz zum Gebrauch von Geschäftsgeheimnissen. a) Werbestrategische Gesichtspunkte. Für manche Erfindungen empfiehlt sich der Patentschutz nicht, da der Franchisegeber in diesem Fall seine Erfindung vollumfänglich offenzulegen hat. Erfinder können daher nicht sowohl ein Patent beantragen als auch gleichzeitig versuchen, bestimmte wichtige Einzelheiten ihrer Erfindung geheimzuhalten. Der Erfinder muß sich daher entscheiden, ob er den Schutz für seine Erfindung nach dem Patentrecht bewerkstelligen möchte oder ob er die wesentlichen Elemente seiner Erfindung als Betriebsgeheimnis (trade secrets) schützen will. Manche Produkte lassen sich aus wettbewerbstaktischen Gründen nur in Form eines Betriebsgeheimnisses schützen. Als ein berühmtes Beispiel für ein Produkt, das als Betriebsgeheimnis im Rahmen des Franchising geschützt ist, gilt die Zusammensetzung des bei der Herstellung von Coca-Cola verwendeten Sirups (*Schurtmann/Detjen*, S. 187). Im übrigen sind technische Betriebsgeheimnisse oftmals unterhalb der für einen Patentschutz erforderlichen Erfindungshöhe angesiedelt und nicht schutzfähig. Nicht-technische, insbesondere kommerzielle oder organisatorische Betriebsgeheimnisse sind ohnehin nicht patentrechtlich schutzfähig. Hier kommt nur ein Schutz des Betriebsgeheimnisses als solches in Betracht.

b) Umfang des Schutzes. Der Schutz von Betriebsgeheimnissen (trade secrets) erfolgt zum einen nach Common Law (vgl. hierzu Restatements (First) of Torts, sec. 757, comment b [1937]) und zum anderen nach Maßgabe des Uniform Trade Secret Act, welcher in § 1(4) den Begriff des „trade secret" wie folgt definiert:

„*Information, including formula, pattern, compilation program, device, method, technique, or process that:*

(a) Derives independent economic value, actual or potential, from not beeing generally known to, and not being readily ascertainable by proper means by, other persons who can obtain economic value from its disclosure or use and

(b) Is the subject of efforts that are reasonable under the circumstances to maintain its secrecy."

Bei Betriebs- und Geschäftsgeheimnissen handelt es sich also um Erfahrungswissen technischer oder wirtschaftlicher Art, das vom Inhaber dazu bestimmt ist, geheimgehalten zu werden. Beim Franchising kommen hierfür vor allem Handbücher, Kundenlisten (B.J.M. v. Novell, 855, F. Supp., at 1496; Scott v. Snelling & Snelling Inc., 732 F. Supp. at 1044), Computerprogramme (One Step Deli, Inc., V. Franco's, Inc., 1993 U.S. Dist. LEXIS, 1994-1 Trade Cases = (CCH), § 70,507 (W.D. Va. 1993)). Computerprogramme können allerdings auch urheberrechtlich geschützt werden (vgl. 37 C.F.K., § 202.20(c)(2)(vii)). Formeln (KFC Corporation v. Marion-K Company, Inc., 620 F. Supp. 1160 (S.D.Ind. 1985)), technisches und betriebliches Know-how, Liefer- und Bezugsquellen (Siegel v. Chicken Delight, Inc., 448 F.2d 43 (9th cir. 1971), cert. den. 405 U.S. 955 (1972)) sowie die Vertriebsmethoden des Franchisegebers (SmokEnders, Inc., v. Smoke No More, Inc., 184 U.S.P.Q. 309 (S.D.Fla. 1974); Mary of America, Inc. v. Viehweg, Bus. Fran. Guide (CCH), § 8459 (E.D.Mo. 1985)) in Frage. Denn diese Mittel werden im Franchisesystem eingesetzt, um dem Unternehmen einen Wettbewerbsvorteil vor der Konkurrenz zu sichern, die die Betriebsgeheimnisse nicht kennt oder nicht verwendet (*Schurtmann/Detjen*, S. 195; Aronson v. Quick Point Pencil Company, 440 U.S. 257 [1979]). Der Inhaber des Betriebsgeheimnisses ist vor unbefugter Weitergabe respektive unbefugter Verwendung von Betriebs- und Geschäftsgeheimnissen rechtlich geschützt

6. Franchise Agreement (Franchisevertrag USA)   II.6

(W. R. Grace & Co. v. Hargadine, 392 F. 2d 9 [6th Cir 1968]; Structural Dynamics Research Corp. v. Engineering Mechanics Research Corp., 401 F. Supp 1102, 110 [E. D. Mich. 1975]). Der Schutz währt so lange, wie es sich bei der Erfindung um ein „Geheimnis" handelt (Taco Cabana International, Inc. v. Two Pesos, Inc., 932 F. 2d 1113 [9th Cir 1991]). Der Franchisegeber genießt demnach die rechtmäßig erlangte Monopolstellung bis seine Konkurrenten auf rechtmäßigem Wege die entscheidenden Einzelheiten des Betriebsgeheimnisses aufgedeckt haben.

c) **Flankierende Vertragsmaßnahmen.** Der Schutz des Betriebsgeheimnisses kann durch flankierende Vertragsmaßnahmen abgesichert werden. Hierzu dient zum einen die Vertraulichkeitsklausel (vgl. Anmerkung Nr. 24 (2)) und zum anderen die Konkurrenzschutzklausel (vgl. Anmerkung Nr. 68–70). Vom Franchisegeber als Inhaber der Geschäfts- oder Betriebsgeheimnisse wird allerdings verlangt, daß er dem Franchisenehmer, dem er solche Geheimnisse anvertraut hat, auch ausdrücklich mitteilt, daß es sich um Geschäfts- oder Betriebsgeheimnisse handelt (*Treumann/Peltzer/Kuehn*, S. 350 sowie Anmerkung Nr. 24 (2)). Der Franchisegeber sollte daher routinemäßig alle vertraulich zu behandelnden Unterlagen mit dem Stempelaufdruck „confidential" versehen, ehe sie dem Franchisenehmer überlassen werden (*Schurtmann/Detjen*, S. 189).

21. Geschäftsausstattung. Bei vielen Franchisesystemen spielt die einheitliche Kleidung des im Franchisebetrieb angestellten Personals eine zentrale Rolle für den Kundenkontakt und die Pflege des einheitlichen Systemimages. Dem Franchisegeber ist daher an der peinlichen Beobachtung seiner Vorgaben für die Kleidung des Personals im Franchisebetrieb gelegen. Darüber hinaus sind auch die Ausstattung des Franchisebetriebs selbst (Beschilderung, Farbkombinationen, Symbole, Ornamente etc.) nach den Systemvorgaben sowie die Beschaffenheit des Verpackungsmaterials und andere Gestaltungs- und Ausstattungsfragen von Bedeutung. Der Franchisegeber berechtigt und verpflichtet daher den Franchisenehmer zur Verwendung der systemspezifischen Geschäftsausstattung. Diese Ausstattungsfragen sind für alle Systempartner einheitlich im Franchise-Handbuch geregelt. Für die einzelnen Franchisegeschäfte ist die sogenannte Betriebstypenfixierung im Sinne der einheitlichen Aufmachung aller Einheiten nach Art von Filialen desselben Unternehmens ein wichtiger Schlüssel zum Erfolg, weil die Kundschaft damit das einheitliche systemspezifische Konsumerlebnis unabhängig von dem individuell in Anspruch genommenen Franchisegeschäft verbindet. Die Geschäftsausstattung wird so zu einem „Markenzeichen" des Systems, von dem jeder Franchisenehmer profitiert, das aber auch nur bei systemkonformen Verhalten aller Franchisegeschäfte aufrecht erhalten werden kann. Die Geschäftsausstattung hat für fast alle Franchisesysteme eine schlechthin konstitutive Funktion für die Kernfähigkeit des Franchisekonzepts sowie der vertriebenen Waren und/oder Dienstleistungen. In der franchisetypischen Verpflichtung des Franchisenehmers zum systemkonformen Verhalten und zur Einhaltung der Vorgaben für die Geschäftsausstattung nach Maßgabe der Weisungen des Franchisenehmers kommt zugleich die Stellung des Franchisenehmers als „verlängerter Arm" des Franchisgebers zum Ausdruck. Franchising ist eine Form des „Anweisungsvertriebs", bei der Absatzmittler (Franchisenehmer) zum weisungsgebundenen Vasallen der Systemzentrale wird und bei der Franchisebetrieb weithin wie eine Filiale von der Systemzentrale autokratisch gesteuert wird.

22. Handelsname. Unter dem trade name eines Franchisesystems versteht man die meist schlagwortartige Bezeichnung des Systems in seiner Gesamtheit, das heißt den Namen, unter welchem das System und die franchisierten Betriebe in der Öffentlichkeit auftreten. Der Handelsname garantiert das einheitliche Auftreten am Markt. Er fördert die Erweiterung des Goodwill des Franchisesystems im Ganzen (vgl. hierzu U.S.C. § 1127).

23. Pflichten des Franchisenehmers. (1) Die Klauseln zu den Pflichten des Franchisenehmers bilden hier einen weiteren Hauptteil des Franchisevertrages nach der „Einräumung der Franchise" (Anmerkung Nr. 1 (2) zum Vertragsaufbau). Sie werden den Klauseln zu den Pflichten des Franchisegebers, die als dritter Hauptteil folgen, vorangestellt. Denkbar ist freilich auch eine umgekehrte Reihenfolge, die den bisweilen erwünschten vertragsstrategischen Vorteil hat, daß dem Franchisenehmer die Pflichten des Franchisegebers als vorrangig und prägend für das Vertragsverhältnis erscheinen. Richtiger Ansicht nach sind es allerdings weniger die lizenzvertraglichen Pflichten des Franchisegebers als die Absatzförderungspflichten und Interessenwahrungspflichten des Franchisenehmers, die das Rechts- und Pflichtengefüge eines Franchisevertrages dominieren (vgl. dazu ausführlich *Martinek*, in: Martinek/Semler (Hrsg.), Handbuch des Vertriebsrechts, 1996, §§ 1 bis 4 sowie 18 bis 21).

(2) Bei der Konzeption von Franchiseverträgen für den U.S.-amerikanischen Rechtsraum ist es besonders wichtig, daß die Pflichten und Obliegenheiten des Franchisenehmers detailliert aufgeführt und beschrieben werden, da in der Regel keines der U.S.-amerikanischen Gerichte durch Heranziehung einer sinngemäßen Auslegung von Rechtsvorschriften dem Franchisenehmer wesentliche Pflichten auferlegen wird, die über die allgemeine Verpflichtung hinausgehen, sich angemessen um die Interessen des Unternehmers zu bemühen (*Schurtmann/Detjen*, S. 83). Das Verständnis des Begriffs der „angemessenen Bemühungen" (reasonable efforts) kann dabei erheblich von der Vorstellung des Franchisegebers differieren.

24. Anerkennung des Franchisegebers als Inhaber des gewerblichen Eigentums. (1) Es ist zu empfehlen, in den Franchisevertrag eine Klausel aufzunehmen, in der der Franchisenehmer ausdrücklich erklärt, daß der Franchisegeber Inhaber der Immaterialgüterrechte ist, unter dem die Franchiseprodukte bzw. Franchisedienstleistungen angeboten werden. Dies ist vor allem von Bedeutung, weil anläßlich einer Vertragsbeendigung Meinungsverschiedenheiten zwischen den Parteien entstehen könnten, wer eigentlich der Inhaber von Immaterialgüterrechten ist (*Vandenburgh*, § 7.32; *Schurtmann/Detjen*, S. 175).

(2) Dem Franchisenehmer werden sowohl vor Beginn der Kooperation (im Zuge der Offenlegung, vgl. hierzu Anm. 6) als auch in deren Verlauf vertrauliche Informationen überlassen. Der Franchisegeber sollte daher entweder mit einer im Franchisevertrag enthaltenen Vertraulichkeitsklausel oder mittels eines separaten Vertraulichkeitsabkommens dafür Sorge tragen, daß dieses vertrauliche Material nicht an Unberechtigte weitergetragen wird. Entsprechende Dokumente sollten daher als vertraulich gekennzeichnet werden. In den Franchisevertrag selbst kann darüber hinaus eine Klausel aufgenommen werden, die genau definiert, was im einzelnen unter „vertraulichem Material" zu verstehen ist. Der Franchisegeber trägt für die Frage der Vertraulichkeit der Informationen prozessual die Beweislast (vgl. Lamons Metal Gasket Co v. Taylor, 361 S.W. 2d 211, 213 (Tex. civ. App. 1962; Electro Craft Corp. v. Controlled Motion, Inc., 332 N. W. 2d 890 (Minn 1983)).

25. Schutz des gewerblichen Eigentums des Franchisegebers. Dem Franchisegeber obliegt es, Immaterialgüterrechtsverletzungen durch Dritte abzuwehren. Versäumt der Franchisegeber über einen längeren Zeitraum hinweg, für einen entsprechenden Schutz zu sorgen, läuft er Gefahr, seinen Anspruch auf Unterlassung wegen Verwirkung zu verlieren (Carl Zeiss Stiftung v. V.E.B. Carl Zeiss, Jena, 293 F. Supp. 892, 917 [S.D.N.Y. 1968], aff'd 433 F. 2d 686 [2d Cir. 1970], cert. den., 403 U.S. 905 [1971]; *Schurtmann/Detjen*, S. 175; *Glickmann*, Band 2, § 13.3[3]). Vielfach lassen sich Franchisegeber deshalb vom Franchisenehmer zusichern, daß sie unverzüglich von jeder Verletzung eines Schutzrechts in Kenntnis gesetzt werden.

26. Gebietsbindungen. a) **Vertragliche Konzeptionen im Überblick.** Franchiseverträge enthalten in aller Regel bestimmte geographische Beschränkungen (territorial restrictions), die den Franchisenehmer verpflichten, die mit der Franchise in Zusammenhang stehenden Waren oder Dienstleistungen nur innerhalb seines ihm zugewiesenen Vertragsgebietes zu vertreiben. Dabei kann der Gebietsschutz unterschiedlich ausgestaltet werden. Insbesondere kann der Standort der Verkaufsstelle vom Franchisegeber bestimmt werden (vgl. Anm. 27).

6. Franchise Agreement (Franchisevertrag USA)

b) Rechtliche Beurteilung. Die frühere Judikatur hielt ausweislich des Arnold-Schwinn-Falles Gebietsschutzklauseln für per se illegal, wenn – wie im Bereich des Franchising üblich – das Eigentum (title), die Verfügungsgewalt (dominium) und das Risiko an der Ware auf den Franchisenehmer übergegangen ist (United States v. Arnold, Schwinn & Co., 388 U. S. 365 [1967] = GRUR Int. 1967, S. 416). Der Hersteller durfte sich in diesem zum Produktfranchising entschiedenen Fall keine weiteren Rechte in Form von Wiederverwendungsbeschränkungen (restraints upon alienation) vorbehalten. Diese strenge Linie wurde von der Judikatur allerdings aufgegeben. Die Zulässigkeit von Gebietsschutzklauseln wird nunmehr differenziert behandelt (vgl. ausführlich *Martinek*, Franchising, S. 517 ff., 514 ff.):

aa) Gebietsschutzklauseln, die eine Marktaufteilung auf horizontaler Ebene darstellen, sind nach wie vor per se illegal (Timken Roller Bearing Co. v. United States, 341 U. S. 593, 71 S. Ct. 971, 95 L.Ed. 1199 [1951]; United States v. Sealy, 388 U. S. 350, 87 S. Ct. 1847 [1967]; United States v. Topco Associates, 405 U. S. 596 [1972], 32 L. Ed 2d 515, 92 S. Ct. 1126). Eine Ausnahme hiervon wird lediglich für sogenannte „hybrid organisations" gemacht, bei denen es weniger auf die Unterscheidung horizontal-vertikal als auf die Unterscheidung zwischen intrabrand- und interbrand- Wettbewerb ankommen soll (Krehl v. Baskin-Robbins Ice Cream Co., 78 F.R.D. 108 [C. D. Calif. 1979]; vgl. hierzu auch Anmerkung Nr. 58).

bb) Vertikale Gebietsschutzklauseln werden, sofern keine Preisabsprachen getroffen werden bzw. sofern sie nicht dazu dienen, ein gewisses Preisniveau aufrechtzuerhalten, nach Maßgabe der „rule of reason" beurteilt (Supperior Bedding Company v. Serta Associates, Inc., 353 F. Supp. 1143 [1972]; GTE Silvania v. Continental T. V. Inc., 537 F. 2d 980 [9th Cir. 1976]; Cernuto, Inc., v. United Cabinet Corporation, 595 F. 2 d 164 [3c Cir. 1979]). Danach sind Gebietsschutzklauseln im wesentlichen zulässig, wenn sie zwar den intrabrand-Wettbewerb reduzieren, dies aber zu einer Verstärkung des interbrand-Wettbewerbs führt. Voraussetzung hierfür ist wiederum, daß der Franchisegeber lediglich über einen Marktanteil verfügt, der einen funktionsfähigen interbrand-Wettbewerb überhaupt zuläßt. Dies bedeutet im Kern, daß auf seinem Markt kein enges Oligopol oder gar Monopol bestehen darf.

(1) Die Gewährung absoluten Gebietsschutzes – die strengste Form einer Gebietsbindung – wird mehrheitlich für unzulässig (unreasonable restraint) erachtet (vgl. La Fortune v. Ebie, 26 Cal. App. 3d 72 [Cal. App. 1972] – wegen eines Verstoßes gegen State's Cartright Act, Business & Professions Code § 16600 et seq.; Coca Cola Co. et al., FTC Opinion Doc. No. 8855 [April 25, 1978] – wegen eines Verstoßes gegen Section 5 FTC – Act]. Absoluter Gebietsschutz bedeutet, daß es jedem Franchisenehmer nach dem Franchisevertrag verboten ist, an solche Abnehmer zu verkaufen, die nicht innerhalb seines Vertragsgebietes ansässig sind oder dort keine Geschäftsniederlassung haben. Hier hat jeder Franchisenehmer in seinem Vertragsgebiet eine Monopolstellung, die von den anderen Franchisenehmern der Nachbarbezirke zu respektieren ist, was unter Umständen durch Vertragsstrafen oder Gewinnabführungsvereinbarungen (profit pass-over clauses) abgesichert wird. Eine solche Vereinbarung darf nach heutigem Recht nicht in den Franchisevertrag aufgenommen werden (vgl. aber noch unten 3)).

(2) Im vorliegenden Fall liegt ein sogenanntes „area of prime responsibility agreement" vor. Eine solche Vereinbarung von „Marktverantwortungsbereichen" wird ganz überwiegend als zulässig betrachtet (United States v. Philco Corp., 1956, Trad. Cas. § 68409 [E. D.Pa.]; Colorado Pump and Supply Co. v. Febco, Inc., 472 F. 2 d 637 [10th. Cir. 1973], cert. den. 93 S. Ct., 2274 [1973]). Danach ist der Franchisenehmer verpflichtet, in seinem Vertragsgebiet den Verkauf der Franchiseprodukte bzw. der Franchisedienstleistungen angemessen zu fördern. Tut er dies nicht, kann der Franchisegeber den Vertrag aufkündigen (United States v. Topco Associates, Inc., 1973 Trad. Cas., § 74, 391; 74, 485 [N. D. Ill.]). Der Franchisenehmer soll sich auf den Wettbewerb mit anderen Marken innerhalb seines Vertragsgebietes konzentrieren (*Enghusen*, S. 28). Dem Franchisenehmer

wird die Verantwortung für sein Absatzgebiet übertragen, ohne daß er daran gehindert ist, auch außerhalb dieses Gebietes seine Leistungen abzusetzen (*Thompson*, S. 64), wenn er dort auch nicht aktiv werben darf. Diese Vereinbarung ist meist mit einem „zone of influence agreement" gekoppelt, die es dem Franchisenehmer verbietet, außerhalb seines Einflußgebietes eine weitere Verkaufsstelle zu eröffnen (*Enghusen*, S. 28).

(3) Häufig wird versucht, Gebietsbindungen mittelbar dadurch Nachdruck zu verleihen, daß dem Franchisenehmer, der außerhalb seines Zuständigkeitsbereiches tätig wird, eine Ausgleichszahlung (profit pass-over) auferlegt wird, die bei grenzüberschreitender Verkaufstätigkeit an den für das jeweilige Gebiet zuständigen Franchisenehmer zu zahlen ist (*Martinek*, Moderne Vertragstypen, Band 2, S. 172). Dies ist jedoch nur sehr eingeschränkt zulässig, soweit damit lediglich ein Ausgleich für den fremden Akquisitionsaufwand verfolgt wird und eine unbillige Ausnutzung fremder Marketinganstrengungen vermieden werden soll. Wird die pass-over so hoch bemessen, daß sie bis zur vollen Händlerspanne geht, kommt sie einer absoluten Gebietsbindung gleich und kann keinesfalls mehr als „reasonable" eingestuft werden (*Enghusen*, S. 47).

27. Standortklauseln. Standortklauseln (location clauses) sind eine besondere Form von Gebietsbindungen, werden als eine Form der vertikalen Wettbewerbsbeschränkung seit der Silvania-Entscheidung (GTE Silvania v. Continental T. V. Inc., 537 F. 2d 980 [9th Cir. 1976]) ebenfalls nach den Anforderungen der „rule of reason" beurteilt und weitgehend für rechtmäßig erachtet (*Glickmann*, Band 1, § 4.03 [2][d]; vgl. Anmerkung Nr. 26 zu den Gebietsbindungen). Der Franchisegeber wird sich, je nach Art des Franchisegeschäftes, zumindest ein gewisses Mitspracherecht bei der Auswahl der Lage der Betriebsstätte ausbedingen. Denkbar ist auch eine Klausel, in der der Franchisegeber dem Franchisenehmer zwar die freie Wahl des Standortes beläßt, sich aber dafür ein Vetorecht vorbehält und dieses davon abhängig macht, ob die vom Franchisevertrag geforderten Erfordernisse an Größe und Erscheinung vom Franchisenehmer beachtet wurden. Oftmals wird der Grundbesitz vom Franchisegeber erworben und dem Franchisenehmer zum Betrieb seines Franchisegeschäftes vermietet. Diskutiert wurde in diesem Zusammenhang, ob es sich hier nicht um ein unzulässiges Koppelungsgeschäft handelt (zu Koppelungsverträgen vgl. Anm. 9 (5) e)). Nach einer Entscheidung des U.S. Court of Appeals dürfte diese Frage nun geklärt sein (vgl. Principe v. Mc. Donalds Corp., U. S. Court of Appeals, Fourth Circuit, vom 26.9. 1980, 1980–2 Trad. Cas., § 63, 556). Hier wurde entschieden, daß Mietvertrag und Franchisevertrag Bestandteil eines umfassenden Franchisepakets sind und somit keine unzulässige Koppelung vorliegt (vgl. auch *Born*, S. 213–218). Darüber hinaus wurde inzwischen erkannt, daß Geschäftsstellen- und Gebietsschutzklauseln generell geeignet sind, die Franchisenehmer gegen einen exzessiven Intrabrand-Wettbewerb zu schützen. Dies kommt auch dem Interesse des Franchisegebers zugute, weitere Franchisen zusätzlich an andere Händler zu veräußern.

28. Miete der Geschäftsräumlichkeiten. Das vorliegende Vertragsformular sieht vor, daß der für die Geschäftsräumlichkeiten geforderte Grundbesitz vom Franchisenehmer angemietet wird, und zwar nicht vom Franchisegeber als Vermieter und Eigentümer der Geschäftsräumlichkeiten, sondern von einem Dritten. Auch dies ist eine weitverbreitete Gestaltungsform, bei der sich freilich der Franchisegeber meist gewisse Einflußmöglichkeiten auf das Mietverhältnis zwischen dem Franchisenehmer und dem Dritten (Vermieter) ausbedingt. Hieraus ergibt sich für den Franchisegeber gegenüber einer eigenen Beschaffung und Vermietung von Geschäftsräumung zwar ein anfänglicher Kostenvorteil, doch kann die Fremdanmietung von Geschäftsräumen Probleme aufwerfen, wenn das Franchiseverhältnis bei fortbestehendem Mietvertrag beendet wird. Denn dann kann der Ex-Franchisenehmer den Standort für andere Geschäftstätigkeiten ausnutzen und dem Franchisegeber unter Umständen eine entwickelte Klientel und Goodwill entziehen. Um sich den von dritter Seite angemieteten Standort auch nach Beendigung des Franchiseverhältnisses zu sichern, werden daher in den Franchisevertrag oft Regelungen aufgenommen,

6. Franchise Agreement (Franchisevertrag USA)   II.6

denen zufolge der Franchisenehmer zum Abschluß nur eines solchen Mietvertrages verpflichtet wird, in dem der Franchisenehmer und der Vermieter dem Franchisegeber für den Fall der Beendigung des Franchiseverhältnisses eine Option zur Übernahme des Mietvertrages gewähren. Zum Schutz des Images des Franchisesystems wird der Franchisenehmer weiterhin verpflichtet, im Mietvertrag mit seinem Vermieter dem Franchisegeber die Möglichkeit zu verschaffen, eventuelles Fehlverhalten des Franchisenehmers selbständig zu korrigieren. Diese Klauseln sind von der Judikatur, soweit ersichtlich, nicht beanstandet worden.

29. Erscheinungsbild der Geschäftsräume. Um die Einheitlichkeit des Erscheinungsbildes des Franchisesystems zu wahren, wird der Franchisenehmer in der Regel verpflichtet, das Franchisegeschäft gemäß den Richtlinien des Franchisesystems auszustatten und einzurichten, die gegebenenfalls im mitgelieferten Handbuch detailliert niedergelegt sind. Den Parteien stehen auch hier verschiedene Regelungsmöglichkeiten zur Verfügung. Das Ausstattungsmaterial kann vom Franchisegeber an den Franchisenehmer vermietet bzw. verpachtet werden. Dies hat für den Franchisegeber den Vorteil, daß er im Falle der Vertragsbeendigung die Kontrolle über das Ausstattungsmaterial behält und vor einem Zugriff Dritter (z.B. Gläubigern des Franchisenehmers) geschützt ist. Die Vermietungsvereinbarungen können, müssen aber nicht, in einem separaten Nebenvertrag ausgehandelt werden. Sofern diesbezüglich wettbewerbsrechtliche Bedenken im Hinblick auf eine unzulässige Koppelungsabrede geäußert werden, kann auf das Urteil des U.S. Court of Appeals aus dem Jahre 1980 verwiesen werden, wonach der Mietvertrag und der Franchisevertrag als Bestandteile einer einheitlichen Leistung des Franchisegebers, des Franchisepakets, betrachtet werden (vgl. hierzu Principe v. McDonalds Corp., U.S. Court of Appeals, Fourth Circuit, vom 26.9.1980, 1980–2 Trad. Cas., § 63, 556). Schließlich kann der Franchisevertrag auch vorsehen, daß der Franchisenehmer das Geschäftslokal auf Empfehlung bzw. Vorschlag des Franchisegebers von einem Dritten kaufen oder mieten bzw. pachten soll. Solche Koppelungsverträge wurden zwar zunächst als per se unzulässige Tyin Sales angesehen. Die Rechtsprechung hat aber inzwischen dem Umstand Rechnung getragen, daß die Franchisenehmer selbst vielfach das komplette Geschäftslokal (Equipment) als einen Teil der Franchisevereinbarung wünschen oder gar erwarten, und diese Vereinbarung als wettbewerbsrechtlich zulässig erachtet (vgl. Ungar v. Dunkin Donats of America Inc., 1976–1 Trad.Cas., § 60, 763 [3rd Cir.], cert. den. U.S. Sup. Ct. [Oct. 16, 1976]). Die Verpflichtung, das Equipment vom Franchisegeber oder von einem von diesem empfohlenen Dritten zu kaufen bzw. zu mieten, wird darüber hinaus für gerechtfertigt erachtet, wenn der Franchisegeber einen stichhaltigen geschäftlichen Grund hierfür hat (vgl. hierfür Engbrecht v. Dairy Queen Co., 203 F. Supp. 714, Cas. 1962).

30. Eröffnungsdatum. Es gibt mehrere Gründe, warum das Eröffnungsdatum für das Franchisegeschäft spezifiziert werden sollte. Zum einen dient dies als Richtpunkt für alle Vorbereitungshandlungen, wie z.B. Werbung, Kapitalbeschaffung, Einrichtung etc. und sichert einen effektiven Start des Franchisevorhabens. Zum anderen dient es der Absicherung von Vertragsklauseln, die die vorzeitige Beendigung des Franchisevertrages vorsehen, falls das Franchiseunternehmen nicht innerhalb einer bestimmten Frist den Betrieb des Franchisegeschäfts aufnimmt. Diese Frist beginnt dann ab dem vertraglich festgelegten Eröffnungsdatum zu laufen. Relevant ist dieser Zeitpunkt damit auch für eventuelle Schadensersatzansprüche des Franchisenehmers oder des Franchisegebers bei Verstoß gegen vertragliche Pflichten bis zum Zeitpunkt der Geschäftseröffnung.

31. Befolgung der Franchisemethode und Mindeststandard des Franchisebetriebes. Zu den wichtigsten Zielen des Franchisegebers gehört, daß jeder Franchisenehmer das Image des Franchisesystems wahrt, verbessert und gegenüber den Verbrauchern, künftigen, neuen Franchisenehmern und Lieferanten tadellos präsentiert. Hierfür wird ein gewisser Mindeststandard erwartet, der sich an dem vom Franchisegeber entwickelten Betriebstyp orientiert. Unterstützt wird diese „Betriebstypenfixierung" durch die Handbücher, durch die periodisch erscheinenden Informationsschriften und Zeitschriften für die Franchisenehmer des Systems und durch Seminarveranstaltungen. Die Betriebstypenfixierung ist für die Reputation und für die marketingtechnische Kernfähigkeit des Franchisesystems von essentieller Bedeutung. Abhängig von der jeweiligen Konzeption des Franchisesystems können daher vom Franchisenehmer eine adäquate Höhe des Anfangskapitals, eine bestimmte Ausstattung, Einrichtung und Unterhaltung des Geschäftsgebäudes sowie das laufende Angebot eines bestimmten Mindestwarenbestands gefordert werden. Für die Sicherung des von den Systemkunden in jedem Franchisegeschäft erwarteten Mindestwarenbestandes werden in vielen Branchen vom Franchisegeber computerisierte Warenbestandskontrollen angeboten. Außerdem kann der Franchisenehmer zum Gebrauch standardisierter Verkaufs- und Auftragsformulare und anderer Materialien, die die Marken und Logos des Franchisegebers tragen, verpflichtet werden. Sofern wettbewerbsrechtliche Einwände wegen einer unzulässigen Koppelung erhoben werden (vgl. hierzu Seagel v. Chicken Delight, Inc., 448 F. 2d 43 [9th. Cir., 1971]), muß der Franchisegeber darlegen, daß die Verwendung dieser Materialien und Formulare der Einheitlichkeit des Franchisesystems dient und weder auf die Aufrechterhaltung irgendeines Preisniveaus noch auf die Schaffung einer Monopolstellung abzielt.

32. Zahlungsverpflichtungen. a) Vertragsautonomie der Parteien. Die Regelung der Zahlungsverpflichtungen unterliegt prinzipiell der Privatautonomie der Vertragsparteien. Die Gestaltung der Zahlungsverpflichtungen ist daher in den Franchiseverträgen unterschiedlich formuliert, wenn sich auch in der Franchisepraxis gewisse Usancen durchgesetzt haben. Die Gebühren können verschiedene Aspekte erfassen. Sie können zum einen als kommerzialisierte Gegenleistung für die Gestattung des Eintritts in das Franchisesystem, des Betriebs des Geschäfts mit den geschützten Rechten aus den Lizenzen sowie für besondere zusätzliche Dienstleistungen des Franchisegebers erhoben werden. Sowohl die FTC-Disclosure Rules als auch die verschiedenen einzelstaatlichen Offenlegungsgesetze verlangen hierbei, daß der Franchisegeber alle Gebühren und Kosten beschreibt und auflistet, die an ihn vom Franchisenehmer zu entrichten sind.

b) Diskriminierungsverbot. aa) Die Preisgestaltungsfreiheit des Franchisegebers gegenüber seinen Franchisenehmern ist allerdings insoweit eingeschränkt, als er diese nicht ohne sachlich gerechtfertigten Grund unterschiedlich behandeln darf. Für Güter oder Dienstleistungen gleicher Art und Qualität dürfen im Grundsatz den Franchisenehmern sowie auch (bei mehrgleisigem Vertrieb) anderen Absatzmittlern, die keine Franchisenehmer sind, keine unterschiedlichen Preise berechnet werden, da eine derartige Preisdifferenzierung zu unerwünschten Wettbewerbsverzerrungen führen könnte (*Schurtmann/Detjen*, S. 73). Für den Bereich des Warenverkaufs ergibt sich dies aus den Vorschriften des Robinson-Patman Act (Ch. 592, 49 Stat. 1526, 15 U.S.C. §§ 13, 13a, 13b, 21A). Werden keine Waren, sondern Serviceleistungen vom Franchisegeber angeboten, kann eine unterschiedliche Behandlung der Franchisenehmer gegen die Vorschriften der §§ 1 und 3 des Sherman Act bzw. gegen § 5 FTC- Act verstoßen (vgl. *Behr*, S. 89). Wo eine einzelstaatliche Regelung des Preisdiskriminierungsverbots besteht, gehen diese Vorschriften dem Robinson-Patman Act vor (Gyott Co. v. Texaco, Inc., 261 F. Supp. 947 [1966]). Das Diskriminierungsverbot gilt auch für Vermittlungs-, Verkaufsförderungs- und Werbezuschüsse oder -leistungen, die in unterschiedlicher Weise den konkurrierenden Absatzmittlern zugestanden werden (*Schurtmann/Detjen*, S. 79).

bb) Preisdifferenzierungen sind freilich nicht schlechthin unzulässig. Der Robinson-Patman Act sieht vielmehr insoweit eine Vielzahl von Ausnahmen vor. Voraussetzung einer unzulässigen Preisdiskriminierung ist stets, daß eine spürbare wettbewerbsschädliche Auswirkung vorliegt (FTC v. Anheuser-Busch, Inc., 363 U.S. 542, 80 S. Ct. 1267 [1960]; Crest Auto Supplies, Inc. v. Ero Mfg. Co., 360 F. 2d 896 [7th Cir. 1966]; Bounty v. Shell Oil Co., 1972 Trade Cas. § 74, 252 [Nev. 1972]). Zulässig sind natürlich verbilligte Lieferungen des Franchisegebers an eigene Filialen (*Glickmann,* Band 1, § 4.03[6][b] m. N.

6. Franchise Agreement (Franchisevertrag USA)

auf Eximco, Inc. v. Trane Co., 731 F. 2d 505 [5th Cir. 1984]). Eine Preisdifferenzierung ist weiterhin gestattet, wenn sie sich aufgrund unterschiedlicher Abnahmemengen oder unterschiedlicher Belieferungsmethoden ergibt (*Glickmann*, Band 1, § 4.03[6][a]; *Schurtmann/Detjen*, S. 79).

33. Eintrittsgebühr. Bei der entry fee oder initial fee handelt es sich um eine einmalig erhobene „Gebühr" für den Eintritt in das Franchisesystem, für die Übertragung der Franchise und für die damit verbundene Lizenzierung des geistigen Eigentums des Franchisegebers. Die Höhe der Eintrittsgebühr kann für den jeweiligen Franchisenehmer unterschiedlich ausgestaltet werden, soweit die Preisdifferenzierung sachlich legitimiert ist (vgl. Anmerkung Nr. 32). Sachlich gerechtfertigter Grund hierfür kann die jeweilige Reichweite des Gebiets- oder Produktschutzes sein. Werden von den Franchisenehmern unterschiedliche Eintrittsgebühren erhoben, so muß dies im UFOC aufgeschlüsselt dargestellt werden, und zwar verbunden mit einer Erklärung zur Berechnungsgrundlage für die verschiedenen Franchisegebühren (vgl. zu den Erfordernissen für die Vorbereitung einer UFOC Anm. 6 (c) und (d) unter Punkt 5). Eine besondere Rolle bei der Festsetzung der Eintrittsgebühr spielen freilich die Kosten des Franchisegebers, die bei der Begründung eines neuen Franchiseverhältnisses anfallen (z.B. für Werbung, Beratung, Erwerb von Grundeigentum, Lieferung von Ausstattungsgegenständen (equipment), Bereitstellung von Trainingseinheiten usw.).

34. Laufende Gebühren. Neben der Eintrittsgebühr erhebt der Franchisegeber in aller Regel periodische Zahlungen, die gewöhnlich umsatzabhängig berechnet werden. Diese laufenden Gebühren (royalties; continuing fees) können unabhängig vom Bestehen eines Schutzrechts für Waren erhoben werden (Ohio-Sealy Matress Mfg. Co. v. Sealy Inc., 1978–2 Trade Cas., § 62, 229 [7th Cir., 1978]; das Gericht hat in diesem Fall besonders betont, daß der Franchisegeber die royalties unabhängig von der Benutzung der eingetragenen Lizenzen erheben durfte). „Royalties" können damit auch als Gegenleistung (consideration) für sonstige Dienstleistungen des Franchisegebers (z.B. Beratung, Werbung etc.) erhoben werden (*Glickmann*, Band 1, § 4.03[4]). Die Erhebung von laufenden Franchisegebühren hängt somit nicht von dem Vorhandensein einer Lizenz ab, sondern dient als Entgelt für alle nicht gesondert abgerechneten Leistungen des Franchisegebers während der laufenden Franchisebeziehung; sie bildet eine Art Auffangtatbestand für alle Gebühren und Kosten, die nicht in der Eintrittsgebühr enthalten sind (Int. Ref. Reg. § 1.61–8 [a], 1543–1 [b] [3]).

35. Werbegebühren. Regelmäßig muß der einzelne Franchisenehmer anteilig für die vom Franchisegeber für alle Franchisenehmer organisierte Werbung einen Werbebeitrag entrichten. Der Franchisegeber veranlaßt gewöhnlich die nationale bzw. übernationale Werbung, während die regionale bzw. lokale Werbung am Standort von den Franchisenehmern übernommen wird. Wird der Franchisenehmer zur Teilnahme an einem kooperativen Werbefeldzug verpflichtet, so ist bei der Erhebung der Werbegebühr darauf zu achten, daß alle Franchisenehmer den gleichen Preisbedingungen nach Maßgabe des Robinson-Patman Act unterliegen (vgl. Ohio-Sealy Matress Mfg. Co. v. Sealy, Inc., 1978 Trad. Cas., § 62, 299 [7th. Cir., 1978]). Desgleichen sind Werbepläne zu vermeiden, die den Preiswettbewerb beeinträchtigen (Mt. Vernon Sundat, Inc. v. Nissan Motor Corp. in U.S.A. 1976–1 Trade Cas., § 60, 842 [I.V.a. 1975]). Gegebenenfalls kann es in einigen Bundesstaaten verboten sein, Werbegebühren gegen den Willen des Franchisenehmers zu erheben (vgl. Indiana Deceptive Franchise Practices Act § 23–2–2–7-1 [11]).

36. Zahlungen für Lieferungen des Franchisegebers. a) Zulässigkeit sogenannter „open price terms". Der Preis der vom Franchisegeber an den Franchisenehmer zu liefernden Waren bzw. zu erbringenden Dienstleistungen braucht in der Regel im Franchisevertrag noch nicht angesprochen werden. Nur vereinzelt wird dieser Punkt im Sinne von Rahmenvereinbarungen vertraglich geregelt. Wenn sich die Parteien hierzu nicht äußern, gilt der jeweilige zum Zeitpunkt der Lieferungen oder Leistungen angemessene Preis (reasonable price) als stillschweigend vereinbart, es sei denn, daß ein gegenteiliger Parteiwille feststellbar ist, weil die Parteien z. B. noch keine Bindung ohne die Klärung der Preisfrage eingehen wollten. Für Warenverträge gilt insoweit der U. C. C. § 2–305 (1), dessen Regelungen entsprechend auf Dienstleistungsverträge angewandt werden (*Schantz/Jackson*, S. 73). Die Parteien können die Preisfrage entweder offenlassen (U. C. C. § 2–305 (1) (a)) oder die Bestimmung des Preises auf einen späteren Zeitpunkt verschieben. Zulässig ist auch die einseitige Bestimmung des Preises durch eine Partei oder durch einen Dritten. Wird die Bestimmung einer Partei überlassen, so besteht gemäß U. C. C. § 2–305 (2) die Verpflichtung, dies nach Treu und Glauben zu tun (good faith).

b) **Verbot der Preisdiskriminierung.** Der Robinson-Patman Act verbietet es dem Franchisegeber, seine Absatzmittler und Abnehmer von Waren hinsichtlich der Preisbedingungen dadurch zu diskriminieren, daß mehreren Abnehmern von Waren gleicher Art und Qualität während desselben Zeitraums unterschiedliche Preise berechnet werden (vgl. Anm. 32 (b)). Sowohl der Verkäufer, der den niedrigeren Preis berechnet, als auch der bevorzugte Käufer, der das Vorzugsangebot in Kenntnis von dessen Ungesetzlichkeit bewirkt, sind nach dem Gesetz verantwortlich. Dies versteht sich vor dem Hintergrund der Zielsetzung des Robinson-Patman Act, neben der Erhaltung des Wettbewerbs im allgemeinen auch die gerechte Behandlung der Wettbewerber selbst auf allen Wettbewerbsebenen sicherzustellen. Das Gesetz bezieht sich allerdings nur auf Kaufverträge und Warenkäufe. Dienstleistungen und der Austausch immaterieller Güter werden hiervon nicht erfaßt. Hingegen können Preisdiskriminierungen bei Dienstleistungen und immateriellen Gütern nach § 1 des Sherman Act oder nach § 5 des FTC Act angegriffen werden.

c) **Eigentumssicherung bis zur vollständigen Bezahlung des Kaufpreises.** Dem U. S.-amerikanischen Recht ist ein mit dem deutschen Recht vergleichbares Institut des Eigentumsvorbehalts nicht bekannt (*Schurtmann/Detjen*, S. 149). Nach dem U. C. C. kann der Franchisegeber bzw. der von ihm designierte Lieferant sein Eigentum an den gelieferten Waren dadurch sichern, daß er ein Sicherungsrecht an diesen Waren bestellt und dieses registrieren läßt. Die Bestellung des Sicherungsrechts kann (fakultativ) bereits im Franchisevertrag erfolgen. Um den Vorrang des Sicherungsrechts gegenüber den Rechten anderer Gläubiger an den Warenbeständen zu sichern, muß eine sogenannte Finanzierungserklärung (financing statement) bei den zuständigen Behörden unter Verwendung eines bestimmten Formulars (U. C. C. – 1) eingereicht werden, wodurch alle übrigen Gläubiger als davon in Kenntnis gesetzt gelten, daß ein Sicherungsrecht des Franchisegebers bzw. des von ihm designierten Lieferanten an einem Teil der im Besitz des Franchisenehmers befindlichen Warenbestände und an den Erlösen aus ihnen besteht (Matthews v. Arctic Tire, Inc., 262 A. 2d 831 [R. I. 1970]). Auch diese Erklärung muß bei der zuständigen Behörde des Staates registriert werden (Secretary of State in der jeweiligen Hauptstadt des Bundesstaates; zu den Einzelheiten dieses Verfahrens vgl. (*Schurtmann/Detjen*, S. 147 ff. und *Schantz/Jackson*, S. 824–861).

37. Berichterstattung. Die Berichterstattungspflicht des Franchisenehmers spielt unter mehreren Gesichtspunkten eine bedeutende Rolle für jedes Franchisesystem. Zum einen stellt der Franchisenehmer für den Franchisegeber die Verbindungsstelle zum Markt und zu den Kunden dar. Der Franchisenehmer registriert als Distributor an vorderster Absatzfront die Entwicklung des Verbraucherverhaltens und sammelt dort wertvolle Erfahrungen, die der Franchisegeber für die Weiterentwicklung der Systemkonzeption nutzen will. Zum anderen dient die Berichterstattung auch der Kontrolle der Geschäftstätigkeit des Franchisenehmers. Aus beiden Gründen sind Berichte des Franchisenehmers etwa über die Entwicklung der Umsätze, des Kunden- und Wartungsdienstes sowie über die Lagerbestände etc. sehr wertvoll. In manchen Franchisesystemen bietet der Franchisegeber einen Computerservice an, der die geforderten Geschäftsberichte und Geschäftsdaten standardisiert und mit den Berichtsformen zugleich den Zahlungsmodus zwischen

6. Franchise Agreement (Franchisevertrag USA) **II.6**

Franchisegeber und Franchisenehmer erleichtert. Hierzu wurde die Frage aufgeworfen, ob die Verpflichtung des Franchisenehmers, die computerisierte Buchhaltung zu benutzen, eine kartellrechtlich unzulässige Koppelung darstellt (vgl. Green v. General Foods Corp. 1975–2 Trad.Cas. 60, 444 [5 th. Cir. 1975]; Bender v. Southland Corp., 1983–2 Trad.Cas., 65, 479 I. Mich. [1983]). Nach heutiger Auffassung dürfte die computerisierte Berichterstattung nicht als unzulässige Koppelung, sondern als Bestandteil des „franchise package" anzusehen und somit für zulässig zu erachten sein. Denkbar ist allerdings, daß die computerisierte Abrechnung überhaupt nur für bestimmte, vom Franchisegeber vorgegebene Preise funktioniert. Eine solche Praxis würde zu einer rechtswidrigen indirekten Preisbindung des Franchisenehmers (price fixing) führen (vgl. hierzu Anm. 9 (e) aa)).

38. Besteinsatzverpflichtung. Selbst ohne eine entsprechende Bestimmung im Franchisevertrag ist der Franchisenehmer verpflichtet, sich zumindest in angemessener Weise um den Absatz der Produkte des Franchisegebers zu bemühen (Wood v. Lucy, Lady Duff-Gordon, 222 N. Y. 88, 118 N. E. 214 [1917]). Eine vertragliche Fixierung einer Verpflichtung, sich in bester Weise und mit vollem Einsatz für das Systemprodukt einzusetzen, ist aber dennoch notwendig, da die Auffassungen über die Frage der „Angemessenheit" der Absatzförderung naturgemäß variieren können (vgl. hierzu *Schurtmann/Detjen*, S. 83). Oft werden nicht nur Besteinsatzklauseln, sondern auch Mindestumsatzverpflichtungen (vgl. hierzu Anm. 41) in den Franchisevertrag aufgenommen. Das Besteinsatzgebot, das sich letztlich als Konkretisierung der allgemeinen Absatzförderungs- und Interessenwahrungspflicht des Franchisenehmers versteht, ergänzt und erweitert die Klausel zum system- und methodenkonformen Verhalten. Während die Verpflichtung zu system- und methodenkonformem Verhalten ihren Schwerpunkt im objektiven Bereich des Systemstandards hat, betont die Besteinsatzverpflichtung mehr die subjektive Seite der akquisitorischen Anstrengungen des Franchisenehmers. Die Konkretisierung der Besteinsatzverpflichtung kann in verschiedener Weise erfolgen. Insbesondere ist der Franchisegeber frei, diejenigen Verhaltensweisen des Franchisenehmers herauszuheben, an denen ihm nach Maßgabe des Systemzuschnitts besonders gelegen ist, um darauf die gesteigerte Aufmerksamkeit seines Vertragspartners zu lenken.

39. Training. Die Vereinbarung von Schulungsmaßnahmen schon vor Aufnahme des Betriebs des Franchisegeschäfts dient in erster Linie der Qualitätssicherung des Franchisesystems: Es sollen nur diejenigen Franchisenehmer ihre Tätigkeit aufnehmen dürfen, die selbst und dessen Angestellte die systemspezifischen Geschäftsprinzipien und Geschäftspraktiken des Franchisegebers beherrschen. Der Franchisegeber ist im Rahmen seiner Offenlegungspflichten zu einer detaillierten Beschreibung des Trainingsprogramms und der damit verbundenen Kosten für den Franchisenehmer verpflichtet (vgl. hierzu Anm. 6 (d)).

40. Bezugsverpflichtungen. a) Überblick. In der Regel wird der Franchisenehmer verpflichtet, keine anderen Waren als die des Franchisegebers bzw. der von ihm autorisierten Lieferanten und Bezugsquellen (approved suppliers) zu beziehen. Der Franchisevertrag ist somit als sogenanntes „exclusiv dealing agreement" oder „requirement contract" ausgestaltet. Die wettbewerbsrechtliche Problematik solcher Alleinbezugsbindungen liegt darin, daß der Franchisenehmer in der Auswahl der Lieferanten beschränkt wird und Konkurrenten des Franchisegebers vom Handel mit dem Franchisenehmer ausgeschlossen werden (*Enghusen*, S. 22). Dies wirkt sich vor allem dann in wettbewerbsrechtlich bedenklicher Weise auf den Markt aus, wenn mit den Alleinbezugsverpflichtungen Koppelungsbindungen einhergehen. Die Absatzförderung des gekoppelten Produktes beruht dann unter Umständen nicht auf der besseren Leistung im Wettbewerb, sondern auf der sich auf die Koppelungswirkung gründenden Machtübertragung von dem einen Produktmarkt auf den anderen (*Enghusen*, S. 57 m. w. N.).

b) **Bezugsbindung und „competitive impact"-Klausel.** Zur Verhinderung einer drohenden Marktverschlußwirkung unterliegt eine wettbewerbsbeschränkende Bezugsbindung den Vorschriften der Sections 1 und 2 des Sherman Act sowie der Section 5 des FTC-Act. Als Spezialnorm ist auch Section 3 des Clayton Act einschlägig. Danach dürfen Bindungen auferlegt werden, den gesamten Bedarf an einer bestimmten Ware nur von einem bestimmten Anbieter zu beziehen, sofern der Wettbewerb dadurch nicht erheblich beeinträchtigt wird oder vom Franchisegeber ein Monopol geschaffen oder aufrechterhalten wird (Brown Shoe Co. v. United States (370 U. S. 294, 329, 330 (1961)). Die vorgenannte Einschränkung wird auch als „competitive impact"-Klausel bezeichnet (*Enghusen*, S. 22). Bezugsbindungen sind der höchstrichterlichen Judikatur des Supreme Court nicht per se illegal, wenn Wettbewerber noch Zugang zu anderen Quellen des Marktes haben (Tampa Electric Co. v. Nashville Coal Co., 365 U.S 320 [1961]) und ein positiver Effekt für den künftigen Wettbewerb zu erwarten ist (Elder-Beerman Stores Corp. v. Federated Department Stores, Inc., 446 F. 2d 825 [9th Circ. 1971], cert. den., 404 U. S. 1049 [1972]). Hinsichtlich der Frage des Einflusses auf den Wettbewerb wird auf die relative Stärke der Parteien auf dem Markt, auf das Verhältnis des durch Alleinbezugsverträge gebundenen Marktanteils zu dem gesamten relevanten Markt sowie auf die zukünftigen Auswirkungen auf die Wettbewerbswirksamkeit abgestellt. Diese im Tampa Electric Fall aufgestellten Kriterien wurden später im Fall Susser v. Carvel Corp., 332 F. 2d 505, 516 [1964]) übernommen und auch später vom Supreme Court in verschiedenen Fällen aufrechterhalten (vgl. auch Jefferson Parish Hosp. Dist. No 2 v. Hyde, 466 U. S. 2, 45 [1984]). Bei der Überprüfung der wettbewerbsschädlichen Folgen für den U. S.-amerikanischen Wettbewerb werden hierbei auch Verhaltensweisen außerhalb der Vereinigten Staaten mitberücksichtigt, wenn z. B. von einem oder mehreren ausländischen Herstellern Wettbewerbsabreden getroffen werden, die darauf abzielen, ihre Märkte für U. S.-Unternehmen zu verschließen (*Arquit/Wolfram*, S. 943; vgl. zur internationalen Kartellkontrolle auch Anmerkung Nr. 9 (6)). Die Verpflichtung des Franchisenehmers, allein bei vom Franchisegeber autorisierten Lieferanten Einrichtungsgegenstände und Waren zu erwerben, wurde von der Judikatur als zulässig erachtet, wenn der Franchisegeber hieran kein eigenes finanzielles Interesse hat (z. B. in Form von Provisionen), sondern die Bezugsbindung lediglich aus dem Gesichtspunkt der Qualitätskontrolle erforderlich erscheint (vgl. *Glickmann*, Band 1, § 4.03[4][f] m. w. N.).

c) **Bezugsbindungen und Ty-ins.** Lange Zeit wurde in den USA die Frage kontrovers diskutiert und beurteilt, ob Bezugsverpflichtungen unzulässige Ty-ins (Koppelungsverträge) darstellen.

aa) Ein Koppelungsvertrag (ty-in agreement) liegt vor, wenn eine Partei ein (gewünschtes) Produkt nur unter der Bedingung verkauft, daß der Käufer gleichzeitig auch ein anderes, gekoppeltes (nicht gewünschtes) Produkt kauft oder zumindest einwilligt, dieses Produkt von keinem anderen Anbieter zu erwerben (Nothern Pacific R. Co. v. United States, 356 U. S. 1, 5–6 [1958]). Eine solche Abrede kann Section 1 des Sherman Act, Section 3 des Clayton Act sowie die Generalklausel der Section 5 des FTC-Act verletzen, wenn der Verkäufer spürbare wirtschaftliche Macht (sufficient economic power) auf dem Markt für das gekoppelte Produkt innehat und wenn die Vereinbarung ein erhebliches Geschäftsvolumen auf dem gekoppelten Markt berührt (Fortner Enterprises, Inc. v. United States Steel Corp., 394 U. S. 495, 503 [1969]). Koppelungsverträge unterliegen einer qualifizierten per se Illegalität, wonach sie unter gewissen Voraussetzungen durchaus als gerechtfertigt erscheinen können (Stokes Equipement Co. Inc. v. Otis Elevator Co., 340 F.Supp. 937 [E. D.Pa. 1972]; vgl. auch *Enghusen*, S. 54ff.). Eine Koppelungsvereinbarung liegt dabei nur vor, wenn auch tatsächlich mindestens zwei verschiedene Produkte der Vereinbarung zugrundeliegen. Wird der Franchisenehmer lediglich verpflichtet, von einem bestimmten Produkt höhere Quoten abzunehmen, so bedeutet diese quantitative Restriktion noch keine unzulässige Koppelung (Unijax Inc. v. Champion International, Inc. 516 F. Suppl 941 [S.N.Y. 1981] aff'd 683 F. 2d 678 [2d Cir.]).

bb) Für den Bereich des Franchising wurde zunächst angenommen, daß bei einer Bezugsbindung regelmäßig ein Koppelungsverhältnis vorliegt. Als koppelndes Produkt (tying item) wurde die Marke des Franchisegebers eingestuft, wenn sie nicht nur die Funktion eines Herkunftnachweises hatte, sondern aufgrund ihres Bekanntheitsgrades und ihrer Unterscheidungskraft wie ein eigenes Produkt behandelt wurde (Church Bratwursthaus v. Bratwursthaus Management Corp., 354 F. Supp. 1287 [E. D. Va. 1973]; Susser v. Carvel 206 F. Supp. 636 [S.D.N.Y. 1962] aff'd 332 F.2d 505 [2d Cir. 1964], cert. dism. 381 U. S. 125 [1965]; Siegel v. Chicken Delight, Inc. 311 F. supp. 847 [N. D. Cal. 1970] aff'd in part, rev. in part and remanded 448 F. 2d 43 [9th Cir. 1971], cert. den. Feb. 28, 1972). Als Rechtfertigungsgrund für ein solches Koppelungsverhältnis wurde die Verpflichtung des Franchisegebers gemäß Section 5 und 14 des Lanham Act angeführt, Vertrieb und Herstellung des Franchiseproduktes zu kontrollieren, um die Marke nicht zu verlieren (Susser v. Carvel 206 F. Supp. 636 [S.D.N.Y. 1962] aff'd 332 F.2d 505 [2d Cir. 1964], cert. dism. 381 U. S. 125 [1965]). Voraussetzung war allerdings, daß kein milderes Mittel als eine Koppelungsvereinbarung zur Verfügung stand (vgl. Siegel v. Chicken Delight, Inc. 311 F. supp. 847 [N. D. Cal. 1970] aff'd in part, rev. in part and remanded 448 F.2d 43 [9th Cir. 1971], cert. den. Feb. 28, 1972).

cc) Die moderne Judikatur hat jedoch einen Wandel vollzogen und stellt sich auf den Standpunkt, daß der Franchisegeber ein Paket mit einer Vielzahl von Leistungen erbringt, so daß nicht verschiedene Produkte, sondern letztendlich nur *ein* Produkt – eben das Franchisepaket – „verkauft" wird (Principe v. Mc Donald's Corp., 631 F. 2d 303 [4th Cir. 1980], cert. den. 101 S. Ct. 2947 [1981]; Krehl v. Baskin-Robbins Ice Cream Co., 664 F.2d 1348 [9th Cir. 1982]; Kypta v. Mc Donald's Corp., 671 F.2d 282 [11th Cir. 1982], cert. den. U. S., Sup. Ct., 10/4/82). Damit werden die franchisetypischen Koppelungspraktiken als zulässig angesehen, sofern kein wettbewerbswidriger Zwang auf den Franchisenehmer ausgeübt wird (Ungar v. Dunkin Donuts of America, Inc., 531 F.2d 1211 [3d Cir.], cert. den. U. S. Supl Ct., Oct. 10, 1976). Für die Annahme eines wettbewerbswidrigen Zwangs genügt es nicht, daß der Franchisegeber gegenüber dem Franchisenehmer der wirtschaftlich stärkere Part ist (Kentucky Fried Chicken Corp. v. Diversified Packaging Corp., 376 F. Supp. 1136 [S. D. Fla., 1974], aff'd 549 F. 2d 368 [5th Cir.]).

dd) Bei Betriebsfranchiseverträgen (business format franchising) sind Bezugsbindungen aus einem weiteren Grund als wettbewerbsrechtlich zulässig erachtet worden. Beim Betriebsfranchising entwickelt der Franchisegeber ein bestimmtes Verfahren zur Herstellung oder zum Verkauf von Produkten oder zur Erbringung von Dienstleistungen, standardisiert dieses Verfahren, stellt Qualitäts- und Produktionsmaßstäbe auf und konzipiert im Ergebnis eine eigenständige Absatzmethode. Die Franchisenehmer werden ermächtigt, das Produkt unter der Kontrolle des Franchisegebers herzustellen und/oder unter der Marke des Franchisegebers zu vertreiben bzw. die Dienstleistung zu erbringen. Dieses Franchisesystem ist im Gegensatz zum Produktfranchising dadurch gekennzeichnet, daß der Franchisenehmer eine Markenlizenz erhält (*Enghusen*, S. 14). Hieraus ergibt sich das gesetzliche Erfordernis, gemäß Section 5 des Lanham Act weitreichende Kontrollen hinsichtlich der Qualität und der Art der in Lizenz hergestellten Waren auszuüben. Unterläßt der Franchisegeber diese Kontrollen über die unter seiner Marke vertriebenen Leistungen, so kann nach Art. 14 des Lanham Act die Marke aberkannt werden. (*Enghusen*, S. 52).

41. Mindestumsatz. Die Mindestumsatzklausel ist eine Konkretisierung der vertraglichen Absatzförderungspflicht des Franchisenehmers. Zwar gilt die Angemessenheit der Absatzförderung als „implied term" stets als stillschweigend vereinbart, jedoch können die Vorstellungen der Vertragsparteien hierzu sowie im Streitfall die Vorstellungen des Gerichts differieren (vgl. hierzu auch Anm. 40 zur Besteinsatzklausel). Um dieses Problem einzudämmen, werden daher gern sogenannte Mindestumsatzklauseln in den Franchisevertrag aufgenommen. Sie dienen dem Franchisegeber auch als eine Kontrolle, ob der Franchisenehmer überhaupt in der Lage ist, das ihm zugewiesene Vertragsgebiet effektiv zu bearbeiten und zu entwickeln. Erreicht der Franchisenehmer nicht den geforderten Mindestumsatz, so ist der Franchisegeber je nach Vertragsgestaltung berechtigt, den Vertrag zu beenden, das Vertragsgebiet des Franchisenehmers zu verkleinern oder das Exklusivrecht des Franchisenehmers aufzuheben. Es sollte daher auch in allen Einzelheiten festgelegt werden, unter welchen Umständen der Franchisenehmer vom Erreichen des vorgegebenen Mindestumsatzes befreit ist (hier: Fälle der höheren Gewalt). Die amerikanische Judikatur folgt auch insoweit in der Regel dem Grundsatz: „Inclusio unius est exclusio alterius". Haben die Vertragsparteien ausdrückliche Vereinbarungen getroffen, so wird angenommen, daß nicht in den Vertrag aufgenommene Bestimmungen absichtlich ausgelassen wurden (*Schurtmann/Detjen*, S. 85). Die Vereinbarung einer Mindestumsatzgrenze wird sich vor allem dort empfehlen, wo dem Franchisegeber nur eingeschränkte Mittel zur dauernden Anleitung und Überwachung des Franchisenehmers zu Gebote stehen und der Franchisenehmer dementsprechend gewisse Verhaltens- und Gestaltungsfreiräume genießt. Der Franchisenehmer kann nämlich versucht sein, für sich selbst das persönliche Nutzenoptimum zu erwirtschaften oder seinen höchsten Gewinn aus dem Franchisegeschäft zu erzielen, anstatt für den Franchisegeber optimale Absatzförderung und maximale Umsatzsteigerung anzustreben. Nicht vergessen werden darf, die Rechtsfolgen für den Fall vertraglich zu klären, daß der Mindestumsatz nicht erreicht wird. Denkbar ist eine Reduzierung der Mindestumsatzklausel oder die Beendigung des Vertragsverhältnisses bzw. der Einsatz von Managementsubstituten durch den Franchisegeber.

42. Werbung. Der Franchisegeber kann grundsätzlich auch Regelungen in den Vertrag aufnehmen, die die Teilnahme des Franchisenehmers an gemeinsamen Werbekampagnen unter Kostenbeteiligung, die Belieferungen von Werbematerial gegen Kostenbeteiligung oder die Pflicht zur jährlichen Einzahlung eines bestimmten Geldbetrags in einen Werbefonds vorsehen (*Glickmann*, Band 1, § 10.07[4]). In bestimmten Staaten verbietet allerdings das Gesetz den Franchisegebern, die Franchisenehmer zur Teilnahme an Werbemaßnahmen und zur Bezahlung von Werbemaßnahmen gegen deren erklärten Willen anzuhalten (zB.: Indiana Deceptive Franchise Practices Act, § 23–2-2.7–1 (11)). In der Regel ist der Franchisenehmer zur Betreibung der örtlichen Werbung verpflichtet, während dem Franchisegeber die überörtliche Systemwerbung obliegt (vgl. hierzu auch Anmerkung Nr. 50). Die Werbungsklauseln dienen vor allem der Durchführung der lokalen bzw. regionalen Werbemaßnahmen am Standort und im Vertragsgebiet des Franchisenehmers. Diese örtliche Werbung liegt im Verantwortungsbereich des Franchisenehmers, der hierfür auch allfällige Aufwendungen zu tätigen hat, allerdings das Werbematerial zum großen Teil vom Franchisegeber zur Verfügung gestellt erhält. Es ist sinnvoll, dem Franchisenehmer den Einsatz eines Mindestbetrags für seine örtliche Werbung vorzuschreiben und diesen an einem bestimmten Prozentsatz des Bruttoumsatzes auszurichten. Hierbei treffen den Franchisegeber umfangreiche Offenlegungspflichten (vgl. hierzu Anm. 6). Die Art der örtlichen Werbemaßnahmen differiert je nach Systemzuschnitt und ist meist im Handbuch näher erläutert.

43. Versicherung. Die Verpflichtung des Franchisenehmers, sich angemessen bei einer zuverlässigen Versicherungsgesellschaft zu versichern, ist von der Judikatur im Prinzip nicht beanstandet worden. Sie dient den Interessen beider Parteien und dem Schutz des Franchisesystems. Angesichts vergleichsweise hoher Schadensersatzforderungen in den USA erscheint eine angemessene Risikoabsicherung gegen einen Liquiditätsabfluß in Schadensfällen auch erforderlich. Tritt allerdings der Franchisegeber selbst gleichzeitig auch als Versicherer auf, so ist dies unter dem Gesichtspunkt des Koppelungsverbots wettbewerbsrechtlich bedenklich (vgl. Rental Car of New Hampshire v. Westinghouse Electric Corp., 1980–2 Trade Cas., § 63, 406 [Mass. 1980]). Solche Koppelungsabreden unterliegen einer qualifizierten per se-Illegalität (vgl. Anmerkung Nr. 9 e ee)), können also nur unter bestimmten Umständen gerechtfertigt sein. Der Franchisenehmer ist sowohl nach Bundesrecht als auch nach einzelstaatlichem Recht als Arbeitgeber gesetzlich zum Abschluß einer

6. Franchise Agreement (Franchisevertrag USA) II.6

„Worker's Compensation Insurance" sowie einer „Disability Insurance" verpflichtet (*Glickmann*, Band 1, § 9.03[9][b]). Hierdurch werden Arbeitsunfälle und Berufskrankheiten der Angestellten und Arbeiter abgesichert. In einigen Einzelstaaten besteht für den Arbeitgeber diesbezüglich eine Gefährdungshaftung (Strict Liability) (*Black*, S. 1106).

44. Haftungsfreistellung des Franchisegebers. a) Eine Indemnity-Klausel soll den Franchisegeber vor Schäden aufgrund einer Inanspruchnahme durch Dritte schützen, die in geschäftlichem Kontakt mit dem Franchisenehmer stehen. Zwar ist der Franchisenehmer ein selbständiger Unternehmer, der seine Geschäfte auf eigene Rechnung und eigenes Risiko tätigt. Dennoch sind Situationen denkbar, die zu einer Inanspruchnahme des Franchisegebers führen können.

b) Eine Haftung des Franchisegebers (vgl. zu den Haftungsfragen Anm. 11) kommt vor allem dann in Betracht, wenn der Franchisenehmer nach außen hin den Eindruck eines Vertreters des Franchisegebers erweckt. Dies ist z.B. der Fall, wenn die Kontrolle des Franchisegebers über den Franchisenehmer so stark ist, daß der Franchisenehmer de facto seine Stellung als unabhängiger Unternehmer verliert (Arthur Murray, Inc. v. Parris, 243 AR 441, 420 S. W. 2d 518 [1967]; Mc Guire v. Madisson Hotels International, 435 S. E. 2d 51 [Ga. App. 1993]; zur Inanspruchnahme des Franchisegebers durch Arbeitnehmer des Franchisenehmers vgl. Wirtz v. Charlton Coca-Cola Boteling Co., 16 Wage & Hour Cas. 857 [E.D.S.C. 1965]).

c) Die Haftungsfreistellungsklausel (indemnity clause) beinhaltet zunächst die Verpflichtung des Franchisenehmers, allen geforderten Zahlungsverpflichtungen, die mit dem Betrieb des Franchisegeschäftes in Verbindung stehen, Folge zu leisten (z.B. die fälligen Zahlungen an Lieferanten, Arbeitnehmer des Franchisenehmers und andere Dienstleister vorzunehmen sowie Steuern und sonstige Abgaben zu entrichten). Daneben wird der Franchisenehmer verpflichtet, den Franchisegeber von allen Ansprüchen jedweder Natur, die im Zusammenhang mit dem Betrieb des Franchisegeschäftes stehen, schadlos zu halten. Diese Klausel entfaltet allerdings keine Außenwirkung zu Dritten. Sie verpflichtet bzw. berechtigt lediglich die Vertragsparteien im Innenverhältnis (*Glickmann*, Band 1, § 4.04).

45. Kontrollrechte des Franchisegebers. Zur Gewährleistung des einheitlichen Auftretens und des Funktionierens des Franchisesystems nach außen sowie zur Realisierung der Gebührenansprüche des Franchisegebers werden umfangreiche Kontrollrechte des Franchisegebers in den Vertrag aufgenommen. Franchiseverträge sind gerade in diesem Punkt als unangemessene Beschränkung des Wettbewerbs kritisiert worden. Der Franchisegeber befand sich damit – vor allem im Rahmen des Produktionsfranchising – in einem Dilemma. Denn die Übertragung einer Lizenz ohne diese Kontrollmöglichkeit des Franchisegebers (naked licence) wird als unzulässig und rechtsunwirksam nach Maßgabe des 15 U.S.C. §§ 1055 und 1065 erachtet. Der Inhaber einer Marke hat sowohl das Recht als auch die Pflicht, seine Lizenzen zu überwachen, um den Qualitätsstandard seiner Waren und Dienstleistungen, die unter der Marke angeboten werden, sicherzustellen und den Gebrauch bei Verkauf von nonkonformen Waren und Dienstleistungen zu verbieten (*Mc Carthy*, §§ 3.4 und 18.13–16; *Ruijsenaars*, S. 283; *Glickmann*, Band 1, § 3A.02[4]; 15 U.S.C. §§ 1055 u. 1065; siehe auch Susser v. Carvell, 206 F. Supp. 636 [S.d. N. Y. 1962]). Die Judikatur hat dies inzwischen anerkannt und gewährt daher dem Lizenzgeber einen breiten Spielraum bei der Durchführung der notwendigen Kontrollen und bei der Sicherstellung der Qualität (Ron Matusalem & Matusa v. Ron Matusalem, Inc., 872 F. 2d 1547 [11th Cir. 1989]; Arthur Murray, Inc. v. Horst, 110 F. Supp. 678 [D. Mass. 1953]). Diese Qualitätskontrolle dient u.a. dem Schutz des Verbrauchers vor Täuschungsgefahr. Der Franchisegeber hat deshalb dafür zu sorgen, daß die Produkte des Franchisenehmers die gleiche Qualität aufweisen, die die betreffenden Verkehrskreise bisher mit diesen Produkten unter der Marke des Franchisegebers assoziiert haben. Das Maß der Kontrolle hängt dabei vom jeweiligen Einzelfall ab (*Ruijsenaars*, S. 284; *Glickmann*, Band 1,

§ 9.03[8][a])). Der Umfang der Prüfung erstreckt sich aber in der Regel auf die Art und Qualität der Markenprodukte (15 U.S.C. § 1065; Susser v. Carvel 206 F. Supp. 636 [S. D. N. Y. ,1962], aff'd 332 F. 2d 505 [2d Cir. 1964], cert. dies., 381 U. S. 125 [1965]). Eine zu weitgehende Kontrolle kann über die wettbewerbsrechtliche Problematik hinaus auch dazu führen, daß das „Franchiseverhältnis" als ein Arbeitsverhältnis eingestuft wird (vgl. z.B. California Department of Employment Tax Manual, § 7005.30, C.C.H. Unemp. Ins. Rep. [Cal.] § 1332289 [May 30, 1946]; Perry v. Amerada Hess Corp., 427f. Supp. 667 [N. D. Ga. 1977]). Bei der Formulierung der Kontrollrechte sind diese Grenzen zu beachten.

46. **Pflichten des Franchisegebers.** Die Klauseln zu den Pflichten des Franchisegebers bilden hier einen weiteren Hauptteil des Franchisevertrages (vgl. dazu Anm. 1 (b) zum Vertragsaufbau sowie Anm. 23). An dieser Stelle sollte der Franchisenehmer besondere Sorgfalt walten lassen und darauf achten, daß die Pflichten des Franchisegebers ausdrücklich in den Vertrag aufgenommen werden. Ohne eine ausdrückliche Formulierung der Pflichten des Franchisegebers steht die Rechtsposition des Franchisenehmers auf unsicherem Terrain. Das Institut von Treu und Glauben entfaltet in den Vereinigten Staaten keine mit dem § 242 BGB vergleichbare Wirkung und vermag daher den Franchisenehmer nicht ausreichend zu schützen. Zwar kennt das US-amerikanische Recht eine „implied duty of good faith and fair dealing" (vgl. hierzu Franch & Distr Law & Prac, § 8:17; diese Verpflichtung wurde sowohl im UCC (UCC § 1–203), als auch in den Restatements (Second) of Contracts (Restatement (2d), Contracts, 3-205) und in Common Law-Entscheidungen (vgl. hierzu *Burton*, 94 Harv L Rev 369, 404 (1980) manifestiert). Die h.M. ist allerdings der Ansicht, daß diese Verpflichtung nicht die ausdrücklich vereinbarten Vertragspflichten abändern kann. Es gilt insoweit der Vorrang der Vertragsfreiheit (freedom of contract) (Domed Stadium Hotel Inc. v. Holiday Inns, Inc., 732 F2d 480, Bus. Fran. Guide (CCH), § 8176 (CA5 1984); Bonanza International, Inc. v. Restaurant Management Consultants, Inc. 625 F Supp 1431, 1445 (ED La 1986); Murphy v. American Home Products Corp., 58 NY2d 293, 461 NYS2d 232, 448 NE2d 86 (1983); Piantes v. Pepperidge Farm, Inc., Bus. Fran. Guide (CCH), § 10,627 (D. Mass. 1995)). Indessen rekurriert die Judikatur vereinzelt die stillschweigend vereinbarte Treuepflicht, um Klauseln des Franchisevertrages auszulegen, sofern diese nicht eindeutig formuliert sind (vgl. z.B. Taylor Equipment, Inc., et al. v. John Deere Co., et al., Bus. Fran. Guide (CCH), § 10,575 (S. D. 1994)).

47. **Gewährleistung und Schutz des geistigen Eigentums.** Die im Franchisepaket verkörperten Immaterialgüterpositionen sind für den Wert der Franchise und für die Marktstellung des Franchisesystems von zentraler Bedeutung, weshalb beiden Parteien des Franchisevertrags an einer Sicherung und einem Schutz des geistigen Eigentums des Franchisegebers gelegen ist. In den diesbezüglichen vertraglichen Regelungen sagt einerseits der Franchisegeber zu, daß er alle zur Aufrechterhaltung und Bestandssicherung der Immaterialgüterpositionen erforderlichen Schritte unternehmen, insbesondere gerichtlich gegen Verletzungen einschreiten wird. Nach 15 U.S.C. § 1114 (Lanham Act) ist der registrierte Inhaber einer Marke oder eines Handelsnamens berechtigt, Verletzungen seines Rechts am geistigen Eigentum zu verhindern und/oder vom Verletzer Schadensersatz zu verlangen (vgl. hierzu Arthur Treacher's Fish & Chips v. A. & B Management Corp., 1981–2 Trade Cas., § 64, 289 [E. Pa. 1981]; instruktiv hierzu *Glickmann*, Band 2, § 13.03[3] m.w.N.). Betriebsgeheimnisse sind über den Uniform Trade Secret Act geschützt, den die meisten Bundesstaaten (darunter auch Kalifornien und Washington, nicht jedoch New York) mittlerweile übernommen haben. Der Franchisegeber ist vor jeder unberechtigten Verwendung des Betriebsgeheimnisses geschützt (misappropriation). In den Bundesstaaten, die den Uniform Trade Secret Act nicht übernommen haben, stellt die Mißachtung eines Betriebsgeheimnisses eine unerlaubte Handlung (tort) nach Common law Gesichtspunkten dar (*Glickmann*, Band 2, § 13.04[9]). Andererseits verpflichtet sich der Franchisenehmer

6. Franchise Agreement (Franchisevertrag USA)

dazu, seinem Vertragspartner unverzüglich Kenntnis von Verletzungs- oder Gefährdungstatbeständen zu geben und Schutzmaßnahmen gegen Verletzungen oder Gefährdungen von Immaterialgüterrechten, insbesondere durch Hinweise und Kennzeichnungen auf den Verpackungen und Werbemitteln zu ergreifen (vgl. hierzu Anm. 25).

48. Exklusive Übertragung der Franchise (Gebietsschutz). a) Rechtliche Zulässigkeit von Exklusivvereinbarungen. Dem Franchisenehmer wird im Regelfall auferlegt, daß er sich bei der Nutzung der Franchise auf das von den Parteien bestimmte Vertragsgebiet beschränkt (zu den Gebietsbindungen vgl. Anm. 26). Gleichsam zum Ausgleich hierfür sowie als Anreiz für die vom Franchisenehmer in seinem Marktverantwortungsbereich zu tätigenden Investitionen kann der Franchisegeber nun seinerseits Beschränkungen akzeptieren und das Vertragsgebiet des Franchisenehmers vor Konkurrenz schützen. Insbesondere kann er sich verpflichten, im Vertragsgebiet das Systemprodukt weder selbst abzusetzen noch einen anderen Franchisenehmer dort einzusetzen. Das Franchisesystem kann durch solche Selbstbeschränkungen des Franchisegebers nicht nur als selektives, sondern sogar als exklusives Vertriebssystem ausgestaltet werden. Das vorliegende Formular sieht vor, daß der Franchisegeber seine Produkte nicht an andere Händler in dem dem Franchisenehmer zugewiesenen Gebiet verkauft und auch selbst nicht im Gebiet des Franchisenehmers tätig wird. Damit werden sowohl der Franchisegeber als auch Dritte vom Wettbewerb mit dem Franchisenehmer im Vertragsgebiet ausgeschlossen. Dieses auch als „exklusive franchising" bezeichnete Absatzmodell wird allgemein für zulässig erachtet, solange die Marktverantwortungsbereiche (areas of primary responsibility) nicht mit absolutem Gebietsschutz versehen werden (vgl. Anm. 26). Die wettbewerbs- bzw. kartellrechtliche Zulässigkeit beurteilt sich hierbei nach der „rule of reason" (Schwing Motor Company v. Hudson Sales Corp.,m 138 F. Supp. 899, at 906–907; cert. den., 355 U. S. 823 [1957]; Beacher Viking Sewing Machine Co., Inc., 1986–1 Trade Cas. 66, 967 [6th Cir. 1986]). Zulässigkeitsvoraussetzung ist danach im wesentlichen, daß es aufgrund der Reduzierung des intrabrand-Wettbewerbs zu einer Verstärkung des interbrand-Wettbewerbs kommt. Die Grenze liegt dort, wo der Marktanteil des Franchisegebers so hoch ist, daß kein Restwettbewerb mehr verbliebe.

b) Keine Exklusivpflicht. aa) Die Exklusivvereinbarung ist kein notwendiger Bestandteil des Franchisevertrages. Sie muß daher, wenn gewollt, von den Parteien ausdrücklich vereinbart werden. Weder gibt es einen gesetzlichen Anspruch des Franchisenehmers hierauf, noch erkennen die Gerichte ein Exklusivrecht des Franchisenehmers als Ausdruck eines „implied term" an. Ohne weiteres ist ein Franchisevertrag daher dann wirksam, wenn keine Exklusivvereinbarung zugunsten des Franchisenehmers getroffen wurde. Es ist dann durchaus zulässig, daß der Franchisegeber mit einem eigenen Filialsystem im Vertragsgebiet des Franchisenehmers tätig wird, auch wenn dies an bestimmte Voraussetzungen geknüpft ist (vgl. zu Anm. Nr. 9).

bb) Wird dem Franchisenehmer ein exklusives Vertragsgebiet zugestanden, so bedeutet dies nicht, daß der Franchisegeber schlechthin von jeder Tätigkeit innerhalb des Vertragsgebietes ausgeschlossen ist. Der Judikatur zufolge bezieht sich das Exklusivrecht lediglich auf das jeweilige Franchiseprodukt, so daß der Franchisegeber andere Produkte innerhalb des Vertragsgebietes anbieten darf, sofern nicht auch dies ausdrücklich vertraglich ausgeschlossen worden ist (Good Potato Chips Co. v. Frito Lay, Inc., 324 F. Supp. 280 [E. D. Mo., 1971], aff'd 462 F. 2d 239 [8th Cir. 1972].

c) Rechtliche Zulässigkeit bei hybrider Absatzorganisation. Die Rechtslage kann allerdings kritisch werden, wenn der Franchisegeber mit eigenen Filialen außerhalb des Vertragsgebiets des Franchisenehmers den Absatz seiner Produkte oder Dienstleistungen vornimmt, er also eine Absatzstrategie des „dual distribution" durch „branchising and franchising" betreibt. Denn hierbei kann es unter Umständen zu direkten oder indirekten Marktaufteilungen kommen, die streng genommen unter die per se-Illegalität fallen müßten. Im Falle einer solchen hybriden Absatzorganisation zeichnet sich jedoch die Tendenz ab, daß die wettbewerbsrechtliche Beurteilung von Gebietsabsprachen hybrider Organisationen nicht mehr nach „per se-rule" vorgenommen wird, sondern von einer Gesamtwürdigung nach Maßgabe der „rule of reason" abgelöst wird. Sowohl das Justice Department als auch die Judikatur untersuchen in diesem Fall, in welchem Maße der Wettbewerb tatsächlich beeinträchtigt wird. Zugrundegelegt wird hierbei die Auffassung, daß zwischen Franchisegeber und Franchisenehmer ein intrabrand-Wettbewerb besteht, der aufgrund der Marktverteilungsabrede zwar reduziert wird, jedoch den interbrand-Wettbewerb mit anderen Systemen fördert (Red Diamond Supply, Inc. v. Liquid Carbonic Corp., 637 F. 2d 1001[5 th Cir. 1981], cert. den. sub. nom Red Diamond Supply, Inc. v. Acme Weld & Supply, Inc., 454 U. S. 827, 102 S.Ct. 119 [U. S. Sup.Ct. 1981]). Voraussetzung ist dabei freilich, daß ein solcher interbrand-Wettbewerb überhaupt besteht. Es ist daher im einzelnen zu überprüfen, wie groß der Marktanteil des Franchisegebers im konkreten Falle ist. Desweiteren darf das Verhalten des Franchisegebers nicht zu einer Monopolstellung oder zu einem konspirativen Verhalten mit anderen selbständigen Teilnehmern am Wettbewerb führen (*Glickmann*, Band 1, § 7.03).

49. **Unterstützung vor Eröffnung des Franchisegeschäfts.** Der Inhalt der Unterstützungsverpflichtung des Franchisegebers gegenüber dem Franchisenehmer vor Eröffnung des Franchisegeschäfts unterliegt der Vertragsgestaltungsfreiheit der Parteien. In der Regel umfaßt diese Verpflichtung die Auswahl des Geschäftsstandortes bzw. eine Beratung des Franchisenehmers bei der Auswahl des Geschäftsstandortes, wenn dieser seinen Standort frei wählen darf. Hierfür können umfangreiche Marktanalysen erforderlich sein. Nach item 11 der UFOC-Instructions (vgl. dazu Anm. 6 (d) unter Punkt 11) ist der Franchisegeber allerdings verpflichtet, die von ihm bei der Auswahl des Standortes benutzten Methoden und Grundlagen seiner Standortanalyse ausführlich darzulegen. Als weitere Unterstützungsmaßnahmen vor der Geschäftseröffnung kommen in Betracht: Hilfe zur Erlangung der notwendigen Ausstattung, Organisation einer Eröffnungswerbekampagne, Lieferung der Anfangsausstattung sowie beratende Präsenz während der Eröffnungsphase. Nicht alle diese Punkte müssen dabei von der Eintrittsgebühr gedeckt sein. Denn auch dies bleibt letztendlich der Vertragsgestaltungsfreiheit der Parteien des Franchiseverhältnisses überlassen.

50. **Werbung und Verkaufsförderung.** Die Aufnahme eines neuen Franchisenehmers in das System und insbesondere die Eröffnung seines Franchisegeschäfts wird in der Franchisepraxis meist vom Franchisegeber in besonderer Weise unter Einsatz der Medien bekannt gemacht. Diese Einführungswerbung ist Ausdruck seiner Pflicht zur Eingliederung des Franchisenehmerbetriebs in das System (Betriebseingliederungspflicht). Daneben ist der Franchisegeber auch zu allgemeinen Werbemaßnahmen im Verlaufe des Vertragsverhältnisses verpflichtet, was Ausdruck seiner laufenden Betriebsförderungspflicht ist. Während der Franchisenehmer für die örtliche (regionale und lokale) Werbung in seinem Vertragsgebiet verantwortlich ist, obliegt dem Franchisegeber die allgemeine, überörtliche (nationale) Systemwerbung. Die allgemeine Systemwerbung wird meist nicht allein vom Franchisegeber, sondern zumindest teilweise von den Franchisenehmern finanziert, die hierzu Werbebeiträge (vgl. hierzu Anm. 35) in einen vom Franchisegeber treuhänderisch verwalteten Werbefonds einzuzahlen haben. Im Franchisevertrag ist eine dementsprechende Regelung mit dem Ziel vorzusehen, einen vom Vermögen des Franchisegebers separaten Vermögensbestand zu schaffen und zu garantieren, daß die von den Franchisenehmern erhaltenen Gelder auch tatsächlich für Werbemaßnahmen des Franchisegebers eingesetzt werden. Der Franchisegeber verwaltet diesen Fonds zu treuen Händen aller Franchisenehmer.

51. **Die Beistandspflichten des Franchisegebers.** Ein wesentliches Merkmal des Franchiseverhältnisses sind die dem Franchisegeber obliegenden Beistands- bzw. Förderungspflichten zugunsten des Franchisenehmers. Diese begründen einen wichtigen Unterschied zum reinen Lizenzvertragsverhältnis (vgl. *Glickmann*, Band 1, § 2.03[5]). Der Franchise-

6. Franchise Agreement (Franchisevertrag USA)   II.6

geber ist im Rahmen seiner Aufklärungspflicht zur Offenlegung sämtlicher angebotenen Dienstleistungen gehalten (vgl. hierzu Item 11 der Instructions for Preparation of Uniform Franchise Offering Circular; vgl. hierzu auch Anm. 6). Der Franchisegeber hat demnach detailliert Umfang, Art und Weise der dem Franchisenehmer versprochenen Überwachung, Unterstützung und Förderung aufzulisten (*Glickmann*, Band 1, § 9.06).

52. Training. Die Schulungs- oder Trainingsprogramme von Franchisegebern waren Gegenstand vieler Klagen von Franchisenehmern, weil kleinere, neue und unerfahrene Franchisegeber schlecht geplante Programme mit unqualifizierten Trainern anboten und oftmals nicht in den vereinbarten Zeiträumen die Trainingsprogramme veranstalten konnten. Deshalb verlangen die UFOC-Instructions in item 11 (vgl. dazu Anm. 6), daß der Franchisegeber über das Trainingsprogramm detailliert Auskunft erteilt: Standort, Dauer und Inhalt des Trainings, Zeitpunkt der Durchführung sowie die vom Franchisenehmer zu entrichtenden Gebühren und sonstige Kosten müssen dargelegt werden. Ist die Teilnahme am Trainingsprogramm für die Franchisenehmer nicht obligatorisch, so hat der Franchisegeber den Prozentsatz den Franchisenehmern anzugeben, die in den letzten zwölf Monaten vor der Erstellung des UFOC am Training bereits teilgenommen haben. Schließlich ist dem Franchisenehmer offenzulegen, welche zusätzlichen Trainingsprogramme der Franchisegeber (z.B. refreshment courses zu Auffrischungszwecken) zu belegen hat.

53. Assistenz während der Laufzeit des Vertrages. Bei der laufenden Betriebsförderungspflicht des Franchisegebers gegenüber dem Franchisenehmer stehen oft Beratungs- und Betreuungspflichten im Mittelpunkt. Dazu können etwa die Überwachung der Buchhaltung oder die Einweisung in technische oder betriebliche Neuerungen des Systems gehören. Häufig wird solche laufende Hilfestellung auch durch systemeigene Zeitschriften oder durch Bulletins, Memos und dergleichen geleistet und nur in Notfällen hierfür eigenes Franchisegeber-Personal eingesetzt. Zur Assistenz während der Laufzeit des Vertrages gehören oft auch gemeinschaftliche Werbemaßnahmen, Erneuerungen der Ausstattung, Versorgung mit Verpackungsmaterial usw.

54. Vertragsdauer. a) Befristete Franchiseverträge. Franchiseverträge können hinsichtlich der Vertragsdauer unterschiedlich ausgestaltet sein. In der Regel wird der Franchisevertrag formal befristet, wobei eine Verlängerung des Franchisevertrages (renewal) vorgesehen werden kann, die ihrerseits unterschiedlich von den Parteien geregelt werden kann (vgl. Anm. 55). Je größer die Investitionen des Franchisenehmers sind, desto größer ist auch sein Interesse an einer langfristigen Vereinbarung (*Behr*, S. 98). Eine grundsätzliche Begrenzung der maximalen Vertragsdauer sieht das U.S.-amerikanische Recht nicht vor. Auch wird nur in wenigen Staaten die Vertragsfreiheit der Parteien des Franchisevertrages dahingehend eingeschränkt, daß eine Mindestlaufzeit des Franchisevertrages verlangt wird (vgl. Conn.- Conn. G. En. Strt. tit. 42 § 42–133f (d), wonach der Franchisevertrag eine Mindestdauer von drei Jahren aufweisen muß). Allerdings werden Verträge mit zu kurzen Laufzeiten vielfach als problematisch, wenn nicht gar als unredlich i.S.d. §§ 2–302(1) und 2–309(3) U.C.C. eingestuft (2 *Glickmann* § 13.04[5][e]). Die Judikatur hat im übrigen darüber hinaus eine Qualifizierung kurzfristiger Franchiseverträge als Arbeitsverträge diskutiert (Clark Oil & Refining Corp., 129 N.L.R.B. 750 [1960]).

b) **Unbefristete Franchiseverträge.** Den Parteien steht es aber auch frei, unbefristete Verträge abzuschließen. Sehen die Parteien von einer Formulierung der Vertragsdauer ab, so gilt der Vertrag entweder als unbefristet abgeschlossen (*Glickmann*, Band 1, § 4.03[7]) oder zumindest als für eine bestimmte angemessene Dauer abgeschlossen, wobei u.a. das Amortisationsinteresse des Franchisenehmers Berücksichtigung findet (vgl. für Kalifornien: Alpha Distributing Co. v. Jack Daniels Distillary, 1972 Trade Cas., 73, 798 [9th Cir. 1972]; Sinkoff Beverage Co. v. Jos. Schlitz Brewing Co., 51 Misc. 2d 446, 273 N.Y.S.2d 364 [N.Y. Sup. Ct. 1966]). Die Judikatur stützt sich teilweise auf U.C.C. § 2–309(2), der ausdrücklich die Geltung für eine angemessene Zeit (reasonable time) anordnet, wenn der

Vertrag keine Bestimmungen über die Vertragsdauer enthält (vgl. *Glickmann*, Band 2, § 13.04[5][e]).

55. Erneuerungsklausel (renewal clause). Franchiseverträge werden in der Regel als befristete Verträge abgeschlossen. Bis auf wenige Ausnahmen unterliegt die Regelung der Vertragsdauer der Vertragsfreiheit der Parteien (vgl. Anm. 54). Gewöhnlich sehen Franchiseverträge die Möglichkeit einer Verlängerung (prolongation) bzw. Erneuerung (renewal) des Franchisevertrages vor. Die Erneuerungsklausel wird meistens mit der Regelung über die Vertragsdauer gekoppelt. Die inhaltliche Ausgestaltung der „renewal clause" unterliegt der Vertragsfreiheit der Parteien (vgl. *Behr*, S. 100). So können sie die automatische Verlängerung des Vertrages bei Erreichen des Endes der Laufzeit vereinbaren. Denkbar und zulässig ist es auch, die Verlängerung an eine Option des Franchisenehmers zu binden. Ob für die Verlängerung erneut Franchisegebühren (renewal fee) fällig werden sollen, obliegt ebenfalls der Vertragsgestaltungsfreiheit der Parteien (*Louis/Hancock*, S. 60 ff.). Sieht der Franchisevertrag keine Verlängerungsmöglichkeit vor, so bedeutet dies noch nicht, daß der Franchisenehmer eine Verlängerung nicht durchzusetzen vermag. Vereinzelte Gerichtsentscheidungen lassen die Tendenz erkennen, die „renewal clause" als stillschweigend zwischen den Parteien vereinbart in den Vertrag hineinzulesen (implied term), wenn der Franchisegeber eine deutlich höhere Vertragsmacht aufgrund seiner wirtschaftlichen Macht hat und diese Machtposition unter Verwendung von Standardverträgen gegenüber dem Franchisenehmer dazu benutzt, dem Franchisenehmer seine Bedingungen zu diktieren (vgl. Shell Oil Co. v. Marinello, 1972, Trade Cas., § 74, 178 [N. J. Sup. 1972], aff'd 1973 Trade Cas. § 74, 604 [N. J. Sup. 1973]; Mobil Oil Corp. v. Rubenfeld, 1973 Trade Cas., § 75, 306, 72 Misc. 2d 392 [N. Y. Civ. Ct. 1972], aff'd, 1974–1 Trade Cas., § 75,066, 72 Mic. 2d 392 [N. Y. App.Term. 1974]).

56. Beendigung des Franchiseverhältnisses. a) Rechtsgrundlagen. Die ordnungsgemäße Beendigung des Franchisevertrages sowie der Schutz des Franchisenehmers ist nicht in allen Bereichen des Franchising gesetzlich geregelt. Auf Bundesebene kann diesbezüglich noch nicht auf ein einheitliches geltendes Gesetzesrecht zurückgegriffen werden. Für Teilbereiche gelten die „Special Industry Laws", so zum Kfz-Vertrieb (Automobile Dealer Day in Court Act, 15 U.S.C. §§ 1221–1225) und zum Handel mit Kfz-Betriebsstoffen (Petroleum Marketing Practices Act 15 U.S.C. §§ 2801–2824). Gelegentlich werden aber auch die Vorschriften des Uniform Commercial Code (U.C.C.) herangezogen, die gleichfalls Regelungen für die Beendigung von Verträgen (allgemein) vorsehen (vgl. hierzu Anm. 5). Darüber hinaus sind spezielle Vorschriften der jeweiligen Bundesstaaten zu beachten, die teilweise allgemeine Franchisegesetze erlassen haben, teilweise für bestimmte Sachbereiche des Franchising eigene „Special Industry Laws" geschaffen haben. In denjenigen Bundesstaaten, die keine spezielle Franchisegesetzgebung kennen, gilt insoweit das Common Law und allgemeines Gesetzesrecht, das allerdings nur in begrenztem Umfang dem Franchisenehmer Schutz gewährt (vgl. *Enghusen*, S. 90 ff.; vgl. hierzu auch Anm. 5).

b) Formen der Vertragsbeendigung. Franchiseverträge können auf verschiedene Arten beendet werden. Die „Termination" bzw. „Cancellation" betrifft die Beendigung eines Franchisevertrages innerhalb der vereinbarten Vertragsdauer und führt damit zur vorzeitigen Vertragsbeendigung. Die „Nonrenewal" bedeutet dagegen die Nichtweiterführung eines Franchisevertrages, nachdem die von den Parteien vereinbarte Vertragsdauer abgelaufen ist. Diese Formen der unterschiedlichen Vertragsbeendigung wurden auch in den U.C.C. aufgenommen (zur Anwendbarkeit des U.C.C. vgl. Anm. 5), der in § 2-106 die „termination" noch näher von der „cancellation" unterscheidet. „Termination" bedeutet danach, daß eine Partei den Vertrag aus einem anderen Grund als Vertragsbruch (breach of contract) beendet. Alle noch nicht erfüllten Vertragspflichten (executory obligations) sind von da an suspendiert. Dagegen liegt nach dem U.C.C. eine „cancellation" vor, wenn der Vertrag wegen eines Vertragsbruches der anderen Partei einseitig beendet wird. Alle Vertragspflichten bleiben hier gem. U.C.C. § 2-106(4) weiterhin bestehen. In den meisten

6. Franchise Agreement (Franchisevertrag USA)   II.6

Staaten setzt die Vertragsbeendigung das Vorliegen einer „good cause" sowie die Einhaltung eines gewissen „Kündigungsverfahrens" voraus. Dies gilt im Prinzip für alle Formen der Vertragsbeendigung.

57. Kündigung des Franchisevertrages. a) Überblick. Sowohl befristete als auch unbefristete Franchiseverträge sind nach Common Law, nach den allgemeinen Gesetzen und auf der Grundlage der speziellen Gesetze der Einzelstaaten und des Bundes grundsätzlich von beiden Parteien kündbar (2 *Glickmann*, § 13.04[5][e]; *Enghusen*, S. 91; Ace Beer Distrib., Inc., v. Kohn Inc., 318 F. 2d 283 (6th Cir.1963); United States v. Colgate & Co., 250 U.S. 300 (1919); United States v. Arnold, Schwinn & Co., 237 F. Supp. 323 (N.D. III. 1965); Richetti v. Meister Brau Inc., 1970 Trade Cas., § 73, 326 (9th Cir.)). Ausgehend von der „enforcement of contract"-Theorie war der ältere Judikatur zufolge der Franchisevertrag sogar jederzeit und ohne Einhaltung weiterer Voraussetzung kündbar, wenn die Parteien vertraglich nichts Gegenteiliges vereinbart hatten (Ford Motor Co. v. Kirkmyer Motor Co., 65 F. 2d 1001,1006 (1933); Bushwick-Decatur Motors, Inc. v. Ford Motor Co., 116 F. 2d 675 (1940)). Die Gerichte fühlten sich an die Entscheidung der Parteien gebunden. Hiervon ist die Judikatur inzwischen abgewichen (vgl. *Behr*, S. 102 m.w.N.). Judikatur und Legislative des Bundes sowie der einzelnen Bundesstaaten haben die Privatautonomie der Parteien zum Schutze des Franchisenehmers und seines Amortisationsinteresses eingeschränkt und die Frage der Kündbarkeit von Franchiseverträgen von bestimmten Voraussetzungen abhängig gemacht, die für jeden einzelnen Bundesstaat allerdings unterschiedlich sein können. In der Regel sind Franchiseverträge daher nur innerhalb einer vertraglich bzw. gesetzlich vorgesehenen Kündigungsfrist, die je nach Kündigungsgrund von unterschiedlicher Dauer sein kann, durch schriftliche Kündigung – mittels „certified" oder „registered mail" bzw. durch „forehand delivery" – kündbar. Die Kündigung unterliegt darüber hinaus dem Verhältnismäßigkeitsgrundsatz. Ausdruck dessen ist zum einen das Erfordernis, dem Franchisenehmer die Möglichkeit zu belassen, innerhalb einer bestimmten Frist einfache Vertragsverletzungen wiedergutzumachen (curing). Zum anderen erfordert jede Kündigung das Vorliegen einer sachlichen Rechtfertigung (good cause) (Shell Oil Company v. Marinello, 307 F. 2d 598 (1973), cert. den. 94 S.Ct. 1421 (1974); vgl. auch z.B. California Franchise Relations Act § 20020; gleichlautende Erfordernisse ergeben sich auch aus den Special Industriy Laws). Die Notwendigkeit einer sachlichen Rechtfertigung der einseitigen Kündigung wird für Warenfranchiseverträge auch aus dem Uniformal Commercial Code abgeleitet, der in allen Staaten außer Louisiana gilt und den Parteien gem. §§ 1–203 und 1–201(19) U.C.C. die allgemeine Verpflichtung zu redlichem Handeln (good faith) auferlegt (*Enghusen*, S. 94; *Brown*, S. 128; 2 *Glickmann*, § 13.05[5]). Die Gerichte begründen das Erfordernis der „good cause" damit, daß der Franchisenehmer in der Regel erhebliche Investitionen tätigt, die unter Umständen seine gesamten Ersparnisse (live savings) ausmachen. Der Franchisenehmer müsse daher vor einer willkürlichen Kündigung (termination at will) des Franchisevertrages seitens des Franchisegebers geschützt werden (Mobil Oil Corp. v. Rubenfeld, 1973 Trade Cas. § 74,306 (N.Y. Civ. Ct. 1972), aff'd, 1974-1 Trade Cas. § 75,066,72 Misc. 2d 392 (N.Y. App. Term. 1974), rev'd, 1975 Trade Cas. § 60,389 (N.Y. App. Div. 1975)). Verstößt der Franchisegeber gegen diese zwingenden Vorschriften zur Kündigung von Franchiseverträgen, so hat der Franchisenehmer einen Anspruch auf Weiterführung des Franchisevertrages. Daneben können Schadensersatzansprüche wegen „breach of contract" entstehen, wobei auf Unterschiede in den einzelnen Bundesstaten zu achten ist (vgl. *Behr*, S. 110).

b) Beendigung nach Maßgabe der Statutes. In mittlerweile 19 Einzelstaaten sowie dem District of Columbia, Puerto Rico und den Virgin Islands wurden Gesetze erlassen, die die Beziehung der Parteien des Franchisevertrages untereinander sowie die Frage der Beendigung von Franchiseverträgen regeln (laws of general application) (CCH Business Franchise Guide, § 805, S. 712). In allen Bundesstaaten bestehen darüber hinaus sog. „special industry laws", die den Vertrieb von Automobilen (vehicle dealers), von Benzin (gasoline dealers), von landwirtschaftlicher Ausrüstung (farm equipment dealers) und von alkoholischen Getränken (alcoholic beverage distributors) betreffen.

aa) Sachliche Rechtfertigung. Von nahezu allen einzelstaatlichen Statutes wird das Vorliegen eines sachlichen Grundes für die Vertragsbeendigung (good cause) verlangt. Teilweise wird dieser Begriff generell in den Statutes umschrieben. Danach liegt eine „good cause" vor, wenn sich der Franchisenehmer nicht im Einklang mit den Vereinbarungen nach Maßgabe des Franchisevertrages verhält (so z.B. in Minnesota, Nebraska, New Jersey und Wisconsin; vgl. hierzu Fran. Prac. & Distr. Law, § 10:16 m.w.N. sowie *Pitegoff* Business Lawyer, 1989, S. 296). In Hawaii, Arkansas und dem District of Columbia erfaßt die „good cause" auch den Fall, daß der Franchisenehmer sich treuwidrig verhält (Ark. Code Ann. § 4-72-202(7)(A); Haw. Rev. Stat, tit. 26, § 482E-6(2)(H); DC Code Ann. § 29-1201(7)). Im übrigen finden sich in den Statutes Legaldefinitionen in Form beispielhafter Aufzählungen. Danach liegt ein sachlicher Rechtfertigungsgrund für eine Vertragsbeendigung vor, wenn der Franchisenehmer einen Betrug am Kunden „consumer fraud" begeht, die Reputation des Franchisegebers schädigt, unerlaubt konkurrierende Produkte vertreibt oder die geforderten Mindeststandards für Produkt- bzw. Dienstleistungsqualität nicht einhält (vgl. hierzu *Pitegoff* The Business Lawyer, 1989, S. 297 m.w.N.).

bb) Verfahren. Neben dem Erfordernis der sachlichen Rechtfertigung ist die Einhaltung eines bestimmten Verfahrens nötig, um eine ordnungsgemäße Beendigung des Franchisevertrages herbeizuführen.

(1) Generell wird die vorherige Benachrichtigung des Franchisenehmers von der beabsichtigten Beendigung des Franchiseverhältnisses verlangt (notice of the end of the relationship). Diese muß eine bestimmte Anzahl von Tagen vor dem beabsichtigten Vertragsende beim Franchisenehmer eingehen und alle Gründe enthalten, die der Vertragsbeendigung zugrundeliegen. Von einer vorherigen Ankündigung werden jedoch Ausnahmen zugelassen (hierbei sind Unterschiede in den einzelnen Bundesstaaten zu beachten); dies gilt z.B. für die Fälle des Betrugs (fraud), der Gefährdung des Goodwill des Franchisegebers (goodwill impairment), der Insolvenz des Franchisenehmers (insolvency) sowie der Betriebsaufgabe (market withdrawel) (CCH Business Franchise Guide, § 815, S. 721; vgl. auch California Franchise Relations Act § 20021).

(2) Des weiteren wird von der überwiegenden Anzahl der Statutes gefordert, daß dem Franchisenehmer eine bestimmte Zeit gewährt wird, welche in der Regel 30, 60 oder 90 Tage beträgt und in der dem Franchisenehmer die Möglichkeit belassen wird, sein Fehlverhalten zu korrigieren bzw. zu heilen (curing) (vgl. z.B. Minn.Stat. § 80C.14(b) oder California Franchise Relations Act § 20020). „Curing" bedeutet hierbei nicht nur die Korrektur eines Fehlverhaltens, sondern in bestimmten Fällen (z.B. bei out-of-territory-sales) auch das Versprechen, keinen Vertragsverstoß mehr zu begehen (Mc Keesport Beer Distributors, Inc. v. All Brand Importers, Inc., 390 Pa. Super 627, 569 A. 2d 951 (Pa. Super. 1990)). Einige Statutes gestatten Ausnahmen von dem Erfordernis der Wiedergutmachungsmöglichkeit; dies gilt beispielsweise für den Fall, daß der Franchisenehmer das Franchisegeschäft freiwillig aufgibt oder eine Straftat begeht (*Pitegoff* The Business Lawyer, 1989, S. 299; vgl. auch California Franchise Relations Act § 20021).

(3) Im Rahmen dieses Kündigungsverfahrens ist der Franchisegeber nicht ohne weiteres dazu berechtigt, seine Leistungen zurückzubehalten. Er ist vielmehr grundsätzlich zur kontinuierlichen Leistungserbringung bis zum endgültigen Vertragsende verpflichtet (vgl. hierzu *Pitegoff* The Business Lawyer, 1989, S. 299f mit Hinweis auf American Business Interiors, Inc., v. Haworth, Inc., 798 F.2d 1135 (8th Cir. 1986)).

c) Beendigung von Franchiseverträgen nach Common Law. aa) Good faith and fair dealing. Dort wo keine gesetzlichen oder vertraglichen Regelungen zum Schutze des Franchisenehmers getroffen wurden, wird von den Gerichten das Institut der stillschweigend vereinbarten Treueverpflichtung (implied convenant of good faith and fair dealing) herangezogen. Danach ist der Franchisegeber verpflichtet, den Franchisenehmer nicht um die

6. Franchise Agreement (Franchisevertrag USA)   II.6

Früchte seines Vertrages zu bringen (CCH Franchise Business Guide, § 830, S. 761 m. w. N.; zu dieser vertragsrechtlichen Doktrin vgl. auch Anm. 46). Die h. M. ist allerdings der Ansicht, daß diese Verpflichtung nicht die ausdrücklich vereinbarten Vertragspflichten abändern kann. Es gilt der Vorrang der Vertragsfreiheit (freedom of contract). Dort, wo das Abkommen ausdrücklich eine Beendigung des Franchisevertrages „termination at will" vorsieht, gilt dies uneingeschränkt, vorausgesetzt, daß kein zwingendes Franchisegesetz diese Bestimmung überdeckt. Die im U.C.C. enthaltene Bestimmung ist insoweit abdingbar. Dies bedeutet, daß im Prinzip nicht einmal eine „good cause" für die Vertragsbeendigung erforderlich ist (Pennington's Inc. Brown-Forman Corp., 785 F. Supp 1412, Bus. Franchise Guide (CCH), § 10,022 (D Mont 1991).

bb) **Sachliche Rechtfertigung.** Das Vorliegen einer „good cause" wird nach Common Law nur dort verlangt, wo die Vertragsbeendigung vor dem ausdrücklich vereinbarten oder in den Vertrag hineingelesenen Vertragsende beendet werden soll. Eine „implied expiration date" kann sich aus dem Erfordernis der „reasonable duration" oder aus der Natur des Distributionsvertrages ergeben. Dies ist z.B. bei Exklusivverträgen der Fall. Danach ist für die Wirksamkeit der Kündigung nach Common law eine „good cause" erforderlich, solange der Distributor sich nach besten Kräften für das Geschäft einsetzt (Burgermeister Brewing Corp. v. Bowman, 227 Cal. App. 2d 274, 38 Cal. Rptr. 597 (1967); Mangini v. Wolfschmidt, Ltd, 192 Cal. App. 2d 64, 13 Cal. Rptr. 503 (1961). Zum Erfordernis der „good cause" nach Common Law vgl. Franch. Prac. & Distr. Law, § 10.15 S. 32 mit einer Auflistung von Beispielen).

cc) **Beendigung von Verträgen „termination at will".** Haben die Parteien eine jederzeitige Kündigung „at will" vereinbart und wurden keine sonstigen Regelungen über Zeitdauer und Beendigung des Franchisevertrages aufgenommen, ist der Vertrag nach Common law grundsätzlich jederzeit kündbar (Purest Ice Cream v. Kraft, Inc., 806 F. 2d 323 (CA1 1986); Tim W. Koerner & Associates, Inc. v. Aspen Labs, Inc., 492 F. Supp. 294, 303 (SD Tex 1980); BBCI, Inc. v. Canada Dry Delaware Valley Bottling Co., 393 F. Supp. 299 (ED Pa 1975)). Eine Kündigung „at will" bedeutet, daß der Franchisevertrag von beiden Parteien ohne die Einhaltung der Erfordernisse einer „good cause" und einer „notification" kündbar ist (termination at will) (Willcox & Gibbs Sewing Mach. Co v. Ewing, 141 US 627, 637, 35 L Ed 882, 12 S. Ct. 94 (1981); Meredith v. John Deere Plow Co., 185 F. 2d 481 (CA8 1950), cert. den. 341 U.S. 936 (1951); Purest Ice Cream v. Kraft, Inc., 806 F. 2d 323 (CA 1 1986); Century Refining Co. v. Hall, 316 F. 2d 15 (CA 10 1963)). In einigen Staaten wird dies allerdings insofern abgeschwächt – insoweit ist die Rechtslage nach Common Law uneinheitlich –, als auch bei Vertägen, die „terminable at will" sind, eine angemessene Zeit vorher (reasonable time) die Beendigung des Franchisevertrages mitgeteilt werden muß (W.K.T. Distributing Co. v. Sharp Electronics Corp., 746 F. 2d 1333 (CA8 1984) – Minnesota –; Joe Regueira, Inc. v. American Distilling Co., 642 F. 2d 826, 829 (CA5 1981) – Florida –). Diese Verpflichtung ist mittlerweile auch in den U.C.C. § 2-309 (2) aufgenommen worden: „*Where the Contract provides for successive performances but is indefinite in duration, it is valid for a reasonable time but unless otherwise agreed may be terminated at any time by either party.*"

58. Ablehnung der Vertragsverlängerung durch den Franchisegeber (nonrenewal). Nach Common Law steht es dem Franchisegeber frei, von einer Verlängerung des Franchisevertrages abzusehen. Eine Grenze ergibt sich allerdings aus dem Equity-Recht, das eine unredliche Weigerung, den Franchisevertrag zu verlängern, verbietet (2 *Glickmann*, § 13.04[8]). Die Problematik der Weigerung des Franchisegebers, den Franchisevertrag zu verlängern, ist teilweise in den „termination and nonrenewal laws" geregelt worden. Danach bedarf die Weigerung des Franchisegebers eines sachlichen Grundes (good cause) (vgl. z.B. Calif-Franchise Relations Act, Calif. Bus. and Prof. Code Div., 8, Ch. 5,5, § 20000–20043). Des weiteren ist der Franchisegeber verpflichtet, seine Absicht, von einer Verlängerung des Franchisevertrages abzusehen, rechtzeitig und schriftlich dem Franchisenehmer anzukündigen (notice) (vgl. §§ 20 030 und 20 025 California Franchise Relations Act, welcher eine Frist von 180 Tagen vorsieht). Als triftige Gründe werden all diejenigen Gründe angesehen, die auch zu einer vorzeitigen Beendigung des Vertrages berechtigen. In einigen Staaten wird darüber hinaus die „nonrenewal" von Ausgleichszahlungen bzw. von der Amortisierung der vom Franchisenehmer getätigten Investitionen abhängig gemacht.

59. Insolvenz des Franchisenehmers. Eine Klausel der vorliegenden Art zur Insolvenz des Franchisenehmers findet man immer wieder in amerikanischen Franchiseverträgen. Denn ein insolventer Franchisenehmer gefährdet nicht nur die finanziellen Ansprüche des Franchisegebers, sondern darüber hinaus das Ansehen des Franchisesystems. Obwohl in einigen Bundesstaaten die Insolvenz als fristloser Kündigungsgrund anerkannt wird, kann eine Beendigung des Franchisevertrags anläßlich des Insolvenzfalles nach U. S.-amerikanischem Bundesinsolvenzrechts unzulässig sein (dazu sogleich).

a) **Überblick. aa)** Am 22. Oktober 1994 ist der Bankruptcy Reform Act mit der Unterzeichnung von Präsident Clinton in Kraft getreten, der die Stellung der Vertragsparteien im Insolvenzfalle erheblich beeinflußt und der das im 11. Titel des United States Code (Bankruptcy) inkorporierte Insolvenzrecht reformiert bzw. ergänzt. Gerät eine der Vertragsparteien in die Insolvenz, so sieht der U.S.C. verschiedene Verfahren zur Lösung dieses Konfliktes vor. So besteht – neben vielen anderen Verfahrensweisen – die Möglichkeit der Eröffnung eines Liquidationsverfahrens gemäß Chapter 7 oder die Möglichkeit einer „Reorganization" gemäß Chapter 11, die der Wiederherstellung ordentlicher Verhältnisse und der Weiterführung des Unternehmens (des Franchisegeschäfts oder des Franchisegeber-Unternehmens) dient (vgl. hierzu *Glickmann,* Band 2, § 13A.01[1]).

bb) Im Falle des „reorganization"-Verfahrens wird das Vermögen des insolvent gewordenen Schuldners (z.B. des Franchisegebers oder des Franchisenehmers) gemäß 11 U.S.C. § 1101 (1) Bankruptcy Code zunächst vom Schuldner selbst als „debtor in possession" verwaltet. Auf besonderen Antrag, der an den zuständigen Bankruptcy Court zu stellen ist, können die Gläubiger allerdings die Bestellung eines „trustee" (Sequester bzw. Konkursverwalter) gemäß § 1104 (b) Bankruptcy Code i.V.m. § 211 Bankruptcy Reform Act 1994 beantragen. Dieser löst sodann den „debtor in possession" in seiner Funktion als Treuhänder gemäß 11 U.S.C. § 1101 (1) ab. Die Eröffnung des Insolvenzverfahrens hat gemäß 11 U.S.C. § 362 den „automatic stay" zur Folge. Dies bedeutet die vorläufige Einstellung aller Vollstreckungsmaßnahmen sowie aller Maßnahmen, die in irgendeiner Weise Einfluß auf das Vermögen des Schuldners haben. Das Ziel des „automatic stay" liegt darin, dem „debtor in possession" bzw. dem „trustee" eine Atempause (breathing time) zu gewähren, damit entweder das Unternehmen zum Zwecke der Weiterführung reorganisiert werden kann oder damit die Liquidation des Unternehmens betrieben werden kann, falls die Prognosen darauf hindeuten, daß eine Weiterführung nicht möglich ist. Jede Rechtshandlung, die gegen den „automatic stay" verstößt, ist nichtig und kann zur Verpflichtung zum Schadensersatz (actual oder punitiv damage) führen (*Glickmann,* Band 2, § 13A.03[1][a]).

cc) Gemäß Section 365 des Bankruptcy Code gilt der Franchisevertrag im Insolvenzfalle einer Partei als sogenannter „executory contract" (noch laufender Vertrag). Der Begriff des „executory contract" ist nicht gesetzlich definiert. Sein Inhalt bestimmt sich nach Richterrecht (vgl. hierzu Lubrizol Enters., Inc. v. Richmond Metal Finishers [In re Richmond Metal Finishers, Inc.], 756 F. 2d 1043 [4th Cir. 1985], cert. denied, 475 U.S. 1057 [1986]). Die Bedeutung der Einstufung des Franchisevertrages als „executory contract" liegt darin, daß der Bankruptcy Court dem „debtor in possession" bzw. dem „trustee" die Erlaubnis erteilen kann, den Franchisevertrag weiterzuführen (assume), zu verweigern (reject) oder abzutreten (assign). Auch wenn der Franchisevertrag die Abtretung beschränken oder sogar verbieten sollte, steht dies gemäß 11 U.S.C. § 365 (f) (1) einer Abtretung im Rahmen des Insolvenzverfahrens nicht entgegen (*Glickmann,* Band 2, § 13A.02[1][d]; In re Sunrise Restaurants, Inc., 135 B.R. 149, 152–53 [Bankr. M.D. Fla. 1991]). Die Weiterführung bzw. Abtretung kommt beispielsweise in Betracht, wenn das Franchisege-

6. Franchise Agreement (Franchisevertrag USA) II.6

schäft sich trotz der Insolvenzsituation als weiterhin rentabel herausstellt. Der Franchisegeber kann allerdings unter bestimmten Voraussetzungen beim Bankruptcy Court eine Befreiung (relief) vom „automatic stay" erhalten, um das Franchiseverhältnis zu beenden (dazu sogleich).

b) Eingeschränkte Beendigungsmöglichkeit. aa) Wird beim Gericht die Einleitung eines Insolvenzverfahrens beantragt, so hindert dies zwar nicht die Beendigung des Franchisevertrages infolge Ablaufs der Vertragszeit (*Glickmann*, Band 2, § 13A.03[1][a]), doch ist der Franchisegeber gemäß 11 U.S.C. § 362 (a) (1)–(3) gehindert, anläßlich der Insolvenz eine fristgemäße Kündigung auszusprechen (Amoco Oil Co. v. Joyner [In re Joyner] 46 B.R. 130, 135 [Bankr. M.D. Ga. 1985]). Eine Kündigung, die noch vor Einleitung des Insolvenzverfahrens ausgesprochen wurde, soll dagegen, vorbehaltlich anderweitiger gerichtlicher Verfügung (injunction), die ordentliche Kündigung nicht behindern (Turnpike Nissan, Inc. v. Nissan Motor Corp., 150 B.R. 345, 346 [Bankr. S.D. Ohio 1992].

bb) Auch wenn in den Franchiseverträgen für den Insolvenzfall die automatische Beendigung des Vertragsverhältnisses bzw. ein einseitiges Kündigungsrecht der jeweiligen Vertragspartei vorgesehen ist, sind diese Vertragsbestimmungen in der Regel nicht durchsetzbar, da der Franchisevertrag im Insolvenzfall infolge des „automatic stay" per Gesetz der diesbezüglichen Disposition der Vertragsparteien entzogen ist (*Glickmann*, Band 2, § 13A.03[1][b]). Dies gilt auch, wenn einzelstaatliche Vorschriften einer solchen Vertragsbestimmung an sich nicht entgegenstehen oder sie sogar ausdrücklich gestatten (vgl. hierzu *Glickmann*, Band 2, § 13A. 03[1][b]). Der Franchisevertrag wird insoweit gemäß Section 541 (a) Bankruptcy Code Bestandteil der Konkursmasse (*Glickmann*, Band 2, § 13A.03 [1] [e]; Computer Communications, Inc. v. Codex Corp. [In re Computer Communications Inc.], 824 F.2d 725 [9th Cir. 1987]). Daher sehen die meisten einzelstaatlichen „Guidelines" zur Erstellung des UFOC die Aufnahme eines besonderen Warnhinweises vor, in dem der Franchisenehmer darauf aufmerksam gemacht werden soll, daß Vertragsbestimmungen, die die Beendigung des Franchisevertrages anläßlich des Insolvenzfalles vorsehen, nicht im Rahmen des Bankruptcy Code durchsetzbar sind (vgl. z.B. California Instruction for UFOC Nr. 5 B i). Der Franchisevertrag kann somit in der Insolvenz nur dann beendet werden, wenn die betreffende Vertragspartei auf Antrag vom Bankruptcy Court gemäß 11 U.S.C. § 362 (a)(3) eine Befreiung von der Regelung des „automatic stay" erhält. Dies hat allerdings nur in extremen Ausnahmefällen (Notsituationen) Aussicht auf Erfolg. Die betreffende Partei muß hierbei darlegen und beweisen, daß ihr ohne die gerichtliche Befreiung ein irreparabler Schaden entstände (*Glickmann*, Band 2, § 13A.02[1][a] m.w.N.). Als Befreiungsgrund zählt auch die treuwidrige (bad faith) Einleitung des Insolvenzverfahrens nach Chapter 11 (reorganization; vgl. hierzu Duggan v. Highland-First Ave. Corp., 25 B.R. 955, 961–62 [Bankr. C.D. Cal. 1982]).

60. Tod bzw. Geschäftsunfähigkeit des Franchisenehmers. a) Der Tod des Franchisenehmers führt nicht automatisch zur Beendigung des Franchisevertrages, sofern die Parteien dies nicht im Rahmen ihrer Vertragsgestaltungsfreiheit vertraglich vorgesehen haben. In einigen Bundesstaaten wird die Vertragsautonomie der Parteien allerdings für den Todesfall des Franchisenehmers eingeschränkt. Danach wird der Tod nicht als sachliche Rechtfertigung für eine Beendigung des Franchiseverhältnisses anerkannt, wenn nicht besondere Umstände hinzukommen (vgl. z.B. § 191.000.180 (1) u. (2) (c)–(j) des Washingtoner Franchise Investment Protection Act). Als besonderer Umstand gilt der Fall, daß die Ausübung des Franchisegeschäfts eine spezielle Ausbildung oder besondere Fähigkeiten oder Talente des Franchisenehmers voraussetzt und diese nicht innerhalb einer angemessenen Zeit nach dem Tod des Franchisenehmers vom zukünftigen Franchisenehmer erlangt werden können (*Glickmann*, Band 1, § 9.03 Fn. 135; Stellungnahme des Washingtoner Policy Dept. of Licencing Securities Division, Vol. 2, No. 83–3D vom 14. 3. 1983, abgedruckt in *Glickmann*, Band 1, § 9.03[14]). In diesen Fällen kann das Franchiseverhältnis von einem designierten Nachfolger oder von den Erben des Franchisenehmers weitergeführt werden (vgl. z. B. § 20027 Franchise Relations Act).

b) Ist die franchisenehmende Partei eine juristische Person (z. B. eine Corporation – Kapitalgesellschaft), führt auch der Wechsel der Inhaberschaft an den Gesellschaftsanteilen nicht notwendigerweise zur Beendigung des Franchisevertrages, da die Person des Franchisenehmers sich nicht durch eine Änderung der „stockholders" ändert (vgl. z. B. für Washington R. C. W 19.100.180 (2)(c)). Wenn jedoch eine gesetzliche Regelung im jeweiligen Bundesstaat fehlt, unterliegt auch dies der Vertragsautonomie der Parteien. Der Franchisegeber hat unter Umständen ein Interesse, daß die Gesellschaftsanteile nicht in das Vermögen eines potentiellen Konkurrenten fallen. Vertraglich kann er daher Kontrollmechanismen einbauen, wie z. B. das Vorkaufsrecht oder ein Konkurrenzverbot, das dem franchisenehmenden Gesellschafter verbietet, seine Geschäftsanteile an Konkurrenten zu veräußern. Als flankierende Maßnahme wird auch das Recht des Franchisenehmers in Betracht kommen, die Veräußerung von seiner vorherigen schriftlichen Zustimmung abhängig zu machen.

61. Konsequenzen der Vertragsbeendigung. a) Mit der Beendigung des Franchisevertrages entsteht ein kompliziertes Abwicklungsverhältnis. Der Franchisegeber ist hier insbesondere am Schutz seiner Marken und lizenzierten Logos interessiert, über die der Franchisenehmer neben den vertraulichen Marktinformationen während der Vertragsdauer verfügen durfte. Der Franchisegeber wird daher zum Schutz seines Systems die Einstellung des Gebrauchs der gewerblichen Schutzrechte fordern und die Rückgabe allen kennzeichnungskräftigen Materials verlangen. Darüber hinaus wird er vor allem bei Dienstleistungsfranchisen die Herausgabe der Kundenliste veranlassen. Zur Absicherung seines Systems wird für den Fall der Vertragsbeendigung ein nachvertragliches Wettbewerbsverbot aufgenommen.

b) Der Franchisenehmer wird gegebenenfalls Restwarenbestände und Ausstattungsmaterial gelagert haben. Sein Interesse besteht darin, daß diese Gegenstände entweder vom Franchisegeber selbst angekauft werden oder die Veräußerung zumindest des Warenbestandes unter den Kennzeichen des Franchisesystems für eine angemessene Zeit nach Vertragsbeendigung gestattet wird. Schließlich kann auch eine Veräußerung des Geschäfts in Frage kommen. Unter bestimmten Voraussetzungen hat der Franchisenehmer auch einen Investitionsersatzanspruch (vgl. Anm. 63). Diskutiert wird desgleichen das Bestehen eines Goodwill-Ausgleichsanspruchs (Anm. 62).

62. Goodwillausgleich. Die Frage des Bestehens eines Goodwillausgleichsanspruches ist nur vereinzelt gesetzlich geregelt worden (vgl. z. B. Puerto Rico Dealers' Contracts Act No. 75 of June 24, 1964, as amended, 10 L. P. R. A. § 278 et seq.). Im übrigen besteht nach Common Law kein Goodwillausgleichsanspruch, es sei denn, daß die Parteien eine anderweitige Vereinbarung getroffen haben. Das Schrifttum vertritt überwiegend die Auffassung, daß dem Franchisenehmer ein Ausgleich für den von ihm erwirtschafteten Goodwill-Surplus zustehe (vgl. *Behr,* S. 121; *Brown,* S. 25 f.; *Lewis/Hancock,* S. 63 ff.; *Nicolson,* S. 18; *Wilson,* S. 22). Nach derzeitiger Rechtslage ist es somit vorrangig Sache der Parteien, einen Goodwillausgleich zugunsten des Franchisenehmers in den Vertrag aufzunehmen.

63. Investitionsersatz. Ein Investitionsersatzanspruch (recoupment of the investment) des Franchisenehmers ist von der Judikatur unter der Voraussetzung anerkannt worden, daß das Franchiseverhältnis ohne rechtfertigenden Grund beendet worden ist (unjust termination) und der Franchisenehmer im Vertrauen auf das Weiterbestehen des Franchisevertrages erhebliche Investitionen getätigt hat, die sich zum Zeitpunkt der ungerechtfertigten Vertragsbeendigung noch nicht amortisiert haben (vgl. AG-Chem. Equipement Co., Inc. v. Hahn, Inc., 1973 Trade Cas. § 74 390 [8 th Cir. 1973]; Gilderhus v. Amoco Oil Co., 1980–81 Trade Cas. § 63, 647 [Minn. 1980]; vgl. auch *Glickmann,* Band 2, § 13.04[6][d]). Der Rechtsnatur nach handelt es sich hierbei um einen Schadensersatzan-

6. Franchise Agreement (Franchisevertrag USA)   II.6

spruch wegen „breach of contract" (Vertragsverletzung; vgl. *Behr*, S. 114). Unerheblich ist dabei, ob eine gesetzliche oder vertragliche Treuepflicht verletzt wurde. Problematisch ist die Bestimmung des Schadens. Ein Schadensersatzanspruch wird nur dann gewährt, wenn die betreffende Schadensposition in den Schutzbereich des Franchisevertrages fällt und der Umfang hinreichend bestimmt ist. Ersetzt werden jedenfalls die Aufwendungen, die zur Durchführung des Vertrages gemacht wurden (Spur Bottling Co. v. Canada Dry Ginger Ale, Inc. 98 F. Supp. 972, 975, 981 [1951]; Bendix Home Appliances, Inc. v. Radio Accessoires Co., 129 F. 2d 177 [1942]). Ersatzfähig sind auch solche Investitionen, die kurz vor Vertragsbeendigung, gegebenenfalls auf Wunsch des Franchisegebers vorgenommen wurden, oder die getätigt wurden, weil der Franchisegeber eine Verlängerung des Franchisevertrages in Aussicht gestellt hatte (vgl. *Behr*, S. 117 m.w.N.). In Minnesota besteht sogar ein gesetzlicher Investitionsersatzanspruch gemäß Minn. Stat., Ch. 80C §80C14, Subd. 2(c).

64. Rückgabe der Franchiseausstattung und der Kundenliste. Es müssen im Franchisevertrag auch Regelungen vorgesehen werden für die Rückübertragung aller Materialien, die mit den Marken des Franchisegebers versehen sind, sowie für die Rückgabe aller vertraulichen Informationen. Kundenlisten stehen normalerweise im Eigentum des Franchisenehmers, soweit nicht im Franchisevertrag eine Vorbehaltsregelung zugunsten des Franchisegebers aufgenommen wurde, wonach die Kundenliste zum Eigentum des Franchisegebers gehören soll und für den Fall der Beendigung des Franchisevertrages eine Übergabe an den Franchisegeber stattfinden soll (*Glickmann*, Band 1,§ 9.03[14]).

65. Rückkauf von Restwarenbeständen und Ausstattungsmaterial. Die Rückkaufsverpflichtung des Franchisegebers ist teilweise in den einzelstaatlichen Franchisegesetzen geregelt (vgl. z.B. § 20035 Calif. Fran. Rel. Act; Minn. Stat., Ch. 80C § 80C.14, Subd. 2(c); Franchise Disclosure Act, Ill. Comp. Stat., Ch. 815 § 705/20, Franchise Investment Protection Act, Wash. Rev. Code, Tit. 19, Ch. 19100180 (j)). Wo keine gesetzliche Regelung besteht, empfiehlt es sich, diesen Teil der Rückabwicklung in den Vertrag aufzunehmen. Der Franchisegeber kann mit dem Rückkauf der Franchiseprodukte verhindern, daß der Franchisenehmer diese zu „Dumping-Preisen" auf den Markt wirft und somit das Preisgefüge aus dem Gleichgewicht bringt. Die typische Regelung sieht dabei vor, daß der Franchisegeber den neuen ungebrauchten und unbeschädigten Warenbestand rückkauft. Maschinen, Werkzeug und Zubehör müssen zu 100% der Nettokosten zurückgekauft werden. Andere Teile müssen nur zu 85% des Nettopreises zuzüglich 5% für das Verpacken und Verladen bezahlt werden, falls der Franchisegeber diese Dienstleistung nicht selbst erbringt.

66. Sonstige Bestimmungen. In diesem Schlußteil des Franchisevertrags sind Regelungen aufgeführt, die sich in keinen der bisherigen Hauptteile einordnen lassen und die von allgemeiner Bedeutung sind oder zusammenfassenden und ergänzenden Charakter haben. Üblicherweise wird hier nochmals die Position beider Vertragsparteien als selbständiger Unternehmer klargestellt. Zusätzlich sind die in der anglo-amerikanischen Vertragspraxis gängigen Auslegungsklauseln (heading, severability, no oral representation) aufgeführt. Schließlich werden in diesem Teil Fragen des Konkurrenzschutzes aufgegriffen.

67. Klarstellung des Rechtsverhältnisses der Parteien. Nicht zuletzt aus haftungsrechtlichen Gründen wird in den Franchisevertrag eine Klarstellungsklausel zur Selbständigkeit der Parteien aufgenommen. Dem Franchisenehmer wird es expressis verbis untersagt, als Vertreter, Arbeitnehmer oder Partner bzw. Gesellschafter des Franchisegebers aufzutreten. Diese Klausel entfaltet allerdings nur Wirkung im Innenverhältnis zwischen Franchisegeber und Franchisenehmer. Als flankierende Maßnahme wird zusätzlich eine Klausel über die gegenseitige Haftungsfreistellung für den Fall der Inanspruchnahme durch Dritte in den Vertrag aufgenommen (vgl. Anm. 44). Um die juristische Selbständigkeit der Parteien zu untermauern, wird der Franchisenehmer in der Regel verpflichtet, als juristische Person, meist in Form einer „Corporation", im Rechtsverkehr aufzutreten (vgl. hierzu auch *Stiefel/ Dielmann,* S. 1131–1134 und *Bungert,* S. 1 ff.).

68. Vertraglicher Wettbewerbsschutz. Die Aufnahme eines vertraglichen Wettbewerbsverbots, wonach es dem Franchisenehmer z. B. verboten wird, eigene oder fremde Produkte zu veräußern, die in Konkurrenz zu den Franchiseprodukten des Franchisegebers stehen, ist prinzipiell nach U. S.-amerikanischem Recht zulässig (vgl. Mc Donalds Sys. Inc. v. Sandy's Inc., 45 Ill. App. 2d 57, 195 N. E. 2d 22 [1963]). Vertragliche Wettbewerbsverbote werden als quid pro quo für den dem Franchisenehmer besonders gewährten vertraglichen Schutz angesehen (*Neal,* S. 204). Sie müssen allerdings ebenso wie nachvertragliche Konkurrenzschutzklauseln ausdrücklich in den Vertrag aufgenommen werden, da die Judikatur Konkurrenzschutzklauseln in der Regel nicht als stillschweigend vereinbart (implied terms) betrachtet (Kellam Energy, Inc. v. Duncan, 1987–2 Trade Cas. § 67, 731 [Del. 1987]). Die rechtliche Zulässigkeit bestimmt sich nach Section 3 des Clayton Act, wonach Verträge oder Abmachungen verboten sind, die eine Abgabe von Produkten an einen Kunden an die Bedingung knüpfen, daß dieser Kunde keine Produkte der Konkurrenz erwirbt oder vertreibt. Dieses Verbot gilt jedoch nur in Fällen, in denen ein derartiger Vertrag zu einer erheblichen Verringerung des Wettbewerbs führt oder dazu geeignet ist, eine Monopolbildung in einem bestimmten Handelszweig zu begünstigen (*Schurtmann/ Detjen,* S. 59). Für den Bereich des Dienstleistungsfranchising ist insoweit auf Section 1 des Sherman Act abzustellen, für den sinngemäß das gleiche gilt. In den überwiegenden Fällen wird diese Konkurrenzschutzklausel für kartellrechtlich zulässig erachtet. Solange genügend andere Absatzmittler auf dem Markt präsent sind, die in der Lage sind, den Vertrieb von Artikeln konkurrierender Hersteller zu organisieren, bestehen keine kartellrechtlichen Bedenken (Tampa Electronic Co. v. Nashville Coal Co., 365 U. S. 320 [1961]; Pearsall Butter Co. v. F. T. C., 292 F. 720 [7th Cir. 1923]). Unzulässig wäre die Klausel wohl in dem – eher theoretischen – Fall, daß ein Franchisevertrag zwischen einem großen, den jeweiligen Markt beherrschenden Absatzmittler und einem Franchisegeber über den Alleinvertrieb der Produkte des Franchisegebers geschlossen würde und dadurch anderen Unternehmern der Zugang zu dem betreffenden Markt unangemessen erschwert bzw. unmöglich gemacht würde. In diesem Fall könnte der mit dem Franchisegeber konkurrierende Unternehmer ein zivilrechtliches Antitrustverfahren anstrengen und Schadensersatz in dreifacher Höhe (treble damage) verlangen (*Schurtmann/Detjen,* S. 61).

69. Nachvertragliches Wettbewerbsverbot. a) Nachvertragliche Konkurrenzschutzklauseln sind nach Common Law zulässig, sofern sie hinsichtlich der zeitlichen Dauer wie auch der territorialen Ausdehnung begrenzt werden und zum Schutz des Know-hows des Franchisegebers (ausdrücklich) in den Vertrag aufgenommen werden (vgl. Arthur Murray Dance Studios v. Witter 62 Ohio L. Abs. 17, 105 N. E. 2d 685 [1952]). Der Franchisegeber kann sich in einem Prozeß nicht darauf berufen, daß die Konkurrenzschutzklausel stillschweigend als „implied term" vereinbart worden sei (Kellam Energy, Inc. v. Duncan, 1987–2 Trade Cas. § 67, 731 [Del. 1987]). Sie müssen ausdrücklich vereinbart sein. Konkurrenzschutzklauseln unterliegen darüber hinaus dem Bestimmtheitserfordernis. Eine Klausel mit nachvertraglichen Wettbewerbsbeschränkungen auf „similar fields" (ähnliche Geschäftsbereiche) gilt als nicht genügend konkretisiert und stellt somit einen „unreasonable restraint" dar (FTC Advisory Op. Dig. No. 18 [March 23, 1966], Trade Rig. Rep. CCH, § 17, 471). Eine teleologische Reduktion unzulässiger Klauseln wird von den Gerichten nicht vorgenommen (Cheese Shop Int'l Inc. v. Henry H. Wirth [1971]). Unklar ist, in welchem Maße die zeitlichen und territorialen Begrenzungen erforderlich sind. Eine einheitlich gefestigte Rechtsprechung hat sich diesbezüglich noch nicht entwikkelt. Es kommt letztlich auf die Umstände des Einzelfalles an (vgl. zu Entscheidungen der Judikatur *Glickmann,* Band 1, § 9.03[15]). Im allgemeinen können Franchisegeber davon ausgehen, daß Klauseln in der Regel von den Gerichten als angemessen eingestuft werden, die den Wettbewerb in dem geographischen Gebiet, in dem der Franchisenehmer bisher

6. Franchise Agreement (Franchisevertrag USA)   II.6

tätig war (Vertragsgebiet), für höchstens drei Jahre und nur für Produkte beschränken, die der Franchisenehmer im Rahmen des Franchiseverhältnisses veräußert hat (*Schurtmann/ Detjen*, S. 217). Unklar ist, ob eine räumliche Ausdehnung auf der nachvertraglichen Konkurrenzschutzklausel auf alle Gebiete zulässig ist, in denen der Franchisegeber Franchisen übertragen hat. Eine generelle Regel ist hierfür nicht erkennbar. Die Judikatur ist insoweit uneinheitlich (für eine solche Ausdehnung vgl. Casey's General Stores, Inc. v. Campbell Oil Co., Inc., 441 N.W.2d 758 (Iowa Supp. Ct. 1989); vgl. aber auch Physicians Weight Loss Centers of America v. Creighton, Bus. Franchise Guide (CCH), § 10,248 (N.D. Ohio 1992), wonach eine derart weitgehende Klausel unzulässig ist, wenn der Franchisegeber nicht in dem entsprechenden Territorium präsent ist; gegen diese weitgehende territoriale Ausdehnung einer nachvertraglichen Konkurrenzschutzklausel vgl. (Rita Personnel Services Int'l v. Kot, 191 S.E.2d 79 (Ga. Supp. Ct. 1972) cf. Williams v. Shrimps Boats, Inc., 191 S.E.2d 50 (Ga. Supp. Ct. 1972)). Für zulässig erachtet wurde eine räumliche Ausdehnung von 10 Meilen bei einer Zeitdauer von einem Jahr (Domino's Pizza, Inc., v. El-Tan, Inc., et al., Bus. Fran. Guide (CCH) § 10,676 (N.D. Okla 1995)). Der nachvertragliche Konkurrenzschutz darf letztlich auch nicht zu einem faktischen Berufsverbot führen (Gafnea v. Pasquale Food Co. Inc., 1984–2 Trade Cas. [CCH], § 66, 200 [Ala. Sup. Ct., 1984]).

b) In einigen Bundesstaaten unterliegen nachvertragliche Konkurrenzschutzklauseln zusätzlichen Beschränkungen (vgl. California Business and Profession Code §§ 16600; Florida Statutes § 542, 12; Michigan Competition Laws § 445, 761). So sind unter gewissen Umständen nachvertragliche Wettbewerbsverbote in einigen Bundesstaaten entweder nicht durchsetzbar (vgl. z.B. §§ 20025(b)(2) und 20025(e)(1) California Franchise Relations Act) oder an die Zahlung eines Goodwillausgleichs gebunden (vgl. Washington Franchise Investment Law, Rev. Code § 19.10ß0180(2)(i)). Zum Teil existieren verbindliche Regeln für die zulässige Höchstdauer und Reichweite von nachvertraglichen Wettbewerbsverboten (vgl. z.B. Indiana Deceptive Franchise Practices Act, Inc. Code 1971, Ch. 2.7 § 23–2-2.7–1(9), welcher eine Höchstdauer von drei Jahren vorsieht und die räumliche Ausdehnung des Wettbewerbsschutzes auf das dem Franchisenehmer zugestandene Vertragsgebiet begrenzt).

70. Vertragsstrafen. Nach U.S.-amerikanischer Rechtsauffassung sind Vertragsstrafen nicht einklagbar, da ein vertraglicher Anspruch auf Erfüllung (special performance) nur in Ausnahmefällen durchsetzbar ist (vgl. hierzu *von Bernstorff*, S. 138). Auch Vereinbarungen von Schadenspauschalierungen (liquidated damages) sind nur eingeschränkt möglich. Es muß streng darauf geachtet werden, daß sie keinen Strafcharakter aufweisen. Ein vertraglicher Schadensersatzanspruch soll dem Grundsatz nach nur den Nachteil, der dem anderen Teil durch die Nichterfüllung entstanden ist, ausgleichen. Pauschalierungen werden daher nur anerkannt, wenn die Schadenshöhe „fair and reasonable" geschätzt wird und bei Vertragsschluß ein potentiell entstehender Schaden noch nicht eindeutig bezifferbar ist (Foran v. Wisconsin & Arcansas Lumber Co., 246 S. W. 848 [1923]).

71. Abtretung der Franchise. Der Franchisegeber behält sich gewöhnlich die Kontrolle über die Veräußerung der Franchise vor. Hierzu wird in der Regel vereinbart, daß die Veräußerung bzw. Abtretung der Franchise nicht ohne die vorherige schriftliche Zustimmung erfolgen darf. Diese Klausel ist von der Judikatur für zulässig erachtet worden (vgl. Seligson v. The Plumtree Inc., 1973–2 Trade Cas. [CCH], 74, 644 [E.Pa. 1973]). Der Franchisegeber hat danach das Recht, den Charakter, die Kontinuität sowie die Reputation und Geschäftskapazität des Franchisesystems zu schützen. Auch wettbewerbsrechtlich ist die Zustimmungsklausel vertretbar (Tunis Bros. Co. v. Ford Motor Co. 1984–2 Trade Cas. [CCH], 66,068 [E.Pa., 1984]). Der Franchisegeber darf allerdings seine Zustimmung nur aus sachlich gerechtfertigten Gründen verweigern (vgl. hierzu *Glickmann,* Band 1, § 9). Zum Teil folgt dies aus der Verpflichtung des Franchisegebers, den Franchisevertrag gegenüber dem Franchisenehmer nach Treu und Glauben zu erfüllen

(RCW 19 100 180 (1) Washington Franchise Investment Act). In einigen Bundesstaaten ist dies aber auch speziell geregelt worden. Der Franchisegeber kann in der vorliegenden Klausel auch den Fall des Verkaufs eines Aktienpaketes (stock sales), sonstigen Vermögen (sales of assets) oder auch den Fall der Fusion (merger) des franchisenehmenden Unternehmens seiner Zustimmungsbedürftigkeit unterwerfen (vgl. hierzu *Jaglom*, CA 63 ALI-ABA 704).

72. Gerichtsstandsklausel. a) Zulässigkeit der Gerichtsstandsklausel. aa) Mit der Vereinbarung der internationalen oder interstaatlichen Gerichtszuständigkeit (venue) soll das Prozeßrisiko zu einer kalkulierbaren Größe im Rahmen der gesamten Risikoverteilung gemacht werden. Dies ist vor allem deshalb von Bedeutung, weil die Gerichtszuständigkeit Einfluß auf Fragen des Beweisrechts sowie der Urteilsanerkennung und Urteilsvollstreckung haben kann (*Ochsenfeld*, S. 633). Grundsätzlich gilt auch für das U. S.-amerikanische Recht der Grundsatz des internationalen Verfahrensrechtes: *forum regit processum.* Anzuwendendes Prozeßrecht ist auch in den Vereinigten Staaten die lex fori (*Ochsenfeld*, S. 633). Die Zulässigkeit und Rechtswirksamkeit von Gerichtsstandsvereinbarungen ist somit prinzipiell nach dem Verfahrensrecht des angerufenen Gerichts zu überprüfen. Probleme können sich allerdings aus der föderalen Gerichtsverfassung der Vereinigten Staaten ergeben (vgl. hierzu *Juenger*, S. 288 ff.; *Sandrock/Jung*, S. 861 ff.). Denn das Franchiserecht einiger Einzelstaaten schränkt die Zulässigkeit von Gerichtsstandsklauseln erheblich ein. So verbietet der Franchise Relations Act § 20040.5 die Vereinbarung eines Gerichtsstandes außerhalb Kaliforniens, wenn das Franchisegeschäft innerhalb Kaliforniens betrieben wird. Unklar ist in diesem Zusammenhang, ob die Rechtmäßigkeit von Gerichtsstandsklauseln nach einzelstaatlichem Recht oder nach Bundesrecht zu bewerten ist. Es ist nicht damit getan, Bundesrecht für anwendbar zu erklären, sobald ein Bundesgericht mit der Rechtsstreitigkeit befaßt ist (vgl. *Ochsenfeld*, S. 634). Soweit Bundesgerichte nämlich in den gerade für das Franchising relevanten Bereich der „diversity of citizenship jurisdiction" (dazu sogleich) über Fragen einzelstaatlicher Problematik zu entscheiden haben, sind sie auf der Grundlage der „Erie-doctrine" verpflichtet, in materieller Hinsicht das common law und die Gesetze der betreffenden Staaten anzuwenden (Erie Railroad Co. v. Tompkins, 304 U. S. 64, 78 [1938]). Auf prozessuale Fragen wird hingegen Bundesrecht angewandt (*Ochsenfeld*, S. 634). Unklar bleibt aber damit, ob Gerichtsstandsklauseln dem materiellen oder dem Prozeßrecht zuzuordnen sind. Die Qualifikation wird diesbezüglich gleichfalls nach der lex fori des angerufenen Gerichts zu beantworten sein (*Ochsenfeld*, S. 634). Die Judikatur ist hinsichtlich dieser Qualifikationsproblematik uneinheitlich. Während einzelne Entscheidungen diesbezüglich die Gerichtsstandsklausel als eine Frage des materiellen Rechts einstufen und somit zum Recht der Einzelstaaten gelangen, kommen neuere Entscheidungen zum gegenteiligen Ergebnis und wenden Bundesrecht an (*Ochsenfeld*, S. 634). Eine abschließend klärende Stellungnahme des U. S. Supreme Court steht insoweit noch aus. Die Qualifikationsfrage kann nur dort offen bleiben, wo es keine Unterschiede zwischen Bundes- und einzelstaatlichem Recht gibt (*Rahmann*, S. 90).

bb) Einer Entscheidung des United States Supreme Court zufolge sind Bundesrichter allerdings in Fällen bundesrechtlicher Entscheidungskompetenz autorisiert, entgegen einzelstaatlichen Rechtsvorbehalten Gerichtsstandsklauseln anzuerkennen und den Rechtsstreit an das von den Parteien derogierte Bundesgericht zu verweisen (vgl. *Glickmann*, Band 2, § 13.02[1][a][ii] m.N. auf Stewart Organisation, Inc. v. Ricoh Corp., 487 U. S. 22, 108 S. Ct. 2239, 101 L. Ed. 2d 22 [1988]). Dies bedeutet allerdings nicht, daß in jedem Falle die vertragliche Bestimmung der Parteien anerkannt wird. Dem Gericht wird vielmehr gemäß 28 U.S.C. § 1404a ein Ermessensspielraum zugestanden, bei dem der Parteiwille lediglich ein gewichtiger Faktor hinsichtlich der örtlichen Zuständigkeit der Gerichtsbarkeit ist (*Glickmann*, Band 2, § 13.02[1][ii]). Unklar ist jedoch weiterhin die Rechtslage, sobald nicht Fragen der „interstaatlichen" sondern der „internationalen" Zuständigkeit" betroffen sind (*Born/Westin*, S. 245 f.). Lediglich Louisiana gibt den Parteien völlige Freiheit bzgl. der Gerichtsstands- und Gerichtswahlklauseln. Für den Fall, daß keine Wahl getroffen wird, soll allein das Recht des Staates Louisiana anwendbar sein (vgl. La. Rev. Strt., § 12: 1042 und 1991, Act No. 855; vgl. *Glickmann*, Band 2, 9–54).

cc) Die Gerichtsstandsvereinbarung wird von den Bundesgerichten extensiv ausgelegt, so daß die Derogation für sämtliche Streitigkeiten gilt, die anläßlich des Franchiseverhältnisses zwischen den Parteien entstehen (*Ochsenfeld*, S. 636 m.w.N.; *Scoles/Hay*, S. 371, *Borchers*, S. 84). Nach Bundesrecht ist eine Gerichtsstandsklausel zulässig, wenn sie sich nicht ausnahmsweise als unangemessen (unreasonable) erweist (leading case ist insoweit M/S Bremen and Unterweser Reederei GmbH v. Zapata Off-Shore Co., 407 U.S. 1, 15 [1972]). Die Gerichtsstandsvereinbarung darf mithin nicht das Ergebnis einer Täuschung, Drohung, Übervorteilung oder Ausnutzung einer übermächtigen Verhandlungsposition sein. Sie muß vielmehr zwischen erfahrenen Geschäftspartnern frei ausgehandelt sein (*Vorpeil*, S. 405 m.N. auf Pearcy Marine, Inc., v. Seacor Marine, Inc., and Glen H. Fornell, Urteil vom 28. 6. 1993, 847 F. Supp. 57 [S. D. Texas 1993]; vgl. hierzu auch instruktiv und ausführlich *Ochsenfeld*, S. 637–641). Voraussetzung für die Zulässigkeit einer Gerichtsstandsvereinbarung ist weiterhin, daß die Derogation zur ausschließlichen Zuständigkeit führt (*Rahmann*, S. 47; *Born/Westin*, S. 224ff.; Docksider, Ltd. v. Sea Technology, Ltd., 875 F. 2d 76, 764 [9th Cir. 1989]; *Vorpeil*, S. 406 m.w.N.). Für die Überlassung des Rechtsstreits an eine ausländische Gerichtsbarkeit ergibt sich eine weitere Schranke aus dem U. S.-amerikanischen ordre public (public policy), wonach ein gesetzlich zwingend vorgeschriebener Gerichtsstand nicht abbedungen werden kann (z.B. für Patentrechts- und Urheberrechtsklagen, *Ochsenfeld*, S. 639 m.w.N.).

b) **Regeln der sachlichen Zuständigkeit.** Mittels einer Gerichtsstandsvereinbarung wird letztendlich nur die Frage der örtlichen Zuständigkeit geregelt. Die sachliche Gerichtszuständigkeit im Rahmen der Verbandskompetenz (Bundes- oder Staatengerichte) kann nicht derogiert werden. Die allgemeine sachliche Zuständigkeit liegt dabei zunächst einmal bei den Gerichten der einzelnen Bundesstaaten. Gemäß Art. III, § 2 der Bundesverfassung besteht jedoch eine originäre Bundeszuständigkeit, die nach Maßgabe der 28 U.S.C. § 1330ff. geregelt ist. Unterschieden wird dabei in ausschließliche und in konkurrierende Bundesgerichtsbarkeit. Ausschließliche Bundesgerichtsbarkeit ist in den Bereichen des Insolvenz-, Patent und Urheberrechts gegeben. Konkurrierende Gerichtsbarkeit besteht in den vor allem für das Franchiserecht maßgeblichen Rechtsgebieten des Kartellrechts und der Civil Rights. Hier werden zwei Formen der sachlichen Zuständigkeit der Bundesgerichte unterschieden. Dies sind „federal question jurisdiction" (Gerichtsbarkeit in Bundesangelegenheiten) und die „diversity citizenship jurisdiction" (Gerichtsbarkeit des Bundes für den Fall, daß Bürger verschiedener Bundesstaaten oder aber auch Ausländer involviert sind) (vgl. hierzu *Glickmann*, Band 2, § 13.02 und *Schack*, S. 28).

73. **Außergerichtliche Konfliktregelung.** Im Verlaufe der Jahre wurden zur Vermeidung unnötig langer und kostenintensiver Gerichtsverfahren außergerichtliche Schlichtungs- und Schiedsverfahren als alternative, selbständige Verfahrensformen zur Lösung der anfallenden Rechtskonflikte entwickelt. Die Vertragsparteien können im Franchisevertrag selbst oder in Nebenverträgen solche außergerichtlichen Schieds- bzw. Schlichtungsverfahren vorsehen.

a) **Grievance Procedure (Schlichtungsverfahren).** Hierbei handelt es sich um ein innerbetriebliches Vergleichsverfahren, das auch in amerikanischen Franchisesystemen Verwendung findet. Die Schlichtungsverfahren sind in der Regel so ausgestaltet, daß sich der Franchisenehmer von der lokalen Führungsebene an die höhere Managementebenen des Franchisegebers wendet. Der Supervisor des Franchisegebers fungiert dabei als Schlichter. Diese Schlichtungsverfahren werden vor allem im Bereich des Automobilvertriebs eingesetzt. In dieser Branche wurden Schlichtungsverfahren entwickelt, die einen Bericht vorsehen, der von einem Händlerüberwachungsausschuß verfaßt wird. Dieser Ausschuß besteht aus gewählten Vertretern der Automobilhändler. Das Schlichtungsverfahren führte zur

Verringerung von Rechtsstreitigkeiten und zur Erhöhung der Erfolgsrate in den Rechtsstreitigkeiten, die die Franchisegeber unter dem Automobile Dealers Franchise Act geführt haben. Die Tatsache, daß ein Franchisenehmer die Gelegenheit hatte, seinen Fall dem höchsten Gremium des Franchisemanagements darzulegen, wird von den Gerichten als Beweis des guten Willens angesehen (vgl. Zerbach v. Chrisler Corp., 235 F. Supp. 130 [D. Colo., 1964]).

b) **Arbitration (Schiedsverfahren). aa) Vorteile des Schiedsverfahrens.** Als Vorteile des Schiedsverfahrens gegenüber einem Gerichtsprozeß werden die geringeren Kosten, die schnellere Entscheidungsfindung und der Ausschluß der Öffentlichkeit angeführt. Zudem wird die Beteiligung von Experten an der Entscheidungsfindung geschätzt, die das technische Verständnis mitbringen und speziell bei internationalen Streitigkeiten die Möglichkeit zur Diskussion auf tatsächlicher Grundlage unter Verzicht auf die jeweiligen Rechtsexperten ermöglichen. Für den deutschen Unternehmer, der in den Vereinigten Staaten als Franchisegeber auftritt, liegen die Vorteile aber wohl eher darin, daß bei Schiedsverfahren in aller Regel die besonderen förmlichen Beweiserhebungsverfahren (pre-trial discovery) nicht stattfinden. Daneben kann die Laiengerichtsbarkeit (jury) vermieden werden, bei der die Gefahr der Vorurteilsbildung besteht oder die bei komplexen rechtlichen Fragen möglicherweise überfordert ist (vgl. hierzu (*Schurtmann/Detjen*, S. 281). Die Schiedsgerichtsbarkeit kann von den Parteien auch nachträglich im Laufe eines Rechtsstreits vereinbart werden, nämlich durch ein sogenanntes „submission agreement" (vgl. hierzu *Glickmann*, Band 2, § 13.02[3]).

bb) **Rechtsgrundlagen.** Grundlage für die internationale Handelsschiedsgerichtsbarkeit sind der Federal Arbitration Act (9 U.S.C. §§ 1–15, 201–208, 301–307) und das New Yorker Übereinkommen über die Anerkennung und Vollstreckung ausländischer Schiedssprüche vom 10. 6. 1958, das als Abschnitt 2 dem Federal Arbitration Act hinzugefügt wurde (*Kuner*, S. 368; *Berg*, S. 410). Nach einer Entscheidung des Supreme Court ist das Recht desjenigen Einzelstaates anzuwenden, in dem das Schiedsverfahren stattfindet, sofern das Bundesrecht keine Anwendung auf diese Angelegenheit findet und das Recht des Einzelstaates das Schiedsverfahren nicht derart belastet, daß der ordre public des Bundesrechts zugunsten der Schiedsgerichtsbarkeit beeinträchtigt wäre (Volt Information Services v. Board of Trustees of Stanford University, 489 U.S. 468 [1989]). Einzelstaatliche Handelsschiedsgesetze finden auch dort Anwendung, wo im Bundesrecht die Regelung eine Lücke aufweist (*Kuner*, S. 368).

cc) **Schiedsgerichtsklauseln.** Die zwei gebräuchlichsten Schiedsklauseln sehen Schiedsverfahren nach den Schiedsordnungen der American Arbitration Association (AAA) oder der Internationalen Handelskammer in Paris vor (ICC). Vorliegend wurde die Schiedsklausel der AAA in den Franchisevertrag aufgenommen. Das Verfahren der AAA ist in den Commercial Rules festgehalten. Während es in Europa üblich ist, daß jede Partei ihren eigenen Schiedsrichter ernennt, wird in den Vereinigten Staaten gewöhnlich die AAA ersucht, je nach Schwierigkeit des Falles einen oder drei Schiedsrichter zu benennen (*Schurtmann/Detjen*, S. 277). Die Parteien können aber auch selbst ihre Schiedsrichter benennen. Während nach europäischer Rechtsauffassung die gewählten Schiedsrichter sich neutral zu verhalten haben, wird in den USA von den von den Parteien gewählten Schiedsrichtern erwartet, daß sie die Interessen derjenigen Partei vertreten, die sie gewählt haben. Wollen die Parteien ein neutrales Schiedsgremium, so müssen sie dies in den Schiedsvertrag aufnehmen (*Schurtmann/Detjen*, S. 277).

dd) **Kosten des Schiedsverfahrens.** Die American Arbitration Association (AAA) verlangt eine Verwaltungsgebühr für die Bearbeitung eines Falles. Diese richtet sich nach dem Streitwert. Die Schiedsvereinbarung kann hierbei vorsehen, daß diese Gebühren unter Franchisegeber und Franchisenehmer geteilt werden oder vollständig von der unterliegenden Partei getragen werden. Gewöhnlich zahlt jedoch jede Partei ihre eigenen Experten, Zeugen und juristischen Berater, die sie bemüht hat.

6. Franchise Agreement (Franchisevertrag USA)

74. Rechtswahl. a) Franchising und IPR in den Vereinigten Staaten. Der Frage der Rechtswahl kommt in zweifacher Hinsicht besondere Bedeutung zu. Zum einen ergeben sich kollisionsrechtliche Probleme, wenn das Franchisegeschäft in mehreren Bundesstaaten der USA betrieben wird. Zum anderen werden kollisionsrechtliche Fragen infolge des internationalen Rechtsverkehrs zwischen den USA und der Bundesrepublik Deutschland auftreten. Das internationale Privatrecht in den USA ist überwiegend Angelegenheit der jeweiligen Einzelstaaten, so daß man es mit verschiedenen internationalen Privatrechten der jeweiligen Bundesstaaten der USA zu tun hat (*Behr*, S. 123). Die Regeln des internationalen Privatrechts finden dabei gleichermaßen im Rechtsverkehr der einzelnen Bundesstaaten untereinander (interstate) wie im Verhältnis zum Ausland (international) Anwendung (Restatement of the Law Second, Conflicts of Laws, 2d § 10). Trotz der unterschiedlichen internationalen Privatrechte der USA hat sich das internationale Vertragsrecht in den USA in weiten Bereichen einheitlich entwickelt. Grund hierfür sind die sogenannten „restatements", in denen die von den Gerichten entwickelten und angewandten Grundsätze zusammengefaßt worden sind. Den „restatements" kommt zwar keine Gesetzeskraft zu, doch werden sie von vielen Gerichten zur Urteilsbegründung herangezogen (vgl. hierzu *Behr*, S. 123f.). Die „restatements" liegen inzwischen in der zweiten Fassung aus dem Jahre 1972 vor.

b) Zulässigkeit der Rechtswahl durch die Vertragsparteien. Die Rechtswahl der Vertragsparteien wird im Grundsatz sowohl von h.M. in der Literatur (*Ehrenzweig*, S. 148; *Goodrich/Scoles*, S. 213; *Behr*, S. 124 m.w.N., *Hay*, S. 165) als auch von der Rechtsprechung (Haag v. Barnes, 9 N.Y. 2d 544 [1961]; Perrin v. Pearlstein, 314 F. 21d 863 [1963]; Atkins, Knoll & Co. v. Broadway Lumber Co., 35 Ca. Rtpr. 385 [1963]) anerkannt. Grundlagen für die Zulässigkeit der Rechtswahl ergeben sich aus §§ 186–188 der zweiten Fassung der „restatements" und dem U.C.C. § 1–105. Voraussetzung ist allerdings, daß das gewählte Recht in einer Beziehung zu dem betreffenden Franchisevertrag oder zu den aus diesem Vertrag resultierenden Rechtshandlungen steht (vgl. hierzu *Hay*, S. 165). Dies bedeutet, daß nicht das Recht eines neutralen Drittstaates gewählt werden darf, mit dem das Franchisegeschäft keinerlei Verbindung aufweist (Restatement of the Law, Second, Conflict of the Laws 2d, § 187 Abs. 2 a). Die Rechtswahl darf darüber hinaus auch nicht im Widerspruch zum ordre public des betreffenden Bundesstaates stehen, in dem das Franchisegeschäft betrieben wird bzw. dessen Gericht angerufen worden ist (*Behr*, S. 129 und Restatement of the Law Second, Conflict of Laws 2d, § 187 Abs. 2b).

c) Für den Bereich des Franchising bleibt dennoch die Reichweite und Wirksamkeit einer solchen Rechtswahlklausel unklar. Ein Teil der Judikatur verneint die Wirksamkeit einer Rechtswahlklausel und begründet dies damit, daß eine Rechtswahlklausel nicht die „public policy" des jeweiligen Bundesstaates außer Kraft setzen dürfe (vgl. z.B. Instructional Systems, Inc. v. Computer Curriculum Corp., 130 N.J. 324, 341-46, 614 A.D.2d 124, 133-35 (N.J. 1992); Guild Wineries and Distillieries v. Whitehall Co., Ltd, 853 F.2d 755 (9th Cir. 1988); Winer Motors, Inc. v. Jaguar Rover Triumph, Inc., 208 N.J. Super. 666, 506 A.2d 817 (N.J. Super 1986). Demgegenüber erachtet eine Vielzahl anderer Gerichte die Rechtswahlklausel für wirksam, sofern keine mißbräuchliche Ausnutzung eines Verhandlungsungleichgewichts vorliegt (vgl. hierzu *Jaglom*, Distribution Contracts, CA 63 ALI-ABA 695 m.N. u.a. auf JRT, Inc. v. TCBY Systems, Inc., 52 F. 3d 734, (8th. Cir. 1995); Cherokee Pump & Equipment, Inc. v. Aurora Pump, 38 F.3d 246 (5th Cir. 1994); Modern Computer Systems, Inc., v. Modern Banking Systems, Inc., 871 F.2d 734 (8th Cir. 1989). Viele Franchise-Statutes sehen darüber hinaus zum Schutze des Franchisenehmers vor, daß das Franchiserecht des betreffenden Bundesstaates nicht abbedungen werden kann. Es ist daher ungesichert, ob ein Franchisevertrag mit einer in den USA operierenden Partei dem deutschen Recht unterworfen werden kann (vgl. hierzu auch die Vorbemerkung des Verfassers zu der Frage der Gestaltung der internationalen Franchiseverträge).

d) **Anwendbares Recht mangels Rechtswahl.** In Ermangelung einer (wirksamen) Rechtswahl, ist die lex fori des Bundesstaates anzuwenden, zu der der Franchisevertrag die „most significant relationship" aufweist (Restatement of the Law Second, Conflict of Laws 2 d, § 188 Abs. 1). Was im einzelnen die „most significant relationship" eines Franchiseverhältnisses zu einem Staat konstituiert, bleibt indes umstritten und unklar. Es wird zum Teil die Auffassung vertreten, daß dies das Recht des Bundesstaates sei, in dem der Franchisenehmer überwiegend tätig ist (vgl. hierzu *Behr*, S. 129 f. m. w. N.). Zur Begründung wird § 196 der „restatements" herangezogen, wo diese Lösung für Dienstverträge vorgesehen ist. Der Franchisevertrag falle unter diese Kategorie, weil der Begriff des Dienstvertrages nach Ansicht der Kommentatoren der restatements weit auszulegen sei (Restatements of the Law Second, Conflict of Laws 2 d, § 196, Comment a)). Er umfasse gleichermaßen Verträge mit abhängigen und unabhängigen Vertragspartnern. Gegen diese Auffassung sind zu Recht Vorbehalte laut geworden. Mehrere Entscheidungen gelangen entgegen den „restatements" zum Recht des „Geschäftsherrn" (*Behr*, S. 130 m. w. N.). Eine dritte Auffassung verlangt, daß die „most significant relationship" unter Abwägung aller Umstände des Einzelfalles zu bestimmen sei, wobei der Abschluß- und Erfüllungsort von herausragender Bedeutung seien (*Reese*, S. 409, 411).

75. Vertragsänderungen. Gerade in Fällen der Vertragskündigung oder der verweigerten Verlängerung des Franchisevertrages berufen sich Franchisenehmer auf angebliche mündliche Vereinbarungen mit dem Franchisegeber, wobei sie auf ein ihnen wohlgesonnenes Geschworenengremium spekulieren. Denn bis auf wenige Ausnahmen ist die Schriftform für die Wirksamkeit des Vertrages nicht erforderlich (vgl. hierzu Anm. 8). Die Gerichte wenden zwar in der Regel die sogenannte „parol evidence rule" an. Diese bestimmt, daß ein Schriftstück, das die Parteien als ihren endgültigen Vertrag betrachten, die Berücksichtigung vor- bzw. nebenvertraglicher Absprachen ausschließt (Gianni v. R. Russel & Co., Inc., 281 Pa. 320, 126 A. 791 [1924]; *Hay*, S. 76; *Schantz/Jackson*, S. 319). Die „parol evidence rule" findet jedoch nicht auf nachvertragliche Abreden Anwendung. Diese sind vielmehr als Vertragsänderungen zu beachten (*Hay*, S. 77). Um der Geltendmachung ungerechtfertigter Ansprüche seitens des Franchisenehmers zu begegnen, wird daher die Aufnahme einer Vertragsklausel empfohlen, die nachvertragliche mündliche Vereinbarungen oder Abmachungen ausschließt (*Schurtmann/Detjen*, S. 44).

III. Lieferverträge

1. Export Contract[1, 2, 3]

(Exportvertrag – Maschine)

This

Contract[4] of Sale[5]

made this 3rd day of March, 1995[6]

by and between

ALPHA GmbH, a corporation organized and existing under the laws of the Federal Republic of Germany and having its principal place of business at ALPHA-street, ALPHA-town, Federal Republic of Germany, Telecopier-No. ......
hereinafter referred to as the „Seller"

and

BRAVO S. A.[7], a corporation organized and existing under the laws of BRAVO-state and having its principal place of business at BRAVO-street, BRAVO-town, BRAVO-state, Telecopier-No. ......[8]
hereinafter referred to as the „Buyer"

whereas[9]

– the Seller carries on the business of manufacturing and marketing woodworking-machines;
– the Buyer carries on the business of manufacturing furniture and intends to extend and improve its manufacturing capacity;

NOW THEREFORE, in consideration[10] of the premises and the mutual agreements and covenants herein contained, the parties hereto hereby covenant and agree as follows:

I. Obligations of the Seller

Article 1. Contract Products[11]

1.1 The Seller agrees to sell to the Buyer and the Buyer agrees to buy from the Seller two machining centers rotary-tablemachine type no. RHO 105 including software, manuals and spare parts all of which are detailed in this agreement and hereinafter referred to as „Contract Products".

1.2 The rotary-tablemachine type no. RHO 105 consists of subsystems ...... and has the following special characteristics: ......[12]

1.3 The Contract Products include software for ......[13]

1.4 The Contract Products include instructions for installation and maintenance and operating manuals in English.[14]

1.5 The Contract Products include spare parts for machining centers rotary-tablemachine type no. RHO 105 as follows: ......[15]

Piltz

Article 2. Delivery and Transfer of Title

2.1 The Seller must deliver the Contract Products to the Buyer and transfer the title to the Contract Products. The Seller is not obliged to deliver accessories not specified explicitly or to advise the Buyer.[16]

2.2 The Seller undertakes to deliver[17] the Contract Products Free Carrier (FCA) Seaport Hamburg[18] Full Container Load (FCL).[19, 20] If the Buyer does not give the Seller sufficient notice of the carrier in due time, the Seller may contract for carriage on usual terms at the Buyer's risk and expense.[21] Notification to the Buyer of the Contract Products being delivered is not required.[22]

2.3 Risk as to price and performance passes to the Buyer as soon as the Contract Products have been delivered in accordance with Article 2.2, or the title in the Contract Products has passed to the Buyer.[23]

2.4 The Seller retains the title to the Contract Products until settlement of all accounts receivable and other claims by the Seller against the Buyer which have accrued under this Contract of Sale, including those which will only fall due in the future.[24]

Article 3. Delivery Date

3.1 Delivery shall be effected four to five weeks after this Contract of Sale has been signed by both parties and the Seller's receipt of the confirmation of Letter of Credit as required by Article 8.[25]

3.2 Without prejudice to its continuing legal rights, the Seller is entitled to fulfil its obligations after the delivery time agreed upon, if it informs the Buyer of exceeding the delivery time limit and of the time period for late performance. The Buyer can object to late performance within reasonable time and only if the time period given for late performance is unreasonably long or late performance is unreasonable for other reasons. Such objection is only effective, if it is received by the Seller before delivery has been effected. The Seller will reimburse necessary additional expenditure incurred by the Buyer as a result of exceeding the delivery time to the extent that the Seller is responsible for the delay as provided for in Section VI.[26]

Article 4. Other Obligations

4.1 Except as provided in Article 3.2, the Seller is only obliged to inform the Buyer of delay or non-performance as soon as these become certain.[27]

4.2 The Seller undertakes to procure licences, permits, approvals or consents required for the export of the Contract Products. The Seller is entitled to avoid this Contract of Sale in whole or in part without compensation, if the required export licences, permits, approvals or consents are not granted by the German authorities.[28]

4.3 [29]The Seller is not obliged to perform any aditional obligations not mentioned in this Contract of Sale. In particular the Seller is not obliged to insure the Contract Products,[30] to procure certificates or documents not expressly agreed upon,[31] except as provided in Article 4.2 to obtain required licences, permits, approvals, consents or other formalities or to procure customs clearance,[32] to bear levies, dues, taxes, duties and other charges accruing outside the Federal Republic of Germany[33] or to comply with weight and measuring systems, packaging, labelling or marking requirements applicable outside the Federal Republic of Germany.[34]

Article 5. Suspending Performance

Without prejudice to its continuing legal rights, the Seller is entitled to suspend the performance of its obligations or to prevent the handing over of the Contract Products to the Buyer so long as, in the opinion of the Seller, there are grounds for concern that the Buyer may completely or partly fail to fulfil its obligations in accordance with this contract.[35]

1. Export Contract (Exportvertrag-Maschine) III.1

II. Obligations of the Buyer

Article 6. Price

6.1 The total Purchase Price for the Contract-Products is DM 245,000,00.[36]

6.2 The Purchase Price includes packing of the Contract-Products for export and freight to seaport Hamburg (inland shipment), but not the cost of terminal handling, export shipment and insurance.[37]

6.3 Except as provided in this Contract of Sale all levies, dues, taxes, duties and other charges shall be borne by the Buyer.[38]

Article 7. Payment

7.1 The payment to be made by the Buyer is in any event due at the time delivery of the Contract Products is effected.[39] The due time for payment arises without any further precondition.[40]

7.2 The payment to be made by the Buyer is to be transferred in German currency[41] to the banking account No. .... at the ...... Bank AG, ALPHA-town[42] without deduction and free of expenses and costs for the Seller.

7.3 In the event of delay in payment[43] the Buyer will pay to the Seller – without prejudice to compensation for further losses – the costs of judicial and extra-judicial means and proceedings as well as interest at the rate of 4% over the official discount rate of the German central bank (Deutsche Bundesbank).[44]

Article 8. Letter of Credit[45, 46]

8.1 Ten days after this Contract of Sale has been signed by both parties the Buyer shall open an irrevocable and transferable Letter of Credit in favour of the Seller in the amount of DM 245,000,00.[47]

8.2 The Letter of Credit shall be issued or confirmed by and available with a German bank in ALPHA-town[48] and shall stipulate an expiry date for the presentation of the documents[49] of at least three months from the date this Letter of Credit has been issued/confirmed. The Letter of Credit shall be available by sight payment[50] upon presentation of a terminal- or interchange-receipt stating the handing over for shipment to (Bestimmungshafen) to a terminal handling agent in Hamburg of two 40' containers said to contain one machining center rotary-tablemachine type no. RHO 105 each,[51] a commercial invoice and a packing list.[52] Instead of the terminal- or interchange-receipt the Seller may present an ocean bill of lading indicating Hamburg as port of loading and (Bestimmungshafen) as port of discharge.[53]

8.3 The Letter of Credit shall be issued/confirmed subject to the current ICC Uniform Customs and Practice for Documentary Credits (UCP 500).[54]

Article 9. Other Obligations

9.1 The Buyer shall arrange for usual transport insurance of the Contract Products covering both the inland and the export shipment (from-house-to-house).[55]

9.2 The Buyer shall take delivery[56] and perform all obligations imposed by this Contract of Sale or by the applicable laws.[57]

Article 10. Set off, Suspending Performance

10.1 Legal rights of the Buyer to set-off against claims of the Seller for payment are excluded, except where the corresponding claim of the Buyer has either been finally judicially determined or recognised by the Seller in writing.[58]

10.2 Legal rights of the Buyer to suspend payment and to raise defences are excluded except where despite written warning the Seller has committed a fundamental breach of its obligations to deliver or transfer the title to the Contract Products arising out of this Contract of Sale, and has not offered any adequate assurance.[59]

III. Conformity of the Contract Products[60]

Article 11. Non-conforming Contract Products

11.1 The Contract Products do not conform with this Contract of Sale if at the time the risk passes they are clearly different to the specifications laid down in this contract,[61] or in the absence of agreed specifications, the Contract Products are not fit for the purpose usual in ALPHA-town.[62]

11.2 The Seller is in particular not liable for the Contract Products being fit for a particular purpose to which the Buyer intends to put them[63] or for their compliance with the legal requirements existing outside the Federal Republic of Germany.[64]

11.3 Irrespective of the legal requirements applicable in the Federal Republic of Germany, the Contract Products conform with this Contract of Sale, to the extent the legal requirements applicable at the place of business of the Buyer do not impede the usual use of the Contract Products.[65]

11.4 The Seller is not liable for any damage in transit of the Contract Products which could be covered by the insurance provided for in Article 9.1.[66]

Article 12. Examination and Notice of Lack of Conformity

12.1 The Buyer must examine the Contract Products as required by law and in so doing check every delivery in every respect for any discoverable lack of conformity with the contract.[67]

12.2 The Buyer shall give notice of any lack of conformity with this Contract of Sale to the Seller as required by law, and in any event directly and in writing and by the quickest possible means by which delivery is guaranteed (e.g. by telefax).[68]

Article 13. Consequences of Delivering non-conforming Contract Products

13.1 Following due notice of lack of conformity with the contract, the Buyer can rely on the remedies provided for by the UN Sales Convention having regard to the terms laid down in this contract.[69] In the event of notice not having been properly given, the Buyer may only rely on the remedies if the Seller has fraudulently concealed the lack of conformity with the contract.[70]

13.2 The Buyer is entitled to demand delivery of substitute Contract Products[71] or repair[72] or reduction of the purchase price[73] as set forth in and in accordance with the terms of the UN Sales Convention.

13.3 Irrespective of the Buyer's remedies, the Seller is entitled in accordance with the provision in Article 3.2 to repair non-conforming Contract Products or to supply substitute goods.[74]

IV. Third Party Claims and Product Liability

Article 14. Third Party Claims

14.1 Without prejudice to further legal requirements, third parties' rights or claims founded on industrial or other intellectual property only found a defect in title to the extent that the industrial or intellectual property is registered and made public in the Federal Republic of Germany.[75]

1. Export Contract (Exportvertrag-Maschine)   III.1

14.2 The Buyer's claims for defects in title including those founded on industrial or intellectual property will be time-barred according to the same rules as the claims for delivery of non-conforming Contract Products.[76]

14.3 Third parties not involved in the conclusion of this Contract of Sale in particular those purchasing from the Buyer, are not entitled to demand delivery to themselves[77], to rely on any remedy provided for in this Contract of Sale or to raise claims against the Seller, founded on delivery of non-conforming Contract Products or defect in title.[78]

Article 15. Product Liability

Without prejudice to the Seller's continuing legal rights and waving any defence of limitation the Buyer will indemnify the Seller without limit against any and all claims of third parties which are brought against the Seller on the grounds of product liability or similar provisions, to the extent that the claim is based on circumstances which were caused after risk passed by the Buyer.[79]

V. Avoidance

Article 16. Avoidance by the Buyer

Without prejudice to comply with the respective applicable legal requirements,[80] the Buyer is only entitled to declare this Contract of Sale avoided after he has notified the Seller in writing of his intention to do so and an additional period of time of reasonable length for performance has expired to no avail.[81]

Article 17. Avoidance by the Seller

Without prejudice to its continuing legal rights, the Seller is entitled to avoid this Contract of Sale in whole or in part without compensation[82]
a) if insolvency proceedings relating to the assets of the Buyer are applied for or commenced;[83]
b) if the Buyer does not open the Letter of Credit properly or in time;[84]
c) if the Seller does not receive the price properly or in time;[85]
d) if required export licences, permits, approvals or consents are not granted by the German authorities;[86]
e) if for other reasons the Seller cannot be expected to fulfil its obligations by means which are unreasonable in particular in relation to the agreed counterperformance.[87]

VI. Damages[88]

Article 18. Obligation to Pay Damages

18.1 The Seller is only obliged to pay damages pursuant to this Contract of Sale or extra contractually if it deliberately or in circumstances amounting to gross negligence breaches obligations owed to the Buyer.[89] This limitation of liability does not apply if the Seller commits a fundamental breach of its obligations.[90]

18.2 Without prejudice to its continuing legal rights, the Seller is not liable for a failure to perform any of its obligations if the failure is due to impediments which occur, e.g. as a consequence of natural or political events, acts of state, industrial disputes, sabotage, accidents or similar circumstances and which can not be controlled by the Seller with reasonable means.[91]

18.3 The Buyer is required in the first instance to rely on other remedies and can only claim damages in the event of a continuing deficiency.[92]

Article 19. Amount of Damages

19.1 In the event of contractual or extra contractual liability the Seller will compensate the loss of the Buyer to the extent that it was foreseeable to the Seller at the time of the formation of the contract.[93]

19.2 The amount of damages for late delivery is limited to 0,5% of the respective delivery value for each full week, up to a maximum of 5% of the respective delivery value, and for other breaches of contract is limited to the delivery value.[94]

Article 20. Limitation

20.1 In relation to the limitation of extra contractual claims of the Buyer against the Seller, which are concurrent with contractual claims for delivery of non-conforming Contract Products or for defects in title including those founded on industrial or intellectual property, the provisions of sections 477–479 German BGB (German civil code) apply.[95]

20.2 To the extent that the Seller's liability is excluded or limited, this also applies to the personal liability of the employees, servants, members of staff, representatives of the Seller and those employed by the Seller in the performance of its obligations.[96]

VII. General Provisions

Article 21. Place of performance

Without prejudice to Article 2.2 of this Contract of Sale the place of performance and payment for all obligations arising from the legal relationship between the Seller and the Buyer is ALPHA-town. In particular, this provision also applies in the case of restitution of performances already rendered.[97]

Article 22. Applicable law

22.1 The legal relationship with the Buyer is governed by the United Nations Convention of 11 April 1980 on Contracts for the International Sale of Goods (UN Sales Convention) in the English version.[98] Where standard terms of business are used, the INCOTERMS 1990 of the International Chamber of Commerce and the provisions stipulated in this respect in this Contract of Sale apply.[99]

22.2 Outside the application of the UN Sales Convention, the contractual and non-contractual legal relationship between the parties is governed by the non-uniform German law, namely by the BGB/HGB (German civil and commercial code).[100]

Article 23. Jurisdiction

23.1 Without prejudice to Art. 23.2 of this Contract of Sale the parties submit for all contractual and extra contractual disputes arising from this Contract of Sale to the local and international *exclusive* jurisdiction of the courts having jurisdiction for ALPHA-town.[101]

23.2 The Seller shall have the right to bring a claim at the principal place of business of the Buyer as well or before other courts competent according to any national or foreign laws.[102]

Article 24. Miscellaneous

24.1 All communications, declarations, notices etc. are to be drawn up exclusively in the German or English language.[103] Communications by means of telex, fax or telemessage fulfil the requirement of being in writing.[104]

24.2 If provisions of this Contract of Sale should be or become partly or wholly void, the remaining conditions will continue to apply. The parties are bound to replace the void

1. Export Contract (Exportvertrag-Maschine) III.1

provision or the void part of the provision by a legally valid arrangement, which comes as close as possible to the commercial meaning and purpose of the void provision or void part of the provision.

IN WITNESS WHEREOF, the parties hereto have signed[105] this agreement as of the day and year first above written.

Schrifttum: AWV-Arbeitsgemeinschaft für Wirtschaftliche Verwaltung e. V., Dokumenten-Verzeichnis des Außenhandels (Beschreibung und ECE-Kodierung), Eschborn, 1985; *Battram/Goldsweig*, Negotiating and Structuring International Commercial Transactions, New York, 1991; *Berg*, Drafting Commercial Agreements, London, 1991; *Graf von Bernstorff*, Vertragsgestaltung im Auslandsgeschäft, 3. Auflage, Frankfurt am Main, 1994; *Graf von Bernstorff*, Rechtsprobleme im Auslandsgeschäft, 3. Auflage, Frankfurt am Main, 1992; *Bredow/Seiffert*, INCOTERMS 1990, 2. Auflage, Bonn, 1993; *Büschgen/Graffe*, Handbuch für das Auslandsgeschäft, Bonn, 1993; *von Caemmerer/Schlechtriem* (Hrsg.), Kommentar zum Einheitlichen UN-Kaufrecht, Das Übereinkommen der Vereinten Nationen über Verträge über den internationalen Warenkauf – CISG – Kommentar –, 2. Auflage, München, 1995; *Enderlein/Maskow/Strohbach*, Internationales Kaufrecht, Berlin, 1991; *Garro/Zuppi*, Compraventa internacional de mercaderias, Buenos Aires, 1990; *Graffe/Weichbrodt/Xueref*, Dokumentenakkreditive – ICC-Richtlinie 1993 – Text und Kurzkommentar, Bonn, 1993; *Herber/Czerwenka*, Internationales Kaufrecht, UN-Übereinkommen über Verträge über den internationalen Warenkauf, Kommentar, München, 1991; *Hocke/Berwald/Maurer*, Außenwirtschaftsrecht, Gesetze, Verordnungen und Erlasse zum Außenwirtschaftsrecht mit Kommentar, Heidelberg, Loseblatt Stand März 1996; *Huber/Schäfer*, Dokumentengeschäft und Zahlungsverkehr im Außenhandel, 2. Auflage, Frankfurt, 1990; *ICC*, Retention of Title, A Practical Guide to 19 National Legislations (ICC Publikation Nr. 467), Paris, 1989; *ICC*, INCOTERMS 1990 (ICC Publikation Nr. 460), Köln, 1990; *ICC*, Einheitliche Richtlinien und Gebräuche für Dokumentenakkreditive ERA 500 (ICC Publikation Nr. 500), Köln, 1993; *IHK (Die Industrie- und Handelskammern in Nordrhein-Westfalen)*, Praktische Arbeitshilfe bei der Abwicklung von Geschäften mit der Europäischen Union und mit dem Ausland (Tips für das Ausfüllen von Formularen), 7. Auflage, Bielefeld 1996; *Karollus*, UN-Kaufrecht, Wien, 1991; *Kritzer*, Guide to Practical Applications of the United Nations Convention on Contracts for the International Sale of Goods, Deventer/Boston, Loseblatt, Stand Juli 1994; *Kropholler*, Internationales Privatrecht, 2. Auflage, Tübingen, 1994; *Moecke*, Zur Aufstellung von Exportbedingungen nach UNCITRAL-Kaufrecht, Köln, 1991; *Nielsen*, Neue Richtlinien für Dokumenten-Akkreditive, Heidelberg, 1994; *Piltz*, Internationales Kaufrecht, München, 1993; *Reinhart*, UN-Kaufrecht, Kommentar zum Übereinkommen der Vereinten Nationen vom 11. April 1980 über Verträge über den internationalen Warenkauf, Heidelberg, 1991; *Reithmann/Martiny*, Internationales Vertragsrecht, 4. Auflage, Köln, 1988; *Reuter*, Außenwirtschafts- und Exportportkontrollrecht Deutschland/Europäische Union, München 1995; *Schmitthoff*, Schmitthoff's Export Trade, 9. Auflage, London, 1990; *Schütze*, Das Dokumentenakkreditiv im Internationalen Handelsverkehr, 4. Auflage, Heidelberg 1996; *Staudinger/Magnus*, Kommentar zum Bürgerlichen Gesetzbuch mit Einführungsgesetz und Nebengesetzen, Wiener UN-Kaufrecht (CISG), Berlin, 1994; *Welte/Späth*, Umsatzsteuerrecht für die Import- und Exportwirtschaft, Neuwied, Loseblatt, Stand August 1994; *Graf von Westphalen*, Rechtsprobleme der Exportfinanzierung, 3. Auflage, Heidelberg, 1987; *Graf von Westphalen* (Hrsg.), Handbuch des Kaufvertragsrechts in den EG-Staaten einschließlich Österreich, Schweiz und UN-Kaufrecht, Köln, 1992; *Witte*, Zollkodex (Kommentar), München, 1994; *Zahn/Eberding/Ehrlich*, Zahlung und Zahlungssicherung im Außenhandel, 6. Auflage, Berlin, 1986.

III.1

III. Lieferverträge

Übersicht

1. Sachverhalt 383
2. Wahl des Formulars 383
3. Vertragsmuster 384
4. Vertrag 384
5. Kaufvertrag 385
6. Vertragsdatum 386
7. Käufer 386
8. Anschrift des Käufers 386
9. Präambel 387
10. Consideration 387
11. Vertragsprodukte 387
12. Kaufgegenstand 387
13. Software 388
14. Anleitungen 388
15. Ersatzteile 389
16. Lieferung und Eigentumsübertragung 389
17. Liefer-Handlung 389
18. Lieferort 390
19. FCA 391
20. INCOTERMS 391
21. Transport der Ware 394
22. Liefer-Mitteilung 395
23. Gefahrübergang 396
24. Eigentumsvorbehalt 397
25. Lieferzeit 398
26. Zweite Andienung 399
27. Anzeige von Hindernissen 400
28. Exportfreimachung 401
29. Keine Verantwortung des Exporteurs 402
30. Versicherung 402
31. Beschaffung von Dokumenten ... 403
32. Durchfuhr- und Importfreimachung 404
33. Abgabentragung 404
34. Verpackung, Kennzeichnung, Markierung 405
35. Zurückhalterecht 405
36. Kaufpreis 406
37. Gegenleistung 406
38. Abgaben 407
39. Fälligkeit 407
40. Zahlungsaufforderung 408
41. Währung 408
42. Zahlungsort 409
43. Verspätete Zahlung 410
44. Zinsen und Rechtsverfolgungskosten 410
45. Akkreditiv 411
46. Zahlungssicherung 412
47. Akkreditiv-Eröffnung 413
48. Zahlstelle und bestätigtes Akkreditiv 415
49. Verfallfristen 415
50. Nutzbarkeit des Akkreditivs .. 416
51. Vorzulegende Dokumente 416
52. Handelsrechnung und Packliste 418
53. Transportdokument 418
54. Einheitliche Richtlinien und Gebräuche für Dokumentenakkreditive 418
55. Transportversicherung 419
56. Abnahme 419
57. Sonstige Käuferpflichten 420
58. Aufrechnungsausschluß 420
59. Einredenausschluß 421
60. Vertragsgemäßheit der Ware ... 421
61. Vereinbarte Anforderungen 422
62. Inländischer Verwendungszweck 423
63. Bestimmter Verwendungszweck .. 424
64. Inländisches Produktrecht 424
65. Ausländisches Produktrecht ... 425
66. Transportschäden 425
67. Untersuchung auf Vertragswidrigkeiten 425
68. Anzeige von Vertragswidrigkeiten 426
69. Rechtsbehelfe im Falle vertragswidriger Lieferung 427
70. Arglistiges Verschweigen 427
71. Ersatzlieferung 428
72. Nachbesserung 428
73. Kaufpreisherabsetzung 429
74. Abhilfe des Verkäufers 430
75. Schutzrechte Dritter 430
76. Verjährung 431
77. Leistungsanspruch zugunsten Dritter 431
78. Rechtsbehelfe zugunsten Dritter 432
79. Produkthaftung 433
80. Vertragsaufhebung 433
81. Abmahnung 434
82. Erweiterte Aufhebung 434
83. Insolvenzverfahren des Käufers 435
84. Nichteröffnung des Akkreditivs 435
85. Nichtzahlung 435
86. Ausfuhrgenehmigungen 435
87. Unzumutbarkeit 435
88. Schadensersatz 436
89. Verschulden 436
90. Verschuldensunabhängiger Schadensersatz 437
91. Nicht kontrollierbare Hindernisse 438
92. Verhältnis zu anderen Rechtsbehelfen 439
93. Schadensumfang 440
94. Schadensobergrenze 440
95. Verjährungsverkürzung 440
96. Haftung von Mitarbeitern 441
97. Erfüllungsort 441
98. UN-Kaufrecht 441
99. INCOTERMS 442
100. Deutsches BGB/HGB 442
101. Ausschließliche Zuständigkeit 443
102. Zuständigkeitsvorbehalt 444
103. Vertragssprache 444
104. Schriftform 444
105. Unterschriften 445

1. Export Contract (Exportvertrag-Maschine)   III.1

Anmerkungen

1. Sachverhalt. Die in Deutschland ansässige ALPHA GmbH und die ausländische BRAVO S. A. sind übereingekommen, daß die ALPHA GmbH der BRAVO S. A. zwei kurzfristig verfügbare computergesteuerte Holzbearbeitungs-Maschinen verkauft und die ALPHA GmbH zu diesem Zweck einen ausformulierten Kaufvertrag vorlegt, der das zwischen den Parteien ausgehandelte Verhandlungsergebnis zusammenfaßt. Die ALPHA GmbH ist bemüht, ihr Risiko überschaubar zu halten. Die BRAVO S. A. hat ihre grundsätzliche Bereitschaft erklärt, zur Sicherung der aus dem Kaufvertrag erwachsenden Zahlungsansprüche der ALPHA GmbH ein Akkreditiv zu stellen.

2. Wahl des Formulars. Sofern die Parteien nicht mit hinreichender Deutlichkeit etwas anderes vereinbaren, gilt für Exportgeschäfte aus deutscher Sicht praktisch immer (*Piltz* NJW 1994, 1101 ff., 1102) das Übereinkommen der Vereinten Nationen über Verträge über den internationalen Warenkauf vom 11. April 1990, nachfolgend als UN-Kaufrecht bezeichnet (BGBl. 1989 II 588, 1990 II 1699; zum Geltungsstand zuletzt BGBl. 1995 II, 814). Zudem ist es im internationalen Handel in weitem Umfang üblich, INCOTERMS-Klauseln zu verwenden. Die von der Internationalen Handelskammer (ICC) mit Hauptsitz in Paris aufgestellten und zuletzt 1990 revidierten INCOTERMS regeln länderübergreifend und branchenunabhängig primäre Käufer- und Verkäuferpflichten, die bei grenzüberschreitenden Lieferverträgen typischerweise aufkommen (vgl. *Schneider* RIW 1991, 91 ff.). Das Formular ist demzufolge auf der Basis des UN-Kaufrechts (Anm. 98) und der INCOTERMS 1990 (Anm. 99) erstellt. Des weiteren ist für die nähere Ausgestaltung des Formularvertrages vorausgesetzt, daß der Käufer dem Exporteur ein Akkreditiv (Anm. 45) stellt. Wenn diese Eckpunkte nicht gewährleistet sind, ist der Formularvertrag nur mit Einschränkungen verwendbar.

Als Alternative zur Geltung des UN-Kaufrechts ist denkbar, die Maßgeblichkeit des deutschen, unvereinheitlichten Rechts, namentlich des BGB/HGB, vorzusehen. Ein solcher Vorschlag wird von rechtlich sensibilisierten ausländischen Kunden erfahrungsgemäß – wenn überhaupt – nur widerwillig hingenommen. Die zur Vermeidung einer solchen Situation zuweilen praktizierte Wahl des unvereinheitlichten Rechts eines dritten, unbeteiligten Staates (in der Praxis vorherrschend etwa Österreich, Schweiz, England und Schweden) birgt für beide Parteien erhebliche Risiken, da vielfach nur allgemeine Vorstellungen von dem Inhalt der ausländischen Rechtsordnung existieren und es bei später aufkommenden Differenzen nicht einfach sein wird, innerhalb der verfügbaren Zeit eine kompetente Auskunft zu Detailfragen zu erhalten. Auch die Verwendung der INCOTERMS enthebt nicht der Notwendigkeit, sich Gedanken über das dem Vertrag zugrundeliegende Recht zu machen, da die INCOTERMS lediglich einzelne Aspekte der primären Verkäufer- bzw. Käuferpflichten regeln und insbesondere keine Aussagen zu den die juristische Praxis beschäftigenden Konsequenzen von Leistungsstörungen vorsehen.

In dieser, für Exportverträge typischen Situation bietet sich das UN-Kaufrecht als parteineutrale und damit ungleich konsensfähigere Lösung an. Zudem ist das UN-Kaufrecht nicht nur in den sechs Amtssprachen der UNO (Arabisch, Chinesisch, Englisch, Französisch, Russisch und Spanisch, zusammen mit der italienischen und der deutschen Fassung sämtlichst abgedruckt bei *Bianca/Bonell*, Commentary on the International Sales Law, Mailand 1987, 683 ff.), sondern aufgrund der nationalen Zustimmungsgesetze in den Sprachen aller Vertragsstaaten verfügbar. Ein weiterer Vorzug des UN-Kaufrechts besteht in seiner übersichtlichen, eine rechtliche Orientierung ganz erheblich erleichternden Gliederung und seiner komplizierte Rechtsbegriffe weitgehend vermeidenden Ausdrucksweise.

Die Bestimmungen des UN-Kaufrechtes sind bis auf Art. 12 (Formvorbehalt eines Vertragsstaates) und Art. 28 (Durchsetzbarkeit von Erfüllungsansprüchen) abdingbar. Abweichende Regelungen können durch entsprechende Absprachen der Parteien, Art. 6 UN-Kaufrecht, aber auch aufgrund zwischen ihnen praktizierter Gepflogenheiten oder aufgrund beachtlicher Gebräuche, Art. 9 UN-Kaufrecht, getroffen werden. Die INCOTERMS sind ohnehin nicht automatisch verbindlich, sondern bedürfen zu ihrer Geltung der Einbeziehung in den Vertrag. In dem Vertrag vereinbarte spezifische Bestimmungen gehen anderslautenden Aussagen der INCOTERMS zudem vor (Ziffer 6 der Einleitung zu den INCOTERMS, abgedruckt bei *Bredow/Seiffert,* INCOTERMS 1990, 109). Sowohl das UN-Kaufrecht wie auch die INCOTERMS eröffnen damit einen großzügigen Freiraum für die inhaltliche Ausgestaltung des Exportvertrages.

Nationales Recht setzt der rechtlichen Gestaltungsfreiheit erst Grenzen, wenn die Gültigkeit der zwischen den Parteien vereinbarten Regelungen in Frage steht, vgl. Art. 4 Satz 2 Buchst. a UN-Kaufrecht (näher hierzu *Piltz,* Internationales Kaufrecht, § 2 Rdnr. 134 ff.). In diesem Sinne ist von dem Regelungsbereich des UN-Kaufrechts namentlich die inhaltliche Überprüfung von Allgemeinen Geschäftsbedingungen ausgenommen (vgl. *Frense,* Grenzen formularmäßiger Freizeichnung im Einheitlichen Kaufrecht, 1992, 44 ff.). Für das Formular wird davon ausgegangen, daß die dort getroffenen Regelungen nicht als Allgemeine Geschäftsbedingungen qualifiziert werden und nicht einer AGB-rechtlichen Inhaltskontrolle unterliegen.

3. **Vertragsmuster.** Muster-Kaufverträge zum UN-Kaufrecht sind – soweit ersichtlich – bislang veröffentlicht bei: *Paetzold,* Muster-Handelskaufvertrag zwischen Verkäufer in Deutschland und Käufer in der Schweiz und Muster-Handelskaufvertrag zwischen Verkäufer in der Schweiz und Käufer in Deutschland, Handelskammer Deutschland-Schweiz, 1991; *Wilhelm,* UN-Kaufrecht, Wien 1993, 61 ff.; *Stadler,* Internationale Lieferverträge, 13 ff.; *Kritzer,* Guide to Practical Applications of the United Nations Convention on Contracts for the International Sale of Goods, Kapitel: Annotated Export Contract, Deventer/Boston, Loseblatt Stand Juli 1994.

Die Wirtschaftskommission der Vereinten Nationen für Europa (englische Abkürzung: ECE) hat in den 50er Jahren „Allgemeine Lieferbedingungen der ECE für den Export von Maschinen und Anlagen" ausgearbeitet. Die ECE-Bedingungen existieren in einer Westfassung (Nr. 188) und in einer Ostfassung (Nr. 574) und werden ergänzt durch Zusatzbestimmungen für Montagen und eine Anlage der deutschen metallverarbeitenden Industrie. Ferner gibt es ECE-Bedingungen auch für andere Erzeugnisse. Die ECE-Bedingungen sind seit Jahrzehnten nicht überarbeitet worden und berücksichtigen insbesondere nicht die durch das UN-Kaufrecht geschaffene neue Rechtslage, obwohl die Rechtswahlklausel nach Ziffer 13.2 der Lieferbedingungen für den Export von Maschinen und Anlagen seit Inkrafttreten des UN-Kaufrechts für den deutschen Exporteur grundsätzlich die Geltung des UN-Kaufrechts zur Folge hat (vgl. *OLG Düsseldorf* NJW-RR 1993, 999 f. und *OLG Köln* RIW 1994, 972).

4. **Vertrag.** Das Formular geht davon aus, daß die für den Vertragsabschluß konstitutiven Angebots- und Annahmeerklärungen unmittelbar in dem Vertragstext zusammenfließen. Diese Lösung hat den Vorzug, daß typische Probleme des Vertragsabschlusses wie insbesondere die abweichende und/oder verspätete Annahmeerklärung, die wirksame Einbeziehung von Allgemeinen Geschäftsbedingungen sowie die Bedeutung konkludenten Verhaltens für den Vertragsabschluß weitestgehend vermieden werden.

In der Praxis kommen jedoch auch andere Gestaltungen vor:
(1) Auf die – häufig in Zusammenarbeit mit dem lokalen Handelsvertreter des Exporteurs erstellte – spezifizierte Bestellung des Kunden (Vertragsangebot) antwortet der Exporteur mit seiner Auftragsbestätigung (Vertragsannahme). In diesem Fall ist mit Sorgfalt darauf zu achten, daß die Vertragsannahme rechtzeitig, Art. 18 Abs. 2 UN-Kaufrecht, erfolgt und den Inhalt der Bestellung ohne wesentliche Abweichungen, Art. 19 Abs. 2 UN-Kaufrecht, wiedergibt. Andernfalls ist der Vertragsabschluß noch nicht perfekt (zum Vertragsabschlußmechanismus nach UN-Kaufrecht vgl. Art. 14 ff. UN-Kaufrecht sowie *Karollus,* UN-Kaufrecht, 54 ff. und *Piltz,* Internationales Kaufrecht, § 3). Aus Sicherheits-

1. Export Contract (Exportvertrag-Maschine)   III.1

gründen sollte sich der Exporteur die Zustimmung des Kunden zu dem Inhalt der Auftragsbestätigung daher unterschriftlich bestätigen lassen.

(2) Zuweilen wird der Vertragsabschluß dadurch eingeleitet, daß der Kunde zunächst ein Proforma-Invoice für die von ihm näher angeführten Waren erbittet, um danach seine Kaufentscheidung zu treffen. Das Proforma-Invoice ist eine Erklärung des Exporteurs, die in Form einer Rechnung für die gewünschte Ware unter der Voraussetzung aufgemacht ist, daß es zu einem Vertragsabschluß kommt, und neben der Bezeichnung der Ware und ihres Preises auch die der Transaktion zugrundezulegenden Liefer- und Zahlungsbedingungen ausweist. Um das Proforma-Invoice nicht als ohne weiteres annahmefähiges Vertragsangebot zu qualifizieren (dahin tendierend Urteil der *Cámara Nacional en lo Comercial – Sala E*, Buenos Aires vom 14. 10. 1993, El Derecho 157 (1994), 129 ff. sowie OLG Stuttgart, zitiert bei *Piltz* NJW 1996, 2770), sollte der Exporteur klarstellen, daß die Bestellung des Kunden auf jeden Fall noch seiner Auftragsbestätigung bedarf. Auf das Proforma-Invoice antwortet der Kunde mit seiner Bestellung (purchase order), die dann anschließend von dem Exporteur bestätigt wird (acknowledgement of order). Die zu der vorherigen Variante angesprochenen Vertragsabschlußproblematiken gelten bei dieser Gestaltung entsprechend.

(3) Der aus dem deutschen Recht bekannte Vertragsabschluß durch Schweigen auf kaufmännisches Bestätigungsschreiben kann unter der Geltung des UN-Kaufrechts nur ausnahmsweise Berücksichtigung finden (*von Caemmerer/Schlechtriem*, Kommentar zum Einheitlichen UN-Kaufrecht, Anm. 4 vor Art. 14–24) und sollte daher im Auslandsgeschäft grundsätzlich nicht praktiziert werden. Auch wenn anstelle des UN-Kaufrechts die Maßgeblichkeit des deutschen BGB/HGB vorgesehen wird, ist das Institut des Schweigens auf kaufmännisches Bestätigungsschreiben im internationalen Geschäftsverkehr wegen des nicht einseitig abdingbaren Art. 31 Abs. 2 EGBGB weitgehend unbrauchbar (vgl. OLG Karlsruhe NJW-RR 1993, 567 ff.).

5. Kaufvertrag. Der Kaufvertrag ist gekennzeichnet durch die Pflicht des Verkäufers zur Lieferung von und zur Eigentumsverschaffung an der Ware und durch die Pflicht des Käufers zur Zahlung in Geld. Nicht behandelt werden demzufolge Kompensationsgeschäfte (vgl. *Füllbier* DB 1992, 977 ff.). Soll ohne Einsatz monetärer Mittel Ware gegen Ware getauscht werden (barter bzw. countertrade), bedarf es umsichtiger Erfassung der sich aus dieser Konstellation zusätzlich ergebenden Rechtsprobleme (vgl. etwa *van Dort*, International Business Lawyer (London) 1989, 366 ff. sowie *Montague,* ebenda, 360 ff.).

Verpflichtet sich hingegen jede Partei in einem eigenen Vertrag zur Lieferung von Ware gegen Bezahlung durch die jeweils andere Partei und werden beide Verträge miteinander verknüpft, liegen zwei gegenläufige, rechtlich miteinander verbundene Verkaufverträge vor (counterpurchase). Die sich für den Exporteur aus der Pflicht zur Abnahme von in der Regel nur schwer absatzfähiger Ware ergebenden Probleme lassen sich relativieren, wenn das Gegengeschäft zeitlich vorgezogen werden kann: Zunächst liefert der ausländische Kunde an den deutschen Exporteur, der sich um den Absatz der Ware bemüht und erzielte Erlöse auf einem Treuhandkonto in der Bundesrepublik Deutschland verwahren läßt. Sobald auf diese Weise genügend Liquidität angesammelt ist, kann das Exportgeschäft umgesetzt werden und der Exporteur erhält Zahlung aus dem Treuhandkonto.

Neben dem eigentlichen Kaufvertrag erfordert die Abwicklung eines Exportgeschäftes den Abschluß einer Reihe weiterer Verträge, die entweder von dem Exporteur oder von dem Käufer mit Transport- und Versicherungsunternehmen, Banken und ggf. weiteren Institutionen, die bei der Durchführung des Kaufvertrages eingeschaltet werden, abzuschließen sind. Die Regelungsinhalte dieser weiteren Verträge ergeben sich jedoch letztlich aus dem Exportvertrag. Daher sollte der Exportvertrag präzise die inhaltlichen Eckpunkte der ergänzend abzuschließenden Verträge vorgeben und mit besonderer Umsicht abgefaßt werden. So erhält etwa der Exporteur, der von dem Käufer ein gegen Vorlage des Konnossementes zahlbares Akkreditiv gestellt bekommt, nur eine vermeintliche Sicherheit für die

Zahlung, wenn der Exportvertrag andererseits vorsieht, daß die Beförderung der Ware von dem Käufer zu veranlassen ist und die Parteien zu diesem Zweck die INCOTERM-Klausel FOB verwenden. Versäumt nun der Käufer, den Transportvertrag rechtzeitig abzuschließen, ist der Exporteur nicht in der Lage, die Ware an Bord des Schiffes zu liefern. Letzteres ist jedoch Voraussetzung dafür, daß der Verkäufer das Konnossement erhält, ohne das wiederum das Akkreditiv nicht genutzt werden kann.

6. Vertragsdatum. Der Vertrag ist in dem Zeitpunkt geschlossen, in dem beide Parteien den Vertrag unterzeichnen oder die in der nachfolgenden Unterzeichnung durch die letzte Partei liegende Annahme des Vertrages wirksam wird, vgl. Art. 23 UN-Kaufrecht. Der Zeitpunkt des Vertragsabschlusses ist in einer Reihe von Vorschriften des UN-Kaufrechts angesprochen (Art. 33 Buchst. c, 35 Abs. 2 Buchst. b und Abs. 3, 42 Abs. 1 und Abs. 2 Buchst. a, 55, 57 Abs. 2, 58 Satz 1 und 3, 71 Abs. 1, 73 Abs. 3, 74 Satz 2, 79 Abs. 1 und 100 Abs. 2) und daher nicht ohne Bedeutung.

7. Käufer. Die zutreffende Bezeichnung der Firma der Käuferin und die exakte Erfassung ihrer Rechtsform ist zum einen im Hinblick auf eventuelle künftige Rechtsstreitigkeiten von Bedeutung. Vor allem braucht der Exporteur diese Angaben aber, um die für die Abwicklung des dokumentären Zahlungsverkehrs vorzulegenden Dokumente (vgl. Anm. 51) so aufmachen zu können, daß sie nicht zurückgewiesen werden (vgl. *Zahn/Eberding/Ehrlich*, Zahlung und Zahlungssicherung im Außenhandel, Rdnr. 2/230, 2/312 und *Nielsen*, Neue Richtlinien für Dokumenten-Akkreditive, Rdnr. 86 ff.).

8. Anschrift des Käufers. Die zutreffende Erfassung der Adresse des Käufers ist zum einen aus den in Anm. 7 wiedergegebenen Gründen erforderlich. Zum anderen muß der Exporteur wissen, unter welcher Anschrift seine Mitteilungen den Käufer erreichen können. Namentlich das für den Verkäufer außerordentlich bedeutsame „Recht der zweiten Andienung" nach Art. 48 Abs. 2 und 3 UN-Kaufrecht (Anm. 26) setzt voraus, daß der Käufer die Aufforderung oder Anzeige des Verkäufers erhalten hat, Art. 48 Abs. 4 UN-Kaufrecht. Gleiches gilt für die Mitteilungen nach Art. 79 Abs. 4 UN-Kaufrecht (Anm. 27) sowie nach Art. 65 Abs. 1 und 2 UN-Kaufrecht (vgl. Anm. 12).

Nachdem es heute in weitem Umfang üblich ist, Nachrichten über Telefax abzusetzen, empfiehlt sich, auch die Telefaxnummer des Käufers unmittelbar in den Vertrag aufzunehmen. Per Telefax versandte Mitteilungen erfüllen zudem das Schriftformerfordernis nach Art. 13 UN-Kaufrecht (vgl. Anm. 104 und *von Caemmerer/Schlechtriem*, Kommentar zum Einheitlichen UN-Kaufrecht, Anm. 2 zu Art. 13). Diese Regel gilt auch im Verhältnis zu den Staaten, die hinsichtlich der förmlichen Erfordernisse des Kaufvertrages den Vorbehalt nach Art. 96 UN-Kaufrecht erklärt haben und nach ihrem nationalen Recht die Einhaltung der Schriftform vorschreiben (*Staudinger/Magnus*, Wiener UN-Kaufrecht, Anm. 8 zu Art. 13).

Je nach Lage des Falles mag es angebracht sein vertraglich vorzusehen, daß Anschriftenänderungen erst wirksam werden, wenn der anderen Partei hiervon Kenntnis gegeben worden ist, etwa: „All notices of change of either address or telecopier number, or both, shall only be effective upon the actual receipt by the party to whom such notice of change of address or telecopier number, or both, is being given in writing.".

Läßt sich absehen, daß zur Durchführung des Vertrages weitere, rechtserhebliche Erklärungen an den Käufer zu richten sind, kann sich empfehlen, in dem Vertrag die Bestellung von inländischen Zustellungsbevollmächtigten vorzusehen oder zu vereinbaren, daß Zustellungen an die letzte mitgeteilte Anschrift als wirksam zugegangen gelten. Zustellungsregelungen dieser Art liegen namentlich nahe, wenn der Vertragspartner in einem Land ansässig ist, das nicht über ein ohne weiteres zugängliches und ausgebautes Melde- und Registerwesen verfügt. Nach dem dem Formular zugrundegelegten Sachverhalt (Anm. 1) besteht keine Notwendigkeit für weitergehende Vorkehrungen, da der Zahlungsanspruch des Verkäufers durch ein Akkreditiv gesichert wird (Anm. 2 und 45).

1. Export Contract (Exportvertrag-Maschine) III.1

9. Präambel. Nach anglo-amerikanischer Übung wird dem eigentlichen Vertragstext eine Präambel, die sogenannten „Recitals" vorangestellt. Diese Aufmachung findet sich häufig auch im internationalen Geschäftsverkehr. Auch die Verordnungen und Richtlinien der Kommission der Europäischen Union werden durchgängig mit vergleichbaren Erwägungsgründen eingeleitet.

In der Präambel wird üblicherweise die Ausgangssituation/Geschäftsgrundlage geschildert, aus der heraus die Parteien den Vertrag abschließen. Zwar besteht nach dem UN-Kaufrecht keine rechtliche Notwendigkeit, eine Präambel zu formulieren. Wird jedoch auf diese Übung zurückgegriffen, sind die dort niedergelegten Erklärungen für die Auslegung des Vertrages nicht ohne Bedeutung (vgl. *Berg*, Drafting Commercial Agreements, 53 ff.). Je nach den Gegebenheiten mag sich daher empfehlen, weitere Angaben in die Präambel aufzunehmen, die zum Verständnis des Hintergrunds des Vertrages von Bedeutung sind.

10. Consideration. Nach anglo-amerikanischen Common Law bleibt ein nicht „under seal", also nicht in gesiegelter Urkunde erklärtes Leistungsversprechen wirkungslos, wenn die andere Vertragspartei nicht eine „consideration" abgibt (näher hierzu *Zweigert/Kötz*, Einführung in die Rechtsvergleichung auf dem Gebiete des Privatrechts, Band II, 2. Aufl., 84 ff.). Sofern nicht ein nach Art. 96 UN-Kaufrecht erklärter Vorbehalt zu beachten ist, gilt nach Art. 11, 29 UN-Kaufrecht für den Abschluß und die Änderung von UN-Kaufverträgen jedoch der Grundsatz der Formfreiheit. Insoweit bedarf es daher auch nicht der anglo-amerikanischen „consideration" (*Herber/Czerwenka*, Internationales Kaufrecht, Anm. 2 zu Art. 29). In dem Formular wird der Begriff gleichwohl verwandt, da diese Art der Formulierung im internationalen Geschäftsverkehr gern praktiziert wird. Wer es einfacher halten möchte, mag texten: „NOW THEREFORE, the parties have agreed as follows: ……".

11. Vertragsprodukte. Funktion der kommentierten Bestimmung ist es, die von dem Exporteur zu liefernde Ware nach Art, Anzahl und Eigenschaften positiv zu umschreiben. An den hierzu getroffenen Absprachen wird später gemessen, ob der Exporteur seiner Lieferpflicht nachgekommen und ob die gelieferte Ware vertragsgemäß ist (vgl. Anm. 61). Sowohl Art. 35 Abs. 1 UN-Kaufrecht wie auch die INCOTERMS (A.1 der Erläuterungen zu der jeweiligen Klausel) verweisen zur Umschreibung des Vertragsgegenstandes auf die vertraglichen Absprachen der Parteien.

Unklarheiten hinsichtlich der Bestimmung des Vertragsgegenstandes, die ihre Ursache häufig in einem unterschiedlichen Vorverständnis und in unbewußt divergierenden, bei den Vertragsverhandlungen jedoch nicht näher angesprochenen Vorstellungen der Parteien über die Ware haben, führen nicht selten zu Streitigkeiten (*Allmendinger*, Gestaltung von Liefer- (Kauf-) Verträgen im Auslandsgeschäft (Sonderreihe der Bundesstelle für Außenhandelsinformation), 1984, 7). Je präziser und umsichtiger die Parteien die Angaben zu dem Vertragsgegenstand formulieren, um so weniger bieten sich daher später Ansätze für Meinungsunterschiede.

Sehr nützlich und hilfreich erweist sich etwa die von der Arbeitsgruppe Dialog Textil-Bekleidung in verschiedenen Sprachen erarbeitete Produkt-Info für Stoffe. Auf Formblättern sind die in der Praxis wesentlichen Eigenschaften von Stoffen systematisch zusammengestellt. Weitgehend durch bloßes Ankreuzen und im übrigen durch Einfügen kurzer Ergänzungen läßt sich so unter Verwendung des Formblattes der zu liefernde Stoff hinsichtlich aller wesentlichen Charakteristika präzise umschreiben.

12. Kaufgegenstand. Die heute weitgehend eingesetzte, computergestützte Schreibtechnik gestattet es ohne großen Aufwand, die konkrete Beschreibung des Kaufgegenstandes unmittelbar in den eigentlichen Vertragstext aufzunehmen. Gegenüber der Verweisung auf Anlageblätter erfordert diese Vorgehensweise ein neuerliches Durchdenken der Warenbeschreibung und schafft damit ein Filter gegenüber einem unbemerkten Einfließen von Aussagen, die in für allgemeine Darstellungszwecke aufgemachten Beilagen enthalten sind, sich für den konkreten Sachverhalt jedoch nicht eignen. Auch unterbindet der Exporteur mit dieser Vorgehensweise jede Argumentation des Käufers, bestimmte Anlagen mit für den Exporteur wichtigen Aussagen seien dem Vertrag nicht beigefügt gewesen. Soll gleichwohl zur Beschreibung des Kaufgegenstandes auf eine Anlage verwiesen werden, kann formuliert werden: „The rotary-tablemachine type no. RHO 105 is detailed in Schedule 1 to this Contract of Sale, which is an integral part of this Contract of Sale.".

Die nähere Umschreibung des Kaufgegenstandes hängt von den Umständen jedes Einzelfalles ab und kann für das Formular nicht näher vorgegeben werden. Bei dem zugrundegelegten Sachverhalt empfehlen sich neben einer zusammenfassenden Beschreibung der Maschine bzw. ihrer Teilaggregate und ihrer Funktion und Ausstattung namentlich Angaben zu technischen Daten, wie etwa: Arbeitsbreite, Arbeitshöhe, Arbeitsgeschwindigkeit, Arbeitsleistung, Werkstückstärke, Motorleistung, Druckleistung, Luftverbrauch, Energieverbrauch, Maschinengewicht, Maschinenabmessungen, Lackierung usw.

Besondere Sorgfalt ist bei der Verwendung von Maßen und Gewichten angebracht. So sind etwa der Rauminhalt des amerikanischen „barrel" und der amerikanischen „gallon" nicht identisch mit ihren englischen Synonymen.

Sieht der Vertrag vor, daß der Käufer bestimmte Merkmale der zu liefernden Ware zu späterem Zeitpunkt erst noch bestimmen soll („to be specified by the Buyer in due time"), eröffnet Art. 65 UN-Kaufrecht dem Verkäufer die Möglichkeit, diese Spezifikation selbst vorzunehmen, wenn der Käufer seiner Bestimmungspflicht nicht nachkommt. Das Recht des Verkäufers zur Selbstspezifikation nach Art. 65 UN-Kaufrecht ist jedoch nicht ohne Risiken (näher hierzu *Piltz*, Internationales Kaufrecht, § 4 Rdnr. 31). Hinzu kommt, daß der Verkäufer unter Umständen Gefahr läuft, wegen der ausbleibenden Mitwirkung des Käufers nicht rechtzeitig vor Verfall des Akkreditivs (Anm. 49) die zu seiner Auszahlung erforderlichen Dokumente präsentieren zu können. Zur Reduzierung dieses Risikos kann formuliert werden: „If the specifications to be made by the Buyer in relation to ...... do not reach the Seller before (Datum) the Seller will carry these out having regard to its own interests and the identifiable and legitimate interests of the Buyer. The Seller does not undertake to inform the Buyer of the specification it has made or to give the Buyer the option of a differing specification.".

13. Software. Nach Art. 1 Abs. 1 gilt das UN-Kaufrecht für Kaufverträge über Waren und erfaßt mit diesem Begriff nach h.A. vorbehaltlich der Abgrenzung nach Art. 3 UN-Kaufrecht auch Computersoftware (*Diedrich* RIW 1993, 441 ff. sowie *Brandi-Dohrn*, Gewährleistung bei Hard- und Softwaremängeln, 5). Wenig erörtert ist bislang, ob die Lieferung von Software überhaupt einen Kaufvertrag im Sinne des UN-Kaufrechts darstellt, wenn die Software urheberrechtlich geschützt ist und der Käufer demzufolge keine uneingeschränkte Verfügungs- und Verwertungsbefugnis erlangt.

Möchte der Verkäufer die Software nicht verkaufen (vgl. Art. 2.1 Satz 1 des Formularvertrages), sondern dem Käufer lediglich lizenzweise zur Verfügung stellen, sollte anstelle von Art. 1.3 des Formulars die Überlassung der Software in einem eigenen Artikel oder gar in einem eigenen Vertrag geregelt werden (vgl. hierzu Formular VI. 2. sowie *Stumpf/Groß*, Der Lizenzvertrag, 6. Aufl., 621 ff.). Für den Verkäufer mag etwa von Bedeutung sein, dem Käufer jede Nutzung und Verwertung der Software ohne unmittelbaren Zusammenhang mit der gelieferten Maschine zu untersagen. In dem Exportvertrag kann dann getextet werden: „The Seller hereby grants to the Buyer the right to obtain a non-transferable licence to operate the rotary-tablemachine type no. RHO 105. The terms and conditions of such a licence shall be separately negotiated and agreed upon".

14. Anleitungen. Anleitungen zur Installation, Wartung und Bedienung der Maschine sind Teil der zu liefernden Ware und unterliegen daher anders als die in Art. 34 UN-Kaufrecht angesprochenen Dokumente den für vertragswidrige Waren zu beachtenden Untersuchungs- und Rügeobliegenheiten (vgl. *Piltz*, Internationales Kaufrecht, § 4 Rdnr. 77 mit Hinweisen zu abweichenden Meinungen).

1. Export Contract (Exportvertrag-Maschine) III.1

15. Ersatzteile. Können die von dem Verkäufer zu liefernden Ersatzteile zum Zeitpunkt des Vertragsabschlusses noch nicht im einzelnen bezeichnet werden und wird demzufolge vorgesehen, daß die Parteien sich hierüber noch abzustimmen haben („...... to be agreed upon by the parties in due time"), hängt die weitere Durchführung des Vertrages teilweise noch von dem Verhalten des Käufers ab. Oberstes Anliegen des Exporteurs muß es jedoch sein, den Kaufvertrag soweit als eben möglich durchführen und die für die Inanspruchnahme des Akkreditivs erforderlichen Dokumente beschaffen zu können, ohne daß es hierzu weiterer Mitwirkungshandlungen des Käufers bedarf. Andernfalls riskiert der Verkäufer die mit der Gestellung des Akkreditivs bezweckte Absicherung seines Zahlungsanspruches (Anm. 45). Im Hinblick auf eine noch vorzunehmende Benennung der zu liefernden Ersatzteile hilft auch Art. 65 UN-Kaufrecht (Anm. 12) kaum weiter. In solcher Situation empfiehlt es sich daher, die noch nicht endgültig spezifizierten Ersatzteile aus dem vorliegenden Vertrag ganz herauszunehmen und zum Gegenstand eines eigenständigen Kaufvertrages zu machen.

16. Lieferung und Eigentumsübertragung. Die Pflicht des Verkäufers zur Lieferung der Ware und zur Übertragung des Eigentums an ihr ist die den Typus Kaufvertrag charakterisierende Aufgabe des Verkäufers (näher hierzu *Piltz*, Internationales Kaufrecht, § 2 Rdnr. 26 ff.). Mit der Aussage in Art. 2.1 Satz 1 des Formularvertrages werden die Grundlage für die rechtliche Qualifizierung des Vertrages als Kaufvertrag und damit für die Anwendung des UN-Kaufrechts gelegt und die Hauptleistungspflichten des Verkäufers positiv umschrieben. Aus der positiven Formulierung kann gefolgert werden, daß der Exporteur zu in der Klausel nicht angesprochenen Tätigkeiten, die über die Lieferung und Eigentumsverschaffung hinausgehen, nicht ohne weiteres verpflichtet ist. Zur zusätzlichen – negativen – Klarstellung sind in Art. 2.1 Satz 2 des Formulars einzelne Tatbestände angesprochen, die nicht dem Pflichtenkreis des Verkäufers zuzurechnen sind.

Das UN-Kaufrecht enthält keine dem § 314 BGB vergleichbare Bestimmung. Andererseits ersetzt das UN-Kaufrecht innerhalb seines Anwendungsbereiches das nationale, unvereinheitlichte Recht des BGB, so daß unter der Geltung des UN-Kaufrechts ein Rückgriff auf § 314 BGB verschlossen ist (vgl. *Piltz*, Internationales Kaufrecht, § 2 Rdnr. 114 ff., 125; a. A. ohne Begründung *Stadler* Internationale Lieferverträge, 22). Zur Vermeidung nationalrechtlich eingefärbter Interpretationen des UN-Kaufrechtes sollte daher herausgestellt werden, daß der Verkäufer zur Lieferung nicht ausdrücklich bezeichneten Zubehörs nicht verpflichtet ist.

Die im deutschen, unvereinheitlichten Recht von der Rechtsprechung entwickelten und für den Verkäufer folgenreichen Pflichten zur Beratung und Aufklärung (vgl. *Thamm/Pilger* BB 1994, 729 ff.) verlieren unter der Geltung des UN-Kaufrechts zwar an Bedeutung (vgl. *Staudinger/Magnus,* Wiener UN-Kaufrecht, Anm. 35 zu Art. 35). Gleichwohl empfiehlt sich die vorgeschlagene Klarstellung, wenn der Exporteur die weiteren Gründe und Motive des Käufers für den Erwerb der Vertragsprodukte nur ansatzweise erfährt und nicht eine über den Verkauf hinausgehende gezielte Beratung unternimmt. Sie ergänzt zugleich die Regelung in Art. 4.3 des Formularvertrages.

Je nach Lage des Falles kann angeraten sein auch vorzusehen, daß der Verkäufer – jedenfalls aufgrund des vorliegenden Vertrages – nicht zur Montage bzw. Aufstellung der gelieferten Maschine, nicht zu ihrer Inbetriebnahme und nicht zur Einweisung oder sonstiger zusätzlicher technischer Hilfe verpflichtet ist, etwa: „The Seller is not obliged to assist the Buyer at installation and starting up of the Contract Products or to render additional instructions or technical assistance.".

17. Liefer-Handlung. Die Lieferung besteht in der Vornahme der gebotenen Liefer-Handlung am rechten Ort (Anm. 18) und zur rechten Zeit (zur Lieferzeit vgl. Art. 3 des Formularvertrages). Während nach § 433 Abs. 1 BGB der Verkäufer stets verpflichtet ist, die Kaufsache dem Käufer zu übergeben, differenzieren sowohl das UN-Kaufrecht wie auch die INCOTERMS im Hinblick auf die dem Verkäufer obliegende Liefer-Handlung:

III.1

Bei Vereinbarung der Klauseln FCA, FAS, FOB, CFR, CIF, CPT und CIP hat der Verkäufer die Ware zu übergeben, bei Geltung der übrigen Klauseln hingegen hat der Verkäufer die Ware lediglich zur Verfügung zu stellen (A.4 der Erläuterungen zu der jeweiligen Klausel, abgedruckt bei *Bredow/Seiffert,* INCOTERMS 1990, 105 ff.). Außerhalb der INCOTERMS sieht Art. 31 Buchst. a UN-Kaufrecht für den Fall des Beförderungskaufs (Anm. 21) vor, daß der Verkäufer die Ware zu übergeben hat, in den Fällen des Art. 31 Buchst. b und c UN-Kaufrecht hat der Verkäufer die ihm obliegende Liefer-Handlung dagegen erfüllt, wenn die Ware bloß zur Verfügung gestellt ist. Während die Lieferung durch Übergabe („handing over to ......" oder „delivering into the custody of ......") voraussetzt, daß der Käufer oder eine autorisierte Empfangsperson den Gewahrsam an der Ware erlangt, erfüllt der Verkäufer die Liefer-Handlung des Zurverfügungstellens („placing at the Buyer's disposal") bereits, wenn er alles getan hat, damit der Käufer die Ware in Besitz nehmen und abtransportieren kann (näher hierzu *Piltz,* Internationales Kaufrecht, § 4 Rdnr. 13 ff.).

Mit der in dem Formular verwandten FCA-Klausel ist die Art der von dem Exporteur vorzunehmenden Liefer-Handlung daher präzisiert (vgl. Anm. 20 (4)). Die dem Verkäufer danach obliegende Pflicht, die Ware in den Gewahrsam des Beförderers zu übergeben, trägt dem Umstand Rechnung, daß der Käufer aufgrund der räumlichen Entfernung nicht selbst für seine Interessen sorgen kann (vgl. *Staub/Koller,* HGB-Großkommentar, Anm. 662 vor § 373 HGB).

18. Lieferort. Sowohl die INCOTERMS wie auch das UN-Kaufrecht sehen unterschiedliche Lieferort-Varianten vor. Der Lieferort kennzeichnet in aller Regel die Schnittstelle, an der über die bloße Gefahrtragung hinaus in einem weiteren Sinn die Verantwortung für die Ware von dem Verkäufer auf den Käufer übergeht. Im Exportgeschäft kommt dem Lieferort ganz besondere Bedeutung zu, da nicht nur größere Entfernungen als im Inlandsgeschäft zu überwinden sind, sondern zusätzliche, aus dem reinen Inlandsgeschäft gar nicht bekannte Risikobereiche (Exportgenehmigungen, Importgenehmigungen, Lizenzen und Meldepflichten; Steuern und Zölle (Erklärungs- und Zahlungspflichten); Beförderungsverantwortung und Transportrisiken; Gebühren, Urkunden, Dokumente usw.) aufkommen. Diese Risikobereiche müssen im Verhältnis zwischen Exporteur und Käufer letztlich einer der beiden Parteien zugeordnet werden. Soweit der Exportvertrag keine besonderen Absprachen vorsieht, wird die Zuordnung in weitem Umfang über den Lieferort gesteuert (vgl. *Staub/Koller,* HGB-Großkommentar, Anm. 661 vor § 373 HGB; vgl. ferner *von „Caemmerer/Schlechtriem/Huber,* Kommentar zum Einheitlichen UN-Kaufrecht, Anm. 87 ff. zu Art. 87).

Vorbehaltlich individueller Absprachen wie etwa der Vereinbarung einer Bringschuld („frei Haus") oder beachtlicher Gebräuche oder Gepflogenheiten, vgl. Art. 9 UN-Kaufrecht, bieten das UN-Kaufrecht und die INCOTERMS folgende Lieferort-Varianten an:
- EXW sowie Art. 31 b und c UN-Kaufrecht: Niederlassung des Verkäufers bzw. Lage- oder Herstellungsort der Ware;
- FAS, FCA, FOB: Ort der Übergabe der Ware an dem von dem Käufer auf eigene Kosten bestellten Hauptfrachtführer;
- Art. 31 a, 32 Abs. 2 UN-Kaufrecht: Ort der Übergabe der Ware an den von dem Exporteur auf Kosten des Käufers bestellten Hauptfrachtführer;
- CFR, CIF, CPT, CIP: Ort der Übergabe der Ware an den von dem Verkäufer auf eigene Kosten bestellten Hauptfrachtführer;
- DAF, DES, DEQ, DDU, DDP: Bestimmungsort des Haupttransportes.

Mit fortschreitender Stufe nimmt die Verantwortung des Exporteurs zu. Die Entscheidung für eine der Lieferort-Varianten hat daher nicht nur eine kaufmännische, sondern insbesondere auch eine juristische Dimension. In dem Formular wird davon ausgegangen, daß die Parteien sich auf die Liefermodalitäten der FCA-Klausel (Anm. 19) verständigt haben. Wenn die Parteien eine andere Klausel absprechen oder ohne Verwendung einer INCOTERM lediglich den Lieferort bezeichnen, werden daher weitergehende Anpassun-

1. Export Contract (Exportvertrag-Maschine) III.1

gen bzw. Ergänzungen des Exportvertrages auch an anderen Stellen erforderlich, deren Ausmaß letztlich von der gewählten Lieferort-Variante und der konkret beabsichtigten Zuordnung der einzelnen Risikobereiche abhängt (vgl. Anm. 29 ff.).

19. FCA. Die in den INCOTERMS 1990 neu aufgearbeitete FCA-Klausel (free carrier – frei Frachtführer) ist anders als die vergleichbaren Klauseln FAS und FOB für jede Transportart einschließlich der multimodalen Beförderung geeignet. Wie bei FAS und FOB schließt grundsätzlich der Käufer den Transportvertrag ab. Anders als bei FAS und FOB kann unter bestimmten Voraussetzungen jedoch auch der Verkäufer den Transportvertrag auf Kosten und Gefahr des Käufers eingehen. Mit der Übergabe der Ware an den Frachtführer des Haupttransportes gehen Gefahr und Kosten auf den Käufer über (Anm. 20).

Grundsätzlich empfiehlt es sich, bei Verwendung der FCA-Klausel außer dem Lieferort (Anm. 18) auch die Transportart festzulegen, damit der Verkäufer in der Lage ist, sich entsprechend einzurichten, namentlich die Ware transportgerecht zu verpacken (vgl. Anm. 34; *Bredow/Seiffert*, INCOTERMS 1990, 34). Mit der in dem Formular verwandten Formulierung ist klargestellt, daß der Verkäufer die Ware dem Seefrachtführer im Seehafen Hamburg bzw. dem dort für den Seefrachtführer handelnden Betreiber eines Containerterminals zu übergeben hat (*Bredow/Seiffert*, INCOTERMS 1990, 33). Die Transportart kann auch unmittelbar formuliert werden (etwa: „FCA Bahn Gütersloh"). Die Angabe der Beförderungsart ist bei der FCA-Klausel jedoch nicht zwingend notwendig. Vereinbaren die Parteien etwa lediglich „FCA Hamburg" kann der Käufer unter den in Hamburg verfügbaren Transportarten die von ihm favorisierte durch Benennung eines entsprechenden Frachtführers wählen.

Der Zusatz „FCL" (Full Container Load) besagt, daß die Ware in einem – oder mehreren – Container geliefert wird und der Container nicht auch noch Ware enthält, die nicht Gegenstand des konkreten Vertrages, sondern für einen anderen Adressaten bestimmt ist. Wenn die Ware nicht eine volle Containerladung ausmachen oder nicht in einen Container verladen werden soll, wird „LCL" (Less than Container Load) formuliert (A.4. IV. der Erläuterungen zu der FCA-Klausel, abgedruckt bei *Bredow/Seiffert*, INCOTERMS 1990, 130 sowie 40 ff.). Die Absprache „FCL" oder „LCL" ist namentlich im Hinblick auf die weitere Behandlung der Ware am Bestimmungsort wesentlich und sollte daher zwischen Exporteur und Käufer abgestimmt werden.

In der Vorbemerkung der Erläuterungen zu der FCA-Klausel ist herausgestellt, daß Frachtführer ist, wer sich durch einen Beförderungsvertrag verpflichtet, die Beförderung entweder selbst durchzuführen oder durch einen Unterfrachtführer ausführen zu lassen. Typisches Merkmal des Transportvertrages ist die Verpflichtung des Beförderers, die Verantwortung für die Verbringung der Ware zu dem jeweiligen Bestimmungsort zu übernehmen. Dieses Merkmal unterscheidet den Frachtführer vom Spediteur, der lediglich die Transportausführung durch Dritte besorgt, § 407 HGB. Weist der Käufer den Verkäufer jedoch an, die Ware an eine Person, die nicht Frachtführer ist, zu liefern, erfüllt der Verkäufer nach der FCA-Klausel seine Lieferverpflichtung durch Übergabe der Ware in die Obhut dieser Person (einleitende Erläuterungen zu der FCA-Klausel, abgedruckt bei *Bredow/Seiffert*, INCOTERMS 1990, 127).

20. INCOTERMS. Die Revision 1990 hat zu einer grundsätzlichen Überarbeitung der INCOTERMS geführt (vgl. Anm. 99). Die INCOTERMS sind nunmehr – auch äußerlich durch entsprechende Anfangsbuchstaben gekennzeichnet – in vier Gruppen eingeteilt. Zudem sind die Erläuterungen zu den INCOTERMS jetzt identisch gegliedert, so daß die jeweiligen Verkäufer- und Käuferpflichten in symmetrischer Aufbereitung unter je zehn, immer gleichen Überschriften dargestellt werden. Auf diese Weise wird der Vergleich und die Entscheidung für die Auswahl einer der Klauseln erheblich erleichtert.

Nach Kosten- und Risikotragung differenzierend steigt die Verantwortung des Exporteurs von der E- über die F- und die C- bis zu den D-Klauseln immer weiter an, während in gleichem Maße der Käufer entlastet wird:

– EXW (Abhol-Klausel): Der Käufer hat die Ware bei dem Verkäufer abzuholen.
– F- (Versendungs-) Klauseln: Der Käufer bestellt und bezahlt den Hauptfrachtführer, Kosten und Gefahr gehen grundsätzlich mit Übergabe der Ware an den Hauptfrachtführer auf den Käufer über.
– C- (Zweipunkt-) Klauseln: Der Verkäufer hat zwar den Haupttransport auf eigene Kosten abzuschließen, die Gefahr geht jedoch bereits mit Übergabe der Ware an den Hauptfrachtführer auf den Käufer über.
– D- (Ankunfts-) Klauseln: Der Verkäufer übernimmt die Kosten und Risiken der Beförderung der Ware bis zu dem bezeichneten Bestimmungsort.

Zwischen den Klauseln innerhalb jeder Gruppe bestehen weitere Unterschiede, etwa im Hinblick auf die Erledigung von Formalitäten, die Versicherung, die Zollfreimachung usw.. Die Klauseln FAS, FOB, CFR, CIF, DES und DEQ sind nur für den Schiffstransport gedacht, während die sonstigen Klauseln für alle Transportarten unter Einschluß auch der Schiffsbeförderung einsetzbar sind. Zuweilen sind staatliche Vorgaben zu beachten, die namentlich aus devisenrechtlichen Gründen etwa für – aus Sicht des ausländischen Käufers gesehen – Importe den Abschluß auf E- oder F-Basis vorschreiben. Ansonsten sind die Parteien frei, die für ihre Zwecke geeignet erscheinende INCOTERM zu wählen (näher hierzu *Bredow/Seiffert*, INCOTERMS 1990, 20 ff.). Die Klauselinhalte sind zudem sämtlichst dispositiv (Ziffer 6 der Einleitung zu den INCOTERMS, abgedruckt bei *Bredow/Seiffert*, INCOTERMS 1990, 109), so daß auch bei Verwendung von INCOTERMS die kaufvertraglichen Pflichten der Parteien ganz auf den jeweiligen Einzelfall zugeschnitten werden können.

Nachstehend wird in erster Linie die dem Formular zugrundeliegende FCA-Klausel erläutert. Zusätzlich werden unter der zugehörigen Überschrift Parallelen oder wesentliche Abweichungen zu anderen Klauseln angesprochen (näher hierzu vgl. *Bredow/Seiffert*, INCOTERMS 1990 und *Schneider* RIW 1991, 91 ff.):

(1) A.1/B.1: In allen INCOTERMS findet sich in identischer Weise die Aussage, daß der Verkäufer verpflichtet ist, die Ware in Übereinstimmung mit dem Kaufvertrag zu liefern und die Handelsrechnung zu erbringen, und der Käufer verpflichtet ist, den Kaufpreis vertragsgemäß zu zahlen. Die nähere Ausgestaltung dieser Pflichten bleibt dem jeweiligen Exportvertrag vorbehalten (vgl. Anm. 11 und Anm. 39).

(2) A.2/B.2: Unter diesem Gliederungspunkt ist durchgängig geregelt, welche Partei des Exportvertrages sich um vor allem aufgrund öffentlichen Rechts erforderliche Lizenzen, Bewilligungen und Genehmigungen zu kümmern hat und für die Zollformalitäten verantwortlich ist. Bei der FCA-Klausel liegt in diesem Sinne die Verantwortung für die Ausfuhr bei dem Verkäufer, wohingegen die Einfuhr und ggf. die Durchfuhr durch ein drittes Land Sache des Käufers ist. Der FCA-Exporteur schuldet demzufolge exportfreie Ware. Lediglich bei der EXW- und der FAS-Klausel ist der Verkäufer nicht einmal dafür verantwortlich. Das Gegenstück auf Käuferseite sind die DEQ- und DDP-Klauseln, die die gesamte Verantwortung dem Exporteur zuschlagen, während bei allen sonstigen INCOTERMS der Käufer auf jeden Fall für die Importfreimachung verantwortlich ist. Lizenzen, Genehmigungen und Formalitäten sowie Zollangelegenheiten, die bei der Durchfuhr durch ein drittes Land anfallen, sind ausgenommen die D-Klauseln immer Sache des Käufers.

(3) A.3/B.3: Der Abschluß des Vertrages über die Beförderung der Ware von dem benannten Ort ist bei den F-Klauseln grundsätzlich Pflicht des Käufers. Nach dem Formular ist der Seefrachtvertrag demzufolge von dem Käufer einzugehen. Bei der FCA-Klausel kann jedoch auch der Exporteur den Beförderungsvertrag auf Kosten und Gefahr des Käufers abschließen, wenn der Käufer dies verlangt oder es der Handelspraxis entspricht und der Verkäufer nicht ablehnt (vgl. Anm. 21). Die C- und D-Klauseln hingegen sehen vor, daß der Verkäufer grundsätzlich selbst und auf eigene Kosten zum Abschluß des Transportvertrages verpflichtet ist. Bei Verwendung von CIF oder CIP besteht zusätzlich die Pflicht des Exporteurs, die Ware im Interesse des Käufers zu 110% des Kaufpreises gegen Verlust zu versichern. Die Versicherung muß die Mindestdeckung der Institute

1. Export Contract (Exportvertrag-Maschine) III.1

Cargo Clauses des Institute of London Underwriters oder eines ähnlichen Bedingungswerkes erfüllen. Zu weitergehenden Versicherungen über den Bereich der CIF- oder CIP-Klausel hinaus bedarf es hingegen besonderer Absprachen.

(4) A.4/B.4: Die Lieferung erfolgt bei den F- und C-Klauseln durch Übergabe und bei den E- und D-Klauseln durch Zurverfügungstellung an dem bezeichneten Ort (Anm. 17 und Anm. 18). Nach der in dem Formular verwandten FCA-Klausel hat der Exporteur die Ware in Hamburg dem Frachtführer oder seinem Beauftragten, etwa dem ein Containerterminal betreibenden Kaibetrieb, zu übergeben. Bei entsprechender Weisung des Käufers kann auch die Übergabe an einen Spediteur ausreichen (Anm. 19). Da es sich bei der FCA-Klausel ebenso wie bei FOB und FAS um Versendungsklauseln handelt, kann der Abgangsort des Transportes (Hamburg) nicht in dem Bestimmungsland liegen. Im übrigen differenzieren die Erläuterungen zu der FCA-Klausel im Hinblick auf die Lieferpflichten des Exporteurs danach, auf welche Art und Weise die Ware transportiert wird, und sehen für jede Transportart ausführliche Modalitäten vor. Die FCA-Klausel trägt namentlich den Abwicklungsmechanismen des Containerverkehrs Rechnung.

(5) A.5/B.5: Der Gefahrübergang ist in allen Klauseln grundsätzlich in Anlehnung an die Lieferung geregelt. Auch bei den C-Klauseln geht ungeachtet der Tatsache, daß der Verkäufer die Kosten des Haupttransports selbst zu tragen hat, die Gefahr bereits mit der Übergabe an den Beförderer des Haupttransports über, so daß der Exporteur im Hinblick auf die Lieferung keine weiteren Pflichten jenseits dieser Zäsur übernehmen sollte. Formulierungen wie „CFR arrival New York not later than ......" bleiben daher letztlich unklar (vgl. RIW 1985, 328 f.) und sind zu vermeiden.

(6) A.6/B.6: Ebenso wie für den Gefahrübergang (Anm. 20 (5)) ist auch für die Tragung von Kosten, Zöllen, Steuern und sonstigen öffentlichen Abgaben die maßgebliche Schnittstelle grundsätzlich der Lieferort (Anm. 20 (4)). Nach der in dem Formular gewählten Klausel FCA hat der Exporteur daher alle bis zur Übergabe des Containers an den Frachtführer oder seinen Beauftragten in Hamburg anfallenden Kosten zu übernehmen. Dazu zählen auch die Kosten der Containergestellung, während die Kosten für die Behandlung des Containers im Hafenterminal (Terminal Handling Charges – THC) bereits zu Lasten des Käufers gehen. Soll nach den Vorstellungen der Parteien der Exporteur auch diese Kosten tragen, kann die FCA-Klausel entsprechend ergänzt werden: „terminal handling charges on Seller's account" (näher hierzu *Bredow/Seiffert*, INCOTERMS 1994, 47 f.). Bei FCA- und FOB-Geschäften hat der Verkäufer die bei der Ausfuhr anfallenden Abgaben auch dann zu tragen, wenn sich der Lieferort (Ort der Übergabe an den Hauptfrachtführer) wie in dem Formular vorgesehen im Inland befindet. Auf diese Weise wird die Zuordnung der Abgaben der Verantwortung für die Besorgung der Lizenzen, Genehmigungen und Zollformalitäten (Anm. 20 (2)) gleichgeschaltet. Bei den C-Klauseln obliegen dem Verkäufer gleichermaßen die bei der Ausfuhr anfallenden Zölle, Steuern und sonstigen öffentlichen Abgaben sowie darüber hinaus die Kosten des üblichen Transportes an den vereinbarten Bestimmungsort und bei CIF- und CIP-Geschäften zusätzlich die Kosten der von dem Exporteur einzugehenden Versicherung (Anm. 20 (3)). Ungewöhnliche Kosten des Transports hingegen wie etwa Umleitungen infolge kriegerischer Ereignisse gehen zu Lasten des Käufers. Unter der Geltung der DEQ- und DDP-Klauseln hat der Exporteur auch die bei der Einfuhr anfallenden Abgaben und Kosten zu tragen. Die bei der Durchfuhr durch ein drittes Land erhobenen Zölle, Steuern und sonstigen Abgaben obliegen grundsätzlich dem Käufer, bei Geschäften mit D-Klauseln hingegen dem Exporteur.

(7) A.7/B.7: Sämtliche Klauseln sehen Benachrichtigungen vor, die zwischen den Parteien des Kaufvertrages zu erfolgen haben. Im Falle der dem Formular zugrundeliegenden FCA-Klausel hat der Käufer dem Exporteur insbesondere den Namen des Frachtführers sowie die genaue Stelle und den Zeitpunkt für die Anlieferung der Ware mitzuteilen. Ohne diese Instruktionen kann der Exporteur seine Lieferpflicht nicht erfüllen, es sei denn, daß die Auswahl und Beauftragung des Frachtführers von dem Exporteur vorgenommen wird (Anm. 20 (3) und Anm. 21). Der Exporteur wiederum hat den Käufer von der erfolgten

oder nicht erfolgten Übergabe der Ware an den Frachtführer zu informieren (vgl. Anm. 22).

(8) A.8/B.8: Der Exporteur hat – soweit handelsüblich – das übliche Dokument zum Nachweis der Lieferung (Anm. 20 (4)) zu beschaffen oder, wenn der Liefernachweis nicht in dem Transportdokument besteht, den Käufer bei der Beschaffung eines Transportdokuments zum Beförderungsvertrag zu unterstützen. Bei der dem Formular zugrundeliegenden FCA-Lieferung eines FCL-Containers erhält der Verkäufer bei Übergabe des Containers eine Empfangsbestätigung (terminal- oder interchange-receipt), so daß der Exporteur diese Bescheinigung an den Käufer weiterreichen müßte, damit dieser das eigentliche Transportdokument (Konnossement oder Seefrachtbrief) erhält. Die Pflicht zur Beschaffung von Dokumenten nach A.8 der Erläuterungen zu der FCA-Klausel entfällt jedoch, wenn der Exporteur den Liefernachweis selbst braucht, weil ihm der Abschluß des Frachtvertrages überlassen worden ist (Anm. 20 (3) und Anm. 21) oder aufgrund der vereinbarten Zahlungsmodalitäten der Exporteur den Liefernachweis und/oder ein Transportdokument zur Einlösung eines gestellten Bankakkreditivs oder zur Abwicklung im Wege des Dokumenteninkassos vorzulegen hat (vgl. Anm. 45 und 46) und daher selbst benötigt (näher hierzu *Bredow/Seiffert*, INCOTERMS 1990, 50 ff.). Im Eisenbahn-, Straßen- und Luftverkehr werden die an den Exporteur ausgehändigten Absenderausfertigungen des Frachtbriefs von dem Käufer nicht benötigt, um die Ware in Empfang nehmen zu können. Folglich besteht üblicherweise auch keine Pflicht zur Beschaffung von Transportdokumenten (*Bredow/Seiffert*, INCOTERMS 1990, 53). Bei Verwendung der CFR- oder CIF-Klausel muß der Käufer aufgrund des zu beschaffenden Dokumentes zudem während des Transports zu Weisungen bezüglich und zur Herausgabe der Ware berechtigt sein. Bei den D-Klauseln mit Ausnahme der INCOTERM DAF reduziert sich die Dokumentenbeschaffungspflicht des Exporteurs auf die zur Übernahme der Ware benötigten Unterlagen.

(9) A.9/B.9: Die Kosten des Messens, Wiegens, Zählens sowie der nach der jeweiligen Transportart geeigneten Verpackung und ihrer Kennzeichnung sind grundsätzlich Sache des Verkäufers. Ausgenommen EXW- und FAS-Geschäfte gilt gleiches für Kosten, die für durch das Ausfuhrland angeordnete Kontrollen anfallen. Der Aufwand für sogenannte pre-shipment-inspections und sonstige Prüfungen, die nach den im Land des Käufers geltenden Vorschriften durchzuführen sind, fallen hingegen dem Käufer zur Last. Die in den INCOTERMS angesprochenen Kontrollen und Prüfungen sind völlig losgelöst von den handelsrechtlichen Obliegenheiten des Käufers zur Untersuchung der Ware auf Vertragswidrigkeiten (vgl. Art. 12 des Formularvertrages) zu sehen. Inwieweit zur Geltendmachung von Rechtsbehelfen wegen Lieferung vertragswidriger Ware der Käufer gehalten ist, die Ware zu überprüfen, entscheidet allein das maßgebliche Sachrecht. Die INCOTERMS treffen hierzu keine Aussage.

(10) A.10/B.10: Unter der letzten Überschrift sind für die einzelnen INCOTERMS sonstige Verpflichtungen zusammengefaßt. Bei FCA und allen anderen Klauseltypen, die nicht eine Versicherungspflicht des Exporteurs vorsehen, ist der Verkäufer namentlich gehalten, dem Käufer die für den Abschluß einer Versicherung erforderlichen Auskünfte zu erteilen. Außerdem hat der Exporteur dem Käufer auf dessen Kosten jede Hilfe bei der Beschaffung sonstiger Papiere zu gewähren, die der Käufer für die Einfuhr oder die Durchfuhr durch ein Drittland benötigt (vgl. Anm. 31).

21. Transport der Ware. Nach der in dem Formular verwandten FCA-Klausel obliegt es grundsätzlich dem Käufer, für den Haupttransport der Ware von dem Lieferort (Hamburg) zu dem jeweiligen Bestimmungsort Sorge zu tragen (Anm. 19 und Anm. 20 (3)). Bei FCA-Geschäften ist jedoch nach A.3 der Erläuterungen zu der FCA-Klausel der Verkäufer berechtigt, den Beförderungsvertrag selbst abzuschließen, wenn dies der Handelspraxis entspricht und der Käufer nicht eine gegenteilige Anweisung erteilt. Da die jeweils maßgebliche Handelspraxis nicht immer einfach festzustellen sein wird, ist in dem Formular zur Vermeidung von Zweifeln vorgesehen, daß der Exporteur vorbehaltlich rechtzeitiger

1. Export Contract (Exportvertrag-Maschine) III.1

anderslautender Weisung des Käufers den Transportvertrag auf Kosten des Käufers eingehen kann.

Ein zusätzliches Argument für diese Regelung ist, daß die Akkreditivauszahlung in der Praxis gern von der Vorlage der Transportdokumente abhängig gemacht wird (vgl. Anm. 51 und 53). Der Exporteur muß demzufolge darauf bedacht sein, das Transportdokument ohne weitere Mitwirkungsnotwendigkeiten seitens des Käufers erlangen zu können und daher berechtigt sein, letztlich den Transportvertrag selbst abzuschließen. Andernfalls riskiert er, das Akkreditiv nicht rechtzeitig vor Verfall wahrnehmen zu können. Da bei FCA-Geschäften grundsätzlich der Käufer zum Abschluß des Transportvertrages verpflichtet ist und dieser Grundsatz durch das Formular nicht gänzlich aufgehoben wird, werden die Kosten des Transportes zwar nicht in dem vereinbarten Kaufpreis enthalten und demzufolge auch nicht über das Akkreditiv abgesichert sein. Der Exporteur mag daher versuchen, die Ware unfrei zu versenden. Letztlich bleibt der Exporteur, der den Transportvertrag selbst abschließt, dem von ihm beauftragten Frachtführer jedoch vergütungspflichtig. Das von dem Verkäufer damit übernommene Risiko, die von ihm verauslagten Frachtkosten von dem Käufer nicht erstattet zu erhalten, zählt regelmäßig jedoch ungleich weniger als ein Verfall des Akkreditives wegen nicht rechtzeitig vorgelegter Transportdokumente.

Wenn die Parteien nicht eine INCOTERM vereinbaren und auch sonst keine anders lautenden Absprachen treffen oder Gebräuche bestehen, beurteilt sich die Beförderung der Ware nach dem UN-Kaufrecht. Nach Art. 32 Abs. 2 UN-Kaufrecht ist der Verkäufer verpflichtet, die zur Beförderung der Ware erforderlichen Verträge abzuschließen (*von Caemmerer/Schlechtriem/Huber,* Kommentar zum Einheitlichen UN-Kaufrecht, Anm. 20 ff. zu Art. 32), wenn er aufgrund des Kaufvertrages für die Beförderung zu sorgen hat (Beförderungsverkauf). Befindet sich die verkaufte Ware zum Zeitpunkt des Vertragsabschlusses bereits auf dem Transport (rollende, fliegende oder schwimmende Ware), braucht der Verkäufer eine Beförderung nicht mehr in die Wege zu leiten. Ebenso entfällt die Beförderungsveranlassung, wenn nach dem Kaufvertrag vorgesehen ist, daß der Käufer den Beförderer bestellt und den Transportvertrag abschließt.

Ansonsten wird ohne Vereinbarung einer INCOTERM bei internationalen Liefergeschäften im Zweifel davon auszugehen sein, daß die Beförderung der Ware von dem Verkäufer zu veranlassen ist, weil Niederlassung des Exporteurs und Sitz des Käufers auseinanderfallen (*von Caemmerer/Schlechtriem/Huber,* Kommentar zum Einheitlichen UN-Kaufrecht, Anm. 19 f. zu Art. 31, *Karollus,* UN-Kaufrecht, 108 und *BGH* NJW 1979, 1782 ff. zu der Parallelbestimmung des Haager EKG). Ein Beförderungsverkauf im Sinne des UN-Kaufrechts liegt jedoch dann nicht vor, wenn sich aus dem Kaufvertrag ergibt, daß der Ort für die Übernahme der Ware durch den Käufer mit dem Ort zusammenfällt, an dem der Verkäufer seine Liefer-Handlung zu erfüllen hat (*Piltz,* Internationales Kaufrecht, § 4 Rdnr. 20), z. B. wenn die Parteien Lieferung „ab Werk" oder „frei Haus" vereinbart haben und diese Absprache nicht lediglich als Kostenregelung gedacht ist (vgl. BGH IPRax 1988, 159 ff.). In letzterem Fall ist der Exporteur vielmehr gehalten, seine Leistungshandlung an der Niederlassung des Käufers zu erbringen.

22. Liefer-Mitteilung. Nach A.7 der Erläuterungen (abgedruckt bei *Bredow/Seiffert,* INCOTERMS 1990) ist bei Geschäften auf der Basis von F- und C-Klauseln der Verkäufer unter anderem stets verpflichtet, den Käufer über die erfolgte Lieferung zu informieren (Anm. 20 (7)). Die Benachrichtigung ist grundsätzlich eilbedürftig, da der Käufer in die Lage gesetzt werden soll, die Ware zu versichern, ihre Empfangnahme vorzubereiten und über sie zu disponieren (*Bredow/Seiffert,* INCOTERMS 1990, 50). In der Praxis erfolgt diese Benachrichtigung nicht selten erst mit gewissem Zeitverzug, unvollkommen oder auch überhaupt nicht. Zur Vermeidung nachteiliger rechtlicher Konsequenzen sollte sich der Exporteur daher von dieser Verpflichtung freizeichnen, zumal der Käufer durch dahingehende Absprachen mit dem Beförderer geeignete Vorkehrungen treffen kann. Auch bei

Verwendung von INCOTERMS ist es grundsätzlich möglich, die vorgegebenen Klauselinhalte abzuändern (Nr. 6 der Einleitung zu den INCOTERMS, abgedruckt bei *Bredow/ Seiffert,* INCOTERMS 1990, 109).

Außerhalb der INCOTERMS ist unter der Geltung des UN-Kaufrechts eine Information des Verkäufers an den Käufer über die erfolgte Lieferung erforderlich, wenn die Lieferhandlung in einem bloßen Zurverfügungstellen (Anm. 17) besteht und der Käufer nicht bereits um die Bereitstellung weiß *(von Caemmerer/Schlechtriem/Huber,* Kommentar zum Einheitlichen UN-Kaufrecht, Anm. 53 f. zu Art. 31). Für den Fall des Beförderungsverkaufs (Anm. 21) hingegen ist nach dem UN-Kaufrecht eine Benachrichtigung über die erfolgte Lieferung an den Käufer jedenfalls dann nicht geboten, wenn die Ware – wie in dem Formular aufgrund der Liefermodalität FCL (Anm. 19) – dem Käufer bereits zugeordnet werden kann. Andernfalls bedarf es nach Art. 32 Abs. 1 UN-Kaufrecht einer Versendungsanzeige, um die gelieferte Ware zu konkretisieren und damit den Gefahrübergang zu ermöglichen *(Piltz* Internationales Kaufrecht, § 4 RdNr. 103 ff.).

23. Gefahrübergang. Nach A.5/B.5 der Erläuterungen zu den INCOTERMS (abgedruckt bei *Bredow/Seiffert,* INCOTERMS 1990) geht die Gefahr des zufälligen Verlustes und der Beschädigung der Ware grundsätzlich mit erfolgter Lieferung auf den Käufer über (Anm. 20 (5)). Zusätzlich verschieben die Erläuterungen zu den INCOTERMS den Gefahrübergang bereits vor diesen Zeitpunkt, wenn der Verkäufer wegen ausbleibender Informationen oder Mitwirkungen des Käufers die Lieferung nicht zeitgerecht vornehmen kann. Da nach Art. 2.2 Satz 2 des Formulars der Verkäufer in einem solchen Fall jedoch selbst berechtigt ist, den Transportvertrag abzuschließen (Anm. 21), kommt dieser Variante für den vorliegenden Formularvertrag keine Bedeutung zu.

Außerhalb der INCOTERMS beurteilt sich der Gefahrübergang nach Maßgabe der Art. 66 ff. UN-Kaufrecht *(Geist* Wirtschaftsrechtliche Blätter (Österreich) 1988, 349 ff.; *Piltz,* Internationales Kaufrecht, § 4 Rdnr. 186 ff.). Allgemeine Voraussetzung für alle Gefahrtragungstatbestände nach dem UN-Kaufrecht ist, daß die veräußerte Ware dem abgeschlossenen Vertrag zugeordnet werden kann. Ansonsten geht bei Beförderungsverkäufen (Anm. 21) die Gefahr grundsätzlich in dem Zeitpunkt über, zu dem der Verkäufer die Ware dem ersten selbständigen Beförderer zur Übermittlung an den Käufer übergibt, Art. 67 Abs. 1 UN-Kaufrecht (für eine abweichende Regelung bei der Lieferung von Hochtechnologie *Kritzer,* Guide to Practical Applications of the United Nations Convention on Contracts for the International Sale of Goods, 540).

Obwohl demnach sowohl die INCOTERMS wie auch das UN-Kaufrecht unmittelbar Bestimmungen zum Gefahrübergang vorsehen, empfiehlt sich gleichwohl die Formulierung einer Gefahrtragungsregel in dem Formularvertrag. Zum einen soll der Käufer unmißverständlich auf den Umfang der mit der Lieferung auf ihn überwechselnden Risiken hingewiesen werden. Dieser Hinweis rechtfertigt sich um so mehr, als nach dem nationalen Recht mancher ausländischer Staaten ein Gefahrübergang erfolgt, wenn der Kaufvertrag abgeschlossen oder der Käufer Eigentümer der Ware wird *(Kritzer,* Guide to Practical Applications of the United Nations Convention on Contracts for the International Sale of Goods, 523; *Garro/Zuppi,* Compraventa internacional de mercaderias, 245, 262 ff.; *Reithmann/Martiny,* Internationales Vertragsrecht, Rdnr. 413). Zum andern hätte die Vereinbarung des in Art. 2.4 des Formularvertrages vorgesehenen Eigentumsvorbehaltes (Anm. 24) ohne die Absprache der Gefahrtragung in Art. 2.3 nach dem nationalen Recht einiger ausländischer Staaten zur Konsequenz, daß auch die Gefahr solange bei dem Verkäufer verbleibt, bis der Eigentumsvorbehalt erloschen und der Käufer voll berechtigter Eigentümer der Ware geworden ist. Wenngleich diese Aspekte zwar von dem UN-Kaufrecht erfaßt werden und daher ein Rückgriff auf nationales, unvereinheitlichtes Recht an sich verschlossen ist, sollte eine ausdrückliche Regelung in dem Formularvertrag nicht unterbleiben, bis abweichende gerichtliche Praktiken verläßlich ausgeschlossen werden können.

1. Export Contract (Exportvertrag-Maschine)

Des weiteren ist die Gefahrtragungsregel in Art. 2.3 des Formulars gegenüber der gesetzlichen Vorlage in zweierlei Hinsicht erweitert worden. Art. 2.3 bestimmt nach dem ausdrücklichen Wortlaut nicht nur die Preis-, sondern auch die Leistungsgefahr. Während die sogenannte Preis- oder Vergütungsgefahr entscheidet, ob der Käufer den Kaufpreis zu zahlen hat, obwohl die zu liefernde Ware infolge zufälliger Umstände untergegangen oder verschlechtert worden ist, bestimmt die Leistungsgefahr, bis zu welchem Zeitpunkt der Verkäufer verpflichtet bleibt, die Leistung zu wiederholen, wenn die Ware infolge zufälliger Umstände in Verlust gerät oder Schaden nimmt. Der Begriff der Leistungsgefahr ist vielen ausländischen Rechtsordnungen fremd. Während das UN-Kaufrecht in Art. 66 ff. UN-Kaufrecht die Preis- und damit in weitem Umfang auch die Leistungsgefahr regelt (*Staudinger/Magnus*, Wiener UN-Kaufrecht, Anm. 1 und 9 vor Art. 66 ff.; a. A. *Karollus* UN-Kaufrecht, 192), beziehen sich die Gefahrtragungsregeln der INCOTERMS ausschließlich auf die Preisgefahr (*Bredow/Seiffert*, INCOTERMS 1990, 46).

Darüber hinaus sieht Art. 2.3 des Formulars vor, daß die Gefahr ungeachtet der noch vorzunehmenden Lieferung auf jeden Fall dann („as soon as") übergeht, wenn der Käufer bereits Eigentümer der Ware geworden ist. Alle dinglichen Rechtsfragen und damit auch die Eigentumsverhältnisse sowie der Eigentumserwerb an der Ware unterliegen dem Recht des jeweiligen Lageortes (lex rei sitae). Diese praktisch weltweit anerkannte Kollisionsregel ist nicht dispositiv, so daß das jeweilige Lageortrecht zwingend zur Anwendung kommt (vgl. *Kropholler*, Internationales Privatrecht, 460 ff.). Befindet sich die Ware zu irgendeinem Zeitpunkt vor Abschluß der Lieferung in dem Gebiet einer Rechtsordnung, die das Eigentum etwa bereits aufgrund des bloßen Abschlusses des Kausalgeschäftes übergehen läßt (Konsensprinzip), hat die in Art. 2.3 des Formularvertrages getroffene Regelung zur Folge, daß parallel mit dem vorbehaltlich eines durchsetzbaren Eigentumsvorbehaltes (Anm. 24) unvermeidbaren Eigentumswechsel auch der Gefahrübergang eintritt. Zwar kommt für Beförderungsgeschäfte das dingliche Recht der jeweiligen Durchfuhrländer nicht in Betracht (*Reithmann/Martiny*, Internationales Vertragsrecht, Rdnr. 421 ff. und *Kropholler*, Internationales Privatrecht, 467 f.). Dieses ist jedoch der Standpunkt des deutschen Kollisionsrechtes, so daß eine Durchsetzbarkeit dieser Aussage außerhalb der Bundesrepublik Deutschland nicht stets gewährleistet ist und daher die vorgeschlagene Formulierung aufgenommen werden sollte.

Schließlich kommt der Gefahrtragungsregel besondere Bedeutung zu, weil der Gefahrübergang zugleich Ausgangspunkt für weitere Rechtsfolgen namentlich im Hinblick auf die Vertragsgemäßheit der Ware ist (vgl. Anm. 61). Die Formulierung der Gefahrtragung in dem Vertrag erhöht damit dessen Transparenz in für die weitere Vertragsdurchführung wesentlichen Aspekten.

24. Eigentumsvorbehalt. Das Formular enthält nur eine sehr einfach gehaltene Eigentumsvorbehaltsklausel. Da das Interesse des Verkäufers auf Zahlung des Kaufpreises durch ein Akkreditiv gesichert ist (Anm. 2 und Anm. 45), wird bei normaler Abwicklung praktisch kein Bedarf für eine dingliche Sicherheit bestehen. Gleichwohl sollte auf eine einfache Eigentumsvorbehaltsklausel nicht verzichtet werden, da etwa vorstellbar ist, daß der Verkäufer das Akkreditiv nicht in Anspruch nehmen kann, weil die für die Auszahlung des Akkreditivs vorgesehene Bank die von dem Verkäufer vorgelegten Dokumente zurückweist (vgl. *Zahn/Eberding/Ehrlich*, Zahlung und Zahlungssicherung im Außenhandel, Rdnr. 2/230 ff.). Ein weiteres Sicherungsbedürfnis kann sich für den Verkäufer ergeben, wenn er nach Maßgabe des Art. 2.2 Satz 2 des Formularvertrages selbst den Transportvertrag abschließt und infolge dessen einen Anspruch gegen den Käufer auf Erstattung der Frachtkosten hat (Anm. 21). Angesichts dieser Möglichkeiten kann die Aufnahme des Eigentumsvorbehaltes nicht schaden, wenn – wie in Art. 2.3 des Formulars – sichergestellt ist, daß der Eigentumsvorbehalt keine Auswirkungen auf den Gefahrübergang hat.

So wie sonstige sachenrechtliche Fragen beurteilen sich auch die dinglichen Aspekte des Eigentumsvorbehaltes ausschließlich nach dem Recht des jeweiligen Lageortes (lex rei sitae) (*Kropholler*, Internationales Privatrecht, 460 ff.). Nach dem jeweiligen Lageortrecht entscheidet sich daher, ob die Vereinbarung eines Eigentumsvorbehaltes überhaupt zulässig ist, unter welchen Voraussetzungen ein Eigentumsvorbehalt vereinbar ist (zulässiges Sicherungsgut, Zeitpunkt der Vereinbarung, Art und Form der Sicherungsabrede, Notwendigkeit von Registereintragungen, Beachtung sonstiger Publizitätserfordernisse), welche Wirkungen (Konkurs- und Zwangsvollstreckungsfestigkeit) der Eigentumsvorbehalt vermittelt, in welchem Umfang der Eigentumsvorbehalt sichert (Verarbeitung und Verbindung, Weiterveräußerung, Möglichkeit gutgläubigen Erwerbs) und innerhalb welchen zeitlichen Rahmens der Verkäufer seine Rechte ausüben kann (Frist für die Geltendmachung von Ansprüchen und maximale Geltungsdauer eines Eigentumsvorbehalts).

Für den deutschen Exporteur folgt aus der zwingenden Maßgeblichkeit des jeweiligen Lageortrechts, daß dingliche Sicherungen nur insoweit brauchbar sind, als sie in dem jeweiligen Zielland anerkannt werden und durchsetzbar sind. Allgemein läßt sich aus Sicht des Exporteurs sagen, daß die Voraussetzungen für die Vereinbarung und die Wirkungen eines Eigentumsvorbehaltes wohl in keiner anderen Rechtsordnung so großzügig ausgestaltet sind wie in Deutschland. Kommt der dinglichen Absicherung nach Lage des Falles maßgebliche Bedeutung zu, bedarf es daher in jedem Einzelfall einer sorgfältigen Berücksichtigung der nach der jeweils beachtlichen Rechtsordnung vorgesehenen Erfordernisse. Systematische Zusammenstellungen und Übersichten zum Recht des Eigentumsvorbehaltes in verschiedenen Ländern enthalten: *Graf von Bernstorff*, Rechtsprobleme im Auslandsgeschäft, 67 ff.; *ders.*, Vertragsgestaltung im Auslandsgeschäft, 134 ff.; ICC Retention of Title, A Practical Guide to 19 National Legislations (ICC Publication No. 467); IHK Offenbach am Main Der Eigentumsvorbehalt bei Warenlieferungen in das Ausland, 7. Aufl., Offenbach am Main 1996; *Reithmann/Martiny*, Internationales Vertragsrecht, Rdnr. 417 ff.; *Stumpf* (Hrsg.), Eigentumsvorbehalt und Sicherungsübertragung im Ausland, 5. Aufl., Heidelberg, 1996; *Graf von Westphalen (Hrsg.)*, Handbuch des Kaufvertragsrechts in den EG-Staaten einschließlich Österreich, Schweiz und UN-Kaufrecht).

25. Lieferzeit. Die INCOTERMS sehen nach A.1 der Erläuterungen für sämtliche Klauseln lediglich vor, daß der Verkäufer die Ware „in Übereinstimmung mit dem Kaufvertrag" zu liefern hat und enthalten keine weitere Aussage zur Lieferzeit. Das UN-Kaufrecht regelt die Lieferzeit in Art. 33. Soweit der Vertrag oder nach Art. 9 UN-Kaufrecht beachtliche Gepflogenheiten oder Gebräuche keine nähere Bestimmung vorsehen, hat die Lieferung innerhalb angemessener Frist nach Vertragsabschluß zu erfolgen, Art. 33 Buchst. c UN-Kaufrecht. Andernfalls differenziert das UN-Kaufrecht danach, ob ein Zeitpunkt, Art. 33 Buchst. a UN-Kaufrecht, oder ein Zeitraum, Art. 33 Buchst. b UN-Kaufrecht, für die Lieferung vereinbart ist.

Eine kalendermäßige Berechenbarkeit ist für die Annahme eines Lieferzeitpunktes im Sinne des Art. 33 Buchst. a UN-Kaufrecht nicht erforderlich (*von Caemmerer/Schlechtriem/Huber*, Kommentar zum Einheitlichen UN-Kaufrecht, Anm. 5 zu Art. 33). Der Gehalt der Vorschrift erschließt sich vielmehr in Abgrenzung zu der Regelung des Art. 33 Buchst. b UN-Kaufrecht, die – wie Art. 3.1 des Formularvertrages – von einem Zeitraum für die Lieferung ausgeht. Innerhalb des vorgesehenen Liefer-Zeitraumes kann der Exporteur gewöhnlich jederzeit liefern, sofern nicht nach den Umständen der Käufer berechtigt ist, innerhalb dieser Spanne den exakten Lieferzeitpunkt zu fixieren, Art. 33 Buchst. b UN-Kaufrecht (*Piltz*, Internationales Kaufrecht, § 4 Rdnr. 56 f.). Letztere Situation kann bei der dem Formular zugrundeliegenden FCA-Klausel eintreten, da hiernach grundsätzlich der Käufer für den Transport Sorge zu tragen hat (Anm. 21) und demzufolge innerhalb der vereinbarten Lieferzeitspanne den Termin für die Übergabe an den Hauptfrachtführer festlegen können muß (vgl. *von Caemmerer/Schlechtriem/Huber*, Kommentar zum Einheitlichen UN-Kaufrecht, Anm. 9 zu Art. 33). Im Containerverkehr erfolgt die Übergabe an den Frachtführer oder den für ihn den Containerverkehr abwickelnden Kaibetrieb allerdings

1. Export Contract (Exportvertrag-Maschine)   III.1

regelmäßig vor Eintreffen des Containerschiffes in dem Hafen (*Bredow/Seiffert*, INCOTERMS 1990, 41).

Die Nichteinhaltung der Lieferzeit hat für den Exporteur unter dem UN-Kaufrecht weitreichendere Konsequenzen als nach dem deutschen BGB/HGB. Das bloße Überschreiten der Lieferzeit löst automatisch die für den Käufer nach Art. 45 ff. UN-Kaufrecht vorgesehenen Rechtsbehelfe aus, ohne daß es noch einer Mahnung, einer Fristsetzung oder sonstiger Förmlichkeiten bedarf (*Staudinger/Magnus*, Wiener UN-Kaufrecht, Anm. 27 zu Art. 33). Ungeachtet des dem Verkäufer zustehenden Rechts der zweiten Andienung (Anm. 26) sollte der Verkäufer daher für eine ausreichende Bemessung des Zeitraums Sorge tragen, von dessen Ablauf an der Käufer die Lieferung verlangen kann.

Nach der in dem Formular verwandten FCA-Klausel ist die rechtzeitige Übergabe des Vertragsgegenstandes an den Hauptfrachtführer entscheidend. Der Zeitpunkt des Eintreffens der Lieferung an dem von dem Ort der Übergabe an den Hauptfrachtführer zu unterscheidenden Bestimmungsort des Haupttransportes oder an einem sonstigen Ort zur Übernahme der Ware durch den Käufer ist hingegen unerheblich (*von Caemmerer/Schlechtriem/Huber*, Kommentar zum Einheitlichen UN-Kaufrecht, Anm. 12 zu Art. 33).

Die Lieferfrist läuft nach Art. 3.1 des Formularvertrages an, sobald der Vertrag von beiden Parteien unterzeichnet und das vereinbarte Akkreditiv dem Verkäufer vertragsgemäß bestätigt worden ist. Ist aus Sicht des Exporteurs die Erfüllung weiterer Vorbedingungen unverzichtbar (etwa die verbindlich erteilte Deckungsschutzzusage des Exportkreditversicherers (Anm. 46 (6)) oder die Vorlage sonstiger Genehmigungen, Gutachten oder Zertifikate usw.) kann das Anlaufen der Lieferfrist auch an diese Umstände geknüpft werden. Alternativ ist denkbar, den Vertrag aufschiebend bedingt mit der Maßgabe abzuschließen, daß er überhaupt erst nach Eingang dieser Erklärungen bei dem Exporteur wirksam wird.

Bei Vereinbarung eines Lieferzeitraums nach Art. 33 Buchst. b UN-Kaufrecht kann der Exporteur verpflichtet sein, den von ihm präzisierten Liefertermin dem Käufer mitzuteilen (*von Caemmerer/Schlechtriem/Huber*, Kommentar zum Einheitlichen UN-Kaufrecht, Anm. 12 zu Art. 33). Entsprechendes gilt, wenn der Exporteur die Ware dem Käufer lediglich zur Verfügung zu stellen hat (vgl. Anm. 17 sowie *Piltz*, Internationales Kaufrecht, § 4 Rdnr. 56). Möchte der Verkäufer diese Pflicht unter keinen Umständen übernehmen, empfiehlt sich, die in Art. 2.2 Satz 3 des Formulars vorgeschlagene Regelung zusätzlich in Art. 3.1 aufzunehmen.

26. Zweite Andienung. Art. 48 UN-Kaufrecht eröffnet dem Exporteur das Recht, unter bestimmten Voraussetzungen unzureichende Leistungen auch noch nach Ablauf des vereinbarten Liefertermins nachzuholen (Recht der zweiten Andienung). Die ausdrücklich als Recht zugunsten des Verkäufers ausgestaltete Möglichkeit der zweiten Andienung besteht grundsätzlich bei jeder Art der Abweichung von dem vereinbarten Leistungsprogramm (*Piltz*, Internationales Kaufrecht, § 4 Rdnr. 62 ff.; enger hingegen *Kritzer*, Guide to Practical Applications of the United Nations Convention on Contracts for the International Sale of Goods, 407) und stellt eine der Regelungen dar, die die Verwendung des UN-Kaufrechts gerade für den Exporteur attraktiv machen. Der Verkäufer kann, solange die jeweiligen Voraussetzungen erfüllt sind, auch mehrfach von dem Nacherfüllungsrecht Gebrauch machen (*Herber/Czerwenka*, Internationales Kaufrecht, Anm. 2 zu Art. 48). Die nach manchen ausländischen Rechten vorgesehene Möglichkeit, eine gerichtliche Verlängerung der Lieferfrist zu erhalten (grace period), ist unter der Geltung des UN-Kaufrechts hingegen verschlossen, vgl. Art. 45 Abs. 3 UN-Kaufrecht.

Art. 48 UN-Kaufrecht unterscheidet zwei Gestaltungen (*von Caemmerer/Schlechtriem/Huber*, Kommentar zum Einheitlichen UN-Kaufrecht, Anm. 2 ff. zu Art. 48): Art. 48 Abs. 1 UN-Kaufrecht ermöglicht dem Verkäufer eine zweite Andienung, ohne daß es hierzu einer Abstimmung mit dem Käufer bedarf (vgl. *Herber/Czerwenka*, Internationales Kaufrecht, Anm. 7 zu Art. 48). Allerdings ist diese Variante verschlossen, wenn die in

Art. 48 Abs. 1 UN-Kaufrecht näher angeführten Voraussetzungen nicht erfüllt sind. Die zweite Andienung nach Art. 48 Abs. 1 UN-Kaufrecht entfällt daher insbesondere, wenn der Käufer wegen der Vertragsverletzung des Exporteurs nach Art. 49 UN-Kaufrecht die Aufhebung des Vertrages betreiben kann (*Piltz*, Internationales Kaufrecht, § 4 Rdnr. 65 ff.). Demgegenüber eröffnen die Art. 48 Abs. 2 bis 4 UN-Kaufrecht eine zweite Andienung ohne die Einschränkungen des Art. 48 Abs. 1 UN-Kaufrecht (*von Caemmerer/ Schlechtriem/Huber*, Kommentar zum Einheitlichen UN-Kaufrecht, Anm. 30 zu Art. 48). Voraussetzung für die Ausübung der zweiten Variante nach Art. 48 Abs. 2 bis 4 UN-Kaufrecht ist jedoch, daß der Exporteur erklärt, innerhalb einer bestimmten Zeitspanne nachzuleisten, der Käufer diese Ankündigung erhält (vgl. Anm. 8) und nicht in angemessener Frist ablehnt (*Piltz*, Internationales Kaufrecht, § 5 Rdnr. 139 ff.).

Das Formular spricht beide Varianten der zweiten Andienung an. Der in dem Eingang zu Art. 3.2 formulierte Vorbehalt zielt insbesondere auf die Erhaltung der zweiten Andienung nach Maßgabe des Art. 48 Abs. 1 UN-Kaufrecht, wohingegen die weiteren Regelungen des Art. 3.2 des Formularvertrages die auf Art. 48 Abs. 2 bis 4 UN-Kaufrecht gestützte zweite Andienung zugunsten des Exporteurs modifizieren. Während es nach Art. 48 Abs. 2 UN-Kaufrecht unerheblich ist, aus welchem Grund der Käufer dem Nachleistungsanerbieten des Exporteurs widerspricht, schränkt Art. 3.2 Satz 2 des Formularvertrages die Widerspruchsmöglichkeiten des Käufers ein. Zudem sieht Art. 3.2 Satz 3 des Formulars vor, daß die ablehnende Erklärung des Käufers anders als nach Art. 27 UN-Kaufrecht (*Piltz*, Internationales Kaufrecht, § 5 Rdnr. 141) auf Risiko des Käufers reist.

Für beide Varianten der zweiten Andienung gilt, daß der Käufer Anspruch auf Ausgleich der durch die Nachholung der Lieferung nach dem an sich maßgeblichen Lieferzeitpunkt angefallenen Aufwendungen und Schäden hat (*von Caemmerer/Schlechtriem/Huber*, Kommentar zum Einheitlichen UN-Kaufrecht, Anm. 25 und 32 zu Art. 48). Diese Erstattungspflicht wird in dem Formular auf den Fall beschränkt, daß der Verkäufer nach Maßgabe der Schadensersatzregelungen in Abschnitt VI. des Vertrages einzustehen hat.

27. Anzeige von Hindernissen. Unter den in Art. 79 UN-Kaufrecht niedergelegten Voraussetzungen wird der Exporteur, der die ihm obliegende Leistung infolge nicht beherrschbarer Umstände nicht vereinbarungsgemäß erbringen kann, ausdrücklich freigestellt, wegen dieser Leistungsstörung Schadensersatz an den Käufer leisten zu müssen (vgl. Anm. 91). Allerdings kann sich der Verkäufer auf diese Entlastung nur berufen, wenn der Käufer innerhalb angemessener Frist eine Mitteilung über den Grund der Leistungsstörung und die Auswirkungen auf die Vertragsdurchführung erhält (*Piltz*, Internationales Kaufrecht, § 4 Rdnr. 237 f.). Nach Art. 79 Abs. 4 Satz 2 UN-Kaufrecht läuft die angemessene Frist zu dem Zeitpunkt an, zu dem der Exporteur um den Hinderungsgrund weiß oder hätte wissen müssen.

Nach der Regelung des UN-Kaufrechts kann der Exporteur bei aufkommenden Leistungshindernissen daher nicht einfach bis zu dem vorgesehenen Lieferzeitpunkt in der Hoffnung zuwarten, die Schwierigkeiten bis dahin irgendwie überwinden oder relativieren zu können. Vielmehr ist er verpflichtet, dem Käufer bereits mit tatsächlichem Erkennen oder Erkennbarwerden des potentiellen Hinderungsgrundes Nachricht zu geben, damit der Käufer sich entsprechend einrichten kann. Der Verkäufer trägt nach dem unmißverständlichen Wortlaut des Art. 79 Abs. 4 UN-Kaufrecht auch das Risiko für das rechtzeitige Eintreffen dieser Mitteilung bei dem Käufer (vgl. Anm. 8). Erhält der Käufer keine ordnungsgemäße Benachrichtigung oder trifft diese erst verspätet bei ihm ein, ist der Exporteur insoweit gegenüber dem Käufer schadensersatzpflichtig, Art. 79 Abs. 4 UN-Kaufrecht (*Herber/Czerwenka*, Internationales Kaufrecht, Anm. 21 zu Art. 79).

Zur Vermeidung der aus dieser Rechtslage erwachsenden Risiken beschränkt Art. 4.1 des Formularvertrages die Informationspflicht des Verkäufers auf die Gestaltung, daß die Verspätung oder das Ausbleiben der Lieferung feststehen. Auch nach dieser Regelung kann der Exporteur nicht bis zu dem maßgeblichen Lieferzeitpunkt abwarten. Während

1. Export Contract (Exportvertrag-Maschine) III.1

nach der gesetzlichen Ausgestaltung des Art. 79 Abs. 4 UN-Kaufrecht jedoch bereits der Hinderungsgrund als solcher mitzuteilen ist, obwohl Auswirkungen im Hinblick auf die ordnungsgemäße Leistungserbringung möglicherweise noch nicht feststehen, reduziert Art. 4.1 des Formulars die Informationspflicht auf den Tatbestand, daß die Nichteinhaltung des Lieferzeitpunktes gewiß ist.

28. Exportfreimachung. Ausgenommen EXW- und FAS-Geschäfte ist der Exporteur ansonsten nach allen INCOTERMS verpflichtet, die Ware exportfrei zu liefern (Anm. 20 (2)). Außerhalb der INCOTERMS beurteilt sich grundsätzlich nach dem jeweils maßgeblichen Lieferort, welche Partei des Exportvertrages für die Besorgung von Genehmigungen, Lizenzen und anderer Bewilligungen verantwortlich ist (Anm. 18). Bei Beförderungsverkäufen (Anm. 21) zählt es auch dann zu den Pflichten des Verkäufers, die für die Ausfuhr erforderlichen Formalitäten zu erledigen und mithin exportfreie Ware zu liefern, wenn der Lieferort – wie in Art. 2.2 des Formularvertrages – noch im Inland liegt (*Piltz*, Internationales Kaufrecht, § 4 Rdnr. 48 und 113; vgl. auch *Herber/Czerwenka*, Internationales Kaufrecht, Anm. 9 zu Art. 30). Art. 4.2 Satz 1 des Formularvertrages bestätigt zunächst diese Ansicht.

Zwar ist eine Freizeichnung des Exporteurs von der Pflicht zur Exportfreimachung der Ware möglich. Eine solche Regelung kann jedoch – jedenfalls bei Individualverträgen – aus kaufmännischer Sicht kaum befürwortet werden. Der Käufer ist nur in seltenen Fällen in der Lage, selbst bei den deutschen Behörden vorzusprechen und etwa erforderliche Genehmigungen zu erwirken. Im Vergleich zu dritten Unternehmen, denen der Käufer diese Aufgabe übertragen könnte, ist der Exporteur aufgrund der Vertrautheit mit dem Produkt ungleich besser befähigt, die für die Erlangung von Genehmigungen erforderlichen Informationen zusammenzustellen und bei den Behörden auf eine sachgerechte Entscheidung hinzuwirken.

Andererseits wird der Verkäufer kaum bereit sein, eine Erfolgshaftung für die Beibringung unabdingbarer Genehmigungen zu übernehmen. Dies gilt um so mehr, wenn das in Deutschland geltende Recht die Erteilung der Ausfuhrgenehmigung von der Vorlage einer Endverbleibserklärung des Käufers oder der von der Behörde des Bestimmungslandes auszustellenden Internationalen Einfuhrbescheinigung (IC) abhängig macht oder die Ausfuhr überhaupt nur unter der Voraussetzung gestattet, daß die zuständige Behörde des Bestimmungslandes den Import genehmigt hat (vgl. etwa § 73 a ArzneimittelG). Je größer der zeitliche Abstand zwischen der Vertragsunterzeichnung und dem Lieferzeitpunkt ist, um so mehr muß der Exporteur zudem damit rechnen, daß sich die rechtlichen Rahmenbedingungen bis zu dem Lieferzeitpunkt ändern. Art. 4.2 Satz 2 des Formularvertrages sieht daher ein ganz oder teilweise ausübbares, ersatzloses Rücktrittsrecht zugunsten des Exporteurs für den Fall vor, daß erforderliche Lizenzen, Genehmigungen oder sonstige Bewilligungen von den deutschen Behörden nicht erteilt werden (vgl. Anm. 86).

Namentlich bei dem Export ausfuhrgenehmigungsbedürftiger Waren genügt es nicht, lediglich die in erster Linie statistischen Zwecken dienende Ausfuhranmeldung (zum Ausfuhrverfahren vgl. *Witte*, Zollkodex, Kommentierung zu Art. 161; ferner § 46 Abs. 4 AWG und § 1 Abs. 3 ZollVG) abzugeben. Soweit für das Ausfuhrvorhaben nicht eine Allgemeine Genehmigung (z.B. Allgemeine Genehmigung für die Ausfuhr bestimmter Güter mit doppeltem Verwendungszweck (AGG)) in Anspruch genommen werden kann, ist der Exporteur vielmehr gehalten, eine Genehmigung entweder für das individuelle Ausfuhrgeschäft (Einzelgenehmigung) oder für eine Vielzahl von Exportvorhaben (z.B. Globalgenehmigung für die Ausfuhr nach einem oder mehreren genau festgelegten Ländern) zu beantragen. Ein Exportgeschäft, das ohne die erforderliche Genehmigung vorgenommen wird, ist insoweit unwirksam, § 31 AWG. Diese durch das nationale Recht angeordnete Rechtsfolge setzt sich nach Art. 4 Buchst. a UN-Kaufrecht auch in Kaufverträgen durch, die dem UN-Kaufrecht unterstehen (*Staudinger/Magnus*, Wiener UN-Kaufrecht, Anm. 23 zu Art. 4). Darüber hinaus kann die Mißachtung von Genehmigungspflichten eine Ordnungswidrigkeit oder gar eine Straftat zur Folge haben, §§ 33 ff. AWG.

Die Rechtsgrundlagen für die Genehmigungsbedürftigkeit von Ausfuhren sind vielfältig. In der Praxis stehen im Vordergrund:

(1) Die Ausfuhr von Gütern, die sowohl zivil als auch militärisch genutzt werden können, ist Gegenstand der seit dem 1. Juli 1995 geltenden EG-Dual-use-Verordnung (VO Nr. 3381/94, geändert durch VO Nr. 837/95). Der Ausfuhrkontrolle nach der Verordnung unterliegen nur Güter mit doppeltem Verwendungszweck, nicht jedoch Kriegswaffen oder sonstiges Rüstungsmaterial (näher hierzu *Reuter* NJW 1995, 2190 ff.).

(2) Zum Schutz der Sicherheit und der auswärtigen Interessen der Bundesrepublik Deutschland eröffnet § 7 AWG die Möglichkeit, Rechtsgeschäfte und Handlungen im Außenwirtschaftsverkehr zu beschränken. Die nähere Ausgestaltung dieser Beschränkungen ist in §§ 5 ff. AWV niedergelegt. Die AWV verweist ergänzend auf die Ausfuhrliste (Anlage AL zur AWV) und diverse Länderlisten.

(3) Bei der Ausfuhr von Waffen- und Rüstungsmaterial ist darüber hinaus das KWKG zu beachten. Der Export von Kriegswaffen bedarf zusätzlich einer Ausfuhrgenehmigung nach AWG/AWV.

(4) Eine Ausfuhr kann aber auch aufgrund anderer Rechtsvorschriften genehmigungsbedürftig sein, vgl. etwa § 8 AWG. Auch können sich Genehmigungsbedürftigkeiten aus Vorschriften außerhalb des eigentlichen Außenwirtschaftsrechtes ergeben, vgl. etwa §§ 1 Abs. 4, 10 Abs. 1 KultgSchG.

Die fehlende Transparenz und Unübersichtlichkeit der sich ständig ändernden Gesetze zum Außenhandel bereitet der Praxis außerordentliche Schwierigkeiten. Auskunft über eine Ausfuhrgenehmigungspflicht gibt insbesondere die Ausfuhrliste, Anlage AL zur AWV (zu beziehen über Bundesanzeiger Verlagsgesellschaft mbH, Breite Straße 78, 50667 Köln). Informationen erteilen das Bundesausfuhramt (BAFA), Postfach 5160, 65726 Eschborn, Tel. 06196–9080, das zuständige Hauptzollamt sowie die Industrie- und Handelskammern. Systematische Übersichten und nützliche Erläuterungen des Außenwirtschaftsrechts enthalten: *Hocke/Berwald/Maurer*, Außenwirtschaftsrecht, Gesetze, Verordnungen und Erlasse zum Außenwirtschaftsrecht mit Kommentar; IHK (Die Industrie- und Handelskammern in Nordrhein-Westfalen), Praktische Arbeitshilfe bei der Abwicklung von Geschäften in der Europäischen Union und mit dem Ausland; Bundesausfuhramt, Handbuch der deutschen Exportkontrolle, HADDEX, Loseblatt); *Reuter,* Außenwirtschafts- und Exportkontrollrecht Deutschland/Europäische Union.

29. Keine Verantwortung des Exporteurs. In Art. 4.3 des Formularvertrages ist zu typischen Risikobereichen des Exportgeschäftes (vgl. Anm. 18) festgestellt, daß der Exporteur hierfür nicht verantwortlich ist. Aufgrund der in dem Formular verwandten INCOTERM FCA (Anm. 19 und 20) bedarf es dieser Regelung eigentlich nicht. Art. 4.3 des Formulars hat insoweit lediglich klarstellende Funktion und fördert die Transparenz des Vertrages. Aufgrund nach Art. 9 UN-Kaufrecht beachtlicher Gebräuche oder Gepflogenheiten können sich jedoch Abweichungen gegenüber dem Regelgehalt der FCA-Klausel ergeben. Daher ist es in jedem Fall angeraten, die typischen Risikobereiche des Exportgeschäftes gezielt anzusprechen und die Verantwortung hierfür eindeutig zuzuordnen. Gleichzeitig bietet Art. 4.3 des Formularvertrages einen Katalog der Regelungsinhalte, zu denen die Parteien Überlegungen anstellen und der Kaufvertrag je nach Lage des Falles eine umfassendere Aussage enthalten sollte, wenn das Geschäft nicht auf der Basis der INCOTERMS abgeschlossen wird.

30. Versicherung. Bei Vereinbarung der INCOTERMS sehen lediglich die Klauseln CIF und CIP eine Pflicht des Exporteurs zur Versicherung der Ware vor (Anm. 20 (3)). Außerhalb der INCOTERMS kann der Verkäufer zum Abschluß einer Versicherung verpflichtet sein, wenn dies zu den „üblichen Bedingungen" der von dem Verkäufer im Falle eines Beförderungsverkaufs (Anm. 21) zu organisierenden Beförderung zählt (*von Caemmerer/*

1. Export Contract (Exportvertrag-Maschine) III.1

Schlechtriem/Huber, Kommentar zum Einheitlichen UN-Kaufrecht, Anm. 28 zu Art. 32). Ansonsten braucht sich der Verkäufer unter der Geltung des UN-Kaufrechts nicht um die Versicherung der Ware zu kümmern und ist lediglich gehalten, dem Käufer alle Angaben zu vermitteln, die dieser zum Abschluß eines Versicherungsvertrages braucht, Art. 32 Abs. 3 UN-Kaufrecht *(von Caemmerer/Schlechtriem/Huber,* Kommentar zum Einheitlichen UN-Kaufrecht, Anm. 33 zu Art. 32).

Dessen ungeachtet verbleiben dem Exporteur natürlich alle Risiken bis zum Übergang der Gefahr auf den Käufer (Anm. 23). Schon aus eigenem Interesse wird der Verkäufer daher bestrebt sein, namentlich den Transport der Ware von seiner Niederlassung bis zu dem maßgeblichen Lieferort (Anm. 18) angemessen abzusichern (vgl. Anm. 55). Namentlich bei Verwendung der F- oder C-Klauseln geht die Gefahr erst mit Übergabe der Ware an den Beförderer des Haupttransportes über (Anm. 20 (5)), während außerhalb der INCOTERMS für Beförderungsverkäufe (Anm. 21) der Gefahrübergang vorbehaltlich sonstiger Absprachen bereits Konsequenz der Übergabe der Ware an den ersten, ggf. auch lediglich lokalen Beförderer ist, Art. 67 Abs. 1 UN-Kaufrecht *(Enderlein/Maskow/Strohbach,* Internationales Kaufrecht, Anm. 3.1 zu Art. 67).

Grundsätzlich haftet der Beförderer für Beschädigungen und Verluste, die während seines Gewahrsams an den Gütern eintreten. Die Haftungsbestimmungen der einzelnen Beförderungsarten unterscheiden sich zwar deutlich, stimmen jedoch insoweit überein, als die Haftung des Frachtführers sowohl dem Grunde wie auch der Höhe nach stets beschränkt ist. Da andererseits die zu befördernde Ware gerade im Überseeverkehr vielfältigen Gefahren ausgesetzt ist, werden in der Praxis in weitem Umfang Transportversicherungen abgeschlossen (vgl. *Huber/Schäfer,* Dokumentengeschäft und Zahlungsverkehr im Außenhandel, 275 ff.).

Für den Bereich der Transportversicherung besteht sehr weitgehende Vertragsfreiheit. Gewöhnlich deckt der Versicherer die typischen Gefahren, denen die Güter aufgrund der Beförderung ausgesetzt sind. Allerdings gleicht die Transportversicherung in aller Regel nur den reinen Sachschaden aus und ersetzt nicht etwa Folgeschäden, die z.B. durch Produktionsausfall, Gewinnentgang usw. entstehen.

Wegen der Schwierigkeiten, im Schadensfall den Zeitpunkt des Schadenseintritts nachweisen zu können, sollten sogenannte gebrochene Versicherungen (den Transport bis zum Gefahrübergang versichert der Verkäufer und den Transport ab Gefahrübergang versichert der Käufer) nur eingegangen werden, wenn die Ware bei Gefahrübergang genau untersucht wird. Namentlich für den Containerverkehr ist daher eine durchgehende Versicherung ab Beginn des Gesamttransports bis zum Eintreffen der Ware an der Niederlassung des Käufers zweckmäßiger (vgl. *Bredow/Seiffert,* INCOTERMS 1990, 36 sowie Anm. 55).

Wenn der Zahlungsanspruch des Verkäufers nicht wie in dem Formularvertrag durch ein Akkreditiv oder gleichwertig sichergestellt ist, empfiehlt sich für den Exporteur zusätzlich eine Export-Schutz-Versicherung (vgl. *Huber/Schäfer,* Dokumentengeschäft und Zahlungsverkehr im Außenhandel, 281 f.).

31. Beschaffung von Dokumenten. Nach Art. 4.2 des Formularvertrages ist der Verkäufer verpflichtet, die Ware exportfrei, das heißt mit den für den Export erforderlichen Genehmigungen, Lizenzen und Bewilligungen zu liefern (Anm. 28). Jenseits der Exportfreiheit schließt Art. 4.3 des Formularvertrages jede Verantwortung des Exporteurs aus. Diese Abgrenzung trägt dem Umstand Rechnung, daß alle nicht eigentlich die Ausfuhr betreffenden Formalitäten auch nicht von dem deutschen Gesetzgeber vorgeschrieben sind, sondern durch das Ausland aufgegeben werden. Typische Papiere in diesem Sinne sind etwa (näher hierzu IHK (Die Industrie- und Handelskammern in Nordrhein-Westfalen), Praktische Arbeitshilfe bei der Abwicklung von Geschäften mit der Europäischen Union und mit dem Ausland und *AWV* – Arbeitsgemeinschaft für wirtschaftliche Verwaltung e. V., Dokumenten-Verzeichnis des Außenhandels, Beschreibungen und ECE-Codierung):

- das Carnet ATA (Internationales Zollpapier zur vorübergehenden Verbringung von Ware in das Ausland);
- das Carnet TIR (Internationales Dokument für den Zollgutversand in verschlußsicheren Fahrzeugen);
- das Ursprungszeugnis (durch die Zollbehörde des Importlandes vorgeschriebenes Dokument, das die geografische Herkunft der Ware bestätigt);
- die Warenverkehrsbescheinigung (Präferenznachweise für den Warenverkehr mit den Staaten, mit denen die Europäische Union besondere Handels- bzw. Assoziationsabkommen abgeschlossen hat);
- die Konsulats- bzw. Zollfaktura (detaillierte Aufstellung ähnlich der Handelsrechnung, aber versehen mit einer Bescheinigung des Konsulats des Ziellandes oder der Gegenzeichnung durch Zeugen).

Der Käufer kann diese Unterlagen zum Teil überhaupt nicht und zum Teil nur schwer ohne die Mitwirkung des Exporteurs erlangen. Da andererseits der Exporteur keine Einstandspflicht für die richtige Ausfertigung und die Eignung der Dokumente im Land des Importeurs übernehmen wird, kann in Anlehnung an A.10 der Erläuterungen zu den INCOTERMS (vgl. Anm. 20 (10); abgedruckt bei *Bredow/Seiffert,* INCOTERMS 1990) etwa auch vereinbart werden: „The Seller – without taking any liability or responsability therefore – agrees to assist the Buyer at its request, risk and expense in arranging for certificates or documents issued in Germany and required for the importation of the goods or for their transit".

Art. 34 UN-Kaufrecht regelt lediglich die weiteren Modalitäten hinsichtlich der Übergabe von Warendokumenten, trifft jedoch keine Aussage dazu, welche konkreten Dokumente der Verkäufer zu übergeben hat (*Piltz,* Internationales Kaufrecht, § 4 Rdnr. 76 ff.).

32. Durchfuhr- und Importfreimachung. Nach Art. 4.2 des Formularvertrages obliegt dem Verkäufer, exportfreie Ware zu liefern (Anm. 28). Jenseits dieser Schnittstelle schließt die kommentierte Textstelle jede weitergehende Verantwortung des Exporteurs aus (vgl. Anm. 20 (2) und 31) und erstreckt diesen Ausschluß auch auf die zollrechtliche Abwicklung. Außerhalb der Europäischen Union wird es für den deutschen Exporteur in aller Regel recht schwierig sein, Importverfahren und Zollangelegenheiten sachgerecht zu erledigen. Außerdem riskiert der ausländische Käufer den Verlust von tariflichen Vorteilen, wenn die Zollabwicklung in dem Zielland von dem ausländischen Exporteur und nicht von dem inländischen Importeur wahrgenommen wird.

33. Abgabentragung. Maßgebliche Schnittstelle für die Zuordnung von etwa anfallenden Zöllen, Steuern und sonstigen öffentlichen Abgaben ist grundsätzlich der Lieferort (Anm. 18). Nach der in Art. 2.2 des Formularvertrages vereinbarten FCA-Klausel hat der Exporteur die bei der Ausfuhr anfallenden Abgaben allerdings auch dann zu tragen, wenn sich der Lieferort (Ort der Übergabe an den Hauptfrachtführer) wie in dem Formular vorgesehen im Inland befindet (Anm. 20 (6)). Die kommentierte Textstelle konkretisiert diese Abgrenzung.

Art. 4.3 des Formularvertrages erfaßt alle Steuern und öffentlichen Abgaben, die – wie Umsatzsteuern, Antidumping-Abgaben, Stempelsteuern usw.– für die Durchfuhr und insbesondere die Einfuhr der konkret in Frage stehenden Ware erhoben werden. Art. 4.3 regelt hingegen nicht die Zuordnung solcher Steuern, die nicht gerade für das individuelle Geschäft anfallen, sondern vielmehr eine Gesamtheit von Einkünften zum Gegenstand haben (*Piltz,* Internationales Kaufrecht, § 4 Rdnr. 49 f.). Der Exporteur kann allerdings auch nicht stets darauf vertrauen, derartige Steuern letztlich mit den im Inland anfallenden Einkommen-/Körperschaftsteuern verrechnen zu können, da eine Anrechnung grundsätzlich nur möglich ist, wenn die ausländische Steuer ihrer Art nach der deutschen Einkommen-/Körperschaftsteuer entspricht (vgl. Anlage 8 zu ESt-Richtlinien: Verzeichnis ausländischer Steuern, die der deutschen Einkommensteuer entsprechen). Je nach Lage des Falles sollte der Exporteur daher prüfen, ob er als Folge des Exportgeschäftes in dem Zielland

1. Export Contract (Exportvertrag-Maschine) III.1

steuerlich veranlagt wird. Soweit gesetzlich zulässig, können sich dann gezielt die Situation ansprechende Klauseln empfehlen.

34. Verpackung, Kennzeichnung, Markierung. Die INCOTERMS sehen unter A.9 der Erläuterungen (abgedruckt bei *Bredow/Seiffert,* INCOTERMS 1990) für alle Klauseln vor, daß der Verkäufer auf eigene Kosten für die im Hinblick auf den Transport erforderliche Verpackung zu sorgen und diese zu kennzeichnen hat (Anm. 20 (9)). Außerhalb der INCOTERMS statuiert das UN-Kaufrecht zwar keine ausdrückliche Pflicht des Verkäufers zur Kennzeichnung oder Markierung der Ware (*Enderlein/Maskow/Strohbach,* Internationales Kaufrecht, 1991, Anm. 2 zu Art. 32), jedoch schuldet der Exporteur eine angemessene Verpackung (*Piltz,* Internationales Kaufrecht, § 4 Rdnr. 109). Auch für den Exporteur, der – wie bei dem dem Formular zugrundeliegenden FCA-Geschäft – sich um den Haupttransport nicht kümmern muß, ist es daher wichtig zu wissen, welche Beförderungsart in Betracht kommt, um die Ware angemessen verpacken zu können (Anm. 19). Art. 4.3 des Formularvertrages hebt diese Regel nicht auf, sondern konkretisiert insoweit lediglich im Hinblick auf die Beachtung der in Deutschland üblichen Maßstäbe. Wenn etwa von dem jeweiligen Importland die Verwendung besonderer Verpackungsmaterialien oder bestimmte Kennzeichnungen der Ware zwingend vorgeschrieben sind (so darf etwa für Sendungen nach Saudi Arabien die Bezeichnung „Persian Golf" weder in den Begleitpapieren noch in der Markierung verwendet werden, statt dessen muß es heißen „Arabian Golf"), die über die in Deutschland üblichen Anforderungen hinausgehen, kann der Käufer den Exporteur deshalb nicht zur Verantwortung ziehen.

35. Zurückhalterecht. Nach Art. 71 UN-Kaufrecht ist der Exporteur grundsätzlich berechtigt, die Erfüllung seiner Pflichten zurückzustellen, wenn sich nach Vertragsschluß herausstellt, daß der Käufer einen wesentlichen Teil seiner Pflichten nicht vertragsgerecht erfüllt oder erfüllen wird (näher hierzu *Piltz,* Internationales Kaufrecht, § 4 Rdnr. 246 ff.). Gegenüber der gesetzlichen Vorgabe reduziert Art. 5 des Formularvertrages die Voraussetzungen, die den Verkäufer zur Zurückhaltung berechtigen. Insbesondere kommt es anders als nach Art. 71 UN-Kaufrecht nicht auf eine objektive Wertung an. Statt dessen können subjektiv berechtigte Besorgnisse aus der Perspektive des Verkäufers genügen. Auch setzt Art. 5 des Formularvertrages anders als Art. 71 Abs. 1 UN-Kaufrecht nicht voraus, daß der Käufer einen wesentlichen Teil seiner Pflichten schuldig bleibt. Demgegenüber ist die nach Art. 71 Abs. 3 UN-Kaufrecht vorgesehene Pflicht des Exporteurs, die Ausübung des Zurückhalterechtes sofort dem Käufer anzuzeigen, nicht abbedungen worden, da die Anzeige nicht rechtliche Voraussetzung für die Ausübung des Zurückhalterechtes ist (*Piltz,* Internationales Kaufrecht, § 4 Rdnr. 262; a. A. AG Frankfurt IPRax 1991, 345).

Angesichts der in dem Formular vorgesehenen Sicherung des Zahlungsanspruchs des Verkäufers durch ein Akkreditiv (Anm. 2 und Anm. 45) und der Tatsache, daß die Lieferfrist erst nach erfolgter Bestätigung des Akkreditivs anläuft (Anm. 25), kommt dem Zurückhalterecht im Rahmen des vorliegenden Vertrages nur geringe Bedeutung zu. Gleichwohl sollte die Bestimmung nicht gestrichen werden. In der Praxis kommt es immer wieder vor, daß das Exportgeschäft in Abstimmung der Parteien abweichend von den ursprünglich eingegangenen Abmachungen durchgeführt wird. Dies kann für den Exporteur unbemerkt den Verlust der Akkreditivsicherung zur Folge haben. Auch ist denkbar, daß die Bank die Auszahlung des Akkreditivs wegen formeller Bedenken verweigert und der Exporteur daher auf die Unterstützung des Käufers angewiesen ist, um die Auszahlung zu erhalten (vgl. Anm. 51 zum Schluß). Da der Verkäufer bei Vorliegen der Voraussetzungen des Art. 5 des Formularvertrages nicht nur berechtigt ist, seine Leistungen zurückzuhalten, Art. 71 Abs. 1 UN-Kaufrecht, sondern auch die Übergabe der bereits an den Frachtführer ausgehändigten Ware an den Käufer unterbinden kann (right of stoppage), Art. 71 Abs. 2 UN-Kaufrecht (näher hierzu *von Caemmerer/Schlechtriem/Leser,* Kommentar zum Einheitlichen UN-Kaufrecht, Anm. 31 ff. zu Art. 71), ist die Aufnahme des Zurückhalterechtes in den Exportvertrag auf jeden Fall zu empfehlen.

Wenn der Zahlungsanspruch des Verkäufers nicht durch ein Akkreditiv oder gleichwertig sichergestellt ist, besteht darüber hinaus Veranlassung, das Zurückhalterecht weiter auszubauen. Denkbar ist, typische Tatbestände anzusprechen, die zur Ausübung des Zurückhalterechts berechtigen, etwa: „In particular, the right to suspend performance or to prevent the handing over to the Buyer arises if the Buyer insufficiently performs its obligations to enable payment to the Seller or a third party or pays late". Auch sollte der Exporteur in diesem Fall eine Regelung treffen, daß er ungeachtet einer von dem Käufer nach Maßgabe des Art. 71 Abs. 3 UN-Kaufrecht geleisteten Gewähr nicht zur Fortsetzung der Erfüllung verpflichtet ist, wenn die Sicherheit etwa nach Maßgabe der jeweiligen insolvenzrechtlichen Bestimmungen angefochten werden kann (*Piltz*, Internationales Kaufrecht, § 4 Rdnr. 264).

36. **Kaufpreis.** Das Formular sieht zur Abgeltung aller nach dem Vertrag dem Exporteur obliegenden Leistungen einen Einheits-Festpreis vor. Wenn die zollrechtlichen Bestimmungen im Land des Käufers für die einzelnen Leistungsteile der Contract-Products (vgl. Art. 1 des Formulars) unterschiedliche Zolltarife (vgl. Art. 20 f. Zollkodex) und/oder abweichende Zollwertermittlungsmethoden (vgl. Art. 28 ff. Zollkodex) vorsehen, kann in Betracht kommen, die Preisstellung aufzuspalten und separat auszuweisen, welcher Betrag auf jede der Komponenten gemäß Art. 1.2 bis 1.4 des Formularvertrages entfällt.

Anstelle eines Festpreises können die Parteien auch Preisvorbehalts- oder Preisgleitklauseln (vgl. *Palandt/Heinrichs*, Bürgerliches Gesetzbuch, Rdnr. 22 ff. zu § 245 BGB) vorsehen. Da das UN-Kaufrecht von dem Grundsatz der Preisbestimmbarkeit ausgeht (*Piltz*, Internationales Kaufrecht, § 3 Rdnr. 23 ff.) und die Konsequenzen mangelnder Preisbestimmbarkeit höchst kontrovers diskutiert werden (vgl. etwa: *Kritzer*, Guide to Practical Applications of the United Nations Convention on Contracts for the International Sale of Goods, 134; *Wilhelm*, UN-Kaufrecht, 1993, 9; *Herber/Czerwenka*, Internationales Kaufrecht, Anm. 2 zu Art. 55; *Bonell*, RIW 1990, 697; *Garro/Zuppi*, Compraventa internacional de mercaderias, 106; *von Caemmerer/Schlechtriem/Hager*, Kommentar zum Einheitlichen UN-Kaufrecht, Anm. 7 zu Art. 55; Urteil des Obersten Gerichtshofs der Ungarischen Republik vom 25. 09. 1992, zitiert bei *Piltz*, NJW 1994, 1103), sollten die Parteien unbedingt dafür Sorge tragen, daß in einem solchen Fall der Preis aufgrund der in dem Vertrag hierzu getroffenen Absprachen objektiv bestimmt werden kann. Ein Muster für die Abfassung von Preisgleitklauseln enthält etwa die Preisberichtigungs-Anlage zu den „Allgemeine Lieferbedingungen der ECE für den Export von Maschinen und Anlagen" (vgl. Anm. 3).

Aus deutschrechtlicher Sicht bestehen gegen die Verwendung von Preisvorbehalts- und Preisgleitklauseln ansonsten keine Bedenken, soweit diese nach § 3 WährG nicht genehmigungsbedürftig oder jedenfalls genehmigungsfähig sind (vgl. *Palandt/Heinrichs*, Bürgerliches Gesetzbuch, Rdnr. 18 ff. zu § 245 BGB sowie *Graf von Westphalen*, Rechtsprobleme der Exportfinanzierung, 93 ff.). Der Exporteur sollte sich jedoch gleichermaßen versichern, daß die gewählte Wertsicherungsklausel auch nach den im Land des Importeurs geltenden Gesetzen zulässig ist. Hat die Mißachtung der dort geltenden Bestimmungen die Ungültigkeit der Klausel und ggf. gar des Kaufvertrages zur Folge, kann sich diese Konsequenz nach Art. 4 Buchst. a UN-Kaufrecht auch auf Kaufverträge auswirken, die dem UN-Kaufrecht unterliegen (vgl. *Piltz*, Internationales Kaufrecht, § 2 Rdnr. 137 f., *Kritzer*, Guide to Practical Applications of the United Nations Convention on Contracts for the International Sale of Goods, 39 sowie *Bucher/Schlechtriem*, Wiener Kaufrecht, 1991, 110).

37. **Gegenleistung.** Der Umfang der von dem Exporteur für den Kaufpreis geschuldeten Leistungen erschließt sich aus Art. 1 bis 4 des Formularvertrages. Gleichwohl ist es in der Praxis üblich, typische Nebenkosten des Geschäftes gezielt anzusprechen und die für den Käufer wichtigsten Positionen auszuweisen. Auch wird auf diese Weise unterbunden, daß unter Berufung auf Gepflogenheiten oder Gebräuche, vgl. Art. 9 UN-Kaufrecht, Mißverständnisse aufkommen oder gar andere Auslegungen vertreten werden.

1. Export Contract (Exportvertrag-Maschine) III.1

Die Kosten für eine angemessene Verpackung der Ware obliegen sowohl nach den INCOTERMS (Anm. 20 (9)) wie auch nach dem UN-Kaufrecht (*von Caemmerer/Schlechtriem/Huber*, Kommentar zum Einheitlichen UN-Kaufrecht, Anm. 37 und 87 zu Art. 31) grundsätzlich dem Exporteur. Gleiches gilt für die Kosten der Beförderung bis zu dem vereinbarten Lieferort (Anm. 20 (6) sowie *von Caemmerer/Schlechtriem/Huber*, Kommentar zum Einheitlichen UN-Kaufrecht, Anm. 87 zu Art. 31). Der Aufwand für das terminalhandling, den Haupttransport sowie die Transportversicherung ist nach den jeweils abgesprochenen Liefermodalitäten entweder dem Exporteur oder dem Käufer zuzuordnen. Nach der in dem Formular gewählten FCA-Klausel hat diese Kosten der Käufer zu tragen (Anm. 20 (6)).

Die Preisstellung (Anm. 36) ist als Netto-Vergütung konzipiert und geht davon aus, daß der Exporteur für die Lieferung keine Umsatzsteuer zu entrichten hat. Nach § 4 Nr. 1a und b UStG sind Ausfuhrlieferungen im Sinne des § 6 UStG und innergemeinschaftliche Lieferungen im Sinne des § 6 a UStG grundsätzlich umsatzsteuerfrei (näher hierzu *Welte/Späth*, Umsatzsteuerrecht für die Import- und Exportwirtschaft, Erläuterungen Teil A und C). Problematisch kann die Umsatzsteuer-Freistellung jedoch sein, wenn der deutsche Exporteur im Auftrag eines anderen deutschen Unternehmens Ware an einen Abnehmer außerhalb der EU liefert. Auch in bestimmten Gestaltungen der innergemeinschaftlichen Lieferung, namentlich dann, wenn die Voraussetzungen des § 6a UStG nicht erfüllt sind, bleibt der Verkäufer verpflichtet, Umsatzsteuer abzuführen. Einen gewissen Schutz erfährt der Verkäufer über § 6a Abs. 4 UStG. Da der Exporteur jedoch nicht berechtigt ist, etwa anfallende Umsatzsteuer nachträglich dem vereinbarten Kaufpreis hinzuzusetzen (*Piltz*, Internationales Kaufrecht, § 4 Rdnr. 130), ist in den verbleibenden Fällen der Kaufpreis zuzüglich der Umsatzsteuer in dem Kaufvertrag auszuweisen. Auch kann sich eine Umsatzsteuer-Klausel empfehlen, um für den Fall, daß der Exporteur wider Erwarten etwa aufgrund einer späteren Umsatzsteuerprüfung doch zur Zahlung von Umsatzsteuer herangezogen wird, diesen Betrag zumindest im nachhinein von dem Käufer einziehen zu können, etwa: „The Buyer warrants that all legal requirements for delivery free of german value added tax are fulfilled. To the extent that the Seller is called upon to pay value added tax as a result of circumstances allocable to the Buyer or to the terms of delivery agreed upon, waving the defence of limitation the Buyer will indemnify the Seller without prejudice to any continuing claim by the Seller".

38. Abgaben. Die kommentierte Textstelle nimmt die zu den Pflichten des Verkäufers hierzu in Art. 4.3 des Formulars (Anm. 33) getroffene Regelung auf und enthält insofern keine neue Aussage. Die Formulierung dieser Klausel rechtfertigt sich jedoch aus den gleichen Überlegungen, die für die Aufnahme von Art. 6.2 des Formularvertrages maßgebend sind (Anm. 37). Nach den INCOTERMS treffen Zölle, Steuern und sonstige öffentliche Abgaben grundsätzlich die Partei, die für die Besorgung der Lizenzen, Genehmigungen und Zollformalitäten verantwortlich ist (Anm. 20 (6) und Anm. 20 (2)). Gleiches gilt unter der Geltung des UN-Kaufrechts (vgl. *von Caemmerer/Schlechtriem/Huber*, Kommentar zum Einheitlichen UN-Kaufrecht, Anm. 88 zu Art. 31).

39. Fälligkeit. Die INCOTERMS verweisen hinsichtlich der Zahlungsmodalitäten in B.1 der Erläuterungen (abgedruckt bei *Bredow/Seiffert*, INCOTERMS 1990) auf die für den Kaufvertrag geltenden Bestimmungen. Nach UN-Kaufrecht ist der Exporteur im Zweifel vorleistungspflichtig (*Piltz*, Internationales Kaufrecht, § 4 Rdnr. 153 mit Hinweisen auf abweichende Meinungen). Der Verkäufer kann jedoch die Übergabe der Ware auch von der gleichzeitigen Zahlung abhängig machen, Art. 58 Abs. 1 Satz 2, Abs. 2 UN-Kaufrecht. Für den Fall des Beförderungsverkaufs (Anm. 21) folgt aus Art. 58 Abs. 1 Satz 1 UN-Kaufrecht, daß der Kaufpreis im Zweifel erst zu entrichten ist, wenn der letzte Beförderer die Ware dem Käufer an dem jeweiligen Übernahme- bzw. Bestimmungsort anbietet (*Staudinger/Magnus*, Wiener UN-Kaufrecht, Anm. 15 zu Art. 58).

Gleiches sollte bei Verwendung von C- oder D-Klauseln der INCOTERMS (Anm. 20) gelten, da der Exporteur in diesen Fällen eine ähnliche oder gegenüber dem Beförderungsverkauf gar weitergehende Verantwortung übernimmt (vgl. die Aufstellung in Anm. 18). In Verträgen mit F-Klauseln obliegt es hingegen ausschließlich dem Käufer, sich um den Haupttransport der Ware zu kümmern (vgl. Anm. 18 und 20 (3)). Diese Abweichung rechtfertigt, daß in Verträgen auf FAS-, FCA- oder FOB-Basis die Zahlung bereits fällig wird, sobald der Exporteur die Ware dem Frachtführer des Haupttransportes übergibt.

Angesichts der Vorleistungs-Regelung des UN-Kaufrechtes und der wegen der erst ansatzweisen Aufbereitung der Fälligkeitsproblematik bei Verwendung von INCOTERMS verbleibenden Unwägbarkeiten ist dem Exporteur nahezulegen, die Zahlungsfälligkeit ausdrücklich zu regeln (ebenso *Schlechtriem/Lüderitz*, Einheitliches Kaufrecht und nationales Obligationenrecht, 1987, 190) und eine „bestimmte Zeit" im Sinne des Art. 58 Abs. 1 Satz 1 UN-Kaufrecht vorzusehen. Art. 7.1 Satz 1 des Formularvertrages knüpft die Zahlungsfälligkeit daher an die Lieferung der Vertragsprodukte gemäß Art. 2.2 Satz 1 an. Eine weitergehende Verfeinerung erübrigt sich, da der Exporteur in aller Regel Befriedigung über das Akkreditiv (vgl. Anm. 45) erlangt.

In Art. 8 des Formularvertrages haben die Parteien zur Sicherung des Zahlungsanspruchs des Exporteurs ein Akkreditiv vereinbart (vgl. Anm. 45). Zur Auszahlung des Akkreditivs sind die in Art. 8.2 des Formulars angesprochenen Dokumente bei der Zahlstellenbank einzureichen. Nach Art. 13 ERA 500 (Anm. 54) steht den Banken zudem eine angemessene Zeit zur Verfügung, um die Dokumente zu prüfen und zu entscheiden, ob das Akkreditiv aufgenommen, das heißt der Akkreditivbetrag an den Verkäufer ausgezahlt wird. Aus diesem Ablauf resultiert, daß die Auszahlung des Akkreditivbetrages auch unter günstigen Umständen letztlich erst deutliche Zeit nach Erhalt der die Lieferung ausweisenden Dokumente und damit erst nach Fälligkeit des Kaufpreises erfolgen kann. Gleichwohl stört dieser Ablauf nicht die Fälligkeitsregelung in Art. 7.1 des Formulars. Denn die Vereinbarung des Akkreditivs begründet für den Exporteur unter anderem die Pflicht, den vorgesehenen Weg der Zahlungsabwicklung über das Akkreditiv auch tatsächlich wahrzunehmen mit der Folge, daß der Kaufpreis bis zur Zahlung des Akkreditivbetrages oder der Ablehnung der Bank, das Akkreditiv zu honorieren, gestundet ist (vgl. *Zahn/Eberding/Ehrlich*, Zahlung und Zahlungssicherung im Außenhandel, Rdnr. 2.17 sowie *Graf von Westphalen*, Rechtsprobleme der Exportfinanzierung, 279 f.). Andererseits bleibt ungeachtet der Akkreditivabrede die Regelung der Fälligkeit für den eigentlichen Kaufvertrag gleichwohl sinnvoll, um Vorsorge für den Fall zu treffen, daß die Zahlung aus dem Akkreditiv nicht in Betracht kommt.

40. Zahlungsaufforderung. Nach Art. 59 UN-Kaufrecht tritt die Zahlungsfälligkeit ein, ohne daß es hierzu einer Aufforderung oder der Wahrnehmung sonstiger Förmlichkeiten seitens des Verkäufers bedarf. Da der Käufer aufgrund des abgeschlossenen Kaufvertrages weiß, für welche Leistungen, in welcher Höhe, in welcher Währung und an welchem Ort er Zahlung zu leisten hat, ist für die Zahlungsfälligkeit auch nicht erforderlich, daß der Käufer zunächst eine Rechnung des Exporteurs erhält (vgl. *Herber/Czerwenka*, Internationales Kaufrecht, Anm. 3 zu Art. 59). Hinzu kommt, daß der Verkäufer nach Art. 8.2 des Formularvertrages für die Inanspruchnahme des Akkreditivs ohnehin eine Handelsrechnung vorzulegen hat (vgl. Anm. 52).

41. Währung. Nach den Erhebungen der Deutschen Bundesbank werden rund 80% aller Exportverträge in D-Mark abgeschlossen (Monatsberichte der Deutschen Bundesbank November 1991, 40). Daher sieht auch der Formularvertrag vor, daß der Käufer Zahlung in deutscher Währung zu leisten hat. Aufgrund dieser Festlegung ist der Käufer nicht weiter befugt, ohne Abstimmung mit dem Verkäufer in einer anderen Währung zu leisten, ebenso wie auch der Verkäufer Zahlung grundsätzlich nur in der vereinbarten Währung verlangen kann (*Piltz*, Internationales Kaufrecht, § 4 Rdnr. 124 f.).

Als Alternative zu der kommentierten Regelung steht es den Parteien natürlich frei, auch die Zahlung in einer fremden Währung zu vereinbaren. § 3 Satz 1 WährG steht dem nicht

1. Export Contract (Exportvertrag-Maschine) III.1

entgegen, da diese Vorschrift auf Rechtsgeschäfte zwischen Gebietsansässigen und Gebietsfremden keine Anwendung findet, § 49 Abs. 1 AWG. Allerdings kann der Verkäufer bei Absprache der Zahlung in fremder Währung dann nicht später seine Kaufpreisansprüche in deutscher Währung geltend machen (OLG Frankfurt NJW 1994, 1013 f. und *KG RIW* 1994, 683 f.) ebenso wie der Käufer nicht statt in der vereinbarten in der Währung des Zahlungsortes leisten kann (*Piltz*, Internationales Kaufrechts, § 4 Rdnr. 125; a.A. *Wilhelm*, UN-Kaufrecht, 1993, 35 sowie *Garro/Zuppi*, Compraventa internacional de mercaderias, 299). Treffen die Parteien keine Regelung im Hinblick auf die Währung, in der Zahlung zu leisten ist, schuldet der Käufer im Zweifel Zahlung in der an dem jeweils maßgeblichen Zahlungsort (Anm. 42) geltenden gesetzlichen Währung (*Magnus* RabelsZ 1989, 128 ff. und KG RIW 1994, 683 f.).

Vor Absprache der Währung, in der der Käufer Zahlung leisten soll, sollte sich der Exporteur vergewissern, daß Zahlungen in der vereinbarten Währung auch nach den im Land des Käufers geltenden Bestimmungen zulässig sind. Widersprechen die Zahlungsmodalitäten den dort geltenden Gesetzen und hat dieser Umstand die Ungültigkeit der Zahlungsklausel und ggf. gar des gesamten Kaufvertrages zur Folge, kann diese Konsequenz auf den Exportvertrag durchschlagen, vgl. Art. 4 Buchst. a UN-Kaufrecht (*Kritzer*, Guide to Practical Applications of the United Nations Convention on Contracts for the International Sale of Goods, 39; *Bucher/Schlechtriem*, Wiener Kaufrecht, 1991, 110; *Piltz*, Internationales Kaufrecht, § 2 Rdnr. 137 f. und § 4 Rdnr. 127). Des weiteren sind nach Art. 8 Abschnitt 2 (b) der Statuten des Internationalen Währungsfonds (BGBl. 1978 II, 13 und BGBl. 1991 II, 814) devisenrechtliche Beschränkungen, die ein IWF-Staat zulässigerweise verfügt hat, auch in der Bundesrepublik zu beachten. Unter Verletzung dieser Bestimmungen begründete Ansprüche können in der Bundesrepublik namentlich nicht eingeklagt werden (vgl. *Ebenroth/Müller* RIW 1994, 269 ff. sowie *BGH* EuZW 1994, 351 f. und BGH NJW 1994, 390 f.).

Zuweilen kommt der Exporteur nicht umhin, Zahlung in ausländischer Währung zu akzeptieren. Wenn er gleichwohl kein Kursrisiko eingehen möchte, bieten sich verschiedene Möglichkeiten zur Absicherung der Wechselkursrisiken (vgl. etwa *Graf von Bernstorff*, Risiko-Management im Auslandsgeschäft, 1991, 91 ff.). Im Vordergrund stehen der Verkauf des aus dem Exportvertrag fließenden Erlöses per Termin an einer Devisenbörse, die Aufnahme eines Kredites in ausländischer Währung in Höhe des erwarteten Erlöses und die Umwechslung der Darlehnsvaluta in deutsche Währung, der Abschluß eines Devisenoptionsgeschäftes sowie die Wechselkurssicherung durch die Hermes-Kreditversicherung (vgl. Anm. 46 (6)).

42. Zahlungsort. Die INCOTERMS enthalten keine Aussage zum Zahlungsort, sondern verweisen auf die für den Kaufvertrag geltenden Bestimmungen (B.1 der Erläuterungen, abgedruckt bei *Bredow/Seiffert*, INCOTERMS 1990). Nach UN-Kaufrecht ergibt sich der Zahlungsort in erster Linie aus den zwischen den Parteien getroffenen Absprachen, Art. 57 Abs. 1 UN-Kaufrecht. In diesem Sinne fixiert Art. 7.2 des Formularvertrages den Zahlungsort und schützt damit den Exporteur namentlich davor, daß der Käufer unter Berufung auf behauptete Gepflogenheiten und Gebräuche, vgl. Art. 9 UN-Kaufrecht, einen anderen Zahlungsort für beachtlich hält.

Wenn die Parteien keine Absprachen im Hinblick auf den Ort, an dem der Käufer dem Exporteur den Kaufpreis zur Verfügung zu stellen hat, treffen und auch sonstige Anhaltspunkte nicht festgestellt werden können, gelten nach Art. 57 UN-Kaufrecht zwei alternative Gestaltungen: Wenn die Zahlung Zug um Zug gegen Übergabe der Ware bzw. der Dokumente zu leisten ist, hat der Käufer die Zahlung an dem Ort vorzunehmen, an dem die Übergabe der Ware bzw. Dokumente erfolgt, Art. 57 Abs. 1 Buchst. b UN-Kaufrecht. Typischer Anwendungsfall dieser Variante ist etwa die Vereinbarung des Dokumenteninkassos (Anm. 46 (3)). Gleichermaßen ist die Zahlung an dem Lieferort vorzunehmen, wenn der Verkäufer nach Art. 58 Abs. 1 Satz 2 oder Abs. 2 UN-Kaufrecht einseitig die

Übergabe der Ware bzw. Dokumente von der Zahlung des Kaufpreises abhängig macht (*Piltz*, Internationales Kaufrecht, § 4 Rdnr. 138). Soweit ein Zug-um-Zug-Austausch nicht in Betracht kommt, das heißt also im Regelfall (vgl. Anm. 39), hat der Käufer die Zahlung hingegen an der Niederlassung des Exporteurs zu erbringen, Art. 57 Abs. 1 Buchst. a UN-Kaufrecht.

Der Käufer hat dafür Sorge zu tragen, daß die Zahlung zum Zeitpunkt der Fälligkeit (Anm. 39) an dem maßgeblichen Zahlungsort erfolgt. Im Regelfall des Art. 57 Abs. 1 Buchst. a UN-Kaufrecht hat sich der Käufer daher in deutlich weitergehenderem Umfang als nach §§ 269, 270 BGB um den Transfer der Gelder zu kümmern. Verzögerungs- und Verlustrisiken, die aus der Übermittlung an den Zahlungsort erwachsen, trägt der Käufer (vgl. *von Caemmerer/Schlechtriem/Hager*, Kommentar zum Einheitlichen UN-Kaufrecht, Anm. 4 zu Art. 57). Die in Art. 7.2 des Formularvertrages zu den Spesen und Kosten getroffene Aussage bestätigt diese Regel und stellt die Verantwortung des Käufers noch einmal heraus.

Der Zahlungsort am Sitz des Verkäufers eröffnet dem Exporteur für die Verfolgung von Zahlungsansprüchen gegen den Käufer nach Art. 5 Nr. 1 EuGVÜ bzw. Art. 5 Nr. 1 LuganoÜ (vgl. Anm. 101) und § 29 Abs. 1 ZPO den Gerichtsstand des Erfüllungsortes. Ungeachtet aller vorgebrachten Bedenken (vgl. etwa *Stoll*, Festschrift für M. Ferid, 1988, 500 ff.) bestimmt sich der für Art. 5 Nr. 1 EuGVÜ, Art. 5 Nr. 1 LuganoÜ (vgl. Anm. 101) bzw. § 29 Abs. 1 ZPO maßgebliche Erfüllungsort nach dem jeweils anwendbaren materiellen Recht, im Anwendungsbereich des UN-Kaufrechts demzufolge nach Art. 57 UN-Kaufrecht (*Schütze*, in: FS für Matscher 1993, 424 ff.; ebenso zu der Parallelregelung des Haager EKG/EAG insbesondere EuGH RIW 1994, 676 ff.). Anders als nach § 29 ZPO bedarf die Vereinbarung eines Erfüllungsortes auch dann, wenn der Erfüllungsort als Gerichtsstand herangezogen wird, wegen der andersartigen Konzeption des Art. 5 Nr. 1 EuGVÜ nicht der Formerfordernisse des Art. 17 EuGVÜ EuGH RIW 1980, 726 f.). Für den vorliegenden Formularvertrag kommt diesem Umstand jedoch keine besondere Bedeutung zu, da in Art. 23 des Formularvertrages eine Gerichtsstandsabrede getroffen ist.

43. Verspätete Zahlung. Nach dem UN-Kaufrecht führt der bloße Umstand, daß der Käufer nicht zur rechten Zeit und am rechten Ort den Kaufpreis zahlt, zu einer Verletzung der Zahlungspflicht. Damit erwachsen dem Exporteur ohne jede weitere Voraussetzung die für den Fall von Vertragsverletzungen des Käufers nach Maßgabe der Art. 61 ff. UN-Kaufrecht vorgesehenen Rechtsbehelfe (*Piltz*, Internationales Kaufrecht, § 5 Rdnr. 325 ff. sowie *Herber/Czerwenka*, Internationales Kaufrecht, Anm. 2 ff. zu Art. 61). Anders als nach unvereinheitlichtem deutschen Recht bedarf es namentlich nicht der nach §§ 284 f. BGB für den Verzug erforderlichen Tatbestandselemente „Mahnung" und „Verschulden". Nach UN-Kaufrecht kann der Exporteur daher im Falle nicht vertragsgemäßer Zahlung des Kaufpreises ohne weiteres Zinsen auf die ausstehenden Beträge geltend machen, Art. 78 UN-Kaufrecht, und anstelle oder zusätzlich zu den sonstigen Rechtsbehelfen Schadensersatz verlangen, Art. 61 Abs. 1 Buchst. b, Abs. 2 UN-Kaufrecht (Anm. 44). Der Anspruch auf Schadensersatz – nicht jedoch der Anspruch auf Zinsen – entfällt lediglich, soweit der Käufer sich wegen der nicht rechtzeitigen Zahlung nach Maßgabe des Art. 79 UN-Kaufrecht entlasten kann.

44. Zinsen und Rechtsverfolgungskosten. Die kommentierte Textstelle präzisiert unter Vorbehalt weitergehender, kraft Gesetzes eröffneter Ersatzansprüche die Höhe des Zinsschadens und regelt die Erstattung gerichtlicher und außergerichtlicher Rechtsverfolgungskosten. Anders als die §§ 91 ff. ZPO enthalten ausländische Rechtsordnungen überwiegend keine gesetzliche Verpflichtung, der obsiegenden Partei die im Rahmen der gerichtlichen Rechtsverfolgung anfallenden notwendigen Kosten umfassend zu erstatten (vgl. *Schütze* Rechtsverfolgung im Ausland, 1986, 160 f.). Andererseits wird weitgehend eine vertraglich begründete Erstattungspflicht – jedenfalls unter Kaufleuten – anerkannt. Dieser Situation trägt Art. 7.3 des Formularvertrages Rechnung und vermeidet damit müßige

1. Export Contract (Exportvertrag-Maschine)   III.1

Auseinandersetzungen, ob die Kosten der Rechtsverfolgung auch ohne vertragliche Absicherung als vorhersehbarer Schaden des nicht rechtzeitig bezahlten Exporteurs ersatzfähig sind (vgl. *Piltz,* Internationales Kaufrecht, § 5 Rdnr. 453).

Neben dem Anspruch auf Schadensersatz gewährt Art. 78 UN-Kaufrecht dem nicht rechtzeitig bezahlten Gläubiger einen Anspruch auf Zinsen. Der Zinsanspruch nach Art. 78 UN-Kaufrecht ist gegenüber dem Schadensersatzanspruch ein völlig eigenständiger Rechtsbehelf (*Herber/Czerwenka,* Internationales Kaufrecht, Anm. 4 zu Art. 78). Hieraus folgt, daß der Gläubiger anders als im Falle des Schadensersatzes keinen Zinsschaden nachweisen muß und der Schuldner sich von der Zinszahlungspflicht nicht unter Berufung auf Art. 79 UN-Kaufrecht befreien kann. Art. 78 UN-Kaufrecht deckt jedoch nur Zinsen bis zur Höhe des gesetzlichen Zinssatzes der Rechtsordnung, die nach den Bestimmungen des Internationalen Privatrechts für die Rechtsfragen gilt, die – wie die Modalitäten der nach Art. 78 UN-Kaufrecht vorgesehenen Zinszahlung – von dem UN-Kaufrecht nicht geregelt sind (OLG Frankfurt NJW 1994, 1013 f. und OLG München NJW-RR 1994, 1075 f.). Darüber hinausgehenden Zinsschaden kann der Verkäufer als Schadensersatz nach Maßgabe des Art. 61 Abs. 1 Buchst. b UN-Kaufrecht verlangen (OLG Frankfurt NJW 1994, 1013 f. sowie LG Hamburg EuZW 1991, 188 ff.).

45. Akkreditiv. Das Akkreditiv ist die abstrakte Verpflichtung einer Bank, gegen Vorlage bestimmter Dokumente unter eigener Haftung die vereinbarte Zahlung an den Begünstigten zu leisten (näher hierzu *Schütze,* Das Dokumentenakkreditiv im Internationalen Handelsverkehr, 59 ff., *Graf von Westphalen,* Rechtsprobleme der Exportfinanzierung, 221 ff. und *Zahn/Eberding/Ehrlich,* Zahlung und Zahlungssicherung im Außenhandel, Rdnr. 2/1 ff.). Die Bank übernimmt diese Zahlungsverpflichtung im Auftrag des Käufers und wird daher zur Eröffnung des Akkreditivs nur bereit sein, wenn der Käufer seinerseits der Bank Zahlungsmittel in entsprechendem Umfang zur Verfügung stellt oder über eine ausreichende Kreditlinie verfügt.

Die Zahlungszusage der Bank ist völlig abstrakt von dem Grundgeschäft (Kaufvertrag), so daß der Käufer abgesehen von Sondersituationen nicht etwa mangelhafte Erfüllung des Verkäufers vorbringen kann, um die Auszahlung des Akkreditivs zu unterbinden (zu den Rechtsschutzmöglichkeiten des Käufers vgl. *Schütze,* Das Dokumentenakkreditiv im Internationalen Handelsverkehr, 208 ff., *Graf von Westphalen,* Rechtsprobleme der Exportfinanzierung, 280 ff. sowie *Shingleton/Wilmer* RIW 1991, 793 ff.). Alleinige Voraussetzung für die Auszahlung des Akkreditivbetrages an den begünstigten Exporteur ist, daß dieser der Bank die in dem Akkreditiv vereinbarten Dokumente fristgerecht vorlegt. Oberstes Anliegen des Exporteurs muß es demzufolge sein, für die Auszahlung des Akkreditivs lediglich solche Dokumente vorzusehen, die er ohne weitere Mitwirkungsnotwendigkeiten des Käufers beschaffen kann. Unter dieser Voraussetzung bietet das Akkreditiv dem Exporteur ein hohes Maß an Sicherheit, den Akkreditivbetrag und damit die Bezahlung des Kaufpreises erlangen zu können. Der Käufer hingegen wird zur Wahrung seiner Interessen bestrebt sein, daß die von dem Exporteur der Bank vorzulegenden Dokumente ein Minimum an Leistungserfüllung des Exporteurs gewährleisten.

Sinn und Zweck des Akkreditives ist in erster Linie, den Zahlungsanspruch des Exporteurs unabhängig von der Zahlungsfähigkeit und Zahlungswilligkeit des Käufers abzusichern. Kommt die Eröffnung eines Akkreditives nicht in Betracht, sollte der Exporteur über andere Möglichkeiten der Absicherung des Kaufpreisanspruches nachdenken. Neben den typischen Mitteln des Zahlungssicherung (Anm. 46) läßt sich die rechtliche Position des Exporteurs insbesondere auch durch eine entsprechende Vertragsgestaltung verfestigen. Der Formularvertrag geht von der Gestellung eines Akkreditives zugunsten des Verkäufers aus und ist daher nicht ohne weiteres auf Gestaltungen übertragbar, die keine gleichwertige Sicherung vorsehen (Anm. 2).

Sinn und Zweck des Akkreditives ist es weiterhin, die Zahlungsabwicklung festzulegen. Die Gestellung des Akkreditivs erfolgt erfüllungshalber und nicht an Erfüllung statt (OLG

Koblenz RIW 1989, 815 ff. sowie *Zahn/Eberding/Ehrlich,* Zahlung und Zahlungssicherung im Außenhandel, Rdnr. 2/17), so daß der kaufvertragliche Anspruch des Exporteurs auf Zahlung des Kaufpreises erhalten bleibt, wenn das Akkreditiv nicht zur Auszahlung gelangt. Andererseits erlischt der Kaufpreisanspruch des Exporteurs, wenn er die Zahlung des Akkreditivbetrages erhält. Zudem verpflichtet die kaufvertraglich vereinbarte Akkreditivklausel den Exporteur, die Kaufpreiszahlung in erster Linie durch Benutzung des Akkreditivs hereinzuholen (OLG Koblenz RIW 1989, 815 ff.). Solange der Käufer nicht den ernsthaften Versuch gemacht hat, die Auszahlung des Akkreditivs zu erhalten, darf er den Käufer nicht unmittelbar auf Zahlung des Kaufpreises in Anspruch nehmen.

Anders als das Akkreditiv ist der insbesondere in den USA gebräuchliche Standby Letter of Credit lediglich ein Sicherungsmittel und erfüllt keine Zahlungsfunktion (*Berger* DZWir 1994, 508 f.). Nach dem US-amerikanischen Bankenrecht ist es den dortigen Banken nicht gestattet, Bürgschaften oder Garantien zu stellen, so daß auf die Akkreditivform ausgewichen wird (*Nielsen,* Neue Richtlinien für Dokumenten-Akkreditive, Rdnr. 3). Demgegenüber besteht zwischen dem Dokumentenakkreditiv („documentary credit") und dem Letter of Credit („L/C") kein wesenhafter Unterschied (*Schütze,* Das Dokumentenakkreditiv im Internationalen Handelsverkehr, 73 ff.).

46. Zahlungssicherung. Im Außenhandel werden namentlich die nachstehenden Formen der Zahlungsabwicklung und Zahlungssicherung praktiziert:

(1) Die für den Exporteur optimalste Situation ist gegeben, wenn der Käufer Vorauszahlung leistet. Da diese Gestaltung jedoch alle Risiken der ordnungsgemäßen Vertragsdurchführung allein dem Käufer auflädt, ist die Vorauszahlung des Käufers nur in besonderen Situationen durchsetzbar. Das Risiko des Käufers kann jedoch reduziert werden, wenn der Exporteur über eine Bank eine Liefer- oder Leistungsgarantie und ggf. zusätzlich eine Gewährleistungsgarantie (vgl. *Graf von Westphalen,* Rechtsprobleme der Exportfinanzierung, 309) stellt. Da die Bankgarantie grundsätzlich abstrakt, das heißt losgelöst von dem zugrundeliegenden Kaufvertrag zu sehen ist, erwächst für den Exporteur allerdings die Gefahr, daß der Käufer die Garantie in Anspruch nimmt, obwohl der Kaufvertrag – zumindest aus Sicht des Verkäufers – ordnungsgemäß erfüllt wurde (vgl. *Schütze,* Bankgarantien, 1994, 61 ff.).

(2) Anders als die Vorauszahlung ist die Honorierung des im Auftrag des Käufers von einer Bank gestellten Akkreditives (L/C) (Anm. 45 sowie Anm. 47 bis 54) davon abhängig, daß der Exporteur die vereinbarten Dokumente fristgerecht und ordnungsgemäß bei der das Akkreditiv auszahlenden Bank vorlegt. Über Absprachen zu Art und Ausgestaltung der vorzulegenden Dokumente kann der Käufer seine Interessen in gewissem Umfang absichern. Der Verkäufer andererseits, der die vorzulegenden Dokumente beschafft hat, kann seinen Zahlungsanspruch unabhängig von der Zahlungswilligkeit und Zahlungsfähigkeit des Käufers unmittelbar gegenüber der Bank geltend machen.

(3) Anstelle eines Akkreditivs wird namentlich aus Kostengründen auch das Dokumenteninkasso (D/P bzw. D/A) vereinbart (vgl. hierzu *Hoffmann,* Einheitliche Richtlinien für Inkassi (ERI) – Revision 1995 –, 1995; *Graf von Westphalen* Rechtsprobleme der Exportfinanzierung, 202 ff. und *Zahn/Eberding/Ehrlich,* Zahlung und Zahlungssicherung im Außenhandel, Rdnr. 3/1 ff.). Der Exporteur bringt die Ware zum Versand und beschafft die vereinbarten Dokumente, die er anschließend zusammen mit der Rechnung durch seine Bank und in der Regel unter Einschaltung einer Korrespondenzbank dem Käufer zur Zahlung bzw. Akzeptleistung vorlegen läßt. Der Käufer erhält die Dokumente zwar nur gegen Zahlung bzw. Wechselakzept. Anders als bei dem Akkreditiv hat der Exporteur jedoch keine Sicherheit, daß die Bank zahlt, da die Bank nur leistet, wenn der Käufer die Dokumente auch tatsächlich aufnimmt. Die Zahlung des Kaufpreises ist daher – anders als beim Akkreditiv – letztlich von der Zahlungsfähigkeit und Zahlungswilligkeit des Käufers abhängig. Der Exporteur kann mit der Vereinbarung des Dokumenteninkassos lediglich sicherstellen, daß er ohne Zahlung des Käufers nicht das Verfügungsrecht über die Ware

1. Export Contract (Exportvertrag-Maschine) III.1

verliert. Dazu bedarf es jedoch umsichtiger Regelungen im Hinblick auf die Dokumente, die dem Käufer Zug um Zug gegen Zahlung angedient werden. Wenn diese, anders als etwa das Konnossement, der Ladeschein oder die FIATA combined transport bill of lading nicht Wertpapiere im engeren Sinne darstellen, erhält der Verkäufer ggf. nur eine zweifelhafte Sicherung, da die Weisungen des Verkäufers an das Beförderungsunternehmen, die Ware nur gegen Vorlage der Dokumente auszuhändigen, die wiederum der Käufer nur gegen Zahlung von der Bank erhält, zum Teil gegen zwingendes Frachtrecht verstoßen (vgl. *Koller* IPRax 1990, 301 ff.). Als Abhilfe empfiehlt sich, die zur Durchführung des Dokumenteninkassos eingeschaltete Korrespondenzbank als Empfängerin des Warentransports einzusetzen.

(4) Beauftragt der Exporteur den Frachtführer, die Lieferung gegen Nachnahme vorzunehmen (cash on delivery), steigt das Risiko des Verkäufers im Vergleich zu den vorstehend behandelten Gestaltungen weiter an. Der Exporteur hat keinerlei Sicherheit, daß der Käufer die Ware annimmt und bezahlt. Außerdem kann dem Empfänger aufgrund zwingenden Frachtrechts ein vorbehaltloser Herausgabeanspruch gegenüber dem Frachtführer zustehen. Gleichwohl ist die Lieferung gegen Nachnahme namentlich dann in Erwägung zu ziehen, wenn wegen kurzer Transportwege die Ware schneller an dem Bestimmungsort eintrifft als die Warenpapiere.

(5) Liefert der Exporteur gegen offene Rechnung (clean payment), hat er keinerlei Sicherheit, daß der Käufer zahlungswillig und zahlungsfähig ist. Demgegenüber erhält der Käufer die Ware zunächst ohne Gegenleistung und entscheidet in der Regel erst nach Untersuchung der Ware, ob und in welchem Umfang er Zahlung zu leisten bereit ist. Diese Risikozuordnung ändert sich auch nicht grundlegend, wenn der Verkäufer von dem Käufer einen Wechsel erhält, da der Exporteur keinerlei Sicherheit hat, daß der Wechsel bei Fälligkeit eingelöst wird. Zwar verbrieft der Wechsel einen abstrakten Zahlungsanspruch und eröffnet häufig den Zugang zu einem vereinfachten Verfahren zur Erlangung eines Vollstreckungstitels. Nach den Rechten mancher Länder stellt der protestierte Wechsel als solcher auch bereits einen Vollstreckungstitel dar, so daß es nicht einmal mehr eines Verfahrens bedarf. Dem steht jedoch gegenüber, daß der Exporteur während der Laufzeit des Wechsels grundsätzlich gehindert ist, den Kaufpreisanspruch aus dem Exportvertrag gegen den Käufer geltend zu machen (LG Hamburg EuZW 1991, 188 ff.). Die Rechtsstellung des Exporteurs verbessert sich jedoch, wenn der Wechsel mit dem Aval einer Bank versehen ist.

(6) Als Alternative oder Ergänzung zu den vorstehenden Sicherungs-Varianten kommen insbesondere die von der Bundesrepublik Deutschland gewährten „HERMES-Deckungen" in Betracht (vgl. hierzu *Greuter*, Die staatliche Export Kreditversicherung, 5. Auflage, Köln 1996 und *Schallehn/Greuter/Kuhn*, Garantien und Bürgschaften der Bundesrepublik Deutschland zur Förderung der deutschen Ausfuhr, Köln, Loseblatt). Da wohl auch der Umfang der Sicherungswirkung des Akkreditivs zweifelhaft sein kann (*Graf von Westphalen*, Rechtsprobleme der Exportfinanzierung, 183), ist für den vorliegenden Sachverhalt (Anm. 1) durchaus vorstellbar, daß der Exporteur zusätzlich den Schutz der HERMES-Kreditversicherung sucht. Hierzu bedarf es jedoch keiner Absprachen in dem Exportvertrag. Neben der staatlichen sogenannten HERMES-Deckung werden auch private Kreditversicherungen angeboten, die sich jedoch stets nur auf versicherungsmäßig kalkulierbare wirtschaftliche Risiken (Insolvenz, Bonität usw.) beziehen, nicht hingegen politische Risiken wie namentlich Zahlungsverbote, Moratorien, Konvertierungs- und Transferverbote umfassen.

47. Akkreditiv-Eröffnung. Nach Art. 8.1 des Formularvertrages ist der Käufer verpflichtet, zugunsten des Exporteurs das vereinbarte Akkreditiv zu eröffnen. Die nähere Ausgestaltung des zu stellenden Akkreditivs beurteilt sich in erster Linie nach den hierzu von den Parteien in dem Kaufvertrag getroffenen Absprachen (Akkreditiv-Klausel). Da die das Akkreditiv stellende Bank im Auftrag des Käufers tätig wird, bietet die kaufvertragliche

Akkreditiv-Klausel für den Verkäufer die einzige Gelegenheit, auf den Inhalt des Akkreditivs Einfluß zu nehmen (*Zahn/Eberding/Ehrlich,* Zahlung und Zahlungssicherung im Außenhandel, Rdnr. 2/18). Die bloße Absprache etwa, daß der Käufer ein Akkreditiv zu stellen habe, beläßt dem Käufer einen weiten Ermessensspielraum im Hinblick auf die inhaltliche Abfassung des Akkreditivs und genügt daher in aller Regel nicht den Interessen des Exporteurs. Art. 8 des Formularvertrages trägt dieser Situation Rechnung und sieht folglich nähere Vorgaben für die Ausgestaltung des Akkreditivs vor.

Die Akkreditivsumme entspricht dem Kaufpreis (Anm. 36). Wenn – anders als für den Formularvertrag zugrundegelegt – der Akkreditivbetrag und/oder die Warenmenge noch nicht endgültig feststehen, ergeben sich die zulässigen Abweichungen aus Art. 39 Buchst. a und b ERA 500. Art. 6 Buchst. b ERA 500 entsprechend ist zudem festgehalten, daß das Akkreditiv unwiderruflich zu sein hat. Zwar ist die Bezeichnung als „irrevocable" nach Art. 6 Buchst. c ERA 500 nicht mehr zwingend erforderlich; zur Vermeidung jeder Zweifel empfiehlt sich jedoch eine klarstellende Aussage zu diesem für den Exporteur wichtigen Aspekt.

Um dem Exporteur eine Übertragung des Akkreditivs zu ermöglichen, muß die Bank das Akkreditiv ausdrücklich als „übertragbar" („transferable") bezeichnen. Ausdrücke wie „divisable", „fractionable", „assignable" oder „transmissable" gestatten dem Begünstigten nicht, das Akkreditiv zu übertragen, Art. 48 Buchst. d ERA 500. Die Übertragbarkeit eröffnet dem Exporteur die Möglichkeit, an seiner Stelle eine andere Vertragspartei einzusetzen, die gegen Vorlage ihrer eigenen Dokumente von der aus dem Akkreditiv verpflichteten Bank Zahlung verlangen kann (näher hierzu *Nielsen,* Neue Richtlinien für Dokumenten-Akkreditive, Rdnr. 301 ff. und *Schütze,* Das Dokumentenakkreditiv im Internationalen Handelsverkehr, 144 ff.). Dieses Charakteristikum unterscheidet die Übertragung des Akkreditivs von der bloßen Abtretung des Anspruchs auf Auszahlung der Akkreditivsumme, vgl. Art. 49 ERA 500.

Art. 40 Buchst. a ERA 500 läßt Teilverladungen bzw. Teilinanspruchnahmen des Akkreditivs zu, sofern das Akkreditiv nicht etwas anderes ausweist. Das Akkreditiv kann – für den zugrundegelegten Sachverhalt (vgl. Anm. 25) allerdings nicht einschlägig – auch vorsehen, daß der Akkreditivbetrag den zu unterschiedlichen Zeitpunkten erfolgenden Lieferungen entsprechend in Raten in Anspruch genommen werden kann. Für den Exporteur ist diese Gestaltung nicht ohne Risiko, da er das Recht zur weiteren Nutzung des Akkreditivs in vollem Umfang verliert, wenn er irgendeine Rate nicht innerhalb des für sie vorgeschriebenen Zeitraums in Anspruch genommen hat, Art. 41 ERA 500. Zur Vermeidung dieses Risikos sollte der Exporteur, der das Akkreditiv ratenweise nutzen möchte, die Anwendbarkeit des Art. 41 ERA 500 ausdrücklich ausschließen. Als Alternative bietet sich an, gesonderte Akkreditive für die einzelnen Teillieferungen vorzusehen.

Die Annahme des von der Bank gestellten Akkreditivs durch den begünstigten Exporteur erfolgt in der Regel stillschweigend (*Schütze,* Das Dokumentenakkreditiv im Internationalen Handelsverkehr, 123 f.). Der Exporteur sollte das ihm zugehende Akkreditiv umgehend sorgfältig daraufhin überprüfen, ob es vertragsgemäß aufgemacht und er in der Lage ist, die für die Auszahlung in dem Akkreditiv aufgestellten Bedingungen zu erfüllen. In diesem Zusammenhang sind insbesondere auch die Vorgaben der Art. 39 (Toleranzen bezüglich Akkreditivbetrag, Menge und Preis pro Einheit), Art. 46 (Erläuterung der Ausdrücke für Verladetermine) und Art. 47 (Zeit-Terminologie für Verladefristen) ERA 500 zu beachten. Wenn der Verkäufer das Akkreditiv nicht für vertragsgemäß hält und nicht bereit ist, die Abweichungen hinzunehmen, muß er den Käufer unverzüglich auffordern, das Akkreditiv entsprechend zu ändern (*Zahn/Eberding/Ehrlich,* Zahlung und Zahlungssicherung im Außenhandel, Rdnr. 2/18). Andernfalls riskiert der Exporteur die mit dem Akkreditiv bezweckte Zahlungssicherung. Auch muß der Exporteur nachdrücklich prüfen, ob die ihm von der Bank zugehende Nachricht tatsächlich eine eigene Zahlungsverpflichtung der Bank zum Ausdruck bringt oder ohne Übernahme einer Verbindlichkeit lediglich zur vorläufigen Unterrichtung erfolgt, vgl. Art. 12 ERA 500 (Muster für die Avisierung

1. Export Contract (Exportvertrag-Maschine) III.1

eines unwiderruflichen und bestätigten Akkreditivs in *Büschgen/Graffe,* Handbuch für das Auslandgeschäft, 72 f.).

48. Zahlstelle und bestätigtes Akkreditiv. Gewöhnlich wird der Käufer seine Hausbank beauftragen, das Akkreditiv zu eröffnen (issuing bank). Dem Exporteur ist jedoch daran gelegen, die Auszahlung des Akkreditivbetrages von einer inländischen, nach Möglichkeit in der örtlichen Umgebung des Verkäufers domizilierten Bank verlangen zu können. Auf diese Weise reduziert der Exporteur die Risiken der Verzögerung und des Verlustes, die bei einer Übersendung der Dokumente über weitere Strecken aufkommen können. Außerdem vermeidet der Exporteur Störungen der Auszahlung des Akkreditivs durch Devisenkontrollmaßnahmen, die im Land des Käufers bis zum Zeitpunkt der Zahlung verfügt werden könnten (*Zahn/Eberding/Ehrlich,* Zahlung und Zahlungssicherung im Außenhandel, RdNr. 2/81). Schließlich hat die Eröffnung oder zumindest die Bestätigung durch eine – aus Sicht des Exporteurs – inländische Bank zur Folge, daß alle die Rechtsfragen, die nicht in den ERA 500 geregelt sind, vorbehaltlich einer anderslautenden ausdrücklichen oder stillschweigenden Rechtswahl nach der Rechtsordnung am Sitz der eröffnenden bzw. bestätigenden Bank, mithin nach deutschem Recht beurteilt werden (*Graf von Westphalen,* Rechtsprobleme der Exportfinanzierung, 300 f.) und ggf. erforderlich werdende gerichtliche Auseinandersetzungen im Inland durchgeführt werden können. Aus diesen Gründen sieht die kommentierte Textstelle vor, daß das Akkreditiv durch eine deutsche Bank am Sitz des Exporteurs entweder zu eröffnen oder zumindest zu bestätigen ist. Die Bestätigung begründet gegenüber dem Exporteur eine eigene Verbindlichkeit der bestätigenden Bank (confirming bank), Art. 9 Buchst. b, Art. 10 Buchst. d ERA 500.

Anders als die bestätigende Bank übernimmt die das Akkreditiv dem Begünstigenden lediglich avisierende Bank (advising bank) keine primäre Leistungspflicht gegenüber dem Begünstigten, Art. 7, 9 Buchst. c Abs. 2 ERA 500. Für den Exporteur ist daher außerordentlich wichtig, das mitgeteilte Akkreditiv sorgfältig auch daraufhin zu überprüfen, ob die nach dem Vertrag vorgesehene Akkreditivbank tatsächlich eine eigene Zahlungsverpflichtung gegenüber dem Verkäufer übernimmt und nicht lediglich das Akkreditiv einer anderen Bank avisiert. Andernfalls hat der Exporteur diesen Umstand unverzüglich zu rügen (*Graf von Westphalen,* Rechtsprobleme der Exportfinanzierung, 266 f.).

Neben der issuing bank, der confirming bank und der advising bank kennen die ERA 500 zudem die Funktion der nominated bank. Die nominated bank ist bloße Zahlstelle ohne Übernahme einer eigenen Verpflichtung gegenüber dem Begünstigten, Art. 10 Buchst. c ERA 500 (näher hierzu *Zahn/Eberding/Ehrlich,* Zahlung und Zahlungssicherung im Außenhandel, Rdnr. 2/86 ff.). Nach Art. 10 Buchst. b ERA 500 muß namentlich das bestätigte Akkreditiv auch die „nominated bank" ausweisen. In dem kommentierten Formulartext ist durch die Worte „available with" sichergestellt, daß die Zahlstelle sich bei der Bank befindet, die dem Begünstigten gegenüber sei es als issuing bank oder sei es als confirming bank die eigene Zahlungsverpflichtung übernimmt.

49. Verfallfristen. Jedes Akkreditiv muß grundsätzlich ein Verfalldatum („expiry date") ausweisen, Art. 42 Buchst. a ERA 500. Ohne ein solches Datum ist das Akkreditiv nichtig (*Nielsen,* Neue Richtlinien für Dokumenten-Akkreditive, Rdnr. 283; vgl. auch *Zahn/Eberding/Ehrlich,* Zahlung und Zahlungssicherung im Außenhandel, Rdnr. 2/62). Das Verfalldatum ist der letzte Tag, an dem der Begünstigte das Akkreditiv benutzen kann. Art. 42 Buchst. a ERA 500 schreibt ferner vor, daß das Akkreditiv auch den Ort für die Dokumentenvorlage anzugeben hat. Sofern diese Angabe nicht schon in der Bezeichnung der Zahlstelle (Anm. 48) gesehen wird, dürfte das Unterlassen einer expliziten Bezeichnung des Ortes für die Dokumentenvorlage gleichwohl unschädlich sein, da eine fristwahrende Dokumenteneinreichung immer bei der Stelle erfolgen kann, bei der das Akkreditiv benutzbar gestellt ist (*Nielsen,* Neue Richtlinien für Dokumenten-Akkreditive, Rdnr. 283).

Der begünstigte Exporteur kann das Akkreditiv nur in Anspruch nehmen, wenn er die Dokumente fristgerecht, das heißt am Tage des oder vor dem Verfalldatum, vgl. Art. 44

ERA 500, bei der Bank einreicht. Aus diesem Grund muß der Exporteur auf eine ausreichende Bemessung der Gültigkeitsdauer des Akkreditivs bedacht sein. Hierbei sollte der Verkäufer zum einen den Zeitraum berücksichtigen, dessen es bedarf, um die der Bank vorzulegenden Unterlagen zu beschaffen. Zum anderen sollte der Verkäufer in gewissem Umfang einkalkulieren, daß sich die Lieferung verzögern kann und er die für die Inanspruchnahme des Akkreditivs erforderlichen Dokumente daher erst später erhält. Schließlich ist denkbar, daß die Bank die von dem Verkäufer eingereichten Dokumente für nicht akkreditivgerecht erachtet. Da die Bank nicht berechtigt ist, dem Exporteur eine das Verfalldatum des Akkreditivs überschreitende Nachfrist einzuräumen (*Zahn/Eberding/Ehrlich,* Zahlung und Zahlungssicherung im Außenhandel, Rdnr. 2/64), sollte der Exporteur in diesem Fall noch über eine angemessene Zeitspanne verfügen, um vor Ablauf der Verfallfrist die Dokumente in akkreditivgerechter Aufmachung besorgen zu können.

Von dem Verfalldatum nach Art. 42 ERA 500 ist die Präsentationsfrist des Art. 43 ERA 500 zu unterscheiden. Die Präsentationsfrist bezeichnet den Zeitraum, innerhalb dessen Dauer der Verkäufer vereinbarte Transportdokumente nach dem Zeitpunkt der Verladung (nicht: nach dem Ausstellungsdatum des Transportdokumentes) bei der Bank vorzulegen hat. Sinn und Zweck der zusätzlichen Präsentationsfrist ist es, eine zügige Einreichung und Weiterleitung der Transportdokumente zu gewährleisten, damit nicht die Ware längst an dem Bestimmungsort eingetroffen ist, der Käufer sie dort aber wegen Nichtvorhandensein der Dokumente nicht in Empfang nehmen kann. Die Präsentationsfrist gilt auch für solche Transportdokumente, die nicht die Ware repräsentieren (*Nielsen,* Neue Richtlinien für Dokumenten-Akkreditive, Rdnr. 288). In dem Formular ist keine Präsentationsfrist vorgesehen. Nach Art. 43 Buchst. a Satz 2 und 3 ERA 500 akzeptiert die Bank die Transportdokumente daher nur, wenn sie ihr bis spätestens 21 Tage nach dem Verladedatum vorgelegt werden und die Verfallfrist des Akkreditivs noch nicht überschritten ist.

Neben der Verfallfrist und der Präsentationsfrist kennt das Akkreditivrecht des weiteren noch die Verladefrist („period for shipment"). Die Verladefrist besagt, bis zu welchem Tag die Ware im Sinne des Art. 46 ERA 500 verladen sein muß. Nähere Vorgaben für die Auslegung von Zeitbestimmungen enthalten Art. 46 Buchst. b und c und Art. 47 ERA 500. Das Formular sieht keine Verladefrist vor.

50. Nutzbarkeit des Akkreditivs. Das Akkreditiv muß eindeutig angeben, auf welche Art und Weise der begünstigte Exporteur das Akkreditiv nutzen kann, Art. 10 Buchst. a ERA 500. In dem Formular ist die Nutzung durch Sichtzahlung („sight payment") vorgesehen. Die Sichtzahlung entspricht der überwiegend praktizierten Abwicklungsform und besagt, daß die Bank Zug um Zug gegen die Aufnahme der Dokumente, das heißt nach positiver Prüfung der von dem Exporteur eingereichten Dokumente zugunsten des Exporteurs einen Kontoübertrag im bargeldlosen Zahlungsverkehr vornimmt (*Zahn/Eberding/Ehrlich,* Zahlung und Zahlungssicherung im Außenhandel, Rdnr. 2/106). Als alternative Nutzungsmöglichkeiten des Akkreditivs kommen in Betracht die hinausgeschobene Zahlung (deferred payment), die Akzeptleistung (acceptance of drafts) und die Negoziierung (negotiation of drafts), vgl. Art. 9 und 10 ERA 500.

51. Vorzulegende Dokumente. Das Akkreditivgeschäft befaßt sich nur mit Dokumenten, nicht jedoch mit den Leistungen, auf die sich die Dokumente beziehen, Art. 4 ERA 500. Zudem ist das Akkreditiv von dem zugrundeliegenden Kausalgeschäft (Kaufvertrag) völlig abstrakt, Art. 3 ERA 500. Demzufolge sieht Art. 5 Buchst. b ERA 500 vor, daß das Akkreditiv genau die Dokumente zu bezeichnen hat, gegen deren Vorlage die Zahlung an den Begünstigten erfolgt. Der Verkäufer muß dafür Sorge tragen, daß die Auszahlung des Akkreditivs nur von solchen Dokumenten abhängig gemacht wird, die er bei Durchführung des Kaufvertrages ohne weitere Mitwirkungsnotwendigkeiten des Käufers beschaffen kann. Andernfalls riskiert der Exporteur die mit dem Akkreditiv verbundene Zahlungssicherungsfunktion (vgl. Anm. 45 und 5). Der Käufer andererseits wird darauf bedacht sein, über die Art der von dem Verkäufer vorzulegenden Dokumente ein gewisses Maß an

1. Export Contract (Exportvertrag-Maschine) III.1

Sicherheit dafür zu erlangen, daß der Verkäufer den Kaufvertrag ordnungsgemäß erfüllt hat.

Im Vordergrund stehen die klassischen Dokumente des internationalen Handels, nämlich die Transportdokumente, Art. 23 bis 33 ERA 500, die Versicherungsdokumente, Art. 34 bis 36 ERA 500, und die Handelsrechnung, Art. 37 ERA 500, sowie die Gewichtsbescheinigung, Art. 38 ERA 500. Für diese Dokumente sehen die ERA 500 im einzelnen deren Aufmachung vor, so daß eigentlich nur der Typ des gewünschten Dokumentes bezeichnet werden muß und Sonderweisungen nur dann erforderlich sind, wenn von dem Anforderungskatalog der ERA 500 abgewichen werden soll. Daneben steht die Gruppe der sonstigen Dokumente, für die die ERA 500 wegen deren Vielgestaltigkeit keine weiteren Anforderungen vorsehen. Wenn die Bank diese Dokumente nicht so aufnehmen soll, wie sie präsentiert werden, bedarf es daher besonderer Weisungen, Art. 21 ERA 500 (*Nielsen*, Neue Richtlinien für Dokumenten-Akkreditive, Rdnr. 142 ff.).

Der in Art. 2.2 des Formularvertrages vereinbarten Lieferklausel „FCA seaport Hamburg FCL" (Anm. 18) Rechnung tragend sieht Art. 8.2 vor, daß der Exporteur zur Inanspruchnahme des Akkreditivs u. a. das Terminal- oder Interchange-Receipt vorzulegen hat. Dieses Dokument wird dem Verkäufer gegen die Übergabe der Container an den im Auftrag des Seefrachtführers tätigen Terminalbetrieb ausgehändigt. Zur Wahrung der Interessen des Käufers ist zudem vereinbart, daß das Terminal- oder Interchange-Receipt die Übergabe der Container an dem Abladeort Hamburg zur Beförderung an den vorgesehenen Bestimmungshafen ausweisen muß. Üblich ist zudem die Vorgabe der in dem Akkreditiv zu verlautbarenden allgemeinen Bezeichnung der Vertragsprodukte. Nähere technische Einzelheiten sind jedoch zu vermeiden, da andernfalls leicht Mißverständnisse und Verzögerungen entstehen können (*Zahn/Eberding/Ehrlich*, Zahlung und Zahlungssicherung im Außenhandel, Rdnr. 2/41) und die mit der Akkreditivabwicklung befaßten Banken ohnehin nur die Vollzähligkeit der Dokumente hinsichtlich ihrer Art und Anzahl und die Übereinstimmung der Dokumente mit den Akkreditivbedingungen ihrer äußeren Aufmachung nach überprüfen, Art. 13 ERA 500. Möchte der Käufer ein größeres Maß an Gewißheit im Hinblick auf die vertragsgemäße Art, Menge und Qualität der von dem Exporteur zu liefernden Ware, sollten die Parteien sich statt dessen auf die Gestellung zusätzlicher Dokumente verständigen. Als solche kommen etwa Abnahmebescheinigungen einer Warenprüfstelle, Inspektionszertifikate sachverständiger Dritter oder sonstige Dokumente in Betracht, die gezielt die von dem Käufer gewünschten Aspekte ausweisen.

Die Bank ist verpflichtet, die Vereinbarkeit der vorgelegten Dokumente mit den Bedingungen des Akkreditivs zu überprüfen. Diese Kontrolle beschränkt sich jedoch auf die Vollzähligkeit und die äußere Aufmachung der Dokumente, Art. 13 ERA 500. Auch dürfen die Dokumente sich nicht untereinander widersprechen. Für sonstige Mängel der Dokumente wie etwa für Form, Vollständigkeit, Echtheit und Rechtswirksamkeit usw. übernimmt die Bank hingegen keine Verantwortung, Art. 15 ERA 500. Für die Prüfung gilt der Grundsatz der Dokumentenstrenge (*Nielsen*, Neue Richtlinien für Dokumenten-Akkreditive, Rdnr. 86 ff.). Da die Bank sich lediglich mit Dokumenten befaßt, Art. 4 ERA 500, und nicht beurteilen kann, welche Folgen eine Abweichung von dem Akkreditivauftrag für den Käufer haben kann, orientiert sich die Bank an den Buchstaben des Akkreditivs (zur Auslegung des Akkreditivs vgl. BGH DZWir 1994, 506 ff.). Selbst Schreibfehler, unrichtige Groß- und Kleinschreibungen oder fehlerhafte Zeichensetzungen können von Bedeutung sein (*Nielsen*, Neue Richtlinien für Dokumenten-Akkreditive, Rdnr. 91). Für den Exporteur erwächst hieraus die Obliegenheit, mit besonderer Sorgfalt darauf zu achten, daß die zu erstellenden Dokumente exakt den Bedingungen des Akkreditivs entsprechend aufgemacht werden.

Wenn die Bank die Aufnahme der Dokumente als nicht akkreditivgerecht ablehnt, ist sie verpflichtet, dies unverzüglich an den Begünstigten unter vollständiger Aufzählung aller Unstimmigkeiten mitzuteilen, Art. 14 Buchst. d ERA 500. Ein Nachschieben von Gründen ist unzulässig (*Nielsen*, Neue Richtlinien für Dokumenten-Akkreditive, Rdnr. 101). Wenn der Exporteur keine Möglichkeit hat, vor Ablauf der Verfallfrist (Anm. 49) akkreditivgerechte Dokumente zu beschaffen, verliert er in aller Regel den Zahlungsanspruch aus dem Akkreditiv. Zur Abwendung dieses Ergebnisses kommt in Betracht, daß der begünstigte Verkäufer der Bank eine Bankgarantie für die Aufnahme nicht akkreditivgerechter Dokumente stellt (*Schütze*, Das Dokumentenakkreditiv im Internationalen Handelsverkehr, 177 f.). Unter Umständen ist die Bank auch bereit, den Akkreditivbetrag unter Vorbehalt an den Begünstigten auszuzahlen (*Nielsen*, Neue Richtlinien für Dokumenten-Akkreditive, Rdnr. 116). Schließlich besteht die Möglichkeit, daß die das Akkreditiv eröffnende Bank sich wegen eines Verzichts auf die Geltendmachung der Unstimmigkeiten an den Auftraggeber (Käufer) wendet, Art. 14 Buchst. c ERA 500. Die Rückfrage bei dem Akkreditiv-Auftraggeber (Käufer) verlängert jedoch nicht die Bearbeitungsfrist des Art. 13 Buchst. b ERA 500, so daß die Bank auf jeden Fall innerhalb von 7 Bank-Arbeitstagen entscheiden muß, ob sie die Dokumente aufnimmt oder nicht.

52. **Handelsrechnung und Packliste.** Nähere Vorgaben für die von dem Exporteur vorzulegende Handelsrechnung („commercial invoice") enthält Art. 37 ERA. Nach Art. 37 Buchst. a Abs. 3 ERA muß die Handelsrechnung vorbehaltlich anderslautender Vorgaben im Akkreditiv nicht unterzeichnet sein. Diese Regelung entspricht der modernen Praxis (*Nielsen*, Neue Richtlinien für Dokumenten-Akkreditive, Rdnr. 269). Andererseits muß zumindest aus dem Briefkopf hervorgehen, daß die Rechnung von dem Exporteur ausgestellt wurde, Art. 37 Buchst. a Abs. 1 ERA, und auf den Namen des Käufers lauten, Art. 37 Buchst. a Abs. 2 ERA 500.

Die für die Inanspruchnahme des Akkreditivs vorzulegende Rechnung stellt lediglich die Behauptung des Exporteurs dar, die berechnete Ware versandt zu haben (*Zahn/Eberding/Ehrlich*, Zahlung und Zahlungssicherung im Außenhandel, Rdnr. 2/40). Eine detaillierte Aufgliederung der zur Versendung gebrachten Ware ergibt sich aus der des weiteren vorgesehenen Packliste („packing list"). Für letztere gilt nach Art. 21 ERA 500, daß die Bank die Packliste vorbehaltlich besonderer Vorgaben in dem Akkreditiv so akzeptiert, wie sie von dem Exporteur vorgelegt wird. Die Bank ist lediglich verpflichtet, die Packliste auf Widersprüchlichkeiten zu den anderen Dokumenten zu überprüfen, Art. 21 Satz 2 ERA 500.

53. **Transportdokument.** Nach Art. 2.2 Satz 2 des Formularvertrages ist der Exporteur unter bestimmten Umständen berechtigt, selbst den Vertrag über den Haupttransport abzuschließen (Anm. 21). Für diesen Fall sieht Art. 8.2 letzter Satz des Formularvertrages vor, daß der Verkäufer zur Inanspruchnahme des Akkreditivs anstelle des Terminal oder Interchange-Receipt auch ein Seekonnossement (ocean bill of lading) einreichen kann. Nähere Vorgaben für die Aufmachung dieses Dokuments enthalten die Art. 23, 31, 32, 33 und 20 ERA 500. Nach Art. 33 Buchst. a ERA 500 nehmen die Banken vorbehaltlich anderslautender Weisung insbesondere auch Transportdokumente an, die den Vermerk enthalten, daß die Fracht- und Transportkosten noch zu zahlen sind. Anders ist es hingegen, wenn auf den Transportdokumenten ein mangelhafter Zustand der Ware und/oder der Verpackung vermerkt ist, Art. 32 ERA 500. Soweit diese Anforderungen nicht den Vorstellungen der Parteien des Kaufvertrages entsprechen, können sie auch abweichende Regelungen vorsehen. Im Interesse des Exporteurs sollten diese dann jedoch bereits in der Akkreditiv-Klausel des Art. 8 des Formularvertrages verankert werden.

54. **Einheitliche Richtlinien und Gebräuche für Dokumentenakkreditive.** Das grenzüberschreitende Akkreditivgeschäft verlangt im besonderen Maße nach einheitsrechtlichen Bestimmungen, die die Rechte und Pflichten der an der Akkreditivabwicklung beteiligten Parteien unabhängig von kollisionsrechtlichen Konstruktionen und unabhängig von nationalen Eigenheiten regeln. Dieser Zielsetzung dienen die Einheitlichen Richtlinien und Gebräuche für Dokumenten-Akkreditive (ERA) (Uniform Customs and Practice of Documentary Credits (UCP)), die im April 1993 von der Internationalen Handelskammer (ICC) in der fünften Revision verabschiedet wurden. Die neue Fassung ist am 1. 1. 1994 in Kraft

1. Export Contract (Exportvertrag-Maschine) III.1

getreten. Nach ihrer Veröffentlichung in der ICC-Publikation Nr. 500 werden die Einheitlichen Richtlinien und Gebräuche für Dokumenten-Akkreditive in der seit dem 1. 1. 1994 geltenden Version als ERA 500 bzw. UCP 500 bezeichnet.

Je nach Standpunkt werden die ERA als Gewohnheitsrecht oder als AGB klassifiziert (*Nielsen*, Neue Richtlinien für Dokumenten-Akkreditive, 15 ff.) oder als Normengefüge eigener Art aufgefaßt (*Schütze*, Das Dokumentenakkreditiv im Internationalen Handelsverkehr, 55 f.). In der Praxis wird die Maßgeblichkeit der ERA für die Abwicklung von Akkreditiven ganz überwiegend ausdrücklich vereinbart. Die kommentierte Textstelle sieht demzufolge vor, daß das Akkreditiv auf der Basis der ERA 500 zu stellen ist.

55. Transportversicherung. Nach der in dem Formularvertrag vereinbarten Liefermodalität FCA ist der Exporteur nicht verpflichtet, den Haupttransport der Ware zu versichern (Anm. 20 (3) und Anm. 30). Anders als nach Art. 67 UN-Kaufrecht (vgl. insbesondere *Staudinger/Magnus*, Wiener UN-Kaufrecht, Anm. 12 zu Art. 67) geht nach der INCOTERM FCA die Gefahr jedoch erst auf den Käufer über, wenn der Exporteur die Ware nach Maßgabe des Art. 2.2 des Formularvertrages an den Beförderer des Haupttransportes übergeben hat (Anm. 30). Während der Beförderung der Ware von der Niederlassung des Verkäufers zu dem Verschiffungshafen (vgl. Anm. 18) trägt folglich der Exporteur das Transportrisiko und wird daher schon aus eigenem Interesse eine angemessene Versicherung der Ware bis zum Vollzug der Lieferung anstreben.

Bei dieser Rechtslage liegt es an sich nahe – und wird zuweilen auch so praktiziert –, daß der Exporteur das Transportrisiko bis zu dem Lieferort und der Käufer das Transportrisiko ab dem Lieferort versichert (gebrochene Versicherung). Im Schadensfall ist es dann erforderlich genau nachzuweisen, auf welchem Teil des Transportes der Schaden verursacht wurde. Dieser Nachweis kann namentlich Schwierigkeiten bereiten, wenn wie typischerweise im Containerverkehr die Ware bei Übergabe an den Seefrachtführer oder den für ihn handelnden Betreiber eines Containerterminals nicht weiter untersucht wird. Aus diesem Grund sind insbesondere im Containerverkehr gebrochene Versicherungen zu vermeiden und ist statt dessen eine durchgehende Versicherung ab Beginn des Gesamttransportes bis zum Eintreffen der Ware an der Niederlassung des Käufers zweckmäßiger (vgl. *Bredow/Seiffert*, INCOTERMS 1990, 36).

Dieser Situation trägt Art. 9 Abs. 1 des Formularvertrages Rechnung und verpflichtet den Käufer als die Partei, die für den Haupttransport verantwortlich ist, ungeachtet des erst am Lieferort eintretenden Gefahrübergangs Versicherungsschutz für die gesamte Transportstrecke, d.h. „von Haus zu Haus" zu besorgen. Danach ist die Ware von dem Zeitpunkt an, zu dem sie die Lagerstelle des Exporteurs verläßt, bis zu ihrem Eintreffen an der Lagerstelle des in der Versicherungspolice bezeichneten Bestimmungsortes versichert (näher hierzu *Schmitthoff*, Schmitthoff's Export Trade, 514 ff.). Mit dieser vertraglichen Vereinbarung der Parteien korrespondiert die Bestimmung in Art. 11 Abs. 4 des Formularvertrages (Anm. 66).

56. Abnahme. Nach B.4 der Erläuterungen zu den INCOTERMS (abgedruckt bei *Bredow/Seiffert*, INCOTERMS 1990) ist der Käufer verpflichtet, die Ware abzunehmen. Gleiches gilt nach Art. 60 UN-Kaufrecht. Die Abnahme ist das Gegenstück zu der Lieferung des Exporteurs und verpflichtet den Käufer nicht nur, die Ware tatsächlich zu übernehmen, Art. 60 Buchst. b UN-Kaufrecht, sondern auch alle Handlungen vorzunehmen, damit der Exporteur vertragsgemäß liefern kann, Art. 60 Buchst. a UN-Kaufrecht. Welche Maßnahmen der Käufer danach zu treffen hat, ergibt sich insbesondere aus den jeweiligen Liefermodalitäten. Nach der in Art. 2.2 des Formularvertrages vereinbarten FCA-Klausel ist der Käufer – wenn nicht der Exporteur den Haupttransport besorgt (Anm. 21) – insbesondere verpflichtet, dem Exporteur den Namen des Frachtführers und – soweit erforderlich – weitere Einzelheiten zu Zeit und Ort der Übergabe an den Frachtführer bzw. den für ihn handelnden Betreiber eines Containerterminals mitzuteilen (Anm. 20 (7)).

Abnahme der Ware im Sinne des UN-Kaufrechts bedeutet nicht, daß der Käufer die gelieferte Ware als vertragsgemäß akzeptiert (*Reinhart,* UN-Kaufrecht, Anm. 4 zu Art. 60). Daher verletzt der Käufer eine ihn treffende Vertragspflicht, wenn er die Ware nicht abnimmt, es sei denn, daß er ausnahmsweise berechtigt ist, die Abnahme zu verweigern (vgl. hierzu *Piltz,* Internationales Kaufrecht, § 4 Rdnr. 165 ff.).

57. Sonstige Käuferpflichten. Art. 9.2. 2. Halbsatz des Formularvertrages verpflichtet den Käufer, alle ihm kraft Vertrages bzw. kraft Gesetzes auferlegten Pflichten zu erfüllen. Sinn und Zweck dieser Aussage ist es klarzustellen, daß die Art. 6 – 9 des Formularvertrages die Käuferpflichten nicht erschöpfend ausweisen, sondern Pflichten, die an anderen Stellen ausgewiesen sind, fortbestehen. So ergeben sich namentlich aufgrund der in Art. 2.2. des Formulars vereinbarten Lieferklausel „FCA" weitere Pflichten des Käufers, die in den Erläuterungen der ICC zu der FCA-Klausel (abgedruckt bei *Bredow/Seiffert,* INCOTERMS 1990, 127 ff.) niedergelegt sind (vgl. Anm. 20). Auch das UN-Kaufrecht sieht weitere Pflichten des Käufers vor, die in dem Formularvertrag nicht explizit angesprochen sind. Hierzu zählen etwa die Pflicht des Käufers zur Vorbereitung und Gewährleistung der Zahlung nach Art. 54 UN-Kaufrecht (vgl. *Herber/Czerwenka,* Internationales Kaufrecht, Anm. 3 zu Art. 54) sowie die Pflicht zur Mitteilung leistungshindernder Umstände nach Art. 79 Abs. 4 UN-Kaufrecht (vgl. *Piltz,* Internationales Kaufrecht, § 4 Rdnr. 237 ff.; zu der Parallelpflicht des Verkäufers vgl. Anm. 27). Ferner ist der Käufer nach Art. 65 Abs. 1 UN-Kaufrecht gehalten, die von dem Verkäufer zu liefernde Ware zu spezifizieren, wenn dem Käufer die nähere Bestimmung vertraglich vorbehalten ist (Anm. 12). Desweiteren verpflichtet Art. 86 UN-Kaufrecht den Käufer, sich um die Erhaltung der Ware auch dann zu kümmern, wenn er sie nicht annehmen, sondern zurückweisen will.

58. Aufrechnungsausschluß. Die in Art. 8 des Formularvertrages vereinbarte Pflicht des Käufers zur Gestellung eines unwiderruflichen Dokumentenakkreditivs beinhaltet einen stillschweigenden Aufrechnungsausschluß (*Zahn/Eberding/Ehrlich,* Zahlung und Zahlungssicherung im Außenhandel, Rdnr. 2/20). Dieser Aufrechnungsausschluß gilt über die Verfallfrist (Anm. 49) des Akkreditivs hinaus jedenfalls dann fort, wenn die Gründe für die Nichtinanspruchnahme des Akkreditivs überwiegend in dem Verantwortungsbereich des Käufers liegen (BGH NJW 1973, 899 ff.). Dagegen hat die Rechtsprechung bislang nur ansatzweise entschieden, ob der Aufrechnungsausschluß auch dann fortwirkt, wenn der Exporteur aus sonstigen Gründen nicht in der Lage ist, das Akkreditiv innerhalb der vorgesehenen Verfallfrist in Anspruch zu nehmen (vgl. OLG Düsseldorf DB 1973, 2294). Für den Exporteur kann diese Fragestellung namentlich dann von Bedeutung werden, wenn er zwar die verkaufte Ware vereinbarungsgemäß geliefert hat, die von ihm vorgelegten Dokumente von der Bank jedoch gleichwohl nicht aufgenommen werden, weil die Bank formale Unstimmigkeiten rügt. Um jegliche Zweifel auszuschließen und zugleich auf Gebräuche oder Gepflogenheiten, vgl. Art. 9 UN-Kaufrecht, gestützte Argumentationen des Käufers auszuschließen, sieht Art. 10.1 des Formularvertrages ausdrücklich einen Aufrechnungsausschluß vor.

Weder die INCOTERMS noch das UN-Kaufrecht regeln die Aufrechnung (OLG Stuttgart IPRax 1996, 139 f. sowie *Piltz,* Internationales Kaufrecht, § 2 Rdnr. 148). Die Voraussetzungen und Folgen der Aufrechnung beurteilen sich vielmehr nach der Rechtsordnung, die nach den Bestimmungen des anzuwendenden internationalen Privatrechts für die Hauptforderung gilt, gegen die die Aufrechnung erklärt wird (*Kropholler,* Internationales Privatrecht, 426 ff. sowie BGH NJW 1994, 1413 ff., 1416). Aufgrund der Rechtswahlklausel in Art. 22 Abs. 2 des Formularvertrages gilt für die Voraussetzungen und die Folgen der Aufrechnung demzufolge deutsches Recht, mithin §§ 387 ff. BGB. Danach kann dem Käufer aufgrund einer vertraglichen Vereinbarung die Befugnis zur Aufrechnung genommen werden. Die kommentierte Textstelle ist zudem in Orientierung an § 11 Nr. 3 AGBG formuliert, um keine Zweifel über den Wirkungsumfang des Aufrechnungsausschlusses

1. Export Contract (Exportvertrag-Maschine)

aufkommen zu lassen (vgl. *Ulmer/Brandner/Hensen,* AGB-Gesetz, 7. Auflage, Anm. 12 zu § 11 Nr. 3 AGBG).

Wenn die Parteien abweichend von Art. 22.2 des Formularvertrages für die nicht von dem UN-Kaufrecht erfaßten Rechtsfragen die Maßgeblichkeit einer anderen als der deutschen Rechtsordnung vorsehen, bedarf es in jedem Einzelfall sorgfältiger Prüfung, ob und in welchem Umfang ein Aufrechnungsausschluß möglich ist. Die in ausländischen Rechtsordnungen zur Aufrechnung getroffenen Regelungen unterscheiden sich zum Teil deutlich von den Bestimmungen der §§ 387 ff. BGB (rechtsvergleichend *Neate,* Using Set-Off as Security, London 1990). Besonders restriktiv sind etwa die Möglichkeiten der Aufrechnung nach italienischem (*Kindler,* Einführung in das italienische Recht, München 1993, § 14 RdNr. 15 ff.) und argentinischem Recht.

59. Einredenausschluß. Während in Art. 5 des Formularvertrages das gesetzliche Recht des Verkäufers zur Zurückhaltung nach Art. 71 UN-Kaufrecht tendenziell im Interesse des Exporteurs erweitert wird (Anm. 35), zielt Art. 10.2 des Formulars auf eine Einschränkung des dem Käufer kraft Gesetzes zustehenden Rechtes, die Zahlung des Kaufpreises zurückzuhalten. Da der Zahlungsanspruch des Exporteurs durch ein Akkreditiv gesichert ist (Anm. 2 und 45) und die Lieferfrist erst nach Bestätigung des Akkreditivs anläuft (Anm. 25), wird das gesetzliche Recht des Käufers, die Zahlung des Kaufpreises zurückzuhalten, nur bedeutsam, wenn der Exporteur liefert, obwohl das Akkreditiv nicht gestellt wurde, oder die Bank die Honorierung des Akkreditivs etwa wegen nicht akkreditivgerechter Dokumente ablehnt. Da diese Situationen in der Praxis jedoch immer wieder eintreten, sollte der Exporteur das gesetzliche Zurückhalterecht des Käufers vorsorglich einschränken.

Gegenüber dem gesetzlichen Leitbild des Art. 71 UN-Kaufrecht verschärft 10.2 des Formularvertrages die Voraussetzungen, unter denen der Käufer berechtigt ist, die Zahlung des Kaufpreises zurückzuhalten. So setzt Art. 10.2 des Formulars zunächst voraus, daß der Käufer vor Ausübung des Zurückhalterechtes den Exporteur schriftlich abzumahnen hat. Darüberhinaus eröffnet 10.2 des Formularvertrages dem Käufer ein Zurückhalterecht nur für den Fall, daß der Verkäufer die ihm obliegenden Pflichten zur Lieferung und Eigentumsverschaffung wesentlich verletzt. Die demgegenüber nach Art. 71 UN-Kaufrecht genügende Nichterfüllung eines wesentlichen Teils der Pflichten ist nicht identisch mit der wesentlichen Vertragsverletzung, wie sie in Art. 10.2 des Formularvertrages vorausgesetzt wird (vgl. *von Caemmerer/Schlechtriem/Leser,* Kommentar zum Einheitlichen UN-Kaufrecht, Anm. 8 zu Art. 71). Auch reicht für Art. 71 UN-Kaufrecht aus, daß bei objektiver Beurteilung die Prognose gerechtfertigt ist, der Verkäufer werde mit beträchtlicher Wahrscheinlichkeit einen wesentlichen Teil seiner Pflichten nicht vertragsgerecht nachkommen (*Piltz,* Internationales Kaufrecht, § 4 Rdnr. 249 ff.), während Art. 10.2 des Formularvertrages davon ausgeht, daß die Pflichtverletzung bereits erfolgt ist. Schließlich ist die Ausübung des Zurückhalterechts des Käufers nach Art. 10.2 des Formulars davon abhängig gemacht, daß der Verkäufer nicht eine angemessene Sicherheit angeboten hat, während nach Art. 71 Abs. 3 zweiter Halbsatz UN-Kaufrecht der Verkäufer lediglich berechtigt ist, das bereits ausgeübte Zurückhalterecht des Käufers im nachhinein durch eine ausreichende Gewähr abzuwenden.

60. Vertragsgemäßheit der Ware. Anders als das Recht des BGB/HGB ist für das UN-Kaufrecht der sogenannte einheitliche Begriff der Leistungsstörung prägend (*Karollus,* UN-Kaufrecht, 90 f.). Das UN-Kaufrecht differenziert nicht nach verschiedenen Arten der Leistungsstörungen, sondern sieht statt dessen den einheitlichen Tatbestand der Vertragsverletzung vor, wenn der Verkäufer eine ihm obliegende Primärpflicht nicht ordnungsgemäß erfüllt, vgl. Art. 45 UN-Kaufrecht. Anders als nach BGB/HGB bedarf es daher nicht der Abgrenzung unterschiedlicher Arten der Leistungsstörung und auch nicht der Beachtung der je nach Art der Leistungsstörung unterschiedlichen Anspruchsvoraussetzungen. Auch bei Lieferung vertragswidriger Ware gelten grundsätzlich die für den Fall der Vertragsverletzung durch den Verkäufer allgemein vorgesehenen Rechtsbehelfe (näher hierzu *von Caemmerer/Schlechtriem/Huber,* Kommentar zum Einheitlichen UN-Kaufrecht, Anm. 2 ff. zu Art. 45 sowie *Piltz,* Internationales Kaufrecht, § 5 Rdnr. 9 ff.).

Gleichwohl kann auch das UN-Kaufrecht nicht völlig auf tatbestandliche Differenzierungen verzichten. Neben der Unterscheidung der wesentlichen von der nicht-wesentlichen Vertragsverletzung, vgl. Art. 25 UN-Kaufrecht, sieht das UN-Kaufrecht namentlich für den Fall der Lieferung vertragswidriger Ware besondere Regelungen vor: Ein Erfüllungsanspruch wegen Lieferung vertragswidriger Ware in Form des Anspruchs auf Nachbesserung oder Ersatzlieferung steht dem Käufer nur unter den engeren Voraussetzungen und nur innerhalb der Fristen des Art. 46 Abs. 2 und 3 UN-Kaufrecht zu (Anm. 71 und 72). Zusätzlich erwächst dem Käufer allerdings das Recht auf Kaufpreisherabsetzung, Art. 50 UN-Kaufrecht (Anm. 73). Die Aufhebung des Kaufvertrages wegen vertragswidriger Lieferung setzt voraus, daß die Abweichung eine wesentliche Vertragsverletzung ausmacht, Art. 49 Abs. 1 Buchst. a UN-Kaufrecht, und der Käufer die Aufhebung innerhalb angemessener Frist erklärt, Art. 49 Abs. 2 Buchst. b UN-Kaufrecht (Anm. 80). Schließlich ist grundsätzlich Voraussetzung für jede Art von Rechtsbehelf wegen vertragswidriger Lieferung, daß der Käufer die in den Art. 38 ff. UN-Kaufrecht niedergelegten Obliegenheiten zur Untersuchung der Ware (Anm. 67) und Anzeige der Vertragswidrigkeiten (Anm. 68) befolgt. Anderenfalls riskiert der Käufer den Verlust der Rechtsbehelfe wegen vertragswidriger Lieferung. Dies gilt auch für den Anspruch auf Schadensersatz, der dem Käufer gleichermaßen bei Lieferung vertragswidriger Ware neben oder anstelle anderer Rechtsbehelfe zusteht, Art. 45 Abs. 1 und 2 UN-Kaufrecht (Anm. 88). Diese Besonderheiten legen es nahe, die Voraussetzungen und Rechtsfolgen der Lieferung vertragswidriger Ware in einem eigenen Abschnitt des Formularvertrages anzusprechen.

Der Formularvertrag enthält keine Aussage zur Verjährung der Rechtsbehelfe, die dem Käufer bei Lieferung vertragswidriger Ware zustehen. Da die Verjährung nicht in dem UN-Kaufrecht geregelt ist, gelten insoweit die Verjährungsvorschriften des nationalen Rechtes, das nach den Bestimmungen des Internationalen Privatrechts zur Anwendung kommt (*Herber/Czerwenka,* Internationales Kaufrecht, Anm. 19 und 20 zu Art. 4). In Art. 22.2 des Formularvertrages ist insoweit die Maßgeblichkeit des deutschen Rechtes vereinbart. Demzufolge verjähren alle Ansprüche des Käufers wegen Vertragswidrigkeit der gelieferten Ware nach §§ 477, 478 BGB, jedoch mit der Maßgabe, daß die in § 477 Abs. 1 Satz 1 BGB vorgesehene 6-Monats-Frist erst mit dem Tage beginnt, an dem der Käufer die Vertragswidrigkeit anzeigt, Art. 3 VertragsG zu dem UN-Kaufrecht (BGBl. 1989 II, 586). Wenn die Parteien hingegen in Art. 22.2 des Formularvertrages die Maßgeblichkeit einer anderen Rechtsordnung vorsehen, kommen damit die dort geltenden Verjährungsbestimmungen zum Zuge. Diese sind zum Teil großzügiger ausgestaltet als die 6-Monats-Frist des § 477 BGB (vgl. die Zusammenstellung bei *Piltz,* Internationales Kaufrecht, § 5 Rdnr. 89). Die Vereinbarung der Geltung eines anderen als des deutschen Rechtes kann auch zur Folge haben, daß das UN-Übereinkommen vom 14. Juni 1974 über die Verjährung beim Internationalen Warenkauf anzuwenden ist (*Piltz,* Internationales Kaufrecht, § 2 Rdnr. 153 f.).

61. Vereinbarte Anforderungen. Nach Art. 35 Abs. 1 UN-Kaufrecht hat der Verkäufer Ware zu liefern, die den Anforderungen des Vertrages entspricht. Anders als das deutsche BGB/HGB differenziert das UN-Kaufrecht nicht nach den Kategorien Schlechtlieferung, Fehlen einer zugesicherten Eigenschaft, Mengenabweichung und Falschlieferung, sondern sieht vielmehr in jeder Abweichung der Lieferung von dem vereinbarten Anforderungsprofil eine Vertragswidrigkeit (*Herber/Czerwenka,* Internationales Kaufrecht, Anm. 2 zu Art. 35). Art. 11.1 des Formularvertrages knüpft hieran an, sieht jedoch im Interesse des Exporteurs vor, daß lediglich „deutliche Abweichungen" („clearly different") eine Vertragswidrigkeit begründen. Eher geringfügig einzustufende Differenzen, die namentlich bei Computer-Software (vgl. Anm. 13) praktisch unausweichlich sind, sollen dem Käufer kei-

1. Export Contract (Exportvertrag-Maschine) III.1

ne Rechtsbehelfe wegen vertragswidriger Lieferung eröffnen (vgl. *Reinhart*, UN-Kaufrecht, Anm. 3 zu Art. 35).

Ggf. empfiehlt sich für den Exporteur vorzusehen, daß Abweichungen bestimmter Art und/oder in bestimmten Grenzen zulässig sind und keine vertragswidrige Lieferung begründen. Insbesondere bei längerfristigen Verträgen kann in Betracht kommen, daß sich der Verkäufer technische Verbesserungen ausdrücklich vorbehält. Ohne einen solchen Vorbehalt ist der Exporteur im Zweifel verpflichtet, die Vertragsprodukte exakt in der Aufmachung zu liefern, die nach dem Vertrag vorgegeben ist.

Art. 11.1 des Formularvertrages stellt als maßgeblichen Zeitpunkt für das Vorliegen einer Vertragswidrigkeit auf den Gefahrübergang (Anm. 23) ab. Diese Fixierung entspricht Art. 36 Abs. 1 UN-Kaufrecht und unterbindet, daß der Käufer anderslautende Gebräuche oder Gepflogenheiten einwendet, vgl. Art. 9 UN-Kaufrecht. Für den Käufer kann es im Einzelfall nämlich außerordentlich schwierig sein nachzuweisen, daß die Vertragswidrigkeit zum Zeitpunkt des Gefahrüberganges zumindest bereits angelegt war (zur Beweislast BGH NJW 1995, 2099 ff.; ferner *von Caemmerer/Schlechtriem/Schwenzer*, Kommentar zum Einheitlichen UN-Kaufrecht, Anm. 49 zu Art. 35 sowie *Piltz*, Internationales Kaufrecht, § 5 Rdnr. 21 mit Hinweisen zu abweichenden Meinungen). Dies gilt namentlich, wenn – wie in dem zugrundegelegten Sachverhalt – bei Übergabe der Container an den Betreiber des Containerterminals in aller Regel eine Untersuchung der Ware nicht erfolgt, sondern diese erst zeitlich deutlich abgesetzt vorgenommen wird und in der Zwischenzeit die Ware aufgrund des Transportes nicht unerheblichen Risiken ausgesetzt war.

Soweit die Parteien nicht besondere Absprachen im Hinblick auf die Verpackung der Vertragsprodukte treffen, hat der Verkäufer nicht nur die Kosten für die Verpackung der Ware zu übernehmen (Anm. 37), sondern auch dafür einzustehen, daß die Ware angemessen verpackt ist, Art. 35 Abs. 2 Buchst. d UN-Kaufrecht. Kann der Käufer nachweisen, daß die Ware ungenügend verpackt war und aus diesem Grund etwa während des Transportes Schaden genommen hat, ist der Exporteur für diese Vertragswidrigkeit verantwortlich, obwohl die Ware zum Zeitpunkt des Gefahrüberganges im Sinne des Art. 36 Abs. 1 UN-Kaufrecht ansonsten einwandfrei war (*Piltz*, Internationales Kaufrecht, § 5 Rdnr. 32). Ferner hat der Exporteur auch nach dem Gefahrübergang eintretende Vertragswidrigkeiten zu verantworten, wenn diese in der Verletzung einer ihm obliegenden Pflicht begründet sind, Art. 36 Abs. 2 UN-Kaufrecht. Typisches Beispiel hierfür ist die Auswahl eines ungeeigneten Transportmittels oder -weges (*Staudinger/Magnus*, Wiener UN-Kaufrecht, Anm. 11 zu Art. 36), soweit der Exporteur den Transportvertrag über die Hauptbeförderung abschließt (Anm. 21).

62. Inländischer Verwendungszweck. Um unterschiedliche Vorstellungen und Mißverständnisse über die Ausstattung und die Eigenschaften der Vertragsprodukte möglichst weitgehend auszuschließen, ist für den vorliegenden Formularvertrag empfohlen worden, die Vertragsprodukte präzise und umsichtig zu beschreiben (Anm. 11; ebenso *Bucher/Herber*, Wiener Kaufrecht, 1991, 229). Erfüllt die gelieferte Ware diese Anforderungen nicht, greift insoweit Art. 11.1 1. Halbsatz des Formularvertrages (Anm. 61) ein. Ungeachtet dessen werden aber immer gewisse Bereiche verbleiben, die von den Parteien nicht ausdrücklich angesprochen wurden und später Anlaß zu Meinungsverschiedenheiten geben können. Die Wahrscheinlichkeit für das Aufkommen derartiger Differenzen ist bei grenzüberschreitenden Geschäften deutlich gesteigert, da anders als bei reinen Inlandskäufen die Parteien eines Exportvertrages nicht selten in recht unterschiedlichen Umweltverhältnissen leben, daher häufig unbewußt mit nur partiell sich deckenden Vorverständnissen den Vertrag eingehen und Prämissen für selbstverständlich erachten, die aus der Perspektive des anderen Vertragsteils ausdrücklicher Absprache bedürften.

Angesichts dieser Besonderheit sollte der Exportvertrag Orientierungsmarken vorgeben, an denen letztlich zu messen ist, ob die gelieferte Ware vertragsgemäß oder vertragswidrig ist. Für das UN-Kaufrecht herrscht die Ansicht vor, daß insoweit im Zweifel die Verhältnisse im Land des Exporteurs Maß geben (BGH NJW 1995, 2099 ff.; ferner *Biancal Bonelll Bianca,* International Sales Law, 1987, 274 f. sowie *Piltz,* Internationales Kaufrecht, § 5 Rdnr. 41). Zur Vermeidung von Unwägbarkeiten und insbesondere auch, um auf abweichende Gebräuche oder Gepflogenheiten gestützte Argumentationen des Käufers von vorneherein auszuschließen, empfiehlt sich die ausdrückliche Festlegung auf die Verhältnisse am Sitz des Exporteurs. Die kommentierte Textstelle stellt zudem auf den gewöhnlichen Gebrauch der Vertragsprodukte ab (vgl. *Reinhart,* UN-Kaufrecht, Anm. 5 zu Art. 35 und *Piltz,* Internationales Kaufrecht, § 5 Rdnr. 40) und unterstreicht damit die in Art. 11.2 1. Halbsatz des Formularvertrages (Anm. 63) zusätzlich formulierte Regelung.

63. Bestimmter Verwendungszweck. Nach Art. 35 Abs. 2 Buchst. b UN-Kaufrecht ist der Verkäufer dafür verantwortlich, daß die gelieferte Ware für einen bestimmten Zweck geeignet ist, der dem Verkäufer bei Vertragsabschluß zur Kenntnis gebracht wurde. Nach einhelliger Auffassung in der Kommentarliteratur ist nicht notwendig, daß dieser Verwendungszweck ausdrücklich in dem Vertrag angesprochen wird (*Herber/Czerwenka,* Internationales Kaufrecht, Anm. 5 zu Art. 35 und *Reinhart,* UN-Kaufrecht, Anm. 6 zu Art. 35). Vielmehr genügt es, wenn der Exporteur aufgrund der im Vorfeld des Vertragsabschlusses geführten Unterredungen, über Dritte oder aufgrund von sonstigen Umständen nicht darüber im Unklaren sein konnte, daß der Käufer mit der Ware eine bestimmte Verwendung beabsichtigte (*Staudinger/Magnus,* Wiener UN-Kaufrecht, Anm. 27 ff. zu Art. 35). Auf die tatsächliche Kenntnis des Verkäufers kommt es nicht einmal an (*Karollus,* UN-Kaufrecht, 117). Anstelle des in erster Linie an den Verhältnissen im Land des Exporteurs orientierten üblichen Gebrauchs (Anm. 62) muß die Ware nunmehr für die spezifische Verwendung des Käufers geeignet sein, andernfalls eine Vertragswidrigkeit vorliegt, für die der Verkäufer nach Art. 35 Abs. 2 Buchst. b UN-Kaufrecht einzustehen hat. Zur Reduzierung dieses für den Exporteur erheblichen Risikos ist die Eignung der Ware für bestimmte, von dem Käufer beabsichtigte Verwendungszwecke in Art. 11.2 1. Halbsatz des Formularvertrages ausdrücklich ausgeschlossen.

64. Inländisches Produktrecht. Unabhängig von der rein tatsächlichen Eignung der Ware ist bei grenzüberschreitenden Verträgen von erheblicher Bedeutung, welche Vorschriften produktrechtlicher Art darüber bestimmen, ob die Ware vertragsgemäß ist oder nicht. Hierbei handelt es sich überwiegend um öffentlich-rechtliche Vorschriften wie etwa Vorgaben aufgrund von Unfallverhütungsbestimmungen, sicherheitstechnische Normen, gesetzliche Verbote zur Verwendung gesundheitsgefährdender Stoffe und ähnlicher Art, die häufig für bestimmte Produkte oder Produktgruppen wie etwa Maschinen, KFZ, Lebensmittel, chemische oder pharmazeutische Produkte, Baustoffe usw. aufgestellt werden. Die Verletzung derartiger Vorschriften begründet nicht einen Rechtsmangel im Sinne des Art. 41 UN-Kaufrecht, sondern vielmehr eine Vertragswidrigkeit nach Art. 35 UN-Kaufrecht (*von Caemmerer/Schlechtriem/Schwenzer,* Kommentar zum Einheitlichen UN-Kaufrecht, Anm. 6 zu Art. 41).

Da die Vertragsprodukte des deutschen Exporteurs in aller Regel den maßgeblichen produktrechtlichen Bestimmungen des deutschen Rechtes entsprechen werden, ist in Art. 11.2 2. Halbsatz des Formularvertrages vorgesehen, daß die in dieser Hinsicht außerhalb der Bundesrepublik Deutschland existierenden Bestimmungen unbeachtlich sind. Diese Aussage entspricht der vorherrschenden Meinung zum UN-Kaufrecht (BGH NJW 1995, 2099 ff.; *Herber/Czerwenka* Internationales Kaufrecht, Anm. 4 zu Art. 35; *von Caemmerer/Schlechtriem/Schwenzer,* Kommentar zum Einheitlichen UN-Kaufrecht, Anm. 17 zu Art. 35; *Staudinger/Magnus,* Wiener UN-Kaufrecht, Anm. 22 zu Art. 35; strenger *Kritzer,* Guide to Practical Applications of the United Nations Convention on Contracts for the International Sale of Goods, 341 Fn. 3). Aus Sicherheitsgründen (vgl. *Herber/Czerwenka,* Internationales Kaufrecht, Anm. 5 zu Art. 35, *Staudinger/Magnus,*

1. Export Contract (Exportvertrag-Maschine)   III.1

Wiener UN-Kaufrecht, Anm. 34 zu Art. 35 und *Otto* MDR 1992, 534) sollte eine ausdrückliche Formulierung in dem Formularvertrag jedoch nicht fehlen.

65. Ausländisches Produktrecht. Nach der Regelung in Art. 11.2 2. Halbsatz des Formularvertrages (Anm. 64) ist vorstellbar, daß die gelieferte Ware den in der Bundesrepublik Deutschland maßgeblichen produktrechtlichen Anforderungen zwar nicht genügt, gleichwohl aber nach den im Land des Käufers geltenden, lediglich ein geringeres Schutzniveau vorsehenden Bestimmungen keine rechtlichen Bedenken gegen die Verwendung der Vertragsprodukte bestehen. Sofern es dem Käufer nicht gerade auf die höheren deutschen Standards ankam, wird der Exporteur unter diesen Umständen Rechtsbehelfe des Käufers nur schwerlich einsehen. Enthält der Exportvertrag nicht eine Regelung wie Art. 11.3 des Formularvertrages, besteht für den Exporteur jedoch das Risiko, daß der im Ausland ansässige Käufer die Nichtübereinstimmung der Vertragsprodukte mit allein in der Bundesrepublik Deutschland bestehenden produktrechtlichen Vorschriften rügt und aus diesem Umstand Rechtsbehelfe wegen vertragswidriger Lieferung ableitet (vgl. *Piltz*, Internationales Kaufrecht, § 5 Rdnr. 42).

66. Transportschäden. Art. 11.4 des Formularvertrages schließt die Verantwortung des Exporteurs für solche Transportschäden aus, die mit einer üblichen Transportversicherung abgedeckt werden können. Diese Regelung ist Folge der in Art. 9.1 des Formularvertrages dem Käufer auferlegten Verpflichtung, den gesamten Transport der Ware („von Haus zu Haus") unter Einschluß auch der Beförderung von der Lagerstelle des Verkäufers bis zu dem Erfüllungsort zu versichern, die wiederum ihre Erklärung in der Unzweckmäßigkeit gebrochener Versicherungen namentlich für den Containerverkehr findet (Anm. 55).

67. Untersuchung auf Vertragswidrigkeiten. Nach Art. 38 UN-Kaufrecht obliegt es dem Käufer, angelieferte Ware auf Vertragswidrigkeiten zu untersuchen. Hierbei handelt es sich um eine Obliegenheit des Käufers, deren Mißachtung dazu führen kann, daß der Käufer Vertragswidrigkeiten der gelieferten Ware nicht rechtzeitig erkennt, demzufolge die nach Art. 39 UN-Kaufrecht vorgesehene Rüge (Anm. 68) zu spät vornimmt und damit den Verlust der Rechtsbehelfe riskiert, die für den Fall der Lieferung vertragswidriger Ware vorgesehen sind, vgl. Art. 39 UN-Kaufrecht. Die bloße Unterlassung der Untersuchung als solcher ist hingegen unerheblich, wenn der Käufer gleichwohl rechtzeitig rügt. Insbesondere begründet die unterlassene Untersuchung keine Schadensersatzpflicht zugunsten des Exporteurs (*Herber/Czerwenka*, Internationales Kaufrecht, Anm. 2 zu Art. 38).

Art. 38 Abs. 1 UN-Kaufrecht sieht vor, daß die Untersuchung innerhalb kurzer Frist zu erfolgen hat (zur Konkretisierung der Frist in der Rechtsprechung vgl. *Piltz* NJW 1994, 1104 und *ders.* NJW 1996, 2771). Art. 12.1 des Formularvertrages läßt diese Aussage unberührt („as required by law"). Zwar können die Parteien für die Untersuchung auch eine feste Frist vereinbaren. Namentlich für die nach dem Formularvertrag zu liefernden Vertragsprodukte (Anm. 12 bis 15) ermöglicht die Verweisung auf die gesetzliche Bestimmung des Art. 38 Abs. 1 UN-Kaufrecht jedoch eine flexiblere Anpassung an die jeweiligen Umstände und ist daher einer einzigen starren Fristbestimmung vorzuziehen.

Art. 38 Abs. 2 und 3 UN-Kaufrecht bestimmen den Zeitpunkt, zu dem die kurze Untersuchungsfrist anläuft. Auch diese Vorgaben werden in dem Formularvertrag unverändert belassen („as required by law"). Für den dem Formularvertrag zugrundeliegenden Sachverhalt ist namentlich die Regelung in Art. 38 Abs. 2 UN-Kaufrecht einschlägig, die unabhängig davon gilt, welche Partei den Beförderungsvertrag abschließt (*Herber/Czerwenka* Internationales Kaufrecht, Anm. 9 zu Art. 38). Danach beginnt die Frist zur Untersuchung nicht bereits mit Übergabe der Ware an dem vorgesehenen Lieferort (Hamburg), sondern vielmehr erst mit Eintreffen an dem vorgesehenen Bestimmungsort. Die zusätzliche Verschiebung des Fristbeginns nach Maßgabe des Art. 38 Abs. 3 UN-Kaufrecht setzt hingegen voraus, daß der Exporteur bei Vertragsabschluß um die Möglichkeit der Weiterversendung der Ware oder der Umleitung zu einem anderen Ort wußte oder zumindest wissen mußte (vgl. *Herber/Czerwenka,* Internationales Kaufrecht, Anm. 10 ff. zu Art. 38 und *Reinhart,* UN-Kaufrecht, Anm. 4 zu Art. 38).

Art. 38 UN-Kaufrecht trifft keine Aussage zur Art und Weise und zu dem Umfang der von dem Käufer vorzunehmenden Untersuchung. Art. 12.1 2. Halbsatz des Formularvertrages sieht daher vor, daß der Käufer jede einzelne Lieferung zu untersuchen hat. Demzufolge kann der Käufer bei Anlieferung in Teilen nicht etwa die Untersuchung bis zum Eintreffen des letzten Teiles zurückstellen oder sich darauf beschränken, nur die erste Partie zu untersuchen. Des weiteren ist der Käufer nach der kommentierten Textstelle gehalten, die Vertragsprodukte in jeder Hinsicht auf jegliche erkennbare Vertragswidrigkeiten zu überprüfen. Damit wird die Untersuchungsobliegenheit des Käufers tendenziell verschärft und der Käufer wird nicht darauf vertrauen können, daß nach den Rechten und Gebräuchen des Untersuchungsortes (*Herber/Czerwenka,* Internationales Kaufrecht, Anm. 3 zu Art. 38) etwa bestimmte Arten von Abweichungen üblicherweise nicht überprüft werden. Letztlich ergibt sich die nähere Ausgestaltung der Untersuchung vor allem aus der Art der gelieferten Ware, so daß auch bei der gewählten Formulierung der Exporteur nicht erwarten kann, daß der Käufer Untersuchungen vornimmt, für die er nicht die notwendigen technischen Voraussetzungen und das erforderliche Wissen hat (vgl. *Staudinger/Magnus,* Wiener UN-Kaufrecht, Anm. 28 ff. zu Art. 35).

68. Anzeige von Vertragswidrigkeiten. Auch die nach Art. 39 UN-Kaufrecht vorgesehene Obliegenheit des Käufers, Vertragswidrigkeiten innerhalb angemessener Frist unter genauer Bezeichnung ihrer Art dem Verkäufer anzuzeigen, wird im wesentlichen für den Formularvertrag übernommen („as required by law") und lediglich im Hinblick auf die Art und Weise der Übermittlung der Rüge näher ausgestaltet. Art. 12.2 des Formularvertrages erwartet von dem Käufer eine unmittelbare Benachrichtigung und verschließt damit die Möglichkeit, daß der Käufer etwa aus sprachlichen Gründen (zur sprachlichen Abfassung der Anzeige vgl. Anm. 103 sowie *Piltz,* Internationales Kaufrecht, § 5 Rdnr. 69) lediglich den im Land des Käufers tätigen Handelsvertreter des Exporteurs informiert (vgl. *von Caemmerer/Schlechtriem/Schwenzer,* Kommentar zum Einheitlichen UN-Kaufrecht, Anm. 14 zu Art. 39 und *Herber/Czerwenka,* Internationales Kaufrecht, Anm. 13 zu Art. 39). Des weiteren verlangt Art. 12.2 eine schriftliche Rüge (vgl. *Staudinger/Magnus,* Wiener UN-Kaufrecht, Anm. 51 zu Art. 39), die mit einem schnellstmöglichen und zugangssicheren Kommunikationsmedium zu übermitteln ist. Mit dieser Festlegung wird insbesondere die für die Rüge geltende Bestimmung des Art. 27 UN-Kaufrecht zu Lasten des Käufers verschärft.

Nach Art. 39 UN-Kaufrecht hat der Käufer jede vertragswidrige Abweichung der Ware unter Einschluß auch verborgener Mängel, Falschlieferungen und Mengendifferenzen zu rügen (*von Caemmerer/Schlechtriem/Schwenzer,* Kommentar zum Einheitlichen UN-Kaufrecht, Anm. 5 zu Art. 39 und Anm. 7 zu Art. 38) und die Anzeige innerhalb angemessener Frist nach dem Zeitpunkt auszubringen, in dem er die Vertragswidrigkeit festgestellt hat oder hätte feststellen müssen (näher hierzu *Piltz,* Internationales Kaufrecht, § 5 Rdnr. 60 ff.). Aus den gleichen Gründen wie bei der Untersuchungsfrist (Anm. 67) wird auch hier davon abgesehen, eine einzige starre Frist zu fixieren. Während jedoch die Untersuchung nach Art. 38 Abs. 1 UN-Kaufrecht innerhalb kurzer Frist vorzunehmen ist, sieht Art. 39 Abs. 1 UN-Kaufrecht für die Anzeige der Vertragswidrigkeit eine angemessene Frist vor (näher hierzu *Staudinger/Magnus,* Wiener UN-Kaufrecht, Anm. 35 ff. zu Art. 39; zur Konkretisierung der Frist in der Rechtsprechung vgl. *Piltz,* NJW 1994, 1104 und ders. NJW 1996, 2771 f.).

Auch verkürzt der Formularvertrag nicht die in Art. 39 Abs. 2 UN-Kaufrecht vorgesehene 2-Jahres-Frist (vgl. *Staudinger/Magnus,* Wiener UN-Kaufrecht, Anm. 62 ff. zu Art. 39). Diese Frist kommt abgesehen von der Entschuldigung nach Art. 44 UN-Kaufrecht (vgl. Anm. 70) ohnehin nur für solche Vertragswidrigkeiten in Betracht, die der Käufer bei der Anlieferung oder anläßlich der nach Art. 12.1 des Formularvertrages vorzunehmenden

1. Export Contract (Exportvertrag-Maschine) III.1

Untersuchung weder tatsächlich erkannt hat noch hätte erkennen können. Zudem kann der Käufer Rechtsbehelfe wegen später aufgedeckter Vertragswidrigkeiten nur geltend machen, wenn er nachweist, daß die Vertragswidrigkeit zum Zeitpunkt des Gefahrüberganges zumindest bereits angelegt war (Anm. 61). Den Parteien steht es jedoch frei, auch die 2-Jahres-Frist zu modifizieren (*Staudinger/Magnus*, Wiener UN-Kaufrecht, Anm. 67 zu Art. 39). Im Fall einer Verkürzung kann getextet werden: „...... as required by law, and in any event not later than 6 months after delivery has been effected, directly and ......". Art. 39 Abs. 1 UN-Kaufrecht schreibt des weiteren vor, daß der Käufer in der Rüge die Art der Vertragswidrigkeit genau zu bezeichnen hat. Der Käufer muß daher präzisieren, welche Abweichungen er reklamiert und in welchem Umfang die gelieferte Ware davon betroffen ist (vgl. *Staudinger/Magnus*, Wiener UN-Kaufrecht, Anm. 21 ff. zu Art. 39).

69. Rechtsbehelfe im Falle vertragswidriger Lieferung. Der Formularvertrag beläßt dem Käufer grundsätzlich die für den Fall der Lieferung vertragswidriger Ware nach dem UN-Kaufrecht vorgesehenen Rechtsbehelfe (Anm. 60), modifiziert diese jedoch im Interesse des Exporteurs. Insbesondere hält Art. 13.3 des Formularvertrages dem Verkäufer die Option offen, vertragswidrige Ware zu reparieren oder zu ersetzen, um auf diese Weise weitergehende Rechtsbehelfe des Käufers abzuwenden (Anm. 74). Die Ersatzlieferung, Art. 46 Abs. 2 UN-Kaufrecht, die Nachbesserung, Art. 46 Abs. 3 UN-Kaufrecht, und die Kaufpreisherabsetzung, Art. 50 UN-Kaufrecht, sind in Art. 13.2 des Formularvertrages (Anm. 71 bis 73) angesprochen. Die für alle Arten der Vertragsverletzung unter Einschluß auch der Lieferung vertragswidriger Ware eröffneten Rechtsbehelfe, den Vertrag aufzuheben, Art. 49 UN-Kaufrecht, und/oder Schadensersatz geltend zu machen, Art. 45 Abs. 1 Buchst. b UN-Kaufrecht, sind in Art. 16 (Anm. 80 ff.) und Art. 18 ff. (Anm. 88 ff.) des Formularvertrages geregelt. Voraussetzung für jegliche Ansprüche des Käufers wegen Lieferung vertragswidriger Ware ist neben der ordnungsgemäßen Rüge nach Art. 12 des Formularvertrages natürlich stets, daß eine zu dem maßgeblichen Beurteilungszeitpunkt vertragswidrige Lieferung im Sinne des Art. 11 des Formularvertrages vorliegt.

70. Arglistiges Verschweigen. Für den Fall nicht ordnungsgemäßer Anzeige (vgl. Anm. 68) beläßt Art. 13.1 Satz 2 des Formularvertrages dem Käufer gleichwohl die Rechtsbehelfe wegen vertragswidriger Lieferung, wenn der Verkäufer die Vertragswidrigkeit arglistig verschwiegen hat. Diese Regelung ist in Anlehnung an § 377 Abs. 5 HGB konzipiert und entschärft zugunsten des Exporteurs den ansonsten geltenden Art. 40 UN-Kaufrecht. Nach dieser Bestimmung blieben dem Käufer trotz nicht ordnungsgemäßer Untersuchung und Anzeige die Rechtsbehelfe wegen einer Vertragswidrigkeit der Ware bereits erhalten, wenn diese bloß auf Umständen beruhen, die der Verkäufer kannte oder kennen mußte und dem Käufer nicht offenbart hat (vgl. *Staudinger/Magnus*, Wiener UN-Kaufrecht, Anm. 4 ff. zu Art. 40). Arglist des Verkäufers ist nach Art. 40 UN-Kaufrecht nicht erforderlich. Mit der kommentierten Textstelle wird namentlich Vorsorge („may only rely on the remedies") für den Fall getroffen, daß es dem Käufer durch geschickt geführte Kommunikation gelingen sollte, den arglosen Verkäufer zu Äußerungen zu veranlassen, die im nachhinein den Tatbestand des Art. 40 UN-Kaufrecht belegen.

Die des weiteren nach Art. 44 UN-Kaufrecht vorgesehene Möglichkeit, die nicht ordnungsgemäße Anzeige zu entschuldigen und auf diese Weise in begrenztem Umfang gleichwohl Rechtsbehelfe wegen vertragswidriger Lieferung zu erschließen, soll nach der Formulierung des Art. 13.1 Satz 2 des Formularvertrages („may only rely on the remedies") gleichermaßen verschlossen werden.

Der Verkäufer, der nicht bereit ist, von dem Käufer verspätet reklamierte Vertragswidrigkeiten zu akzeptieren, sollte mit Bedacht jeden Anschein vermeiden, der eine sachliche Einlassung auf die nicht ordnungsgemäße Rüge annehmen läßt (vgl. OLG Karlsruhe DB 1986, 2279). Zur Reduzierung dieses Risikos kann zusätzlich in Art. 13.1 des Formularvertrages bestimmt werden: „Statements by the Seller as to the lack of conformity with the contract are for the purpose of explaining the factual situation only, but do not entail any waiver by the Seller of the requirement of proper notice".

71. Ersatzlieferung. Vorbehaltlich der erweiterten Möglichkeit zur zweiten Andienung nach Art. 13.3 des Formularvertrages (Anm. 74) gilt für den Anspruch des Käufers auf Ersatzlieferung die in Art. 46 Abs. 2 UN-Kaufrecht getroffene Regelung. Danach ist der Anspruch auf Ersatzlieferung ausgeschlossen, wenn der Käufer hiermit unvereinbare, anderweitige Rechtsbehelfe geltend gemacht hat (*Staudinger/Magnus,* Wiener UN-Kaufrecht, Anm. 31 zu Art. 46), also etwa die Aufhebung des Vertrages oder die Herabsetzung des Kaufpreises erklärt hat. Im übrigen ist das Recht auf Ersatzlieferung nur für den Fall vorgesehen, daß die vertragswidrige Lieferung zugleich eine wesentliche Vertragsverletzung ausmacht, Art. 46 Abs. 2, 25 UN-Kaufrecht. Anders als nach § 480 BGB reicht daher nicht aus, daß die Ware nicht vertragsgemäß ist. Vielmehr muß der Käufer dartun, daß eine Reparatur nicht in Betracht kommt, die gelieferte Ware für ihn unbrauchbar ist und er sie auch nicht bei Ausgleich des Leistungsdefizits auf andere Weise, etwa durch Reduzierung des Kaufpreises oder Schadensersatz, anderweitig verwerten kann (BGH NJW 1996, 2364 ff.; zu Fallgruppen vgl. *Piltz,* Internationales Kaufrecht, § 5 Rdnr. 161 ff.). Schließlich entfällt der Anspruch auf Ersatzlieferung, wenn der Käufer vorbehaltlich der Ausnahmen nach Art. 82 Abs. 2 UN-Kaufrecht nicht in der Lage ist, die bereits gelieferte vertragswidrige Ware im wesentlichen in dem Zustand an den Exporteur zurückzugeben, in dem er sie erhalten hat, Art. 82 Abs. 1 UN-Kaufrecht (näher hierzu *Staudinger/Magnus,* Wiener UN-Kaufrecht, Anm. 4 ff. zu Art. 82).

Der Käufer kann Ersatzlieferung nur innerhalb angemessener Frist nach Anzeige der Vertragswidrigkeit verlangen, Art. 46 Abs. 2 UN-Kaufrecht, und ist verpflichtet, die erhaltene Ware bzw. erlangte Surrogate an den Exporteur zurückzugeben, Art. 84 Abs. 2 Buchst. b UN-Kaufrecht. Auch hat der Käufer gezogene Vorteile an den Exporteur zu vergüten, Art. 84 Abs. 2 Buchst. a UN-Kaufrecht. Mit Geltendmachung des Anspruchs auf Ersatzlieferung ist der Käufer zudem eine gewisse Zeit an seine Entscheidung gebunden und kann nicht unvermittelt andere Rechtsbehelfe wegen der vertragswidrigen Lieferung ausüben (*Piltz,* Internationales Kaufrecht, § 5 Rdnr. 205 ff.). Der Exporteur ist verpflichtet, auf eigene Kosten innerhalb angemessener Zeit die vertragswidrige Ware gegen vertragsgemäße Produkte auszutauschen (*Staudinger/Magnus,* Wiener UN-Kaufrecht, Anm. 50 zu Art. 46), andernfalls begeht er eine neuerliche Pflichtverletzung, die den Käufer zu den Rechtsbehelfen nach Art. 45 UN-Kaufrecht berechtigt.

Mit Vorliegen einer wesentlichen Vertragswidrigkeit ist der Käufer – die weiteren Voraussetzungen unterstellt – ohne weiteres berechtigt, Ersatzlieferung geltend zu machen. Insbesondere bedarf es nicht erst einer Abmahnung, einer Fristsetzung oder sonstiger Vorläufe. Demgegenüber ist das Recht zur Vertragsaufhebung abweichend von Art. 49 Abs. 1 Buchst. a UN-Kaufrecht nach Art. 16 des Formularvertrages (Anm. 81) an weitere Voraussetzungen geknüpft. Diese Differenzierung findet ihre Begründung darin, daß die Aufhebung des Vertrages und die damit nach Art. 81 Abs. 2 UN-Kaufrecht für den Verkäufer verbundene Pflicht zur Rückzahlung des Kaufpreises in der Praxis erfahrungsgemäß deutlich unerwünschter ist als eine Ersatzlieferung.

72. Nachbesserung. Ebenso wie für den Anspruch des Käufers auf Ersatzlieferung (Anm. 71) verweist der Formularvertrag auch für den Rechtsbehelf der Nachbesserung, der die Lieferung von Ersatzteilen ohne Austausch der Ware als solcher mit einschließt (*von Caemmerer/Schlechtriem/Huber,* Kommentar zum Einheitlichen UN-Kaufrecht, Anm. 62 zu Art. 46), weitgehend auf die gesetzliche Rechtslage. Vorbehaltlich der Möglichkeit des Exporteurs zur zweiten Andienung nach Art. 13.3 des Formularvertrages (Anm. 74) kann auch der Anspruch auf Nachbesserung nur geltend gemacht werden, soweit der Käufer nicht damit unvereinbare andere Rechtsbehelfe ausgeübt hat. Zudem ist der Nachbesserungsanspruch nicht unbegrenzt durchsetzbar, sondern findet seine Grenze, wenn die Nachbesserung unter Berücksichtigung aller Umstände für den Exporteur unzu-

1. Export Contract (Exportvertrag-Maschine) III.1

mutbar ist, Art. 46 Abs. 3 UN-Kaufrecht (näher hierzu *Staudinger/Magnus*, Wiener UN-Kaufrecht, Anm. 60 ff. zu Art. 46). Wenn bei Lieferung vertragswidriger Ware weder die Voraussetzungen für ein Ersatzlieferungsbegehren nach Art. 46 Abs. 2 UN-Kaufrecht (Anm. 71) noch die Voraussetzungen für einen Anspruch auf Nachbesserung nach Art. 46 Abs. 3 UN-Kaufrecht erfüllt sind, hat der Käufer keine Möglichkeit, die Lieferung in jeder Hinsicht vertragsgemäßer Ware durchzusetzen, sondern ist wegen der Leistungsdefizite auf andere Rechtsbehelfe (Kaufpreisherabsetzung (Anm. 73) und/oder Schadensersatz (Anm. 88 ff.)) angewiesen.

Auch der Anspruch auf Nachbesserung muß innerhalb angemessener Frist nach Anzeige der Vertragswidrigkeit geltend gemacht werden, Art. 46 Abs. 2 UN-Kaufrecht, und bindet den Käufer für eine gewisse Zeit (*Piltz*, Internationales Kaufrecht, § 5 Rdnr. 205 ff.). Der Exporteur ist dann verpflichtet, die Ware innerhalb angemessener Zeit dort zu reparieren, wo sie sich vertragsgemäß befindet (*von Caemmerer/Schlechtriem/Huber*, Kommentar zum Einheitlichen UN-Kaufrecht, Anm. 63 f. zu Art. 46). Wird die Nachbesserung nicht in zufriedenstellender Weise bewirkt, begeht der Exporteur wiederum eine Pflichtverletzung, die dem Käufer von neuem die Rechtsbehelfe nach Art. 45 UN-Kaufrecht eröffnet. Die Verzögerung oder das Mißlingen der Nachbesserung hat jedoch nicht ohne weiteres eine wesentliche Vertragsverletzung zur Folge (*Piltz*, Internationales Kaufrecht, § 5 Rdnr. 187; a. A. wohl *von Caemmerer/Schlechtriem/Huber*, Kommentar zum Einheitlichen UN-Kaufrecht, Anm. 68 und 43 zu Art. 46; vgl. auch *Staudinger/Magnus*, Wiener UN-Kaufrecht, Anm. 67 zu Art. 46).

73. Kaufpreisherabsetzung. Auch hinsichtlich des Rechtes des Käufers auf Herabsetzung des Kaufpreises gilt vorbehaltlich der erweiterten Möglichkeit des Exporteurs zur zweiten Andienung nach Art. 13.3 (Anm. 74; vgl. ferner *Piltz*, Internationales Kaufrecht, § 5 Rdnr. 301) ansonsten die Regelung nach Art. 50 UN-Kaufrecht. Während aber dem Recht zur Herabsetzung des Kaufpreises in dem Rechtsfolgensystem des UN-Kaufrechts nur geringe Bedeutung zukommt (*von Caemmerer/Schlechtriem/Huber*, Kommentar zum Einheitlichen UN-Kaufrecht, Anm. 3 zu Art. 50), verdient dieser Rechtsbehelf in dem Formularvertrag stärkere Beachtung, da der Käufer wegen der Regelung in Art. 18.3 des Formularvertrages (Anm. 92) nicht ohne weiteres auf Schadensersatz ausweichen kann. Befürchtet der Exporteur, daß es in der Phase zwischen Vertragsabschluß und Lieferung zu einem Preisverfall kommen könnte, sollte der Exporteur den Umfang der Preisherabsetzung auf den durch den Minderwert der vertragswidrigen Ware verursachten Schaden begrenzen.

Die Herabsetzung des Kaufpreises wegen Lieferung vertragswidriger Ware nach Art. 50 UN-Kaufrecht ist unabhängig davon gegeben, ob der Kaufpreis – etwa aufgrund Inanspruchnahme des Akkreditivs (Anm. 45) – bereits bezahlt ist und erfolgt aufgrund einer ausdrücklichen oder schlüssigen Erklärung des Käufers (*von Caemmerer/Schlechtriem/Huber*, Kommentar zum Einheitlichen UN-Kaufrecht, Anm. 16 zu Art. 50). Es dürfen daher keine überzogenen Anforderungen an die Erklärung gestellt werden (zu weitgehend OLG München EuZW 1995, 31 f.). Insbesondere bedarf es nicht eines ausdrücklichen Minderungs- oder Preisherabsetzungsverlangens. Ausreichend ist vielmehr jedes Verhalten des Käufers, das hinreichend erkennen läßt, daß er wegen der Vertragswidrigkeit der Ware nicht bereit ist, den ursprünglich vereinbarten Kaufpreis in voller Höhe zu zahlen (vgl. *Staudinger/Magnus*, Wiener UN-Kaufrecht, Anm. 16 zu Art. 50). Die Preisreduzierung nach Art. 50 UN-Kaufrecht erschöpft sich nicht in einem bloßen Abzug des Minderwertes. Vielmehr ist eine proportionale Anpassung des vereinbarten Kaufpreises vorzunehmen (näher hierzu *Staudinger/Magnus*, Wiener UN-Kaufrecht, Anm. 19 ff. zu Art. 50). Soweit der Käufer den Minderungsbetrag nicht beziffert (*Herber/Czerwenka*, Internationales Kaufrecht, Anm. 4 zu Art. 50), hat er daher jedenfalls Tatsachen vorzutragen, die die Preisanpassung ermöglichen.

Das Recht zur Kaufpreisherabsetzung ist anders als der Anspruch auf Nachbesserung

(Anm. 72) oder Ersatzlieferung (Anm. 71) nicht fristgebunden, sondern kann im Prinzip bis zum Eintritt der Verjährung (Anm. 60) wahrgenommen werden. Mit Ausübung sind die Rechtsbehelfe der Ersatzlieferung, der Nachbesserung und der Vertragsaufhebung (Anm. 80f.) wegen der gleichen Vertragswidrigkeit ausgeschlossen (näher hierzu *Staudinger/Magnus*, Wiener UN-Kaufrecht, Anm. 31 zu Art. 50 und von *Cammerer/Schlechtriem/Huber*, Kommentar zum Einheitlichen UN-Kaufrecht, Anm. 17f. zu Art. 50). Lediglich der Anspruch auf Schadensersatz nach Maßgabe der Art. 18ff. des Formularvertrages besteht zusätzlich, Art. 45 Abs. 2 UN-Kaufrecht.

74. Abhilfe des Verkäufers. Art. 13.3 des Formularvertrages verweist auf die gegenüber der gesetzlichen Vorlage nach Art. 48 UN-Kaufrecht erweiterten Möglichkeiten des Verkäufers, auch nach dem maßgeblichen Lieferzeitpunkt Unzulänglichkeiten der Lieferung nach Maßgabe des Art. 3.2 des Formularvertrages zu beheben (Anm. 26). Für den Exporteur kann eine zweite Andienung durchaus attraktiv sein. Zum einen entscheidet damit in dem durch Art. 3.2 des Formulars vorgegebenen Rahmen letztlich der Exporteur, auf welche Art und Weise Vertragswidrigkeiten abgestellt werden. Wenn der Käufer Ersatzlieferung verlangt, steht es dem Exporteur frei, statt dessen nachzubessern. Umgekehrt kann für den Exporteur je nach Lage des Falles durchaus in Betracht kommen, anstelle der von dem Käufer geltend gemachten Nachbesserung einfach Ersatz zu liefern (*Staudinger/Magnus*, Wiener UN-Kaufrecht, Anm. 11 zu Art. 48). Darüber hinaus gibt die Möglichkeit zur zweiten Andienung dem Exporteur Gelegenheit, auf diese Weise weitergehende Schadensersatzansprüche des Käufers abzufangen.

75. Schutzrechte Dritter. Das UN-Kaufrecht sieht in Art. 41 eine allgemeine Regel für Rechtsmängel und in Art. 42 eine besondere Bestimmung für den Fall vor, daß der Verwendung der Ware behauptete Schutzrechte Dritter (zum Begriff *von Caemmerer/Schlechtriem/Schwenzer*, Kommentar zum Einheitlichen UN-Kaufrecht, Anm. 4 und 5 zu Art. 42) entgegenstehen. Der Formularvertrag regelt in Art. 14.1 lediglich letzteren Bereich. Hinsichtlich der allgemeinen Rechtsmängelhaftung, die allerdings nicht nur dingliche, sondern auch obligatorische Ansprüche Dritter, die den Käufer in der Benutzung, Verwertung oder Verfügung beschränken können, umfaßt (*von Caemmerer/Schlechtriem/Schwenzer*, Kommentar zum Einheitlichen UN-Kaufrecht, Anm. 4 zu Art. 41), bleibt es bei der gesetzlichen Rechtslage nach Maßgabe des Art. 41 UN-Kaufrecht. Art. 41 UN-Kaufrecht gilt allerdings nicht für produktrechtliche Bestimmungen insbesondere öffentlich-rechtlicher Art (vgl. Anm. 64 sowie *Staudinger/Magnus*, Wiener UN-Kaufrecht, Anm. 13 zu Art. 41).

Art. 14.1 des Formularvertrages verweist zunächst auf die gesetzlichen Voraussetzungen des Art. 42 UN-Kaufrecht („Without prejudice to further legal requirements"). Während sich jedoch nach Art. 42 Abs. 1 UN-Kaufrecht entweder nach dem Recht des Staates, in dem die Ware weiterverkauft oder sonstwie verwendet wird oder in dem der Käufer seine Niederlassung hat, beurteilt, ob aus Schutzrechten abgeleitete Rechte oder Ansprüche Dritter der Verwendung der Ware entgegenstehen, erklärt Art. 14.1 des Formularvertrages lediglich die in der Bundesrepublik Deutschland bestehenden Schutzrechte für maßgeblich. Diese Regelung trägt dem Umstand Rechnung, daß es für den deutschen Exporteur häufig nicht einfach sein wird in Erfahrung zu bringen, ob außerhalb der Bundesrepublik Deutschland entgegenstehende Schutzrechte existieren. Ohne die Regelung in Art. 14.1 des Formularvertrages kann der Verkäufer jedoch gehalten sein, sich über außerhalb der Bundesrepublik Deutschland etwa bestehende Schutzrechte zu informieren (*Herber/Czerwenka*, Internationales Kaufrecht, Anm. 5 zu Art. 42). Des weiteren setzt die kommentierte Textstelle voraus, daß die Schutzrechte nicht nur angemeldet (vgl. *Prager*, Verkäuferhaftung und ausländische gewerbliche Schutzrechte, 1987, 152), sondern in der Bundesrepublik registriert und auch bereits veröffentlicht (vgl. *Herber/Czerwenka*, Internationales Kaufrecht, Anm. 5 zu Art. 42) sind. Möchte der Exporteur darüber hinaus ausschließen, daß der Käufer die Verletzung von deutschen Schutzrechten rügt, obwohl der Ver-

1. Export Contract (Exportvertrag-Maschine) III.1

wendung der Ware außerhalb der Bundesrepublik keine Schutzrechte entgegenstehen, empfiehlt sich ergänzend eine Regelung wie in Art. 11.3 des Formularvertrages (Anm. 65).

Aufgrund des Eingangs zu Art. 14.1 des Formularvertrages muß der Käufer im übrigen die Voraussetzungen nach Art. 42 UN-Kaufrecht dartun, um Rechtsbehelfe wegen Belastung der Ware mit aus Schutzrechten abgeleiteten Ansprüchen oder Rechten Dritter (*Staudinger/Magnus*, Wiener UN-Kaufrecht, Anm. 13 zu Art. 42) geltend machen zu können. Danach müßte der Käufer im Prinzip auch vortragen, daß das Schutzrecht dem Verkäufer bei Vertragsabschluß bekannt oder zumindest erkennbar war (*Staudinger/Magnus*, Wiener UN-Kaufrecht, Anm. 22 f. zu Art. 42). Da Art. 14.1 des Formulars jedoch lediglich auf die in der Bundesrepublik Deutschland registrierten und veröffentlichten Schutzrechte abstellt, wird dieses Erfordernis regelmäßig gegeben sein. Des weiteren entfällt die Haftung des Verkäufers, wenn der Käufer – ohne allerdings zu eigenen Nachforschungen verpflichtet zu sein (*Herber/Czerwenka*, Internationales Kaufrecht, Anm. 6 zu Art. 42) – bei Vertragsabschluß das Schutzrecht kennen mußte, Art. 42 Abs. 2 Buchst. a UN-Kaufrecht, oder die Schutzrechtsverletzung die Folge von Anweisungen des Käufers ist, Art. 42 Abs. 2 Buchst. b UN-Kaufrecht.

Anders als nach deutschem Recht ist weitere Voraussetzung für die Geltendmachung von Rechtsbehelfen wegen entgegenstehender Schutzrechte Dritter, daß der Käufer diesen Mangel innerhalb angemessener Frist nach Kenntnis oder Erkennbarkeit gegenüber dem Verkäufer anzeigt und genau bezeichnet (näher hierzu *Piltz*, Internationales Kaufrecht, § 5 Rdnr. 116 ff.), Art. 43 Abs. 1 UN-Kaufrecht. Im Falle nicht ordnungsgemäßer Anzeige verliert der Käufer in aller Regel seine Rechtsbehelfe, es sei denn, daß der Verkäufer positive Kenntnis von dem Rechtsmangel hatte, Art. 43 Abs. 2 UN-Kaufrecht, oder der Käufer eine vernünftige Entschuldigung für die Versäumung der Anzeige vorbringen kann, Art. 44 UN-Kaufrecht.

76. Verjährung. Die Verjährung der Rechtsbehelfe wegen Rechtsmängeln ist in dem UN-Kaufrecht nicht geregelt, sondern beurteilt sich grundsätzlich nach der Rechtsordnung, die nach Internationalem Privatrecht im übrigen für die Rechtsbeziehungen der Parteien des Exportvertrages maßgeblich ist (*Staudinger/Magnus*, Wiener UN-Kaufrecht, Anm. 28 zu Art. 41). Aufgrund der in Art. 22.2 des Formularvertrages getroffenen Rechtswahlklausel gilt daher deutsches Recht. Nach BGB verjähren Ansprüche wegen Rechtsmängeln auch unter Kaufleuten in aller Regel erst nach 30 Jahren, § 195 BGB. Art. 3 VertragsG zu dem UN-Kaufrecht (BGBl. 1989 II, 586) gilt ausschließlich für die Verjährung der Rechtsbehelfe wegen vertragswidriger Lieferungen und ist bei Ansprüchen des Käufers wegen rechtsmangelhafter Ware nicht anwendbar (*Herber/Czerwenka*, Internationales Kaufrecht, Anm. 6 zu Art. 3 VertragsG). Art. 14.2 des Formularvertrages verkürzt daher die Verjährungsfrist auf die gleiche Dauer, die für die Lieferung vertragswidriger Waren gilt (Anm. 60). Nach § 225 BGB ist eine Abkürzung von Verjährungsfristen grundsätzlich zulässig.

Vereinbaren die Parteien statt dessen in Art. 22.2 des Formularvertrages die Geltung eines anderen als des deutschen Rechtes, kommen vorbehaltlich des Eingreifens der UN-Konvention über die Verjährung beim internationalen Warenkauf (*Piltz*, Internationales Kaufrecht, § 2 Rdnr. 153 ff.) die danach für Rechtsmängel maßgeblichen Verjährungsvorschriften zur Anwendung. Diese sind – von wenigen Ausnahmen abgesehen – in aller Regel deutlich kürzer als die 30-Jahres-Frist des § 195 BGB (vgl. Aufstellung bei *Piltz*, Internationales Kaufrecht, § 5 Rdnr. 129).

77. Leistungsanspruch zugunsten Dritter. Das UN-Kaufrecht regelt ausschließlich die Rechte und Pflichten des Verkäufers und des Käufers, Art. 4 UN-Kaufrecht. An dem Vertragsabschluß nicht beteiligte Dritte sind in dem UN-Kaufrecht nicht als leistungsberechtigt ausgewiesen. Aus den in dem UN-Kaufrecht getroffenen Regelungen, namentlich auch wegen der Verpflichtungen des Verkäufers nach Art. 41, 42 UN-Kaufrecht (vgl. Anm. 75) und unter Berücksichtigung der in Art. 7 Abs. 1 UN-Kaufrecht festgeschriebenen

Auslegungsvorgaben ist m. E. zu folgern, daß rechtliche Konstruktionen zur Einbeziehung Dritter in den Vertrag wie etwa der deutsch-rechtliche Vertrag zugunsten Dritter im Geltungsbereich des UN-Kaufrechtes nicht zur Verfügung stehen. Auch ist m. E. insoweit ein Rückgriff auf nationales, unvereinheitlichtes Recht verschlossen, da die Pflichten des Verkäufers in dem UN-Kaufrecht insoweit abschließend niedergelegt sind und danach vertragliche Pflichten des Verkäufers nur gegenüber dem Käufer bestehen (vgl. auch *Bucher/ Schlechtriem,* Wiener Kaufrecht, 1991, 214; *von Caemmerer/Schlechtriem/Stoll,* Kommentar zum Einheitlichen UN-Kaufrecht, Anm. 26 zu Art. 74 und *Enderlein/Maskow/ Strohbach,* Internationales Kaufrecht, Anm. 2 zu Art. 74). Die kommentierte Textstelle schreibt diese Aussage fest und schafft damit eine zusätzliche Hürde, die von den Vertretern abweichender Meinungen zu überwinden ist.

Anders ist es hingegen, wenn der Käufer die ihm aus dem Kaufvertrag zustehenden Ansprüche an eine dritte Person abtritt. Voraussetzungen und Konsequenzen der Abtretung sind in dem UN-Kaufrecht nicht geregelt, sondern beurteilen sich nach dem maßgeblichen Internationalen Privatrecht (*Staudinger/Magnus,* Wiener UN-Kaufrecht, Anm. 57 zu Art. 4). Da nach Art. 22.2 des Formularvertrages insoweit deutsches Recht zur Anwendung kommt (Anm. 100), könnte die Abtretbarkeit der vertraglich begründeten Ansprüche des Käufers grundsätzlich ausgeschlossen werden. Statt dessen zielt die kommentierte Textstelle darauf ab, lediglich die Empfangszuständigkeit des Käufers auch für den Fall festzuschreiben, daß der Käufer Ansprüche aus dem Vertrag an Dritte zediert. Gegenüber einem generellen Ausschluß der Abtretung ist diese Gestaltung für den Käufer deutlich weniger belastend, ohne daß der Exporteur besondere Nachteile erfährt.

Sehen die Parteien statt dessen in Art. 22.2 des Formularvertrages die Geltung eines anderen als des deutschen Rechtes vor, sind die dort maßgeblichen Voraussetzungen und Rechtsfolgen der Abtretung zu beachten. Nach diesem Recht beurteilt sich auch, ob dem Zessionar die Regelung nach Art. 14.3 1. Halbsatz des Formularvertrages entgegengehalten werden kann, wenn der Käufer die ihm aus dem Kaufvertrag erwachsenden Ansprüche wirksam an einen Dritten abtritt.

78. Rechtsbehelfe zugunsten Dritter. Während Art. 14.3 1. Halbsatz des Formularvertrages den primären Leistungsanspruch zum Gegenstand hat, regelt der zweite Halbsatz namentlich die gegen den Exporteur gerichteten Sekundäransprüche wegen Lieferung vertragswidriger oder rechtsmangelhafter Ware. Aus den gleichen Gründen, aus denen an dem Vertragsabschluß nicht Beteiligte keine vertraglichen Leistungsansprüche gegenüber dem Verkäufer geltend machen können (Anm. 77), ist außenstehenden Dritten unter der Geltung des UN-Kaufrechts auch jede auf Vertrag gestützte Inanspruchnahme des Exporteurs wegen nicht ordnungsgemäßer Leistungserbringung verschlossen (vgl. *Staudinger/ Magnus,* Wiener UN-Kaufrecht, Anm. 14 zu Art. 4). Da das UN-Kaufrecht keine vertraglichen Ansprüche zugunsten Dritter vorsieht und insoweit ein Rückgriff auf nationales Recht m. E. nicht zulässig ist (vgl. auch *Bucher/Schlechtriem,* Wiener Kaufrecht, 1991, 214; *von Caemmerer/Schlechtriem/Stoll,* Kommentar zum Einheitlichen UN-Kaufrecht, Anm. 26 zu Art. 74 und *Enderlein/Maskow/Strohbach,* Internationales Kaufrecht, Anm. 2 zu Art. 74), braucht sich der Verkäufer vertragsrechtlich nur mit dem Käufer auseinanderzusetzen. Angesichts des Fehlens einer gesicherten Rechtspraxis zu diesem für den Exporteur außerordentlich wichtigen Aspekt sollte auf eine ausdrückliche Formulierung in dem Exportvertrag jedoch nicht verzichtet werden.

Nach § 2–318 des US-amerikanischen UCC erstrecken sich Gewährleistungszusagen des Verkäufers in recht weitem Umfang auch auf dritte Personen, die nicht selbst an dem Vertragsabschluß beteiligt waren. § 2–318 UCC untersagt dem Verkäufer ausdrücklich, die danach zugunsten des Dritten erwachsende Begünstigung auszuschließen oder zu beschränken. Diese Bestimmung ist nach der hier vertretenen Auffassung für den deutschen Exporteur jedoch relativ bedeutungslos, da das UN-Kaufrecht vertragliche Rechte zugunsten Dritter nicht vorsieht und das UN-Kaufrecht insoweit abschließend ist, so daß auf

1. Export Contract (Exportvertrag-Maschine) III.1

nationales Recht nicht zurückgegriffen werden kann. Gleichwohl sollte der Exporteur darauf achten, daß in Art. 22.2 des Formularvertrages anstelle des dort vorgeschlagenen deutschen Rechtes nicht das Recht eines Staates für maßgeblich erklärt wird, das ähnlich wie § 2–318 UCC vertragliche Ansprüche zugunsten von dritten, an dem Vertragsabschluß selbst nicht beteiligten Parteien begründet. Andernfalls bleibt der Exporteur vor einer vertraglichen Inanspruchnahme durch Dritte nämlich nur noch bewahrt, soweit das UN-Kaufrecht als vertragliche Berechtigungen Dritter ausschließend gesehen wird oder die Bestimmung des Art. 14.3 des Formularvertrages sich gegenüber dem für anwendbar erklärten Recht durchsetzen kann.

79. **Produkthaftung.** Der in das Ausland liefernde Exporteur kann in dem Vertrag mit dem Käufer nicht ausschließen, von ausländischen Nutzern seiner Produkte auf Produkthaftung in Anspruch genommen zu werden. Da die deutsche Rechtsprechung davon ausgeht, daß alternativ das Produkthaftungsrecht des Handlungsortes und des Erfolgsortes zu prüfen ist und das dem Verletzten günstigere Recht den Ausschlag gibt (zur kollisionsrechtlichen Anknüpfung der Produkthaftung *Graf von Westphalen/Wilder*, Produkthaftungshandbuch, Band 2, 1991, 179 ff.), muß der Exporteur obendrein noch damit rechnen, mit den unterschiedlichsten nationalen Produkthaftungsrechten konfrontiert zu werden (zur Produkthaftung im Ausland *Kulmann/Pfister*, Produzentenhaftung, Band 2, Loseblatt, Stand September 1996).

Art. 15 des Formularvertrages hat demgegenüber die Gestaltung zum Gegenstand, daß der Exporteur von einem Dritten auf produkthaftungsrechtlicher Grundlage in Anspruch genommen wird, die Ursache für die Inanspruchnahme jedoch in Umständen begründet liegt, die der Käufer nach Gefahrübergang geschaffen hat. Typisches Beispiel hierfür ist etwa die haftungsträchtige Darbietung der von dem Exporteur gekauften Produkte durch den Käufer in der Werbung, in der Produktbeschreibung und in den Gebrauchsanweisungen und Anleitungen (vgl. *Graf von Westphalen*, Produkthaftungshandbuch, Band 2, 1991, 87 ff.). Da es etwa für die Haftung nach § 3 Abs. 1 Buchst. a ProdhaftG nicht erforderlich ist, daß die Darbietung gerade durch den Hersteller erfolgt, behält Art. 15 des Formularvertrages dem Verkäufer ungeachtet weitergehender sonstiger Rechte („Without prejudice to the Seller's continuing legal rights") einen einschränkungslosen Ersatzanspruch gegenüber dem Käufer für die angesprochenen Gestaltungen vor. Insbesondere verzichtet der Käufer ausdrücklich auf die Erhebung der Einrede der Verjährung.

80. **Vertragsaufhebung.** Art. 16 des Formularvertrages regelt die Befugnis des Käufers, wegen Vertragsverletzungen des Verkäufers den Vertrag aufheben zu können und verweist insoweit vorbehaltlich der weitergehenden Anforderungen in dem kommentierten Artikel (Anm. 81) auf die hierzu in dem UN-Kaufrecht aufgestellten Voraussetzungen („without prejudice to comply with the respective applicable legal requirements"). Das UN-Kaufrecht sieht den Rechtsbehelf der Vertragsaufhebung für verschiedene Fallgruppen vor (näher hierzu *Piltz*, Internationales Kaufrecht, § 5 Rdnr. 211 ff.). Im Vordergrund stehen jedoch die Tatbestände des Art. 49 Abs. 1 UN-Kaufrecht.

Nach Art. 49 Abs. 1 Buchst. a UN-Kaufrecht kann der Käufer bei jeder Art von wesentlicher Pflichtverletzung des Verkäufers die Aufhebung des Vertrages erklären, wenn er zum Zeitpunkt der Ausübung vorbehaltlich der Ausnahmen nach Art. 82 Abs. 2 UN-Kaufrecht in der Lage ist, bereits erhaltene Ware im wesentlichen in unverändertem Zustand an den Verkäufer zurückzugeben, Art. 82 Abs. 1 UN-Kaufrecht. Unbedingte Voraussetzung für die Vertragsaufhebung ist jedoch stets, daß die Vertragsverletzung des Verkäufers wesentlich im Sinne des Art. 25 UN-Kaufrecht ist (vgl. die Zusammenstellungen bei *Staudinger/Magnus*, Wiener UN-Kaufrecht, Anm. 9 ff. zu Art. 49 und *Piltz*, Internationales Kaufrecht, § 5 Rdnr. 246 ff. sowie aus der Rechtsprechung BGH NJW 1996, 2364 ff. und AG Oldenburg IPRax 1991, 336 ff.). Vertragsverletzungen, die diese Schwelle nicht erreichen, rechtfertigen keine Vertragsaufhebung nach Art. 49 Abs. 1 Buchst. a UN-Kaufrecht. Insoweit ist der Käufer vielmehr auf die verbleibenden Rechtsbehelfe des UN-

Kaufrechts angewiesen. Namentlich die Lieferung vertragswidriger Ware wird daher anders als nach § 462 BGB den Käufer nur in Ausnahmefällen zur Aufhebung des Vertrages berechtigen (BGH NJW 1996, 2364 ff.; vgl. ferner Anm. 71). Fehleinschätzungen des Käufers hinsichtlich des Vorliegens einer wesentlichen Vertragsverletzung gehen obendrein zu seinen Lasten (*Staudinger/Magnus,* Wiener UN-Kaufrecht, Anm. 20 zu Art. 49).

Nach Art. 49 Abs. 1 Buchst. b UN-Kaufrecht kann sich der Käufer das Recht zur Vertragsaufhebung auch durch eine letztlich fruchtlos verlaufende Nachfristsetzung erschließen. Diese Möglichkeit ist jedoch ausdrücklich nur für den Fall der Nichtlieferung vorgesehen. Hat der Exporteur zwar vertragswidrig, aber immerhin geliefert, kann der Käufer nicht auf das Aufhebungsrecht nach Art. 49 Abs. 1 Buchst. b UN-Kaufrecht zurückgreifen (*Staudinger/Magnus,* Wiener UN-Kaufrecht, Anm. 21 zu Art. 49).

Die Vertragsaufhebung wird aufgrund einer Erklärung des Käufers vollzogen, Art. 26, 27 UN-Kaufrecht, die in aller Regel innerhalb angemessener Frist vorzunehmen ist, Art. 49 Abs. 2 Buchst. b UN-Kaufrecht (vgl. aus der Rechtsprechung BGH NJW 1995, 2101 ff.; OLG München NJW-RR 1994, 1075 f. und OLG Frankfurt RIW 1994, 593 ff.). Lediglich wenn der Verkäufer überhaupt noch nicht geliefert hat, braucht der Käufer keine Frist zu wahren. Mit Wirksamwerden der Vertragsaufhebungserklärung werden beide Parteien von den vertraglichen Primärleistungspflichten befreit und sind gehalten, bereits erhaltene Leistungen zurückzugewähren, Art. 81 UN-Kaufrecht. Der Verkäufer hat zudem einen etwa zurückzuzahlenden Kaufpreis zu verzinsen, Art. 84 Abs. 1 UN-Kaufrecht, und der Käufer aus der gelieferten Ware gezogene Vorteile zu vergüten, Art. 84 Abs. 2 Buchst. a UN-Kaufrecht. Ein eventueller Anspruch des Käufers auf Schadensersatz wird durch die Vertragsaufhebung dem Grunde nach nicht tangiert, Art. 45 Abs. 2 UN-Kaufrecht. Sonstige Rechtsbehelfe des Käufers hingegen entfallen mit Wirksamwerden der Vertragsaufhebung.

81. Abmahnung. Die kommentierte Textstelle verschärft die nach dem UN-Kaufrecht für eine Vertragsaufhebung vorgesehenen Voraussetzungen (Anm. 80) zu Lasten des Käufers, indem von ihm erwartet wird, vor Aufhebung des Vertrages den Exporteur schriftlich abzumahnen, und voraussetzt, daß eine angemessene Nachfrist ergebnislos verstrichen ist. Diese Regelung trägt dem Umstand Rechnung, daß für den Exporteur die Vertragsaufhebung erfahrungsgemäß der einschneidendste und unliebsamste Rechtsbehelf ist, der nur in äußersten Situationen eingreifen soll (vgl. Anm. 71 letzter Absatz).

82. Erweiterte Aufhebung. Während das Recht des Käufers, den Vertrag wegen Vertragsverletzungen des Exporteurs aufheben zu können, in Art. 16 des Formulars eingeschränkt wird (Anm. 81), sieht Art. 17 des Formularvertrages zugunsten des Verkäufers bestimmte Tatbestände vor, die den Exporteur ausdrücklich zur Aufhebung des Vertrages berechtigen. Auf diese Weise erweitert der Exporteur für den Fall des Eintritts von Störungen bei der Vertragsabwicklung seinen Handlungsspielraum und reduziert zugleich das Risiko einer Fehleinschätzung im Hinblick auf das Vorliegen einer wesentlichen Vertragsverletzung, die nach Art. 64 Abs. 1 Buchst. a UN-Kaufrecht ansonsten Voraussetzung für die Aufhebung des Vertrages ist (vgl. *Staudinger/Magnus,* Wiener UN-Kaufrecht, Anm. 21 zu Art. 64).

Zudem eröffnet die kommentierte Textstelle dem Exporteur ausdrücklich die Möglichkeit, den Vertrag auch nur teilweise aufzuheben. Ohne eine solche Regelung kann der Verkäufer nicht wegen einer einzigen Pflichtverletzung des Käufers teilweise Erfüllung beanspruchen und im übrigen den Kaufvertrag aufheben (*Piltz,* Internationales Kaufrecht, § 5 Rdnr. 383). Anders als im Fall der Vertragsaufhebung durch den Käufer setzt das Recht des Verkäufers zur Vertragsaufhebung nicht voraus, daß der Käufer in der Lage ist, bereits erhaltene Ware zurückzugeben (*von Caemmerer/Schlechtriem/Leser,* Kommentar zum Einheitlichen UN-Kaufrecht, Anm. 8 zu Art. 82), so daß insoweit besondere Absprachen in dem Exportvertrag nicht zu treffen sind.

1. Export Contract (Exportvertrag-Maschine)

83. Insolvenzverfahren des Käufers. Ausländische Insolvenzverfahren beinhalten für den Exporteur ein hohes Maß an Unwägbarkeiten. Vor diesem Hintergrund ist in Art. 17 Buchst. a des Formularvertrages ausdrücklich ein Recht des Verkäufers vorgesehen, die Aufhebung des Vertrages zu erklären. Auf diese Weise hat der Exporteur die Möglichkeit, unter Beachtung der Besonderheiten des ausländischen Insolvenzrechtes flexibel auf die jeweiligen Gegebenheiten zu reagieren.

84. Nichteröffnung des Akkreditivs. Für den kommentierten Formularvertrag stellt die Sicherung des Zahlungsanspruchs des Verkäufers durch ein Akkreditiv einen entscheidenden Eckpunkt dar (vgl. Anm. 2 und 45). Wenn das Akkreditiv nicht im Sinne des Art. 8 des Formulars ordnungsgemäß und rechtzeitig gestellt wird, sollte der Exporteur sehr sorgfältig prüfen, ob unter diesen Umständen der Vertrag überhaupt durchgeführt werden kann. Zwar ist der Exporteur nach Art. 3.1 des Formularvertrages (Anm. 25) nicht verpflichtet, vor Eröffnung des Akkreditivs zu liefern. Je nach weiterer Entwicklung wird der Exporteur jedoch ggf. interessiert sein, sich unter Umständen kurzfristig aus dem Vertrag zu lösen, um seine Handlungsfreiheit zurückzugewinnen und die Vertragsprodukte etwa anderweitig abzusetzen. Da die nicht vertragsgemäße Akkreditiveröffnung jedoch nicht ohne weiteres eine wesentliche Vertragsverletzung ausmacht (*Staudinger/Magnus*, Wiener UN-Kaufrecht, Anm. 14 zu Art. 64), bedarf es folglich der Regelung in Art. 17 Buchst. b des Formularvertrages. Andernfalls müßte der Exporteur dem Käufer zunächst eine angemessene Nachfrist setzen, um sich das Aufhebungsrecht zu erschließen, vgl. Art. 64 Abs. 1 Buchst. b UN-Kaufrecht.

85. Nichtzahlung. Die nicht rechtzeitige Zahlung des vereinbarten Kaufpreises begründet in aller Regel keine wesentliche Vertragsverletzung (*Staudinger/Magnus*, Wiener UN-Kaufrecht, Anm. 10 zu Art. 64) und berechtigt den Exporteur daher nicht bereits kraft Gesetzes, den Vertrag aufzuheben. Zwar geht der Formularvertrag davon aus, daß die Zahlung des Kaufpreises durch ein Akkreditiv erfolgt, und verzichtet vor diesem Hintergrund auf weitergehende Sicherungen des Verkäufers (vgl. Anm. 2 und 45). Wenn jedoch – in der Praxis durchaus nicht selten – der Vertrag durchgeführt wird, obwohl der Käufer das Akkreditiv nicht eröffnet hat, oder die Bank die Auszahlung des Akkreditivs unter Berufung auf formelle Mängel des eingereichten Dokumente verweigert, ist für den Exporteur die vertragsgemäße Zahlung des Kaufpreises durch den Käufer (Anm. 39) von außerordentlicher Wichtigkeit. Zahlt nun der Käufer gleichwohl nicht wie vereinbart, eröffnet die kommentierte Textstelle dem Verkäufer die Möglichkeit, anstelle des Zurückhalterechtes oder des right of stoppage (vgl. Anm. 35) ohne weitere Vorankündigung auch den Vertrag aufzuheben.

86. Ausfuhrgenehmigungen. Art. 17 Buchst. d des Formularvertrages nimmt die in Art. 4.2 des Formulars getroffene Regelung auf (vgl. Anm. 28). Da die Beschaffung der für den Export erforderlichen Genehmigungen nicht eine Vertragspflicht des Käufers ist, kann die Nichterteilung dieser Genehmigungen demzufolge nicht eine Vertragsverletzung des Käufers begründen. Ohne die hierzu in Art. 4.2 bzw. Art. 17 Buchst. d des Formularvertrages getroffenen Regelungen wäre der Exporteur daher nicht berechtigt, bei Nichterteilung der erforderlichen Genehmigungen den Vertrag zu lösen. Das weitere Schicksal des Vertrages bliebe zunächst in der Schwebe.

87. Unzumutbarkeit. Art. 17 Buchst. e des Formularvertrages enthält eine bewußt „weich" gefaßte Formulierung eines zusätzlichen Aufhebungstatbestandes. Die Konkretisierung mag im Einzelfall nicht einfach sein. Gleichwohl sollte zum einen aus verhandlungstaktischen Gründen eine Klausel der vorgeschlagenen Art nicht fehlen. Zum andern ist eine allgemeine Auffangklausel nahezulegen, weil nach dem UN-Kaufrecht der Eintritt unvorhergesehener, der Leistungserbringung entgegenstehender Umstände den Exporteur günstigenfalls von Schadensersatzansprüchen des Käufers befreit, vgl. Art. 79 Abs. 5 UN-Kaufrecht, ohne eine Vertragsklausel von der Art der kommentierten Textstelle das UN-

Kaufrecht dem Exporteur jedoch kein Recht gibt, den Vertrag aufzuheben (vgl. *Enderlein/ Maskow/Strohbach,* Internationales Kaufrecht, Anm. 3 vor Art. 79).

Ist der Exporteur besorgt, daß spezifische Umstände die ordnungsgemäße Leistungserbringung erheblich erschweren oder ihr entgegenstehen könnten, und möchte sich der Exporteur für den Eintritt solcher Fälle die Möglichkeit zur Aufhebung des Vertrages offenhalten, sollten diese Tatbestände im einzelnen formuliert werden. Für eine inhaltliche Anreicherung der kommentierten Klausel wird namentlich Anlaß bestehen, wenn der Exporteur die verkauften Maschinen beispielsweise erst noch herstellen muß und für die Produktion in wesentlichem Umfang auf Zulieferungen Dritter oder die Fortdauer von sonstigen Umständen angewiesen ist.

88. Schadensersatz. Anspruchsgrundlage für Schadensersatzansprüche des Käufers gegenüber dem Exporteur ist insbesondere Art. 45 Abs. 1 Buchst. b UN-Kaufrecht und für Schadensersatzansprüche des Exporteurs gegenüber dem Käufer vor allem Art. 61 Abs. 1 Buchst. b UN-Kaufrecht. Die Haftung des Verkäufers für den durch die Ware verursachten Tod oder die Körperverletzung einer Person ist von dem Geltungsbereich des UN-Kaufrechts ausdrücklich ausgenommen, Art. 5 UN-Kaufrecht. Ansonsten führt nach dem UN-Kaufrecht im Prinzip jede Verletzung vertraglicher Pflichten ohne weiteres dem Grunde nach zu einer Schadensersatzverpflichtung (zu den Grenzen der Schadensersatzverpflichtung dem Grunde nach vgl. *Piltz,* Internationales Kaufrecht, § 5 Rdnr. 424). Auf ein Verschulden oder sonstige zusätzliche Anspruchsvoraussetzungen kommt es nicht an (*von Caemmerer/Schlechtriem/Stoll,* Kommentar zum Einheitlichen UN-Kaufrecht, Anm. 4 und 35 zu Art. 74). Auch die Lieferung vertragswidriger Ware löst – anders als nach deutschem BGB – ohne sonstige weitere Erfordernisse Schadensersatzansprüche des Käufers aus (vgl. Anm. 69). Für das UN-Kaufrecht ist grundsätzlich die verschuldensunabhängige Garantiehaftung kennzeichnend (*Staudinger/Magnus,* Wiener UN-Kaufrecht, Anm. 18 zu Art. 45 und Anm. 20 zu Art. 61). Als weitere Besonderheit des UN-Kaufrechts ist herauszustellen, daß Schadensersatz stets zusätzlich zu anderen Rechtsbehelfen geltend gemacht werden kann, Art. 45 Abs. 2 und Art. 61 Abs. 2 UN-Kaufrecht.

Da die von dem Exporteur zu erbringenden Leistungen ungleich risikobehafteter sind als die Pflichten des Käufers und für Pflichtverletzungen des Käufers das UN-Kaufrecht zudem angemessene Schadensersatzmöglichkeiten zugunsten des Exporteurs vorsieht (näher hierzu *Piltz,* Internationales Kaufrecht, § 5 Rdnr. 418 ff. sowie Anm. 43 und 44), regelt der Formularvertrag lediglich die Schadensersatzhaftung des Exporteurs und enthält in den Art. 18, 19 und 20 Bestimmungen zu ihrer Beschränkung. Art. 18 des Formulars begrenzt die Schadensersatzhaftung dem Grunde nach, während Art. 19 des Formularvertrages die Höhe eines etwa zu leistenden Schadensersatzes limitiert.

Grundsätzlich stehen praktisch alle Bestimmungen des UN-Kaufrechts und somit auch die Regelungen zur Schadensersatzhaftung zur Disposition der Parteien, Art. 6 UN-Kaufrecht. Die Grenze der rechtlichen Gestaltungsfreiheit wird jedoch erreicht, wenn die getroffene Regelung nach dem jeweils anzuwendenden, unvereinheitlichten nationalen Recht ungültig ist, vgl. Art. 4 Satz 2 Buchst. a UN-Kaufrecht (vgl. Anm. 2 sowie *Staudinger/ Magnus,* Wiener UN-Kaufrecht, Anm. 59 zu Art. 74 und *Reinhart,* UN-Kaufrecht, Anm. 9 zu Art. 74). Aufgrund der in Art. 22.2 des Formulars vorgesehenen Maßgeblichkeit deutschen Rechtes für alle nicht von dem UN-Kaufrecht geregelten Rechtsfragen sind folglich die in den deutschen Gesetzen vorgeschriebenen Schranken für die Freizeichnung von Schadensersatzverpflichtungen zu beachten.

89. Verschulden. Nach dem UN-Kaufrecht genügt der objektive Tatbestand der Vertragsverletzung, um Schadensersatzansprüche auszulösen (Anm. 88). Inbesondere ist nicht erforderlich, daß der den Vertrag verletzenden Partei ein Schuldvorwurf gemacht werden kann (*Staudinger/Magnus,* Wiener UN-Kaufrecht, Anm. 11 zu Art. 74). Art. 18.1 Satz 1 des Formularvertrages sieht demgegenüber vor, daß vorbehaltlich der Regelung in Satz 2 ein Schadensersatzanspruch des Käufers überhaupt nur gegeben ist, wenn der Exporteur

1. Export Contract (Exportvertrag-Maschine) III.1

vorsätzlich oder grob fahrlässig handelt. Diese Art der Haftungsbeschränkung ist jedenfalls in einem Individualvertrag (vgl. Anm. 2 letzter Absatz) unbedenklich (Anm. 88 letzter Absatz sowie *Palandt/Heinrichs,* Bürgerliches Gesetzbuch, 55. Auflage 1996, Rdnr. 57 zu § 276 BGB), hält nach ganz überwiegender Meinung jedoch auch einer Inhaltskontrolle nach Maßgabe des § 9 Abs. 2 Satz 1 AGBG stand (vgl. *Staudinger/Magnus,* Wiener UN-Kaufrecht, Anm. 59 zu Art. 74 sowie *Frense,* Grenzen formularmäßiger Freizeichnung im Einheitlichen Kaufrecht, 1992, 104 ff., 140).

Die kommentierte Textstelle erhebt Vorsatz oder grobe Fahrlässigkeit auch zur Voraussetzung, um auf nicht-vertraglicher Grundlage Schadensersatzansprüche gegenüber dem Exporteur geltend zu machen (vgl. *Palandt/Heinrichs,* Bürgerliches Gesetzbuch, 55. Auflage 1996, Rdnr. 57 zu § 276 BGB). Ebenso wie die Rechtswahl hinsichtlich nicht vertraglicher Rechtsbeziehungen in Art. 22.2 des Formularvertrages (Anm. 100) kann auch das in Art. 18.1 des Formulars für die außervertragliche Verantwortlichkeit vereinbarte Schuldmaß allerdings nur in dem Verhältnis zwischen Käufer und Exporteur zum Tragen kommen, nicht jedoch aufgrund Gesetzes vorgesehene Rechtsbeziehungen zu an dem Vertrag nicht beteiligten Dritten modifizieren. In der Beziehung des Käufers zu dem Exporteur wird dafür andererseits die Frage aufgeworfen, ob auf nationales, insbesondere Deliktsrecht gestützte Ansprüche auch aus Sachverhalten abgeleitet werden können, die bereits in dem UN-Kaufrecht geregelt sind. Das Verhältnis konkurrierender deliktischer Ansprüche zu dem UN-Kaufrecht ist weder in dem UN-Kaufrecht selbst noch in dem Formularvertrag gezielt angesprochen. In der Literatur wird das gesamte Spektrum denkbarer Möglichkeiten vertreten (vgl. etwa *Staudinger/Magnus,* Wiener UN-Kaufrecht, Anm. 11 ff. zu Art. 5 m.w.N., *Piltz,* Internationales Kaufrecht, § 2 Rdnr. 128 f., *Herber* MDR 1993, 105 ff. und *Wilhelm,* UN-Kaufrecht, 1993, 5). Insbesondere aufgrund der in Art. 22.2 des Formulars vorgesehenen Geltung deutschen Rechtes auch für die nicht-vertraglichen Rechtsbeziehungen der Parteien (Anm. 100), des in Art. 18.1 des Formulars einheitlich für vertragliche und nicht-vertragliche Tatbestände vereinbarten Schuldmaßes und der Regelungen in Art. 19 und Art. 20.1 des Formularvertrages wird das Konkurrenzproblem allerdings erheblich entschärft.

90. Verschuldensunabhängiger Schadensersatz. Art. 18.1 Satz 2 des Formulars hebt die in Satz 1 vorgenommene Haftungsbeschränkung auf Vorsatz oder grobe Fahrlässigkeit (Anm. 89) für den Fall auf, daß der Verkäufer eine wesentliche Vertragsverletzung begeht, das heißt die berechtigte Vertragserwartung des Käufers bei objektiver Beurteilung erheblich beeinträchtigt wird (vgl. *Staudinger/Magnus,* Wiener UN-Kaufrecht, Anm. 9 ff. zu Art. 25 sowie zu Beispielen für wesentliche Vertragsverletzungen die Zusammenstellungen bei *Staudinger/Magnus,* Wiener UN-Kaufrecht, Anm. 9 ff. zu Art. 49 und *Piltz,* Internationales Kaufrecht, § 5 Rdnr. 246 ff. sowie aus der Rechtsprechung BGH NJW 1996, 2364 ff.).

Nach ganz herrschender Ansicht ist eine formularmäßige Freizeichnung hinsichtlich wesentlicher Vertragsverletzungen nicht möglich (*Frense,* Grenzen formularmäßiger Freizeichnung im Einheitlichen Kaufrecht, 1992, 126 sowie *Graf von Westphalen* EWS 1990, 108 f.; vgl. auch *Graf von Westphalen,* Allgemeine Verkaufsbedingungen, 2. Auflage 1993, 119). Wenngleich für das vorliegende Formular davon ausgegangen wird, daß der Vertrag nicht einer AGB-rechtlichen Inhaltskontrolle unterliegt (Anm. 2 letzter Absatz) und daher eine Haftungsbeschränkung nach Art. 18.1 Satz 1 des Formularvertrages unter Einschluß auch von wesentlichen Vertragsverletzungen nicht von vornherein ausgeschlossen ist, wird für das Formular eine verschuldensunabhängige Haftung des Exporteurs befürwortet, wenn die Vertragsverletzung des Exporteurs wesentlich ist. Das eher objektiv orientierte Konzept der wesentlichen Vertragsverletzung (vgl. *Staudinger/Magnus,* Wiener UN-Kaufrecht, Anm. 9 ff. zu Art. 25) ist keineswegs mit dem deutsch-rechtlichen, mehr subjektiv akzentuierten Schuldsystem des Vorsatzes und der groben Fahrlässigkeit deckungsgleich. Der Käufer wird unter gewöhnlichen Umständen daher nicht bereit sein, den Exporteur für den Fall der zwar nicht verschuldeten, aber immerhin doch wesentlichen Vertragsverletzung generell von jeder schadensersatzrechtlichen Verantwortung freizustellen, da dem Käufer im wesentlichen entgeht, was er nach dem Vertrag erwarten durfte, vgl. Art. 25 UN-Kaufrecht. Dem Exporteur verbleibt allerdings die Berufung auf die weiteren in dem Abschnitt VI. niedergelegten Regelungen zur Eingrenzung seiner Haftung.

91. Nicht kontrollierbare Hindernisse. Art. 79 und 80 des UN-Kaufrechts stehen unter der Überschrift „Befreiungen". Ungeachtet der dem UN-Kaufrecht zugrundeliegenden verschuldensunabhängigen Garantiehaftung (Anm. 88) soll der Schuldner nicht für Vertragsverletzungen einstehen müssen, die auf für den Schuldner nicht kontrollierbare Ursachen zurückzuführen sind (*Staudinger/Magnus,* Wiener UN-Kaufrecht, Anm. 1 zu Art. 79). Während Art. 80 UN-Kaufrecht zu einer umfassenden Freistellung des Schuldners führt, haben die in Art. 79 UN-Kaufrecht umschriebenen Tatbestände lediglich zur Folge, daß der Schuldner keinen Schadensersatz wegen der nicht ordnungsgemäßen Erfüllung zu leisten hat (näher hierzu *Piltz* Internationales Kaufrecht, § 4 RdNr. 208 ff.). Dem Gläubiger verbleiben hingegen alle anderen nach dem UN-Kaufrecht vorgesehen Rechtsbehelfe, Art. 79 Abs. 5 UN-Kaufrecht.

Sinn und Zweck der kommentierten Textstelle ist es, ohne Verzicht auf weitergehende Rechte des Exporteurs typische Umstände als Hinderungsgründe im Sinne des Art. 79 UN-Kaufrecht zu formulieren (vgl. *von Caemmerer/Schlechtriem/Stoll,* Kommentar zum Einheitlichen UN-Kaufrecht, Anm. 60 zu Art. 79). Je nach den Gegebenheiten mögen auch weitere Tatbestände als Befreiungsgründe in Art. 18.2 des Formularvertrages aufgeführt werden. Namentlich wenn – anders als für den Formularvertrag angenommen (Anm. 1) – der Exporteur die vertragsgegenständliche Ware erst noch herzustellen hat und hierfür auf die Mitwirkung von Zulieferanten angewiesen ist, empfiehlt sich, dieser Situation in Art. 18.2 des Formularvertrages gezielt Rechnung zu tragen. Gleichermaßen können die Risiken der Nichtverfügbarkeit von Rohstoffen oder Vorprodukten, von Störungen der Energieversorgung oder des Fehlens notwendiger Transportkapazitäten oder sonstiger Umstände, die für den Exporteur bedeutsam sind, in der kommentierten Textstelle angesprochen werden (vgl. *Böckstiegel* RIW 1984, 1 ff. mit Formulierungsvorschlägen).

Nach Art. 18.2 des Formularvertrages braucht der Exporteur bei Leistungsstörungen aufgrund der dort angeführten Umstände für die Nichterfüllung seiner Pflichten nicht einzustehen. Demgegenüber stellt Art. 79 UN-Kaufrecht deutlich weitergehende Anforderungen, bevor sich der Schuldner entlasten kann. Insbesondere entfällt jede Befreiungsmöglichkeit, wenn der Hinderungsgrund bei Vertragsabschluß vernünftigerweise in Betracht zu ziehen war oder der Hinderungsgrund oder seine Folge vermieden oder überwunden werden konnten (näher hierzu *Staudinger/Magnus,* Wiener UN-Kaufrecht, Anm. 15 zu Art. 79 und *Piltz,* Internationales Kaufrecht, § 4 Rdnr. 220 ff.).

Allgemeine wirtschaftliche Schwierigkeiten bei der Durchführung des Vertrages, namentlich das Aufkommen von bei Vertragsabschluß nicht vorhergesehenen, die Vertragsabwicklung nun jedoch erheblich erschwerenden Umständen („imprevisión") als solche entlasten gleichermaßen nur, wenn die tatbestandlichen Voraussetzungen des Art. 79 UN-Kaufrecht erfüllt sind. Der bloße Eintritt derartiger Umstände ist anders als nach manchen nationalen Rechten hingegen nicht ausreichend, um den Verkäufer aus der Verantwortung für die ordnungsgemäße Durchführung des Vertrages zu entlassen (vgl. *Granillo Ocampo/ Carl,* Contrato de Compraventa Internacional de Mercaderias, Buenos Aires 1994, 41; *Kritzer,* Guide to Practical Applications of the United Nations Convention on Contracts for the International Sale of Goods, 623; *Enderlein/Maskow/Strohbach,* Internationales Kaufrecht, Anm. 3 vor Art. 79; *von Caemmerer/Schlechtriem/Stoll,* Kommentar zum Einheitlichen UN-Kaufrecht, Anm. 39 und 40 zu Art. 79; aus der Rechtsprechung zum UN-Kaufrecht Tribunale Civile di Monza 14. 01. 1993, Giuripr. Ital. 1994 I, 146 ff.). Nach

1. Export Contract (Exportvertrag-Maschine) III.1

dem Formularvertrag kann der Exporteur bei Eintritt derartiger Umstände jedoch ggf. berechtigt sein, sich aufgrund der Bestimmung des Art. 17 Buchst. e (Anm. 87) aus dem Vertrag zu lösen.

Art. 79 UN-Kaufrecht läßt den Erfüllungsanspruch des Käufers grundsätzlich unberührt (*Staudinger/Magnus*, Wiener UN-Kaufrecht, Anm. 57 ff. zu Art. 79). Fallgestaltungen, in denen der Käufer trotz Vorliegens eines Befreiungstatbestandes im Sinne des Art. 79 UN-Kaufrecht bzw. des Art. 18.2 des Formularvertrages gleichwohl Erfüllung verlangt, sind für den dem Formular zugrundeliegenden Sachverhalt (Anm. 1) kaum vorstellbar, da der Erfüllungsanspruch wegen des Leistungshindernisses nicht tatsächlich durchsetzbar ist und Schadensersatzansprüche nach den Befreiungsvorschriften ausgeschlossen sind. Möchte der Exporteur allerdings in jeder Hinsicht sichergehen (vgl. *von Caemmerer/Schlechtriem/Stoll*, Kommentar zum Einheitlichen UN-Kaufrecht, Anm. 55 f. zu Art. 79), kann zusätzlich der Ausschluß bzw. die Suspendierung des Erfüllungsanspruches für diese Gestaltungen vereinbart werden.

Die inhaltliche Zulässigkeit von Vertragsstrafen bzw. vertraglich geregelten Schadensersatzpauschalierungen wird von dem UN-Kaufrecht nicht erfaßt (*Staudinger/Magnus*, Wiener UN-Kaufrecht, Anm. 61 zu Art. 4). Folglich kann auch der Befreiungstatbestand des Art. 79 UN-Kaufrecht nicht unmittelbar Anwendung finden, wenn die Parteien in dem Exportvertrag Vertragsstrafen und/oder Schadensersatzpauschalen vereinbaren sollten (*Reinhart*, UN-Kaufrecht, Anm. 12 zu Art. 79; differenzierend *Herber/Czerwenka*, Internationales Kaufrecht, Anm. 23 zu Art. 79). Kommen die Parteien überein, Vertragsstrafen und/oder Schadensersatzpauschalen vorzusehen, sollte daher in diesem Zusammenhang gleichermaßen geregelt werden, ob die Befreiungstatbestände des Art. 18.2 des Formularvertrages und des Art. 79 UN-Kaufrecht auch für Vertragsstrafen und Schadensersatzpauschalen gelten. Für den vorliegenden Vertrag wird dieser Aspekt nicht weiter vertieft, da nach dem vorgegebenen Sachverhalt der Verkäufer keine Veranlassung hat, zugunsten des Käufers eine Vertragsstrafe und/oder Schadensersatzpauschale zuzusagen und das Interesse des Exporteurs an der Erlangung der Kaufpreiszahlung durch das Akkreditiv (Anm. 2 und 45) hinreichend abgesichert ist.

92. Verhältnis zu anderen Rechtsbehelfen. Grundsätzlich kann der Käufer stets zusätzlich zu anderen Rechtsbehelfen auch Schadensersatz geltend machen, vgl. Art. 45 Abs. 2 UN-Kaufrecht. Der Schadensersatzanspruch zielt dann darauf ab, den nach Ausübung eines anderen Rechtsbehelfes noch verbleibenden Nachteil auszugleichen (*Staudinger/Magnus*, Wiener UN-Kaufrecht, Anm. 21 zu Art. 45). Ungeachtet anderer zur Verfügung stehender Rechtsbehelfe kann nach der überwiegenden Literaturmeinung der Käufer sich aber auch darauf beschränken, anstelle anderer Rechtsbehelfe ausschließlich Ausgleich durch Schadensersatz zu suchen (vgl. etwa *Ryffel*, Die Schadensersatzhaftung des Verkäufers nach dem Wiener Übereinkommen über Internationale Warenkaufverträge vom 11. April 1980, 1992, 30; *Enderlein/Maskow/Strobach*, Internationales Kaufrecht, Anm. 6 zu Art. 45 und *Piltz*, Internationales Kaufrecht, § 5 Rdnr. 322 m.w.N.). Art. 18.3 des Formularvertrages reduziert demgegenüber den Schadensersatzanspruch als Ausgleich auf Leistungsdefizite, die dem Käufer nach Berücksichtigung der anderen nach dem Exportvertrag vorgesehenen Rechtsbehelfe verbleiben.

Der Praxis liegt erfahrungsgemäß sehr daran, Leistungsstörungen beheben zu können, um auf diese Weise den Kaufpreis ungeschmälert durch gegengerechnete Schadensersatzansprüche zu erhalten. Gegen dieses Konzept – und damit für eine Streichung von Art. 18.3 des Formularvertrages – spricht hingegen, daß der Schadensersatzanspruch nach Art. 18 des Formulars (Anm. 89 bis 91) an weitere Voraussetzungen gebunden ist und daß in dem Maße, in dem der Käufer Schadensersatzansprüche geltend macht, er nach Maßgabe des Art. 77 UN-Kaufrecht zur Schadensvermeidung und Schadensminderung verpflichtet ist (*Herber/Czerwenka*, Internationales Kaufrecht, Anm. 4 zu Art. 77). Für die anderen Rechtsbehelfe des UN-Kaufrechts gilt Art. 77 UN-Kaufrecht hingegen nicht (näher hierzu

Piltz, Internationales Kaufrecht, § 5 Rdnr. 456 und *Herber/Czerwenka*, Internationales Kaufrecht, Anm. 3 zu Art. 77).

93. Schadensumfang. Nach Art. 74 UN-Kaufrecht ist der Schadensersatzschuldner grundsätzlich verpflichtet, den entstandenen Nachteil bis zur Höhe des bei Vertragsabschluß voraussehbaren Verlustes zu ersetzen. Nach Sinn und Zweck dieser Regelung soll der Schadensersatz auf das mit dem Vertragsabschluß übernommene Haftungsrisiko beschränkt werden (*von Caemmerer/Schlechtriem/Stoll*, Kommentar zum Einheitlichen UN-Kaufrecht, Anm. 4 zu Art. 74). Voraussehbarkeit ist nicht subjektive Voraussehbarkeit im Sinne eines Verschuldens, sondern vielmehr objektive Voraussehbarkeit der Schadensfolge als mögliche Konsequenz der Vertragsverletzung (*Staudinger/Magnus*, Wiener UN-Kaufrecht, Anm. 32 und 35 zu Art. 74).

Art. 19.1 des Formularvertrages bestätigt die Voraussehbarkeitsregel und erklärt sie mit dem Ziel weitgehender Gleichschaltung vertraglicher und außervertraglicher Schadensersatzverpflichtungen (Anm. 89) auch für die außervertragliche Haftung für maßgeblich. Abgesehen von einem natürlichen Kausalzusammenhang zwischen der Pflichtverletzung und dem eingetretenen Schaden spielen sonstige, juristische Kausalitätstheorien für die Schadenszurechnung nach dem UN-Kaufrecht keine Rolle (*Ryffel*, Die Schadensersatzhaftung des Verkäufers nach dem Wiener Übereinkommen über Internationale Warenkaufverträge vom 11. April 1980, 1992, 52 f.).

94. Schadensobergrenze. Art. 19.2 1. Halbsatz des Formularvertrages gibt eine in der Praxis vielfach übliche Bestimmung zur Begrenzung des Schadens wegen verspäteter Lieferung wieder (vgl. etwa *Graf von Westphalen*, Allgemeine Verkaufsbedingungen, 2. Auflage 1993, 83). Auch der 2. Halbsatz von Art. 19.2 des Formulars, der für sonstige Gestaltungen den zu ersetzenden Schaden auf den Lieferwert beschränkt, entspricht verbreiteter Praxis (vgl. *Moecke*, Zur Aufstellung von Exportbedingungen nach UNCITRAL-Kaufrecht, 95 f.).

Da für den vorliegenden Exportvertrag davon ausgegangen wird, daß er nicht einer AGB-rechtlichen Kontrolle unterliegt (Anm. 2 letzter Absatz), ist auf die Vereinbarkeit einer derartigen Haftungsbegrenzung mit dem deutschen AGBG nicht weiter einzugehen. Das UN-Kaufrecht gestattet Absprachen zur Höhe des zu ersetzenden Schadens, solange die getroffene Regelung nach dem für die nicht von dem UN-Kaufrecht erfaßten Rechtsfragen geltenden Recht nicht ungültig ist, vgl. Art. 4 Satz 2 Buchst. a UN-Kaufrecht (Anm. 88 letzter Absatz). Wenn der Schaden durch ein vorsätzliches Handeln des Exporteurs verursacht worden ist, wird der Exporteur sich daher nicht auf die Haftungsbegrenzung des Art. 19.2 des Formularvertrages berufen können, § 276 Abs. 2 BGB (*Palandt/Heinrichs*, Bürgerliches Gesetzbuch, 55. Auflage 1996, Rdnr. 57 zu § 276 BGB).

95. Verjährungsverkürzung. Im Hinblick auf die mögliche Konkurrenz gesetzlicher Ansprüche des Käufers gegen den Verkäufer wegen Lieferung vertragswidriger oder rechtsmangelhafter Ware (Anm. 89) verkürzt Art. 20.1 des Formularvertrages die Verjährungsfrist nicht-vertraglicher Ansprüche auf das Maß der §§ 477 ff. BGB. § 852 BGB (vgl. Anm. 100) ist dispositiv und steht dieser Regelung nicht entgegen (*Palandt/Heinrichs*, Bürgerliches Gesetzbuch, 55. Auflage 1996, Rdnr. 4 zu § 225 BGB). Die Abkürzung der Verjährungsfrist gilt auch für den Fall vorsätzlichen Handelns des Verkäufers (*Palandt/Heinrichs*, Bürgerliches Gesetzbuch, 55. Auflage 1996, Rdnr. 57 zu § 276 BGB).

Da die Verjährungsfrist für die Haftung wegen rechtsmangelhafter Lieferung in Art. 14.2 des Formularvertrages auf die Verjährungsdauer für die Haftung wegen Lieferung vertragswidriger Ware verkürzt ist (Anm. 76) und die Verjährungsfrist für alle Rechtsbehelfe wegen Lieferung vertragswidriger Ware nach Art. 3 VertragsG zu dem UN-Kaufrecht (BGBl. 1989 II, 586) in entsprechender Anwendung von § 477 BGB 6 Monate beträgt (Anm. 60 letzter Absatz sowie *Piltz*, Internationales Kaufrecht, § 5 Rdnr. 85), führt Art. 20.1 des Formulars in verjährungsrechtlicher Hinsicht zu einer weitgehenden Gleichschaltung der vertraglichen und der außervertraglichen Haftung des Verkäufers.

1. Export Contract (Exportvertrag-Maschine)   III.1

Auf diese Weise verliert das Problem der Anspruchskonkurrenz vertraglicher mit außervertraglichen Ansprüchen deutlich an Gewicht (vgl. Anm. 89).

96. **Haftung von Mitarbeitern.** Mit Art. 20.2 des Formularvertrages soll sichergestellt werden, daß die persönliche Haftung der Mitarbeiter des Verkäufers nicht weiter reicht als die des Verkäufers selbst. Diese Regelung empfiehlt sich, weil andernfalls – namentlich im Bereich der Produkthaftung – auch die Mitarbeiter des Verkäufers gestützt auf § 823 BGB zur Verantwortung herangezogen werden könnten (vgl. hierzu *Graf von Westphalen,* Allgemeine Verkaufsbedingungen, 2. Auflage 1993, 131 f.).

97. **Erfüllungsort.** Nach Art. 2.2 des Formulars ist als Erfüllungsort für die Lieferpflicht des Verkäufers Hamburg vereinbart (Anm. 18 und Anm. 19). Im übrigen sieht Art. 21 des Formularvertrages als Erfüllungsort für die Pflichten sowohl des Verkäufers wie auch des Käufers den Ort der Niederlassung des Exporteurs vor. Im Hinblick auf die den Parteien obliegenden Primärpflichten bestätigt Art. 21 des Formularvertrages im wesentlichen die hierzu in dem Exportvertrag bzw. in dem UN-Kaufrecht getroffenen Aussagen.

Die besondere Bedeutung des Art. 21 des Formulars ist in der Festlegung des Erfüllungsortes für Sekundärpflichten zu sehen. Schadensersatzleistungen sind danach am Ort der Niederlassung des Verkäufers zu erfüllen (vgl. *Staudinger/Magnus,* Wiener UN-Kaufrecht, Anm. 57 zu Art. 74 und *Piltz,* Internationales Kaufrecht, § 5 Rdnr. 467 sowie OLG Düsseldorf RIW 1993, 845 f.). Gleiches gilt für die im Falle der Aufhebung des Vertrages dem Käufer erwachsenden Pflichten zur Rückgabe der Ware und zur Vergütung der aus der gelieferten Ware gezogenen Vorteile (Anm. 80; vgl. ferner *Staudinger/Magnus,* Wiener UN-Kaufrecht, Anm. 19 zu Art. 81 und *Piltz,* Internationales Kaufrecht, § 5 Rdnr. 292) und die Pflicht des Verkäufers, im Falle eines berechtigten Preisherabsetzungsverlangens des Käufers (Anm. 73) den überzahlten Kaufpreis an den Käufer zurückzuerstatten. Namentlich wenn eine Partei in einem devisenbewirtschafteten Land ansässig ist, für den Grenzübertritt der Ware erhebliche Zölle anfallen oder sonstige außenwirtschaftsrechtliche Beschränkungen des Warenverkehrs bestehen, kommt der Erfüllungsortklausel wegen der damit verbundenen Risikozuweisung erhebliche Bedeutung zu (vgl. Anm. 18).

98. **UN-Kaufrecht.** Der Formularvertrag ist auf der Basis des UN-Kaufrechts erstellt (Anm. 2). Innerhalb seines räumlich-persönlichen Anwendungsbereiches (*Piltz* NJW 1996, 2768; zuletzt zum Geltungsstand BGBl. 1995 II, 814) gilt das UN-Kaufrecht automatisch, ohne daß es dahingehender Willensbekundungen oder gar Vereinbarungen der Parteien bedarf. Das UN-Kaufrecht kommt lediglich dann nicht zur Anwendung, wenn die Parteien mit hinreichender Deutlichkeit und wirksam seine Geltung ausgeschlossen haben, Art. 6 UN-Kaufrecht (näher hierzu *Bucher/Herber,* Wiener Kaufrecht, Bern 1991, 218 ff. sowie *Herber/Czerwenka,* Internationales Kaufrecht, Anm. 3 und 5 vor Art. 14).

Trotz der automatischen Geltung des UN-Kaufrechtes für praktisch alle Exportgeschäfte deutscher Unternehmen (*Piltz* NJW 1994, 1101 ff., 1102 f.) sollte Art. 22.1 Satz 1 des Formularvertrages nicht fehlen. Art. 23.2 des Fomulars eröffnet dem Exporteur die Möglichkeit, den Käufer auch in einem Gerichtsstand außerhalb der Bundesrepublik Deutschland zu verklagen (Anm. 102). Richter in Nicht-Vertragsstaaten des UN-Kaufrechts sind ungeachtet der Tatsache, daß aus deutscher Sicht über Art. 1 Abs. 1 Buchst. b UN-Kaufrecht i. V. m. Art. 27 ff. EGBGB in aller Regel die Bestimmungen des UN-Kaufrechts zur Anwendung kommen, nicht an das UN-Kaufrecht gebunden. Daraus folgt, daß im Verhältnis zu Nicht-Vertragsstaaten des UN-Kaufrechts die rechtliche Bewertung des Sachverhaltes davon abhängen kann, ob der Rechtsstreit in der Bundesrepublik Deutschland oder in einem Nicht-Vertragsstaat ausgetragen wird. Namentlich für diese Situation ist die in Art. 22.1 Satz 1 des Formulars abgesprochene Maßgeblichkeit des UN-Kaufrechts bedeutsam. Allerdings bleibt in jedem Einzelfall zu prüfen, ob die Gerichte eines Nicht-Vertragsstaates des UN-Kaufrechtes die in Art. 22.1 Satz 1 des Formulars vereinbarte Geltung des UN-Kaufrechts akzeptieren (vgl. *Merkert* ZVglRWiss 1994, 374 ff. und *Hoyer* WBl 1988, 71). Namentlich einige südamerikanische Staaten sowie viele Länder der arabischen Welt gestatten den Parteien nicht, Absprachen über das anzuwendende Recht zu treffen, so daß die Durchsetzbarkeit des UN-Kaufrechtes in diesen Gestaltungen zumindest zweifelhaft ist. Praktische Erfahrungswerte liegen hierzu bislang nicht vor.

Darüber hinaus sehen die Art. 2 und 3 UN-Kaufrecht Ausnahmen hinsichtlich des gegenständlichen Anwendungsbereiches des UN-Kaufrechts vor. Für den dem Formular zugrundeliegenden Sachverhalt (Anm. 1) sind diese Bestimmungen ohne Bedeutung. In zweifelhaften Abgrenzungsfällen sollte die Anwendung des UN-Kaufrechts jedoch gezielt auch für diese Sachverhaltsgruppen vereinbart werden. Entsprechendes gilt, wenn die Maßgeblichkeit des UN-Kaufrechts im Hinblick auf seinen zeitlichen Anwendungsbereich, vgl. Art. 100 UN-Kaufrecht, Fragen aufwirft (*Enderlein/Maskow/Strobach*, Internationales Kaufrecht, Anm. 3.2 zu Art. 6).

Das UN-Kaufrecht ist in den 6 UNO-Sprachen Arabisch, Chinesisch, Englisch, Französisch, Russisch und Spanisch gleichermaßen verbindlich (*Herber/Czerwenka*, Internationales Kaufrecht, Anm. 12 vor Art. 1). Die deutsche Fassung ist lediglich eine völkerrechtlich nicht bindende Übersetzungshilfe (*Reinhart*, UN-Kaufrecht, Anm. 3 zu Art. 1 VertragsG). Aus sprachlichen Gründen dürfte der englischen Fassung in der Praxis der Vorrang vor den Versionen in den anderen UNO-Sprachen zukommen. Art. 22.1 Satz 1 des Formulars sieht daher ausdrücklich die Maßgeblichkeit der englischen Textfassung vor.

99. INCOTERMS. Der Formularvertrag verwendet die INCOTERM FCA (Anm. 2 und Anm. 18 – 20). In der internationalen Handelspraxis werden neben den INCOTERMS auch andere Klauselwerke verwandt. In den USA sind gebräuchlich die American Foreign Trade Definitions, die inhaltlich zum Teil entscheidend von den INCOTERMS abweichen. Chinesische Importeure schließen zwar gern unter Verwendung von äußerlich den INCOTERMS gleichenden Klauseln ab, die jedoch deutlich zu Lasten des nicht-chinesischen Lieferanten modifiziert werden. Aus diesen Gründen hält Art. 22.1 Satz 2 des Formularvertrages ausdrücklich fest, daß bei Verwendung von Handelsklauseln die INCOTERMS der Internationalen Handelskammer in der seit 1. Juli 1990 geltenden, grundlegend überarbeiteten Fassung zur Anwendung kommen (vgl. *Bredow/Seiffert*, INCOTERMS 1990, Anm. 16 der Einführung). Die Verweisung auf die INCOTERMS hat die Geltung der englischen Originalfassung zur Folge (*Bredow/Seiffert*, INCOTERMS 1990, Anm. 18 der Einführung). Die zu den einzelnen INCOTERMS ausgewiesenen Pflichten des Käufers bzw. des Verkäufers sind dispositiv, so daß die von den Parteien hierzu getroffenen Absprachen dem Regelinhalt der jeweiligen INCOTERM vorgehen (Ziffer 6 der Einleitung zu den INCOTERMS, abgedruckt bei *Bredow/Seiffert*, INCOTERMS 1990, 109).

100. Deutsches BGB/HGB. Das nach Art. 22.1 Satz 1 des Formulars für maßgeblich erklärte UN-Kaufrecht erfaßt nicht alle Rechtsfragen, die bei der Beurteilung eines internationalen Kaufvertrages aufkommen können. Neben den in Art. 4 (vgl. Anm. 88) und Art. 5 UN-Kaufrecht ausdrücklich ausgenommenen Regelungsbereichen findet das UN-Kaufrecht insbesondere keine Anwendung auf die Abtretung (Anm. 77), die Aufrechnung (Anm. 58) und die Verjährung (Anm. 60 und Anm. 76) von Ansprüchen aus internationalen Kaufverträgen (näher hierzu *Staudinger/Magnus*, Wiener UN-Kaufrecht, Anm. 35 ff. zu Art. 4 sowie *Piltz*, Internationales Kaufrecht, § 2 Rdnr. 145 ff.). Für alle nicht von dem UN-Kaufrecht erfaßten Rechtsfragen sieht Art. 22.2 des Formulars die Geltung des nicht vereinheitlichten, deutschen Rechts vor.

Nach Art. 27 EGBGB steht es den Parteien grundsätzlich frei, das für ihre Rechtsbeziehung maßgebliche Recht zu wählen (näher hierzu *E. Lorenz* RIW 1992, 697 ff.). Die nach Art. 27 ff. EGBGB vorgesehenen Beschränkungen hinsichtlich der Rechtswahl sind für den dem Formular zugrundeliegenden Sachverhalt (Anm. 1) nicht einschlägig. Gleichwohl kann der Exporteur nicht darauf vertrauen, daß außerhalb des Regelungsbereiches des UN-Kaufrechtes damit stets das deutsche, unvereinheitlichte Recht zur Anwendung kommt. Die Art. 27 ff. EGBGB binden nämlich nur den deutschen Richter. Im Geltungsbereich des Römischen EWG-Übereinkommens über das auf vertragliche Schuldverhältnisse

1. Export Contract (Exportvertrag-Maschine) III.1

anzuwendende Recht vom 19. 06. 1980 (BGBl. 1986 II, 810, zum Geltungsstand zuletzt BGBl. 1995 II, 908; zu dem Übereinkommen vgl. *Martiny* ZEuP 1993, 293 ff.) gelten zwar gleiche Grundsätze. Außerhalb des Kreises der Vertragsstaaten des Römischen Übereinkommens ist jedoch in jedem Einzelfall zu prüfen, ob das in dem jeweiligen in Betracht kommenden Staat geltende Kollisionsrecht die Wahl des unvereinheitlichten, deutschen Rechtes zuläßt. Namentlich einige südamerikanische sowie viele Staaten des arabischen Rechtskreises gestatten den Parteien nicht, in grenzüberschreitenden Sachverhalten das zur Regelung ihrer Rechtsbeziehungen maßgebliche Recht zu wählen, sondern bestimmen vielmehr abschließend, welches Recht zur Anwendung kommt (vgl. etwa *Bergdolt*, Internationale Schuldverträge und ihre Durchsetzung im brasilianischen Recht, Frankfurt 1988). Derartige Vorgaben können für den deutschen Exporteur bedeutsam werden, wenn er unter Berufung auf Art. 23.2 des Formularvertrages ein Gericht in diesen Staaten anruft. Unter Umständen kann auch die Anerkennung und Vollstreckung einer von einem deutschen Gericht unter Anwendung des Art. 22.2 des Formularvertrages erlassenen Entscheidung in diesen Staaten scheitern. Vor diesem Hintergrund ist besonders wichtig, daß der Exporteur nur auf der Basis eines bestätigten, unwiderruflichen Akkreditivs (Anm. 2 und 45) oder einer gleichwertigen Absicherung des Zahlungsanspruches liefert, da damit die Notwendigkeit einer weiteren Rechtsverfolgung weitgehend entfällt.

Art. 22.2 des Formularvertrages trifft eine Rechtswahl nicht nur für das vertragliche Verhältnis der Parteien, sondern gleichermaßen auch für die zwischen ihnen bestehenden nicht-vertraglichen Rechtsbeziehungen. Nach deutschem Kollisionsrecht ist eine derartige Rechtswahl im Prinzip zulässig (BGH IPRax 1988, 159 ff., 162). Allerdings erstreckt sich diese Vereinbarung nicht auf die Beziehungen zu Dritten, die an dem Vertragsabschluß nicht beteiligt sind. Zudem ist im Verhältnis des Exporteurs zu dem Käufer die Rechtswahl im Anwendungsbereich der Produkthaftungs-Richtlinie der Europäischen Gemeinschaft vom 25. Juli 1985 problematisch (*Graf von Westphalen/Wilde*, Produkthaftungshandbuch Band 2, München 1991, 186 ff.).

101. Ausschließliche Zuständigkeit. In Art. 23.1 des Formulars wird für vertragliche und außervertragliche Streitigkeiten zwischen dem Exporteur und dem Käufer die örtlich und international ausschließliche Zuständigkeit der für den Verkäufer zuständigen Gerichte vereinbart. Die Regelung entspricht den Anforderungen, die sowohl Art. 17 des Brüsseler EWG-Übereinkommens über die gerichtliche Zuständigkeit und die Vollstreckung gerichtlicher Entscheidungen in Zivil- und Handelssachen (EuGVÜ) (seit 1. 12. 1994 für die Bundesrepublik Deutschland in der Fassung von 1989 in Kraft, BGBl. 1994 II, 3707, 518) wie auch Art. 17 des Luganer Übereinkommens über die gerichtliche Zuständigkeit und die Vollstreckung gerichtlicher Entscheidungen in Zivil- und Handelssachen (LuganoÜ) (seit 1. 3. 1995 für die Bundesrepublik Deutschland in Kraft, BGBl. 1995 II, 221, BGBl. 1994 II, 2658) an die wirksame Vereinbarung eines Gerichtsstandes stellen. Der nach diesen Bestimmungen erforderliche Bezug der Gerichtsstandsabsprache zu einem bestimmten Rechtsverhältnis (vgl. EuGH EuZW 1992, 252 ff. und OLG München RIW 1989, 901 ff.) ist durch den Hinweis in Art. 23.1 des Formulars auf Rechtsstreitigkeiten aus dem vorliegenden Kaufvertrag hergestellt. Zudem erfüllt die Gerichtsstandsvereinbarung das Erfordernis des schriftlichen Abschlusses (vgl. Art. 17 Abs. 1 Satz 2 1. Alternative EuGVÜ), da die Gerichtsstandsvereinbarung in dem von beiden Parteien zu unterzeichnenden Vertrag enthalten ist (EuGH RIW 1984, 909 f.).

Außerhalb des Anwendungsbereichs der vorbezeichneten Übereinkommen beurteilen sich internationale Gerichtsstandsvereinbarungen aus deutscher Sicht in der Regel nach §§ 38 ff. ZPO (*BGH MDR* 1989, 335 und *Samtleben* NJW 1974, 1594 ff.). Unter Vollkaufleuten ist eine internationale Gerichtsstandsvereinbarung ohne weiteres nach § 38 Abs. 1 ZPO zulässig (a.A. OLG Nürnberg NJW 1985, 1296 ff.), während ansonsten nach § 38 Abs. 2 ZPO erforderlich ist, daß der Käufer keinen allgemeinen Gerichtsstand im Inland hat (BGH NJW 1986, 1438 f.).

102. Zuständigkeitsvorbehalt. Art. 23.2 des Formularvertrages eröffnet dem Exporteur die Möglichkeit, den Käufer auch außerhalb der Bundesrepublik Deutschland zu verklagen. Diese Option ist von Bedeutung, wenn die Anerkennung eines deutschen Urteils in dem Land des Käufers nicht gewährleistet ist. Darüber hinaus können weitere Argumente wie etwa das im Ausland maßgebliche Beweisrecht nach Abwägung aller Umstände für eine Rechtsverfolgung außerhalb der Bundesrepublik Deutschland sprechen. Für den Exporteur kann Art. 23.2 des Formularvertrages namentlich bedeutsam werden, wenn er liefert, ohne daß das nach Art. 8 des Formulars vorgesehene Akkreditiv gestellt worden ist oder die Bank die Aufnahme des Akkreditivs ablehnt und der Käufer den Kaufpreis schuldig bleibt.

Aus deutsch-rechtlicher Sicht bestehen gegen die Zulässigkeit von Art. 23.2 des Formulars keine Bedenken, zumal Art. 17 Abs. 4 EuGVÜ sowie Art. 17 Abs. 4 LuganoÜ (Anm. 101) ausdrücklich vorsehen, daß ungeachtet einer Gerichtsstandsvereinbarung in bestimmten Situationen auch andere Gerichte angerufen werden können, und Gerichtsstandsvereinbarungen nach §§ 38ff. ZPO ohnehin nicht stets ausschließlich wirken (vgl. OLG München RIW 1989, 643f. und OLG Bamberg MDR 1989, 360f.).

Als Alternative zu Art. 23 des Formulars ist zu erwägen, anstelle der Zuständigkeit der staatlichen Gerichte die Zuständigkeit eines Schiedsgerichtes vorzusehen (näher hierzu *Schütze* Rechtsverfolgung im Ausland, 1986, 212ff.). Namentlich im Verhältnis zu den Staaten, in denen die Anerkennung eines deutschen staatlichen Urteiles nicht sichergestellt ist, bestehen häufig – wenngleich nicht immer – Möglichkeiten zur Durchsetzung internationaler Schiedssprüche. Da nach dem Formularvertrag das Interesse des Verkäufers an der ordnungsgemäßen Erlangung des Kaufpreises über das Akkreditiv sichergestellt wird (Anm. 2 und Anm. 45), werden sonstige Alternativen zu einer für den Exporteur effizienten Ausgestaltung der Rechtsverfolgung nicht weiter vertieft.

103. Vertragssprache. Trotz seines internationalen Charakters regelt das UN-Kaufrecht nicht ausdrücklich, in welcher Sprache Erklärungen der Parteien abzufassen sind. Die in der Literatur hierzu vertretenen Meinungen weisen recht unterschiedliche Ausgangspunkte auf, kommen letztlich jedoch zu sehr ähnlichen Ergebnissen (vgl. etwa *Piltz*, Internationales Kaufrecht, § 3 Rdnr. 53, § 5 Rdnr. 69 und § 5 Rdnr. 274 sowie *Staudinger/Magnus*, Wiener UN-Kaufrecht, Anm. 51 zu Art. 39). Namentlich im Hinblick auf die Anzeige von Vertragswidrigkeiten (Anm. 68) sowie die dem Käufer nach Art. 16 des Formulars obliegende Abmahnung vor Aufhebung des Vertrages (Anm. 81) empfiehlt sich für die Praxis auf jeden Fall, die maßgebliche Kommunikationssprache verbindlich festzulegen.

104. Schriftform. Art. 13 UN-Kaufrecht konkretisiert die Schriftform und stellt damit klar, daß anders als nach § 126 BGB eine eigenhändige Unterschrift für die Einhaltung der Schriftlichkeit nicht erforderlich ist. Art. 24.1 Satz 2 des Formulars bezieht darüber hinaus auch die Verwendung von Telefax in diese Regelung ein (vgl. Anm. 8).

Die Schriftlichkeitsregel des Art. 13 UN-Kaufrecht gilt nach überwiegender Ansicht auch für die Vertragsstaaten des UN-Kaufrechtes, die den Vorbehalt nach Art. 96 UN-Kaufrecht erklärt haben (*Herber/Czerwenka*, Internationales Kaufrecht, Anm. 2 zu Art. 13; vorsichtiger *Enderlein/Maskow/Strobach*, Internationales Kaufrecht, Anm. zu Art. 13). Welche Formerfordernisse im Verhältnis zu diesen Vorbehaltsstaaten sowie außerhalb des Geltungsbereiches des UN-Kaufrechtes zu beachten sind, bestimmt sich aus deutscher Sicht nach Art. 11 EGBGB (*Herber/Czerwenka*, Internationales Kaufrecht, Anm. 3 zu Art. 96; a.A. *Reinhart*, UN-Kaufrecht, Anm. 3 zu Art. 12).

Der Formularvertrag sieht keine Bestimmung vor, nach der Änderungen des Vertrages einer schriftlichen Bestätigung bedürfen. Ggf. mag getextet werden: „Changes to this Contract of Sale require written confirmation by the Seller.". Auch enthält der Vertrag keine sogenannte Merger-Klausel (vgl. *Kritzer*, Guide to Practical Applications of the United Nations Convention on Contracts for the International Sale of Goods, 96a). Da das Interesse des Exporteurs an der Durchführung des Vertrages durch das Akkreditiv

sichergestellt wird (Anm. 2 und Anm. 45) und demzufolge gerichtliche Auseinandersetzungen aus der Sicht des Exporteurs kaum anstehen werden, der Käufer andererseits an die Gerichtsstandsabsprache des Art. 23.1 des Formulars (Anm. 101) gebunden ist, erübrigen sich hierzu weitere Absprachen in dem Formularvertrag. Wenn der Exporteur jedoch befürchtet, seine Rechte möglicherweise vor ausländischen Gerichten suchen oder verteidigen zu müssen, kann die Aufnahme ergänzender Klauseln empfehlenswert sein, etwa:
„The terms and conditions of this Contract of Sale constitute the entire agreement between the Buyer and the Seller and shall not be modified except by a writing signed by both the Buyer and the Seller. There are no understandings, representations or warranties of any kind not expressly set forth herein. No cause of dealing between the Buyer and the Seller and no usage of trade not expressly set forth herein shall be relevant to supplement or explain any term used in this contract".

105. **Unterschriften.** Bei der Unterzeichnung des Vertrages durch den Käufer sollte der Exporteur darauf bedacht sein, die Identität und die Vertretungsbefugnis der für den Käufer auftretenden Person festzuhalten. Kalligraphisch eindrucksvolle, letztlich aber nicht entzifferbare Unterschriften können ansonsten bei späteren Auseinandersetzungen mit dem Käufer dem Exporteur Probleme bereiten. Zudem empfiehlt sich für den internationalen Geschäftsverkehr, daß die Parteien die einzelnen Seiten des Vertragstextes paraphieren.

Verträge für das Anlagengeschäft

2.1 FIDIC: Conditions of Contract for Works of Civil Engineering Construction[1-4]
(FIDIC: Vertragsbedingungen für Ingenieurbauarbeiten)

Part I – General Conditions

Definitions and Interpretation

1.1 Definitions[5]

In the Contract (as hereinafter defined) the following words and expressions shall have the meanings hereby assigned to them, except where the context otherwise requires:

(a) (i) "Employer" means the person named as such in Part II of these Conditions and the legal successors in title to such person, but not (except with the consent of the Contractor) any assignee of such person.[6]

(ii) "Contractor" means the person whose tender has been accepted by the Employer and the legal successors in title to such person, but not (except with the consent of the Employer) any assignee of such person.

(iii) "Subcontractor" means any person named in the Contract as a Subcontractor for a part of the Works or any person to whom a part of the Works has been subcontracted with the consent of the Engineer and the legal successors in title to such person, but not any assignee of any such person.

(iv) "Engineer" means the person appointed by the Employer to act as Engineer for the purposes of the Contract and named as such in Part II of these Conditions.

(v) "Engineer's Representative" means a person appointed from time to time by the Engineer under Sub-Clause 2.2.

(b) (i) "Contract" means these Conditions (Parts I and II), the Specification, the Drawings, the Bill of Quantities, the Tender, the Letter of Acceptance, the Contract Agreement (if completed) and such further documents as may be expressly incorporated in the Letter of Acceptance or Contract Agreement (if completed).[7]

(ii) "Specification" means the specification of the Works included in the Contract and any modification thereof or addition thereto made under Clause 51 or submitted by the Contractor and approved by the Engineer.[7]

(iii) "Drawings" means all drawings, calculations and technical information of a like nature provided by the Engineer to the Contractor under the Contract and all drawings, calculations, samples, patterns, models, operation and maintenance manuals[8,9] and other technical information of a like nature submitted by the Contractor and approved by the Engineer.

(iv) "Bill of Quantities" means the priced and completed bill of quantities forming part of the Tender.[10]

(v) "Tender" means the Contractor's priced offer to the Employer for the execution and completion of the Works and the remedying of any defects therein in accordance with the provisions of the Contract, as accepted by the Letter of Acceptance.

(vi) "Letter of Acceptance" means the formal acceptance by the Employer of the Tender.

(vii) "Contract Agreement" means the contract agreement (if any) referred to in Sub-Clause 9.1.

(viii) "Appendix to Tender" means the appendix comprised in the form of Tender annexed to these Conditions.

(c) (i) "Commencement Date" means the date upon which the Contractor receives the notice to commence issued by the Engineer pursuant to Clause 41.

(ii) "Time for Completion" means the time for completing the execution of and passing the Tests on Completion of the Works or any Section or part thereof as stated in the Contract (or as extended under Clause 44) calculated from the Commencement Date.

(d) (i) "Tests on Completion" means the tests specified in the Contract or otherwise agreed by the Engineer and the Contractor which are to be made by the Contractor before the Works or any Section or part thereof are taken over by the Employer.

(ii) "Taking-Over Certificate" means a certificate issued pursuant to Clause 48.

(e) (i) "Contract Price" means the sum stated in the Letter of Acceptance as payable to the Contractor for the execution and completion of the Works and the remedying of any defects therein in accordance with the provisions of the Contract.[10]

(ii) "Retention Money" means the aggregate of all monies retained by the Employer pursuant to Sub-Clause 60.2 (a).

(iii) "Interim Payment Certificate" means any certificate of payment issued by the Engineer other than the Final Payment Certificate.

(iv) "Final Payment Certificate" means the certificate of payment issued by the Engineer pursuant to Sub-Clause 60.8.

(f) (i) "Works" means the Permanent Works and the Temporary Works or either of them as appropriate.

(ii) "Permanent Works" means the permanent works to be executed (including Plant) in accordance with the Contract.

(iii) "Temporary Works" means all temporary works of every kind (other than Contractor's Equipment) required in or about the execution and completion of the Works and the remedying of any defects therein.

(iv) "Plant" means machinery, apparatus and the like intended to form or forming part of the Permanent Works.[11]

(v) "Contractor's Equipment" means all appliances and things of whatsoever nature (other than Temporary Works) required for the execution and completion of the

2.1 FIDIC: Works of Civil Engineering Construction (Ingenieurbauarbeiten)   **III.2.1**

        Works and the remedying of any defects therein, but does not include Plant, materials or other things intended to form or forming part of the Permanent Works.

   (vi) "Section" means a part of the Works specifically identified in the Contract as a Section.

  (vii) "Site" means the places provided by the Employer where the Works are to be executed and any other places as may be specifically designated in the Contract as forming part of the Site.

(g) (i) "cost" means all expenditure properly incurred or to be incurred, whether on or off the Site, including overhead and other charges properly allocable thereto but does not include any allowance for profit.

   (ii) "day" means calendar day.

  (iii) "foreign currency" means a currency of a country other than that in which the Works are to be located.

  (iv) "writing" means any hand-written, type-written, or printed communication, including telex, cable and facsimile transmission.

1.2 Headings and Marginal Notes
The headings and marginal notes in these Conditions shall not be deemed part thereof or be taken into consideration in the interpretation or construction therof or of the Contract.

1.3 Interpretation
Words importing persons or parties shall include firms and corporations and any organisation having legal capacity.

1.4 Singular and Plural
Words importing the singular only also include the plural and vice versa where the context requires.

1.5 Notices, Consents, Approvals, Certificates and Determinations
Wherever in the Contract provision is made for the giving or issue of any notice, consent, approval, certificate or determination by any person, unless otherwise specified such notice, consent, approval, certificate or determination shall be in writing and the words "notify", "certify" or "determine" shall be construed accordingly. Any such consent, approval, certificate or determination shall not unreasonably be withheld or delayed.

Engineer and Engineer's Representative[12]

2.1 Engineer's Duties and Authority
(a) The Engineer shall carry out the duties specified in the Contract.
(b) The Engineer may exercise the authority specified in or necessarily to be implied from the Contract, provided, however, that if the Engineer is required, under the terms of his appointment by the Employer, to obtain the specific approval of the Employer before exercising any such authority, particulars of such requirements shall be set out in Part II of these Conditions. Provided further that any requisite approval shall be deemed to have been given by the Employer for any such authority exercised by the Engineer.
(c) Except as expressly stated in the Contract, the Engineer shall have no authority to relieve the Contractor of any of his obligations under the Contract.

2.2 Engineer's Representative
The Engineer's Representative shall be appointed by and be responsible to the Engineer and shall carry out such duties and exercise such authority as may be delegated to him by the Engineer under Sub-Clause 2.3.

2.3 Engineer's Authority to Delegate
The Engineer may from time to time delegate to the Engineer's Representative any of the duties and authorities vested in the Engineer and he may at any time revoke such delega-

tion. Any such delegation or revocation shall be in writing and shall not take effect until a copy thereof has been delivered to the Employer and the Contractor.
Any communication given by the Engineer's Representative to the Contractor in accordance with such delegation shall have the same effect as though it had been given by the Engineer. Provided that:
(a) any failure of the Engineer's Representative to disapprove any work, materials or Plant shall not prejudice the authority of the Engineer to disapprove such work, materials or Plant and to give instructions for the rectification thereof; and
(b) if the Contractor questions any communication of the Engineer's Representative he may refer the matter to the Engineer who shall confirm, reverse or vary the contents of such communication.

2.4 Appointment of Assistants
The Engineer or the Engineer's Representative may appoint any number of persons to assist the Engineer's Representative in the carrying out of his duties under Sub-Clause 2.2. He shall notify to the Contractor the names, duties and scope of authority of such persons. Such assistants shall have no authority to issue any instructions to the Contractor save in so far as such instructions may be necessary to enable them to carry out their duties and to secure their acceptance of materials, Plant or workmanship as being in accordance with the Contract, and any instructions given by any of them for those purposes shall be deemed to have been given by the Engineer's Representative.

2.5 Instructions in Writing
Instructions given by the Engineer shall be in writing, provided that if for any reason the Engineer considers it necessary to give any such instruction orally, the Contractor shall comply with such instruction. Confirmation in writing of such oral instruction given by the Engineer, whether before or after the carrying out of the instruction, shall be deemed to be an instruction within the meaning of this Sub-Clause. Provided further that if the Contractor, within 7 days, confirms in writing to the Engineer any oral instruction of the Engineer and such confirmation is not contradicted in writing within 7 days by the Engineer, it shall be deemed to be an instruction of the Engineer.
The provisions of this Sub-Clause shall equally apply to instructions given by the Engineer's Representative and any assistants of the Engineer or the Engineer's Representative appointed pursuant to Sub-Clause 2.4.

2.6 Engineer to Act Impartially
Wherever, under the Contract, the Engineer is required to exercise his discretion by:
(a) giving his decision, opinion or consent,
(b) expressing his satisfaction or approval,
(c) determining value, or
(d) otherwise taking action which may affect the rights and obligations of the Employer or the Contractor

he shall exercise such discretion impartially within the terms of the Contract and having regard to all the circumstances. Any such decision, opinion, consent, expression of satisfaction, or approval, determination of value or action may be opened up, reviewed or revised as provided in Clause 67.[13]

Assignment and Subcontracting

3.1 Assignment[14] of Contract
The Contractor shall not, without the prior consent of the Employer (which consent, notwithstanding the provisions of Sub-Clause 1.5, shall be at the sole discretion of the Employer), assign the Contract or any part thereof, or any benefit or interest therein or thereunder, otherwise than by:
(a) a charge in favour of the Contractor's bankers of any monies due or to become due under the Contract, or

2.1 FIDIC: Works of Civil Engineering Construction (Ingenieurbauarbeiten) III.2.1

(b) assignment to the Contractor's insurers (in cases where the insurers have discharged the Contractor's loss or liability) of the Contractor's right to obtain relief against any other party liable.

4.1 Subcontracting
The Contractor shall not subcontract the whole of the Works. Except where otherwise provided by the Contract, the Contractor shall not subcontract any part of the Works without the prior consent of the Engineer. Any such consent shall not relieve the Contractor from any liability or obligation under the Contract and he shall be responsible for the acts, defaults and neglects of any Subcontractor, his agents, servants or workmen as fully as if they were the acts, defaults or neglects of the Contractor, his agents, servants or workmen.[15]
Provided that the Contractor shall not be required to obtain such consent for:
(a) the provision of labour,
(b) the purchase of materials which are in accordance with the standards specified in the Contract, or
(c) the subcontracting of any part of the Works for which the Subcontractor is named in the Contract.

4.2 Assignment of Subcontractors' Obligations
In the event of a Subcontractor having undertaken towards the Contractor in respect of the work executed, or the goods, materials, Plant or services supplied by such Subcontractor, any continuing obligation extending for a period exceeding that of the Defects Liability Period under the Contract, the Contractor shall at any time, after the expiration of such Period, assign to the Employer, at the Employer's request and cost, the benefit of such obligation for the unexpired duration thereof.

Contract Documents

5.1 Language/s and Law
There is stated in Part II of these Conditions:
(a) the language or languages in which the Contract documents shall be drawn up,[16] and
(b) the country or state the law of which shall apply to the Contract and according to which the Contract shall be construed.[16]
If the said documents are written in more than one language, the language according to which the Contract shall be construed and interpreted is also stated in Part II of these Conditions, being therein designated the "Ruling Language".[17]

5.2 Priority of Contract Documents
The serveral documents forming the Contract are to be taken as mutually explanatory of one another, but in case of ambiguities or discrepancies the same shall be explained and adjusted by the Engineer who shall thereupon issue to the Contractor instructions thereon and in such event, unless otherwise provided in the Contract, the priority of the documents forming the Contract shall be as follows:
(1) The Contract Agreement (if completed);[18]
(2) The Letter of Acceptance;
(3) The Tender;
(4) Part II of these Conditions;
(5) Part I of these Conditions; and
(6) Any other document forming part of the Contract.

6.1 Custody and Supply of Drawings and Documents
The Drawings shall remain in the sole custody of the Engineer, but two copies thereof shall be provided to the Contractor free of charge. The Contractor shall make at his own cost any further copies required by him. Unless it is strictly necessary for the purposes of the Contract, the Drawings, Specification and other documents provided by the Employer or

the Engineer shall not, without the consent of the Engineer, be used or communicated to a third party by the Contractor. Upon issue of the Defects Liability Certificate, the Contractor shall return to the Engineer all Drawings, Specification and other documents provided under the Contract.

The Contractor shall supply to the Engineer four copies of all Drawings, Specification and other documents submitted by the Contractor and approved by the Engineer in accordance with Clause 7, together with a reproducible copy of any material which cannot be reproduced to an equal standard by photocopying. In addition the Contractor shall supply such further copies of such Drawings, Specification and other documents as the Engineer may request in writing for the use of the Employer, who shall pay the cost therof.

6.2 One Copy of Drawings to be Kept on Site
One copy of the Drawings, provided to or supplied by the Contractor as aforesaid, shall be kept by the Contractor on the Site and the same shall at all reasonable times be available for inspection and use by the Engineer and by any other person authorised by the Engineer in writing.

6.3 Disruption of Progress
The Contractor shall give notice to the Engineer, with a copy to the Employer, whenever planning or execution of the Works is likely to be delayed or disrupted unless any further drawing or instruction is issued by the Engineer within a reasonable time. The notice shall include details of the drawing or instruction required and of why and by when it is required and of any delay or disruption likely to be suffered if it is late.

6.4 Delays and Cost of Delay of Drawings
If, by reason of any failure or inability of the Engineer to issue, within a time reasonable in all the circumstances, any drawing or instruction for which notice has been given by the Contractor in accordance with Sub-Clause 63, the Contractor suffers delay and/or incurs costs then the Engineer shall, after due consultation with the Employer and the Contractor, determine:
(a) any extension of time to which the Contractor is entitled under Clause 44, and
(b) the amount of such costs, which shall be added to the Contract Price,
and shall notify the Contractor accordingly, with a copy to the Employer.

6.5 Failure by Contractor to Submit Drawings
If the failure or inability of the Engineer to issue any drawings or instructions is caused in whole or in part by the failure of the Contractor to submit Drawings, Specification or other documents which he is required to submit under the Contract, the Engineer shall take such failure by the Contractor into account when making his determination pursuant to Sub-Clause 6.4.

7.1 Supplementary Drawings and Instructions
The Engineer shall have authority to issue to the Contractor, from time to time, such supplementary Drawings and instructions as shall be necessary for the purpose of the proper and adequate execution and completion of the Works and the remedying of any defects therein. The Contractor shall carry out and be bound by the same.

7.2 Permanent Works Designed by Contractor
Where the Contract expressly provides that part of the Permanent Works shall be designed by the Contractor, he shall submit to the Engineer, for approval:
(a) such drawings, specifications, calculations and other information as shall be necessary to satisfy the Engineer as to the suitability and adequacy of that design, and
(b) operation and maintenance manuals together with drawings of the Permanent Works as completed, in sufficient detail to enable the Employer to operate, maintain, dismantle, reassemble and adjust the Permanent Works incorporating that design. The Works shall not be considered to be completed for the purposes of taking over in accordance

with Clause 48 until such operation and maintenance manuals, together with drawings on completion, have been submitted to and approved by the Engineer.

7.3 Responsibility Unaffected by Approval

Approval by the Engineer, in accordance with Sub-Clause 7.2, shall not relieve the Contractor of any of his responsibilities under the Contract.

General Obligations

8.1 Contractor's General Responsibilities

The Contractor shall, with due care and diligence, design (to the extent provided for by the Contract), execute and complete the Works and remedy any defects therein in accordance with the provisions of the Contract. The Contractor shall provide all superintendence, labour, materials, Plant, Contractor's Equipment and all other things, whether of a temporary or permanent nature, required in and for such design, execution, completion and remedying of any defects, so far as the necessity for providing the same is specified in or is reasonably to be inferred from the Contract.

The Contractor shall give prompt notice to the Engineer, with a copy to the Employer, of any error, omission, fault or other defect in the design of or Specification for the Works which he discovers when reviewing the Contract or executing the Works.[19]

8.2 Site Operations and Methods of Construction[20]

The Contractor shall take full responsibility for the adequacy, stability and safety of all Site operations and methods of construction. Provided that the Contractor shall not be responsible (except as stated hereunder or as may be otherwise agreed) for the design or specification of Permanent Works, or for the design or specification of any Temporary Works not prepared by the Contractor. Where the Contract expressly provides that part of the Permanent Works shall be designed by the Contractor, he shall be fully responsible for that part of such Works, notwithstanding any approval by the Engineer.

9.1 Contract Agreement

The Contractor shall, if called upon so to do, enter into and execute the Contract Agreement, to be prepared and completed at the cost of the Employer, in the form annexed to these Conditions with such modification as may be necessary.

10.1 Performance Security

If the Contract requires the Contractor to obtain security for his proper performance of the Contract, he shall obtain and provide to the Employer such security within 28 days after the receipt of the Letter of Acceptance, in the sum stated in the Appendix to Tender. When providing such security to the Employer, the Contractor shall notify the Engineer of so doing. Such security shall be in the form annexed to these Conditions or in such other form as may be agreed between the Employer and the Contractor. The institution providing such security shall be subject to the approval of the Employer. The cost of complying with the requirements of this Clause shall be borne by the Contractor, unless the Contract otherwise provides.[21]

10.2 Period of Validity of Performance Security

The performance security shall be valid until the Contractor has executed and completed the Works and remedied any defects therein in accordance with the Contract. No claim shall be made against such security after the issue of the Defects Liability Certificate in accordance with Sub-Clause 62.1 and such security shall be returned to the Contractor within 14 days of the issue of the said Defects Liability Certificate.

10.3 Claims under Performance Security

Prior to making a claim under the performance security the Employer shall, in every case, notify the Contractor stating the nature of the default in respect of which the claim is to be made.

11.1 Inspection of Site

The Employer shall have made available to the Contractor, before the submission by the Contractor of the Tender, such data on hydrological and sub-surface conditions as have been obtained by or on behalf of the Employer from investigations undertaken relevant to the Works but the Contractor shall be responsible for his own interpretation thereof.

The Conractor shall be deemed to have inspected and examined the Site and its surroundings and information available in connection therewith and to have satisfied himself (so far as is practicable, having regard to considerations of cost and time) before submitting his Tender, as to:

(a) the form and nature thereof, including the sub-surface conditions,
(b) the hydrological and climatic conditions,
(c) the extent and nature of work and materials necessary for the execution and completion of the Works and the remedying of any defects therein, and
(d) the means of access to the Site and the accommodation he may require,

and, in general, shall be deemed to have obtained all necessary information, subject as above mentioned, as to risks, contingencies and all other circumstances which may influence or affect his Tender.

The Contractor shall be deemed to have based his Tender on the data made available by the Employer and on his own inspection and examination, all as aforementioned.[22]

12.1 Sufficiency of Tender

The Contractor shall be deemed to have satisfied himself as to the correctness and sufficiency of the Tender and of the rates and prices stated in the Bill of Quantities, all of which shall, except insofar as it is otherwise provided in the Contract, cover all his obligations under the Contract (including those in respect of the supply of goods, materials, Plant or services or of contingencies for which there is a Provisional Sum) and all matters and things necessary for the proper execution and completion of the Works and the remedying of any defects therein.

12.2 Not Foreseeable Physical Obstructions or Conditions

If, however, during the execution of the Works the Contractor encounters physical obstructions or physical conditions, other than climatic conditions on the Site, which obstructions or conditions were, in his opinion, not foreseeable by an experienced contractor, the Contractor shall forthwith give notice thereof to the Engineer, with a copy to the Employer. On receipt of such notice, the Engineer shall, if in his opinion such obstructions or conditions could not have been reasonably foreseen by an experienced contractor, after due consultation with the Employer and the Contractor, determine:

(a) any extension of time to which the Contractor is entitled under Clause 44, and
(b) the amount of any costs which may have been incurred by the Contractor by reason of such obstructions or conditions having been encountered, which shall be added to the Contract Price,

and shall notify the Contractor accordingly, with a copy to the Employer. Such determination shall take account of any instruction which the Engineer may issue to the Contractor in connection therewith, and any proper and reasonable measures acceptable to the Engineer which the Contractor may take in the absence of specific instructions from the Engineer.

13.1 Work to be in Accordance with Contract

Unless it is legally or physically impossible, the Contractor shall execute and complete the Works and remedy any defects therein in strict accordance with the Contract to the satisfaction of the Engineer. The Contractor shall comply with and adhere strictly to the Engineer's instructions on any matter, whether mentioned in the Contract or not, touching or concerning the Works. The Contractor shall take instructions only from the Engineer (or his delegate).

2.1 FIDIC: Works of Civil Engineering Construction (Ingenieurbauarbeiten)   III.2.1

14.1 Programme to be Submitted
The Contractor shall, within the time stated in Part II of these Conditions after the date of the Letter of Acceptance, submit to the Engineer for his consent a programme, in such form and detail as the Engineer shall reasonably prescribe, for the execution of the Works. The Contractor shall, whenever required by the Engineer, also provide in writing for his information a general description of the arrangements and methods which the Contractor proposes to adopt for the execution of the Works.

14.2 Revised Programme
If at any time it should appear to the Engineer that the actual progress of the Works does not conform to the programme to which consent has been given under Sub-Clause 14.1, the Contractor shall produce, at the request of the Engineer, a revised programme showing the modifications to such programme necessary to ensure completion of the Works within the Time for Completion.

14.3 Cash Flow Estimate to be Submitted
The Contractor shall, within the time stated in Part II of these Conditions after the date of the Letter of Acceptance, provide to the Engineer for his information a detailed cash flow estimate, in quarterly periods, of all payments to which the Contractor will be entitled under the Contract and the Contractor shall subsequently supply revised cash flow estimates at quarterly intervals, if required to do so by the Engineer.

14.4 Contractor not Relieved of Duties or Responsibilities
The submission to and consent by the Engineer of such programmes or the provision of such general descriptions or cash flow estimates shall not relieve the Contractor of any of his duties or responsibilities under the Contract.

15.1 Contractor's Superintendence[23]
The Contractor shall provide all necessary superintendence during the execution of the Works and as long thereafter as the Engineer may consider necessary for the proper fulfilling of the Contractor's obligations under the Contract. The Contractor, or a competent and authorised representative approved of by the Engineer, which approval may at any time be withdrawn, shall give his whole time to the superintendence of the Works. Such authorised representative shall receive, on behalf of the Contractor, instructions from the Engineer.
If approval of the representative ist withdrawn by the Engineer, the Contractor shall, as soon as is practicable, having regard to the requirement of replacing him as hereinafter mentioned, after receiving notice of such withdrawal, remove the representative from the Works and shall not thereafter employ him again on the Works in any capacity and shall replace him by another representative approved by the Engineer.

16.1 Contractor's Employees
The Contractor shall provide on the Site in connection with the execution and completion of the Works and the remedying of any defects therein:
(a) only such technical assistants as are skilled and experienced in their respective callings and such foremen and leading hands as are competent to give proper superintendence of the Works, and
(b) such skilled, semi-skilled and unskilled labour as is necessary for the proper and timely fulfilling of the Contractor's obligations under the Contract.

16.2 Engineer at Liberty to Object
The Engineer shall be at liberty to object to and require the Contractor to remove forthwith form the Works any person provided by the Contractor who, in the opinion of the Engineer, misconducts himself, or is incompetent or negligent in the proper performance of his duties, or whose presence on Site is otherwise considered by the Engineer to be undesirable, and such person shall not be again allowed upon the Works without the

consent of the Engineer. Any person so removed from the Works shall be replaced as soon as possible.

17.1 Setting-out
The Contractor shall be responsible for:
(a) the accurate setting-out of the Works in relation to original points, lines and levels of reference given by the Engineer in writing,
(b) the correctness, subject as above mentioned, of the position, levels, dimensions and alignment of all parts of the Works, and
(c) the provision of all necessary instruments, appliances and labour in connection with the foregoing responsibilities.

If, at any time during the execution of the Works, any error appears in the position, levels, dimensions or alignment of any part of the Works, the Contractor, on being required so to do by the Engineer, shall, at his own cost, rectify such error to the satisfaction of the Engineer, unless such error is based on incorrect data supplied in writing by the Engineer, in which case the Engineer shall determine an addition to the Contract Price in accordance with Clause 52 and shall notify the Contractor accordingly, with a copy to the Employer.

The checking of any setting-out or of any line or level by the Engineer shall not in any way relieve the Contractor of his responsibility for the accuracy thereof and the Contractor shall carefully protect and preserve all bench-marks, sight-rails, pegs and other things used in setting-out the Works.

18.1 Boreholes and Exploratory Excavation
If, at any time during the execution of the Works, the Engineer requires the Contractor to make boreholes or to carry out exploratory excavation, such requirement shall be the subject of an instruction in accordance with Clause 51, unless an item or a Provisional Sum in respect of such work is included in the Bill of Quantities.

19.1 Safety, Security and Protection of the Environment
The Contractor shall, throughout the execution and completion of the Works and the remedying of any defects therein:
(a) have full regard for the safety of all persons entitled to be upon the Site and keep the Site (so far as the same is under his control) and the Works (so far as the same are not completed or occupied by the Employer) in an orderly state appropriate to the avoidance of danger to such persons,
(b) provide and maintain at his own cost all lights, guards, fencing, warning signs and watching, when and where necessary or required by the Engineer or by any duly constituted authority, for the protection of the Works or for the safety and convenience of the public or others, and
(c) take all reasonable steps to protect the environment on and off the Site and to avoid damage or nuisance to persons or to property of the public or others resulting from pollution, noise or other causes arising as a consequence of his methods of operation.

19.2 Employer's Responsibilities[24,25]
If under Clause 31 the Employer shall carry out work on the Site with his own workmen he shall, in respect of such work:
(a) have full regard to the safety of all persons entitled to be upon the Site, and
(b) keep the Site in an orderly state appropriate to the avoidance of danger to such persons.

If under Clause 31 the Employer shall employ other contractors on the Site he shall require them to have the same regard for safety and avoidance of danger.

20.1 Care of Works
The Contractor shall take full responsibility for the care of the Works and materials and Plant for incorporation therein from the Commencement Date until the date of issue of the

2.1 FIDIC: Works of Civil Engineering Construction (Ingenieurbauarbeiten)   III.2.1

Taking-Over Certificate for the whole of the Works, when the responsibility for the said care shall pass to the Employer.[26] Provided that:
(a) if the Engineer issues a Taking-Over Certificate for any Section or part of the Permanent Works the Contractor shall cease to be liable for the care of that Section or part from the date of issue of the Taking-Over Certificate, when the responsibility for the care of that Section or part shall pass to the Employer, and
(b) the Contractor shall take full responsibility for the care of any outstanding Works and materials and Plant for incorporation therein which he undertakes to finish during the Defects Liability Period until such outstanding Works have been completed pursuant to Clause 49.

20.2 Responsibility to Rectify Loss or Damage
If any loss or damage happens to the Works, or any part thereof, or materials or Plant for incorporation therein, during the period for which the Contractor is responsible for the care thereof, from any cause whatsoever, other than the risks defined in Sub-Clause 20.4, the Contractor shall, at his own cost, recitfy such loss or damage so that the Permanent Works conform in every respect with the provisions of the Contract to the satisfaction of the Engineer. The Contractor shall also be liable for any loss or damage to the Works occasioned by him in the course of any operations carried out by him for the purpose of complying with his obligations under Clauses 49 an 50.

20.3 Loss or Damage Due to Employer's Risks
In the event of any such loss or damage happening from any of the risks defined in Sub-Clause 20.4, or in combination with other risks, the Contractor shall, if and to the extent required by the Engineer, rectify the loss or damage and the Engineer shall determine an addition to the Contract Price in accordance with Clause 52 and shall notify the Contractor accordingly, with a copy to the Employer. In the case of a combination of risks causing loss or damage any such determination shall take into account the proportional responsibility of the Contractor and the Employer.

20.4 Employer's Risks
The Employer's risks are:
(a) war, hostilities (whether war be declared or not), invasion, act of foreign enemies,
(b) rebellion, revolution insurrection, or military or usurped power, or civil war,
(c) ionising radiations, or contamination by radio-acitivity from any nuclear fuel, or from any nuclear waste from the combustion of nuclear fuel, radio-active toxic explosive or other hazardous properties of any explosive nuclear assembly or nuclear component thereof,
(d) pressure waves caused by aircraft or other aerial devices travelling at sonic or supersonic speeds,
(e) riot, commotion or disorder, unless solely restricted to employees of the Contractor or of his Subcontractors and arising from the conduct of the Works,
(f) loss or damage to the use or occupation by the Employer of any Section or part of the Permanent Works, except as may be provided for in the Contract,
(g) loss or damage to the extent that it is due to the design of the Works, other than any part of the design provided by the Contractor or for which the Contractor is responsible, and
(h) any operation of the forces of nature against which an experienced contractor could not reasonably have been expected to take precautions.

21.1 Insurance of Works and Contractor's Equipment
The Contractor shall, without limiting his or the Employer's obligations and responsibilities under Clause 20, insure:[27]
(a) the Works, together with materials and Plant or incorporation therein, to the full replacement cost (the term "cost" in this context shall include profit),
(b) an additional sum of 15 per cent of such replacement cost, or as may be specified in

Part II of these Conditions, to cover any additional costs of and incidental to the rectification of loss or damage including professional fees and the cost of demolishing and removing any part of the Works and of removing debris of whatsoever nature, and
(c) the Contractor's Equipment and other things brought onto the Site by the Contractor, for a sum sufficient to provide for their replacement at the Site.

21.2 Scope of Cover
The insurance in paragraphs (a) and (b) of Sub-Clause 21.1 shall be in the joint names of the Contractor and the Employer and shall cover:
(a) the Employer and the Contractor against all loss or damage from whatsoever cause arising, other than as provided in Sub-Clause 21.4, from the start of work at the Site until the date of issue of the relevant Taking-Over Certificate in respect of the Works or any Section or part thereof as the case may be, and
(b) the Contractor for his liability:
  (i) during the Defects Liability Period for loss or damage arising from a cause occurring prior to the commencement of the Defects Liability Period, and
  (ii) for loss or damage occasioned by the Contractor in the course of any operations carried out by him for the purpose of complying with his obligations under Clauses 49 and 50.

21.3 Responsibility for Amounts not Recovered
Any amounts not insured or not recovered from the insurers shall be borne by the Employer or the Contractor in accordance with their responsibilities under Clause 20.

21.4 Exclusions
There shall be no obligation for the insurances in Sub-Clause 21.1 to include loss or damage caused by:
(a) war, hostilities (whether war be declared or not), invasion, act of foreign enemies,
(b) rebellion, revolution, insurrection, or military or usurped power, or civil war,
(c) ionising radiations, or contamination by radio-activity from any nuclear fuel, or from any nuclear waste from the combustion of nuclear fuel, radio-active toxic explosive or other hazardous properties of any explosive nuclear assembly or nuclear component thereof, or
(d) pressure waves caused by aircraft or other aerial devices travelling at sonic or supersonic speeds.

22.1 Damage to Persons and Property
The Contractor shall, except if and so far as the Contract provides otherwise, indemnify the Employer against all losses and claims in respect of:
(a) death of or injury to any person, or
(b) loss of or damage to any property (other than the Works),
which may arise out of or in consequence of the execution and completion of the Works and the remedying of any defects therein, and against all claims, proceedings, damages, costs, charges and expenses whatsoever in respect thereof or in relation thereto, subject to the exceptions defined in Sub-Clause 22.2.[26]

22.2 Exceptions
The "exceptions" referred to in Sub-Clause 22.1 are:
(a) the permanent use or occupation of land by the Works, or any part thereof,
(b) the right of the Employer to execute the Works, or any part thereof, on, over, under, in or through any land,
(c) damage to property which is the unavoidable result of the execution an completion of the Works, or the remedying of any defects therein, in accordance with the Contract, and
(d) death of or injury to persons or loss of or damage to property resulting from any act or neglect of the Employer, his agents, servants or other contractors, not being imployed

2.1 FIDIC: Works of Civil Engineering Construction (Ingenieurbauarbeiten) III.2.1

by the Contractor, or in respect of any claims, proceedings, damages, costs, charges and expenses in respect thereof or in relation thereto or, where the injury or damage was contributet to by the Contractor, his servants or agents, such part of the said injury or damage as may be just and equitable having regard to the extent of the responsibility of the Employer, his servants or agents or other contractors for the injury or damage.

22.3 Indemnity by Employer
The Employer shall indemnify the Contractor against all claims, proceedings, damages, costs, charges and expenses in respect of the matters referred to in the exceptions defined in Sub-Clause 22.2.[26]

23.1 Third Party Insurance (including Employer's Property)
The Contractor shall, without limiting[28] his or the Employer's obligations and responsibilities under Clause 22, insure[27], in the joint names of the Contractor and the Employer, against liabilities, for death of or injury to any person (other than as provided in Clause 24) or loss of or damage to any property (other than the Works) arising out of the performance of the Contract, other than the exceptions defined in paragraphs (a), (b) and (c) of Sub-Clause 22.2.

23.2 Minimum Amount of Insurance
Such insurance shall be for at least the amount stated in the Appendix to Tender.

23.3 Cross Liabilities
The insurance policy shall include a cross liability clause such that the insurance shall apply to the Contractor and to the Employer as separate insured.

24.1 Accident or Injury to Workmen
The Employer shall not be liable for or in respect of any damages or compensation payable to any workman or other person in the employment of the Contractor or any Subcontractor, other than death or injury resulting from any act or default of the Employer, his agents or servants. The Contractor shall indemnify and keep indemnified the Employer against all such damages and compensation, other than those for which the Employer is liable as aforesaid, and against all claims, proceedings, damages, costs, charges, and expenses whatsoever in respect thereof or in relation thereto.

24.2 Insurance Against Accident to Workmen
The Contractor shall insure[27] against such liability and shall continue such insurance during the whole of the time that any persons are employed by him on the Works. Provided that, in respect of any persons employed by any Subcontractor, the Contractor's obligations to insure as aforesaid under this Sub-Clause shall be satisfied if the Subcontractor shall have insured against the liability in respect of such persons in such manner that the Employer is indemnified under the policy, but the Contractor shall require such Subcontractor to produce to the Employer, when required, such policy of insurance and the receipt for the payment of the current premium.

25.1 Evidence and Terms of Insurances
The Contractor shall provide evidence to the Employer prior to the start of work at the Site that the insurances required under the Contract have been effected and shall, within 84 days of the Commencement Date, provide the insurance policies to the Employer. When providing such evidence and such policies to the Employer, the Contractor shall notify the Engineer of so doing. Such insurance policies shall be consistent with the general terms agreed prior to the issue of the Letter of Acceptance. The Contractor shall effect all insurances for which he is responsible with insurers and in terms approved by the Employer.[29]

25.2 Adequacy of Insurances
The Contractor shall notify the insurers of changes in the nature, extent or programme for

the execution of the Works and ensure the adequacy of the insurances at all times in accordance with the terms of the Contract and shall, when required, produce to the Employer the insurance policies in force and the receipts for payment of the current premiums.

25.3 Remedy on Contractor's Failure to Insure
If the Contractor fails to effect and keep in force any of the insurances required under the Contract, or fails to provide the policies to the Employer within the period required by Sub-Clause 25.1, then and in any such case the Employer may effect and keep in force any such insurances and pay any premium as may be necessary for that purpose and from time to time deduct the amount so paid from any monies due or to become due to the Contractor, or recover the same as a debt due from the Contractor.

25.4 Compliance with Policy Conditions
In the event that the Contractor or the Employer fails to comply with conditions imposed by the insurance policies effected pursuant to the Contract, each shall indemnify the other against all losses and claims arising from such failure.

26.1 Compliance with Statutes, Regulations
The Contractor shall conform in all respects, including by the giving of all notices and the paying of all fees, with the provisions of:
(a) any National or State Statute, Ordinance, or other Law, or any regulation, or bye-law of any local or other duly constituted authority in relation to the execution and completion of the Works and the remedying of any defects therein, and
(b) the rules and regulations of all public bodies and companies whose property or rights are affected or may be affected in any way by the Works,
and the Contractor shall keep the Employer indemnified against all penalties and liability of every kind for breach of any such provisions. Provided always that the Employer shall be responsible for obtaining any planning, zoning or other similar permission required for the Works to proceed and shall indemnify the Contractor in accordance with Sub-Clause 22.3.

27.1 Fossils
All fossils, coins, articles of value or antiquity and structures and other remains or things of geological or archaeological interest discovered on the Site shall, as between the Employer and the Contractor, be deemed to be the absolute property of the Employer. The Contractor shall take reasonable precautions to prevent his workman or any other persons from removing or damaging any such article or thing and shall, immediately upon discovery thereof and before removal, acquaint the Engineer of such discovery and carry out the Engineer's instructions for dealing with the same. If, by reason of such instructions, the Contractor suffers delay and/or incurs costs then the Engineer shall, after due consultation with the Employer and the Contractor, determine:
(a) any extension of time to which the Contractor is entitled under Clause 44, and
(b) the amount of such costs, which shall be added to the Contract Price,
and shall notify the Contractor accordingly, with a copy to the Employer.

28.1 Patent Rights
The Contractor shall save harmless and indemnify the Employer from and against all claims and proceedings for or on account of infringement of any patent rights, design trademark or name or other protected rights in respect of any Contractor's Equipment, materials or Plant used for or in connection with or for incorporation in the Works and from and against all damages, costs, charges and expenses whatsoever in respect thereof or in relation thereto, except where such infringement results from compliance with the design of Specification provided by the Engineer.[30, 31]

28.2 Royalties
Except where otherwise stated, the Contractor shall pay all tonnage and other royalties,

rent and other payments or compensaton, if any, for getting stone, sand, gravel, clay or other materials required for the Works.

29.1 Interference with Traffic and Adjoining Properties
All operations necessary for the execution and completion of the Works and the remedying of any defects therein shall, so far as compliance with the requirements of the Contract permits, be carried on so as not to interfere unnecessarily or improperly with:
(a) the convenience of the public, or
(b) the access to, use and occupation of public or private roads and footpaths to or of properties whether in the possession of the Employer or of any other person.

The Contractor shall save harmless and indemnify the Employer in respect of all claims, proceedings, damages, costs, charges and expenses whatsoever arising out of, or in relation to, any such matters insofar as the Contractor is responsible therefor.

30.1 Avoidance of Damage to Roads
The Contractor shall use every reasonable means to prevent any of the roads or bridges communicating with or on the routes to the Site from being damaged or injured by any traffic of the Contractor or any of his Subcontractors and, in particular, shall select routes, choose and use vehicles and restrict and distribute loads so that any such extraordinary traffic as will inevitably arise from the moving of materials, Plant, Contractor's Equipment or Temporary Works from and to the Site shall be limited, as far as reasonably possible, and so that no unnecessary damage or injury may be occasioned to such roads and bridges.

30.2 Transport[32] of Contractor's Equipment or Temporary Works
Save insofar as the Contract otherwise provides, the Contractor shall be responsible for and shall pay the cost of strengthening any bridges or altering or improving any road communicating with or on the routes to the Site to facilitate the movement of Contractor's Equipment or Temporary Works and the Contractor shall indemnify and keep indemnified the Employer against all claims for damage to any such road or bridge caused by such movement, including such claims as may be made directly against the Employer, and shall negotiate and pay all claims arising solely out of such damage.

30.3 Transport of Materials or Plant
If, notwithstanding Sub-Clause 30.1, any damage occurs to any bridge or road communicating with or on the routes to the Site arising from the transport of materials or Plant, the Contractor shall notify the Engineer with a copy to the Employer, as soon as he becomes aware of such damage or as soon as he receives any claim from the authority entitled to make such claim. Where under any law or regulation the haulier of such materials or Plant is required to indemnify the road authority against damage the Employer shall not be liable for any costs, charges or expenses in respect thereof or in relation thereto. In other cases the Employer shall negotiate the settlement of and pay all sums due in respect of such claim and shall indemnify the Contractor in respect thereof and in respect of all claims, proceedings, damages, costs, charges and expenses in relation thereto. Provided that if and so far as any such claim or part thereof is, in the opinion of the Engineer, due to any failure on the part of the Contractor to observe and perform his obligations under Sub-Clause 30.1, then the amount, determined by the Engineer, after due consultation with the Employer and the Contractor, to be due to such failure shall be recoverable from the Contractor by the Employer and may be deducted by the Employer from any monies due or to become due to the Contractor and the Engineer shall notify the Contractor accordingly, with a copy to the Employer. Provided also that the Employer shall notify the Contractor whenever a settlement is to be negotiated and, where any amount may be due from the Contractor, the Employer shall consult with the Contractor before such settlement is agreed.

30.4. Waterborne Traffic

Where the nature of the Works is such as to require the use by the Contractor of waterborne transport the foregoing provisions of this Clause shall be construed as though "road" included a lock, dock, sea wall or other structure related to a waterway and "vehicle" included craft, and shall have effect accordingly.

31.1 Opportunities for Other Contractors

The Contractor shall, in accordance with the requirements of the Engineer, afford all reasonable opportunities for carrying out their work to:
(a) any other contractors employed by the Employer and their workmen,
(b) the workmen of the Employer, and
(c) the workmen of any duly constituted authorities who may be employed in the execution on or near the Site of any work not included in the contract or of any contract which the Employer may enter into in connection with or ancillary to the Works.

31.2 Facilities for Other Contractors

If, however, pursuant to Sub-Clause 31.1 the Contractor shall, on the written request of the Engineer:
(a) make available to any such other contractor, or to the Employer or any such authority, any roads or ways for the maintenance of which the Contractor is responsible,
(b) permit the use, by any such, of Temporary Works or Contractor's Equipment on the Site, or
(c) provide any other service of whatsoever nature for any such,
the Engineer shall determine an addition to the Contract Price in accordance with Clause 52 and shall notify the Contractor accordingly, with a copy to the Employer.

32.1 Contractor to Keep Site Clear

During the execution of the Works the Contractor shall keep the Site reasonably free from all unnecessary obstruction and shall store or dispose of any Contractor's Equipment and surplus materials and clear away and remove from the Site any wreckage, rubbish or Temporary Works no longer required.

33.1 Clearance of Site on Completion

Upon the issue of any Taking-Over Certificate the Contractor shall clear away and remove from that part of the Site to which such Taking-Over Certificate relates all Contractor's Equipment, surplus material, rubbish and Temporary Works of every kind, and leave such part of the Site and Works clean and in a workmanlike condition to the satisfaction of the Engineer. Provided that the Contractor shall be entitled to retain on Site, until the end of the Defects Liability Period, such materials, Contractor's Equipment and Temporary Works as are required by him for the purpose of fulfilling his obligations during the Defects Liability Period.

Labour

34.1 Engagement of Staff and Labour

The Contractor shall, unless otherwise provided in the Contract, make his own arrangements for the engagement of all staff and labour, local or other, and for their payment, housing, feeding and transport.

35.1 Returns of Labour and Contractor's Equipment

The Contractor shall, if required by the Engineer, deliver to the Engineer a return in detail, in such form and at such intervals as the Engineer may prescribe, showing the staff and the numbers of the several classes of labour from time to time employed by the Contractor on the Site and such information respecting Contractor's Equipment as the Engineer may require.

2.1 FIDIC: Works of Civil Engineering Construction (Ingenieurbauarbeiten) III.2.1

Materials, Plant and Workmanship

36.1 Quality of Materials, Plant and Workmanship
All materials, Plant and workmanship shall be:
(a) of the respective kinds described in the Contract and in accordance with the Engineer's instructions, and
(b) subjected from time to time to such tests as the Engineer may require at the place of manufacture, fabrication or preparation, or on the Site or at such other place or places as may be specified in the Contract, or at all or any of such places.
The Contractor shall provide such assistance, labour, electricity, fuels, stores, apparatus and instruments as are normally required for examining, measuring and testing any materials or Plant and shall supply samples of materials, before incorporation in the Works, for testing as may be selected and required by the Engineer.[33]

36.2 Cost of Samples
All samples shall be supplied by the Contractor at his own cost if the supply thereof is clearly intended by or provided for in the Contract.

36.3 Cost of Tests
The cost of making any test shall be borne by the Contractor if such test is:
(a) clearly intended by or provided for in the Contract, or
(b) particularised in the Contract (in cases only of a test under load or of a test to ascertain whether the design of any finished or partially finished work is appropriate for the purposes which it was intended to fulfil) in sufficient detail to enable the Contractor to price or allow for the same in his Tender.

36.4 Cost of Tests not Provided for
If any test required by the Engineer which is:
(a) not so intended by or provided for,
(b) (in the cases above mentioned) not so particularised, or
(c) (though so intended or provided for) required by the Engineer to be carried out at any place other than the Site or the place of manufacture, fabrication or preparation of the materials or Plant tested,
shows the materials, Plant or workmanship not to be in accordance with the provisions of the Contract to the satisfaction of the Engineer, then the cost of such test shall be borne by the Contractor, but in any other case Sub-Clause 36.5 shall apply.

36.5 Engineer's Determination where Tests not Provided for
Where, pursuant to Sub-Clause 36.4, this Sub-Clause applies the Engineer shall, after due consultation with the Employer and the Contractor, determine:
(a) any extension of time to which the Contractor is entitled under Clause 44, and
(b) the amount of such costs, which shall be added to the Contract Price,
and shall notify the Contractor accordingly, with a copy to the Employer.

37.1 Inspection of Operations
The Engineer, and any person authorised by him, shall at all reasonable times have access to the Site and to all workshops and places where materials or Plant are being manufactured, fabricated or prepared for the Works and the Contractor shall afford every facility for and every assistance in obtaining the right to such access.

37.2 Inspection and Testing
The Engineer shall be entitled, during manufacture, fabrication or preparation to inspect and test the materials and Plant to be supplied under the Contract. If materials or Plant are being manufactured, fabricated or prepared in workshops or places other than those of the Contractor, the Contractor shall obtain permission for the Engineer to carry out such inspection and testing in those workshops or places.[34] Such inspection or testing shall not release the Contractor from any obligation under the Contract.[33]

37.3 Dates for Inspection and Testing

The Contractor shall agree with the Engineer on the time and place for the inspection or testing of any materials or Plant as provided in the Contract. The Engineer shall give the Contractor not less than 24 hours notice of his intention to carry out the inspection or to attend the tests. If the Engineer, or his duly authorised representative, does not attend on the date agreed, the Contractor may, unless otherwise instructed by the Engineer, proceed with the tests, which shall be deemed to have been made in the presence of the Engineer. The Contractor shall forthwith forward to the Engineer duly certified copies of the test readings. If the Engineer has not attended the tests, he shall accept the said readings as accurate.[35]

37.4 Rejection

If, at the time and place agreed in accordance with Sub-Clause 37.3, the materials or Plant are not ready for inspection or testing or if, as a result of the inspection or testing referred to in this Clause, the Engineer determines that the materials or Plant are defective or otherwise not in accordance with the Contract, he may reject the materials or Plant and shall notify the Contractor thereof immediately. The notice shall state the Engineer's objections with reasons. The Contractor shall then promptly make good the defect or ensure that rejected materials or Plant comply with the Contract. If the Engineer so requests, the tests of rejected materials or Plant shall be made or repeated under the same terms and conditions. All costs incurred by the Employer by the repetition of the tests shall, after due consultation with the Employer and the Contractor, be determined by the Engineer and shall be recoverable from the Contractor by the Employer and may be deducted from any monies due or to become due to the Contractor and the Engineer shall notify the Contractor accordingly, with a copy to the Employer.

37.5 Independent Inspection

The Engineer may delegate inspection and testing of materials or Plant to an independent inspector. Any such delegation shall be effected in accordance with Sub-Clause 2.4 and for this purpose such independent inspector shall be considered as an assistant of the Engineer. Notice of such appointment (not being less than 14 days) shall be given by the Engineer to the Contractor.

38.1 Examination of Work before Covering up

No part of the Works shall be covered up or put out of view without the approval of the Engineer and the Contractor shall afford full opportunity for the Engineer to examine and measure any such part of the Works which is about to be covered up or put out of view and to examine foundations before any part of the Works is placed thereon. The Contractor shall give notice to the Engineer whenever any such part of the Works or foundations is or are ready or about to be ready for examination and the Engineer shall, without unreasonable delay, unless he considers it unnecessary and advises the Contractor accordingly, attend for the purpose of examining and measuring such part of the Works or of examining such foundations.[36]

38.2 Uncovering and Making Openings

The Contractor shall uncover any part of the Works or make openings in or through the same as the Engineer may from time to time instruct and shall reinstate and make good such part. If any such part has been covered up or put out of view after compliance with the requirement of Sub-Clause 38.1 and is found to be executed in accordance with the Contract, the Engineer shall, after due consultation with the Employer and the Contractor, determine the amount of the Contractor's costs in respect of such of uncovering, making openings in or through, reinstating and making good the same, which shall be added to the Contract Price, and shall notify the Contractor accordingly, with a copy to the Employer. In any other case all costs shall be borne by the Contractor.

39.1 Removal of Improper Work, Materials or Plant
The Engineer shall have authority to issue instructions from time to time, for:
(a) the removal from the Site, within such time or times as may be specified in the instruction, of any materials or Plant which, in the opinion of the Engineer, are not in accordance with the Contract,
(b) the substitution of proper and suitable materials or Plant, and
(c) the removal and proper re-execution, notwithstanding any previous test thereof or interim payment therefor, of any work which, in respect of
   (i) materials, Plant or workmanship, or
   (ii) design by the Contractor or for which he is responsible,
is not, in the opinion of the Engineer, in accordance with the Contract.[37]

39.2 Default of Contractor in Compliance
In case of default on the part of the Contractor in carrying out such instruction within the time specified therein or, if none, within a reasonable time, the Employer shall be entitled to employ and pay other persons to carry out the same and all costs consequent thereon or incidental thereto shall, after due consultation with the Employer and the Contractor, be determined by the Engineer and shall be recoverable from the Contractor by the Employer, and may be deducted by the Employer from any monies due or to become due to the Contractor and the Engineer shall notify the Contractor accordingly, with a copy to the Employer.

Suspension

40.1 Suspension of Work
The Contractor shall, on the instructions of the Engineer, suspend the progress of the Works or any part thereof for such time and in such manner as the Engineer may consider necessary[38] and shall, during such suspension, properly protect and secure the Works or such part thereof so far as is necessary in the opinion of the Engineer. Unless such suspension is:
(a) otherwise provided for in the Contract,
(b) necessary by reason of some default of or breach of contract by the Contractor or for which he is responsible,
(c) necessary by reason of climatic conditions on the Site, or
(d) necessary for the proper execution of the Works or for the safety of the Works or any part thereof (save to the extent that such necessity arises from any act or default by the Engineer or the Employer or from any of the risks defined in Sub-Clause 20.4),
Sub-Clause 40.2 shall apply.

40.2 Engineer's Determination following Suspension
Where, pursuant to Sub-Clause 40.1, this Sub-Clause applies the Engineer shall, after due consultation with the Employer and the Contractor, determine:
(a) any extension of time to which the contractor is entitled under Clause 44, and
(b) the amount, which shall be added to the Contract Price, in respect of the cost incurred by the Contractor by reason of such suspension,
and shall notify the Contractor accordingly, with a copy to the Employer.

40.3 Suspension lasting more than 84 Days
If the progress of the Works or any part thereof is suspended on the instructions of the Engineer and if permission to resume work is not given by the Engineer within a period of 84 days from the date of suspension then, unless such suspension is within paragraph (a), (b), (c) or (d) of Sub-Clause 40.1, the Contractor may give notice to the Engineer requiring permission, within 28 days from the receipt thereof, to proceed with the Works or that part thereof in regard to which progress is suspended. If, within the said time, such permission is not granted, the Contractor may, but is not bound to, elect to treat the

suspension, where it affects part only of the Works, as an omission of such part under Clause 51 by giving a further notice to the Engineer to that effect, or, where it affects the whole of the Works, treat the suspension as an event of default by the Employer and terminate[39] his employment under the Contract in accordance with the provisions of sub-Clause 69.1, whereupon the provisions of Sub-Clauses 69.2 and 69.3 shall apply.

Commencement and Delays

41.1 Commencement[40] of Works
The Contractor shall commence the Works as soon as is reasonably possible after the receipt by him of a notice to this effect from the Engineer, which notice shall be issued within the time stated in the Appendix to Tender[41] after the date of the Letter of Acceptance. Thereafter, the Contractor shall proceed with the Works with due expedition and without delay.

42.1 Possession of Site and Access Thereto[24]
Save insofar as the Contract may prescribe:
(a) the extent of portions of the Site of which the Contractor is to be given possession from time to time,
 b) the order in which such portions shall be made available to the Contractor,
and, subject to any requirement in the Contract as to the order in which the Works shall be executed, the Employer will, with the Engineer's notice to commence the Works, give to the Contractor possession of
(c) so much of the Site, and
(d) such access as, in accordance with the Contract, is to be provided by the Employer as may be required to enable the Contractor to commence and proceed with the execution of the Works in accordance with the programme referred to in Clause 14, if any, and otherwise in accordance with such reasonable proposals as the Contractor shall, by notice to the Engineer with a copy to the Employer, make. The Employer will, from time to time as the Works proceed, give to the Contractor possession of such further portions of the Site as may be required to enable the Contractor to proceed with the execution of the Works with due dispatch in accordance with such programme or proposals, as the case may be.

42.2 Failure to Give Possession
If the Contractor suffers delay and/or incurs costs from failure on the part of the Employer to give possession in accordance with the terms of Sub-Clause 42.1, the Engineer shall, after due consultation with the Employer and the Contractor, determine:
(a) any extension of time to which the Contractor is entitled under Clause 44, and
(b) the amount of such costs, which shall be added to the Contract Price,
and shall notify the Contractor accordingly, with a copy to the Employer.

42.3 Rights of Way and Facilities
The Contractor shall bear all costs and charges for special or temporary rights of way required by him in connection with access to the Site. The Contractor shall also provide at his own cost any additional facilities outside the Site required by him for the purposes of the Works.

43.1 Time for Completion
The whole of the Works and, if applicable, any Section required to be completed within a particular time as stated in the Appendix to Tender[41], shall be completed in accordance with the provisions of Clause 48, within the time stated in the Appendix to Tender for the whole of the Works or the Section (as the case may be), calculated from the Commencement Date, or such extended time as may be allowed under Clause 44.[41]

44.1 Extension of Time for Completion[42]
In the event of:
(a) the amount or nature of extra or additional work,
(b) any cause of delay referred to in these Conditions,
(c) exceptionally adverse climatic conditions,
(d) any delay, impediment or prevention by the Employer, or
(e) other special circumstances which may occur, other than through a default of or breach of contract by the Contractor or for which he is responsible,

being such as fairly to entitle the Contractor to an extension of the Time for Completion of the Works, or any Section or part thereof, the Engineer shall, after due consultation with the Employer and the Contractor, determine the amount of such extension and shall notify the Contractor accordingly, with a copy to the Employer.

44.2 Contractor to Provide Notification and Detailed Particulars
Provided that the Engineer ist not bound to make any determination unless the Contractor has
(a) within 28 days after such event has first arisen notified the Engineer with a copy to the Employer, and
(b) within 28 days, or such other reasonable time as may be agreed by the Engineer, after such notification submitted to the Engineer detailed particulars of any extension of time to which he may consider himself entitled in order that such submission may be investigated at the time.

44.3 Interim Determination of Extension
Provided also that where an event has a continuing effect such that it is not practicabel for the Contractor to submit detailed particulars within the period of 28 days referred to in Sub-Clause 44.2 (b), he shall nevertheless be entitled to an extention of time provided that he has submitted to the Engineer interim particulars at intervals of not more than 28 days and final particulars within 28 days of the end of the effects resulting from the event. On receipt of such interim particulars, the Engineer shall, without undue delay, make an interim determination of extension of time and, on receipt of the final particulars, the Engineer shall review all the circumstances and shall determine an overall extension of time in regard to the event. In both such cases the Engineer shall make his determination after due consultation with the Employer and the Contractor and shall notify the Contractor of the determination, with a copy to the Employer. No final review shall result in a decrease of any extension of time already determined by the Engineer.

45.1 Restriction on Working Hours
Subject to any provision to the contrary contained in the Contract, none of the Works shall, save as hereinafter provided, be carried on during the night or on locally recognised days of rest without the consent of the Engineer, except when work is unavoidable or absolutely necessary for the saving of life or property or for the safety of the Works, in which case the Contractor shall immediately advise the Engineer. Provided that the provisions of this Clause shall not be applicable in the case of any work which it is customary to carry out by multiple shifts.

46.1 Rate of Progress
If for any reason, which does not entitle the Contractor to an extension of time, the rate of progress of the Works or any Section is at any time, in the opinion of the Engineer, too slow to comply with the Time for Completion, the Engineer shall so notify the Contractor who shall thereupon take such steps as are necessary, subject to the consent of the Engineer, to expedite progress so as to comply with the Time for Completion. The Contractor shall not be entitled to any additional payment for taking such steps. If, as a result of any notice given by the Engineer under this Clause, the Contractor considers that it is necessary to do any work at night or on locally recognised days of rest, he shall be entitled

to seek the consent of the Engineer so to do. Provided that if any steps, taken by the Contractor in meeting his obligations under this Clause, involve the Employer in additional supervision costs, such costs shall, after due consultation with the Employer and the Contractor, be determined by the Engineer and shall be recoverable from the contractor by the Employer, and may be deducted by the Employer from any monies due or to become due to the Contractor and the Engineer shall notify the Contractor accordingly, with a copy to the Employer.

47.1 Liquidated Damages for Delay[43]
If the Contractor fails to comply with the Time for Completion in accordance with Clause 48, for the whole of the Works or, if applicable, any Section within the relevant time prescribed by Clause 43, then the Contractor shall pay to the Employer the relevant sum stated in the Appendix to Tender as liquidated damages for such default and not as a penalty (which sum shall be the only monies due from the Contractor for such default) for every day or part of a day which shall elapse between the relevant Time for Completion and the date stated in a Taking-Over Certificate of the whole of the Works or the relevant Section, subject to the applicable limit stated in the Appendix to Tender. The Employer may, without prejudice to any other method of recovery, deduct the amount of such damages from any monies due or to become due to the Contractor. The payment or deduction of such damages shall not relieve the Contractor from his obligation to complete the Works, or from any other of his obligations and liabilities under the Contract.

47.2 Reduction of Liquidated Damages
If, before the Time for Completion of the whole of the Works or, if applicable, any Section, a Taking-over Certificate has been issued for any part of the Works or of a Section, the liquidated damages for delay in completion of the remainder of the Works or of that Section shall, for any period of delay after the date stated in such Taking-Over Certificate, and in the absence of alternative provisions in the Contract, be reduced in the proportion which the value of the part so certified bears to the value of the whole of the Works or Section, as applicable. The provisions of this Sub-Clause shall only apply to the rate of liquidated damages and shall not affect the limit thereof.

48.1 Taking-Over Certificate[44, 45]
When the whole of the Works have been substantially completed and have satisfactorily passed any Tests on Completion prescribed by the Contract, the Contractor may give a notice to that effect to the Engineer, with a copy to the Employer, accompanied by a written undertaking to finish with due expedition any outstanding work during the Defects Liability Period. Such notice and undertaking shall be deemed to be a request by the Contractor for the Engineer to issue a Taking-Over Certificate in respect of the Works. The Engineer shall, within 21 days of the date of delivery of such notice, either issue to the Contractor, with a copy to the Employer, a Taking-Over Certificate[46], stating the date on which, in his opinion, the Works were substantially completed in accordance with the Contract, or give instructions in writing to the Contractor specifying all the work which, in the Engineer's opinion, is required to be done by the Contractor before the issue of such Certificate.[47] The Engineer shall also notify the Contractor of any defects in the Works affecting substantial completion that may appear after such instructions and before completion of the Works specified therein. The Contractor shall be entitled to receive such Taking-Over Certificate within 21 days of completion, to the satisfaction of the Engineer, of the Works so specified and remedying any defects so notified.

48.2 Taking Over of Sections or Parts[48]
Similarly, in accordance with the procedure set out in Sub-Clause 48.1, the Contractor may request and the Engineer shall issue a Taking-Over Certificate in respect of:
(a) any Section in respect of which a separate time for Completion is provided in the Appendix to Tender,

2.1 FIDIC: Works of Civil Engineering Construction (Ingenieurbauarbeiten)

(b) any substantial part of the Permanent Works which has been both completed to the satisfaction of the Engineer and, otherwise than as provided for in the Contract, occupied or used by the Employer, or

(c) any part of the permanent Works which the Employer has elected to occupy or use prior to completion (where such prior occupation or use is not provided for in the Contract or has not been agreed by the Contractor as a temporary measure).

48.3 Substantial Completion of Parts

If any part of the Permanent Works has been substantially completed and has satisfactorily passed any Tests on Completion prescribed by the Contract, the Engineer may issue a Taking-Over Certifikate in respect of that part of the Permanent Works before completion of the whole of the Works and, upon the issue of such Certifikate, the Contractor shall be deemed to have undertaken to complete with due expedition any outstanding work in that part of the Permanent Works during the Defects Liability Period.

48.4 Surfaces Requiring Reinstatement

Provided that a Taking-Over Certificate given in respect of any Section or part of the Permanent Works before completion of the whole of the Works shall not be deemed to certify completion of any ground or surfaces requiring reinstatement, unless such Taking-Over Certificate shall expressly so state.

Defects Liability[49]

49.1 Defects Liability Period[50]

In these Conditions the expression "Defects Liability Period" shall mean the defects liability period named in the Appendix to Tender, calculated from:

(a) the date of completion of the Works certified by the Engineer in accordance with Clause 48, or

(b) in the event of more than one certificate having been issued by the Engineer under clause 48, the respective dates so certified,

and in relation to the Defect Liability Period the expression "the Works" shall be construed accordingly.

49.2 Completion of Outstanding Work and Remedying Defects

To the intent that the Works shall, at or as soon as practicable after the expiration of the Defects Liability Period, be delivered to the Employer in the condition required by the Contract, fair wear and tear excepted, to the satisfaction of the Engineer, the Contractor shall:

(a) complete the work, if any, outstanding on the date stated in the Taking-Over Certificate as soon as practicable after such date, and

(b) execute all such work of amendment, reconstruction, and remedying defects, shrinkages or other faults as the Engineer may, during the Defects Liability Period or within 14 days after its expiration, as a result of an inspection made by or on behalf of the Engineer prior to its expiration, instruct the Contractor to execute.[51,52]

49.3 Cost of Remedying Defects

All work referred to in Sub-Clause 49.2 (b) shall be executed by the Contractor at his own cost if the necessity thereof is, in the opinion of the Engineer, due to:

(a) the use of materials, Plant or workmanship not in accordance with the Contract,

(b) where the Contractor is responsible for the design of part of the Permanent Works, any fault in such design, or

(c) the neglect or failure on the part of the Contractor to comply with any obligation, expressed or implied, on the Contractor's part under the Contract.

If, in the opinion of the Engineer, such necessity is due to any other cause, he shall determine an addition to the Contract Price in accordance with Clause 52 and shall notify the Contractor accordingly, with a copy to the Employer.[51]

49.4 Contractor's Failure to Carry Out Instructions
In case of default on the part of the Contractor in carrying out such instruction within a reasonable time, the Employer shall be entitled to employ and pay other persons to carry out the same and if such work ist work which, in the opinion of the Engineer, the Contractor was liable to do at his own cost under the Contract, then all costs consequent thereon or incidental thereto shall, after due consultation with the Employer and the Contractor, be determined by the Engineer and shall be recoverable from the Contractor by the Employer, and may be deducted by the Employer from any monies due or to become due to the Contractor and the Engineer shall notify the Contractor accordingly, with a copy to the Employer.[53]

50.1 Contractor to Search
If any defect, shrinkage or other fault in the Works appears at any time prior to the end of the Defects Liability Period, the Engineer may instruct the Contractor, with copy to the Employer, to search under the directions of the Engineer for the cause thereof. Unless such defect, shrinkage or other fault is one for which the Contractor is liable under the Contract, the Engineer shall, after due consultation with the Employer and the Contractor, determine the amount in respect of the costs of such search incurred by the Contractor, which shall be added to the Contract Price and shall notify the Contractor accordingly, with a copy to the Employer. If such defect, shrinkage or other fault is one for which the Contractor is liable, the cost of the work carried out in searching as aforesaid shall be borne by the Contractor and he shall in such case remedy such defect, shrinkage or other fault at his own cost in accordance with the provisions of Clause 49.

Alterations, Additions and Omissions[54]

51.1 Variations
The Engineer shall make any variation of the form, quality or quantity of the Works or any part thereof that may, in his opinion, be necessary and for that purpose, or if for any other reason it shall, in his opinion, be appropriate, he shall have the authority to instruct the Contractor to do and the Contractor shall do any of the following:
(a) increase or decrease the quantity of any work included in the Contract,
(b) omit any such work (but not if the omitted work is to be carried out by the Employer or by another contractor),
(c) change the character or quality or kind of any such work,
(d) change the levels, lines, position and dimensions of any part of the Works,
(e) execute additional work of any kind necessary for the completion of the Works, or
(f) change any specified sequence or timing of construction of any part of the Works.
No such variation shall in any way vitiate or invalidate the Contract, but the effect, if any, of all such variations shall be valued in accordance with Clause 52. Provided that where the issue of an instruction to vary the Works is necessitated by some default of or breach of contract by the Contractor or for which he is responsible, any additional cost attributable to such default shall be borne by the Contractor.

51.2 Instructions for Variations
The Contractor shall not make any such variation without an instruction of the Engineer. Provided that no instruction shall be required for increase or decrease in the quantity of any work where such increase or decrease is not the result of an instruction given under this Clause, but is the result of the quantities exceeding or being less than those stated in the Bill of Quantities.

52.1 Valuation of Variations
All variations referred to in Clause 51 and any additions to the Contract Price which are required to be determined in accordance with Clause 52 (for the purposes of this Clause referred to as "varied work"), shall be valued at the rates and prices set out in the Contract

2.1 FIDIC: Works of Civil Engineering Construction (Ingenieurbauarbeiten)   III.2.1

if, in the opinion of the Engineer, the same shall be applicable. If the Contract does not contain any rates or prices applicable to the varied work, the rates and prices in the Contract shall be used as the basis for valuation so far as may be reasonable, failing which, after due consultation by the Engineer with the Employer and the Contractor, suitable rates or prices shall be agreed upon between the Engineer and the Contractor. In the event of disagreement the Engineer shall fix such rates or prices as are, in his opinion, appropriate and shall notify the Contractor accordingly, with a copy to the Employer. Until such time as rates or prices are agreed or fixed, the Engineer shall determine provisional rates or prices to enable on-account payments to be included in certificates issued in accordance with Clause 60.

52.2 Power of Engineer to Fix Rates

Provided that if the nature or amount of any varied work relative to the nature or amount of the whole of the Works or to any part thereof, is such that, in the opinion of the Engineer, the rate or price contained in the Contract for any item of the Works is, by reason of such varied work, rendered inappropriate or inapplicable, then, after due consultation by the Engineer with the Employer and the Contractor, a suitable rate or price shall be agreed upon between the Engineer and the Contractor. In the event of disagreement the Engineer shall fix such other rate or price as is, in his opinion, appropriate and shall notify the Contractor accordingly, with a copy to the Employer. Until such time as rates or prices are agreed or fixed, the Engineer shall determine provisional rates or prices to enable on-account payments to be included in certificates issued in accordance with Clause 60.

Provided also that no varied work instructed to be done by the Engineer pursuant to Clause 51 shall be valued under Sub-Clause 52.1 or under this Sub-Clause unless, within 14 days of the date of such instruction and, other than in the case of omitted work, before the commencement of the varied work, notice shall have been given either:

(a) by the Contractor to the Engineer of his intention to claim extra payment or a varied rate or price, or
(b) by the Engineer to the Contractor of his intention to vary a rate or price.

52.3 Variations Exceeding 15 per cent

If, on the issue of the Taking-Over Certificate for the whole of the Works, it is found that as a result of:

(a) all varied work valued under Sub-Clauses 52.1 and 52.2, and
(b) all adjustments upon measurement of the estimated quantities set out in the Bill of Quantities, excluding Provisional Sums, dayworks and adjustments of price made under Clause 70,

but not from any other cause, there have been additions to or deductions from the Contract Price which taken together are in excess of 15 per cent of the "Effective Contract Price" (which for the purposes of this Sub-Clause shall mean the Contract Price, excluding Provisional Sums and allowance for dayworks, if any) then and in such event (subject to any action already taken under any other Sub-Clause of this Clause), after due consultation by the Engineer with the Employer and the Contractor, there shall be added to or deducted from the Contract Price such further sum as may be agreed between the Contractor and the Engineer or, failing agreement, determined by the Engineer having regard to the Contractor's Site and general overhead costs of the Contract. The Engineer shall notify the Contractor of any determination made under this Sub-Clause, with a copy to the Employer. Such sum shall be based only on the amount by which such additions or deductions shall be in excess of 15 per cent of the Effective Contract Price.

52.4 Daywork

The Engineer may, if in his opinion it is necessary or desirable, issue an instruction that any varied work shall be executed on a daywork basis. The Contractor shall then be paid for such varied work under the terms set out in the daywork schedule includes in the Contract and at the rates and prices affixed thereto by him in the Tender.

III.2.1

The Contractor shall furnish to the Engineer such receipts or other vouchers as may be necessary to prove the amounts paid and, before ordering materials, shall submit to the Engineer quotations for the same for his approval.

In respect of such of the Works executed on a daywork basis, the Contractor shall, during the continuance of such work, deliver each day to the Engineer an exact list in duplicate of the names, occupation and time of all workmen employed on such work and a statement, also in duplicate, showing the description and quantity of all materials and Contractor's Equipment used thereon or therefor other than Contractor's Equipment which is included in the percentage addition in accordance with such daywork schedule. One copy of each list and statement will, if correct, or when agreed, be signed by the Engineer and returned to the Contractor.

At the end of each month the Contractor shall deliver to the Engineer a priced statement of the labour, materials and Contractor's Equipment, except as aforesaid, used and the Contractor shall not be entitled to any payment unless such lists and statements have been fully and punctually rendered. Provided always that if the Engineer considers that for any reason the sending of such lists or statements by the Contractor, in accordance with the foregoing provision, was impracticable he shall nevertheless be entitled to authorise payment for such work, either as daywork, on being satisfied as to the time employed and the labour, materials and Contractor's Equipment used on such work, or at such value therefor as shall, in his opinion, be fair and reasonable.

Procedure for Claims

53.1 Notice of Claims

Notwithstanding any other provision of the Contract, if the Contractor intends to claim any additional payment pursuant to any Clause of these Conditions or otherwise, he shall give notice of his intention to the Engineer, with a copy to the Employer, within 28 days after the event giving rise to the claim has first arisen.

53.2 Contemporary Records

Upon the happening of the event referred to in Sub-Clause 53.1, the Contractor shall keep such contemporary records as may reasonably be necessary to support any claim he may subsequently wish to make. Without necessarily admitting the Employer's liability, the Engineer shall, on receipt of a notice under Sub-Clause 53.1, inspect such contemporary records and may instruct the Contractor to keep any further contemporary records as are reasonable and may be material to the claim of which notice has been given. The Contractor shall permit the Engineer to inspect all records kept pursuant to this Sub-Clause and shall supply him with copies thereof as and when the Engineer so instructs.

53.3 Substantiation of Claims

Within 28 days, or such other reasonable time as may be agreed by the Engineer, of giving notice under Sub-Clause 53.1, the Contractor shall send to the Engineer an account giving detailed particulars of the amount claimed and the grounds upon which the claim is based. Where the event giving rise to the claim has a continuing effect, such account shall be considered to be an interim account and the Contractor shall, at such intervals as the Engineer may reasonably require, send further interim accounts giving the accumulated amount of the claim and any further grounds upon which it is based. In cases where interim accounts are sent to the Engineer, the Contractor shall send a final account within 28 days of the end of the effects resulting from the event. The Contractor shall, if required by the Engineer so to do, copy to the Employer all accounts sent to the Engineer pursuant to this Sub-Clause.

53.4 Failure to Comply

If the Contractor fails to comply with any of the provisions of this Clause in respect of any claim which he seeks to make, his entitlement to payment in respect thereof shall not exceed such amount as the Engineer or any arbitrator or arbitrators appointed pursuant to Sub-Clause 67.3 assessing the claim considers to be verified by contemporary records (whether or not such records were brought to the Engineer's notice as required under Sub-Clauses 53.2 and 53.3).

53.5 Payment of Claims
The Contractor shall be entitled to have included in any interim payment certified by the Engineer pursuant to Clause 60 such amount in respect of any claim as the Engineer, after due consultation with the Employer and the Contractor, may consider due to the Contractor provided that the Contractor has supplied sufficient particulars to enable the Engineer to determine the amount due. If such particulars are insufficient to substantiate the whole of the claim, the Contractor shall be entitled to payment in respect of such part of the claim as such particulars may substantiate to the satisfaction of the Engineer. The Engineer shall notify the Contractor of any determination made under this Sub-Clause, with a copy to the Employer.

Contractor's Equipment, Temporary Works and Materials

54.1 Contractor's Equipment, Temporary Works and Materials; Exclusive Use for the Works
All Contractor's Equipment, Temporary Works and materials provided by the Contractor shall, when brought on to the Site, be deemed to be exclusively intended for the execution of the Works and the Contractor shall not remove the same or any part thereof, except for the purpose of moving it from one part of the Site to another, without the consent of the Engineer. Provided that consent shall not be required for vehicles engaged in transporting any staff, labour, Contractor's Equipment, Temporary Works, Plant or materials to or from the Site.

54.2 Employer not Liable for Damage
The Employer shall not at any time be liable, save as mentioned in Clauses 20 and 65, for the loss of or damage to any of the said Contractor's Equipment, Temporary Works or materials.

54.3 Customs Clearance
The Employer will use his best endeavours in assisting the Contractor, where required, in obtaining clearance through the Customs of Contractor's Equipment, materials and other things required for the Works.[55]

54.4 Re-export of Contractor's Equipment
In respect of any Contractor's Equipment which the Contractor has imported for the purposes of the Works, the Employer will use his best endeavours to assist the Contractor, where required, in procuring any necessary Government consent to the re-export of such Contractor's Equipment by the Contractor upon the removal thereof pursuant to the terms of the Contract.

54.5 Conditions of Hire of Contractor's Equipment
With a view to securing, in the event of termination under Clause 63, the continued availability, for the purpose of executing the Works, of any hired Contractor's Equipment, the Contractor shall not bring on to the Site any hired Contractor's Equipment unless there is an agreement for the hire thereof (which agreement shall be deemed not to include an agreement for hire purchase) which contains a provision that the owner thereof will, on request in writing made by the Employer within 7 days after the date on which any termination has become effective, and on the Employer undertaking to pay all hire charges in respect thereof from such date, hire such Contractor's Equipment to the Employer on the same terms in all respects as the same was hired to the Contractor save that the Employer shall be entitled to permit the use thereof by any other contractor employed by

him for the purpose of executing and completing the Works and remedying any defects therein, under the terms of the said Clause 63.

54.6 Costs for the Purpose of Clause 63
In the event of the Employer entering into any agreement for the hire of Contractor's Equipment pursuant to Sub-Clause 54.5, all sums properly paid by the Employer under the provisions of any such agreement and all costs incurred by him (including stamp duties) in entering into such agreement shall be deemed, for the purpose of Clause 63, to be part of the cost of executing and completing the Works and the remedying of any defects therein.

54.7 Incorporation of Clause in Subcontracts
The Contractor shall, where entering into any subcontract for the execution of any part of the Works, incorporate in such subcontract (by reference or otherwise) the provisions of this Clause in relation to Contractor's Equipment, Temporary Works or materials brought on to the Site by the Subcontractor.

54.8 Approval of Materials not Implied
The operation of this Clause shall not be deemed to imply any approval by the Engineer of the materials or other matters referred to therein nor shall it prevent the rejection of any such materials at any time by the Engineer.

Measurement

55.1 Quantities
The quantities set out in the Bill of Quantities are the estimated quantities for the Works, and they are not to be taken as the actual and correct quantities of the Works to be executed by the Contractor in fulfilment of his obligations under the Contract.

56.1 Works to be Measured
The Engineer shall, except as otherwise stated, ascertain and determine by measurement the value of the Works in accordance with the Contract and the Contractor shall be paid that value in accordance with Clause 60. The Engineer shall, when he requires any part of the Works to be measured, give reasonable notice to the Contractor's authorised agent, who shall:
(a) forthwith attend or send a qualified representative to assist the Engineer in making such measurement, and
(b) supply all particulars required by the Engineer.
Should the Contractor not attend, or neglect or omit to send such representative, then the measurement made by the Engineer or approved by him shall be taken to be the correct measurement of such part of the Works. For the purpose of measuring such Permanent Works as are to be measured by records and drawings, the Engineer shall prepare records and drawings as the work proceeds and the Contractor, as and when called upon to do so in writing, shall, within 14 days, attend to examine and agree such records and drawings with the Engineer and shall sign the same when so agreed. If the Contractor does not attend to examine and agree such records and drawings, they shall be taken to be correct. If, after examination of such records and drawings, the Contractor does not agree the same or does not sign the same as agreed, they shall nevertheless be taken to be correct, unless the Contractor, within 14 days of such examination, lodges with the Engineer notice of the respects in which such records and drawings are claimed by him to be incorrect. On receipt of such notice, the Engineer shall review the records and drawings and either confirm or vary them.

57.1 Method of Measurement
The Works shall be measured net, notwithstanding any general or local custom, except where otherwise provided for in the Contract.

2.1 FIDIC: Works of Civil Engineering Construction (Ingenieurbauarbeiten)   III.2.1

57.2 Breakdown of Lump Sum Items
For the purposes of statements submitted in accordance with Sub-Clause 60.1, the Contractor shall submit to the Engineer, within 28 days after the receipt of the Letter of Acceptance, a breakdown for each of the lump sum items contained in the Tender. Such breakdowns shall be subject to the approval of the Engineer.

Provisional Sums

58.1 Defintion of "Provisional Sum"
"Provisional Sum" means a sum included in the Contract and so designated in the Bill of Quantities for the execution of any part of the Works or for the supply of goods, materials, Plant or services, or for contingencies, which sum may be used, in whole or in part, or not at all, on the instructions of the Engineer. The Contractor shall be entitled to only such amounts in respect of the work, supply or contingencies to which such Provisional Sums relate as the Engineer shall determine in accordance with this Clause. The Engineer shall notify the Contractor of any determination made under this Sub-Clause, with a copy to the Employer.

58.2 Use of Provisional Sums
In respect of every Provisional Sum the Engineer shall have authority to issue instructions for the execution of work or for the supply of goods, materials, Plant or services by:
(a) the Contractor, in which case the Contractor shall be entitled to an amount equal to the value thereof determined in accordance with Clause 52, and
(b) a nominated Subcontractor, as hereinafter defined, in which case the sum to be paid to the Contractor therefor shall be determined and paid in accordance with Sub-Clause 59.4.

58.3 Production of Vouchers
The Contractor shall produce to the Engineer all quotations, invoices, vouchers and accounts or receipts in connection with expenditure in respect of Provisional Sums, except where work is valued in accordance with rates or prices set out in the Tender.

Nominated Subcontractors

59.1 Definition of "Nominated Subcontractors"
All specialists, merchants, tradesmen and others executing any work or supplying any goods, materials, Plant or services for which Provisional Sums are included in the Contract, who may have been or be nominated or selected or approved by the Employer or the Engineer, and all persons to whom by virtue of the provisions of the Contract the Contractor is required to subcontract shall, in the execution of such work or the supply of such goods, materials, Plant or services, be deemed to be subcontractors to the Contractor and are referred to in this Contract als "nominated Subcontractors".

59.2 Nominated Subcontractors; Objection to Nomination
The Contractor shall not be required by the Employer or the Engineer, or be deemed to be under any obligation, to employ any nominated Subcontractor against whom the Contractor may raise reasonable objection, or who declines to enter into a subcontract with the Contractor containing provisions:
(a) that in respect of the work, goods, materials, Plant or services the subject of the subcontract, the nominated Subcontractor will undertake towards the Contractor such obligations and liabilities as will enable the Contractor to discharge his own obligations and liabilities towards the Employer under the terms of the Contract and will save harmless and indemnify the Contractor from and against the same and from all claims, proceedings, damages, costs, charges and expenses whatsoever arising out of or in connection therewith, or arising out of or in connection with any failure to perform such obligations or to fulfil such liabilities, and

(b) that the nominated Subcontractor will save harmless and indemnify the Contractor from and against any negligence by the nominated Subcontractor, his agents, workmen and servants and from and against any misuse by him or them of any Temporary Works provided by the Contractor for the purposes of the Contract and from all claims as aforesaid.

59.3 Design Requirements to be Expressly Stated
If in connection with any Provisional Sum the services to be provided include any matter of design or specification of any part of the Permanent Works or of any Plant to be incorporated therein, such requirement shall be expressly stated in the Contract and shall be included in any nominated Subcontract. The nominated Subcontract shall specify that the nominated Subcontractor providing such services will save harmless and indemnify the Contractor from and aginst the same and from all claims, proceedings, damages, costs, charges and expenses whatsoever arising out of or in connection with any failure to perform such obligations or to fulfil such liabilities.

59.4 Payments to Nominated Subcontractors
For all work executed or goods, materials, Plant or services supplied by any nominated Subcontractor, the Contractor shall be entitled to:
(a) the actual price paid or due to be paid by the Contractor, on the instructions of the Engineer, and in accordance with the subcontract;
(b) in respect of labour supplied by the Contractor, the sum, if any, entered in the Bill of Quantities or, if instructed by the Engineer pursuant to paragraph (a) of Sub-Clause 58.2, as may be determined in accordance with Clause 52; and
(c) in respect of all other charges and profit, a sum being a percentage rate of the actual price paid or due to be paid calculated, where provision has been made in the Bill of Quantities for a rate to be set against the relevant Provisional Sum, at the rate inserted by the Contractor against that item or, where no such provision has been made, at the rate inserted by the Contractor in the Appendix to Tender and repeated where provision for such is made in a special item provided in the Bill of Quantities for such purpose.

59.5 Certification of Payments to Nominated Subcontractors
Before issuing, under Clause 60, any certificate, which includes any payment in respect of work done or goods, materials, Plant or services supplied by any nominated Subcontractor, the Engineer shall be entitled to demand from the Contractor reasonable proof that all payments, less retentions, included in previous certificates in respect of the work or goods, materials, Plant or services of such nominated Subcontractor have been paid or discharged by the Contractor. If the Contractor fails to supply such proof then, unless the Contractor:
(a) satisfies the Engineer in writing that he has reasonable cause for withholding or refusing to make such payments, and
(b) produces to the Engineer reasonable proof that he has so informed such nominated Subcontractor in writing,
the Employer shall be entitled to pay to such nominated Subcontractor direct, upon the certificate of the Engineer, all payments, less retentions, provided for in the nominated Subcontract, which the Contractor has failed to make to such nominated Subcontractor and to deduct by way of set-off the amount so paid by the Employer from any sums due or to become due from the Employer to the Contractor.
Provided that, where the Engineer has certified and the Employer has paid direct as aforesaid, the Engineer shall, in issuing any further certificate in favour of the Contractor, deduct from the amount thereof the amount so paid, direct as aforesaid, but shall not withhold or delay the issue of the certificate itself when due to be issued under the terms of the Contract.

2.1 FIDIC: Works of Civil Engineering Construction (Ingenieurbauarbeiten)   III.2.1

Certificates and Payment[10,56]

60.1 Monthly Statements
The Contractor shall submit to the Engineer after the end of each month six copies, each signed by the Contractor's representative approved by the Engineer in accordance with Sub-Clause 15.1, of a statement, in such form as the Engineer may from time to time prescribe, showing the amounts to which the Contractor considers himself to be entitled up to the end of the month in respect of:
(a) the value of the Permanent Works executed,
(b) any other items in the Bill of Quantities including those for Contractor's Equipment, Temporary Works, dayworks and the like,
(c) the percentage of the invoice value of listed materials, all as stated in the Appendix to Tender, and Plant delivered by the Contractor on the Site for incorporation in the Permanent Works but not incorporated in such Works,
(d) adjustments under Clause 70, and
(e) any other sum to which the Contractor may be entitled under the Contract or otherwise.

60.2 Monthly Payments
The Engineer shall, within 28 days of receiving such statement, deliver to the Employer an Interim Payment Certificate stating the amount of payment to the Contractor which the Engineer considers due and payable in respect of such statement, subject:
(a) firstly, to the retention of the amount calculated by applying the Percentage of Retention stated in the Appendix to Tender, to the amount to which the Contractor is entitled under paragraphs (a), (b), (c) and (e) of Sub-Clause 60.1 until the amount so retained reaches the Limit of Retention Money stated in the Appendix to Tender, and
(b) secondly, to the deduction, other than pursuant to Clause 47, of any sums which may have become due and payable by the Contractor to the Employer.
Provided that the Engineer shall not be bound to certify any payment under this Sub-Clause if the net amount thereof, after all retentions and deductions, would be less than the Minimum Amount of Interim Payment Certificates stated in the Appendix to Tender.
Notwithstanding the terms of this Clause or any other Clause of the Contract no amount will be certified by the Engineer for payment until the performance security, if required under the Contract, has been provided by the Contractor and approved by the Employer.

60.3 Payment of Retention Money
(a) Upon the issue of the Taking-Over Certificate with respect to the whole of the Works, one half of the Retention Money, or upon the issue of a Taking-Over Certificate with respect to a Section or part of the Permanent Works only such proportion thereof as the Engineer determines having regard to the relative value of such Section or part of the Permanent Works, shall be certified by the Engineer for payment to the Contractor.
(b) Upon the expiration of the Defects Liability Period for the Works the other half of the Retention Money shall be certified by the Engineer for payment to the Contractor. Provided that, in the event of different Defects Liability Periods having become applicable to different Sections or parts of the Permanent Works pursuant to Clause 48, the expression "expiration of the Defects Liability Period" shall, for the purposes of this Sub-Clause, be deemed to mean the expiration of the latest of such periods. Provided also that if at such time there shall remain to be executed by the Contractor any work instructed, pursuant to Clauses 49 and 50, in respect of the Works, the Engineer shall be entitled to withhold certification until completion of such work of so much of the balance of the Retention Money as shall, in the opinion of the Engineer, represent the cost of the work remaining to be executed.

60.4 Correction of Certificates
The Engineer may by any Interim Payment Certificate make any correction or modification in any previous Interim Payment Certificate which shall have been issued by him and shall have authority, if any work is not being carried out to his satisfaction, to omit or reduce the value of such work in any Interim Payment Certificate.

60.5 Statement at Completion
Not later than 84 days after the issue of the Taking-over Certificate in respect of the whole of the Works, the Contractor shall submit to the Engineer six copies of a Statement at Completion with supporting documents showing in detail, in the form approved by the Engineer:
(a) the final value of all work done in accordance with the Contract up to the date stated in such Taking-Over Certificate,
(b) any further sums which the Contractor considers to be due, and
(c) an estimate of amounts which the Contractor considers will become due to him under the Contract.

The estimated amounts shall be shown separately in such Statement at Completion. The Engineer shall certify payment in accordance with Sub-Clause 60.2.

60.6 Final Statement
Not later than 56 days after the issue of the Defects Liability Certificate pursuant to Sub-Clause 62.1, the Contractor shall submit to the Engineer for consideration six copies of a draft final statement with supporting documents showing in detail, in the form approved by the Engineer:
(a) the value of all work done in accordance with the Contract, and
(b) any further sums which the Contractor considers to be due to him under the Contract or otherwise.

If the Engineer disagrees with or cannot verify any part of the draft final statement, the Contractor shall submit such further information as the Engineer may reasonably require and shall make such changes in the draft as may be agreed between them. The Contractor shall then prepare and submit to the Engineer the final statement as agreed (for the purposes of these Conditions referred to as the "Final Statement").

If, following discussions between the Engineer and the Contractor and any changes to the draft final statement which may be agreed between them, it becomes evident that a dispute exists, the Engineer shall deliver to the Employer an Interim Payment Certificate for those parts of the draft final statement, if any, which are not in dispute. The dispute may then be settled in accordance with Clause 67.

60.7 Discharge
Upon submission of the Final Statement, the Contractor shall give to the Employer, with a copy to the Engineer, a written discharge confirming that the total of the Final Statemet represents full and final settlement of all monies due to the Contractor arising out of or in respect of the Contract. Provided that such discharge shall become effective only after payment due under the Final Payment Certificate issued pursuant to Sub-Clause 60.8 has been made and the performance security referred to in Sub-Clause 10.1, if any, has been returned to the Contractor.

60.8 Final Payment Certificate
Within 28 days after receipt of the Final Statement, and the written discharge, the Engineer shall issue to the Employer (with a copy to the Contractor) a Final Payment Certificate stating:
(a) the amount which, in the opinion of the Engineer, is finally due under the Contract or otherwise, and
(b) after giving credit to the Employer for all amounts previously paid by the Employer and for all sums to which the Employer is entitled other than under Clause 47, the

balance, if any, due from the Employer to the Contractor or from the Contractor to the Employer as the case may be.

60.9 Cessation of Employer's Liability
The Employer shall not be liable to the Contractor for any matter or thing arising out of or in connection with the Contract or execution of the Works, unless the Contractor shall have included a claim in respect thereof in his Final Statement and (except in respect of matters or things arising after the issue of the Taking-Over Certificate in respect of the whole of the Works) in the Statement at Completion referred to in Sub-Clause 60.5.

60.10 Time for Payment
The amount due to the Contractor under any Interim Payment Certificate issued by the Engineer pursuant to this Clause, or to any other term of the Contract, shall, subject to Clause 47, be paid by the Employer to the Contractor within 28 days after such Interim Payment Certificate has been delivered to the Employer, or, in the case of the Final Payment Certificate referred to in Sub-Clause 60.8, within 56 days, after such Final Payment Certificate has been delivered to the Employer. In the event of the failure of the Employer to make payment within the times stated, the Employer shall pay to the Contractor interest at the rate stated in the Appendix to Tender upon all sums unpaid from the date by which the same should have been paid. The provisions of this Sub-Clause are without prejudice to the Contractor's entitlemet under Clause 69 or otherwise.

61.1 Approval only by Defects Liability Certificate
Only the Defects Liability Certificate, referred to in Clause 62, shall be deemed to constitute approval of the Works.

62.1 Defects Liability Certificate
The Contract shall not be considered as completed until a Defects Liability Certificate shall have been signed by the Engineer and delivered to the Employer, with a copy to the Contractor, stating the date on which the Contractor shall have completed his obligations to execute and complete the Works and remedy any defects therein to the Engineer's satisfaction. The Defects Liability Certificate shall be given by the Engineer within 28 days after the expiration of the Defects Liability Period, or, if different defects liability periods shall become applicable to different Sections or parts of the Permanent Works, the expiration of the latest such period, or as soon thereafter as any works instructed, pursuant to Clauses 49 and 50, have been completed to the satisfaction of the Engineer. Provided that the issue of the Defects Liability Certificate shall not be a condition precedent to payment to the Contractor of the second portion of the Retention Money in accordance with the conditions set out in Sub-Clause 60.3.

62.2 Unfulfilled Obligations
Notwithstanding the issue of the Defects Liability Certificate the Contractor and the Employer shall remain liable for the fulfilmet of any obligation incurred under the provisions of the Contract prior to the issue of the Defects Liability Certificate which remains unperformed at the time such Defects Liability Certificate is issued and, for the purposes of determining the nature and extent of any such obligation, the Contract shall be deemed to remain in force between the parties to the Contract.

Remedies

63.1 Default of Contractor
If the Contractor is deemed by law unable to pay his debts as they fall due, or enters into voluntary or involuntary bankruptcy, liquidation or dissolution (other than a voluntary liquidation for the purposes of amalgamation or reconstruction), or becomes insolvent, or makes an arrangement with, or assignment in favour of, his creditors, or agrees to carry out the Contract under a committee of inspection of his creditors, or if a receiver, administrator, trustee or liquidator is appointed over any substantial part of his assets, or if, under

any law or regulation relating to reorganization, arrangement or readjustment of debts, proceedings are commenced against the Contractor or resolutions passed in connection with dissolution or liquidation or if any steps are taken to enforce any security interest over a substantial part of the assets of the Contractor, or if any act is done or event occurs with respect to the Contractor or his assets which, under any applicable law has a substantially similar effect to any of the foregoing acts or events, or if the Contractor has contravened Sub-Clause 3.1, or has an execution levied on his goods, or if the Engineer certifies to the Employer, with a copy to the Contractor, that, in his opinion, the Contractor:
(a) has repudiated the Contract,
(b) without reasonable excuse has failed
   (i) to commence the Works in accordance with Sub-Clause 41.1, or
   (ii) to proceed with the Works, or any Section thereof, within 28 days after receiving notice pursuant to Sub-Clause 46.1,
(c) has failed to comply with a notice issued pursuant to Sub-Clause 37.4 or an instruction issued pursuant to Sub-Clause 39.1 within 28 days after having received it,
(d) despite previous warning from the Engineer, in writing, is otherwise persistently or flagrantly neglecting to comply with any of his obligations under the Contract, or
(e) has contravened Sub-Clause 4.1;
then the Employer may, after giving 14 days' notice to the Contractor, enter upon the Site and the Works and terminate the employment of the Contractor without thereby releasing the Contractor from any of his obligations or liabilities under the Contract, or affecting the rights and autorities conferred on the Employer or the Engineer by the Contract, and may himself complete the Works or may employ any other contractor to complete the Works.[53] The Employer or such other contractor may use for such completion so much of the Contractor's Equipmet, Temporary Works and materials as he or they may think proper.

63.2 Valuation at Date of Termination
The Engineer shall, as soon as may be practicable after any such entry and termination by the Employer, fix and determine ex parte, or by or after reference to the parties or after such investigation or enquiries as he may think fit to make or institute, and shall certify:
(a) what amount (if any) had, at the time of such entry and termination, been reasonably earned by or would reasonably accrue to the Contractor in respect of work then actually done by him under the Contract, and
(b) the value of any of the said unused or partially used materials, any Contractor's Equipment and any Temporary Works.

63.3 Payment after Termination
If the Employer terminates the Contractor's employment under this Clause, he shall not be liable to pay to the Contractor any further amount (including damages) in respect of the Contract until the expiration of the Defects Liability Period and there after until the costs of execution, completion and remedying of any defects, damages for delay in completion (if any) and all other expenses incurred by the Employer have been ascertained and the amount thereof certified by the Engineer. The Contractor shall then be entitled to receive only such sum (if any) as the Engineer may certify would have been payable to him upon due completion by him after deducting the said amount. If such amount exceeds the sum which would have been payable to the Contractor on due completion by him, then the Contractor shall, upon demand, pay to the Employer the amount of such excess and it shall be deemed a debt due by the Contractor to the Employer and shall be recoverable accordingly.

63.4 Assignment of Benefit of Agreement
Unless prohibited by law, the Contractor shall, if so instructed by the Engineer within 14 days of such entry and termination referred to in Sub-Clause 63.1, assign to the Employer

2.1 FIDIC: Works of Civil Engineering Construction (Ingenieurbauarbeiten)   III.2.1

the benefit of any agreement for the supply of any goods or materials or services and/or for the execution of any work for the purposes of the Contract, which the Contractor may have entered into.

64.1 Urgent Remedial Work
If, by reason of any accident, or failure, or other event occurring to, in, or in connection with the Works, or any part thereof, either during the execution of the Works, or during the Defects Liability Period, any remedial or other work is, in the opinion of the Engineer, urgently necessary for the safety of the Works and the Contractor is unable or unwilling at once to do such work, the Employer shall be entitled to employ and pay other persons to carry out such work as the Engineer may consider necessary.[53] If the work or repair so done by the Employer is work which, in the opinion of the Engineer, the Contractor was liable to do at his own cost under the Contract, then all costs consequent thereon or incidental thereto shall, after due consultation with the Employer and the Contractor, be determined by the Engineer and shall be recoverable from the Contractor by the Employer, and may be deducted by the Employer from any monies due or to become due to the Contractor and the Engineer shall notify the Contractor accordingly, with a copy to the Employer. Provided that the Engineer shall, as soon after the occurence of any such emergency as may be reasonably practicable, notify the Contractor thereof.

Special Risks[57]

65.1 No Liability for Special Risks
The Contractor shall be under no liability whatsoever in consequence of any of the special risks referred to in Sub-Clause 65.2, whether by way of indemnity or otherwise, for or in respect of:
(a) destruction of or damage to the Works, save to work condemned under the provisions of Clause 39 prior to the occurrence of any of the said special risks,
(b) destruction of or damage to property, whether of the Employer or third parties, or
(c) injury or loss of life.

65.2 Special Risks
The special risks are:
(a) the risks defined under paragraphs (a), (c), (d) and (e) of Sub-Clause 20.4, and
(b) the risks defined under paragraph (b) of Sub-Clause 20.4 insofar as these relate to the country in which the Works are to be executed.

65.3 Damage to Works by Special Risks
If the Works or any materials or Plant on or near or in transit to the Site, or any of the Contractor's Equipment, sustain destruction or damage by reason of any of the said special risks, the Contractor shall be entitled to payment in accordance with the Contract for any Permanent Works duly executed and for any materials or Plant so destroyed or damaged and, so far as may be required by the Engineer or as may be necessary for the completion of the Works, to payment for:
(a) rectifying any such destruction or damage to the Works, and
(b) replacing or rectifying such materials or Contractor's Equipment,
and the Engineer shall determine an addition to the Contract Price in accordance with Clause 52 (which shall in the case of the cost of replacement of Contractor's Equipment include the fair market value thereof as determined by the Engineer) and shall notify the Contractor accordingly, with a copy to the Employer.

65.4 Projectile, Missile
Destruction, damage, injury or loss of life caused by the explosion or impact, whenever and wherever occurring, of any mine, bomb, shell, grenade, or other projectile, missile, munition, or explosive of war, shall be deemed to be a consequence of the said special risks.

65.5 Increased Costs arising from Special Risks
Save to the extent that the Contractor is entitled to payment under any other provision of the Contract, the Employer shall repay to the Contractor any costs of the execution of the Works (other than such as may be attributable to the cost of reconstructing work condemned under the provisions of Clause 39 prior to the occurrence of any special risk) which are howsoever attributable to or consequent on or the result of or in any way whatsoever connected with the said special risks, subject however to the provisions in this Clause hereinafter contained in regard to outbreak of war, but the Contractor shall, as soon as any such cost comes to his knowledge, forthwith notify the Engineer thereof. The Engineer shall, after due consultation with the Employer and the Contractor, determine the amount of the Contractor's costs in respect thereof which shall be added to the Contract Price and shall notify the Contractor accordingly, with a copy to the Employer.

65.6 Outbreak of War
If, during the currency of the Contract, there is an outbreak of war, whether war is declared or not, in any part of the world which, whether financially or otherwise, materially affects the execution of the Works, the Contractor shall, unless and until the Contract is terminated under the provisions of this Clause, continue to use his best endeavours to complete the execution of the Works. Provided that the Employer shall be entitled, at any time after such outbreak of war, to terminate the Contract by giving notice to the Contractor and, upon such notice being given, the Contract shall, except as to the rights of the parties under this Clause and Clause 67, terminate, but without prejudice to the rights of either party in respect of any antecedent breach thereof.[58]

65.7 Removal of Contractor's Equipment on Termination
If the Contract is terminated under the provisions of Sub-Clause 65.6, the Contractor shall, with all reasonable dispatch, remove from the Site all Contractor's Equipment and shall give similar facilities to his Subcontractors to do so.

65.8 Payment if Contract Terminated
If the Contract is terminated as aforesaid, the Contractor shall be paid by the Employer, insofar as such amounts or items have not already been covered by payments on account made to the Contractor, for all work executed prior to the date of termination at the rates and prices provided in the Contract and in addition:
(a) the amounts payable in respect of any preliminary items referred to in the Bill of Quantities, so far as the work or service comprised therein has been carried out or performed, and a proper proportion of any such items which have been partially carried out or performed;
(b) the cost of materials, Plant or goods reasonably ordered for the Works which have been delivered to the Contractor or of which the Contractor is legally liable to accept delivery, such materials, Plant or goods becoming the property of the Employer upon such payments being made by him;
(c) a sum being the amount of any expenditure reasonably incurred by the Contractor in the expectation of completing the whole of the Works insofar as such expenditure has not been covered by any other payments referred to in this Sub-Clause;
(d) any additional sum payable under the provisions of Sub-Clause 65.3 and 65.5;
(e) such proportion of the cost as may be reasonable, taking into account payments made or to be made for work executed, of removal of Contractor's Equipment under Sub-Clause 65.7 and, if required by the Contractor, return thereof to the Contractor's main plant yard in his country of registration or to other destination, at no greater cost; and
(f) the reasonable cost of repatriation of all the Contractor's staff and workmen employed on or in connection with the Works at the time of such termination.[59]
Provided that against any payment due from the Employer under this Sub-Clause, the Employer shall be entitled to be credited with any outstanding balances due from the Contractor for advances in respect of Contractor's Equipment, materials and Plant and

2.1 FIDIC: Works of Civil Engineering Construction (Ingenieurbauarbeiten)   III.2.1

any other sums which, at the date of termination, were recoverable by the Employer from the Contractor under the terms of the Contract. Any sums payable under this Sub-Clause shall, after due consultation with the Employer and the Contractor, be determined by the Engineer who shall notify the Contractor accordingly, with a copy to the Employer.

Release from Performance

66.1 Payment in Event of Release from Performance
If any circumstance outside the control of both parties arises after the issue of the Letter of Acceptance which renders it impossible or unlawful for either or both parties to fulfil his or their contractual obligations, or under the law governing the Contract the parties are released from further performance, then the parties shall be discharged from the Contract, except as to their rights under this Clause and Clause 67 and without prejudice to the rights of either party in respect of any antecedent breach of the Contract, and the sum payable by the Employer to the Contractor in respect of the work executed shall be the same as that which would have been payable under Clause 65 if the Contract had been terminated under the provisions of Clause 65.

Settlement of Disputes[60]

67.1 Engineer's Decision
If a dispute of any kind whatsoever arises between the Employer and the Contractor in connection with, or arising out of, the Contract or the execution of the Works, whether during the execution of the Works or after their completion and whether before or after repudiation or other termination of the Contract, including any dispute as to any opinion, instruction, determination, certificate or valuation of the Engineer, the matter in dispute shall, in the first place, be referred in writing to the Engineer, with a copy to the other party. Such reference shall state that it is made pursuant to this Clause. No later than the eighty-fourth day after the day on which he received such reference the Engineer shall give notice of his decision to the Employer and the Contractor. Such decision shall state that it is made pursuant to this Clause.[12]
Unless the Contract has already been repudiated or terminated, the Contractor shall, in every case, continue to proceed with the Works with all due diligence and the Contractor and the Employer shall give effect forthwith to every such decision of the Engineer unless and until the same shall be revised, as hereinafter provided, in an amicable settlement or an arbitral award.
If either the Employer or the Contractor be dissatisfied with any decision of the Engineer, or if the Engineer fails to give notice of his decision on or before the eighty-fourth day after the day on which he received the reference, then either the Employer or the Contractor may, on or before the seventieth day after the day on which he received notice of such decision, or on or before the seventieth day after the day on which the said period of 84 days expired, as the case may be, give notice to the other party, with a copy for information to the Engineer, of his intention to commence arbitration, as hereinafter provided, as to the matter in dispute. Such notice shall establish the entitlement of the party giving the same to commence arbitration, as hereinafter provided, as to such dispute and, subject to Sub-Clause 67.4, no arbitration in respect thereof may be commenced unless such notice is given.
If the Engineer has given notice of his decision as to a matter in dispute to the Employer and the Contractor and no notice of intention to commence arbitration as to such dispute has been given by either the Employer or the Contractor on or before the seventieth day after the day on which the parties received notice as to such decision from the Engineer, the said decision shall become final and binding upon the Employer and the Contractor.

67.2 Amicable Settlement
Where notice of intention to commence arbitration as to a dispute has been given in

accordance with Sub-Clause 67.1, the parties shall attempt to settle such dispute amicably before the commencement of arbitration. Provided that, unless the parties otherwise agree, arbitration may be commenced on or after the fifty-sixth day after the day on which notice of intention to commence arbitration of such dispute was given, even if no attempt at amicable settlement thereof has been made.

67.3 Arbitration[61]
Any dispute in respect of which:
(a) the decision, if any, of the Engineer has not become final and binding pursuant to Sub-Clause 67.1, and
(b) amicable settlement has not been reached within the period stated in Sub-Clause 67.2,
shall be finally settled, unless otherwise specified in the Contract, under the Rules of Conciliation and Arbitration of the International Chamber of Commerce by one or more arbitrators appointed under such Rules. The said arbitrator/s shall have full power to open up, review and revise any decision, opinion, instruction, determination, certificate or valuation of the Engineer related to the dispute.
Neither party shall be limited in the proceedings before such arbitrator/s to the evidence or arguments put before the Engineer for the purpose of obtaining his said decision pursuant to Sub-Clause 67.1. No such decision shall disqualify the Engineer from being called as a witness and giving evidence before the arbitrator/s on any matter whatsoever relevant to the dispute.
Arbitration may be commenced prior to or after completion of the Works, provided that the obligations of the Employer, the Engineer and the Contractor shall not be altered by reason of the arbitration being conducted during the progress of the Works.

67.4 Failure to Comply with Engineer's Decision
Where neither the Employer nor the Contractor has given notice of intention to commence arbitration of a dispute within the period stated in Sub-Clause 67.1 and the related decision has become final and binding, either party may, if the other party fails to comply with such decision, and without prejudice to any other rights it may have, refer the failure to arbitration in accordance with Sub-Clause 67.3. The provisions of Sub-Clauses 67.1 and 67.2 shall not apply to any such reference.

Notices[62]

68.1 Notice to Contractor
All certificates, notices or instructions to be given to the Contractor by the Employer or the Engineer under the terms of the Contract shall be sent by post, cable, telex or facsimile transmission to or left at the Contractor's principal place of business or such other address as the Contractor shall nominate for that purpose.

68.2 Notice to Employer and Engineer
Any notice to be given to the Employer or to the Engineer under the terms of the Contract shall be sent by post, cable, telex or facsimile transmission to or left at the respective addresses nominated for that purpose in Part II of these Conditions.

68.3 Change of Address
Either party may change a nominated address to another address in the country where the Works are being executed by prior notice to the other party, with a copy to the Engineer, and the Engineer may do so by prior notice to both parties.

Default of Employer[63]

69.1 Default of Employer
In the event of the Employer:
(a) failing to pay to the Contractor the amount due under any certificate of the Engineer within 28 days after the expiry of the time stated in Sub-Clause 60.10 within which

payment is to be made, subject to any deduction that the Employer is entitled to make under the Contract,
(b) interfering with or obstructing or refusing any required approval to the issue of any such certificate,
(c) becoming bankrupt or, being a company, going into liquidation, other than for the purpose of a scheme of reconstruction or amalgamation, or
(d) giving notice to the Contractor that for unforeseen economic reasons it is impossible for him to continue to meet his contractual obligations,

the Contractor shall be entitled to terminate his employment under the Contract by giving notice to the Employer, with a copy to the Engineer. Such termination shall take effect 14 days after the giving of the notice.

69.2 Removal of Contractor's Equipment
Upon the expiry of the 14 days' notice referred to in Sub-Clause 69.1, the Contractor shall, notwithstanding the provisions of Sub-Clause 54.1, with all reasonable despatch, remove from the Site all Contractor's Equipment brought by him thereon.

69.3 Payment on termination
In the event of such termination the Employer shall be under the same obligations to the Contractor in regard to payment as if the Contract had been terminated under the provisions of Clause 65, but, in addition to the payments specified in Sub-Clause 65.8, the Employer shall pay to the Contractor the amount of any loss or damage to the Contractor arising out of or in connection with or by consequence of such termination.

69.4 Contractor's Entitlement to Suspend Work
Without prejudice to the Contractor's entitlement to interest under Sub-Clause 60.10 and to terminate under Sub-Clause 69.1, the Contractor may, if the Employer fails to pay the Contractor the amount due under any certificate of the Engineer within 28 days after the expiry of the time stated in Sub-Clause 60.10 within which payment is to be made, subject to any deduction that the Employer is entitled to make under the Contract, after giving 28 days' prior notice to the Employer, with a copy to the Engineer, suspend work or reduce the rate of work.
If the Contractor suspends work or reduces the rate of work in accordance with the provisions of this Sub-Clause and thereby suffers delay or incurs costs the Engineer shall, after due consultation with the Employer and the Contractor, determine:
(a) any extension of time to which the Contractor is entitled under Clause 44, and
(b) the amount of such costs, which shall be added to the Contract Price,
and shall notify the Contractor accordingly, with a copy to the Employer.

69.5 Resumption of Work
Where the Contractor suspends work or reduces the rate of work, having given notice in accordance with Sub-Clause 69.4, and the Employer subsequently pays the amount due, including interest pursuant to Sub-Clause 60.10, the Contractor's entitlement under Sub-Clause 69.1 shall, if notice of termination has not been given, lapse and the Contractor shall resume normal working as soon as is reasonably possible.

Changes in Cost and Legislation

70.1 Increase or Decrease of Cost
There shall be added to or deducted from the Contract Price such sums in respect of rise or fall in the cost of labour and/or materials or any other matters affecting the cost of the execution of the Works as may be determined in accordance with Part II of these Conditions.

70.2 Subsequent Legislation
If, after the date 28 days prior to the latest date for submission of tenders for the Contract there occur in the country in which the Works are being or are to be executed changes to

any National or State Statute, Ordinance, Decree or other Law or any regulation or bye-law of any local or other duly constituted autority, or the introduction of any such State Statute, Ordinance, Decree, Law, regulaton or bye-law which causes additonal or reduced cost to the Contractor, other than under Sub-Clause 70.1, in the execution of the Contract, such additional or reduced cost shall, after due consultation with the Employer and the Contractor, be determined by the Engineer and shall be added to or deducted from the Contract Price- and the Engineer shall notify the Contractor accordingly, with a copy to the Employer.

Currency and Rates of Exchange

71.1 Currency Restrictions
If, after the date 28 days prior to the latest date for submission of tenders for the Contract, the Government or authorised agency of the Government of the country in which the Works are being or are to be executed imposes currency restrictions and/or transfer of currency restrictions in relation to the currency or currencies in which the Contract Price is to be paid, the Employer shall reimburse any loss or damage to the Contractor arising therefrom, without prejudice to the right of the Contractor to exercise any other rights or remedies to which he is entitled in such event.[64]

72.1 Rates of Exchange
Where the Contract provides for payment in whole or in part to be made to the Contractor in foreign currency or currencies, such payment shall not be subject to variations in the rate or rates of exchange between such specified foreign currency or currencies and the currency of the country in which the Works are to be executed.[65]

72.2 Currency Proportions
Where the Employer has required the Tender to be expressed in a single currency but with payment to be made in more than one currency and the Contractor has stated the proportions or amounts of other currency or currencies in which he requires payment to be made, the rate or rates of exchange applicable for calculating the payment of such proportions or amounts shall, unless otherwise stated in Part II of these Conditions, be those prevailing, as determined by the Central Bank of the country in which the Works are to be executed, on the date 28 days prior to the latest date for the submission of tenders for the Contract, as has been notified to the Contractor by the Employer prior to the submission of tenders or as provided for in the Tender.

72.3 Currencies of Payment for Provisional Sums
Where the Contract provides for payment in more than one currency, the proportions or amounts to be paid in foreign currencies in respect of Provisional Sums shall be determined in accordance with the principles set forth in Sub-Clauses 72.1 and 72.2 as and when these sums are utilised in whole or in part in accordance with the provisions of Clauses 58 and 59.

Reference to Part II[66]

As stated in the Foreword at the beginning of this document, the FIDIC Conditions comprise both Part I and Part II. Certain Clauses, namely Sub-Clauses 1.1 paragraph (a) (i) and (iv), 5.1 (part), 14.1, 14.3, 68.2 and 70.1 must include additional wording in Part II for the Conditions to be complete. Other Clauses may require additional wording to supplement Part I or to cover particular circumstances or the type of work (dredging is an example).
Part II Conditions of Particular Application with guidelines for the preparation of Part II are printed in a separately bound document.[67]

2.1 FIDIC: Works of Civil Engineering Construction (Ingenieurbauarbeiten) III.2.1

Schrifttum zum internationalen Anlagenvertrag: Böckstiegel, Nicklisch u. a., Vertragsgestaltung und Streiterledigung in der Bauindustrie und im Anlagenbau/Contracts and Dispute Settlement in Civil Engineering and Construction of Plants, 1984; *Böckstiegel* (Hrsg.), Vertragsgestaltung und Streiterledigung in der Bauindustrie und im Anlagenbau (II), Neue Entwicklungen in Recht und Praxis, 1995; *Brand/Maskow*, Der internationale Anlagenvertrag, 1989; *Brill*, Praktische Rechtsfragen beim Bau von Atomreaktoren, Veröffentlichung des Instituts für Energierecht, 1961, Heft 3/4, S. 82; *Dostrasil*, Entwurf für einen Leitfaden über die Abfassung von Verträgen, die sowohl die Lieferung und Montage von Maschinen und Anlagen als auch die Errichtung von Bauwerken und die Ausführung damit in Zusammenhang stehender öffentlicher Arbeiten zum Gegenstand haben, ECE-Dokument TRADE/WP. 5/3 vom 11. November 1969, vom VDMA gefertigte Rohübersetzung April 1970; *Dünnweber*, Vertrag zur Erstellung einer schlüsselfertigen Industrieanlage im internationalen Wirtschaftsverkehr, 1984; Autorenkollektiv unter Leitung von *Enderlein*, Anlagenvertrag, Montagevertrag, Lohnveredelungsvertrag u. a., Handbuch der Außenhandelsverträge Band 2, 3. Aufl. 1987; *Flocke*, Risiken beim Internationalen Anlagenvertrag, 1986; *Hauptkappe*, Unternehmereinsatzformen im Industrieanlagenbau, 1986; *Hopfenbeck*, Planung und Errichtung von kompletten Industrie-Anlagen in Entwicklungsländern, Diss. München 1974; *Joussen*, Der Industrieanlagen-Vertrag, 2. Aufl. 1996; *Krumm*, Anlagenverträge im Osthandel; *Nicklisch* (Hrsg.), Bau- und Anlagenverträge – Risiken, Haftung, Streitbeilegung, 1984; *Nicklisch* (Hrsg.), Leistungsstörungen, 1985; *Nicklisch* (Hrsg.), Der komplexe Langzeitvertrag/The Complex Long-Term Contract, 1987; *Nicklisch* (Hrsg.), Sonderrisiken bei Bau- und Anlagenverträgen, Beilagen 15 und 19 zu BB 1991; *Rosener*, Internationales Großanlagengeschäft, in *Lutter/Semler*, Rechtsgrundlagen freiheitlicher Unternehmenswirtschaft, 1991; *Stein/Berrer*, Praxis des Exportgeschäftes, Band II: Rechtsfragen, Industrieanlagenexport, 1981; *Stokes*, International Construction Contracts, 2. Aufl. 1980; VDMA, Sonderveröffentlichung Nr. 4/73 der Abteilung Recht und Wettbewerbsordnung: Leitfaden für die Abfassung von Verträgen über die Erstellung großer Industrie-Anlagen (ECE), Oktober 1973; *Graf von Westphalen*, Rechtsprobleme des Anlagenvertrages, BB 1971, 1126.

Schrifttum speziell zu den hier kommentierten FIDIC-Bedingungen (dazu Anm. 2 – Wahl des Formulars): *Bunni*, The FIDIC Form of Contract, 1991 (Nachdruck 1994); *Corbett*, FIDIC 4th, A practical Legal Guide, 1991; Guide to the Use of FIDIC Conditions of Contract for Works of Civil Engineering Construction (The Red Book Guide), 1987; Guide to the Use of FIDIC Conditions of Contract for Electrical and Mechanical Works (The Yellow Book Guide), 1988; *Seppala*, Contractor's Claims under the FIDIC Civil Engineering Contract, Fourth (1987) Edition, International Business Lawyer 1991, 395 ff., 457 ff.

Übersicht

	Seite		Seite
1. Sachverhalt	486	15. Subunternehmer	501
2. Wahl des Formulars	488	16. Vertragsstrafe, Rechtswahlklausel	502
3. Sonstige Mustervertragsbedingungen	492	17. Vorrang einer Vertragssprache	503
4. Checkliste	492	18. Contract Agreement	503
5. Definitionen	497	19. Prüfungspflicht des Unternehmers	503
6. Auftraggeber	497	20. Organisation der Baustelle; Ablauf der Arbeiten; Personal	503
7. Anlagen zum Vertrag	498		
8. Betriebs- und Wartungsanleitungen	498	21. Sicherheiten; Garantieerklärungen; Akkreditive	503
9. Einweisung von Kundenpersonal	498		
10. Bill of Quantities	498	22. Selbstunterrichtungsklausel	504
11. Plant	499	23. Superintendence	505
12. Der Ingenieur	500	24. Mitwirkungspflichten des Auftraggebers	505
13. Schiedsgutachten	501		
14. Vertragsübertragung	501	25. Energie- und Wasserversorgung	505

III.2.1
III. Lieferverträge

	Seite		Seite
26. Haftung	505	45. Gefahr- und Eigentumsübergang	511
27. Versicherung	506	46. Abnahmeprotokoll	512
28. Haftungsbegrenzungen	507	47. Abnahmeverweigerung	512
29. Versicherungsdauer	507	48. Vorgezogene Prüfung von Anlagenteilen, Teil-Abnahme	512
30. Rechtsmängelhaftung, insbesondere bei Patent- und sonstigen Schutzrechtsverletzungen	507	49. Leistungsgarantien	512
		50. Dauer der Gewährleistung	513
31. Lizenzverträge, Entwicklungsverträge	507	51. Garantieerwartung	513
32. Transport	508	52. Verpflichtung zur unverzichtlichen Mangel- und Schadensbehebung innerhalb angemessener Zeit	513
33. Baubegleitende Inspektionen und Tests	508	53. Ersatzvornahme	514
34. Verhältnis zum Subunternehmervertrag	508	54. Änderungsaufträge	514
35. Zustimmungs- bzw. Abnahmefiktionen	508	55. Zölle und andere Abgaben im Ausland	514
36. Prüfung von Abdeckung	508	56. Finanzierung, Abrechnung, Bewertung	514
37. Gewährleistung und ursprünglicher Erfüllungsanspruch	508	57. Höhere Gewalt – Special risks	515
		58. Neuverhandlungspflicht	515
38. Arbeitsunterbrechung; Kündigung durch den Auftraggeber	508	59. Anrechnung anderweitigen Erwerbs	515
		60. Konfliktregelung	515
39. Kündigung durch den Unternehmer	509	61. Schiedsgerichtsklausel	516
40. Arbeitsaufnahme; Inkrafttreten des Vertrages	509	62. Zustelladressen	516
		63. Verletzung von Mitwirkungsobliegenheiten bzw. -pflichten des Auftraggebers; Ersatzansprüche des Unternehmers	516
41. Arbeitsprogramm und Netzplan; Übersicht über Fristen und Termine	509		
42. Fristverlängerung	510	64. Zahlungsabwicklung	516
43. Vertragsstrafe – pauschalierter Schadensersatz/Liquidated Damages – Penalty	510	65. Vertragsgewährung	517
		66. Part II	517
44. Abnahme	510	67. Steuerliche Behandlung	517

Anmerkungen

1. Sachverhalt. (1) Die A Company, Kuwait, als Auftraggeber – *Employer* – hat auf der Grundlage einer internationalen Ausschreibung der B AG, Bochum, den Zuschlag für die Lieferung, Errichtung und Inbetriebnahme einer schlüsselfertigen Zementwerksanlage in Kuwait erteilt. Der Ausschreibung waren die vorstehend wiedergegebenen Bedingungen zugrundegelegt. B AG, der Unternehmer – *Contractor* –, hat als Generalunternehmer dem Auftraggeber gegenüber die Gesamtverantwortung übernommen. B AG wird selbst die Maschinen und maschinellen Anlagen liefern, errichten und in Betrieb nehmen; im übrigen wird B AG Unteraufträge erteilen (nachstehendes Form. III.2.2). Eine andere Lösung wäre die Erteilung des Auftrages durch den Auftraggeber an ein Konsortium, gebildet aus den Hauptbeteiligten. Diese müßten zu diesem Zweck einen Konsortialvertrag abschließen, wie er sich in Form. III.2.3 findet.

Dieser Sachverhalt wird hier angegeben, wiewohl kein darauf speziell zugeschnittener Vertrag, sondern ein international bekanntes Bedingungswerk kommentiert wird (vgl. dazu Anm. 2). Er dient der Veranschaulichung bei einer Reihe von Anmerkungen und wird aus diesem Grunde auch den folgenden Formularen dieses Abschnittes zugrunde gelegt.

(2) Ein weiterer wesentlicher Beteiligter ist hier, wie in der Regel bei Verträgen über Großanlagen, der vom Auftraggeber eingeschaltete beratende Ingenieur (*Engineer*, auch „Consulting Engineer" oder „Consultant"), meist ein großes Planungs- und Konstruktionsbüro. Der beratende Ingenieur wird insbesondere auch von öffentlichen Auftraggebern in Entwicklungsländern herangezogen. Er übernimmt gemäß den Regelungen des Auftrags wesentliche Steuerungs- und Überwachungsaufgaben für den Auftraggeber gegenüber dem Unternehmer, nachdem er den Auftraggeber bereits bei der Ausschreibung

2.1 FIDIC: Works of Civil Engineering Construction (Ingenieurbauarbeiten) III.2.1

beraten hat. Ihn verbindet ein eigener Vertrag mit dem Auftraggeber; zum Unternehmer bestehen dagegen keine direkten vertraglichen Beziehungen. Insoweit handelt er als Vertreter des Auftraggebers, wobei er gleichwohl möglichst die Rolle einer unabhängigen neutralen Instanz übernehmen soll. (Diese Aufgabe ist daher durchaus zu unterscheiden von dem ebenfalls durch Ingenieurgesellschaften leistbaren „Projekt Management" – s. u. –. Vgl. im übrigen Anm. 12 und 60.)

(3) Es sind noch andere Gestaltungen des Sachverhaltes und damit des Vertrages denkbar, z. B.

- Trennung in zwei Verträge, nämlich einen „Liefervertrag" (Kaufvertrag) und einen „Bau- und Montagevertrag" (Werkvertrag), wobei beide Verträge zwischen denselben Vertragspartnern abgeschlossen werden. Der Vorteil klarerer Zuordnung der verschiedenen Sachverhaltselemente zu gesetzlichen Vertragstypen dürfte in der Regel aber den Nachteil der weithin erforderlichen Wiederholungen, also Doppelregelungen, und der damit verbundenen Aufblähung und Unübersichtlichkeit des Vertragswerks nicht aufwiegen.
- Übernahme des Gesamtauftrages nicht durch einen Hersteller, sondern durch ein Planungs- und Konstruktionsbüro, das damit zwar auch Materialbeschaffung, Bauaufsicht und Inbetriebnahme übernimmt, aber naturgemäß in noch erheblich weiterem Maße Unteraufträge vergeben muß, als ein Hersteller als Hauptauftragnehmer – heute wird diese Gestaltung auch als Generalübernehmervertrag bezeichnet. *Graf von Westphalen* BB 1971, 1128 betrachtet – jedenfalls für die Herstellung von Chemieanlagen – die Übernahme der Generalunternehmerschaft durch Ingenieurgesellschaften als Regelfall. Insgesamt gesehen dürfte aber wohl die Beauftragung eines Herstellers oder eines Konsortiums der häufigste Fall sein.
- Übernahme des Gesamtauftrages durch ein Unternehmen, das lediglich in der Lage ist, das Gesamtprojekt zu finanzieren (vgl. hierzu *Graf von Westphalen* BB 1971, 1128) und/oder zu koordinieren, im übrigen aber alle Lieferungen und Leistungen von der Planung über die Herstellung bis zu Inbetriebnahme untervergibt. Hier handelt es sich um Fälle der „Generalübernehmerschaft".
- *Turnkey Contract,* Vertrag über die Lieferung einer schlüsselfertigen Anlage. Er dürfte – jedenfalls im internationalen Großanlagengeschäft, insbesondere mit Auftraggebern in Entwicklungsländern – ein häufiger Fall der Vertragsgestaltung sein (vgl. *Enderlein,* S. 73; anders nach *Joussen,* 1. Aufl. 1981, S. 78 f. wohl im Inlandsgeschäft). Mit dieser spezifischen Vertragsform beschäftigt sich u. a. der Unterausschuß „Turnkey Contracts for Heavy Plants" (TKHP) der Section on Business Law in der International Bar Association, vgl. dazu dessen Veröffentlichung: Recommendations and Check List of Points of Major Relevance in Turnkey Contracts or Heavy Plant, International Business Lawyer, 1989, 107 ff. 1995 hat FIDIC als neuestes Musterbedingungswerk die „*Conditions of Contract for Design-Build and Turnkey*" („The Orange Book") herausgegeben. Vgl. dazu weiter unten Anm. 10. Deutschsprachige Formulare finden sich in Band 2 des Münchener Vertragshandbuches, Form. III.2. „Vertrag über die schlüsselfertige Herstellung einer Industrieanlage" und bei *Hopt*, Hrsg., Vertrags- und Formularbuch, 1. Aufl. 1995, S. 496 ff. „Vertrag über Planung und Errichtung einer Industrieanlage".
- Vergabe einer Reihe von „parallelen" Einzelverträgen durch den Auftraggeber, z. B. für die maschinellen Anlagen, den elektrotechnischen und elektronischen Teil und den Bauteil. Dies birgt naturgemäß für den Auftraggeber hohe Risiken, insbesondere im Hinblick auf die Problematik der Schnittstellen zwischen den einzelnen Leistungsteilen und damit auf die lückenlose Haftung der Auftragnehmer.

Aus der Sicht des Auftraggebers ist daher von dieser Gestaltung abzuraten, sofern er nicht selbst über einen erstklassigen Planungs- und Koordinierungsstab verfügt oder die entsprechenden Aufgaben im Rahmen eines „Project Management"-Auftrages auf eine Ingenieurgesellschaft überträgt (vgl. hierzu VDMA Sonderveröffentlichung Nr. 4/73 S. 6).

– Es kommt schließlich auch vor, daß nicht der Auftraggeber, wohl aber ein Unternehmer seinerseits eine Ingeniergesellschaft mit einem eigenen Auftrag betreffend Übernahme des „Project Management" einschaltet, wenn der beauftragte Unternehmer selbst nicht über die genügende Erfahrung in der Koordinierung und Abwicklung von Großprojekten, insbesondere im Ausland, verfügt.

(4) Nur hingewiesen werden kann hier auf eine wichtige neuere, in der Entwicklung begriffene Gestaltungsform des Anlagengeschäftes: sogenannte **BOT-Projekte** (Build-, Operate and Transfer-Projekte; auch BOOT: Build, Own, Operate and Transfer o. ä.); dazu insbesondere *Westphal* und *Goedel* in *Nicklisch* (Hrsg.), Beilage 20 zu BB 1991, S. 16 ff.; weiter *Nicklisch* (Hrsg.), Rechtsfragen privatfinanzierter Projekte – Nationale und internationale BOT-Projekte, 1994 m. w. Nachw.; darin *Dorner*, S. 75 ff., u. a. zum Verhältnis von BOT-Projekten und Industrieanlagenvertrag zueinander.

2. Wahl des Formulars; AGB-Gesetz. (1) Der Anlagenvertrag oder Industrieanlagenvertrag ist aus noch darzustellenden Gründen (unten Abs. (10) und Anm. 16 Abs. (3)) regelmäßig derart umfangreich, daß die vollständig neue Ausarbeitung eines solchen Vertrages für ein bestimmtes Projekt meist nicht in Betracht kommen dürfte. Deswegen wurde das vorliegende Formular gewählt. Es handelt sich dabei um den 1992 herausgegebenen verbesserten Nachdruck der 4. Auflage, 1987, dieses Bedingungswerkes. Während nämlich eine deutsche Musterregelung nicht existiert, die etwa der für Bauverträge gewählten VOB entspräche (vgl. schon *Graf von Westphalen* BB 1971, 1126) – auch die VOL kommt insoweit nicht unmittelbar in Betracht –, hat sich auf internationaler Ebene die FIDIC (Fédération Internationale des Ingénieurs-Conseils – Internationale Vereinigung beratender Ingenieure) um die Schaffung standardisierter Vertragsbedingungen für das internationale Anlagengeschäft besonders verdient gemacht. Neben den hier abgedruckten „Conditions of Contract for Works of Civil Engineering Construction", wegen ihres roten Einbandes auch FIDIC's „Red Book" genannt, deren 3. Auflage von 1977 auch in deutscher Übersetzung als „Internationale Vertragsbedingungen für Intenieurbauarbeiten" vorliegt, hat FIDIC die in 3. Auflage 1987 erschienenen „Conditions of Contract for Electrical and Mechanical Works (including Erection on Site)", „Yellow Book", erarbeitet. Eine deutsche Fassung dieses Mustertextes existiert noch immer nicht. Zu beiden Musterverträgen gibt es von FIDIC herausgegebene Erläuterungsbücher („Guides to the use"). (Bezugsquelle für FIDIC-Veröffentlichungen in Deutschland ist u. a. die Bundesgeschäftsstelle des Verbandes Beratender Ingenieure (VBI), Zweigertstraße 37–41, 45130 Essen; alle FIDIC Veröffentlichungen sind erhältlich durch das FIDIC Sekretariat, POB 86, CH-1000 Lausanne 12).

(2) Es sei darauf hingewiesen, daß die FIDIC-Bedingungswerke urheberrechtlich geschützt sind und nicht ohne schriftliche Zustimmung von FIDIC abgedruckt werden dürfen. Verlag, Herausgeber und Autor danken FIDIC für die Erlaubnis zum Abdruck.

(3) Die dem „Red Book" zugrundeliegende Struktur ist die englischer Bedingungswerke; insbesondere die starke Stellung des *„Engineer"* siehe auch oben Anm. 1 Abs. (2) sowie unten Anm. 12 und 60) und die Abrechnung auf der Grundlage von *„Bills of Quantities"* (also Abrechnung nach Aufmaß) zeigen dies. Die Wechselwirkungen mit den ebenfalls in immer überarbeiteten Auflagen erscheinenden Bedingungen des *Institute of Civil Engineers* – ICE-Bedingungen – sind unverkennbar. Die FIDIC-Bedingungen sind aber ursprünglich für den internationalen Gebrauch konzipiert worden. Der Zusatz „*International (Conditions ...)*" ist in der vierten Auflage weggelassen worden, um auszudrücken, daß FIDIC seine Bedingungswerke auch für die Anwendung bei nationalen Verträgen in vielen Ländern empfehlen möchte. Allerdings wäre – um dieses Ziel zu erreichen – für den deutschsprachigen Raum sicher die Vorlage „offizieller" deutscher Übersetzungen der neuen Auflagen der Bedingungswerke notwendig (siehe hierzu auch den folgenden Abs. (6) dieser Anm. sowie Anm. 4). Die weitreichende Regelungsdichte der FIDIC-Bedingungen macht jedenfalls einen Rückgriff auf nationale Rechtsordnungen nur in geringem Umfang

2.1 FIDIC: Works of Civil Engineering Construction (Ingenieurbauarbeiten) III.2.1

nötig und nach den Vorstellungen von FIDIC soll daher der subsidiäre Verweis auf die unterschiedlichsten Rechtsordnungen möglich sein (vgl. dazu Artikel 5.1 und Anm. 16). Unverkennbar bleibt gleichwohl die Herkunft aus dem englischen Rechtsraum.

(4) Da der Namensbestandteil *„Civil Engineering Construction"* im Titel des „Red Book" auf die Herkunft aus dem Bereich Tiefbau bzw. Ingenieurbau (so auch die Titelübersetzung ins Deutsche in der 3. Auflage) hinweist, könnte einiges dafür sprechen, für das Industrieanlagengeschäft das „Yellow Book", also die *„Conditions of Contract for Electrical Mechanical Works including Erection on Site"* heranzuziehen. Doch ist die Verbreitung, Verwendung, sowie die Behandlung im Schrifttum und in Seminaren und Konferenzen beim „Red Book" soviel intensiver, daß die Wahl dieser Bedingungen für die vorliegende Wiedergabe und Kommentierung aufgrund ihres hohen Bekanntheitsgrades geboten erschien.

(5) Der Aufbau der FIDIC-Muster ist dreiteilig: einem *„Part I General Conditions"* – Allgemeine Bedingungen –, der der schnelleren Vergleichbarkeit halber unverändert verwendet werden soll, folgt ein Part II Conditions of Particular Application – Besondere Bedingungen –, die zur Regelung der für den Vertrag spezifischen Punkte sowie zur Aufnahme von Änderungen der und Abweichungen von den Allgemeinen Bedingungen dienen. Dieser zweite Teil, der also stets der Ausfüllung bedarf, ist hier nicht mit abgedruckt. Sein Inhalt und sein enger Bezug zum ersten Teil wird aber in der nachfolgenden Checklist (Anm. 4 Abs. (2)) kenntlich gemacht. Die Klammer für das gesamte Vertragswertk bildet ein ganz kurzes, ebenfalls vorformuliertes, sehr formales *„Contract Agreement"* – also ein Vertragsdokument –, das die Conditions of Contract und die weiteren Anhänge, insbesondere das Angebot des Auftragnehmers, die Spezifikationen und Zeichnungen, als Vertragsbestandteile einbezieht und von den Vertragspartnern zu unterzeichnen ist. Da die *General Conditions* das vertragsrechtlich wesentliche Dokument sind, werden nur diese hier kommentiert. Der Vollständigkeit halber wird aber nachstehend eine Übersetzung des Vertragsdokuments wiedergegeben.

Vertrag(sdokument)

Dieser Vertrag wird geschlossen am
... Tage des Monats   19......
zwischen
  ....
  aus ....
  .... (nachstehend „der Auftraggeber" genannt)
  einerseits und ....
  aus ....
  (nachstehend „der Unternehmer" genannt) andererseits
In der Erwägung, daß der Auftraggeber den Wunsch hat, ein bestimmtes Werk ausführen zu lassen, nämlich ....
  ....
und ein Angebot des Unternehmers für die Ausführung und Fertigstellung dieses Werks und die Beseitigung von Mängeln des Werkes angenommen hat
wird **nunmehr dieser Vertrag geschlossen:**
1. Worte und Ausdrücke in diesem Vertrag haben die gleichen Bedeutungen, die ihnen jeweils in den nachstehend genannten Vertragsbedingungen zugewiesen werden.
2. Die folgenden Unterlagen werden als Teil dieses Vertrages angesehen und gelesen und ausgelegt, nämlich:
    (a) die Annahmeerklärung;
    (b) das oben erwähnte Angebot;
    (c) die Vertragsbedingungen (Teile I und II);

(d) die Spezifikation;
(e) die Zeichnungen;
(f) das Leistungsverzeichnis.

3. Als Gegenleistung für die vom Auftraggeber an den Unternehmer entsprechend nachstehendem Absatz zu leistenden Zahlungen vereinbart der Unternehmer mit dem Auftraggeber, das Werk in jeder Hinsicht entsprechend den Bestimmungen des Vertrags auszuführen und fertigzustellen.

4. Der Auftraggeber verpflichtet sich hiermit, dem Unternehmer für die Ausführung und Fertigstellung des Werks und die Beseitigung von Mängeln des Werks den Vertragspreis und solche anderen Beträge, die gemäß den Vertragsbedingungen zahlbar werden, zu zahlen, wie es im Vertrag vorgeschrieben ist.

Zu Urkund dessen haben die Vertragsparteien veranlaßt, daß dieser Vertrag am oben erwähnten Tag und im oben erwähnten Jahr in Übereinstimmung mit ihrem jeweiligen Recht ausgefertigt wurde.

Das Firmensiegel von...

....

wurde angebracht in Gegenwart von:

oder

Unterzeichnet, gesiegelt und übergeben von

....

in Gegenwart von:

(6) Von der Wiedergabe einer Übersetzung des Red Book ins Deutsche wird abgesehen, da eine „offizielle" Übersetzung bislang nur für die überholte 3. Auflage des Bedingungswerks vorliegt und im Hinblick auf eine mögliche spätere FIDIC-Übersetzung der 4. Auflage sowie wegen des großen Umfanges die gesonderte Anfertigung einer Übersetzung eigens für das vorliegende Werk und deren Wiedergabe nicht angemessen erscheint. In der nachfolgenden Anm. 4 – *Checklist* – wird aber eine deutsche Übersetzung des selbst schon umfangreichen Inhaltsverzeichnisses gegeben, das einen guten Überblick über das Bedingungswerk verschafft.

(7) Spezialliteratur zu dem hier kommentierten Form. ist am Ende des vorstehenden Schrifttumsverzeichnisses aufgeführt.

(8) Aus deutscher Sicht ist zum Industrieanlagenvertrag, der bei der Kommentierung des „Red Book" immer als Anwendungsfall für das Formular gedacht ist, folgendes zu bemerken.

Der Industrieanlagenvertrag ist grundsätzlich ein Werkvertrag (§ 631 ff. BGB), und zwar ein Werklieferungsvertrag über nicht vertretbare Sachen (§ 651 Abs. 1 Satz 2, 2. Halbsatz BGB; so auch *Joussen*, S. 29 und BGH 283, 197 ff.; differenzierend die Besprechung von *Vetter*, Gefahrtragung beim grenzüberschreitenden Industrie-Anlagen-Vertrag, RIW-AWD 1984, 170 ff. Vgl. zum Werklieferungsvertrag allgemein etwa *Staudinger/Peters*, § 651 Rdnr. 1 ff.; *Palandt/Thomas*, Einf. v. § 631; *Erman/Seiler*, vor § 631, insbesondere Anm. 26; RGRK/*Glanzmann*, vor § 631, § 631, Anm. 6 ff.; AK BGB/*Derleder*, vor §§ 631 ff.; MünchKomm/*Soergel*, § 631 Anm. 1 ff., 69 ff., *Soergel/Mühl*, vor § 631, Anm. 1 ff., Anm. 94 f. Der Anlagenvertrag wird bei *Erman/Seiler*, vor § 631, Anm. 26 lediglich erwähnt und etwas eingehender allein bei MünchKomm/*Soergel*, § 631 Anm. 69 ff., *Soergel/Mühl*, vor § 631 Anm. 94 f. sowie *Ingenstau/Korbion*, VOB Anh. Rdnr. 135 behandelt. Der Anlagenvertrag ist u. a. auch Geschäftsbesorgungsvertrag (§ 675 BGB). Gleichwohl muß darauf hingewiesen werden, daß der Begriff „Anlagenvertrag" ungeachtet der Verbreitung und wirtschaftlichen Bedeutung dieses Vertragstyps „ohne feste Konturen ist" (so zu Recht *Joussen* S. 7). Das Formular ist demgemäß im Kern ein Werkvertrag, enthält aber auch darüber hinausgreifende Regelungen.

Das gesamte Lieferungs- und Leistungsbündel des typischen Anlagenvertrages umfaßt

2.1 FIDIC: Works of Civil Engineering Construction (Ingenieurbauarbeiten) III.2.1

nämlich auch Rechtsbeziehungen, die – mindestens für sich betrachtet – als Dienstleistungen, Arbeitnehmerüberlassung, Geschäftsbesorgung, bloßer Kauf etc. eingeordnet werden könnten. Zum Teil wird versucht, für die schwierige Frage der Haftungsabgrenzung beim Generalunternehmervertrag eine faire Lösung durch zumindest teilweise Einordnung unter andere Vorschriften als die des Werkvertrages zu finden (vgl. *Graf von Westphalen* BB 1971, 1134 f. unter Bezugnahme auf *Soergel/Ballerstedt*). Solche Lösungen lassen sich aber nicht aus dem Gesetz ableiten, sondern nur im Vertrag regeln – so z.B. bezüglich der Mitwirkungspflichten des Auftraggebers (vgl. *Nicklisch* BB 1979, 533) oder der teilweisen Risikoüberwälzung auf Unterauftragnehmer (vgl. *Grüter* Betr. 1980, 867; *Nicklisch* NJW 1985, 2361 ff.).

U.a. um einer unzutreffend auf einen Vertragstypus verengten ergänzenden Vertragsauslegung vorzubeugen, wird der Industrie-Anlagenvertrag auch als „typengemischer eigener Vertrag" angesprochen (vgl. *Hopt/Graf von Westphalen*, Vertrags- und Formularbuch, 1. Aufl. 1995, S. 492).

(9) Das Red Book stellt wie dargelegt einen Vertrag mit Abrechnung zu Einheitspreisen auf der Grundlage des endgültigen Aufmaßes dar. Häufig findet sich in der Praxis auch der Typ eines Vertrages über die schlüsselfertige Darstellung einer Industrieanlage („turnkey project") zu einem Pauschalfestpreis mit einem Generalunternehmer. Insoweit wird auf Anm. 1 Abs. (3), Stichwort *Turnkey Contract*, sowie auf Anm. 10, Abs. (2) und (3) verwiesen.

(10) Ausgegangen wird schließlich von dem typischen Fall eines grenzüberschreitenden Vertrages. Deutsches Recht wird in solchem Fall häufig nicht oder nicht ausschließlich Anwendung finden können (hierzu s.u. Anm. 16), das ausländische Recht wird vielfach schwer zugänglich sein und auch für die komplexen Sachverhalte nicht immer passende Regelungen bieten – so insbesondere in Entwicklungsländern. Daher empfiehlt es sich, dem Geschäft eine möglichst umfassende und abschließende vertragliche Regelung zugrundezulegen, wie sie das Red Book darstellt (vgl. auch *Böckstiegel/Dilger*, Vertragspraxis und Streiterledigung im Wirtschaftsverkehr mit arabischen Staaten 1980, S. 103, der dies insbesondere im Hinblick auf die in Anm. 16 Abs. (3) genannten Besonderheiten des islamischen Rechts empfiehlt; weiter *Graf von Westphalen*, der in BB 1971, 1126 davon spricht, daß die Aufgabe einer angemessenen Regelung des Anlagengeschäfts „ein mitunter beängstigend voluminöses Vertragswerk erfordert.")

(11) Die Regelungen des Red Book stellen Allgemeine Geschäftsbedingungen im Sinne des § 1 des Gesetzes zur Regelung des Rechts allgemeiner Geschäftsbedingungen (AGB-Gesetz) dar. Sie dürften aber in aller Regel nicht den Vorschriften dieses Gesetzes unterfallen. Denn die Anwendung deutschen Rechtes wird im internationalen Anlagengeschäft selten – wenn überhaupt – in Betracht kommen. Zwar erfaßt § 12 AGB-Gesetz – „Zwischenstaatlicher Geltungsbereich" – in bestimmten Fällen auch Verträge, die ausländischem Recht unterliegen. Jedoch findet gemäß § 24 AGB-Gesetz u.a. § 12 AGB-Gesetz keine Anwendung auf Allgemeine Geschäftsbedingungen, die gegenüber einem Kaufmann verwendet werden, wenn der Vertrag zum Betriebe seines Handelsgewerbes gehört. Als deutsche Auftragnehmer kommen im internationalen Anlagengeschäft jedoch praktisch nur Vollkaufleute in Betracht. Dabei ist herrschende Meinung, daß in solchem Fall auch nicht etwa eine Inhaltskontrolle gemäß § 9 BGB stattfindet (vgl. *Horn* in *Wolf/Horn/Lindacher*, AGB-Gesetz, § 24 Rz. 1415 m.w. Hinweisen; ebenso *Müller/Otto*, Allgemeine Geschäftsbedingungen im internationalen Wirtschaftsverkehr, S. 109, 110; beachtlich allerdings die Bedenken, die neuerdings *Graf von Westphalen* NJW 1994, 2113 ff. u.a. im Hinblick auf Art. 34 EGBGB äußert).

Da somit eine Anwendbarkeit des AGB-Gesetzes auf das Red Book praktisch kaum in Betracht kommt, wird von einer Kommentierung der Bedingungen des Red Book im Lichte des AGB-Gesetzes Abstand genommen.

Entsprechendes gilt – darauf sei in diesem Zusammenhang abschließend nur hingewiesen – für die Richtlinie 93/13/EWG des Rates über mißbräuchliche Klauseln in Verbraucherverträgen vom 5. April 1993, weil es sich beim Anlagengeschäft offensichtlich nicht um Verbraucherverträge im Sinne der Richtlinie handelt.

3. Sonstige Mustervertragsbedingungen. (1) Noch immer gibt es für den Industrieanlagenvertrag keine deutsche Musterregelung, die etwa der für Bauverträge bewährten VOB entspräche (vgl. schon *Graf von Westphalen* BB 1971, 1126). Im Ausland sind besonders verbreitet die englischen Conditions of Contract der I.C.E. – Institution of Civil Engineers, die derzeit in 6. Auflage vorliegen, und die US-amerikanischen General conditions (form A210) des *AIA – American Institute of Architects*. Beides sind aber ebenfalls primär Bauvertragsbedingungen; das englische Bedingungswerk und die FIDIC Red Book Bedingungen beeinflußten und beeinflussen sich im Zuge der abwechselnd erscheinenden Neuauflagen gegenseitig (vgl. *Corbett*, S. viii).

(2) Dagegen hat die UNIDO (United Nations Industrial Development Organization) 1983 ein umfassendes Anlagenvertrags-Muster vorgelegt: UNIDO Model Form of Turnkey Lump Sum Contract for the Construction of a Fertilizer Plant including Guidelines and Technical Annexures, prepared by Negotiation Branch, Division of Policy Coordination, 1. Juni 1983, Dokument UNIDO/PC. 25/Rev. 1. Der Mustervertrag ist abgedruckt bei *Dünnweber*, S. 171–317. *Dünnweber* hält in einer Vorbemerkung fest, daß „nach Ansicht einiger Auftragnehmer seine Regelungen die Auftraggeberseite zu sehr begünstigen". Hingewiesen sei darauf, daß in der DDR eine gesetzliche Regelung für internationale Anlagenverträge bestand: §§ 88 ff. des Gesetzes über internationale Wirtschaftsverträge vom 5. Februar 1976 (GIW), GBl. DDR I, 61, enthielten eine Reihe von – allerdings recht allgemein formulierten – Vorschriften für den Anlagenvertrag (vgl. *Enderlein*, Anlagenvertrag u.a., S. 75).

(3) Es muß betont werden, daß insbesondere die öffentlichen Auftraggeber in den Ausschreibungsunterlagen häufig Vertragsbedingungen vorgeben, die nicht oder kaum einer Änderung durch den Auftragnehmer zugänglich sind. Sie stützen sich vielfach mehr oder weniger auf die vorerwähnten FIDIC-Bedingungen (so z.B. vielfach in Saudi-Arabien, vgl. *Böckstiegel/Klingmüller*, Vertragspraxis und Streiterledigung im Wirtschaftsverkehr mit arabischen Staaten, S. 12). Auch wenn in der Praxis über die Vertragsgestaltung gar nicht sollte verhandelt werden können, erleichtern das Formular – das wie gesagt vielfach auch abweichenden Bedingungswerken mehr oder weniger zugrundeliegt – und seine Anmerkungen die Beurteilung des Inhalts der „vorgegebenen" Regelungen.

(4) In der internationalen Vertragspraxis wird häufig, auch insoweit in Anlehnung an die FIDIC-Muster, eine Dreiteilung in ein – sehr förmliches, wenig inhaltsreiches – kurzes Vertragsdokument, sowie sogenannte „Allgemeine" und „Besondere Bedingungen" vorgenommen. Dies erleichtert den ausschreibenden Stellen, die viele Aufträge vergeben, den Überblick, da die allgemeinen Bedingungen als solche grundsätzlich unverändert bleiben, Abweichungen vielmehr aus den „Besonderen Bedingungen" leicht ersichtlich sind.

(5) Wegen der großen Bedeutung des *Consulting*, also der Tätigkeit beratender Ingenieure im Anlagengeschäft sei schließlich auf die diesbezüglichen Mustervertragsbedingungen hingewiesen, die in Abs. (4) zur nachfolgenden Anm. 12 – Der Ingenieur – aufgeführt werden.

4. Checkliste. (1) Wie in Anm. 2 Abs. (6) näher dargelegt, gibt es derzeit keine Übersetzung des FIDIC Red Book ins Deutsche. Aus diesem Grunde wird nachstehend eine deutsche Übersetzung des sehr detaillierten und daher umfangreichen Inhaltsverzeichnisses des oben als Formular wiedergegebenen Bedingungswerkes – *Part I General Conditions* – abgedruckt. Diese umfassende Übersicht kann als Checklist für die Fülle der im Anlagenvertrag regelungsbedürftigen Punkte benutzt werden.

(2) Dabei werden alle Artikel durch Kursivdruck gekennzeichnet, zu denen Änderungen oder Ergänzungen im Rahmen des *Part II Conditions of Particular Application* erforderlich oder zweckmäßig erscheinen.

2.1 FIDIC: Works of Civil Engineering Construction (Ingenieurbauarbeiten) **III.2.1**

Inhaltsverzeichnis
Teil I: Allgemeine Bedingungen
Definitionen und Auslegung

1.1 *Definitionen*
1.2 Überschriften und Randbemerkungen
1.3 Auslegung
1.4 Singular und Plural
1.5 Mitteilungen, Zustimmungen, Genehmigungen, Bescheinigungen und Feststellungen

Ingenieur und Vertreter des Ingenieurs

2.1 *Aufgaben* und Befugnisse *des Ingenieurs*
2.2 Vertreter des Ingenieurs
2.3 Delegationsbefugnis des Ingenieurs
2.4 Ernennung von Assistenten
2.5 Schriftliche Anweisungen
2.6 Unparteiisches Verhalten des Ingenieurs

Abtretung und Untervergabe

3.1 Abtretung des Vertrages
4.1 Untervergabe
4.2 Abtretung der Verpflichtungen des Subunternehmers

Vertragsunterlagen

5.1 *Sprache(n) und anwendbares Recht*
5.2 Vorrang der *Vertragsunterlagen*
6.1 Aufbewahrung und Zurverfügungstellung von Zeichnungen und Unterlagen
6.2 Aufbewahrung eines Exemplars der Zeichnungen auf der Baustelle
6.3 Unterbrechung des Fortschritts der Bauarbeiten
6.4 Verzögerungen der Zeichnungen und Kosten für verspätete Zeichnungen
6.5 Nichtvorlage von Zeichnungen durch den Unternehmer
7.1 Ergänzende Zeichnungen und Anweisungen
7.2 Entwurf von vertragsgegenständlichen Leistungen durch den Unternehmer
7.3 Verantwortung bleibt von Zustimmung unberührt

Allgemeine Verpflichtungen

8.1 Allgemeine Verpflichtungen des Unternehmers
8.2 Arbeit auf der Baustelle und Methode der Bauausführung
9.1 *Vertragsdokument* (vgl. hierzu dessen Wiedergabe in Deutsch in Anm. 2 Abs. (5): darin bzw. in dessen Anlagen sind die vertragsgegenständlichen Leistungen niederzulegen)
10.1 *Erfüllungsgarantie*
10.2 Dauer der Gültigkeit der Erfüllungsgarantie
10.3 Forderungen aus der Erfüllungsgarantie
11.1 *Baustellenbesichtigung*
12.1 Zulänglichkeit des Angebots
12.2 *Unvorhersehbare physische Hindernisse oder Bedingungen*
13.1 Übereinstimmung der *Leistung* mit dem Vertrag
14.1 Vorzulegendes *Programm*
14.2 Revidiertes Programm
14.3 Vorzulegende *Cash flow-Schätzung*
14.4 Keine Entlastung des Unternehmers von Pflichten oder Verantwortung
15.1 *Bauleitung durch den Unternehmer*
16.1 *Mitarbeiter des Unternehmers*

III.2.1
III. Lieferverträge

16.2	Widerspruchsrecht des Ingenieurs
17.1	Absteckung
18.1	*Bohrungen und Aushub für Untersuchungszwecke*
19.1	*Sicherheit und Sicherung sowie Umweltschutz*
19.2	Verantwortung des Auftraggebers
20.1	*Aufsicht über die vertragsgegenständlichen Leistungen*
20.2	Verpflichtung zur Behebung von Verlusten oder Schäden
20.3	Verluste oder Schäden aufgrund vom Auftraggeber zu vertretender Risiken
20.4	Vom Auftraggeber zu vertretenden Risiken
21.1	*Versicherung des Bauwerks und der Baustelleneinrichtung des Unternehmers* (Hinweis: in *Part. II.* abweichende Formulierung zu Artikel 21, 23 und 25, falls Auftraggeber versichert)
21.2	Ausmaß der Deckung
21.3	Verantwortung für nicht gedeckte Beträge
21.4	Ausschlüsse
22.1	Personen- und Sachschaden
22.2	Ausnahmen
22.3	Entschädigung durch den Auftraggeber
23.1	Haftpflichtversicherung (einschließlich Sachen des Auftraggebers)
23.2	Mindestversicherungsbetrag
23.3	Unternehmer und Auftraggeber als Versicherte
24.1	Unfall oder Verletzung von Arbeitern
24.2	Versicherung gegen Arbeitsunfälle
25.1	Beweise und Versicherungsbestimmungen
25.2	Ausreichende Versicherung
25.3	Rechte im Falle der Nichtversicherung durch den Unternehmer
25.4	Beachtung der Bestimmungen der Versicherungspolice
26.1	Beachtung der Gesetze und Verordnungen
27.1	Fossilien
28.1	Patentrechte
28.2	*Lizenzgebühren*
29.1	Behinderung des Verkehrs und Beeinträchtigung angrenzender Grundstücke
30.1	Vermeidung von Straßenschäden
30.2	Transport von Geräten oder Baustelleneinrichtung des Unternehmers
30.3	Transport von Material oder Anlagenteilen
30.4	Transport auf Wasserstraßen
31.1	Arbeitsmöglichkeiten für andere Unternehmer
31.2	Einrichtungen für andere Unternehmer
32.1	Säuberung der Baustelle durch Unternehmer
33.1	Räumung der Baustelle bei Fertigstellung

Arbeitskräfte

34.1	Einstellung von Angestellten und Arbeitskräften
35.1	Berichte über Arbeitskräfte und Baustelleneinrichtung des Unternehmers

Materialien, Geräte und Ausführung der Arbeit

36.1	Qualität der Materialien, Geräte und der Ausführung der Arbeiten
36.2	Kosten der Proben
36.3	Prüfungskosten
36.4	Kosten für nicht vorhergesehene Prüfungen
36.5	Feststellungen des Ingenieurs, soweit Prüfungen nicht vorgesehen sind
37.1	Prüfung der Arbeit
37.2	Inspektionen und Prüfungen

2.1 FIDIC: Works of Civil Engineering Construction (Ingenieurbauarbeiten) III.2.1

37.3 Termine für Inspektionen und Prüfungen
37.4 Ablehnung
37.5 Unabhängige Prüfung
38.1 Prüfung von vertragsgegenständlichen Leistungen vor Abdeckung
38.2 Freilegung und Herstellen von Öffnungen
39.1 Entfernung unvorschriftsmäßiger Arbeiten, Materialien und Geräte
39.2 Nichtbefolgung der Anordnungen durch den Unternehmer

Unterbrechung
40.1 *Unterbrechung* der Arbeit
40.2 Feststellung des Ingenieurs nach Unterbrechung
40.3 Unterbrechung für mehr als 84 Tage

Arbeitsbeginn und Verzögerungen
41.1 Beginn der Arbeit
42.1 Besitz an der Baustelle und Zugang dazu
42.2 Unterbleiben der Besitzübergabe
42.3 Wegerecht und Einrichtungen
43.1 *Fertigstellungstermin*
44.1 Verlängerung der Fertigstellungsfrist
44.2 Mitteilungen und Einzelangaben des Unternehmers
44.3 Zwischenzeitliche Feststellung von Fristverlängerungen
45.1 *Beschränkungen der Arbeitszeit*
46.1 Arbeitsfortschritt
47.1 Zahlung von pauschaliertem Schadensersatz für Verzögerung
47.2 Herabsetzung von pauschalierten Schadensersatzleistungen
(Hinweis: siehe mögliche Ergänzung zu Artikel 47 in *Part II* betreffend Boni)
48.1 Abnahmebescheinigung
48.2 Abnahme von Abschnitten oder Teilen
48.3 Fertigstellung von Teilen im wesentlichen
48.4 Notwendigkeit der Wiederherstellung von Flächen
(Hinweis: siehe mögliche Ergänzung zu Artikel 48 in *Part II: Prevention from Testing* – Verminderung von Prüfungen)

Haftung für Mängel
49.1 *Gewährleistungszeit* für Mängel
49.2 Erledigung ausstehender Arbeit und Mängelbeseitigung
49.3 Kosten der Mängelbeseitigung
49.4 Nichtbefolgung von Anweisungen durch den Unternehmer
50.1 *Suche durch den Unternehmer*

Änderungen, Ergänzungen und Wegfall von Arbeiten
51.1 Änderungen
51.2 Änderungsanweisungen
52.1 Bewertung von Änderungen
52.2 Befugnis des Ingenieurs zur Festsetzung der Vergütung
52.3 Abweichungen um mehr als 15%
(Hinweis: *Part II* enthält Änderungshinweise für den Fall der Zahlung in ausländischer Währung)
52.4 Arbeit zu Tagessätzen

Verfahren zur Geltendmachung von Ansprüchen
53.1 Mitteilung von Ansprüchen
53.2 Aktuelle Aufzeichnungen
53.3 Substantiierung von Ansprüchen

III.2.1
III. Lieferverträge

53.4 Nichtbeachtung
53.5 Zahlung von Ansprüchen

Geräte, Baustelleneinrichtung und Materialien des Unternehmers
54.1 Geräte, Baustelleneinrichtung und Materialien des Unternehmers; ausschließliche Verwendung für die vertragsgegenständlichen Leistungen
54.2 Keine Haftung des Arbeitgebers für Schäden
54.3 Verzollung
54.4 Wiederausfuhr von Geräten des Unternehmers
54.5 Bedingungen für die Miete der Geräte des Unternehmers
54.6 Kosten für die Zwecke von Artikel 63
54.7 Aufnahme der Bestimmung in Subunternehmerverträge
54.8 Keine stillschweigende Genehmigung von Materialien
(Hinweis *Part II* enthält Zusatzregelungen für den Fall der Übereignung der Geräte, Baustelleneinrichtung und Materialien des Unternehmers an den Auftraggeber)

Masse
55.1 Mengen
56.1 Vermessungen des Bauwerks
57.1 Vermessungsverfahren
57.2 Aufgliederung der Pauschalpreispositionen

Vorläufige Beträge
58.1 Definition des Begriffs „Vorläufige Beträge"
58.2 Verwendung von vorläufigen Beträgen
58.3 Vorlage von Belegen

Benannte Subunternehmer
59.1 Definition des Begriffs „Benannte Subunternehmer"
59.2 Benannte Subunternehmer; Widerspruch gegen Benennung
59.3 Anforderungen an Entwurf genau festzulegen
59.4 Zahlungen an benannte Subunternehmer
59.5 Bescheinigung von Zahlungen an benannte Subunternehmer

Bescheinigungen und Zahlungen
60.1 Monatliche Abrechnungen
60.2 Monatliche Zahlungen
60.3 Zahlung einbehaltener Beträge
60.4 Berichtigung von Bescheinigungen
60.5 Abrechnung nach Abschluß
60.6 Endgültige Abrechnung
60.7 Entlastung
60.8 Bescheinigung der endgültigen Zahlung
60.9 Ende der Auftraggeberhaftung
60.10 Fälligkeit der Zahlung
61.1 Genehmigung nur durch Bescheinigung der Mängelgewährleistung
62.1 Bescheinigung der Mängelgewährleistung
62.2 Nicht erfüllte Verpflichtungen

Abhilfe
63.1 Vertragsverletzungen des Unternehmers
63.2 Bewertung auf den Zeitpunkt der Vertragsbeendigung
63.3 Zahlung nach Vertragsbeendigung
63.4 Abtretung der Rechte aus dem Vertrag
64.1 Dringende Nachbesserungsarbeiten

2.1 FIDIC: Works of Civil Engineering Construction (Ingenieurbauarbeiten) **III.2.1**

Besondere Risiken
65.1 Keine Haftung für besondere Risiken
65.2 Besondere Risiken
65.3 Beschädigung des Bauwerks durch besondere Risiken
65.4 Geschosse, Raketen
65.5 Erhöhte Kosten aufgrund besonderer Risiken
65.6 Kriegsausbruch
65.7 Entfernung der Geräte des Unternehmers bei Vertragsbeendigung
65.8 Zahlung im Falle der Beendigung des Vertrages

Befreiung von Leistungspflicht
66.1 Zahlung im Falle der Befreiung von der Leistungspflicht

Beilegung von Streitigkeiten
67.1 Entscheidung des Ingenieurs
67.2 Gütliche Einigung
67.3 Schiedsverfahren
67.4 Nichtbefolgung der Entscheidung des Ingenieurs

Mitteilungen
68.1 Mitteilung an Unternehmer
68.2 Mitteilung an Auftraggeber und Ingenieur
68.3 Adressenänderung

Vertragsverletzungen durch Auftraggeber
69.1 Vertragsverletzung durch Auftraggeber
69.2 Entfernung der Geräte des Unternehmers
69.3 Zahlung nach Beendigung
69.4 Recht des Unternehmers zur Einstellung der Arbeit
69.5 Wiederaufnahme der Arbeit

Änderungen der Kosten und der rechtlichen Bestimmungen
70.1 Verringerung oder Erhöhung der Kosten
70.2 Nachträgliche Gesetzesänderungen

Währung und Wechselkurse
71.1 Devisenbeschränkungen
72.1 Wechselkurse
72.2 *Wertmäßiges Verhältnis der Währungen zueinander*
72.3 Währungen für Zahlung vorläufiger Beträge
(Hinweis: *Part II* enthält Vorschläge für zusätzliche Bestimmungen)

5. Definitionen. Die der angelsächsischen Praxis entsprechende Aufführung von Definitionen am Anfang eines so umfangreichen Vertrages ist zweckmäßig, weil damit den Benutzern des Vertrages zu Beginn der Lektüre die genaue Bedeutung einer großen Anzahl ständig wiederkehrender Begriffe ersichtlich gemacht wird.

6. Auftraggeber. Der Begriff *Employer* – im engeren Wortsinne: Arbeitgeber, Unternehmer – ist hier, wie in der Vertragspraxis weithin üblich, im Sinne von „Auftraggeber" benutzt. Da dem Anlagenvertrag z. T. Werkvertragscharakter zukommt, kommt im Deutschen insoweit auch der gesetzliche Begriff „Besteller" (§ 631 BGB ff.) in Betracht. Er ist in der Praxis des Anlagengeschäftes unüblich und würde die Komplexität des Industrie-Anlagenvertrages eher verdecken. Häufig wird dagegen synonym auch der Begriff „Kunde" – „*Client*" benutzt.

Rosener 497

7. Anlagen zum Vertrag. In Artikel 1.1 (b) (i) werden die Vertragsbestandteile aufgeführt, die bei Unterzeichnung des Contract Agreement oder Agreement als formaler Klammer (vgl. Anm. 2 Abs. (5)) durch dieses, sonst jedenfalls durch die hier kommentierte Definition zusammengefaßt werden. Die für Leistungsabgrenzung und -umfang ausschlaggebenden Anlagen Specification – Leistungsbeschreibung, Spezifikationen – und *Drawings* – Zeichnungen –, die in Artikel 1.1 (b) (ii) und (iii) definiert werden, müssen in erster Linie von den Technikern beider Parteien ausgearbeitet werden; doch sollte auch der Vertragsjurist bei der Erarbeitung der Leistungsbeschreibung mit eingeschaltet werden. Es ist zur Vermeidung von Widersprüchen und Unklarheiten in hohem Maße empfehlenswert, die *Specification* nicht, wie es in der Praxis häufig geschieht, durch bloßes Zusammenheften von Angebots- und Auftrags-Schriftwechsel herzustellen, sondern diese Anlage nach letztem Stand in sich stimmig neu zu formulieren, wie es auch die hier kommentierten Definitionen vorsehen.

8. Betriebs- und Wartungsanleitungen. Das Red Book ist hier äußerst zurückhaltend: Diese Unterlagen werden lediglich in den Definitionen erwähnt, und dies noch recht überraschend unter einem auf diese Weise von üblichen Sprachgebrauch abweichend weiten Begriff der *„Drawings"*.

Der Unternehmer steht nach deutschem Recht für die Fehlerfreiheit der Betriebsanleitungen und Wartungsschriften ein, deren Lieferung eine eigene vertragliche Hauptpflicht ist (letzteres legt das FIDIC Yellow Book in Artikel 6.6 – Operation and Maintenance Manuals – zutreffend ausdrücklich fest). Er muß also nicht nur kostenlos Fehler in diesen Unterlagen beseitigen, sondern grundsätzlich auch eventuelle Folgeschäden beim Auftraggeber ersetzen (vgl. *Stein/Berrer*, S. F 14 f.). Auch im Hinblick darauf ist eine Haftungsbegrenzung für den Unternehmer wichtig, wie sie sich in Artikel 42 des Yellow Book, nicht jedoch im vorliegend kommentierten Reed Book findet (vgl. auch Anm. 28).

9. Einweisung von Kundenpersonal. Zu dieser Frage schweigt das Red Book, aber auch das Yellow Book der FIDIC. Dem Personal des Auftraggebers sollte rechtzeitig Gelegenheit zur Einarbeitung in die Bedienung und Wartung der Anlage gegeben werden. Grundlage dafür sind die Betriebsanleitungen und Wartungsvorschriften (vgl. Anm. 8). Da jedoch auch bei deren Vorliegen die Inbetriebnahme, Bedienung und Wartung komplexer Anlagen dem Personal des Auftraggebers – insbesondere in Entwicklungsländern – Schwierigkeiten bereiten kann, kommen hierfür – gegebenenfalls in einen gesonderten Vertrag aufzunehmende – Vereinbarungen über die Personalschulung oder zeitlich begrenzte Gestellung von qualifiziertem Personal in Betracht (vgl. *Graf von Westphalen* BB 1971, 1190; weiter *Kühnel* RIW/AWD 1981, 533, der Anregungen für noch eingehendere Regelung dieser Materie bietet). Ausgehend davon hat sich ein neues Tätigkeitsfeld für die Zeit nach der Erfüllung von Anlagenverträgen entwickelt, das vertraglich in Form langfristiger Betriebs- und Wartungsverträge in Erscheinung tritt. Leistungsabgrenzung und Kostenregelung sind die wichtigsten Regelungsmaterien dieser Verträge, auf die hier nur hingewiesen werden kann (vgl. dazu *Kühnel* BB 1985, 1227 ff.). Der neuere Vertragstyp BOT oder BOOT (Build, Operate and Transfer oder Build, Own, Operate and Transfer) beinhaltet demgegenüber den Betrieb als Aufgabe des Unternehmers bis zur (u. U. fernliegenden) Übertragung auf den Auftraggeber (vgl. dazu oben Anm. 1 Abs. (4)).

10. *Bill of Quantities*, Preis nach Aufmaß; Schlüsselfertige Anlage, Pauschalfestpreis; Preisgleitklauseln. (a) Die *Bill of Quantities* – etwa: Aufstellung der benötigten Mengen an Material, Personal etc. – als Grundlage der endgültigen Preisfeststellung ist ein typisch britisches Instrument. Da die Definition in Artikel 1.1 (b) (iv) die Preise mit einbezieht, ergibt sich auf dieser Grundlage der formale *Contract Price* (Definition Artikel 1.1 (e) (i)), während der endgültige tatsächlich zu zahlende Preis sich nach Aufmaß etc. ergibt: vgl. Artikel 60. Die Preis- und Zahlungsregelung des Red Book entspricht damit insgesamt traditioneller englischer Vertragsgestaltung. *Corbett*, FIDIC 4th, beschreibt dieses Charakteristikum des Red Book wie folgt:

2.1 FIDIC: Works of Civil Engineering Construction (Ingenieurbauarbeiten) III.2.1

Es handelt sich um einen Vertrag mit Preis nach Aufmaß, bei dem die Angaben in der „*Bill of Quantities*" nur annähernd sind und der „*Contract Price*" wenig Bedeutung hat außer als Mittel zur Beurteilung der konkurrierenden Angebote.

(b) Gerade in der Praxis des Industrieanlagengeschäftes hat sich aber folgende Gestaltung immer mehr verbreitet: Der Auftragnehmer ist dem Auftraggeber gegenüber verpflichtet, die gesamte Anlage einschließlich Bauteil innerhalb einer vertraglich bestimmten Frist mit vertraglich festgelegten Leistungen herzustellen und dem Auftraggeber ihren fehlerfreien Betrieb nachzuweisen. In der Praxis hat sich dafür der unscharfe Begriff „schlüsselfertige Erstellung" gebildet (vgl. *Graf von Westphalen* BB 1971, 1126; im internationalen Vertragssprachgebrauch entspricht dem der Begriff „turnkey project", vgl. dazu auch oben Anm. 1, Abs. (3)). Auf die insbesondere im Algerien-Geschäft entwickelten, für den Auftragnehmer gefährlichen, weiterreichenden Vertragstypen „produit en main" und „profit en poche" kann hier nur hingewiesen werden; vgl. dazu *Dünnweber*, Vertrag zur Erstellung einer schlüsselfertigen Industrieanlage im internationalen Wirtschaftsverkehr, 1984, S. 11). Dieser schlagwortartige Begriff entzieht sich allerdings einer exakten Definition und hat deshalb rechtlich für die Bestimmung des geschuldeten Leistungsumfangs nicht diejenige Bedeutung, die ihm im Streitfall von Seiten des Auftraggebers regelmäßig beigemessen wird.

Der geschuldete Leistungsumfang bestimmt sich nämlich nach den konkreten vertraglichen Vereinbarungen (vgl. dazu auch *Dostrasil*, S. 21 ff. und VDMA Sonderveröffentlichung Nr. 4/73, S. 16 ff.), vorliegend also vor allem nach *Specification* und *Drawings* gemäß Artikel 1.1 (b) (i) und (ii).

(c) Insbesondere Pauschalfestpreis-Verträge für schlüsselfertige Projekte (vgl. neuestens FIDIC Conditions of Contract for Design – Build and Turnkey, das Orange Book, das in Artikel 13.1 Zahlung „on a fixed lump sum basis" vorsieht), die im Anlagengeschäft häufig sind, setzen deshalb eine genaue Leistungsabgrenzung voraus. Was nicht erkennbar zum Leistungsumfang gehört, ist auch nicht vom Pauschalfestpreis gedeckt, wobei darauf abgestellt wird, was ein erfahrener Unternehmer aufgrund aller ihm zugänglichen Unterlagen und Informationen erkennen konnte (vgl. hierzu *Ingenstau/Korbion*, VOB/B § 2, Rdnr. 319 ff.; *Heiermann* BB 1975, 991; *Kroppen*, Pauschalpreis und Vertragsbruch, 1974; BGH *Schäfer/Finnern* Z.Z. 3001, Bl. 35 ff.). Auf die vielfachen Probleme des Pauschalpreises, des Festpreises und der Festpreisgarantie kann hier nur hingewiesen werden (vgl. dazu nur *Ingenstau/Korbion*, VOB/B, § 2, Rdnr. 162, 328 ff. und § 13 Rdnr. 848).

(d) Alternativ zu einem Festpreis sind auch Preisvereinbarungen unter Aufnahme von Preisgleitklauseln mit Preisgleitungsformeln üblich, in denen mit verschiedener Gewichtung Lohn und wesentliche Materialpreise als Faktoren eingesetzt werden. Vgl. hierzu insbesondere *Graf von Westphalen*, Rechtsprobleme der Exportfinanzierung, 3. Aufl., 1987, S. 97 ff., *Baur*, Vertragliche Anpassungsregelungen, 1983, sowie *Horn*, Standard Clauses on Contract Adaptation, in: *Horn* (Hrsg.), Adaptation and Renegotiation of Contracts in International Trade and Finances, 1985. Bei Preisgleitklauseln ist stets zu prüfen, ob diese wegen § 3 Währungsgesetz einer Genehmigung durch die Deutsche Bundesbank bedürfen (vgl. *Graf von Westphalen*, 113 ff., sowie umfassend *Dürkes*, Wertsicherungsklauseln, 10. Aufl. 1992). Zur praktischen Formulierung von Preisgleitklauseln, insbesondere Kostenelementsklauseln vgl. *Graf von Westphalen,* 106 ff. und VDMA, Sonderveröffentlichung 2/71.

Weitere Beispiele typischer Zahlungsbedingungen finden sich bei *Graf von Westphalen*, Rechtsprobleme der Exportfinanzierung, 3. Aufl. 1987, S. 173 ff.

11. Plant. Dieser erst in der 4. Auflage in den Kontext der Definitionen in Artikel 1.1 (f) eingefügte Begriff, der dem deutschen Begriff der (Industrie-)Anlage entspricht, verdeutlicht das Selbstverständnis der Autoren und Herausgeber des Red Book, daß dieses insbesondere auch für das Anlagengeschäft Verwendung finden soll.

12. Der Ingenieur. (a) Die hier vorgesehene Einschaltung eines beratenden Ingenieurs – i.d.R. eines großen Ingenieursbüros – durch den Auftraggeber im internationalen Anlagengeschäft hat ihren Ursprung wohl insbesondere im englischen Bauvertragswesen. Dort hat der Ingenieur neben seiner Rolle als Vertreter des Auftraggebers auch die Stellung einer neutralen Instanz (siehe Artikel 2.6) und z.T. auch eine schiedsrichterähnliche Funktion; vgl. dazu *Goedel* RIW 1982, 18 ff.; vgl. weiter FIDIC, The Role of the Consulting Engineer in Projects, 1975, und FIDIC, Guide to the Use of Independent Consultants for Engineering Services, 3. Auflage, 1980; insbesondere *Corbett*, FIDIC 4th, S. 3 ff.

(b) Nach deutschem Recht sollte aber der Ingenieur klar als Erfüllungsgehilfe des Auftraggebers eingeordnet werden, unbeschadet seiner Einschaltung bei der Lösung von Konflikten (vgl. hierzu auch unten Anm. 60). Nach deutschem Recht übt der Ingenieur insoweit das Leistungsbestimmungsrecht des Auftraggebers (§ 315 BGB) aus. Die – auch den FIDIC-Bedingungen ersichtlich zugrundeliegende – Konzeption des englischen Bauvertragsrechts, wonach der Ingenieur eine Doppelstellung einerseits als Vertreter des Auftraggebers, andererseits als neutraler Schiedsgutachter innehat, sollte nicht verallgemeinert werden; so auch *Nicklisch* RIW/AWD 1978, 635, der die wenig klare rechtliche Funktion des Ingenieurs nach englischem Recht mit den Worten „schiedsgerichtsähnlicher Schiedsgutachter" kennzeichnet (hierzu auch nachstehende Anm. 13). Die für solche Funktion erforderliche Neutralität wird der vom Auftraggeber eingeschaltete Ingenieur im internationalen Geschäft nur mit Mühe wahren können. Auch steht er – anders als ein gemeinsam beauftragter Schiedsgutachter – nicht in vertraglichen Beziehungen zum Unternehmer, so daß er diesem gegenüber für Fehlentscheidungen nur nach Deliktsrecht haftet. Damit wäre der Unternehmer insbesondere nicht gegen den Ersatz von Vermögensschäden abgesichert, wenn der Ingenieur nicht als Erfüllungsgehilfe des Auftraggebers zu betrachten wäre.

(c) FIDIC, als Dachorganisation der beratenden Ingenieure, hält an der Doppelfunktion des (beratenden) Ingenieurs fest. Die dem Ingenieur zugedachte Bedeutung erweist die ausführliche, bereits am Anfang des Bedingungswerks stehende Regelung seiner Rolle. Um das Verfahren offener zu gestalten, ist aber in der 4. Auflage des Red Book an etwa 25 Stellen vorgesehen, daß Entscheidungen des Ingenieurs erst „after due consultation with the Employer and the Contractor" getroffen werden sollen, also nach angemessener Beratung mit dem Auftraggeber und dem Unternehmer. Vgl. auch die Rolle des Ingenieurs bei der Konfliktlösung gemäß Artikel 67.1.

Ist eine Vertragspartei gleichwohl mit einer Entscheidung des Ingenieurs nicht einverstanden, so ist – nach dem zwingend vorgeschriebenen Versuch eines *amicable settlement* (Artikel 67.2) – die Anrufung des Schiedsgerichts vorgesehen (Artikel 67.3).

(d) *Consulting.* An dieser Stelle sei auf folgendes hingewiesen. Neben den Vertragswerken für die „hardware" des Anlagen- (und Bau-)Geschäftes, die in diesem Abschnitt III.2 behandelt werden, gibt es ganz entsprechende für die begleitende „software", nämlich das *Consulting* – oder Beratungsgeschäft durch beratende Ingenieure. Genannt seien auch hierzu in erster Linie die Musterverträge der FIDIC:
a) *Client/Consultant Model Services Agreement* (The White Book), 2. Aufl., 1991, deutsche Übersetzung: Vertragsmuster für Vereinbarungen zwischen Kunden und Beratern;
b) *Sub-Consultancy Agreement*, 1. Aufl., 1992;
c) *Joint Venture (Consortium) Agreement (for the association of two or more Consultants)* (The Blue Book), 1. Aufl., 1992.
Dazu hat FIDIC wiederum Einführungen herausgegeben:
Zu a) The White Book Guide (with other Notes on Documents for Consultancy Agreements), 1. Aufl., 1991
Zu b) und c) Guide to Joint Venture and Sub-Consultancy Agreement, 1. Aufl., 1991
Weiter sei auf die FIDIC-Veröffentlichung „Guidelines for ad hoc collaboration agreements between consulting firms" (1978) hingewiesen, insoweit schließlich auch auf das Schrifttumsverzeichnis und Anm. 1 zum Form. III.2.3.

Der VDMA hat als Sonderveröffentlichung Nr. 2/87 in 3. Auflage ein „Muster für einen

2.1 FIDIC: Works of Civil Engineering Construction (Ingenieurbauarbeiten) III.2.1

Vertrag über Planungs-, Überwachungs- und ähnliche Leistungen im Maschinenbau für das Ausland" unter dem Namen „Ingenieurvertrag – Ausland" herausgegeben.

13. Schiedsgutachten. Durch den Verweis auf Artikel 67 wird ein dreistufiges Verfahren zur Verfügung gestellt, wonach zunächst der Ingenieur selbst (noch einmal) seine Entscheidung überprüfen kann, dann ist eine gütliche Einigung zu suchen, bevor schließlich ein Schiedsverfahren beginnen kann. Zu dem gesamten wichtigen und nicht einfachen Komplex vergleiche auch *Corbett*, FIDIC 4th, A practical Guide, 1991, Kommentar zu Artikel 2.6. Auf die weiteren heute vielfach diskutierten und angewandten Methoden der sogenannten ADR – *Alternative Dispute Resolution* – kann hier nur hingewiesen werden. Häufig dürfte es für technische Fragen zweckmäßig sein, anstelle dessen oder alternativ neben dem Schiedsverfahren eine Regelung durch Schiedsgutachten o. ä. vorzusehen. Vgl. insoweit *Glossner* BB 1977, 678; dort ist das von der Internationalen Handelskammer, Paris, angebotene Verfahren zur Einholung technischer Sachverständigen-Gutachten kommentiert und die entsprechende Regelung abgedruckt. Weitere Überlegungen hierzu finden sich bei *Nicklisch* RIW/AWD 1978, 633/635 f. und 637 ff., sowie in FS Walther J. Habscheid, 1989, S. 217 ff. Vgl. auch den Formulierungsvorschlag des § 32 in Form. IV.1 des Bandes 2.

14. Vertragsübertragung. Nach deutschem Rechtsverständnis ist diese Regelung überflüssig, weil Verpflichtungen ohne Zustimmung des Gläubigers ohnehin nicht wirksam übertragen werden können (§ 415 Abs. 1 BGB). Die ausdrückliche vertragliche Klarstellung erscheint aber bei einem internationalen Vertrag angebracht (so auch das Yellow Book, Ziff. 3). Dies wohl auch deshalb, weil es nicht selten vorkommt, daß derjenige, der z. B. in Entwicklungsländern einen Vertrag zu erhalten vermag, zu seiner Durchführung nicht in der Lage ist und eine – gewinnbringende – Weiterübertragung mehr oder weniger offen bezweckt.

15. Subunternehmer. (a) Hierdurch ist klargestellt, daß der Subunternehmer Erfüllungsgehilfe des (Haupt-)Unternehmers ist, nach deutschem Recht mit der Folge der strengen Haftung für Verschulden des Erfüllungsgehilfen gemäß § 278 BGB. Diese Regelung ist erforderlich, da andernfalls der Subunternehmer entweder als schlichter Zulieferer ohne Erfüllungsgehilfeneigenschaft oder umgekehrt – in entsprechender Anwendung der § 664 Abs. 1 Satz 2, § 691 Satz 2 BGB – als Substitut des Hauptunternehmers angesehen werden könnte (*Fikentscher*, Schuldrecht, 8. Aufl. 1992, Rdnr. 919; unklar BGH LM § 664 Nr. 1; einschränkend (nur bei unentgeltlichem Auftrag) *Staudinger/Löwisch*, § 278 Rdnr. 15; *Soergel/Wolf*, § 278 Rdnr. 35 mwN.; vgl. zur Problematik Unternehmer-Subunternehmer beim Anlagenvertrag auch *Graf von Westphalen* BB 1971, 1128 f.; weiter unter AGB-Aspekten *Löwe/Graf von Westphalen/Trinkner*, Großkommentar zum AGB-Gesetz, Bd. III: Einzelklauseln in Klauselwerken, 2. Aufl. 1985, Rn. 1 und 2 sowie *Ramming*, BB 1994, 518 ff.).

(b) Bei einem so komplexen Vorgang wie der Errichtung einer Industrieanlage steht die Notwendigkeit der Einschaltung weiterer Unternehmen als Subunternehmer von vornherein fest. Dem wird häufig durch Regelungen Rechnung getragen, die diesen Umstand im Verhältnis Auftraggeber-Unternehmer ausdrücklich berücksichtigen. Der vom Unternehmer benannte Unterauftragnehmer, dessen Bestellung der Auftraggeber zugestimmt hat, erhält den Status eines „Benannten Nachunternehmers" (oder Unterauftragnehmers); hierfür wird gelegentlich der ursprüngliche englische terminus technicus „Nominated Subcontractor" verwandt, der nach Artikel 59 aber primär den umgekehrten Fall des vom Auftraggeber vorgegebenen Unterauftraggeber bezeichnet. Dies sollte nicht gegen begründeten Widerspruch des Unternehmers geschehen oder – gegebenenfalls – nicht ohne Freistellung des Unternehmers von der Haftung durch den nominated subcontractor; Artikel 59.2. Dieser Problemkreis spielt eine besondere Rolle in Entwicklungsländern, in denen der Auftraggeber einheimischen, aber u. U. unerfahrenen Subunternehmern Aufträge verschaffen will.

(c) Ist mit Artikel 4.1 die Frage der Einschaltung eines Subunternehmers im Verhältnis Auftraggeber – Unternehmer bzw. (Haupt-)Auftragnehmer angesprochen, ohne daß es dabei insoweit zu irgendeiner Risikoübernahme durch den Auftraggeber kommt (entsprechend der ganz durchgängigen Handhabung in der Praxis), so stellt sich generell und über Artikel 59.2 hinaus die Frage, ob der (Haupt-)Auftragnehmer Risiken aus dem Hauptauftrag an den Subunternehmer weiterwälzen kann. *Nicklisch,* der sich in NJW 1985, 2361 ff. eingehend mit dem Subunternehmervertrag beschäftigt, spricht zu Recht davon, daß sich der (General-)Unternehmer in einer „Zweifrontenstellung" befindet (a. a. O., S. 2367). *Nicklisch* weist zutreffend in seiner Zusammenfassung darauf hin, daß die faktische Einbindung des Subunternehmers in das Gesamtprojekt noch nicht zu einer rechtlichen Synchronisation von Hauptvertrag und Subunternehmervertrag führt; dazu sei vielmehr ein entsprechender Parteiwille notwendig, aus dem jeweils Gegenstand, Art und Reichweite der Verzahnung entnommen werden könne (a. a. O. S. 2370). Auf die Notwendigkeit konkreter Einzelregelungen im Subunternehmervertrag zwecks „Risikodurchstellung" weist zu Recht auch *Vetter* RIW 1986, 81 ff. hin.

Die sich hierbei stellenden Fragen sind Gegenstand des Form. III. 2.2.

16. **Vertragssprache, Rechtswahlklausel.** Bei einem internationalen Anlagenvertrag erscheint es in den meisten Teilen der Welt praktisch ausgeschlossen, Deutsch als **Vertragssprache** durchzusetzen; im Zweifel wird dies heute Englisch sein.

Rechtswahlklausel. (a) Ist das eigene Recht nicht durchsetzbar, so ist eine Lösungsmöglichkeit die Wahl eines „neutralen" Rechts, z. B. des Schweizer Rechts. Dabei sollte aber darauf geachtet werden, daß dieses Recht und die Gerichtsstands- bzw. Schiedsgerichtsvereinbarung miteinander harmonieren und die lex fori die Wahl eines „neutralen" Rechts – ohne international-privatrechtlichen Anknüpfungspunkt – zuläßt (nach Schweizer IPR ist eine freie Rechtswahl unproblematisch, vgl. Art. 116 schweizerisches IPR-Gesetz). Nach zutreffender Auffassung bedarf es zur Wirksamkeit der Rechtswahl keines faktischen Anknüpfungspunktes, es reicht aus, wenn die Parteien ein anerkennenswertes Interesse an der Rechtswahl haben (*Sandrock/Steinschulte,* Handbuch der Internationalen Vertragsgestaltung, 1980, Bd. 1, Abschn. A, Rdnrn. 117–119 mwN, vgl. auch BGH WM 1969, 772). Das ist bei der Wahl eines neutralen Rechts immer der Fall. Art. 27 EGBGB n. F. legt für das deutsche IPR die freie Rechtswahl jetzt ausdrücklich fest.

(b) Grundsätzlich können die Vertragspartner kraft ihrer Parteiautonomie eine Rechtsordnung insgesamt, also einschließlich ihrer zwingenden Vorschriften abbedingen (vgl. *Sandrock/Steinschulte,* Handbuch der Internationalen Vertragsgestaltung, 1980, Bd. 1, Abschn. A, Rdnr. 1, Anm. 1). Diese freie Rechtswahl bezieht sich jedoch nur auf die schuldrechtlichen Beziehungen der Parteien zueinander, während beispielsweise die für das Vertragsverhältnis wichtige Frage des Eigentumsübergangs an der Anlage sich nach der lex rei sitae, also den zwingenden sachenrechtlichen Normen am Ort der Anlagenerrichtung bestimmt; vgl. Anm. 45. Ähnliches gilt für deliktsrechtliche Ansprüche, die sich regelmäßig nach dem Ort der Verletzungshandlung bestimmen. Es bedarf deshalb insoweit einer vertraglich vereinbarten Haftungsbegrenzung, vgl. Anm. 28. Wegen weiterer „Fallstricke" in diesem Zusammenhang vgl. *Graf von Westphalen* NJW 1994, 2113 ff.

(c) Besondere Probleme ergeben sich bei der Frage der Rechtswahl insbesondere bei Verträgen mit Partnern in arabischen Ländern, da dort z. T. – auch unter Bezugnahme auf Grundsätze des islamischen Rechts – zwingend die Anwendbarkeit des Rechtes des betreffenden Staates vorgeschrieben wird (z. B. in Saudi-Arabien). Hier kann insoweit lediglich auf die folgenden instruktiven – im Hinblick auf die in Fluß befindliche Entwicklung allerdings u. U. alsbald anpassungsbedürftigen – Veröffentlichungen hingewiesen werden: *Krüger* RIW/AWD 1979, 737; *Lacher* RIW/AWD 1980, 99; *Böckstiegel* (Hrsg.), Vertragspraxis und Streiterledigung im Wirtschaftsverkehr mit arabischen Staaten, 1981. In Kuwait ist, wie in den meisten arabischen Staaten, zwar der Grundsatz der Parteiautonomie anerkannt (Art. 59 des Gesetzes 5/1961 über das internationale Privatrecht (*Krüger* in

2.1 FIDIC: Works of Civil Engineering Construction (Ingenieurbauarbeiten)   III.2.1

Böckstiegel, S. 96 mit Anm. 8; siehe weiter dort *Dilger*, S. 103)). Ob daraus aber die Freiheit der Rechtswahl abgeleitet werden kann (so *Cotran*, zitiert bei *Dilger*, S. 103, Anm. 4, ablehnend *Dilger*), erscheint zweifelhaft. Zu beachten ist auch, daß vielfach in arabischen Staaten – dem französischen System entsprechend – öffentliche Auftraggeber eine Wahl fremden Rechtes nicht akzeptieren bzw. aufgrund von gesetzlichen Vorschriften nicht akzeptieren dürfen. Vgl. auch *Krüger* RIW 1983, 801 ff., der auf S. 810 m. w. N. in Anm. 83 auch darauf hinweist, daß Schiedssprüche, die nach ausländischem Recht ergehen, in Kuwait anscheinend nicht ohne weiteres anerkennungs- und vollstreckungsfähig sind. Derartigen Unsicherheiten wird praktisch am besten durch eine detaillierte vertragliche Regelung aller wichtigen Fragen Rechnung getragen, vgl. auch Anm. 2 Abs. (10).

17. Vorrang einer Vertragssprache. Erstrebenswert wenn auch nicht immer durchsetzbar ist es, daß sich die Parteien eines internationalen Vertrages auf eine (und möglichst eine von beiden Vertragspartnern verstandene) Vertragssprache einigen, zumindest aber – wenn der Vertrag in mehreren Sprachen abgefaßt wird – einer Sprache für den Fall von Widersprüchen und Zweifeln den Vorrang einräumen, insbesondere auch um dem Schiedsgericht nicht insoweit noch zusätzliche Probleme aufzubürden.

18. Contract Agreement. Vgl. hierzu Anm. 2 Abs. (5).

19. Prüfungspflicht des Unternehmers. Vgl. hierzu auch VOB/B § 3 Ziff. 3.

20. Organisation der Baustelle; Ablauf der Arbeiten; Personal. Auch dieser Gegenstand sollte eingehend geregelt werden; dies könnte in einem umfassenden, darauf gerichteten Artikel geschehen. Im Red Book finden sich dazu viele Einzelregelungen, aber verstreut über den Abschnitt *„General Obligations"*. Es seien daher hier checklistartig die einzelnen in Betracht kommenden Regelungsgegenstände zusammengestellt: Einstellung der Beschäftigten des Unternehmers, deren Entlassung auf Wunsch des Ingenieurs, Absteckung des Geländes und deren Berichtigung, Fossilien, Münzen und andere Funde, Behinderung des Verkehrs und Beeinträchtigung angrenzender Grundstücke, außergewöhnliches Verkehrsaufkommen und Straßenschäden, Abstimmung mit anderen auf der Baustelle tätigen Unternehmern, Behörden etc. über den Tätigkeitsablauf, alkoholische Getränke und Drogen, Waffen und Munition, Feste und religiöse Bräuche, Epidemien, Berichterstattung über Arbeitskräfte an den Ingenieur, Nacht- und Feiertagsarbeit.

21. Sicherheiten: Garantieerklärungen, Akkreditive.

(a) Im internationalen Anlagengeschäft werden insbesondere die folgenden drei Typen von Garantien gefordert und verwandt:
– die **Anzahlungsgarantie**, die vom Auftragnehmer beizubringen ist zur Sicherung des Auftraggebers, wenn dieser eine Anzahlung leistet,
– die in Artikel 10.1–10.3 angesprochene **Erfüllungsgarantie** oder **Leistungsgarantie** zur Sicherung der Vertragserfüllung durch den Auftragnehmer, die durch diesen ebenso beizubringen ist wie die
– **Gewährleistungsgarantie**, welche die Erfüllung der Gewährleistungspflichten durch den Auftragnehmer sichert.
Im angloamerikanischen Rechts- und Wirtschaftsraum kommen diese Sicherheiten in der Regel praktisch als von Banken hinausgelegte Garantien oder als von Versicherungen ausgestellte *bonds* vor. Beispiele finden sich in Part II des Red Book zu Artikel 10.1 in Form einer *„Performance Guarantee"* und eines *„Surety Bond for Performance"*.

(b) Zu diesem Komplex kann allgemein auf die Monographie *Graf von Westphalen*, Die Bankgarantie im internationalen Handelsverkehr, 2. Aufl. 1990, sowie auf die eingehende Darstellung von *Schütze* in Band 3 des Münchener Vertragshandbuches, Abschnitt III Form. 19 ff., und die dazugehörigen Anmerkungen verwiesen werden. Die heute ganz übliche Form der auf erstes Anfordern zu erfüllenden Garantien führt zu einer Reihe von Problemen; die Praxis ist zum Teil unbefriedigend, manche Rechtsfragen sind noch ungeklärt. Das gilt insbesondere für die Fälle rechtsmißbräuchlicher Inanspruchnahme – z. B.

durch Auftraggeber in Entwicklungsländern – und die Möglichkeiten der Verhinderung solchen Mißbrauchs, insbesondere mit Hilfe des einstweiligen Rechtsschutzes (Einstweilige Verfügung gegen den Begünstigten oder die Garantiebank, Arrest in den Auszahlungsanspruch des Begünstigten). Vgl. auch hierzu die systematische Darstellung von *Schütze* in Band 3 des Münchener Vertragshandbuches, Abschnitt III, mit umfassenden weiteren Nachweisen von Rechtsprechung und Schrifttum. Siehe weiter insbesondere das dort zu den anderen besonders aktuellen Problemen der Befristung der Garantie und der Rückgabe der Garantieurkunde Ausgeführte.

Es sei darauf hingewiesen, daß das Risiko aus der Garantie-Inanspruchnahme durch eine Sonderversicherung gedeckt werden kann.

(c) Für die einzelnen in Abs. (1) genannten Garantietypen kann schließlich auf die entsprechenden Formulare in Band 3 des Münchener Vertragshandbuches, Abschnitt III, verwiesen werden.

(d) Zur Sicherung des Auftragnehmers bezüglich der vom Auftraggeber zu leistenden Zahlungen wird umgekehrt im internationalen Geschäft vielfach das **Akkreditiv** (letter of credit, L/C) eingesetzt. Das Red Book sieht dies nicht vor. Gleichwohl seien hier einige Hinweise gegeben.

Zu den praktischen und rechtlichen Problemen des Akkreditivs vgl. vor allem *Eisemann/ Schütze*, Das Dokumentenakkreditiv im Internationalen Handelsverkehr 4. Aufl., 1996; *Zahn/Eberding/Ehrlich*, Zahlung und Zahlungssicherung im Außenhandel, 6. Aufl., 1986, 35 ff., *Graf von Westphalen*, Rechtsprobleme der Exportfinanzierung, 3. Aufl., 1987, 221 ff., *Graf von Bernstorff*, „Dokumente gegen unwiderruflichen Zahlungsauftrag" als Zahlungsform im Außenhandel, RIW/AWD 1985, 14 ff. In der Regel werden dem Akkreditiv die von der Internationalen Handelskammer in Paris und der Kommission für internationales Handelsrecht der Vereinten Nationen (UNCITRAL) ausgearbeiteten und weithin praktizierten „Einheitlichen Richtlinien und Gebräuche für Dokumenten-Akkreditive" (ERA) zugrunde liegen (ICC-Publikation Nr. ERA 500; abgedruckt bei *Eisemann/Schütze* S. 239 ff. und bei *Zahn/Eberding/Ehrlich*, S. 436 ff.). Wegen der Unvollständigkeit der ERA und insbesondere auch der von der ICC vorgelegten 5 Standardformulare (vgl. die vorgenannte ICC-Publikation Nr. ERA 500) sei auf die Ausführungen von *Schütze* in Band 3 des Münchener Vertragshandbuches, Abschnitt III, hingewiesen. Für den Text des Akkreditivs vgl. auch das dortige Formular III.19, Unwiderrufliches Dokumentenakkreditiv, selbst.

Nach umstrittener Auffassung sind die ERA internationaler Handelsbrauch (BGH AWD 1958, 57/58), zumindest aber werden sie regelmäßig im Rahmen von AGB vereinbart, so in Ziff. 28 der AGB der deutschen Banken (vgl. zum ganzen *Graf von Westphalen*, 225 ff. mwN.). Nach wohl richtiger Auffassung sind die ERA zwar insgesamt weder Gewohnheitsrecht noch Handelsbrauch, wesentliche darin aufgezeichnete Grundsätze, wie vor allem jene betreffend die Unabhängigkeit des Akkreditives vom Grundgeschäft und die Dokumentenstrenge aber doch in weiten Bereichen Handelsbrauch i. S. d. § 346 HGB (*Baumbach/Hopt*, VI. Bankgeschäfte, (11) ERA).

In Abstimmung mit der eröffnenden Bank ist eine genaue Anpassung der Auszahlungsvoraussetzungen an die entsprechenden vertraglichen Vereinbarungen notwendig. Diese sind daher wiederum unter Berücksichtigung der banktechnischen Erfordernisse festzulegen.

22. Selbstunterrichtungsklausel. Auf einer solchen Regelung wird der Auftraggeber insbesondere einer schlüsselfertigen Anlage in der Regel bestehen. Die Klausel schließt die Berufung auf die Verletzung von Aufklärungspflichten durch den Auftraggeber aus und ist vor allem bei Pauschalfestpreis-Aufträgen sinnvoll. Denn insbesondere bei ihnen bedarf es der Risiko-Abgrenzung hinsichtlich des für den Pauschalfestpreis zu erbringenden Leistungsumfanges, während beim Einheitspreisvertrag der gesamte Leistungsumfang grundsätzlich nach Aufmaß etc. abgerechnet wird. Auch dabei kann es aber bei Auseinanderset-

2.1 FIDIC: Works of Civil Engineering Construction (Ingenieurbauarbeiten)   III.2.1

zungen über die Frage, ob bestimmte zusätzliche Kostenforderungen gerechtfertigt sind, auf die Selbstunterrichtungsklausel ankommen.

23. Superintendence, Oberleitung. Der Begriff *Superintendence* dürfte dem deutschen Baurechtsbegriff Oberleitung nahekommen. Dieser Begriff entsprach der Terminologie des § 19 GOA (Leistungsbild). Nach der neuen Begriffbildung des § 15 HOAI umfaßt er Teile der Leistungsphasen Ausführungsplanung bis Objektüberwachung (vgl. die Gegenüberstellung bei *Locher/Koeble/Frik,* HOAI 6. Aufl., 1991, § 15, Rdnr. 6). Der Begriff der Oberleitung wird in der Praxis weiterhin benutzt.

24. Mitwirkungspflichten des Auftraggebers. (1) Zu diesem wichtigen Bereich finden sich im Formular Regelungen nur verstreut für einzelne Aspekte (Sicherheit und Ordnung bei Mitbenutzung der Baustelle – Artikel 19 – und Besitzverschaffung bezüglich der Baustelle – Artikel 42). Ausführlichere Regelungen in einem eigenen Artikel finden sich z. B. im Yellow Book der FIDIC (dort Artikel 17); vgl. weiter Abschnitt III, §§ 8–13 des Formulars III.1 in Band 2 des Münchener Vertragshandbuches. Dazu zählen zum Beispiel die Beschaffung erforderlicher Arbeitsgenehmigungen etc., Import- und Export-Genehmigungen für Material und Baustelleneinrichtungen, Erledigung von Zollformalitäten.

Hinzu treten z. B. in Staaten mit Devisenbewirtschaftung etwa erforderliche Transfergenehmigungen, denen dann von Anfang an Bedeutung zukommt im Hinblick auf Anzahlung und Baufortschrittszahlung. Deren rechtzeitige Beibringung ist für die Finanzierung der Projektabwicklung von großer Wichtigkeit.

(2) Die Rechtsfolge der Verletzung von Hauptpflichten des Auftraggebers und ähnlicher Fälle ist in Artikel 69 in Form einer Kündigungsmöglichkeit geregelt. Auch die Mitwirkungspflichten des Auftraggebers sollten als Hauptpflichten ausgestaltet werden.

Die Rechtsfolgen der Verletzung solcher als Hauptpflichten ausgestalteten Mitwirkungspflichten des Auftraggebers sollten aber andere – z. B. Verlängerung der Ausführungszeit, zusätzliche Zahlungen – als Einstellung der Arbeiten oder gar Kündigung sein; vgl. dazu § 44 des Formulars III.1 in Band 2 des Münchener Vertragshandbuches. Vgl. zum Ganzen *Nicklisch* BB 1979, 533, der den Charakter dieser Pflichten als Hauptpflichten aus dem Kooperationsgedanken beim Industrieanlagenvertrag herleitet.

25. Energie- und Wasserversorgung etc. Es ist zweckmäßig, hierzu ergänzende Regelungen zu treffen. Artikel 14.3 des FIDIC Yellow Book lautet hierzu beispielsweise:

„The Contractor shall be entitled to use for the purpose of the Work such supplies of electricity, water, gas and other services as may be available on the Site and of which details are given in the Preamble. The Contractor shall pay the Employer a fair price for such use. The Contractor shall at his own cost provide any apparatus necessary for such use."

Soweit der Auftraggeber nicht die Beistellung von Strom und Wasser während der Bauzeit übernimmt, sollte ausdrücklich im Vertrag festgelegt werden, daß dies die Aufgabe des Unternehmers ist und er auch die entsprechenden Installationen für die Erzeugung von Strom und Wasser (z. B. Aufbereitungsanlage bzw. Meerwasser-Entsalzungsanlage) vorzuhalten hat.

26. Haftung. (1) Für die Regelung von Haftungsfragen ist grundsätzlich zu unterscheiden zwischen der Haftung
- des Unternehmers für das Werk einerseits und für Personenschäden, die dem Auftraggeber, dem Ingenieur oder anderen Dritten entstehen, andererseits;
- des Auftraggebers für Personen-, Sach- und andere Vermögensschäden, die dem Unternehmer und Dritten entstehen.

(2) Hinsichtlich der Haftung des Unternehmers für das Werk entspricht Artikel 20.1 grundsätzlich der gesetzlichen Regelung des § 644 BGB, wonach der Unternehmer bis zur Abnahme (hier also: Erteilung des Taking-Over Certificate, Artikel 48.1) die Gefahr des zufälligen Untergangs des Werkes trägt.

(3) Die Regelung der Haftung des Unternehmers für Schäden des Auftraggebers etc. (Artikel 22.1) entspricht grundsätzlich der gesetzlichen Schadensersatzpflicht nach deutschem Recht.

(4) Die Haftung des Auftraggebers ist in Artikel 22.3 mit 22.2 geregelt.

(5) Schäden am Werk sollen gemäß Artikel 21.1 versichert werden; für nicht gedeckte Schäden haftet der Auftraggeber oder der Unternehmer nach Artikel 21.3 gemäß der Risikoverteilung in Artikel 20, insbesondere auch 20.4.

(6) Personen-, Sach- und andere Vermögensschäden sind gemäß Artikel 23.1 zu versichern, wobei die Versicherung danach die Schadensersatzpflicht der Beteiligten nicht beschränkt.

(7) Die im einzelnen komplizierte und nicht unbedingt sehr übersichtlich aufgebaute Regelungsgruppe zeigt aber in jedem Fall einen Lösungsweg für die verschiedenen Haftungssachverhalte; vielfältige Alternativen – bezüglich materieller Regelung und Aufbau – sind in der Praxis zu finden. Auf die besondere Bedeutung dieses Komplexes unter Berücksichtigung der Versicherungsmöglichkeiten kann hier nur hingewiesen werden.

27. Versicherung. (1) Eine umfassende Versicherung möglichst vieler Baustellen-Risiken (vgl. hier insbesondere: Artikel 21.1, 23.1 und 24.2) wird vom Auftraggeber regelmäßig verlangt, und zwar nicht nur hinsichtlich der Risiken des Auftraggebers, sondern sämtlicher an der Anlagenerrichtung Beteiligter. Hiermit wird einmal der Zweck verfolgt, dem Auftraggeber eine ausreichende Sicherheit zu geben, daß der Unternehmer im Schadensfall Ersatz erhält und die Arbeiten fortführen kann (vgl. aber auch *Joussen* S. 84). Insbesondere Großschäden können nämlich die Leistungsfähigkeit des Unternehmers übersteigen und damit zum Stillstand der Projektabwicklung führen. Zweitens wird durch den Abschluß einer einheitlichen Versicherung für alle Beteiligten vermieden, daß die Schadensbehebung durch den Streit der Beteiligten und ihrer Versicherer über die Ersatzpflicht behindert wird. Bei einem einheitlichen Versicherungsvertrag steht nämlich die Eintrittspflicht des Versicherers fest und der Streit über den Verursacher ist lediglich im Rückgriffsfall zwischen Versicherer und Versicherten auszutragen.

(2) Ähnliche Überlegungen gelten für die Unfallversicherung (Artikel 24.2). Im Interesse des Auftraggebers liegt diese Versicherung insoweit, als sie verhindert, daß dieser durch die beim Anlagenbau beschäftigten Personen aufgrund gesetzlicher Haftungsvorschriften – beispielsweise wegen Verletzung der Verkehrssicherungspflicht – in Anspruch genommen werden kann.

(3) Anstelle der Mitversicherung des Auftraggebers durch den Unternehmer wird oft auch vom Auftraggeber gewünscht, daß er die Versicherung selbst abschließt. Er behält hierdurch die Koordination und Kontrolle in seiner Hand und mindert das Risiko, daß der Versicherungsschutz durch Obliegenheitsverletzungen des Unternehmers erlischt. Zudem kann der direkte Abschluß unter Umständen wirtschaftlich vorteilhafter sein (vgl. *Joussen* S. 90).

(4) Generell sollte bei Abfassung von Vertragsbestimmungen über Versicherungspflichten ein Versicherer schon früh in die Vertragsverhandlungen mit einbezogen werden, damit sichergestellt ist, daß die übernommene Versicherungspflicht auch tatsächlich durch Abschluß eines entsprechenden Vertrages erfüllt werden kann.

(5) Ist eine Versicherung im deutschen Rechtskreis beabsichtigt, sind insoweit neben den gesetzlichen Bestimmungen vor allem die jeweils einschlägigen Allgemeinen Versicherungsbedingungen zu beachten, durch die bestimmte Typen von Versicherungsverträgen geschaffen wurden.

(6) Die in Artikel 21.1 genannten Risiken sind im Rahmen einer Montageversicherung und Bauleistungsversicherung (früher: Bauwesenversicherung) versicherbar. Hinsichtlich der Baustelleneinrichtung besteht die Möglichkeit der Versicherung im Rahmen der Bauleitungsversicherung – unter Ausschluß innerer Betriebsschäden – oder bei Maschinen

2.1 FIDIC: Works of Civil Engineering Construction (Ingenieurbauarbeiten) III.2.1

gesondert als umfassende Maschinenversicherung. Die Risiken der Artikel 23.1 und 24.2 werden durch eine Unfall- bzw. Haftpflichtversicherung abgedeckt.

(7) Zu beachten ist, daß der vertraglich vorgeschriebene Versicherungsumfang nur durch „Besondere Vereinbarungen" zu den jeweiligen Versicherungsbedingungen herbeigeführt werden kann, da die Standardverträge aufgrund der Allgemeinen Versicherungsbedingungen nicht alle Risiken umfassen. Vgl. zum ganzen *Funk,* Die Montageversicherung, 1972: *Martin,* Montageversicherung, 1972; *Wussow-Ruppert,* Montageversicherung, 2. Aufl. 1972; *Platen,* Handbuch der Versicherung von Bauleistungen, 3. Aufl. 1995.

28. Haftungsbegrenzungen. Haftungsbegrenzungen werden vom Unternehmer wegen der schweren Überschaubarkeit mittelbarer Schäden (auch Folgeschäden) und der Grenzen der Versicherbarkeit grundsätzlich angestrebt. Andererseits bringt *Joussen,* S. 182 ff. anhand einer detaillierten Betrachtung möglicher Schadensereignisse beachtenswerte Argumente aus der Sicht des Auftraggebers („Einkäufers"), zurückhaltend beim Zugeständnis solcher Haftungsbegrenzungen zu sein. Das Red Book sieht keine Haftungsbegrenzungsregelung vor, anders als das Yellow Book, dort Artikel 42. Dort wird grundsätzlich die Haftung für indirekte oder Folgeschäden ausgeschlossen. Problematisch bleibt bei einer derartigen Regelung zur Haftungsbegrenzung die bekannte Frage der Abgrenzung von direkten und indirekten Schäden (Mangelschaden und Mangelfolgeschaden) vgl. nur MünchKomm/*Soergel,* § 635 Rdnr. 32 ff., 47; *Soergel/Mühl,* § 635, Rdnr. 13 ff. Eine abschließende Regelung sämtlicher Zweifelsfragen durch eine Definition im Vertrag erscheint ebenso unmöglich wie bei dem Begriff der „höheren Gewalt" (vgl. Anm. 57). Zweckmäßig kann es jedoch sein, auch hier durch beispielhafte Auflistungen möglicher indirekter Schäden einige Zweifelsfälle zu beseitigen; ein Beispiel gibt der erste Unterabsatz des erwähnten Artikels 42 Yellow Book.

29. Versicherungsdauer. Eine Ausdehnung z. B. bis zur endgültigen Abnahme wird vom Auftraggeber, unabhängig von dem Zeitpunkt des Gefahrenübergangs, manchmal gewünscht und wird von den Versicherern auch auf Wunsch geboten.

30. Rechtsmängelhaftung, insbesondere bei Patent- und sonstigen Schutzrechtsverletzungen. (1) Hier sind nur einige besonders wichtige Fälle des Gebiets angesprochen, das im deutschen Recht die Rechtsmängelhaftung darstellt. § 434 BGB betreffend Rechtsmängel findet im deutschen Werkvertragsrecht keine Parallele und ist dort auch nicht direkt anwendbar (ausgenommen im hier nicht einschlägigen Fall des Werklieferungsvertrages über vertretbare Sachen aufgrund der Verweisung des § 651 Abs. 1 S. 2 BGB). Eine Rechtsmängelhaftung erscheint im Anlagengeschäft aber angemessen, insbesondere im Hinblick auf eine mögliche Gebrauchsbehinderung durch entgegenstehende Schutzrechte Dritter.

(2) Anders als bei Sachmängeln ist die Vereinbarung einer kurzen Gewährleistungsfrist (entsprechend §§ 477, 638 BGB) in der Praxis nicht üblich. Die Verjährungsfrist nach deutschem Recht beträgt demnach – in entsprechender Anwendung der Verjährungsregelung in § 434 BGB – gemäß § 195 BGB 30 Jahre (vgl. *Staudinger/Honsell,* § 477 Rdnr. 10).

31. Lizenzverträge, Entwicklungsverträge. (1) Sofern für die künftige Produktion der schlüsselfertig erstellten Industrieanlage Patent- und Know-how-Lizenzen für Produkte und Verfahren an den Auftraggeber erteilt werden müssen, bedarf es auch des Abschlusses von Lizenzvereinbarungen im Rahmen des Anlagenvertrages oder neben ihm; vgl. hierzu *Moecke,* Vertragsgestaltung bei anlagenbegleitenden Lizenzverträgen, RIW 1983, 488 ff. Vgl. weiter z. B. den Entwurf eines „EG-Patentlizenz-Formularvertrages" (*Lutz/Broderick* RIW 1985, 349 ff.; englisch in International Business Lawyer 1985, 161 ff.) und eines EG-Know-How-Lizenzvertrages (*Lutz/Broderick* RIW 1989, 278 ff.; englisch in International Business Lawyer 1989, 373 ff.). Im übrigen wird generell auf Abschnitt VI. in Band 3 des Münchener Vertragshandbuchs verwiesen.

(2) Es kann vorkommen, daß für einen Auftrag bestimmte Maschinen oder Verfahren auf Wunsch des Kunden besonders zu entwickeln sind. Auf die speziellen Risiken von Entwicklungsverträgen kann hier nur hingewiesen werden. Solche Entwicklungsleistungen sollten ausdrücklich geregelt und ihre Risiken in entsprechenden Preisvorschriften berücksichtigt werden. Vorformulierte Bedingungswerke für Entwicklungsaufträge haben insbesondere das Bundesministerium für Forschung und Technologie sowie das Bundesministerium für Bildung und Wissenschaft und das Bundesamt für Wehrtechnik und Beschaffung (in Form der ABEI – Allgemeine Bedingungen für Entwicklungsverträge mit Industriefirmen) erarbeitet; auf sie sei hingewiesen.

Ausländische und supranationale Auftraggeber haben entsprechende Bedingungswerke veröffentlicht.

Vgl. auch Abschnitt VIII. „Forschungs- und Entwicklungsverträge".

32. Transport. Hierzu vgl. auch die Formulare in Abschnitt V und des Münchener Vertragshandbuches, Form. IV 1 in Band 2.

33. Baubegleitende Inspektionen und Tests. Es besteht ein Interesse des Unternehmers an solchen Inspektionen und Tests, um gegebenenfalls Meinungsverschiedenheiten früh erkennen und rechtzeitig – z. B. durch Einschaltung von Schiedsgutachtern o. ä. – lösen zu können. Auch hier handelt es sich also um „vertragsimmanente Mechanismen zur Konfliktregelung", die im Hinblick auf die erhöhte Störanfälligkeit von Langzeitverträgen wünschenswert sind (*Nicklisch* RIW/AWD 1978, 633/634 und 635). Diesen Inspektionen kommt rechtlich allerdings keine selbständige Bedeutung zu, wie Artikel 37.2 letzter Satz klarstellt. Sie stellen insbesondere keine Teilabnahmen dar (vgl. aber Artikel 48.2 und Anm. 48 dazu). Sie dienen aber dem frühzeitigen Erkennen von Fehlentwicklungen, die gemäß Artikel 37.4 den Ingenieur zur Abmahnung und Zurückweisung berechtigen. Die Nichtdurchführung solcher Inspektionen und Tests ist umgekehrt nicht geeignet, Schadenersatzansprüche des Unternehmers auszulösen, da der Auftraggeber zur Durchführung nicht verpflichtet ist.

34. Verhältnis zum Subunternehmervertrag. Hier – wie an vielen anderen Stellen auch – ergibt sich das Erfordernis, Regelungen des Anlagenvertrages auf Subunternehmer „durchzuschalten"; das ist bei der Abfassung der Verträge mit diesen zu beachten (vgl. hierzu z. B. Artikel 4.1, 4.2, 4.4 und 9.1 a. E. des nachfolgenden Form. III.2.2). Vgl. zur Frage der Synchronisation beider Verträge einerseits und der Risikoüberwälzung andererseits vor allem *Nicklisch* NJW 1985, 2361 ff. Vgl. weiter auch oben Anm. 15 sowie Anm. 21 bis 24 sowie 30 zum nachfolgend kommentierten Subunternehmervertrag, Form. III.2.2.

35. Zustimmungs- bzw. Abnahmefiktionen. Derartige Kombinationen von Fristen mit Zustimmungs- bzw. Abnahmefiktionen dienen der Streitvorbeugung; *Nicklisch* RIW/AWD 1978, 633/635 bezeichnet sie unter Bezugnahme auf angelsächsische Vertragspraxis als Bestandteile einer „contract administration", eines Instrumentariums, das es den Vertragsbeteiligten ermöglicht, „to operate smoothly together".

36. Prüfung vor Abdeckung. Es handelt sich hierbei nicht um eine (Teil-)Abnahme im Rechtssinne, vgl. *Joussen*, S. 373. Anders hier in Artikel 48.2, vgl. auch unten Anm. 48.

37. Gewährleistung und ursprünglicher Erfüllungsanspruch. Die Regelung trifft nicht den Gewährleistungsanspruch, sondern den ursprünglichen Anspruch auf Erfüllung, vgl. nach deutschem Recht § 633 BGB, *Staudinger/Peters*, § 640, Rdnr. 1 ff.; *Palandt/Thomas*, § 633 Rdnr. 10; *Joussen*, S. 167. Die Beweislast dafür, daß kein Mangel vorliegt und das Werk vertragsgemäß ist, liegt also noch beim Unternehmer (vgl. *Joussen*, S. 390 mwN.). Zum Begriff der vorläufigen Abnahme vgl. unten, Anm. 44 Abs. 3.

38. Arbeitsunterbrechung; Kündigung durch den Auftraggeber. Hier wird die Möglichkeit einer jederzeitigen Arbeitsunterbrechung durch den Ingenieur vorgesehen, nicht jedoch eine jederzeitige Kündigung durch den Auftraggeber, etwa wie in § 649 BGB. Diese letztgenannte Regelung entspricht regelmäßig nicht dem Charakter des Anlagengeschäfts

2.1 FIDIC: Works of Civil Engineering Construction (Ingenieurbauarbeiten) III.2.1

(vgl. auch *Joussen*, S. 252). Grundsätzlich sollten Kündigungsmöglichkeiten – wie sie insbesondere § 649 BGB dem Auftraggeber ohne Vorliegen eines Grundes einräumt – beim Anlagengeschäft in den Hintergrund treten. Sie können hier nur eine ultima ratio sein; das Interesse beider Vertragspartner wird auch im Falle erheblicher Leistungsstörungen immer darauf gerichtet sein, den Vertrag möglichst gleichwohl abzuwickeln.

39. Kündigung durch den Unternehmer. Während eine Kündigung durch jeden Vertragspartner bei langandauernder Arbeitsunterbrechung aus Gründen, die keiner von beiden zu vertreten hat, nicht ungewöhnlich ist (vorliegend aber bei Special Risks – Artikel 65.6 – nur dem Auftraggeber eingeräumt wird), dürfte ein Kündigungsrecht des Unternehmers im Falle lang dauernder Unterbrechung aus dem Auftraggeber zu vertretenden Gründen, wie hier vorgesehen, in der Praxis nicht immer leicht durchzusetzen sein, wiewohl es angemessen erscheint. Gegebenenfalls lassen sich dann nur Lösungen über Wegfall der Geschäftsgrundlage finden.

40. Arbeitsaufnahme, Inkrafttreten des Vertrages. Sofern z. B. bei der Finanzierung oder bei für die Durchführung der Arbeiten erforderlichen Genehmigungen mit Schwierigkeiten zu rechnen ist, kann das Inkrafttreten des Vertrages an die Sicherstellung der Finanzierung oder das Vorliegen der Genehmigungen oder eventueller Vorbescheide geknüpft werden. Nach deutschem Recht handelt es sich hierbei um die Vereinbarung einer aufschiebenden Bedingung gemäß § 158 Abs. 1 BGB. Da bei Nichteintritt der Bedingung eine vertragliche Bindung nicht zustandekommt, ist jeweils genau zu prüfen, ob dies der Interessenlage aller Beteiligten entspricht oder nicht vielmehr Risiken des Auftraggebers, beispielsweise bei der Sicherstellung der Finanzierung, auf den Auftragnehmer überwälzt werden. In solchen Fällen ist es zweckmäßiger, lediglich die Arbeitsaufnahme von dem Eintritt der Bedingungen abhängig zu machen. Vgl. hierzu auch *Vetter*, Gefahrtragung beim grenzüberschreitenden Industrieanlagen-Vertrag, RIW/AWD 1984, 170/174.

41. Arbeitsprogramm und Netzplan; Übersicht über Fristen und Termine. (a) Das Formular geht davon aus, daß im „Appendix to Tender" (1) nur eine „Time for issue of notice to commence" und eine „Time for completion" festgelegt werden, letzteres gegebenenfalls auch für einzelne „Sections of work" (vgl. Artikel 43.1). Es ist in der Praxis durchaus üblich und empfehlenswert, ein Arbeitsprogramm mit Netzplan vorzusehen, das vom Unternehmer vorzulegen und vom Auftraggeber oder Ingenieur zu genehmigen ist. Auch wenn als vertraglich relevanter Termin nur die Fertigstellung oder die Abnahme festgelegt wird, so daß Arbeitsprogramm und Netzplan nur der Kontrolle des Leistungsfortschritts dienen, ist dies hilfreich. Ein frühzeitiges Erkennen eintretender Verzögerungen ist wegen der verschiedenen für solchen Fall vorgesehenen Rechtsfolgen (vgl. Artikel 44–47) gleichwohl wesentlich.

(b) Zweckmäßig ist in jedem Fall eine Übersicht über alle geplanten Fristen und Termine, wobei die Zeitpunkte (*„milestones"*) datumsmäßig mit Anpassungsklausel bei einem eventuell verzögerten Eintreten der Voraussetzungen der Arbeitsaufnahme (vgl. hier Artikel 42.2) oder mittels Angabe von Zeiträumen gerechnet ab Vorliegen dieser Voraussetzungen des Vertrages festgelegt werden können. Wichtige Termine und Fristen sind üblicherweise und auch hier:
– Vertragsunterzeichnung
– Übergabe der Baustelle
– Beginn der Arbeiten auf der Baustelle
– Meldung der Lieferbereitschaft
– Beendigung der Montage und Meldung der Bereitschaft zur Durchführung der vorläufigen Abnahme
– Zeitraum für Leerlauftests (Probeläufe)
– Vorläufige Abnahme (wenn vorgesehen, siehe Anm. 44 Abs. (3))
– Beendigung der Leistungstests
– Abnahme (wenn nicht Aufteilung auf vorläufige und endgültige Abnahme)

—. Zeitraum der Gewährleistung (Garantiewartung)
— Endgültige Abnahme (wenn vorgesehen, siehe Anm. 44 Abs. (3)). (Vgl. hierzu auch das schematische Muster für eine Anlage I zu Form III. 1 in Band 2 des Münchener Vertragshandbuchs.)
Häufig werden vertraglich Verzugsfolgen, insbesondere Vertragsstrafen, schon an das – zu vertretende – Nichterreichen der *„milestones"* angeknüpft.

42. Fristverlängerung. Eine präzisere Regelung für die Fristverlängerung in diesen Fällen stößt auf Schwierigkeiten. Beispielsweise ist die Dauer der Unterbrechung aufgrund Auftraggeberwunsch oder höherer Gewalt – hier: *„Special Risks"*, vgl. Artikel 65 und Anm. 57 dazu – kein sicherer Maßstab: durch die zusätzliche Belastungen des Wiederingangsetzens unterbrochener Arbeiten kann eine darüber hinausgehende Fristverlängerung angemessen sein, aber es lassen sich auch Fälle denken, in denen eine kürzere Fristverlängerung ausreicht. Vgl. weiter *Nicklisch*, Sonderrisiken bei Bau- und Anlageverträgen (Teil I) – Sonderrisiken und Ansprüche auf Fristverlängerung und Mehrvergütung, BB 1991, Beilage 15, 3 ff.

43. Vertragsstrafe – pauschalierter Schadensersatz/Liquidated Damages – Penalty.
(a) Der Vertragsstrafe kommt nach deutschem Recht grundsätzlich eine Doppelfunktion zu; sie ist einerseits Zwangsmittel gegen den Schuldner, um ihn zu Vertragserfüllung anzuhalten (penalty), andererseits sichert sie dem Gläubiger im Störungsfall eine (Mindest) Schadensersatzforderung (liquidated damages) und enthebt ihn des oft schwierigen Nachweises von Schadensumfang und Kausalität (vgl. zum ganzen MünchKomm/*Söllner* vor § 339 Rdnr. 3, RGRK/*Ballhaus*, vor § 339–345 Rdnr. 1, *Stein/Berrer*, Teil F, S. 47 ff.; BGH NJW 1968, 148).

(b) Zu beachten ist, daß nach deutschem Recht die §§ 339 ff. BGB Anwendung finden, sofern die Vereinbarung nicht ausschließlich der letztgenannten Funktion dient (BGH NJW 1968, 148, NJW 1970, 29, 31), insbesondere also auch die Vorschrift des § 343 BGB betreffend Herabsetzung der Strafe. In Artikel 47.1 wird ausdrücklich die Einordnung als Penalty ausgeschlossen. (Dies hat dort allerdings gewissermaßen rechtshistorische Gründe, vgl. *Corbett*, *FIDIC 4th*, Anmerkungen zu Artikel 47).

(c) Andererseits erscheint es angemessen, die nach § 340 Abs. 2 S. 2 BGB zulässige Geltendmachung weiteren Schadens auszuschließen, wie es in dem Klammerzusatz in Artikel 47.1 ausdrücklich geschieht, und durch diese Begrenzung die Entschädigung für den Unternehmer kalkulierbar zu machen.

(d) Hinsichtlich der Höhe einer Vertragsstrafe – sollte eine solche vereinbart sein – sollte der Rechtsgedanke des (auf Kaufleute unmittelbar nicht anwendbaren und beim Anlagengeschäft in der Regel nicht einschlägigen § 11 Nr. 5 AGB-Gesetz beachtet werden, wonach die Vertragsstrafenhöhe dem gewöhnlichen Lauf der Dinge entsprechen soll. Auch das Risiko einer Vertragsstrafenzahlung im Verzugsfall ist gesondert versicherbar.

44. Abnahme. (a) *Taking-Over* entspricht etwa dem Konzept der Abnahme des deutschen Rechtes, wiewohl gerade auch hier vor einer einfachen Gleichsetzung der Rechtsinstitute gewarnt werden muß. Taking-Over Certificate bedeutet dann soviel wie Abnahmebescheinigung oder Abnahmeprotokoll.

(b) Die Abnahme stellt einen besonders wichtigen Vorgang im Rahmen der Abwicklung eines Anlagenvertrages dar. Im deutschen Recht ist die Abnahmepflicht des Auftraggebers beim Werkvertrag in § 640 Abs. 1 BGB geregelt; gemäß § 651 BGB gilt dies auch für den Werklieferungsvertrag bei Herstellung unvertretbarer Sachen (vgl. weiter § 12 VOB/B). Sie umfaßt nicht nur die körperliche Übernahme der Sache, sondern auch die gleichzeitige Erklärung, daß der Auftraggeber die Leistung in der Hauptsache als vertragsgemäß anerkennt (vgl. Münch-Komm/*Soergel*, § 640; *Soergel/Mühl*, § 640, Rdnr. 3 ff., m.w.N.; für den Anlagenvertrag speziell *Joussen*, S. 386 f. m.w.N. und *Fischer*, Die Abnahme beim Anlagengeschäft – Bedürfnisse und Gepflogenheiten der Praxis, Betr. 1984, 2125 ff.). Dem entspricht, daß es gemäß Artikel 48.1 für die Erteilung der Bescheinigung ausreicht, wenn

2.1 FIDIC: Works of Civil Engineering Construction (Ingenieurbauarbeiten)   III.2.1

„the works have been substantially completed". Eine ganze Reihe von Rechtsfolgen knüpft nach deutschem Recht an die Abnahme an:
a) Feststellung der fristgerechten Erfüllung, wenn die Abnahme innerhalb der vertraglich hierfür vorgesehenen Frist erfolgt,
b) Verlust von nicht vorbehaltenen Gewährleistungsrechten für bekannte Mängel,
c) Gefahrenübergang,
d) Eigentumsübergang,
e) Übergang der Beweislast für Mängel und nicht vertragsgemäße Leistung,
f) Beginn der Gewährleistung,
g) Fälligkeit der – ganzen oder von Teilen der – Vergütung (vgl. hierzu im einzelnen *Joussen*, S. 386 ff.).

Die vorgenannten Rechtsfolgen, zum Teil mit Modifizierungen, sind im Red Book geregelt:
zu a – in Artikel 43.1; vgl. aber auch Artikel 61.1, wonach erst das Defects Liability Certificate „approval of the works" bedeutet.
zu b) – nicht vorgesehen (anderes Konzept; in Artikel 49)
zu c) – nur mittelbar in Artikel 20.1 (vgl. aber Yellow Book, Artikel 38.2 – *Risk Transfer Date* mit Artikel 39; weiter nachfolgende Anm. 45)
zu d) – nicht geregelt (vgl. aber Yellow Book, Artikel 32.1 – Ownership of Plant –)
zu e) – nicht vorgesehen (anderes Konzept; in Artikel 49.3)
zu f) in Artikel 49.1
zu g) in Artikel 60.3 (a).

(c) Eine wesentliche Abweichung von der – beispielsweise: deutschen – gesetzlichen Regelung wird in der Praxis häufig angewandt: Die Abnahme wird zur „vorläufigen Abnahme" erklärt, die „endgültige Abnahme" erfolgt erst am Ende der Gewährleistungsfrist, während derer eine „Garantiewartung" („maintenance") vom Unternehmer geleistet wird. Dies stellt wiederum ein erprobtes Mittel der vertragsimmanenten Konfliktregelung *(Nicklisch)* dar: die Auseinandersetzungen über Mängel reduzieren sich, da der Unternehmer ohnehin zum Zwecke der Garantiewartung anwesend bleibt, am Ende der Gewährleistungsfrist besteht Klarheit zwischen den Vertragspartnern über Zustand und Leistungsfähigkeit der Anlage.

Die Leistungstests der Anlage werden häufig erst in der Garantiewartungsfrist vorgenommen. Die „vorläufige" Abnahme bezieht sich nur auf den allgemeinen Zustand und die grundsätzliche Funktionsfähigkeit der Anlage, während die garantierten Leistungswerte – an deren Nichterreichung in der Regel pauschalierte Minderungen geknüpft werden – anschließend geprüft werden können. Die vorläufige Abnahme ist dann aufgrund vertraglicher Gestaltung als Abnahme im Rechtssinne unter Vorbehalt der Überprüfung der zugesicherten Leistungseigenschaften anzusehen. Diesem Konzept ähnelt hier die Regelung betreffend die Defects Liability Period (Artikel 49 und 50).

(d) Die in der VOB/B vorgesehenen Abnahmesurrogate (Ablauf von 6 Tagen nach Ingebrauchnahme durch den Auftraggeber – § 12 Nr. 5 Abs. 2 VOB/B –, Ablauf von 12 Tagen nach schriftlicher Meldung über die Fertigstellung der Leistung – § 12 Nr. 5 Abs. 1 VOB/B) sind für das Anlagengeschäft nicht geeignet (so auch *Joussen*, S. 388). Vergleiche aber den – in der 4. Auflage des Red Book neu eingefügten – Fall des Buchstaben (c) von Artikel 48.2, wonach bei Vorab-Nutzung eines Teils der Anlage durch den Auftraggeber insoweit bereits dadurch der Anspruch auf Erteilung eines (teilweisen) Taking-Over Certificate entsteht.

45. Gefahr- und Eigentumsübergang. (1) Das Formular enthält – jedenfalls aus der Sicht des deutschen Vertragsjuristen: erstaunlicherweise – keine ausdrücklichen Regelungen betreffend Gefahr- und Eigentumsübergang (anders das Yellow Book, vgl. dort Artikel 32.1 Ownership of Plant und 38.2 Risk Transfer Date mit Folgeregelungen in Artikel 39). Lediglich mittelbar ergibt sich der Gefahrübergang aus Artikel 20.1.

(2) Der Zeitpunkt des Eigentumsübergangs entzieht sich bei Errichtung einer Anlage auf

fremden Grund und Boden zumindest teilweise der freien Vereinbarung der Parteien, weil unabhängig von einem vereinbarten Zeitpunkt des Eigentumsübergangs das Eigentum vielfach bereits früher aufgrund sachenrechtlicher Vorschriften über die Verbindung mit dem Baugrundstück auf den Grundstückseigentümer, also in der Regel den Auftraggeber, übergeht. Die Rechtslage ist insoweit bei Auslandsbauten dadurch zusätzlich kompliziert, daß selbst bei Vereinbarung deutschen Rechts für das Vertragsverhältnis (vgl. Artikel 5.1 (b) des Formulars) die Bestimmungen der §§ 94ff. BGB keine Anwendung finden. Denn die sachenrechtlichen Vorschriften über den Eigentumsübergang an Grundstücken und Grundstücksteilen entziehen sich einer Parteivereinbarung und unterliegen, ebenso wie nach deutschem Internationalen Privatrecht, auch nach ausländischem IPR regelmäßig der lex rei sitae (vgl. für das deutsche Recht *Staudinger/Stoll*, Nach Art. 12 (I) EGBGB, IntSachenR, Rz. 57, 58).

(3) Trifft man zusätzlich gesonderte Regelungen, so erscheint es zweckmäßig, den regelmäßig mit dem Eigentumsübergang verbundenen Gefahrübergang hiervon zu lösen und – z.B. entsprechend Artikel 38.2 Yellow Book – durch Anknüpfung an das Abnahmeprotokoll/Taking-Over Certificate (Artikel 48 des Formulars) zu regeln. Darüber hinaus könnte dem Unternehmer ein Wegnahme- und Aneignungsrecht an auf die Baustelle gebrachten Gegenständen eingeräumt werden. Damit lassen sich Streitfragen weitgehend ohne Rückgriff auf das örtliche Sachenrecht lösen. Vgl. zum ganzen auch *Stein/Berrer*, S. F 57 ff.

46. Abnahmeprotokoll. Im Abnahmeprotokoll sollten die erkennbaren Mängel festgehalten werden, die noch zu beheben sind. Zu Recht weist *Joussen*, (S. 399 f.) auf die praktische Bedeutung einer klaren Festlegung der erkennbaren Mängel durch ein Abnahmeprotokoll hin; vgl. dazu auch Anlagen 14 und 15 bei *Joussen*, (Allgemeine Richtlinien für die Abnahme und Formular für die Abnahme des Vereins Deutscher Eisenhüttenleute).

47. Abnahmeverweigerung. Da die deutsche gesetzliche Regelung eine Abnahmeverweigerung auch bei unwesentlichen Mängeln zuläßt (Grenze lediglich Verstoß gegen Treu und Glauben, vgl. RGZ 69, 381; 171, 297; *Soergel/Mühl*, § 640 Rdnr. 9; MünchKomm/*Soergel,* § 640 Rdnr. 25), ist es dringend empfehlenswert, vertraglich festzulegen, daß diese nur bei mehr als unwesentlichen Beeinträchtigungen der Anlage statthaft ist. Eine entsprechende Regelung findet sich z.B. auch in § 12 Nr. 3 VOB/B (vgl. hierzu *Joussen*, S. 396 f.). Für Artikel 48.1 muß diese Abgrenzung durch angemessene Auslegung des Begriffes „*substantially completed*" geleistet werden.

48. Vorgezogene Prüfung von Anlagenteilen, Teil-Abnahme. Diese Regelung bezieht sich auf *Sections*, also Anlagenteile, wie in Artikel 1.1 (b) (vi) definiert. Grundsätzlich hat eine Prüfung einzelner Anlagenteile keine Abnahmewirkung, denn die Tauglichkeit einzelner Anlagenteile ist normalerweise erst und nur dann von Bedeutung, wenn sie für alle Anlagenteile bestätigt ist (vgl. *Joussen*, S. 395 f.). Das Vorziehen der Prüfung einzelner Leistungen dient dann allein dem praktischen Bedürfnis, die Abnahme zeitlich zu „entzerren" (vgl. in diesem Zusammenhang auch Artikel 37). Vertraglich kann aber auch insoweit Abweichendes vorgesehen werden. Das ist hier der Fall: unter den in Artikel 48.2 vorgesehenen Voraussetzungen kann eine Teil-Abnahme durch den Ingenieur unter Erteilung eines diesbezüglichen Abnahmeprotokolls erfolgen. Zweckmäßigerweise sollten als (teilabnahmefähige) Sections solche Anlagenteile vorgesehen werden, die als separater Teil der Anlage funktionsfähig sind, also z.B. Teile der Anlage, die zur Herstellung eines Zwischenproduktes, einer Energie, einer Flüssigkeit oder einer sonstigen separierbaren Leistung in der Lage sind.

49. Leistungsgarantien. (1) Die hier folgenden Regelungen betreffend „Mängelhaftung" – so die wörtliche Übersetzung – oder Gewährleistung enthalten keine besonderen Vorschriften für die Nichterreichung vertraglicher garantierter Leistungen, wie z.B. Zementausstoß der Anlage pro Tag oder die Megawatt-Leistung eines Kraftwerkes. Derartige Regelungen finden sich in der Praxis jedoch häufig. Bei den im Anlagengeschäft typischerweise vereinbarten garantierten Leistungen handelt es sich nach deutschem Recht um zugesicherte Eigenschaften im Sinne von § 633 Abs. 1 BGB (*Joussen* S. 162f.). Sie werden in der Regel in Vertragsanhängen, im Rahmen der Spezifikationen festgelegt und ebenso die zum Nachweis der Erbringung vorgesehenen „Leistungstests". Zweckmäßig sind Regelungen der Rechtsfolgen der Nichterreichung. Entsprechende Regelungen finden sich im Abschnitt „Test on Completion" des „Yellow Book", insbesondere auch in dessen Artikel 28.7 – „Consequences of Failure to Pass Tests on Completion".

(2) Häufig werden in der Praxis vorab pauschalierte Preisminderungen pro nicht erreichter Leistungseinheit festgelegt. Pauschalierte Minderungen wegen Nichterreichung der Leistungswerte werden gewöhnlich als „Leistungspönalen" bezeichnet; vgl. *Joussen* S. 190f. Da es sich dabei rechtlich um einen vorab pauschalierten Minderungsanspruch handelt, sollte dieser ungenaue Ausdruck, der auf eine Vertragsstrafe mit ihren anderen Rechtsfolgen hindeuten könnte, vermieden werden. Diese an sich praktikable Gestaltung kann allerdings, worauf *Joussen* zu Recht hinweist, u.U. auch eine demotivierende Wirkung beim Unternehmer haben: er kann – insbesondere bei erträglicher Höchstbegrenzung – unter Umständen zu schnell die pauschalierte Minderung der aufwendigeren nachträglichen Herstellung des vertragsgemäßen Zustandes vorziehen, zumal die Pauschalierung sämtliche anderen Rechtsfolgen der Schlechterfüllung insoweit ausschließt. Bei der Festsetzung der Höchstbegrenzung ist auch zu berücksichtigen, daß das Risiko des Anfalls einer „Leistungspönale" gesondert versicherbar ist.

50. Dauer der Gewährleistung. Die gesetzliche Gewährleistungsregelung kann bei der Errichtung von – insbesondere auch: schlüsselfertigen – Anlagen zu unterschiedlichen Gewährleistungszeiten für einzelne Anlagenteile führen. Für das deutsche Recht unterscheidet § 638 Abs. 1 BGB zwischen Bauwerken (einschließlich bauwerksbezogener Leistungen, BGHZ 57, 60), Arbeiten an Grundstücken und sonstigen Leistungen und bestimmt hierfür Gewährleistungszeiten zwischen 5 Jahren und 6 Monaten. Die Vereinbarung einer einheitlichen Gewährleistungszeit ist deshalb angezeigt.

51. Garantiewartung. (1) Die hier wiedergegebene Regelung stellt praktisch die Vereinbarung einer „Garantiewartung" dar (vgl. hierzu auch Anm. 44 Abs. (3)); diese geht über die Bestimmungen des § 633 BGB hinaus, indem der Unternehmer – als vertragliche Hauptpflicht – die Beseitigung aller auftretenden Mängel und Schäden übernimmt. Rechtlich zerfällt solche „Garantiewartung" also in eine Verpflichtung zur (selbstverständlich kostenlosen) Mängelbeseitigung und eine Wartungsvereinbarung über die entgeltliche Beseitigung zukünftiger Schäden (Geschäftsbesorgung mit werkvertraglichem Element). Die Garantiewartung entspricht dem englischen Konzept der *„maintenance"*, vgl. dazu *Goedel* RIW 1982, 81/86.

(2) Welcher der beiden möglichen Fälle vorliegt, wird hier jeweils vom Ingenieur bestimmt. Denkbar ist auch die Festlegung eines Pauschalentgelts z.B. pro Monat über die Laufzeit der Gewährleistung, mit der die Beseitigung der vom Unternehmer nicht zu vertretenden Schäden abgegolten wird. Dies kann hilfreich sein, um Streitigkeiten über die Zuordnung im Einzelfall zur Gruppe der kostenlos zu beseitigenden Mängel einerseits oder der entgeltlich zu beseitigenden andererseits zu vermeiden.

52. Verpflichtung zur unverzüglichen Mangel- und Schadensbehebung innerhalb angemessener Zeit. Durch diese Bestimmung in Verbindung mit der gemäß Artikel 49.4 drohenden Ersatzvornahme (vgl. für das deutsche Recht § 633 Abs. (3) BGB, § 13 Nr. 5 Abs. (2) VOB/B) wird der Unternehmer zur alsbaldigen Reparatur verpflichtet, unabhängig von der Klärung der Frage, ob es sich um einen Gewährleistungsfall handelt oder einen Fall der entgeltlichen Wartung. Hierdurch wird vermieden, daß sich erforderliche Reparaturen wegen des Streits der Parteien über die Kostentragungspflicht verzögern.

53. Ersatzvornahme. An die Stelle des auf die Gesamtleistung bezogenen Rücktrittsrechts wegen nicht rechtzeitiger Herstellung des Werkes gemäß § 636 BGB tritt hier eine Regelung, die sich auf Teilleistungen beschränkt und insoweit an §§ 8 Nr. 3, 5 Nr. 4, 4 Nr. 7 VOB/B angelehnt ist. In Abweichung von den Bestimmungen der VOB/B berechtigt hier jedoch die nicht ordnungsgemäße Vertragserfüllung nicht zu einer Teilkündigung, sondern nur zur Ersatzvornahme. Dies ist beim Anlagengeschäft sachgerechter, da eine Teilkündigung den komplexen Gesamtablauf stören würde und regelmäßig auch nicht den Interessen des Auftraggebers entspricht, der sich gerade nur einem verantwortlichen Vertragspartner gegenübersehen will.

54. Änderungsaufträge. Während beim Einheitspreisvertrag bloße Mengenänderungen ohne Verursachung durch entsprechende Anweisungen des „Ingenieurs" nicht als Änderung des vertraglichen Leistungsumfanges behandelt werden müssen (vgl. Artikel 51.2), sonstige Änderungen aber zu formellen Zusatzaufträgen führen, ist die Bedeutung entsprechender Regelungen beim schlüsselfertigen Projekt mit Pauschalfestpreis von größerer Tragweite: Das regelungsbedürftige Problem ist dort die Klarstellung, ob eine Änderung oder Zusatzleistung (mit Mehrpreisfolgen) vorliegt, oder ob die Maßnahme (Leistung) in den Bereich der anfänglichen Verpflichtung zur schlüsselfertigen Erstellung fällt. Diese Abgrenzungsfrage steht im Mittelpunkt eines Großteils der Auseinandersetzungen und Schiedsverfahren im Anlagengeschäft.

Der Klarheit und Kontrolle halber sollte für Änderungs- und Zusatzaufträge immer die Schriftform vorgeschrieben werden – so auch Artikel 52.2, zweiter Unterabsatz –, wenn auch in Einzelfällen – z. B. bei Zusatzmaßnahmen in Eilfällen – jedenfalls nach deutschem Recht selbst dann ein zusätzlicher Vergütungsanspruch nach den Vorschriften über die Geschäftsführung ohne Auftrag (§ 683 BGB) entstehen kann, wenn dem Schriftformerfordernis nicht entsprochen wurde (vgl. hierzu z. B. *Joussen*, S. 109 f. und S. 347 ff., der von der „Unabweisbarkeit der Nachtragsverbriefung" spricht; vgl. weiter z. B. § 2 Nr. 8 VOB/B und zum ganzen *Ingenstau/Korbion*, VOB/B § 2 Rdnr. 202 ff., 256 ff., 289 ff., 319 ff.).

55. Zölle und andere Abgaben im Ausland. Hier ist nur eine Mitwirkungspflicht des Auftraggebers bei der Verzollung vorgesehen. Auftragnehmer streben dagegen eine Regelung an, wonach der Auftraggeber Steuern, Zölle und sonstige Abgaben trägt, die im Zusammenhang mit der Projektabwicklung im Lande des Auftraggebers entstehen, während den Auftragnehmer alle solchen Steuern, Zölle und sonstigen Abgaben treffen, die in Ländern außerhalb des Auftraggeberlandes anfallen. Zu den steuerlichen Fragen vgl. im übrigen Anm. 67.

56. Finanzierung, Abrechnung, Bewertung. (1) Hinsichtlich der Finanzierung entsteht anstelle der vielfach üblichen Gestaltung einer teilweisen Finanzierung durch den Auftraggeber mittels einer hohen Anzahlung (die dann durch eine vom Auftragnehmer beizubringende Anzahlungsgarantie gesichert wird, vgl. Anm. 21) auch häufig – insbesondere bei Aufträgen aus Entwicklungsländern – die Situation, daß gerade umgekehrt beim Auftraggeber ein Finanzierungsbedürfnis besteht, das durch einen Kredit des Unternehmers befriedigt werden muß. Vgl. hierzu *Graf von Westphalen*, Rechtsprobleme der Exportfinanzierung, 3. Aufl., 1987, S. 456 ff., der auch die Möglichkeiten der Refinanzierung über die AKA (Ausfuhr-Kreditgesellschaft mbH), die Kreditanstalt für Wiederaufbau sowie die GEFI (Gesellschaft zur Finanzierung von Industrieanlagen mbH) ebenso behandelt wie das Problem der Finanzierung mittels Forfaitierung oder Exportfactoring (vgl. *Graf von Westphalen* S. 472 ff., 482 ff.).

(2) Wegen des Spezialproblems der Rechnungsstellung, Teilabrechnung und Gewinnrealisierung im Anlagengeschäft nach Handels- und Steuerrecht vgl. *Feuerbum* Betr. 1968, 1501, sowie zur bilanzrechtlichen Bewertung Hermes-gesicherter Auslandsforderungen *Graf von Westphalen* BB 1982, 711.

2.1 FIDIC: Works of Civil Engineering Construction (Ingenieurbauarbeiten) III.2.1

57. Höhere Gewalt – Special risks. (1) Im internationalen Anlagengeschäft sind „force majeure"-Klauseln, die vom Auftragnehmer (oder von beiden Vertragsparteien) nicht zu vertretende Umstände umfangreich enumerieren, üblich und sollten benutzt werden. Die knappen und auf den ersten Blick klareren termini des deutschen Rechts, das ohne umfangreiche und doch nicht abschließende Enumerationen auskommt („von keinem der Vertragspartner zu vertretender Umstand", „zufälliger Untergang oder zufällige Verschlechterung", vgl. § 275, 644 Abs. 1 BGB), erweisen sich nämlich im Streitfall als problematisch und lassen Zweifel über die Vertretbarkeit von Umständen offen. Durch die Aufzählung möglichst vieler Beispiele können zumindest die augenfälligsten Zweifelsfragen geklärt werden.

(2) Der Begriff „*force majeure*" ist die im anglo-amerikanischen Sprachbereich übliche Entsprechung des deutschen Begriffs „höhere Gewalt". Es kann hier beispielhaft wieder auf das Yellow Book verwiesen werden (dort Artikel 44). Erstaunlicherweise verwendet das Red Book diesen Begriff nicht, sondern benutzt in Artikel 65 den Terminus „*Special Risks*", wobei über Artikel 65.2 insbesondere auf die Definition von „Employer's Risks" in Artikel 20.4 zurückgegriffen wird.

(3) Zu Alternativformulierungen vgl. auch *Böckstiegel*, Vertragsklauseln über nicht zu vertretende Risiken im internationalen Wirtschaftsverkehr, RIW/AWD 1984, 1 ff.

(4) Bezüglich der Rechtsfolgen der Realisierung von „Special Risks" und „Employer's Risks" vgl. Artikel 65.1 und 65.3 ff. sowie 20.3 des Formulars. Es empfiehlt sich, die Rechtsfolgen möglichst flexibel im Vertrag zu regeln, da die gesetzliche Regelung der §§ 280 ff., 323 ff. BGB zu starr ist. Das Red Book ist in dieser Frage allerdings etwas unübersichtlich und zum Teil widersprüchlich (vgl. hierzu *Corbett*, FIDIC 4th, Anmerkungen zu Artikel 20 und 65).

58. Neuverhandlungspflicht. Da die sich aus dem Eintritt höherer Gewalt ergebenden Abwicklungsschwierigkeiten präzis nicht vorhersehbar und damit nicht vertraglich regelbar sind, erscheint es empfehlenswert, in komplexen Langzeitverträgen Neuverhandlungsklauseln aufzunehmen, und zwar an Stelle von oder ergänzend zu Kündigungsklauseln; sie dienen einer möglichen flexiblen nachträglichen Vertragsanpassung. Vgl. hierzu *Horn*, Neuverhandlungspflicht, AcP 181 (1981), 255 ff. sowie *Horn* (Hrsg.), Adaptation and Renegotiation of Contracts in International Trade and Finance, 1985.

59. Anrechnung anderweitigen Erwerbs etc. Die in § 649 BGB vorgesehenen Anrechnungen, insbesondere des böswillig unterlassenen Erwerbs, kommen im internationalen Anlagengeschäft nicht in Betracht, da anders als im Inlandsgeschäft das eingesetzte Material und Personal nur unter hohem Aufwand an Transportkosten bei anderen Vorhaben in anderen Staaten eingesetzt werden kann, wenn nicht schon Zoll- und Visavorschriften den anderweitigen Einsatz verhindern.

60. Konfliktregelung. Die Komplexität der Errichtung einer Industrieanlage bringt es mit sich, daß sich rechtzeitig geregelte Konflikte zu schweren Folgeschäden führen können. Es bedarf deshalb „vertragsimmanenter Mechanismen zur Konfliktregelung", die grundsätzlich der Einschaltung Dritter vorzuziehen sind (*Nicklisch* RIW/AWD 1978, 634; *ders* in *Nicklisch* Bau- und Anlagenverträge – Risiken, Haftung, Streitbeilegung, 1984, S. 52 ff.). Eine nicht unbedeutende Rolle bei der Vermeidung oder zumindest Reduzierung derartiger Konflikte kann dem beratenden Ingenieur des Auftraggebers zukommen. Hierzu darf allerdings nicht übersehen werden, daß er zumindest vertraglich und wirtschaftlich vom Auftraggeber abhängig bleibt, also keinesfalls die Aufgabe eines neutralen Schiedsgutachters übernehmen kann (vgl. Anm. 12). Wegen dieser Abhängigkeit vom Auftraggeber sollte der Unternehmer wenn möglich auch nicht das Risiko für von dem Ingenieur ausgesprochene technische Empfehlungen übernehmen, zumal die „Richtigkeit" oder Fehlerhaftigkeit seiner Lösungsvorschläge sich wegen ihres Prognosecharakters regelmäßig erst bei der technischen Realisierung zeigt (vgl. hierzu *Nicklisch* 640 f.).

61. Schiedsgerichtsklausel. (1) Bei internationalen Verträgen empfiehlt sich die Vereinbarung eines Schiedsgerichts vor allem aus zwei Gründen: Mangels verbürgter Gegenseitigkeit fehlt es im internationalen Rechtsverkehr häufig an der Anerkennung und Vollstreckbarkeit der Urteile staatlicher Gerichte eines Staates im anderen Staate, während diese bei Schiedssprüchen aufgrund des New Yorker oder UN-Abkommens über die Anerkennung und Vollstreckung ausländischer Schiedssprüche vom 10. 6. 1958 und des Europäischen Übereinkommens über die internationale Handelsschiedsgerichtsbarkeit vom 21. 4. 1961 mit ihren vielen Mitgliedsstaaten weithin gesichert sind. Weiter wird in der Regel eine Beschleunigung erreicht, u. a. weil beim Schiedsverfahren die Probleme der internationalen Zustellung entfallen.

Vgl. zur Schiedsgerichtsbarkeit generell *Schütze/Tscherning/Wax*, Handbuch des Schiedsverfahrens, 2. Aufl. 1990; *Schwab/Walter*, Schiedsgerichtsbarkeit, 5. Aufl. 1995; weiter den Abschnitt Schiedsvertragsrecht des Bandes 3 des Münchener Vertragshandbuches (Abschnitt XI., Form 4), 3. Aufl., sowie *Vetter*, Gefahrtragung beim grenzüberschreitenden Industrieanlagen-Vertrag, RIW/AWD 1984, 170 ff., Anmerkung zu BGH RIW/AWD 1982, 441 ff. = BGHZ 83, 197 ff.; zum Schiedsverfahren insbesondere bei Bau- und Anlagenverträgen vgl. auch *Nicklisch*, Die Ausfüllung von Vertragslücken durch das Schiedsgericht, RIW 1989, 15 ff., *Böckstigel*, Vertragsgestaltung und Streiterledigung in der Bauindustrie und im Anlagenbau, 1984. Für den Schiedsvertrag zwischen einem deutschen und einem ausländischen Vertragspartner selbst wird insgesamt auf das einschlägige Formular in Bd. 3 nebst Anmerkungen verwiesen.

(2) Wenn einer der Vertragspartner nicht oder nicht mit Sicherheit Vollkaufmann im Sinne von §§ 1 ff. HGB ist, sollte schon im Hinblick auf § 1027 ZPO ein gesonderter Schiedsvertrag geschlossen werden.

(3) In Kuwait kann nach der Zivilprozeßordnung vom Juni 1980 grundsätzlich wirksam Schiedsgerichtsbarkeit vereinbart werden (vgl. *Böckstiegel/Dilger*, Vertragspraxis und Streiterledigung im Wirtschaftsverkehr mit arabischen Staaten, S. 103 f., *Krüger* RIW 1983, 801/808). Wirksamkeitsprobleme ergeben sich u. U. bei anderen arabischen Partnern (vgl. hierzu oben Anm. 16 Abs. (3)). Auch im Hinblick darauf ist der Vertrag mit möglichst weitgehenden „immanenten Mechanismen zur Konfliktregelung" zu versehen (vgl. oben, Anm. 60, *Nicklisch* RIW/AWD 1978, 633/635).

62. Zustellungsadressen. Die Regelung – auch die Auflistung von „nominated addresses" (hier in Part II vorgesehen) – ist insbesondere in Verträgen aus dem angloamerikanischen Rechtskreis üblich und im Hinblick auf die vielen an der Vertragsabwicklung Beteiligten zweckmäßig.

63. Verletzung von Mitwirkungsobliegenheiten bzw. -pflichten des Auftraggebers; Ersatzansprüche des Unternehmers. Nicht geregelt sind im Red Book Verletzungen von Mitwirkungsobliegenheiten bzw. -pflichten (die selbst nur sporadisch geregelt sind, vgl. Anm. 24 und 25). Das deutsche Recht enthält hierzu Vorschriften. Vgl. hierzu § 642 BGB.

Zweckmäßig sind Ansprüche des Unternehmers auf Fristverlängerungen und Schadensersatz. Eine Regelung wie in § 643 BGB sollte dagegen nicht getroffen werden; die dort vorgesehene Kündigungsmöglichkeit für den Unternehmer erscheint beim Anlagenvertrag, jedenfalls bei der Verletzung von Mitwirkungsobliegenheiten oder -pflichten, grundsätzlich unangemessen.

64. Zahlungsabwicklung. Neben den in Anm. 10 Abs. (4), 21 Abs. (4) und auch nachfolgend 65 erwähnten Fragen verdienen bei der Zahlungsabwicklung die Bestimmungen des Außenwirtschaftsrechts sowie des ausländischen Devisen- und Währungsrechts (vgl. *Graf von Westphalen*, S. 141 ff.), weiter das Problem der Sicherung gegen typische Auslandsrisiken besondere Beachtung. Hierbei wird vielfach die Hermes Kreditversicherung eine wertvolle Hilfe sein (vgl. *Graf von Westphalen*, Rechtsprobleme der Exportfinanzierung, 3. Aufl., 1987, S. 395 ff.; *Kockelkorn* RIW/AWD 1982, 10). Vgl. hierzu auch Anm. 6 Abs. (2) zu Form III. 2.2 und Anm. 23 zu Form III. 2.3.

2.1 FIDIC: Works of Civil Engineering Construction (Ingenieurbauarbeiten) III.2.1

65. Vertragswährung. Wird der Vertragspreis ganz oder teilweise anders als in der Währung des Landes des Auftragnehmers – für deutsche Auftragnehmer also in Deutscher Mark – festgesetzt, insbesondere in einer weichen Währung des Landes eines Auftraggebers, so sollte entweder im Vertrag (also in *Part II*) eine Kurssicherungsregelung mit dem Auftraggeber vereinbart oder vom Unternehmer selbst eine Kurssicherung mit seiner Bank vorgenommen werden; im letzteren Falle sind die Kosten der Kurssicherung Bestandteil der Preiskalkulation. Wegen der Langfristigkeit des Vertrages kommt dagegen der sonst auch übliche Weg des parallelen Abschlusses eines Devisentermingeschäfts nicht in Frage (vgl. zum ganzen: *Zahn/Eberding/Ehrlich*, Zahlung und Zahlungssicherung im Außenhandel, 6. Aufl. 1986, 60 ff., 320 f.). Stattdessen kann es sich jedoch bei entsprechendem Finanzbedarf und Zugang zu Fremdwährungskreditmärkten anbieten, einen Kredit in der Währung und mit der Laufzeit der Forderung aus dem Anlagengeschäft einzugehen. Ferner ist auf die Möglichkeit hinzuweisen, das Risiko des Wechselkurses bei der Hermes Kreditversicherungs-AG zu versichern (vgl. *Dormans*, Wechselkurssicherung durch Versicherung, Bankbetrieb 1972, 156).

66. Part II. Vgl. hierzu Anm. 2 Abs. (5) und Anm. 4 Abs. (2).

67. Steuerliche Behandlung. (1) Als Spezialschrifttum für Steuerfragen beim Anlagengeschäft seien genannt: *Feuerbaum* Betr. 1968, 1501 und 1548; *Stuhr/Stuhr* Betr. 1980, 563; *Feuerbaum* Betr. 1980, 1805; *Feuerbaum*, Internationale Besteuerung des Industrieanlagenbaues, 2. Auflage, 1983. Generell ist folgendes zu bemerken:

(2) Bei den Gewinnsteuern (Körperschaftsteuer, Einkommensteuer) unterliegt bei im Inland ansässigen und damit unbeschränkt steuerpflichtigen Personen das gesamte sogenannte Welteinkommen der inländischen Steuerpflicht (vgl. § 1 Abs. 1 EStG, § 1 Abs. 1 KStG). Auch der im Rahmen des Anlagenvertrages aus dem Ausland stammender Gewinn unterliegt damit der deutschen Besteuerung. Gleichzeitig ist jedoch – bei im einzelnen natürlich höchst unterschiedlicher Gesetzgebung – mit dem Entstehen einer entsprechenden Steuer in dem Land der Errichtung der Anlage zu rechnen, und zwar zumindest für Teilleistungen. Die dadurch eintretende Doppelbelastung wird wie folgt gemildert:

a) Besteht mit dem betreffenden ausländischen Staat kein Doppelbesteuerungsabkommen, wird die ausländische Steuer, sofern sie eine der deutschen Einkommen- bzw. Körperschaftsteuer entsprechende Steuer ist, nach Maßgabe des § 34 c EStG auf die deutsche Steuer angerechnet (vgl. hierzu *Herrmann/Heuer*, Kommentar zur Einkommensteuer und Körperschaftsteuer, § 34 c EStG).

b) Für den deutschen Unternehmer regelmäßig vorteilhafter ist es, wenn mit dem ausländischen Staat ein Doppelbesteuerungsabkommen besteht (hierzu vgl. *Korn/Debatin* Doppelbesteuerung).

Diese Abkommen sehen bei im einzelnen unterschiedlicher Ausgestaltung eine Freistellung von der inländischen Steuer, zumindest aber ein erweitertes Anrechnungsverfahren vor. Voraussetzung hierfür ist regelmäßig das Vorliegen einer Betriebsstätte in dem ausländischen Staat. Bei Bauausführungen und Montagen, also auch in dem hier behandelten Fall des Anlagengeschäfts, wird die Betriebsstätteneigenschaft zumeist an die Dauer der Bauausführung bzw. Montage geknüpft, wobei in der Regel eine mindestens zwölfmonatige Dauer gefordert wird (vgl. im einzelnen *Korn/Debatin*, Systematik IV Rdnr. 57 ff.).

(3) Der Gewerbesteuer unterliegt nur die in Zusammenhang mit einer inländischen Betriebsstätte ausgeübte Tätigkeit (§ 2 Abs. 1 GewStG). Daran fehlt es regelmäßig, wenn die Tätigkeit in einer ausländischen Betriebsstätte ausgeübt wird. Bei Bauausführungen und Montagen ist eine gesonderte Betriebsstätte gemäß § 12 AO dann gegeben, wenn die einzelne oder eine von mehreren zeitlich nebeneinanderstehenden oder mehrere ohne Unterbrechung aufeinanderfolgende Bauausführungen oder Montagen länger als sechs Monate dauern. Die Anlagenerrichtung im Ausland führt damit also regelmäßig zu der Annahme einer ausländischen Betriebsstätte mit der Folge, daß hinsichtlich der im Rahmen dieser Betriebsstätte entfalteten Tätigkeit keine Gewerbesteuer anfällt.

(4) Der Umsatzsteuer unterliegen nur die inländischen Lieferungen und Leistungen (§ 1 Abs. 1 UStG), so daß im Auslandsgeschäft keine Umsatzsteuer anfällt.

2.2 FIDIC: Conditions of Subcontract for Works of Civil Engineering Construction[1-4]
(FIDIC: Unterauftragsbedingungen für Ingenieurbauarbeiten)

Part I – General Conditions

Definitions and Interpretation

1.1 Definitions[5]

In the Subcontract (as hereinafter defined) all words and expressions shall have the same meanings as are respectively assigned to them in the Main Contract (as hereinafter defined), except where the context otherwise requires and except that the following words and expressions shall have the meanings hereby assigned to them:

(a) (i) "Employer" means the person named as such in Part II of the Conditions of Subcontract and the legal successors in title to, or assignees of, such person, as the Contractor shall notify the Subcontractor from time to time.[6]

(ii) "Contractor" means the person named as such in Part II of the Conditions of Subcontract and the legal successors in title to such person, but not (except with the consent of the Subcontractor) any assignee of such person.

(iii) "Subcontractor" means the person whose offer has been accepted by the Contractor and the legal successors in title to such person, but not (except with the consent of the Contractor) any assignee of such person.

(iv) "Engineer" means the person appointed by the Employer to act as Engineer for the purposes of the Main Contract and named as such in Part II of the Conditions of Subcontract.[7]

(b) (i) "Main Contract" means the contract entered into between the Employer and the Contractor, particulars of which are given in Part II of the Conditions of Subcontract.

(ii) "Subcontract" means the Conditions of Subcontract (Parts I and II), the Subcontract Specification, the Subcontract Drawings, the Subcontract Bill of Quantities, the Subcontractor's Offer, the Contractor's Letter of Acceptance, the Subcontract Agreement (if completed) and such further documents as may be expressly incorporated in the Contractor's Letter of Acceptance or Subcontract Agreement (if completed).[8]

(iii) "Subcontract Specification" means the specification of the Subcontract Works included in the Subcontract and any modification thereof or addition thereto made pursuant to Clause 9.

(iv) "Subcontract Drawings" means all drawings, calculations and technical information of a like nature under the Subcontract.

(v) "Subcontract Bill of Quantities" means the priced and completed bill of quantities forming part of the Subcontractor's Offer.[9]

(vi) "Subcontractor's Offer" means the Subcontractor's priced offer to the Contractor for the execution and completion of the Subcontract Works and the remedying of any defects therein in accordance with the provisions of the Subcontract, as accepted by the Contractor's Letter of Acceptance.

(vii) "Contractor's Letter of Acceptance" means the formal acceptance by the Contractor of the Subcontractor's Offer.

(viii) "Subcontract Agreement" means the subcontract agreement (if any) referred to in Sub-Clause 3.3.

2.2 FIDIC: Subcontract for Works of Civil Engineering Construction

     (ix) "Appendix to Subcontractor's Offer" means the appendix comprised in the form of Subcontractor's Offer annexed to the Conditions of Subcontract.

     (x) "Conditions of Subcontract" means Parts I and II of the Fédération Internationale des Ingénieurs-Conseils' "Conditions of Subcontract for Works of Civil Engineering Construction (for use in conjunction with the Conditions of Contract for Works of Civil Engineering Construction, Fourth Edition 1987 Reprinted 1992 with further amendments)", 1994, as adapted by the Contractor and the Subcontractor and forming part of the Subcontract.

     (xi) "Conditions of Main Contract" means Part I of the Fédération Internationale des Ingénieurs-Conseils' "Conditions of Contract for Works of Civil Engineering Construction, Fourth Edition 1987 Reprinted 1992 with further amendments", and Part II of such Conditions as adapted by the Employer and the Contractor, which form part of the Main Contract.

(c) (i) "Subcontractor's Commencement Date" means the date upon which the Subcontractor receives the notice to commence issued by the Contractor pursuant to Sub-Clause 7.1.

    (ii) "Subcontractor's Time for Completion" means the time for completion of the Subcontract Works or any Section thereof as stated in the Appendix to Subcontractor's Offer (or as extended under Clause 7) calculated from the Subcontractor's Commencement Date.

(d) "Subcontract Price" means the sum stated in the Contractor's Letter of Acceptance as payable to the Subcontractor for the execution and completion of the Subcontract Works and the remedying of any defects therein in accordance with the provisions of the Subcontract.[9]

(e) (i) "Main Works" means the Works as defined in the Main Contract.

    (ii) "Subcontract Works" means the works described in Part II of the Conditions of Subcontract.[10]

    (iii) "Subcontractor's Equipment" means all appliances and things of whatsoever nature (other than Temporary Works) required for the execution and completion of the Subcontract Works and the remedying of any defects therein, but does not include Plant, materials or other things intended to form or forming part of the Subcontract Works.

1.2 Headings and Marginal Notes
The headings and marginal notes in the Conditions of Subcontract shall not be deemed part thereof or be taken into consideration in the interpretation or construction thereof or of the Subcontract.

1.3 Interpretation
Works importing persons or parties shall include firms and corporations and any organisation having legal capacity.

1.4 Singular and Plural
Words importing the singular only also include the plural and vice versa where the context requires.

1.5 Notices, Consents, Approvals, Certificates, Confirmations and Determinations
Wherever in the Subcontract provision is made for the giving or issue of any notice, consent, approval, certificate, confirmation or determination by any person, unless otherwise specified such notice, consent, approval, certificate, confirmation or determination shall be in writing and the words "notify", "certify", "confirm" or "determine" shall be construed accordingly. Any such notice, consent, approval, certificate, confirmation or determination shall not unreasonably be withheld or delayed.

1.6 Instructions in Writing
Instructions given by the Contractor shall be in writing, provided that if for any reason the

Contractor considers it necessary to give any such instruction orally, the Subcontractor shall comply with such instruction. Confirmation in writing of such oral instruction given by the Contractor, whether before or after the carrying out of the instruction, shall be deemed to be an instruction within the meaning of this Sub-Clause. Provided further that if the Subcontractor, within 7 days, confirms in writing to the Contractor any oral instruction of the Contractor and such confirmation is not contradicted in writing within 7 days by the Contractor, it shall be deemed to be an instruction of the Contractor.

General Obligations

2.1 Subcontractor's General Responsibilities

The Subcontractor shall, with due care and diligence, design (to the extent provided for by the Subcontract), execute and complete the Subcontract Works and remedy any defects therein in accordance with the provisions of the Subcontract. The Subcontractor shall provide all superintendence, labour, materials, Plant, Subcontractor's Equipment and all other things, whether of a temporary or permanent nature, required in and for such design, execution, completion and remedying of any defects, so far as the necessity for providing the same is specified in or is reasonably to be inferred from the Subcontract, and except as otherwise agreed in accordance with Clause 5 and set out in Part II of the Conditions of Subcontract.[11]

The Subcontractor shall give prompt notice to the Contractor of any error, omission, fault or other defect in the design of or specification for the Subcontract Works which he discovers when reviewing the Subcontract and/or the Main Contract or executing the Subcontract Works.[12]

2.2 Performance Security[13]

If the Subcontract requires the Subcontractor to obtain security for his proper performance of the Subcontract, he shall obtain and provide to the Contractor such security in the sum stated in the Appendix to Subcontractor's Offer. Such security shall be in the form annexed to the Conditions of Subcontract or in such form as may be agreed between the Contractor and the Subcontractor. The institution providing such security shall be subject to the approval of the Contractor. The cost of complying with the requirements of this Clause shall be borne by the Subcontractor, unless the Subcontract otherwise provides.

The performance security shall be valid until the Subcontractor has executed and completed the Subcontract Works and remedied any defects therein in accordance with the Subcontract. No claim shall be made against such security after the issue of the Defects Liability Certificate in respect of the Main Works and such security shall be returned to the Subcontractor within 28 days of the issue of the said Defects Liability Certificate.

Prior to making a claim under the performance security the Contractor shall, in every case, notify the Subcontractor stating the nature of the default in respect of which the claim is to be made.

2.3 Programme to be Submitted by Subcontractor[14]

The Subcontractor shall, within the time stated in Part II of the Conditions of Subcontract after the date of the Contractor's Letter of Acceptance, submit to the Contractor for his consent a programme, in such form and detail as the Contractor shall reasonably prescribe, for the execution of the Subcontract Works. The Subcontractor shall, whenever required by the Contractor, also provide in writing for his information a general description of the arrangements and methods which the Subcontractor proposes to adopt for the execution of the Subcontract Works.

If at any time it should appear to the Contractor that the actual progress of the Subcontract Works does not conform to the programme to which consent has been given, the Subcontractor shall produce, at the request of the Contractor, a revised programme showing the modifications to such programme necessary to ensure completion of the Subcontract Works within the Subcontractor's Time for Completion.

2.4 Assignment of Subcontract[15]

The Subcontractor shall not, without the prior consent of the Contractor (which consent, notwithstanding the provisions of Sub-Clause 1.5, shall be at the sole discretion of the Contractor), assign the Subcontract or any part thereof, or any benefit or interest therein or thereunder, otherwise than by:

(a) a charge in favour of the Subcontractor's bankers of any monies due or to become due under the Subcontract, or

(b) assignment to the Subcontractor's insurers (in cases where the insurers have discharged the Subcontractor's loss or liability) of the Subcontractor's right to obtain relief against any other party liable.

2.5 Sub-subcontracting[16]

The Subcontractor shall not subcontract the whole of the Subcontract Works, nor shall he subcontract any part of the Subcontract Works without the prior consent of the Contractor. Any such consent shall not relieve the Subcontractor from any liability or obligation under the Subcontract and the Subcontractor shall be responsible for the acts, defaults and neglects of any of his subcontractors, including such subcontractor's agents, servants or workmen as fully as if they were the acts, defaults or neglects of the Subcontractor, his agents, servants or workmen.

Provided that the Subcontractor shall not be required to obtain such consent for:

(a) the provision of labour, or

(b) the purchase of materials which are in accordance with the standards specified in the Subcontract and/or the Main Contract.

In the event of a subcontractor having undertaken towards the Subcontractor in respect of the work executed, or the goods, materials, Plant or services supplied by such subcontractor, any continuing obligation extending for a period exceeding that of the Defects Liability Period under the Main Contract in respect of the Main Works or of the Section or Sections or part or parts thereof in which the Subcontract Works are comprised, as the case may be, the Subcontractor shall at any time, after the expiration of such Period, assign to the Contractor, at the Contractor's request and cost, the benefit of such obligation for the unexpired duration thereof.

Subcontract Documents

3.1 Language/s[17]

Unless otherwise stated in Part II of the Conditions of Subcontract:

(a) the language or languages in which the Subcontract documents shall be drawn up shall be the same as the language or languages in which the Main Contract documents have been drawn up, and

(b) if the Subcontract documents are drawn up in more than one language, the Subcontract shall be construed and interpreted according to the Ruling Language of the Main Contract.

3.2 Governing Law[18]

Unless otherwise stated in Part II of the Conditions of Subcontract, the law of the country or state which applies to the Main Contract and according to which the Main Contract is construed shall also apply to the Subcontract and be the law according to which the Subcontract shall be construed.

3.3 Subcontract Agreement[19]

The Subcontractor shall, if called upon so to do, enter into and execute the Subcontract Agreement, to be prepared and completed at the cost of the Contractor, in the form annexed to the Conditions of Subcontract with such modification as may be necessary.

3.4 Priority of Subcontract Documents[20]

The several documents forming the Subcontract, listed in the Contractor's Letter of

Acceptance or the Subcontract Agreement (if any), are to be taken as mutually explanatory of one another. Unless otherwise provided in the Subcontract, the priority of the documents forming the Subcontract shall be as follows:
(1) The Subcontract Agreement (if any);[19]
(2) The Contractor's Letter of Acceptance;
(3) The Subcontractor's Offer;
(4) Part II of the Conditions of Subcontract;
(5) Part I of the Conditions of Subcontract; and
(6) Any other document forming part of the Subcontract.

Main Contract[21]

4.1 Subcontractor's Knowledge of Main Contract[22]
The Contractor shall make the Main Contract (other than the details of the Contractor's prices thereunder as stated in the bills of quantities or schedules of rates and prices as the case may be) available for inspection to the Subcontractor and, if so requested by the Subcontractor, shall provide the Subcontractor with a true copy of the Main Contract (less such details of the Contractor's prices), at the cost of the Subcontractor. The Contractor shall, in any event, provide the Subcontractor with a copy of the Appendix to Tender to the Main Contract together with Part II of the Conditions of Main Contract and details of any other contract conditions which apply to the Main Contract which differ from Part I of the Conditions of Main Contract. The Subcontractor shall be deemed to have full knowledge of the provisions of the Main Contract (less such details of the Contractor's prices).

4.2 Subcontractor's Responsibilities in Relation to Subcontract Works
Save where the provisions of the Subcontract otherwise require, the Subcontractor shall so design (to the extent provided for by the Subcontract), execute and complete the Subcontract Works and remedy any defects therein that no act or omission of his in relation thereto shall constitute, cause or contribute to any breach by the Contractor of any of his obligations under the Main Contract. The Subcontractor shall, save as aforesaid, assume and perform hereunder all the obligations and liabilities of the Contractor under the Main Contract in relation to the Subcontract Works.[23]

4.3 No Privity of Contract with Employer
Nothing herein shall be construed as creating any privity of contract between the Subcontractor and the Employer.

4.4 Possible Effects of Subcontractor's Breaches of Subcontract
If the Subcontractor commits any breaches of the Subcontract, he shall indemnify the Contractor against any damages for which the Contractor becomes liable under the Main Contract as a result of such breaches.[24] In such event, the Contractor may, without prejudice to any other method of recovery, deduct such damages from monies otherwise becoming due to the Subcontractor.

Temporary Works, Contractor's Equipment and/or Other Facilities (if Any)[25]

5.1 Subcontractor's Use of Temporary Works
Unless otherwise stated in Part II of the Conditions of Subcontract, the Contractor shall not be required to provide or retain any Temporary Works for the Subcontractor. However, the Contractor shall permit the Subcontractor, in common with the Contractor and/or such other subcontractors as the Contractor may allow, for the purpose of executing and completing the Subcontract Works and remedying any defects therein, to use such Temporary Works as are from time to time provided by the Contractor in connection with the Main Works. No such permission shall impose any liability upon the Contractor in respect of the use of such Temporary Works by the Subcontractor, his agents, servants or

2.2 FIDIC: Subcontract for Works of Civil Engineering Construction

workmen, nor relieve the Subcontractor of any statutory or other obligation to test or inspect the Temporary Works to be used by his agents, servants or workmen or to provide suitable Temporary Works for their use.

5.2 Subcontractor's Use of Contractor's Equipment and/or Other Facilities (if Any) in Common with Other Subcontractors
The Contractor shall provide at the Site the Contractor's Equipment and/or other facilities (if any) specified in Part II of the Conditions of Subcontract and shall permit the Subcontractor, in common with the Contractor and/or such other subcontractors as the Contractor may allow, to have the use thereof for the purposes of executing and completing the Subcontract Works but not of remedying any defects therein, upon such terms and conditions (if any) as are specified in Part II of the Conditions of Subcontract.

5.3 Subcontractor's Exclusive Use of Contractor's Equipment and/or Other Facilities (if Any)
The Contractor shall also provide for the exclusive use by the Subcontractor of the Contractor's Equipment and/or other facilities (if any) specified in Part II of the Conditions of Subcontract upon such terms and conditions (if any) as are specified therein.

5.4 Indemnification for Misuse of Temporary Works, Contractor's Equipment and/or Other Facilities (if Any)
The Subcontractor shall indemnify the Contractor against any damages arising from the misuse by the Subcontractor, his agents, servants or workmen, of Temporary Works, Contractor's Equipment and/or other facilities provided for his use by the Contractor.

Site Working and Access

6.1 Working Hours on Site; Subcontractor's Compliance with Rules and Regulations
The Subcontractor shall observe the working hours of the Contractor as contained in Part II of the Conditions of Subcontract, unless otherwise agreed, and shall comply with all rules and regulations governing the execution of the work, the arrival at and the departure from the Site of materials and Subcontractor's Equipment and the storage of materials and Subcontractor's Equipment on the Site.

6.2 Availability of Site to Subcontractor and Access to Site
The Contractor shall, from time to time, make available to the Subcontractor so much of the Site and such access as may be required to enable the Subcontractor to proceed with the execution of the Subcontract Works with due dispatch in accordance with the Subcontract.
The Contractor shall not be bound to make available exclusively to the Subcontractor any part of the Site, unless otherwise stated in Part II of the Conditions of Subcontract.

6.3 Subcontractor's Obligation to Permit Access to Subcontract Works
The Subcontractor shall permit the Contractor, the Engineer, and any person authorised by either of them, to have reasonable access, during working hours, to the Subcontract Works and to the places on the Site where any work or materials therefor are being executed, prepared or stored. The Subcontractor shall also permit or procure reasonable access for the Contractor, the Engineer, and any person authorised by either of them, to such places off the Site where work is being executed or prepared by or on behalf of the Subcontractor in connection with the Subcontract Works.

Commencement and Completion

7.1 Commencement of Subcontract Works; Subcontractor's Time for Completion
The Subcontractor shall commence the Subcontract Works within 14 days, or such other period as may be agreed in writing, after the receipt by him of a notice to this effect from the Contractor, which notice shall be issued within the time stated in the Appendix to Subcontractor's Offer after the date of the Contractor's Letter of Acceptance.

Thereafter, the Subcontractor shall proceed with the Subcontract Works with due expedition and without delay, except such as may be expressly sanctioned or instructed by the Contractor. The Subcontract Works and, if applicable, any Section required to be completed within a particular time as stated in the Appendix to Subcontractor's Offer shall be completed within the time for completion stated in the Appendix to Subcontractor's Offer for the Subcontract Works or the Section (as the case may be), calculated from the Subcontractor's Commencement Date, or such extended time as may be allowed under Sub-Clause 7.2.

7.2 Extension of Subcontractor's Time for Completion[26]
If the Subcontractor shall be delayed in the execution of the Subcontract Works or, if applicable, any Section thereof by any:
(a) circumstances in regard to which the Contractor is entitled to receive from the Engineer an extension of his time for completion of the Main Works under the Main Contract,
(b) instruction pursuant to Sub-Clause 8.2 to which paragraph (a) of this Sub-Clause does not apply, or
(c) breach of the Subcontract by the Contractor or for which the Contractor is responsible,[27]
then in any such event the Subcontractor shall be entitled to such extension of the Subcontractor's Time for Completion of the Subcontract Works or such Section thereof as may in all the circumstances be fair and reasonable.
Provided that the Subcontractor shall not be entitled to such extension of time unless he has submitted to the Contractor notice of the circumstances which are delaying him within 14 days of such delay first occurring together with detailed particulars in justification of the extension of time claimed in order that the claim may be investigated at the time and, in any case to which paragraph (a) of this Sub-Clause applies, the extension shall not in any event exceed the extension of time to which the Contractor is entitled under the Main Contract.
Provided also that, where an event has a continuing effect such that it is not practicable for the Subcontractor to submit detailed particulars within the period of 14 days referred to in this Sub-Clause, he shall nevertheless be entitled to an extension of time provided that he has submitted to the Contractor interim particulars at intervals of not more than 14 days and final particulars within 14 days of the end of the effects resulting from the event.

7.3 Contractor's Obligation to Notify
The Contractor shall promptly notify the Subcontractor of all extensions of time obtained under the provisions of the Main Contract which affect the Subcontract.

Instructions and Decisions

8.1 Instructions and Decisions under Main Contract
Subject to Clause 9, the Subcontractor shall in relation to the Subcontract Works comply with all instructions and decisions of the Engineer which are notified and confirmed to him as an instruction by the Contractor, irrespective of whether such instructions and decisions were validly given under the Main Contract. The Subcontractor shall have the like rights (if any) to payment from the Contractor in respect of such compliance as the Contractor has against the Employer under the Main Contract. Further, if any such instruction or decision notified and confirmed as aforesaid is invalidly or incorrectly given by the Engineer under the Main Contract, then the Subcontractor shall be entitled to recover such costs as may be reasonable (if any) from the Contractor of complying therewith to the extent that such costs were not caused or contributed to by any breach of the Subcontract by the Subcontractor.[28]

2.2 FIDIC: Subcontract for Works of Civil Engineering Construction

8.2 Instructions under Subcontract

The Subcontractor shall take instructions only from the Contractor. The Contractor shall have the like authority in relation to the Subcontract Works to give instructions as the Engineer has in relation to the Main Works under the Main Contract. The Subcontractor shall have the like obligations to abide by and comply therewith and the like rights in relation thereto as the Contractor has under the Main Contract. The said authority of the Contractor shall be exercisable in any case irrespective of whether the Engineer has exercised like authority in relation thereto under the Main Contract.

Variations[29]

9.1 Variations of Subcontract Works

The Subcontractor shall only make such variations of the Subcontract Works, whether by way of alteration, addition, or omission, as may be instructed by:
(a) the Engineer under the Main Contract and notified and confirmed as an instruction to the Subcontractor by the Contractor, or
(b) the Contractor.
Any instruction relating to the Subcontract Works which is given by the Engineer under the Main Contract and constitutes a variation thereunder shall be deemed to constitute a variation of the Subcontract Works, if notified and confirmed by the Contractor in accordance with paragraph (a) of this Sub-Clause.[30]

9.2 Instructions for Variations

The Subcontractor shall not act upon an unconfirmed instruction for the variation of the Subcontract Works which is directly received by him from the Employer or the Engineer. If the Subcontractor shall receive any such direct instruction, he shall forthwith inform the Contractor thereof and shall supply the Contractor with a copy of such direct instruction, if given in writing. The Subcontractor shall only act upon such instruction as directed in writing by the Contractor, but the Contractor shall give his directions thereon promptly.[31]

Valuation of Variations

10.1 Manner of Valuation

All variations of the Subcontract Works shall be valued in the manner provided by this Clause and the value thereof shall be added to or deducted from the Subcontract Price, as appropriate.

10.2 Assessment of Value of Variations[32]

The value of all variations shall be ascertained by reference to the rates and prices (if any) specified in the Subcontract for the like or analogous work, but if there are no such rates and prices, or if they are inappropriate or inapplicable, then such value shall be such as is fair and reasonable.

10.3 Valuation by Reference to Measurement under Main Contract

Where a variation of the Subcontract Works, which also constitutes a variation under the Main Contract, is measured by the Engineer thereunder, then provided that the rates and prices in the Subcontract permit such variation to be valued by reference to measurement the Contractor shall permit the Subcontractor to attend any measurement made on behalf of the Engineer. Such measurement made under the Main Contract shall also constitute the measurement of the variation for the purposes of the Subcontract and such variation shall be valued accordingly.[30]

10.4 Quantity Estimated and Quantity Executed

The quantities set out in the Subcontract Bill of Quantities are the estimated quantities for the Subcontract Works, and they are not to be taken as the actual and correct quantities of the Subcontract Works to be executed by the Subcontractor in fulfilment of his obligations under the Subcontract.

III.2.2

No instruction shall be required for increase or decrease in the quantity of any work where such increase or decrease is not the result of an instruction given under Clause 9, but is the result of the quantities exceeding or being less than those stated in the Subcontract Bill of Quantities.

10.5 Daywork

Where the Subcontractor has been instructed by the Contractor to carry out work on a daywork basis the Subcontractor shall be paid for such work at the rates and prices specified in the daywork schedule included in the Subcontract.

Notices and Claims

11.1 Notices

Without prejudice to the generality of Clause 4, and unless otherwise stated in the Conditions of Subcontract, whenever the Contractor is required by the terms of the Main Contract to give any notice or other information to the Engineer or to the Employer, or to keep contemporary records, the Subcontractor shall in relation to the Subcontract Works give a similar notice or such other information in writing to the Contractor and keep contemporary records as will enable the Contractor to comply with such terms of the Main Contract.[30] The Subcontractor shall do so in sufficient time to enable the Contractor to comply with such terms punctually.

Provided always that the Subcontractor shall be excused any non-compliance with this Sub-Clause for so long as he neither knew nor ought to have known of the Contractor's need of any such notice or information from him or such contemporary records.

11.2 Claims

Subject to the Subcontractor's complying with this Sub-Clause, the Contractor shall take all reasonable steps to secure from the Employer (including the Engineer) such contractual benefits (including additional payments, extensions of time, or both), if any, as may be claimable in accordance with the Main Contract on account of any adverse physical obstructions or physical conditions or any other circumstances that may be encountered during the execution of the Subcontract Works. The Subcontractor shall, in sufficient time, afford the Contractor all information and assistance that may be required to enable the Contractor to claim such contractual benefits. On receiving any such contractual benefits from the Employer, the Contractor shall pass on to the Subcontractor such proportion thereof as may in all the circumstances be fair and reasonable, it being understood that, in the case of any claim of the Contractor for an additional payment, the Contractor's receipt of payment therefor from the Employer shall be a condition precedent to the Contractor's liability to the Subcontractor in respect of such claim.[33] The Contractor shall notify the Subcontractor regularly of his steps to secure such contractual benefits and of the Contractor's receipt thereof. Save as provided in this Sub-Clause, or in Sub-Clause 7.2, the Contractor shall have no liability to the Subcontractor in respect of any obstruction, condition or circumstance that may be encountered during the execution of the Subcontract Works. The Subcontractor shall be deemed to have satisfied himself as to the correctness and sufficiency of the Subcontract Price to cover the provision and doing by him of all things necessary for the performance of his obligations under the Subcontract. Provided always that nothing in this Clause shall prevent the Subcontractor from claiming against the Contractor for delays in the execution of the Subcontract Works, or other circumstances, caused by the act or default of the Contractor.

11.3 Effects of Failure to Give Notice

If by reason of any failure by the Subcontractor to comply with the provisions of Sub-Clause 11.1 the Contractor is prevented from recovering any sum from the Employer under the Main Contract in respect of the Main Works, then, without prejudice to any other remedy of the Contractor for such failure, the Contractor may deduct such sum from monies otherwise due to the Subcontractor under the Subcontract.

2.2 FIDIC: Subcontract for Works of Civil Engineering Construction

Subcontractor's Equipment, Temporary Works and Materials

12.1 Incorporation by Reference
The provisions of Clause 54 of the Conditions of Main Contract in relation to Contractor's Equipment, Temporary Works or materials brought on to the Site by the Subcontractor are hereby incorporated by reference into the Subcontract as completely as if they were set out in full therein.[30]

Indemnities

13.1 Subcontractor's Obligation to Indemnify
The Subcontractor shall, except if and so far as the Subcontract provides otherwise, indemnify the Contractor against all losses and claims in respect of:
(a) death of or injury to any person, or
(b) loss or damage to any property (other than the Subcontract Works),
which may arise out of or in consequence of the execution and completion of the Subcontract Works and the remedying of any defects therein, and against all claims, proceedings, damages, costs, charges and expenses whatsoever in respect thereof or in relation thereto, subject to what is provided in Sub-Clause 13.2.

13.2 Contractor's Obligation to Indemnify
The Contractor shall indemnify the Subcontractor against all claims, proceedings, damages, costs, charges and expenses in respect of the following matters to the like extent that the Contractor shall be indemnified by the Employer under the Main Contract, but no further:
(a) the permanent use or occupation of land by the Subcontract Works, or any part thereof,
(b) the right of the Employer and/or the Contractor to execute the Subcontract Works, or any part thereof, on, over, under, in or through any land,
(c) damage to property which is the unavoidable result of the execution and completion of the Subcontract Works, or the remedying of any defects therein, in accordance with the Subcontract, and
(d) death of or injury to persons or loss of or damage to property resulting from any act or neglect of the Employer, his agents, workmen or servants or other contractors, not being employed by the Contractor, or in respect of any claims, proceedings, damages, costs, charges and expenses in respect thereof or in relation thereto.
The Contractor shall indemnify the Subcontractor against all claims, proceedings, damages, costs, charges and expenses in respect of death of or injury to persons or loss of or damage to property resulting from any act or neglect of the Contractor, his agents, workmen or servants or other subcontractors, not being employed by the Subcontractor, or in respect of any claims, proceedings, damages, costs, charges and expenses in respect thereof or in relation thereto or, where the said death, injury, loss or damage was contributed to by the Subcontractor, his agents, workmen or servants, such part of the said death, injury, loss or damage as may be just and equitable having regard to the extent of the responsibility of the Contractor, his agents, workmen or servants or other subcontractors for the said death, injury, loss or damage.

Outstanding Work and Defects

14.1 Subcontractor's Obligations before Taking-Over[34]
If the Subcontractor shall complete the Subcontract Works as required by Sub-Clause 2.1 before the issue of a Taking-Over Certificate in respect of the Main Works, or, where under the Main Contract a Taking-Over Certificate is issued in respect of a Section or part of the Main Works, before a Taking-Over Certificate is issued in respect of the Section or Sections or part or parts of the Main Works in which the Subcontract Works are com-

prised, the Subcontractor shall continue to maintain the Subcontract Works in the condition required by the Main Contract to the satisfaction of the Contractor. The Subcontractor shall remedy every defect therein from whatever cause arising until a Taking-Over Certificate is issued in respect of the Main Works or such Section or Sections or part or parts.[35] Subject to Clause 15, the Subcontractor shall not be entitled to any additional payment for so doing unless such defect is caused by the act or default of the Employer, his agents, servants or workmen under the Main Contract or of the Contractor, his agents, servants or workmen under the Subcontract.

14.2 Subcontractor's Obligations after Taking-Over[36]
After a Taking-Over Certificate is issued in respect of the Main Works or of the Section or Sections or part or parts thereof in which the Subcontract Works are comprised, as the case may be, the Subcontractor shall remedy such defects in the Subcontract Works as the Contractor is liable to remedy under the Main Contract for the like period and otherwise upon the like terms as the Contractor is liable to do under the Main Contract.[37]

14.3 Defect Caused by Contractor's Act or Default
Provided always that if any defect remedied by the Subcontractor under Sub-Clause 14.1 or 14.2 is caused by the act or default of the Contractor, his agents, servants or workmen, then, notwithstanding that the Contractor may have no corresponding right under the Main Contract, the Subcontractor shall be entitled to be paid by the Contractor his costs of remedying such defect.

Insurances

15.1 Subcontractor's Obligation to Insure[38]
The Subcontractor shall effect insurance against such risks as are specified in Part II of the Conditions of Subcontract and in such sums and for the benefit of such persons as are specified therein. Unless otherwise stated in Part II of the Conditions of Subcontract, the Subcontractor shall keep in force such insurance from the time that so much of the Site and such access is made available to him as may be required to enable him to commence and proceed with the execution of the Subcontract Works in accordance with the Subcontract until he has finally performed his obligations under the Subcontract.
Provided that the Subcontractor shall insure against the liability in respect of any person employed by him on the Subcontract Works in such manner that the Employer and/or the Contractor is indemnified under the policy.

15.2 Contractor's Obligation to Insure; Subcontract Works at Subcontractor's Risk
The Contractor shall keep in force, until such time as a Taking-Over Certificate is issued in respect of the Main Works or the Main Works have ceased to be at his risk under the Main Contract, the policy of insurance specified in Part II of the Conditions of Subcontract.
In the event of the Subcontract Works, Temporary Works, materials or other things belonging to the Subcontractor being destroyed or damaged during such period in such circumstances that a claim is established in respect thereof under the said policy, then the Subcontractor shall be paid the amount of such claim, or the amount of his loss, whichever is the less, and shall apply such sum in replacing or repairing that which was destroyed or damaged. Save as aforesaid the Subcontract Works shall be at the risk of the Subcontractor until a Taking-Over Certificate is issued in respect of the Main Works or, if a Taking-Over Certificate is issued in respect of a Section or Sections or part or parts of the Main Works, until a Taking-Over Certificate is issued in respect of the last of the Sections or parts of the Main Works in which the Subcontract Works are comprised. The Subcontractor shall make good all loss or damage occurring to the Subcontract Works prior thereto at his own expense. The Subcontractor shall also be liable for any loss or damage to the Subcontract Works occasioned by him in the course of any operations carried out by him for the purpose of complying with his obligations under Sub-Clause 14.2.

15.3 Evidence of Insurance; Remedy on Failure to Insure

Where by virtue of this Clause either party is required to effect and keep in force insurance, he shall if so required by the other party provide evidence of insurance and the receipt for the payment of the current premium.

If either the Contractor or the Subcontractor fails to effect and keep in force any of the insurances required under the Subcontract, or fails to provide evidence of insurance, when required, then and in any such case the other party may effect and keep in force any such insurances and pay any premium as may be necessary for that purpose and may from time to time deduct the amount so paid from any monies due or to become due to the party in default, or recover the same as a debt due from the party in default, as the case may be.

Payment[39]

16.1 Subcontractor's Monthly Statements

The Subcontractor shall submit to the Contractor, 7 days after the end of each month (the "Specified Day"), 7 copies of a statement, in such form as the Contractor may from time to time prescribe (the "Statement"), showing the amounts to which the Subcontractor considers himself to be entitled up to the end of such month in respect of:

(a) the value of the Subcontract Works executed;
(b) any other items in the Subcontract Bill of Quantities including those for Subcontractor's Equipment, Temporary Works, dayworks and the like;
(c) the percentage of the invoice value of listed materials, all as stated in the Appendix to Subcontractor's Offer, and Plant delivered by the Subcontractor on the Site for incorporation in the Subcontract Works but not incorporated in such Works;
(d) adjustments under Clause 21; and
(e) any other sums to which the Subcontractor may be entitled under the Subcontract or otherwise.

The value of work done shall be calculated in accordance with the rates and prices specified in the Subcontract, but if there are no such rates and prices, or if they are inappropriate or inapplicable, then such value shall be such as is fair and reasonable.

16.2 Contractor's Monthly Statements

Subject to the Subcontractor having submitted a Statement for any month to the Contractor, the Contractor shall include, unless inappropriate, the amounts set out therein in the Contractor's next statement for payment under the Main Contract.

In any proceedings, whether arbitral or other, instituted by the Contractor against the Employer to enforce payment of monies due under any certificate issued by the Engineer in accordance with the provisions of the Main Contract there shall be included all sums certified and unpaid in relation to the Subcontract Works, without prejudice to the Subcontractor's rights under Clause 19.

16.3 Payment Due; Payment Withheld or Deferred; Interest

Within 35 days of the Specified Day or otherwise as agreed but subject as hereinafter provided, the amounts included in a Statement shall be due and payable to the Subcontractor, subject to deduction of previous payments and of retention monies at the rate(s) specified in the Appendix to Subcontractor's Offer until such time as the limit of retention money (if any) therein specified has been reached.

The Contractor shall be entitled to withhold or defer payment of all or part of any sums otherwise due pursuant to the provisions hereof where:

(a) the amounts included in any Statement together with any sums to which the Subcontractor might otherwise be entitled in the opinion of the Contractor, but after all retentions and deductions, are less in the aggregate than the minimum amount (if any) stated in the Appendix to Subcontractor's Offer,
(b) the amounts included in any Statement together with any other sums which are the subject of an application by the Contractor under the Main Contract in accordance

with Sub-Clause 16.2, but after all retentions and deductions, are insufficient in the aggregate to justify the issue of an Interim Payment Certificate by the Engineer under the Main Contract,
(c) the amounts included in any Statement are not certified in full by the Engineer, providing such failure to certify is not due to the act or default of the Contractor,
(d) the Contractor has included the amounts set out in the Statement in his own statement in accordance with the Main Contract and the Engineer has certified but the Employer has failed to make payment in full to the Contractor in respect of such amounts, providing such failure is not due to the act or default of the Contractor, or
(e) a dispute arises or has arisen between the Subcontractor and the Contractor and/or the Contractor and the Employer involving any question of measurement or quantities or any other matter included in any such Statement.

Any payment withheld under the provisions of paragraphs (c), (d) or (e) above shall be limited to the extent that the amounts in any Statement are not certified, not paid by the Employer or are the subject of a dispute, as the case may be.

In the event of the Contractor withholding or deferring any payment he shall notify the Subcontractor of his reasons therefor as soon as is reasonably practicable but not later than the date when such payment would otherwise have been payable.

The provisions of paragraphs (a) and (b) of this Sub-Clause with regard to the time for payment shall not apply to the amounts in any Statement by the Subcontractor which are included in the Contractor's Final Statement to the Engineer under the provisions of the Main Contract. In respect of any such amounts payment shall be due 14 days after receipt by the Contractor of any payment which includes a sum in respect of such amounts.

In the event of the Contractor failing to make payment of any sum properly due and payable to the Subcontractor or in the event of payment being withheld or deferred pursuant to paragraph (d) of this Sub-Clause, the Contractor shall, upon receiving a notice of claim for interest from the Subcontractor, which should be made within 7 days of the date when such sum became payable, pay to the Subcontractor interest on such overdue sum at the rate payable by the Employer to the Contractor under the provisions of the Main Contract. Provided always that, in the event of the Contractor not receiving a notice of a claim for interest within 7 days of the date when such sum became payable as aforesaid, interest shall be payable by the Contractor on such sum at such rate from the date of receipt of the said notice of claim.

Notwithstanding the immediately preceding paragraph the Subcontractor shall be paid any interest actually received by the Contractor from the Employer which is attributable to monies due to the Subcontractor.

Notwithstanding the terms of this Clause or any other Clause of the Subcontract no amount shall be due and payable to the Subcontractor until the performance security, if required under the Subcontract, has been provided by the Subcontractor and approved by the Contractor.

16.4 Payment of Retention Money
Within 35 days of the issue by the Engineer of the Taking-Over Certificate with respect to the whole of the Main Works or, where the Main Works are completed by Sections or parts, with respect to a Section or part of the Main Works in which the Subcontract Works are comprised, the Contractor shall pay to the Subcontractor one half, or such other proportion as the Contractor reasonably determines having regard to the relative value of such Section or part of the Subcontract Works, of the retention monies under the Subcontract.

Within 7 days of the Contractor's receipt of any payment under the Main Contract which is by way of release of the other half of the retention monies the Contractor shall pay the Subcontractor the other half, or the remaining proportion, of the retention monies under the Subcontract.

16.5 Payment of Subcontract Price and Other Sums Due

Within 84 days after the Subcontractor has finally performed his obligations under Clause 14, or within 14 days after the Contractor has recovered full payment under the Main Contract in respect of the Subcontract Works, whichever is the sooner, and provided that 35 days have expired since the submission by the Subcontractor of his statement of final account to the Contractor, the Contractor shall pay to the Subcontractor the Subcontract Price and any additions to or deductions from such sum as are provided for in the Subcontract, or are otherwise payable in respect thereof, less such sums as have already been received by the Subcontractor on account.

16.6 Cessation of Contractor's Liability

The Contractor shall not be liable to the Subcontractor for any matter or thing arising out of or in connection with the Subcontract or execution of the Subcontracts Works, unless the Subcontractor has given a notice of claim in respect thereof to the Contractor before the issue of the Defects Liability Certificate in respect of the Main Works.

Termination of Main Contract

17.1 Termination of Subcontractor's Employment[40]

If the Contractor's employment under the Main Contract is terminated, or if the Main Contract is otherwise terminated, for any reason whatsoever before the Subcontractor has fully performed his obligations under the Subcontract, then the Contractor may at any time thereafter by notice to the Subcontractor forthwith terminate the Subcontractor's employment under the Subcontract and thereupon the Subcontractor shall, subject to Clause 12, with due expedition remove his staff and workmen and Subcontractor's Equipment from the Site.

17.2 Payment after Termination[41]

If the Subcontractor's employment is terminated as aforesaid, and subject to Sub-Clause 17.3, the Subcontractor shall be paid by the Contractor, in so far as such amounts or items have not already been covered by payments on account made to the Subcontractor for:

(a) all work executed prior to the date of termination at the rates and prices, if any, provided in the Subcontract, or if there are no such rates and prices, then such amount as may be fair and reasonable,

(b) all materials properly brought and left on the Site by the Subcontractor, together with such proportion of the cost as may be reasonable, taking into account payments made or to be made for work executed, of removal of Subcontractor's Equipment from the Site and, if required by the Subcontractor, return thereof to the Subcontractor's main plant yard in his country of registration or to other destination, at no greater cost,

(c) the reasonable cost of repatriation of all the Subcontractor's staff and workmen employed on or in connection with the Subcontract Works at the time of such termination, and

(d) any goods properly prepared or fabricated off the Site for subsequent incorporation in the Subcontract Works, provided the Subcontractor delivers such goods to the Site or to such other place as the Contractor shall reasonably direct.

Provided always that nothing herein shall affect the rights of either party in respect of any breach of the Subcontract committed by the other prior to such termination, nor any right which accrued to the Subcontractor prior to such termination to receive any payment which is not in respect or on account of the Subcontract Price.

17.3 Termination of Main Contract in Consequence of Breach of Subcontract

If the Contractor's employment under the Main Contract is terminated, or if the Main Contract is otherwise terminated, by the Employer in consequence of any breach of the Subcontract by the Subcontractor, then the provisions of the preceding Sub-Clause as to payment shall not apply, but the rights of the Contractor and the Subcontractor hereunder shall be the same as if the Subcontractor had by such breach repudiated the Subcontract and the Contractor had by his notice of termination under Sub-Clause 18.1 elected to accept such repudiation.

Default of Subcontractor

18.1 Terminaton of Subcontract[40]
If:
(a) the Subcontractor is deemed by law unable to pay his debts as they fall due, or enters into voluntary or involuntary bankruptcy, liquidation or dissolution (other than a voluntary liquidation for the purposes of amalgamation or reconstruction), or becomes insolvent, or makes an arrangement with, or assignment in favour of, his creditors, or agrees to carry out the Subcontract under a committee of inspection of his creditors, or if a receiver, administrator, trustee or liquidator is appointed over any substantial part of his assets, or if any act is done or event occurs with respect to the Subcontractor or his assets which, under any applicable law, has a substantially similar effect to any of the foregoing acts or events, or if the Subcontractor has contravened Sub-Clause 2.4, or has an execution levied on his goods,
(b) the Subcontractor has repudiated the Subcontract,
(c) the Subcontractor, without reasonable excuse, has failed to commence or proceed with the Subcontract Works in accordance with Sub-Clause 7.1,
(d) the Subcontractor refuses or neglects to remove defective materials or remedy defective work after being instructed so to do by the Contractor under this Sub-Clause,
(e) the Subcontractor, despite previous warning from the Contractor, in writing, is otherwise persistently or flagrantly neglecting to comply with any of his obligations under the Subcontract,
(f) the Subcontractor has contravened Sub-Clause 2.5, or
(g) the Contractor is required by the Engineer to remove the Subcontractor from the Main Works after due notice in writing from the Engineer to the Contractor in accordance with the Main Contract,
then in any such event, and without prejudice to any other rights or remedies, the Contractor may by a notice to the Subcontractor forthwith terminate the Subcontractor's employment under the Subcontract and thereupon the Contractor may take possession of all materials, Subcontractor's Equipment and other things whatsoever brought on to the Site by the Subcontractor and may by himself or any other contractor use them for the purpose of executing and completing the Subcontract Works and remedying any defects therein and may, if he thinks fit, sell all or any of them and apply the proceeds in or towards the satisfaction of monies otherwise due to him from the Subcontractor.[42]

18.2 Contractor's and Subcontractor's Rights and Liabilities upon Termination
Upon such a termination, the rights and liabilities of the Contractor and the Subcontractor shall, subject to the preceding Sub-Clause, be the same as if the Subcontractor had repudiated the Subcontract and the Contractor had by his notice of termination under the preceding Sub-Clause elected to accept such repudiation.

18.3 Contractor's Powers
The Contractor may in lieu of giving a notice of termination under this Clause take part only of the Subcontract Works out of the hands of the Subcontractor and may by himself or any other contractor execute and complete such part of the Subcontract Works and remedy any defects therein and in such event the Contractor may recover his costs of so doing from the Subcontractor, or deduct such costs from monies otherwise becoming due to the Subcontractor.[42]

Settlement of Disputes

19.1 Amicable Settlement and Arbitration[43]

If a dispute of any kind whatsoever arises between the Contractor and the Subcontractor in connection with, or arising out of, the Subcontract or the execution of the Subcontract Works, whether during the execution of the Subcontract Works or after their completion and whether before or after repudiation or other termination of the Subcontract, then the Contractor or the Subcontractor may give a notice of such dispute to the other party, in which case the parties shall attempt for the next fifty-six days to settle such dispute amicably before the commencement of arbitration. Such notice shall state that it is made pursuant to this Clause. Any dispute which has not been amicably settled within fifty-six days after the day on which such notice is given shall be finally settled under the Rules of Conciliation and Arbitration of the International Chamber of Commerce by one or more arbitrators appointed under such Rules. Arbitration may be commenced prior to or after completion of the Subcontract Works, provided that the obligations of the Contractor and the Subcontractor shall not be altered by reason of the arbitration being conducted during the progress of the Subcontract Works.

19.2 Dispute in Connection with or Arising out of Main Contract Touching or Concerning Subcontract Works[44]

If a dispute of any kind whatsoever arises between the Employer and the Contractor in connection with, or arising out of, the Main Contract or the execution of the Main Works, whether during the execution of the Main Works or after their completion and whether before or after repudiation or other termination of the Main Contract, including any dispute as to any opinion, instruction, determination, certificate or valuation of the Engineer, and the Contractor is of the opinion that such dispute touches or concerns the Subcontract Works and arbitration of such dispute under the Main Contract commences, the Contractor may by notice require that the Subcontractor provide such information and attend such meetings in connection therewith as the Contractor may reasonably request.

Notices and Instructions

20.1 Giving of Notices and Instructions

All notices to be given to either the Contractor or the Subcontractor and all instructions to be given to the Subcontractor under the terms of the Subcontract shall be sent by post, cable, telex or facsimile transmission to or left at the principal place of business of the Contractor or Subcontractor, as the case may be, or such other address as the Contractor or Subcontractor shall nominate for that purpose.

20.2 Change of Address

Either party may change a nominated address to another address in the country where the Subcontract Works are being executed by prior notice to the other party.

Changes in Cost and Legislation

21.1 Increase or Decrease of Cost

There shall be added to or deducted from the Subcontract Price such sums in respect of rise or fall in the cost of labour and/or materials or any other matters affecting the cost of the execution of the Subcontract Works, to the like extent that such sums shall be added to or deducted from the Contract Price under the Main Contract, but no further.

21.2 Subsequent Legislation

If, on or after the date the Subcontract is executed, there occur in the country in which the Subcontract Works are being or are to be executed changes to any National or State Statute, Ordinance, Decree or other Law or any regulation or bye-law of any local or other duly constituted authority, or the introduction of any such State Statute, Ordinance, Decree, Law, regulation or bye-law which causes additional or reduced cost to the Subcontractor, other than under Sub-Clause 21.1, in the execution of the Subcontract, such additional or reduced cost shall be agreed between the Contractor and the Subcontractor, and shall be added to or deducted from the Subcontract Price, to the like extent that such additional or reduced cost shall be added to or deducted from the Contract Price under the Main Contract, but no further.

Currency and Rates of Exchange

22.1 Currency Restrictions
If, on or after the date the Subcontract is executed, the Government or authorised agency of the Government of the country in which the Subcontract Works are being or are to be executed imposes currency restrictions and/or transfer of currency restrictions in relation to the currency or currencies in which the Subcontract Price is to be paid, the Contractor shall reimburse any loss or damage to the Subcontractor arising therefrom to the like extent that such loss or damage shall be reimbursed to the Contractor under the Main Contract, but no further. Any other rights or remedies to which the Subcontractor is entitled in such event shall not be prejudiced.

22.2 Rates of Exchange
Where the Subcontract provides for payment in whole or in part to be made to the Subcontractor in foreign currency or currencies, such payment shall not be subject to variations in the rate or rates of exchange between such specified foreign currency or currencies and the currency of the country in which the Subcontract Works are to be executed.

Reference to Part II[45]

As stated in the Foreword at the beginning of this document, the FIDIC Conditions of Subcontract comprise both Part I and Part II. Certain Clauses, namely Sub-Clauses 1.1 paragraphs a(i), (ii) and (iv), (b)(i) and (e)(ii), 2.3, 6.1, 15.1 and 15.2, must include additional wording in Part II for the Conditions of Subcontract to be complete. Other Clauses may require additional wording to supplement Part I.[46]

Schrifttum: Nicklisch, Rechtsfragen des Subunternehmervertrages bei Bau- und Anlagenprojekten im In- und Auslandsgeschäft, NJW 1985, 2361 ff.; *Vetter*, Kollisionsrechtliche Fragen bei grenzüberschreitenden Subunternehmerverträgen, ZVglR-Wiss 1987, 248 ff.; *Ramming*, Überlegungen zur Ausgestaltung von Nachunternehmerverträgen durch AGB, BB 1994, 518 ff.; vgl. im übrigen die Schrifttumsangaben zu Form. III.2.1 und III.2.3.

Übersicht

	Seite		Seite
1. Sachverhalt	535	13. Sicherheiten	541
2. Wahl des Formulars; AGB-Gesetz	535	14. Ausführungsplan	541
3. Sonstige Unterverstragsbedingungen	537	15. Abtretungen	541
4. Checkliste	537	16. Sub-Unternehmer	541
5. Definitionen	541	17. Vertragssprache	541
6. Auftraggeber	541	18. Anwendbares Recht	541
7. Der Ingenieur	541	19. Subcontractor Agreement – Subunternehmervertragsdokument	542
8. Anlage zum Vertrag	541	20. Rangfolge der Vertragsbestimmungen	542
9. Bill of Quantities/Preis nach Aufmaß	541	21. Koordinierung mit dem Hauptvertrag	542
10. Leistungsbegrenzung	541	22. Selbstunterrichtungsklausel	542
11. Umfang der vertraglichen Verpflichtungen	541	23. Verweisung auf Kundenvertrag	542
12. Prüfungspflicht des Subunternehmers	541	24. Risikoteilung	542

2.2 FIDIC: Subcontract for Works of Civil Engineering Construction III.2.2

	Seite		Seite
25. Baustelleneinrichtung	543	35. Nachbesserung vor Abnahme	544
26. Fristverlängerung	543	36. Abhängigkeit der Gewährleistungsfrist von Kundenabnahme	544
27. Weitere Subunternehmer des Hauptauftragnehmers	543	37. Gewährleistung	545
28. Haftung für Anordnungen	543	38. Versicherungsverpflichtung	545
29. Änderungen: Mehr-(und Minder-) Leistungen, Zusatzleistungen	544	39. Zahlungsbedingungen auf Basis einer Bill of Quantities	545
30. „Durchschaltung" des Hauptvertrages	544	40. Kündigungsrecht des Auftraggebers	545
31. Nachtragsaufträge für Leistungsänderungen	544	41. Zahlung im Falle der Auftraggeber-Kündigung	546
32. Abrechnung von Mehr- und Mindermassen	544	42. Ersatzvornahme	546
33. Risikobeteiligung des Subunternehmers	544	43. Schiedsgericht	546
		44. Vorgreifliches Schiedsverfahren	546
		45. Part II	546
34. Abnahme	544	46. Steuern	547

Anmerkungen

1. Sachverhalt. Der Sachverhalt ist im Ausgangspunkt derselbe wie für das Form. III.2.1, so daß zunächst auf Anm. 1 zu diesem Formular verwiesen wird. Mit dem vorliegenden Vertrag überträgt der Generalunternehmer (hier auch als Hauptauftragnehmer, Auftragnehmer oder Unternehmer bezeichnet), nämlich die B AG, die Ausführung eines Teiles des Gesamtprojektes, z.B. des Bauteils für die Zementwerksanlage, auf ein anderes Unternehmen, die D PL, den Subunternehmer oder Unterauftragnehmer.

2. Wahl des Formulars; AGB-Gesetz. (1) Grundsätzlich handelt es sich bei dieser Weitergabe eines Teils der Leistungen aus dem „Kundenvertrag" (auch „Hauptvertrag" oder „Hauptauftrag" – „Main Contract") – also z.B. der Bauleistungen – um einen Unterauftrag, der wiederum einen Werkvertrag (§ 631 ff. BGB) darstellt, und zwar einen Werklieferungsvertrag über nicht vertretbare Sachen (§ 651 Abs. 1 Satz 2, 2. Halbsatz BGB).

(2) Insbesondere dann, wenn Gegenstand des Vertrages – wie hier zugrundegelegt – die en-bloc-Weitergabe eines großen, in gewisser Weise wieder in sich geschlossenen Teils des Kundenvertrages ist, neigen Generalunternehmer im Hinblick auf die große Bedeutung dieses Teils für das Gesamtprojekt und seiner engen Verzahnung mit dem mechanischen und elektrischen Teil der Anlage in der Praxis dazu, die Untervergabe im Rahmen eines sogenannten „Stillen Konsortiums", also einer Innen-BGB-Gesellschaft (§ 705 ff. BGB; vgl. *Staudinger/Keßler*, Vorbem. zu § 705 BGB, Rdnr. 90 ff.) vorzunehmen (vgl. dazu weiter Anm. 5 a zu Form. III.2.3).

Kennzeichnend für diese Vertragsgestaltung ist insbesondere auch eine erhöhte Risikoübernahme durch den stillen Konsorten im Vergleich zum bloßen Subunternehmer. Durch in der Praxis auftretende Formulierungen wie: „Die Vertragspartner schließen sich zur Erfüllung der Verpflichtungen aus dem Kundenvertrag zu einem Stillen Konsortium zusammen", wird die Risikoübernahme im Rahmen des nun „gemeinsamen Zwecks" zwar grundsätzlich vereinbart, die Frage nach ihrem Umfang aber nur aufgeworfen und nicht gelöst. Es bedarf daher eines genau ausformulierten Konsortialvertrages (vgl. Anm. 5a zu Form. III.2.3, insbes. Abs. (3), in Vbdg. mit den Vorschriften des Form. III.2.3).

(3) Auch ohne eine solche Gestaltung kann es aber zu Risikoüberwälzungen auch auf einen bloßen Subunternehmer kommen. Sofern im Werkvertrag mit dem Subunternehmer hierüber ausdrücklich nichts gesagt ist, wird gelegentlich versucht, eine Risikoteilung unter Heranziehung von Geschäftsgrundlage-, Durchgriffs- und ähnlichen Überlegungen herauszuarbeiten (vgl. *Vetter* RIW 1984, 170 ff. in seiner Anm. zu BGHZ 83, 197 ff. – Schlachthof im Iran; *Nicklisch* NJW 1985, 2361 ff.). Zutreffend stellt *Nicklisch* jedoch fest: „Das objektiv feststellbare Faktum, daß ein Subunternehmervertrag der Erfüllung eines Haupt-

vertrages dient und somit im Rahmen eines Gesamtprojekts zu sehen ist, hat als solches noch keine Bedeutung für eine Synchronisation der Verträge oder für die Abhängigkeit einzelner Regelungen des Subunternehmervertrages von den Regelungen des Hauptvertrags." (*Nicklisch* NJW 1985, 2361, 2365.)

Demgemäß ist das vorliegende Formular durch ausdrückliche Regelungen gekennzeichnet. Das von den Vertragspartnern vorgesehene Maß von Risikoübertragung wird im Rahmen dieses Vertragstypus konkret ausformuliert (vgl. z.B. Artikel 4.1, 4.2, 11.1, 11.2, 12.1, 14.1 und 17.1 des Formulars).

(4) Da eine solche Gestaltung – ob Vereinbarung eines Stillen Konsortiums oder Werkvertrag mit konkret formulierter Risikoübertragung – aber in jedem Fall eine höhere Risikoübernahme durch den stillen Konsorten/Subunternehmer mit sich bringt als ein reiner Unterauftrag, wird sich dies in dem zu vereinbarenden Preis auswirken müssen.

(5) Auch beim Subunternehmervertrag konnte auf ein Muster-Bedingungswerk der FIDIC (Fédération Internationale des Ingénieurs-Conseils – Internationale Vereinigung beratender Ingenieure) zurückgegriffen werden; hierzu wird zunächst auf Anm. 2 Abs. (1) zu Form. III.2.1 verwiesen (wegen der Bezugsquellen). Nach längeren Vorarbeiten ist im Herbst 1994 das vorstehende Formular in erster Auflage erschienen. Es bezieht sich naturgemäß insbesondere auf das „Red Book" als Hauptauftrag (From. III.2.1). Daher lag es nahe, dieses Unterauftrags-Formular hier zu kommentieren.

(6) Auch hier ist darauf hinzuweisen, daß die FIDIC-Bedingungswerke urheberrechtlich geschützt sind und nicht ohne schriftliche Zustimmung von FIDIC abgedruckt werden dürfen. Verlag, Herausgeber und Autor danken FIDIC für die Erlaubnis zum Abdruck auch dieses ganz neuen Unterauftrags-Formulars.

(7) Auch das hier kommentierte FIDIC-Muster ist dreiteilig:
– „Part I General Conditions" – Allgemeine Bedingungen,
– „Part II Conditions of Particular Interest" – Besondere Bedingungen,
– „Subcontract Agreement" – formales Vertragsdokument.
Im einzelnen wird auf Anm. 2 Abs. (5) und (6) zum Hauptvertrag (Form. III.2.1) verwiesen; aus den dort genannten Gründen werden auch hier nur die relevanten General Conditions kommentiert. Wiederum wird jedoch der Vollständigkeit halber nachstehend eine Übersetzung der Vertragsdokumente – „Subcontract Agreement" – ins Deutsche wiedergegeben.

Subunternehmervertrag(sdokument)

Dieser Subunternehmervertrag wird geschlossen am
...... Tage des Monats ...... 19......
zwischen ....
aus ....
.... (nachstehend „der Unternehmer" genannt)
einerseits und ....
aus ....
(nachstehend „der Subunternehmer" genannt) andererseits
In der Erwägung, daß der Unternehmer den Wunsch hat, ein bestimmtes Subunternehmer-Werk ausführen zu lassen, nämlich

und ein Angebot des Subunternehmers für die Ausführung und Fertigstellung dieses Subunternehmer-Werks angenommen hat wird **nunmehr dieser Subunternehmervertrag geschlossen:**
1. Worte und Ausdrücke in diesem Subunternehmervertrag haben die gleichen Bedeutungen, die ihnen jeweils in den nachstehend genannten Subunternehmervertragsbedingungen zugewiesen werden.

2.2 FIDIC: Subcontract for Works of Civil Engineering Construction III.2.2

2. Die folgenden Unterlagen werden als Teil dieses Subunternehmervertrages angesehen und gelesen und ausgelegt, nämlich:
    (a) die Annahmeerklärung des Unternehmers;
    (b) das Angebot des Subunternehmers;
    (c) die Subunternehmervertragsbedingungen (Teile I und II);
    (d) die Spezifikation des Subunternehmervertrags;
    (e) die Zeichnungen des Subunternehmervertrages;
    (f) das Leistungsverzeichnis des Subunternehmervertrages.
3. Als Gegenleistung für die vom Unternehmer an den Subunternehmer entsprechend nachstehendem Absatz zu leistenden Zahlungen vereinbart der Subunternehmer mit dem Unternehmer, das Subunternehmerwerk in jeder Hinsicht entsprechend den Bestimmungen des Subunternehmervertrags auszuführen, fertigzustellen und zu unterhalten.
4. Der Unternehmer verpflichtet sich hiermit, dem Subunternehmer für die Ausführung, Fertigstellung und Unterhaltung des Subunternehmerwerks zu den Zeitpunkten und in der Weise den Subunternehmer-Vertragspreis und solche anderen Beträge, die gemäß den Subunternehmervertragsbedingungen zahlbar werden, zu zahlen, wie es im Subunternehmervertrag vorgeschrieben ist.

Zu Urkund dessen haben die Vertragsparteien veranlaßt, daß dieser Subunternehmervertrag am oben erwähnten Tag und im oben erwähnten Jahr mit ihren jeweiligen Firmensiegeln (oder mit ihren jeweiligen Unterschriften und Siegeln) versehen wurde.

Das Firmensiegel von ....
....

wurde angebracht in Gegenwart von:
    oder
Unterzeichnet, gesiegelt und übergeben von
....

in Gegenwart von:

(8) Zur Frage des Verhältnisses des hier kommentierten Formulars zum AGB-Gesetz wird auf Anm. 3 Abs. (11) zum Form. III.2.1 verwiesen, weiter noch auf *Ramming*, BB 1994, 518 ff.

3. Sonstige Mustervertragsbedingungen. (1) Während es ebenso wie für den Industrieanlagenvertrag (vgl. Anm. 3 zu Form. III.2.1) auch für einen entsprechenden Subunternehmervertrag noch kein weitverbreitetes Muster gibt, liegt u. a. zu den in Anm. 3 zu Form. III.2.1 genannten Mustervertragsbedingungen jeweils korrespondierend auch je ein Subunternehmervertragsmuster vor, nämlich
— The Federation of Civil Engineering Contractors Form of Sub-Contract (FCEC – Revised September 1984, zur Benutzung im Zusammenhang mit Hauptvertragsmusterbedingungen der I.C.E. – Institution of Civil Engineers, Großbritannien),
— Standard Form of Agreement Between Contractor and Subcontractor (*AIA Document 401, 1987 Edition*, zur Benutzung im Zusammenhang mit Hauptvertragsbedingungen des AIA – American Institute of Architects, Vereinigte Staaten).
(2) Darüberhinaus haben drei große US-amerikanische Unternehmensverbände, nämlich die Associated General Contractors of America (AGC), die Associated Specialty Contractors (ASC) und die American Subcontractors Association (ASA), nach dreijähriger Vorarbeit 1994 ein gemeinsames Musterbedingungswerk für einen Subunternehmervertrag vorgelegt: The AGC-ASA-ASC Standard Form Construction Subcontract.
(3) Hingewiesen sei auf den vom Zentralverband des Deutschen Baugewerbes e.V. erarbeiteten „Nachunternehmervertrag Bau und Ausbau – Fassung 1987 –", gemäß § 38 Abs. 2 Nr. 3 GWB veröffentlicht im BAnz vom 15. 4. 1987, 4281 f.

4. Checkliste. Aus den gleichen Gründen wie beim Red Book (vgl. Anm. 4 zum Form. III.2.1) wird auch hier als Checkliste eine deutsche Übersetzung des detaillierten Inhalts-

III.2.2

verzeichnisses des hier kommentierten Subunternehmervertrags-Formulars abgedruckt, und zwar von Part I General Conditions. Kursivdruck zeigt, daß zu den entsprechenden Artikeln Änderungen oder Ergänzungen im Rahmen des Part II Conditions of Particular Application erforderlich oder zweckmäßig erscheinen.

Inhaltsverzeichnis
Teil I: Allgemeine Bedingungen
Definition und Auslegung

1.1 Definitionen
1.2 Überschriften und Randbemerkungen
1.3 Auslegung
1.4 Singular und Plural
1.5 Mitteilungen, Zustimmungen, Genehmigungen, Bescheinigungen, Bestätigungen und Feststellungen
1.6 Schriftliche Anweisungen

Allgemeine Pflichten

2.1 Allgemeine Verpflichtungen des Subunternehmers
2.2 Erfüllungsgarantie
2.3 Von dem Subunternehmer vorzulegendes Programm
2.4 Abtretung des Subunternehmervertrages
2.5 Untervergabe durch den Subunternehmer

Subunternehmervertragsunterlagen

3.1 Sprache(n)
3.2 Anwendbares Recht
3.3 Subunternehmervertragsdokument (vgl. hierzu dessen Wiedergabe in Deutsch in Anm. 2 Abs. (7): darin bzw. in dessen Anlagen sind die vertragsgegenständlichen Leistungen niederzulegen)
3.4 Vorrang der Subunternehmervertragsunterlagen

Hauptvertrag

4.1 Kenntnis des Subunternehmers von dem Hauptvertrag
4.2 Verpflichtungen des Subunternehmers bezüglich der untervergebenen Aufgaben
4.3 Kein Vertragsverhältnis zum Auftraggeber
4.4 Mögliche Auswirkungen von Verletzungen des Subunternehmervertrages durch den Subunternehmer

Baustelleneinrichtung, Geräte und/oder (falls vorhanden) andere Einrichtungen des Unternehmers

5.1 Benutzung der Baustelleneinrichtung des Unternehmers durch den Subunternehmer
5.2 Benutzung der Geräte und/oder (falls vorhanden) andere Einrichtungen des Unternehmers gemeinsam mit anderen Subunternehmern

5.3 Ausschließliche Benutzung der Geräte und/oder (falls vorhanden) andere Einrichtungen des Unternehmers durch den Subunternehmer
5.4 Entschädigung für Mißbrauch von Baustelleneinrichtungen, Geräten und/oder (falls vorhanden) anderer Einrichtungen des Unternehmers

Arbeit auf der Baustelle und Zugang

6.1 Arbeitszeit auf der Baustelle; Beachtung der Vorschriften und Bestimmungen durch den Subunternehmer
6.2 Zugang des Subunternehmers zu der Baustelle
6.3 Verpflichtung des Subunternehmers, Zugang zu seinem Teil des Werks zuzulassen

Beginn und Abschluß

7.1 Beginn der Arbeit des Subunternehmers; Fertigstellungstermin für den Subunternehmer
7.2 Fristverlängerung für Fertigstellung der Arbeit des Subunternehmers
7.3 Mitteilungspflicht des Subunternehmers

Anweisungen und Entscheidungen

8.1 Anweisungen und Entscheidungen nach dem Hauptvertrag
8.2 Anweisungen nach dem Subunternehmervertrag

Änderungen

9.1 Änderungen der Leistungen des Subunternehmers
9.2 Anweisungen für Änderungen

Bewertung von Änderungen

10.1 Bewertungsmethode
10.2 Wertermittlung einer Änderung
10.3 Bewertung durch Bezugnahme auf Messung nach dem Hauptvertrag
10.4 Geschätzte Menge und ausgeführte Menge
10.5 Arbeit zu Tagessätzen

Mitteilungen und Ansprüche

11.1 Mitteilungen
11.2 Ansprüche
11.3 Auswirkungen des Unterlassens einer Mitteilung

Geräte, Baustelleneinrichtung und Material des Subunternehmers

12.1 Einbeziehung durch Bezugnahme

Entschädigung

13.1 Entschädigungsverpflichtung des Subunternehmers
13.2 Entschädigungsverpflichtung des Unternehmers

III.2.2   III. Lieferverträge

Unerledigte Arbeit und Mängel

14.1 Verpflichtungen des Subunternehmers vor Übernahme
14.2 Verpflichtungen des Subunternehmers nach Übernahme
14.3 Durch Handeln oder Unterlassen des Subunternehmers verursachte Mängel

Versicherung

15.1 Versicherungspflicht des Subunternehmers
15.2 Versicherungspflicht des Unternehmers; Arbeit des Subunternehmers auf dessen Risiko
15.3 Versicherungsnachweis; Rechte bei fehlender Versicherung

Zahlung

16.1 Monatliche Abrechnungen des Subunternehmers
16.2 Monatliche Abrechnungen des Unternehmers
16.3 Fälligkeit der Zahlung; einbehaltene oder verzögerte Zahlung; Zinsen
16.4 Zahlung einbehaltener Beträge
16.5 Zahlung des Subunternehmerpreises und anderer fälliger Beträge
16.6 Ende der Haftung des Subunternehmers

Kündigung des Hauptvertrages

17.1 Kündigung des Einsatzes des Subunternehmers
17.2 Zahlung nach Vertragsbeendigung
17.3 Kündigung des Hauptvertrages wegen Verletzung des Subunternehmervertrages

Vertragsstörung durch den Subunternehmer

18.1 Kündigung des Subunternehmervertrages
18.2 Rechte und Haftung des Unternehmers und des Subunternehmers nach Kündigung
18.3 Befugnisse des Unternehmers

Beilegung von Streitigkeiten

19.1 Einvernehmliche Beilegung und Schiedsverfahren
19.2 Streitigkeit im Zusammenhang mit oder aus dem Hauptvertrag mit Auswirkungen oder Bezug auf Leistungen nach dem Subunternehmervertrag

Mitteilungen und Anweisungen

20.1 Mitteilungen machen und Anweisungen geben
20.2 Adressenänderung

Kostenänderungen und gesetzliche Veränderungen

21.1 Kostensteigerung oder -senkung
21.2 Nachträglicher Erlaß von Gesetzen

2.2 FIDIC: Subcontract for Works of Civil Engineering Construction   III.2.2

Währung und Wechselkurs

22.1 Devisenbeschränkungen
22.2 Wechselkurse

5. Definitionen. Vgl. Anm. 5 zu Form. III.2.1.

6. Auftraggeber. Vgl. Anm. 6 zu Form. III.2.1. Damit ist auch hier die Auftraggeber des Hauptauftragnehmers gemeint; Vertragspartner des vorliegenden Subunternehmervertrages sind nur die anschließend definierten Parteien, der Contractor (hier: Hauptauftragnehmer, Unternehmer) und der Subcontractor (Unterauftragnehmer, Subunternehmer).

7. Der Ingenieur. Zu der bedeutsamen Rolle des beratenden Ingenieurs im Rahmen der FIDIC-Bedingungswerke vgl. ausführlich Anm. 12 zu Form. III.2.1.

8. Anlagen zum Vertrag. Vgl. Anm. 7 zu Form. III.2.1, weiter die auch hier zu berücksichtigenden Anm. 8 und 9 zu diesem Formular.

9. Bill of Quantities/Preis nach Aufmaß. Hierzu und zu abweichenden Gestaltungen vgl. Anm. 10 zu Form. III.2.1.

10. Leistungsabgrenzung. Da in vielen Fällen nicht unmittelbar klar ist, ob eine Leistung noch zum Bauteil – oder sonstigem Vertragsgegenstand des Subunternehmervertrages – oder schon zum übrigen Anlageteil gehört (z.B.: Stahlkonstruktionen), sollte der Anfertigung der Leistungsabgrenzung zur Vermeidung späterer Streitigkeiten besondere Aufmerksamkeit gewidmet werden: sie müßte an sich schon der Aufforderung zur Angebotsabgabe an den Bauunternehmer/Subunternehmer für dessen Kalkulation zugrunde liegen. Wegen des Risikos ungenauer Leistungsabgrenzung vgl. auch Anm. 22.

11. Umfang der vertraglichen Verpflichtungen. Diese Regelung geht den entsprechenden Vorschriften des Kundenvertrages vor, der sie aber – soweit ausführlicher – ergänzt (vgl. unten Artikel 3.4 und Anm. 20 dazu, aber auch Artikel 4.1 und 11.1). Wegen des Risikos verbleibender Lücken vgl. Anm. 10 und 22.

12. Prüfungspflicht des Subunternehmers. Vgl. hierzu Artikel 8.1, zweiter Unterabsatz des Hauptvertrages (Form. III.2.1) und Anm. 19 dazu.

13. Sicherheiten. Vgl. Artikel 10 des Hauptvertrages (Form. III.2.1) und Anm. 21 dazu. Sofern es sich bei dem Subunternehmer um ein Unternehmen aus einem größeren Konzernverband handelt, ist es nicht unüblich, daß neben den Garantien oder an ihrer Statt (noch) eine Konzernbürgschaft oder -garantie der Obergesellschaft für die Vertragserfüllung insgesamt gefordert wird.

14. Ausführungsplan. Vgl. hierzu die entsprechende Regelung in Artikel 14 des Hauptvertrages (Form. III.2.1).

15. Abtretungen. Die Regelung entspricht derjenigen in Artikel 3.1 des Hauptvertrages (Form. III.2.1); vgl. auch Anm. 14 dazu.

16. Sub-Subunternehmer. Vgl. die entsprechende Regelung im Hauptvertrag, Artikel 4.1 (Form. III.2.1) und Anm. 15 dazu mit weiteren grundsätzlichen Hinweisen zum Subunternehmer.

17. Vertragssprache. Vgl. hierzu zunächst Artikel 5.1 des Hauptvertrages (Form. III.2.1) und Anm. 16 und 17 dazu. Im vorliegenden Subunternehmervertrag wird zweckmäßigerweise grundsätzlich festgelegt, daß die Vertragssprache bzw. Vorrangsprache des Subunternehmervertrages diejenige des Hauptvertrages sein soll.

18. Anwendbares Recht. Zunächst ist auf die Rechtwahlklausel des Hauptvertrages – Artikel 5.1 (Form. III.2.1) – und die Ausführungen in Anm. 15 dazu hinzuweisen. Wenn nicht unüberwindliche Gründe im Einzelfall dagegen sprechen, sollte es hier beim Subunternehmervertrag aber bei der Grundsatzregelung des Artikels 3.2 bleiben, wonach das für den Hauptvertrag geltende Recht auch für den Subunternehmervertrag gilt. Dies sowohl wegen des Ineinandergreifens der Regelungen beider Verträge, beispielsweise bei Gewährleistungs- oder Schadensersatzansprüchen des Auftraggebers, die ganz oder teilweise vom Unterauftragnehmer zu verantworten sind, insbesondere aber auch im Hinblick auf mögliche, hintereinandergeschaltete Schiedsverfahren; vgl. dazu auch nachstehende Anm. 44 zu Artikel 19.2.

19. **Subcontract Agreement – Subunternehmervertragsdokument.** Zu diesem lediglich eine formale Klammer bildenden, gegebenenfalls zu unterzeichnenden kurzen Dokument vgl. oben Anm. 2 Abs. (7), wo eine deutsche Übersetzung dieses Dokumentes abgedruckt ist, und die dort in Bezug genommene Anm. 2 Abs. (5) zum Hauptvertrag (Form. III.2.1).

20. **Rangfolge der Vertragsbestimmungen.** Vgl. hierzu die etwas abweichende, korrespondierende Formulierung in Artikel 5.2 des Hauptvertrages. Bei Verträgen, in denen deutsches Recht durchgesetzt werden kann, sollte an die Stelle der vorliegenden Bedingungen in der Regel wohl die VOB/B treten, wobei darauf hingewiesen sei, daß die vom DIN e.V. als DIN 1961 herausgegebene VOB/B auch in englischer Übersetzung vorliegt (Beuth Verlag, Berlin, Köln).

21. **Koordinierung mit dem Hauptvertrag.** Es wird davon ausgegangen, daß der Hauptvertrag im Zeitpunkt des Abschlusses des Subunternehmervertrages schon unterzeichnet und wirksam geworden ist oder jedenfalls der Hauptvertrag und dieser Vertrag in engem zeitlichen Zusammenhang und unter sachlicher Abstimmung miteinander verhandelt und unterzeichnet werden. Wenn der Kundenvertrag dagegen bei Unterzeichnung des Subunternehmervertrages zwar schon ausgehandelt ist, aber später unterzeichnet wird oder bezüglich seines Inkrafttretens aufschiebend bedingt ist, sollte eine Schlußvorschrift etwa folgenden Inhalts aufgenommen werden: „Dieser Vertrag tritt in Kraft mit dem Wirksamwerden des Hauptvertrages. B AG wird D PL diesen Termin unverzüglich bekanntgeben." Sollte der Hauptvertrag noch nicht abschließend ausgehandelt sein, wäre in den Subunternehmervertrag ein Änderungsvorbehalt aufzunehmen.

22. **Selbstunterrichtsklauseln.** Derartige Selbstunterrichtsklauseln (vgl. hierzu auch *Joussen* S. 52/61 und 423) sind grundsätzlich zum Schutz des Generalunternehmers vor Inkongruenzen zwischen den dem Kunden geschuldeten und den Subunternehmern weitervergebenen Leistungen angebracht. Dabei wird häufig die Selbstunterrichtungspflicht mit der daraus folgenden Risikoüberwälzung ausdrücklich über die Kenntnis des Hauptvertrages hinaus auf die Prüfung der Baustelle, des Baugrundes u.ä. erstreckt. Besondere Bedeutung gewinnt eine genaue Leistungsermittlung und -abgrenzung im beiderseitigen Interesse bei einem Pauschal-Festpreisvertrag (vgl. dazu auch schon oben Anm. 7 und 10 Abs. (3) zum Hauptvertrag, Form. III.2.1). Natürlich sollte die Selbstunterrichtungspflicht nicht zu Lasten des Subunternehmers überspannt werden: das Kriterium für die Abgrenzung des Leistungsrisikos ist die Erkennbarkeit des Erfordernisses von Lieferungen und Leistungen für einen erfahrenen und verständigen Unternehmer von der Art des Subunternehmers im Zeitpunkt des Vertragsabschlusses. Hierzu gehört auch die Obliegenheit, im Zweifelsfalle eine Klärung durch Nachfrage beim Generalunternehmer herbeizuführen, sofern irgendein Anlaß zu Zweifeln bestand. Umgekehrt ist der Generalunternehmer dann allerdings verpflichtet, die gewünschte Aufklärung zu erteilen. Unterbleibt dies, kann dem Subunternehmer die Unklarheit nicht länger angelastet werden.

23. **Verweisung auf Kundenvertrag.** Diese „Durchschaltung" des Kundenvertrages korrespondiert mit der Risikoüberwälzung in Artikel 4.4, vgl. insbesondere auch die nachfolgende Anm. 24 dazu und weiter z.B. Anm. 33. Vgl. weiter Anm. 15 zu Form III.2.1 mit weiteren grundsätzlichen Hinweisen zum Subunternehmer.

24. **Risikoteilung.** (1) Wird – abweichend von der vorliegenden Gestaltung – zwischen Generalunternehmer und Subunternehmer ein Stilles Konsortium vereinbart (vgl. Anm. 2

2.2 FIDIC: Subcontract for Works of Civil Engineering Construction III.2.2

Abs. (2)), so wird dabei häufig die Formel benutzt, daß jeder Vertragspartner für seinen Leistungsanteil das volle technische und kommerzielle Risiko trägt. Das letztere ist eine Generalklausel, die bereits im Konsortialvertrag noch genauer konkretisiert werden sollte. Bei Risikoteilung im Subunternehmervertrag – hier insbesondere in Artikel 4.4 in Verbindung mit Artikel 4.2 festgelegt – sollte erst recht versucht werden, die Risikoabgrenzung so konkret wie möglich vorzunehmen.

(2) Soweit das Zahlungsrisiko generell – also über Sonderregelungen wie hier in Artikel 11.2 hinaus – auf einen ausländischen Unterauftragnehmer abgewälzt wird, kann der deutsche Generalunternehmer keine Hermes-Deckung (s. o. Anm. 64 zum Hauptvertrag, Form. III.2.1) erlangen. Die Bundesrepublik Deutschland, Bearbeiter: Hermes-Kreditversicherungs AG, deckt das Generalunternehmerrisiko voll, solange ausländische Zulieferungen 10% des Auftragswertes nicht überschreiten (bis zu 40% bei Auslandsanteilen aus EG-Ländern). Übersteigt der Unterauftragswert diese Grenze, empfiehlt sich eine entsprechende Risikoüberwälzung im Vertrag. Der ausländische Unterauftragnehmer muß dann Deckung bei seinem nationalen Versicherer suchen. Dies ist im Rahmen einer Absprache zwischen Hermes und diesem anderen Versicherer möglich, und zwar auch im umgekehrten Fall eines ausländischen Generalunternehmers mit einem wesentlichen deutschen Unterauftragnehmer.

(3) Eine Abwälzung allein des Gewährleistungsrisikos auf den Unterauftragnehmer, wie hier in Artikel 14.2 vorgesehen, ist ohne Einfluß auf die Hermes-Deckung.

25. Baustelleneinrichtung. Häufig wird vom Unterauftragnehmer, insbesondere wenn er Bauunternehmer ist, die Vorhaltung der Baustelleneinrichtung für sein Personal und seine Arbeiten gefordert; diese Leistung ist dann naturgemäß beim Angebot auch zu kalkulieren. Zur Baustelleneinrichtung in einem Fall wie dem vorliegend unterstellten, gehört insbesondere auch das erforderliche Camp für das Personal des unterbeauftragten Bauunternehmers D PL selbst. Sofern der Bauunternehmer, was wegen seiner Qualifikation hierzu naheliegt, auch ein Camp für den Hauptauftragnehmer und gegebenenfalls für weitere Subunternehmer errichten (und gegebenenfalls betreiben) soll, bedarf es dazu gesonderter vertraglicher Regelungen, zumindest einer entsprechenden Erweiterung des Leistungsverzeichnisses und der Kalkulation.

26. Fristverlängerung. Wegen Buchstabe a) vgl. Artikel 44.1 des Hauptvertrages, Form. III.2.1; weiter generell Anm. 42 dazu.

27. Weitere Subunternehmer des Hauptauftragnehmers. Hier ist ein Ansatzpunkt für ein Einstehen des Hauptauftragnehmers gegenüber seinem Subunternehmer – hier dem Bauunternehmer D PL – für Handlungen seiner weiteren Subunternehmer gegeben; vgl. auch oben Artikel 5.2. Der nicht ganz einfach zu lösende Fragenkomplex verdient gegebenenfalls eine eingehendere Regelung. Das Handeln der weiteren Subunternehmer ist dem Hauptauftragnehmer im Verhältnis zu D PL nicht zweifelsfrei schon nach § 278 BGB zuzurechnen, da sie in erster Linie seine Erfüllungsgehilfen für die Verpflichtung sind, dem Kunden gegenüber Leistungen zu erbringen. Eine Klarstellung im Vertrag ist deshalb angebracht, wenngleich man die weiteren Subunternehmer wohl auch im Verhältnis zum Subunternehmer D PL auch ohne ausdrückliche Regelung als Erfüllungsgehilfen des Hauptauftragnehmers B AG ansehen könnte, weil sie dessen Verpflichtung (mit-) erfüllen, dem Unterauftragnehmer D PL die ungestörte Vertragserfüllung möglich zu machen (vgl. *Joussen*, S. 150, mwN.; weiter auch Anm. 15 zu Form. III.2.1).

28. Haftung für Anordnungen. Empfehlenswert ist eine ergänzende Regelung, wonach der Subunternehmer seinerseits den Hauptauftragnehmer informieren muß, wenn er die Fehlerhaftigkeit oder Unzweckmäßigkeit von Weisungen erkennt; vgl. dazu z.B. Artikel 8.1, zweiter Unterabsatz des Hauptvertrages (Form. III.2.1) und Anm. 19 dazu und weiter die ähnliche Regelung in § 4 Nr. 1 Abs. 4 VOB/B. Dadurch werden die Risikosphären

III.2.2 III. Lieferverträge

klarer abgegrenzt im Interesse einer eindeutigen Zuordnung, wer spätere Schäden, Mängel etc. vertreten muß in Fällen von, ggf. unzutreffenden, Instruktionen.

29. **Änderungen: Mehr- (und Minder-)Leistungen, Zusatzleistungen.** Die aus der VOB/B geläufige Unterscheidung von Mehrleistungen einerseits und Zusatzleistungen andererseits mit ihren unterschiedlichen Vergütungsregelungen (vgl. § 2 VOB/B) wird hier nicht gemacht. An Schutzvorschriften für den Unterauftragnehmer bezüglich Minderleistungen, die auf eine Teilkündigung hinauslaufen, fehlt es ebenso wie an Schutzvorschriften gegen unbillige Zusatzforderungen; vgl. demgegenüber § 1 Nr. 4 VOB/B, wonach der Bauunternehmer (nur) verpflichtet ist, Zusatzleistungen mit anzuführen, wenn und soweit sein Betrieb auf derartige Leistungen eingerichet ist (vgl. aber Artikel 10.4). Aus der Sicht eines deutschen Subunternehmers wären hier wohl entsprechende Ergänzungsvereinbarungen wünschenswert. Im übrigen vgl. auch Anm. 54 zum Hauptvertrag, Form. III.2.1.

30. **„Durchschaltung" des Hauptvertrages.** Ungeachtet der zutreffenden Festlegung in Artikel 4.3, wonach ein Vertragsverhältnis zwischen Auftraggeber und Subunternehmer nicht besteht, werden in einer Reihe von Einzelfällen – so auch hier (siehe aber Artikel 9.2 und nachfolgende Anm. 31 dazu) – die vertraglichen Regelungen des Hauptvertrages und die Wirkungen von Handlungen gemäß den Regelungen des Hauptvertrages in das Vertragsverhältnis zwischen Auftragnehmer und Subunternehmer „durchgeschaltet", so daß auf diesem Wege mittelbar eine vielfältige Abhängigkeit des Unterauftragnehmers vom Hauptauftrag entsteht. Dies ist im Projekt- und Anlagengeschäft entsprechend den tatsächlichen Verflechtungen im Bauablauf unerläßlich. Vgl. auch vorstehende Anm. 23 m. w. Nachw.

31. **Nachtragsaufträge für Leistungsänderungen.** Hierzu vgl. zunächst Anm. 54 zum Hauptauftrag, Form. III.2.1. Ein direkter „Durchgriff" des Ingenieurs auf den Subunternehmer wird aber zu Recht durch das Erfordernis einer Bestätigung durch den Auftragnehmer gegenüber dem Subunternehmer blockiert.

32. **Abrechnung von Mehr- und Mindermassen.** Es wird davon ausgegangen, daß das Angebot, welches als Anlage Bestandteil des Vertrages wird, eine Kalkulation mit Einheitspreisen und Massen enthält; dies ist die Voraussetzung der Errechnung des Wertes von Mehr- und Mindermassen, wie hier vorgesehen.

33. **Risikobeteiligung des Subunternehmers.** Durch die vorgeschlagene Regelung wird der Subunternehmer bei Vertragsverletzungen des Kunden voll am Risiko der Durchsetzbarkeit von Zusatzansprüchen gegenüber dem Kunden beteiligt. Dies entspricht zwar nicht der typischen Risikoverteilung bei Subunternehmerverträgen, ist jedoch im Auslandsgeschäft, insbesondere z.B. mit arabischen Ländern zur Risikobegrenzung des Anlagengeschäfts oft unerläßlich, da Ersatzansprüche häufig faktisch nicht gerichtlich, sondern nur im Verhandlungswege gegenüber dem Kunden „durchsetzbar" sind. Vgl. auch vorstehend Anm. 24.

34. **Abnahme.** Vgl. die Anm. 44 bis 48 zu Form. III.2.1.

35. **Nachbesserung vor Abnahme.** Insoweit handelt es sich – wie z.B. auch bei Artikel 39.1 des Kundenvertrages (Form. III.2.1, vgl. auch Anm. 37 dazu) – systematisch nicht um Gewährleistung, sondern um den ursprünglichen Leistungsanspruch, wie sich nach deutschem Recht aus dem Wortlaut von § 633 Abs. 2 in Verbindung mit Abs. 1 ergibt, vgl. MünchKomm/*Soergel*, § 633 Rdnr. 1 ff.; *Soergel/Mühl*, § 633, Rdz. 7; vgl. auch *Joussen*, S. 167; weiter § 4 Nr. 7 Abs. 1 VOB/B.

36. **Abhängigkeit der Gewährleistungsfrist von Kundenabnahme.** Diese Regelung erscheint angemessen, um den Hauptauftragnehmer nicht in die Situation zu bringen, daß der Auftraggeber in der ihm gegenüber noch laufenden Gewährleistungsfrist zu einem Zeitpunkt Mängel im Werk des Subunternehmers rügt, in welchem die Gewährleistungsfrist des Subunternehmers schon abgelaufen ist. Anderseits kann es dem Subunterneh-

2.2 FIDIC: Subcontract for Works of Civil Engineering Construction   III.2.2

mer im Einzelfall erforderlich scheinen, schrankenlosen Kulanzregelungen des Hauptauftragnehmers mit dem Auftraggeber zu seinen Lasten vorzubeugen: zwar wird abgestellt auf Mängel im Werk des Subunternehmers „as the Contractor is liable to remedy under the Main Contract for the like period", aber Auftraggeber und Hauptauftragnehmer könnten ja diese Frist einvernehmlich verlängern. Für solchen Fall könnte höchstvorsorglich etwa festgelegt werden, daß eine Verlängerung der Gewährleistungsfrist für den Subunternehmerteil über die ursprünglich bestimmte Grundlaufzeit hinaus nur durch Vereinbarung auch mit dem Subunternehmer möglich ist, deren Abschluß der Subunternehmer jedoch nicht unbillig verweigern darf.

37. **Gewährleistung.** (1) Vgl. wegen der „Durchschaltung" des Hauptvertrages bezüglich der Gewährleistung zunächst dort (Form. III.2.1) Art. 49 und auch Anm. 49 ff. dazu.

(2) Die Sachmängelhaftung ist nach deutschem Recht an den folgenden drei gesetzlichen Kategorien orientiert:
a) Fehler, die den Wert oder die Tauglichkeit zu dem gewöhnlichen oder dem nach dem Vertrag vorausgesetzten Gebrauch aufheben oder mindern (§ 633 Abs. 1 BGB, gleicher Begriff, wie in § 459 Abs. 1 BGB),
b) Zugesicherte Eigenschaften (§ 633 Abs. 1 gleicher Begriff wie in § 459 Abs. 2 BGB),
c) Kauf nach Probe (§ 494 BGB).
Für den letzteren bestimmt schon das Gesetz, daß die Eigenschaften der Probe als zugesichert gelten (§ 651, 494 BGB). Im übrigen muß in der Baubeschreibung deutlich gekennzeichnet werden, welche Eigenschaften zugesichert sind, damit der Gewährleistungsumfang unstreitig ist. Die entsprechenden Unterscheidungen werden hier nicht gemacht, liegen aber der Gestaltung des Formulars in Band 2, III.2, § 11 zugrunde.

An die Stelle der Gewährleistungsregelung kann die für den Auftraggeber günstigere unselbständige Garantie treten, bei der es z.B. nicht darauf ankommt, ob der gerügte Mangel tatsächlich schon im Zeitpunkt der Abnahme vorlag und ob den Unternehmer an etwaigen Mängelfolgeschäden ein Verschulden trifft (zum letzteren Aspekt vgl. Anm. 51 zum Hauptvertrag, Form. III.2.1, und dort Artikel 49.2, der etwa eine entsprechende Regelung enthält).

In Betracht kommt schließlich noch die selbständige Garantie, bei der für einen über die Vertragsmäßigkeit des Werks hinausgehender weiteren Erfolg eingestanden wird. Wird eine selbständige oder unselbständige Garantie übernommen, ist bei der Formulierung auf eine deutliche Abgrenzung von der Zusicherung einer Eigenschaft zu achten, am besten durch genaue Festlegung des Inhalts der Garantie (so zu Recht auch *Ingenstau/Korbion* VOB/B, § 13, Rdz. 840; vgl. zum ganzen *Soergel/Mühl*, § 633 Rdnr. 18 f. mwN., *Larenz*, Lehrbuch des Schuldrechts, Band II, Halbband 1, 13. Auflage, 1986, § 53 IIc; *Ingenstau/ Korbion*, Rdz. 840 ff.; zur selbständigen Garantie BGHZ 65, 107/109).

(3) Eine ausdrückliche vertragliche Regelung der Rechtsmängelhaftung erscheint für den vorliegenden Subunternehmervertrag z.B. über den Bauteil nicht erforderlich; vgl. aber Form. III.2.1 Art. 28.1 und Anm. 30, 31.

38. **Versicherungsverpflichtung.** Die Erfüllung dieser Verpflichtung setzt unter Umständen (Artikel 15.1 Abs. 2!) voraus, mit dem – deutschen – Versicherer eine teilweise Abbedingung der Regreßvorschrift des § 67 VVG zu vereinbaren. Vgl. weiter Artikel 21 ff. des Hauptvertrages und Anm. 27 und 29 dazu (Form. III.2.1).

39. **Zahlungsbedingungen auf Basis einer Bill of Quantities.** Zu den Zahlungsregelungen auf der Basis einer Bill of Quantities, aber auch zu anderen Preistypen und Zahlungsregelungen vgl. Anm. 10 zum Hauptvertrag, Form. III.2.1, weiter auch noch Anm. 56 Abs. (2) ebenda.

40. **Kündigungsrecht des Auftraggebers.** Vgl. zunächst Artikel 40 des Kundenvertrages – Form. III.2.1 – und Anm. 38 und 39 dazu. Eine ausdrückliche Regelung ist – auch hier – einer Regelung entsprechend der gesetzlichen (§ 649 BGB) vorzuziehen, da das dort vorge-

sehene jederzeitige Kündigungsrecht ohne Vorliegen spezifischer Kündigungsgründe mit seiner entsprechend starren Entgeltregelung nicht dem Charakter des Großanlagengeschäfts entspricht (vgl. hierzu auch die Erwägungen bei *Joussen*, S. 251 ff., insbes. S. 251). Hier sind interessengerecht unterschiedliche Regelungen für die Fälle der „Durchschaltung" einer Beendigung des Kunden- oder Hauptvertrages mittels Kündigung des Unterauftrages einerseits (Artikel 17) und die (originäre) Kündigung des Unterauftrags aufgrund Schlecht- oder Nichterfüllung durch den Unterauftragnehmer oder weiterer von ihm zu vertretender Fälle (Artikel 18) vorgesehen. Die Rechtsfolgen sind im letzteren Falle naturgemäß ungünstiger für den Unterauftragnehmer; sie werden für entsprechend anwendbar erklärt für den Fall, daß der Hauptvertrag wegen Vertragsverletzungen des Unterauftragnehmers gekündigt wird und der Hauptauftragnehmer infolgedessen den Unterauftrag kündigt (Artikel 17.3).

41. **Zahlung im Falle der Auftraggeber-Kündigung.** Im Einzelfall mag diese – hinter § 649 BGB zurückbleibende – Regelung beim Anlagengeschäft die Interessen des Subunternehmers – hier: von D PL – noch nicht genügend berücksichtigen, z. B. dann, wenn er seine Kapazität langfristig für das Projekt reserviert hat und keine Möglichkeit für die Erlangung von Ersatzaufträgen besteht. Weitere Kosten erscheinen in solchen Fällen bei angemessener Lösung erstattungsfähig, so z. B. anteilige Gemeinkosten für Baugeräte etc. Zu prüfen bleibt, ob der Generalunternehmer die entsprechenden Zahlungen in jedem Fall zu leisten hat oder nur soweit, als er seinerseits entsprechende Zahlungen vom Auftraggeber erhält. Ersteres erscheint die angemessene Lösung für reine Unteraufträge, letzteres – eine Risikoteilung – kommt ggf. beim (stillen) Konsortium in Betracht (vgl. hierzu einerseits auch *Grüter* Betr. 1980, 867 f., andererseits oben Anm. 2 Abs. (2) a. E.). Zur Frage einer Abhängigkeit der Subunternehmervergütung von der Kundenzahlung an den Generalunternehmer vgl. weiter noch *Vetter* RIW 1984, 170, 172 f. in seiner Anmerkung zu BGHZ 83, 197 ff. – Schlachthof im Iran; *Nicklisch* NJW 1985, 2361/2368.

42. **Ersatzvornahme.** Vgl. dazu Anm. 53 zu Form III.2.1 (Hauptvertrag).

43. **Schiedsgericht.** Zur Frage des Schiedsgerichts vgl. Artikel 67.3 des Kundenvertrages (vorstehendes Form. III.2.1) und insbesondere die Anm. 61 dazu m.w. Nachw., weiter Abschnitt Schiedsvertragsrecht, in Band 3 des Münchener Vertragshandbuchs, 3. Aufl., und insbesondere das Formular für einen Schiedsvertrag zwischen deutschem und ausländischem Partner (Abschnitt XI, Form. 1 ff., insbes. Form. 4).

44. **Vorgreifliches Schiedsverfahren.** Hier sind Mitwirkungspflichten des Subunternehmers D PL vorgesehen, falls es zu einem Schiedsverfahren des Auftraggebers und des Hauptauftragnehmers B AG kommen sollte. Schwieriger wird die Situation, wenn es auch im Unterauftragsverhältnis zu einem Schiedsverfahren kommt. Die gegenseitigen Auswirkungen zweier Schiedsverfahren – A Company/B AG einerseits, B AG/D PL andererseits – können zu Problemen führen. Streitverkündung mit Interventionswirkung (§§ 68, 74 ZPO) gibt es im Schiedsverfahren nicht (*Glossner/Bredow/Bühler*. Das Schiedsgericht in der Praxis, 3. Aufl., 1990, Rdnr. 411 ff.), so daß auf diesem Wege keine (teilweise) Parallelität in der Beurteilung von in beiden Verfahren auftretenden identischen Problemen herbeigeführt werden kann. Wünschenswert, aber nicht immer zumutbar, ist die Vereinbarung derselben Rechtsordnung (vgl. hierzu auch oben Anm. 18 m.w. Nachw.) und desselben Schiedsgerichts in beiden Verträgen; Abweichungen wird es geben, wenn der Generalunternehmer beispielsweise arabisches Recht akzeptieren muß: es erscheint gleichwohl nicht sinnvoll, im Rahmen eines Unterauftrages mit einem europäischen oder gar deutschen Unternehmen eine entsprechende Rechtswahl zu treffen. Die internationale Handelskammer (ICC), Paris, hat hierzu einen Guide on Multi Party Arbitration, 1982, vorgelegt und eine Arbeitsgruppe gebildet. Vgl. hierzu näher *Nicklisch*, Rechtsfragen des Subunternehmervertrages, NJW 1985, 2361/2369.

45. *Part II*. Vgl. hierzu Anm. 2 Abs. (5) und Anm. 4.

2.3 External Consortium with Consortium Leader (Außenkorsortium)   III.2.3

46. Steuern. Hinsichtlich der steuerrechtlichen Beurteilung kann auf Anm. 67 zu Form. III.2.1 verwiesen werden.

2.3 Agreement for external Consortium with Consortium Leader (FIDIC-Vertrag für ein Außenkonsortium mit Federführer)

Consortium Agreement[1,2]

between
B AG, Bochum, Federal Republic of Germany

– hereinafter referred to as "B AG" –

C SA, Lyon, France

– hereinafter referred to as "C SA" –

and
D Public Limited Company, Liverpool, Great Britain

– hereinafter referred to as "D plc" –.

Preamble[3]

The A-Company, Kuwait (hereinafter referred to as "customer"), has invited a tender (No. A 9/420 of December 14, 1992) for the delivery, erection, and putting into operation of a turnkey cement factory in Kuwait (hereinafter referred to as the "Kuwait Project").

The consortium members each are incapable of executing the Kuwait Project on their own. Together, however, they can render all services and execute all work that may be required. They therefore intend to jointly submit an offer to the customer for the Kuwait Project (hereinafter referred to as "the Tender"), and to execute the order if the contract is awarded by the customer.

The consortium members now therefore agree as follows:[4]

I. Basic Provisions

§ 1 Subject-Matter of the Agreement, Formation of the Consortium[5]

(1) The contracting parties hereby form a consortium[5a] for the purpose[6] of jointly submitting the Tender, of concluding a contract arising from this with the customer, and of jointly rendering the services and executing the work necessary for the Kuwait Project.

(2) The consortium shall have the legal form of a civil-law partnership (§ 705 et. seq. BGB).

§ 2 Name, Letterhead, Domicile[7]

(1) The name of the consortium is "JV - Joint Venture Cement Factory Kuwait".

(2) The consortium shall for all correspondence use a letterhead with the name of the consortium and, next to each other below that, the firm symbols of the three contracting parties.

(3) The domicile of the consortium shall be in Bochum.

§ 3 Representation, Management

(1) The consortium shall on principle be jointly represented and managed by all consortium members.[8]

(2) The consortium members shall for this purpose create a management committee, and appoint a consortium leader to handle the day-to-day transactions; details are dealt with in Part IV of this Agreement.

II. Preparation and Submission of Tender

§ 4 Contents and Preparation of Tender; Assignment of Tasks and Responsibilities.

(1) The Tender should contain the complete description of, and all specifications for, the entire Kuwait Project in accordance with the requirements of the invitation for tenders[9], and should comprise all services and work necessary to manufacture, put into operations, and deliver the turnkey cement factory.

(2) The assignment of tasks and responsibilities among the consortium members is set out in Annex A[10], which shall form an integral part of this Agreement. This results in the following participation quotas, which shall be applicable between the consortium members unless otherwise provided for in the following:
a) B AG   42%
b) C SA   31%
c) D plc   27%.

(3) Notwithstanding the joint responsibility to the customer for the Tender, each consortium member shall be responsible alone internally for preparing that part of the Tender which corresponds to its tasks and responsibilities set out in Annex A. The preparation of the different parts of the Tender must be coordinated by the consortium members, especially taking into account the interfaces between the different parts of the Tender. The technical data mutually specified in this connection shall initially be non-binding except where referred to as binding in the terms of the invitation for tender; any necessary or expedient changes will be made by mutual agreement. The technical data mutually specified in the final text of the Tender shall be binding. In the event of any necessary subsequent changes, except for changes made at the tenderee's request, which have a material effect on the other consortium members' deliveries and services, the member whose deliveries and services the cause of these effects arose from shall be liable pursuant to § 13 for the costs incurred by the other consortium members in consequence thereof.

(4) The consortium members shall remain jointly responsible for consolidating the different parts of the Tender to form the overall Tender to be submitted to the customer (§ 24 para. 2). The practical implementation of this consolidation shall be the consortium leader's task.

§ 5 Subcontracting

(1) Without prejudice to any consent of the customer that may be required, every consortium member shall have the right to employ subcontractors for its part of the Tender.[11]

(2) Contractual relations shall in such a case arise only between the subcontractor and the consortium member employing the subcontractor; this member shall be liable to the other consortium members pursuant to § 13 for the subcontractor's acts and omissions.[12]

§ 6 Services

(1) Every consortium member shall to the best of its ability endeavour to render the services to the consortium that the consortium may reasonably request and that fall within the field of responsibility of the member in question.

(2) These services include among other things the assignment of qualified staff to the consortium. Unless otherwise agreed, the employment contract of any employee thus

2.3 External Consortium with Consortium Leader (Außenkorsortium)

assigned to the consortium shall continue to exist with the consortium member in question, who shall continue to be responsible for wage and salary payments and other benefits for such staff.

§ 7 Costs

(1) Every consortium member shall bear its own costs incurred in preparing its part of the Tender or in connection therewith.

(2) Costs incurred by a consortium member in the interest of the consortium, in particular costs arising from the services referred to in § 6[13], are to be apportioned by the management committee[14] among the consortium members in the proportion of their respective participations in the consortium as expressed by the participation quotas.

§ 8 Exclusivity[15]

No consortium member may directly – alone or jointly with others – or indirectly through third parties (acting as its subcontractor or otherwise) submit any other tender with respect to the Kuwait Project or a part thereof unless the other consortium members give their prior consent in writing.

§ 9 Tender Guarantee

The tender guarantee to be furnished by the customer under the terms of tender shall be furnished for the consortium by B AG. The consortium members shall bear the costs in the proportion of their respective participations in the consortium as expressed by the participation quotas.[16]

§ 10 Submission of Tender

The Tender shall be submitted in the name of all consortium members once final agreement is reached thereon. It must be signed by all consortium members.

§ 11 Price Adjustments

Should the necessity arise, after the Tender has been submitted, of granting the customer a discount or of rendering extra services in terms of quantity or quality without any change of price, the necessary amendments of the Tender shall be agreed by all consortium members. Concessions shall be made primarily by the consortium member whose part of the Tender is the less favourable one for the customer compared to equivalent offers submitted by competitors.

§ 12 Signing of the Contract, Adjustment of this Consortium Agreement

(1) The contracting parties undertake in the event of acceptance of the Tender to sign the formal contract with the customer regarding the Kuwait Project (hereinafter also referred to as the "Customer Contract").

(2) In doing so, the consortium members shall endeavour to obtain a direct payment claim against the customer for each consortium member in respect of its deliveries and services.[17]

(3) Should the customer not accept the Tender including all of its conditions, except in the case of adjustments according to § 11, but express the desire to conclude a contract with the consortium on other terms and conditions, the contracting parties shall also sign such a contract with the customer, and if need be agree to amend the Consortium Agreement in such a manner as to comply with the customer's demands, provided that these are not demands that any of the contracting parties cannot reasonably be expected to give their consent to.

(4) In particular, Annex A and, if need be, the participation quotas shall be changed appropriately if that is necessary in view of any change of the Tender according to § 11 or para. 3 of this clause.

§ 13 Liability[18]

Each consortium member shall be liable to the consortium and to its other members, in accordance with § 19 para. 3 applied by way of analogy, for the completion of its part of the Tender, for the discharge of other obligations under this Part of this Agreement, and for concluding the Customer Contract.[19]

III. Implementation Phase

§ 14 Execution of the Order

(1) If the contract is awarded to the consortium, the consortium members shall be obliged as joint and several debtors[20] to make the deliveries and render the services in accordance with the specifications set out in Annex A (as modified, if so, according to § 12) in such a manner as to allow the turnkey cement factory to be delivered to the customer on schedule.

(2) As among themselves, the consortium members shall assume the obligations and bear the risks arising from the conclusion of the contract with the customer in such a manner as if each consortium member had concluded a separate contract with the customer for its deliveries and services.[21]

(3) Deliveries and services which in view of the Customer Contract are necessary for the turnkey delivery of the Kuwait Project, but are not mentioned in detail in the specifications and therefore not expressly assigned to a particular consortium member, shall be made or rendered by the consortium member whose deliveries and services they most closely resemble. If these are facilities that are not indispensable given the state of the art, they shall be offered to the customer additionally, and the consortium shall exert itself to obtain an additional order for this from the customer.[22]

(4) Subcontracting orders placed by consortium members of the Kuwait Project shall be placed with one of the other consortium member if any of them are prepared and able to effect delivery or render the service on reasonable terms equivalent to competitors' offers. In addition § 5 shall be applicable analogously to the Implementation Phase, and § 19 shall be directly applicable as the liability clause for subcontractors.

(5) Every consortium member shall at its own expense obtain cover from the competent institutions for the export and manufacturing risk involved in its deliveries and services.[23]

§ 15 Payments

(1) If payments are made by the customer directly to the consortium members, they shall be obliged to pay to the consortium leader the consortium leader's compensation according to § 25 para. 5, promptly after receipt of a payment.

(2) Insofar as the customer does not make payments directly to individual consortium members, the consortium leader is to agree with the customer that payments on the basis of the Customer Contract should be effected to the account opened jointly by the consortium members in the name of the consortium (§ 26).

(3) If the customer makes payments in favour of the consortium members to the consortium leader or to a joint account of the consortium members according to § 26, the consortium leader shall be obliged to pass on to the consortium members any such payment in accordance with an allocation formula still to be defined; the consortium leader

2.3 External Consortium with Consortium Leader (Außenkorsortium)

shall, however, be entitled to deduct and retain its consortium leader's compensation according to § 25 para. 5 on a pro rata basis.

§ 16 Security

(1) The security, guarantee for repayment of down payments, as well as performance and warranty guarantees, mentioned in the Customer Contract shall be provided by B AG.

(2) All consortium members shall bear the costs in the proportion of their respective participations in the consortium as expressed by the participation quotas; the other consortium members must provide counter-guarantees for B AG in an amount determined by the scope of their respective deliveries and services as expressed by the participation quotas.[16]

§ 17 Export Privileges, Agent's Commissions

(1) Every consortium member shall benefit from export privileges with respect to its deliveries and services.

(2) The consortium members shall each pay their own agents' commissions.

§ 18 Proprietary Rights

Every consortium member shall ensure that its planning and execution of work will not infringe any third-party proprietary rights. Any damage claims arising from the infringement of proprietary rights shall be satisfied by the consortium member having infringed the proprietary right; if need be, that consortium member must release or indemnify other members having been held liable for any such infringement.[24]

§ 19 Liability[25]

(1) Every consortium member shall be liable to the consortium and to its other members for the proper and timely discharge of the obligations assumed by the consortium member concerned for its deliveries and services in accordance with the Customer Contract.

(2) As between the consortium members, the following compensation rules shall apply to any claims asserted by the customer:

a) If and insofar as the consortium or one of the consortium members is held liable by the customer on the basis of the Customer Contract for alleged failure to perform on time, or for some other alleged inconformity of performance with the contractual requirements, the consortium members whose deliveries and services the alleged claim arose from must promptly be informed. They shall then promptly discharge any outstanding contractual obligations, including the remedying of defects, and promptly release the consortium members (also) being held liable, or indemnify them.

b) Lump-sum reductions,[26] loss of interest in consequence of delayed payments by the customer, and any right of the customer to demand price reductions shall, up to ......% (...... percent) of the value of deliveries and services, be to the disadvantage of the consortium member responsible for the failure to comply with the performance guarantees, or for any other reason for a reduction.
Any amount in excess thereof shall be borne by all consortium members in the proportion of their respective participation quotas (§ 4 para. 2).[27]

c) Any contractual penalty to be paid to the customer because of a delay shall be paid by the consortium member which is responsible for the delay. If several consortium members are responsible for the delay, these consortium members must pay the contractual penalty for the period of time in question on a pro rata basis in accordance with their respective participation quotas. If the amounts to be paid by a consortium member because of a delay exceed ......% (...... percent) of the value of its deliveries and

III.2.3

services, the excess amounts shall be paid by all consortium members on a pro rata basis in accordance with their respective participation quotas.[27]

d) The consortium leader shall, up to the amount of DM ......, guarantee that any contractual claims that the customer may have because of the inadequate performance of the services mentioned in § 25 para. 2 will be discharged.[28] Any claims of the customer in excess of this amount shall be paid by all consortium members on a pro rata basis in accordance with their respective participation quotas. If any such inadequacy was caused by incorrect or incomplete information or documents or by failure on the part of one or several consortium members to provide information or documents in time, the consortium members concerned shall be liable for this.

e) Any defences against the customer's claims or measures shall be raised with the participation of the consortium members concerned. This shall not suspend the obligation to release the consortium member or members from claims asserted against it or them.

f) If the consortium members disagree as to who must bear costs incurred, make payments or suffer any loss of payment, the consortium members concerned shall initially be affected on a pro rata basis in accordance with their respective participation quotas. If an agreement is reached on the disputed question, or if the court of arbitration has decided thereon, the consortium members concerned shall promptly make the appropriate refunds.

g) Insofar as the customer asserts claims against the consortium, and no particular consortium members are responsible for these claims according to the Customer Contract or to the allocation of tasks and responsibilities among the consortium members as set out in Annex A, all consortium members shall satisfy these claims on a pro rata basis in accordance with their respective participation quotas.

(3) As for other claims of the consortium members against each other than those dealt with in para. 2, the following shall apply, also to claims under § 13:

a) Every consortium member shall be liable to the other consortium members for any damage that it culpably causes through failure to discharge its obligation, or through inadequate performance, or caused culpably by itself or by the persons employed by it in the performance of its contractual obligations, in any other way in connection with making the deliveries or rendering the services. If several consortium members are responsible in this manner for any damage, they shall be liable to the other consortium member(s) in the proportion of their respective degrees of fault or, if that cannot be determined, in the proportion of their respective participation quotas.

b) Provisions in the Customer Contract dealing with the exclusion or limitation of liability shall also apply analogously to the claims of the consortium members against each other, including especially the provisions in the Customer Contract concerning force majeure.[29]

c) Claims of the consortium members against each other according to the preceding provisions under a) and b) shall in no case comprise compensation for damage covered by insurance policies, nor compensation for indirect damage[30] such as, for instance, lost profits or bonuses.

(4) If the customer pays a bonus, the consortium members which brought about the result underlying the bonus payment shall be entitled to the bonus in the proportion of their respective participation quotas unless otherwise agreed.

§ 20 Insurance

(1) The consortium shall take out a joint transport, assembly and construction insurance policy through the consortium leader as per agreement between the consortium members. The insurance premiums shall be paid by the consortium members on a pro rata basis in accordance with their respective participation quotas.

2.3 External Consortium with Consortium Leader (Außenkorsortium) III.2.3

(2) Each consortium member shall be obliged <u>to take out a third-party liability insurance</u> to cover <u>personal injury</u> and <u>property damage claims</u> up to DM 2.000.000 (in words: two million German Marks).

a) Each consortium member shall procure that the following clause is contained in the third-party liability insurance policy:

"If damages are claimed by any third party against the consortium and it is doubtful which consortium member is liable for damages, the insurers of the consortium members involved shall agree on settling these claims in such a manner that no disadvantages arise therefrom for the insured."

b) All insurance policies must ensure that any right of recourse against the other consortium members is excluded except in the event of wilful conduct.[31]

§ 21 Use of Building Site Facilities

For the use of the facilities on the building site which are available to all consortium members, such as water and electricity, accommodation, sanitary facilities, etc., the consortium members using these facilities shall pay directly to the consortium members making the facilities available a monthly remuneration in accordance with the rates fixed in Annex A. The consortium leader shall be obliged to settle accounts monthly on the basis of consumption measured, etc., and to deliver such accounts to the consortium members.

§ 22 Costs for Tests to Establish Guaranteed Values in Accordance with the Contract[32]

For tests to establish guaranteed values in accordance with the contract, every consortium member shall bear the costs incurred itself. Should the planned tests show that the values as guaranteed in the contract are not reached, the consortium members concerned shall bear the costs of remedying the defects in their deliveries and services, as well as the costs incurred by themselves through the repetition of such tests. Costs caused because such tests are repeated, and incurred by other consortium members who are not concerned by failure to reach the guaranteed values, shall be borne by the consortium members concerned in the proportion of their respective participation quotas.

§ 23 Compensation Payments by the Customer

(1) Payments made by the customer as compensation for additional costs incurred by the consortium members (e.g. costs for waiting times, storage costs) shall be divided up among the consortium members in accordance with the additional costs incurred by each of them.

(2) Compensation payments made for other reasons, in particular because of the premature termination of the Customer Contract,[33] shall be divided up first in accordance with deliveries made and services rendered, but not yet paid for, and in accordance with the costs incurred in the workshops and on the building site, furthermore in accordance with the provable expenditures still to be made in the workshops and on the building site. Any amounts in excess thereof shall be divided up in accordance with the participation quotas.

IV. Internal Organisation

§ 24 Management Committee[34]

(1) The consortium members shall set up a management committee. Its task shall be to formulate the technical, commercial and administrative business policies and procedural guidelines to be observed by the consortium members and especially by the consortium leader in preparing and submitting the Tender and in negotiating and signing as well as implementing the Customer Contract.

III.2.3

(2) The management committee shall also be responsible for consolidating the different parts of the Tender prepared by the different consortium members to constitute the overall Tender in the final form to be submitted to the customer.

(3) Every consortium member shall appoint one representative to serve as a member of the management committee, and at the same time a substitute member who will be entitled to exercise all of the management committee member's rights in any event of the member's inability. The member appointed by the consortium leader shall be the chairman.

(4) Every member of the management committee shall have one vote. All decisions must be taken unanimously by the management committee.[35]

(5) The management committee shall constitute a quorum if all members participate in voting.

(6) The management committee shall be entitled to invite representatives of subcontractors in any case where it considers this to be necessary. Such representatives shall not have any voting rights.

(7) At its first meeting the management committee shall adopt rules of procedure to be observed by the management committee in the formal execution of its tasks.

(8) The management committee shall also have the right to set up subcommittees[36] and to issue guidelines to be observed by them whenever the management committee considers this to be necessary to assist and support it.

(9) Regular meetings shall be held by the management committee in intervals of not more than 6 (six) weeks; they shall be called by the chairman of the management committee or by his duly appointed deputy, who shall have the right to call extraordinary management committee meetings. They shall be obliged to call extraordinary meetings if this is demanded by at least two management committee members. Meetings must be called by registered letter reasonably in advance, if need be via telecopy or telex, specifying the place and the time of the meeting as well as the agenda.

(10) All decisions taken by the management committee shall be binding on the consortium leader and the other consortium members.

§ 25 Consortium Leader[37]

(1) B AG is the consortium leader. The task of the consortium leader is to further the preparation and submission of the Tender and the implementation of the Customer Contract in accordance with the instructions given and the procedural guidelines issued by the management committee. The consortium leader shall appoint the project manager.

(2) The consortium leader's tasks include in particular:
a) the coordination of the consortium members' services; for this purpose, every consortium member shall appoint one project leader as its responsible representative;
b) the representation of the consortium vis-à-vis the customer and all other persons or bodies negotiating with the consortium, subject to the provision of para. 4, the right and the obligation of all consortium members to sign the Tender and the Customer Contract (§ 10 and § 12) remaining unaffected;
c) correspondence with the customer or the engineer employed by the customer. All correspondence concerning the deliveries made and services rendered by other consortium members must be promptly copied and passed on to the consortium members concerned by the consortium leader. All letters concerning other consortium members' interests must be discussed with them before sending;
d) supervising the overall technical planning and the coordination of deliveries and services;
e) the overall project management during erection, putting into operations, and test runs at the facility. The overall project management comprises the coordination of erection

2.3 External Consortium with Consortium Leader (Außenkorsortium) III.2.3

and assembly work by the consortium members, the coordination with the building site supervisors through the advising engineer employed by the customer, and keeping the construction journal;
f) financial planning, administration, and controlling;
g) responsibility for the personnel office of the consortium, if necessary;
h) all other tasks assigned to the consortium leader through this Agreement or by the management committee.

(3) The management committee member appointed by the consortium leader shall be entitled and obliged in his capacity of management committee chairman to care for the handling of the daily administrative business of the management committee and the consortium.

Moreover, he shall have the powers and responsibilities assigned to him from time to time by the management committee.

(4) The consortium leader and the chairman shall not have the right without the prior consent of the management committee to make any statements with legal effect in the name of the consortium or of one of the consortium members or to commit either of them. The same shall apply to the other consortium members.

(5) In the event of the acceptance of the Tender, the costs incurred by the consortium leader shall on presentation of appropriate vouchers be refunded, and the consortium leader shall in addition receive consortium leader's compensation amounting to ......% (......percent) of the value of the order placed through the Customer Contract. The compensation for the consortium leader shall be due for payment on a pro rata basis whenever payment from the customer is received (cf. § 15).

(6) The consortium members shall to the best of their ability support the consortium leader in the performance of its functions as such, and make available in time any information and documents that may be required.

§ 26 Consortium Account

(1) The consortium members shall open a joint account in the name of the consortium with a bank to be suggested by the consortium leader, which must be acceptable to the other consortium members.

(2) The consortium leader shall have power of disposition over the consortium account jointly with another consortium member.

(3) The consortium leader shall open a sub-account for the account opened by the consortium, and all current payments made by the consortium shall be made through the sub-account. Any dispositions made by the consortium leader with respect to this account shall be made by the consortium leader as a trustee on behalf of the other consortium members.

V. General and Final Provisions

§ 27 Exchange of Information, Confidentiality

(1) Every consortium member shall be obliged to give the other consortium members all technical information that may be necessary to solve interface problems arising in connection with the preparation of the Tender and the execution of the Customer Contract. The consortium member concerned shall decide at its own discretion whether the preconditions for disclosure of any such information are given.

(2) However, the consortium members shall not be obliged to pass on their own know-how or information concerning the production of any particular product.[38]

(3) All information to be passed on on the basis of the preceding provisions must be treated confidentially and must not be used for any purpose other than the fulfilment of this Agreement or the execution of one or several orders placed directly on the basis of the Tender.[39]

(4) The obligations under para. 3 shall survive the termination of this Agreement.

§ 28 Announcements

(1) The consortium members shall not place any advertising or make any other publications concerning the Kuwait Project without the prior consent of the other consortium members. The management committee may issue guidelines for publications and advertising.

(2) Every consortium member shall be obliged to ensure that its subcontractors will also comply with any regulations as referred to in para. 1 or issued by the management committee.

§ 29 Assignment[40]

The assignment of any claims or other rights arising from this Consortium Agreement is allowed only with the prior consent of the other consortium members. This shall not apply to the assignment of payment claims for financing purposes.

§ 30 Duration of Agreement

(1) This Agreement shall enter into force on being signed, and shall remain in force until the expiry of the commitment period specified in the Tender or expressly or tacitly extended, and until all bid guarantees are returned to the consortium, or, in the event of the acceptance of the Tender and the signing of the Customer Contract, until the expiry of the contractual warranty period, the time at which security is returned or at which the last customer payment is received and distributed, which ever is later.[40a]

(2) If, in spite of all endeavours on the part of the consortium members, the customer places the order for the deliveries and services for the Kuwait Project with B AG as a general contractor and not with the consortium, this Consortium Agreement shall remain in force, subject to the following: externally, B AG shall act as the general contractor and as the undisclosed representative on behalf of the other consortium members; internally, B AG and the other consortium members shall form a silent consortium[5a]; insofar as the provisions of this Consortium Agreement relate to an open consortium, they shall apply analogously in a form adjusted to a silent consortium. In particular, § 19 para. 2 shall remain applicable as between B AG as the customer's contracting partner and the other consortium members.

(3) Should further joint endeavours not result in having the Tender submitted by the consortium fully accepted, and the customer be prepared to place an order only for the deliveries and services offered by one of the consortium members, the consortium commitments shall end.

§ 31 Amendments, Validity

(1) Any amendment of, and addition to, as well as the rescission of this Agreement must be in writing in order to be valid. The same shall apply to any agreement setting aside the written-form requirement.[41]

(2) Should one or several provisions of this Agreement be or become inadmissible or invalid, the validity of the remaining provisions hereof shall remain unaffected thereby. In place of the inadmissible or invalid provision, there shall apply a legally admissible and valid one which serves the economic purpose intended by the consortium members to the

2.3 External Consortium with Consortium Leader (Außenkorsortium)   III.2.3

greatest possible extent. The same shall apply analogously to filling any gaps in this Agreement.[42]

§ 32 Notices and Other Private Acts

All necessary or admissible private acts and other notices to be given according to this Agreement by a consortium member or the consortium must be transmitted by registered airmail letter or, at the option of the sender, by telegramme, telecopy or telex with subsequent confirmation by registered airmail letter, to the following addresses:

B AG

......

......

Attention ......[43]

C SA

......

......

Attention ......

D plc

......

......

Attention ......

§ 33 Applicable Law[44]

This Agreement and the relations between the consortium members shall be governed by the law of the Federal Republic of Germany.

§ 34 Arbitration[45]

Any disputes arising from this Agreement or in connection with this Agreement, especially also regarding its existence or termination, shall be decided in a final and binding manner by a court of arbitration consisting of three arbitrators, in accordance with the arbitration agreement concluded separately, with no recourse to the courts of law.

§ 35 Authentic Text

A German and an English version of this Agreement have been signed; however, only the English text is the authentic text.[46]

...... (place), this ......

B AG	C SA	D plc
....	....	....
signature	signature	signature[47,48]

III.2.3

Übersetzung

Konsortialvertrag[1,2]

zwischen

B AG, Bochum, Bundesrepublik Deutschland

– nachstehend „B AG" genannt –

C SA, Lyon, Frankreich

– nachstehend „C SA" genannt –

und

D Public Limited Company, Liverpool, Großbritannien

– nachstehend „D PL" genannt –.

Präambel[3]

Die A Company, Kuwait, (nachstehend „Kunde" genannt) hat eine Ausschreibung (Nr. A 9/420 vom 14. Dezember 1992) veröffentlicht, welche die Lieferung, Errichtung und Inbetriebnahme einer schlüsselfertigen Zementwerksanlage in Kuwait (nachstehend „Projekt Kuwait" genannt) betrifft.

Die Konsorten sind jeder für sich nicht in der Lage, das Projekt Kuwait allein durchzuführen. Gemeinsam können sie jedoch alle erforderlichen Lieferungen und Leistungen erbringen. Sie beabsichtigen daher, gemeinschaftlich ein Angebot für das Projekt Kuwait an den Kunden abzugeben (nachstehend „das Angebot" genannt) und im Falle der Annahme des Angebotes durch den Kunden die Ausführung zu übernehmen.

Die Konsorten vereinbaren zu diesem Zweck folgendes:[4]

I. Grundsatzregelungen

§ 1 Gegenstand des Vertrages, Bildung des Konsortiums[5]

(1) Die Vertragspartner bilden hiermit ein Konsortium[5a] zum Zwecke[6] der gemeinschaftlichen Abgabe des Angebotes, des Abschlusses eines sich daraus ergebenden Vertrages mit dem Kunden und der gemeinsamen Durchführung der Lieferungen und Leistungen für das Projekt Kuwait.

(2) Das Konsortium hat die Rechtsform einer Gesellschaft bürgerlichen Rechts (§ 705 ff. BGB).

§ 2 Name, Briefbogen, Sitz[7]

(1) Das Konsortium führt den Namen „JV – Joint Venture Cement Factory Kuwait".

(2) Das Konsortium verwendet für allen Schriftverkehr einen Briefbogen, der den Namen des Konsortiums und darunter nebeneinander die Firmenzeichen der drei Vertragspartner trägt.

(3) Sitz des Konsortiums ist Bochum.

§ 3 Vertretung, Geschäftsführung

(1) Vertretung und Geschäftsführung des Konsortiums obliegen grundsätzlich allen Konsorten gemeinschaftlich.[8]

(2) Die Konsorten bilden hierfür einen Geschäftsführungsausschuß und bestellen für die Führung der laufenden Geschäfte einen Federführer; die Einzelheiten sind in Abschnitt IV dieses Vertrages geregelt.

2.3 External Consortium with Consortium Leader (Außenkorsortium) III.2.3

II. Angebotsphase

§ 4 Inhalt und Ausarbeitung des Angebots; Verteilung der Aufgaben und Verantwortlichkeiten

(1) Das Angebot soll die vollständige Beschreibung und alle Spezifikationen für das gesamte Projekt Kuwait in Übereinstimmung mit den Anforderungen der Ausschreibung[9] des Kunden enthalten und alle Lieferungen und Leistungen umfassen, die für die Herstellung, Inbetriebnahme und schlüsselfertige Ablieferung erforderlich sind.

(2) Die Verteilung der Aufgaben und Verantwortlichkeiten unter den Konsorten ist in Anhang A[10] niedergelegt, der einen integrierenden Bestandteil des Vertrages bildet. Daraus ergibt sich folgender Beteiligungsschlüssel, der zwischen den Konsorten Anwendung findet, soweit nicht nachstehend im Einzelfall Abweichendes festgelegt wird:
a) B AG 42%
b) C SA 31%
c) D PL 27%.

(3) Ungeachtet der gemeinschaftlichen Verantwortlichkeit gegenüber dem Kunden für das Angebot trägt jeder Konsorte im Innenverhältnis die alleinige Verantwortung für die Ausarbeitung desjenigen Teiles des Angebotes, welcher seinen in Anhang A festgelegten Aufgaben und Verantwortlichkeiten entspricht. Die Ausarbeitung hat in Abstimmung mit den anderen Konsorten unter besonderer Berücksichtigung der Schnittstellen zwischen den einzelnen Angebotsteilen zu erfolgen. Die hierbei gegenseitig genannten technischen Daten sind zunächst – soweit nicht in den Ausschreibungsbedingungen bindend vorgegeben – unverbindlich; notwendige oder zweckmäßige Änderungen werden im gegenseitigen Einvernehmen festgelegt. Die im endgültigen Angebot niedergelegten technischen Daten sind verbindlich. Bei nachträglich notwendigen Änderungen – ausgenommen solche auf Wunsch des Auftraggebers –, die wesentliche Auswirkungen auf die Liefer- und Leistungsanteile der anderen Konsorten haben, haftet der Konsorte, in dessen Liefer- und Leistungsanteil die Ursache für diese Auswirkungen liegt, den anderen Konsorten für die daraus entstehenden Kosten gemäß § 13.

(4) Für die Zusammenfassung der Angebotsteile zu dem an den Kunden abzugebenden Gesamtangebot bleiben die Konsorten gemeinschaftlich verantwortlich (§ 24 Abs. 2). Die praktische Abwicklung dieser Zusammenfassung ist Aufgabe des Federführers.

§ 5 Bestellung von Unterauftragnehmern

(1) Jeder Konsorte ist vorbehaltlich einer etwa erforderlichen Zustimmung des Kunden berechtigt, Unterauftragnehmer für seinen Teil des Angebots zu bestellen.[11]

(2) Vertragliche Beziehungen entstehen in solchem Falle ausschließlich zwischen dem Unterauftragnehmer und demjenigen Konsorten, der ihn bestellt hat; dieser steht den anderen Konsorten im Rahmen der Regelung des nachstehenden § 13 für die Handlungen und Unterlassungen des Unterauftragnehmers[12] ein.

§ 6 Dienstleistungen

(1) Jeder Konsorte wird sich nach besten Kräften bemühen, dem Konsortium Dienste zu leisten, die vom Konsortium billigerweise gefordert werden können und im besonderen Verantwortungsbereich des betreffenden Konsorten liegen.

(2) Diese Dienstleistungen umfassen unter anderem das Zurverfügungstellen von qualifiziertem Personal für das Konsortium. Soweit nichts anderes vereinbart wird, soll solches Personal jedoch im Dienstverhältnis zu dem betreffenden Konsorten bleiben und dieser soll weiterhin für die Gehaltszahlungen und andere Leistungen an das Personal verantwortlich sein.

§ 7 Kosten

(1) Jeder Konsorte trägt die eigenen Kosten, die für die Ausarbeitung seines Teils des Abgebotes oder im Zusammenhang damit entstehen.

(2) Kosten, die einem Konsorten im Interesse des Konsortiums entstehen, insbesondere solche aufgrund von Leistungen gemäß § 6,[13] sollen durch den Geschäftsführungsausschuß[14] auf die Konsorten aufgeteilt werden, und zwar im Verhältnis ihrer Beteiligung am Konsortium entsprechend dem Beteiligungsschlüssel.

§ 8 Ausschließlichkeit[15]

Keiner der Konsorten darf ein anderes Angebot für das Projekt Kuwait oder Teile davon abgeben, weder unmittelbar – allein oder gemeinschaftlich mit anderen –, noch mittelbar über Dritte (sei es als deren Unterauftragnehmer oder in anderer Weise), sofern er nicht die vorherige schriftliche Zustimmung der anderen Konsorten erhalten hat.

§ 9 Bietungsgarantie

Die in der Ausschreibung vom Kunden geforderte Bietungsgarantie wird von B AG für das Konsortium beigebracht. Die Konsorten tragen die Kosten im Verhältnis ihrer Beteiligung am Konsortium entsprechend dem Beteiligungsschlüssel.[16]

§ 10 Angebotsabgabe

Das Angebot ist nach Erzielung endgültigen Einvernehmens über dessen Bedingungen im Namen aller Konsorten abzugeben. Es ist von allen Konsorten zu unterzeichnen.

§ 11 Preisanpassungen

Sollte sich nach Abgabe des Angebotes die Notwendigkeit ergeben, dem Kunden einen Nachlaß auf die abgegebenen Preise zuzugestehen oder ohne Preisänderung quantitative oder qualitative Mehrleistungen zu übernehmen, so werden die erforderlichen Änderungen des Angebots im Einvernehmen zwischen allen Konsorten festgelegt. Dabei soll in erster Linie derjenige Konsorte Zugeständnisse machen, dessen Teilangebot für den Kunden im Vergleich das mit gleichwertigen Konkurrenzangeboten ungünstigere ist.

§ 12 Vertragsunterzeichnung, Anpassung dieses Konsortialvertrages

(1) Die Vertragspartner verpflichten sich, im Falle der Annahme des Angebots den förmlichen Vertrag mit dem Kunden über das Projekt Kuwait (nachstehend auch „Kundenvertrag" genannt) zu unterzeichnen.

(2) Hierbei ist anzustreben, daß jeder Konsorte für seinen Liefer- und Leistungsanteil einen unmittelbaren Zahlungsanspruch gegenüber dem Kunden erhält.[17]

(3) Sollte der Kunde – abgesehen von Anpassungen nach § 11 – das Angebot zwar nicht unter vollständiger Anerkennung aller Angebotsbedingungen annehmen, aber den Wunsch äußern, mit dem Konsortium einen Vertrag zu anderen Bedingungen abzuschließen, so werden die Vertragspartner auch einen solchen Vertrag mit dem Kunden unterzeichnen und erforderlichenfalls den Konsortialvertrag einvernehmlich derart ändern, daß er den Forderungen des Kunden entspricht, sofern es sich nicht um Forderungen handelt, zu denen die Zustimmung eines der Vertragspartner billigerweise nicht verlangt werden kann.

(4) Insbesondere sind auch Anlage A und gegebenenfalls der Beteiligungsschlüssel entsprechend zu ändern, falls dies aufgrund von Änderungen des Angebots gemäß § 11 oder vorstehendem Abs. 3 erforderlich wird.

2.3 External Consortium with Consortium Leader (Außenkorsortium)

§ 13 Haftung[18]

Jeder Konsorte haftet dem Konsortium und den anderen Konsorten gegenüber in entsprechender Anwendung der Regelungen des nachstehenden § 19 Abs. 3 dafür, daß er seinen Teil des Angebotes fertigstellt, andere Verpflichtungen dieses Abschnitts erfüllt und den Kundenvertrag abschließt.[19]

III. Durchführungsphase

§ 14 Auftragsabwicklung

(1) Im Auftragsfall sind die Konsorten als Gesamtschuldner[20] verpflichtet, die Lieferungen und Leistungen entsprechend den in Anlage A niedergelegten Spezifikationen (gegebenenfalls modifiziert gemäß § 12) derart zu erbringen, daß die Zementwerksanlage termingerecht schlüsselfertig an den Kunden übergeben werden kann.

(2) Sie übernehmen im Innenverhältnis untereinander die aus dem Vertragsabschluß mit dem Kunden entstehenden Verpflichtungen und Risiken so, als ob jeder Konsorte für seinen Lieferungs- und Leistungsanteil einen besonderen Vertrag mit dem Kunden geschlossen hätte.[21]

(3) Lieferungen und Leistungen, die aufgrund des Kundenvertrages für die schlüsselfertige Ablieferung des Projekts Kuwait erforderlich, jedoch in den Spezifikationen im einzelnen nicht genannt und daher nicht ausdrücklich einem Konsorten zugeordnet sind, hat derjenige Konsorte auf seine Kosten zu erbringen, zu dessen Lieferungs- und Leistungsanteil sie sinngemäß gehören. Handelt es sich dabei um nach dem heutigen Stand der Technik nicht unbedingt erforderliche Einrichtungen, so sind diese dem Kunden zusätzlich anzubieten und das Konsortium hat sich dafür einzusetzen, daß der Kunde hierüber einen Zusatzauftrag erteilt.[22]

(4) Unteraufträge, die Konsorten für das Projekt Kuwait vergeben, sind einem anderen Konsorten zu erteilen, wenn einer von ihnen zur Lieferung oder Leistung zu angemessenen Bedingungen, die denen gleichwertiger Konkurrenzfirmen entsprechen, bereit und in der Lage ist. Im übrigen gilt § 5 für die Durchführungsphase entsprechend mit der Maßgabe, daß § 19 als Haftungsregelung für Unterauftragnehmer unmittelbar Anwendung findet.

(5) Jeder Konsorte deckt auf seine Kosten das auf seinen Liefer- und Leistungsanteil entfallende Ausfuhr- und Fabrikationsrisiko bei den dafür zuständigen Instituten ab.[23]

§ 15 Zahlungen

(1) Werden Zahlungen vom Kunden direkt an die Konsorten geleistet, so sind sie verpflichtet, dem Federführer die anteiligen Federführungsgebühren gemäß § 25 Abs. 5 unverzüglich nach Erhalt einer Zahlung zu übermitteln.

(2) Soweit der Kunde nicht direkt Zahlungen an einzelne Konsorten leistet, soll der Federführer mit dem Kunden vereinbaren, daß Zahlungen aufgrund des Kundenvertrages auf das gemeinsam von den Konsorten eingerichtete, auf den Namen des Konsortiums lautende Konto (§ 26) geleistet werden.

(3) Leistet der Kunde Zahlungen zugunsten der Konsorten an den Federführer oder auf ein gemeinsames Konto der Konsorten gemäß § 26, so ist der Federführer verpflichtet, diese Zahlungen unverzüglich nach einem noch nicht festzulegenden Schlüssel an die Konsorten weiterzuleiten; er ist jedoch berechtigt, jeweils anteilig die Federführungsgebühren gemäß § 25 Abs. 5 abzuziehen und einzubehalten.

§ 16 Sicherheitsleistungen

(1) Die im Kundenvertrag festgelegten Sicherheitsleistungen, Anzahlungsgarantie sowie eine Erfüllungs- und Gewährleistungsgarantie, werden von B AG beigebracht.

(2) Alle Konsorten tragen die Kosten im Verhältnis ihrer Beteiligung am Konsortium entsprechend dem Beteiligungsschlüssel; die anderen Konsorten haben Rückgarantien gegenüber B AG beizubringen, deren Höhe sich nach ihrem Lieferungs- und Leistungsanteil gemäß Beteiligungsschlüssel bestimmt.[16]

§ 17 Ausfuhrvergünstigungen, Vertreterprovision

(1) Ausfuhrvergünstigungen stehen jedem Konsorten für seinen Lieferungs- und Leistungsanteil zu.

(2) Die Provisionen für seine Vertretung trägt jeder Konsorte selbst.

§ 18 Schutzrechte

Jeder Konsorte stellt sicher, daß durch seine Planung und Ausführung keine fremden Schutzrechte verletzt werden. Für die Befriedigung von Entschädigungsansprüchen aus verletzten Schutzrechten hat derjenige Konsorte allein einzustehen, der das Schutzrecht verletzt hat; erforderlichenfalls hat er andere, insoweit in Anspruch genommene Konsorten freizustellen oder zu entschädigen.[24]

§ 19 Haftung[25]

(1) Jeder Konsorte haftet dem Konsortium und den anderen Konsorten gegenüber für die sachgerechte und rechtzeitige Erfüllung der von ihm für seinen Liefer- und Leistungsanteil übernommenen Verpflichtungen nach Maßgabe des Kundenvertrages.

(2) Für die Behandlung von Ansprüchen des Kunden gelten im Innenverhältnis zwischen den Konsorten folgende Ausgleichsregelungen:

a) Wenn und soweit das Konsortium oder einer der Konsorten vom Kunden aufgrund des Kundenvertrages wegen einer angeblich nicht rechtzeitigen oder angeblich aus einem anderen Grunde nicht vertragsgemäßen Erfüllung in Anspruch genommen wird, so sind diejenigen Konsorten, in deren Lieferungs- und Leistungsanteil der Grund für die Inanspruchnahme liegt, unverzüglich zu benachrichtigen. Sie haben die ausstehende Vertragserfüllung einschließlich Mängelbeseitigung unverzüglich vorzunehmen bzw. die (mit) in Anspruch genommenen Konsorten unverzüglich von der Inanspruchnahme freizustellen bzw. schadlos zu halten.

b) Pauschalierte Minderungen,[26] Zinsverluste infolge verzögerter Kundenzahlungen und Minderungsansprüche des Kunden gehen zu Lasten desjenigen Konsorten, welcher die Nichteinhaltung der Leistungsgarantien oder die sonstigen Gründe für eine Minderung zu vertreten hat, und zwar jeweils bis zur Höhe von ......% (...... Prozent) des Wertes seines Lieferungs- und Leistungsanteils. Ein darüber hinausgehender Betrag wird von allen Konsorten im Verhältnis des Wertes ihres Lieferungs- und Leistungsanteile nach dem Beteiligungsschlüssel (§ 4 Abs. 2) getragen.[27]

c) Eine an den Kunden zu zahlende Vertragsstrafe wegen Verzug ist von dem Konsorten zu zahlen, der den Verzug zu vertreten hat. Soweit der Verzug von mehreren Konsorten zu vertreten ist, haben diese Konsorten die auf den entsprechenden Zeitraum entfallende Vertragsstrafe anteilig gemäß dem Beteiligungsschlüssel zu tragen. Überschreiten die von einem Konsorten wegen Verzuges zu tragenden Beträge ......% (...... Prozent) des Wertes seines Lieferungs- und Leistungsanteiles, so werden die darüber hinausgehenden Beträge von allen Konsorten anteilig gemäß dem Beteiligungsschlüssel getragen.[27]

d) Für vertragliche Ansprüche des Kunden aufgrund mangelhafter Erfüllung der in § 25 Abs. 2 aufgeführten Leistungen tritt der Federführer bis zur Höhe von ...... DM ein.[28] Darüber hinausgehende Ansprüche des Kunden tragen alle Konsorten anteilig gemäß dem Beteiligungsschlüssel. Soweit Fehler in den vorgenannten Leistungen durch unrichtige, unvollständige oder verspätet übermittelte Angaben oder Unterlagen eines oder

2.3 External Consortium with Consortium Leader (Außenkorsortium) III.2.3

mehrerer Konsorten verursacht sind, haben die betreffenden Konsorten dafür einzutreten.

e) Einwendungen gegenüber Ansprüchen oder Maßnahmen des Kunden werden unter Beteiligung der betroffenen Konsorten geltend gemacht. Die Verpflichtung, den oder die in Anspruch genommenen Konsorten von der Inanspruchnahme freizustellen, wird dadurch nicht aufgeschoben.

f) Ist unter Konsorten streitig, wer entstandene Kosten, Zahlungen oder Zahlungsausfälle zu tragen hat, so treten vorläufig die beteiligten Konsorten anteilig gemäß dem Beteiligungsschlüssel ein. Ist eine Verständigung über die Streitfrage erzielt oder hat das Schiedsgericht darüber entschieden, so erfolgt zwischen den Konsorten unverzüglich eine entsprechende Erstattung.

g) Soweit der Kunde gegenüber dem Konsortium Ansprüche geltend macht, für deren Entstehung nach dem Kundenvertrag und der Verteilung der Aufgaben und Verantwortlichkeiten unter den Konsorten gemäß Anlage A weder ein einzelner noch mehrere Konsorten verantwortlich sind, übernehmen alle Konsorten die Erfüllung anteilig gemäß dem Beteiligungsschlüssel.

(3) Für andere als die im Abs. 2 geregelten Ansprüche der Konsorten untereinander, und zwar auch für solche gemäß § 13, gilt folgendes:

a) Jeder Konsorte haftet den anderen Konsorten für Schäden, die er durch schuldhafte Nicht- oder Schlechterfüllung seiner Verpflichtungen verursacht oder die er oder seine Erfüllungsgehilfen in sonstiger Weise bei der Bewirkung seiner Lieferungen und Leistungen schuldhaft verursacht. Falls Schäden hiernach von mehreren Konsorten zu vertreten sind, haften sie gegenüber dem oder den anderen Konsorten nach Maßgabe ihres Verschuldens oder, wenn dieses nicht feststellbar ist, anteilig gemäß dem Beteiligungsschlüssel.

b) Regelungen über Haftungsausschlüsse oder Haftungsbegrenzungen im Kundenvertrag finden auch auf Ansprüche der Konsorten untereinander Anwendung, insbesondere gelten auch die Regelungen des Kundenvertrages betreffend höhere Gewalt[29] entsprechend.

c) Ansprüche der Konsorten untereinander gemäß den vorstehenden Regelungen in lit. a und b umfassen in keinem Fall den Ersatz solcher Schäden, die durch Versicherungen gedeckt sind, oder den Ersatz von mittelbaren Schäden,[30] wie z. B. entgangenen Gewinn oder den Ausfall eines Bonus.

(4) Zahlt der Kunde einen Bonus, so steht dieser denjenigen Konsorten zu, die den mit dem Bonus entgoltenen Erfolg herbeigeführt haben, anteilig gemäß dem Beteiligungsschlüssel, sofern nichts Abweichendes vereinbart wird.

§ 20 Versicherung

(1) Das Konsortium wird nach Abstimmung zwischen den Konsorten eine gemeinsame Transport-, Montage- und Bauwesenversicherung durch den Federführer abschließen. Die Versicherungsprämien tragen die Konsorten anteilig gemäß dem Beteiligungsschlüssel.

(2) Jeder Konsorte ist verpflichtet, eine Haftpflichtversicherung mit einer Deckungssumme von DM 2 000 000,– (in Worten: zwei Millionen Deutsche Mark) für Personen- und Sachschäden abzuschließen.

a) Dabei wird jeder Konsorte mit seinem Haftpflichtversicherer folgende Verständigungsklausel vereinbaren:
„Werden von Dritten Schadensersatzansprüche gegen das Konsortium erhoben und ist zweifelhaft, welcher Konsorte für die Schadensersatzansprüche haftet, werden sich die Versicherer der beteiligten Konsorten über die Regulierung dieser Ansprüche derart verständigen, daß den Versicherungsnehmern keine Nachteile entstehen."

b) In allen Versicherungsverträgen ist sicherzustellen, daß Regreßansprüche gegen die anderen Konsorten außer im Falle vorsätzlichen Handelns ausgeschlossen sind.[31]

§ 21 Benutzung von Baustelleneinrichtungen

Für die Benutzung von auf der Baustelle gemeinschaftlich für die Konsorten vorgesehenen Einrichtungen, wie Wasser- und Stromversorgung, Unterkunft, sanitäre Einrichtungen usw. haben die nutzenden Konsorten unmittelbar an den die jeweiligen Einrichtungen stellenden Konsorten monatlich ein Entgelt gemäß den in Anlage A festgelegten Sätzen zu zahlen. Der Federführer ist verpflichtet, anhand der gemessenen Verbrauchszahlen etc. monatliche Abrechnungen zu erstellen und den Konsorten zu übermitteln.

§ 22 Kosten für Versuche zum Nachweis vertragsgemäßer Garantiewerte[32]

Für Versuche zum Nachweis vertragsgemäßer Garantiewerte übernimmt jeder Konsorte die ihm entstehenden Kosten selbst. Falls die vorgesehenen Versuche ergeben, daß die vertragsgemäßen Garantiewerte nicht erreicht werden, übernehmen die betreffenden Konsorten die Kosten für die Beseitigung der Fehler an ihren Lieferungs- und Leistungsanteilen sowie die Kosten, die durch die Wiederholung der Versuche ihnen selbst entstehen. Kosten, die durch die Wiederholung der Versuche anderen, an der Nichterreichung der Garantiewerte unbeteiligten Konsorten entstehen, werden von den beteiligten Konsorten anteilig gemäß dem Beteiligungsschlüssel getragen.

§ 23 Entschädigungszahlungen des Kunden

(1) Entschädigungszahlungen des Kunden zum Ausgleich zusätzlicher, den Konsorten entstandener Kosten (z. B. Kosten für Wartezeiten, Einlagerungskosten) werden nach Maßgabe der jeweils den einzelnen Konsorten entstandenen zusätzlichen Kosten aufgeteilt.

(2) Entschädigungszahlungen aus anderen Gründen, insbesondere wegen vorzeitiger Beendigung des Kundenvertrages,[33] werden zunächst nach Maßgabe der bewirkten, aber noch nicht bezahlten Lieferungen und Leistungen sowie der in den Fertigungsstätten und auf der Baustelle angefallenen Kosten, weiterhin nach Maßgabe der nachweislich noch aufzuwendenden Kosten in den Fertigungsstätten und auf der Baustelle aufgeteilt. Darüber hinausgehende Beträge werden gemäß dem Beteiligungsschlüssel aufgeteilt.

IV. Interne Organisation

§ 24 Geschäftsführungsausschuß[34]

(1) Die Konsorten bilden einen Geschäftsführungsausschuß. Er hat die Aufgabe, die Geschäftspolitik und Verfahrensrichtlinien in technischer, kaufmännischer und verwaltungsmäßiger Hinsicht zu formulieren, welche von den Konsorten und insbesondere dem Federführer bei Ausarbeitung und Abgabe des Angebots sowie gegebenenfalls bei Verhandlung und Unterzeichnung des Kundenvertrages und bei dessen Ausführung zu beachten sind.

(2) Der Geschäftsführungsausschuß ist auch verantwortlich für die Zusammenfassung der von den einzelnen Konsorten ausgearbeiteten Teile des Angebots zum Gesamtangebot in der endgültigen Form zur Abgabe an den Kunden.

(3) Jeder Konsorte bestellt einen Vertreter als Mitglied des Geschäftsführungsausschusses und gleichzeitig ein stellvertretendes Mitglied, das berechtigt ist, bei Verhinderung des von ihm vertretenen ordentlichen Mitgliedes alle diesem zustehenden Rechte auszuüben.

Das vom Federführer bestellte Mitglied hat den Vorsitz.

(4) Jedes Mitglied des Geschäftsführungsausschusses hat eine Stimme. Alle Entscheidungen des Geschäftsführungsausschusses bedürfen der Einstimmigkeit.[35]

(5) Der Geschäftsführungsausschuß ist beschlußfähig, wenn alle Mitglieder an der Beschlußfassung teilnehmen.

2.3 External Consortium with Consortium Leader (Außenkorsortium) III.2.3

(6) Der Geschäftsführungsausschuß ist berechtigt, von Fall zu Fall Vertreter von Unterauftragnehmern hinzuzuziehen, soweit er dies für erforderlich hält. Solche hinzugezogenen Vertreter haben kein Stimmrecht.

(7) Der Geschäftsführungsausschuß soll bei seinem ersten Zusammentreten Verfahrensregeln verabschieden, die für die formelle Abwicklung seiner Arbeit zu befolgen sind.

(8) Der Geschäftsführungsausschuß ist auch berechtigt, Unterausschüsse[36] zu bestellen und Richtlinien für sie zu erlassen, soweit er dies zu seiner Unterstützung und Beratung für erforderlich hält.

(9) Ordentliche Sitzungen des Geschäftsführungsausschusses sollen in Abständen von nicht mehr als 6 (sechs) Wochen stattfinden; sie sind vom Vorsitzenden des Geschäftsführungsausschusses oder gegebenenfalls seinem ordnungsgemäß bestellten Stellvertreter einzuberufen. Die Genannten sind berechtigt, außerordentliche Sitzungen des Geschäftsführungsausschusses einzuberufen. Sie sind zur Einberufung außerordentlicher Sitzungen verpflichtet, wenn dies von mindestens zwei Mitgliedern des Geschäftsführungsausschusses verlangt wird. Die Einberufung hat mit angemessener Frist per Einschreiben, notfalls per Telefax oder Telex, unter Angabe von Ort und Zeit der Sitzung sowie der Tagesordnungspunkte zu erfolgen.

(10) Alle Entscheidungen des Geschäftsführungsausschusses sind für den Federführer und die übrigen Konsorten verbindlich.

§ 25 Federführer[37]

(1) B AG ist Federführer des Konsortiums. Aufgabe des Federführers ist es, die Ausarbeitung und Abgabe des Angebotes und gegebenenfalls die Ausführung des Kundenvertrages in Übereinstimmung mit den vom Geschäftsführungsausschuß erteilten Weisungen und den von ihm erlassenen Verfahrensrichtlinien zu fördern. Der Federführer stellt den Projektleiter.

(2) Die Federführung umfaßt insbesondere
a) die Koordinierung der Leistungen der Konsorten; die Konsorten bestellen hierfür als verantwortliche Vertreter je einen Projektführer;
b) die Vertretung des Konsortiums gegenüber dem Kunden und allen sonstigen Stellen, mit denen das Konsortium Verhandlungen zu führen hat, vorbehaltlich der Regelung des Abs. 4, wobei die Berechtigung und Verpflichtung aller Konsorten zur Unterzeichnung des Angebotes und des Kundenvertrages (§§ 10 und 12) unberührt bleiben;
c) den Schriftwechsel mit dem Kunden bzw. dem vom Kunden bestellten Ingenieur. Sämtliche Korrespondenz, die den Lieferungs- und Leistungsanteil anderer Konsorten betrifft, hat der Federführer unverzüglich in Kopie an diese weiterzugeben. Alle Schreiben, welche Interessen anderer Konsorten berühren, werden vor Absendung mit diesen abgestimmt;
d) die Überwachung der technischen Gesamtplanung und die Koordinierung der Lieferungen und Leistungen;
e) die Oberbauleitung während der Errichtung, der Inbetriebnahme und des Probebetriebes der Anlage. Die Oberbauleitung umfaßt die Koordinierung der Bau- und Montagearbeiten der Konsorten, die Abstimmung mit der Baustellenaufsicht durch den vom Kunden bestellten beratenden Ingenieur und die Führung des Bautagebuchs;
f) die Finanzplanung, -verwaltung und -kontrolle;
g) die Führung des Personalbüros des Konsortiums, soweit erforderlich;
h) alle sonstigen dem Federführer durch diesen Vertrag oder den Geschäftsführungsausschuß übertragenen Aufgaben.

(3) Das vom Federführer bestellte Mitglied des Geschäftsführungsausschusses in seiner Eigenschaft als Vorsitzender des Geschäftsführungsausschusses ist berechtigt und ver-

pflichtet, für die Erledigung die laufenden Verwaltungsangelegenheiten des Geschäftsführungsausschusses und des Konsortiums Sorge zu tragen.

Es hat darüber hinaus diejenigen Vollmachten und Aufgaben, die der Geschäftsführungsausschuß ihm jeweils überträgt.

(4) Der Federführer und der Vorsitzende sind nicht berechtigt, ohne vorherige Zustimmung des Geschäftsführungsausschusses namens des Konsortiums oder eines der Konsorten rechtsverbindlich Erklärungen für das Konsortium abzugeben oder Verpflichtungen für dieses einzugehen. Das gilt auch für die anderen Konsorten.

(5) Der Federführer erhält im Auftragsfall Ersatz seiner nachzuweisenden Kosten zuzüglich einer Federführungsgebühr in Höhe von ......% (...... Prozent) des Auftragswertes des Kundenvertrages. Die Federführungsgebühr wird jeweils anteilig mit Eingang einer Zahlung des Kunden fällig (vgl. § 15).

(6) Die Konsorten werden den Federführer bei der Durchführung seiner Federführungsaufgaben nach besten Kräften unterstützen und die erforderlichen Angaben und Unterlagen rechtzeitig zur Verfügung stellen.

§ 26 Konsortialkonto

(1) Die Konsorten richten gemeinsam ein auf den Namen des Konsortiums lautendes Konto bei einer vom Federführer vorzuschlagenden, den anderen Konsorten genehmen Bank ein.

(2) Verfügungen über das Konsortialkonto trifft der Federführer gemeinschaftlich mit einem anderen Konsorten.

(3) Der Federführer richtet ein Unterkonto des für das Konsortium eröffneten Kontos ein, von dem sämtliche laufenden Zahlungen des Konsortiums erfolgen. Verfügungen über dieses Konto trifft der Federführer als Treuhänder der anderen Konsorten.

V. Allgemeine Regelungen und Schlußvorschriften

§ 27 Informationsaustausch, Vertraulichkeit

(1) Jeder Konsorte ist verpflichtet, den anderen Konsorten alle technischen Informationen zu geben, die notwendig sind, um Schnittstellenprobleme zu lösen, welche im Zusammenhang mit der Ausarbeitung des Angebotes und der Ausführung des Kundenvertrages auftreten. Der jeweilige Konsorte entscheidet nach eigenem Ermessen, ob die Voraussetzungen für die Bekanntgabe gegeben sind.

(2) Die Konsorten sind jedoch nicht verpflichtet, eigene Erfahrungen oder Informationen betreffend die Herstellung bestimmter Produkte weiterzugeben.[38]

(3) Alle Informationen, die aufgrund der vorstehenden Regelungen weitergegeben werden, sind vertraulich zu behandeln und dürfen nicht zu anderen Zwecken verwandt werden als zur Erfüllung dieses Vertrages oder eines Auftrages oder mehrerer Aufträge, die direkt aufgrund des Angebots erteilt werden.[39]

(4) Die Verpflichtungen nach Abs. 3 bleiben auch nach Beendigung dieses Vertrages in Kraft.

§ 28 Veröffentlichungen

(1) Die Konsorten werden ohne vorherige Zustimmung der anderen Konsorten keine Anzeigen aufgeben oder andere Veröffentlichungen vornehmen, die das Projekt Kuwait betreffen. Der Geschäftsführungsausschuß kann Richtlinien für Veröffentlichungen und Anzeigen erlassen.

2.3 External Consortium with Consortium Leader (Außenkorsortium)

(2) Jeder Konsorte ist verpflichtet sicherzustellen, daß auch seine Unterauftragnehmer die in Abs. 1 enthaltenen oder die vom Geschäftsführungsausschuß erlassenen Regelungen befolgen.

§ 29 Abtretungen[40]

Die Abtretung irgendwelcher Ansprüche oder sonstiger Rechte aus diesem Konsortialvertrag ist nur mit vorheriger Zustimmung der anderen Konsorten zulässig. Dies gilt nicht für die Zession von Zahlungsansprüchen zu Finanzierungszwecken.

§ 30 Vertragsdauer

(1) Dieser Vertrag tritt mit seiner Unterzeichnung in Kraft und gilt bis zum Ablauf der im Angebot genannten oder ausdrücklich oder stillschweigend verlängerten Bindefrist und der Rückgabe aller Bietungsgarantien an das Konsortium, im Falle der Annahme des Angebotes und Unterzeichnung des Kundenvertrages bis zum Ablauf der vertraglichen Gewährleistungszeit, Rückgabe der Sicherheiten oder Eingang und Auskehrung der letzten Kundenzahlung, je nachdem, welcher Zeitpunkt der späteste ist.[40a]

(2) Falls der Kunde, trotz aller Bemühungen der Konsorten den Auftrag über die Lieferungen und Leistungen für das Projekt Kuwait nicht an das Konsortium, sondern an B AG als Generalunternehmer vergibt, so bleibt dieser Konsortialvertrag mit folgender Maßgabe in Kraft: Im Außenverhältnis tritt B AG als Generalunternehmer und verdeckter Stellvertreter der übrigen Konsorten auf; im Innenverhältnis bilden B AG und die übrigen Konsorten ein stilles Konsortium[5a]; soweit Vorschriften dieses Konsortialvertrages auf ein Außenkonsortium abgestellt sind, gelten sie sinngemäß in der für ein stilles Konsortium angepaßten Form weiter. Insbesondere § 19 Abs. 2 bleibt im Verhältnis zwischen B AG als Vertragspartner des Kunden und den übrigen Konsorten anwendbar.

(3) Sollte es in gemeinsamen Bemühungen nicht gelingen, das Angebot des Konsortiums in vollem Umfang durchzusetzen und der Kunde lediglich bereit sein, den von einem der Konsorten angebotenen Lieferungs- und Leistungsanteil an diesen zu vergeben, endet die Konsortialbindung.

§ 31 Änderungen, Wirksamkeit

(1) Änderungen und Ergänzungen sowie die Aufhebung dieses Vertrages bedürfen zu ihrer Wirksamkeit der Schriftform. Dies gilt auch für eine das Schriftformerfordernis aufhebende Vereinbarung.[41]

(2) Sollten eine oder mehrere der Bestimmungen dieses Vertrages unzulässig oder unwirksam sein oder werden, wird dadurch die Wirksamkeit der übrigen nicht berührt. Anstelle der unzulässigen oder unwirksamen Bestimmung gilt vielmehr eine rechtlich zulässige und wirksame, welche dem mit der unwirksamen Bestimmung von den Konsorten beabsichtigten Erfolg wirtschaftlich am nächsten kommt. Entsprechendes gilt für die Ausfüllung etwaiger Vertragslücken.[42]

§ 32 Mitteilungen und sonstige Willenserklärungen

Alle erforderlichen oder zulässigen Willenserklärungen und sonstigen Mitteilungen, die nach diesem Vertrag einem Konsorten oder dem Konsortium zu machen sind, müssen mit eingeschriebenem Luftpostbrief übermittelt werden oder, nach Wahl des Mitteilenden, telegraphisch, per Telefax oder fernschriftlich mit Bestätigung durch eingeschriebenen Luftpostbrief, und zwar an die nachstehenden Adressen:

III.2.3

B AG

......
......

zu Händen ......⁴³

C SA

......
......

zu Händen ......

D PL

......
......

zu Händen ......

§ 33 Anwendbares Recht⁴⁴

Auf diesen Vertrag und die Beziehungen zwischen den Konsorten findet das Recht der Bundesrepublik Deutschland Anwendung.

§ 34 Schiedsklausel⁴⁵

Etwaige Streitigkeiten aus diesem Vertrag oder in Zusammenhang mit diesem Vertrag, insbesondere auch über seinen Bestand oder seine Beendigung, entscheidet unter Ausschluß des ordentlichen Rechtsweges endgültig und bindend ein Schiedsgericht, das aus drei Schiedsrichtern besteht, gemäß gesondert geschlossenem Schiedsvertrag.

§ 35 Verbindlicher Text

Dieser Vertrag ist in deutscher und englischer Fassung unterzeichnet worden; verbindlich ist jedoch die englische Fassung.⁴⁶

...... (Ort), den ......

B AG	C SA	D PL
....	....	....
gez. Unterschrift	gez. Unterschrift	gez. Unterschrift⁴⁷,⁴⁸

Schrifttum: Fahrenschon/Fingerhut, ARGE-Kommentar, Juristische und betriebswirtschaftliche Erläuterungen zum Arbeitsgemeinschaftsvertrag, 2. Aufl., 1982 (zum Mustervertrag des Hauptverbandes der Deutschen Bauindustrie) mit Ergänzungsband 1987, 1990; FIEC (Fédération Internationale Européenne de la Construction), Europäischer Arbeitsgemeinschaftsvertrag – Mustervertrag für Europäische Arbeitsgemeinschaften von Bauunternehmen, Broschüre o.J. (bei Lektüre sind aber die Unterschiede zwischen Bau-ARGE und (Anlagen-)Konsortium im Auge zu behalten, vgl. insoweit Anm. 5 Abs. (2)); *Milz,* Die betriebswirtschaftliche Bedeutung von Konsortien und ihre Organisation bei der Errichtung von Großanlagen – insbesondere der Konsortien des elektrischen Bahnanlagenbaus, Technische Universität Berlin, 1970 (D 83) (rechtlicher Teil betreffend Konsortialverträge: S. 154 ff.); *ORGALIME,* Leitfaden zur Abfassung von internationalen Konsortialverträgen, Maschinenbau-Verlag, Frankfurt/Main, 1976, überarbeitete englische Fassung: Guide for Drawing up an International Consortium Contract, 2nd Edition, 1984; *Lionnet,* Liefer- und Leistungskonsortien – Rechtliche Zuordnung und Risiken, in: *Nicklisch* (Hrsg.), Bau- und Anlagenverträge – Risiken, Haftung, Streitentscheidung, 1984;

2.3 External Consortium with Consortium Leader (Außenkorsortium) III.2.3

Schaub, Der Konsortialvertrag unter besonderer Berücksichtigung des Industrieanlagenbaus, 1991.

Aus dem ausländischen Schrifttum: *Boulton,* Business Consortia, London, Sweet & Maxwell Limited, 1961; *FIDIC* (Federation Internationale des Ingénieurs-Conseils), Guidelines for ad hoc collaboration agreements between consulting firms, 1978 (mit Musterverträgen) *FIDIC* Joint Venture (Consortium) Agreement (for the association of two or more consultants), 1st Edition, 1992; *ECE* (Economic Commission for Europe/United Nations), Guide for drawing up international contracts between parties associated for the purpose of executing a specific project, ECE/TRADE/131, New York, 1979; *AGCA* (Associated General Contractors of America (USA)) Joint venture Guidelines (1975); *Becker, Cushman,* Construction Joint Ventures, Forms and Practice Guide, Chichester, John Wiley & Sons Ltd., 1992. Im übrigen wird auch auf die Schrifttumsangaben bei Form. III.2.1 verwiesen.

Übersicht

	Seite		Seite
1. Sachverhalt	569	24. Schutzrechte	574
2. Wahl des Formulars	570	25. Haftung	574
3. Präambel	570	26. Pauschalierte Minderungen	574
4. Umfang des Vertrages	570	27. Pauschalierte Minderungen und Vertragsstrafen wegen Verzug	574
5. Rechtsform	570		
5.a. Stilles Konsortium	571	28. Haftung des Federführers	575
6. Gemeinsamer Zweck	572	29. Höhere Gewalt	575
7. Sitz	572	30. Schäden	575
8. Organisation in der Angebotsphase	572	31. Versicherung	575
9. Ausschreibungsbedingungen	572	32. Leistungsgarantie	575
10. Leistungen der Konsorten in der Angebotsphase, Beteiligungsschlüssel	572	33. Vorzeitige Kundenvertragsbeendigung	575
		34. Geschäftsführungsausschuß	575
11. Bestellung von Unterauftragnehmern	573	35. Beschlußfassung	575
12. Unterauftragnehmer als Erfüllungsgehilfe	573	36. Unterausschüsse	575
		37. Federführer	575
13. Kostenersatz	573	38. Leistungskoordination	576
14. Geschäftsführungsausschuß	573	39. Vertraulichkeit	576
15. Ausschließlichkeitsbindungen	573	40. Abtretungsverbot	576
16. Sicherheitsleistungen	573	40a. Fortsetzungsklausel	576
17. Zahlungsanspruch	573	41. Schriftform	576
18. Haftungsumfang	573	42. Schlußformel	576
19. Haftungsausschluß	573	43. Zustellungsadressaten	576
20. Gesamtschuldnerische Haftung	573	44. Rechtswahl	576
21. Leistungen der Konsorten in der Durchführungsphase	574	45. Schiedsklausel	576
		46. Vertragssprache	576
22. Zusatzaufträge	574	47. Steuern	576
23. Risikobegrenzung im Außenhandel	574	48. Kartellrecht	577

Anmerkungen

1. Sachverhalt. Der zugrundegelegte Sachverhalt entspricht dem bei Form. III.2.1 angegebenen. Die B AG tritt jedoch nicht als Generalunternehmer, sondern als Mitglied einer Gesellschaft (Konsortium) auf, die ihrerseits im Verhältnis zum Kunden Generalunternehmer ist.

Dabei handelt es sich hier um ein extern im Verhältnis zum Kunden auftretendes Konsortium, also um eine Außengesellschaft bürgerlichen Rechts im Gegensatz zum sogenannten Stillen Konsortium, also einer Innengesellschaft bürgerlichen Rechts, dazu vgl. nachstehend Anm. 5 a.

Es sei lediglich darauf hingewiesen, daß sich ebenso wie für die gemeinsame Lieferung und Erstellung einer Anlage auch für die gemeinsame Erbringung von Beratungs-, Planungs- und Bauleitungsaufgaben durch beratende Ingenieure mehrere Unternehmen zusammenschließen können (siehe dazu insbesondere den im Schrifttumsverzeichnis genannten FIDIC-Mustervertrag „Joint Venture (Consortium) Agreement").

2. Wahl des Formulars. (1) Für die Zusammenarbeit bei der sprachlichen Gestaltung der englischen Fassung danke ich Herrn Rechtsanwalt Neil G. McHardy, Köln.

(2) Das Formular stellt einen Konsortialvertrag (im internationalen Sprachgebrauch bislang üblicherweise häufig „Joint Venture Agreement"; vgl. aber jetzt Anm. 5 Abs. (3)) dar, der schon vor Angebotsabgabe geschlossen wurde und daher Regelungen sowohl für die Angebotsphase als auch für die Ausführung nach Zuschlag enthält. Diese Gestaltung erscheint am zweckmäßigsten, weil dann schon bei der Angebotskalkulation die Risikoabgrenzung für den Auftragsfall bekannt ist. In der Praxis kommt es allerdings auch vor, daß zunächst nur ein Konsortialvertrag für die Angebotsphase („Joint Tender Agreement"; auch „Pre Award Contract" i. Ggs. zu „Post Award Contract") geschlossen wird, der spezifische Regelungen lediglich für dieses Projektstadium enthält, andere Bereiche, die erst bei der Durchführung besonderes Gewicht erlangen, dagegen kürzer oder noch gar nicht regelt. Es bedarf dann für solche Regelungen eines weiteren, im Zuschlagsfalle noch abzuschließenden Konsortialvertrages für die Durchführungsphase. Dabei findet sich auch die Gestaltung, daß dessen Entwurf bereits dem Vertrag über das Angebotskonsortium beigefügt wird.

Bei kleineren Projekten wird häufig der Vertrag über das Angebotskonsortium auf eine Briefvereinbarung reduziert. Von Joint Tender Agreements ohne gleichzeitige Regelung der Rechtsverhältnisse nach Zuschlagserteilung muß abgeraten werden. Die Vertragspartner befinden sich dann im Zuschlagsfalle nämlich in einer Bindung, deren komplizierte Einzelheiten nunmehr unter dem Zwang der Umstände festgelegt werden müssen. Die volle Abschätzung und Regelung aller Risiken sollte aber am Beginn der Zusammenarbeit und vor der Eingehung einer vertraglichen Bindung stehen.

3. Präambel. Die im angelsächsischen Rechtskreis und dementsprechend heute bei Verträgen mit Partnern aus verschiedenen Ländern, die durch die angelsächsische Praxis beeinflußt werden, übliche Präambel ist hier nur angedeutet. In jedem Fall dient sie nur der Auslegung des Vertrages (vgl. ARGE-Kommentar, 1982, Präambel Rdn. 1).

4. Umfang des Vertrages. Ungeachtet der Anwendbarkeit deutschen Rechts (§ 33) ist auch dieser Vertrag im Hinblick darauf, daß zwei Vertragspartner ausländische Gesellschaften sind, wieder ausführlich und möglichst abschließend formuliert (vgl. auch oben, Anm. 2 Abs. (10) zu Form. III.2.1).

5. Rechtsform. (1) Rechtlicher Grundtypus des Konsortialvertrages ist die Gesellschaft bürgerlichen Rechts (§§ 705 ff. BGB). Am gemeinschaftlichen Betrieb eines Handelsgewerbes (§ 3 HGB) fehlt es dagegen bei einem Konsortium für ein einzelnes Geschäft wie im vorliegenden Fall, so daß die OHG oder KG als Rechtsform ausscheiden (vgl. *Staudinger/ Keßler*, Vorbem. zu § 705, Rdz. 153). Man spricht in solchem Fall auch von „Gelegenheitsgesellschaften".

(2) Das (Anlagen-)Konsortium unterscheidet sich von der Bau-Arbeitsgemeinschaft – oder „Bau-ARGE" –, der ihm verwandtesten Form einer Gelegenheitsgesellschaft, vor allem darin, daß es im wesentlichen kein Gesellschaftsvermögen hat. Die Bau-ARGE erbringt die Gesamtleistung mit gemeinsamen Sachmitteln – Baumaschinen, Baumaterial etc. – und gemeinsamem Personal; die Gesellschafter sind am Gewinn und Verlust insgesamt beteiligt.

Das Anlagenkonsortium ist demgegenüber viel loser strukturiert. Maschinen-, Elektro-

2.3 External Consortium with Consortium Leader (Außenkorsortium) III.2.3

und Baupartner erbringen grundsätzlich ihre Leistung gegenüber dem Kunden so, als hätten sie insoweit einen selbständigen Vertrag mit dem Kunden geschlossen (vgl. § 14 Abs. (2) des Formulars). Im internationalen Sprachgebrauch kennzeichnet man dementsprechend das Anlagenkonsortium auch mit den Begriffen „risk splitting" bzw. „non-integrated structure", die Arbeitsgemeinschaft in vorgenanntem Sinne dagegen mit „risk sharing" bzw. „integrated structure". Gemeinsamkeiten bestehen im wesentlichen nur hinsichtlich der Planung, der gegenseitigen Abstimmung und Koordination der Lieferungen und Leistungen und hinsichtlich der gesamtschuldnerischen Haftung gegenüber dem Kunden.

An die Stelle eines vertretungsberechtigten Geschäftsführers, wie er sich bei Bau-ARGEN findet, tritt beim Anlagenkonsortium in der Regel der Federführer mit sehr viel geringeren Befugnissen (vgl. § 25 des Formulars und Anm. 37).

(3) Die vorstehend skizzierte, in der Praxis aus der Natur der Sache heraus entstandene Unterschiedlichkeit der Bau-ARGE und des (Anlagen-)Konsortiums ist erst in letzter Zeit theoretisch deutlicher erfaßt und herausgearbeitet worden (vgl. insbesondere *Nicklisch* NJW 1985, 2361 ff., insbes. 2363 f., weiter *Lionnet* bei. Nicklisch, Bau- und Anlagenverträge – Risiken, Haftung, Streitbeilegung, 1984, 121 ff.). Auch im internationalen Sprachgebrauch scheint sich insoweit eine terminologische Differenzierung zu verfestigen: Die Japan Machinery Exporters' Association hat Musterverträge erarbeitet und herausgegeben, wobei für den (Anlagen-)Konsortialvertrag der Begriff „Consortium Agreement" (Neufassung: Juli 1996), für einen dem Bau-ARGE-Vertrag entsprechenden Vertragstyp dagegen der Begriff „Joint Venture Agreement" (Neufassung: Juli 1996) verwandt wird („JMEA Model Form Consortium (bzw.: Joint Venture Agreement for Tender and Execution of Turnkey Project). Auch FIDIC hat 1992 einen Muster-Konsortialvertrag (für die Zusammenarbeit beratender Ingenieure) veröffentlicht, dessen Überschrift beide Begriffe verwendet: „Joint Venture (Consortium) Agreement".

5.a. Stilles Konsortium. (1) Es kommt in der Praxis häufig vor, daß die beteiligten Unternehmen nicht im Außenverhältnis gemeinschaftlich dem Kunden gegenübertreten, sich aber gleichwohl mit dem – extern einzigen – Auftragnehmer zu einem sogenannten Stillen Konsortium oder Innenkonsortium zusammenschließen, statt lediglich Subunternehmer-Verträge mit ihm abzuschließen. Rechtlich handelt es sich dabei um eine Innengesellschaft bürgerlichen Rechts (vgl. hierzu MünchKomm/*Ulmer*, § 705, Rdnr. 229 ff., insbes. 237 ff.).

(2) Wesentlicher Grund für den Abschluß eines Vertrages über ein Stilles Konsortium anstelle des Eingehens bloßer Subunternehmer-Verträge ist für den Auftragnehmer häufig die Frage der Risikoverteilung bzw. -weitergabe (vgl. Anm. 2 Abs. (2) zu Form. III.2.2). Umgekehrt kann ein Stilles Konsortium aber auch anstelle eines Außenkonsortiums entstehen, weil der Kunde nicht das anbietende Konsortium insgesamt, sondern nur einen der Konsorten als Auftragnehmer –– nämlich als Generalunternehmer – wünscht. In solchem Fall zeigt sich, daß Außen- und Innenkonsortium weniger unterschiedlich sind, als man annehmen könnte: Der Konsortialvertrag kann in der Regel unverändert fortbestehen (vgl. auch *Lionnet in Nicklisch,* Bau- und Anlagenverträge – Risiken, Haftung, Streitbeilegung, 1984, S. 124), allenfalls ist ausdrücklich zu ergänzen, daß nur ein Konsorte im Außenverhältnis auftritt, der dann nicht nur Federführer, sondern alleiniger Generalunternehmer und verdeckter Stellvertreter der anderen Konsorten ist. Er schließt den Vertrag im Außenverhältnis im eigenen Namen, intern jedoch für Rechnung und Konsortiums (vgl. *Nicklisch* NJW 1985, 2361, 2365). Eine Vertragsanpassung wird auch insoweit unnötig durch eine vorsorgliche Formulierung der Art, wie sie sich in § 30 Abs. (2) des Formulars findet.

(3) Beim Stillen Konsortium kommt es zur Überlagerung gesellschaftsrechtlicher und werkvertraglicher Elemente. Das ist aber nicht anders beim Außenkonsortium (vgl. Anm. 10 Abs. (3)). Die damit in Einzelfragen verbundenen rechtlichen Zuordnungsprobleme (z.B. Leistungen der Stillen Konsorten: gesellschaftsrechtliche Beiträge oder werkver-

tragliche Erfüllungshandlungen?) unterscheiden sich grundsätzlich nicht von denen beim Außenkonsortium. Die Praxis macht daher regen Gebrauch vom Institut des Stillen Konsortiums, große Unternehmen haben auch dafür Musterverträge (vgl. *Nicklisch* NJW 1985, 2361, 2365, Fußn. 15).

6. Gemeinsamer Zweck. Der in § 1 Abs. 1 angegebene „gemeinsame Zweck" i.S. des § 705 BGB ist konstitutiv für die Entstehung einer BGB-Gesellschaft.

7. Sitz. Sofern bei internationalen Konsortien ein Sitz festgelegt werden soll, sind zutreffendenfalls steuerliche Gesichtspunkte zu beachten; dazu siehe unten Anm. 47; es kann auch lediglich vereinbart werden, daß die Geschäfte am Sitz des Federführers geführt werden.

8. Organisation in der Angebotsphase. Diese Regelung entspricht der gesetzlichen in §§ 709, 714 BGB. Für die laufende Tätigkeit des Konsortiums bedarf es aber einer flexibleren Organisation, die sich im einzelnen unten in §§ 24 ff. findet.

9. Ausschreibungsbedingungen. Die Ausschreibungsbedingungen sind häufig sehr umfangreich und z.T. formalistisch. Abweichungen von diesen Bedingungen können daher allein schon ein Grund für die Nichtannahme des Angebots sein. Wollen die Vertragspartner das Risiko bewußt in Kauf nehmen, so sollte in § 13 ein ausdrücklicher Ausschluß der Haftung für die Nichtannahme des Angebots aufgrund solcher Abweichungen aufgenommen werden.

10. Leistungen der Konsorten in der Angebotsphase, Beteiligungsschlüssel.
(1) Beiträge i.S. des § 706 BGB werden in der Regel – insbesondere in der Angebotsphase – durch Arbeitsleistung, nämlich die Ausarbeitung der Angebotsteile auf eigene Kosten, erbracht. Die genaue und vollständige Leistungsbeschreibung und -aufteilung unter den Vertragspartnern ist für den Erfolg der Zusammenarbeit von einer Bedeutung, die gar nicht hoch genug eingeschätzt werden kann. Abgrenzungsfragen und Schnittstellenprobleme müssen gelöst werden (vgl. auch Anm. 10 Abs. (2) und (3) zu Form. III.2.1 und Anm. 10 zu Form. III.2.2). Ist dies bis zur Vertragsunterzeichnung aus irgendwelchen Gründen nicht möglich, so wird eine Alternativ-Formulierung dahin empfohlen, daß die Verteilung der Aufgaben und Verantwortlichkeiten unter die Vertragspartner in einem Anhang A niederzulegen ist, der einen integrierten Bestandteil des Vertrages bilden wird und so bald wie möglich, in jedem Fall jedoch vor Angebotsabgabe, fertigzustellen ist. Die erforderlichen Arbeiten können gegebenenfalls von einem Technischen Unterausschuß (vgl. unten Anm. 36) geleistet werden.
(2) Aus dem Verhältnis der Teilangebotswerte zum Gesamtangebot (bzw. Teilauftragswerte zum Gesamtauftragswert) sollte der „Beteiligungsschlüssel" abgeleitet werden, der bei einer Reihe von vertraglichen Regelungen Anwendung findet.
(3) Insbesondere auch für die Durchführungsphase basiert das vorliegende Muster auf einer Aufteilung in die einzelnen, jeweils eigenverantwortlich zu erfüllenden sachlichen Teilbereiche Maschinenbau, elektrotechnische Ausrüstung und Bauausführung, die sich zum Gesamt-Leistungsbild nahtlos ergänzen müssen. Demgegenüber ist im Anlagengeschäft, anders als etwa bei den Bau-Arbeitsgemeinschaften, eine Arge zur Kapazitätszusammenfassung hinsichtlich der Gesamtleistung nicht üblich und wird deshalb hier nicht behandelt. Anders als bei der Bau-Arge, bei der die Arge selbst das Projekt durchführt, erfüllen hier die einzelnen Konsorten im Rahmen einer Leistungsbündelung jeweils ihren Auftragsanteil. Dabei hat sich noch keine klare rechtliche Einordnung dieser Leistungen herausgebildet. Gegenüber ihrer Beurteilung als (die wesentlichen) gesellschaftsrechtlichen Beitragsleistungen (§ 706 BGB) stellt die Kennzeichnung als reine werkvertragliche Leistung, die die Konsorten im Rahmen von (als stillschweigend vereinbart unterstellten) Subunternehmerverträgen gegenüber dem Konsortium erbringen, das andere Extrem dar (so *Lionnet in Nicklisch,* Bau- und Anlagenverträge – Risiken, Haftung, Streitbeilegung, 1984, S. 128). Beide Auffassungen können im einzelnen der komplexen Gestaltung nicht

2.3 External Consortium with Consortium Leader (Außenkorsortium)

voll Rechnung tragen und vermögen daher nicht zu befriedigen. Zutreffend deshalb wohl *Nicklisch* (NJW 1985, 2361, 2364), der insoweit von einem gemischten Vertrag ausgeht, „der einerseits gesellschaftsrechtliche Elemente zwischen allen Konsortialpartnern enthält und zum anderen werkvertragliche Elemente zwischen dem Konsortium und den einzelnen Konsortialpartnern, die die gesellschaftsrechtlichen Beziehungen überlagern".

11. Bestellung von Unterauftragnehmern. Es kann Gründe dafür geben, die Bestellung von Unterauftragnehmern auch von der Zustimmung der anderen Vertragspartner abhängig zu machen.

12. Unterauftragnehmer als Erfüllungsgehilfe. Es ist zweckmäßig, diese Festlegung ausdrücklich in den Vertrag aufzunehmen, nach deutschem Recht schon deshalb, weil nicht sicher ist, wann für einen Unterauftragnehmer als Erfüllungsgehilfe einzustehen ist (vgl. z.B. BGH BB 1979, 1321; *Ingenstau/Korbion*, VOB Anh. Rdnr. 123f. weiter Rdn. 232, 233 zu B § 4). Wird darüber hinaus von den Konsorten gewünscht, Einfluß auf den Inhalt des Vertrages mit dem Unterauftragnehmer zu erlangen, ist eine Regelung entsprechend Artikel 4.1 des Form. III.2.1 zweckmäßig.

13. Kostenersatz. Es kann auch vorgesehen werden, daß Kostenersatz nur dann in Betracht kommt, wenn die Kosten mit vorheriger Zustimmung des anderen Vertragspartners aufgewandt wurden.

14. Geschäftsführungsausschuß *(management committee)*. Wird dieses Organ nicht vorgesehen, so müssen die Worte „by the management committee" entfallen; in diesem Fall ist die Regelung unmittelbar durch die zuständigen Vertreter der Vertragspartner anzuwenden.

15. Ausschließlichkeitsbindungen. Wegen der kartellrechtlichen Beurteilung dieser Vorschriften vgl. unten Anm. 48.

16. Sicherheitsleistungen. Es kann auch vorgesehen werden, daß das Konsortium als solches die Bietungsgarantie beibringt und die Avalkosten anteilig übernommen werden; in beiden Fällen ist zusätzlich denkbar, daß die Vertragspartner bzw. die anderen Vertragspartner im Innenverhältnis anteilige Rück-Bürgschaften bzw. -Garantien geben.

17. Zahlungsanspruch. Wegen der unterschiedlichen Abwicklung bei Zahlung an die einzelnen Vertragspartner einerseits, einheitlicher Zahlung andererseits vgl. § 15.

18. Haftungsumfang. Im Hinblick auf die gesamtschuldnerische Haftung der Vertragspartner nach außen und die gegenseitige Abhängigkeit bei der Vertragserfüllung im Innenverhältnis ist eine ausdrückliche Regelung der Haftung bei Konsortialverträgen angezeigt. Von erheblich größerem Gewicht als hier ist die Haftungsfrage naturgemäß in der Durchführungsphase (§ 19).

19. Haftungsausschluß. Gegebenenfalls ist ein Ausschluß der Haftung für mittelbare Schäden vorzusehen. (Zu der schwierigen Problematik der Abgrenzung des mittelbaren Schadens vom unmittelbaren Schaden vgl. *Staudinger/Peters*, § 635 BGB, Rdnr. 55ff.; *Soergel/Ballerstedt*, § 635 BGB, Rdz. 9f. m.w.N.).

20. Gesamtschuldnerische Haftung. Die gesamtschuldnerische Haftung der Konsorten entspricht der gesetzlichen Regelung und auch den Interessen des Auftraggebers, der sie unabhängig vom anwendbaren Recht in der Praxis regelmäßig fordert. Die einzelnen Mitglieder des Konsortiums übernehmen damit ein nicht unerhebliches Haftungsrisiko, das nur bei Vertrauen in die Bonität und fachliche Leistungsfähigkeit der Partner eingegangen werden kann (zum Problem vgl. auch ARGE-Kommentar, 1982, Einleitung Rdn. 3). Wegen einer abweichenden Entwicklung im französischen Rechtsraum vgl. FIEC, Europäischer Arbeitsgemeinschaftsvertrag, Modell B, Mustervertrag für Europäische Arbeitsgemeinschaften von Bauunternehmen ohne gesamtschuldnerische Haftung, S. 47ff.

21. Leistungen der Konsorten in der Durchführungsphase. Die Vertragspartner erbringen hier ihre Beiträge i. S. des § 706 BGB durch Leistungen in der Ausführungsphase unmittelbar (beachte aber die in Anm. 5 Abs. (3) dargestellte „Überlagerung" durch werkvertragliche Elemente). Eine andere Gestaltung wäre die, daß das Konsortium je einen Unterauftrag an den jeweils zuständigen Vertragspartner erteilt (sogenannte „Dacharbeitsgemeinschaft"; ARGE-Kommentar, 1982, § 17 Rdn. 16f.).

22. Zusatzaufträge. Vgl. die Überlegungen zur Erkennbarkeit von Leistungsbestandteilen beim Pauschalfestpreisvertrag in Anm. 22 zum Form. III.2.2.

23. Risikobegrenzung im Außenhandel. In Deutschland geschieht dies durch Ausfuhrgarantien bzw. Bürgschaften der Bundesrepublik Deutschland, die von der Hermes Kreditversicherungs-AG, Hamburg, bearbeitet werden – sog. Hermes-Deckungen –, bei der Merkblätter, Allgemeine Bedingungen und Antragsformulare erhältlich sind (auch bei ihren Außenstellen in vielen deutschen Großstädten). Vgl. hierzu auch Anm. 64 und 65 zu Form. III.2.1.

24. Schutzrechte. Gegebenenfalls ist hier auch eine eingehendere Regelung angebracht; vgl. dazu auch Artikel 28.1 Form. III.2.1 und Anm. 30 und 31 dazu.

Es kann weiter erforderlich werden, besondere Regelungen betreffend Schutzrechte für das Innenverhältnis zwischen den Vertragspartnern zu treffen, wenn entweder für die Planung und Ausführung gegenseitig Geschäftsgeheimnisse offenbart oder sogar Lizenzen eingeräumt werden müssen oder wenn umgekehrt dabei Gemeinschaftsschutzrechte entstehen könnten. Das ist insbesondere dann denkbar, wenn die Schnittstellen zwischen den verschiedenen Lieferungs- und Leistungsanteilen Lösungen erfordern, für die noch Entwicklungen nötig sind; vgl. insoweit Anm. 4 zu Form. III.1 in Band 2.

25. Haftung. Hierbei handelt es sich um eine der wichtigsten Regelungen für einen Konsortialvertrag. Nach den gesetzlichen Vorschriften haften die Vertragspartner grundsätzlich im Außenverhältnis als Gesamtschuldner (vgl. *Palandt/Heinrichs*, § 718 Rdnr. 8), im Innenverhältnis zu gleichen Anteilen auf Ausgleich (§§ 421, 426 BGB). Hierbei stellt sich für eine abweichende Haftungsaufteilung zudem die Frage, inwieweit der reduzierte Haftungsmaßstab des § 708 BGB Anwendung findet. Aus diesen Gründen ist eine konkrete vertragliche Regelung geboten.

Für abweichende Regelungsmöglichkeiten wird auf § 11 des vorstehenden Form. III.2 in Band 2 verwiesen.

26. Pauschalierte Minderungen. Siehe hierzu Anm. 49 insbes. Abs. (2) zu Form. III.2.1; weiter § 32 des Kundenvertrages in Band 2 (dort Form. III.1).

27. Pauschalierte Minderungen und Vertragsstrafen wegen Verzug. Als Prozentsatz ist der jeweilige Höchstsatz aus dem Kundenvertrag einzusetzen, vgl. hier §§ 43, 46 Abs. 4 des Kundenvertrages in Band 2, Form. III.1. Eine andere Lösung wäre die vollständige Überwälzung auf den verantwortlichen Vertragspartner; so § 11 Abs. 3 des Form. III.2 in Band 2. Das führt allerdings angesichts der im Kundenvertrag vorgesehenen, üblichen Zugrundelegung des Gesamtauftragswertes als Berechnungsbasis für den verantwortlichen Vertragspartner gegebenenfalls im Verhältnis zum Wert seines eigenen Lieferungs- und Leistungsanteils zu einer – u. U. erheblichen – Überschreitung des im Kundenvertrag vorgesehenen Höchstprozentsatzes. Weiter kommt es daher in der Praxis auch vor, daß grundsätzlich nach Lieferungs- und Leistungsanteilen aufgeteilt, die Sanktion für den Verantwortlichen jedoch verstärkt wird, indem für die Anteilsberechnung der Wert seines Leistungsumfangs z.B. zu verdoppeln ist (so insbesondere bei Vertragsstrafen wegen Verzugs). Unter Berücksichtigung eines in der Regel anzunehmenden gewissen Mitverschuldens – insbesondere bei Verzug – kann z.B. auch das erste Prozent einer Vertragsstrafe nach dem Wertverhältnis der Lieferungs- und Leistungsanteile aufgeteilt werden, während danach der verantwortliche Vertragspartner (gegebenenfalls wieder nur bis zum Höchstsatz) die Vertragsstrafe allein zu tragen hat. Die richtige Lösung muß im Einzelfall unter

2.3 External Consortium with Consortium Leader (Außenkorsortium) III.2.3

Berücksichtigung der Zuverlässigkeit der einzelnen Vertragspartner, des Schwierigkeitsgrades ihrer Lieferungen und Leistungen etc. gefunden werden. Zum Rechtscharakter der Vertragsstrafe vgl. im übrigen Anm. 43 zu Form. III.2.1.

28. Haftung des Federführers. Hier ist im Zweifel kein Prozentsatz, sondern ein Höchstbetrag einzusetzen, welcher der Bedeutung der vom Federführer (und gegebenenfalls von anderen Vertragspartnern) übernommenen übergreifenden Aufgaben und der dafür festgesetzten Gebühr Rechnung trägt.

29. Höhere Gewalt. Vgl. hierzu Anm. 57 zu Form. III.2.1; weiter § 40 des Kundenvertrages Band. 2 Form. III.1.

30. Schäden. Wegen der Schwierigkeiten der Abgrenzung zwischen unmittelbaren und mittelbaren Schäden vgl. Anm. 19, weiter Anm. 28 zu Form. III.2.1. Dennoch ist der Ausschluß mittelbarer Schäden zur Risikobegrenzung praktisch unerläßlich.

31. Versicherung. Wegen der Gefahr eines Regresses des Versicherers gemäß § 67 VVG bei grob fahrlässigem Handeln bedarf es einer besonderen Vereinbarung mit dem Versicherer, vgl. § 12 Form. III.2 in Band 2 sowie die dortige Anm. 28; vgl. weiter § 7 des Form. III.1 in Band 2 sowie die Anm. 17 dazu.

32. Leistungsgarantie. Vgl. Anm. 49 zu Form. III.2.1; weiter §§ 1 Abs. 1, 32 Form. III.1 in Band 2.

33. Vorzeitige Kundenvertragsbeendigung. Vgl. § 45 Form. III.1 in Band 2.

34. Geschäftsführungsausschuß. Der „Geschäftsführungsausschuß" (bei reinen Bauarbeitsgemeinschaften häufig auch „Aufsichtsstelle" genannt) entspricht der Gesellschafterversammlung der BGB-Gesellschaft (vgl. ARGE-Kommentar, 1982, § 6 Rdn. 1, 13 ff.). Die Geschäftsführung und Vertretung nach außen – zumindest teilweise – sowie eine Reihe anderer Aufgaben werden dagegen häufig einem „Federführer" übertragen (siehe hier § 25 und Anm. 37). Dabei gibt es mannigfaltige Abstufungsmöglichkeiten für die Aufteilung der Rechte und Pflichten zwischen dem Federführer einerseits und dem Geschäftsführungsausschuß andererseits.

35. Beschlußfassung. Die dem Gesetz entsprechende Einstimmigkeit (§ 709 Abs. 1 BGB), wiewohl Ansatzpunkt für Störungen durch nichtkooperative Mitglieder, wird sich im Hinblick auf das Schutzbedürfnis der einzelnen Vertragspartner dieser für nur ein Projekt gebildeten Gesellschaft kaum vermeiden lassen. Mehrheitsentscheidung wäre nur für solche Fragen angemessen, die für den überstimmten Vertragspartner keine Verbindlichkeiten oder sonstigen Nachteile mit sich bringen. Da eine befriedigende Abgrenzung jedoch kaum denkbar erscheint, bleibt Einstimmigkeit erforderlich.

36. Unterausschüsse. Die Einsetzung eines technischen Unterausschusses kann z. B. von Nutzen sein, um die Schnittstellen zwischen den verschiedenen Liefer- und Leistungsanteilen genau zu erfassen, zu definieren und in den Spezifikationen aufeinander abzustimmen.

37. Federführer. Der Federführer stellt insbesondere die sächlichen und personellen Mittel für die Administration des Konsortiums zur Verfügung und erhält dafür in der Regel eine Federführungsgebühr. Im Außenverhältnis kann seine Stellung unterschiedlich stark sein: die Skala reicht vom Erklärungsboten über den Verhandlungsführer, der der internen Zustimmung bedarf, bis zum Vertreter. Entsprechend kann auch die Übertragung der Geschäftsführungsbefugnisse unterschiedlich weitgehend geregelt werden. Sind wirtschaftliche Bedeutung und Aufgabenkreis des federführenden Vertragspartners erheblich, so wird er auch als „Konsortialführer" bezeichnet.

In der englischen Fassung ist der Gebräuchlichkeit halber „consortium leader" verwandt worden. Will man im Einzelfall auch im Englischen differenzieren, so kann man dort neben dem „consortium leader" auch den Begriff „managing partner" benutzen, wobei dieser – bei einer „partnership", also etwa einer Kommanditgesellschaft für den geschäftsführenden Gesellschafter, den Komplementär benutzte – Begriff als der höherrangige erscheinen kann. Letztlich sollte dann aber der Inhalt beider Begriffe im Vertrag definiert werden.

Die gesetzlichen Regelungen der §§ 710 und 714 BGB sollten in jedem Fall wie hier durch genauere Festlegung im Vertrag ausgefüllt bzw. modifiziert werden.

38. **Leistungskoordination.** Der technische Erfolg der Projektabwicklung steht und fällt unter anderem mit dem Erkennen und Lösen von Problemen der Schnittstellen zwischen den Leistungsteilen der verschiedenen Vertragspartner. Soweit es dazu entgegen § 27 Abs. 2 notwendig werden sollte, Betriebsgeheimnisse betreffend die Herstellung von Gegenständen mitzuteilen etc., werden gegebenenfalls insoweit Lizenzregelungen erforderlich (vgl. Anm. 24).

39. **Vertraulichkeit.** Für eine ausführlichere Fassung vgl. in Band 2 § 51 Form. III.1 und § 22 Form. III.2.

40. **Abtretungsverbot.** Vgl. Artikel 3.1 Form. III.2.1 und Artikel 2.4 Form. III.2.2.

40a. **Fortsetzungsklausel.** Durch Konkurs eines Konsorten wird nach § 728 BGB die Gesellschaft aufgelöst, sofern nicht eine Fortsetzungsklausel vereinbart wurde (§ 736 BGB). Selbst wenn eine solche Fortsetzungsklausel weder ausdrücklich vereinbart noch § 728 BGB als stillschweigend abbedungen anzusehen ist, schadet die dann eintretende Auflösung der Gesellschaft nicht, weil in solchem Fall die Auftragserfüllung gleichwohl als Abwicklungsaufgabe geschuldet wird, vgl. *Lionnet* in: *Nicklisch,* Bau- und Anlagenverträge – Risiken, Haftung, Streikbeilegung, 1984, S. 128 ff. m.w.N.

41. **Schriftform.** Diese Formulierung trägt der Entscheidung des Bundesgerichtshofs in BGHZ 66, 378 Rechnung, wonach – gerade zwischen Kaufleuten – der Formzwang für die Aufhebung der Schriftform Wirksamkeit entfaltet; a.A. z.B. *Palandt/Heinrichs,* § 125 BGB, Rn. 14.

42. **Schlußformeln.** Für abweichende Fassungen vgl. § 58 Abs. 2 Form. III.1 und § 24 Abs. 5, Form. III.2, jeweils Band 2 des Münchener Vertragshandbuchs.

43. **Zustellungsadressaten.** Vgl. auch die Fassung in Artikel 68 des Kundenvertrages (Form. III.2.1); hier sollte möglichst der volle Name des Projektführers jedes Vertragspartners, seine Funktions- oder Abteilungsbezeichnung angegeben werden.

44. **Rechtswahl.** Vgl. hierzu Anm. 16 zu Form. III.2.1. Wird keine Vereinbarung über das anwendbare Recht getroffen, so bildet ein – wie hier § 2 Abs. (3) – vereinbarter Sitz angesichts der lockeren gesellschaftsrechtlichen Struktur des Konsortiums noch keinen Anknüpfungspunkt für das anzuwendende Recht, vgl. *Lionnet* in: *Nicklisch,* Bau- und Anlagenverträge – Risiken, Haftung, Streitbeilegung, 1984, S. 127 m.w.N.

45. **Schiedsklausel.** Vgl. hierzu Anm. 61 zu Form. III.2.1 und generell den Abschnitt Schiedsvertragsrecht in Band 3, 3. Aufl. des Münchener Vertragshandbuches, insbesondere den Schiedsvertrag zwischen deutschem und ausländischem Partner (Form. XI. 4.).

46. **Vertragssprache.** Alternativ zum 2. Halbsatz könnte auch festgelegt werden, daß beide Fassungen grundsätzlich gleiche Verbindlichkeiten haben, im Falle von Mehrdeutigkeiten oder Widersprüchen jedoch die englische Fassung Vorrang hat. Weniger zweckmäßig ist Gleichrangigkeit beider Fassungen, vgl. hierzu auch Anm. 16 und 17 zu Form. III.2.1.

47. **Steuern.** Wegen der steuerlichen Beurteilung vgl. zunächst oben Anm. 7 und Anm. 21. Im übrigen gilt grundsätzlich das zu Form. III.2.1 Anm. 67 Gesagte. Abweichende steuerliche Auswirkungen können sich vor allem daraus ergeben, daß das Konsortium als gesondertes Steuersubjekt angesehen wird oder die Auslandsbaustelle bzw. der Sitz des Federführers eine – gemeinsame – Betriebsstätte darstellen. Für das deutsche Recht gilt insoweit das folgende, wobei wegen der Einzelheiten verwiesen werden kann auf ARGE-Kommentar, 1982, § 17 Rdz. 1 ff.

2.3 External Consortium with Consortium Leader (Außenkorsortium)   III.2.3

(1) Bei den Ertragsteuern stellt das Konsortium eine Mitunternehmerschaft gemäß § 15 Abs. 1 und 2 EStG dar. Dies führt – bei mehreren inländischen Konsorten – zur einheitlichen und gesonderten Gewinnfeststellung, jedoch bleiben die Konsorten selbständige Steuersubjekte.

(2) Bei der Gewerbesteuer ist das Konsortium gemäß §§ 2 Abs. 2 Nr. 1, 2a GewStG selbständiges Steuersubjekt, wenn sich das Konsortium auf mehr als ein Projekt bezieht oder die Vertragserfüllung, gerechnet vom Vertragsschluß, länger als drei Jahre dauert. Der gegebenenfalls für das Konsortium gemeinsam festgestellte Steuermehrbetrag wird allerdings gemäß dem Zerlegungsverfahren der §§ 28 ff. GewStG wieder zerlegt, so daß keine Steuermehrbelastung eintritt, sondern nur eine Komplizierung des Besteuerungsverfahrens (kritisch insbesondere ARGE-Kommentar, 1982, § 17 Rz. 48 ff. unter Darstellung eines vereinfachten Verfahrens).

(3) Die Umsatzsteuer sieht das Konsortium ebenfalls als Steuersubjekt an, vgl. § 2 Abs. 1 UStG und *Rau/Dürrwächter/Flick/Koch,* Umsatzsteuergesetz, Loseblatt, § 2 Abs. 1 und 2, Rdnr. 48 ff.

48. Kartellrecht.
(1) **Inland:** Wegen der Verfolgung eines gemeinsamen Zwecks kann ein Konsortium bei Vorliegen der weiteren Voraussetzungen des § 1 GWB grundsätzlich eine horizontale Wettbewerbsbeschränkung darstellen. Daran wird es regelmäßig fehlen, wenn sich Unternehmen zur Ausführung eines Vorhabens zusammenschließen, zu dessen Erfüllung sie komplementäre Leistungen erbringen. Da die Unternehmen nämlich auf unterschiedlichen Gebieten tätig sind, werden sie nicht in Wettbewerb stehen (vgl. *Müller/Henneberg/Schwarz,* Gemeinschaftskommentar, 4. Aufl. 1980, § 1 Anm. 121; *Langen/Bunte,* Kommentar zum deutschen und europäischen Kartellrecht, 7. Aufl., 1994, § 1 Rz. 129, 130; vgl. auch schon Kooperationsfibel des Bundesministers für Wirtschaft, 1976, Tz. 3, 4). Aus diesem Grunde ist es auch unbedenklich, daß die Anbieter sich verpflichten, keine weiteren Angebote für das Projekt abzugeben (vgl. oben Anm. 15 und § 8). Anders verhält es sich, wenn die Konsorten sich aus Kapazitätsgründen zur gemeinsamen Erbringung der Gesamtleistung zusammenschließen. Dann liegt eine Wettbewerbsbeschränkung vor, es sei denn, keiner der Beteiligten könnte allein den Auftrag ausführen oder allein ein erfolgversprechendes Angebot abgeben (*Langen/Bunte,* Rnr. 130 bis 132). Darüber hinaus darf in diesem Fall keine vertragliche Vereinbarung gemäß obenstehendem § 8 geschlossen werden. Der Bundesgerichtshof hat aber klargestellt, daß die bloße Beteiligung auch von Großunternehmen, die zumindest objektiv allein zur Übernahme des Auftrags in der Lage seien, an einer Bieter- und Arbeitsgemeinschaft nicht schon für sich einen Verstoß gegen § 1 darstellt. Sofern für das gemeinsame Angebot die wirtschaftliche Zweckmäßigkeit und die kaufmännische Vernunft sprechen, wird in solchem gemeinsamen Angebot auch kein – unzulässiges – konkludentes Verbot des Wettbewerbs gesehen (BGH Urteil vom 13. 12. 1983 – KRB 3/83, BB 1984, 364 f. – Bieter- und Arbeitsgemeinschaft).

Zusammenschlußtatbestände im Sinne des Fusionsrechts werden von Anlagen-Konsortien nicht erfüllt (*Lionnet* in: *Nicklisch,* Bau- und Anlagenverträge – Risiken, Haftung, Streitbeilegung, 1984, 127 m. w. Nachw.).

(2) **EG-Kartellrecht.** Die Verwaltungspraxis der Kommission zur Auslegung des Art. 85 EWGV im Hinblick auf Kooperationen ist in der sogenannten Kooperationsbekanntmachung (KoB) niedergelegt (ABl 1968 Nr. C 75/3, abgedruckt bei *Gleiss-Hirsch,* Kommentar zum EG-Kartellrecht, Band 1, 4. Aufl. 1993, S. 878 ff.). Unbedenklich ist entsprechend der deutschen Regelung danach ein Konsortium zwischen Nicht-Wettbewerbern (*Gleiss-Hirsch,* Art. 85 (1) EWGV, Rdz. 474 ff.) oder zwischen Wettbewerbern, die allein nicht in der Lage sind, den Auftrag auszuführen. Praxis der Kommission gibt es zu dem zweiten Aspekt, wobei ein sehr strenger Maßstab angelegt wird (kritisch m. w. N. *Gleiss-Hirsch,* Art. 85 (1) EWGV Rdz. 477 ff.). Für wettbewerbsbeschränkend hält die Kommission die Verpflichtung von Wettbewerbern, bei bestimmten Geschäften nur im Rahmen eines Kon-

sortiums tätig zu werden (Kooperationsbekanntmachung, Ziff. II.5); die Konsorten sind im vorliegenden Fall aber nicht Wettbewerber, sondern ihre Leistungsangebote ergänzen sich. Bedenken bestehen daher auch insoweit nicht.

Qualitätssicherung und AGB

3. Contract of Quality Control
(Qualitätssicherungsvertrag)

Quality Assurance Contract[1-3]
between XY-GmbH
(hereunder referred to as „Purchaser")
and
Z-AG
(hereunder referred to as „Supplier")

Whereas, the Supplier is highly experienced and has demonstrated its high reputation and skill in designing, manufacturing and timely delivering certain products in the past;
whereas, the Purchaser is willing to buy products designed and manufactured by the Supplier (referred to as the „Products");
whereas, both parties agree that high and reliable quality of the Products supplied is of the essence to their business in the future in view of increasing competition in the market;
whereas, both parties are willing to enter into a long-term Contract specifying a sophisticated system of quality control, including sophisticated methods of testing (referred to as the „System") for the delivery of the Products;
whereas, both parties agree that such System shall be designed to reduce costs and avoid warranty claims and any actions due to products liability,[4-12] thereby also increasing the efficiency of their cooperation,
now, therefore in consideration of all terms and provisions set out hereunder both parties convene and agree as follows:

§ 1 Scope of the Contract

(1) The Products to be delivered and detailed and described in Annex 1.

(2) Such description of the Products shall not be considered to amount to a representation, unless so specified in writing.

(3) Before commencing the deliveries of the Products the Supplier shall deliver a sample of such Product to the Purchaser. The Purchaser shall then test such sample in all respects he thinks appropriate. The result of such test shall be communicated to the Supplier in writing. The parties then shall agree upon all technical aspects of the sample so delivered and tested as being the basis for all Products to be delivered under this Contract to the Supplier.

(4) If the Supplier during the execution of this Contract finds out that any specification of the Product described in Annex 1 is incomplete or insufficient in any respect, then he shall immediately inform the Purchaser of such finding. He shall be obligated to submit to the Purchaser any alterations or modifications of the Product, and such altered or modified Product shall be designed, manufactured and delivered by the Supplier after the Purchaser has so agreed in writing.

3. Contract of Quality Control (Qualitätssicherungsvertrag)

§ 2 Description of the System[13-17]

(1) The System of quality assurance for the Products established at the premises of the Supplier is detailed and described in Annex 2.

(2) The Supplier hereby agrees to design, manufacture and test the Products to be delivered to the Purchaser in strict accordance with the contents of Annex 2.

(3) If there is evidence that the System so detailed and described is incomplete or ineffective in such a way that the merchantibility of the Products might be impaired, then the Supplier, upon notification by the Purchaser, shall be obligated to amend or rectify the System accordingly.

(4) Both parties agree that the Supplier shall be solely responsible for the adequacy, efficiency and correctness of the System.

(5) The Supplier shall be obligated to mark the Products delivered to the Purchaser. Such markings shall enable the Purchaser to immediately find out which Product – be it a single Product or a series of Products – is or might be defective. The Supplier shall not alter or change the marking of the Products without prior notification to the Purchaser.

§ 3 Information and quality audits[18]

(1) The Supplier is obligated to keep records of all details of the System established in line with Annex 2. He shall also keep records of all tests performed in line with such System. The records so kept shall be stored for a period of ten years. The details of such record keeping is part of Annex 2.

(2) The Supplier shall upon due request of the Purchaser allow reasonable inspections of such records kept. The Purchaser shall assist the Supplier in this respect.

(3) During normal business hours the Purchaser shall be entitled to perform quality audits. Such audits are designed to verify the efficiency and accuracy of the System established in line with Annex 2. Any audits so performed shall not vary or minimize the sole responsibility of the Supplier concerning the quality of the Products delivered.

(4) The Supplier shall institute a corresponding System with his Sub-Suppliers.

§ 4 Information

(1) The Supplier shall inform the Purchaser without delay of any and all relevant changes, amendments or modifications of the Products.

(2) The Supplier shall be under the same obligation concerning any and all relevant changes, amendments or modification of the System, including but not limited to changes of data, materials, specifications, calculations or alike. The Purchaser shall inform the Supplier without any delay if there is evidence that the Products delivered do not meet the requirements of Annex 1. If possible, the Purchaser then shall also inform the Supplier of any proposed changes in the design, workmanship or testing of the Products.

(3) In order to maintain the same standard of quality as described in Annex 1, the Purchaser shall be entitled to request the Supplier to increase the standard of quality control, by either increasing the number of the tests or by changing its methods.

§ 5 No inspection upon acceptance of the Products[19]

(1) Both parties hereby agree that there shall be no inspections of the Products after they have been delivered to the Purchaser. The Supplier hereby expressly waives any such rights in line with Artt. 377, 378 German Commercial Code. The Supplier acknowledges and accepts that its own testing shall replace any such obligation of the Purchaser.

(2) The Supplier shall cause its insuror to accept the foregoing as part of the insurance cover available to the Supplier.

§ 6 Products liability claims[20]

(1) The Supplier hereby accepts its unrestricted responsibility for any warranty actions or claims of products liability, provided that there is reasonable evidence that the cause for any such actions rests with the Products delivered by the Supplier.

(2) Consequently, the Supplier shall be liable to any third party claiming any injury or damage sustained due to an allegedly defective Product.

(3) If there is a need to recall Products already delivered by the Purchaser to third parties, then the Supplier accepts any liability and responsibility in this respect at his own cost and risk.

(4) The Supplier shall indemnify and hold the Purchaser harmless against any and all claims raised by third parties claiming that the Products delivered were defective.

(5) The Supplier shall undertake to arrange for an appropriate insurance cover at its own cost. Such insurance cover shall be deemed to be sufficient if it covers injuries and damages, including the cost of any recall action with a minimum of DM 10 (ten) million per occurence. Such insurance cover shall be no limitation of liabilities on the part of the Supplier. The parties agree that the costs for such insurance shall be reasonably shared between them, provided that the premium for such cover is an excess of the general insurance cover reasonably held by the Supplier.

§ 7 Representatives of the parties

(1) Both parties shall nominate and delegate one representative and its substitute in order to facilitate their communication.

(2) The representatives of the parties shall meet regularly, at a minimum every second month in order to discuss the present status of the Product and the System with a view to optimize them.

§ 8 Secrecy[21]

(1) Both parties are obligated to hold secret and in strict confidence any and all information, whether tangible or not, that they will have received from the other party during the duration of the Contract.

(2) Such secrecy obligation shall not apply insofar as any information received is already part of the public domain or will become part of the public domain during the life of this Contract without any prior breach of contract imputable upon either party. The same applies if there is evidence that the party having received any such information to be kept secret was already aware of its contents at the time of its disclosure.

(3) The secrecy obligation shall continue in full force for a period of five years after the expiry or the end of this Contract.

§ 9 Deliveries

(1) The delivery of the Products shall be effected on the basis of the attached General Conditions of Sale (Annex 3).

(2) The Supplier shall be obligated to confirm each order for the delivery of the Products within two working days, using the confirmation form as shown in Annex 4. If the Supplier is unable to so confirm, then he shall immediately inform the Purchaser in writing giving due reasons for such non-performance.

§ 10 Duration

(1) This Contract shall become effective upon signature of both parties.

(2) This Contract shall run for two consecutive years.

3. Contract of Quality Control (Qualitätssicherungsvertrag)   III.3

§ 11 Arbitration

(1) All disputes arising out of or in connection with this Contract shall be finally settled by three arbitrators appointed in line with the Rules of Conciliation and Arbitration of the International Chamber of Commerce, Paris.

(2) This Contract shall be governed by German law.

§ 12 Miscellaneous

(1) All amendments or modifications and changes of this Contract shall only be binding upon the parties if they are in writing.

(2) If any term, provision or condition of this Contract is void or becomes void, then this shall not affect the validity of all other terms, provisions and conditions.

Schrifttum: Bauer/Graf von Westphalen, Das Recht der Qualität, Heidelberg, Berlin 1996; *Ensthaler,* Haftungsrechtliche Bedeutung von Qualitätssicherungsvereinbarungen, NJW 1994, 817 ff.; *Hollmann,* Zur rechtlichen und technischen Bedeutung von Qualitätssicherungsvereinbarungen, PHI 1989, 146 ff.; *ders.,* Qualitätssicherungsvereinbarungen, CR 1992, 13 ff.; *Klaue,* Nationales Kartellrecht und Zulieferproblematik und besonderer Berücksichtigung der Automobilindustrie, ZIP 1989, 1313 ff.; *Kreifels,* Qualitätssicherungsvereinbarungen – Einfluß und Auswirkungen auf die Gewährleistung und Produkthaftung von Hersteller und Zulieferer, ZIP 1992, 489 ff.; *Kullmann,* Die Rechtsprechung des BGH zum Produkthaftpflichtrecht in den Jahren 1989/1990, NJW 1991, 675 ff.; *ders.,* Die Rechtsprechung des BGH zum Produkthaftpflichtrecht in den Jahren 1992–1994, NJW 1994, 1698 ff.; *ders.,* Die Rechtsprechung des BGH zum Produkthaftpflichtrecht 1994–95, NJW 1996, 18 ff.; *ders./Pfister,* Produzentenhaftung, Berlin 1980 ff.; *Lehmann,* Die Untersuchungs- und Rügepflicht des Käufers in BGB und HGB, WM 1980, 1162 ff.; *ders.,* Just-in-Time: Handels- und AGB-rechtliche Probleme, BB 1990, 1849 ff.; *Lemppenau,* Die Haftung des Zulieferunternehmens nach den Grundsätzen der Produzentenhaftung, DB 1980, 1679 ff.; *Martinek,* Zulieferverträge und Qualitätssicherung, Köln 1991; *Merz,* Qualitätssicherungsvereinbarungen im rechtlichen Gefüge moderner industrieller Lieferbeziehungen, Köln 1992; *Migge,* Praktische Überlegungen bei der Vorbereitung von Qualitätssicherungsvereinbarungen, PHI 1991, 186 ff.; *ders.,* Qualitätssicherungsverträge, Versuch einer Zwischenbilanz aus der betrieblichen Praxis, VersR 1992, 665 ff.; *Nagel,* Der Lieferant On Line – Unternehmensrechtliche Probleme der Just-in-Time Produktion am Beispiel der Automobilindustrie, DB 1988, 2291 ff.; *ders.,* Schuldrechtliche Probleme bei Just-in-Time Lieferbeziehungen, DB 1991, 319 ff.; *Nagel/Riess/Theis,* Der faktische Just-in-Time-Konzern – unternehmensübergreifende Rationalisierungskonzepte und Konzernrecht am Beispiel der Automobilindustrie, DB 1989, 1505 ff.; *Popp,* Qualitätssicherungsvereinbarungen, München 1992; *Quittnat,* Qualitätssicherungsvereinbarungen und Produzentenhaftung, BB 1989, 571 ff.; *Schmidt,* Qualitätssicherungsvereinbarungen und ihr rechtlicher Rahmen, NJW 1991, 144 ff.; *Schmidt-Salzer,* Die Bedeutung der Entsorgungs- und Schwimmschalter-Entscheidung des Bundesgerichtshofs für das Produkthaftungsrecht, BB 1979, 1 ff.; *ders.,* Konkretisierungen der strafrechtlichen Produkt- und Umweltverantwortung, NJW 1996, 1 ff.; *Steffen,* Die Bedeutung der „Stoffgleichheit" mit dem „Mangelunwert" für die Herstellerhaftung aus Weiterfresserschäden, VersR 1988, 977 ff.; *Steindorff,* Repräsentanten- und Gehilfenversagen und Qualitätsregeln in der Industrie, AcP 170 (1970) S. 93 ff.; *Steinmann,* Qualitätssicherungsvereinbarungen zwischen Endproduktherstellern und Zulieferern, Heidelberg 1993; *Teichler,* Qualitätssicherung und Qualitätssicherungsvereinbarungen, BB 1991, 428 ff.; *Graf von Westphalen,* Rechtsprobleme der „Just-in-Time-Delivery", CR 1990, 567 ff.; *ders.,* Qualitätssicherungsvereinbarungen: Rechtsprobleme des „Just-in-Time-Delivery", in: Festschrift 40 Jahre „Der Betrieb", 1988, 223 ff.; *Graf von Westphalen/Bauer,* Just-in-Time-Lieferungen und Qualitätssicherungsvereinbarungen, Köln 1993; *Wildemann,* Das Just-in-Time-Konzept, Produktion und Lieferung auf Abruf, Frankfurt 1988; *Zirkel,* Das Verhältnis zwischen Zulieferer und Assembler – Eine Vertragsart sui generis?, NJW 1990, 345 ff.

Übersicht

	Seite		Seite
1. Wesen und Funktion	582	14. Die Grundsätze der Arbeitsteiligkeit der Produzentenhaftung	610
2. Vertragstypische Einordnung	585	15. Die Grundsätze der vertikalen Arbeitsteilung	614
3. Qualitätssicherungsvereinbarungen als AGB-Vertrag	586	16. Die Grundsätze der horizontalen Arbeitsteilung	617
4. Grundsätze der deliktsrechtlichen Produzentenhaftung	587	17. Die „vertikale" und „horizontale" Arbeitsteilung auf der Grundlage des Produkthaftungsgesetzes	618
5. Konstruktionsverantwortung	590	18. Dokumentationspflichten	619
6. Die Fabrikationsverantwortung	592	19. Der Verzicht auf Untersuchungs- und Rügeobliegenheit gemäß §§ 377, 378 HGB	620
7. Instruktionsverantwortung	594		
8. Die Produktbeobachtungsverantwortung	597		
9. Geschützte Rechtsgüter	599	20. Haftungsklauseln	624
10. Das Verschulden – die Beweislast	601	21. Der erforderliche Schutz des Know-how des Teileherstellers/Zulieferers	625
11. Der Entlastungsbeweis gemäß § 831 Abs. 1 Satz 2 BGB	605		
12. Die Verletzung eines Schutzgesetzes gemäß § 823 Abs. 2 BGB	608		
13. Die Bedeutung eines Qualitätssicherungssystems	609		

Anmerkungen

1. Wesen und Funktion. (1) Seit Ende der 70er Jahre zeichnet sich in der Industrie zunehmend die Tendenz ab, Qualitätssicherungsvereinbarungen abzuschließen (*Migge* VersR 1992, 665/666). Sie werden in nahezu allen Industriezweigen verwendet; im Vordergrund steht die Automobil- und Elektroindustrie, die Kunststoffverarbeitung sowie der Maschinenbau und die chemische Industrie (*Steinmann,* Qualitätssicherungsvereinbarung zwischen Endproduktherstellern und Zulieferern, S. 3). Je mehr die Tendenz dahin geht, die Fertigungstiefe eines Unternehmens zu verringern, um so mehr steigt der Bedarf nach Qualitätssicherungsvereinbarungen. Ursächlich ist dies darauf zurückzuführen, daß sowohl Zulieferer als auch Abnehmer – dieser: in seiner Funktion als Gesamthersteller/Assembler – auf einer **Herstellerstufe** stehen, also gleichrangige Verantwortlichkeit dafür haben, daß das herzustellende Teil- und Endprodukt den jeweiligen **Qualitätsanforderungen** entspricht. Dabei zeichnet sich inzwischen auch die Tendenz ab, daß nicht nur zwischen dem Gesamthersteller/Assembler und seinen Zulieferanten Qualitätssicherungsvereinbarungen abgeschlossen werden, sondern daß die Tendenz eines Zulieferanten mehr und mehr dahin geht, gleiche Qualitätssicherungsvereinbarungen wiederum mit seinen **Vorlieferanten** abzuschließen. Qualitätssicherungsvereinbarungen haben inzwischen neben Einkaufs- und Verkaufsbedingungen eine gleichrangige Funktion. Zweckmäßig ist es allerdings, Qualitätssicherungsvereinbarungen **außerhalb** der jeweiligen Einkaufs- und Verkaufsbedingungen zu formulieren, weil der Regelungstatbestand je unterschiedlich ist: Bei Einkaufsbedingungen steht das Generelle im Vordergrund, bei Qualitätssicherungsvereinbarungen die speziellen Qualitätsanforderungen.

(2) In Qualitätssicherungsvereinbarungen legen die Parteien in erster Linie technische und organisatorische, qualitätssichernde Maßnahmen fest: Eine dauerhafte, zuverlässige und möglichst fehlerfreie **Vertragserfüllung** soll gewährleistet sein (*Steinmann,* aaO, S. 5). Qualitätssicherungsvereinbarungen ergänzen mithin die kauf- und werkvertraglichen Regelungen, ohne sie freilich zu ersetzen. Folglich ist zu beachten, daß Einkaufsbedingungen

3. Contract of Quality Control (Qualitätssicherungsvertrag) III.3

und Qualitätssicherungsvereinbarungen exakt aufeinander abgestimmt sind, weil beide auch dem **Regelungszweck** dienen, daß – aus welchen Gründen immer – die Vertragserfüllung fehlschlägt. Dabei kommt den jeweiligen **Gewährleistungsregeln** ebenso entscheidende Bedeutung zu wie den Bestimmungen über die **Produkthaftung**, einschließlich der Verpflichtung, gegebenenfalls eine **Rückrufaktion** durchzuführen (Anm. 8).

a) Wesentliches Merkmal von Qualitätssicherungsvereinbarungen ist es überdies, daß die Unternehmen auf diese Weise versuchen, Qualitätsbewußtsein zu schaffen und **kostensenkende Maßnahmen** auf diese Weise durchzuführen. Dies deckt sich mit dem Bestreben der Hersteller, die eigene Fertigungstiefe zu verringern, so daß mehr und mehr – vor allem in der Automobilindustrie – ganze **Systemeinheiten** „ausgegliedert" und im Rahmen von Qualitätssicherungsvereinbarungen auf den Zulieferanten überwälzt werden. Hand in Hand geht dies mit einer immer tiefergegliederten **Arbeitsteilung**, welche eine fortschreitende Verlagerung der Erzeugung von Teilprodukten auf vorgelagerte Zulieferer mit sich bringt. Dabei handelt es sich nicht um ein nationales, sondern um ein internationales **Phänomen**, was mit dem Stichwort „Global Sourcing" umschrieben wird.

b) Qualitätssicherungsvereinbarungen sind stets **langfristige** Verträge. Hersteller und Zulieferant arbeiten regelmäßig schon bei der **Konzeption** eines neuen Teils/Systems zusammen. Know-how wird transferiert; und „gemeinsames" Know-how wird entwickelt. Nach der jeweiligen **Musterfreigabe** eines neuen Teils/Systems übernimmt dann der Zulieferer regelmäßig die **alleinige Verantwortung** für die vertraglich geschuldete Qualität, also: für die ordnungsgemäße und möglichst fehlerfreie Vertragserfüllung. Auf diese Weise entsteht eine weitreichende **Verzahnung** zwischen Hersteller/Assembler und Zulieferer, was auch kartellrechtliche Fragestellungen auslöst (Anm. 2 (2) b).

(3) Die **besondere Schwierigkeit** von Qualitätssicherungsvereinbarungen besteht darin, daß technisch komplexe Sachverhalte einer Regelung bedürfen. Sie gehen ganz wesentlich über das einfache kauf- und werkvertragliche **Leistungsaustauschverhältnis** hinaus. Der Langzeitcharakter von Qualitätssicherungsvereinbarungen bringt es mit sich, daß starke **kooperationsrechtliche** Elemente in der Vertragsgestaltung berücksichtigt werden müssen. Ohne Anspruch auf Vollständigkeit sind folgende Einzelheiten regelungsbedürftig:

a) Vollständige, eindeutige und für die zu fertigenden Teile oder Funktionselemente sachgerecht auswertbare technische Unterlagen. Alle produktspezifischen und anwendungsbezogenen relevanten Regeln von Wissenschaft und Technik müssen ausgewertet werden; wie stets gilt hier ein **internationaler** Maßstab.

b) Alle technischen Zeichnungen und Spezifikationen müssen auf inhaltliche Vollständigkeit und Angemessenheit geprüft werden. Es müssen eindeutige Regelungen über die Herstell- und Fertigungsverantwortung getroffen werden, einschließlich der produktspezifischen und anwendungsbezogenen Qualifikation von Merkmalen und Eigenschaften, unterteilt nach Haupt- und Nebenmerkmalen (*Graf von Westphalen/Bauer*, Just-in-Time-Lieferungen und Qualitätssicherungsvereinbarungen, S. 58 f.).

c) Prüf- und Überwachungsverfahren müssen – bezogen auf die damit verbundenen **Dokumentationspflichten** – in allen Einzelheiten festgelegt werden. Es müssen Aussagen zu Inhalt, Form und Auswertung der hierfür erforderlich gehaltenen Unterlagen getroffen werden. Insbesondere müssen die Prüfverfahren so ausgewählt werden, daß sie **produktspezifisch** und **anwendungsbezogen** gestaltet sind. Es ist selbstverständlich, daß dabei die spezifischen Herstell- und Betriebsdaten berücksichtigt werden müssen, einschließlich der Aussagefähigkeit von Zertifikaten/Prüfbescheinigungen/TÜV-Abnahmen etc.

d) Im Zentrum all dieser Regelungssachverhalte steht die Herausforderung an beide Parteien, die **Schnittstellen** der jeweiligen Verantwortungsbereiche exakt zu umschreiben. Es handelt sich hierbei um Schnittstellen, welche die Informationsverantwortung sowie die Prüfverantwortung festlegen, einschließlich der Verantwortlichkeit für etwaige **Defizite**. Dabei ist eines nicht zu unterschätzen: Es kommt keineswegs nur darauf an, diese Schnittstellen-Verantwortlichkeit im Rahmen einer Qualitätssicherungsvereinbarung exakt zu umschreiben. Mindestens ebenso wichtig ist es, die **personell-organisatorische Mitarbeiter-**

verantwortlichkeit in die Pflicht zu nehmen. Es handelt sich darum, einen **ständigen Kommunikationsprozeß** zwischen Hersteller und Zulieferer aufzubauen, um auf diese Weise das spezielle Wissen des Herstellers und des Zulieferers auf Dauer zu integrieren.

(4) Im Rahmen von Qualitätssicherungsvereinbarungen sind also Herstellungsverfahren und Prozeßüberwachungssysteme zu entwickeln. Bereits während der Planung, der Entwicklung und der daran anschließenden Fertigung soll die „Qualität" des herzustellenden Teilprodukts/Systems gewährleistet werden. Mithin haben Qualitätssicherungsvereinbarungen nicht nur das Ziel, die Kosten des Produktionsprozesses zu minimieren. Mindestens ebenso wichtig ist die **präventive Qualitätssicherung.** Denn es hat sich gezeigt, daß die überwältigende Mehrzahl aller **Produktfehler** auf Ursachen beruhen, die in den ganz frühen Phasen der Produktentstehung, also: in der Planungs- und Entwicklungsphase ihre Ursache haben (*Steinmann* aaO, S. 18). In der Praxis ist von Zahlen zwischen 75% bis 90% die Rede; notwendigerweise hat dies zur Konsequenz, daß dann Qualitätsdefizite den Charakter eines **Serienschadens** einnehmen. Dabei ist des weiteren klar, daß die Kosten der Fehlerbeseitigung um so größer sind, je früher in der Planungs- und Entwicklungsphase die Ursache für den aufgetretenen Fehler und je später die Maßnahme zur Fehlerbeseitigung gesetzt wird.

a) Nach der Umschreibung der DIN ISO 9000 zielt Qualitätssicherung auf die Gesamtheit aller „geplanten und systematischen Tätigkeiten, die notwendig sind, um ein angemessenes Vertrauen zu schaffen, daß ein Produkt die gegebenen Qualitätsanforderungen erfüllen wird". Das System der Qualitätssicherung ist danach „die festgelegte Ablauforganisation zur Durchführung der Qualitätssicherung sowie die dazu erforderlichen Mittel". Ziel ist es, die Kooperation zwischen Hersteller und Zulieferer so zu organisieren, daß die technischen, administrativen und menschlichen Faktoren, welche die Qualität des Produkts – sowie die der erforderlichen Dienstleistungen – beeinflussen, beherrscht werden: Unzulängliche Qualität soll verhindert werden.

b) Regelmäßig werden daher in einem **Qualitäts-Handbuch** die erforderlichen Einzelheiten festgelegt. Sie betreffen den gesamten Inhalt des Qualitätssicherungssystems, also: eine Beschreibung der einzelnen Verfahrensschritte, beginnend mit der Planungs- und Entwicklungsphase; Maschinenfähigkeits- und Prozeßfähigkeitsuntersuchungen sind zu integrieren. Von entscheidender Bedeutung ist es, die innerbetrieblichen Zuständigkeiten und die Verantwortungsbereiche der einzelnen Fachabteilungen zu fixieren, einschließlich der **personellen Verantwortungen** (vgl. DIN ISO 9004 Ziff. 5.3.2).

c) Dabei ist der weitere Grundsatz zu beachten, daß die erforderliche Qualität nicht in ein Produkt „hineinkontrolliert" werden kann. Qualitätssicherung ist vielmehr integrierter Teil des gesamten Herstellprozesses, beginnend mit der Planungs- und Entwicklungsphase, einschließlich der späteren **Produktbeobachtung** (Anm. 8). Dahinter steht eine neue „Qualitätsphilosophie", welche als „gemeinsame Philosophie" von Herstellern und Zulieferern entwickelt und **praktiziert** werden muß. Qualität ist folglich nicht nur ein notwendiger Bestandteil der eigenen Unternehmensphilosophie. Denn durch den Abschluß von Qualitätssicherungsvereinbarungen wird eine weitreichende **Integration** der Qualitätssicherungsmaßnahmen zwischen Hersteller und Zulieferer verwirklicht.

d) Aufgrund des allgemeinen Wunsches, die Qualitätssicherungssysteme zu vereinheitlichen, wurden die Vorschriften der DIN 9000–9004 geschaffen (DIN-Handbuch 226, Qualitätssicherung und angewandte Statistik, Verfahren 3 – Qualitätssicherungssysteme, 1982). Diese Normen wurden als Europäische Normen EN 29000 bis 29004 in Belgien, Dänemark, Deutschland, Finnland, Frankreich, Griechenland, Irland, Island, Italien, Luxemburg, Niederlande, Norwegen, Österreich, Portugal, Schweden, Schweiz, Spanien und in dem Vereinigten Königreich eingeführt (*Migge* VersR 1992, 665/668 f.). Dabei enthält die DIN 9004 wichtige Elemente eines Qualitätssicherungssystems in Form von **Empfehlungen;** sie werden nicht als technisch notwendig und zwingend eingestuft, wie dies sonst bei den technischen Regelwerken der Fall ist (*Steinmann* aaO, S. 23; *Migge* VersR 1992, 665/670).

3. Contract of Quality Control (Qualitätssicherungsvertrag) III.3

2. Vertragstypische Einordnung. (1) Wie bei allen modernen Vertragstypen gilt hier die gleiche Erwägung: Qualitätssicherungsvereinbarungen unterscheiden sich ganz beträchtlich von dem bekannten Muster von Kauf-, Werk-, Dienstleistungs- und Beratungsverträgen, einschließlich der damit gekoppelten Standardbedingungen. Man mag darin einen Vertrag sui generis sehen (*Zirkel* NJW 1990, 345 ff.). Man mag die Qualitätssicherung auch als einen Netzwerkvertrag begreifen, der durch eine multilaterale Verknüpfung Hersteller und Zulieferer verbindet (*Merz*, Qualitätssicherungsvereinbarungen, 1992, S. 80 ff.). Doch diese Kategorisierung bringt die **Gefahr** mit sich, daß die jeweils erforderliche **richterliche Inhaltskontrolle** dieser Verträge und der in ihnen niedergelegten AGB-Klauseln maßgeblich an den **dominanten Interessen** derjenigen Partei ausgerichtet wird, welche den Vertragsinhalt vorgegeben hat. Da es sich auch bei Qualitätssicherungsvereinbarungen regelmäßig um **vorformulierte Vertragsbestimmungen** im Sinn von § 1 Abs. 1 AGBG handelt, würde damit eine richterliche Inhaltskontrolle dieser Klauseln an § 9 Abs. 2 Nr. 2 AGBG zu orientieren sein. Damit verliert jedoch die richterliche Inhaltskontrolle im Verhältnis zu § 9 Abs. 2 Nr. 1 BGBG ihre **Effizienz**, welche dem Schutz derjenigen Vertragspartei dient, welche die wirtschaftlich schwächere Position innehat, regelmäßig: der Zulieferer.

(2) Deshalb ist es angezeigt, auch bei der typologischen Einordnung von Qualitätssicherungsvereinbarungen zunächst den Versuch zu unternehmen, die geregelten Vertragsbeziehungen zwischen Hersteller-Zulieferer am **Typenkatalog** des BGB zu messen (*Martinek*, Moderne Vertragstypen, Bd. III S. 296 ff.). Dabei steht der **Langzeitcharakter**, der alle Qualitätssicherungsvereinbarungen kennzeichnet, im Vordergrund (*Merz* aaO, S. 33 ff.). Im Rahmen der Definition von Nicklisch (*Nicklisch* JZ 1984, 757 ff.) handelt es sich um einen komplexen Langzeitvertrag, dem starke kooperative und integrative Elemente innewohnen, welche Hersteller und Zulieferant auf das engste miteinander verzahnen, angefangen von der Planungs- und Entwicklungsphase bis zur Ersatzteilbelieferung und der Produktbeobachtung (*Graf von Westphalen/Bauer*, aaO, S. 4 f.). Dabei gilt es, zusätzlich im Auge zu behalten, daß Qualitätssicherungsvereinbarungen stets auf „Qualität" zielen, d. h. sie sind **erfolgsorientiert**: Die zwischen Hersteller und Zulieferant vereinbarten Organisations-, Überwachungs- und Prüfungspflichten dienen alle dem einen Zweck, die Qualität zu sichern (*Steinmann*, aaO, S. 25; *Merz*, aaO, S. 242 ff.). Im Rahmen des Typenkatalogs des BGB handelt es sich also um **werkvertragliche** Elemente. Diese verdrängen allerdings nicht die zugrundeliegenden **Kaufverträge**, welche die Lieferbeziehungen ausfüllen. Soweit keine erfolgsorientierten Liefer- oder Leistungspflichten zu erfüllen sind, ist Raum für die Berücksichtigung dienstvertraglicher Elemente gemäß §§ 611 ff. BGB (*Merz*, aaO, S. 246 ff.; *Steinmann*, aaO, S. 26). Dies gilt in erster Linie im Hinblick auf den **Informationsaustausch** sowie für die umfangreichen **Dokumentationspflichten**, einschließlich etwaiger Beratungspflichten, wie sie sich im „audit" niederschlagen. Soweit in der Literatur geltend gemacht wird, der Zulieferer würde auch zugunsten des Herstellers eine **Geschäftsbesorgung** gemäß §§ 675, 611 ff. BGB durchführen (*Merz*, aaO, S. 253 ff.), entspricht dies nicht dem tatsächlichen Befund, weil kein Zweifel besteht: Der Zulieferer ist unmittelbar und selbständig dafür verantwortlich, daß die von ihm hergestellten und gelieferten Teile/Systeme **fehlerfrei** sind (so mit Recht *Steinmann*, aaO, S. 26 f.).

a) Für die durchzuführende **richterliche Inhaltskontrolle** von Qualitätssicherungsvereinbarungen als AGB-Klauseln im Sinn von § 1 Abs. 1 AGBG folgt daraus: In erster Linie sind alle in Qualitätssicherungsvereinbarungen niedergelegten **vorformulierten** Klauseln im Sinn von § 9 Abs. 2 Nr. 1 AGBG auf ihre kauf- und werkvertragliche Konkordanz zu prüfen, wobei der **besondere Zweck** von Qualitätssicherungsvereinbarungen – als Integration von Hersteller und Zulieferer – und der daraus resultierenden Teil- bzw. Gesamtverantwortlichkeit im Auge behalten werden muß. Stets ist also zu fragen, welchen Rang- und **Stellenwert** die jeweilige Klausel im Gesamtgefüge der Qualitätssicherungsvereinbarung besitzt (*Kreifels* ZIP 1990, 489 ff.; *Lehmann* BB 1990, 1849 ff.; *Migge* PHI 1991, 186 ff.; 198 ff.). Mit anderen Worten: Eine Qualitätssicherungsvereinbarung ist als **Rahmenver-**

trag zu qualifizieren, in welchem kauf- oder werkvertragliche Elemente aufgrund der jeweiligen **Einzelverträge** im Vordergrund stehen (*Martinek,* aaO, S. 299 ff.; *Graf von Westphalen/Bauer,* aaO, S. 5 f.).

b) In der Literatur (*Nagel/Riess/Theis* DB 1989, 1505 ff.) ist die Auffassung vertreten worden, Qualitätssicherungsvereinbarungen – unter besonderer Berücksichtigung des „Just-in-Time-"Konzepts (*Steckler,* Der Just-in-time-Zuliefervertrag, 1996) – seien jedenfalls in der Automobilindustrie als „faktischer Konzern" einzuordnen (*Nagel/Riess/Theis* DB 1989, 1505/1511). Einzuräumen ist sicherlich, daß aufgrund des hohen kooperativen Einschlags, der Qualitätssicherungsvereinbarungen charakterisiert, Strukturen einer **zwischenbetrieblichen Zusammenarbeit** zwischen Hersteller-Zulieferer entwickelt werden, die letzten Endes innerbetrieblichen Charakter erhalten (*Migge* PHI 1991, 198/200). Vertragsbeziehungen aufgrund von Qualitätssicherungsvereinbarungen können also durchaus einen Grad der Intensität erreichen, wie er gesellschaftsrechtlichen Verbindungen im Rahmen von § 705 BGB eignet (vgl. auch *Steinmann,* aaO, S. 27 f.). Doch bedeutet dies nicht, daß gleichzeitig auch eine **konzernrechtliche** – also: zumindest faktische – Abhängigkeit des Zulieferers vom Hersteller begründet wird (*Graf von Westphalen/Bauer,* aaO, S. 6 ff.). Dies wäre im übrigen unter Berücksichtigung der BGH-Judikatur (BGH ZIP 1993, 589 – TBB) nur dann zu bejahen, wenn aufgrund einer Qualitätssicherungsvereinbarung auch **Konzernleitungsmacht** in einer Weise ausgeübt würde, welche keine angemessene Rücksicht auf die Belange des Zulieferers erkennen läßt. Davon kann im Regelfall gar keine Rede sein (so auch *Martinek,* aaO, S. 304 ff.).

3. Qualitätssicherungsvereinbarungen als AGB-Vertrag. (1) Qualitätssicherungsvereinbarungen setzen regelmäßig voraus, daß zwischen dem Endhersteller/Assembler einerseits und dem jeweiligen Zulieferer andererseits gleichförmige Verträge abgeschlossen werden (*Martinek,* Moderne Vertragstypen, Bd. III, S. 308). Es liegt daher auf der Hand, daß es sich um AGB-Klauseln handelt (*Ensthaler* NJW 1984, 817, 818), weil und soweit der Inhalt der jeweiligen Qualitätssicherungsvereinbarungen vom Endhersteller/Assembler vorformuliert und von diesem im Sinn von § 1 Abs. 1 AGBG auch „gestellt", d.h. von ihm in die Vertragsverhandlungen eingeführt worden ist. Hinzukommen muß freilich, daß die Qualitätssicherungsvereinbarung oder – genauer formuliert – die jeweilige Einzelklausel, auf die es im Streitfall ankommt, in einer „Vielzahl" von Anwendungsfällen Verwendung gefunden hat. Nach der Rechtsprechung des BGH ist dies immer dann zu bejahen, wenn der Endhersteller/Assembler als AGB-Verwender die jeweilige Klausel in mindestens drei Anwendungsfällen benutzt hat (BGH WM 1984, 1610). Freilich reicht es auch aus, daß der Endhersteller/Assembler als AGB-Verwender von vornherein die Absicht hatte, die von ihm entworfene Qualitätssicherungsvereinbarung auch tatsächlich in einer „Vielzahl" von Fällen zur Anwendung zu berufen, ohne daß konkret der Nachweis erbracht worden ist, er habe die jeweilige Qualitätssicherungsvereinbarungen auch tatsächlich in einer „Vielzahl" von Anwendungsfällen bereits eingesetzt (*Ulmer/Brandner/Hensen,* AGB-Gesetz, 7. Aufl., § 1 Rdnr. 24).

(2) Eine richterliche Inhaltskontrolle von AGB-Klauseln setzt jedoch voraus, daß die jeweilige Klausel **nicht** im Sinn von § 1 Abs. 2 AGBG „**ausgehandelt**" worden ist. Trifft dies zu, so liegt keine AGB-Klausel vor – eine richterliche Inhaltskontrolle gemäß § 9 AGBG scheidet aus, weil dann eine **Individualvereinbarung** gegeben ist. Für deren Wirksamkeitskontrolle kommt dann lediglich die allgemeine Schranke der Vertragsgestaltungsfreiheit zum Zuge, wie etwa die Gesetzeswidrigkeit gemäß § 134 BGB oder die Sittenwidrigkeit nach § 138 BGB. Die Wirksamkeitsgrenzen von Individualverträgen sind also wesentlich weiter als die von nicht ausgehandelten AGB-Klauseln, für die – wie angedeutet – § 9 AGBG Maß gibt.

Von einem **Aushandeln** im Sinn von § 1 Abs. 2 AGBG ist regelmäßig dann zu sprechen, wenn der Teilehersteller/Zulieferer in der Lage war, aufgrund seiner eigenen Interessen eine konkrete **Abänderung** des vorformulierten Textes zu erreichen (*Ulmer/Brandner/*

3. Contract of Quality Control (Qualitätssicherungsvertrag) III.3

Hensen, AGBG, 7. Aufl., § 1 Rdnr. 47). Der BGH hat den „Regelsatz" formuliert: Von einem „Aushandeln" gemäß § 1 Abs. 2 AGBG kann grundsätzlich nur dann die Rede sein, wenn der AGB-Verwender den in den AGB enthaltenen „gesetzesfremden" Kerngehalt „also die den wesentlichen Inhalt der gesetzlichen Regelung ändernden oder ergänzenden Bestimmungen inhaltlich ernsthaft zur Disposition" gestellt hat (BGH ZIP 1986, 1466/ 1467; BGH ZIP 1987, 448/449). Daraus folgt: War der Teilehersteller/Zulieferer als der regelmäßig schwächere Vertragspartner nicht in der Lage, tatsächlich eine Abänderung von Einzelklauseln der Qualitätssicherungsvereinbarung zu erreichen und entsprechenden Einfluß zu nehmen (BGH ZIP 1994, 1540/1542 f.), so liegt – zunächst einmal – der erste Anschein dafür vor, daß es sich um eine AGB-Klausel im Sinn von § 1 Abs. 1 AGBG handelt. Für den kaufmännischen Verkehr hat jedoch der BGH (BGH NJW 1992, 2283/ 2285) durchblicken lassen, ein „Aushandeln" gemäß § 1 Abs. 2 AGBG liege auch in den Fällen vor, in denen die einzelne Klausel tatsächlich nicht abgeändert, der AGB-Verwender diese aber als „unabdingbar" bezeichnet hat, weil er an dieser Klausel ein berechtigtes, vitales Interesse habe (*Palandt/Heinrichs,* § 1 Rdnr. 18). Soweit der Endhersteller/Assembler als AGB-Verwender eine Klausel in dieser Weise als „unabdingbar" bezeichnet hat, obwohl sie eine beträchtliche **Haftungsverlagerung** zum Nachteil des Teileherstellers/Zulieferers bewirkt, wird man eine Individualabrede gemäß § 1 Abs. 2 AGBG nur dann bejahen dürfen, wenn der Teilehersteller/Zulieferer den Inhalt dieser Klausel zutreffend verstanden, mithin ihn in seine rechtsgeschäftliche Selbstbestimmung und Selbstverantwortung aufgenommen, nicht aber bloß den Wünschen des Endherstellers/Assemblers nachgegeben hat (so auch *Ulmer/Brandner/Hensen,* AGBG, 7. Aufl., § 1 Rdnr. 51).

4. Grundsätze der deliktsrechtlichen Produzentenhaftung. (1) Die ganz entscheidende Frage, die stets bei der richterlichen Inhaltskontrolle von Qualitätssicherungsvereinbarungen zu beantworten ist, bezieht sich darauf, ob der Endhersteller/Assembler Organisations-, Prüf- und Überwachungspflichten dem Zulieferer aufbürdet, welche weiterreichen als die sich aus § 823 BGB ergebenden Risiken der Produzentenhaftung oder als die Risiken, die sich aus den Bestimmungen des **ProdHaftG** ergeben. Notwendigerweise schließt die Antwort auf diese Frage ein, daß zunächst die allgemeinen Kriterien der Produzentenhaftung – sowohl im Rahmen von § 823 Abs. 1 BGB als auch gemäß § 1 ProdHaftG – ins Auge gefaßt werden müssen. Erst wenn die damit vorgegebene – **gesetzliche** – Risikoverteilung feststeht, läßt sich beurteilen, ob eine Klausel in einer Qualitätssicherungsvereinbarung hiervon zum Nachteil des Zulieferers abweicht, so daß sie gemäß § 9 Abs. 2 Nr. 1 AGBG oder gemäß § 9 Abs. 1 AGBG **unwirksam** ist.

(2) Schon das RG hat aus § 823 Abs. 1 BGB den **allgemeinen Grundsatz** entwickelt: Derjenige, der eine Gefahrenquelle schafft, hat die nach Lage der Verhältnisse erforderlichen und ihm zumutbaren Sicherungsmaßnahmen zum Schutz der Rechtsgüter Dritter zu treffen (RGZ 53, 373; RGZ 54, 53). In konsequenter Fortentwicklung stützte deshalb das RG die deliktische Haftung des Produzenten auf die Verletzungen von sogenannten **Verkehrssicherungspflichten,** welche der Norm des § 823 Abs. 1 BGB entnommen wurden (RGZ 163, 120; RG, DR 1940, 1293). Dies besagt in der Sache: Es werden diejenigen Sorgfaltspflichten geschuldet, welche jedermann zur Vermeidung von Gefahren für fremde Rechtsgüter – nämlich: den „Verkehr" – zu beachten hat (Produkthaftungshandbuch/ *Foerste,* § 23 Rdnr. 6). Anders gewendet: Alle Personen, die mit der Herstellung sowie mit dem Vertrieb von Waren befaßt sind, sind verpflichtet, diejenigen Maßnahmen zu treffen, die erforderlich und ihnen zumutbar sind, um Gefahren abzuwenden, die aus einer möglichen Schadhaftigkeit der hergestellten bzw. vertriebenen Produkte im Hinblick auf die gemäß § 823 Abs. 1 BGB geschützten Rechtsgüter Dritter resultieren können, nämlich: Schutz von Leib, Leben, Gesundheit und Eigentum Dritter. Welche Maßnahmen von dem verkehrssicherungspflichtigen Hersteller zu erwarten sind, hängt zunächst von der **Gefährlichkeit** seines Verhaltens ab (BGH NJW 1966, 40/41). Dabei ist entscheidend, ob die Gefahr und die Möglichkeit ihrer Vermeidung **objektiv erkennbar** waren. Ob dies der Fall

ist, richtet sich nach dem allgemein verfügbaren Stand von Wissenschaft und Technik (BGH ZIP 1995, 1094 – Mineralwasserflasche II – grundlegend), der im Zeitpunkt der letztmöglichen Einflußnahme auf die Gefahr erreicht werden konnte (Produkthaftungshandbuch/*Foerste*, § 24 Rdnrn. 28 ff.). Daraus ergibt sich des weiteren: Je größer die Gefahr ist, um so größer muß der **Sicherheitsaufwand** sein, den der verkehrssicherungspflichtige Hersteller schuldet: Art und Umfang des Sicherheitsaufwands stehen also in einem unmittelbaren proportionalen Verhältnis zu Art und Umfang der Gefahr (BGH VersR 1969, 42/43; Produkthaftungshandbuch/*Foerste*, § 23 Rdnr. 17). Der damit indizierte Grundsatz der **Verhältnismäßigkeit** konkretisiert sich in der Weise, daß der verkehrssicherungspflichtige Hersteller gehalten ist, einen tendenziell hohen Sicherheitsaufwand zu betreiben, wenn sein Produkt Leib, Leben und Gesundheit Dritter gefährdet; sind hingegen lediglich **Sachschäden** zu besorgen, so kann der Sicherheitsaufwand tendenziell geringer sein. Da **Vermögensschäden** nicht in den Schutzbereich von § 823 Abs. 1 BGB fallen, bleibt diese Kategorie insoweit außer Betracht. Etwas anderes gilt freilich dann, wenn es sich um die Verletzung eines **Schutzgesetzes** im Sinn von § 823 Abs. 2 BGB handelt, sofern dieses auch den Schutz von **reinen Vermögensinteressen** bezweckt.

(3) Genauso wie § 3 ProdHaftG auf die **Sicherheitserwartung** des Produktbenutzers abstellt, zielen die in § 823 Abs. 1 BGB geregelten Verkehrssicherungspflichten auf die **Sicherheitserwartung** des durchschnittlichen Produktbenutzers. Nur in diesem Rahmen und nur insoweit, als der verkehrssicherungspflichtige Hersteller damit rechnen muß, daß seine Produkte in die Hände von Personen gelangen, die mit den speziellen Produktgefahren **nicht vertraut sind** (BGH VersR 1986, 653 – Überrollbügel; BGH VersR 1987, 102/103 – Verzinkungsspray; BGH ZIP 1992, 934/937 – Silokipper), ist der Hersteller sicherungspflichtig. Dabei kommt es selbstverständlich auf eine Reihe von Einzelheiten entscheidend an.

a) Auf die Erwartungen des durchschnittlichen Produktbenutzers kann sich der verkehrssicherungspflichtige Hersteller verlassen, wenn praktisch **allgemein bekannt** ist, daß die betreffende Ware **gefährliche Wirkungen** haben kann, wie etwa beim Genuß von Alkoholika, Drogen, Tabak oder Medikamenten (Produkthaftungshandbuch/*Foerste*, § 24 Rdnr. 6). Dabei gilt: Je höher der **Nutzen** des fraglichen Produkts ist, um so eher ist der Verbraucher geneigt, Nebenwirkungen und Restrisiken in Kauf zu nehmen. Allerdings kommt es maßgebend darauf an, daß es sich hierbei um solche Nebenwirkungen oder Risiken handelt, die bekannt sind.

b) Als normativer Fixpunkt – sozusagen als **Obergrenze** – der vom Hersteller zu erfüllenden Verkehrssicherungspflichten dient die Formel des „neuesten Standes von Wissenschaft und Technik" (*Graf von Westphalen* BB 1971, 152/156; *Kullmann/Pfister*, Produzentenhaftung, Kza. 1520 S. 27). Darunter werden alle diejenigen Kenntnisse und Erkenntnisse verstanden und zusammengefaßt, die nach dem letzten, gesicherten Forschungsstand in der Technik dazu dienen, Produktgefahren zu erkennen und zu vermeiden (Produkthaftungshandbuch/*Foerste*, § 24 Rdnr. 16). In diesem Zusammenhang hat auch das Bundesverfassungsgericht in seinem Kalkar-Beschluß unterstrichen (BVerfGE 49, 89/135 f.). Der „Stand von Wissenschaft und Technik" ist daher nicht identisch mit dem „allgemein anerkannten Stand der wissenschaftlichen Erkenntnisse und der Technik", weil der Nachteil einer solchen Lösung darin besteht, daß die Rechtsordnung mit einem solchen Maßstab stets hinter einer weiterstrebenden technischen Entwicklung herhinkt (BVerfGE aaO). Die „allgemein anerkannten Regeln der Technik" bedeuten nämlich lediglich, daß das Maß an Verkehrssicherungspflichten zu erfüllen ist, was in den Kreisen der betreffenden Techniker allgemein bekannt und als richtig angesehen wird (Produkthaftungshandbuch/*Foerste*, § 24 Rdnr. 16). Mit anderen Worten: Die „allgemein anerkannten Regeln der Technik" sind in der Praxis erprobtes Anwendungswissen, ohne daß es auf irgendwelche wissenschaftlichen Impulse ankommt (vgl. OLG Koblenz BB 1973, 216).

Absolute technische Sicherheit oder völlige Risikofreiheit von Produkten wird es grundsätzlich nicht geben. Deshalb ist der Hersteller lediglich verpflichtet, sich nach dem **jeweils**

3. Contract of Quality Control (Qualitätssicherungsvertrag) III.3

neuesten technisch-wissenschaftlichen Erkenntnisstandard zu orientieren (BGH ZIP 1995, 1094/1096 – Mineralwasserflasche II). Es handelt sich hierbei um eine **Organisationspflicht**: Es geht nicht nur um Informations- und Wissensvermittlung, sondern auch darum, die in dem jeweils „neuesten Stand von Wissenschaft und Technik" niedergelegten Kenntnisse und Erkenntnisse praktisch umzusetzen. Hierbei handelt es sich nicht um einen nationalen, sondern um einen **internationalen Standard** (BGH NJW 1981, 1606/1608 – Benomyl). Nicht entscheidend kommt es darauf an, ob der betreffende Hersteller in der Lage ist, dem jeweils „neuesten Stand von Wissenschaft und Technik" zu entsprechen, weil es sich um eine **objektive** Größe handelt, nämlich: den „Inbegriff der Sachkunde" als Summe an Wissen und Technik (*Taschner/Frietsch* aaO, Art. 7 Rdnr. 43). Folglich sind die Ergebnisse wissenschaftlicher Kongresse und Fachveranstaltungen zu berücksichtigen; Patentschriften sowie Aus- und Offenlegungsschriften sind auszuwerten (*Fischer* DB 1977, 71 ff.; *Kullmann* WM 1971, 1322/1325). Letztlich ist der Hersteller im Rahmen von § 823 Abs. 1 BGB verpflichtet, sich ständig über die Fortentwicklung der Technik sowie der Wissenschaft auf dem laufenden zu halten (BGH NJW 1981, 1606/1608 – Benomyl). Dies gilt für alle vom Hersteller entwickelten, hergestellten und in den Verkehr gebrachten Produkte. Es ist selbstverständlich, daß diese **Erkundigungspflicht** des Herstellers sich nur auf den jeweils „neuesten Stand von Wissenschaft und Technik" bezieht, der **allgemein zugänglich** ist. Soweit gewerbliche Schutzrechte bestehen, welche zugunsten eines Dritten ein Wissensmonopol darstellen, ist diese Pflicht natürlich durch das Merkmal der **Zumutbarkeit** eingeschränkt. Inwieweit darüber hinaus das Merkmal der Zumutbarkeit eine Rolle spielt, hängt entscheidend von den Umständen des Einzelfalls, insbesondere von der **Gefährlichkeit** des in den Verkehr gebrachten Produkts ab: Die Größe des Unternehmens spielt hierbei grundsätzlich keine Rolle, weil es auf die jeweilige **Sicherheitserwartung** des Produktbenutzers entscheidend ankommt. Diese aber ist unabhängig davon, ob ein – gefährliches – Produkt von einem kleinen Unternehmen oder von einem Weltkonzern hergestellt und in den Verkehr gebracht wird; in beiden Fällen erwartet der Produktbenutzer die gleiche Produktsicherheit.

Diese am jeweils „neuesten Stand von Wissenschaft und Technik" ausgerichtete Verkehrssicherungspflicht bezieht sich primär auf den **Zeitpunkt,** in welchem der Hersteller das fragliche Produkt **in den Verkehr bringt.** Der zu diesem Zeitpunkt geltende „neueste Stand von Wissenschaft und Technik" gibt Maß (BGH ZIP 1995, 1094/1096 – Mineralwasserflasche II). Denn in diesem Zeitpunkt entscheidet es sich, ob der Hersteller eine Handlung vorgenommen oder eine gebotene Handlung unterlassen hat, z.B. daß gebotene Sicherheitsprüfungen nicht durchgeführt, daß Testserien zu früh abgebrochen wurden (BGH VersR 1957, 584 – Gelenkwellenschutz; BGH VersR 1960, 1095 – Kühlanlage). Dieser Maßstab gilt auch im Rahmen von § 1 Abs. 2 Nr. 5 ProdHaftG (BGH ZIP 1995, 1094/1096 – Mineralwasserflasche II). Insoweit ist der „Ausreißer"-Einwand versperrt (BGH aaO).

c) Dies bedeutet indessen nicht, daß der Hersteller berechtigt ist, sich mit dem zu diesem Zeitpunkt erreichten „neuesten Stand von Wissenschaft und Technik" zufrieden zu geben. Vielmehr ist er verpflichtet, auch nach **Auslieferung des Produkts** die Fortentwicklung des Standes von Wissenschaft und Technik ständig zu beobachten (BGH ZIP 1994, 213/216 – Gewindeschneidemittel I). Erweist es sich nämlich aufgrund des **Fortschritts** von Wissenschaft und Technik, daß das bereits in den Verkehr gebrachte Produkt **fehlerhaft** ist, so ist der Hersteller verpflichtet, die insoweit erforderlichen und ihm zumutbaren Maßnahmen zu treffen, um Risiken für die Rechtsgüter Dritter auszuschalten, sei es durch Warnungen, sei es durch Änderungen des Produkts, sei es durch einen Rückruf. Es ist selbstverständlich, daß der Hersteller in diesem Zusammenhang auch verpflichtet ist, den **Wettbewerb** zu beobachten (BGH ZIP 1990, 516/518 – Pferdebox). In diesem Zusammenhang konkretisiert sich die Verkehrssicherungspflicht des Herstellers als **Produktbeobachtungspflicht** (Anm. 8).

d) Es ist allgemein im Rahmen der Verkehrssicherungspflichten des § 823 Abs. 1 BGB anerkannt, daß ein **Unterschreiten** der Sicherheitsstandards, wie er in den technischen

Normen (DIN, VDE, DVGW etc.) niedergelegt ist, als **Indiz** dafür zu werten ist, daß der Hersteller eine ihm obliegende Verkehrssicherungspflicht objektiv verletzt hat (BGH VersR 1984, 270 – Flachmeißel). Dies besagt freilich nicht, daß der Hersteller berechtigt ist, sich darauf zu verlassen, daß die technischen Regelwerke die von ihm zu erfüllenden Verkehrssicherungspflichten **erschöpfend** regeln: Sind nämlich Gefahren für Leib, Leben, Gesundheit und Eigentum Dritter im Sinn von § 823 Abs. 1 BGB bei Beachtung der anerkannten Regeln der Technik nicht abzuwenden, so ist der Hersteller verpflichtet, einen **höheren technischen Sicherheitsstandard** zu wählen (BGH NJW 1987, 372/373 – Verzinkungsspray). Hierin liegt eine originäre Verantwortlichkeit des Herstellers. Gleiches gilt dann, wenn **keine** anerkannten Regeln der Technik existieren (BGH ZIP 1990, 516/517 – Pferdebox). So gesehen kommt es ausschließlich darauf an, was der durchschnittliche Produktbenutzer **objektiv** an Sicherheit bei der Verwendung eines Produkts erwartet bzw. erwarten kann (BGH aaO). Anders gewendet: Es kommt maßgebend darauf an, welche Maßnahmen der Hersteller – aus der Sicht des durchschnittlichen Produktbenutzers – schuldet, um die erforderliche Produktsicherheit zu erreichen (BGH aaO). So ist z.B. der Hersteller von Boxentrennwänden für Pferdeställe verpflichtet, in den Grenzen des technisch Möglichen und ihm wirtschaftlich Zumutbaren dafür Sorge zu tragen, daß die in den Boxen gehaltenen Pferde bei ihrem typischen Tierverhalten – hier: Aufstellen auf der Hinterhand – keine Verletzungen dadurch erleiden, daß sie mit den Vorderhufen in den Stahl-Profilen der Trennwände hängen bleiben und sich dabei verletzen (BGH ZIP 1990, 516/518 – Pferdebox). Dabei spielt selbstverständlich auch der **Preis** des jeweiligen Produkts eine wichtige Rolle, weil der durchschnittliche Produktbenutzer von einem teureren Produkt derselben Produktart im allgemeinen mehr Sicherheit als von einer vergleichsweise billigeren Ausführung erwartet: Erhöhte Sicherheit hat eben ihren Preis (BGH ZIP 1990, 516/517 – Pferdebox). Doch bedeutet ein höherer Preis keineswegs zwangsläufig, daß der Hersteller – allein aus diesem Grund – nicht verpflichtet ist, für eine höhere Produktsicherheit Sorge zu tragen (BGH aaO), zumal der Preis der Produktion nichts über die fehlende Zumutbarkeit eines objektiven Fehlverhaltens im Sinn von § 276 BGB aussagt. Mit Recht ist daher die Judikatur **äußerst zurückhaltend** aufgrund angeblicher betriebswirtschaftlicher Zwänge anzuerkennen, daß eine an sich geforderte (höhere) Produktsicherheit zu vernachlässigen ist (BGH NJW 1988, 2611/2612 – Limonadenflasche II). In jedem Fall aber zielt die Verbrauchererwartung auf eine **Mindestsicherheit** des jeweiligen Produkts (BGH ZIP 1994, 1560 – Atmungsüberwachungsgerät). Diese fehlt z.B., wenn ein Hocker im Fall einer horizontalen Bewegung zusammenklappt (OLG Celle VersR 1978, 258/259 – Hocker) oder einem Eiszubereitungsgerät, dessen Gerätestecker bei Überlaufen von Eismasse stromführend wird (OLG Köln in: *Schmidt-Salzer*, Entscheidungssammlung II.230, S. 322ff. – Speiseeisbereiter).

e) An dieser grundsätzlichen Feststellung ändert sich auch nichts dadurch, daß ein Hersteller nach den ISO 9000ff. „zertifiziert" ist. Denn der Kern einer solchen „Zertifizierung" besteht ohnedies nur darin, daß das betreffende Unternehmen als „qualitätsfähig" angesehen wird. Nichts aber ist darüber gesagt, ob im **Einzelfall** auch die nach § 823 Abs. 1 BGB bzw. nach § 1 ProdHaftG erforderliche **Produktsicherheit** tatsächlich erreicht ist. Dies gilt auch ungekürzt bei Bestehen eines Qualitätssicherungssystems.

5. Konstruktionsverantwortung. (1) Es hat sich weitgehend eingebürgert, die verschiedenen Pflichtenkreise des § 823 Abs. 1 BGB – nichts anderes gilt für § 1 ProdHaftG – danach aufzuteilen, ob es sich um Entwicklungsrisiken, Konstruktionsfehler, Fabrikationsfehler, Instruktionsfehler sowie Fehler der Produktbeobachtung handelt (Produkthaftungshandbuch/*Foerste*, § 24 Rdnr. 60ff.; *Graf von Westphalen* Jura 1983, 57, 58ff.; kritisch *Steindorff* AcP 170 (1979) 93, 98; *Graf von Westphalen* WiR 1972, 67, 71).

(2) Ein **Entwicklungsrisiko** oder Entwicklungsschaden ist – definitorisch bedingt – dadurch charakterisiert, daß der jeweilige Hersteller im Zeitpunkt der Herstellung des Produkts alles Erforderliche und ihm Zumutbare getan hat, um eine Schädigung Dritter an

3. Contract of Quality Control (Qualitätssicherungsvertrag) III.3

ihren gemäß § 823 Abs. 1 BGB geschützten Rechtsgütern (Leib, Leben, Gesundheit und Eigentum) zu vermeiden (BGH ZIP 1995, 1094, 1096 f. – Mineralwasserflasche II). Hat also der Hersteller die ihm obliegenden Verkehrssicherungspflichten – orientiert an dem jeweils neuesten Stand von Wissenschaft und Technik – tatsächlich erfüllt, so ist er für einen gleichwohl eintretenden Produktschaden **nicht verantwortlich**. Diese Fälle sind äußerst selten (BGH aaO – kein „Ausreißer"-Einwand; vgl. LG Aachen JZ 1971, 507 ff. – Einstellungsbeschluß in Sachen Contergan). Von entscheidender Bedeutung ist in diesem Zusammenhang ein Doppeltes: Zum einen kommt es maßgebend darauf an, den **normativen Gehalt** der von § 823 Abs. 1 BGB erfaßten Verkehrssicherungspflichten inhaltlich zu bestimmen. Diese sind – wie dargelegt – an dem jeweils „neuesten Stand von Wissenschaft und Technik" orientiert (Anm. 4 (3)). Zum anderen ist in diesem Zusammenhang nachdrücklich die vom Hersteller zu erfüllende **Produktbeobachtungspflicht** eingefordert. Diese zielt nämlich darauf ab sicherzustellen, daß die Produktbenutzer von Körper- oder Sachschäden im Sinn von § 823 Abs. 1 BGB dadurch geschützt werden, daß der Hersteller die erforderlichen und ihm zumutbaren Gefahrenabwendungsmaßnahmen unverzüglich durchführt (Anm. 8).

(3) Während Entwicklungsschäden – definitorisch bedingt – aufgrund des jeweils „neuesten Standes von Wissenschaft und Technik" unvermeidbar sind (BGH ZIP 1995, 1094, 1096 – Mineralwasserflasche II), ist der **Konstruktionsfehler** – definitorisch bedingt – dadurch charakterisiert, daß die Herstellung des jeweiligen Produkts nicht dem „neuesten Stand von Wissenschaft und Technik" entsprach, also – bezogen auf eben diesen Standard – **fehlerhaft** war. Mithin liegt ein Konstruktionsfehler vor, wenn das Produkt schon von seiner Konzeption/Rezeptur her nicht die gebotene Sicherheit einhält (Produkthaftungshandbuch/*Foerste,* § 24 Rdnr. 62). Dabei spielt es keine Rolle, auf welcher Ursache der Konstruktionsfehler beruht, ob es sich um eine fehlerhafte technische Berechnung, um fehlerhafte Materialauswahl, falsche Dimensionierung, fehlerhafte Bauweise etc. handelt. Typisch für den Konstruktionsfehler ist indes der Befund: Er haftet der **gesamten Serie** an. Im Rahmen der **Produktbeobachtungspflicht** (Anm. 8) führen also Konstruktionsfehler zu höchst aufwendigen Gefahrenabwendungsmaßnahmen, etwa Warnungen, Reparaturmaßnahmen oder Rückrufaktionen.

a) Ob ein Konstruktionsfehler vorliegt, richtet sich im allgemeinen danach, ob er beim **bestimmungsgemäßen Gebrauch** des Produkts auftritt (Produkthaftungshandbuch/*Foerste,* § 24 Rdnr. 64). Bei sachgemäßem und typischem Gebrauch darf das jeweilige Produkt nicht zu einer Gefahrenquelle für die Rechtsgüter der Produktbenutzer (Leib, Leben, Gesundheit und Eigentum) werden (*Haegele/Haegele,* Produzentenhaftung – eine Gefahr für jeden Betrieb, S. 35). In erster Linie wird der Verwendungszweck des Produkts durch die ihm anhaftenden **Produkteigenschaften** festgelegt, welche nach der Überzeugung des Durchschnittsverbrauchers gegeben sind und gegeben sein sollten (*Kullmann* VersR 1988, 655/656). So gesehen kommt es also auf den „vernünftigen" Verbraucher an (*Kullmann* aaO). Soweit Produkte von **verschiedenartigen Verbraucherkreisen** verwendet werden, kann ihr bestimmungsgemäßer Gebrauch durchaus differieren – mit der Konsequenz, daß es auf die jeweilige Verbrauchererwartung des **typischen Abnehmerkreises** ankommt, etwa bei der gleichzeitigen Verwendung eines Produkts gegenüber Fachleuten und im do it yourself. Eine Konstruktion, welche für den **Fachmann** als sicher angesehen werden kann (BGH ZIP 1992, 934 – Silokipper), braucht für den Nicht-Fachmann keineswegs sicher zu sein, sondern kann – ganz im Gegenteil – als **fehlerhaft** eingeordnet werden (BGH VersR 1984, 270 – Flachmeißel). Kann in diesen Fällen der Hersteller erwarten, daß der Erwerber seines Produkts **unkundig** oder **unerfahren** ist (grundlegend BGH ZIP 1992, 38/39 – Milupa I; BGH ZIP 1954, 74 – Alete; BGH NJW 1995, 1286 – Milupa II), so kann und darf er sich nicht auf die Sach- und Fachkunde der übrigen Abnehmerkreise verlassen. Vielmehr ist er verpflichtet, die Sicherheitsanforderungen an der **gefährdetsten Benutzergruppe** zu orientieren (Produkthaftungshandbuch/*Foerste,* § 24 Rdnr. 68).

b) Entscheidend kommt es in diesem Zusammenhang darauf an, ob die Produktbenutzung im Rahmen der **allgemeinen Zweckbestimmung des Produkts** liegt (BGH ZIP 1992, 38/39 – Milupa I). Dies schließt das Risiko des **bestimmungswidrigen Gebrauchs** des Produkts ein (BGH aaO; BGH ZIP 1994, 374/376 – Alete). Soweit ein naheliegender **Fehlgebrauch** des Produkts in Rede steht, kommt es auf die Umstände des Einzelfalls an, ob das Produkt – bezogen auf eben diesen Fehlgebrauch – als „sicher" oder als „fehlerhaft" einzuordnen ist. Maßgebende Kriterien hierfür sind zum einen die Verwendungshinweise des Herstellers, weil durch sie erreicht werden kann, daß die Vorstellungen des Produktbenutzers über die Eignung des Produkts eingeschränkt werden können (BGH ZIP 1992, 38/39 f. – Milupa: Overpromotion: Ungefährlichkeit des „Dauernuckelns"). Doch bleibt der Hersteller gleichwohl verpflichtet, allen Produktschäden nachzugehen, die aufgrund eines Fehlgebrauchs des Produkt eintreten; diese Pflicht ist wesentlicher Bestandteil der **Produktbeobachtungspflicht** (BGH aaO). So gesehen kommt als weiteres Indiz hinzu, ob der Produktfehlgebrauch überhaupt nichts mit der allgemeinen Zweckbestimmung des Produkts zu tun hat (BGH NJW 1981, 2514/2515 – Sniffing), oder ob es sich um einen häufigeren und damit naheliegenden Fehlgebrauch des Produkts handelt (BGH NJW 1972, 2217/2221 – Estil). Die Konstruktionsverantwortung des Herstellers endet dort, wo der **vorsätzliche Mißbrauch** des Produkts zum Schadenseintritt führt, wo also ein Schaden in Rede steht, der mit dem die Herstellung bestimmenden Produktzweck überhaupt nichts mehr zu tun hat (BGH NJW 1981, 2514/2515 – Sniffing). Daher ist der Hersteller eines Kälteschutzmittels nicht dafür verantwortlich, daß der Sohn eines Handwerkers im Keller lagernde Behälter von Kälteschutzmitteln öffnet, um diese zum „Sniffing" einzusetzen, und zwar auch dann, wenn der Sohn daran stirbt. Einen solchen – fernliegenden – Produktfehlgebrauch hat der Hersteller im Rahmen seiner Konstruktionsverantwortung grundsätzlich nicht ins Kalkül zu ziehen. Die hier angedeuteten Pflichten hängen im wesentlichen auch mit dem **Instruktionsfehler** zusammen.

c) Im Rahmen der Konstruktionsverantwortlichkeit ist der Hersteller für die **Materialwahl** verantwortlich (im einzelnen Produkthaftungshandbuch/*Foerste*, § 24 Rdnr. 102 ff.). Nichts anderes gilt für die Materialdimensionierung sowie für die Materialbearbeitung (Produkthaftungshandbuch/*Foerste*, § 24 Rdnrn. 105 ff.). Darüber hinaus ist eine **Kontrolle** des Fertigungsablaufs erforderlich; geeignete Test- und Prüfverfahren sind einzusetzen (*Schmidt-Salzer* BB 1972, 1430/1432). Auch die Kontrollverfahren müssen dem „neuesten Stand von Wissenschaft und Technik" entsprechen (*Graf von Westphalen* Jura 1983, 57/60). Verfügt der Hersteller nicht über eigene Kontroll- und Prüfmöglichkeiten, dann muß er sich der fachkundigen Hilfe Dritter bedienen. Notfalls sind auch zerstörende Werkstoffprüfungen erforderlich, sofern nur auf diese Weise sichergestellt werden kann, daß das Produkt „sicher" ist. Insgesamt ist zu sagen: Der Hersteller schuldet im Rahmen der Konstruktionsverantwortlichkeit alle erforderlichen und ihm zumutbaren Maßnahmen, damit das von ihm hergestellte und in den Verkehr gebrachte Produkt nach dem jeweils „neuesten Stand von Wissenschaft und Technik" fehlerfrei ist. Fehlen derartige Standards, ist – wie dargelegt – auf die jeweilige Sicherheitserwartung des Verbrauchers zurückzugreifen; diese zielt darauf ab, bei der Produktbenutzung keinen Gesundheits- oder Eigentumsschaden zu erleiden.

d) Es ist anerkannt, daß der Hersteller nicht dadurch von seiner Konstruktionsverantwortlichkeit entbunden wird, daß etwa der **TÜV** die Konstruktion genehmigt und keine sicherheitsrelevanten Mängel feststellt (BGH VersR 1987, 102 – Verzinkungsspray). Das gleiche gilt, wenn der TÜV eine Typenprüfung vornimmt (BGH NJW 1987, 1009 – Honda) oder ein „GS"-Zeichen vergibt (BGH ZIP 1990, 514 – Expander). Denn die Pflichten des Herstellers werden im Sinn des § 823 Abs. 1 BGB dem geschulten Dritten gegenüber geschuldet; sie liegen in individuellem Interesse, nicht im Interesse der Allgemeinheit.

6. Die Fabrikationsverantwortung. (1) Von einem **Fabrikationsfehler** ist dann zu sprechen, wenn ein Produkt entsprechend dem jeweils „neuesten Stand von Wissenschaft und

3. Contract of Quality Control (Qualitätssicherungsvertrag)

Technik" hergestellt wurde, aber – infolge eines personellen oder maschinellen Versagens – gleichwohl einen Fehler aufweist. Es handelt sich hierbei um das Problem des „Ausreißers". Anders gewendet: Fabrikationsfehler beruhen darauf, daß das Produkt infolge eines Mangels im Herstellungsprozeß nicht den Sicherheitsstandard aufweist, welcher bei ordnungsgemäßer Umsetzung der – fehlerfreien – Konstruktion erreicht worden wäre (Produkthaftungshandbuch/*Foerste*, § 24 Rdnr. 124).

a) Eine der maßgeblichen Unterschiede zwischen der verschuldensabhängigen Produzentenhaftung gemäß § 823 Abs. 1 BGB und der **verschuldensunabhängigen Produkthaftung gemäß § 1 ProdHaftG** besteht darin, daß auch ein „**Ausreißer**" haftungsbegründend ist (BGH ZIP 1995, 1094, 1086 – Mineralwasserflasche II), obwohl der Hersteller alle ihm obliegenden Verkehrssicherungspflichten im Sinn von § 823 Abs. 1 BGB erfüllt hat. Dieser Haftungsunterschied wird jedoch im Rahmen von § 1 ProdHaftG nur dann praktisch, wenn es sich um einen **Personenschaden** handelt, weil die Haftung für Sachschäden gemäß § 1 Abs. 1 Satz 2 ProdHaftG auf **privat genutzte und privat gebrauchte Sachen** beschränkt ist. Folglich ist der gesamte Bereich des gewerblichen Sachschadens aus dem Anwendungsbereich von § 1 Abs. 1 Satz 2 ProdHaftG ausgeklammert (Anm. 9 (3) f.).

b) Die **Privilegierung** eines „Ausreißers" im Rahmen von § 823 Abs. 1 BGB beruht auf dem Grundgedanken der verschuldensabhängigen Verkehrssicherungspflicht, wonach auch die Fabrikationsphase nicht darauf abzielen kann, absolute Sicherheit zu gewährleisten, sondern lediglich darauf gerichtet ist, die nach § 823 Abs. 1 BGB geschuldeten Verkehrssicherungspflichten einzuhalten (*Kullmann/Pfister*, Produzentenhaftung, Kza. 1520 S. 40 bei Fn. 237; Produkthaftungshandbuch/*Foerste*, § 24 Rdnr. 126). Darüber hinaus beruht die Privilegierung des „Ausreißers" auf der Möglichkeit gemäß § 831 Abs. 1 Satz 2 BGB den **Entlastungsbeweis** zu führen (Anm. 12).

2) Wesentliche Aufgaben des Herstellers im Rahmen der Fabrikationsverantwortlichkeit ist es, die **beschafften Rohstoffe, Halbfabrikate und Zwischenprodukte** darauf zu überprüfen, ob sie die Qualität aufweisen, welche unter Berücksichtigung der konstruktiven Merkmale erforderlich sind. In diesem Zusammenhang kommt der **Wareneingangskontrolle** gemäß §§ 377, 378, 381 HGB erhebliche praktische Bedeutung zu (Anm. 18). Darüber hinaus muß sich die Kontrolle aber auch auf die gesamte **Lagerhaltung** erstrecken (Produkthaftungshandbuch/*Foerste*, § 24 Rdnr. 131).

Letztlich ist hier der gesamte Bereich der **Qualitätskontrolle** angesprochen (*Graf von Westphalen/Bauer*, Just-in-Time-Lieferungen und Qualitätssicherungsvereinbarungen, S. 62 ff.). In welcher Weise die Sicherung der Qualität im einzelnen durchgeführt wird, ist – deliktsrechtlich gewertet – abhängig von der jeweiligen **Gefährlichkeit** des herzustellenden Produkts (im einzelnen Produkthaftungshandbuch/*Foerste*, § 24 Rdnr. 148 ff.). Auch hier wiederum gilt der Grundsatz der Verhältnismäßigkeit: Je größer das Risiko eines Personen- oder eines Sachschadens, um so höher sind die Anforderungen an die Erfüllung der die konkrete Produktkontrolle ausmachenden Pflichten (*Kullmann/Pfister*, Produzentenhaftung, Kza. 1520 S. 39).

a) Auch die **Sicherheit der Fabrikationsanlagen** spielt im Rahmen der Fabrikationsverantwortlichkeit gemäß § 823 Abs. 1 BGB eine überragende Rolle (Produkthaftungshandbuch/*Foerste*, § 24 Rdnrn. 134 ff.). Zum einen gilt auch hier der Grundsatz, daß der Hersteller verpflichtet ist, seine Fabrikationsanlagen nach dem jeweils „neuesten Stand von Wissenschaft und Technik" einzurichten, um in verläßlicher Weise Produktfehler zu vermeiden. Zum anderen besteht keine – deliktsrechtliche – Pflicht, das Ausmaß der **Automation** ständig zu maximieren. Es bleibt gleichwohl dem Hersteller unbenommen, in welcher Weise er – unter Berücksichtigung betriebswirtschaftlicher Kategorien – seinen Fabrikationsprozeß gestaltet. Freilich ist zu berücksichtigen: Das größte Produktrisiko ist der Mensch.

b) Auch gilt es im Auge zu behalten, daß das Risiko von Produktschäden in dem Maße anwächst, als die Fabrikationsanlagen technisch **veralten** (vgl. *Steindorff* AcP 170 (1979) 93/110). Es ist deshalb die Ansicht vertreten worden (*Steindorff*, aaO), daß unter den

Bedingungen der heutigen industriellen Fertigung praktisch jeder Fabrikationsfehler im vorhinein **kalkulierbar** ist, weil es dem Hersteller möglich sei, aufgrund einer Ist-Analyse den erforderlichen organisatorischen und personellen Aufwand zu ermitteln, um sicherzustellen, daß **"Ausreißer"** – sowohl aufgrund maschinellen als auch aufgrund personellen Fehlverhaltens – vermieden werden. Weiß indessen der Hersteller, daß ein gewisser Prozentsatz an „Ausreißern" etwa deshalb vorkommt, weil der Kenntnisstand des Personals unzureichend oder die Fabrikationsanlagen veraltet sind, so liegt darin keineswegs ein „Ausreißer", sondern eine elementare Verletzung der dem Hersteller gemäß § 823 Abs. 1 BGB obliegenden Verkehrssicherungspflichten (*Graf von Westphalen* Jura 1983, 57/61). Zwangsläufig scheidet auch dann die Möglichkeit aus, wegen eines solchen „Ausreißers" erfolgreich den Entlastungsbeweis gemäß § 831 Abs. 1 Satz 2 BGB zu führen (Anm. 11).

7. Instruktionsverantwortung. (1) Die Instruktionspflicht des Herstellers ist – juristisch gewertet – eine **selbständige Pflicht;** sie besteht neben der Konstruktions- und der Fabrikationsverantwortung. Die Instruktionsverantwortlichkeit des Herstellers kommt gerade dann zum Zuge, wenn und soweit die Konstruktion des Produkts nicht zu beanstanden ist, gleichwohl aber Gefahren bei der Produktbenutzung – bezogen auf den bestimmungsgemäßen sowie den vorhersehbaren bestimmungswidrigen Gebrauch – nicht völlig ausgeschlossen werden können (meistens *Kullmann,* FS für Brandner, 1996, S. 313 ff. – Kinderteefälle). Daraus ergibt sich folgende Differenzierung:

(2) Jeder Hersteller ist grundsätzlich verpflichtet, vor den mit der Verwendung seines Produkts verbundenen Gefahren zu warnen und den Produktbenutzer darauf hinzuweisen, wie er solche Gefahren vermeiden kann (BGH ZIP 1992, 934/937 – Silokipper). Auch hier gibt – genauso wie bei der Konstruktionsverantwortung – die **Verbrauchererwartung** Maß: Nur insoweit, als der Hersteller damit rechnen muß, daß seine Produkte in die Hand von Personen gelangen, die mit den Produktgefahren nicht vertraut sind, besteht eine Instruktionsverantwortlichkeit (BGH aaO). Die Überzeugung des Durchschnittsverbrauchers bestimmt auch Inhalt und Umfang des **bestimmungsgemäßen Gebrauchs** des Produkts (BGH NJW 1981, 2514/2515 – Sniffing; BGH NJW 1987, 1009/1012 – Honda). Ist z. B. ein Klebemittel als „feuergefährlich" bezeichnet, so verbindet weder ein beliebiger Käufer noch ein Schreiner damit die Vorstellung, es könnten sich bei der Auftragung auch entzündliche Dämpfe bilden. Auch eine Hausfrau wird daher bedenkenlos dieses Mittel auf ihrem Fußboden einsetzen, obwohl sie gleichzeitig einen Propangasofen benutzt (BGH VersR 1960, 342 – Fußbodenklebemittel). In ähnlicher Weise wird von einem Kleber erwartet, daß er sich – jedenfalls bei flüchtiger Handhabung – wieder von den Fingern lösen läßt; folglich rechnet der durchschnittliche Produktbenutzer nicht mit der Gefahr, daß dies – wie bei einem Spezialkleber – nicht ohne Hautverletzungen möglich ist (Produkthaftungshandbuch/*Foerste,* § 24 Rdnr. 167). In gleicher Weise rechnen Friseure nicht ohne weiteres mit gravierenden Nebenwirkungen eines Haartonicums (BGH NJW 1975, 824/825 – Haartonicum/Allergie). Auch erwartet keineswegs jeder Motorradfahrer, daß eine Lenkerverkleidung geeignet ist, die Stabilität des Motorrads bei hoher Geschwindigkeit so zu beeinträchtigen, daß auch tödliche Unfälle unvermeidbar sind (BGH NJW 1987, 1009/1012 – Honda).

a) Wie bereits bei der Konstruktionsverantwortlichkeit dargelegt (Anm. 5), wird der jeweilige **Verwendungszweck** des Produkts auch durch die Gebrauchsanweisung, Verwendungshinweise und Warnungen des Herstellers bestimmt. Durch sie kann zum einen der bestimmungsgemäße Gebrauch **eingeschränkt,** zum anderen aber auch **erweitert** werden, wenn z. B. ein gesüßter Kindertee als unproblematischer „Gute-Nacht-Trunk" angepriesen wird, obwohl ganz erhebliche Kariesschäden durch das „Dauernuckeln" auftreten (BGH ZIP 1992, 38 – Milupa; BGH ZIP 1994, 374 – Alete). Wie bei der Konstruktionsverantwortung (Anm. 5), gilt auch hier: Die Instruktionsverantwortlichkeit des Herstellers ist auf den **jeweiligen** Produktbenutzer auszurichten (BGH NJW 1995, 1286 – Milupa II); soweit

3. Contract of Quality Control (Qualitätssicherungsvertrag) III.3

erforderlich ist zwischen einem Fachmann und einem Laien zu differenzieren (BGH ZIP 1992, 934/937 – Silokipper).

b) **Bestimmungswidrig** ist der Gebrauch eines Produkts, der sich nicht mehr im Rahmen der allgemeinen Zweckbestimmung bewegt (BGH ZIP 1992, 38/39 – Milupa). Dabei macht es keinen Unterschied, ob die Zweckbestimmung des Produkts durch Verwendungshinweise des Herstellers festgelegt wird oder ob sie durch die **allgemeine Verbrauchererwartung** umschrieben wird (Produkthaftungshandbuch/*Foerste*, § 24 Rdnr. 207). Doch im Hinblick auf die Instruktionsverantwortung des Herstellers kommt es maßgeblich darauf an, ob es sich um einen naheliegenden Fehlgebrauch oder um einen Mißbrauch des Produkts handelt (BGHZ 106, 273/283 – Asthma-Spray) oder ob der Fehlgebrauch des Produkts – dies läuft in der Sache auf das gleiche hinaus – für den Hersteller vorhersehbar war (BGH NJW 1972, 2217/2221 – Estil). Bestimmungswidrig handelt z. B. ein Produktbenutzer, der die Standsäule eines Fensterkrans trotz der erheblichen Zugkräfte ohne stabilisierende Vorrichtungen nur zwischen Fensterbank und Fenstersturz einklemmt (BGH VersR 1959, 523 – Seilhexe). In gleicher Weise wird ein Bausatz für einen Überrollbügel einer Zugmaschine bestimmungswidrig verwendet, wenn eindeutige Montagebestimmungen mißachtet werden und dies für einen Monteur mit normalem technischen Fachwissen erkennbar fehlerhaft ist (BGH NJW 1986, 1863/1864 – Überrollbügel). Bestimmungswidrig ist es auch, wenn ein Verzinkungsspray verwendet wird, welches laut Warnung nicht „auf glühende Körper" aufgetragen werden darf, welches aber – zum Zweck der Trocknung – bis zur Grauglut erhitzt wird (BGH NJW 1987, 372/374 – Verzinkungsspray). Schließlich handelt der Verbraucher bestimmungswidrig, der einen gesüßten Kindertee als „Einschlafhilfe" – also: zum „Dauernuckeln" – seinem Kind gibt, weil dadurch ganz erhebliche Kariesschäden verursacht werden (BGH ZIP 1992, 38 – Milupa I; BGH ZIP 1994, 374 – Alete; BGH NJW 1995, 1286 – Milupa II).

c) Die Pflicht des Herstellers zur **Warnung** vor den Gefahren eines bestimmungswidrigen Fehlgebrauchs des Produkts **entfällt** nur dann, wenn und soweit der Hersteller davon ausgehen darf, daß sein Produkt nur in die Hand von Personen gelangt, die mit den Produktgefahren bereits vertraut sind (BGH VersR 1986, 653 – Überrollbügel; BGH VersR 1957, 584/585 – Gelenkwellenschutz). Dabei ist nicht entscheidend, ob es sich um einen Produktfehlgebrauch oder gar um einen Produktmißbrauch handelt. Entscheidend kommt es vielmehr darauf an, ob – in der Terminologie der BGH-Judikatur – ein **naheliegender** oder ein **fernliegender** Fehlgebrauch des Produkts vorliegt (BGH ZIP 1992, 38/39 – Milupa). So gesehen ist maßgebend, ob es sich um einen naheliegenden Fehlgebrauch des Produkts handelt, mit der Folge daß der Hersteller damit rechnen muß, daß sein Produkt auch in die Hand von Personen gelangt, die mit den spezifischen Produktgefahren nicht vertraut sind (BGH ZIP 1992, 934/937 – Silokipper; BGH ZIP 1994, 374/376 – Alete). Damit scheidet eine Instruktionsverantwortlichkeit des Herstellers von vornherein aus, sofern es sich um einen eklatanten Mißbrauch des Produktes handelt, mit dem der Hersteller in keiner Weise rechnen mußte (BGH NJW 1981, 2514/2515 – Sniffing). Dies ist z.B. dann zu bejahen, wenn ein Kälteschutzmittel zum „Sniffing" eingesetzt wird (BGH aaO). Da jedoch zwischen dem vom Hersteller vorgegebenen Verwendungszweck des Produkts einerseits und der tatsächlichen Fehlbenutzung des Produkts andererseits eine enge Verknüpfung besteht – sie wird durch die Pflicht der Produktbeobachtung konkretisiert (Anm. 8) – kommt es auch entscheidend darauf an, ob der Produktfehlgebrauch erstmalig auftritt, praktisch selten ist oder häufig vorkommt (vgl. BGH NJW 1972, 2217/2221 – Estil). Auch das Maß der **Schuld**, die bei jedem Fehlgebrauch des Produkts vorliegt, spielt eine wichtige Rolle (BGH aaO). So ist es z. B. nicht als bestimmungswidriger Fehlgebrauch eines **Kurznarkosemittels** einzuordnen, wenn dieses – was gelegentlich vorkommt – nicht bestimmungsgemäß in die Vene, sondern in die Arterie injiziert wird, weil dann – medizinisch unausweichlich – der Verlust des betreffenden Gliedmaßes eintritt (BGH aaO). Bezogen auf das Kriterium der Schuld ist hier entscheidend, daß es recht schwierig sein kann, in der Ellenbogenbeuge Vene und Arterie exakt auseinanderzuhalten (BGH aaO).

d) Der Hersteller muß vor **jeder Gefahr** warnen, die bei einem bestimmungsgemäßem Gebrauch droht (BGH NJW 1972, 2217/2220 – Estil; BGH NJW 1981, 2514/2515 – Sniffing), sofern diese nicht schon zu dem **allgemeinen Erfahrungswissen** der jeweiligen Abnehmer- und Benutzerkreise gehört (BGH ZIP 1992, 934/937 – Silokipper; BGH NJW 1987, 372/374 – Verzinkungsspray; BGH NJW 1975, 1827/1829 – Spannkupplung). Der Hersteller wird nicht dadurch dispensiert, daß etwaige Warnungen in einschlägigen technischen Regelwerken, wie etwa in den DIN-Bestimmungen enthalten sind, sofern – unter Berücksichtigung der jeweiligen Gefahrenlage – eine darüber hinausgehende Warnung erforderlich war (BGH NJW 1987, 372/373 – Verzinkungsspray). Keineswegs ist jedoch der Hersteller verpflichtet, vor jeder Produktgefahr zu warnen, weil dies durch das Konzept der Verkehrssicherungspflichten des § 823 Abs. 1 BGB nicht bedungen wird (Produkthaftungshandbuch/*Foerste,* § 24 Rdnr. 184). Auch hier gilt der Grundsatz der Verhältnismäßigkeit: Soweit bei der – bestimmungsgemäßen oder bestimmungswidrigen – Benutzung eines Produkts **erhebliche** Gefahren drohen, sind an Form und Inhalt eines ausreichenden Warnhinweises **strenge Anforderungen** zu stellen (BGH ZIP 1992, 38/40 – Milupa I). Dies gilt insbesondere, sofern die Verwendung des Produkts mit erheblichen Gefahren für die **Gesundheit** von Menschen verbunden ist (BGH aaO). Daraus folgt, daß die Anforderungen an einen Warnhinweis herabgesetzt sind, sofern das Risiko lediglich in einem geringeren Sachschaden besteht.

Warnhinweise müssen klar, **deutlich** und allgemein verständlich formuliert sein (BGH NJW 1987, 1009/1012 – Honda). Inhaltlich müssen die Hinweise so abgefaßt sein, daß darin die **bestehenden Gefahren** für das Verständnis des gewöhnlichen Produktbenutzers plausibel werden (BGH ZIP 1992, 38/40 – Milupa I; BGH NJW 1995, 1286 – Milupa II; *Kullmann,* FS für Brandner, 1996, S. 313 ff.).

Dabei unterscheidet die Rechtsprechung des BGH zwischen einer **Anwendungswarnung** und einer **Folgenwarnung** (grundlegend BGH NJW 1972, 2217 – Estil; BGH ZIP 1992, 38 – Milupa I; BGH ZIP 1994, 374 – Alete). Während sich die Anwendungswarnung darauf bezieht, die konkreten Produktgefahren exakt zu beschreiben, bezieht sich die **Folgenwarnung** darauf, den Funktionszusammenhang klar zu machen, so daß für den durchschnittlichen Verbraucher erkennbar wird, warum das Produkt gefährlich ist (BGH ZIP 1992, 38/40 – Milupa I). Dies bedeutet also konkret, daß es – auch für einen Arzt – nicht ausreichend ist, wenn der Hersteller eines Kurznarkosemittels lediglich darauf hinweist, daß das Präparat nur intravenös injiziert werden darf, ohne gleichzeitig – im Rahmen einer **Folgewarnung** – darauf hinzuweisen, daß die Vertauschung von Vene und Arterie in der Ellenbogenbeuge zwangsläufig zum Verlust des Gliedmaßes führt (BGH NJW 1972, 2217 – Estil). Daher müssen auch Hersteller von zuckerhaltigem Kindertee auf die mit dem „Dauernuckeln" verbundenen erheblichen Kariesgefahren hinweisen (*Kullmann* aaO), weil diese – darin liegt die Folgenwarnung – in dem Umspülen der Rückseite der Oberkieferschneidezähne und dem gleichzeitigen Abspülen des Speichelschutzes besteht, was allgemein unbekannt ist (BGH ZIP 1994, 374 – Alete).

e) Da die Verkehrssicherungspflichten des Herstellers nicht in dem Zeitpunkten enden, in welchem er das Produkt in den Verkehr bringt, liegt es auf der Hand: Auch Instruktions- und Warnpflichten können aufgrund der dem Hersteller obliegenden **Produktbeobachtungspflicht** nachträglich entstehen (*Graf von Westphalen* Jura 1983, 57/72 f.). Dies ist etwa dann zu bejahen, wenn die Fortentwicklung des Standes von Wissenschaft und Technik dazu führt, daß eine dem Produkt von Anfang an eigene Gefahr erst nachträglich erstmals erkennbar wird (BGH NJW 1981, 1603/1605 – Derosal; BGH NJW 1981, 1606/1608 – Benomyl). Gleiches gilt dann, wenn bei einem bestimmungswidrigen Gebrauch Gefahren entstehen, mit denen der Hersteller ursprünglich nicht gerechnet hat (BGH ZIP 1992, 38 – Milupa). Die Einzelheiten werden nachfolgend im Rahmen der Produktbeobachtungsverantwortlichkeit des Herstellers dargestellt (Anm. 8).

f) Aus dem zuvor Gesagten folgt bereits, daß auch solche Gefahren dem Hersteller **unbekannt** sind, die sich erst aus dem **besonderen Verwendungszweck** des Produkts durch

3. Contract of Quality Control (Qualitätssicherungsvertrag)   III.3

den Käufer ergeben (Produkthaftungshandbuch/*Foerste,* § 24 Rdnr. 186). In diesen Fällen fragt es sich stets, ob der Hersteller verpflichtet ist, den Käufer – ohne Hinzutreten weiterer Umstände – darüber **aufzuklären**, in welcher Weise das erworbene Produkt gefahr- und risikolos eingesetzt werden kann. Die hiermit verknüpften Probleme tauchen in erster Linie im Zusammenhang mit der Haftungsverteilung zwischen Hersteller und Zulieferant auf, betreffen die deliktsrechtliche Frage, inwieweit der Hersteller berechtigt ist, die aus § 823 Abs. 1 BGB herzuleitenden Verkehrssicherungspflichten auf den Zulieferanten zu **delegieren**, ohne im Ergebnis für dessen Fehlverhalten gegenüber dem Produktgeschädigten verantwortlich zu sein. Diese Fragen sollen weiter unten gesondert dargestellt werden (Anm. 14); sie überlagern sich weitgehend mit den aus § 242 BGB abzuleitenden Schutzpflichten.

g) Auch soweit die Haftung des Herstellers aus § 1 **ProdHaftG** hergeleitet wird, ergeben sich unter Berücksichtigung des in § 3 ProdHaftG enthaltenen **Fehlerbegriffs** keine Abweichungen gegenüber den hier herausgearbeiteten Einzelergebnissen: Entscheidend ist, daß in beiden Fällen die **Sicherheitserwartung des Produktbenutzers** die Instruktions- und Warnpflichten des Herstellers fixiert (*Taschner/Frietsch*, Produkthaftungsgesetz und EG-Produkthaftungsrichtlinie, 2. Aufl., § 3 ProdHaftG, Rdnr. 22). Die Benutzungs- und Verbrauchererwartung wird jedoch durch die „Darbietung" des Produkts – also: durch die dem Produkt beigefügten Verwendungshinweise, Montageanleitungen etc. – bestimmt (*Taschner/Frietsch*, § 3 ProdHaftG, Rdnr. 27; Rdnrn. 31 ff.). Der Gebrauch des Produkts, „mit dem billigerweise gerechnet werden kann", ist sowohl der bestimmungsgemäße Produktgebrauch als auch der naheliegende, dem Hersteller erkennbare **Fehlgebrauch** des Produkts (*Taschner/Frietsch*, § 3 ProdHaftG, Rdnrn. 42 ff.). Zentraler Bestandteil des **Fehlerbegriffs** von § 3 Abs. 1 lit. c ProdHaftG ist es indessen, daß der Gesetzgeber ausschließlich auf den Zeitpunkt des **Inverkehrbringens** des Produkts abstellt. Die Produktbeobachtungspflicht des § 823 Abs. 1 BGB wird also nicht von den §§ 1, 3 ProdHaftG übernommen. Dies geschieht im Rahmen von § 3 Abs. 2 ProdHaftG nur insoweit, als dort festgelegt ist: „Ein Produkt hat nicht allein deshalb einen Fehler, weil später ein verbessertes Produkt in den Verkehr gebracht wurde". Damit ist freilich lediglich der zwingende Schluß von der verbesserten Produktqualität des neuen Produkts auf eine **Fehlerhaftigkeit** des alten untersagt (*Taschner/Frietsch*, § 3 ProdHaftG, Rdnr. 65). Keineswegs ausgeschlossen ist es hingegen, daß – ergänzend, also: regelmäßig durch Sachverständigengutachten – der Schluß abgeleitet wird, daß das „ältere" Produkt nicht nur wegen des „verbesserten" Produkts fehlerhaft ist, sondern schlicht deswegen, weil es – gemessen an dem neuesten Stand von Wissenschaft und Technik im Sinn von § 1 Abs. 2 Nr. 5 ProdHaftG (BGH ZIP 1995, 1094, 1096 – Mineralwasserflasche II) – im Zeitpunkt des Inverkehrbringens bereits **fehlerhaft** war (*Taschner/Frietsch*, aaO).

8. **Die Produktbeobachtungsverantwortung.** (1) Es ist allgemein anerkannt, daß die Verkehrssicherungspflichten des Herstellers gemäß § 823 Abs. 1 BGB nicht mit der Freigabe des Produkts zum Vertrieb an Dritte enden. Auch ist der Ablauf der kauf- oder werkvertraglichen Gewährleistungsfrist irrelevant. Vielmehr hat bereits das RG entschieden, daß ein Hersteller verpflichtet ist, alles Erforderliche und ihm Zumutbare zu tun, wenn er nach dem Inverkehrbringen seines Produkts in Erfahrung bringt, daß dieses Gefahren erzeugen kann, wie z. B. das Versagen von Autobremsen (RG DR 1940, 1293). Aus diesem Grund ist die aus § 823 Abs. 1 BGB abzuleitende Produktbeobachtungspflicht auch keine kauf- oder werkvertragliche Nebenpflicht (vgl. *Graf von Westphalen* Jura 1983, 57, 63), sondern eine eigenständige Verkehrssicherungspflicht.

(2) Der Hersteller ist im Rahmen der passiven Produktbeobachtung verpflichtet (BGH ZIP 1994, 213 – Gewindeschneidemittel I), die Produktbeobachtung auf **alle Produkte** zu erstrecken, die er in den Verkehr gebracht hat. Dabei macht es keinen Unterschied, ob es sich um neu konstruierte Produkte (BGH BB 1970, 1414 – Bremsen) oder um bereits eingeführte Produkte handelt (Produkthaftungshandbuch/*Foerste*, § 24 Rdnr. 254; *Kull-*

mann/Pfister, Produzentenhaftung, Kza. 1520 S. 51; a.M. *Schmidt-Salzer* BB 1972, 1430, 1435). Demzufolge bezieht sich die Produktbeobachtungspflicht auf **sämtliche Fehlerquellen,** die sich aus der bestimmungsgemäßen oder der bestimmungswidrigen Produktbenutzung ergeben (*Kullmann/Pfister,* Produzentenhaftung, Kza 1520 S. 50). Von diesem allgemeinen Grundsatz ausgehend hat der BGH inzwischen eine in der Literatur vorgeschlagene Differenzierung zwischen einer **passiven** und einer **aktiven Produktbeobachtungspflicht** übernommen (BGH ZIP 1994, 213, 216 – Gewindeschneidemittel I). Ziel der – **passiven** – Produktbeobachtungspflicht ist es, alle Informationen zu erfassen und auszuwerten, die sich auf irgendwelche **Beanstandungen** des Produkts beziehen und dem Hersteller zugeleitet werden (BGH aaO). Es geht also darum, Unfallnachrichten, Kundenbeschwerden, Testberichte etc. **systematisch** auszuwerten. Ein **Meldesystem** ist zu etablieren, welches alle Vertriebs- und Absatzkanäle des Herstellers umfaßt (*Graf von Westphalen* WiR 1972, 67/79). Es gilt hier im Grunde genommen das gleiche, was zuvor für die **Organisationspflicht** des Herstellers gesagt wurde, sich über den Fortschritt von Wissenschaft und Technik ständig unterrichtet zu halten (Anm. 4 (3)). Also sind auch im Rahmen der passiven Produktbeobachtungspflicht Fachzeitschriften auszuwerten, Kongresse und Seminare sind zu besuchen; insbesondere aber ist auch der **Wettbewerb** zu beobachten. Alle auf diese Weise dem Hersteller zugeleiteten Informationen sind nach einem statistisch ausgereiften System **auszuwerten.** Nichts ist so schwierig wie festzustellen, ob es sich um typische Gewährleistungsmängel handelt, die möglicherweise gehäuft auftreten, oder ob ein konstruktionsbedingter Serienschaden vorliegt, weil im ersteren Fall keine Reaktion, im zweiten Fall jedoch möglicherweise eine Rückrufaktion angezeigt sein könnte. Gerade in diesem Punkt erweist es sich, daß viele Hersteller „betriebsblind" sind, und daß es oft extrem schwierig ist, ungeschminkt der Wahrheit ins Auge zu sehen.

(3) Die **aktive Produktbeobachtungspflicht** beginnt in dem Augenblick, in dem sich Meldungen über Schadensfälle häufen (BGH NJW-RR 1995, 342/343 – Gewindeschneidemittel II; *Kullmann* NJW 1996, 18/22 ff.). Sobald dies zutrifft, ist der Hersteller verpflichtet, von sich aus die Produktbeobachtung zu intensivieren um möglichst rasch herauszufinden, welche konkreten Maßnahmen durchzuführen sind, um etwaige Produktgefahren von vornherein abzuwehren (Produkthaftungshandbuch/*Foerste,* § 24 Rdnr. 256). Gerade an dieser Stelle ist die **Organisationsverantwortung** des Herstellers gefordert.

(4) Sofern gebotene Maßnahmen im Rahmen der Produktbeobachtung nicht oder nicht rechtzeitig durchgeführt werden, stellen sich zwei Fragen, die voneinander unabhängig sind.

a) Unbestritten ist, daß der Hersteller – konkret: die für den Hersteller jeweils zur Handlung berufenen Vertreter – strafrechtlich verantwortlich sind, wenn sie die gebotenen Maßnahmen – Warnungen, Rückruf etc. – nicht oder nicht rechtzeitig vornehmen (LG Aachen JZ 1971, 507 – Einstellungsbeschluß in Sachen Contergan; BGHSt 37, 106 – Lederspray; BGH NJW 1995, 2933 – Weinverschnitt; BGH NJW 1995, 2930 – Holzschutzmittel; im einzelnen neuestens *Schmidt-Salzer* NJW 1996, 1 ff.; hierzu auch Produkthaftungshandbuch/*Goll,* § 45 Rdnr. 1 ff.).

b) Auf der anderen Seite ist heftig umstritten, ob der einzelne potentiell geschädigte Produktbenutzer berechtigt ist, gegenüber dem Hersteller des fehlerhaften Produkts präventive Maßnahmen zur Schadensverhütung/Schadensbeseitigung zu verlangen (LG Hamburg VersR 1994, 299 – Rettungsinsel; BGH VersR 1986, 1125/1127 – Milchkühlanlage; OLG Karlsruhe VersR 1986, 1125/1126 – dito; *Schwenzer* JZ 1987, 1059/1062; Mayer DB 1985, 319/325; im einzelnen auch Produkthaftungshandbuch/*Foerste* § 39 Rdnr. 1 ff. m.w.N.). Gleichgültig, wie man zu diesem Anspruch im Ergebnis steht, man kann nicht an der Tatsache vorbeisehen, daß sich die drohende strafrechtliche Sanktion genauso in der Praxis auswirkt wie ein genuiner Rückrufanspruch des potentiell geschädigten Produktbenutzers.

(5) Die Pflicht zur Produktbeobachtung trifft nicht nur den Hersteller und den jeweiligen Teilehersteller/Zulieferanten. Auch der Vertragshändler ist insoweit verantwortlich

3. Contract of Quality Control (Qualitätssicherungsvertrag)

(BGH ZIP 1994, 213 – Gewindeschneidemittel I). Gleiches gilt inzwischen auch für den Vertriebshändler, zwar nicht im Blick auf die Konstruktions-, wohl aber in Bezug auf die Instruktionspflichten (BGH NJW 1995, 1286 – Milupa II). Noch weitergehende Pflichten treffen den Vertriebshändler freilich dann, wenn er den Alleinvertrieb unterhält (BGH aaO; *Kullmann* NJW 1996, 18/23).

9. Geschützte Rechtsgüter. (1) Das menschliche Leben genießt im Rahmen von § 823 BGB – das gleiche gilt für § 1 ProdHaftG – ungekürzten Schutz. Körperverletzung ist hier jeder äußere Eingriff in die körperliche Unversehrtheit (BGH NJW 1980, 1452/1453). Gesundheit ist das ungestörte Zusammenspiel der Körperfunktionen im somatischen und im psychischen Bereich (Produkthaftungshandbuch/*Foerste*, § 25 Rdnr. 3).

(2) Der Kernbereich der Produkthaftung spielt sich in der Praxis im Bereich der von § 823 BGB geschützten Eigentumsverletzung ab. Dabei sind folgende Konstellationen zu unterscheiden, was jedoch im Einzelfall jeweils sorgfältigster Prüfung bedarf.

a) Klar sind die Fälle, in denen die Substanz der jeweiligen Sache – außerhalb des fehlerhaften Produkts selbst – verletzt oder beeinträchtigt worden ist (Produkthaftungshandbuch/*Foerste*, § 22 Rdnr. 10 m.w.N.). Es handelt sich dann regelmäßig um Folgeschäden.

b) Auch dann, wenn die Gebrauchseignung des jeweiligen Produkts – außerhalb des fehlerhaften Produkts selbst – beeinträchtigt worden ist, reicht dies aus, um einen Anspruch aus § 823 BGB zu gewähren (BGH NJW 1990, 908/909 – Weinkorken; BGH VersR 1993, 1367 – Primelerde; BGH ZIP 1994, 213/215 – Gewindeschneidemittel I). Voraussetzung ist allerdings, daß die Beeinträchtigung nicht ganz unwesentlich ist.

c) Besonders problematisch sind jedoch die in der Praxis immer wieder vorkommenden Konstellationen, in denen der Schaden am Produkt selbst entweder mit dem Mangel des Produkts identisch ist oder über diesen hinausgeht, also einen „weiterfressenden" Schaden darstellt (hierzu Produkthaftungshandbuch/*Foerste*, § 22 Rdnr. 23 ff. m.w.N.).

aa) Die Rechtsprechung begann mit der berühmten Schwimmschalter-Entscheidung (BGH BB 1967, 162; BGH NJW 1978, 2241 – Hinterradfelge; BGH NJW 1983, 810 – Gaszug). Entscheidend kommt es darauf an, ob zwischen dem anfänglichen Mangel des Produkts und dem später eingetretenen Schaden – Eigentumsverletzung – „Stoffgleichheit" besteht (BGH NJW 1985, 2420/2421 – Kompressor; *Steffen* VersR 1988, 977/ 978 ff.). Deckt sich also der anfängliche Mangelunwert mit dem später eingetretenen Schaden am Produkt selbst, dann können nach Ansicht des BGH nur Gewährleistungsansprüche geltend gemacht werden, nicht aber Ansprüche aus § 823 BGB, weil diese auf den Schutz des Integritätsinteresses zielen.

bb) Als „stoffgleich" werden auch solche Fälle behandelt, bei denen eine Beseitigung des – wenn auch nur einem Teil der Sache anhaftenden – Fehlers technisch nicht möglich ist (BGH ZIP 1992, 704/705 – Nockenwelle), oder wenn der Mangel nicht in wirtschaftlich vertretbarer Weise behoben werden kann (BGH aaO). **Umgekehrt** hat die Rechtsprechung das Element der „Stoffgleichheit" deswegen verneint und eine **Eigentumsverletzung** im Sinn von § 823 Abs. 1 BGB wegen eines „weiterfressenden" Schadens bejaht, wenn Schäden an Kraftfahrzeugen, Maschinen oder sonstigen Geräten dadurch eintraten, daß ein später eingebautes Ersatzteil oder eine Zusatzanlage mit Fehlern behaftet war und infolgedessen Schäden an anderen, bereits vorhandenen fehlerfreien Teilen des Gerätes/der Gesamtsache entstanden sind (BGHZ 55, 392/394 f. – Achsaggregat; BGH NJW 1979, 2148 – Kartonmaschine; BGH ZIP 1992, 485/489 – Kondensator). Nichts anderes gilt, wenn in einem **Bauwerk** – z.B. in einem nur teilweise, aber mangelfrei errichteten Rohbau – mangelhafte Teile eingefügt werden (BGH NJW 1981, 2250/2251 – Asbestzementplatte; BGH ZIP 1992, 485/489 – Kondensator). Entscheidend ist also, ob der Mangel zunächst auf einen Teil des Produkts beschränkt ist und daher als **behebbar** angesehen werden kann, so daß erst später eine Zerstörung des Produkts oder Beschädigung anderer Teile desselben eintritt, weil dann der von dem Fehler zunächst nicht erfaßte Teil der Sache einen eigenen

Wert im Sinn von § 823 Abs. 1 BGB darstellt, der sich nicht mit dem „Mangelunwert" des fehlerhaften Produkts deckt (BGH ZIP 1992, 704/705 – Nockenwelle). Für denjenigen, in dessen Eigentum bisher die einzelnen unversehrten Teile standen, liegt dann eine Eigentumsverletzung im Sinn von § 823 Abs. 1 BGB vor (BGH ZIP 1992, 485/489 – Kondensator).

cc) Eine Eigentumsverletzung gemäß § 823 Abs. 1 BGB ist auch dann zu bejahen, wenn der Käufer einer mangelhaften Sache durch deren **Verbindung mit mangelfreien Sachen** eine **neue Sache** herstellt, bei welcher die mangelhaften Teile **ohne Beschädigung** der mangelfreien Teile von diesen nicht getrennt werden können – mit der Konsequenz, daß jedenfalls im Zeitpunkt der Trennung eine Eigentumsverletzung an den bisher unversehrten Teilen der neuen Sache zu bejahen ist (BGH ZIP 1992, 485 – Kondensator). Dabei ist es auch **unerheblich,** ob der Produktbenutzer in der Lage war, den Fehler vor dem Schadenseintritt bei normalem Lauf der Dinge zu entdecken, weil die subjektive Erkennbarkeit für § 823 Abs. 1 BGB **irrelevant** ist (BGH ZIP 1992, 704/705 – Nockenwelle). Wesentlich ist allerdings, daß der Mangel – von objektiv-technischer Warte aus betrachtet – hätte aufgespürt werden können, und sei es auch nur bei gezielter Suche, sofern diese nicht mit einem unverhältnismäßigen Aufwand an Zeit und Kosten verbunden ist (BGH aaO). Denn der anfängliche Mangelunwert und der entstandene Schaden decken sich dann, führen also nicht zu Ansprüchen aus § 823 Abs. 1 BGB, wenn die Fehlersuche und die Fehlerbeseitigung Kosten verursachen, die etwa dem **Wert der Gesamtsache** entsprechen und ihn sogar übersteigen (*Kullmann/Pfister,* Produzentenhaftung, Kza. 1512 S. 14).

d) Es ist praktisch von hoher Bedeutung, daß in all den Fällen, in denen – wie vorstehend dargelegt – ein „weiterfressender" Schaden im Sinn von § 823 Abs. 1 BGB besteht, deliktsrechtliche Schadensersatzansprüche mit kauf- oder werkvertraglichen Gewährleistungsansprüchen **konkurrieren** (BGH BB 1977, 162 – Schwimmschalter). Dies bedeutet: Für die jeweils geltend gemachten Ansprüche gelten die jeweils eigenen Anspruchsvoraussetzungen; dies gilt insbesondere auch für die **unterschiedlichen Verjährungsregeln:** Kauf- und werkvertragliche Ansprüche verjähren gemäß §§ 477, 638 BGB regelmäßig in einer Frist von sechs Monaten, während die deliktsrechtlichen Schadensersatzansprüche gemäß § 852 BGB erst in **drei Jahren,** gerechnet ab Schadenseintritt und Kenntnis von der Person des Schädigers verjähren. Dies gilt jedoch **nicht** uneingeschränkt (BGH VersR 1993, 1368 – Primelerde).

e) Es ist im einzelnen im Rahmen von **§ 1 Abs. 1 Satz 2 ProdHaftG** umstritten, unter welchen Voraussetzungen ein fehlerhaftes Produkt eine „andere Sache" beschädigt, weil dieses Tatbestandselement voraussetzt, daß zwischen einem **Endprodukt** und einem (fehlerhaften) **Teilprodukt** differenziert werden kann, womit eindeutig das Problem des „weiterfressenden" Schadens (Anm. 9 (3) d) angesprochen ist (*Taschner/Frietsch,* Produkthaftungsgesetz und EG-Produkthaftungsrichtlinie, 2. Aufl., § 1 ProdHaftG, Rdnrn. 38 ff.; *Büchner* DB 1988, 32/36; *Sack* VersR 1988, 439). Verläßliche Rechtsprechung fehlt; die Literaturauffassungen sind kontrovers. Dabei ist auch zu berücksichtigen, daß gemäß § 4 Abs. 1 Satz 1 ProdHaftG auch der **Teilehersteller** unmittelbar verantwortlich ist, nicht also lediglich der jeweilige **Endhersteller.** Je nachdem, ob der Endhersteller oder der Teilehersteller wegen eines von ihnen zu vertretenen Produktfehlers in Anspruch genommen werden, ist die in § 1 Abs. 1 Satz 2 ProdHaftG zu gebende Antwort **unterschiedlich.** Denn aus der Perspektive des Teileherstellers ist das von ihm gelieferte Teilprodukt fehlerhaft, so daß das Endprodukt die „andere" Sache ist; aus der Perspektive des Endherstellers des Gesamtprodukts ist dies indessen nicht der Fall. Der Intention der EG-Richtlinie entspricht es offenbar, die sehr schwierige Haftungsfigur des „weiterfressenden" Schadens aus § 1 Abs. 1 Satz 2 ProdHaftG **auszuklammern** (*Taschner/Frietsch* aaO).

Von praktisch großer Bedeutung ist dies allerdings nicht. Denn zum einen ist die BGH-Judikatur zum „weiterfressenden" Schaden im Sinn von § 823 Abs. 1 BGB festgefügt (Anm. 92 c). Zum anderen ist darauf hinzuweisen, daß § 1 Abs. 1 Satz 2 ProdHaftG nur dann Ersatz eines **Sachschadens** gewährt, wenn diese „andere" Sache „ihrer Art nach

3. Contract of Quality Control (Qualitätssicherungsvertrag) III.3

gewöhnlich für den **privaten** Ge- oder Verbrauch bestimmt und hierzu von dem Geschädigten hauptsächlich verwendet worden ist" (*Palandt/Thomas*, § 1 ProdHaftG Rdnr. 7). Im Rahmen von **Qualitätssicherungsvereinbarungen** kommt es regelmäßig auf den Schutz gewerblich genutzter Sachen im Sinn von § 823 Abs. 1 BGB, nicht aber auf die tatsächlich privat genutzte Sache an, zumal gemäß § 11 ProdHaftG ein **Selbstbehalt** in Höhe von DM 1125,00 eingreift, der ohnehin nur nach § 823 Abs. 1 BGB reklamiert werden kann. So gesehen kommt die **Vorrangregel** von § 15 Abs. 2 ProdHaftG zur Anwendung, wonach die Bestimmungen des ProdHaftG eine Haftung gemäß § 823 Abs. 1 BGB **unberührt** lassen.

10. **Das Verschulden – die Beweislast.** (1) § 823 Abs. 1 BGB enthält eine an § 276 BGB orientierte **verschuldensabhängige** Haftung: Der Hersteller haftet also nur dann für einen Produktschaden, wenn er vorsätzlich oder fahrlässig gehandelt hat. Demgegenüber normiert § 1 Abs. 1 ProdHaftG eine **verschuldensunabhängige** Haftung (*Taschner/Frietsch*, Produkthaftungsgesetz und EG-Produkthaftungsrichtlinie, 2. Aufl., § 1 ProdHaftG Rdnr. 17). Es handelt sich hierbei nicht um eine Gefährdungshaftung (so aber *Palandt/Thomas*, vor § 1 ProdHaftG Rdnr. 5; wie hier *Taschner/Frietsch* aaO, § 1 ProdHaftG Rdnr. 19; *Schmidt-Salzer/Hollmann*, Kommentar zur EG-Richtlinie – Produkthaftung, Art. 1 Rdnr. 8 ff.). Entscheidend ist, daß die Schadensersatzsanktion von § 1 ProdHaftG daran anknüpft, daß der Hersteller eine ihm zurechenbare (objektive) Pflicht mißachtet hat (vgl. auch *Graf von Westphalen* NJW 1990, 83). Da auch die Produkthaftung gemäß § 1 Abs. 2 Nr. 5 ProdHaftG an dem jeweils **neuesten Stand von Wissenschaft und Technik** ausgerichtet ist (BGH ZIP 1995, 1094, 1096 – Mineralwasserflasche II), ist der Unterschied zur verschuldensabhängigen Produzentenhaftung gemäß § 823 Abs. 1 BGB vernachlässigenswert. Praktisch gesehen ist daher auch die Bedeutung der verschuldensunabhängigen Haftung gemäß § 1 Abs. 1 ProdHaftG nicht nennenswert, obwohl die EG-Richtlinie bereits zehn Jahre besteht. Maßgebend ist hierbei vor allem, daß die Rechtsprechung des BGH die Produzentenhaftung gemäß § 823 Abs. 1 BGB teilweise an die Vorgaben der EG-Richtlinie bzw. an die Bestimmungen des ProdHaftG angeglichen hat und sich ständig **haftungsverschärfend** fortentwickelt (BGH ZIP 1992, 38 – Milupa I; BGH ZIP 1994, 374 – Alete).

(2) Die deliktische Haftung des Herstellers gemäß § 823 Abs. 1 BGB hat – bezogen auf die **Beweislast** – zur Voraussetzung, daß der **Geschädigte** den **Produktfehler**, dessen Ursächlichkeit für den geltend gemachten **Schaden** sowie die Zurechnung des Produktfehlers zum Verantwortungsbereich des Herstellers nachweist (BGH ZIP 1993, 440/441 – Mineralwasserflasche I). Dieser grundsätzliche Zusammenhang ist – gerade wegen vielfältiger Mißverständnisse – immer wieder zu betonen. Es ist und bleibt Sache des Geschädigten, den Produktfehler zu beweisen (Produkthaftungshandbuch/*Foerste*, § 30 Rdnr. 21; *Graf von Westphalen* Jura 1983, 281). Dies schließt grundsätzlich auch ein, daß der Geschädigte den Nachweis dafür erbringt, daß der Produktmangel im Organisations- und Gefahrenbereich des (beklagten) Herstellers entstand (BGH NJW 1969, 269/274 – Hühnerpest). Daß die Rechtsprechung im Rahmen der Produzentenhaftung eine **Beweislastumkehr** herausgearbeitet hat (Anm. 10 (5)), um zwischen Hersteller und Geschädigtem eine Art „Waffengleichheit" zu erreichen, ändert an diesem beweisrechtlichen Grundtatbestand nichts. Der Geschädigte schuldet also den Nachweis, daß gerade der beklagte Hersteller das mangelhafte Produkt hergestellt hat (Produkthaftungshandbuch/*Foerste*, § 30 Rdnr. 30 ff.). Dabei macht es grundsätzlich keinen Unterschied, ob der Hersteller eines End- oder eines Teilprodukts verklagt wird; der behauptete – und nachzuweisende – Produktfehler muß jeweils dem betreffenden End- oder Teilhersteller zuzurechnen sein. In der Sache geht es also darum, daß der Geschädigte den Nachweis einer dem Beklagten zuzurechnenden **Verletzung** der ihm obliegenden **Verkehrssicherungspflicht** im Sinn von § 823 Abs. 1 BGB erbringt. Mithin muß er konkret nachweisen, ob es sich um einen Herstell- oder einen Instruktionsfehler handelt, der **kausal** den eingetretenen Schaden (Personen- oder Sachschaden) herbeigeführt hat.

(3) Erfahrungsgemäß ist es von entscheidender Bedeutung, daß es dem Geschädigten zur Überzeugung des Gerichts (§ 286 ZPO) gelingt, einen **konkreten Produktfehler** nachzuweisen. Regelmäßig empfiehlt es sich hier, auf **Sachverständigengutachten** zurückzugreifen; auch ist es oft sinnvoll, ein Beweisverfahren gemäß §§ 485 ff. ZPO durchzuführen. Doch kommt es immer wieder vor, daß der Produktfehler deswegen sehr schwer oder nur mit äußerster Mühe nachweisbar ist, weil das Produkt – als Folge des Fehlers – explodiert, verbrannt oder in sonstiger Weise zerstört worden ist. Unter diesen Voraussetzungen ist der Geschädigte auf **Beweiserleichterung** angewiesen.

a) Abhängig von den Umständen des Einzelfalls hilft hier dem Geschädigten, daß das Gericht den **Anscheinsbeweis** deswegen akzeptiert, weil der gesamte Schadenshergang einen für Produktfehler „**typischen**" Geschehensablauf widerspiegelt (BGH VersR 1954, 100 – Trinkmilch: Typhusbazillen). Wenn z. B. zwanzig in verstreuten Haushalten lebende Personen Milch eines bestimmten Bauern trinken und daran erkranken, weil auf dessen Hof ein Ausscheider von Typhusbazillen lebt, dann kann aus dem Infektionsbild geschlossen werden, daß bestimmte Patienten nur deswegen erkrankt sind, weil sie verseuchte Trinkmilch zu sich genommen haben (BGH aaO). Gleiches gilt dann, wenn ein Operationsinstrument sieben Monate nach seiner Auslieferung während einer Operation bricht. Hier deutet alles darauf hin, daß ein Herstellfehler hierfür ursächlich war (OLG Düsseldorf NJW 1978, 1693 – Septummeißel). Gleichwohl muß man sich davor hüten, bei Produkthaftungsfällen generell von der Zulässigkeit eines Anscheinsbeweises auszugehen (*Graf von Westphalen* BB 1971, 152/155). Denn keineswegs jeder Produktschaden ist auf einen Produktfehler zurückzuführen. Dies leuchtet schon deswegen ein, weil jeder Produktfehler den (beklagten) Hersteller – bezogen auf dessen Organisations- und Herrschaftsbereich – zuzurechnen ist, so daß alle negativen Einzugsfaktoren auszuschließen sind, welche nach dem Inverkehrbringen des (angeblich fehlerhaften) Produkts eingetreten sein könnten, wie z. B. eine Fehlbenutzung des Produkts, das Mißachten von Gebrauchs- und Bedienungsanleitungen, die Nichtdurchführung von Wartungs- und Reparaturarbeiten etc.

b) Wo ein allgemeiner Erfahrungsgrundsatz fehlt, der ja Voraussetzung für die Zulässigkeit eines **Anscheinsbeweises** ist (Produkthaftungshandbuch/*Foerste*, § 30 Rdnrn. 24 ff.), arbeitet die Rechtsprechung – bezogen auf den Nachweis eines Produktfehlers – mit der Zulässigkeit des **Indizienbeweises** (BGH BB 1970, 1414 – Bremsen). Es kommt also hier unter Berücksichtigung aller Umstände des Einzelfalls entscheidend darauf an, ob überzeugende **Beweisanzeichen** dafür vorliegen, daß der Schaden auf einen Produktfehler zurückzuführen ist, der dem Herrschafts- und Organisationsbereich des (beklagten) Herstellers zuzurechnen ist (*Graf von Westphalen* Jura 1983, 281 f.).

(4) Es folgt unmittelbar aus dem zuvor Gesagten, daß der Geschädigte auch den Nachweis dafür erbringen muß, daß eines seiner gemäß § 823 Abs. 1 BGB geschützten **Rechtsgüter gerade durch den Produktfehler verletzt** worden ist (BGH NJW 1969, 269/274 – Hühnerpest; BGH BB 1970, 1414 – Bremsen). Dieser Zusammenhang ist insbesondere deswegen im Auge zu behalten, weil sich der (beklagte) Hersteller regelmäßig damit **verteidigt**, daß der eingetretene Produktschaden nicht auf einen Produktfehler, sondern auf einen **Fehlgebrauch** bzw. auf einen **Mißbrauch** des fraglichen Produkts zurückzuführen ist (Produkthaftungshandbuch/*Foerste*, § 30 Rdnr. 84). Rechtlich gewertet geht es hierbei um den Nachweis der **haftungsbegründenden Kausalität** (*Graf von Westphalen* aaO). Auch in diesem Zusammenhang kommt der Anscheinsbeweis sowie der Indizienbeweis zur Geltung (BGH BB 1970, 1414 – Bremsen). Soweit ein Anscheinsbeweis – bezogen auf einen Produktfehler – eingeschränkt ist (Anm. 10 (3) a)), gilt dies auch insoweit, als es Sache des Geschädigten ist, die haftungsbegründende Kausalität nachzuweisen (im Ergebnis Produkthaftungshandbuch/*Foerste*, § 30 Rdnrn. 88 ff.). Im **praktischen Ergebnis** ist also zu unterstreichen, daß bei allen Produkthaftungsfällen der Nachweis eines dem Hersteller zurechenbaren Produktfehlers, der den Schaden tatsächlich herbeigeführt hat, von zentraler Bedeutung ist: An dieser Stelle entscheidet sich das Schicksal des Anspruchs.

3. Contract of Quality Control (Qualitätssicherungsvertrag) III.3

a) Eine **besondere Ausformung der Beweislastverteilung** haben zwei BGH-Entscheidungen herbeigeführt, die sich damit befassen, daß Mehrweg-Mineralwasserflaschen explodierten und dabei Körperschäden verursachten (BGH ZIP 1988, 1129 – Limonadenflasche I; BGH ZIP 1993, 440 – Mineralwasserflasche I). In beiden Fällen führte der Kläger seine Verletzungen darauf zurück, daß die von dem Hersteller verwendeten Mehrwegflaschen bereits einen feinen Riß oder einen vergleichbaren Fehler aufwiesen, als sie den Betrieb des Herstellers verließen. In beiden Fällen kam das Berufungsgericht zu dem Resultat, daß der beklagte Hersteller seine Pflicht verletzt habe, sich zuverlässig darüber zu vergewissern, ob die von ihm wiederholt verwendeten Mehrwegflaschen funktionstüchtig und einwandfrei sind: Geltend gemacht wurde also, daß die Hersteller ihre Pflicht zur sogenannten „Statussicherung" nicht hinreichend erfüllt hätten (BGH ZIP 1988, 1129/1133 – Limonadenflasche I; BGH ZIP 1993, 440/441 – Mineralwasserflasche I). Anders gewendet: Weil der beklagte Hersteller Mehrwegflaschen mehrfach verwendete, war er gehalten, eine Prüfungs- und Befundsicherungspflicht mit dem Ziel zu erfüllen, den Zustand des Glases jeder Flasche vor ihrer Inverkehrgabe auf seine Berstsicherheit zu untersuchen und sich zu vergewissern, daß nur unbeschädigte Flaschen den Herstellerbetrieb verlassen (BGH ZIP 1988, 1129/1133 – Limonadenflasche I).

b) Jedenfalls unter diesen Voraussetzungen kommt eine **Beweislastumkehr** zugunsten des Geschädigten in Betracht: Es ist dann Sache des beklagten Herstellers den Nachweis dafür zu erbringen, daß der schadenstiftende Produktfehler nicht in seinem Verantwortungsbereich entstanden ist (BGH ZIP 1993, 440 – Mineralwasserflasche I). Diese dem Hersteller obliegende Überprüfungs- und Befundsicherungspflicht ist nicht mit der Pflicht gleichzusetzen, die sich aus der üblichen Warenendkontrolle ergibt (BGH ZIP 1993, 440/441 – Mineralwasserflasche I). Indessen reichen die Grundsätze dieser BGH-Urteile über den engen Bereich des Produkts „Mehrwegflasche" hinaus. Denn eine Pflicht des Herstellers, die von ihm in den Verkehr zu bringenden Produkte zu prüfen und die Befunde zu sichern, ergibt sich immer dann, wenn ein Produkt in Rede steht, „das erhebliche Risiken für den Verbraucher in sich trägt, die in der Herstellung geradezu angelegt sind, und deren Beherrschung deshalb einen **Schwerpunkt** des Produktionsvorgangs darstellt, so daß über die übliche Warenendkontrolle hinaus besondere Befunderhebungen des Herstellers erforderlich sind, weil dieser den Verbraucher nicht sehenden Auges solchen Gefahren seiner Produktionsentscheidung aussetzen darf" (BGH aaO). Befundsicherung bedeutet also „die Sicherstellung eines Kontrollverfahrens, durch das der Zustand einer jeden Flasche ermittelt und gewährleistet wird, daß – soweit technisch möglich – alle nicht einwandfreien Flaschen von der Wiederverwendung ausgeschlossen werden" (BGH ZIP 1993, 440/441 f. – Mineralwasserflasche I). Ein eindringlicheres Bekenntnis zu effektiven Maßnahmen der **Qualitätskontrolle** ist kaum denkbar (BGH ZIP 1995, 1094, 1097 – Mineralwasserflasche II).

c) **Welche Produkte** konkret ein solches „Kontrollverfahren" (BGH aaO) erfordern, läßt sich nicht generell sagen. Man wird aber jedenfalls alle die Produkte in diese Kategorie hineinstellen müssen, bei denen ein Produktfehler erhebliche Körper- und Gesundheitsschäden des Verbrauchers nach sich ziehen kann, wie z.B. Lebensmittel, Autos, Flugzeuge und alle Geräte der Medizintechnik. In all diesen Fällen verfügt der **Geschädigte** nicht über die erforderlichen Kenntnisse, um dem (beklagten) Hersteller nachzuweisen, daß in der Tat die ihm obliegenden Überprüfungs- und Befundsicherungspflichten – allgemein: die ihm obliegenden Kontrollpflichten – verletzt worden sind. Daher gilt: Es ist dann Sache des beklagten Herstellers die von ihm tatsächlich durchgeführten Maßnahmen zur Befunderhebung und Befundsicherung im einzelnen darzustellen, weil erst dann der Geschädigte in die Lage versetzt wird, seinerseits substantiiert zu behaupten, daß die ihm dargelegten Maßnahmen unzureichend/unvollständig und damit unzulänglich waren (BGH ZIP 1993, 440/442 – Mineralwasserflasche I).

(5) Für gewöhnlich gilt, daß der Kläger verpflichtet ist, alle anspruchsbegründenden Tatsachen dem Gericht darzulegen und auch zu beweisen. Im Rahmen der Produzenten-

haftung des § 823 Abs. 1 BGB bedeutet dies: Der Geschädigte ist verpflichtet, den Produktfehler, den entstandenen Personen- oder Sachschaden, die Kausalität sowie das Verschulden – also: Vorsatz oder Fahrlässigkeit im Sinn von § 276 BGB – nachzuweisen. In seiner bahnbrechenden **Hühnerpest-Entscheidung** vom 26. 11. 1968 hat der BGH (BGH NJW 1969, 269) eine **Umkehr der Beweislast** für den Bereich des Verschuldens festgelegt.

a) Die Klägerin betrieb eine Hühnerfarm. Ein Tierarzt hatte die Hühner gegen Hühnerpest geimpft. Einige Tage später brach jedoch die Hühnerpest aus; über 4000 Hühner verendeten. Der Tierarzt hatte den Impfstoff bei einem Pharmaunternehmen bezogen, wo er nach den tatrichterlichen Feststellungen mit Bakterien verunreinigt worden war, welche die Hühnerpestviren reaktiviert hatten. Es handelte sich also um einen Fabrikationsfehler. Hier stellte der BGH erstmals fest, daß der beklagte Hersteller verpflichtet ist, sich von dem Vorwurf, den Produktfehler verschuldet zu haben, zu **entlasten**. Er begründete dies u. a. mit folgenden Erwägungen:

> „Allzuoft wird der Betriebsinhaber die Möglichkeit dartun, daß der Fehler des Produkts auch auf eine Weise verursacht worden sein kann, die den Schluß auf sein Verschulden nicht zuläßt – ein Nachweis, der zumeist wiederum auf Vorgängen im Betriebe des Schädigers beruht, daher vom Geschädigten schwer zu widerlegen ist. Infolgedessen kann der Hersteller dann, wenn es um Schäden geht, die aus dem Gefahrenbereich seines Betriebes erwachsen sind, noch nicht dadurch als entlastet angesehen werden, daß er Möglichkeiten aufzeigt, nach denen der Fehler des Produkts auch ohne ein in seinem Organisationsbereich liegendes Verschulden entstanden sein kann. Diese gebieten in den Fällen der Produzentenhaftung die schutzbedürftigen Interessen des Geschädigten – gleich ob Endabnehmer, Benutzer oder Dritter; andererseits erlauben es die schutzwürdigen Interessen des Produzenten, von ihm den Nachweis seiner Schuldlosigkeit zu verlangen.
>
> Diese Beweisregel greift freilich erst ein, wenn der Geschädigte nachgewiesen hat, daß sein Schaden im Organisations- und Gefahrenbereich des Herstellers, und zwar durch einen objektiven Mangel oder Zustand der Verkehrswidrigkeit ausgelöst worden ist. Dieser Beweis wird vom Geschädigten sogar dann verlangt, wenn er den Schädiger wegen Verletzung vertraglicher oder vorvertraglicher Schutz- und Nebenpflichten in Anspruch nimmt. Nichts anderes gilt, wenn er den Produzenten wegen Verletzung der Verkehrssicherungspflicht in Anspruch nimmt. Hat er aber diesen Beweis geführt, so ist der Produzent „näher daran", den Sachverhalt aufzuklären und die Folgen der Beweislosigkeit zu tragen. Er überblickt die Produktionssphäre bestimmt und organisiert den Herstellungsprozeß und die Auslieferungskontrolle der fertigen Produkte. Oft machen die Größe des Betriebes, seine komplizierte, verschachtelte, auf Arbeitsteilung beruhende Organisation, verwickelte technische, chemische oder biologische Vorgänge und dergleichen es dem Geschädigten praktisch unmöglich, die Ursache des schadenstiftenden Fehlers aufzuklären. ... Liegt so aber die Ursache der Unaufklärbarkeit im Bereich des Produzenten, so gehört sie auch zu seiner Risikosphäre. Dann ist es sachgerecht und zumutbar, daß ihn das Risiko der Nichterweislichkeit seiner Schuldlosigkeit trifft" (BGH NJW 1969, 269/274 f. – Hühnerpest).

b) In der Sache geht es – bezogen auf die Konsequenzen der Beweislastumkehr – darum, daß der Hersteller gehalten ist, den Nachweis zu führen, daß er kein Verschulden daran trägt, daß ein Produktfehler innerhalb seines Herrschafts- und Organisationsbereichs entstanden ist. In der Hühnerpest-Entscheidung hat der BGH (BGH NJW 1969, 269 – Hühnerpest) diese Beweislastumkehr für den Bereich des **Fabrikationsfehlers** entwickelt. Sie gilt aber auch für **Konstruktionsfehler** (BGH BB 1970, 1414 – Bremsen; BGH BB 1977, 162 – Schwimmschalter) sowie für **Instruktionsfehler** (BGH ZIP 1992, 38 – Milupa I). Freilich setzt dieser Grundsatz bei Vorliegen eines Instruktionsfehlers voraus, daß dieser schon zu einem Zeitpunkt vorlag, als der Hersteller das Produkt in den Verkehr brachte. Es muß also insoweit eine vergleichbare Konstellation mit einem Konstruktions- und Fabrikationsfehler vorliegen (BGH ZIP 1992, 38/41 f. – Milupa I).

c) Etwas **anderes** gilt jedoch dann, wenn es sich um einen Fehler der **Produktbeobachtung** handelt (Produkthaftungshandbuch/*Foerste*, § 30 Rdnrn. 78 ff.). Auch hier kommt es entscheidend darauf an, ob – bezogen auf die Verletzung der Produktbeobachtungspflicht – eine Konstellation vorliegt, die einem Konstruktions- und Fabrikationsfehler vergleichbar ist. Dies ist nur dann zu bejahen, wenn der Hersteller die Produktbeobach-

3. Contract of Quality Control (Qualitätssicherungsvertrag) III.3

tungspflicht bereits zu dem Zeitpunkt vernachlässig hat, als er das fragliche Produkt in den Verkehr brachte. Dann handelt es sich um einen Vorgang, der der Organisations- und Herrschaftssphäre des Herstellers zuzuordnen, also dem Geschädigten praktisch versperrt ist (Produkthaftungshandbuch/*Foerste*, § 30 Rdnr. 80). Liegen die Tatsachen jedoch so, daß der Hersteller deswegen seine Produktbeobachtungspflicht verletzt, weil sich – nach dem Inverkehrbringen des Produkts – der Stand von Wissenschaft und Technik **geändert** hat, so daß nunmehr Produktrisiken/Produktgefahren auftreten, die zuvor dem Hersteller – objektiv gewertet – nicht erkennbar waren, dann muß der **Geschädigte** dem Hersteller nachweisen, daß er insoweit die ihm obliegende Produktbeobachtungspflicht verletzt hat (BGH NJW 1981, 1603/1605 f. – Derosal; BGH NJW 1981, 1606/1608 – Benomyl; vgl. auch BGH NJW-RR 1995, 342 – Gewindeschneidemittel II).

d) In der Hühnerpest-Entscheidung hat der BGH (BGH NJW 1969, 269 – Hühnerpest) die Grundsätze der Beweislastumkehr auf einen industriellen **Großbetrieb** fixiert, aber auch auf den Inhaber eines **Kleinbetriebes**, nämlich: einer Gaststätte ausgedehnt. Gleiches gilt für **Angestellte**, soweit die Inhaber der Organisationsgewalt des ihnen unterstehenden Bereichs sind, in dem der Produktfehler seine Ursache gehabt hat (BGH ZIP 1992, 410/413 f. – Hochzeitsessen; weitergehend noch in der Begründung des BGH BB 1975, 1031 – Spannkupplung). Gleichgültig ist in diesem Zusammenhang, ob es sich um den Hersteller eines End- oder eines Teilprodukts handelt.

11. Der Entlastungsbeweis gemäß § 831 Abs. 1 Satz 2 BGB. (1) § 831 Abs. 1 BGB bestimmt, daß der Geschäftsherr zum Ersatz des Schadens verpflichtet ist, den ein **Verrichtungsgehilfe** „in Ausführung der Verrichtung einem Dritten widerrechtlich zufügt". Indessen tritt gemäß § 831 Abs. 1 Satz 2 BGB die Ersatzpflicht dann nicht ein, „wenn der Geschäftsherr bei der Auswahl der bestellten Person und, sofern er Vorrichtungen oder Gerätschaften zu beschaffen oder die Ausführungen der Verrichtung zu leisten hat, bei der Beschaffung oder der Leitung die im Verkehr erforderliche Sorgfalt beobachtet oder wenn der Schaden auch bei Anwendung dieser Sorgfalt entstanden sein würde".

(2) Zu einer Verrichtung im Sinn von § 831 Abs. 1 Satz 1 BGB ist derjenige bestellt, der die ihm zugewiesene Aufgabe nach den **Weisungen** des Geschäftsherrn zu erledigen hat. Es muß sich also um eine Tätigkeit handeln, die in dem Einflußbereich eines anderen liegt; ferner ist erforderlich, daß zwischen Geschäftsherrn und Verrichtungsgehilfen eine gewisse **Abhängigkeit** besteht (*Palandt/Thomas*, § 831 Rdnr. 6). An der danach erforderlichen Einflußmöglichkeit fehlt es, sofern der eingeschaltete Dritte **selbständig** ist (BGH NJW 1976, 46/47 – Entsorgung). Dies bedeutet also, daß der von einem Auftragnehmer eingeschaltete **Subunternehmer** nicht als Verrichtungsgehilfe im Sinn von § 831 Abs. 1 Satz 1 BGB zu qualifizieren ist (BGH BB 1994, 1741). Als Faustregel mag gelten: Derjenige, der im Rahmen eines **Werkvertrages** tätig wird, ist regelmäßig kein Verrichtungsgehilfe, sondern selbständiger Unternehmer; etwas anderes gilt, soweit das zugrundeliegende Rechtsverhältnis ein Dienst- oder Arbeitsvertrag ist: Während der Unternehmer über Zeit und Umfang seiner Tätigkeit frei bestimmen kann, ist dies für den dienstverpflichteten Arbeitnehmer grundsätzlich zu verneinen (*Palandt/Thomas* aaO). Die Haftung gemäß § 831 Abs. 1 Satz 1 BGB setzt voraus, daß die rechtswidrige, schädigende Handlung des Verrichtungsgehilfen in einem **inneren Zusammenhang** mit der ihm übertragenen Tätigkeit stehen muß (BGH NJW 1971, 31/32). Der Schaden darf also nicht nur gelegentlich der Verrichtung angerichtet werden (*Palandt/Thomas*, § 831 Rdnr. 10). Selbst ein bewußtes eigenmächtiges Zuwiderhandeln gegen etwaige Weisungen des Geschäftsherrn fällt noch in den Rahmen von § 831 Abs. 1 Satz 1 BGB, liegt also noch nicht außerhalb des Kreises der dem Verrichtungsgehilfen aufgetragenen Verrichtungen (*Palandt/Thomas* aaO). Zielt jedoch die Weisung des Geschäftsherrn unmittelbar auf eine schädigende Handlung, so fehlt eine Pflichtverletzung des Verrichtungsgehilfen (Produkthaftungshandbuch/*Foerste*, § 37 Rdnr. 4). Im Rahmen der **Produzentenhaftung** des § 823 Abs. 1 BGB bereitet es regelmäßig keine Schwierigkeiten, den inneren Zusammenhang zwischen der schädigenden Hand-

lung – dem Produktfehler – und der dem Verrichtungsgehilfen obliegenden Verrichtung festzustellen. Abzuheben ist auf den Funktionszusammenhang; **Sabotageakte** fallen daher nicht in diese Kategorie (Produkthaftungshandbuch/*Foerste*, § 37 Rdnr. 5).

(3) Anerkanntermaßen unterscheidet sich die „**Widerrechtlichkeit**" in § 831 Abs. 1 Satz 1 BGB nicht von derjenigen, die in § 823 Abs. 1 BGB normiert ist (*Staudinger/Schäfer*, § 831 Rdnr. 128; *Palandt/Thomas*, BGB, § 831 Rdnr. 11). Dies bedeutet: Im Rahmen der Produzentenhaftung gemäß § 823 Abs. 1 BGB handelt der Hersteller immer dann „widerrechtlich", wenn er eine ihm obliegende **Verkehrssicherungspflicht** objektiv mißachtet. Es handelt sich also insoweit um ein **Verhaltensunrecht**, nicht um ein Erfolgsunrecht (im einzelnen Produkthaftungshandbuch/*Foerste*, § 23 Rdnrn. 3 ff.). Gleiches wird man auch im Rahmen von § 831 Abs. 1 Satz 1 BGB festhalten müssen: Hier kommt es nicht entscheidend darauf an, daß ein bestimmter Verrichtungsgehilfe einen Produktschaden – im Sinn eines Erfolgsunrechts – gesetzt hat; maßgebend ist allein, daß der Verrichtungsgehilfe trotz bestehender Weisungen des Geschäftsherrn – ein „rechtswidriges" **Verhalten** setzt, welches einen Produktfehler verursacht (vgl. auch BGH NJW 1973, 1602/1603 – Feuerwerkskörper). Soweit dem Verrichtungsgehilfen innerhalb seines Bereichs, etwa als Konstrukteur, Qualitätsprüfer, Laborleiter etc. **Organisationsverantwortung** zukommt, der betreffende Produktfehler aber innerhalb dieses Bereichs entstanden ist, gelten im Hinblick auf seine persönliche Haftung die Grundsätze der Beweislastumkehr (Anm. 10).

(5) Beweist der Geschädigte, daß ein bestimmter Produktfehler dem Herrschafts- und Organisationsbereich des Herstellers zuzurechnen ist, so gelten zunächst die allgemeinen Grundsätze der Beweislastverteilung (Anm. 10). Gelingt es jedoch dem beklagten Hersteller, im einzelnen nachzuweisen, welcher – namhaft zu machende – **Verrichtungsgehilfe** den betreffenden Produktfehler „widerrechtlich" verursacht hat, so kann er sich auf diese Weise den **Entlastungsbeweis** gemäß § 831 Abs. 1 Satz 2 BGB eröffnen. Ist indessen der Hersteller nicht in der Lage, die jeweiligen Verrichtungsgehilfen namhaft zu machen, die den Produktfehler aktuell verursacht haben, so trifft ihn die Beweislast, d. h. er trägt den Nachteil der Unaufklärbarkeit der Schadensursache (BGH NJW 1973, 1602/1603 – Feuerwerkskörper).

(6) Die Verpflichtung des Herstellers, für eine **ordnungsgemäße Organisation** seines Unternehmens zu sorgen, ist der **Grundtatbestand** der Verkehrssicherungspflichten im Sinn von § 823 Abs. 1 BGB. Der Hersteller ist also verpflichtet, durch innerbetriebliche Organisationsmaßnahmen dafür Sorge zu tragen, daß Produktfehler – soweit möglich und zumutbar – vermieden werden. Im Rahmen der **Produzentenhaftung** gemäß § 823 Abs. 1 BGB ist die an sich durchaus schwierige Differenzierung zwischen den allgemeinen Organisationspflichten des § 823 Abs. 1 BGB und den speziellen Auswahl- und Beaufsichtigungspflichten des § 831 Abs. 1 Satz 2 BGB **vernachlässigenswert:** Hat nämlich der Geschädigte den Nachweis erbracht, daß ein Produktfehler dem Herrschafts- und Organisationsbereich des Herstellers zuzurechnen ist, so muß sich dieser in zweifacher Hinsicht entlasten, nämlich dahingehend, daß er die ihm obliegenden Organisationspflichten im Sinn von § 823 Abs. 1 BGB ordnungsgemäß erfüllt und die speziellen Ausfall- und Aufsichtspflichten des § 831 Abs. 1 Satz 2 BGB beachtet hat. Denn beide Tatbestände werden von der dem Hersteller obliegenden **Beweislast** erfaßt (BGH NJW 1973, 1602/1603 – Feuerwerkskörper).

a) Gleichwohl ist zu unterstreichen, daß gerade im Rahmen der Produzentenhaftung die Tendenz erkennbar wird, die dem Hersteller obliegenden allgemeinen Organisationspflichten **anzuspannen,** um auf diese Weise eine Pflichtverletzung des Herstellers zu markieren, weil dann die Möglichkeit von vornherein ausscheidet, daß sich der Hersteller wegen etwaiger Fehler der von ihm eingeschalteten **Verrichtungsgehilfen** gemäß § 831 Abs. 1 Satz 2 BGB mit Erfolg entlastet (hierzu vor allem *Steindorff* AcP 170, 93 ff.). Das gleiche Ergebnis erreicht man in der Sache dann, wenn man die Anforderungen an die erfolgreiche Führung des Entlastungsbeweises im Sinn von § 831 Abs. 1 Satz 2 BGB so hoch ansetzt, daß im Ergebnis jeder Produktfehler – die Problematik wird beim „Ausrei-

3. Contract of Quality Control (Qualitätssicherungsvertrag)   III.3

ßer" deutlich – den Hersteller als Pflichtdefizit zugerechnet wird (vgl. *Kullmann/Pfister*, Produzentenhaftung, Kza. 3210 S. 7).

b) Das Maß der bei der Auswahl der Verrichtungsgehilfen zu stellenden Anforderungen richtet sich nach der Art der Verrichtung: Je verantwortungsvoller und schwieriger die Tätigkeit ist, um so größer ist die dem Hersteller obliegende Sorgfaltspflicht. Dies gilt insbesondere dann, wenn mit der konkreten Tätigkeit des Verrichtungsgehilfen **Gefahren** verbunden sind, die nur durch eine beträchtliche **Sachkunde** und technische Geschicklichkeit, aber eben auch: durch hinreichende Aufsicht bewältigt werden können (*Palandt/ Thomas*, § 831 Rdnr. 13). Mit anderen Worten: Der Hersteller hat dafür zu sorgen, daß die in seinem Betrieb Tätigen ausreichend **qualifiziert** und **zuverlässig** sind. Dies ist bereits bei der Einstellung des Personals zu beachten. Die gleiche Aufsichtspflicht erstreckt sich jedoch über die gesamte Beschäftigungsdauer und berührt – konkret und entscheidend – den jeweiligen Zeitpunkt, in welchem ein Produktfehler verursacht wurde (BGH NJW 1973, 1602/1603 – Feuerwerkskörper). Soweit bestimmte Befähigungsnachweise erforderlich sind, hat der Hersteller dafür Sorge zu tragen, daß diese im Einzelfall vorliegen. Nur so erfüllt er das Kriterium der ordnungsgemäßen Auswahl im Sinn von § 831 Abs. 1 Satz 2 BGB. Doch erstreckt sich die Pflicht zur ordnungsgemäßen Auswahl – abhängig von den Umständen des Einzelfalls – auch darauf, ob der betreffende Verrichtungsgehilfe nicht nur das jeweilige Zeugnis/Zertifikat besitzt, sondern auch über die tatsächliche Sachkunde konkret verfügt.

c) Anerkanntermaßen ist daher **fortgesetzte Prüfung** erforderlich, ob der jeweilige Verrichtungsgehilfe noch zu den Verrichtungen befähigt ist, die ihm nach Weisungen des Herstellers obliegen (*Palandt/Thomas*, § 831 Rdnr. 14). Folglich muß sich der Hersteller durch geeignete **Kontrollmaßnahmen** – auch durch unerwartete Kontrollmaßnahmen – regelmäßig davon unterrichten, daß in der Tat die erforderliche Eignung und **Zuverlässigkeit** des Verrichtungsgehilfen gegeben sind und noch uneingeschränkt andauern (RGZ 87, 1/4 – Brunnensalz). Die hier geschuldete Überwachung ist Teil des Organisationsplans des Herstellers. Gemäß § 831 Abs. 1 Satz 2 BGB schuldet der Hersteller auch eine **Sonderaufsicht**, sofern die dem Verrichtungsgehilfen obliegende Tätigkeit besonders gefährlich ist (Produkthaftungshandbuch/*Foerste*, § 38 Rdnr. 9).

d) Da der Hersteller als eigene **Organisationspflicht** die zur Durchführung der jeweiligen Verkehrssicherungsmaßnahmen erforderlichen Anordnungen schuldet und gleichzeitig verpflichtet ist, die mit der Durchführung dieser Anordnung betrauten Personen **ständig zu überwachen** (BGH NJW 1968, 247/248 – Schubstrebe), wird es verständlich, daß der Entlastungsbeweis gemäß § 831 Abs. 1 Satz 2 BGB bei Ansprüchen aus der Produzentenhaftung praktisch keine wesentliche Bedeutung besitzt (BGH NJW 1973, 1602/1603 – Feuerwerkskörper). Dies gilt auch insoweit, als die Figur des sogenannten „dezentralisierten Entlastungsbeweises" bemüht wird (BGHZ 4, 1; vgl. aber auch BGH NJW 1968, 247/ 248 f. – Schubstrebe). Bei **Großbetrieben**, aber auch dann, wenn der Hersteller an der eigenen Leitung und Beaufsichtigung im Sinn von § 831 Abs. 1 Satz 2 BGB gehindert ist, besteht die Möglichkeit, die nach § 831 Abs. 1 Satz 2 BGB geschuldete Auswahl und Überwachung der Verrichtungsgehilfen einem **höheren Angestellten** zu übertragen – mit der Konsequenz, daß es dann den Hersteller entlastet, wenn er nachweist, daß er den höheren Angestellten, also: die Aufsichtsperson sorgfältig ausgewählt und überwacht hat. Damit wird die Figur des „dezentralisierten Entlastungsbeweises" umschrieben (*Palandt/ Thomas*, § 831 Rdnr. 15). Die Rechtsprechung trägt so dem Umstand Rechnung, daß in einem Großbetrieb der jeweilige Betriebsinhaber/Geschäftsherr schlechterdings nicht in der Lage sein kann, die ihm eigentlich obliegende Auswahl- und Überwachungspflicht ordnungsgemäß zu erfüllen, so daß es ausreicht, wenn er die Erfüllung dieser Pflichten an geeignete Mitarbeiter/Aufsichtspersonen delegiert (MünchKomm/*Mertens*, 2. Aufl., § 831 Rdnr. 67 f.).

aa) Es ist darüber gestritten worden, ob der Entlastungsbeweis gemäß § 831 Abs. 1 Satz 2 BGB, insbesondere in Form des „dezentralisierten Entlastungsbeweises" überhaupt bei Ansprüchen aus der Produzentenhaftung gemäß § 823 Abs. 1 BGB Anwendung finden solle (vgl. *Kullmann/Pfister,* Produzentenhaftung, Kza. 310 S. 7; Produkthaftungshandbuch/*Foerste,* § 38 Rdnr. 3 f.). Doch solange der **Gesetzgeber** § 831 Abs. 1 Satz 2 BGB beibehält, sind die Gerichte an diese Vorschrift gebunden (*Kullmann/Pfister* aaO). Gleichwohl ist erneut zu unterstreichen, daß die aktuelle Möglichkeit des Entlastungsbeweises gemäß § 831 Abs. 1 Satz 2 BGB in Klagen der Produzentenhaftung praktisch keine Bedeutung besitzt. Entscheidend für dieses Ergebnis ist, daß entweder das Organisationsverschulden des Herstellers oder eine konkrete Pflichtverletzung – in Form eines Konstruktions-, Fabrikations-, Instruktions- oder Produktbeobachtungsfehler – im Vordergrund steht, unterstützt von einer interessengerechten Verteilung der Beweislast (Anm. 10).

bb) Soweit Schadensersatzansprüche aus der **Produkthaftung gemäß § 1 ProdHaftG** geltend gemacht werden, führt die darin normierte verschuldensunabhängige Einstandspflicht des Herstellers dazu, daß dieser bei einem nach § 3 ProdHaftG zu vertretenden **Produktfehler** nicht in der Lage ist, den Entlastungsbeweis zu führen (BGH ZIP 1995, 1094, 1096 – Mineralwasserflasche I).

12. Die Verletzung eines Schutzgesetzes gemäß § 823 Abs. 2 BGB. (1) § 823 Abs. 2 BGB bestimmt ganz generell, daß die Schadensersatzhaftung des § 823 Abs. 1 BGB auch denjenigen trifft, „welcher gegen ein den Schutz eines anderen bezweckendes Gesetz verstößt". § 823 Abs. 2 BGB gilt daher dem **Individualschutz,** weil es entscheidend darauf ankommt: Nur solche Gesetze sind Schutzgesetze im Sinn dieser Bestimmung, die den Schutz „**eines anderen**" bezwecken. Dies ist dann zu bejahen, wenn das jeweilige Gesetz neben dem Schutz der **Allgemeinheit** gerade auch dazu dient, den einzelnen oder einzelne Personenkreise gegen die Verletzung eines Rechtsguts zu schützen (*Palandt/Thomas,* § 823 Rdnr. 141). Dabei kommt es nicht auf die Wirkung, sondern auf den **Inhalt** und Zweck des Gesetzes sowie darauf an, ob der Gesetzgeber bei Erlaß des Gesetzes gerade einen Rechtsschutz, wie er wegen der behaupteten Verletzung in Anspruch genommen wird, zugunsten von **Einzelpersonen** oder bestimmten Personenkreisen gewollt oder doch mitgewollt hat (BGH ZIP 1991, 1597/1598 – zu § 264a StGB). Weitere Voraussetzungen im Sinn von § 823 Abs. 2 BGB ist die Feststellung, daß der eingetretene **Schaden** innerhalb des Schutzzwecks des Schutzgesetzes, also: innerhalb des Schutzzwecks der Norm liegt (BGH NJW 1977, 1223/1225; BGH NJW 1976, 1740).

(2) Im Rahmen der Produzentenhaftung bieten sich **zahlreiche Gesetze** an, die als Schutzgesetze gemäß § 823 Abs. 2 BGB in Betracht kommen (Übersicht in Produkthaftungshandbuch/*Foerste,* § 32 Rdnrn. 12 ff.). Zu nennen ist in erster Linie das Arzneimittelgesetz (AMG), das Gerätesicherheitsgesetz (GSiG), das FuttermittelG. Die Rechtsentwicklung in diesem Punkt schreitet ständig fort; zurückzuführen ist dies auch maßgeblich auf die Rechtsangleichung innerhalb der EU. Daher ist es **unerläßlich,** im Einzelfall sorgfältig zu prüfen, ob – bezogen auf den Zeitpunkt der aktuellen Handlung/Unterlassung – ein bestimmtes Schutzgesetz in Kraft war, welchen Schutz es bezweckte und ob der geltend gemachte Schaden in den Schutzzweck der Norm fällt: Generelle Antworten verbieten sich; es entscheiden die Umstände des Einzelfalls (vgl. auch die Übersicht bei (*Palandt/Thomas,* § 823 Rdnr. 145 ff.).

(3) In der Rechtsprechung des BGH ist – bezogen auf die Verteilung der Beweislast – anerkannt, daß im Falle der objektiven Verletzung eines Schutzgesetzes der Schädiger in der Regel Umstände darlegen und beweisen muß, die geeignet sind, die Annahme eines Verschuldens **auszuräumen** (BGHZ 51, 91/103 f.; BGH VersR 1985, 452/453; BGH ZIP 1992, 410/414 – Hochzeitsessen). Dies aber gilt nur dann, wenn das Schutzgesetz das geforderte **Verhalten** bereits so konkret umschreibt, daß mit der Verwirklichung des objektiven Tatbestandes der Schluß auf einen subjektiven Schuldvorwurf naheliegt (BGH ZIP 1992, 410/414 – Hochzeitsessen; *Kullmann/Pfister,* Produzentenhaftung, Kza. 2014 S. 12 f.). Beschränkt sich hingegen das Schutzgesetz darauf, einen bestimmten **Verletzungserfolg** zu verbieten, so löst die bloße Verwirklichung einer solchen Verbotsnorm noch

3. Contract of Quality Control (Qualitätssicherungsvertrag) III.3

keine Indizwirkung in bezug auf das Verschulden aus (BGH aaO). Folglich ist exakt danach zu differenzieren, ob das Schutzgesetz eine **Verletzungshandlung** oder einen **Verletzungserfolg** sanktioniert. So ist z. B. im Rahmen von § 8 Lebensmittelgesetz (LMBG) anerkannt, daß diese Vorschrift lediglich verbietet, gesundheitsschädliche Lebensmittel herzustellen und in den Verkehr zu bringen, ohne konkrete Verhaltensanweisungen zu begründen (BGH aaO). Dies bedeutet – bezogen auf Schutzgesetze, welche an den **Verletzungserfolg** anknüpfen –, daß der Geschädigte den vollen Beweis für ein vorsätzliches oder fahrlässiges Außerachtlassen der im Verkehr erforderlichen Sorgfalt erbringen muß (BGH aaO; a. M. teilweise Produkthaftungshandbuch/*Foerste*, § 34 Rdnr. 7 f.).

13. Die Bedeutung eines Qualitätssicherungssystems. (1) Gerade auch im Zusammenhang mit der dem Hersteller obliegenden **Beweislast** entfalten Qualitätssicherungsvereinbarungen ihre praktische Bedeutung. Der Hersteller trägt – wie dargestellt – dafür die Beweislast, daß er für einen seinem Herrschafts- und Organisationsbereich entstammenden **Produktfehler** nicht einzustehen hat (BGH BB 1970, 1414 – Bremsen). Die Beweislast ist in persönlicher wie in sachlicher Hinsicht **umfassend** (Produkthaftungshandbuch/*Foerste*, § 30 Rdnr. 44). In der Praxis bedeutet dies, daß der beklagte Hersteller gehalten ist, jeder einzelnen Behauptung des Klägers, das Produkt sei fehlerhaft, beweiskräftig entgegenzutreten. Gleichzeitig aber muß er alle den Herstellungsprozeß betreffenden – erforderlichen und zumutbaren – Sicherheitsvorkehrungen – bezogen auf das jeweilige Produkt – lückenlos darlegen und unter Beweis stellen.
(2) Bezogen auf das vom Hersteller beschäftigte **Personal** bedeutet dies, daß er verpflichtet ist, die Sorgfalt sämtlicher Personen zu beweisen, deren Fehlverhalten ihm zugerechnet wird. Sofern es dem Hersteller möglich ist, kann er diejenigen Arbeitnehmer/Angestellten – **Verrichtungsgehilfen** – namhaft machen, die mit dem fraglichen Produkt zu tun hatten, um auf diese Weise auszuschließen, daß andere Personen den Produktfehler verursacht haben. Da dieser Nachweis oft erst viele Jahre nach dem Produktionsdatum geführt werden muß, sind die Anforderungen an die **Produktdokumentation** erheblich, aber insoweit ganz entscheidend. Denn gelingt es dem Hersteller nicht, die betreffenden Verrichtungsgehilfen namhaft zu machen, um für diese eventuell den **Entlastungsbeweis** gemäß § 831 Abs. 1 Satz 2 BGB erfolgreich zu führen, so muß er sich für **sämtliche Mitarbeiter** entlasten, die in irgendeiner Weise auf das Produkt eingewirkt haben könnten (BGH NJW 1973, 1602/1603 – Feuerwerkskörper). Dies gilt selbst dann, wenn es sich um einen automatisierten Produktionsprozeß handelt (BGH aaO). Daß ein solcher Entlastungsbeweis praktisch kaum möglich ist, ist evident.
(3) In **organisatorischer Hinsicht** muß der Hersteller den Nachweis erbringen, daß ihm keine bei der Herstellung des Produkts vorstellbare Pflichtverletzung zur Last fällt, daß er also alle erforderlichen und ihm zumutbaren Verkehrssicherungspflichten ordnungsgemäß erfüllt hat (BGH NJW 1973, 1602/1603 – Feuerwerkskörper). Hier geht es primär darum, daß der Hersteller nachweist, alle ihm obliegenden **Organisationspflichten** im Sinn von § 823 Abs. 1 BGB ordnungsgemäß erfüllt zu haben.
(4) Aus **praktischer Sicht** steht freilich fest: Soweit der Geschädigte den Nachweis erbracht hat, daß ein Produktfehler vorliegt, der dem Herrschafts- und Organisationsbereich des Herstellers zuzurechnen ist, hilft dem beklagten Hersteller der Nachweis nichts, daß er alle ihm obliegenden Organisations- und Verkehrssicherungspflichten im Sinn von § 823 Abs. 1 BGB ordnungsgemäß erfüllt hat. Denn unter dieser Voraussetzung reduziert sich die Umkehr der Beweislast auf das Verschulden im Sinn von § 276 BGB. Soweit jedoch eine objektive Pflichtverletzung – also: ein Produktfehler – tatsächlich vorliegt, ist gleichzeitig der Nachweis dafür erbracht worden, daß der Hersteller die „äußere" Sorgfalt, nämlich: die der Verkehrssicherungspflicht im Sinn von § 823 Abs. 1 BGB verletzt hat. Damit aber ist unmittelbar **indiziert**, daß der Hersteller auch schuldhaft im Sinn von § 276 BGB gehandelt, d. h. gegen die „innere" Sorgfalt verstoßen hat (BGH NJW 1981, 1603/1605 – Derosal). Anders gewendet: Es ist praktisch kaum vorstellbar, daß dem beklagten

Hersteller der Nachweis **fehlenden Verschuldens** gelingt, sofern der Geschädigte seinerseits nachgewiesen hat, daß sein Schaden auf einem Produktfehler beruht, der dem Herrschafts- und Organisationsbereich des beklagten Herstellers zuzurechnen ist. Es gibt deshalb auch praktisch keine Entscheidung, die diesen Zusammenhang – zugunsten des beklagten Herstellers – durchbricht. Doch ist zu unterstreichen, daß der BGH in der Druckfehler-Entscheidung (BGH JZ 1971, 63 – Druckfehler) die Haftung des beklagten Verlags daran scheitern ließ, daß der Verlag nachweisen konnte: Er hatte die Druckfahnen des medizinischen Fachbuchs zweimal dem Autor zur Verfügung gestellt, der dabei einen Druckfehler in einem Rezept übersehen hatte – mit der Konsequenz, daß der Verlag deliktsrechtlich nicht dafür verantwortlich war, daß ein Arzt das (fehlerhafte) Rezept im Rahmen einer Injektion anwandte, was zu erheblichen Gesundheitsschäden bei der Patientin führte. Letztlich belegt diese Entscheidung in der Sache, daß die deliktsrechtliche Verantwortlichkeit des Verlags für etwaige Druckfehler dadurch ausgeschaltet wird, daß der Verlag dem Fachautor die Satzkorrektur überläßt (Produkthaftungshandbuch/*Foerste*, § 25 Rdnr. 106).

Ob dieser Befund im Ergebnis dadurch abgemildert wird, daß der Hersteller den Nachweis erbringt, über ein anerkanntes **Qualitätssicherungssystem** gemäß ISO 9000 ff. zu verfügen, erscheint fraglich. Dies gilt jedenfalls nicht für Konstruktions- und Instruktionsfehler sowie für Fehler der Produktbeobachtung: Liegen nämlich diese Fehler vor, so ist damit allemal eine Verletzung der Verkehrssicherungspflicht im Sinn von § 823 Abs. 1 BGB indiziert. Daran ändert ein Qualitätssicherungssystem nichts, zumal es lediglich belegt, daß das betreffende Unternehmen – ganz allgemein gewertet „qualitätsfähig" ist. Liegt hingegen ein Fabrikationsfehler in Form eines „Ausreißers" vor, so hängt die Entlastungsmöglichkeit entscheidend davon ab, ob der Hersteller die ihm obliegenden **Organisationspflichten** aktuell erfüllt und den Nachweis erbringen kann, daß er diejenigen Arbeitnehmer/Angestellten, die den Produktfehler tatsächlich verursacht haben, im Sinn von § 831 Abs. 1 Satz 2 BGB ordnungsgemäß ausgewählt und ordnungsgemäß überwacht hat (Anm. 12). Macht aber der Geschädigte Schadensersatzansprüche aus der **verschuldensunabhängigen** Produkthaftung gemäß § 1 ProdHaftG geltend, so ist das Bestehen eines Qualitätssicherungssystems gemäß ISO 9000 ff. ohnehin keine zureichende Verteidigung, sofern der Geschädigte nachweist, daß tatsächlich ein Produktfehler im Sinn von § 3 ProdHaftG vorliegt.

14. Die Grundsätze der Arbeitsteiligkeit der Produzentenhaftung. (1) Im Rahmen von **Qualitätssicherungsvereinbarungen** kommt es entscheidend darauf an, die Grenzlinie zu betrachten, welche dadurch charakterisiert ist, daß eine Delegation der Verkehrssicherungspflichten im Sinn von § 823 Abs. 1 BGB mit der Konsequenz in Betracht kommt, daß der Endhersteller keineswegs für etwaige Pflichtverletzungen des Zulieferanten haftet (*Schmidt-Salzer* BB 1979, 1 ff.; Produkthaftungshandbuch/*Foerste*, § 25 Rdnr. 32 ff.). Vor allem in der Entsorgungs-Entscheidung des BGH sind diese Zusammenhänge beleuchtet worden (BGH NJW 1976, 46 – Entsorgung).

(2) Der Hersteller bzw. die Organe der mit der Produktion befaßten juristischen Person trifft die Pflicht, **persönlich** für die Grundlagen einer Organisation zu sorgen, welche das Risiko von Produktfehlern – soweit möglich und zumutbar – minimiert (im einzelnen *Graf von Westphalen* WiR 1972, 67 ff.; *Steindorff* AcP 1970, 93 ff.; 113 ff.; Produkthaftungshandbuch/*Foerste*, § 24 Rdnr. 262). Dieser Zusammenhang wird auch von der Rechtsprechung unterstrichen (BGH NJW 1968, 247/248 f. – Schubstrebe; BGH NJW 1973, 1602/1603 – Feuerwerkskörper). So ist es eben dem Hersteller als originäre Pflichtverletzung zuzurechnen, wenn er ein Sicherheitsteil von einem Arbeitnehmer magnetisch fluten läßt, der nicht ausreichend ausgebildet ist (BGH NJW 1968, 247 – Schubstrebe). In gleicher Weise ist es dem Hersteller – unter Berücksichtigung der ihm obliegenden Beweislast (Anm. 10) – zuzurechnen, wenn er nicht in der Lage ist, den Nachweis zu erbringen, welcher Mitarbeiter einen konkreten Produktfehler an einem Feuerwerkskörper verur-

3. Contract of Quality Control (Qualitätssicherungsvertrag) III.3

sacht hat, obwohl der Produktionsprozeß automatisiert war (BGH NJW 1973, 1602 – Feuerwerkskörper).

a) In der **Rechtsprechung** wird teilweise verlangt, daß eine juristische Person für Bereiche ihres Betriebs oder ihrer Verwaltung, welche das berufene Organ nicht vollständig überschauen kann, einen **verfassungsmäßig berufenen Vertreter** bestellt (BGHZ 24, 200, 213; BGH NJW 1963, 902 f.). Folgt man dieser These, so bedeutet sie: Etwaige Pflichtverletzungen einzelner Gruppenleiter/Abteilungsleiter etc. sind dann dem Betriebsinhaber unmittelbar gemäß § 31 BGB zuzurechnen; eine Entlastungsmöglichkeit besteht nicht. Sinn und Zweck einer solchen Argumentationskette ist es, dem Geschädigten einen finanzkräftigen Schuldner zu sichern (RGZ 89, 136/138). Ob man in der Tat soweit gehen kann, erscheint zweifelhaft, weil die Verkehrssicherungspflicht des § 823 Abs. 1 BGB lediglich zum Ziel hat, den Hersteller zu verpflichten, fehlerfreie Produkte in den Verkehr zu bringen. Sie verpflichtet ihn aber nicht notwendigerweise, die Herstellung in einer betrieblichen Einheit zu verselbständigen und diese einem satzungsmäßig berufenen Leiter – mit der Haftungskonsequenz des § 31 BGB – zu unterstellen (Produkthaftungshandbuch/*Foerste*, § 24 Rdnr. 264; MünchKomm/*Reuter*, § 31 Rdnr. 4).

b) Indessen kann es **offenbleiben**, ob das Deliktsrecht berechtigterweise einen so weitreichenden Zweck verfolgen kann. Entscheidend ist nämlich die Erkenntnis: Da der Hersteller gemäß § 823 Abs. 1 BGB verpflichtet ist, **fehlerfreie** Produkte – soweit möglich und zumutbar – in den Verkehr zu bringen, um Schädigungen der Rechtsgüter Dritter an Leib, Leben, Gesundheit und Eigentum zu verhindern, kommt alles entscheidend darauf an, ob der Hersteller diese Verpflichtung erfüllt und insoweit alle organisatorischen Voraussetzungen schafft. Dies kann auch die Verpflichtung einschließen, bestimmte risikoanfällige oder sicherheitsrelevante Produkte in abgetrennten Einheiten/Abteilungen herzustellen und diese dann auch der Aufsicht eines verfassungsmäßig berufenen Vertreters im Sinn von § 31 BGB unterzuordnen. Ob und inwieweit eine solche Verpflichtung deliktsrechtlich geschuldet wird, entscheidet sich also letzten Endes aufgrund der **Sicherheitserwartung** des Verbrauchers.

c) Die im Rahmen von § 831 Abs. 1 Satz 2 BGB geschuldete Verpflichtung des Herstellers, die von ihm eingeschalteten Verrichtungsgehilfen ordnungsgemäß **auszuwählen** und ordnungsgemäß zu **überwachen**, zählt **nicht** zu den originären Organisationspflichten im Sinn von § 823 Abs. 1 BGB (*Graf von Westphalen* WiR 1972, 67/81 ff.). Systematisch erklärt sich dies durch den simplen Befund, daß die Auswahl- und Überwachungspflicht Teil des Entlastungsbeweises des § 831 Abs. 1 Satz 2 BGB, nicht aber Teil der – vorgeschalteten – originären Organisationspflicht des Herstellers gemäß § 823 Abs. 1 BGB ist (vgl. auch Produkthaftungshandbuch/*Foerste*, § 24 Rdnr. 265). Tatsächlich ist die originäre Organisationsverantwortlichkeit des Herstellers nur bedingt von den einzelnen Verkehrssicherungspflichten im Sinn von § 823 Abs. 1 BGB abzugrenzen, welche – wie dargelegt – durch die Konstruktion, Fabrikation, Instruktion, Produktbeobachtung und die Vorsorge für den Katastrophenfall, nämlich den Rückruf eines fehlerhaften Produkts ohnehin bestehen. Diese sind in ihrer Struktur abhängig von der **Gefährlichkeit** des jeweils herzustellenden Produkts. Will man insoweit eine **Differenzierung** vornehmen, so läßt sich sagen: Die originäre Organisationspflicht des Herstellers ist das **Fundament**, auf dem alle weiteren Verkehrssicherungspflichten aufbauen.

d) So gesehen sind **Qualitätssicherungsvereinbarungen** allemal Teil der originären Organisationspflicht des Herstellers, einschließlich des „Risk Management" sowie des „Quality-Management" und des „Quality-Control" (vgl. auch *Frese/V. Werder/Klinkenberg* DB 1988, 2369 ff.). Für die Erfüllung dieser originären Organisationspflichten gibt es freilich **kein Einheitskonzept**. Auch soweit ein Hersteller gemäß ISO 9000 ff. zertifiziert ist, bleiben beträchtliche Unterschiede bestehen. In jedem Fall ist der Hersteller im Rahmen der ihm obliegenden **Beweislast** verpflichtet, nachzuweisen, daß er alle erforderlichen und ihm zumutbaren organisatorischen Maßnahmen zur Vermeidung von Produktfehlern getroffen hat (Anm. 10).

(3) Der Hersteller schuldet innerhalb seines Betriebes die **allgemeine Oberaufsicht** (BGH NJW 1968, 247/248 – Schubstrebe; BGH VersR 1978, 722/723 – Kfz-Reparatur). Diese Verpflichtung bezieht sich zum einen auf den Einsatz des Personals, zum anderen auf den Einsatz von Maschinen und Anlagen.

a) Geht man davon aus, daß die Ausweis- und Überwachungspflicht der vom Hersteller eingesetzten Mitarbeiter – der Verrichtungsgehilfen – aus § 831 Abs. 1 BGB resultiert, so ergibt sich – im Rahmen der originären Organisationsverpflichtung des § 823 Abs. 1 BGB –, daß der Hersteller verpflichtet ist, **hinreichend viele und spezialisierte Arbeitsplätze** bereitzustellen (Produkthaftungshandbuch/*Foerste*, § 24 Rdnr. 72). Je verantwortungsvoller und belastender eine Tätigkeit ist, um so mehr muß der Hersteller dafür Sorge tragen, daß ausreichende Erholungspausen eingelegt werden, daß insbesondere auch das Personal rechtzeitig abgelöst wird, und daß im Urlaubs- oder Krankheitsfall **ausreichend geschulte Ersatzkräfte** bereitstehen (grundlegend BGH NJW 1968, 247/248 f. – Schubstrebe). So ist z. B. der Hersteller eines Mineralwasser-Abfüllbetriebes verpflichtet, den Arbeitsablauf so zu organisieren (*Kullmann* NJW 1996, 18/19), daß nicht eine Arbeiterin verpflichtet ist, die gefüllten Flaschen – etwa 2500 Flaschen in der Stunde – auf Füllhöhe und Sauberkeit zu kontrollieren, obwohl der „Hintergrund" in weißliches Licht getaucht und für eine rechtzeitige Ablösung nicht gesorgt war, so daß es zu – vermeidbaren – Übermüdungen kam (LG Hanau VersR 1955, 785 – Mineralwasserflasche).

b) Hierzu zählt auch die Verpflichtung des Herstellers, das von ihm eingesetzte Personal auf **denkbare Gefahrenquellen** aufmerksam zu machen und sie allgemein anzuhalten, risikobewußt und eigenverantwortlich zu handeln (BGH VersR 1972, 953 f. – Propangas/ Qualitätsprüfung; BGH VersR 1978, 722/723 – Kfz-Reparatur/Montageanweisungen). Dabei ist darauf hinzuweisen, welche Konsequenzen ein **Fehlverhalten** haben kann und welche Fehler jeweils zu vermeiden sind, um die Produktsicherheit zu optimieren. Eine besondere Verantwortung obliegt dem Hersteller, soweit das eingesetzte Personal für die **Qualitätskontrolle** zuständig ist. Hier kommt es auch entscheidend darauf an, inwieweit dem Leiter der Qualitätskontrolle **Weisungsrechte** gegenüber dem Betrieb und dem Vertrieb zustehen, um auf diese Weise eigenverantwortlich und selbständig entscheiden zu können, welche Maßnahmen erforderlich sind, um festgestellte Qualitätsdefizite einzelner Produkte auszumerzen (vgl. Produkthaftungshandbuch/*Foerste*, § 24 Rdnr. 277). Auch das gesamte **Dokumentationswesen** ist Teil der originären Organisationspflicht des Herstellers, einschließlich der Maßnahme, welches das technische **Sicherheitswissen** vermittelt und auch gewährleistet, daß Grundkenntnisse über die Risiken der Produzentenhaftung/ Produkthaftung vorhanden sind.

c) Im **Mittelpunkt** steht die Festlegung von Verantwortungsbereichen einschließlich der **Sicherstellung eines nahtlosen Informationsflusses** zwischen den einzelnen Abteilungen: Kompetenzen müssen klar strukturiert und gegliedert sein; Überschneidungen sind, soweit möglich, zu vermeiden. Ausgerichtet an dem jeweiligen neuesten Stand von Wissenschaft und Technik ist das **Know-how** des Personals ständig zu optimieren.

d) Unter Berücksichtigung des **neuesten Standes von Wissenschaft und Technik** ist der Hersteller verpflichtet, dafür Sorge zu tragen, daß der von ihm eingesetze **Maschinenpark** – Produktionsmittel, Mess- und Kontrollgeräte etc. – auf dem neuesten Stand sind, so daß – soweit möglich und zumutbar – Produktfehler vermieden werden. Soweit hier ein Defizit vorliegt, handelt es sich um ein originäres Organisationsverschulden des Herstellers im Sinn von § 823 Abs. 1 BGB.

(4) Soweit in personeller oder sachlicher Hinsicht eine organisatorische Verantwortlichkeit des Herstellers im Sinn von § 823 Abs. 1 BGB auszumachen ist, steht der **Rechtsgüterschutz** Dritter im Zentrum der zu erfüllenden Pflicht. Es geht darum, soweit möglich und zumutbar fehlerfreie Produkte in den Verkehr zu bringen, um Personen- oder Sachschäden Dritter zu vermeiden. Dies wirft erneut die Frage auf, ob der Hersteller berechtigt ist, unter **Berücksichtigung betriebswirtschaftlicher Erwägungen,** insbesondere des insoweit erforderlichen Aufwands Maßnahmen zu unterlassen, die – unter Berücksichtigung der darge-

3. Contract of Quality Control (Qualitätssicherungsvertrag) III.3

stellten Grundsätze der Organisationspflicht – geboten sind. Dies ist grundsätzlich zu verneinen: Unter Berücksichtigung betriebswirtschaftlicher Kategorien gibt es kein Privileg, die durch § 823 Abs. 1 BGB geschützten Rechtsgüter Dritter dadurch zu verletzen, daß fehlerhafte Produkte in den Verkehr gebracht werden. Unter Berücksichtigung der verschuldensunabhängigen Produkthaftung des § 1 ProdHaftG ist dies ohnehin eine blanke **Selbstverständlichkeit.**

Natürlich führt diese Sicht zu einer tendenziellen Bevorzugung von Großbetrieben: Sie sind leichter in der Lage, die erforderlichen personellen und finanziellen Ressourcen zur Verfügung zu stellen, um die nach § 823 Abs. 1 BGB geschuldeten Organisationspflichten ordnungsgemäß zu erfüllen. Doch wenn ein kleineres oder ein mittelständisches Unternehmen das **gleiche Produkt** in den Verkehr bringt, so differenziert die Sicherheitserwartung des Verbrauchers nicht danach, ob das Produkt von einem größeren oder einem kleineren Unternehmen hergestellt worden ist; entscheidend ist allein, daß die Sicherheitserwartung dahin geht, nicht in den Rechtsgütern Leib, Leben, Gesundheit oder Eigentum durch ein fehlerhaftes Produkt verletzt zu werden (BGH ZIP 1990, 516/517 – Pferdebox). Notfalls ist daher der Vertrieb eines fehlerhaften Produkts einzustellen (BGH ZIP 1994, 213/217 – Gewindeschneidemittel). Im Extremfall kann dies auch bedeuten, daß die Produktion eines Produkts insgesamt einzustellen ist, wenn eine Fehlerfreiheit nicht gewährleistet werden kann, obwohl diese nach dem neuesten Stand von Wissenschaft und Technik möglich ist.

(5) Die organisatorische Verantwortlichkeit nach § 823 Abs. 1 BGB, insbesondere die Erfüllung der danach geschuldeten Verkehrssicherungspflichten obliegt nicht nur dem **Endhersteller,** sondern auch dem **Teilehersteller** (BGH NJW 1968, 247 – Schubstrebe). Aus § 4 Abs. 1 ProdHaftG folgt die gleiche Erkenntnis: Neben dem Hersteller des Gesamtprodukts ist auch der Teilehersteller gegenüber dem Geschädigten verantwortlich, sofern das von ihm hergestellte Teil fehlerhaft im Sinn von § 3 ProdHaftG war. Doch ergibt sich insoweit eine wesentliche **Einschränkung:** Während das Endprodukt allemal für den Produktbenutzer/Endverbraucher bestimmt ist, so daß von der dort herrschenden **Sicherheitserwartung** auszugehen ist, gilt dies nicht für die Konstruktions- und Fabrikationspflichten des Zulieferanten. Diese werden durch die Sicherheitserwartungen des **spezifischen Abnehmerkreises** bestimmt (Produkthaftungshandbuch/*Foerste,* § 25 Rdnr. 73; Rdnr. 78). Das gleiche gilt erst recht für den Bereich der **Instruktionshaftung,** weil es hier entscheidend darauf ankommt, ob der Zulieferant Kenntnis von dem spezifischen Verwendungszweck des Teilprodukts als integrierte Einheit des Endprodukts hatte und ob er wußte, welche weiteren Risiken daraus gegebenenfalls resultieren können (*Kullmann/Pfister,* Produzentenhaftung, Kza. 3250 S. 4 bei Fn. 15). Auch wird man nicht umhin können, den Zulieferer nach § 823 Abs. 1 BGB zu verpflichten, etwaige **Warn- oder Rückrufaktionen** durchzuführen, sofern ein ihm zuzurechnender Produktfehler hierfür Veranlassung gegeben hat (*Kullmann/Pfister,* Produzentenhaftung, Kza. 3250 S. 4f.; *Link,* BB 1985, 1424/1426f.; einschränkend: Produkthaftungshandbuch/*Foerste,* § 25 Rdnr. 91 – betreffend Rückruf; a. M. Diederichsen DAR 1976, 312, 316; Löwe DAR 1978, 288, 289f.; *Graf von Westphalen* CR 1990, 567/573f.). Nachdem der BGH in seiner Gewindeschneidemittel-Entscheidung I eine passive Produktbeobachtungspflicht auch für den Alleinhändler/Importeur – der Hersteller domizilierte in Belgien – verankert hat, wird man kaum daran zweifeln dürfen, daß auch der Zulieferer gemäß § 823 Abs. 1 BGB zur Produktbeobachtung und notfalls auch zu einem Produktrückruf verpflichtet ist (vgl. BGH ZIP 1994, 213 – Gewindeschneidemittel I). Zwischen den Organisations- und Verkehrssicherungspflichten des End- und denen des Teileherstellers besteht also kein systematischer Unterschied. Bezogen auf die **Produkthaftung** gemäß §§ 1, 4 Abs. 1 ProdHaftG gilt dies ohnehin für alle Kategorien der Produktfehler, die im Zeitpunkt des Inverkehrbringens des (fehlerhaften) Produkts vorlagen.

(6) Unter „**Quasi-Hersteller**" wird der Hersteller verstanden, der das jeweilige Produkt selbst nicht herstellt, sich aber nach außen – sei es durch Anbringen des Logo, des Warenzeichens oder eines sonstigen Erkennungszeichens – mit dem Produkt identifiziert, so daß

der Produktbenutzer davon ausgeht, der „Quasi-Hersteller" sei in Wirklichkeit der Hersteller des Produkts. Nach der Rechtsprechung des BGH haftet der „Quasi-Hersteller" nicht wie der Hersteller gemäß § 823 Abs. 1 BGB (BGH VerR 1977, 839 – Autokran; BGH NJW 1980, 1219 – Klapprad). Allein der Umstand, daß der „Quasi-Hersteller" an einem fremdhergestellten Produkt sein Erkennungszeichen anbringt, ist nicht gleichbedeutend mit der Feststellung, daß ihn die herstellerspezifischen Verkehrssicherungspflichten im Sinn des § 823 Abs. 1 BGB treffen (Produkthaftungshandbuch/*Foerste*, § 25 Rdnr. 17). Ist nämlich dieses Produkt nicht ausreichend sicher, insbesondere ist es **fehlerhaft** (BGH ZIP 1994, 213 – Gewindeschneidemittel I – Vertragshändler), so besteht dieser Umstand unabhängig davon, ob der „Quasi-Hersteller" sein Erkennungszeichen dem Produkt beigibt oder nicht. Etwas **anderes** gilt jedoch im Rahmen von § 4 Abs. 1 ProdHaftG: Danach haftet der „Quasi-Hersteller" wie ein Hersteller, und zwar allein deswegen, weil er sich – für den Produktbenutzer nach außen erkennbar – mit dem von ihm vertriebenen Produkt **identifiziert.**

(7) Es liegt auf der Hand, daß ein **Händler,** der lediglich ein fremdes Produkt vertreibt, keine uneingeschränkten Verkehrssicherungspflichten im Sinn von § 823 Abs. 1 BGB erfüllen muß: Für irgendwelche Fehler des Produkts, die ihre Ursache in der Herrschafts- und Organisationssphäre des Herstellers haben, haftet daher der Händler nicht. Etwas anderes kann sich jedoch aus den besonderen Umständen des Einzelfalls ergeben, soweit die **Produktbeobachtungspflicht** in Rede steht (BGH ZIP 1994, 213 – Gewindeschneidemittel I). Ist z.B. der Händler – gleiches gilt auch für den „Quasi-Hersteller" – mit dem **Alleinvertrieb** eines Produkts betraut, so kann es durchaus sein, daß er dann – im Verhältnis zum Hersteller – „näher daran" ist, die Pflichten zu erfüllen (BGH NJW 1995, 1286 – Milupa II), die als „passive" Produktbeobachtungspflichten in der Rechtsprechung normiert worden sind (Anm. 8 (2)). Dies ist jedenfalls dann auch im Hinblick auf die Pflichten der aktiven Produktbeobachtung zu bejahen, wenn sich der Hersteller – gleichgültig, aus welchen Gründen – weigert, die nach § 823 Abs. 1 BGB geschuldeten Produktbeobachtungspflichten zu erfüllen (BGH ZIP 1994, 213 – Gewindeschneidemittel I; BGH NJW-RR 1995, 342/343 – Gewindeschneidemittel II).

Gemäß **§ 4 Abs. 2 ProdHaftG** haftet der Händler als **Verkäufer** dann wie der Hersteller, sofern er nicht in der Lage ist, dem geschädigten Kunden innerhalb eines Monats bekanntzugeben, von wem er das schädigende Produkt bezogen hat.

(8) Nach der Rechtsprechung des BGH ist der Endhersteller, der Teilehersteller sowie der **handelnde Mitarbeiter persönlich** für die von ihm zu erfüllenden Verkehrssicherungspflichten im Sinn § 823 Abs. 1 BGB verantwortlich. Selbstverständlich schließt dies ein, daß der jeweilige, vom Geschädigten in Anspruch genommene Mitarbeiter die **Organisationsverantwortung** dafür hat, daß ein Produktfehler entstanden ist (BGH ZIP 1992, 410 – Hochzeitsessen). Konkret bedeutet dies: Die von der Rechtsprechung des BGH entwickelten Grundsätze der **Beweiserleichterung** (Anm. 10) sind folglich auch auf die persönliche Haftung des jeweiligen Mitarbeiters anwendbar; insbesondere gilt die Umkehr der Beweislast im Rahmen des Verschuldens. Von dieser Haftungsfigur, welche im Rahmen des ProdHaftG keine Entsprechung findet, werden insbesondere Betriebsleiter, Qualitätssicherungsleiter, Leiter der Entwicklungsabteilung, aber auch solche Mitarbeiter minderer Verantwortung erfaßt, sofern sie jedenfalls für ihren Bereich die **organisatorische Verantwortung** haben (BGH BB 1975, 1031 – Spannkupplung mit Anm. von *Schmidt-Salzer* und *Graf von Westphalen*).

15. Die Grundsätze der vertikalen Arbeitsteilung. (1) Die aus § 823 Abs. 1 BGB abzuleitenden Verkehrssicherungspflichten sind grundsätzlich delegierbar. Es ist also deliktsrechtlich **unbedenklich,** wenn der Endhersteller einen Teilehersteller einschaltet, damit dieser bestimmte Teilprodukte ganz oder teilweise herstellt (*Schmidt-Salzer* BB 1979, 1 ff.; Produkthaftungshandbuch/*Foerste*, § 25 Rdnr. 32ff.). Nach der von *Steffen* (RGRK-BGB/ *Steffen*, § 823 Rdnr. 271) entwickelten Terminologie liegt eine „vertikale" Arbeitsteilung

3. Contract of Quality Control (Qualitätssicherungsvertrag) **III.3**

immer dann vor, wenn bei der Herstellung eines Endprodukts Werkstoffe als Halbfertigwaren oder als Einzelteile bzw. komplette Bauteile von einem Lieferanten bezogen und von dem Hersteller des Endprodukts verwendet werden (*Kullmann/Pfister*, Produzentenhaftung, Kza. 3250 S. 3 ff.). Auch bei einer „vertikalen" Arbeitsteilung bleibt es bei dem Grundsatz, daß sowohl der Teilehersteller als auch der Endhersteller für das jeweilige Teil- bzw. Endprodukt im Rahmen der Verkehrssicherungspflicht gemäß § 823 Abs. 1 BGB verantwortlich sind. Folglich ist der Teilehersteller in konstruktiver und fertigungstechnischer Hinsicht verpflichtet, das von ihm zugelieferte Produkt so zu gestalten, daß derjenige Sicherheitsgrad erreicht wird, der in dem Verwendungsbereich dieses Teilprodukts allgemein für erforderlich angesehen wird (BGH VersR 1972, 559 – Förderkorb; *Kullmann/ Pfister*, aaO, S. 4 f.).

(2) Bei der „vertikalen" Arbeitsteilung steht fest, daß der Endhersteller/Assembler schon **im Rahmen der Konstruktion** dafür zu sorgen hat, daß das von ihm selbst nicht hergestellte Teilprodukt so ausgelegt und konstruiert ist, daß es alle Funktionen erfüllen kann, welche letzten Endes auch vom Endprodukt erfüllt werden müssen (*Steinmann*, Qualitätssicherungsvereinbarungen zwischen Endproduktshersteller und Zulieferant, S. 68 f.). Folglich hat der Endhersteller/Assembler für die **richtige Spezifikation** des Teilprodukts Sorge zu tragen: Er muß das vom Teilehersteller herzustellende Produkt so exakt beschreiben und die **sicherheitsrelevanten Zielvorgaben** spezifizieren, daß der Teilehersteller ohne weiteres in der Lage ist, ein sicheres Teilprodukt herzustellen (OLG Frankfurt VersR 1990, 981 – Industriefilter; Produkthaftungshandbuch/*Foerste*, § 25 Rdnr. 38). Demzufolge ist der Endhersteller/Assembler verpflichtet, ein **detailliertes Pflichtenheft** zu erstellen (*Steinmann*, Qualitätssicherungsvereinbarungen, S. 69). Umgekehrt ist der Endhersteller/Assembler verpflichtet, alle **Produktinformationen** des Teileherstellers exakt zu beachten. Dies gilt insbesondere für etwaige Warn- und Verwendungshinweise (*Kullmann/Pfister*, Produzentenhaftung, Kza. 3250 S. 8).

(3) Soweit der **Teilehersteller** die **fabrikationstechnische Verantwortung** übernimmt – er handelt dann praktisch als „verlängerte Werkbank des Endherstellers" – ist der Endhersteller verpflichtet, sich durch ausreichende **Produktkontrollen** davon zu überzeugen (OLG Karlsruhe NJW-RR 1995, 342 – Dunstabzugshaube), daß die einzelnen Lieferungen der fremdproduzierten Teile auch die Eigenschaften aufweisen, die den der Auftragserteilung zugrunde gelegten Spezifikationen entsprechen. Dabei hat er den neuesten Stand von Wissenschaft und Technik zu beachten (Produkthaftungshandbuch/*Foerste*, § 25 Rdnr. 40). In welcher Weise der Endhersteller/Assembler die erforderlichen Kontrollen durchführt, bleibt seiner Entscheidung überlassen. Fest steht jedenfalls, daß er diese Kontrollen mit der gleichen Gründlichkeit durchführen muß, die geboten wäre, wenn er selbst als Endhersteller das Teilprodukt herstellen und in den Verkehr bringen würde (*Steinmann* aaO, S. 69).

a) Ob in diesem Zusammenhang eine einfache **Wareneingangskontrolle** gemäß §§ 377, 378 HGB ausreicht, läßt sich nicht generell sagen, ist aber im Zweifelsfall zu verneinen. Dies hängt mit einer doppelten Erkenntnis zusammen: Die vom Endhersteller geschuldeten Pflichten im Rahmen der Wareneingangskontrolle gemäß §§ 377, 378 HGB dienen dem Schutz des Teileherstellers/Lieferanten, weil dieser durch die unverzügliche Mängelrüge davon in Kenntnis gesetzt werden soll, ob mit Gewährleistungsansprüchen oder sonstigen Beanstandungen zu rechnen hat (*Baumbach/Hopt*, § 397 Rdnr. 26). Demgegenüber dienen die **Verkehrssicherungspflichten** des § 823 Abs. 1 BGB dem Schutz der Rechtsgüter Dritter. Hinzu kommt: Soweit der Endhersteller/Assembler im Rahmen der „vertikalen" Arbeitsteilung Verkehrssicherungspflichten an den Teilehersteller delegiert, muß im praktischen Endergebnis sichergestellt sein, daß das Endprodukt genauso sicher hergestellt wird, wie wenn es der Endhersteller/Assembler selbst herstellen würde; irgendwelche **Sicherheitsdefizite** dürfen also aufgrund der Delegation der Verkehrssicherungspflichten nicht entstehen.

b) Dies bedeutet **konkret**: Der Endhersteller darf keine Teile verwenden, von deren mangelfreier Beschaffenheit er selbst nicht überzeugt ist (vgl. BGH VersR 1960, 855/856 – Kondenstopf). Wichtig ist in diesem Zusammenhang, daß das OLG Köln (OLG Köln NJW-RR 1990, 414) die Auffassung vertreten hat, ein Endhersteller/Assembler, der zugelieferte Teile verwendet, genüge grundsätzlich seinen Verkehrssicherungspflichten im Sinn von § 823 Abs. 1 BGB, wenn er entweder die Güte des Materials oder die Verläßlichkeit des Teileherstellers prüft, was insbesondere dann gelte, wenn zwischen beiden Parteien eine **langjährige** Geschäftsverbindung bestand. Ob dieser Aussage in dieser Allgemeinheit zu folgen ist, ist nach Auffassung von *Kullmann*, dem zuständigen Richter am BGH, zweifelhaft (*Kullmann* NJW 1991, 675/679). In dem entschiedenen Fall war der Endhersteller/Assembler – so die Interpretation von *Kullmann* – nur deswegen von der Überprüfung der zugelieferten Teile befreit, weil es ihm nicht möglich und nicht zumutbar war, sie einer ordnungsgemäßen Prüfung zu unterziehen, und weil der Endhersteller/Assembler die Produkte von einem als zuverlässig bekannten Teilehersteller bezogen hatte, dessen Verläßlichkeit er – während der Dauer der Geschäftsverbindung – geprüft hatte.

(4) Für eine Delegation der Verkehrssicherungspflichten des Endherstellers/Assemblers an den Teilehersteller reicht aus, daß sichergestellt ist: der Teilehersteller ist in der Lage, das jeweilige Teil sicher herzustellen. Dazu muß der Endhersteller/Assembler den Teilehersteller ordnungsgemäß auswählen, ordnungsgemäß überwachen, das Produkt ordnungsgemäß kontrollieren oder kontrollierende Organe und die „Liquiditätsgarantie" sicherstellen.

a) Dies setzt zunächst jedenfalls voraus, daß der Teilehersteller über das erforderliche sicherheitsrelevante Know-how verfügt und ordnungsgemäß – sowohl in personeller als auch in sachlicher Hinsicht – organisiert ist (Produkthaftungshandbuch/*Foerste*, § 25 Rdnr. 47). Dabei kommt es stets entscheidend darauf an, ob der Teilehersteller für das dem Endhersteller/Assembler gewünschte Teilprodukt die erforderliche fachliche/persönliche Eignung besitzt. Soweit die Entscheidung für einen bestimmten Teilehersteller lediglich deswegen gefallen ist, weil er das Teilprodukt besonders preisgünstig anbietet, können schon aus diesem Grund berechtigte Zweifel bestehen, ob der Endhersteller/Assembler die insoweit erforderliche Verkehrssicherungspflicht gemäß § 823 Abs. 1 BGB ordnungsgemäß erfüllt hat. Für die Praxis ist es also notwendig, daß der Endhersteller/Assembler detaillierte **Lieferantenbewertungen** erstellt und diese im Rahmen der Qualitätssicherungsvereinbarungen ständig auf dem laufenden hält.

b) Es wurde bereits betont, daß der Endhersteller/Assembler im Rahmen des § 823 Abs. 1 BGB verpflichtet ist, dem Teilehersteller alle erforderlichen Informationen zu geben, damit dieser das Teilprodukt in der erforderlichen Sicherheit herstellen und damit die Funktion des Endprodukts gewährleisten kann. Der Teilehersteller muß also möglichst umfassend über die Konzeption des Endprodukts unterrichtet sein und häufig wird es sich nicht vermeiden lassen, daß **Betriebsgeheimnisse** und **geheimhaltungsbedürftiges** Knowhow des Endherstellers/Assemblers dem Teilehersteller überlassen wird. Soweit dieser bereit ist, eine übliche **Geheimhaltungsvereinbarung** abzuschließen, bestehen insoweit keine Bedenken und jedenfalls ist zu unterstreichen, daß der Endhersteller/Assembler nicht berechtigt ist, sicherheitsrelevante Informationen dem Teilehersteller deswegen vorzuenthalten, weil er fürchtet, dieser werde Geheimhaltungsvereinbarungen verletzen und ihm Konkurrenz machen. Soweit Anlaß zu solchen Befürchtungen besteht, ist es in der Tat zweifelhaft, ob die technisch-fachliche Zuverlässigkeit des Teileherstellers gegeben ist – mit der Konsequenz, daß dann möglicherweise schon auf dieser Ebene eine Pflichtverletzung des Endherstellers/Assemblers vorliegt: Er hat dann den „falschen" Teilehersteller ausgewählt.

c) Der Endhersteller darf Teilprodukte, welcher er von einem Teilehersteller bezogen hat, nur dann im Endprodukt verwenden, wenn er sich in umfassender Weise von der Sicherheit des Teilprodukts überzeugt hat (Produkthaftungshandbuch/*Foerste*, § 25 Rdnr. 45). Deliktsrechtlich hat der Endhersteller/Assembler diese **Kontrolle** in gleicher Weise und mit der gleichen Gründlichkeit durchzuführen, die geboten wäre, wenn der Endhersteller/ Assembler das Teilprodukt selbst hergestellt hätte. Anders gewendet: Die Summe der

3. Contract of Quality Control (Qualitätssicherungsvertrag) III.3

Herstell- und Kontrollpflichten ist stets gleich; sie besteht unabhängig davon, ob der Endhersteller/Assembler die fabrikationstechnische Verantwortlichkeit auf den Teilehersteller verlagert. Ob es gemäß § 9 Abs. 1 AGBG wirksam ist, daß der Endhersteller/ Assembler die gemäß §§ 377, 378 HGB geschuldete Wareneingangskontrolle und die Eigenkontrolle des Teilprodukts **insgesamt** auf den Teilehersteller verlagert, soll gesondert untersucht werden (Anm. 18). Entscheidend ist hier zunächst: **Deliktsrechtlich** bestehen keine Bedenken, daß der Endhersteller/Teilehersteller Kontrollpflichten auf den Teilehersteller verlagert und deshalb keine eigenen Verkehrssicherungspflichten mehr erfüllt. Fraglich ist allein, ob aus dieser Pflichtenverlagerung – und der daraus entstehenden weitreichenden Haftung des Teileherstellers – eine unangemessene Benachteiligung im Sinn von § 9 Abs. 1 AGBG resultiert. Indessen handelte es sich hierbei nicht um ein punktuelles Problem, sondern um eine Frage, die lediglich bei einer **Gesamtwürdigung** von Qualitätssicherungsvereinbarungen beantwortet werden kann.

d) Wenn deliktsrechtlich die Delegation der Verkehrssicherungspflichten auf den Teilehersteller unbedenklich ist, so bedingt dies, daß der Geschädigte lediglich einen Schadensersatzanspruch gegenüber dem Teilehersteller, nicht aber gegenüber dem Endhersteller/ Assembler hat. Daraus folgt, daß der Endhersteller/Assembler **verpflichtet** ist, durch eine vertragliche Vereinbarung mit dem Teilehersteller dafür zu sorgen, daß dieser über einen ausreichenden **Deckungsschutz** im Rahmen seiner Haftpflicht- bzw. Produkthaftpflicht-Versicherung verfügt (*Kullmann/Pfister*, Produzentenhaftung, Kza. 32550 S. 14; Münch-Komm *Mertens*, 2. Aufl., § 823 Rdnr. 197; Produkthaftungshandbuch/*Foerste*, § 25 Rdnr. 50). Dies wird als „**Liquiditätsgarantie**" bezeichnet. Dadurch soll erreicht werden, daß dem Geschädigten ausreichende Geldmittel zur Verfügung stehen, sofern er Schadensersatzansprüche nicht gegenüber dem Endhersteller/Assembler, sondern lediglich gegenüber dem Teilehersteller geltend machen kann. Zwar hat die Rechtsprechung diese Figur der „Liquiditätsgarantie" noch nicht übernommen. Da jedoch *Kullmann*, der für Produkthaftung beim BGH zuständige Richter, dieser Forderung öffentlich vertreten hat (*Kullmann/Pfister* aaO), besteht kein Zweifel daran, daß die Praxis sich danach ausrichten sollte. Konkret bedeutet dies, daß der Endhersteller/Assembler durch vertragliche Vereinbarung dafür Sorge tragen muß, daß der Teilehersteller **mindestens** eine Deckungssumme zwischen DM 5 bis DM 10 Mio./Schadensfall kontrahiert und während der Dauer Vertragsbeziehungen aufrechterhält. Soweit der Teilehersteller davon Kenntnis hat, daß das Endprodukt in die USA, Kanada oder Australien geliefert wird, erscheint es sogar sachgerecht, von einer noch wesentlich höheren Deckungssumme auszugehen. Dies setzt freilich voraus, daß der Endhersteller/Assembler den Teilehersteller – zumindest – von derartigen Exporten im voraus in Kenntnis setzt. Ob die Überwälzung dieser Versicherungspflicht mit § 9 Abs. 1 AGBG im Einklang steht, soll später dargestellt werden (Anm. 18).

16. Die Grundsätze der horizontalen Arbeitsteilung. (1) Von einer „horizontalen" Arbeitsteilung ist dann zu sprechen, wenn der Endhersteller, der ein Produkt in den Verkehr bringen will, Arbeitsgänge auf einer oder mehreren Produktionsstufen an ein anderes Unternehmen vergibt (RGRK-BGB/*Steffen*, § 823 Rdnr. 271). Dabei ist freilich zu berücksichtigen, daß es zwischen der „vertikalen" und der „horizontalen" Arbeitsteilung in der Praxis mannigfache Verschleifungen gibt. Die verwendeten Begriffe dienen also nur einer ersten Orientierung (*Steinmann*, Qualitätssicherungsvereinbarungen, S. 79). Deshalb ist stets im einzelnen – bezogen auf die jeweilige Qualitätssicherungsvereinbarung – zu ermitteln, welche spezifischen Aufgaben der Endhersteller/Assembler und der Teilehersteller – sowie andere in die Herstellkette eingeschaltete Unternehmen – bezogen auf das fehlerhafte Produkt übernommen haben.

(2) Der **Teileherstelle**, welcher die **Konstruktionsverantwortung** übernommen hat, ist grundsätzlich verpflichtet, als **Hersteller** dafür einzustehen, daß seine Tätigkeit spezifikationsgemäß erfolgt und keine nach dem neuesten Stand von Wissenschaft und Technik vermeidbare Produktgefahr auftritt (Produkthaftungshandbuch/*Foerste*, § 25 Rdnr. 99).

Wie bereits bei der „vertikalen" Arbeitsteilung angedeutet (Anm. 15), kann der Endhersteller/Assembler seine Haftung für etwaige Produktfehler des Teileherstellers in der Weise beschränken, daß er diesen sorgfältig auswählt und sorgfältig überwacht, wobei er auch eine fachlichtechnische vertragliche Einbindung absichert und Kontrollen des Teilproduktes gewährleisten muß. Etwaige Kontrollen sind insbesondere dann gefordert, wenn der Endhersteller/Assembler hierzu Anlaß hat, wobei es auch auf die eigene Sachkunde des Endherstellers/Assemblers maßgebend ankommt.

(3) Grundsätzlich hat in diesen Fällen der Endhersteller/Assembler die Bestimmungsgewalt über die Konstruktion, einschließlich der Materialauswahl; der **Teilehersteller** übernimmt dann in erster Linie die **Fabrikationsverantwortung** (BGH ZIP 1990, 514/515 – Expander). Aber auch der Teilehersteller bleibt in bestimmten Grenzen für die dem Endhersteller/Assembler obliegende Konstruktionsverantwortung **mitverantwortlich:** Verkehrssicherungspflichten im Sinn von § 823 Abs. 1 BGB treffen ihn immer dann, wenn der Teilehersteller bei der Ausführung der ihm übertragenen Tätigkeit die **Gefährlichkeit** der Konstruktion erkennen kann (*Kullmann/Pfister*, Produzentenhaftung, Kza. 3250 S. 17; BGH ZIP 1990, 514/515 – Expander BGH VersR 1996, 979/981 f.). Deshalb kommt es entscheidend darauf an, ob der Endhersteller/Assembler in der Lage war, bestimmte konstruktive „**Schwachstellen**" zu erkennen; entscheidend ist also, ob er hierzu das erforderliche **Sachwissen** hat. Dies dürfte jedenfalls dann zu bejahen sein, wenn der Teilehersteller die gleichen Produkte selbst konstruiert und herstellt wie er sie vom Endhersteller/Assembler in Auftrag erhalten hat. Im übrigen gelten auch in diesem Fall die gleichen Gesichtspunkte, die zuvor bei der „vertikalen" Arbeitsteilung im einzelnen dargelegt worden sind (Anm. 15): Es geht also darum, daß der Endhersteller/Assembler den Teilehersteller sorgfältig auswählt und sorgfältig überwacht, ihn technisch-fachlich vertraglich einbindet und eine ausreichende Kontrolle des zugelieferten Produkts gewährleistet.

17. Die „vertikale" und „horizontale" Arbeitsteilung auf der Grundlage des Produkthaftungsgesetzes. (1) Die nach § 1 ProdHaftG normierte **verschuldensunabhängige** Einstandspflicht für etwaige Produktfehler bedeutet, daß alle Mitglieder der Herstellerkette sogleich auch verantwortlich sind für Fehler, die von vorangegangenen Gliedern dieser Kette verursacht worden sind. Denn die in einem späteren Stadium der Warenherstellung eingeschalteten Unternehmen werden nach dem ProdHaftG so behandelt, als hätten sie das gesamte Produkt selbst hergestellt und den tatsächlich von einem vorgeschalteten Teilehersteller verursachten Fehler selbst zu verantworten. Dies ist die zwingende Konsequenz der Rechtsregel des § 4 Abs. 1 i. V. m. § 1 ProdHaftG. Konkret bedeutet dies also: Der **Endhersteller** ist vollverantwortlich für die Fehlerhaftigkeit eines von ihm in den Verkehr gebrachten Endprodukts, und zwar auch insoweit, als der Fehler originär einem von ihm nicht hergestellten Teilprodukt zuzuweisen ist. Dies gilt für den Konstruktions- und Fabrikationsbereich ebenso wie für die Instruktionshaftung. Für die **Produktbeobachtungspflicht** gilt indessen etwas anderes, weil diese Pflicht, soweit sie nach dem Inverkehrbringen des Produkts – auch als Folge der Weiterentwicklung des Standes von Wissenschaft und Technik – entsteht, lediglich von der Verkehrssicherungspflicht des § 823 Abs. 1 BGB erfaßt wird (Anm. 8).

(2) Der **Teilehersteller** haftet gemäß § 4 Abs. 1 in Verbindung mit § 1 ProdHaftG für alle Fehler des Teilprodukts, welche in dem Zeitpunkt bestanden, in welchem der Teilehersteller dieses Produkt in den Verkehr brachte. Zu beachten ist jedoch der **Ausschlußtatbestand** von § 1 Abs. 3 ProdHaftG: Die Einstandspflicht des Teileherstellers ist dann beschränkt, wenn der Fehler nicht im Teilprodukt selbst liegt, sondern in der Art und Weise der konstruktiven Verwendung des Teilprodukts innerhalb des Folgeprodukts. In diesen Fällen muß der Fehler „**durch die Konstruktion des Produkts, in welches das Teilprodukt eingearbeitet wurde**" bedingt sein. Gleiches gilt gemäß § 1 Abs. 3 ProdHaftG auch in den Fällen, in denen die Fehlerhaftigkeit des Teilprodukts auf „Anleitung" des Herstellers des Endprodukts beruht. Beide Varianten setzen voraus, daß die Konstruktion des Teil- und

3. Contract of Quality Control (Qualitätssicherungsvertrag) III.3

des Endprodukts nicht arbeitsteilig erfolgt, so daß eine klare Abgrenzung der Aufgabenbereiche tatsächlich vorgenommen werden kann. Aber auch unter dieser Voraussetzung kann der Teilehersteller nur dann auf die Richtigkeit und Vollständigkeit der konstruktiven Vorgaben des Endherstellers vertrauen, wenn ihm die Fehlerhaftigkeit oder Unvollständigkeit im Rahmen seiner Tätigkeit – unter Berücksichtigung seines Fachwissens – nicht erkennbar war (*Schmidt-Salzer/Hollmann*, EG-Richtlinie, Art. 7 Rdnr. 194).

(3) Da also nach §§ 4, 1 ProdHaftG zwischen Endhersteller und Teilehersteller ein **Gesamtschuldverhältnis** insoweit vorliegt, als der Fehler des Teilprodukts für den Schaden ursächlich war, bestimmt § 5 ProdHaftG im Außenverhältnis, daß Endhersteller und Teilehersteller dem Geschädigten als **Gesamtschuldner** haften. Im **Innenverhältnis** richtet sich die Haftung des Teileherstellers und die des Endherstellers nach den Regeln der §§ 421 ff. BGB, wobei der jeweilige Mitverursachungsanteil gemäß § 254 BGB berücksichtigt wird. Deswegen haben die Bestimmungen einer **Qualitätssicherungsvereinbarung** insoweit hohe Bedeutung: Sie legen nicht nur die Pflichten des Teileherstellers und die des Endherstellers fest, sondern bestimmen damit gleichzeitig, in welchem Umfang der Fehler des Teilprodukts von dem Teilehersteller oder dem Endhersteller verursacht worden ist, weil der eine oder andere die ihm obliegenden Pflichten verletzt hat.

18. Dokumentationspflichten. (1) Gegen solche Regelungen bestehen unter dem Blickwinkel von § 9 Abs. 2 Nr. 1 AGBG keine durchgreifenden Bedenken: Die Dokumentationspflicht liegt im originären Eigeninteresse des Teileherstellers/Zulieferers, weil sie ihm – wenn denn überhaupt – die Möglichkeit eröffnet, im Rahmen einer Haftung gemäß § 823 Abs. 1 BGB den Nachweis zu erbringen, daß der Produktfehler von ihm nicht verschuldet wurde. Auch gegen die **Aufbewahrungspflicht** von zehn Jahren bestehen keine Bedenken. Die Frist rechtfertigt sich unter Berücksichtigung von § 13 ProdHaftG, danach **erlöschen** Schadensersatzansprüche gemäß § 1 ProdHaftG nach Ablauf von zehn Jahren, gerechnet von dem Zeitpunkt, in welchem der Hersteller das Produkt, welches den Schaden verursacht hat, in den Verkehr gebracht hat.

(2) Der Endhersteller/Assembler hat ein vitales Interesse daran, einen Qualitäts-Audit beim Teilehersteller/Zulieferer durchzuführen, weil er nur so in der Lage ist, seine delikts- und haftungsrechtliche Verantwortlichkeit ordnungsgemäß zu erfüllen, sofern das vom Teilehersteller/Zulieferer gefertigte Teilprodukt einen Schaden verursacht. Deshalb bestehen gegen derartige Klauseln keine Bedenken gemäß § 9 Abs. 2 Nr. 1 AGBG (Produkthaftungshandbuch/*Graf von Westphalen*, § 24 Rdnrn. 252 ff.; ders. AGB-Klauselwerke/*Graf von Westphalen*, – Qualitätssicherungsvereinbarungen Rdnr. 26).

a) Es liegt auf der Hand, daß gerade in diesem Bereich die Kontrollrechte des Endherstellers/Assemblers mit den **Geheimhaltungsinteressen** des Teileherstellers/Zulieferers konkurrieren (*Schmidt* NJW 1991, 144, 151). Dieser **Zielkonflikt** kann nur im Einzelfall gelöst werden: Der Endhersteller/Assembler hat ein vitales Interesse daran, daß die auf den Teilehersteller/Zulieferer delegierten Kontrollpflichten ordnungsgemäß erfüllt werden; diesem Zweck dient das jeweilige Qualitäts-Audit. Läßt sich nachweislich dieses Kontrollrecht nur in der Weise ordnungsgemäß erfüllen, daß der Endhersteller/Assembler das Qualitäts-Audit auch auf Betriebs- und Geschäftsgeheimnisse des Teileherstellers/Zulieferers erstreckt, so haben die Kontrollrechte jedenfalls den Vorrang, wenn gleichzeitig eine Geheimhaltungsvereinbarung die Interessen des Teileherstellers/Zulieferers absichert. Jedenfalls gilt dies dann uneingeschränkt, wenn die Geheimhaltungsvereinbarung, was jedenfalls in diesen Fällen zu empfehlen ist, mit einer **fühlbaren Vertragsstrafe** für den Fall ihrer Verletzung sanktioniert ist (*Steinmann*, Qualitätssicherungsvereinbarungen, S. 139 f.).

b) Können jedoch die Kontrolirechte des Endherstellers/Assemblers auch in der Weise ordnungsgemäß erfüllt werden, daß das geheimhaltungsbedürftige Know-how des Teileherstellers/Zulieferers ausgespart wird, so ist dieser Alternative der Vorzug zu geben und notfalls empfiehlt sich eine entsprechende vertragliche Vereinbarung.

19. Der Verzicht auf die Untersuchungs- und Rügeobliegenheit gemäß §§ 377, 378 HGB. (1) Es gehört zum eisernen Bestandteil von Qualitätssicherungsvereinbarungen – besonders dann, wenn zusätzlich ein „Just-in-Time"-Konzept (*Heckler*, Der Just-in-Time-Liefervertrag, 1996) realisiert wird –, daß der Endhersteller/Assembler festlegt, daß der Teilehersteller/Zulieferer zu einer Endkontrolle verpflichtet ist, während der Endhersteller/Assembler von Wareneingangskontrolle gemäß §§ 377, 378 HGB dispensiert wird. Es heißt dann z. B.:

> „Der Zulieferer ist verpflichtet, Qualitätssicherungsmaßnahmen und -kontrollen durchzuführen, so daß eine Wareneingangskontrolle beim Hersteller des Folgeprodukts entfallen kann."

Oder es wird formuliert:

> „Der Zulieferant nimmt die Endkontrolle vor; er verzichtet gleichzeitig auf den Einwand der verspäteten Mängelrüge gemäß §§ 377, 378 HGB."

(2) Ob diese Form der **Haftungsbegrenzung** auf den Zulieferer als Teilehersteller mit § 9 AGBG im Einklang steht, ist die mit Abstand schwierigste und **umstrittenste** Frage, die bei Qualitätssicherungsvereinbarungen zu bewältigen ist (*Grunewald* NJW 1995, 1777 ff.).

a) § 377 Abs. 1 HGB bestimmt, daß bei einem **beiderseitigen** Handelskauf von Waren dem Käufer die Obliegenheit auferlegt ist, die angelieferte Ware unverzüglich – nach den Gepflogenheiten des ordnungsgemäßen Geschäftsverkehrs, soweit dies tunlich ist – zu untersuchen und gefundene Mängel unverzüglich dem Verkäufer anzuzeigen. Mängel, die sich erst später zeigen und auch bei einer ordnungsgemäßen Wareneingangskontrolle nicht hätten entdeckt werden können, sind „versteckte" oder „verdeckte" Mängel; sie sind unverzüglich nach ihrer Entdeckung gemäß § 377 Abs. 3 HGB zu rügen. Von entscheidender Bedeutung ist in diesem Zusammenhang, daß § 377 Abs. 2 HGB ein „Alles-Oder-Nichts-Prinzip" vorsieht: Mangels rechtzeitiger Rüge gilt die Ware in Ansehung des Fehlers als „genehmigt". Diese **Genehmigungsfiktion** – als Folge der rügelosen Annahme der mangelhaften Ware – bezieht sich auf alle Gewährleistungsansprüche im weiteren Sinne, d. h. auch Ansprüche wegen positiver Vertragsverletzung sind umfaßt (BGH BB 1987, 2326/2327). Gleichzeitig ist damit gesagt, daß sich § 377 Abs. 2 HGB nicht auf deliktsrechtliche Ansprüche bezieht, welche dem Käufer gegenüber dem Lieferanten zustehen (BGH aaO). Dies hängt damit zusammen, daß die Haftung aus § 823 Abs. 1 BGB darauf beruht, daß der Lieferant seine Verkehrssicherungspflicht gegenüber dem Besteller schuldhaft verletzt und demzufolge ihm einen Personen- oder Sachschaden zugefügt hat.

b) Die Untersuchung muß in solchem **Umfang** und in solcher **Art** vorgenommen werden, wie es **erforderlich** ist, um das Vorhandensein von Mängeln festzustellen (RG JW 1924, 814). Zeitpunkt, Methode und Umfang der gebotenen Untersuchung richten sich danach, was „nach ordnungsgemäßem Geschäftsgang" tunlich ist. Aufgrund seiner Vereinbarung kommt es hierbei regelmäßig darauf an, ob in der betreffenden Branche ein eindeutiger Handelsbrauch Maß gibt (LG Aachen BB 1952, 213 – Prüfung von Stoffballen; BGH NJW 1976, 625 – Prüfung der Farbechtheit von Stoffen). Es kommt also nicht auf die Üblichkeit der Untersuchung, sondern auf deren Ordnungsgemäßheit an (BGH NJW 1976, 625 – Prüfung der Farbechtheit von Stoffen; Produkthaftungshandbuch/*Graf von Westphalen*, § 17 Rdnrn. 27 ff.). Der Käufer ist daher verpflichtet, die Untersuchung mit fachmännischer Sorgfalt durchzuführen (BGH NJW 1976, 2011, 2012 – Wellstegträger). Besitzt er nicht die erforderliche Sachkenntnis, so ist er gehalten, einen Sachverständigen hinzuzuziehen. Dies gilt insbesondere dann, wenn lediglich ein Sachverständiger in der Lage ist, die Vertragsgemäßheit oder Mangelhaftigkeit der Sache festzustellen (OLG Hamburg BB 1953, 98). Notwendigerweise schuldet der Käufer **repräsentative Stichproben**, um seiner Wareneingangskontrollpflicht gemäß § 377 Abs. 1 HGB zu genügen. Dies schließt auch eine zerstörende Prüfung oder einen probeweisen Verbrauch der Sache ein (RGRK-HGB/*Brüggemann*, 4. Aufl., § 377 Rdnr. 89 ff.). Bei der Lieferung von Spanplatten ist es z. B. erforderlich, diese probeweise in einem geschlossenen Raum aufzustellen, wenn es um

3. Contract of Quality Control (Qualitätssicherungsvertrag) III.3

die Feststellung geht, ob Formaldehyd-Gase als Folge der Lackierung austreten (BGH WM 1974, 1204/1205). Der sofortige Einbau von gelieferten Bierfilterplatten in eine Filteranlage oder die Simulation der Produktion ist jedoch nicht erforderlich, sofern die sofortige, sachkundige Untersuchung durch Augenschein ausreicht, um festzustellen, ob die Platte nach ihrer äußeren Beschaffenheit mängelfrei sind (BGH NJW 1977, 1150/1151). Dabei ist stets der Kosten- und Zeitaufwand der Prüfung im Auge zu behalten. Drohen besonders hohe Mangelfolgeschäden, so kann eine sachgemäße Abwägung der Interessen auch insoweit eine Prüfung bedingen (BGH LM Nr. 13 zu § 377 HGB – Neocarminprobe von Textilfasern; BGH NJW 1959, 1081/1082 – Perlonstrümpfe – Nylongarn).

c) Die rechtzeitige Mängeluntersuchung und die daran anknüpfende Rügeobliegenheit beruhen auf dem **Zweck**, den Lieferanten davor zu bewahren, sich noch längere Zeit nach Ablieferung der Kaufsache etwaigen, dann nur noch schwer feststellbaren Gewährleistungsansprüchen ausgesetzt zu sehen (BGH WM 1991, 1634/1635; BGH BB 1987, 2326; s. aber BGH NJW 1996, 1537/1538). Folglich soll der Zulieferer aufgrund der unverzüglich durchzuführenden Rüge des Bestellers in die Lage versetzt werden, seinerzeit entsprechende Feststellungen und notwendige Dispositionen zu treffen. Insbesondere soll er die Möglichkeit erhalten, einen weiteren Schaden zu verhindern (BGH NJW 1984, 1964/1966).

(4) Es ist inzwischen in der **Judikatur des BGH geklärt**, daß es gegen § 9 Abs. 2 Nr. 1 AGBG verstößt, wenn der Besteller in seinen Einkaufs-AGB die Bestimmungen der §§ 377, 378 HGB uneingeschränkt abbedingt (BGH WM 1991, 1634). Der völlige Ausschluß der zentralen Obliegenheit des Bestellers zur Untersuchung und Rüge ist mit den Grundgedanken der gesetzlichen Regelung unvereinbar. Daher steht auch die Literatur auf dem Standpunkt, daß die Abbedingung der §§ 377, 378 HGB gemäß § 9 Abs. 2 Nr. 1 AGBG unwirksam ist (*Ulmer/Brandner/Hensen*, AGBG, Anh. zu §§ 9–11 Rdnr. 299; AGB-Klauselwerke/*Graf von Westphalen* – Einkaufsbedingungen Rdnr. 21; *Lehmann* BB 1990, 1849/1851; *Schmidt*, NJW 1991, 144/149 f.; *Thamm/Hesse* BB 1979, 1583/1586).

(5) Es ist im einzelnen **umstritten**, ob die Abbedingung der §§ 377, 378 HGB im Rahmen von Qualitätssicherungsvereinbarungen gegen § 9 Abs. 2 Nr. 1 AGBG oder gegen § 9 Abs. 1 AGBG verstößt (*Graf von Westphalen* CR 1990, 567 ff.; *Lehmann* BB 1990, 1849/1851 ff.; *Schmidt* NJW 1991, 144/148 ff.; *Steinmann* BB 1993, 873 ff.; *dies.*, Qualitätssicherungsvereinbarungen, S. 45 ff.; *Merz*, Qualitätssicherungsvereinbarungen, S. 291 ff.). Gerichtliche Entscheidungen, die hier eine Leitlinie bilden könnten, fehlen. Überwiegend wird wohl die Auffassung vertreten, daß die Abbedingung der §§ 377, 378 HGB nicht zu einer unangemessenen Benachteiligung des Teileherstellers/Zulieferers im Sinn von § 9 Abs. 2 Nr. 1 AGBG oder von § 9 Abs. 1 AGBG führt (*Hollmann* PHI 1989, 146/153; *ders.* CR 1992, 13/14 f.; *Lehmann* BB 1990, 1849/1851 ff.; *Nagel* DB 1991, 319/323; *Migge* VersR 1992, 665/673 f.; *Martinek*, Zulieferverträge und Qualitätssicherung, S. 45 ff.; vgl. auch *Kreiffels* ZIP 1990, 489/492 f.). Die zutreffende **Lösung** muß folgende Gesichtspunkte im Auge behalten:

a) Wie gezeigt, bestehen **grundsätzlich keine Bedenken**, daß der Endhersteller/Assembler seine Verkehrssicherungspflichten im Sinn von § 823 Abs. 1 BGB entweder im Rahmen der „vertikalen" oder der „horizontalen" Arbeitsteilung auf den Teilehersteller/Zulieferer delegiert. Verzichtet nunmehr der Endhersteller/Assembler auf die Wareneingangskontrolle gemäß §§ 377, 378 HGB, so führt dieser Verzicht zunächst dazu, daß der Zulieferer/Teilehersteller im Sinn von § 9 Abs. 2 Nr. 1 AGBG – allerdings nur im Rahmen des Kaufvertrages – unangemessen benachteiligt wird. Indessen steht dieser Gesichtspunkt nicht isoliert. Zu ergänzen ist allemal, daß die dem Endhersteller/Assembler obliegende Kontrollpflicht – deliktsrechtlich gewertet – dazu dient, die Rechtsgüter Dritter im Sinn von § 823 Abs. 1 BGB zu schützen. Folglich hat die Abbedingung der §§ 377, 378 HGB sowohl eine gewährleistungsrechtliche, den Teilehersteller/Zulieferer betreffende, als auch eine deliktsrechtliche, den Rechtsgüterschutz Dritter umfassende Funktion.

b) **Haftungsrechtlich** kommt es mithin entscheidend darauf an, ob der Endhersteller/

Assembler schlechthin auf die Wareneingangskontrolle gemäß §§ 377, 378 HGB verzichtet, oder ob er – im Rahmen des Qualitätssicherungssystems – dafür Sorge trägt, daß die ihm deliktsrechtlich obliegenden Kontrollpflichten auf den Teilehersteller/Zulieferer abgewälzt und von diesem tatsächlich auch erfüllt werden, damit die **Effizienz** des Rechtsgüterschutzes Dritter im Sinn von § 823 Abs. 1 BGB gewährleistet bleibt (AGB-Klauselwerke/ *Graf von Westphalen* – Qualitätssicherungsvereinbarungen Rdnr. 13). Folglich ist der Endhersteller/Assembler verpflichtet, durch geeignete Kontrollmaßnahmen – vor allem durch „**audits**" – sicherzustellen, daß der Teilehersteller/Zulieferer die auf ihn überwälzten Kontrollpflichten ordnungsgemäß erfüllt. Denn nur so ist gewährleistet, daß der Endhersteller/Assembler die ihm obliegenden Verkehrssicherungspflichten im Sinn von § 823 Abs. 1 BGB ordnungsgemäß erfüllt – mit der Konsequenz, daß die Delegation der Kontrollpflichten auf den Teilehersteller/Zulieferer deliktsrechtlich nicht zu beanstanden ist.

c) Gleichwohl wird der Zulieferer/Teilehersteller durch die auf ihn delegierten Kontrollpflichten **erheblich belastet,** so daß **Bedenken** bestehen, ob die Abbedingung der Wareneingangskontrolle gemäß §§ 377, 378 HGB mit § 9 Abs. 2 Nr. 1 AGB-Gesetz tatsächlich vereinbar ist (*Grunewald* NJW 1995, 1777/1782; a.M. *Steinmann,* Qualitätssicherungsvereinbarungen, S. 44 ff.; *Merz,* Qualitätssicherungsvereinbarungen, S. 291 ff.). Wesentlich hierfür ist jedoch nicht eine Einzelbetrachtung der Klausel, welche die Rügeobliegenheit gemäß §§ 377, 378 HGB abbedingt. Im Vordergrund muß vielmehr eine **Gesamtbetrachtung** stehen, die nach § 9 Abs. 1 AGB-Gesetz auch deswegen geboten ist, weil insoweit die beiderseitigen Interessen zu bilanzieren und zu balancieren sind, bevor dann eine unangemessene Benachteiligung des Teileherstellers/Zulieferers festgestellt werden kann.

aa) Ist die Qualitätssicherungsvereinbarung **unzureichend** oder **mangelhaft,** so folgt daraus, daß der Endhersteller/Assembler zwar formal die ihm gemäß § 823 Abs. 1 BGB obliegenden Verkehrssicherungspflichten auf den Teilehersteller/Zulieferer delegiert hat, daß aber – materiell-rechtlich gewertet – diese Pflichtendelegation nicht dazu führt, daß der geschädigte Dritte nur einen Schadensersatzanspruch gegenüber dem Teilehersteller/ Zulieferer hat, sofern sich erweist, daß der geltend gemachte Schaden in diesem Produkt seine Ursache hatte. Vielmehr bleibt dann der Endhersteller/Assembler dem geschädigten Dritten gegenüber gemäß § 823 Abs. 1 BGB verantwortlich. Ein unzureichendes oder mangelhaftes Qualitätssicherungssystem führt also dazu, daß zwischen Endhersteller/Assembler und Teilehersteller/Zulieferer ein **Gesamtschuldverhältnis** im Sinn der §§ 830, 840 BGB entsteht: Beide verletzen nämlich die ihnen obliegenden Verkehrssicherungspflichten im Sinn des § 823 Abs. 1 BGB, ohne gemeinsam den rechtswidrigen Erfolg – nämlich: den Produktschaden – herbeizuführen. Folglich besteht eine deliktsrechtliche Nebentäterschaft: Endhersteller und Teilehersteller verletzen jeweils – unabhängig voneinander – die ihnen obliegenden Verkehrssicherungspflichten, so daß sie dem geschädigten Dritten gegenüber **gesamtschuldnerisch** gemäß § 830 BGB haften. Im Innenverhältnis richtet sich der Haftungsausgleich nach den §§ 421 ff. BGB; es entscheidet also der jeweilige Mitverursachungs- und Mitverschuldensteil.

Erweist sich also das Qualitätssicherungssystem als unzureichend oder mangelhaft, so liegt darin jedenfalls auch dann eine unangemessene Benachteiligung des Teileherstellers/ Zulieferers, wenn diesem die insoweit bestehenden **Verteidigungsmöglichkeiten** abgeschnitten werden. Dies ist immer dann zu bejahen, wenn formularmäßig dem Teilehersteller/Zulieferer die **Alleinverantwortung** für einen Produktschaden überbürdet wird, obwohl auch der Endhersteller/Assembler in die Konstruktions- und Kontrollverantwortlichkeit eingeschaltet war, diese Verpflichtungen aber nur unzureichend erfüllt hat. Hier kommt alles auf die Umstände des Einzelfalls an: Besteht tatsächlich eine **Mitverantwortlichkeit** des Endherstellers/Assemblers, so liegt im Sinn von § 242 BGB eine unzulässige Rechtsausübung vor, wenn sich dieser gleichwohl darauf beruft, daß der Teilehersteller/Zulieferer aufgrund der Qualitätssicherungsvereinbarungen die alleinige, ausschließliche Verantwortlichkeit trägt.

bb) Weiter oben wurde bereits aufgeführt (Anm. 15 (4) d)), daß der Endhersteller/Assem-

3. Contract of Quality Control (Qualitätssicherungsvertrag) III.3

bler verpflichtet ist, im Rahmen einer „**Liquiditätsgarantie**" dafür Sorge zu tragen, daß der Teilehersteller/Zulieferer im Schadensfall über einen ausreichenden Deckungsschutz im Rahmen seiner Haftpflicht- bzw. Produkthaftpflichtversicherung verfügt. Damit soll erreicht werden, daß der geschädigte Dritte einen realisierbaren Schadensersatzanspruch gegenüber dem Teilehersteller/Zulieferer hat, sofern sich herausstellt, daß der Schadensersatzanspruch in einem Fehler des Teilprodukts seine Ursache hatte. Überwälzt allerdings der Endhersteller/Assembler seine Obliegenheit zur Wareneingangskontrolle gemäß §§ 377, 378 HGB in vollem Umfang auf den Teilehersteller/Zulieferer, so übernimmt dieser ein weitergehenderes Leistungsrisiko als nach den §§ 377, 378 HGB vorgesehen. Zur Konsequenz hat dies, daß der Teilehersteller/Zulieferer seinen **Deckungsschutz** im Rahmen seiner Haftpflicht- bzw. Produkthaftpflichtversicherung gemäß § 4 I 1 AHB verliert (*Migge* PHI 1991, 204/207; *Hollmann* PHI 1989, 146/156; AGB-Klauselwerke/*Graf von Westphalen* – Qualitätssicherungsvereinbarungen Rdnr. 18).

Daher ist der Endhersteller/Assembler verpflichtet, den Teilehersteller/Zulieferer auf dieses besondere Risiko **ausdrücklich** hinzuweisen. Die aus § 823 Abs. 1 BGB abgeleitete Liquiditätsgarantie verlangt daher, daß der Teilehersteller/Zulieferer die Deckung im Rahmen seiner Haftpflicht- bzw. Produkthaftpflicht-Versicherung entsprechend anpaßt, so daß der Verzicht des Endherstellers/Assemblers auf die Wareneingangskontrolle gemäß §§ 377, 378 HGB **unschädlich** wird (hierzu VP 1992, 93 f. – Möglichkeiten des Versicherungsschutzes). Verletzt der Endhersteller/Assembler diese Informationspflicht, so liegt darin eine zum Schadensersatz verpflichtende Handlung. Soweit daher der Endhersteller/Assembler sich insoweit freizeichnet, liegt darin eine unangemessene Benachteiligung des Teileherstellers/Zulieferers im Sinn von § 9 Abs. 1 AGBG – mit der Konsequenz, daß die Abbedingung der §§ 377, 378 HGB gemäß § 6 Abs. 2 AGBG keine Wirkung entfaltet. Der Endhersteller/Assembler muß sich also so behandeln lassen, wie dies nach den §§ 377, 378 HGB geboten ist.

cc) Geht man davon aus, daß der Endhersteller/Assembler berechtigt ist, die Verkehrssicherungspflichten des § 823 Abs. 1 BGB auf den Teilehersteller/Zulieferer abzuwälzen, so spricht einiges dafür, daß dann auch der Teilehersteller/Zulieferer verpflichtet ist, auf eigene Kosten und eigene Verantwortung die **Produktbeobachtungspflicht** zu erfüllen. Dies setzt jedoch praktisch voraus, daß der Endhersteller/Assembler seinerseits alle Maßnahmen – bezogen auf das von ihm in den Verkehr gebrachte Endprodukt – erfüllt, welche aufgrund der „passiven" sowie der „aktiven" Produktbeobachtung (Anm. 8) erforderlich sind. Denn nur dann, wenn der Endhersteller/Assembler die ihm obliegende Produktbeobachtungspflicht ordnungsgemäß erfüllt, ist der Teilehersteller/Zulieferer in der Lage, seinerseits der ihm obliegenden Produktbeobachtungspflicht zu genügen. Er ist also insoweit auf die Informationen des Endherstellers/Assemblers vital angewiesen, weil ja das **Distributionsrisiko** des Endprodukts Sache des Endherstellers/Assemblers ist.

Als Teil der „Liquiditätsgarantie" (Anm. 15 (4) d)) wird man deshalb vom Endhersteller/Assembler verlangen müssen, daß dieser – soweit möglich – den Teilehersteller/Zulieferer davon in Kenntnis setzt, in welche Länder das Endprodukt vertrieben wird. Denn nur unter dieser Voraussetzung ist der Teilehersteller/Zulieferer in der Lage, den **Deckungsausschluß** von § 4 I 3 AHB zu beseitigen, weil ja die Deckung von **Auslandsschäden** nicht originärer Teil der Haftpflicht- bzw. Produkthaftpflicht-Versicherung ist (AGB-Klauselwerke/*Graf von Westphalen* – Qualitätssicherungsvereinbarungen Rdnr. 16).

dd) Diese Überlegung führt unmittelbar zum nächsten Schritt: Um das aus der Produktbeobachtung resultierende **Rückrufrisiko** abzudecken, kommt es entscheidend darauf an, daß der Endhersteller/Assembler den Teilehersteller/Zulieferer darauf hinweist, er solle zur Abdeckung dieses Risikos eine **Rückrufkosten-Versicherung** abschließen (Produkthaftungshandbuch/*Littbarski*, § 5 Rdnrn. 35 ff.; AGB-Klauselwerke/*Graf von Westphalen* – Qualitätssicherungsvereinbarungen Rdnr. 21). Allerdings ist darauf hinzuweisen, daß eine solche Versicherung regelmäßig nur in der Kfz-Industrie angeboten wird, nicht aber in den übrigen Branchen. Soweit aber der Teilehersteller/Zulieferer nicht in der Lage ist, das aufgrund der Qualitätssicherungsvereinbarung gesteigerte Produkthaftungsrisiko – insbesondere das von Rückrufaktionen – angemessen auf dem Versicherungsmarkt einzudekken, so spricht schon aus diesem Grunde einiges dafür, daß die Bilanzierung und Balancierung der beiderseitigen Interessen im Sinn von § 9 Abs. 1 AGB-Gesetz zu dem Ergebnis führt, der Teilehersteller/Zulieferer wird unangemessen benachteiligt (AGB-Klauselwerke/ *Graf von Westphalen* – Qualitätssicherungsvereinbarungen Rdnr. 21). Zu berücksichtigen bleibt auch, ob der Endhersteller/Assembler das Endprodukt in Länder exportiert, in denen ein extrem hohes Produkthaftungsrisiko besteht, wie etwa in die USA, Kanada oder Australien (AGB-Klauselwerke/*Graf von Westphalen* – Qualitätssicherungsvereinbarungen Rdnr. 16). Unter dieser Voraussetzung geht es nicht nur darum, daß der Teilehersteller/Zulieferer das Risiko angemessen versichert, daß er dem Geschädigten gegenüber nach ausländischem Recht zu hohen Schadensersatzsummen verpflichtet ist. Vielmehr ist auch das Risiko von Rückrufaktionen ist zu bedenken.

ee) Im Rahmen der **Bilanzierung und Balancierung** der beiderseitigen Interessen gemäß § 9 Abs. 1 AGBG geht es also letzten Endes darum, ob der Endhersteller/Assembler dem Teilehersteller/Zulieferer ein angemessenes Entgelt verspricht, welches auch die **Mehraufwendungen** angemessen berücksichtigt, welche dadurch verursacht werden, daß der Endhersteller/Assembler auf die Wareneingangskontrolle gemäß §§ 377, 378 HGB verzichtet, um – statt dessen – die Kontrollpflichten in vollem Umfang auf den Teilehersteller/Zulieferer zu überwälzen. Hierbei wird man also berücksichtigen müssen, in welchem Umfang der Teilehersteller/Zulieferer verpflichtet ist, im Rahmen der zu übernehmenden „Liquiditätsgarantie" (Anm. 15 (4)d)) höhere Aufwendungen zur versicherungsmäßigen Abdeckung des Produktrisikos zu übernehmen. Denn die von ihm zu erfüllenden Mehrleistungen erhöhen sein Haftungsrisiko, weil er sich nicht mehr darauf verlassen kann, daß der Endhersteller/Assembler eigenständige Kontrollen – sowohl im Rahmen der §§ 377, 378 HGB als auch im Rahmen von § 823 Abs. 1 BGB – durchführen wird, um die Sicherheit des Teilprodukts und die des Endprodukts zu gewährleisten. Dies deckt sich in der Sache mit einem Beschluß des BDI, wonach sich Qualitätssicherungsvereinbarungen jeder Regelung enthalten sollten, welche den Haftpflichtversicherungsschutz des Teileherstellers/Zulieferers nachteilig beeinflussen, z. B. auch dadurch, daß die Wareneingangskontrolle abbedungen wird (hierzu *Graf von Westphalen/Bauer,* Just-in-Time-Lieferungen und Qualitätssicherungsvereinbarungen, S. 107).

20. Haftungsklauseln. (1) Bei allen Haftungsklauseln ist darauf zu achten, daß der Teilehersteller/Zulieferer deliktsrechtlich gemäß § 823 Abs. 1 BGB für einen Produktschaden in vollem Umfang verantwortlich ist. Allerdings steht dem Teilehersteller/Zulieferer – wie jedem anderen Hersteller auch – der Beweis **fehlenden Verschuldens** offen, soweit der Geschädigte seinen Anspruch auf § 823 Abs. 1 BGB stützt. Macht er allerdings Schadensersatzansprüche gemäß § 1 ProdHaftG geltend, so handelt es sich um eine **verschuldensunabhängige Einstandspflicht**. Aus diesem Grund könnte es sich empfehlen, klauselmäßig zwischen einer Schadensersatzhaftung gemäß § 823 Abs. 1 BGB und einer Produkthaftung gemäß § 1 ProdHaftG zu differenzieren. Dies würde bedeuten, daß die Klausel gegen § 9 Abs. 2 Nr. 1 AGBG verstößt, weil sie – ihrer äußeren Formulierung nach – den Eindruck erweckt, als sei dem Teilehersteller/Zulieferer der Nachweis **abgeschnitten**, daß er wegen fehlenden Verschuldens keinen Schadensersatz gemäß § 823 Abs. 1 BGB zu leisten verpflichtet ist. Deshalb müßte die Klausel, um sie korrekt zu formulieren, mit einem **Halbsatz** ergänzt werden, und zwar: *This does not apply, if there is evidence that the Supplier was not acting negligently.* Für eine Schadensersatzhaftung gemäß § 1 ProdHaftG ist freilich dieser Zusatz entbehrlich.

(2) Haftungsklauseln sind im übrigen in Qualitätssicherungsvereinbarungen nur dann mit § 9 Abs. 2 Nr. 1 AGBG vereinbar, wenn sie die **Rechtslage** deklaratorisch widerspiegeln. Dies geschieht zweckmäßigerweise mit der Formulierung:

3. Contract of Quality Control (Qualitätssicherungsvertrag) III.3

„Der Zulieferer wird den Besteller von allen Produkthaftungsansprüchen insoweit freistellen, als er im Außenverhältnis selbst haftet. The Supplier shall indemnify the Purchaser against any and all product liability claims insofar as he is directly liable to third parties.

Damit ist gleichzeitig gesagt, daß derartige Haftungsklauseln, soweit sie mit § 9 Abs. 2 Nr. 1 AGBG im Einklang stehen, **überflüssig** sind. Indessen ist gerade in diesem Punkt äußerste Vorsicht geboten: Zahlreiche Haftungsklauseln in Qualitätssicherungsvereinbarungen, aber auch in **Einkaufsbedingungen** verschieben das Schadensersatzrisiko zu Lasten des Teileherstellers/Zulieferers und sind nach § 9 Abs. 2 Nr. 1 AGBG unwirksam.

(3) Gelangt man zu dem Resultat, daß auch der Teilehersteller/Zulieferer deliktsrechtlich verpflichtet ist, eine **Rückrufaktion** durchzuführen, so bestehen gegen die weiter oben erwähnten Klauseln keine Bedenken gemäß § 9 Abs. 2 Nr. 1 AGBG. Freilich bleibt darauf hinzuweisen, daß nach der hier vertretenen Auffassung der Endhersteller/Assembler verpflichtet ist, den Teilehersteller/Zulieferer auf besondere Haftungssituationen, etwa durch Lieferung in die USA, Kanada und Australien aufmerksam zu machen. Gleichzeitig ist der Endhersteller/Assembler verpflichtet, den Teilehersteller/Zulieferer auf die Notwendigkeit eines Versicherungsschutzes hinzuweisen, der das Rückrufkosten-Risiko erfaßt. Soweit dies geschieht, bestehen gegen die Wirksamkeit dieser Rückrufkostenklausel keine durchgreifenden Bedenken gemäß § 9 Abs. 2 Nr. 1 AGBG (abweichend noch *Graf von Westphalen* CR 1990, 567/574). Dies gilt auch insoweit, als die Klausel dem Endhersteller/Assembler das Recht vorbehält, eine Rückrufaktion auf Kosten des Teileherstellers/Zulieferers durchzuführen.

21. Der erforderliche Schutz des Know-how des Teileherstellers/Zulieferers. (1) Soweit der Endhersteller/Assembler dafür Sorge trägt, daß eine **umfassende Geheimhaltungsverpflichtung** zugunsten des Teileherstellers/Zulieferers vereinbart wird – in der Praxis handelt es sich hierbei regelmäßig um wechselseitige Verpflichtungen –, bestehen gemäß § 9 Abs. 2 Nr. 1 AGBG keine Bedenken. Denn durch eine den gewöhnlichen Bedürfnissen entsprechende Geheimhaltungsvereinbarung werden die Interessen des Teileherstellers/Zulieferers ausreichend gewahrt; ein Abfluß von Betriebsgeheimnissen oder von Know-how ist dann genausowenig zu besorgen wie in sonstigen Fällen, in denen Vereinbarungen getroffen werden. Selbstverständlich können diese – darin liegt aber keine unangemessene Benachteiligung des Teileherstellers/Zulieferers im Sinn von § 9 Abs. 2 Nr. 1 AGBG – mißachtet und verletzt werden. Mit diesem Risiko muß jedoch der Teilehersteller/Zulieferer „leben".

(2) Dabei ist zu berücksichtigen, daß die §§ 17, 18 UWG für Betriebs- und Geschäftsgeheimnisse lediglich einen **begrenzten Schutz** sicherstellen, soweit Betriebs- und Geschäftsgeheimnisse **Arbeitnehmern, Angestellten** anvertraut und von diesen rechtswidrig verwendet werden. Deshalb empfiehlt es sich allemal, die Geheimhaltungsvereinbarungen – um den Schutz des Know-how des Teileherstellers/Zulieferers zu verbessern – auch auf die **persönliche Geheimhaltungspflicht** derjenigen Mitarbeiter des Endherstellers/Assemblers zu erstrecken, welche mit dem Know-how des Teileherstellers/Zulieferers in Berührung gelangen.

Soweit die Betriebs- und Geschäftsgeheimnisse des Teileherstellers/Zulieferers **offenkundig** oder allgemein bekannt werden, besteht kein Schutzbedürfnis mehr. Folglich ist es gemäß § 9 Abs. 2 Nr. 1 AGBG auch nicht zu beanstanden, wenn eine Geheimhaltungsvereinbarung diesem Umstand Rechnung trägt.

4. Standard Terms and Conditions for the Sale of Goods (Export)[1,2,3]

(Allgemeine Lieferbedingungen)

1. Preamble

These Standard Terms and Conditions for the Sale of Export Goods shall exclusively[4,5] apply, save as varied by express agreement accepted in writing[6] by both parties.

The offer, order acknowledgment, order acceptance of sale of any products covered herein is conditioned upon the terms contained in this instrument. Any conditional or different terms proposed by the buyer are objected to and will not be binding upon the seller unless assented in writing by the seller.[7,8]

These conditions shall govern any future individual contract of sale between the seller and the buyer to the exclusion of any other terms and conditions subject to which any such quotation is accepted or purported to be accepted, or any such order is made or purported to be made, by the buyer.

Any typographical, clerical or other error or omission in any sales literature, quotation, price list, acceptance of offer, invoice or other document of information issued by the seller shall be subject to correction without any liability on the part of the seller.[9]

The provisions of these Standard Terms and Conditions extend to standard contract conditions which are used in a contract with a merchant in the course of business only.[10]

2. Orders and Specifications

No order submitted by the buyer shall be deemed to be accepted by the seller unless and until confirmed in writing by the seller or the seller's representative within 21 days after submittal.[11]

The quantity, quality and description of and any specification for the goods shall be those set out in the seller's quotation (if accepted by the buyer) or the buyer's order (if accepted by the seller). Any such specification, sales literature, quotation etc. shall be strictly confidential and must not be made available to third parties.[12]

The buyer shall be responsible for the seller for ensuring the accuracy of the terms of any order submitted by the buyer, and for giving the seller any necessary information relating to the goods within a sufficient time to enable the seller to perform the contract in accordance with its terms.[13,14]

If the goods are to be manufactured or any process is to be applied to the goods by the seller in accordance with a specification submitted by the buyer, the buyer shall indemnify the seller against all loss, damages, costs and expenses awarded against or incurred by the seller in connection with or paid or agreed to be paid by the seller in settlement of any claim for infringement of any patent, copyright, design, trade mark or other industrial or intellectual rights of any other person which results from the seller's use of the buyer's specification.

The seller reserves the right to make any changes in the specification of the goods which are required to conform with any applicable statutory requirements or, where the goods are to be supplied to the seller's specification, which do not materially affect their quality pr performance.

3. Price of the Goods[15,16]

The price of the goods shall be the seller's quoted price or, where no price has been quoted, the price listed in the seller's published price list current at the date of acceptance of the order. Where the Goods are supplied for export from Germany, the seller's published export price list shall apply.

The seller reserves the right, by giving notice to the buyer at any time before delivery, to increase the price of the goods to reflect increase in the cost to the seller which is due to any factor beyond the control of the seller (such as foreign exchange fluctuation, currency regulation, alteration of duties, significant increase in the costs of materials or other costs of manufacture) or any change in delivery dates.[17]

Except as otherwise stated under the terms of any quotation or in any price list of the seller, and unless otherwise agreed in writing between the buyer and the seller, all prices are given by the seller on an ex works basis, and where the seller agrees to deliver the Goods otherwise than at the seller's premises, the buyer shall be liable to pay the seller's charges for transport, packaging and insurance.[18]

The price is exclusive of any applicable value added tax, which the buyer shall be additionally liable to pay to the seller.

4. Terms of Payment[19]

The buyer shall pay the price of the goods within 30 days of the date of the seller's invoice.

Payment shall be effected by interbank payment transaction only; no cheque or bill of exchange will be considered as fulfilment of the payment obligation.[20]

It may be agreed between the parties that the buyer has to deliver a letter of credit issued by his bank (or any bank acceptable to the seller). In this individual case it is assumed that any letter of credit will be issued[21] in accordance with the Uniform Customs and Practice for Documentary Credits, 1993 Revision, ICC Publication No. 500.

If the buyer fails of make any payment on the due date[22] then, without prejudice to any other right or remedy available to the seller, the seller shall at his discretion be entitled to:
– cancel the contract or suspend any further deliveries to the purchaser; or
– charge the buyer interest on the amount unpaid, at the rate of 4 per cent per annum above Federal Reserve Bank Rate/Bundesbank Discount Rate from then being valid, until payment in full is made. The buyer shall be entitled to prove that the delay of payment caused no or little damage only.

5. Delivery

Delivery of the Goods shall be made by the buyer collecting the Goods at the seller's premises at any time after the seller has notified the buyer that the goods are ready for collection or, if some other place for delivery is agreed by the seller, by the seller delivering the Goods to that place.[23]

Where delivery of the Goods is to be made by the seller in bulk, the seller reserves the right to deliver up to 3% more or 3% less than the quantity ordered without any adjustment in the price, and the quantity so delivered shall be deemed to be in the quantity ordered.[24]

If a fixed time for delivery is provided for in the Contract, and the seller fails to deliver within such time or any extension thereof granted,[25] the buyer shall be entitled, on giving to the seller within a reasonable time notice in writing, to claim a reduction of 3% per week of the price payable under the contract, unless it can be reasonably concluded form the circumstances of the particular case that the buyer has suffered no loss. This limit shall not apply if the business had to be settled on a fixed date or if the delay was caused negligently or intentionally by the seller, his agents or representatives or if there is any further breach of any essential contractual obligation.

If for any reason whatever the seller fails within such time to effect delivery, the buyer shall be entitled by notice in writing to the seller to fix a deadline after the expiry of which the buyer shall be entitled to terminate the contract.[26] He may also recover from the seller any loss suffered by the buyer by reason of the failure of the seller. Damages may only be claimed for by the buyer if the seller (or his representatives) intentionally or negligently failed to fulfil the contract. The seller shall nevertheless be held responsible for not fulfilling any further essential contractual obligation.

If the buyer fails to accept delivery on due date, he shall nevertheless make any payment conditional on delivery as if the goods had been delivered. The seller shall arrange for the storage of the goods at the risk and cost of the buyer. If required by the buyer the seller shall insure the goods at the cost of the buyer.[27]

6. Transfer of Risks

Risk of damage to or loss of the goods shall pass to the buyer as follows:[28]
- in the case of goods to be delivered otherwise than at the seller's premises, at the time of delivery or, if the buyer wrongfully fails to take delivery of the goods, the time when the seller has tendered delivery of the goods;
- in the case of goods to be delivered at the seller's premises („ex works",[29] Incoterms 1990) at that time when the seller notifies the buyer that the goods are available for collection.

7. Retention of Title[30]

Notwithstanding delivery and the passing of risk in the Goods, or any other provision of these conditions, the property in the Goods shall not pass to the buyer until the seller has received payment in full of the price of the Goods and all other Goods agreed to be sold by the seller to the buyer for which payment is then due.[31]

The seller shall have absolute authority to retake, sell or otherwise deal with or dispose of all or any part of the goods in which title remains vested in the seller;[32]

Until such time as the property in the Goods passes to the buyer, the buyer shall hold the Goods as the seller's fiduciary agent, and shall keep the Goods properly stored, protected and insured.[33]

Until that time the buyer shall be entitled to resell or use the Goods in the ordinary course of its business, but shall account to the seller for the proceeds of sale or otherwise of the Goods includings insurance proceeds, and shall keep all such proceeds separate form any moneys or properties of the buyer and third parties.[34]

If the Goods are processed or reshaped by the buyer and if processing is done with Goods that seller has no property in, seller shall become co-owner of the Goods. The same shall apply if seller's Goods are completely reshaped and mixed with other goods.[35,36]

If third parties take up steps to pledge to otherwise dispose of the goods, the buyer shall immediately notify the seller in order to enable the seller to seek a court injunction in accordance with § 771 of the German Code of Civil Procedure. If the buyer fails to do so in due time he will be held liable for any damages caused.[37]

The seller shall on demand of the buyer release any part of the collateral if the value of the collateral held in favour of the seller exceeds the value of the claims being secured. It is to the seller's decision to release those parts of the collateral suitable for him.[38]

8. Warranties and Exclusion Clauses[39]

The buyer shall examine the Goods as required by German Law (§§ 377, 378 of the German Commercial Code) and in doing so check every delivery in any respect.

The seller warrants that all items delivered under this agreement will be free from defects in material and workmanship, conform to applicable specifications, and, to the extent that detailed designs have not been furnished by the buyer, will be free from design defects and suitable for the purposes intended by the buyer.[40]

The seller shall not be liable for the Goods being fit for a particular purpose unless otherwise agreed upon, to which the buyer intends to put them.

4. Standard Terms and Conditions for the Sale of Goods (Allg. Lieferbed.)   III.4

The above warranty is given by the seller subject to the following conditions:[41]
- the seller shall not be liable in respect of any defect in the goods arising from any design or specification supplied by the buyer;
- the seller shall not be liable under the above warranty if the total price for the goods has not been paid by the due date for payment;
- the above warranty does not extend to parts, materials or equipment manufactured by or on behalf of the buyer unless such warranty is given by the manufacturer to the seller.

This warranty does not cover defects in or damage to the products which are due to improper installation or maintenance, misuse, neglect or any cause other than ordinary commercial application.

Any discharge from liability will be void if a defect results from a negligent or intentional breach of contract on the part of the seller. The same applies if the seller may be held responsible for the breach of any further essential contractual obligation.

Any claim by the buyer which is based on any defect in the quality or condition of the goods or their failure to correspond with specification shall be notified to the seller within six months from the date of delivery.[42]

The buyer is entitled to demand the delivery of any substitute Goods, or repair or a reduction of the purchase price as set forth with the terms of each individual contract of sale.[43]

Where any valid claim in respect of any Goods which is based on any defect in the quality or condition of the Goods or their failure to meet specification is notified to the seller in accordance with these Conditions, the seller shall be entitled at the seller's sole discretion to either replace the Goods free of charge or repair the goods. If the seller is neither ready nor able to either repair or replace the goods the buyer shall be entitled at the buyer's sole discretion to claim for a reduction of price or the cancellation of the contract.[44,45,46]

9. Miscellaneous Clauses

The seller reserves the right to improve or modify any of the products without prior notice, provided that such improvement or modification shall not affect the form and function of the product.[47]

This agreement supersedes[48] and invalidates all other commitment and warranties relating to the subject matter hereof which may have been made by the parties either orally or in writing prior the date hereof, and which shall become null and void from the date of the agreement is signed.

This agreement shall not be assigned or transferred by either party except with the written consent of the other.[49]

Each party shall be responsible for all its legal, accountancy or other costs and expenses incurred in the performance of its obligation hereunder.

10. Choice of Law; Place of Jurisdiction

This agreement shall be governed by and construed in accordance with German law[50,51] and each party agrees to submit tho the jurisdiction of the courts having jurisdiction for the seller.[52]

The seller shall have the right to bring a claim before a court at the buyer's principal place of business or at his discretion before any other court being competent according to any national or international law.[53]

....
Place, Date   Place, Date

....
Signature(s)   Signature(s)

Übersetzung

1. Präambel

Diese Standardbedingungen für den Verkauf von Exportgütern gelten ausschließlich, soweit sie nicht durch ausdrückliche schriftliche Vereinbarung zwischen den Parteien abgeändert werden.

Das Angebot, die Angebotsannahme, Auftragsbestätigung oder der Verkauf jeglicher Produkte unterliegt den vorliegenden Bedingungen. Jeglichen Bedingungen oder vertragsändernden Bestimmungen des Käufers wird widersprochen; sie werden dem Verkäufer gegenüber nur wirksam, wenn der Verkäufer diesen Änderungen schriftlich zustimmt.

Diese Bestimmungen sind Grundlage für jegliches künftige Einzelkaufgeschäft zwischen Käufer und Verkäufer und sie schließen jedwede andere Vereinbarung aus.

Etwaige irrtumsbedingte Fehler in Verkaufsprospekten, Preislisten, Angebotsunterlagen oder sonstigen Dokumentationen des Verkäufers dürfen vom Verkäufer berichtigt werden, ohne daß er für Schäden aus diesen Fehlern zur Verantwortung gezogen werden darf.

Diese Allgemeinen Verkaufsbedingungen gelten nur gegenüber Kaufleuten.

2. Bestellung und Angebotsunterlagen

Vom Käufer vorgelegte Bestellungen gelten durch den Verkäufer nur dann als angenommen, wenn sie vom Verkäufer oder seinem Repräsentanten/Vertreter innerhalb von 21 Tagen ab Vorlage schriftlich angenommen werden.

Menge, Qualität und Beschreibung sowie etwaige Spezifizierung der Ware entsprechen dem Angebot des Verkäufers (wenn es vom Käufer angenommen wird) oder der Bestellung des Käufers (wenn diese vom Verkäufer angenommen wird). Alle Verkaufsunterlagen, Spezifizierungen und Preislisten sind streng vertraulich zu behandeln und dürfen Dritten nicht zugänglich gemacht werden.

Hinsichtlich der Genauigkeit der Bestellung trägt der Besteller die Verantwortung, und der Besteller ist dafür verantwortlich, dem Verkäufer jegliche erforderliche Information bezüglich der bestellten Ware innerhalb angemessener Zeit zukommen zu lassen, damit die Bestellung vertragsgemäß ausgeführt werden kann.

Müssen die Waren durch den Verkäufer hergestellt oder sonstwie ver- bzw. bearbeitet werden und hat der Besteller hierfür eine Spezifizierung vorgelegt, hat der Besteller den Lieferanten von jeglichem Verlust, Schaden, Kosten oder sonstigen Ausgaben des Lieferanten freizuhalten, die dieser zu zahlen hat oder zu zahlen bereit ist, weil sich die vertragliche Ver- oder Bearbeitung der Ware aufgrund der Spezifizierung des Bestellers als Bruch eines Patents, Copyright, Warenzeichen oder sonstigem Schutzrecht eines Dritten herausgestellt hat.

Der Verkäufer behält sich das Recht vor, die Warenbeschreibung im Hinblick auf die Spezifizierung insoweit abzuändern, als gesetzliche Erfordernisse zu berücksichtigen sind, soweit durch diese Änderung keine Verschlechterung der Bestellung hinsichtlich Qualität und Brauchbarkeit auftreten.

3. Kaufpreis

Der Kaufpreis soll der vom Verkäufer genannte Preis sein, oder, wo dies nicht im einzelnen geschehen ist, der in den aktuellen Preislisten des Verkäufers aufgestellte Preis, wie er zum Zeitpunkt der Bestellung gültig ist.

Der Verkäufer behält sich das Recht vor, nach rechtzeitiger Benachrichtigung des Käufers und vor Ausführung der Auslieferung der Ware, den Warenpreis in der Weise anzuheben, wie es aufgrund der allgemeinen außerhalb der Kontrolle stehenden Preisentwicklung erforderlich (wie etwa Wechselkursschwankungen, Währungsregularien, Zolländerungen, deutlicher Anstieg von Material- oder Herstellungskosten) oder aufgrund der Änderung von Lieferanten nötig ist.

4. Standard Terms and Conditions for the Sale of Goods (Allg. Lieferbed.) III.4

Soweit nicht anders im Angebot oder der Verkaufspreislisten angegeben oder soweit nicht anders zwischen Verkäufer und Käufer schriftlich vereinbart, sind alle vom Verkäufer genannten Preise auf der Basis „ex works" genannt. Soweit der Verkäufer bereit ist, die Ware an anderen Orten auszuliefern, hat der Käufer die Kosten für Transport, Verpakkung und Versicherung zu tragen.

Preise verstehen sich exclusive Mehrwertsteuer, welche der Käufer zusätzlich an den Verkäufer zahlen muß.

4. Zahlungsbedingungen

Der Käufer hat den Kaufpreis innerhalb von 30 Tagen nach Rechnungsdatum zu entrichten.

Zahlungen sollen nur durch Banküberweisung erfolgen; Wechsel- und Scheckzahlung werden nicht als Erfüllung der Zahlungspflicht anerkannt.

Es kann zwischen den Vertragspartnern vereinbart sein, daß der Käufer über seine Bank (oder eine für den Verkäufer akzeptable [andere] Bank) ein Dokumentenakkreditiv zu eröffnen hat. In diesem Einzelfall ist festgelegt, daß die Akkreditiveröffnung in Übereinstimmung mit den Allgemeinen Richtlinien und Gebräuchen für Dokumentenakkreditive, Revision 1993, ICC-Publikation Nr. 500, vorgenommen wird.

Falls der Käufer seiner Zahlungspflicht am Fälligkeitstag nicht nachkommt, darf der Verkäufer – ohne Aufgabe etwaiger weiterer ihm zustehender Rechte und Ansprüche – nach seiner Wahl:
– den Vertrag kündigen oder weitere Lieferungen an den Käufer aussetzen; oder
– den Käufer mit Zinsen auf den nichtbezahlten Betrag belasten, die sich auf 4% p.a. über dem jeweiligen Diskontsatz der Deutschen Bundesbank belaufen, bis endgültig und vollständig gezahlt worden ist. Der Käufer ist berechtigt, nachzuweisen, daß als Folge des Zahlungsverzugs kein oder nur ein geringer Schaden entstanden ist.

5. Warenlieferung

Die Warenlieferung soll in der Weise erfolgen, daß der Käufer die Ware an den Geschäftsräumen des Verkäufers zu jeder Zeit entgegennimmt, sobald der Verkäufer den Käufer benachrichtigt hat, daß die Ware zur Abholung bereitsteht, oder, soweit ein anderer Lieferort mit dem Verkäufer vereinbart wurde, durch Anlieferung der Ware an diesem Ort.

Soweit es um die Lieferung von Massengütern geht, darf der Verkäufer bis zu 3% mehr oder weniger der Warenmenge anliefern, ohne seinen Kaufpreis angleichen zu müssen, und es ist vereinbart, daß die derart gelieferte Warenmenge als vertragsgerecht angesehen wird.

Soweit ein konkreter Lieferzeitpunkt im Vertrag vereinbart wurde, und soweit der Verkäufer weder innerhalb der vereinbarten (oder verlängerten) Lieferzeit liefert, darf der Käufer nach vorheriger schriftlicher Ankündigung einen Preisnachlaß von 3% pro Woche vom Kaufpreis geltend machen, es sei denn, daß aus den Umständen des Falles erkennbar ist, daß der Käufer keinen Nachteil erlitten hat. Die Begrenzung gilt nicht, wenn ein kaufmännisches Fixgeschäft vereinbart wurde, wenn der Verzug auf Vorsatz oder grober Fahrlässigkeit des Lieferanten, seiner Vertreter oder Erfüllungsgehilfen beruhte oder wenn irgendeine weitere wesentliche Vertragspflicht auf Seiten des Lieferanten verletzt wurde.

Falls der Verkäufer nicht rechtzeitig liefert, muß der Käufer dem Verkäufer schriftlich eine Nachfrist setzen, nach deren Ablauf er den Vertrag kündigen darf. Schadensersatz wegen Nichterfüllung darf der Käufer nur dann geltend machen, wenn der Lieferverzug auf Vorsatz oder grober Fahrlässigkeit beruhte oder wenn seitens des Verkäufers durch (einfaches) Verschulden eine wesentliche Vertragspflicht verletzt wurde.

Wenn der Käufer sich am Fälligkeitstag im Annahmeverzug befindet, muß er dennoch den Kaufpreis zahlen. Der Verkäufer wird in diesen Fällen die Einlagerung auf Risiko und

Kosten des Käufers vornehmen. Auf Wunsch des Käufers wird der Verkäufer die Waren auf Kosten des Käufers versichern.

6. Gefahrübergang

Das Risiko der Beschädigung oder des Verlusts der Ware soll auf den Käufer wie folgt übergehen:
– soweit die Ware nicht an den Geschäftsräumen des Verkäufers ausgeliefert wird, im Zeitpunkt der Übergabe oder, wenn der Käufer sich im Annahmeverzug befindet, in dem Zeitpunkt, in dem der Verkäufer die Übergabe anbietet.
– soweit die Ware an den Geschäftsräumen des Verkäufers ausgelieft werden („ex works", Incoterms 1990) in dem Zeitpunkt, in dem der Verkäufer den Käufer darüber informiert, daß die Ware zur Abholung bereitsteht.

7. Eigentumsvorbehalt

Ungeachtet der Lieferung und des Gefahrübergangs oder anderer Bestimmungen dieser Lieferbedingungen, soll das Eigentum an den Waren nicht auf den Käufer übergehen, solange nicht der gesamte Kaufpreis gezahlt worden ist.

Der Verkäufer hat das Recht, die Ware zurückzufordern, anderweitig zu veräußern oder sonstwie darüber zu verfügen, solange der Kaufpreis nicht vollständig bezahlt ist.

Solange die Ware nicht vollständig bezahlt ist, muß der Käufer die Ware treuhänderisch für den Verkäufer halten und die Ware getrannt von seinem Eigentum und dem Dritter aufbewahren sowie das Vorbehaltsgut ordnungsgemäß lagern, sichern und versichern sowie als Eigentum des Verkäufers kennzeichnen.

Bis zur vollständigen Bezahlung darf der Käufer die Ware im gewöhnlichen Geschäftsbetrieb nutzen oder weiterveräußern, doch muß er jegliches Entgelt (einschließlich etwaiger Versicherungszahlungen) für den Verkäufer halten und die Gelder getrennt von seinem Vermögen und demjenigen Dritter halten.

Sind die Waren weiterverarbeitet und ist die Weiterverarbeitung auch mit Teilen, an denen der Vorbehaltsverkäufer kein Eigentum hat, erfolgt, so erwirbt der Vorbehaltsverkäufer entsprechendes Teileigentum. Dasselbe soll gelten für den Fall der Vermischung von Gütern des Verkäufers mit denjenigen anderer.

Bei Pfändungen oder sonstigen Eingriffen Dritter hat der Käufer den Verkäufer unverzüglich zu benachrichtigen, damit der Verkäufer Klage gemäß § 771 ZPO erheben kann. Soweit der Käufer dieser Aufgabe nicht nachkommt, haftet er für den entstandenen Schaden.

Der Verkäufer verpflichtet sich, die ihm zustehenden Sicherheiten auf Verlangen des Käufers insoweit freizugeben, als der realisierbare Wert der Sicherheiten die dem Verkäufer zustehenden Forderungen übersteigt. Die Auswahl der freizugebenden Sicherheiten trifft der Verkäufer.

8. Gewährleistung und Haftungsausschluß

Der Käufer muß die Ware im Sinne der §§ 377 und 378 BGB untersuchen und etwaige Rügen erheben.

Der Verkäufer sichert zu, daß die gelieferte Ware frei von Material- und Verarbeitungsfehlern ist, Spezifikationen einhält und, bei vom Käufer vorgegebenen Design, keine Designfehler enthält und den Wünschen des Käufers entspricht.

Der Verkäufer übernimmt keine Verantwortung dafür, daß die Ware für einen bestimmten Zweck geeignet ist, es sei denn, er hat dieser Haftung ausdrücklich zugestimmt..

Die Haftung des Verkäufers wird unter folgenden Bedingungen übernommen:
– für Defekte der Ware, die auf eine Warenbeschreibung oder Spezifikation des Käufers zurückgeht, übernimmt der Verkäufer keine Verantwortung;

4. Standard Terms and Conditions for the Sale of Goods (Allg. Lieferbed.)   III.4

– der Verkäufer übernimmt keine Verantwortung für die Fehlerhaftigkeit der Ware, wenn der fällige Kaufpreis bis zum Fälligkeitstag nicht bezahlt worden ist;
– die Verantwortung des Verkäufers erstreckt sich nicht auf Teile, Material oder sonstige Ausrüstungsgegenstände, die vom Käufer oder in dessen Auftrag hergestellt wurden, es sei denn, der Hersteller dieser Teile übernimmt dem Verkäufer gegenüber die Verantwortung.

Diese Gewährleistung erfaßt keine Produktfehler, die aufgrund fehlerhafter Installation oder Nutzung, Fehlgebrauch, Fahrlässigkeit oder anderen Gründen entstehen.

Eine Haftungsfreizeichnung des Verkäufers gilt nicht, wenn eine Mängelursache auf Vorsatz oder grobe Fahrlässigkeit zurückzuführen ist oder wenn sonstige wesentliche Vertragspflichten verletzt sind.

Die Gewährleistungspflicht beträgt sechs Monate, gerechnet ab Gefahrübergang.

Der Käufer darf Ersatzgüter verlangen, oder die Reparatur oder einen Preisnachlaß, wenn dies im konkreten Einzelvertrag entsprechend festgelegt ist.

Soweit ein vom Verkäufer zu vertretender Mangel der Kaufsache vorliegt und dem Verkäufer mitgeteilt wird, ist der Verkäufer zur kostenfreien Ersatzlieferung oder Mangelbeseitigung berechtigt. Ist der Verkäufer zu Mangelbeseitigung oder Ersatzlieferung nicht bereit oder in der Lage, ist der Käufer nach seiner Wahl berechtigt, die Wandlung (Rückgängigmachung des Vertrages) oder eine Minderung (Herabsetzung des Kaufpreises) zu verlangen.

9. Weitere Bestimmungen

Der Verkäufer ist berechtigt, die Ware zu verändern und zu verbessern, ohne den Käufer hiervon vorher informieren zu müssen, soweit Veränderung oder Verbesserung weder Form noch Funktion der Ware nachhaltig belasten oder verschlechtern.

Diese Bedingungen ersetzen alle anderen Vereinbarungen, die die Vertragspartner vorher schriftlich oder mündlich getroffen haben und die mit Unterzeichnung dieser Bedingungen unwirksam werden.

Diese Bedingungen sollen ohne schriftliche Zustimmung der anderen Vertragsparteien keinem Dritten zugänglich gemacht werden.

Jede Vertragspartei kommt für die Kosten der Durchführung dieser Vereinbarung selbst auf.

10. Rechtswahl; Gerichtsstand

Diese Vereinbarung unterliegt deutschem Recht und beide Parteien erklären sich mit der ausschließlichen Zuständigkeit des Gerichtsstands am Geschäftssitz des Verkäufers einverstanden.

Der Verkäufer hat das Recht, auch am für den Käufer zuständigen Gericht zu klagen oder an jedem anderen Gericht, das nach nationalem oder internationalem Recht zuständig sein kann.

....
Ort, Datum, Unterschriften

Schrifttum: Bartsch, Der Begriff des „Stellens" Allgemeiner Geschäftsbedingungen, NJW 1986, 28; *Bartsch*, Zu Preissteigerungsklauseln in AGB, insbesondere zur Tagespreisklausel, DB 1983, 214; *Baur*, Preisänderungsklauseln, Vertragsanpassungsklauseln und Höhere-Gewalt-Klauseln in langfristigen Lieferverträgen, ZIP 1985, 905; *Graf von Bernstorff*, Vertragsgestaltung im Auslandsgeschäft, 3. Aufl., 1994; *Graf von Bernstorff*, Rechtsprobleme im Auslandsgeschäft, 3. Aufl., 1992; *Graf von Bernstorff*, Lieferverträge im Außenhandel, 1992; *Bunte*, Handbuch der Allgemeinen Geschäftsbedingungen, 1982, S. 37 ff, 180 ff, 263 ff; *Coester-Waltjen*, Die Inhaltskontrolle von Verträgen außerhalb des AGB-Gesetzes, AcP 190 (1990), 1; *Drobnig*, AGB im internationalen Handelsverkehr, FS für Mann (1977); *Eckert/Nebel*, Abwehrklauseln in Einkaufsbedingungen, verlängerter Eigentumsvorbehalt und Globalzession, WM 1988, 1545; *Grasmann*, Das Zusammentreffen unterschiedlicher Einkaufs- und Verkaufsbedingungen, DB 1971, 561; *Hensen*, Zur Einbeziehung von AGB in den Vertrag, ZIP 1984, 145; *Hübner*, Allgemeine Geschäftsbedingungen und Internationales Privatrecht, NJW 1980, 2601; *Jayme*, Allgemeine Geschäftsbedingungen und internationales Privatrecht, ZHR 142 (1978), 105; *Landfermann*, AGB-Gesetz und Auslandsgeschäfte, RIW 1977, 455; *Löwe/Graf von Westphalen/ Trinkner*, Kommentar zum AGB-Gesetz, 1. Aufl., 1977; Band II §§ 10–30 AGBG, 2. Aufl., 1983; *Lübke-Detring*, Preisklauseln in Allgemeinen Geschäftsbedingungen, 1989; *Mertens/Rehbinder*, EKG, Internationales Kaufrecht, 1975; *Otto*, Allgemeine Geschäftsbedingungen und Internationales Privatrecht, 1984; *Piltz*, Internationales Kaufrecht, 1993; *Reh*, Einbeziehung und Inhaltskontrolle Allgemeiner Geschäftsbedingungen im kaufmännischen Verkehr, 1990; *Stahl*, Widerspruch zwischen Lieferungs- und Einkaufsbedingungen, DB 1956, 681; *Tengelmann*, Widerstreit der Einkaufs- und Verkaufsbedingungen, DB 1968, 205; *Thamm/Hesse*, Einkaufsbedingungen und AGB-Gesetz, BB 1979, 1583; *Graf von Westphalen*, Allgemeine Einkaufsbedingungen, 1990; *Graf von Westphalen*, Allgemeine Verkaufsbedingungen, 2. Aufl., 1993; *Graf von Westphalen*, Vertragsrecht und AGB-Klauselwerke 1993 ff (Loseblatt); *Wiedemann*, Preisänderungsvorbehalte, 1991; *Wolf*, Preisanpassungsklauseln in Allgemeinen Geschäftsbedingungen unter Kaufleuten, ZIP 1987, 341; *Ulmer/Brandner/Hensen*, AGB-Kommentar, 7. Aufl., 1993; *Wolf/ Horn/Lindacher*, AGB-Gesetz, Kommentar, 3. Aufl., 1994.

Übersicht

	Seite		Seite
1. Allgemeine Verkaufsbedingungen	635	26. Rücktritt vom Vertrag; Schadensersatz	649
2. Wahl des Formulars	635	27. Annahmeverzug	650
3. Qualifikation als AGB-Klauseln	636	28. Gefahrübergang	650
4. Einbeziehung der Allgemeinen Lieferbedingungen	636	29. Ex Works	651
5. Kollision von Bedingungen	638	30. Eigentumsvorbehalt	653
6. Schriftform	639	31. Einfacher Eigentumsvorbehalt	653
7. Ausschluß von Bedingungen des Käufers	639	32. Rücktritt bei Zahlungsverzug	654
		33. Sorgfaltspflichten	654
8. Vorformulierung für eine Vielzahl von Verträgen	640	34. Verlängerter Eigentumsvorbehalt	655
9. Abänderung	640	35. Verarbeitungsklausel	655
10. Geltungsbereich	640	36. Verbindung und Vermischung	656
11. Angebot und Spezifizierung	640	37. Vollstreckung in Vorbehaltseigentum	657
12. Genauigkeit einer Bestellung	642	38. Freigabeverpflichtung	657
13. Bestellung und Spezifizierung	642	39. Mängelgewährleistung	657
14. Abweichung von der Bestellung	642	40. Fehlerhaftung und Eigenschaftszusicherung	659
15. Kaufpreis	643	41. Haftungsfreizeichnung	660
16. Preisliste	643	42. Rügefrist	660
17. Preisanpassungsklauseln	644	43. Ersatzlieferung	660
18. Weitere Preisbestandteile	644	44. Nachbesserung	661
19. Zahlungsbedingungen	645	45. Kaufpreisminderung	662
20. Zahlung durch Scheck oder Wechselakzept	645	46. Mängelbeseitigung	662
		47. Änderungsvorbehalt	663
21. Dokumentäre Zahlungsklausel	646	48. Aufhebungsklausel	663
22. Zahlungsverzug	647	49. Weitere Bestimmungen	663
23. Erfüllungsort	648	50. Rechtswahl	664
24. Änderungsvorbehalt	648	51. Grundsatz der Parteiautonomie	665
25. Lieferverzug	649	52. Gerichtsstandsvereinbarung	666
		53. Zuständigkeitsvorbehalt	668

4. Standard Terms and Conditions for the Sale of Goods (Allg. Lieferbed.) **III.4**

Anmerkungen

1. Allgemeine Verkaufsbedingungen. Allgemeine Verkaufsbedingungen dienen den Exporteuren für eine Vielzahl künftiger Geschäfte als vorformulierte grundsätzliche Aussagen zu grenzüberschreitenden Waren-Verkaufsgeschäften. Sie lassen das Bestreben erkennen, die eigenen Rechtsstellung des AGB-Verwenders zu stärken und diejenige des ausländischen Vertragspartners, des Warenkäufers, einzuschränken. Wie die „Allgemeinen Lieferbedingungen" im Verhältnis zum Individualvertrag zwischen Exporteur und ausländischem Vertragspartner stehen, ist unerheblich. Vertragsbedingungen können außerhalb des Individualvertrages (z.B. durch gesondert ausgehändigte Schriftstücke) aber auch durch Aufnahme in die Urkunde des Individualvertrags vereinbart werden (BGHZ 93, 252, 254). Es reicht für den AGB-Charakter aus, daß – auch außerhalb der als solche bezeichneten „Allgemeinen Lieferbedingungen" – beispielsweise im Briefkopf Hinweise enthalten sind (z.B. Gerichtsstand ist in ......), solange diese Bestimmungen ihrer äußeren Aufmachung nach als Vertragsbestandteil in Betracht kommen (BGH ZIP 1987, 1185; *Horn/Lindacher/Wolf*, AGBG 3 1 Rdnr. 17, 18). Die Schriftart spielt keine Rolle (Druck, Kopie, Fax, auch Handschrift, OLG Hamm NJW-RR 1987, 243 f), solange eine gleichartige Verwendung in einer Vielzahl von Verträgen erfolgt.

2. Wahl des Formulars. Die Form der AGB ist unerheblich, solange nur sichergestellt ist, daß die Allgemeinen Bedingungen in einer Vielzahl von Verträgen gleichlautend wiederholt werden (BGH ZIP 1987, 1576). – Die hier vorliegenden Standard Terms and Conditions for the Sale of Goods (Export) sind aus der Sicht des deutschen AGB-Verwenders abgefaßt. Sie gehen grundsätzlich, wie auch aus der weiter unten noch beschriebene Rechtswahlklausel erkennbar wird, davon aus, daß für die internationalen Liefergeschäfte, insbesondere aber auch für die Verwendung der Allgemeinen Lieferbedingungen *deutsches* Recht zur Anwendung gelangt (soweit Hinweise auf Gesetze erfolgen, geschieht dies daher insbesondere mit Blick auf Bestimmungen des deutschen BGB, HGB oder AGBG). Sofern die Parteien nicht mit hinreichender Deutlichkeit etwas anderes vereinbaren, gilt für Exportgeschäfte im übrigen aus deutscher Sicht praktisch immer das Übereinkommen der Vereinten Nationen über Verträge über den Internationalen Warenkauf vom 11.4.1980 („UN-Kaufrecht"), das in Deutschland seit 1991, sowie zwischenzeitlich in weiteren fast 40 Staaten der Welt ratifiziert und zur Geltung gebracht wurde (hierzu *Piltz* NJW 1994, 1101; BGBl. 1989 II, 585 und 1990 II 1699, zuletzt BGBl 1995 II, 173). Im übrigen gilt, daß das UN-Kaufrecht nach Art. 1 Abs. 1 (b) darüber hinaus praktisch immer dann zur Anwendung gelagt, wenn die Regeln des Internationalen Privatrechts auf das (Sach-)Recht eines Vertragsstaates verweisen: berufenes innerstaatliches Recht ist das Einheitsrecht und nicht das autonome nationale Recht. Der Ausschluß der Geltung des UN-Kaufrechts kann im Sinne des Art. 6 des UN-Kaufgesetzes ausdrücklich oder stillschweigend und auch nur für bestimmte Teile des Vertrages erfolgen (*Schwenzer* NJW 1990, 602 f). Allerdings ist darauf zu achten, daß eine bloße Rechtswahl („es gilt deutsches Recht") noch keine Abwahl des UN-Kaufrechts darstellt, da dieses UN-Kaufrecht seit 1991 ebenfalls zum deutschen Recht gehört (*Reinicke/Tiedtke*, Kaufrecht, 5. Aufl., 323; *Schwenzer* NJW 1990, 603; *Wolf/Horn/Lindacher*, Anh. § 2, Rdnr 80). Allerdings ist ein stillschweigender Ausschluß des UN-Kaufrechts anzunehmen, wenn die Allgemeinen Lieferbedingungen des deutschen Exporteurs dem UN-Kaufrecht entgegenstehende Klauseln enthalten (*Herber/Czerwenka*, Internationales Kaufrecht, 1991, Art. 6, Rdnr. 9 und 11 mit Hinweis auf BGH NJW 1981, 1156 f (zum alten Haager Kaufgesetz), wonach nur einzelne Vorschriften eines unvereinheitlichten Rechts vereinbart zu sein brauchen, um den Willen der Parteien deutlich zu machen, das Kaufrechtsübereinkommen insgesamt ausschließen zu wollen. Vom Regelungsbereich des UN-Kaufrechts ist gemäß Art. 4 Satz 2 (a) die Überprüfung der „Gültigkeit des Vertrages oder einzelner Vertragsbestimmungen", also vor allem die inhaltliche Überprüfung von Allgemeinen Geschäftsbedingungen ausgenommen (hierzu

Frense, Grenzen formularmäßiger Freizeichnung im Einheitlichen Kaufrecht, 1992, 44 ff; *Ebenroth,* Internationale Vertragsgestaltung im Spannungsverhältnis zwischen AGBG, IPR-Gesetz und UN-Kaufrecht, öJBL 108 (1986) 681 ff). Dies ist für den Fortgang der Kommentierung des Formulars der „Allgemeinen Lieferbedingungen" von Bedeutung.

Es hat sich in der Außenhandelspraxis als absolut üblich herausgestellt, daß im Hinblick auf „Lieferbedingungen" (daneben oft auch für die Vereinbarung einer Zahlungsbedingung) die Muster der „Internationalen Handelskammer" in Paris zugrundegelegt werden, also für den Bereich der Liefervereinbarungen die „Incoterms 1990", für den Bereich der *Zahlungs*bedingungen, soweit es nicht um eine reine Zahlung („clean payment", also etwa „Zahlung bei Lieferung" (Cash on Delivery) geht, die „Einheitlichen Richtlinien und Gebräuche für Dokumenteninkassi (1996)" oder die „Einheitlichen Richtlinien und Gebräuche für Dokumentenakkreditive (1994)". Diese Regelwerke der Internationalen Handelskammer, Paris, bedürfen zur ihrer Geltung zwischen den Vertragsparteien einer entsprechenden Vereinbarung. Auf diese Vertragsinhalte wird am gegebenen Platz noch näher eingegangen.

Die Sprache des Formulars darf nicht darüber hinwegtäuschen, daß das geltende Recht und die im grundlegenden Vertrag verwandte Sprache differieren können. Allerdings gilt im internationalen Handelsverkehr für die verwendete Sprache, daß der Erklärungsgegner nur die in dem speziellen Handel – zwischen den Parteien oder allgemein – üblichen Sprachen verstehen muß; eine in einer anderen Sprache abgefaßte Erklärung ist deshalb wirkungslos, sofern nicht der Empfänger durch seine Reaktion zeigt, daß er sie verstanden hat (*Enderlein/Maskow/Stargardt,* Konvention der Vereinten Nationen über Verträge über den internationalen Warenkauf, Kommentar, 1985, Art. 8, Rdnr. 3.2.). Da die im Außenhandel übliche Vertragssprache in den weit überwiegenden Fällen die englische Sprache ist, ist es aus Sicht des deutschen AGB-Verwenders unschädlich, auf diese Gegebenheiten einzugehen und nicht nur den individuellen Liefervertrag, sondern auch die zugrundeliegenden Allgemeinen Lieferbedingungen in der weltweit gängigen Vertragssprache auszustellen.

3. Qualifikation als AGB-Klauseln. Da die Allgemeinen Lieferbedingungen aus der Sicht des deutschen Rechts interpretiert sein sollen, müssen sie als „AGB-Klauseln" im Sinne des § 1 Abs. 1 AGBG erscheinen. Sie sind Vertragsbedingungen, weil mit ihnen alle Regelungen erfaßt werden, die Inhalt des zwischen dem deutschen Lieferanten und dem ausländischen Warenabnehmer zu schließenden Rechtsgeschäfts sind. Sie entfalten rechtliche Wirkungen, haben aber nicht zwingend unmittelbare Rechte und Pflichten der Parteien zum Inhalt (*Wolf/Horn/Lindacher,* AGBG, § 1 Rdnr 6). Sie sind „vorformuliert" im Sinne des § 1 Abs. 1 AGBG, da sie (wie aus der Präambel, Absatz 3 hervorgeht) vor Abschluß der Einzelverträge aufgestellt wurden, um für zukünftige Verträge Anwendung zu finden. Nach § 1 Abs. 1 Satz 2 AGBG ist es gleichgültig, ob sie als AGB-Klauseln nur einen gesonderten Bestandteil der Verträge bilden oder ob sie in die Vertragsurkunde selbst aufgenommen sind. Außerdem sind die Allgemeinen Lieferbedingungen grundsätzlich für die Zukunft Vertragsgrundlage, also keine „einzeln ausgehandelte" Vertragsbedingungen im Sinne des § 1 Abs. 2 AGBG.

4. Einbeziehung der Allgemeinen Lieferbedingungen. Ob die Vertragsparteien „Allgemeine Lieferbedingungen" als wirksame Vertragsgrundlage haben, beurteilt sich nach Art. 8 Abs. 1 und 2 des UN-Kaufgesetzes, soweit die Geltung des UN-Kaufrechts nicht abbedungen wurde (*Herber/Czerwenka,* Internationales Kaufrecht, Rdnr. 15 vor Art 14). Dann kann Art. 7 Abs. 1 des UN-Kaufgesetzes, insbesondere bei überraschenden Klauseln, zur Versagung der Wirksamkeit der Allgemeinen Lieferbedingungen führen. Daneben ist auch der Grundsatz vom Vorrang der Individualabrede beachtlich (zum Meinungsstand diesbezüglich *Ulmer/Schmidt,* AGB-Kommentar, Rdnr. 16a; *Frense,* Grenzen formularmäßiger Freizeichnung im Einheitlichen Kaufrecht, 1992, 47; *Holthausen,* Vertraglicher Ausschluß des UN-Übereinkommens über internationale Warenkaufverträge, RIW 1989,

4. Standard Terms and Conditions for the Sale of Goods (Allg. Lieferbed.) III.4

513; aA: *Ebenroth* öJBL 1986, 681, 686). Im übrigen gelten die für diesen Bereich bekannten deutschen Rechtsgrundsätze wie nachfolgend beschrieben.

Das geringere Schutzbedürfnis und die unterschiedlichen Bedürfnisse des Geschäftsverkehrs sind der Grund für die Ausnahme, § 2 AGBG nicht für *Kaufleute* zur Anwendung zu bringen. Kaufmann im deutschrechtlichen Sinne ist der Voll- und Minderkaufmann, während es im Auslandsrecht diesen „Kaufmanns"-Begriff nicht gibt. Aus Sicht des englischen Rechts beispielsweise, das weltweit die größte Verbreitung gefunden hat, wären die Vorschriften der § 24 Ziff 1 und § 2 AGBG nicht nachvollziehbar, da man dort weder ein „Handelsgeschäft" im Sinne des § 343 HGB, noch einen „Kaufmann" im Sinne des HGB kennt; stattdessen unterfällt dieser gesamte Bereich dem allgemeinen Vertragsrecht.

Auch wenn § 2 AGBG nicht zur Anwendung gelangt, müssen die Allgemeinen Lieferbedingungen wirksam „einbezogen" werden. Die Einbeziehung der Allgemeinen Lieferbedingungen ist Bestandteil des allgemeinen Vertragsschlusses nach den §§ 145 ff BGB und setzt deshalb eine darauf gerichtete ausdrückliche oder stillschweigende Vereinbarung voraus (*Wolf/Horn/Lindacher*, § 2, Rdnr. 61; BGH NJW 1985, 1838).

Dabei muß der Wille des Lieferanten zur Einbeziehung erkennbar sein, was aufgrund der laufenden Geschäftsbeziehung, wegen der Branchenüblichkeit (z.B. anerkannt für die ADSp bei Transport- und Speditionsgeschäften im Inlandsgeschäft, nicht jedoch im grenzüberschreitenden Geschäft; hier bedarf es eines ausdrücklichen Hinweises, BGH NJW 1986, 1434 und NJW 1976, 2075) oder aufgrund sonstiger Umstände konkludent erkennbar sein kann. Im internationalen Geschäftsverkehr dürfte jedoch gerade der „konkludent erkennbare Wille" angesichts unterschiedlicher Mentalitäten usw. problematisch sein, so daß es sich empfiehlt, grundsätzlich einen klaren und eindeutigen Hinweis auf die Geltung der Allgemeinen Lieferbedingungen aufzunehmen.

Problematisch ist die Methodik des sogenannten „kaufmännischen Bestätigungsschreibens". Inwieweit Schweigen auf ein AGB-Geltung reklamierendes kaufmännisches Bestätigungsschreiben als Zustimmung zu werten ist, beurteilt sich nach Einheitsrecht und nicht nach kraft IPR-Regeln berufenem nationalen Recht (*Horn/Lindacher, Wolf*, AGB-Gesetz, Anh § 2, Rdnr. 85; aA *Huber* RabelsZ 43 (1979, 448, 450), allerdings nur, soweit die Geltung des UN-Kaufgesetzes nicht abbedungen wurde. Es reicht dann aus, daß ein entsprechender verhaltensinterpretierender Handelsbrauch am Sitz beider Parteien gilt (*Horn/Lindacher/Wolf* aaO; *Herber/Czerwenka*, Int. Kaufrecht, Rdnr. 18 vor Art 14). Dies ist jedoch, wie nachfolgend noch dargestellt wird, in fast allen Rechtsordnungen nicht der Fall, so daß in der Regel ein Schweigen auf ein „kaufmännisches Bestätigungsschreiben" nicht ausreichend für eine wirksame „Einbeziehung" der Allgemeinen Lieferbedingungen sein kann. – Das deutsche Recht kennt die Möglichkeit, daß im kaufmännischen Geschäftsverkehr der Verwender der AGB dem Vertragspartner ein „Bestätigungsschreiben" schickt, in welchem er auf die Geltung seiner AGB hinweist und der Vertragspartner dieses Schreiben ohne Einwand hinnimmt. Die Besonderheit besteht darin, daß hier dem „Schweigen" ein positiver Charakter einer Annahmeerklärung zukommt (anders als bei der „modifizierten Auftragsbestätigung", wo Schweigen als Ablehnung gewertet wird, BGHZ 61, 282, 285; BGH JZ 1977, 602 f.). Vorausgesetzt wird im deutschen Recht, daß der Absender des kaufmännischen Bestätigungsschreibens im guten Glauben gehandelt hat und deshalb mit dem Einverständnis des Empfängers rechnen durfte (st. Rspr. des BGH sei BGH NJW 1965, 965; zur bewußt unrichtigen Bestätigung, die keine Rechtswirkung entfaltet, BGH ZIP 1987, 584, 586). Will der Empfänger des kaufmännischen Bestätigungsschreibens verhindern, daß dieses Rechtswirkung entfalten kann, so muß er dem Inhalt unverzüglich widersprechen (BGHZ 11, 1, 3 f). Das Instrument des „kaufmännischen Bestätigungsschreibens" ist außerhalb des deutschen Rechtskreises (dem u. a. Österreich und die Schweiz zugerechnet werden, *Graf von Bernstorff*, Vertragsgestaltung aaO, S. 25, obgleich auch in Österreich der Anerkennung dieses Prinzips widersprochen wird, *Bydlinski*, in Doralt, Uncitral-Kaufrecht, S. 78 ff), unbekannt. Der englische Rechtskreis folgt dem Grundsatz, daß „Schweigen" auf eine Erklärung stets als Ablehnung zu werten sei. Ferner gilt der Grundsatz, daß für bestimmte Leistungsversprechen stets eine Gegenleistung zu erbringen sei (*Graf von Bernstorff*, Einführung in das englische Recht, München 1996, § 3 III 2), so daß das bloße Schweigen des Vertragspartners nicht ausreichen kann. Weitere Staaten, die dem *französischen Rechtskreis* zugerechnet werden (z. B. sieben der EU-Staaten, alle lateinamerikanischen Staaten, französische Kolonien etc., *Graf von Bernstorff*, Vertragsgestaltung aaO S. 27 f), kennen das Prinzip, daß die nach Abschluß eines mündlichen Vertrages übersandten Bestätigungsschreiben und etwa darin enthaltene AGB unter Kaufleuten wirksam in den Vertrag einbezogen werden können. Nur wenn der Empfänger des Bestätigungsschreibens ausdrücklich der Geltung der AGB widerspricht, entfällt eine Bindung an die AGB (so ausdrücklich für das Recht in Frankreich die dortige Rspr. in Cass. civ. 6. 7. 1966, Bull.Civ. II Nr. 737; *Barfuss*, die Einbeziehung von AGB in den Vertrag nach französischem Recht, RIW 1975, 319 ff). Dies gilt jedoch nur eingeschränkt, da das französische Recht jeweils zwischen „interpretierenden" und „vertragsändernden" Bedingungen unterscheidet (lettres interprétatives/lettres modificatives) und ein „Schweigen als Zustimmung (silence circonstancié) nur bei interpretierenden AGB akzeptiert. Im Ergebnis sollte daher aus Sicht des deutschen Lieferanten und AGB-Verwenders vermieden werden, Allgemeine Lieferbedingungen mittels „kaufmännischen Bestätigungsschreibens" zur Vertragsgrundlage zu machen; stattdessen sollte auf eine Gegenbestätigung und Anerkennung durch den ausländischen Vertragspartner gedrungen werden.

5. Kollision von Bedingungen. In dem Vertragsmuster wird davon ausgegangen, daß es zu einer gegenseitigen Verwendung von Allgemeinen Geschäftsbedingungen kommen kann, d.h., daß sowohl der Lieferant seine „Allgemeine Lieferbedingungen", als auch der Abnehmer „Allgemeine Einkaufsbedingungen" zur Anwendung bringen wollen, und daß der Exporteur dies mit dem Hinweis auf die ausschließliche Geltung seiner eigenen AGB ausschließen will. Das „Internationale Kaufrecht" hat dieses Problem der „*battle of forms*" nicht geregelt (trotz belgischen Antrags, A/CONF. 97/C.1/L. 87, O.R. S. 96 und S. 288 f, 87 ff; hierzu auch *Herber/Czerwenka*, Internationales Kaufgesetz, Rdnr. 15 vor Art. 14), da sich dies als allgemeines Problem des Vertragsschlusses darstelle. Insoweit kommt es dann auf die nationalen Regelungen an. – Bezieht sich der Lieferant auf die Geltung seiner Lieferbedingungen, während auch der Warenabnehmer auf die Geltung seiner eigenen AGB verweist, so liegt darin nach § 150 Abs. 2 BGB eine Ablehnung, die mit einem neuen Antrag verbunden ist. Der Vertrag ist allerdings nach §§ 150 Abs. 2 und 151 BGB mit den zuletzt in Bezug genommenen AGB zustandegekommen, wenn der erste AGB-Verwender den Vertrag ohne Widerspruch auf die ihm zugegangenen widersprechenden AGB abwickelt (Prinzip des letzten Wortes, BGHZ 61, 282, 287; *Wolf/Horn/Lindacher*, § 2 Rdnr. 74). Widerspricht der Lieferant dagegen ausdrücklich oder konkludent den AGB und wird der Vertrag dennoch abgewickelt, insbesondere die Ware geliefert, so ist entgegen § 154 Abs. 1 BGB der Vertrag ohne Einigung über die AGB, jedoch mit Geltung der kongruenten AGB zustandegekommen.

Verweist der Lieferant nur auf die Geltung seiner AGB („*Geltungsklausel*"), so ist diese Formulierung eindeutig schwächer als die hier im Vertragsmuster verwendete „*Ausschließlichkeits*klausel", mit der der Lieferant deutlich macht, daß weder für die Einbeziehung noch für die Geltung entgegenstehender Bedingungen des Warenabnehmers Raum sein kann. Sollen entgegenstehende AGB des Vertragspartners abgewehrt werden („*Abwehrklausel*"), dann stellt sich dies als vorweggenommener Widerspruch mit denselben Folgen wie beim Widerspruch des Lieferanten dar (BGH NJW 1991, 1604, 1606)., d.h., es gelten die beiderseits gestellten AGB nur soweit, wie sie übereinstimmen.

Auch aus auslandsrechtlicher Sicht ist es wichtig, eine klare Einbeziehung von AGB zu erreichen, ohne daß sich das Problem des Widerspruchs stellt. Das englische Recht geht (innerhalb dieses Rechtskreises) nämlich vom Prinzip des „last shot" aus, läßt also stets diejenigen AGB der Vertragspartpartei gelten, die zuletzt kundgetan wurden, unter der Voraussetzung, daß nicht weiter widersprochen wurde (*Graf von Bernstorff*, Vertragsge-

4. Standard Terms and Conditions for the Sale of Goods (Allg. Lieferbed.) III.4

staltung im Auslandsgeschäft aaO, S. 177 mwN auf die englische Rechtsprechung und den Präzendezfall in Transmotors Ltd. v. Robertson, Buckley & Co. Ltd. (1970) 1 Lloyd's Rep. 224). Im französischen Rechtskreis gilt das Prinzip, daß widersprechende AGB sich gegenseitig aufheben (Cass.Civ. 16. 11. 1961 AWD 1962, 112; *Barfuß* RIW 1975, 325 f). Hier ist also zwischen den Vertragspartnern aufgrund dieser Gegebenheiten von vornherein ein Unverständnis für die jeweils andersartige Regelung vorprogrammiert. Im Ergebnis bleibt daher festzuhalten, daß es bei Verwendung von Ausschließlichkeitsklauseln, wie hier im Vertragsmuster geschehen, darauf ankommt, bei Stellung von anderslautenden AGB seitens des Vertragspartners zu widersprechen bzw. sich auf einen für beide Seiten akzeptablen Wortlaut zu einigen um sicherzustellen, daß zukünftige internationale Liefergeschäfte eine gesicherte vertragliche Grundlage haben.

6. Schriftform. Schriftformklauseln sind für AGB- Formulierungen typisch und besagen häufig, daß Nebenabreden, Zusicherungen, Vertragsänderungen, Änderungen der AGB usw. grundsätzlich schriftlich niederzulegen sind. Das Vertragsmuster enthält eine „einfache" Schriftformklausel, die allein dem Zweck der Klarstellung und Beweiserleichterung dient und deutlich macht, daß Vertragsänderungen grundsätzlich nur wirksam sein sollen, wenn sie schriftlich vereinbart wurden. Nach § 125 Satz 2 BGB ist die vereinbarte Schriftform im Zweifel als Wirksamkeitsvoraussetzung für das Rechtsgeschäft anzusehen. Da die vereinbarte Schriftform aber nachträglich und für einzelne Vereinbarungen wieder außer Kraft gesetzt werden kann, sind formlose Vereinbarungen nach allgemeinen Rechtsgrundsätzen trotz der gesetzlichen Bestimmungen wirksam, wenn nachgewiesen wird, daß sie nicht als unverbindliche Meinungsäußerung gedacht, sondern als rechtsverbindliche Erklärung zu verstehen waren (BGH BB 1981, 266; *Horn/Lindacher/Wolf*, § 9, Rdnr. S 32). Hinzukommt, daß formlose Zusatz- und Nebenabreden als „Individualabreden" qualifiziert werden und deshalb nach § 4 AGBG Vorrang vor der Schriftformklausel haben. Die Vertragspartner können ihre Autonomie zur formlosen Vereinbarung nicht endgültig bindend aufheben, so daß eine Schriftformklausel nach § 9 Abs. 2 AGBG als unwirksam zu qualifizieren ist, wenn sie bewirkt, daß der Vorrang der Individualabrede unterlaufen wird (*Horn/Lindacher/Wolf* aaO; der Vorrang der Schriftformklausel gilt nur, wenn auch das Gesetz die Schriftform vorschreibt, BGH NJW 1993, 64 f und BGH NJW 1991, 2135 f). Allerdings ist die Wirksamkeit der Schriftformklausel nach herrschender Ansicht dann gegeben, wenn ein beiderseits berechtigtes Interesse anzunehmen ist, wenn also vor allem das berechtigte Interesse beider Parteien darin besteht, Unklarheiten über den Inhalt der zugrundegelegten „Allgemeinen Lieferbedingungen" zu vermeiden und wenn der Beweis einer Vereinbarung erleichtert werden soll (st. Rspr. seit BGH NJW 1982, 331, 333; 1991, 1750 f).

7. Ausschluß von Bedingungen des Käufers. Zur Kollision von sich widersprechenden AGB ist bereits oben unter Ziff. 5 grundsätzlich Stellung genommen worden. Dabei ging es darum, daß bei erstem Vertragsschluß sowohl der Verkäufer wie auch der Käufer ihre jeweiligen Allgemeinen Geschäftsbedingungen zugrundelegen wollen. Im hier nun anzusprechenden Teil der Formulierung des Vertragsmusters ist nochmals aufzugreifen, daß der Lieferant oft versucht, mittels AGB-Klausel deutlich zu machen, daß er anderslautende AGB seines Vertragspartners nicht akzeptiert. Zu beachten ist in diesen Fällen, daß sich widersprechende AGB nur insoweit gelten können, wie sie übereinstimmende Teile enthalten. Dagegen gibt es keine rechtswirksame Vereinbarung im Hinblick auf die AGB-Bestandteile, die zueinander in Widerspruch stehen (BGH ZIP 1991, 802, 804; *Palandt/Heinrichs*, AGBG, § 2 Rdnr. 27; *Ulmer/Brandner/Hensen*, AGBG, § 2 Rdnr. 98 ff). Hinsichtlich der Punkte, über die regelmäßig im Einzelvertrag Einigkeit besteht (wie etwa Kaufgegenstand, Kaufpreis, Lieferzeit und -ort usw), dürfte dies unproblematisch sein. Im Hinblick auf typische AGB-Regelungen aber (wie etwa Eigentumsvorbehalt, Lieferbedingung, Rechtswahlklausel usw) ist dieses Ergebnis für den Steller „Allgemeiner Lieferbedingungen" sehr problematisch. Der Wert einer Klausel wie im hier vorgelegten Formularvertrag ist daher als gering anzusehen, solange der deutsche Exporteur nicht darauf achtet, eine klare vertragliche (Individual-) Vereinbarung mit dem ausländischen Vertragspartner darüber zu erzielen, daß die „Allgemeinen Lieferbedingungen" gelten.

8. Vorformulierung für eine Vielzahl von Verträgen. Vertragsbedingungen gelten nur dann als „vorformuliert " im Sinne des § 1 AGBG, wenn sie vor Vertragsabschluß fertig aufgestellt und nicht erst bei Vertragsschluß ausgehandelt werden. Für Außenhändler bedeutet dies, daß sie ihre „Allgemeinen Lieferbedingungen" bereits fertig vorbereitet haben müssen, wenn sie damit beginnen, Individualverträge mit ausländischen Abnehmern abzuschließen. Die Vorformulierung muß für eine Vielzahl von Verträgen oder Rechtsgeschäften erfolgen. Dieses Erfordernis ist erfüllt, wenn die Klauseln in verschiedenen Verträgen mit anderen Klauseln in unterschiedlicher Kombination, aber inhaltsgleich verwendet werden, etwa in einem System von Textbausteinen (OLG Frankfurt NJW 1991, 1489f; *Horn/Lindacher/Wolf*, AGBG § 1 Rdnr. 13). Dabei genügt die *Absicht*, sie für eine Vielzahl von Verträgen verwenden zu wollen (*Horn/Lindacher/Wolf* aaO; aA *Löwe/Trinkner/Graf v. Westphalen*, AGBG, § 1 Rdnr. 8), was regelmäßig der Fall ist, wenn der deutsche Exporteur seine Standardbedingungen grundsätzlich allen künftigen Außenhandelsgeschäften zugrundelegen will (fehlt die Absicht der Mehrfachverwendung, handelt es sich nicht um AGB, BGH ZIP 1987, 1439).

9. Abänderung. Bei der hier dargestellten Klausel handelt es sich nicht um einen „Änderungsvorbehalt" im Sinne des § 10 Ziff. 4 AGBG, sondern um die Möglichkeit, redaktionelle Versehen auszubessern. Schreibfehler oder offensichtliche Flüchtigkeitsfehler in Erklärungen, Katologen, Listen usw. sollen ohne Haftung der Lieferanten ausgebessert werden dürfen. Es geht also nicht um einen nach § 119 BGB beachtlichen Irrtum, der für unbeachtlich erklärt werden soll, und auch nicht darum, daß der Verwender sich bei Kalkulations- und Preisirrtümern ein nach dem BGB nicht gegebenes Anfechtungsrecht vorbehält.

10. Geltungsbereich. Diese Klausel macht deutlich, daß die „Allgemeinen Verkaufsbedingungen" eindeutig nur gegenüber einem Kaufmann im Rahmen seines Geschäftsbetriebes geltend sollen. Nach § 24 AGBG finden die Bestimmungen der §§ 2, und 10 bis 12 AGBG „keine Anwendung auf Allgemeine Geschäftsbedingungen, die gegenüber einem Kaufmann verwendet werden, wenn der Vertrag zum Betriebe seines Handelsgewerbes gehört". Im internationalen Handel ist in der Regel diesem Umstand Rechnung getragen, da der Kaufvertragspartner eines deutschen Lieferanten üblicherweise ein Unternehmer ist. Soweit im Ausnahmefall allerdings neben kaufmännischen Vertragspartnern auch private Abnehmer in Frage kommen, müssen die Allgemeinen Lieferbedingungen des Verwenders an den strengeren Maßstäben der §§ 2 sowie 10 bis 12 AGBG ausgerichtet werden. Einfacher dürfte es für den deutschen Exporteur daher sein, für den Bereich der privaten Abnehmer eigenständige AGB zu verwenden, die dem Schutzgedanken insbesondere der §§ 10 und 11 AGBG Rechnung tragen. Die Vertragsklausel im Mustervertrag geht hier davon aus, daß die Allgemeinen Lieferbedingungen nur gegenüber Handelstreibenden verwendet wird.

11. Angebot und Spezifizierung. Nach dem Formular der „Allgemeinen Lieferbedingungen" ist vorgesehen, daß Auftragseingänge beim Lieferanten erst dann als verbindliche Vertragsgrundlage gesehen werden, wenn der Lieferant sie annimmt. Im kaufmännischen Verkehr ist eine Bestellung als Angebot im Sinne des § 145 BGB anzusehen. Ein solches Angebot entfaltet jedoch erst Bindungswirkung, wenn Vertragsgegenstand und Vertragsinhalt so bestimmt oder (nach §§ 133 und 157 BGB) bestimmbar sind, daß der Lieferant dieses Angebot ohne weiteres annehmen kann (vgl. *Palandt/Heinrichs*, BGB; § 145 Rn 1). Wegen der Bindungswirkung kann das Angebot nicht ohne weiteres widerrufen werden, es sei denn, die Bindungswirkung ist ausdrücklich ausgeschlossen (§ 145 BGB). Die Vertragsannahme durch den Lieferanten oder seinen Vertreter ist eine einseitige, empfangsbedürftige Willenserklärung. Die Allgemeinen Lieferbedingungen sehen eine eindeutige und schriftliche Zustimmung zum Angebot vor. Nach § 146 BGB erlischt allerdings das Angebot (die Bestellung), wenn entweder der Lieferant ablehnt oder aber eine Frist im Sinne der §§ 147 ff BGB erlischt.

Das Erfordernis einer eindeutigen und schriftlichen Zustimmung, so wie hier im Formular vorgesehen, ist aus einem weiteren Grund sinnvoll. Auch für diesen Bereich der Allgemeinen Verkaufsbedingungen ist nämlich auf das unterschiedliche Rechtsverständnis ausländischer Vertragspartner zu achten. So ist es im englischen Rechtskreis ohne weiteres möglich – anders als im deutschen Recht – ein Angebot solange frei zu widerrufen, wie noch keine Annahme des Angebots erfolgt ist (*Graf von Bernstorff*, Einführung in das englische Recht, 1996, § 3 III, S. 37 mwN). Diese Regel gilt sogar für den Fall, daß der Anbietende sich für eine bestimmte Frist an sein Angebot gebunden erklärt. Der Grund für diese aus deutscher Sicht fremde Regelung liegt in der consideration-Lehre des anglo-amerikanischen Rechts, wonach eine vertragliche Verpflichtung erst dann bindend wird, wenn eine Gegenleistung (consideration) rechtswirksam versprochen wurde (*Graf von Bernstorff*, Vertragsgestaltung im Auslandsgeschäft, aaO, S. 34). Auch nach französischem Recht ist ein Vertragsangebot frei widerrufbar, solange noch keine Annahmeerklärung vorliegt, doch wird dem Widerrufenden in bestimmten Fällen eine Schadensersatzpflicht auferlegt. Die beiden die gesamte Welt beherrschenden Rechtsordnungen des englischen und französischen Rechts handhaben also auch diesen Bereich des Vertragsrechts auf unterschiedliche Weise, so daß hat der deutsche Verwender von Allgemeinen Lieferbedingungen im Ergebnis auf diese Grundproblematik einer unterschiedlichen Einschätzung der Rechtslage achten und sicherstellen sollte, daß die Einbeziehung seiner AGB auf der Basis deutschen Rechts erfolgt und eine schriftliche Zustimmung zu seinen AGB vorliegt.

Erforderlich ist es, daß die Allgemeinen Verkaufsbedingungen bei (und auch nach) Vertragsabschluß verfügbar sind, also nicht etwa bei einem früheren Vertragsabschluß verfügbar waren, ausgehändigt oder vorgelegt wurden, soweit nicht eine Rahmenvereinbarung nach § 2 Abs. 2 AGBG vorliegt oder die Verkaufsbedingungen schon ohne weiteres bekannt sein müssen (*Wolf/Horn/Lindacher*, AGBG § 2, Rn 26). Bei telefonisch geschlossenen Verträgen etwa kann dies zu Schwierigkeiten führen, falls dem Vertragspartner die Verkaufsbedingungen erst später zugehen, weil etwa Prospekte, Kataloge, Warenbeschreibungen etc. noch nicht (z.B. wegen des Umfangs) noch nicht mitgeteilt werden konnten. – Die Allgemeinen Verkaufsbedingungen müssen ferner verständlich sein. Dabei ist nicht auf die persönliche Fähigkeit des jeweiligen Kunden, sondern auf das durchschnittliche Verständnis eines Vertragspartners abzustellen. Eine Verständlichkeit von AGB fehlt etwa, wenn die AGB durch Verwendung technischer Fachausdrücke dem Durchschnittskunden den Regelungsgehalt verbergen oder verschleiern oder wenn das Klauselwerk durch vielerlei Verweisungen unübersichtlich wird. Insbesondere ist darauf zu achten, daß etwaige Bezugnahmen auf Kataloge etc. ausdrücklich und einwandfrei erfolgen.

Soweit zum Angebot technische Dokumentationen (Zeichnungen, Pläne, Entwürfe, Rechenbeispiele usw.) gehören, beurteilt sich deren Verbindlichkeit für den Vertrag nach § 145 BGB. Ein verbindliches Angebot erstreckt sich auf die gesamte Dokumentation, soweit sie einwandfrei als zum Vertrag zugehörig erkennbar ist. Nur vage Beschreibungen oder die Aussage, daß eine ähnliche Warenbeschreibung maßgeblich sein solle, scheitert an § 9 Abs. 2 Nr. 1 AGBG. Insoweit ist der hier vorgelegte Verkaufsbedingung, daß Menge, Qualität und Warenbeschreibung, wie sie in den Verkaufsunterlagen beschrieben sind, Vertragsgrundlage werden, die nötige Aufmerksamkeit beim Abschluß von Individualverträgen zu schenken.

Soweit die dem Angebot beigefügten Unterlagen, Zeichnungen oder ergänzenden Beschreibungen von großer betrieblicher Bedeutung sind und deshalb einer besonderen Geheimhaltung unterliegen sollten, muß dies gesondert vertraglich werden. Dabei reicht es nicht aus, sich auf den Schutz der §§ 17 und 18 UWG sowie des UrhRG zu stützen, da der Schutz dieser Normen möglicherweise für den konkreten Einzelfall nur unzureichend ist.

Insoweit ist es von Bedeutung, ausdrücklich zu vereinbaren, daß eine Weitergabe der Unterlagen an Dritte entweder untersagt ist oder der ausdrücklichen Zustimmung durch den Vertragspartner bedarf.

Kommen Einzelgeschäfte durch ein Tätigwerden des Käufers (also durch seine Bestellung) zustande, soll entsprechendes für die Bestellunterlagen des Käufers gelten. Eine Bestellung des Käufers wird als Angebot zu qualifizieren. Hierzu ist im folgenden eine weitere Anmerkung zu machen.

12. Genauigkeit einer Bestellung. Der Besteller ist verantwortlich zu machen für die Genauigkeit seiner Bestellung, so daß der Verkäufer auf der Basis dieses Angebots seine Annahmeerklärung abgeben und die Geschäfte ausführen kann. Schließlich geht es nach dieser Verkaufsklausel zu Lasten des Bestellers, wenn die von ihm gegebene Information über ein Geschäft/über die konkrete Bestellung nicht ausreicht, um die Bestimmtheit sicherzustellen.

Für den Fall einer Bestellung des Warenabnehmers ist ein weiteres Problem zu berücksichtigen. Soweit nämlich der Besteller von sich aus ein schriftliches Angebot (die Bestellung) abgibt, enthält es regelmäßig keine Bezugnahme auf die Verkaufsbedingungen des Verkäufers. Das gilt auch dann, wenn sich in den vom Verwender ausgegebenen Preislisten, Katalogen und Prospekten ein entsprechender Hinweis befindet, da mit Rücksicht auf den Schutzzweck von § 2 Abs. 1 AGBG nicht angenommen werden kann, daß der Besteller sich die Verkaufsbedingungen des Verwenders zu eigen macht (*Wolf/Horn/Lindacher*, § 2 Rdnr. 7; LG Berlin BB 1980, 1770). Ist der Verkäufer nicht bereit, ohne seine Verkaufsbedingungen abzuschließen, so muß er seinerseits ein Angebot unter ausdrücklichem Hinweis auf seine Verkaufsbedingungen abgeben. Gleiches gilt im Fall einer Annahmeerklärung unter Einbeziehung der Verkaufsbedingungen; ein neues Angebot nach § 150 Abs. 2 BGB an Stelle der Vertragsannahme enthält sie daher nur, wenn der AGB-Hinweis klar erkennbar ist. Es ist dann Sache des Bestellers, über die Annahme des modifizierten Angebots zu entscheiden.

13. Bestellung und Spezifizierung. Wird der Vertrag auf der Grundlage einer Bestellung des Käufers geschlossen, so sind zunächst die Kommentierungen unter Ziff. 11 und 12 zu beachten. Daneben kann es für den Lieferanten und Steller der Verkaufsbedingungen von Wichtigkeit sein, seine Haftung für die Fälle auszuschließen, daß eine Spezifizierung des Bestellers etwaige Rechte Dritter verletzt. Gedacht ist dies für den Fall, daß herzustellende oder zu verarbeitende Produkte, die der Lieferant auf der Basis einer Bestellung und Spezifizierung, die vom Besteller vorgelegt werden, fertigen muß. Der Besteller soll in diesen Fällen den Lieferanten von Schäden freihalten, die in einer möglicher Verletzung von Urheber-, Patent- oder sonstigen Lizenzrechten begründet sind, weil der Besteller diese Urheberrechtsverletzungen in seiner Bestellung nicht beachtet und der Lieferant diese Verletzung nicht erkennen konnte.

14. Abweichung von der Bestellung. Diese Klausel dient dem Lieferanten in den Fällen, in denen – anders als in der vorhergehenden Bestimmung (Ziff. 13) – erkennbar ist, daß die Bestellung samt Spezifizierung gegen Rechtsnormen verstößt. Der Lieferant darf danach von den Vorgaben der vorliegenden Bestellung abweichen, wenn dies zu eine Geseszeskonformität führen kann und durch dieses Verfahren nicht gleichzeitig die Qualität der Ware und die Vertragserfüllung leiden. Gleiches soll gelten, wenn der Lieferant von seiner eigenen Warenspezifizierung, wie sie im Vertragsangebot niedergelegt ist, abweichen muß, um gesetzliche Erfordernisse zu beachten.

Dieses Abweichen, wie es in der Verkaufsbedingung niedergelegt ist, versteht sich nicht als „Änderungsvorbehalt" im Sinne des § 10 Nr. 4 AGBG, da diese Vorschrift Änderungen und Abweichungen von der ursprünglichen Leistung unter gleichzeitiger Benachteiligung des Vertragspartners anspricht. Auch wenn diese Vorschrift auf Kaufleute wegen § 24 AGBG nicht direkt anwendbar ist, sichert § 10 Nr. 4 AGBG den Grundsatz der Vertragsbindung und den Vertrauensschutz. Dieser Grundgedanke ist auch im kaufmännischen

4. Standard Terms and Conditions for the Sale of Goods (Allg. Lieferbed.) III.4

Verkehr im Rahmen von § 9 AGBG zu beachten (*Wolf/Horn/Lindacher*, § 10 AGBG, Rdnr. 26). Unter „Änderung" versteht § 10 Nr. 4 AGBG die Situation, daß die Leistung von anderer Beschaffenheit oder von anderem Umfang ist als ursprünglich vereinbart, jedoch nach Art und Charakter noch identisch bleibt. Und eine „Abweichung" liegt vor, wenn die Änderung ein solches Maß erreicht, daß die Leistung nach Art und Charakter etwas gänzlich anderes darstellt, als ursprünglich geschuldet war (*Wolf/Horn/Lindacher*, AGBG § 10 Nr. 4, Rdnr. 4). Beides wird durch die Klausel der Verkaufsbedingungen nicht so gewollt, und es fehlt auch die klare Benachteiligung des Vertragspartners durch eine Abweichung von der Bestellung. Vielmehr verhilft die Verkaufsbedingung in den Fällen von Normverstößen dazu, etwaige Nachteile zu vermeiden, indem die Bestellung – letztlich auch im Interesse des anderen Vertragsteils – auf vorhandene Vorschriften (statutory requirements) hin angepaßt wird.

15. Kaufpreis. In Ziffer 3 der Verkaufsbedingungen wird der Kaufpreis näher beschrieben. Die Begleichung des Kaufpreises ist, der Systematik eines Kaufvertrages entsprechend, die Hauptpflicht des Käufers, die gemäß §§ 320 Abs. 1 und § 322 BGB Zug um Zug gegen Übereignung der Kaufsache zu erfüllen ist, soweit zwischen den Parteien nicht etwas anderes vereinbart worden ist. Obwohl die Geldzahlung regelmäßig als Entgelt vorgesehen ist, muß dies nicht notwendig immer so sein. Auch die Gegenleistung in Form anderer Entgelte wie etwa Kompensation, Naturalien usw fällt hierunter.

Bei Festlegung des Kaufpreises wird, insbesondere im internationalen Warenverkehr, oft auch festgelegt, auf welche Weise die Zahlung zu erfolgen hat. Ist es im Inland zur geläufigen Praxis geworden, bargeldlos zu zahlen, indem man den geschuldeten Betrag auf ein vom Verkäufer angegebenes Konto überweist, so stellt sich dieser Vorgang im internationalen Zahlungsverkehr als nicht so einfach dar, weil beispielsweise eine Überweisung nicht die Regel ist (etwa in den USA, wo der typische Zahlungsweg mittels Scheck beschritten wird). Für die Rechtzeitigkeit der Zahlung kommt es darauf an, ob der Käufer das Erforderliche zur rechten Zeit veranlaßt hat (BGHZ 44, 179; *Palandt/Heinrich*, § 270 Rdnr. 6). Dies ist regelmäßig dann der Fall, wenn der Käufer den Überweisungsauftrag bei seiner Bank eingereicht hat (und auf dem Konto Deckung vorhanden ist, OLG Celle, MDR 68, 148), wobei für den Fall des internationalen Zahlungsverkehrs die Sonderform des „Zahlungsauftrags im Außenhandel" (Z 1) mit den dazugehörigen Meldebestimmungen zur Deutschen Bundesbank zu verwenden sind, soweit es um Beträge von über DM 5000.– geht. Dabei ist es gleichgültig, ob beispielsweise die Bank mit einem Geldtransfer auf das Konto des ausländischen Lieferanten oder mit der Ausstellung eines (auf eine Auslandsbank gezogenen) Bankschecks beauftragt wird, damit etwa ein Fremdwährungsbetrag mittels dieses Bankschecks im Ausland unmittelbar nach Erhalt beim Gläubiger gutgeschrieben werden kann. Entscheidend ist die Auftragsabgabe bei der Bank; eine Gutschrift auf dem Empfängerkonto ist danach nicht erforderlich, weil für die Rechtzeitigkeit auf die Leistungshandlung, nicht aber auf den Leistungserfolg abzustellen ist (BGH NJW 1964, 499). Die Verzögerungsgefahr, also das Risiko verspäteten Eingangs trotz rechtzeitiger Leistungshandlung des Schuldners, geht zu Lasten des Gläubigers und fällt nicht unter § 270 Abs. 1 BGB. Dies führt gerade im internationalen Zahlungsverkehr zu der Konsequenz, daß die häufigen Verzögerungen im Interbankverkehr nicht dem Käufer angelastet werden können, es sei denn, er gibt wider besseres Wissen einen von vornherein problematischen Abwicklungsweg vor.

16. Preisliste. Der Preis kann sich, insbesondere angesichts einer Vielzahl einzelner Warengeschäfte, häufig nicht im vorhinein detailliert festlegen lassen. Daher wird in den Allgemeinen Verkaufsbedingungen vorgesehen, daß die einzelne Preisfestsetzung auf der Grundlage eines einzelnen festen Angebots (quoted price) oder anhand einer Preisliste in ihrer jeweils gültigen Fassung getroffen wird (s. dazu auch unten, „Preisanpassungsklauseln"; zur Klausel, die Preise nach der jeweils gültigen Preisliste festzulegen, wenn zunächst eine Einigung auf den bei Vertragsschluß gültigen Listenpreis stattgefunden hat, vgl.

BGHZ 93, 252, 255, BGH NJW 1985, 853). Dort, wo es um Exportgüter geht, soll in den Fällen des Vorhandenseins einer eigenen Exportgüterliste der jeweils aktuelle Exportpreis zur Anwendung gelangen.

17. Preisanpassungsklauseln. Diese Klauselbestimmung soll dem Verwender der Allgemeinen Verkaufsbedingungen die Möglichkeit geben, rechtzeitig vor der Lieferung dem Besteller mitzuteilen, daß eine Preiskorrektur wegen des Vorliegens von Umständen, die außerhalb der Verantwortung des Lieferanten bestehen, erforderlich ist. Grundsätzlich ist bei Preisanpassungen § 11 Nr. 1 bzw. (im kaufmännischen Bereich) § 9 AGBG zu berücksichtigen.

Zum einen sind Preisanpassungsklauseln in Verträgen mit *Festpreis*bindung im kaufmännischen Verkehr nach § 9 AGBG unwirksam, wenn sie die Festpreisbindung aushöhlen wollen (*Wolf/Horn/Lindacher*, AGBG § 11 Nr. 1, Rdnr. 59). Ansonsten ist folgendes zu berücksichtigen: Preisanpassungen unterliegen dem Prinzip des § 4 AGBG, wonach individuelle Absprachen Vorrang vor Allgemeinen Geschäftsbedingungen haben. Das Prinzip des § 4 AGBG greift in diesen Fällen ein, in denen der Kaufpreis nur nominal bestimmt und *nicht* ausdrücklich als Festpreis bezeichnet ist (OLG Hamm, BB 1975, 489). Preisanpassungsklauseln sind danach zulässig, wenn sie mit einer individuellen Preisabsprache vereinbar sind (BGHZ 94, 335, 339). Um dem Risiko der Unwirksamkeit einer solchen Vertragsklausel aus dem Weg zu gehen, ist es erforderlich, bei Preisvereinbarung im Einzelgeschäft unter dem Vorbehalt einer Preisanpassungsklausel steht. So kann dem Risiko eines Widerspruchs zwischen Preisanpassungsklausel in den Allgemeinen Verkaufsbedingungen und der Preisabsprache im Einzelgeschäft begegnet werden.

Bei Preisabreden mit einfacher Verbindlichkeit sind Preisänderungsklauseln nach Ablauf einer Bindungsfrist grundsätzlich zulässig (*Wolf/Horn/Lindacher*, AGBG § 11 Nr. 1, Rdnr. 60; a.A. *Bartsch* DB 1983, 214 f). Auch Preisvorbehalte, die auf eine individualvertragliche Preisfestlegung verzichten, sondern Preise nur unverbindlich nennen und dem Verwender Allgemeiner Verkaufsbedingungen das Recht nach § 315 BGB einräumen, einen Preis später zu bestimmen, sind solange gegenüber Kaufleuten statthaft, wie sich die Preisfestsetzung im Rahmen der jeweiligen Marktpreise hält (so BGHZ 1, 353, 354; BGH DB 1976, 669). Es ist danach zulässig, Kostensteigerungen bei Preisvorbehalten (oder nach Ablauf einer vertraglichen Bindungsfrist) in Form von Preiserhöhungen vorzunehmen, vor allem, wenn der Warenabnehmer seinerseits an Kaufleute liefert, die die Kostensteigerung in ihren eigenen Preisen weitergeben können (OLG Hamburg ZIP 1983, 700; anders aber, wenn der Warenabnehmer nur an Endverbraucher liefert und eine Preisbindung im Sinne des § 11 Nr. 1 AGBG besteht. Vorausgesetzt wird grundsätzlich, daß die eingetretenen Kostenerhöhungen nicht vom Lieferanten zu vertreten sind. Grundsätzlich dürfen Preisänderungsklauseln nicht dazu genutzt werden, nachträgliche Gewinnerhöhungen zu erreichen (*Wolf/Horn/Lindacher*, AGB § 11 Nr. 1, Rdnr. 62 mwN auf *Wolf* ZIP 1987, 341, 348; a.A. *Ulmer* BB 1982, 1125, 1129; zur Frage, ob Gewinnerhöhungen des Lieferanten gerechtfertig sind, die nicht im Vertrag selbst bereits kalkulatorisch enthalten waren, vgl. BGHZ 93, 253, 259). Aus alldem folgt im Ergebnis, daß Preisanpassungsklauseln wie etwa hier im Mustertext vorgegeben, dann mit § 9 Abs. 2 Nr. 1 AGBG vereinbar sind, wenn beim Lieferanten eingetretene, von ihm nicht zu vertretene Kostenerhöhungen berücksichtigt werden sollen, also etwa Materialkosten, Bezugskosten oder etwaige Erhöhungen bei Zöllen usw.

18. Weitere Preisbestandteile. Die Klausel enthält als weiteren Preisbestandteil den Hinweis auf die Klausel „ex works". Der Verkäufer macht damit – gleichzeitig im Sinne der „Incoterms-Klausel" gleichen Namens, auf die nachstehend noch eingegangen wird – deutlich, daß der Käufer neben der Zahlung des Kaufvertrages auch alle weiteren Kosten zu tragen hat, die mit dem Warengeschäft in Zusammenhang stehen, soweit sie ab Bereitstellen der Ware an einem vereinbarten Lieferort oder innerhalb einer vereinbarten Frist entstehen. Der Verkäufer macht mit dsieser Vertragsklausel deutlich, daß er keinerlei

4. Standard Terms and Conditions for the Sale of Goods (Allg. Lieferbed.) III.4

Kosten des Versands oder der Versicherung der Ware tragen wird und auch nicht bereit ist, Kosten für etwa notwendige Aus- und Einfuhrbewilligungen oder andere behördliche Genehmigungen zu übernehmen. – Neben dieser Verdeutlichung, daß der Preis der Lieferanten ausschließlich auf den reinen Warenpreis bezogen ist, stellt die nachfolgende Klausel klar, daß die Preise sich stets zuzüglich der gesetzlichen Mehrwertsteuer verstehen.

19. Zahlungsbedingungen. Die Außenhandelspraxis eröffnet verschiedene Methoden der Abwicklung des Warengeschäfts und der Kaufpreiszahlung. Die jeweilige Marktposition der Vertragsparteien einerseits und das beiderseitige Sicherungsbedürfnis, nach dem vermieden werden soll, daß eine Partei gleichzeitig über Ware und Geld verfügen kann, andererseits sind maßgeblich für die Auswahl der Zahlungsvereinbarung, die für das betroffene Außenhandelsgeschäft geeignet ist. Dabei wird zwischen nichtdokumentären und dokumentären Zahlungsklauseln unterschieden.

Die sogenannten nicht dokumentären Zahlungsklauseln sind „reine Zahlungsklauseln" (sog. „clean payment-Klauseln"), die nicht durch weitere Dokumente unterlegt und auch nicht durch ein besonderes Verfahren über Banken abgewickelt werden (vgl. hierzu *Graf von Bernstorff*, Rechtsprobleme im Auslandsgeschäft, 3. Aufl. 1992, S. 160 ff; zu den typischen Zahlungsklauseln des internationalen Handelsverkehrs vgl. *Liesecke* WM 1978, Beilage 3 mwN). Hier gibt es, je nach Vereinbarung, mal für den Verkäufer, ein andermal für den Käufer, Vorteile. Wenn beispielsweise „Vorauszahlung der Ware" beziehungsweise (nur im europäischen Raum) „Lieferung gegen Nachnahme" vereinbart ist, dann kann der Verkäufer/Exporteur sicher mit der Bezahlung der Ware rechnen, da der Käufer den Kaufpreis entrichten muß, ohne zuvor die Waren überprüfen zu können. Wird dagegen ein „clean payment", also „Zahlung gegen offene Rechnung" vereinbart, dann muß der Käufer erst nach Warenempfang (beziehungsweise bei Zielgewährung sogar noch später) zahlen und hat dadurch eine Warenprüfungs- und gegebenenfalls Rügemöglichkeit.

Bei den dokumentären Zahlungsklauseln sind immer Kreditinstitute eingeschaltet, die mit der Abwicklung der Zahlung gegen Vorlage von Warendokumenten beauftragt sind. Zu den dokumentären Zahlungsbedingungen im Außenhandel gehört entweder das Verlangen auf Stellen eines Dokumentenakkreditivs in seinen vielfältigen Ausgestaltungsmöglichkeiten (dazu auch unten, Ziff 21) oder die zum sogenannten „Dokumenteninkasso" gerechneten Formen „Kasse gegen Dokumente", Dokumente gegen Akzept„ oder "Dokumente gegen unwiderruflichen Zahlungsauftrag„ (hierzu vertiefend *Graf von Bernstorff*, Dokumente gegen unwiderruflichen Zahlungsauftrag, RIW 1985, 14 ff).

Die hier vorliegende Vertragsklausel sieht vom Grundsatz her vor, daß der Exporteur/ Lieferant dem Warenabnehmer ein Zahlungsziel von dreißig Tagen einräumt, innerhalb dessen der Kaufpreis zu entrichten ist. Hierbei handelt es sich also um eine *nichtdokumentäre* Zahlungsklausel (clean payment).

20. Zahlung durch Scheck oder Wechselakzept. Grundsätzlich wird verwiesen auf Ziff. 15 (oben). In den vorliegenden Allgemeinen Verkaufsbedingungen macht der Lieferant deutlich, daß er grundsätzlich eine Bezahlung des Bestellers durch Wechsel oder Scheck ablehnt. Selbst wenn die Vertragspartner sich auf Zahlung durch Hingabe eines Wechsels oder Schecks geeinigt hätten, würde im Zweifel nach § 364 Abs. 2 BGB gelten, daß das Instrument nur erfüllungshalber aufgenommen wird, während die Kaufpreisforderung an sich bis zur Begleichung bestehen bleibt. Die Aufnahme eines Schecks oder Wechsels wird als Stundung der ursprünglichen Forderung gesehen, die mit Erfüllung der Kaufpreisforderung erlischt (BGH NJW 1986, 426). Im internationalen Zahlungsverkehr kann es wegen der mit dem Instrument des Wechsels und Schecks einhergehenden Rechtsprobleme sinnvoll sein, auf diese Instrumente ganz zu verzichten (*Graf von Bernstorff*, Rechtsprobleme im Auslandsgeschäft, aaO, 209 ff). Dies gilt vor allem im Hinblick auf die mit diesem Instrumentarium zusammenhängenden Formfragen und Haftungsfragen. Wird die Zahlungsmöglichkeit auf den internationalen Banktransfer beschränkt, indem der Lieferant lediglich die Gutschrift auf sein Konto verlangt, dann werden die mit Wechseln und Schecks zusammenhängenden Sonderprobleme ausgeschlossen.

21. Dokumentäre Zahlungsklausel. Dazu grundsätzlich oben, Ziff. 19. Soweit eine dokumentäre Zahlungsbedingung vereinbart wird, wünscht der Klauselverwender mit dieser Allgemeinen Lieferklausel grundsätzlich die Stellung eines Dokumentenakkreditivs auf der Grundlage der „Einheitlichen Richtlinien und Gebräuche für Dokumentenakkreditive", Revision 1993, Publikation Nr. 500 der Internationalen Handelskammer, Paris. (Zum Akkreditiv vgl. aus der umfangreichen Literatur: *Zahn/Eberding/Ehrlich*, Zahlung und Zahlungssicherung im Außenhandel, 6. Aufl., 1986; *Schütze*, Das Dokumentenakkreditiv im internationalen Handelsverkehr, 4. Aufl., 1996). Bei dieser Zahlungsbedingung „Lieferung gegen Dokumentenakkreditiv" erteilt der Käufer/Empfänger der Warenlieferung seiner Bank einen sogenannten Akkreditivauftrag. Die Bank des Importeurs „eröffnet" (issuance) ein Dokumentenakkreditiv in der Weise, daß sie dem Exporteur gegenüber erklärt, bei fristgerechter Einreichung bestimmter vorgeschriebener Warendokumente unbedingt und unwiderruflich Zahlung des vereinbarten Kaufpreises zu leisten. Aufgrund dieses abstrakten Schuldversprechens der akkreditiveröffnenden Bank kann der Verkäufer – unabhängig sowohl von seinen Rechtsbeziehungen zum Käufer als auch von dem zwischen Käufer und Akkreditivbank bestehenden Rechtsverhältnis – die Zahlung des Akkreditivbetrages von der akkreditiveröffnenden Bank verlangen, sofern er dieser (gegebenenfalls durch Einschaltung einer weiteren Bank auf seiner Seite (auch „Avisbank" genannt, da sie dem Exporteur die Eröffnung des Akkreditivs „avisiert", also mitteilt) die vorgeschriebenen Dokumente fristgerecht andient.

Für die beiden Vertragspartner des Außenhandelsgeschäfts bedeutet das Dokumentenakkreditiv eine weitgehende Sicherung ihrer Interessen. Der Exporteur kann – und dies unabhängig von der Zahlungsfähigkeit des Importeurs – in jedem Falle mit der Zahlung rechnen, wenn er der Akkreditivbank die ordnungsgemäßen Dokumente innerhalb der vorgesehenen Frist eingereicht hat. Seine Sicherung geht sogar noch weiter, wenn die Avisbank im Auftrag der Akkreditivbank eine weitere Zahlungsverpflichtung (die sogenannte „Bestätigung" hinzufügt und sich dadurch als Gesamtschuldnerin mit der Akkreditivbank verpflichtet. Auch der Importeur hat bei Vereinbarung eines Dokumentenakkreditivs Vorteile. Für ihn ist sichergestellt, daß die Akkreditivbank erst nach sorgfältiger Prüfung der fristgerecht eingereichten Dokumente feststellt, daß die Dokumentation der Parteivereinbarung entspricht und damit „akkreditivgerecht" ist. Erst danach kann eine Bezahlung an den Exporteur geleistet werden. Somit hat der Importeur zumindest die Sicherheit, ordnungsgemäße Warenpapiere zu erhalten; vor einem etwaigen Fehler der Waren schützt ihn dieses Verfahren jedoch nicht. Zum Vorteil beider Parteien wirkt es schließlich, daß weltweit ein einheitliches Abwicklungsverfahren nach den (freiwilligen) Regelwerken der Internationalen Handelskammer in Paris durchgeführt wird.

Wegen des (für die eröffnende Bank) verpflichtenden Charakters des Dokumentenakkreditivs ist auf eine Besonderheit hinzuweisen, die sich aus Art. 6 der Einheitlichen Richtlinien und Gebräuche für Dokumentenakkreditive, Revision 1993, Publikation Nr. 500 ergeben. Danach können nämlich Akkreditive sowohl seitens der eröffnenden Bank widerruflich oder unwiderruflich ausgestellt werden. Es liegt in der Natur der Sache, daß ein „widerrufliches" Akkreditiv den Sicherungszweck verfehlt, da sich die Bank durch bloßen Widerruf von ihrer abstrakten Zahlungspflicht befreien kann. In den früheren Versionen der „Einheitlichen Richtlinien" der Internationalen Handelskammer war noch geregelt, daß mangels ausdrücklicher Vereinbarung ein Akkreditiv grundsätzlich als widerruflich (!) anzusehen war. Dies ist in der Publikation Nr. 500 mit Wirkung ab dem 1. 1. 1994 nun dahingehend geändert, daß ein Akkreditiv grundsätzlich als unwiderruflich (also für die Bank stets verpflichtend) anzusehen ist, solange nicht eindeutig etwas anderes angegeben ist (vgl. Art 6c Einheitliche Richtlinien, Revision 1993).

4. Standard Terms and Conditions for the Sale of Goods (Allg. Lieferbed.) III.4

22. Zahlungsverzug. Diese Klausel ermöglicht dem AGB-Verwender, für den Fall einer verspäteten Kaufpreiszahlung – und ohne Aufgabe weitergehender Schadensersatz- oder sonstiger Ansprüche – entweder den Kaufvertrag einseitig zu kündigen, weitergehende Lieferungen an den Abnehmer (vorerst) auszusetzen oder aber die Kaufpreisforderung mit 4% über dem jeweiligen Diskontsatz der Deutschen Bundesbank verzinst zu verlangen. Diese Vereinbarung steht nicht in Widerspruch zu den gesetzlichen Regelungen des BGB. Nach § 288 BGB ist eine Geldschuld während des Verzugs mit 4% für das Jahr zu verzinsen, wobei eine Geltendmachung eines weiteren Schadens nicht ausgeschlossen ist, wenn nur die Voraussetzungen des § 286 BGB vorliegen (§ 288 Abs. 2 BGB; OLG Frankfurt DNotZ 89, 256 zu einem vertraglich ausbedungenen Verzugszins von 14%). Für Kaufleute, für die ein beiderseitiges Handelsgeschäft im Sinne des § 343 HGB vorliegt, wird dies dadurch erweitert, daß Verzugszinsen in Höhe von 5% für das Jahr gefordert werden können (§ 353 HGB), wobei auch hier unter den Voraussetzungen des § 286 BGB höhere Verzugszinsen verlangt werden können.

Damit ein Verzugsfall überhaupt vorliegt, müssen die Tatbestandselemente des § 284 BGB erfüllt sein. Danach muß der Zahlungsanspruch des Exporteurs wirksam begründet und fällig sein (§ 271 BGB) und es darf keine Einrede des Käufers vorliegen (etwa derjenige einer Falsch- oder Schlechtlieferung im Sinne der §§ 459 ff BGB; dazu BGHZ 48, 249, 250 oder auch beispielsweise in Form der Einrede des nicht erfüllten Vertrages gemäß § 320 BGB: bei Gattungskäufen solange, wie keine Ersatzlieferung erfolgt ist).

Das Formular geht davon aus, daß innerhalb von 30 Tagen ab Rechnungsdatum gezahlt werden muß (oben, Ziff. 19). Eine solche Regelung führt nicht automatisch zum Verzug des Käufers. Zunächst ist für die Zahlungspflicht die Bestimmung des § 271 BGB maßgebend, wonach der Gläubiger die Leistung „sofort" verlangen und der Schuldner sie sofort erbringen kann. Der Käufer kann nach § 284 Abs. 1 BGB erst dann in Verzug geraten, wenn der Lieferant ihn mahnt. Die Mahnung ist nicht etwa dadurch entbehrlich, weil hier eine Regelung vorgesehen ist, daß spätestens dreißig Tage nach Rechnungsdatum zu zahlen ist (so die st.Rspr. seit RG 103, 33; OLG Oldenburg NJW 1959, 888; BGHZ 96, 315; *Palandt/Heinrichs*, § 284, Rdnr. 22). Entbehrlich wäre eine Mahnung nämlich nach § 284 Abs. 2 BGB nur dann, wenn für die Leistung durch Vertrag oder Gesetz eine Zeit nach dem Kalender bestimmt ist, also als Leistungszeit unmittelbar oder mittelbar ein bestimmter Kalendertag festgelegt ist. Aus dem Umkehrschluß folgt, daß eine bloße Berechenbarkeit nach dem Kalender nicht ausreichend ist. Der AGB-Verwender dieser Klausel (oben, Ziff. 19) hat also zu beachten, daß er grundsätzlich mahnen muß, um den Zahlungspflichtigen in Verzug setzen zu können.

Schließlich sieht die Verkaufsklausel vor, daß bei Vorliegen der Verzugsvoraussetzungen ein Zinssatz von 4% p.a. über dem jeweiligen Diskontsatz der Deutschen Bundesbank zu bezahlen ist. Auf der Basis des Grundgedankens des § 11 Nr. 5a AGBG muß der vereinbarte Verzugszins so bemessen sein, daß er geeignet ist, den Verzugsschaden des AGB-Verwenders abzudecken, ohne dabei zu einem zusätzlichen Gewinn des Klauselverwenders zu führen. Als Verzugsschaden werden bei Geldschulden Zinsen von bis zu 5% über dem jeweiligen Diskontsatz der Deutschen Bundesbank von der Rechtsprechung nicht beanstandet (vgl. BGH NJW 1983, 1542; BGH NJW 1982, 331, dagegen aber zu 6% ablehnend BGH NJW 1984, 2941; *Wolf/Horn/Lindacher*, AGBG § 11 Nr. 5, Rdnr. 24). Zwar gilt § 11 Nr. 5 AGBG nach § 24 AGBG nicht unmittelbar unter Kaufleuten, doch rechtfertigen die besonderen Bedürfnisse im kaufmännischen Verkehr im Grundsatz keine andere Bewertung aus Sicht des § 9 AGBG.

Im letzten Abschnitt der Zahlungsbedingung wird dem Käufer das Recht eingeräumt, dem Verkäufer gegenüber geltend zu machen und nachzuweisen, daß ein Schaden durch den Verzug entweder überhaupt nicht entstanden ist oder aber wesentlich niedriger als der geltend gemachte Schaden ist. Damit wird dem Gedanken des § 11 Nr. 5b AGBG Rechnung getragen, der den Vorbehalt des Nachweises zugunsten des Schadensersatzpflichtigen eröffnet (vgl. BGH NJW 1994, 1060).

23. Erfüllungsort. Erfüllungsort ist nach § 269 BGB im Zweifel der Wohnort des Schuldners, soweit nicht abweichende Vereinbarungen bestehen. Die hier vorliegenden Allgemeinen Verkaufsbedingungen sehen vor, daß der Lieferant die Ware zur Abholung in seinem Werk oder seinem Lager zur Abholung bereit hält. Der Verkäufer/Exporteur kann eine derartige Festlegung des Erfüllungsortes in seinen Allgemeinen Verkaufsbedingungen treffen, ohne sich in Widerspruch zu dem Gedanken des § 269 BGB zu setzen.

Allerdings besteht auch die Möglichkeit, einen anderen Ort als Erfüllungsort vereinbaren, wobei einge Grundsätze zu beachten sind. Der Erfüllungsort kann durch ausdrückliche oder stillschweigende Vereinbarung der Vertragspartner festgelegt werden. Im übrigen kann sich der Erfüllungsort auch aus den Umständen, insbesondere aus der Natur des Schuldverhältnisses, ergeben. Wird in Allgemeinen Geschäftsbedingungen aber ein Erfüllungsort festgelegt, der in Widerspruch zu dem sich aus der Natur des Schuldverhältnisses ergebenden Erfüllungsort steht, so ist dies regelmäßig zu beanstanden und nach § 9 Abs. 2 AGBG unwirksam (OLG Koblenz, WM 1989, 892; *Wolf/Horn/Lindacher,* AGBG, § 9 E 212), da mit der Veränderung des Erfüllungsortes zugleich wesentliche Rechte und Pflichten für den Vertrag verändert werden. Soweit sich aus sonstigen Umständen ein bestimmter Erfüllungsort ergibt, dürfen sich die Allgemeinen Verkaufsbedingungen dazu nicht ohne sachlich berechtigten Grund in Widerspruch setzen. Eine den tatsächlichen Verhältnissen zuwiderlaufende Vereinbarung kann bereits als Individualvereinbarung unwirksam sein (RGZ 41, 358, 361; *Wolf/Horn/Lindacher,* AGBG, § 9 E 212). Dies muß dann erst recht für eine AGB-Klausel gelten (so *Wolf/Horn/Lindacher* aaO mit Hinweis auf OLG Koblenz NJW-RR 1989, 1459, 1460). Im übrigen gilt für den Versandhandel grundsätzlich der Sitz des Versandhändlers als Erfüllungsort (*Wolf/Horn/Lindacher;* str.). Im Ergebnis ist die hier vorgegebene Musterklausel hinsichtlich des Erfüllungsortes aus der Sicht des § 9 AGBG nicht zu beanstanden.

Im internationalen kaufmännischen Geschäftsverkehr wird die Festlegung des Erfüllungsortes meist verknüpft mit einer Bestimmung der Kostentragungspflicht und des Gefahrübergangs (hierzu später bei Behandlung der Verkaufsklausel „transfer of risks").

24. Änderungsvorbehalt. Die Verkaufsbedingungen sehen vor, daß der Verkäufer von Massengütern das Recht haben soll, eine mengenmäßige Abweichung von bis zu plus oder minus drei Prozent der vereinbarten Warenmenge als vertragsgemäße Erfüllung seiner Lieferpflicht betrachten zu können. Eine solche Abweichung soll nach den Verkaufsbedingungen als vertragsgemäß gelten und zu keiner Preisanpassung führen müssen. Für die Rechtmäßigkeit einer solchen AGB-Klausel ist der Schutzgedanke des § 10 Nr. 4 AGBG heranzuziehen. Zwar gilt § 10 Nr. 4 AGBG nicht unmittelbar unter Kaufleuten (§ 24 AGBG), doch sichert diese Vorschrift den Grundsatz der Vertragsbindung und den Vertrauensschutz, also zwei Grundgedanken, die auch im kaufmännischen Verkehr im Rahmen von § 9 AGBG zu beachten sind. Nach herrschender Ansicht kann sich aus § 9 AGBG deshalb eine etwaige Unwirksamkeit eines Änderungs- oder Abweichungsvorbehalts auch unter Kaufleuten ergeben (*Baumbach/Hopt,* § 10 AGBG, Anm. 4; *Wolf/Horn/Lindacher,* AGBG, § 10 Nr. 4, Rdnr. 26), wobei der kaufmännische Verkehr eine eigenständige Interessenwertung erfordert.

Zulässig sind nach allgemeiner Ansicht alle Änderungsvorbehalte, die nur geringfügige Änderungen erfassen, welche auch nach §§ 459 Abs. 1 Satz 2, 634 Abs. 3 BGB oder allgemein nach § 242 BGB hinzunehmen wären, wie etwa kleine Maß- oder Mengenabweichungen (OLG Hamm, NJW 1986, 2581), soweit es nicht nach der konkreten Parteivereinbarung gerade auf eine exakte Liefermenge ankommt oder eine zugesicherte Eigenschaft vorliegt. Ferner darf der Vertragspartner nicht unangemessen beachteiligt werden, wenn eine handelsübliche Abweichung überschritten wird. Die hier vorliegende 3 Prozent-Regelung kann nach diesen Grundsätzen unbeanstandet bleiben (vgl. BGH NJW 1987, 1886 zu einer über eine Geringfügigkeit hinausgehenden Abweichung, die dennoch handelsüblich und damit zumutbar ist).

4. Standard Terms and Conditions for the Sale of Goods (Allg. Lieferbed.) III.4

25. Lieferverzug. Die Verkaufsbedingungen enthalten im Zusammenhang mit der Behandlung der Lieferklauseln auch einen Abschnitt zum Lieferverzug, wonach bei Lieferverzug des Exporteurs dem Käufer das Recht zustehen soll, schriftlich einen dreiprozentigen Preisnachlaß pro Woche einfordern zu dürfen. Eine solche Verzugspauschale in einem Prozentsatz des Warenwertes findet sich in den AGB der deutschen Unternehmen recht häufig (meist in der Größenordnung von 0, 5 bis ca. 5%; vgl. *Bunte*, Handbuch der Allgemeinen Geschäftsbedingungen, S. 174). Dennoch ist eine solche Pauschalierung aus Sicht des § 9 Abs. 2 Nr. 1 AGBG problematisch, da sie die Interessen des Lieferanten in unangemessener Weise einseitig berücksichtigt, in offenem Wertungswiderspruch zur Schadensersatzhaftung gemäß §§ 286 und 249 ff BGB steht und gegen das vertragliche Äquivalenzprinzip verstößt, welches durch die §§ 320 ff BGB geschützt ist (*Graf v. Westphalen*, Allgemeine Verkaufsbedingungen, S. 83). Um diese Schwierigkeiten zu vermeiden, enthält das vorliegende Formular eine weitergehende Schadenspauschale mit einer an § 11 Nr. 5 b AGBG ausgerichteten Beweislastverteilung. Sollte danach der Schadensersatzanspruch des Käufers höher liegen als der tatsächlich nach § 286 BGB zu reklamierende Verzugsschaden, bleibt es dem Lieferanten vorbehalten, den Nachweis darüber zu führen, daß dem Besteller nur ein gerigerer Schaden entstanden ist (*Graf von Westphalen* aaO, S. 83).

Vorausgesetzt für einen „Verzug" ist, daß die geschuldete Leistung noch erbracht werden kann, also nicht unmöglich geworden ist. Ferner muß nach § 284 Abs. 1 BGB der Anspruch des Käufers rechtswirksam und fällig sein, das heißt, es darf keine Einrede des Lieferanten bestehen (etwa dergestalt, daß der Käufer die ihm obliegende Zahlungspflicht nicht rechtzeitig oder in der vereinbarten Form erfüllt hat; diese schließt dann nämlich einen Lieferverzug von vornherein aus; hierzu BGH NJW 1987, 252). Schließlich muß die Leistungspflicht des Lieferanten fällig sein im Sinne des § 271 BGB. Die an sich erforderliche Mahnung ist im Fall der vorliegenden Lieferklausel (im Sinne des § 284 Abs. 2 BGB) dadurch entbehrlich, daß für die Leistung eine Zeit nach dem Kalender (a fixed time for delivery) bestimmt ist. Ist die Leistungszeit unmittelbar oder mittelbar durch einen bestimmten Kalendertag festgelegt, dann ist die Mahnung entbehrlich (BGH WM 1971, 615).

Im übrigen ist in dem Formular vorgesehen, daß die Verzugsregel (mit ihrer Haftungsbegrenzung) dann nicht zum Tragen kommt, wenn der Verkäufer (oder seine Erfüllungsgehilfen) den Lieferverzug grob fahrlässig oder vorsätzlich herbeigeführt haben, wenn ein kaufmännisches Fixgeschäft vorlag oder wenn ein sonstiger schuldhafter Verstoß gegen eine sonstige wesentliche Vertragspflicht vorliegt (hierzu BGH ZIP 1994, 461, 465). Dies gilt auch für die nachfolgende Formularklausel (unten, Ziffer 26).

26. Rücktritt vom Vertrag; Schadensersatz. Weitergehend, als unter Ziff. 25 bereits beschrieben, kann der Käufer Rechte nach § 326 BGB in Anspruch nehmen. Der Käufer kann danach bei gegenseitigen Verträgen und bei Verzug des Lieferanten dem Lieferanten eine angemessene Frist mit der Erklärung bestimmen, daß er die Annahme der Leistung nach dem Ablauf der Frist ablehne. Nach dem Ablauf der Frist ist er dann berechtigt, Schadensersatz wegen Nichterfüllung zu verlangen oder von dem Vertrag zurückzutreten, § 326 Abs. 1 Satz 2 BGB. Das Setzen der Nachfrist (set of a deadline) und die Ablehnungsandrohung (termination of contract) erfolgt regelmäßig in ein und derselben Erklärung. Der Käufer muß dazu den Lieferanten auffordern, die Leistung zu bewirken – die bloße Aufforderung an den Lieferanten zu erklären, daß er zur Leistung bereit sei, genügt in der Regel nicht (RG 101, 399), ist aber ausnahmsweise ausreichend, wenn der Lieferant sich zuvor zur fristgerechten Leistung außerstande erklärt hat (*Palandt/Heinrichs*, § 326, Rdnr. 5 b). Die Nachfrist muß angemessen sein, da sie dem Lieferanten eine letzte Gelegenheit zur Vertragserfüllung eröffnen soll. Ist die Nachfrist zu kurz bestimmt, wird in der Regel eine angemessenere Nachfrist in Lauf gesetzt (BGH NJW 1985, 2640).

Mit erfolglosem Ablauf der Nachfrist erlischt der Erfüllungsanspruch des Käufers (BGH

NJW RR 89, 201), und wegen der Verbindung von Leistung und Gegenleistung entfällt gleichzeitig auch der Erfüllungsanspruch des Lieferanten. Mithin verwandelt sich das vertragliche Leistungsaustauschverhältnis in ein Abwicklungsverhältnis (*Palandt/Heinrichs*, § 326, Rdnr. 24), und der Käufer hat die Wahl, ob er Schadensersatzansprüche wegen Nichterfüllung geltend macht oder vom Vertrag zurücktritt. Wenn der Käufer den Rücktritt vom Vertrag wählt, ist er grundsätzlich daran gebunden (RG 107, 348; BGH NJW 1982, 1279, 1280), da der Rücktritt rechtsgestaltende Wirkung hat. Anders ist es bei der Wahl des Schadensersatzes: macht der Käufer nämlich nur seinen Schadensersatzanspruch geltend, kann er auch zum Rücktrittswunsch wechseln (st.Rspr. seit RG 109, 184 und BGHZ 16, 393).

27. Annahmeverzug. Im letzten Abschnitt der Lieferklauseln ist der Annahmeverzug des Käufers enthalten. Annahmeverzug im Sinne der §§ 293 ff BGB liegt vor, wenn die Erfüllung des Schuldverhältnisses dadurch verzögert wird, daß der Käufer die seinerseits erforderliche Mitwirkung, also insbesondere die Annahme der Leistung, unterläßt. Die §§ 293 ff BGB gehen vom Grundsatz her davon aus, daß der Käufer zur Annahme der Leistung nur berechtigt, aber nicht verpflichtet ist (BGH BB 88, 1418), so daß der Annahmeverzug sich im Normalfall nicht als Verletzung einer Rechtspflicht, sondern lediglich als Verstoß gegen eine Obliegenheit darstellt. Anders ist es jedoch beim Kaufvertrag, da hier die Annahme nicht bloß eine Obliegenheit, sondern eine nach § 433 Abs. 2 BGB geschuldete Rechtspflicht darstellt, deren Verletzung eine Schadensersatzpflicht gegenüber dem Verkäufer begründet (*Palandt/Heinrichs*, § 293 Rdnr. 1 und 6).

Die Allgemeinen Lieferbedingungen sehen hier vor, daß der Käufer im Falle des Annahmeverzugs Mehraufwendungen des Lieferanten (im Sinne des § 304 BGB) zu ersetzen hat. Dabei kann – wie auch im Formular bewußt unterlassen – keine Schadenspauschalierung vorgenommen werden, da es von vornherein nicht erkennbar ist, welche zusätzlichen Kosten durch den Annahmeverzug hervorgerufen werden. Das Formular sieht daher vor, daß der Lieferant im Falle des Annahmeverzugs die Ware auf Kosten und Risiko des Käufers einlagern darf und auf Verlangen des Käufers auch die Versicherung der Güter besorgt.

28. Gefahrübergang. Ziffer 6 der Allgemeinen Verkaufsbedingungen regelt den sogenannten Gefahrübergang, stellt also fest, ab welchem Zeitpunkt der Verkäufer der Ware das Risiko des Untergangs, der Beschädigung oder einer sonstigen Verschlechterung der Ware außer acht lassen kann, weil diese Risiken auf den Käufer verlagert werden. Hierzu sind einige Grundsätze zu beachten.

Grundsätzlich hängt der Begriff des Gefahrübergangs mit dem Begriff des Eigentumsübergangs zusammen, doch läßt sich hier (wie unten näher erläutert wird) auch ein wirtschaftlicher Interessenausgleich durch Vertrag schaffen.

Nach deutschem Recht geht mit der Übergabe der Kaufsache gemäß § 446 Abs. 1 BGB auch die Gefahr der Verschlechterung oder des Untergangs der Ware auf den Käufer über. Übergabe ist die Verschaffung des unmittelbaren Besitzes, der tatsächlichen Verfügungsgewalt des Bestellers über die Kaufsache. § 446 BGB bezweckt den Schutz des Verkäufers, da der Verkäufer sich nach Übergabe der Kaufsache nicht mehr gegen den Untergang oder die Verschlechterung der Ware schützen kann. Unter Untergang der Ware wird hierbei die körperliche Vernichtung und der Besitzverlust, vor allem aber die widerrechtliche Entziehung durch einen Dritten verstanden, unter Verschlechterung jegliche Qualitätsminderung, insbesondere die Beschädigung oder der Verderb der Ware. Beide Ereignisse dürfen nicht von einer der Parteien zu vertreten sein.

Im internationalen Warenkauf hat man es überwiegend mit dem sogenannten Versendungskauf im Sinne des § 447 BGB zu tun. Diese Vorschrift stellt eine Ausnahmeregelung zu § 446 BGB dar. Das Gesetz bezweckt hier, daß der Käufer, auf dessen Verlangen die gekaufte Sache nach einem anderen Ort als dem Erfüllungsort versandt wird, das dadurch verursachte erhöhte Risiko tragen soll, also insbesondere für Transportschäden und -ver-

4. Standard Terms and Conditions for the Sale of Goods (Allg. Lieferbed.)

luste aufzukommen hat. § 447 BGB bezieht sich nur auf die Transportgefahren während des Versands (BGH NJW 1965, 1324) und schützt vor einer Ablieferung an andere Personen als den namentlich benannten Besteller sowie vor Diebstahl während des Transports (RGZ 96, 258, 259). Zu den Beförderern im Sinne der Gesetzesvorschrift zählen hier Spediteure, Frachtführer sowie sonstige Organisationen oder Institutionen, die Transporte durchführen.

§ 447 BGB setzt voraus, daß die Versendung nach einem anderen Ort als den Erfüllungsort vorgenommen wird. Erfüllungsort ist mangels abweichender Vereinbarung der Wohn- oder Geschäftssitz des Schuldners (§ 269 BGB), also des Verkäufers für seine Übereignungs- und Übergabepflicht. Daran ändert sich nichts, wenn dem Vertrag zufolge Besitzübergang und Übereignung außerhalb des Wohnsitzes (außerhalb der Niederlassung) des Verkäufers vollzogen werden soll, denn der Verkäufer hat am Erfüllungsort diejenigen Handlungen vorzunehmen, die den Eintritt des Erfolges am Ablieferungsort bewirken. Versendung nach außerhalb ist also möglich, ohne daß in der Versendungspflicht oder Übernahme der Kosten durch der Verkäufer (vgl. § 269 Abs. 3 BGB) eine Vereinbarung über den Erfüllungsort liegt. Versandt werden muß grundsätzlich vom Erfüllungsort aus. Andernfalls liegt kein Geschäft des Käufers vor, sondern eine Hauptpflicht des Verkäufers, so daß dieser die Transportgefahr trägt (hM, LG Köln, NJW RR 89, 1450). Es gilt jedoch § 447 BGB, wenn sich der Käufer mit einer solchen Versendung ab dem auswärtigen Lieferwerk einverstanden erklärt (BGHZ 113, 106). Dabei muß jedoch diese Versendung im Interesse des Käufers liegen, so daß die Gefahr nicht auf ihn übergeht, wenn nach dem Erfüllungsort versandt wird (*Palandt/Heinrichs*, § 447, Rdnr. 7).

Tritt das schädigende Ereignis ein, ohne daß es durch eine der beiden Parteien zu vertreten ist, muß der Besteller nach § 447 BGB den Kaufpreis zahlen.

29. Ex Works. Die zweite Alternative des Gefahrübergangs spricht die Klausel „ex works (Incoterms 1990)" an. Es ist in der Ziffer 28 (oben) deutlich geworden, daß § 447 BGB sich nur auf die Transportgefahr bezieht, nicht aber die weitergehende „Gefahrtragung" abdeckt, die mit den sogenannten „Lieferbedingungen" in ihrer speziellen Ausgestaltung der Incoterms 1990 angesprochen werden.

Die Internationale Handelskammer, Paris, hat mit ihrer Publikation Nr. 460 die seit dem 1.1.1990 geltenden Incoterms herausgegeben. Die hierin enthaltenen Musterklauseln können Außenhandelsverträgen zugrundegelegt werden, da sie den Vorteil aufweisen, weltweit gleichermaßen interpretiert zu werden. Die 13 in einem Katalog beschriebenen Incoterms-Klauseln (Incoterms= International Commercial Terms) sind in vier Gruppen aufgegliedert. Die erste Gruppe besteht aus nur einer Klausel, wonach der Verkäufer dem Käufer die Ware auf seinem eigenen Gelände zur Verfügung stellt (E-Klausel: ex works). Die zweite Gruppe (F-Klauseln, FCA, FAS, FOB) verpflichtet den Verkäufer, die Ware einem vom Käufer bestimmten Frachtführer zu übergeben. In der dritten Gruppe (C-Klauseln, CFR, CIF, CPT, CIP) wird festgelegt, daß der Verkäufer den Beförderungsvertrag abzuschließen hat, ohne das Risiko des Verlusts oder der Beschädigung der Ware oder zusätzlicher Kosten, die auf Ereignisse nach dem Abtransport zurückzuführen sind, zu tragen. Die vierte Gruppe schließlich (D-Klauseln, DAF, DES, DEQ, DDU, DDP) verpflichtet den Verkäufer, alle Kosten und Risiken zu übernehmen, bis die Ware im benannten Bestimmungshafen eintrifft.

Am Außenhandel teilnehmende Kaufleute, die die Klauseln der Incoterms für ihren Vertragsschluß zugrundelegen und die Klausel dann auch ausdrücklich einbeziehen, haben die Gewähr dafür, daß die jeweiligen Rechte und auch Pflichten, die sich aus der Lieferung und Abnahme der Ware ergeben, eindeutig festgelegt und einheitlich ausgelegt werden. Der Arbeitsausschuß der Internationalen Handelspraxis empfiehlt den Außenhandelsfirmen, bei Anwendung der Incoterms-Klauseln der jeweils neuesten Ausgabe der Incoterms die Jahreszahl (1990) mit anzugeben, um eine mögliche Verwechslung mit früheren Incoterms-Ausgaben (z. B. aus den Jahren 1976 und 1980) zu vermeiden. Die Incoterms stellen sich insgesamt nur als Hilfsmittel dar, welches nur dann für ein Auslandsgeschäft gilt, wenn es *ausdrücklich* in die Vereinbarung mit einbezogen wird. In einigen Staaten der Welt geht dieser Grundsatz so weit, daß es dort als nicht ausreichend angesehen wird, die Incoterms nur in den AGB abzudrucken; hier muß vielmehr in jedem Individualvertrag die gewünschte Incoterms-Klausel neu und ausdrücklich aufgenommen werden.

Die Incoterms regeln den Kostenübergang, den Gefahrübergang und den Übergang der Sorgfaltspflicht vom Verkäufer auf den Käufer.

Den Gefahrübergang behandeln die Incoterms als Übergang der Preisgefahr (– also anders als oben bei § 447 BGB besprochen, nicht bloß die Transportgefahr). Sobald danach die Gefahr auf den Warenabnehmer übergegangen ist, muß der Kaufpreis bezahlt werden, selbst wenn die Ware nach diesem Zeitpunkt zufällig untergeht oder eine schädigende Wertminderung eintritt.

Je nach Wahl des Klauseltyps wird eine Vereinbarung hinsichtlich der *Kostenverteilung* getroffen. Dabei geht es um jegliche Kosten, die im Zusammenhang mit einer grenzüberschreitenden Lieferung entstehen. Eingeschlossen sind auch die Transportversicherung (beispielsweise in der cif-Klausel) sowie eine Regelung darüber, daß der Abschluß eines Beförderungsvertrages, die Frachtzahlung sowie die Andienung der Transportdokumente durch eine Partei vorzunehmen sind.

Incoterms regeln nicht die im Außenhandelsvertrag interessierenden Fragen der Leistungsstörungen, etwaiger Rügepflichten, Verjährungsfristen, Zahlungsmodalitäten usw. Insofern sind die weiteren Vertragsbestandteile in den Individualverträgen oder den Allgemeinen Verkaufsbedingungen aufzunehmen.

Welche der 13 zur Verfügung stehenden Incoterms 1990-Klauseln letztlich vertraglich vereinbart wird, hängt stark von der Markt- und Verhandlungsposition der Vertragspartner ab. Gibt es einen „Verkäufer"-Markt mit starker Nachfragen, kann der Verkäufer die ihn begünstigenden Klauseln (z.B. „ex works") durchsetzen; im umgekehrten Fall wird der Käufer darauf drängen, den Zeitpunkt des Gefahrübergangs möglichst spät zu legen und ihn auf den Zeitpunkt der Warenanlieferung an seinem Geschäftssitz festzusetzen.

Konkret bedeutet *ex works* nach den Auslegungskriterien der Internationalen Handelskammer: Der Verkäufer hat die Ware in Übereinstimmung mit dem Kaufvertrag zu liefern sowie die Handelsrechnung oder die entsprechenden elektronischen Mitteilungen und alle sonstigen vertragsgemäßen Belege hierfür zu erbringen. Er hat dem Käufer auf dessen Verlangen, Gefahr und Kosten bei der Beschaffung der Ausfuhrbewilligung oder anderen behördlichen Genehmigungen, die für die Ausfuhr der Ware erforderlich sind, jede Hilfe zu gewähren. Er hat die Ware an dem benannten Lieferort in dem vereinbarten Zeitpunkt oder innerhalb der vereinbarten Frist oder, mangels einer Abmachung über Ort und Zeit, an dem für die Lieferung solcher Ware üblichen Ort sowie zu der üblichen Zeit zur Verfügung zu stellen. Der Verkäufer muß alle Gefahren des Verlusts oder der Beschädigung der Ware nur solange tragen, bis sie dem Käufer zur Verfügung gestellt worden ist. Gleiches gilt für die die Ware betreffenden Kosten. Der Verkäufer muß den Käufer in angemessener Weise benachrichtigen, an welchem Ort und zu welcher Zeit ihm die Ware zur Verfügung gestellt wird. Er hat die Kosten der Prüfung (wie Qualitätsprüfung, Messen, Wiegen und Zählen) zu tragen, die für die Zurverfügungstellung der Ware an den Käufer erforderlich ist, und er hat für eine Verpackung zu sorgen, wenn dies handelsüblich ist.

Der Käufer hat dagegen folgende Pflichten: er muß den Kaufpreis vertragsgemäß zahlen, auf eigene Gefahr und Kosten die Aus- und Einfuhrbewilligungen oder andere behördliche Genehmigungen beschaffen sowie alle erforderlichen Zollformalitäten für die Aus- und Einfuhr der Ware und gegebenenfalls für ihre Durchfuhr durch ein drittes Land erledigen. Er hat die Ware abzunehmen, sobald sie ihm zur Verfügung gestellt worden ist. Der Käufer hat alle Gefahren des Verlusts oder der Beschädigung der Ware von dem Zeitpunkt an zu tragen, in dem sie ihm zur Verfügung gestellt worden ist, und alle die Ware betreffenden Kosten von dem Zeitpunkt an zu tragen, in dem ihm die Ware zur Verfügung gestellt wurde. Außerdem muß er alle zusätzlichen Kosten tragen, die entweder dadurch entste-

4. Standard Terms and Conditions for the Sale of Goods (Allg. Lieferbed.) III.4

hen, daß die Ware, nachdem sie ihm zur Verfügung gestellt wurde, nicht abgenommen worden ist, vorausgesetzt, daß die Ware in geeigneter Weise konkretisiert wurde.

30. Eigentumsvorbehalt. Der Eigentumsvorbehalt ist in Deutschland ein sehr wichtiges Sicherungsinstrument für den Verkäufer einer Ware, mit dem er sich das Eigentum an den Kaufsachen bis zur vollständigen Bezahlung des Kaufpreises vorbehält. Sobald ein internationaler Sachverhalt vorliegt, wird die Situation jedoch schwierig, da die ausländischen Rechtsordnungen durchweg ein anderes Verständnis dieses Instrumentariums haben und (vom deutschen Recht aus gesehen) sehr unterschiedliche Anforderungen an den Eigentumsvorbehalt stellen (hierzu ausführlich und mwN *Graf von Bernstorff*, Vertragsgestaltung im Auslandsgeschäft, 3. Aufl., 1994, S. 128 ff). Nach international-privatrechtlichen Grundsätzen muß bei Rechtsstreitigkeiten ein mit dem Fall befaßtes Gericht stets auf der Grundlage des nationalen Rechts urteilen, innerhalb dessen Geltungsbereich sich die unter Eigentumsvorbehalt gelieferte Ware befindet. Der Ort, an dem sich die Ware befindet, entscheidet also über das anwendbare Recht.

Für im Außenhandel tätige Kaufleute ist dies beachtlich, denn es kann im Einzelfall bei Abfassung des Liefervertrages von entscheidender Bedeutung sein zu wissen, ob die Vereinbarung eines Eigentumsvorbehalts überhaupt sinnvoll ist. Dies um so mehr, als der sachenrechtliche Eigentumsvorbehalt hinsichtlich des anwendbaren Rechts der Dispositionsfreiheit der Vertragspartner entzogen ist. Hier hilft also auch eine ausdrückliche Rechtswahl eines anderen Rechts nicht weiter, da der Grundsatz des „Rechts der Belegenheit der Sache" (lex rei sitae) gilt (*Graf von Bernstorff*, Rechtsprobleme im Auslandsgeschäft, 3. Aufl., 1992, S. 61 ff, 67 ff und 300 ff).

Es ist daher erforderlich, zwei Dinge bei der Vertragsgestaltung zu beachten. Zum einen ist die Vereinbarung eines Eigentumsvorbehalts immer dann sinnvoll, wenn die unter Eigentumsvorbehalt gelieferte Ware sich (vor oder nach der Lieferung) innerhalb des Bereichs der Geltung des deutschen Rechts, welches den Eigentumsvorbehalt sehr ausgeprägt kennt, befindet, da dann in diesem Fall (wegen der lex rei sitae) die Grundsätze des deutschen Rechts zum Eigentumsvorbehalt zur Anwendung gelangen.

Zum anderen kann die Vereinbarung der Geltung eines Eigentumsvorbehalts so ausgestaltet werden, daß auch die Voraussetzungen, die andere Rechtsordnungen aufstellen, eingehalten werden. Auf diese Weise wird für den Warenverkäufer eine weitgehende Sicherung seines Anspruchs auf vollständige Kaufpreiszahlung erreicht. Diesbezüglich soll darauf hingewiesen werden, daß es in vielen ausländischen Rechtsordnungen erforderlich ist, einen Eigentumsvorbehalt registrieren zu lassen; gelegentlich besteht darüber hinaus auch die Verpflichtung, einen solchen Vorbehalt (notariell) beurkunden zu lassen. Da dieses Erfordernis zur materiellen Wirksamkeit eines Eigentumsvorbehalts in Deutschland unbekannt ist, soll aus Sicht des deutschen Exporthandels darauf umso mehr hingewiesen werden. Hinzu kommt, daß in vielen Staaten der Welt, die französischem Recht folgen, der Eigentumsvorbehalt nicht konkursfest ist. Dies bedeutet, daß der deutsche Lieferant im Fall der Insolvenz des ausländischen Schuldners seine Vorbehaltsware nicht aussondern darf, sondern nach Zwangsversteigerung lediglich seinen Quotenanteil am Verwertungserlös erhalten kann. Aus dieser Sicht erscheint daher der Eigentumsvorbehalt im Auslandsgeschäft durchaus problematisch.

31. Einfacher Eigentumsvorbehalt. Der Eigentumsvorbehalt muß Inhalt des Kaufvertrages sein und kann nicht etwa, wie ein genereller Handelsbrauch im Sinne von § 346 HGB, als stets und automatisch (mit-) vereinbart gelten.

Beim Eigentumsvorbehalt nach deutschem Recht ist der schuldrechtliche Kauf dadurch gekennzeichnet, daß die Kaufpreisforderung ganz oder teilweise gestundet wird und der Verkäufer zum Rücktritt vom Kaufvertrag berechtigt ist, falls der Käufer mit der Zahlung des Kaufpreises in Verzug gerät. Die Rückabwicklung des Kaufvertrages richtet sich dann nach den §§ 346 ff BGB. Die sachenrechtliche Seite wird durch den Eigentumsvorbehalt bestimmt. Dieser besteht darin, daß der Verkäufer dem Käufer zwar den Besitz an der

Sache übergibt und auch bereits die dingliche Einigung gemäß § 929 Satz 1 BGB mit dem Käufer abschließt. Der dingliche Einigungsvertrag enthält jedoch die aufschiebende Bedingung der vollständigen Zahlung des Kaufpreises. Nur dadurch kann erreicht werden, daß das Eigentum erst nach Eintritt der Bedingung, d.h. der vollständigen Bezahlung des Kaufpreises, auf den Käufer übergeht. Die Sicherheit des Verkäufers besteht also darin, daß er Eigentümer der Ware bleibt, bis der Kaufpreis voll bezahlt ist.

Die Vereinbarung eines einfachen Eigentumsvorbehalts wird nicht dadurch verhindert, daß der Verkäufer in seinen Allgemeinen Verkaufsbedingungen eine Eigentumsvorbehaltsklausel kundtut und der Warenkäufer in seinen AGB eine entgegenstehende Regelung kennt. Bei diesen widersprüchlichen AGB-Regelungen käme im Zweifel keine der Regelungen zum Tragen (vgl. hierzu *Graf von Westphalen,* Vertragswidriger Eigentumsvorbehalt und Kollision von AGB beim Vertragsschluß, BB 1980, 1405), so daß es für die wirksame Vereinbarung des einfachen des Eigentumsvorbehalts ausreicht (st. Rspr. seit BGH NJW 1982, 1749; BGH BB 1989, 1996; *Ulmer/Schmidt* JuS 1984, 18 ff). Dieses Ergebnis kann allerdings durch eine verspätete Mitteilung (etwa auf einer Rechnung oder einem Lieferschein) nur mit großen Schwierigkeiten erreicht werden, wenn man den Übereignungsvertrag im Sinne der §§ 929 ff BGB unter die Bedingung des einfachen Eigentumsvorbehalts auf das Lieferangebot beziehungsweise die Lieferbestätigung ankommt, auf der deutlich auf den gewollten Eigentumsvorbehalt hingewiesen wird (BGH BB 1989, 1996). Unter diesen Voraussetzungen hat der Käufer dann Kenntnis von den Eigentumsvorbehaltsbedingungen, was nach der Rechtsprechung für die schuldrechtliche Vereinbarung Eigentumsvorbehalts stellt und diesen nachträglichen Eigentumsvorbehalt durch die auf dem Lieferschein aufgrdruckte Eigentumsvorbehaltsklausel begründet (BGH NJW 1979, 2200 und NJW 1979, 213, 214).

32. Rücktritt bei Zahlungsverzug. In der folgenden Klausel der Allgemeinen Verkaufsbedingungen ist vorgesehen, daß der Verkäufer die Ware herausverlangen kann oder auch zum Rücktritt berechtigt ist, wenn der Käufer in Zahlungsverzug im Sinne der §§ 284 ff BGB geraten ist. Dies ist bei Vereinbarung eines Eigentumsvorbehalts nach § 455 BGB möglich (BGH WM 1986, 20, 22), wenn der Käufer trotz Fälligkeit und Mahnung nicht mehr rechtzeitig gezahlt hat. Dabei ist zu trennen von dem bloßen Anspruch auf Herausgabe der Ware (retake) oder dem Rücktritt vom Vertrag. Fordert der Lieferant die Rückgabe der Ware, dann kann er eine Entschädigung für die Überlassung der Vorbehaltsware verlangen.

Eine Forderung nach Herausgabe der Ware ist wegen des Sicherungs- und Verwahrungsinteresses des Vorbehaltseigentümers nicht nach § 9 AGBG zu beanstanden (OLG Schleswig MDR 1988, 582; *Thamm,* Rücknahmeklausel bei Eigentumsvorbehalt in Lieferverträgen, BB 1980, 1192), doch kann die Herausgabeklausel wegen Unangemessenheit einzelner Rücknahmegründe unangemessen sein, was etwa der Fall ist, wenn sich die Herausgabe auch auf bereits bezahlte Ware erstrecken sollte (BGH NJW 1986, 424 ff) oder wenn die Herausgabepflicht auch bei unverschuldeten Zahlungsrückständen bestehen soll (BGH NJW 1986, 424, 426).

Die Rücktrittsklausel berechtigt den Vorbehaltsverkäufer zum Rücktritt mit der Folge, daß die Kaufpreisforderung entfällt und das Eigentum endgültig beim Vorbehaltseigentümer verbleibt. Die Rücktrittsklausel entspricht der Gestaltung in § 455 BGB und ist unter Beachtung von § 10 Nr. 3 AGBG als angemessen anzusehen (BGH NJW 1985, 320, 325; *Wolf/Horn/Lindacher,* AGBG, § 9 E 29).

33. Sorgfaltspflichten. Die in den Allgemeinen Lieferbedingungen enthaltenen Verpflichtungen zur pfleglichen Behandlung entspricht der Interessenlage und ist nicht nach § 9 AGBG zu beanstanden. Dazu gehören die Konkretisierungen dieser Pflicht und auch die Aufgabe sonstiger Sorgfaltspflichten, die der Bewahrung der Sache dienen, soweit sie zumutbar sind und Treu und Glauben entsprechen. Zumutbar ist etwa, die Waren vernünftig gelagert, versichert und aufbewahrt zu halten. Dies ist in dem Vertragsmuster der

4. Standard Terms and Conditions for the Sale of Goods (Allg. Lieferbed.)

Allgemeinen Exportbedingungen entsprechend enthalten. Darüber hinaus kann beispielsweise vorgesehen sein, daß der Käufer dem Vorbehaltseigentümer vom Zugriff Dritter auf die Ware, etwa im Falle der Pfändung, Mitteilung zu machen oder Beschädigungen oder die Vernichtung der Sache anzuzeigen hat. Ebenso kann grundsätzlich die Pflicht zur Anzeige eines Besitz- und Wohnungswechsels vorgesehen werden (BGH NJW 1985, 320, 325; Wolf/Horn/Lindacher, AGBG § 9, E 26).

34. Verlängerter Eigentumsvorbehalt. Der Käufer soll gemäß den Allgemeinen Exportbedingungen das Recht haben, die Ware im gewöhnlichen Geschäftsgang weiterzuveräußern. Angesprochen ist damit der sog. verlängerte Eigentumsvorbehalt, der ebenfalls aus rechtsvergleichender Sicht einige Probleme aufweist. Zunächst bedeutet der „verlängerte Eigentumsvorbehalt", daß der AGB-Steller die wirtschaftlichen Surrogate, die im späteren Verlauf an die Stelle der ursprünglich verkauften Sache treten, als Sicherheit erfassen will. Als wirtschaftliches Surrogat kommt beim Weiterverkauf die Kaufpreisforderung gegenüber dem Zweitkäufer in Betracht, die der erste Verkäufer sich als Sicherheit vorausabtreten läßt. Sofern die Ware weiterverarbeitet wird, ist wirtschaftliches Surrogat die neu hergestellte Ware, an der sich der Verkäufer durch eine Verarbeitungsklausel das Eigentum als Ersatz für die alte Sache sichern will. Zur Vereinbarung dieser Eigentumsvorbehaltsklausel vgl. die Erläuterungen oben (Ziff. 31).

Der verlängerte Eigentumsvorbehalt bei Weiterveräußerung enthält zwei Problemfelder. Liefert der AGB-Verwender die Ware an einen Händler, in dessen Handelsbetrieb sie bestimmungsgemäß zur Weiterveräußerung vorgesehen sind, so liegt darin nach den Umständen die stillschweigende Ermächtigung an den Händler, die Ware im Rahmen eines ordnungsgemäßen üblichen Geschäftsverkehrs durch Übereignung weiterveräußern zu dürfen. Der Ausschluß dieser Weiterveräußerungsermächtigung ohne sachlich gerechtfertigten Grund ist nach § 9 AGBG unwirksam (BGH NJW 1969, 1171, Wolf/Horn/Lindacher, § 9 AGBG E 40), aber ausnahmsweise gerechtfertigt, wenn die Weiterveräußerung an Abnehmer erfolgt, die die Abtretung der gegen sie gerichteten Einzelforderung ausgeschlossen oder beschränkt haben und dadurch die Vorausabtretung vereiteln (BGH NJW 1988, 1210, Wagner, Zur Kollision von verlängertem Eigentumsvorbehalt und eingeschränktem Abtretungsverbot, JZ 1988, 698). Die Vorausabtretung der Entgeltforderung (Kaufpreis, Werklohn usw.) ist im kaufmännischen Verkehr grundsätzlich wirksam und nach § 9 AGBG nicht zu beanstanden (BGH NJW 1985, 1836, 1837). Bedenklich wird diese Klausel aber, wenn die Vorausabtretung zu einer Übersicherung führt. Wird eine erhebliche Übersicherung herbeigeführt, ist die Vorausabtretung aus Sicht des § 9 AGBG zu beanstanden, so etwa, wenn die Vorausabtretung in voller Höhe unter Einschluß des Gewinns und Werklohns des Käufers und des Werts der Vorbehaltsware anderer Lieferanten vorgesehen ist (BGH NJW 1987, 487, 489).

35. Verarbeitungsklausel: Beim verlängerten Eigentumsvorbehalt bei *Verarbeitung* kann der Vorbehaltseigentümer sein Eigentum nach § 950 BGB verlieren. Er hat ein berechtigtes Interesse, daß ihm auch an der neu hergestellten Sache eine Sicherheit zusteht, soweit darin der Wert der gelieferten Vorbehaltssache verkörpert ist. Grundsätzlich tritt der Eigentumserwerb zugunsten des Herstellers ein. Hersteller ist, wer nach der Verkehrsauffassung die Organisationshoheit über den Produktionsprozeß inne hat (BGHZ 14, 117; 20, 163). Dabei kann der Hersteller auch andere, die von seinen Weisungen abhängig sind, für sich arbeiten lassen. Entscheidend ist, daß er den Produktionsvorgang beherrschen und beeinflussen kann. Der Erwerb des Herstellers kann vor allem auch das Eigentum der Stofflieferanten zerstören, die sich bei der Lieferung ihrer Waren an den Hersteller das Eigentum bis zur vollständigen Bezahlung des Kaufpreises vorbehalten haben. Um das vorbehaltene Eigentum durch die Verarbeitung nicht untergehen zu lassen, werden sogenannte Verarbeitungsklauseln vereinbart, in denen der Produzent verspricht, nicht für sich, sondern für den Lieferanten herzustellen.

Die Rechtsprechung läßt Verarbeitungsklauseln zu, durch die vorgesehen wird, daß der

Vorbehaltskäufer die Verarbeitung nicht für sich, sondern für den Vorbehaltseigentümer durchführt. Dies soll selbst dann gelten, wenn der Verarbeiter später nicht mehr für den Lieferanten, sondern für sich selbst herstellen will. Der Vorbehaltseigentümer erwirbt das Eigentum an der neuen Sache nach § 950 BGB (BGHZ 20, 163; BGHZ 46, 117; eine Gegenmeinung erklärt § 950 BGB für abdingbar und wendet die §§ 947 und 948 BGB an, *Baur*, Sachenrecht, § 53 b Abs. 1 S. 3), so daß eine solche Verarbeitungsklausel nach § 9 AGBG unbeanstandet bleibt (str.; *Wolf/Horn/Lindacher*, AGBG, § 9 E 44 mwN). Ist die Verarbeitungsklausel mit mehreren Lieferanten getroffen, deren verschiedene Stoffe zu einer neuen Sache verarbeitet werden, so sollen diese an der neuen Sache Miteigentum erwerben können im Verhältnis des Wertes ihrer Lieferung zum Wert des Endprodukts (BGHZ 46, 117).

Unwirksam ist eine Verarbeitungsklausel dagegen dann, wenn sie die Interessen des Vorbehaltskäufers unangemessen stark beeinträchtigt, beispielsweise dann, wenn keine Vorsorge getroffen wurde, daß das Anwartschaftsrecht des Vorbehaltskäufers an der alten Sache auch an der neuen Sache weiterbesteht, weil sonst dem Vorbehaltskäufer die dingliche Sicherheit für den Eigentumserwerb trotz des bereits gezahlten Kaufpreises fehlen würde. Aus Sicht des § 9 AGBG wird eine Klausel auch dann beanstandet, wenn bei Herstellung der neuen Sache aus Gütern mehrerer Lieferanten nur ein Lieferant in seinen AGB vorsieht, daß der Vorbehaltskäufer für ihn allein herstellt und er Alleineigentum an der neuen Sache erwerben soll. Da hierbei die anderen Lieferanten von angemessenen Sicherheiten ausgeschlossen würden, muß eine solche Klausel nach § 9 AGBG beanstandet werden.

Die Musterklauseln in den Allgemeinen Verkaufsbedingungen tragen diesen Umständen Rechnung und legen fest, daß der Vorbehaltsverkäufer für den Fall der Verarbeitung seine Eigentümerposition nicht verliert, bis der vollständige Kaufpreis bezahlt worden ist.

36. Verbindung und Vermischung. Eine Verarbeitungsklausel, wie unter Ziff. 35 besprochen, erfaßt nicht die Fälle, in denen die Ware mit anderen Waren verbunden und vermischt wird und damit der Tatbestand der §§ 947 und 948 BGB erfüllt wird (BGH WM 1972, 138). Eine Verbindung führt dazu, daß die zuvor selbständigen Sachen wesentlicher Bestandteil einer neuen Sache (§ 947 Abs. 1 BGB) werden oder daß sie wesentlicher Bestandteil einer anderen Hauptsache (§ 947 Abs. 2 BGB) werden. Für die Eigenschaft als wesentlicher Bestandteil ist § 93 BGB maßgebend. Eine Vermischung liegt vor, wenn bewegliche Sachen miteinander derartig vereinigt werden, daß entweder ihre Trennung objektiv unmöglich (§ 948 Abs. 1 BGB) oder nur mit unverhältnismäßigen Kosten möglich ist (§ 948 Abs. 2 BGB). Die Vorschriften der §§ 947 und 948 BGB sehen dieselbe Rechtsfolge vor. Ist eine Sache, mit der eine andere Sache verbunden wird, als Hauptsache anzusehen, so wird der Eigentümer der Hauptsache auch Eigentümer der mit dieser verbundenen oder vermischten Nebensache. Dagegen erwerben die Eigentümer der verbundenen oder vermischten Sachen Miteigentum an der neuen Sache, wenn keine Sache als Hauptsache anzusehen ist.

Durch den Eigentumsuntergang erlischt damit auch der Eigentumsvorbehalt des Lieferanten, so daß der Exporteur nur die Möglichkeit hat, sich bei Vorliegen des Vermischungs- oder Verbindungstatbestandes Miteigentum (co-ownership) einräumen zu lassen.

Beim verlängerten Eigentumsvorbehalt ist schließlich noch eine Problematik aus internationalrechtlicher Sicht besonders zu beachten. Aufgrund des Prinzips der *lex rei sitae*, also des Belegenheitsstatuts, wonach sich Sachenrechte stets nach dem Rechts des Landes beurteilen, innerhalb dessen Grenzen sich die Sache befindet, muß der verlängerte Eigentumsvorbehalt teilweise nach deutschen, teilweise nach auslandsrechtlichen Prinzipien ausgestaltet sein. Anders gesagt: der deutsche Exporteur kann sich nicht darauf verlassen, daß der ihm bekannte „verlängerte" Eigentumsvorbehalt deutschrechtlicher Prägung im Ausland bekannt und anerkannt ist. In der Tat kennen die meisten ausländischen Rechtsordnungen keinen verlängerten Eigentumsvorbehalt oder knüpfen an eine entsprechende

4. Standard Terms and Conditions for the Sale of Goods (Allg. Lieferbed.) III.4

Vereinbarung Bedingungen, wie etwa die Registrierung und/oder Beurkundung der Vorbehaltsvereinbarung. Da dies für deutsche Exporteure ein im Inland unbekanntes Erfordernis darstellt, sollte der deutsche Exporteur sich auf das Institut des verlängerten Eigentumsvorbehalts im Ausland grundsätzlich nicht verlassen (hierzu grundsätzlich *Graf von Bernstorff*, Vertragsgestaltung im Auslandsgeschäft, 3. Aufl, 1994, S. 132 ff).

37. Vollstreckung in Vorbehaltseigentum. Die Gläubiger des Vorbehaltseigentümers können in das diesem verbliebene Vorbehaltseigentum vollstrecken. Der Vorbehalts*käufer* kann dagegen aufgrund seines Anwartschaftsrechts die Klage aus § 771 ZPO erheben (BGHZ 55, 20, 26). Es ist für den (Regel-)Fall, daß sich die Vorbehaltsware im Besitz der Käufers befindet, nicht nach § 9 AGBG zu beanstanden, den Vorbehaltskäufer zu verpflichten, dem Vorbehaltslieferanten Anzeige zu machen, sobald Dritte auf die Vorbehaltsware Zugriff nehmen, um diese zu pfänden oder um in die Ware die Zwangsvollstreckung zu betreiben. Es kann danach der Käufer verpflichtet werden, mittels seiner Anzeige dem Vorbehaltsverkäufer Gelegenheit zu verschaffen, Interventionsklage nach § 771 ZPO zu erheben. Versäumt der Käufer diese Aufgabe, dann macht er sich wegen positiver Vertragsverletzung schadensersatzpflichtig (*Serick*, Eigentumsvorbehalt und Sicherungsübertragung, Bd. I, 1962, S. 295). Diesen Gedanken enthält die hier vorgegebene Lieferklausel.

38. Freigabeverpflichtung. Im letzten Abschnitt der Eigentumsvorbehaltsbestimmungen ist schließlich noch eine Freigabeverpflichtung enthalten, die seit einer grundlegenden Entscheidung des BGH heute stets im Zusammenhang mit Eigentumsvorbehaltsklauseln aufgenommen werden muß (BGH ZIP 1993, 105). Diese Klausel dient dazu, eine Übersicherung des Vorbehaltsverkäufers zu vermeiden und den Vorbehaltskäufer in seiner wirtschaftlichen bewegungsfreiheit nicht zu sehr einzuschränken (BGH ZIP 1993, 105). Es ist allerdings aus Sicht des § 9 Abs. 1 AGBG nicht zu beanstanden, wenn die Freigabe von Sicherheiten nur „auf Verlangen des Käufers" erfolgen muß. Die Höhe des Sicherheitenüberhangs, ab dem eine Freigabe der Sicherheiten greift, ist von Literatur und Rechtsprechung nicht einheitlich gelöst – der BGH hat in der genannten Entscheidung eine Übersicherung erst ab einer Grenze von 20% des realisierbaren Wertes der Forderungen angenommen.

39. Mängelgewährleistung. Der Bereich der Mängelgewährleistung ist in den Allgemeinen Verkaufsbedingungen häufig sehr umfangreich, weil der Klauselverwender in diesem Bereich am häufigsten versucht, für ihn günstige Regelungen mit großem Variantenreichtum durchzusetzen. Die hier in den Allgemeinen Exportbedingungen vorgegebenen Vertragsklauseln nehmen auf diese Situation Rücksicht und stellen den üblichen Klauselkatalog dar. In der Kommentierung wird hier unter anderem auch auf die Besonderheiten, die sich aus dem UN-Kaufrecht ergeben können, hingewiesen. Im übrigen wird aber wegen der Besonderheiten des UN-Kaufrechts auf die Besprechung des Exportvertrags von *Piltz* (oben, Ziff. 2 und 67 ff) verwiesen.

Grundsätzlich ist festzuhalten, daß Gewährleistungsansprüche des Bestellers dem Lieferanten gegenüber nur durchsetzbar sind, wenn der Käufer die Rügepflichten der §§ 377 und 378 HGB beachtet. Hierzu ist zunächst Voraussetzung, daß das Kaufgeschäft für beide Parteien ein Handelsgeschäft im Sinne der §§ 343 und 344 HGB ist. Ferner ist der Käufer verpflichtet, den Kaufgegenstand unverzüglich nach der Ablieferung auf etwaige Mängel zu untersuchen.

Die Obliegenheit des Käufers zur Rechtswahrung ist die *Anzeige* des (durch Untersuchung) erkannten Fehlers der Ware. Eine Rüge ohne Untersuchung (aus etwa anders erlangter Kenntnis des Mangels) wahrt die Käuferrechte auch (RGZ 138, 336; OLG Frankfurt BB 1984, 177). Die für die Untersuchung erforderliche Frist bestimmt den Zeitpunkt, in dem der Käufer die durch Untersuchung feststellbaren Mängel spätestens rügen muß. Unmöglichkeit der Untersuchung entbindet von der Rügepflicht; gleiches gilt, wenn die Untersuchung die Ware vernichten oder wesentlich beschädigen würde (*Baumbach/Hopt*, § 377 HGB Rdnr. 3 A).

III.4 III. Lieferverträge

Unter Ablieferung wird die Handlung des Verkäufers verstanden, dem Käufer die Möglichkeit zu geben, den Gewahrsam am Kaufgegenstand zu erlangen (BGH NJW 1985, 1333, 1334), was beispielsweise durch Zugänglichmachen der Sache beim Empfänger oder des von ihm Beauftragten (Spediteur oder Frachtführer) geschieht mit der Folge, daß der Kaufgegenstand auf seine Beschaffenheit geprüft werden kann (BGHZ 60, 6; BGH NJW 86, 317). Unter diesem Aspekt kommt auch der oben beschriebenen Lieferklausel (oben, Ziff. 28 und 29) besondere Beachtung zu, wobei sich aber der Begriff der „Ablieferung" *nicht* mit dem Gefahrübergang deckt (*Baumbach/Hopt*, HGB § 377, Rdnr. 3 B; besonders problematisch ist dies im Hinblick auf eine etwaige Verwendung der Incoterms-Klausel „fob", da bei Lieferung nach Übersee mit „seemäßiger Verpackung" die Untersuchung erst am Bestimmungsort in Übersee möglich ist, RGZ 102, 91; BGH BB 53, 186; anders, wenn die Untersuchung schon im Abladehafen möglich und nach Wert und Kosten zumutbar ist, was je nach Einzelfall zu entscheiden ist, BGHZ 60, 7; BGH DB 1981, 1817. Zur Klausel „frei im Container gestaut" BGH DB 1981, 1816; bei Übergabe an den Beauftragten des Käufers am Übergabeort, OLG Köln DB 1975, 2124).

Das Rügerecht des Käufers geht verloren, wenn eine vermeidbare Nachlässigkeit und eine dadurch bedingte Verzögerung der („unverzüglich", im Prozeß zu substantiierenden, OLG Köln, MDR 1973, 679) durchzuführenden Untersuchung vorliegt (RGZ 106, 359, 360). Unter „unverzüglich" ist ein ohne schuldhaftes Verzögern im Sinne von § 121 BGB zu verstehendes Verhalten gemeint. Das Eilgebot gilt zweimal, sowohl für die Untersuchung als auch für die Rüge (RGZ 106, 361). Für die Art der Untersuchung hat die Rechtsprechung Maßstäbe aufgesetzt, wie etwa der notwendigen Berücksichtigung der Umstände des Einzelfalls (drohender Verderb der Ware, OLG München, BB 1955, 748) oder der Vorgehensweise bei Stichproben, die in angemessener Anzahl und Art und Weise durchgeführt werden müssen (OLG München aaO; BGH BB 1977, 1019). Der objektive Maßstab hindert nicht daran, die Verhältnisse des Käufers zu berücksichtigen. Von einem Großbetrieb ist eher mehr zu verlangen als von einem Kleingewerbetreibenden (OLG Hamburg, BB 1953, 98). Beim Weiterverkauf einer Ware (Streckengeschäft) kann der Käufer die Untersuchung seinem Abnehmer überlassen, so daß es für die Mängelrüge ausreichend ist, wenn der Zweitabnehmer Mitteilung an den Erstkäufer und dieser dann unverzügliche Mitteilung an den Verkäufer macht (BGH BB 1954, 954). Die Rüge ist *formfrei* möglich, was die hier vorgegebene Allgemeine Exportbedingung berücksichtigt. Dies bedeutet, daß also auch telefonisch gerügt werden kann; ein mehrfach erfolgloser Anruf genügt allerdings nicht (BGHZ 93, 349). Legitimiert zur Rüge sind der Käufer, sein Bevollmächtigter (bei Vertretung ohne Vertretungsmacht kann nachträglich genehmigt werden, §§ 180 Satz 1 und 2, § 177 Abs. 1 BGB). Der Verkäufer muß der Rügeanzeige die Art und den Umfang der Mängel entnehmen können, so daß er nachbessern kann (BGH BB 1978, 1489).

Wenn und soweit sich der Kaufvertrag nach den Regelungen des UN-Kaufrechts bestimmt, sind Art. 38 und 39 des UN-Kaufrechts zu beachten. Die Bestimmung des Art. 38 Abs. 1 des UN-Kaufrechts entspricht dem Grundgedanken des § 377 HGB, da sie dem Käufer die Pflicht auferlegt, die Ware innerhalb so kurzer Frist zu untersuchen, wie es die Umstände erlauben. Es sind die Rechte und Gebräuche des Untersuchungsortes zu beachten, und – im Gegensatz zum § 377 HGB – es besteht diese Untersuchungspflicht auch für den nichtkaufmännischen Käufer (*Herber/Czerwenka*, Internationales Kaufrecht, Art. 38 Rdnr. 6). Beim Versendungskauf besteht die Untersuchungs- und Rügepflicht gemäß Art. 38 Abs. 2 des UN-Kaufrechts erst am Bestimmungsort und nicht schon bei Übergabe an den Beförderer. – Die Rüge eines Mangels hat dann nach den Bestimmungen des Art. 39 des UN-Kaufrechts zu erfolgen. Zu rügen ist jede Vertragswidrigkeit, die der Käufer bei der nach Art. 38 gebotenen Untersuchung festgestellt hat. Die Rüge muß die Art der Vertragswidrigkeit genau bezeichnen und so substantiiert sein, daß der fachkundige Verkäufer weiß, was gemeint ist (OLG Koblenz, RIW 1989, 310, 311). Ein globaler Hinweis auf Qualitätsmängel der Ware reicht nicht aus (OLG Köln, RIW 1985, 404, 405).

4. Standard Terms and Conditions for the Sale of Goods (Allg. Lieferbed.) **III.4**

Der Begriff der „angemessenen" Frist zur Rüge entspricht dem Gedanken des deutschen § 121 BGB (*Herber/Czerwenka*, Internationales Kaufrecht, Art. 39, Rdnr. 9; aber BGH NJW 1982, 2730, 2732, Abstellen auf den Einzelfall und einer etwaigen Pflicht zum Einholen näherer Informationen, bevor gerügt werden kann). Bei nicht erkennbaren Mängeln ergibt sich aus Art. 39 Abs. 2 UN-Kaufrecht eine absolute Ausschlußfrist von zwei Jahren für die Rüge.

40. Fehlerhaftung und Eigenschaftszusicherung. Mit dieser Allgemeinen Lieferbedingung sichert der Exporteur zu, daß die Ware fehlerfrei geliefert wird und zur Zeit des Gefahrübergangs die zugesicherten Eigenschaften hat.

Nach § 459 Abs. 1 BGB haftet der Verkäufer dafür, daß der Kaufgegenstand zum Zeitpunkt des Gefahrübergangs (vgl. § 446 BGB) nicht mit Fehlern behaftet ist, die den Wert oder die Tauglichkeit zu dem nach dem Vertrag vorausgesetzten Gebrauch aufheben oder mindern. Nach dem sogenannten subjektiven Fehlerbegriff (hierzu BGHZ 90, 198, 202), der das Abweichen des Istzustands der Ware von der (subjektiv) vertraglich vereinbarten Beschaffenheit (Soll-Zustand) unterscheidet (aA: „objektiver Fehlerbegriff", *Knöpfle* NJW 1987, 801 ff, der anstelle der zwischen den Parteien vereinbarten Kriterien objektive Kriterien zum Maßstab eines vorliegenden Fehlers nimmt), wird jede ungünstige, nicht unerhebliche Abweichung der Warenbeschaffenheit als Fehler angesehen. Besteht eine Verantwortung des Verkäufers für einen Fehler der Ware, dann haftet er nach §§ 459, 462 und 480 BGB auf Wandlung, Minderung oder Nachlieferung; für etwaige Mangelfolgeschäden muß er nur eintreten, wenn ein Verschulden auf seiner Seite vorliegt und eine Haftung wegen positiver Vertragsverletzung eingreift BGH BB 1980, 1068).

Fehlt der Ware eine zugesicherte Eigenschaft im Sinne des § 459 Abs. 2 BGB, dann versteht man unter Eigenschaft die der Kaufsache auf Dauer anhaftende Merkmale, die für den Wert, den vertraglich vorausgesetzten Gebrauch oder aus sonstigen Gründen für den Käufer erheblich sind (BGHZ 87, 280, 283). Eine Eigenschaftszusicherung muß Vertragsbestandteil geworden sein, wie auch die vorliegende Allgemeine Verkaufsbedingung deutlich aussagt. Aus den §§ 463 Satz 1 und 459 Abs. 2 BGB ergibt sich, daß in diesen Fällen des Fehlens einer zugesicherten Eigenschaft der Verkäufer auf Schadensersatz wegen Nichterfüllung haftet.

Die vorliegenden Allgemeinen Verkaufsbedingungen nehmen auf diese Voraussetzungen des deutschen BGB Rücksicht. Soweit die Kaufgeschäfte den Bestimmungen des UN-Kaufrechts unterliegen, ist zusätzlich Art 35 Abs. 1 des UN-Kaufrechts zu beachten. Das UN-Kaufrecht unterscheidet, anders als das deutsche BGB, nicht nach Schlechtlieferung, Falschlieferung, Fehlen einer zugesicherten Eigenschaft oder dem Abweichen von vertragliche Vereinbartem, sondern sieht in dem Einstehenmüssen des Verkäufers für die Vertragsgemäßheit der Ware eine eigenständige Vertragspflicht des Verkäufers (*Beß*, Die Haftung des Verkäufers für Sachmängel und Falschlieferungen im Einheitlichen Kaufgesetz, 1971; *Lüderitz*, Pflichten der Parteien nach UN-Kaufrecht im Vergleich zu EKG und BGB, in *Schlechtriem*, Einheitliches Kaufrecht und nationales Obligationenrecht, S. 179 ff). Abweichend von § 459 BGB werden im UN-Kaufrecht die Anforderungen an die Vertragsgemäßheit der Ware positiv umrissen. Waren, die den in Art. 35 UN-Kaufrecht aufgeführten Erfordernissen nicht entsprechen, sind vertragswidrig im Sinne der folgenden Bestimmungen. Das gilt nicht nur hinsichtlich der Eigenschaften der gelieferten Ware (Qualität), sondern auch hinsichtlich ihrer Menge und Art. Deshalb fallen auch Zuwenig- oder Zuviellieferungen unter die Bestimmung der Art. 35 ff UN-Kaufrecht. Gleiches gilt auch für die Lieferung einer ganz anderen Sache, die zwar an sich fehlerfrei, aber eben falsch (ein aliud) ist (*Herber/Czerwenka*, Internationales Kaufrecht, Art. 35, Rdnr. 2). Wie bei § 459 BGB muß auch nach UN-Kaufrecht die Vertragsmäßigkeit im Zeitpunkt des Gefahrübergangs (Art. 36 UN-Kaufrecht) vorliegen. Bei spezifizierter Beanstandung des Käufers nach Art. 39 UN-Kaufrecht hat der Verkäufer die Vertragsmäßigkeit bei Gefahrübergang zu beweisen; nach rügeloser Abnahme trifft die Beweislast jedoch den Käufer, weil er sich in

Widerspruch zu seinem früheren Verhalten setzt (*Herber/Czerwenka,* aaO, Art. 35 Rdnr. 9). Die vorliegenden Allgemeinen Exportbedingungen setzen sich auch nicht in Widerspruch zu den Regelungen des UN-Kaufrechts, soweit dieses für die Kaufgeschäfte der Parteien zur Anwendung gelangt.

41. Haftungsfreizeichnung. Dieser Abschnitt der Allgemeinen Verkaufsbedingungen reflektiert den Bereich der Haftungsfreizeichnung, indem der Exporteur nur unter bestimmten Voraussetzungen zur Mängelhaftung bereit ist. Der Exporteur übernimmt die Mängelhaftung nur unter der Voraussetzung, daß der Warendefekt nicht auf eine Warenspezifikation des Käufers zurückzuführen ist, sämtliche Teile der Warenlieferung vom Verkäufer selbst hergestellt (und nicht etwa vom Käufer geliefert) wurden und schließlich der fällige Kaufpreis vom Käufer bezahlt worden ist.

Diese Klauseln der Allgemeinen Verkaufsbedingungen stehen *nicht* in Konflikt zu der grundsätzlichen Problematik von Haftungsausschlußklauseln, die nach § 11 Nr. 7 AGBG (derselbe Grundgedanke wird im kaufmännischen Geschäftsverkehr über § 9 Abs. 1 AGBG erfaßt) und § 9 Abs. 2 Nr. 2 AGBG kritisch zu würdigen sind. Aus der erstgenannten Vorschrift des § 11 Nr. 7 AGBG folgt, daß der Ausschluß oder die Begrenzung der Haftung für einen Schaden, der auf einer vorsätzlichen oder grob fahrlässigen Vertragsverletzung des AGB-Verwenders beruht, nichtig ist. Der Schaden muß in diesen Fällen auf eine Vertragsverletzung zurückzuführen sein, was alle Arten der Leistungsstörungen erfaßt. Nicht beanstandet werden nur Haftungsbegrenzungsklauseln, die sich auf Schadensersatzrisiken beziehen, die nicht von vornherein vorhersehbar und untypisch sind (BGH ZIP 1993, 46). Eine solche Ausschlußklausel liegt mit dem unter Ziff. 40 erfaßten Haftungsausschluß nicht vor, so daß dieser etwaige Gesetzeskonflikt hier nicht zum Tragen kommt. – Ebenso bilden die Klauseln auch kein Problem, das aus der Sicht des § 9 Abs. 2 Nr. 2 AGBG kritisch zu würdigen wäre. Diese Vorschrift besagt, daß Haftungsfreizeichnungsklauseln im Bereich der leichten Fahrlässigkeit unwirksam sind, wenn sie sich auf die Verletzung einer vertragswesentlichen Pflicht beziehen (st. Rspr. seit BGH BB 1978, 827, 828; BGH ZIP 1991, 1362, 1365; BGH ZIP 1993, 46, 47). Eine wesentliche Vertragspflicht ist immer dann anzunehmen, wenn und soweit ein besonderes Vertrauensverhältnis zwischen Lieferant und Käufer besteht (BGH NJW-RR 1986, 271). Auch hier sind die Klauseln nach Ziff. 40 unproblematisch, da sie sich auf einen in der Sphäre des Käufers gelegenen Mangel beziehen und nur dann auch einen Haftungsausschluß auf Seiten des Klauselverwenders gestatten.

42. Rügefrist. In dieser Klausel wird die Frist für die vom Käufer vorgebrachten Rügen festgelegt. Wie bereits oben (Ziff. 38) festgestellt, sind für diesen Themenbereich die Vorschriften der §§ 377 und 378 HGB einschlägig. Beide Vorschriften sind nachgiebig, eröffnen also die Möglichkeit, die Rügepflicht und ihre Ausgestaltung zu verschärfen, zu umschreiben, zu mildern oder ganz aufzuheben. Oft wird eine schriftliche Rüge verlangt, doch ist dies nicht die Regel. Meist wird anstelle des Wortes „unverzüglich" im Sinne des § 377 Abs. HGB eine bestimmte Frist gesetzt (BGH DB 1973, 2390), wobei unterschiedliche Konstellationen (z. B. „8 Tage", BGH BB 1977, 14) denkbar sind. Eine Frist kann auch durch bloße Ausschlußfrist gesetzt werden, so daß sie nicht beliebig ausgenutzt werden darf, sondern innerhalb der Frist als unverzügliche Erklärung vorgeschrieben bleibt, (RG HRR 33, 837).

43. Ersatzlieferung. Mit dieser Klausel wird dem Käufer die Möglichkeit eröffnet, eine Ersatzlieferung zu beanspruchen, sofern die Ware nicht ordnungsgemäß ist. Naturgemäß ist ein Anspruch des Käufers auf Ersatzlieferung automatisch dadurch ausgeschlossen, daß er mit einer Ersatzlieferung unvereinbare, anderweitige Rechtsbehelfe geltend macht, indem er beispielsweise die Aufhebung des Vertrages oder die Minderung des Kaufpreises erklärt (hM, vgl. *Palandt/Putzo,* BGB, § 480 Rdnr. 5.).Das Wahlrecht steht grundsätzlich nur dem Käufer zu; der Verkäufer kann die Wahl der Ersatzlieferung nicht erzwingen (BGH NJW 1967, 33). – Nach § 480 BGB ist das Verlangen nach einer Ersatzlieferung

4. Standard Terms and Conditions for the Sale of Goods (Allg. Lieferbed.) III.4

dann statthaft, wenn es sich um einen Gattungskauf im Sinne des § 243 Abs. 1 BGB handelt. Die Vorschrift des § 480 BGB ist auch anwendbar auf eine Falschlieferung beim beiderseitigen Handelskauf, wenn sie im Sinne des § 378 HGB genehmigungsfähig ist (BGHZ 115, 286; BGH NJW-RR 1992, 1076; zur Anwendung im bürgerlich-rechtlichen Kauf vgl. *Singer* ZIP 1992, 1058). Ist die gesamte Gattung mangelhaft, hat der Käufer die Möglichkeit, statt einer Ersatzlieferung die Rechte aus §§ 462 und 463 (nämlich Wandelung, Minderung oder Schadensersatz wegen Nichterfüllung) geltend zu machen, § 480 Abs. 2 BGB. Entscheidend ist, daß Gewährleistungsansprüche durch Freizeichnungsklauseln abgeändert werden dürfen (BGH NJW 1994, 1661).

Verlangt der Käufer die Ersatzlieferung, muß der Verkäufer, wenn er sein Einverständnis erklärt, seinen Anspruch auf Rückgabe der mangelhaften Sache Zug um Zug geltend machen (§ 480 Abs. 1 Satz 2 und §§ 467 und 348 BGB). Ist der Ersatzlieferungsanspruch berechtigt, tritt mit dem Ersatzlieferungsverlangen, in dem eine Mahnung zu sehen ist, grundsätzlich Verzug (§ 284 BGB) ein und es besteht Anspruch auf Ersatz des Verzögerungsschadens (BGH NJW 1985, 2526; *Palandt/Putzo*, BGB, § 480 Rdnr. 6). Unterbleibt die Ersatzlieferung, ist § 326 BGB anwendbar und das Verlangen von Schadensersatz wegen Nichterfüllung möglich. Ist auch die Ersatzlieferung fehlerhaft, kann der Käufer wieder auf die anderen Gewährleistungsansprüche zurückgreifen (BGH NJW 1983, 1495).

Unterliegt der Kauf den Bestimmungen des UN-Kaufrechts, so ist für diesen Bereich Art. 46 Abs. 2 des UN-Kaufrechts einschlägig. Anders als bei der oben beschriebenen Lösung nach § 480 BGB reicht es bei einer Beurteilung des Falles aus Sicht des UN-Kaufrechts nicht aus, daß die Ware lediglich „fehlerhaft" ist; stattdessen muß der Fehler der Ware zugleich eine wesentliche Vertragsverletzung darstellen (Art. 46 Abs. 2 und Art. 25 UN-Kaufrecht). Dies ist regelmäßig nur dann der Fall, wenn es sich um eine nach der Verkehrsanschauung schwerwiegende Vertragsverletzung handelt. Qualitätsmängel beispielsweise führen nur dann zu einer wesentlichen Vertragsverletzung, wenn sie die Verwertbarkeit der Ware erheblich beeinträchtigen. Dabei sind Nachbesserungs- beziehungsweise Ersatzlieferungsmöglichkeiten sowie die Bereitschaft des Verkäufer hierzu mit in Betracht zu ziehen, auch unter Berücksichtigung der dafür aufzuwendenden Zeit. Bei Handelsware kann ein Mangel häufig schneller als erheblich einzustufen sein als etwa bei Gebrauchsgütern, da fehlerhafte Handelsware oft nicht mehr verkäuflich ist (hierzu *Herber/Czerwenka*, Internationales Kaufrecht, Art 25, Rn 7). Außerdem ist zu beachten, daß nach Art. 82 Abs. 1 UN-Kaufrecht der Käufer das Recht verliert, „vom Verkäufer eine Ersatzlieferung zu verlangen, wenn es ihm unmöglich ist, die Ware im wesentlichen in dem Zustand zurückzugeben, in dem er sie erhalten hat.".

44. Nachbesserung. Neben dem Verlangen nach Ersatzlieferung soll dem Käufer das Recht zustehen, auch eine Nachbesserung der fehlerhaften Ware zu fordern. Wie schon unter Ziff. 42 (Ersatzlieferung) erläutert, steht es auch einem Nachbesserungswunsch entgegen, wenn der Käufer schon anderweitige Rechtsbehelfe geltend gemacht hat. Eine Möglichkeit zur Nachbesserung muß vereinbart werden (hM, *Köhler* JZ 1984, 393 mwN). Der Verkäufer kann das Ansinnen des Käufers auf Nachbesserung ablehnen, wenn das Verfahren der Nachbesserung auf eine bestimmte Art vereinbart ist und der Käufer sich nicht daran hält (BGH NJW-RR 1991, 870).

Bei Fehlschlagen der Nachbesserung (etwa durch Unterbleiben oder Mangelhaftigkeit) kann der Käufer die gesetzlichen Gewährleistungsrechte geltend machen. Legen die Verkaufsbedingungen allerdings deutlich fest, daß der Verkäufer eine Nachbesserung durch Naturalrestitution zu erbringen hat, ist § 250 BGB einschlägig (OLG Hamm NJW-RR 1992, 467; also nach Fristablauf Schadensersatz in Geld). Das Fehlschlagen der Nachbesserung führt bei Anwendbarkeit des § 11 Nr. 10 b AGBG ohne weiteres zum Anspruch auf Minderung oder Wandlung, wobei dieses Ergebnis im kaufmännischen Geschäftsverkehr über die §§ 24 Satz 2 und 9 AGBG ebenso erreicht werden (BGHZ 93, 62; BGH NJW

1994, 1005; BGH WM 1995, 1456). – Als fehlgeschlagen gilt eine Nachbesserung beziehungsweise Ersatzlieferung (oben, Ziff. 42), wenn sie unmöglich ist (BGH NJW 1994, 1005), ernsthaft und endgültig verweigert wird (BGHZ 93, 62), unzumutbar verzögert wird oder vergeblich versucht worden ist. Eine Verzögerung ist unzumutbar, wenn der AGB-Verwender trotz Aufforderung nicht in angemessener Frist nachgebessert hat (hierzu LG Köln NJW-RR 1993, 437). – Die Kosten der Nachbesserung treffen nach § 476a BGB den Verkäufer (dazu auch unten, Ziff. 45).

Unterliegt der Vertrag den Bestimmungen des UN-Kaufrechts, so ist Art. 46 Abs. 3 UN-Kaufrecht einschlägig. Anders als bei der Ersatzlieferung (oben, Ziff. 42) besteht das Recht auf Nachbesserung auch bei nicht wesentlichen Vertragsverletzungen. Der Begriff der Nachbesserung ist im UN-Kaufrecht weit auszulegen und schließt auch den Austausch von Teilen ein. Allerdings kann eine Nachbesserung nur verlangt werden, wenn sie nach den Umständen zumutbar ist (*Herber/Czerwenka,* Internationales Kaufrecht, Art. 46 Rdnr. 10). Der Anspruch auf Nachbesserung muß innerhalb angemessener Frist nach Anzeige der Vertragswidrigkeit geltend gemacht werden, Art. 46 Abs. 2 UN-Kaufrecht.

45. Kaufpreisminderung. Die Herabsetzung des Kaufpreises (Legaldefinition in § 462 BGB) ist ein dem Käufer kraft Gesetzes zustehendes Gewährleistungsrecht, welches den Kaufvertrag als solchen erhält (anders als bei der Wandlung, also dem Rückgängigmachen des Vertrages). Dem Käufer stehen die Gewährleistungsansprüche alternativ zu, sofern sie nicht im Einzelfall ausgeschlossen sind. Bis das Wahlrecht durch Vollzug (vgl. § 465 BGB) oder durch Erfüllung des geltend gemachten Anspruchs erlischt, kann der Käufer von einem zum anderen übergehen, die getroffene Wahl also frei widerrufen. – Aus Sicht des UN-Kaufrechts ist Art. 50 UN-Kaufrecht einschlägig (dies allerdings nur dann, wenn der Kaufvertrag der Parteien nach UN-Kaufrecht zu beurteilen ist; vgl. dazu den Anwendungsbereich des UN-Kaufrechts, Art. 1, 2 und 6 UN-Kaufrecht).

46. Mängelbeseitigung. Dazu zunächst oben, Ziff. 43. In Ergänzung zu den Ausführungen oben (Nachbesserung) ist an dieser Stelle nochmals auf die Klauselgestaltung hinsichtlich der Kostentragung einzugehen. Nach § 476a BGB hat der Verkäufer dann, wenn an Stelle des Rechts auf Wandlung oder Minderung auch ein Recht auf Nachbesserung vereinbart wurde, die für die Nachbesserung erforderlichen Aufwendungen zu tragen. § 476a BGB gilt nur für die Nachbesserungspflicht des Verkäufers, nicht aber für eine Nachbesserungspflicht eines Herstellers im Rahmen einer Garantievereinbarung, wenn dieser nicht auch Verkäufer ist. Der hier in den Allgemeinen Verkaufsbedingungen eingesetzte Begriff des „free of charge" ist daher in dem Sinne zu verstehen, daß der Käufer von allen Kosten, insbesondere aber von Transport-, Wege-, Arbeits- und Materialkosten (im Sinne des § 476a BGB) freigestellt wird. Ein Ausschluß oder die Beschränkung der Kostentragung ist nach § 11 Nr. 10c AGBG, der zwar nicht unmittelbar (§ 24 AGBG), aber doch im Rahmen des § 9 AGBG unter Kaufleuten gilt (BGH NJW 1981, 1510), unwirksam.

Allerdings stellt § 476a Satz 2 BGB heraus, daß erhöhte Aufwendungen vom Grundsatz her nicht vom Verkäufer zu tragen sind. Da die Allgemeinen Verkaufsbedingungen in ihrem Zusammenhang von einer Bereitstellung der Ware zur Abholung beim Lieferanten („ex works") ausgehen, steht die Regelung des § 476a Satz 2 BGB der Klausel „free of charge" nicht entgegen. Diese Gesetzesvorschrift sieht nämlich vor, daß der Verkäufer keine erhöhten Aufwendungen zu tragen hat, die dadurch entstanden sind, daß die Kaufsache nach Lieferung an einen anderen Ort als die Niederlassung des Käufers verbracht worden ist und soweit dies nicht dem bestimmungsmäßigen Gebrauch der Ware entsprach. Damit wird also auf den objektiven, allgemeinen Verwendungszweck der Sache abgestellt(BGH NJW 1991, 1604, 1606). Allgemeine Geschäftsbedingungen, die eine kostenlose Nachbesserung vorsehen, sind nicht dahin auszulegen, daß der Verkäufer Wege- und Transportkosten nach einem anderen Ort als dem Erfüllungsort zu tragen hat (BGH NJW 1991, 1604, 1606). Wird also an einem anderen Ort als der Niederlassung des Käufers eine Nachbesserung vorgenommen und entstehen dadurch höhere Kosten, kann der Verkäufer solcherma-

4. Standard Terms and Conditions for the Sale of Goods (Allg. Lieferbed.) **III.4**

ßen erhöhte Aufwendungen dem Käufer in Rechnung stellen. Dem steht dann auch der Begriff des „free of charge" nicht entgegen.

47. Änderungsvorbehalt. Dazu grundsätzlich schon oben, Ziff. 24. Diese Klausel unterstreicht den bereits in einer vorhergehenden Klausel (im Rahmen der Lieferklausel, oben, Ziff. 24) eingeräumten Änderungsvorbehalt, wonach eine Änderung der Lieferung ausdrücklich möglich sein soll, wenn beispielsweise Änderungen und Abweichungen in Material, Maß, Farbe, Modell oder Struktur möglich sein sollen (BGH NJW 1987, 1886; OLG Köln NJW 1985, 501) oder etwa technische Änderungen oder Modellwechsel vorbehalten sind, ohne daß dadurch Form oder Funktionalität der Ware oder des Produkts nachhaltig verändert werden. Sind Änderung und Abweichung für den anderen Vertragspartner zumutbar und stellt der Änderungsvorbehalt nicht ein freies Abänderungs- und Abweichungsrecht nach Belieben des AGB-Verwenders dar (dazu BGH NJW 1987, 2818), sondern geht es nur um geringfügige Abweichungen, welche auch nach § 459 Abs. 1 Satz 2 BGB oder aus Sicht des § 242 BGB hinzunehmen wären (OLG Hamm NJW 1986, 2581), dann sind derartige Klauseln auch aus Sicht des § 10 Nr. 4 AGBG unproblematisch.

48. Aufhebungsklausel. Diese Allgemeine Verkaufsklausel sieht vor, daß alle vorhergehenden Absprachen, Verträge oder Nebenabreden, die von den Vertragspartnern zu einem früheren Zeitpunkt formlos oder schriftlich getroffen wurden, mit dem Inkrafttreten der Allgemeinen Verkaufsbedingungen wirkungslos sind. Diese Klausel versteht sich *nicht* als Änderungsvertrag im Sinne des § 305 BGB, nach dessen Zweck es zur rechtsgeschäftlichen Änderung eines Schuldverhältnisse grundsätzlich eines Vertrages bedarf (den hier die Allgemeinen Verkaufsbedingungen darstellen), eine Änderung von Hauptleistungen (BGH NJW 1992, 2283), Nebenverpflichtungen oder Leistungsmodalitäten betreffen kann und das ursprüngliche Schuldverhältnis unter Wahrung seiner Identität fortbestehen läßt. Vielmehr stellt diese Verkaufsbedingung im Sinne eines Aufhebungsvertrages klar, daß vorhergehende Schuldverhältnisse durch diese vertragliche Abrede (contrarius consensus) ausdrücklich aufgehoben werden sollen.

49. Weitere Bestimmungen. In den „weiteren Vertragsbestimmungen" beziehungsweise unter „Verschiedenes" (miscellaneous clauses) werden noch diejenigen Allgemeinen Verkaufsbedingungen erfaßt, die keiner der vorangegangenen Klauselgruppen inhaltlich zuordnungsfähig sind. In den hier dargestellten weiteren Bedingungen sind dies die Klausel über die ausschließliche Bindung nur der beiden Vertragsparteien an den Vertrag unter gleichzeitigem Ausschluß Dritter, sofern die Partner einer Einbeziehung Dritter nicht ausdrücklich und schriftlich zustimmen.

Außerdem sollen die Parteien ihre jeweils entstehenden Anwalts- und sonstigen Beratungskosten bis hin zu etwaigen Rechtsverfolgungskosten grundsätzlich selbst tragen, soweit diese Kosten im Zusammenhang mit der Durchführung des Vertrages stehen. Mit dieser Formulierung umgeht der Steller der Allgemeinen Verkaufsbedingungen einen Problembereich, in dem über die Vorschriften des materiellen Rechts und des Prozeßrechts hinaus dem anderen Vertragsteil die Kosten unter anderem auch der Rechtsverfolgung auferlegt werden. Problematisch wäre es nämlich, wenn der Vertragspartner außerprozessuale Kosten der Rechtsverfolgung bis hin zu Prozeßkosten auch dann übernehmen müßte, wenn diese Kosten an sich vom AGB-Verwender zu tragen wären. Die Verteilung der Kostentragungspflicht nach §§ 91 ff ZPO und die Verpflichtung zur Tragung von Rechtsverfolgungskosten, die sich aus materiellem Recht (z.B. wegen Verzugs nach § 286 BGB, sonstiger Vertragsverletzung oder aus unerlaubter Handlung ergeben kann, *Wolf/Horn/ Lindacher,* AGB-Gesetz, § 9 P 22; BGHZ 45, 251, 256), orientiert sich an einer Zurechnung nach Verantwortungsbereichen. Eine Abweichung hiervon, etwa die Verpflichtung zur Tragung außerprozessualer Rechtsberatungskosten, ohne daß ein vertragswidriges Verhalten des Kunden vorliegt, widerspricht wesentlichen Grundgedanken der gesetzlichen Regelung und ist deshalb nach § 9 Abs. 2 Nr. 1 AGBG grundsätzlich unwirksam (BGH NJW 1985, 320, 324). Dies gilt auch für eine Abweichung von der prozessualen

Kostenverteilung nach §§ 91 ff ZPO einschließlich der Kosten eines Beweissicherungsverfahrens (§§ 458 ff ZPO). Damit soll insgesamt verhindert werden, daß der Verwender der Allgemeinen Verkaufsbedingungen prozessuale Rechtsbehelfe (mangels Kostenverantwortung) leichtfertig nutzt (*Wolf/Horn/Lindacher*, AGB-Gesetz, § 9 P 22). Dagegen kann es ausnahmsweise gerechtfertigt sein, dem anderen Vertragsteil die Kosten einer (berechtigterweise erhobenen, BGH NJW 1993, 657) Drittwiderspruchsklage aufzuerlegen, die dem AGB-Verwender dadurch entstanden sind, daß er Zwangsvollstreckungsmaßnahmen gegen seine beim anderen Vertragsteil befindliche Sache abwehren mußte (hierzu BGH NJW 1993, 657). Im Ergebnis umgeht der Steller der Allgemeinen Verkaufsbedingungen diesen Problembereich durch eine klare Kostenzuordnung, die jeder Vertragspartei die eigenen Kosten zuordnet.

50. Rechtswahl. In dieser AGB-Klausel wird festgelegt, daß für diese Allgemeinen Verkaufsbedingungen das deutsche Recht zur Anwendung gelangen soll. Dieser Teil eines Vertrages wird auch als „Verweisungsvertrag" bezeichnet, der sich klar abgrenzt zum sogenannten Hauptvertrag und der Gerichtsstandsvereinbarung (dazu Ziff. 52, unten). Jeder internationale Vertrag besteht aus drei rechtlich selbständigen Verträgen, nämlich dem Hauptvertrag, welcher ausführlich das gesamte Leistungsaustauschverhältnis der Vertragsparteien regelt (praktisch all das, was unter den Ziffern 1 bis 49, oben, geregelt wurde), dem Verweisungsvertrag (welches Recht gilt?) und der Gerichtsstandsvereinbarung (wo wir im Streitfall prozessiert?; hierzu ausführlich *Graf von Bernstorff*, Rechtsprobleme im Auslandsgeschäft, 3. Aufl., Frankfurt 1992 S. 298 ff). Die jeweilige rechtliche Selbständigkeit jedes der drei Vertragsbestandteile bedeutet, daß bei Vorliegen eines unwirksamen Hauptvertrages immer noch die Rechtswahl und die Gerichtsstandsvereinbarung gültig sein können (und umgekehrt). Insofern ist der Rechtswahlklausel (dem sogenannten „Verweisungsvertrag") besondere Beachtung zu schenken. Der Verweisungsvertrag, der auch als „Rechtswahlklausel" bezeichnet wird, legt die Geltung eines nationalen Rechts als Grundlage für die schuldrechtlichen Verpflichtungen der beteiligten Vertragspartner fest. An dieser Stelle ist kurz darauf hinzuweisen, daß das in der Kommentierung gelegentlich angeführte UN-Kaufrecht (vgl. auch diese Ziffer, letzter Absatz) oder ähnliche Konventionen eine Rechtswahl grundsätzlich nicht ersetzen können oder überflüssig machen. Derartige Konventionen stellen immer nur unvollständige Regelungen dar und wurzeln in einem bestimmten Recht. So sind viele Fragen des materiellen Rechts dem nationalen Recht überlassen, weil sie von diesen Konventionen nicht erfaßt werden (das UN-Kaufrecht regelt beispielsweise eine Fülle von Sachverhalten nicht, die etwa im Allgemeinen Teil des BGB enthalten sind, wie etwa die Regeln zur Irrtumslehre oder Anfechtung eines Vertrages).

Es gibt nur wenige Fälle, in denen von vornherein feststeht, daß ein bestimmtes nationales Recht zur Anwendung gelangt. Stets ist beispielsweise das Recht des Importeurlandes für Fragen des Währungs- und Außenwirtschaftsrechts einschlägig, wenn es etwa um Import- und Devisentransfergenehmigungen geht. Außerdem können zwingende Vorschriften eines Landes dazu führen, daß in einigen Bereichen ein bestimmtes nationales Recht anwendbar ist (dies etwa dann, wenn inländische zwingende Vorschriften, zum Beispiel über den Grundstücksverkehr, für einen Vertrag einschlägig sind, und wenn ein inländisches Grundstück betroffen ist, vgl. § 313 BGB. Weitere zwingende Inlandsvorschriften in Deutschland sind etwa § 12 AGBG (Konsumentenschutz), § 98 Abs. 2 GWB (Wettbewerbsschutz) und § 3 Satz 1 WährG (Geldschulden unter Inländern nur in DM eingehbar)). Für den Bereich des Kaufrechts wurde schon 1973 zunächst ein Einheitliches Kaufrecht geschaffen, welches in Deutschland zum 31. 12. 1990 außer Kraft gesetzt wurde und in dem UN-Kaufrecht (mit Wirkung in Deutschland ab 1. 1. 1991) eine Folgegesetzgebung (UN-Übereinkommen über Verträge über den internationalen Warenkauf vom 11. 4. 1980, BGBl 1989 II, 588 und BGBl 1990 II 1699; dazu grundlegend u. a. *Neumayer* RIW 1994, 99; *Piltz* NJW 1994, 1101; *Magnus* ZEuP 1995, 202) fand, die in inzwischen 40

4. Standard Terms and Conditions for the Sale of Goods (Allg. Lieferbed.) III.4

weiteren Staaten der Welt Gültigkeit hat. Die Anwendbarkeit dieses Abkommens ist gegeben, wenn die Regeln des Internationalen Privatrechts zur Anwendung des Rechts eines Vertragsstaates führen (Art. 1 Abs. 1 lit b UN-Kaufrecht), also die unter Ziff 51 (unten) genannten Regeln zur Anwendung gelangen. Beachtlich ist aber, daß gemäß Art. 6 UN-Kaufrecht die Anwendbarkeit dieses UN-Übereinkommens ausgeschlossen werden kann. Für diesen Fall kommen die allgemeinen Grundsätze des Grundsatzes der Parteiautonomie zur Anwendung (unten, Ziff. 51).

51. Grundsatz der Parteiautonomie. Von den unter Ziffer 50 (oben) genannten Fällen der Anwendung zwingender Rechtsvorschriften einmal abgesehen wird das Außenhandelsrecht vom Grundsatz der Parteiautonomie beherrscht, wie er in Art. 27 EGBGB (ausgehend vom Gesetz zur Neuregelung des Internationalen Privatrechts) ausdrücklich gesetzlich festgelegt ist. Der Grundsatz der Parteiautonomie gilt allerdings nur für den Bereich des Schuldrechts, also für die Fälle, in denen aufgrund einer schuldrechtlichen Beziehung eine Vertragspartei berechtigt ist, vom anderen Vertragspartner eine Leistung zu fordern. Es ist den Parteien überlassen zu entscheiden, ob sie ihren Vertrag einem nationalen Schuldrecht (nicht zwingend dem eigenen) Schuldrecht unterlegen wollen (*Mankowski* RIW 1994, 422, keine Inhaltskontrolle). Es ist auch möglich, ein fremdes Schuldrecht zur Anwendung zu bringen *Lorenz* RIW 1987, 569; *Sandrock* RIW 1994, 385). Hinsichtlich der „Rechtswahl" ist Art. 27 EGBGB heranzuziehen.

Am einfachsten ist es, wie hier in der Musterklausel geschehen, ein nationales Schuldrecht ausdrücklich zu vereinbaren. Nach Art. 27 EGBGB „unterliegt der Vertrag" dann „dem von den Parteien gewählten Recht". Die Rechtswahl kann ausdrücklich geschehen (Art. 27 Abs. 1 Satz 2 EGBGB), wobei sich eine Rechtswahlbestimmung auch in den Allgemeinen Geschäftsbedingungen befinden kann.

Ist die Rechtswahl nicht ausdrücklich erfolgt, so kann sie sich eventuell „mit hinreichender Sicherheit aus den Bestimmungen des Vertrages oder aus den Umständen des Falles ergeben" (Art. 27 Abs. 1 Satz 2 EGBGB). Dabei können die Parteien – wie auch bei der ausdrücklichen Rechtswahl – das anzuwendende Recht sowohl für den ganzen Vertrag als auch nur für einen Teil der Vereinbarung bestimmen. Für die Feststellung dieser stillschweigenden Rechtswahl dienen bestimmte Indizien, die auf den realen Parteiwillen schließen lassen. Solche typischen Umstände können in der Vereinbarung eines einheitlichen Gerichtsstandes (BGH WPM 1964, 1023; OLG Hamburg AWD 1982, 205; OLG Hamburg, RIW 1986, 462), der Vereinbarung eines Schiedsgerichtsverfahrens (Schiedsgericht mit ständigem Sitz, BGHZ 70, 31), der Vereinbarung der Geltung von Allgemeinen Geschäftsbedingungen einer Partei (OLG Hamburg RIW 1986, 462 und RIW 1991, 62) der Verwendung von Formularen, die auf einer bestimmten nationalen Rechtsordnung aufbauen (BGH JZ 1973, 167), im Ort des Vertragsschlusses, in einer Vertragswährung oder schließlich auch in der Vertragssprache (OLG Düsseldorf NJW-RR 1991, 55) zu sehen sein. Ansonsten können auch die jeweiligen Umstände des Falles eine Rechtswahl ergeben.

Art. 28 EGBGB regelt den Fall, daß die Vertragspartner es versäumt haben, eine Rechtswahlvereinbarung zu treffen. „Soweit das auf den Vertrag anzuwendende Recht nicht nach Art. 27 EGBGB vereinbart worden ist, unterliegt der Vertrag dem Recht des Staates, mit dem er die engsten Verbindungen aufweist.". Das deutsche Recht hat mit dieser gesetzlichen Regelung damit einen Grundsatz kodifiziert, der in ähnlicher Form auch in den anglo-amerikanischen Rechtsordnungen unter dem Begriff des „center of gravity" bekannt ist. Die Regelung in Art. 28 EGBGB macht deutlich, daß es darauf ankommt festzustellen, woraus die charakteristische oder vertragstypische Leistung besteht und worin der Schwerpunkt des Schuldverhältnisses liegt. Dabei gibt Art. 28 EGBGB vier genannte Fälle auf, in denen der Vertragsschwerpunkt widerleglich vermutet wird. Ansonsten gilt für die Masse der Leistungsaustauschverträge, daß sie nach dem Recht des Staates beurteilt werden, in dem die Hauptverwaltung (BGHZ 109, 36) oder der gewöhnliche Aufenthalt derjenigen Partei liegt, welche die für den Vertrag charakteristische Leistung erbringt. Dieser Gedanke der mangels Rechtswahl anzuwendenden nationalen Normen spielt vor allem dann eine Rolle, wenn entweder die Rechtswahl mit der Festlegung des eigenen Rechts nicht durchsetzbar ist (etwa weil der Vertragspartner beispielsweise die Anwendung deutschen Rechts ablehnt) oder weil die gesamten Allgemeinen Verkaufsbedingungen in Frage stehen und geklärt werden muß, auf der Basis welcher Rechtsordnung sich nun eine Klärung des Streitfalles herstellen läßt. Insofern ist es für den Praktiker unerläßlich zu wissen, daß auch eine fehlende ausdrückliche oder stillschweigende Rechtswahl zu einem Ergebnis führt. Gelegentlich werden in der Praxis Rechtswahlklauseln bewußt nicht mit aufgenommen, da gegebenfalls nach den Regeln des Schwerpunktes eines Vertragsverhältnisses das eigene (gewünschte) Recht ohnehin zur Anwendung gelangt und der AGB-Verwender vermeiden will, daß sich sein Vertragspartner bei Lektüre der Rechtswahlklausel ausdrücklich dagegen entscheidet. Mit der Entscheidung für die Geltung der Allgemeinen Geschäftsbedingungen einer Vertragspartei ist damit automatisch auch das nationale Schuldrecht des AGB-Verwenders mit vereinbart (BGH AWD 1976, 447; OLG Karlsruhe AWD 1979, 642; OLG Hamburg RIW 1991, 62), so daß die ausdrückliche Rechtswahlklausel entbehrlich sein kann.

Abschließend ist darauf hinzuweisen, daß sich die Frage der Rechtswahl nur und ausschließlich auf schuldrechtliche Vereinbarungen bezieht, mithin also beispielsweise sämtliche sachenrechtlichen Komponenten vom Grundsatz der Parteiautonomie ausnimmt. Sachenrechte unterliegen nämlich – und zwar völlig unabhängig davon, ob die Vertragspartner für ihre schuldrechtlichen Verpflichtungen ein anderes Recht gewählt haben – immer dem Recht des Ortes, an dem die betroffene Sache sich befindet (Grundsatz der lex rei sitae, vgl. *Graf von Bernstorff,* Rechtsprobleme im Auslandsgeschäft, 3. Auflage 1992 S. 61 ff und S. 302).

52. Gerichtsstandsvereinbarung. Ein weiterer der drei rechtlich selbständigen Vertragsteile ist die den Vertrag meist abschließende Gerichtsstandsklausel. Im vorliegenden Mustervertrag bedingt sich der Verwender der Allgemeinen Verkaufsbedingungen die ausschließliche Zuständigkeit der Gerichte aus, die für seinen Geschäftssitz sachlich und örtlich zuständig sind (§§ 12ff ZPO). Dabei kann sich die internationale Zuständigkeit entweder aus dem EuGVÜ (Art. 1 und 17), dem LugÜ (dieses trat am 1. 3. 1995 für Deutschland in Kraft; einen Überblick zu EuGVÜ 1989 und Lugano-Übereinkommen geben *Dietze/Schnichels* in NJW 1985, 2274ff) oder dem CMR (Art. 31) ergeben, da diese beiden Sondervorschriften anderweitigen Bestimmungen über Gerichtsstandsvereinbarungen grundsätzlich vorgehen. Nur wenn diese beiden Vorschriften nicht einschlägig sind (und dies ist leicht der Fall, da sich diese Vorschriften nur auf die wenigen den Abkommen beigetretenen EU-Staaten beschränken), ist auf die allgemeinen Grundlagen der Gerichtsstandsvereinbarungen zurückzugreifen, die nachfolgend beschrieben sind. Die Zuständigkeit deutscher Gerichte für die Behandlung internationaler Streitfragen bestimmt sich dann nach den §§ 12ff ZPO analog (wegen der Regelungslücke der ZPO für internationale Sachverhalte).

Danach haben die Parteien entweder vertraglich vereinbart, welches Gericht im Streitfall zuständig sein soll (vgl. § 38 ZPO). Ist keine vertragliche Vereinbarung vorhanden, kann ein *besonderer* Gerichtsstand begründet sein. Nur wenn auch dies nicht vorliegt, ist das Gericht am Wohnsitz des Schuldners (§§ 12 und 13 ZPO) örtlich zuständig.

Im vorliegenden Vertragsmuster liegt eine ausdrückliche vertragliche Gerichtsstandsvereinbarung vor. Nach § 38 ZPO wird ein „Gericht des ersten Rechtszuges durch ausdrückliche oder stillschweigende Vereinbarung zuständig, wenn die Vertragsparteien Kaufleute, die nicht zu den in § 4 HGB bezeichneten Gewerbetreibenden gehören, juristische Personen des öffentlichen Rechts oder öffentlich-rechtliche Sondervermögen sind.". Nach § 38 Abs. 2 ZPO kann ferner „die Zuständigkeit eines Gerichts ...... vereinbart werden, wenn mindestens eine der Vertragsparteien keinen allgemeinen Gerichtsstand im Inland hat.". In

4. Standard Terms and Conditions for the Sale of Goods (Allg. Lieferbed.) III.4

diesen Fällen sind jedoch Formvorschriften zu beachten, die zumindest von halber Schriftlichkeit (mündliche Absprache und nachfolgende schriftliche Bestätigung) ausgehen.

Für Gerichtsstandsvereinbarungen in Auslandssachen ist zur Beurteilung von Zuständigkeitsabreden § 38 Abs. 2 ZPO einschlägig. Auch Nicht- und Minderkaufleute dürfen danach ohne weiteres Gerichtsstandsvereinbarungen treffen. Die Rechtsprechung (OLG Nürnberg RIW 1985, 890f) hat herausgestellt, daß es nicht ausreichend ist, wenn die Vertragspartner eine Vertragsurkunde auf der Vorderseite unterzeichnen und die Gerichtsstandsvereinbarung sich auf der Rückseite der Urkunde (bei den dort abgedruckten AGB) befindet, solange nicht ein klarer Hinweis auf die Allgemeinen Geschäftsbedingungen auch auf der Vorderseite des Vertragstextes angebracht worden ist.

Liegt keine vertragliche Gerichtsstandsvereinbarung vor, dann ist zu prüfen, ob möglicherweise ein sogenannter besonderer Gerichtsstand vorliegt. Die Zivilprozeßordnung nennt beispielsweise den besonderen Gerichtsstand des Aufenthaltsortes (§ 20 ZPO), der Niederlassung (§ 21 ZPO), der Mitgliedschaft (§ 22 ZPO), des Vermögens und des Streitobjekts (§ 23 ZPO) usw. Neben den „besonderen" Gerichtsständen kennt die Zivilprozeßordnung auch „ausschließliche" Gerichtsstände (wie etwa denjenigen des Grundstücks, § 24 ZPO), der dann das örtlich zuständige Gericht benennt, sofern die Parteien nicht eine vertragliche Absprache getroffen haben.

Liegt weder eine vertragliche Gerichtsstandsvereinbarung (Prorogation) im Sinne des § 38 ZPO noch ein besonderer oder ausschließlicher Gerichtsstand vor, dann ist für Streitigkeiten der Parteien der Gerichtsstand immer an dem Ort begründet, an dem der Schuldner seinen Wohn- beziehungsweise Geschäftssitz hat, §§ 12 und 13 ZPO.

Zwar kann nach den oben genannten Gesichtspunkten ein Gerichtsstand an jedem beliebigen Ort durch die Parteien begründet werden, doch gibt es hier Einschränkungen der freien Festlegung. Zu nennen sind hier die Fälle des sogenannten forum non conveniens und des forum shopping. Die Rechtsfigur des *forum non conveniens* ist im anglo-amerikanischen Recht bekannt. Nach dieser Lehre kann ein anglo-amerikanischen Rechtskreis seine internationale Zuständigkeit ablehnen, wenn es zwar an sich (durch entsprechende Parteivereinbarung) zuständig ist, dem Gericht die Durchführung des Verfahrens aber aus besonderen Gründen unangemessen (unreasonable) erscheint, weil beispielsweise eine Partei durch die Gerichtsstandsvereinbarung unangemessen benachteiligt wird. Das US-amerikanische Recht hat zudem den Begriff des *forum shopping* entwickelt. Forum shopping bedeutet den Versuch der klagenden Partei, durch Herbeiführung der entsprechenden zuständigkeitsbegründenden Umstände die Zuständigkeit desjenigen US-Bundesstaates herbeizuführen, dessen Zivilrecht für die Angelegenheit des Klägers besonders günstig erscheint. Im internationalen Bereich wird dieser Gedanke gelegentlich dann aufgebracht, wenn eine „arglistige" Herbeiführung einer Gerichtsstandsvereinbarung den Beklagten unangemessen benachteiligt. Ein unzulässiges „shopping" führt dann zur Nichtzuständigkeit des gewählten Gerichts, und es ist dann der „allgemeine" Gerichtsstand anzurufen, also derjenige, der für den Wohn- und Geschäftssitz des Schuldners örtlich zuständig ist.

Im Ergebnis (Ziffern 50 bis 52) bedeutet dies für einen deutschen Exporteur folgendes: entsteht aus einer Geschäftsverbindung ein Rechtsstreit, muß zunächst danach gefragt werden, welches nationale Gericht sachlich und örtlich zur Streitentscheidung angerufen werden kann. Das richtige Gericht ist entweder vertraglich gewählt (wie hier in den Allgemeinen Verkaufsbedingungen), oder es liegt ein besonderer oder ausschließlicher Gerichtsstand vor. Gibt es keinen Anhaltspunkt für diese Gerichtsstände, wird das Gericht anzurufen sein, das für den Wohn- oder Geschäftssitz des Schuldners zuständig ist. – Das Gericht hat dann zu prüfen, welches nationale Recht für die Entscheidung des Streitfalles anzuwenden ist. Entweder liegt hierzu eine klare Parteiabrede vor (wie hier in den Allgemeinen Verkaufsbedingungen), oder es ergibt sich mit hinreichender Sicherheit aus den Bestimmungen des Vertrages oder aus den Umständen des Falles, welches Recht anzuwenden ist (vgl. Art. 27 Abs. 1 Satz 2 EGBGB). Ist keine Rechtswahl getroffen, dann unterliegt nach Art. 28 EGBGB der Vertrag dem Recht des Landes, mit dem er die engsten Verbindungen aufweist (in dem die vertragscharakteristische Leistung erbracht wird). Das anzuwendende Recht läßt sich nur für den Bereich der schuldrechtlichen Verpflichtungsgeschäfte, nicht aber für sachenrechtliche Verfügungsgeschäfte von den Parteien vereinbaren.

53. Zuständigkeitsvorbehalt. Von besonders großer Bedeutung ist die Beachtung der Tatsache, daß in Deutschland erlangte Vollstreckungstitel im Ausland oft nicht durchsetzbar sind. Die Anerkennung und Vollstreckung deutscher Titel im Ausland ist entweder über ein bilaterales Anerkennungs- und Vollstreckungsübereinkommen zwischen der Bundesrepublik Deutschland und einem anderen Staate geregelt (so mit der Schweiz, Abk. v. 2. 11. 1929, RGBl 1930 II S. 1066, Österreich, Abk. v. 6. 6. 1959, BGBl 1960 II S. 1246, Griechenland, Abk. v. 4. 11. 1961, BGBl 1963 II S. 109, Israel, Abk. v. 20. 7. 1977,BGBl 1980 II S. 926, Norwegen, Abk. v. 17. 6. 1977, BGBl 1981 II S. 342, Tunesien, Vertrag vom 19. 7. 1966, BGBl 1969 II S. 989 und Spanien, Vertrag vom 14. 11. 1983, BGBl 1987 II S. 34). Ältere bilaterale Abkommen zwischen der Bundesrepublik Deutschland und Belgien, den Niederlanden und Großbritannien sind durch Art. 55 EuGVÜ ersetzt und gelten gemäß Art. 56 EuGVÜ nur noch für die Rechtsgebiete weiter, welche vom EuGVÜ nicht erfaßt werden. Schließlich ist zu beachten, daß im Jahre 1994 durch den deutschen Gesetzgeber zwei Staatsverträge zum Internationalen Zivilprozeßrecht, das EuGVÜ 1989 (ABlEG Nr.L 285 vom 3. 10. 1989, 1ff) und das Lugano-Übereinkommen (LugÜ, ABlEG Nr. 319 vom 25. 11. 1988, S. 9ff) in innerstaatliches Recht umgesetzt wurden. Beide Staatsverträge ersetzen beziehungsweise ergänzen das Brüsseler EWG-Übereinkommen über die gerichtliche Zuständigkeit und Vollstreckung gerichtlicher Entscheidungen in Zivil-und Handelssachen vom 27. 9. 1968 (EuGVÜ), wobei das Lugano-Übereinkommen vom 16. 9. 1988 das EuGVÜ auf den Rechtsverkehr zwischen den EFTA- und den EG-Staaten erstreckt (für die Alt-EFTA-Staaten Schweden und Finnland gilt noch das Lugano-Übereinkommen, bis sie dem EuGVÜ beigetreten sind; da Österreich das Lugano-Übereinkommen noch nicht in Kraft gesetzt hat, gilt hier noch das oben genannte Abk. v. 6. 6. 1959). – Darüber hinaus gibt es in einigen weiteren Staaten der Welt eine Verbürgung der Gegenseitigkeit der Vollstreckung, zur Zeit zwischen der Bundesrepublik Deutschland und Belgien, Brasilien, Costa Rica, Dänemark, Ecuador, Elfenbeinküste, Frankreich, Griechenland, Großbritannien, Indonesien, Irland, Island, Italien, Kolumbien, Rep. Korea, Libyen, Luxemburg, Malaysia, Niederlande, Norwegen, Österreich, Portugal, Spanien, Schweiz, Syrien und der Türkei, wobei sich die Gegenseitigkeit der Anerkennung und Vollstreckung von gerichtlichen Titeln entweder aus dem EuGVÜ oder aus bilateralem Vertrag ergibt, teilweise aber auch nur durch entsprechende Rechtsprechung (Syrien) oder auch nur für Kostenerstattung, nicht aber für sonstige Ansprüche (Polen, Madeira, Schweden, Finnland) gesichert ist (wegen der jährlich neuen Aufstellung vgl. *Baumbach/Lauterbach/Albers/Hartmann,* Zivilprozeßordnung, Kommentar, 54. Aufl., 1995, Anhang zu § 328 ZPO; ferner zu diesem Themenbereich *Graf von Bernstorff,* Rechtsprobleme im Auslandsgeschäft, 3. Aufl. 1992 S. 284ff, 307f; *Linke,* Internationales Zivilprozeßrecht, 2. Aufl. 1995; *Schütze,* Anerkennung und Vollstreckbarerklärung in diversen Ländern, RIW 1986 S. 269; *ders.,* JR 1985 S. 52f und S. 456f. und JR 1986 S. 98f.; zu den Besonderheiten in den USA *Brenscheidt,* Anerkennung und Vollstreckung ausländischer Geldurteile in den USA, RIW/AWD 1976, 554ff).

Es ist erkennbar, daß Entscheidungen deutscher Gerichte nicht ohne weiteres – und auch nur an wenigen Plätzen der Welt – vollstreckbar sind. Daher ist es für jeden Einzelfall zu überdenken, ob es vernünftig ist, in den Allgemeinen Verkaufsbedingungen grundsätzlich die ausschließliche Zuständigkeit deutscher Gerichte zu vereinbaren. Was nutzt dem deutschen Exporteur eine Entscheidung eines heimischen Gerichts, wenn er mit diesem Titel nicht in im Ausland liegendes Vermögen des Gegners vollstrecken kann? Es ist daher, wenn schon in den Allgemeinen Verkaufsbedingungen die grundsätzliche Zuständigkeit eines deutschen Gerichts vereinbart wird, grundsätzlich für die Ausgestaltung der Individualverträge zu prüfen, inwieweit von der Gerichtsstandsvereinbarung in den AGB abgewichen werden sollte. Hiergegen bestehen aus deutschrechtlicher Sicht keine Bedenken, da in Art. 17 Abs. 4 EuGVÜ beispielsweise vorgesehen ist, daß ungeachtet einer Gerichtsstandsvereinbarung in bestimmten Situationen auch andere Gerichte angerufen werden können, und da auch die §§ 38 ff ZPO eine Neuorientierung trotz vertraglicher Absprache nicht entgegenstehen (vgl. OLG München, RIW 1989, 643 f).

Wegen der weltweit nur geringen Chance, deutsche Vollstreckungstitel im Ausland durchsetzen zu können, erweist es sich in der Praxis oft als vorteilhaft, anstelle eines Verfahrens vor einem ordentlichen Gericht den Weg über ein Schiedsgericht zu suchen. Dieser Gedanke soll hier nicht weiter verfolgt werden (es ist aus methodischen Gründen bei den nachfolgend kommentierten Allgemeinen Einkaufsbedingungen anstelle einer Gerichtsstandsvereinbarung eine Schiedsvereinbarung aufgenommen, so daß auf die dortige Kommentierung verwiesen werden kann).

5. Standard Terms and Conditions for the Purchase of Goods (Import)[1,2,3]

(Allgemeine Einkaufsbedingungen)

1. Preamble

These Standard Terms and Conditions for the Purchase of Import Goods shall exclusively apply,[4] save as varied by express agreement accepted in writing by both parties. These Conditions shall also apply if the buyer accepts delivery of Goods unter the existence of the seller's contradictory Standard terms not being subject of the contract.[5]

Any agreement being concluded between buyer and seller shall only be bindung between the parties if they are laid down in writing. Any conditional or different terms proposed by the seller are objected to and will not binding upon the buyer unless assented in writing by the buyer.[6]

These conditions shall govern any future individual contract of purchase between buyer and seller to the exclusion of any other terms and conditions. These provisions extend to standard contract conditions which are used in a contract with a merchant in the course of business only.[7]

2. Formation of Contract

The Contract shall be deemed to have been entered into when, upon receipt of an order, the seller has sent an acceptance in writing the time limit of fourteen days hereby fixed by the buyer.[8,9]

Any weights, dimensions, capacities, prices, performance ratings or any other data contained in catalogues, circulars, advertisements or price lists constitute an approximate guide and shall not be binding save to the extend that they are by reference expressly includend in a contract. Any such data submitted to the seller prior or subsequent to the formation of the contract remain the exclusive property of the buyer. They must not be communicated to a third party.[10]

3. Price of the Goods

The price of the order[11] or the seller's quotation and offer as accepted by the buyer, shall be binding and shall be based on „delivery (duty paid)". Prices as agreed upon shall include the cost of packing or protection required under normal transport conditions to prevent damage, and shall also include VAT.

4. Terms of Payment[12]

Payment shall be made in the manner and at the time or times agreed by the parties. If not agreed upon otherwise payment of the delivery shall be made within fourteen days after delivery and receipt of invoice with a 2% discount or within thirty days net.

5. Delivery

Delivery shall be effected on due date as being fixed in the contract or the order of purchase being subject to the contract.[13]

The seller is obliged to give notice in writing to the buyer if a delay in delivery is to be expected.

If the seller fails for any reason whatsoever to effect delivery on due date[14] the buyer shall be entitled by notice in writing to the seller to recover from the seller any loss suffered by reason of such failure (i.e. for additional costs for transportation, insurance, storage, etc.) but not exceeding an amount of 10% of the total contract price.

6. Transfer of Risks[15]

Save as provided in an individual contractual agreement the time at which the risk of damage to or loss of the goods shall pass shall be fixed in accordance with the Interpretation of Trade Terms (Incoterms 1990) of the International Chamber of Commerce. If no further indication is given in an individual contract of purchase (import), the goods shall be deemed to be sold „ddp" (delivery duty paid, Incoterms 1990).

7. Warranties[16]
7.1. Warranties relating to the quality of goods

The seller warrants that all items delivered under this agreement will be free form defects in material and workmanship, conform to applicable specifications, and, to the extent that detailed designs have not been furnished by the buyer, will be free form design defects and suitable for the purposes intended by the buyer.

seller's warranties hereunder shall extend to any defect or non – conformity arising or manifesting itself within two years after delivery.[17] With respect to items not in accordance with any such warranties, the buyer, without waiving any rights or remedies provided by law and/or elsewhere under these Standard Terms and Conditions,[18] may require the seller to correct or replace such items at the seller's risk and expense or refund such portion of the price as is equitable under the circumstances.[19] Any items corrected or replaced shall be subject to the provisions of these Standard Terms and Conditions in the same manner as those originally delivered hereunder.

7.2. Warranties of compliance with laws[20]

The seller warrants and undertakes to the buyer that in the performance of any contract of sale he will comply with all laws, rules, regulations, decrees and other ordinances issued by any governmental, state or other authority relating to the subject matter of these Standard Terms and Conditions and to the performance by the parties hereto of their obligations hereunder.

7.3. Warranty of title[21]

The seller warrants that the Goods are in his absolute property and none are subject to any option, right to acquire, assignment, mortgage, charge, lien or hypothecation or any other encumbrance whatsoever or the subject of any factoring arrangement, hire – purchase, conditional sale or credit sale agreement.

8. Miscellaneous Clauses

This agreement supersedes and invalidates all other commitment and warranties[22] relating to the subject matter hereof which may have been made by the parties either orally or in writing prior to the date hereof, and which shall become null and void from the date of the agreement is signed.

This agreement shall not be assigned or transferred by either party without the written consent of the other.

Each party shall be responsible for all its legal, accountancy or other costs and expenses incurred in the performance of its obligation hereunder.[23]

9. Place of Jurisdiction; Choice of Law

This agreement shall be governed by and construed in accordance with German law.[24] Any dispute arising out of this Agreement shall be finally settled in accordance whit the Rules of Conciliation and Arbitration of the International Chamber of Commerce, by one or more arbitrators designated in conformity with those rules.[25]

The buyer shall have the right to bring a claim before a court at the seller's principal place of business or at his discretion before any other court being competent according to any national or international law.

....
Place, Date   Place, Date

....
Signature(s)   Signature(s)

Übersetzung

1. Präambel

Diese Standardbedingungen für den Einkauf von Importgütern gelten ausschließlich, soweit sie nicht durch ausdrückliche schriftliche Vereinbarung zwischen den beiden Parteien abgeändert werden. Diese Vereinbarungen sollen auch dann gelten, wenn der Käufer Warenlieferungen des Verkäufers annimmt, und entgegenstehende Verkaufsbedingungen des Verkäufers bestehen, die aber nicht Grundlage des Vertrages sind.

Jede zwischen Verkäufer und Käufer getroffene Vereinbarung ist nur dann rechtswirksam, wenn sie zwischen den Parteien schriftlich getroffen wurde. Weitere zusätzliche Bedingungen oder Vertragsklauseln, die vom Verkäufer eingebracht werden, gelten solange als abgelehnt, als der Käufer diesen zusätzlichen Bestimmungen nicht schriftlich zugestimmt hat.

Diese Bedingungen werden allen zukünftigen Einzelverträgen zwischen Käufer und Verkäufer – bei gleichzeitigem Ausschluß anderslautender Allgemeiner Vertragsbedingungen – zugrundegelegt. Im übrigen gelten diese Allgemeinen Einkaufsbedingungen nur für Verträge mit Kaufleuten.

2. Vertragsschluß

Ein Kaufvertrag gilt erst dann als abgeschlossen, wenn der Käufer nach Empfang eines Angebots innerhalb 14 Tagen eine schriftliche Annahmeerklärung abgegeben hat.

Maß- und Gewichtsangaben, Mengen, Preise, sonstige Beschreibungen und sonstige Daten, wie sie in Katalogen, Rundschreiben, Anzeigen oder Preislisten enthalten sind, stellen nur Näherungswerte dar und sind solange nicht für den Käufer verbindlich, wie sie nicht ausdrücklich in den Vertrag einbezogen worden sind. Diese Daten, die dem Verkäufer vor Vertragsschluß übermittelt wurden, bleiben ausschließliches Eigentum des Käufers und dürfen auch Dritten nicht zugänglich gemacht werden.

3. Kaufpreis

Der in der Bestellung ausgewiesene Preis ist bindend und beruht auf der Vereinbarung „Geliefert verzollt". Der vereinbarte Kaufpreis schließt die Lieferung „frei Haus" einschließlich Verpackung sowie Übernahme der Transportversicherung und gesetzlicher Mehrwertsteuer ein.

4. Zahlungsbedingungen

Zahlung und Lieferung soll in der Weise und zu der Zeit erfolgen, wie es von den Parteien im Einzelfall vereinbart wird. Soweit im Einzelfall keine Vereinbarung getroffen wird, soll die Zahlung im Regelfall innerhalb von 14 Tagen nach Lieferung und Erhalt der Rechnung mit 2% Skonto beziehungsweise innerhalb von 30 Tagen rein netto erfolgen.

5. Lieferbedingungen

Die Lieferung hat am im Kaufvertrag oder der Bestellung niedergelegten Liefertag zu erfolgen.

Der Verkäufer ist verpflichtet, den Käufer schriftlich zu benachrichtigen, wenn ein Lieferverzug eintritt.

Gerät der Verkäufer in Lieferverzug, ist der Käufer berechtigt, vom Verkäufer schriftlich zu verlangen, eine Verzugsentschädigung für zusätzlich entstandene Kosten (z.B. für Transport, Versicherung, Lagerung usw.) zu verlangen, jedoch nicht mehr als 10% des gesamten Vertragswertes.

6. Gefahrenübergang

Soweit sich aus den Einzelliefervertägen nichts anderes ergibt, wird der Zeitpunkt des Gefahrübergangs in Übereinstimmung mit den Incoterms der Internationalen Handelskammer (Incoterms 1990) festgelegt. Wurde hierüber keine Einzelfallabsprache getroffen, so soll grundsätzlich die Klausel „delivery duty paid" (geliefert verzollt, Incoterms 1990) gelten.

7. Mängelgewährleistung

7.1. Gewährleistung bei Sachmängeln

Der Verkäufer sichert zu, daß die von ihm gelieferten Waren frei von Fehlern ist, mit den zugesicherten Eigenschaften versehen ist und den Anforderungen des Käufers entspricht.

Die Mängelhaftung des Verkäufers besteht für zwei Jahre, gerechnet ab dem Zeitpunkt der Lieferung. Soweit ein vom Verkäufer zu vertretender Mangel der Kaufsache vorliegt, ist der Käufer berechtigt, nach seiner Wahl vom Verkäufer die Mangelbeseitigung oder eine Ersatzlieferung zu verlangen, wofür der Verkäufer die Kosten zu tragen hat. Alle Ersatzlieferungen oder Reparaturen sind ebenfalls Bestandteil dieser in den Allgemeinen Einkaufsbedingungen niedergelegten Mängelgewährleistung.

7.2. Keine Verletzung von Rechtsnormen

Der Verkäufer sichert zu, daß die Ausübung der Einzelkaufverträge keine Rechtsverletzung insbesondere im Hinblick auf die Einhaltung von Gesetzen, Verordnungen oder sonstigen Bestimmungen irgendeiner offiziellen Stelle bewirken wird.

7.3. Gewährleistung bei Rechtsmängeln

Der Verkäufer sichert zu, daß alle den Kaufverträgen unterliegenden Gegenstände in seinem Volleigentum stehen und daß keine anderweitigen Rechte Dritter (wie etwa Pfandrechte, sonstige Gläubigerpositionen aus Forderungsabtretung oder sonstigen Kreditsicherheiten, Forderungsverkauf, Mietkauf, Vorbehaltskauf usw.) entgegenstehen.

5. Standard Terms and Cond. for the Purchase of Goods (Allg. Einkaufsbed.) **III.5**

8. Weitere Bestimmungen

Diese Vereinbarung ersetzt alle vorhergehenden Vereinbarungen, die von den Parteien zu diesen Geschäftsfeldern vorher mündlich oder schriftlich getroffen werden; vorhergehende Vereinbarungen werden mit der Unterzeichnung dieser Allgemeinen Einkaufsbedingungen unwirksam.

Die Rechte aus dieser Verbindung dürfen ohne schriftliche Zustimmung der jeweils anderen Partei von keinem der Vertragspartner abgetreten werden.

Jede Partei trägt die ihr im Zusammenhang mit der Durchführung dieses Vertrages entstehenden Kosten selbst.

9. Gerichtsstand; Rechtswahl

Diese Vereinbarung unterliegt deutschem Recht. Jeglicher Rechtsstreit aus der Geschäftsverbindung soll endgültig durch ein Schiedsgericht, besetzt durch einen oder mehrere Schiedsrichter und tätig auf der Basis der Schiedsverfahrensrichtlinien der Internationalen Handelskammer, entschieden werden.

Anstelle des Anrufens des Schiedsgerichts ist der Käufer berechtigt, sein Anliegen auch bei einem sachlich und örtlich zuständigen ordentlichen Gericht anhängig zu machen.

....
Ort, Datum, Unterschriften

Schrifttum: Graf von Bernstorff, Vertragsgestaltung im Auslandsgeschäft, 3. Aufl. 1994; *Graf von Bernstorff,* Rechtsprobleme im Auslandsgeschäft, 3. Aufl., 1992; *Graf von Bernstorff,* Lieferverträge im Außenhandel, 1992; *Bunte,* Handbuch der Allgemeinen Geschäftsbedingungen, 1982, S. 37 ff, 180 ff, 263 ff, 398 ff; *Drobnig,* Allgemeine Geschäftsbedingungen im internationalen Handelsverkehr, FS für F. A. Mann, München 1977, 591 ff; *Ebel,* die Kollision Allgemeiner Geschäftsbedingungen, NJW 1978, 1033; *Ebenroth,* Das kaufmännische Bestätigungsschreiben im internationalen Handelsverkehr, ZVglRWiss 77 (1978) 161; *Eckert/Nebel,* Abwehrklauseln in Einkaufsbedingungen, verlängerter Eigentumsvorbehalt und Globalzession, WM 1988, 1545; *Grasmann,* Das Zusammentreffen unterschiedlicher Einkaufs- und Verkaufsbedingungen, DB 1971, 561; *Habscheid,* Das Schiedsgutachten als Mittel der Streitentscheidung und Streitvorbeugung, FS Kralik, 1986, S. 189; *Heinze,* Inhaltskontrolle Allgemeiner Einkaufsbedingungen, NJW 1973, 2182; *Kronke,* Zur Verwendung von Allgemeinen Geschäftsbedingungen im Verkehr mit Auslandsberührung, NJW 1978 S. 992 f; *Liesecke,* Die typischen Klauseln des internationalen Handelsverkehrs in der neueren Praxis, WM 1978, Beil. 3; *Maier,* H. J., Handbuch der Schiedsgerichtsbarkeit, 1979; *Müller/Scholz-Schreven,* Einkaufsbedingungen auf dem Prüfstand, Bd. 1, 1979; *Rauscher,* Gerichtsstandsbeeinflussende AGB im Geltungsbereich des EuGVÜ, ZZP 104 (1991), 271; *Schiller,* Gerichtsstandsklauseln in AGB zwischen Vollkaufleuten und das AGB-Gesetz, NJW 1979, 636; *Schmid,* Gewährleistungszeiten und Verjährungsfristen in Allgemeinen Geschäftsbedingungen, DB 1990, 617; *Schütze,* Allgemeine Geschäftsbedingungen bei Auslandsgeschäften, DB 1978, 2301; *Schwab/Walter,* Schiedsgerichtsbarkeit, 4. Aufl., 1990; *Stahl,* Widerspruch zwischen Lieferungs- und Einkaufsbedingungen, DB 1956, 681; *Stoll,* International-privatrechtliche Probleme bei Verwendung Allgemeiner Geschäftsbedingungen, in FS für G. Beitzke, Berlin 1979, 759 ff; *Striewe,* Kollidierende AGB, Vertragsschluß und Vertragsinhalt, JuS 1982, 728; *Tengelmann,* Widerstreit der Einkaufs- und Verkaufsbedingungen, DB 1968, 205; *Teske,* Schriftformklauseln in Allgemeinen geschäftsbedingungen, 1990; *Thamm/Hesse,* Einkaufsbedingungen und AGB-Gesetz, BB 1979, 1583; *Vogt,* Kollidierende Geschäftsbedingungen, BB 1975, 200; *Weigel,* Schriftformklauseln in Allgemeinen Geschäftsbedingungen, 1989; *Graf von Westphalen,* Allgemeine Einkaufsbedingungen, 1990; *Graf von Westphalen,* Einkaufsbedingungen und AGB-Gesetz, ZIP 1984, 529; *Wolf/Horn/Lindacher,* AGB-Gesetz, Kommentar, 3. Aufl., 1994; *M. Wolf,* Auslegung und Inhaltskontrolle von AGB im internationalen kaufmännischen Verkehr, ZHR 153 (1989), 300.

III.5

Übersicht

	Seite		Seite
1. Allgemeine Einkaufsbedingungen	674	13. Lieferzeit	681
2. Wahl des Formulars	674	14. Lieferverzug	682
3. Qualifikation als AGB-Klauseln	675	15. Lieferbedingungen	684
4. Einbeziehung der Allgemeinen Einkaufsbedingungen	675	16. Gewährleistungsregeln	685
		17. Gewährleistungsfrist	686
5. Kollision von Bedingungen	675	18. Anspruchskonkurrenzen	687
6. Abwehr- und Ausschließlichkeitsklausel	676	19. Ersatzlieferung	687
		20. Keine Rechtsverletzung	688
7. Geltung unter Kaufleuten	677	21. Haftung für Rechtsmängel	688
8. Schriftform	677	22. Aufhebungsklausel	689
9. Angebotsbindung	678	23. Weitere Bestimmungen	689
10. Angebotsunterlagen	679	24. Rechtswahl	689
11. Kaufpreis	679	25. Schiedsvereinbarung	690
12. Zahlungsbedingungen	680		

Anmerkungen

1. Allgemeine Einkaufsbedingungen. Allgemeine Einkaufsbedingungen dienen den Importeuren für eine Vielzahl künftiger Importgeschäfte als vorformulierte grundsätzliche Vertragsbedingungen. Einkaufsbedingungen lassen sich dann gegenüber den Lieferanten durchsetzen, wenn die Marktposition und Marktmacht dem Warenkäufer eine stärkere Position geben, weil es sich um einen „Käufermarkt" handelt, der es dem Käufer für seine Warenkäufe ermöglicht, seine Interessen durchzusetzen.

Da es sich bei den Lieferanten der „Einkäufer" in der Regel um Kaufleute handelt, finden nach § 24 Nr. 1 AGBG bei einer Inhaltskontrolle von Importbedingungen die §§ 2, 10, 11 und 12 AGBG keine Anwendung, so daß lediglich § 9 AGBG heranzuziehen ist. – Einkaufsbedingungen enthalten meist Abwehrklauseln gegen kollidierende Lieferbedingungen, so daß auf den Aspekt der Kollision widersprüchlicher Allgemeiner Geschäftsbedingungen der Vertragsparteien besonders einzugehen sein wird (unten, Ziff 5). Entscheidungen zur Wirksamkeitskontrolle von Einkaufsbedingungen auf der Basis von § 9 AGBG sind selten (BGH ZIP 1990, 287), was offensichtlich darauf zurückzuführen ist, daß streitende Parteien sich – gerade im Hinblick auf die künftige Geschäftsverbindung – zu arrangieren versuchen und letztlich der Käufer, der ja als Kunde auftritt, in der Regel meist seine Interessen durchsetzt (vorausgesetzt, es besteht ein Käufermarkt, s.o.).

2. Wahl des Formulars. Wegen der thematischen Ähnlichkeiten zu den vorab behandelten „Verkaufsbedingungen" ist das hier vorgelegte Formular der Allgemeinen Importbedingungen in einigen Textpassagen leicht gekürzt. Ferner wurden aus methodischen Gründen bei einigen Themenstellungen (z.B. Liefer- und Zahlungsbedingungen; Schiedsgerichtsklausel) Vertragsinhalte genutzt, die sich stark zu den Exportbedingungen abgrenzen. Es wird aber bei der Kommentierung jeweils darauf hingewiesen, ob und wieweit eine andersartige Formulierung im Einzelfall dem Parteiinteresse ebenso gerecht werden kann. Auch die hier vorliegenden *Standard Terms and Conditions for the Purchase of Goods (Import)* sind aus der Sicht des deutschen AGB-Verwenders abgefaßt und gehen grundsätzlich davon aus, daß für die Warenkäufe des Importeurs deutsches Recht zur Anwendung gelangt. Hinweise auf Gesetze erfolgen mit Blick auf Bestimmungen des deutschen BGB, HGB oder AGBG, zitierte Gerichtsentscheidungen sind Sprüche deutscher Gerichte. Wegen der Anwendung des UN-Kaufrechts wird auf die Kommentierung der Verkaufsbedingungen (oben, Ziff. 2) verwiesen.

Neben der Anwendung der Allgemeinen Einkaufsbedingungen ist es üblich, je nach Anwendungsfall weitere Musterformulare zur Anwendung zu bringen. Dies sind vor allem die für die Liefer- und Zahlungsbedingungen so bedeutsamen Publikationen der Interna-

5. Standard Terms and Cond. for the Purchase of Goods (Allg. Einkaufsbed.)

tionalen Handelskammer, Paris (s. u.) und vor allem die im hier zu behandelnden Formular ebenfalls zugrundegelegten Richtlinien der Internationalen Handelskammer für die Durchführung internationaler Schiedsverfahren. Hierauf wird unten näher eingegangen. In allen Fällen bedarf die Einbindung dieser Richtlinien der Internationalen Handelskammer einer klaren Vereinbarung der Parteien und deutlichen Einbindung in den Vertrag.

3. Qualifikation als AGB-Klauseln. Die Allgemeinen Einkaufsbedingungen, die hier aus der Sicht des deutschen Rechts interpretiert werden, sind AGB-Klauseln im Sinne des § 1 Abs. 1 AGBG. Mit ihnen werden alle Regelungen erfaßt, die zwischen dem ausländischen Lieferanten und dem deutschen Warenabnehmer von Bedeutung sind. Sie sind „vorformuliert" im Sinne des § 1 Abs. 1 AGBG und bieten für die Zukunft die notwendige Geschäftsgrundlage, sind also keine „einzeln ausgehandelten Vertragsbedingungen" im Sinne des § 1 Abs. 2 AGBG.

4. Einbeziehung der Allgemeinen Einkaufsbedingungen. Die Allgemeinen Einkaufsbedingungen müssen wirksam in den Vertrag „einbezogen" sein. Die Einbeziehung ist Bestandteil des allgemeinen Vertragsschlusses nach den §§ 145 ff BGB und setzt deshalb eine darauf gerichtete ausdrückliche oder stillschweigende Vereinbarung voraus (BGH NJW 1985, 1838). Dabei muß der Wille der Parteien zur Einbeziehung erkennbar sein, was aufgrund einer laufenden Geschäftsbeziehung oder aufgrund sonstiger Umstände auch konkludent erkennbar sein kann. Vgl. im übrigen zur Einbeziehung der Allgemeinen Geschäftsbedingungen, zum kaufmännischen Bestätigungsschreiben und zur Sichtweise des anglo-amerikanischen und des französischen Rechtskreises die Kommentierung oben, Allgemeine Verkaufsbedingungen, Ziff. 4.

5. Kollision von Bedingungen. Auch zu diesem Themenbereich ist oben bei Besprechung der Allgemeinen Verkaufsbedingungen schon kurz Stellung genommen worden (vgl. Allgemeine Verkaufsbedingungen, Ziff 5.). Allerdings sind aus Sicht des Importeurs hierzu einige ergänzende Anmerkungen zu machen, da er meist diejenige Partei ist, die durch die (auf ein Angebot hin erfolgende) Annahmeerklärung und durch zusätzliches Einbringen seiner entgegenstehenden Allgemeinen Einkaufsbedingungen erst für die Problematik der Kollision unterschiedlicher Allgemeiner Geschäftsbedingungen sorgt.

Verwendet jede Vertragspartei ihre eigenen, mit der anderen Vertragspartei kollidierende Allgemeine Geschäftsbedingungen, so können je nach den Umständen die zuletzt in Bezug genommenen Geschäftsbedingungen nach den §§ 150 Abs. 2 und 151 BGB Vertragsinhalt werden (Prinzip des letzten Wortes, „last shot-Prinzip"; dazu nachstehend) oder der Vertrag gilt entgegen der Auslegungsregel des § 154 Abs. 1 BGB trotz kollidierender Allgemeiner Geschäftsbedingungen als geschlossen, wobei die Allgemeinen Geschäftsbedingungen nur insoweit gelten, wie sie sich nicht widersprechen, während im übrigen das dispositive Recht gilt (Prinzip der Kongruenzgeltung, dazu ebenfalls nachstehend, und *Wolf/Horn/Lindacher,* AGB-Gesetz, § 2 Rdnr. 73). Es kommt darauf an, ob die beiderseitigen Allgemeinen Geschäftsbedingungen eine Abwehrklausel enthalten („to the exclusion of any other terms and conditions"), mit der der anderen Vertragsbedingungen nicht anerkannt werden, oder eine Ausschließlichkeitsklausel („these conditions shall exclusively apply . . . . . ."), womit gesagt wird, daß der Vertrag durch den Importeur grundsätzlich nur auf der Basis der eigenen Allgemeinen Geschäftsbedingungen abgeschlossen werden soll (unten, Ziff. 6). Schließlich kann es auch sein, daß eine solche Klausel gänzlich fehlt, daß also keine Ausschluß- oder Abwehrklausel enthalten ist (*Wolf/Horn/Lindacher,* § 2 Rdnr. 73; *Rieger/Friedrich* JuS 1987, 118, 125). Diese Differenzierung wird nachstehend präziser dargestellt.

Bezieht sich der Verkäufer auf seine Allgemeinen Verkaufsbedingungen ohne eine solche Geltungsklausel, also ohne die Nennung eines ausdrücklichen Ausschlusses entgegenstehender AGB des Importeurs, und verweist der annehmende Importeur lediglich auf seine Allgemeinen Einkaufsbedingungen („I accept the offer. Please find enclosed my standard terms of business . . . . . ."), so liegt darin nach § 150 Abs. 2 BGB eine Ablehnung der

Allgemeinen Verkaufsbedingungen des Verkäufers verbunden mit einem neuen Antrag. Das bloße Schweigen auf diese modifizierte Auftragsbestätigung ist aber nicht als dessen Anerkennung anzusehen (BGH JZ 1977, 602). Allerdings ist der Vertrag nach §§ 150 Abs. 2 und 151 BGB mit den zuletzt in Bezug genommenen Allgemeinen Geschäftsbedingungen zustande gekommen, wenn der erste Anbieter (also der Exporteur mit seinem Vertragsangebot) *ohne* Widerspruch gegen die entgegenstehenden Einkaufsbedingungen des Importeurs abwickelt (Prinzip des letzten Wortes, „last-shot-Prinzip", BGHZ 61, 282, 287; *Wolf/Horn/Lindacher*, AGB-Gesetz, § 2 Rdnr. 74). Dabei ist es dann unerheblich, ob der Importeur seinerseits eine Abwehr- oder Ausschließlichkeitsklausel in seinen Allgemeinen Einkaufsbedingungen verwendet oder nicht. Wickelt der Exporteur den Vertrag aber *mit* Widerspruch (ausdrücklich oder konkludent) gegen die entgegenstehenden Einkaufsbedingungen des Importeurs ab, kommt der Vertrag entgegen § 154 Abs. 1 BGB ohne eine Einigung über die Allgemeinen Geschäftsbedingungen einer Partei zustande. Es gilt dann nicht ausschließlich das dispositive Recht (h. M.: BGH NJW 1985, 1838, 1839; OLG Köln BB 1980, 1237), sondern es wird dem Parteiwillen nur insoweit Rechnung getragen, wie die beiderseits vorgelegten Allgemeinen Geschäftsbedingungen inhaltlich übereinstimmen (Prinzip der Kongruenzgeltung; Wolf/Horn/Lindacher, AGB-Gesetz, § 2 Rdnr. 78). Dabei ist es ohne Bedeutung, ob die Parteien die Übereinstimmung kennen, wobei die tatsächliche Kongruenz nicht formal nur nach dem Wortlaut, sondern vielmehr nach dem Sinn und Zweck der jeweiligen Regelung und dem gemeinschaftlichen Interesse beider Vertragsparteien zu bestimmen ist. Es gilt aber nicht etwa das „gemeinsame Minimum", also etwa eine gemeinsam vorhandene Mindestsumme bei Festlegung einer Vertragsstrafe, weil diese Vertragsstrafe nur für den anderen Teil, nicht aber für den AGB-Verwender vorgesehen ist. Übereinstimmung kann dagegen angenommen werden, wenn für beide Parteien Kündigungs- oder Rücktrittsrechte vorgesehen sind oder ausgeschlossen werden oder wenn in den beiderseitigen Allgemeinen Geschäftsbedingungen für Sachmängel ein Recht auf kostenlose Nachbesserung vorgesehen ist (BGH NJW 1991, 1604, 1606; *Wolf/Horn/Lindacher* aaO).

Soweit sich die Allgemeinen Geschäftsbedingungen beider Parteien widersprechen, weil beide AGB dieselbe Problematik unterschiedlich regeln (jede Partei wählt die Geltung eines anderen nationalen Rechts usw), gilt das dispositive Recht analog § 6 Abs. 2 AGBG. Ein Widerspruch ist etwa auch darin zu sehen, daß in Einkaufsbedingungen die Untersuchungs- und Rügepflicht nach §§ 377 und 378 HGB ausgeschlossen, in den Verkaufsbedingungen des Exporteurs dagegen mit kurzen Fristen festgelegt ist (BGH NJW 1991, 2633, 2634 f). – Anders ist es dagegen bei einer Ergänzungsregel, bei der nur eine Partei in ihren Allgemeinen Geschäftsbedingungen eine Regelung aufgenommen hat, während die Allgemeinen Geschäftsbedingungen der anderen Vertragspartei hierzu schweigen (BGH NJW 1991, 2633, 2635; BGH NJW 1981, 2257: einem Abtretungsverbot steht eine Konzernverrechnungsklausel gegenüber; dem Eigentumsvorbehalt des Exporteurs, steht keine Regelung zum Eigentumsvorbehalt in den Einkaufsbedingungen gegenüber, BGH NJW 1985, 1838). – Liegt eine solche Ergänzungsregel vor, muß durch Auslegung und unter Berücksichtigung der Parteiinteressen bestimmt werden, ob diese AGB-Klausel (trotz Abwehr- oder Ausschließlichkeitsklausel, dazu unten) gelten soll oder nicht (BGH NJW 1985, 1838 f; *Wolf/Horn/Lindacher*, AGB-Gesetz, § 2 Rdnr. 80). In der Regel muß davon ausgegangen werden, daß nur begünstigende Regelungen im (beiderseitigen) Parteiinteresse stehen können, während bei Vorliegen einer Abwehr- oder Ausschließlichkeitsklausel benachteiligende Ergänzungsklauseln als grundsätzlich als nicht vereinbart angesehen werden können (zum Meinungsstand *Wolf/Horn/Lindacher*, AGB-Gesetz, § 2 Rdnr. 80).

6. Abwehr- und Ausschließlichkeitsklausel. Etwas anders stellt sich die Situation dar, wenn eine klare Aussage zur Abwehr fremder Allgemeiner Geschäftsbedingungen und zur ausschließlichen Anwendbarkeit der eigenen Vertragsklauseln getroffen wird, wie es hier im Formular vorgegeben ist.

5. Standard Terms and Cond. for the Purchase of Goods (Allg. Einkaufsbed.) III.5

Verwendet der Exporteur Allgemeine Verkaufsbedingungen, die eine *Abwehrklausel* enthalten, so ist dies als vorweggenommener Widerspruch gegen AGB des Einkäufers anzusehen, so daß die beiderseitig verwandten AGB nur insoweit gelten können, wie sie übereinstimmen (BGH NJW 1982, 1749; BGH NJW 1991, 1604, 1606). Benutzen also beide Partei Abwehrklauseln, so gelten diese AGB-Bestandteile als nicht vereinbart. Hierauf muß der Importeur achten, wenn er seine AGB als Vetragsgrundlage einbeziehen will.

Verwendet der Exporteur Allgemeine Verkaufsbedingungen, die eine Ausschließlichkeitsklausel zur Geltung der Exportbedingungen enthalten (dies wird kenntlich durch die Verwendung des Begriffes „ausschließliche Geltung", „exclusively" beziehungsweise durch den Hinweis auf die alleinige Geltung der eigenen AGB, *Lindacher* JZ 1977, 604), und nimmt der Importeur auf seine eigenen Importbedingungen Bezug, dann liegt ein Widerspruch zwischen beiden Ausschließlichkeitsklauseln vor. Wird der Vertrag dennoch abgewickelt, ist darin ein Verzicht auf die Geltung beider Ausschließlichkeitsklauseln zu sehen und ist der Vertrag (entgegen dem Prinzip des § 154 Abs. 1 BGB) im übrigen nur soweit geschlossen, als die Allgemeinen Geschäftsbedingungen sich nicht widersprechen (Prinzip der Kongruenzgeltung; vgl. OLG Köln, BB 1980, 1237).

Im Ergebnis muß sich der Importeur bei Zugrundelegung seiner Allgemeinen Einkaufsbedingungen darüber im klaren sein, daß seinen Abwehr- oder Ausschließlichkeitsklauseln diejenigen des Exporteurs entgegenstehen können. In diesen Fällen sollte daher in der Praxis nicht einfach alles auf sich beruhen bleiben, sondern unbedingt ein klärendes Gespräch mit dem Vertragspartner dazu führen, deutlich zu vereinbaren, wessen AGB und welche AGB-Inhalte nun tatsächlich zwischen den Parteien als vereinbart gelten sollen.

7. Geltung unter Kaufleuten. Es wird festgelegt, daß die Allgemeinen Einkaufsbedingungen nur gegenüber einem Kaufmann im Rahmen des Geschäftsbetriebes zur Anwendung gebracht werden sollen. Nach § 24 AGBG finden damit die bestimmungen der §§ 2 und 10 bis 12 AGBG keine Anwendung, so daß für eine Inhaltskontrolle der Allgemeinen Einkaufsbedingungen nur die Auffangnorm des § 9 AGBG zur Anwendung gelangen kann.

Vertragsinhalte sicher niederzulegen und beweisbar zu gestalten ist ein besonderes Bedürfnis im kaufmännischen Geschäftsverkehr. Daher ist es weltweite Praxis, wichtige Kaufverträge – und natürlich vor allem die zugrundeliegenden Allgemeinen Geschäftsbedingungen – schriftlich niederzulegen. Da ebenfalls in der Regel etwa beiderseitig verwandte Allgemeinen Geschäftsbedingungen die Schriftform (nachstehend unter Ziff. 8) vorsehen, gilt nach dem Prinzip der Kongruenzgeltung die Schriftform als vereinbart. Ansonsten, soweit nur eine Partei die Schriftform verlangt, ist dies vor allem unter Kaufleuten (a merchant in the course of business) unproblematisch, da sich Kaufleute auf die Führung von geschäftlichen Unterlagen grundsätzlich einstellen müssen und daher die im Rahmen einer Geschäftsführung anfallenden Schriftform- und Bestätigungsklauseln zum betrieblichen Alltag gehören. Im Ergebnis sind daher einfache Schriftformklauseln unter Kaufleuten aus Sicht des § 9 AGBG grundsätzlich nicht zu beanstanden. Allerdings ist zu diesem Themenbereich noch einiges zusätzlich zu differenzieren, so daß auf die nachfolgende Ziff. 8 verwiesen wird.

8. Schriftform. In den Einkaufsbedingungen ist an unterschiedlichen Positionen die Bedingung aufgenommen, daß grundsätzlich alle den Vertrag betreffenden Abreden (Nebenabreden, Zusicherungen, Vertragsänderungen, Änderungen der AGB usw.) wie beispielsweise auch hier die Annahmeerklärung der Schriftform bedürfen. Nach § 125 Satz 2 BGB ist die vereinbarte Schriftform im Zweifel als Wirksamkeitserfordernis für das gesamte Rechtsgeschäft anzusehen.

Problematisch ist – und dies soll an dieser Stelle auch ergänzend zu der Kommentierung der Allgemeinen Verkaufsbedingungen (s. dort, Ziff. 6) angeführt werden –, ob Schriftformklauseln in Allgemeinen Geschäftsbedingungen grundsätzlich wirksam sind (hierzu eingehend *Teske*, Schriftformklauseln in Allgemeinen Geschäftsbedingungen, 1990; *Weigel*, Schriftformklauseln in Allgemeinen Geschäftsbedingungen, 1989). Problematisch ist dies aus der Sicht des an sich bestehenden Grundsatzes der Formfreiheit, der im Zivilrecht gilt. Danach wäre es schon aus diesem Aspekt schwierig, grundsätzlich alle den Vertrag betreffenden Abreden über die Allgemeinen Geschäftsbedingungen einer Schriftformvereinbarung zu unterwerfen. Allerdings ist festgehalten, daß Schriftformklauseln, wie sie hier in den Allgemeinen Einkaufsbedingungen enthalten sind, und die dem Interesse der Rechtsklarheit und Rechtssicherheit zu dienen geeignet sind, weder als überraschende Klausel nach § 3 AGBG noch aus der Sicht der Generalklausel des § 9 AGBG unwirksam sind (vgl. BGH NJW 1984, 1184, zur Schriftform bei der Rückübertragung von Sicherungsrechten sowie BGH NJW 1982, 331, 333 und BGH NJW 1991, 2559). Die einfache Schriftformklausel kann dem Interesse beider Parteien dienen, da Unklarheiten über Vertragsabschluß, -inhalt und etwaige -änderung vermieden und der Beweis darüber erleichtert werden kann. Eine einfache Schriftformklausel lautet etwa: „mündliche Abreden bedürfen zu ihrer Wirksamkeit der Schriftform", oder „mündliche Abreden sind nicht getroffen worden". Diese Klauseln sind in der Regel aus der Sicht der §§ 4 und 9 AGBG unproblematisch, wenn sie darauf abzielen, sicherzustellen, daß der Vertrag in seiner Gesamtheit als Urkunde schriftlich niedergelegt wird (vgl. BGH NJW 1982, 331, 333).

Eine Schriftformklausel wäre nach diesen Grundsätzen allerdings als unwirksam einzustufen, wenn sie dazu dient, getroffene Individualvereinbarungen zu unterlaufen, indem sie beim Vertragspartner den Eindruck erwecken, daß eine mündliche Abrede (entgegen dem Grundsatz der Formfreiheit) unwirksam sei. Dies ist am häufigsten der Fall, wenn die Schriftform als „Bestätigungsklausel" aufgebaut ist, mit der mündliche Zusagen, Absprachen und Vertragsänderungen davon abhängig gemacht werden, daß sie nachträglich noch einmal gesondert vom AGB-Verwender schriftlich bestätigt werden müssen. Eine solche Bestätigungspflicht verstößt gegen den Gedanken des § 9 Abs. 2 Nr. 1 AGBG und ist daher unwirksam (BGH NJW 1985, 623, 630). Dies gilt auch in den Fällen, in denen die Schriftformklausel so weit geht, daß sie auch nachträgliche Vereinbarungen erfaßt, die nach dem Vertragsschluß vom und mit dem AGB-Verwender getroffen werden. Für solche nachträglichen Vereinbarungen kann ein berechtigter Bedarf bestehen (etwa telefonische Absprache). Der Kunde darf dann durch die Schriftfromklausel nicht davon abgehalten werden, seine Rechte aus der wirksamen Individualabsprache geltend zu machen (BGH NJW 1985, 320, 322; *Wolf/Horn/Lindacher*, AGB-Gesetz, § 9 Rdnr. 39). Dieser Aspekt ist beispielsweise in den oft hektischen Außenhandelsgeschäften mit der häufig nur telefonischen Kontaktaufnahme der Vertragspartner gegeben. In- und ausländischer Vertragspartner telefonieren, sprechen die wichtigsten Eckdaten ihres Außenhandelsvertrages ab und verzichten auf eine nachfolgende Fixierung in Schriftform.

Soweit, wie hier in den Allgemeinen Einkaufsbedingungen, die einfache Schriftform vereinbart ist, gilt sie für das gesamte Rechtsgeschäft, also auch für Nebenabreden und Vertragsänderungen. Grundsätzlich bleiben jedoch beide Vertragspartner in der Lage, das vereinbarte Formerfordernis formlos aufzuheben, wobei es erforderlich ist, daß der entsprechende Parteiwille klar ausgedrückt wird (BGH WM 1981, 121, 122). Dies wird bei Außenhandelsgeschäften in der Regel stillschweigend geschehen, wenn die Außenhandelspartner einen telefonischen Kontrakt (ohne weitere schriftliche Fixierung) ausführen, wobei es unerheblich ist, ob sie daran gedacht haben, daß entsprechend ihrer grundlegenden Vereinbarung in den AGB Formzwang bestand (BGHZ 71, 162, 164). Allerdings empfiehlt es sich stets schon aus Gründen der Beweisbarkeit, wichtige Elemente des Individualvertrages schriftlich niederzulegen.

9. Angebotsbindung. In den Allgemeinen Einkaufsbedingungen ist vorgesehen, daß auf eine Bestellung des Käufers innerhalb von 14 Tagen eine schriftliche Annahmeerklärung des Verkäufers möglich ist. Im kaufmännischen Geschäftsverkehr wird eine solche Bestellung als Angebot nach § 145 BGB angesehen, wenn Inhalt und Gegenstand des Vertrages so weit bestimmbar sind (im Sinne der §§ 133 und 157 BGB), daß eine Annahmeerklärung des Angebotsempfängers möglich ist und den Vertrag rechtswirksam zustandekommen läßt. Wegen der Bindungswirkung kann das Angebot nicht ohne weiteres widerrufen werden, es sei denn, die Bindungswirkung wurde ausdrücklich ausgeschlossen (§ 145 BGB). Die Vertragsannahme durch den Lieferanten oder seinen Vertreter ist eine einseitige, empfangsbedürftige Willenserklärung. Die Allgemeinen Einkaufsbedingungen sehen eine eindeutige und schriftliche Zustimmung zur Bestellung des Käufers vor. Nach § 146 BGB erlischt allerdings das Angebot (die Bestellung), wenn entweder der Lieferant ablehnt oder aber die gesetzte Frist von 14 Tagen (vgl. §§ 147 ff BGB) verstreicht (zur Problematik der Sichtweise ausländischer Rechtsordnungen vgl. „Verkaufsbedingungen", Ziff. 11 mwN).

Aus den genannten Vorschriften der §§ 147 und 148 BGB ergibt sich, daß nur eine rechtzeitige Annahme zum Vertragsschluß führt. Aus § 148 BGB folgt, daß eine vom Besteller festgesetzte Annahmefrist maßgebend ist. Hier sind 14 Tage vorgesehen, wobei im Zweifel die Frist von 14 Tagen mit der Abgabe der Bestellung (und nicht erst mit deren Zugang, *Soergel/Wolf*, BGB, § 148 Rdnr. 8) zu laufen beginnt und die Annahmeerkärung des Verkäufers beim Käufer noch innerhalb der 14 Tage zugehen muß (*Palandt/Heinrichs*, BGB, § 148 Rdnr. 2a bb).

10. Angebotsunterlagen. Alle Angebotsunterlagen, die dem Angebot (der Bestellung) beigefügt sind, wie etwa Zeichnungen, Pläne, Entwürfe, Rechenbeispiele, technische Dokumentationen, beurteilen sich hinsichtlich ihrer Verbindlichkeit für den Vertrag nach § 145 BGB. Ein verbindliches Angebot erstreckt sich auf die gesamte Dokumentation, wenn sie einwandfrei als zum Vertrag gehörig erkennbar ist. Vage Beschreibungen oder Aussagen scheitern an § 9 Abs. 2 Nr. 1 AGBG.

Die Allgemeinen Einkaufsbedingungen gehen davon aus, daß vom Käufer vorgelegte Daten, Zeichnungen oder sonstige Unterlagen, die geheimzuhalten sind, Dritten grundsätzlich nicht zur Kenntnis gegeben werden dürfen. Zwar erreichen schon die §§ 17 und 18 UWG einen gewissen Schutztatbestand für den Besteller, indem persönliche geistige Schöpfungen insbesondere in Wissenschaft und Kunst geschützt werden. Es ist jedoch von Vorteil, wie hier geschehen, in den Allgemeinen Vertragsbedingungen alle besonderen Vorgehensweisen zum Schutz von Geschäftsdaten ausdrücklich schriftlich niederzulegen, also klar niederzulegen, daß auch bloße Geschäftsaufzeichnungen (die ja nicht unter das UWG fallen) nicht an Dritte weitergegeben werden dürfen.

Zur Genauigkeit einer Bestellung, einer besonderen Spezifizierung und zur Abweichung von einer Bestellung ist oben bei Besprechung der Verkaufsbedingungen ausführlich (Ziffern 12 bis 14, jeweils mwN) Stellung genommen worden, so daß an dieser Stelle keine weiteren Ausführungen zu diesem Themenbereich angebracht werden.

11. Kaufpreis. Auch zum Kaufpreis, zur Preisliste und zu Preisanpassungsklauseln ist bereits bei Besprechung der Allgemeinen Verkaufsbedingungen (s. dort, Ziff. 15 bis 18) Stellung genommen worden. In Ziffer 3 der Allgemeinen Einkaufsbedingungen wird die Hauptpflicht des Käufers, nämlich die Begleichung des Kaufpreises Zug um Zug gegen Übertragung der Kaufsache, niedergelegt. Ferner wird festgelegt, daß der genannte Kaufpreis alle Nebenkosten (wie Fracht, Verzollung, Versicherung, wie aus der Klausel „delivery, duty paid" zu entnehmen ist) und auch die gesetzliche Mehrwertsteuer mit umfassen soll.

Ergänzend zu diesem Themenbereich ist anzumerken, daß der Besteller seiner Pflicht zur Zahlung des Kaufpreises in der Weise nachkommen kann, daß er den Kaufpreis durch Aufrechnung im Sinne der §§ 387 ff BGB tilgt, vorausgesetzt, daß die Aufrechnung nicht gesetzlich oder vertraglich ausgeschlossen ist. Ein Aufrechnungs- oder Zurückbehaltungsrecht ist in Allgemeinen Einkaufsbedingungen oft nicht gesondert geregelt (auch nicht im hier vorliegenden Formular). Problematisch ist dieses Thema, weil es sich aus deutschrechtlicher Sicht leicht darstellen kann, daß ein „stillschweigender Ausschluß" der Aufrechnung vorliegt. Ein stillschweigender Ausschluß der Aufrechenbarkeit liegt beispielsweise darin, daß eine „dokumentäre" Zahlungsbedingung wie etwa das Dokumentenakkreditiv oder das Dokumenteninkasso, vereinbart ist (vgl. hierzu BGHZ 60, 262, 263 und BGH NJW 1976, 852). Mit einer solchen dokumentären Zahlungsbedingung wird nämlich der Zahlungsvorgang grundsätzlich auf dazwischengeschaltete Banken als Dienstleister verlegt mit der Verfahrensweise, daß die Banken nur mit der Maßgabe und aufgrund der Weisung des Importers den Kaufpreis an den Exporteur auszahlen, sobald der Exporteur der Zahlstellenbank akkreditiv- oder inkassogerechte Warendokumente einreicht. Dieses Verfahren verhindert damit schon vom Ablauf her eine Aufrechnung, da der Zahlungsvorgang ganz bewußt auf Intermediäre verlegt ist und von beiden Parteien im Grunde gewollt ist, daß es keine Aufrechnung geben soll. Die hier vorliegenden Allgemeinen Einkaufsbedingungen enthalten keine dokumentäre Zahlungsklausel, so damit die Aufrechnung nicht ausgeschlossen wird.

Allerdings kann auch in einer Netto-Kasse-Klausel ein stillschweigender Ausschluß der Aufrechnung zu sehen sein (BGH WM 1972, 1092, 1093), da der Verwender der Klausel in jedem Fall mit einer Bezahlung rechnet, sobald die Rechnung vorgelegt wird (Kasse gegen Rechnung). Danach würde sich bei dem hier in den Allgemeinen Einkaufsbedingungen vorgelegten Wortlaut (payment shall be made ...... after receipt of invoice) an sich die Möglichkeit der Aufrechnung gegen eine Forderung des Lieferanten verschließen, da diese „Kasse gegen Rechnung"-Formulierung der Sichtweise der obengenannten Rechtsprechung entspräche. Allerdings darf im internationalen Handelsverkehr nicht außer acht gelassen werden, daß hier andere Usancen bekannt sind, als dies etwa im deutschen Inlandshandel der Fall ist, für den die Rechtsprechung eine Aussage traf. Im internationalen Geschäft kennt man nämlich in der Regel nur die beiden Sichtweisen der „dokumentären" und der „nichtdokumentären Zahlungsklauseln", wobei die nichtdokumentäre Zahlungsklausel meistens den Terminus „Kasse" (cash on delivery; cash after receipt of invoice) verwendet. Dabei ist davon auszugehen, daß eine Kasse-Klausel im internationalen Zahlungsverkehr einer Aufrechnungsmöglichkeit nicht entgegensteht, da es hier an einem stillschweigenden Verbot der Aufrechnung mangels entsprechendem Parteiwillen in der Regel fehlt.

Ansonsten enthält das Gesetz weitere Ausnahmetatbestände, wonach eine Aufrechnung unzulässig ist, in den §§ 392 bis 395 BGB. – Im übrigen ist bei gegenseitig fälligen Forderungen die Geltendmachung eines Zurückbehaltungsrechts wie eine Aufrechnung zu werten, sofern durch die Ausübung des Zurückbehaltungsrechts (wie bei einer Aufrechnung der Fall) ein Erlöschen der Leistungspflicht eintritt. – Schwierig ist auch die Situation, in der der Besteller aufgrund berechtigter Mängelrügen daran denkt, die Kaufpreiszahlung zurückzuhalten und damit ein Druckmittel gegen den Verkäufer auszuüben. Im Grunde macht der Käufer dann nur von seinen Rechten gemäß §§ 320 und 273 BGB Gebrauch, und er darf (unter Einbeziehung der Sicht des § 320 Abs. 2 BGB) wegen eines bloßen Mangels nicht die gesamte Zahlung zurückhalten. Zulässig ist es allerdings, ein Mehrfaches der geschätzten Nachbesserungskosten im Rahmen des Zurückbehaltungsrechtes geltend zu machen .

12. Zahlungsbedingungen. Es wurde unter Ziffer 11 (oben) bereits darauf hingewiesen, daß diese Allgemeinen Einkaufsbedingungen keine dokumentäre Zahlungsbedingung enthalten. Dies liegt auch in der Natur der Sache, denn die sogenannten „dokumentären Zahlungsklauseln" im Außenhandel sind die typischen Zahlungssicherungsinstrumente des Exporteurs, der durch die Einschaltung der Banken (beim Akkreditiv sogar mit dem abstrakten Zahlungsversprechen der akkreditiveröffnenden Bank) eine weitgehende Sicherung seines Zahlungsanspruchs erreichen kann, immer vorausgesetzt, daß er den zwischengeschalteten Banken eine einwandfreie Warendokumentation präsentieren kann.

So finden sich in Allgemeinen Einkaufsbedingungen typischerweise nichtdokumentäre Zahlungsbedingungen (sogenanntes „clean payment", also reine, von Dokumenten gelöste Zahlungsbedingungen). Dies wird aus Ziffer 3 und 4 der Allgemeinen Einkaufsbedingungen deutlich, die eine Barzahlungsvereinbarung enthalten. Grundsätzlich muß ein Kauf-

5. Standard Terms and Cond. for the Purchase of Goods (Allg. Einkaufsbed.) III.5

preis pünktlich und ohne Abzug gezahlt werden. Ein Skontoabzug, wie hier in Ziffer 4 der Allgemeinen Einkaufsbedingungen niedergelegt, setzt eine Barzahlungsvereinbarung voraus, wobei sich die hier genannte Frist von 14 Tzagen als Stundungsvereinbarung (BGH NJW 1981, 1959) versteht, wonach das Skonto nur statthaft ist, wenn rechtzeitig innerhalb der Frist Zahlung geleistet wird.

Auch diese Fristsetzung von 14 Tagen kann problematisch werden, wenn es entgegenstehende Allgemeine Vertragsbedingungen beider Parteien gibt, in denen der Verkäufer die Skontofrist möglicherweise „ab Rechnungsdatum", der Käufer dagegen die Skontofrist „ab Rechnungserhalt" berechnet (vgl. hierzu grundlegend oben, Ziffer 5, Kollision von Bedingungen). Wegen des „Prinzips der Kongruenzgeltung" kann daher der Fall eingetreten sein, daß (vor allem bei erstmaliger Geschäftsverbindung) ein klarer Dissens über die Skontovereinbarung vorliegt, so daß ein 2% Abzug mangels übereinstimmender AGB-Vereinbarung gar nicht vorliegt. Ist die Geschäftsverbindung älter und häufiger ein Skontoabzug erfolgt, dann kann das grundsätzliche Vorliegen einer wirksamen Skontovereinbarung bejaht werden. Allerdings sollte der Importeur, der eines Skontoabzugs nicht verlustig gehen will, die 14-Tage-Frist nicht bis zum letzten Tag nutzen, um nicht über diesen „unsicheren" Punkt der vertraglichen Regelung (Laufzeit der Frist) doch noch einen Streit um die Vertragsinhalte aufkommen zu lassen.

Liegen der Geschäftsverbindung dagegen nur die Allgemeinen Einkaufsbedingungen zugrunde, dann ist noch auf den Skontoabzug an sich einzugehen. Der Besteller erwartet in seinem Formular, daß die Skontofrist ab Erhalt der Warenrechnung läuft. Dies ist aus Sicht des § 9 Abs. 2 Nr. 1 AGBG genausowenig zu beanstanden, wie die Höhe des Abzugs (handelsüblich), zumal das einzig wichtige Kriterium ,nämlich die präzise Festlegung von Höhe des Skontos und die Länge der Zahlungsfrist exakt feststehen (fehlt eine genaue Bestimmung, wie etwa in der ungenauen Klausel „Zahlung innerhalb von 14 Tagen nach Eingang der *geprüften* Rechnung", ist die Klausel nach § 9 AGBG zu beanstanden, OLG Frankfurt NJW-RR 1988, 1485).

13. Lieferzeit. Ziffer 5 der Allgemeinen Einkaufsbedingungen legt in seinen Klauseln Bedingungen zur Lieferzeit fest. Danach soll die Lieferung, soweit dies ausdrücklich im Individualvertrag festgehalten wurde, am vereinbarten Liefertag erfolgen. Fehlt eine solche Vereinbarung, dann ist mit der Bestimmung des § 271 BGB zu folgern, daß bei Fehlen einer Leistungszeit (weder fest vereinbart noch aus den Umständen des Falles zu entnehmen) der Besteller die Lieferung sofort verlangen kann und der Lieferant verpflichtet ist, seine Leistungspflicht sofort zu erbringen.

Aus dem vorliegenden Formular ist nicht ersichtlich, daß es zu den in der Praxis häufig auftauchenden Problemen der mangelnden Bestimmbarkeit der Leistungszeit kommen könnte. Der Besteller legt in seinen Allgemeinen Einkaufsbedingungen klar fest, daß ein feststehendes Lieferdatum einzuhalten ist. Fehlt im Ausnahmefall ein solches Datum, dann kommt die Regel des § 271 BGB zum Zuge. Eine ungefähre Leistungszeit („ca", „ungefähr in der ...... Kalenderwoche" usw.), die zur Notwendigkeit einer Auslegung mittels §§ 133 und 157 BGB führen könnte, ist hier vermieden worden.

In jedem Fall bestimmt sich die Rechtzeitigkeit der Leistung durch den Lieferanten mittels Feststellung des Erfüllungsortes. Für die Frage, wo der Lieferant zu leisten hat, ist die Vorschrift des § 269 BGB heranzuziehen. Der im Gesetz genannte Begriff der „*Leistung*" versteht sich in der Weise, daß der „Leistungsort" der Ort ist, an dem der Lieferant die Leistungshandlung vornehmen muß, damit dort der Leistungserfolg eintreten kann. Der Leistungsort ist – insbesondere im internationalen Handel – meistens sofort anhand der angewandten Lieferbedingung (der „Incoterms-Klausel") herauszufinden. Dies ist im Formular unter Ziffer 6 mit dem Begriff „delivery duty paid" geschehen, wonach (s. dazu unten) eine Bringschuld vereinbart wurde und der Lieferant „frei Haus verzollt" zu liefern hat. Der Lieferant muß also bis zur Anlieferung beim Besteller alle Leistungshandlungen vornehmen und sämtliche Kosten (Transport, Versicherung, Verzollung) tragen. Wichtig ist, daß diese grundlegende Regelung in den Allgemeinen Einkaufsbedingungen jederzeit dadurch überlagert werden kann, daß die Kaufvertragsparteien in ihrem konkreten Individualvertrag etwas Gegenteiliges vereinbaren (§ 4 AGBG).

Mit dem letztgenannten Gedanken ist noch ein Problem zu erörtern, nämlich dasjenige der Leistungsmodalitätenregelung. Es kann sein, daß AGB-Klauseln vorliegen, die Zeit, Ort und sonstige Umstände der Leistung regeln und die deshalb gegen § 4 AGBG verstoßen, weil der betreffende Punkt auch Gegenstand einer zwischen der Parteien getroffenen Individualabrede ist und sich die AGB-Klausel dann nicht mehr im Rahmen einer (zulässigen) bloßen Konkretisierung bewegt. AGB haben nämlich auch die Funktion der Konkretisierung von Individualverträgen. Statt den nächstliegenden Bedeutungssinn eines Individualvertrages zu erforschen, ist grundsätzlich auf etwa vorhandene Allgemeine Geschäftsbedingungen zurückzugreifen (*Staudinger/Schlosser*, BGB, zu § 4 AGBG Rdnr. 16 ff; *Coester*, DB 1982, 1551, 1553). Dies gilt also für das vorliegende Formular in zweifacher Hinsicht: für die Bestimmung der Lieferfrist und die Festlegung des Leistungsortes. Macht also der Käufer in den Vertragsverhandlungen nachdrücklich sein Interesse an der Einhaltung einer bestimmten Lieferfrist deutlich oder ist dem Lieferanten ein solches Interesse ohne weiteres erkennbar, dann ist eine Lieferfristangabe seitens des AGB-Verwenders nach den §§ 133, 157 BGB als vertragliche Zusage anzusehen. Eine Lieferklausel in den AGB wie etwa „Liefertermin freibleibend" steht damit im Widerspruch zum Individualvertrag und ist deshalb unwirksam (BGHZ 92, 24 und 26). Andererseits geht es auch zu weit, eine in Allgemeinen Einkaufsbedingungen enthaltene Klausel mit einer Leistungszeitangabe zu einer Angabe mit Fixgeschäftscharakter hochzustufen (BGHZ 110, 88, 97; *Wolf/Horn/Lindacher*, AGBG, § 4 Rn 25).

Soweit es um die Angabe eines Leistungsortes geht, haben die genannten Grundsätze folgende Konsequenz: schon für die individuelle Leistungsortbestimmung gilt, daß eine den tatsächlichen Verhältnissen zuwiderlaufende Klausel als Leistungsortregelung wirkungslos ist (vgl. BGH WM 1995, 859; 861; häufig dient die Vereinbarung eines Erfüllungsortes nur der Bestimmung des Gerichtsstands; *Soergel/Wolf*, BGB, § 269 Rdnr. 17; *Wolf/Horn/Lindacher*, AGBG, § 4 Rn 26). Steht der in den Allgemeinen Einkaufsbedingungen genannte Leistungsort im Widerspruch zu einer individuellen Festlegung im Einzelvertrag, dann muß dasselbe Ergebnis über § 4 AGBG gelten und die Individualabsprache Vorrang genießen.

14. Lieferverzug. In den nachfolgenden Bestimmungen der Ziffer 5 der Allgemeinen Einkaufsbedingungen ist zunächst festgelegt, daß der Lieferant bei drohendem Lieferverzug den Besteller hiervon schriftlich in Kenntnis zu setzen hat. Tritt der Lieferverzug schließlich ein, soll der Besteller berechtigt sein, den Lieferanten bis zur Höhe des Vertragswertes in Regreß zu nehmen. In den Allgemeinen Einkaufsbedingungen wird also begrifflich zunächst davon ausgegangen, daß der Lieferant die Lieferung zwar verspätet (Verzug), aber immerhin doch erbringt (Klausel 5, Absatz 2). Erst im letzten Absatz der Klausel 5 wird dann eine beliebiges Leistungshindernis (Verzug und Unmöglichkeit) genannt, um die Rechtsfolge des Schadensersatzes eintreten zu lassen.

Der Lieferverzug setzt voraus, daß die Leistung noch nachgeholt werden kann. Vorausgesetzt wird nach § 284 Abs. 1 BGB, daß der Anspruch des Bestellers wirksam und fällig ist (es darf keine Einrede entgegenstehen). Eine Mahnung an den Lieferanten ist immer dann entbehrlich (nach § 284 Abs. 2 BGB), wenn für die Leistung durch Vertrag oder durch Gesetz eine Zeit nach dem Kalender bestimmt ist, wie es hier auch in den Allgemeinen Einkaufsbedingungen vorgesehen ist. Die hier in der Klausel genannten Bestimmungen erfüllen daher die gesetzlichen Voraussetzungen des Schuldnerverzugs.

Soweit nicht nur Verzug, sondern sogar Unmöglichkeit der Leistung vorliegt, was im Sinne des § 275 BGB dann der Fall ist, wenn die Leistung weder vom Lieferanten, noch von Dritten erbracht werden kann, unterscheidet das Gesetz weiter nach anfänglicher (§§ 306 ff BGB) und nachträglicher Unmöglichkeit (§§ 275 ff und §§ 323 ff BGB). Das

5. Standard Terms and Cond. for the Purchase of Goods (Allg. Einkaufsbed.) III.5

Gesetz geht von der dauernden Unmöglichkeit (§§ 275 und 280 BGB) aus, da begrifflich eine vorübergehende Unmöglichkeit unter den Begriff des Verzugs fällt.

Der Lieferant haftet für Verzug und Unmöglichkeit aber nur dann, wenn er die Leistungsstörung durch ein vorwerfbares Verhalten (mit-)verursacht hat. Für die Interpretation ist § 276 BGB heranzuziehen, der ein Vertretenmüssen des Lieferanten in den Fällen des Vorsatzes und der Fahrlässigkeit (§ 276 Abs. 1 Satz 2 BGB) und des Einstehenmüssens für Erfüllungsgehilfen (§ 278 BGB) festlegt (zu der umfangreichen Rspr. vgl. BGH NJW 1965, 1075 [Sorgfaltsmaßstab bei Fahrlässigkeit] und die st. Rspr. seit BGHZ 50, 32, 35, BGH NJW 1991, 2557 zum Erfüllungsgehilfen).

Rechtsfolge der vom Lieferanten zu vertretenden Unmöglichkeit ist nach § 280 BGB, daß der Lieferant dem Besteller Schadensersatz zu leisten hat (für den gegenseitigen Kaufvertrag ist § 325 BGB anzuwenden, der auf dasselbe Ergebnis kommt). Der Schadensersatz geht auf das sogenannte „positive Interesse" (BGH NJW 1983, 443), das heißt, daß der Lieferant den Besteller materiell so zu stellen hat, als wäre ordnungsgemäß erfüllt worden (nach § 325 BGB darf der Besteller Schadensersatz wegen Nichterfüllung verlangen oder vom Vertrag zurücktreten). Der auf Geld gerichtete Anspruch des Bestellers, wie hier in den Allgemeinen Einkaufsbedingungen der Fall, geht daher bis zur Höhe des Betrages, den der Besteller für eine ordnungsgemäße Lieferung aufgewandt hätte.

Rechtfolge des Lieferverzugs, den der Lieferant zu vertreten hat, ist nach § 286 BGB der Ersatz des durch den Verzug entstandenen Schadens. Daneben bleibt der Erfüllungsanspruch des Bestellers bestehen (sofern nicht die Besonderheit des § 286 Abs. 2 BGB eingreift und wegen Fortfalls des Interesses nur Schadensersatz wegen Nichterfüllung beansprucht wird). Bei Vorliegen der besonderen Voraussetzungen kann auch die Regelung des § 326 BGB eingreifen. Die Vorschrift des § 286 BGB ist dispositives Recht. Für Änderungen durch Allgemeine Geschäftsbedingungen gelten daher die sich aus dem AGB-Gesetz ergebenden Schranken, insbesondere die Vorschrift des § 9 AGBG.

In den Allgemeinen Einkaufsbedingungen kann die Festlegung des zu leistenden Schadensersatzes problematisch sein. Hier im Formular legt der Besteller fest, daß der Schadensersatz für alle durch den Verzug beziehungsweise durch die Unmöglichkeit verursachten Schäden (zusätzliche Lagerkosten, Versicherung, Buchhaltung etc) eingefordert werden können. Dies ist aus Sicht des § 11 Nr. 5 AGBG (dessen Gedanke über § 9 Abs. 2 Nr 1 AGBG auch gegenüber Kaufleuten gilt, BGH NJW 1984, 2941, 2942; BGHZ 67, 312) zu überdenken. Nach dieser Vorschrift ist eine Vereinbarung eines „pauschalierten Anspruchs" auf Schadensersatz unwirksam, wenn die Pauschale den zu erwartenden Schaden oder die gewöhnliche Wertminderung übersteigt (Alt. a) oder dem Vertragspartner der Nachweis abgeschnitten wird, ein Schaden oder eine Wertminderung sei nicht entstanden oder wesentlich neidriger als die Pauschale (Alt b). Schadenspauschalen als Folge des Lieferverzugs werden an § 286 BGB gemessen. Diese Vorschrift ersetzt nur den eingetretenen Verzögerungsschaden, also etwa zusätzlich entstandene Lager- und Verwaltungskosten usw.

Dies ist hier in den Allgemeinen Einkaufsbedingungen berücksichtigt. Problematisch wäre dagegen eine „Schadenspauschale", in der der Verwender der Allgemeinen Geschäftsbedingungen sich grundsätzlich einen pauschalen Schadensersatz in Höhe des Vertragswertes oder auch etwa nur „pauschal 50% des Vertragswertes" ausbedingt. Die in unterschiedlichen Fallgestaltungen zu § 11 Nr. 5 AGBG ergangene Rechtsprechung geht bei Schadenspauschalen von erheblich niedrigeren Werten aus (15% des Kaufpreises bei Neuwagen, BGH NJW 1982, 2316; oder 20% bei Gebrauchtwagen, BGH NJW 1970, 29; bei Geldschulden maximal 5% über dem Diskontsatz der Bundesbank, BGH NJW 1983, 1542; grundsätzlich sind dagegen Schadenspauschalen von 35% und mehr des Vertragspreises unwirksam, *Wolf/Horn/Lindacher*, AGBG, § 11 Nr. 5 Rdnr. 25).

Im Ergebnis ist daher die „Delivery-Klausel" in Ziffer 5 der Allgemeinen Einkaufsbedingungen nicht zu beanstanden. Der Praktiker sollte insbesondere im Hinblick auf die etwaige Verwendung einer Schadenspauschalierung Vorsicht bei der Bemessung der Höhe einer solchen Pauschale walten lassen. Auf der Basis der vorhandenen Rechtsprechung ist eine Festlegung einer Schadenspauschale von bis zu 10% unschädlich. Keinesfalls sollte aber eine Schadenspauschale in der Weise aufgenommen werden, daß beispielsweise „Schadensersatz bis zur Höhe des Vertragswertes" o.ä. verlangt wird.

15. Lieferbedingungen. Die Allgemeinen Einkaufsbedingungen legen fest, daß die Regelungen zu Kostentragung und Gefahrübergang auf der Basis der Incoterms 1990 festgelegt werden sollen (s.o., Verkaufsbedingungen, Ziff. 28 und 29). Zunächst bestimmt die Vertragsklausel 6 den Gefahrübergang (transfer of risiks).
Mit der Festlegung des Gefahrübergangs wird niedergelegt, bis zu welchem Zeitpunkt der Verkäufer das Risiko der Untergangs oder der Beschädigung der Ware selbst trägt und ab wann diese Risiken auf den Käufer übergehen. Dabei hängt der Begriff des Gefahrübergangs mit demjenigen des Eigentumsübergangs zusammen, doch ist beim Versendungskauf hinsichtlich der Transportgefahren auch die Bestimmung in § 447 BGB zu beachten (hierzu oben, Verkaufsbedingungen, Ziff. 28), soweit der Versand der Ware an einen anderen Ort als den Erfüllungsort vorgenommen wird.
Allerdings gehen die Allgemeinen Einkaufsbedingungen klar davon aus, daß es sich stets nach einer Incoterms-Klausel richtet, ob der Verkäufer die Risikoverlagerung auf den Importeur sehr früh schon vor oder bei Versand der Ware abgeben kann oder ob er noch alle Gefahren bis zur Anlieferung der Ware beim Importeur trägt. Mangels konkreter Absprache im Individualvertrag soll daher die aus Sicht des Importeurs besonders begünstigende Regelung „delivery duty paid" zur Anwendung gelangen.
Die Internationale Handelskammer, Paris, hat mit ihrer Publikation 460 die seit dem 1.1.1990 geltenden Incoterms herausgegeben. Die hierin enthaltenen Musterklauseln können Außenhandelsverträgen zugrundegelegt werden. Die hier im Formular verwendete D-Klausel gehört dabei zu der einen von vier Klauselgruppen, und sie ist stark auf die Vorteile eines Importeurs ausgerichtet. Von daher ist es verständlich, daß der Importeur in seinen Allgemeinen Einkaufsbedingungen auf die Geltung einer D-Klausel Wert legt. Alle Incoterms-Klauseln regeln den Kostenübergang, den Gefahrübergang und der Übergang der Sorgfaltspflicht vom Verkäufer auf den Käufer. Den Gefahrübergang behandeln die Incoterms als Übergang der Preisgefahr (anders als § 447 BGB, der nur die Transportgefahr anspricht). Sobald danach die Gefahr auf den Warenabnehmer übergegangen ist, muß der Kaufpreis bezahlt werden, selbst wenn die Ware nach diesem Zeitpunkt zufällig untergeht oder eine schädigende Wertminderung eintritt.
Welche der 13 zur Verfügung stehenden Incoterms 1990 – Klauseln letztlich vertraglich vereinbart wird, hängt stark von der Markt- und Verhandlungsposition der Vertragspartner ab. Gibt es einen „Verkäufer"-Markt mit starker Nachfrage, dann kann der Verkäufer eine E- oder C-Klausel durchsetzen. Im Gegenteil wird der Importeur in einem Käufermarkt möglichst eine D-Klausel durchsetzen wollen, wie hier im Formular der Allgemeinen Einkaufsbedingungen auch geschehen. D-Klauseln sind sogenannte „Ankunftsklauseln", weil hier der Verkäufer bis zur Ankunft der Ware am vereinbarten Bestimmungsort verantwortlich ist. Der Verkäufer hat alle Gefahren und Kosten bis zur Ankunft der Ware an diesem Ort zu tragen.
„Geliefert verzollt" bedeutet grundsätzlich, daß der Verkäufer seine Lieferverpflichtung erfüllt, wenn die Ware am benannten Bestimmungsort im Einfuhrland zur Verfügung gestellt wird. Der Verkäufer hat alle Gefahren und Kosten der Lieferung der zur Einfuhr freigemachten Ware bis zu diesem Ort einschließlich Zöllen, Steuern und anderen Abgaben zu tragen. Während die Klausel „ab Werk" die Mindestverpflichtung des Verkäufers darstellt (vgl. oben, Verkaufsbedingungen, Ziff. 29), enthält die DDP-Klausel seine Maximalverpflichtung. Diese Klausel sollte nicht verwendet werden, wenn es dem Verkäufer nicht möglich ist, entweder direkt oder indirekt die Einfuhrbewilligung zu beschaffen. Wünschen die Parteien, daß der Käufer die Ware zur Einfuhr freimacht und die Zölle entrichtet, ist die DDU-Klausel geeigneter. Wünschen die Parteien, daß von den Verpflich-

tungen des Verkäufers bestimmte bei der Einfuhr anfallende Abgaben ausgeschlossen werden, sollte dies durch einen entsprechenden Zusatz deutlich gemacht werden, wie „Geliefert verzollt, Mehrwertsteuer nicht bezahlt (benannter Bestimmungsort)". Diese Klausel kann für jede Transportart verwendet werden.

Konkret bedeutet „DDP" nach den Auslegungskriterien der Internationalen Handelskammer: Der Verkäufer hat die Ware in Übereinstimmung mit dem Kaufvertrag zu liefern sowie die Handelsrechnung oder die entsprechende elektronische Mitteilung und alle sonstigen vertragsgemäßen Belege hierfür zu erbringen. Er hat auf eigene Kosten und Gefahr die Aus- und Einfuhrbewilligungen oder andere behördliche Genehmigung zu beschaffen sowie alle Zollformalitäten zu erledigen, die für die Aus- und Einfuhr der Ware und gegebenenfalls für ihre Durchfuhr durch ein drittes Land erforderlich sind. Er hat auf eigene Rechnung den Vertrag über die Beförderung der Ware auf dem üblichen Weg und in der üblichen Weise bis zur benannten Stelle am benannten Bestimmungsort abzuschließen. Er hat dem Käufer die Ware in dem vereinbarten Zeitpunkt oder innerhalb der vereinbarten Frist zur Verfügung zu stellen und bis zu diesem Zeitpunkt alle Gefahren des Verlusts und der Beschädgung der Ware zu tragen. Schließlich muß er den Käufer in angemessener Weise benachrichtigen, daß die Ware versandt worden ist, sowie jede andere Nachricht zu geben, die der Käufer benötigt, um erforderliche Maßnahmen zur Übernahme der Ware treffen zu können. Er muß dem Käufer auf seine Kosten den Auslieferungsauftrag (delivery order) und/oder das übliche Transportdokument (ein begebbares Konnossement, einen Luftfrachtbrief o. ä.) beschaffen, das der Käufer zur Übernahme der Ware benötigt. Außerdem hat der Verkäufer die Kosten der Prüfung (Qualitätsprüfung, Messen, Wiegen, Zählen) zu tragen und auf eigene Kosten für Verpackung zu sorgen.

Der Käufer dagegen muß nach dieser DDP-Klausel den Kaufpreis vertragsgemäß zahlen, dem Verkäufer auf dessen Verlangen jede Hilfe zu gewähren, die bei der Beschaffung der Einfuhrbewilligung oder anderer behördlicher Genehmigungen erforderlich sind, die Ware bei Zurverfügungsstellung abnehmen und alle Gefahren des Verlusts oder der Beschädigung der Ware sowie die Kosten von dem Zeitpunkt an tragen, in dem sie ihm zur Verfügung gestellt wurde. Wenn der Käufer berechtigt ist, den Zeitpunkt der Abnahme innerhalb einer vereinbarten Frist und/oder ihren Ort zu bestimmen, muß er den Verkäufer in angemessener Weise davon benachrichtigen. Er muß ferner den Auslieferungsauftrag (delivery order) oder das Transportdokument annehmen, mangels anderweitiger Vereinbarung die Kosten der Warenkontrollen vor der Verladung (pre-shipment inspection) tragen, mit Ausnahme behördlich angeordneter Kontrollen des Ausfuhrlandes. Schließlich muß der Käufer dem Verkäufer auf dessen Verlangen und Kosten jede Hilfe gewähren, die er bei der Beschaffung der Dokumente benötigt, die im Einfuhrland ausgestellt oder abgesendet werden und die der Verkäufer benötigt, um die Ware dem Käufer zur Verfügung zu stellen.

16. Gewährleistungsregeln. Unter der Ziffer 7 behandeln die Allgemeinen Einkaufsbedingungen unter „warranties" den Bereich der Gewährleistungsbestimmungen. Dieser Abschnitt ist besonders vielfältig ausgestaltbar, wie sich bei Behandlung der Allgemeinen Vekaufsbedingungen unter Ziffer 8 gezeigt hat. Im Formular der Allgemeinen Einkaufsbedingungen ist dagegen nur auf die Schwerpunkte eingegangen worden, die in Einkaufsbedingungen typischerweise eine wichtige Funktion haben.

Nicht erneut aufgenommen wurden Klauseln, nach denen der Besteller sich selbst verpflichtet, die Ware innerhalb einer angemessenen Frist auf etwaige Qualitäts- oder Quantitätsabweichungen zu prüfen und wie rechtzeitig, also innerhalb welcher Frist, eine notwendige Rüge beim Lieferanten einzugehen hat. Dies ist der Klauselbereich, in dem die Mängeluntersuchung und Mängelrüge im Sinne der §§ 377 und 378 HGB eine Rolle spielt. Darauf ist unter der Behandlung der Allgemeinen Verkaufsbedingungen (oben, Ziffer 38) ausführlich Stellung genommen worden. Danach ist zu differenzieren, ob ein offener (§ 377 Abs. 1 HGB) oder versteckter Mangel im Sinne des § 377 Abs. 3 HGB vorliegt, eine Untersuchung „unverzüglich", also ohne schuldhaftes Zögern (§ 121 BGB) erfolgte, wobei die Durchführung von Stichproben ausreicht (BGH BB 1977, 1019), der Besteller dem Lieferanten den Mangel unverzüglich anzeigt (beziehungsweise bei sich erst später zeigenden Mängeln dies unverzüglich nach Entdecken macht, § 377 Abs. 3 HGB). In der Regel sollte eine Rügefrist nicht länger als eine Woche (d.h. bis zu fünf Werktage) lang sein.

Vorhanden ist im vorliegenden Formular der Allgemeinen Einkaufsbedingungen dagegen eine Verantwortung des Verkäufers für eine Eigenschaftszusicherung im Sinne des § 459 Abs. 2 BGB. Der Lieferant soll also in den Fällen, in denen er eine bestimmte Eigenschaft der Ware zugesichert hat, für einen Fehler dieser Eigenschaft die Verantwortung tragen. Es liegt damit keine Klausel vor, wonach alle Angaben als zugesicherte Eigenschaften gelten, denn eine solche Fomulierung wäre wegen des Verstoßes nach § 9 AGBG unwirksam, da sie den Verkäufer mit dem Risiko unübersehbarer Schadensersatzforderungen belasten würde (*Wolf/Horn/Lindacher*, AGBG § 9, E 74; *Thamm/Hesse* BB 1979, 1587). – Grundsätzlich hat der Besteller nur dann Sachmängelansprüche nach § 459 BGB, wenn ein erheblicher Fehler der Ware vorliegt. Eine unerhebliche Minderung des Wertes oder der Tauglichkeit kommt nicht in Betracht (§ 459 Abs. 1 Satz 2 BGB). Ob der Fehler erheblich ist, muß unter Berücksichtigung aller Umstände, vor allem des Verwendungszwecks und der Verkehrsanschauung ermittelt werden. Daneben gibt das Gesetz dem Besteller die Sachmängelansprüche auch bei Fehlen einer zugesicherten Eigenschaft (§ 459 Abs. 2 BGB). Insofern hätte es einer deutlichen Regelung in den Allgemeinen Einkaufsbedingungen gar nicht bedurft. Will sich nämlich der Käufer bei einem Fehler der Kaufsache nicht mit Wandlung oder Minderung begnügen, sondern sich auch einen Schadensersatzanspruch offenhalten, so legt er Wert darauf, daß der Verkäufer ihm bestimmte Eigenschaften der Warenbeschaffenheit zusichert. § 463 BGB sieht dann (abgesehen vom arglistigen Verschweigen eines Fehlers, § 463 Satz 2 BGB) einen Schadensersatzanspruch des Käufers vor.

Eine Eigenschaft der Kaufsache ist nur dann zugesichert, wenn die Erklärung des Verkäufers, daß er für das Vorhandensein der Eigenschaft einstehen will, Vertragsinhalt geworden ist. Eigenschaften sind alle rechtlichen und tatsächlichen Umstände, die auf die Wertschätzung der Sache Einfluß haben und die für den Wert der Sache, den vertraglich vorausgesetzten Gebrauch oder aus sonstigem Grund für den Käufer von Bedeutung sind (BGHZ 87, 302). Ob eine Zusicherung einer Eigenschaft vorliegt, kann ausdrücklich oder stillschweigend (BGHZ 59, 160) vereinbart sein. In den vorliegenden Allgemeinen Einkaufsbedingungen erfolgt eine grundsätzliche Zusicherung der Mängelfreiheit.

Entscheidend für die Lieferantenhaftung für das Fehlen zugesicherter Eigenschaften ist ferner, daß der Fehler im Zeitpunkt des Gefahrübergangs vorliegt, so daß es wieder auf die vorhergehende Klausel in Ziffer 6 des Formulars ankommt. Bis zum Gefahrübergang ist der Verkäufer zur Nachbesserung befugt, aber nicht verpflichtet.

Typischerweise finden sich in Allgemeinen Verkaufsbedingungen Klauseln, die die Sachmängelhaftung des Verkäufers ausschließen sollen. Insofern ist dieser Bereich einer der wichtigsten, wenn kollidierende Allgemeine Geschäftsbedingungen des Verkäufers vorliegen. Hierzu ist auf die Erläuterung unter Ziffer 5 (Kollision von Bedingungen, oben) zu verweisen. Ein Haftungsausschluß oder eine Haftungsbeschränkung für die Sachmängelverantwortung des Verkäufers ist, da die Vorschriften des § 459 BGB abdingbar sind, möglich (§ 305 BGB und arg.e § 476 BGB; vgl. BGH NJW 1984, 1452). Nicht möglich ist dagegen ein Haftungsausschluß, wenn der Verkäufer einen Mangel arglistig verschweigt (§ 476 BGB) oder bei neuwertigen Sachen (§ 11 Nr 10 und § 11 AGBG, deren Grundgedanken über § 9 AGBG auch für Kaufleute gelten).

17. Gewährleistungsfrist. Der Anspruch auf Wandlung, Minderung sowie auf Schadensersatz wegen Fehlens zugesicherter Eigenschaften verjährt bei beweglichen Sachen in sechs Monaten von der Ablieferung (§ 477 Abs. 1 BGB). Diese kurze Frist beruht auf dem

5. Standard Terms and Cond. for the Purchase of Goods (Allg. Einkaufsbed.) III.5

Gedanken, daß die Feststellung von Sachmängeln nach längerer Zeit kaum möglich ist. Dennoch bestimmt § 477 Abs. 1 Satz 2 BGB, daß die Verjährung der Gewährleistungsansprüche durch Vertrag verlängert werden kann. Das Formular sieht hier eine Frist von bis zu zwei Jahren vor. Eine maßvolle Verlängerung der Frist ist aus der Sicht des § 9 AGBG bei Vorliegen eines berechtigten Interesses zulässig (*Schmid* DB 1990, 617), was dann der Fall ist, wenn der Verwender der Allgemeinen Geschäftsbedingungen in der Regel erst durch Reklamation seiner Kunden von Mängeln erfährt. Entscheidend für eine Fristverlängerung ist der Leistungsstand sowie die Berücksichtigung des Umstandes, ob der Besteller seinerseits seinen Abnehmern Garantiefristen eingeräumt hat, die über die gesetzliche Gewährleistungsfrist hinausgehen (zur Fristverlängerung beim Kauf komplizierter technischer Anlagen auf 9 Monate *Ulmer/Hensen*, AGBG, Anh. §§ 9–11, Rdnr. 298; *Thamm/Hesse* BB 1979, 1586; Mindestforderniss ist aber auch die Festlegung einer Höchstfrist, *Thamm/Hesse*, aaO; zur Weitergabe der Gewährleistung von 12 Monaten, *Bunte*, Handbuch der Allgemeinen Geschäftsbedingungen, 1982, S. 191; verboten ist dagegen eine Kettengarantie, also ein Neubeginn der Gewährleistungsfrist bei jeder Nachbesserung, *Thamm/Hesse* BB 1979, 1586; *Wolf/Horn/Lindacher*, AGBG; § 9 Rdnr. E 72). Auf der Basis dieses Meinungsstandes ist die im Formular genannte Fristverlängerung der Gewährleistung für zugesicherte Eigenschaften auf neun Monate aus Sicht des § 9 AGBG nicht zu beanstanden.

Selbst wenn die Mängelansprüche nach § 477 BGB verjährt sind, kann der Käufer unter den Voraussetzungen des § 478 BGB gegenüber dem Kaufpreisanspruch ein Leistungsverweigerungsrecht geltend machen. Dem Besteller bleibt die Mängeleinrede erhalten, wenn er beispielsweise vor dem Verjährungseintritt den Mangel beim Lieferanten anzeigt oder jedenfalls die Mängelanzeige an den Lieferanten abgesandt hat. – Außerdem kann der Besteller gegenüber einer Forderung des Verkäufers aus demselben Vertrag mit einer verjährten Schadensersatzforderung nur dann aufrechnen, wenn er vor dem Verjährungseintritt dem Verkäufer den Mangel angezeigt oder eine der in § 478 BGB genannten Handlungen vorgenommen hat (§ 479 BGB).

18. Anspruchskonkurrenzen. Im Zusammenhang mit der Verantwortung aus den §§ 459 ff BGB stellt sich immer die Problematik, ob neben den Gewährleistungsvorschriften die Bestimmungen der Anfechtung, der Leistungsstörungen, der Grundsätze aus vorvertraglichem Verschulden (culpa in contrahendo) und aus unerlaubter Handlung anwendbar sind. – Die §§ 459 ff BGB setzen das Vorliegen eines Mangels bei Gefahrübergang auf den Käufer voraus, so daß bis zum Gefahrübergang die allgemeinen Vorschriften der Anfechtung (z. B. Irrtum über eine verkehrswesentliche Eigenschaft, § 119 Abs. 2 BGB oder vom Verkäufer zu vertretende Unmöglichkeit, § 325 BGB) anwendbar sind. *Nach Gefahrübergang* sind die §§ 459 ff BGB Spezialvorschriften, die die *Irrtums*vorschriften beeinträchtigen können (Ausschluß des § 119 Abs. 2 BGB; BGHZ 34, 32, 34; eine Anfechtung wegen arglistiger Täuschung nach § 123 BGB bleibt dagegen erhalten, BGH NJW 1958, 177). – Hinsichtlich der Unmöglichkeit einer Leistung gilt, daß die Erfüllungspflicht auch die Sachmängelhaftung umfaßt, so daß bei Lieferung einer mangelhaften Sache teilweise nicht erfüllt wird. Die allgemeineren Vorschriften der §§ 323 und 325 BGB werden durch die Spezialnormen der §§ 459 ff BGB überlagert. – Eine Haftung des Lieferanten aus positiver Forderungsverletzung ist möglich, wenn der Verkäufer schuldhaft seine Leistungspflicht durch Lieferung einer mangelhaften Sache verletzt und dadurch ein Schaden an Rechtsgütern des Käufers eintritt (BGHZ 87, 88). – In engen Grenzen kann auch ein Verschulden bei Vertragsschluß und wegen schuldhafter Verletzung einer Offenbarungspflicht des Verkäufers seine Haftung aus culpa in contrahendo in Betracht kommen (BGHZ 60, 319). – Auch Ansprüche aus unerlaubter Handlung (§§ 823 Abs. 1 und 2 BGB und § 826 BGB) können neben Sachmängelansprüchen des Käufers bestehen (BGHZ 66, 315).

19. Ersatzlieferung. Der Käufer ist nach den Allgemeinen Einkaufsbedingungen befugt, nach seiner Wahl – und auf Kosten des Lieferanten – eine Mangelbeseitigung (beziehungsweise eine Nachbesserung) oder eine Ersatzlieferung zu verlangen. Eine *Nachbesserung* liegt vor, wenn am geleisteten Gegenstand Maßnahmen der Mängelbeseitigung vorgenommen werden, was auch der Fall ist, wenn nur untergeordnete Einzelteile ausgetauscht oder ersetzt werden. Werden dagegen wichtige Einzelteile ausgetauscht, kann schon eine Ersatzlieferung vorliegen. Ansonsten bedeutet *Ersatzlieferung* die Leistung eines neuen Gegenstandes an Stelle des ursprünglichen (beziehungsweise ein Austausch von wesentlichen, den Gegenstand prägenden Teilen und Ersatz durch neue).

Die Unterscheidung ist vom Grundsatz her nur deshalb von Bedeutung, weil eine Ersatzlieferung auf gesetzlicher Grundlage nur bei Gattungsschulden möglich ist. Beim Gattungskauf, bei dem die Kaufsache nur nach allgemeinen Merkmalen bestimmt ist (§ 480 BGB), der Verkäufer zur Leistung einer Sache mittlerer Art und Güte verpflichtet ist (§ 243 Abs. 1 BGB) und die gelieferte Sache zu dem im Vertrag voausgesetzten Gebrauch geeignet und etwaige zugesicherte Eigenschaften haben muß, kann der Käufer anstelle von Wandlung oder Minderung verlangen, daß der Lieferant ihm statt der mangelhaften Sache eine mangelfreie liefert (§ 480 Abs. 1 BGB). Der Anspruch auf Lieferung einer mangelfreien Sache besteht auch, wenn der Verkäufer kein mangelfreies Stück mehr zur Verfügung hat (§ 279 BGB; Beschaffungsschuld). In diesen Fällen kann der Käufer nach § 326 BGB vorgehen.

Neben der auf Gesetz beruhenden Ersatzlieferung bei Gattungskäufen kann ein Ersatzlieferungsanspruch auch durch Vertrag geschaffen werden, wie es hier mit den Allgemeinen Einkaufsbedingungen geschehen ist. Diese eigentlich typischerweise in Verkaufsbedingungen aufzufindende Regelung ist auch in Einkaufsbedingungen sachgerecht, da es üblicherweise im Grundinteresse eines Bestellers ist, eine einwandfreie, neue Sache nutzen und nicht durch Wandlung oder Minderung lediglich Rechtsbehelfe wahrnehmen zu können. Die im Formular genannte Klausel ist dabei an den Grundgedanken des § 11 Nr. 10 b AGBG ausgerichtet, da die dem Käufer zustehenden Rechte nicht beschränkt, sondern ein Ersatzlieferungsanspruch nur zusätzlich eingeräumt wird.

20. Keine Rechtsverletzung . Der Besteller bedingt sich durch seine Allgemeinen Einkaufsbedingungen auch aus, daß der Lieferant zusichert, durch die Ausführung der Kaufverträge keine grundlegenden Rechtsnomen (und keine Schutzgesetze im Sinne des § 823 Abs. 2 BGB) zu verletzen.

Nach § 823 Abs. 2 BGB ist derjenige schadensersatzpflichtig, der rechtswidrig und schuldhaft „gegen ein den Schutz eines anderen bezweckendes Gesetz verstößt" und ihm dadurch einen Schaden zufügt. Schutzgesetz ist jede Rechtsnorm, also nicht bloß das Gesetz im formellen Sinn, was insbesondere aus auslandsrechtlicher Sicht großen Sinn macht, da vor allem im anglo-amerikanischen Recht nur wenig Gesetze, dafür aber in erheblich stärkerem Maße Entscheidungen von Gerichten zur Lösung von Rechtsfragen herangezogen werden. Mit dieser Klausel in den Allgemeinen Einkaufsbedingungen wird dieser im Gesetz verankerte Grundsatz besonders herausgestellt.

Im übrigen versteht sich die Haftung für die Verletzung von Rechtsvorschriften auch aus Sicht der etwaigen Verletzung von gewerblichen Schutzrechten. Wenn der Lieferant für die Verletzung gewerblicher Schutzrechte haften soll, ist dies unter der Wertung des § 9 AGBG unangemessen, falls der Lieferant keine Kenntnis davon hat, in welche Länder die Ware geliefert wird (*Thamm/Hesse* BB 1979, 1587); anders ist es, wenn die Haftung für Schutzrechtsverletzungen auf bestimmte Länder beschränkt wird (*Wolf/Horn/Lindacher*, AGBG, § 9 Rdnr. E 75).

21. Haftung für Rechtsmängel. Nach § 434 BGB ist „der Verkäufer ...... verpflichtet, dem Käufer den verkauften Gegenstand frei von Rechten zu verschaffen, die von Dritten gegen den Käufer geltend gemacht werden können". Sinn der Vorschrift ist es, dem Käufer die Ware so zu verschaffen, daß er darüber nach Belieben verfügen kann, ohne durch Rechte Dritter beschwert zu sein Diese Vorschrift ist – bis hin zum völligen Verzicht – abdingbar (BGHZ 11, 24). Nach § 433 Abs. 1 BGB ist der Verkäufer verpflichtet, dem

5. Standard Terms and Cond. for the Purchase of Goods (Allg. Einkaufsbed.) III.5

Käufer Besitz an der Kaufsache zu verschaffen und das Eigentum zu übertragen. Solange allerdings Rechte Dritter (im Sinne des § 434 BGB) entgegenstehen, hat der Verkäufer seine vertragliche Hauptpflicht aus dem Kaufvertrag noch nicht erfüllt. Erfüllt daher der Verkäufer seine Verpflichtung nicht, dann stehen dem Käufer die Rechte nach § 440 BGB in Verbindung mit den §§ 320ff BGB zu. Der Käufer kann mit der Einrede des nicht erfüllten Vertrags (§§ 320 und 321 BGB) von der Kaufpreiszahlung befreit sein (§ 323 BGB) oder vom Kaufvertrag zurücktreten (§§ 325 und 326 BGB) oder, bei Vorliegen der besonderen Voraussetzungen auch Schadensersatz wegen Nichterfüllung (unter der Voraussetzung der §§ 440 Abs. 2 bis 4 und § 441 BGB) verlangen. Das setzt nicht voraus, daß der Verkäufer sich zur Beseitigung des Rechtsmangels verpflichtet hat (so BGH NJW 1992, 905 für einen Mietrechtsfall). Der Erfüllungsanspruch auf Beseitigung der entgegenstehenden Rechte besteht bis zum Rücktritt oder bis zum Ablauf der Nachfrist (§ 326 Abs. 1 Satz 2 BGB). Die Beweislast für Rechtsmängel trägt der Käufer (§ 442 BGB).

Maßgebender Zeitpunkt für die Freiheit der Kaufsache von Rechten Dritter ist nicht der Zeitpunkt des Kaufvertragsabschlusses, sondern erneut der Zeitpunkt des Gefahrübergangs auf den Käufer. Gleichgültig ist, wann Dritte etwaige Rechte geltend machen können (RGZ 111, 86). Vielmehr ist es entscheidend, daß das Rechtsverhältnis, auf dem das Recht Dritter beruht, zu diesem Zeitpunkt schon bestand.

Zu beachten ist, daß nach § 439 Abs. 1 BGB bei positiver Kenntnis (nicht bei fahrlässiger Unkenntnis) des Käufers vom Rechtsmangel der Kaufsache (BGHZ 13, 341 und BGH NJW 1994, 2768) die Haftung des Lieferanten ausgeschlossen ist. Ferner ist die Rechtsmängelhaftung ausgeschlossen, wenn die Kaufsache im Wege der Zwangsvollstreckung versteigert wird (vgl. § 806 ZPO; § 56, 3 ZVG). – Mit der Klausel in den Allgemeinen Einkaufsbedingungen stellt der AGB-Verwender im übrigen klar, daß er mit einer möglichen Einschränkung der Rechtsmangelverantwortung durch Vertrag nicht einverstanden ist, sondern ganz deutlich eine volle Verantwortung des Lieferanten für Rechtsmängel beibehalten will.

22. Aufhebungsklausel. Mit dieser Klausel in den Allgemeinen Einkaufsbedingungen werden vorhergehende Absprachen, Verträge oder Nebenabreden, die von den Vertragspartnern zu einem früheren Zeitpunkt getroffen wurden, mit dem Inkrafttreten der Allgemeinen Einkaufsbedingungen wirkungslos. Diese Klausel ist kein Änderungsvertrag im Sinne des § 305 BGB, nach dessen Zweck es zur rechtsgeschäftlichen Änderung eines Schuldverhältnisses grundsätzlich eines Vertrages bedarf, eine Änderung von Hauptleistungen (BGH NJW 1992, 2283), Nebenverpflichtungen oder Leistungsmodalitäten betreffen kann und das ursprüngliche Schuldverhältnis unter Wahrung seiner Identität fortbestehen läßt. Vielmehr stellt diese Einkaufsbedingung im Sinne eines *Aufhebungsvertrages* klar, daß vorhergehende Schuldverhältnisse durch diese Abrede ausdrücklich aufgehoben werden sollen.

23. Weitere Bestimmungen. Unter den „Miscellaneous Clauses" werden weitere allgemeine Grundlagen für die Geltung der Allgemeinen Einkaufsbedingungen festgelegt. So wird die ausschließliche Bindung nur der beiden Vertragsparteien an den Vertrag unter gleichzeitigem Ausschluß Dritter niedergeschrieben, sofern die Partner einer Einbeziehung Dritter nicht ausdrücklich zustimmen.

Außerdem sollen die Parteien ihre jeweiligen Anwalts- und sonstigen Beratungskosten bis hin zu etwaigen Rechtsverfolgungskosten grundsätzlich selbst tragen, soweit diese Kosten im Zusammenhang mit der Durchführung des Vertrages stehen. Wegen der weiteren Problembereiche in diesem Abschnitt vgl. die Anmerkungen zu dieser Thematik (oben, Verkaufsbedingungen, Ziff. 48).

24. Rechtswahl. Festgelegt wird, daß für das Formular der Allgemeinen Einkaufsbedingungen das deutsche Recht zur Anwendung gelangen soll. Hierzu im einzelnen ausführlich oben (Anm. zu den Verkaufsbedingungen, Ziff. 50). Zu beachten ist auch hier, daß sich die „Wahl des geltenden Rechts" ausschließlich nur auf schuldrechtliche Verpflichtungsgeschäfte, nicht aber auf sachenrechtliche Verfügungsgeschäfte erstreckt. Im Bereich des Sachenrechts ist auf der Basis des Prinzips der „lex rei sitae" immer das Recht des Landes anzuwenden, innerhalb dessen Geltungsbereich sich die Sache befindet beziehungsweise der sachenrechtlich relevante Tatbestand (z. B. Eigentumsübergang) stattfindet.

Auch dieser Bereich der Allgemeinen Geschäftsbedingungen ist typischerweise ein Abschnitt, der bei Vorliegen von Verkaufsbedingungen der anderen Partei zu Kollisionen führt (hierzu oben, Ziffer 5). Kommt bei widersprüchlichen Aussagen zur Rechtswahl keine der kollidierenden Regelungen zur Anwendung, ist wieder auf die Auffangregelung des Art. 28 EGBGB zurückzugreifen. Hiernach unterliegt dann der Vertrag dem Recht des Landes, mit dem er die engsten Verbindungen aufweist. Es kommt dann darauf an festzustellen, woraus die charakteristische oder vertragstypische Leistung besteht und wo der Schwerpunkt des Schuldverhältnisses liegt. Dabei gibt Art. 28 EGBGB vier Fälle auf, in denen der Vertragsschwerpunkt widerleglich vermutet wird. Ansonsten gilt für die Masse der Leistungsaustauschverträge, daß sie nach dem Recht des Landes beurteilt werden, in dem die Hauptverwaltung oder der gewöhnliche Aufenthalt der Partei liegt, welche die für den Vertrag charakteristische Leistung erbringt. Wo dann die charakteristische Leistung erbracht wird, läßt sich unter anderem unter Wertung der etwa vereinbarten Incoterms-Klausel herausfinden. Wird, wie im hier vorliegenden Formular, unter den Lieferbedingungen etwa „ddp", als eine klar den Importeur bevorteilende Gefahr- und Kostenübergangsregelung getroffen, dann ist über diesen Verweis auch auf die Geltung des Rechts des Importlandes zu folgern.

25. Schiedsvereinbarung. An dieser Stelle der Allgemeinen Einkaufsbedingungen hätte ohne weiteres wieder (wie schon oben bei den Verkaufsbedingungen, s. dort, Ziff. 52) eine Gerichtsstandsvereinbarung Platz finden können, etwa mit dem Wortlaut: „Für alle Streitigkeiten ist das Gericht am Wohn-/Geschäftssitz des Käufers ausschließlich zuständig". Gerichtsstandsvereinbarungen haben aber den klaren Nachteil, daß (daheim) erstrittene Entscheidungen einen ordentlichen Gerichts nur schwer oder gar nicht im Ausland vollstreckbar sind. Von daher bietet es sich an, von vornherein eine Schiedsvereinbarung (grundlegende Literatur zu diesem Themenkreis: *Reiner,* Handbuch der ICC-Schiedsgerichtsbarkeit, 1989; *Schütze,* Schiedsgericht und Schiedsverfahren, München 1991; *Wolf,* Die institutionelle Handelsschiedsgerichtsbarkeit, München 1992) in die Allgemeinen Geschäftsbedingungen aufzunehmen. Aus methodischen Gründen wird daher im vorliegenden Formular der Allgemeinen Einkaufsbedingungen mit einer Schiedsvereinbarung gearbeitet. Diese könnte sich gleichlautend auch in den Verkaufsbedingungen finden. In Deutschland ist über § 1025 ZPO die Möglichkeit eröffnet, Schiedsvereinbarungen rechtswirksam abzuschließen.

Eine Schiedsvereinbarung ist eine Vereinbarung, die als privatrechtlicher Vertrag (unter Umständen nur durch einen Satz, wie hier im Formular) zwischen den Parteien getroffen wird. Sie ist vom Hauptvertrag (dem Kaufvertrag) und dem Verweisungsvertrag (der Rechtswahlvereinbarung) zu trennen, so daß im Ergebnis auf sie beispielsweise ein anderes Recht Anwendung finden kann als auf den Haupt- und Verweisungsvertrag. Inhalt der Schiedsvereinbarung ist die Begründung der Zuständigkeit eines Schiedsgerichts unter Ausschluß der ansonsten zuständigen staatlichen Gerichte. Ruft eine der Vertragsparteien trotz Schiedsvereinbarung ein staatliches Gericht an, so stellt die Schiedsvereinbarung eine prozeßhindernde Einrede im Sinne des § 1027a ZPO dar. Dennoch können die Parteien vereinbaren, daß das Recht vorbehalten sein soll, anstelle des Schiedsgerichts wahlweise ein ordentliches Gericht anzurufen. Ein Schiedsspruch hat unter den Parteien die Wirkung eines rechtskräftigen gerichtlichen Urteils (§ 1040 ZPO), kann also nicht mehr mit Rechtsmitteln angegriffen werden. Im Schiedsverfahren gibt es also nur eine Instanz, was ein durchaus großes Prozeßrisiko darstellt. Allerdings kennt § 1041 ZPO die Möglichkeit einer Aufhebungsklage, wenn beispielsweise dem Schiedsspruch keine gültige Schiedsvereinbarung zugrunde lag, ein unzulässiges Verfahren durchgeführt wurde, die Anerkennung

5. Standard Terms and Cond. for the Purchase of Goods (Allg. Einkaufsbed.) III.5

des Spruchs mit wesentlichen Grundsätzen des deutschen Rechts unvereinbar ist, den Parteien das rechtliche Gehör nicht gewährt wurde usw. Eine Zwangsvollstreckung kann gemäß § 1042 ZPO aus dem Schiedsspruch nur stattfinden, wenn dieser für vollstreckbar erklärt wurde.

Verschiedene internationale Institutionen befassen sich mit dem Schiedsgerichtswesen. Die größte Bedeutung für den internationalen Handel hat die Internationale Handelskammer, Paris mit den von ihr herausgelegten Schiedsverfahrensregeln (Rules for the ICC Court of Arbitration, Veröffentlichung Nr. 291 der Internationalen Handelskammer, Paris, in der zur Zeit gültigen Fassung vom 1. 1. 1988, Neufassung in Vorbereitung; vgl. *Aden,* Internationale Handelsschiedsgerichtsbarkeit, 1988 mit Kommentierung; *Reiner,* Handbuch der ICC-Schiedsgerichtsbarkeit, 1989). Daneben gibt es auch weltweit bekannte Regelungen von UNCITRAL und ECE, also von zwei UNO-Organisationen.

Vorteil des Schiedsverfahrens ist es, daß der Weg zum ordentlichen Gericht ersetzt wird. Dies bedingt eine Geheimhaltung des Verfahrensinhalts, was insbesondere bei Themenstellungen, die im Markt wettbewerbsanfällig sind, von Bedeutung ist. Ferner haben die Schiedsrichter in der Regel eine vergleichsweise höhere Sachkompetenz in der streitigen Materie, da die Parteien durch die Auswahl der Schiedsrichter einen gewissen Einfluß ausüben können. Außerdem können die Parteien auf eine raschere Verfahrensabwicklung drängen. Schiedsverfahren haben nicht immer klare Kostenordnungen (anders aber die ICC-Rules), so daß die Verfahrenskosten sich schwer abschätzen lassen.

Ein sehr entscheidender Vorteil der Schiedsvereinbarung ist aber, daß die Vollstreckbarkeit eines erlangten Schiedsurteils weit größer ist, als dies bei den Entscheidungen ordentlicher Gerichte der Fall ist. Schiedsurteile lassen sich weltweit erheblich leichter durchsetzen; Hemmnisse werden niedriger angesetzt als bei der Durchsetzung der „im Namen des Volkes" gesprochenen Urteile ordentlicher Gerichte. Ein Grund liegt darin, daß bei der Entscheidungsfindung des Schiedsspruches eine gewisse Einwirkungsmöglichkeit der Parteien (bis hin zu größerer Vergleichsbereitschaft) besteht, als dies in ordentlichen Prozessen der Fall sein kann. Im Ergebnis sollte daher bei der Gestaltung von Allgemeinen Geschäftsbedingungen (gleichgültig ob Import- oder Export) die Variante der Schiedsverfahrensklausel bevorzugt werden.

IV. Bankgeschäfte

1. Irrevocable Documentary Credit* [1, 2, 4, 9, 10, 12–14]

(Unwiderrufliches Dokumentenakkreditiv)

Name of Issuing Bank:	Irrevocable DocumentaryCredit[1, 2, 4, 9, 10, 12, 13, 14]	Number
Place and Date of Issue:	**Expiry Date and Place for Presentation of Documents**[7]	
Applicant:[3]	Expiry Date:	
	Place for Presentation:	
	Beneficiary:	
Advising Bank: Reference. No	**Amount:**	

Partial shipments ☐ allowed ☐ not allowed	**Credit available with Nominated Bank:**[5, 8]
	☐ by payment at sight[8a]
Transhipment ☐ allowed ☐ not allowed	☐ by deferred payment at:[8b]
	☐ by acceptance of drafts at:[8a]
☐ Insurance covered by buyers[6b]	☐ by negotiation[8d]
Shipment as defined in UCP 500 Article 46	
From:	Against the documents detailed herein:[6]
For transportation to:	☐ and Beneficiary's draft(s) drawn on:
Not later than:	

Advice for the Beneficiary

Documents to be presented within ☐ days after the date of shipment but within the validity of the Credit.

We hereby issue the Irrevocable Documentary Credit in your favour. It is subject to the Uniform Customs and Practice for Documentary Credits (1993 Revision, International Chamber of Commerce, Paris, France, Publication No. 500) and engages us in accordance with the terms thereof[11] the number and the date of the Credit and the name of our bank must be quoted on all drafts required. If the Credit is available by negotiation, each presentation must be noted on the reverse side of this advice by the bank where the Credit is available.

This document sonsists of ☐ signed page(s)   Name and signature of the Issuing Bank

© Copyright 1993, International Chamber of Commerce/Chambre de Commerce Internationale

---

* Dieses Dokument wurde mit freundlicher Genehmigung der International Chamber of Commerce entnommen aus ICC Publication N° 516, 1993.

Übersetzung*

Unwiderrufliches Dokumentenakkreditiv Nr. . . . . . .

Name der eröffnenden Bank:

Ort und Datum der Eröffnung:

Auftraggeber:

Begünstigter:

Datum und Ort der Einreichung von Dokumenten:
Datum des Verfalls:
Ort der Einreichung:

Betrag:

Teilverladungen zulässig/nicht zulässig

Umladung zulässig/nicht zulässig

Versicherung gedeckt durch die Käufer

Verladung gemäß Definition IN UCP 500, Art. 46
von:
zum Transport nach:
nicht später als:
Kredit benutzbar bei der benannten Bank
durch Sichtzahlung
durch hinausgeschobene Zahlung
durch Akzeptleistung
durch Negoziierung

gegen nachstehend genannte Dokumente
und Tratte(n) des Begünstigten per

Die Dokumente sind innerhalb von . . . . . . Tagen nach dem Ausstellungsdatum des Transportdokuments vorzulegen, jedoch innerhalb der Gültigkeitsdauer des Akkreditivs
Wir haben das Dokumentenakkreditiv mit den oben angegebenen Einzelheiten zu Ihren Gunsten eröffnet. Es unterliegt den Einheitlichen Richtlinien und Gebräuchen für Dokumentenakkreditive (Revision 1993, Internationale Handelskammer Paris, Frankreich, Publikation Nr. 500) und verpflichtet uns in Übereinstimmung mit den hierin genannten Bedingungen. Die Nummer und das Eröffnungsdatum sowie der Name unserer Bank sind auf allen geforderten Tratten zu vermerken. Wenn die Benutzung durch Negoziierung erfolgt, muß jede Vorlage auf der Rückseite dieser Ankündigung von der Bank, bei der die Zahlung erfolgen soll, vermerkt werden.

Dieses Dokument besteht aus . . . . . . Seiten.

Name und Zeichnung der eröffnenden Bank

Schrifttum: Angersbach, Beiträge zum Institut des Dokumentenakkreditivs, Diss. Würzburg 1965; *Avancini/Iro/Koziol,* Österreichisches Bankvertragsrecht, Bd. II, 1993, S. 357 ff. (Bearbeiter: *Avancini); von Bar,* Kollisionsrechtliche Aspekte der Vereinbarung und Inanspruchnahme von Dokumentenakkreditiven, ZHR 152 (1988), 38 ff.; *Canaris,* Bankvertragsrecht, (aus Großkommentar zum HGB, 4. Aufl., 1988); *Eberth,* Erscheinun-

---

* Freie, von der ICC nicht autorisierte Übersetzung.

1. Irrevocable Documentary Credit (Unwiderrufliches Dokumentenakkreditiv) IV.1

gen im Recht und in der Praxis des Dokumentenakkreditivs in der Bundesrepublik Deutschland und in England, Rechtsfragen zum Dokumentenakkreditiv, 1976, 26 ff.; *ders.*, Die Revision von 1983 der Einheitlichen Richtlinien und Gebräuche für Dokumenten-Akkreditive, Festschrift für Neumayer, 1985, 199 ff.; *Graffe/Weichbrodt/Xueref,* Dokumentenakkreditive, 1993; *Hartmann,* Die Durchsetzbarkeit des Begünstigtenanspruchs im unwiderruflichen Dokumentenakkreditiv, Diss. Tübingen 1990; *Horn/von Marschall/ Rosenberg/Paviçeviv,* Dokumentenakkreditive und Bankgarantien im internationalen Zahlungsverkehr, 1977; *Liesecke,* Das Dokumentenakkreditiv in der neuen Rechtsprechung des Bundesgerichtshofs, WPM 1960, 210 ff.; *ders.*, Die neuere Rechtsprechung, insbesondere des Bundesgerichtshofs, zum Dokumentenakkreditiv, WPM 1966, 458 ff.; *ders.*, Neuere Theorie und Praxis des Dokumentenakkreditivs, WPM 1976, 258 ff.; *Lücke,* Das Dokumentenakkreditiv in Deutschland, Frankreich und der Schweiz, Diss. Kiel 1976; *Nielsen,* in: Bankrecht und Bankpraxis, 1979, 5/250 ff.; *ders.*, Die Revision 1983 der „Einheitlichen Richtlinien und Gebräuche für Dokumenten-Akkreditive" (ERA), ZIP 1984, 230 ff.; *ders.*, Grundlagen des Akkreditiv-Geschäfts – Revision 1983, 1985; *ders.*, Die Revision der Einheitlichen Richtlinien und Gebräuche für Dokumenten-Akkreditive (ERA 500) zum 1. Januar 1994, WPM Beil. 2/1994; *ders.*, Neue Richtlinien für Dokumenten-Akkreditive, 1994; *Petersen,* Die Haftung der bestätigenden Bank aus einem unwiderruflichen Dokumentenakkreditiv, WPM 1961, 1182 ff.; *Raith,* Das Recht des Dokumentenakkreditivs in den USA und in Deutschland, 1985; *Rückert,* Verpflichtungen der Banken aus unwiderruflichen Dokumenten-Akkreditiven, Diss. Mainz 1960; *Schärrer,* Die Rechtsstellung des Begünstigten im Dokumenten-Akkreditiv, 1980; *Schinnerer/Avancini,* Bankverträge, III. Teil, 3. Aufl., 1976; *Schütze,* Kollisionsrechtliche Probleme des Dokumentenakkreditivs, WPM 1982, 226 ff.; *ders.* Rechtsfragen der Avisierung von Dokumentenakkreditiven, DB 1987, 2189 ff.; *ders.*, Rechtsfragen zur Zahlstelle bei Akkreditivgeschäften, RIW/AWD 1988, 343 ff.; *ders.*, Das Dokumentenakkreditiv im internationalen Handelsverkehr, 4. Aufl., 1996; *Stauder,* Die Übertragung des Dokumentenakkreditivs, AWD 1968, 46 ff.; *ders.*, Das Dokumentenakkreditiv mit hinausgeschobener Zahlung, Liber amicorum Adolf F. Schnitzer, 1979, S. 433 ff.; *Steindorff,* Das Akkreditiv im internationalen Privatrecht der Schuldverträge, Festschrift für von Caemmerer, 1978, 761 ff.; *Ulrich,* Rechtsprobleme des Dokumentenakkreditivs, 1989; *Wassermann,* Die Verwertung von Ansprüchen aus Dokumentenakkreditiven, 1981; *Wessely,* Die Unabhängigkeit der Akkreditivverpflichtung von Deckungsbeziehung und Kaufvertrag, 1975; *Graf von Westphalen,* Rechtsprobleme der Exportfinanzierung, 3. Aufl., 1987, 120 ff.; *ders.*, AGB-rechtliche Erwägungen zu den neuen Einheitlichen Richtlinien und Gebräuchen für Dokumenten-Akkreditive – Revision 1993, RIW/AWD 1994, 453 ff.; *Zahn/Eberding/Ehrlich,* Zahlung und Zahlungssicherung im Außenhandel, 6. Aufl., 1986; *Zahn,* Auswirkungen eines politischen Umsturzes auf schwebende Akkreditive und Bankgarantien, die zugunsten von staatlichen Stellen oder in deren Auftrag eröffnet sind, ZIP 1984, 1303 ff.; *ders.*, Anmerkungen zu einigen Kontroversen im Bereich der Akkreditive und Bankgarantien, Festschrift für Pleyer, 1986, 153 ff.

Übersicht

1. Sachverhalt 696	8. Arten der Zahlung des Akkreditivbetrages 699
2. Wahl des Formulars 696	9. Übertragbarkeit des Akkreditivs 700
3. Akkreditivauftrag 696	10. Höhere Gewalt 701
4. Unwiderruflichkeit des Akkreditivs ... 696	11. Vereinbarung der ERA 702
5. Zahlungsverpflichtung der Akkreditivbank 696	12. Anwendbares Recht 703
6. Dokumente 696	13. Rechtsverfolgung 704
7. Verfalldatum 698	

Anmerkungen

1. Sachverhalt. Aufgrund eines Auftrages der Firma A eröffnet eine Bank zugunsten der Firma B ein unwiderrufliches Dokumentenakkreditiv. Eine Bestätigung oder Avisierung ist nicht vorgesehen.

2. Wahl des Formulars. Im Akkreditivgeschäft werden überwiegend Standardformulare der Internationalen Handelskammer Paris verwendet (ICC-Publikation Nr. 516). Diese Formulare basieren auf den Einheitlichen Richtlinien und Gebräuchen für Dokumenten-Akkreditive, Revision 1993 (ICC-Publikation Nr. 500, zitiert. ERA 500), die von den Banken zahlreicher Staaten entweder kollektiv oder einzeln weltweit übernommen worden sind (vgl. zum Geltungsbereich *Schütze,* Das Dokumentenakkreditiv, Anh. IV). Da die Standardformulare der ICC die für die Rechtsverhältnisse der Beteiligten untereinander wesentlichen kollisionsrechtlichen Probleme im Hinblick auf das anwendbare Recht und die Rechtsverfolgung nicht regeln, finden sich zuweilen auch individuelle Ausgestaltungen des Akkreditivs (vgl. dazu Band 3.1, Form 16). Die internationale Praxis geht aber eindeutig zur Benutzung der ICC-Formulare.

3. Akkreditivauftrag. Vgl. zur Regelung für die Rechtsverhältnisse zwischen Akkreditivbank und Akkreditivauftraggeber Band 3.1, Form 17.

4. Unwiderruflichkeit des Akkreditivs. Akkreditive können entweder widerruflich oder unwiderruflich sein (Art. 6 ERA 500). Fehlt eine entsprechende Bestimmung im Akkreditiv, so ist es unwiderruflich (Art. 6 lit. c ERA 500). Die Bezeichnung im Akkreditivformular als irrevocable ist deshalb an sich überflüssig.

Ein widerrufliches Akkreditiv steht nach Art. 8 lit. a ERA 500 unter dem Vorbehalt der jederzeitigen Änderung oder Annullierung durch die Akkreditivbank. Dagegen sind Verpflichtungen aus einem unwiderruflichen Akkreditiv ohne Zustimmung aller Beteiligten (Akkreditivbank, Auftraggeber, Begünstigter, ggf. Zweitbank) weder abänderbar noch annullierbar (Art. 9 lit. d ERA 500). Nur ein unwiderrufliches Akkreditiv bietet dem Begünstigten die Sicherheit, Zahlung zu erlangen, die der Funktion des Akkreditivs im internationalen Handelsverkehr entspricht (*Schütze,* Das Dokumentenakkreditiv Rdnr. 77). Widerrufliche Akkreditive kommen in der Praxis des Exportgeschäftes nur sehr selten vor (*Graf von Westpahlen,* Rechtsprobleme, S. 266).

Die Unwiderruflichkeit des Akkreditivs schließt die Berufung der Akkreditivbank auf das Vorliegen höherer Gewalt nicht aus (vgl. *Zahn/Eberding/Ehrlich,* S. 145). Die Unwiderruflichkeit bedeutet nur, daß durch rechtsgeschäftliche Erklärung eines Beteiligten nicht ohne Zustimmung der anderen auf die Verpflichtung eingewirkt werden kann, nicht jedoch, daß die Verpflichtung nicht durch allgemeine Grundsätze des Rechts in ihrem Bestand beeinflußbar ist (vgl. dazu Anm. 11).

5. Zahlungsverpflichtung der Akkreditivbank. Nach deutschem Recht übernimmt die Akkreditivbank gegenüber dem Begünstigten eine Verpflichtung i.S. von § 780 BGB (BGHZ 60, 262; *Canaris* Rdnr. 984 m.w.N.; *Nielsen* 5/291; *Zahn/Eberding/Ehrlich,* S. 102 f.). Unerheblich ist dabei, ob man die Verpflichtung der Akkreditivbank aus einem einseitigen Rechtsgeschäft erklärt (so z.B. *Rückert* S. 39 f.) oder mit der herrschenden Lehre einen Vertragsabschluß fordert (vgl. *Canaris* Rdnr. 982 ff. m.w.N.), wobei die Annahme durch den Begünstigten mit einer konkludenten, nicht zugangsbedürftigen Willenserklärung i.S. von § 151 BGB ersetzt wird (*Schütze,* Das Dokumentenakkreditiv Rdnr. 264). Art. 9 lit. a ERA 500 spricht von einer „feststehenden Verpflichtung" (definite undertaking), ohne daß sich hieraus ein Unterschied in den Rechtsfolgen ergäbe.

6. Dokumente. Die Dokumente müssen im Akkreditiv genau bezeichnet sein. Nur so ist der Akkreditivbank die ordnungsgemäße Prüfung im Rahmen der Grundsätze der Dokumentenstrenge (vgl. dazu *Koller* WPM 1990, 293 ff.) möglich. Die Akkreditivbank ist

1. Irrevocable Documentary Credit (Unwiderrufliches Dokumentenakkreditiv) IV.1

dabei grundsätzlich auf eine formelle Prüfung der vorgelegten Dokumente beschränkt, und zwar im Hinblick auf Vollständigkeit der Dokumente, deren äußerliche Ordnungsgemäßheit und ihre Übereinstimmung nach Art und Inhalt (vgl. dazu *Schütze*, Das Dokumentenakkreditiv Rdnr. 380 ff.). Die ERA 500 haben die aufnahmefähigen Akkreditivdokumente neu definiert und insbesondere den Bereich der Transportdokumente den modernen Erfordernissen des Verkehrs angepaßt (vgl. dazu grundlegend *Nielsen* WPM Beil. 3/1993; *ders.*, Die Suche nach dem idealen Transportdokument für die Abwicklung von Außenhandelsgeschäften, Festschrift für Trinkner, 1995, S. 633 ff.). Dabei mag dahinstehen, ob die Neugestaltung der Artt. 23–33 ERA 500 so notwendig und immer glücklich war (vgl. *Nielsen*, Neue Richtlinien, S. 139). Im einzelnen sind folgende Akkreditivdokumente zu unterscheiden:

a) **Transportdokumente.** Aufnahmefähige Transportdokumente sind: das **Seekonnossement** als wichtigstes Verladedokument im internationalen Handel, dem bei der akkreditivmäßigen Abwicklung von Außenhandelsgeschäften eine überragende Bedeutung zukommt (vgl. *Liesecke* WPM 1961, 194 ff.; *ders.* WPM 1964, 1282 ff.; *ders.* WPM 1976, 258 ff.; *Nielsen* WPM Beil. 3/1993; *ders* WPM Beil. 2/1994, 15 ff.); der **nicht begebbare Seefrachtbrief**, der in den ERA 500 erstmals eine Regelung gefunden hat (Art. 24 ERA 500); das **Charterpartiekonnossement** (Art. 25 ERA 500); das **multimodale Transportdokument**, das durch das UNCTAD-Übereinkommen über die internationale multimodale Güterbeförderung vom 24. 5. 1980 vereinheitlicht worden ist (vgl.dazu *Birnbaum*, Vereinheitlichungsbestrebungen auf dem Gebiet des Rechts des kombinierten Verkehrs, Diss. Osnabrück 1985; *Larsen/Dielmann*, Die „Multimodalkonvention" von 1980, VersR 1982, 417 ff.); das **Lufttransportdokument** (airway bill, Luftfrachtbrief) (Art. 27 lit. a ERA 500); die **Dokumente des Straßen-, Eisenbahn- und Binnenschiffahrtstransports** (Art. 28 ERA 500), zu denen insbesondere gehören: der CMR-Frachtbrief, der CIM-Frachtbrief, das Frachtbriefdoppel, der Flußladeschein, die Kurierempfangsbestätigung und der Posteinlieferungsschein sowie von Spediteuren ausgestellte Transportdokumente. Letztere sind dann, aber auch nur dann, aufnahmefähig, wenn der Spediteur Frachtführer oder Multimodal Transport Operator ist (Art. 30 (i) ERA 500), also eine eigene Transportverpflichtung übernimmt (vgl. *Nielsen* WPM Beil. 2/1994, 18 f.).

b) **Versicherungsdokumente.** Die Akkreditivbank oder die die Dokumente aufnehmende Stelle sind gehalten, Versicherungsdokumente in der im Akkreditiv beschriebenen Form ohne eigene Nachprüfungsbefugnis hinsichtlich deren Zweckmäßigkeit aufzunehmen. Eine Nachprüfung – wie in der englischen Rechtsprechung teilweise gefordert – auf die „Handelsüblichkeit" ist nach den ERA 500 nicht zulässig (vgl. *Schütze*, Das Dokumentenakkreditiv Rdnr. 222). Erfordernisse der Aufnahmefähigkeit von Versicherungsdokumenten sind:

– Das Versicherungsdokument muß von einer Versicherungsgesellschaft oder einem Versicherer (underwriter) oder deren „Agenten" ausgestellt und unterzeichnet sein.
– Es müssen alle Originale vorgelegt werden, wenn das Versicherungsdokument ausweist, daß mehr als ein Original ausgestellt worden ist.
– Die Deckungsbestätigung darf nicht von einem Makler stammen, soweit dies nicht im Akkreditiv ausdrücklich zugelassen ist.
– Versicherungszertifikate sind aufnahmefähig, wenn nicht ausdrücklich eine Versicherungspolice gefordert wird.
– Die Deckung muß spätestens bei Beginn des Transports (Verladung an Bord, Versendung oder Übernahme des Gutes) wirksam werden.
– Das Versicherungsdokument muß in derselben Währung ausgestellt sein wie das Akkreditiv.
– Das Versicherungsdokument muß eine Mindestdeckungssumme ausweisen, wenn das Akkreditiv keine ausdrückliche Regelung enthält.
– Die Versicherungsdokumente müssen in übertragbarer Form ausgestellt sein (vgl. *Nielsen*, Grundlagen, S. 133).

– Wenn Angaben über gedeckte Risiken im Akkreditiv fehlen, kann ein Versicherungsdokument so aufgenommen werden, wie es vorgelegt wird.

c) **Handelsrechnung.** Handelsrechnungen müssen vom Begünstigten ausgestellt sein und den Akkreditivauftraggeber als Adressaten ausweisen. Eine Unterzeichnung ist nicht erforderlich (Art. 37 lit. a ERA 500). Das Akkreditiv kann jedoch – dies ist die Regel – eine unterzeichnete Rechnung fordern, die dann in dieser Form angedient werden muß. Bei Handelsrechnungen ist besonderer Bedacht darauf zu legen, daß die Rechnung in ihrer Textierung genau den Akkreditivbedingungen entspricht. Hier gibt es in der Praxis die meisten Abweichungen, insbesondere, wenn Warenbeschreibung und Qualitätsangaben vermengt werden (vgl. dazu *Schütze,* Das Dokumentenakkreditiv Rdnr. 227).

d) **Andere Dokumente.** Neben den vorgenannten Dokumenten können in den Akkreditivbedingungen weitere Dokumente verlangt werden, von deren Vorlage die Inanspruchnahme des Akkreditivs abhängig gemacht wird. Hier ist besonders die Spediteurübernahmebescheinigung zu erwähnen, die als Transportdokument nach den ERA 500 nicht aufnahmefähig ist, sich aber häufig in Akkreditivbedingungen findet. Besonders oft werden im übrigen folgende Zertifikate und Bescheinigungen zu „anderen Dokumenten" im Sinne der ERA gemacht: Export- und Importlizenzen, Lagerscheine, Lieferscheine, Konsulatsfakturen, Ursprungszeugnisse, Qualitäts-, Gesundheits- und Analysenzertifikate, Abnahmebescheinigungen etc. Die „sonstigen Dokumente" müssen im Akkreditiv besonders als Bedingung aufgenommen werden; das wird in Art. 38 ERA 500 für die besondere oder unabhängige Gewichtsbescheinigung statuiert, gilt aber auch für alle anderen Dokumente.

7. Verfalldatum. Alle Akkreditive – gleichgültig ob widerruflich oder unwiderruflich – müssen nach Art. 42 lit. a ERA 500 ein Verfalldatum enthalten. Ohne Verfalldatum liegt kein abstraktes Schuldversprechen vor (vgl. *Canaris,* Rdnr. 990; *Zahn/Eberding/Ehrlich,* S. 67). Ein Akkreditiv ohne Verfalldatum stellt lediglich eine unverbindliche Ankündigung dar. Jedoch muß die Akkreditivbank den Begünstigten auf die Unverbindlichkeit hinweisen und kann bei Verletzung dieser Verpflichtung schadensersatzpflichtig wegen culpa in contrahendo werden (vgl. *Canaris,* Rdnr. 990; *Liesecke* WPM 1976, 258 ff./262; *Schütze,* Das Dokumentenakkreditiv Rdnr. 113; a. A. *Zahn/Eberding/Ehrlich,* S. 67, die eine rechtliche Verpflichtung der Akkreditivbank verneinen, den Hinweis aber für zweckmäßig halten, wohingegen *Avancini/Iro/Koziol,* Österreichisches Bankvertragsrecht II, 1993, Rdnr. 4/49, eine Hinweispflicht der Akkreditivbank uneingeschränkt bejahen, „wenn nach dem Auftragsinhalt kein wirksames Akkreditiv eröffnet werden könnte".).

Einzelheiten der Fristbestimmung sind in Art. 43 ff. ERA 500 geregelt. Es besteht kein internationaler Handelsbrauch für die maximale Laufzeit eines unwiderruflichen Akkreditivs (vgl. *Zahn/Eberding/Ehrlich* S. 67). Die Beteiligten sind deshalb in der Wahl des Verfalldatums frei. *Zahn/Eberding/Ehrlich* (S. 67) empfehlen eine Gültigkeitsdauer von nicht mehr als 6 Monaten. Dies stößt aber bei Anlagegeschäften häufig auf Schwierigkeiten, da die Abwicklung erheblich länger dauern kann. Nach Ablauf des Verfalldatums erlischt die Verpflichtung der Akkreditivbank zur Zahlung gegenüber dem Begünstigten. Die Zahlungspflicht ist (aufschiebend) bedingt durch die Vorlage der Dokumente durch den Begünstigten vor Verfall (vgl. BGH WPM 1960, 38; *Canaris,* Rdnr. 990). Die Akkreditivbank ist nach Verfall dem Begünstigten gegenüber nicht mehr verpflichtet, andererseits auch dem Auftraggeber gegenüber nicht mehr berechtigt, zu seinen Lasten Zahlung zu leisten. Leistet die Akkreditivbank dennoch – etwa, weil sie sich nach Treu und Glauben hierzu verpflichtet hält – so kann der Akkreditivauftraggeber die Zahlung an den Begünstigten nicht durch eine einstweilige Verfügung gegen die Akkreditivbank untersagen lassen (vgl. OLG Düsseldorf WPM 1978, 359), da die Akkreditivbank in diesem Fall auf eigenes Risiko zahlt.

Unabhängig von der in Art. 42 ERA 500 getroffenen Regelung über das Verfalldatum soll im Akkreditiv außerdem auch eine bestimmte Frist vom Ausstellungsdatum der Transportdokumente festgesetzt werden, innerhalb derer die Dokumente zur Zahlung, Akzept-

1. Irrevocable Documentary Credit (Unwiderrufliches Dokumentenakkreditiv) IV.1

leistung oder Negoziierung vorgelegt werden müssen (Art. 43 lit. a ERA 500). Ist eine derartige Fristsetzung im Akkreditiv nicht erfolgt, werden Dokumente, die der Bank später als 21 Tage nach Ausstellung der Transportdokumente präsentiert worden sind, zurückgewiesen (Art. 43 lit. a ERA 500).

8. Arten der Zahlung des Akkreditivbetrages. Akkreditive können auf dreierlei Weise benutzbar sein: Zahlung (in der Form der Sichtzahlung oder hinausgeschobenen Zahlung), Akzeptleistung oder Negoziierung. Die Benutzbarkeit muß im Akkreditiv geregelt sein. Das Formular sieht für alle Modalitäten eine entsprechende Bestimmung vor, was bei der Benutzung des Formulars besondere Sorgfalt erfordert.

a) **Benutzbarkeit zur Sichtzahlung.** Die Benutzbarkeit zur Sichtzahlung (Art. 10 lit. a ERA 500) ist die häufigste Form der Akkreditivausgestaltung. Bei ihr geht die Zahlungsverpflichtung der Akkreditivbank auf Leistung in der bedungenen Währung. Jedoch ist, soweit das Akkreditiv im Inland zahlbar ist, § 244 BGB anwendbar. Mangels ausdrücklicher Vereinbarung ist die Akkreditivbank bei einer Fremdwährungsverpflichtung berechtigt, in DM zu zahlen. Eine echte Valutaschuld ist nur in Ausnahmefällen anzunehmen. Bei Zahlbarkeit der Akkreditivsumme im Ausland ist § 244 Abs. 1 BGB unanwendbar. Die Umrechnungsbefugnis der Akkreditivbank gibt regelmäßig die Möglichkeit, mit Ansprüchen gegen den Begünstigten in DM aufzurechnen (vgl. dazu *Birk* AWD 1969, 12 ff.), wobei die Aufrechnung jedoch auf liquide Gegenansprüche beschränkt ist (vgl. *Schütze*, Das Dokumentenakkreditiv Rdnr. 426). Die Benutzbarkeit zur Zahlung kann auch in der Form erfolgen, daß gegen eine Tratte gezahlt werden soll (Art. 10 lit. b (ii) ERA 500), wofür das Formular ebenfalls Vorsorge trifft. Diese Form des Stand-by Letter of Credit (vgl. dazu *Eberth* ZVglRWiss. 80 (1981), 29 ff.) ist in der amerikanischen Praxis üblich. Diese Akkreditive haben jedoch häufig Garantiefunktion und sind aus den Beschränkungen amerikanischer Banken bei der Erstellung von Garantien geboren (vgl. *Raith*, Das Recht des Dokumentenakkreditivs in den USA und in Deutschland, 1985). Der Stand-by Letter of Credit ist für den Begünstigten nicht unproblematisch. Zwar hat die Tratte in diesen Fällen nur Quittungsfunktion (*Eberth* ZVglRWiss. 80 (1981), 29 ff.), aber immerhin trifft den Begünstigten eine wechselmäßige Haftung. Der Stand-by Letter of Credit ist in den ERA ausdrücklich als diesen unterfallend gekennzeichnet (Art. 2 ERA) und hat sich auch in der deutschen Praxis eingebürgert. So beschäftigt sich das Urteil des BGH (WPM 1994, 1063 m. Anm. *Schütze*, WuB I H 2.–2.94) mit einem Stand-by Letter of Credit.

b) **Benutzbarkeit zu hinausgeschobener Zahlung.** Die Zahlung kann hinausgeschoben sein (deferred payment credit/crédit à paiement différé) (vgl. dazu *Schütze*, Das Dokumentenakkreditiv Rdnr. 433; *Schönle*, Rechtsprobleme des Dokumentenakkreditivs mit hinausgeschobener Zahlung, Öster. Bankarch. 36 (1988), 311 ff.; *Stauder*, Das Dokumentenakkreditiv mit hinausgeschobener Zahlung, Festschrift für Schnitzer, 1979, S. 433 ff.; *Zahn/Eberding/Ehrlich*, S. 86 ff.). Diese Akkreditivform ist dadurch gekennzeichnet, daß die Zahlung erst zu einem nach Einreichung der Dokumente liegenden, in den Akkreditivbedingungen näher zu beschreibenden Zeitpunkt fällig wird, z. B. 90 Tage nach Vorlage der Dokumente.

Das Akkreditiv mit hinausgeschobener Zahlung ist in erster Linie geschaffen worden, um den Wünschen und Möglichkeiten der Importeure in den Entwicklungsländern Rechnung zu tragen. Diese Akkreditivmodalität ist problematisch. Es besteht die Gefahr, daß der Akkreditivauftraggeber – einmal in dem Besitz der Ware gelangt – versucht, die Auszahlung der Akkreditivsumme unter Berufung auf einen Rechtsmißbrauch zu verhindern (vgl. *Zahn/Eberding/Ehrlich*, S. 88 f.). Erhebliche Probleme ergeben sich auch im Hinblick auf die Pfändung des Auszahlungsanspruchs aus dem Akkreditiv, wenn der Akkreditivbegünstigte diesen zwischenzeitlich, d. h. nach Einreichung der Dokumente, aber vor Zahlung abgetreten hat (vgl. dazu *Plagemann* RIW/AWD 1987, 27 ff.) oder die Bank vorfristig geleistet hat (Bevorschussung). Die Diskussion ist jetzt zu einem gewissen Abschluß gekommen. Der BGH (WPM 1987, 977 = EWiR § 365 HGB 1/87, 1005 (*Schüt-*

ze) mit Besprechung *Plagemann* RIW/AWD 1987, 27ff.) hat zu Recht entschieden, daß eine vor Fälligkeit erfolgte Leistung der Zahlstelle an den Begünstigten keine Erfüllung des Anspruchs aus dem Akkreditiv ist, vielmehr einen Finanzkredit (Vorschuß) der Zahlstelle an den Begünstigten darstellt (vgl. auch *Schütze,* Das Dokumentenakkreditiv Rdnr. 433).

c) **Benutzbarkeit zu vorzeitiger Zahlung.** Bei Akkreditiven mit einer „red clause" werden dem Begünstigten schon vor Einreichung der Dokumente bestimmte Beträge als Vorschüsse zur Verfügung gestellt, die es ihm ermöglichen sollen, die zu liefernde Ware beim Produzenten einzukaufen und die anfallenden Transportkosten zu bezahlen.

d) **Benutzbarkeit auf andere Weise.** Art. 10 lit. b ERA 500 sieht die Benutzbarkeit durch Akzeptleistung oder Negoziierung vor. Dabei übernimmt die Akkreditivbank die Verantwortung für die Einlösung der Tratten bei Fälligkeit, nicht nur die Verpflichtung zur Einholung eines Wechselakzepts. Es ist aber unerheblich, ob die Tratte auf die Akkreditivbank, den Akkreditivauftraggeber oder andere im Akkreditiv Genannte gezogen ist.

9. Übertragbarkeit des Akkreditivs. Art. 48 ERA 500 läßt die Übertragung des Dokumentenakkreditivs zu (vgl. dazu insbesondere *Wassermann,* Die Verwertung von Ansprüchen aus Dokumentenakkreditiven, 1981; *Hahn,* Die Übertragung von Dokumentenakkreditiven, Diss. Freiburg 1968; *Wiele,* Die Übertragung eines Akkreditivs, ZKW 1953, 666ff.).

a) **Abgrenzungsfragen.** Die Übertragung des Akkreditivs ist abzugrenzen von der Abtretung von Ansprüchen aus dem Akkreditiv, die in Art. 49 ERA 500 geregelt ist. Während bei der Übertragung des Akkreditivs der Begünstigte ausgewechselt wird, also ein Beteiligter aus dem Akkreditivverhältnis ausscheidet und ein neuer an seine Stelle tritt, handelt es sich bei der Abtretung von Ansprüchen aus dem Akkreditiv um eine gewöhnliche Zession der Forderung des Begünstigten auf Auszahlung der Akkreditivsumme. Die Übertragung des Akkreditivs bedarf der Zustimmung der Beteiligten, d.h. der Vereinbarung in den Akkreditivbedingungen. Die Abtretung des Zahlungsanspruchs bedarf dieser Zustimmung nicht. Sie ist auch zulässig, wenn das Akkreditiv selbst nicht übertragbar ist (Art. 49 ERA 500). Voraussetzung ist, daß das auf den Zahlungsanspruch anwendbare Recht eine Abtretung zuläßt. Der früher bestehende Streit über die Abtretbarkeit des Zahlungsanspruchs aus dem Akkreditiv bei nicht übertragbaren Akkreditiven (vgl. dazu BGH WPM 1959, 970) ist nunmehr durch die ausdrückliche Regelung in den ERA 500 beseitigt.

Abzugrenzen ist die Übertragung des Akkreditivs auch von der Eröffnung eines Gegenakkreditivs (back-to-back credit). Während bei der Übertragung des Akkreditivs der Erstbegünstigte grundsätzlich – wenngleich nicht vollständig – aus dem Akkreditivverhältnis ausscheidet, behält er bei der Verwendung des Gegenakkreditivs seine Position als Akkreditierter des zu seinen Gunsten eröffneten Hauptakkreditivs (vgl. *Baumbach/Hopt,* HGB, 29. Aufl., 1995, Bankgesch. (7), Rdnr. K/24; *Canaris,* Rdnr. 1043; *Nielsen,* Bankrecht und Bankpraxis, 5/391). Es liegen hier in rechtlicher Hinsicht zwei voneinander unabhängige Akkreditive vor, die jedoch in einer engen finanziellen Verbindung zueinander stehen und insoweit eine wirtschaftliche Einheit verkörpern.

b) **Erfordernisse der Übertragbarkeit.** Das Akkreditiv kann bereits in den Akkreditivbedingungen als übertragbar bezeichnet werden, was in dem vorliegenden Formular nicht vorgesehen ist. Die mangelnde Zustimmung des Akkreditivauftraggebers beseitigt die Übertragbarkeit nicht, macht die Akkreditivbank nur schadensersatzpflichtig – ebenso wie bei anderen Abweichungen von Weisungen (vgl. *Canaris,* Rdnr. 1034). Ein nicht übertragbares Akkreditiv kann auch später in ein übertragbares geändert werden. Eine solche Änderung bedarf der Zustimmung aller Beteiligten (Akkreditivbank, Zweitbank, Auftraggeber, Begünstigter), wobei die Zustimmung des Begünstigten als stillschweigend erteilt angesehen werden kann, da er nur Vorteile aus der Übertragbarkeit des Akkreditivs hat.

c) **Übertragung des Akkreditivs.** Die Übertragung erfolgt nach dem auf das Rechtsverhältnis zwischen Akkreditivbank und Begünstigtem anwendbaren Recht. Die ERA 500 schweigen hierzu.

1. Irrevocable Documentary Credit (Unwiderrufliches Dokumentenakkreditiv)

Über die Rechtsnatur der Übertragung besteht Streit (vgl. dazu *Schütze*, Das Dokumentenakkreditiv Rdnr. 342 ff.; *Wassermann*, Die Verwertung von Ansprüchen aus Dokumentenakkreditiven, 1981, S. 46 ff.; *Hahn*, Die Übertragung von Dokumentenakkreditiven, Diss. Freiburg 1968). Lösungen werden vielfach angeboten. Ein Teil des Schrifttums sieht in der Übertragung des Akkreditivs eine Abtretung der durch Vorlage ordnungsgemäßer Dokumente bedingten Forderung des Begünstigten gegen die Akkreditivbank an einen Dritten, die wie die Abtretung von Forderungen allgemein nach §§ 398 ff. BGB zu erfolgen habe (vgl. *Hahn*, Die Übertragung von Dokumentenakkreditiven, aaO., S. 70 ff. mwN.). Die Einordnung als Forderungsabtretung ist mit ihrer Ausgestaltung in Art. 48 ERA 500 jedoch nicht vereinbar. Das gilt insbesondere für das Erfordernis der Zustimmung durch die Bank. Würde man eine Forderungsabtretung annehmen, so bedürfte es nicht einer Mitwirkungshandlung der Bank als der Schuldnerin (vgl. *Schütze*, Das Dokumentenakkreditiv Rdnr. 351). In wirtschaftlicher Hinsicht entspricht die Übertragung des Akkreditivs einer neuen Akkreditiveröffnung im Auftrag des Erstbegünstigten zugunsten des Zweitbegünstigten – regelmäßig also des Vorlieferanten. Diese bringt rechtlich ein neues Schuldverhältnis mit einem Dritten zum Entstehen (vgl. *Lombardini*, Droit et pratique du crédit documentaire, 1994, S. 186; *Schütze*, Das Dokumentenakkreditiv Rdnr. 352). Deshalb wird die Übertragungserklärung der Bank gegenüber dem Zweitbegünstigten heute überwiegend als abstraktes Schuldversprechen i. S. von § 780 BGB angesehen (vgl. *Baumbach/Hopt*, aaO., Rdnr. K/23; *Canaris*, Rdnr. 1036; *Raith*, Das Recht des Dokumentenakkreditivs in den USA und in Deutschland, 1985, S. 185; *Zahn/Eberding/Ehrlich*, S. 132), durch das der Zweitbegünstigte einen selbständigen Zahlungsanspruch gegen die aus dem Akkreditiv verpflichtete Bank, also die eröffnende und ggf. auch die bestätigende Bank erwirbt. Einwendungen der Bank aus dem Verhältnis zwischen ihr und dem Erstbegünstigten können dem Zweitbegünstigten nicht entgegengehalten werden (vgl. *Baumbach/Hopt*, aaO., Rdnr. K/23; *Canaris*, Rdnr. 1036; *Ulrich*, Rechtsprobleme des Dokumentenakkreditivs, 1989, S. 203). Der Erstbegünstigte scheidet aufgrund der Übertragung jedoch nicht völlig aus dem Akkreditiv aus. Er bleibt forderungsberechtigt hinsichtlich des Unterschiedsbetrages aufgrund des Rechtstauschs nach Art. 48 lit. i ERA 500. Überdies steht das Erlöschen seines Anspruchs aus dem Akkreditiv unter der auflösenden Bedingung der nicht rechtzeitigen Inanspruchnahme des Akkreditivs durch den Zweitbegünstigten.

10. Höhere Gewalt. Die ERA 500 regeln Voraussetzungen und Rechtsfolgen der höheren Gewalt in Art. 17 nur unvollkommen im Hinblick auf die Verpflichtungen der beteiligten Banken. Im Formular findet sich keine Regelung. Die Frage ist über Art. 17 ERA hinaus dem anwendbaren Recht überlassen.

a) **Unwiderruflichkeit und höhere Gewalt.** Die Unwiderruflichkeit des Akkreditivs schließt die Berufung auf höhere Gewalt nicht aus. Dies ist ein Ausfluß des Grundsatzes „ultra posse nemo obligatur" und deshalb jeder Verpflichtung immanent.

b) **Voraussetzungen höherer Gewalt.** Die höhere Gewaltklausel ist zwar allen zivilisierten Rechten bekannt, Umfang und Voraussetzungen wechseln aber. Unter den Begriff der höheren Gewalt fallen nach Art. 17 ERA 500 Unruhen, Aufruhr, Aufstand, Kriege und irgendwelche „andere Ursachen, die außerhalb ihrer (der Banken) Kontrolle liegen" sowie Streiks und Aussperrungen. Die Aufzählung ist nur beispielhaft, nicht abschließend. Im Akkreditivgeschäft ist besonders die Frage behördlicher Genehmigungen und von Embargobestimmungen bedeutsam. So hatte die nigerianische Regierung im Zusammenhang mit den Kapazitätsproblemen des Hafens in Lagos in den 70er Jahren der Central Bank of Nigeria, die zahlreiche Akkreditive für Zementlieferungen eröffnet hatte, untersagt, diese zu honorieren, solange die Verschiffung nicht von den Hafenbehörden genehmigt war. Hieraus entwickelten sich zahlreiche Rechtsstreitigkeiten (vgl. z. B. LG Frankfurt/Main AG 1976, 47 m. Anm. *Mertens*; *Gramlich*, Staatliche Immunität für Zentralbanken?, RabelsZ 45 (1981), S. 545 ff.).

c) **Rechtsfolgen.** Höhere Gewalt entbindet nicht von den Verpflichtungen. Deren Erfüllung wird lediglich für die Dauer der höheren Gewalt gehemmt, mit der Folge, daß keine Fälligkeit und damit kein Verzug eintritt. Keinen Einfluß hat der Eintritt höherer Gewalt auf das Verfalldatum eines Akkreditivs. Es gilt dasselbe wie für die befristete Bankgarantie. Auch hier geht die h. L. davon aus, daß höhere Gewalt keine Verlängerung der Frist für die Inanspruchnahme bringt (vgl. LG Stuttgart WPM 1978, 1056; OLG Stuttgart RIW/AWD 1980, 729). Die Fristverlängerung würde zu einer unerträglichen Unsicherheit für die Beteiligten führen. Art. 17 ERA 500 bestimmt für die am Akkreditivgeschäft beteiligten Banken, daß diese „keine Haftung und Verantwortung für die Folgen der Unterbrechung ihrer Geschäftstätigkeit" durch höhere Gewalt übernehmen – eine wahrhaft sybillinische Formulierung.

11. Vereinbarung der ERA. Das Akkreditivgeschäft wird von den deutschen Banken auf der Grundlage der ERA abgewickelt. Die Revision 1993 (ERA 500) ist in der Bundesrepublik Deutschland kollektiv angenommen worden (vgl. zum Geltungsbereich *Schütze*, Das Dokumentenakkreditiv, Anh. IV). Der offizielle englische Text findet sich in der ICC-Publikation Nr. 500. Die Rechtsnatur der ERA ist streitig. Das Spektrum der Meinungen reicht vom Gewohnheitsrecht bis zu allgemeinen Geschäftsbedingungen (vgl. dazu *Angersbach*, S. 15 f.; *Canaris*, Rdnr. 925 ff.; *Schönle* NJW 1968, 726 ff.; *Schütze*, Das Dokumentenakkreditiv Rdnr. 30 ff.; *Graf von Westphalen* RIW/AWD 1994, 453 ff.; *Zahn/Eberding/Ehrlich*, S. 10 ff.). Die Rechtsprechung des Bundesgerichtshofs ist nicht eindeutig (vgl. BGH WPM 1958, 456/459; BGH WPM 1960, 38/41).

Zur Vermeidung von Rechtsunsicherheit schreibt Art. 1 ERA 500 vor, daß das Regelwerk auf alle Dokumentenakkreditive anwendbar ist, in deren Text es einbezogen ist. Entsprechend sieht das Formular ausdrücklich die Einbeziehung vor.

Die Vereinbarung der ERA 500 darf nicht darüber hinwegtäuschen, daß sie keine erschöpfende Regelung enthalten. Die ERA 500 regeln im einzelnen:
– Allgemeine Regeln und Begriffsbestimmungen (Artt. 1–5) in denen sich u. a. eine Definition des Dokumentenakkreditivs in Art. 2 befindet.

Artikel 2. Wesen des Akkreditivs

Im Sinne dieser Richtlinien bedeuten die Ausdrücke „Dokumenten-Akkreditiv(e)" und „Standby Letter(s) of Credit" (im folgenden „Akkreditiv(e)" genannt) jede wie auch immer benannte oder bezeichnete Vereinbarung, wonach eine im Auftrag und nach den Weisungen eines Kunden („Auftraggeber") oder im eigenen Interesse handelnde Bank („eröffnende Bank") gegen vorgeschriebene Dokumente
  i. eine Zahlung an einen Dritten („Begünstigter") oder dessen Order zu leisten oder vom Begünstigten gezogene Wechsel (Tratten) zu akzeptieren und zu bezahlen hat
  oder
  ii. eine andere Bank zur Ausführung einer solchen Zahlung oder zur Akzeptierung und Bezahlung derartiger Wechsel (Tratten) ermächtigt
  oder
  iii. eine andere Bank zur Negoziierung ermächtigt,
  sofern die Akkreditiv-Bedingungen erfüllt sind.
Im Sinne dieser Richtlinien gelten Filialen einer Bank in unterschiedlichen Ländern als andere Bank.

– Form und Anzeige von Akkreditiven (Artt. 7–12)
– Haftung und Verantwortlichkeit (Artt. 13–19)
– Dokumente (Artt. 20–38)
– Verschiedene Regeln (Artt. 39–47)
– Übertragung des Akkreditivs (Art. 48)
– Abtretung von Akkreditiverlösen (Art. 49)

Nicht geregelt sind materiell-rechtliche Fragen wie die der Verjährung von Akkreditivansprüchen, Willensmängel bei der Bestellung des Akkreditivs, Rechtsfolgen der Nichter-

1. Irrevocable Documentary Credit (Unwiderrufliches Dokumentenakkreditiv) IV.1

füllung oder sonstige Vertragsverletzungen, die dem anwendbaren Recht überlassen bleiben (vgl. *Schütze* WPM 1982, 226).

12. Anwendbares Recht. Die ERA 500 regeln das anwendbare Recht nicht. Das Formular enthält auch keine – an sich zulässige – Rechtswahlklausel. Dies ist bedauerlich, da viele in den ERA nicht geregelte Fragen von großer praktischer Bedeutung sind (vgl. dazu *Schütze* WPM 1982, 226 ff.).

(1) Mangels ausdrücklicher Rechtswahl ist auf den hypothetischen Parteiwillen abzustellen (Art. 28 EGBGB). Hier ist hinsichtlich der einzelnen Rechtsverhältnisse zu unterscheiden (vgl. dazu *Schütze*, Das Dokomentenakkreditiv, Rdnr. 446 ff.):

a) **Akkreditivbank/Akkreditivauftraggeber.** Akkreditivbank und -auftraggeber haben ihren Sitz regelmäßig im gleichen Staat. Hier liegt es nahe, einen reinen Inlandsfall anzunehmen, der eine Rechtswahl mit kollisionsrechtlicher Wirkung nach Art. 27 Abs. 3 EGBGB ausschließt. Es kommt das gemeinsame Sitzrecht der Vertragspartner zur Anwendung (vgl. *Lücke*, Das Dokumentenakkreditiv in Deutschland, Frankreich und der Schweiz, Diss. Kiel 1976, S. 270 f.; *NF.* Kiel 1976, S. 270 f.; *Nielsen*, Grundlagen, S. 34; *Zahn/Eberding/Ehrlich*, S. 26).

b) **Akkreditivbank/Begünstigter.** Wird keine Zweitbank – sei es als avisierende oder bestätigende Bank, sei es als Zahlstelle – eingeschaltet, so wird allgemein das Sitzrecht der Akkreditivbank angewendet (vgl. BGH WPM 1955, 765; OLG Frankfurt/Main, WPM 1992, 569 m. Anm. *Schütze*, EWiR § 780 BGB 2/92, 339; *von Bar* ZHR 152 (1988), 38 ff.; *von Caemmerer* JZ 1959, 362 ff.; *Kaeser* RabelsZ 21 (1956), 73 ff.; *Nielsen*, Grundlagen, S. 35; *Schefold* IPRax 1990, 20 ff.; *Schütze* WPM 1982, 226 ff.; *ders.*, Das Dokumentenakkreditiv Rdnr. 448; *Graf von Westphalen*, Rechtsprobleme, S. 300; *Zahn/Eberding/Ehrlich*, S. 26). Über Einzelheiten, insbesondere die Begründung, herrscht Streit (vgl. dazu *Schütze*, Das Dokumentenakkreditiv Rdnr. 448).

Bei Einschaltung einer Zweitbank wird teilweise nach der Funktion der Zweitbank differenziert. Wird die Zweitbank als Zahlstelle tätig, so wollen OLG Frankfurt (RIW/AWD 1988, 133 m. abl. Anm. *Schütze* EWiR zu § 365 HGB 1/88, 88), *Liesecke* (WPM 1966, 459 ff.), *Steindorff* (Festschrift für von Caemmerer, 1978, S. 761 ff.) und *Zahn/Eberding/Ehrlich* (S. 26 f.) das Recht der Zweitbank anwenden. Diese Autoren sprechen sich teilweise auch in diesem Sinne bei der Bestätigung eines Akkreditivs aus. *Von Caemmerer* (JZ 1959, 362 ff.) will das Recht am Sitz der Akkreditivbank anwenden, wenn die Zweitbank nur avisiert, dagegen das Recht der bestätigenden Bank, wenn das Akkreditiv bestätigt wird (wobei nicht ganz klar ist, ob dies auch im Verhältnis Akkreditivbank/Begünstigter gelten soll) (ebenso *von Bar*, ZHR 152 (1988), 38 ff.). Das Spektrum der Meinungen ist groß.

Die Einschaltung einer Zweitbank, in welcher Funktion auch immer, hat aber keinen Einfluß auf das Rechtsverhältnis der Akkreditivbank zum Begünstigten. Dieses unterliegt allein dem Recht der Akkreditivbank (vgl. *Kegel*, Gedächtnisschrift für Schmidt, S. 240; *Schütze*, Das Dokumentenakkreditiv Rdnr. 455; *ders.* WPM 1982, 226).

c) **Zweitbank/Begünstigter.** Das Verhältnis Zweitbank/Begünstigter bestimmt sich nach dem Sitz der Zweitbank (vgl. *von Bar*, ZHR 152 (1988), 38 ff.; *Canaris* Rdn. 985; *Schütze*, Das Dokumentenakkreditiv Rdnr. 456; *ders.* WPM 1982, 226 ff.). Regelmäßig wird die Zweitbank im Lande des Begünstigten ihren Sitz haben, so daß es sich um einen Inlandsfall handelt.

d) **Akkreditivbank/Zweitbank.** Das Verhältnis zwischen der eröffnenden und der bestätigenden, avisierenden oder als Zahlstelle fungierenden Bank ist als entgeltlicher Geschäftsbesorgungsvertrag zu qualifizieren. Es gilt das Recht der Zweitbank (vgl. *Eberth* RIW/AWD 1977, 522 ff.; *Kegel*, Gedächtnisschrift für Schmidt, S. 240; *Lücke*, aaO., S. 270; *Schütze*, Das Dokumentenakkreditiv Rdnr. 458 f.; *ders.* WPM 1982).

(2) Eine ausdrückliche Rechtswahl kann sich allerdings dann ergeben, wenn zwischen den Beteiligten die AGB Banken vereinbart sind. Diese enthalten in Nr. 6 Abs. 1 eine

Rechtswahlklausel, die einer Inhaltsprüfung nach dem AGBG standhält (vgl. *Grössmann/ Wagner-Wieduwilt/Weber*, Allgemeine Geschäftsbedingungen der Banken, 1993, 1/175; *Schütze*, Praktizierte Lieferbedingungen im internationalen Geschäftsverkehr, DZWir 1992, 89/92).

(3) Die grundsätzliche Anwendbarkeit deutschen Rechts schließt die Anwendung ausländischen Rechts nicht aus, soweit dieses durch internationale Übereinkommen geboten ist. Im Bereich des Akkreditivrechts ist das Abkommen von Bretton Woods zu beachten. Unter den Begriff des exchange contract fallen alle Verträge, die Devisengeschäfte zum Inhalt haben. Dazu gehören auch Akkreditive.

13. Rechtsverfolgung (1) **Gerichtsstand.** Die ERA 500 regeln die Zuständigkeit nicht. Das Formular enthält auch keine Gerichtsstandsklausel. Eine Zuständigkeitsvereinbarung kommt nur insoweit in Betracht, als zwischen den Beteiligten die AGB Banken vereinbart sind, die in Nr. 6 Abs. 2 und 3 eine Gerichtsstandsregelung enthalten. Die Bestimmungen lauten:

(2) Gerichtsstand für Inlandskunden
Ist der Kunde ein Kaufmann, der nicht zu den Minderkaufleuten gehört, und ist die streitige Geschäftsbeziehung dem Betriebe seines Handelsgewerbes zuzurechnen, so kann die Bank diesen Kunden an dem für die kontoführende Stelle zuständigen Gericht oder bei einem anderen zuständigen Gericht verklagen; dasselbe gilt für eine juristische Person des öffentlichen Rechts und für öffentlich-rechtliche Sondervermögen. Die Bank selbst kann von diesen Kunden nur an dem für die kontoführende Stelle zuständigen Gericht verklagt werden.

(3) Gerichtsstand für Auslandskunden
Die Gerichtsstandsvereinbarung gilt auch für Kunden, die im Ausland eine vergleichbare gewerbliche Tätigkeit ausüben, sowie für ausländische Institutionen, die mit inländischen juristischen Personen des öffentlichen Rechts oder mit einem inländischen öffentlich-rechtlichen Sondervermögen vergleichbar sind.

(2) **Einstweiliger Rechtsschutz.** a) **Rechtsmißbräuchliche Inanspruchnahme des Akkreditivs.** Die Zahlungsverpflichtung der Akkreditivbank findet ihre Grenze dort, wo die Inanspruchnahme des Akkreditivs rechtsmißbräuchlich ist. Der Rechtsmißbrauch entbindet die Akkreditivbank von ihrer Zahlungsverpflichtung gegenüber dem Begünstigten (vgl. dazu *Aden*, Der Arrest in den Auszahlungsanspruch des Akkreditivbegünstigten durch den Akkreditivauftraggeber, RIW/AWD 1976, 678 ff.; *Canaris*, Rdnr. 1015 ff.; *Nielsen*, 5/ 373; *ders.*, Grundlagen des Akkreditivgeschäfts, S. 150; *Pilger*, Einstweiliger Rechtsschutz des Käufers und Akkreditivstellers wegen Gewährleistung durch Arrest in den Auszahlungsanspruch des Akkreditivbegünstigten?, RIW/AWD 1979, 588 ff.; *Schütze*, Das Dokumentenakkreditiv Rdnr. 427). Über Einzelheiten herrscht Streit.

Die Anforderungen an den Rechtsmißbrauch sind sehr streng. Nicht jede vertragswidrige Anforderung bedeutet bereits einen Rechtsmißbrauch. Wesentlich sind zwei Fallgruppen:

– Die Kaufpreisforderung des zugrunde liegenden Vertrages besteht nicht, sei es, weil dieser nicht zustande gekommen oder später fortgefallen ist, sei es, weil der Anspruch aus dem Vertrag durch Erfüllung, Aufrechnung oder Erlaß erloschen ist (vgl. *Canaris*, Rdnr. 1018; *Nielsen*, 5/367).

– Der Begünstigte versucht, sich den Akkreditivbetrag durch eine Straftat, insbesondere Betrug zu verschaffen (vgl. *Canaris*, Rdnr. 1020; *Nielsen*, 5/367; *ders.*, Grundlagen des Akkreditivgeschäfts, S. 152 f.). Dabei genügt es nicht, daß der Begünstigte qualitativ minderwertige Ware liefert, es muß eine Anderslieferung vorliegen (Jeans statt Smokings), die zur Vertragserfüllung offenbar ungeeignet ist (RGZ 106, 304; BGH WPM 1955, 765; 1964, 223; *Zahn/Eberding/Ehrlich*, S. 233). Die Lieferung eines anderen als des vereinbarten Wodkas hat das LG Aachen (WPM 1987, 499 = EWiR § 935 ZPO 1/ 87, 625 (*Schütze*)) zu Recht nicht als eine derartige Anderslieferung angesehen.

1. Irrevocable Documentary Credit (Unwiderrufliches Dokumentenakkreditiv) IV.1

Nicht ausreichend ist die Sittenwidrigkeit des Grundgeschäfts (Warenlieferung, Drogenhandel pp.), da die Bank die Sittenwidrigkeit des Geschäfts nicht nachprüfen kann (a.A. *Canaris*, Rdnr. 1015; *Nielsen*, 5/367; *ders.*, Grundlagen des Akkreditivgeschäfts, S. 153).
Der Rechtsmißbrauch muß liquide beweisbar sein (vgl. *Canaris*, Rdnr. 1017; *Borggrefe*, Akkreditiv und Grundverhältnis, Diss. München 1971, S. 40; *Schütze*, Das Dokumentenakkreditiv Rdnr. 515 ff.; *Nielsen*, 5/368; *ders.*, Grundlagen des Akkreditivgeschäfts, S. 154; *Graf von Westphalen*, Rechtsprobleme, S. 286). Geeignete Beweismittel sind im wesentlichen gerichtliche Entscheidungen, durch die der Anspruch aus dem Grundgeschäft verneint wird (*Canaris*, Rdnr. 1018 mwN.), einstweilige Verfügungen gegen den Begünstigten auf Nichtinanspruchnahme des Akkreditivs oder Quittungen.

b) Formen einstweiligen Rechtsschutzes.

– Eine einstweilige Verfügung des Auftraggebers **gegen den Begünstigten** mit dem Ziel, die Vorlage der Dokumente zu verbieten, ist unzulässig, da eine fristgerechte Vorlegung unmöglich wird. Die einstweilige Verfügung würde zur endgültigen Befriedigung führen. Zulässig ist die einstweilige Verfügung auf Unterlassung der Geltendmachung des Auszahlungsanspruchs aus dem Akkreditiv (str.; bejahend, jedoch restriktiv *Liesecke* WPM 1976, 258/268; *Nielsen*, 5/378; *ders.*, Grundlagen des Akkreditivgeschäfts, S. 156 f.; *Schütze*, Das Dokumentenakkreditiv Rdnr. 504; *Graf von Westphalen*, Rechtsprobleme, S. 143; verneinend *Aden* RIW/AWD 1976, 678/680; *Canaris*, Rdnr. 1065). Probleme bereitet in diesen Fällen die Durchsetzung, da eine Zustellung der einstweiligen Verfügung im Ausland nur ohne Strafbewehrung zulässig ist (vgl. *Ost*, Die Justiz 1976, 134 ff.; *Schütze* WPM 1980, 1438 ff./1440). Die einstweilige Verfügung gegen den Begünstigten ist aber trotz ihrer praktischen Nichtdurchsetzbarkeit nicht bedeutungslos. Sie kann als liquides Beweismittel für die Rechtsmißbräuchlichkeit der Inanspruchnahme dienen.

2. Tender Guarantee[*] [1, 2, 5, 11, 14–16, 18, 19]

(Bietungsgarantie)

BANK'S NAME, AND ADDRESS OF ISSUING BRANCH OR OFFICE

Beneficiary: .... Date: ....
(name and address)

TENDER GUARANTEE No. ....
_____

We have been informed that _____, (hereinafter called „the Principal"), responding to your invitation to tender No. _____ dated _____ for the supply of _____ *(description of goods and/or services)*, has submitted to you his offer No. _____ dated _____[3)]

Furthermore, we understand that, according to your conditions, offers must be supported by a tender guarantee.[4)]

At the request of the Principal, we *(name of bank)* _____ hereby irrevocably[6)] undertake to pay you any sum or sums not exceeding in total an amount of[7), 13] _____ (say: _____) upon receipt by us of your first demand[8), 10), 12] in writing and your written statement stating:
 i) that the Principal is in breach of his obligation(s) under the tender conditions; and
 ii) the respect in which the Principal is in breach.
Your demand for payment must also be accompanied by the following document(s):[12 c)]
(specify document(s) if any, or delete)

This guarantee shall expire on _____ at the latest.[9)]
Consequently, any demand for payment under it must be received by us at this office on or before that date.

This guarantee is subject to the Uniform Rules for Demand Guarantees, ICC Publication No. 458.[4 b), 17)]

Signature(s):

_____

[*] Dieses Dokument wurde mit freundlicher Genehmigung der International Chamber of Commerce entnommen aus ICC Publication N° 458.

2. Tender Guarantee (Bietungsgarantie)

*Übersetzung**

Bietungsgarantie Nr. ......

Wir haben davon Kenntnis, daß ...... (Auftraggeber) auf Ihre Einladung zur Abgabe eines Gebots unter Tender Nr. ......, vom ...... für die Lieferung von ...... (Beschreibung der Lieferungen oder Leistungen) ein Gebot Nr. ...... unter dem ...... (Datum) abgegeben hat.

Wir haben weiter Kenntnis, daß nach den Tender-Bedingungen Gebote mit einer Bietungsgarantie unterlegt sein müssen.

Auf Ersuchen des Auftraggebers verpflichten wir ...... (Name der Bank) uns hierdurch unwiderruflich, Ihnen jeden Betrag oder Beträge, insgesamt jedoch höchstens ...... (in Worten: ......) auf Ihre erste schriftliche Anforderung zusammen mit Ihren schriftlichen Erklärungen,

– daß der Auftraggeber seine Verpflichtungen nach den Tender-Bedingungen verletzt hat, und
– welcher Art die Verletzung durch den Auftraggeber ist,

zu zahlen.

Ihrer Anforderung muß (müssen) folgendes (folgende) Dokument(e) beigefügt sein (Bezeichnung der Dokumente, soweit einschlägig, sonst streichen).

Diese Garantie verfällt spätestens am ......

Dementsprechend muß (müssen) jede (alle) Zahlungsanforderung(en) vor oder an diesem Tag dieser Geschäftsstelle zugegangen sein.

Diese Garantie unterliegt den Einheitlichen Richtlinien für auf Anforderung zahlbare Garantien, ICC Publikation Nr. 458

Unterschrift(en)
......

Schrifttum: Aden, Der Arrest in den Auszahlungsanspruch des Garantiebegünstigten durch den Garantieauftraggeber, RIW/AWD 1981, 439 ff.; *Assmann,* Aufrechnung der Garantiebank mit Gegenforderungen bei Inanspruchnahme einer Zahlungsgarantie „auf erstes Anfordern", IPRax 1986, 142 ff.; *Auhagen,* Die Garantie einer Bank, auf „erstes Anfordern" zu zahlen, Diss. Freiburg 1966; *Bär,* Zum Rechtsbegriff der Garantie, insbesondere im Bankgeschäft, 1963; *Berger,* Internationale Bankgarantien, DZWir 1993, 1 ff.; *von Caemmerer,* Bankgarantien im Außenhandel, Festschrift für Riese, 1964, 295 ff.; *Canaris,* Bankvertragsrecht (aus Großkommentar zum HGB, 4. Aufl.) 1988; *Coing,* Probleme der internationalen Bankgarantie, ZHR 147 (1983), 125 ff.; *Dohm,* Bankgarantien im internationalen Handel, 1985; *Finger,* Formen und Rechtsnatur der Bankgarantie, BB 1969, 206 ff.; *Goerke,* Kollisionsrechtliche Probleme internationaler Garantien, 1982; *Goode,* Guide to the ICC Uniform Rules for Demand Guarantees, 1992; *Hasse,* Die Einheitlichen Richtlinien für auf Anfordern zahlbare Garantien der Internationalen Handelskammer – Uniform Rules for Demand Guarantees (URDG), WPM 1993, 1985 ff.; *Lohmann,* Einwendungen gegen den Zahlungsanspruch aus einer Bankgarantie und ihre Durchsetzung in rechtsvergleichender Sicht, 1984; *Mülbert,* Mißbrauch von Bankgarantien und einstweiliger Rechtsschutz, 1985; *Nielsen,* Bankgarantien bei Außenhandelsgeschäften, 1986; *ders.,* Bankrecht und Bankpraxis, 5/131 ff.; *ders.,* Bedeutung und Aufmachung von Zusatzzertifikaten im Akkreditiv- und Garantiegeschäft, DZWir 1993, 265 ff.; *Pleyer,* Die Bankgarantie im zwischenstaatlichen Handel, WPM Beilage 2/1973; *Rüssmann/Britz,* Die Auswirkungen des Grundsatzes der formellen Garantiestrenge auf die Geltendmachung einer befristeten Garantie auf erstes Anfordern, WPM 1995, 1825 ff.;

---

* Freie, von der ICC nicht autorisierte Übersetzung.

Schütze, Bankgarantien, 1994; *ders.,* Zur Geltendmachung einer Bankgarantie „auf erstes Anfordern", RIW/AWD 1981, 83 ff.; *ders.,* Bestätigte und indossierte Bankgarantien als Sicherungsmittel im internationalen Handelsverkehr, Festschrift für Gernhuber, 1993, S. 461 ff.; *Graf von Westphalen,* Die Bankgarantie im internationalen Handelsverkehr, 2. Aufl., 1990; *ders.,* Ausgewählte Fragen zur Interpretation der Einheitlichen Richtlinien für auf Anfordern zahlbare Garantien, RIW/AWD 1992, 961 ff.; *Weth,* Bürgschaft und Garantie auf erstes Anfordern, AcP 189 (1989), 303 ff.; *Zahn/Eberding/Ehrlich,* Zahlung und Zahlungssicherung im Außenhandel, 6. Aufl., 1986.

Übersicht

	Seite		Seite
1. Sachverhalt	708	12. Anforderung (Demand)	715
2. Wahl des Formulars	708	13. Devisenbestimmungen	716
3. Grundgeschäft	709	14. Keine allgemeine Hinterlegungsbefugnis	716
4. Garantieverpflichtung	709		
5. Form des Garantieversprechens	710	15. Rechtsmißbräuchliche Inanspruchnahme der Bankgarantie	716
6. Unwiderruflichkeit	710		
7. Garantiebetrag und Währung	710	16. Einstweiliger Rechtsschutz	717
8. Zahlung „auf erstes Anfordern"	711	17. Anwendbares Recht	718
9. Verfalldatum (Befristung)	712	18. Gerichtsstandsvereinbarung	719
10. Pay or Extend	713	19. Kosten	719
11. Bestätigung und Indossament	714		

Anmerkungen

1. Sachverhalt. Gegenstand des Formulars ist die Garantie einer deutschen Bank zugunsten eines ausländischen Begünstigten im Rahmen einer vom Begünstigten veranstalteten Ausschreibung. Die Garantie ist vom Auftraggeber im Rahmen seines Gebots zu stellen. Sie dient zur Sicherung des Ausschreibenden, daß der bietende Auftraggeber aufgrund eines ihm erteilten Zuschlags einen ausschreibungsgerechten Vertrag abschließt (vgl. dazu *Canaris,* Rdnr. 1105; *Pleyer,* WPM Beilage 2/1973, S. 6; *Schütze,* Bankgarantien, S. 13; *Graf von Westphalen,* Bankgarantie, S. 37 f.; *ders.,* Rechtsprobleme der Exportfinanzierung, 3. Aufl., 1987, S. 308; *Zahn/Eberding/Ehrlich,* S. 373 ff.). In der französischen Terminologie wird diese Form der Garantie auch als „garantie provisoire" oder „garantie de participation", in der englischen Terminologie als „bid bond" oder „tender guarantee" bezeichnet.

Art. 2 lit. a der Einheitlichen Richtlinien für Vertragsgarantien (ICC Publikation Nr. 325) definiert die Bietungsgarantie als „die Verpflichtung, die eine Bank, eine Versicherungsgesellschaft oder eine sonstige Stelle (Garant) auf Verlangen eines Bieters (Garantieauftraggeber) oder auf Anweisung einer vom Garantieauftraggeber dazu beauftragten Bank, Versicherungsgesellschaft oder sonstigen Partei (anweisende Stelle) gegenüber der ausschreibenden Stelle (Begünstigter) eingeht, wonach der Garant es übernimmt – bei Nichterfüllung der sich aus der Angebotsabgabe ergebenden Verpflichtungen seitens des Garantieauftraggebers – dem Begünstigten im Rahmen einer festgesetzten Geldsumme Zahlung zu leisten".

2. Wahl des Formulars. Die Internationale Handelskammer hat versucht, das Garantiegeschäft in ähnlicher Weise wie das Akkreditivgeschäft durch ein Regelwerk und Standardformulare international zu vereinheitlichen. Das erste Ergebnis waren die Einheitlichen Richtlinien für Vertragsgarantien (ICC Publikation Nr. 325) (dazu u. a. *Pietsch,* Die Einheitlichen Richtlinien für Vertragsgarantien der Internationalen Handelskammer aus der Sicht der Kreditinstitute, 1983; *Schinnerer,* Neue Regeln der Internationalen Handelskammer für Kontraktgarantien, öBA 1979, 42 ff.; *Stumpf,* Einheitliche Richtlinien für Vertragsgarantien (Bankgarantien) der Internationalen Handelskammer, RIW/AWD

2. Tender Guarantee (Bietungsgarantie)

1979, 1 ff.; *Trost*, Bankgarantien im Außenhandel, 1982), die darauf verzichtet haben, die in der internationalen Praxis verbreitete Form der Garantie „auf erstes Anfordern" zu regeln. Das hat die Anwendung dieses Regelwerks in der Praxis der Banken auf ein Minimum begrenzt (vgl. *Nielsen*, Bankgarantien, S. 16; *Pietsch*, S. 86). Diesem Mangel sollen die Einheitlichen Richtlinien für auf Anfordern zahlbare Garantien (ICC Publikation Nr. 458; dazu *Berger* DZWir 1993, 1 ff.; *Goode*, Guide to the ICC Uniform Rules; *Hasse* WPM 1993, 1085 ff.; *Graf von Westphalen* RIW/AWD 1992, 961 ff.; *ders.*, Die neuen Einheitlichen Richtlinien für „demand guarantees", DB 1992, 2017 ff.) abhelfen. Dieses Regelwerk wird von den Banken zwar auch mit einigem Mißtrauen betrachtet, da es neben einer ordnungsgemäßen Anforderung auch noch die Vorlage von weiteren Dokumenten (Zusatzzertifikaten) vorsehen kann, es entspricht aber in weitgehendem Maße der internationalen Praxis. Die Internationale Handelskammer hat hierzu Standardformulare (ICC Model Forms for Issuing Demand Guarantees, ICC Publikation Nr. 458) entwickelt, die Gegenstand der Erläuterung sind.

3. Grundgeschäft. Entscheidend für die Garantie auf erstes Anfordern ist ihre Abstraktheit (vgl. *Berger* DZWir 1993, 1 ff., 4 f.). Nach Art. 2 lit. b URDG sind Garantien unabhängig von dem zugrunde liegenden Rechtsgeschäft, dessen Verpflichtung sie zu sichern bestimmt sind. Dennoch ist es unumgänglich, das Grundgeschäft in die Garantie aufzunehmen, da sonst die zu sichernde Verpflichtung unklar bleibt. Auch die Garantie „auf erstes Anfordern" ist – wie jede Interzessionsform – einem Anspruch in der Weise verbunden, daß sie dessen Erfüllung sichern soll. Sie unterscheidet sich dadurch von der Banknote oder dem Scheck, was in der Praxis häufig verkannt wird.

4. Garantieverpflichtung. a) Vertrag sui generis. Das Garantieversprechen ist gesetzlich nicht geregelt. Seine Zulässigkeit ergibt sich aus der Vertragsfreiheit (vgl. *Canaris*, Rdnr. 1106; *Nielsen*, 5/137; *Schütze*, Bankgarantien, S. 31; *Graf von Westphalen*, Bankgarantie, S. 48 f.; *Zahn/Eberding/Ehrlich*, S. 350). Der Garant verpflichtet sich gegenüber dem Gläubiger (Begünstigter) eines Dritten (Garantieauftraggeber), für die Erfüllung einer Verbindlichkeit, die Gegenstand der Garantie ist, einzustehen. Im Gegensatz zur Bürgschaft ist die Garantie jedoch in der Weise abstrakt, daß Zahlung auch dann geleistet werden muß, wenn die Verbindlichkeit, die Gegenstand der Garantie ist, nicht entstanden oder später weggefallen ist (vgl. OLG Stuttgart WPM 1977, 881). Von der Bürgschaft unterscheidet sich die Garantie dadurch, daß sie nicht akzessorisch ist, vom abstrakten Schuldversprechen und Schuldbeitritt dadurch, daß der Garant nicht die ursprüngliche (originäre) Leistung schuldet, vielmehr nur für fremde Schuld eintritt (vgl. dazu *Käser* RabelsZ 35 (1971), 601 ff.).

b) **Einheitliche Richtlinien für auf Anfordern zahlbare Garantien.** Nach dem Scheitern des Versuchs der Internationalen Handelskammer Paris, das internationale Garantiegeschäft durch ein Regelwerk zu vereinheitlichen, das die Garantie „auf erstes Anfordern" ausklammert (vgl. oben Anm. 2), ist mit den Einheitlichen Richtlinien für auf Anfordern zahlbare Garantien ein praktikables Regelwerk entstanden. Diese Einheitlichen Richtlinien, die auch auf das hier vorgeschlagene Formular Anwendung finden, verführen dazu anzunehmen, daß eine geschlossene Regelung der rechtlichen Beziehungen der Beteiligten besteht. Ebenso wie die Einheitlichen Richtlinien und Gebräuche für Dokumentenakkreditive (ERA 500) bleiben aber auch bei den Einheitlichen Richtlinien für auf Anfordern zahlbare Garantien viele Probleme ungeregelt und dem anwendbaren nationalen Recht überlassen, so die Anfechtung, die Aufrechnung, die Voraussetzungen und die Rechtsfolgen rechtsmißbräuchlicher Inanspruchnahme etc. (vgl. *Schütze*, Bankgarantien, S. 5).

c) **Zustandekommen des Garantievertrages.** Das Garantieversprechen bedarf als Vertrag der Annahmeerklärung durch den Begünstigten. Diese Annahmeerklärung muß aber nicht notwendigerweise ausdrücklich erfolgen. Sie kann auch konkludent nach § 151 BGB erklärt werden (vgl. *Canaris*, Rdnr. 1121; *Graf von Westphalen*, Bankgarantie, S. 110). Davon geht das vorliegende Formular aus, das eine Annahmeerklärung nicht vorsieht, vielmehr nur die Unterzeichnung durch die Garantiebank. Des Weges über § 151 BGB bedarf es aber regelmäßig nicht einmal, da der Begünstigte im Rahmen seines Vertrages mit dem Garantieauftraggeber (Grundgeschäft) bereits im Angebot an die Garantiebank abgibt, das dieser durch den Garantieauftraggeber als Boten überbracht wird. Die Übersendung der Garantieurkunde an den Begünstigten gilt als Annahme des Angebots.

5. Form des Garantieversprechens. Die Garantie ist formfrei (vgl. *Canaris*, Rdnr. 1122; *Käser* RabelsZ 35 (1971), 601 ff./619; *Liesecke* WPM 1968, 22 ff./23; *Rümker* WPM Beil. 2/1973, S. 15; *Schütze*, Bankgarantien, S. 32). § 766 BGB, der für die Bürgschaft das Schrifttumerfordernis aufstellt, ist nicht – auch nicht analog – anwendbar (a. A. *von Caemmerer*, Festschrift für Riese, S. 295 ff./306). Im übrigen würde ein etwaiges Schriftformerfordernis regelmäßig nach § 350 HGB entfallen.

Im Handelsverkehr ist es aber unüblich, Bankgarantien mündlich abzugeben. Nach verbreiteter Ansicht besteht ein Schriftformerfordernis bei Garantien kraft Handelsbrauchs (so *Canaris*, Rdnr. 1122; *Heymann/Horn*, HGB, 1990, Anh. § 372 Rdnr. 45; *Weth* AcP 189 (1989), 303 ff./308), das *Berger* (DZWir 1993, 1 ff./6) auch für Garantien nach den Einheitlichen Richtlinien für auf Anfordern zahlbare Garantien annimmt. Das Formproblem wird man unter Beweisgesichtspunkten sehen müssen, so wie es auch in vielen ausländischen Rechtsordnungen geschieht (vgl. dazu *Pleyer* WPM Beil. 2/1973, 15). Die nicht schriftliche Abgabe einer Garantieerklärung spricht regelmäßig für den mangelnden rechtsgeschäftlichen Bindungswillen des Garanten (vgl. *Schütze*, Bankgarantien, S. 32). Die URDG fordern ausdrücklich Schriftform. Nach Art. 2 lit. d umfaßt die Schriftform auch die authentisierte Teletransmission oder gleichwertige Übermittlung per geschlüsselter Datenfernübertragung („EDI").

6. Unwiderruflichkeit. Bankgarantien können widerruflich und unwiderruflich ausgestaltet sein (Art. 5 URDG). Die unwiderrufliche Garantie ist die Regel. Nur sie gibt die im internationalen Verkehr notwendige Sicherheit. Ihre Wirkungen können nicht einseitig durch Widerruf beseitigt werden. Das schließt nicht aus, daß die Garantie angefochten oder aus anderem Grunde zum Erlöschen gebracht werden kann. Nach Art. 5 URDG ist die Garantie „auf erstes Anfordern" mangels anderweitiger Regelung unwiderruflich. Die Erwähnung der Unwiderruflichkeit im Garantietext – wie hier vorgeschlagen – ist deshalb an sich überflüssig, dient aber der Klarstellung.

7. Garantiebetrag und Währung. Wesentlich sind Angaben über den Garantiehöchstbetrag und die Währung. Enthält eine Garantie keine betragsmäßige Begrenzung, so haftet der Garant im Garantiefall unbeschränkt. Derartige Garantien sind wegen des unübersehbaren Risikos in der Praxis unüblich. In Übereinstimmung mit Art. 3 lit. 3 URDG empfiehlt das Formular deshalb die Angabe von Höchstbetrag und Währung in der Garantie. Bei Bietungsgarantien schwankt die Höhe. Sie liegt zwischen 1% und 10% des Angebotswertes (vgl. *Pleyer* WPM Beil. 2/1973, 6; *Graf von Westphalen*, Bankgarantie, S. 38).

Ist der Garantiebetrag in fremder Währung ausgedrückt, so handelt es sich – auch wenn die Zahlung im Inland erfolgt – um eine echte Valutaschuld. Der Garantiebank steht eine Umrechnungsbefugnis nach § 244 Abs. 1 BGB nicht zu. § 49 Abs. 1 AWG erklärt die Eingehung von Fremdwährungsverbindlichkeiten zwischen Gebietsansässigen und Gebietsfremden für zulässig. Beschränkungen für eine deutsche Garantiebank, eine Garantie gegenüber einem gebietsfremden Begünstigten in ausländischer Währung einzugehen, bestehen deshalb nicht (vgl. *Schütze*, Bankgarantien, S. 36; *Zahn/Eberding/Ehrlich*, S. 363).

Probleme können allerdings dann auftreten, wenn ein Verstoß gegen das Abkommen von Bretton Woods vorliegt. Auch Garantien fallen unter den Begriff des „exchange contract" i.S. von Art. VIII Abschn. 2 lit. b dieses Abkommens (vgl. *Ebke*, Internationales Devisenrecht, 1990, S. 231; *Goerke*, Kollisionsrechtliche Probleme, S. 121; *Nielsen/Schütze*, Zahlungssicherung und Rechtsverfolgung im Außenhandel, 3. Aufl., 1985, S. 7). Ga-

2. Tender Guarantee (Bietungsgarantie)

rantien, die gegen die Bestimmungen des Abkommens von Bretton Woods verstoßen, sind nicht nichtig, können nur nicht durchgesetzt werden – sie sind „unenforceable" (vgl. dazu BGH WPM 1970, 785; *Hahn*, Währungsrecht, 1990, S. 397). Bei Garantien deutscher Banken sind derartige Verstöße gegenwärtig – erfreulicherweise – nur schwer vorstellbar.

8. Zahlung „auf erstes Anfordern". Die Garantie muß die Zahlungsverpflichtung der Garantiebank enthalten, bei Eintritt des Garantiefalls Zahlung „auf erstes Anfordern" zu leisten, ungeachtet irgendwelcher Einwendungen von Garantieauftraggeber oder Begünstigtem. Dabei genügt die im vorliegenden Formular benutzte Formulierung „first demand" vollauf. Genügend wäre auch „on demand". Eine genaue Formulierung ist nicht vorgeschrieben. Der Garantietext muß nur erkennen lassen, daß unter Ausschluß von Einwendungen gezahlt werden soll.

Die Bedeutung der Klausel „auf erstes Anfordern" ist mehrfach:

a) **Abgrenzung Bürgschaft/Garantie.** Die Zahlungsverpflichtung „auf erstes Anfordern" ist ein wichtiges Indiz für das Vorliegen einer Garantie (vgl. BGH WPM 1979, 691/692; *Graf von Westphalen*, Bankgarantie, S. 78 f. m. w. N.). Zwar kommen auch Bürgschaften „auf erstes Anfordern" vor (BGH JZ 1979, 442; BGH WPM 1996, 193), die Zahlungspflicht ohne Nachweis des Sicherungsfalles deutet aber regelmäßig auf das Vorliegen einer Garantie hin. Bei deutscher Formulierung können bei der Bezeichnung „Garantie" kaum Zweifel bestehen. Bei der hier benutzten englischen Fassung des Formulars könnten an sich Abgrenzungsprobleme auftreten, da der Terminus „guarantee" eher „Bürgschaft" als „Garantie" bedeutet.

b) **Einwendungsausschluß.** Die Formel, „auf erstes Anfordern" zu zahlen, bekräftigt den abstrakten Charakter des Garantieversprechens. Nach deutschem Recht ist die Garantie zwar ohnehin von Einwendungen aus dem Deckungs- und dem Valutaverhältnis unabhängig (vgl. LG Frankfurt NJW 1963, 450/451; *Canaris*, Rdnr. 1134; *von Caemmerer*, Festschrift für Riese, S. 301 ff.; *Nielsen*, 5/137), so daß die Klausel „auf erstes Anfordern" zunächst nur deklaratorischen Charakter im Hinblick auf den Einwendungsausschluß hat. International ist die Formulierung „auf erstes Anfordern" aber so üblich geworden, daß hierin schon der Parteiwille, eine einwendungsfreie Garantie zu erstellen, zum Ausdruck kommt (vgl. *Auhagen*, S. 29, 31; *Graf von Westphalen*, Bankgarantie, S. 79 f.).

c) **Zahlungsfrist.** Bei der Garantie „auf erstes Anfordern" muß die Garantiebank bei Vorliegen einer ordnungsgemäßen Anforderung (vgl. Anm. 12) unverzüglich Zahlung leisten. Der Garantiebank steht aber eine angemessene Prüfungsfrist nach Art. 10 lit. a URDG zu. Diese muß so bemessen sein, daß die Garantiebank vom Garantieauftraggeber eine Stellungnahme einholen kann. Zu diesem Zweck hat die Garantiebank nach Art. 17 URDG den Garantieauftraggeber von der Anforderung unverzüglich in Kenntnis zu setzen. Denn da der Auftraggeber nicht wissen kann, ob und wann Zahlung unter einer Garantie gefordert wird, kann er Einwendungen nur geltend machen, wenn er vor der Auszahlung informiert wird. Diese an sich schon allgemein bestehende Pflicht (vgl. *Canaris*, Rdnr. 11, 110; *Pleyer* WPM-Beil. 2/1973, 12 f.; *Schütze* RIW/AWD 1981, 83/85; *Graf von Westphalen*, Bankgarantie, S. 172 ff.) ergibt sich für das vorliegende Formular unmittelbar aus dem zugrunde liegenden URDG.

Für die Prüfungsfrist kann als Faustregel von folgendem ausgegangen werden. Nach Information des Garantieauftraggebers am nächsten Bankarbeitstag müssen diesem 2–3 Tage für die Prüfung, die Erhebung von Einwendungen und die Beantragung einstweiligen Rechtsschutzes bleiben (vgl. *Dohm*, Bankgarantien im internationalen Handel, S. 81 für den Fall des Rechtsmißbrauchs). Danach sind dem Garanten – soweit der Garantieauftraggeber Einwendungen erhebt – 2 Bankarbeitstage für die eigene Prüfung zuzubilligen. Die gesamte Prüfungszeit beträgt deshalb auch bei der Garantie „auf erstes Anfordern" u. U. 1 Woche (vgl. *Schütze*, Bankgarantien, S. 69). Bei indirekten Garantien erhöht sich der Prüfungszeitraum um einen weiteren Bankarbeitstag für die Weiterleitung der Anforderung an den Rückgaranten.

9. Verfalldatum (Befristung). a) Bedeutung der Befristung. Art. 22 URDG sieht eine Verfallregelung vor. Diese Regelung entspricht internationaler Üblichkeit. Die Befristung kann in mehrfacher Hinsicht erfolgen:
- Entweder muß der Garantiefall vor dem Verfalltag eingetreten sein oder
- die Inanspruchnahme muß vor dem Verfalltag erfolgen.

Bei Garantien „auf erstes Anfordern" ist regelmäßig anzunehmen, daß auch die Inanspruchnahme innerhalb der Frist erfolgen muß (vgl. OLG Hamburg RIW/AWD 1978, 615; OLG Stuttgart WPM 1979, 733; *Canaris*, Rdnr. 1126; *Nielsen*, 5/164; *Graf von Westphalen*, Bankgarantie S. 119, 155; *Zahn/Eberding/Ehrlich*, S. 365). Von dieser Regelung geht das vorgeschlagene Formular aus. Mit der vorgeschlagenen Formulierung ist allen Interpretationsmöglichkeiten der Boden entzogen.

Neben der Regelung des Verfalls kann auch das Verfallereignis geregelt werden. Unter letzterem ist nach Art. 22 URDG die Vorlage von zur Verfallbestimmung vorgesehenen Dokumenten zu verstehen. Weist die Garantie sowohl ein Verfalldatum als auch ein Verfallereignis aus, dann verfällt sie unabhängig von der Rückgabe der Garantieurkunde am Verfalldatum oder am Verfallereignis, je nachdem, welches zuerst eintritt. Im vorgeschlagenen Formular fallen Fristende für die Vorlage der Anforderung (Verfalldatum) und der Vorlage begleitender Dokumente (Verfallereignis) zusammen.

b) Wirksamkeit der Befristung. Die Befristung führt nach deutschem Recht zu einem Erlöschen der Garantieverpflichtung nach Fristablauf, wenn eine Inanspruchnahme vor dem Verfalldatum nicht erfolgt ist. Auch wenn der Begünstigte durch höhere Gewalt, etwa Krieg, Revolution, Streik pp. an einer fristgerechten Inanspruchnahme gehindert ist, erfolgt keine Fristverlängerung (vgl. LG Stuttgart WPM 1978, 1056; OLG Stuttgart RIW/AWD 1980, 729; *Nielsen*, 5/164; *Graf von Westphalen*, Bankgarantie, S. 156; *Zahn/Eberding/Ehrlich*, S. 366). Ein besonders instruktiver Fall lag der Entscheidung des OLG Stuttgart zugrunde. Hier war der Begünstigte gehindert, die Ansprüche aus einer Garantie wegen der im Libanon herrschenden Unruhen rechtzeitig geltend zu machen. Das Gericht hat die Geltendmachung höherer Gewalt in diesem Zusammenhang als unerheblich angesehen. Der Begünstigte trägt auch das Risiko der Übermittlung, insbesondere des Postlaufs der Inanspruchnahme (vgl. *Graf von Westphalen*, Bankgarantie, S. 156), ein Ergebnis, das sich im deutschen Recht schon aus der Zugangstheorie ergibt. Dem entspricht auch die klare Regelung in dem vorgeschlagenen Formular.

Einige ausländische Rechte lassen eine Befristung nach den Feststellungen *Pleyers* (WPM Beil. 2/1973, 17) nicht oder nur bedingt zu. Dies soll der Fall sein für das portugiesische, ungarische, syrische, türkische, griechische und thailändische Recht sein (weitere Beispiele bei *Dohm*, S. 124). Ob diese Feststellungen *Pleyers* und *Dohms* so richtig sind, mag dahinstehen. Teilweise wird hier offenbar die Akzeptanz befristeter Bankgarantien mit ihrer Zulässigkeit verwechselt, z. B. für das syrische Recht.

Läßt das ausländische Recht eine Befristung nicht zu, so ist dies bei dem hier vorgeschlagenen Formular bei einer Klage vor deutschen Gerichten bedeutungslos, da nach Art. 7 URDG deutsches Recht Anwendung findet. Probleme können entstehen, wenn ein Rechtsstreit über die Garantieverpflichtung vor einem ausländischen Recht geführt wird und die lex fori die Rechtswahl nach Art. 27 URDG nicht zuläßt oder das Befristungsverbot zum ordre public rechnet.

c) Unbefristete Garantien. In der Praxis finden sich zuweilen auch unbefristete Garantien. Vor allem Begünstigte in nordafrikanischen Ländern und dem Mittleren Osten bestehen hierauf (vgl. *Zahn/Eberding/Ehrlich*, S. 366). Auch bei fehlender Befristung steht der Garantiebank kein Kündigungsrecht der Garantieverpflichtung gegenüber dem Begünstigten zu (vgl. *Graf von Westphalen*, Bankgarantie, S. 119 f.). Ein Kündigungsrecht ist mit dem Sicherungszweck der Garantie nicht zu vereinbaren. Zwar bringt die unbefristete Garantie ein zeitlich nicht zu überschauendes Obligo der Garantiebank. Dies ist aber die notwendige Folge der Begründung eines Dauerschuldverhältnisses durch die Übernahme einer unbefristeten Verpflichtung. Mangels besonderer Vereinbarung besteht für die Ga-

2. Tender Guarantee (Bietungsgarantie)

rantiebank bei der unbefristeten – ebenso wie bei der befristeten – Garantie kein Recht, sich durch Hinterlegung nach §§ 232 ff. BGB von der Garantieverpflichtung zu befreien (vgl. *Nielsen,* 5/146; *Graf von Westphalen,* Bankgarantie, S. 121 f.).

10. Pay or Extend. Zuweilen verlangt der Begünstigte einer Garantie „auf erstes Anfordern" Zahlung nur für den Fall, daß die Garantie nicht verlängert wird. Diese unter dem Schlagwort „pay or extend" bekannte Praxis (vgl. dazu *Graf von Westphalen,* Bankgarantie, S. 133, 207 ff.) ist jetzt in Art. 26 URDG geregelt (vgl. dazu auch *Pierce,* Demand Guarantees in International Trade, 1993, S. 138 f., 160 f.). Art. 26 URDG trifft folgende Regelung:

> „Wenn der Begünstigte eine Verlängerung der Garantielaufzeit als Alternative zu einer Zahlungsanforderung, die in Übereinstimmung mit den Garantie-Bedingungen und diesen Richtlinien erfolgt ist, verlangt, muß der Garant davon unverzüglich denjenigen informieren, von dem er seinen Auftrag erhalten hat. Der Garant hat dann die Zahlung für eine angemessene Zeit auszusetzen, die dem Auftraggeber und dem Begünstigten eine Einigung über die Gewährung einer solchen Verlängerung und dem Auftraggeber die Veranlassung der Durchführung ermöglicht.
>
> Sofern binnen der in dem vorhergehenden Absatz vorgesehenen Zeit keine Verlängerung zustandekommt, ist der Garant verpflichtet, die ordnungsgemäße Anforderung des Begünstigten zu bezahlen, ohne irgendwelche weiteren Handlungen vom Begünstigten zu verlangen. Der Garant haftet nicht (für Zinsen oder in anderer Weise) für die Verzögerung in irgendeiner Zahlung an den Begünstigten aufgrund des vorstehenden Verfahrens.
>
> Auch wenn der Auftraggeber einer Verlängerung zustimmt oder den Auftrag dazu erteilt, kommt die Verlängerung nur zustande, wenn Garant und Rückgarant(en) ebenfalls zustimmen.

Das „pay or extend"-Verlangen muß die in dem Garantieversprechen vorgesehenen formellen Anforderungen erfüllen (BGH RIW/AWD 1996, 326).

Es ist zwischen den Rechtsverhältnissen der Beteiligten zu unterscheiden:

a) **Verhältnis Garantiebank/Garantieauftraggeber.** Die Garantiebank ist zur Verlängerung der Garantie weder berechtigt noch verpflichtet. Es muß ein neuer Garantieauftrag erteilt werden, soweit nicht der ursprüngliche Garantieauftrag eine Verlängerung vorsieht, was bei der Bietungsgarantie gelegentlich der Fall ist, wenn nicht abzusehen ist, ob das Zuschlagsverfahren in der Laufzeit der Garantie beendet sein wird. Das ist bei internationalen Projekten häufig der Fall. Art. 26 Abs. 1 URDG gibt Regeln, in welcher Weise die Garantiebank auf eine „pay or extend"-Anforderung reagieren muß (vgl. dazu *Berger* DZWir 1993, 1 ff./7 f.; *Goode,* Guide to the ICC Uniform Rules for Demand Guarantees, S. 109 ff.; *Hasse* WPM 1993, 1985 ff./1993). Die Garantiebank muß den Garantieauftraggeber unverzüglich von der Anforderung in Kenntnis setzen. Der Begriff der Unverzüglichkeit ist derselbe wie in § 121 BGB (vgl. *Schütze,* Bankgarantien, S. 70). Die Unverzüglichkeit bezieht sich sowohl auf den Zeitpunkt der Information als auch auf den Übermittlungsweg. Eine besondere Form ist nicht vorgeschrieben. Die Garantiebank kann den Auftraggeber auch telefonisch informieren. Sodann muß die Garantiebank die Zahlung der Garantiesumme an den Begünstigten „angemessene Zeit" aussetzen, um Verhandlungen zwischen der ausschreibenden Stelle und dem Bieter über die Verlängerung zu ermöglichen. Über die Angemessenheit entscheiden die Umstände des Einzelfalles.

b) **Verhältnis Garantieauftraggeber/Begünstigter.** Die Forderung „pay or extend" kann rechtsmißbräuchlich sein, ist es aber nicht unbedingt (vgl. *Berger* DZWir 1993, 1 ff./7 f.; *Schütze* RIW/AWD 1981, 83 ff./85; *ders.,* Bankgarantien, S. 41 f.). In zwei Fällen ist das Verlangen nach Verlängerung oder Zahlung unbedenklich:

– wenn der Auftraggeber sich nach den Ausschreibungsbedingungen verpflichtet hat, die Bietungsgarantie einmal oder mehrmals zu verlängern, was sich insbesondere bei Ausschreibungen im internationalen Anlagengeschäft findet, wenn nicht abzusehen ist, ob der Zuschlag termingerecht erfolgen kann;

– wenn der Garantiefall eingetreten ist, der Garantieauftraggeber also den Zuschlag erhalten hat, aber nicht bereit ist, zu den Ausschreibungsbedingungen den Vertrag abzuschließen, um den Beteiligten die Möglichkeit zu geben, neue Konditionen auszuhandeln.

Rechtsmißbräuchlich ist das Verlangen „pay or extend" jedoch dann, wenn der Auftraggeber seine Verpflichtungen erfüllt hat. Ist in den tender-Bedingungen eine Verlängerung der Bietungsgarantie nicht vorgesehen, so handelt der Begünstigte rechtsmißbräuchlich, wenn er Zahlung oder Verlängerung fordert, obwohl zu diesem Zeitpunkt ein Zuschlag nicht erfolgt ist. Die Zahl rechtsmißbräuchlicher Verlangen ist leider ziemlich groß (vgl. *Stumpf*, RIW/AWD 1979, 1). *Graf von Westphalen* (Bankgarantie, S. 210) weist darauf hin, daß in fast allen Fällen, in denen sich deutsche Gerichte mit dem Problem der rechtsmißbräuchlichen Inanspruchnahme von Bankgarantien beschäftigen mußten (vgl. z. B. OLG Saarbrücken WPM 1981, 275; LG Braunschweig WPM 1981, 278; LG Dortmund WPM 1981, 280; LG Frankfurt WPM 1979, 284), das Verlangen „pay or extend" im Rahmen der Zahlungsanforderung gestellt wurde. *Mülbert* (Mißbrauch von Bankgarantien und einstweiliger Rechtsschutz, 1985) weist zu Recht darauf hin (S. 77 ff.), daß die Inanspruchnahme bei noch offener Möglichkeit des späteren Eintritts des Sicherungsfalles, die bei der Anforderung „pay or extend" regelmäßig vorliegt, immer rechtsmißbräuchlich ist.

c) **Verhältnis Garantiebank/Begünstigter.** Art. 26 Abs. 1 URDG gibt dem Garanten das Recht, bei einer „pay or extend"-Anforderung keine Zahlung zu leisten, selbst wenn im übrigen eine ordnungsgemäße Inanspruchnahme vorliegt. Die Garantiebank hat ein Wahlrecht.

– Will sie einer Verlängerung der Garantiefrist nicht zustimmen, selbst wenn eine entsprechende Weisung des Garantieauftraggebers vorliegt, dann muß sie unverzüglich Zahlung leisten;
– Ist die Garantiebank prinzipiell bereit, die Garantiefrist zu verlängern, dann kann sie die Zahlung aussetzen bis zur Entscheidung von Garantieauftraggeber und Begünstigtem über die Verlängerung.

Im letzteren Fall (Aussetzung der Zahlung) kann der Begünstigte keinen Verzögerungsschaden gegenüber der Garantiebank geltend machen (Art. 26 Abs. 2 URDG). Das „pay or extend"-Verlangen ist keine bedingte Geltendmachung der Garantie, etwa in Form der „Wahlschuld" (vgl. *Graf von Westphalen,* Die Bankgarantie, S. 207 f.). Die Anforderung ist vielmehr unbedingt, überläßt es jedoch der Garantiebank, die Zahlung durch Verlängerung abzuwenden. Die Garantiebank ist deshalb verpflichtet, bei Nichtverlängerung zu zahlen, und zwar ohne vom Begünstigten weitere Handlungen oder Erklärungen verlangen zu können. Dies stellt Art. 26 Abs. 2 URDG ausdrücklich klar. Das Verlangen „pay or extend" wahrt die Frist zur Geltendmachung der Garantie (vgl. *Goode,* aaO., S. 113).

d) **Verhältnis Garantiebank/Rückgarantiebank.** Im Fall einer Rückgarantie entspricht das Verhältnis Garantiebank zur Rückgarantiebank dem der Garantiebank zum Garantieauftraggeber. Die Garantiebank treffen dieselben Informationspflichten gegenüber der Rückgarantiebank wie gegenüber dem Garantieauftraggeber. Im Fall einer Rückgarantie ist für eine Verlängerung die Zustimmung sowohl der Rückgarantiebank als auch des Garantieauftraggebers notwendig.

11. Bestätigung und Indossament. Wenn die Garantiebank ihren Sitz nicht im Staat des Begünstigten hat, so wird die Garantie zuweilen durch eine lokale Bank bestätigt oder indossiert.

a) **Bestätigte Garantie.** Die bestätigte Garantie (vgl. *Bark* ZIP 1982, 655 ff.; *Schütze,* Bestätigte und indossierte Bankgarantien als Sicherungsmittel im internationalen Handelsverkehr, Festschrift für Gernhuber, 1993, S. 461 ff.) erfüllt eine ähnliche Funktion wie die Rückgarantie, die in Art. 2 lit. c URDG geregelt ist. Die bestätigende Bank tritt neben die Garantiebank. Beide haften als Gesamtschuldner wie die Akkreditivbank und bestätigende Bank (vgl. *Schütze,* Bankgarantien, S. 12 f.). Die Zahlungsverpflichtung der bestätigenden Bank ist eine solche „auf erstes Anfordern", wenn auch die Garantie „auf erstes Anfordern" zahlbar ist.

2. Tender Guarantee (Bietungsgarantie)

b) Indossierte Garantie. In ähnlicher Weise wie bei der bestätigten Garantie erhält der Begünstigte durch die Indossierung einen Anspruch gegen den indossierenden Garanten (vgl. *Schütze,* Festschrift für Gernhuber, S. 461 ff.; *ders.,* Bankgarantien, S. 13). Jedoch tritt die indossierende Bank nicht neben die Garantiebank – wie bei der bestätigten Garantie – sondern hinter sie. Die indossierende Bank ist zur Zahlung aus der Garantie erst verpflichtet, wenn die Garantiebank zahlungsunfähig geworden ist oder die Zahlung verweigert. Indossierte Garantien finden sich insbesondere im Ägypten-Geschäft.

12. Anforderung (Demand). Eine neuere Entscheidung des BGH zur Bürgschaft „auf erstes Anfordern" (BGH NJW 1994, 380 m. Anm. *Schütze* EWiR § 765 BGB 2/94, 131) hat Verwirrung gestiftet. Der erste Teil des Leitsatzes lautet:

„Wer aufgrund einer Bürgschaft auf erstes Anfordern Zahlung verlangt, ist nicht verpflichtet, schlüssig darzulegen, daß die durch Bürgschaft gesicherte Hauptforderung besteht."

Damit leistet der BGH einer Meinung Vorschub, die Garantien und Bürgschaften „auf erstes Anfordern" wie Wechsel und Schecks behandelt. Die Garantie, auch die „auf erstes Anfordern", wurzelt aber in einem Rechtsgeschäft, dient zur Sicherung nicht irgendeiner Geldforderung, sondern eines bestimmten Anspruchs. Der Begünstigte muß deshalb seinen Anspruch hinreichend substantiieren (vgl. OLG München WPM 1994, 2108; *Schütze* RIW/AWD 1981, 83/84).

Auch die in einem „pay or extend"-Verlangen liegende Zahlungsaufforderung muß den in Garantieversprechen vorgesehenen Anforderungen entsprechen (BGH RIW/AWD 1996, 326).

a) Keine Nachweispflicht. Eine Nachweispflicht des Begünstigten für den Eintritt des Garantiefalles besteht bei der Garantie „auf erstes Anfordern" nicht (vgl. *Auhagen,* S. 20 ff.; *Schütze* RIW/AWD 1981, 83/84 mwN.). Die Garantiebank wäre überfordert, den Eintritt des Garantiefalls nachzuprüfen. Eine Nachprüfungspflicht und damit ein Nachprüfungsrecht der Bank würde auch der Interessenlage der Parteien nicht entsprechen. Die Garantie „auf erstes Anfordern" wird in vielen Fällen anstelle des üblichen Sicherungseinbehalts gestellt und soll eine gleichwertige Möglichkeit zur sofortigen Beschaffung liquider Mittel unter Ausschluß von Einwendungen darstellen (BGH JZ 1979, 442). *Liesecke* (WPM 1968, 22) hat zu Recht darauf hingewiesen, daß die Bankgarantie die Funktion übernimmt, die früher dem Bardepot mit unbedingtem Verfügungsrecht oder dem Depotwechsel zukam (S. 26).

b) Darlegungspflicht. Die Befreiung von der Nachweispflicht bedeutet jedoch nicht, daß der Begünstigte nicht den Eintritt des Garantiefalles darlegen müßte. Zur ordnungsgemäßen Darlegung gehört die Geltendmachung des Eintritts des Garantiefalls. Der Begünstigte muß zunächst behaupten, daß ein Garantiefall vorliegt (vgl. OLG Celle ZIP 1982, 43; *Canaris,* Rdnr. 1130; *Liesecke* WPM 1968, 26; *Rüssmann/Britz* WPM 1995, 1825 ff.; *Schütze* RIW/AWD 1981, 83/84). Der Begünstigte kann sich nicht darauf beschränken, die Zahlung anzufordern, er muß vielmehr erklären, daß der spezielle Fall, für den die Garantie gegeben ist, eingetreten ist. Eine solche Erklärung ist in dem vorgesehenen Formular unter (i) vorgesehen. Diese Erklärung muß klar darlegen, daß der Auftraggeber (im vorliegenden Fall der Bieter) trotz Zuschlags sich geweigert hat, einen tenderkonformen Vertrag abzuschließen. Ein Nachweis ist nicht erforderlich. Auf die Darlegung, die – wenn sie falsch ist – eine Strafbarkeit wegen Betrugs herbeiführen kann, kann jedoch nicht verzichtet werden. Die Darlegung des Garantiefalls allein genügt aber noch nicht. Der Begünstigte muß auch behaupten, daß ein Schaden in der verlangten Höhe entstanden ist (vgl. *Schütze,* RIW/AWD 1981, 83/84). Dieses Erfordernis ist in dem ICC-Formular nicht vorgesehen, ergibt sich aber aus allgemeinen Garantiegrundsätzen (vgl. *Schütze* RIW/AWD 1981, 83/84).

c) Dokumentenvorlage. Neben der schriftlichen Zahlungsanforderung kann die Garantie – wie im Formular vorgesehen – die Vorlage von Dokumenten verlangen (vgl. dazu

Nielsen, Bedeutung und Aufmachung von Zusatzzertifikaten im Akkreditiv- und Garantiegeschäft, DZWir 1993, 265 ff.). Derartige Dokumente können sich nach Art. 20 lit. a URDG darauf beziehen,
- daß der Auftraggeber seine Verpflichtungen unter den Angebotsbedingungen verletzt hat und
- welcher Art die Verletzung durch den Auftraggeber ist.

Diese Verpflichtung zur Vorlage von Zusatzzertifikaten in Art. 20 URDG ist Gegenstand heftiger Kritik im Schrifttum (vgl. *Berger* DZWir 1993, 1 ff.; *Graf von Westphalen* DB 1992, 2117/2120). Durch die Zusatzzertifikate wird die Garantie „auf erstes Anfordern" dem Akkreditiv angeglichen. Eine Aufweichung ist darin aber nicht zu sehen.

Selbst wenn man die URDG – zu Unrecht – als AGB ansehen wollte, wäre auch kein rechtliches Bedenken aus AGB-rechtlicher Sicht begründet, da die Forderung von bestimmten Zusatzzertifikaten – wie in dem Formular vorgesehen – eine Individualvereinbarung darstellt (vgl. *Schütze,* Bankgarantien, S. 39).

Grundsatz bei der Aufnahme von Zusatzzertifikaten in die Garantiebedingungen muß sein, daß diese nach Aufmachung, Aussteller und Inhalt so definiert sind, daß die Garantiebank die Ordnungsmäßigkeit der Dokumente aus diesen heraus beurteilen kann (vgl. *Nielsen* DZWir 1993, 265/271). Zusatzzertifikate i. S. von Artt. 3 lit. g, 20 lit. a URDG können u. a. sein (vgl. *Nielsen* DZWir 1993, 265 ff./271): Abnahmebescheinigung, Qualitätszertifikate, Lade- und Löschdokumente pp.). Generell sind alle Dokumente als Zusatzzertifikate geeignet, die im Akkreditivgeschäft Akkreditivdokumente sein können.

13. Devisenbestimmungen. Die Garantiebank kann ihre Verpflichtungen gegenüber dem Begünstigten im Garantiefall nur erfüllen, wenn dies devisen- und währungsrechtlich zulässig ist. Die Zulässigkeit muß sowohl nach deutschem als auch nach dem Recht des Staates gegeben sein, in dem die Zahlung erfolgen soll. Denn da die devisen- und währungsrechtlichen Regelungen der Garantie dem öffentlichen Recht zuzuordnen sind, erfaßt sie die Rechtswahlklausel in den URDG nicht. Die Bankgarantie auf Zahlung ist als „exchange contract" i. S. von Art. VIII Abschn. 2 b Satz 1 des Abkommens von Bretton Woods anzusehen (vgl. *Graf von Westphalen,* Bankgarantie, S. 331; *Nielsen/Schütze,* Zahlungssicherung und Rechtsverfolgung im Außenhandel, 3. Aufl., 1985, S. 7; *Rüssmann* WPM 1983, 1127). Wenn Zweifel an der devisenrechtlichen Zulässigkeit der Garantiezahlung bestehen, dann erscheint es sinnvoll, das Formular darin zu ergänzen, daß der Garantiebank im Falle der Unmöglichkeit der Erfüllung der Garantie aus devisen- oder währungsrechtlichen Gründen eine Hinterlegungsbefugnis eingeräumt wird.

14. Keine allgemeine Hinterlegungsbefugnis. Die Garantiebank hat keine Hinterlegungsbefugnis. Diese würde die Rechtsstellung des Begünstigten in einem Maße verschlechtern, daß der Zweck der Garantie „auf erstes Anfordern" – einem Begünstigtem bei ordnungsgemäßer und fristgerechter Inanspruchnahme ungeachtet von Einreden oder Einwendungen des Garantieauftraggebers Zahlung i. S. eines „erst zahlen, dann prozessieren" zu verschaffen – verfehlt würde.

Im Falle der Hinterlegung des Garantiebetrages erhält der Begünstigte lediglich ein Pfandrecht nach § 233 BGB. Die Garantie mit Hinterlegungsbefugnis behält zwar noch ihren Sicherungswert, verliert aber die Möglichkeit des schnellen Zugriffs. Das würde u. a. auch die Funktion der Bankgarantie „auf erstes Anfordern" vereiteln, anstelle des Depots oder Einbehalts dem Garantieauftraggeber sofort liquide Mittel zuzuführen (vgl. dazu BGH JZ 1979, 442). Die Hinterlegungsbefugnis ist mit der Funktion der Bankgarantie „auf erstes Anfordern" nicht zu vereinbaren (vgl. *Graf von Westphalen,* Bankgarantie, S. 121 f.). Eine Hinterlegung ist nur in dem Fall vertretbar, in dem eine Zahlung aus devisen- oder währungsrechtlichen Gründen nicht möglich ist (vgl. Anm. 13).

15. Rechtsmißbräuchliche Inanspruchnahme der Bankgarantie. Die URDG regeln die rechtsmißbräuchliche Inanspruchnahme einer Garantie „auf erstes Anfordern" nicht. Die Lücke ist durch das kollisionsrechtlich zur Anwendung berufene Recht zu füllen. Nach

2. Tender Guarantee (Bietungsgarantie)

deutschem Recht kann die Garantiebank bei rechtsmißbräuchlicher Inanspruchnahme die Zahlung verweigern (vgl. BGH RIW/AWD 1984, 918; OLG Hamburg ZIP 1982, 1429; OLG Frankfurt/Main ZIP 1983, 566; OLG Bremen WPM 1990, 1369; OLG Stuttgart RIW/AWD 1980, 729; *Blaurock* IPRax 1985, 204 ff.; *Canaris*, Rdnr. 1138 f.; *von Caemmerer*, Festschrift für Riese, 1964, S. 295 ff.; *Schütze*, Bankgarantien, S. 76 ff. mwN.; *Graf von Westphalen*, Bankgarantie, S. 185 ff.). Zahlt die Garantiebank trotz rechtsmißbräuchlicher Inanspruchnahme – wozu sie berechtigt ist und woran sie ein Interesse haben kann –, so verliert sie ihren Aufwendungsersatzanspruch.

a) **Voraussetzungen des Rechtsmißbrauchs.** Nicht jede vertragswidrige Anforderung stellt schon einen Rechtsmißbrauch dar. Die Grenzen sind hier eng zu ziehen, da sonst die Liquiditätsfunktion der Garantie „auf erstes Anfordern" ausgehöhlt wurde. Drei Fallgruppen sind zu unterscheiden:
- **Mißbrauch formaler Rechtsstellung.** Besteht die durch Garantie „auf erstes Anfordern" zu sichernde Forderung nicht, so liegt in der Inanspruchnahme der Garantie ein Mißbrauch einer formalen Rechtsstellung (vgl. dazu *Horn* IPRax 1981, 149/152). Wird also beispielsweise die Ausschreibung, im Zusammenhang mit der die Bietungsgarantie gestellt wird, nicht durchgeführt, dann fällt der zu sichernde Anspruch fort. Der Bietende kann nie mehr den Zuschlag erhalten.
- **Zweckentfremdung.** Häufiger Fall des Rechtsmißbrauchs ist die Inanspruchnahme der Garantie für einen anderen als den Garantiezweck (vgl. *Mülbert*, Mißbrauch von Bankgarantien und einstweiliger Rechtsschutz, 1985, S. 68 ff.). Typisch für diese Mißbrauchsform ist die Anforderung eines noch nicht abgelaufenen bid bonds für behauptete Erfüllungs- oder Gewährleistungsansprüche (vgl. *Schütze*, Bankgarantien, S. 77).
- **Sittenwidrigkeit des Grundgeschäfts.** In der Literatur zum Dokumentenakkreditiv wird teilweise die Ansicht vertreten, die Sittenwidrigkeit des Grundgeschäfts mache die Anforderung des Akkreditivs rechtsmißbräuchlich, etwa wenn das Akkreditiv im Rahmen eines Drogen- oder Waffengeschäfts eröffnet wird (vgl. *Canaris*, Rdnr. 1015; *Nielsen*, Bankrecht und Bankpraxis, 5/367; *Zahn/Eberding/Ehrlich*, S. 218). Dies trifft jedenfalls bei der Bankgarantie „auf erstes Anfordern" nicht zu, da das Grundgeschäft nicht für die Garantiebank zu überschauen ist. Wie soll die Garantiebank bei einer Bietungsgarantie wissen, ob das ausgeschriebene Projekt letztlich etwa embargowidrig Waffen und Munition produzieren oder chemische Kampfstoffe herstellen soll.

b) **Geltendmachung des Rechtsmißbrauchs.** Die Geltendmachung des Rechtsmißbrauchs setzt dessen liquide Beweisbarkeit voraus (vgl. OLG Frankfurt/Main WPM 1983, 575; OLG Bremen, WPM 1990, 1369; *Canaris*, Rdnr. 1139; *Horn* IPRax 1981, 149/152; *Pleyer* WPM-Beil. 2/1973, S. 19; *Stockmayer* AG 1980, 327 ff.; *Graf von Westphalen* WPM 1981, 294/302).

Liquide Beweisbarkeit ergibt sich in der Regel nur aus Urkunden. Geeignete Mittel sind gerichtliche oder schiedsgerichtliche Entscheidungen, die direkt oder incidenter das Nichtbestehen des zu sichernden Anspruchs aus dem Valutaverhältnis feststellen. Hier wird man jedoch Endgültigkeit der schiedsgerichtlichen Entscheidung bzw. Rechtskraft der gerichtlichen Entscheidung fordern müssen. Auch eine einstweilige Verfügung des Garantieauftraggebers gegen den Begünstigten auf Nichtinanspruchnahme der Garantie oder auf Nichtgeltendmachung des Garantiebetrages ist als liquides Beweismittel im Eilverfahren geeignet (vgl. *Schütze* RIW/AWD 1981, 83 ff./85; a. A. *Mülbert*, Mißbrauch von Garantien und einstweiliger Rechtsschutz, aaO., S. 76). Als liquides Beweismittel kann darüber hinaus eine Quittung dienen. Schließlich kann sich die Rechtsmißbräuchlichkeit unmittelbar aus den Vertragsbedingungen des Valutaverhältnisses ergeben. Das ist bei der Bietungsgarantie der Fall, wenn zum Zeitpunkt des Ablaufs der Garantiefrist der Zuschlag in dem Bietungsverfahren noch nicht erfolgt ist (vgl. *Schütze* RIW/AWD 1981, 83/85).

16. Einstweiliger Rechtsschutz. Das Verbot rechtsmißbräuchlicher Inanspruchnahme einer Garantie nützt dem Garantieauftraggeber nur dann etwas, wenn er in kürzester Frist,

d. h. nach seiner Benachrichtigung nach Art. 21 URDG und vor Honorierung der Garantie deren Auszahlung im Wege des einstweiligen Rechtsschutzes verhindern kann. Drei Wege werden hier diskutiert:

a) **Einstweilige Verfügung gegen die Garantiebank.** Die einstweilige Verfügung gegen die Garantiebank auf Nichtauszahlung des Garantiebetrages wird – zu Recht – heute überwiegend für unzulässig gehalten (vgl. OLG Stuttgart WPM 1981, 631; LG Braunschweig RIW/AWD 1981, 789; LG Stuttgart WPM 1981, 633; OLG Saarbrücken WPM 1981, 275; LG München WPM 1981, 416; OLG Frankfurt/Main WPM 1988, 1480; LG Dortmund, WPM 1988, 1695). Für eine einstweilige Verfügung fehlt es am Verfügungsgrund. Zahlt die Garantiebank auf eine rechtsmißbräuchliche Anforderung des Begünstigten, dann kann sie vom Garantieauftraggeber keinen Aufwendungsersatz verlangen (vgl. *Schütze*, Bankgarantien, S. 97 f.).

b) **Einstweilige Verfügung gegen den Begünstigten.** Dagegen ist die einstweilige Verfügung des Garantieauftraggebers gegen den Begünstigten auf Nichtinanspruchnahme der Garantie zulässig (vgl. OLG Frankfurt/Main WPM 1974, 956; *Canaris*, Rdnr. 1152; *von Caemmerer*, Festschrift für Riese, 1964, S. 295 ff./308; *Finger* BB 1969, 206/208; *Pleyer* WPM-Beil. 2/1973, S. 26; *Schütze* WPM 1980, 1438 ff.; *Graf von Westphalen*, Die Bankgarantie, S. 303 ff.; *Zahn/Eberding/Ehrlich*, S. 426). *Nielsen* sieht als Rechtsschutzziel nur die Nichteinziehung der Garantiesumme, nicht dagegen die fristgerechte Inanspruchnahme (vgl. *Nielsen* ZIP 1982, 253/261), *Liesecke* (WPM 1968, 22 ff./27) über die einstweilige Verfügung auf Fälle betrügerischen Verhaltens des Garantiebegünstigten beschränken, womit in der Praxis die überwiegende Zahl rechtsmißbräuchlicher Inanspruchnahme abgedeckt ist. Der Wert der einstweiligen Verfügung gegen den Begünstigten liegt nicht so sehr in der Vollstreckung gegen ihn, vielmehr in der Beweisfunktion. Die einstweilige Verfügung gegen den Begünstigten kann als liquides Beweismittel für den Rechtsmißbrauch dienen.

c) **Arrest.** Der Garantieauftragnehmer kann gegen den Begünstigten einen Arrest erwirken und den Auszahlungsanspruch des Garantiebetrages pfänden lassen (vgl. dazu *Aden* RIW/AWD 1981, 439 ff.; *Canaris*, Rdnr. 1152; *Schütze* DB 1981, 779 ff.; *ders.*, Bankgarantien, S. 99). Formalistisch sind die teilweise erhobenen Bedenken (so *Pleyer* WPM-Beil. 2/1973, S. 24; *Zahn/Eberding/Ehrlich*, S. 431), der Anspruch auf Nichtinanspruchnahme der Garantie sei als Individualanspruch kein geeigneter Arrestanspruch. Der Anspruch kann aber in einen Geldanspruch übergehen. Das ist ausreichend (vgl. *Aden* RIW/AWD 1981, 439 ff.; *Mülbert*, S. 179; *Nielsen* ZIP 1982, 253 ff.). Der Weg über den Arrest ist auch für die Garantiebank der schonendste. Sie wird an dem Verfahren nicht beteiligt und kann dem Begünstigten ohne „Gesichtsverlust" die Pfändung des Anspruchs entgegenhalten und ihm anheimstellen, Widerspruch gegen den Arrest einzulegen.

17. Anwendbares Recht. Art. 27 URDG enthält eine Rechtswahlklausel zugunsten des Sitzrechtes der Garantiebank bzw. Rückgarantiebank. Diese Rechtswahlklausel steht in Übereinstimmung mit Art. 27 EGBGB und hält auch – wenn man die URDG – zu Unrecht – als AGB ansehen wollte – einer Unangemessenheitsprüfung nach § 9 AGBG stand.

Die Rechtswahlklausel in den URDG betrifft nur das Verhältnis der Garantiebank zum Begünstigten und der Rückgarantiebank zur Garantiebank. Wird die Garantie bestätigt, so übernimmt die bestätigende Bank eine eigenständige Verpflichtung gegenüber dem Begünstigten. Es ist auf ihr Sitzrecht abzustellen (vgl. *Bark* ZIP 1982, 655/658; *Goerke*, S. 95; *Schütze*, Festschrift für Gernhuber, S. 468).

Wird die Garantie indossiert, so haftet die indossierende Bank nicht neben, sondern hinter der Garantiebank. Es gelten deshalb die Grundsätze der Artt. 93 Abs. 2 WG, 63 ScheckG entsprechend. Maßgeblich ist das Recht des Staates, in dem die Indossierung vorgenommen wird (vgl. *Schütze*, Festschrift für Gernhuber, S. 468 f.; *ders.*, Bankgarantien, S. 85).

Der Anwendung des Garantiestatuts sind durch das internationale öffentliche Recht

2. Tender Guarantee (Bietungsgarantie)

Grenzen gesetzt. Dieses kann dazu führen, daß neben der durch das Garantiestatut berufenen Rechtsordnung eine andere Rechtsordnung hinsichtlich zwingender Normen zur Anwendung kommt (vgl. *Goerke*, S. 120 ff.). Bedeutsam ist in diesem Zusammenhang insbesondere das Abkommen von Bretton Woods, dessen Devisenbeschränkungen das internationale Privatrecht der Mitgliedstaaten verdrängen. Auch Garantien fallen unter Art. VIII Abschn. 2 b des Übereinkommens (vgl. oben Anm. 13).

18. Gerichtsstandsvereinbarung. Art. 28 URDG enthält eine Gerichtsstandsklausel für Ansprüche im Verhältnis von Garantiebank und Garantiebegünstigtem zugunsten der Gerichte des Staates, in dem sich der Geschäftssitz der Garantiebank befindet. Gerichtsstandsklauseln in AGB sind zulässig (vgl. *Schütze* DZWir 1992, 89 ff.). Selbst wenn die URDG – was teilweise zu Unrecht angenommen wird – AGB darstellten, so bestünden im Prinzip keine Bedenken gegen die Zulässigkeit.

Probleme bereitet die Gerichtsstandsklausel jedoch im Hinblick auf Art. 17 EuGVÜ. Diese Regelung sieht ein volles oder halbes Schriftformerfordernis vor. Dieses ist zwar seit dem Beitrittsübereinkommen vom 9. 10. 1978 gelockert worden. Gerichtsstandsvereinbarungen sind auch dann wirksam, wenn sie „in einer Form geschlossen werden, die den internationalen Handelsbräuchen entspricht, die den Parteien bekannt sind oder die als ihnen bekannt angesehen werden müssen". Man wird Art. 28 URDG jedoch noch nicht als Handelsbrauch ansehen können. Die Gerichtsstandsvereinbarung in dieser Regelung ist deshalb im Geltungsbereich des Art. 17 URDG unwirksam. Dasselbe gilt im Geltungsbereich von Art. 17 LugÜ.

19. Kosten. Die Gebühren des Anwalts bestimmen sich nach § 118 BRAGO. Geschäftswert ist der Garantiebetrag.

3. Advance Payment Guarantee* [1, 2, 4]
(Anzahlungsgarantie)

BANK'S NAME, AND ADDRESS OF ISSUING BRANCH OR OFFICE

Beneficiary: .... Date: ....
(name and address)

ADVANCE PAYMENT GUARANTEE No. ....

We have been informed that _____, (hereinafter called „the Principal"), has entered into contract No. _____ dated _____ with you, for the supply of *(description of goods and/or services)*

Furthermore, we understand that, according to the conditions of the contract, an advance payment in the sum of _____ is to be made against an advance payment guarantee.

At the request of the Principal, we *(name of bank)* _____ hereby irrevocably undertake to pay you any sum or sums not exceeding in total an amount of[3), 6)] _____ (say: _____) upon receipt by us of your first demand in writing and your written statement stating:[5)]
 i) that the Principal is in breach of his obligation(s) under the underlying contract; and
ii) the respect in which the Principal is in breach.

Your demand for payment must also be accompanied by the following document(s):
(specify document(s) if any, or delete)

It is a condition for any claim and payment to be made under this guarantee that the advance payment referred to above must have been received by the Principal on his account number _____ at *(name and address of bank)*

This guarantee shall expire on _____ at the latest.

Consequently, any demand for payment under it must be received by us at this office on or before that date.

This guarantee is subject to the Uniform Rules for Demand Guarantees, ICC Publication No. 458.

Signature(s):

---

* Dieses Dokument wurde mit freundlicher Genehmigung der International Chamber of Commerce entnommen aus ICC Publication N° 458.

3. Advance Payment Guarantee (Anzahlungsgarantie) IV.3

*Übersetzung**

Bezeichnung der Bank, Adresse der auslegenden Niederlassung oder Geschäftsstelle .....
....

Begünstigter ......   Datum ......
(Name und Adresse)

Anzahlungsgarantie Nr. ....

Wir haben davon Kenntnis, daß ...... (Auftraggeber) mit Ihnen den Vertrag Nr. ...., vom ...... über die Lieferung von ...... (Beschreibung der Lieferungen oder Leistungen) abgeschlossen hat.

Wir haben weiter Kenntnis, daß nach den Vertragsbedingungen eine Anzahlung in Höhe von ...... gegen eine Anzahlungsgarantie geleistet wird.

Auf Ersuchen des Auftraggebers verpflichten wir ...... (Name der Bank) uns hierdurch unwiderruflich, Ihnen jeden Betrag oder alle Beträge, insgesamt jedoch höchstens ...... (in Worten: ......) auf Ihre erste schriftliche Anforderung zusammen mit Ihren schriftlichen Erklärungen,
– daß der Auftraggeber seine Verpflichtungen aus dem zugrunde liegenden Vertrag verletzt hat, und
– welcher Art die Verletzung durch den Auftraggeber ist,
zu zahlen.

Ihrer Anforderung muß (müssen) folgendes (folgende) Dokument(e) beigefügt sein (Bezeichnung der Dokumente, soweit einschlägig, sonst streichen).

Voraussetzung für jeden Anspruch und jede Zahlung unter dieser Garantie ist es, daß die oben bezeichnete Vorauszahlung auf dem Konto Nr. ...... bei (Name und Adresse der Bank) des Auftraggebers eingegangen ist.

Diese Garantie verfällt spätestens am ......

Dementsprechend muß (müssen) jede (alle) Zahlungsanforderung(en) vor oder an diesem Tag dieser Geschäftsstelle zugegangen sein.

Diese Garantie unterliegt den Einheitlichen Richtlinien für auf Anforderung zahlbare Garantien, ICC Publikation Nr. 458

Unterschrift(en)
......

Schrifttum: Schröder, Rückzahlungsgarantien oder -bürgschaften oder Anzahlungseingang beim Avalkreditgeber, BB 1975, 2357 ff.; vgl. im übrigen das Schrifttum zu Form 1

Übersicht

1. Sachverhalt 722	4. Rechtsmißbräuchliche Inanspruchnahme	722
2. Wahl des Formulars 722	5. Darlegung des Garantiefalles	722
3. Garantiebetrag 722	6. Rückführung der Garantie	723

---

* Freie, von der ICC nicht autorisierte Übersetzung.

Anmerkungen

1. Sachverhalt. Gegenstand des Formulars ist die Garantie einer deutschen Bank zugunsten eines ausländischen Begünstigten im Rahmen eines internationalen Geschäftes, in dessen Erfüllung der Begünstigte eine Anzahlung geleistet hat. Die Garantie ist vom Garantieauftraggeber zur Sicherung eines etwaigen Anspruchs des Begünstigten auf Rückzahlung der Anzahlung im Falle der Nichterbringung der vertragsgemäßen Leistungen durch den Auftraggeber zu stellen (vgl. dazu *Schinnerer/Avancini*, S. 324 ff.; *Schröder* BB 1975, 2357 ff.; *Graf von Westphalen*, Die Bankgarantie, S. 38 f.; *Zahn/Eberding/Ehrlich*, S. 373 ff.). In der französischen Terminologie wird die Form der Garantie auch als „garantie de remboursement d'acompte" oder „garantie d'acompte", in der englischen Terminologie als „down payment guarantee", „advance payment bond" oder „re-payment guarantee" bezeichnet. Das ICC-Formular verwendet den Terminus „advance payment guarantee" einheitlich.

2. Wahl des Formulars. Das Formular ist der ICC Publication Nr. 458 entnommen. Dieses Formular ist aus den Einheitlichen Richtlinien für „auf Anfordern" zahlbare Garantien abgeleitet, die diesen Garantietyp allerdings nicht definieren. Die Definition findet sich in Art. 2 lit. c URCG als

„die Verpflichtung, die eine Bank, eine Versicherungsgesellschaft oder eine sonstige Stelle (Garant) auf Verlangen eines Lieferanten von Waren oder Leistungen oder eines sonstigen Unternehmens (Garantieauftraggeber) oder auf Anweisung einer vom Garantieauftraggeber dazu beauftragten Bank, Versicherungsgesellschaft oder sonstigen Stelle (anweisende Stelle) gegenüber einem Käufer oder Besteller/Bauherrn (Begünstigter) eingeht, wonach es der Garant übernimmt – bei Nichterstattung seitens des Garantieauftraggebers gemäß den Bedingungen eines zwischen diesem und dem Begünstigten geschlossenen Vertrages (Hauptvertrag) vom Begünstigten an den Garantieauftraggeber geleistete und nicht anderweitig erstattete Anzahlungen oder Zahlungen – dem Begünstigten im Rahmen einer festgesetzten Geldsumme Zahlung zu leisten."

Das Formular wird nur insoweit besonders kommentiert, als Abweichungen oder Ergänzungen zu dem Muster der Bietungsgarantie bestehen. Im übrigen kann auf die Anmerkungen zu Form IV.2 verwiesen werden.

3. Garantiebetrag. Der Garantiebetrag entspricht der Höhe der Anzahlung, da in dieser Höhe ein Risiko des Begünstigten vorliegt (vgl. *Pleyer* WPM-Beil. 2/1973, S. 6; *Schütze*, Bankgarantien, S. 15; *Graf von Westphalen*, Bankgarantie, S. 39).

4. Rechtsmißbräuchliche Inanspruchnahme. Ansprüche aus der Anzahlungsgarantie dürfen nur zweckbestimmt geltend gemacht werden. Die in der Praxis häufig zu findende Übung, den advance payment bond zur Erhöhung der Erfüllungsgarantie zu benutzen, ist unzulässig (vgl. *Schinnerer/Avancini*, S. 328; *Schütze* RIW/AWD 1981, 83/84). Derartige Inanspruchnahmen sind rechtsmißbräuchlich (vgl. dazu Form IV.2, Anm. 15). Auch wenn die Garantieurkunde nicht zurückgegeben wird, wird die Anzahlungsgarantie mit der Erbringung der Leistungen, für die die Anzahlung geleistet wurde, hinfällig. Das wird offensichtlich, wenn beispielsweise ein provisional acceptance certificate vorliegt. Denn dieses zeigt, daß die Arbeiten erbracht sind und nur noch Gewährleistungsansprüche in Betracht kommen können, zu deren Sicherung der advance payment bond nicht dient (vgl. *Schütze* RIW/AWD 1981, 83/83). Das ICC-Formular sieht leider keine Reduzierung der Garantie nach Lieferungsfortschritt vor, bei der Fälle rechtsmißbräuchlicher Inanspruchnahme kaum denkbar sind (für einen Formulierungsvorschlag hierzu vgl. Münchener Vertragshandbuch, Bd. III/1, Form 22).

5. Darlegung des Garantiefalles. Trotz der mißverständlichen Entscheidung des BGH zur Bürgschaft „auf erstes Anfordern" (BGH NJW 1994, 380 mit Anm. *Schütze* EWiR,

3. Advance Payment Guarantee (Anzahlungsgarantie) IV.3

§ 765 BGB, 2/94, 131) trifft den Begünstigten eine Darlegungslast (vgl. dazu Form IV.2, Anm. 12). Er muß bei Inanspruchnahme darlegen, daß
- er die Anzahlung geleistet hat und
- der Auftraggeber die entsprechenden vertraglichen Leistungen nicht erbracht hat (vgl. *Schütze* RIW/AWD 1981, 83 ff.; *Schröder* DB 1975, 2357 ff.)
- und ihm ein entsprechender Schaden entstanden ist.

Neben dieser Darlegung sieht das Formular die Vorlegung von Dokumenten vor (vgl. dazu *Nielsen*, Bedeutung und Aufmachung von Zusatzzertifikaten im Akkreditiv- und Garantiegeschäft, DZWir 1993, 265 ff.). Derartige Dokumente können sich nach Art. 20 lit. a URDG darauf beziehen,
- daß der Auftraggeber seine Verpflichtungen unter dem Vertrag verletzt hat und
- welcher Art die Verletzung durch den Auftraggeber ist.

Die Zusatzzertifikate in den Garantiebedingungen müssen so gestaltet sein, daß sie nach Aufmachung, Aussteller und Inhalt so definiert sind, daß die Garantiebank die Ordnungsmäßigkeit der Dokumente aus diesen heraus beurteilen kann (vgl. *Nielsen* DZWir 1993, 265/271). Zusatzzertifikate können bei der Anzahlungsgarantie sein: dokumentärer Nachweis der Anzahlung und Bescheinigungen von Kontrollgesellschaften, quantity surveyors und Sachverständigen über die Nicht- (nicht fristgemäße) Erfüllung der Verpflichtungen des zugrunde liegenden Vertrages durch den Auftraggeber.

Häufig enthalten Anzahlungsgarantien die Bedingung, daß diese erst in Kraft treten, wenn die Anzahlung über ein Konto bei der Garantiebank („Bei-uns-Klausel") erfolgt. Das läßt eine besondere Darlegung der Leistung der Anzahlung und ihren Nachweis entfallen (vgl. *Graf von Westphalen,* Bankgarantie, S. 114 f.).

6. Rückführung der Garantie. Wegen ihrer abstrakten Rechtsnatur besteht die Garantieverpflichtung auch bei Erfüllung der geschuldeten Leistung fort. Bei der Anzahlungsgarantie läßt sich – soweit es sich um Liefergeschäfte handelt – verhältnismäßig leicht nachweisen, inwieweit der Anzahlung eine Erfüllung durch den Auftraggeber gegenübersteht. Deshalb ist es üblich, eine automatische Ermäßigung der Garantiesumme entsprechend der (teilweisen) Erfüllung des Grundgeschäftes vorzusehen (vgl. *Nielsen,* 5/149; *Graf von Westphalen,* Bankgarantie, S. 117 f.; *Zahn/Eberding/Ehrlich,* S. 376). Das ICC-Formular verzichtet hierauf (für einen Formulierungsvorschlag vgl. Münchener Vertragshandbuch, Bd. III/1, Form 22). Die ICC hat zu der Publikation Nr. 458 eine besondere Rückführungsregelung entwickelt

„The maximum amount of this guarantee will be reduced by ... % of the total value of each part-shipment against presentation to us of copies of the relevant invoice(s) and transport document(s).

This guarantee shall expire when, on the basis of copies of the documents mentioned above, we have reduced the guarantee amount to zero, or on _____ (date), whichever is the earlier. Our liability to you under this guarantee will then cease and the guarantee will be of no further effect."

4. Performance Guarantee* [1, 2, 4]
(Erfüllungsgarantie)

BANK'S NAME, AND ADDRESS OF ISSUING BRANCH OR OFFICE

Beneficiary: .... Date: ....
(name and address)

PERFORMANCE GUARANTEE No. ......

We have been informed that _____, (hereinafter called „the Principal"), has entered into contract No. _____ dated _____ with you, for the supply of *(description of goods and/or services)*

Furthermore, we understand that, according to the conditions of the contract, a performance guarantee is required.

At the request of the Principal, we *(name of bank)* _____ hereby irrevocably undertake to pay you any sum or sums not exceeding in total an amount of[3] _____ (say: _____) upon receipt by us of your first demand in writing and your written statement stating:[5]
i) that the Principal is in breach of his obligation(s) under the underlying contract; and
ii) the respect in which the Principal is in breach.

Your demand for payment must also be accompanied by the following document(s):
(specify document(s) if any, or delete)

This guarantee shall expire on _____ at the latest.

Consequently, any demand for payment under it must be received by us at this office on or before that date.

> This guarantee is subject to the Uniform Rules for Demand Guarantees, ICC Publication No. 458.

Signature(s):

---

* Dieses Dokument wurde mit freundlicher Genehmigung der International Chamber of Commerce aus ICC Publication N° 458 entnommen.

4. Performance Guarantee (Erfüllungsgarantie) IV.4

*Übersetzung**

Bezeichnung der Bank, Adresse der auslegenden Niederlassung oder Geschäftsstelle . . . . .
. . . .

Begünstigter . . . . . .   Datum . . . . . .
(Name und Adresse)

Erfüllungsgarantie Nr. . . . .

Wir haben davon Kenntnis, daß . . . . . . (Auftraggeber) mit Ihnen den Vertrag Nr. . . . ., vom . . . . . über die Lieferung von . . . . . . (Beschreibung der Lieferungen oder Leistungen) abgeschlossen hat.

Wir haben weiter Kenntnis, daß nach den Vertragsbedingungen eine Erfüllungsgarantie gestellt werden muß.

Auf Ersuchen des Auftraggebers verpflichten wir . . . . . . (Name der Bank) uns hierdurch unwiderruflich, Ihnen jeden Betrag oder alle Beträge, insgesamt jedoch höchstens . . . . . . (in Worten: . . . . . .) auf Ihre erste schriftliche Anforderung zusammen mit Ihren schriftlichen Erklärungen,
– daß der Auftraggeber seine Verpflichtungen aus dem zugrunde liegenden Vertrag verletzt hat, und
– welcher Art die Verletzung durch den Auftraggeber ist, zu zahlen.

Ihrer Anforderung muß (müssen) folgendes (folgende) Dokument(e) beigefügt sein (Bezeichnung der Dokumente, soweit einschlägig, sonst streichen).

Diese Garantie verfällt spätestens am . . . . . .

Dementsprechend muß (müssen) jede (alle) Zahlungsanforderung(en) vor oder an diesem Tag dieser Geschäftsstelle zugegangen sein.

Diese Garantie unterliegt den Einheitlichen Richtlinien für auf Anforderung zahlbare Garantien, ICC Publikation Nr. 458

Unterschrift(en)
. . . . . .

Schrifttum: vgl. Form IV.2

Übersicht

1. Sachverhalt	725	4. Rechtsmißbräuchliche Inanspruchnahme	726
2. Wahl des Formulars	726	5. Darlegung des Garantiefalles	726
3. Garantiebetrag	726		

Anmerkungen

1. Sachverhalt. Gegenstand des Formulars ist die Garantie einer deutschen Bank zugunsten eines ausländischen Begünstigten im Rahmen eines internationalen Geschäfts zur Sicherung des Erfüllungsanspruchs gegen den Auftraggeber der Garantie. Die Garantie ist

---

* Freie, von der ICC nicht autorisierte Übersetzung.

Schütze

vom Auftraggeber zu stellen, um die vertragsgemäße Lieferung und Leistung aus dem Grundgeschäft sicherzustellen und kann auch zur Sicherung eines etwaigen Vertragsstrafeversprechens dienen (vgl. dazu *Schinnerer/Avancini*, Bankverträge II, 3. Aufl., S. 328; *Graf von Westphalen*, Bankgarantie, S. 39 ff.). In der französischen Terminologie wird diese Form der Garantie auch als „garantie de livraison" (Liefergarantie) oder „garantie d'exécution" (Leistungsgarantie), in der englischen Terminologie als „delivery guarantee" (Liefergarantie), „performance guarantee" oder „performance bond" (Leistungsgarantie) bezeichnet.

Die URDG definieren die Erfüllungsgarantie nicht. Anders Art. 2 lit. b URCG, der die Erfüllungsgarantie beschreibt als

„die Verpflichtung, die eine Bank, eine Versicherungsgesellschaft oder eine sonstige Stelle (Garant) auf Verlangen eines Lieferanten von Waren oder Leistungen oder anderen Unternehmens (Garantieauftraggeber) oder auf Anweisung einer vom Garantieauftraggeber dazu beauftragten Bank, Versicherungsgesellschaft oder sonstigen Stelle (anweisende Stelle) gegenüber einem Käufer bzw. Besteller/Bauherrn (Begünstigter) eingeht, wonach es der Garant übernimmt – bei nicht ordnungsgemäßer Erfüllung durch den Garantieauftraggeber der Bedingungen eines zwischen diesem und dem Begünstigten geschlossenen Vertrages (Hauptvertrag) – den Begünstigten im Rahmen einer festgesetzten Geldsumme Zahlung zu leisten bzw., falls dies in der Garantieurkunde vorgesehen ist, nach Wahl des Garanten für die Erfüllung des Vertrages zu sorgen."

2. Wahl des Formulars. Das Formular ist das Standardformular zur ICC-Publikation Nr. 458 (URDG). Es entspricht nach Aufbau und Inhalt weitgehend der Garantie Form IV.2. Es wird nur insoweit erläutert, als Besonderheiten gegenüber Form IV.2 bestehen.

3. Garantiebetrag. Die Höhe des Garantiebetrages schwankt. Sie beträgt regelmäßig 10% des Auftragswerts (vgl. *Graf von Westphalen*, Die Bankgarantie, S. 40), kann aber auch bis zu 20% gehen (vgl. *Pleyer* WPM-Beil. 2/1973, S. 6).

4. Rechtsmißbräuchliche Inanspruchnahme. Ansprüche aus der Erfüllungsgarantie dürfen nur zweckbestimmt geltend gemacht werden. Jede Inanspruchnahme für andere als vertraglich vorgesehene Zwecke ist rechtsmißbräuchlich (vgl. *Schütze* RIW/AWD 1981, 83/84). Jedoch ist eine Inanspruchnahme für Vertragsstrafeversprechen zulässig (vgl. *Schütze* RIW/AWD 1981, 83/84). Denn die Erfüllungsgarantie sichert den Schadensersatz wegen Nichterfüllung. Vertragsstrafeversprechen sind häufig in Wahrheit Vereinbarungen pauschalierten Schadensersatzes. Die Grenzen sind fließend. Eine scheinbare Ausnahme des Grundsatzes, daß Ansprüche aus der Erfüllungsgarantie nur zur Sicherung des Schadensersatzanspruchs aus Nicht-, Schlecht- oder Zuspäterfüllung zulässig sind, stellt der Fall dar, daß eine Erfüllungsgarantie zur Rückforderung einer Anzahlung bei nicht zustande gekommenem Vertragsschluß in der Regel in Anspruch genommen werden kann (BGH WPM 1988, 212/213), da der Verlust der Anzahlung Teil des Nichterfüllungsschadens ist (vgl. *Canaris*, Rdnr. 1133 a).

Der Übergang zur Gewährleistungsgarantie ist fließend. Eine klare Unterscheidung ist möglich, wenn ein provisional acceptance certificate vorgesehen ist. Dieses zeigt, daß erfüllt ist und nur noch Gewährleistungsansprüche denkbar sind.

5. Darlegung des Garantiefalles. Der Begünstigte muß bei Inanspruchnahme darlegen,
– daß die Lieferung und Leistung nicht vertragsgemäß erfolgt ist,
– welche Vertragsverletzungen der Auftraggeber begangen hat und
– daß dem Begünstigten ein Schaden in Höhe von mindestens der Garantiesumme entstanden ist (vgl. *Schütze* RIW/AWD 1981, 83/84).

Das Formular enthält die letztere Darlegungsnotwendigkeit nicht. Sie gilt aber für jeden Darlegungsfall (vgl. *Schütze*, Bankgarantien, S. 63).

Ein Nachweis ist nicht erforderlich. Auf die Erklärung, die – wenn sie falsch ist – eine Strafbarkeit wegen Betrugs herbeiführen kann, kann aber nicht verzichtet werden.

4. Performance Guarantee (Erfüllungsgarantie)   IV.4

Die Darlegung des Schadens ist nicht notwendig, wenn die Erfüllungsgarantie für ein Vertragsstrafeversprechen in Anspruch genommen wird, was zulässig ist (vgl. *Schütze* RIW/AWD 1981, 83/84). Dabei ist es unerheblich, ob ein echtes Vertragsstrafeversprechen oder die Vereinbarung pauschalierten Schadensersatzes vorliegt. In beiden Fällen ist die Schadenshöhe durch Vereinbarung hinreichend dargelegt. Neben der schriftlichen Zahlungsanforderung kann die Garantie – wie im Formular vorgesehen – die Vorlage von Dokumenten vorsehen (vgl. dazu *Nielsen,* Bedeutung und Aufmachung von Zusatzzertifikaten im Akkreditiv- und Garantiegeschäft, DZWir 1993, 265 ff.). Die Art der Dokumente ist in Art. 20 lit. a URDG beschrieben. Zulässig ist die Anforderung aller Dokumente, die zum Nachweis geeignet sind,
– daß der Auftraggeber seine Verpflichtungen aus dem zugrunde liegenden Vertrag verletzt und
– welcher Art die Verletzung durch den Auftraggeber ist.

Grundsatz bei der Aufnahme von Zusatzzertifikaten in die Garantiebedingungen muß sein, daß diese nach Aufmachung, Ausstellung im Inhalt so definiert sind, daß die Garantiebank die Ordnungsmäßigkeit der Dokumente aus diesen heraus beurteilen kann (vgl. *Nielsen* DZWir 1993, 265/271). Zusatzzertifikate i.S. von Artt. 3 lit. e, 20 lit. a URDG können bei der Erfüllungsgarantie für die Nicht- und Schlechterfüllung insbesondere Sachverständigengutachten und Bescheinigungen von Kontrollgesellschaften und quantitiy surveyors sein, für die Zuspäterfüllung die Vorlage von Lade-, Lösch- und Transportdokumenten.

5. Warranty Guarantee* [1, 2, 4]
(Gewährleistungsgarantie)

BANK'S NAME, AND ADDRESS OF ISSUING BRANCH OR OFFICE

Beneficiary: .... Date: ....
(name and address)

WARRANTY GUARANTEE No. ......

We have been informed that _____, (hereinafter called „the Principal"), has entered into contract No. _____ dated _____ with you for the supply of *(description of goods and/or services)*

Furthermore, we understand that, according to the conditions of the contract, a warranty guarantee is required.

At the request of the Principal, we *(name of bank)* _____
hereby irrevocably undertake to pay you any sum or sums not exceeding in total an amount of[3] _____ (say: _____) upon receipt by us of your first demand in writing and your written statement stating:[5]
 i) that the Principal is in breach of his obligation(s) under the underlying contract, and
 ii) the respect in which the Principal is in breach.

Your demand for payment must also be accompanied by the following document(s):
(specify document(s) if any, or delete)

This guarantee shall expire on _____ at the latest.

Consequently, any demand for payment under it must be received by us at this office on or before that date.

This guarantee is subject to the Uniform Rules for Demand Guarantees, ICC Publication No. 458.

Signature(s):

---

* Dieses Dokument wurde mit freundlicher Genehmigung der International Chamber of Commerce aus ICC Publication N° 458 entnommen.

5. Warranty Guarantee (Gewährleistungsgarantie)   IV.5

*Übersetzung**

Bezeichnung der Bank, Adresse der auslegenden Niederlassung oder Geschäftsstelle .....
....

Begünstigter ......   Datum ......
(Name und Adresse)

Gewährleistungsgarantie Nr. ....

Wir haben davon Kenntnis, daß ...... (Auftraggeber) mit Ihnen den Vertrag Nr. ......, vom ...... über die Lieferung von ...... (Beschreibung der Lieferungen oder Leistungen) abgeschlossen hat.

Wir haben weiter Kenntnis, daß nach den Vertragsbedingungen eine Gewährleistungsgarantie gestellt werden muß.

Auf Ersuchen des Auftraggebers verpflichten wir ...... (Name der Bank) uns hierdurch unwiderruflich, Ihnen jeden Betrag oder alle Beträge, insgesamt jedoch höchstens ...... (in Worten: ......) auf Ihre erste schriftliche Anforderung zusammen mit Ihren schriftlichen Erklärungen,
– daß der Auftraggeber seine Verpflichtungen aus dem zugrunde liegenden Vertrag verletzt hat, und
– welcher Art die Verletzung durch den Auftraggeber ist, zu zahlen.

Ihrer Anforderung muß (müssen) folgendes (folgende) Dokument(e) beigefügt sein (Bezeichnung der Dokumente, soweit einschlägig, sonst streichen).

Diese Garantie verfällt spätestens am ......

Dementsprechend muß (müssen) jede (alle) Zahlungsanforderung(en) vor oder an diesem Tag dieser Geschäftsstelle zugegangen sein.

Diese Garantie unterliegt den Einheitlichen Richtlinien für auf Anforderung zahlbare Garantien, ICC Publikation Nr. 458

Unterschrift(en)
......

Schrifttum: vgl. Form 1

Übersicht

	Seite		Seite
1. Sachverhalt	729	4. Rechtsmißbräuchliche Inanspruchnahme	730
2. Wahl des Formulars	730	5. Darlegung des Garantiefalles	730
3. Garantiebetrag	730		

Anmerkungen

1. Sachverhalt. Gegenstand des Formulars ist die Garantie einer deutschen Bank zugunsten eines ausländischen Begünstigten im Rahmen eines internationalen Geschäfts zur Sicherung der Gewährleistungsansprüche gegenüber dem Auftraggeber der Garantie. Die Garantie ist vom Auftraggeber zu stellen, um die Durchsetzung von vertraglichen oder

---

* Freie, von der ICC nicht autorisierte Übersetzung.

gesetzlichen Ansprüchen des Begünstigten auf Gewährleistung oder Garantie für eine Lieferung oder Leistung zu sichern. Die Gewährleistungsgarantie hat weder in den URDG noch in den URCG eine besondere Regelung gefunden. Sie wird als Unterfall der Erfüllungsgarantie betrachtet (vgl. *Schütze*, Bankgarantien, S. 15). In der französischen Terminologie wird diese Form der Garantie auch als „garantie de bon fonctionnement", in der englischen Terminologie als „warranty bond" oder „warranty guarantee" – letztere Formulierung wird von der ICC favorisiert – bezeichnet.

2. Wahl des Formulars. Die Gewährleistungsgarantie ist eine Erscheinungsform der international üblichen Bankgarantien. Das Formular ist aus dem Grundtyp der Garantie abgeleitet und entspricht den übrigen Garantien nach der ICC-Publikation Nr. 458. Es wird nur insoweit besonders kommentiert, als Abweichungen oder Ergänzungen zum Grundmuster bestehen.

3. Garantiebetrag. Die Höhe schwankt. Sie beträgt regelmäßig 5% des Auftragswertes (vgl. *Graf von Westphalen*, Bankgarantie, S. 40).

4. Rechtsmißbräuchliche Inanspruchnahme. Ansprüche aus der Gewährleistungsgarantie dürfen nur zweckbestimmt geltend gemacht werden. Jede Inanspruchnahme für andere als die vertraglich vorgesehenen Zwecke ist rechtsmißbräuchlich (vgl. *Schütze* RIW/AWD 1981, 83/84). Insbesondere darf die Gewährleistungsgarantie nicht zur Erhöhung der Erfüllungsgarantie benutzt werden. Macht der Begünstigte deshalb Ansprüche aus der Gewährleistungsgarantie mit der Begründung geltend, der Garantieauftraggeber habe nicht oder zu spät erfüllt, so ist die Inanspruchnahme rechtsmißbräuchlich. Nur eine Inanspruchnahme für Ansprüche aus Schlechterfüllung ist garantiekonform.

5. Darlegung des Garantiefalles. Der Begünstigte muß bei Inanspruchnahme darlegen,
– daß der Auftraggeber seine Verletzungen zur mangelfreien Lieferung der Sache bzw. mangelfreien Herstellung des Werkes verletzt hat und die Leistungen mangelhaft sind und
– die Gewährleistungsfrist noch nicht abgelaufen ist (vgl. *Schütze* RIW/AWD 1981, 83/84) und
– welcher Art die Mängel sind und
– daß ein Schaden in Höhe des Garantiebetrages entstanden ist.

Die letztere Voraussetzung ist in das Formular nicht aufgenommen. Sie ergibt sich aber aus allgemeinem Garantierecht (vgl. *Schütze* RIW/AWD 1981, 83 ff./84; *ders.*, Bankgarantien, S. 63).

Ein Nachweis des Garantiefalls ist nicht erforderlich. Auf die Erklärung, die – wenn sie falsch ist – eine Strafbarkeit wegen Betruges herbeiführen kann, kann jedoch nicht verzichtet werden.

Darüber hinaus kann die Vorlage von Dokumenten – wie im Formular vorgesehen – verlangt werden (vgl. dazu *Nielsen*, Bedeutung und Aufmachung von Zusatzzertifikaten im Akkreditiv- und Garantiegeschäft, DZWir 1993, 265 ff.). Derartige Dokumente können sich nach Art. 20 lit. a URDG darauf beziehen
– daß der Auftraggeber seine Verpflichtungen zum Grundgeschäft verletzt hat und
– welcher Art die Verletzung durch den Auftraggeber ist.

Grundsatz bei der Aufnahme von Zusatzzertifikaten muß sein, daß diese nach Aufmachung, Aussteller und Inhalt so definiert sind, daß die Garantiebank die Ordnungsmäßigkeit der Dokumente aus diesen heraus beurteilen kann (vgl. *Nielsen* DZWir 1993, 265/271). Zusatzzertifikate bei der Gewährleistungsgarantie können insbesondere Gutachten von Kontrollgesellschaften, quantity surveyors oder Sachverständigen sein.

6. Retention money guarantee* [1, 2, 4]
(Einbehaltsgarantie)

BANK'S NAME, AND ADDRESS OF ISSUING BRANCH OR OFFICE

Beneficiary: .... Date: ....
(name and address)

RETENTION MONEY GUARANTEE No. ....

We have been informed that _____, (hereinafter called „the Principal"), has entered into contract No. _____ dated _____ with you, for the supply of *(description of goods and/or services)*

Furthermore, we understand that, according to the conditions of the contract, retention money in the sum of _____ covering the Principal's warranty obligations will be released against a retention money guarantee.

At the request of the Principal, we *(name of bank)* _____ hereby irrevocably undertake to pay you any sum or sums not exceeding in total an amount of[3] _____ (say: _____) upon receipt by us of your first demand in writing and your written statement stating:[5]
 i) that the Principal is in breach of his obligation(s) under the underlying contract; and
 ii) the respect in which the Principal is in breach.

Your demand for payment must also be accompanied by the following document(s):
(specify document(s) if any, or delete)

It is a condition for any claim and payment to be made under this guarantee that the retention money payment referred to above must have been received by the Principal on his account number _____ at *(name and address of bank)*

This guarantee shall expire on _____ at the latest.

Consequently, any demand for payment under it must be received by us at this office on or before that date.

> This guarantee is subject to the Uniform Rules for Demand Guarantees, ICC Publication No. 458.

Signature(s):

---

* Dieses Dokument wurde mit freundlicher Genehmigung der Internationalen Chamber of Commerce aus ICC Publication N° 458 entnommen.

*Übersetzung**

Bezeichnung der Bank, Adresse der auslegenden Niederlassung oder Geschäftsstelle .....
....

Begünstigter ......   Datum ......
(Name und Adresse)

Einbehaltsgarantie Nr. ....

Wir haben davon Kenntnis, daß ...... (Auftraggeber) mit Ihnen den Vertrag Nr. ...., vom ...... über die Lieferung von ...... (Beschreibung der Lieferungen oder Leistungen) abgeschlossen hat.

Wir haben weiter Kenntnis, daß nach den Vertragsbedingungen ein Einbehalt im Betrag von ......, der zur Sicherung der Gewährleistungsansprüche des Auftraggebers dient, gegen eine Einbehaltungsgarantie freigegeben wird.

Auf Ersuchen des Auftraggebers verpflichten wir ...... (Name der Bank) uns hierdurch unwiderruflich, Ihnen jeden Betrag oder alle Beträge, insgesamt jedoch höchstens ...... (in Worten: ......) auf Ihre erste schriftliche Anforderung zusammen mit Ihren schriftlichen Erklärungen,
– daß der Auftraggeber seine Verpflichtungen aus dem zugrunde liegenden Vertrag verletzt hat, und
– welcher Art die Verletzung durch den Auftraggeber ist,
zu zahlen.

Ihrer Anforderung muß (müssen) folgendes (folgende) Dokument(e) beigefügt sein (Bezeichnung der Dokumente, soweit einschlägig, sonst streichen).

Voraussetzung für jeden Anspruch und jede Zahlung unter dieser Garantie ist es, daß der oben bezeichnete Einbehalt auf dem Konto Nr. ...... bei (Name und Adresse der Bank) des Auftraggebers eingegangen ist.

Diese Garantie verfällt spätestens am ......

Dementsprechend muß (müssen) jede (alle) Zahlungsanforderung(en) vor oder an diesem Tag dieser Geschäftsstelle zugegangen sein.

Diese Garantie unterliegt den Einheitlichen Richtlinien für auf Anforderung zahlbare Garantien, ICC Publikation Nr. 458

Unterschrift(en)
......

Schrifttum: vgl. Form IV.2

Übersicht

1. Sachverhalt 733
2. Wahl des Formulars 733
3. Garantiebetrag 733
4. Rechtsmißbräuchliche Inanspruchnahme 733
5. Darlegung des Garantiefalles 733

---

* Freie, von der ICC nicht autorisierte Übersetzung.

6. Retention money guarantee (Einbehaltsgarantie) IV.6

Anmerkungen

1. Sachverhalt. Gegenstand des Formulars ist die Garantie einer deutschen Bank zugunsten eines ausländischen Begünstigten im Rahmen eines internationalen Geschäftes zur Sicherung des Erfüllungs- und/oder Gewährleistungsanspruchs bei einem Lieferungs- oder Leistungsgeschäft. Die Garantie im vorliegenden Fall sichert den Kaufpreis- oder Werklohneinbehalt, der bei vielen Geschäften üblich ist (vgl. *Schütze*, Bankgarantien, S. 1). Durch die Ablösung des Einbehalts erhält der Garantieauftraggeber früher den vollen Kaufpreis bzw. Werklohn, stärkt dadurch seine Liquidität, ohne daß das Sicherungsbedürfnis des Begünstigten Schaden erleidet.

2. Wahl des Formulars. Das Formular ist der ICC-Publikation Nr. 458 entnommen. Es ist eine Erscheinungsform der Garantie „auf erstes Anfordern" nach den Einheitlichen Richtlinien für „auf Anfordern" zahlbare Garantien. Es wird nur insoweit besonders kommentiert, als Abweichungen oder Ergänzungen zu dem Muster der Bietungsgarantie bestehen. Im übrigen kann auf die Anmerkungen zu Form IV.2 verwiesen werden.

3. Garantiebetrag. Der Garantiebetrag entspricht der Höhe nach dem Einbehalt, der vertraglich vereinbart ist. Dieser entspricht regelmäßig der Höhe nach der Gewährleistungsgarantie (vgl. dazu Form IV.5, Anm. 3).

4. Rechtsmißbräuchliche Inanspruchnahme. Ansprüche aus der Einbehaltsgarantie dürfen nur zweckbestimmt geltend gemacht werden. Wenn der Einbehalt für Gewährleistungsansprüche besteht, dann darf die Einbehaltsgarantie nur für Gewährleistungsansprüche geltend gemacht werden. Jede andere Inanspruchnahme ist rechtsmißbräuchlich, insbesondere die Benutzung einer derartigen Garantie zur Erhöhung der Erfüllungsgarantie.

5. Darlegung des Garantiefalles. Trotz der mißverständlichen Entscheidung des BGH zur Bürgschaft „auf erstes Anfordern" (BGH NJW 1994, 380 m. Anm. *Schütze* EWiR, § 765 BGB, 2/94, 131) trifft den Begünstigten eine Darlegungslast (vgl. dazu Form IV.2, Anm. 12). Er muß bei Inanspruchnahme darlegen,
– daß der Auftraggeber die entsprechenden vertraglichen Leistungen nicht erbracht hat und
– ein entsprechender Schaden entstanden ist.

Neben dieser Darlegung sieht das Formular die Vorlegung von Dokumenten vor (vgl. dazu *Nielsen*, Bedeutung und Aufmachung von Zusatzzertifikaten im Akkreditiv- und Garantiegeschäft, DZWir 1993, 265 ff.). Derartige Dokumente können sich nach Art. 20 lit. a URDG darauf beziehen,
– daß der Auftraggeber seine Verpflichtungen unter dem Vertrag verletzt hat und
– welcher Art die Verletzung durch den Auftraggeber ist.

Die Zusatzzertifikate in den Garantiebedingungen müssen so gestaltet sein, daß sie nach Aufmachung, Aussteller und Inhalt so definiert sind, daß die Garantiebank die Ordnungsmäßigkeit der Dokumente aus diesen heraus beurteilen kann (vgl. *Nielsen* DZWir 1993, 265/271). Zusatzzertifikate können bei der Anzahlungsgarantie dieselben sein wie bei der Gewährleistungsgarantie (vgl. dazu Form IV.5, Anm. 5).

7. OTC-Derivative nach dem 1992 ISDA Multicurrency-Cross Border Master Agreement: Swaps, Swap-Derivate, Futures und Optionen*

International Swaps and Derivatives Association Inc.
MASTER AGREEMENT[1]

dated as of ....
.... and ....

have entered and/or anticipate entering into one or more transactions (each a "Transaction") that are or will be governed by this Master Agreement, which includes the schedule (the "Schedule"), and the documents and other confirming evidence (each a "Confirmation") exchanged between the parties confirming those Transactions.[2]

Accordingly, the parties agree as follows:

1. Interpretation

(a) *Definitions*

The terms defined in Section 14 and in the Schedule will have the meanings therein specified for the purpose of this Master Agreement.

(b) *Inconsistency*[3]

In the event of any inconsistency between the provisions of the Schedule and the other provisions of this Master Agreement, the Schedule will prevail. In the event of any inconsistency between the provisions of any Confirmation and this Master Agreement (including the Schedule), such Confirmation will prevail for the purpose of the relevant Transaction.

(c) *Single Agreement*[4]

All Transactions are entered into in reliance on the fact that this Master Agreement and all Confirmations form a single agreement between the parties (collectively referred to as this "Agreement"), and the parties would not otherwise enter into any Transactions.[61]

2. Obligations

(a) *General Conditions*[5]

(i) Each party will make each payment or delivery specified in each Confirmation to be made by it, subject to the other provisions of this Agreement.[53]

(ii) Payments under this Agreement will be made on the due date for value on that date in the place of the account specified in the relevant Confirmation or otherwise pursuant to this Agreement, in freely transferable funds and in the manner customary for payments in the required currency. Where settlement is by delivery (that is, other than by payment), such delivery will be made for receipt on the due date in the manner customary for the relevant obligation unless otherwise specified in the relevant Confirmation or elsewhere in this Agreement.

(iii) Each obligation of each party under Section 2(a)(i) is subject to (1) the condition precedent that no Event of Default or Potential Event of Default with respect to the other party has occurred and is continuing, (2) the condition precedent that no Early Termina-

---

* Der Abdruck des 1992 ISDA-Master Agreements einschließlich der im Anhang wiedergegebenen „Definitions", „Confirmations" sowie des „User's Guide to the 1994 ISDA Credit Support Annex" erfolgt mit der freundlichen Genehmigung der International Swaps and Derivatives Association Inc., New York.

tion Date in respect of the relevant Transaction has occurred or been effectively designated and (3) each other applicable condition precedent specified in this Agreement.[51]

(b) *Change of Account*[6]
Either party may change its account for receiving a payment or delivery by giving notice to the other party at least five Local Business Days prior to the scheduled date for the payment or delivery to which such change applies unless such other party gives timely notice of a reasonable objection to such change.

(c) *Netting*[7]
If on any date amounts would otherwise be payable:[54]
(i) in the same currency; and
(ii) in respect of the same Transaction, by each party to the other, then, on such date, each party's obligation to make payment of any such amount will be automatically satisfied and discharged and, if the aggregate amount that would otherwise have been payable by one party exceeds the aggregate amount that would otherwise have been payable by the other party, replaced by an obligation upon the party by whom the larger aggregate amount would have been payable to pay to the other party the excess of the larger aggregate amount over the smaller aggregate amount.

The parties may elect in respect of two or more Transactions that a net amount will be determined in respect of all amounts payable on the same date in the same currency in respect of such Transactions, regardless of whether such amounts are payable in respect of the same Transaction. The election may be made in the Schedule or a Confirmation by specifying that subparagraph (ii) above will not apply to the Transactions identified as being subject to the election, together with the starting date (in which case subparagraph (ii) above will not, or will cease to, apply to such Transactions from such date). This election may be made separately for different groups of Transactions and will apply separately to each pairing of Offices through which the parties make and receive payments or deliveries.

(d) *Deduction or Withholding for Tax*[8]
(i) *Gross-Up.* All payments under this Agreement will be made without any deduction or withholding for or on account of any Tax unless such deduction or withholding is required by any applicable law, as modified by the practice of any relevant governmental revenue authority, then in effect. If a party is so required to deduct or withhold, then that party ("X") will:
(1) promptly notify the other party ("Y") of such requirement;
(2) pay to the relevant authorities the full amount required to be deducted or withheld (including the full amount required to be deducted or withheld from any additional amount paid by X to Y under this Section 2(d)) promptly upon the earlier of determining that such deduction or withholding is required or receiving notice that such amount has been assessed against Y;
(3) promptly forward to Y an official receipt (or a certified copy), or other documentation reasonably acceptable to Y, evidencing such payment to such authorities; and
(4) if such Tax is an Indemnifiable Tax, pay to Y, in addition to the payment to which Y is otherwise entitled under this Agreement, such additional amount as is necessary to ensure that the net amount actually received by Y (free and clear of Indemnifiable Taxes, whether assessed against X or Y) will equal the full amount Y would have received had no such deduction or withholding been required. However, X will not be required to pay any additional amount to Y to the extent that it would not be required to be paid but for:
(A) the failure by Y to comply with or perform any agreement contained in Section 4(a)(i), 4(a)(iii) or 4(d); or
(B) the failure of a representation made by Y pursuant to Section 3(f) to be accurate and true unless such failure would not have occurred but for (I) any action taken by a taxing

authority, or brought in a court of competent jurisdiction, on or after the date on which a Transaction is entered into (regardless of whether such action is taken or brought with respect to a party to this Agreement) or (II) a Change in Tax Law.

(ii) *Liability*. If:

(1) X is required by any applicable law, as modified by the practice of any relevant governmental revenue authority, to make any deduction or withholding in respect of which X would not be required to pay an additional amount to Y under Section 2(d)(i)(4);

(2) X does not so deduct or withhold; and

(3) a liability resulting from such Tax is assessed directly against X,

then, except to the extent Y has satisfied or then satisfies the liability resulting from such Tax. Y will promptly pay to X the amount of such liability (including any related liability for interest, but including any related liability for penalties only if Y has failed to comply with or perform any agreement contained in Section 4(a)(i), 4(a)(iii) or 4(d)).

(e) Default Interest; Other Amounts[9]

Prior to the occurrence or effective designation of an Early Termination Date in respect of the relevant Transaction, a party that defaults in the performance of any payment obligation will, to the extent permitted by law and subject to Section 6(c), be required to pay interest (before as well as after judgment) on the overdue amount to the other party on demand in the same currency as such overdue amount, for the period from (and including) the original due date for payment to (but excluding) the date of actual payment, at the Default Rate. Such interest will be calculated on the basis of daily compounding and the actual number of days elapsed. If, prior to the occurrence or effective designation of an Early Termination Date in respect of the relevant Transaction, a party defaults in the performance of any obligation required to be settled by delivery, it will compensate the other party on demand if and to the extent provided for in the relevant Confirmation or elsewhere in this Agreement.

3. Representations

Each party represents to the other party (which representations will be deemed to be repeated by each party on each date on which a Transaction is entered into and, in the case of the representations in Section 3(f), at all times until the termination of this Agreement) that:

(a) *Basic Representations*[53]

(i) *Status*. It is duly organised and validly existing under the laws of the jurisdiction of its organisation or incorporation and, if relevant under such laws, in good standing;

(ii) *Powers*.[10] It has the power to execute this Agreement and any other documentation relating to this Agreement to which it is a party, to deliver this Agreement and any other documentation relating to this Agreement that it is required by this Agreement to deliver and to perform its obligations under this Agreement and any obligations it has under any Credit Support Document to which it is a party and has taken all necessary action to authorise such execution, delivery and performance;

(iii) *No Violation or Conflict*.[10] Such execution, delivery and performance do not violate or conflict with any law applicable to it, any provision of its constitutional documents, any order or judgment of any court or other agency of government applicable to it or any of its assets or any contractual restriction binding on or affecting it or any of its assets;

(iv) *Consents*. All governmental and other consents that are required to have been obtained by it with respect to this Agreement or any Credit Support Document to which it is a party have been obtained and are in full force and effect and all conditions of any such consents have been complied with; and

(v) *Obligations Binding*.[10] Its obligations under this Agreement and any Credit Support

Document to which it is a party constitute its legal, valid and binding obligations, enforceable in accordance with their respective terms (subject to applicable bankruptcy, reorganisation, insolvency, moratorium or similar laws affecting creditors' rights generally and subject, as to enforceability, to equitable principles of general application (regardless of whether enforcement is sought in a proceeding in equity or at law)).

(b) *Absence of Certain Events*
No Event of Default or Potential Event of Default or, to its knowledge, Termination Event with respect to it has occurred and is continuing and no such event or circumstance would occur as a result of its entering into or performing its obligations under this Agreement or any Credit Support Document to which it is a party.

(c) *Absence of Litigation*[11]
There is not pending or, to its knowledge, threatened against it or any of its Affiliates any action, suit or proceeding at law or in equity or before any court, tribunal, governmental body, agency or official or any arbitrator that is likely to affect the legality, validity or enforceability against it of this Agreement or any Credit Support Document to which it is a party or its ability to perform its obligations under this Agreement or such Credit Support Document.

(d) *Accuracy of Specified Information*
All applicable information that is furnished in writing by or on behalf of it to the other party and is identified for the purpose of this Section 3 (d) in the Schedule is, as of the date of the information, true, accurate and complete in every material respect.

(e) *Payer Tax Representation*[12]
Each representation specified in the Schedule as being made by it for the purpose of this Section 3 (e) is accurate and true.

(f) *Payee Tax Representations*
Each representation specified in the Schedule as being made by it for the purpose of this Section 3 (f) is accurate and true.

4. Agreements

Each party agrees with the other that, so long as either party has or may have any obligation under this Agreement or under any Credit Support Document to which it is a party:

(a) *Furnish Specified Information*[13]
It will deliver to the other party or, in certain cases under subparagraph (iii) below, to such government or taxing authority as the other party reasonably directs:
 (i) any forms, documents or certificates relating to taxation specified in the Schedule or any Confirmation;
 (ii) any other documents specified in the Schedule or any Confirmation; and
 (iii) upon reasonable demand by such other party, any form or document that may be required or reasonably requested in writing in order to allow such other party or its Credit Support Provider to make a payment under this Agreement or any applicable Credit Support Document without any deduction or withholding for or on account of any Tax or with such deduction or withholding at a reduced rate (so long as the completion, execution or submission of such form or document would not materially prejudice the legal or commercial position of the party in receipt of such demand), with any such form or document to be accurate and completed in a manner reasonably satisfactory to such other party and to be executed and to be delivered with any reasonably required certification, in each case by the date specified in the Schedule or such Confirmation or, if none is specified, as soon as reasonably practicable.

(b) *Maintain Authorisations*

It will use all reasonable efforts to maintain in full force and effect all consents of any governmental or other authority that are required to be obtained by it with respect to this Agreement or any Credit Support Document to which it is a party and will use all reasonable efforts to obtain any that may become necessary in the future.

(c) *Comply with Laws*

It will comply in all material respects with all applicable laws and orders to which it may be subject if failure so to comply would materially impair its ability to perform its obligations under this Agreement or any Credit Support Document to which it is a party.

(d) *Tax Agreement*

It will give notice of any failure of a representation made by it under Section 3(f) to be accurate and true promptly upon learning of such failure.

(e) *Payment of Stamp Tax*

Subject to Section 11, it will pay any Stamp Tax levied or imposed upon it or in respect of its execution or performance of this Agreement by a jurisdiction in which it is incorporated, organised, managed and controlled, or considered to have its seat, or in which a branch or office through which it is acting for the purpose of this Agreement is located ("Stamp Tax Jurisdiction") and will indemnify the other party against any Stamp Tax levied or imposed upon the other party or in respect of the other party's execution or performance of this Agreement by any such Stamp Tax Jurisdiction which is not also a Stamp Tax Jurisdiction with respect to the other party.

5. Events of Default and Termination Events

(a) *Events of Default*[14]

The occurrence at any time with respect to a party or, if applicable, any Credit Support Provider of such party or any Specified Entity of such party of any of the following events constitutes an event of default (an "Event of Default") with respect to such party:

(i) *Failure to Pay or Deliver*. Failure by the party to make, when due, any payment under this Agreement or delivery under Section 2(a)(i) or 2(e) required to be made by it if such failure is not remedied on or before the third Local Business Day after notice of such failure is given to the party;

(ii) *Breach of Agreement*. Failure by the party to comply with or perform any agreement or obligation (other than an obligation to make any payment under this Agreement or delivery under Section 2(a)(i) or 2(e) or to give notice of a Termination Event or any agreement or obligation under Section 4(a)(i), 4(a)(iii) or 4(d)) to be complied with or performed by the party in accordance with this Agreement if such failure is not remedied on or before the thirtieth day after notice of such failure is given to the party;

(iii) *Credit Support Default*

(1) Failure by the party or any Credit Support Provider of such party to comply with or perform any agreement or obligation to be complied with or performed by it in accordance with any Credit Support Document if such failure is continuing after any applicable grace period has elapsed;

(2) the expiration or termination of such Credit Support Document or the failing or ceasing of such Credit Support Document to be in full force and effect for the purpose of this Agreement (in either case other than in accordance with its terms) prior to the satisfaction of all obligations of such party under each Transaction to which such Credit Support Document relates without the written consent of the other party; or

(3) the party or such Credit Support Provider disaffirms, disclaims, repudiates or rejects, in whole or in part, or challenges the validity of, such Credit Support Document;

(iv) *Misrepresentation*. A representation (other than a representation under Section 3(e) or (f)) made or repeated or deemed to have been made or repeated by the party or any

7. International Swaps and Derivatives Association Inc. – Master Agreement

Credit Support Provider of such party in this Agreement or any Credit Support Document proves to have been incorrect or misleading in any material respect when made or repeated or deemed to have been made or repeated;

(v) *Default under Specified Transaction*. The party, any Credit Support Provider of such party or any applicable Specified Entity of such party (1) defaults under a Specified Transaction and, after giving effect to any applicable notice requirement or grace period, there occurs a liquidation of, an acceleration of obligations under, or an early termination of, that Specified Transaction, (2) defaults, after giving effect to any applicable notice requirement or grace period, in making any payment or delivery due on the last payment, delivery or exchange date of, or any payment on early termination of, a Specified Transaction (or such default continues for at least three local Business Days if there is no applicable notice requirement or grace period) or (3) disaffirms, disclaims, repudiates or rejects, in whole or in part, a Specified Transaction (or such action is taken by any person or entity appointed or empowered to operate it or act on its behalf);

(vi) *Cross Default*. If "Cross Default" is specified in the Schedule as applying to the party, the occurrence or existence of (1) a default, event or default or other similar condition or event (however described) in respect of such party, any Credit Support Provider of such party or any applicable Specified Entity of such party under one or more agreements or instruments relating to Specified Indebtedness of any of them (individually or collectively) in an aggregate amount of not less than the applicable Threshold Amount (as specified in the Schedule) which has resulted in such Specified Indebtedness becoming, or becoming capable at such time of being declared, due and payable under such agreements or instruments, before it would otherwise have been due and payable or (2) a default by such party, such Credit Support Provider or such Specified Entity (individually or collectively) in making one or more payments on the due date thereof in an aggregate amount of not less than the applicable Threshold Amount under such agreements or instruments (after giving effect to any applicable notice requirement or grace period);

(vii) *Bankruptcy*. The party, any Credit Support Provider of such party or any applicable Specified Entity of such party:—

(1) is dissolved (other than pursuant to a consolidation, amalgamation or merger);

(2) becomes insolvent or is unable to pay its debts or fails or admits in writing its inability generally to pay its debts as they become due;

(3) makes a general assignment, arrangement or composition with or for the benefit of its creditors;

(4) institutes or has instituted against it a proceeding seeking a judgment of insolvency or bankruptcy or any other relief under any bankruptcy or insolvency law or other similar law affecting creditors' rights, or a petition is presented for its winding-up or liquidation, and, in the case of any such proceeding or petition instituted or presented against it, such proceeding or petition (A) results in a judgment of insolvency or bankruptcy or the entry of an order for relief or the making of an order for its winding-up or liquidation or (B) is not dismissed, discharged, stayed or restrained in each case within 30 days of the institution or presentation thereof;

(5) has a resolution passed for its winding-up, official management or liquidation (other than pursuant to a consolidation, amalgamation or merger);

(6) seeks or becomes subject to the appointment of an administrator, provisional liquidator, conservator, receiver, trustee, custodian or other similar official for it or for all or substantially all its assets;

(7) has a secured party take possession of all or substantially all its assets or has a distress, execution, attachment, sequestration or other legal process levied, enforced or sued on or against all or substantially all its assets and such secured party maintains possession, or any such process is not dismissed, discharged, stayed or restrained, in each case within 30 days thereafter;

(8) causes or is subject to any event with respect to it which, under the applicable laws of

any jurisdiction, has an analogous effect to any of the events specified in clauses (1) to (7) (inclusive); or

(9) takes any action in furtherance of, or indicating its content to, approval of, or acquiescence in, any of the foregoing acts; or

(viii) *Merger Without Assumption.* The party or any Credit Support Provider of such party consolidates or amalgamates with, or merges with or into, or transfers all or substantially all its assets to, another entity and, at the time of such consolidation, amalgamation, merger or transfer:–

(1) the resulting, surviving or transferee entity fails to assume all the obligations of such party or such Credit Support Provider under this Agreement or any Credit Support Document to which it or its predecessor was a party by operation of law or pursuant to an agreement reasonably satisfactory to the other party to this Agreement; or

(2) the benefits of any Credit Support Document fail to extend (without the consent of the other party) to the performance by such resulting, surviving or transferee entity of its obligations under this Agreement.

(b) *Termination Events*[15]

The occurrence at any time with respect to a party or, if applicable, any Credit Support Provider of such party or any Specified Entity of such party of any event specified below constitutes an Illegality if the event is specified in (i) below, a Tax Event if the event is specified in (ii) below or a Tax Event Upon Merger if the event is specified in (iii) below, and, if specified to be applicable, a Credit Event Upon Merger if the event is specified pursuant to (iv) below or an Additional Termination Event if the event is specified pursuant to (v) below:–

(i) *Illegality.* Due to the adoption of, or any change in, any applicable law after the date on which a Transaction is entered into, or due to the promulgation of, or any change in, the interpretation by any court, tribunal or regulatory authority with competent jurisdiction of any applicable law after such date, it becomes unlawful (other than as a result of a breach by the party of Section 4(b)) for such party (which will be the Affected Party):–

(1) to perform any absolute or contingent obligation to make a payment or delivery or to receive a payment or delivery in respect of such Transaction or to comply with any other material provision of this Agreement relating to such Transaction; or

(2) to perform, or for any Credit Support Provider of such party to perform, any contingent or other obligation which the party (or such Credit Support Provider) has under any Credit Support Document relating to such Transaction;

(ii) *Tax Event.* Due to (x) any action taken by a taxing authority, or brought in a court of competent jurisdiction, on or after the date on which a Transaction is entered into (regardless of whether such action is taken or brought with respect to a party to this Agreement) or (y) a Change in Tax Law, the party (which will be the Affected Party) will, or there is a substantial likelihood that it will, on the next succeeding Scheduled Payment Date (1) be required to pay to the other party an additional amount in respect of an Indemnifiable Tax under Section 2 (d) (i) (4) (except in respect of interest under Section 2(e), 6(d)(ii) or 6(e)) or (2) receive a payment from which an amount is required to be deducted or withheld for or on account of a Tax (except in respect of interest under Section 2(e), 6(d)(ii) or 6(e)) and no additional amount is required to be paid in respect of such Tax under Section 2(d)(i)(4) (other than by reason of Section 2 (d) (i) (4) (A) or (B));

(iii) *Tax Event Upon Merger.* The party (the "Burdened Party") on the next succeeding Scheduled Payment Date will either (1) be required to pay an additional amount in respect of an Indemnifiable Tax under Section 2(d)(i)(4) (except in respect of interest under Section 2(e), 6(d)(ii) or 6(e)) or (2) receive a payment from which an amount has been deducted or withheld for or on account of any Indemnifiable Tax in respect of which the other party is not required to pay an additional amount (other than by reason of Section 2(d)(i)(4)(A) or (B)), in either case as a result of a party consolidating or amalgamating with, or merging with or into, or transferring all or substantially all its assets to, another entity (which will be the Affected Party) where such action does not constitute an event described in Section 5(a)(viii);

(iv) *Credit Event Upon Merger.* If "Credit Event Upon Merger" is specified in the Schedule as applying to the party, such party ("X"), any Credit Support Provider of X or any applicable Specified Entity of X consolidates or amalgamates with, or merges with or into, or transfers all or substantially all its assets to, another entity and such action does not constitute an event described in Section 5(a)(viii) but the creditworthiness of the resulting, surviving or transferee entity is materially weaker than that of X, such Credit Support Provider or such Specified Entity, as the case may be, immediately prior to such action (and, in such event, X or its successor or transferee, as appropriate, will be the Affected Party); or

(v) *Additional Termination Event.* If any "Additional Termination Event" is specified in the Schedule or any Confirmation as applying, the occurrence of such event (and, in such event, the Affected Party or Affected Parties shall be as specified for such Additional Termination Event in the Schedule or such Confirmation).

(c) *Event of Default and Illegality*
If an event or circumstance which would otherwise constitute or give rise to an Event of Default also constitutes an Illegality, it will be treated as an Illegality and will not constitute an Event of Default.

6. Early Termination

(a) *Right to Terminate Following Event of Default*[16]
If at any time an Event of Default with respect to a party (the "Defaulting Party") has occurred and is then continuing, the other party (the "Non-defaulting Party") may, by not more than 20 days notice to the Defaulting Party specifying the relevant Event of Default, designate a day not earlier than the day such notice is effective as an Early Termination Date in respect of all outstanding Transactions. If, however, "Automatic Early Termination" is specified in the Schedule as applying to a party, then an Early Termination Date in respect of all outstanding Transactions will occur immediately upon the occurrence with respect to such party of an Event of Default specified in Section 5(a)(vii)(1), (3), (5), (6) or, to the extent analogous thereto, (8), and as of the time immediately preceding the institution of the relevant proceeding or the presentation of the relevant petition upon the occurrence with respect to such party of an Event of Default specified in Section 5(a)(vii)(4) or, to the extent analogous thereto, (8).

(b) *Right to Terminate Following Termination Event*[17]
(i) *Notice.* If a Termination Event occurs, an Affected Party will, promptly upon becoming aware of it, notify the other party, specifying the nature of that Termination Event and each Affected Transaction and will also give such other information about that Termination Event as the other party may reasonably require.

(ii) *Transfer to Avoid Termination Event.* If either an Illegality under Section 5(b)(i)(1) or a Tax Event occurs and there is only one Affected Party, or if a Tax Event Upon Merger occurs and the Burdened Party is the Affected Party, the Affected Party will, as a condition to its right to designate an Early Termination Date under Section 6(b)(iv), use all reasonable efforts (which will not require such party to incur a loss, excluding immaterial, incidental expenses) to transfer within 20 days after it gives notice under Section 6(b)(i) all its rights and obligations under this Agreement in respect of the Affected Transactions to another of its Offices or Affiliates so that such Termination Event ceases to exist.

If the Affected Party is not able to make such a transfer it will give notice to the other party to that effect within such 20 day period, whereupon the other party may effect such a transfer within 30 days after the notice is given under Section 6(b)(i).

Any such transfer by a party under this Section 6(b)(ii) will be subject to and conditional upon the prior written consent of the other party, which consent will not be withheld if such other party's policies in effect at such time would permit it to enter into transactions with the transferee on the terms proposed.

(iii) *Two Affected Parties.* If an Illegality under Section 5(b)(i)(1) or a Tax Event occurs and there are two Affected Parties, each party will use all reasonable efforts to reach agreement within 30 days after notice thereof is given under Section 6(b)(i) on action to avoid that Termination Event.

(iv) *Right to Terminate.* If:—

(1) a transfer under Section 6(b)(ii) or an agreement under Section 6(b)(iii), as the case may be, has not been effected with respect to all Affected Transactions within 30 days after an Affected Party gives notice under Section 6(b)(i); or

(2) an Illegality under Section 5(b)(i)(2), a Credit Event Upon Merger or an Additional Termination Event occurs, or a Tax Event Upon Merger occurs and the Burdened Party is not the Affected Party,

either party in the case of an Illegality, the Burdened Party in the case of a Tax Event Upon Merger, any Affected Party in the case of a Tax Event or an Additional Termination Event if there is more than one Affected Party, or the party which is not the Affected Party in the case of a Credit Event Upon Merger or an Additional Termination Event if there is only one Affected Party may, by not more than 20 days notice to the other party and provided that the relevant Termination Event is then continuing, designate a day not earlier than the day such notice is effective as an Early Termination Date in respect of all Affected Transactions.

(c) *Effect of Designation*[18]

(i) If notice designating an Early Termination Date is given under Section 6(a) or (b), the Early Termination Date will occur on the date so designated, whether or not the relevant Event of Default or Termination Event is then continuing.

(ii) Upon the occurrence or effective designation of an Early Termination Date, no further payments or deliveries under Section 2(a)(i) or 2(e) in respect of the Terminated Transactions will be required to be made, but without prejudice to the other provisions of this Agreement. The amount, if any, payable in respect of an Early Termination Date shall be determined pursuant to Section 6(e).

(d) *Calculations*[19]

(i) *Statement.* On or as soon as reasonably practicable following the occurrence of an Early Termination Date, each party will make the calculations on its part, if any, contemplated by Section 6(e) and will provide to the other party a statement (1) showing, in reasonable detail, such calculations (including all relevant quotations and specifying any amount payable under Section 6(e)) and (2) giving details of the relevant account to which any amount payable to it is to be paid. In the absence of written confirmation from the source of a quotation obtained in determining a Market Quotation, the records of the party obtaining such quotation will be conclusive evidence of the existence and accuracy of such quotation.

(ii) *Payment Date.* An amount calculated as being due in respect of any Early Termination Date under Section 6(e) will be payable on the day that notice of the amount payable is effective (in the case of an Early Termination Date which is designated or occurs as a result of an Event of Default) and on the day which is two Local Business Days after the day on which notice of the amount payable is effective (in the case of an Early Termination Date which is designated as a result of a Termination Event). Such amount will be paid together with (to the extent permitted under applicable law) interest thereon (before as well as after judgment) in the Termination Currency, from (and including) the relevant Early Termination Date to (but excluding) the date such amount is paid, at the Applicable Rate. Such interest will be calculated on the basis of daily compounding and the actual number of days elapsed.

7. International Swaps and Derivatives Association Inc. – Master Agreement

(e) *Payments on Early Termination*[19]

If an Early Termination Date occurs, the following provisions shall apply based on the parties' election in the Schedule of a payment measure, either "Market Quotation" or "Loss", and a payment method, either the "First Method" or the "Second Method". If the parties fail to designate a payment measure or payment method in the Schedule, it will be deemed that "Market Quotation" or the "Second Method", as the case may be, shall apply. The amount, if any, payable in respect of an Early Termination Date and determined pursuant to this Section will be subject to any Set-off.[22, 55]

(i) *Events of Default.*[20] If the Early Termination Date results from an Event of Default:—

(1) *First Method and Market Quotation.* If the First Method and Market Quotation apply, the Defaulting Party will pay to the Non-defaulting Party the excess, if a positive number, of (A) the sum of the Settlement Amount (determined by the Non-defaulting Party) in respect of the Terminated Transactions and the Termination Currency Equivalent of the Unpaid Amounts owing to the Non-defaulting Party over (B) the Termination Currency Equivalent of the Unpaid Amounts owing to the Defaulting Party.

(2) *First Method and Loss.* If the First Method and Loss apply, the Defaulting Party will pay to the Non-defaulting Party, if a positive number, the Non-defaulting Party's Loss in respect of this Agreement.

(3) *Second Method and Market Quotation.* If the Second Method and Market Quotation apply, an amount will be payable equal to (A) the sum of the Settlement Amount (determined by the Non-defaulting Party) in respect of the Terminated Transactions and the Termination Currency Equivalent of the Unpaid Amounts owing to the Non-defaulting Party less (B) the Termination Currency Equivalent of the Unpaid Amounts owing to the Defaulting Party. If that amount is a positive number, the Defaulting Party will pay it to the Non-defaulting Party; if it is a negative number, the Non-defaulting Party will pay the absolute value of that amount to the Defaulting Party.

(4) *Second Method and Loss.* If the Second Method and Loss apply, an amount will be payable equal to the Non-defaulting Party's Loss in respect of this Agreement. If that amount is a positive number, the Defaulting Party will pay it to the Non-defaulting Party; if it is a negative number, the Non-defaulting Party will pay the absolute value of that amount to the Defaulting Party.

(ii) *Termination Events.*[21] If the Early Termination Date results from a Termination Event:—

(1) *One Affected Party.* If there is one Affected Party, the amount payable will be determined in accordance with Section 6(e)(i)(3), if Market Quotation applies, or Section 6(e)(i)(4), if Loss applies, except that, in either case, references to the Defaulting Party and to the Non-defaulting Party will be deemed to be references to the Affected Party and the party which is not the Affected Party, respectively, and, if Loss applies and fewer than all the Transactions are being terminated, Loss shall be calculated in respect of all Terminated Transactions.

(2) *Two Affected Parties.* If there are two Affected Parties:—

(A) if Market Quotation applies, each party will determine a Settlement Amount in respect of the Terminated Transactions, and an amount will be payable equal to (I) the sum of (a) one-half of the difference between the Settlement Amount of the party with the higher Settlement Amount ("X") and the Settlement Amount of the party with the lower Settlement Amount ("Y") and (b) the Termination Currency Equivalent of the Unpaid Amounts owing to X less (II) the Termination Currency Equivalent of the Unpaid Amounts owing to Y; and

(B) if Loss applies, each party will determine its Loss in respect of this Agreement (or, if fewer than all the Transactions are being terminated, in respect of all Terminated Transactions) and an amount will be payable equal to one-half of the difference between the Loss of the party with the higher Loss ("X") and the Loss of the party with the lower Loss ("Y").

If the amount payable is a positive number, Y will pay it to X; if it is a negative number, X will pay the absolute value of that amount to Y.

(iii) *Adjustment for Bancruptcy.* In circumstances where an Early Termination Date occurs because "Automatic Early Termination" applies in respect of a party, the amount determined under this Section 6(e) will be subject to such adjustments as are appropriate and permitted by law to reflect any payments or deliveries made by one party to the other under this Agreement (and retained by such other party) during the period from the relevant Early Termination Date to the date for payment determined under Section 6(d)(ii).

(iv) *Pre-Estimate.*[28] The parties agree that if Market Quotation applies an amount recoverable under this Section 6(e) is a reasonable pre-estimate of loss and not a penalty. Such amount is payable for the loss of bargain and the loss of protection against future risks and except as otherwise provided in this Agreement neither party will be entitled to recover any additional damages as a consequence of such losses.

7. Transfer[23]

Subject to Section 6(b)(ii), neither this Agreement nor any interest or obligation in or under this Agreement may be transferred (whether by way of security or otherwise) by either party <u>without the prior written consent of the other party</u>, except that:–

(a) a party may make such a transfer of this Agreement pursuant to a consolidation or amalgamation with, or merger with or into, or transfer of all or substantially all its assets to, another entity (but without prejudice to any other right or remedy under this Agreement); and

(b) a party may make such a transfer of all or any part of its interest in any amount payable to it from a Defaulting Party under Section 6(e).

Any purported transfer that is not in compliance with this Section will be void.

8. Contractual Currency[24]

(a) *Payment in the Contractual Currency*

Each payment under this Agreement will be made in the relevant currency specified in this Agreement for that payment (the "Contractual Currency"). To the extent permitted by applicable law, any obligation to make payments under this Agreement in the Contractual Currency will not be discharged or satisfied by any tender in any currency other than the Contractual Currency, except to the extent such tender results in the actual receipt by the party to which payment is owed, acting in a reasonable manner and in good faith in converting the currency so tendered into the Contractual Currency, of the full amount in the Contractual Currency of all amounts payable in respect of this Agreement. If for any reason the amount in the Contractual Currency so received falls short of the amount in the Contractual Currency payable in respect of this Agreement, the party required to make the payment will, to the extent permitted by applicable law, immediately pay such additional amount in the Contractual Currency as may be necessary to compensate for the shortfall. If for any reason the amount in the Contractual Currency so received exceeds the amount in the Contractual Currency payable in respect of this Agreement, the party receiving the payment will refund promptly the amount of such excess.

(b) *Judgments*

To the extent permitted by applicable law, if any judgment or order expressed in a currency other than the Contractual Currency is rendered (i) for the payment of any amount owing in respect of this Agreement, (ii) for the payment of any amount relating to any early termination in respect of this Agreement or (iii) in respect of a judgment or order of another court for the payment of any amount described in (i) or (ii) above, the party seeking recovery, after recovery in full of the aggregate amount to which such party is entitled pursuant to the judgment or order, will be entitled to receive immediately from the other party the amount of any shortfall of the Contractual Currency received by such party as a consequence of sums paid in such other currency and will refund promptly to the other party any excess of the Contractual Currency received by such party as a consequence of sums paid in such other currency if such shortfall or such excess arises or results from any variation between the rate of exchange at which the Contractual Currency is converted into the currency of the judgment or order for the purposes of such judgment or order and the rate of exchange at which such party is able, acting in a reasonable manner and in good faith in converting the currency received into the Contractual Currency, to purchase the Contractual Currency with the amount of the currency of the judgment or order actually received by such party. The term "rate of exchange" includes, without limitation, any premiums and costs of exchange payable in connection with the purchase of or conversion into the Contractual Currency.

(c) *Separate Indemnities*

To the extent permitted by applicable law, these indemnities constitute separate and independent obligations from the other obligations in this Agreement, will be enforceable as separate and independent causes of action, will apply notwithstanding any indulgence granted by the party to which any payment is owed and will not be affected by judgment being obtained or claim or proof being made for any other sums payable in respect of this Agreement.

(d) *Evidence of loss*

For the purpose of this Section 8, it will be sufficient for a party to demonstrate that it would have suffered a loss had an actual exchange or purchase been made.

9. Miscellaneous

(a) *Entire Agreement*

This Agreement constitutes the entire agreement and understanding of the parties with respect to its subject matter and supersedes all oral communication and prior writings with respect thereto.

(b) *Amendments*[26]

No amendment, modification or waiver in respect of this Agreement will be effective unless in writing (including a writing evidenced by a facsimile transmission) and executed by each of the parties or confirmed by an exchange of telexes or electronic messages on an electronic messaging system.

(c) *Survival of Obligations*

Without prejudice to Sections 2(a)(iii) and 6(c)(ii), the obligations of the parties under this Agreement will survive the termination of any Transaction.

(d) *Remedies Cumulative*

Except as provided in this Agreement, the rights, powers, remedies and privileges provided in this Agreement are cumulative and not exclusive of any rights, powers, remedies and privileges provided by law.

(e) *Counterparts and Confirmations*

(i) This Agreement (and each amendment, modification and waiver in respect of it may be executed and delivered in counterparts (including by facsimile transmission), each of which will be deemed an original.[25]

(ii) The parties intend that they are legally bound by the terms of each Transaction from the moment they agree to those terms (whether orally[56],[57] or otherwise). A Confirmation shall be entered into as soon as practicable[58] and may be executed and delivered in counterparts (including by facsimile transmission) or be created by an exchange of telexes or by an exchange of electronic messages on an electronic messaging system, which in each case will be sufficient for all purposes to evidence a binding supplement to this Agreement. The parties will specify therein or through another effective means that any such counterpart, telex or electronic message[59] constitutes a Confirmation.[26]

(f) *No Waiver of Rights*

A failure or delay in exercising any right, power or privilege in respect of this Agreement will not be presumed to operate as a waiver, and a single or partial exercise of any right, power or privilege will not be presumed to preclude any subsequent or further exercise, of that right, power or privilege or the exercise of any other right, power or privilege.

(g) *Headings*

The headings used in this Agreement are for convenience of reference only and are not to affect the construction of or to be taken into consideration in interpreting this Agreement.

10. Offices; Multibranch Parties[27]

(a) If Section 10(a) is specified in the Schedule as applying, each party that enters into a Transaction through an Office other than its head or home office represents to the other party that, notwithstanding the place of booking office or jurisdiction of incorporation or organisation of such party, the obligations of such party are the same as if it had entered into the Transaction through its head or home office. This representation will be deemed to be repeated by such party on each date on which a Transaction is entered into.

(b) Neither party may change the Office through which it makes and receives payments or deliveries for the purpose of a Transaction without the prior written consent of the other party.

(c) If a party is specified as a Multibranch Party in the Schedule, such Multibranch Party may make and receive payments or deliveries under any Transaction through any Office listed in the Schedule, and the Office through which it makes and receives payments or deliveries with respect to a Transaction will be specified in the relevant Confirmation.

11. Expenses[28]

A Defaulting Party will, on demand, indemnify and hold harmless the other party for and against all reasonable out-of pocket expenses, including legal fees and Stamp Tax, incurred by such other party by reason of the enforcement and protection of its rights under this Agreement or any Credit Support Document to which the Defaulting Party is a party or by reason of the early termination of any Transaction, including, but not limited to, costs of collection.

12. Notices[29]

(a) *Effectiveness*

Any notice or other communication in respect of this Agreement may be given in any manner set forth below (except that a notice or other communication under Section 5 or 6 may not be given by facsimile transmission or electronic messaging system) to the address or number or in accordance with the electronic messaging system details provided (see the Schedule) and will be deemed effective as indicated:

(i) if in writing and delivered in person or by courier, on the date it is delivered;

(ii) if sent by telex, on the date the recipient's answerback is received;

(iii) if sent by facsimile transmission, on the date that transmission is received by a responsible employee of the recipient in legible form (it being agreed that the burden of proving receipt will be on the sender and will not be met by a transmission report generated by the sender's facsimile machine);

(iv) if sent by certified or registered mail (airmail, if overseas) or the equivalent (return receipt requested), on the date that mail is delivered or its delivery is attempted; or

(v) if sent by electronic messaging system, on the date that electronic message is received, unless the date of that delivery (or attempted delivery) or that receipt, as applicable, is not a Local Business Day or that communication is delivered (or attempted) or received, as applicable, after the close of business on a Local Business Day, in which case that communication shall be deemed given and effective on the first following day that is a Local Business Day.

(b) *Change of Addresses*
Either party may by notice to the other change the address, telex or facsimile number or electronic messaging system details at which notices or other communications are to be given to it.

13. Governing Law and Jurisdiction

(a) *Governing Law*[30]
This Agreement will be governed by and construed in accordance with the law specified in the Schedule.

(b) *Jurisdiction*[31]
With respect to any suit, action or proceedings relating to this Agreement ("Proceedings"), each party irrevocably:

(i) submits to the jurisdiction of the English courts, if this Agreement is expressed to be governed by English law, or to the non-exclusive jurisdiction of the courts of the State of New York and the United States District Court located in the Borough of Manhattan in New York City, if this Agreement is expressed to be governed by the laws of the State of New York; and

(ii) waives any objection which it may have at any time to the laying of venue of any Proceedings brought in any such court, waives any claim that such Proceedings have been brought in an inconvenient forum and further waives the right to object, with respect to such Proceedings, that such court does not have jurisdiction over such party.

Nothing in this Agreement precludes either party from bringing Proceedings in any other jurisdiction (outside, if this Agreement is expressed to be governed by English law, the Contracting States, as defined in Section 1 (3) of the Civil Jurisdiction and Judgments Act 1982 or any modification, extension or reenactment thereof for the time being in force) nor will the bringing of Proceedings in any one or more jurisdictions preclude the bringing of Proceedings in any other jurisdiction.

(c) *Service of Process*[32]
Each party irrevocably appoints the Process Agent (if any) specified opposite its name in the Schedule to receive, for it and on its behalf, service of process in any Proceedings. If for any reason any party's Process Agent is unable to act as such, such party will promptly notify the other party and within 30 days appoint a substitute process agent acceptable to the other party. The parties irrevocably consent to service of process given in the manner provided for notices in Section 12. Nothing in this Agreement will affect the right of either party to serve process in any other manner permitted by law.

(d) *Waiver of Immunities*[33]
Each party irrevocably waives, to the fullest extent permitted by applicable law, with respect to itself and its revenues and assets (irrespective of their use or intended use), all immunity on the grounds of sovereignty or other similar grounds from (i) suit, (ii) jurisdiction of any court, (iii) relief by way of injunction, order for specific performance or for recovery of property, (iv) attachment of its assets (whether before or after judgment) and (v) execution or enforcement of any judgment to which it or its revenues or assets might otherwise be entitled in any Proceedings in the courts of any jurisdiction and irrevocably agrees, to the extent permitted by applicable law, that it will not claim any such immunity in any Proceedings.

14. Definitions

As used in this Agreement:

"Additional Termination Event" has the meaning specified in Section 5(b).

"Affected Party" has the meaning specified in Section 5(b).

"Affected Transactions" means (a) with respect to any Termination Event consisting of an Illegality, Tax Event or Tax Event Upon Merger, all Transactions affected by the occurrence of such Termination Event and (b) with respect to any other Termination Event, all Transactions.

"Affiliate" means, subject to the Schedule, in relation to any person, any entity controlled, directly or indirectly, by the person, any entity that controls, directly or indirectly, the person or any entity directly or indirectly under common control with the person. For this purpose, "control" of any entity or person means ownership of a majority of the voting power of the entity or person.

"Applicable Rate" means:

(a) in respect of obligations payable or deliverable (or which would have been but for Section 2(a)(iii)) by a Defaulting Party, the Default Rate;

(b) in respect of an obligation to pay an amount under Section 6(e) of either party from and after the date (determined in accordance with Seetion 6(d)(ii)) on which that amount is payable, the Default Rate;

(c) in respect of all other obligations payable or deliverable (or which would have been but for Section 2(a)(iii)) by a Non-defaulting Party, the Nondefault Rate; and

(d) in all other cases, the Termination Rate.

"Burdened Party" has the meaning specified in Section 5(b).

"Change in Tax Law" means the enactment, promulgation, execution or ratification of, or any change in or amendment to, any law (or in the application or official interpretation of any law) that occurs on or after the date on which the relevant Transaction is entered into.

"Consent" includes a consent, approval, action, authorisation, exemption, notice, filing, registration or exchange control consent.

"Credit Event Upon Merger" has the meaning specified in Section 5(b).

"Credit Support Document"[34] means any agreement or instrument that is specified as such in this Agreement.

"Credit Support Provider" has the meaning specified in the Schedule.

"Default Rate" means a rate per annum equal to the cost (without proof or evidence of any actual cost) to the relevant payee (as certified by it) if it were to fund or of funding the relevant amount plus 1% per annum.

"Defaulting Party" has the meaning specified in Section 6(a).

"Early Termination Date"[16-18] means the date determined in accordance with Section 6(a) or 6(b)(iv).

"Event of Default" has the meaning specified in Section 5(a) and, if applicable, in the Schedule.

"Illegality" has the meaning specified in Section 5(b).

"Indemnifiable Tax"[35] means any Tax other than a Tax that would not be imposed in respect of a payment under this Agreement but for a present or former connection between the jurisdiction of the government or taxation authority imposing such Tax and the recipient of such payment or a person related to such recipient (including, without limitation, a connection arising from such recipient or related person being or having been a citizen or resident of such jurisdiction, or being or having been organised, present or engaged in a trade or business in such jurisdiction, or having or having had a permanent establishment or fixed place of business in such jurisdiction, but excluding a connection arising solely from such recipient or related person having executed, delivered, performed

its obligations or received a payment under, or enforced, this Agreement or a Credit Support Document).

"*Law*" includes any treaty, law, rule or regulation (as modified, in the case of tax matters, by the practice of any relevant governmental revenue authority) and "*lawful*" and "*unlawful*" will be construed accordingly.

"*Local Business Day*"[36] means, subject to the Schedule, a day on which commercial banks are open for business (including dealings in foreign exchange and foreign currency deposits) (a) in relation to any obligation under Section 2(a)(i), in the place(s) specified in the relevant Confirmation or, if not so specified, as otherwise agreed by the parties in writing or determined pursuant to provisions contained, or incorporated by reference, in this Agreement, (b) in relation to any other payment, in the place where the relevant account is located and, if different, in the principal financial centre, if any, of the currency of such payment, (c) in relation to any notice or other communication, including notice contemplated under Section 5(a)(i), in the city specified in the address for notice provided by the recipient and, in the case of a notice contemplated by Section 2(b), in the place where the relevant new account is to be located and (d) in relation to Section 5(a)(v)(2), in the relevant locations for performance with respect to such Specified Transaction.

"*Loss*"[37] means, with respect to this Agreement or one or more Terminated Transactions, as the case may be, and a party, the Termination Currency Equivalent of an amount that party reasonably determines in good faith to be its total losses and costs (or gain, in which case expressed as a negative number) in connection with this Agreement or that Terminated Transaction or group of Terminated Transactions, as the case may be, including any loss of bargain, cost of funding or, at the election of such party but without duplication, loss or cost incurred as a result of its terminating, liquidating, obtaining or reestablishing any hedge or related trading position (or any gain resulting from any of them). Loss includes losses and costs (or gains) in respect of any payment or delivery required to have been made (assuming satisfaction of each applicable condition precedent) on or before the relevant Early Termination Date and not made, except, so as to avoid duplication, if Section 6(e)(i)(1) or (3) or 6(e)(ii)(2)(A) applies. Loss does not include a party's legal fees and out-of-pocket expenses referred to under Section 11. A party will determine its Loss as of the relevant Early Termination Date, or, if that is not reasonably practicable, as of the earliest date thereafter as is reasonably practicable. A party may (but need not) determine its Loss by reference to quotations of relevant rates or prices from one or more leading dealers in the relevant markets.

"*Market Quotation*" means, with respect to one or more Terminated Transactions and a party making the determination, an amount determined on the basis of quotations from Reference Market-makers. Each quotation will be for an amount, if any, that would be paid to such party (expressed as a negative number) or by such party (expressed as a positive number) in consideration of an agreement between such party (taking into account any existing Credit Support Document with respect to the obligations of such party) and the quoting Reference Market-maker to enter into a transaction (the "Replacement Transaction") that would have the effect of preserving for such party the economic equivalent of any payment or delivery (whether the underlying obligation was absolute or contingent and assuming the satisfaction of each applicable condition precedent) by the parties under Section 2(a)(i) in respect of such Terminated Transaction or group of Terminated Transactions that would, but for the occurrence of the relevant Early Termination Date, have been required after that date. For this purpose, Unpaid Amounts in respect of the Terminated Transaction or group of Terminated Transactions are to be excluded but, without limitation, any payment or delivery that would, but for the relevant Early Termination Date, have been required (assuming satisfaction of each applicable condition precedent) after that Early Termination Date is to be included. The Replacement Transaction would be subject to such documentation as such party and the Reference Market-maker may, in good faith, agree. The party making the determination (or its agent) will request each Reference Market-maker to provide its quotation to the extent reasonably practicable as of the same day and time (without regard to different time zones) on or as soon as reasonably practicable after the relevant Early Termination Date. The day and time as of which those quotations are to be obtained will be selected in good faith by the party obliged to make a determination under Section 6(e), and, if each party is so obliged, after consultation with the other. If more than three quotations are provided, the Market Quotation will be the arithmetic mean of the quotations, without regard to the quotations having the highest and lowest values. If exactly three such quotations are provided, the Market Quotation will be the quotation remaining after disregarding the highest and lowest quotations. For this purpose, if more than one quotation has the same highest value or lowest value, then one of such quotations shall be disregarded. If fewer than three quotations are provided, it will be deemed that the Market Quotation in respect of such Terminated Transaction or group of Terminated Transactions cannot be determined.

"Non-default Rate" means a rate per annum equal to the cost (without proof or evidence of any actual cost) to the Non-defaulting Party (as certified by it) if it were to fund the relevant amount.

"Non-defaulting Party" has the meaning specified in Section 6(a).

"Office" means a branch or office of a party, which may be such party's head or home office.

"Potential Event of Default"[38] means any event which, with the giving of notice or the lapse of time or both, would constitute an Event of Default.

"Reference Market-makers" means four leading dealers in the relevant market selected by the party determining a Market Quotation in good faith (a) from among dealers of the highest credit standing which satisfy all the criteria that such party applies generally at the time in deciding wheter to offer or to make an extension of credit and (b) to the extent practicable, from among such dealers having an office in the same city.

"Relevant Jurisdiction" means, with respect to a party, the jurisdictions (a) in which the party is incorporated, organised, managed and controlled or considered to have its seat, (b) where an Office through which the party is acting for purposes of this Agreement is located, (c) in which the party executes this Agreement and (d) in relation to any payment, from or through which such payment is made.

"Scheduled Payment Date" means a date on which a payment or delivery is to be made under Section 2(a)(i) with respect to a Transaction.

"Set-off"[55] means set-off, offset, combination of accounts, right of retention or withholding or similar right or requirement to which the payer of an amount under Section 6 is entitled or subject (whether arising under this Agreement, another contract, applicable law or otherwise) that is exercised by, or imposed on, such payer.

"Settlement Amount" means, with respect to a party and any Early Termination Date, the sum of:

(a) the Termination Currency Equivalent of the Market Quotations (whether positive or negative) for each Terminated Transaction or group of Terminated Transactions for which a Market Quotation is determined; and

(b) such party's Loss (whether positive or negative and without reference to any Unpaid Amounts) for each Terminated Transaction or group of Terminated Transactions for which a Market Quotation cannot be determined or would not (in the reasonable belief of the party making the determination) produce a commercially reasonable result.

"Specified Entity" has the meaning specified in the Schedule.

"Specified Indebtedness" means, subject to the Schedule, any obligation (whether present or future, contingent or otherwise, as principal or surety or otherwise) in respect of borrowed money.

"Specified Transaction" means, subject to the Schedule, (a) any transaction (including an agreement with respect thereto) now existing or hereafter entered into between one

7. International Swaps and Derivatives Association Inc. – Master Agreement

party to this Agreement (or any Credit Support Provider of such party or any applicable Specified Entity of such party) and the other party to this Agreement (or any Credit Support Provider of such other party or any applicable Specified Entity of such other party) which is a rate swap transaction, basis swap, forward rate transaction, commodity swap, commodity option, equity or equity index swap, equity or equity index option, bond option, interest rate option, foreign exchange transaction, cap transaction, floor transaction, collar transaction, currency swap transaction, cross-currency rate swap transaction, currency option or any other similar transaction (including any option with respect to any of these transactions), (b) any combination of these transactions and (c) any other transaction identified as a Specified Transaction in this Agreement or the relevant confirmation.

"*Stamp Tax*" means any stamp, registration, documentation or similar tax.

"*Tax*" means any present or future tax, levy, impost, duty, charge, assessment or fee of any nature (including interest, penalties and additions thereto) that is imposed by any government or other taxing authority in respect of any payment under this Agreement other than a stamp, registration, documentation or similar tax.

"*Tax Event*" has the meaning specified in Section 5(b).

"*Tax Event Upon Merger*" has the meaning specified in Section 5(b).

"*Terminated Transactions*" means with respect to any Early Termination Date (a) if resulting from a Termination Event, all Affected Transactions and (b) if resulting from an Event of Default, all Transactions (in either case) in effect immediately before the effectiveness of the notice designating that Early Termination Date (or, if "Automatic Early Termination" applies, immediately before that Early Termination Date).

"*Termination Currency*" has the meaning specified in the Schedule.

"*Termination Currency Equivalent*" means, in respect of any amount denominated in the Termination Currency, such Termination Currency amount and, in respect of any amount denominated in a currency other than the Termination Currency (the "Other Currency"), the amount in the Termination Currency determined by the party making the relevant determination as being required to purchase such amount of such Other Currency as at the relevant Early Termination Date, or, if the relevant Market Quotation or Loss (as the case may be), is determined as of a later date, that later date, with the Termination Currency at the rate equal to the spot exchange rate of the foreign exchange agent (selected as provided below) for the purchase of such Other Currency with the Termination Currency at or about 11:00 a.m. (in the city in which such foreign exchange agent is located) on such date as would be customary for the determination of such a rate for the purchase of such Other Currency for value on the relevant Early Termination Date or that later date. The foreign exchange agent will, if only one party is obliged to make a determination under Section 6(e), be selected in good faith by that party and otherwise will be agreed by the parties.

"*Termination Event*" means an Illegality, a Tax Event or a Tax Event Upon Merger or, if specified to be applicable, a Credit Event Upon Merger or an Additional Termination Event.

"*Termination Rate*" means a rate per annum equal to the arithmetic mean of the cost (without proof or evidence of any actual cost) to each party (as certified by such party) if it were to fund or of funding such amounts.

"*Unpaid Amounts*"[39] owing to any party means, with respect to an Early Termination Date, the aggregate of (a) in respect of all Terminated Transactions, the amounts that became payable (or that would have become payable but for Section 2(a)(iii)) to such party under Section 2(a)(i) on or prior to such Early Termination Date and which remain unpaid as at such Early Termination Date and (b) in respect of each Terminated Transaction, for each obligation under Section 2(a)(i) which was (or would have been but for Section 2(a)(iii)) required to be settled by delivery to such party on or prior to such Early Termination Date and which has not been so settled as at such Early Termination Date, an amount equal to the fair market value of that which was (or would have been) required to be delivered as of the originally scheduled date for delivery, in each case together with (to the extent permitted under applicable law) interest, in the currency of such amounts, from (and including) the date such amounts or obligations were or would have been required to have been paid or performed to (but excluding) such Early Termination Date, at the Applicable Rate. Such amounts of interest will be calculated on the basis of daily compounding and the actual number of days elapsed. The fair market value of any obligation referred to in clause (b) above shall be reasonably determined by the party obliged to make the determination under Section 6(e) or, if each party is so obliged, it shall be the average of the Termination Currency Equivalents of the fair market values reasonably determined by both parties.

IN WITNESS WHEREOF the parties have executed this document on the respective dates specified below with effect from the date specified on the first page of this document.

....
(Name of Party)   (Name of Party)
By:...........................   By:...........................
   Name: Name:
   Title: Title:
   Date: Date:

International Swaps and Derivatives Association Inc.
SCHEDULE
to the Master Agreement

dated as of ....
between .... and ....
("Party A")   ("Party B")

Part 1. Termination provisions

(a) *"Specified Entity"* means in relation to Party A for the purpose of:
    Section 5 (a) (v), ...
    Section 5 (a) (vi), ...
    Section 5 (a) (vii), ...
    Section 5 (b) (iv), ...
        and in relation to Party B for the purpose of:
    Section 5 (a) (v), ...
    Section 5 (a) (vi), ...
    Section 5 (a) (vii), ...
    Section 5 (b) (iv), ...

(b) *"Specified Transaction"* will have the meaning specified in Section 14 of this Agreement unless another meaning is specified here ......

(c) The *"Cross Default"* provisions of Section 5 (a) (vi)
    will/will not* apply to Party A
    will/will not* apply to Party B

7. International Swaps and Derivatives Association Inc. – Master Agreement

If such provisions apply:
"Specified Indebtedness" will have the meaning specified in Section 14 of this Agreement unless another meaning is specified here[40].......
"Threshold Amount"[41] means......

(d) The *"Credit Event Upon Merger"*[42] provisions of Section 5 (b) (iv)
will/will not* apply to Party A
will/will not* apply to Party B

(e) The *"Automatic Early Termination"* provision of Section 6(a)
will/will not* apply to Party A
will/will not* apply to Party B

(f) *Payments on Early Termination.* For the purpose of Section 6(e) of this Agreement:
(i) Market Quotation/Loss* will apply.[44]
(ii) The First Method/The Second Method* will apply.[45]

(g) *"Termination Currency"*[46] means ......, if such currency is specified and freely available, and otherwise United States Dollars.

(h) *Additional Termination Event*[47] will/will not apply*. The following shall constitute an Additional Termination Event: ......
For the purpose of the foregoing Termination Event, the Affected Party or Affected Parties shall be: ......

Part 2. Tax representations[12]

(a) *Payer Representations.* For the purpose of Section 3(e) of this Agreement, Party A will/will not* make the following representation and Party B will/will not* make the following representation:

It is not required by any applicable law, as modified by the practice of any relevant governmental revenue authority, of any Relevant Jurisdiction to make any deduction or withholding for or on account of any Tax from any payment (other than interest under Section 2(e), 6(d)(ii) or 6(e) of this Agreement) to be made by it to the other party under this Agreement. In making this representation, it may rely on (i) the accuracy of any representations made by the other party pursuant to Section 3(f) of this Agreement, (ii) the satisfaction of the agreement contained in Section 4(a)(i) or 4(a)(iii) of this Agreement and the accuracy and effectiveness of any document provided by the other party pursuant to Section 4(a)(i) or 4(a)(iii) of this Agreement and (iii) the satisfaction of the agreement of the other party contained in Section 4(d) of this Agreement, *provided* that it shall not be a breach of this representation where reliance is placed on clause (ii) and the other party does not deliver a form or document under Section 4(a)(iii) by reason of material prejudice to its legal or commercial position.

(b) *Payee Representations.* For the purpose of Section 3(f) of this Agreement, Party A and Party B make the representations specified below, if any:

(i) The following representation will/will not* apply to Party A and will/will not* apply to Party B:

It is fully eligible for the benefits of the "Business Profits" or "Industrial and Commercial Profits" provision, as the case may be, the "Interest" provision or the "Other Income" provision (if any) of the Specified Treaty with respect to any payment described in such provisions and received or to be received by it in connection with this Agreement and no such payment is attributable to a trade or business carried on by it through a permanent establishment in the Specified Jurisdiction.

If such representation applies, then:
"Specified Treaty" means with respect to Party A ......

IV.7

"*Specified Jurisdiction*" means with respect to Party A ......
"*Specified Treaty*" means with respect to Party B ......
"*Specified Jurisdiction*" means with respect to Party B ......
(ii) The following representation will/will not* apply to Party A and will/will not* apply to Party B:
Each payment received or to be received by it in connection with this Agreement will be effectively connected with its conduct or a trade or business in the Specified Jurisdiction.
If such representation applies, then:
"*Specified Jurisdiction*" means with respect to Party A ......
"*Specified Jurisdiction*" means with respect to Party B ......
(iii) The following representation will/will not* apply to Party A and will/will not* apply to Party B:
(A) It is entering into each Transaction in the ordinary course of its trade as, and is, either (1) a recognised UK bank or (2) a recognised UK swaps dealer (in either case (1) or (2), for purposes of the United Kingdom Inland Revenue extra statutory concession C 17 on interest and currency swaps dated 14 March 1989), and (B) it will bring into account payments made and received in respect of each Transaction in computing its income for United Kingdom tax purposes.
(iv) Other Payee Representations: ......
N. B. The above representaitons may need modification if either party is a Multibranch Party.

Part 3. Agreement to deliver documents

For the purpose of Sections 4(a) (i) and (ii) of this Agreement, each party agrees to deliver the following documents, as applicable:

(a) Tax forms, documents or certificates to be delivered are:[48]

Party required to deliver document	Form/Document Certificate	Date by which to be delivered
....	....	....

Other documents to be delivered are:[49]

Party required to deliver document	Form/Document Certificate	Date by which to be delivered	Covered by Section 3(d) Representation
....	....	....	Yes/No
....	....	....	Yes/No
....	....	....	Yes/No
....	....	....	Yes/No
....	....	....	Yes/No

Part 4. Miscellaneous

(a) *Addresses for Notices.* For the purpose of Section 12 (a) of this Agreement:
Address for notices or communications to Party A : ....
Address: ....
Attention: ....
Telex No.: ....
Answerback: ....

7. International Swaps and Derivatives Association Inc. – Master Agreement

Facsimile No.: ....
Telephone No.: ....
Electronic Messaging System Details: ....
Address for notices or communications to Party B: ....
Address: ....
Attention: ....
TelexNo.: ....
Answerback: ....
Facsimile No.: ....
Telephone No.: ....
Electronic Messaging System Details: ....

(b) *Process Agent.* For the purpose of Section 13 (c) of this Agreement:
Party A appoints as its Process Agent ......
Party B appoints as its Process Agent ......

(c) *Offices.* The provisions of Section 10 (a) will/will not* apply to this Agreement.

(d) *Multibranch Party.* For the purpose of Section 10 (c) of this Agreement: Party A is/is not* a Multibranch Party and, if so, may act through the following Offices: ......
Party B is/is not* a Multibranch Party and, if so, may act through the following Offices: ......

(e) *Calculation Agent.* The Calculation Agent is ......, unless otherwise specified in a Confirmation in relation to the relevant Transaction.

(f) *Credit Support Document.* Details of any Credit Support Document: ......

(g) *Credit Support Provider.* Credit Support Provider means in relation to Party A, ...
Credit Support Provider means in relation to Party B, ...

(h) *Governing Law.* This Agreement will be governed by and construed in accordance with English law/the laws of the State of New York (without reference to choice of law doctrine)*.

(i) *Netting of Payments.* Subparagraph (ii) of Section 2 (c) of this Agreement will not apply to the following Transactions or groups of Transactions (in each case starting from the date of this Agreement/in each case starting from ......*) ......

(j) *"Affiliate"* will have the meaning specified in Section 14 of this Agreement unless another meaning is specified here.

Part 5. Other provisions

---

* Delete as applicable.

Schrifttum: Affentranger/Schenker, Swiss law puts master agreement in question, IFLR Jan. 1995, 35; *Alliance of European Lawyers,* Europe's response to derivatives, IFLR Oct. 1994, 27; *Bank for International Settlements,* Report of the committee on interbank netting schemes of the central banks of the Group of Ten Countries, Basel 1990 („*Lamfalussy-*Bericht"); *dies.,* Report on netting schemes, Basel 1989 („*Angell-*Bericht"); *dies.,* Recent innovations in international banking, prepared by a Study Group established by the Central Banks of the Group of ten Countries, Basel 1986; *Basle Committee on Banking Supervision,* Basle Capital Accord: treatment of potential exposure for off-balancesheet items, Basel 1995; *Bell,* 1991 ISDA Definitions: evolving with the market, IFLR June 1991, 26; *Boulat/Chabert,* Les Swaps: technique contractuelle et régime juridique, Paris 1992; *Bosch,* Finanztermingeschäfte in der Insolvenz: zum „Netting" im Insolvenzverfahren, WM 1995, 365 (Teil I), 413 (Teil II); *Bossin/Lefranc,* La compensation des opérations de marchés à terme, Banque, fév. 1994, 58; *Bücker,* Finanzinnovationen und kommunale Schuldenwirtschaft: zum Einsatz von Swapgeschäften und Swapderivaten im Schuldenmanagement von Gemeinden, Baden-Baden 1993; *Coleman,* Netting a red herring, BJIBFL 1994 (Bd. 2), 391; *ders.,* Swaps, FX and the full two-way payments fallacy, BJIBFL 1993 (Bd. 5), S. 229; *Cunningham/Abruzzo,* Privately-negotiated equity option transactions, IFLR Oct. 1995, 18; *dies.,* Regulating derivative securities and transactions in the US, IFLR July 1995, 16; *Dahm/Hamacher,* Neues Einkommensteuerrecht für moderne Finanzinstrumente, WM Sonderbeilage Nr. 3 zu Nr. 21 v. 28. 5. 1994, S. 1; *Das,* Swaps and Financial Derivatives: The Global Reference to Products, Pricing, Applications and Markets, 2. A., Sydney, London, New York 1994 (2 Bände); *Ebenroth,* Die internationalprivatrechtliche Anknüpfung von Finanzinnovationen aus deutscher und schweizerischer Sicht, FS Max Keller (1989), S. 391; *ders./Benzler,* Close-out Netting nach der neuen Insolvenzordnung, ZVglRWiss 95 (1996), 335; *ders./Messer,* Die vorzeitige Beendigung von Zins- und Währungsswaps bei Eintritt von Vertragsverletzungen aufgrund vertraglicher Lösungsklauseln, ZVglRWiss 87 (1988), 1; *Erne,* Die Swapgeschäfte der Banken, Berlin 1992; *Global Derivatives Study Group,* Derivatives: Practices and Principles, hrsg. von der Group of Thirty, Washington 1993 (Hauptband); *dies.,* Derivatives: Practices and Principles, Appendix I: working papers, Washington 1993; *dies.,* Derivatives: Practices and Principles, Appendix II: Legal enforceability: survey of nine jurisdictions), Washington 1993; *dies.,* Derivatives: Practices and Principles: Follow-up surveys of industrie practice, Washington 1994; *Gooch/Klein:* Documentation for derivatives: Annotated sample agreements and confirmations for swaps and other over the counter transactions, 3. A., London 1993; *dies.,* Documentation for derivatives: credit support supplement: annotated sample credit support provisions for Over-the-Counter derivative transactions, London 1995; *Goris:* The legal aspect of swaps: an analysis based on economic substance, London u. a. 1994; *Grottenthaler,* Canadian court stays termination of derivatives, IFLR March 1995, 49; *Harriman,* Documenting equity derivative transactions, IFLR March 1995, 40; *International Fiscal Association,* Tax aspects of derivative financial instruments, Den Haag, London, Boston 1995; *International Swaps and Derivatives Association,* User's Guide to the 1992 ISDA Master Agreements, 1993 (nicht veröffentlicht, zu beziehen über die ISDA, für die Adresse s. u. Anm. 1 (d)); *dies.,* User's Guide to the 1994 ISDA Credit Support Annex (abgedruckt unten in Anhang IX); *Jahn,* Das 1992 ISDA Master Agreement, Die Bank 1994, 99; *ders.* Internationale Rahmenverträge für Finanztermingeschäfte, Die Bank 1992, 349 (Teil I), Die Bank 1993, 235 (Teil II); *ders.,* Klauseln internationaler Swap-Verträge, Die Bank 1989, 395; *ders.,* ISDA-Musterverträge zu Swapvereinbarungen setzen sich durch, Die Bank 1988, 100; *Kewenig/Schneider,* Swap-Geschäfte der öffentlichen Hand in Deutschland, WM Sonderbeilage 2/1992 zu Nr. 15, S. 5; *Koenig,* Zur Anwendbarkeit der Ultra-vires-Lehre im Falle des Überschreitens der gesetzlich begrenzten Aufgaben öffentlicher Kreditanstalten am Beispiel einer Landesbank, WM 1995, 317; *Kopp,* Der Zinsswap: ein deutsch-U. S.-amerikanischer Rechtsvergleich, Baden-Baden 1995; *Le Guen,* Le „netting" et la protection légale des systèmes de règlements interbancaires, Bulletin de la Banque de France, 3e trimestre 1994, supplément Etudes, S. 41; *ders.*, Finanzielle Risiken und rechtliche Probleme im Zusammenhang mit internationalen Netting-Systemen aus französischer Sicht, in: Hadding/Schneider (Hrsg.), Rechtsprobleme der Auslandsüberweisung, Berlin 1992, S. 425; *Lehnhoff*, Die Problematik von Netting-Vereinbarungen bei Swap-Verträgen: ein Überblick, WM-Festgabe für Thorwald Hellner vom 9. 3. 1994, S. 41; *Lindholm*, Financial innovation and derivatives regulation: minimizing swap credit risk under Title V of the Futures Trading Practices Act of 1992, in: Columbia Business Law Review 1994, 73; *Malcolm/Fidler*, Legal and regulatory issues for derivatives in Hong Kong, IFLR Jan. 1995, 38; *Mallesons-Stephen-Jaques* (law firm), 1992 Australian Guide to Completion of AFMA/ISDA Standard Documentation: covering netting, swaptions, bond options, currency options, forward rate agreements, forward rate bill agreements, reciprocal purchase agreements, foreign exchange transactions, interest rate caps, collars and floors, interest rate swaps and currency swaps, synthetic agreements for forward exchange, in addition, telephone dealing supplement, standard additional clauses, novation agreements, Sydney 1992; *Molony/Lawless*, Irish legislation validates close-out netting, IFLR Sept. 1995, 15; *dies.*, Piecemeal regulation of derivatives in Ireland, IFLR April 1995, 17; *Mouy/Nalbantian*, Repurchase transactions in the cross-border arena, IFLR March 1995, 15; *Oberson*, Issues in the tax treatment of international interest rate and currency swap transactions: an analysis of the tax treatment of interest rate and currency swap transactions in the United States, Switzerland and under the OECD Model, Zürich 1993; *Organisation for economic co-operation and development*, Taxation of new financial instruments, Paris 1994; *Oestreicher/Haun*, Problembereiche der nationalen und internationalen Ertragsbesteuerung von Zinsderivaten, DStR Beihefter zu Heft 50; *Ottel*, Forex Netting/Close-out Netting im Außenbilanzbereich, Bern u. a. 1995; *Patrikis/Cook*, Finanzielle Risiken und rechtliche Probleme internationaler Netting-Verfahren aus der Perspektive der Vereinigten Staaten von Amerika, in: Hadding/Schneider, Rechtsprobleme der Auslandsüberweisung, Berlin 1992, S. 391; *Paul*, Netting: a means of limiting credit exposure, JIBL 1995 (Bd. 3), 93; *Practising Law Institute* (Hrsg.), Swaps and other derivatives in 1995, New York 1995; *Rayroux*, Neuere Aspekte der Vertragsgestaltung bei derivativen Finanzinstrumenten, SZW 1996, 11; *Schneider/Busch*, Swapgeschäfte der Landesbanken: zugleich eine Entgegnung zu Christian Koenig, WM 1995, 317 (in diesem Heft), WM 1995, 326; *Schwarz/Smith* (Hrsg.), Advanced strategies in financial risk management, New York u.a. 1993; *Suetens*, Collateralization and the ISDA Credit Support Annex, IFLR Aug. 1995, 15; *Turing*, Netting: developments in 1994 affecting banks, BJIBFL 1995 (Bd. 3), 71; *Walter*, Close-out netting in English law: comfort at last, BJIBFL 1995 (Bd. 3), 167; *Winter*, Der wirtschaftliche und rechtliche Charakter von Zinsbegrenzungsverträgen, WM 1995, 1169; *Zobl/Werlen*, 1992 ISDA-Master Agreement unter besonderer Berücksichtigung der Swapgeschäfte, Zürich 1995; *dies.*, Rechtsprobleme des bilateralen Netting, Zürich 1994.

Übersicht

	Seite
1. Sachverhalt	759
2. Präambel	765
3. Rangverhältnis der einzelnen Vertragsteile zueinander	765
4. Einheitlicher Vertrag	765
5. Hauptpflichten	768
6. Kontowechsel	769
7. Verrechnung von Zahlungen	769
8. Steuer-Netto-Klausel	772
9. Verzögerungsschaden	773
10. Zusicherung der rechtlichen Durchsetzbarkeit der Vertragsverpflichtungen	774

	Seite
11. Zusicherung des Nicht-Bestehens von Rechtstreitigkeiten	786
12. Steuerrechtliche Zusicherungen	787
13. Aushändigung von Unterlagen	790
14. Zurechenbare Beendigungsgründe	791
15. Nicht zurechenbare Beendigungsgründe	794
16. Vertragsbeendigung bei zurechenbaren Beendigungsgründen	796
17. Vertragsbeendigung bei nicht zurechenbaren Beendigungsgründen	797
18. Rechtswirkungen der Kündigung	798
19. Allgemeine Vorgaben für die Berechnung des Ausgleichsanspruchs	809
20. Berechnung des Ausgleichsanspruchs bei „Events of Default"	811
21. Berechnung des Ausgleichsanspruchs bei „Termination Events"	815
22. „Set-off"	815
23. Übertragung des gesamten Vertrags oder einzelner vertraglicher Ansprüche	815
24. Währung	816
25. Ausfertigungen des Vertrages	816
26. Bestätigung der Einzeltransaktionen	817
27. Zweigniederlassungen	820
28. Kosten	820
29. Mitteilungen	821
30. Vertragsstatut	821
31. Gerichtsstand	825
32. Zustellungsbevollmächtigte	827
33. Immunitätsverzicht	827
34. Definition des „Credit Support Document"	827
35. Definition der „Indemnifiable Tax"	832
36. Definition des „Local Business Day"	832
37. Definition des „Loss"	832
38. Definition des „Potential Event of Default"	833
39. Definition der „Unpaid Amounts"	833
40. Definition der „Specified Indebtedness"	833
41. Bestimmung des „Threshold Amount"	833
42. Modifikationen des Beendigungsgrundes des „Credit Event Upon Merger"	833
43. Vor- und Nachteile der Vereinbarung einer automatischen Beendigung	834
44. Auswahl der Schadensberechnungsart	834
45. Auswahl der Ausgleichsart	835
46. Bestimmung der Währung des Ausgleichsanspruchs	835
47. Festlegung zusätzlicher Beendigungsgründe	835
48. Aushändigung steuerrechtlicher Unterlagen	837
49. Aushändigung von Unterlagen anderer Art	837
50. Parteien mit Zweigstellen in mehreren Ländern	838
51. „Condition precedent"-Klausel	838
52. „Escrow"-Klausel	838
53. „Negative Interest Rates"-Klausel	839
54. „Discharge and Termination of Options"-Klausel	840
55. „Set-off"-/„Conditions to Certain Payments"-Klausel	840
56. „Binding oral agreements"-Klausel	843
57. Zustimmung zu Tonbandaufzeichnungen	843
58. „Exchange of Confirmations"-Klausel	844
59. Einbeziehung von elektronisch bestätigten Transaktionen in den Vertrag	844
60. Einbeziehung der entsprechenden „Definitions" in den Vertrag	845
61. „Severability"-Klausel	845

7. International Swaps and Derivatives Association Inc. – Master Agreement IV.7

Anmerkungen

1. Sachverhalt*. a) **Der Sinn des Abschlusses derivativer Finanzinstrumente.** Derivate oder Derivative sind „innovative" Finanzinstrumente, deren Wert bzw. Preis vom Wert bzw. Preis eines zugrundeliegenden Vermögenswerts, einer Zinsrate oder eines Indexes (sog. Basiswerten) abhängt oder abgeleitet ist (vgl. die Definition der *Global Derivatives Study Group* der Group of Thirty, in: Derivatives: Practices and Principles, hrsg. von der Group of Thirty, Washington 1993, S. 2, 28, des § 2 II WpHG sowie des BAKred in Nr. 1 seiner „Verlautbarung über Mindestanforderungen an das Betreiben von Handelsgeschäften der Kreditinstitute" vom 23. 10. 1995; siehe auch *Brown*, How to recognize a derivative, IFLR May 1995, 28). Die Risikostruktur derivativer Instrumente wird auf diese Weise in einen bestimmten Zusammenhang mit derjenigen des Basiswertes gestellt und kann sowohl gleichlaufend als auch gegenläufig gestaltet werden. Die zugrundeliegenden Basiswerte sind in der Regel solche, deren Höhe ständig meßbar ist (Aktien, Zinsraten, Währungen, Rohstoffpreise, Indizes).

Rechtlich sind derivate Instrumente bilaterale synallagmatische Verträge mit einem Zeitelement, das darin besteht, daß Leistung und Gegenleistung ausschließlich oder zumindest zu einem Teil nicht bereits bei Vertragsschluß oder innerhalb von zwei Tagen nach Vertragsschluß (Kassageschäfte), sondern erst später fällig werden. Dadurch, daß die Vertragsleistungen bereits heute fest oder bei Optionen bedingt vereinbart werden, lassen sich Risiken, die bei passivem Abwarten entstehen, ganz oder teilweise ausschalten (*Franke*, Derivate: Risikomangement mit innovativen Finanzinstrumenten, hrsg. von der BfG Bank AG, 1995, Teil II 1, S. 3).

Als *Terminkontrakte* bezeichnet man vereinfacht gesprochen Verträge, bei denen Leistung und Gegenleistung zu *einem* gemeinsamen späteren Termin vorgesehen sind. *Swaps* schreiben als Kombination von mehreren Terminkontrakten den gegenseitigen Leistungsaustausch für *mehrere* spätere Termine vor (zur Funktionsweise von Swaps und Swap-Derivaten siehe *Ebenroth*, FS Keller (1989), S. 391, 417, 426 ff.). Bei *Optionen* schließlich kann der Leistungsaustausch an einem oder an mehreren zukünftigen Terminen erfolgen, er steht jedoch unter der aufschiebenden Bedingung, daß der Optionsinhaber von seinem diesbezüglichen Optionsrecht Gebrauch macht (vgl. *Franke*, Derivate: Risikomangement mit innovativen Finanzinstrumenten (hrsg. von der BfG Bank AG), 1995, Teil II 1, S. 2 f.).

Das Entstehen derivativer Instrumente sowohl im Rahmen kurzfristiger (Tage und Wochen) als auch im Rahmen längerfristiger (einen Geschäfts- oder Kreditzyklus) Geschäftsstrategien ist auf verschiedene Faktoren zurückzuführen. Zu nennen sind hier restriktive gesetzliche Rahmenbedingungen für den internationalen Kapitaltransfer, die steigende Volatilität von Preisen (asset prices), insbesondere von Zinsraten, Wechselkursen und Aktienkursen seit dem Zusammenbruch des Währungssystems von Bretton Woods im Jahre 1973 (hierzu *Ebenroth*, FS Keller (1989), S. 391 ff.), und nicht zuletzt die technischen Innovationen im Bereich der Computer- und Kommunikationstechnik.

Wirtschaftlich können derivative Instrumente drei verschiedene Funktionen erfüllen. Dies ist zunächst die Risikobeschränkung („Hedging"), insbesondere in Form der Übertragung des Preisrisikos („price-risk-transferring", BIS, Recent Innovations, S. 172) und dessen Ersetzens durch das Kreditrisiko der Gegenpartei (umfassend zu den Risiken *aus* Derivaten siehe *Krumnow*, Risikosteuerung im derivativen Geschäft, FS Havermann (1995), S. 344, 354 ff.). Aus diesem Grunde kann der Besicherung („collateralization", siehe hierzu im einzelnen Anm. 34) von Forderungen aus derivativen Kontrakten entscheidende Bedeutung zukommen (zu den bankenaufsichtsrechtlichen Mindestanforderungen bei der Behandlung von Adressenausfallrisiken vgl. Nr. 3.2.1 der „Verlautbarung über

---

* Die verkürzt zitierten Literaturangaben beziehen sich auf die im obigen Schrifttumsverzeichnis enthaltenen Titel.

Mindestanforderungen an das Betreiben von Handelsgeschäften der Kreditinstitute" des BAKred vom 23. 10. 1995). Daneben dienen derivative Instrumente der Erzielung von Arbitragegewinnen (Preisarbitrage durch das Ausnützen komparativer Kostenvorteile, Transaktionskostenarbitrage, Steuerarbitrage sowie Institutionenarbitrage, hierzu *Franke*, Derivate: Risikomangement mit innovativen Finanzinstrumenten (hrsg. von der BfG Bank AG), 1995, Teil II 4.2, S. 7). Mit Hilfe von Swaps mit Verbindlichkeiten („liabilityswaps") läßt sich beispielsweise die Finanzierungsentscheidung eines Unternehmens von der Kapitalaufnahmeentscheidung trennen (*Lassak*, Zins- und Währungsswaps, Frankfurt 1988, S. 77). Schließlich können derivative Instrumente auch zur Erzielung von Spekulationsgewinnen verwendet werden.

Swaps und Swap-Derivate werden angesichts der für beide Seiten herausgeschobenen Fälligkeitszeitpunkte und der damit zusammenhängenden Bedeutung der Kreditwürdigkeit des Vertragspartners nur außerbörslich („over-the-counter", „OTC") kontrahiert. Demgegenüber werden Terminkontrakte („Futures") und Optionen in weitgehend standardisierter Form (nur bestimmte Basiswerte, festgelegte Liefermengen oder Kontraktwerte, nur wenige Erfüllungstermine) an eigens hierfür eingerichteten Terminbörsen (z. B. die deutsche DTB, Schweizer SOFFEX, Wiener OETOB, Londoner LIFFE, Pariser MATIF und MONEP, die CME, CBOE, CBOT in Chicago, die SIMEX in Singapur, etc.) gehandelt. Sämtliche Terminbörsen hatten in den letzten Jahren ein rasantes Umsatzsatzwachstum zu verzeichnen.

Noch stärker gewachsen ist der außerbörsliche Handel mit Termingeschäften (im Gegensatz zu den börsengehandelten „Futures" hier „Forwards" genannt, *Franke*, Grundlagen der Options- und Futures-Kontrakte, in: Göppl/Bühler/von Rosen (Hrsg.): Optionen und Futures, Frankfurt 1990, S. 43 f.) und Optionen. Das Volumen aller außenstehenden OTC-Kontrakte für derivative Produkte einschließlich der Swaps, die den bei weitem umsatzstärksten Bereich bilden, lag weltweit zu Beginn des Jahres 1994 bereits bei einem Nennwert von über zehn Billionen USD (*Burgmaier*, WirtschaftsWoche Nr. 8/1994, S. 88, 89). Der Nennwert aller Swaps und Swap-Derivate lag nach Angaben der ISDA in der ersten Hälfte des Jahres 1994 weltweit bei über 3, 3 Billionen USD (berichtet in: *Bank for International Settlements*, 65th Annual Report, Basel 1995). Der Vorteil außerbörslicher Instrumente besteht darin, daß sie maßgeschneidert für die individuellen Bedürfnisse der Vertragspartner ausgehandelt werden können, daß anfängliche und nachträgliche Einschußpflichten („initial margins" und „variation margins") entfallen. Der Nachteil besteht darin, daß es bisher für OTC-Geschäfte keine umfassenden Clearing-Stellen gibt, die vermittelnd jeden Vertrag als Vertragspartner übernehmen und zudem für den multilateralen Ausgleich offener Positionen sorgen. Aus diesen Gründen besteht in der Praxis ein Bedürfnis nach Abschluß einer Vielzahl von derivaten Geschäften zwischen denselben Vertragsparteien. Die Gesamtheit dieser Verträge ist dann aufeinander abgestimmt und Bestandteil eines einheitlichen Risikomanagements.

b) **Der Sinn der Einbindung derivativer Instrumente in einen Rahmenvertrag.** Das Bedürfnis nach Anbindung aller zwischen zwei Vertragspartnern abgeschlossenen Einzelgeschäfte an einen Rahmenvertrag erklärt sich aus zwei Gründen, nämlich einem praktischen und einem rechtlichen. Der *praktische* Grund besteht in der Vereinfachung und Standardisierung, übernimmt dieselbe Funktion, die AGB bei wirtschaftlich ungleich starken Vertragspartnern erfüllen. Durch das Zurückgreifen auf einen Rahmenvertrag, der alle diejenigen rechtlich relevanten Punkte regelt, die keinen spezifischen Bezug zu den technischen Einzelheiten des jeweiligen Kontrakts aufweisen, können zahlreiche Unklarheiten vermieden werden, die den einzelnen Derivatkontrakt ansonsten unvollständig oder praktisch nicht durchsetzbar machen würden (sog. „enforceability risks"). Gleichzeitig erlaubt der Abschluß eines solchen Rahmenvertrags, der alle wesentlichen Regelungen quasi vor die Klammer zieht, es, den Inhalt der Einzelverträge auf ein Minimum zu reduzieren und damit ihren Abschluß zu beschleunigen. Insbesondere wird es möglich, Geschäfte telefonisch auszuhandeln und durch einfaches Telex zu bestätigen. Die Vereinfachung der Einzelabschlüsse erspart dem u. U. juristisch nicht geschulten Händler die Beurteilung juristischer komplexer Fragen und das ansonsten ggf. erforderliche Einholen von Rechtsrat vor dem Vertragsschluß. Überdies erleichtert die durch den Rückgriff auf allgemein verbreitete Vertragsmuster bewirkte Standardisierung die Handelbarkeit der Derivativkontrakte auf dem Sekundärmarkt. Der *rechtliche* Grund für den Abschluß eines Rahmenvertrags besteht darin, daß durch ihn alle Einzelgeschäfte zu einem einheitlichen Vertrag zusammengefaßt werden können. Auf diese Weise wird der Gefahr entgegengewirkt, daß im Falle der Zahlungsunfähigkeit einer der Vertragsparteien der Insolvenzverwalter unter Berufung auf sein Wahlrecht bezüglich beiderseits noch nicht vollständig erfüllter Verträge (§ 17 KO; § 365 US-Bankruptcy Code 1978; § 178 (3) (a) UK-Insolvency Act 1986 bzw. § 164 UK-Companies Act 1989; Art. 37 des französischen Insolvenzgesetzes vom 25. 1. 1985; Art. 211 II Bundesgesetz über Schuldbeitreibung und Konkurs vom 11. 4. 1898 (SchKG) etc.) auf der Fortsetzung der für ihn angesichts der Marktentwicklung vorteilhaften Verträge besteht, während er hinsichtlich der ihm nunmehr nachteilig erscheinenden Verträge die weitere Erfüllung ablehnt und den Vertragspartner wegen seiner Schadensersatzforderung wegen Nichterfüllung auf die Konkursquote verweist (sog. „cherry picking"). Ein derartiges Vorgehen des Insolvenzverwalters würde der Tatsache nicht gerecht werden, daß sämtliche Verträge einem einheitlichen Risikokonzept unterliegen.

c) **Die Existenz unterschiedlicher Musterrahmenverträge.** Der internationalen Praxis stehen mittlerweile verschiedene, von nationalen Banken- und internationalen Händlerverbänden ausgearbeitete Musterrahmenverträge bzw. Mustervertragsbedingungen für die unterschiedlichsten Arten derivativer Geschäfte zur Verfügung (ein Überblick findet sich bei *Jahn*, Internationale Rahmenverträge für Finanztermingeschäfte, Die Bank 1992, 349 ff. (Teil I), Die Bank 1993, 235 ff. (Teil II).

Für Finanztermingeschäfte deutscher Marktteilnehmer untereinander eignet sich der von den Spitzenverbänden der Kreditwirtschaft empfohlene deutschsprachige „Rahmenvertrag für Finanztermingeschäfte" von 1993, der den „Rahmenvertrag für Swap-Geschäfte" aus dem Jahre 1989 (vgl. hierzu die Kommentierung in MüVHb III.28 *Schütze*) ablöst (BdB-Info III/1993 Nr. 17). Dieser Mustervertrag bietet zwar für grenzüberschreitende Geschäfte besonders zu vereinbarende Zusatzbestimmungen an (§ 12 (5)). Angesichts der insgesamt geringen Regelungstiefe des Vertrags ist seine Verwendung für internationale Geschäfte zumindest außerhalb des deutschsprachigen Raumes grundsätzlich nicht zu empfehlen. In der Praxis wird der deutsche Rahmenvertrag allerdings für Geschäfte deutscher Kreditinstitute mit in Luxemburg oder den Niederlanden ansässigen Tochtergesellschaften sowie gelegentlich auch mit skandinavischen oder österreichischen Partnern vereinbart (*Jahn*, Die Bank 1992, 349, 351, zum „Rahmenvertrag für Swap-Geschäfte" von 1989).

Auf den internationalen Einsatz ausgerichtet, aber auf bestimmte Typen derivativer Instrumente beschränkt sind zwei jeweils in Zusammenarbeit von der British Bankers' Association und dem New Yorker Foreign Exchange Committee vorgestellte Rahmenverträge für OTC-Devisenoptionen bzw. für OTC-Devisentermingeschäfte, nämlich das „1996 International Currency Options Market Master Agreement" („ICOM Master Agreement") sowie das „1996 Foreign Exchange and Options Master Agreement" („FEOMA"). Ebenfalls zu nennen sind das „1993 Master Energy Price Swap Agreement" der Energy Risk Management Association („ERMA") für Energiepreis-Swaps und -Swap-Derivate, das „1994 Master Options Agreement" der Emerging Markets Traders Association („EMTA") für Optionen auf Schuldverschreibungen von Schwellenländern sowie das „1995 Global Master Repurchase Agreement" der Public Securities Association („PSA") und der International Securities Market Association („ISMA") speziell für Pensionsgeschäfte.

Das hier abgedruckte „Multicurrency-Cross Border Master Agreement" der International Swaps and Derivatives Association („ISDA", damals noch „International Swap Dealers Association) vom 15. 6. 1992, das international am weitesten verbreitet ist, eignet sich demgegenüber für die Einbeziehung der meisten der bisher bekannten derivativen Instrumente (Swaps und Swap-Derivate, Optionen, Forwards, vgl. die Definition der „Specified Transaction" in § 14 des Rahmenvertrags). Das gleichzeitig mit dem 1992 ISDA Multicurrency-Cross Border Master Agreement (im folgenden: „MA") vorgestellte ISDA Local Currency – Single Jurisdiction Master Agreement entspricht dem MA und ist für inneramerikanische Derivatgeschäfte in einer einzigen Währung konzipiert. Es ist im wesentlichen eine vereinfachte Form des Multicurreny-Cross Border Master Agreement ohne Bestimmungen zur Verteilung des Steuerrisikos in bezug auf Abzugssteuern, die beschränkt Steuerpflichtige treffen können, ohne Regelungen für den Fall, daß die Parteien die Vertragsbeziehungen jeweils über verschiedene Zweigstellen aus unterschiedlichen Ländern abwickeln, und schließlich auch ohne Bestimmungen über die Bestellung eines Zustellungsbevollmächtigten im Gerichtsstaat sowie über die Währungsumrechnung bei der Berechnung des Ausgleichsanspruchs bei vorzeitiger Vertragsbeendigung.

d) **Das 1992 ISDA Multicurrency-Cross Border Master Agreement.** Das 1992 ISDA Multicurrency-Cross Border Master Agreement besteht aus einem vorformulierten Hauptteil (§§ 1–14) und einem formularmäßig auszufüllenden Anhang („Schedule"). Der Hauptteil als solcher ist keineswegs unterschriftsreif, sondern bedarf zwingend einer Individualisierung, über welche die Parteien beim Ausfüllen des Schedule noch verhandeln müssen. Sollen bestimmte Regelungen aus dem Hauptteil gestrichen werden, kann dies entweder in Part 5 des Schedule vereinbart werden, oder aber die betreffende Passage wird direkt im Text gestrichen und die Streichung wird durch die Unterschriften der Parteien bestätigt. Auf bestimmte Einzelabschlüsse beschränkte Abweichungen vom MA und vom Schedule im Einzelfall können jederzeit in den entsprechenden schriftlichen Bestätigungen vereinbart werden. Zu empfehlen ist die Verwendung der Original ISDA Vertragsmuster (Bezugsadresse: International Swaps and Derivatives Association Inc., 1270 Avenue of the Americas, Rockefeller Plaza, Suite 2118, New York, N. Y. 10020–1702, Tel.: 00 12 12 33 12 00, Fax: 00 12 12 33 21 21 2, oder: 33 King William Street, London EC4R 9DU, Tel. 00 44 17 12 83 09 18, Fax: 00 44 17 18 60 11 50, e-mail: isd@isda. org), weil sich auf diese Weise gegenüber einem neu geschriebenen, von einer Partei zur Verfügung gestellten Text eine kontrollierende Lektüre im Hinblick auf etwaige Abweichungen vom Mustertext erübrigt.

Inhaltlich ist das MA ist eine verbesserte und erweiterte Fassung des ISDA Swap-Rahmenvertrags von 1987 („Interest Rate and Currency Exchange Master Agreement", „IRCEA"), das die im Zusammenhang mit diesem früheren Mustervertrag von der Praxis entwickelten und international üblichen Zusatzklauseln mit aufgenommen hat. Der äußere Aufbau des Rahmenvertrags ist dabei im wesentlichen gleich geblieben. Für die Anpassung von Altverträgen, die noch nach dem IRCEA-Modell abgeschlossen wurden, an die 1992er Dokumentationsstruktur hat die ISDA ein Vertragsmuster zur Aktualisierung („1994 ISDA Amendment to the 1987 Interest Rate and Currency Exchange Agreement to provide for Full Two-Way Payments") entwickelt, auf deren Abdruck hier verzichtet wurde. Für das bessere Verständnis der zum Teil sehr komplexen Bestimmungen des MA sei vorweg darauf hingewiesen, daß die mit Großbuchstaben beginnenden Begriffe entweder im MA selbst (i.d.R. in § 14) definiert werden oder aber im Schedule festzulegen sind. Ergänzt wird das MA durch spezielle, je nach Bedarf in den Vertrag einzubeziehende Begriffsbestimmungen („Definitions") und diesen als Anhang („Exhibit") beigefügte Muster für die schriftlichen Bestätigungen und Gegenbestätigungen der jeweiligen Einzelabschlüsse („Confirmations", hierzu Anm. 26 sowie Anm. 58 und 59), die jeweils für die Dokumentation bestimmter Typen von Derivaten ausgelegt sind und laufend ergänzt werden.

e) **Die ISDA Dokumentationsstruktur zum 1992 MA.** Die aktuelle, laufend erweiterte ISDA Dokumentationsstruktur zum 1992 MA umfaßt folgende Muster-„Confirmations" bzw. Musterdefinitionen, welche die Parteien je nach Bedarf durch Bezugnahme vorweg im Schedule oder fallbezogen in den einzelnen „Confirmations" in das MA einbeziehen sollten:

7. International Swaps and Derivatives Association Inc. – Master Agreement   IV.7

aa) „**1992 ISDA US Municipal Counterparty Definitions**". Die „*1992 ISDA US Municipal Counterparty Definitions*" für Swaps und Zinsbegrenzungsverträge sind für den Gebrauch im Rahmen des Local Currency Master vorgesehen (User's Guide to the 1992 ISDA Master Agreements, S. 3, Fn. 2). Die darin enthaltenen Sonderregelungen können zwar für Geschäfte ausländischer Vertragspartner mit US-amerikanischen Gebietskörperschaften auch in Verbindung mit dem hier vorgestellten „Multicurrency-Cross Border Master" verwendet werden, es müssen hierzu jedoch verschiedene Modifikationen technischer Art (z.B. hinsichtlich der Verweisungen) vorgenommen werden (siehe hierzu die Kommentierung in: User's Guide to the 1992 ISDA Master Agreements, S. 35 ff.). Da für den Gebrauch der US Municipal Counterparty Definitions ein eigenes Schedule vorgesehen ist, sollten zusätzlich dessen Besonderheiten in den Schedule zum Multicurrency Master übertragen werden. Von einem Abdruck der 1992 ISDA US Municipal Counterparty Definitions wurde hier aus Platzgründen abgesehen.

bb) „**1992 ISDA FX and Currency Option Definitions**". Die „*1992 ISDA FX and Currency Option Definitions*" (abgedruckt unten in Anhang I.) betreffen Devisentermingeschäfte und Optionen auf Devisen („cash currency option") sowie auf Devisentermingeschäfte („futures currency option"). Für beide Arten von Geschäfte wird im Anhang je eine Muster-„Confirmation" vorgestellt („Exhibit I" für ein Devisentermingeschäft sowie „Exhibit II" für eine Devisenoption). Das im Anhang der 1991 Definitions („Exhibit II–C") abgedruckte Muster für „Additional Provisions for a Confirmation of a Swap Transaction that is a Forward Foreign Exchange Transaction" ist damit überholt.

cc) „**1993 ISDA Commodity Derivatives Definitions**". Die „*1993 ISDA Commodity Derivatives Definitions*" (abgedruckt unten in Anhang II) sind auf Rohstoffpreis(index)-Swaps und Rohstoffpreis(index)optionen anwendbar über die Preise der unterschiedlichsten Erdölprodukte und Metalle. Im Anhang enthalten die „1993 Commodity Derivatives Definitions" verschiedene Muster-„Confirmations", die sich aus einem in allen Fällen gleichen Standard-Musterbegleitschreiben („Exhibit I") und einem entsprechend dem Typus des jeweiligen Geschäfts für die Aufnahme der technischen Einzelheiten hinzuzufügenden Musterzusatz („Additional Provisions") für Rohstoff-Swaps („Exhibit II–A"), Rohstoffoptionen („Exhibit II–B", Rohstoff-Caps, -Collars oder -Floors („Exhibit II–C") sowie für Rohstoff-Swaptions („Exhibit II–D") zusammensetzen. Die Definition des WTI-NYMEX als dem am häufigsten gehandelten Oilpreisindex in Art. 7.2.(g) der 1991 ISDA Definitions ist mit Erscheinen der Commodity Definitions ebenso überholt wie das Muster für „Additional Provisions for a Confirmation of a Swap Transaction that is a Commodity Swap" im Anhang („Exhibit II–D") der 1991 Definitions.

dd) „**1993 ISDA Bond Option Confirmation**". Für die Dokumentation von Rentenindexoptionen hat die ISDA im Jahre 1993 eine spezielle „*1993 ISDA Bond Option Confirmation*" (abgedruckt unten in Anhang III) herausgebracht, die über die Fixierung der wirtschaftlichen Eckdaten der Transaktion hinaus auch die erforderlichen geschäftsspezifischen Definitionen enthält. Trotzdem kann es im Einzelfall empfehlenswert sein, Vorschriften aus den 1991 Definitions zu inkorporieren. Der in den 1991 Definitions benützte Begriff der „Swap-Transaction" ist dabei gegebenenfalls durch den neutralen Begriff der „Transaction" zu ersetzen. Derzeit arbeit die ISDA an der Entwicklung eigener „Bond Option Definitions", die im Laufe des Jahres 1996 veröffentlicht werden dürften.

ee) „**1994 ISDA Equity Option Definitions**". Die „*1994 ISDA Equity Option Definitions*" (abgedruckt unten in Anhang IV) dienen der Dokumentierung von Aktienoptionen und Aktienindexoptionen. Optionen auf Aktienkörbe und Aktienindexswaps sind nicht erfaßt. Hierfür wird die ISDA Equity Products Working Group noch eigene Definitions vorbereiten (*Harriman*, IFLR March 1995, 40). Im Anhang enthalten die 1994 ISDA Equity Option Definitions zwei Muster-„Confirmations", die sich aus einem in allen Fällen gleichen Standard-Musterbegleitschreiben („Exhibit I") und jeweils einem Musterzusatz („Additional Provisions") für eine Aktienindexoption („Exhibit II–A") und eine in Natur zu erfüllende Aktienoption („Exhibit II–B") zusammensetzen. Die „ISDA Confirmation of OTC Equity Index Option Transaction" vom Juni 1992 sowie die „ISDA Confirmation of OTC Single Share Option Transaction – Physical Settlement" vom Oktober 1994 enthielten mangels separater „Definitions" die erforderlichen Definitionen noch selbst. Sie waren deshalb sehr umfangreich und aus der Sicht der modernen Kommunikationsmittel (Fax, Telex, elektronisch betriebenes Informationsverbreitungssystem) schwer zu handhaben. Mit dem Erscheinen der „1994 Equity Option Definitions" sind sie entbehrlich geworden.

ff) **„1991 ISDA Definitions".** Für die *übrigen Transaktionen* (vgl. § 14: „Specified Transaction") sollten die *„1991 ISDA Definitions"* (abgedruckt unten in Anhang V) vereinbart werden (für das Beispiel einer entsprechenden Klausel s.u. Anm. 60), die die wesentlichen Klauseln des inzwischen überholten ISDA Caps Addendum von 1989 sowie des ISDA Option Addendum von 1990 in sich aufnehmen. Da die 1991 Definitions älter sind als das 1992 MA (die ISDA plant für 1997 die Herausgabe einer revidierten Fassung der Definitions) und ursprünglich für den Gebrauch im Rahmen des 1987 IRCEA bestimmt waren, muß der entsprechende Verweis in der Standard-Muster-„Confirmation" in Exhibit I durch einen Verweis auf das MA ersetzt werden. Das Beispiel für eine entsprechende in Part 5 des Schedule einzufügende Klausel findet sich unten in Anm. 60. Muster-„Confirmations", die eine entsprechende Bezugnahme auf die 1991 Definitions bereits enthalten, stellt die ISDA im Anhang der 1991 Definitions zur Verfügung. Die Muster-„Confirmations" setzen sich wiederum jeweils aus zwei Teilen zusammen, nämlich einem in allen Fällen gleichen Formular für das Begleitschreiben („Introduction, Standard Paragraphs and Closing form; Letter Agreement or Telex Confirming a [Swap] Transaction" in „Exhibit I") sowie speziellen, nach dem Typus der Transaktion unterschiedenen Muster-Zusätzen für die Aufnahme der technischen Details („Exhibit II–A" bis „Exhibit II–G"). „Exhibit III" der Defintions enthält in Abweichung von den Art. 3.2., 3.3., 4.9., 4.13. und 6.2.(b) spezielle Definitionen für bestimmte Optionen auf zinsvariable Zahlungen auf FFR-Grundlage. Die 1991 Definitions sollten nach ihrer ursprünglichen Konzeption sämtliche im Rahmen des IRCEA möglichen Swaps, Swap-Derivate, Forwards und Optionen (damals noch „Swap Transaction" genannt, vgl. die Definition in Art. 1.1. der 1991 Definitions) dokumentieren können. Inzwischen sind, wie gesehen, für einige Typen von Termingeschäften und Optionen speziellere Definitions entwickelt worden, die in diesen Fällen anstelle der 1991 Definitions vereinbart werden sollten. Die entsprechenden, sich auf diese Arten von Geschäften beziehenden Bestimmungen (z.B. Art. 7.2.(g), Art. 8.7.) sowie verschiedene der Muster-„Confirmations" („Exhibit II–C", „Exhibit II–D") der 1991 Definitions sind damit obsolet geworden. Das tut der weiteren Verwendbarkeit der 1991 Definitions für die übrigen Typen von Einzelgeschäften, für die (noch) keine eigenen Definitions existieren, jedoch keinen Abbruch. Der Schwerpunkt der 1991 Definitions liegt auf der Dokumentation von Swapgeschäften jeder Art einschließlich Swap-Derivaten mit Ausnahme solcher Transaktionen, die sich auf einen Rohstoffpreis oder Rohstoffpreisindex beziehen und für die die 1993 ISDA Commodity Derivatives Definitions zur Verfügung stehen. Zu nennen sind insbesondere Zins-, Devisen- und Währungs-Swaps (vgl. „Exhibit II–A"), Zinsbegrenzungsverträge (Caps, Floors und Collars, vgl. „Exhibit II–B"), Zinsausgleichsvereinbarungen („Forward Rate Agreements („FRAs"), vgl. Art. 9.3 (b) mit einer speziellen Diskontierungsformel sowie „Exhibit–II–E") und Swaptions (vgl. „Exhibit II–F") sowie Forward Swaps, Collapsible Forward Swaps, Optionen auf FRAs (Interest Rate Guarantees („IRGs")) und synthetische Devisenswapgeschäfte (synthetic agreements for forward exchange).

gg) **ISDA „Credit Support"-Dokumente von 1994 und 1995.** Seit kürzerem gibt es zusätzlich verschiedene, auf den Gebrauch in Verbindung mit dem MA abgestimmte Mustersicherungsverträge. Das Bonitätsrisiko aus derivativen Geschäften ist täglichen Schwankungen unterworfen und hängt davon ab, ob und in welchem Maße die zu sichernde Vertragspartei gegenüber der Gegenseite bei Saldierung aller offenen Einzelgeschäfte im Geld („in-the-money") steht oder sich aber außerhalb des Geldes („out-of-the-money")

7. International Swaps and Derivatives Association Inc. – Master Agreement IV.7

befindet, letzterer gegenüber also selbst Nettoschuldnerin ist. Die ISDA-Dokumente tragen dieser Tatsache Rechnung und passen die Höhe der Sicherungsleistungen dem jeweiligen Kreditrisiko an. Im einzelnen handelt es sich um den „*1994 ISDA Credit Support Annex*" nach New Yorker Recht (abgedruckt unten in Anhang VI), um die von einer Londoner Arbeitsgruppe der ISDA entwickelten, auf die Anwendung englischen Rechts ausgelegten „*1995 ISDA Credit Support Deed – Security Interest*" und „*1995 ISDA Credit Support Annex – Transfer*" (abgedruckt unten in Anhang VII und VIII) sowie um den „*1995 ISDA Credit Support Annex (Security Interest – Japanese Law)*" nach japanischem Recht (allgemein zur Problematik der Besicherung sowie zu den ISDA-Vertragsmustern im einzelnen s. u. Anm. 34).

2. Präambel. Der Begriff der „Transaction" ersetzt den in Art. 1.1. der 1991 Definitions konkretisierten Begriff der „Swap-Transaction" aus dem 1987 IRCEA-Rahmenvertrag. Der in § 14 definierte Begriff der „Specified Transaction" ist insofern weiter, als dieser auch Verträge mit den jeweiligen Sicherungsgebern sowie mit bestimmten, einer Partei nahestehenden und in Part 1(a) des Schedule zu definierenden Dritten („Specified Entities") umfaßt. Bereits in der Präambel wird klargemacht, daß der Schedule sowie die einzelnen „Confirmations" Bestandteil eines einheitlichen Vertrages sind. Die formellen Anforderungen an eine „Confirmation" werden im einzelnen unten in § 9(e) definiert. Aus Beweisgründen sollte der Schedule separat unterschrieben werden, auch wenn das ISDA-Formular dies an sich nicht vorsieht.

3. Rangverhältnis der einzelnen Vertragsteile zueinander. Der Vorrang des Schedule vor dem MA entspricht dem allgemeinen Grundsatz vom Vorrang der Individualabrede; der Vorrang der „Confirmations" vor dem MA (einschließlich Schedule) entspricht dem Prinzip der lex specialis.

4. Einheitlicher Vertrag. Das MA (einschließlich Schedule) sowie die in den „Confirmations" dokumentierten Einzelgeschäfte bilden nach § 1(c) Halbsatz 1 einen einheitlichen Vertrag („Single Agreement"). In § 1(c) Halbsatz 2 wird hervorgehoben, daß alle Einzelabschlüsse nur unter der Bedingung abgeschlossen werden, daß die in Halbsatz 1 hergestellte Verbindung des MA mit diesen Transaktionen zu einem einheitlichen Vertrag rechtlich wirksam ist. Die Bedeutung dieser Klausel soll in der Insolvenz einer der Vertragsparteien zum Tragen kommen, die insolvenzrechtliche Anerkennung der in den §§ 5 und 6 vorgesehenen einheitlichen Beendigung aller noch nicht vollständig erfüllten Einzelgeschäfte (sog. „Close-out"-Klausel) unterstützen und auf diese Weise ein „cherry picking" des Insolvenzverwalters verhindern (siehe hierzu auch unten bei Anm. 18(b)).

Im Schrifttum (*Coleman*, BJIBFL 1994, 391, 394) wird vereinzelt zu bedenken gegeben, die „Single Agreement"-Klausel äußere sich nicht dazu, auf welchem Wege neue Transaktionen in den Gesamtvertrag inkorporiert würden. Es sei nicht bestimmt, ob dies durch Änderung des bisherigen Vertrags oder durch Schaffung eines neuen Vertrags geschehe, der den alten Vertrag und die neue Transaktion zusammenfasse. Es sei deshalb zweifelhaft, ob ein (englisches) Gericht die Inkorporierung der Einzelgeschäfte anerkennen würde. Die entsprechende Klarstellung in den „Confirmations" (Nr. 1 des Exhibit I der 1991 Definitions („This Confirmation supplements, forms part of, and is subject to the IRCEA .....") wird dabei nicht für ausreichend gehalten. Diesem Einwand ist zu entgegnen, daß jede nachträgliche Vertragserweiterung gleichzeitig in dem Maße Novation ist, wie die Erweiterung reicht. Die Frage, ob bei dieser Gelegenheit die bisherigen Vertragspflichten unverändert fortbestehen oder aber durch neue, aber inhaltsgleiche ersetzt werden, ist als solche ohne Bedeutung für die Auslegung der von den Parteien intendierten Rechtsfolgen.

Interessanter ist die Frage nach der Wirksamkeit dieser Klausel nach dem zuständigen Insolvenzrecht vor dem Hintergrund des Wahlrechts des Insolvenzverwalters bei der Fortführung von Einzelgeschäften in den Fällen, in denen die vertragliche Beendigung aller Einzelgeschäfte anläßlich der Insolvenz einer Vertragspartei von der lex fori concursus grundsätzlich nicht anerkannt wird oder in denen die Voraussetzungen für eine solche Anerkennung im Einzelfall nicht erfüllt sind (vgl. unten Anm. 18 (b)).

a) **USA.** Nach amerikanischem Insolvenzrecht wird die vertragliche Verbindung mehrerer Einzelverträge in der genannten Weise wegen der damit verbundenen Beschränkung des zwingenden Konkursverwalterwahlrechts (§ 365 BC) als solche nicht anerkannt, solange nicht die sachliche Konnexität der Verträge nachgewiesen wird (*Cunningham*, Swaps: codes, problems and regulation, IFLR Aug. 1986, 26, 32). Diese Betrachtungsweise dürfte mittlerweile jedoch durch die insolvenzrechtliche Privilegierung von „swap agreements", zu denen ausdrücklich nach § 101 (55) (C) BC auch „master agreements" zählen, zu revidieren sein (siehe zum Inhalt des Begriffs des „swap agreement" unten Anm. 18 (b) (bb) (10–1)). Der vom Abgeordneten *Leach* im Repräsentantenhaus eingebrachte und an das Committee on Banking and Financial Services sowie an das Committee on Commerce and Agriculture verwiesene Entwurf eines „Risk Management Improvement and Derivatives Oversight Act of 1995" (vollständiger Text im Internet verfügbar unter ftp://ftp.loc.gov/pub/thomas/c104/h20.ih.FTP, zu diesem Gesetzesentwurf siehe auch das interne ISDA-Memorandum von *Cravath, Swaine & Moore* vom 13. 2. 1995, abgedruckt in: Practising Law Institute (Hrsg.), S. 499 ff.) schlägt neuerdings in § 304 speziell für Verträge zwischen Kreditinstituten eine ausdrückliche gesetzliche Anerkennung der durch Rahmenverträge über sog. „qualified financial contracts" (zum Begriff unten Anm. 18 (b) (bb) (10–2)) geschaffenen Vertragseinheit an („Any master agreement ... shall be treated as a single agreement").

b) **England.** Nach englischem Insolvenzrecht ergeben sich keine Beschränkungen für die Verbindung mehrerer derivativer Geschäfte zu einem einheitlichen Vertragsgefüge (*Ebenroth/Messer* ZVglRWiss 87 (1988), 1, 26).

c) **Deutschland.** Für das deutsche Insolvenzrecht anerkennt Art. 105 I 3, III EGInsO (wortgleich mit Art. 15 des zweiten Finanzmarktförderungsgesetzes vom 26. 7. 1994) die Einheitlichkeit solcher „Geschäfte über Finanzleistungen" („Finanztermingeschäfte"), die in einem „Rahmenvertrag zusammengefaßt" sind, für den vereinbart ist, daß er bei Vertragsverletzungen nur einheitlich beendet werden kann, als *einen* einheitlichen „gegenseitigen Vertrag". Die Vorschrift des § 1 (c) MA dürfte i. V. m. § 6 (c) (ii), (d) und (e) MA (hierzu noch unten Anm. 18 (b) (bb) (1)) den Anforderungen, den Art. 105 I 3, III EGInsO an die erforderliche Zusammenfassung der Einzelgeschäfte in einem Rahmenvertrag stellt, genügen. Der Bericht des Rechtsausschusses des Deutschen Bundestags zu der entsprechenden Regelung in § 118 RegE InsO nimmt diesbezüglich ausdrücklich auf den Inhalt „üblicher Rahmenverträge" Bezug (abgedruckt bei *Balz/Landfermann*, Die neuen Insolvenzgesetze, Düsseldorf 1995, S. 195). Der Begriff des „Geschäfts über Finanzleistungen" i. S. des Art. 105 EGInsO dürfte nach dem Normzweck sämtliche unter dem MA möglichen Finanzterminkontrakte auf der Basis von Geld-, Kapital- oder Devisenmarktwerten einschießlich von Swaps und Swap-Derivaten erfassen (vgl. auch den ähnlichen Begriff im neuen § 340c HGB: „Finanzinstrumente"). Der Gesetzgeber wollte den Art. 105 EGInsO neben den bislang bekannten ausdrücklich auch für neue Arten Typen von Finanzgeschäften offenhalten. Im Bericht des Rechtsausschusses (abgedruckt bei *Balz/Landfermann*, a. a. O., S. 194, 195) heißt es, die Aufzählung in Absatz 2 Satz 2 (des § 104 InsO, entspricht Art. 105 I 2 EGInsO) sei nicht abschließend, durch das Wort „insbesondere" vor der Nummer 1 werde gewährleistet, daß „künftige Entwicklungen auf dem Gebiet der Finanzgeschäfte" Rechnung getragen werden könne. Nach dem Ausschußbericht zu § 118 RegE (abgedruckt bei *Balz/Landfermann*, a. a. O., S. 194, 195) solle sichergestellt werden, daß im Insolvenzfall alle noch nicht erfüllten Ansprüche aus zwischen zwei Parteien bestehenden Finanzgeschäften saldiert werden können, um das Risiko aus solchen Geschäften zu mindern. Dabei wird ausdrücklich auf das Interesse des internationalen Geschäftsverkehrs an einer „generellen Saldierungsmöglichkeit" verwiesen. Vom Begriff der „Finanzleistungen" ebenso umfaßt sein dürften über Finanztermingeschäfte i. e. S. hinausgehend auch Warentermingeschäfte, -optionen und Swaps, soweit keine Erfüllung in Natur vorgesehen

7. International Swaps and Derivatives Association Inc. – Master Agreement IV.7

ist. Hierfür spricht der in Art. 105 I 2 Nr. 4 enthaltene Hinweis auf „Geldleistungen, deren Höhe ... durch den Preis anderer Güter ... bestimmt wird".

Die Tatsache, daß die Finanzleistungen i. S. des Art. 105 EGInsO nach Abs. I Satz 1 einen (Börsen- oder) „Marktpreis" haben müssen, führt nicht etwa dazu, daß diese Vorschrift nicht auf alle unter dem MA dokumentierten Derivatgeschäfte anwendbar wäre. Ungeachtet der Tatsache, daß OTC-Derivate individuell ausgehandelt werden, kann man bei dieser Art von Kontrakten ebenso wie bei anderen Geschäften über nicht vertretbare Sachen durchaus vom Bestehen eines Marktes sprechen, mag sich auch dessen Struktur von derjenigen organisierter Märkte in der Form von Börsen unterscheiden (wie hier *Kümpel,* Bank- und Kapitalmarktrecht, Köln 1995, S. 1133). Nach dem Ausschußbericht zu § 118 RegE soll der Begriff des „Markt- oder Börsenpreises" im Hinblick auf solche Finanzgeschäfte, die „individuell ausgestaltet" seien, wie z. B. Zins-Swap-Geschäfte, „*weit*" zu verstehen sein. Entscheidend sei, daß die Möglichkeit bestehe, „sich anderweitig einzudecken"; daß nicht alle Angebote im Preis übereinstimmten, sei unschädlich (*Balz/ Landfermann,* a. a. O., S. 195). Auf die Übernahme des § 18 III KO sei verzichtet worden, weil die Anwendung des Art. 118 RegE InsO (Art. 105 EGInsO) nicht daran scheitern solle, „daß im Einzelfall die Feststellung des Markt- oder Börsenpreises" am zweiten Tag nach der Eröffnung des Insolvenzverfahrens (vgl. Art. 105 II EGInsO) „Schwierigkeiten" bereite (*Balz/Landfermann,* a. a. O., S. 196). Im Schrifttum wird vertreten, die Vorschrift des § 105 EGInsO sei auf alle Leistungen anwendbar, „für die ein Preis börsen- oder mark*abhängig* [Hervorhebung von den Verfassern], und damit weitgehend objektiviert feststellbar" sei (*Bosch,* WM 1995, 413, 417; ähnlich *Kümpel,* Bank- und Kapitalmarktrecht, Köln 1995, S. 1134). Diese Voraussetzung erfüllen grundsätzlich alle derivativen Instrumente, da deren Eigenheit definitionsgemäß ja gerade darin besteht, daß ihr Wert vom Wert eines zugrundeliegenden Vermögenswerts, einer Zinsrate oder eines Indexes abhängt (s. o. Anm. 1 (a)). Besonders deutlich wird dies an der Definition des BAKred, nach der zu den „Derivaten" alle Geschäfte gehören, „deren *Preis* [Hervorhebung von den Verfassern] sich von einem zugrundeliegenden Aktivum, von einem Referenzpreis, Referenzzins oder Referenzindex ableitet" (Nr. 1 der „Verlautbarung über Mindestanforderungen an das Betreiben von Handelsgeschäften der Kreditinstitute" vom 23. 10. 1995, ähnlich § 2 II WpHG).

Auch das MA geht bezeichnenderweise im Grundsatz davon aus, daß für die unter ihm dokumentierten Einzeltransaktionen ein „Marktpreis" bestimmbar ist. Das ergibt sich aus der Schadensberechnungsvorschrift des § 6 (e) in Verbindung mit der Definition des Begriffs der „Market Quotation" i. S. des § 14.

d) **Frankreich.** Das französische Insolvenzrecht anerkennt allgemein die vertragliche Verbindung zweier Verträge, wenn sie Teil eines „globalen Risikomanagements" sind, dessen Gleichgewicht durch das Hinwegdenken eines Einzelaktes gestört würde (*Le Guen,* Finanzielle Risiken ..., S. 425, 454). Demgegenüber stellt Art. 37 VI des Insolvenzgesetzes Nr. 85–98 vom 25. 1. 1985 (in der Fassung des Gesetzes Nr. 94–475 vom 10. 6. 1994) klar, daß Vertragsklauseln, die die „Unteilbarkeit" des Vertrags allein für den Insolvenzfall anordnen, nicht anerkannt werden (zu den speziellen Befreiungsvorschriften für Derivatgeschäfte s. u. Anm. 10 (b) (cc) und Anm. 18 (b) (bb) (3)). Nach § 1 (c) MA besteht die Einheitlichkeit des Vertrags zwar von Anfang an und wird nicht erst bei Eintritt der Insolvenz begründet. Zudem wird sie auch im Rahmen der übrigen Beendigungsgründe des § 5 (a) („Events of Default") von Bedeutung, so daß sich nicht behaupten läßt, sie sei ausschließlich zur Umgehung des Insolvenzverwalterwahlrechts in den Vertrag aufgenommen worden. Dennoch verbleiben Zweifel, ob § 3 (c) vor der französischen Rechtsprechung gegenüber Art. 37 VI des Insolvenzgesetzes Bestand haben wird (vgl. *Boulat/Chabert,* S. 180, die von der „bonne volonté des juges et l'équité" sprechen).

e) **Internationales Aufsichtsrecht.** Nicht zuletzt aus aufsichtsrechtlicher Sicht empfiehlt sich die Zusammenfassung aller Einzelgeschäfte zu einem einheitlichen Vertragsverhältnis. Der Basler Ausschuß für Bankenaufsicht macht in seinen Vorschlägen zur Änderung und Ergänzung des Anhangs 3 der auf seine ursprüngliche Eigenkapital-Empfehlung zurückgehenden Basler Eigenkapitalvereinbarung von 1988 (am 11. 7. 1988 verabschiedet von den Notenbankgouverneuren der Zehner-Gruppe: Belgien, Deutschland, Frankreich, Italien, Japan, Kanada, Luxemburg, Niederlande, Schweden, Schweiz, USA, Vereinigtes Königreich) um einen eigenen Abschnitt „Bilateral netting" die aufsichtsrechtliche Anerkennung des „Close-out Netting" (hierzu unten Anm. 18 (c)) ausdrücklich vom Bestehen einer „single legal obligation" (lit. (c)(1)) abhängig (vgl. die Veröffentlichung „Basle Capital Accord: Treatment of potential exposure for off-balance-sheet items" vom April 1995, welche insofern die vorausgegangene Veröffenlichung „Basle Capital Accord: The treatment of the credit risk associated with certain off-balance-sheet items" vom Juli 1994 übernimmt).

Diesem Ansatz folgt die Richtlinie 96/10/EG des Europäischen Parlaments und des Rates vom 21. 3. 1996 „im Hinblick auf die aufsichtsrechtliche Anerkennung von Schuldumwandlungsverträgen und Aufrechnungsvereinbarungen (‚vertragliches Netting')" zur Änderung des Anhangs II(3)(b)(i) der Solvabilitätsrichtlinie 89/647/EWG v. 18. 12. 1989 (ABlEG Nr. L 85/17 v. 3. 4. 1996).

Der Hintergrund der bankenaufsichtsrechtlichen Problematik derivativer Instrumente besteht darin, daß diese Geschäfte, sofern sie von Kreditinstituten abgeschlossen werden, üblicherweise nach nationalem Bankenaufsichtsrecht in einer bestimmten Höhe mit Eigenkapital zu unterlegen sind (vgl. den Grundsatz I Abs. 1 Satz 2 Nr. 3 und Nr. 4 zu § 10 KWG, der die Solvabilitätskoeffizienten-Richtlinie vom 18. 12. 1989 (89/647/EWG, ABlEG Nr. L 386/14) umsetzt und das deutsche Pendant zur Baseler Eigenkapitalempfehlung des Cooke-Ausschusses von 1988 darstellt).

5. Hauptpflichten. In § 2 werden allgemein Art, Umfang und Erfüllungsmodalitäten der gegenseitigen vertraglichen Hauptpflichten festgelegt. Bei den Hauptpflichten unterscheidet der Text zwischen „Zahlung" und „Lieferung" (z.B. Rohstoffe, Wertpapiere). Dies entspricht dem weiten Begriff der „Transaction" in der Präambel, der jede Art von OTC-Termingeschäften erfassen will (s.o. Anm. 2). Die technischen Details jedes Einzelgeschäfts einschließlich der gegenseitigen Leistungspflichten werden in den „Confirmations" zu den jeweiligen Einzelgeschäften geregelt, auf die in § 2(a)(i) Bezug genommen wird.

Der Hinweis darauf, daß die gegenseitigen Leistungspflichten unter dem Vorbehalt der übrigen Vorschriften des MA stehen, spielt auf die Regelung Absatz (iii) an (User's Guide to the 1992 ISDA Master Agreements, S. 10; zu Absatz (iii) siehe gleich unten). Zum Teil versucht die Praxis den Aspekt der synallagmatischen Gegenseitigkeit der Leistungsverpflichtungen noch mit dem Zusatz *„Each payment will be by way of exchange for the corresponding payment or payments payable by the other party"* zu verstärken. Nach Absatz § 2(ii)(1) dürfen Zahlungen nur auf dasjenige Konto erfolgen, das hierfür ausdrücklich (in der jeweiligen Confirmation) bestimmt wird.

Nach § 2(iii) stehen die gegenseitigen Leistungsverpflichtungen unter der aufschiebenden Bedingung der gegenwärtigen und zukünftigen Leistungsfähigkeit des Vertragspartners (zu dem Begriff des „Event of Default" siehe § 5(a), zu demjenigen des „Potential Event of Default" siehe die entsprechende Definition in § 14). Die mit dieser sog. „Flawed-assets"-Klausel verbundene vertragstechnische Verknüpfung der Anspruchsvoraussetzungen mit den Kündigungsgründen des § 5(a) soll sicherstellen, daß die weitere Vertragserfüllung immer bereits dann verweigert werden kann, wenn in der Person des Vertragspartners ein diesem zuzurechnender Beendigungsgrund („Event of Default") vorliegt oder unmittelbar bevorsteht, selbst wenn keine „Automatic Early Termination" vereinbart wurde oder wenn deren Voraussetzungen nicht erfüllt sind (siehe unten Anm. 16 und 43). Über den Begriff des „Event of Default" erzeugt diese Vorschrift einen Bedingungszusammenhang zwischen Leistung und Gegenleistung, der im Ergebnis auf ein Zurückbehaltungsrecht hinausläuft. Zu Unrecht wird dieser rechtlichen Konstruktion vorgeworfen, die gegenseitigen Zahlungsverpflichtungen seien, solange keine der beiden Parteien vorleistungspflichtig sei, nicht durchsetzbar und verkämen zu einer „wechselseitigen Option", weil die Gegenleistungspflicht, deren Nichterfüllen nach dem Grundgedanken der Klausel zu einem „Event of Default" führen soll, ihrerseits ebenfalls bedingt sei (*Watkins*, Legal issues and documentation: a framework, in: Antl (Hrsg.), Swap finance, Bd. 2, London 1986, S. 53, 55). Die gegenseitige Blockade der Vertragsparteien läßt sich nämlich durch eine Verurteilung zur Leistung Zug-um-Zug ohne weiteres auflösen (vgl. aus dem deutschen Recht für die parallele Problematik beim Zurückbehaltungsrecht bzw. bei der Einrede des nichterfüllten Vertrages die §§ 274, 322 BGB). Wegen § 5 (a)(vi) („Cross Default") gilt auch der Drittverzug als Leistungsverweigerungsgrund, soweit dies in Part 1 (c) des Schedule so bestimmt worden ist.

Die besondere Bedeutung des § 2(iii) besteht darin, daß diese Bestimmung neben der „Single Agreement"-Klausel des § 1(c) und der „Close-out"-Klausel des § 6 eines der Mittel ist, mit denen der MA versucht, im Falle der Insolvenz einer der Vertragspartner ein „cherry picking" des Insolvenzverwalters zu verhindern.

Zu Problemen kann die in dieser Bestimmung geschaffene Abhängigkeit des Leistungsverweigerungsrechts von den Beendigungsvoraussetzungen dann führen, wenn in der Person der einen Vertragsseite ein „Event of Default" eintritt und die andere Vertragsseite dies nach § 2 (a)(iii) zur Leistungsverweigerung ausnutzt, obwohl erstere ihrerseits bereits alle Verpflichtungen erfüllt hat. Bei einer am Regelungszweck orientierten Auslegung des § 2 (a)(iii)(1) wird man diesen Fall allerdings kaum als „Event of Default" i.S. dieser Vorschrift betrachten können. Für diejenigen, die hier sichergehen wollen, empfiehlt sich zur Klarstellung die Aufnahme einer entsprechenden Klausel in Part 5 des Schedule (siehe hierzu unten Anm. 51).

6. Kontowechsel. Das MA geht davon aus, daß die Parteien in den jeweiligen „Confirmations" oder bereits pauschal für alle Einzelgeschäfte in Part 5 des Schedule bestimmen, auf welche Konten die gegenseitigen Zahlungen bzw. Lieferungen erfolgen sollen. Jede Partei kann die als Zahlungsort vereinbarte Kontoverbindung vor dem Fälligkeitsdatum mit Wirkung für die entsprechende Zahlung oder Lieferung einseitig, und zwar auch grenzüberschreitend, ändern, wenn sie die Gegenpartei hiervon mindestens fünf Tage vorher informiert (zu berechnen am Ort, wo das Konto belegen ist, vgl. die Definition des „Local Business Day" in § 14 MA) und letztere hiergegen nicht rechtzeitig unter Angabe vernünftiger Gründe („reasonable objection") widerspricht. Einen solchen „vernünftigen Grund" bildet etwa die Befürchtung nachteiliger steuerlicher Folgen des Kontowechsels (User's Guide to the 1992 ISDA Master Agreements, S. 11) sowie das Entstehen devisenrechtlicher Probleme. Die Mitteilungsfrist von fünf Tagen sollte u. U. individuell verlängert werden. Die relative kurze Frist auch bei Kontowechseln ins Ausland ruft bei vielen Marktteilnehmern die Befürchtung hervor, aus technischen Gründen in Zahlungsverzug geraten zu können (*Jahn*, ISDA-Musterverträge zu Swapvereinbarungen setzen sich durch, Die Bank 1988, 100, 102, zur entsprechenden Klausel im IRCEA).

Sind Einzeltransaktionen über Rohstoffe oder Wertpapiere geplant, die nicht durch eine Ausgleichszahlung, sondern durch Lieferung in Natur („physical settlement") erfüllt werden sollen, kann es sinnvoll sein, § 2(b) vom Konto allgemein auf den Erfüllungsort („place of performance") zu erweitern. Zur Vermeidung steuerrechtlicher Implikationen wird die Möglichkeit eines Kontowechsel in der Praxis teilweise davon abhängig gemacht, daß sich das neue Konto im Anwendungsbereich derselben Steuerrechtsordnung befindet. Dies kann etwa durch den an § 2(b) anzuhängenden Zusatz „... *provided that such account is in the same federal Tax jurisdiction as the original account*" geschehen.

7. Verrechnung von Zahlungen. a) Automatische Positionenaufrechnung. Die automatische Positionenaufrechnung von Forderungen gleicher Währung (i) und Fälligkeit, die demselben Einzelgeschäft (ii) entstammen („Payment Netting") und in nach Fälligkeitstagen getrennten (nicht laufenden) Konten gebucht werden, verringert das Ausfallrisiko der Parteien bezüglich fälliger Forderungen. Daneben lassen sich durch die wechselseitige

Verrechnung der Forderungen etwaige Abzugssteuern auf seiten des Zahlungspflichtigen (vgl. hierzu unten Anm. 12) durch die Reduzierung der Bemessungsgrundlage auf den jeweils fälligen Saldobetrag verringern. Ggf. ist zu prüfen, inwieweit nationale Regelungen zur Beschränkung des Devisenverkehrs dem Netting entgegenstehen. Solche Bestimmungen können selbst dann Bedeutung entfalten, wenn sowohl die lex fori als auch die Vollstreckungsrechtsordnung in einem Drittstaat liegen sollten, da sich die IWF-Mitgliedsstaaten in Art. VIII 2 b Satz 1 IWF-Abkommen gegenseitig dazu vepflichtet haben, die Devisenkontrollbestimungen anderer Mitglieder zu beachten (s. u. Anm. 30 (b)(cc)(4)).

Vor dem Hintergrund des anwendbaren englischen oder amerikanischen Rechts (vgl. § 13 (a) i. V. m. Part 4 (h) des Schedule) kommt der vertraglichen Aufrechnungsklausel insofern eine besondere Bedeutung zu, als im Common Law-Bereich anders als im deutschen Recht die Möglichkeit einseitiger rechtsgeschäftlicher Aufrechnungserklärungen („Self-Help Set-Off") stark begrenzt ist und der Gläubiger in der Regel auf das Instrument der Prozeßaufrechnung („Judicial Set-Off") durch richterlichen Gestaltungsakt ohne Rückwirkung verwiesen bleibt (vgl. *Wood*, Law and Practice of international finance, Bd. 2 a, New York 1990, § 19.02 [2] [a], m. w. N. aus der britischen und amerikanischen Rechtsprechung).

Im Gegensatz zu § 6 des speziell für das Geschäft mit Währungsoptionen geschaffenen ICOM Master Agreement von 1992 sieht das vorliegende ISDA MA neben dem Payment Netting für Zahlungsverpflichtungen kein automatisches Erlöschen gegenseitiger und inhaltlich spiegelbildlicher Call- oder Put-Optionen der Vertragsparteien vor (für den Vorschlag einer entsprechenden, an § 6 ICOM orientierten Klausel s. u. Anm. 54).

b) **Novation.** Neben der automatischen Positionenaufrechnung enthält § 2 (c) eine Novationsvereinbarung („each party's obligation ... will be automatically ... *replaced* by an obligation ..."), weshalb man bei solchen Klauseln auch von „Netting-by-novation" spricht (zum Begriff vgl. *Angell*-Bericht der BIS über Netting-Systeme vom Februar 1989, S. 12). Durch die Novationswirkung der Verrechnung erübrigt sich, anders als beim Kontokorrentkonto im Bankvertragsrecht, eine besondere rechtsgeschäftliche Anerkennung des Saldos als Grundlage eines selbständigen Verpflichtungsgrunds für die neue Saldoforderung (vgl. zum Kontokorrent *Piper,* Termin- und Differenzeinwand gegenüber Saldoanerkenntnis und Verrechnung im Kontokorrent, ZIP 1985, 725, 726). Darüber hinaus soll die Novation der Salden der Einzelkonten für den Fall, daß das maßgebliche Insolvenzrecht die Einheitlichkeit des Gesamtvertrags sowie das vertragliche Close-out nicht anerkennt, den Bestand der Aufrechnungsvereinbarung sichern, falls sich der Insolvenzverwalter in der Frage der Fortführung der im Insolvenzfall noch offenen Geschäfte bezüglich derjenigen Einzeltransaktionen, die den im Kontokorrent verrechneten fälligen Forderungen zugrundeliegen, nicht einheitlich entscheidet („cherry picking"). Relevant wird dies, wenn der Insolvenzverwalter einerseits die Fortführung eines Geschäfts ablehnt, das auf seiten des Gemeinschuldners bereits durch die Aufrechnung mit der Forderung des Vertragspartners aus einem anderen Einzelgeschäft teilweise erfüllt wurde, andererseits aber gleichzeitig auf der Fortführung dieses zweiten Geschäfts besteht. Dadurch nämlich würde die Forderung des Vertragspartners aus dem ersten Geschäft und damit die Aufrechnungslage rückwirkend beseitigt (mit der Folge des Entstehens einer den Rang einer einfachen Konkursforderung einnehmenden Schadensersatzforderung), wobei dessen Zahlungsverpflichtung aus dem zweiten Geschäft aber noch in voller Höhe nachgeleistet werden müßte. Durch das „Netting-by-novation" werden bei beiderseitig noch nicht vollständig erfüllten Geschäften die bereits in der Vergangenheit fällig gewordenen Leistungsverpflichtungen so weit wie möglich aus dem Wirkungsbereich des Wahlrechts des Konkursverwalters herausgenommen, indem sie durch Aufrechnung („Netting") erfüllt und durch Novation dem Kontext des noch nicht vollständig erfüllten Einzelgeschäfts entzogen werden. Der noch nicht fällige Teil des Einzelgeschäfts wird auf diese Weise abgeschnitten und in seinem rechtlichen Schicksal verselbständigt. Auf diese Weise reduziert das Novations-Netting die Anzahl und Höhe der gegenseitigen Zahlungsverpflichtungen. Die Vorschrift des § 2(c) schließt aber nicht aus, daß sich in Einzelfällen für die vertragstreue Partei die Risiken aus dem „cherry picking" des Insolvenzverwalters im Vergleich zum Fehlen jeder Netting-Vereinbarung sogar erhöhen können (vgl. das Beispiel bei *Coleman* BJIBFL 1994, 391, 393). Zum vollständigen Ausschluß des „cherry picking" wird deshalb zusätzlich auf die Rechtstechnik des sog. „Close-out Netting" zurückgegriffen (siehe hierzu unten Anm. 18).

c) **Insolvenzrechtliche Beurteilung des „Netting-by-Novation".** Die zivilrechtliche Grundlage des „Netting-by-Novation" ergibt sich aus dem allgemeinen Prinzip der Vertragsautonomie (für das amerikanische Vertragsrecht *Patrikis/Cook*, S. 391, 417). Im Einzelfall sicherzustellen ist allerdings, daß die Wirksamkeit der Aufrechnungsklausel des § 2(c) MA nicht durch insolvenz- oder vollstreckungsrechtliche Vorschriften des Heimatrechts (lex fori concursus am Sitz der Gesellschaft bzw. am Sitz der ausländischen Zweigniederlassung) eines der Vertragspartner in Frage gestellt wird. Einschlägig könnten in diesem Zusammenhang Regelungen über die Insolvenz- oder Gläubigeranfechtung sein (zur Anknüpfung der Insolvenzanfechtung an die lex fori concursus vgl. aus deutscher Sicht OLG Hamm, NJW 1977, 504; kritisch *Henckel,* Die internationalprivatrechtliche Anknüpfung der Konkursanfechtung, FS Nagel (1987), 93, 106f.). Im übrigen könnte für die Bestimmung des anwendbaren Rechts in Zukunft die Vorschrift des Art. 9 („Zahlungssysteme und Finanzmärkte") des Europäischen Übereinkommens über Insolvenzverfahren Bedeutung erlangen.

aa) **Deutschland.** Im deutschem Insolvenzrecht kommt eine Anfechtung von Erfüllungsleistungen aus Derivatgeschäften, die der Gemeinschuldner noch vor Konkurseröffnung an den Vertragspartner geleistet hat, nur unter den engen Voraussetzungen des § 31 Nr. 1 KO (ab 1. 1. 1999: § 133 InsO), d.h. nur bei Vorliegen einer Benachteiligungsabsicht des Gemeinschuldners und einer entsprechenden Kenntnis des Leistungsempfängers in Betracht. Die Tatsache, daß mit der zum Terminkurs berechneten Leistung des Gemeinschuldners im Vergleich zum Kassakurs am Erfüllungsort u.U. mehr weggegeben wurde als die Gegenleistung des Empfängers wert ist, vermag keine ein Indiz für die Benachteiligungsabsicht darstellende „inkongruente Deckung" (vgl. BGH LM Nr. 2 zu § 326 BGB; ab 1. 1. 1999 geregelt in § 131 InsO) zu begründen, weil der Terminkurs bei Abschluß des Termingeschäfts ein angemessener Marktkurs gewesen ist (so zu Recht *Schücking,* Internationale Devisentermingeschäfte in der Insolvenz, FS Hanisch (1994), 231, 241).

bb) **Frankreich.** Nach französischem Insolvenzrecht soll bei Geschäften mit Nichtbanken eine Anfechtung von Nettingmaßnahmen, die Abrechnungszeitpunkte während der „période suspecte" betreffen, nach Art. 107 Nr. 4 des Insolvenzgesetzes vom 25. 1. 1985 zu befürchten sein, da die Aufrechnung zumindest dann keine „im Geschäftsverkehr allgemein anerkannte Zahlungsweise" sei, wenn die betreffenden Forderungen nicht konnex seien (*Le Guen,* Finanzielle Risiken ..., S. 425, 451 f.).

cc) **EU-Richtlinienentwurf.** Rechtsklarheit hinsichtlich der insolvenzrechtlichen Anerkennung von bi- und multilateralen Verrechnungsvereinbarungen innerhalb der Europäischen Union soll Art. 3 des von Vertretern der EU-Kommission zusammen mit Sachverständigen aus den nationalen Finanzministerien und Zentralbanken erstellten „Entwurfs von Artikeln über die Endgültigkeit der Abrechnung in EU-Zahlungssystemen" (abgedruckt in ZBB 1995, 314) bringen. Art. 3 II dieses Vorentwurfs enthält allerdings einen ausdrücklichen Vorbehalt zugunsten der einzelstaatlichen Regelungen, „die es erlauben, betrügerische Rechtsgeschäfte im Insolvenzfall anzufechten".

dd) **Internationales Bankenaufsichtsrecht.** Bankenaufsichtsrechtlich wird das nach Währungen und Fälligkeitsterminen getrennte „Netting-by-novation" für Zwecke der Eigenkapitalberechnung in der Änderung des Anhangs 3 der Eigenkapital-Empfehlung des Cooke-Ausschusses vom Juli 1994 („Amendment to the 1988 Capital Accord for bilateral netting", unter lit. (a)) als wirksam anerkannt. Abhängig macht der Basler Ausschuß für Bankenaufsicht (gegründet 1975 von den Leitern der Zentralbanken der G-10 Staaten, zu denen gegenwärtig Belgien, Deutschland, Frankreich, Großbritannien, Italien, Japan, Kanada, Luxemburg, Niederlande, Schweden, Schweiz sowie die USA gehören) die Anerkennung des Novations-Netting davon (lit. c), daß alle in das Netting einbezogenen Transaktionen vertraglich zu einem einheitlichen Vertrag („a single legal obligation, covering all included transactions") vereinigt werden. Diese Voraussetzung erfüllt das MA mit § 1 (c) („Single Agreement", siehe hierzu oben Anm. 4). Zusätzlich werden mit einer Begründung versehene Rechtsgutachten verlangt, aus denen hervorgeht, daß das Netting sowohl vom Recht des Landes, in dem die säumige Gegenpartei bzw. die am Geschäft beteiligte ausländische Zweigstelle dieser Gegenpartei ansässig ist, als auch von der oder den Rechtsordnung(en), der die einzelnen Transaktionen sowie die Nettingvereinbarung unterliegen, anerkannt wird.

d) „Cross-Product Netting" und „Multibranch"-Netting. Nach § 2 (c) Abs. 2 S. 1 können die Parteien zusätzlich die Verrechnung von Forderungen aus zwei oder mehr Einzelgeschäften, die am gleichen Tag fällig werden und die auf dieselbe Währung lauten, vereinbaren. Hierzu muß in Part 4 (i) des Schedule oder in den jeweiligen „Confirmations" bestimmt werden, auf welche Arten von Einzelabschlüssen (z. B. Rohstoff-Swaps oder Aktienindextermingeschäfte) die Beschränkung des § 2 (c) (ii) keine Anwendung findet. Bei der Verrechnung von derivativen Geschäften unterschiedlicher Art spricht man von „Cross product netting". Sollen alle Einzelgeschäfte in die Verrechnungsabrede einbezogen werden, ist sicherzustellen, daß zumindest eine der Vertragsparteien hierzu technisch auch in der Lage ist.

Für den Fall, daß die Parteien über mehrere Zweigstellen in unterschiedlichen Ländern (sog. „Multibranch parties", vgl. § 10 MA, Part 4 (d) des Schedule) verfügen, beschränkt sich die Wirkung des § 2 (c) auf ein Novations-Netting im bilateralen Verhältnis jeweils zweier auf seiten der Vertragsparteien mit der Abwicklung bestimmter Einzeltransaktionen betrauter Zweigstellen (sog. „pairing of Offices") hinsichtlich der sich auf diese Geschäfte beziehenden Forderungen. Soll die Verrechnung auf weitere Geschäftsstellen einer Vertragspartei erweitert werden, muß dies ausdrücklich im Schedule vereinbart werden. Aus technischen Gründen sind hierzu nur die wenigsten Marktteilnehmer in der Lage (*Jahn* Die Bank 1994, 99, 100). Ggf. kann die technisch besser ausgerüstete Vertragspartei (kostenlos oder gegen eine Gebühr) oder eine dritte Stelle in Part 4 (e) des Schedule zur Lösung bestehender technischer Schwierigkeiten als Abrechnungsstelle (sog. „Calculation Agent") bestimmt werden.

e) „Settlement Risk". Für Transaktionen (z.B. Währungs- und Devisen-Swaps), bei denen nicht lediglich der Differenzgewinn bezahlt, sondern in Natur geleistet wird, besteht ein besonderes Vorleistungsrisiko (sog. „Settlement Risk" oder *„Herstatt-Risiko",* siehe hierzu *Committee on Payment and Settlement Systems,* Settlement risk in foreign exchange transactions, March 1996) aufgrund der Zeitverschiebung zwischen den einzelnen Zahlungsorten bei weit voneinander entfernt ansässigen Vertragspartnern (zum Beispiel der Herstatt-Insolvenz, wo es um Devisenkassageschäfte ging, siehe *Nadelmann,* Rehabilitating international bankruptcy law: lessons taught by Herstatt and Company, N.Y.U. Law Review 1977 (Bd. 52.1), 1, 2ff.). Zur Vermeidung dieses Risikos kann vereinbart werden, daß die Zahlungen an einen Treuhänder zu leisten sind, der sie erst freigibt, wenn er sie von beiden Seiten erhalten hat („escrow clause", Hinterlegungsklausel, siehe hierzu den Formulierungsvorschlag in Anm. 52).

8. Steuer-Netto-Klausel. Die Zahlungen aufgrund dieses Vertrags müssen grundsätzlich ohne Abzug von Steuern oder sonstigen öffentlich-rechtlichen Abgaben (mit Ausnahme von Stempel-, Registrierungs- oder ähnlichen Steuern, vgl. die Definition des Begriffs der „Tax" in § 14) erfolgen, sofern ein solcher Abzug nach der anwendbaren Steuergesetzgebung nicht zwingend erforderlich ist (sog. Steuer-Netto-Klausel). Für den zuletzt genannten Fall bestimmt die „Gross-Up"-Klausel des § 2 (d) (i), ob der Steuerabzug vom Schuldner auszugleichen oder aber vom Zahlungsempfänger hinzunehmen ist. Für diejenige Vertragspartei, die nach § 2 (d) (i) die finanzielle Last der Steuer zu tragen hat, besteht die

Möglichkeit, die betroffenen Einzelgeschäfte nach den §§ 5 (b) (ii) und (iii) i. V. m. § 6 zu beenden, sofern ihr die Steuermehrzahlung nicht zurechenbar ist. Dies betrifft die Fälle des „Tax Event" sowie des „Tax Event Upon Merger" (siehe hierzu unten Anm. 15 (b) und (c)).

Die vertragliche Risikoverteilung orientiert sich dabei an der Struktur der entsprechenden, in Part 2 (a) des Schedule anzukreuzenden vertraglichen Zusicherungen („Tax Representations", s. u. Anm. 12) der Parteien. Danach garantiert jede Partei, daß auf ihre Zahlungen nach allen Rechtsordnungen, zu denen sie aufgrund ihres eigenen Willens in Verbindung steht (vgl. die Definition der „Relevant Jurisdictions" in § 14 MA), keine Abzugssteuern erhoben werden.

Rechtstechnisch arbeitet § 2 (d) (i) mit dem Begriff der „erstattungsfähigen Steuer" („Indemnifiable Tax", definiert in § 14 MA, siehe auch Anm. 35) und dem Grundsatz (Abs. (4)), daß der Zahlungspflichtige den Steuerabzug durch eine Zusatzzahlung an den Gläubiger auszugleichen hat, sobald es sich um eine „Indemnifiable Tax" handelt. Nach der Definition der „Indemnifiable Tax" in § 14 sind alle Abgaben erfaßt, die an die Tatsache des Geldtransfers als solche anknüpfen und nicht etwa auf einer besonderen Verbindung zwischen dem besteuernden Staat und dem Zahlungsempfänger oder diesem zuzurechnenden Personen beruhen.

Ausnahmen vom Grundsatz der Erstattung einer „Indemnifiable Tax" sind für zwei Fälle vorgesehen. Entweder muß die auszugleichende Steuermehrzahlung in den Anwendungsbereich einer vom Zahlungsempfänger abgegebenen steuerrechtlichen Zusicherung fallen (§ 2 (d) 8 i) (4) (B)), diese Zusicherung aus einem anderen Grunde als einer Änderung des Steuerrechts unzutreffend werden und die abzuführende Steuer oder Abgabe eine „Indemnifiable Tax" i. S. des § 14 darstellen, oder aber die Steuermehrzahlung muß darauf beruhen, daß der Zahlungsempfänger gegen bestimmte steuerrechtliche Mitwirkungspflichten verstoßen hat (§ 2 (d) 8 i) (4) (A)). Angesichts dieser Regelung sollte sich jeder Vertragspartner vor Vertragsschluß unbedingt darüber informieren, inwiefern die Möglichkeit besteht, daß auf von ihm zu empfangende Geldleistungen Abzugssteuern nach einer Rechtsordnung erhoben werden, zu der er eine besondere Verbindung unterhält. Denn in einem solchen Fall hat sie die Steuerlast selbst zu tragen. Möglich ist auch die Vereinbarung eines im Jahre 1988 von der ISDA veröffentlichten Zusatzes zur Definition der „Indemnifiable Tax", der das finanzielle Risiko trotz Bestehens der genannten Verbindung dem Zahlungsverpflichteten auferlegt, sofern die Steuer auf einer Rechtsänderung beruht und die Steuerrechtsordnung nicht die Heimatrechtsordnung des Zahlungsempfängers bzw. die Rechtsordnung der Zweigstelle ist, über die dieser die Zahlung empfängt (s. u. Anm. 35).

Ob im Einzelfall Zahlungen aus derivativen Geschäften tatbestandlich einer Abzugssteuer unterliegen, hängt von der Auslegung der anwendbaren nationalen Steuergesetze sowie der internationalen Doppelbesteuerungsabkommen ab, wobei in ersteren spezielle Regelungen für Derivatgeschäfte bislang die Ausnahme bilden (vgl. die Übersicht in: *Organisation for economic co-operation and development*, S. 59, 63, nach der bisher nur in Großbritannien spezielle steuerrechtliche Vorschriften, und zwar für Futures, existieren; zur Beurteilung der Einnahmen aus derivativen Instrumenten im Hinblick auf die allgemeinen Einkommensarten s. u. Anm. 12 (a) und in letzteren gänzlich fehlen).

9. Verzögerungsschaden. Diese Vorschrift betrifft den Ersatz und die Berechnung des Verzögerungsschadens bei der (vorübergehenden oder endgültigen) Nichterfüllung fälliger Leistungspflichten aus diesem Vertrag. Führt eine solche Leistungsstörung nach den §§ 5 und 6 zur Beendigung des gesamten Vertrags oder zumindest der entsprechenden Einzelgeschäfte, richtet sich die Berechnung des Verzögerungsschadens nach der vorliegenden Bestimmung des § 2 (e) nur für den Zeitraum vom Fälligkeitstermin bis zur Beendigung des Vertrags, d. h. bis zum Zugang der Mitteilung von der Bestimmung eines „Early Termination Date" beim säumigen Vertragspartner bzw. bis zum Zeitpunkt der automatischen

Beendigung (siehe hierzu Anm. 14(a)). Für den Zeitraum danach gelten für den Verzögerungsschaden die speziellen Schadensersatzregelungen des § 6 (d) und e).

Die Bestimmung des § 2(e) unterscheidet hinsichtlich der einzelnen Vertragspflichten, die Gegenstand einer Säumnis sein können, zwischen Zahlungspflichten (Satz 1 und 2) und Pflichten zur Lieferung von Gegenständen in Natur. Für erstere wird ein pauschalierter Verzögerungsschaden („Default Interest") festgelegt. Die Höhe dieser Verzugszinsen bestimmt sich, soweit dies nach der anwendbaren Rechtsordnung zulässig ist, nach der „Default Rate", die nach § 14 MA auf der Basis der tatsächlichen Refinanzierungskosten des Gläubigers zuzüglich 1% p.a. zu berechnen ist (vgl. demgegenüber die „Applicable Rate" für die Berechnung der Zinsen nach Vertragsbeendigung, s. u. Anm. 19(c)).

Die Zinsen werden täglich kapitalisiert („compound interest", Zinseszinsen) und nach der tatsächlichen Anzahl der Tage berechnet. Im Gegensatz zu der deutschen Regelung des § 248 I BGB ist eine im voraus getroffene Vereinbarung zur Bezahlung von Zinseszinsen nach dem zuständigen Vertragsstatut (vgl. § 13(a) i.V.m. Part 4(h) des Schedule) als rechtswirksam zu betrachten (für das New Yorker Recht § 5–527 NYGOL; für das englische Recht Wallerstein v Moir *(No. 2)* [1975] QB 373, 406, Scarman LJ.; vgl. auch OLG Hamburg, Beschl. vom 5. 11. 1991, RIW 1992, 939, 940, wo gleichzeitig festgestellt wird, daß die Anerkennung eines englischen, auf die Zahlung von Zinseszinsen gerichteten Vollstreckungstitels nicht gegen den deutschen *ordre public* verstößt).

Ein weitergehender Schadensersatz aufgrund dispositiver Regelungen der anwendbaren Rechtsordnung ist nach der Konzeption des § 2(e) ausgeschlossen, falls nicht ausdrücklich etwas anderes bestimmt wird. Diese Vorschrift ist damit eine der in § 9(d) („Remedies Cumulative") angesprochenen („except as provided in this Agreement") Ausnahmen vom Grundsatz der Anspruchskonkurrenz.

Für den Ersatz von Schäden infolge von Verzögerungen bei Lieferung in Natur (z.B. bei eingetretenen Verlusten aufgrund einer Änderung des Marktpreises) sieht § 2(e) keine besondere Regelung vor. Vielmehr wird diesbezüglich auf entsprechende von den Parteien im Schedule (Part 5) bzw. in den jeweiligen „Confirmations" zu tätigende Sondervereinbarungen verwiesen, ohne die angesichts des bereits erwähnten abschließenden Charakters des § 2(e) kein Ersatz des Verzögerungsschadens verlangt werden kann.

10. Zusicherung der rechtlichen Durchsetzbarkeit der Vertragsverpflichtungen. Die Vorschrift des § 3 enthält mit Ausnahme des § 10(a) alle gegenseitigen Zusicherungen der Vertragsparteien. Ergänzend zu den in § 3(a) enthaltenen Zusicherungen können sich die Parteien zu ihrer Absicherung gegen bestehende rechtliche Risiken in Part 3(b) des Schedule (i.V.m. § 4(a)(ii)) das Vorlegen von Rechtsgutachten versprechen lassen.

Die besondere Bedeutung der „Basic Representations" liegt nach der Konzeption des Vertrages darin, daß der Verstoß gegen eine solche Zusicherung nach § 5(a)(iv) („Misrepresentation") automatisch einen „Event of Default" darstellt (hierzu unten Anm. 14(b)(dd)) und die Gegenpartei dann nach § 6(a) den gesamten Vertrag beenden kann, und zwar selbst dann, wenn sich der betreffende Verstoß in seinen Auswirkungen lediglich auf bestimmte Einzeltransaktionen beschränkt.

Die Zusicherungen der § 3(a)(ii) („Powers") und § 3(a)(iii) („No Violation or Conflict") versuchen, Mängeln der rechtsgeschäftlichen Gestaltungsmacht (fehlende Rechtsfähigkeit, fehlende Vertretungsmacht), Fällen einer anfänglichen rechtlichen Unmöglichkeit der Erfüllung des Vertrags einschließlich etwaiger Sicherungsabreden aufgrund satzungsmäßiger oder zwingender gesetzlicher Beschränkungen sowie dem Vorliegen spezialgesetzlicher Unwirksamkeitstatbestände vorzubeugen, die sich nicht nur aus der als Vertragsstatut gewählten Rechtsordnung (§ 13(a) MA i.V.m. Part 4(h) des Schedule), sondern auch aus dem Heimatrecht der Vertragsparteien bzw. ihrer jeweiligen Zweigstellen (als Personalstatut bzw. als Konkursstatut, vgl. § 3(a)(v)) oder aus dem Recht des Abschlußortes (so für die Rechtsfähigkeit das US-amerikanische IPR, vgl. *Leflar*, American conflicts of law, 3. A., Indianapolis, New York 1977, § 145, S. 298) ergeben können. Neben Mängeln in der rechtlichen Gestaltungsmacht sowie neben spezialgesetzlichen Unwirksamkeitstatbeständen kann auch die anfängliche Unmöglichkeit der Vertragserfüllung die Unwirksamkeit des Vertrags (vgl. § 306 BGB sowie den französischen Ansatz vom „objet impossible") nach sich ziehen. Umgekehrt können satzungsmäßige oder gesetzliche Vorschriften nicht nur zur Beschränkung der rechtlichen Gestaltungsmacht eines Vertragspartners, sondern auch zur Unmöglichkeit der Vertragserfüllung führen.

Was die gesetzlichen Beschränkungen der rechtlichen Gestaltungsmacht angeht, ist im Bereich des öffentlichen Rechts insbesondere an die Regelungen des Bank- und Versicherungsaufsichtsrechts, des allgemeinen Kapitalmarkt- sowie des Börsenrechts und im Bereich des Zivilrechts vor allem an den Spiel- oder Wetteinwand der §§ 762, 764 BGB zu denken.

a) **Öffentlichrechtliche Hindernisse der Durchsetzbarkeit.** Die von § 3 (a) anvisierten aufsichtsrechtlichen Beschränkungen betreffen den Anwendungsbereich der *ultra-vires*-Lehre, nach der satzungsmäßige oder gesetzliche Schranken des rechtlichen Dürfens einer juristischen Person gleichzeitig deren rechtliches Können begrenzen.

Satzungsmäßige Beschränkungen des Geschäftsbereichs können einem gutgläubigen Geschäftspartner einer Kapitalgesellschaft im Anwendungsbereich der Ersten Gesellschaftsrechtlichen EG-Richtlinie 68/151/EWG vom 9. 3. 1968 (Art. 9) nicht entgegengehalten werden. Der Außenwirkung solcher Beschränkungen der Handlungsbefugnis der Leitungsorgane, die sich nicht aus der Satzung, sondern direkt aus dem Gesetz ergeben, steht diese Richtlinie steht aber nicht entgegen. Die Problematik wird dadurch entschärft, daß die nationalen Gesetzgeber in immer stärkerem Ausmaß den Abschluß von derivativen Geschäften durch Kapitalgesellschaften ausdrücklich zulassen, sofern er zu Hedge-Zwecken erfolgt.

Im Bereich der Europäischen Union ist zu beachten, daß nach der bis zum 31. 12. 1995 umzusetzenden Richtlinie des Rates über Wertpapierdienstleistungen 93/22/EWG vom 10. 5. 1993 (ABlEG Nr. L 141/27 v. 11. 6. 1993) das Prinzip der Herkunftslandskontrolle auf die Beurteilung der aufsichtsrechtlichen Zulässigkeit des gewerbsmäßigen Handels mit Geldmarktinstrumenten, Zins-, Devisen- und Equity-Swaps, FRAs, Finanzterminkontrakten sowie Optionen ausgedehnt wurde (Art. 14 ff. i. V. m. Anhang, Abschnitt A.2., Abschnitt B.).

Für die europäischen Versicherungen gewähren die Dritte EG-Richtline Lebensversicherung 92/96/EWG vom 10. 11. 1992 sowie die Dritte EG-Richtlinie Nicht-Lebensversicherung 92/49/EWG vom 18. 6. 1992 den nationalen Gesetzgebern die Möglichkeit, den Gebrauch von derivativen Instrumenten zur „Verminderung des Anlagerisikos" bzw. zur Gewährleistung einer „ordnungsgemäßen Verwaltung des Wertpapierbestands" nunmehr ausdrücklich zuzulassen (jeweils in Art. 21 (1) (C) (iv)).

aa) **Deutschland.** Nach deutschem Recht bestehen keine generellen gesetzlichen Verbote des Abschlusses derivativer (OTC-) Geschäfte.

(1) Juristische Personen des Privatrechts. Der Bundesminister der Finanzen hat von seiner in § 63 n. F. BörsG eingeräumten Möglichkeit, Börsentermingeschäfte zu verbieten, soweit dies zum Schutz des Publikums geboten ist, bisher keinen Gebauch gemacht. Was die *ultra-vires* Lehre angeht, ist sie auf juristische Personen privatrechtlicher Natur nicht anwendbar. Dies gilt auch für aufsichtsrechtliche Beschränkungen des Umgangs mit Derivativgeschäften (vgl. den in den §§ 13 II 1, IV KWG, 8 g II KAGG zum Ausdruck kommenden Rechtsgedanken), wie sie sich etwa aus den §§ 8 d–8 f des Gesetzes über Kapitalanlagegesellschaften (siehe hierzu auch *Weber-Rey/Heemann*, Derivatives in fund management: legal and regulatory issues, JIBL 1995 (Bd. 7), 275, 277 f.) oder dem Schreiben des BAKred vom 1. 10. 1990 (III 410–980, abgedruckt bei *Consbruch/Möller/Bähre/Schneider*, Kreditwesengesetz, Nr. 8.27) über Swap-Geschäfte und andere „Finanzinnovationen" der Hypothekenbanken (hierzu *Bonfig*, Das Derivativgeschäft der Hypothekenbanken: mehr Chancen als Risiken?, Der langfristige Kredit 1995, 550) ergeben. Eine Grenze für die Wirksamkeit bildet das Rechtsinstitut des Mißbrauchs der Vertretungsmacht. In die-

sem Rahmen stellt die Rechtsprechung allgemein auf die Evidenz des Überschreitens des rechtlichen Dürfens für den Vertragspartner ab (siehe etwa BGH DB 1995, 570, 571). Bezogen auf die genannten aufsichtsrechtlichen Beschränkungen beim Abschluß von Derivatgeschäften durch Versicherungen und Hypothekenbanken bedeutet dies, daß sich für den Vertragspartner „massive Verdachtsmomente" dafür ergeben müssen, daß die einzelnen Transaktionen nicht lediglich zu Hedge-, sondern zu Spekulationszwecken getätigt werden. Ergibt sich die aufsichtsrechtliche Verbotswidrigkeit des Vertragsschlusses für den Vertragspartner unmittelbar aus dem Gesetz, ohne daß es auf geschäftliche Interna der der Aufsicht unterliegenden Partei ankäme (vgl. etwa § 8 f. des Gesetzes über Kapitalanlagegesellschaften: Verbot von OTC-Finanzterminkontrakten), kommt die Nichtigkeit des Geschäfts nach den §§ 134 f. BGB in Betracht. Nur in besonderen Fällen (z. B. Wirtschaftsembargo) ist auch an eine Nichtigkeit nach § 138 BGB zu denken.

(2) Juristische Personen des öffentlichen Rechts. Gegenstand der *ultra-vires*-Lehre sind im deutschen Recht dagegen nach der h. M. (im Anschluß an BGHZ 20, 119, 124) juristische Personen des öffentlichen Rechts (regionale Gebietskörperschaften, öffentlichrechtliche Banken, öffentlichrechtliche Versicherungen etc.), sofern es sich nicht um die unmittelbare Staatsverwaltung, d. h. den Staat selbst handelt, der in seinem Wirkungskreis nicht beschränkt ist (*Kewenig/Schneider* WM Sonderbeilage 2/1992 zu Nr. 15, S. 5). Erstere dürfen nur innerhalb des ihnen von Gesetz und Satzung zugewiesenen Wirkungsbereichs handeln. Privatrechtsgeschäfte, die außerhalb dieses Bereichs liegen, sind nichtig (*Kewenig/Schneider* WM Sonderbeilage 2/1992 zu Nr. 15, S. 6).

Der Einsatz von Finanzinnovationen ist von Art. 28 II GG gedeckt und auch haushaltsrechtlich zulässig, wenn zwischen der abzuschließenden Transaktion und dem gemeindlichen Kreditbestand ein „gegenständlich-finaler Bezug" („gelockerte Konnexität") besteht (*Bücker*, S. 160). Spekulationsgeschäfte verstoßen dagegen gegen öffentliches Haushaltsrecht (vgl. etwa § 108 II hessische Gemeindeordnung; § 91 baden-württembergische Gemeindeordnung) und sind daher nichtig (*Bücker*, S. 191 ff., der diese Nichtigkeit auf § 134 BGB stützt).

Für Landesbanken ist vereinzelt die Meinung vertreten worden (*Koenig* WM 1995, 317, 325), Swap-Geschäfte seien unheilbar nichtig, weil sie nicht der öffentlichen Zweckerfüllung der Landesbanken dienten. Neben der Errichtung bedürften auch die einzelnen Tätigkeiten von Landesbanken jeweils der Legitimierungswirkung öffentlicher Zweckerfüllung (*Koenig* WM 1995, 317, 321). Derivatgeschäfte überschritten den gesetzlich und satzungsmäßig begrenzten Aufgabenbereich einer öffentlichen Kreditanstalt (*Koenig* WM 1995, 317, 321 ff.). Diese Auffassung ist abzulehnen. Ihr wird zu Recht entgegengehalten, die einzelnen Landesbankgesetze gestatteten in der Regel neben „Bankgeschäften" bzw. „bankmäßigen Geschäften" auch „sonstige Geschäfte aller Art" und seien damit in bezug auf den zulässigen Tätigkeitsbereich ausreichend weit gefaßt. Auf der anderen Seite gehörten Swaps und andere Finanzderivate heute zur „Standardproduktpalette" im Bankgeschäft. Die öffentlichrechtlichen Landesbanken könnten ihren öffentlichen Zweck der Sicherstellung einer flächendeckenden Versorgung mit banküblichen Dienstleistungen (hinzuzufügen ist: sowie der Intensivierung des Wettbewerbs, hierzu *Koenig* WM 1995, 319) nicht erfüllen, wenn sie nicht in diesem Bereich tätig werden und sich dem Wettbewerb stellen könnten (*Schneider/Busch* WM 1995, 326, 329). Hedgegeschäfte zur Schließung von offenen Positionen entsprächen der von den Landesbankgesetzen geforderten Beachtung kaufmännischer Grundsätze (*Schneider/Busch* WM 1995, 326, 329, wobei die Autoren andeuten, daß möglicherweise die Inanspruchnahme derivativer Finanzinstrumente durch das haushaltsrechtliche Wirtschaftlichkeitsgebot sogar geboten sein könne).

Nicht zu überzeugen vermag dagegen die Ansicht, auch der spekulative Gebrauch derivativer Instrumente sei zulässig, da sich spekulative Zwecke auch in „allen anderen bankmäßigen Geschäften" befänden (*Schneider/Busch* WM 1995, 326, 329 f.). Damit wird die Spekulation mit dem bewußten Eingehen eines einfachen Risikos gleichgestellt und es wird übersehen, daß zur Spekulation die gezielte Ausnutzung eines Unsicherheitselements gehört (*Henssler*, Risiko als Vertragsgegenstand, Tübingen 1994, S. 291). Abzulehnen ist auch das Argument, eine unterschiedliche rechtliche Behandlung von Spekulations- und Hedgegeschäften komme deshalb nicht in Betracht, weil der Zweck einem Geschäft vielfach, bei vielen Arten von Geschäften sogar regelmäßig nicht „anzusehen" sei und auf diese Weise das Risiko der Nichtigkeit für die Geschäftspartner nicht kalkulierbar sei (*Schneider/Busch* WM 1995, 326, 329). Durch eine entsprechende Vertragsgestaltung kann das Risiko der fehlenden Erkennbarkeit der Motive, die den Vertragspartner zum Abschluß verleitet haben, nämlich durchaus aufgefangen werden. Dies kann entweder dadurch geschehen, daß der Hedge-Charakter des Geschäfts ausdrücklich in den Vertrag aufgenommen wird (so § 1 des deutschen Rahmenvertrags für Finanztermingeschäfte von 1993: „zur Gestaltung von Zinsänderungs-, Währungskurs- und sonstigen Kursrisiken"; vgl. auch Part 4(b)(iv) des US Municipal Counterparty Schedule) oder dadurch, daß entsprechende Zusicherungen vereinbart werden. § 3(a)(ii) MA wählt diesen zweiten Weg.

Zusammenfassend wird man sagen können, daß der Abschluß von Swaps und anderen Derivatgeschäften jedenfalls solange in den Funktionsbereich der Landesbanken fällt, wie er nicht ausschließlich Spekulationszwecken dient und wie das einschlägige Landesbankgesetz „sonstige Geschäfte aller Art" zuläßt.

Für Verträge mit öffentlichrechtlichen Versicherungen ist angesichts der *ultra-vires*-Lehre die Vorschrift des § 7 II Versicherungsaufsichtsgesetz von Bedeutung. Danach dürfen Versicherungsunternehmen neben Versicherungsgeschäften nur solche Geschäfte betreiben, die in Zusammenhang mit ersteren stehen. Nach Satz 2 wird ein solcher Zusammenhang bei Hedge-Geschäften vermutet (siehe hierzu neuerdings das Rundschreiben R 7/95 „Derivative Finanzinstrumente" des Bundesaufsichtsamtes für das Versicherungswesen, VerBAV Jan. 1996, S. 5 ff.).

bb) **Frankreich.** (1) Juristische Personen des Privatrechts. Im französischen Recht wird die *ultra-vires*-Lehre in Gestalt des Spezialitätsprinzips (principe de spécialité, hierzu *Reiner*, Unternehmerisches Gesellschaftsinteresse und Fremdsteuerung, München 1995, S. 94 ff.) vertreten. Den Anforderungen, die die Erste Gesellschaftsrechtliche Richtlinie an den Schutz des Rechtsverkehrs vor satzungsmäßigen Beschränkungen der rechtlichen Gestaltungsmacht der Organe einer Kapitalgesellschaft stellt, wird mit den Art. 49 (société à responsabilité limitée), 98, 113 und 124 (société anonyme) des Gesetzes über die Handelsgesellschaften vom 24. 7. 1966 Genüge getan.

Aufsichtsrechtliche Restriktionen für den Abschluß derivativer Geschäfte bestehen insbesondere für Kapitalanlagegesellschaften (Organismes de Placement Collectif en Valeurs Mobilières, OPCVM). Im OTC-Bereich ist SICAVs (Sociétés d'Investissement à Capital Variable, allgemein hierzu *Pense*, Ein Geldmarktfonds mit wechselndem Anlagekapital: die französische „SICAV monétaire", WiB 1995, 585, 586 ff.) und FCPs (Fonds Communs de Placement) lediglich der Abschluß von Zins-, Währungs-, Devisen-, Equity- und Indexswaps, nicht aber von Optionen und Forwards (Dekret Nr. 89–624 vom 6. 9. 1989, in der geänderten Fassung vom November 1992), FCCs (Fonds Communs de Créances) sogar nur der Abschluß von Zins-Swaps (Dekret Nr. 93–589 vom 27. 3. 1993) erlaubt. Dabei darf die Gesamtsumme der offenen Positionen die Gesamtsumme der Aktiva nicht übersteigen. Des weiteren dürfen solche Verträge nur mit Kreditinstituten der OECD-Mitgliedsländer abgeschlossen werden. Außerdem müssen die Gesellschaften jederzeit in der Lage sein, diese Verträge zu beenden (hierzu den Bericht von *Linklaters & Paines*, „Enforceability Survey: France", in: Global Derivatives Study Group, Appendix II, S. 173, 180 ff.). Die Regelung über die Vertragsbeendigung in den §§ 5 und 6 des ISDA-MA genügt dem zuletzt genannten Erfordnis nicht. Swap-Verträge mit französischen Kapitalanlagegesellschaften sollten nur dann unter dem MA dokumentiert werden, wenn die Beendigungsregeln entsprechend modifiziert werden. Dies bedeutet einen einschneidenden Eingriff in die Vertragsstruktur und kann kaum empfohlen werden. Auf die Wirksamkeit der Verträge sollen die genannten Beschränkungen zwar nur dann durchschlagen, wenn der Vertragspartner nicht in gutem Glauben war (*Linklaters & Paines,* a.a.O., S. 173, 182). Auf die Unkenntnis der genannten gesetzlichen Beschränkungen wird sich der Vertragspartner aber selbst dann nicht berufen können, wenn er Ausländer ist.

(2) Juristische Personen des öffentlichen Rechts. Die Fähigkeit von lokalen Gebietskörperschaften als juristischen Personen des öffentlichen Rechts, für Hedge-Zwecke derivative Geschäfte abzuschließen, wurde im Grundsatz nie bestritten. Sie wird auf das Gesetz Nr. 82–213 vom 2. 3. 1982 gestützt, das diesen Wirkungseinheiten das Recht einräumt, Kredite aufzunehmen. Unsicherheiten bestehen aber hinsichtlich der Art der erlaubten Instrumente und der Umstände ihres Gebrauchs im einzelnen. Ein gemeinsames Rundschreiben des Finanzministers und des Staatssekretärs für öffentliche Gebietskörperschaften (Innenministerium) vom September 1992 spricht staatlichen Verwaltungsstellen und öffentlich-rechtlichen Betrieben grundsätzlich die Kompetenz für den Einsatz jeder Art derivater Kontrakte zu, soweit dies zu Absicherungszwecken und nicht in spekulativer Absicht geschieht (für Einzelheiten siehe den Bericht der Anwaltskanzlei *Linklaters & Paines,* a.a.O., S. 173, 177ff.). Für den Begriff des derivativen Kontrakts wird dabei auf Art. 1 des Gesetzes vom 28. 3. 1885 verwiesen (siehe hierzu unten Anm. 10(b)(cc)).

cc) **England.** (1) Juristische Personen des Privatrechts. Im englischen Recht ist das *ultra-vires*-Prinzip zunächst durch § 9(1) des European Communities Act 1972 und nunmehr durch § 35 des Companies Act 1985 und §§ 108, 109 und 111 des Companies Act 1989 den Anforderungen der Ersten Gesellschaftsrechtlichen EG-Richtlinie für Kapitalgesellschaften („companies") angepaßt worden, so daß satzungsmäßige Beschränkungen des Geschäftsbereichs nicht mehr die Wirksamkeit von Rechtsgeschäften der Gesellschaft mit gutgläubigen Dritten durchschlagen können (hierzu näher *Triebel/Hodgson/Kellenter/ Müller,* Englisches Handels- und Wirtschaftsrecht, 2. A., Heidelberg 1995, Rz. 620ff.). Eine aufsichtsrechtliche, speziell auf derivative Instrumente ausgelegte Regelung enthält § 23 des Building Societies Act 1986 i.V.m. dem Building Societies Prescribed Contracts Order 1993 für Baugenossenschaften. Derivativgeschäfte dürfen diese ausdrücklich nur zu Hedge-Zwecken ausführen und auch dies nur dann, wenn sie im vergangenen Geschäftsjahr über Aktiva in Höhe von mindestens GBP 100 Mio. verfügt haben. Diese Einschränkung gilt nicht für Zins-Swaps (hierzu der Bericht von *Linklaters & Paines,* „Enforceability Survey: England", in: *Global Derivatives Study Group,* Appendix II, S. 153, 159). Für Versicherungsgesellschaften ist § 16 des Insurance Companies Act 1982 maßgebend, der ähnlich dem deutschen § 7 II Versicherungsaufsichtsgesetz festlegt, daß Versicherungen neben Versicherungsgeschäften nur solche Geschäfte abschließen dürfen, die hiermit in Verbindung stehen.

Für Kapitalanlagegesellschaften, die als „trustee" einen genehmigten „unit trust" verwalten, gelten die Regulated Schemes Regulations des Securities and Investments Board. Danach sind für die meisten Arten genehmigter „unit trusts" solche derivativen Geschäfte erlaubt, die zu Zwecken eines „Efficient Portfolio Management" abgeschlossen werden. Bei Überschreiten dieser aufsichtsrechtlichen Grenzen wird der „trustee" zwar dennoch persönlich durch den für den Trust abgeschlossenen Vertrag gebunden, die Vertragserfüllung darf aber nicht mehr aus dem Trustvermögen erfolgen. Sonderregeln bestehen für solche „unit trusts", die als Futures and Options Funds („FOFs") oder Geared Futures and Options Funds („GFOFs") genehmigt sind (für weitere Einzelheiten hierzu siehe *Linklaters & Paines,* a.a.O., S. 153, 161 ff.).

(2) Juristische Personen des öffentlichen Rechts. Im Bereich der juristischen Personen des öffentlichen Rechts ist vor allem das bekannte Urteil Hazell v Hammersmith and Fulham London Borough Council ([1992] 2 AC 1, 24) des House of Lords vom 24. 1. 1991 zu nennen. Das Gericht mißt dort die Befugnis einer Gemeinde zum Abschluß von Swapgeschäften an § 111(1) des Local Government Act 1972, der lokale Gebietskörperschaften zu allen Rechtshandlungen ermächtigt, die in einem finalen Zusammenhang mit der Erfüllung ihrer Aufgaben stehen, und hält jeglichen Einsatz von Swap-Geschäften für *ultra vires,* unabängig davon, ob es sich um Spekulations- oder um Hedginggeschäfte

handelt (kritisch hierzu etwa *Loughlin,* Innovative Financing in Local Governmet: The Limits of Legal Instrumentalism, Part II, Public Law 1991, S. 568 ff.). Neben dem Fall Hazell v Hammersmith gibt es inzwischen auch eine entsprechende Entscheidung des Court of Appeal (Westdeutsche Landesbank Girozentrale v Islington London Borough Council [1994] WLR 938, 942, hierzu *Cohen,* Swaps, Restitution and Compound Interest: Westdeutsche Landesbank v Islington, JIBL 1995 (Bd. 3), S. 106) sowie der Queen's Bench Division (South Tyneside Metropolitan Borough Council v Svenska International plc, [1995] 1 All ER 545).

dd) **Irland.** Für das irische Recht ist die Gefahr einer Anwendung der *ultra-vires*-Lehre bei Derivatgeschäften mit Building Societies nach dem Building Societies Act 1989 hervorzuheben. Nach § 34 dieses Gesetzes dürfen Derivatgeschäfte nur zur Minderung eines Zins-, Währungs- oder vergleichbaren Risikos, nicht aber zur Spekulation abgeschlossen werden. Dritte Vertragspartner genießen angesichts dieser Beschränkung der Rechtsfähigkeit der Building Society keinen Schutz, wenn sie deren Voraussetzungen fahrlässig übersehen. Diese läuft auf eine Nachforschungspflicht hinaus (hierzu sowie allgemein zu den aufsichtsrechtlichen Beschränkungen des Handels mit Derivativen in Irland *Molony/Lawless,* Piecemeal regulation of derivatives in Ireland, IFLR April 1995, 17).

ee) **USA.** (1) Juristische Personen des Privatrechts. Auf seiten privatrechtlich organisierter amerikanischer Vertragspartner kommt bei derivativen Finanzinstrumenten eine Anwendung des Securities Act 1933 (15 USC §§ 77 a-x), des Securities Exchange Act 1934 („SEA", 15 USC §§ 78 a-z), des Commodity Exchange Act („CEA") sowie des Futures Trading Practices Act 1992 („FTPA") einschließlich der entsprechenden Ausführungsbestimmungen in Betracht (zu den Abgrenzungsproblemen zwischen SEA und CEA in bezug auf neue Finanzinstrumente siehe *Cunnigham/Abruzzo,* Regulating derivative securities and transactions in the US, IFLR July 1995, 16).

Gemäß § 2 (a) (1) (B) CEA, der auf eine Absprache zwischen der Securities and Exchange Commission (SEC) und der Commodity Futures Trading Commission (CFTC) zurückgeht („1981 Johnson-Shad Jurisdictional Accord"), unterfallen Termingeschäfte über eine Gruppe von Wertpapieren oder über einen Wertpapierindex sowie Optionen auf solche Termingeschäfte dem Kompetenzbereich der CFTC. Nach den §§ 4 (a) und § 4c(b) CEA, letzterer in Verbindung mit den von der CFTC als zuständiger Aufsichtsbehörde erlassenen Ausführungsverordnungen, sind OTC-Warentermingeschäfte grundsätzlich verboten.

Hiervon existieren jedoch drei Ausnahmen:

Zunächst erlaubt die *Trade Option Exemption* (17 CFR § 32.4 (a)) einer Partei den Abschluß einer Kauf- oder Verkaufoption mit einem Hersteller oder kommerziellen Abnehmer oder Warenhändler, wenn letzterer den Vertrag allein für die Zwecke seines Geschäfts als solches („solely for purposes related to its business as such") abschließt. Gelegentlich wird das Vorliegen dieser Voraussetzungen der Trade Option Exemption in der Person des Vertragspartners zum Gegenstand einer gesonderten Zusicherung gemacht. Ausgenommen aus dem Anwendungsbereich der Trade Option Exemption sind Optionen über bestimmte in 17 CFR. § 32.2 aufgezählte landwirtschaftliche Produkte. Weiter ausgenommen sind Wertpapieroptionen und Wertpapierindexoptionen, weil diese in den Zuständigkeitsbereich der SEC fallen (vgl. § 2 (a)(1)(B) CEA). Swaptions können in bestimmten Fällen von der Trade Option Exemption erfaßt werden, sofern sie in Natur zu erfüllen sind (User's Guide to the 1992 ISDA Master Agreement, S. 74, Fn. 63).

Zweitens enthält der Futures Trading Practices Act 1992 (FTPA) eine Ermächtigungsgrundlage für die CFTC, Termingeschäfte („future contracts") sowie Transaktionen mit termingeschäftsähnlichen Elementen einschließlich Swap-Verträgen von den Vorschriften des CEA freizustellen. Am 14. 1. 1993 hat die CFTC mit der sog. *Swap Exemption* im Rahmen verschiedener Rechtsverordnungen von dieser Ermächtigung Gebrauch gemacht und in 17 CFR § 35 (abgedruckt bei *Cunningham/Rogers/Bilicic/Casper/Abruzzo,* An introduction to OTC derivatives, in: Practising Law Institute (Hrsg.), „Appendix XII",

S. 113, 299 ff.) bestimmt, daß „swap agreements" i. S. des § 101 (55) Bankruptcy Code (s. u. Anm. 18 (b) (bb) (10–1)) sowie sog. „hybrid instruments" keine OTC-Warenterminvgeschäfte i. S. des CEA oder entsprechender landesrechtlicher Bestimmungen und deshalb wirksam sind. „Hybrid instruments" werden dabei als „equity or debt security or depository instrument ... with one or more commodity-dependent components that have payment features similar to commodity futures or commodity option contracts or combinations thereof" definiert.

Bedingung für das Eingreifen dieser Befreiungsvorschrift ist (a.), daß die Vertragsparteien juristische Personen sind, jeweils entweder mehr als USD 10 Mio. Vermögen besitzen oder mindestens einen Nettowert von USD 1 Mio. aufweisen und das Geschäft in Zusammenhang mit ihrem normalen Geschäftsbetrieb oder aber zur unternehmerischen Risikoverwaltung abschließen (sog. „eligible swap participants"), (b.), daß das Geschäft individuell vereinbart und nicht etwa hinsichtlich seiner technischen Einzelheiten standardisiert ist, (c.), daß das Ausmaß der Kreditwürdigkeit des Geschäftspartners einen Einfluß auf die Entscheidung über den Abschluß des Geschäfts sowie über seine inhaltliche Ausgestaltung ausgeübt hat und schließlich (c.), daß die Transaktion nicht im Rahmen einer multilateralen Clearing-Einrichtung („multilateral transaction execution facility") abgeschlossen bzw. gehandelt wird (ausführlich zu Hintergrund und Regelungssinn des 17 CFR § 35 siehe *Lindholm* Columbia Business Law Review 1994, 73, 90 ff.).

Für Marktteilnehmer, die mit amerikanischen Partnern kontrahieren wollen, kann es empfehlenswert sein, sich von diesen über § 3 (a) (iii) MA hinausgehend explizit zusichern zu lassen, daß sie in ihrer Person die genannten Voraussetzungen erfüllen und daß der abzuschließende Vertrag ein „swap agreement" i. S. des § 101 (59) BC darstellt (so die Anregung in User's Guide to the 1992 ISDA Master Agreements, S. 75).

Drittens können derivative Finanzinstrumente auch nach dem *Swap Policy Statement* der CFTC vom 17. 7. 1989 von einer Reglementierung durch die CFTC befreit sein. Dazu müssen sie in bezug auf ihre technischen Details individuell ausgestaltet sein, die gegenseitigen Leistungspflichten dürfen nur im Falle von Leistungsstörungen vorzeitig beendbar sein und ihr Inhalt muß das individuelle Kreditrisiko der Vertragsparteien reflektieren, sie müssen auf beiden Seiten im Rahmen des jeweiligen Geschäftsbetriebs getätigt werden und sie dürfen schließlich auch nicht frei handelbar sein. Im Hinblick auf das CFTC-Swap Policy Statement wird § 3 (a) MA bisweilen um eine spezielle Zusicherung ergänzt, wonach der Gesamtvertrag und jedes Einzelgeschäft im Rahmen des Geschäftsbetriebs abgeschlossen werden.

Zu einer Verunsicherung des Marktes hat im Dezember 1994 das aufsichtsrechtliche Vorgehen der CFTC (wie auch der SEC, hierzu gleich im Anschluß) gegen Bankers Trust und BT Securities Corporation geführt, das mit einem Vergleich endete. Der New Yorker Großbank *Bankers Trust* wurde insbesondere vorgeworfen, beim Verkauf von Zins-Swap-Produkten an *Gibson Greetings* vorsätzlich über die hiermit verbundenen Risiken getäuscht zu haben (für Einzelheiten hierzu vgl. das interne ISDA-Memorandum „SEC/CFTC administrative proceedings against BT Securities Corporation" von *Cravath, Swaine & Moore* vom 20. 1. 1995, abgedruckt in: *Practising Law Institute* (Hrsg.), S. 393 ff.). Die CFTC scheint dabei zumindest bestimmte der getätigten Swap-Geschäfte als dem CEA unterfallende „futures contracts" oder „commodity options" qualifiziert zu haben (hierzu *Cunnigham/Abruzzo,* Regulating derivative securities and transactions in the US, IFLR July 1995, 16, 17). In einem Antwortschreiben vom 4. 4. 1995 (abgedruckt bei (*Cunningham/Rogers/Bilicic/Casper/Abruzzo,* An introduction to OTC derivatives, in: *Practising Law Institute* (Hrsg.), „Appendix XIII", S. 307) auf eine entsprechende Anfrage von seiten des Repräsentantenhauses hat die CFTC-Vorsitzende *Mary Schapiro* klargestellt, daß die CFTC zwar weiterhin am „Swap Policy Statement" von 1989 sowie an der „Swap-Exemption" von 1993 festhalten will, daß damit aber in keiner Weise eine Aussage hinsichtlich der Frage getroffen werden soll, ob und unter welchen Voraussetzungen „swap agreements" überhaupt als tatbestandsmäßige Geschäfte i. S. des CEA zu bewerten sind. Kürzlich soll die CFTC allerdings Änderungen der „Swap exemption" vorgeschlagen haben (berichtet von *Cunnigham/Abruzzo* IFLR July 1995, 16, 17).

Als Überschreitung der Kompetenz nach dem 1992 FTPA wird die Tatsache betrachtet, daß die CFTC im Jahre 1995 über die MG Refining and Marketing und die MG Futures wegen mangelnder gesellschaftsinterner Kontrollmaßnahmen im Zusammenhang mit dem Abschluß von Ölderivaten ein Bußgeld von 2,25 Mio. USD verhängt hat. Die beiden amerikanischen Tochtergesellschaften der deutschen Metallgesellschaft AG hatten bekanntlich im Rahmen dieser Geschäfte Verluste in Milliardenhöhe erlitten. Die amerikanische Behörde ist hierfür von seiten des Repräsentantenhauses kritisiert und ebenfalls zu einer Stellungnahme aufgefordert worden (berichtet in: IFR Jan. 6 1996, S. 93). Letztere stand bei der Drucklegung der vorliegenden Kommentierung noch aus.

Ebenfalls nicht völlig geklärt ist, inwieweit Derivate als „securities" i.S. des § 2 (1) des SEA 1934 zu bewerten sind. Die Qualifizierung derivativer Instrumente als „securities" kann zu deren Unwirksamkeit nach § 29(b) SEA 1934 führen, wenn sie von Unternehmen abgeschlossen werden, die weder als Banken noch als Broker- und Händlerfirma zugelassen sind. Die meisten derivativen Geschäfte werden nach der derzeitigen Gesetzeslage wegen ihrer fehlenden Verkehrsfähigkeit und der Gegenseitigkeit der vertraglichen Leistungsbeziehungen nicht diesem Begriff unterfallen (*Cunningham/Rogers/Bilicic/Casper/ Abruzzo*, An introduction to OTC derivatives, in: Practising Law Institute (Hrsg.), S. 113, 157, 159). Die SEC hatte sich in diesem Bereich bisher zurückgehalten.

Unsicherheiten sind nunmehr dadurch entstanden, daß im bereits erwähnten Falle Bankers Trust Securities Corporation/Gibson Greetings (sowie im Anschluß hieran auch im Falle Bankers Trust/Procter & Gamble) neben der CFTC auch die SEC gegen *Bankers Trust* ein aufsichtsrechtliches Verfahren eingeleitet hat. Damit nämlich scheint die SEC ihre jeweilige Position revidiert zu haben, daß Swaps keine Wertpapiere i.S. des SEA darstellen und deshalb nicht in ihren Kompetenzbereich fallen. Man scheint aus diesem Vorgang schließen zu können, daß die SEC Derivate, die sich auf den Preis oder den Ertrag von Wertpapieren beziehen, ebenfalls als Wertpapiere behandelt (*Cunningham/Rogers/Bilicic/Casper/Abruzzo*, An introduction to OTC derivatives, in: Practising Law Institute (Hrsg.), S. 113, 159). Swaps sind demnach zumindest dann „securities", wenn sie in ihrem wirtschaftlichen Ergebnis einer Option auf ein einzelnes oder auf eine Mehrzahl von Wertpapieren gleichkommen. Am 22. 12. 1994 hat die SEC eine Verordnung herausgegeben („Order exempting certain brokers and dealers from broker-dealer registration", Nr. 34-35135, abgedruckt bei *Cunnigham/Rogers/Bilicic/Casper/Abruzzo*, a.a.O., „Appendix XI", S. 291 ff.), die bestimmte Arten von Derivatgeschäften, die als „securities" gewertet werden könnten, explizit und rückwirkend auf den 6. 6. 1934 von dem in § 15(a) SEA festgeschriebenen Monopol zugunsten registrierter Händler ausnimmt. Erfaßt werden OTC-Differenzgeschäfte über einzelne Arten, über Gruppen oder über Indices von Schuldverschreibungen, die die Voraussetzungen der CFTC-„Swap-Exemption" (17 CFR § 35, siehe weiter oben in dieser Anmerkung) erfüllen. Nicht in den Anwendungsbereich der genannten Verordnung fallen Schuldverschreibungen der US-Regierung, für die das US-Departement of Treasury zuständig ist (§ 15C SEA). Verschiedene Handelsorganisationen, darunter die ISDA, haben bei der zuletzt genannten Behörde den Erlaß einer entsprechenden Befreiungsregelung angeregt (*Cunningham/Rogers/Bilicic/Casper/Abruzzo*, a.a.O., S. 113, 159). Ebenfalls von der SEC-Befreiungsverordnung nicht erfaßt zu werden scheinen Aktien(index)-Swaps. Unklar ist hier, ob die SEC diese Art von Geschäften überhaupt als „securities" bewerten möchte.

Neuerdings wird im amerikanischen Repräsentantenhaus ein von den Abgeordneten *Markey* (Vorsitzender des Unterausschusses „Telecommunications and Finance") und *Synar* eingebrachter, an das „Committee on Commerce" überwiesener Gesetzesvorschlag für einen „Derivatives Dealers Act of 1995" (vollständiger Text im Internet verfügbar unter ftp://ftp.loc.gov/pub/thomas/c104/h1063.ih.FTP) diskutiert. Danach soll der SEA um einen neuen § 15D ergänzt werden, der den Handel mit bzw. den Abschluß von derivativen

Geschäften („derivatives") ausdrücklich verbietet, sofern diese den Bereich eines einzelnen Bundesstaates überschreiten („interstate commerce") und die Akteure nicht eigens hierzu registrierte und der Kontrolle der SEC unterworfene Unternehmen („derivatives dealers") sind. Ausgewiesenes Ziel dieses Gesetzesvorschlags ist es u. a., die bestehende Regulierungslücke („regulatory black hole") hinsichtlich von Marktteilnehmern im Derivativgeschäft zu schließen.

Hingewiesen sei ferner auf einen vom Abgeordneten *Dorgan* im Senat eingebrachten und an das Committee on Banking, Housing, and Urban Affaires überwiesenen Gesetzesvorschlag bzgl. eines „Derivatives Limitations Act of 1995" (vollständiger Text im Internet verfügbar unter ftp://ftp.loc.gov/pub/thomas/c104/s557.is.ih.FTP) zur Ergänzung des Federal Deposit Insurance Act („FDIA", 12 USC 1811 ff., hierzu noch unten Anm. 18 (b) (bb) (10–2)) um einen zusätzlichen Abschnitt („Derivative Instruments") zur Beschränkung der Derivativgeschäfte von versicherten Kreditinstituten. Danach soll versicherten Kreditinstituten der Abschluß von und der Handel mit derivativen Instrumenten auf eigene Rechnung grundsätzlich verboten sein. Ausgenommen hiervon sind Hedge-Geschäfte, sofern diese von der zuständigen Bankenaufsichtsbehörde generell oder für den Einzelfall zugelassen werden. Der Begriff des derivativen Instruments wird dabei in einem neu einzufügenden § 45 (b) FDIA definiert als Instrument, dessen Wert vom Wert von Aktien, Rentenpapieren, anderen Anleihen, anderen Vermögenswerten oder von Zinsraten, Wechselkursen oder Indizes abhängt, wobei die „qualified financial contracts" des § 11 (e) (8) FDIA ausdrücklich eingeschlossen werden (zu den QFCs siehe Anm. 18 (b) (bb) (10–2)).

Schließlich sieht der vom Abgeordneten *Leach* im Repräsentantenhaus eingebrachte Entwurf eines „Risk Management Improvement and Derivatives Oversight Act of 1995" (s. o. Anm. 4) zur Unterstützung der bestehenden Bank- und Börsenaufsichtsbehörden bei der Überwachung von Derivatgeschäften in den §§ 103 f. die Bildung einer „Federal Derivatives Commission" vor, die allerdings keine eigenen Exekutivbefugnisse erhalten soll.

(2) Juristische Personen des öffentlichen Rechts. Für juristische Personen des öffentlichen Rechts bestehen, wie der Fall Chemical Bank v. Washington Public Power Supply System (666 P. 2 d 329 (Wash. 1983), *cert. denied*, 471 U. S. 1065 (1985)) des Washington Supreme Court zeigt, angesichts der *ultra-vires*-Lehre erhebliche Rechtsunsicherheiten. In der zitierten Entscheidung war die Emission von Schuldverscheibungen durch einen überörtlichen Zweckverband auf Kosten der Anleger für unwirksam erklärt worden. Inzwischen haben allerdings mindestens 27 US-Bundesstaaten spezielle Vorschriften erlassen, welche regionale Gebietskörperschaften einschließlich des Staates („Governmental Entities") unter bestimmten Auflagen ausdrücklich zum Eingehen derivativer Kontrakte ermächtigen (vgl. den Überblick im Bericht von *Cravath, Swaine & Moore,* „Enforceabiliy Surey: United States", in: *Global Derivatives Study Group,* Appendix II, S. 291, 308 ff.). Hierbei bestehen zum Teil beträchtliche Unterschiede bzgl. der erlaubten Vertragsarten, den zulässigen Gegenparteien sowie dem zulässigen Anlaß und Zweck der Transaktion. Im Bereich privatrechtlicher Versicherungsgesellschaften wird von der National Association of Insurance Commissioners an der Verabschiedung eines Modellgesetzes („Investments of Insurers Model Act") gearbeitet, das den Einzelstaaten zur Annahme empfohlen wird und den Versicherungen den Abschluß derivativer Geschäfte unter bestimmten Voraussetzungen ausdrücklich erlaubt (hierzu *Cravath, Swaine & Moore,* a. a. O., S. 291, 298).

ff) **Japan.** Aus Japan wird berichtet, daß der Abschluß von Derivaten durch Banken, Versicherungen und öffentlichrechtliche Einheiten dort zumindest solange keine Probleme bereite, wie es sich um Maßnahmen des „asset management" handele. Was die Möglichkeiten des spekulativen Einsatzes derivativer Kontrakte angeht, ist die Rechtslage unklar (vgl. *Mitsui, Yasuda, Wani & Maeda,* in: Global Derivatives Study Group, Appendix II, S. 217, 221 ff.).

gg) **Hongkong.** Bei Geschäften mit Gesellschaften aus Hongkong ist es nach wie vor wichtig zu überprüfen, ob der Abschluß von Derivativgeschäften vom Gesellschaftsgegenstand abgedeckt ist. Die *ultra-vires*-Lehre ist im Recht von Hongkong auch für private

Gesellschaften immer noch uneingeschränkt anwendbar. Eine dem § 35 UK-Companies Act 1985 entsprechende Norm fehlt (*Malcolm/Fidler*, Legal and regulatory issues for derivatives in Hong Kong, IFLR Jan. 1995, 38, 39). Seit dem 26. 4. 1996 liegt allerdings mit der Company's Amendment Bill 1996 ein Gesetzentwurf vor, der auf die Abschaffung des *ultra-vires*-Prinzips gerichtet ist (Clifford Chance, Asian Financial Services-Newsletter, Nov. 1996, S. 7).

b) Zivilrechtliches Hindernis der Durchsetzbarkeit: Spiel- und Wetteinwand. Die Bedeutung des Spiel- und Wetteinwands im Bereich des gewerbsmäßigen Abschlusses von derivativen Geschäften ist von den nationalen Gesetzgebern in den letzten Jahren weitgehend entschärft worden.

aa) **Deutschland.** Im deutschen Recht kommt dem Börsentermineinwand des § 53 BörsG als speziellem börsenrechtlichen Differenzeinwand im vorliegenden Kontext deshalb keine praktische Bedeutung mehr zu, weil die Partner eines ISDA-MA in aller Regel eingetragene Kaufleute und damit börsentermingeschäftsfähig i.S. des § 53 I BörsG sein werden. Sollte dieser Vertrag ausnahmsweise doch einmal mit einem Nicht-Vollkaufmann vereinbart werden, ist auf die Gewährung der gebotenen Aufklärung nach § 53 II BörsG zu achten.

Was den allgemeinen bürgerlichrechtlichen Differenzeinwand (§§ 762, 764 BGB) angeht, ist bereits zweifelhaft, inwieweit Optionen, Finanzterminkontrakte, Swaps und Swap-Derivate überhaupt tatbestandsmäßig sind (siehe hierzu eingehend *Henssler*, Risiko als Vertragsgegenstand, Tübingen 1994, S. 574ff.). Vor allem aber ist der Differenzeinwand der §§ 762, 764 BGB für die nach den §§ 53 und 57 BörsG wirksamen Börsentermingeschäfte nach § 58 BörsG ohnehin ausgeschlossen. Dabei gilt § 58 BörsG in seiner neuen Fassung (1989) für Auslandsgeschäfte in demselben Maße wie für Inlandsgeschäfte (*Baumbach/Hopt*, HGB, 29. A. 1995, § 58 BörsG, Rz. 1).

Ob die im Rahmen des MA getätigten Einzeltransaktionen nach § 58 BörsG vom Differenzeinwand der §§ 762, 764 BGB freigestellt sind, hängt also davon ab, ob sie als „Börsentermingeschäfte" i.S. des § 53 I BörsG qualifiziert werden können. Der BGH schließt sich der „in Rechtsprechung und Schrifttum überwiegend vertretenen Auffassung" an, nach der Börsentermingeschäfte „Verträge über Wertpapiere, vertretbare Waren oder Devisen nach gleichartigen Bedingungen" sind, „die von beiden Seiten erst zu einem späteren Zeitpunkt zu erfüllen sind" und die ferner „eine Beziehung zu einem Terminmarkt haben, der es ermöglicht, jederzeit glattstellende Gegengeschäfte abzuschließen" (BGH 22. 10. 1984, BGHZ 92, 317, 320). Abweichende Geschäftsgestaltungen seien dann als Börsentermingeschäfte anzusehen, wenn sie „wirtschaftlich dem gleichen Zweck" dienten (BGHZ 92, 317, 321; vom Gesetzgeber jetzt ausdrücklich bestätigt in § 50 I 2 n.F. BörsG: „wirtschaftlich gleichen Zwecken"). Aktien-, Währungs- und Warenderivate sind Verträge über Wertpapiere, vertretbare Waren oder Devisen mit aufgeschobenem Erfüllungszeitpunkt im Sinne der Definition des BGH. Das zusätzliche Definitionsmerkmal der Standardisierung dürfte lediglich als Hinweis auf die Existenz eines Marktwertes zu begreifen sein und individuell ausgestaltete Transaktionen, wie sie im Rahmen des MA stattfinden, mit einschließen. Wie auch im Rahmen des § 105 EGInsO (oben Anm. 4) sollte es bei individuell ausgehandelten Verträgen gemäß dem Normzweck ausreichen, wenn die Möglichkeit besteht, sich auf dem Markt in bezug auf die gewünschte Position anderweitig einzudecken. Derivative Zinsinstrumente sind zwar keine „Verträge über Wertpapiere, vertretbare Waren oder Devisen"; sie dienen aber „wirtschaftlich gleichen Zwecken" wie Wertpapier-, Waren- oder Währungsderivate, nämlich dem Risikomanagement, der Arbitrage oder der Spekulation (a.A. *Pohl*, Swapvereinbarungen: juristisches Neuland?, AG 1992, 425, 429, der zu bezweifeln scheint, daß Zinsswaps auch zu Spekulationszwecken eingesetzt werden können; ebenso wie hier bejahend für Zins- (und Währungs-) Swaps *de Lousanoff*, Börsentermingeschäftsfähigkeit von Privatanlegern, ZHR 159 (1995), 229, 235 f., gegen *Kleinschmitt*, Das Informationsmodell bei Börsentermingeschäften, Diss. Berlin 1991, S. 57 ff., unter Hinweis einerseits auf den möglichst breiten

Anwendungsbereich, der aus Sicht des Privatanlegers nach dem Schutzzweck des Gesetzes dem Informationsmodell des § 53 II BörsG verschafft werden müsse, und anderseits auf die praktische Notwendigkeit von Swap-Geschäften zwischen termingeschäftsfähigen Kaufleuten und Banken).

Sollten einzelne Transaktionen, aus welchen Gründen auch immer, tatsächlich einmal nicht vom Begriff des Börsentermingeschäfts abgedeckt sein (für ein im Vergleich zur hier vertretenen Auffassung engeres Verständnis des „Börsentermingeschäfts" wohl *Claussen*, Bank- und Börsenrecht: Handbuch für Lehre und Praxis, München 1996, der diesen Begriff ohne weitere Begründung von „anderen Derivaten" abgrenzt, die nicht den §§ 50– 70 BörsG unterworfen sein sollen) und zudem keine vom Differenzeinwand ausgenommenen „wirtschaftlich berechtigten" Hedge-Geschäfte darstellen (Soergel-*Häuser*, BGB, 11. A. 1985, § 764, Rz. 7, m.w.N. aus der Rechtsprechung), stellt sich die Frage, inwieweit eine Heilung nach § 762 I 2 BGB durch Erfüllung im Wege des Payment-Netting nach § 2(c) MA möglich ist. Siehe hierzu die insoweit übertragbaren Ausführungen bei *Piper*, Termin- und Differenzeinwand gegenüber Saldoanerkenntnis und Verrechnung im Kontokorrent, ZIP 1985, 725 ff.

bb) **Schweiz.** Auch in der Schweiz entstehen nach Art. 513 II des Bundesgesetzes über das Oligationenrecht („OR") vom 30. 3. 1911 aus „Differenzgeschäften und solchen Lieferungsgeschäften über Waren und Börsenpapiere, die den Charakter eines Spiels oder einer Wette haben", grundsätzlich keine Forderungen. In der schweizerischen Rechtsprechung wird im Einzelfall danach entschieden, ob die Transaktion aus wirtschaftlichen Gründen oder aber allein in einer für den Vertragspartner leicht erkennbaren spekulativen Absicht getätigt wurde (*Zobl/Werlen*, S. 23). Der Spielcharakter setzt Offenkundigkeit voraus. Den Vertragspartner trifft keine Pflicht, sich nach den Motiven zu erkundigen, die die Gegenpartei zum Vertragsschluß bewegen (*Stauber*, Der Spieleinwand („Differenzeinwand") insbesondere bei Traded Options, Financial Futures und Devisenterminkontrakten, Zürich 1988, S. 77). Optionen sind von vornherein keine Termingeschäfte i.S. des Art. 513 II OR (*Stauber*, S. 73 f.). Spezialgesetzliche Ausnahmetatbestände für Finanzinstrumente fehlen in diesem Bereich in der Schweiz bisher.

cc) **Frankreich.** Aus französischer Sicht stellt sich die Frage, ob Derivatgeschäfte als nicht einklagbare Spiel- oder Wettgeschäfte nach Art. 1965 Code Civil anzusehen sind (für Swap-Geschäfte verneinend *Boulat/Cabert*, Les Swaps, Paris u.a. 1992, S. 44 ff., 51). Die in Art. 1 I des Gesetzes vom 28. 3. 1885 enthaltene kapitalmarktrechtliche Befreiung vom Spiel- und Wetteinwand wurde in den vergangenen Jahren (durch Gesetz Nr. 85–695 vom 11. 7. 1985 sowie durch Gesetz Nr. 91–716 vom 26. 7. 1991) zweimal ergänzt, um derivative Geschäfte aus dem Anwendungsbereich der „exception de jeu" des Art. 1965 Code Civil herauszunehmen. Die Änderung von 1985 hat die in Art. 1 I des genannten Gesetzes enthaltene Befreiung von Termingeschäften (nach der Rechtsprechung der Cour de cassation sind Optionsgeschäfte hiervon mit umfaßt, *Gore*, S. 393, Fn. 393) über Wertpapiere und Waren vom Spiel- und Wetteinwand auf jede Art von Zinsgeschäften („tous marchés sur taux d'intérêt") ausgedehnt. Der Begriff des „marché" ist dabei in Art. 1 im Gegensatz zu den übrigen Bestimmungen dieses Gesetzes nicht etwa im Sinne eines als Börse organisierten „Marktes", sondern im Sinne von (Börsen- oder OTC-) „Geschäft" zu verstehen (*Boulat/Chabert*, S. 53, 55, m.w.N.). Die neue Vorschrift deckt damit auch Zins-Swap-Geschäfte ab (*de Mahenge*, France: Interest Rate Swaps Authorized, IFLR Dec. 1985, 44; zweifelnd angesichts des Wortlauts der Vorschrift *Boulat/Chabert*, S. 54, 56, die aber zugeben müssen, daß die Einbeziehung von Swap-Geschäften in der Absicht des Gesetzgebers lag). Devisen- und Währungs-Swaps dürften sich bereits unter den Begriff der Warentermingeschäfte („tous marchés à livrer sur denrées ou marchandises") subsumieren lassen, der Währungsgeschäfte einbezieht (*Giroux*, National report: France, in: International Chamber of Commerce (Hrsg.), Exchange rate risks in international contracts, Paris 1987, 134; *Brown*, Les échanges de devises et de taux d'intérêts entre entreprises (swaps): analyse juridique et fiscale en droit anglais et en droit français, Revue de droit des affaires internationales 1985, 293, 312; zweifelnd *Boulat/Chabert,* S. 54). Die Gesetzesänderung von 1991, durch welche die Befreiungsregelung ausdrücklich auf Devisen- und Indexgeschäfte („marchés sur devices et sur indices") erstreckt wurde, brachte hier zusätzliche Klarheit. Art. 1 I des Gesetzes vom 28. 3. 1885 lautet inzwischen wie folgt: „Tous marchés sur effets publics et autres, sur valeurs mobilières, denrées ou marchandises, ainsi que tous marchés sur taux d'intérêt, *sur indices ou sur devices* sont reconnus legaux" (Hervorhebung von den Verfassern). Eine Einschränkung dieser Bestimmung ergibt sich aus dem durch Gesetz Nr. 93–1444 vom 31. 12. 1993 eingefügten Abs. 2 des Art. 1 in der Fassung der Änderung durch das Gesetz Nr. 94–679 vom 8. 8. 1994. Danach gilt die genannte Befreiung vom Spiel- und Wetteinwand bei als Differenzgeschäfte ausgestalteten Warentermingeschäften nur dann, wenn mindestens eine der Vertragsparteien ein Kreditinstitut ist.

dd) **Luxemburg.** In Luxemburg schließt das Gesetz vom 21. 6. 1984 die Spieleinrede des Art. 1965 c.c. für solche OTC-Termingeschäfte aus, bei denen inländische Finanzinstitute, soweit sie keine Holdings sind, als zwischengeschaltete Vertragspartner fungieren. Dazu, ob die Beschränkung auf inländische Finanzinstitute gegen das europarechliche Diskriminierungsverbot verstößt, siehe *Elvinger,* Les opérations de taux d'intérêt et de devises en droit luxembourgeois, in: Association luxembourgeoise des juristes de banques (Hrsg.), Opérations de taux d'intérêt et de devises en droit continental, Luxemburg 1987, S. 179, 182 ff.

ee) **England.** Im englischen Recht ist die „Gaming exception" des § 18 des Gaming Act 1845 einschlägig („all contracts or agreements ... by way of gaming or wagering, shall be null and void; and ... no suit shall be brought or maintained in any court of law or equity for recovering any sum or money or valuable thing alleged to be won upon any wager"). Nach § 63 des Financial Services Act 1986 sind sog. „Investitionen" („investments") wirksam, wenn der Vertrag für beide Seiten im Rahmen des Geschäftsbetriebs abgeschlossen wird und wenn der Vertragsschluß einschließlich der Vertragserfüllung für beide Seiten ein Investmentgeschäft („investment business") darstellt. Unter „investments" versteht das Gesetz dabei bestimmte Arten von Optionen (§ 7 des Part I des Schedule 1 zum Financial Services Act 1986) und Termingeschäften (§ 8 des Part I des Schedule 1 zum Financial Services Act 1986) sowie alle Differenzgeschäfte, deren tatsächliches oder zumindest ausgewiesenes Ziel im Hedging von Preis- oder Indexfluktuationen oder von Risiken anderer Art besteht (§ 9 des Part I des Schedule 1 zum Financial Services Act 1986). Klargestellt wird dabei, daß Verträge, die eine Erfüllung in Natur vorsehen, ausgeschlossen sind. Hierunter fallen demnach Zins-Swaps, i.d.R. nicht dagegen gewöhnliche Währungs-Swaps oder andere Devisengeschäfte, die einen tatsächlichen Austausch der Währungen vorsehen (*Goris,* S. 394 f.). Mit „investment business" ist nach § 12 des Schedule 1 zum Financial Services Act 1986 der Kauf, der Verkauf sowie das Zeichnen von „investments" bzw. das Eingehen entsprechender Verpflichtungsgeschäfte gemeint. Das verbleibende rechtliche Risiko, daß diejenigen Verträge, die diese Voraussetzungen nicht erfüllen, von einem englischen Gericht als Spiel oder Wette qualifiziert werden, wird als sehr gering eingeschätzt (so der Bericht von *Linklaters & Paines,* „Enforceability Survey – England", in: Global Derivatives Study Group, Derivatives: Practices and Principles: Appendix II, S. 153, 169; bestätigt nunmehr durch die Entscheidung *Morgan Grenfell & Co. Ltd v Welwyn Hatfield DC (Islington LBC, third party)* [1995] 1 All ER).

ff) **Irland.** In Irland sind nach Art. 4(4) des neuen Netting of Financial Contracts Act 1995 sog. „financial contracts" unbeachtet der verschiedenen Gaming and Lotteries Acts von 1956 bis 1986 wirksam. Der Begriff der „financial contracts" wird vom Gesetzgeber sehr weit gefaßt und schließt u.a. Swaps, Optionen und Forwards auf der Grundlage von Zinsraten, Wechselkursen und Goldpreisen mit ein. Die irische Zentralbank wird dazu ermächtigt, diesen Kreis durch Verlautbarung noch auf andere in Anhang III der Solvabilitätskoeffizientenrichtlinie 89/647/EWG zu erweitern. Darüber hinaus wird der Finanzminister dazu ermächtigt, die Definition der „financial contracts" im Benehmen mit der

Zentralbank zu ändern. Die Vorschrift des Art. 4(1) unterliegt allerdings einer Reihe von Ausnahmen, insbesondere für den Fall mißbräuchlichen Verhaltens.

gg) **USA.** Im amerikanischen Recht bestehen einzelstaatliche Beschränkungen von Spiel- und Wettverträgen. Nach den §§ 5–404 & 5–411 (Mc Kinney 1989) des New York General Obligation Law sind Spielverträge unzulässig und nichtig. Nach der New Yorker Rechtsprechung fallen allerdings solche Derivativgeschäfte nicht unter dieses Verbot, die zu Zwecken des geschäftlichen Risikomanagements abgeschlossen werden (Salomon Fores Inc v. Tauber, 795 F. Supp. 768 (E. D. Va. 1992), zur Unwirksamkeit von spekulativen Devisentermingeschäften sowie -optionen; weitere Nachweise aus der New Yorker Rechtsprechung bei *Gooch/Klein,* Documentation for derivatives: Annotated sample agreements, S. 10 f.). Zusätzlich schließt der Commodity Exchange Act (CEA) in der Fassung seiner Änderung durch Titel V des Futures Trading Practices Act 1992 (FTPA) die Anwendbarkeit der einzelstaatlichen Gesetzgebung über Spiel und Wette sowie die einzelstaatlichen Verbote von außerbörslichen Differenzgeschäften (sog. „bucket-shop laws") auf diejenigen Verträge aus, die die CFTC vom bundesgesetzlichen Börsenmonopol des § 4(a) des CEA befreit hat (siehe zu letzterem oben Anm. 10 (a)(ee)(1)). Zum Differenzeinwand im US-amerikanischen Recht vgl. auch den Überblick bei *Dannhoff,* Das Recht der Warentermingeschäfte: Eine Untersuchung zum deutschen, internationalen und US-amerikanischen Recht, Baden-Baden 1993, S. 140 ff.

hh) **Japan.** Nach japanischem Recht ist der Abschluß von Spiel- oder Wettverträgen grundsätzlich strafbar (Art. 185 des japanischen Strafgesetzbuchs). Art. 35 des japanischen Strafgesetzbuchs macht hiervon allerdings eine Ausnahme für die Fälle, in denen das beanstandete Verhalten in Übereinstimmung mit speziellen gesetzlichen Regelungen steht oder in denen es sich um wirtschaftlich berechtigte Geschäfte handelt (berichtet von *Mitsui, Yasuda, Wani & Maeda,* „Enforceability Survey: Japan", in: Global Derivatives Study Group, Derivatives: Practices and Principles: Appendix II, S. 217, 219 f.). Während demnach Hedge-Geschäfte als zulässig und wirksam betrachtet werden, sind Spekulationsgeschäfte in Waren und Wertpapiere durch die Art. 145 bzw. 201 des japanischen Gesetzes über den Handel mit Wertpapieren bzw. des Gesetzes über Warenkassa- und -termingeschäfte über die genannte Strafbestimmung hinaus ausdrücklich verboten (*Mitsui, Yasuda, Wani & Maeda,* a.a.O., S. 220). Auch in Hongkong kann die Gambling Ordinance trotz ihrer im Dezember 1993 eingefügten Ausnahmetatbestände im OTC-Bereich noch Probleme schaffen (so andeutungsweise *Malcolm/Fidler,* Legal and regulatory issues for derivatives in Hong Kong, IFLR Jan. 1995, 38, 39).

Insgesamt läßt sich international eine deutliche Tendenz zur Zurückdrängung des Spiel- und Wetteinwands im Bereich derivativer Finanzinstrumente verzeichnen. Zur Abwehr der insbesondere im asiatischen Bereich verbleibenden rechtlichen Risiken bei Spekulationsgeschäften kann es ggf. sinnvoll sein, in den Vertrag eine Klausel aufzunehmen, die klarstellt, daß die in den Rahmenvertrag einzubindenden Einzelgeschäfte für beide Seiten Hedgingzwecken dienen (vgl. § 1 I des deutschen Rahmenvertrags, wonach die geplanten Geschäfte der Parteien „zur Gestaltung von Zinsänderungs-, Währungskurs- und sonstigen Kursrisiken im Rahmen ihrer Geschäftstätigkeit" abgeschlossen werden sollen).

11. Zusicherung des Nicht-Bestehens von Rechtsstreitigkeiten. Die in § 3 (c) enthaltene Zusicherung der Vertragsparteien, daß nach bestem Wissen keinerlei Rechtsstreitigkeiten gegen sie oder mit ihnen verbundene Unternehmen („Affiliates", vgl. die entsprechende Definition in § 14 MA, die in Part 4(j) des Schedule modifiziert werden kann) anhängig sind oder bevorstehen, die die Wirksamkeit oder Durchsetzbarkeit der Verpflichtungen aus dem Rahmenvertrag oder aus einer Sicherungsabrede betreffen, wird von Marktteilnehmern bisweilen insoweit eingeschränkt, daß der Verweis auf „verbundene Unternehmen" durch die in der Regel engeren, in Part 1(a) bzw. Part 4(g) des Schedule zu definierenden Begriffe der „Specified Entity" bzw. des „Credit Support Provider" ersetzt werden.

7. International Swaps and Derivatives Association Inc. – Master Agreement IV.7

12. Steuerrechtliche Zusicherungen. a) Steuerrechtliche Zusicherung des Schuldners. Mit der „Payer Tax Representation" sichern sich beide Parteien, soweit dies in Part 2 (a) des Schedule entsprechend vereinbart wird, gegenseitig zu, daß nach der derzeit geltenden Rechtslage (so wie sie sich angesichts der von der Gegenpartei ihrerseits gemachten „Payee Representations" (hierzu gleich unten) sowie des Inhalts der dieser zu liefernden Unterlagen darstellt), auf ihre jeweiligen Zahlungen nach diesem Vertrag (ausgenommen Verzugszinsen oder Schadensersatzleistungen) keine Abzugssteuern oder andere, direkt an der Quelle einbehaltenen öffentlichrechtlichen Abgaben (vgl. die Definition der „Tax" in § 14) erhoben werden (allgemein zum Verfahren der Quellensteuerabsorption siehe *Ebenroth*, Zu den Grenzen der Besteuerung von Banken im Eurokreditgeschäft, JZ 1984, 905, 907 ff.). Maßgebliche Rechtsordnungen („Relevant Jurisdictions", § 14) für die Beurteilung sind dabei die Heimatrechtsordnung des Schuldners, ggf. die Rechtsordnung des Staates, wo dessen mit der Vertragsabwicklung betraute Zweigstelle belegen ist, die Rechtsordnung des Staates, in dem der Zahlende den Vertrag erfüllt sowie außerdem die Rechtsordnungen der Staaten, von denen aus die Zahlungen erfolgen oder durch die sie durchgeleitet werden.

Für den Fall, daß eine solche Steuerpflicht im Einzelfall besteht, sollte die „Payer Tax Representation" nur dann gegeben werden, wenn feststeht, daß der Zahlungsempfänger (z.B. aufgrund eines internationalen Doppelbesteuerungsabkommens, siehe hierzu unten Anm. 12 (b), Schedule) von der Steuerpflicht ausgenommen ist. Bei Zahlungsempfängern mit mehreren Zweigstellen in unterschiedlichen Staaten kann es darauf ankommen, über welche Zweigstelle die Zahlungen abgewickelt werden. Um hinsichtlich der gesetzlichen Befreiung von der Steuerpflicht sicherzugehen, sollte vom Zahlungsempfänger entweder die Abgabe einer entsprechenden Zusicherung oder aber das Vorlegen einer amtlichen Bestätigung verlangt werden. Ist es einer der Vertragsparteien angesichts der geltenden Steuerrechtslage nicht möglich, hinsichtlich der von ihr zu leistenden Zahlungen eine „Payer Tax Representation" abzugeben, sollten die Parteien versuchen, die betroffenen Einzelgeschäfte zur Vermeidung von Steuerabzügen entsprechend umzugestalten. Das vertragliche Risiko nachträglicher Änderungen der Steuerrechtslage wird in der „Gross-Up"-Bestimmung des § 2 (d) (i) verteilt (s. o. Anm. 8).

Nach den meisten nationalen Regelungen zur Erhebung von Abzugssteuern auf die Einkünfte Gebietsfremder sind Zahlungen im Rahmen von derivativen Geschäften nicht tatbestandsmäßig (User's Guide to the 1992 ISDA Master Agreements, S. 41). Generell keinen Quellensteuerabzug auf Kapitalerträge für Steuerausländer gibt es etwa in Deutschland, Dänemark, Luxemburg und den Niederlanden (*Döring*, Vom Zinsabschlag zur Bankensteuer: Zur wettbewerbsverzerrenden Wirkung der Quellensteuer 1993, DB 1993, 49 ff).

Nach einer Untersuchung der OECD aus dem Jahre 1994 über die steuerliche Behandlung neuer Finanzinstrumente in 24 Ländern wird bei Zins-Swaps auf Zahlungen an Steuerausländer nur in Griechenland generell eine Abzugssteuer erhoben. In Irland trifft eine solche Steuer nur solche Zahlungen, die nicht über eine in Irland geschäftlich aktive Bank fließen. In Österreich (dort nur Spar-, nicht aber Wertpapierzinsen) und Kanada können lediglich bestimmte Zahlungen als quellensteuerpflichtige Zinszahlungen angesehen werden (*Organisation for economic co-operation and development*, S. 43, sowie die Übersicht S. 60). Bei Zahlungen aus Finanztermingeschäften an nicht im Inland ansässige Personen hat sich keines der 24 Länder, die an der OECD-Untersuchung teilgenommen haben, zur Erhebung von Abzugssteuern bekannt (a.a.O., S. 48, sowie die Übersicht S. 63). Dasselbe gilt für die Besteuerung der Optionsprämien im Rahmen von Aktienoption (a.a.O., S. 53, sowie die Übersicht S. 70).

aa) **Deutschland.** Nach deutschem Steuerrecht könnten Geldleistungen aus derivativer Instrumenten der Abzugsteuer nach den §§ 20 I Nr. 7, II Nr. 2–4 EStG in der Neufassung des Gesetzes vom 21. 12. 1993 i. V. m. § 43 I Nr. 7b, Nr. 8 EStG (für Kapitalgesellschaften i. V. m. § 8 I KStG) unterliegen. Der Tatbestand des § 20 I Nr. 7 EStG beschreibt Erträge

„aus sonstigen Kapitalforderungen jeder Art, wenn die Rückzahlung des Kapitalvermögens oder ein Entgelt für die Überlassung des Kapitalvermögens zur Nutzung zugesagt oder gewährt worden ist, auch wenn die Höhe des Entgelts von einem ungewissen Ereignis abhängt". Nach dem Schreiben des Bundesministeriums der Finanzen vom 30. 4. 1993 (BStBl I 1993, 343) erfaßt dies nur solche Zinsen, Entgelte und Vorteile, die unabhängig von ihrer Bezeichnung und der zivilrechtlichen Gestaltung bei wirtschaftlicher Betrachtung „für die Überlassung von Kapitalvermögen zur Nutzung" erzielt werden. Zahlungen aus derivativen Verträgen lassen sich nicht unter diese Begriffsbestimmung subsumieren (zu den Einzelheiten am Beispiel von Index-Optionen, Zinsbegrenzungsverträgen, Finanztermingeschäften und Swap-Geschäften siehe *Dahm/Hamacher*, WM Sonderbeilage Nr. 3 zu Nr. 21 v. 28. 5. 1994, S. 14, 17, 19). Noch vor der Steuerreform vom 21. 12. 1993 sollen sich die Einkommensteuerreferenten des Bundes und der Länder dahingehend entschieden haben, daß Swap-Geschäfte aller Art von der Quellensteuerpflicht ausgenommen sein sollen (berichtet von *Borchers*, Swapgeschäfte in Zivil- und Steuerrecht, Frankfurt u. a., 1993, S. 163, der diese Auffassung für verfehlt hielt). Zahlungen an im Ausland ansässige Personen sind zudem nach den §§ 1 IV, 49 I Nr. 5 c) cc) EStG (für Kapitalgesellschaften i. V. m. § 8 I KStG) von vornherein von der Kapitalertragssteuer ausgenommen. Für den Fall, daß Zahlungen aus derivativen Geschäften an Steuerausländer doch einmal abzugssteuerpflichtig werden sollten, sei erwähnt, daß Deutschland Doppelbesteuerungsabkommen mit allen wichtigen Industriestaaten unterhält (vgl. die Übersicht über den gegenwärtigen Stand der Doppelbesteuerungsabkommen und der Abkommensverhandlungen in BStBl 1996, Teil I, S. 6 ff.).

bb) **Schweiz.** In der Schweiz existiert ebenfalls eine als Quellensteuer ausgestaltete Zinsertragssteuer nach § 4(1) des Bundesgesetzes über die Verrechnungssteuer (Loi fédérale sur l'impôt anticipé) vom 13. 10. 1965, die Steuerinländer und -ausländer gleichermaßen trifft, für Steuerausländer aber nicht anrechnungsfähig ist. Steuererleichterungen sind im Rahmen von Doppelbesteuerungsabkommen möglich. Zahlungen aus Swap-Verträgen sollen von dieser Abzugssteuer allerdings nicht erfaßt werden (*Oberson*, S. 82 ff.). Für alle Fälle sei für Schweizer Vertragspartner darauf hingewiesen, daß bei den Verhandlungen zwischen der Schweiz und den USA über den Abschluß eines Doppelbesteuerungsabkommens bisher noch keine Einigung erzielt werden konnte.

cc) **USA.** Im amerikanischen Steuerrecht werden nach den §§ 871(a)(1)(A), 881(a)(1) Internal Revenue Code („IRC", Titel 26 des USC) Zahlungen an ausländische Empfänger, die von einer Quelle („source") innerhalb der USA ausgehen und als „fixed or determinable annual or periodical income" (allgemein bekannt unter der Abkürzung „FDAP") qualifiziert werden können, in Höhe von 30% besteuert. Nach den §§ 1441 (wenn der Empfänger eine natürliche Person ist) bzw. 1442 (bei ausländischen juristischen Personen) IRC wird diese Steuer in Form eines direkten Abzugs beim Schuldner erhoben. Zahlungen im Rahmen von Swaps und Finanztermingeschäften lassen sich unter den Begriff des FDAP subsumieren. Gemäß einer entsprechenden Verwaltungsanweisung (Treas. Reg. § 1. 1441–2(a)(2)) gelten Zahlungen nämlich selbst dann als *„periodical* income", wenn sie in unregelmäßigen Intervallen erfolgen, und gegebenenfalls kann auch eine einzelne Zahlung ausreichen. Geldleistungen im Rahmen von Zinsswaps werden nach einem Schreiben der amerikanischen Finanzverwaltung (Notice 87–4 vom 24. 12. 1986) vom Begriff des FDAP insoweit erfaßt, als sie in USD erfolgen (für weitere Einzelheiten siehe *Oberson*, S. 48 ff.).

dd) **Vereinigtes Königreich.** Im britischen Steuerrecht sind Zahlungen im Rahmen eines Zins- oder Währungs-Swaps nach der Praxis der britischen Steuerbehörden auf seiten des Zahlenden einer 25%-igen Quellensteuer unterworfen. Hat der Zahlungsempfänger seinen Sitz in Großbritannien und kommt er deshalb nicht in den Genuß eines Doppelbesteuerungsabkommens, ist eine Befreiung von der Quellensteuer dennoch nach der „UK Inland Revenue extra statuory concession C 17" zur Besteuerung von Zins-, Devisen- und Währungs-Swaps vom 14. 3. 1989 möglich, wenn der Zahlungsempfänger eine im Vereinigten Königreich zugelassene Bank oder ein zugelassener Swap-Händler ist und die betreffende Transaktion zu seinem normalen Geschäftsbetrieb zählt, solange der Schuldner seinerseits kein Finanzunternehmen („financial trader") ist. Durch den Finance Act 1994 vom 3. 5. 1994 wurde die Steuerbefreiung über Swap-Geschäfte hinausgehend auf Zahlungen aus Zins- und Devisentermingeschäften sowie Zins- und Devisenoptionen ausgedehnt (sog. „qualified contracts"), soweit der Zahlungsempfänger im Vereinigten Königreich ansässig ist. Ebenso wie nach der C 17 darf der Schuldner kein „financial trader" sein und muß der Gläubiger eine zugelassene UK-Bank oder ein zugelassener UK-Swap-Dealer (i.S. der C 17) sein, für den die fragliche Transaktion zu seinem gewöhnlichen Geschäftsbetrieb zählt. Die §§ 167f. des Finance Act 1994 sollen Umgehungen vermeiden. § 167 nimmt solche Verträge von der Steuerbefreiung aus, die nicht auf einer „arm's length basis" abgeschlossen wurden, und § 168 solche mit Vertragspartnern außerhalb des Vereinigten Königreichs. Ausländische Zweigstellen britischer Unternehmen gelten nicht als ausländische Vertragspartner in diesem Sinne. Die neue Rechtslage findet auf Zinsverträge Anwendung, die ab dem 23. 3. 1995 abgeschlossen wurden; alte Verträge werden weiterhin nach der Extra statutory concession C 17 behandelt, sofern die Gesellschaft nicht ausdrücklich und unwiderruflich für die Unterwerfung aller ihrer Verträge unter die neue Regelung optiert. Laufende Devisenderivate werden ausnahmslos dem neuen Regime unterworfen. Die „Payee Tax Representation" des Part 2(b)(iii) des Schedule ist speziell auf die Tatbestandsvoraussetzungen der „UK Inland Revenue extra statuory concession C 17" abgestellt. Sie betrifft demnach nur solche Zahlungspflichtige, die britischem Steuerrecht unterworfen sind, und sollte ggf. um eine Bezugnahme auf den erst nach Erscheinen des vorliegenden Mustervertrags in Kraft getretenen Finance Act 1994 ergänzt werden.

ee) **Frankreich.** Nach französischem Steuerrecht besteht die Gefahr, daß Zahlungen aus Zinsderivaten der allgemeinen Quellensteuer („retenue à la source") in Höhe von 33⅓% nach Art. 182(B)(II)(c) Code Général des Impôts („CGI") unterfallen. Diese Vorschrift erfaßt Entgeltleistungen eines in Frankreich ansässigen Schuldners an einen im Ausland ansässigen Gläubiger für jede Art von in Frankreich erbrachten oder verwendeten Leistungen („prestations de toute nature fournies ou utilisées en France"). Soweit derivative Geschäfte Austauschverträge sind, lassen sich die in ihrem Rahmen vom Gläubiger seinerseits geleisteten Zahlungen als „prestations fournies" in diesem Sinne ansehen. In Frankreich werden diese Leistungen dann erbracht, wenn sich das Empfängerkonto des Schuldners in Frankreich befindet. Soweit die Zahlungen auf ein ausländisches Konto fließen, läßt sich zumindest sagen, daß sie vom französischen Schuldner in Frankreich „benützt" werden (*Boulat/Chabert*, S. 262, speziell für Swap-Geschäfte). Gegen die Gleichstellung von Zahlungen aus derivativen Finanzgeschäften mit „prestations de toute nature" spricht aber andererseits die Tatsache, daß Art. 182 B CGI primär auf die Lieferung von Waren und Dienstleistungen ausgerichtet zu sein scheint. Fraglich ist auch, ob Derivativgeschäfte unter den weit auszulegenden Tatbestand des Art. 125 A i.V.m. 124 CGI (Abzugsteuer von 46%) subsumiert werden können, der alle Arten von „produits de placements à revenus fixes" erfaßt (*Boulat/Chabert*, S. 260f., in bezug auf Swap-Geschäfte). Die französischen Steuerbehörden erteilen auf Antrag Befreiungen für den Einzelfall, in denen festgestellt wird, daß es sich bei den betreffenden Zahlungen nicht um Zinsen handelt (so berichtet bei *Fülbier*, Swap-Verträge: internationale Standardisierung, ZIP 1990, 680, 688). Die meisten der von Frankreich mit den anderen Industriestaaten abgeschlossenen Doppelbesteuerungsabkommen orientieren sich an den OECD-Musterabkommen (*Boulat/Chabert*, S. 265; zur Auslegung der OECD-Musterabkommen s.u. Anm. 12(b)).

b) **Steuerrechtliche Zusicherung des Gläubigers.** Mit den „Payee Tax Representations" sichern sich die Vertragsparteien, sofern sie dies in Part 2(b) des Schedule entsprechend vereinbaren, gegenseitig zu, daß sie als Zahlungsempfänger die Voraussetzungen einer Steuerbefreiung aufgrund nationalen oder internationalen Rechts erfüllen. Wie bereits angesprochen, wird der Zahlungspflichtige ggf., bevor er zusichert, daß auf seine Zahlungen keine Abzugssteuern erhoben werden, vom Gläubiger die Abgabe einer entsprechenden „Payee Tax Representation" verlangen. Nach § 4(d) MA ist jeder Zahlungsempfänger, der eine „Payee Tax Representation" abgibt, dazu verpflichtet, der anderen Seite unverzüglich Mitteilung zu machen, sobald sich diese Zusicherung als unrichtig erweisen sollte. In Part 2(b)(i) des Schedule sichern sich die Parteien gegenseitig zu, daß sie als Zahlungsempfänger in den Genuß eines internationalen Doppelbesteuerungsabkommens („Specified Treaty") zwischen der „Relevant Jurisdiction" (siehe weiter oben in dieser Anmerkung unter a.) und einem anderen Staat, mit dem sie verbunden sind, kommen. Die von der ISDA in Part 2(b)(i) gewählte Formulierung orientiert sich dabei an den typischen Tatbestandsvoraussetzungen solcher Doppelbesteuerungsabkommen, die nach dem Modell der OECD-Musterabkommen (OECD-MA) von 1963, 1977 und zuletzt von 1992 abgefaßt sind. Dies gilt sowohl für die Art der zu besteuernden Einkünfte mit der Bezugnahme auf die Art. 7 OECD-MA („Business Profits", teilweise auch „Industrial and Commercial Profits" genannt), Art. 11 OECD-MA („Interest") und Art. 21 OECD-MA („Other Income")) als auch für die Lokalisierung des Einkommensempfängers mit der Bezugnahme auf das Prinzip der Betriebsstättenbesteuerung des Art. 7 I 2, II OECD-MA, des Art. 11 IV OECD-MA sowie des Art. 21 II OECD-MA („permanent establishment"). Die Klausel muß ggf. dem hiervon abweichenden Wortlaut des im Einzelfall in Betracht kommenden Abkommens angepaßt werden. Soweit sich die relevanten Doppelbesteuerungsabkommen an den OECD-MA orientieren (so insbesondere die Doppelbesteuerungsabkommen der Bundesrepublik Deutschland, vgl. *Vogel,* Doppelbesteuerungsabkommen der Bundesrepublik Deutschland auf dem Gebiet der Steuern vom Einkommen und Vermögen: Kommentar auf der Grundlage der Musterabkommen, 2. A., München 1990, Art. 21, Rz. 39ff.) dürften sich Zahlungen aus derivativen Instrumenten, sollten sie überhaupt in den Anwendungsbereich einer Abzugssteuer fallen, zumindest unter die „Other Income"-Klausel (Art. 21 MA) subsumieren lassen (*Oberson,* S. 89f., speziell zu Swap-Geschäften) und deshalb am Wohnsitz des Zahlungsempfängers, nicht aber an der Quelle im Land des Schuldners zu besteuern sein. In einigen Staaten werden solche Zahlungen, entsprechend ihrer Qualifizierung nach nationalem Steuerrecht, aber auch unter die Tatbestände der Art. 7 oder 11 OECD-MA subsumiert (für Einzelheiten bzgl. Zins-Swaps, Finanztermingeschäften und Aktienoptionen siehe *Organisation for economic co-operation and development,* S. 43f., 48, 53).

Die Zusicherung in Part 2(b)(ii) des Schedule betrifft den Fall, daß der beschränkt steuerpflichtige Zahlungsempfänger zwar eine Geschäftstätigkeit in der fraglichen Steuerrechtsordnung (z.B. durch eine Betriebsstätte) ausübt, aber dennoch, unabhängig vom Bestehen eines Doppelbesteuerungsabkommens, bereits nach nationalem Steuerrecht von der Erhebung einer besonderen Abzugssteuer befreit ist, weil die Zahlung der inländischen Geschäftstätigkeit zugerechnet werden kann und in diesem Rahmen ohnehin der Besteuerung unterliegt. Der Wortlaut des Part 2(b)(ii) lehnt sich mit dem Kriterium der „effektiven Verbindung" der Zahlung zur Geschäftstätigkeit in der fraglichen Steuerrechtsordnung an einen entsprechenden Begriff des US-amerikanischen Steuerrechts an (User's Guide to the 1992 ISDA Master Agreements, S. 43). Vergleichbare Regelungen finden sich aber auch in vielen anderen Steuerrechtsordnungen. Die Zusicherung in Part 2(b)(iii) des Schedule ist speziell auf die Eigenheiten des britischen Steuerrechts (s.o. Anm. 12(a)(dd)) abgestellt.

13. Aushändigung von Unterlagen. Die Vorschrift des § 4(a)(i) und (ii) betrifft die Verpflichtung der Parteien zur gegenseitigen Aushändigung bestimmter für die störungsfreie Abwicklung des Vertrags erforderlicher, in Part 3 des Schedule bzw. in der jeweiligen „Confirmation" im einzelnen zu bestimmender Unterlagen (siehe Anm. 48 und 49). Des weiteren kann nach Abs. (iii) jede Partei bei einem sachlich gerechtfertigtem Interesse („reasonable demand") vom Vertragspartner schriftlich die Herausgabe von weiteren Dokumenten verlangen, die sie oder ihr Sicherungsgeber braucht, um bei der Erfüllung ihrer Zahlungsverpflichtungen aus dem Vertrag bzw. aus etwaigen Sicherungsabreden (vgl. Part

4 (f) des Schedule) Steuern sparen zu können. Das Herausgabebegehren kann abgelehnt werden, wenn dessen Erfüllung die rechtliche oder wirtschaftliche Stellung der Gegenpartei in erheblicher Weise beeinträchtigen („materially prejudice") würde. Sollte eine Partei es versäumen, der Gegenseite in Verletzung ihrer Verpflichtung nach § 4 (a) (i) oder § 4 (a) (iii) ein steuerrechtliches Formular zur Verfügung zu stellen, und führt dies dazu, daß letztere entgegen ihrer Zusicherung Abzugsteuern entrichten muß, braucht sie den entsprechenden Betrag nach § 2 (d) (4) (A) nicht auszugleichen (s. o. Anm. 8).

14. Zurechenbare Beendigungsgründe. Die Regelung der §§ 5 und 6 sieht für bestimmte Situationen, in denen die Erfüllung des Vertragszwecks gefährdet ist, die Möglichkeit einer vorzeitigen Beendigung des Gesamtvertrags und einer saldierenden Verrechnung der offenen Positionen aus den bis dahin noch nicht vollständig erfüllten Einzeltransaktionen (sog. „Close-out Netting", zum Begriff vgl. *Bank for International Settlements,* Angell-Bericht, S. 13) vor.

Während § 5 fallgruppenartig die einzelnen Tatbestandsvoraussetzungen für eine solche vorzeitige Beendigung aufzählt und dabei zwischen „Events of Default" und „Termination Events" unterscheidet, enthält § 6 auf Rechtsfolgenseite die Abwicklungsmodalitäten im einzelnen. Rechtstechnisch können sowohl „Events of Default" als auch „Termination Events" als Kündigungsgründe verstanden werden. Eine Ausnahme gilt lediglich für bestimmte Unterfallgruppen im Rahmen des „Event of Default"-Tatbestands der Insolvenz (§ 5 (a) (vii)), für die in Part 1 (e) des Schedule auch eine automatische Beendigung („Automatic Early Termination") vereinbart werden kann, vgl. § 7 Abs. 2 des deutschen Rahmenvertrags für Finanztermingeschäfte von 1993).

a) Systematik der „Events of Default". Nach der Systematik des § 5 werden unter dem Begriff des „Event of Default" (Abs. (a)) alle diejenigen Beendigungsgründe zusammengefaßt, die ihre Ursache im Verantwortungsbereich einer der Vertragsparteien finden. Ein Verschulden im technischen Sinne wird dabei nicht vorausgesetzt. „Termination Events" (Abs. (b)) sind demgegenüber Tatbestände, die keiner der Vertragsparteien zugerechnet werden können. Eine rechtliche Rolle spielt diese Unterscheidung der Beendigungsgründe nach der Ursache der Vertragsstörung im Rahmen des § 6 für die Frage, wer den Vertrag beendigen darf und ggf. ob die Beendigung auf bestimmte Einzeltransaktionen zu beschränken ist (§ 6 (a) und (b)) und wie die sich aus der vorzeitigen Beendigung für die jeweiligen Parteien ergebenden Verluste oder Gewinne zu verteilen sind (§ 6 (e)).

Für diejenigen Tatbestände, die auf den Begriff der „Specified Entity" Bezug nehmen, reicht es aus, wenn der betreffende „Event of Default" bzw. „Termination Event" in der Person eines dritten Vertragsfremden vorliegt. Für welche Dritten dies gelten soll, ist einzeln für jeden Tatbestand in Part 1 (a) des Schedule zu definieren. Denkbar wäre etwa eine Bezugnahme auf den Begriff des verbundenen Unternehmens („Affiliate", in § 14 MA definiert), aber auch engere Begriffsbestimmungen sind möglich. Der Begriff des Sicherungsgebers („Credit Support Provider"), auf den § 5 ebenfalls mehrfach Bezug nimmt, ist in Part 4 (g) des Schedule für den ganzen Vertrag einheitlich zu bestimmen.

b) Die Fallgruppen im einzelnen. aa) „Failure to Pay or to Deliver". Nach dem Tatbestand des „Failure to Pay or to Deliver" stellt das Ausbleiben einer nach § 2 (a) (i) oder § 2 (e) geschuldeten Zahlung bzw. Lieferung (in der Terminologie des deutschen Rechts der vertraglichen Leistungsstörungen: Verzug und Unmöglichkeit) unabhängig von der Frage des individuellen Verschuldens (ebenso § 7 Abs. 1 des deutschen Rahmenvertrags für Finanztermingeschäfte 1993) einen „Event of Default" dar, sobald eine Gnadenfrist (sog. „grace period") von drei Geschäftstagen, gerechnet am Erfüllungsort („Local Business Day", § 14 MA), seit dem Zugang einer entsprechenden Beanstandung verstrichen ist. Bisweilen wird von Marktteilnehmern gewünscht, Leistungsstörungen, die auf höhere Gewalt, d. h. äußere Umstände außerhalb des Einflußbereiches der Parteien (z. B. Krieg, Katastrophen, Streik, Terrorakte, sog. große Geschäftsgrundlage) zurückzuführen sind, durch eine besondere „impossibility clause" ausdrücklich aus dem Anwendungsbereich des § 5 (a) (i) herauszunehmen (siehe hierzu unten Anm. 47 (b)).

bb) **"Breach of Agreement"**. Der Tatbestand des „Breach of Agreement" betrifft die Nichterfüllung vertraglicher Nebenleistungspflichten und gewährt hierfür eine Frist von 30 Tagen ab Beanstandung. Ausgenommen ist der Fall, daß gegen die Pflicht zur Mitteilung eines „Termination Event" verstoßen wird, weil ein solches Versäumnis nicht strengere Rechtsfolgen (nämlich in Gestalt eines „Event of Default") nach sich ziehen soll als das mitzuteilende „Termination Event" selbst (*Gooch/Klein,* Documentation for derivatives: Annotated sample agreements, S. 62). Ferner ausgenommen sind bestimmte steuerrechtlich relevante Mitwirkungspflichten, da bei deren Verletzung die angemessene Rechtsfolge bereits darin besteht, daß die mitwirkungspflichtige Partei von der Gegenseite keinen Ausgleich einbehaltener Abzugssteuern verlangen kann (s. o. Anm. 8).

cc) **"Credit Support Default"**. Der sog. „Credit Support Default" betrifft den Fall des Scheiterns einer wirksamen Begründung (Abs. (2) und (3)), der Nichterfüllung (Abs. (1)) oder der vorzeitigen Beendigung (Abs. (2)) von Sicherungsabreden durch die Gegenpartei bzw. durch Dritte Sicherungsgeber („Credit Support Provider"). Der Begriff des „Credit Support Provider" ist in Part 4(g) des Schedule zu definieren. Die anwendbare „grace period" ist der Sicherungsabrede zu entnehmen (z.B. § 4(b) des 1994 ISDA Credit Support Annex: „not later than the close of business on the next Local Business Day", anders demgegenüber die Frist in § 3(a) bzw. 4(b) des 1995 ISDA Credit Support Annex bzw. des 1995 ISDA Credit Support Deed). Bei der Frage der Wirksamkeit der Sicherungsabrede braucht sich der Sicherungsgläubiger nicht auf eine gerichtliche Klärung verweisen zu lassen, sondern es genügt für § 5(a)(iii)(3) bereits das Bestreiten der Wirksamkeit durch den Sicherungsgeber. Manche Marktteilnehmer halten es für sinnvoll, am Ende des § 5(a)(iii)(3) den Zusatz „*... or amends or modifies such Credit Support Document without the prior written consent of the other party*" anzufügen. Der 1994 ISDA Credit Support Annex konkretisiert, sollte er in den Vertrag einbezogen werden, in § 7 („Events of Default") den in § 5(a)(iii)(1) gebrauchten Begriff der Nichterfüllung („failure").

dd) **"Misrepresentation"**. Als „Event of Default" gilt es weiter, wenn sich eine vom Vertragspartner oder von einem dritten Sicherungsgeber gemachte Zusicherung (§ 3) als falsch herausstellt (*„Misrepresentation"*). Hiervon ausgenommen sind die im Schedule präzisierten steuerrechtlichen Zusicherungen des § 3(e) und (f). Bei letzteren besteht wiederum die einzige Sanktion darin, daß die zusichernde Partei keinen Anspruch auf entsprechende Ausgleichzahlungen („gross-up payments") für erhöhte Steuerabzüge hat (s. o. Anm. 8).

ee) **"Default under Specified Transaction"**. Der „Default under Specified Transaction" zielt auf den Fall, daß zwischen den Vertragsparteien bzw. mit den Sicherungsgebern oder „Specified Entities" (Part 1(a) des Schedule) neben dem vorliegenden Vertragswerk weitere Derivatgeschäfte („Specified Transaction", vgl. die Liste der einzelnen Geschäftsarten in § 14 MA, die in Part 1(b) des Schedule erweitert oder geändert werden kann) bestehen, die nicht dem MA unterliegen. Bestimmte im Rahmen solcher Transaktionen auftretende Leistungsstörungen werden wegen der damit gleichzeitig begründeten Gefahr des Auftretens von entsprechenden Leistungsstörungen im Rahmen des vorliegenden Vertrags auch bzgl. des letzteren als „Event of Default" gewertet. Erfaßt sind zunächst solche Leistungsstörungen, die nach der Gestaltung des betreffenden Parallelvertrags zu einer vorzeitigen Fälligkeit der Leistungspflichten oder zu einer vorzeitigen Beendigung des Vertrags führen. Zudem reicht ein Zahlungs- oder Lieferungsverzug von mindestens drei Geschäftstagen unabhängig davon aus, welche Konsequenzen der Parallelvertrag hiermit verbindet. Nach Abs. (v) genügt selbst das ganze oder teilweise Bestreiten bzw. die Verweigerung der Erfüllung der Verpflichtungen aus einer „Specified Transaction" durch die Partei selbst oder durch eine sie vertretende Person. Letzteres spielt auf die Erfüllungsverweigerung durch den Insolvenzverwalter in den Fällen an, in denen das zuständige Insolvenzrecht ein „Close-out Netting" nicht anerkennt (vgl. User's Guide to the 1992 ISDA Master Agreements, S. 16).

ff) **"Cross-Default"**. Nach der Drittverzugsklausel („Cross-Default") wird jede Säumnis des Vertragspartners, des Sicherungsgebers oder jedes in Part 1(a) des Schedule als „Specified Entity" zu definierenden Dritten hinsichtlich bestimmter Drittschulden („Specified Indebtedness", hierzu gleich unten) als „Event of Default" im Rahmen des vorliegenden Vertrags gewertet. Dasselbe gilt für alle Tatbestände, die nach dem betreffenden Drittvertrag als „Events of Default" gewertet werden, unabhängig davon, ob sie auch die Voraussetzungen des § 5 (a) MA erfüllen würden. Sieht der Drittvertrag bestimmte „Events of Default" vor, die das MA nicht kennt oder lediglich als „Termination Event" wertet, kann die Cross-Default Klausel deshalb zu einer u. U. von den Parteien gar nicht beabsichtigten Ausweitung des Katalogs der möglichen „Events of Default" führen. So stellt beispielsweise der Tatbestand des „Credit Event Upon Merger" nach § 5 (b) MA einen „Termination Event", nach § 6 (G)(ii) des ERMA Master Agreement aber einen „Event of Default" dar. Hier wäre gegebenenfalls die Aufnahme einer entsprechenden Klarstellung in Part 5 des Schedule angebracht.

Im Gegensatz zu den übrigen „Events of Default"-Tatbeständen ergibt sich die Anwendbarkeit des § 5 (a)(vi) nicht automatisch, sondern muß im Schedule (Part 1 (c)) ausdrücklich vereinbart werden. Bei dieser Gelegenheit sollte auch der gewünschte Schwellenwert („Threshold Amount") für den Drittverzug, bei dessen Überschreitung die „Cross-Default"-Klausel wirken soll, entweder in Gestalt eines festen Betrags (z.B. „USD 10 Mio.") oder über eine Bezugsgröße (z.B. 2 oder 3% des Eigenkapitals des Vertragspartners, je nach Eigenkapitalbegriff) eingetragen werden (siehe hierzu das Formulierungsbeispiel unten bei Anm. 41). Da der Schwellenbetrag, wenn es eine feste Größe sein soll, in einer bestimmten Währung anzugeben ist, sollte klargestellt werden, daß entsprechende Beträge in anderen Währungen ebenso ausreichen. Soll der Drittverzug ohne Rücksicht auf die Höhe des geschuldeten Betrags als „Event of Default" gewertet werden, ist es ratsam, zur Vermeidung von Mißverständnissen für den Schwellenwert „Null" einzutragen. Zahlungsrückstände der Sicherungsgeber oder als „Specified Entities" definierter Dritter werden in bezug auf den vereinbarten Schwellenbetrag etwaigen Säumnissen des Vertragspartners selbst hinzugerechnet (User's Guide to the 1992 ISDA Master Agreements, S. 17).

Sachlich werden über den Begriff der „Specified Indebtedness" (vgl. die Definition dieses Begriffs in § 14) als Drittverzug sämtliche Leistungsstörungen erfaßt, die sich auf Verpflichtungen beziehen, die einen Bezug zu einem Darlehen aufweisen („any obligation ... in respect of borrowed money"). Bei Bedarf kann der Begriff der „Specified Indebtedness" in Part 1 (c) des Schedule eingeschränkt, präzisiert (vgl. das Formulierungsbeispiel unten bei Anm. 40) oder auf andere Arten von Verbindlichkeiten (z.B. Leasingraten, Wechselakzepte, Garantieerklärungen, Derivatgeschäfte, letztere etwa durch Bezugnahme auf den Begriff der Specified Transaction i.S. des § 14 MA) ausgedehnt werden.

Als Säumnis („Default") werden alle diejenigen Leistungsstörungen verstanden, die nach der Gestaltung des Drittvertrags zu einer vorzeitigen Fälligkeitstellung der Leistungspflichten geführt haben bzw. die den Gläubiger zu einer vorzeitigen Fälligkeitstellung berechtigen (§ 5 (a)(vi)(1)). Ferner zählt hierzu unabhängig von den in dem betreffenden Vertrag vorgesehenen Rechtsfolgen jede Zahlungsverzögerung, sofern der Gläubiger alle seine ggf. bestehenden Obliegenheiten zur Beanstandung bzw. zur Setzung einer Nachfrist erfüllt hat (§ 5 (a)(vi)(2)).

gg) **Bankruptcy**. Ziel der sog. Liquidationsklausel des § 5 (a)(vii) („Bankruptcy") ist es, den wirtschaftlichen Zustand der Insolvenz des Vertragspartners, des Sicherungsgebers oder eines wiederum speziell hierfür in Part 1 (a) des Schedule zu definierenden Dritten („Specified Entity") tatbestandlich subsumierbar als „Event of Default" zu beschreiben. Rechtstechnisch orientiert sich § 5 (a)(vii) hauptsächlich am Ablauf eines staatlich organisierten Insolvenzverfahrens als äußerem Anhaltspunkt für das Bestehen einer Insolvenzlage. Bei Personengesellschaften („partnerships") kann die Fallgruppe Nr. (1) im Einzelfall zu weit gehen, wenn es im Rahmen eines Gesellschafterwechsels zu einer Auflösung mit anschließender Neugründung der Gesellschaft kommt (*Gooch/Klein,* Documentation for derivatives: Annotated sample agreements, S. 68 f.). Dem Tatbestand der Zahlungsunfähigkeit in Nr. (2) kommt insofern eine besondere Bedeutung zu, als er den relevanten

Zeitpunkt für den „Event of Default" von dem Tatbestandsmerkmal des Insolvenzverfahrens loslöst und noch vor die Antragstellung legt. Auf diese Weise kann vermieden werden, daß die an die Zahlungsunfähigkeit geknüpfte Beendigung des Vertrags (§ 6(c) MA) ggf. mit nationalem Insolvenzrecht in Konflikt gerät (*Gooch/Klein*, Documentation for derivatives: Annotated sample agreements, S. 69). Der dem § 5(a)(vii)(2) zugrunde liegende Begriff der Zahlungsunfähigkeit ist nicht notwendigerweise mit dem insolvenzrechtlichen Begriff der für den Vertragspartner zuständigen lex fori concursus (z.B. § 303 (h)(1) US-BC) identisch. Nach Ansicht des Superior Court of Delaware in einem erstinstanzlichen Urteil vom 13. 8. 1991 z.B. betrifft er auch den Fall, daß eine Gesellschaft aufgrund eines Vorstandsbeschlusses öffentlich verkündet, keine weiteren Zahlungen mehr vornehmen zu wollen (Drexel Burnam Lambert Products v. MCorp., No. C-NO-80, 1991 WL 165941, at * 4 (Del. Super.), zu einer entsprechenden Klausel („fails or is unable to pay its debts")). Die Fallgruppen Nr. (3) bis (7) versuchen, die Vielfalt der insbesondere im anglo-amerikanischen Rechtskreis bekannten insolvenzrechtlichen Verfahrenstypen wiederzugeben. Besonders wichtig ist die Nr. (4), nach der bereits die Eröffnung eines Insolvenzverfahrens ausreicht und selbst die bloße Antragstellung genügen kann, wenn sie nicht innerhalb von 30 Tagen negativ beschieden wird. Ob der Fall der Nichteröffnung mangels Masse als Eigenheit des deutschen Insolvenzrechts hierunter subsumiert werden darf, könnte angesichts des klaren Wortlauts fraglich sein, auch wenn der Normzweck sicherlich deutlich dafür spricht. Die Begriffe des „official management" in Nr. (5) bzw. des „provisional liquidator" in Nr. (6) entstammen dem australischen Insolvenzrecht (User's Guide to the 1992 ISDA Master Agreements, S. 18). In Nr. (7) wird der Fall der Einzelvollstreckung eines dinglich gesicherten Drittgläubigers einbezogen, wenn diese im wesentlichen alle Vermögensgüter umfaßt. Nr. (8) fungiert als Auffangtatbestand für alle diejenigen Verfahren, die sich nicht unter die Nr. (1) bis (7) subsumieren lassen, für das Vertragsgefüge aber eine vergleichbare Wirkung entfalten. Für kontinentaleuropäische Vertragspartner kann es sinnvoll sein, die Vorschrift des § 5(vii) zur Klarstellung (etwa in Part 5 des Schedule) um weitere Fallgruppen zu ergänzen, die der speziellen Terminologie des Insolvenzrechts ihres Heimatstaats angepaßt sind (z.B., wie soeben angesprochen, der Fall der Abweisung des Eröffnungsantrags mangels Masse nach § 107 KO (bzw. ab 1. 1. 1999 nach der Vorschrift des § 26 InsO).

hh) „**Merger Without Assumption**". Nach § 5(a)(viii) („Merger Without Assumption") schließlich muß eine Vertragspartei bzw. deren für sie haftende Sicherungsgeber oder deren Rechtsnachfolger im Falle ihrer wirtschaftlichen Verschmelzung mit einem anderen Unternehmen der Gegenpartei auf Verlangen rechtsverbindlich erklären, daß sie die Verpflichtungen aus dem vorliegenden Vertrag anerkennt bzw. übernimmt. Andernfalls wird diese Verschmelzung nach § 5(a)(viii)(1) als „Event of Default" gewertet. Dies gilt unabhängig davon, ob die Verschmelzung auf gesellschaftsrechtlichem (vgl. §§ 2ff. UmwG) oder auf sachenrechtlichem Wege durch Vermögensübertragung (vgl. § 179a AktG) erfolgt. Gleich behandelt wird der Fall, daß infolge der Verschmelzung (bzw. Vermögensübertragung) eines Vertragspartners dadurch ein unerwartetes Kreditrisiko entsteht, daß eine bestehende Sicherungsabrede die Verbindlichkeiten der neu entstandenen oder veränderten Einheit nicht mehr abdeckt (§ 5(a)(viii)(2)). Erfüllt die Verschmelzung oder Vermögensübertragung gleichzeitig die Voraussetzungen eines „Termination Event" nach § 5(b)(iv) („Credit Event Upon Merger"), geht der vorliegende Tatbestand des § 5(a)(viii) vor.

15. Nicht zurechenbare Beendigungsgründe. Im Gegensatz zu den „Events of Default" handelt es sich bei den „Termination Events" um Beendigungsgründe, die außerhalb des Verantwortungsbereichs einer der Vertragsparteien liegen und sowohl den gesamten Vertrag als auch nur bestimmte Einzeltransaktionen betreffen können.

a) „**Illegality**". Der Tatbestand der „*Illegality*" betrifft den Fall, daß die Entgegennahme von Vertragsleistungen oder die Erfüllung der Verpflichtungen aus diesem Vertrag (§ 5(b)(i)(1)) oder aus einer Sicherungsabrede (§ 5(b)(i)(2)) aufgrund einer nach Abschluß des betreffenden Einzelgeschäfts eingetretenen Änderung der Gesetzeslage oder der Rechtsprechung (Bsp.: Kapitalverkehrsbeschränkungen, Devisenbestimmungen, Wirtschaftsembargo) rechtswidrig wird. Diejenige Vertragspartei, die auf diese Weise mit dem Gesetz in Konflikt geraten würde, wird als „betroffene Partei" („Affected Party") definiert, was bedeutet, daß sie nach § 6 (b) (i) und (ii) dazu verpflichtet ist, dem Vertragspartner die Änderung der Rechtslage mitzuteilen und zu versuchen, die Rechtswidrigkeit durch eine Verlagerung des Geschäfts in eine andere Rechtsordnung zu vermeiden. Wie in § 5 (c) klargestellt wird, geht in dem Falle, wo ein bestimmter Sachverhalt neben einer „Illegality" zugleich die Voraussetzungen eines „Event of Default" nach § 5 (a) erfüllt, die Qualifizierung als „Termination Event" vor. Entsteht eine „Illegality" allerdings dadurch, daß eine Partei entgegen § 4 (b) nicht alles ihr Zumutbare getan hat, um eine erforderliche staatliche Genehmigung zu erhalten, begründet dies keinen „Termination Event" nach § 5 (b) (i), sondern einen „Event of Default" nach § 5 (a) (ii) (User's Guide to the 1992 ISDA Master Agreements, S. 19).

b) „**Tax Event**". Ein zur Beendigung der betroffenen Einzelgeschäfte berechtigendes „Tax Event" liegt dann vor, wenn bestimmte nach diesem Vertrag zu erbringende Zahlungen mit einer unvorhergesehenen, auf eine Rechtsänderung zurückzuführenden Abzugssteuer belastet werden (siehe hierzu bereits oben Anm. 8 und 12). Diejenige Partei, die die wirtschaftliche Last dieser Steuer zumindest mit großer Wahrscheinlichkeit („substantial likelihood") zu tragen hat, entweder weil sie als Schuldnerin gemäß § 2 (d) (i) (4) ausgleichspflichtig ist (s. o. Anm. 8) oder weil sie als Gläubigerin gerade nicht ausgleichsberechtigt ist, ist „Affected Party" und darf die betreffenden Einzelgeschäfte („Affected Transactions") nach § 6 (b) (iv) kündigen, sofern ihr eine Vermeidung der Steuer durch eine Verlagerung des Geschäfts in eine andere Rechtsordnung nicht möglich ist. Kein „Tax Event" ist demgegenüber in den Fällen gegeben, in denen eine bei Vertragsschluß noch nicht absehbare Steuererhebung nicht etwa auf einer Rechtsänderung, sondern auf dem zurechenbaren Verhalten der belasteten Partei beruht. Ebenfalls ausgenommen aus dem Anwendungsbereich des § 5 (b) (ii) ist die Besteuerung von Verzugszinsen sowie von Zinsen auf den Ausgleichsanspruch bei Beendigung des Vertrags. In der Praxis wird bisweilen versucht, den Begriff der „substantial likelihood" in Part 5 des Schedule z. B. dadurch zu präzisieren, daß das Vorlegen eines entsprechenden Rechtsgutachtens einer Anwaltskanzlei („legal opinion") verlangt wird (*Jahn*, Die Bank 1988, 100, 102, zur entsprechenden Vorschrift im 1987 ISDA IRCEA). Bisweilen werden die Worte „..., or there is a substantial likelihood that it will, ..." in § 5 (b) (ii) auch ganz gestrichen.

c) „**Tax Event Upon Merger**". Die Fallgruppe des „Tax Event Upon Merger" erfaßt Situationen, in denen die steuerliche Mehrbelastung des ausgleichspflichtigen Schuldners oder des nicht ausgleichsberechtigten Zahlungsempfängers darauf beruht, daß eine der Parteien mit einem anderen Rechtssubjekt gesellschaftsrechtlich im Wege der Gesamtrechtsnachfolge oder sachenrechtlich durch Vermögensübertragung verschmilzt. Denkbar ist dies insbesondere im Falle einer internationalen Verschmelzung, wenn das aufnehmende Rechtssubjekt einem anderen Staat angehört als die in diesem aufgehende bzw. auf dieses übertragende Vertragspartei. Nur die Gegenpartei, nicht aber die von der Verschmelzung betroffene Partei (definiert als „Affected Party") selbst ist nach § 6 (b) (iv) (2) zur Kündigung des Vertrags berechtigt, falls sie es ist, die mit dem Steuerrisiko belastet ist (sog. „Burdened Party"). Ebenso wie beim „Tax Event" des § 5 (b) (ii) sind auch beim Tatbestand des § 5 (b) (iii), wie der dortige Hinweis auf § 2 (d) (i) (4) ergibt, die Fälle ausgenommen, wo die belastete Partei für die steuerliche Mehrbelastung selbst verantwortlich ist, weil sie eine falsche Zusicherung erteilt oder nicht die für eine Steuerbefreiung benötigten Unterlagen zur Verfügung gestellt hat. Gleichermaßen ausgeschlossen sind wiederum Steuern, die auf Verzugszinsen oder auf die Verzinsung des Ausgleichsanspruchs nach § 6 (d) (ii), 6 (e) erhoben werden. Erfüllt der Sachverhalt gleichzeitig die Voraussetzungen eines „Merger Without Assumption" nach § 5 (a) (viii) (s. o. Anm. 14), geht dieser Tatbestand als „Event of Default" dem „Tax Event Upon Merger" vor.

d) „Credit Event Upon Merger". Der Tatbestand des „Credit Event Upon Merger" betrifft den Fall, daß die Bonität einer Partei, ihres Sicherungsgebers oder ggf. zu diesem Zweck in Part 1(a) des Schedule zu definierender, dieser Partei zuzurechnender Dritter in der Folge einer Verschmelzung (bzw. Vermögensübertragung) „wesentlich geringer" („materially weaker") wird, als sie es unmittelbar vor dieser Maßnahme war. Die Gegenpartei der von der Bonitätsverschlechterung betroffenen Vertragsseite (letztere definiert als „Affected Party") ist unter den Voraussetzungen des § 6(b)(iv) zur Kündigung des Vertrags berechtigt. Hervorzuheben ist, daß der „Credit Event Upon Merger" nach der Vertragsstruktur im Gegensatz zu den zuvor erörterten Fallgruppen nur dann wirksam als „Termination Event" vereinbart ist, wenn dies in Part 1(d) des Schedule ausdrücklich und für jede Partei getrennt so bestimmt wird. Wie der „Tax Event Upon Merger" tritt auch der „Credit Event Upon Merger" hinter dem Tatbestand des „Merger Without Assumption" als „Event of Default" (§ 5(a)(viii)) zurück. Die besondere Bedeutung des „Credit Event Upon Merger" besteht demgegenüber darin, daß im Falle einer Verschmelzung die Anerkennung der vertraglichen Leistungsverpflichtungen der von der Verschmelzung betroffenen Partei durch die neue, überlebende bzw. aufnehmende Einheit die Gegenseite dann nicht vor einer unzumutbaren Schlechterstellung durch die Verschmelzung (bzw. Vermögensübertragung) bewahrt, wenn die Bonität letzterer deutlich unterhalb der Bonität des ursprünglichen Vertragspartners bzw. des Vertragspartners in seiner ursprünglichen Gestalt liegt. Auf Gestaltungsmöglichkeiten zur Ergänzung oder Abänderung des Tatbestands des „Credit Event Upon Merger" wird unten in Anm. 42 eingegangen.

e) „Additional Termination Event". Der in Absatz (v) („Additional Termination Event") enthaltene Verweis auf weitere, im Schedule (Part 1(h)) oder in den einzelnen „Confirmations" zu vereinbarende „Termination Events" beruht auf der Erkenntnis, daß die Fallgruppen der Abs. (i) bis (iv) in der Praxis nicht in allen Fällen ausreichen. Im Zusammenhang mit der Vereinbarung zusätzlicher „Termination Events" sollte festgelegt werden, welche der Parteien als „Affected Party" i.S. des § 6(b)(iv) zu betrachten ist mit der Folge, daß das Kündigungsrecht lediglich der entsprechenden Gegenpartei zusteht. Soll bei Auftreten des betreffenden „Additional Termination Event" beiden Parteien eine Kündigung des Vertrags ermöglicht werden, sind beide als „Affected Parties" zu definieren. Soweit ausdrücklich nichts anderes bestimmt wird, erfaßt die Kündigung sämtliche laufenden Einzeltransaktionen. Dies ergibt sich aus der Definition der „betroffenen Geschäfte" („Affected Transactions") in § 14 MA. Diese Regelung beruht auf der praktischen Erfahrung, daß die zusätzlich vereinbarten „Termination Events" in aller Regel nicht auf transaktionsspezifische Störungsfaktoren, sondern auf die Bonität des Vertragspartners bzw. des Sicherungsgebers (und zwar im Unterschied zum „Credit Event Upon Merger" unabhängig von einer Verschmelzung) abstellen (User's Guide to the 1992 ISDA Master Agreements, S. 20). Falls die Parteien vereinbaren wollen, daß ihr „Additional Termination Event" nur eine einzelne oder nur bestimmte Transaktionen betrifft (z.B. wenn das Schicksal eines Swaps an das Schicksal des Basisgeschäfts gebunden wird), müssen sie lit. (a) der Definition der „Affected Transactions" in § 14 entsprechend ergänzen. Formulierungsbeispiele für die Gestaltung eines „Additional Termination Event" finden sich unten in Anm. 47.

16. Vertragsbeendigung bei zurechenbaren Beendigungsgründen. Die Vorschrift des § 6 regelt die Rechtsfolgen der in § 5 genannten Tatbestände. Sie versteht sich nicht als abschließend (vgl. § 9(d): „Remedies Cumulative"), so daß ggf. weitergehende gesetzliche Ansprüche (insbesondere wegen der Verletzung von vertraglichen Nebenpflichten, z.B. Aufklärungspflichten etc.) nach der anwendbaren Rechtsordnung gegeben sein können.

§ 6(a) gewährt einer Partei (im folgenden der Einfachheit halber „vertragstreue" Partei genannt) ein Recht zur Herbeiführung der Beendigung des Gesamtvertrags einschließlich aller noch nicht beiderseitig erfüllten Einzeltransaktionen bei Vorliegen eines „Event of Default" (§ 5(a)) in der Person ihres Vertragspartners (im folgenden der Einfachheit halber „vertragsbrüchige" Partei genannt), deren Garanten („Credit Support Provider", Part

4 (g) des Schedule) oder eines dem Vertragspartner zuzurechnenden Dritten („Specified Entity", Part 1 (a) des Schedule). Hierzu hat die vertragstreue Partei der vertragsbrüchigen Partei unter Angabe des beanstandeten Beendigungsgrundes in einer der in § 12 zur Auswahl gestellten Formen (mit Ausnahme von Fax und elektronisch betriebenem Informationsverbreitungssystem) einen Zeitpunkt für die Beendigung des Vertrags (sog. „Early Termination Date") mitzuteilen, der nicht früher als der Zugang (vgl. die Definition des Zugangs in § 12) dieser Mitteilung und nicht später als 20 Tage nach deren Zugang liegen darf. Rechtlich muß man diese Mitteilung als Kündigung interpretieren. Verfehlt wäre es demgegenüber den Zeitraum zwischen dem Zugang der Mitteilung und dem „Early Termination Date" als Kündigungsfrist zu begreifen. Dies zeigt sich schon daran, daß die primären Leistungspflichten aus den von der Beendigung betroffenen Geschäften nach § 6 (c) (ii) bereits ab Wirksamwerden, d. h. Zugang der Kündigung erlöschen (§ 6 (c) (i), siehe hierzu unten Anm. 18 (a)). Die lediglich isolierte Beendigung einzelner Transaktionen ist angesichts der Natur der „Events of Default", welche das Vertrauen der Gegenseite in die Erfüllungsbereitschaft bzw. -fähigkeit der vertragsbrüchigen Partei in grundsätzlicher Weise erschüttern, nicht zulässig und rechtfertigt sich mit der Einheitlichkeit des Gesamtvertrags (§ 1 (c)). Auf diese Weise wird gewährleistet, daß die vertragstreue Partei ebensowenig ein „cherry picking" betreiben kann wie der Insolvenzverwalter der vertragsbrüchigen (siehe hierzu bereits Anm. 1 (b) sowie Anm. 4, 5 und 7). Das Recht der vertragstreuen Partei zur Bestimmung eines „Early Termination Date" erlischt, wenn der betreffende Beendigungsgrund vor Zugang der Mitteilung der Vertragsstörung an die vertragsbrüchige Partei beseitigt wird. Dies ergibt sich aus dem Tatbestandsmerkmal „and then is continuing" in Satz 1 des § 6 (a). Erfolgt die Beseitigung dagegen erst nach Zugang der Mitteilung, vermag sie die Beendigung des Vertrags gemäß § 6 (c) (i) nicht mehr zu verhindern. Für die in § 5 (vii) (1), (3), (4), (5), (6) skizzierten Insolvenztatbestände bzw. für Sachverhalte, die diesen vergleichbar sind (§ 5 (vii) (8)), besteht die Möglichkeit, in Part 1 (e) des Schedule zusätzlich für jede Partei gesondert zu vereinbaren, daß der Vertrag bei deren Eintreten automatisch beendet wird (sog. „Automatic Early Termination"). Um etwaigen Kollisionen mit dem Wahlrecht des Insolvenzverwalters nach dem anwendbaren Insolvenzrecht zu entgehen, ist es wichtig, daß die automatische Beendigung bereits vor Eröffnung des Insolvenzverfahrens und ggf. sogar vor Stellen des Eöffnungsantrags eintritt. Während dies in den Fällen des § 5 (vii) (1), (3), (5) und (6) bereits aufgrund der Tatbestandsstruktur gewährleistet ist, war für den Fall, daß die Eröffnung des Insolvenzverfahrens bzw. das Stellen des Eröffnungsantrags selbst Auslöser einer automatischen Beendigung sind, eine ausdrückliche Klarstellung erforderlich. Deshalb endet der Vertrag nach § 6 (a) Satz 2 a. E. für den Tatbestand des § 5 (a) (vii) (4) eine juristische Sekunde vor („immediately preceding") der Eröffnung eines Insolvenzverfahrens bzw. der Beantragung der Eröffnung eines solchen Verfahrens. Zur rechtlichen Beurteilung der automatischen Beendigung nach den einzelnen Insolvenzrechtsordnungen siehe die entsprechenden Ausführungen unten bei Anm. 18 (b) (bb).

17. Vertragsbeendigung bei nicht zurechenbaren Beendigungsgründen. Im Bereich der nicht zurechenbaren „Termination Events" grenzt, wie bereits oben in Anm. 15 angedeutet, der Begriff der „betroffenen Partei" („Affected Party") bzw. – für den Fall des „Tax Event Upon Merger" – der „Burdened Party" die vertraglichen Risikobereiche gegeneinander ab und bestimmt, wer den Vertrag beendigen darf und wie die Gewinne bzw. Verluste aus den sich im Zeitpunkt der Vertragsbeendigung für beide Vertragsparteien jeweils ergebenden Positionen zwischen diesen aufzuteilen sind. Eine Ausnahme von diesen Grundsätzen bildet nach § 6 (b) (iv) der Fall der „Illegality" insofern, als dort auch die nicht „betroffene Partei" zur Kündigung berechtigt ist. Die in den einzelnen Tatbeständen des § 5 (b) jeweils definierte „Affected Party", in deren Bereich ein bestimmtes „Termination Event" eingetreten ist, hat der anderen Seite von dieser Tatsache unter Angabe der näheren Einzelheiten unverzüglich Mitteilung zu machen. Gleichmäßig auf beide Vertragspartner wird das Beendigungs- sowie das Gewinn- bzw. Verlustrisiko dort verteilt, wo beide Parteien von einem „Termination Event" gleichermaßen betroffen sind. Denkbar ist eine solche Situation, abgesehen von etwaigen zusätzlich vereinbarten „Additional Termination Events" nur im Rahmen der Tatbestände der „Illegality" sowie des „Tax Event". Im zuletzt genannten Falle gilt dies angesichts der in § 2(d) bereits getroffenen Risikoverteilung nur, wenn die Steuerrechtsänderung die Zahlungen beider Vertragsseiten gleichzeitig betrifft.

Für bestimmte „Termination Events" wird die Kündigungsmöglichkeit zusätzlich davon abhängig gemacht, daß die „Affected Party" alle vernünftigen Anstrengungen unternommen hat, um die vom Eintreten des „Termination Event" betroffenen Einzelgeschäfte (sog. „Affected Transactions", § 14) mit der vorherigen schriftlichen Zustimmung der Gegenpartei (§ 6(b)(ii), letzter Teilabsatz) zur Beseitigung der aufgetretenen Vertragsstörung binnen 20 Tagen auf eine andere Zweigstelle oder eine andere Konzerngesellschaft umzubuchen bzw. zu übertragen. Hierzu zählen der Fall einer die Erfüllung der Hauptleistungspflichten betreffenden „Illegality" nach § 5(a)(i)(1), der Fall eines „Tax Event Upon Merger", wenn die von der Verschmelzung betroffene Partei nach § 2(d)(i)(4) die Last der Steuermehrzahlung selbst zu tragen hat, sowie jedes „Tax Event". Gelingt der betroffenen Vertragspartei die Umbuchung bzw. Übertragung der betroffenen Transaktionen nicht, darf dies die Gegenpartei ihrerseits bis einschließlich zum dreißigsten Tag nach Erhalt der Mitteilung vom Bestehen des betreffenden „Termination Event" versuchen. Sind beide Seiten von einer nachträglichen Rechtswidrigkeit oder einer nachträglichen Erhöhung der Steuerlast betroffen, müssen sie nach § 6(b)(iii) alle zumutbaren Anstrengungen („all reasonable efforts") unternehmen, um innerhalb von 30 Tagen nach Mitteilung zu einer einvernehmlichen Lösung bzgl. der Vermeidung dieser Vertragsstörung zu gelangen.

18. Rechtswirkungen der Kündigung. a) Vertragliche Beendigung aller oder einzelner Transaktionen. Mit dem Zugang der Mitteilung über die Bestimmung des „Early Termination Date" wird die Kündigung wirksam, auch wenn später der Beendigungsgrund wieder wegfallen sollte (§ 6(c)(i)). Mit Eintreten des Beendigungsgrundes (im Falle der Vereinbarung einer automatischen Beendigung, s. o. Anm. 16) bzw. ab Zugang der Kündigung (in allen übrigen Fällen) erlöschen gemäß § 6(c)(ii) sämtliche bis dahin noch nicht erfüllten primären Leistungspflichten nach § 2(a)(i) einschließlich etwaiger Ansprüche auf Verzugszinsen nach § 2(e) aus allen Einzelgeschäften im Falle eines „Event of Default" sowie aus den von der Vertragsstörung „betroffenen Transaktionen" bei Vorliegen eines „Termination Event" (vgl. die Definition der „Terminated Transactions" in § 14). Der Tatbestand des „Credit Event Upon Merger" ist, abgesehen von etwaigen zusätzlich vereinbarten „Additional Termination Events", der einzige in § 5(b) genannte „Termination Event", bei dem regelmäßig alle Einzelgeschäfte „Affected Transactions" sind und vorzeitig beendet werden können. Dies ergibt sich aus der Definition der „Affected Transaction" in § 14. An die Stelle der erloschenen, bisher noch nicht erfüllten Leistungspflichten tritt ein einheitlicher, nach § 6(e) auf der Grundlage einer Verrechnung der einzelnen Schadenspositionen aus den beendeten Transaktionen („Close-out Netting", zu den möglichen Arten der Schadensberechung s. u. Anm. 19(a) und (b), Anm. 20(a)) zu bestimmender Ausgleichsanspruch. Für den praktisch wichtigen Fall der Insolvenz einer Vertragspartei, die nach § 5(a)(vii) einen „Event of Default" darstellt, ergibt sich aus dieser Regelung die entweder automatisch oder nach Kündigung eintretende Beendigung des Gesamtvertrags. Für die Ausübung des Wahlrechts des Insolvenzverwalters bleibt daher kein Raum mehr, so daß die Gefahr eines „cherry picking" ausgeschlossen wird.

b) Anerkennung des „Close-out Netting" durch die zuständige Insolvenzrechtsordnung. Voraussetzung für das Funktonieren dieser Vertragsgestaltung ist allerdings, daß die Kündigung bzw. die automatische Beendigung des Gesamtvertrags aufgrund der §§ 5(a)(vii), 6(a) und (c) MA nicht nur vom zuständigen Vertragsstatut (angesichts der Rechtswahlklausel des § 13(a) i.V.m. Part 4(h) des Schedule ist dies New Yorker Recht oder englisches Recht), sondern auch vom zuständigen Konkursstatut als wirksam anerkannt werden.

aa) **Allgemeine Bedingungen der Anerkennung.** Insolvenzrechtliche Regelungen der lex fori mit materiellrechtlichen Auswirkungen, wie es das Wahlrecht des Insolvenzverwalters darstellt, werden von den nationalen Insolvenzgerichten gegenüber widersprechenden Regelungen des Vertragsstatuts regelmäßig als vorrangig behandelt. Sollte das nationale Insolvenzrecht eines Vertragspartners ein vertragliches „Close-out Netting" nicht anerkennen (z.B. in Spanien und Portugal), kann es aus der Sicht des Gläubigers u.U. taktisch sinnvoll sein, in einem Drittstaat, der diese Art der Abwicklung laufender Transaktionen anerkennt und in welchem der Schuldner ebenfalls Vermögen besitzt, die Eröffnung eines separaten Insolvenzverfahrens zu beantragen. Die größten Erfolgsaussichten verspricht dieses Vorgehen, wenn es geschieht, noch bevor der Insolvenzverwalter des Heimatstaates des Schuldners in diesem Drittstaat die Exequatur des Eröffnungsbeschlusses beantragt.

Besondere Probleme internationalkonkursrechtlicher Art könnte das „Close-out Netting" aufwerfen, wenn die Parteien über eine Vielzahl von Zweigstellen in unterschiedlichen Staaten verfügen („Multibranch Parties"), von denen mehrere oder alle gemäß § 10(c) i.V.m. Part 4(d) des Schedule in die Abwicklung des Vertrags involviert sind. Dann nämlich besteht die Gefahr, daß die Insolvenz einer solchen „Multibranch Party" neben der Eröffnung eines Hauptinsolvenzverfahrens am Ort des Gesellschaftssitzes zusätzlich im Ausland zur Eröffnung territorial begrenzter Nebeninsolvenzverfahren über das Vermögen der einzelnen Zweigstellen nach dortigem Insolvenzrecht führt. Diese Möglichkeit wird auch im Anwendungsbereich der beiden europäischen Insolvenzabkommen in keiner Weise ausgeschlossen (vgl. Art. 18f. des Istanbuler Europarat-Übereinkommens vom 5.6.1990, sowie Art. 27ff. des am 23.11.1995 von allen Mitgliedsstaaten außer Großbritannien unterzeichneten EU-Konkursabkommens, letzteres bei Drucklegung noch nicht in Kraft und noch nicht im AblEG veröffentlicht, abgedruckt in ZIP 1996, 976ff.). In Rahmen solcher Sekundärinsolvenzverfahren könnten dann die ausländischen Insolvenzverwalter versuchen, die Ausgleichsforderungen aus einzelnen, mit der jeweiligen Zweigstelle verbundenen Geschäften zur Insolvenzmasse der Niederlassung zu ziehen und der globalen Verrechnung aller gegenseitigen, sich aus den beendeten Einzeltransaktionen ergebenden Ausgleichsforderungen im Staat des Gesellschaftssitzes die Anerkennung zu verweigern. Es wird deshalb die Ansicht vertreten, ein „multibranch"-Netting sei erst in dem Augenblick möglich, wo sichergestellt sei, daß die Insolvenz eines Vertragspartners mit mehreren Zweigstellen in unterschiedlichen Ländern zu einem einzigen Konkursverfahren führe (*Global Derivatives Study Group*, Appendix I: Working Papers, Washington 1993, S. 53).

bb) **Die Rechtslage im einzelnen.** Die ISDA hat im Jahre 1994 zur Frage der rechtlichen Wirksamkeit der Netting-Vorschriften des ISDA-MA Rechtsgutachten zur Rechtslage in 23 verschiedenen Ländern in Auftrag gegeben. Als Ergebnis dieser Untersuchung ist festzuhalten, daß das „Close-out Netting" in allen zwölf G-10 Staaten (Belgien, Deutschland, Frankreich, Italien, Japan, Kanada, Luxemburg Niederlande, Schweden, Schweiz, USA sowie das Vereinigtes Königreich) wirksam ist. Gewisse Zweifel ergaben sich insofern nur bezüglich der Anerkennung des „multibranch"-Netting in Italien. Darüber hinaus sollen die ISDA Netting-Klauseln auch auf Cayman-Island, in Dänemark, Hongkong, Indonesien, in Luxemburg, Malaysia, Neuseeland, in Österreich, Singapur und in Thailand zu keinen rechtlichen Problemen führen. Zum Ergebnis der Unwirksamkeit der genannten Beendigungsvorschriften kommen die Gutachten dagegen bei Portugal und Spanien (siehe hierzu das interne ISDA-Memorandum „ISDA Netting Options" von *Cravath, Swaine & Moore* vom 9.3.1995, abgedruckt in: Practising Law Institute (Hrsg.), S. 377ff.). Auf EU-Ebene hat mittlerweile das Europäische Parlament auf Antrag des griechischen Abgeordneten *Giorgos Katiforis* (DOC-DE\RR\280817) in einer Entschließung vom September 1995 mit dem Titel „Zu den derivaten Finanzinstrumenten: ihre derzeitige Rolle auf den Kapitalmärkten, ihre Vorteile und Risiken" die Kommission dazu aufgefordert, binnen eines Jahres Vorschläge zur „Verstärkung der Rechtswirksamkeit von Netting-Vereinbarungen" zu unterbreiten.

(1) Deutschland. Nach *deutschem* Insolvenzrecht kann das „Close-out Netting" grundsätzlich bereits deshalb nicht mit dem Wahlrecht des Konkursverwalters nach § 17 KO in Konflikt geraten, weil Erfüllungsansprüche aus Finanztermingeschäften nunmehr nach Art. 105 I, III EGInsO mit Eröffnung eines Konkurs-, Vergleich- oder Gesamtvollstreckungsverfahrens ipse jure erlöschen. Die bis zur Einführung dieser Regelung (zunächst durch Art. 15 des zweiten Finanzmarktförderungsgesetzes vom 26. 7. 1994) geführte Diskussion, ob und inwieweit Finanztermingeschäfte „Fixgeschäfte" nach § 18 KO sind, hat sich damit erübrigt (siehe hierzu etwa noch *Ebenroth/Messer* ZVglRWiss 87 (1988), 1, 23 f, *Erne*, Die Swapgeschäfte der Banken: eine rechtliche Betrachtung der Finanzswaps unter besonderer Berücksichtigung des deutschen Zivil-, Börsen-, Konkurs- und Aufsichtsrechts, Berlin 1992, S. 109 f., sowie *Obermüller*, Swap-Geschäfte bei Insolvenz, FS Merz (1992), 423, 433 f., jeweils zu Zins- und Währungsswaps).

Es verbleibt allerdings die Frage nach dem Verhältnis zwischen gesetzlicher (nach Art. 105 I 1 EGInsO) und vertraglicher (nach § 6(a) MA) Beendigung für den Fall, daß die jeweiligen Beendigungszeitpunkte differieren. Denkbar ist dies nicht nur angesichts des Kündigungsrechts des § 6(a) Satz 1 MA, das dem vertragstreuen Teil einen Ermessensspielraum bei der Bestimmung des genauen Beendigungszeitpunkts gewährt, sondern auch bei Vereinbarung einer „automatic early termination" in Part 1(e) des Schedule, soweit es die Beendigungsgründe des § 5(a)(vii) Abs. (1), (3) oder (6), jeweils i.V.m. § 6(a) Satz 2, betrifft. Nur der Fall des § 5(a)(vii)(4) i.V.m. § 6(a) Satz 2 deckt sich im Detail mit der gesetzlichen Regelung. Zur Lösung des entstehenden Konflikts wird man möglicherweise danach unterscheiden müssen, ob der vertraglich (im Falle einer automatischen Beendigung) bzw. aufgrund des Vertrages (im Falle einer Kündigung) definierte Beendigungszeitpunkt vor (sei es auch nur eine juristische Sekunde) oder nach dem gesetzlich bestimmten, also vor oder nach Eröffnung des Insolvenzverfahrens liegt. Angesichts des grundsätzlich zwingenden Charakters insolvenzrechtlicher Bestimmungen spricht viel dafür, den Vertrag spätestens mit Eröffnung des Insolvenzverfahrens als beendet zu betrachten. Insofern geht Art. 105 I 1 EGInsO der vertraglichen Bestimmung eines späteren Beendigungszeitpunktes vor (a.A. *Kümpel*, Bank- und Kapitalmarktrecht, Köln 1995, S. 1130, unter Berufung auf den in der Endfassung des Gesetzes gestrichenen § 137 II des RegE: Die InsO schränke vertragliche Vereinbarungen über die Auflösung eines gegenseitigen Vertrages im Falle der Eröffnung eines Insolvenzverfahrens nicht in ihrer Wirksamkeit ein). Auf der anderen Seite muß bezweifelt werden, ob Art. 105 I 1 EGInsO als insolvenzrechtliche Vorschrift, die das Schicksal noch nicht erfüllter Verträge in der Insolvenz regelt, auch solchen vertraglichen Absprachen vorgehen möchte, die zu einer Beendigung des Vertrags *vor* Konkurseröffnung führen.

Die Zulässigkeit der Errechnung einer einheitlichen Ausgleichsforderung für alle beendeten Einzelgeschäfte eines Rahmenvertrags ergibt sich aus Art. 105 I 3, II EGInsO. Zwar ist bereits nach der allgemeinen Vorschrift des § 54 KO eine Verrechnung gegenseitiger Forderungen im Konkurs nicht ausgeschlossen, wenn die Schuld des Gläubigers bereits vor Konkurseröffnung betagt oder bedingt entstanden war. Dabei gelten Schadensersatzforderungen des vertragstreuen Teils gegenüber dem Gemeinschuldner aus der Beendigung eines Vertrags als aufschiebend bedingt (Kilger-*K. Schmidt*, KO, 16. A. 1993, § 54, Rz. 4, zum Schadensersatzanspruch bei Ablehnung der Vertragserfüllung durch den Konkursverwalter, u.a. unter Hinweis auf BGHZ 15, 333). Die selbständige Bedeutung des Art. 105 I 3 EGInsO besteht aber gerade in der insolvenzrechtlichen Anerkennung der Einheitlichkeit des Gesamtvertrags. Dadurch verlieren die Ausgleichssalden aus den einzelnen Transaktionen ihren selbständigen Charakter als Forderungen und werden zu bloßen Rechnungsposten im Rahmen eines einheitlichen Schadensersatzanspruchs wegen Nichterfüllung des Gesamtvertrags. Für eine Aufrechnung ist damit kein Platz mehr. Der Wortlaut des Art. 105 I 3, II EGInsO deckt auch das „multibranch"-Netting des Vertragspartners einer ausländischen Gesellschaft, die am Ort ihres Sitzes Gegenstand eines Insolvenzverfahrens ist und über deren deutsche Zweigstelle nach Art. 102 III EGInsO ein separates deutsches Insolvenzverfahren eröffnet wird. Der Normzweck des Art. 105 EGInsO, der nicht zuletzt in der Anpassung des deutschen Insolvenzrechts an das „erhebliche Interesse des *internationalen* [Hervorhebung durch die Verfasser] Geschäftsverkehrs an einer generellen Saldierungsmöglichkeit" (Bericht des Rechtsauschusses des Bundestags zu § 118 des Regierungsentwurfs, abgedruckt bei *Balz/Landfermann,* Die neuen Insolvenzgesetze, Düsseldorf 1995, S. 195) und in der Förderung des Finanzplatzes „Deutschland" besteht, spricht ebenfalls für eine Anerkennung des „multibranch"-Netting. Für die Frage der Vereinbarkeit der einzelnen, in § 6(e) MA zur Auswahl gestellten Verfahren zur Berechnung des Ausgleichsanspruchs mit dem deutschem Insolvenzrecht s. u. Anm. 19(b).

(2) Schweiz. In der *Schweiz* ist seit dem 1. 1. 1997 eine Gesetzesänderung in Kraft, die sich am deutschen Vorbild des § 104 InsO orientiert. Nach dem in Art. 211 des Bundesgesetzes über Schuldbeitreibung und Konkurs vom 11. 4. 1898 (SchKG) neu eingefügten Absatz 2bis ist das Wahlrecht des Konkursverwalters ausgeschlossen bei „Fixgeschäften" sowie bei „Finanztermin-, Swap- und Optionsgeschäften, wenn der Wert der vertraglichen Leistungen im Zeitpunkt der Konkurseröffnung aufgrund von Markt- oder Börsenpreisen bestimmbar ist" (vgl. den Regierungsentwurf einschließlich Begründung in BBl 1994 I 1315 ff., 1329). Für solche Einzeltransaktionen, die sich nicht unter die neue Vorschrift subsumieren lassen, ist die „Close-out Netting"-Bestimmung des § 6 MA noch an Art. 211 II SchKG zu messen, der das allgemeine Eintrittsrecht des Insolvenzverwalters normiert. Die Vereinbarung der automatischen Beendigung eines Vertrags auf den Insolvenzfall wird dabei für wirksam gehalten (*Affentranger/Schenker* IFLR Jan. 1995, 35; ebenso *Zobl/Werlen,* S. 77 ff., 88 ff., speziell in bezug auf den „Automatic Close-Out" in § 4 des FXNET-Agreements für den internationalen Devisenhandel). Demgegenüber soll die Wirksamkeit der Vereinbarung eines Kündigungsrechts auf den Insolvenzfall zweifelhaft sein, da die Beendigung dann erst nach Eintritt des Insolvenzfalls und damit zu einem Zeitpunkt erfolgt, wo die Entscheidung über die Beendigung von Verträgen (aus Gründen der Insolvenz) ausschließlich dem Insolvenzverwalter zusteht. Bei Verträgen mit Schweizer Vertragspartnern, so heißt es, sei daher die Vereinbarung einer automatischen Beendigung zu empfehlen (*Affentranger/Schenker,* a. a. O.).

(3) Frankreich. In *Frankreich* erlaubt nunmehr Art. 2 des Gesetzes vom 28. 3. 1885 (eingefügt durch Art. 8 des Gesetzes Nr. 93–1444 vom 31. 12. 1993) ausdrücklich die automatische Beendigung (Art. 2 II: „résiliation de plein droit des marchés") der in Art. 1 definierten, nahezu alle derzeit bekannten Derivate abdeckenden Finanzgeschäfte (s. o. Anm. 10(b)(cc)) auf den Insolvenzfall sowie deren Verrechnung (Art. 2 I: „les dettes et créances ... sont compensables selon les modalités d'evaluation prévues par ... ladite convention-cadre"). Hierzu müssen diese Geschäfte entweder an einer Börse abgeschlossen worden sein und den entsprechenden internen Börsenordnungen entsprechen oder aber als OTC-Geschäfte in einen Rahmenvertrag eingebettet sein. In letzterem Falle muß der Rahmenvertrag „im Grundsatz" („les principes généraux") den Bestimmungen eines regional oder international üblichen Musterrahmenvertrags („convention-cadre de place nationale ou internationale") entsprechen. Der Gesetzgeber hat hierbei ausweislich der Gesetzesmaterialien neben dem Rahmenvertrag der AFB an die ISDA Master Agreements gedacht. In welchem Ausmaß im Einzelfall bei der Individualisierung des vorliegenden MA (insbesondere in Part 5 des Schedule und in den „Confirmations") Abweichungen vereinbart werden dürfen, läßt sich dem Gesetz nicht entnehmen. Angesichts der Notwendigkeit einer individuellen Anpassung der Musterbestimmungen an die Besonderheiten des Einzelfalles, derer sich auch der Gesetzgeber bewußt war, dürfte die Grenze erst dort liegen, wo der Sinngehalt des Mustervertrags denaturiert wird (*Bossin/Lefranc,* Banque, fév. 1994, 58, 61).

Weitere Voraussetzung einer Anerkennung des „Close-out Netting" nach Art. 2 des Gesetzes vom 28. 3. 1885 ist, daß zumindest eine der Vertragsparteien Kreditinstitut i.S.

der Art. 8 und 69 des Gesetzes Nr. 84–46 vom 24. 1. 1984 („loi bancaire"), Versicherung i. S. des Art. L 310–1 des Code des assurances oder Börsengesellschaft i. S. des Gesetzes Nr. 88–70 vom 22. 1. 1988 bzw. ein vergleichbares ausländisches Institut ist. Die Gesetzesmaterialien nehmen übrigens ausdrücklich auf das seinerzeit noch nicht abgeschlossene europäische „Exchange Clearing House" („ECHO")-Projekt für das multilaterale Interbanken-Netting im Bereich von Devisenkassa- und Devisentermingeschäften Bezug. Hieraus ergibt sich, daß Art. 2 des Gesetzes vom 28. 3. 1885 nicht nur bilaterales-, sondern auch multilaterales Netting abdecken soll (*Le Guen*, Le „netting" ..., S. 41, 46).

Eine entsprechende Anerkennung des „Close-out Netting" speziell für Pensionsgeschäfte („opérations de pensions", hierzu *Rives-Lange/Contamine-Raynaud*, Droit bancaire, 6. A., Paris 1995, Rz. 711 ff.) hat Art. 12 V *bis* des Gesetzes Nr. 93–1444 vom 31. 12. 1993 (eingefügt durch Gesetz Nr. 94–679 vom 8. 8. 1994) gebracht.

Für diejenigen Verträge, die die genannten Voraussetzungen des Art. 2 zur Anerkennung des „Close-out Netting" nicht erfüllen, gelten die allgemeinen Vorschriften. Problematisch ist hier die Vorschrift des Art. 37 VI des Insolvenzgesetzes Nr. 85–98 vom 25. 1. 1985 (in der Fassung des Gesetzes Nr. 94–475 vom 10. 6. 1994), nach der nicht nur Vertragsklauseln, die das Recht zur Kündigung bzw. die automatische Beendigung an die Tatsache der Eröffnung des Insolvenzverfahrens knüpfen (so § 5 (a) (vii) (4) MA) unwirksam sind, sondern auch solche, die dies in bezug auf die „Unteilbarkeit", d. h. die Einheitlichkeit des Vertrags tun (hierzu bereits oben Anm. 4d. sowie allgemein zur Zulässigkeit des „Close-out Netting" nach französischem Insolvenzrecht *Boulat/Chabert*, S. 176 ff.). Entscheidend für die zumindest teilweise Verhinderung eines „cherry picking" durch den französischen Insolvenzverwalter könnte angesichts der um Art. 37 VI des genannten Gesetzes herum bestehenden Unsicherheiten deshalb der durch Gesetz vom 10. 6. 1994 geänderte Art. 33 des Insolvenzgesetzes Nr. 85–98 vom 25. 1. 1985 werden, wonach bei „konnexen Forderungen" eine Insolvenzaufrechnung zulässig ist. Mit dieser Vorschrift wird eine entsprechende Rechtsprechung der Cour de cassation vom Gesetzgeber übernommen (Einzelheiten bei *Le Guen*, Le „netting" ..., S. 41, 44 f.).

(4) Belgien. Art. 157 des *belgischen* Bankengesetzes („loi relatif au statut et au contrôle des établissements de crédit") vom 22. 3. 1993 sieht die insolvenzrechtliche Anerkennung von bi- und multilateralen Close Out Netting Vereinbarungen zwischen „Kreditinstituten" oder Clearing-Häusern vor. Die Banque Nationale de Belgique sowie das Institut de Réescompte et de Garantie gelten als „Kreditinstitute" i. S. dieser Vorschrift. Für Verträge mit Nicht-Banken empfiehlt sich die Vereinbarung einer automatischen Beendigung, die nach einhelliger Meinung aus der Sicht des allgemeinen belgischen Insolvenzrechts wirksam ist.

(5) Luxemburg. In *Luxemburg* ist durch Gesetz vom 9. 5. 1996 mit dem neuen Art. 61–1 eine Vorschrift in das „Gesetz über den Finanzsektor" vom 5. 4. 1993 eingefügt worden, die vom Wortlaut her über die deutsche Regelung des Art. 105 EGInsO noch weit hinausgehend alle „im Falle des Konkurses –" vorgenommenen, bi- oder multilateralen „Verrechnungen" für wirksam erklärt, soweit es sich um „Forderungen im Finanzsektor" handelt und soweit die beteiligten Parteien „Professionelle des Finanzsektors" sind.

(6) Niederlande. In den *Niederlanden* sind vertragliche Beendigungsklauseln nach allgemeinem Insolvenzrecht gegenüber dem Wahlrecht des Insolvenzverwalters (Art. 37 des Insolvenzgesetzes, „Faillissementswet") als wirksam zu betrachten. Dies ergibt sich zum einen indirekt aus Art. 37 a des Insolvenzgesetzes, wo es heißt, Ausgleichsansprüche des Vertragspartners des Gemeinschuldners aufgrund der Beendigung des Vertrags oder Schadensersatzansprüche gegen den Gemeinschuldner aufgrund der Nichterfüllung einer vor Eröffnung des Insolvenzverfahrens entstandenen Forderung seien als gewöhnliche Konkursforderungen zu behandeln. Zum anderen enden nach Art. 38 Faillissementswet Warentermingeschäfte automatisch mit der Eröffnung des Konkursverfahren mit der Folge, daß ein Schadensersatzanspruch an die Stelle der beendeten Vertragspflichten tritt. Ebenso wie bei den entsprechenden Überlegungen zum deutschen Recht (weiter oben in dieser Anm.) wird angesichts des zwingenden Charakters des Insolvenzrechts diese Vorschrift in

ihrem Anwendungsbereich dem Kündigungsrecht des § 6(a) Satz 1 MA bzw., bei Vereinbarung einer „automatic early termination", den Beendigungsgründen des § 6(a) Satz 2 i. V. m. § 5 (a)(vii) Abs. (1), (3) oder (6) insoweit vorgehen, als der Beendigungszeitpunkt durch eine vertragliche Absprache zumindest nicht über die Eröffnung des Insolvenzverfahrens hinaus verzögert werden kann. Im niederländischen Schrifttum wird unter Berufung auf den Gesetzeszweck die Ansicht vertreten, daß Art. 38 in analoger Weise auf ähnliche Transaktionen angewendet werden könne (*Nijenhuis/Verhagen,* „Netting": een beschouwing naar Nederlands recht, DeNaamloze Vennootschap 1994, 96, 100).

(7) Schweden. In *Schweden* wird im Hinblick auf die Beseitigung der bestehenden Unklarheiten bzgl. der Gefahr des „cherry picking" des Insolvenzverwalters z. Z. eine Änderung des Gesetzes von 1991 über den Handel mit Finanzinstrumenten vorbereitet, die für solche Finanzinstrumente die Wirksamkeit von „Close-out Netting"-Vereinbarungen ausdrücklich anerkennen soll.

(8) England. Nach *englischem* Insolvenzrecht (zum englischen Vertragsrecht im Hinblick auf die Wirksamkeit von vertraglichen Lösungsklauseln siehe *Ebenroth/Messer* ZVglRWiss 87 (1988), 1, 25 f.) konnten vor 1984 aufgrund der „doctrine of relief against forfeiture" (zu den allgemeinen insolvenzrechtlichen Anforderungen an „forfeiture clauses" siehe *Fletcher,* The law of insolvency, London 1990, S. 199 ff.) Bedenken gegen die Anerkennung vertraglicher Beendigungsklauseln entstehen. Mittlerweile hat die englische Rechtsprechung klargestellt, daß diese Lehre auf Handelsverträge keine Anwendung findet (*Sport International Bossum BV and others v Inter-Footwear Ltd* (1984) 1 All ER 376, hierzu *Watkins,* Legal issues and documentation: a framework, in: Antl (Hrsg.), Swap Finance, S. 53, 66).

Eine ausdrückliche gesetzliche Anerkennung hat die insolvenzrechtliche Wirksamkeit von „Close-out Netting"-Klauseln gegenüber dem Wahlrecht des Insolvenzvewalters („power to disclaim") in § 164 I des Companies Act 1989 gefunden, der das Wahlrecht des Insolvenzverwalters („power to disclaim") nach dem Insolvency Act 1986 einschränkt. Internationalkonkursrechtlich flankiert wird diese Regelung durch § 183 (2) Companies Act 1989, wonach ausländische Gerichtsentscheidungen oder Maßnahmen ausländischer Insolvenzverwalter nicht anerkannt werden, wenn sie gegen eine der in Part VII („Financial Markets and Insolvency", §§ 154–191) dieses Gesetzes enthaltenen Vorschriften verstößt. § 164 Companies Act findet zwar nur auf börsenmäßig abgeschlossene Verträge („market contracts", § 155 I Companies Act 1989), nicht aber auf OTC-Geschäfte Anwendung, wie es das vorliegende ISDA-MA darstellt. Immerhin kommt darin aber die positive Grundeinstellung des UK-Gesetzgebers gegenüber dem „Close-out Netting" zum Ausdruck.

Die gegenständliche Begrenzung des § 164 Companies Act schadet auch deshalb nicht, weil aus der Sicht der Rechtsprechung bereits nach allgemeinem Insolvenzrecht eine vertragliche Klausel unbedenklich ist, nach der die vertragstreue Partei bei Ausübung eines vertraglichen Kündigungsrechts auf den Insolvenzfall Schadensersatz wegen entgangenen Gewinns erhält (*Watkins,* Legal issues and documentation: a framework, in: Antl (Hrsg.), Swap finance, Bd. 2, London 1986, S. 53, 66). Als älteres Beispiel für die Wirksamkeit eines vertraglichen „Close-Out" ist etwa die Entscheidung *Shipton, Anderson & Co (1927) Ltd v Micks Lambert & Co* [1936] 2 All ER 1032 zu nennen. Die Zulässigkeit der globalen Verrechnung der sich anläßlich der Beendigung der Einzeltransaktionen ergebenden Ausgleichsansprüche ergibt sich aus § 323 des Insolvency Act 1986 und aus § 4.90 der Insolvency Rules 1986. Diese Vorschriften sind zwingenden Charakters und betreffen Forderungen und Verbindlichkeiten, die bereits vor dem Eintritt des Insolvenzfalles entstanden sind. Sie führen sogar zu einer automatischen Aufrechnung, die etwaigen vertraglichen Aufrechnungsvereinbarungen vorgeht (*High Street Services v. BCCI* [1993] 3 WLR 233; bestätigt durch *Stein v Blake* [1995] 2 WLR 710). Ein Konflikt mit der „Close-out Netting"-Bestimmung des § 6 MA entsteht deshalb nicht, weil letztere keine vertragliche Aufrechnungsregelung, sondern eine Methode zur Ermittlung des geschuldeten Schadensersatzes darstellt (*Paul* JIBL 1995 (Bd. 3), 93, 97). Angesichts dieser Rechtslage kommt der erwähnten Änderung des englischen Kapitalgesellschaftsrechts für börsenmäßige Geschäfte durch den Companies Act 1989 insofern nur deklaratorischer Charakter zu. Deutlich ist die Stellungnahme des Banking Law Sub-Committee der City of London Law Society vom 28. 9. 1994, die vom Financial Law Panel am 28. 9. 1994 bestätigt wurde und nach der „Close-out Netting"-Klauseln in Rahmenverträgen („master agreements") in Zusammenhang mit Devisenderivaten wirksam sind (berichtet von *Turing* BJIBFL 1995, 71). Der Financial Law Panel ist ein Gremium bedeutender Londoner Bankrechtsspezialisten unter der Aufsicht der Bank of England, das unter dem Eindruck der *Hazell v Hammersmith*-Entscheidung des House of Lords (s. o. Anm. 10(a)(cc)(2)) gegründet worden war (*Cresswell/Blair/Hill/Woods*, Encyclopedia of Banking Law, London, Stand: November 1995, Teil A, S. 3). Der Panel hat ebenso wie das Banking Law Sub-Committee zwar keine rechtliche, aber eine beachtliche moralische Autorität. An seinem Standpunkt werden die in dieser Frage in Zukunft befaßten Gerichte ohne eine genaue Auseinandersetzung nicht vorbeikommen (*Turing* BJIBFL 1995, 71, 75, Fn. 1). Eine ähnliche Stellungnahme hatte der Financial Law Panel bereits im November 1993 allgemein für jede Art derivativer Geschäfte zwischen Banken und Unternehmen abgegeben (*Walter* BJIBFL 1995, 167). In der englischen Literatur wird einschränkend darauf hingewiesen, eine „Close-out Netting"-Vereinbarung könne ein „cherry picking" des Insolvenzverwalters nur insoweit verhindern, als der Vertrag *vor* Eröffnung des Insolvenzverfahrens beendet werde (*Coleman* BJIBFL 1994, 391, 394). Nach dieser Meinung müßte man eine Kündigung des Vertrags *nach* Verfahrenseröffnung, wie sie § 5(a)(vii)(iv) MA vorsieht, für problematisch erachten. Vereinzelte Bedenken werden auf der anderen Seite im englischen Schrifttum angeblich auch gegen die Wirksamkeit einer „automatic termination"-Klausel erhoben, weil das mit ihr verbundene „Close-out"-Netting nur eine juristische Sekunde vor Stellen des Konkursantrags stattfinde und darin eine unzulässige Rückwirkung zu sehen sei (so, allerdings ohne weitere Nachweise, berichtet von *Paul* JIBL 1995 (Bd. 3), 93, 95.

(9) Irland. In *Irland* sind „Close-out-Netting" Klauseln nunmehr (zur bisherigen Rechtslage *Foy*, Examinership: the ISDA agreement and rights of set-off under irish law, BJIBFL 1994, 437ff.) nach Art. 4(1) des am 1. 8. 1995 in Kraft getretenen „Netting of Financial Contracts Acts 1995" in bezug auf sog. „financial contracts" in „netting agreements" und „master netting agreements" sowohl nach dem Companies Act als auch nach dem Bankruptcy Act 1988 ausdrücklich insolvenzfest. Dies gilt sowohl im Verhältnis der Vertragspartner untereinander als auch im Verhältnis zu dritten Sicherungsgebern (siehe für den Wortlaut dieses Gesetzes *Foy*, The netting of financial contracts act 1995 a delectable piece of Legislative dynamite, BJIBFL 1996, 234, 235f.). Der Begriff des „financial contract" wird im Gesetz sehr weit definiert (s. o. Anm. 10(b)(ff)).

(10) USA. Nach *New Yorker* Vertragsrecht ist Vereinbarung von Lösungsklauseln grundsätzlich zulässig (*Ebenroth/Messer* ZVglRWiss 87 (1988), 1, 2). Eine vertragliche Inhaltskontrolle besteht nur in engem Rahmen. Eine Vertragsklausel wird von den Gerichten nur bei Vorliegen einer auffällig ungleichen Verhandlungsposition nach § 2–302 des New York Uniform Commercial Code 1990 (NYUCC 1990) als „unconscionable" für nichtig erklärt (allgemein zum insoweit vereinheitlichten amerikanischen Recht *Hinsch/Horn*, Das Vertragsrecht der internationalen Konsortialkredite und Projektfinanzierungen, Berlin, New York, 1985, S. 99, m.w.N.).

Das allgemeine Insolvenzrecht gehört in den *Vereinigten Staaten* zur Kompetenz des Bundes und ist im US-Bankruptcy Code 1978 (im folgenden: „BC", eingegliedert in Titel 11 des „United States Code) sowie in verschiedenen Spezialgesetzen für bestimmte aufsichtsrechtliche kontrollierte Unternehmen (bundesstaatlich oder einzelstaatlich zugelassene Banken, Sparkassen oder Versicherungsgesellschaften) geregelt (für Einzelheiten siehe *Gooch/Klein*, Documentation for derivatives: Annotated sample agreements, S. 415ff.).

(10–1) Allgemeines Insolvenzrecht. Für insolvente Unternehmen, die keiner speziellen Aufsicht unterworfen sind und in den Anwendungsbereich des BC fallen, ergibt sich das

7. International Swaps and Derivatives Association Inc. – Master Agreement   IV.7

Wahlrecht des Insolvenzverwalters aus § 365 BC, der die Behandlung von nicht vollständig erfüllten Verträgen („executory contracts") regelt. Entsprechend der Vorschrift des § 365 (e) (1) BC werden vertragliche Beendigungsklauseln, die allein an die Tatsache der Eröffnung eines Insolvenzverfahrens, der Bestellung eines Insolvenzverwalters, an die Zahlungsunfähigkeit oder allgemein die schlechte finanzielle Verfassung des Vetragspartners anknüpfen, grundsätzlich als unzulässige Beeinträchtigung des Wahlrechts des Insolvenzverwalters betrachtet und für unwirksam erklärt. Nach § 362 (a) (1) BC bewirkt das Stellen eines Insolvenzantrags eine Konkurssperre („automatic stay"), der gemäß § 362 (a) (6) BC die Befriedigung von Forderungen gegen den Gemeinschuldner und nach § 362 (a) (7) auch die Aufrechnung gegen Forderungen des Gemeinschuldners erfaßt, die vor Antragstellung begründet wurden. Befreit vom Verbot vertraglicher Beendigungsklauseln waren bis zum Jahre 1990 lediglich gewerbsmäßige Händler im Bereich von Wertpapiergeschäften („securities contracts", § 555 BC), von Waren- und Finanztermingeschäften („commodities contracts", „forward contracts", § 556 BC) sowie von Pensionsgeschäften („repurchase agreements", § 559 BC).

Seit der Gesetzesänderung durch den Bankruptcy Act 1990 in Form des neu hinzugefügten § 362 (b) (17) BC sowie des § 560 BC gibt es zugunsten von allen Ansprüchen aus oder in Zusammenhang mit sog. „swap agreements" eine ausdrückliche gesetzliche Ausnahme vom „automatic stay" und vom Verbot der vorzeitigen Beendigung („close out") auf den Insolvenzfall. Der Begriff des „swap agreement" wird in 11 USC § 101 (55) BC sehr weit definiert und schließt Swap-Derivate, Zins- und Währungsoptionen und -termingeschäfte mit ein („rate swap agreement, basis swap, forward rate agreement, commodity swap, interest rate option, forward foreign exchange agreement, rate cap agreement, rate floor agreement, rate collar agreement, currency swap agreement, cross-currency rate swap agreement, currency option, any other similar agreement"). Im Zusammenhang mit einer weiteren Gesetzesänderung wurde im Jahre 1994 das Devisenkassageschäft („spot foreign exchange") hinzugefügt. In § 101 (55) (C) BC werden ferner ausdrücklich auch entsprechende Rahmenverträge („master agreements for any of the foregoing together with all supplements") genannt. Der vom Abgeordneten *Leach* im Repräsentantenhaus eingebrachte, bereits oben Anm. 4a) erwähnte Entwurf eines „Risk Management Improvement and Derivatives Oversight Act of 1995" (vollständiger Text im Internet verfügbar unter ftp://ftp.loc.gov/pub/thomas/c104/h20.ih.FTP) empfiehlt in seinem § 306 zudem die Ergänzung der Definition des „swap agreement" im BC um Aktien(index)-Swaps und -Optionen sowie um Zins- und Währungstermingeschäfte.

(10–2) Sonderbestimmungen für bundesweit zugelassene Kreditinstitute. Ähnliche Ausnahmeregelungen finden sich im Rahmen der insolvenzrechtlichen Sonderbestimmungen für amerikanische Banken, d.h. Einlageinstitute (gemäß dem amerikanischen Trennbankensystem), mit bundesweiter Zulassung, die bei der Federal Deposit Insurance Corporation (FDIC) versichert sind (ausführlich zum System der Einlagensicherung im amerikanischen Bankenaufsichtsrecht siehe *Ebke,* Einlagensicherung, Bankenaufsicht und Wettbewerb in den USA und in der Europäischen Union, ZVglRWiss 94 (1995), 1, 6ff., 14ff.). Der Federal Deposit Insurance Act („FDIA") erlaubt nach 12 USC § 1821 (e) (8) in der Fassung seiner Änderung durch den Financial Institutions Reform, Recovery, and Enforcement Act of 1989 („FIRREA") gegenüber einem insolventen und zugelassenen (d.h. bei der FDIC versicherten) Kreditinstitut die vertragliche Beendigung von Finanztermingeschäften auf den Insolvenzfall. Beendigungsklauseln in entsprechenden Rahmenverträgen, wie es das vorliegende ISDA MA darstellt, sind wiederum eingeschlossen. Anstelle des in der entsprechenden Regelung des § 362 (b) (17) verwendeten Begriffs des „swap agreement" verwendet das Gesetz hier die Bezeichnung des „qualified financial contract" (kurz: „QFC"). In 12 USC § 1821 (e) (8) (D) (i) wird ein QFC als „securities contract, commodity contract, forward contract, repurchase agreement, swap agreement, and any similar agreement that the Corporation [FDIC] determines by regulation to be a qualified financial contract ..." definiert. Der Begriff des „swap agreement" im Sinne dieser Vorschrift wird in 12 USC § 1821(e)(8)(D)(vi)(I) bestimmt als „rate swap agreement, basis swap, commodity swap, forward rate agreement, interest rate future, interest rate option purchased, forward foreign exchange agreement, rate cap agreement, rate floor agreement, rate collar agreement, currency swap agreement, cross-currency rate swap agreement, currency future, or currency option purchased" einschließlich vergleichbarer Geschäfte sowie von Kombinationen dieser Geschäfte, entsprechender Optionen oder von Rahmenverträgen. Hinsichtlich der übrigen Transaktionstypen wird in 12 USC § 1821(e)(8)(D) auf deren jeweilige Definition im BC verwiesen, wobei die Begriffe des „securities contract" (§ 741(7) BC) sowie des „repurchase agreement" (§ 761(4)) gewissen Modifikationen unterworfen werden. Durch die Verweisungstechnik wird die Parallele aufgezeigt, die zwischen den Prinzipien des allgemeinen Insolvenzrechts und den Bestimmungen über die Insolvenz von Kreditinstituten besteht (*Patrikis/Cook*, S. 391, 420). Devisenkassageschäfte werden nicht explizit erwähnt; nach einem Schreiben des Generalsekretärs der FDIC an den Vorsitzenden des New York Foreign Exchange Committee vom 2.7.1993 soll es aber „more likely than not" sein, daß solche Geschäfte ebenfalls QFC darstellen. Der im Repräsentantenhaus eingebrachte, bereits erwähnte Entwurf eines „Risk Management Improvement and Derivatives Oversight Act of 1995" schlägt in § 301 die ausdrückliche Erweiterung des 12 USC 1821(e)(8)(D)(vi)(I) um Aktien(index)-Swaps und -optionen sowie um Wertpapieroptionen vor.

Eine noch weiter gehende gesetzliche Anerkennung des „Close-out Netting" gegenüber insolventen Kreditinstituten unabhängig von der Art der zugrundeliegenden Transaktionen (nicht notwendigerweise derivative Geschäfte) haben die §§ 402 ff. (12 USC § 4402 ff.) des Federal Deposit Insurance Corporation Improvement Act vom 19.12.1991 („FDICIA") gebracht. Voraussetzung für eine Anwendung dieser Regelung ist, daß der Vertrag zwischen zwei „financial institutions" abgeschlossen wird und daß auf ihn US-Bundesrecht oder das Recht eines Einzelstaates anwendbar ist (12 USC § 4402(14)(A)). Bisher nicht geklärt ist, ob nach dem Regelungszweck zusätzlich zu verlangen ist, daß für den Fall der vorzeitigen Beendigung die „Two Way Payments"-Methode vereinbart wird (zu dieser Ausgleichsart s.u. Anm. 20). Diejenigen Vertragspartner, die in den Genuß des FDICIA kommen wollen, sollten bereits aus diesem Grunde vorsichtshalber auf eine Vereinbarung der „One-Way Payment"-Methode verzichten (siehe zu den übrigen Argumenten für und gegen eine solche Klausel unten Anm. 20(a)). Zu den „financial institutions" zählen US-Banken („depository institutions" entsprechend dem amerikanischen Trennbankensystem, vgl. hierzu 11 USC § 101(22)), in den USA registrierte Broker- und Händlerfirmen, die US-Zweigstellen ausländischer Banken sowie andere vom Board of Governors des US-Federal Reserve System im Wege der Rechtsverordnung zu bestimmende Finanzinstitute. Im Jahre 1994 hat der Federal Reserve Board von dieser Ermächtigungsgrundlage Gebrauch gemacht und den Begriff des „financial institution" auf alle Wirtschaftseinheiten ausgedehnt, die Partner eines oder mehrerer „financial contracts" (definiert als Zins-, Währungs-, Aktien- oder Warenderivate sowie Devisenkassa- und Devisentermingeschäfte) sind oder mit solchen Verträgen handeln, sofern diese Wirtschaftseinheiten in den letzten 15 Monaten täglich mindestens Verträge mit dem Marktwert von insgesamt 100 Mio. USD oder mit dem Gesamtbetrag der zugrundeliegenden Basiswerte von mindestens einer Milliarde USD offenstehen hatten. Verträge mit verbundenen Unternehmen werden hierbei nicht in Betracht gezogen. Daraus ist ersichtlich, daß der FDICIA, wenn seine persönlichen Tatbestandsvoraussetzungen erst einmal erfüllt sind, noch einen weit besseren Schutz des Netting bietet als der FIRREA. Aus der Sicht einer ausländischen Bank, die mit einem amerikanischen Finanzinstitut kontrahieren will, ist allerdings zu bedenken, daß diese Vorschriften nur dann auf internationale Nettingvereinbarungen anwendbar sind, wenn sie selbst in den USA eine Zweigstelle unterhält, und dabei auch nur soweit, als sie ihre Transaktionen mit dem amerikanischen Finanzinstitut über diese Zweigstelle abwickelt. Der bereits weiter oben erwähnte, im Repräsentantenhaus eingebrachte Entwurf eines „Risk Management Improvement and Derivatives Oversight Act of 1995" sieht in

§ 303 (c)(2) eine einschränkende Änderung des FDIA (12 USC § 1821(e)(10)) dahingehend vor, daß die Tatsache der Bestellung eines Insolvenzverwalters für das Kreditinstitut (bzw. die Tatsache, daß sich die Gesellschaft in einer finanziellen Lage befindet, die zur Bestellung eines Insolvenzverwalters berechtigt) als solche weder unter dem FDIA noch unter dem FDICIA zum „Close-out Netting" eines QFC berechtigen kann. Sollte dieser Vorschlag tatsächlich Gesetz werden, wäre der „Event of Default" des § 5 (a)(vii)(6) MA bei Verträgen mit amerikanischen Vertragspartnern dementsprechend zu streichen.

(10–3) Sonderbestimmungen für New Yorker Kreditinstitute. Für Finanzinstitute, die nicht bundesweit bei der FDIC zugelassen und versichert sind, gilt das Recht desjenigen (Bundes-) Staates, in welchem diese ihren Sitz haben. Das New York Banking Law (NYBL) findet demgemäß auf die Insolvenz von lediglich in New York zugelassenen Banken einschließlich der unselbständigen New Yorker Zweigstellen ausländischer Banken Anwendung. Nach § 618-a NYBL (eingefügt durch die Gesetzesänderung von 1993) berührt die Bestellung eines Banking Superintendent des New York Banking Department als Zwangsverwalter bestehende vertragliche Rechte zum „Close-out Netting" dann nicht, wenn es sich um „qualified financial contracts" („QFC") handelt. Die Regelung ähnelt sehr stark den soeben erläuterten bundesgesetzlichen Vorschriften, die der FIRREA für bundesweit zugelassene, FDIC-versicherte Banken vorsieht. Der Begriff des QFC wird im NYBL noch umfassender definiert als in 12 USC § 1821(e)(8)(D) und erfaßt neben Devisentermin- auch Devisenkassageschäfte. § 618-a(1) NYBL erstreckt den Schutz des „Close-Out Netting" ausdrücklich auch auf die Vertragspartner von sog. „Multibranch Parties" mit mehreren Zweigstellen („... the superintendent shall not assume or repudiate any qualified financial contract that the branch or agency entered into which is subject to a multi-branch netting agreement ..."). Die genannten Schutzvorschriften des NYBL gelten allerdings nicht für den Fall, daß für die Bestimmung der Ausgleichsforderung die „One-Way Payment"-Methode vereinbart wurde (hierzu unten Anm. 20).

(10–4) Versicherungsgesellschaften. Nicht geklärt ist weiterhin die Frage der insolvenzrechtlichen Anerkennung des „Close-out Netting" gegenüber amerikanischen Versicherungsgesellschaften, sofern diese nicht ausnahmsweise als „financial institution" i. S. des FDICIA (12 USC § 4402(14)(A)) in der Fallgruppe der US-registrierten Händlerfirmen angesehen werden können.

(11) Kanada. In *Kanada* hängt die Wirksamkeit des „Close-out Netting" davon ab, ob die Gesellschaft liquidiert oder saniert werden soll und welches der vier kanadischen Insolvenzgesetze im Einzelfall zur Anwendung gelangt. Gesellschaften, die weder Kreditinstitute noch Versicherungen sind, unterliegen in der Regel dem Bankruptcy and Insolvency Act 1985 („BIA"), der neben den Liquidatierungsvorschriften auch Sanierungsvorschriften („proposal procedures") enthält. Daneben kann für die Liquidierung solcher Unternehmen, sofern sie nicht dem Canada Business Corporations Act unterliegen, auch der Winding-Up Act („WUA") zur Anwendung gelangen. Die Liquidierung von Banken und Versicherungen mit Geschäftstätigkeit in Kanada richtet sich ebenfalls nach dem WUA. Ein spezielles Sanierungsverfahren für alle Gesellschaften, die nicht Banken oder Versicherungen sind, normiert der Companies' Creditors Arrangement Act („CCAA"). Für die Sanierung von zugelassenen Banken und Versicherungen, die bei der Canada Deposit Insurance Corporation versichert sind, gilt der Canada Deposit Insurance Corporation Act („CDIC-Act").

Für die einzelnen Sanierungsverfahren enthalten der BIA sowie der CDIC-Act ausdrückliche Vorschriften zur Privilegierung des „Close-out Netting" von Finanztermingeschäften. Nach § 65.1(1) BIA (R.S.C. 1985, c. B-3) in der Fassung des Änderungsgesetzes S. C. 1992 (c. 27, § 30) sind vertragliche Beendigungsklauseln auf den Insolvenzfall grundsätzlich unwirksam. Keine Anwendung findet diese Vorschrift nach Absatz (7)(a) auf sog. „eligible financial contracts". § 65.1.(8) definiert diesen Begriff und faßt darunter Swaps und Swap-Derivate, Pensionsgeschäfte, Warenkassa- und Warentermingeschäfte („spot, future, forward or other commodity contract"), alle ähnlichen Geschäfte sowie alle Derivate oder Kombinationen dieser Geschäfte einschließlich von „master agreements". In Absatz (9) wird ausdrücklich die vertragliche Verrechnung der Endwerte der einzelnen beendigten „eligible financial contracts" gestattet. Vergleichbares gilt für die Sanierung zugelassener Kreditinstitute nach § 39.15 (4) CDIC (R. S. C. 1985, c. C-3) in der Fassung des Änderungsgesetzes S. C. 1992, c. 26 (siehe hierzu im einzelnen *Crawford,* The legal foundations of netting agreements for foreign exchange contracts, Canadian Business Law Journal 1993, 163, 171 ff.). Lediglich das Vergleichsverfahren nach dem CCAA enthält keine vergleichbaren Ausnahmevorschriften für „eligible financial contracts". Es ist zwar durchaus möglich, daß sich die Gerichte insoweit von den entsprechenden Regelungen des CDIC Act bzw. des BIA leiten lassen werden. Um die Chancen einer gerichtlichen Anerkennung des „Close-out Netting" nach dem CCAA zu erhöhen, ist es dennoch empfehlenswert, in Part 1 (e) des Schedule eine automatische Beendigung zu vereinbaren.

Für die Liquidation kanadischer Gesellschaften enthalten weder der BIA noch der WUA ausdrückliche Regelungen in bezug auf die gesetzliche Anerkennung des „Close-out Netting". Sowohl die Kündigung auf den Insolvenzfall als auch die Vereinbarung der automatischen Beendigung wird aber für wirksam gehalten (Bericht von *Stikeman, Elliot,* „Enforceability Survey: Canada", in: Global Derivatives Study Group, Appendix II, S. 79, 140 f.; *Grottenthaler,* IFLR March 1995, 49 ff., mit Einzelheiten aus der neueren Praxis), wobei zur Begründung, wie übrigens auch in anderen angloamerikanischen Rechtsordnungen, auf den (aus der Sicht eines kontinentaleuropäischen Juristen auf einen Zirkelschluß hinauslaufenden) Grundsatz verwiesen wird, daß dem Insolvenzverwalter in bezug auf einen Vertrag nur soviele Rechte zustehen können, wie die insolvente Gesellschaft bei Eintritt der Insolvenz selbst innehatte.

(12) Japan. Im *japanischen* Insolvenzrecht werden die Beendigungsklauseln der international üblichen „master agreements" (einschließlich des § 6 MA) allgemein für wirksam gehalten, wenngleich es auch Entscheidungen geben soll, die der automatischen Beendigung eines Vertrags auf den Konkursfall die rechtliche Anerkennung versagt haben. Die allgemeine Meinung stützt sich auf eine Gesamtanalogie zu Art. 66 des Konkursgesetzes vom 25. 4. 1922, zu Art. 107 des Insolvenzgesetzes für Kapitalgesellschaften vom 7. 6. 1952, die eine automatische Beendigung bestimmter Kontokorrentvereinbarungen vorsehen, sowie zu Art. 61 des Konkursgesetzes, der zusätzlich die automatische Beendigung und Saldierung von Warentermingeschäften anordnet. Eine dem Art. 61 entsprechende Vorschrift im Insolvenzgesetz für Kapitalgesellschaften fehlt zwar; dies wird aber allgemein als gesetzgeberisches Versehen betrachtet (hierzu *Shindo,* Bankruptcy and Attachment Law Issues Concerning the ISDA Master Agreement, in: Global Derivatives Study Group, Appendix II, S. 232, 241 ff.). Im Dezember 1993 hat das japanische Finanzministerium den japanischen Banken nach Absprache mit dem Justizministerium mitgeteilt, daß gegen das Eingehen von „Close-Out Netting"-Vereinbarungen keine Bedenken bestünden.

(13) Hongkong. Nach dem Recht von *Hongkong* schließlich soll das „Close-out Netting" nach dem ISDA-MA wirksam sein (*Malcolm/Fidler* IFLR Jan. 1995, 38, 40).

c) **Internationales Bankenaufsichtsrecht.** In der ursprünglichen Fassung der Anlage 3, Fn. 7 der Eigenkapitalempfehlung des Basler Ausschusses für Bankenaufsicht (Cooke-Ausschuß) vom Juli 1988 war das „Close-out Netting" (dort definiert als „bilateral contract which provides that, if one of the counterparties is wound up, the outstanding obligations between the two are accelerated and betted to determine the counterparty's net exposure") wegen der unsicheren Rechtslage „vorläufig" noch nicht aufsichtsrechtlich anerkannt worden. Die im Juli 1994 geänderte Fassung des Anhang 3 lit. b) dieser Eigenkapitalempfehlung erkennt nunmehr, ohne auf die Art der Vertragsbeendigung einzugehen, solche Netting-Vereinbarungen aufsichtsrechtlich als risikomindernd an, die im Rahmen eines einheitlichen Vertragsverhältnisses vorsehen, daß bei Insolvenz des Vertragspartners eine Saldierung „der positiven und negativen Marktwerte der einzelnen einbezogenen Transaktionen" zu erfolgen hat. Diese Anerkennung wird im übrigen von denselben Voraussetzungen abhängig gemacht wie beim „netting-by-novation" (s. o. Anm. 7 c. dd.).

7. International Swaps and Derivatives Association Inc. – Master Agreement IV.7

Insbesondere wird auf die rechtliche Wirksamkeit des Netting „nach dem Recht aller beteiligten Rechtssysteme" verwiesen (vgl. auch die „Verlautbarung über Mindestanforderungen an das Betreiben von Handelsgeschäften der Kreditinstitute" des BAKred vom 23. 10. 1995, wo es mit ausdrücklichem Geltungsanspruch auch für derivative Geschäfte (vgl. Nr. 1 der Verlautbarung) unter Nr. 3.3. („Rechtliche Risiken") u.a. heißt, daß vor dem Abschluß von Rahmenvereinbarungen und Nettingabreden zu prüfen sei, ob und inwieweit diese rechtlich durchsetzbar seien).

Die Richtlinie 96/10/EG des Europäischen Parlaments und des Rates vom 21. 3. 1996 zur Änderung des Anhang II der Solvabilitätsrichtlinie 89/647/EWG v. 18. 12. 1989 „im Hinblick auf die aufsichtsrechtliche Anerkennung von [bilateralen] Schuldumwandlungsverträgen und Aufrechnungsvereinbarungen (,vertragliches Netting')" (ABlEG Nr. L 85/17 v. 3. 4. 1996) knüpft inhaltlich an die Empfehlung des Basler Ausschusses für Bankenaufsicht an. Bisher hatte die Solvabilitätsrichtlinie lediglich bilaterales „Netting by Novation" als risikomindernd für die Berechnung des angemessenen Eigenkapitals betrachtet.

19. Allgemeine Vorgaben für die Berechnung des Ausgleichsanspruchs. Die Abs. (d) und (e) des § 6 regeln, wie für die beendeten Einzeltransaktionen ein einheitlicher Ausgleichsanspruch zu ermitteln ist. Die Vorschrift des Abs. (e) sollte vor derjenigen des Abs. (d) gelesen werden, da sich der von den Verfassern des Vertrags gewählte Aufbau nicht an der Verständlichkeit, sondern an der chronologischen Reihenfolge bei Vertragsabwicklung orientiert. Entscheidend ist es, die Begriffe „Unpaid Amounts", „Market Quotation" und „Loss" auseinanderzuhalten. Der einheitliche Ausgleichanspruch des Gesamtvertrags setzt sich aus zwei Komponenten zusammen. Dies ist zum einen ein Ausgleichsbetrag wegen solcher bisher nicht erfüllter Forderungen, die vor dem Beendigungszeitpunkt („Early Termination Date") fällig geworden sind oder – unter Hinwegdenken der auflösenden Bedingung des § 2(a)(iii) – fällig geworden wären (sog. „Unpaid Amounts", definiert in § 14), einschließlich Zinsen und Zinseszinsen, und zum anderen ein Ausgleichsbetrag wegen des zukünftigen Nichterfüllungsschadens aus den vorzeitig beendeten Einzeltransaktionen. Der im Zusammenhang mit der Schadensberechnung auf Marktwertbasis benutzte Begriff der „Market Quotation" (definiert in § 14) betrifft die zweite Komponente, so daß sich hier der Gesamtschaden aus der Summe der „Market Quotations" und der „Unpaid Amounts" berechnet.

a) **Marktwertbestimmung.** Die Marktwertbestimmung („Market Quotation") der beendeten Transaktionen (vgl. lit. a der Definition von „Settlement Amount" in § 14) stellt eine abstrakte Methode zur Berechnung des Schadensersatzes („payment measure", § 6(e)(i)) dar und ist als pauschalierter Schadensersatz zu verstehen (vgl. § 6(e)(iv): „reasonable pre-estimate of loss"). Nach der Definition der „Market Quotation" in § 14 entspricht der Marktwert einer Transaktion dem Preis, der vier führenden Marktteilnehmern mit höchster Kreditwürdigkeit (sog. „Reference Market-makers", § 14) für den Abschluß eines Ersatzgeschäfts („Replacement Transaction") zum Zeitpunkt der Beendigung des entsprechenden Einzelgeschäfts („Early Termination Date") oder unverzüglich danach zu bezahlen ist. Dieser Preis kann einen positiven oder einen negativen Wert annehmen. Bei mehreren beendeten Einzelgeschäften sind evtl. gewährte Rabatte zu berücksichtigen (vgl. User's Guide to the 1992 ISDA Master Agreements, S. 24). Lassen sich hinsichtlich bestimmter Geschäfte oder Gruppen von Geschäften keine Marktwerte im genannten Sinne ermitteln oder würde die Marktwertbestimmung nach vertretbarer Auffassung einer Partei zu wirtschaftlich unvertretbaren Ergebnissen führen, wird statt des Marktwertes der tatsächliche, durch deren Ausfall konkret verursachte und von der betroffenen Partei nach Treu und Glauben zu bestimmende Schaden („Loss", hierzu gleich im Anschluß) in Anschlag gebracht (vgl. die Definition der „Market Quotation", § 14). Begrifflich abzugrenzen ist die Marktwertmethode von der bankenaufsichtsrechtlichen Marktbewertungsmethode („Current Exposure Method"), die auf dem Marktwert eines Kontrakts zur Ermittlung der

Ausfallrisiken aufbaut (hierzu *Schulte-Mattler*, Ausfallrisiko und bilaterales Netting von OTC-Finanzderivaten, Die Bank 1994, 302, 304, 306 f.).

Die bereits oben in Anm. 4 (e) erwähnte Änderung der Basler Eigenkapitalempfehlung vom April 1995 geht bei der aufsichtsrechtlichen Anerkennung des „Close-out Netting" interessanterweise ebenfalls ohne weiteres davon aus, daß der Ausgleichssaldo aus den *Marktwerten* der einbezogenen Transaktionen zu berechnen ist. Übernommen wurde dieser Ansatz mittlerweile durch die Richtlinie 96/10/EG des Europäischen Parlaments und des Rates vom 21. 3. 1996 zur Änderung der Solvabilitätsrichtlinie 89/647/EWG v. 18. 12. 1989 (Anhang II, 3.b.i. der Solvabilitätsrichtlinie) „im Hinblick auf die aufsichtsrechtliche Anerkennung von Schuldumwandlungsverträgen und Aufrechnungsvereinbarungen (‚vertragliches Netting')" (ABlEG Nr. L 85/17 v. 3. 4. 1996).

b) **Konkrete Schadensbestimmung.** Alternativ zur Marktwertbestimmung können sich die Parteien in Part 1 (f) (i) des Schedule grundsätzlich einheitlich für alle Einzelgeschäfte, ggf. aber im Wege einer Zusatzvereinbarung auch differenzierend je nach der Art des Geschäfts oder des Beendigungsgrundes (User's Guide to the 1992 ISDA Master Agreements, S. 23 f.) für eine konkrete Schadensberechung entscheiden. Der in § 6 (e) hierfür verwendete Begriff des „Loss" (§ 14) erfaßt bereits beide Komponenten des Ausgleichsanspruchs und bestimmt somit den Gesamtschaden. Zu dessen Ermittlung müssen beide Parteien für sich den tatsächlichen Schaden („Loss") aller Einzelabschlüsse zuzüglich aller „Unpaid Amounts" in bezug auf sich selbst ermitteln und der anderen Vertragspartei mitteilen. Der tatsächliche Schaden („Loss") aus den beendigten Einzelgeschäften berechnet sich für die noch nicht fällig gewordenen Forderungen nach den tatsächlichen Ersatzbeschaffungskosten oder nach dem Gewinnausfall sowie für die vor dem „Early Termination Date" fällig gewordenen, rückständigen Forderungen nach dem Verzögerungsschaden. In bezug auf die Rechtsverfolgungskosten gilt die Sonderregelung des § 11.

Die konkrete Schadensbestimmung wird in der Praxis hauptsächlich dann als primäre Berechnungsart vereinbart, wenn der Vertrag überwiegend solche Finanzinstrumente betrifft, für die ein Marktwert nicht zu ermitteln ist (insbesondere bei Produkten, deren Markt nicht über die nötige Tiefe verfügt) oder für die die konkrete Schadensberechnung ausnahmeweise als angemessenere Berechnungsmethode erscheint (z. B. bei Lieferungsgeschäften, die in Natur abgewickelt werden), oder um den Parteien bei der Schadensberechnung eine größere Flexibilität zu gewähren (User's Guide to the 1992 ISDA Master Agreements, S. 23).

Speziell aus der Sicht einer deutschen lex fori könnte die Frage auftauchen, ob die Vereinbarung der konkreten Schadensberechnung überhaupt zulässig ist. Art. 105 II 1 EGInsO (bzgl. § 104 III InsO) sieht nämlich vor, daß sich die „Forderung wegen Nichterfüllung" bei vorzeitig beendeten „Finanzleistungen" auf den „Unterschied zwischen dem vereinbarten Preis und dem Markt- oder Börsenpreis" richtet, und entscheidet sich damit explizit für eine Marktwertberechnung. Letztere wiederum kollidiert mit der Marktwertberechnung nach § 6 (e) MA insoweit, als die Marktwerte nach der Definition der „Market Quotation" in § 14 MA auf den jeweiligen Beendigungszeitpunkt, nach Art. 105 II 1 EGInsO aber auf den „zweiten Werktag nach der Eröffnung des Verfahrens" am Erfüllungsort zu errechnen sind. Man wird die Vorschrift des Art. 105 II EGInsO als dispositiv ansehen müssen, weil keinerlei besonderes öffentliches Interesse feststellbar ist, welches es gebieten würde, diese Schadensberechnungsart gegenüber einem ausdrücklich entgegenstehenden Willen der Vertragsparteien durchzusetzen. Der Parteiwille bzgl. der Schadensberechnung dürfte selbst dann vorrangig sein, wenn die vertraglichen Beendigungsvorschriften im Einzelfall deshalb nicht greifen, weil der Vertrag *zuvor* aufgrund des insofern zwingenden Art. 105 I EGInsO bereits gesetzlich beendet wurde (siehe hierzu oben Anm. 18). Der Anwendungsbereich des Art. 105 II 1 EGInsO dürfte sich demnach auf die Fälle erschöpfen, in denen entsprechende vertragliche Abmachungen fehlen. Zur Klarstellung ihres dahingehenden Vertragswillens können die Parteien des MA in Part 1 (f) des Schedule ausdrücklich erklären, daß die gewählte Art der Schadensberechnung selbst dann

Anwendung finden soll, wenn der Vertrag vor Eintreten des „Early Termination Date" aufgrund einer gesetzlichen Vorschrift beendet werden sollte (s. u. Anm. 44).

Die weitere Frage in diesem Zusammenhang betrifft die Anwendbarkeit des Art. 105 II EGInsO vor dem Hintergrund der Rechtswahlklausel des § 13(a) i. V. m. Part 4(h) des Schedule (New Yorker Recht oder englisches Recht). Im Gegensatz zu Art. 105 I EGInsO, der unmittelbar das Wahlrecht des Insolvenzverwalters betrifft, enthält nämlich Art. 105 II 1 EGInsO eine materiellrechtliche Regelung, die nicht insolvenzrechtlich, sondern vertragsrechtlich zu qualifizieren sein dürfte.

Da die erwähnten Fragen zur Kompatibilität des § 6(e) MA mit dem deutschem EGInsO bisher noch nicht von der Rechtsprechung geklärt wurden, sollten die Parteien, wenn sie die konkrete Schadensberechnung vereinbaren wollen und an dem Vertrag ein deutscher Vertragspartner beteiligt ist, zur weiteren Reduzierung des Restrisikos in Part 1(e) des Schedule die automatische Beendigung vereinbaren. Auf diese Weise wird die Wahrscheinlichkeit erhöht, daß die vertragliche Beendigung vor oder zumindest gleichzeitig mit der gesetzlichen Beendigung wirkt.

c) **Fälligkeit, Zinsen.** Sämtliche Teilbeträge, aus denen sich die Ausgleichsforderung zusammensetzt, sind auf eine gemeinsame Währung auszurechnen („Termination Currency"), die frei konvertierbar sein muß und in Part 1 (g) des Schedule zu bestimmen ist (hierzu unten Anm. 46). Fällig wird der Ausgleichsbetrag im Falle eines „Event of Default" mit Zugang der vom Anspruchsberechtigten erstellten Abrechnung beim Vertragspartner und im Falle eines „Termination Event" zwei Geschäftstage („Local Business days") nach deren Zugang. Der Ausgleichsbetrag ist zu verzinsen, wobei die Zinsen wie bei den Verzugszinsen nach § 2(e) täglich kapitalisiert werden. Die Definition des hierfür maßgeblichen Zinssatzes („Applicable Rate") in § 14 verweist auf drei unterschiedliche, ebenfalls in § 14 definierte Zinssatzbegriffe („Default Rate", „Non-default Rate", „Termination Rate"), die sich an den Refinanzierungskosten jeweils einer der beiden Parteien bzw. am arithmetischen Mittel der Refinanzierungskosten beider Parteien orientieren. Für die Ausgleichzahlung nach § 6(e) ist für beide Seiten bzgl. der Zeit nach Konkretisierung der Schadenshöhe der maßgebliche Zinssatz die „Default Rate". Für den Zeitraum davor berechnen sich die Zinsen für beide Seiten nach der „Termination Rate". Eine Ausnahme hiervon bildet der Fall eines „Event of Default". Hier gilt dann für die vertragstreue Partei die „Non-Default Rate".

20. Berechnung des Ausgleichsanspruchs bei „Events of Default". a) Auswahl zwischen der „Two-Way-Payment"- und der „One-Way-Payment"-Methode. Unabhängig davon, ob der spezifische Beendigungsschaden abstrakt oder konkret ermittelt wird („Market Quotation"- oder „Loss"-Berechnung), kann der von der vertragstreuen Partei unter Berücksichtigung ihrer offenen Positionen errechnete Ausgleichsbetrag nicht nur positiv, sondern auch negativ sein. Dies ist insbesondere dann denkbar, wenn die Beendigung der Transaktionen für die vertragstreue Partei unter dem Strich vorteilhaft war und der entsprechende Saldo nicht durch offene Altforderungen („Unpaid Amounts") aufgezehrt wird. Beruht die Beendigung des Vertrages auf einem „Event of Default", stellt das ISDA-MA es den Parteien frei, ob sie für diesen Fall in Part 1 (f)(ii) des Schedule vereinbaren wollen, daß die vertragstreue Partei ihrerseits Zahlungen an die vertragsbrüchige Partei zu leisten hat (sog. „Second Method", in der Praxis auch „Two-way-Payment"-Klausel genannt) oder aber daß die Ausgleichsforderung der ersteren auf Null gestellt wird und deshalb überhaupt keine Ausgleichszahlung zu erfolgen hat (sog. „First Method", in der Praxis auch „One-way-Payment"-, „Limited-Two-Way-Payment"- oder „Walk-away"-Klausel genannt).

Bei der Vereinbarung der „One-Way-Payment"-Methode ist Vorsicht geboten, weil die Frage ihrer rechtlichen Wirksamkeit, wie gleich noch im einzelnen dargestellt wird, in einigen Rechtsordnungen Probleme aufwerfen kann (zu einem speziellen Risiko der „Two-Way"-Methode und den Möglichkeiten seiner Vermeidung siehe unten Anm. 55). Die

Global Derivatives Study Group der Group of Thirty hat im Jahre 1993 Zwischenhändlern und Endverbrauchern das „Close-out Netting" bewußt nur in Verbindung mit der Vereinbarung von „full-way-payments" empfohlen (in: Derivatives: Practices and Principles, „Recommendation 13: Master Agreements"), S. 16). Dementsprechend ist in mit dem ISDA-MA vergleichbaren Rahmenverträgen, wie etwa in § 7 (C) des ERMA Master Agreement für Energiepreisderivate sowie in § 8 des ICOM Master Agreement, ausschließlich die „Two-Way"-Methode vorgesehen. Auch von der Praxis wird die „Second Method" wegen der bestehenden rechtlichen Bedenken gegen die „First Method" vorgezogen (*Jahn*, Die Bank 1994, 102). Zu einer in jedem Falle zu vermeidenden, sachlich in keiner Weise mehr gerechtfertigten Benachteiligung einer „in-the-money" stehenden, aber dennoch inzwischen insolventen Partei führt die „One-way"-Klausel dann, wenn diese (gerade nicht „vertragsbrüchige") insolvente Partei ihrerseits bereits alle Vertragsleistungen erfüllt hat und der Vertrag nach den §§ 5 (a) (vii), 6 (a), (c) allein wegen der Insolvenz beendet wird. Ausgeschaltet werden kann diese Rechtsfolge dadurch, daß man, ähnlich wie bei der entsprechenden Problematik der aufschiebenden Bedingung des § 2 (a) (iii) (siehe oben Anm. 5), im Wege einer teleologischen Reduktion das Vorliegen eines „Event of Default" i. S. des § 5 (a) (vii) in einem solchen Falle verneint. Um ganz sicherzugehen, sollte man dies aber in einer entsprechenden Zusatzklausel ausdrücklich klarstellen (für einen Formulierungsvorschlag s. u. Anm. 45).

b) Rechtliche Beurteilung der „One-Way"-Methode nach dem Vertragsstatut. In erster Linie stellt sich die Frage nach der rechtlichen Wirksamkeit der Vereinbarung der „One-Way-Payment"-Methode aus der Perspektive der als anwendbares Vertragsstatut in Betracht kommenden Rechtsordnungen, gemäß § 13 (a) i. V. m. Part 4 (h) des Schedule also nach New Yorker Recht und nach englischem Recht.

aa) **New York.** Für das in New York geltende Recht ist dieses Problem keineswegs geklärt. Der US-amerikanische BC geht bzgl. einzelner Geschäftstypen davon aus, daß der Insolvenzmasse ein Zahlungsanspruch gegen den Vertragspartner zusteht, wenn der Nettowert der beendeten Transaktionen zugunsten des Gemeinschuldners einen positiven Wert annimmt. Diese Feststellung trifft etwa für Pensionsgeschäfte („repurchase agreements") zu, wie sich aus § 559 BC ergibt. Die amerikanische Bankenaufsicht hält die „One-way-Payment"-Methode für unvereinbar mit den Nettingvorschriften der §§ 403 (d) und 404 (d) des FDICIA (hierzu *Gooch/Klein*, Documentation for derivatives: Annotated sample agreements, S. 401, m. w. N.). Die im Jahre 1993 in das New York Banking Law (NYBL) eingefügte Bestimmung des § 618-a NYBL, durch die für sog. „qualified financial contracts" das vertragliche „Close-out Netting" anerkannt wird, gilt gerade nicht bei Vereinbarung der „One-Way Payment"-Methode. Das NYBL ist allerdings nur auf die Insolvenz von solchen Banken anwendbar, die nur in New York, nicht aber bundesweit zugelassen sind, sowie auf die unselbständigen New Yorker Zweigstellen ausländischer Banken.

Aus der Rechtsprechung gibt es bisher zu dieser Frage nur eine Entscheidung eines erstinstanzlichen Bundesgerichts. Die ganz überwiegende Anzahl der Fälle wird nämlich im Wege des Vergleichs gelöst (*Gooch/Klein*, Documentation for derivatives: Annotated sample agreements, S. 404). In *Drexel Burnham Lambert Products Corp. v. Midland Bank PLC*, 92 Civ. 3098 (MP), jedenfalls hat der US District Court for the Southern District of New York die im Rahmen eines Swap-Vertrags vereinbarte „One-Way"-Klausel nicht für eine (nach Common Law verbotene und damit) unwirksame Strafklausel gehalten (zitiert nach *Gooch/Klein*, Documentation for derivatives: Annotated sample agreements, S. 403, Fn. 276).

bb) **England.** Auch nach englischem Recht ist die Frage der zivilrechtlichen Zulässigkeit von „One-Way"-Klauseln bisher nicht eindeutig geklärt, so daß Vorsicht angebracht ist (so ausdrücklich *Turing* BJIBFL 1995, 71, 72, trotz seiner Kritik an den Argumenten, die für die Unzulässigkeit vorgebracht werden, Stichwort: „windfall profit"). Diskutiert wird in England zunächst, ob die „One-Way"-Klausel gegen § 3 des Unfair Contract Terms Act

1977 verstößt (hierzu *Turing* BJIBFL 1995, 71, 72). Dieser Ansatz ist abzulehnen, da eine solche Vereinbarung in der Regel beide Parteien gleichermaßen treffen kann und schon deshalb nicht von einer einseitigen Benachteiligung des Verwenders der Klausel gesprochen werden kann. Eine andere Bewertung ist möglicherweise nur dann angezeigt, wenn die im Rahmen des MA dokumentierten Einzelgeschäfte so gestaltet sind, daß die Gegenpartei des Klauselverwenders durchweg vorleistungspflichtig ist und bereits bei Vertragsschluß alle ihre Zahlungsverpflichtungen, etwa in Form einer Prämie, zu erfüllen hat. Teilweise werden die „Walk-away"-Klauseln als (nach Common law unzulässige) Strafklauseln oder als Wetten betrachtet. Dem wird entgegengehalten, Grundlage der „One-way"-Klausel sei der allgemeine Grundsatz, wonach bei Leistungsstörungen, die zur Beendigung eines Vertrags führten, die vertragsbrüchige Partei zum Schadensersatz verpflichtet sei, während die Vertragspflichten der vertragstreuen Partei mit der Beendigung des Vertrags zum Erlöschen kämen (*Paul* JIBL 1995 (Bd. 3), 93, 95; ebenso *Coleman* BJBFL 1993, 229, 230, der die Vereinbarung der „One-way"-Klausel nicht nur für zulässig, sondern aus gesellschaftsrechtlichen Gründen sogar für geboten hält). Weiter wird argumentiert, es sei doch unstreitig zulässig zu vereinbaren, daß die Vertragsseite, die den Vertrag beendet, nichts zu bezahlen brauche. Ebenso zulässig sei es zu vereinbaren, daß die Gegenseite der den Vertrag beendenden Partei Schadensersatz schulde. Die Kombination beider Vereinbarungen könne dann keine verbotene Straf- oder Wettklausel sein (*Turing* BJIBFL 1995, 71, 72). Der genannte *Autor* sieht im Gegenteil sogar rechtliche Bedenken hinsichtlich einer „*Two*-way"-Klausel, weil die „Two-way"- ebenso gut (bzw. ebenso wenig) wie die „One-way"-Vereinbarung als Strafklausel betrachtet werden könne und die Rechtsprechung Vereinbarungen feindlich gegenüber stehe, die es einer säumigen Vertragspartei erlaubten, aus ihrer Säumnis Gewinne zu ziehen (*Turing* BJIBFL 1995, 71, 72). Tatsächlich stellt der Londoner High Court (Queen's Bench Division, Cassir, Moore & Co v Eastcheap Dried Fruit Co [1962] 1 Lloyd's Rep 400, 402) in einer Entscheidung vom 23. 3. 1962 fest, daß eine Vereinbarung, nach der an eine säumige Partei Schadensersatz gezahlt werden müsse, „natürlicher Gerechtigkeit" widerspreche („would not accord with natural justice").

c) **Rechtliche Beurteilung der „One-Way"-Methode nach der anwendbaren Vollstreckungs- oder Insolvenzrechtsordnung.** Eine andere Frage ist, ob die rechtliche Durchsetzbarkeit der „One-Way-Payment"-Methode, selbst wenn sie nach dem zuständigen Vertragsstatut wirksam sein sollte, daran scheitern könnte, daß sie u. U. aus der Sicht der anwendbaren Vollstreckungs- bzw. Insolvenzrechtsordnung gegen deren ordre public verstößt. Ein anschauliches Beispiel für diese Gefahr bietet die deutsche Rechtsprechung zur Vollstreckung amerikanischer „punitive damages"-Urteile (siehe hierzu etwa BGHZ 118, 312, 334 ff.).

aa) **Deutschland.** Was die Beurteilung der einseitigen Verteilung des Nichterfüllungsrisikos zu Lasten der vertragsbrüchigen Partei durch die „Walk-away"-Klausel des § 6 (e)(i) („First Method") MA nach deutschem Recht angeht, können rechtliche Bedenken überhaupt nur insoweit entstehen, als die Nichterfüllung der Verpflichtungen aus einem Einzelgeschäft zur entschädigungslosen Beendigung des gesamten Vertrags einschließlich sämtlicher laufender Transaktionen führt. Wie die Rechtsfigur der teilweisen, vom Schuldner zu vertretenden Unmöglichkeit zeigt, ist dem deutschen Vertragsrecht diese Art der Sanktion jedoch keineswegs fremd. Nach den §§ 326 I 3, 325 I 2 BGB erhält die vertragstreue Gegenseite hier nämlich dann einen Anspruch auf Schadensersatz wegen Nichterfüllung der ganzen Verbindlichkeit, wenn die teilweise Erfüllung für sie kein Interesse hat. Angesichts der Einheitlichkeit des Gesamtvertrags läßt sich ein solches fehlendes Interesse im Falle eines „Event of Default" nach dem MA durchaus bejahen. Die zum Schadensersatz wegen Nichterfüllung (z.B. §§ 325, 326 BGB) vertretene Differenztheorie gebietet zwar die Anrechnung, nicht aber die Aufrechnung der ersparten Gegenleistung (Palandt-Heinrichs, 55. A. 1996, § 325, Rz. 10, unter Hinweis auf BGH NJW 1958, 1915). Die einseitige Gewährung von Schadensersatz wegen Nichterfüllung bzgl. des gesamten Vertragsinteresses an die vertragstreue Seite ist dem deutschen Zivilrecht für den Fall, daß der Verzug nur einen Teil der Leistungspflichten betrifft, also keineswegs fremd. Es ist nicht davon auszugehen, daß der Gesetzgeber der Insolvenzrechtsreform von dieser Wertung des allgemeinen deutschen Zivilrechts abweichen wollte, als er in Art. 105 I 3, II 2 EGInsO festsetzte, daß „der andere Teil", d. h. die vertragstreue Partei, bei Beendigung eines Rahmenvertrags eine Ausgleichsforderung „nur als Konkursgläubiger geltend machen" kann. Der Hinweis auf die Ausgleichsforderung der vertragstreuen Seite in dieser Vorschrift ist rein deklaratorisch und nicht etwa als insolvenzrechtliche Absage an die „One-Way-Payment"-Klausel zu deuten.

bb) **Schweiz.** Für das Schweizer Recht wird die Auffassung vertreten, die „First Method" käme einem Anspruchsverzicht für den Fall der Insolvenz gleich. Nach schweizerischem Recht setze ein wirksamer Verzicht eine entsprechende Verfügungsmacht des Verzichtenden nicht nur bei Vornahme des Verzichts, sondern auch in dem Zeitpunkt voraus, wo der betreffende Anspruch begründet werde. Da der Anspruch auf eine Ausgleichszahlung erst mit Eintreten der Insolvenz entstehe und da der Gemeinschuldner gleichzeitig seine Verfügungsgewalt über die Masse verliere, könne ein solcher Verzicht nur mit Genehmigung des Insolvenzverwalters wirksam werden (*Affentranger/Schenker* IFLR Jan. 1995, 35, 36). Nach dieser Auffassung soll § 6 MA als Vertragsbestimmung, welche die „First Method" wählt, sogar insgesamt unwirksam sein, so daß die Gefahr des „cherry-picking" durch den Insolvenzverwalter entstehe. Die *Affentranger/Schenker* (a. a. O.) raten deshalb für Verträge mit Schweizer Vertragspartnern von der Wahl der „First Method" ab. Die Schweizer Rechtsprechung hat zur Frage der Wirksamkeit einer Vereinbarung dieser Ausgleichsart bisher noch nicht Stellung bezogen. Die dargestellte Argumentation, die eine solche Klausel als Verzicht interpretiert, vermag jedenfalls deshalb nicht zu überzeugen, weil nur auf einen Anspruch verzichtet werden kann, der bereits besteht. Die „One-Way"-Methode soll aber gerade das Entstehen eines solchen Anspruchs verhindern.

cc) **Frankreich.** Eine eindeutige Stellungnahme zur Rechtmäßigkeit nach französischem Recht wird in der einschlägigen Literatur vermieden (vgl. *Boulat/Chabert*, S. 144; ebenso schon zuvor *Chabert*, Les swaps, thèse Clermont I 1987, S. 385). *Gooch/Klein* (Documentation for derivatives: Annotated sample agreements, a. a. O. S. 404, Fn. 276) berichten, daß ein „französisches Gericht" in einem Streit zwischen der Commerzbank AG und der zahlungsunfähigen Société Econecom Financière eine ähnliche Klausel im Rahmen der dort vereinbarten französischen „Conditions générales pour les opérations d'échange de devises ou de conditions d' intérêts" der AFB (vgl. dort Art. 8.1.5., 9.2.1.) für wirksam gehalten habe (unter Berufung auf einen Artikel in Derivatives Week, Heft vom 12. 4. 1993: „French Swap Case Upholds Termination Clause").

dd) **Niederlande.** Für das niederländische Recht ist zu notieren, daß nach Art. 38 Satz 2 Faillissementswet bei Warentermingeschäften im Falle eines insoweit rechtlich anerkannten „Close-out"-Netting (hierzu und zur Möglichkeit einer Ausdehnung dieser Vorschrift auf andere Derivate siehe oben Anm. 18) nicht nur der Vertragspartner, sondern auch der Gemeinschuldner Ausgleich verlangen kann, falls er es ist, der durch die Beendigung des Vertrags einen Schaden erleidet. Demnach könnte die Vereinbarung der „One-Way-Payment"-Methode nach § 6(e)(i) Abs. (1) und (2) aus der Sicht des niederländischen Insolvenzrechts unwirksam sein und vielleicht sogar zur fehlenden Anerkennung des „Close-out"-Netting führen.

d) **Internationales Bankenaufsichtsrecht.** Die Einstellung der Bankenaufsicht zu „Walkaway"-Klauseln ist klar ablehnend. In Anhang 3 der Eigenkapitalempfehlung des Cooke-Ausschusses in seiner Fassung vom April 1995 heißt es wörtlich „Contracts containing walkaway clauses will not be eligible for netting for the purpose of calculating capital requirements pursuant to this Accord." Dementsprechend legt die Richtlinie 96/10/EG des Europäischen Parlaments und des Rates vom 21. 3. 1996 zur Änderung der Solvabilitätsrichtlinie 89/647/EWG vom 18. 12. 1989 „im Hinblick auf die aufsichtsrechtliche Anerkennung von Schuldumwandlungsverträgen und Aufrechnungsvereinbarungen („vertragliches Netting')" explizit fest, daß Ausstiegsklauseln („walk-away-clause") aufsichtsrechlich nicht als risikomindernd anerkannt werden (ABlEG Nr. L 85/17 v. 3. 4. 1996). In Nr. 109 des „London Code of Conduct for principals and broking firms in the wholesale markets" der Bank of England vom Juli 1995 wird unter Hinweis auf die weltweiten Bedenken der nationalen Bankenaufsichtsbehörden ausdrücklich vom Gebrauch von „One-way-Payment"-Klauseln abgeraten.

21. Berechnung des Ausgleichsanspruchs bei „Termination Events". Die Schadensberechnung im Falle eines „Termination Event" unterscheidet neben der Art der Schadensberechnung („Market Quotation" oder „Loss", s. o. Anm. 19(a) und (b)) danach, ob nur eine oder ob beide Vertragsparteien als „Affected Parties" (s. o. Anm. 15) zu qualifizieren sind. Die in Part 1 (f)(ii) getroffene Wahl zwischen der „First Method" und der „Second Method" bleibt für „Termination Events" dagegen ohne Bedeutung. Kommt nur einer Vertragspartei die Eigenschaft als „Affected Party" zu, wird der Ausgleichsbetrag in derselben Weise bestimmt, wie es im Falle eines „Event of Default" bei Vereinbarung der „Second Method" („Two-Way Payment") geschieht (§ 6(e)(i), Abs. (3) bzw. (4)), wobei hier die Vertragsseite, die nicht „Affected Party" ist, die notwendigen Schadensbestimmungen vornimmt. Sind beide Parteien durch einen „Termination Event" betroffen („Affected Parties"), errechnet jede für sich ihren (positiven oder negativen) Schaden. Bei Vereinbarung der Marktwertberechnung („Market Quotation") ist dann die Hälfte des Differenzbetrags zwischen beiden (positiven oder negativen) Beträgen zuzüglich des Saldos der gegenseitig noch offenen Unpaid Amounts auszugleichen (§ 6(e)(ii)(2)(A)). Auf diese Weise wird sichergestellt, daß der Gewinn bzw. der Schaden aus der vorzeitigen Beendigung der Transaktionen von den Parteien zu gleichen Teilen getragen wird. Bei Vereinbarung der konkreten Schadensberechung („Loss") besteht der Ausgleichsbetrag in der Hälfte der Differenz zwischen den von beiden Parteien jeweils für sich errechneten (wiederum positiven oder negativen) Schadensbeträgen (§ 6(e)(ii)(2)(B)). Die bei Vertragsbeendigung bereits fälligen, noch nicht erfüllten Forderungen („Unpaid Amounts") sind hierin bereits mit eingerechnet.

22. „Set-off". Der Begriff des „Set-Off" ist in § 14 definiert und verweist allgemein auf jede Art von Aufrechnungs- oder Zurückbehaltungsbefugnis, unabhängig davon, ob sie sich aus diesem Vertrag, aus einem anderen Vertrag oder aus Gesetz ergeben sollte. Im vorliegenden Zusammenhang geht es um die zusätzlich zu vereinbarende Möglichkeit einer Partei, ihre Ausgleichsverpflichtung nach § 6(e) gegen eigene Forderungen aufzurechnen oder zurückzubehalten (vgl. die Definition des „Set-off" in § 14), die dieser Partei gegenüber dem Anspruchsgläubiger bzw. gegenüber mit letzterem verbundenen Unternehmen aus anderen Rechtsverhältnissen zustehen. Von besonderer praktischer Bedeutung ist eine solche Aufrechnungs- oder Zurückbehaltungsbefugnis im Falle eines „Event of Default" für die vertragstreue Partei, wenn die „Two-Way-Payment"-Methode vereinbart ist und sie der insolventen Gegenpartei vollen Ausgleich schuldet, hinsichtlich etwaiger Gegenforderungen aus anderen Rechtsverhältnissen aber auf die Insolvenzquote verwiesen bleibt. Formulierungsvorschläge für die Ergänzung des MA um Aufrechnungs- oder Zurückbehaltungsrechte der genannten Art finden sich unten in Anm. 55.

23. Übertragung des gesamten Vertrags oder einzelner vertraglicher Ansprüche. Die Abtretung des Vertrags oder einzelner Forderungen oder Verbindlichkeiten daraus ist nur mit vorheriger schriftlicher Zustimmung des Vertragspartners möglich, selbst wenn diese Übertragung nur sicherungshalber erfolgen sollte. Von diesem Grundsatz sind zwei Ausnahmen vorgesehen. Zunächst ist die Übertragung des ganzen Vertrags in Zusammenhang mit einer Verschmelzung oder Vermögensübertragung zulässig. Wie der Klammerzusatz „but without prejudice ..." präzisiert, schließt die Anerkennung der Übertragung des Vertrags nicht aus, daß dieser Sachverhalt gleichzeitig den Tatbestand eines „Event of Default" in Gestalt eines „Merger Without Assumption" (§ 5(a)(viii)) erfüllt. Als zweite Ausnahme wird die Übertragung von Schadensersatzansprüchen nach § 6(e) zugelassen.

Nach § 6(b)(ii) darf die Gegenpartei die Zustimmung zur Übertragung des Vertrags auf ein verbundenes Unternehmen nur unter ganz bestimmten Voraussetzungen verweigern, wenn dies der Vermeidung eines Termination Event dient (oben Anm. 17). Abgesehen von diesem Sonderfall muß die Zustimmung des Vertragspartners in der Praxis mit einer Prämie bzw. mit Neuverhandlungen über den Inhalt des Vertrags (insb. bzgl. einer Erweiterung der Beendigungsvoraussetzungen, der Bestellung von Sicherheiten sowie der Ergänzung der steuerlichen Zusicherungen) bezahlt werden. Sofern der neue Vertragspartner in einem Staat ansässig ist bzw. dort Vermögen besitzt, in welchem die Anwendung der Einrede des Spiels oder der Wette im Bereich von derivativen Instrumenten nicht ausgeschlossen ist (siehe hierzu den Überblick oben Anm. 10(b)), sollte von der Erteilung der Zustimmung abgesehen werden, solange nicht sichergestellt ist, daß die geplanten Einzelgeschäfte ausschließlich Hedge-Zwecken dienen sollen. Auf der anderen Seite wird § 7 von interessierten Parteien (insb. Banken) in der Praxis teilweise dahingehend ergänzt, daß die Zustimmung nicht willkürlich verweigert („unreasonably withheld"), daß sie bei der Erfüllung bestimmter Voraussetzungen (z.B. gleiche Bonität, keine entgegenstehenden „geschäftspolitischen Gründe", Kostenersatz) zu erteilen ist oder daß die Übertragung dann ohne Zustimmung möglich sein soll, wenn sie auf ein verbundenes Unternehmen erfolgt und wenn die bestehenden Sicherheiten erhalten bleiben (*Gooch/Klein,* Documentation for derivatives: Annotated sample agreements, S. 92f.).

24. Währung. Diese Klausel soll die Vertragsparteien durch die Gewährung entsprechender Ausgleichsansprüche vor Währungsverlusten schützen, die entstehen, wenn sie aufgrund eines Urteils, im Rahmen der Vollstreckung oder aus anderen Gründen Zahlungen in einer anderen Währung als der vertraglich vereinbarten Währung erhalten (zu dem neuen, den einzelnen Bundesstaaten zur Annahme vorgeschlagenen Uniform Foreign-Money Claims Act von 1994, der für das amerikanische Recht erhebliche Erleichterungen bei der Durchsetzung von Fremdwährungsansprüchen bringt, siehe *Hay,* Fremdwährungsansprüche und -urteile nach dem US-amerikanischen Uniform Act, RIW 1995, 113 ff.). Sie ist insbesondere dann von Bedeutung, wenn der Vertragspartner in einer anderen als der Währung seines Heimatstaates zu erfüllen hat (vgl. die entsprechende Klausel in § 11.1 des 1996 ICOM Master Agreement). So werden etwa nach New Yorker Prozeßrecht Fremdwährungsansprüche in ausländischer Währung tituliert und nach dem Tageskurs der Urteilsverkündung in USD umgerechnet (§ 27(b) New York Jud. L., zitiert nach *Gooch/Klein,* Documentation for derivatives: Annotated sample agreements, S. 94). Nach § 8(c) MA („Separate Indemnities") sollen die Ausgleichsforderungen nach den Abs. (a) und (b) nicht nur materiellrechtlich, sondern auch prozessual gegenüber den zugrunde liegenden Zahlungsansprüchen, deren vollständige Erfüllung sie gewährleisten sollen, als eigenständige Ansprüche behandelt werden. Damit sollen die Chancen dafür erhöht werden, daß die gerichtliche Durchsetzung dieser Ausgleichsansprüche nach der zuständigen lex fori nicht an dem Prozeßhindernis der Rechtskraft scheitert, wenn es wegen der zugrunde liegenden Zahlungsansprüche bereits früher zu einer rechtkräftigen Verurteilung gekommen ist.

25. Ausfertigungen des Vertrages. Bei Verträgen mit *französischen* Personen des öffenlichen Rechts (Gemeinden, SNCF, Eléctricité de France, Gaz de France, France Télécom, La Poste, Caisse des Dépôts et Consignations etc.) ist ein zweites, von den Parteien ebenfalls zu unterschreibendes und dem englischen Text zumindest gleichrangiges Original in französischer Sprache ohne Verwendung von Anglizismen, die auch in französisch ausgedrückt werden können, herzustellen. Ansonsten besteht die Gefahr, daß die gegenseitigen Vertragspflichten nach Art. 5 des französischen Sprachenschutzgesetzes Nr. 94–665 vom 4. 8. 1994 (sog. „loi Toubon") unwirksam sind (so *Besse,* Mandatory use of French in financing agreements, IFLR Febr. 1995, 22). Es ist zwar nicht damit zu rechnen, daß Gerichte außerhalb Frankreichs dieses Gesetz zur Anwendung bringen werden, zumal zuständiges Vertragsstatut gemäß § 13(a) i.V.m. Part 4(h) des Schedule nicht französisches, sondern New Yorker oder englisches Recht ist. Bedeutung könnte die „loi Toubon"

7. International Swaps and Derivatives Association Inc. – Master Agreement   IV.7

im Rahmen des ordre public-Vorbehalts (vgl. Art. 16 des EG-Schuldvertragsübereinkommens vom 19. 6. 1980 bzw. Art. 27 Nr. 1 EuGVÜ) aber dann entfalten, wenn ein französisches Gericht über die Zulassung von Forderungen aus diesem Vertrag zur Insolvenztabelle bzw. über die Anerkennung und Vollstreckung ausländischer Urteile zu befinden hat oder wenn es als lex fori gar zu einer Entscheidung in der Hauptsache berufen ist. Letzteres ist z. B. für den Fall denkbar, daß in einem Vertrag zwischen einem deutschen und einem französischen Unternehmen die Anwendung New Yorker Rechts und damit nach § 13 (b) MA die nicht ausschließliche Zuständigkeit eines New Yorker Forums vereinbart wird (s. u. Anm. 31).

26. Bestätigung der Einzeltransaktionen. Die im Rahmen des MA getätigten Einzeltransaktionen müssen rechtlich als Ergänzungen und damit als Änderungen des nach § 1 (c) einheitlichen Gesamtvertrags verstanden werden.

a) Inhalt der vertraglichen Formerfordernisse. Nach § 9 (e) (ii) Satz 1 („parties are legally bound ... from the moment they agree to those terms") bedürfen die jeweiligen Einzeltransaktionen zu ihrer rechtlichen Verbindlichkeit keiner besonderen Form und kommen bereits mit der mündlichen Willenseinigung zustande (für eine diesen Punkt noch stärker betonende Zusatzklausel siehe unten Anm. 56). Diese Regelung stellt eine Ausnahme vom Grundsatz des § 9 (b) („Amendments") dar, der für Vertragsänderungen allgemein Schriftform vorsieht, dabei allerdings angesichts der heute üblichen Kommunikationstechniken auf das Erfordernis einer eigenhändigen Unterschrift verzichtet. Soll § 9 (b) gegenüber § 9 (e) (ii) Satz 1 nicht gänzlich leerlaufen, wird man die zuletzt genannte Vorschrift in dem Sinne eng auslegen müssen, daß sich die dort zum Ausdruck kommende Formfreiheit auf die Vereinbarung der technischen Einzelheiten (vgl. hierzu etwa die Muster-„Confirmations" in Exhibit II–A bis II–G der 1991 ISDA Definitions, abgedruckt unten in Anhang V) der betreffenden Transaktion beschränkt. Jede darüber hinausgehende Zusatzvereinbarung über geschäftsspezifische Modifikationen des Gesamtvertrags fällt demgegenüber in den Anwendungsbereich des § 9 (b) und muß die dort genannten Formerfordernisse beachten. Im übrigen dient die nach § 9 (e) (ii) obligatorische Bestätigung jedes Einzelgeschäfts („Confirmation") dessen inhaltlicher Konkretisierung, beweismäßiger Absicherung sowie Inkorporierung in den Gesamtvertrag.

Beweismäßig ausreichend für den Abschluß einer „Confirmation" ist die Nachrichtenübermittlung durch Fax, Telex oder ein elektronisch betriebenes Informationsverbreitungssystem („electronic messaging system"). Als „electronic messaging system" kommt das System der SWIFT (Society For Worldwide Interbank Financial Telecommunication, Genossenschaft belgischen Rechts mit Sitz in Brüssel) sowie für die Sparkassen das System der EUFISERV (European Financial Services Company SC, Genossenschaft belgischen Rechts der Europäischen Sparkassenvereinigung und ihrer Mitgliedsorganisationen mit Sitz in Brüssel) in Betracht. Seit neuestem hat die SWIFT in Zusammenarbeit mit der ISDA eine Reihe entsprechender Standardmeldungen für Zins- und Währungs-Swaps („MT 360", „MT 361" sowie „MT 362") herausgebracht, die eine bezugnehmende Inkorporierung der gewünschten ISDA-„Definitions" erlauben (berichtet in: IFR Jan. 13 1996, 151). Daneben wird im internationalen Geschäftsverkehr auch die direkte Datenübertragung zwischen den Computern der Vertragspartner über die Telefonleitung via Modem praktiziert.

Das Schweigen auf die von einer der Vertragsparteien übermittelte „Confirmation" wird nicht als Zustimmung gedeutet. Dies ergibt sich aus § 9 (e) (ii) Satz 2 („executed and delivered in counterparts", „exchange of telexes", „exchange of electronic messages"). Insofern unterscheidet sich die vorliegende Regelung von § 2 I des deutschen „Rahmenvertrags für Finanztermingeschäfte" von 1993, der auf den Grundsätzen über das kaufmännische Bestätigungsschreiben des deutschen Handelsrechts aufbaut und lediglich von einer einseitigen Bestätigung auf seiten der Bank ausgeht.

Die Vertragsparteien können Part 5 des Schedule dazu benützen, über § 9 (e) (ii) hinausgehend weitere Präzisierungen und Klarstellungen der Formerfordernisse festzulegen. In der Praxis wird z. T. durch eine entsprechende Zusatzklausel noch einmal ausdrücklich klargestellt, daß die Transaktionen durch übereinstimmende telefonische Willenserklärungen zustandekommen und die Bestätigungsschreiben oder -telexe nur Beweiszwecken dienen (s. u. Anm. 56). Bisweilen kann es sich als ungeschickt herausstellen, daß § 9(e)(ii) den Parteien allgemein die Pflicht zum Abschluß einer „Confirmation" aufgibt, ohne zu präzisieren, welche Partei als erste eine ausgearbeitete Bestätigung des mündlich (insbesondere telefonisch) vereinbarten Geschäfts herausgeben und in welchem zeitlichen Rahmen die Gegenseite hierauf reagieren soll. Insofern empfiehlt sich die Aufnahme einer Zusatzklausel („Exchange of Confirmations") in Part 5 des Schedule, welche die Rollen klar verteilt (für einen Formulierungsvorschlag s. u. Anm. 58). Der Hinweis im letzten Satz von § 9(e)(ii) darauf, daß die Einbeziehung einer Einzeltransaktion in den Gesamtvertrag auch außerhalb der „Confirmation" („through another effective means") erfolgen kann, ist eine Anspielung auf die Möglichkeit des Einfügens einer „Electronic Confirmations"-Zusatzklausel in Part 5 des Schedule (s. u. Anm. 59) für den Fall, daß die Übertragungsmöglichkeiten im Rahmen des elektronisch betriebenen Informationsverbreitungssystems beschränkt sind und nur das Versenden standardisierter Mitteilungen erlauben.

b) **Beurteilung der vertraglichen Formerfordernisse nach dem zuständigen Formstatut.** Die Wirksamkeit der in § 9(b) und (e) enthaltenen vertraglichen Formvereinbarungen hängt davon ab, daß sie nicht zwingenden gesetzlichen Formvorschriften der nach dem Kollisionsrecht der lex fori zuständigen Rechtsordnung entgegenstehen.

aa) **EG-Schuldvertragsübereinkommen.** Nach dem für Belgien, Dänemark, Deutschland, Frankreich, Griechenland, Großbritannien, Irland, Italien, Luxemburg sowie die Niederlande verbindlichen EG-Schuldvertragsübereinkommen vom 19. 6. 1980 reicht es für die Formwirksamkeit eines Vertrages aus, wenn alternativ die Formvorschriften des Vertragsstatuts oder einer der beiden Rechtsordnungen der jeweiligen Aufenthaltsstaaten der Parteien erfüllt werden (Art. 9 II des Übereinkommens). Diese Regelung gilt dann, wenn sich die Parteien, was im vorliegenden Kontext regelmäßig der Fall sein wird, bei Vertragsschluß (hier zu beziehen auf den Abschluß der einzelnen Transaktionen) in unterschiedlichen Staaten befinden.

bb) **New York.** Im US-amerikanischem IPR richtet sich das Formstatut nach Ansicht des *American Law Institute* allein nach dem Vertragsstatut (Restatement of the law: conflict of laws 2d, Bd. 1, Washington 1971, § 141 („Statute of Frauds") i. V. m. §§ 187f.). Nach anderer Ansicht (*Donath*, Die „Statutes of Frauds" der US-amerikanischen Bundesstaaten aus der Perspektive des deutschen Kollisionsrechts, IPRax 1994, 333ff., 340) sind die amerikanischen Statutes of Frauds internationalprivatrechtlich nicht als materiellrechtliche Formvorschriften, sondern als prozeßrechtliche Beweiswürdigungsregel zu verstehen und deshalb lediglich von der lex fori anzuwenden (offengelassen in OLG Oldenburg RIW 1996, 66). Dementsprechend weist die ISDA darauf hin (User's Guide to the 1992 ISDA Master Agreements, S. 70), daß die New Yorker Formvorschriften vor einem New Yorker Gericht auch dann relevant werden könnten, wenn die Anwendung einer anderen Sachrechtsordnung vereinbart wurde.

Als zwingendes Formerfordernis nach New Yorker Recht kommt § 5–701(a)(1) NYGOL in Betracht, der für alle Verträge gilt, die nicht innerhalb eines Jahres zu erfüllen sind. Diese Vorschrift erfaßt nicht nur solche Derivativgeschäfte, die Fälligkeiten von länger als ein Jahr vorsehen, sondern auch solche, deren Fälligkeiten zwar kürzer sind, aber nicht sofort mit Vertragsschluß zu laufen beginnen und auf diese Weise die Jahresfrist überschreiten (*Gooch/Klein*, Documentation for derivatives: Annotated sample agreements, S. 374). Ausreichend für die Schriftform nach § 5–701(a)(1) NYGOL („agreement ... or some note or memorandum thereof ... in writing") ist ein unterschriebenes Telex oder eine andere unterschriebene Korrespondenz einschließlich eines Faxes (User's Guide to the 1992 ISDA Master Agreements, S. 72). Die schriftlichen Unterlagen müssen dabei alle „wesentlichen" („material") Regelungen enthalten und von derjenigen Partei unterschrie-

7. International Swaps and Derivatives Association Inc. – Master Agreement IV.7

ben sein, gegen die Ansprüche geltend gemacht werden sollen. Im Rahmen der ISDA-Dokumentation kann dieses Formerfordernis dann Probleme schaffen, wenn die „Confirmations" nach § 9(e) MA über ein elektronisch betriebenes Informationsverbreitungssystem erfolgen (siehe hierzu allgemein *Wilkerson,* Electronic commerce under the UCC Section 2–201 Statute of Frauds: are electronic messages enforceable?, Kansas Law Review 1992 (Bd. 41), 403 ff.; zur Wirksamkeit von mittels Telex abgeschlossenen Rechtsgeschäften siehe Apex Oil Co. v. Vanguard Oil & Service Co., 760 F.2d 417 (2d Cir. 1985)).

Zur Erleichterung des Geschäftes mit Derivaten ist § 5–701 (b) NYGOL nunmehr allerdings durch das Gesetz vom 4. 5. 1994 um eine Ausnahmeregelung zugunsten von „telefonisch, durch den Austausch von elektronischen Nachrichten oder in anderer Weise" vereinbarten sog. „qualified financial contracts" ergänzt worden. Nach dem neuen § 5–701 (b)(1)(b) genügt es, wenn die Parteien zuvor oder auch erst danach schriftlich vereinbaren, daß die in der genannten Weise abgeschlossenen Verträge rechtlich verbindlich sein sollen. Die in § 9(e)(ii) Satz 1 MA enthaltene Regelung („whether orally or otherwise") dürfte diesen Anforderungen genügen. Der Begriff des „qualified financial contract" wird in § 5–701 (b)(2) denkbar weit definiert und erfaßt insbesondere Termin- und Kassageschäfte in Devisen, Gold und anderen Edelmetallen, andere OTC-Warentermingeschäfte, Devisenoptionen, Devisen-, Währungs-, Zins-, und Waren-Swaps, Zinsbegrenzungsverträge, Warenoptionen, Zins-Swaps, Zinsoptionen, FRAs, Wertpapier(index)-Swaps oder -Optionen sowie jedes andere vergleichbare Geschäft mit Bezug zu einem Preis oder Index.

Neben dem § 5–701 NYGOL ist im New Yorker Recht an das Schriftformerfordernis des § 2–201 I des New York Uniform Commercial Code 1990 („NYUCC") zu denken. Danach ist der Anspruch aus einem Kaufvertrag über Waren nur dann klagbar, wenn die Menge der verkauften Leistung schriftlich niedergelegt ist. Die Anwendbarkeit dieser Formvorschrift auf die Einzeltransaktionen unter dem vorliegenden Rahmenvertrag hängt davon ab, ob letztere als „Kaufverträge" („contracts for the sale of goods") qualifiziert werden können. Nach der New Yorker Rechtsprechung trifft dies zumindest auf Währungsgeschäfte zu (Intershoe Inc. v. Bankers Trust Co., 77 N.Y.2d 517, 519, 521 (N.Y. 1991): „foreign currency (futures) transactions"; Saboundjian v. Bank of Audi (USA), 556 N.Y.S.2d 258, 261 n. 2 (N.Y. App. Div. 1990): „foreign exchange transactions"; siehe auch die bundesgerichtliche Entscheidung Koreag, Controle et Revision S. A. v. Refco F/X Associates, Inc., 961 F.2d 341, 355 (2d Cir. 1992)). Die vor einigen Jahren noch bedeutsame Frage, ob sich diese Rechtsprechung auf Währungs- und Devisenswaps übertragen läßt (bejahend User's Guide to the 1992 ISDA Master Agreements, S. 70) ist nunmehr obsolet geworden, weil dieselbe Ausnahmeregelung für „qualified financial contracts", die das bereits erwähnte Gesetz vom 4. 5. 1994 in bezug auf die Formvorschrift des § 5–701 NYGOL geschaffen hat, auch für § 2–201 NYUCC gilt (§ 2–201 (4) NYUCC, eingefügt durch § 3 des Gesetzes vom 4. 5. 1994).

cc) **England.** Nach englischem Recht bestehen für Swaps oder andere Finanztermingeschäfte keinerlei Formerfordernisse (User's Guide to the 1992 ISDA Master Agreements, S. 76). Selbst mündliche Verträge sind demnach wirksam. Zu beachten ist allerdings, daß für Sicherungsgeschäfte anderes gelten kann (vgl. hierzu den 1995 ISDA Credit Support Deed, abgedruckt unten in Anhang VII, sowie die Kommentierung in Anm. 34(e)). Die in § 9(e)(ii) MA enthaltene Verpflichtung zur Bestätigung eines mündlichen Geschäfts im Wege einer schriftlichen oder elektronischen „Confirmation" wird übrigens in Nr. 91 des rechtlich unverbindlichen London Code of Conduct der Bank of England vom July 1995, der u. a. auch Swaps und OTC-Derivate erfaßt, konkretisiert. Danach sollen die Marktteilnehmer zumindest bei den einfach strukturierten Geschäften dafür Sorge tragen, daß ihre „Confirmations" bereits „wenige Stunden" nach dem mündlichen Vertragsschluß dem Vertragspartner zugehen.

dd) **Deutschland.** Für das deutsche Recht gilt im Bereich derivativer OTC-Geschäfte ebenfalls der allgemeine Grundsatz der Formfreiheit von Verträgen; demgegenüber wird bankaufsichtsrechtlich in Deutschland verlangt, daß grundsätzlich jedes Geschäft (einschließlich derivativer Geschäfte) „unverzüglich schriftlich oder in gleichwertiger Form zu bestätigen" ist (Nr. 1 i. V. m. Nr. 4.2 der „Verlautbarung über Mindestanforderungen an das Betreiben von Handelsgeschäften der Kreditinstitute" des BAKred vom 23. 10. 1995). Das Gebot einer schriftlichen „Unterrichtung" nicht börsentermingeschäftsfähiger Vertragspartner nach § 53 II BörsG dürfte im Zusammenhang mit der Benutzung des vorliegenden Rahmenvertrags in der Regel nicht praktisch relevant werden.

ee) **Frankreich.** Aus der Sicht des französischen Rechts kommen Verträge seit der Liberalisierung der (beweisrechtlichen) Formvorschrift des Art. 109 Code de Commerce bereits mit der mündlichen Einigung zustande, wenn sie unter Kaufleuten abgeschlossen werden (*Chabert*, Les Swaps, thèse Université de Clermont I, 1987, S. 288 f., bezogen auf Swaps).

ff) **Irland.** Schließlich sei noch auf die neueste Entwicklung im irischen Recht hingewiesen, wo nach Art. 4(3) des neuen Netting of Financial Contracts Act 1995 sog. „financial contracts" (zum Begriff s. o. Anm. 10(b)(ff)) nunmehr ausdrücklich aus dem Anwendungsbereich des Statute of Frauds 1695 herausgenommen werden. Nach Section II des Gesetzes von 1995 müssen Verträge, deren Erfüllungszeitpunkt nicht innerhalb eines Jahres nach Vertragsschluß liegt, schriftlich abgefaßt und vom Schuldner unterschrieben sind (*Molony/Lawless*, Irish legislation validates close-out netting, IFLR Sept. 1995, 15, 16). Nach § 2 des Statute of Frauds sind in Irland, ähnlich wie bei § 5–701 des New Yorker General Obligation Law, grundsätzlich alle Verträge, die später als ein Jahr nach Vertragsschluß zu erfüllen sind, unwirksam, wenn sie nicht schriftlich abgefaßt und vom Schuldner unterschrieben sind.

27. Zweigniederlassungen. Sofern § 10(a) in Part 4(c) des Schedule für anwendbar erklärt wird, ergänzt diese Vorschrift den Katalog des § 3 um eine weitere Zusicherung. Jede Partei sichert danach für den Fall, daß sie eine bestimmte Transaktion nicht durch ihre Hauptniederlassung, sondern durch eine Zweigstelle (vgl. die Definition des Begriffs des „Office" in § 14) abschließt, zu, sich dennoch rechtlich so behandeln zu lassen, wie wenn die Hauptniederlassung selbst tätig geworden wäre. Diese Klausel soll gewährleisten, daß die betreffende Transaktion nicht nach §§ 5(b), 6(b) mit der Begründung beendet werden kann, die Erfüllung der Leistungsverpflichtungen sei nach der Rechtsordnung des Landes, in dem sich die Zweigstelle befindet (z.B. aus devisenrechtlichen Gründen) unzulässig (§ 5(b)(i): „Illegality") oder sie führe nach dieser Rechtsordnung zu einer steuerlichen Mehrbelastung (§ 5(b)(ii): „Tax Event"). Viele Marktteilnehmer lehnen die Vereinbarung dieser Zusicherung ab (*Jahn*, Die Bank 1994, 102).

Dieselbe Schutzrichtung liegt dem in § 10(b) ausgesprochenen, im Gegensatz zu § 10(a) nicht gesondert im Schedule zu vereinbarenden Verbot zugrunde, im Rahmen eines Einzelgeschäftes nicht ohne die vorherige schriftliche Zustimmung der Gegenpartei die Niederlassung zu wechseln, über die die Zahlungen bzw. Lieferungen abgewickelt werden. Es ist einsichtig, daß die Gegenpartei ihre Zustimmung zum Wechsel der Niederlassung gemäß § 6(b)(ii) dann nur unter ganz bestimmten Voraussetzungen verweigern darf, wenn dieser Wechsel keine „Illegality" und keinen „Tax Event" erzeugt, sondern im Gegenteil zur Vermeidung eines im Hinblick auf die bisherige eingeschaltete Niederlassung bestehenden „Termination Event" erforderlich ist (s. o. Anm. 17).

28. Kosten. Bei § 11 handelt es sich um eine für den anglo-amerikanischen Rechtskreis wichtige Kostentragungsregel, durch die die Erstattung von gerichtlichen und außergerichtlichen Kosten für die Rechtsverfolgung einschließlich der Verwertung von Sicherheiten sichergestellt wird. Die in § 11 genannten Kosten unterscheiden sich von den nach § 6(e) im Rahmen des materiellrechtlichen Ausgleichsanspruchs zu ersetzenden Ausgaben. Letztere betreffen, wie in § 6(e)(iv) („Pre-Estimate") klargestellt wird, das positive Erfüllungsinteresse an der Erzielung von Gewinnen bzw. an der Glattstellung offener Positionen (§ 6(e) Satz 2 Halbsatz 1). Wenn § 6(e)(iv) Satz 2 Halbsatz 2 insoweit das Geltendmachen weitergehender Schadensersatzansprüche ausschließt, sind damit nicht die in § 11 angesprochenen Rechtsverfolgungskosten gemeint.

29. Mitteilungen. Die Bestimmung des § 12 (a) enthält eine Aufzählung der Arten, auf die gegenseitige Erklärungen oder Mitteilungen formwirksam übermittelt werden können, und definiert für die unterschiedlichen Mitteilungstechniken den jeweiligen Zeitpunkt des Zugangs. Mitteilungen per Fax müssen nach § 10 (a) (iii) vom verantwortlichen Angestellten in leserlicher Form empfangen werden. Der Absender hat dabei die Tatsache des Empfangs zu beweisen. Der „OK"-Vermerk auf dem Sendebericht reicht hierfür nicht aus (ebenso aus der Sicht des deutschen Rechts BGH NJW 1995, 665, 667). Für Marktteilnehmer, denen bei der Zustellung per Einschreiben das Abstellen auf den tatsächlichen Zugang zu unsicher ist, empfiehlt es sich, § 12 (a) (iv) wie folgt zu ändern:

„... *(iv) if sent by certified or registered mail (airmail, if overseas) or the equivalent (return receipt requested), three Local Business Days after despatch if the recipient's address for notice is in the same country as the place of dispatch and otherwise seven Local Business Days after dispatch, provided however, it is understood that, if feasible, a party shall first attempt to send notice by overnight couriers or telex before attempting to send notice by certified or registered mail; or* ...".

30. Vertragsstatut. Das ISDA-MA ist, wie es bei internationalen Finanzierungsverträgen üblich ist, auf die Anwendung *New Yorker* oder *englischen* Rechts ausgelegt und beschränkt die Rechtswahlmöglichkeit in Part 4 (h) des Schedule auf diese beiden Rechtsordnungen. Mit dem in Part 4 (h) enthaltenen Klammerzusatz („without reference to choice of law doctrine") soll klargestellt werden, daß eine Sachnorm- (sog. „substantive law") und nicht eine Gesamtverweisung gemeint ist. Bei der Vereinbarung *australischen* Rechts sind die im 1992 AFMA/ISDA Standard Documentation Guide (zu beziehen von der Australian Financial Markets Association, Sydney, Tel. (+2) 299-4411, Fax (+2) 299-4060, zit. nach User's Guide to the 1992 ISDA Master Agreements, S. 34) aufgeführten Besonderheiten zu beachten. Von der Vereinbarung der Geltung einer Rechtsordnung, die nicht dem angloamerikanischen Rechtskreis entstammt, wie etwa der deutschen, ist abzuraten.

a) **Die Wirksamkeit der Rechtswahlklausel nach der *lex fori*.** Der Grundsatz der Vertragsfreiheit bei der Wahl des auf eine vertragliche Beziehung anwendbaren Rechts wird von allen wichtigen Rechtsordnungen anerkannt. Teilweise wird jedoch das Bestehen einer ausreichenden Verbindung des Vertrages zu der gewählten Rechtsordnung verlangt.

aa) **New York.** Auch aus der Sicht eines New Yorker Gerichtsstands ist grundsätzlich eine ausreichende Verbindung der genannten Art erforderlich (sog. „reasonable relation test", vgl. den für Kaufverträge geltenden § 1-105 (1) NYUCC). Nach § 5-1401 NYGOL, eingefügt durch Gesetz vom 19. 7. 1984, gilt diese Einschränkung der Rechtswahlfreiheit aber dann nicht, wenn der Vertragsumfang mindestens USD 250 000 beträgt (hierzu *Ebenroth/Tzeschlock*, Rechtswahlklauseln in internationalen Finanzierungsverträgen nach New Yorker Recht, IPrax 1988, 197, 199). Diese Voraussetzung dürfte bei Verwendung des vorliegenden Rahmenvertrags, der alle Einzeltransaktionen zu einem einheitlichen Vertrag zusammenfaßt (§ 1 (c) MA) in aller Regel erfüllt sein.

bb) **England.** Im Gegensatz zum New Yorker Recht erkennen englische Gerichte eine ausdrückliche Rechtswahl uneingeschränkt selbst dann an, wenn der Vertrag keine Beziehung zur gewählten Rechtsordnung aufweist (*Ebenroth/Parche*, Schiedsgerichtsklauseln als alternative Streiterledigungsmechanismen in internationalen Konsortialkreditverträgen und Umschuldungsabkommen, RIW 1990, 341, 342).

cc) **Deutschland.** Im deutschen Internationalen Vertragsrecht verwirklicht Art. 27 EGBGB für grenzüberschreitende Sachverhalte das Prinzip der uneingeschränkten Rechtswahlfreiheit. Danach braucht der Sachverhalt weder eine räumliche noch eine sachliche Beziehung zum gewählten Recht aufzuweisen (*Firsching/v. Hoffmann*, Internationales Privatrecht, 4. A., München 1995, § 10, Rz. 27). Im Anwendungsbereich des Römischen EWG-Schuldvertragsübereinkommens vom 19. 6. 1980 gilt die Rechtswahlfreiheit im Grundsatz ebenfalls ohne Einschränkungen (Art. 3 I). Eine Ausnahme wird man nur nach allgemeinen Grundsätzen in den Fällen einer Gesetzesumgehung machen können (*Mayer*, Droit international privé, 5. A., Paris 1994, Rz. 705, S. 464). Unter diesem Gesichtspunkt sind diejenigen Ansichten einzuordnen, die eine wirksame Rechtswahl vom Bestehen „irgendeines anerkenneswerten Interesses" an der Anwendung des gewählten Rechts abhängig machen (so z. B. *Kegel,* Internationales Privatrecht, 7. A., München 1995, S. 483, zu Art. 27 EGBGB). Ein solches Interesse ist bei der Vereinbarung New Yorker oder englischen Rechts für einen englischsprachigen, auf die genannten Rechtsordnungen abgestimmten und international üblichen Rahmenvertrag ohne weiteres zu bejahen (ähnlich *Gamillscheg,* Rechtswahl, Schwerpunkt und mutmaßliche Parteiwahl im internationalen Privatrecht, AcP 157 (1958/59), 303, 312 f., zur Zulässigkeit der Vereinbarung desjenigen Rechts, das den internationalen Markt beherrscht).

b) **Die sachliche Reichweite der Rechtswahl nach der *lex fori.*** Die äußere Grenze für die sachliche Reichweite der Rechtswahl ist der Parteiwille. Überlagert werden kann dieser im Wege der Sonderanknüpfung durch zwingende, insbesondere aufsichtsrechtliche Vorschriften Rechtsvorschriften der *lex fori* oder der Rechtsordnung eines Drittstaates, mit dem der Sachverhalt eine Verbindung aufweist.

aa) **Der Parteiwille.** Für die Reichweite des Parteiwillens hinsichtlich der Rechtswahlklausel des § 13 (a) MA i. V. m. Part 4 (h) des Schedule ist dem Art. 8 I des EG-Schuldvertragsübereinkommens für den Bereich *europäischer* leges fori eine Auslegungsregel zu entnehmen. Nach der genannten Vorschrift, die, wie auch die übrigen Vorschriften dieses Übereinkommens, nicht nur im Verhältnis der Vertragsstaaten untereinander anwendbar sind, sondern universellen Geltungsanspruch beanspruchen (vgl. den Bericht von *Guilano/ Lagarde,* AblEG Nr. C 282 v. 31. 10. 1980, S. 1, 13 f.), richtet sich die materielle Wirksamkeit eines Vertrags grundsätzlich nach dem vereinbarten Vertragsstatut. Diese Regel erfaßt mit Ausnahme der Formgültigkeit alle Aspekte des Abschlusses des Vertrages einschließlich der Fälle der Unwirksamkeit wegen eines Verstoßes gegen ein Verbotsgesetz des Vertragsstatuts (so *North/Fawcett,* Private international law, 12. A., London u. a. 1992, S. 518, in bezug auf den Fall einer „illegality"). Die Rechtswahlklausel schließt die zwingenden Vorschriften des gewählten Rechts mit ein (*Firsching/v. Hoffmann,* Internationales Privatrecht, 4. A., München 1995, § 10, Rz. 26, aus dem Blickwinkel des deutschen IPR; ebenso *Radtke,* Schuldstatut und Eingriffsrecht: Systematische Grundlagen der Berücksichtigung von zwingendem Recht nach deutschem IPR und dem EG-Schuldvertragsübereinkommen, ZVglRWiss 84 (1985), 325, 332, der von einer „sehr starken Tendenz im deutschen IPR spricht, die Eingriffsnorm des ausländischen Vertragsstatuts zur Anwendung zu bringen). Zu eng ist dagegen die Auffassung *Kegels* (Internationales Privatrecht, 7. A., München 1995, S. 508), der alle „öffentlichrechtlichen" Regelungen aus dem Vertragsstatut herausnehmen und dem „aus dem ordre public entwickelten" internationalen öffentlichen Recht unterwerfen möchte (kritisch gegenüber der einfachen Unterscheidung zwischen privatrechtlichen und öffentlichrechtlichen Vorschriften *Radtke,* a. a. O., S. 328).

Eine ähnliche Einstellung ist der einschlägigen *amerikanischen* Rechtsprechung zu entnehmen. Danach erfaßt eine Rechtswahlklausel, die sich nach ihrem Wortlaut auf alle Streitigkeiten in Zusammenhang („relating to", „in connection with", „arising out of") mit dem Vertrag bezieht, über Fragen, die sich aus der Nichterfüllung der Vertragspflichten ergeben, hinaus auch z. B. Streitigkeiten kartellrechtlicher oder kapitalmarktrechtlicher Natur (für letztere siehe *Roby v. Corporation of Lloyd's,* 996 F. 2 d 1353, 1361 f. (2 d Cir.); ebenso *Scherk v. Alberto-Culver Co.,* 417 US 506, *reh'g denied,* 419 US 885). In einem Urteil vom 21. 8. 1995 hat der US District Court for the Southern District of New York die Rechtswahlklausel des § 13 (a) i. V. m. Part 4 (h) des Schedule im Wege einer systematischen Auslegung unter Heranziehung der Gerichtsstandsklausel des § 13 (b) in dem Sinne ausgelegt, daß sie „with respect to any suit, action or proceedings relating to the (ISDA) Agreement" gilt und Klagen wegen der Verletzung kapitalmarktrechtlicher Bestimmungen des CEA sowie des Racketeer Influenced and Corrupt Organizations Act („RICO") einschließt (*P. T. Adimitra Rayapratama v. Bankers Trust Company* (1995 WL 495634, at * 3).

bb) **Vorrang zwingenden Rechts des Gerichtsstaates.** Zur Überlagerung des Vertragsstatuts durch die Anwendung zwingenden Rechts (zu den Grenzen des Vertragsstatuts im

Zusammenhang mit der „collateralization" des Ausfallrisikos aus dem Gesamtvertrag s.u. Anm. 34(c)) einer *europäischen* lex fori kann es im Geltungsbereich des EG-Schuldvertragsübereinkommens aufgrund von dessen Art. 7 II kommen (für das britische IPR bestätigt bei *North/Fawcett,* Private international law, 12. A., London u.a. 1992, S. 520.

Aus der Sicht eines *deutschen* Gerichtsstands könnte ganz vereinzelt (s.o. Anm. 10(b)(aa)) die Frage relevant werden, ob sich der deutsche Differenz- und Börsentermineinwand gegenüber der Wahl eines ausländischen Vertragsstatuts durchsetzen kann. Nach der Rechtsprechung des BGH ist hier entsprechend der Schutzwürdigkeit der Vertragspartner zu differenzieren. Eine „Schiedsabrede in Verbindung mit einer Rechtswahlklausel" ist, soweit sie „Börsentermingeschäfte von nicht termingeschäftsfähigen Inländern" betrifft, in Deutschland nicht anzuerkennen, weil sie zur Nichtbeachtung des Termineinwands führen würde (BGH WM 1995, 100, 102, unter Hinweis auf BGH WM 1987, 1153, 1154f.). Nichts anderes kann gemäß der Wertung des § 61 BörsG n.F. für den Börsentermineinwand gegenüber einer kombinierten Gerichtsstands- und Rechtswahlklausel (§ 13 Abs. (a) und (b) MA) sowie darüber hinaus für den allgemeinen bürgerlich-rechtlichen Differenzeinwand eines nicht-börsentermingeschäftsfähigen Inländers gelten (dazu, daß Termingeschäftseinwand und Differenzeinwand zugunsten nicht-börsentermingeschäftsfähiger Vertragspartner nebeneinander anwendbar sind, siehe NJW 1981, 1441). Der Differenzeinwand nach den §§ 762, 764 BGB, der einem börsentermingeschäftsfähigen Geschäftspartner ausnahmsweise im Hinblick auf derivative Geschäfte zustehen könnte, wenn letztere sich nicht unter den Begriff des Börsentermingeschäfts subsumieren lassen und deshalb nicht von § 58 BörsG gedeckt werden, gehört demgegenüber „nach heutigem Verständnis nicht zu den elementaren Grundlagen" der deutschen Rechtsordnung und besitzt keinen ordre public-Charakter (BGH WM 1991, 576).

In der *US-amerikanischen* Rechtsprechung steht die rechtliche Anerkennung von Rechtswahlklauseln unter einem „public policy"-Vorbehalt (grundlegend das Urteil des Supreme Court in: *The Bremen,* 407 U.S. 1, 15; ebenso *Mitsubishi Motors v. Soler Chrysler-Plymouth,* 473 U.S. 614, 637 n. 19, zur Anwendung des wettbewerbsrechtlichen Sherman Act; *Interpool, Ltd. v. Certain Freights of M/V Venture Star,* 102 B.R. 373 (Bankr. D.N.J. 1988), aff'd, 878 F.2d 111 (3d Cir. 1989); *Allied Bank International v. Banco Credito Agricola de Cartago* 733 F.2d 23 (2d Cir 1984), zu den beiden letzteren *Ebenroth/Tzeschlock,* IPrax 1988, 197, 204). Die Kapitalmarktgesetze zum Anlegerschutz werden zumindest insoweit als „public policy" Regelungen gewertet, als amerikanische Investoren betroffen sind (*Roby v. Corporation of Lloyd's,* 996 F.2d 1353, 1364 (2d Cir.), cert. denied, 114 S.Ct. 385 (1993)). Die „public policy" steht der Anerkennung einer Rechtswahl allerdings solange nicht entgegen, wie der klagende Anleger nicht beweist, daß das ausländische Recht keinen gleichwertigen Rechtsschutz gewährt (*Roby v. Corporation of Lloyd's,* 996 F.2d 1353, 1365 f. (2d Cir.), wo ausdrücklich die Gleichwertigkeit des englischen Rechtsschutzes nach Common law und nach dem Misrepresentation Act mit dem US-amerikanischen Racketeer Influenced and Corrupt Organszations Act („RICO") festgestellt wird; speziell für den Kontext des vorliegenden ISDA MA siehe *P. T. Adimitra Rayapratama v. Bankers Trust Company,* 1995 WL 495634, at * 3 (S.D.N.Y.)).

cc) **Vorrang zwingenden drittstaatlichen Rechts.** (1) EG-Schuldvertragsübereinkommen. Die Möglichkeit der Anwendung zwingender Vorschriften des Rechts eines Drittstaates (z.B. des Heimatstaates einer der Vertragsparteien, des Zahlungsorts etc.) im sachlichen Anwendungsbereich des Vertragsstatuts richtet sich für die *europäischen* Vertragsstaaten des EG-Schuldvertragübereinkommens nach Art. 7 I. Danach dürfen Gerichte dieser Staaten zwingende Bestimmungen einer Rechtsordnung, die weder Vertragsstatut noch lex fori ist, anwenden, wenn der Sachverhalt eine enge Verbindung mit dieser Rechtsordnung aufweist. Mit dem Begriff des zwingenden Rechts ist in erster Linie Eingriffsrecht im öffentlichen Interesse und nicht nur zwingendes Privatrecht im Dienste eines gerechten Interessenausgleichs der am Vertrag beteiligten Parteien gemeint (*Radtke,* Schuldstatut und Eingriffsrecht: Systematische Grundlagen der Berücksichtigung von zwingendem

Recht nach deutschem IPR und dem EG-Schuldvertragsübereinkommen, ZVglRWiss 84 (1985), 325, 327 f., 350). Für die Bundesrepublik, Luxemburg und das Vereinigte Königreich ist Art. 7 I des Übereinkommens allerdings nicht anwendbar, weil diese Länder gemäß Art. 22 I lit. a) einen entsprechenden Vorbehalt erklärt haben (vgl. Bekanntmachung des Bundesministers des Auswärtigen über das Inkrafttreten vom 12. 7. 1991, BGBl II, S. 871).

(2) Deutschland. Im *deutschem* Recht besteht gegenüber der Anwendung statusfremder drittstaatlicher Eingriffsnormen große Zurückhaltung (*Radtke*, a. a. O., S. 332; vgl. auch MünchKomm-*Martiny*, 2. A., vor Art. 12 EGBGB, Rz. 329). Der BGH beruft sich in bezug auf ausländisches öffentliches Recht auf den Grundsatz der Territorialität (BGHZ 31, 367, 371 f.). Ein ausländisches Veräußerungsverbot ist „in seinen Wirkungen" grundsätzlich auf den entsprechenden ausländischen Territorialbereich beschränkt (BGHZ 64, 183, 189). Eine Anwendung des § 134 BGB bei einem ausländischen Verbotsgesetz kommt nach Auffassung des BGH nicht in Betracht, weil dieses im Inland „unmittelbar keine Verbindlichkeit besitzt" (BGHZ 59, 82, 85). Allerdings ist das Gericht zu einer mittelbaren Berücksichtigung eines ausländischen Schutzgesetzes (Ausfuhrverbot) im Rahmen des § 138 BGB mit der Begründung gelangt, dieses stehe im Dienste eines „allgemein zu achtenden Interesses aller Völker" (BGHZ 59, 82, 85, in bezug auf die Erhaltung von Kulturwerten „an Ort und Stelle" unter Berufung auf entsprechende, für Deutschland unverbindliche Beschlüsse der UNESCO).

(3) Vereinigtes Königreich. Im *Vereinigten Königreich* wird ausnahmsweise auf den *ordre public*-Vorbehalt des Art. 16 des EG-Übereinkommens zurückgegriffen, um die Anwendung ausländischen zwingenden Rechts zu rechtfertigen (Nachweise bei *North/Fawcett*, Private International Law, 11. A, London u. a. 1992, S. 504). Die Anwendung ausländischer Devisenkontrollbestimmungen wird z. T. auf Art. 10 II dieses Übereinkommens („Art und Weise der Erfüllung") gestützt (*North/Fawcett*, a. a. O., S. 520, m. w. N.). In Extremfällen, in denen der Verdacht einer vorsätzlichen Umgehung ausländischen Rechts durch die Rechtswahl besteht, wird schließlich außerdem der Gesichtspunkt der „comity of nations", der ebenfalls bei Art. 16 angesiedelt wird, bemüht (*North/Fawcett*, a. a. O.).

(4) USA. In der amerikanischen Rechtsprechung wird die Anerkennung und Reichweite ausländischer hoheitlicher Maßnahmen nach der „Act of State"- Lehre (vgl. American Banana v. United Fruit Company, 213 U. S. 347 (1909); Continental Oil v. Union Carbide & Carbon Co., 370 U. S. 690 (1962)) beurteilt, die dem deutschen Territorialitätsprinzip entspricht und als Kollisionsregel des internationalen öffentlichen Rechts zu betrachten ist (Callejo v. Bancomer, 764 F. 2 d 1101, 1114 (5 th Cir. 1985): „super-choice-of-law rule"; siehe auch *Herring/Kübler*, Grenzüberschreitende Bankgeschäfte im Zielfeld politischer Intervention: zu den Problemen der Risikozuweisung im internationalen Einlagengeschäft, ZBB 1995, 126, 127 Fn. 99, m. w. N.). Danach ist es den amerikanischen Gerichten nicht gestattet, die Wirksamkeit von Akten einer fremden Hoheitsgewalt nach dem ausländischen Recht oder nach den Rechtsgrundsätzen des amerikanischen Rechts zu überprüfen, die diese innerhalb ihres Hoheitsbereichs angeordnet hat (Underhill v. Hernandez, 168 US 250, 252 (1897), zu den Ausnahmen siehe *Leflar*, American Conflicts Law, 3. A., Indianapolis, New York 1977, § 68, S. 135). Entsprechend diesem Grundsatz gelangte bspw. die Entscheidung Braka v. Bancomer, 762 F. 2 d 222 (2 d Cir. 1985) des New Yorker United States Court of Appeals zur Anwendung mexikanischer Devisenbestimmungen, nach denen inländische Fremdwährungsforderungen in Pesos zum amtlichen Wechselkurs zu konvertieren waren. Entscheidend für die Beantwortung der Frage, ob die „Act of State"- Doktrin im Wege der Sonderanknüpfung zur Berücksichtigung öffentlich-rechtlicher Normen außerhalb des Vertragsstatuts sowie außerhalb der lex fori berechtigt, ist, ob das entsprechende Vertragsverhältnis in derem jeweiligen territorialen Einflußbereich lokalisiert werden kann. Beurteilungskriterien können sich hier aus dem Abschluß- sowie aus dem Zahlungsort ergeben (vgl. Braka v. Bancomer, 762 F. 2 d 222, 225 (2 d Cir. 1985) zur Lokalisierung von CDs).

Die rechtliche Grundlage der „Act of State"- Lehre wird im Prinzip der Gewaltenteilung gesehen (*Leflar,* American Conflicts Law, 3. A., Indianapolis, New York 1977, § 68, S. 135, unter Berufung auf die Entscheidung Banco National de Cuba v. Sabbatino, 307 F. 2d 845 (2d Cir. 1962)). Eine Überprüfung ausländischer Hoheitsakte durch ein nationales Gericht wird als unzulässiger Eingriff in den Bereich der Außenpolitik betrachtet. Die Anwendung ausländischen Rechts steht allerdings unter dem Vorbehalt der Vereinbarkeit mit „the laws and the public policy of the United States" (Interpool, Ltd. v. Certain Freights of M/V Venture Star, 102 B. R. 373 (Bankr. D. N. J. 1988), aff'd, 878 F.2d 111 (3 d Cir. 1989); Allied Bank International v. Banco Credito Agricola de Cartago, 733 F 2 d. 23 (2 dCir 1984), hierzu *Ebenroth/Tzeschlock,* IPrax 1988, 197, 204).

(5) IWF-Abkommen. Für den Sonderfall ausländischer Devisenkontrollbestimmungen ist zudem Art. VIII Abschn. 2(b) Satz 1 des IWF-Abkommens für die lex fori von Bedeutung. Nach dieser Vorschrift sind die IWF-Mitgliedsstaaten gegenseitig verpflichtet, Zahlungsansprüchen aus Devisenkontrakten, die die Währung eines Mitglieds berühren („exchange contracts which involve the currency of any member" in der allein maßgebenden englischen Fassung des Vertragstextes) keine Rechtswirkung zu verschaffen. Nach Ansicht der *deutschen* Rechtsprechung (BGH RIW 1994, 151, 152 f., zu dieser Entscheidung *Ebenroth/Müller,* Der Einfluß des ausländischen Devisenrechts auf die zivilrechtliche Leistungspflichten unter besonderer Berücksichtigung des IWF-Abkommens, RIW 1994, 269 ff.) ist Art. VIII Abschn. 2(b) IWF-Abkommen immer einschlägig, wenn eine Verpflichtung „in Form grenzüberschreitender Zahlungsvorgänge den Devisenbestand eines Mitglieds" beeinflußt und sich damit „auf dessen Zahlungsbilanz" auswirkt, sofern sie eine „laufende Zahlung" und nicht eine Kapitalübertragung betrifft. Die erste Bedingung ist regelmäßig erfüllt, sobald es sich nicht um Zahlungen in nur mäßiger Höhe handelt (vgl. Art. XXX(d) Nr. 3 und 4 IWF-Abkommen). Hinsichtlich des Begriffs der „laufenden Zahlungen" kann auf die insoweit gleichlaufende Vorschrift des Art. XXX(d) IWF-Übereinkommen zurückgegriffen werden (BGH RIW 1994, 151, 152, im Anschluß u. a. an *Ebenroth/Woggon,* Einlageforderungen gegen ausländische Gesellschafter und Art. VIII Abschnitt 2(b) IWF-Abkommen, IPrax 1993, 151 f.), die ausdrücklich Zahlungen im Zusammenhang mit dem „Außenhandel" sowie „normale kurzfristige Bank- und Kreditgeschäfte" sowie „Beträge, die als Kreditzinsen sowie als Nettoerträge aus anderen Anlagen geschuldet werden", nennt. Zumindest Zahlungen aus derivativen Geschäften, insbesondere aus Zinsderivaten, könnten von diesen Kriterien durchaus erfaßt werden.

Englische und *amerikanische* Gerichte interpretierten die Vorschrift des Art. VIII Abschn. 2(b) demgegenüber eng und stellen auf den Austausch von Währungen ab (hierzu *Ebenroth,* Banking on the Act of State, Konstanz 1985, S. 68 ff.; *Ebenroth/Tzeschlock,* IPrax 1988, 197, 203; *Hinsch/Horn,* Das Vertragsrecht der internationalen Konsortialkredite und Projektfinanzierungen, Berlin, New York, 1985, S. 116 ff.; *Ebke,* Internationales Devisenrecht, Heidelberg 1991, S. 206 ff.), so daß hier allenfalls Zahlungen im Rahmen von Devisen- und Währungs-Swaps tatbestandsmäßig sein dürften.

31. Gerichtsstand. Nach § 13 (b) folgt die Wahl des internationalen Gerichtsstands der in § 13 (a) i. V. m. Part 4 (h) des Schedule getroffenen Rechtswahl zugunsten der Anwendung New Yorker bzw. englischen Rechts. Dies beruht auf der Überlegung, daß bei den Gerichten des Landes, dessen Recht auf den Vertrag anwendbar sein soll, die für die Entscheidungsfindung notwendigen rechtlichen Kenntnisse am ehesten vorausgesetzt werden können. Ein zusätzliches Argument für die Zuständigkeit New Yorker oder englischer Gerichte bildet die Tatsache, daß an diesen Orten am ehesten verwertbares Vermögen in Form von Bankguthaben oder Gold- und Wertpapierdepots erwartet werden kann (*Bosch,* Vertragliche Regelungen in internationalen Kreditverträgen als risikopolitisches Instrument, Beiheft 8/1985 zu Bank und Kapital, S. 117, 137).

Eine sinnvolle Ergänzung des § 13 (b) besteht in der Vereinbarung eines sog. „Jury Waiver", durch den die Zuständigkeit der nicht selten unberechenbaren Geschworenengerichte ausgeschlossen wird. Die Zulässigkeit eines solchen Ausschlusses ist allerdings streitig (*Jahn* Die Bank 1989, 395, 397). Bejaht wurde sie in Telum v. E. F. Hutton Credit Corp., 859 F. 2 d 835 (10 th Cir. 1988).

Zur Vereinbarung von Schiedsklauseln kommt es in der Praxis nur bei Geschäften mit Staaten oder halbstaatlichen Institutionen wie z. B. der BIS (zu den Gründen, warum Schiedsklauseln bei internationalen Finanzverträgen unüblich sind, vgl. *Ebenroth/Parche*, Schiedsgerichtsklauseln als alternative Streiterledigungsmechanismen in internationalen Konsortialkreditverträgen und Umschuldungsabkommen, RIW 1990, 341, 346). Seit 1994 hat die ISDA einen sog. „Market Advisory Service (MAS)" als informelle Streitschlichtungsstelle im Vorfeld einer gerichtlichen Auseinandersetzung eingerichtet, deren Entscheidungen sich als Empfehlungen verstehen und nicht bindend sind. Der Tätigkeitsschwerpunkt dieser Schlichtungseinrichtung soll außerhalb von (reinen) Rechtsfragen in der Herausbildung einer anerkannten Marktkultur für den Handel von OTC-Derivaten („good market practice") liegen. Beweisaufnahmen werden nicht durchgeführt; der Sachverhalt muß vielmehr von den Parteien einvernehmlich festgestellt werden. Die Gebühren belaufen sich auf pauschal USD 1000 (Quelle: IFLR Feb. 1994, 6). Um den Parteien die Möglichkeit zu geben, das Schlichtungsverfahren persönlich ohne Hinzuziehen von Rechtsanwälten in Anspruch zu nehmen, gibt es eine Verfahrensordnung, die den Ablauf des Verfahrens im Detail regelt (hierzu sowie allgemein zum ISDA MAS *Rees*, in Bettelheim/Parry/Rees (Hrsg.), Swaps and Off-Exchange Derivatives Trading, London 1996, S. 156 ff.).

Die Common Law-Lehre vom *forum non conveniens* erlaubt die Abweisung einer Klage, wenn die Durchführung des Verfahrens im Interesse der Sache dem Gericht nicht zweckmäßig erscheint und letzteres der Auffassung ist, daß die Ansprüche vor einem anderen Gericht sachgerechter verfolgt werden können (*Ebenroth/Tzeschlock*, IPrax 1988, 197, 200). Dies gilt insbesondere dann, wenn die Streitsache keinerlei Verbindung mit dem Gerichtsstaat aufweist.

Für *New York* gilt nach § 5–1402 NYGOL, eingefügt durch Gesetz vom 19. 7. 1984, sowie nach § 327(b) der New York Civil Practice Law and Rules, daß bei Sachverhalten, die keinen Bezug zu New York aufweisen, ein Gerichtsstand nur dann dort begründet werden kann, wenn der Vertragswert mindestens USD 1 Mio. beträgt und wenn gleichzeitig nach § 5–1401 NYGOL (s. o. Anm. 30(a)(aa)) wirksam die Anwendung New Yorker Rechts vereinbart wurde (hierzu *Ebenroth/Tzeschlock*, IPrax 1988, 197, 200). Die Vereinbarung der Zuständigkeit der Gerichte des Staates New York hat keinen ausschließlichen Charakter.

Für *englische* Gerichte findet das EuGVÜ vom 27. 9. 1968 in der Fassung des Beitrittsabkommens für Spanien und Portugal vom 26. 5. 1989 Anwendung, soweit beide Parteien innerhalb der Europäischen Union ansässig sind. Nach Art. 17 I EuGVÜ begründet eine schriftliche Gerichtsstandsvereinbarung zugunsten der Gerichte eines Vertragsstaats einen ausschließlichen Gerichtsstand. Ein objektiver Zusammenhang zwischen dem streitigen Rechtsverhältnis und dem vereinbarten Gericht ist hierfür nicht erforderlich (EuGHE 1980, 89, „Zelger/Salinitri"). Im Verhältnis zu den EFTA-Staaten (d. h. nach dem EG-Beitritt von Schweden und Österreich im Verhältnis zu Island, Norwegen und der Schweiz) gilt die wortgleiche Bestimmung des Art. 17 des Lugano-Abkommens vom 16. 9. 1988, das in Deutschland seit dem 1. 3. 1995 in Kraft ist (vgl. die Bekanntmachung vom 8. 2. 1995, BGBl. II 221). Da sich die Ausschließlichkeit des gewählten Gerichtsstands nur auf das Verhältnis der Vertragsstaaten, d. h. der EU- und EFTA-Mitglieder untereinander beschränkt, sind trotz der Vereinbarung eines englischen Forums zusätzliche (gesetzliche) Gerichtsstände außerhalb der Europäischen Union und der EFTA durchaus möglich. Dies gilt insbesondere für den Fall, daß die beklagte Partei in einem europäischen oder außereuropäischen Nicht-Mitgliedsstaat ansässig ist. Umgekehrt kann eine europäische Vertragspartei bei der Vereinbarung eines (nicht ausschließlichen) New Yorker Gerichtsstands immer auch an ihrem persönlichen Gerichtsstand verklagt werden kann, da Art. 17 EuGVÜ in diesem Fall nicht anwendbar ist.

7. International Swaps and Derivatives Association Inc. – Master Agreement   IV.7

Da zwischen den USA bzw. dem Staate New York und der Bundesrepublik bisher kein Anerkennungs- und Vollstreckungsabkommen abgeschlossen wurde, hängt die Vollstreckbarkeit einer New Yorker Gerichtsentscheidung in Deutschland davon ab, ob die in § 13(b) i. V. m. Part 4(h) des Schedule vereinbarte Zuständigkeit New Yorker Gerichte auch nach *deutschem* Recht gegeben wäre (§ 328 I Nr. 1 ZPO). Ein vereinbarter Gerichtsstand genügt hierfür nach § 38 II ZPO immer dann, wenn die Grenzen des § 40 ZPO nicht überschritten werden (*Baumbach/Lauterbach/Hartmann*, ZPO, 54. A., München 1996, § 328, Rz. 18). § 13(b) MA erfüllt diese Voraussetzungen. Da zudem im Verhältnis zu New York auch das Erfordernis der Gegenseitigkeit (§ 328 I Nr. 5 ZPO) erfüllt ist, dürfte der Vollstreckbarkeit der Entscheidung eines nach § 13(b) MA zuständigen New Yorker Gerichts in Deutschland auch dann im Grundsatz nichts im Wege stehen, wenn der Sachverhalt abgesehen von der Rechtswahl- und Gerichtsstandsklausel keinerlei Beziehungen zu New York aufweist.

32. Zustellungsbevollmächtigte. Beide Parteien haben, soweit erforderlich, in Part 4(b) des Schedule im Gerichtsstaat ansässige Empfangsbevollmächtigte (sog. „Process Agent") für jede Art von Prozeßzustellungen zu bestimmen. Damit sollen die üblichen Zustellungsschwierigkeiten im internationalen Rechtsverkehr vermieden werden. Ist der Zustellungsbevollmächtigte aus irgendwelchen Gründen an der Erfüllung seiner Funktion verhindert, ist dies der Gegenseite unverzüglich in den Formen des § 12 mitzuteilen. Innerhalb von 30 Tagen ist dann ein Ersatz zu bestimmen. Darüber hinaus wird festgelegt, daß die Einhaltung der Formerfordernisse des § 12 auch für die Prozeßzustellungen selbst ausreichend sein soll. Diese Regelung dürfte jedoch in aller Regel von weitergehenden zwingenden Formvorschriften des Gerichtsstaates verdrängt werden.

33. Immunitätsverzicht. Die Immunitätsverzichtsklausel des § 13(d) geht von der Theorie der eingeschränkten Immunität (vgl. BVerfG IPRax 1984, 196) aus und legt verbindlich fest, daß ein Geschäft zu den *acta juris gestionis* gehört (so in bezug auf entsprechende Bestimmungen in internationalen Kreditverträgen *Bosch,* Vertragliche Regelungen in internationalen Kreditverträgen als risikopolitisches Instrument, Beiheft 8/1985 zu Bank und Kapital, S. 117, 135, Fn. 53). Nach § 1605(a)(1) des US-Foreign Sovereign Immunities Act of 1976 (Text wiedergegeben bei *Ebenroth/Tzeschlock* IPrax 1988, 197, 203, Fn. 76) bzw. nach § 3 des UK-State Immunity Act 1978 (letzterer ausdrücklich Kredite oder andere Finanztransaktionen miteinbeziehend) werden vertragliche Immunitätsverzichtserklärungen sowohl in den USA als auch in England als wirksam anerkannt.

34. Definition des „Credit Support Document". „Credit Support Documents" sind sämtliche Sicherungsvereinbarungen, die der Sicherung von Forderungen im Rahmen des Gesamtvertrags dienen und die in Part 4(f) des Schedule oder an einer anderen Stelle des Vertrages als solche bezeichnet werden.

a) **Zweck der Besicherung.** Die Besicherung der Forderungen aus dem Gesamtvertrag erlaubt die Reduzierung des Kreditrisikos, ohne den Vertrag bereits beim erstmaligen Auftreten von Leistungsschwierigkeiten („Event of Default", § 5(a)(i) MA) oder bei der Verschlechterung der Kreditwürdigkeit des Vertragspartners (ggf. als „Additional Termination Event" i. S. des § 5(b)(v) vereinbart, vgl. Anm. 47) beendigen zu müssen. Darüber hinaus können Kreditinstitute über die Rechtstechnik der Besicherung die Reduzierung der bankenaufsichtsrechtlichen Eigenkapitalerfordernisse erreichen. Nach der Eigenkapitalvereinbarung des Basler Ausschusses für Bankenaufsicht von 1988 (siehe dort die Anlagen 2 und 3) sind nicht bilanzwirksame Positionen aus derivativen Geschäften hinsichtlich des mit ihnen verbundenen Kreditrisikos in Höhe ihres (unter Berücksichtigung des „Close-out Netting" zu ermittelnden, s. o. Anm. 18c.) Kreditäquivalenzbetrags multipliziert mit der jeweiligen, von der Kategorie der Gegenpartei abhängigen Risikoquote mit Eigenkapital zu unterlegen. Im Grundsatz beträgt der Multiplikationsfaktor für die Risikogewichtung bei Forderungen gegenüber Nicht-Banken oder Banken mit Sitz außerhalb der OECD den Wert von 100% und bei Forderungen gegenüber Banken mit Sitz in der OECD den

Wert von 20%. Angesichts der erfahrungsgemäß hohen Kreditwürdigkeit auf dem Markt für OTC-Derivate sieht eine Änderung der genannten Eigenkapitalempfehlung vom April 1995 (siehe dort den Abschnitt „Risk weighting") vor, daß für Gegenparteien, die sonst mit 100% zu gewichten sind, eine Gewichtung von 50% ausreicht. Ganz auf Null lassen sich die Eigenkapitalerfordernisse bzgl. des Ausfallrisikos dadurch reduzieren, daß die jeweilige, für den Fall der Beendigung des Gesamtvertrags zu errechnende Ausgleichsforderung entweder durch Barmittel oder durch Schuldverschreibungen von OECD-Zentralregierungen vollständig besichert bzw. durch eine OECD-Zentralregierung garantiert wird (vgl. Anlage 2 der Basler Eigenkapitalvereinbarung von 1988, auf welche die genannte Änderung vom April 1995 ausdrücklich verweist).

b) **Allgemeine Gestaltungsmöglichkeiten der Besicherung.** Der Begriff des Sicherungsvertrags („Credit Support Document") im Rahmen des ISDA MA ist weit genug, um die unterschiedlichsten Arten von Personalsicherheiten (akzessorische Bürgschaften, selbständige Garantieversprechen Dritter, sog. „standby letters of credit") und Realsicherheiten (Bestellung von Pfandrechten an Barguthaben, Wertpapieren oder Grundstücken, sog. „security interest", sowie Sicherungsübertragungen, sog. „transfer", jeweils durch Dritte oder durch den Vertragspartner selbst) abzudecken. Er erfaßt Sicherungsgeschäfte für Forderungen aus einer bestimmten Einzeltransaktion ebenso wie für mehrere oder alle Transaktionen im Rahmen des Gesamtvertrags. Die globale Besicherung des Gesamtvertrags ist bereits deshalb vorzuziehen, weil sie die Chancen einer rechtlichen Anerkennung der Einheit des Gesamtvertrags durch die zuständige Insolvenzrechtsordnung erhöhen kann (*Goris*, S. 132). Denkbar ist die Besicherung sowohl der außenstehenden Einzelforderungen als auch des Ausgleichsanspruchs bei Vertragsbeendigung. Zum Schutz des Sicherungsgebers vor einer übereilten Verwertung der Sicherheit bei Streitigkeiten über das Vorliegen einer Säumnis sowie zum Schutz etwaiger Rückübertragungsansprüche in der Insolvenz des Sicherungsnehmers kann die Übertragung der Sicherheit auf einen unabhängigen Treuhänder („collateral agent") vereinbart werden.

c) **Überblick über die ISDA „Credit Support"-Musterdokumente.** Die ISDA stellt mittlerweile bereits vier verschiedene Mustersicherungsverträge zur Verfügung, die für den Gebrauch im Rahmen des MA bestimmt sind. Neben dem auf New Yorker Recht ausgelegten „1994 ISDA Credit Support Annex" (im folgenden: „1994 Annex", abgedruckt unten im Anhang VI) sind dies die beiden nach englischem Recht ausgerichteten „1995 ISDA Credit Support Deed – Security Interest" (im folgenden: „1995 Deed", abgedruckt unten in Anhang VII) und „1995 ISDA Credit Support Annex – Transfer" (im folgenden: „1995 Annex", abgedruckt unten in Anhang VIII) sowie seit neuestem der „1995 ISDA Credit Support Annex (Security Interest – Japanese Law)" auf der Grundlage des japanischen Rechts. Sämtliche ISDA „Credit Support"-Musterabreden sind, was jeweils mit dem Zusatz „Bilateral Form" zum Ausdruck gebracht wird, so gestaltet, daß entsprechend der jeweiligen Verteilung des vertraglichen Ausfallrisikos jede der beiden Vertragsparteien zur Erbringung von Sicherheiten verpflichtet sein kann (sog. „two-way collleralization"). Eine entsprechende Umgestaltung der Vertragsmuster als „Single-Pledgor"-Vereinbarung durch geeignete Ergänzungsvorschriften ist aber durchaus möglich (siehe für den „1994 Annex" hierzu *Gooch/Klein*, Documentation for derivatives: credit support supplement, S. 86 ff.). Von einer Besprechung des „1995 ISDA Credit Support Annex" nach japanischem Recht wird in der Folge abgesehen, da der Wortlaut bei Abschluß des Manuskripts noch nicht vorlag.

Sowohl der „1994 Annex" (§ 2) als auch der „1995 Deed" (§ 2 (b) und (c)) enthalten im Hinblick auf die Ver- bzw. Entpfändung der Sicherungsobjekte über die schuldrechtlichen Sicherungsabreden hinaus bereits die dinglichen Einigungserklärungen, die zur ihrer Wirksamkeit nur noch der Übergabe bzw. eines Übergabesubstituts bedürfen. Ausgelegt sind die ISDA „Credit Support"-Musterverträge in erster Linie für die Besicherung von Barguthaben („cash", beim „1994 Annex" entsprechend der Definition in § 12 in USD) sowie von leicht zu veräußernden Wertpapieren mit einem objektiv bestimmbaren Marktpreis

7. International Swaps and Derivatives Association Inc. – Master Agreement IV.7

(in § 13 (b) (ii) des „1994 Annex" und § 13 (c) (ii) des „1995 Deed" jeweils „Eligible Collateral" genannt). Im Rahmen des „1994 Annex" sowie des „1995 Deed" ist daneben auch die Einbeziehung von Personalsicherheiten („Other Eligible Support", § 13 (b) (iii) bzw. § 13 (c) (iii)) möglich. Der Sicherungsgeber ist dabei nicht verpflichtet, eine gewährte Personalsicherheit auszutauschen, wenn diese zwischenzeitlich nicht mehr den im Vertrag definierten Kriterien genügt. Eine solche Verpflichtung müßte gesondert vereinbart werden (*Gooch/Klein*, Documentation for derivatives: credit support supplement, S. 7).

In welchem Umfang Sicherheiten zu bestellen („Delivery Amount") bzw., bei Übersicherung, zurückzuübertragen sind („Return Amount"), richtet sich im wesentlichen nach dem jeweiligen Ausfallrisiko („Exposure") der Parteien (vgl. die Definition des Begriffs des „Credit Support Amount" in § 3 (b) des „1994 Annex", § 3 (a) des „1995 Deed" und § 2 (a) des „1995 Annex"). Dieses wiederum bemißt sich jeweils nach demjenigen Wert, der sich zu den vereinbarten Berechnungszeitpunkten („Valuation Date" und „Valuation Time", § 13 (c) des „1994 Annex", § 13 (d) des „1995 Deed", § 11 (c) des „1995 Annex", in der Praxis mindestens monatlich, *Cohn*, The basics of collateralization of derivatives, in: Practising Law Institute, S. 101, 106) nach § 6 (e) (ii) (2) (A) bzw. (1) MA bei einer Beendigung des Vertrages in der Folge eines „Termination Event" als Ausgleichsanspruch ergeben würde (vgl. die Definition des Begriffs des „Exposure" in § 12 des „1994 Annex" bzw. in den §§ 12 des „1995 Deed" und 10 des „1995 Annex"). Maßgebliche Berechnungsart ist dabei die Marktwertbestimmung (sog. „Mark-to-Market"-Ansatz). Die ISDA „Credit Support"-Dokumente erlauben die Bestimmung eines Mindestumfangs für die zu liefernden bzw. rückzuübertragenden Sicherheiten („Minimum Transfer Amount", § 13 (b) (iv) (C) des „1994 Annex", § 13 (c) (iv) (C) des „1995 Deed", § 11 (b) (iii) (C) des „1995 Annex"), um unnötige Bagatelltransaktionen zu vermeiden. Des weiteren ist sowohl die Vereinbarung eines ggf. zur Untersicherung führenden Mindestausfallrisikos möglich, unterhalb dessen keine Sicherheit zu leisten ist („Threshold", § 13 (b) (iv) (B) des „1994 Annex", § 13 (c) (iv) (B) des „1995 Deed"), § 11 (b) (iii) (B) des „1995 Annex"), als auch die Vereinbarung einer von der Höhe des Kreditrisikos unabhängigen und ggf. zur Übersicherung führenden Grundsicherung („Independent Amount", § 13 (b) (iv) (A) des „1994 Annex", § 13 (c) (iv) (A) des „1995 Deed"), § 11 (b) (iii) (A) des „1995 Annex"). Eine zusätzliche, in den Formularen nicht ausdrücklich vorgesehene Gestaltungsoption besteht darin, die Höhe der jeweiligen „Minimum Transfer Amounts" und „Tresholds" in Abhängigkeit vom jeweiligen Rating des betreffenden Vertragspartners zu staffeln (siehe hierzu das Beispiel bei *Gooch/Klein*, Documentation for derivatives: credit support supplement, S. 91).

Der „1994 Annex" sowie der „1995 Annex" sind keine unabhängigen Verträge mit eigener Rechtswahlklausel, sondern rechtlich Teil des Gesamtvertrags, für den die Rechtswahl des § 13 (a) i. V. m. Part 4 (h) des Schedule maßgebend ist. Demgegenüber mußte der „1995 Deed" angesichts der Besonderheiten des englischen Sachenrechts (s. u. Anm. 34 e.) als eigenständiger Vertrag gestaltet werden (vgl. dort § 11 (g): „Governing Law and Jurisdiction"). Die ISDA ist bei der Konzeption des „1994 Annex", des „1995 Annex" sowie des „1995 Deed" jeweils davon ausgegangen, daß diese Dokumente primär in Verbindung mit solchen ISDA-MAs verwendet werden, die ebenfalls dem New Yorker bzw. dem englischen Recht unterstellt sind. Es ist aber durchaus möglich, die Sicherungsvereinbarung (beim „1994 Annex" sowie beim „1995 Deed" durch eine entsprechende Anpassung der Rechtswahlklausel des § 13 (a) i. V. m. Part 4 (h) des Schedule) einer anderen Rechtsordnung zu unterstellen als das MA (z. B. englischer „1995 Annex" in Verbindung mit einem New Yorker Recht unterstellten MA). In diesem Fall sollten beide Verträge zuvor aber genau auf etwaige Unvereinbarkeiten überprüft werden (*Gooch/Klein*, Documentation for derivatives: credit support supplement, S. 3).

Zudem ist zu beachten, daß Rechtswahlklauseln im Bereich von Sicherungsvereinbarungen ihre Grenze im Anwendungsbereich der zwingenden *lex rei sitae* (zu den Schwierigkeiten der Bestimmung des Belegenheitsortes bei Bankguthaben siehe *Herring/Kübler*, Grenzüberschreitende Bankgeschäfte im Zielfeld politischer Intervention: zu den Problemen der Risikozuweisung im internationalen Einlagengeschäft, ZBB 1995, 113 ff., 127 f.) sowie des zuständigen Insolvenzstatuts finden.

Für das *New Yorker Recht* kommt der Vorrang der sachenrechtlichen Anknüpfung gegenüber dem Vertragsstatut in der bereits oben (Anm. 30 (a) (aa)) in anderem Zusammenhang erwähnten Vorschrift des § 5–1401 NYGOL zum Ausdruck, die die Rechtswahlfreiheit unter den Vorbehalt des § 1–105 (2) NYUCC stellt. Nach der zuletzt genannten Bestimmung steht eine Rechtswahl bei der Beurteilung der Wirksamkeit von Pfandrechten nämlich unter dem Vorbehalt der Vereinbarkeit mit den sachrechtlichen und internationalprivatrechtlichen Regelungen des § 9–103 NYUCC (zur Frage, unter welchen Voraussetzungen Art. 9 NYUCC überhaupt auf die Begründung von Pfandrechten unter dem „1994 Annex" Anwendung findet, siehe *Gooch/Klein,* Documentation for derivatives: credit support supplement, S. 4 f.). Im *englischen* IPR ist durch die Rechtsprechung anerkannt, daß sich die Wirksamkeit und Reichweite eines Pfandrechts nach dem Belegenheitsort der gepfändeten Sache bestimmt (City Bank v Barrow [1880] 5 AC 664, HL).

Grundsätzlich sollten deshalb die ISDA „Credit Support"-Musterdokumente bei Verwendung von Realsicherheiten nur dann ohne Modifikationen benützt werden, wenn die Rechtsordnung des Staates, in dem sich das Sicherungsgut befindet, dem (zumindest) für das Sicherungsgeschäft vereinbarten Vertragsstatut entspricht (vgl. *Gooch/Klein,* Documentation for derivatives: credit support supplement, S. 5). Im Zusammenhang mit dem Insolvenzstatut stellt sich die Frage, ob das Insolvenzrecht der Heimatrechtsordnung des Sicherungsgebers oder der Rechtsordnung der betreffenden Zweigstelle die gegenüber den übrigen Insolvenzgläubigern vorrangige Befriedigung des Sicherungsnehmers aus der Sicherheit anerkennt.

Sämtliche ISDA-„Credit Support"-Dokumente enthalten einen mit der Überschrift „Elections and Variables" betitelten Paragraphen (§ 13 des „1994 Annex" sowie des „1995 Deed" bzw. § 11 des „1995 Annex"), der ähnlich dem Schedule zum MA der Individualisierung der Sicherungsabsprache dient. Sämtliche Modifikationen können auch in den einzelnen „Confirmations" vorgenommen werden (vgl. § 11 (f) des „1994 Annex" sowie des „1995 Deed", § 9 (d) des „1995 Annex").

d) Der „1994 ISDA Credit Support Annex". Der „1994 ISDA Credit Support Annex" orientiert sich an den Anforderungen der §§ 8 und 9 des NYUCC und sollte ohne Modifikationen nur benützt werden, wenn das New Yorker Recht sowohl Vertragsstatut (§ 13 (a) MA i.V.m. Part 4 (h) des Schedule) als auch zuständige *lex rei sitae* ist, wenn also die zu besichernden Vermögensgegenstände in New York oder zumindest, angesichts der insoweit bestehenden weitgehenden Vereinheitlichung des einzelstaatlichen Sachenrechts durch den Uniform Commercial Code von 1962, in den USA belegen sind.

Durch seine Präambel („this Annex supplements, forms part of, and is subject to, the above-referenced Agreement") wird der „1994 ISDA Credit Support Annex" ausdrücklich in den Gesamtvertrag inkorporiert. Zusätzlich hat die ISDA zur Sicherstellung der Konkursfestigkeit dieser Einbindung in ihrem „User's Guide to the 1994 ISDA Credit Support Annex" (abgedruckt unten in Anhang IX, siehe dort „Appendix A") ein entsprechendes Formular („Form of Amendment to the ISDA Master Agreement") entwickelt. Die besondere Bedeutung dieser Rechtstechnik beruht auf der Vorschrift des § 546 (g) BC, der in der Insolvenz eines Unternehmens, das dem BC unterworfen und Partner von Swap- oder Derivativgeschäften ist, solche Verfügungen vor der Gefahr einer Insolvenzanfechtung schützt, die im Zusammenhang mit diesen Transaktionen getätigt wurden („transfer *under* a swap agreement, made by or to a swaps participant, in connection with a swap agreement ..."). Der Begriff des „swap agreement" ist hier wiederum in dem in § 101 (55) BC definierten weiten Sinne zu verstehen (s.o. Anm. 10 (b) (bb) (10)).

Eine Kommentierung der einzelnen der Individualisierung des Sicherungsvertrags dienenden Unterabschnitte des § 13 des „1994 Annex" findet sich auf den S. 3–20 des „User's Guide to the 1994 Credit Support Annex" (abgedruckt unten in Anhang IX).

Hingewiesen sei an dieser Stelle lediglich auf zwei von der ISDA im genannten „User's Guide" angebotene Modifikationen des „1994 Annex". Die erste Modifikation (vorgestellt als „Appendix C" des „User's Guide to the 1994 ISDA Credit Support Annex") ist in § 13 (b) (iv) (A) oder in § 13 (m) einzufügen und betrifft die Berechnung des „Credit Support Amount" (§ 3 (b) des „1994 Annex"). Vorgeschlagen wird eine Klausel zum Ausschluß des grundsätzlich vorgesehenen Abzugs der „Independent Amounts" (§ 13 (b) (iv) (A) des „1994 Annex") des Sicherungsnehmers aus der Berechnung des „Credit Support Amount" (§ 3 (b) des „1994 Annex") sowie zum Ausschluß der Aufrechnung der gegenseitigen Pflichten zur Bestellung bzw. Rückgewähr von Sicherheiten. Die zweite Modifikation (vorgestellt in „Appendix F" des „User's Guide to the 1994 ISDA Credit Support Annex") betrifft Geschäfte mit US-amerikanischen Kreditinstituten, die dem Federal Deposit Insurance Act unterworfen sind, und ist als „Additional Representation" in § 13 (i) des „1994 Annex" einzutragen. Damit läßt sich der Vertragspartner eines solchen Kreditinstituts als Ergänzung des § (3 a) (ii) des „1994 Annex" („Powers") zusichern, daß der amerikanische Sicherungsgeber die Voraussetzungen erfüllt, die § 13 (e) FDIA für die Wirksamkeit der Besicherung von Vermögensgütern zugelassener Kreditinstitute in Zusammenhang mit sog. „qualified financial contracts" (zum Begriff s. o. Anm. 18 (b) (bb) (10–2)) aufstellt. Die vorgeschlagene Klausel hält sich an die Kriterien, die der Board of Directors der FDIC in einem Schreiben aus dem Jahre 1989 entwickelt hat (s. u. Anhang IX, „Appendix F").

e) Der „1995 ISDA Credit Support Annex" sowie der „1995 ISDA Credit Support Deed". Die „1995 ISDA Credit Support"-Musterdokumente nach englischem Recht sind für den Fall bestimmt, daß das MA englischem Recht unterworfen ist und die Sicherungsgüter in England belegen sind (*Cunningham/Rogers/Bilicic/Casper/Abruzzo*, An introduction to OTC derivatves, in: Practising Law Institute (Hrsg.), S. 113, 138).

Im Gegensatz zum „1995 Annex" („Transfer") und im Gegensatz auch zum soeben vorgestellten „1994 Annex" („Security Interest") ist der „1995 Deed" („Security Interest") gesondert zu unterschreiben und wird bewußt nicht in den Gesamtvertrag eingebunden (vgl. die Präambel des 1995 Deed, die sich mit einer einfachen Bezugnahme auf das MA begnügt). Äußerlich kommt diese Besonderheit des „1995 Deed", der für die Verpfändung von Sicherungsgütern konzipiert ist, bereits darin zum Ausdruck, daß der Sicherungsvertrag nicht „Annex" genannt wird. Der Grund hierfür liegt in den Besonderheiten des englischen Sachenrechts, das für die wirksame Verpfändung von Vermögensgegenständen die Herstellung einer förmlichen, von den Vertragsparteien sowie jeweils zwei Zeugen zu unterzeichnenden Urkunde (sog. „deed") verlangt (vgl. § 1 des Law of Property (Miscellaneous Provisions) Act 1989). Der „1995 Annex" geht demgegenüber rechtstechnisch von einer Vollübertragung der Sicherungsgüter auf den Sicherungsnehmer, verbunden mit der Verpflichtung zur Rückerstattung gleichwertiger Sachen, aus. Kommt der Sicherungsgeber seinen Vertragspflichten nicht nach, darf der Sicherungsnehmer seine Forderungen gegen dessen Rückübertragungsanspruch aufrechnen (§ 6 des „1995 Annex" i. V. m. § 6 (e) MA). Ein Vorteil des „1995 Annex" gegenüber dem „1995 Deed" besteht aus der Sicht des Sicherungsnehmers darin, daß unter dem „1995 Annex" eine Weiterveräußerung der sicherungsübertragenen Vermögensgüter (in der Regel Geld oder Wertpapiere) unabhängig vom Eintritt des Sicherungsfalles möglich ist. Zudem kann sich die insolvenzrechtliche Position des Sicherungsnehmers nach der zuständigen Insolvenzrechtsordnung für den Inhaber von Sicherungseigentum besser darstellen als für den bloßen Pfandrechtsinhaber. Nach englischem Insolvenzrecht bestehen allerdings keine Bedenken in bezug auf die Insolvenzfestigkeit des Pfandrechts. Schließlich besteht die Gefahr, daß die wirksame Verpfändung im Gegensatz zur Übertragung unabhängig von der in § 11 (g) des „1995 Deed" getroffenen Rechtswahl zugunsten englischen Rechts nach der Heimatrechtsordnung des Sicherungsgebers sowie nach der Rechtsordnung eines dritten Staates, in dem das zu besichernde Vemögensgut belegen ist, der Erfüllung besonderer, bei der Konzipierung des „1995 Deed" nicht berücksichtigter Formvoraussetzungen bedarf. Selbst aus der Sicht des englischen Rechts können sich hier Schwierigkeiten ergeben, falls die Besicherung so gestaltet werden soll, daß sie einen nach allgemeinen Kriterien definierten, in seiner Zusammensetzung Fluktuationen unterworfenen Vermögensbestand erfassen soll. Nach § 399 Companies Act 1985 muß der Sicherungsvertrag dann nämlich als sog. „floating charge" in einem Register eingetragen werden, sofern das Sicherungsgut einer Gesellschaft englischen Rechts oder einer ausländischen Gesellschaft mit einer Niederlassung in England gehört (zum Begriff der „floating charge" siehe *Triebel/Hodgson/Kellenter/Müller*, Englisches Handels- und Wirtschaftsrecht, 2. A., Heidelberg 1995, Rz. 331 ff.).

Als nachteilig erweisen kann sich die Verwendung des „1995 Annex" gegenüber dem „1995 Deed" im Hinblick auf seine steuer- und aufsichtsrechtliche Behandlung. Je nach Ausgestaltung der für den Sicherungsgeber zuständigen Steuerrechtsordnung und je nach der Art des besicherten Vermögens können bei der Übertragung des Sicherungsguts bestimmte Verkehrs-, Stempel- oder ähnliche Steuern anfallen. Sollten aus den übertragenen Sicherungsgütern Einnahmen (z. B. Zinsen, Dividenden) erwachsen, die nach § 5 (c) des „1995 Annex" dem Sicherungsgeber zustehen, besteht die Gefahr, daß auf diese Einnahmen Abzugssteuern erhoben werden, etwa weil der Sicherungsnehmer als unmittelbarer Empfänger nicht in den Genuß eines Doppelbesteuerungsabkommens kommt. Aufsichtsrechtlich sollte der Sicherungsgeber darauf achten, daß die Gewährung von Sicherungseigentum von der zuständigen Aufsichtsbehörde für die Berechnung der Eigenkapitalerfordernisse als Sicherungsform anerkannt wird. Zu bedenken ist schließlich, daß die Übertragung von Sicherungsgut für den Sicherungsgeber in dem Augenblick ein Kreditrisiko begründet, wo sich der Gesamtsaldo aller Transaktionen zu seinen Gunsten verändert.

35. Definition der „Indemnifiable Tax". In einer Veröffentlichung aus dem Jahre 1988 schlägt die ISDA folgenden Zusatz zur Definition der „Indemnifiable Tax" (damals noch im Rahmen des IRCEA) vor, welcher bei Bestehen einer besonderen Verbindung zwischen dem die Steuer erhebenden Staat und dem Zahlungsempfänger oder diesem zuzurechnender Personen das Risiko einer Steuermehrzahlung dem Zahlungsverpflichteten auferlegt, sofern die Steuer oder Abgabe auf einer Rechtsänderung beruhen und die Steuerrechtsordnung nicht die Heimatrechtsordnung des Zahlungsempfängers oder einer Zweigstelle ist, über die er die Zahlung in Empfang nimmt:

„Notwithstanding the foregoing, „Indemnifiable Tax" also means any Tax imposed in respect of a payment under this Agreement by reason of Change in Tax Law by a government or taxing authority of a Relevant Jurisdiction of the party making such a payment, unless the other party is incorporated, organized, managed and controlled or considered to have its seat in such jurisdiction, or is acting for purposes of this Agreement through a branch or office located in such jurisdiction"
(zit. nach User's Guide to the 1992 ISDA Master Agreements, S. 48).

Das Risiko von Abzügen gemäß einer Rechtsordnung, mit der sowohl Zahlungspflichtiger als auch Zahlungsempfänger verbunden sind, wird somit dem ersteren auferlegt (siehe auch oben Anm. 8).

36. Definition des „Local Business Day". Bei Transaktionen, die durch Lieferung in Natur abgewickelt werden, kann sich eine entsprechende Anpassung der Definition des „Local Business Day" empfehlen, z. B. durch eine Bezugnahme auf die Handelstage an der entsprechenden Warenterminbörse.

37. Definition des „Loss". Die vorliegende Definition des Erfüllungsinteresses schließt die mit der vorzeitigen Beendigung der betreffenden Transaktion(en) bzw. des gesamten Vertrages verbundenen Kosten, die durch die Glattstellung gegenüber Dritten bestehender, nunmehr offener Positionen entstehen, unabhängig davon mit ein, ob der Vertragspartner Kenntnis von diesen Drittgeschäften hatte oder nicht. Von Bedeutung ist diese in der Definition des „Loss" enthaltene Klarstellung bei der Vereinbarung der Anwendung englischen Rechts (§ 13 (a), Part 4 (h) des Schedule). Nach dem (insoweit disponiblen) allgemeinen englischen Vertragsrecht ist nämlich bei Leistungsstörungen nur derjenige Schaden zu ersetzen ist, der von den Parteien beim Vertragsschluß vernünftigerweise als wahrscheinliches Ereignis eines Vertragsbruchs angesehen werden konnte (sog. „remoteness"-Test, hierzu *Triebel/Hodgson/Kellenter/Müller*, Englisches Handels- und Wirtschaftsrecht, 2. A., Heidelberg 1995, Rz. 176, m.w.N.).

38. Definition des „Potential Event of Default". Im Falle eines „Potential Event of Default" steht der anderen Vertragsseite nach § 2(a)(iii) ein Zurückbehaltungsrecht zu. Daneben wird der Begriff des „Potential Event of Default" noch bei der Zusicherung des § 3(b) benützt, taucht sonst aber im MA oder Schedule nicht weiter auf. Von größerer Bedeutung ist dieser Begriff aber im Rahmen von Sicherungsabreden bei der Bestimmung der Voraussetzungen, unter denen Sicherheiten zu gewähren sind (vgl. § 4(a)(i) des „1994 ISDA Credit Support Annex" bzw. des „1995 ISDA Credit Support Deed", abgedruckt unten in Anhang VI und VII).

39. Definition der „Unpaid Amounts". Falls die Parteien Einzeltransaktionen über Waren oder Wertpapiere vereinbaren (wollen), die in Natur erfüllt werden, und falls sie die in der vorliegenden Definition vorgesehene von einer Vertragspartei vorzunehmende „vernünftige" Bestimmung eines „fairen Marktpreises" rückständiger Lieferungspflichten für zu unsicher halten, sollten sie besondere Berechnungsmethoden vereinbaren.

40. Definition der „Specified Indebtedness". In der Praxis wird der in § 14 definierte Begriff der „Specified Indebtedness" an dieser Stelle teilweise wie folgt modifiziert:

„Specified Indebtedness will have the meaning specified in § 14, except that such term shall not include obligations in respect of deposits received in the ordinary course of a party's banking business".

Teilweise wird versucht, die in § 14 vorgegebene Definition durch die folgende Formulierung präziser zu fassen:

„Specified Indebtedness means any obligation (whether present or future, contingent or otherwise, as principal or surety or otherwise) in respect of money borrowed or raised or under any finance lease, redeemable preference share, letter of credit, Specified Transaction, futures contract, guarantee or indemnity".

41. Bestimmung des „Threshold Amount". Soll der Schwellenbetrag nicht über eine absolute Zahl, sondern in Abhängigkeit vom Eigenkapital des Vertragspartners bestimmt werden, kann dies bspw. wie folgt geschehen:

„Threshold Amount means an amount equal to three percent of a party's shareholder's equity, determined in accordance with generally accepted accounted principles in such party's jurisdiction of incorporation or organization, consistently applied, as at the end of such party's most recently completed fiscal year. For purposes of this definition, any Specified Indebtedness denominated in a currency other than the currency in which the financial statements of such party are denominated shall be converted into the currency in which such financial statements are denominated at the exchange rate therefor reasonably chosen by the other party."

42. Modifikationen des Beendigungsgrundes des „Credit Event Upon Merger". In der Praxis wird vielfach das Merkmal der „wesentlich schlechteren" („materially weaker") Bonität durch einen Zusatz präzisiert. Denkbar ist eine Beschreibung der maßgeblichen Beurteilungskriterien, z.B. durch Bezugnahme auf das Rating langfristiger Schuldverschreibungen durch eine oder mehrere Rating-Agenturen (vorgeschlagen in: User's Guide to the 1992 ISDA Master Agreements, S. 20) als objektiven Anknüpfungspunkt. Teilweise wird § 5(b)(iv) auch dahingehend ergänzt, daß die Bonitätsverschlechterung zumindest eine erhebliche Gefährdung der Zahlungen nach sich ziehen muß („... to the extent that Y's ability to fulfil its payment or delivery obligations under this Agreement is materially impaired" (zitiert nach *Jahn* Die Bank 1989, 395, 396, Fn. 14). Abzuraten ist von der Vereinbarung einer Zusatzklausel, nach der allgemein der Vertrag immer dann beendet werden kann, wenn die Partei aus „geschäftspolitischen Gründen" keine Finanztermingeschäfte mit der verschmolzenen Gegenpartei abschließen würde, sofern der Begriff der „geschäftspolitischen Gründe" nicht in einer objektivierten Definition konkretisiert wird (*Jahn* Die Bank 1989, 395, 396). Zur Erweiterung des sachlichen Anwendungsbereichs des „Credit Event Upon Merger" wird die Regelung des § 5(b)(iv) bisweilen auf den Fall ausgedehnt, daß der Vertragspartner, der Sicherungsgeber oder ein näher zu spezifizieren-der Dritter Opfer einer Übernahmeaktion werden (näheres zum möglichen Inhalt einer solchen Klausel bei *Jahn* Die Bank 1989, 396). Ebenso kommt eine Vorverlagerung des Verschmelzungstatbestands auf den Abschluß der entsprechenden schuldrechtlichen Vereinbarungen in Betracht. Eingeschränkt wird der sachliche Anwendungsbereich des „Credit Event Upon Merger" häufig für den Fall, daß der Vertragspartner mit einem Mutter-, Tochter oder Schwesterunternehmen fusioniert, welches bereits als Sicherungsgeber fungiert (*Gooch/Klein,* Documentation for derivatives: Annotated sample agreements, S. 75).

43. Vor- und Nachteile der Vereinbarung einer automatischen Beendigung. In Betracht kommt eine Vereinbarung der automatischen Beendigung, wenn das für den Vertragspartner zuständige Insolvenzrecht eine Kündigung auf den Insolvenzfall nicht anerkennt, demgegenüber aber die automatische Beendigung des Vertrags zumindest eine logische Sekunde vor Eröffnung des Insolvenzverfahrens nicht als Beeinträchtigung des insolvenzrechtlichen Verfügungsverbots („automatic stay") sowie des Wahlrechts des Insolvenzverwalters betrachtet. Bei Unsicherheiten über die Rechtslage ist von der Vereinbarung einer automatischen Beendigung abzuraten. Schließt die vertragstreue Partei im Vertrauen auf die automatische Beendigung ein Ersatzgeschäft ab und stellt sich hinterher heraus, daß diese Klausel von der zuständigen Rechtsordnung nicht anerkannt wird und der Vertrag deshalb nicht wirksam beendigt ist, kann dies zu nicht erstattungsfähigen Verlusten führen.

Aus der Sicht des *amerikanischen* Insolvenzrechts empfiehlt sich angesichts des Bestehens spezifischer Vorschriften zum Schutze von „Close-out Netting"-Klauseln bei sog. „swap agreements" bzw. „qualified financial contracts" (s.o. Anm. 18(b)(bb)(10)) die Vereinbarung einer automatischen Beendigung nur hinsichtlich solcher Vertragspartner, die, wie z.B. Versicherungsgesellschaften (User's Guide to the 1992 ISDA Master Agreements, S. 21), nicht von diesen Regelungen erfaßt werden.

Ein wesentlicher Nachteil der automatischen Beendigung besteht darin, daß diese selbst ohne Kenntnis der vertragstreuen Partei eintreten kann (User's Guide to the 1992 ISDA Master Agreements, S. 21 f.), so daß letztere zunächst nicht in der Lage ist, offene Positionen, die sich für sie aus der Beendigung aller Einzelgeschäfte ergeben, entspechend glattzustellen. Bereits eine Verzögerung von wenigen Tagen kann zu einer Erhöhung der Kosten für die zur Schließung dieser Positionen notwendige Ersatzbeschaffung führen. Der hierdurch eintretende Verzögerungsschaden ist zumindest dann nach § 6(e) nicht ersatzfähig, wenn die Parteien in Part 1(f)(i) die Marktwertberechnung vereinbart haben, weil diese sich nach der Definition der „Market Quotation" in § 14 auf den Tag des „Early Termination Date" zu beziehen hat. Bei Vereinbarung der konkreten Schadensberechnung („Loss") dürften demgegenüber die realen Ersatzbeschaffungskosten ersatzfähig sein, da Satz 4 der Definition des „Loss" in § 14 die Bezugnahme auf einen späteren Zeitpunkt als den „Early Termination Date" zuläßt, sofern dies „vernünftigerweise" nicht anders „praktikabel" ist („... if that is not reasonably practicable ..."). Denkbar ist auch eine Zusatzvereinbarung zu Part 1(e) des Schedule, wonach die automatische Beendigung erst dann eintreten soll, wenn der Vertragspartner vom Bestehen des Beendigungsgrundes Kenntnis erlangt hat (vorgeschlagen in: User's Guide to the 1992 ISDA Master Agreements, S. 22). Eine zusätzliche Gestaltungsmöglichkeit besteht darin, der vertragstreuen Partei die Möglichkeit einzuräumen, auf die Rechtsfolgen einer automatischen Beendigung zu verzichten. Gegen die Wirksamkeit einer solchen Bestimmung dürften indessen dieselben Bedenken bestehen wie gegen die „One-Way-payment"-Klausel (siehe hierzu oben Anm. 20).

44. Auswahl der Schadensberechnungsart. Bei der Auswahl der Schadensberechnungsart ist zu überprüfen, ob die abstrakte Schadensberechung in bestimten Fällen in Natur zu erfüllender Wertpapier- oder Warenderivate nicht zu unangemessenen Ergebnissen führen kann. Falls die Heimatrechtsordnung einer der Vertragsparteien eine automatische Beendigung des Vertrags mit Eröffnung des Insolvenzverfahrens vorsieht (z.B. Art. 105 I EGInsO), sollte an dieser Stelle klargestellt werden, daß die gewählte Schadensberechnungsart auch dann gilt, wenn die vertraglichen Beendigungsvorschriften deshalb nicht eingreifen können, weil der Vertrag vorher bereits aufgrund gesetzlicher Bestimmung beendet wird (s. o. Anm. 18 (b) (bb) (1)). Denkbar ist eine solche Situation angesichts des § 6 (a) Satz 2 i. V. m. § 5 (a) (vii) Abs. (5) und (6) nur, wenn in Part 1 (e) keine automatische Beendigung vereinbart wird.

45. Auswahl der Ausgleichsart. Wie bereits oben (Anm. 20) dargelegt, ist die Vereinbarung der „First Method" (sog. „One-Way-Payment"-Klausel) mit erheblichen rechtlichen Risiken behaftet. Sollte diese Ausgleichsart dennoch vereinbart werden, empfiehlt sich zur Gewährleistung eines Minimums an rechtlicher Absicherung die Aufnahme einer Bestimmung, mit der sichergestellt wird, daß eine nunmehr insolvente Vertragspartei nicht etwa dann ihres im Zeitpunkt der Beendigung des Vertrags positiven Gesamtsaldos beraubt wird, wenn sie ihrerseits bereits alle Vertragsleistungen erbracht hat. Als Muster für eine entsprechende Zusatzklausel kann Art. 4 des im übrigen überholten „May 1989 Addendum to Schedule to IRCEA" („Caps Addendum") der ISDA dienen. Diese Vorschrift lautet wie folgt:

„*Notwithstanding the terms of Sections 5 and 6 of this Agreement, if at any time and so long as one of the parties to this Agreement („X") shall have satisfied in full all its payment obligations under Section 2 (a) (i) of this Agreement and shall at the time have no future payment obligations, whether absolute or contingent, under such Section, then unless the other party („Y") is required pursuant to appropriate proceedings to return to X or otherwise returns to X upon demand of X any portion of any such payment, (a) the occurence of an event described in Section 5 (a) of this Agreement with respect to X or any Specified Entity of X shall not constitute an Event of Default or a Potential Event of Default with respect to X as the Defaulting Party and (b) Y shall be entitled to designate an Early Termination Date pursuant to Section 6 of this Agreement only as a result of the occurrence of a Termination Event set forth in (i) either Section 5 (b) (i) or 5 (b) (ii) of this Agreement with respect to Y as the Affected Party or (ii) Section 5 (b) (iii) of this Agreement with respect to Y as the Burdened Party.*"

46. Bestimmung der Währung des Ausgleichsanspruchs. In den meisten Fällen wird der USD gewählt, sofern nicht von vorneherein feststeht, daß die Vertragsabwicklung ausschließlich in anderen Währungen stattfinden wird (*Jahn* Die Bank 1989, 395, 396, zur entsprechenden Vorschrift des IRCEA). Entspricht die gewählte Währung nicht der Währung des Heimatstaates des insolventen Vertragspartners, kann ein besonderes Währungsrisiko entstehen, wenn die Rechtsordnung dieses Staates *(lex fori (concursus))* zur Geltendmachung von Zahlungsansprüchen deren Umrechnung in die Landeswährung vorschreibt und der hierfür maßgebliche Stichtag (z. B. nach deutschem Recht der Tag der Konkurseröffnung, *Hess,* Konkursordnung, 5. A. 1995, § 69, Rz. 2) von der vertraglichen Regelung des § 6 (e) i. V. m. der in § 14 enthaltenen Definition des „Termination Currency Equivalent" (Umrechnung zum Beendigungszeitpunkt bzw. zu dem Zeitpunkt, ab dem ein konkreter Schadensausgleich praktikabel war, s. o. Anm. 43) abweicht. Unter diesem Gesichtspunkt kann die Vereinbarung einer in der Praxis häufig anzutreffenden Klausel empfehlenswert sein, nach der die vertragstreue (im Falle eines „Event of Default") bzw. die nicht betroffene (im Falle eines „Termination Event") Partei die für den Ausgleichsanspruch maßgebliche Währung unter denjenigen Währungen auswählen kann, die nach dem Vertrag für die primären Zahlungspflichten vereinbart worden sind. Denkbar ist die folgende Formulierung:

„*Termination Currency" means the freely available currency selected by the non-Defaulting Party or the non-Affected Party, as the case may be, or if there are two Affected Parties, by agreement between the parties, provided however that the Termination Currency shall be one of the currencies in which payments are required to be made under the relevant Transaction.*"

47. Festlegung zusätzlicher Beendigungsgründe. a) „Additional Termination Event". In der Praxis entscheiden sich die Parteien an dieser Stelle nicht selten für die Ergänzung des § 5 (b) um einen Kündigungsgrund, der auf die Verschlechterung der Bonität des Vertragspartners bzw. des für diesen Haftenden Sicherungsgebers abstellt. Das folgende Formulierungsbeispiel (in Anlehnung an *Gooch/Klein,* Documentation for derivatives: Annotated sample agreements, S. 123) knüpft an die Verschlechterung des Ratings des persönlichen Garanten eines der Vertragspartner („Party A") an, wobei letzterem eine Frist für die Beschaffung einer ersatzweisen Sicherheit zugestanden wird:

„(h) Additional Termination Event will apply. The following shall constitute an Additional Termination Event with respect to Party A: The unsecured unsubordinated long-term debt of Party A's Credit Support Provider shall cease for any reason to be rated Aa3 or better by Moody's or AA- or better by Standard & Poor's and Party A shall fail, within ... Business Days after notice from the Bank so requesting, (a) to deliver to the Bank credit support in an amount that will fully collateralize the risk of loss to Party B hereunder should Party A default, (b) to execute a credit support document in form and substance satisfactory to Party B obligating Party A to maintain credit support in such an amount from time to time and (c) execute such amendments to this Agreement as may be appropriate to make that document a Credit Support Document for purposes of this Agreement and, where appropriate, to name the provider of the credit support as a Credit Support Provider for Party A. For the purpose of the foregoing Termination Event, the Affected Party shall be Party A."

b) „Impossibility"-Klausel. Des weiteren ist an eine Klausel über die Möglichkeit der Befreiung von den Vertragspflichten im Falle höherer Gewalt (sog. „impossibility", z. B. Katastrophen, Krieg, Terrorakte, UN-Embargo, Streik, sog. große Geschäftsgrundlage) zu denken. Das MA enthält im Gegensatz zum IFEMA (dort § 6) keine derartige Bestimmung, weil sich die ISDA-Mitglieder diesbezüglich ebenfalls nicht einigen konnten. Gegen eine einheitliche „impossibility"-Klausel wurde zum einen vorgebracht, sie werde den unterschiedlichen Arten höherer Gewalt nicht gerecht, und zum anderen, sie sei im angloamerikanischen Recht angesichts der „Frustration Doctrine" (hierzu aus englischer Sicht *Wheeler/Shaw*, Contract Law: Cases, Materials and Commentary, Oxford 1994, S. 712 ff.) überflüssig (User's Guide to the 1992 ISDA Master Agreements, S. 64). Wollen die Parteien dennoch nicht auf eine vertragliche Regelung verzichten, ist an die Aufnahme des Falles höherer Gewalt als „Additional Termination Event" i. S. des § 5 (b) (v) zu denken. Die ISDA schlägt alternativ die Aufnahme eines weiteren Absatzes (vi) in § 5 (b) vor. Dieser sieht wie folgt aus (User's Guide to the 1992 ISDA Master Agreements, S. 65):

„(vi) Impossibility. Due to the occurrence of a natural or man-made disaster, armed conflict, act of terrorism, riot, labor disruption or any other circumstance beyond its control after the date on which a Transaction is entered into, it becomes impossible (other than as a result of its own misconduct) for such a party (which will be the Affected Party):

(1) to perform any absolute or contingent obligation, to make a payment or delivery or to receive a payment or delivery in respect of such Transaction or to comply with any other material provision of this Agreement relating to such Transaction; or

(2) to perform, or for any Credit Support Provider of such party to perform, any continent or other obligation which the party (or such Credit Support Provider) as under any Credit Support Document relating to such Transaction."

Bei Benutzen dieser Klausel sollte der Begriff des die Annahme höherer Gewalt ausschließenden persönlichen „misconduct" einer Partei so weit wie möglich präzisiert werden. Des weiteren sollten die §§ 5 (c), 6 (b) (ii), 6 (b) (iii), 6 (b) (iv) (2), 14 (Stichwort „Affected Transactions", Stichwort „Termination Event) insoweit angepaßt werden, als die Bezugnahme dieser Vorschriften auf den Fall der „Illegality" auf den der „Impossibility" ausgedehnt wird. Der Form halber sollte zusätzlich in § 14 eine Definition des Begriffs der „Impossibility" eingefügt werden, die auf § 5 (b) (vi) verweist.

Zu einem besonderen Fall der „Unmöglichkeit" kann bei langfristigen Devisenderivaten, die die Übertragung des spezifischen Währungsrisikos einer der nationalen EU-Währungen zum Gegenstand haben, das Inkrafttreten der Europäischen Währungsunion mit der Schaffung des Euro als einheitlicher EU-Währung geraten. Hier kann die Ergänzung des § 5 (b) um einen speziell auf diesen Fall ausgelegten „Termination Event" sinnvoll sein, anstatt auf eine angemessene Regelung durch den (europäischen oder nationalen) Gesetzgeber zu vertrauen. Die Europäische Kommission geht in diesem Zusammenhang vom „Grundsatz der Unwiderruflichkeit" von Verträgen aus (vgl. *Europäische Kommission*,

7. International Swaps and Derivatives Association Inc. – Master Agreement

Eine Währung für Europa: Grünbuch der über die praktischen Erfahrungen zur Einführung der Einheitswährung vom 31. 5. 1995, S. 74, Internet-Adresse: http://europa. eu. int/en/agenda/emu/lven31.txt; siehe hierzu inzwischen den Entwurf einer entsprechenden Ergänzungs-Klausel für Part 5 des Schedule im internen ISDA-Memorandum „EMU: Draft Contractual Provision" vom 9. 4. 1996).

48. Aushändigung steuerrechtlicher Unterlagen. Als steuerrechtliche Unterlagen, die der Gegenpartei zur Verfügung zu stellen sind, kommen insbesondere Bestätigungen (u. U. auf entsprechenden Formularen der zuständigen Finanzbehörden) über die Befreiung des Zahlungsempfängers von einer auf seiten des Zahlungspflichtigen drohenden Abzugssteuer in Betracht. In den USA wird eine solche Abzugssteuer, wie oben bereits berichtet, auf bestimmte Arten von festen oder bestimmbaren periodischen Zahlungen an ausländische, nicht in den USA wohnhafte Personen erhoben. Das Vorliegen der Voraussetzungen für eine Befreiung von solchen Steuern wird auf Formularen der US-Steuerbehörde (Internal Revenue Service, „IRS") nachgewiesen; dementsprechend verlangen amerikanische Vertragspartner, daß in Part 3 (a) des Schedule die IRS-Formulare (über das Internet zu beziehen unter der Adresse ftp://ftp.fedworld.gov/pub/irs-pdf/) Nr. 1001 (für die Bestätigung der Befreiung eines nicht in den USA wohnhaften Vertragspartners von der Steuerpflicht gemäß einem internationalen Doppelbesteuerungsabkommen, vgl. Part 2 (b) (i) des Schedule) und Nr. 4224 (für die Bestätigung eines nicht in den USA wohnhaften Vertragspartners, daß die im Rahmen des Vertrags getätigten Einzelgeschäfte eine „effektive Verbindung" mit einer Geschäftstätigkeit in den USA aufweisen (vgl. Part 2 (b) (ii) des Schedule) bzw. etwaige Nachfolgeformulare („any successor forms") eingetragen werden (hierzu sowie zur Rechtslage in anderen Steuerrechtsordnungen im einzelnen oben Anm. 12 (a)).

Um zu vermeiden, daß sich der Zahlungsempfänger unter Berufung auf eine „erhebliche Beeinträchtigung" seiner rechtlichen oder wirtschaftlichen Stellung nach § 4 (a) (iii) weigert, bestimmte, für die Vermeidung der Besteuerung notwendige Unterlagen herauszugeben, und der Zahlungsverpflichtete in der Folge dann die bezahlten Steuern nach § 2 (d) (i) (4) auszugleichen („Gross-Up") hat, ist es aus Sicht des letzteren wichtig, darauf zu achten, daß alle Dokumente, deren Bedeutung für die Besteuerung bereits bei Vertragsschluß absehbar ist, in Part 3 (a) des Schedule aufgeführt werden und damit in den Anwendungsbereich des § 4 (a) (i) gelangen. Teilweise wird dies dadurch versucht, daß die Generalklausel des § 4 (a) (iii) in Part 3 (a) des Schedule ausdrücklich inkorporiert und dabei der Zusatz, daß die Herausgabe der Unterlagen verweigert werden kann, wenn die rechtliche oder wirtschaftliche Stellung der Gegenpartei in erheblicher Weise beeinträchtigt wird, weggelassen wird. Dies sieht dann wie folgt aus:

„*(a) Tax forms, documents or certificates to be delivered are:*
Any document or certificate reasonably required or reasonably requested by a party in connection with its obligations to make a payment under this Agreement which would enable that party to make the payment free from any deduction or withholding for or on account of Tax or as would reduce the rate at which deduction or withholding for or on account of Tax is applied to that payment.
Party required to deliver document: Party A or Party B.
Date by which to be delivered: As soon as reasonably practicable following a request by the other party."

49. Aushändigung von Unterlagen anderer Art. Zu denken ist hier an Geschäftsberichte (z. B. *„Annual Report of Party X and of his Credit Support Provider containing consolidated financial statements certified by independent certified public accountants and prepared with generally accepted accounting principles in the country in which Party X and his Credit Support Provider are organized"*), Nachweise über die ordnungsgemäße Beschlußfassung des zuständigen gesellschaftsrechtlichen Organs, Ausfertigungen staatlicher Genehmigungen (*„Certified Copies of all corporate authorizations and any other documents with respect to the execution, delivery and performance of this Agreement"*), Unterschriftenverzeichnisse (*„Certificate of authority and specimen signatures of individuals execu-*

ting this Agreement and Confirmations") oder Nachweise über die erfolgte Bestellung einer verlangten Sicherheit (Garantieerklärungen, Kreditbriefe, Pfandbriefe etc.). Wird die Pflicht zur Lieferung von Rechtsgutachten (*„legal opinions"*) vereinbart, sollte klargestellt werden, ob die Arbeit der Rechtsabteilung des jeweiligen Vertragspartners genügt.

50. Parteien mit Zweigstellen in mehreren Ländern. Entscheiden sich die Vertragsparteien dafür, den gegenseitigen Leistungsaustausch im Rahmen dieses Vertrags jeweils über mehrere Zweigstellen (in unterschiedlichen Ländern) abzuwickeln, sollte bedacht werden, daß die automatische Positionenaufrechnung („Payment Netting") des § 2 (c) auf diesen Fall nicht ausgelegt ist (s. o. Anm. 7). Soweit die Parteien im Hinblick auf ihre Software technisch hierzu in der Lage sind, ist eine entsprechende Anpassung des § 2 (c) angebracht. Zu berücksichtigen ist ferner die Gefahr, daß bei Insolvenz einer solchen „Multibranch Party" separate Insolvenzverfahren über die lokalen Vermögensmassen der einzelnen Zweigniederlassungen eröffnet werden und dann versucht wird, die Ausgleichsforderungen aus den einzelnen, mit der jeweiligen Zweigstelle verbundenen Geschäften zur Insolvenzmasse der Niederlassung zu ziehen und der globalen Verrechnung aller gegenseitigen sich aus den beendeten Einzeltransaktionen ergebenden Ausgleichsforderungen im Staat des Gesellschaftssitzes die Anerkennung zu verweigern. Bisher wird ein solches „multibranch Close-out Netting" nur von wenigen Insolvenzrechtsordnungen ausdrücklich anerkannt (zu § 618–a (1) NYBL siehe oben Anm. 18). Schließlich kann die Vertragsabwicklung über mehrere Zweigstellen in unterschiedlichen Ländern zu unerwünschten steuerrechtlichen Komplikationen führen. Bevor die soeben genannten Problempunkte nicht geklärt sind, sollte von einem allzu leichtfertigen Eintragen zusätzlicher Zweigstellen in Part 4 (d) des Schedule Abstand genommen werden. Eine Ergänzung dieser Liste nach Klärung der Rechtslage in der jeweiligen „Confirmation" ist dann später immer noch möglich.

51. „Condition precedent"-Klausel. Zur Klarstellung, daß das Leistungsverweigerungsrecht des § 2 (a)(iii) im Falle eines „Event of Default" oder „Potential Event of Default" nicht etwa gegenüber solchen Vertragspartnern geltend gemacht werden kann, die bereits ihre gesamten Leistungspflichten erfüllt haben, empfiehlt die ISDA (User's Guide to the 1992 ISDA Master Agreements, S. 7) die Aufnahme der folgenden Klausel in Part 5 des Schedule:

„The condition precedent in Section 2 (a) (iii) (1) does not apply to a payment and delivery owing by a party if the other party shall have satisfied in full all its payment or delivery obligations under Section 2 (a) (i) of this Agreement and shall at the relevant time have no future payment or delivery obligations, whether absolute or contingent, under Section 2 (a) (i)".

52. „Escrow"-Klausel. Die „Escrow"-Klausel dient der Verringerung des Vorleistungsrisikos aufgrund von Zeitverschiebungen bei Leistung in Natur (s. o. Anm. 7). Sie könnte beispielsweise so lauten:

„Escrow. If it is not possible for simultaneous payments to be made and confirmed on any date on which both parties are required to make payments hereunder, either party (the „Electing Party") may at its option (and in its sole discretion) notify the other party by giving at least two Local Business Days' notice that payments on that date are to be made in escrow. In this case, deposited of each payment due on that date shall be made by the latest time necessary in the relevant city for such payment to be cleared for good value on that day with an escrow agent (which must be a third-party financial institution of high credit rating) selected by the Electing Party. Each such payment shall be accompanied by irrevocable payment instructions (i) to release such payment to the other party upon the receipt by the escrow agent of the required deposit of (or by the Electing Party of) the payment or payments from the other party due on the same date accompanied, if to the escrow agent, by irrevocable payment instructions to the same effect or (ii) if the deposit of the other payment or payments is not made, or the other payment or payments are not otherwise received by the Electing Party, on that same date, to return such payment to the party making it for value on the next following Local Business Day, together with any interest thereon.

If the escrow agent (or the Electing Party) receives the other party's payment or all of the other party's payments, as the case may be, by the required time on the date due, the Electing Party shall pay the costs of the escrow agent and shall in addition (if the Electing Party's payment was not released from escrow on the date due) reimburse the other party with the other party's cost of funding the amount it was to receive for the period from and including the due date to but not including the date received out of escrow (as determined by the other party without proof or evidence of any actual cost). If the escrow agent (or the Electing Party) does not receive the other party's payment on the date due, then the other party shall pay the costs of the escrow agent (or reimburse the Electing Party therefor) and shall bear its own interest loss."

53. **„Negative Interest Rates"-Klausel.** Bei der Vereinbarung variabler Zinszahlungen (etwa im Rahmen von Zins-Swaps, definiert über den variablen Zinssatz LIBOR – 50 Basispunkte) taucht in der Praxis immer wieder das Phänomen negativer „Floating Amounts" (Art. 6 der 1991 Definitions) auf, wenn die „Floating Rate" (ggf. abzüglich eines Spread) einen negativen Wert annimmt (z. B. wenn der Vertrag über Yen läuft und der LIBOR in Yen unter 50 Basispunkte fällt). Hier stellt sich die Frage, ob die Vertragspartei, die im Normalfall zur Zahlung des variablen Zinses verpflichtet ist („Floating Rate Payer"), nunmehr ihrerseits von der Gegenpartei eine Zahlung in Höhe des negativen Betrages verlangen kann oder ob diese Situation lediglich dazu führt, daß die vom „Floating Rate Payer" zu entrichtenden Zinsen mit Null angesetzt werden. Weder im MA (vgl. § 2 (a) (ii)) noch in den 1991 Definitions (vgl. Art. 4.4.) findet sich hierauf eine explizite Antwort. Nach Ansicht zahlreicher ISDA-Mitglieder gebietet eine kaufmännische Sichtweise dieser Problematik die Annahme einer Pflicht zum umgekehrten Ausgleich negativer Zinsforderungen. Andernfalls würden die variablen Zinsverpflichtungen nach unten fixiert, was nicht der Intention der Vertragsparteien entspreche. In einem Memorandum vom 15. 11. 1995 stellt die ISDA für beide Lösungsvarianten jeweils eine Musterformulierung für eine in Part 5 des Schedule oder in den jeweiligen „Confirmations" aufzunehmende Zusatzklausel zur Auswahl, wobei beide Vorschläge speziell auf die Verwendung im Rahmen von Zins-, Währungs- und Devisen-Swaps ausgelegt sind.

Sollen negative Zinsbeträge vom Gläubiger ausgeglichen werden, wird die Aufnahme der folgenden Klarstellung in den Vertrag empfohlen:

„Negative Interest Rates. (a) Floating Amounts. „Swap Transaction" means, for the purposes of this provision concerning Negative Interest Rates, a rate exchange or swap transaction, including transactions involving a single currency or two or more currencies. Party A and Party B agree that, if with respect to a Calculation Period for a Swap Transaction either party is obligated to pay a Floating Amount that is a negative number (either due to a quoted negativ Floating Rate or by operation of a Spread that is subtracted from the Floating Rate), the Floating Amount with respect to that party for that Calculation period will be deemed to be zero, and the other Party will pay to that party the absolute value of the negative Floating Amount as calculated, in addition to any amounts otherwise owed by the other party for that Calculation Period with respect to that Swap Transaction, on the Payment Date that the Floating Amount would have been due if it had been a positive number. Any amounts paid by the other party with respect to the absolute value of a negative Floating Amount will be paid to such account as the receiving party may designate (unless such other party gives timely notice of a reasonable objection to such designation) in the currency in which that Floating Amount would have been paid if it had been a positive number (and without regard to the currency in which the other party is otherwise obligated to make payments).

(b) Compounding. Party A and Party B agree that, if with respect to one or more Compounding Periods for a Swap Transaction where „Compounding" or „Flat Compounding" is specified to be applicable the Compounding Period Amount, the Basic Compounding Period Amount or the Additional Compounding Period Amount is a negative number (either due to a quoted negative Floating Rate or by operation of a Spread that is subtracted from the Floating Rate), then the Floating Amount for the Calculation Period in which that Compounding Period or those Compounding Periods occur will be either the sum of all Compounding Period Amounts or the sum of all the Basic Compounding Period Amounts and all the Additional Compounding Period Amounts in that Calculation Period (whether positive or negative). If such sum is positive, then the Floating Rate Payer with respect to the Floating Amount so calculated will pay that Floating Amount to the other party. If such sum is negative, the Floating Amount with respect to the party that would be obligated to pay that Floating Amount will be deemed to be zero, and the other party will pay to

that party the absolute value of the negative Floating Amount as calculated, such payment to be made in accordance with (a) above."

Für Parteien, die den zweiten Lösungsansatz vorziehen und die variable Zinsforderung bei einem negativen Zinssatz schlicht und einfach auf „Null" stellen wollen, wird von der ISDA die folgende Formulierung vorgeschlagen:

„Negative Interest Rates. (a) Floating Amounts. „Swap Transaction" means, for the purposes of this provision concerning Negative Interest Rates, a rate exchange or swap transaction, including transactions involving a single currency or two or more currencies. Party A and Party B agree that, if with respect to a Calculation Period for a Swap Transaction either party is obligated to pay a Floating Amount that is a negative number (either due to a quoted negative Floating Rate or by operation of a Spread that is subtracted from the Floating Rate), the Floating Amount with respect to that party for that Calculation Period will be deemed to be zero, and the other party will not be obligated to pay to that party the absolute value of the negative Floating Amount as calculated and will only be obligated to pay those amounts otherwise owed by the other party for that Calculation Period with respect to that Swap Transaction.

(b) Compounding. Party A and Party B agree that, if with respect to a Compounding Period for a Swap Transaction where „Compounding" or „Flat Compounding" is specified to be applicable the Compounding Period Amount, the Basic Compounding Period Amount or Additional Compounding Period Amount is a negative number (either due to a quoted negative Floating Rate or by operation of a Spread that is subtracted from the Floating Rate), then such Compounding Period Amount, Basic Compounding Period Amount or Additional Compounding Period Amount will be deemed to be zero, and, accordingly, such Compounding Period Amount, Basic Compounding Period Amount or Additional Compounding Period Amount will neither increase nor decrease any Adjusted Calculation Amount, Flat Compounding Amount or Floating Amount."

54. **„Discharge and Termination of Options"-Klausel.** Eine Klausel, die in Ergänzung des § 2(c) speziell für Währungsoptionen das automatische Erlöschen gegenseitiger und inhaltlich spiegelbildlicher „Call"- oder „Put"- Optionen der Vertragsparteien ermöglicht und die sich, wie die ISDA es empfiehlt (User's Guide to the 1992 ISDA Master Agreements, S. 68) an § 6 des 1992 ICOM Master Agreement orientiert, könnte wie folgt aussehen:

„Discharge and Termination of Currency Options. Unless otherwise agreed, any Currency Option to purchase at the Strike Price a specified quantity of the Call Currency or to sell at the Strike Price a specified quantity of the Put Currency, written by a party, will automatically be terminated and discharged, in whole or in part, as applicable, against a Currency Option, to purchase at the Strike Price a specified quantity of the Call Currency or to sell at the Strike Price a specified quantity of the Put Currency, respectively, written by the other Party, such termination and discharge to occur automatically upon the payment in full of the last Premium payable in respect of such Options; provided that such termination and discharge may only occur in respect of Currency Options:

(a) each being with respect to the same Put Currency and the same Call Currency;
(b) each having the same Expiration Date and Expiration Time;
(c) each being of the same style, i.e. either both being American Style Options or both being European Style Options;
(d) each having the same Strike Price; and
(e) neither of which shall have been exercised by delivery of a Notice of Exercise;

and, upon the occurrence of such termination and discharge, neither party shall have any further obligation to the other party in respect of the relevant Currency Options or, as the case may be, parts thereof so terminated and discharged. In the case of a partial termination and discharge (i.e. where the relevant Currency Options are for different amounts of the Currency Pair), the remaining portion of the Currency Option which is partially discharged and terminated shall continue to be a Currency Option for all purposes of this Agreement (capitalized terms refer to those so-definied terms in the 1992 ISDA FX and Currency Option Definitions)."

55. **„Set-off"-/„Conditions to Certain Payments"-Klausel.** Wie bereits oben in Anm. 22 dargestellt, birgt die Vereinbarung der „Second Method" („Two-Way-Payments") als maßgeblicher Abwicklungsmechanismus bei Vertragsende im Falle einer Beendigung wegen Insolvenz einer der beiden Parteien („Event of Default", §§ 5(a)(vii), 6(a)) für die vertragstreue Seite die Gefahr, eine volle Ausgleichszahlung erbringen zu müssen (insbe-

7. International Swaps and Derivatives Association Inc. – Master Agreement IV.7

sondere wenn sie bzgl. der offenen Transaktionen „out off the money ist") und sich gleichzeitig hinsichtlich etwaiger Gegenforderungen aus anderen Rechtsverhältnissen auf die Insolvenzquote verweisen lassen zu müssen. Hier ist es deshalb wichtig, für die vertragstreue Seite die Möglichkeit einer Aufrechnung zu gewährleisten.

Die einfachste Form einer „Set-Off"-Klausel ist der Verweis auf bereits bestehende gesetzliche oder auf (einem ggf. zwischen den Parteien bestehenden anderweitigen) Vertrag beruhende Aufrechnungsmöglichkeiten:

> „Nothing in this Agreement shall be treated as restricting or negating any right of set-off, lien, counterclaim or other right or remedy which might otherwise be available to either party".

Vor dem Hintergrund des anwendbaren Vertragsstatuts (gemäß § 13 (a) i. V. m. Part 4 (h) des Schedule also englisches oder amerikanisches Recht) kommt einer vertraglichen Aufrechnungs- oder Zurückbehaltungsklausel eine besondere Bedeutung zu, weil, wie bereits oben in Anm. 7 dargestellt, im angloamerikanischen Rechtsbereich die Möglichkeit einseitiger rechtsgeschäftlicher Aufrechnungserklärungen stark begrenzt ist.

Für den Fall, daß sich nicht bereits aus den angesprochenen anderweitigen Rechtsverhältnissen mit dem Vertragspartner entsprechende Aufrechnungs- oder Zurückbehaltungsbefugnisse ergeben sollten, stellt die ISDA (User's Guide to the 1992 ISDA Master Agreements, S. 56–60) eine Auswahl spezieller, jeweils als zusätzlichen Abs. „(f)" in § 6 des MA einzufügender Aufrechnungsklauseln zur Verfügung, deren rechtliche Wirksamkeit nach den zuständigen Sachrechts- bzw. Vollstreckungs- und Insolvenzrechtsordnungen im Einzelfall genau überprüft werden sollte. Dies gilt insbesondere für die Frage der Zulässigkeit einer Einbeziehung von verbundenen Unternehmen. Zudem weist die ISDA auf die Gefahr hin, daß ihre weit gefaßten Musterklauseln von der Gegenseite unter Hinweis auf streitige Gegenansprüche eines mit ihr verbundenen Unternehmens zur Zurückhaltung von Zahlungen mißbraucht werden könnten (User's Guide to the 1992 ISDA Master Agreements, S. 54).

a) „**Basic Set-off**"-**Klausel.** Die sog. „Basic Set-off"-Klausel beschränkt sich auf die Aufrechnung von Ansprüchen zwischen den Vertragsparteien selbst und lautet (User's Guide to the 1992 ISDA Master Agreements, S. 56):

> „*Set-off.* Any amount (the „Early Termination Amount") payable to one party (the Payee) by the other party (the Payer) under Section 6 (e), in circumstances where there is a Defaulting Party or one Affected Party in the case where a Termination Event under Section 5 (b) (iv) has occurred, will, at the option of the party („X") other than the Defaulting Party or the Affected Party (and without prior notice to the Defaulting Party or the Affected Party), be reduced by its set-off against any amount(s) (the „Other Agreement Amount") payable (whether at such time or in the future or upon the occurrence of a contingency) by the Payee to the Payer (irrespective of the currency, place of payment or banking office of the obligation) under any other agreement(s) between the Payee and the Payer or instrument(s) or undertaking(s) issued or executed by one party to, or in favor of, the other party (and the Other Agreement Amount will be discharged promptly and in all respects to the extent it is so set-off). X will give notice to the other party of any set-off effected under this Section 6 (f).
>
> For this purpose, either the Early Termination Amount or the Other Agreement Amount (or the relevant portion of such amount) may be converted by X into the currency in which the other is denominated at the rate of exchange at which such party would be able, acting in a reasonable manner and in good faith, to purchase the relevant amount of such currency.
>
> If an obligation is unascertained, X may in good faith estimate that obligation and set-off in respect of the estimate, subject to the relevant party accounting to the other when the obligation is ascertained.
>
> Nothing in this Section 6 (f) shall be effective to create a charge or other security interest. This Section 6 (f) shall be without prejudice and in addition to any right of set-off, combination of accounts, lien or other right to which any party is at any time otherwise entitled (whether by operation of law, contract or otherwise)."

b) „**Guarantee and Assignment**"-**Klausel.** Die sog. „Guarantee and Assignment"-Klausel erweitert die Aufrechnung der „Basic set-off"-Klausel auf die jeweils mit den Vertragsparteien verbundenen Unternehmen. Die Gegenseitigkeit wird auf Gläubigerseite durch die Rechtstechnik der Abtretung und auf Schuldnerseite durch die Übernahme selbstschuldnerischer Garantien bzgl. der Zahlungsverpflichtungen dieser verbundenen Unternehmen gegenüber dem Vertragspartner hergestellt. Sie lautet wie folgt (User's Guide to the 1992 ISDA Master Agreements; S. 57 f.):

„**Set-off.** *Any amount (the „Early Termination Amount") payable to one party (the „Payee") by the other party (the „Payer") under Section 6 (e), in circumstances where there is a Defaulting Party or one Affected Party in the case where a Termination Event under Section 5 (b) (iv) has occurred, will, at the option of the party („X") other than the Defaulting Party or the Affected Party (and without prior notice to the Defaulting Party or the Affected Party), be reduced by its set-off against any amount(s) (the „Other Agreement Amount") payable (whether at such time or in the future or upon the occurrence of a contingency) by the Payee or any Affiliate of the Payee to the Payer or any Affiliate of the Payer, including under (i) or (ii) below, irrespective of the currency, place of payment or banking office of the obligation, under any other agreement(s) between the Payee or any Affiliate of the Payee and the Payer or any Affiliate of the Payer or instrument(s) or undertaking(s) issued or executed by one party or any Affiliate thereof to, or in favor of, the other party or any Affiliate thereof (and the Other Agreement Amount will be discharged promptly and in all respects to the extent it is so set-off). X will give notice to the other party of any set-off effected under this Section 6 (f).*

(i) **Guarantee.** *Each party („B") hereby unconditionally and irrevocably guarantees (but only to the extent of any Early Termination Amount payable to it), each as a primary obligor and not merely as a surety, the due and punctual payment and performance of all the obligations of B's Affiliates to the other party („A") (or any of A's Affiliates), and B agrees that such guarantee is a guarantee of payment when due and not of collection and is a continuing guarantee, waives any and all rights of contribution, reimbursement or subrogation (except as provided below in this Section 6 (f)) which may arise as a result of such guarantee and waives any and all defenses to payment that it or any of its Affiliates may have.*

(ii) **Assignment.** *If either party („C") has reasonable grounds for insecurity regarding a potential default under this Agreement by the other party („D"), then any right of an Affiliate of C to receive payment from D or any Affiliate of D may be assigned to C, in which case D hereby consents to any such assignment of the benefit of its obligations and agrees to use its best efforts to obtain any required consents from its relevant Affiliate to any such assignment of the benefit of an obligation of that Affiliate. C shall give prompt written notice to D of any assignments of rights to C by Affiliates of C pursuant to this provision.*

If the Early Termination Amount has been reduced or eliminated through its set-off against amounts payable under (i) above or assigned pursuant to (ii) above, the obligations guaranteed pursuant to (i) above and the obligations in respect of which rights were assigned pursuant to (ii) above shall be discharged promptly in all respects to the extent utilized to so reduce or eliminate the Early Termination Amount.

Following the payment to the Payer or Payer's Affiliates of all amounts owed to them by the Payee's Affiliates and the expiration of any applicable legal period relating to bankruptcy, insolvency, administration or liquidation or other similar event, the Payee shall become subrogated to the rights of the Payer or the Payer's Affiliates, as the case may be, under the obligations guaranteed pursuant to (i) above.

For this purpose, either the Early Termination Amount or the Other Agreement Amount (or the relevant portion of such amounts) may be converted by X into the currency in which the other is denominated at the rate of exchange at which such party is able, acting in a reasonable manner and in good faith, to purchase the relevant amount of such currency.

If an obligation is unascertained, X may in good faith estimate that obligation and set-off in respect of the estimate, subject to the relevant party accounting to the other when the obligation is ascertained.

Nothing in this Section 6 (f) shall be effective to create a charge or other security interest. This Section 6 (f) shall be without prejudice and in addition to any right of set-off, combination of accounts, lien or other right to which any party is at any time otherwise entitled (whether by operation of law, contract or otherwise)."

c) „**Conditions to Certain Payments**"**-Klausel.** Als Beispiel eines vertraglich vereinbarten konzernweiten Zurückbehaltungsrechts sei hier noch die „Conditions to Certain Payments"-Klausel wiedergegeben (User's Guide to the 1992 ISDA Master Agreements, S. 59 f.:

7. International Swaps and Derivatives Association Inc. – Master Agreement IV.7

"Conditions to Certain Payments. Notwithstanding the provisions of Section 6 (e) (i) (3) and (4), as applicable, if the amount referred to therein is a positive number, the Defaulting Party will pay such amount to the Non-defaulting Party, and if the amount referred to therein is a negative number, the Non-defaulting Party shall have no obligation to pay any amount thereunder to the Defaulting Party unless and until the conditions set forth in (i) and (ii) below have been satisfied at which time there shall arise an obligation of the Non-defaulting Party to pay to the Defaulting Party an amount equal to the absolute value of such negative number less any and all amounts which the Defaulting Party may be obligated to pay under Section 11:

(i) the Non-defaulting Party shall have received confirmation satisfactory that in its sole discretion (which may include an unqualified opinion of its counsel) that (x) no further payments or deliveries under Section 2 (a) (i) or 2 (e) in respect of Terminated Transactions will be required to be made in accordance with Section 6 (c) (ii) and (y) each Specified Transaction shall have terminated pursuant to its specified termination date or through the exercise by a party of a right to terminate and all obligations owing under each such Specified Transaction shall have been fully and finally performed; and

(ii) all obligations (contingent or absolute, matured or unmatured) of the Defaulting Party and any Affiliate of the Defaulting Party to make any payment or delivery to the Non-defaulting Party or any Affiliate of the Non-defaulting Party shall have been fully and finally performed."

Bisweilen praktiziert wird auch eine Kombination aus der Bedingungsklausel mit einer der beiden Aufrechnungsklauseln.

d) „No Agency"-Klausel. Um sicherzustellen, daß die Aufrechnung bzw. die Geltendmachung des Zurückbehaltungsrechts nicht dadurch behindert wird, daß sich die Gegenpartei (bzw. deren Insolvenzverwalter) darauf beruft, sie habe die beendeten Transaktionen zwar in eigenem Namen, aber in uneigennütziger Treuhandschaft für eine dritte Person abgeschlossen, bietet die ISDA (User's Guide to the 1992 ISDA Master Agreements, S. 54, Fn. 45) den Benutzern ihres MA folgende weitere Zusicherung zur Ergänzung der „Basic Representations" des § 3 (a) an:

„No Agency. It is entering into this Agreement and each Transaction as principal (and not as agent or in any other capacity, fiduciary or otherwise)."

Diese Klausel, auf deren urspünglich vorgesehene Aufnahme in das MA wegen bestehender Zweifel sowohl hinsichtlich ihrer Anwendbarkeit als auch ihres Nutzens verzichtet wurde, soll das Vorliegen der Gegenseitigkeit gewährleisten, das ggf. nach der zuständigen Sachrechts-, Vollstreckungs- oder Insolvenzrechtsordnung verneint werden könnte. So wird etwa für das deutsche Recht die Ansicht vertreten, die Aufrechnung einer Verbindlichkeit, die im Innenverhältnis des Gläubigers (Treuhänder) zu einer dritten Person (Treugeber) aufgrund eines Treuhandverhältnisses letzterer zustehe, mit einer demgegenüber persönlichen Forderung gegen den Treuhänder sei unzulässig (OLG Stettin OLGE 23, 19; a. A. RG Recht 1914, Nr. 1404 sowie *Kollhosser*, Drittaufrechnung und Aufrechnung in Treuhandfällen, FS Lukes (1989), 721, 739 ff.).

56. „Binding oral agreements"-Klausel. Der zusätzlichen Klarstellung, daß der Vertrag durch übereinstimmende telefonische Willenserklärungen zustandekommt und das Bestätigungsschreiben oder -telex nur Beweiszwecken dient (siehe oben Anm. 26 (a) zu § 9 (e) (ii)) dient folgende, in der Praxis benützte Bestimmung:

„Binding oral agreements. With reference to the prefatory paragraph of this Agreement, the parties anticipate that Transactions will usually be entered into through binding oral agreements concluded over the telephone by their authorised representatives. Party A shall promptly confirm the details by telex or facsimile transmission to the other party. Any correction of an error shall be made promptly upon receipt of the telex or the facsimile transmission. Each party shall be entitled to request a written Confirmation, and either the other party or the party requesting the written Confirmation shall upon request deliver such Confirmation duly executed and signed by its authorised representative(s)."

57. Zustimmung zu Tonbandaufzeichnungen. Häufig werden die einzelnen, den Rahmenvertrag ausfüllenden Transaktionen in der Praxis zunächst telefonisch abgeschlossen. Das Aufzeichnen solcher Telefongespräche auf Tonträger ist international üblich und

bankenaufsichtsrechtlich erwünscht. So heißt es in der „Verlautbarung über Mindestanforderungen an das Betreiben von Handelsgeschäften der Kreditinstitute" des BAKred vom 23. 10. 1995 mit ausdrücklichem Geltungsanspruch für derivative Geschäfte (vgl. Nr. 1 der Verlautbarung) unter Nr. 3.3. („Rechtliche Risiken"), die Geschäftsgespräche der Händler *sollten* auf Tonträger aufgezeichnet werden und diese Aufzeichnungen seien mindestens drei Monate aufzubewahren. Auch die Bank of England empfiehlt in ihrem London Code of Conduct den Händler- und Brokerfirmen unter ihrer Aufsicht ausdrücklich das Mitschneiden aller Telefongespräche. Das Unterlassen einer Aufzeichnung sei im Falle von Streitigkeiten zu Lasten eines solchen Vertragspartner auszulegen. Die Tonbänder sollten mindestens zwei Monate lang aufbewahrt werden.

In einigen Rechtsordnungen ist das Aufzeichnen von Telefongesprächen ohne die vorherige Zustimmung des Gesprächspartners allerdings unzulässig (so etwa in *Deutschland* gemäß § 201 StGB, für die Unzulässigkeit der Verwertung solcher Aufzeichnungen im Zivilprozeß siehe *Baumbach/Lauterbach,* ZPO, 54. A., München 1996, Übers. § 371, Rz. 10). In anderen Ländern ist eine heimliche Tonbandaufzeichnung zwar nicht strafbar, kann aber ebenfalls vor Gericht nicht als Beweismittel verwendet werden (so für das *englische* Recht User's Guide to the 1992 ISDA Master Agreements, S. 77). Für Fälle dieser Art bietet die ISDA (User's Guide to the 1992 ISDA Master Agreements, S. 66) eine Zusatzklausel an, in der die nötige Zustimmung im voraus erteilt wird und sich die Vertragsparteien zusätzlich, für den Fall, daß eine der anwendbaren (Zivil- oder Straf-) Rechtsordnungen diese Art der Zustimmung nicht anerkennt, verpflichten, im Einzelfall den Gesprächspartner auf die Tatsache des Aufzeichnens hinzuweisen und die erforderliche Zustimmung einzuholen:

„*Each party (i) consents to the recording of the telephone conversations of trading and marketing personnel of the parties and their Affiliates in connection with this Agreement or any potential Transaction and (ii) agrees to obtain any necessary consent of, and give notice of such recording to, such personnel of it and its Affiliates."*

Für das *New Yorker* Recht ist darauf hinzuweisen, daß Tonträgeraufzeichnungen vor Gericht nach § 5–701 NYGOL (hierzu oben Anm. 26(b)(bb)) kein geeignetes Beweismittel darstellen und daß sie deshalb nicht dazu benützt werden können, um im Einzelfall darzulegen, daß die „Confirmations" den Inhalt des vorausgegangenen Telefongesprächs unrichtig wiedergeben (vgl. *Sonder v. Roosevelt,* 476 N. E.2d 996, 997 (N. Y. 1985).

58. „Exchange of Confirmations"-Klausel. Mit der folgenden Zusatzbestimmung werden die Verantwortlichkeiten für das Zustandekommen einer „Confirmation" klar verteilt:

„*Exchange of Confirmations. For each Transaction entered into hereunder, Party A shall promptly send to Party B a Confirmation, via telex or facsimile transmission. Party B agrees to respond to such Confirmation within three (3) Local Business Days, either confirming agreement thereto or requesting a correction of any error(s) contained therein. Failure by Party B to respond within such period shall not affect the validity or enforceability of such Transaction and shall be deemed to be an affirmation of the terms contained in such Confirmation, absent manifest error. The parties agree that any such exchange of telexes or facsimile transmissions shall constitute a Confirmation for all purposes hereunder."*

Die Bank of England stellt in Nr. 92 ihres London Code of Conduct vom Juli 1995 klar, daß eine solche Vereinbarung, die die Pflicht zum Versenden einer „Confirmation" auf *eine* der beiden Vertragsparteien beschränkt und der anderen eine Pflicht zum Antworten auferlegt, aus der Sicht des englischen Aufsichtsrechts nicht zu beanstanden ist.

59. Einbeziehung von elektronisch bestätigten Transaktionen in den Vertrag. Für den Fall, daß die Parteien beabsichtigen, ihre „Confirmations" über ein elektronisch betriebenes Informationsverbreitungssystem auszutauschen (relevant vor allem bei währungsbezogenen Transaktionen) und dieses System lediglich die Übertragung bestimmter standardisierter Mitteilungen für die technischen Einzelheiten des Geschäfts (vgl. die authentifizierten Standardmeldungen im Rahmen der SWIFT), nicht aber sonstiger Zusätze erlaubt, welche die Einbeziehung der auf das jeweilige Einzelgeschäft betreffenden ISDA Definitions sowie darüber hinaus die Einbindung des Einzelgeschäfts in das gesamte Vertragswerk und die Einbindung sicherstellen, empfiehlt die ISDA (User's Guide to the 1992 ISDA Master Agreements, S. 67) folgende Zusatzklausel:

> „*Electronic Confirmations. Where a Transaction is confirmed by means of an electronic massaging system that the parties have elected to use to confirm such Transaction (i) such confirmation will constitute a „Confirmation" as referred to in this Agreement even where not so specified in the confirmation, (ii) such Confirmation will supplement, form part of, and be subject to this Agreement and all provisions in this Agreement will govern the Confirmation except as modified therein and (iii) either (A) the definitions and provisions contained in the 1992 ISDA FX and Currency Option Definitions will be incorporated into the Confirmation if the Transaction is an FX Transaction or Currency Option or (B) the ... [den Titel des betreffenden ISDA Dokuments einfügen]. Definitions will be incorporated into the Confirmation if the Transaction is ... [die Art des Geschäfts einfügen]. In the event of any inconsistency between the Definitions applicable pursuant to clause (iii) of this subsection and this Agreement, the Confirmation will prevail for the purpose of the relevant Transaction."*

Eine andere Möglichkeit zur Klarstellung, daß sämtliche zwischen den Parteien abgeschlossenen Einzeltransaktionen einer bestimmten Art Bestandteil des Rahmenvertrags werden, auch wenn eine entsprechende Bezugnahme in den jeweiligen „Confirmations" versäumt wird oder aus technischen Gründen nicht möglich ist, bietet die folgende Klausel:

> „*The Parties acknowledge that all existing Transactions (as defined in section 14) between them are governed by the terms of this Agreement.*"

60. **Einbeziehung der entsprechenden „Definitions" in den Vertrag.** Sofern der Schwerpunkt der Einzelabschlüsse auf Geschäften einer bestimmten Gattung liegen soll, für die passende ISDA „Definitions" (s.o. Anm. 1(e)) erschienen sind, empfiehlt es sich, die Inkorporierung der entsprechenden „Definitions" in den Vertrag bereits vorab im Schedule vorzunehmen. Die folgende Musterklausel wählt das Beispiel der „1991 Definitions" für Swap-Geschäfte sowie Swap-Derivate, ist aber ebenso gut auf die anderen „Definitions" übertragbar:

> „*§ 1 (a) is modified by adding the following sentence after „Agreement": The 1991 ISDA Definitions (as published by the International Swaps and Derivatives Association Inc., the „Definitions") or any successor edition thereof specified in a relevant Confirmation are incorporated by reference herein. Any terms used and not otherwise defined in a Confirmation shall have the meaning set forth in the Definitions. Each party confirms that it has full knowledge of the Definitions*".

Da die „1991 Definitions" noch aus der Zeit stammen, als sich die ISDA-Rahmenverträge (für internationale Geschäfte das IRCEA) auf Swaps und Swap-Derivate beschränkten, empfiehlt es sich, speziell für sie zur Angleichung der inzwischen geänderten Terminologie an das MA noch die folgende Ergänzung vorzunehmen:

> „*Swap Transaction" in the 1991 ISDA Definitions is deemed to be a reference to a „Transaction" for the purpose of interpreting this Agreement or any Confirmation. „Transaction" in this Agreement or any Confirmation is deemed to be a reference to a „Swap Transaction" for the purpose of interpreting the 1991 ISDA Definitions.*

61. **„Severability"-Klausel.** Eine Teilnichtigkeitsklausel wurde nach eingehenden Beratungen in den vorbereitenden Arbeitsgruppen bewußt nicht in das ISDA-MA aufgenommen (anders z.B. § 8.7. IFEMA), weil z.T. befürchtet wurde, eine solche Klausel könne die insolvenzrechtliche Anerkennung der vertraglichen Einheit von MA und Einzelabschlüssen nach § 1(c) gefährden. Andere sahen die Gefahr, daß eine Vertragsseite diese Klausel dazu benutzen könnte, auf der Erfüllung ihrer Vertragsansprüche auch dann zu bestehen, wenn die eigenen Verbindlichkeiten unwirksam sein sollten. Wieder andere sahen die Gefahr, eine Teilnichtigkeitsklausel könne zu Widersprüchen mit den Rechtsfolgen des „Termination Event" der „Illegality" in § 5(b)(i) führen (User's Guide to the 1992 ISDA Master Agreements, S. 63f.). Soll trotz dieser Bedenken eine sog. „severability"-Klausel in den Vertrag aufgenommen werden, könnte diese etwa so gestaltet werden:

IV.7 Anhang 1

„*Severability. The unenforceability, invalidity or illegality of one or more provisions in this Agreement under the law of any jurisdiction will not affect the enforceability, validity or legality of the remaining provisions of this Agreement under the law of such jurisdiction*".

Speziell auf den Fall ausgelegt, daß die Parteien die Absicht haben, miteinander Derivatgeschäfte sehr unterschiedlicher Art abzuschließen, und daß zusätzlich die „Close-out Netting"-Vorschriften der §§ 5 und 6 bzgl. einzelner Transaktionen von einer der zuständigen Insolvenzrechtsordnungen nicht als wirksam anerkannt werden, etwa weil speziell diese Geschäfte sich nicht unter die Begriffe des „Finanztermingeschäfts", des „swap agreements", des „qualified financial contracts", des „financial contract" etc. (hierzu oben Anm. 18) subsumieren lassen, ist schließlich der folgende Formulierungsvorschlag (zitiert nach *Gooch/Klein*, Documentation for derivatives: Annotated sample agreements, S. 432, Fn. 356):

„*If the designation of an Early Termination Date with respect to any Transaction would be impermissible under applicable bankruptcy or insolvency law, the designation of an Early Termination Date hereunder in connection with an Event of default or a Termination Event that would otherwise result in treatment of all Transactions as Terminated Transactions shall be treated as a designation of that Early Termination Date with respect to only those Transactions which can be treated hereunder as Terminated Transactions for all purposes without violating any provision of applicable law, and the provisions of this Agreement relating to early termination, the calculation of payments due in connection therewith, and all related matters, shall for all purposes be deemed amended to give effect to the intent of the parties expressed in this paragraph*".

Anhänge zu IV. 7. OTC-Derivative nach dem 1992 ISDA-Multi-Currency-Cross Border Master Agreement

Anhang 1: 1992 ISDA FX and Currency Option Definitions 846
Anhang 2: 1993 ISDA Commodity Derivatives Definitions 854
Anhang 3: 1993 ISDA Bond Option Confirmation 889
Anhang 4: 1994 ISDA Equity Option Definitions 896
Anhang 5: 1991 ISDA Definitions 919
Anhang 6: 1994 ISDA Credit Support Annex 981
Anhang 7: 1995 ISDA Credit Support Deed 993
Anhang 8: 1995 ISDA Credit Support Annex 1008
Anhang 9: User's Guide to the 1994 ISDA Credit Support Annex 1017

Anhang 1:

1992 ISDA FX and Currency Option Definitions

TABLE OF CONTENTS

INTRODUCTION

ARTICLE 1

FX TRANSACTIONS

SECTION 1.1.   FX Transaction
SECTION 1.2.   Terms of FX Transactions
SECTION 1.3.   Settlement

Anhang 1: 1992 ISDA FX an Currency Option Definitions   Anhang 1 IV.7

ARTICLE 2
CURRENCY OPTIONS

SECTION 2.1.	Currency Option
SECTION 2.2.	Terms of Currency Options
SECTION 2.3.	Terms Relating to Exercise
SECTION 2.4.	Terms Relating to Settlement

ARTICLE 3
CERTAIN GENERAL DEFINITIONS

SECTION 3.1.	Banking Day
SECTION 3.2.	Currencies
SECTION 3.3.	Rounding
EXHIBIT I	Sample Form of Confirmation-FX Transaction
EXHIBIT II	Sample Form of Confirmation-Currency Option

INTRODUCTION

The 1992 ISDA FX and Currency Option Definitions (the „Definitions") are intended for use with agreements, such as the Multicurrency-Cross Border version of the 1992 ISDA Master Agreement (the „Standard Agreement") published by the International Swap Dealers Association, Inc. („ISDA"), and in Confirmations of individual transactions governed by those agreements. Copies of the Standard Agreement are available from the executive offices of ISDA. Sample forms of Confirmations to document FX Transactions and Currency Options are attached as Exhibits I and II to these Definitions. The Definitions may also be used with the 1987 Interest Rate and Currency Exchange Agreement published by ISDA. Copies of this Agreement are also available from the executive offices of ISDA.

The Definitions are designed for use by participants in the markets for FX Transactions and Currency Options and may be used for such purposes without reference to the 1991 ISDA Definitions (the „1991 Definitions"). For other product areas, the 1991 Definitions remain current unless otherwise superseded by other product-specific definitions published by ISDA.

The Definitions can be incorporated into future Confirmations (such as those set forth in Exhibit I or II) governed by an agreement such as the Standard Agreement. Existing Confirmations that incorporate the 1991 Definitions will not, without further action by the parties, be affected by the use of the Definitions for future transactions.

The Definitions may be updated periodically to include additional definitions and provisions. While the definitions and provisions contained in these Definitions may be modified in any update, it is not anticipated that they will be changed substantively unless then prevailing market practice supports such a change. At any time a copy of the then current version of the Definitions may be obtained from the executive offices of ISDA.

The 1991 Definitions served, in part, as the basis for certain of the definitions and provisions contained in the Definitions. In some cases the Definitions have been modified from the 1991 Definitions as a result of input from participants in working groups sponsored by ISDA. The definitions and provisions in the Definitions that are not part of the 1991 Definitions are included as a result, in part, of input from those working groups. The most significant new concepts in the Definitions are the (i) provisions and definitions concerning FX Transactions, (ii) definitions of Currency Pair, In-the-Money Amount, Settlement Date, Spot Date and Spot Price and (iii) provisions relating to Automatic Exercise, Settlement and In-the-Money Settlement.

ISDA assumes no responsibility for any use to which the Definitions may be put. Parties may wish to consult with their legal or tax advisors before using the Definitions.

IV.7 Anhang 1

ISDA began the project to produce the Definitions in late 1991. During the course of the project ISDA has received valuable guidance and advice from participants in the effort to publish the International Currency Options Market (ICOM) Master Agreement for the documentation of Currency Options. ISDA gratefully acknowledges the contributions of those participants to the Definitions.

1992 ISDA FX AND CURRENCY OPTION DEFINITIONS

Any or all of the following definitions and provisions may be incorporated into a document by wording in the document indicating that, or the extent to which, the document is subject to the 1992 ISDA FX and Currency Option Definitions (as published by the International Swap Dealers Association, Inc.). All definitions and provisions so incorporated in a document will be applicable to that document unless otherwise provided in that document, and all terms defined in these Definitions and used in any definition or provision that is incorporated by reference in a document will have the respective meanings set forth in these Definitions unless otherwise provided in that document. Any term used in a document will, when combined with the name of a party, have meaning in respect of the named party only.

ARTICLE 1
FX TRANSACTIONS

Section 1.1. FX Transaction. „FX Transaction" means a transaction providing for the purchase of one currency in exchange for the sale of another currency by each party to such transaction.

Section 1.2. Terms of FX Transactions. In respect of an FX Transaction, the following terms shall have the indicated meanings:

(a) **Contract Date; Create Date; Deal Date; Trade Date.** „Contract Date", „Create Date", „Deal Date" or „Trade Date" means the date specified as such by the parties, which date is the date on which the parties enter into an FX Transaction.

(b) **Value Date.** „Value Date" means the date specified as such by the parties. If the Value Date is not a Banking Day in each location agreed by the parties, the Value Date will be the first following day that is a Banking Day in each location agreed by the parties.

Section 1.3. Settlement. On the Value Date each party will pay, subject to any applicable condition precedent, any amount payable by it in respect of a Value Date and an FX Transaction for value on such date.

ARTICLE 2
CURRENCY OPTIONS

Section 2.1. Currency Option. „Currency Option" means the right, but not the obligation, of Buyer to purchase from Seller at the Strike Price a specified quantity of the Call Currency and to sell to Seller at the Strike Price a specified quantity of the Put Currency.

Section 2.2. Terms of Currency Options. In respect of a Currency Option, the following terms shall have the indicated meanings:

(a) **American Style Option.** „American Style Option" means a style of Currency Option specified as such by the parties pursuant to which the right or rights granted are exercisable during the Exercise Period.

(b) **Buyer.** „Buyer" means the party specified as such by the parties, which party is the owner of the Currency Option.

(c) **Call Currency.** „Call Currency" means the currency that is specified as such by the parties.

(d) **Currency Pair.** „Currency Pair" means the two currencies which may be potentially exchanged upon the exercise of a Currency Option, one of which shall be the Put Currency and the other the Call Currency.

(e) **European Style Option.** „European Style Option" means a style of Currency Option specified as such by the parties pursuant to which the right or rights granted are exercisable only on the Expiration Date up to and including the Expiration Time unless the parties otherwise agree.

(f) **Exercise Date.** „Exercise Date" means the date on which the exercise of a Currency Option becomes effective, which date must be a Banking Day in the agreed location of Seller unless the parties otherwise agree.

(g) **Exercise Period.** „Exercise Period" means, unless otherwise specified by the parties, the period from and including the Trade Date to and including the Expiration Time, which period is the period in which the right or rights granted pursuant to an American Style Option are exercisable.

(h) **Expiration Date.** „Expiration Date" means the date specified as such by the parties, which date is the last date or the only date, as the case may be, on which the Currency Option can be exercised. If the Expiration Date is not a Banking Day in each location agreed by the parties, the Expiration Date will be the first following day that is a Banking Day in each location agreed by the parties unless the parties otherwise agree.

(i) **Expiration Time.** „Expiration Time" means the time specified as such by the parties, which time is the latest time in the agreed location of Seller on the Expiration Date at which Seller must accept a Notice of Exercise.

(j) **In-the-Money Amount.** „In-the-Money Amount" means an amount, if any, in the Put Currency determined by taking the excess of the Spot Price over the Strike Price, multiplied by the number of units of the Call Currency to be purchased, with both prices being quoted in terms of the amount of the Put Currency to be paid for one unit of the Call Currency, or the equivalent amount in the Call Currency (determined by taking the excess of the Strike Price over the Spot Price, multiplied by the number of units of the Put Currency to be sold, with both prices being quoted in terms of the amount of the Call Currency to be paid for one unit of the Put Currency).

(k) **Notice of Exercise.** „Notice of Exercise" means irrevocable notice delivered by Buyer to Seller prior to or at the Expiration Time (which may be delivered by telex, facsimile, electronic messaging system or orally, including by telephone, unless the parties otherwise agree with respect to a Currency Option) of its exercise of the right or rights granted pursuant to the Currency Option. Unless otherwise agreed by the parties, a Currency Option may be exercised only in whole.

(l) **Premium; Price.** „Premium" means an amount specified as such by the parties, which amount is the amount payable in consideration for granting the Currency Option and, subject to any applicable condition precedent, is payable by Buyer to Seller on the Premium Payment Date for value on such date. Instead of specifying the Premium as an amount, the Premium may be specified by the parties as a „Price", which shall be stated as a percentage of the specified amount of the Put Currency or the Call Currency, as the case may be.

(m) **Premium Payment Date.** „Premium Payment Date" means the date specified as such by the parties, which date is the date on which the Premium is payable. If the applicable Premium Payment Date is not a Banking Day in each location agreed by the parties, the Premium Payment Date will be the first following day that is a Banking Day in each location agreed by the parties.

(n) **Put Currency.** „Put Currency" means the currency that is specified as such by the parties.

(o) **Seller.** „Seller" means the party specified as such by the parties, which party is the party granting the Currency Option.

(p) **Settlement Date.** „Settlement Date" means the Spot Date of the Currency Pair on the Exercise Date, which date is the due date of the payment obligations resulting from the exercise of the Currency Option.

(q) **Spot Date.** „Spot Date" means the spot delivery day for the relevant Currency Pair as generally used by the relevant foreign exchange market.

(r) **Spot Price.** „Spot Price" means the price at the time at which such price is to be determined for foreign exchange transactions in the relevant Currency Pair for value on the Spot Date, as determined in good faith by Seller, unless otherwise agreed by the parties.

(s) **Strike Price.** „Strike Price" means the price specified as such by the parties, which price is the price at which the Currency Pair may be exchanged.

(t) **Trade Date.** „Trade Date" means the date specified as such by the parties, which date is the date on which the parties enter into a Currency Option.

Section 2.3. Terms Relating to Exercise

(a) **Effectiveness of Notice of Exercise (American Style Option).** In the case of an American Style Option, a Notice of Exercise with respect to a Currency Option becomes effective (unless otherwise agreed): if received prior to 3:00 p.m. on a Banking Day (in the agreed location of Seller), upon receipt thereof by Seller, and if received at any other time, only as of the opening of business of Seller on the first such Banking Day subsequent to receipt.

(b) **Automatic Exercise.** Unless Seller is otherwise instructed by Buyer, a Currency Option, which has not otherwise been exercised, shall be deemed to have been exercised at the Expiration Time where the In-the-Money Amount of the Currency Option at such Expiration Time equals or exceeds the product of (i) one percent of the Strike Price and (ii) the specified amount of the Call Currency or Put Currency, as appropriate. In such a case, Seller may elect to settle such Currency Option in accordance with either Section 2.4(a) below or Section 2.4(b) below, subject to a prior election by the parties of In-the-Money Settlement under Section 2.4(b) below. Seller shall notify Buyer of its election of the method of settlement in the case of automatic exercise as soon as reasonably practicable after the Expiration Time.

Section 2.4. Terms Relating to Settlement

(a) **Settlement.** Unless otherwise specified by the parties as contemplated by either Section 2.4(b) below or Section 2.3(b) above and subject to any applicable condition precedent, Buyer shall pay the relevant quantity of the Put Currency to Seller and Seller shall pay the relevant quantity of the Call Currency to Buyer, in each case on the Settlement Date for value on such date.

(b) **In-the-Money Settlement.** Where the parties have elected to have a Currency Option settle at the In-the-Money Amount, the exercise of such option will only result in the obligation of Seller to pay, subject to any applicable condition precedent, any In-the-Money Amount (in the currency specified), as determined at the time the exercise of the Currency Option becomes effective or as soon thereafter as reasonably practicable, on the Settlement Date for value on such date.

ARTICLE 3
CERTAIN GENERAL DEFINITIONS

Section 3.1. Banking Day. „Banking Day" means, in respect of any city, any day on which commercial banks are open for business (including dealings in foreign exchange and foreign currency deposits) in that city.

Section 3.2. Currencies

(a) **Australian Dollar.** „Australian Dollar", „A$" and „AUD" each means the lawful currency of Australia.

(b) **Austrian Schilling.** „Austrian Schilling" and „ATS" each means the lawful currency of the Republic of Austria.

(c) **Belgian Franc.** „Belgian Franc", „Bfr" and „BEF" each means the lawful currency of the Kingdom of Belgium.

(d) **Canadian Dollar.** „Canadian Dollar", „C$" and „CAD" each means the lawful currency of Canada.

(e) **Danish Krone.** „Danish Krone", „DKr" and „DKK" each means the lawful currency of the Kingdom of Denmark.

(f) **Deutsche Mark.** „Deutsche Mark", „DM" and „DEM" each means the lawful currency of the Federal Republic of Germany.

(g) **Dutch Guilder.** „Dutch Guilder", „DFl" and „NLG" each means the lawful currency of The Kingdom of The Netherlands.

(h) **European Currency Unit.** „European Currency Unit", „ECU" and „XEU" each means a currency, one unit of which is equal in value to the European Currency Unit that is used in the European Monetary System.

(i) **Finnish Markka.** „Finnish Markka" and „FIM" each means the lawful currency of the Republic of Finland.

(j) **French Franc.** „French Franc", „Ffr" and „FRF" each means the lawful currency of the Republic of France.

(k) **Greek Drachma.** „Greek Drachma" and „GRD" each means the lawful currency of Greece.

(l) **Hong Kong Dollar.** „Hong Kong Dollar", „HK$" and „HKD" each means the lawful currency of Hong Kong.

(m) **Irish Punt.** „Irish Punt" and „IEP" each means the lawful currency of the Republic of Ireland.

(n) **Italian Lira.** „Italian Lira", „Lira" and „ITL" each means the lawful currency of the Republic of Italy.

(o) **Luxembourg Franc.** „Luxembourg Franc", „Lfr" and „LUF" each means the lawful currency of the Grand Duchy of Luxembourg, including the Commercial Luxembourg Franc and the Financial Luxembourg Franc.

(i) „Commercial Luxembourg Franc", „Commercial Lfr" and „Commercial LUF" each means the Luxembourg Franc that is used for transactions in foreign currencies that are required by the Belgian-Luxembourg Exchange Institute to be settled on the regulated exchange market of the Belgian-Luxembourg Economic Union.

(ii) „Financial Luxembourg Franc" „Financial Lfr" and „Financial LUF" each means the Luxembourg Franc that is used for transactions in foreign currencies that may be settled on the exchange market of the Belgian-Luxembourg Economic Union without restriction.

(p) **Malaysian Ringgit.** „Malaysian Ringgit" and „MYR" each means the lawful currency of Malaysia.

(q) **New Zealand Dollar.** „New Zealand Dollar", „NZ$" and „NZD" each means the lawful currency of New Zealand.

(r) **Norwegian Krone.** „Norwegian Krone", „NKr", „NKR" and „NOK" each means the lawful currency of the Kingdom of Norway.

(s) **Portugese Escudo.** „Portugese Escudo" and „PTE" each means the lawful currency of the Republic of Portugal.

(t) **Singapore Dollar.** „Singapore Dollar" and „SGD" each means the lawful currency of the Republic of Singapore.

(u) **Spanish Peseta.** „Spanish Peseta", „Pta", „SPp", „SPP" and „ESB" each means the lawful currency of Spain.

(v) **Sterling.** „Sterling", „£", „GBP" and „STG" each means the lawful currency of the United Kingdom.

(w) **Swedish Krona.** „Swedish Krona", „SKr" and „SEK" each means the lawful currency of the Kingdom of Sweden.

(x) **Swiss Franc.** „Swiss Franc", „Sfr", „CHF" and „SWF" each means the lawful currency of Switzerland.

(y) **Thailand Baht.** „Thailand Baht" and „THB" each means the lawful currency of the Kingdom of Thailand.

(z) **U. S. Dollar.** „U. S. Dollar", „Dollar", „U. S.$", „$" and „USD" each means the lawful currency of the United States of America.

(aa) **Yen.** „Yen", „¥" and „JPY" each means the lawful currency of Japan.

Section 3.3. Rounding. For purposes of any calculations referred to in these Definitions (unless otherwise specified), (a) all percentages resulting from such calculations will be rounded, if necessary, to the nearest one hundred-thousandth of a percentage point (*e.g.*, 9.876541% (or .09876541) being rounded down to 9.87654% (or .0987654) and 9.876545% (or .09876545) being rounded up to 9.87655% (or .0987655)) and (b) any currency amounts used in or resulting from such calculations will be rounded in accordance with the relevant market practice.

EXHIBIT I
to 1992 ISDA FX
and Currency Option Definitions

Form of Confirmation-FX Transaction

The terms of the particular FX Transaction to which this Confirmation relates are as follows:
Reference No.: [Date]
[Contract Date] [Create Date] [Deal Date]
[Trade Date]:
Value Date:
[Amount and currency payable by Party A:][1]
[[Amount [and] [or] [currency] payable by Party B:][1]
[Exchange rate:][1]
Account details:
[Other terms and conditions:]
[Offices
  (a) The Office[s] of Party A for the FX Transaction is [are]   ; and
  (b) The Office[s] of Party B for the FX Transaction is [are]   .]
[Broker/Arranger:]

This [document] constitutes a „Confirmation" as referred to in the [Master Agreement]. The definitions and provisions contained in the 1992 FX and Currency Option Definitions (as published by the International Swap Dealers Association, Inc.) are incorporated into this Confirmation. In the event of any inconsistency between those definitions and provisions and this Confirmation, this Confirmation will govern. This Confirmation supplements, forms part of, and is subject to the Master Agreement dated as of [date], as amended and supplemented from time to time (the „Agreement"), between you and us. All provisions contained in the Agreement govern this Confirmation except as expressly modified above.[2]

[Please confirm to us by return telex, mail, facsimile or other electronic transmission that the above details are correct.]

[PARTY A]
By: Name: ....
Title: ....

[Confirmed as of the date below:
[PARTY B]
By: Name: ....
  Title: ....
Dated:

---

[1] Parties will need to include in their Confirmation sufficient information to allow a determination of the respective amounts of currency to be exchanged by the parties in the relevant FX Transaction.

[2] Where the form of Confirmation used by the parties does not allow inclusion of this paragraph, a provision to the same effect should be included in the Schedule to the Agreement.

Anhang 1: 1992 ISDA FX an Currency Option Definitions

**EXHIBIT II
to 1992 ISDA FX
and Currency Option Definitions**

Form of Confirmation-Currency Option

The terms of the particular Currency Option to which this Confirmation relates are as follows:

Reference No.:
Trade Date: [Date]
Buyer: [Party B/A]
Seller: [Party A/B]
Currency Option style: [American/European]
[Currency Option type:][1] [[ ][2] Put/[ ][3] Call]
Call Currency and amount:
Put Currency and amount:
Expiration Date:
Expiration Time:
[Settlement Date:][4]
[Exercise Period:][5]
[In-the-Money Amount Settlement: [Yes] [No] [To be determined];] [Specify currency [and exchange rate] for In-the-Money Amount Settlement][6]

[Premium:]
[Price:]
Premium Payment Date:
Strike Price:
[Other terms and conditions:][7]
[Account Details:
Payments to Party A:
Payments to Party B:][8]
[Offices
  (a) The Office[s] of Party A for the Currency Option is [are]   ; and
  (b) The Office[s] of Party B for the Currency Option is [are]   .]

---

[1] Parties may wish to classify their transaction as a Put and/or a Call, with respect to the corresponding currency.

[2] Parties may wish to insert the appropriate currency, which will be the same currency as the Put Currency.

[3] Parties may wish to insert the appropriate currency, which will be the same currency as the Call Currency.

[4] Parties may wish to specify the Settlement Date in respect of the Expiration Date.

[5] Parties may wish to modify the Exercise Period presumed for an American Style Option. For example, additional references are necessary if there are multiple Exercise Periods.

[6] The parties must make an election for In-the-Money-Settlement in the Confirmation or through another means. In the case where parties elect In-the-Money Settlement, parties should also specify in the Confirmation or through another means the currency in which the Currency Option will settle. Parties may additionally specify the rate for conversion in the Confirmation if the currency for In-the-Money Settlement is selected therein and such currency is a currency other than the Call Currency or the Put Currency. If such rate is not specified in the Confirmation, market practice suggests that the rate used for conversion will likely be the relevant spot price, unless the parties otherwise agree.

[7] For example, these other terms and conditions might include, among other things, whether the option may be exercised in part.

[8] Parties may also separately exchange account details.

IV.7 Anhang 2

This [document] constitutes a „Confirmation" as referred to in the [Master Agreement]. The definitions and provisions contained in the 1992 FX and Currency Option Definitions (as published by the International Swap Dealers Association, Inc.) are incorporated into this Confirmation. In the event of any inconsistency between those definitions and provisions and this Confirmation, this Confirmation will govern. This Confirmation supplements, forms part of, and is subject to the Master Agreement dated as of [date], as amended and supplemented from time to time (the „Agreement"), between you and us. All provisions contained in the Agreement govern this Confirmation except as expressly modified above.[9]

[Please confirm to us by return telex, mail, facsimile or other electronic transmission that the above details are correct.]

[PARTY A]
By: . . . .
Name:
Title:

[Confirmed as of the date below:
[PARTY B]
By: . . . .
Name:
Title:]
[Dated:]

Anhang 2:

1993 ISDA Commodity Derivatives Definitions

TABLE OF CONTENTS

INTRODUCTION TO THE 1993 ISDA COMMODITY DERIVATIVES DEFINITIONS

ARTICLE 1
CERTAIN GENERAL DEFINITIONS

SECTION 1.1.	Transaction
SECTION 1.2.	Confirmation
SECTION 1.3.	Business Day
SECTION 1.4.	Commodity Business Day
SECTION 1.5.	Business Day Convention; Commodity Business Day Convention
SECTION 1.6.	Currencies

ARTICLE 2
PARTIES

SECTION 2.1.	Fixed Price Payer
SECTION 2.2.	Floating Price Payer

---

[9] Where the form of Confirmation used by the parties does not allow inclusion of this paragraph, a provision to the same effect should be included in the Schedule to the Agreement.

ARTICLE 3
TERM AND DATES
SECTION 3.1.	Term
SECTION 3.2.	Effective Date
SECTION 3.3.	Period End Date
SECTION 3.4.	Settlement Date; Payment Date
SECTION 3.5.	Termination Date
SECTION 3.6.	Trade Date

ARTICLE 4
CERTAIN DEFINITIONS RELATING TO PAYMENTS
SECTION 4.1.	Fixed Amount
SECTION 4.2.	Floating Amount
SECTION 4.3.	Notional Quantity
SECTION 4.4.	Calculation Period
SECTION 4.5.	Calculation Agent
SECTION 4.6.	Calculation Date

ARTICLE 5
FIXED AMOUNT
SECTION 5.1.	Calculation of a Fixed Amount
SECTION 5.2.	Fixed Price

ARTICLE 6
FLOATING AMOUNTS
SECTION 6.1.	Calculation of a Floating Amount
SECTION 6.2.	Certain Definitions Relating to Floating Amounts

ARTICLE 7
CALCULATION OF PRICES FOR COMMODITY REFERENCE PRICES
SECTION 7.1.	Commodity Reference Prices
SECTION 7.2.	Certain Definitions Relating to Commodity Reference Prices
SECTION 7.3.	Corrections to Published Prices
SECTION 7.4.	Market Disruption Events; Additional Market Disruption Events
SECTION 7.5.	Disruption Fallbacks
SECTION 7.6.	Certain Definitions Relating to Market Disruption Events and Additional Market Disruption Events

ARTICLE 8
COMMODITY OPTIONS
SECTION 8.1.	Option
SECTION 8.2.	Parties
SECTION 8.3.	Certain Definitions and Provisions Relating to Options
SECTION 8.4.	Certain Definitions and Provisions Relating to Swaptions
SECTION 8.5.	Terms Relating to Exercise
SECTION 8.6.	Terms Relating to Premium
SECTION 8.7.	Calculation of a Cash Settlement Amount
SECTION 8.8.	Strike Price Differential

IV.7 Anhang 2

ARTICLE 9
ROUNDING
SECTION 9.   Rounding

EXHIBIT I
Sample Form for a Letter Agreement or Telex

EXHIBIT II
Sample Forms of Specific Provisions for Different Types of Transactions:
  A. Commodity Swap
  B. Commodity Option
  C. Commodity Cap, Collar or Floor
  D. Commodity Swaption

INDEX OF TERMS

INTRODUCTION TO THE 1993 ISDA COMMODITY DERIVATIVES DEFINITIONS

The 1993 ISDA Commodity Derivatives Definitions are intended for use with agreements, such as the 1992 ISDA Master Agreements (the „ISDA Master Agreements") published by the International Swaps and Derivatives Association, Inc. („ISDA"), and in Confirmations of individual transactions governed by those agreements. Copies of the ISDA Master Agreements are available from the executive offices of ISDA. A sample form for a letter agreement or telex constituting a Confirmation is attached as Exhibit I to these Definitions. Sample forms of specific provisions for inclusion in a Confirmation to document different types of commodity derivative transactions are attached as Exhibits II-A through II-D to these Definitions.

These Definitions are designed for use by participants in the markets for commodity derivative transactions to document cash-settled commodity swaps, options, caps, collars, floors and swaptions or such other cash-settled commodity derivative transactions as the parties desire. These Definitions can be incorporated into Confirmations governed by an agreement such as either of the ISDA Master Agreements.

These Definitions do not contain settlement or other provisions designed to permit the documentation of transactions that settle by physical delivery of the underlying commodity. Accordingly, parties should carefully consider any necessary modifications and consult with their legal advisors before using these Definitions when documenting such a transaction.

The 1991 ISDA Definitions served as the basis for certain of the definitions and provisions contained in these Definitions. In many cases, these Definitions have been modified from the 1991 ISDA Definitons as a result of input from participants in working groups sponsored by ISDA. The definitions and provisions in these Definitions that are not part of the 1991 ISDA Definitions were developed by the working groups based, in large part, on market practice and a studied consideration of the relevant issues. These working groups included representatives from ISDA memeber institutions as well as representatives from institutions that are not ISDA members but specialize in commodity derivative transactions.

These Definitions may be updated periodically to include additional definitions and provisions. While the definitions and provisions contained in these Definitions may be modified in any update, it is not anticipated that they will be changed substantively unless then prevailing market practice supports such a change. At any time a copy of the then current version of these Definitions can be obtained from the executive offices of ISDA.

ISDA has no relationship with the organizations that have created or publish or provide the information that serves as a basis for the prices referred to in these Definitions. ISDA does not assume any responsibility for the non-availability or miscalculation of, or any error or omission in, any of the prices referred to in these Definitions. ISDA assumes no responsibility for any use to which these Definitions may be put or for any use of any price in connection with a commodity derivative transaction.

ISDA has not undertaken to review all applicable laws and regulations of any jurisdiction in which these Definitions may be used, and therefore parties are advised to consider the application of any relevant jurisdiction's regulatory, tax, accounting, commodity exchange or other requirements that may exist in connection with the entering into and documenting of a commodity derivative transaction.

1993 ISDA COMMODITY DERIVATIVES DEFINITIONS

Any or all of the following definitions and provisions may be incorporated into a document by wording in the document indicating that, or the extent to which, the document is subject to the 1993 ISDA Commodity Derivatives Definitions (as published by the International Swaps and Derivatives Association, Inc.). All definitions and provisions so incorporated in a document will be applicable to that document unless otherwise provided in that document, and all terms defined in these Definitions and used in any definition or provision that is incorporated by reference in a document will have the respective meanings set forth in these Definitions unless otherwise provided in that document. Any term used in a document will, when combined with the name of a party, have meaning in respect of the named party only.

ARTICLE 1
CERTAIN GENERAL DEFINITIONS

Section 1.1. Transaction. „Transaction" means (a) any transaction that is a commodity swap transaction, cross-commodity swap transaction, commodity cap transaction, commodity floor transaction, commodity collar transaction, commodity option transaction or any other similar transaction (including any Option with respect to any of these transactions), (b) any combination of these transactions and (c) any other transaction identified as a Transaction in the related Confirmation.

Section 1.2. Confirmation. „Confirmation" means, with respect to a Transaction, one or more documents or other confirming evidence exchanged between the parties which, taken together, confirm all of the terms of a Transaction.

Section 1.3. Business Day. „Business Day" means a day on which commercial banks and foreign exchange markets settle payments in the local currency in the place(s) specified for that purpose in the relevant Confirmation and, if a place is not so specified, a day on which commercial banks and foreign exchange markets settle payments (a) in U. S. Dollars in New York if the payment obligation is in U. S. Dollars or (b) in Sterling in London if the payment obligation is in Sterling.

Section 1.4. Commodity Business Day. „Commodity Business Day" means (a) in respect of a Transaction for which the Commodity Reference Price is a price announced or published by an Exchange, a day that is (or, but for the occurrence of a

IV.7 Anhang 2

Market Disruption Event, would have been) a trading day on that Exchange and (b) in respect of a Transaction for which the Commodity Reference Price is not a price announced or published by an Exchange, a day in respect of which the relevant Price Source published (or, but for the occurrence of a Market Disruption Event, would have published) a price.

Section 1.5. Business Day Convention; Commodity Business Day Convention. (a) „Business Day Convention" means the convention for adjusting any relevant date if it would otherwise fall on a day that is not a Business Day. „Commodity Business Day Convention" means the convention for adjusting any relevant date if it would otherwise fall on a day that is not a Commodity Business Day. The following terms, when used in conjunction with the term „Business Day Convention" or „Commodity Business Day Convention" and a date, will mean that an adjustment will be made if that date would otherwise fall on a day that is not a Business Day or a Commodity Business Day, as the case may be, so that:

(i) if „Following" is specified, that date will be the first following day that is a Business Day or a Commodity Business Day, as the case may be;

(ii) if „Modified Following" or „Modified" is specified, that date will be the first following day that is a Business Day or a Commodity Business Day, as the case may be, unless that day falls in the next calendar month, in which case that date will be the first preceding day that is a Business Day or a Commodity Business Day, as the case may be;

(iii) if „Nearest" is specified, that date will be the first preceding day that is a Business Day or a Commodity Business Day, as the case may be, if the relevant date otherwise falls on a day other than a Sunday or a Monday and will be the first following day that is a Business Day or a Commodity Business Day, as the case may be, if the relevant date otherwise falls on a Sunday or a Monday; and

(iv) if „Preceding" is specified, that date will be the first preceding day that is a Business Day or a Commodity Business Day, as the case may be.

(b) The Business Day Convention or Commodity Business Day Convention applicable to a date that is specified in these Definitions or in a Confirmation to be subject to adjustment in accordance with an applicable Business Day Convention or Commodity Business Day Convention will be (i) the Business Day Convention or Commodity Business Day Convention, as the case may be, specified for that date in these Definitions or in that Confirmation and (ii) if such a convention is not so specified for that date but is specified for a Transaction, the Business Day Convention or Commodity Business Day Convention, as the case may be, specified in the Confirmation for that Transaction.

Section 1.6. Currencies. (a) **Sterling.** „Sterling", „£", „GBP", „STG" and „pence" each means the lawful currency of the United Kingdom.

(b) **U. S. Dollar.** „U. S. Dollar", „U. S.$", „$", „USD", „U. S. cent" and „cent" each means the lawful currency of the United States of America.

ARTICLE 2
PARTIES

Section 2.1. Fixed Price Payer. „Fixed Price Payer" means, in respect of a Transaction, a party obligated to make payments from time to time in respect of the Transaction of amounts calculated by reference to a fixed price or to make one or more payments of a Fixed Amount.

Section 2.2. Floating Price Payer. „Floating Price Payer" means, in respect of a Transaction, a party obligated to make payments from time to time in respect of the Transaction of amounts calculated by reference to a Commodity Reference Price or to make one or more payments of a Floating Amount.

ARTICLE 3
TERM AND DATES

Section 3.1. Term. „Term" means the period commencing on the Effective Date of a Transaction and ending on the Termination Date of the Transaction.

Section 3.2. Effective Date. „Effective Date" means the date specified as such for a Transaction, which date is the first day of the Term of the Transaction.

Section 3.3. Period End Date. „Period End Date" means, in respect of a Transaction and a party, each day during the Term specified as such or otherwise predetermined in the relevant Confirmation.

Section 3.4. Settlement Date; Payment Date. „Settlement Date" or „Payment Date" means, in respect of a Transaction and a party, each date specified as such or otherwise predetermined in the relevant Confirmation, subject to adjustment in accordance with the Following Business Day Convention unless another Business Day Convention is specified to be applicable to Settlement Dates or Payment Dates in respect of the Transaction or that party.

Section 3.5. Termination Date. „Termination Date" means the date specified as such for a Transaction, which date is the last day of the Term of the Transaction. The Termination Date will not be subject to adjustment in accordance with any Business Day Convention or Commodity Business Day Convention unless the parties specify in a Confirmation that the Termination Date will be adjusted in accordance with a specified Business Day Convention or Commodity Business Day Convention.

Section 3.6. Trade Date. „Trade Date" means, in respect of a Transaction, the date on which the parties enter into the Transaction.

ARTICLE 4
CERTAIN DEFINITIONS RELATING TO PAYMENTS

Section 4.1. Fixed Amount. „Fixed Amount" means, in respect of a Transaction and a Fixed Price Payer, an amount that, subject to any applicable condition precedent, is payable by that Fixed Price Payer on an applicable Settlement Date or Payment Date and is specified in a Confirmation or is determined as provided in Article 5 of these Definitions or as provided in a Confirmation.

Section 4.2. Floating Amount. „Floating Amount" means, in respect of a Transaction and a Floating Price Payer, an amount that, subject to any applicable condition precedent, is payable by that Floating Price Payer on an applicable Settlement Date or Payment Date and is determined by reference to a Commodity Reference Price as provided in Article 6 of these Definitions or pursuant to a method specified in a Confirmation.

Section 4.3. Notional Quantity. (a) „Notional Quantity" or „Notional Quantity per Calculation Period" means, in respect of a party, a Transaction or, if applicable, any Calculation Period for a Transaction, the quantity, expressed in Units, specified as such for that party, that Transaction or that Calculation Period.

(b) „Total Notional Quantity" means, in respect of a Transaction or a party, the sum of the Notional Quantities per Calculation Period for all the Calculation Periods in respect of that Transaction or that party.

Section 4.4. Calculation Period. „Calculation Period" means, in respect of a Transaction and a party:

(a) if one or more periods are specified as such in the relevant Confirmation (without reference to Period End Dates), each period from and including the first date specified as being included in that Calculation Period to and including the last date specified as being included in that Calculation Period (without reference to any Effective Date or Termination Date); and

(b) if a Calculation Period is not specified in the relevant Confirmation, but an Effective Date, one or more Period End Dates and a Termination Date are specified, each period determined by reference to those dates as follows:

(i) if „(ERMA)" is specified in the relevant Confirmation, each period from, but excluding, one Period End Date to, and including, the next following applicable Period End Date during the Term of the Transaction, except that (A) the initial Calculation Period will commence on, and include, the Effective Date and (B) the final Calculation Period will end on, and include, the Termination Date; and

(ii) otherwise, each period from, and including, one Period End Date to, but excluding, the next following applicable Period End Date during the Term of the Transaction, except that (A) the initial Calculation Period will commence on, and include, the Effective Date and (B) the final Calculation Period will end on, but exclude, the Termination Date.

Unless otherwise provided for a Transaction or a party, where the Fixed Amount or Floating Amount is calculated by reference to a Calculation Period, the Fixed Amount or Floating Amount applicable to a Settlement Date or Payment Date will be the Fixed Amount or Floating Amount calculated with reference to the Calculation Period ending closest in time to that Settlement Date or Payment Date.

Section 4.5. Calculation Agent. „Calculation Agent" means the party to a Transaction (or a third party) designated as such for the Transaction and responsible for (a) calculating the applicable Floating Price, if any, for each Settlement Date or Payment Date, (b) calculating any Floating Amount or Cash Settlement Amount payable on each Settlement Date or Payment Date, (c) calculating any Fixed Amount payable on each Settlement Date or Payment Date, (d) giving notice to the parties to the Transaction on the Calculation Date for each Settlement Date or Payment Date, specifying (i) the Settlement Date or Payment Date, (ii) the party or parties required to make the payment or payments then due, (iii) the amount or amounts of the payment or payments then due and (iv) reasonable details as to how the amount or amounts were determined, (e) if, after notice is given, there is a change in the number of days in the relevant Calculation Period and the amount or amounts of the payment or payments due for that Settlement Date or Payment Date, promptly giving the parties to the Transaction notice of those changes with reasonable details as to how those changes were determined and (f) determining, as provided in Section 7.4(e), whether a Market Disruption Event exists on any Pricing Date and, if applicable, the price for that Pricing Date pursuant to Section 7.5(c). Whenever the Calculation Agent is required to act, it will do so in good faith, and its determinations and calculations shall be binding in the absence of manifest error. When the Calculation Agent is required to select dealers or a quotation for the purpose of making any calculation or determination, the Calculation Agent will make the selection in good faith after consultation with the other party (or the parties, if the Calculation Agent is a third party), if practicable, for the purpose of obtaining a representative price that will reasonably reflect conditions prevailing at the time in the relevant market.

Section 4.6. Calculation Date. „Calculation Date" means, in respect of any Settlement Date or Payment Date, the earliest day on which it is practicable to provide the notice that the Calculation Agent is required to give for that Settlement Date or Payment Date, and in no event later than the close of business on the Business Day next preceding that Settlement Date or Payment Date (unless that preceding Business Day is a Pricing Date, then in no event later than the latest time that will permit any payment due on that Settlement Date or Payment Date to be made on that Settlement Date or Payment Date).

Anhang 2: 1993 ISDA Commodity Derivatives Definitions

ARTICLE 5
FIXED AMOUNTS

Section 5.1. Calculation of a Fixed Amount. The Fixed Amount payable by a party on a Settlement Date or Payment Date will be:

(a) if an amount is specified for the Transaction as the Fixed Amount payable by that party for that Settlement Date or Payment Date, such amount; or

(b) if that party is a Fixed Price Payer and an amount is not specified for the Transaction as the Fixed Amount payable by that party for that Settlement Date or Payment Date, an amount calculated on a formula basis for that Settlement Date or Payment Date as follows:

$$\text{Fixed Amount} = \frac{\text{Notional Quantity per}}{\text{Calculation Period}} \times \text{Fixed Price}$$

Section 5.2. Fixed Price. „Fixed Price" means, for purposes of the calculation of a Fixed Amount payable by a party on any Settlement Date or Payment Date, a price, expressed as a price per relevant Unit, equal to the price specified as such for the Transaction or that party.

ARTICLE 6
FLOATING AMOUNTS

Section 6.1. Calculation of a Floating Amount. The Floating Amount payable by a Floating Price Payer on a Settlement Date or Payment Date will be an amount calculated on a formula basis for that Settlement Date or Payment Date as follows:

$$\text{Floating Amount} = \frac{\text{Notional Quantity per}}{\text{Calculation Period}} \times \text{Floating Price}$$

Section 6.2. Certain Definitions Relating to Floating Amounts. For purposes of the calculation of a Floating Amount payable by a party:

(a) „Floating Price" means, in respect of any Settlement Date or Payment Date, a price, expressed as a price per relevant Unit, for the related Calculation Period equal to:

(i) if the Confirmation (or the agreement between the parties governing the Transaction) specifies a cap price or a floor price:

(A) if a cap price is specified, the excess, if any, of a price determined pursuant to subparagraph (ii) below over the cap price so specified; or

(B) if a floor price is specified, the excess, if any, of the floor price so specified over a price determined pursuant to subparagraph (ii) below; and

(ii) in all other cases and for purposes of subparagraphs (A) and (B) above:

(A) if a price is specified for the Transaction or that party to be the Floating Price applicable to the Calculation Period, the Floating Price so specified ;

(B) if only one Pricing Date is established for the Transaction or that party during (or in respect of) the Calculation Period or in respect of the Settlement Date or Payment Date, the Relevant Price for that Pricing Date; or

(C) if more than one Pricing Date is established for the Transaction or that party during (or in respect of) the Calculation Period or in respect of the Settlement Date or Payment Date, the unweighted arithmetic mean (or such other method of averaging as is specified) of the Relevant Price for each of those Pricing Dates.

(b) „Pricing Date" means each date specified as such (or determined pursuant to a method specified for such purpose) for the Transaction, which date is a day in respect of which a Relevant Price is to be determined for purposes of determining the Floating Price.

Unless otherwise provided, the Pricing Date will be in respect of (i) a European style Option, the Expiration Date, (ii) an American style Option, the Exercise Date and (iii) an Asian style Option, each Commodity Business Day during the Calculation Period.

(c) „Relevant Price" means, for any Pricing Date, the price, expressed as a price per Unit, determined with respect to that day for the specified Commodity Reference Price as provided in Article 7 of these Definitions.

ARTICLE 7
CALCULATION OF PRICES FOR COMMODITY REFERENCE PRICES

Section 7.1. Commodity Reference Prices. Subject to Sections 7.3, 7.4 and 7.5, for purposes of determining a Relevant Price:

(a) Energy.

(i) Diesel Fuel.

(A) „DIESEL FUEL – NO. 2 BILLINGS – PLATT'S OILGRAM" means that the price for a Pricing Date will be that day's Specified Price per gallon of no. 2 diesel fuel, stated in U. S. Dollars, published under the heading „U. S. Tank Car Truck Transport: PAD 4: Billings: Diesel No. 2 Fuel" in the issue of Platt's Oilgram that reports prices effective on that Pricing Date.

(B) „DIESEL FUEL – NO. 2 SALT LAKE – PLATT'S OILGRAM" means that the price for a Pricing Date will be that day's Specified Price per gallon of no. 2 diesel fuel, stated in U. S. Dollars, published under the heading „U. S. Tank Car Truck Transport: PAD 4: Salt Lake: Diesel No. 2 Fuel" in the issue of Platt's Oilgram that reports prices effective on that Pricing Date.

(ii) Fuel Oil.

(A) „FUEL OIL – 1 PERCENT NWE (CARGOES CIF) – PLATT'S EUROPEAN" means that the price for a Pricing Date will be that day's Specified Price per metric ton of fuel oil with a sulphur content of up to one percent, stated in U. S. Dollars, published under the heading „Cargoes CIF NWE Basis ARA: 1 PCT" in the issue of Platt's European that reports prices effective on that Pricing Date.

(B) „FUEL OIL – 1 PERCENT NWE (CARGOES FOB) – PLATT'S EUROPEAN" means that the price for a Pricing Date will be that day's Specified Price per metric ton of fuel oil with a sulphur content of up to one percent, stated in U. S. Dollars, published under the heading „Cargoes FOB NWE: I PCT" in the issue of Platt's Evropean that reports prices effective on that Pricing Date.

(C) „FUEL OIL -180 CST SINGAPORE (CARGOES) – PLATT'S OILGRAM" means that the price for a Pricing Date will be that day's Specified Price per metric ton of fuel oil with a viscosity of up to 180 centistokes, stated in U. S. Dollars, published under the heading „Spot Price Assessments: Singapore/Japan Cargoes: Singapore: HSFC 180 cst" in the issue of Platt's Oilgram that reports prices effective on that Pricing Date.

(D) „FUEL OIL – 2.2 PERCENT RESIDUAL (BARGE) – PLATT'S OILGRAM" means that the price for a Pricing Date will be that day's Specified Price per barrel of no. 6 fuel oil with a sulphur content of up to 2.2 percent, stated in U. S. Dollars, published under the heading „Spot Price Assessments: New York/Boston: Barge: No. 6 2.2%S Max" in the issue of Platt's Oilgram that reports prices effective on that Pricing Date.

(E) „FUEL OIL – 2.2 PERCENT RESIDUAL (CARGO) – PLATT'S OILGRAM" means that the price for a Pricing Date will be that day's Specified Price per barrel of no. 6 fuel oil with a sulphur content of up to 2.2 percent, stated in U. S. Dollars, published under the heading „Spot Price Assessments: New York/Boston: Cargo: No. 6 2.2%S Max" in the issue of Platt's Oilgram that reports prices effective on that Pricing Date.

(F) „FUEL OIL – 3.5 PERCENT NWE (CARGOES CIF) – PLATT'S EUROPEAN" means that the price for a Pricing Date will be that day's Specifed Price per metric ton of fuel oil with a sulphur content of up to 3.5 percent, stated in U. S. Dollars, published under the heading „Cargoes CIF NWE Basis ARA: 3.5 PCT" in the issue of Platt's European that reports prices effective on that Pricing Date.

(G) „FUEL OIL-3.5 PERCENT ROTTERDAM (BARGES FOB)-PLATT'S EUROPEAN" means that the price for a Pricing Date will be that day's Specified Price per metric ton of fuel oil with a sulphur content of up to 3.5 percent, stated in U. S. Dollars, published under the heading „Barges FOB Rotterdam: 3.5 PCT" in the issue of Platt's European that reports prices effective on that Pricing Date.

(H) „FUEL OIL-380 CST SINGAPORE (CARGOES)-PLATT'S OILGRAM" means that the price for a Pricing Date will be that day's Specified Price per metric ton of fuel oil with a viscosity of up to 380 centistokes, stated in U. S. Dollars, published under the heading „Spot Price Assessments: Singapore/ Japan: Cargoes: Singapore: HSFO 380 cst" in the issue of Platt's Oilgram that reports prices effective on that Pricing Date.

(I) „FUEL OIL-380 CST WEST COAST (WATERBORNE)-PLATT'S OILGRAM" means that the price for a Pricing Date will be that day's Specified Price per metric ton of fuel oil with a viscosity of up to 380 centistokes, stated in U. S. Dollars, published under the heading „Spot Price Assessments: West Coast Waterborne: 380 cst" in the issue of Platt's Oilgram that reports prices effective on that Pricing Date.

(J) „FUEL OIL-NO. 6 0.7 PERCENT U. S. GULF COAST (WATERBORNE) -PLATT'S OILGRAM" means that the price for a Pricing Date will be that day's Specified Price per barrel of no. 6 fuel oil with a sulphur content of up to 0.7 percent, stated in U. S. Dollars, published under the heading „Spot Price Assessments: U. S. Gulf Coast: Waterborne: No. 6 0.7%S" in the issue of Platt's Oilgram that reports prices effective on that Pricing Date.

(K) „FUEL OIL-NO. 6 3.0 PERCENT NEW YORK/BOSTON (CARGO)PLATT'S OILGRAM" means that the price for a Pricing Date will be that day's Specified Price per barrel of no. 6 fuel oil with a sulphur content of up to 3.0 percent, stated in U. S. Dollars, published under the heading „Spot Price Assessments: New York/Boston: Cargo: No. 6 3.0%S Max" in the issue of Platt's Oilgram that reports prices effective on that Pricing Date.

(iii) Gas Oil.

(A) „GAS OIL-IPE" means that the price for a Pricing Date will be that day's Specified Price per metric ton of gas oil on the IPE of the Futures Contract for the Delivery Date, stated in U. S. Dollars, as made public by the IPE on that Pricing Date.

(B) „GAS OIL-0.2 PERCENT ROTTERDAM (BARGES FOB)-PLATT'S EUROPEAN" means that the price for a Pricing Date will be that day's Specified Price per metric ton of gas oil with a sulphur content of up to 0.2 percent, stated in U. S. Dollars, published under the heading „Barges FOB Rotterdam: Gasoil. 2" in the issue of Platt's European that reports prices effective on that Pricing Date.

(C) „GAS OIL-0.5 SINGAPORE-PLATT'S ASIA-PACIFIC" means that the price for a Pricing Date will be that day's Specified Price per barrel of gas oil with a sulphur content of up to 0.5 percent, stated in U. S. Dollars, published under the heading „Singapore: Gasoil Reg 0.5 PCT" in the issue of Platt's Asia-Pacific that reports prices effective on that Pricing Date.

(D) „GAS OIL-1.0 SINGAPORE-PLATT'S ASIA-PACIFIC" means that the price for a Pricing Date will be that day's Specified Price per barrel of gas oil with a sulphur content of up to 1.0 percent, stated in U. S. Dollars, published under the heading „Singapore: Gasoil Reg I.0 PCT" in the issue of Platt's Asia-Pacific that reports prices effective on that Pricing Date.

(E) „GAS OIL-L. P. SINGAPORE-PLATT'S ASIA-PACIFIC" means that the price for a Pricing Date will be that day's Specified Price per barrel of gas oil with a pour point below six degrees celsius, stated in U. S. Dollars, published under the heading „Singapore: Gasoil L/P 0.5 PCT" in the issue of Platt's Asia-Pacifie that reports prices effective on that Pricing Date.

(F) „GAS OIL-0.5 SINGAPORE-PLATT'S EUROPEAN" means that the price for a

IV.7 Anhang 2

Pricing Date will be that day's Specified Price per barrel of gas oil with a sulphur content of up to 0.5 percent, stated in U. S. Dollars, published under the heading „Singapore: Gasoil Reg 0.5 pct" in the issue of Platt's European that reports prices effective on that Pricing Date.

(G) „GAS OIL-1.0 SINGAPORE-PLATT'S EUROPEAN" means that the price for a Pricing Date will be that day's Specified Price per barrel of gas oil with a sulphur content of up to 1.0 percent, stated in U. S. Dollars, published under the heading „Singapore: Gasoil Reg 1.0 pct" in the issue of Platt's European that reports prices effective on that Pricing Date.

(H) „GAS OIL-L. P. SINGAPORE-PLATT'S EUROPEAN" means that the price for a Pricing Date will be that day's Specified Price per barrel of gas oil with a pour point below six degrees celsius, stated in U. S. Dollars, published under the heading „Singapore: Gasoil L/P 0.5 pct" in the issue of Platt's European that reports prices effective on that Pricing Date.

(iv) Gasoline.

(A) „GASOLINE-GULF COAST-NYMEX" means that the price for a Pricing Date will be that day's Specified Price per gallon of Gulf Coast unleaded gasoline on the NYMEX of the Futures Contract for the Delivery Date, stated in U. S. Dollars, as made public by the NYMEX on that Pricing Date.

(B) „GASOLINE-NEW YORK-NYMEX" means that the price for a Pricing Date will be that day's Specified Price per gallon of New York Harbor unleaded gasoline on the NYMEX of the Futures Contract for the Delivery Date, stated in U. S. Dollars, as made public by the NYMEX on that Pricing Date.

(v) Heating Oil.

(A) „HEATING OIL-GULF COAST (PIPELINE)-PLATT'S OILGRAM" means that the price for a Pricing Date will be that day's Specified Price per gallon of Gulf Coast no. 2 heating oil, stated in U. S. Dollars, published under the heading „Spot Price Assessments: U. S. Gulf Coast: Pipeline: No. 2" in the issue of Platt's Oilgram that reports prices effective on that Pricing Date.

(B) „HEATING OIL-NEW YORK-NYMEX" means that the price for a Pricing Date will be that day's Specified Price per gallon of New York Harbor no. 2 heating oil on the NYMEX of the Futures Contract for the Delivery Date, stated in U. S. Dollars, as made public by the NYMEX on that Pricing Date.

(C) „HEATING OIL-NEW YORK (BARGE)-PLATT'S OILGRAM" means that the price for a Pricing Date will be that day's Specified Price per gallon of New York Harbor no. 2 heating oil, stated in U. S. Dollars, published under the heading „Spot Price Assessments: New York/Boston: Barge: No. 2" in the issue of Platt's Oilgram that reports prices effective on that Pricing Date.

(D) „HEATING OIL-NEW YORK (CARGO)-PLATT'S OILGRAM" means that the price for a Pricing Date will be that day's Specified Price per gallon of New York Harbor no. 2 heating oil, stated in U. S. Dollars, published under the heading „Spot Price Assessments: New York/Boston: Cargo: No. 2" in the issue of Platt's Oilgram that reports prices effective on that Pricing Date.

(vi) Jet Fuel.

(A) „JET FUEL-ITALY (CARGOES FOB)-PLATT'S EUROPEAN" means that the price for a Pricing Date will be that day's Specified Price per metric ton of jet fuel, stated in U. S. Dollars, published under the heading „Cargoes FOB Med Basis Italy: Jet" in the issue of Platt's European that reports prices effective on that Pricing Date.

(B) „JET FUEL-ITALY (CARGOES FOB)-PLATT'S OILGRAM" means that the price for a Pricing Date will be that day's Specified Price per metric ton of jet fuel, stated in U. S. Dollars, published under the heading „Spot Price Assessments: European Bulk: Cargoes FOB Med Basis Italy: Jet Kerosene" in the issue of Platt's Oilgram that reports prices effective on that Pricing Date.

(C) „JET FUEL-NEW YORK/BOSTON (BARGE)-PLATT'S OILGRAM" means that the price for a Pricing Date will be that day's Specified Price per gallon of jet fuel, stated in U. S. Dollars, published under the heading „Spot Price Assessments: New York/Boston: Barge: Jet Fuel" in the issue of Platt's Oilgram that reports prices effective on that Pricing Date.

(D) „JET FUEL-NWE (CARGOES CIF)-PLATT'S EUROPEAN" means that the price for a Pricing Date will be that day's Specified Price per metric ton of jet fuel, stated in U. S. Dollars, published under the heading „Cargoes CIF NWE Basis ARA: Jet" in the issue of Platt's European that reports prices effective on that Pricing Date.

(E) „JET FUEL-NWE (CARGOES CIF)-PLATT'S OILGRAM" means that the price for a Pricing Date will be that day's Specified Price per metric ton of jet fuel, stated in U. S. Dollars, published under the heading „Spot Price Assessments: European Bulk: Cargoes CIF NWE Basis ARA: Jet Kerosene" in the issue of Platt's Oilgram that reports prices effective on that Pricing Date.

(F) „JET FUEL-ROTTERDAM (BARGES FOB)-PLATT'S OILGRAM" means that the price for a Pricing Date will be that day's Specified Price per metric ton of jet fuel, stated in U. S. Dollars, published under the heading „Spot Price Assessments: European Bulk: Barges FOB Rotterdam: Jet Kerosene" in the issue of Platt's Oilgram that reports prices effective on that Pricing Date.

(G) „JET FUEL-U. S. GULF COAST (PIPELINE)-PLATT'S OILGRAM" means that the price for a Pricing Date will be that day's Specified Price per gallon of jet fuel, stated in U. S. Dollars, published under the heading „Spot Price Assessments: U. S. Gulf Coast: Pipeline: Jet Kerosene" in the issue of Platt's Oilgram that reports prices effective on that Pricing Date.

(H) „JET FUEL-U. S. GULF COAST (WATERBORNE)-PLATT'S OILGRAM" means that the price for a Pricing Date will be that day's Specified Price per gallon of jet fuel, stated in U. S. Dollars, published under the heading „Spot Price Assessments: U. S. Gulf Coast: Waterborne: Jet Kerosene" in the issue of Platt's Oilgram that reports prices effective on that Pricing Date.

(vii) Kerosene.

(A) „KEROSENE-SINGAPORE-PLATT'S ASIA-PACIFIC" means that the price for a Pricing Date will be that day's Specified Price per barrel of kerosene, stated in U. S. Dollars, published under the heading „Singapore: Kero" in the issue of Platt's Asia-Pacific that reports prices effective on that Pricing Date.

(B) „KEROSENE-SINGAPORE-PLATT'S EUROPEAN" means that the price for a Pricing Date will be that day's Specified Price per barrel of kerosene, stated in U. S. Dollars, published under the heading „Singapore: Kero" in the issue of Platt's European that reports prices effective on that Pricing Date.

(C) „KEROSENE-SINGAPORE-PLATT'S OILGRAM" means that the price for a Pricing Date will be that day's Specified Price per barrel of kerosene, stated in U. S. Dollars, published under the heading „Spot Price Assessments: Singapore/Japan: Cargoes: Singapore: Kerosene" in the issue of Platt's Oilgram that reports prices effective on that Pricing Date.

(viii) Natural Gas.

(A) „NATURAL GAS-INSIDE FERC" means that the price for a Pricing Date will be that day's Specified Price per one million British thermal units of natural gas for delivery on the Delivery Date, stated in U. S. Dollars, published under the heading „Prices of Spot Gas Delivered to Pipelines (per MMBtu dry): Tennessee Gas Pipeline Co.: Louisiana (zone 1): Index" in the issue of Inside FERC that reports prices effective on that Pricing Date.

(B) „NATURAL GAS-NATURAL GAS WEEK" means that the price for a Pricing Date will be that day's Specified Price per one million British thermal units of natural gas for delivery on the Delivery Date, stated in U. S. Dollars, published under the heading „Gas

IV.7 Anhang 2

Price Report ($/MMBtu): Louisiana: Gulf Coast, Onshore: Delivered to Pipeline" in the issue of Natural Gas Week that reports prices effective for that Pricing Date.

(C) „NATURAL GAS-NYMEX" means that the price for a Pricing Date will be that day's Specified Price per one million British thermal units of natural gas on the NYMEX of the Futures Contract for the Delivery Date, stated in U. S. Dollars, as made public by the NYMEX on that Pricing Date.

(ix) Oil-Brent.

(A) „OIL-BRENT-ARGUS" means that the price for a Pricing Date will be that day's Specified Price per barrel of Brent blend crude oil for delivery on the Delivery Date (at the location and time specified in the relevant Confirmation or otherwise), stated in U. S. Dollars, published under the heading „Key Crude Assessments: Brent" in the issue of Argus that reports prices effective on that Pricing Date.

(B) „OIL-BRENT (DTD)-ARGUS" means that the price for a Pricing Date will be that day's Specified Price per barrel of Brent blend crude oil, stated in U. S. Dollars, published under the heading „Key Crude Assessments: Brent: London 18:30 hrs: DTD" in the issue of Argus that reports prices effective on that Pricing Date.

(C) „OIL-BRENT (DTD)-PLATT'S OILGRAM" means that the price for a Pricing Date will be that day's Specified Price per barrel of Brent blend crude oil, stated in U. S. Dollars, published under the heading „Spot Crude Price Assessments: International: Brent (DTD)" in the issue of Platt's Oilgram that reports prices effective on that Pricing Date.

(D) „OIL-BRENT-IPE" means that the price for a Pricing Date will be that day's Specified Price per barrel of Brent blend crude oil on the IPE of the Futures Contract for the Delivery Date, stated in U. S. Dollars, as made public by the IPE on that Pricing Date.

(E) „OIL-BRENT-PLATT'S OILGRAM" means that the price for a Pricing Date will be that day's Specified Price per barrel of Brent blend crude oil for delivery on the Delivery Date, stated in U. S. Dollars, published under the heading „Spot Crude Price Assessments: International: Brent" in the issue of Platt's Oilgram that reports prices effective on that Pricing Date.

(x) Oil-Tapis.

(A) „OIL-TAPIS-APPI" means that the price for a Pricing Date will be that day's Specified Price per barrel of Tapis crude oil, stated in U. S. Dollars, published under the heading „Crude Oils: Code/Crude: 2(B) Tapis" in the issue of APPI that reports prices effective on that Pricing Date.

(B) „OIL-TAPIS-PLATT'S OILGRAM" means that the price for a Pricing Date will be that day's Specified Price per barrel of Tapis crude oil, stated in U. S. Dollars, published under the heading „Spot Crude Price Assessments: Pacific Rim: Tapis" in the issue of Platt's Oilgram that reports prices effective on that Pricing Date.

(xi) Oil-Dubai.

(A) „OIL-DUBAI-PLATT'S OILGRAM" means that the price for a Pricing Date will be that day's Specified Price per barrel of Dubai crude oil for delivery on the Delivery Date, stated in U. S. Dollars, published under the heading „Spot Crude Price Assessments: International: Dubai" in the issue of Platt's Oilgram that reports prices effective on that Pricing Date.

(xii) Oil-WTI.

(A) „OIL-WTI-ARGUS" means that the price for a Pricing Date will be that day's Specified Price per barrel of West Texas Intermediate light sweet crude oil for delivery on the Delivery Date, stated in U. S. Dollars, published under the heading „Key Crude Assessments: Houston 17:00 hrs: Cash WTI" in the issue of Argus that reports prices effective on that Pricing Date.

(B) „OIL-WTI MIDLAND-PLATT'S OILGRAM" means that the price for a Pricing Date will be that day's Specified Price per barrel of West Texas Intermediate Midland light sweet crude oil, stated in U. S. Dollars, published under the heading „Spot Crude Price

Assessments: U. S.: WTI Midland" in the issue of Platt's Oilgram that reports prices effective on that Pricing Date.

(C) „OIL-WTI-NYMEX" means that the price for a Pricing Date will be that day's Specified Price per barrel of West Texas Intermediate light sweet crude oil on the NYMEX of the Futures Contract for the Delivery Date, stated in U. S. Dollars, as made public by the NYMEX on that Pricing Date.

(D) „OIL-WTI-PLATT'S OILGRAM" means that the price for a Pricing Date will be that day's Specified Price per barrel of West Texas Intermediate light sweet crude oil for delivery on the Delivery Date, stated in U. S. Dollars, published under the heading „Spot Crude Price Assessments: U. S.: WTI" in the issue of Platt's Oilgram that reports prices effective on that Pricing Date.

(b) Metals.

(i) Aluminium.

(A) „ALUMINIUM-LME" means that the price for a Pricing Date will be that day's Specified Price per metric ton of high grade primary aluminium on the LME for delivery on the Delivery Date, stated in U. S. Dollars, as made public by the LME on that Pricing Date.

(B) „ALUMINIUM-METAL BULLETIN" means that the price for a Pricing Date will be that day's Specified Price per metric ton of high grade primary aluminium for delivery on the Delivery Date, stated in U. S. Dollars, published under the heading „Daily metal: Aluminium $ High Grade" in the issue of Metal Bulletin that reports prices effective on that Pricing Date.

(ii) Copper.

(A) „COPPER-LME" means that the price for a Pricing Date will be that day's Specified Price per metric ton of grade A copper on the LME for delivery on the Delivery Date, stated in U. S. Dollars, as made public by the LME on that Pricing Date.

(B) „COPPER-METAL BULLETIN" means that the price for a Pricing Date will be that day's Specified Price per metric ton of grade A copper for delivery on the Delivery Date, stated in U. S. Dollars, published under the heading „Daily metal: Copper Grade A" in the issue of Metal Bulletin that reports prices effective on that Pricing Date.

(C) „COPPER-COMEX" means that the price for a Pricing Date will be that day's Specified Price per pound of high grade copper on the COMEX for delivery on the Delivery Date, stated in U. S. cents, as made public by the COMEX on that Pricing Date.

(iii) Gold.

(A) „GOLD-BULLION-FINANCIAL TIMES" means that the price for a Pricing Date will be that day's Specified Price per troy ounce of gold, stated in U. S. Dollars, published under the heading „World Commodities Prices: London Bullion Market" in the issue of the Financial Times that reports prices effective on that Pricing Date.

(B) „GOLD-COMEX" means that the price for a Pricing Date will be that day's Specified Price per troy ounce of gold on the COMEX for delivery on the Delivery Date, stated in U. S. Dollars, as made public by the COMEX on that pricing Date.

(C) „UNALLOCATED GOLD-LOCO LONDON DELIVERY" means that the price for a Pricing Date will be that day's Specified Price per troy ounce of unallocated gold bullion for delivery in London through a member of the LBMA authorized to effect such delivery, stated in U. S. Dollars, as calculated by the LBMA and displayed on page „GOFO" of the Reuters Monitor Money Rates Service on that Pricing Date.

(iv) Lead.

(A) „LEAD-LME" means that the price for a Pricing Date will be that day's Specified Price per metric ton of standard lead on the LME for delivery on the Delivery Date, stated in U. S. Dollars, as made public by the LME on that Pricing Date.

(B) „LEAD-METAL BULLETIN" means that the price for a Pricing Date will be that day's Specified Price per metric ton of lead for delivery on the Delivery Date, stated in U. S.

Dollars, published under the heading „Daily metal: Lead" in the issue of Metal Bulletin that reports prices effective on that Pricing Date.

(v) Nickel.

(A) „NICKEL-LME" means that the price for a Pricing Date will be that day's Specified Price per metric ton of nickel on the LME for delivery on the Delivery Date, stated in U. S. Dollars, as made public by the LME on that Pricing Date.

(B) „NICKEL-METAL BULLETIN" means that the price for a Pricing Date will be that day's Specified Price per metric ton of nickel for delivery on the Delivery Date, stated in U. S. Dollars, published under the heading „Daily metal: Nickel $" in the issue of Metal Bulletin that reports prices effective on that Pricing Date.

(vi) Platinum.

(A) „PLATINUM-METAL BULLETIN" means that the price for a Pricing Date will be that day's Specified Price per troy ounce of platinum, stated in U. S. Dollars, published under the heading „Daily metal: Platinum: London" in the issue of Metal Bulletin that reports prices effective on that Pricing Date.

(B) „PLATINUM-NYMEX" means that the price for a Pricing Date will be that day's Specified Price per troy ounce of platinum on the NYMEX of the Futures Contract for the Delivery Date, stated in U. S. Dollars, as made public by the NYMEX on that Pricing Date.

(vii) Silver.

(A) „SILVER-COMEX" means that the price for a Pricing Date will be that day's Specified Price per troy ounce of silver on the COMEX for delivery on the Delivery Date, stated in U. S. Dollars, as made public by the COMEX on that Pricing Date.

(B) „SILVER-METAL BULLETIN" means that the price for a Pricing Date will be that day's Specified Price per troy ounce of silver for delivery on the Delivery Date, stated in U. S. Dollars, published under the heading „Daily metal: Silver" in the issue of Metal Bulletin that reports prices effective on that Pricing Date.

(C) „UNALLOCATED SILVER-LOCO LONDON DELIVERY" means that the price for a Pricing Date will be that day's Specified Price per troy ounce of unallocated silver bullion for delivery in London through a member of the LBMA authorized to effect such delivery, stated in U. S. cents, as published under the heading „World Commodities Prices: London Markets" in the issue Financial Times that reports prices effective on that Pricing Date.

(viii) Tin.

(A) „TIN-LME" means that the price for a Pricing Date will be that day's Specified Price per metric ton of tin on the LME for delivery on the Delivery Date, stated in U. S. Dollars, as made public by the LME on that Pricing Date.

(B) „TIN-METAL BULLETIN" means that the price for a Pricing Date will be that day's Specified Price per metric ton of tin for delivery on the Delivery Date, stated in U. S. Dollars, published under the heading „Daily metal: Tin $" in the issue of Metal Bulletin that reports prices effective on that Pricing Date.

(ix) Zinc.

(A) „ZINC-LME" means that the price for a Pricing Date will be that day's Specified Price per metric ton of zinc on the LME for delivery on the Delivery Date, stated in U. S. Dollars, as made public by the LME on that Pricing Date.

(B) „ZINC-METAL BULLETIN" means that the price for a Pricing Date will be that day's Specified Price per metric ton of zinc for delivery on the Delivery Date, stated in U. S. Dollars, published under the heading „Daily metal: Zinc $ special High Grade" in the issue of Metal Bulletin that reports prices effective of that Pricing Date.

(c) General.

(i) „COMMODITY-REFERENCE DEALERS" means that the price for a Pricing Date will be determined on the basis of quotations provided by Reference Dealers on that Pricing Date of that day's Specified Price for a Unit of the relevant Commodity for delivery on the Delivery Date, if applicable. If four quotations are provided as requested, the price for that Pricing Date will be the arithmetic mean of the Specified Prices for that Commodity provided by each Reference Dealer without regard to the Specified Prices having the highest and lowest values. If exactly three quotations are provided as requested, the price for that Pricing Date will be the Specified Price provided by the relevant Reference Dealer that remains after disregarding the Specified Prices having the highest and lowest values. For this purpose, if more than one quotation has the same highest value or lowest value, then the Specified Price of one of such quotations shall be disregarded. If fewer than three quotations are provided, it will be deemed that the price for that Pricing Date cannot be determined.

(ii) COMMODITY – REFERENCE PRICE FRAMEWORK. The parties may specify for any Transaction a Commodity Reference Price that is not set forth above by specifying in the relevant agreement or Confirmation:

(A) if that Commodity Reference Price is a price announced or published by an Exchange, (1) the relevant Commodity (including, if relevant, the type or grade of that Commodity, the location of delivery and any other details), (2) the relevant Unit, (3) the relevant Exchange, (4) the relevant currency in which the Specified Price is expressed and (5) the Specified Price and, if applicable, (6) the Delivery Date, in which case the price for a Pricing Date will be that day's Specified Price per Unit of that Commodity on that Exchange and, if applicable, for delivery on that Delivery Date, stated in that currency, as announced or published by that Exchange on that Pricing Date; and

(B) if that Commodity Reference Price is not a price announced or published by an Exchange, (1) the relevant Commodity (including, if relevant, the type or grade of that Commodity, the location of delivery and any other details), (2) the relevant Unit, (3) the relevant Price Source (and, if applicable, the location in that Price Source of the Specified Price (or the prices from which the Specified Price is calculated)), (4) the relevant currency in which the Specified Price is expressed and (5) the Specified Price and, if applicable, (6) the Delivery Date, in which case the price for a Pricing Date will be that day's Specified Price per Unit of that Commodity and, if applicable, for that Delivery Date, stated in that currency, published (or shown) in the issue of that Price Source that reports prices effective on that Pricing Date.

Section 7.2. Certain definitions relating to Commodity Reference Prices.

(a) **Price Sources.**

(i) „APPI" means the Asian Petroleum Price Index, or any successor report, prepared by Sea Pac Services, Ltd. or its successor and reported on the Energy Market Information Service or its successor.

(ii) „Argus" means the Argus Crude Report, or any successor publication, published by Petroleum Argus Ltd. or its successor.

(iii) „Financial Times" means the Financial Times, or any successor publication, published by The Financial Times Ltd. or its successor.

(iv) „Inside FERC" means Inside F.E.R.C.'s Gas Market Report, or any successor publication, published by McGraw-Hill Inc. or its successor.

(v) „Metal Bulletin" means Metal Bulletin, or any successor publication, published by Metal Bulletin Journals Ltd. or its successor.

(vi) „Natural Gas Week" means Natural Gas Week, or any successor publication, published by The Oil Daily Inc. or its successor.

(vii) „Platt's Asia-Pacific" means Platt's Asia-Pacific/Arab Gulf Marketscan, or any successor publication, published by McGraw-Hill Inc. or its successor.

(viii) „Platt's European" means Platt's European Marketscan, or any successor publication, published by McGraw-Hill Inc. or its successor.

(ix) „Platt's Oilgram" means Platt's Oilgram Price Report, or any successor publication, published by McGraw-Hill Inc. or its successor.

IV.7 Anhang 2

(x) „Platt's U. S." means Platt's Oilgram U. S. Marketscan, or any successor publication, published by McGraw-Hill Inc. or its successor.

(xi) „World Crude Report" means the LOR World Crude Report, or any successor report, published by the ICIS-LOR Group Ltd. or its successor.

(b) **Exchanges and Principal Trading Markets.**

(i) „COMEX" means the Commodity Exchange Inc., New York or its successor.

(ii) „IPE" means The International Petroleum Exchange of London Ltd. or its successor.

(iii) „LBMA" means The London Bullion Market Association or its successor.

(iv) „LME" means The London Metal Exchange Limited or its successor.

(v) „NYMEX" means the New York Mercantile Exchange or its successor.

(vi) „SIMEX" means The Singapore International Monetary Exchange, Inc. or its successor.

(c) **General.**

(i) „Commodity" means, in respect of a Transaction, the commodity specified in the relevant Commodity Reference Price or in the relevant Confirmation.

(ii) „Commodity Reference Price" means, in respect of a Transaction, any of the commodity reference prices specified in Section 7.1 (a) or (b) or determined pursuant to Section 7.1 (c) (i) or (c) (ii).

(iii) „Delivery Date" means, in respect of a Transaction and a Commodity Reference Price, the relevant date or month for delivery of the underlying Commodity (which must be a date or month reported or capable of being determined from information reported in or by the relevant Price Source) as follows :

(A) if a date is or a month and year are specified in the relevant Confirmation, that date or that month and year;

(B) if a Nearby Month is specified in the relevant Confirmation, the month of expiration of the relevant Futures Contract; and

(C) if a method is specified for the purpose of determining the Delivery Date, the date or the month and year determined pursuant to that method.

(iv) „Exchange" means, in respect of a Transaction, the exchange or principal trading market specified in the relevant Confirmation or Commodity Reference Price.

(v) „Futures Contract" means, in respect of a Commodity Reference Price, the contract for future delivery in respect of the relevant Delivery Date relating to the Commodity referred to in that Commodity Reference Price.

(vi) „Nearby Month", when preceded by a numerical adjective, means, in respect of a Delivery Date and a Pricing Date, the month of expiration of the Futures Contract identified by that numerical adjective, so that: (A) „First Nearby Month" means the month of expiration of the first Futures Contract to expire following that Pricing Date; (B) „Second Nearby Month" means the month of expiration of the second Futures Contract to expire following that Pricing Date; and, for example, (C) „Sixth Nearby Month" means the month of expiration of the sixth Futures Contract to expire following that Pricing Date.

(vii) „Price Source" means, in respect of a Transaction, the publication (or such other origin of reference, including an Exchange) containing (or reporting) the Specified Price (or prices from which the Specified Price is calculated) specified in the relevant Commodity Reference Price or in the relevant Confirmation.

(viii) „Reference Dealers" means, with respect to any Transaction for which the relevant Commodity Reference Price is „COMMODITY-REFERENCE DEALERS", the four dealers specified in the relevant agreement or the Confirmation or, if dealers are not so specified, four leading dealers in the relevant market selected by the Calculation Agent.

(ix) „Specified Price" means, in respect of a Transaction and a Commodity Reference Price, any of the following prices (which must be a price reported or capable of being determined from information reported in or by the relevant Price Source), as specified in the relevant Confirmation (and, if applicable, as of the time so specified): (A) the high price, (B) the low price, (C) the average of the high price and the low price, (D) the closing price, (E) the opening price, (F) the bid price, (G) the asked price, (H) the average of the bid price and the asked price, (I) the settlement price, (J) the morning fixing, (K) the afternoon fixing or (L) any other price specified in the relevant Confirmation.

(x) „Unit" means, in respect of a Transaction, the unit of measure of the relevant Commodity, as specified in the relevant Commodity Reference Price or Confirmation.

Section 7.3. Corrections to Published Prices. For purposes of determining the Relevant Price for any day, if the price published or announced on a given day and used or to be used by the Calculation Agent to determine a Relevant Price is subsequently corrected and the correction is published or announced by the person responsible for that publication or announcement within 30 calendar days of the original publication or announcement, either party may notify the other party of (i) that correction and (ii) the amount (if any) that is payable as a result of that correction. If, not later than 30 calendar days after publication or announcement of that correction, a party gives notice that an amount is so payable, the party that originally either received or retained such amount will, not later than 3 Business Days after the effectiveness of that notice, pay, subject to any applicable conditions precedent, to the other party that amount, together with interest on that amount (at a rate per annum that the Calculation Agent determines to be the spot offered rate for deposits in the payment currency in the London interbank market as at approximately 11:00 a. m., London time, on the relevant Payment Date or Settlement Date) for the period from and including the day on which a payment originally was (or was not) made to but excluding the day of payment of the refund or payment resulting from that correction.

Section 7.4. Market Disruption Events; Additional Market Disruption Events.

(a) „Market Disruption Event" or „Additional Market Disruption Event" means an event that, if applicable to a Transaction, would give rise in accordance with an applicable Disruption Fallback to an alternative basis for determining the Relevant Price in respect of a specified Commodity Reference Price or the termination of the Transaction were the event to occur or exist on a day that is a Pricing Date for that Transaction (or, if different, the day on which prices for that Pricing Date would, in the ordinary course, be published or announced by the Price Source).

(b) A Market Disruption Event or an Additional Market Disruption Event is applicable to a Transaction if it is specified in the relevant agreement or Confirmation or if, pursuant to Section 7.4 (d), it is deemed to have been specified for that Transaction.

(c) For purposes of specifying that it is applicable to a Transaction (by using it in conjunction with the term „Market Disruption Event" or „Additional Market Disruption Event") and for purposes of Section 7.4(d), each of the following is a Market Disruption Event, as the case may be, with a meaning as follows:

(i) „Price Source Disruption" means (A) the failure of the Price Source to announce or publish the Specified Price (or the information necessary for determining the Specified Price) for the relevant Commodity Reference Price, (B) the temporary or permanent discontinuance or unavailability of the Price Source or (C) if the Commodity Reference Price is COMMODITY-REFERENCE DEALERS, the failure to obtain at least three quotations as requested from the relevant Reference Dealers.

(ii) „Trading Suspension" means the material suspension of trading in the Futures Contract or the Commodity on the Exchange or in any additional futures contract, options contract or commodity on any exchange or principal trading market as specified in the relevant agreement or Confirmation.

(iii) „Disappearance of Commodity Reference Price" means (A) the failure of trading to commence, or the permanent discontinuation of trading, in the relevant Futures Contract on the relevant Exchange or (B) the disappearance of, or of trading in, the relevant Commodity.

(iv) „Material Change in Formula" means the occurence since the Trade Date of the transaction of a material change in the formula for or the method of calculating the relevant Commodity Reference Price.

(v) „Material Change in Content" means the occurence since the Trade Date of the Transaction of a material change in the content, composition or constitution of the Commodity or relevant Futures Contract.

(vi) „De *Minimis* Trading" means that the number of contracts traded on the relevant Exchange on the day that would otherwise be a Pricing Day is fewer than the Minimum Futures Contracts.

(vii) „Tax Disruption" means the imposition of, change in or removal of an excise, severance, sales, use, value-added, transfer, stamp, documentary, recording or similar tax on, or measured by reference to, the relevant Commodity (other than a tax on, or measured by reference to, overall gross or net income) by any government or taxation authority after the Trade Date, if the direct effect of such imposition, change or removal is to raise or lower the Relevant Price on the day that would otherwise be a Pricing Date from what it would have been without that imposition, change or removal.

(viii) „Trading Limitation" means the material limitation imposed on trading in the Futures Contract or the Commodity on the Exchange or in any additional futures contract, options contract or commodity on any exchange or principal trading market as specified in the relevant agreement or Confirmation.

The parties may specify in the relevant agreement or Confirmation other Market Disruption Events or Additional Market Disruption Events that they agree will apply to a Transaction. Such an event should only be characterized as an Additional Market Disruption Event if it is intended that it will apply to the Transaction in addition to the events deemed to have been specified pursuant to Section 7.4(d)(i). The term „Inapplicable" when specified in conjunction with the term „Market Disruption Event" means that the calculation of a Relevant Price will not be adjusted as a result of any Market Disruption Event (in which case there would also be no cause to specify any Additional Market Disruption Event).

(d) Unless the parties provide in the relevant agreement or Confirmation that the calculation of a Relevant Price will not be adjusted as a result of any Market Disruption Event,

(i) if the parties do not specify any Market Disruption Event in the relevant agreement or Confirmation, the following Market Disruption Events will be deemed to have been specified for a Transaction: (A) „Price Source Disruption", (B) „Trading Suspension", (C) „Disappearance of Commodity Reference Price", (D) „Material Change in Formula" and (E) „Material Change in Content";

(ii) if one or more Market Disruption Events are specified in the relevant agreement or Confirmation, then only the Market Disruption Events specified will apply to the Transaction; and

(iii) if one or more Additional Market Disruption Events are specified in the relevant agreement or Confirmation, then each such Additional Market Disruption Event, together with the Market Disruption Events deemed to have been specified pursuant to Section 7.4(d)(i), will apply to the Transaction.

(e) If the Calculation Agent, after consultation with the parties or the other party, determines in good faith that a Market Disruption Event or an Additional Market Disruption Event applicable to a Transaction has occurred or exists in respect of that Transaction on a day that is a Pricing Date for that Transaction (or, if different, the day on which prices for that Pricing Date would, in the ordinary course, be published or announced by the Price Source), the Relevant Price for that Pricing Date will be determined in accordance with the first applicable Disruption Fallback (applied in accordance with its terms) that provides the parties with a Relevant Price or, if there is no such Relevant Price, provides for the termination of the Transaction.

Section 7.5. Disruption Fallbacks.

(a) „Disruption Fallback" means a source or method that, if applicable to a Transaction, may give rise to an alternative basis for determining the Relevant Price in respect of a specified Commodity Reference Price or the termination of the Transaction when a Market Disruption Event or an Additional Market Disruption Event occurs or exists on a day that is a Pricing Date for that Transaction (or, if different, the day on which prices for that Pricing Date would, in the ordinary course, be published or announced by the Price Source).

(b) A Disruption Fallback is applicable to a Transaction if it is specified in the relevant agreement or Confirmation or if, pursuant to Section 7.5(d), it is deemed to have been specified for that Transaction.

(c) For purposes of specifying that it is applicable to a Transaction (by using it in conjunction with the term „Disruption Fallback") and for purposes of Section 7.5(d), each of the following is a Disruption Fallback with a meaning as follows:

(i) „Fallback Reference Price" means that the Calculation Agent will determine the Relevant Price based on the price for that Pricing Date of the first alternate Commodity Reference Price, if any, specified in the relevant agreement or Confirmation and not subject to a Market Disruption Event or an Additional Market Disruption Event.

(ii) „Negotiated Fallback" means that each party to a Transaction will, promptly upon becoming aware of the Market Disruption Event or Additional Market Disruption Event, negotiate in good faith to agree with the other on a Relevant Price (or a method for determining a Relevant Price), and, if the parties have not so agreed on or before the fifth Business Day following the first Pricing Date on which that Market Disruption Event or Additional Market Disruption Event occurred or existed, the next applicable Disruption Fallback shall apply to the Transaction.

(iii) „No Fault Termination" means that the Transaction will be terminated in accordance with any applicable provisions set forth in the relevant agreement or Confirmation as if a „Termination Event" and an „Early Termination Date" (each as defined in the relevant agreement or Confirmation) had occurred on the day No Fault Termination became the applicable Disruption Fallback and there were two „Affected Parties" (as defined in the relevant agreement or Confirmation).

(iv) „Postponement" means that the Pricing Date will be deemed to be the first succeeding Commodity Business Day on which the Market Disruption Event or Additional Market Disruption Event ceases to exist, unless that Market Disruption Event or Additional Market Disruption Event continues to exist (measured from and including the original day that would otherwise have been the Pricing Date) for consecutive Commodity Business Days equal in number to the Maximum Days of Disruption. In that case, (A) the last such consecutive Commodity Business Day will be the Pricing Date and (B) the next Disruption Fallback specified in the relevant agreement or Confirmation will apply to the Transaction. If, as a result of a postponement pursuant to this provision, a Relevant Price is unavailable to determine the Floating Price for a Floating Amount payable on any Settlement Date or Payment Date, that Settlement Date or Payment Date will be postponed to the same extent as the Pricing Date and, if a corresponding Fixed Amount or Floating Amount would otherwise have been payable in respect of the same Transaction on the same date that the postponed Floating Amount would have been payable but for the postponement, the Settlement Date or Payment Date for that corresponding Fixed Amount or Floating Amount will be postponed to the same extent.

(v) „Calculation Agent Determination" means that the Calculation Agent will determine the Relevant Price (or a method for determining a Relevant Price), taking into consideration the latest available quotation for the relevant Commodity Reference Price and any other information that in good faith it deems relevant.

(vi) „Average Daily Price Disruption" means that the price for the Pricing Date will not be included in the calculation of the Floating Amount, but if a Market Disruption Event or an Additional Market Disruption Event occurs or exists on more than the Maximum Days of Disruption during the relevant Calculation Period, then, for each Pricing Date during that Calculation Period on which a Market Disruption Event or an Additional Market Disruption Event occurred or existed, a price will be determined using the first alternate Commodity Reference Price, if any, specified in the relevant agreement or Confirmation.

The parties may specify in the relevant agreement or Confirmation other Disruption Fallbacks that they agree will apply to a Transaction.

(d) Unless the parties otherwise provide in the relevant agreement or Confirmation,

(i) if the parties do not specify any Disruption Fallback in the relevant agreement or Confirmation, the following Disruption Fallbacks will be deemed to have been specified (in the following order) for a Transaction: (A) „Fallback Reference Price" (if the parties have specified an alternate Commodity Reference Price), (B) „Negotiated Fallback" and (C) „No Fault Termination"; and

(ii) if one or more Disruption Fallbacks are specified in the relevant agreement or Confirmation, then only the Disruption Fallbacks specified will apply to the Transaction (in the order so specified).

(e) If a Market Disruption Event or an Additional Market Disruption Event occurs or exists on a day that would otherwise be a Pricing Date for the Transaction (or, if different, the day on which prices for that Pricing Date would, in the ordinary course, be published or announced by the Price Source) and none of the applicable Disruption Fallbacks provides the parties with a Relevant Price, the Transaction will terminate in accordance with „No Fault Termination".

Section 7.6. Certain Definitions Relating to Market Disruption Events and Additional Market Disruption Events.

(a) „Maximum Days of Disruption" means, in respect of a Transaction, the number of Commodity Business Days specified as such in the relevant agreement or Confirmation.

(b) „Minimum Futures Contracts" means, in respect of a Transaction, the number of futures contracts specified as such in the relevant agreement or Confirmation.

ARTICLE 8

COMMODITY OPTIONS

Section 8.1. Option.

(a) „Option" means any Transaction that is identified in the related Confirmation as an Option and provides for the grant by Seller to Buyer of (i) the right to cause Seller to pay Buyer the Cash Settlement Amount, if any, in respect of that Transaction on a Settlement Date, (ii) a Swaption or (iii) any other right or rights specified in the related Confirmation. An Option may provide for the grant of one or more of the foregoing rights, all of which can be identified in a single Confirmation.

(b) „Swaption" means the right to cause (i) an Underlying Transaction to become effective or (ii) Seller to pay Buyer the Cash Settlement Amount, if any, in respect of an Underlying Transaction on the Settlement Date.

Section 8.2. Parties.

(a) „Buyer" means, in respect of an Option, the party specified as such in the related Confirmation.

(b) „Seller" means, in respect of an Option, the party specified as seller or as writer in the related Confirmation.

Section 8.3. Certain Definitions and Provisions Relating to Options. When used in respect of an Option, the following terms have the indicated meanings:

(a) „American" means a style of Option pursuant to which the right or rights granted are exercisable during an Exercise Period that consists of more than one day.

(b) „Asian" means a style of Option pursuant to which the right or rights granted are exercisable only on the Expiration Date (unless otherwise specified) and the Floating Price for which is the unweighted arithmetic mean (or such other method of averaging as is specified) of the Relevant Price for each Pricing Date during the Calculation Period.

(c) „Call" means an Option entitling, but not obligating, Buyer to receive upon exercise the Cash Settlement Amount if the Floating Price exceeds the Strike Price.

(d) If „Cash Settlement" is specified to be applicable to the Option, it means that Seller grants to Buyer pursuant to that Option the right to cause Seller to pay Buyer the Cash Settlement Amount, if any, in respect of the Transaction (or, if that Option is a Swaption, the Underlying Transaction) on the Settlement Date.

(e) „Cash Settlement Amount" means, in respect of an Option to which Cash Settlement is specified to be applicable, an amount, if any, that, subject to any applicable condition precedent, is payable by Seller on the applicable Settlement Date and is determined as provided in Section 8.7 of these Definitions or by a method specified in or pursuant to the relevant agreement or Confirmation governing such Option.

(f) „European" means a style of Option pursuant to which the right or rights granted are exercisable only on the Expiration Date.

(g) „Put" means an Option entitling, but not obligating, Buyer to receive upon exercise the Cash Settlement Amount if the Strike Price exceeds the Floating Price.

(h) „Strike Price" or „Strike Price Per Unit" means the amount specified as such in a Confirmation.

Section 8.4. Certain Definitions and Provisions Relating to Swaptions. When used in respect of a Swaption, the following terms have the indicated meanings:

(a) If „Cash Settlement" is specified to be applicable to the Swaption, it means that Seller grants to Buyer pursuant to the Swaption the right to cause Seller to pay Buyer the Cash Settlement Amount, if any, in respect of the Underlying Transaction on the Settlement Date.

(b) If „Physical Settlement" or „Contract Settlement" is specified to be applicable to the Swaption, it means that Seller grants to Buyer pursuant to the Swaption the right to cause the Underlying Transaction to become effective.

(c) „Underlying Transaction" means a Transaction, the terms of which are identified in the Confirmation of the Swaption, which Underlying Transaction will not become effective unless (i) „Physical Settlement" or „Contract Settlement" is specified to be applicable to the Swaption and (ii) the right to cause that Underlying Transaction to become effective has been exercised.

Section 8.5. Terms Relating to Exercise.

(a) „Exercise Period" means (i) in respect of a European or (unless otherwise specified) an Asian style Option, the one day period consisting of the Expiration Date and (ii) in respect of any other Option, each of the periods specified in or pursuant to the related Confirmation.

(b) „Exercise Date" means, in respect of an Option, the Seller Business Day during the Exercise Period on which that Option is or is deemed to be exercised.

(c) „Notice of Exercise" means, in respect of an Option, irrevocable notice given by Buyer to Seller (which may be given orally (including by telephone) unless the parties specify otherwise in the related Confirmation) of its exercise of the right or rights granted pursuant to the Option during the hours specified in the relevant Confirmation on a Seller Business Day during the Exercise Period. If the Notice of Exercise is received on any Seller Business Day after the latest time so specified, the Notice of Exercise will be deemed to have been received on the next following Seller Business Day, if any, in the Exercise Period. Buyer may exercise the right or rights granted pursuant to the Option only by giving a

Notice of Exercise unless Automatic Exercise is specified to apply and the Option is deemed exercised.

(d) If „Written Confirmation" is specified to be applicable to the Option or if demanded by Seller (which demand, notwithstanding any provisions regarding notice applicable to the Option, may be given orally (including by telephone), Buyer will (i) execute a written confirmation (including by facsimile transmission) confirming the substance of the Notice of Exercise and deliver the same to Seller or (ii) issue a telex to Seller setting forth the substance of the Notice of Exercise. Buyer will cause such executed written confirmation or telex to be received by Seller within one Seller Business Day following the date that the Notice of Exercise or Seller's demand, as the case may be, becomes effective.

(e) „Automatic Exercise" means, in respect of an Option to which Automatic Exercise is applicable, that, if at the close of the Exercise Period the Option has not been exercised, the Option will be deemed exercised as of that time. Unless the parties specify otherwise, Automatic Exercise will be deemed to apply to any Option (other than a Swaption to cause an Underlying Transaction to become effective).

(f) Any notice or communication given, and permitted to be given, orally (including by telephone) in connection with an Option will be effective when actually received by the recipient.

(g) „Expiration Date" means, in respect of an Option, the date specified as such in a Confirmation (or, if no such date is specified, the last day of the Exercise Period) or; if that date is not a Commodity Business Day, the first following day that is a Commodity Business Day.

(h) „Seller Business Day" means any day on which commercial banks are open for business (including dealings in foreign exchange and foreign currency deposits) in the city in which Seller is located for purposes of receiving notices.

Section 8.6. Terms Relating to Premium.
(a) „Total Premium" means, in respect of an Option, an amount, if any, that is specified as such in or pursuant to the related Confirmation and, subject to any applicable condition precedent, is payable by Buyer on the Premium Payment Date or Dates.

(b) „Premium Per Unit" means, in respect of an Option, the amount specified as such in or pursuant to the related Confirmation, which, when multiplied by the relevant Notional-quantity, will be equal to the Total Premium.

(c) „Premium Payment Date" means, in respect of an Option, each date specified as such in or pursuant to the related Confirmation, subject to adjustment in accordance with the Following Business Day Convention or, if another Business Day Convention is specified to be applicable to the Premium Payment Date, that Business Day Convention.

Section 8.7. Calculation of a Cash Settlement Amount. Unless the parties otherwise specify, the Cash Settlement Amount in respect of an Option payable by a party on a Settlement Date will be:

(a) in respect of an Option other than a Swaption, an amount, if any, calculated on a formula basis for that Settlement Date as follows:

$$\text{Cash Settlement Amount} = \text{National Quantity} \times \text{Strike Price Differential}$$

(b) in respect of a Swaption, an amount in respect of the Underlying Transaction, if any, determined by a method specified in or pursuant to the relevant agreement or Confirmation.

Section 8.8. Strike Price Differential. „Strike Price Differential" means, in respect of an Option to which Cash Settlement is specified to be applicable, a price, expressed as a price per Unit, equal to (i) if the Transaction is a Put Option, the excess, if a positive number, of

(A) the Strike Price over (B) the Floating Price and (ii) if the Transaction is a Call Option, the excess, if a positive number, of (A) the Floating Price over (B) the Strike Price.

ARTICLE 9
ROUNDING

Section 9. Rounding. For purposes of any calculations referred to in these Definitions (unless otherwise specified), (a) unless „Rounding of Payments Only" is specified (i) all percentages used in or resulting from such calculations will be rounded, if necessary, to the nearest one ten-thousandth of a percentage point (with five one-hundred thousandths of a percentage point being rounded up), (ii) all U. S. Dollar amounts resulting from such calculations will be rounded to the nearest cent (with one half cent being rounded up) and (iii) all Sterling amounts resulting from such calculations will be rounded to the nearest pence (with one half pence being rounded up) and (b) if „Rounding of Payments Only" is specified, only Fixed Amounts, Floating Amounts and Cash Settlement Amounts will be rounded, so that (i) all such amounts stated in U. S. Dollars will be rounded to the nearest cent (with one half cent being rounded up) and (ii) all such amounts stated in Sterling will be rounded to the nearest pence (with one half pence being rounded up).

EXHIBIT I
to 1993 ISDA Commodity
Derivatives Definitions

Introduction, Standard Paragraphs and Closing
for a Letter Agreement or Telex Confirming a Transaction

Heading for Letter[1]

[Letterhead of Party A]

[Date]

Commodity [Swap] [Option] [Cap/Collar/Floor] [Swaption]-Cash-Settled
[Name and Address of Party B]

Heading for Telex[1]

Date:
To: [Name and Telex Number of Party B]
From: [Party A]
Re: Commodity [Swap] [Option] [Cap/Collar/Floor] [Swaption]-Cash-Settled

Dear:

The purpose of this [letter agreement/telex] is to confirm the terms and conditions of the Transaction entered into between us on the Trade Date specified below (the „Transaction"). This [letter agreement/telex] constitutes a „Confirmation" as referred to in the ISDA Master Agreement specified below.

The definitions and provisions contained in the 1993 ISDA Commodity Derivatives

---

[1] Delete as applicable.

IV.7 Anhang 2

Definitions[2] (as published by the International Swaps and Derivatives Association, Inc.) are incorporated into this Confirmation. In the event of any inconsistency between those definitions and provisions and this Confirmation, this Confirmation will govern.

1. This Confirmation supplements, forms part of, and is subject to, the ISDA Master Agreement dated as of [date], as amended and supplemented from time to time (the „Agreement"), between you and us. All provisions contained in the Agreement govern this Confirmation except as expressly modified below.

[INSERT RELEVANT ADDITIONAL PROVISIONS FROM EXHIBITS II–A THROUGH II–D.]

3. Calculation Agent[3]:
4. Account Details:
   Payments to party A:
      Account for payments:
   Payments to Party B:
      Account for payments:
[5. Offices:
(a) The Office of Party A for the Transaction is   ; and
(b) The Office of Party B for the Transaction is   .]
[6. Broker/Arranger:]

Closing for Letter[4]

Please confirm that the foregoing correctly sets forth the terms of our agreement by executing the copy of this Confirmation enclosed for that purpose and returning it to us or by sending to us a letter or telex substantially similar to this letter, which letter or telex sets forth the material terms of the Transaction to which this Confirmation relates and indicates agreement to those terms.

                                         Yours sincerely,
                                         [PARTY A]
                                         By: Name: . . . .
                                         Title:

Confirmed as of the date first
above written:
[PARTY B)
By: Name: . . . .
     Title:

Closing for Telex[4]

Please confirm that the foregoing correctly sets forth the terms of our agreement by sending to us a letter or telex substantially similar to this telex, which letter or telex sets forth the material terms of the Transaction to which this Confirmation relates and indicates agreement to those terms, or by sending to us a return telex substantially to the following effect:

---

[2] If the transaction contemplates only one party paying a price based on a Commodity Reference Price and the other party paying a price based on another floating price or rate, such as LIBOR, the parties may also wish to incorporate the 1991 ISDA Definitions and specify the priorities in the event of any inconsistency between the definitions.

[3] If the Calculation Agent is a third party, the parties will want to consider any documentation necessary to confirm its undertaking.

[4] Delete as applicable.

„Re:

We acknowledge receipt of your telex dated [ ] with respect to the abovereferenced Transaction between [Party A] and [Party B] with [an Effective] [a Trade] Date of [ ] and [a Termination] [an Expiration] Date of [ ] and confirm that such telex correctly sets forth the terms of our agreement relating to the Transaction described therein. Very truly yours, [Party B], by [specify name and title of authorized officer]."

Yours sincerely,
[PARTY A]

By: Name: ....
Title:

EXHIBIT II–A
to 1993 ISDA Commodity Derivatives Definitions

Additional Provisions for a Confirmation of a Commodity Swap

[See Exhibit I for the introduction, standard paragraphs and closing for the letter agreement or telex.]

2. The terms of the particular Transaction to which this Confirmation relates are as follows:

Notional Quantity per Calculation Period:[1]   [Specify quantity in relevant units of commodity (e.g., barrels)] (Total Notional Quantity:)
Commodity:
Trade Date:
Effective Date:
Termination Date:
Calculation Period(s):
  [Period End Date(s):]
[Settlement] [Payment] Dates:[2]   [, subject to adjustment in accordance with the [Following/Modified Following/Nearest/Preceding] Business Day Convention]
Fixed Amount Details:
  Fixed Price Payer: [Party A/B]
  Fixed Amount [or Fixed Price]:
Floating Amount Details:
  Floating Price Payer: [Party B/A]
Commodity Reference Price:[3]
[Commodity:
Unit:
Price Source/Reference Dealers:
Currency:][4]

---

[1] The parties may specify a different Notionol Quantity for each party. In addition, the parties may specify a different Notionol Quantity (or a formula for determining that Notionol Quantity) for each Calculation Period.

[2] If it is contemplated that the Settlement or Payment Dates for the Fixed Price Payer and the Floating Price Payer will not match, include such dates for the parties in the Fixed Amount Details and the Floating Amount Details.

[3] The parties may either (i) specify one of the Commodity Reference Prices defined in the 1993 ISDA Commodity Derivatives Definitions or (ii) create a Commodity Reference Price by specifying a Commodity, a Unit, A Price Source and a currency.

[4] Delete if a Commodity Reference Price (other than COMMODITY – REFERENCE DEALERS) is specified above.

IV.7 Anhang 2

Specified Price:	[Specify whether the price will be the bid price, the asked price, the average of the high and low prices, the morning fixing, etc.; if appropriate, indicate the time as of which the price is to be determined]
[Delivery Date:]	[Specify whether the price will be based on the spot market, the First Nearby Month, the Second Nearby Month, etc.]
Pricing Date(s):[5]	[, subject to adjustment in accordance with the [Following/Modified Following/Nearest/Preceding] Commodity Business Day Convention]

[Method of Averaging:]
[Market Disruption:]
  [Market Disruption Event(s):]
  [Additional Market Disruption Event(s) :][6]
[Disruption Fallback(s):]
  [Fallback Reference Price:][7]
[Rounding :]   [Rounding of Payments Only]

EXHIBIT II-B
to 1993 ISDA Commodity Derivatives Definitions

Additional Provisions for a Confirmation of a Commodity Option

[See Exhibit I for the introduction, standard paragraphs and closing for the letter agreement or telex.]

2. The terms of the Transaction to which this Confirmation relates are as follows:
General Terms:

Notional Quantity:	[Specify quantity in relevant units of commodity (e. g., barrels)]
Commodity:	
Trade Date:	
Option Style:	[American) [European] [Asian][1]
Option Type	[Put] [Call]
Seller:	[Party A/B]
Buyer:	[Party B/A]
Commodity Reference Price:[2]	
[Commodity:	

---

[5] The parties must specify the date or dates, or the means for determining the date or dates, on which a price will be obtained for purposes of calculating the Floating Amount, e. g., each Commodity Business Day during the Calculation Period or the last three Commodity Business Days in each Calculation Period.

[6] The parties should specify Market Disruption Events if they wish to modify, or Additional Market Disruption Events if they wish to add to, the Market Disruption Events set forth in Section 7.4 (d)(i) of the 1993 ISDA Commodity Derivatives Definitions.

[7] The parties should specify an alternate Commodity Reference Price if they are relying on the Disruption Fallbacks set forth in Section 7.5 (d)(i) of the 1993 ISDA Commodity Derivatives Definitions or if they have otherwise specified „Fallback Reference Price" as applicable.

[1] If an Asian style option, the parties should specify the Calculation Period or, if more than one Settlement Date, Calculation Periods.

[2] The parties may either (i) specify one of the Commodity Reference Prices defined in the 1993 ISDA Commodity Derivatives Definitions or (ii) create a Commodity Reference Price by specifying a Commodity, a Unit, a Price Source and a currency.

Anhang 2: 1993 ISDA Commodity Derivatives Definitions   Anhang 2 IV.7

Unit:
Price Source/Reference Dealers:
Currency:][3]
Specified Price: [Specify whether the price will be the bid price, the asked price, the average of the high and low prices, the morning fixing, etc.; if appropriate, indicate the time as of which the price is to be determined]

[Delivery Date :]   [Specify whether the price will be based on the spot market, the First Nearby Month, the Second Nearby Month, etc.]

[Pricing Date(s):][4]
[Method of Averaging:]
Strike Price per Unit:
Total Premiun: (Premium Per Unit:)
Premium Payment Date(s):   [, subject to adjustment in accordance with the [Following/Modified Following/Nearest/Preceding] Business Day Convention]

Procedure for Exercise:
 Exercise Period: [From and including   to and including   ][5]
                                       between   a.m. and p.m. (local time in   ).[6]
 [Expiration Date:][7]
 Automatic Exercise: [Applicable/Inapplicable]
 [Written Confirmation:]   [Applicable/Inapplicable]
Seller's telephone, telex or facsimile
number for purpose of giving
notice:
[Market Disruption:]
 [Market Disruption Event(s):]
 [Additional Market Disruption
 Event(s):][8]
 [Disruption Fallback(s):]
 [Fallback Reference Price:][9]
Cash Settlement Terms:[10]
 Cash Settlement :   Applicable
 Settlement Date(s):   [Business Days following the last Pricing Date
 [Rounding:]   [Rounding of Payments Only]

---

[3] Delete if a Commodity Referenced Price (other than COMMODITY – REFERENCE DEALERS) is specified above.

[4] The parties must specify the date or dates, or the means for determining the date or dates (including any applicable Commodity Business Day Convention), on which a price will be obtained for purposes of calculating the Floating Price and determining the Cash Settlement Amount only of they wish to modify the presumptions set forth in the Pricing Date Definiton.

[5] Include if American style option.

[6] Specify city in which Seller is located for purposes of receiving notices.

[7] Include if option is exercisable only on the Expiration Date.

[8] The parties should specify Market Disruption Events if they wish to modify, or additional Market Disruption Events if they wish to add to, the Market Disruption Events set forth in Section 7.4 (d) (i) of the 1993 ISDA Commodity Derivatives Definitons.

[9] The parties should specify an alternate Commodity Reference Price if they are relying on the Disruption Fallbacks set forth in Section 7.5 (d) (i) of the ISDA Commodity Derivatives Definitions or if they have otherwise specified „Fallback Refernce Price" as applicable.

[10] If a currency conversion is contemplated, parties may wish to provide for how, when and by whom the relevant exchange rate is to be determined.

IV.7 Anhang 2

EXHIBIT II–C
to 1993 ISDA Commodity
Derivatives Definitions

Additional Provisions for a Confirmation of a Commodity Cap, Collar or Floor

[See Exhibit I for the introduction, standard paragraphs and closing for the letter agreement or telex.]

2. The terms of the particular Transaction to which this Confirmation relates are as follows:

Notional Quantity per
Calculation Period:[1]   [Specify quantity in relevant units of commodity
                                      (e.g., barrels)] (Total Notional Quantity:)
Commodity:
Trade Date :
Effective Date:
Termination Date:
Calculation Period(s):
  [Period End Date(s):]
Fixed Amount Details:[2]
  Fixed Price Payer: [Party A/B]
  Fixed Price Payer [Settlement]   [, subject to adjustment in accordance with the [Following/Modified Following/Nearest/Preceding] Business Day Convention]

Fixed Amount [or Fixed Price]:
Floating Amount Details:
  Floating Price Payer: [Party B/A]
  [Cap/Floor) Price:
  Floating Price Payer [Settlement]   [, subject to adjustment in accordance with the [Following/Modified Following/Nearest/Preceding] Business Day Convention]

[Payment] Dates:
Commodity Reference Price:[3]
  [Commodity:
  Unit:
  Price Source/Reference Dealers:
  Currency:][4]
  Specified Price: [Specify whether the price will be the bid price, the asked price, the average of the high and low prices, the morning fixing, etc.; if appropriate, indicate the time as of which the price is to be determined]

---

[1] The parties may specify a different Notionol Quantity for each party. In addition, the parties may specify a different Notionol Quantity (or a formula for determining that Notionol Quantity) for each Calculation Period.

[2] For a collar transaction there would be no Fixed Amount Details. Instead, one party would pay a Floating Amount based on a cap price and the other party would pay a Floating Amount based on a floor price. Separate Floating Amount Details would need to be included for each party.

[3] The parties may either (i) specify one of the Commodity Reference Prices defined in the 1993 ISDA Commodity Derivatives Definitions or (ii) create a Commodity Reference Price by specifying a Commodity, a Unit, a Price Source and a currency.

[4] Delete if a Commodity Reference Price (other than COMMODITY – REFERENCE DEALERS) is specified above.

[Delivery Date:] [Specify whether the price will be based on the spot market, the First Nearby Month, the Second Nearby Month, etc.]
Pricing Date(s):[5] [, subject to adjustment in accordance with the [Following/Modified Following/Nearest/Preceding] Commodity Business Day Convention]
[Method of Averaging:]
[Market Disruption:]
  [Market Disruption Event(s):]
  [Additional Market Disruption Event(s) :][6]
  [Disruption Fallback(s):]
    [Fallback Reference Price:)[7]
[Rounding:] [Rounding of Payments Only]

EXHIBIT II–D
to 1993 ISDA Commodity Derivatives Definitions

Additional Provisions for a Confirmation of a Commodity Swaption

[See Exhibit I for the introduction, standard paragraphs and closing for the letter agreement or telex.]

2. (a) The particular Transaction to which this Confirmation relates is an Option, the terms of which are as follows:

Trade Date:
Option Style: [European/American]
Option Type: Swaption
  Seller: [Party A/B]
  Buyer: [Party B/A]
Total Premium
Premium Payment Date(s): [, subject to adjustment in accordance with the [Following/Modified Following/Nearest/Preceding] Business Day Convention)
[Physical/Contract Settlement:] [Applicable/Inapplicable]
[Cash Settlement Terms:]
[Cash Settlement:] [Applicable/Inapplicable]
[Settlement Date:] [Business Days following the Exercise Date]
[Cash Settlement Amount:] [Specify means for determination]
Procedure for Exercise:
  Exercise Period: [From and including to and including][1] between a.m. and p.m. (local time in)[2].

---

[5] The parties must specify the date or dates, or the means for determining the date or dates, on which a price will be obtained for purposes of calculating the Floating Amount, e.g., each Commodity Business Day during the Calculation Period or the last three Commodity Business Days in each Calculation Period.

[6] The parties should specify Market Disruption Events if they wish to modify, or Additional Market Disruption Events if they wish to add to, the Market Disruption Events set forth in Section 7.4 (d) (i) of the 1993 ISDA Commodity Derivatives Definitions.

[7] The parties should specify an alternate Commodity Reference Price if they are relying on the Disruption Fallbacks set forth in Section 7.5 (d) (i) of the 1993 ISDA Commodity Derivatives Definitions or if they have otherwise specified „Fallback Reference Price" as applicable.

[1] Include if American style option.

[2] Specify city in which Seller is located for purposes of receiving notices.

IV.7 Anhang 2

[Expiration Date:]³
Automatic Exercise: [Applicable/Inapplicable]
[Written Confirmation:] [Applicable/Inapplicable]
Seller's telephone, telex or facsimile number for purposes of giving notice:
(b) The terms of the Underlying Transaction to which the Option relates are as follows:
Notional Quantity per Calculation Period:⁴ [Specify quantity in relevant units of commodity (e. g., barrels)] (Total Notional Quantity:)
Commodity:
Effective Date:
Termination Date:
Calculation Period(s):
   [Period End Date(s):] [, subject to adjustment in accordance with the [Following/Modified Following/Nearest/Preceding] Business Day Convention]
   [Settlement] [Payment] Date(s):⁵
Fixed Amount Details:
   Fixed Price Payer: [Party A/B]
   Fixed Amount [or Fixed Price]:
Floating Amount Details:
   Floating Price Payer: [Party B/A]
   Commodity Reference Price:⁶
      [Commodity:
      Unit :
      Price Source/Reference Dealers:
      Currency:]⁷
   Specified Price: [Specify whether the price will be the bid price, the asked price, the average of the high and low prices, the morning fixing, etc.; if appropriate, indicate the time as of which the price is to be determined]
   [Delivery Date:] [Specify whether the price will be based on the spot market, the First Nearby Month, the Second Nearby Month, etc.]
Pricing Date(s):⁸ [, subject to adjustment in accordance with the [Following/Modified Following/Nearest/Preceding] Commodity Business Day Convention]

---

³ Include if option is exercisable only on the Expiration Date.

⁴ The parties may specify a different Notionol Quantity for each party. In addition, the parties may specify a different Notionol Quantity (or a formula for determining that Notionol Quantity) for each Calculation Period.

⁵ If it is contemplated that the Settlement or Payment Dates for the Fixed Price Payer and the Floating Price Payer will not match, include such dates for the parties in the Fixed Amount Details and the Floating Amount Details.

⁶ The parties may either (i) specify one of the Commodity Reference Prices defined in the 1993 ISDA Commodity Derivatives Definitions or (ii) create a Commodity Reference Price by specifying a Commodity, a Unit, a Price Source and a currency.

⁷ Delete if a Commodity Reference Price (other than COMMODITY – REFERENCE DEALERS) is specified above.

⁸ The parties must specify the date or dates, or the means for determining the date or dates, on which a price will be obtained for purposes of calculating the Floating Amount, e. g., each Commodity Business Day during the Calculation Period or the last three Commodity Business Days in each Calculation Period.

Anhang 2: 1993 ISDA Commodity Derivatives Definitions **Anhang 2 IV.7**

    [Method of Averaging:]
[Market Disruption:]
    [Market Disruption Event(s):]
    [Additional Market Disruption
    Event(s):][9]
    [Disruption Fallback(s):]
        [Fallback Reference Price:][10]
[Rounding:]   [Rounding of Payments Only]

INDEX OF TERMS

Term	Section
Additional Market Disruption Event	7.4 (a)
ALUMINIUM-LME	7.1 (b) (i) (A)
ALUMINIUM-METAL BULLETIN	7.1 (b) (i) (B)
American	8.3 (a)
APPI	7.2 (a) (i)
Argus	7.2 (a) (ii)
Asian	8.3 (b)
Automatic Exercise	8.5 (e)
Average Daily Price Disruption	7.5 (c) (vi)
Business Day	1.3
Business Day Convention	1.5 (a)
Buyer	8.2 (a)
Calculation Agent	4.5
Calculation Agent Determination	7.5 (c) (v)
Calculation Date	4.6
Calculation Period	4.4
Call	8.3 (c)
Cash Settlement	8.3 (d), 8.4 (a)
Cash Settlement Amount	8.3 (e)
COMEX	7.2 (b) (i)
Commodity	7.2 (c) (i)
COMMODITY-REFERENCE DEALERS	7.1 (c) (i)
Commodity Business Day	1.4
Commodity Business Day Convention	1.5 (a)
Commodity Reference Price	7.2 (c) (ii)
COMMODITY REFERENCE PRICE FRAMEWORK	7.1 (c) (ii)
Confirmation	1.2
Contract Settlement	8.4 (b)
COPPER-COMEX	7.1 (b) (ii) (C)
COPPER-LME	7.1 (b) (ii) (A)
COPPER-METAL BULLETIN	7.1 (b) (ii) (B)
De Minimis Trading	7.4 (c) (vi)
Delivery Date	7.2 (c) (iii)
DIESEL FUEL-NO. 2 BILLINGS-PLATT'S OILGRAM	7.1 (a) (i) (A)

---

[9] The parties should specify Market Disruption Events if they wish to modify, or Additional Market Disruption Events if they wish to add to, the Market Disruption Events set forth in Section 7.4 (d) (i) of the 1993 ISDA Commodity Derivatives Definitions.

[10] The parties should specify an alternate Commodity Reference Price if they are relying on the Disruption Fallbacks set forth in Section 7.5 (d) (i) of the 1993 ISDA Commodity Derivatives Definitions or if they have otherwise specified „Fallback Reference Price" as applicable.

IV.7 Anhang 2

DIESEL FUEL-NO. 2 SALT LAKE-PLATT'S OILGRAM	7.1 (a) (i) (B)
Disappearance of Commodity Reference Price	7.4 (c) (iii)
Disruption Fallback	7.5 (a)
Effective Date	3.2
European	8.3 (f)
Exchange	7.2 (e) (iv)
Exercise Date	8.5 (b)
Exercise Period	8.5 (a)
Expiration Date	8.5 (g)
Fallback Reference Price	7.5 (c) (i)
Financial Times	7.2 (a) (iii)
Fixed Amount	4.1
Fixed Price	5.2
Fixed Price Payer	2.1
Floating Amount	4.2
Floating Price	6.2 (a)
Floating Price Payer	2.2
Following	1.5 (a) (i)
FUEL OIL-1 PERCENT NWE (CARGOES CIF)PLATT'S EUROPEAN	7.1 (a) (ii) (A)
FUEL OIL-1 PERCENT NWE (CARGOES FOB)PLATT'S EUROPEAN	7.1 (a) (ii) (B)
FUEL OIL-180 CST SINGAPORE (CARGOES)PLATT'S OILGRAM	7.1 (a) (ii) (C)
FUEL OIL-2.2 PERCENT RESIDUAL (BARGE)PLATT'S OILGRAM	7.1 (a) (ii) (D)
FUEL OIL-2.2 PERCENT RESIDUAL (CARGO)PLATT'S OILGRAM	7.1 (a) (ii) (E)
FUEL OIL-3.5 PERCENT NWE (CARGOES CIF)PLATT'S EUROPEAN	7.1 (a) (ii) (F)
FUEL OIL-3.5 PERCENT ROTTERDAM (BARGES FOB)-PLATT'S EUROPEAN	7.1 (a) (ii) (G)
FUEL OIL-380 CST SINGAPORE (CARGOES)PLATT' S OILGRAM	7.1 (a) (ii) (H)
FUEL OIL-380 CST WEST COAST (WATERBORNE)-PLATT'S OILGRAM	7.1 (a) (ii) (I)
FUEL OIL-NO. 6 0.7 PERCENT U. S. GULF COAST (WATERBORNE)-PLATT'S OILGRAM	7.1 (a) (ii) (J)
FUEL OIL-NO. 6 3.0 PERCENT NEW YORK/BOSTON (CARGO)-PLATT'S OILGRAM	7.1 (a) (ii) (K)
Futures Contract	7.2 (c) (v)
GAS OIL-0.2 PERCENT ROTTERDAM (BARGES FOB)-PLATT'S EUROPEAN	7.1 (a) (iii) (B)
GAS OIL-0.5 SINGAPORE-PLATT'S ASIAPACIFIC	7.1 (a) (iii) (C)
GAS OIL-0.5 SINGAPORE-PLATT'S EUROPEAN	7.1 (a) (iii) (F)
GAS OIL-1.0 SINGAPORE-PLATT'S ASIAPACIFIC	7.1 (a) (iii) (D)
GAS OIL-1.0 SINGAPORE-PLATT'S EUROPEAN	7.1 (a) (iii) (G)
GAS OIL-IPE	7.1 (a) (iii) (A)
GAS OIL-L. P. SINGAPORE-PLATT'S ASIAPACIFIC	7.1 (a) (iii) (E)
GAS OIL-L. P. SINGAPORE-PLATT'S EUROPEAN	7.1 (a) (iii) (H)
GASOLINE-GULF COAST-NYMEX	7.1 (a) (iv) (A)
GASOLINE-NEW YORK-NYMEX	7.1 (a) (iv) (B)

GOLD-BULLION-FINANCIAL TIMES	7.1 (b) (iii) (A)
GOLD-COMEX	7.1 (b) (iii) (B)
HEATING OIL-GULF COAST (PIPELINE)PLATT'S OILGRAM	7.1 (a) (v) (A)
HEATING OIL-NEW YORK (BARGE)-PLATT'S OILGRAM	7.1 (a) (v) (C)
HEATING OIL-NEW YORK (CARGO)-PLATT'S OILGRAM	7.1 (a) (v) (D)
HEATING OIL-NEW YORK-NYMEX	7.1 (a) (v) (B)
Inside FERC	7.2 (a) (iv)
IPE	7.2 (b) (ii)
JET FUEL-ITALY (CARGOES FOB)-PLATT'S EUROPEAN	7.1 (a) (vi) (A)
JET FUEL-ITALY (CARGOES FOB)-PLATT'S OILGRAM	7.1 (a) (vi) (B)
JET FUEL-NEW (NEW YORK/BOSTON (BARGE)PLATT'S OILGRAM	7.1 (a) (vi) (C)
JET FUEL-NWE (CARGOES CIF)-PLATT'S EUROPEAN	7.1 (a) (vi) (D)
JET FUEL-NWE (CARGOES CIF)-PLATT'S OILGRAM	7.1 (a) (vi) (E)
JET FUEL-ROTTERDAM (BARGES FOB)PLATT'S OILGRAM	7.1 (a) (vi) (F)
JET FUEL-U. S. GULF COAST (PIPELINE)PLATT'S OILGRAM	7.1 (a) (vi) (G)
JET FUEL-U. S. GULF COAST (WATERBORNE)PLATT'S OILGRAM	7.1 (a) (vi) (H)
KEROSENE-SINGAPORE-PLATT'S ASIA- PACIFIC	7.1 (a) (vii) (A)
KEROSENE-SINGAPORE-PLATT'S EUROPEAN	7.1 (a) (vii) (B)
KEROSENE-SINGAPORE-PLATT'S OILGRAM	7.1 (a) (vii) (C)
LBMA	7.2 (b) (iii)
LEAD-LME	7.1 (b) (iv) (A)
LEAD-METAL BULLETIN	7.1 (b) (iv) (B)
LME	7.2 (b) (iv)
Market Disruption Event	7.4 (a)
Material Change in Content	7.4 (c) (v)
Material Change in Formula	7.4 (c) (iv)
Maximum Days of Disruption	7.6 (a)
Metal Bulletin	7.2 (a) (v)
Minimum Futures Contracts	7.6 (b)
Modified	1.5 (a) (ii)
Modified Following	1.5 (a) (ii)
NATURAL GAS-INSIDE FERC	7.1 (a) (viii) (A)
NATURAL GAS-NATURAL GAS WEEK	7.1 (a) (viii) (B)
NATURAL GAS-NYMEX	7.1 (a) (viii) (C)
Natural Gas Week	7.2 (a) (vi)
Nearby Month	7.2 (c) (vi)
Nearest	1.5 (a) (iii)
Negotiated Fallback	7.5 (c) (ii)
NICKEL-LME	7.1 (b) (v) (A)
NICKEL-METAL BULLETIN	7.1 (b) (v) (B)
No Fault Termination	7.5 (c) (iii)
Notice of Exercise	8.5 (c)
Notional Quantity	4.3 (a)
Notional Quantity per Calculation Period	4.3 (a)
NYMEX	7.2 (b) (v)
OIL-BRENT (DTD)-ARGUS	7.1 (a) (ix) (B)
OIL-BRENT (DTD)-PLATT'S OILGRAM	7.1 (a) (ix) (C)
OIL-BRENT-ARGUS	7.1 (a) (ix) (A)
OIL-BRENT-IPE	7.1 (a) (ix) (D)
OIL-BRENT-PLATT'S OILGRAM	7.1 (a) (ix) (E)
OIL-DUBAI-PLATT'S OILGRAM	7.1 (a) (xi) (A)

IV.7 Anhang 2

OIL-TAPIS-APPI	7.1 (a)(x)(A)
OIL-TAPIS-PLATT'S OILGRAM	7.1 (a)(x)(B)
OIL-WTI-ARGUS	7.1 (a)(xii)(A)
OIL-WTI-NYMEX	7.1 (a)(xii)(C)
OIL-WTI-PLATT'S OILGRAM	7.1 (a)(xii)(D)
OIL-WTI MIDLAND-PLATT'S OILGRAM	7.1 (a)(xii)(B)
Option.	8.1 (a)
Payment Date	3.4
Period End Date	3.3
Physical Settlement	8.4 (b)
PLATINUM-METAL BULLETIN	7.1 (b)(vi)(A)
PLATINUM-NYMEX	7.1 (b)(vi)(B)
Platt's Asia-Pacific	7.2 (a)(vii)
Platt's European	7.2 (a)(viii)
Platt's Oilgram	7.2 (a)(ix)
Platt's U. S	7.2 (a)(x)
Postponement	7.5 (c)(iv)
Preceding	1.5 (a)(iv)
Premium Payment Date	8.6 (c)
Premium Per Unit	8.6 (b)
Price Source	7.2 (c)(vii)
Price Source Disruption	7.4 (c)(i)
Pricing Date	6.2 (b)
Put	8.3 (g)
Reference Dealers	7.2 (c)(viii)
Relevant Price	6.2 (c)
Seller	8.2 (b)
Seller Business Day	8.5 (h)
Settlement Date	3.4
SILVER-COMEX	7.1 (b)(vii)(A)
SILVER-METAL BULLETIN	7.1 (b)(vii)(B)
SIMEX	7.2 (b)(vi)
Specified Price	7.2 (c)(ix)
Sterling	1.6 (a)
Strike Price	8.3 (h)
Strike Price Differential	8.8
Strike Price Per Unit	8.3 (h)
Swaption	8.1 (b)
Tax Disruption	7.4 (c)(vii)
Term	3.1
Termination Date	3.5
TIN-LME	7.1 (b)(viii)(A)
TIN-METAL BULLETIN	7.1 (b)(viii)(B)
Total Notional Quantity	4.3 (b)
Total Premium	8.6 (a)
Trade Date	3.6
Trading Limitation	7.4 (c)(viii)
Trading Suspension	7.4 (c)(ii)
Transaction	1.1
U. S. Dollar	1.6 (b)
UNALLOCATED GOLD-LOCO LONDON DELIVERY	7.1 (b)(iii)(C)
UNALLOCATED SILVER-LOCO LONDON DELIVERY	7.1 (b)(vii)(C)
Underlying Transaction	8.4 (c)

Anhang 3: 1993 ISDA Bond Option Confirmation   Anhang 3 IV.7

Unit	7.2 (c) (x)
World Crude Report	7.2 (a) (xi)
Written Confirmation	8.5 (d)
ZINC-LME	7.1 (b) (ix) (A)
ZINC-METAL BULLETIN	7.1 (b) (ix) (B)

Anhang 3:

1993 ISDA Bond Option Confirmation

Confirmation of OTC
Bond Option Transaction

Heading for Letter[1]
    [Letterhead of Party A]
                                                          [Date]
    Bond Option Transaction
[Name and Address of Party B]

Heading for Telex[1]
Telex
Date:
To: [Name and Telex Number of Party B]
From: [Party A]
Re: Bond Option Transaction

Dear   :
The purpose of this [letter agreement/telex] (this „Confirmation") is to confirm the terms and conditions of the Transaction entered into between us on the Trade Date specified below (the „Transaction").
[This Confirmation constitutes a „Confirmation" as referred to in, and supplements, forms a part of and is subject to, the ISDA Master Agreement dated as of [date], as amended and supplemented from time to time (the „Agreement"), between you and us. All provisions contained in the Agreement govern this Confirmation except as expressly modified below.][1]
The terms of the Transaction to which this Confirmation relates are as follows:

1. General terms:
Trade Date:	[ ], 199[ ]
Option Style:	[American] [European]
Option Type:	[Put] [Call]
Seller:	[Party A] [Party B]
Buyer:	[Party A] [Party B]
Bonds:	[Insert full title of the Bonds, including maturity and full legal name of the issuer of the Bonds and any

---

[1] Include if applicable.

IV.7 Anhang 3

	other identification number or reference for the Bonds)]
Number of Options:	[ ]
Bond Entitlement:	[ ] of nominal amount of the Bonds per Option.
Partial Exercise:	Applicable[2]
Option Strike Price:	[ ]
Premium per Option:	[ ][3]
Total Premium:	[ ][3]
Premium Payment Date:	[ ], or, if that date is not a Currency Business Day, the first following day that is a Currency Business Day.
Seller Business Day:	Any day on which commercial banks are open for business (including dealings in foreign exchange and foreign currency deposits)[4] in [ ][5].
Exchange Business Day:	Any day that is a Seller Business Day and is a trading day on [insert relevant exchange] other than a day on which trading on such exchange is scheduled to close prior to its regular weekday closing time.
Currency Business Day:	Any day on which commercial banks are open for business (including dealings in foreign exchange and foreign currency deposits) in [ ][6].
Local Business Day:	Any day on which commercial banks are open for business (including dealings in foreign exchange and foreign currency deposits) in the city specified in the address for notice provided by the recipient.
Calculation Agent:	[ ], whose determinations and calculations shall be binding in the absence of manifest error[7].

2. Procedure for Exercise:

Exercise Period:	[The Expiration Date][8] [Any Seller Business Day from and including [ ] to and including the Expiration Date][9] between 9:00 a.m. and [4:00 p.m.][10] (local time in [ ]).[11]
Exercise Date:	The Seller Business Day during the Exercise Period on which the Option is or is deemed to be exercised.

---

[2] Specify that Partial Exercise is inapplicable if Buyer is not permitted to exercise less than all Options at a time, and specify that multiple exercise is inapplicable if Buyer is permitted to exercise an American style option only once (even if less than all Options are then exercised).

[3] The premium may be stated as an amount of currency, in basis points or as a percentage of yield.

[4] If Seller is not a commercial bank and located in a city in which commercial bank holidays may differ from local securities exchange holidays, add „and which is a scheduled trading day on local securities exchanges".

[5] Specify the city in which Seller is located for the purpose of receiving notices.

[6] Specify the principal financial center for the relevant currency. If the payment currency for the premium is not the same as the payment currency for the Cash Settlement Amount, the parties may wish to specify a principal finacial center in respect of each payment currency.

[7] If the Calculation Agent is a third party, the parties will want to consider any documentation necessary to confirm its undertaking.

[8] Include if European style option.

[9] Include if American style option.

[10] For American style options on certain bonds, such as Gilts, parties may wish to specify that the latest time Buyer may exercise its option on the Expiration Date is different from the latest time Buyer may exercise on any other Seller Business Day during the Exercise Period.

[11] Specify city in which Seller is located for purposes of receiving notices.

Expiration Date:	[ ], or, if that date is not an Exchange Business Day, the first following day that is an Exchange Business Day.
Notice of Exercise and Written Confirmation:	Buyer must deliver irrevocable notice to Seller (which may be delivered orally, including by telephone) of its exercise of any right granted pursuant to an Option during the hours specified above on a Seller Business Day in the Exercise Period. [The notice given in respect of an Exercise Date shall specify the number of Options being exercised on that date.)[12] [Buyer may exercise the unexercised number of Options on one or more Seller Business Days during the Exercise Period.][13]
	If the notice of exercise is delivered after [4:00 p.m.] on a Seller Business Day, then that notice will be deemed delivered on the next following Seller Business Day, if any, in the Exercise Period.
	If a notice of exercise is delivered orally, Buyer will execute and deliver a written confirmation confirming the substance of that notice and account details within one Seller Business Day of that notice. Failure to provide that written confirmation will not affect the validity of that oral notice.
Limited Right to Confirm Exercises:	If an Option has not previously been exercised, Seller may, immediately prior to, at or after the last time for exercise on the Expiration Date (the „Expiration Time"), request (which request may be oral, including by telephone) Buyer to confirm its intent to exercise the Option. Buyer will reply immediately to any such request. [If Buyer confirms its intent to exercise at or before the Expiration Time, then Physical Settlement shall be applicable.][14] If Buyer confirms its intent to exercise after the Expiration Time or if Seller has made no request and Buyer notifies Seller of its intent to exercise after the Expiration Time but not later than 10 Seller Business Days after the Expiration Date, then the Option shall be deemed to have been exercised at the Expiration Time [and, notwithstanding Section 3 below, Cash Settlement shall be deemed to apply.][15] Otherwise, the Option shall be deemed to have expired at the Expiration Time.
Telephone, Telex and/or Facsimile Numbers and Contact Details for Notices:	Seller: Buyer:
3. Settlement Terms:	
Settlement:	[Cash] [Physical]

---

[12] Delete if Partial Exercise is inapplicable.
[13] Include if the Option is American style and Buyer may exercise more than once.
[14] Include if Physical Settlement is specified to apply.
[15] Include if Physical Settlement is specified to apply.

Settlement Date:	[ ]¹⁶ days following the relevant Exercise Date [, subject to adjustment for a Settlement Disruption Event]¹⁷.
[Physical Settlement Terms:]¹⁸	
Physical Settlement:	On the Settlement Date, Buyer shall [pay to Seller the Bond Payment]¹⁹ [deliver to Seller the Bonds to be Delivered]²⁰ and Seller shall [deliver to Buyer the Bonds to be Delivered]²¹ [pay to Buyer the Bond Payment]²², in each case, through the Clearance System at the accounts specified below, [on a delivery versus payment basis]²³.
	If there is a Settlement Disruption Event that prevents settlement on a day that but for the occurrence of that Settlement Disruption Event would have been the Settlement Date, then the Settlement Date shall be the first succeeding day on which that settlement can take place through the Clearance System, unless a Settlement Disruption Event prevents settlement on each day that the Clearance System is (or, but for the Settlement Disruption Event, would have been) open for business during the period ending 30 calendar days after the original date that, but for the Settlement Disruption Event, would have been the Settlement Date. If a Settlement Date does not occur during such 30 calendar day period, the party required under this Transaction to deliver Bonds shall use best efforts to deliver the Bonds to be Delivered promptly thereafter in a commercially reasonable manner outside the Clearance System on a delivery versus payment basis.
Split Tickets²⁴:	[The party required to deliver Bonds may divide the Bonds to be Delivered into such number of lots of such size as such party desires to facilitate its delivery obligations. Such party shall notify the party to receive the Bonds of its delivery intentions upon exercise of the Option.]
Bonds to be Delivered:	The nominal amount of Bonds equal to the number of Options exercised on the relevant Exercise Date multiplied by the Bond Entitlement.

---

¹⁶ If cash settled, specify the number of currency Business Days in which transactions in the relevant currency are settled, and, if settled by physical delivery, specify the number of days as is customary for the Clearance System.

¹⁷ Include if Physical Settlement is specified to apply.

¹⁸ Include of Physical Settlement is specified to apply. Otherwise, include only Cash Settlement Terms.

¹⁹ Include if Call Option.

²⁰ Include if Put Option.

²¹ Include if Call Option.

²² Include if Put Option.

²³ If it is agreed that settlement will be other than on the basis of delivery vs. payment, specify the relevant details.

²⁴ Delete this paragraph if „split ticket" settlement is not acceptable to the parties.

Bond Payment:	The product of (a) the sum of (i) the Option Strike Price [multiplied by the Bond Entitlement][25] plus (ii) accrued interest, if any, on the Bond Entitlement computed in accordance with customary trade practices employed with respect to the Bonds multiplied by (b) the number of Options exercised on the relevant Exercise Date.
Clearance System:	[ ]
Settlement Disruption Event:	An event beyond the control of the parties as a result of which: Clearance System cannot clear the transfer of the Bonds.
Failure to Deliver:	Failure by a party to deliver, when due, Bonds under this Option shall constitute an Event of Default only if on or before the third Local Business Day after notice of the failure is given to the party it does not (a) remedy such failure or (b) provide such security or such other assurances to the other party as such other party, acting in good faith but in its sole discretion, deems adequate.
Buy-in:	In addition to any requirement that a party provide security or assurances as a result of its failure to deliver the Bonds to be Delivered, the other party may at any time, and not later than 45 calendar days after such failure (absent an Event of Default) shall endeavor to, exercise a buyer's right to buy-in such Bonds in accordance with Section 450 of the International Securities Market Association's Rules and Recommendations, as amended from time to time.[26] Any buy-in settlement shall be settled without any delay and, in any event, not later than [ ][27] Currency Business Days following the date of tbe buy-in.
Cash Settlement Terms:	
Cash Settlement:	[If under the Limited Right to Confirm Exercise, any Option is deemed to have been exercised and Cash Settlement applies,][28] Seller shall pay to Buyer the Cash Settlement Amount, if any, on the Settlement Date for all Options exercised or deemed exercised.
Cash Settlement Amount:	An amount, as calculated by tbe Calculation Agent, equal to the number of Options exercised on the re-

---

[25] Include if the Option strike Price is stated as a percentage of the nominal value of the Bonds (e.g., 103% of par), but delete if the Option Strike Price is stated as an amount in the relevant currency. If the Option Strike Price is stated as a yield, the formula should be adjusted accordingly.

[26] If a party to the Transaction is not an ISMA member or if the underlying bonds are not „international securites", further consideration should be given to the appropriateness of the Section 450 procedures. In such circumstances, the parties may, among other things, (i) choose to disregard any requirements that copies of notices relating to the buy-in- procedures be sent to the ISMA secretariat and (ii) agree on alternative qualifications for selecting a buy-in agent.

[27] Specify the number of Currency Business Days in which transactions in the relevant currency are settled.

[28] Include if Physical Settlement is specified to apply.

Strike Price Differential:	levant Exercise Date multiplied by the Strike Price Differential. An amount equal to the greater of (a) the excess of [the Option Strike Price [multiplied by the Bond Entitlement[29]] over the Spot Price][30] [the Spot Price over the Option Strike Price [multiplied by the Bond Entitlement[31]][32] and (b) zero.
Spot Price:	The price as of [ ][33] on the relevant Exercise Date (or, if that date is not an Exchange Business Day, the next following Exchange Business Day) for Bonds equal in amount to the Bond Entitlement, as determined in good faith by the Calculation Agent.
Conversion[34]:	If the issuer of the Bonds irreversibly converts the Bonds into other securities, this Transaction shall continue as set forth in this Confirmation except that (a) the „Bonds" shall mean such other securities and (b) the Calculation Agent shall, in good faith, adjust the Option Strike Price, the Number of Options and/or the Bond Entitlement as the Calculation Agent determines appropriate to preserve the theoretical value of this Transaction to the parties immediately prior to such conversion.
Dispute Resolution:	If a party objects to a determination by the Calculation Agent of the Spot Price or an adjustment in respect of a Conversion within two Exchange Business Days of notice of that determination, then Buyer and Seller shall negotiate in good faith to agree on an independent third party that shall determine the Spot Price or that adjustment, as the case may be, and, if they cannot so agree within three Exchange Business Days, each of Buyer and Seller shall promptly choose an independent third party and instruct the parties so chosen to agree on another independent third party that shall determine the Spot Price or that adjustment, as the case may be. The determination of an independent third party shall be binding in the absence of manifest error. The costs of such independent third party shall be borne equally by Buyer and Seller.

4. **Account Details:**
   Account Details of Buyer:
   Account Details of Seller:

---

[29] Delete if the Option Strike Price is stated as an amount in the relevant currency.
[30] Include if Put Option.
[31] Delete if the Option strike Price is stated as an amount in the relevant currency.
[32] Include if Call Option.
[33] Describe the relevant fixing or otherwise specify a valuation time.
[34] If the issuer of the Bonds is not a government or a governmental entity, the parties may wish to consider providing for adjustments in respect of the merger, liquidation or nationalization of the issuer.

5. Other Terms:[35]

[Additional Representation and Agreement][36]   [A party required to deliver Bonds represents and agrees that it will convey good title to the Bonds to be Delivered],[free and clear of any lien, charge, claim or encumbrance.]

[Transfer:][37]   [Neither party may transfer any Option or any interest in or under this Transaction without the prior written consent of the non-transferring party and any purported transfer without such consent will be void.]

Margin: [Applicable][38] [Inapplicable]

This Confirmation will be governed by and construed in accordance with the laws of [ ] (without reference to choice of law doctrine)].[39]

Closing for Letter[40]

Please confirm that the foregoing correctly sets forth the terms of our agreement by executing the copy of this Confirmation enclosed for that purpose and returning it to us or by sending to us a letter or telex substantially similar to this letter, which letter or telex sets forth the material terms of the Transaction to which this Confirmation relates and indicates your agreement to those terms.

Yours sincerely,
[PARTY A]
By: ....
Name:
Title:

Confirmed as of the date
first above written:
[PARTY B]
By: ....
Name:
Title:

Closing for Telex[41]

Please confirm that the foregoing correctly sets forth the terms of our agreement by sending to us a letter or telex substantially similar to this telex, which letter or telex sets forth the material terms of the Transaction to which this Confirmation relates and indi-

---

[35] Consider whether any additions or deletions relating to any applicable jurisdiction or regulatory, tax, accounting, securities exchange or other requirements should be made in this Confirmation if these are not addressed in a related master agreement. For an indication of further issues that the parties may wish to consider when documenting transactions that settle by physical delivery under a 1992 ISDA Master Agreement, see Section VI of the User's Guide to the 1992 ISDA Master Agreements, 1993 Edition (as published by the International Swap Dealers Association, Inc.).
[36] Include if Physical Settlement is specified to apply.
[37] Delete if this Confirmation is part of an ISDA Master Agreement.
[38] Parties should specify the margin provisions, if any, that will apply to the Option.
[39] Delete if this Confirmation is part of an ISDA Master Agreement.
[40] Include if applicable.
[41] Include if applicable.

IV.7 Anhang 4

cates agreement to those terms, or by sending to us a return telex substantially to the following effect:

„Re:

We acknowledge receipt of your telex dated [   ] with respect to the above-referenced Transaction between [Party A] and [Party B] with a Trade Date of [   ] (reference number [   ]) and an Expiration Date of [   ] and confirm that such telex correctly sets forth the terms of our agreement relating to the Transaction described therein. Very truly yours, [Party B], by [specify name and title of autorized officer]."

Yours sincerely,
[PARTY A]
By: . . . .
Name:
Title:

Anhang 4:

1994 ISDA Equity Option Definitions

INTERNATIONAL SWAPS AND DERIVATIVES ASSOCIATION, INC.

TABLE OF CONTENTS

INTRODUCTION TO THE 1994 ISDA EQUITY OPTION DEFINITIONS

ARTICLE 1

CERTAIN GENERAL DEFINITIONS

SECTION 1.1.	Transaction
SECTION 1.2.	Confirmation
SECTION 1.3.	Index
SECTION 1.4.	Shares
SECTION 1.5.	Issuer
SECTION 1.6.	Trade Date
SECTION 1.7.	Commencement Date
SECTION 1.8.	Number of Options
SECTION 1.9.	Multiplier
SECTION 1.10.	Option Entitlement
SECTION 1.11.	Option
SECTION 1.12.	Strike Price
SECTION 1.13.	Settlement Price
SECTION 1.14.	Exchange
SECTION 1.15.	Related Exchange
SECTION 1.16.	Clearance System
SECTION 1.17.	Seller Business Day
SECTION 1.18.	Index Business Day
SECTION 1.19.	Exchange Business Day
SECTION 1.20.	Currency Business Day
SECTION 1.21.	Clearance System Business Day

Anhang 4: 1994 ISDA Equity Option Definitions

ARTICLE 2
PARTIES
SECTION 2.1.	Buyer
SECTION 2.2.	Seller

ARTICLE 3
OPTION STYLE AND TYPE
SECTION 3.1.	Option Style
SECTION 3.2.	Option Type

ARTICLE 4
PREMIUM
SECTION 4.1.	Premium
SECTION 4.2.	Premium Payment Date

ARTICLE 5
EXERCISE
SECTION 5.1.	General Terms Relating to Exercise
SECTION 5.2.	Procedure for Exercise
SECTION 5.3.	Multiple Exercise
SECTION 5.4.	Automatic Exercise

ARTICLE 6
VALUATION
SECTION 6.1.	Calculation Agent
SECTION 6.2.	Valuation Time
SECTION 6.3.	Valuation Date
SECTION 6.4.	Market Disruption Event

ARTICLE 7
SETTLEMENT OF INDEX TRANSACTIONS
SECTION 7.1.	Cash Settlement
SECTION 7.2.	Cash Settlement Amount
SECTION 7.3.	Settlement Currency
SECTION 7.4.	Strike Price Differential
SECTION 7.5.	Cash Settlement Payment Date

ARTICLE 8
SETTLEMENT OF SHARE TRANSACTIONS
SECTION 8.1.	Settlement of Share Transactions
SECTION 8.2.	Settlement Date
SECTION 8.3.	Number of Shares to be Delivered
SECTION 8.4.	Settlement Disruption Event
SECTION 8.5.	Dividends and Expenses
SECTION 8.6.	Representation and Agreement
SECTION 8.7.	Failure to Deliver; Default Interest

IV.7 Anhang 4

ARTICLE 9
ADJUSTMENT TO INDEX
SECTION 9.1.   Adjustment to index
SECTION 9.2.   Correction of Index

ARTICLE 10
ADJUSTMENTS AND EXTRAORDINARY EVENTS AFFECTING SHARES
SECTION 10.1.   Adjustments
SECTION 10.2.   Merger Event
SECTION 10.3.   Consequences of Merger Events
SECTION 10.4.   Settlement following a Merger Event
SECTION 10.5.   Election of Combined Consideration
SECTION 10.6.   Nationalization or Insolvency
SECTION 10.7.   Payment upon Certain Extraordinary Events

EXHIBIT I
Sample Form for a Letter Agreement or Telex

EXHIBIT II
Sample Forms of Specific Provisions for
Different Types of Transactions:
A. OTC Equity Index Option
B. OTC Single Share Option (Physical Settlement)

INDEX OF TERMS

INTRODUCTION TO THE 1994 ISDA EQUITY OPTION DEFINITIONS

The 1994 ISDA Equity Option Definitions are intended for use with agreements, such as the 1992 ISDA Master Agreements (the „ISDA Master Agreements") published by the International Swaps and Derivatives Association, Inc. („ISDA"), and in Confirmations of individual transactions governed by those agreements. Copies of the ISDA Master Agreements are available from the executive offices of ISDA. A sample form of letter agreement or telex constituting a Confirmation is attached as Exhibit I to these Definitions. Exhibit II-A sets out specific provisions for inclusion in a Confirmation to document an over-the-counter („OTC") equity index option transaction. Exhibit II-B sets out specific provisions for inclusion in a Confirmation to document a physically-settled OTC single share option transaction.

These Definitions reflect the terms of the long form Confirmation for an OTC Equity Index Option Transaction published by ISDA in June 1992 (the „Index Confirmation") and of the long form Confirmation for an OTC Single Share Option Transaction (Physical Settlement) published by ISDA in October 1994 (the „Share Confirmation"). The purpose of publishing these Definitions is to make it easier for participants in the markets for OTC equity option transactions to document OTC equity index and physically-settled single share option transactions using short form Confirmations which incorporate these Definitions.

These Definitions were developed by a working group of ISDA member institutions, including most of the leading participants in the OTC equity derivatives markets. The Definitions were developed by the working group based, as far as possible, on market practice. Inevitably, in certain areas market practice has not been uniform or has otherwise not provided definitive guidance. The working group has given studied consideration to these issues in formulating the provisions set out in these Definitions. Each member of the working group has, where appropriate, sought the views of its own trading, operational, legal, compliance and other relevant personnel. None of this, however, obviates the need for each user of these Definitions to review the provisions of these Definitions casefully and to form its own independent judgement on the appropriateness of these Definitions for use by the institution in documenting OTC equity index and/or physically-settled single share option transactions.

It was intended, in producing this set of Definitions, that as far as possible no substantive changes be made to the terms set out in the two long form Confirmations already published. Inevitably, since the Index Confirmation was published in June 1992, there have been some minor changes of view among a majority of the members of the working group on certain points, particularly in relation to exercise. These changes are reflected in the Share Confirmation. In producing these Definitions, the working group thought it appropriate, where there was no substantive reason for a difference between the two types of Confirmation, to conform the terms of the Index Confirmation to the Share Confirmation. Users of the Definitions are advised to review the Definitions carefully with this in mind.

These Definitions may be updated periodically. The working group plans to prepare additional definitions and provisions to cover a broader range of OTC equity derivatives including index, basket and single share swap transactions, cash-settled basket and single share option transactions and physically- and cash-settled index, basket and single share forward transactions. It is anticipated that the current Definitions will be re-published with these additional definitions and provisions. While the definitions and provisions contained in these Definitions may be modified in any update, it is not anticipated that, to the extent that they relate to OTC equity index and physically-settled single share option transactions, those definitions and provisions will be changed substantively unless market practice prevailing at that time supports such a change. At any time a copy of the then current version of the Definitions can be obtained from the executive offices of ISDA.

ISDA has not undertaken to review all applicable laws and regulations of any jurisdiction in which these Definitions may be used, and therefore parties are advised to consider the application of any relevant jurisdiction's regulatory, tax, accounting, exchange or other requirements that may exist in connection with the entering into and documenting of an OTC equity option transaction.

ISDA assumes no responsibility for any use to which these Definitions may be put, including, without limitation, any use of these Definitions in connection with an OTC equity index or physically-settled single share option transaction.

1994 ISDA EQUITY OPTION DEFINITIONS

Any or all of the following definitions and provisions may be incorporated into a document by wording in the document indicating that, or the extent to which, the document is subject to the 1994 ISDA Equity Option Definitions (as published by the International Swaps and Derivatives Association, Inc.). All definitions and provisions so incorporated in a document will be applicable to that document unless otherwise provided in that document, and all terms defined in these Definitions and used in any definition or provision that is incorporated by reference in a document will have the respective meanings set forth in these Definitions unless otherwise provided in that document. Any term used in a document will, when combined with the name of a party, have meaning in respect of the named party only.

ARTICLE 1

CERTAIN GENERAL DEFINITIONS

Section 1.1. Transaction. „Transaction" means (a) a transaction that is an over-the-counter single share option transaction which is to be settled on exercise by delivery of the underlying share (a „Share Transaction"), (b) a transaction that is an equity index option transaction (an „Index Transaction") or (c) any other transaction identified as a Transaction in the related Confirmation.

Section 1.2. Confirmation. „Confirmation" means, in respect of a Transaction, one or more documents or other confirming evidence exchanged between the parties, which, taken together, confirm all the terms of the Transaction.

Section 1.3. Index. „Index" means, in respect of an Index Transaction, the Index specified as such in the related Confirmation.

Section 1.4. Shares. „Shares" means, in respect of a Share Transaction, the shares or other securities specified as such in the related Confirmation.

Section 1.5. Issuer. „Issuer" means, in respect of a Share Transaction, the issuer of the relevant Shares.

Section 1.6. Trade Date. „Trade Date" means, in respect of a Transaction, the date on which the parties enter into the Transaction.

Section 1.7. Commencement Date. „Commencement Date" means, in respect of an American style Transaction, the date specified as such in the related Confirmation, which date is the first day of the Exercise Period.

Section 1.8. Number of Options. „Number of Options" means, in respect of a Transaction, the number specified as such in the related Confirmation, being the number of Options comprising the Transaction.

Section 1.9. Multiplier. „Multiplier" means, in respect of an Index Transaction, the percentage specified as such in the related Confirmation.

Section 1.10. Option Entitlement. „Option Entitlement" means, in respect of a Share Transaction, the number of Shares per Option specified as such in the related Confirmation.

Section 1.11. Option. „Option" means, in respect of a Transaction, one unit of exercise (ignoring for this purpose any specified Minimum Number of Options) of the Transaction.

Section 1.12. Strike Price. „Strike Price" means (a) in respect of an Index Transaction, the level of the relevant Index specified or otherwise determined as provided in the related Confirmation and (b) in respect of a Share Transaction, the price per Share specified or otherwise determined as provided in the related Confirmation.

Section 1.13. Settlement Price. „Settlement Price" means (a) in respect of each Option exercised under an Index Transaction, the level of the Index determined as provided in the related Confirmation or, if no means for determining the Settlement Price is so provided, the level of the Index at the Valuation Time on the relevant Valuation Date and (b) in respect of a Share Transaction, the Strike Price multiplied by the Number of Shares to be Delivered.

Section 1.14. Exchange. „Exchange" means, in respect of a Transaction, the exchange or quotation system specified as such in the related Confirmation or any successor to such exchange or quotation system. In respect of a Share Transaction, if the specified Exchange ceases to list or otherwise include the relevant Shares, the parties will negotiate in good faith to agree on another exchange or quotation system.

Section 1.15. Related Exchange. „Related Exchange" means, in respect of a Transaction, each exchange or quotation system specified as such in the related Confirmation or, in each case, any successor to such exchange or quotation system.

Section 1.16. Clearance System. „Clearance System" means, in respect of a Share Transaction, the clearance system specified as such in a Confirmation or any successor to such clearance system. If the Clearance System ceases to clear the relevant Shares, the parties will negotiate in good faith to agree on another manner of delivery.

Section 1.17. Seller Business Day. „Seller Business Day" means any day on which commercial banks are open for business (including dealings in foreign exchange and foreign currency deposits) and, if Seller is not a commercial bank, which is a scheduled trading day on local securities exchanges in the place(s) specified for that purpose in the relevant Confirmation or, if a place is not so specified, in the city where Seller is located for the purpose of receiving notices.

Section 1.18. Index Business Day. „Index Business Day" means, in respect of an Index Transaction, a day that is a Seller Business Day and is (or, but for the occurrence of a Market Disruption Event, would have been) a trading day on each of the Exchange and each Related Exchange other than a day on which trading on any such exchange is scheduled to close prior to its regular weekday closing time.

Section 1.19. Exchange Business Day. „Exchange Business Day" means, in respect of a Share Transaction, a trading day on the Exchange other than a day on which trading on the Exchange is scheduled to close prior to its regular weekday closing time.

Section 1.20. Currency Business Day. „Currency Business Day" means any day on which commercial banks are open for business (including dealings in foreign exchange and foreign currency deposits) in the principal financial center for the relevant currency.

Section 1.21. Clearance System Business Day. „Clearance System Business Day" means, in respect of a Share Transaction, any day on which the relevant Clearance System is (or, but for the occurrence of a Settlement Disruption Event, would have been) open for the acceptance and execution of settlement instructions.

ARTICLE 2
PARTIES

Section 2.1. Buyer. „Buyer" means, in respect of a Transaction, the party specified as such in the related Confirmation.

Section 2.2. Seller. „Seller" means, in respect of a Transaction, the party specified as such in the related Confirmation.

ARTICLE 3
OPTION STYLE AND TYPE

Section 3.1. Option Style.
(a) „American" means a style of Transaction pursuant to which the right or rights granted are exercisable during an Exercise Period that consists of more than one day.

(b) „European" means a style of Transaction pursuant to which the right or rights granted are exercisable only on the Expiration Date.

Section 3.2. Option Type.
(a) „Call" means a Transaction entitling, but not obligating, Buyer upon exercise (i) in respect of an Index Transaction, to receive a Cash Settlement Amount if the Settlement Price exceeds the Strike Price and (ii) in respect of a Share Transaction, to purchase Shares from Seller at the Strike Price per Share, in each case as more particularly provided in or pursuant to the Confirmation.

IV.7 Anhang 4

(b) „Put" means a Transaction entitling, but not obligating, Buyer upon exercise (i) in respect of an Index Transaction, to receive a Cash Settlement Amount if the Strike Price exceeds the Settlement Price and (ii) in respect of a Share Transaction, to sell Shares to Seller at the Strike Price per Share, in each case as more particularly provided in or pursuant to the Confirmation.

ARTICLE 4
PREMIUM

Section 4.1. Premium. „Premium" means, in respect of a Transaction, the amount specified or otherwise determined as provided in the related Confirmation. If a Premium per Option is specified in a Confirmation, the Premium shall be the product of the Premium per Option and the Number of Options. Subject to any applicable condition precedent, the Premium is payable by Buyer on the Premium Payment Date or Dates.

Section 4.2. Premium Payment Date. „Premium Payment Date" means, in respect of a Transaction, each date specified or otherwise determined as provided in the related Confirmation or, if any such date is not a Currency Business Day, the next following Currency Business Day.

ARTICLE 5
EXERCISE

Section 5.1. General Terms Relating to Exercise.

(a) „Exercise Period" means, in respect of a European style Transaction, the Expiration Date between 9:00 a.m. (local time in the location of Seller for the purpose of receiving notice of exercise) and the Expiration Time and in respect of an American style Transaction, any Exercise Business Day from, and including, the Commencement Date to, and including, the Expiration Date between 9:00 a.m. (local time in the location of Seller for the purpose of receiving notice of exercise) and the Latest Exercise Time.

(b) „Exercise Date" means, in respect of each Option exercised under a Transaction, the Exercise Business Day during the Exercise Period on which that Option is or is deemed to be exercised.

(c) „Latest Exercise Time" means, in respect of a Transaction, the time specified as such in the related Confirmation, provided that on the Expiration Date the Latest Exercise Time shall be the Expiration Time. If no such time is specified, the Latest Exercise Time shall be the Expiration Time.

(d) „Expiration Time" means, in respect of a Transaction, the time specified as such in the related Confirmation.

(e) „Expiration Date" means, in respect of a Transaction, the date specified as such in the related Confirmation or, if that date is not an Exercise Business Day, the next following Exercise Business Day.

(f) „Exercise Business Day" means, in respect of an Index Transaction, a Seller Business Day and, in respect of a Share Transaction, an Exchange Business Day.

Section 5.2. Procedure for Exercise. Except when Automatic Exercise applies, Buyer must give irrevocable notice (which will be oral telephonic notice, if practicable, and otherwise written notice) in the Exercise Period to Seller of its exercise of an Option. If the notice of exercise is given after the Latest Exercise Time on an Exercise Business Day, then that notice will be deemed given on the next following Exchange Business Day, if any, in the Exercise Period. In the case of an American style Transaction to which Multiple Exercise is applicable, Buyer must specify in that notice the number of Options being exercised on the relevant Exercise Date. Buyer will execute and deliver a written confirmation confirming the substance of any telephonic notice within one Seller Business Day of that notice. Failure to provide that written confirmation will not affect the validity of the telephonic notice.

Section 5.3. Multiple Exercise.

(a) If „Multiple Exercise" is specified to be applicable to an American style Transaction, Buyer may exercise all or less than all the unexercised Options on one or more Exercise Business Days during the Exercise Period, but (except as set forth below) on any Exercise Business Day may not exercise less than the Minimum Number of Options or more than the Maximum Number of Options and, if a number is specified as the „Integral Multiple" in the related Confirmation, that number of Options must equal or be an integral multiple of the number so specified. Except as set forth below, any attempt to exercise on any Exercise Business Day (i) more than the Maximum Number of Options will be deemed to be an exercise of the Maximum Number of Options (the number of Options exceeding the Maximum Number of Options being deemed to remain unexercised) and (ii) less than the Minimum Number of Options will be ineffective. Buyer may exercise (x) more than the Maximum Number of Options on the Expiration Date and (y) less than the Minimum Number of Options if it exercises all the Options remaining unexercised.

(b) „Minimum Number of Options" means, in respect of a Transaction to which Multiple Exercise is applicable, the number specified as such in the related Confirmation.

(c) „Maximum Number of Options" means, in respect of a Transaction to which Multiple Exercise is applicable, the number specified as such in the related Confirmation.

Section 5.4. Automatic Exercise. If „Automatic Exercise" is specified to be applicable to a Transaction, then each Option not previously exercised under that Transaction will be deemed to be automatically exercised:

(a) (i) in respect of an Index Transaction, on the Expiration Date; and

(b) in respect of a Share Transaction, at the Expiration Time on the Expiration Date if at such time the Option is In-the-Money, as determined by the Calculation Agent, unless:

(i) Buyer notifies Seller (by telephone or in writing) prior to the Expiration Time on the Expiration Date that it does not wish Automatic Exercise to occur; or

(ii) the Reference Price necessary, to determine that the Option is In-the-Money cannot be determined at the Expiration Time on the Expiration Date,

in which case Automatic Exercise will not apply.

(c) „In-the-Money" in respect of a Share Transaction, means, in the case of a Call, that the Reference Price is equal to or greater than 101 percent of the Strike Price and, in the case of a Put, that the Reference Price is less than or equal to 99 percent of the Strike Price.

(d) „Reference Price" in respect of a Share Transaction, means the price determined as specified in the related Confirmation or, if no means of determining such price is specified, the official closing price per Share on the Exchange on the Expiration Date.

ARTICLE 6
VALUATION

Section 6.1. Calculation Agent. „Calculation Agent" means, in respect of a Transaction, the person specified as such in the related Confirmation. Whenever the Calculation Agent is required to act, it will do so in good faith, and its determinations and calculations will be binding in the absence of manifest error.

Section 6.2. Valuation Time. „Valuation Time" means, in respect of an Index Transaction, the time specified as such in the related Confirmation or, if no such time is specified, the close of trading on the Exchange.

Section 6.3. Valuation Date. „Valuation Date" means, in respect of each Exercise Date under an Index Transaction, the Exercise Date, unless there is a Market Disruption Event on that day. If there is a Market Disruption Event on that day, then the Valuation Date shall be the first succeeding Index Business Day on which there is no Market Disruption

Event, unless there is a Market Disruption Event on each of the five Index Business Days immediately following the original date that, but for the Market Disruption Event, would have been the Valuation Date. In that case, (a) that fifth Index Business Day shall be deemed to be the Valuation Date, notwithstanding the Market Disruption Event, and (b) the Calculation Agent shall determine the level of the Index as of the Valuation Time on that fifth Index Business Day in accordance with (subject to Section 9.1 („Adjustment to Index") the formula for and method of calculating the Index last in effect prior to the commencement of the Market Disruption Event using the Exchange traded price (or, if trading in the relevant security has been materially suspended or materially limited, its good faith estimate of the Exchange traded price that would have prevailed but for that suspension or limitation) as of the Valuation Time on that fifth Index Business Day of each security comprising the Index.

Section 6.4. Market Disruption Event.
(a) „Market Disruption Event" means, in respect of an Index Transaction, the occurrence or existence on any Index Business Day during the one-half hour period that ends at the Valuation Time of any suspension of or limitation imposed on trading (by reason of movements in price exceeding limits permitted by the relevant exchange or otherwise) on (i) the Exchange in securities that comprise 20% or more of the level of the. Index or (ii) any Related Exchange in options contracts on the Index or (iii) any Related Exchange in futures contracts on the Index if, in the determination of the Calculation Agent, such suspension or limitation is material.

(b) For the purpose of determining whether a Market Disruption Event exists at any time, if trading in a security included in the Index is materially suspended or materially limited at that time, then the relevant percentage contribution of that security to the level of the Index shall be based on a comparison of (i) the portion of the level of the Index attributable to that security relative to (ii) the overall level of the Index, in each case immediately before that suspension or limitation.

(c) The Calculation Agent shall as soon as reasonably practicable under the circumstances notify the parties or other party, as the case may be, of the existence of a Market Disruption Event on any day that but for the occurrence or existence of a Market Disruption Event would have been a Valuation Date.

ARTICLE 7
SETTLEMENT OF INDEX TRANSACTIONS

Section 7.1. Cash Settlement. In respect of each Exercise Date under an Index Transaction for which „Cash Settlement" is specified to be applicable, Seller shall pay to Buyer the Cash Settlement Amount, if any, on the relevant Cash Settlement Payment Date for all Options exercised or deemed exercised on that Exercise Date.

Section 7.2. Cash Settlement Amount. „Cash Settlement Amount" means, unless otherwise provided in the relevant Confirmation, in respect of each Valuation Date under an Index Transaction, an amount, as calculated by the Calculation Agent, equal to the number of Options exercised on the relevant Exercise Date multiplied by the Strike Price Differential multiplied by one unit of the Settlement Currency multiplied by the Multiplier, if any.

Section 7.3. Settlement Currency. „Settlement Currency" means, in respect of an Index Transaction, the currency specified as such in the related Confirmation.

Section 7.4. Strike Price Differential. „Strike Price Differential" means, unless otherwise provided in the relevant Confirmation, in respect of each Valuation Date under an Index Transaction, an amount equal to the greater of (i) the excess, as of the Valuation Time on that Valuation Date, of (A) in the case of a Call, the relevant Settlement Price over the

Strike Price and (B) in the case of a Put, the Strike Price over the relevant Settlement Price and (ii) zero.

Section 7.5. Cash Settlement Payment Date. „Cash Settlement Payment Date" means, in respect of each Valuation Date under an Index Transaction, the date specified or otherwise determined as provided in the related Confirmation.

ARTICLE 8
SETTLEMENT OF SHARE TRANSACTIONS

Section 8.1. Settlement of Share Transactions. In respect of each Exercise Date under a Share Transaction for which „Physical Settlement" is specified to be applicable, (a) in the case of a Call, Buyer will pay to Seller the Settlement Price and Seller will deliver to Buyer the Number of Shares to be Delivered and (b) in the case of a Put, Buyer will deliver to Seller the Number of Shares to be Delivered and Seller will pay to Buyer the Settlement Price (subject in each case to the provisions of Article 10 („Adjustments and Extraordinary Events Affecting Shares")). Such payment and such delivery will be made through the relevant Clearance System at the accounts specified below on a delivery versus payment basis (if that is possible through the specified Clearance System).

Section 8.2. Settlement Date. „Settlement Date" means, in respect of each Exercise Date under a Share Transaction, the first day on which settlement of a sale of Shares executed on that Exercise Date customarily would take place through the Clearance System, unless a Settlement Disruption Event prevents settlement on that day. If a Settlement Disruption Event does prevent settlement on that day, then the Settlement Date will be the first succeeding day on which settlement can take place through the Clearance System unless a Settlement Disruption Event prevents settlement on each of the 10 Clearance System Business Days immediately following the original date that, but for the Settlement Disruption Event, would have been the Settlement Date. In that case, (a) if the Shares can be delivered in any other commercially reasonable manner, then the Settlement Date will be the first day on which settlement of a sale of Shares executed on that 10th Clearance System Business Day customarily would take place using such other commercially reasonable manner of delivery (which other manner of delivery will be deemed the Clearance System for the purposes of delivery of the relevant Shares), and (b) if the Shares cannot be delivered in any other commercially reasonable manner, then the Settlement Date will be postponed until delivery can be effected through the Clearance System or in any other commercially reasonable manner.

Section 8.3. Number of Shares to be Delivered. „Number of Shares to be Delivered" means, in respect of an Exercise Date under a Share Transaction, the number of Shares equal to the number of Options exercised on that Exercise Date multiplied by the Option Entitlement, rounded down to the nearest whole Share.

Section 8.4. Settlement Disruption Event. „Settlement Disruption Event" means, in respect of a Share Transaction, an event beyond the control of the parties as a result of which the Clearance System cannot clear the transfer of the Shares.

Section 8.5. Dividends and Expenses. Following exercise of an Option under a Share Transaction, all dividends on the relevant Shares to be delivered will be payable to and all expenses of transfer of the Shares on delivery (such as any stamp duty or stock exchange tax) will be payable by, the party that would receive such dividend or pay such expenses, as the case may be, according to market practice for a sale of the Shares executed on the Exercise Date to be settled through the Clearance System.

Section 8.6. Representation and Agreement. In respect of each exercise of Options under a Share Transaction, the party required to deliver the Shares agrees that it will convey, and, on each date that it delivers Shares, represents that it has conveyed, good title to the

Shares it is required to deliver, free and clear of any lien, charge, claim or encumbrance (other than a lien routinely imposed on all securities in the Clearance System).

Section 8.7. Failure to Deliver; Default Interest.

(a) If „Failure to Deliver" is specified to be applicable to a Share Transaction entered into under an ISDA Master Agreement (1992 edition) between Buyer and Seller (as amended and supplemented from time to time, the „Master Agreement"), then in respect of each exercise of Options under that Share Transaction, failure by a party to deliver, when due, Shares under that Share Transaction will not constitute an Event of Default if the party is unable to deliver the requisite number of Shares due to illiquidity in the market for the Shares and if that party (1) notifies the other party within one Clearance System Business Day of the relevant Exercise Date to that effect and (2) delivers on the Settlement Date such number of Shares, if any, as it can deliver on that date. In such case,

(i) the party's failure to deliver will constitute an Additional Termination Event with that party the sole Affected Party and that Share Transaction (after consideration of any partial delivery) the sole Affected Transaction, or, in the case of an American style Option to which Multiple Exercise is applicable, if less than all Options have been exercised (or deemed exercised) on the relevant Exercise Date, the Termination Event will occur in respect of a Transaction (after consideration of any partial delivery) consisting of the exercised Options only, and

(ii) irrespective of the payment measure elected by the parties under the Master Agreement, Loss will be deemed to apply for the purpose of determining if any payment will be made in respect of the Transaction.

(b) If, in respect of each exercise of Options under a Share Transaction, prior to the occurrence or effective designation of an Early Termination Date in respect of that Share Transaction, a party defaults in the performance of any obligation required to be settled by delivery, it will indemnify the other party on demand for any costs, losses or expenses (including the costs of borrowing the Shares, if applicable) resulting from such default. A certificate signed by the deliveree setting out such costs, losses or expenses in reasonable detail will be conclusive evidence that they have been incurred.

(c) In this Section 8.7, the terms „Event of Default", „Additional Termination Event", „Affected Party", „Affected Transaction", „Termination Event", „Loss" and „Early Termination Date" will have the meanings given those terms in the Master Agreement.

ARTICLE 9
ADJUSTMENT TO INDEX

Section 9.1. Adjustment to Index.

(a) If, in respect of an Index Transaction, the relevant Index is (i) not calculated and announced by the agreed sponsor but is calculated and announced by a successor sponsor acceptable to the Calculation Agent or (ii) replaced by a successor index using, in the determination of the Calculation Agent, the same or a substantially similar formula for and method of calculation as used in the calculation of the Index, then the Index will be deemed to be the index so calculated and announced by that successor sponsor or that successor index, as the case may be.

(b) If (i) on or prior to any Valuation Date in respect of an Index Transaction the Index sponsor makes a material change in the formula for or the method of calculating the Index or in any other way materially modifies the Index (other than a modification prescribed in that formula or method to maintain the Index in the event of changes in constituent stock and capitalization and other routine events) or (ii) on any Valuation Date in respect of an Index Transaction the sponsor fails to calculate and announce the Index, then the Calculation Agent shall calculate the relevant Cash Settlement Amount using, in lieu of a published level for the Index, the level for that Index as at that Valuation Date as determined by the Calculation Agent in accordance with the formula for and method of calculating the

Index last in effect prior to that change or failure, but using only those securities that comprised the Index immediately prior to that change or failure (other than those securities that have since ceased to be listed on the Exchange).

Section 9.2. Correction of Index. If, in respect of an Index Transaction, the level of the Index published on a given day and used or to be used by the Calculation Agent to determine the Cash Settlement Amount is subsequently corrected and the correction published by the Index sponsor or a successor sponsor within 30 days of the original publication, either party may notify the other party of (i) that correction and (ii) the amount that is payable as a result of that correction. If not later than 30 days after publication of that correction a party gives notice that an amount is so payable, the party that originally either received or retained such amount shall, not later than three Currency Business Days after the effectiveness of that notice, pay to the other party that amount, together with interest on that amount at a rate per annum equal to the cost (without proof or evidence of any actual cost) to the other party (as certified by it) of funding that amount for the period from and including the day on which a payment originally was (or was not) made to but excluding the day of payment of the refund or payment resulting from that correction.

ARTICLE 10
ADJUSTMENTS AND EXTRAORDINARY EVENTS AFFECTING SHARES

Section 10.1. Adjustments.

(a) „Method of Adjustment" means a method for determining the appropriate adjustment to make to the terms of a Share Transaction upon the occurrence of an event having, in the determination of the Calculation Agent, a diluting or concentrative effect on the theoretical value of the relevant Shares.

(b) If „Options Exchange Adjustment" is specified as the Method of Adjustment in the Confirmation of a Share Transaction, then following each adjustment to the settlement terms of options on the Shares traded on the Options Exchange, the Calculation Agent will make a corresponding adjustment to any one or more of the Strike Price, the Number of Options, the Option Entitlement and any other variable relevant to the settlement terms of that Share Transaction, which adjustment will be effective as of the date determined by the Calculation Agent to be the effective date of the corresponding adjustment made by the Options Exchange. If options on the Shares are not traded on the Options Exchange, the Calculation Agent will make such adjustment, if any, to any one or more of the Strike Price, the Number of Options, the Option Entitlement and any other variable relevant to the settlement terms of this Transaction as the Calculation Agent determines appropriate, with reference to the rules of and precedents (if any) set by the Options Exchange, to account for the diluting or concentrative effect of any event that, in the determination of the Calculation Agent, would have given rise to an adjustment by the Options Exchange if such options were so traded.

(c) If „Calculation Agent Adjustment" is specified as the Method of Adjustment in the Confirmation of a Share Transaction or if no Method of Adjustment is specified in the Confirmation of a Share Transaction, then following the declaration by the Issuer of the terms of any Potential Adjustment Event, the Calculation Agent will determine whether such Potential Adjustment Event has a diluting or concentrative effect on the theoretical value of the Shares and, if so, will (i) calculate the corresponding adjustment, if any, to be made to any one or more of the Strike Price, the Number of Options, the Option Entitlement and any other variable relevant to the settlement terms of this Transaction as the Calculation Agent determines appropriate to account for that diluting or concentrative effect and (ii) determine the effective date of that adjustment. The Calculation Agent may (but need not) determine the appropriate adjustment by reference to the adjustment in respect of such Potential Adjustment Event made by an options exchange to options on the Shares traded on that options exchange.

(d) „Options Exchange" means, in respect of a Share Transaction for which Options Exchange Adjustment is the applicable Method of Adjustment and/or the applicable consequence of one or more types of Merger Event under Section 10.3 below, the exchange or quotation system specified as such in the related Confirmation or any successor to such exchange or quotation system.

(e) „Potential Adjustment Event" means, in respect of a Share Transaction, any of the following:

(i) a subdivision, consolidation or reclassification of Shares (unless a Merger Event), or a free distribution or dividend of any Shares to existing holders by way of bonus, capitalization or similar issue;

(ii) a distribution or dividend to existing holders of the Shares of (i) Shares or (ii) other share capital or securities granting the right to payment of dividends and/or the proceeds of liquidation of the Issuer equally or proportionately with such payments to holders of Shares or (iii) any other type of securities, rights or warrants or other assets, in any case for payment (cash or other) at less than the prevailing market price as determined by the Calculation Agent;

(iii) an extraordinary dividend;

(iv) a call in respect of Shares that are not fully paid;

(v) a repurchase by it of Shares whether out of profits or capital and whether the consideration for such repurchase is cash, securities or otherwise; or

(vi) any other similar event that may have a diluting or concentrative effect on the theoretical value of the Shares.

Section 10.2. Merger Event.

(a) „Merger Event" means, in respect of a Share Transaction, any (i) reclassification or change of the Shares that results in a transfer of or an irrevocable commitment to transfer all outstanding Shares, (ii) consolidation, amalgamation or merger of the Issuer with or into another entity (other than a consolidation, amalgamation or merger in which the Issuer is the continuing entity and which does not result in any such reclassification or change of all outstanding Shares) or (iii) other takeover offer for the Shares that results in a transfer of or an irrevocable commitment to transfer all the Shares (other than the Shares owned or controlled by the offeror), in each case if the Merger Date is on or before the relevant Expiration Date.

(b) „Merger Date" means, in respect of a Merger Event affecting a Share Transaction, the date upon which all holders of Shares (other than, in the case of a takeover offer, Shares owned or controlled by the offeror) have agreed or have irrevocably become obliged to transfer their Shares.

Section 10.3. Consequences of Merger Events.

(a) In respect of each Merger Event, the following terms have the meanings given below:

(i) „Share-for-Share" means, in respect of a Merger Event, that the consideration for the Shares consists (or, at the option of the holder of the Shares, may consist) solely of New Shares;

(ii) „Share-for-Other" means, in respect of a Merger Event, that the consideration for the Shares consists solely of Other Consideration;

(iii) „Share-for-Combined" means, in respect of a Merger Event, that the consideration for the Shares consists of Combined Consideration;

(iv) „New Shares" means shares (whether of the offeror or a third party);

(v) „Other Consideration" means cash and/or any securities (other than New Shares) or assets (whether of the offeror or a third party) other than shares; and

(vi) „Combined Consideration" means New Shares in combination with Other Consideration.

(b) In respect of each Share-for-Share Merger Event, if, under „Consequences of Merger Events" opposite „Share-for-Share", the consequence specified is:

(i) „New Share Option", then on or after the relevant Merger Date upon exercise of an Option the deliveror will deliver such number of such New Shares to which a holder of the number of Shares equal to the Option Entitlement would be entitled upon consummation of the Merger Event (and such number of New Shares will be deemed the „Option Entitlement" and the New Shares and their issuer will be deemed the „Shares" and the „Issuer", respectively) and, if necessary, the Calculation Agent will adjust the Strike Price accordingly; or

(ii) „Options Exchange Adjustment", then the Calculation Agent will make one or more adjustments as provided in Section 10.1 (b) (without regard to the words „diluting or concentrative" in the second sentence, if applicable).

(c) In respect of each Share-for-Other Merger Event if, under „Consequences of Merger Events" opposite „Share-for-Other", the consequence specified is:

(i) „Alternative Delivery", then on or after the relevant Merger Date upon exercise of an Option the deliveror will deliver the amount of Other Consideration (as subsequently modified in accordance with any relevant terms and including the proceeds of any redemption, if applicable) to which a holder of the number of Shares equal to the Option Entitlement would be entitled upon consummation of the Merger Event;

(ii) „Cancellation and Payment", then the Options will be cancelled as of the Merger Date, and Seller will pay to Buyer the amount specified in Section 10.7 („Payment upon Certain Extraordinary Events"); or

(iii) „Options Exchange Adjustment", then the Calculation Agent will make one or more adjustments as provided in Section 10.1 (b) (without regard to the words „diluting or concentrative" in the second sentence).

(d) In respect of each Share-for-Combined if, under „Consequences of Merger Events" opposite „Share-for-Combined", the consequence specified is:

(i) „Alternative Delivery", then on or after the Merger Date upon exercise of an Option the deliveror will deliver the number of New Shares and the amount of Other Consideration (as subsequently modified in accordance with any relevant terms and including the proceeds of any redemption, if applicable) to which a holder of the number of Shares equal to the Option Entitlement would be entitled upon consummation of the Merger Event (and such number of New Shares will be deemed the „Option Entitlement" and such New Shares and their issuer will be deemed the „Shares" and the „Issuer", respectively) and, if necessary, the Calculation Agent will adjust the Strike Price accordingly;

(ii) „Reinvestment", then on or after the Merger Date upon exercise of an Option the deliveror will deliver a number of New Shares per Option determined as soon as practicable after the Merger Date by the Calculation Agent on a formula basis as follows:

$$\text{Option Entitlement} \times \text{Reinvestment Ratio} \times \text{Single Share Entitlement}$$

and such number of New Shares per Option (after such determination) will be deemed the „Option Entitlement" and such New Shares and their issuer will be deemed the „Shares" and the „Issuer", respectively, and for which purpose:

(A) „Reinvestment Ratio" means a fraction the numerator of which is the aggregate value of the number of New Shares (the „New Share Component") and the amount of Other Consideration (as subsequently modified in accordance with any relevant terms and including the proceeds of any redemption, if applicable) to which a holder of the number of Shares equal to the Option Entitlement (before the determination referred to above) would be entitled upon consummation of the Merger Event and the denominator of which is the aggregate value of the New Share Component (in each case after conversion by the Calculation Agent into a common currency, if necessary);

(B) „Single Share Entitlement" means the number (which may be a whole number or a fraction) of New Shares to which a holder of a single Share would be entitled upon consummation of the Merger Event;

(C) the Calculation Agent shall determine (net of any associated dealing costs to the extent the Other Consideration would be deemed under this clause (c) to be reinvested in New Shares) the aggregate value of the Merger Consideration, in the case of a New Share or a security comprised in the Other Consideration, by reference to the price of such New Share or security on the principal exchange or quotation system on which it is traded or quoted and, in the case of any other asset comprised in the Other Consideration, in a commercially reasonable manner for any such asset; and

(D) the Calculation Agent will adjust the Strike Price accordingly; or

(iii) „Options Exchange Adjustment", then the Calculation Agent will make one or more adjustments as provided in Section 10.1 (b) (without regard to the words „diluting or concentrative" in the second sentence);

provided that where the Calculation Agent determines that the New Share Component of the Combined Consideration (after giving effect to any permitted election) comprises less than 25% of the value of that consideration, the consequences of that Merger Event will, notwithstanding this clause (d), be as set forth in clause (c) above.

Section 10.4. Settlement following a Merger Event.

(a) If Section 10.3 (b)(i) or (d) applies in relation to a Merger Event, in respect of each Option exercised the deliveror will deliver the relevant New Shares in accordance with the Settlement Terms set out in the relevant Confirmation, provided that if on the relevant Settlement Date a holder of the Shares would not yet have received the New Shares to which it is entitled, the Settlement Date will be postponed to the first Clearance System Business Day falling on or after the first day on which a holder of the Shares, having received the New Shares, would be able to deliver such New Shares to the other party.

(b) If Section 10.3 (c)(i) applies in relation to a Merger Event, then in respect of each Option exercised the deliveror will deliver the Other Consideration to the other party in a commercially reasonable manner in accordance with the reasonable directions of the other party as soon as reasonably practicable after the later of (i) the relevant Exercise Date and (ii) the first day on which a holder of the Shares, having received the Other Consideration, would be able to deliver such Other Consideration to the other party, and the other party will pay to the deliveror on such day an amount equal to the Strike Price multiplied by the Option Entitlement.

(c) If Section 10 (d)(i) applies in relation to a Merger Event, then in respect of each Option exercised the deliveror will deliver the Other Consideration to the other party in a commercially reasonable manner in accordance with the reasonable directions of the other party as soon as reasonably practicable after the later of (i) the relevant Exercise Date and (ii) the first day on which a holder of the Shares, having received the Other Consideration, would be able to deliver such Other Consideration to the other party.

Section 10.5. Election of Combined Consideration. In respect of any Share-for-Combined Merger Event affecting a Share Transaction, to the extent that a holder of Shares equal to the relevant Option Entitlement could elect the Combined Consideration then:

(a) if a holder could elect to receive New Shares as part or all of the Combined Consideration, then the party that would be the deliveree upon exercise of an Option shall be deemed to have elected New Shares to the maximum value permitted; and

(b) if a holder could make any other election, (i) the deliveree may so elect if notice of that election is given to the deliveror at least two Exchange Business Days before the last time when an election of the Combined Consideration by such holder could be timely made and (ii) otherwise the deliveror will, in its sole discretion, make such election.

Section 10.6. Nationalization or Insolvency.

(a) In respect of each Share Transaction, the following terms have the meanings given below:

(i) „Nationalization" means that all the Shares or all the assets or substantially all the assets of the Issuer are nationalized, expropriated or are otherwise required to be transferred to any governmental agency, authority or entity; and

(ii) „Insolvency" means that by reason of the voluntary or involuntary liquidation, bankruptcy or insolvency of or any analogous proceeding affecting the Issuer (A) all the Shares are required to be transferred to a trustee, liquidator or other similar official or (B) holders of the Shares become legally prohibited from transferring them.

(b) If, in respect of a Share Transaction, a Nationalization or Insolvency occurs, then, in either case, Seller or Buyer will, upon becoming aware of such event, notify the other party of such event and if, under „Nationalization or Insolvency" in the relevant Confirmation, the consequence specified is:

(i) „Repurchase", then Seller will promptly quote a price, if any, at which it would be prepared to offer to repurchase the Options from Buyer; and

(ii) „Cancellation and Payment", then the Options will be cancelled, and Seller will pay to Buyer the amount specified in Section 10.7 („Payment upon Certain Extraordinary Events").

Section 10.7. Payment upon Certain Extraordinary Events.
(a) If, in respect of a Share Transaction, Section 10.3(c)(ii) applies in relation to a Merger Event or Section 10.6(b) applies, then Seller will pay to Buyer an amount determined as provided in clause (b) below, such payment to be made not later than three Currency Business Days following the determination by the Calculation Agent of such amount (denominated in the currency of the Strike Price).

(b) The amount to be paid by Seller to Buyer under clause (a) above will be the amount agreed promptly by the parties after the Merger Date or the occurrence of the Nationalization or Insolvency, as the case may be, failing which it will be determined by the Calculation Agent and based on quotations sought by it from four leading market dealers. Each quotation will represent the quoting dealer's expert opinion as to the fair value to Buyer of an option with terms that would preserve for Buyer the economic equivalent of any payment or delivery (assuming satisfaction of each applicable condition precedent) by the parties in respect of the relevant Share Transaction that would have been required after that date but for the occurrence of the Option Value Event. Each quotation will be calculated on the basis of the following information provided by the Calculation Agent (and such other factors as the quoting dealer deems appropriate):

(i) a volatility equal to the average of the Option Period Volatility of the Shares for each Exchange Business Day during the two-year historical period ending on the Announcement Date of the Option Value Event;

(ii) dividends based on, and payable on the same dates as, amounts determined by the Calculation Agent to have been paid in respect of gross ordinary cash dividends on the Shares in the calendar year ending on the Announcement Date; and

(iii) a value ascribed to the Shares equal to the consideration, if any, paid in respect of the Shares to holders of the Shares at the time of the Option Value Event.

If more than three quotations are provided, the amount will be the arithmetic mean of the quotations, without regard to the quotations have the highest and the lowest values. If exactly three quotations are provided, the amount will be the quotation remaining after disregarding the highest and the lowest quotations. For this purpose, if more than one quotation has the same highest or lowest value, then one of such quotations will be disregarded. If two quotations are provided, the amount will be the arithmetic mean of the quotations. If one quotation is provided, the amount will equal the quotation. If no quotation is provided, the amount will be determined by the Calculation Agent in its sole discretion.

(c) For purposes of clause (b):

(i) „Option Value Event" means the Merger Event or the Nationalization or Insolvency, as the case may be;

(ii) „Option Period Volatility" means, in respect of any Exchange Business Day, the volatility (calculated by referring to the closing price of the Shares on the Exchange) for a period equal to the number of days between the Announcement Date and the Expiration Date; and

(iii) „Announcement Date" means, in respect of a Merger Event or a Nationalization, the date of the first public announcement of a firm intention, in the case of a Merger Event, to merge or to make an offer and, in the case of a Nationalization, to nationalize that (whether or not amended or on the terms originally announced) leads to the Merger Event or the Nationalization, as the case may be, and, in respect of an Insolvency, the date of the first public announcement of the institution of a proceeding or presentation of a petition or passing of a resolution (or other analogous procedure in any jurisdiction) that leads to the Insolvency, in each case as determined by the Calculation Agent.

EXHIBIT I
to 1994 ISDA Equity Option Definitions

Introduction, Standard Paragraphs and Closing for a Letter Agreement or
Telex Confirming a Transaction

Heading for Letter[1]

[Letterhead of Party A]

[Date]

Transaction

[Name and Address of Party B]

Heading for Telex[1]
Date:
To: [Name and Telex Number of Party B]
From: [Party A]
Re: [Equity] Option Transaction

Dear   :

The purpose of this [letter agreement/telex] (this „Confirmation") is to confirm the terms and conditions of the Transaction entered into between us on the Trade Date specified below (the „Transaction"). This Confirmation constitutes a „Confirmation" as referred to in the ISDA Master Agreement specified below.

The definitions and provisions contained in the 1994 ISDA Equity Option Definitions (as published by the International Swaps and Derivatives Association, Inc.) (the „Equity Option Definitions") are rated into this Confirmation. In the event of any inconsistency between the Equity Option Definitions and this Confirmation, this Confirmation will govern.

1. This Confirmation supplements, forms part of, and is subject to, the ISDA Master Agreement dated as of [date], as amended and supplemented from time to time (the

---

[1] Delete as applicable.

"Agreement"), between you and us. All provisions contained in the Agreement govern this Confirmation except as expressly modified below.[2]

[INSERT RELEVANT ADDITIONAL PROVISIONS FROM EXHIBITS II–A AND II–B]

3. Calculation Agent.[3]

[4. agrees to provide the following Credit Support Document [or agrees to provide the following in accordance with [specify Credit Support Document]:)

[5.] Account Details:
   Account for payments to Party A:
   [Account for delivery of Shares to Party A:]
   Account for payments to Party B:
   [Account for delivery of Shares to Party B:]

[6. Offices:
   (a) The Office of Party A for the Transaction is   ; and
   (b) The Office of Party B for the Transaction is   .]

[7. Broker/Arranger:]

[8. Governing law:[4] (English law) (the laws of the State of New York (without reference to choice of law doctrine)][5]

Closing for Letter[6]

Please confirm that the foregoing correctly sets forth the terms of our agreement by executing the copy of this Confirmation enclosed for that purpose and returning it to us or by sending to us a letter or telex substantially similar to this letter, which letter or telex sets forth the material terms of the Transaction to which this Confirmation relates and indicates your agreement to those terms.

Yours sincerely
(PARTY A)
By: . . . .
Name:
Title:

---

[2] If the parties have not yet executed, but intend to execute, an ISDA Master Agreement include, instead of this paragraph, the following: „This confirmation evidences a complete binding agreement between you and us as to the terms of the Transaction to which this Confirmation relates. In addition, you and we agree to use all reasonable efforts promptly to negotiate, execute and deliver an agreement in the form of the ISDA Master Agreement (Multicurrency-Cross Border) (The „ISDA Form"), with such modifications as you and we will in good faith agree. Upon the execution by you and us of such an agreement, this Confirmation will supplement, form a part of, and be subject to that agreement. All provisions contained or incorporated by reference in that agreement upon its execution will govern this Confirmation except as expressly modified below. Until we execute and deliver that agreement, this Confirmation, together with all other documents referring to the ISDA Form (each a „Confirmation") confirming transactions (each a „Transaction") entered into between us (notwithstanding anything to the contrary in a Confirmation), shall supplement, form a part of, and be subject to an agreement in the form of the ISDA Form as if we had executed an agreement in such Form (but without any Schedule) on the Trade Date of the first such Transaction between us. In the event of any inconsistency between the provisions of that agreement and this Confirmation, this Confirmation will prevail for the purpose of this Transaction".

[3] If the Calculation Agent is a third party, the parties will want to consider any documentation necessary to confirm its undertaking.

[4] Include if the parties have not yet executed an ISDA Master Agreement (even if relying on inclusion of the paragraph set out in footnote 2 above).

[5] Delete as appropriate.

[6] Delete as applicable.

IV.7 Anhang 4

Confirmed as of the date
first above written:
[PARTY B]

By: ....
   Name:
   Title:

Closing for Telex[7]

Please confirm that the foregoing correctly sets forth the terms of our agreement by sending to us a letter or telex substantially similar to this telex, which letter or telex sets forth the material terms of the Transaction to which this Confirmation relates and indicates agreement to those terms, or by sending to us a retum telex substantially to the following effect:

„Re:

We acknowledge receipt of your telex dated [ ] with respect to the above-referenced Transaction between [Party A) and [Party B] with a Trade Date of [ ] and an Expiration Date of [ ] and confirm that such telex correctly sets forth the terms of our agreement relating to the Transaction described therein. Very truly yours, [Party B], by [specify name and title of authorized officer]."

Yours sincerely
[PARTY A]

By: ....
   Name:
   Title:

EXHIBIT II–A
to 1994 ISDA Equity Option Definitions

Additional Provisions for a Confirmation of an OTC Equity Index Option Transaction

[See Exhibit I for the introduction, standard paragraphs and closing for the letter agreement or telex.]

2. The terms of the particular Transaction to which this Confirmation relates are as follows:

General Terms:

Trade Date:	[ ],199[ ]
Option Style:	[American] [European]
Option Type:	[Put] [Call]
Seller:	[Party A] [Party B]
Buyer:	[Party A] [Party B]
Index:	[ ]
Number of Options:	[ ]
[Multiplier:	[ ]][8]
Multiple Exercise:	[Applicable/Inapplicable]
[Minimum Number of Options:][9]	[ ]

---

[7] Delete as applicable.

[8] Include a multiplier if it is intended that the Cash Settlement Amount will be based on a percentage (e.g., 50% or 200%) of the performance of the index.

[9] Include if an American style option providing for Multiple Exercise.

[Maximum Number of Options:][10]   [   ]
[Integral Multiple:][11]   [   ]
Strike Price: [   ][12]
Premium:
                                        [(Premium per Option[ ])
Premium Payment Date: [   ]
Seller Business Day: [   ][13]
Exchange: [   ][14]
Related Exchange(s):   [   ][15]

Procedure for Exercise:
[Commencement Date: [   ]][16]
[Latest Exercise Time: [   ](local time in   )][17]
Expiration Time: [   ](local time in   )][18]
Expiration Date: [   ]
Automatic Exercise   Applicable
Seller's Telephone Number
and Telex and/or Facsimile
Number and Contact Details
for Purpose of Giving Notice: [   ]

Valuation:
Valuation Time: At [the close of trading on the Exchange]
                                        [:00 a.m./p.m. (local time in   )][19].

Settlement Terms:
Cash Settlement: Applicable
[Settlement Price: [   ]][20]
Settlement Currency:[21]
Cash Settlement Payment Date: [ ] Currency Business Days after [the][22]
                                        [each][23] Valuation Date

---

[10] Include if an American style option providing for Multiple Exercise.
[11] Include if an American style option providing for Multiple Exercise.
[12] The parties may insert an amount or a formula from which the Strike Price will be determined.
[13] Specify city in which Seller is located for the purpose of receiving notices.
[14] Insert the name of the principal exchange or quotation system on which the securities comprising the Index are traded or quoted.
[15] Insert relevant futures and options exchange(s).
[16] Include if American style option.
[17] Include if American style option. Specify city in which Seller is located for the purpose of receiving notices or, alternatively, specify city in which the Exchange is located.
[18] Specify city in which Seller is located for purposes of receiving notices.
[19] Specify city in which the Exchange is located, if applicable.
[20] It is not necessary to specify a means for determining the Settlement Price if the Settlement Price is the level of the Index at the Valuation Time on the relevant Valuation Date.
[21] If a currency conversion is contemplated, parties may wish to provide for how, when and by whom the relevant exchange rate is to be determined.
[22] Include if a European style option.
[23] Include if an American style option.

IV.7 Anhang 4

EXHIBIT II–B
to 1994 ISDA Equity Option Definitions

Additional Provisions for a Confirmation of an OTC Single Share Option Transaction (Physical Settlement)

[See Exhibit I for the introduction, standard paragraphs and closing for the letter agreement or telex.]

2. The terms of the particular Transaction to which this Confirmation relates are as follows:

General Terms:
Trade Date: [   ], 199 [ ]
Option Style: [American] [European]
Option Type: [Put] [Call]
Seller: [Party A] [Party B]
Buyer: [Party A] [Party B]
Shares: [Insert full title, class and/or par value of the Shares and any other identification number or reference for the Shares] of [insert full legal name of the issuer of the Shares]

Number of Options: [ ]
Option Entitlement: [ ] Share(s) per Option
Multiple Exercise: [Applicable/Inapplicable]
[Minimum Number of Options:][24] [ ]
[Maximum Number of Options:][25] [ ]
[Integral Multiple:][26] [ ]
Strike Price: [ ][27]
Premium: [ ]
Premium Payment Date: [(Premium per Option [ ])]
Seller Business Day: [ ][28]
Exchange: [ ][29]
Related Exchange(s): [ ][30]
Clearance System: [ ]

Procedure for Exercise
[Commencement Date: [ ]][31]
[Latest Exercise Time: [ ] [a.m./p.m.] (local time in)][32]
Expiration Time: [ ] [a.m./p.m.] (local time in)][33]
Expiration Date: [ ]

---

[24] Include if an American style option providing for Multiple Exercise.
[25] Include if an American style option providing for Multiple Exercise.
[26] Include if an American style option providing for Multiple Exercise.
[27] This should be expressed as a Strike Price per Share. The parties may insert an amount or a formula from which the Strike Price will be determined and the adjustments, if any, that dividend payments would occasion.
[28] Specify city in which Seller is located for the purpose of receiving notices.
[29] Insert the name of the principal exchange or quotation system on which the Shares are traded or quoted.
[30] Insert relevant futures and options exchange(s).
[31] Include if American style option.
[32] Include if American style option. Specify city in which Seller is located for the purpose of receiving notices or, alternatively, specify city in which the Exchange is located.
[33] Specify city in which Seller is located for the purpose of reviewing notices or, alternatively, specify city in which the Exchange is located.

Automatic Exercise:	Applicable
Seller's Telephone Number and Telex and/or Facsimile Number and Contact Details for Purpose of Giving Notice:	[ ]
Reference Price:	[The official closing price per share on the Exchange on the Expiration Date.][34]
Settlement Terms:	
Physical Settlement:	Applicable[35]
Failure to Deliver:	[Applicable/Inapplicable]
Adjustments:[36]	
Method of Adjustment:	[Calculation Agent Adjustment] [Options Exchange Adjustment][37]
[Options Exchange:	[ ]][38]
Extraordinary Events:	
Consequences of Merger Events:	
(a) Share-for-Share:	[New Share Option] [Options Exchange Adjustment]
(b) Share-for-Other:	[Alternative Delivery] [Cancellation and Payment] [Options Exchange Adjustment]
(c) Share-for-Combined:	[Alternative Delivery] [Reinvestment] [Options Exchange Adjustment]
[Options Exchange:	[ ]][39]
Nationalization or Insolvency:	[Repurchase][Cancellation and Payment]

INDEX OF TERMS

	Section
Alternative Delivery	10.3 (c) (i)
	10.3 (d) (i)
American	3.1 (a)
Announcement Date	10.7 (c) (iii)
Automatic Exercise	5.4
Buyer	2.1
Calculation Agent	6.1

---

[34] The parties may specify that the Reference Price will be determined by reference to another specified price (e.g., highest bid at 11.00 a.m.) or another stock exchange or quotation system if, for example, at the Expiration Time an official closing price on the Exchange would be unavailable or reference to another specified price is for another reason preferred.

[35] If settlement cannot or will not be on the basis of delivery versus payment, specify the relevant details. Where the Shares do not settle (or the parties otherwise do not wish to settle the Shares) through a clearance system, the settlement procedures will need to be specified and relevant provisions of Article 8 of the Equity Option Definitions may have to be modified to take into account such settlement procedures.

[36] The definition of „Potential Adjustment Event" includes the payment of an extraordinary dividend. The parties may wish to consider relevant corporate law and practice in determining whether a dividend payable in the ordinary course by the Issuer also may be a potential Adjustment Event (e.g., if not limited to payment out of accumulated profits).

[37] If no Method of Adjustment is specified, „Calculation Agent Adjustment" applies.

[38] Include if using Options Exchange Adjustment for share adjustments.

[39] Include if using Options Exchange Adjustment for extraordinary events.

IV.7 Anhang 4

Calculation Agent Adjustment	10.1 (c)
Call	3.2 (a)
Cancellation and Payment	10.3 (c) (ii)
	10 (6) (b) (ii)
Cash Settlement	7.1
Cash Settlement Amount	7.2
Cash Settlement Payment Date	7.5
Clearance System	1.16
Clearance System Business Day	1.21
Combined Consideration	10.3 (a) (vi)
Commencement Date	1.7
Confirmation	1.2
Currency Business Day	1.20
European	3.1 (b)
Exchange	1.14
Exchange Business Day	1.19
Exercise Business Day	5.1 (f)
Exercise Date	5.1 (b)
Exercise Period	5.1 (a)
Expiration Date	5.1 (e)
Expiration Time	5.1 (d)
Failure to Deliver	8.7
In-the-Money	5.4 (c)
Index	1.3
Index Business Day	1.18
Index Transaction	1.1
Insolvency	10.6 (a) (ii)
Integral Multiple	5.3 (a)
Issuer	1.5
Latest Exercise Time	5.1 (c)
Market Disruption Event	6.4 (a)
Master Agreement	8.7
Maximum Number of Options	5.3 (c)
Merger Date	10.2 (b)
Merger Event	10.2 (a)
Method of Adjustment	10.1 (a)
Minimum Number of Options	5.3 (b)
Multiple Exercise	5.3 (a)
Multiplier	1.9
Nationalization	10.6 (a) (i)
New Share Option	10.3 (b) (i)
New Shares	10.3 (a) (iv)
Number of Options	1.8
Number of Shares to be Delivered	8.3
Option	1.11
Option Entitlement	1.10
Option Period Volatility	10.7 (c) (ii)
Option Value Event	10.7 (c) (i)
Options Exchange	10.1 (d)
Options Exchange Adjustment	10.1 (b)
	10.3 (b) (ii)
	10.3 (c) (ii)
	10.3 (d) (iii)

Other Consideration	10.3.(a)(v)
Physical Settlement	8.1
Potential Adjustment Event	10.1(e)
Premium	4.1
Premium Payment Date	4.2
Put	3.2(b)
Reference Price	5.4(d)
Reinvestment	10.3(d)(ii)
Reinvestment Ratio	10.3(d)(ii)(A)
Related Exchange	1.15
Repurchase	10.6(b)(i)
Seller	2.2
Seller Business Day	1.17
Settlement Currency	7.3
Settlement Date	8.2
Settlement Disruption Event	8.4
Settlement Price	1.13
Share-for-Combined	10.3(a)(iii)
Share-for-Other	10.3(a)(ii)
Share-for-Share	10.3(a)(i)
Share Transaction	1.1
Shares	1.4
Single Share Entitlement	10.3(d)(ii)(B)
Strike Price	1.12
Strike Price Differential	7.4
Trade Date	1.6
Transaction	1.1
Valuation Date	6.3
Valuation Time	6.2

Anhang 5:

1991 ISDA Definitions

TABLE OF CONTENTS

INTRODUCTION TO THE 1991 ISDA DEFINITIONS

ARTICLE 1
CERTAIN GENERAL DEFINITIONS

SECTION 1.1.	Swap Transaction
SECTION 1.2.	Confirmation
SECTION 1.3.	Banking Day
SECTION 1.4.	Business Day
SECTION 1.5.	Currencies
SECTION 1.6.	ECU Settlement Day

ARTICLE 2
PARTIES

SECTION 2.1.	Fixed Rate Payer; Fixed Amount Payer; Fixed Price Payer
SECTION 2.2.	Floating Rate Payer; Floating Amount Payer; Floating Price Payer

ARTICLE 3
TERM AND DATES

SECTION 3.1.	Term
SECTION 3.2.	Effective Date
SECTION 3.3.	Termination Date
SECTION 3.4.	Initial Exchange Date
SECTION 3.5.	Final Exchange Date; Exchange Date; Maturity Date; Value Date
SECTION 3.6.	Trade Date

ARTICLE 4
CERTAIN DEFINITIONS RELATING TO PAYMENTS

SECTION 4.1.	Initial Exchange Amount
SECTION 4.2.	Final Exchange Amount; Exchange Amount
SECTION 4.3.	Fixed Amount
SECTION 4.4.	Floating Amount
SECTION 4.5.	Currency Amount
SECTION 4.6.	Notional Amount
SECTION 4.7.	Notional Quantity
SECTION 4.8.	Calculation Amount
SECTION 4.9.	Payment Date
SECTION 4.10.	Period End Date
SECTION 4.11.	FRN Convention; Eurodollar Convention
SECTION 4.12.	Business Day Convention
SECTION 4.13.	Calculation Period
SECTION 4.14.	Calculation Agent
SECTION 4.15.	Calculation Date
SECTION 4.16.	Day Count Fraction
SECTION 4.17.	IMM Settlement Dates

ARTICLE 5
FIXED AMOUNTS

SECTION 5.1.	Calculation of a Fixed Amount
SECTION 5.2.	Certain Definitions Relating to Fixed Amounts

ARTICLE 6
FLOATING AMOUNTS

SECTION 6.1.	Calculation of a Floating Amount
SECTION 6.2.	Certain Definitions Relating to Floating Amounts
SECTION 6.3.	Certain Definitions Relating to Compounding

ARTICLE 7
CALCULATION OF RATES AND PRICES FOR CERTAIN FLOATING RATE OPTIONS

SECTION 7.1.	Rate Options
SECTION 7.2.	Price Options
SECTION 7.3.	Certain Published and Displayed Sources
SECTION 7.4.	Certain General Definitions Relating to Floating Rate Options
SECTION 7.5.	Corrections to Published and Displayed Rates and Prices
SECTION 7.6.	Certain Adjustments in Indices
SECTION 7.7.	Effect of Market Disruption Event

Anhang 5: 1991 ISDA Definitions

ARTICLE 8
OPTIONS

SECTION 8.1.	Option
SECTION 8.2.	Certain Definitions and Provisions Relating to Options
SECTION 8.3.	Parties
SECTION 8.4.	Terms Relating to Exercise
SECTION 8.5.	Terms Relating to Premium
SECTION 8.6.	Terms Relating to Cash Settlement
SECTION 8.7.	Currency Options

ARTICLE 9
ROUNDING; INTERPOLATION; DISCOUNTING

SECTION 9.1.	Rounding
SECTION 9.2.	Interpolation
SECTION 9.3.	Discounting

ARTICLE 10
PAYMENTS

SECTION 10.1.	Relating Payments to Calculation Periods
EXHIBIT I:	Sample Form for a letter Agreement or Telex
EXHIBIT II:	Sample Forms of Specific Provisions for Different Types of Swap
Transactions:	A. Rate Swap Transaction or Cross-Currency Rate Swap Transaction
	B. Rate Cap Transaction, Rate Floor Transaction or Rate Collar Transaction
	C. Forward Foreign Exchange Transaction
	D. Commodity Swap
	E. Forward Rate Agreement
	F. Option
	G. Currency Option
EXHIBIT III:	Definitions of Specific Terms for Certain French Franc Floating Rate

INDEX OF TERMS

INTRODUCTION TO THE 1991 ISDA DEFINITIONS

The 1991 ISDA Definitions (the „Definitions") are intended for use with agreements such as the Interest Rate and Currency Exchange Agreement (the „Standard Agreement") published by the International Swap Dealers Association, Inc. („ISDA"), and in Confirmations of individual transactions governed by those agreements. Copies of the Standard Agreement are available from the executive offices of ISDA. A sample form for a letter agreement or telex constituting a Confirmation is attached as Exhibit I to these Definitions. Sample forms of specific provisions for incorporation in a Confirmation to document different types of Swap Transactions are attached as Exhibits II-A through II-G to these Definitions.

The Definitions are an update of the 1987 Interest Rate and Currency Exchange Definitions (the „1987 Definitions"), which many participants in the interest rate and currency exchange markets have incorporated into existing agreements or confirmations. The Definitions can be incorporated into future Confirmations governed by an agreement such as the Standard Agreement. Existing Confirmations that incorporate the 1987 Definitions will not, without further action by the parties, be affected by the use of the Definitions for future transactions.

The Definitions are primarily an expansion of the 1987 Definitions, covering a greater number of currencies and rates and incorporating provisions for the documentation of a wider range of transactions, including the subjects of the two ISDA Addenda to the Standard Agreement – caps, collars and floors and options – as well as commodity and stock index-based transactions.

The Definitions will be updated periodically to include additional definitions and provisions. While the definitions and provisions contained in these Definitions may be modified in any update, it is not anticipated that they will be changed substantively unless then prevailing market practice supports such a change. At any time a copy of the then current version of the Definitions can be obtained from the executive offices of ISDA.

ISDA has no relationship with the organizations that have created or publish or provide the information that serves as a basis for the rates and prices referred to in these Definitions other than an agreement with Reuters Limited pursuant to which it calculates and publishes the rates listed on the various Reuters Screen ISDA pages. ISDA does not assume any responsibility for the non-availability or miscalculation of, or any error or omission in, any of the rates or prices referred to in these Definitions. ISDA assumes no responsibility for any use to which these Definitions may be put or for any use of any rate, price or published index in connection with a Swap Transaction or in connection with any other transaction.

COVERAGE OF THE DEFINITIONS

The Definitions contain provisions that make it easier to document a broader range of swaps and related transactions than could be documented using the 1987 Definitions. This broader coverage is achieved in several ways:

- **Definition of Swap Transaction.** The definition of „Swap Transaction" has been expanded. In the 1987 Definitions the term was limited to interest rate and currency exchange or swap transactions. The Definitions expand this definition, consistent with the growth and expansion of the market that has occurred since 1987. The revised definition parallels the broad definition recently enacted into United States bankruptcy and insolvency laws. As the swap market continues to develop other transactions can be documented using the Definitions by designating the transaction as a Swap Transaction and incorporating the Definitions into the related Confirmation. It is important to bear in mind, however, that the tax and regulatory treatment of the Swap Transactions included in this broader definition may vary depending on the type of transaction. For any particular Swap Transaction, parties may wish to consult with their legal or tax advisers as to the appropriate treatment of that Swap Transaction for legal, tax or regulatory purposes.

- **Addenda to Standard Agreement.** The provisions of paragraphs (1) and (2) of the May 1989 Addendum to the Standard Agreement Schedule for Interest Rate Caps, Collars and Floors (the „Cap Addendum") and paragraphs (1), (2) and (3) of the July 1990 Addendum to Schedule to the Standard Agreement for Options (the „Option Addendum") have been included in the Definitions. The other provisions of these Addenda (paragraphs (3) and (4) of the Cap Addendum and paragraphs (4) and (5) of the Option Addendum) are not part of the Definitions. Accordingly, if parties desire to use those provisions they should be included in the Schedule to the Standard Agreement or otherwise incorporated into their agreement.

- **Cash Settlement Provisions.** The Definitions include the provisions from the Option Addendum that address cash settlement of Options, but do not include provisions for calculating a Cash Settlement Amount. As a result, parties must define the means of calculating a Cash Settlement Amount in their Confirmation, in the Schedule to the Standard Agreement or in any other agreement governing the Option. There are a variety of approaches to calculating a Cash Settlement Amount. One approach has the following elements:

- obtaining bid and offered rates for the fixed and/or floating side of the Underlying Swap Transaction from a number of reference institutions, which may be Reference Banks or Reference Dealers or specific dealers named in the Confirmation;
- averaging the bid and offered rates obtained from each reference institution;
- calculating the mean of the average bid and offered rates, usually disregarding the highest and lowest average rates; and
- determining, on the basis of the foregoing, whether any amount is owing from the Seller to the Buyer.

Under a second approach, the Cash Settlement Amount is calculated by discounting the fixed rate and floating rate payment streams of the Swap Transaction, using quotations from reference institutions to determine the floating rate payment streams to be discounted.

Under a third approach, the Cash Settlement Amount is calculated as if the Underlying Swap Transaction were terminated and a value for that Underlying Swap Transaction were determined pursuant to the termination provisions of Section 6(e) of the Standard Agreement.

A currency Option to which Physical Settlement applies, *i.e.*, the right to cause an exchange of currencies to occur on a future date, can be documented under the Standard Agreement and the Definitions pursuant to a Confirmation that includes the provisions set forth in Exhibit II-G to these Definitions. A currency Option to which Cash Settlement applies can be documented in the same manner and can be cash settled by reference to a spot rate of exchange between two currencies on the date that the Option is exercised. By comparing this spot rate to the underlying rate of exchange reflected in the amounts of the two currencies that would be exchanged if the Option were physically settled (the so-called „strike" price), a Buyer of a currency Option can determine whether the Option is in-the-money and, if it is, can calculate the Cash Settlement Amount. A means for determining a spot rate of exchange between two currencies is not set forth in the Definitions. Parties may wish to provide in their agreement or Confirmations a means for determining a spot rate of exchange so that cash settlement of currency Options can be facilitated. Parties may also wish to provide a method for automatic exercise of a cash-settled currency Option.

- **Modification of 1987 Definitions to Reflect Broader Coverage.** Throughout the Definitions certain terms defined in the 1987 Definitions have been modified to reflect the broader definition of Swap Transaction and the nature of the transactions included in that definition. For example, the 1987 Definitions contemplated that Fixed Amounts and Floating Amounts would always be calculated in respect of a Calculation Period. In certain cases, however, these amounts are determined without reference to any particular Calculation Period (e.g., cap, floor and option transactions as well as other Swap Transactions). As a result, the definitions of Fixed Amount and Floating Amount have been modified to address the calculation of amounts that are not calculated in respect of a Calculation Period.

In addition to the different nature of some of the transactions included in the broader definition of Swap Transaction, the terminology used in the market for those transactions differs, in some respects, from the terminology used in the 1987 Definitions. Terms customarily used in other markets are not separately defined because those terms are not, conceptually, different from terms defined in the 1987 Definitions. Instead, existing definitions have been expanded so that parties can use terms that are more frequently used in the relevant market. For example, the definition of „Final Exchange Date" from the 1987 Definitions has been expanded to include the terms „Exchange Date", „Maturity Date" and „Value Date", terms more frequently used in the foreign exchange markets which have the same meaning as Final Exchange Date. Similar modifications have been made to other definitions to adapt them to caps, collars and floors and commodity swaps.

CHANGES IN THE DEFINITIONS FROM THE 1987 DEFINITIONS

Several other terms in the 1987 Definitions have been modified to clarify their operation or to reflect developments in the swap market. The principal modifications of this type are:

- **Termination Date.** The definition of „Termination Date" has been expanded (without substantive change) to add clarifying language. It now provides that, unless the parties specify that the Termination Date will be adjusted in accordance with a specified Business Day Convention, the Termination Date will be a fixed date, meaning that it is not affected by, and the final Calculation Period is not to be extended or shortened to reflect, any Business Day Convention applicable to Period End Dates or Payment Dates. Parties that prefer to have the Termination Date adjusted in accordance with a Business Day Convention (and, accordingly, shorten or lengthen the final Calculation Period) should specify in their Confirmation the Business Day Convention that will apply to the Termination Date. The additional provisions for Swap Transactions attached as Exhibits II–A through II–G to these Definitions set forth language that can be used to specify that the Termination Date will be adjusted. Parties may wish to confirm on the Trade Date whether or not the Termination Date will be adjusted in accordance with a Business Day Convention.
- **Day Count Fractions.** The short-form references for Fixed Rate Day Count Fraction contained in the 1987 Definitions have been extended to apply to Floating Rate Day Count Fraction through the use of a general definition of „Day Count Fraction". Alternative short-form references have also been added.

The definition of „Day Count Fraction" has been modified to reflect the two approaches used in the market for the calculation of amounts payable based on a year of 360 days and 12 30-day months, the so-called „30/360" (or „Bond Basis") and „30E/360" (or „Eurobond Basis") methods.
- **Business Day Convention.** A new term „Business Day Convention" has been added for ease of reference, and the definitions of many dates in the Definitions are stated to be subject to any applicable Business Day Convention. Parties may specify a Business Day Convention for each particular date or may specify a Business Day Convention that is applicable to all dates relevant to the Swap Transaction. Parties should be careful to ensure that the Business Day Convention that applies to a date reflects the parties' intent.

The fallback Business Day Convention applicable to Payment Dates, Period End Dates and Final Exchange Dates (*i.e.,* the Business Day Convention that will apply to such dates if a Business Day Convention is not otherwise specified to be applicable to such dates) has been changed from the 1987 Definitions. The 1987 Definitions specified that Payment Dates, Period End Dates and Final Exchange Dates would be adjusted in accordance with the Following Business Day Convention; the Definitions now provide that these dates will be adjusted in accordance with the *Modifed* Following Business Day Convention. Parties are free to specify a different Business Day Convention for Payment Dates, Period End Dates or Final Exchange Dates, and the additional provisions for Swap Transactions attached as Exhibits II-A through II-G to these Definitions set forth language that can be used to specify a Business Day Convention for such dates.
- **Reset Dates.** The Business Day Convention applicable to Reset Dates has been changed from the 1987 Definitions. The 1987 Definitions specified different Business Day Conventions depending on the currency in which the relevant payment obligations were calculated. The Definitions provide that Reset Dates will be adjusted in accordance with the Business Day Convention applicable to Payment Dates unless, as a result of such adjustment, a Reset Date would fall on the Payment Date in respect of the Calculation Period to which that Reset Date relates. In that event, in order to be able to calculate the Floating Amount payable on that Payment Date, that Reset Date would be adjusted in accordance with the Preceding Business Day Convention. If the parties desire to adjust

Reset Dates in accordance with a different Business Day Convention, they may specify that Business Day Convention in the relevant Confirmation.
- **ECU.** The provisions of the 1987 Definitions relating to the conversion of ECU payment amounts have been deleted because the ECU is now well-established in the debt and swap markets. In the event that the ECU ceases to be used in the European Monetary System, it is anticipated that the Definitions would be updated at that time to reflect any existing market consensus on how to convert ECU amounts and how to treat ECU-denominated swaps.
- **Rounding Convention.** The rounding conventions have been modified from those set forth in the 1987 Definitions to conform to the conventions used by most market participants. Parties who wish to continue to round calculations as provided in the 1987 Definitions may do so by specifying in the relevant Confirmation that such rounding conventions will apply.

NEW PROVISIONS IN THE DEFINITIONS

In addition to the expansion of the coverage of the Definitions as a result of the broader definition of Swap Transaction, the following new provisions have been added:
- **Currencies.** The Danish Krone, Finnish Markka, Norwegian Krone, Spanish Peseta and Swedish Krona have been added to the list of currencies enumerated in the Definitions. Swap Transactions in other currencies can be documented using the Definitions by defining the currency in a manner similar to that used in Section 1.5 and by specifying the means for determining an applicable floating rate or price in the related Confirmation.
- **IMM Settlement Dates.** Section 4.17. of the Definitions defines „IMM Settlement Dates" as those days specified by the Chicago Mercantile Exchange as „1st Delivery Dates" for certain types of currency and money market instruments for which contracts are written on the International Money Market Section of the Chicago Mercantile Exchange. Certain dates defined in the Definitions, such as Reset Dates, Payment Dates and Period End Dates, may be specified in a Confirmation by reference to IMM Settlement Dates.
- **Flat Compounding.** Provisions have been added to the calculation of a Floating Amount to provide that a Spread will only be taken into account in that portion of the Floating Amount calculation that is based on the Calculation Amount. The Spread will not be taken into account in the portion of the calculation that is based on amounts accrued in previous Compounding Periods in a Calculation Period.
- **Rate Options.** In addition to a menu of Rate Options for Danish Kroner, Finnish Markkas, Norwegian Kroner, Spanish Pesetas and Swedish Kronor, new Rate Options have been added for Australian Dollars, Belgian Francs, Canadian Dollars, Deutsche Marks, French Francs, Italian Lire, New Zealand Dollars and U. S. Dollars. The Rate Options for Dutch Guilders now include different definitions for domestic AIBO and Euro AIBO. For certain French Franc rates specific meanings for terms such as Effective Date, Reset Date and Calculation Period are set forth in Exhibit III to these Definitions. These meanings are included in a Swap Transaction when the relevant French Franc rate is specified in the related Confirmation and do not need to be separately defined.
- **Price Options.** The expansion of the swap market into areas other than the traditional interest rate and currency exchange markets has given rise to the need to define a separate group of Floating Rate Options called Price Options. Two types of Price Options are included in the Definitions. The first type relates to prices that are determined based on various stock indices and includes Price Options based on the S&P 500, FT-SE 100, NIKKEI 225, TOPIX, DAX and CAC–40 indices. The second type relates to oil, as an example of one type of commodity for which commodity swaps are often completed. As stated above in this Introduction, the Definitions will be updated periodically to reflect developments in the swap market and it is anticipated that the list of Price Options, in particular, will be expanded as the market demand for them increases.

IV.7 Anhang 5

- **Interpolation.** Section 9.2 of the Definitions describes a means of interpolating between two rates of different Designated Maturities to determine a rate for a Calculation Period that does not coincide with either Designated Maturity.
- **Discounting.** Section 9.3 of the Definitions describes methods for determining a discounted Fixed Amount or Floating Amount or, in the case of forward rate agreements, a discounted amount to be paid at the beginning of a Calculation Period in lieu of any payments that would otherwise be payable at the end of the Calculation Period.

1991 ISDA DEFINITIONS

Any or all of the following definitions and provisions may be incorporated into a document by wording in the document indicating that, or the extent to which, the document is subject to the 1991 ISDA Definitions (as published by the International Swap Dealers Association, Inc.). All definitions and provisions so incorporated in a document will be applicable to that document unless otherwise provided in that document, and all terms defined in these Definitions and used in any definition or provision that is incorporated by reference in a document will have the respective meanings set forth in these Definitions unless otherwise provided in that document. Any term used in a document will, when combined with the name of a party, have meaning in respect of the named party only.

ARTICLE 1
CERTAIN GENERAL DEFINITIONS

Section 1.1. Swap Transaction. „Swap Transaction" means (a) any transaction which is a rate swap transaction, basis swap, forward rate transaction, commodity swap, interest rate option, forward foreign exchange transaction, cap transaction, floor transaction, collar transaction, currency swap transaction, cross-currency rate swap transaction, currency option or any other similar transaction (including any Option with respect to any of these transactions), (b) any combination of these transactions and (c) any other transaction identified as a Swap Transaction in the related Confirmation.

Section 1.2. Confirmation. „Confirmation" means, with respect to a Swap Transaction, one or more documents exchanged between the parties which, taken together, confirm all of the terms of a Swap Transaction.

Section 1.3. Banking Day. „Banking Day" means, in respect of any city, any day on which commercial banks are open for business (including dealings in foreign exchange and foreign currency deposits) in that city.

Section 1.4. Business Day. „Business Day" means

(a) in respect of any date that is specified in these Definitions or in a Confirmation to be subject to adjustment in accordance with any applicable Business Day Convention, a day on which commercial banks and foreign exchange markets settle payments in the place(s) and on the days specified for that purpose in the relevant Confirmation and, if place(s) and days are not so specified, a day:

(i) on which commercial banks and foreign exchange markets settle payments in the same currency as the payment obligation that is payable on or calculated by reference to that date in:

(A) the financial center indicated for each of the following currencies:

Currency	Financial Center(s)
Australian Dollar	Sydney
Belgian Franc	Brussels
Canadian Dollar	Toronto

Anhang 5: 1991 ISDA Definitions   Anhang 5 IV.7

Danish Krone	Copenhagen
Deutsche Mark	Frankfurt
Dutch Guilder	Amsterdam
Finnish Markka	Helsinki
French Franc	Paris
Hong Kong Dollar	Hong Kong
Italian Lira	Milan
Luxembourg Franc	Brussels and Luxembourg
New Zealand Dollar	Wellington and Auckland
Norwegian Krone	Oslo
Spanish Peseta	Madrid
Sterling	London
Swedish Krona	Stockholm
Swiss Franc	Zurich
Yen	Tokyo

(B) New York and London, if the currency is the U. S. Dollar and either (x) the payment obligation is calculated by reference to any „LIBOR" Floating Rate Option or (y) the payment obligations of the other party to the Swap Transaction are payable in the U. S. Dollar and are calculated by reference to any „LIBOR" Floating Rate Option;

(C) New York, if the currency is the U. S. Dollar and neither clause (B)(x) nor (B)(y) above is applicable; and

(D) the principal financial center of a currency, if the currency is other than those currencies specified in Section 1.5 of these Definitions; and

(ii) that is an ECU Settlement Day, if the payment obligation that is payable on or calculated by reference to that date is to be made in the European Currency Unit; and

(iii) that is a Business Day or ECU Settlement Day, as the case may be, in respect of each relevant currency where the payment obligations that are payable on a Payment Date are denominated in different currencies; and

(b) in respect of a Reset Date for the determination of a Relevant Rate by reference to a Price Option and notwithstanding that the Reset Date may be a day other than a Business Day under the terms of subsection (a), any day scheduled as a trading day on each Exchange in respect of that Price Option or the Swap Transaction.

Section 1.5. Currencies

(a) *Australian Dollar.* „Australian Dollar", „A$" and „AUD" each means the lawful currency of Australia.

(b) *Belgian Franc.* „Belgian Franc", „Bfr" and „BEF" each means the lawful currency of the Kingdom of Belgium.

(c) *Canadian Dollar.* „Canadian Dollar", „C$" and „CAD" each means the lawful currency of Canada.

(d) *Danish Krone.* „Danish Krone", „DKr" and „DKK" each means the lawful currency of the Kingdom of Denmark.

(e) *Deutsche Mark.* „Deutsche Mark", „DM" and „DEM" each means the lawful currency of the Federal Republic of Germany.

(f) *Dutch Guilder.* „Dutch Guilder", „DFl" and „NLG" each means the lawful currency of The Kingdom of The Netherlands.

(g) *European Currency Unit.* „European Currency Unit", „ECU" and „XEU" each means a currency, one unit of which is equal in value to the European Currency Unit that is used in the European Monetary System.

(h) *Finnish Markka.* „Finnish Markka" and „FIM" each means the lawful currency of the Republic of Finland.

(i) *French Franc.* „French Franc", „Ffr" and „FRF" each means the lawful currency of the Republic of France.

(j) **Hong Kong Dollar.** „Hong Kong Dollar", „HK$" and „HKD" each means the lawful currency of Hong Kong.

(k) **Italian Lira.** „Italian Lira", „Lira" and „ITL" each means the lawful currency of the Republic of Italy.

(l) **Luxembourg Franc.** „Luxembourg Franc", „Lfr" and „LUF" each means the lawful currency of the Grand Duchy of Luxembourg, including the Commercial Luxembourg Franc and the Financial Luxembourg Franc.

(i) „Commercial Luxembourg Franc", „Commercial Lfr" and „Commercial LUF" each means the Luxembourg Franc that is used for transactions in foreign currencies that are required by the Belgian-Luxembourg Exchange Institute to be settled on the regulated exchange market of the Belgian-Luxembourg Economic Union.

(ii) „Financial Luxembourg Franc", „Financial Lfr" and „Financial LUF" each means the Luxembourg Franc that is used for transactions in foreign currencies that may be settled on the exchange market of the Belgian-Luxembourg Economic Union without restriction.

(m) **New Zealand Dollar.** „New Zealand Dollar", „NZ$" and „NZD" each means the lawful currency of New Zealand.

(n) **Norwegian Krone.** „Norwegian Krone", „NKr" and „NKR" each means the lawful currency of the Kingdom of Norway.

(o) **Spanish Peseta.** „Spanish Peseta", „Pta", „SPp", „SPP" and „ESP" each means the lawful currency of Spain.

(p) **Sterling.** „Sterling", „£", „GBP" and „STG" each means the lawful currency of the United Kingdom.

(q) **Swedish Krona.** „Swedish Krona", „SKr" and „SEK" each means the lawful currency of the Kingdom of Sweden.

(r) **Swiss Franc.** „Swiss Franc", „Sfr", „CHF" and „SWF" each means the lawful currency of Switzerland.

(s) **U. S. Dollar.** „U. S. Dollar", „Dollar", „U.S $", „$" and „USD" each means the lawful currency of the United States of America.

(t) **Yen.** „Yen", „JPY" each means the lawful currency of Japan.

Section 1.6. **ECU Settlement Day.** „ECU Settlement Day" means any day that (a) is not either (i) a Saturday or a Sunday or (ii) a day which appears as an ECU Non-Settlement Day on the display designated as page „ISDE" on the Reuter Monitor Money Rates Service (or a day so designated by the ECU Banking Association, if ECU Non-Settlement Days do not appear on that page) and, if ECU Non-Settlement Days do not appear on that page (and are not so designated), a day on which payments in the European Currency Unit cannot be settled in the international interbank market and (b) is a day on which payments in the European Currency Unit can be settled by commercial banks and in foreign exchange markets in the place in which the relevant account for payment is located.

ARTICLE 2
PARTIES

Section 2.1. **Fixed Rate Payer; Fixed Amount Payer;** Fixed Price Payer. „Fixed Rate Payer", „Fixed Amount Payer" or „Fixed Price Payer" means, in respect of a Swap Transaction, a party obligated to make payments from time to time during the Term of the Swap Transaction of amounts calculated by reference to a fixed per annum rate or a fixed price or to make one or more payments of a Fixed Amount.

Section 2.2. **Floating Rate Payer; Floating Amount Payer;** Floating Price Payer. „Floating Rate Payer", „Floating Amount Payer" or „Floating Price Payer" means, in respect of a Swap Transaction, a party obligated to make payments from time to time during the Term of the Swap Transaction of amounts calculated by reference to a floating per annum rate or a floating price or to make one or more payments of a Floating Amount.

ARTICLE 3
TERM AND DATES

Section 3.1. Term. „Term" means the period commencing on the Effective Date of a Swap Transaction and ending on the Termination Date of the Swap Transaction.

Section 3.2. Effective Date. „Effective Date" means the date specified as such for a Swap Transaction, which date is the first day of the Term of the Swap Transaction.

Section 3.3. Termination Date. „Termination Date" means the date specified as such for a Swap Transaction, which date is the last day of the Term of the Swap Transaction. The Termination Date shall not be subject to adjustment in accordance with any Business Day Convention unless the parties specify in a Confirmation that the Termination Date will be adjusted in accordance with a specified Business Day Convention.

Section 3.4. Initial Exchange Date. „Initial Exchange Date" means, in respect of a Swap Transaction and a party, the date specified as such or, if a date is not so specified and an Initial Exchange Amount is specified, the Effective Date, which Initial Exchange Date shall be subject to adjustment in accordance with the Following Business Day Convention unless otherwise specified in a Confirmation.

Section 3.5. Final Exchange Date; Exchange Date; Maturity Date; Value Date. „Final Exchange Date", „Exchange Date", „Maturity Date" or „Value Date" means, in respect of a Swap Transaction and a party, each date specified as such or, if no date is so specified and a Final Exchange Amount or an Exchange Amount is specified, the Termination Date, which date shall be subject to adjustment in accordance with the Modified Following Business Day Convention unless otherwise specified in a Confirmation.

Section 3.6. Trade Date. „Trade Date" means, in respect of a Swap Transaction, the date on which the parties enter into the Swap Transaction.

ARTICLE 4
CERTAIN DEFINITIONS RELATING TO PAYMENTS

Section 4.1. Initial Exchange Amount. „Initial Exchange Amount" means, in respect of a Swap Transaction and a party, an amount that is specified as such for that party and, subject to any applicable condition precedent, is payable by that party on the Initial Exchange Date.

Section 4.2. Final Exchange Amount; Exchange Amount. „Final Exchange Amount" or „Exchange Amount" means, in respect of a Swap Transaction and a party, an amount that is specified as such for that party and, subject to any applicable condition precedent, is payable by that party on an applicable Final Exchange Date.

Section 4.3. Fixed Amount. „Fixed Amount" means, in respect of a Swap Transaction and a Fixed Rate Payer, an amount that, subject to any applicable condition precedent, is payable by that Fixed Rate Payer on an applicable Payment Date and is specified in a Confirmation or is determined as provided in Article 5 of these Definitions or as provided in a Confirmation.

Section 4.4. Floating Amount. „Floating Amount" means, in respect of a Swap Transaction and a Floating Rate Payer, an amount that, subject to any applicable condition precedent, is payable by that Floating Rate Payer on an applicable Payment Date and is determined by reference to a Floating Rate Option as provided in Article 6 of these Definitions or pursuant to a method specified in a Confirmation.

Section 4.5. Currency Amount. „Currency Amount" means, in respect of a party and any Calculation Period for a Swap Transaction involving more than one currency, the amount specified as such for the Swap Transaction or that party.

Section 4.6. Notional Amount. „Notional Amount" means, in respect of a party and any Calculation Period for a Swap Transaction involving one currency, the amount specified as such for the Swap Transaction.

Section 4.7. Notional Quantity. „Notional Quantity" means, in respect of a party and any Calculation Period for a Swap Transaction, the quantity, expressed in relevant units, specified as such for that party or the Swap Transaction.

Section 4.8. Calculation Amount. „Calculation Amount" means, in respect of a Swap Transaction and a party, the applicable Notional Amount, Currency Amount or Notional Quantity, as the case may be.

Section 4.9. Payment Date. „Payment Date" means, in respect of a Swap Transaction and a party,

(a) if „Delayed Payment" or „Early Payment" is not specified for the Swap Transaction or that party and Payment Dates are specified or otherwise predetermined for the Swap Transaction or that party, each day during the Term of the Swap Transaction so specified or predetermined and the Termination Date;

(b) if „Delayed Payment" or „Early Payment" is not specified for the Swap Transaction or that party and the parties specify that Payment Dates for the Swap Transaction or that party will occur in accordance with the FRN Convention at a specified interval of calendar months, each day during the Term of the Swap Transaction at the specified interval, determined in accordance with the FRN Convention, and the Termination Date;

(c) if „Delayed Payment" and a period of days are specified for the Swap Transaction or that party and Period End Dates are established for the Swap Transaction or that party, each day that is the specified number of days after an applicable Period End Date or after the Termination Date; or

(d) if „Early Payment" and a period of days are specified for the Swap Transaction or that party and Period End Dates are established for the Swap Transaction or that party, each day that is the specified number of days before an applicable Period End Date or before the Termination Date;

except that (i) in the case of subsections (a), (c) and (d) above, each Payment Date shall be subject to adjustment in accordance with the Modified Following Business Day Convention unless another Business Day Convention is specified to be applicable to Payment Dates in respect of the Swap Transaction or that party and (ii) in the case of subsection (a) above, a Payment Date in respect of a Fixed Rate Payer may be a specified day prior to the Effective Date where the Floating Amounts payable by the Floating Rate Payer are calculated by reference to a cap rate, cap price, floor rate or floor price.

Section 4.10. Period End Date. „Period End Date" means, in respect of a Swap Transaction and a party,

(a) if Period End Dates are not established for the Swap Transaction or that party, each Payment Date of that party during the Term of the Swap Transaction;

(b) if Period End Dates are specified or otherwise predetermined for the Swap Transaction or that party, each day during the Term so specified or predetermined; or

(c) if it is specified for the Swap Transaction or that party that Period End Dates will occur in accordance with the FRN Convention and an interval of calendar months is specified, and if „Delayed Payment" or „Early Payment" is specified for the Swap Transaction or that party, each day during the Term at the specified interval, determined in accordance with the FRN Convention;

except that, in the case of subsection (b) above, each Period End Date shall be subject to adjustment in accordance with the Modified Following Business Day Convention unless (x) another Business Day Convention is specified to be applicable to Period End Dates in respect of the Swap Transaction or that party, in which case an adjustment will be made in accordance with that Business Day Convention, or (y) „No Adjustment" is specified in connection with Period End Dates for the Swap Transaction or that party, in which case no adjustment will be made, notwithstanding that the Period End Date occurs on a day that is not a Business Day.

Section 4.11. FRN Convention; Eurodollar Convention. „FRN Convention" or „Eurodollar Convention" means, in respect of either Payment Dates or Period End Dates for a Swap Transaction and a party, that the Payment Dates or Period End Dates of that party will be each day during the Term of the Swap Transaction that numerically corresponds to the preceding applicable Payment Date or Period End Date, as the case may be, of that party in the calendar month that is the specified number of months after the month in which the preceding applicable Payment Date or Period End Date occurred (or, in the case of the first applicable Payment Date or Period End Date, the day that numerically corresponds to the Effective Date in the calendar month that is the specified number of months after the month in which the Effective Date occurred), except that (a) if there is not any such numerically corresponding day in the calendar month in which a Payment Date or Period End Date, as the case may be, of that party should occur, then the Payment Date or Period End Date will be the last day that is a Business Day in that month, (b) if a Payment Date or Period End Date, as the case may be, of the party would otherwise fall on a day that is not a Business Day, then the Payment Date or Period End Date will be the first following day that is a Business Day unless that day falls in the next calendar month, in which case the Payment Date or Period End Date will be the first preceding day that is a Business Day, and (c) if the preceding applicable Payment Date or Period End Date, as the case may be, of that party occurred on the last day in a calendar month that was a Business Day, then all subsequent applicable Payment Dates or Period End Dates, as the case may be, of that party prior to the Termination Date will be the last day that is a Business Day in the month that is the specified number of months after the month in which the preceding applicable Payment Date or Period End Date occurred.

Section 4.12. Business Day Convention
(a) „Business Day Convention" means the convention for adjusting any relevant date if it would otherwise fall on a day that is not a Business Day. The following terms, when used in conjunction with the term „Business Day Convention" and a date, shall mean that an adjustment will be made if that date would otherwise fall on a day that is not a Business Day so that:

(i) if „Following" is specified, that date will be the first following day that is a Business Day;

(ii) if „Modified Following" or „Modified" is specified, that date will be the first following day that is a Business Day unless that day falls in the next calendar month, in which case that date will be the first preceding day that is a Business Day; and

(iii) if „Preceding" is specified, that date will be the first preceding day that is a Business Day.

(b) The Business Day Convention applicable to a date that is specified in these Definitions or in a Confirmation to be subject to adjustment in accordance with an applicable Business Day Convention shall be the Business Day Convention specified for that date in these Definitions or in that Confirmation or, if a Business Day Convention is not so specified for that date but a Business Day Convention is specified for a Swap Transaction, shall be the Business Day Convention specified in a Confirmation for that Swap Transaction.

Section 4.13. Calculation Period. „Calculation Period" means, in respect of a Swap Transaction and a party, each period from, and including, one Period End Date of that party to, but excluding, the next following applicable Period End Date during the Term of the Swap Transaction, except that (a) the initial Calculation Period for the party will commence on, and include, the Effective Date, and (b) the final Calculation Period for the party will end on, but exclude, the Termination Date.

Section 4.14. Calculation Agent. „Calculation Agent" means the party to a Swap Transaction (or a third party) designated as such for the Swap Transaction and responsible for (a) calculating the applicable Floating Rate, if any, for each Payment Date or for each Calculation Period or Compounding Period, (b) calculating any Floating Amount payable on each Payment Date or for each Calculation Period, (c) calculating any Fixed Amount payable on each Payment Date or for each Calculation Period, (d) calculating a Currency Amount by reference to a Currency Amount in another currency on or prior to the Effective Date of the Swap Transaction, (e) giving notice to the parties to the Swap Transaction on the Calculation Date for each Payment Date or for each Calculation Period, specifying (i) the Payment Date, (ii) the party or parties required to make the payment or payments then due, (iii) the amount or amounts of the payment or payments then due and (iv) reasonable details as to how the amount or amounts were determined, (f) if, after notice is given, there is a change in the number of days in the relevant Calculation Period and the amount or amounts of the payment or payments due for that Payment Date or for that Calculation Period, promptly giving the parties to the Swap Transaction notice of those changes, with reasonable details as to how those changes were determined, and (g) determining whether a Market Disruption Event exists on any Reset Date. Whenever the Calculation Agent is required to select banks or dealers for the purpose of making any calculation or determination or to select any exchange rate, the Calculation Agent will make the selection in good faith after consultation with the other party (or the parties, if the Calculation Agent is a third party), if practicable, for the purpose of obtaining a representative rate that will reasonably reflect conditions prevailing at the time in the relevant market or designating a freely convertible currency, as the case may be.

Section 4.15. Calculation Date. „Calculation Date" means, in respect of any Payment Date or any Calculation Period, the earliest day on which it is practicable to provide the notice that the Calculation Agent is required to give for that Payment Date or for that Calculation Period, and in no event later than the close of business on the Business Day next preceding that Payment Date or the Payment Date for that Calculation Period (unless that preceding Business Day is a Reset Date, then in no event later than the latest time that will permit any payment due on that Payment Date to be made on that Payment Date).

Section 4.16. Day Count Fraction. „Day Count Fraction" means, in respect of a Swap Transaction and the calculation of a Fixed Amount, a Floating Amount, a Compounding Period Amount or an FRA Amount,

(a) if „Actual/365" or „Actual/Actual" is specified, the actual number of days in the Calculation Period or Compounding Period in respect of which payment is being made divided by 365 (or, if any portion of that Calculation Period or Compounding Period falls in a leap year, the sum of (A) the actual number of days in that portion of the Calculation Period or Compounding Period falling in a leap year divided by 366 and (B) the actual number of days in that portion of the Calculation Period or Compounding Period falling in a non-leap year divided by 365);

(b) if „Actual/365 (Fixed)" is specified, the actual number of days in the Calculation Period or Compounding Period in respect of which payment is being made divided by 365;

(c) if „Actual/360" is specified, the actual number of days in the Calculation Period or Compounding Period in respect of which payment is being made divided by 360;

(d) if „30/360", „360/360" or „Bond Basis" is specified, the number of days in the Calculation Period or Compounding Period in respect of which payment is being made divided by 360 (the number of days to be calculated on the basis of a year of 360 days with 12 30-day months (unless (i) the last day of the Calculation Period or Compounding Period is the 31st day of a month but the first day of the Calculation Period or Compounding Period is a day other than the 30th or 31st day of a month, in which case the month that includes that last day shall not be considered to be shortened to a 30-day month, or (ii) the last day of the Calculation Period or Compounding Period is the last day of the month of February, in which case the month of February shall not be considered to be lengthened to a 30-day month)); and

(e) if „30E/360" or „Eurobond Basis" is specified, the number of days in the Calculation Period or Compounding Period in respect of which payment is being made divided by 360 (the number of days to be calculated on the basis of a year of 360 days with 12 30-day months, without regard to the date of the first day or last day of the Calculation Period or Compounding Period unless, in the case of the final Calculation Period or Compounding Period, the Termination Date is the last day of the month of February, in which case the month of February shall not be considered to be lengthened to a 30-day month).

Section 4.17. IMM Settlement Dates. „IMM Settlement Dates" means, in respect of a Calculation Period and a currency or a Floating Rate Option for which contracts are written on the International Money Market Section of the Chicago Mercantile Exchange, each day during that Calculation Period that is specified by the Chicago Mercantile Exchange, pursuant to its contract specifications, as a „1st Delivery Date" for such currency or Floating Rate Option.

ARTICLE 5
FIXED AMOUNTS

Section 5.1. Calculation of a Fixed Amount. The Fixed Amount payable by a party on a Payment Date will be:

(a) if an amount is specified for the Swap Transaction as the Fixed Amount payable by that party for that Payment Date or for the related Calculation Period, such amount; or

(b) if an amount is not specified for the Swap Transaction as the Fixed Amount payable by that party for that Payment Date or for the related Calculation Period, an amount calculated on a formula basis for that Payment Date or for the related Calculation Period as follows:

$$\text{Fixed Amount} = \text{Calculation Amount} \times \text{Fixed Rate} \times \text{Fixed Rate Day Count Fraction}$$

Section 5.2. Certain Definitions Relating to Fixed Amounts. For purposes of the calculation of a Fixed Amount payable by a party:

(a) „Fixed Rate" means, for any Payment Date or for any Calculation Period in respect of a Payment Date, a price, expressed as a price per relevant unit, or a rate, expressed as a decimal, equal to the price or the per annum rate specified as such for the Swap Transaction or that party.

(b) „Fixed Rate Day Count Fraction" means, in respect of any calculation of a Fixed Amount,

(i) if a Price Option or a method for determining a price is specified for the Swap Transaction or the Fixed Rate Payer, and a Fixed Rate Day Count Fraction is not specified, 1/1; and

(ii) in all other cases, the Fixed Rate Day Count Fraction specified for the Swap Transaction or the Fixed Rate Payer.

ARTICLE 6
FLOATING AMOUNTS

Section 6.1. Calculation of a Floating Amount. The Floating Amount payable by a party on a Payment Date will be:

(a) if Compounding is not specified for the Swap Transaction or that party, an amount calculated on a formula basis for that Payment Date or for the related Calculation Period as follows:

IV.7 Anhang 5

$$\text{Floating Amount} = \text{Calculation Amount} \times \text{Floating Rate} \pm \text{Spread} \times \text{Floating Rate Day Count Fraction}$$

(b) if Compounding is specified to be applicable to the Swap Transaction or that party and Flat Compounding is not specified, an amount equal to the sum of the Compounding Period Amounts for each of the Compounding Periods in the related Calculation Period; or

(c) if „Flat Compounding" is specified to be applicable to the Swap Transaction or that party, an amount equal to the sum of the Basic Compounding Period Amounts for each of the Compounding Periods in the related Calculation Period plus the sum of the Additional Compounding Period Amounts for each such Compounding Period.

Section 6.2. Certain Definitions Relating to Floating Amounts. For purposes of the calculation of a Floating Amount payable by a party:

(a) „Floating Rate" means, for any Calculation Period in respect of a Payment Date, for any Compounding Period or for any Reset Date, a price, expressed as a price per relevant unit, or a rate, expressed as a decimal, equal to

(i) if the Confirmation (or the agreement between the parties governing the Swap Transaction) either (x) specifies a cap price or a floor price or (y) does not contain or incorporate paragraph 2 of the May 1989 Addendum to Schedule to Interest Rate and Currency Exchange Agreement for Interest Rate Caps, Collars and Floors, or provisions equivalent thereto; and

(A) if a cap rate or cap price is specified, the excess, if any, of a rate or price determined pursuant to subparagraph (ii) below over the cap rate or cap price so specified; or

(B) if a floor rate or floor price is specified, the excess, if any, of the floor rate or floor price so specified over a rate or price determined pursuant to subparagraph (ii) below; and

(ii) in all other cases and for purposes of subparagraphs (A) and (B) above:

(A) if a price or a per annum rate is specified for the Swap Transaction or that party to be the Floating Rate applicable to that Calculation Period, Compounding Period or Reset Date, the Floating Rate so specified;

(B) if only one Reset Date is established for the Swap Transaction or that party during (or in respect of) that Calculation Period or Compounding Period, the Relevant Rate for that Reset Date;

(C) if more than one Reset Date is established for the Swap Transaction or that party during (or in respect of) that Calculation Period or Compounding Period and the „Unweighted Average" method of calculation is specified, the arithmetic mean of the Relevant Rates for each of those Reset Dates;

(D) if more than one Reset Date is established for the Swap Transaction or that party during (or in respect of) that Calculation Period or Compounding Period and the „Weighted Average" method of calculation is specified, the arithmetic mean of the Relevant Rates in effect for each day in that Calculation Period or Compounding Period calculated by multiplying each Relevant Rate by the number of days such Relevant Rate is in effect, determining the sum of such products and dividing such sum by the number of days in the Calculation Period or Compounding Period; or

(E) if more than one Reset Date is established for the Swap Transaction or that party during (or in respect of) that Calculation Period or Compounding Period and neither the „Unweighted Average" nor the „Weighted Average" method of calculation is specified, a Floating Rate determined as if „Unweighted Average" had been specified as the applicable method of calculation.

(b) „Reset Date" means each day specified as such (or determined pursuant to a method specified for such purpose) for the Swap Transaction or that party, subject to adjustment in accordance with any applicable Business Day Convention which, if a Business Day Convention is not specified in a Confirmation as being applicable to Reset Dates, shall be

(i) if a Price Option or a method for determining a price is specified for that Reset Date, the Following Business Day Convention or (ii) if any other Floating Rate Option is specified for that Reset Date, the Business Day Convention applicable to Floating Rate Payer Payment Dates in respect of that Swap Transaction, unless an adjustment in accordance with that Business Day Convention would cause a Reset Date to fall on the Payment Date in respect of the Calculation Period to which that Reset Date relates, in which case that Reset Date shall be adjusted in accordance with the Preceding Business Day Convention.

(c) „Relevant Rate" means (subject to the effect of any applicable Rate Cut-off Date), for any day, a price, expressed as a price per relevant unit, or a per annum rate, expressed as a decimal, equal to

(i) if such day is a Reset Date, the price or rate determined with respect to that day for the specified Floating Rate Option as provided in Article 7 of these Definitions or as provided in a Confirmation or as provided in any agreement between the parties governing the Swap Transaction; or

(ii) if such day is not a Reset Date, the Relevant Rate determined pursuant to clause (i) above for the next preceding Reset Date.

(d) „Rate Cut-off Date" means each day specified as such (or determined pursuant to a method specified for such purpose) for the Swap Transaction or that party. The Relevant Rate for each Reset Date in the period from, and including, a Rate Cut-off Date to, but excluding, the next applicable Period End Date (or, in the case of the last Calculation Period, the Termination Date) will (solely for purposes of calculating the Floating Amount payable on the next applicable Payment Date) be deemed to be the Relevant Rate in effect on that Rate Cut-off Date.

(e) „Spread" means the per annum rate, expressed as a decimal, or the price, expressed in relevant units, if any, specified as such for the Swap Transaction or the party. For purposes of determining a Floating Amount, a Compounding Period Amount or a Basic Compounding Period Amount, if positive the Spread will be added to the Floating Rate and if negative the Spread will be subtracted from the Floating Rate.

(f) „Floating Rate Day Count Fraction" means, in respect of any calculation of a Floating Amount,

(i) if a Floating Rate Day Count Fraction is specified for the Swap Transaction or the Floating Rate Payer, the Floating Rate Day Count Fraction so specified;

(ii) if a Price Option or a method for determining a price is specified for the Swap Transaction or the Floating Rate Payer or if the „FRF-TAM-CDC" or „FRF-T4M-CDC-COMPOUND" Floating Rate Option is specified as the applicable Floating Rate Option, and a Floating Rate Day Count Fraction is not specified, 1/1; and

(iii) in all other cases,

(A) if any „USD-TBILL" Floating Rate Option is specified as the applicable Floating Rate Option or if the „FRF-TAG-CDC" or „FRF-TAG-CDC-COMPOUND" Floating Rate Option is specified as the applicable Floating Rate Option, „Actual/365";

(B) if any „AUD-BBR", „CAD-BA", „CAD-TBILL", „BEF-BIBOR", „GBP-LIBOR" or „HKD-HIBOR" Floating Rate Option is specified as the applicable Floating Rate Option, „Actual/365 (Fixed)"; and

(C) if any other Floating Rate Option defined in Section 7.1 of these Definitions is specified as the applicable Floating Rate Option, „Actual/360".

(g) „Floating Rate Option" means, in respect of a Swap Transaction and the calculation of a Floating Amount, the Floating Rate Option specified as such, which may be specified by reference to a Rate Option or a Price Option or may be specified by defining the Floating Rate Option in the related Confirmation or in any agreement between the parties governing that Swap Transaction.

(h) „Rate Option" means, in respect of a Swap Transaction and the calculation of a Floating Amount, any of the terms defined in Section 7.1 of these Definitions.

(i) „Price Option" means, in respect of a Swap Transaction and the calculation of a Floating Amount, any of the terms defined in Section 7.2 of these Definitions.

Section 6.3. Certain Definitions Relating to Compounding. For purposes of the calculation of a Floating Amount where „Compounding" is specified to be applicable to a Swap Transaction:

(a) „Compounding Period" means, in respect of a Calculation Period, each period from, and including, one Compounding Date to, but excluding, the next following applicable Compounding Date during that Calculation Period, except that (i) each initial Compounding Period for a Swap Transaction will commence on, and include, the Effective Date and (ii) each final Compounding Period for a Swap Transaction will end on, but exclude, the Termination Date.

(b) „Compounding Date" means each day during the Term of a Swap Transaction specified as such (or determined pursuant to a method specified for such purpose) for the Swap Transaction or a party, subject to adjustment in accordance with the Business Day Convention applicable to Period End Dates in respect of that Swap Transaction or party.

(c) „Compounding Period Amount" means for any Compounding Period an amount calculated on a formula basis for that Compounding Period as follows:

$$\text{Compounding Period Amount} = \text{Adjusted Calculation Amount} \times (\text{Floating Rate} \pm \text{Spread}) \times \text{Floating Rate Day Count Fraction}$$

(d) „Adjusted Calculation Amount" means (i) in respect of the first Compounding Period in any Calculation Period, the Calculation Amount for that Calculation Period and (ii) in respect of each succeeding Compounding Period in that Calculation Period, an amount equal to the sum of the Calculation Amount for that Calculation Period and the Compounding Period Amounts for each of the previous Compounding Periods in that Calculation Period.

(e) „Basic Compounding Period Amount" means for any Compounding Period an amount calculated as if a Floating Amount were being calculated for that Compounding Period, using the formula in Section 6.1 (a).

(f) „Additional Compounding Period Amount" means for any Compounding Period an amount calculated on a formula basis for that Compounding Period as follows:

$$\text{Additional Compounding Period Amount} = \text{Flat Compounding Amount} \times \text{Floating Rate} \times \text{Floating Rate Day Count Fraction}$$

(g) „Flat Compounding Amount" means (i) in respect of the first Compounding Period in any Calculation Period, zero and (ii) in respect of each succeeding Compounding Period in that Calculation Period, an amount equal to the sum of the Basic Compounding Period Amounts and the Additional Compounding Period Amounts for each of the previous Compounding Periods in that Calculation Period.

ARTICLE 7

CALCULATION OF RATES AND PRICES FOR CERTAIN FLOATING RATE OPTIONS

Section 7.1. Rate Options. For purposes of determining a Relevant Rate:
(a) *Australian Dollar*
(i) „AUD-BBR-ISDC" means that the rate for a Reset Date will be the rate for Australian Dollar bills of exchange for a period of the Designated Maturity which appears on the Reuters Screen ISDC Page as of 10:00 a.m., Sydney time, on that Reset Date. If such rate

does not appear on the Reuters Screen ISDC Page, the rate for that Reset Date will be determined as if the parties had specified „AUD-BBR-BBSW" as the applicable Floating Rate Option and as if fewer than five Reference Banks had quoted rates on the Reuters Screen BBSW Page.

(ii) „AUD-BBR-BBSW" means that the rate for a Reset Date will be the rate calculated by taking the rates quoted on the Reuters Screen BBSW Page at approximately 10:00 a. m., Sydney time, on that Reset Date for each Reference Bank so quoting (but not fewer than five) as being the mean buying and selling rate for a bill (which for the purpose of this definition means a bill of exchange of the type specified for the purpose of quoting on the Reuters Screen BBSW Page) having a tenor of the Designated Maturity, eliminating the highest and the lowest mean rates and taking the average of the remaining mean rates and then (if necessary) rounding the resultant figure upwards to four decimal places. If in respect of a Reset Date fewer than five Reference Banks have quoted rates on the Reuters Screen BBSW Page, the rate for that Reset Date shall be calculated as above by taking the rates otherwise quoted by five of the Reference Banks on application by the parties for such a bill of the same tenor. If in respect of a Reset Date the rate for that Reset Date cannot be determined in accordance with the foregoing procedures then the rate for that Reset Date shall mean such rate as is agreed between the parties having regard to comparable indices then available.

(iii) „AUD-LIBOR-BBA" means that the rate for a Reset Date will be the rate for deposits in Australian Dollars for a period of the Designated Maturity which appears on the Telerate Page 3740 as of 11:00 a.m., London time, on the day that is two London Banking Days preceding that Reset Date. If such rate does not appear on the Telerate Page 3740, the rate for that Reset Date will be determined as if the parties had specified „AUD-LIBOR-Reference Banks" as the applicable Floating Rate Option.

(iv) „AUD-LIBOR-Reference Banks" means that the rate for a Reset Date will be determined on the basis of the rates at which deposits in Australian Dollars are offered by the Reference Banks at approximately 11:00 a.m., London time, on the day that is two London Banking Days preceding that Reset Date to prime banks in the London interbank market for a period of the Designated Maturity commencing on that Reset Date and in a Representative Amount. The Calculation Agent will request the principal London office of each of the Reference Banks to provide a quotation of its rate. If at least two quotations are provided, the rate for that Reset Date will be the arithmetic mean of the quotations. If fewer than two quotations are provided as requested, the rate for that Reset Date will be the arithmetic mean of the rates quoted by major banks in Sydney, selected by the Calculation Agent, at approximately 11:00 a. m., Sydney time, on that Reset Date for loans in Australian Dollars to leading European banks for a period of the Designated Maturity commencing on that Reset Date and in a Representative Amount.

(b) *Belgian Franc*

(i) „BEF-BIBOR-ISDB" means that the rate for a Reset Date will be the rate for deposits in Belgian Francs for a period of the Designated Maturity which appears on the Reuters Screen ISDB Page as of 11:00 a. m., Brussels time, on the day that is two Brussels Banking Days preceding that Reset Date. If such rate does not appear on the Reuters Screen ISDB Page, the rate for that Reset Date will be determined as if the parties had specified „BEF-BIBOR-Reference Banks" as the applicable Floating Rate Option.

(ii) „BEF-BIBOR-BELO" means that the rate for a Reset Date will be the rate for deposits in Belgian Francs for a period of the Designated Maturity which appears on the Reuters Screen BELO Page as of 11:00 a. m., Brussels time, on the day that is two Brussels Banking Days preceding that Reset Date. If such rate does not appear on the Reuters Screen BELO Page, the rate for that Reset Date will be determined as if the parties had specified „BEF-BIBOR-Reference Banks" as the applicable Floating Rate Option.

(iii) „BEF-BIBOR-Reference Banks" means that the rate for a Reset Date will be determined on the basis of the rates at which deposits in Belgian Francs are offered by the

Reference Banks at approximately 11:00 a.m., Brussels time, on the day that is two Brussels Banking Days preceding that Reset Date to prime banks in the Brussels interbank market for a period of the Designated Maturity commencing on that Reset Date and in a Representative Amount. The Calculation Agent will request the principal Brussels office of each of the Reference Banks to provide a quotation of its rate. If at least two quotations are provided, the rate for that Reset Date will be the arithmetic mean of the quotations. If fewer than two quotations are provided as requested, the rate for that Reset Date will be the arithmetic mean of the rates quoted by major banks in Brussels, selected by the Calculation Agent, at approximately 11:00 a.m., Brussels time, on the Reset Date for loans in Belgian Francs to leading European banks for a period of the Designated Maturity commencing on that Reset Date and in a Representative Amount.

(c) *Canadian Dollar*

(i) „CAD-BA-ISDD" means that the rate for a Reset Date will be the rate for Canadian Dollar bankers acceptances for a period of the Designated Maturity which appears on the Reuters Screen ISDD Page as of 10:00 a.m., Toronto time, on that Reset Date. If such rate does not appear on the Reuters Screen ISDD Page, the rate for that Reset Date will be determined as if the parties had specified „CAD-BA-Reference Banks" as the applicable Floating Rate Option.

(ii) „CAD-BA-CDOR" means that the rate for a Reset Date will be the average rate for Canadian Dollar bankers acceptances for a period of the Designated Maturity which appears on the Reuters Screen CDOR Page as of 10:00 a.m., Toronto time, on that Reset Date. If such rate does not appear on the Reuters Screen CDOR Page, the rate for that Reset Date will be determined as if the parties had specified „CAD-BA-Reference Banks" as the applicable Floating Rate Option.

(iii) „CAD-BA-Telerate" means that the rate for a Reset Date will be the average rate for settlement rates for Canadian Dollar bankers acceptances for a period of the Designated Maturity which appears on the Telerate Page 3197 as of 10:00 a.m., Toronto time, on that Reset Date. If such rate does not appear on the Telerate Page 3197, the rate for that Reset Date will be determined as if the parties had specified „CAD-BA-Reference Banks" as the applicable Floating Rate Option.

(iv) „CAD-BA-Reference Banks" means that the rate for a Reset Date will be determined on the basis of the arithmetic mean of the bid rates of the Reference Banks for Canadian Dollar bankers acceptances for a period of the Designated Maturity for settlement on that Reset Date and in a Representative Amount accepted by the Reference Banks as of 10:00 a.m., Toronto time, on that Reset Date. The Calculation Agent will request the principal Toronto office of each of the Reference Banks to provide a quotation of its rate.

(v) „CAD-TBILL-ISDD" means that the rate for a Reset Date will be the rate for Government of Canada Treasury bills for a period of the Designated Maturity which appears on the Reuters Screen ISDD Page as of 10:00 a.m., Toronto time, on that Reset Date. If such rate does not appear on the Reuters Screen ISDD Page, the rate for that Reset Date will be determined as if the parties had specified „CAD-TBILL-Reference Banks" as the applicable Floating Rate Option.

(vi) „CAD-TBILL-Telerate" means that the rate for a Reset Date will be the average rate for Government of Canada Treasury bills for a period of the Designated Maturity which appears on the Telerate Page 3198 as of 10:00 a.m., Toronto time, on that Reset Date. If such rate does not appear on the Telerate Page 3198, the rate for that Reset Date will be determined as if the parties had specified „CAD-TBILL-Reference Banks" as the applicable Floating Rate Option.

(vii) „CAD-TBILL-Reference Banks" means that the rate for a Reset Date will be determined on the basis of the arithmetic mean of the secondary market bid rates of the Reference Banks as of 10:00 a.m., Toronto time, on that Reset Date for the issue of current Government of Canada Treasury bills with a remaining maturity closest to the Designated Maturity. The Calculation Agent will request the principal Toronto office of each of the Reference Banks to provide a quotation of its rate.

(viii) „CAD-LIBOR-BBA" means that the rate for a Reset Date will be the rate for deposits in Canadian Dollars for a period of the Designated Maturity which appears on the Telerate Page 3740 as of 11:00 a.m., London time, on the day that is two London Banking Days preceding that Reset Date. If such rate does not appear on the Telerate Page 3740, the rate for that Reset Date will be determined as if the parties had specified „CAD-LIBOR-Reference Banks" as the applicable Floating Rate Option.

(ix) „CAD-LIBOR-Reference Banks" means that the rate for a Reset Date will be determined on the basis of the rates at which deposits in Canadian Dollars are offered by the Reference Banks at approximately 11:00 a.m., London time, on the day that is two London Banking Days preceding that Reset Date to prime banks in the London interbank market for a period of the Designated Maturity commencing on that Reset Date and in a Representative Amount. The Calculation Agent will request the principal London office of each of the Reference Banks to provide a quotation of its rate. If at least two quotations are provided, the rate for that Reset Date will be the arithmetic mean of the quotations. If fewer than two quotations are provided as requested, the rate for that Reset Date will be the arithmetic mean of the rates quoted by major banks in Toronto, selected by the Calculation Agent, at approximately 11:00 a.m., Toronto time, on that Reset Date for loans in Canadian Dollars to leading European banks for a period of the Designated Maturity commencing on that Reset Date and in a Representative Amount.

(d) *Danish Krone*
(i) „DKK-CIBOR-DKNH" means that the rate for a Reset Date will be the offered rate for deposits in Danish Kroner for a period of the Designated Maturity which appears on the Reuters Screen DKNH Page under the caption „CIBOR Fixing" as of 11:00 a.m., Copenhagen time, on that Reset Date. If such rate does not appear on the Reuters Screen DKNH Page, the rate for that Reset Date will be determined as if the parties had specified „DKK-CIBOR-Reference Banks" as the applicable Floating Rate Option.

(ii) „DKK-CIBOR-Reference Banks" means that the rate for a Reset Date will be determined on the basis of the rates at which deposits in Danish Kroner are offered by the Reference Banks at approximately 11:00 a.m., Copenhagen time, on that Reset Date to prime banks in the Copenhagen interbank market for a period of the Designated Maturity commencing on that Reset Date and in a Representative Amount. The Calculation Agent will request the principal Copenhagen office of each of the Reference Banks to provide a quotation of its rate. If at least two quotations are provided, the rate for that Reset Date will be the arithmetic mean of the quotations. If fewer than two quotations are provided as requested, the rate for that Reset Date will be the arithmetic mean of the rates quoted by the major banks in Copenhagen, selected by the Calculation Agent, at approximately 11:00 a.m., Copenhagen time, on that Reset Date for loans in Danish Kroner to leading European banks for a period of the Designated Maturity commencing on that Reset Date and in a Representative Amount.

(e) *Deutsche Mark*
(i) „DEM-LIBOR-ISDA" means that the rate for a Reset Date will be the rate for deposits in Deutsche Marks for a period of the Designated Maturity which appears on the Reuters Screen ISDA Page as of 11:00 a.m., London time, on the day that is two London Banking Days preceding that Reset Date. If such rate does not appear on the Reuters Screen ISDA Page, the rate for that Reset Date will be determined as if the parties had specified „DEM-LIBOR-Reference Banks" as the applicable Floating Rate Option.

(ii) „DEM-LIBOR-BBA" means that the rate for a Reset Date will be the rate for deposits in Deutsche Marks for a period of the Designated Maturity which appears on the Telerate Page 3750 as of 11:00 a.m., London time, on the day that is two London Banking

Days preceding that Reset Date. If such rate does not appear on the Telerate Page 3750, the rate for that Reset Date will be determined as if the parties had specified „DEM-LIBOR-Reference Banks" as the applicable Floating Rate Option.

(iii) „DEM-LIBOR-Reference Banks" means that the rate for a Reset Date will be determined on the basis of the rates at which deposits in Deutsche Marks are offered by the Reference Banks at approximately 11:00 a.m., London time, on the day that is two London Banking Days preceding that Reset Date to prime banks in the London interbank market for a period of the Designated Maturity commencing on that Reset Date and in a Representative Amount. The Calculation Agent will request the principal London office of each of the Reference Banks to provide a quotation of its rate. If at least two quotations are provided, the rate for that Reset Date will be the arithmetic mean of the quotations. If fewer than two quotations are provided as requested, the rate for that Reset Date will be the arithmetic mean of the rates quoted by major banks in Frankfurt, selected by the Calculation Agent, at approximately 11:00 a.m., Frankfurt time, on that Reset Date for loans in Deutsche Marks to leading European banks for a period of the Designated Maturity commencing on that Reset Date and in a Representative Amount.

(iv) „DEM-FIBOR-ISDB" means that the rate for a Reset Date will be the rate for deposits in Deutsche Marks for a period of the Designated Maturity which appears on the Reuters Screen ISDB Page as of 12:00 noon, Frankfurt time, on that Reset Date. If such rate does not appear on the Reuters Screen ISDB Page, the rate for that Reset Date will be determined as if the parties had specified „DEM-FIBOR-Reference Banks" as the applicable Floating Rate Option.

(v) „DEM-FIBOR-FIBO" means that the rate for a Reset Date will be the rate for deposits in Deutsche Marks for a period of the Designated Maturity which appears on the Reuters Screen FIBO Page as of 11:00 a.m., Frankfurt time, on that Reset Date. If such rate does not appear on the Reuters Screen FIBO Page, the rate for that Reset Date will be determined as if the parties had specified „DEM-FIBOR-Reference Banks" as the applicable Floating Rate Option.

(vi) „DEM-FIBOR-FIBP" means that the rate for a Reset Date will be the rate for deposits in Deutsche Marks for a period of the Designated Maturity which appears on the Reuters Screen FIBP Page as of 11:00 a.m., Frankfurt time, on the day that is two Frankfurt Banking Days preceding that Reset Date. If such rate does not appear on the Reuters Screen FIBP Page, the rate for that Reset Date will be determined as if the parties had specified „DEM-FIBOR-Reference Banks" as the applicable Floating Rate Option.

(vii) „DEM-FIBOR-GBA" means that the rate for a Reset Date will be the rate for deposits in Deutsche Marks for a period of the Designated Maturity which appears on the Telerate Page 22000 as of 11:00 a.m., Frankfurt time, on the day that is two Frankfurt Banking Days preceding that Reset Date. If such rate does not appear on the Telerate Page 22000, the rate for that Reset Date will be determined as if the parties had specified „DEM-FIBOR-Reference Banks" as the applicable Floating Rate Option.

(viii) „DEM-FIBOR-Reference Banks" means that the rate for a Reset Date will be determined on the basis of the rates at which deposits in Deutsche Marks are offered by the Reference Banks (A) in the case of „DEM-FIBOR-ISDB", at approximately 12:00 noon, Frankfurt time, on that Reset Date, (B) in the case of „DEM-FIBOR-FIBO", at approximately 11:00 a.m., Frankfurt time, on that Reset Date or (C) in the case of any other DEM-FIBOR Floating Rate Option, at approximately 11:00 a.m., Frankfurt time, on the day that is two Frankfurt Banking Days preceding that Reset Date to prime banks in the Frankfurt interbank market for a period of the Designated Maturity commencing on that Reset Date and in a Representative Amount. The Calculation Agent will request the principal Frankfurt office of each of the Reference Banks to provide a quotation of its rate. If at least two quotations are provided, the rate for that Reset Date will be the arithmetic mean of the quotations. If fewer than two quotations are provided as requested, the rate for that Reset Date will be the arithmetic mean of the rates quoted by major banks in

Frankfurt, selected by the Calculation Agent, (A) in the case of „DEM-FIBOR-ISDB", at approximately 12:00 noon, Frankfurt time, or (B) in the case of any other „DEM-FIBOR" Floating Rate Option, at approximately 11:00 a. m., Frankfurt time, on that Reset Date for loans in Deutsche Marks to leading European banks for a period of the Designated Maturity commencing on that Reset Date and in a Representative Amount.

(f) *Dutch Guilder*

(i) „NLG-AIBOR-ISDB" means that the rate for a Reset Date will be the rate for deposits in Dutch Guilders for a period of the Designated Maturity which appears on the Reuters Screen ISDB Page as of 11:00 a.m., Amsterdam time, on the day that is two Amsterdam Banking Days preceding that Reset Date. If such rate does not appear on the Reuters Screen ISDB Page, the rate for that Reset Date will be determined as if the parties had specified „NLG-AIBOR-Reference Banks" as the applicable Floating Rate Option.

(ii) „NLG-AIBOR-AIBO-DOM" means that the rate for a Reset Date will be the rate for deposits in Dutch Guilders for a period of the Designated Maturity which appears on the Reuters Screen AIBO Page (domestic AIBO column) as of 11:00 a.m., Amsterdam time, on that Reset Date. If such rate does not appear on the Reuters Screen AIBO Page (domestic AIBO column), the rate for that Reset Date will be determined as if the parties had specified „NLG-AIBOR-Reference Banks" as the applicable Floating Rate Option.

(iii) „NLG-AIBOR-AIBO-EURO" means that the rate for a Reset Date will be the rate for deposits in Dutch Guilders for a period of the Designated Maturity which appears on the Reuters Screen AIBO Page (Euro AIBO column) as of 11:00 a.m., Amsterdam time, on the day that is two Amsterdam Banking Days preceding that Reset Date. If such rate does not appear on the Reuters Screen AIBO Page (Euro AIBO column), the rate for that Reset Date will be determined as if the parties had specified „NLG-AIBOR-Reference Banks" as the applicable Floating Rate Option.

(iv) „NLG-AIBOR-Reference Banks" means that the rate for a Reset Date will be determined on the basis of the rates at which deposits in Dutch Guilders are offered by the Reference Banks at approximately 11:00 a.m., Amsterdam time, (A) on the day that is two Amsterdam Banking Days preceding the Reset Date, if the rate being determined pursuant to this clause (iv) is for Euro AIBO or a rate is being determined pursuant to this clause (iv) because a rate for „NLG-AIBOR-ISDB" did not appear on the Reuters Screen ISDB Page, or (B) on that Reset Date, if the rate being determined pursuant to this clause (iv) is for domestic AIBO, to prime banks in the Amsterdam interbank market for a period of the Designated Maturity commencing on that Reset Date and in a Representative Amount. The Calculation Agent will request the principal Amsterdam office of each of the Reference Banks to provide a quotation of its rate. If at least two quotations are provided, the rate for that Reset Date will be the arithmetic mean of the quotations. If fewer than two quotations are provided as requested, the rate for that Reset Date will be the arithmetic mean of the rates quoted by major banks in Amsterdam, selected by the Calculation Agent, at approximately 11:00 a.m., Amsterdam time, on that Reset Date for loans in Dutch Guilders to leading European banks for a period of the Designated Maturity commencing on that Reset Date and in a Representative Amount.

(g) *European Currency Unit*

(i) „XEU-LIBOR-ISDA" means that the rate for a Reset Date will be the rate for deposits in European Currency Units for a period of the Designated Maturity which appears on the Reuters Screen ISDA Page as of 11:00 a.m., London time, on the day that is two London Banking Days preceding that Reset Date. If such rate does not appear on the Reuters Screen ISDA Page, the rate for that Reset Date will be determined as if the parties had specified „XEU-LIBOR-Reference Banks" as the applicable Floating Rate Option.

(ii) „XEU-LIBOR-BBA" means that the rate for a Reset Date will be the rate for deposits in European Currency Units for a period of the Designated Maturity which appears on the Telerate Page 3750 as of 11:00 a.m., London time, on the day that is two London Banking Days preceding that Reset Date. If such rate does not appear on the Telerate Page 3750, the rate for that Reset Date will be determined as if the parties had specified „XEU-LIBOR-Reference Banks" as the applicable Floating Rate Option.

(iii) „XEU-LIBOR-Reference Banks" means that the rate for a Reset Date will be determined on the basis of the rates at which deposits in European Currency Units are offered by the Reference Banks at approximately 11:00 a.m., London time, on the day that is two London Banking Days preceding that Reset Date to prime banks in the London interbank market for a period of the Designated Maturity commencing on that Reset Date and in a Representative Amount. The Calculation Agent will request the principal London office of each of the Reference Banks to provide a quotation of its rate. If at least two quotations are provided, the rate for that Reset Date will be the arithmetic mean of the quotations. If fewer than two quotations are provided as requested, the rate for that Reset Date will be the arithmetic mean of the rates quoted by major banks in Luxembourg, selected by the Calculation Agent, at approximately 11:00 a.m., Luxembourg time, on that Reset Date for loans in European Currency Units to leading European banks for a period of the Designated Maturity commencing on that Reset Date and in a Representative Amount.

(iv) „XEU-PIBOR-ISDB" means that the rate for a Reset Date will be the rate for deposits in European Currency Units for a period of the Designated Maturity which appears on the Reuters Screen ISDB Page as of 11:00 a.m., Paris time, on the day that is two Paris Banking Days preceding that Reset Date. If such rate does not appear on the Reuters Screen ISDB Page, the rate for that Reset Date will be determined as if the parties had specified „XEU-PIBOR-Reference Banks" as the applicable Floating Rate Option.

(v) „XEU-PIBOR-AFB" means that the rate for a Reset Date will be the rate for deposits in European Currency Units for a period of the Designated Maturity which appears on the Telerate Page 20041 as of 11:00 a.m., Paris time, on the day that is two Paris Banking Days preceding that Reset Date. If such rate does not appear on the Telerate Page 20041, the rate for that Reset Date will be determined as if the parties had specified „XEU-PIBOR-Reference Banks" as the applicable Floating Rate Option.

(vi) „XEU-PIBOR-Reference Banks" means that the rate for a Reset Date will be determined on the basis of the rates at which deposits in European Currency Units are offered by the Reference Banks at approximately 11:00 a.m., Paris time, on the day that is two Paris Banking Days preceding that Reset Date to prime banks in the Paris interbank market for a period of the Designated Maturity commencing on that Reset Date and in a Representative Amount. The Calculation Agent will request the principal Paris office of each of the Reference Banks to provide a quotation of its rate. If at least two quotations are provided, the rate for that Reset Date will be the arithmetic mean of the quotations. If fewer than two quotations are provided as requested, the rate for that Reset Date will be the arithmetic mean of the rates quoted by major banks in Paris, selected by the Calculation Agent, at approximately 11:00 a.m., Paris time, on that Reset Date for loans in European Currency Units to leading European banks for a period of the Designated Maturity commencing on that Reset Date and in a Representative Amount.

(h) *Finnish Markka*

(i) „FIM-HELIBOR-SPFB" means that the rate for a Reset Date will be the rate for deposits in Finnish Markkas for a period of the Designated Maturity which appears on the Reuters Screen SPFB Page under the caption „HELIBOR FIXING" as of 1:00 p.m., Helsinki time, on the day that is two Helsinki Banking Days preceding that Reset Date. If such rate does not appear on the Reuters Screen SPFB Page, the rate for that Reset Date will be determined as if the parties had specified „FIM-HELIBOR-Reference Banks" as the applicable Floating Rate Option.

(ii) „FIM-HELIBOR-Reference Banks" means that the rate for a Reset Date will be determined on the basis of the rates at which deposits in Finnish Markkas are offered by the Reference Banks at approximately 1:00 p.m., Helsinki time, on the day that is two Helsinki Banking Days preceding that Reset Date to prime banks in the Helsinki interbank market for a period of the Designated Maturity commencing on that Reset Date and in a Representative Amount. The Calculation Agent will request the principal Helsinki office of each of the Reference Banks to provide a quotation of its rate. If at least two quotations are provided, the rate for that Reset Date will be the arithmetic mean of the quotations. If fewer than two quotations are provided as requested, the rate for that Reset Date will be the arithmetic mean of the rates quoted by major banks in Helsinki, selected by the Calculation Agent, at approximately 1:00 p.m., Helsinki time, on that Reset Date for loans in Finnish Markkas to leading European banks for a period of the Designated Maturity commencing on that Reset Date and in a Representative Amount.

(i) **French Franc**

(i) „FRF-PIBOR-ISDB" means that the rate for a Reset Date will be the rate for deposits in French Francs for a period of the Designated Maturity which appears on the Reuters Screen ISDB Page as of 11:00 a.m., Paris time, on the day that is one Paris Banking Day preceding that Reset Date. If such rate does not appear on the Reuters Screen ISDB Page, the rate for that Reset Date will be determined as if the parties had specified „FRF-PIBOR-Reference Banks" as the applicable Floating Rate Option.

(ii) „FRF-PIBOR-AFB" means that the rate for a Reset Date will be the rate for deposits in French Francs for a period of the Designated Maturity which appears on the Telerate Page 20041 as of 11:00 a.m., Paris time, on the day that is one Paris Banking Day preceding that Reset Date. If such rate does not appear on the Telerate Page 20041, the rate for that Reset Date will be determined as if the parties had specified „FRF-PIBOR-Reference Banks" as the applicable Floating Rate Option.

(iii) „FRF-PIBOR-Reference Banks" means that the rate for a Reset Date will be determined on the basis of the rates at which deposits in French Francs are offered by the Reference Banks at approximately 11:00 a.m., Paris time, on the day that is one Paris Banking Day preceding that Reset Date to prime banks in the Paris interbank market for a period of the Designated Maturity commencing on that Reset Date and in a Representative Amount. The Calculation Agent will request the principal Paris office of each of the Reference Banks to provide a quotation of its rate. If at least two quotations are provided, the rate for that Reset Date will be the arithmetic mean of the quotations. If fewer than two quotations are provided as requested, the rate for that Reset Date will be the arithmetic mean of the rates quoted by major banks in Paris, selected by the Calculation Agent, at approximately 11:00 a.m., Paris time, on that Reset Date for loans in French Francs to leading European banks for a period of the Designated Maturity commencing on that Reset Date and in a Representative Amount.

(iv) „FRF-LIBOR-BBA" means that the rate for a Reset Date will be the rate for deposits in French Francs for a period of the Designated Maturity which appears on the Telerate Page 3740 as of 11:00 a.m., London time, on the day that is two London Banking Days preceding that Reset Date. If such rate does not appear on the Telerate Page 3740, the rate for that Reset Date will be determined as if the parties had specified „FRF-LIBOR-Reference Banks" as the applicable Floating Rate Option.

(v) „FRF-LIBOR-Reference Banks" means that the rate for a Reset Date will be determined on the basis of the rates at which deposits in French Francs are offered by the Reference Banks at approximately 11:00 a.m., London time, on the day that is two London Banking Days preceding that Reset Date to prime banks in the London interbank market for a period of the Designated Maturity commencing on that Reset Date and in a Representative Amount. The Calculation Agent will request the principal London office of each of the Reference Banks to provide a quotation of its rate. If at least two quotations are provided, the rate for that Reset Date will be the arithmetic mean of the quotations. If fewer than two quotations are provided as requested, the rate for that Reset Date will be the arithmetic mean of the rates quoted by major banks in Paris, selected by the Calculation Agent, at approximately 11:00 a.m., Paris time, on that Reset Date for loans in

French Francs to leading European banks for a period of the Designated Maturity commencing on that Reset Date and in a Representative Amount.

(vi) „FRF-TAM-CDC" means that the rate for a Reset Date will be the rate of return of a monthly compound interest investment, renewed at the end of each month, over the preceding 12-month period (it being understood that the reference rate for the calculation of interest is the average monthly rate of the day-to-day French interbank money market, adjusted to take into account the exact number of days in the various months concerned in the applicable 12-month period), as calculated by Caisse des Dépôts et Consignations and appearing on the Reuters Screen CDCR Page opposite the heading „T.A.M." on that Reset Date. If such rate is not available from such source, then the rate for such Reset Date will be determined as if the parties had specified „FRF-T4M-CDC-COMPOUND" as the applicable Floating Rate Option. Meanings for certain terms relevant to this Floating Rate Option shall be as specified in Exhibit III.

(vii) „FRF-T4M-CDC-COMPOUND" means that the rate for a Reset Date, calculated in accordance with the formula set forth below in this clause (vii), will be the rate of return of a monthly compound interest investment, renewed at the end of each month, over the preceding 12-month period (it being understood that the reference rate for the calculation of interest is the average monthly rate of the day-to-day French interbank money market, adjusted to take into account the exact number of days in the various months concerned in the applicable 12-month period), as calculated by Caisse des Dépôts et Consignations for each of the relevant months and appearing on the Reuters Screen CDCR Page opposite the heading „T.M.M." on the first Paris Banking Day of the month following each such relevant month). As used in this clause (vii), „relevant months" means the month and year of each of the first 12 calendar months occurring in the applicable Calculation Period. Meanings for certain terms relevant to this Floating Rate Option shall be as specified in Exhibit III.

„FRF-T4M-CDC-COMPOUND" will be calculated as follows:

$$100 \times \left[\prod_{i=1}^{12} (1 + (R_i \times D_i / 36\,000)) - 1 \right]$$

where:

„R_i", for any relevant month „i", is a reference rate equal to the arithmetic mean of the day-to-day French interbank money market for such relevant month, as calculated by Caisse des Dépôts et Consignations and appearing on the Reuters Screen CDCR Page opposite the heading „T.M.M." on the first Paris Banking Day of the month following such relevant month; if for any relevant month the reference rate is not available from such source, the reference rate for that relevant month will be the rate determined in accordance with the definition of „FRF-TMP-CDC-AVERAGE";

„D_i", for any relevant month „i", is the actual number of days in that relevant month; and

„i" is a series of whole numbers from one to 12 representing each of the relevant months in chronological order from and including the first month of any applicable Calculation Period.

(viii) „FRF-TAG-CDC" means that the rate for a Reset Date will be the rate of return of a monthly compound interest investment, renewed on each Compounding Date over the preceding Compounding Period (it being understood that the reference rate for the calculation of interest is the average of the rate of the day-to-day French interbank money market, from and including a Compounding Date to but excluding the next succeeding Compounding Date, adjusted to take into account the actual number of days in such Compounding Period), as calculated by Association Française des Banques for a period of the Designated Maturity and appearing on the Reuters Screen AFBP Page opposite the heading „T. A. G." on that Reset Date. If such rate is not available from such source, then the rate for such Reset Date will be determined as if the parties had specified „FRF-TAG-CDC-COMPOUND" as the applicable Floating Rate Option. Meanings for certain terms relevant to this Floating Rate Option shall be as specified in Exhibit III.

(ix) „FRF-TAG-CDC-COMPOUND" means that the rate for a Reset Date, calculated in accordance with the formula set forth below in this clause, will be the rate of return of a monthly compound interest investment, renewed on each Compounding Date over the preceding Compounding Period (it being understood that the reference rate for the calculation of interest is the average of the rate of the day-to-day French interbank money market, from and including a Compounding Date to but excluding the next succeeding Compounding Date, adjusted to take into account the actual number of days in such Compounding Period). Meanings for certain terms relevant to this Floating Rate Option shall be as specified in Exhibit III.

„FRF-TAG-CDC-COMPOUND" shall be calculated as follows:

$$DC * \left[\prod_{i=1}^{i=M} (1 + (R_i * D_i / 36000)) - 1 \right] / \left[\sum_{i=1}^{i=M} Dm_i \right]$$

where:

„R_i", for any relevant Compounding Period „i", is a rate equal to the arithmetic mean of the day-to-day French interbank money market for such Compounding Period and shall be calculated as follows:

$$R_i = \frac{100}{Dm_i} \left[\sum_{j=1}^{j=Dm_i} R_j \right]$$

where,

„R_j", for any day „j" in the relevant Compounding Period „i", is a reference rate equal to the day-to-day French interbank money market rate as calculated by Caisse des Dépôts et Consignations, and appearing on the Reuters Screen CDCR page opposite the heading „T. M. P." on the first Paris Banking Day following that day;

„j", is a series of whole numbers from one to Dm_i, each representing the relevant days in chronological order in a Compounding Period „i", from and including the first day of such Compounding Period; and

„Dm_i", for any relevant Compounding Period „i", is the actual number of days in that relevant Compounding Period;

„i", is a series of whole numbers from one to M, each representing the relevant Compounding Periods in chronological order from and including the first Compounding Period in the applicable Calculation Period;

„M", is the number of months as of the Designated Maturity, in the applicable Calculation Period; and

„DC", means (a) if the Calculation Period includes February 29 of a year, 36,600 and (b) in any other case, 36,500.

(x) „FRF-T4M-CDC" means that the rate for a Reset Date will be the arithmetic mean of the daily rates of the day-to-day French interbank money market, as calculated by Caisse des Dépôts et Consignations and appearing on the Reuters Screen CDCR Page opposite the heading „T. M. M." on that Reset Date. If such rate is not available from such source, then the rate for such Reset Date will be determined as if the parties had specified „FRF-TMP-CDC-AVERAGE" as the applicable Floating Rate Option. Meanings for certain terms relevant to this Floating Rate Option shall be as specified in Exhibit III.

(xi) „FRF-TMP-CDC-AVERAGE" means that the rate for a Reset Date, calculated in accordance with the formula set forth below, will be the arithmetic mean of the daily rates of the day-to-day French interbank money market, adjusted to take into account the exact number of days in the month concerned. Meanings for certain terms relevant to this Floating Rate Option shall be as specified in Exhibit III.

„FRF-TMP-CDC-AVERAGE" shall be calculated as follows:

$$\frac{100}{D} \times \left[\sum_{i=1}^{i=D} R_i \right]$$

where:

„R_i", for any relevant day „i" in the month of the Calculation Period, is a reference rate calculated by Caisse des Dépôts et Consignations and appearing on the Reuters Screen CDCR Page opposite the heading „T.M.P." on that day, if that day is a Paris Banking Day, or on the Paris Banking Day immediately preceding that day, if that day is not a Paris Banking Day;

„D", for the month of the Calculation Period, is the actual number of days in that month; and

„i" is a series of whole numbers from one to D, each representing in the month of the Calculation Period the chronological order of days in that month from and including the first day of that month to and including the last day of that month.

(j) **Hong Kong Dollar**

(i) „HKD-HIBOR-ISDC" means that the rate for a Reset Date will be the rate for deposits in Hong Kong Dollars for a period of the Designated Maturity which appears on the Reuters Screen ISDC Page as of 11:00 a.m., Hong Kong time, on the Reset Date. If such rate does not appear on the Reuters Screen ISDC Page, the rate for that Reset Date will be determined as if the parties had specified „HKD-HIBOR-Reference Banks" as the applicable Floating Rate Option.

(ii) „HKD-HIBOR-HKAB" means that the rate for a Reset Date will be the rate for deposits in Hong Kong Dollars for a period of the Designated Maturity which appears on the Telerate Page 9898 as of 11:00 a.m., Hong Kong time, on the Reset Date. If such rate does not appear on the Telerate Page 9898, the rate for that Reset Date will be determined as if the parties had specified „HKD-HIBOR-Reference Banks" as the applicable Floating Rate Option.

(iii) „HKD-HIBOR-Reference Banks" means that the rate for a Reset Date will be determined on the basis of the rates at which deposits in Hong Kong Dollars are offered by the Reference Banks at approximately 11:00 a.m., Hong Kong time, on the Reset Date to prime banks in the Hong Kong interbank market for a period of the Designated Maturity commencing on that Reset Date and in a Representative Amount. The Calculation Agent will request the principal Hong Kong office of each of the Reference Banks to provide a quotation of its rate. If at least two quotations are provided, the rate for that Reset Date will be the arithmetic mean of the quotations. If fewer than two quotations are provided as requested, the rate for that Reset Date will be the arithmetic mean of the rates quoted by major banks in Hong Kong, selected by the Calculation Agent, at approximately 11:00 a.m., Hong Kong time, on that Reset Date for loans in Hong Kong Dollars to leading European banks for a period of the Designated Maturity commencing on that Reset Date and in a Representative Amount.

(k) **Italian Lira**

(i) „ITL-LIBOR-ITFX" means that the rate for a Reset Date will be the arithmetic mean of the offered rates for deposits in Italian Lire for a period of the Designated Maturity which appears on the Reuters Screen ITFX Page as of 11:00 a.m., London time, on the day that is two London Business Days preceding that Reset Date. If fewer than two rates appear on the Reuters Screen ITFX Page, the rate for that Reset Date will be determined as if the parties had specified „ITL-LIBOR-Reference Banks" as the applicable Floating Rate Option.

(ii) „ITL-LIBOR-ITFY" means that the rate for a Reset Date will be the arithmetic mean of the offered rates for deposits in Italian Lire for a period of the Designated Maturity which appears on the Reuters Screen ITFY Page as of 11:00 a.m., London time, on the day that is two London Banking Days preceding that Reset Date. If fewer than two rates appear on the Reuters Screen ITFY Page, the rate for that Reset Date will be determined as if the parties had specified „ITL-LIBOR-Reference Banks" as the applicable Floating Rate Option.

(iii) „ITL-LIBOR-BBA" means that the rate for a Reset Date will be the rate for deposits in Italian Lire for a period of the Designated Maturity which appears on the Telerate Page 3740 as of 11:00 a.m., London time, on the day that is two London Banking Days preceding that Reset Date.

If such rate does not appear on the Telerate Page 3740, the rate for that Reset Date will be determined as if the parties had specified „ITL-LIBOR-Reference Banks" as the applicable Floating Rate Option.

(iv) „ITL-LIBOR-ILIR" means that the rate for a Reset Date will be determined on the basis of the average of the offered rates for deposits in Italian Lire for a period of the Designated Maturity which appears on the Reuters Screen ILIR Page as of 11:00 a.m., London time, on the day that is two London Banking Days preceding that Reset Date. If fewer than two rates appear on the Reuters Screen ILIR Page, the rate for that Reset Date will be determined as if the parties had specified „ITL-LIBOR-Reference Banks" as the applicable Floating Rate Option.

(v) „ITL-LIBOR-Reference Banks" means that the rate for a Reset Date will be determined on the basis of the rates at which deposits in Italian Lire are offered by the Reference Banks at approximately 11:00 a.m., London time, on the day that is two London Banking Days preceding that Reset Date to prime banks in the London interbank market for a period of the Designated Maturity commencing on that Reset Date and in a Representative Amount. The Calculation Agent will request the principal London office of each of the Reference Banks to provide a quotation of its rate. If at least two such quotations are provided, the rate for that Reset Date will be the arithmetic mean of the quotations. If fewer than two quotations are provided as requested, the rate for that Reset Date will be the arithmetic mean of the rates quoted by major banks in Rome, selected by the Calculation Agent, at approximately 11:00 a.m., Rome time, on that Reset Date for loans in Italian Lire to leading European banks for a period of the Designated Maturity commencing on that Reset Date and in a Representative Amount.

(vi) „ITL-MIBOR-Full Period Average" means that the rate for a Reset Date will be determined on the basis of the arithmetic mean of the offered rates for deposits in Italian Lire for a period of the Designated Maturity which appear on the Reuters Screen ATIA Page as of 12:00 noon, Milan time, on each day that is two Milan Banking Days preceding each Milan Banking Day during the Calculation Period. If fewer than two rates appear on the Reuters Screen ATIA Page, the rate for that Reset Date will be determined as if the parties had specified „ITL-MIBOR-Published" as the applicable Floating Rate Option.

(vii) „ITL-MIBOR-Preceding Days Average" means that the rate for a Reset Date will be determined on the basis of the arithmetic mean of the offered rates for deposits in Italian Lire for a period of the number of days preceding the Designated Maturity, as specified in the related Confirmation, which appear on the Reuters Screen ATIA Page as of 12:00 noon, Milan time, on the day that is two Milan Banking Days preceding each of such days preceding the Designated Maturity. If fewer than two rates appear on the Reuters Screen ATIA Page, the rate for that Reset Date will be determined as if the parties had specified „ITL-LIBOR-Reference Banks" as the applicable Floating Rate Option.

(viii) „ITL-MIBOR-ATIA" means that the rate for a Reset Date will be the offered rate for deposits in Italian Lire for a period of the Designated Maturity which appear on the

Reuters Screen ATIA Page as of 12:00 noon, Milan time, on the day that is two Milan Banking Days preceding that Reset Date. If such rate does not appear on the Reuters Screen ATIA Page, the rate for that Reset Date will be determined as if the parties had specified „ITL-MIBOR-Published" as the applicable Floating Rate Option.

(ix) „ITL-MIBOR-Published" means that the rate for a Reset Date will be the rate at which deposits in Italian Lire are offered in respect of the day that is two Milan Banking Days preceding such Reset Date to prime banks in the Milan interbank market for a period of the Designated Maturity as published on the next succeeding Milan Banking Day in *Il Sole 24 Ore*. If such rate is not published in *Il Sole 24 Ore*, the rate for that Reset Date will be determined as if the parties had specified „ITL-LIBOR-Reference Banks" as the applicable Floating Rate Option.

(l) *Luxembourg Franc*

(i) „LUF-LUXIBOR-ISDB" means that the rate for a Reset Date will be the rate for deposits in Luxembourg Francs for a period of the Designated Maturity which appears on the Reuters Screen ISDB Page as of 11:00 a.m., Luxembourg time, on the day that is two Luxembourg Banking Days preceding that Reset Date. If such rate does not appear on the Reuters Screen ISDB Page, the rate for that Reset Date will be determined as if the parties had specified „LUF-LUXIBOR-Reference Banks" as the applicable Floating Rate Option.

(ii) „LUF-LUXIBOR-Reference Banks" means that the rate for a Reset Date will be determined on the basis of the rates at which deposits in Financial Luxembourg Francs are offered by the Reference Banks at approximately 11:00 a.m., Luxembourg time, on the day that is two Luxembourg Banking Days preceding that Reset Date to prime banks in the Luxembourg interbank market for a period of the Designated Maturity commencing on that Reset Date and in a Representative Amount. The Calculation Agent will request the principal Luxembourg office of each of the Reference Banks to provide a quotation of its rate. If at least two quotations are provided, the rate for that Reset Date will be the arithmetic mean of the quotations. If fewer than two quotations are provided as requested, the rate for that Reset Date will be the arithmetic mean of the rates quoted by major banks in Luxembourg, selected by the Calculation Agent, at approximately 11:00 a.m., Luxembourg time, on that Reset Date for loans in Financial Luxembourg Francs to leading European banks for a period of the Designated Maturity commencing on that Reset Date and in a Representative Amount.

(iii) „COMLUF-LUXIBOR-Reference Banks" means that the rate for a Reset Date will be determined on the basis of the rates at which deposits in Commercial Luxembourg Francs are offered by the Reference Banks at approximately 11:00 a.m., Luxembourg time, on the day that is two Luxembourg Banking Days preceding that Reset Date to prime banks in the Luxembourg interbank market for a period of the Designated Maturity commencing on that Reset Date and in a Representative Amount. The Calculation Agent will request the principal Luxembourg office of each of the Reference Banks to provide a quotation of its rate. If at least two quotations are provided, the rate for that Reset Date will be the arithmetic mean of the quotations. If fewer than two quotations are provided as requested, the rate for that Reset Date will be the arithmetic mean of the rates quoted by major banks in Luxembourg, selected by the Calculation Agent, at approximately 11:00 a.m., Luxembourg time, on that Reset Date for loans in Commercial Luxembourg Francs to leading European banks for a period of the Designated Maturity commencing on that Reset Date and in a Representative Amount.

(m) *New Zealand Dollar*

(i) „NZD-BBR-ISDC" means that the rate for a Reset Date will be the rate for New Zealand Dollar bills of exchange for a period of the Designated Maturity which appears on the Reuters Screen ISDC Page as of 11:00 a.m., Wellington time, on that Reset Date. If such rate does not appear on the Reuters Screen ISDC Page, the rate for that Reset Date will be determined as if the parties had specified „NZD-BBR-Reference Banks" as the applicable Floating Rate Option.

(ii) „NZD-BBR-FRA" means that the rate for a Reset Date will be the rate for New Zealand Dollar bills of exchange for a period of the Designated Maturity which appears on the Reuters Screen BKBM Page under the caption „FRA" as of 11:00 a.m., Wellington time, on that Reset Date. If such rate does not appear on the Reuters Screen BKBM Page, the rate for that Reset Date will be determined as if the parties had specified „NZD-BBR-Reference Banks" as the applicable Floating Rate Option.

(iii) „NZD-BBR-Telerate" means that the rate for a Reset Date will be the fixed mid rate for New Zealand Dollar bills of exchange for a period of the Designated Maturity which appears on the Telerate Page 2484 as of 11:00 a.m., Wellington time, on that Reset Date. If such rate does not appear on the Telerate Page 2484, the rate for that Reset Date will be determined as if the parties had specified „NZD-BBR-Reference Banks" as the applicable Floating Rate Option.

(iv) „NZD-BBR-Reference Banks" means that the rate for a Reset Date will be determined on the basis of the average of the mean bid and offered rates of each of the Reference Banks for New Zealand Dollar bills of exchange for a period of the Designated Maturity for settlement on that Reset Date and in a Representative Amount at approximately 11:00 a.m., Wellington time, on the Reset Date. The Calculation Agent will request the principal Wellington office of each of the Reference Banks to provide a quotation of its rates.

(n) **Norwegian Krone**

(i) „NKR-NIBOR-NIBR" means that the rate for a Reset Date will be the rate for deposits in Norwegian Kroner for a period of the Designated Maturity which appears on the Reuters Screen NIBR Page as of 12:00 noon, Oslo time, on that Reset Date. If such rate does not appear on the Reuters Screen NIBR Page, the rate for that Reset Date will be determined as if the parties had specified „NKR-NIBOR-Reference Banks" as the applicable Floating Rate Option.

(ii) „NKR-NIBOR-Reference Banks" means that the rate for a Reset Date will be determined on the basis of the rates at which deposits in Norwegian Kroner are offered by the Reference Banks at approximately 12:00 noon, Oslo time, on that Reset Date to prime banks in the Oslo interbank market for a period of the Designated Maturity commencing on that Reset Date and in a Representative Amount. The Calculation Agent will request the principal Oslo office of each of the Reference Banks to provide a quotation of its rate. If at least two quotations are provided, the rate for that Reset Date will be the arithmetic mean of the quotations. If fewer than two quotations are provided as requested, the rate for that Reset Date will be the arithmetic mean of the rate quoted by major banks in Oslo, selected by the Calculation Agent, at approximately 12:00 noon, Oslo time, on that Reset Date for loans in Norwegian Kroner to leading European banks for a period of the Designated Maturity commencing on that Reset Date and in a Representative Amount.

(o) **Spanish Peseta**

(i) „SPP-LIBOR-BBA" means that the rate for a Reset Date will be the rate for deposits in Spanish Pesetas for a period of the Designated Maturity which appears on the Telerate Page 3740 as of 11:00 a.m., London time, on the day that is two London Banking Days preceding that Reset Date. If such rate does not appear on the Telerate Page 3740, the rate for that Reset Date will be determined as if the parties had specified „SPP-LIBOR-Reference Banks" as the applicable Floating Rate Option.

(ii) „SPP-LIBOR-Reference Banks" means that the rate for a Reset Date will be determined on the basis of the rates at which deposits in Spanish Pesetas are offered by the Reference Banks at approximately 11:00 a.m., London time, on the day that is two London Banking Days preceding that Reset Date to prime banks in the London interbank market for a period of the Designated Maturity commencing on that Reset Date and in a Representative Amount. The Calculation Agent will request the principal London office of each of the Reference Banks to provide a quotation of its rate. If at least two quotations are provided, the rate for that Reset Date will be the arithmetic mean of the quotations. If fewer than two quotations are provided as requested, the rate for that Reset Date will be the arithmetic mean of the rates quoted by major banks in Madrid, selected by the Calculation Agent, at approximately 11:00 a.m., Madrid time, on that Reset Date for loans in Spanish Pesetas to leading European banks for a period of the Designated Maturity commencing on that Reset Date and in a Representative Amount.

(iii) „SPP-MIBOR-Reference Banks" means that the rate for a Reset Date will be determined on the basis of the rates at which deposits in Spanish Pesetas are offered by the Reference Banks at approximately 11:00 a.m., Madrid time, on the day that is one Madrid Banking Day preceding that Reset Date to prime banks in the Madrid interbank market for a period of the Designated Maturity commencing on that Reset Date and in a Representative Amount. The Calculation Agent will request the principal office in Spain of each of the Reference Banks to provide a quotation of its rate. If at least two quotations are provided, the rate for that Reset Date will be the arithmetic mean of the quotations. If only one quotation is provided, the rate for that Reset Date will be equal to such quotation. If no quotations are provided as requested, the rate for that Reset Date will be the arithmetic mean of the rates quoted by major banks in London, selected by the Calculation Agent, at approximately 11:00 a.m., Madrid time, on that Reset Date for loans in Spanish Pesetas to leading European banks for a period of the Designated Maturity commencing on that Reset Date and in a Representative Amount.

(p) *Sterling*

(i) „GBP-LIBOR-ISDA" means that the rate for a Reset Date will be the rate for deposits in Sterling for a period of the Designated Maturity which appears on the Reuters Screen ISDA Page as of 11:00 a.m., London time, on that Reset Date. If such rate does not appear on the Reuters Screen ISDA Page, the rate for that Reset Date will be determined as if the parties had specified „GBP-LIBOR-Reference Banks" as the applicable Floating Rate Option.

(ii) „GBP-LIBOR-BBA" means that the rate for a Reset Date will be the rate for deposits in Sterling for a period of the Designated Maturity which appears on the Telerate Page 3750 as of 11:00 a.m., London time, on that Reset Date. If such rate does not appear on the Telerate Page 3750, the rate for that Reset Date will be determined as if the parties had specified „GBP-LIBOR-Reference Banks" as the applicable Floating Rate Option.

(iii) „GBP-LIBOR-Reference Banks" means that the rate for a Reset Date will be determined on the basis of the rates at which deposits in Sterling are offered by the Reference Banks at approximately 11:00 a.m., London time, on that Reset Date to prime banks in the London interbank market for a period of the Designated Maturity commencing on that Reset Date and in a Representative Amount. The Calculation Agent will request the principal London office of each of the Reference Banks to provide a quotation of its rate. If at least two quotations are provided, the rate for that Reset Date will be the arithmetic mean of the quotations. If fewer than two quotations are provided as requested, the rate for that Reset Date will be the arithmetic mean of the rates quoted by major banks in London, selected by the Calculation Agent, at approximately 11:00 a.m., London time, on that Reset Date for loans in Sterling to leading European banks for a period of the Designated Maturity commencing on that Reset Date and in a Representative Amount.

(q) *Swedish Krona*

(i) „SEK-EDOR-FP" means that the rate for a Reset Date will be the rate for deposits in Swedish Kronor for a period of the Designated Maturity which appears on the Telerate Page 3720 under the caption „Implied Euro SEK Deposit Offered Rates" as of 11:00 a.m., Stockholm time, on the day that is two Stockholm and New York Banking Days preceding that Reset Date. If such rate does not appear on the Telerate Page 3720, the rate for that Reset Date will be determined as if the parties had specified „SEK-EDOR-Reference Banks" as the applicable Floating Rate Option.

(ii) „SEK-STIBOR-SIOR" means that the rate for a Reset Date will be the rate for deposits in Swedish Kronor for a period of the Designated Maturity which appears on the

Reuters Screen SIOR page under the caption „STIBOR FIXING" as of 11:00 a. m., Stockholm time, on the day that is two Stockholm Banking Days preceding that Reset Date. If such rate does not appear on the Reuters Screen SIOR page, the rate for that Reset Date will be determined as if the parties had specified „SEK-EDOR-Reference Banks" as the applicable Floating Rate Option.

(iii) „SEK-EDOR-Reference Banks" means that the rate for a Reset Date will be determined on the basis of the rates at which deposits in Swedish Kronor are offered by the Reference Banks at approximately 11:00 a.m., Stockholm time, on the day that is two Stockholm Banking Days preceding that Reset Date to prime banks in the Stockholm interbank market for a period of the Designated Maturity commencing on that Reset Date and in a Representative Amount. The Calculation Agent will request the principal Stockholm office of each of the Reference Banks to provide a quotation of its rate. If at least two quotations are provided, the rate for that Reset Date will be the arithmetic mean of the quotations. If fewer than two quotations are provided as requested, the rate for that Reset Date will be the arithmetic mean of the rates quoted by major banks in Stockholm, selected by the Calculation Agent, at approximately 11:00 a.m., Stockholm time, on that Reset Date for loans in Swedish Kronor to leading European banks for a period of the Designated Maturity commencing on that Reset Date and in a Representative Amount.

(r) **Swiss Franc**

(i) „CHF-LIBOR-ISDA" means that the rate for a Reset Date will be the rate for deposits in Swiss Francs for a period of the Designated Maturity which appears on the Reuters Screen ISDA Page as of 11:00 a.m., London time, on the day that is two London Banking Days preceding that Reset Date. If such rate does not appear on the Reuters Screen ISDA Page, the rate for that Reset Date will be determined as if the parties had specified „CHF-LIBOR-Reference Banks" as the applicable Floating Rate Option.

(ii) „CHF-LIBOR-BBA" means that the rate for a Reset Date will be the rate for deposits in Swiss Francs for a period of the Designated Maturity which appears on the Telerate Page 3750 as of 11:00 a.m., London time, on the day that is two London Banking Days preceding that Reset Date. If such rate does not appear on the Telerate Page 3750, the rate for that Reset Date will be determined as if the parties had specified „CHF-LIBOR-Reference Banks" as the applicable Floating Rate Option.

(iii) „CHF-LIBOR-Reference Banks" means that the rate for a Reset Date will be determined on the basis of the rates at which deposits in Swiss Francs are offered by the Reference Banks at approximately 11:00 a.m., London time, on the day that is two London Banking Days preceding that Reset Date to prime banks in the London interbank market for a period of the Designated Maturity commencing on that Reset Date and in a Representative Amount. The Calculation Agent will request the principal London office of each of the Reference Banks to provide a quotation of its rate. If at least two quotations are provided, the rate for that Reset Date will be the arithmetic mean of the quotations. If fewer than two quotations are provided as requested, the rate for that Reset Date will be the arithmetic mean of the rates quoted by major banks in Zurich, selected by the Calculation Agent, at approximately 11:00 a.m., Zurich time, on that Reset Date for loans in Swiss Francs to leading European banks for a period of the Designated Maturity commencing on that Reset Date and in a Representative Amount.

(s) **U. S. Dollar**

(i) „USD-LIBOR-ISDA" means that the rate for a Reset Date will be the rate for deposits in U. S. Dollars for a period of the Designated Maturity which appears on the Reuters Screen ISDA Page as of 11:00 a.m., London time, on the day that is two London Banking Days preceding that Reset Date. If such rate does not appear on the Reuters Screen ISDA Page, the rate for that Reset Date will be determined as if the parties had specified „USD-LIBOR-Reference Banks" as the applicable Floating Rate Option.

(ii) „USD-LIBOR-BBA" means that the rate for a Reset Date will be the rate for deposits in U. S. Dollars for a period of the Designated Maturity which appears on the Telerate

Page 3750 as of 11:00 a.m., London time, on the day that is two London Banking Days preceding that Reset Date. If such rate does not appear on the Telerate Page 3750, the rate for that Reset Date will be determined as if the parties had specified „USD-LIBOR-Reference Banks" as the applicable Floating Rate Option.

(iii) „USD-LIBOR-LIBO" means that the rate in respect of a Reset Date will be determined on the basis of the offered rates for deposits in U. S. Dollars for a period of the Designated Maturity which appear on the Reuters Screen LIBO Page as of 11:00 a.m., London time, on the day that is two London Banking Days preceding that Reset Date. If at least two rates appear on the Reuters Screen LIBO Page, the rate for that Reset Date will be the arithmetic mean of such rates. If fewer than two rates appear, the rate for that Reset Date will be determined as if the parties had specified „USD-LIBOR-Reference Banks" as the applicable Floating Rate Option.

(iv) „USD-LIBOR-Reference Banks" means that the rate for a Reset Date will be determined on the basis of the rates at which deposits in U. S. Dollars are offered by the Reference Banks at approximately 11:00 a.m., London time, on the day that is two London Banking Days preceding that Reset Date to prime banks in the London interbank market for a period of the Designated Maturity commencing on that Reset Date and in a Representative Amount. The Calculation Agent will request the principal London office of each of the Reference Banks to provide a quotation of its rate. If at least two such quotations are provided, the rate for that Reset Date will be the arithmetic mean of the quotations. If fewer than two quotations are provided as requested, the rate for that Reset Date will be the arithmetic mean of the rates quoted by major banks in New York City, selected by the Calculation Agent, at approximately 11:00 a.m., New York City time, on that Reset Date for loans in U. S. Dollars to leading European banks for a period of the Designated Maturity commencing on that Reset Date and in a Representative Amount.

(v) „USD-Prime-H. 15" means that the rate for a Reset Date will be the rate set forth in H. 15 (519) for that day opposite the caption „Bank Prime Loan". If on the Calculation Date for a Calculation Period such rate for a Reset Date in that Calculation Period is not yet published in H. 15 (519), the rate for that Reset Date will be the arithmetic mean of the rates of interest publicly announced by each bank that appears on the Reuters Screen NYMF Page as such bank's prime rate or base lending rate as in effect for that Reset Date as quoted on the Reuters Screen NYMF Page on that Reset Date or, if fewer than four rates appear on the Reuters Screen NYMF Page for that Reset Date, the rate determined as if the parties had specified „USD-Prime-Reference Banks" as the applicable Floating Rate Option.

(vi) „USD-Prime-Reference Banks" means that the rate for a Reset Date will be the arithmetic mean of the rates of interest publicly announced by each Reference Bank as its U. S. Dollar prime rate or base lending rate as in effect for that day. Each change in the prime rate or base lending rate of any bank so announced by such bank will be effective as of the effective date of the announcement or, if no effective date is specified, as of the date of the announcement.

(vii) „USD-TBILL-H. 15" means that the rate for a Reset Date on which United States Treasury bills are auctioned will be the rate set forth in H. 15 (519) for that day opposite the Designated Maturity under the caption „U. S. Government Securities/Treasury Bills/Auction Average (Investment)". If on the Calculation Date for a Calculation Period United States Treasury bills of the Designated Maturity have been auctioned on a Reset Date during that Calculation Period but such rate for such Reset Date is not yet published in H. 15 (519), the rate for that Reset Date will be the Bond Equivalent Yield of the auction average rate for those Treasury bills as announced by the United States Department of the Treasury. If United States Treasury bills of the Designated Maturity are not auctioned during any period of seven consecutive calendar days ending on and including any Friday and a Reset Date would have occurred if such Treasury bills had been auctioned during that seven-day period, a Reset Date will be deemed to have occurred on the day during that seven-day period on which such Treasury bills would have been auctioned in accordance with the usual practices of the United States Department of the Treasury, and the rate for that Reset Date will be determined as if the parties had specified „USD-TBILL-Secondary Market" as the applicable Floating Rate Option (unless it is indicated for the Swap Transaction that weeks in which United States Treasury bills of the Designated Maturity are not auctioned will be ignored, in which case there will not be any Reset Date during that seven-day period).

(viii) „USD-TBILL-Secondary Market" means that the rate for a Reset Date will be the Bond Equivalent Yield of the rate set forth in H. 15 (519) for that day opposite the Designated Maturity under the caption „U. S. Government Securities/Treasury Bills/Secondary Market". If on the Calculation Date for a Calculation Period such rate for a Reset Date in that Calculation Period is not yet published in H. 15 (519), the rate for that Reset Date will be the Bond Equivalent Yield of the arithmetic mean of the secondary market bid rates of the Reference Dealers as of approximately 3:30 p.m., New York City time, on that day for the issue of United States Treasury bills with a remaining maturity closest to the Designated Maturity.

(ix) „USD-CD-H. 15" means that the rate for a Reset Date will be the rate set forth in H. 15 (519) for that day opposite the Designated Maturity under the caption „CDs (Secondary Market)". If on the Calculation Date for a Calculation Period such rate for a Reset Date in that Calculation Period is not yet published in H. 15 (519), the rate for that Reset Date will be the rate set forth in Composite 3:30 P. M. Quotations for U. S. Government Securities for that day for the Designated Maturity under the caption „Certificates of Deposit". If on the Calculation Date for a Calculation Period the appropriate rate for a Reset Date in that Calculation Period is not yet published in either H. 15 (519) or Composite 3:30 P. M. Quotations for U. S. Government Securities, the rate for that Reset Date will be determined as if the parties had specified „USD-CD-Reference Dealers" as the applicable Floating Rate Option.

(x) „USD-CD-Reference Dealers" means that the rate for a Reset Date will be the arithmetic mean of the secondary market offered rates of the Reference Dealers as of 10:00 a.m., New York City time, on that day for negotiable U. S. Dollar certificates of deposit of major United States money market banks with a remaining maturity closest to the Designated Maturity and in a Representative Amount.

(xi) „USD-CP-H. 15" means that the rate for a Reset Date will be the Money Market Yield of the rate set forth in H. 15 (519) for that day opposite the Designated Maturity under the caption „Commercial Paper". If on the Calculation Date for a Calculation Period such rate for a Reset Date in that Calculation Period is not yet published in H. 15 (519), the rate for that Reset Date will be the Money Market Yield of the rate set forth in Composite 3:30 P. M. Quotations for U. S. Government Securities for that day in respect of the Designated Maturity under the caption „Commercial Paper" (with a Designated Maturity of one month or three months being deemed to be equivalent to a Designated Maturity of 30 days or 90 days, respectively). If on the Calculation Date for a Calculation Period the appropriate rate for a Reset Date in that Calculation Period is not yet published in either H. 15 (519) or Composite 3:30 P. M. Quotations for U. S. Government Securities, the rate for that Reset Date will be determined as if the parties had specified „USD-CP-Reference Dealers" as the applicable Floating Rate Option.

(xii) „USD-CP-ISDD" means that the rate for a Reset Date will be the Money Market Yield of the rate for U. S. Dollar commercial paper for a period of the Designated Maturity which appears on the Reuters Screen ISDD Page as of 4:00 p.m., New York City time, on that Reset Date. If on the Calculation Date for a Calculation Period the appropriate rate for a Reset Date in that Calculation Period does not appear on the Reuters Screen ISDD Page, the rate for that Reset Date will be determined as if the parties had specified „USD-CP-Reference Dealers" as the applicable Floating Rate Option.

(xiii) „USD-CP-Reference Dealers" means that the rate for a Reset Date will be the

Money Market Yield of the arithmetic mean of the offered rates of the Reference Dealers as of 11:00 a. m., New York City time, on that day for U. S. Dollar commercial paper of the Designated Maturity placed for industrial issuers whose bond rating is „Aa" or the equivalent from a nationally recognized rating agency.

(xiv) „USD-Federal Funds-H. 15" means that the rate for a Reset Date will be the rate set forth in H. 15 (519) for that day opposite the caption „Federal Funds (Effective)". If on the Calculation Date for a Calculation Period such rate for a Reset Date in that Calculation Period is not yet published in H. 15 (519), the rate for that Reset Date will be the rate set forth in Composite 3:30 P. M. Quotations for U. S. Government Securities for that day under the caption „Federal Funds/Effective Rate". If on the Calculation Date for a Calculation Period the appropriate rate for a Reset Date in that Calculation Period is not yet published in either H. 15 (519) or Composite 3:30 P. M. Quotations for U. S. Government Securities, the rate for that Reset Date will be determined as if the parties had specified „USD-Federal Funds-Reference Dealers" as the applicable Floating Rate Option.

(xv) „USD-Federal Funds-Reference Dealers" means that the rate for a Reset Date will be the arithmetic mean of the rates for the last transaction in overnight U. S. Dollar Federal funds arranged by each Reference Dealer prior to 9:00 a. m., New York City time, on that day.

(xvi) „USD-BA-H. 15" means that the rate for a Reset Date will be the Money Market Yield of the rate set forth in H. 15 (519) for that day opposite the Designated Maturity under the caption „Bankers Acceptances (Top Rated)". If on the Calculation Date for a Calculation Period such rate for a Reset Date in that Calculation Period is not yet published in H. 15 (519), the rate for that Reset Date will be determined as if the parties had specified „USD-BA-Reference Dealers" as the applicable Floating Rate Option.

(xvii) „USD-BA-Reference Dealers" means that the rate for a Reset Date will be the Money Market Yield of the arithmetic mean of the offered rates of the Reference Dealers as of the close of business in New York City on that day for top-rated U. S. Dollar bankers acceptances of the Designated Maturity and in a Representative Amount.

(xviii) „USD-TIBOR-ISDC" means that the rate for a Reset Date will be the rate for deposits in U. S. Dollars for a period of the Designated Maturity which appears on the Reuters Screen ISDC Page as of 11:00 a. m., Tokyo time, on the day that is two Tokyo Banking Days preceding that Reset Date. If such rate does not appear on the Reuters Screen ISDC Page, the rate for that Reset Date will be determined as if the parties had specified „USD-TIBOR-Reference Banks" as the applicable Floating Rate Option.

(xix) „USD-TIBOR-Reference Banks" means that the rate for a Reset Date will be determined on the basis of the rates at which deposits in U. S. Dollars are offered by the Reference Banks at approximately 11:00 a. m., Tokyo time, on the day that is two Tokyo Banking Days preceding that Reset Date to prime banks in the Tokyo interbank market for a period of the Designated Maturity commencing on that Reset Date and in a Representative Amount. The Calculation Agent will request the principal Tokyo office of each of the Reference Banks to provide a quotation of its rate. If at least two such quotations are provided, the rate for that Reset Date will be the arithmetic mean of the quotations. If fewer than two quotations are provided as requested, the rate for that Reset Date will be the arithmetic mean of the rates quoted by major banks in New York City, selected by the Calculation Agent, at approximately 11:00 a. m., New York City time, on that Reset Date for loans in U. S. Dollars to leading European banks for a period of the Designated Maturity commencing on that Reset Date and in a Representative Amount.

(xx) „USD-COF11-Telerate" means that the rate for a Reset Date will be the monthly weighted average cost of funds set forth under the caption „11 th District" on the Telerate Page 7175 as of 11:00 a. m., San Francisco time, on that Reset Date. If such rate does not appear on the Telerate Page 7175, the rate for that Reset Date will be determined as if the parties had specified „USD-COF11-FHLBSF" as the applicable Floating Rate Option.

(xxi) „USD-COF11-FHLBSF" means that the rate for a Reset Date will be the monthly weighted average cost of funds paid by member institutions of the Eleventh Federal Home Loan Bank District that was most recently announced by the FHLBSF as such cost of funds for the calendar month preceding the date of such announcement. If the FHLBSF fails to announce such rate for that calendar month, then the rate for that Reset Date will be determined on the basis of the latest comparable rate announced by the FHLBSF prior to the Payment Date immediately following that Reset Date.

(t) *Yen*

(i) „JPY-LIBOR-ISDA" means that the rate for a Reset Date will be the rate for deposits in Yen for a period of the Designated Maturity which appears on the Reuters Screen ISDA Page as of 11:00 a.m., London time, on the day that is two London Banking Days preceding that Reset Date. If such rate does not appear on the Reuters Screen ISDA Page, the rate for that Reset Date will be determined as if the parties had specified „JPY-LIBOR-Reference Banks" as the applicable Floating Rate Option.

(ii) „JPY-LIBOR-BBA" means that the rate for a Reset Date will be the rate for deposits in Yen for a period of the Designated Maturity which appears on the Telerate Page 3750 as of 11:00 a.m., London time, on the day that is two London Banking Days preceding that Reset Date. If such rate does not appear on the Telerate Page 3750, the rate for that Reset Date will be determined as if the parties had specified „JPY-LIBOR-Reference Banks" as the applicable Floating Rate Option.

(iii) „JPY-LIBOR-Reference Banks" means that the rate for a Reset Date will be determined on the basis of the rates at which deposits in Yen are offered by the Reference Banks at approximately 11:00 a.m., London time, on the day that is two London Banking Days preceding that Reset Date to prime banks in the London interbank market for a period of the Designated Maturity commencing on that Reset Date and in a Representative Amount. The Calculation Agent will request the principal London office of each of the Reference Banks to provide a quotation of its rate. If at least two quotations are provided, the rate for that Reset Date will be the arithmetic mean of the quotations. If fewer than two quotations are provided as requested, the rate for that Reset Date will be the arithmetic mean of the rates quoted by major banks in Tokyo, selected by the Calculation Agent, at approximately 11:00 a.m., Tokyo time, on that Reset Date for loans in Yen to leading European banks for a period of the Designated Maturity commencing on that Reset Date and in a Representative Amount.

Section 7.2. Price Options. For purposes of determining a Relevant Rate:

(a) *S&P 500.* „S&P 500" means that the price for a Reset Date will be the value of the Standard & Poor's 500 Composite Stock Price Index at the close of business, New York time, on that Reset Date, as calculated and published by Standard & Poor's Corporation.

(b) *FT-SE 100.* „FT-SE 100" means that the price for a Reset Date will be the value of the FT-SE (Financial Times-Stock Exchange) 100 Share Index at the close of business, London time, on that Reset Date, as calculated and published by The International Stock Exchange.

(c) *NIKKEI 225.* „NIKKEI 225" means that the price for a Reset Date will be the value of the Nikkei Stock Average Index at the close of business, Tokyo time, on that Reset Date, as calculated and published by Nihon Keizai Shimbun Inc.

(d) *TOPIX.* „TOPIX" means that the price for a Reset Date will be the value of the Tokyo Stock Price Index at the close of business, Tokyo time, on that Reset Date, as calculated and published by the Tokyo Stock Exchange.

(e) *DAX.* „DAX" means that the price for a Reset Date will be the value of the Deutscher Aktienindex at the close of business, Frankfurt time, on that Reset Date, as calculated and published by the Frankfurter Wertpapierbörse.

(f) *CAC-40.* „CAC-40" means that the price for a Reset Date will be the value of the CAC-40 Index at the close of business, Paris time, on that Reset Date, as calculated and published by the Société des Bourses Françaises.

(g) *Oil.* „OIL-WTI-NYMEX" means that the price for a Reset Date will be the closing price per barrel of oil on the NYMEX on that Reset Date of the WTI contract for the Contract Month, stated in U. S. Dollars, as reported by the NYMEX. If no such price is reported by the NYMEX on that Reset Date, but a range of two prices per barrel of WTI on a delivery basis, for delivery in the Contract Month, is published under the heading „Spot Crude Price Assessments" in the issue of *Platt's Oilgram Price Report* that reports prices effective on that Reset Date, the price for that Reset Date will be the average of those two prices as published in that issue. If a range of two prices is not published in the relevant issue of *Platt's Oilgram Price Report,* the Calculation Agent will request the Reference Dealers to provide bid and asked quotations for the relevant WTI contract. If four quotations are provided as requested, the price for that Reset Date will be the arithmetic mean of the average of the bid and asked quotations provided by each Reference Dealer, without regard to the averages having the highest and lowest values. If exactly three quotations are provided as requested, the price for that Reset Date will be the average of the bid and asked quotations provided by each Reference Dealer that remains after disregarding the averages having the highest and lowest values. If fewer than three quotations are provided as requested, the price for that Reset Date will be determined by the Calculation Agent in good faith after consultation with the other party (or both parties, if the Calculation Agent is a third party), if practicable, for the purpose of obtaining a representative price for the relevant WTI contract that will reasonably reflect conditions prevailing at the time in the WTI market.

Section 7.3. Certain Published and Displayed Sources
(a) „H. 15 (519)" means the weekly statistical release designated as such, or any successor publication, published by the Board of Governors of the Federal Reserve System.

(b) „Composite 3:30 P. M. Quotations for U. S. Government Securities" means the daily statistical release designated as such, or any successor publication, published by the Federal Reserve Bank of New York.

(c) „Reuters Screen" means, when used in connection with any designated page and any Floating Rate Option, the display page so designated on the Reuter Monitor Money Rates Service (or such other page as may replace that page on that service for the purpose of displaying rates or prices comparable to that Floating Rate Option).

(d) „Telerate" means, when used in connection with any designated page and any Floating Rate Option, the display page so designated on the Dow Jones Telerate Service (or such other page as may replace that page on that service, or such other service as may be nominated as the information vendor, for the purpose of displaying rates or prices comparable to that Floating Rate Option).

(e) „FHLBSF" means the Federal Home Loan Bank of San Francisco or its successor.

Section 7.4. Certain General Definitions Relating to Floating Rate Options
(a) „Representative Amount" means, for purposes of any Floating Rate Option for which a Representative Amount is relevant, an amount that is representative for a single transaction in the relevant market at the relevant time.

(b) „Designated Maturity" means the period of time specified as such for a Swap Transaction or a party.

(c) „Reference Banks" means (i) for purposes of the „AUD-BBR-BBSW" Floating Rate Option, the financial institutions authorized to quote on the Reuters Screen BBSW Page, (ii) for purposes of any „BIBOR" Floating Rate Option, four major banks in the Brussels interbank market, (iii) for purposes of the „CAD-BA" and „CAD-TBILL" Floating Rate Options, four major Canadian Schedule A chartered banks, (iv) for purposes of any „LIBOR" Floating Rate Option, four major banks in the London interbank market, (v) for purposes of the „DKK-CIBOR" Floating Rate Option, four major banks in the Copenhagen interbank market, (vi) for purposes of the „DEM-FIBOR-ISDB" „DEM-FIBOR-FIBO" and „DEM-FIBOR-Reference Banks" Floating Rate Options, four major banks in the Frankfurt interbank market, (vii) for purposes of the „DEM-FIBOR-GBA" or „DEM-FIBOR-FIBP" Floating Rate Option, the banks nominated through the German Banking Association to the German Bundesbank (or such other bank or monetary authority as may replace the Bundesbank) which calculate and publish that rate, (viii) for purposes of the „NLG-AIBOR" Floating Rate Option, four major banks in the Amsterdam interbank market, (ix) for purposes of any „FIM-HELIBOR" Floating Rate Option, five major banks in the Helsinki interbank market, (x) for purposes of any „PIBOR" Floating Rate Option, four major banks in the Paris interbank market (xi) for purposes of the „HKD-HIBOR" Floating Rate Option, four major banks in the Hong Kong interbank market, (xii) for purposes of any „LUXIBOR" Floating Rate Option, four major banks in the Luxembourg interbank market, (xiii) for purposes of the „NZD-BBR" Floating Rate Option, four major banks in the New Zealand money market, (xiv) for purposes of any „NKR-NIBOR" Floating Rate Option, four major banks in the Oslo interbank market, (xv) for purposes of the „SPP-MIBOR" Floating Rate Option, four major banks in the Madrid interbank market, (xvi) for purposes of any „EDOR" Floating Rate Option, four major banks in the Stockholm interbank market, (xvii) for purposes of the „USD-TIBOR" Floating Rate Option, four major banks in the Tokyo interbank market and (xviii) for purposes of the „USD-Prime" Floating Rate Option, three major banks in New York City, in each case selected by the Calculation Agent or specified for the Swap Transaction.

(d) „Reference Dealers" means (i) for purposes of the „USD-TBILL" Floating Rate Option, three primary United States Government securities dealers in New York City, (ii) for purposes of the „USD-CD" Floating Rate Option, three leading nonbank dealers in negotiable U. S. Dollar certificates of deposit in New York City, (iii) for purposes of the „USD-CP" Floating Rate Option, three leading dealers of U. S. Dollar commercial paper in New York City, (iv) for purposes of the „USD-Federal Funds" Floating Rate Option, three leading brokers of U. S. Dollar Federal funds transactions in New York City, (v) for purposes of the „USD-BA" Floating Rate Option, three leading dealers of U. S. Dollar bankers acceptances in New York City and (vi) for purposes of the „OIL-WTI-NYMEX" Floating Rate Option, four leading dealers in oil futures, in each case selected by the Calculation Agent or specified for the Swap Transaction.

(e) „Bond Equivalent Yield" means, in respect of any security with a maturity of six months or less, the rate for which is quoted on a bank discount basis, a yield (expressed as a percentage) calculated in accordance with the following formula:

$$\text{Bond Equivalent Yield} = \frac{D \times N}{360 - (D \times M)} \times 100$$

where „D" refers to the per annum rate for the security, quoted on a bank discount basis and expressed as a decimal: „N" refers to 365 or 366, as the case may be, and „M" refers to, if the Designated Maturity approximately corresponds to the length of the Calculation Period or Compounding Period for which the Bond Equivalent Yield is being calculated, the actual number of days in that Calculation Period or Compounding Period and, otherwise, the actual number of days in the period from, and including, the applicable Reset Date to, but excluding, the day that numerically corresponds to that Reset Date (or, if there is not any such numerically corresponding day, the last day) in the calendar month that is the number of months corresponding to the Designated Maturity after the month in which that Reset Date occurred.

(f) „Money Market Yield" means, in respect of any security with a maturity of six months or less, the rate for which is quoted on a bank discount basis, a yield (expressed as a percentage) calculated in accordance with the following formula:

$$\text{Money Market Yield} = \frac{D \times 360}{360 - (D \times M)} \times 100$$

where „D" refers to the per annum rate for a security, quoted on a bank discount basis and expressed as a decimal; and „M" refers to, if the Designated Maturity approximately corresponds to the length of the Calculation Period or Compounding Period for which the Money Market Yield is being calculated, the actual number of days in that Calculation Period or Compounding Period and, otherwise, the actual number of days in the period from, and including, the applicable Reset Date to, but excluding, the day that numerically corresponds to that Reset Date (or, if there is not any such numerically corresponding day, the last day) in the calendar month that is the number of months corresponding to the Designated Maturity after the month in which that Reset Date occurred.

(g) „Contract Month" means, in respect of the determination of the „OIL-WTI-NYMEX" Price Option, the month and year specified (or determined pursuant to a method specified for that purpose) for the Swap Transaction.

(h) „Exchange" means, in respect of a Price Option or a Swap Transaction (i) the stock or commodity exchange indicated for the following Price Options:

Price Option	Exchange
S&P 500	New York Stock Exchange
	American Stock Exchange
	NASDAQ
FT-SE 100	The International Stock Exchange
NIKKEI 225	Tokyo Stock Exchange
TOPIX	Tokyo Stock Exchange
DAX	Frankfurt Stock Exchange
CAC-40	Paris Bourse
OIL-WTI-NYMEX	NYMEX

and (ii) any other stock or commodity exchange specified for a party or a Swap Transaction in the related Confirmation.

(i) „NASDAQ" means the National Association of Securities Dealers Automated Quotation National Market System.

(j) „The International Stock Exchange" means The International Stock Exchange of the United Kingdom and the Republic of Ireland Limited.

(k) „WTI" means light sweet domestic crude oil (West Texas Intermediate) deliverable in satisfaction of futures contract delivery obligations under the rules of NYMEX.

(l) „NYMEX" means the New York Mercantile Exchange.

(m) „Market Disruption Event" means, in respect of a Swap Transaction and the determination of a Relevant Rate by reference to a Price Option, in addition to any events specified in the related Confirmation and unless otherwise provided in the related Confirmation, either of the following events, the existence of which shall be determined in good faith by the Calculation Agent:

(i) suspension or material limitation of trading (excluding daily settlement limits in the normal course of trading) in any commodity, or affecting any index, on all Exchanges specified in a Confirmation as relevant to the determination of the Relevant Rate; or

(ii) in respect of any Price Option calculated by reference to values of components, suspension or material limitation of trading (excluding daily settlement limits in the normal course of trading) in a material number of the components of that Price Option on all Exchanges specified in a Confirmation as relevant to the determination of the Relevant Rate.

Section 7.5. Corrections to Published and Displayed Rates and Prices. For purposes of determining the Relevant Rate for any day:

(a) in any case where the Relevant Rate for a day is based on information obtained from the Reuter Monitor Money Rates Service or the Dow Jones Telerate Service, that Relevant Rate will be subject to the corrections, if any, to that information subsequently displayed by that source within one hour of the time when such rate is first displayed by such source;

(b) in any case where the Relevant Rate for a day is based on information obtained from H. 15 (519) or Composite 3:30 P. M. Quotations for U. S. Government Securities, that Relevant Rate will be subject to the corrections, if any, to that information subsequently published by that source within 30 days of that day;

(c) in any case where the Relevant Rate for a day is based on information obtained from Composite 3:30 P. M. Quotations for U. S. Government Securities, that Relevant Rate will be subject to correction based upon the applicable rate, if any, subsequently published in H. 15 (519) within 30 days of that day;

(d) in any case where the Relevant Rate for a day is based on information obtained from the Reuters Screen CDCR Page, that Relevant Rate will be subject to the corrections, if any, published for the applicable Reset Date, not later than the last day of the calendar month during which the Reset Date occurred, in the publication entitled „Cote Officielle" opposite the heading „Taux annuel monétaire" (if the applicable Floating Rate Option is FRF-TAM-CDC), or under the heading „TMM" (if the applicable Floating Rate Option is FRF-T4M-CDC-COMPOUND or FRF-T4M-CDC) or under the heading „TMP" (if the applicable Floating Rate Option is FRF-TMP-CDC AVERAGE);

(e) in any case where the Relevant Rate for a day is based on an index or price on an Exchange or published in *Platt's Oilgram Price Report,* that Relevant Rate will be subject to correction based upon the applicable index or price, if any, subsequently calculated and published by the person responsible for that calculation and publication within one Banking Day of the original publication in the place of original publication; and

(f) in the event that a party to any Swap Transaction notifies the other party to the Swap Transaction of any correction referred to in subsections (a), (b), (c), (d) or (e) above no later than 15 days after the expiration of the period referred to in such subsection, an appropriate amount will be payable as a result of such correction (whether such correction is made or such notice is given before or after the Termination Date of the Swap Transaction), together with interest on that amount at a rate per annum equal to the cost (without proof or evidence of any actual cost) to the relevant party (as certified by it) of funding that amount for the period from, and including, the day on which, based on such correction, a payment in the incorrect amount was first made to, but excluding, the day of payment of the refund or payment resulting from such correction.

Section 7.6. **Certain Adjustments in Indices.** Unless otherwise specified in a Confirmation, in determining a price for any Reset Date with respect to any Price Option calculated and published by any person, if that person discontinues calculation and publication of the index on which such price is based, or if the information necessary for that person to perform the necessary calculation is not available to it, but a comparable successor to that index acceptable to both parties is calculated and is published by another person on that Reset Date, the price for that Reset Date will be the value of that successor index as calculated and published by that person at the close of business, at the place specified for that Price Option, on that Reset Date. If a comparable successor to that index is not available on that Reset Date, or if the method of calculation of that index or the value thereof is changed in a material respect so that the price on that Reset Date does not fairly represent the value of that index as calculated and published on the Trade Date of the Swap Transaction, then the Calculation Agent shall make such adjustments in respect of such calculation in good faith after consultation with the other party (or both parties, if the Calculation Agent is a third party), if practicable, for the purpose of obtaining a value at the close of business, at the place specified for that Price Option, on that Reset Date, that produces a price based on an index that is comparable to the index as last calculated and published or as calculated and published immediately prior to such change.

Section 7.7. **Effect of Market Disruption Event.** In the event that a Market Disruption Event exists on any Reset Date and an alternative method for determining the Relevant Rate in the event of a Market Disruption Event has not been specified by the parties, such date shall not be considered a Reset Date. In such event the next succeeding Business Day on which a Market Disruption Event does not exist shall be considered the Reset Date and a price shall be obtained for that Reset Date in accordance with the terms of the relevant Price Option. If a Market Disruption Event exists on each of the five Business Days immediately following the original Reset Date, a price shall be determined based on the latest available quotation for the relevant Price Option, whether or not a Market Disruption Event exists on that date.

ARTICLE 8
OPTIONS

Section 8.1. Option. „Option" means any Swap Transaction that is identified in the related Confirmation as an Option and provides for the grant by Seller to Buyer of (i) the right to cause an Underlying Swap Transaction to become effective, (ii) the right to cause Seller to pay Buyer the Cash Settlement Amount, if any, in respect of the Underlying Swap Transaction on the Cash Settlement Payment Date, (iii) the right to cause the Optional Termination Date to become the Termination Date and, if so specified in the related Confirmation, the Final Exchange Date of the Related Swap Transaction or (iv) any other right or rights specified in the related Confirmation. An Option may provide for the grant of one or more of the foregoing rights, all of which can be identified in a single Confirmation.

Section 8.2. Certain Definitions and Provisions Relating to Options. When used in respect of an Option, the following terms have the indicated meanings:

(a) *Underlying Swap Transaction.* „Underlying Swap Transaction" means a Swap Transaction, the terms of which are identified in the Confirmation of the Option, which Underlying Swap Transaction shall not become effective unless (i) „Physical Settlement" is specified to be applicable to the Option and (ii) the right to cause that Underlying Swap Transaction to become effective has been exercised.

(b) *Related Swap Transaction.* „Related Swap Transaction" means a Swap Transaction, the terms of which are identified in the Confirmation of the Option, for which an Optional Termination Date is or may be specified.

(c) *Physical Settlement.* If „Physical Settlement" is specified to be applicable to the Option, it means that Seller grants to Buyer pursuant to the Option the right to cause the Underlying Swap Transaction to become effective.

(d) *Cash Settlement.* If „Cash Settlement" is specified to be applicable to the Option, it means that Seller grants to Buyer pursuant to the Option the right to cause Seller to pay Buyer the Cash Settlement Amount, if any, in respect of the Underlying Swap Transaction on the Cash Settlement Payment Date.

(e) *Optional Termination.* If „Optional Termination" is specified to be applicable to the Option, it means that Seller grants to Buyer pursuant to the Option the right to cause the Optional Termination Date to become the Termination Date and, if so specified in the related Confirmation, the Final Exchange Date of the Related Swap Transaction.

(f) *Optional Termination Date.* „Optional Termination Date" means, in respect of an Option to which Optional Termination is specified to be applicable, the date or dates specified in or pursuant to the related Confirmation.

(g) *American Option.* „American Option" means a style of Option pursuant to which the right or rights granted are exercisable during an Exercise Period that consists of more than one day.

(h) *European Option.* „European Option" means a style of Option pursuant to which the right or rights granted are exercisable during an Exercise Period that consists of only one day.

Section 8.3. Parties.

(a) *Buyer.* „Buyer" means, in respect of an Option, the party specified as such in the related Confirmation.

(b) *Seller.* „Seller" means, in respect of an Option, the party specified as seller or as writer in the related Confirmation.

Section 8.4. Terms Relating to Exercise.

(a) *Exercise Period.* „Exercise Period" means, in respect of an Option, each of the periods specified in or pursuant to the related Confirmation, which, in the case of a European Option, shall consist of one day.

(b) *Notice of Exercise.* „Notice of Exercise" means, in respect of an Option, irrevocable notice delivered by Buyer to Seller (which may be delivered orally (including by telephone) unless the parties specify otherwise in a Confirmation with respect to a specific Option) of its exercise of the right or rights granted pursuant to the Option, which notice becomes effective between the hours specified in a Confirmation on a day during the Exercise Period that is a Banking Day in the city in which Seller is located for purposes of receiving notices and in any financial centers relevant to the Underlying Swap Transaction and which notice must include the Exercise Terms, if any. Buyer may exercise the right or rights granted pursuant to the Option only by delivering a Notice of Exercise.

(c) *Exercise Terms.* „Exercise Terms" means those terms of an Underlying Swap Transaction or a Related Swap Transaction which are identified in or pursuant to the Confirmation of an Option as terms that must be specified by Buyer in the Notice of Exercise.

(d) *Effectiveness of Notices.* Any notice or communication given, and permitted to be given, orally (including by telephone) in connection with an Option will be effective when actually received by the recipient.

(e) *Written Confirmation.* If „Written Confirmation" is specified to be applicable to the Option or if demanded by Seller (which demand, notwithstanding any provisions regarding notice applicable to the Option, may be delivered orally (including by telephone)), Buyer will (i) execute a written confirmation confirming the substance of the Notice of Exercise and deliver the same to Seller or (ii) issue a telex to Seller setting forth the substance of the Notice of Exercise. Buyer shall cause such executed written confirmation or telex to be received by Seller within one Banking Day (in the city in which Seller is located for purposes of receiving notices) following the date that the Notice of Exercise or Seller's demand, as the case may be, becomes effective. If not received within such time, Buyer will be deemed to have satisfied its obligations under the immediately preceding sentence at the time that such executed written confirmation or telex becomes effective.

Section 8.5. Terms Relating to Premium.

(a) *Premium.* „Premium" means, in respect of an Option, an amount, if any, that is specified as such in or pursuant to the related Confirmation and, subject to any applicable condition precedent, is payable by the Buyer on the Premium Payment Date or Dates.

(b) *Premium Payment Date.* „Premium Payment Date" means, in respect of an Option, the date or dates specified as such in or pursuant to the related Confirmation, subject to adjustment in accordance with the Modified Following Business Day Convention or, if another Business Day Convention is specified to be applicable to the Premium Payment Date, that Business Day Convention.

Section 8.6. Terms Relating to Cash Settlement.

(a) *Cash Settlement Amount.* „Cash Settlement Amount" means, in respect of an Option to which Cash Settlement is specified to be applicable, an amount, if any, that, subject to any applicable condition precedent, is payable by the Seller on the applicable Cash Settlement Payment Date and is determined by a method specified in or pursuant to the Confirmation of the Option or the agreement governing such Option.

(b) *Cash Settlement Payment Date.* „Cash Settlement Payment Date" means, in respect of an Option to which Cash Settlement is specified to be applicable, the date specified as such in the Notice of Exercise or determined pursuant to the related Confirmation, subject to adjustment in accordance with the Modified Following Business Day Convention or, if another Business Day Convention is specified to be applicable to the Cash Settlement Payment Date, that Business Day Convention.

Section 8.7. Currency Options. In respect of an Option for which the Underlying Swap Transaction involves an exchange of amounts in different currencies, the following terms shall have the indicated meanings:

(a) *Call.* „Call" means an Option entitling, but not obligating, the Buyer to purchase from the Seller at the Strike Price a specified quantity of the Call Currency.

(b) *Put.* „Put" means an Option entitling, but not obligating, the Buyer to sell to the Seller at the Strike Price a specified quantity of the Put Currency.

(c) *Additional Terms.* „Call Currency", „Call Amount", „Put Currency", „Put Amount" and „Strike Price" shall each have the meanings specified as such for the Option in a Confirmation. The Put Amount is the Final Exchange Amount for the Buyer of the Option and the Call Amount is the Final Exchange Amount for the Seller of the Option.

(d) *Expiration Date.* The „Expiration Date" of an Option shall be the date specified as such in a Confirmation, which date is the last date on which the Option can be exercised, which date, unless otherwise specified, shall be subject to adjustment in accordance with the Following Business Day Convention. The „Expiration Time" of an Option shall be the time specified as such in a Confirmation, which time is the latest time on the Expiration Date on which the Seller will accept a Notice of Exercise.

(e) *Expiration Settlement Date.* The „Expiration Settlement Date" of an Option is the date specified as such in the related Confirmation and shall be the last date on which an Option that has been exercised can be settled.

(f) *Price.* In addition to specifying the Premium as an amount, the Premium can be specified in a Confirmation as a price, which shall be stated as a percentage of the Put Amount or the Call Amount, as the case may be.

ARTICLE 9
ROUNDING; INTERPOLATION; DISCOUNTING

Section 9.1. Rounding. For purposes of any calculations referred to in these Definitions (unless otherwise specified), (a) all percentages resulting from such calculations will be rounded, if necessary, to the nearest one hundred-thousandth of a percentage point (e.g., 9.876541% (or .09876541) being rounded down to 9.87654% (or .0987654) and 9.876545% (or .09876545) being rounded up to 9.87655% (or .0987655)), (b) all U.S. Dollar amounts used in or resulting from such calculations will be rounded to the nearest cent (with one half cent being rounded up), (c) all Yen amounts used in or resulting from such calculations will be rounded downwards to the next lower whole Yen amount, (d) all Italian Lira and Spanish Peseta amounts will be rounded to the nearest Italian Lira or Spanish Peseta (with one half Italian Lira or Spanish Peseta being rounded up) and (e) all amounts denominated in any other currency used in or resulting from such calculations will be rounded to the nearest two decimal places in such currency, with .005 being rounded upwards (e.g., .674 being rounded down to .67 and .675 being rounded up to .68).

Section 9.2. Interpolation. In respect of any Calculation Period to which „Linear Interpolation" is specified to be applicable, the Relevant Rate for the Reset Date in respect of that Calculation Period or any Compounding Period included in that Calculation Period shall be determined through the use of straight-line interpolation by reference to two rates based on the relevant Floating Rate Option, one of which shall be determined as if the Designated Maturity were the period of time for which rates are available next shorter than the length of the Calculation Period or Compounding Period (or any alternative

Designated Maturity agreed to by the parties) and the other of which shall be determined as if the Designated Maturity were the period of time for which rates are available next longer than the length of the Calculation Period or Compounding Period (or any alternative Designated Maturity agreed to by the parties).

Section 9.3. Discounting.

(a) In respect of any Swap Transaction to which „Discounting" is specified to be applicable, a discounted Fixed Amount or Floating Amount for any Calculation Period not longer than one year shall be calculated by dividing the Fixed Amount or the Floating Amount, as the case may be, for that Calculation Period by an amount equal to:

$$1 + \left\{ \text{Discount Rate} \times \frac{\text{Discount Rate}}{\text{Day Count Fraction}} \right\}$$

(b) For any Swap Transaction to which „FRA Discounting" is specified to be applicable, an FRA Amount in respect of any Calculation Period not longer than one year shall be calculated, in lieu of calculating a Fixed Amount and a Floating Amount for that Calculation Period, in accordance with the following formula:

$$\text{FRA Amount} = \frac{\text{Calculaton Amount} \times \left\{ \begin{array}{c} (\text{Floating Rate} \\ \pm \text{Spread}) \\ - \text{Fixed Rate} \end{array} \right\} \times \left\{ \begin{array}{c} \text{Floating Rate} \\ \text{Day Count} \\ \text{Fraction} \end{array} \right\}}{1 + \left\{ \text{Discount Rate} \times \frac{\text{Discount Rate}}{\text{Day Count Fraction}} \right\}}$$

If the FRA Amount for any Calculation Period is positive, the Floating Rate Payer shall pay to the Fixed Rate Payer the FRA Amount on the Payment Date in respect of that Calculation Period and the Fixed Rate Payer shall not be obligated to pay any FRA Amount in respect of that Calculation Period. If the FRA Amount for any Calculation Period is negative, the Fixed Rate Payer shall pay to the Floating Rate Payer the absolute value of the FRA Amount on the Payment Date in respect of that Calculation Period and the Floating Rate Payer shall not be obligated to pay any FRA Amount in respect of that Calculation Period.

(c) „Discount Rate" means (i) if a rate is specified as such, the rate so specified, expressed as a decimal, (ii) if a Discount Rate is not specified and „Discounting" is specified to be applicable to the Swap Transaction, the Fixed Rate or Floating Rate used to calculate the amount being discounted, or (iii) if a Discount Rate is not specified and „FRA Discounting" is specified to be applicable to the Swap Transaction, the Floating Rate for that Calculation Period plus or minus the Spread.

(d) „Discount Rate Day Count Fraction" means (i) if a Discount Rate Day Count Fraction is specified as such in the Confirmation, the Day Count Fraction so specified, (ii) if a Discount Rate Day Count Fraction is not specified and „Discounting" is specified to be applicable to the Swap Transaction, the Day Count Fraction used to calculate the amount being discounted or (iii) if a Discount Rate Day Count Fraction is not specified and „FRA Discounting" is specified to be applicable to the Swap Transaction, the Floating Rate Day Count Fraction.

ARTICLE 10
PAYMENTS

Section 10.1. Relating Payments to Calculation Periods.
Unless otherwise provided for a Swap Transaction or a party, (a) where the Fixed Amount or Floating Amount is calculated by reference to a Calculation Period, the Fixed Amount or Floating Amount applic-

able to a Payment Date will be the Fixed Amount or Floating Amount calculated with reference to the Calculation Period ending on, but excluding, the Period End Date that is (or is closest in time to) that Payment Date or, in the case of the final Calculation Period, ending on, but excluding, the Termination Date and (b) a Discounted Amount applicable to a Payment Date will be the Discounted Amount calculated with reference to the Calculation Period commencing on, and including, the Period End Date that is (or is closest in time to) that Payment Date or, in the case of the initial Calculation Period, commencing on, and including, the Effective Date.

EXHIBIT I
to 1991 ISDA Definitions

Introduction, Standard Paragraphs, and closing forms Letter Agreement or Telex Confirming a Swap Transaction

---

Heading for letter

[Letterhead of Party A]

[Date]

Swap Transaction

[Name and Address of Party B]

Heading for Telex
   Telex
   Date:
   To: [Name and Telex Number of Party B]
   From: [Party A]
   Re: Swap Transaction

Dear   :

The purpose of this [letter agreement/telex] is to confirm the terms and conditions of the Swap Transaction entered into between us on the Trade Date specified below (the „Swap Transaction"). This [letter agreement/telex] constitutes a „Confirmation" as referred to in the Interest Rate and Currency Exchange Agreement specifed below.

The definitions and provisions contained in the 1991 ISDA Definitions (as published by the International Swap Dealers Association, Inc.) are incorporated into this Confirmation. In the event of any inconsistency between those definitions and provisions and this Confirmation, this Confirmation will govern.

1. This Confirmation supplements, forms part of, and is subject to, the Interest Rate and Currency Exchange Agreement dated as of [date], as amended and supplemented from time to time (the „Agreement"), between you and us. All provisions contained in the Agreement govern this Confirmation except as expressly modified below.

[INSERT RELEVANT ADDITIONAL PROVISIONS FROM EXHIBITS II–A THROUGH II–G.]

[3. agrees to provide the following Credit Support Document [or agrees to provide the following in accordance with [specify Credit Support Document]:]
[4.] Account Details
   Payments to Party A:

Anhang 5: 1991 ISDA Definitions

Anhang 5 IV.7

   Account for payments in [first currency]:
   Account for payments in [second currency]:
Payments to Party B:
   Account for payments in [first currency]:
   Account for payments in [second currency]:
[5. Offices
   (a) The Office of Party A for the Swap Transaction is   ; and
   (b) The Office of Party B for the Swap Transaction is   .]
[6. Broker/Arranger:]

Closing for Letter

Please confirm that the foregoing correctly sets forth the terms of our agreement by executing the copy of this Confirmation enclosed for that purpose and returning it to us or by sending to us a letter or telex substantially similar to this letter, which letter or telex sets forth the material terms of the Swap Transaction to which this Confirmation relates and indicates agreement to those terms.

                                       Yours sincerely,
                                       [PARTY A]
                                       By: ....
                                          Name:
                                          Title:

Confirmed as of the date
first above written:
[PARTY B]
By: ....
   Name:
   Title:

Closing for telex

Please confirm that the foregoing correctly sets forth the terms of our agreement by sending to us a letter or telex substantially similar to this telex, which letter or telex sets forth the material terms of the Swap Transaction to which this Confirmation relates and indicates agreement to those terms, or by sending to us a return telex substantially to the following effect:
   „Re:
We acknowledge receipt of your telex dated [ ] with respect to the above-referenced Swap Transaction between [Party A] and [Party B] with an Effective Date of [ ] and a Termination Date of [ ] and confirm that such telex correctly sets forth the terms of our agreement relating to the Swap Transaction described therein. Very truly yours, [Party B], by [specify name and title of authorized officer]."

                                       Yours sincerely,
                                       [PARTY A)]
                                       By: ....
                                          Name:
                                          Title:

EXHIBIT II–A
to 1991 ISDA Definitions

Additional Provisions for a Confirmation of a Swap Transaction that is a Rate Swap Transaction or Cross-Currency Rate Swap Transaction

[See Exhibit I for the introduction, standard paragraphs and closing for the letter agreement or telex.]

2. The terms of the particular Swap Transaction to which this Confirmation relates are as follows:

[Notional Amount:]
Trade Date:
Effective Date:
Termination Date: [, subject to adjustment in accordance with the [Following/Modified Following/Preceding] Business Day Convention]¹

Fixed Amounts:
Fixed Rate Payer: [Party A/B]
[Fixed Rate Payer Currency Amount:]
Fixed Rate Payer Payment Dates [or Period End Dates, if Delayed Payment or Early Payment applies]: [, subject to adjustment in accordance with the [Following/Modified Following/Preceding] Business Day Convention]²

Fixed Amount [or Fixed Rate and Fixed Rate Day Count Fraction]:
Floating Amounts:
Floating Rate Payer: [Party B/A]
[Floating Rate Payer Currency Amount:]
Floating Rate Payer Payment Dates [or Period End Dates, if Delayed Payment or Early Payment applies]: [, subject to adjustment in accordance with the [Following/Modified Following/Preceding] Business Day Convention]³

[Floating Rate for initial Calculation Period:]
Floating Rate Option:
Designated Maturity:
Spread: [Plus/Minus %] [None]

---

¹ If the parties want to provide that the Termination Date will be adjusted in accordance with a Business Day Convention (and, accordingly, that the final Calculation Period will be shortened or lenghtened), the appropriate Business Day Convention must be specified.

² Bracketed language is not necessary if Payment Dates and Period End Dates are to be adjusted in accordance with the Modified Following Business Day Convention, as provided in the 1991 ISDA Definitions.

³ Bracketed language is not necessary if Payment Dates and Period End Dates are to be adjusted in accordance with the Modified Following Business Day Convention, as provided in the 1991 ISDA Definitions.

Floating Rate Day Count Fraction:
Reset Dates: [, subject to adjustment in accordance with the [Following/Modified Following/Preceding] Business Day Convention][4]

[Rate Cut-off Dates:]
[Method of Averaging:] [Unweighted/Weighted Average]
Compounding: [Applicable/Inapplicable]
[Compounding Dates:]
[Discounting:
Discount Rate:
Discount Rate Day Count Fraction:]
[Initial Exchange:
Initial Exchange Date: [, subject to adjustment in accordance with the [Following/Modified Following/Preceding] Business Day Convention][5]

Party A Initial Exchange Amount:
Party B Initial Exchange Amount:]
[Final Exchange:
Final Exchange Date: [, subject to adjustment in accordance with the [Following/Modified Following/Preceding] Business Day Convention][6]

Party A Final Exchange Amount:
Party B Final Exchange Amount:]
[Business Days for [first currency]:]
[Business Days for [second currency]:]
[Business Day Convention: [Following/Modified Following/Preceding]][7]
Calculation Agent:

**EXHIBIT II–B
to 1991 ISDA Definitions**

Additional Provisions for a Confirmation of a Swap Transaction that is a Rate Cap Transaction, Rate Floor Transaction or Rate Collar Transaction

[See Exhibit I for the introduction, standard paragraphs and closing for the letter agreement or telex.]

2. The terms of the particular Swap Transaction to which this Confirmation relates are as follows:
Notional Amount:
Trade Date:
Effective Date:

---

[4] Bracketed language is not necessary if Reset Dates are to be adjusted in accordance with the Business Day Convention applicable to Payment Dates.

[5] Bracketed language is not necessary if this date is to be adjusted in accordance with the Modified Following Business Day Convention, as provided in the 1991 ISDA Definitions.

[6] Bracketed language is not necessary if this date is to be adjusted in accordance with the Modified Following Business Day Convention, as provided in the 1991 ISDA Definitions.

[7] If a Business Day Convention is to apply to all dates that are stated in the 1991 ISDA Definitions to be adjusted in accordance with the applicable Business Day Convention, that Business Day Convention can be specified here.

IV.7 Anhang 5

Termination Date:	[, subject to adjustment in accordance with the [Following/Modified Following/Preceding] Business Day Convention][1]
Fixed Amounts:[2]	
Fixed Rate Payer:	[Party A/B]
Fixed Rate Payer Payment Date(s):	[, subject to adjustment in accordance with the [Following/Modified Following/Preceding] Business Day Convention][3]
Fixed Amount:	
Floating Amounts:	
Floating Rate Payer:	[Party B/A]
[[Cap/Floor] Rate:]	%
Floating Rate Payer Payment Dates [or Period End Dates, if Delayed Payment or Early Payment applies]:	[, subject to adjustment in accordance with the [Following/Modified Following/Preceding] Business Day Convention][4]
[Floating Rate for initial Calculation Period:]	
Floating Rate Option:	
Designated Maturity:	
Floating Rate Day Count Fraction:	
Reset Dates:	[, subject to adjustment in accordance with the [Following/Modified Following/Preceding] Business Day Convention][5]
[Rate Cut-off Dates:]	
[Method of Averaging:]	[Unweighted/Weighted Average]
Compounding:	[Applicable/Inapplicable]
[Compounding Dates:]	
[Discounting:	
Discount Rate:	
Discount Rate Day Count Fraction:]	
[Business Days for [first currency]:]	
[Business Days for [second currency]:]	

---

[1] If the parties want to provide that the Termination Date will be adjusted in accordance with a Business Day Convention (and, accordingly, that the final Calculation Period will be shortened or lenghtened), the appropriate Business Day Convention must be specified.

[2] For a rate collar transaction there would be no Fixed Amounts or Fixed Rate Payer. Instead, one party would pay a Floating Amount based on a cap rate and the other party would pay a Floating Amount based on a floor rate. Separate Floating Amount provisions would need to be included for each party.

[3] Bracketed language is not necessary if Payment Dates and Period End dates are to be adjusted in accordance with the Modified Following Business Day Convention, as provided in the 1991 ISDA Definitions.

[4] Bracketed language is not necessary if Payment Dates and Period End Dates are to be adjusted in accordance with the Modified Following Business Day Convention, as provided in the 1991 ISDA Definitions.

[5] Bracketed language is not necessary if Reset Dates are to be adjusted in accordance with the Business Day Convention applicable to Payment Dates.

[Business Day Convention: [Following/Modified Following/Preceding]][6]
Calculation Agent:

**EXHIBIT II–C
to 1991 ISDA Definitions**

Additional Provisions for a Confirmation of a Swap Transaction that is a Forward Foreign Exchange Transaction

[See Exhibit I for the introduction, standard paragraphs and closing for the letter agreement or telex.]

2. The terms of the particular Swap Transaction to which this Confirmation relates are as follows:
Trade Date:
Final Exchange Date(s): [, subject to adjustment in accordance with the [Following/Modified Following/Preceding] Business Day Convention][1]
Party A Final Exchange Amount(s):
Party B Final Exchange Amount(s):
[Business Days for [first currency]:]
[Business Days for [second currency]:]
[Calculation Agent:]

**EXHIBIT II–D
to 1991 ISDA Definitions**

Additional Provisions for a Confirmation of a Swap Transaction that is a Commodity Swap

[See Exhibit I for the introduction, standard paragraphs and closing for the letter agreement or telex.]

2. The terms of the particular Swap Transaction to which this Confirmation relates are as follows:
Notional [Quantity/Amount]: [Specify amount in relevant units of commodity (e.g., barrels)/See Note 2 below]
Trade Date:
Effective Date:
Termination Date: [, subject to adjustment in accordance with the [Following/Modified Following/Preceding] Business Day Convention][1]
Fixed Amounts:
Fixed [Rate/Price] Payer: [Party A/B]
Fixed [Rate/Price] Payer

---

[6] If a Business Day Convention is to apply to all dates that are stated in the 1991 ISDA Definitions to be adjusted in accordance with the applicable Business Day Convention, that Business Day Convention can be specified here.

[1] Bracketed language is not necessary if Final Exchange Dates are to be adjusted in accordance with the Modified Following Business Day Convention, as provided in the 1991 ISDA Definitions.

[1] If the parties want to provide that the Termination Date will be adjusted in accordance with a Business Day Convention (and, accordingly, that the final Calculation Period will be shortened or lenghtened), the appropriate Business Day Convention must be specified.

IV.7 Anhang 5

Payment Dates:	[, subject to adjustment in accordance with the [Following/Modified Following/Preceding] Business Day Convention][2]
Fixed Amount [or Fixed [Rate/Price]]:	
Floating Amounts:	
Floating [Rate/Price] Payer:	[Party A/B]
Floating [Rate/Price] Payer Payment Dates:	[, subject to adjustment in accordance with the [Following/Modified Following/Preceding] Business Day Convention][3]
[Floating [Rate/Price] Payer Period End Dates:]	[, subject to adjustment in accordance with the [Following/Modified Following/Preceding] Business Day Convention][4]
Floating Rate Option:	[Refer to Price Option defined in the 1991 ISDA Definitions or specify means for determination]
[Contract Month:]	
Reset Dates:	[Specify date, or means for determining date, on which floating price will be determined] [Each Business Day during the Calculation Period]
[Method of Averaging:]	[Unweighted/Weighted Average]
[Exchange in addition to any relevant Exchanges specified in the 1991 ISDA Definitions:]	
[Market Disruption Event, in addition to or instead of those specified in Section 7.4(m) of the 1991 ISDA Definitions:]	
[Business Day Convention:	[Following/Modified Following/Preceding]][5]
Calculation Agent:	

NOTES:

1. Certain of the stock indices defined in Section 7.2 of the 1991 ISDA Definitions, such as the DAX, are adjusted periodically for all types of dividends paid, and extraordinary distributions made, on or with respect to the securities included in that index. The effect of these adjustments is to replicate the economic gain or loss of holding the securities included within that index. Other indices, such as the S&P 500, Nikkei 225 and FT-SE

---

[2] Bracketed language is not necessary if Payment Dates and/or Period End Dates are to be adjusted in accordance with the Modified Following Business Day Convention, as provided in the 1991 ISDA Definitions.

[3] Bracketed language is not necessary if Payment Dates and/or Period End Dates are to be adjusted in accordance with the Modified Following Business Day Convention, as provided in the 1991 ISDA Definitions.

[4] Bracketed language is not necessary if Payment Dates and/or Period End Dates are to be adjusted in accordance with the Modified Following Business Day Convention, as provided in the 1991 ISDA Definitions.

[5] If a Business Day Convention is to apply to all dates that are stated in the 1991 ISDA Definitions to be adjusted in accordance with the applicable Business Day Convention, that Business Day Convention can be specified here.

100, are adjusted periodically to reflect stock dividends, stock splits and other extraordinary distributions, but are not adjusted for cash dividends. Where parties wish to provide for the adjustment of one of these stock indices to reflect the cash dividend stream of the underlying securities, they should specify in their Confirmations a means for making such adjustment.

2. The Notional Amount for a Swap Transaction where the Floating Rate Option is defined by reference to one of the stock indices defined in Sections 7.2 (a) through (f) of the 1991 ISDA Definitions, or by reference to another stock index not defined in the 1991 ISDA Definitions, will generally equal a notional price per unit of the relevant index on the Effective Date or the Trade Date. This notional price should be calculated by dividing a specific amount of a currency which the parties wish to hedge by the value of the relevant index on the Effective Date or the Trade Date. The Fixed Amount or Floating Amount can then be calculated by reference to this Notional Amount and the value of the stock index as of the Reset Date. For example, assume the parties wish to hedge $ 1 million and choose the S&P 500 as the Price Option and the value of the S&P 500 is 500, which yields a Notional Amount of $ 2.000. If the S&P 500 has a value of greater than 500 on the Reset Date, for example 600, the net result will be a payment from the Floating Rate Payer to the Fixed Rate Payer equal to $ 200.000. If, on the other hand, the value of the S&P 500 is less than 500 on the Reset Date, for example 450, the Fixed Rate Payer will pay the Floating Rate Payer $ 100.000.

EXHIBIT II–E
to 1991 ISDA Definitions

Additional Provisions for a Confirmation of a Swap Transaction that is a Forward Rate Agreement

[See Exhibit I for the introduction, standard paragraphs and closing for the letter agreement or telex.]

2. The terms of the particular Swap Transaction to which this Confirmation relates are as follows:
Notional Amount:
Trade Date:
Effective Date:
Termination Date: [, subject to adjustment in accordance with the [Following/Modified Following/Preceding] Business Day Convention][1]
Fixed Rate Payer: [Party A/B]
Fixed Rate:
Floating Rate Payer: [Party B/A]
Payment Date(s): [ ] Business Days following each Reset Date [, subject to adjustment in accordance with the [Following/Modified Following/Preceding] Business Day Convention][2]
Floating Rate Option:
Designated Maturity:
Spread: [Plus/Minus %] [None]

---

[1] If the parties want to provide that the Termination Date will be adjusted in accordance with a Business Day Convention (and, accordingly, that the final Calculation Period will be shortened or lenghtened), the appropriate Business Day Convention must be specified.

[2] Bracketed language is not necessary if Payment Dates and Period End Dates are to be adjusted in accordance with the Modified Following Business Day Convention, as provided in the 1991 ISDA Definitions.

IV.7 Anhang 5

Floating Rate Day Count Fraction:	
Reset Dates:	[, subject to adjustment in accordance with the [Following/Modified Following/Preceding] Business Day Convention][3]
FRA Discounting:	Applicable
[Discount Rate:][4]	
[Discount Rate Day Count Fraction:][5]	
[Business Day Convention:	[Following/Modified Following/Preceding]][6]
Calculation Agent:	

**EXHIBIT II–F
to 1991 ISDA Definitions**

Additional Provisions for a Confirmation of a Swap Transaction that is an Option

[See Exhibit I for the introduction, standard paragraphs and closing for the letter agreement or telex.]

2. The particular Swap Transaction to which this Confirmation relates is an Option, the terms of which are as follows:

Trade Date:	
Seller:	[Party A/B]
Buyer:	[Party B/A]
[Premium:]	[ ] [payable in [ ] [equal] installments on each Premium Payment Date] [as follows:]
[Premium Payment Date[s]:]	[Specify date or dates]
[Physical Settlement:	Applicable]
[Cash Settlement Provisions:]	
[Cash Settlement:	Applicable]
[Cash Settlement Payment Date:]	[The [first] [ ] Business Day next following the [date the right or rights granted pursuant hereto are exercised] [earlier of (i) the date the right or rights granted pursuant hereto are exercised and (ii) the day on which the Notice of Exercise is effective]]
[Cash Settlement Amount:]	[Specify means for determination]
[Optional Termination Provisions:]	
[Optional Termination:	Applicable]
[Optional Termination Date:]	[Specify date or means for determination, including whether date specified must be prior to the specified Termination Date]
Procedure for Exercise:	
Exercise Terms:	[Identify terms Buyer is required to specify in Notice of Exercise] [None]
[Option Style:	[American/European] Option]

---

[3] Bracketed language is not necessary if Reset Dates are to be adjusted in accordance with the Business Day Convention applicable to Payment Dates.

[4] If the Discount Rate and the Discount Rate Day Count Fraction are to be the Floating Rate Day Count Fraction, respectively, these terms need not be separately defined.

[5] If the Discount Rate and the Discount Rate Day Count Fraction are to be the Floating Rate Day Count Fraction, respectively, these terms need not be separately defined.

[6] If a Business Day Convention is to apply to all dates that are stated in the 1991 ISDA Definitions to be adjusted in accordance with the applicable Business Day Convention can be specified here.

Exercise Period: [Specify one date for a European Option or a period for American Options. Also specify times during a day that Notice of Exercise must be delivered.]
[Written Confirmation: Applicable]
[Business Day Convention: [Following/Modified Following/Preceding]]¹

3. The particular terms of the [Underlying/Related] Swap Transaction to which the Option relates are as follows:

[Include provisions from the relevant form of Confirmation for the type of Swap Transaction to which the Option relates, as set forth in Exhibits II–A through II–E.]

**EXHIBIT II–G
to 1991 ISDA Definitions**

**Additional Provisions for a Confirmation of a Swap Transaction
that is a Currency Option**

[See Exhibit I for the introduction, standard paragraphs and closing for the letter agreement or telex]

2. The particular Swap Transaction to which this Confirmation relates is an Option, the terms of which are as follows:

Trade Date:
Seller: [Party A/B]
Buyer: [Party B/A]
Option Style: [American/European]
Option Type: [Put/Call]
Put Currency and Put Amount:
Call Currency and Call Amount:
Strike Price:
Expiration Date:
Expiration Time:
Expiration Settlement Date:
[Premium:] [ ] [payable in [ ] [equal] installments on each Premium Payment Date] [as follows:]
[Price:]
[Premium Payment Date [s]:] [Specify date or dates]
Procedure for Exercise:
  Exercise Terms: [Identify terms Buyer is required to specify in Notice of Exercise]
[None]
  Exercise Period: [Specify one date for a European Option or a period for American Options. Also specify times during a day that Notice of Exercise must be delivered.]
  Written Confirmation: Applicable]
[Business Day Convention: [Following/Modified Following/Preceding]]¹
[Business Days for [Put currency]:]
[Businessf Days for [Call Currency]:]
[Calculation Agent:]

---

¹ If a Business Day Convention is to apply to all dates that are stated in the 1991 ISDA Definitions to be adjusted in accordance with the applicable Business Day Convention, that Business Day Convention can be specified here.

¹ If a Business Day Convention is to apply to all dates that are stated in the 1991 ISDA Definitions to be adjusted in accordance with the applicable Business Day Convention, that Business Day Convention can be specified here.

EXHIBIT III
to 1991 ISDA Definitions

Definitions of Specific Terms for Certain French Franc Floating Rate Options

When one of the following Floating Rate Options is specified in a Confirmation in respect of any Swap Transaction, the terms specified shall have the meanings indicated for that Swap Transaction:

A. FRF-TAM-CDC and FRF-T4M-CDC-COMPOUND

„Effective Date" means (i) if the Trade Date occurs during the first fourteen days (inclusive) of a calendar month, the first day of such calendar month, or (ii) in any other case, the first day of the calendar month immediately following the Trade Date.

„Reset Date" means (i) in respect of the initial Calculation Period, the first Paris Banking Day of the month that is twelve calendar months after the month of the Effective Date and (ii) in respect of each subsequent Calculation Period, the first Paris Banking Day of the month that is twelve calendar months after the month of the preceding Reset Date.

„Calculation Period" means (i) in respect of the initial Calculation Period, the period from and including the Effective Date to but excluding the first day of the month that is twelve calendar months after the month of the Effective Date and (ii) for each subsequent Calculation Period, the period from and including the first day of the last month of the preceding Calculation Period to but excluding the first day of the month that is twelve calendar months after the first month of such Calculation Period.

„Payment Date" means the first Paris Banking Day following a Reset Date.

„Termination Date" means the final Payment Date.

B. FRF-T4M-CDC and FRF-TMP-CDC-AVERAGE

„Effective Date" means (i) if the Trade Date occurs during the first fourteen days (inclusive) of a calendar month, the first day of such calendar month, or (ii) in any other case, the first day of the calendar month immediately following the Trade Date.

„Reset Date" means (i) in respect of the initial Calculation Period, the first Paris Banking Day of the month that is one calendar month after the month of the Effective Date and (ii) in respect of each subsequent Calculation Period, the first Paris Banking Day of each month during the Term of the Swap Transaction.

„Calculation Period" means, in respect of the initial Calculation Period, the period from and including the Effective Date to but excluding the first day of the calendar month immediately following the Effective Date and (ii) for each subsequent Calculation Period, the period from and including the last day of the preceding Calculation Period to but excluding the first day of the calendar month immediately following such last day.

„Payment Date" means the first Paris Banking Day following a Reset Date.

„Termination Date" means the final Payment Date.

C. FRF-TAG-CDC and FRF-TAG-CDC-COMPOUND

„Reset Date" means (i) in respect of the initial Calculation period, the first Paris Banking Day following the day that numerically corresponds to the day of the Effective Date, after a period of the Designated Maturity and (ii) in respect of each subsequent Calculation Period, the first Paris Banking Day following the day that numerically corresponds to the day of the Effective Date, in the month after a period of the Designated Maturity following the preceding Reset Date, except that, if there is not any such numerically corresponding day in the calendar month in which the Reset Date should occur, the Reset Date will be the last Paris Banking Day in that month.

„Compounding Date" means each Paris Banking Day following the day that numerically corresponds to the day of the Effective Date during the Term of a Swap Transaction, except that, if there is not any such numerically corresponding day in the calendar month in which the Compounding Date should occur, the Compounding Date will be the last Paris Banking Day in that month.

„Calculation Period" means (i) in respect of the initial Calculation Period, the period from and including the Effective Date to but excluding the first Reset Date of a Swap Transaction and (ii) for each subsequent Calculation Period, the period from and including a Reset Date to but excluding the next succeeding Reset Date of a Swap Transaction.

„Payment Date" means the first Paris Banking Day following a Reset Date.

INDEX OF TERMS

Term	Section
Actual/Actual	4.16 (a)
Actual/360	4.16 (c)
Actual/365	4.16 (a)
Actual/365 (Fixed)	4.16 (b)
Additional Compounding Period Amount	6.3 (f)
Adjusted Calculation Amount	6.3 (d)
American Option	8.2 (g)
A$	1.5 (a)
AUD	1.5 (a)
AUD-BBR-BBSW	7.1 (a) (ii)
AUD-BBR-ISDC	7.1 (a) (i)
AUD-LIBOR-BBA	7.1 (a) (iii)
AUD-LIBOR-Reference Banks	7.1 (a) (iv)
Australian Dollar	1.5 (a)
Banking Day	1.3
Basic Compounding Period Amount	6.3 (e)
BEF	1.5 (b)
BEF-BIBOR-BELO	7.1 (b) (ii)
BEF-BIB0R-ISDB	7.1 (b) (i)
BEF-BIBOR-Reference Banks	7.1 (b) (iii)
Belgian Franc	1.5 (b)
Bfr	1.5 (b)
Bond Basis	4.16 (d)
Bond Equivalent Yield	7.4 (e)
Business Day	1.4
Business Day Convention	4.12
Buyer	8.3 (a)
CAC-40	7.2 (f)
CAD	1.5 (c)
CAD-BA-ISDD	7.1 (c) (i)
CAD-BA-CDOR	7.1 (c) (ii)
CAD-BA-Reference Banks	7.1 (c) (iv)
CAD-BA-Telerate	7.1 (c) (iii)
CAD-LIBOR-BBA	7.1 (c) (viii)
CAD-LIBOR-Reference Banks	7.1 (c) (ix)
CAD-TBILL-ISDD	7.1 (c) (v)
CAD-TBILL-Reference Banks	7.1 (c) (vii)
CAD-TBILL-Telerate	7.1 (c) (vi)
Calculation Agent	4.14
Calculation Amount	4.8

IV.7 Anhang 5

Term	Section
Calculation Date	4.15
Calculation Period	4.13
Call	8.7 (a)
Call Amount	8.7 (c)
Call Currency	8.7 (c)
Canadian Dollar	1.5 (c)
C$	1.5 (c)
CHF	1.5 (r)
CHF-LIBOR-BBA	7.1 (r) (ii)
CHF-LIBOR-ISDA	7.1 (r) (i)
CHF-LIBOR-Reference Banks	7.1 (r) (iii)
Cash Settlement	8.2 (d)
Cash Settlement Amount	8.6 (a)
Cash Settlement Payment Date	8.6 (b)
COMLUF-LUXIBOR-Reference Banks	7.1 (l) (iii)
Commercial Lfr	1.5 (l) (i)
Commercial LUF	1.5 (l) (i)
Commercial Luxembourg Franc	1.5 (l) (i)
Composite 3:30 P. M. Quotations for U. S. Government Securities	7.3 (b)
Compounding Date	6.3 (b)
Compounding Period	6.3 (a)
Compounding Period Amount	6.3 (c)
Confirmation	1.2
Contract Month	7.4 (g)
Currency Amount	4.5
Danish Krone	1.5 (d)
DAX	7.2 (e)
Day Count Fraction	4.16
Actual/360	4.16 (c)
Actual/365 (Actual/Actual)	4.16 (a)
Actual/365 (Fixed)	4.16 (b)
30/360 (360/360 or Bond Basis)	4.16 (d)
30E/360 (Eurobond Basis)	4.16 (e)
Delayed Payment	4.9 (c)
DEM	1.5 (e)
DEM-FIBOR-ISDB	7.1 (e) (iv)
DEM-FIBOR-FIBO	7.1 (e) (v)
DEM-FIBOR-FIBP	7.1 (e) (vi)
DEM-FIBOR-GBA	7.1 (e) (vii)
DEM-FIBOR-Reference Banks	7.1 (e) (viii)
DEM-LIBOR-BBA	7.1 (e) (ii)
DEM-LIBOR-ISDA	7.1 (e) (i)
DEM-LIBOR-Reference Banks	7.1 (e) (iii)
Designated Maturity	7.4 (b)
Deutsche Mark	1.5 (e)
Discount Rate	9.3 (c)
Discount Rate Day Count Fraction	9.3 (d)
DFl	1.5 (f)
Discounting	9.3
DKK	1.5 (d)
DKK-CIBOR-DKNH	7.1 (d) (i)
DKK-CIBOR-Reference Banks	7.1 (d) (ii)

Anhang 5: 1991 ISDA Definitions Anhang 5 IV.7

Term	Section
DKr	1.5 (d)
DM	1.5 (e)
Dollar	1.5 (s)
$	1.5 (s)
Dutch Guilder	1.5 (f)
Early Payment	4.9 (d)
ECU	1.5 (g)
ECU Settlement Day	1.6
Effective Date	3.2
ESP	1.5 (o)
Eurobond Basis	4.16 (e)
Eurodollar Convention	4.11
European Currency Unit	1.5 (g)
European Option	8.2 (h)
Exchange	7.4 (h)
Exchange Amount	4.2
Exchange Date	3.5
Exercise Period	8.4 (a)
Exercise Terms	8.4 (c)
Expiration Settlement Date	8.7 (e)
Ffr	1.5 (i)
FHLBSF	7.3 (e)
FIM	1.5 (h)
FIM-HELIBOR-SPFB	7.1 (h) (i)
FIM-HELIBOR-Reference Banks	7.1 (h) (ii)
Final Exchange Amount	4.2
Final Exchange Date	3.5
Financial Lfr	1.5 (l) (ii)
Financial LUF	1.5 (l) (ii)
Financial Luxembourg Franc	1.5 (l) (ii)
Finnish Markka	1.5 (h)
Fixed Amount	4.3
Fixed Amount Payer	2.1
Fixed Price Payer	2.1
Fixed Rate	5.2 (a)
Fixed Rate Day Count Fraction	5.2 (b)
Fixed Rate Payer	2.1
Flat Compounding	6.1 (c)
Flat Compounding Amount	6.3 (g)
Floating Amount	4.4
Floating Amount Payer	2.2
Floating Price Payer	2.2
Floating Rate	6.2 (a)
Floating Rate Day Count Fraction	6.2 (f)
Floating Rate Option	6.2 (g)
Floating Rate Payer	2.2
Following	4.12 (a) (i)
French Franc	1.5 (i)
FRA Amount	9.3 (b)
FRA Discounting	9.3 (b)
FRF	1.5 (i)
FRF-LIBOR-BBA	7.1 (i) (iv)

IV.7 Anhang 5

Term	Section
FRF-LIBOR-Reference Banks	7.1 (i) (v)
FRF-PIBOR-AFB	7.1 (i) (ii)
FRF-PIBOR-ISDB	7.1 (i) (i)
FRF-PIBOR-Reference Banks	7.1 (i) (iii)
FRF-TAG-CDC	7.1 (i) (viii)
FRF-TAG-CDC-COMPOUND	7.1 (i) (ix)
FRF-TAM-CDC	7.1 (i) (vi)
FRF-T4M-CDC	7.1 (i) (x)
FRF-T4M-CDC-COMPOUND	7.1 (i) (vii)
FRF-TMP-CDC-AVERAGE	7.1 (i) (xi)
FRN Convention	4.11
FT-SE 100	7.2 (b)
GBP	1.5 (p)
GBP-LIBOR-BBA	7.1 (p) (ii)
GBP-LIBOR-ISDA	7.1 (p) (i)
GBP-LIBOR-Reference Banks	7.1 (p) (iii)
H. 15 (519)	7.3 (a)
HK$	1.5 (j)
HKD	1.5 (j)
HKD-HIBOR-HKAB	7.1 (j) (ii)
HKD-HIBOR-ISDC	7.1 (j) (i)
HKD-HIBOR-Reference Banks	7.1 (j) (iii)
Hong Kong Dollar	1.5 (j)
IMM Settlement Dates	4.17
Initial Exchange Amount	4.1
Initial Exchange Date	3.4
Italian Lira	1.5 (k)
ITL	1.5 (k)
ITL-LIBOR-BBA	7.1 (k) (iii)
ITL-LIBOR-ILIR	7.1 (k) (iv)
ITL-LIBOR-ITFX	7.1 (k) (i)
ITL-LIBOR-ITFY	7.1 (k) (ii)
ITL-LIBOR-Reference Banks	7.1 (k) (v)
ITL-MIBOR-ATIA	7.1 (k) (viii)
ITL-MIBOR-Full Period Average	7.1 (k) (vi)
ITL-MIBOR-Preceding Days Average	7.1 (k) (vii)
ITL-MIBOR-Published	7.1 (k) (ix)
JPY	1.5 (t)
JPY-LIBOR-BBA	7.1 (t) (ii)
JPY-LIBOR-ISDA	7.1 (t) (i)
JPY-LIBOR-Reference Banks	7.1 (t) (iii)
Linear Interpolation	9.2
Lira	1.5 (k)
Lfr	1.5 (l)
LUF	1.5 (l)
LUF-LUXIBOR-ISDB	7.1 (l) (i)
LUF-LUXIBOR-Reference Banks	7.1 (l) (ii)
Luxembourg Franc	1.5 (l)
Market Disruption Event	7.4 (m)
Maturity Date	3.5
Modified	4.12 (a) (ii)
Modified Following	4.12 (a) (ii)

Anhang 5: 1991 ISDA Definitions

Term	Section
Money Market Yield	7.4 (f)
NASDAQ	7.4 (i)
New Zealand Dollar	1.5 (m)
NIKKEI 225	7.2 (c)
NKr	1.5 (n)
NKR	1.5 (n)
NKR-NIBOR-NIBR	7.1 (n) (i)
NKR-NIBOR-Reference Banks	7.1 (n) (ii)
NLG	1.5 (f)
NLG-AIBOR-AIBO-DOM	7.1 (f) (ii)
NLG-AIBOR-AIBO-EURO	7.1 (f) (iii)
NLG-AIBOR-ISDB	7.1 (f) (i)
NLG-AIBOR-Reference Banks	7.1 (f) (iv)
No Adjustment	4.10
Norwegian Krone	1.5 (n)
Notice of Exercise	8.4 (b)
Notional Amount	4.6
Notional Quantity	4.7
NYMEX	7.4 (l)
NZ$	1.5 (m)
NZD	1.5 (m)
NZD-BBR-FRA	7.1 (m) (ii)
NZD-BBR-ISDC	7.1 (m) (i)
NZD-BBR-Telerate	7.1 (m) (iii)
NZD-BBR-Reference Banks	7.1 (m) (iv)
OIL-WTI-NYMEX	7.2 (g)
Option	8.1
Optional Termination	8.2 (e)
Optional Termination Date	8.2 (f)
Payment Date	4.9
Period End Date	4.10
Physical Settlement	8.2 (c)
Preceding	4.12 (a) (iii)
Premium	8.5 (a)
Premium Payment Date	8.5 (b)
Price	8.7 (f)
Price Option	6.2 (i)
Pta	1.5 (o)
Put	8.7 (b)
Put Amount	8.7 (c)
Put Currency	8.7 (c)
Rate Cut-off Date	6.2 (d)
Rate Option	6.2 (h)
Reference Banks	7.4 (c)
Reference Dealers	7.4 (d)
Related Swap Transaction	8.2 (b)
Relevant Rate	6.2 (c)
Representative Amount	7.4 (a)
Reset Date	6.2 (b)
Reuters Screen	7.3 (c)
S&P 500	7.2 (a)
SEK	1.5 (q)

IV.7 Anhang 5

Term	Section
SEK-EDOR-FP	7.1 (q) (i)
SEK-EDOR-Reference Banks	7.1 (q) (iii)
SEK-STIBOR-SIOR	7.1 (q) (ii)
Seller	8.3 (b)
Sfr	1.5 (r)
SKr	1.5 (q)
Spanish Peseta	1.5 (o)
SPp	1.5 (o)
SPP	1.5 (o)
SPP-LIBOR-BBA	7.1 (o) (i)
SPP-LIBOR-Reference Banks	7.1 (o) (ii)
SPP-MIBOR-Reference Banks	7.1 (o) (iii)
Spread	6.2 (e)
Sterling	1.5 (p)
£	1.5 (p)
STG	1.5 (p)
Strike Price	8.7 (c)
Swap Transaction	1.1
Swedish Krona	1.5 (q)
SWF	1.5 (r)
Swiss Franc	1.5 (r)
Telerate	7.3 (d)
Term	3.1
Termination Date	3.3
The International Stock Exchange	7.4 (j)
30/360 (360/360 or Bond Basis)	4.16 (d)
30E/360 (Eurobond Basis)	4.16 (e)
TOPIX	7.2 (d)
Trade Date	3.6
Underlying Swap Transaction	8.2 (a)
Unweighted Average	6.2 (a) (ii) (C)
U. S. Dollar	1.5 (s)
U. S.$	1.5 (s)
USD	1.5 (s)
USD-BA-H. 15	7.1 (s) (xvi)
USD-BA-Reference Dealers	7.1 (s) (xvii)
USD-CD-H. 15	7.1 (s) (ix)
USD-CD-Reference Dealers	7.1 (s) (x)
USD-COF11-FHLBSF	7.1 (s) (xxi)
USD-COF11-Telerate	7.1 (s) (xx)
USD-CP-H. 15	7.1 (s) (xi)
USD-CP-ISDD	7.1 (s) (xii)
USD-CP-Reference Dealers	7.1 (s) (xiii)
USD-Federal Funds-H. 15	7.1 (s) (xiv)
USD-Federal Funds-Reference Dealers	7.1 (s) (xv)
USD-LIBOR-BBA	7.1 (s) (ii)
USD-LIBOR-ISDA	7.1 (s) (i)
USD-LIBOR-LIBO	7.1 (s) (iii)
USD-LIBOR-Reference Banks	7.1 (s) (iv)
USD-Prime-H. 15	7.1 (s) (v)
USD-Prime-Reference Banks	7.1 (s) (vi)
USD-TBILL-H. 15	7.1 (s) (vii)

Term	Section
USD-TBILL-Secondary Market	7.1 (s) (viii)
USD-TIBOR-ISDC	7.1 (s) (xviii)
USD-TIBOR-Reference Banks	7.1 (s) (xix)
Weighted Average	6.2 (a) (ii) (D)
Written Confirmation	8.4 (e)
WTI	7.4 (k)
Value Date	3.5
XEU	1.5 (g)
XEU-LIBOR-BBA	7.1 (g) (ii)
XEU-LIBOR-ISDA	7.1 (g) (i)
XEU-LIBOR-Reference Banks	7.1 (g) (iii)
XEU-PIBOR-AFB	7.1 (g) (v)
XEU-PIBOR-ISDB	7.1 (g) (iv)
XEU-PIBOR-Reference Banks	7.1 (g) (vi)
Yen	1.5 (t)
¥	1.5 (t)

Anhang 6:

1994 ISDA Credit Support Annex

(Bilateral Form) (ISDA Agreements Subject to New York Law Only)

ISDA

International Swaps and Derivatives Association, Inc.

CREDIT SUPPORT ANNEX

to the Schedule to the

....

between

.... and ....
(„Party A")   („Party B")

This Annex supplements, forms part of, and is subject to, the above-referenced Agreement, is part of its Schedule and is a Credit Support Document under this Agreement with respect to each party.

Accordingly, the parties agree as follows: –

Paragraph 1. Interpretation

(a) Definitions and Inconsistency. Capitalized terms not otherwise defined herein or elsewhere in this Agreement have the meanings specified pursuant to Paragraph 12, and all references in this Annex to Paragraphs are to Paragraphs of this Annex. In the event of any inconsistency between this Annex and the other provisions of this Schedule, this Annex will prevail, and in the event of any inconsistency between Paragraph 13 and the other provisions of this Annex, Paragraph 13 will prevail.

(b) Secured Party and Pledgor. All references in this Annex to the „Secured Party" will be to either party when acting in that capacity and all corresponding references to the

IV.7 Anhang 6

"Pledgor" will be to the other party when acting in that capacity; provided, however, that if Other Posted Support is held by a party to this Annex, all references herein to that party as the Secured Party with respect to that Other Posted Support will be to that party as the beneficiary thereof and will not subject that support or that party as the beneficiary thereof to provisions of law generally relating to security interests and secured parties.

Paragraph 2. Security Interest

Each party, as the Pledgor, hereby pledges to the other party, as the Secured Party, as security for its Obligations, and grants to the Secured Party a first priority continuing security interest in, lien on and right of Set-off against all Posted Collateral Transferred to or received by the Secured Party hereunder. Upon the Transfer by the Secured Party to the Pledgor of Posted Collateral, the security interest and lien granted hereunder on that Posted Collateral will be released immediately and, to the extent possible, without any further action by either party.

Paragraph 3. Credit Support Obligations

(a) *Delivery Amount*. Subject to Paragraphs 4 and 5, upon a demand made by the Secured Party on or promptly following a Valuation Date, if the Delivery Amount for that Valuation Date equals or exceeds the Pledgor's Minimum Transfer Amount, then the Pledgor will Transfer to the Secured Party Eligible Credit Support having a Value as of the date of Transfer at least equal to the applicable Delivery Amount (rounded pursuant to Paragraph 13). Unless otherwise specified in Paragraph 13, the "*Delivery Amount*" applicable to the Pledgor for any Valuation Date will equal the amount by which:

(i) the Credit Support Amount

exceeds

(ii) the Value as of that Valuation Date of all Posted Credit Support held by the Secured Party.

(b) *Return Amount*. Subject to Paragraphs 4 and 5, upon a demand made by the Pledgor on or promptly following a Valuation Date, if the Return Amount for that Valuation Date equals or exceeds the Secured Party's Minimum Transfer Amount, then the Secured Party will Transfer to the Pledgor Posted Credit Support specified by the Pledgor in that demand having a Value as of the date of Transfer as close as practicable to the applicable Return Amount (rounded pursuant to Paragraph 13). Unless otherwise specified in Paragraph 13, the "*Return Amount*" applicable to the Secured Party for any Valuation Date will equal the amount by which:

(i) the Value as of that Valuation Date of all Posted Credit Support held by the Secured Party

exceeds

(ii) the Credit Support Amount.

"*Credit Support Amount*" means, unless otherwise specified in Paragraph 13, for any Valuation Date (i) the Secured Party's Exposure for that Valuation Date plus (ii) the aggregate of all Independent Amounts applicable to the Pledgor, if any, minus (iii) all Independent Amounts applicable to the Secured Party, if any, minus (iv) the Pledgor's Threshold; *provided, however,* that the Credit Support Amount will be deemed to be zero whenever the calculation of Credit Support Amount yields a number less than zero.

Paragraph 4. Conditions Precedent, Transfer Timing, Calculations and Substitutions

(a) *Conditions Precedent*. Each Transfer obligation of the Pledgor under Paragraphs 3 and 5 and of the Secured Party under Paragraphs 3, 4(d)(ii), 5 and 6(d) is subject to the conditions precedent that:

(i) no Event of Default, Potential Event of Default or Specified Condition has occurred and is continuing with respect to the other party; and

(ii) no Early Termination Date for which any unsatisfied payment obligations exist has occurred or been designated as the result of an Event of Default or Specified Condition with respect to the other party.

(b) *Transfer Timing.* Subject to Paragraphs 4(a) and 5 and unless otherwise specified, if a demand for the Transfer of Eligible Credit Support or Posted Credit Support is made by the Notification Time, then the relevant Transfer will be made not later than the close of business on the next Local Business Day; if a demand is made after the Notification Time, then the relevant Transfer will be made not later than the close of business on the second Local Business Day thereafter.

(c) *Calculations.* All calculations of Value and Exposure for purposes of Paragraphs 3 and 6(d) will be made by the Valuation Agent as of the Valuation Time. The Valuation Agent will notify each party (or the other party, if the Valuation Agent is a party) of its calculations not later than the Notification Time on the Local Business Day following the applicable Valuation Date (or in the case of Paragraph 6(d), following the date of calculation.

(d) *Substitutions*

(i) Unless otherwise specified in Paragraph 13, upon notice to the Secured Party specifying the items of Posted Credit Support to be exchanged, the Pledgor may, on any Local Business Day, Transfer to the Secured Party substitute Eligible Credit Support (the „Substitute Credit Support"); and

(ii) subject to Paragraph 4(a), the Secured Party will Transfer to the Pledgor the items of Posted Credit Support specified by the Pledgor in its notice not later than the Local Business Day following the date on which the Secured Party receives the Substitute Credit Support, unless otherwise specified in paragraph 13 (the „Substitution Date"); *provided* that the Secured Party will only be obligated to Transfer Posted Credit Support with a Value as of the date of Transfer of that Posted Credit Support equal to the Value as of that date of the Substitute Credit Support.

Paragraph 5. Dispute Resolution

If a party (a „Disputing Party") disputes (I) the Valuation Agent's calculation of a Delivery Amount or a Return Amount or (II) the Value of any Transfer of Eligible Credit Support or Posted Credit Support, then (1) the Disputing Party will notify the other party and the Valuation Agent (if the Valuation Agent is not the other party) not later than the close of business on the Local Business Day following (X) the date that the demand is made under Paragraph 3 in the case of (I) above or (Y) the date of Transfer in the case of (II) above, (2) subject to Paragraph 4(a), the appropriate party will Transfer the undisputed amount to the other party not later than the close of business on the Local Business Day following (X) the date that the demand is made under Paragraph 3 in the case of (I) above or (Y) the date of Transfer in the case of (II) above, (3) the parties will consult with each other in an attempt to resolve the dispute and (4) if they fail to resolve the dispute by the Resolution Time, then:

(i) In the case of a dispute involving a Delivery Amount or Return Amount, unless otherwise specified in Paragraph 13, the Valuation Agent will recalculate the Exposure and the Value as of the Recalculation Date by:

(A) utilizing any calculations of Exposure for the Transactions (or Swap Transactions) that the parties have agreed are not in dispute;

(B) calcutating the Exposure for the Transactions (or Swap Transactions) in dispute by seeking four actual quotations at mid-market from Reference Market-makers for purposes of calculating Market Quotation, and taking the arithmetic average of those obtained; *provided* that if four quotations are not available for a particular Transaction (or Swap Transaction), then fewer than four quotations may be used for that Transaction (or Swap Transaction); and if no quotations are available for a particular Transaction (or Swap Transaction), then the Valuation Agent's original calculations will be used for that Transaction (or Swap Transaction); and

(C) utilizing the procedures specified in Paragraph 13 for calculating the Value, if disputed, of Posted Credit Support.

(ii) In the case of a dispute involving the Value of any Transfer of Eligible Credit Support or Posted Credit Support, the Valuation Agent will recalculate the Value as of the date of Transfer pursuant to Paragraph 13.

Following a recalculation pursuant to this Paragraph, the Valuation Agent will notify each party (or the other party, if the Valuation Agent is a party) not later than the Notification Time on the Local Business Day following the Resolution Time. The appropriate party will, upon demand following that notice by the Valuation Agent or a resolution pursuant to (3) above and subject to Paragraphs 4(a) and 4(b), make the appropriate Transfer.

Paragraph 6. Holding and Using Posted Collateral

(a) *Care of Posted Collateral.* Without limiting the Secured Party's rights under Paragraph 6(c), the Secured Party will exercise reasonable care to assure the safe custody of all Posted Collateral to the extent required by applicable law, and in any event the Secured Party will be deemed to have exercised reasonable care if it exercises at least the same degree of care as it would exercise with respect to its own property. Except as specified in the preceding sentence, the Secured Party will have no duty with respect to Posted Collateral, including, without limitation, any duty to collect any Distributions, or enforce or preserve any rights pertaining thereto.

(b) *Eligibility to Hold Posted Collateral; Custodians*

(i) General. Subject to the satisfaction of any conditions specified in Paragraph 13 for holding Posted Collateral, the Secured Party will be entitled to hold Posted Collateral or to appoint an agent (a „Custodian") to hold Posted Collateral for the Secured Party. Upon notice by the Secured Party to the Pledgor of the appointment of a Custodian, the Pledgor's obligations to make any Transfer will be discharged by making the Transfer to that Custodian. The holding of Posted Collateral by a Custodian will be deemed to be the holding of that Posted Collateral by the Secured Party for which the Custodian is acting.

(ii) *Failure to Satisfy Conditions.* If the Secured Party or its Custodian fails to satisfy any conditions for holding Posted Collateral, then upon a demand made by the Pledgor, the Secured Party will, not later than five Local Business Days after the demand, Transfer or cause its Custodian to Transfer all Posted Collateral held by it to a Custodian that satisfies those conditions or to the Secured Party if it satisfies those conditions.

(iii) *Liability.* The Secured Party will be liable for the acts or omissions of its Custodian to the same extent that the Secured Party would be liable hereunder for its own acts or omissions.

(c) *Use of Posted Collateral.* Unless otherwise specified in Paragraph 13 and without limiting the rights and obligations of the parties under Paragraphs 3, 4(d)(ii), 5, 6(d) and 8, if the Secured Party is not a Defaulting Party or an Affected Party with respect to a Specified Condition and no Early Termination Date has occurred or been designated as the result of an Event of Default or Specified Condition with respect to the Secured Party, then the Secured Party will, notwithstanding Section 9–207 of the New York Uniform Commercial Code, have the right to:

(i) sell, pledge, rehypothecate, assign, invest, use, commingle or otherwise dispose of, or otherwise use in its business any Posted Collateral it holds, free from any claim or right of any nature whatsoever of the Pledgor, including any equity or right of redemption by the Pledgor; and

(ii) register any Posted Collateral in the name of the Secured Party, its Custodian or a nominee for either.

For purposes of the obligation to Transfer Eligible Credit Support or Posted Credit Support pursuant to Paragraphs 3 and 5 and any rights or remedies authorized under this Agreement, the Secured Party will be deemed to continue to hold all Posted Collateral and to receive Distributions made thereon, regardless of whether the Secured Party has exercised any rights with respect to any Posted Collateral pursuant to (i) or (ii) above:

(d) *Distributions and Interest Amount*

(i) *Distributions.* Subject to Paragraph 4(a), if the Secured Party receives or is deemed to receive Distributions on a Local Business Day, it will Transfer to the Pledgor not later than the following Local Business Day any Distributions it receives or is deemed to receive to the extent that a Delivery Amount would not be created or increased by that Transfer, as calculated by the Valuation Agent (and the date of calculation will be deemed to be a Valuation Date for this purpose).

(ii) *Interest Amount.* Unless otherwise specified in Paragraph 13 and subject to Paragraph 4(a), in lieu of any interest, dividends or other amounts paid or deemed to have been paid with respect to Posted Collateral in the form of Cash (all of which may be retained by the Secured Party), the Secured Party will Transfer to the Pledgor at the times specified in Paragraph 13 the Interest Amount to the extent that a Delivery Amount would not be created or increased by that Transfer, as calculated by the Valuation Agent (and the date of calculation will be deemed to be a Valuation Date for this purpose). The Interest Amount or portion thereof not Transferred pursuant to this Paragraph will constitute Posted Collateral in the form of Cash and will be subject to the security interest granted under Paragraph 2.

Paragraph 7. Events of Default

For purposes of Section 5(a)(iii)(1) of this Agreement, an Event of Default will exist with respect to a party if:

(i) that party fails (or fails to cause its Custodian) to make, when due, any Transfer of Eligible Collateral, Posted Collateral or the Interest Amount, as applicable, required to be made by it and that failure continues for two Local Business Days after notice of that failure is given to that party;

(ii) that party fails to comply with any restriction or prohibition specified in this Annex with respect to any of the rights specified in Paragraph 6(c) and that failure continues for five Local Business Days after notice of that failure is given to that party; or

(iii) that party fails to comply with or perform any agreement or obligation other than those specified in Paragraphs 7(i) and 7(ii) and that failure continues for 30 days after notice of that failure is given to that party.

Paragraph 8. Certain Rights and Remedies

(a) *Secured Party's Rights and Remedies.* If at any time (1) an Event of Default or Specified Condition with respect to the Pledgor has occurred and is continuing or (2) an Early Termination Date has occurred or been designated as the result of an Event of Default or Specified Condition with respect to the Pledgor, then, unless the Pledgor has paid in full all of its Obligations that are then due, the Secured Party may exercise one or more of the following rights and remedies:

(i) all rights and remedies available to a secured party under applicable law with respect to Posted Collateral held by the Secured Party;

(ii) any other rights and remedies available to the Secured Party under the terms of Other Posted Support, if any;

(iii) the right to Set-off any amounts payable by the Pledgor with respect to any Obligations against any Posted Collateral or the Cash equivalent of any Posted Collateral held by the Secured Party (or any obligation of the Secured Party to Transfer that Posted Collateral); and

(iv) the right to liquidate any Posted Collateral held by the Secured Party through one or more public or private sales or other dispositions with such notice, if any, as may be required under applicable law, free from any claim or right of any nature whatsoever of the Pledgor, including any equity or right of redemption by the Pledgor (with the Secured

Party having the right to purchase any or all of the Posted Collateral to be sold) and to apply the proceeds (or the Cash equivalent thereof) from the liquidation of the Posted Collateral to any amounts payable by the Pledgor with respect to any Obligations in that order as the Secured Party may elect.

Each party acknowledges and agrees that Posted Collateral in the form of securities may decline speedily in value and is of a type customarily sold on a recognized market, and, accordingly, the Pledgor is not entitled to prior notice of any sale of that Posted Collateral by the Secured Party, except any notice that is required under applicable law and cannot be waived.

(b) *Pledgor's Rights and Remedies.* If at any time an Early Termination Date has occurred or been designated as the result of an Event of Default or Specified Condition with respect to the Secured Party, then (except in the case of an Early Termination Date relating to less than all Transactions (or Swap Transactions) where the Secured Party has paid in full all of its obligations that are then due under Section 6(e) of this Agreement):

(i) the Pledgor may exercise all rights and remedies available to a pledgor under applicable law with respect to Posted Collateral held by the Secured Party;

(ii) the Pledgor may exercise any other rights and remedies available to the Pledgor under the terms of Other Posted Support, if any;

(iii) the Secured Party will be obligated immediately to Transfer all Posted Collateral and the Interest Amount to the Pledgor; and

(iv) to the extent that Posted Collateral or the Interest Amount is not so Transferred pursuant to (iii) above, the Pledgor may:

(A) Set-off any amounts payable by the Pledgor with respect to any Obligations against any Posted Collateral or the Cash equivalent of any Posted Collateral held by the Secured Party (or any obligation of the Secured Party to Transfer that Posted Collateral); and

(B) to the extent that the Pledgor does not Set-off under (iv)(A) above, withhold payment of any remaining amounts payable by the Pledgor with respect to any Obligations, up to the Value of any remaining Posted Collateral held by the Secured Party, until that Posted Collateral is Transferred to the Pledgor.

(c) *Deficiencies and Excess Proceeds.* The Secured Party will Transfer to the Pledgor any proceeds and Posted Credit Support remaining after liquidation, Set-off and/or application under Paragraphs 8(a) and 8(b) after satisfaction in full of all amounts payable by the Pledgor with respect to any Obligations; the Pledgor in all events will remain liable for any amounts remaining unpaid after any liquidation, Set-off and/or application under Paragraphs 8(a) and 8(b).

(d) *Final Returns.* When no amounts are or thereafter may become payable by the Pledgor with respect to any Obligations (except for any potential liability under Section 2(d) of this Agreement), the Secured Party will Transfer to the Pledgor all Posted Credit Support and the Interest Amount, if any.

Paragraph 9. Representations

Each party represents to the other party (which representations will be deemed to be repeated as of each date on which it, as the Pledgor, Transfers Eligible Collateral) that:

(i) it has the power to grant a security interest in and lien on any Eligible Collateral it Transfers as the Pledgor and has taken all necessary actions to authorize the granting of that security interest and lien;

(ii) it is the sole owner of or otherwise has the right to Transfer all Eligible Collateral it Transfers to the Secured Party hereunder, free and clear of any security interest, lien, encumbrance or other restrictions other than the security interest and lien granted under Paragraph 2;

(iii) upon the Transfer of any Eligible Collateral to the Secured Party under the terms of this Annex, the Secured Party will have a valid and perfected first priority security interest therein (assuming that any central clearing corporation or any third-party financial intermediary or other entity not within the control of the Pledgor involved in the Transfer of that Eligible Collateral gives the notices and takes the action required of it under applicable law for perfection of that interest); and

(iv) the performance by it of its obligations under this Annex will not result in the creation of any security interest, lien or other encumbrance on any Posted Collateral other than the security interest and lien granted under Paragraph 2.

Paragraph 10. Expenses

(a) *General.* Except as otherwise provided in Paragraphs 10(b) and 10(c), each party will pay its own costs and expenses in connection with performing its obligations under this Annex and neither party will be liable for any costs and expenses incurred by the other party in connection herewith.

(b) *Posted Credit Support.* The Pledgor will promptly pay when due all taxes, assessments or charges of any nature that are imposed with respect to Posted Credit Support held by the Secured Party upon becoming aware of the same, regardless of whether any portion of that Posted Credit Support is subsequently disposed of under Paragraph 6(c), except for those taxes, assessments and charges that result from the exercise of the Secured party's rights under Paragraph 6(c).

(c) *Liquidation/Application of Posted Credit Support.* All reasonable costs and expenses incurred by or on behalf of the Secured Party or the Pledgor in connection with the liquidation and/or application of any Posted Credit Support under Paragraph 8 will be payable, on demand and pursuant to the Expenses Section of this Agreement, by the Defaulting Party or, if there is no Defaulting Party, equally by the parties.

Paragraph 11. Miscellaneous

(a) *Default Interest.* A Secured Party that fails to make, when due, any Transfer of Posted Collateral or the Interest Amount will be obligated to pay the Pledgor (to the extent permitted under applicable law) an amount equal to interest at the Default Rate multiplied by the Value of the items of property that were required to be Transferred, from (and including) the date that Posted Collateral or Interest Amount was required to be Transferred to (but excluding) the date of Transfer of that Posted Collateral or Interest Amount. This interest will be calculated on the basis of daily compounding and the actual number of days elapsed.

(b) *Further Assurances.* Promptly following a demand made by a party, the other party will execute, deliver, file and record any financing statement, specific assignment or other document and take any other action that may be necessary or desirable and reasonably requested by that party to create, preserve, perfect or validate any security interest or lien granted under Paragraph 2, to enable that party to exercise or enforce its rights under this Annex with respect to Posted Credit Support or an Interest Amount or to effect or document a release of a security interest on Posted Collateral or an Interest Amount.

(c) *Further Protection.* The Pledgor will promptly give notice to the Secured Party of, and defend against, any suit, action, proceeding or lien that involves Posted Credit Support Transferred by the Pledgor or that could adversely affect the security interest and lien granted by it under Paragraph 2, unless that suit, action, proceeding or lien results from the exercise of the Secured Party's rights under Paragraph 6(c).

(d) *Good Faith and Commercially Reasonable Manner.* Performance of all obligations under this Annex, including, but not limited to, all calculations, valuations and determinations made by either party, will be made in good faith and in a commercially reasonable manner.

(e) *Demands and Notices.* All demands and notices made by a party under this Annex will be made as specified in the Notices Section of this Agreement, except as otherwise provided in Paragraph 13.

(f) *Specifications of Certain Matters.* Anything referred to in this Annex as being specified in paragraph 13 also may be specified in one or more Confirmations or other documents and this Annex will be construed accordingly.

Paragraph 12. Definitions

As used in this Annex: –

„*Cash*" means the lawful currency of the United States of America.

„*Credit Support Amount*" has the meaning specified in Paragraph 3.

„*Custodian*" has the meaning specified in Paragraphs 6(b)(i) and 13.

„*Delivery Amount*" has the meaning specified in Paragraph 3(a).

„*Disputing Party*" has the meaning specified in Paragraph 5.

„*Distributions*" means with respect to Posted Collateral other than Cash, all principal, interest and other payments and distributions of cash or other property with respect thereto, regardless of whether the Secured Party has disposed of that Posted Collateral under Paragraph 6(c). Distributions will not include any item of property acquired by the Secured Party upon any disposition or liquidation of Posted Collateral or, with respect to any Posted Collateral in the form of Cash, any distributions on that collateral, unless otherwise specified herein.

„*Eligible Collateral*" means, with respect to a party, the items, if any, specified as such for that party in Paragraph 13.

„*Eligible Credit Support*" means Eligible Collateral and Other Eligible Support.

„*Exposure*" means for any Valuation Date or other date for which Exposure is calculated and subject to Paragraph 5 in the case of a dispute, the amount, if any, that would be payable to a party that is the Secured Party by the other party (expressed as a positive number) or by a party that is the Secured Party to the other party (expressed as a negative number) pursuant to Section 6(e)(ii)(2)(A) of this Agreement as if all Transactions (or Swap Transactions) were being terminated as of the relevant Valuation Time; *provided* that Market Quotation will be determined by the Valuation Agent using its estimates at mid-market of the amounts that would be paid for Replacement Transactions (as that term is defined in the definition of „Market Quotation").

„*Independent Amount*" means, with respect to a party, the amount specified as such for that party in Paragraph 13; if no amount is specified, zero.

„*Interest Amount*" means, with respect to an Interest Period, the aggregate sum of the amounts of interest calculated for each day in that Interest Period on the principal amount of Posted Collateral in the form of Cash held by the Secured Party on that day, determined by the Secured Party for each such day as follows:

(x) the amount of that Cash on that day; multiplied by

(y) the Interest Rate in effect for that day; divided by

(z) 360.

„*Interest Period*" means the period from (and including) the last Local Business Day on which an Interest Amount was Transferred (or, if no Interest Amount has yet been Transferred, the Local Business Day on which Posted Collateral in the form of Cash was Transferred to or received by the Secured Party) to (but excluding) the Local Business Day on which the current Interest Amount is to be Transferred.

„*Interest Rate*" means the rate specified in Paragraph 13.

„*Local Business Day*", unless otherwise specified in Paragraph 13, has the meaning specified in the Definitions Section of this Agreement, except that references to a payment in clause (b) thereof will be deemed to include a Transfer under this Annex.

„*Minimum Transfer Amount*" means, with respect to a party, the amount specified as such for that party in Paragraph 13; if no amount is specified, zero.

„*Notification Time*" has the meaning specified in Paragraph 13.

„*Obligations*" means, with respect to a party, all present and future obligations of that party under this Agreement and any additional obligations specified for that party in Paragraph 13.

„*Other Eligible Support*" means, with respect to a party, the items, if any, specified as such for that party in Paragraph 13.

„*Other Posted Support*" means all Other Eligible Support Transferred to the Secured Party that remains in effect for the benefit of that Secured Party.

„*Pledgor*" means either party, when that party (i) receives a demand for or is required to Transfer Eligible Credit Support under Paragraph 3(a) or (ii) has Transferred Eligible Credit Support under Paragraph 3(a).

„*Posted Collateral*" means all Eligible Collateral, other property, Distributions, and all proceeds thereof that have been Transferred to or received by the Secured Party under this Annex and not Transferred to the Pledgor pursuant to Paragraph 3(b), 4(d)(ii) or 6(d)(i) or released by the Secured Party under Paragraph 8. Any Interest Amount or portion thereof not Transferred pursuant to Paragraph 6(d)(ii) will constitute Posted Collateral in the form of Cash.

„*Posted Credit Support*" means Posted Collateral and Other Posted Support.

„*Recalculation Date*" means the Valuation Date that gives rise to the dispute under Paragraph 5; *provided, however,* that if a subsequent Valuation Date occurs under Paragraph 3 prior to the resolution of the dispute, then the „*Recalculation Date*" means the most recent Valuation Date under Paragraph 3.

„*Resolution Time*" has the meaning specified in Paragraph 13.

„*Return Amount*" has the meaning specified in Paragraph 3(b).

„*Secured Party*" means either party, when that party (i) makes a demand for or is entitled to receive Eligible Credit Support under Paragraph 3(a) or (ii) holds or is deemed to hold Posted Credit Support.

„*Specified Condition*" means, with respect to a party, any event specified as such for that party in Paragraph 13.

„*Substitute Credit Support*" has the meaning specified in Paragraph 4(d)(i).

„*Substitution Date*" has the meaning specified in Paragraph 4(d)(ii).

„*Threshold*" means, with respect to a party, the amount specified as such for that party in Paragraph 13; if no amount is specified, zero.

„*Transfer*" means, with respect to any Eligible Credit Support, Posted Credit Support or Interest Amount, and in accordance with the instructions of the Secured Party, Pledgor or Custodian, as applicable:

(i) in the case of Cash, payment or delivery by wire transfer into one or more bank accounts specified by the recipient;

(ii) in the case of certificated securities that cannot be paid or delivered by book-entry, payment or delivery in appropriate physical form to the recipient or its account accompanied by any duly executed instruments of transfer, assignments in blank, transfer tax stamps and any other documents necessary to constitute a legally valid transfer to the recipient;

(iii) in the case of securities that can be paid or delivered by book-entry, the giving of written instructions to the relevant depository institution or other entity specified by the recipient, together with a written copy thereof to the recipient, sufficient if complied with to result in a legally effective transfer of the relevant interest to the recipient; and

(iv) in the case of Other Eligible Support or Other Posted Support, as specified in Paragraph 13.

„*Valuation Agent*" has the meaning specified in Paragraph 13.

„*Valuation Date*" means each date specified in or otherwise determined pursuant to Paragraph 13.

„*Valuation Percentage*" means, for any item of Eligible Collateral, the percentage specified in Paragraph 13.

„*Valuation Time*" has the meaning specified in Paragraph 13.

„*Value*" means for any Valuation Date or other date for which Value is calculated and subject to Paragraph 5 in the case of a dispute, with respect to:

(i) Eligible Collateral or Posted Collateral that is:
(A) Cash, the amount thereof; and
(B) a security, the bid price obtained by the Valuation Agent multiplied by the applicable Valuation Percentage, if any;
(ii) Posted Collateral that consists of items that are not specified as Eligible Collateral, zero; and
(iii) Other Eligible Support and Other Posted Support, as specified in Paragraph 13.

Paragraph 13. Elections and Variables

(a) *Security Interest for „Obligations"*. The term „Obligations" as used in this Annex includes the following additional obligations:
With respect to Party A: . . . .
With respect to Party B:
(b) *Credit Support Obligations*
(i) *Delivery Amount, Return Amount and Credit Support Amount*.
(A) „*Delivery Amount*" has the meaning specified in Paragraph 3 (a), unless otherwise specified here: . . . .
(B) „*Return Amount*" has the meaning specified in Paragraph 3 (b), unless otherwise specified here: . . . .
(C) „*Credit Support Amount*" has the meaning specified in Paragraph 3, unless otherwise specified here: . . . .
(ii) *Eligible Collateral*. The following items will qualify as „*Eligible Collateral*" for the party specified:

	Party A	Party B	Valuation Percentage
(A) Cash	[ ]	[ ]	[ ]%
(B) negotiable debt obligations issued by the U. S. Treasury Department having an original maturity at issuance of not more than one year („Treasury Bills")	[ ]	[ ]	[ ]%
(C) negotiable debt obligations issued by the U. S. Treasury Department having an original maturity at issuance of more than one year but not more than 10 years („Treasury Notes")	[ ]	[ ]	[ ]%
(D) negotiable debt obligations issued by the U. S. Treasury Department having an original maturity at issuance of more than 10 years („Treasury Bonds")	[ ]	[ ]	[ ]%
(E) other:	[ ]	[ ]	[ ]%

(iii) *Other Eligible Support*. The following items will qualify as „*Other Eligible Support*" for the party specified:

	Party A	Party B
(A)	[ ]	[ ]
(B)	[ ]	[ ]

(iv) *Thresholds*.
(A) „*Independent Amount*" means with respect to Party A: $ . . . .
„*Independent Amount*" means with respect to Party B: $ . . . .
(B) „*Threshold*" means with respect to Party A: $ . . . .

Anhang 6: 1994 ISDA Credit Support Annex

„*Threshold*" means with respect to Party B: $ ....
(C) „*Minimum Transfer Amount*" means with respect to Party A: $ ....
„*Minimum Transfer Amount*" means with respect to Party B: $ ....
(D) Rounding. The Delivery Amount and the Return Amount will be rounded [down to the nearest integral multiple of $ ...   /up and down to the nearest integral multiple of $ ..., respectively].

(c) *Valuation and Timing*.

(i) „*Valuation Agent*" means, for purposes of Paragraphs 3 and 5, the party making the demand under Paragraph 3, and, for purposes of Paragraph 6(d), the Secured Party receiving or deemed to receive the Distributions or the Interest Amount, as applicable, unless otherwise specified here: ....

(ii) „*Valuation Date*" means: ....

(iii) „*Valuation Time*" means: ....

[ ] the close of business in the city of the Valuation Agent on the Valuation Date or date of calculation, as applicable;

[ ] the close of business on the Local Business Day before the Valuation Date or date of calculation, as applicable;

provided that the calculations of Value and Exposure will be made as of approximately the same time on the same date.

(iv) „*Notification Time*" means 1:00 p.m., New York time, on a Local Business Day, unless otherwise specified here:

(d) *Conditions Precedent and Secured Party's Rights and Remedies*. The following Termination Event(s) will be a „*Specified Condition*" for the party specified (that party being the Affected Party if the Termination Event occurs with respect to that party):

	Party A	Party B
Illegality	[ ]	[ ]
Tax Event	[ ]	[ ]
Tax Event Upon Merger	[ ]	[ ]
Credit Event Upon Merger	[ ]	[ ]
Additional Termination Event(s)[1]:	[ ]	[ ]
....	[ ]	[ ]
....	[ ]	[ ]

(e) *Substitution*

(i) „*Substitution Date*" has the meaning specified in Paragraph 4(d)(ii), unless otherwise specified here: ....

(ii) *Consent*. If specified here as applicable, then the Pledgor must obtain the Secured Party's consent for any substitution pursuant to Paragraph 4(d): [applicable/inapplicable*][2]

(f) *Dispute Resolution*.

(i) „*Resolution Time*" means 1:00 p.m., New York time, on the Local Business Day following the date on which the notice is given that gives rise to a dispute under Paragraph 5, unless otherwise specified here:

(ii) *Value*. For the purpose of Paragraphs 5(i)(C) and 5(ii), the Value of Posted Credit Support will be calculated as follows:

---

[1] If the parties elect to designate an Additional Termination Event as a „Specified Condition", then they should only designate one or more Additional Termination Events that are designated as such in their Schedule.

[2] Parties should consider selecting „applicable" where substitution without consent could give rise to a registration requirement to perfect properly the security interest in Posted Collateral (e.g. where a party to the Annex is the New York branch of an English bank).

* Delete as applicable.

IV.7 Anhang 6

(iii) *Alternative*. The provisions of Paragraph 5 will apply, unless an alternative dispute resolution procedure is specified here: ....

(g) *Holding and Using Posted Collateral*.

(i) *Eligibility to Hold Posted Collateral; Custodians*. Party A and its Custodian will be entitled to hold Posted Collateral pursuant to Paragraph 6(b); *provided* that the following conditions applicable to it are satisfied:

(1) Party A is not a Defaulting Party.
(2) Posted Collateral may be held only in the following jurisdictions: ....
(3) ....
Initially, the **Custodian** for Party A is ....

Party B and its Custodian will be entitled to hold Posted Collateral pursuant to Paragraph 6(b); *provided* that the following conditions applicable to it are satisfied:

(1) Party B is not a Defaulting Party.
(2) Posted Collateral may be held only in the following jurisdictions: ....
(3) ....
Initially, the **Custodian** for Party B is ....

(ii) *Use of Posted Collateral*. The provisions of Paragraph 6(c) will not apply to the [party/parties*] specified here:

[ ] Party A
[ ] Party B

and [that party/those parties*] will not be permitted to: ....

(h) *Distributions and Interest Amount*.

(i) *Interest Rate*. The „*Interest Rate*" will be: ....

(ii) *Transfer of Interest Amount*. The Transfer of the Interest Amount will be made on the last Local Business Day of each calendar month and on any Local Business Day that Posted Collateral in the form of Cash is Transferred to the Pledgor pursuant to Paragraph 3(b), unless otherwise specified here: ....

(iii) *Alternative to Interest Amount*. The provisions of Paragraph 6(d)(ii) will apply, unless otherwise specified here: ....

(i) *Additional Representation(s)*.

[Party A/Party B*] represents to the other party (which representation(s) will be deemed to be repeated as of each date on which it, as the Pledgor, Transfers Eligible Collateral) that:

(i) ....
(ii) ....

(j) *Other Eligible Support and Other Posted Support*.

(i) „*Value*" with respect to Other Eligible Support and Other Posted Support means: ...

(ii) „*Transfer*" with respect to Other Eligible Support and Other Posted Support means: ....

(k) *Demands and Notices*

All demands, specifications and notices under this Annex will be made pursuant to the Notices Section of this Agreement, unless otherwise specified here:

Party A: ....
Party B: ....

(l) *Addresses for Transfers*
Party A: ....
Party B: ....

(m) *Other Provisions*

---

[1] Delete as applicable.

Anhang 7: 1995 ISDA Credit Support Deed

Anhang 7:

1995 ISDA Credit Support Deed

(Bilateral Form – Security Interest)[1] (ISDA Agreements Subject to English Law)[2]

ISDA

International Swaps and Derivatives Association, Inc.

CREDIT SUPPORT DEED

between

.... and ....

(„Party A") („Party B")

made on ....[3]

relating to the

ISDA Master Agreement

dated as of .... between Party A and Party B.

This Deed is a Credit Support Document with respect to both parties in relation to the ISDA Master Agreement referred to above (as amended and supplemented from time to time, the „Agreement").

Accordingly, the parties agree as follows:

Paragraph 1. Interpretation

(a) *Definitions and Inconsistency.* Unless otherwise defined in this Deed, capitalised terms defined in the Agreement have the same meaning in this Deed. Capitalised terms not otherwise defined in this Deed or in the Agreement have the meanings specified pursuant to Paragraph 12, and all references in this Deed to Paragraphs are to Paragraphs of this Deed. In the event of any inconsistency between this Deed and the provisions of the Agreement, this Deed will prevail, and in the event of any inconsistency between Paragraph 13 and the other provisions of this Deed, Paragraph 13 will prevail. For the avoidance of doubt, references to „transfer" in this Deed mean, in relation to cash, payment and, in relation to other assets, delivery.

(b) *Secured Party and Chargor.* All references in this Deed to the „Secured Party" will be to either party when acting in that capacity and all corresponding references to the „Chargor" will be to the other party when acting in that capacity; *provided. however,* that if Other Posted Support is held by a party to this Deed, all references in this Deed to that party as the Secured Party with respect to that Other Posted Support will be to that party as the beneficiary of that Other Posted Support and will not subject that support or that

---

[1] This document is intended to create a charge or other security interest over the assets transferred under its terms. Persons intending to establish a collateral arrangement based on a full transfer should consider using the ISDA Credit Support Annex (English Law).

[2] This Credit Support Deed has been prepared for use with ISDA Master Agreements subject to English Law. Users should consult their legal advisers as to the proper use and effect of this form and the arrangements it contemplates. In particular, users should consult their legal advisers if they wish to have the Credit Support Deed made subject to a governing law other than English law.

[3] The parties should insert here the date this Deed is actually executed and not the effective („as of") date of the related ISDA Master Agreement, if different.

party as the beneficiary of that Other Posted Support to provisions of law generally relating to security interests and secured parties.

Paragraph 2. Security

(a) *Covenant to Perform.* Each party as the Chargor covenants with the other party that it will perform the Obligations in the manner provided in the Agreement, this Deed or any other relevant agreement.

(b) *Security.* Each party as the Chargor, as security for the performance of the Obligations: (i) mortgages, charges and pledges and agrees to mortgage, charge and pledge, with full title guarantee, in favour of the Secured Party by way of first fixed legal mortgage all Posted Collateral (other than Posted Collateral in the form of cash), (ii) to the fullest extent permitted by law, charges and agrees to charge, with full title guarantee, in favour of the Secured Party by way of first fixed charge all Posted Collateral in the form of cash; and (iii) assigns and agrees to assign, with full title guarantee, the Assigned Rights to the Secured Party absolutely.

(c) *Release of Security.* Upon the transfer by the Secured Party to the Chargor of Posted Collateral, the security interest granted under this Deed on that Posted Collateral will be released immediately, and the Assigned Rights relating to that Posted Collateral will be re-assigned to the Chargor, in each case without any further action by either party. The Chargor agrees, in relation to any securities comprised in Posted Collateral released by the Secured Party under this Deed, that it will accept securities of the same type, nominal value, description and amount as those securities.

(d) *Preservation of Security.* The security constituted by this Deed shall be a continuing security and shall not be satisfied by any intermediate payment or satisfaction of the whole or any part of the Obligations but shall secure the ultimate balance of the Obligations. If for any reason this security ceases to be a continuing security, the Secured Party may open a new account with or continue any existing account with the Chargor and the liability of the Chargor in respect of the Obligations at the date of such cessation shall remain regardless of any payments into or out of any such account. The security constituted by this Deed shall be in addition to and shall not be affected by any other security now or subsequently held by the Secured Party for all or any of the Obligations.

(e) *Waiver of Defences.* The obligations of the Chargor under this Deed shall not be affected by any act, omission or circumstance which, but for this provision, might operate to release or otherwise exonerate the Chargor from its obligations under this Deed or affect such obligations including (but without limitation) and whether or not known to the Chargor or the Secured Party:

(i) any time or indulgence granted to or composition with the Chargor or any other person;

(ii) the variation, extension, compromise, renewal or release of, or refusal or neglect to perfect or enforce, any terms of the Agreement or any rights or remedies against, or any security granted by, the Chargor or any other person;

(iii) any irregularity, invalidity or unenforceability of any obligations of the Chargor under the Agreement or any present or future law or order of any government or authority (whether of right or in fact) purporting to reduce or otherwise affect any of such obligations to the intent that the Chargor's obligations under this Deed shall remain in full force and this Deed shall be construed accordingly as if there were no such irregularity, unenforceability, invalidity, law or order;

(iv) any legal limitation, disability, incapacity or other circumstance relating to the Chargor, any guarantor or any other person or any amendment to or variation of the terms of the Agreement or any other document or security.

(f) *Immediate Recourse.* The Chargor waives any right it may have of first requiring the Secured Party to proceed against or claim payment from any other person or enforce any guarantee or before enforcing this Deed.

(g) *Reinstatement.* Where any discharge (whether in respect of the security constituted by this Deed, any other security or otherwise) is made in whole or in part or any arrangement is made on the faith of any payment, security or other disposition which is avoided or any amount paid pursuant to any such discharge or arrangement must be repaid on bankruptcy, liquidation or otherwise without limitation, the security constituted by this Deed and the liability of the Chargor under this Deed shall continue as if there had been no such discharge or arrangement.

Paragraph 3. Credit Support Obligations

(a) *Delivery Amount.* Subject to Paragraphs 4 and 5, upon a demand made by the Secured Party on or promptly following a Valuation Date, if the Delivery Amount for that Valuation Date equals or exceeds the Chargor's Minimum Transfer Amount, then the Chargor will transfer to the Secured Party Eligible Credit Support having a Value as of the date of transfer at least equal to the applicable Delivery Amount (rounded pursuant to Paragraph 13). Unless otherwise specified in Paragraph 13, the „Delivery Amount" applicable to the Chargor for any Valuation Date will equal the amount by which:

(i) the Credit Support Amount

exceeds

(ii) the Value as of that Valuation Date of all Posted Credit Support held by the Secured Party (as adjusted to include any prior Delivery Amount and to exclude any prior Return Amount, the transfer of which, in either case, has not yet been completed and for which the relevant Settlement Day falls on or after such Valuation Date).

(b) *Return Amount.* Subject to Paragraphs 4 and 5, upon a demand made by the Chargor on or promptly following a Valuation Date, if the Return Amount for that Valuation Date equals or exceeds the Secured Party's Minimum Transfer Amount, then the Secured Party will transfer to the Chargor Posted Credit Support specified by the Chargor in that demand having a Value as of the date of transfer as close as practicable to the applicable Return Amount (rounded pursuant to Paragraph 13). Unless otherwise specified in Paragraph 13, the „Return Amount" applicable to the Secured Party for any Valuation Date will equal the amount by which:

(i) the Value as of that Valuation Date of all Posted Credit Support held by the Secured Party (as adjusted to include any prior Delivery Amount and to exclude any prior Return Amount, the transfer of which, in either case, has not yet been completed and for which the relevant Settlement Day falls on or after such Valuation Date).

exceeds

(ii) the Credit Support Amount.

Paragraph 4. Conditions Precedent, Transfers, Calculations and Substitutions

(a) *Conditions Precedent.* Each transfer obligation of the Chargor under Paragraphs 3 and 5 and of the Secured Party under Paragraphs 3, 4(d)(ii), 5 and 6(g) is subject to the conditions precedent that:

(i) no Event of Default, Potential Event of Default or Specified Condition has occurred and is continuing with respect to the other party; and

(ii) no Early Termination Date for which any unsatisfied payment obligations exist has occurred or been designated as the result of an Event of Default or Specified Condition with respect to the other party.

(b) *Transfers.* All transfers under this Deed of any Eligible Credit Support, Posted Credit Support, Interest Amount or Distributions, shall be made in accordance with the instructions of the Secured Party, Chargor or Custodian, as applicable, and shall be made:

(i) in the case of cash, by transfer into one or more bank accounts specified by the recipient;

(ii) in the case of certificated securities which cannot or which the parties have agreed will not be delivered by book-entry, by delivery in appropriate physical form to the recipient or its account accompanied by any duly executed instruments of transfer, assignments in blank, transfer tax stamps and any other documents necessary to constitute a legally valid transfer to the recipient;

(iii) in the case of securities which the parties have agreed will be delivered by bookentry, by the giving of written instructions (including, for the avoidance of doubt, instructions given by telex, facsimile transmission or electronic messaging system) to the relevant depository institution or other entity specified by the recipient, together with a written copy of the instructions to the recipient, sufficient, if complied with, to result in a legally effective transfer of the relevant interest to the recipient; and

(iv) in the case of Other Eligible Support or Other Posted Support, as specified in Pargraph 13 (j)(ii).

Subject to Paragraph 5 and unless otherwise specified, if a demand for the transfer of Eligible Credit Support or Posted Credit Support is received by the Notification Time, then the relevant transfer will be made not later than the close of business on the next Settlement Day relating to the date such demand is received; if a demand is received after the Notification Time, then the relevant transfer will be made not later than the close of business on the Settlement Day relating to the day after the date such demand is received.

(c) **Calculations.** All calculations of Value and Exposure for purposes of Paragraphs 3 and 5(a) will be made by the relevant Valuation Agent as of the relevant Valuation Time. The Valuation Agent will notify each party (or the other party, if the relevant Valuation Agent is a party) of its calculations not later than the Notification Time on the Local Business Day following the applicable Valuation Date (or, in the case of Paragraph 5(a), following the date of calculation).

(d) **Substitutions**

(i) Unless otherwise specified in Paragraph 13, the Chargor may on any Local Business Day by notice (a „Substitution Notice") inform the Secured Party that it wishes to transfer to the Secured Party Eligible Credit Support (the „Substitute Credit Support") specified in that Substitution Notice in substitution for certain Eligible Credit Support (the „Original Credit Support") specified in the Substitution Notice comprised in the Chargor's Posted Collateral.

(ii) If the Secured Party notifies the Chargor that it has consented to the proposed substitution, (A) the Chargor will be obliged to transfer the Substitute Credit Support to the Secured Party on the first Settlement Day following the date on which it receives notice (which may be oral telephonic notice) from the Secured Party of its consent and (B) subject to paragraph 4(a), the Secured Party will be obliged to transfer to the Chargor the Original Credit Support not later than the Settlement Day following the date on which the Secured Party receives the Substitute Credit Support, unless otherwise specified in Paragraph 13(f) (the „Substitution Date"); *provided* that the Secured Party will only be obliged to transfer Original Credit Support with a Value as of the date of transfer as close as practicable to, but in any event not more than, the Value of the Substitute Credit Support as of that date.

Paragraph 5. Dispute Resolution

(a) *Disputed Calculations or Valuations.* If a party (a „Disputing party") reasonably disputes (I) the Valuation Agent's calculation of a Delivery Amount or a Return Amount or (II) the Value of any transfer of Eligible Credit Support or Posted Credit Support, then:

(1) the Disputing party will notify the other party and the Valuation Agent (if the Valuation Agent is not the other party) not later than the close of business on the Local Business Day following, in the case of (I) above, the Date that the demand is received under Paragraph 3 or, in the case of (II) above, the date of transfer;

(2) in the case of (I) above, the appropriate party will transfer the undisputed amount to the other party not later than the close of business on the Settlement Day following the date that the demand is received under Paragraph 3;

(3) the parties will consult with each other in an attempt to resolve the dispute; and

(4) if they fail to resolve the dispute by the Resolution Time, then:

(i) in the case of a dispute involving a Delivery Amount or Return Amount, unless otherwise specified in Paragraph 13, the Valuation Agent will recalculate the Exposure and the Value as of the Recalculation Date by:

(A) utilising any calculations of that part of the Exposure attributable to the Transactions that the parties have agreed are not in dispute;

(B) calculating that part of the Exposure attributable to the Transactions in dispute by seeking four actual quotations at mid-market from Reference Market-makers for purposes of calculating Market Quotation, and taking the arithmetic mean of those obtained; *provided* that if four quotations are not available for a particular Transaction, then fewer than four quotations may be used for that Transaction, and if no quotations are available for a particular Transaction, then the Valuation Agent's original calculations will be used for that Transaction; and

(C) utilising the procedures specified in Paragraph 13 (g) (ii) for calculating the Value, if disputed, of Posted Credit Support.

(ii) in the case of a dispute involving the Value of any transfer of Eligible Credit Support or Posted Credit Support, the Valuation Agent will recalculate the Value as of the date of transfer pursuant to Paragraph 13 (g) (ii).

Following a recalculation pursuant to this Paragraph, the Valuation Agent will notify each party (or the other party, if the Valuation Agent is a party) as soon as possible but in any event not later than the Notification Time on the Local Business Day following the Resolution Time. The appropriate party will, upon demand following that notice by the Valuation Agent or a resolution pursuant to (3) above and subject to Paragraphs 4 (a) and 4 (b), make the appropriate transfer.

(b) *Not a Relevant Event.* The failure by a party to make a transfer of any amount which is the subject to a dispute to which Paragraph 5 (a) applies will not constitute a Relevant Event under Paragraph 7 for as long as the procedures set out in Paragraph 5 are being carried out. For the avoidance of doubt, upon completion of those procedures, Paragraph 7 will apply to any failure by a party to make a transfer required under the final sentence of Paragraph 5 (a) on the relevant due date.

Paragraph 6. Holding Posted Collateral

(a) *Care of Posted Collateral.* The Secured Party will exercise reasonble care to assure the safe custody of all Posted Collateral to the extent required by applicable law. Except as specified in the preceding sentence, the Secured Party will have no duty with respect to Posted Collateral, including, without limitation, any duty to collect any Distributions, or enforce or preserve any rights pertaining to the Posted Collateral.

(b) *Eligibility to Hold Posted Collateral; Custodians*

(i) *General.* Subject to the satisfaction of any conditions specified in Paragraph 13 for holding Posted Collateral, the Secured Party will be entitled to hold Posted Collateral or to appoint an agent (a „**Custodian**") to hold Posted Collateral for the Secured Party. Upon notice by the Secured Party to the Chargor of the appointment of a Custodian, the Chargor's obligations to make any transfer will be discharged by making the transfer to that Custodian. The holding of Posted Collateral by a Custodian will be deemed to be the holding of that Posted Collateral by the Secured Party for which the Custodian is acting.

(ii) *Failure to Satisfy Conditions.* If the Secured Party or its Custodian fails to satisfy any conditions for holding Posted Collateral, then upon a demand made by the Chargor, the Secured Party will, not later than five Local Business Days after the demand, transfer or cause its Custodian to transfer all Posted Collateral held by it to a Custodian that satisfies those conditions or to the Secured Party if it satisfies those conditions.

(iii) *Liability.* The Secured Party will be liable for the acts or omissions of its Custodian to the same extent that the Secured Party would be liable under this Deed for its own acts or omissions.

(c) *Segregated Accounts.* The Secured Party shall, and shall cause any Custodian to, open and/or maintain one or more segregated accounts (the „Segregated Accounts"), as appropriate, in which to hold Posted Collateral (other than Posted Collateral in the form of cash) under this Deed. The Secured Party and any Custodian shall each hold, record and/or identify in the relevant Segregated Accounts all Posted Collateral (other than Posted Collateral in the form of cash) held in relation to the Chargor, and, except as provided otherwise herein, such Collateral shall at all times be and remain the property of the Chargor and segregated from the property of the Secured Party or the relevant Custodian, as the case may be, and shall at no time constitute the property of, or be commingled with the property of, the Secured Party or such Custodian.

(d) *No Use of Collateral.* For the avoidance of doubt, and without limiting the rights of the Secured Party under the other provisions of this Deed, the Secured Party will not have the right to sell, pledge, rehypothecate, assign, invest, use, commingle or otherwise dispose of, or otherwise use in its business any Posted Collateral it holds under this Deed.

(e) *Rights Accompanying Posted Collateral*

(i) *Distributions and Voting Rights.* Unless and until a Relevant Event or a Specified Condition occurs the Chargor shall be entitled:

(A) to all Distributions; and

(B) to exercise, or to direct the Secured Party to exercise, any voting rights attached to any of the Posted Collateral (but only in a manner consistent with the terms of this Deed) and, if any expense would be incurred by the Secured Party in doing so, only to the extent that the Chargor paid to the Secured Party in advance of any such exercise an amount sufficient to cover that expense.

(ii) *Exercise by Secured Party.* At any time after the occurrence of a Relevant Event or Specified Condition and without any further consent or authority on the part of the Chargor the Secured Party may exercise at its discretion (in the name of the Chargor or otherwise) in respect of any of the Posted Collateral any voting rights and any powers or rights which may be exercised by the person or persons in whose name or names the Posted Collateral is registered or who is the holder or bearer of them including (but without limitation) all the powers given to trustees by sections 10(3) and (4) of the Trustee Act 1925 (as amended by section 9 of the Trustee Investments Act 1961) in respect of securities or property subject to a trust. If the Secured party exercises any such rights or powers, it will give notice of the same to the Chargor as soon as practicable.

(f) *Calls and Other Obligations*

(i) *Payment of Calls.* The Chargor will pay all calls or other payments which may become due in respect of any of the Posted Collateral and if it fails to do so the Secured Party may elect to make such payments on behalf of the Chargor. Any sums so paid by the Secured Party shall be repayable by the Chargor to the Secured Party on demand together with interest at the Default Rate from the date of such payment by the Secured Party and pending such repayment shall form part of the Obligations.

(ii) *Requests for Information.* The Chargor shall promptly copy to the Secured Party and comply with all requests for information which is within its knowledge and which are made under section 212 of the Companies Act 1985 or any similar provision contained in any articles of association or other constitutional document relating to any of the Posted Collateral and if it fails to do so the Secured Party may elect to provide such information as it may have on behalf of the Chargor.

(iii) *Continuing Liability of Chargor.* The Chargor shall remain liable to observe and perform all of the other conditions and obligations assumed by it in respect of any of the Posted Collateral.

(iv) *No Liability of Secured Party.* The Secured Party shall not be required to perform or fulfil any obligation of the Chargor in respect of the Posted Collateral or to make any payment, or to make any enquiry as to the nature or sufficiency of any payment received by it or the Chargor, or to present or file any claim or take any other action to collect or enforce the payment of any amount to which it may have been or to which it may be entitled under this Deed at any time.

(g) *Distributions and Interest Amount*

(i) *Distributions.* The Secured Party will transfer to the Chargor not later than the Settlement Day following each Distributions Date any Distributions it receives to the extent that a Delivery Amount would not be created or increased by the transfer, as calculated by the Valuation Agent (and the date of calculation will be deemed a Valuation Date for this purpose).

(ii) *Interest Amount.* Unless otherwise specified in Paragraph 13 (i) (iii), with respect to Posted Collateral in the form of cash, the Secured Party will transfer to the Chargor at the times specified in Paragraph 13 (i) (ii) the Interest Amount to the extent that a Delivery Amount would not be created or increased by that transfer, as calculated by the Valuation Agent (and the date of calculation will be deemed to be a Valuation Date for this purpose).

Any Distributions or Interest Amount (or portion of either) not transferred pursuant to this Paragraph will constitute Posted Collateral and will be subject to the security interest granted under Paragraph 2 (b) or otherwise will be subject to the set-off provided in Paragraph 8 (a) (ii).

Paragraph 7. Default

For purposes of this Deed, a *„Relevant Event"* will have occurred with respect to a party if:

(i) an Event of Default has occurred in respect of that party under the Agreement; or

(ii) that party fails (or fails to cause its Custodian) to make, when due, any transfer of Eligible Collateral, Posted Collateral. Distributions or Interest Amount, as applicable, required to be made by it and that failure continues for two Local Business Days after notice of that failure is given to that party; or

(iii) that party fails to perform any Obligation other than those specified in Paragraph 7 (ii) and that failure continues for 30 days after notice of that failure is given to that party.

Paragraph 8. Rights of Enforcement

(a) *Secured Party's Rights.* If at any time (1) a Relevant Event or Specified Condition with respect to the Chargor has occurred and is continuing or (2) an Early Termination Date has occurred or been designated under the Agreement as the result of an Event of Default or Specified Condition with respect to the Chargor, then, unless the Chargor has paid in full all of its Obligations that are then due:

(i) the Secured Party shall, without prior notice to the Chargor, be entitled to put into force and to exercise immediately or as and when it may see fit any and every power possessed by the Secured Party by virtue of this Deed or available to a secured creditor (so that section 93 and section 103 of the Law of Property Act 1925 shall not apply to this Deed) and in particular (but without limitation) the Secured Party shall have power in respect of Posted Collateral other than in the form of cash:

(A) to sell all or any of the Posted Collateral in any manner permitted by law upon such terms as the Secured Party shall in its absolute discretion determine; and

(B) to collect, recover or compromise and to give a good discharge for any moneys payable to the Chargor in respect of any of the Posted Collateral;

(ii) the Secured Party may in respect of Posted Collateral in the form of cash immediately or at any subsequent time, without prior notice to the Chargor:

(A) apply or appropriate the Posted Collateral in or towards the payment or discharge of any amounts payable by the Chargor with respect to any Obligation in such order as the Secured Party sees fit; or

(B) set off all or any part of any amounts payable by the Chargor with respect to any Obligation against any obligation of the Secured Party to repay any amount to the Chargor in respect of the Posted Collateral; or

(C) debit any account of the Chargor (whether sole or joint) with the Secured Party at any of its offices anywhere (including an account opened specially for that purpose) with all or any part of any amounts payable by the Chargor with respect to any Obligation from time to time; or

(D) combine or consolidate any account in the name of the Chargor (whether sole or joint) in any currency at any of the Secured Party's offices anywhere with the account relating to the Posted Collateral;

and for the purposes of this Paragraph 8 (a) (ii) the Secured Party shall be entitled:

(X) to make any currency conversions or effect any transaction in currencies which it thinks fit, and to do so at such times and rates as it thinks properly;

(Y) to effect any transfers between, or entries on, any of the Chargor's accounts with the Secured Party as it thinks properly; and

(iii) the Secured Party may exercise any other rights and remedies available to the Secured Party under the terms of Other Posted Support, if any.

(b) **Power of Attorney.** The Chargor, by way of security and solely for the purpose of more fully securing the performance of the Obligations, irrevocably appoints the Secured Party the attorney of the Chargor on its behalf and in the name of the Chargor or the Secured Party (as the attorney may decide) to do all acts, and execute all documents which the Chargor could itself execute, in relation to any of the Posted Collateral or in connection with any of the matters provided for in this Deed, including (but without limitation):

(i) to execute any transfer, bill of sale or other assurance in respect of the Posted Collateral;

(ii) to exercise all the rights and powers of the Chargor in respect of the Posted Collateral;

(iii) to ask, require, demand, receive, compound and give a good discharge for any and all moneys and claims for moneys due and to become due under or arising out of any of the Posted Collateral;

(iv) to endorse any cheques or other instruments or orders in connection with any of the Posted Collateral; and

(v) to make any claims or to take any action or to institute any proceedings which the Secured Party considers to be necessary or advisable to protect or enforce the security interest created by this Deed.

(c) **Protection of Purchaser**

(i) No purchaser or other person dealing with the Secured Party or with its attorney or agent shall be concerned to enquire (1) whether any power exercised or purported to be exercised by the Secured Party has become exercisable, (2) whether any Obligation remains due, (3) as to the propriety or regularity of any of the actions of the Secured Party or (4) as to the application of any money paid to the Secured Party.

(ii) In the absence of bad faith on the part of such purchaser or other person, such dealings shall be deemed, so far as regards the safety and protection of such purchaser or other person, to be within the powers conferred by this Deed and to be valid accordingly. The remedy of the Chargor in respect of any impropriety or irregularity whatever in the exercise of such powers shall be in damages only.

(d) **Deficiencies and Excess Proceeds.** The Secured Party will transfer to the Chargor any proceeds and Posted Credit Support remaining after liquidation, set-off and/or application under Paragraph 8 (a) and after satisfaction in full of all amounts payable by the Chargor with respect to any Obligations; the Chargor in all events will remain liable for any amounts remaining unpaid after any liquidation, set-off and/or application under Paragraph 8 (a).

(e) **Final Returns.** When no amounts are or may become payable by the Chargor with respect to any Obligations (except for any potential liability under Section 2 (d) of the Agreement), the Secured Party will transfer to the Chargor all Posted Credit Support and the Interest Amount, if any.

Paragraph 9. Representations

Each party represents to the other party (which representations will be deemed to be repeated as of each date on which it, as the Chargor, transfers Eligible Collateral) that:

(i) it has the power to grant a security interest in any Eligible Collateral it transfers as the Chargor to the Secured Party under this Deed and has taken all necessary actions to authorise the granting of that security interest;

(ii) it is the beneficial owner of all Eligible Collateral it transfers to the Secured Party under this Deed, free and clear of any security interest, lien, encumbrance or other interest or restriction other than the security interest granted under Paragraph 2 and other than a lien routinely imposed on all securities in a clearing system in which any such Eligible Collateral may be held;

(iii) upon the transfer of any Eligible Collateral by it as the Chargor to the Secured Party under the terms of this Deed, the Secured Party will have a valid security interest in such Eligible Collateral; and

(iv) the performance by it as the Chargor of its obligations under this Deed will not result in the creation of any security interest, lien or other interest or encumbrance in or on any Posted Collateral other than the security interest created under this Deed (other than any lien routinely imposed on all securities in a clearing system in which any such Posted Collateral may be held).

Paragraph 10. Expenses

(a) *General.* Except as otherwise provided in Paragraphs 10(b) and 10(c), each party will pay its own costs and expenses (including any stamp, transfer or similar transaction tax or duty payable on any transfer it is required to make under this Deed) in connection with performing its obligations under this Deed and neither party will be liable for any such costs and expenses incurred by the other party.

(b) *Posted Credit Support.* The Chargor will promptly pay when due all taxes, assessments or charges of any nature that are imposed with respect to Posted Credit Support held by the Secured Party upon becoming aware of the same.

(c) *Liquidation/Application of Posted Credit Support.* All reasonable costs and expenses incurred by the Secured Party in connection with the liquidation and/or application of any Posted Credit Support under Paragraph 8 will be payable, on demand, by the Defaulting Party or, if there is no Defaulting Party, equally by the parties.

Paragraph 11. Other Provisions

(a) *Default Interest.* A Secured Party that fails to make, when due, any transfer of Posted Collateral or the Interest Amount, will be obliged to pay the Chargor (to the extent permitted under applicable law) an amount equal to interest at the Default Rate multiplied by the Value on the relevant Valuation Date of the items of property that were required to be transferred, from (and including) the date that Posted Collateral or Interest Amount was required to be transferred to (but excluding) the date of transfer of that Posted Collateral or Interest Amount. This interest will be calculated on the basis of daily compounding and the actual number of days elapsed.

(b) *Further Assurances.* Promptly following a demand made by a party, the other party will execute, deliver, file and record any financing statement, specific assignment or other document and take any other action that may be necessary or desirable and reasonably requested by that party to create, preserve, perfect or validate any security interest granted under Paragraph 2, to enable that party to exercise or enforce its rights under this Deed with respect to Posted Credit Support or an Interest Amount or to effect or document a release of a security interest on Posted Collateral or an Interest Amount.

(c) *Further Protection.* The Chargor will promptly give notice to the Secured Party of, and defend against, any suit, action, proceeding or lien that involves Posted Credit Support transferred by the Chargor or that could adversely affect the security interest granted by it under Paragraph 2.

(d) *Good Faith and Commercially, Reasonable Manner.* Performance of all obligations under this Deed, including, but not limited to, all calculations, valuations and determinations made by either party, will be made in good faith and in a commercially reasonable manner.

(e) *Demands and Notices.* All demands and notices made by a party under this Deed will be made as specified in Section 12 of the Agreement, except as otherwise provided in Paragraph 13.

(f) *Specifications of Certain Matters.* Anything referred to in this Deed as being specified in Paragraph 13 also may be specified in one or more Confirmations or other documents and this Deed will be construed accordingly.

(g) *Governing Law and Jurisdiction.* This Deed will be governed by and construed in accordance with English law. With respect to any suit, action or proceedings relating to this Deed, each party irrevocably submits to the jurisdiction of the English courts.

Paragraph 12. Definitions

As used in this Deed:

„*Assigned Rights*" means all rights relating to the Posted Collateral which the Chargor may have now or in the future against the Secured Party or any third Party, including, without limitation, any right to delivery of a security of the appropriate description which arises in connection with (a) any Posted Collateral being transferred to a clearance system or financial intermediary or (b) any interest in or to any Posted Collateral being acquired while that Posted Collateral is in a clearance system or held through a financial intermediary.

„*Base Currency*" means the currency specified as such in Paragraph 13 (a) (i).

„*Base Currency Equivalent*" means, with respect to an amount on a Valuation Date, in the case of an amount denominated in the Base Currency, such Base Currency amount and, in the case of an amount in a currency other than the Base Currency (the „Other Currency"), the amount in the Base Currency required to purchase such amount of the Other Currency at the spot exchange rate determined by the Valuation Agent for value on such Valuation Date.

„*Chargor*" means either party, when (i) that party receives a demand for or is required to transfer Eligible Credit Support under Paragraph 3 (a) or (ii) in relation to that party the other party holds any Posted Credit Support.

„*Credit Support Amount*" means, with respect to a Secured Party on a Valuation Date, (i) the Secured Party's Exposure plus (ii) all Independent Amounts applicable to the Chargor, if any, minus (iii) all Independent Amounts applicable to the Secured Party, if any, minus (iv) the Chargor's Threshold; *provided, however,* that the Credit Support Amount will be deemed to be zero whenever the calculation of Credit Support Amount yields a number less than zero.

„*Custodian*" has the meaning specified in Paragraphs 6 (b) (i) and 13.

„*Delivery Amount*" has the meaning specified in Paragraph 3 (a).

„*Disputing Party*" has the meaning specified in Paragraph 5.

„*Distributions*" means, with respect to Posted Collateral other than cash, all principal, interest and other payments and distributions of cash or other property with respect to that Posted Collateral. Distributions will not include any item of property acquired by the Secured Party upon any disposition or liquidation of Posted Collateral.

„*Distributions Date*" means, with respect to any Eligible Collateral comprised in the Posted Collateral other than cash, each date on which a holder of the Eligible Collateral is entitled to receive Distributions or, if that date is not a Local Business Day, the next Following Local Business Day.

„*Eligible Collateral*" means, with respect to a party, the items, if any, specified as such for that party in Paragraph 13 (c)(ii).

„*Eligible Credit Support*" means Eligible Collateral and Other Eligible Support, including in relation to any securities, if applicable, the proceeds of any redemption in whole or in part of such securities by the relevant issuer.

„*Eligible Currency*" means each currency specified as such in Paragraph 13(a)(ii), if such currency is freely available.

„*Exposure*" means with respect to a party on a Valuation Date and subject to Paragraph 5 in the case of a dispute, the amount, if any, that would be payable to that party by the other party (expressed as a positive number) or by that party to the other party (expressed as a negative number) pursuant to Section 6(e)(ii)(1) of the Agreement if all Transactions were being terminated as of the relevant Valuation Time, on the basis that (i) that party is not the Affected Party and (ii) the Base Currency is the Termination Currency; *provided* that Market Quotation will be determined by the Valuation Agent on behalf of that party using its estimates at mid-market of the amounts that would be paid for Replacement Transactions (as that term is defined in the definition of „Market Quotation").

„*Independent Amount*" means, with respect to a party, the Base Currency Equivalent of the amount specified as such for that party in Paragraph 13(c)(iv)(A); if no amount is specified, zero.

„*Interest Amount*" means, with respect to an Interest Period, the aggregate sum of the Base Currency Equivalent of the amounts of interest determined for each relevant currency and calculated for each day in that Interest Period on the principal amount of Posted Collateral in the form of cash in such currency held by the Secured Party on that day, determined by the Valuation Agent for each such day as follows:

(x) the amount of that cash in such currency on that day; multiplied by

(y) the relevant Interest Rate in effect for that day; divided by

(z) 360 (or, if such currency is pounds sterling, 365).

„*Interest Period*" means the period from (and including) the last Local Business Day on which an Interest Amount was transferred (or, if no Interest Amount has yet been transferred, the Local Business Day on which Posted Collateral in the form of cash was transferred to or received by the Secured party) to (but excluding) the Local Business Day on which the current Interest Amount is transferred.

„*Interest Rate*" means, with respect to an Eligible Currency the rate specified in Paragraph 13(i)(i) for that currency.

„*Local Business Day*", unless otherwise specified in Paragraph 13(1), means:

(i) in relation to a transfer of cash or other property (other than securities) under this Deed, a day on which commercial banks are open for business (including dealings in foreign exchange and foreign currency deposits) in the place where the relevant account is located and, if different, in the principal financial centre, if any, of the currency of such payment;

(ii) in relation to a transfer of securities under this Deed, a day on which the clearance system agreed between the parties for delivery of the securities is open for the acceptance and execution of settlement instructions or, if delivery of the securities is contemplated by other means, a day on which commercial banks are open for business (including dealings in foreign exchange and foreign currency deposits) in the place(s) agreed between the parties for this purpose;

(iii) in relation to a valuation under this Deed, a day on which commercial banks are open for business (including dealings in foreign exchange and foreign currency deposits) in the place of location of the Valuation Agent and in the place(s) agreed between the parties for this purpose; and

(iv) in relation to any notice or other communication under this Deed, in the place specified in the address for notice most recently provided by the recipient.

„*Minimum Transfer Amount*" means, with respect to a party, the amount specified as such for that Party in Paragraph 13 (c)(iv)(C); if no amount is specified, zero.

„*Notification Time*" has the meaning specified in Paragraph 13 (d)(iv).

„*Obligations*" means, with respect to a party, all present and future obligations of that party under the Agreement and this Deed and any additional obligations specified for that party in Paragraph 13 (b).

„*Other Eligible Support*" means, with respect to a party, the items, if any, specified as such for that party in Paragraph 13.

„*Other Posted Support*" means all Other Eligible Support transferred to the Secured Party that remains in effect for the benefit of that Secured Party.

„*Posted Collateral*" means all Eligible Collateral, other property, Distributions and all proceeds of any such Eligible Collateral, other property or Distributions that have been transferred to or received by the Secured party, under this Deed and not transferred to the Chargor pursuant to Paragraph 3 (b), 4 (d)(ii) or 6 (g)(i) or realised by the Secured Party under Paragrraph 8. Any Distributions or Interest Amount (or portion of either) not transferred pursuant to Paragraph 6 (g) will constitute Posted Collateral.

„*Posted Credit Support*" means Posted Collateral and Other Posted Support.

„*Recalculation Date*" means the Valuation Date that gives rise to the dispute under Paragraph 5; *provided, however,* that if a subsequent Valuation Date occurs under Paragraph 3 prior to the resolution of the dispute, then the „Recalculation Date" means the most recent Valuation Date under Paragraph 3.

„*Relevant Event*" has the meaning specified in Paragraph 7.

„*Resolution Time*" has the meaning specified in Paragraph 13 (g)(i).

„*Return Amount*" has the meaning specified in Paragraph 3 (b).

„*Secured Party*" means either party, when that party (i) makes a demand for or is entitled to receive Eligible Credit Support under Paragraph 3 (a) or (ii) holds or is deemed to hold Posted Credit Support.

„*Settlement Day*" means, in relation to a date, (i) with respect to a transfer of cash or other property (other than securities), the next Local Business Day and (ii) with respect to a transfer of securities, the first Local Business Day after such date on which settlement of a trade in the relevant securities, if effected on such date, would have been settled in accordance with customary practice when settling through the clearance system agreed between the parties for delivery of such securities or, otherwise, on the market in which such securities are principally traded (or, in either case, if there is no such customary practice, on the first Local Business Day after such date on which it is reasonably practicable to deliver such securities).

„*Specified Condition*" means, with respect to a party, any event specified as such for that party in Paragraph 13 (e).

„*Substitute Credit Support*" has the meaning specified in Paragraph 4 (d)(i).

„*Substitution Date*" has the meaning specified in Paragraph 4 (d)(ii).

„*Substitution Notice*" has the meaning specified in Paragraph 4 (d)(i).

„*Threshold*" means, with respect to a party, the Base Currency Equivalent of the amount specified as such for that party in Paragraph 13 (c)(iv)(B); if no amount is specified, zero.

„*Valuation Agent*" has the meaning specified in Paragraph 13 (d)(i).

„*Valuation Date*" means each date specified in or otherwise determined pursuant to Paragraph 13 (d)(ii).

„*Valuation Percentage*" means, for any item of Eligible Collateral, the percentage specified in Paragraph 13 (c)(ii).

„*Valuation Time*" has the meaning specified in Paragraph 13 (d)(iii).

„*Value*" means for any Valuation Date or other date for which Value is calculated, and subject to Paragraph 5 in the case of a dispute, with respect to:

(i) Eligible Collateral or Posted Collateral that is:

Anhang 7: 1995 ISDA Credit Support Deed

A) an amount of cash, the Base Currency Equivalent of such amount multiplied by the applicable Valuation Percentage, if any; and

(B) a security, the Base Currency Equivalent of the bid price obtained by the Valuation Agent multiplied by the applicable Valuation Percentage, if any;

(ii) Posted Collateral that consists of items that are not specified as Eligible Collateral, zero; and

(iii) Other Eligible Support and Other Posted Support, as specified in Paragraph 13 (j).

Paragraph 13. Elections and Variables

(a) *Base Currency and Eligible Currency*

(i) „Base Currency" means United States Dollars unless otherwise specified here: . . . . . .

(ii) „Eligible Currency" means the Base Currency and each other currency specified here: . . . .

(b) *Security Interest for „Obligations"*. The term „Obligations" as used in this Deed includes the following additional obligations:

With respect to Party A: . . . .

With respect to Party B: . . . .

(c) *Credit Support Obligations*

(i) *Delivery Amount, Return Amount and Credit Support Amount*

(A) „*Delivery Amount*" has the meaning specified in Paragraph 3 (a), unless otherwise specified here:

(B) „*Return Amount*" has the meaning specified in Paragraph 3 (b), unless otherwise specified here:

(C) „*Credit Support Amount*" has the meaning specified in Paragraph 12, unless otherwise specified here:

(ii) *Eligible Collateral*. The following items will qualify as „*Eligible Collateral*" for the party specified:

	Party A	Party B	Valuation Percentage
(A) cash in an Eligible Currency	[ ]	[ ]	[ ]%
(B) negotiable debt obligations issued by the Government of [ ] having an original maturity at issuance of not more than one year	[ ]	[ ]	[ ]%
(C) negotiable debt obligations issued by the Government of [ ] having an original maturity at issuance of more than one year but not more than 10 years	[ ]	[ ]	[ ]%
(D) negotiable debt obligations issued by the Government of [ ] having an original maturity at issuance of more than 10 years	[ ]	[ ]	[ ]%
(E) other:	[ ]	[ ]	[ ]%

(iii) *Other Eligible Support*. The following items will qualify as „*Other Eligible Support*" for the party specified:

(A) . . . . [ ] [ ]

(B) . . . . [ ] [ ]

(iv) *Thresholds*

(A) „*Independent Amount*" means with respect to Party A: . . . .

„*Independent Amount*" means with respect to Party B: . . . .

(B) „*Threshold*" means with respect to Party A: . . . .

„*Threshold*" means with respect to Party B: . . . .

(C) „*Minimum Transfer Amount*" means with respect to Party A: . . . .

„*Minimum Transfer Amount*" means with respect to Party B: . . . .

(D) **Rounding.** The Delivery Amount and the Return Amount will be rounded [down to the nearest integral multiple of .../up and down to the nearest integral multiple of ... , respectively[4]].

(d) *Valuation and Timing*

(i) „*Valuation Agent*" means, for purposes of Paragraphs 3 and 5, the party making the demand under Paragraph 3, and for purposes of Paragraph 6 (g), the Secured Party receiving or deemed to receive the Distributions or the Interest Amount, as applicable, unless otherwise specified here: ....

(ii) „*Valuation Date*" means: ....

(iii) „*Valuation Time*" means:

[ ] the close of business in the place of location of the Valuation Agent on the Valuation Date or date of calculation, as applicable;

[ ] the close of business on the Local Business Day immediately preceding the Valuation Date or date of calculation, as applicable;

provided that the calculations of Value and Exposure will, as far as practicable, be made as of approximately the same time on the same date.

(iv) „*Notification Time*" means [10:00 a.m.]/[1:00 p.m.], London time, on a Local Business Day, unless otherwise specified here: ....

(e) *Conditions Precedent and Secured Partys Rights and Remedies.* The following Termination Event(s) will be a „*Specified Condition*" for the party specified (that party being the Affected Party if the Termination Event occurs with respect to that party):

	Party A	Party B
Illegality	[ ]	[ ]
Tax Event	[ ]	[ ]
Tax Event Upon Merger	[ ]	[ ]
Credit Event Upon Merger	[ ]	[ ]
Additional Termination Event(s):		
....	[ ]	[ ]
....	[ ]	[ ]

(f) *Substitution*

„*Substitution Date*" has the meaning specified in Paragraph 4 (d) (ii), unless otherwise specified here: ....

(g) *Dispute Resolution*

(i) „*Resolution Time*" means [1:00 p.m.]/[3:00 p.m.], London time, on the Local Business Day following the date on which the notice is given that gives rise to a dispute under Paragraph 5, unless otherwise specified here: ....

(ii) *Value.* For the purpose of Paragraphs 5 (a) (i) (C) and 5 (a) (ii), the Value of the outstanding Posted Credit Support or of any transfer of Eligible Credit Support or Posted Credit Support, as the case may be, will be calculated as follows: ....

(iii) *Alternative.* The provisions of Paragraph 5 will apply, unless an alternative dispute resolution procedure is specified here: ....

(h) *Eligibility to Hold Posted Collateral; Custodians.* Party A and its Custodian will be entitled to hold Posted Collateral pursuant to Paragraph 6 (b); *provided* that the following conditions applicable to it are satisfied:

(i) Party A is not a Defaulting Party.

(ii) Posted Collateral may be held only in the following jurisdictions: ....

(iii) ....

Initially, the **Custodian** for Party A is ....

Party B and its Custodian will be entitled to hold Posted Collateral pursuant to Paragraph 6 (b); *provided* that the following conditions applicable to it are satisfied:

---

[4] Delete as applicable.

(i) Party B is not a Defaulting Party.
(ii) Posted Collateral may be held only in the following jurisdictions:
(iii) ....
Initially, the Custodian for Party B is
(i) **Distributions and Interest Amount**
(i) **Interest Rate.** The „*Interest Rate*" in relation to each Eligible Currency specified below will be:

Eligible Currency	Interest Rate
....	....
....	....
....	....

(ii) **Transfer of Interest Amount.** The transfer of the Interest Amount will be made on the last Local Business Day of each calendar month and on any Local Business Day that a Return Amount consisting wholly or partly of cash is transferred to the Chargor pursuant to paragraph 3 (b), unless otherwise specified here: ....

(iii) **Alternative to Interest Amount.** The provisions of Paragraph 6 (g) (ii) will apply, unless otherwise specified here: ....

(j) **Other Eligible Support and Other Posted Support**
(i) „*Value*" with respect to Other Eligible Support and Other Posted Support means: ....
(ii) **Transfer of Other Eligible Support and Other Posted Support.** All transfers under this Deed of Other Eligible Support and Other Posted Support shall be made as follows: ....

(k) **Addresses for Transfers.**
Party A: ....
Party B: ....

(l) **Other Provisions.**

IN WITNESS of which this Deed has been executed as a deed and has been delivered on the date first above written.

PARTY A

EXECUTED as a deed by (Name of Company:)
....
acting by (Name of first signatory:)[5]
[6] .... (Signature)
and (Name of second signatory:)[7] .... (Signature)
[acting under the authority of that company]([8] in the presence of:)
Witness' Signature: ....
Witness' Name: ....
Witness's Address: ....

---

[5] Where the company is a UK company with a company seal which wishes to execute this Deed under its company seal, the precise manner of execution will depend on the company's articles. Where the company is a foreign company it will be necessary to check that this form of attestation is a valid execution under local law and under that company's constitution.

[6] Where the company is a UK company, this signatory must be a Director. Where the company is a foreign company, the signatory must be a person authorised (under local law and under that company's constitution) to sign for that company.

[7] Where the company is a UK company, this signatory must be either a Director or the Company Secretary. Where the company is a foreign company, it may be that under local law and under that company's constitution only one signatory is required.

[8] Where there is only one signatory, a witness is preferable.

PARTY B

EXECUTED as a deed by (Name of Company:)

....

acting by (Name of first signatory:)[9]

[10] .... (Signature)

and (Name of second signatory)[11] .... (Signature)

[acting under the authority of that company] [[12] in the presence of:)

Witness' Signature: ....

Witness' Name: ....

Witness's Address: ....

........................]

Anhang 8:

1995 ISDA Credit Suppot Annex

(Bilateral Form – Transfer)[1]   (ISDA Agreements Subject to English Law)[2]

ISDA

International Swaps and Derivatives Association, Inc.

CREDIT SUPPORT ANNEX

to the Schedule to the

ISDA Master Agreement

dated as of ....

between

.... and ....

(„Party A")   („Party B")

---

[9] Where the company is a UK company with a company seal which wishes to execute this Deed under its company seal, the precise manner of execution will depend on the company's articles. Where the company is a foreign company it will be necessary to check that this form of attestation is a valid execution under local law and under that company's constitution.

[10] Where the company is a UK company, this signatory must be a Director. Where the company is a foreign company, the signatory must be a person authorised (under local law and under that company's constitution) to sign for that company.

[11] Where the company is a UK company, this signatory must be either a Director or the Company Secretary. Where the company is a foreign company, it may be that under local law and under that company's constitution only one signatory is required.

[12] Where there is only one signatory, a witness is preferable.

[1] This document is not intended to create a charge or other security interest over the assets transferred under its terms. Persons intending to establish a collateral arrangement based on the creation of a charge or other security interest should consider using the ISDA Credit Support Deed (English law) or the ISDA Credit Support Annex (New York law), as appropriate.

[2] This Credit Support Annex has been prepared for use with ISDA Master Agreements subject to English law. Users should consult their legal advisers as to the proper use and effect of this form and the arrangements it contemplates. In particular, users should consult their legal advisers if they wish to have the Credit Support Annex made subject to a governing law other than English law or to have the Credit Support Annex subject to a different governing law than that governing the rest of the ISDA Master Agreement (e.g., English law for the Credit Support Annex and New York Law for the rest of the ISDA Master Agreement).

Anhang 8: 1995 ISDA Credit Support Annex

This Annex supplements, forms part of, and is subject to, the ISDA Master Agreement referred to above and is part of its Schedule. For the purposes of this Agreement, including, without limitation, Sections 1(c), 2(a), 5 and 6, the credit support arrangements set out in this Annex constitute a Transaction (for which this Annex constitutes the Confirmation).

Paragraph 1. Interpretation

Capitalised terms not otherwise defined in this Annex or elsewhere in this Agreement have the meanings specified pursuant to Paragraph 10, and all references in this Annex to Paragraphs are to Paragraphs of this Annex. In the event of any inconsistency between this Annex and the other provisions of this Schedule, this Annex will prevail, and in the event of any inconsistency between Paragraph 11 and the other provisions of this Annex, Paragraph 11 will prevail. For the avoidance of doubt, references to „transfer" in this Annex mean, in relation to cash, payment and, in relation to other assets, delivery.

Paragraph 2. Credit Support Obligations

(a) *Delivery Amount.* Subject to Paragraphs 3 and 4, upon a demand made by the Transferee on or promptly following a Valuation Date, if the Delivery Amount for that Valuation Date equals or exceeds the Transferor's Minimum Transfer Amount, then the Transferor will transfer to the Transferee Eligible Credit Support having a Value as of the date of transfer at least equal to the applicable Delivery Amount (rounded pursuant to Paragraph 11(b)(iii)(D)). Unless otherwise specified in Paragraph 11(b), the „Delivery Amount" applicable to the Transferor for any Valuation Date will equal the amount by which:
(i) the Credit Support Amount
exceeds
(ii) the Value as of that Valuation Date of the Transferor's Credit Support Balance (adjusted to include any prior Delivery Amount and to exclude any prior Return Amount, the transfer of which, in either case, has not yet been completed and for which the relevant Settlement Day falls on or after such Valuation Date).

(b) *Return Amount.* Subject to Paragraphs 3 and 4, upon a demand made by the Transferor on or promptly following a Valuation Date, if the Return Amount for that Valuation Date equals or exceeds the Transferee's Minimum Transfer Amount, then the Transferee will transfer to the Transferor Equivalent Credit Support specified by the Transferor in that demand having a Value as of the date of transfer as close as practicable to the applicable Return Amount (rounded pursuant to Paragraph 11(b)(iii)(D)) and the Credit Support Balance will, upon such transfer, be reduced accordingly. Unless otherwise specified in Paragraph 11(b), the „Return Amount" applicable to the Transferee for any Valuation Date will equal the amount by which:
(i) the Value as of that Valuation Date of the Transferor's Credit Support Balance (adjusted to include any prior Delivery Amount and to exclude any prior Return Amount, the transfer of which, in either case, has not yet been completed and for which the relevant Settlement Day falls on or after such Valuation Date)
exceeds
(ii) the Credit Support Amount.

Paragraph 3. Transfers, Calculations and Exchanges

(a) *Transfers.* All transfers under this Annex of any Eligible Credit Support, Equivalent Credit Support, Interest Amount or Equivalent Distributions shall be made in accordance with the instructions of the Transferee or Transferor, as applicable, and shall be made:
(i) in the case of cash, by transfer into one or more bank accounts specified by the recipient;
(ii) in the case of certificated securities which cannot or which the parties have agreed will not be delivered by book-entry, by delivery in appropriate physical form to the

recipient or its account accompanied by any duly executed instruments of transfer, transfer tax stamps and any other documents necessary to constitute a legally valid transfer of the transferring party's legal and beneficial title to the recipient; and

(iii) in the case of securities which the parties have agreed will be delivered by book-entry, by the giving of written instructions (including, for the avoidance of doubt, instructions given by telex, facsimile transmission or electronic messaging system) to the relevant depository institution or other entity specified by the recipient, together with a written copy of the instructions to the recipient, sufficient, if complied with, to result in a legally effective transfer of the transferring party's legal and beneficial title to the recipient.

Subject to Paragraph 4 and unless otherwise specified, if a demand for the transfer of Eligible Credit Support or Equivalent Credit Support is received by the Notification Time, then the relevant transfer will be made not later than the close of business on the Settlement Day relating to the date such demand is received; if a demand is received after the Notification Time, then the relevant transfer will be made not later than the close of business on the Settlement Day relating to the day after the date such demand is received.

(b) *Calculations.* All calculations of Value and Exposure for purposes of Paragraphs 2 and 4(a) will be made by the relevant Valuation Agent as of the relevant Valuation Time. The Valuation Agent will notify each party (or the other party, if the Valuation Agent is a party) of its calculations not later than the Notification Time on the Local Business Day following the applicable Valuation Date (or, in the case of Paragraph 4(a), following the date of calculation).

(c) *Exchanges.*

(i) Unless otherwise specified in Paragraph 11, the Transferor may on any Local Business Day by notice inform the Transferee that it wishes to transfer to the Transferee Eligible Credit Support specified in that notice (the „New Credit Support") in exchange for certain Eligible Credit Support (the „Original Credit Support") specified in that notice comprised in the Transferor's Credit Support Balance.

(ii) If the Transferee notifies the Transferor that it has consented to the proposed exchange, (A) the Transferor will be obliged to transfer the New Credit Support to the Transferee on the first Settlement Day following the date on which it receives notice (which may be oral telephonic notice) from the Transferee of its consent and (B) the Transferee will be obliged to transfer to the Transferor Equivalent Credit Support in respect of the Original Credit Support not later than the Settlement Day following the date on which the Transferee receives the New Credit Support, unless otherwise specified in Paragraph 11(d) (the „Exchange Date"); *provided* that the Transferee will only be obliged to transfer Equivalent Credit Support with a Value as of the date of transfer as close as practicable to, but in any event not more than, the Value of the New Credit Support as of that date.

Paragraph 4. Dispute Resolution

(a) *Disputed Calculations or Valuations.* If a party (a „Disputing Party") reasonably disputes (I) the Valuation Agent's calculation of a Delivery Amount or a Return Amount or (II) the Value of any transfer of Eligible Credit Support or Equivalent Credit Support, then:

(1) the Disputing Party will notify the other party and the Valuation Agent (if the Valuation Agent is not the other party) not later than the close of business on the Local Business Day following, in the case of (I) above, the date that the demand is received under Paragraph 2 or, in the case of (II) above, the date of transfer;

(2) in the case of (I) above, the appropriate party will transfer the undisputed amount to the other party not later than the close of business on the Settlement Day following the date that the demand is received under Paragraph 2;

(3) the parties will consult with each other in an attempt to resolve the dispute; and

(4) if they fail to resolve the dispute by the Resolution Time, then:

(i) in the case of a dispute involving a Delivery Amount or Return Amount, unless otherwise specified in Paragaph 11(e), the Valuation Agent will recalculate the Exposure and the Value as of the Recalculation Date by:

(A) utilising any calculations of that part of the Exposure attributable to the Transactions that the parties have agreed are not in dispute;

(B) calculating that part of the Exposure attributable to the Transactions in dispute by seeking four actual quotations at mid-market from Reference Market-makers for purposes of calculating Market Quotation, and taking the arithmetic average of those obtained; *provided* that if four quotations are not available for a particular Transaction, then fewer than four quotations may be used for that Transaction; and if no quotations are available for a particular Transaction, then the Valuation Agent's original calculations will be used for the Transaction; and

(C) utilising the procedures specified in Paragraph 11(e)(ii) for calculating the Value, if disputed, of the outstanding Credit Support Balance;

(ii) in the case of a dispute involving the Value of any transfer of Eligible Credit Support or Equivalent Credit Support, the Valuation Agent will recalculate the Value as of the date of transfer pursuant to Paragraph 11(e)(ii).

Following a recalculation pursuant to this Paragraph, the Valuation Agent will notify each party (or the other party, if the Valuation Agent is a party) as soon as possible but in any event not later than the Notification Time on the Local Business Day following the Resolution Time. The appropriate party will, upon demand following such notice given by the Valuation Agent or a resolution pursuant to (3) above and subject to Paragraph 3(a), make the appropriate transfer.

(b) *No Event of Default.* The failure by a party to make a transfer of any amount which is the subject of a dispute to which Paragraph 4(a) applies will not constitute an Event of Default for as long as the procedures set out in this Paragraph 4 are being carried out. For the avoidance of doubt, upon completion of those procedures, Section 5(a)(i) of this Agreement will apply to any failure by a party to make a transfer required under the final sentence of Paragraph 4(a) on the relevant due date.

Paragraph 5. Transfer of Title, No Security Interest, Distributions and Interest Amount

(a) *Transfer of Title.* Each party agrees that all right, title and interest in and to any Eligible Credit Support, Equivalent Credit Support, Equivalent Distributions or Interest Amount which it transfers to the other party under the terms of this Annex shall vest in the recipient free and clear of any liens, claims, charges or encumbrances or any other interest of the transferring party or of any third person (other than a lien routinely imposed on all securities in a relevant clearance system).

(b) *No Security Interest.* Nothing in this Annex is intended to create or does create in favour of either party any mortgage, charge, lien, pledge, encumbrance or other security interest in any cash or other property transferred by one party to the other party under the terms of this Annex.

(c) *Distributions and Interest Amount.*

(i) *Distributions.* The Transferee will transfer to the Transferor not later than the Settlement Day following each Distributions Date cash, securities or other property of the same type, nominal value, description and amount as the relevant Distributions („Equivalent Distributions") to the extent that a Delivery Amount would not be created or increased by the transfer, as calculated by the Valuation Agent (and the date of calculation will be deemed a Valuation Date for this purpose).

(ii) *Interest Amount.* Unless otherwise specified in Paragraph 11(f)(iii), the Transferee will transfer to the Transferor at the times specified in Paragraph 11(f)(ii) the relevant Interest Amount to the extent that a Delivery Amount would not be created or increased by the transfer, as calculated by the Valuation Agent (and the date of calculation will be deemed a Valuation Date for this purpose).

Paragraph 6. Default

If an Early Termination Date is designated or deemed to occur as a result of an Event of Default in relation to a party, an amount equal to the Value of the Credit Support Balance, determined as though the Early Termination Date were a Valuation Date, will be deemed to be an Unpaid Amount due to the Transferor (which may or may not be the Defaulting Party) for purposes of Section 6(e). For the avoidance of doubt, if Market Quotation is the applicable payment measure for purposes of Section 6(e), then the Market Quotation determined under Section 6(e) in relation to the Transaction constituted by this Annex will be deemed to be zero, and, if Loss is the applicable payment measure for purposes of Section 6(e), then the Loss determined under Section 6(e) in relation to the Transaction will be limited to the Unpaid Amount representing the Value of the Credit Support Balance.

Paragraph 7. Representation

Each party represents to the other party (which representation will be deemed to be repeated as of each date on which it transfers Eligible Credit Support, Equivalent Credit Support or Equivalent Distributions) that it is the sole owner of or otherwise has the right to transfer all Eligible Credit Support, Equivalent Credit Support or Equivalent Distributions it transfers to the other party under this Annex, free and clear of any security interest, lien, encumbrance or other restriction (other than a lien routinely imposed on all securities in a relevant clearance system).

Paragraph 8. Expenses

Each party will pay its own costs and expenses (including any stamp, transfer or similar transaction tax or duty payable on any transfer it is required to make under this Annex) in connection with performing its obligations under this Annex and neither party will be liable for any such costs and expenses incurred by the other party.

Paragraph 9. Miscellaneous

(a) *Default Interest.* Other than in the case of an amount which is the subject of a dispute under paragraph 4(a), if a Transferee fails to make, when due, any transfer of Equivalent Credit Support, Equivalent Distributions or the Interest Amount, it will be obliged to pay the Transferor (to the extent permitted under applicable law) an amount equal to interest at the Default Rate multiplied by the Value on the relevant Valuation Date of the items of property that were required to be transferred, from (and including) the date that the Equivalent Credit Support, Equivalent Distributions or Interest Amount were required to be transferred to (but excluding) the date of transfer of the Equivalent Credit Support, Equivalent Distributions or Interest Amount. This interest will be calculated on the basis of daily compounding and the actual number of days elapsed.

(b) *Good Faith and Commercially Reasonable Manner.* Performance of all obligations under this Annex, including, but not limited to, all calculations, valuations and determinations made by either party, will be made in good faith and in a commercially reasonable manner.

(c) *Demands and Notices.* All demands and notices given by a party under this Annex will be given as specified in Section 12 of this Agreement.

(d) *Specifications of Certain Matters.* Anything referred to in this Annex as being specified in Paragraph 11 also may be specified in one or more Confirmations or other documents and this Annex will be construed accordingly.

Paragraph 10. Definitions

As used in this Annex:

„*Base Currency*" means the currency specified as such in Paragraph 11(a)(i).

Anhang 8: 1995 ISDA Credit Support Annex   **Anhang 8 IV.7**

„*Base Currency Equivalent*" means, with respect to an amount on a Valuation Date, in the case of an amount denominated in the Base Currency, such Base Currency amount and, in the case of an amount denominated in a currency other than the Base Currency (the „Other Currency"), the amount of Base Currency required to purchase such amount of the Other Currency at the spot exchange rate determined by the Valuation Agent for value on such Valuation Date.

„*Credit Support Amount*" means, with respect to a Transferor on a Valuation Date, (i) the Transferee's Exposure plus (ii) all Independent Amounts applicable to the Transferor, if any, minus (iii) all Independent Amounts applicable to the Transferee, if any, minus (iv) the Transferor's Threshold; *provided, however,* that the Credit Support Amount will be deemed to be zero whenever the calculation of Credit Support Amount yields a number less than zero.

„*Credit Support Balance*" means, with respect to a Transferor on a Valuation Date, the aggregate of all Eligible Credit Support that has been transferred to or received by the Transferee under this Annex, together with any Distributions and all proceeds of any such Eligible Credit Support or Distributions, as reduced pursuant to Paragraph 2 (b) or 3 (c) (ii) or 6. Any Equivalent Distributions or Interest Amount (or portion of either) not transferred pursuant to Paragraph 5 (c) (i) or (ii) will form part of the Credit Support Balance.

„*Delivery Amount*" has the meaning specified in Paragraph 2 (a).

„*Disputing Party*" has the meaning specified in Paragraph 4.

„*Distributions*" means, with respect to any Eligible Credit Support comprised in the Credit Support Balance consisting of securities, all principal, interest and other payments and distributions of cash or other property to which a holder of securities of the same type, nominal value, description and amount as such Eligible Credit Support would be entitled from time to time.

„*Distributions Date*" means, with respect to any Eligible Credit Support comprised in the Credit Support Balance other than cash, each date on which a holder of such Eligible Credit Support is entitled to receive Distributions or, if that date is not a Local Business Day, the next following Local Business Day.

„*Eligible Credit Support*" means, with respect to a party, the items, if any, specified as such for that party in paragraph 11 (b) (ii) including, in relation to any securities, if applicable, the proceeds of any redemption in whole or in part of such securities by the relevant issuer.

„*Eligible Currency*" means each currency specified as such in Paragraph 11 (a) (ii), if such currency is freely available.

„*Equivalent Credit Support*" means, in relation to any Eligible Credit Support comprised in the Credit Support Balance, Eligible Credit Support of the same type, nominal value, description and amount as that Eligible Credit Support.

„*Equivalent Distributions*" has the meaning specified in Paragraph 5 (c) (i).

„*Exchange Date*" has the meaning specified in Paragraph 11 (d).

„*Exposure*" means, with respect to a party on a Valuation Date and subject to Paragraph 4 in the case of a dispute, the amount, if any, that would be payable to that party by the other party (expressed as a positive number) or by that party to the other party (expressed as a negative number) pursuant to Section 6 (e) (ii) (1) of this Agreement if all Transactions (other than the Transaction constituted by this Annex) were being terminated as of the relevant Valuation Time, on the basis that (i) that party is not the Affected Party and (ii) the Base Currency is the Termination Currency; *provided* that Market Quotations will be determined by the Valuation Agent using its estimates at mid-market of the amounts that would be paid for Replacement Transactions (as that term is defined in the definition of „Market Quotation").

„*Independent Amount*" means, with respect to a party, the Base Currency Equivalent of the amount specified as such for that party in Paragraph 11 (b) (iii) (A); if no amount is specified, zero.

„*Interest Amount*" means, with respect to an Interest Period, the aggregate sum of the Base Currency Equivalents of the amounts of interest determined for each relevant currency and calculated for each day in that Interest Period on the principal amount of the portion of the Credit Support Balance comprised of cash in such currency, determined by the Valuation Agent for each such day as follows:

(x) the amount of cash in such currency on that day; multiplied by

(y) the relevant Interest Rate in effect for that day; divided by

(z) 360 (or, in the case of pounds sterling, 365).

„*Interest Period*" means the period from (and including) the last Local Business Day on which an Interest Amount was transferred (or, if no Interest Amount has yet been transferred, the local Business Day on which Eligible Credit Support or Equivalent Credit Support in the form of cash was transferred to or received by the Transferee) to (but excluding) the Local Business Day on which the current Interest Amount is transferred.

„*Interest Rate*" means, with respect to an Eligible Currency, the rate specified in Paragraph 11 (f) (i) for that currency.

„*Local Business Day*", unless otherwise specified in Paragraph 11 (h), means:

(i) in relation to a transfer of cash or other property (other than securities) under this Annex, a day on which commercial banks are open for business (including dealings in foreign exchange and foreign currency deposits) in the place where the relevant account is located and, if different, in the principal financial centre, if any, of the currency of such payment;

(ii) in relation to a transfer of securities under this Annex, a day on which the clearance system agreed between the parties for delivery of the securities is open for the acceptance and execution of settlement instructions or, if delivery of the securities is contemplated by other means, a day on which commercial banks are open for business (including dealings in foreign exchange and foreign currency deposits) in the place(s) agreed between the parties for this purpose;

(iii) in relation to a valuation under this Annex, a day on which commercial banks are open for business (including dealings in foreign exchange and foreign currency deposits) in the place of location of the Valuation Agent and in the place(s) agreed between the parties for this purpose; and

(iv) in relation to any notice or other communication under this Annex, a day on which commercial banks are open for business (including dealings in foreign exchange and foreign currency deposits) in the place specified in the address for notice most recently provided by the recipient.

„*Minimum Transfer Amount*" means, with respect to a party, the amount specified as such for that party in paragraph 11 (b) (iii) (C); if no amount is specified, zero.

„*New Credit Support*" has the meaning specified in Paragraph 3 (c) (i).

„*Notification Time*" has the meaning specified in Paragraph 11 (c) (iv).

„*Recalculation Date*" means the Valuation Date that gives rise to the dispute under Paragraph 4; *provided, however,* that if a subsequent Valuation Date occurs under Paragraph 2 prior to the resolution of the dispute, then the „*Recalculation Date*" means the most recent Valuation Date under Paragraph 2.

„*Resolution Time*" has the meaning specified in Paragraph 11 (e) (i).

„*Return Amount*" has the meaning specified in Paragraph 2 (b).

„*Settlement Day*" means, in relation to a date, (i) with respect to a transfer of cash or other property (other than securities), then next Local Business Day and (ii) with respect to a transfer of securities, the first Local Business Day after such date on which settlement of a trade in the relevant securities, if effected on such date, would have been settled in accordance with customary practice when settling through the clearance system agreed between the parties for delivery of such securities or, otherwise, on the market in which such securities are principally traded (or, in either case, if there is no such customary practice, on the first Local Business Day after such date on which it is reasonably practicable to deliver such securities).

„Threshold" means, with respect to a party, the Base Currency Equivalent of the amount specified as such for that party in Paragraph 11(b)(iii)(B); if no amount is specified, zero.

„Transferee" means, in relation to each Valuation Date, the party in respect of which Exposure is a positive number and, in relation to a Credit Support Balance, the party which, subject to this Annex, owes such Credit Support Balance or, as the case may be, the Value of such Credit Support Balance to the other party.

„Transferor" means, in relation to a Transferee, the other party.

„Valuation Agent" has the meaning specified in Paragraph 11(c)(i).

„Valuation Date" means each date specified in or otherwise determined pursuant to Paragraph 11(c)(ii).

„Valuation Percentage" means, for any item of Eligible Credit Support, the percentage specified in Paragraph 11(b)(ii).

„Valuation Time" has the meaning specified in Paragraph 11(c)(iii).

„Value" means, for any Valuation Date or other date for which Value is calculated, and subject to Paragraph 4 in the case of a dispute, with respect to:

(i) Eligible Credit Support comprised in a Credit Support Balance that is:

(A) an amount of cash, the Base Currency Equivalent of such amount multiplied by the applicable Valuation Percentage, if any; and

(B) a security, the Base Currency Equivalent of the bid price obtained by the Valuation Agent multiplied by the applicable Valuation Percentage, if any; and

(ii) items that are comprised in a Credit Support Balance and are not Eligible Credit Support, zero.

Paragraph 11. Elections and Variables

(a) *Base Currency and Eligible Currency.*

   (i) *„Base Currency"* means United States Dollars unless otherwise specified here:
   ....

   (ii) *„Eligible Currency"* means the Base Currency and each other currency specified here:
   ....

(b) *Credit Support Obligations.*

   (i) *Delivery Amount, Return Amount and Credit Support Amount.*

   (A) *„Delivery Amount"* has the meaning specified in Paragraph 2(a), unless otherwise specified here: ....

   (B) *„Return Amount"* has the meaning specified in Paragraph 2(b), unless otherwise specified here: ....

   (C) *„Credit Support Amount"* has the meaning specified in Paragraph 10, unless otherwise specified here: ....

   (ii) *Eligible Credit Support.* The following items will qualify as *„Eligible Credit Support"* for the party specified:

	Party A	Party B	Valuation Percentage
(A) cash in an Eligible Currency	[ ]	[ ]	[ ]%
(B) negotiable debt obligations issued by the Government of [ ] having an original maturity at issuance of not more than one year	[ ]	[ ]	[ ]%
(C) negotiable debt obligations issued by the Government of [ ] having an original maturity at issuance of more than one year but not more than 10 years	[ ]	[ ]	[ ]%

(D) negotiable debt obligations issued by the   [ ]   [[[ ]%
Government of [ ] having an original maturi-
ty at issuance of more than 10 years
(E) other: ....   [ ]   [ ]   [ ]%

(iii) **Thresholds.**
(A) „*Independent Amount*" means with respect to Party A: ....
„*Independent Amount*" means with respect to Party B: ....
(B) „*Threshold*" means with respect to Party A: ....
„*Threshold*" means with respect to Party B: ....
(C) „*Minimum Transfer Amount*" means with respect to Party A: ....
„*Minimum Transfer Amount*" means writh respect to Party B: ....
(D) **Rounding.** The Delivery Amount and the Return Amount will be rounded [down to the nearest integral multiple of .../up and down to the nearest integral multiple of ..., respectively³].

(c) **Valuation and Timing.**
(i) „*Valuation Agent*" means, for purposes of Paragraphs 2 and 4, the party making the demand under Paragraph 2, and, for purposes of Paragraph 5 (c), the Transferee, as applicable, unless otherwise specified here: ....
(ii) „*Valuation Date*" means: ....
(iii) „*Valuation Time*" means: ....
[ ] the close of business in the place of location of the Valuation Agent on the Valuation Date or date of calculation, as applicable;
[ ] the close of business on the Local Business Day immediately preceding the Valuation Date or date of calculation, as applicable;
provided that the calculations of Value and Exposure will, as far as practicable, be made as of approximately the same time on the same date.
(iv) „*Notification Time*" means 1:00 p.m., London time, on a Local Business Day, unless otherwise specified here:

(d) **Exchange Date.** „*Exchange Date*" has the meaning specified in Paragraph 3 (c) (ii), unless otherwise specified here:

(e) **Dispute Resolution.**
(i) „*Resolution Time*" means 1:00 p.m., London time, on the Local Business Day following the date on which the notice is given that gives rise to a dispute under Paragraph 4, unless otherwise specified here:
(ii) **Value.** For the purpose of Paragraphs 4 (a) (4) (i) (C) and 4 (a) (4) (ii), the Value of the outstanding Credit Support Balance or of any transfer of Eligible Credit Support or Equivalent Credit Support, as the case may be, will be calculated as follows:
(iii) **Alternative.** The provisions of Paragraph 4 will apply, unless an alternative dispute resolution procedure is specified here:

(f) **Distributions and Interest Amount.**
(i) **Interest Rate.** The „Interest Rate" in relation to each Eligible Currency specified below will be:

Eligible Currency	Interest Rate	
....	....	....

(ii) **Transfer of Interest Amount.** The transfer of the Interest Amount will be made on the last Local Business Day of each calendar month and on any Local Business Day that a Return Amount consisting wholly or partly of cash is transferred to the Transferor pursuant to Paragraph 2 (b), unless otherwise specified here: ....

---

³ Delete as applicable.

(iii) *Alternative to Interest Amount.* The provisions of Paragraph 5 (c) (ii) will apply, unless otherwise specified here: ....
  (g) *Addresses for Transfers.*
Party A: ....
Party B: ....
  (h) *Other Provisions.*

Anhang 9:

User's Guide to the 1994 ISDA Credit Support Annex

TABLE OF CONTENTS

I. General
A. Background
B. Structure
C. Overview of the Annex

II. Completing Paragraph 13
 A. Paragraph 13 (a): Security Interest for „Obligations"
 B. Paragraph 13 (b): Credit Support Obligations
   1. Paragraph 13 (b) (i) (A): „Delivery Amount"
   2. Paragraph 13 (b) (i) (B): „Return Amount"
   3. Paragraph 13 (b) (i) (C): „Credit Support Amount"
   4. Paragraph 13 (b) (ii): „Eligible Collateral"
   5. Paragraph 13 (b) (iii): „Other Eligible Support"
   6. Paragraph 13 (b) (iv): Thresholds
     a. Paragraph 13 (b) (iv) (A): „Independent Amount"
     b. Paragraph 13 (b) (iv) (B): „Threshold"
     c. Paragraph 13 (b) (iv) (C): „Minimum Transfer Amount"
     d. Paragraph 13 (b) (iv) (D): Rounding
 C. Paragraph 13 (c): Valuation and Timing
   1. Paragraph 13 (c) (i): „Valuation Agent"
   2. Paragraph 13 (c) (ii): „Valuation Date"
   3. Paragraph 13 (c) (iii): „Valuation Time"
   4. Paragraph 13 (c) (iv): „Notification Time"
 D. Paragraph 13 (d): Conditions Precedent and Secured Party's Rights and Remedies
 E. Paragraph 13 (e): Substitution
   1. Paragraph 13 (e) (i): „Substitution Date"
   2. Paragraph 13 (e) (ii): Consent
 F. Paragraph 13 (f): Dispute Resolution
   1. Paragraph 13 (f) (i): „Resolution Time"
   2. Paragraph 13 (f) (ii): „Value"
   3. Paragraph 13 (f) (iii): Alternative
 G. Paragraph 13 (g): Holding and Using Posted Collateral
   1. Paragraph 13 (g) (i): Eligibility To Hold Posted Collateral; Custodians
   2. Paragraph 13 (g) (ii): Use of Posted Collateral
 H. Paragraph 13 (h): Distributions and Interest Amount
   1. Paragraph 13 (h) (i): „Interest Rate"
   2. Paragraph 13 (h) (ii): Transfer of Interest Amount
   3. Paragraph 13 (h) (iii): Alternative to Interest Amount
 I. Paragraph 13 (i): Additional Representation(s)

IV.7 Anhang 9

J. Paragraph 13 (j): Other Eligible Support and Other Posted Support
   1. Paragraph 13 (j) (i): „Value"
   2. Paragraph 13 (j) (ii): „Transfer"
K. Paragraph 13 (k): Demands and Notices
L. Paragraph 13 (1): Addresses for Transfers
M. Paragraph 13 (m): Other Provisions

III. Tax Considerations
A. Clarification of Paragraph 10 (b)
B. Withholding Taxes

IV. Summary

APPENDIX A	FORM OF AMENDMENT TO ISDA MASTER AGREEMENT
APPENDIX B.1	ILLUSTRATION OF THE COLLATERALIZATION PROCESS UNDER THE 1994 ISDA CREDIT SUPPORT ANNEX
APPENDIX B.2	ELEMENTS OF CREDIT SUPPORT OBLIGATIONS UNDER THE 1994 ISDA CREDIT SUPPORT ANNEX
APPENDIX C	MODIFICATIONS TO ELIMINATE OFFSET OF INDEPENDENT AMOUNTS
APPENDIX D	EXAMPLE USE OF THRESHOLD
APPENDIX E	EXAMPLE USES OF MINIMUM TRANSFER AMOUNT AND THE ROUNDING VARIABLE
APPENDIX F	SPECIAL REPRESENTATION FOR PARTIES DEALING WITH A U.S. BANK OR THRIFT INSTITUTION
APPENDIX G	MODIFICATIONS FOR 1987 ISDA MASTER AGREEMENT USERS

THIS USER'S GUIDE DOES NOT PURPORT AND SHOULD NOT BE CONSIDERED TO BE A GUIDE TO OR EXPLANATION OF ALL RELEVANT ISSUES OR CONSIDERATIONS IN A PARTICULAR TRANSACTION OR CONTRACTUAL RELATIONSHIP. PARTIES SHOULD THEREFORE CONSULT WITH THEIR LEGAL ADVISORS AND ANY OTHER ADVISOR THEY DEEM APPROPRIATE PRIOR TO USING ANY ISDA STANDARD DOCUMENTATION. ISDA ASSUMES NO RESPONSIBILITY FOR ANY USE TO WHICH ANY OF ITS DOCUMENTATION OR ANY DEFINITION OR PROVISION CONTAINED THEREIN MAY BE PUT.

USER's GUIDE TO
THE 1994 ISDA CREDIT SUPPORT ANNEX

I. GENERAL

A. Background

The 1994 ISDA Credit Support Annex (the „Annex") to which this User's Guide relates was prepared for use in documenting bilateral security and other credit support arrangements between counterparties for transactions documented under an ISDA Master Agreement[1] that selects New York law as the governing law. The Annex assumes that New York

---

[1] The Annex may be used with any of the ISDA master agreements published to date. These master agreements include the 1992 ISDA Master Agreement (Multicurrency-Cross Border), the 1992 ISDA Master Agreement (Local Currency-Single Jurisdiction), the 1987 ISDA Interest Rate and Currency Exchange Agreement and the 1987 Interest Rate Swap Agreement (each referred to herein as the „ISDA Master Agreement"). Parties to either 1987 Master Agreement should consult Appendix G of this Guide for suggested technical modifications to the Annex.

law will govern questions of perfection and priorities relating to pledged collateral.[2] Parties wishing to select a different governing law or who will be pledging collateral under circumstances where New York law will not govern these questions should consult counsel and consider whether any modifications will be required to the Annex.

Capitalized terms not defined in this Guide have the meanings specified for such terms in the Annex or the ISDA Master Agreement, as applicable.

B. Structure

The Annex is intended to supplement and form part of the Schedule to the ISDA Master Agreement to which it relates and is designated as a „Credit Support Document" for purposes thereof. Parties to an ISDA Master Agreement should not, however, be identified as Credit Support Providers with respect to the Annex, as such term is intended only to apply to third parties. The Annex may be added to an existing Schedule to an ISDA Master Agreement through a short-form amendment, including by way of a Confirmation (*see* Section II). A form of amendment agreement that may be used to add the Annex to an existing ISDA Master Agreement (and replace an existing credit support arrangement) is set forth as Appendix A to this User's Guide. The chart illustrates how the Annex fits within the general ISDA documentation structure.

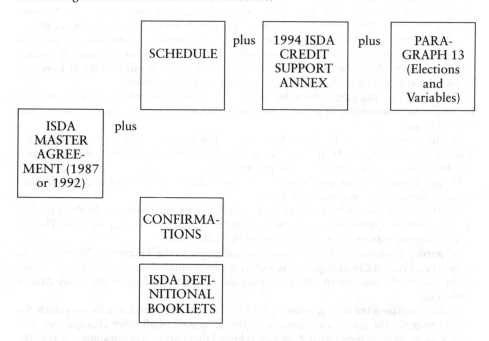

As noted above, the Annex is a „bilateral" form in that it contemplates that each party may be required to post Eligible Credit Support to the other. In most circumstances, however, only one party will at any particular time be a Pledgor while the other party will

---

[2] Substantially similar Federal regulations govern the perfection of security interests in book-entry securities of the various types that may be pledged under a typical security agreement. Each of these regulations expressly preempts inconsistent state law and provides, in effect, that a security interest in a Federal book-entry security may be perfected only by the procedures required „under applicable law" for securities maintained „in bearer definitive form". See, e.g., Federal National Mortgage Association Regulations, 24 C.F.R. § 81.44(b). In the context of the delivery of collateral to an agent or secured pary located in New York City that maintains an account with the Federal Reserve Bank of New York, „applicable law" means the New York law applicable to certificated securities.

be the Secured Party. To accommodate the potential dual capacities in which each party may act, Paragraph 1 (b) of the Annex specifies that references to the Secured Party and to the Pledgor refer to each party in the capacity in which it is acting at a particular time.

C. Overview of the Annex

The Annex is designed to provide wide flexibility to parties in structuring credit support arrangements in connection with swap and other derivatives transactions. Its principal purpose, however, is to provide a means to document security arrangements involving the use of cash or readily marketable securities to secure the risk, or Exposure, that either or both parties may have under the ISDA Master Agreement to which the Annex relates. Appendices B.1 and B.2 to this User's Guide illustrate the collateralization process under the Annex.

The Annex reflects certain basic assumptions, each of which may be varied by the parties. These include an assumption that the parties will wish to secure all Obligations under the relevant ISDA Master Agreement and that the basis for determining the amount of collateral or other Eligible Credit Support that must be provided will be primarily based on the current net mark-to-market value of all Transactions (or Swap Transactions) under the ISDA Master Agreement. As described below, these assumptions can be varied by (i) altering the definition of „Obligations" to adjust the scope of the Annex, (ii) using Independent Amounts, Thresholds and Minimum Transfer Amounts or (iii) varying the definition of Credit Support Amount to adjust the basis on which the amount of risk to be covered is determined. It further assumes, unless modified by the parties, that all calculations of Delivery Amounts and Return Amounts (including the calculations of Exposure related thereto) will be made by the party seeking to make a demand.

The Annex requires parties to make certain choices in Paragraph 13 for which there is no automatic assumption, or fallback provision. Among other things, parties must select the following:

(1) the forms of property that will constitute Eligible Credit Support, as well as the Valuation Percentages to be applied thereto (the Annex provides a check-the-box format to select cash and certain U. S. Treasury securities);

(2) the Valuation Time (the Annex provides a check-the-box format to select from between two options, as discussed below);

(3) where Cash may be held as Posted Collateral, parties must either establish an Interest Rate that will be applied to that cash and, subject to certain conditions, paid to the Pledgor or establish procedures for the investment of that cash; and

(4) parties must specify the addresses that will apply to the Transfer of Eligible Credit Support and Posted Credit Support, as well as to notices (unless parties desire such notices to be sent to the address specified for purposes of Section 12 (a) of the ISDA Master Agreement).

As discussed in detail below, Paragraph 13 of the Annex is intended to be the vehicle for parties to make the selections summarized above, as well as all other changes that they may wish to make to the printed Annex. It is hoped that parties will not simply re-type the printed Annex to reflect their changes, but rather will state those elections and variables in a separately typed Paragraph 13.

II. COMPLETING PARAGRAPH 13

Paragraph 13 of the Annex provides for parties to make various elections under and modifications to the provisions of Paragraphs 1 through 12 of the Annex. Although the form of Paragraph 13 that is part of the Annex is structured so as to accommodate a wide variety of changes, this is not intended to suggest that all the referenced provisions should be changed. Rather, parties should only include in Paragraph 13 those elections and changes that, after discussions between them, are agreed upon.

Anhang 9: User's Guide to the 1994 ISDA Credit Support Annex **Anhang 9 IV.7**

To assist parties using the Annex, set forth below is a discussion of each sub-paragraph of Paragraph 13. Parties should note that any election and variable that may be made or specified in Paragraph 13 may instead be made or specified in one or more Confirmations or other documents (*see* Paragraph 11 (f)). Confirmations may be used to effect either „permanent" amendments to the relevant ISDA Master Agreement (when Confirmations satisfy all of the requirements of Section 9 (b) of the ISDA Master Agreement relating to „Amendments") or „Transaction-specific" modifications (because, under Section 1 (b) of the ISDA Master Agreement, any conflict between a Confirmation and another document is resolved in favor of the Confirmation for the purpose of the relevant Transaction). Parties desiring to use Confirmations to effect permanent amendments should make that intent clear in their Confirmations so as to avoid any implication that such changes will cease to apply once the Transaction covered by the Confirmation matures or is terminated. Before effecting permanent amendments to an ISDA Master Agreement through the use of Confirmations, however, parties should consider whether this approach could pose operational difficulties.

At the end of the discussion of each subparagraph of Paragraph 13, there appears a list of crossreferences that identifies the Paragraphs of the Annex that relate to or specifically cite the subparagraph discussed.

A. Paragraph 13 (a): Security Interest for „Obligations"

„Obligations" is the term used in the Annex to describe those obligations that are to be secured or otherwise supported by Posted Credit Support. It is defined in Paragraph 12 of the Annex as all present and future obligations of a party under the ISDA Master Agreement (including the Annex) and any additional obligations specified for that party in Paragraph 13. Paragraph 13 (a) may be used to modify the definition of Obligations, including by specifying additional obligations beyond those arising under the ISDA Master Agreement that will constitute „Obligations".

Cross-References: Paragraphs 2, 8 and 12 (definition of „Obligations").

B. Paragraph 13 (b): Credit Support Obligations

1. **Paragraph 13 (b) (i) (A): „Delivery Amount".** The „Delivery Amount" is defined, as of any Valuation Date, as the amount by which the Credit Support Amount (*see* Section II. B.3 of this Guide below) exceeds the Value of all Posted Credit Support held by the Secured Party. If the Delivery Amount exceeds the Minimum Transfer Amount applicable to the Pledgor, then, subject to any rounding convention established by the parties, the Secured Party can demand a Transfer of Eligible Credit Support having a Value equal to the Delivery Amount. Parties may modify the definition of Delivery Amount in Paragraph 13 (b) (i) (A) and thereby adjust the formula for calculating the amount of Eligible Credit Support that the Pledgor must deliver to the Secured Party. In general, if a change is made to „Delivery Amount", a corresponding change should be made to „Return Amount".

Cross-References: Paragraphs 3 (a), 5 and 6 (d).

2. **Paragraph 13 (b) (i) (B): „Return Amount".** The „Return Amount" is defined, as of any Valuation Date, as the amount by which the Value of all Posted Credit Support held by the Secured Party exceeds the Credit Support Amount. If the Return Amount exceeds the Minimum Transfer Amount applicable to the Secured Party, then, subject to any rounding convention established by the parties, the Pledgor can demand a Transfer of Posted Credit Support having a Value equal to the Return Amount. Parties may modify the definition of Return Amount in Paragraph 13 (b) (i) (B) and thereby adjust the formula for calculating the amount of Posted Credit Support that the Secured Party must return to the Pledgor. In general, if a change is made to „Return Amount", a corresponding change should be made to „Delivery Amount".

Cross-References: Paragraphs 3 (b) and 5.

3. Paragraph 13 (b)(i)(C): „Credit Support Amount". Unless modified by the parties, the „Credit Support Amount" is generally the amount of Eligible Credit Support that the Secured Party is entitled to hold as of a particular Valuation Date. If, as of a particular Valuation Date, the Credit Support Amount applicable to the Secured Party exceeds the Value as of that date of all Posted Credit Support held by the Secured Party, a **Delivery Amount** exists under Paragraph 3 of the Annex. Conversely, if, as of that Valuation Date, the Value of all Posted Credit Support held by the Secured Party exceeds the Credit Support Amount applicable to the Secured Party, a **Return Amount** exists under Paragraph 3.

The Credit Support Amount is defined in Paragraph 3, for any Valuation Date, as:
(i) the **Secured Party's Exposure** for that Valuation Date; **plus**
(ii) the aggregate of all **Independent Amounts** applicable to the **Pledgor**, if any; **minus**
(iii) the aggregate of all **Independent Amounts** applicable to the **Secured Party**, if any; **minus**
(iv) the **Pledgor's Threshold**.

The Credit Support Amount, however, is deemed to be zero whenever its calculation would yield a number less than zero. The elements of this definition may be summarized as follows:

(1) **Exposure:** the net amount (as estimated by the Valuation Agent for any Valuation Date or other date on which Exposure is calculated) that one party would owe to the other party if the ISDA Master Agreement were to be terminated on a complete no-fault basis (*i.e.*, as if there were a Termination Event with two Affected Parties; market participants sometimes refer to this as „full two-way payments").

(2) **Independent Amount:** an amount that may be used as an add-on to Exposure, which can reflect, among other things, the volatility of a particular Transaction, the amount of time that can pass between a determination of Exposure and the delivery of Eligible Credit Support in response to a demand relating thereto and credit concerns relating to one or both counterparties. Although Paragraph 13 contemplates that parties will specify an Independent Amount as an amount of U. S. dollars, parties may modify this provision to express an Independent Amount in terms of a different currency or as a formula (*e.g.*, as a percentage of the relevant Notional Amount). When an Independent Amount is applicable to a party, it increases the Credit Support Amount that is applicable when the other party is the Secured Party, and decreases the Credit Support Amount that is applicable when that party is the Secured Party.

When parties wish to specify in connection with a particular Transaction (or Swap Transaction) that an Independent Amount is to be Transferred at the outset of that Transaction (or Swap Transaction), they would in most cases be expected to specify in the related Confirmation both (i) the amount of the Independent Amount (or means by which it is to be determined) and (ii) unless already provided in Paragraph 13, that the relevant Trade Date (or other agreed date) is to be a Valuation Date for purposes of the Credit Support Annex.

(3) **Threshold:** the amount of risk (measured by the Secured Party's Exposure and the net amount of any Independent Amounts applicable to the parties) that a party is willing to tolerate without holding any Posted Credit Support provided by the other party (sometimes referred to as the „permitted unsecured risk"). Although Paragraph 13 contemplates that parties will specify a Threshold as an amount of U. S. dollars, parties may modify this provision to express a Threshold in terms of a different currency or as a formula (*e.g.*, as a percentage of the relevant Notional Amount).

Paragraph 13 (b)(i)(C) enables the parties to substitute a different Credit Support Amount formula by stating that „Credit Support Amount" will not have the meaning specified in Paragraph 3 and then supplying an alternative definition.

Some parties may wish to modify the Credit Support Amount formula specified in Paragraph 3 to eliminate the subtraction of Independent Amounts applicable to the Secured Party from the calculation of Credit Support Amount. This could lead to having two Secured Parties and two Pledgors concurrently. Appendix C of this Guide contains suggested modifications to Paragraph 13 to achieve this result.

Cross-Reference: Paragraph 3.

4. Paragraph 13 (b) (ii) „Eligible Collateral". Parties must specify the types of Eligible Collateral that a party may deliver to satisfy a Delivery Amount by checking the appropriate space(s) in Paragraph 13 (b) (ii). While Cash and U. S. Treasury securities are expressly listed, parties may change this list and may add additional types of Eligible Collateral (*e.g.*, certificates issued by various government agencies such as the Federal Home Loan Mortgage Corporation, the Federal National Mortgage Association and the Government National Mortgage Association) by specifying such collateral under the heading labelled „other".

In addition, parties may apply „haircuts" to the Value of Eligible Collateral by specifying a „Valuation Percentage" less than 100% for particular types of Eligible Collateral. Applying a Valuation Percentage to an item of Eligible Collateral will reduce the Value attributed to that item. To avoid any ambiguity, parties that do not wish to discount the Value of Eligible Collateral should specify the Valuation Percentage to be 100% in the appropriate space(s). Haircuts are often used to create a „cushion" for certain types of collateral that the parties conclude may be relatively illiquid or subject to volatility.

Cross-References: Paragraphs 3, 4(b), 4(d), 5, 7, 9 and 12 (definitions of „Eligible Collateral", „Eligible Credit Support", „Pledgor", „Posted Collateral", „Secured Party", „Transfer", „Valuation Percentage" and „Value").

5. Paragraph 13 (b) (iii): „Other Eligible Support". In addition to Eligible Collateral, parties may specify that certain other types of credit support may be pledged or provided by either or both parties. For example, a letter of credit, a financial guaranty or a surety bond could be specified as „Other Eligible Support" for either or both parties. Parties that select this option must also complete Paragraph 13 (j) so that the „Value" of such support may be properly calculated and the „Transfer" mechanics are properly specified (see Section II.J of this Guide below). In addition, parties should carefully consider the events of default and related grace periods, if any, that should relate to a failure to comply with the requirements relating to Other Eligible Support, since Paragraph 7 of the Annex and Section 5 (a) (iii) (l) of the 1992 ISDA Master Agreement do not address these issues.

Cross-Reference: Paragraph 12 (definition of „Eligible Credit Support").

6. Paragraph 13 (b) (iv) : Thresholds.

a. Paragraph 13 (iv) (A): „Independent Amount". As discussed above in Section II. B.3 (2) of this Guide, the „Independent Amount" is an amount that may be used as an add-on to Exposure to address, among other things, the volatility of a particular Transaction, the amount of time that can pass between a determination of Exposure and the delivery of Eligible Credit Support in response to a demand relating thereto and credit concerns relating to one or both counterparties. While parties may specify an Independent Amount for either or both parties in Paragraph 13 (b) (iv) (A), parties also may reserve this specification to one or more Confirmations. As noted above, an Independent Amount can be a specified U. S. dollar (or other currency) amount or can be expressed as a formula (*e.g.*, as a percentage of the relevant Notional Amount). If an Independent Amount is not specified, it is deemed to be zero.

Cross-References: Paragraphs 3 and 12 (definition of „Independent Amount").

b. Paragraph 13 (b) (iv) (B): „Threshold". As discussed above in Section II. B.3 (3) of this Guide, the „Threshold" is an amount that may be used to represent the extent to which a party is willing to be in-the-money under the ISDA Master Agreement before the other party may be obligated to deliver Eligible Credit Support (*i.e.*, the permitted unsecured risk). As noted above, a Threshold can be a specified U. S. dollar (or other currency) amount or can be expressed as a formula (*e.g.*, as a percentage of the relevant Notional

Amount). This amount is often related to the credit quality of the party and may be set to vary depending upon the credit rating of that party. If a Threshold is not specified, it is deemed to be zero. Appendix D of this Guide sets forth an example of the use of Threshold.

Under the Annex, if as of the Valuation Time for a particular Valuation Date the Secured Party's Exposure exceeds the Pledgor's „Threshold", then (assuming no Independent Amounts are specified) a Credit Support Amount exists and (assuming no Posted Collateral is held) the Secured Party can demand that the Pledgor Transfer Eligible Credit Support in an amount equal to the amount of **that excess** (assuming it exceeds any Minimum Transfer Amount and is not altered by any rounding convention established by the parties). For example (and based on the foregoing assumptions), if Party A's Exposure is $3 and Party B's Threshold is $4, then Party B is not obligated to deliver any Eligible Credit Support; however, if Party A's Exposure rises to $5 as of the Valuation Time for the next Valuation Date, then (based on the above assumptions) Party A can demand that Party B Transfer $1 of Eligible Credit Support (*i.e.*, the amount by which Party A's Exposure ($5) exceeds Party B's Threshold ($4)).

Some market participants may prefer to require the Transfer of Eligible Credit Support for the entire amount of a party's Exposure once that party's Exposure reaches a certain amount, rather than requiring the Transfer of only the amount of the excess of Exposure over the amount of the Threshold (again, this assumes that no Independent Amounts are specified and there is no Posted Credit Support). This may be accomplished through the use of a „Minimum Transfer Amount" (see Section II. B.6.c of this Guide below). It may also be accomplished through the use of a rounding convention (see Section II. B.6.d of this Guide below). Appendix E of this Guide sets forth certain examples of the use of Minimum Transfer Amount and the rounding variable.

Cross-References: Paragraphs 3 and 12 (definition of „Threshold").

c. Paragraph 13(b)(iv)(C): „Minimum Transfer Amount". Parties may specify a dollar amount as the „Minimum Transfer Amount" for either or both parties so that a party will not be obligated to Transfer a „nuisance" amount of Eligible Credit Support or Posted Credit Support. This amount is often related to the credit quality of the party and, as with the Threshold, may be set to vary depending upon the credit rating of that party. If a Minimum Transfer Amount is not specified, it is deemed to be zero.

Under the Annex, once the Minimum Transfer Amount is reached for a party, that party is obligated to Transfer the **full amount** of credit support required (*i.e.*, the Delivery Amount or Return Amount), subject to rounding, if the parties so agree. For example, if on a particular Valuation Date Party A's Delivery Amount is $4 and Party B's Minimum Transfer Amount is $5, then Party B will not be obligated to Transfer any Eligible Credit Support; however, if Party A's Delivery Amount rises to $10 on the next Valuation Date, then Party B will be obligated to Transfer the full $10 of Eligible Credit Support because $10 exceeds the $5 Minimum Transfer Amount, assuming the Threshold is set at zero, the Secured Party is not then holding Posted Credit Support and the rounding convention, if any, specified by the parties, does not give rise to an obligation to deliver a different amount.

Because the use of Minimum Transfer Amount only establishes a „floor", it does not eliminate the possibility that parties will be required to deliver uneven amounts of Eligible or Posted Collateral. As discussed in the next section, parties must establish a rounding convention to eliminate such requirements. Additionally, as discussed below, parties can use rounding as a substitute for Minimum Transfer Amount.

Appendix E of this Guide sets forth an example of the use of Minimum Transfer Amount.

Cross-References: Paragraphs 3 and 12 (definition of „Minimum Transfer Amount").

d. Paragraph 13(b)(iv) Rounding. Parties may establish a rounding convention to avoid the obligation to deliver Eligible Credit Support pursuant to a Delivery Amount or Posted

Credit Support pursuant to a Return Amount in an amount that is otherwise uneven or difficult to obtain in the form requested (*e.g.,* $ 1, 501, 198.12) or, as described below, as a substitute for a Minimum Transfer Amount. Parties utilizing the rounding variable may specify a rounding convention or select one of the following options: (i) round the Delivery Amount and Return Amount down to the nearest integral multiple specified or (ii) round the Delivery Amount up and the Return Amount down to the nearest integral multiple specified. If no rounding convention is specified, then the Delivery Amount and the Return Amount will not be rounded.

Parties would not ordinarily be expected to specify that both Delivery Amounts and Return Amounts are to be rounded up, as this could create conflicting obligations to Transfer collateral and result in a Secured Party being undersecured. For example, if the parties specify that both Delivery Amounts and Return Amounts will be rounded up to the nearest multiple of $ 10, and, on a particular Valuation Date, Exposure equals $ 11, then, assuming the parties fail to specify any Minimum Transfer Amount, the Pledgor will have an obligation to deliver $ 20 of Eligible Credit Support to the Secured Party pursuant to a Delivery Amount. If on a subsequent Valuation Date Exposure remains at $ 11, the Secured Party will nevertheless have an obligation to Transfer $ 10 of Posted Credit Support to the Pledgor pursuant to a Return Amount, thereby leaving the Secured Party undersecured by $ 1.

As noted above and described further in Appendix E, market participants may use a rounding convention as an alternative to a Minimum Transfer Amount. For example, the parties could specify that (i) Delivery Amounts and Return Amounts below a specified level would be rounded down to zero and (ii) Delivery Amounts above that level would be rounded up and Return Amounts above that level would be rounded down, in each case to the nearest integral amount specified by the parties. In this way, market participants can obtain the same „minimum" that using a Minimum Transfer Amount would provide, without having to specify a separate rounding convention to eliminate uneven Delivery Amounts or Return Amounts.

Cross-Reference: Paragraph 3.

C. Paragraph 13 (c): Valuation and Timing

1. Paragraph 13 (c) (i): „Valuation Agent". The Valuation Agent is responsible for calculating the Delivery Amount and the Return Amount and notifying the parties of these calculations pursuant to Paragraph 4 (c) so that the Pledgor and the Secured Party, as applicable, fulfill their credit support obligations under Paragraph 3.

The parties may specify that the Valuation Agent is a third party or is one of the parties to the Annex for all purposes. If the parties do not specify either of these options in Paragraph 13 (c) (i), then the Valuation Agent is the party making the demand under Paragraph 3; as a result, the Secured Party would be the Valuation Agent for purposes of Paragraph 3 (a), while the Pledgor would be the Valuation Agent for purposes of Paragraph 3 (b).

Cross-References: Paragraphs 3, 4, 5, 6 (d) and 12 (definition of „Valuation Agent").

2. Paragraph 13 (c) (ii): „Valuation Date". The frequency of „Valuation Dates" represents the frequency of dates on which the Transactions (or Swap Transactions) under the ISDA Master Agreement and the Posted Credit Support are marked-to-market. On each Valuation Date or other date for which Exposure or Value is calculated, the Valuation Agent is required to calculate, as of the Valuation Time (*see* below), the Exposure, the Value of Posted Credit Support (if any), the Credit Support Amount, the Delivery Amount (if any) and the Return Amount (if any), and then notify the parties (*see* Paragraph 4 (c)).

Parties must complete Paragraph 13 (c) (ii) since there is no fallback position if the blank space is not completed. Parties may choose specific dates (*e.g.,* the 15th of each month or, if that date is not a Local Business Day, the Local Business Day immediately following that date) or time periods (*e.g.,* daily, weekly, monthly) or they may instead use a formula (*e.g.*, any Local Business Day which, if treated as a Valuation Date, would result in a Delivery Amount or Return Amount).³

Cross-References: Paragraphs 3, 4(c), 5, 6(d) and 12 (definition of „Valuation Date").

3. Paragraph 13(c)(iii): „Valuation Time". The „Valuation Time" is the time as of which the Valuation Agent calculates the Exposure and the Value of Posted Credit Support (if any) for purposes of determining if there is a Delivery Amount or a Return Amount under Paragraph 3. It is also the time as of which the Secured Party calculates the Exposure and the Value of Posted Credit Support (if any) for purposes of determining if the Pledgor is entitled to receive Distributions and the Interest Amount under Paragraph 6(d).

The parties must specify whether the Valuation Time will be (i) the close of business **on** the Valuation Date (for purposes of Paragraph 3) or date of calculation (for purposes of Paragraph 6(d)), (ii) the close of business on the Local Business Day **before** the Valuation Date (for purposes of Paragraph 3) or the Local Business Day **before** the date of calculation (for purposes of Paragraph 6(d)) or (iii) determined in accordance with some other means selected by the parties. Once the parties have made this election (or otherwise specified a Valuation Time), the Annex requires that (unless this provision is modified) the calculation of both Exposure and Value be made as of approximately the same time on the date chosen.

Cross-References: Paragraphs 4(c), 6(d) and 12 (definition of „Valuation Time").

4. Paragraph 13(c)(iv): „Notification Time". The „Notification Time" is the time by which, among other things, (i) the Valuation Agent must notify the parties of its calculations under Paragraph 4(c) on the Local Business Day following a Valuation Date and (ii) a party must make a demand for a Transfer of Eligible Credit Support or Posted Credit Support, as applicable, in order to be able to require the other party to make the appropriate Transfer not later than the close of business on the next Local Business Day. (If a demand for a Transfer is made after the Notification Time, then the Transfer is not required to be made until the close of business on the second Local Business Day following the day on which the demand was made).⁴⁾

While the parties may specify any time as the Notification Time, if no such specification is made, then the Notification Time will be 1:00 p.m., New York time, on a Local Business Day. Parties may wish to consider making the Notification Time for the Valuation Agent's calculations earlier than the Notification Time for demands for the Transfer of Eligible Credit Support or Posted Credit Support, at least in cases where a third party acts as the Valuation Agent. In this way, a party receiving notice of the Valuation Agent's calculations will be able to make a demand on the same day for a Transfer on the next Local Business Day.

Cross-References: Paragraphs 4(b), 5 and 12 (definition of „Notification Time").

D. Paragraph 13(d): Conditions Precedent and Secured Party's Rights and Remedies

Each party has certain specified rights under the Annex (unless otherwise specified in Paragraph 13), including:

(i) the right of a party to make a demand for the Transfer of Eligible Credit Support or Posted Credit Support, as applicable, under Paragraph 3 or 5;

---

³ If parties specify (by formula or otherwise) that each Local Business Day is to be a Valuation Date (*i.e.*, a daily mark-to-market), they should also provide for the Valuation Agent to make its calculations pursuant to Paragraph 4(c) on a basis that will allow for daily Transfers of Eligible Credit Support and Posted Credit Support. If the Valuation Agent is one of the parties, it may also be useful to make clear that a notice of the Valuation Agent's calculations can be combined with a demand for a Delivery Amount or a Return Amount.

⁴ The timing of any required Transfer is subject to the satisfaction of the applicable conditions precedent (Paragraph 4(a)) and the absence of a dispute (Paragraph 5). See Appendix B.1 for an illustration of the timing structure under the Annex.

(ii) the right of the Pledgor to deliver Substitute Credit Support for Posted Credit Support under Paragraph 4(d);

(iii) the right of a party under Paragraph 6(c) to use Posted Collateral that it holds; and

(iv) the right of the Pledgor to receive a Transfer of Distributions and the Interest Amount under Paragraph 6(d).

For a party to have these rights, however, the Annex requires that certain conditions precedent be satisfied (see Paragraph 4(a)). These conditions include the absence of an Event of Default, Potential Event of Default and Early Termination Date (for which any unsatisfied payment obligations exist), as well as the absence of any „Specified Condition". The existence of a „Specified Condition" with respect to the Pledgor also will trigger the Secured Party's rights and remedies under Paragraph 8(a) and a Specified Condition with respect to the Secured Party will trigger the Pledgor's rights and remedies under Paragraph 8(b).

Paragraph 13(d) enables the parties to designate one or more Termination Events (or other events selected by the parties) as a „Specified Condition". Parties are also free to define „Specified Condition" differently for certain purposes under the Annex. For example, Illegality could be designated as a Specified Condition for purposes of Paragraph 4(a) but not for purposes of Paragraph 8(a) or 8(b), while „Credit Event Upon Merger" or an Additional Termination Event based on a ratings downgrade below a certain level could be designated as a Specified Condition for purposes of the Secured Party's rights and remedies under Paragraph 8(a) and the Pledgor's rights and remedies under Paragraph 8(b). In general, parties may designate any Termination Event as a Specified Condition; however, parties should only specify an Additional Termination Event as a Specified Condition for purposes of Paragraph 8(a) or 8(b) if it is also an Additional Termination Event for purposes of designating an Early Termination Date under the ISDA Master Agreement.

Cross-References: Paragraphs 4, 6, 8 and 12 (definition of „Specified Condition").

E. Paragraph 13(e): Substitution

1. Paragraph 13(e)(i): „Substitution Date". Under Paragraph 4(d), upon notice by the Pledgor specifying the items to be exchanged and following the Transfer of the Substitute Credit Support to the Secured Party, the Secured Party must Transfer to the Pledgor the items of Posted Credit Support specified in such notice, not later than the Substitution Date. The „Substitution Date" is defined in Paragraph 4(d)(ii) as the Local Business Day following the date on which the Secured Party receives the Substitute Credit Support, unless otherwise specified in Paragraph 13. By changing the definition of Substitution Date, the parties may extend or reduce the time period in which the Secured Party must make its Transfer of Posted Credit Support. This may be desirable for some or all types of Posted Credit Support, since the parties may require more or less time to Transfer certain types of Posted Credit Support.

Cross-Reference: Paragraph 4(d).

2. Paragraph 13(e)(ii): Consent. If specified as applicable, Paragraph 13(e)(ii) will preclude the Pledgor from delivering Substitute Credit Support for Posted Credit Support without first obtaining the Secured Party's consent. Parties should consider requiring such consent by selecting „applicable" in Paragraph 13(e)(ii) where substitution without consent could give rise to a registration requirement to perfect the security interest in Posted Collateral.[5]

---

[5] For example, if one or both parties is an English bank, they may wish to consult with counsel to determine whether, in the particular circumstances, the unlimited right to substitute could affect the enforceability of the security interest granted under the Annex.

Cross-Reference: Paragraph 4 (d).

F. Paragraph 13 (f): Dispute Resolution

1. Paragraph 13 (f) (i): „Resolution Time". The „Resolution Time" is the time by which parties involved in a dispute under Paragraph 5 must resolve their dispute; if they do not resolve their dispute by the Resolution Time, then the Valuation Agent (which may be the party making the demand) performs certain recalculations under Paragraph 5.

While the parties may choose a longer period in which to resolve their dispute, if no specification is made then the Resolution Time will be 1:00 p.m., New York time, on the Local Business Day following the date on which the notice is given that gives rise to a dispute under Paragraph 5. In order to eliminate any ambiguity over the meaning of this fallback provision, parties may wish to change the language in Paragraph 13 (f) (i) so that it refers to „the date on which notice of the dispute is given under Paragraph 5", rather than „the date on which notice is given that gives rise to a dispute under Paragraph 5". The latter phrase could be taken to be a reference to the Valuation Agent's notice of Exposure or Value, which is not intended. Parties may also wish to specify that the requirement to Transfer an undisputed amount of Eligible Credit Support or Posted Credit Support will not arise prior to the time that otherwise applied to that Transfer pursuant to a demand made under Paragraph 3. The provisions of clause (2) of Paragraph 5 could under certain circumstances have advanced the timing of that Transfer.

Cross-References: Paragraphs 5 and 12 (definition of „Resolution Time").

2. Paragraph 13 (f) (ii): „Value". Paragraph 5 requires that the parties provide for a means by which the Valuation Agent can recalculate the Value of Posted Credit Support and the Value of any Transfer of Eligible Credit Support in the event of a dispute. If this provision is not completed, the Valuation Agent will be unable to resolve disputes involving the Value of Posted Collateral.

One alternative that parties may wish to specify is as follows: „Disputes over Value will be resolved by the Valuation Agent seeking three mid-market quotes as of the relevant Valuation Date or date of Transfer from parties that regularly act as dealers in the securities or other property in question. The Value will be the arithmetic mean of the quotes received by the Valuation Agent."

Cross-References: Paragraphs 3, 4, 5, 11 and 12 (definition of „Value").

3. Paragraph 13 (f) (iii): Alternative. Paragraph 5 (i) states how a dispute involving the Valuation Agent's calculation of a Delivery Amount or a Return Amount is handled. Simply stated, the Valuation Agent recalculates Exposure for the disputed Transactions by seeking four actual quotations at mid-market from Reference Market-makers for purposes of calculating Market Quotation and then takes the arithmetic mean of those quotes.[6] The Valuation Agent recalculates the Value of Posted Credit Support (if disputed) by using the procedures in Paragraph 13 (f) (ii) and then recalculates the Delivery Amount or Return Amount, as applicable.

If the parties elect to change this dispute resolution procedure, they should specify a different procedure in Paragraph 13 (f) (iii).

Cross-Reference: Paragraph 5.

G. Paragraph 13 (g): Holding and Using Posted Collateral

1. Paragraph 13 (g) (i): Eligibility To Hold Posted Collateral; Custodians. Under Paragraph 6 (b), each party, as the Secured Party, is entitled to hold Posted Collateral, *provided*

---

[6] If fewer than four quotations are available for a particular disputed Transaction (or Swap Transaction), then the Valuation Agent is permitted to use fewer than four quotations for that Transaction (or Swap Transaction), and if no quotation is available, then the Valuation Agent's original calculations are used.

that it satisfies the conditions specified in Paragraph 13 (g)(i). In addition, a Custodian (if any) appointed by a party also will be entitled to hold Posted Collateral, *provided* that the Custodian satisfies the conditions specified in Paragraph 13 (g)(i).

One condition specified in Paragraph 13 (g)(i)(1) of the Annex is that the party must not be a Defaulting Party in order for that party to be entitled to hold Posted Credit Support. Parties should also consider whether to specify as a condition that all Posted Collateral may be held only in certain jurisdictions (or, in the case of U.S. Treasury or agency securities, at institutions with accounts at specified Federal Reserve Banks). Parties must add any additional conditions that they elect to include, such as a minimum credit rating requirement. Conditions may also be set for the Custodian of a party such as a credit rating or total assets requirement. Space is also provided for each party to specify a particular entity that initially will serve as its Custodian.

Cross-References: Paragraphs 6 (b), 7 (i) and 12 (definition of „Custodian").

2. Paragraph 13 (g)(ii): Use of Posted Collateral. Under Paragraph 6 (c), the Secured Party has the right to use Posted Collateral as set forth in Paragraph 6 (c)(i) and (ii), **provided** that the Secured Party or its Custodian (if any), satisfies the conditions specified in Paragraph 13 (g)(i), and **provided further** that this right is not restricted in Paragraph 13 (g)(ii). Among other things, Paragraph 6 (c)(i) gives the Secured Party the right to transfer the entire ownership interest in the Posted Collateral or to pledge or rehypothecate it. Parties wishing to modify this provision may, for example, completely restrict the Secured Party's right to use Posted Collateral, partially restrict this right by listing the prohibited actions or restrict this right to the extent the Secured Party falls below a specified credit rating.

Parties should carefully consider the risks attendant to the rehypothecation or other disposition of Posted Collateral both to the Secured Party and to the Pledgor and consult with their legal advisors before documenting a Transaction (or Swap Transaction) under the Annex that permits the rehypothecation or other disposition of Posted Collateral.

Cross-Reference: Paragraph 6 (c).

H. Paragraph 13 (h): Distributions and Interest Amount

1. Paragraph 13 (h)(i): „Interest Rate". The „Interest Rate" is the rate that the parties agree will be applied to Posted Collateral in the form of Cash and, subject to certain conditions, paid to the Pledgor. The Parties must complete this space if Cash is an acceptable type of Eligible Collateral and the parties choose not to change (through paragraph 13 (h)(iii)) the provision entitling the Pledgor to the Interest Amount. Under Paragraphs 6 (d)(ii) and 12 of the Annex, the Interest Amount for any Interest Period is the sum of the daily interest calculations using the equivalent of an Actual/360 day count fraction.

The Annex also provides in Paragraph 11 (a) for Default Interest to be paid by the Secured Party in the event that it fails to Transfer Posted Collateral or the Interest Amount when it is required to do so. In contrast to the Interest Rate provisions of Paragraph 6 (d)(ii), Default Interest under Paragraph 11 (a) of the Annex is determined in the same manner as is provided for under the ISDA Master Agreement which uses the Default Rate and an Actual/Actual day count fraction (this provision, however, only applies to the Secured Party because Posted Collateral is treated as property in which the Pledgor has a residual interest; while the Secured Party is entitled to hold it, use it to satisfy Obligations and may be entitled to transfer the entire ownership interest to a third party, the Pledgor is entitled to earnings in the form of interest thereon).

Parties should consult with their tax advisors as to whether any withholding taxes would result from the receipt of income on Posted Collateral or from the payment of Distributions or Interest Amounts and the characterization of such payments. Generally, no withholding tax would apply if both parties and the issuer of the Posted Collateral are organized in the United States. Similarly, it is expected that no withholding tax would normally apply if the parties and the issuer of the Posted Collateral are all tax residents of a single non-U. S. country, although parties should consult advisors in such a country concerning their particular circumstances. Parties should refer to Section III of this Guide for additional information relating to tax considerations.

If any withholding taxes apply with respect to Posted Collateral, Paragraph 10(b) requires that the Pledgor pay such withholding taxes.

2. Paragraph 13(h)(ii): Transfer of Interest Amount. Provided that the Secured Party would not become improperly undersecured by the Transfer of any Interest Amount (treating each date of calculation as a Valuation Date), Paragraph 13(h)(ii) states that the Interest Amount will be Transferred to the Pledgor on the last Local Business Day of each calendar month and on any Local Business Day that Posted Collateral in the form of Cash is Transferred to the Pledgor pursuant to Paragraph 3(b). The parties may modify the timing of Interest Amount payments through Paragraph 13(h)(ii).[7]

3. Paragraph 13(h)(iii): Alternative to Interest Amount. The parties may elect not to provide the guaranteed rate of return on Posted Collateral in the form of Cash that is achieved through the use of an Interest Rate and Interest Amount. The parties may specify, for example, that the Secured Party will invest Posted Collateral in the form of Cash in good faith and Transfer the proceeds of that investment to the Pledgor pursuant to some agreed schedule instead of the Interest Amount that otherwise would have been Transferred pursuant to Paragraph 13(h)(ii).

Cross-References: Paragraphs 6(d) and 12 (definitions of „Interest Amount", „Interest Rate" and „Interest Period").

I. Paragraph 13(i): Additional Representation(s)

Paragraph 13(i) allows the parties to provide for representations in addition to those set forth in Paragraph 9. Any additional representations will be deemed to be repeated as of each date on which a party, as the Pledgor, Transfers Eligible Collateral. Appendix F of this Guide sets forth suggested modifications to Paragraph 13 for parties dealing with U. S. banks or thrift institutions subject to the Federal Deposit Insurance Act („FDIA").

Cross-References: Paragraphs 7(iii) and 9.

J. Paragraph 13(j): Other Eligible Support and Other Posted Support

1. Parapraph 13(j)(i): „Value". Parties that elect to permit Other Eligible Support to be included under the Annex must set forth in Paragraph 13(j)(i) how that Other Eligible Support is valued. For example, if a letter of credit qualifies as Other Eligible Support, then the parties could define its „Value" as the amount then available to be unconditionally drawn upon by the Secured Party (subject only to the conditions to drawing specified in the letter of credit documentation). Without this information, the Valuation Agent or the Secured Party will be unable to perform the calculations under Paragraphs 3, 5 and 6(d).

2. Paragraph 13(j)(ii): „Transfer". Parties that elect to permit Other Eligible Support to be included under the Annex must set forth in Paragraph 13(j)(ii) how that Other Eligible Support is „Transferred". For example, if a letter of credit qualifies as Other Eligible

---

[7] Pursuant to Paragraph 6(d)(i) of the Annex, all Distributions which the Secured Party receives or is deemed to receive on a Local Business Day must (subject to the satisfaction of all applicable conditions) be transferred to the pledgor, not later than the following Local Business Day, to the extent that a Delivery Amount would not be created or increased as a result of such a Transfer, as calculated by the Valuation Agent (and the date of receipt or the date of Transfer, as elected by the Valuation Agent, will be deemed to be a Valuation Date for this purpose). Failure of a party to Transfer Distributions pursuant to Paragraph 6(d)(i) will be an Event of Default under Paragraph 7(i) by virtue of the fact that the definition of „Posted Collateral" expressly includes „Distributions". The parties may modify the timing of Transfers of Distributions (or the Valuation Date relating thereto) through Paragraph 13(m).

Support, then the parties could define an effective „Transfer" with respect to that letter of credit to mean the creation of an unconditional right of the Secured Party for whose benefit the letter of credit is established to draw upon that letter of credit (subject only to the conditions to drawing specified in the letter of credit documentation). Without this information, there is ambiguity surrounding when the Other Eligible Support becomes Other Posted Support, thereby making it difficult for the Valuation Agent or the Secured Party to perform the calculations under Paragraphs 3, 5 and 6 (d).

Cross-References: Paragraph 12 (definitions of „Value" and „Transfer").

K. Paragraph 13 (k): Demands and Notices

Paragraph 13 (k) states that all demands, specifications and notices to be made under the Annex will be made pursuant to the section for „Notices" in the ISDA Master Agreement, unless otherwise specified in Paragraph 13 (k).

L. Paragraph 13 (l): Addresses for Transfers

Parties to the Annex must complete Paragraph 13 (l) to identify where Transfers of Eligible Credit Support, the Interest Amount (if applicable) and Posted Credit Support should be sent.

M. Paragraph 13 (m): Other Provisions

Paragraph 13 (m) provides the parties with a place to include additional provisions not covered elsewhere in the Annex, much like Part 5 of the Schedule to the ISDA Master Agreement. Appendix G to this Guide sets forth certain suggested modifications that parties to a 1987 ISDA Master Agreement should include.

III. TAX CONSIDERATIONS

A. Clarification of Paragraph 10 (b)

Paragraph 10 (b) of the Annex provides that the Pledgor will pay all taxes, assessments or any charges that are imposed with respect to Posted Credit Support except for taxes, assessments or charges that result from the Secured Party's exercise of rights under Paragraph 6 (c). Paragraph 6 (c) gives the Secured Party broad rights with respect to the Posted Collateral in the absence of a default by the Secured Party, including, among other things, the right to sell, pledge, assign, invest or use the Posted Collateral. The exception at the end of Paragraph 10 (b) was intended to hold the Secured Party responsible for any transfer, recording or similar taxes resulting from the Secured Party's voluntary exercise of rights pursuant to Paragraph 6 (c).

The exception at the end of Paragraph 10 (b) was not intended, however, to require the Secured Party to bear any capital gain, income, franchise, withholding or similar taxes as a consequence of the voluntary exercise of its rights under Paragraph 6 (c), as those types of taxes relate to the Pledgor's ownership of the Posted Credit Support and would normally be the responsibility of the Pledgor. In fact, parties should note that the exercise of rights by the Secured Party under Paragraph 6 (c) would not cause the Pledgor to recognize gain or loss for United States Federal income tax purposes because the Annex was drafted to comply with the requirements of Section 1058 of the Internal Revenue Code of 1986, as amended. Nevertheless, in order to clarify the intention that the exception at the end of Paragraph 10 (b) was intended to apply only to transfer or similar taxes, parties may wish to add the following language to Paragraph 13 (m):

Amendment of Paragraph 10 (b). Paragraph 10 (b) of this Annex is modified to read as follows:

Posted Credit Support. The Pledgor will promptly pay when due all taxes, assessments or charges of any nature that are imposed with respect to Posted Credit Support held by the Secured Party upon becoming aware of the same, regardless of whether any portion of that Posted Credit Support is subsequently disposed of under Paragraph 6 (c), except for transfer, recording or similar taxes that result from the exercise of the Secured Party's rights under Paragraph 6 (c).

B. Withholding Taxes

Parties should consult with their tax advisors as to whether any withholding taxes would result from the receipt of income on Posted Collateral or from the payment of Distributions or Interest Amounts and the characterization of such payments. Generally, no withholding tax would apply if both parties and the issuer of the Posted Collateral are organized in the United States. Similarly, it is expected that no withholding tax would normally apply if the parties and the issuer of the Posted Collateral are all tax residents of a single non-U. S. country, although parties should consult advisors in such a country concerning their particular circumstances.

IV. SUMMARY

As described above, Paragraph 13 of the Annex provides the parties with the ability to modify and tailor certain provisions of the Annex to fit their specific credit support arrangements; however, some of the elections and variables of Paragraph 13 **must** be completed since the Annex does not provide for a back-up or fallback position if the parties fail to do so. The following is a brief summary of those elections and variables of Paragraph 13 that the parties **must** complete, as well as the result if the parties choose not to complete certain elections and variables with fallback positions:

1. Paragraph 13 (a): Security Interest for „Obligations". If no modification is made, then the Annex only secures present and future obligations under the ISDA Master Agreement.

2. Paragraph 13 (b): Credit Support Obligations

a. **Paragraph 13 (b) (i): Delivery Amount, Return Amount and Credit Support Amount.** If the parties do not specify an alternative definition for Delivery Amount, Return Amount or Credit Support Amount, then these terms will have the meanings provided in the Annex.

b. **Paragraph 13 (b) (ii): Eligible Collateral.** In order for collateral of any type to constitute „Eligible Collateral", it must be so specified in Paragraph 13 (b) (ii). The relevant „Valuation Percentage" applicable thereto should also be specified in Paragraph 13 (b) (ii). Parties may alternatively select acceptable types of „Other Eligible Support" under Paragraph 13 (b) (iii) as the sole types of credit support under the Annex.

c. **Paragraph 13 (b) (iii): Other Eligible Support.** In order for other arrangements to constitute „Other Eligible Support", the parties must specify the acceptable types of „Other Eligible Support" under Paragraph 13 (b) (iii).

d. **Paragraph 13 (b) (iv) (A), (B), (C) and (D): Thresholds.** If the parties do not specify amounts for the „Independent Amount", the „Threshold" or the „Minimum Transfer Amount", then these amounts are deemed to be zero. If no rounding convention is specified, then the Delivery Amount and the Return Amount will not be rounded.

3. Paragraph 13 (c): Valuation and Timing.

a. **Paragraph 13 (c) (i): „Valuation Agent".** If the parties do not specify a Valuation Agent, then the Valuation Agent is the party making the demand under Paragraph 3.

b. **Paragraph 13 (c) (ii): „Valuation Date".** The parties must specify how or when the Valuation Dates will occur.

c. **Paragraph 13 (c) (iii): „Valuation Time".** The parties must specify when the Valuation Time will be.

d. **Paragraph 13 (c) (iv): „Notification Time".** If the parties do not specify the Notification Time, then the Notification Time will be 1:00 p. m., New York time, on a Local Business Day.

4. **Paragraph 13 (d): Conditions Precedent and Secured Party's Rights and Remedies.** If the parties do not designate any Termination Events as a „Specified Condition", then Specified Conditions will not apply.

5. **Paragraph 13 (e): Substitution.**
   a. **Paragraph 13 (e) (i): „Substitution Date".** If the parties do not specify a „Substitution Date", then the Substitution Date will be the Local Business Day following the date on which the Secured Party receives the Substitute Credit Support.
   b. **Paragraph 13 (e) (ii): Consent.** If the parties do not specify that Paragraph 13 (e) (ii) is applicable, then the Pledgor will be free to deliver Substitute Credit Support for Posted Credit Support without the Secured Party's consent.

6. **Paragraph 13 (f): Dispute Resolution.**
   a. **Paragraph 13 (f) (i): „Resolution Time".** If the parties do not specify the Resolution Time, then the Resolution Time will be 1:00 p.m., New York time, on the Local Business Day following the date on which the notice is given that gives rise to a dispute under Paragraph 5. To eliminate ambiguity, parties should consider revising the language of Paragraph 13 (f) (i) to refer to „the date on which notice of the dispute is given under Paragraph 5".
   b. **Paragraph 13 (f) (ii): „Value".** The parties must provide for a method to determine the Value of Posted Credit Support other than Cash in the event of a dispute.
   c. **Paragraph 13 (f) (iii): Alternative.** If the parties do not specify an alternative method for the Valuation Agent to recalculate the Delivery Amount and the Return Amount in the event of a dispute, then the procedures specified in Paragraph 5 will govern.

7. **Paragraph 13 (g): Holding and Using Posted Credit Support.**
   a. **Paragraph 13 (g) (i): Eligibility to Hold Posted Collateral; Custodians.** If the parties do not specify any conditions to holding Posted Collateral, then the only condition that will apply is that a party not be a Defaulting Party. In addition, if the parties want the ability to use a Custodian, then they must identify an entity that may act as its Custodian or criteria (*e.g.*, credit rating, total assets) for an acceptable Custodian.
   b. **Paragraph 13 (g) (ii): Use of Posted Collateral.** If the parties do not restrict a party's right to use Posted Collateral, then that party will have the rights specified in Paragraph 6 (c).

8. **Paragraph 13 (h): Distributions and Interest Amount.**
   a. **Paragraph 13 (h) (i): „Interest Rate".** If Cash is an acceptable type of Eligible Collateral and the return on that Cash is to be the Interest Amount, then the parties must specify the rate that the Pledgor of that Cash will receive.
   b. **Paragraph 13 (h) (ii): Transfer of Interest Amount.** If Cash has been pledged to the Secured Party, then the return on that Cash is to be the Interest Amount and if the parties have not specified the time at which that Interest Amount is to be transferred to the Pledgor, then it will be transferred on the last Local Business Day of each calendar month and on any Local Business Day that Posted Collateral in the form of Cash is returned to the Pledgor pursuant to Paragraph 3 (b).
   c. **Paragraph 13 (h) (iii): Alternative to Interest Amount.** If the parties do not specify an alternative to the Interest Amount and Cash has been pledged to the Secured Party, then the Pledgor will be entitled to the Interest Amount.

9. **Paragraph 13 (i): Additional Representation(s).** If the parties do not specify any additional representations, then the only representations in the Annex that will apply are those contained in Paragraph 9.

10. **Paragraph 13 (j): Other Eligible Support and Other Posted Support.** If the parties specify types of Other Eligible Support, then they must define „Value" and „Transfer" with respect to that Other Eligible Support.

11. Paragraph 13(k): Demands and Notices. If the parties do not provide information regarding the making of demands, specifications and notices, then these will be made as specified in the section for „Notices" in the ISDA Master Agreement.

12. Paragraph 13(l): Addresses for Transfers. The parties must specify the location for Transfers of Eligible Credit Support, the Interest Amount and Posted Credit Support.

13. Paragraph 13(m): Other Provisions. The parties may specify any additional provisions not covered elsewhere in the Annex, much like Part 5 of the Schedule to the ISDA Master Agreement.

APPENDIX A

FORM OF AMENDMENT TO ISDA MASTER AGREEMENT* [1]

dated as of ....

.... and ....

have previously entered into that certain ISDA Master Agreement*, dated as of .... 19 ... (the „Agreement"), which Agreement includes the Schedule and all Confirmations exchanged between the parties confirming the Transactions (or Swap Transactions) thereunder. The parties have now agreed to amend the Agreement by this Amendment (this „Amendment").

Accordingly, the parties agree as follows:

1. Amendment of the Agreement

Upon execution of this Amendment by both parties, the Agreement shall be and hereby is amended to add the 1994 ISDA Credit Support Annex attached hereto as Annex A (the „Annex") as part of the Schedule and a Credit Support Document with respect to each party.

As used in the Agreement (including any Confirmation relating thereto), as amended by this Amendment, the terms „ISDA Master Agreement"*, „this Master Agreement"*, „Agreement", „this Agreement", „herein", „hereinafter", „hereof", „hereto" and other words of similar import shall mean the Agreement as amended hereby, unless the context otherwise specifically requires.

2. Representations

Each party represents to the other party that all representations contained in the Agreement (including all representations set forth in the Annex) are true and accurate as of the date of this Amendment and that such representations are deemed to be given or repeated by each party, as the case may be, on the date of this Amendment.

3. Miscellaneous

(a) **Definitions.** Capitalized terms used in this Amendment and not otherwise defined herein shall have the meanings specified for such terms in the Agreement.

(b) **Entire Agreement.** This Amendment constitutes the entire agreement and understanding of the parties with respect to its subject matter and supersedes all oral communication and prior writings (except as otherwise provided herein) with respect thereto.

---

* Insert appropriate title of existing 1987 or 1992 ISDA Master Agreement.

[1] PARTIES SHOULD CONSULT WITH THEIR LEGAL ADVISORS AND ANY OTHER ADVISOR THEY DEEM APPROPRIATE PRIOR TO USING THIS FORM OF AMENDMENT. BECAUSE OF THE VARIED DOCUMENTATION STRUCTURES IN THE MARKETPLACE, MODIFICATIONS TO THIS FORM OF AMENDMENT MAY BE NECESSARY OR AN ENTIRELY DIFFERENT FORM OF AMENDMENT MAY BE APPROPRIATE.

(c) **Counterparts.** This Amendment may be executed and delivered in counterparts (including by facsimile transmission), each of which will be deemed an original.

(d) **Headings.** The headings used in this Amendment are for convenience of reference only and are not to affect the construction of or to be taken into consideration in interpreting this Amendment.

(e) **Governing Law.** This Amendment will be governed by and construed in accordance with English law/the laws of the State of New York (without reference to choice of law doctrine).[2]

IN WITNESS WHEREOF the parties have executed this Amendment on the respective dates specified below with effect from the date specified on the first page of this Amendment.

....
(Name of Party)   Name of Party)

By: ....   By: ....
   Name: Name:
   Title: Title:
   Date: Date:

---

[2] Delete as applicable.

APPENDIX B.1

ILLUSTRATION OF THE COLLATERALIZATION PROCESS UNDER THE 1994 ISDA CREDIT SUPPORT ANNEX

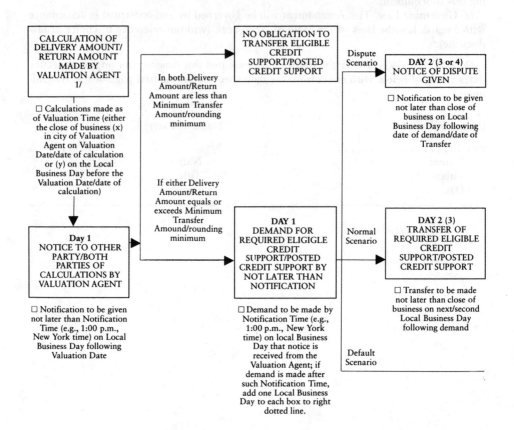

1/ See attached Appendix B.2 for information relating to the calculation of the „Delivery Amount" and „Return Amount".

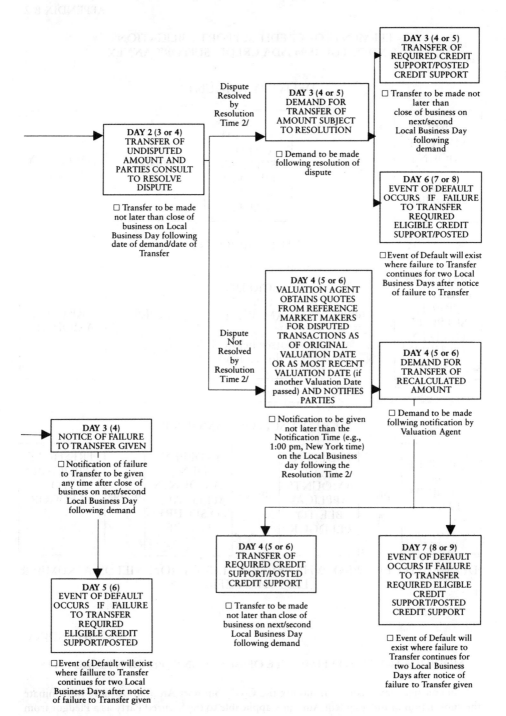

2/ The „Resolution Time" means 1:00 p.m., New York time, on the Local Business Day following the date on which notification of a dispute is given under Paragraph 5 of the Annex (unless otherwise agreed).

APPENDIX B.2

**ELEMENTS OF CREDIT SUPPORT OBLIGATIONS
UNDER THE 1994 ISDA CREDIT SUPPORT ANNEX**

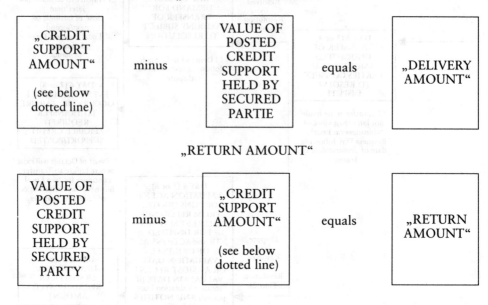

(DEEMED TO BE ZERO WHENEVER CALCULATION YIELDS A NUMBER LESS THAN ZERO)

APPENDIX C

MODIFICATION'S TO ELIMINATE OFFSET OF INDEPENDENT AMOUNTS

Some parties may wish to (i) modify the Credit Support Amount formula to eliminate the subtraction of Independent Amounts applicable to the Secured Party as a Pledgor from the calculation of Credit Support Amount (*see* clause (iii) of the definition of „Credit Support Amount") and (ii) add a provision to Paragraph 3 of the Annex which prohibits offset, so that parties can be fully secured both with respect to their Exposure and in connection with any Independent Amounts applicable to their counterparty. This approach may result in each party's holding Posted Credit Support as a Secured Party simultaneously. For example, one party may hold Posted Credit Support as security for the Independent Amounts applicable to the other party and the other party may hold Posted Credit Support because its Exposure to the first party has given rise to a demand for a Delivery Amount. Parties wishing to achieve this result should add the following provisions to Paragraph 13 (under subparagraphs (b) and (m), as appropriate):

„**Credit Support Amount**" means, for any Valuation Date (i) the Secured Party's Exposure for that Valuation Date plus (ii) the aggregate of all Independent Amounts applicable to the Pledgor, if any, minus (iii) the Pledgor s Threshold; provided, however, that (x) in the case where the sum of the Independent Amounts applicable to the Pledgor exceeds zero, the Credit Support Amount will not be less than the sum of all Independent Amounts applicable to the Pledgor and (y) in all other cases, the Credit Support Amount will be deemed to be zero whenever the calculation of Credit Support Amount yields an amount less than zero.

Additions to Paragraph 3. The following subparagraph (c) is hereby added to Paragraph 3 of this Annex:

(c) **No offset.** On any Valuation Date, if either (i) each party is required to make a Transfer under Paragraph 3 (a) or (ii) each party is required to make a Transfer under Paragraph 3 (b), then the amounts of those obligations will not offset each other.

The prohibition against offset contained in Paragraph 3 (c) is intended to clarify that a credit support obligation in favor of a party, as Secured Party, is not to be offset against a credit support obligation arising in connection with an Independent Amount applicable to that same party, as Pledgor. The following example illustrates this prohibition against offset:

If on or promptly following a Valuation Date --

(i) Party A Transfers $ 10 to Party B in connection with an Independent Amount applicable to it as a Pledgor and

(ii) Party B Transfers $ 50 to Party A pursuant to the amount of Party A's Exposure; and on a subsequent Valuation Date --

(iii) the Value of Posted Credit Support held by Party B has decreased to $ 9; and

(iv) the Exposure of Party A has increased to $ 70; then,

if the offset of these obligations --

(a) was permitted, there would exist only one credit support obligation of Party B to Transfer $ 19 to Party A (thereby leaving each of Party A and Party B undersecured by $ 1).

(b) was not permitted, there would exist one credit support obligation of Party B to Transfer $ 20 to Party A and one credit support obligation of Party A to Transfer $ 1 to Party B (thereby leaving each of Party A and Party B fully secured).

APPENDIX D

EXAMPLE USE OF TRESHOLD

The following example demonstrates one method by which a „Threshold" may be utilized:

The Threshold for Party A and Party B may be set as follows (with a specification that the Threshold applicable to either party on any particular day will be as indicated opposite the lowest (or highest) of the ratings indicated):

IV.7 Anhang 9

Senior Unsecured Debt Ratings

Threshold

Moody's Investors Service, Inc.	Standard & Poor's Corporation	
[Rating]	[Rating]	[$ / Infinity]

Using this credit ratings approach for „Threshold", if „infinity" were specified as the relevant Threshold at a particular ratings level for a party, then that party would not be obligated to deliver Eligible Credit Support until rated below that level.

APPENDIX E

EXAMPLE USES OF MINIMUM TRANSFER AMOUNT AND THE ROUNDING VARIABLE

The following examples demonstrate the use of „Minimum Transfer Amount" and the rounding variable:

Minimum Transfer Amount

The Minimum Transfer Amount for Party A and Party B may be set as follows (with a specification that the Minimum Transfer Amount applicable to either party on any particular day will be as indicated opposite the lowest (or highest) of the ratings indicated):

Senior Unsecured Debt Ratings

Minimum Transfer Amount

Moody's Investors Service, Inc.	Standard & Poor's Corporation	
[Rating]	[Rating]	[$]

Using this credit ratings approach for „Minimum Transfer Amount", parties are able to set the amount of Eligible Credit Support required to be delivered by a party to vary depending upon the credit rating of that party. Once the Minimum Transfer Amount applicable to a party at a particular ratings level is reached, that party is obligated to deliver the full amount of Eligible Credit Support required.

Because the use of a Minimum Transfer Amount only establishes a „floor", it does not eliminate the possibility that parties will be required to deliver uneven amounts of Eligible or Posted Collateral. As discussed in the next section, parties must establish a rounding convention to eliminate such requirements. Additionally, as discussed below, parties can use rounding as a substitute for a Minimum Transfer Amount.

Rounding

Market participants may use a rounding convention as an alternative to a Minimum Transfer Amount. For example, the parties could specify that (i) Delivery Amounts and Return Amounts below a specified level would be rounded down to zero and (ii) Delivery Amounts above that level would be rounded up and Return Amounts above that level would be rounded down, in each case to the nearest integral multiple specified by the parties. (As discussed above in Section II. B.6.d of this Guide, parties would not ordinarily be expected to specify that both Delivery Amounts and Return Amounts are to be rounded up, as this could create conflicting obligations to Transfer collateral and result in a Secured Party being undersecured). In this way, market participants obtain the same „minimum" that using a Minimum Transfer Amount would provide, but avoid having to specify a separate rounding convention to eliminate uneven Delivery Amounts or Return Amounts.

Assume that each party is willing to be unsecured for up to $ 10 of Exposure (or additional Exposure above the amount of Posted Credit Support held by the Secured Party) and to allow the other party to be oversecured for the first $ 10 of any decline in Exposure, but that each party wishes to round all Delivery Amounts above that level up to the nearest $ 5 and round all Return Amounts above that level down to the nearest $ 5. Parties may achieve this result by completing the rounding variable in Paragraph 13(b)(iv)(D) as follows:

Delivery Amount and Return Amount: (a) all Delivery Amounts and Return Amounts that are less than $ 10 will be rounded down to zero, (b) all Delivery Amounts above $ 10 will be rounded up to the nearest multiple of $ 5 and (c) all Return Amounts above $ 10 will be rounded down to the nearest multiple of $ 5.

Unlike using the Minimum Transfer Amount alternative, which may result in calls for Eligible Credit Support or Posted Credit Support in amounts of $ 10, $ 11, $ 12, etc., the rounding convention results in movements only in amounts of $ 10, $ 15, $ 20, etc., thus simplifying the collateralization process operationally.

APPENDIX F

SPECIAL REPRESENTATION FOR PARTIES DEALING WITH A U. S. BANK OR THRIFT INSTITUTION

A party dealing with a U. S. bank or thrift institution subject to the FDIA should consider including in Paragraph 13(i) the following additional representation from such institution:

The necessary action to authorize referred to in Section 3(a)(ii) of this Agreement includes all authorizations required under the Federal Deposit Insurance Act as amended (including amendment effected by the Financial Institutions Reform, Recovery, and Enforcement Act of 1989) and under any agreement, writ, decree or order entered into with the Pledgor's supervisory authorities; and at all times during the term of this Agreement, the Pledgor will continuously include and maintain as part of its official written books and records this Agreement, any Credit Support Document to which it is a party and all other exhibits; supplements and attachments hereto and documents incorporated by reference herein, including all Confirmations, and evidence of all necessary authorizations. This Agreement, any Credit Support Document to which the Pledgor is a party, each Confirmation, and any other documentation relating to this Agreement to which it is a party or that it is required to deliver will be executed and delivered by a duly appointed or elected and authorized officer of the Pledgor of the level of vice-president or higher. The Pledgor and the Secured Party agree that each Transaction and the Agreement are a „swap agreement" and a „qualified financial contract" and that the Agreement is a „master agreement", for purposes of Section 11(e)(8) of the Federal Deposit Insurance Act or any successor provisions.

This representation is intended to address concerns raised by Section 13(e) of the FDIA.[1] Section 13(e) of the FDIA sets forth certain requirements for a party to hold a valid security interest against the Federal Deposit Insurance Corporation (the „FDIC") in any assets that the FDIC acquires from an insured depository institution, either through security for a loan, purchase from or as receiver for that institution.[2]

---

[1] 12 U.S.C. § 1823(e) (1992).
[2] **Id.**

IV.7 Anhang 9

In 1989, the Board of Directors of the FDIC issued the Statement of Policy on Qualified Financial Contracts (the „FDIC Policy Statement") to provide a „safe harbor" from Section 13(e) for certain bona fide qualified financial contracts entered into by depository institutions and nonaffiliated counterparties. The FDIC Policy Statement states that any qualified financial contract (including any ancillary agreement, such as a master agreement or *security arrangements*) that complies with each of the following criteria will be deemed to satisfy, in pertinent part, the requirements of Section 13(e) of the FDIA:

„1. The qualified financial contract is evidenced by a writing (including a confirmation) that either is sent by the depository institution to the counterparty or by the counterparty to the depository institution. In either case, the writing must be sent reasonably contemporaneously with the parties' agreement to enter into the specific qualified financial contract. The writing need not be signed unless otherwise required by applicable noninsolvency law.

2. The depository institution, by corporate action, was authorized under applicable noninsolvency law to enter into the qualified financial contract. A depository institution will be deemed to have taken such corporate action if the counterparty has relied in good faith either on a resolution (or extract thereof) provided by the institution's corporate secretary or assistant secretary or on a written representation (whether in a master agreement or otherwise) from an officer of the level of vice president or higher as to the depository institution's authority.

3. The writing (or a copy thereof) evidencing the qualified financial contract and the evidence of authority must be maintained by the depository institution in its official books and records. However, the counterparty may by appropriate evidence (including the production of copies maintained by the counterparty) establish the existence of the writing and the evidence of authority."

The additional representation set forth above is intended to identify this issue so that counterparties entering into security arrangements (*e.g.*, such as the Annex) with U. S. insured depository institutions are aware of Section 13(e) of the FDIA and the requirements imposed by it. For a more detailed analysis of the issues surrounding Section 13(e) of the FDIA, *see* the memoranda prepared by Cravath, Swaine & Moore for ISDA dated February 18, 1993, entitled „U. S. Bank Pledges of Collateral: FDIC Policy Statement and FDIC Advisory Opinion" and April 14, 1993, entitled „U. S. Bank Pledges of Collateral: FDIC Statement of Policy Regarding Treatment of Security Interests" (both of which are available to ISDA members from the executive offices of ISDA).

APPENDIX G

MODIFICATIONS FOR 1987 ISDA MASTER AGREEMENT USERS

Parties to a 1987 ISDA Master Agreement may wish to include, among other things, the following technical modifications:

Definition of Local Business Day. The 1992 ISDA Master Agreements use the term „Local Business Day" to identify days on which payments, deliveries, notices and other actions are to be performed – throughout the Annex this defined term is used. Both versions of the 1987 ISDA Master Agreements, however, include the defined term „Business Day", rather than „Local Business Day", and include slight differences in the definition of the term. As a result, parties using either 1987 ISDA Master Agreement will need to select one of the following provisions to change the references in the Annex from „Local Business Day" to „Business Day":

(i) **1987 ISDA Iaterest Rate Swap Agreement:** All references to „Local Business Day" in this Annex have the meaning specified for the term „Business Day" for purposes of this Agreement.[1]

(ii) **1987 ISDA Interest Rate and Currency Exchange Agreement:** All references to „Local Business Day" in this Annex have the meaning specified for the term „Business Day" in the Definitions Section of this Agreement, except that references to a payment in clause (b) thereof will be deemed to include a Transfer under this Annex.

Definition of Exposure. Because of differences in the drafting (but not the substance) of the termination payments provisions in the various ISDA Master Agreements, slight changes to the definition of Exposure are necessary for parties wishing to use a 1987 ISDA Master Agreement:

(i) **1987 Interest Rate Swap Agreement:** The definition of „Exposure" in this Annex is modified to change the reference to Section 6(e)(ii)(2)(A) to be a reference to Section 6(e)(i)(2), on the basis that there are two Affected Parties and that Market Quotation will be used.

(ii) **1987 ISDA Interest Rate and Currency Exchange Agreement:** The definition of „Exposure" in this Annex is modified to change the reference to Section 6(e)(ii)(2)(A) to be a reference to Section 6(e)(ii), with the determination of „Settlement Amount" to be made on the basis of paragraph (a) thereof.

---

[1] The definition of this term is contained in the 1986 Code of Standard Wording, Assumptions and Provisions for Swaps. Parties using this form may also wish to consider adding a reference to days on which foreign exchange markets are open.

V. Seefrachtrecht

1. Timecharter-NYPE 1946

1.1 Standard-Zeitcharter-NYPE 1946

Time Charter
GOVERNMENT FORM
Approved by the New York Produce Exchange

November 6th, 1913–Amended October 20th, 1921; August 6th, 1931; October 3rd, 1946

1 **This Charter Party,** made and concluded in .... day of .... 19.....
2 Between ....
3 Owners of the good .... Steamship ....
                                           Motorship
....of ....
4 of .... tons gross register, and .... tons net register, having engines of .... indicated horse power
5 and with hull, machinery and equipment in a thoroughly efficient state, and classed .
....
6 at .... of about .... cubic feet bale capacity, and about .... tons of 2240 lbs.
7 deadweight capacity (cargo and bunkers, including fresh water and stores not exceeding one and one-half percent of ship's deadweight capacity,
8 allowing a minimum of fifty tons) on a draft of .... feet .... inches on .... Summer freeboard, inclusive of permanent bunkers,
9 which are of the capacity of about .... tons of fuel, and capable of steaming, fully laden, under good weather
10 conditions about .... knots on a consumption of about ....
.... tons of best Welsh coal–best grade fuel oil–best grade Diesel oil,
11 now ....
12 .... and ....
Charterers of the City of ....
13   **Witnesseth,** That the said Owners agree to let, and the said Charterers agree to hire the said vessel, from the time of delivery, for
14 about ....
15 .... within below mentioned trading limits.
16 Charterers to have liberty to sublet the vessel for all or any part of the time covered by this Charter, but Charterers remaining responsible for
17 the fulfillment of this Charter Party.
18 Vessel to be placed at the disposal of the Charterers, at ....
19 ....

20 in such dock or at such wharf or place (where she may safely lie, always afloat, at all times of tide, except as otherwise provided in clause No. 6), as
21 the Charterers may direct. If such dock, wharf or place be not available time to count as provided for in clause No. 5. Vessel on her delivery to be
22 ready to receive cargo with clean-swept holds and tight, staunch, strong and in every way fitted for the service, having water ballast, winches and
23 donkey boiler with sufficient steam power, or if not equipped with donkey boiler, then other power sufficient to run all the winches at one and the same
24 time (and with full complement of officers, seamen, engineers and firemen for a vessel of her tonnage), to be employed, in carrying lawful merchan-
25 dise, including petroleum or its products, in proper containers, excluding ....
26 (vessel is not to be employed in the carriage of Live Stock, but Charterers are to have the privilege of shipping a small number on deck at their risk,
27 all necessary fittings and other requirements to be for account of Charterers), in such lawful trades, between safe port and/or ports in British North
28 America, and/or United States of America, and/or West Indies, and/or Central America, and/or Caribbean Sea, and/or Gulf of Mexico, and/or
29 Mexico, and/or South America .... and/or Europe
30 and/or Africa, and/or Asia, and/or Australia, and/or Tasmania, and/or New Zealand, but excluding Magdalena River, River St. Lawrence between
31 October 31st and May 15th, Hudson Bay and all unsafe ports; also excluding, when out of season, White Sea, Black Sea and the Baltic,
32 ....
33 ....
34 ....
35 as the Charterers or their Agents shall direct, on the following conditions:
36   1. That the Owners shall provide and pay for all provisions, wages and consular shipping and discharging fees of the Crew; shall pay for the
37 insurance of the vessel, also for all the cabin, deck, engine-room and other necessary stores, including boiler water and maintain her class and keep
38 the vessel in a thoroughly efficient state in hull, machinery and equipment for and during the service.
39   2. That the Charterers shall provide and pay for all the fuel except as otherwise agreed, Port Charges, Pilotages, Agencies, Commissions,
40 Consular Charges (except those pertaining to the Crew), and all other usual expenses except those before stated, but when the vessel puts into
41 a port for causes for which vessel is responsible, then all such charges incurred shall be paid by the Owners, Fumigations ordered because of
42 illness of the crew to be for Owners account. Fumigations ordered because of cargoes carried or ports visited while vessel is employed under this
43 charter to be for Charterers account. All other fumigations to be for Charterers account after vessel has been on charter for a continuous period
44 of six months or more.
45   Charterers are to provide necessary dunnage and shifting boards, also any extra fittings requisite for a special trade or unusual cargo, but
46 Owners to allow them the use of any dunnage and shifting boards already aboard vessel. Charterers to have the privilege of using shifting boards
47 for dunnage, they making good any damage thereto.
48   3. That the Charterers, at the port of delivery, and the Owners, at the port of redelivery, shall take over and pay for all fuel remaining on
49 board the vessel at the current prices in the respective ports, the vessel to be delivered with not less than .... tons and not more than

50 .... tons and to be re-delivered with not less than ....
tons and not more than .... tons.
51   4. That the Charterers shall pay for the use and hire of the said Vessel at the rate
of ....
52 .... United States Currency per ton on
vessel's total deadweight carrying capacity, including bunkers and
53 stores, on .... summer freeboard, per Calendar Month,
commencing on and from the day of her delivery, as aforesaid, and at
54 and after the same rate for any part of a month; hire to continue until the hour of the
day of her re-delivery in like good order and condition, ordinary
55 wear and tear excepted, to the Owners (unless lost) at ....
56 .... unless otherwise mutually agreed.
Charterers are to give Owners not less than .... days
57 notice of vessels expected date of re-delivery, and probable port.
58   5. Payment of said hire to be made in New York in cash in United States Currency,
semi-monthly in advance, and for the last half month or
59 part of same the approximate amount of hire, and should same not cover the actual
time, hire is to be paid for the balance day by day, as it becomes
60 due, if so required by Owners, unless bank guarantee or deposit is made by the
Charterers, otherwise failing the punctual and regular payment of the
61 hire, or bank guarantee, or on any breach of this Charter Party, the Owners shall be
at liberty to withdraw the vessel from the service of the Char-
62 terers, without prejudice to any claim they (the Owners) may otherwise have on the
Charterers. Time to count from 7 a.m. on the working day
63 following that on which written notice of readiness has been given to Charterers or
their Agents before 4 p.m., but if required by Charterers, they
64 to have the privilege of using vessel at once, such time used to count as hire.
65   Cash for vessel's ordinary disbursements at any port may be advanced as required
by the Captain, by the Charters or their Agents, subject
66 to 2½ commission and such advances shall be deducted from the hire. The Charterers, however, shall in no way be responsible for the application
67 of such advances.
68   6. That the cargo or cargoes be laden and/or discharged in any dock or at any
wharf or place that Charterers or their Agents may
69 direct, provided the vessel can safely lie always afloat at any time of tide, except at
such places where it is customary for similar size vessels to safely
70 lie aground.
71   7. That the whole reach of the Vessel's Hold, Decks, and usual places of loading
(not more than she can reasonably stow and carry), also
72 accommodations for Supercargo, if carried, shall be at the Charterers' disposal,
reserving only proper and sufficient space for Ship's officers, crew,
73 tackle, apparel, furniture, provisions, stores and fuel. Charterers have the privilege of
passengers as far as accommodations allow, Charterers
74 paying Owners .... per day per passenger for accommodations
and meals. However, it is agreed that in case any fines or extra expenses are
75 incurred in the consequences of the carriage of passengers, Charterers are to bear
such risk and expense.
76   8. That the Captain shall prosecute his voyages with the utmost despatch, and
shall render all customary assistance with ship's crew and
77 boats. The Captain (although appointed by the Owners), shall be under the orders
and directions of the Charterers as regards employment and
78 agency; and Charterers are to load, stow, and trim the cargo at their expense under
the supervision of the Captain, who is to sign Bills of Lading for

79 cargo as presented, in conformity with Mate's or Tally Clerk's receipts.
80   9. That if the Charterers shall have reason to be dissatisfied with the conduct of the Captain, Officers, or Engineers, the Owners shall on
81 receiving particulars of the complaint, investigate the same, and, if necessary, make a change in the appointments.
82   10. That the Charterers shall have permission to appoint a Supercargo, who shall accompany the vessel and see that voyages are prosecuted
83 with the utmost despatch. He is to be furnished with free accommodation, and same fare as provided for Captain's table, Charterers paying at the
84 rate of $1.00 per day. Owners to victual Pilots and Customs Officers, and also, when authorized by Charterers or their Agents, to victual Tally
85 Clerks, Stevedore's Forman, etc., Charterers paying at the current rate per meal, for all such victualling.
86   11. That the Charterers shall furnish the Captain from time to time with all requisite instructions and sailing directions, in writing, and the
87 Captain shall keep a full and correct Log of the voyage or voyages, which are to be patent to the Charterers or their Agents, and furnish the Char-
88 terers, their Agents or Supercargo, when required, with a true copy of daily Logs, showing the course of the vessel and distance run and the con-
89 sumption of fuel.
90   12. That the Captain shall use diligence in caring for the ventilation of the cargo.
91   13. That the Charterers shall have the option of continuing this charter for a further period of ....
92 ....
93 on giving written notice thereof to the Owners or their Agents .... days previous to the expiration of the first-named term, or any declared option.
94   14. That if required by Charterers, time not to commence before .... and should vessel
95 not have given written notice of readiness on or before .... but not later than 4 p.m. Charterers or
96 their Agents to have the option of cancelling this Charter at any time not later than the day of vessel's readiness.
97   15. That in the event of the loss of time from deficiency of men or stores, fire, breakdown or damages to hull, machinery or equipment,
98 grounding, detention by average accidents to ship or cargo, drydocking for the purpose of examination or painting bottom, or by any other cause
99 preventing the full working of the vessel, the payment of hire shall cease for the time thereby lost; and if upon the voyage the speed be reduced by
100 defect in or breakdown of any part of her hull, machinery or equipment, the time so lost, and the cost of any extra fuel consumed in consequence
101 thereof, and all extra expenses shall be deducted from the hire.
102   16. That should the Vessel be lost, money paid in advance and not earned (reckoning from the date of loss or being last heard of) shall be
103 returned to the Charterers at once. The act of God, enemies, fire, restraint of Princes, Rulers and People, and all dangers and accidents of the Seas,
104 Rivers, Machinery, Boilers and Steam Navigation, and errors of Navigation throughout this Charter Party, always mutually excepted.
105   The vessel shall have the liberty to sail with or without pilots, to tow and to be towed, to assist vessels in distress, an to deviate for the
106 purpose of saving life and property.
107   17. That should any dispute arise between Owners and the Charterers, the matter in dispute shall be referred to three persons at New York,

1. Time Charter NYPE 1946 and NYPE 1993 V.1

108 one to be appointed by each of the parties hereto, and the third by the two so chosen; their decision or that of any two of them, shall be final, and for
109 the purpose of enforcing any award, this agreement may be made a rule of the Court. The Arbitrators shall be commercial men.
110   18. That the Owners shall have a lien upon all cargoes, and all sub-freights for any amounts due under this Charter, including General Aver-
111 age contributions, and the Charterers to have a lien on the Chip for all monies paid in advance and not earned, and any overpaid hire or excess
112 deposit to be returned at once. Charterers will not suffer, nor permit to be continued, any lien or encumbrance incurred by them or their agents, which
113 might have priority over the title and interest of the owners in the vessel.
114   19. That all derelicts and salvage shall be for Owners' and Charterers' equal benefit after deducting Owners' and Charterers' expenses and
115 Crew's proportion. General Average shall be adjusted, stated and settled, according to Rules 1 to 15, inclusive, 17 to 22, inclusive, and Rule F of
116 York-Antwerp Rules 1924, at such port or place in the United States as may be selected by the carrier, and as to matters not provided for by these
117 Rules, according to the laws and usages at the port of New York. In such adjustment disbursements in foreign currencies shall be exchanged into
118 United States money at the rate prevailing on the dates made and allowances for damage to cargo claimed in foreign currency shall be converted at
119 the rate prevailing on the last day of discharge at the port or place of final discharge of such damaged cargo from the ship. Average agreement or
120 bond and such additional security, as may be required by the carrier, must be furnished before delivery of the goods. Such cash deposit as the carrier
121 or his agents may deem sufficient as additional security for the contribution of the goods and for any salvage and special charges thereon, shall, if
122 required, be made by the goods, shippers, consignees or owners of the goods to the carrier before delivery. Such deposit shall, at the option of the
123 carrier, be payable in United States money and be remitted to the adjuster. When so remitted the deposit shall be held in a special account at the
124 place of adjustment in the name of the adjuster pending settlement of the General Average and refunds or credit balances, if any, shall be paid in
125 United States money.
126   In the event of accident, danger, damage, or disaster, before or after commencement of the voyage resulting from any cause whatsoever,
127 whether due to negligence or not, for which, or for the consequence of which, the carrier is not responsible, by statute, contract, or otherwise, the
128 goods, the shipper and the consignee, jointly and severally, shall contribute with the carrier in general average to the payment of any sacrifices,
129 losses, or expenses of a general average nature that may be made or incurred, and shall pay salvage and special charges incurred in respect of the
130 goods. If a salving ship is owned or operated by the carrier, salvage shall be paid for as fully and in the same manner as if such salving ship or
131 ships belonged to strangers.
132   Provisions as to General Average in accordance with the above are to be included in all bills of lading issued hereunder.
133   20. Fuel used by the vessel while off hire, also for cooking, condensing water, or for grates and stoves to be agreed to as to quantity, and the
134 cost of replacing same, to be allowed by Owners.
135   21. That as the vessel may be from time to time employed in tropical waters during the term of this Charter, Vessel is to be docked at a

136 convenient place, bottom cleaned and painted whenever Charterers and Captain think necessary, at least once in every six months, reckoning from
137 time of last painting, and payment of the hire to be suspended until she is again in proper state for the service.
138 ....
139 ....
140 22. Owners shall maintain the gear of the ship as fitted, providing gear (for all derricks) capable of handling lifts up to three tons, also
141 providing ropes, falls, slings and blocks. If vessel is fitted with derricks capable of handling heavier lifts, Owners are to provide necessary gear for
142 same, otherwise equipment and gear for heavier lifts shall be for Charterers' account. Owners also to provide on the vessel lanterns and oil for
143 night work, and vessel to give use of electric light when so fitted, but any additional lights over those on board to be at Charterers' expense. The
144 Charterers to have the use of any gear on board the vessel.
145 23. Vessel to work night and day, if required by Charterers, and all winches to be at Charterers' disposal during loading and discharging;
146 steamer to provide one winchman per hatch to work winches day and night, as required, Charterers agreeing to pay officers, engineers, winchmen,
147 deck hands and donkeymen for overtime work done in accordance with the working hours and rates stated in the ship's articles. If the rules of the
148 port, or labor unions, prevent crew from driving winches, shore Winchmen to be paid by Charterers. In the event of a disabled winch or winches, or
149 insufficient power to operate winches, Owners to pay for shore engine, or engines, in lieu thereof, if required, an pay any loss of time occasioned
150 thereby.
151 24. It is also mutually agreed that this Charter is subject to all the terms and provisions of and all the exemptions from liability contained
152 in the Act of Congress of the United States approved on the 13th day of February, 1893, and entitled „An Act relating to Navigation of Vessels;
153 etc.," in respect of all cargo shipped under this charter to or from the United States of America. It is further subject to the following clauses, both
154 of which are to be included in all bills of lading issued hereunder:
155 U.S.A. Clause Paramount
156 This bill of lading shall have effect subject to the provisons of the Carriage of Goods by Sea Act of the United States, approved April
157 16, 1936, which shall be deemed to be incorporated herein, and nothing herein contained shall be deemed a surrender by the carrier of
158 any of its rights or immunities or an increase of any of its responisbilities or liabilities under said Act. If any term of this bill of lading
159 be repugnant to said Act to any extent, such term shall be void to that extent, but no further.
160 Both-to-Blame Collision Clause
161 If the ship comes into collison with another ship as a result of the negligence of the other ship and any act, neglect or default of the
162 Master, mariner, pilot or the servants of the Carrier in the navigation or in the management of the ship, the owners of the goods carried
163 hereunder will indemnify the Carrier against all loss or liability to the other or non-carrying ship or her owners in so far as such loss
164 or liability represents loss of, or damage to, or any claim whatsoever of the owners of said goods, paid or payable by the other or non-
165 carrying ship or her owners to the owners of said goods and set off, recouped or recovered by the other or non-carrying ship or her

166 owners as part of their claim against the carrying ship or carrier.
167   25. The vessel shall not be required to enter any ice-bound port, or any port where lights or light-ships have been or are about to be with-
168 drawn by reason of ice, or where there is risk that in the ordinary course of things the vessel will not be able on account of ice to safely enter the
169 port or to get out after having completed loading or discharging.
170   26. Nothing herein stated is to be construed as a demise of the vessel to the Time Charterers. The owners to remain responsible for the
171 navigation of the vessel, insurance, crew, and all other matters, same as when trading for their own account.
172   27. A commission of 2½ per cent is payable by the Vessel and Owners to
173 ....
174 on hire earned and paid under this Charter, and also upon any continuation or extension of this Charter.
175   28. An address commission of 2½ per cent payable to ....
.... on the hire earned and paid under this Charter.

1.2 Standard-Zeitcharter-NYPE 1993

TIME CHARTER©
New York Produce Exchange Form
Issued by the Association of Ship Brokers and Agents (U.S.A.), Inc.

November 6th, 1913 - Amended October 20th, 1921; August 6th, 1931; October 3rd, 1946;
Revised June 12th, 1981; September 14th 1993.

THIS CHARTER PARTY, made and concluded in	1
this ....day of..........................19.............................	2
Between...	3
....	4
<u>Owners</u> of the Vessel described below, and..	5
....	6
....	7
<u>Charterers</u>.	8

<u>Description of Vessel</u>   9

Name .... Flag .... Built ....(year).	10
Port and number of Registry	11
Classed...in..	12
Deadweight..............................long*/metric* tons (cargo and bunkers, including freshwater and	13
stores not exceeding .... long*/metric* tons) on a salt water draft of	14
on summer freeboard.	15
Capacity .... cubic feet grain................................cubic feet bale space.	16
Tonnage... GT/GRT.	17
Speed about .... knots, fully laden, in good weather conditions up to and including maximum	18
Force .... on the Beaufort wind scale, on a consumption of about .... long*/metric*	19
tons of..	20

* Delete as appropriate.	21
For further description see Appendix "A" (if applicable)	22

1.   <u>Duration</u>   23

The Owners agree to let and the Charterers agree to hire the Vessel from the time of delivery for a period	24
of..	25
....	26
....	27
....within below mentioned trading limits.	28

2.   <u>Delivery</u>   29

The Vessel shall be placed at the disposal of the Charterers at	30
....	31
....	32
.... The Vessel on her delivery	33
shall be ready to receive cargo with clean-swept holds and tight, staunch, strong and in every way fitted	34
for ordinary cargo service, having water ballast and with sufficient power to operate all cargo-handling gear	35
simultaneously.	36

1. Time Charter NYPE 1946 and NYPE 1993

The Owners shall give the Charterers not less than ....days notice of expected date of delivery.

3. **On-Off Hire Survey**

Prior to delivery and redelivery the parties shall, unless otherwise agreed, each appoint surveyors, for their respective accounts, who shall not later than at first loading port/last discharging port respectively, conduct joint on-hire/off-hire surveys, for the purpose of ascertaining quantity of bunkers on board and the condition of the Vessel. A single report shall be prepared on each occasion and signed by each surveyor, without prejudice to his right to file a separate report setting forth items upon which the surveyors cannot agree. If either party fails to have a representative attend the survey and sign the joint survey report, such party shall nevertheless be bound for all purposes by the findings in any report prepared by the other party. On-hire survey shall be on Charterers' time and off-hire survey on Owners' time.

4. **Dangerous Cargo/Cargo Exclusions**

(a) The Vessel shall be employed in carrying lawful merchandise excluding any goods of a dangerous, injurious, flammable or corrosive nature unless carried in accordance with the requirements or recommendations of the competent authorities of the country of the Vessel's registry and of ports of shipment and discharge and of any intermediate countries or ports through whose waters the Vessel must pass. Without prejudice to the generality of the foregoing, in addition the following are specifically excluded: livestock of any description, arms, ammunition, explosives, nuclear and radioactive materials,

....
....
....
....
....
....
....
....
....
....

(b) If IMO-classified cargo is agreed to be carried, the amount of such cargo shall be limited to .... tons and the Charterers shall provide the Master with any evidence he may reasonably require to show that the cargo is packaged, labelled, loaded and stowed in accordance with IMO regulations, failing which the Master is entitled to refuse such cargo or, if already loaded, to unload it at the Charterers' risk and expense.

5. **Trading Limits**

The Vessel shall be employed in such lawful trades between safe ports and safe places within..
....excluding
....
....as the Charterers shall direct.

6. **Owners to Provide**

The Owners shall provide and pay for the insurance of the Vessel, except as otherwise provided, and for all provisions, cabin, deck, engine-room and other necessary stores, including boiler water; shall pay for wages, consular shipping and discharging fees of the crew and charges for port services pertaining to the crew; shall maintain the Vessel's class and keep her in a thoroughly efficient state in hull, machinery and equipment for and during the service, and have a full complement of officers and crew.

7. Charterers to Provide

The Charterers, while the Vessel is on hire, shall provide and pay for all the bunkers except as otherwise agreed; shall pay for port charges (including compulsory watchmen and cargo watchmen and compulsory garbage disposal), all communication expenses pertaining to the Charterers' business at cost, pilotages, towages, agencies, commissions, consular charges (except those pertaining to individual crew members or flag of the Vessel), and all other usual expenses except those stated in Clause 6, but when the Vessel puts into a port for causes for which the Vessel is responsible (other than by stress of weather), then all such charges incurred shall be paid by the Owners. Fumigations ordered because of illness of the crew shall be for the Owners' account. Fumigations ordered because of cargoes carried or ports visited while the Vessel is employed under this Charter Party shall be for the Charterers' account. All other fumigations shall be for the Charterers' account after the Vessel has been on charter for a continuous period of six months or more.

The Charterers shall provide and pay for necessary dunnage and also any extra fittings requisite for a special trade or unusual cargo, but the Owners shall allow them the use of any dunnage already aboard the Vessel. Prior to redelivery the Charterers shall remove their dunnage and fittings at their cost and in their time.

8. Performance of Voyages

(a) The Master shall perform the voyages with due despatch, and shall render all customary assistance with the Vessel's crew. The Master shall be conversant with the English language and (although appointed by the Owners) shall be under the orders and directions of the Charterers as regards employment and agency; and the Charterers shall perform all cargo handling, including but not limited to loading, stowing, trimming, lashing, securing, dunnaging, unlashing, discharging, and tallying, at their risk and expense, under the supervision of the Master.

(b) If the Charterers shall have reasonable cause to be dissatisfied with the conduct of the Master or officers, the Owners shall, on receiving particulars of the complaint, investigate the same, and, if necessary, make a change in the appointments.

9. Bunkers

(a) The Charterers on delivery, and the Owners on redelivery, shall take over and pay for all fuel and diesel oil remaining on board the Vessel as hereunder. The Vessel shall be delivered with: .... long*/metric* tons of fuel oil at the price of .... per ton; ....tons of diesel oil at the price of .... per ton. The vessel shall be redelivered with: .... tons of fuel oil at the price of.............................. per ton; .... tons of diesel oil at the price of .... per ton.

Same tons apply throughout this clause.

(b) The Charterers shall supply bunkers of a quality suitable for burning in the Vessel's engines and auxiliaries and which conform to the specification(s) as set out in Appendix A.

The Owners reserve their right to make a claim against the Charterers for any damage to the main engines or the auxiliaries caused by the use of unsuitable fuels or fuels not complying with the agreed specification(s). Additionally, if bunker fuels supplied do not conform with the mutually agreed specification(s) or otherwise prove unsuitable for burning in the Vessel's engines or auxiliaries, the Owners shall not be held responsible for any reduction in the Vessel's speed performance and/or increased bunker consumption, nor for any time lost and any other consequences.

10. Rate of Hire/Redelivery Areas and Notices

The Charterers shall pay for the use and hire of the said Vessel at the rate of $.............................. U.S. currency, daily, **or** $.............................. U.S. currency per ton on the Vessel's total deadweight carrying capacity, including bunkers and stores, on .... summer freeboard, per 30 days,

1. Time Charter NYPE 1946 and NYPE 1993 V.1

commencing on and from the day of her delivery, as aforesaid, and at and after the same rate for any part of a month; hire shall continue until the hour of the day of her redelivery in like good order and condition, ordinary wear and tear excepted, to the Owners (unless Vessel lost) at..................................
....
....
.... unless otherwise mutually agreed.

The Charterers shall give the Owners not less than .... days notice of the Vessel's expected date and probable port of redelivery.

For the purpose of hire calculations, the times of delivery, redelivery or termination of charter shall be adjusted to GMT.

11. **Hire Payment**

(a) *Payment*

Payment of Hire shall be made so as to be received by the Owners or their designated payee in ...., viz..
....
....
....in
.........................,.. currency, or in United States Currency, in funds available to the Owners on the due date, 15 days in advance, and for the last month or part of same the approximate amount of hire, and should same not cover the actual time, hire shall be paid for the balance day by day as it becomes due, if so required by the Owners. Failing the punctual and regular payment of the hire, or on any fundamental breach whatsoever of this Charter Party, the Owners shall be at liberty to withdraw the Vessel from the service of the Charterers without prejudice to any claims they (the Owners) may otherwise have on the Charterers.

At any time after the expiry of the grace period provided in Sub-clause 11 (b) hereunder and while the hire is outstanding, the Owners shall, without prejudice to the liberty to withdraw, be entitled to withhold the performance of any and all of their obligations hereunder and shall have no responsibility whatsoever for any consequences thereof, in respect of which the Charterers hereby indemnify the Owners, and hire shall continue to accrue and any extra expenses resulting from such withholding shall be for the Charterers' account.

(b) *Grace Period*

Where there is failure to make punctual and regular payment of hire due to oversight, negligence, errors or omissions on the part of the Charterers or their bankers, the Charterers shall be given by the Owners .... clear banking days (as recognized at the agreed place of payment) written notice to rectify the failure, and when so rectified within those .... days following the Owners' notice, the payment shall stand as regular and punctual.

Failure by the Charterers to pay the hire within .... days of their receiving the Owners' notice as provided herein, shall entitle the Owners to withdraw as set forth in Sub-clause 11 (a) above.

(c) *Last Hire Payment*

Should the Vessel be on her voyage towards port of redelivery at the time the last and/or the penultimate payment of hire is/are due, said payment(s) is/are to be made for such length of time as the Owners and the Charterers may agree upon as being the estimated time necessary to complete the voyage, and taking into account bunkers actually on board, to be taken over by the Owners and estimated disbursements for the Owners' account before redelivery. Should same not cover the actual time, hire is to be paid for the balance, day by day, as it becomes due. When the Vessel has been redelivered, any difference is to be refunded by the Owners or paid by the Charterers, as the case may be.

(d) *Cash Advances*

Cash for the Vessel's ordinary disbursements at any port may be advanced by the Charterers, as required by the Owners, subject to 2½ percent commission and such advances shall be deducted from the hire. The Charterers, however, shall in no way be responsible for the application of such advances.

12. **Berths**

The Vessel shall be loaded and discharged in any safe dock or at any safe berth or safe place that Charterers or their agents may direct, provided the Vessel can safely enter, lie and depart always afloat at any time of tide.

13. **Spaces Available**

(a) The whole reach of the Vessel's holds, decks, and other cargo spaces (not more than she can reasonably and safely stow and carry), also accommodations for supercargo, if carried, shall be at the Charterers' disposal, reserving only proper and sufficient space for the Vessel's officers, crew, tackle, apparel, furniture, provisions, stores and fuel.

(b) In the event of deck cargo being carried, the Owners are to be and are hereby indemnified by the Charterers for any loss and/or damage and/or liability of whatsoever nature caused to the Vessel as a result of the carriage of deck cargo and which would not have arisen had deck cargo not been loaded.

14. **Supercargo and Meals**

The Charterers are entitled to appoint a supercargo, who shall accompany the Vessel at the Charterers' risk and see that voyages are performed with due despatch. He is to be furnished with free accommodation and same fare as provided for the Master's table, the Charterers paying at the rate of .... per day. The Owners shall victual pilots and customs officers, and also, when authorized by the Charterers or their agents, shall victual tally clerks, stevedore's foreman, etc., Charterers paying at the rate of .... per meal for all such victualling.

15. **Sailing Orders and Logs**

The Charterers shall furnish the Master from time to time with all requisite instructions and sailing directions, in writing, in the English language, and the Master shall keep full and correct deck and engine logs of the voyage or voyages, which are to be patent to the Charterers or their agents, and furnish the Charterers, their agents or supercargo, when required, with a true copy of such deck and engine logs, showing the course of the Vessel, distance run and the consumption of bunkers. Any log extracts required by the Charterers shall be in the English language.

16. **Delivery/Cancelling**

If required by the Charterers, time shall not commence before .... and should the Vessel not be ready for delivery on or before..................................but not later than..........hours, the Charterers shall have the option of cancelling this Charter Party.

Extension of Cancelling

If the Owners warrant that, despite the exercise of due diligence by them, the Vessel will not be ready for delivery by the cancelling date, and provided the Owners are able to state with reasonable certainty the date on which the Vessel will be ready, they may, at the earliest seven days before the Vessel is expected to sail for the port or place of delivery, require the Charterers to declare whether or not they will cancel the Charter Party. Should the Charterers elect not to cancel, or should they fail to reply within two days or by the cancelling date, whichever shall first occur, then the seventh day after the expected date

1. Time Charter NYPE 1946 and NYPE 1993 V.1

of readiness for delivery as notified by the Owners shall replace the original cancelling date. Should the
Vessel be further delayed, the Owners shall be entitled to require further declarations of the Charterers
in accordance with this Clause.

17. Off Hire

In the event of loss of time from ·ficiency and/or default and/or strike of officers or crew, or deficiency of stores, fire, breakdown of, or damages to hull, machinery or equipment, grounding, detention by the arrest of the Vessel, (unless such arrest is caused by events for which the Charterers, their servants, agents or subcontractors are responsible), or detention by average accidents to the Vessel or cargo unless resulting from inherent vice, quality or defect of the cargo, drydocking for the purpose of examination or painting bottom, or by any other similar cause preventing the full working of the Vessel, the payment of hire and overtime, if any, shall cease for the time thereby lost. Should the Vessel deviate or put back during a voyage, contrary to the orders or directions of the Charterers, for any reason other than accident to the cargo or where permitted in lines 257 to 258 hereunder, the hire is to be suspended from the time of her deviating or putting back until she is again in the same or equidistant position from the destination and the voyage resumed therefrom. All bunkers used by the Vessel while off hire shall be for the Owners' account. In the event of the Vessel being driven into port or to anchorage through stress of weather, trading to shallow harbors or to rivers or ports with bars, any detention of the Vessel and/or expenses resulting from such detention shall be for the Charterers' account. If upon the voyage the speed be reduced by defect in, or breakdown of, any part of her hull, machinery or equipment, the time so lost, and the cost of any extra bunkers consumed in consequence thereof, and all extra proven expenses may be deducted from the hire.

18. Sublet

Unless otherwise agreed, the Charterers shall have the liberty to sublet the Vessel for all or any part of the time covered by this Charter Party, but the Charterers remain responsible for the fulfillment of this Charter Party.

19. Drydocking

The Vessel was last drydocked ....

*(a) The Owners shall have the option to place the Vessel in drydock during the currency of this Charter at a convenient time and place, to be mutually agreed upon between the Owners and the Charterers, for bottom cleaning and painting and/or repair as required by class or dictated by circumstances.

*(b) Except in case of emergency no drydocking shall take place during the currency of this Charter Party.

* *Delete as appropriate*

20. Total Loss

Should the Vessel be lost, money paid in advance and not earned (reckoning from the date of loss or being last heard of) shall be returned to the Charterers at once.

21. Exceptions

The act of God, enemies, fire, restraint of princes, rulers and people, and all dangers and accidents of the seas, rivers, machinery, boilers, and navigation, and errors of navigation throughout this Charter, always mutually excepted.

22. Liberties

The Vessel shall have the liberty to sail with or without pilots, to tow and to be towed, to assist vessels in distress, and to deviate for the purpose of saving life and property.

Pitroff 1057

23. Liens

The Owners shall have a lien upon all cargoes and all sub-freights and/or sub-hire for any amounts due under this Charter Party, including general average contributions, and the Charterers shall have a lien on the Vessel for all monies paid in advance and not earned, and any overpaid hire or excess deposit to be returned at once.

The Charterers will not directly or indirectly suffer, nor permit to be continued, any lien or encumbrance, which might have priority over the title and interest of the Owners in the Vessel. The Charterers undertake that during the period of this Charter Party, they will not procure any supplies or necessaries or services, including any port expenses and bunkers, on the credit of the Owners or in the Owners' time.

24. Salvage

All derelicts and salvage shall be for the Owners' and the Charterers' equal benefit after deducting Owners' and Charterers' expenses and crew's proportion.

25. General Average

General average shall be adjusted according to York-Antwerp Rules 1974, as amended 1990, or any subsequent modification thereof, in .... and settled in .... currency.

The Charterers shall procure that all bills of lading issued during the currency of the Charter Party will contain a provision to the effect that general average shall be adjusted according to York-Antwerp Rules 1974, as amended 1990, or any subsequent modification thereof and will include the "New Jason Clause" as per Clause 31.

Time charter hire shall not contribute to general average.

26. Navigation

Nothing herein stated is to be construed as a demise of the Vessel to the Time Charterers. The Owners shall remain responsible for the navigation of the Vessel, acts of pilots and tug boats, insurance, crew, and all other matters, same as when trading for their own account.

27. Cargo Claims

Cargo claims as between the Owners and the Charterers shall be settled in accordance with the Inter-Club New York Produce Exchange Agreement of February 1970, as amended May, 1984, or any subsequent modification or replacement thereof.

28. Cargo Gear and Lights

The Owners shall maintain the cargo handling gear of the Vessel which is as follows:..........................
....
....
....
providing gear (for all derricks or cranes) capable of lifting capacity as described. The Owners shall also provide on the Vessel for night work lights as on board, but all additional lights over those on board shall be at the Charterers' expense. The Charterers shall have the use of any gear on board the Vessel. If required by the Charterers, the Vessel shall work night and day and all cargo handling gear shall be at the Charterers' disposal during loading and discharging. In the event of disabled cargo handling gear, or insufficient power to operate the same, the Vessel is to be considered to be off hire to the extent that time is actually lost to the Charterers and the Owners to pay stevedore stand-by charges occasioned thereby, unless such disablement or insufficiency of power is caused by the Charterers' stevedores. If

1. Time Charter NYPE 1946 and NYPE 1993

required by the Charterers, the Owners shall bear the cost of hiring shore gear in lieu thereof, in which case the Vessel shall remain on hire.

29. Crew Overtime

In lieu of any overtime payments to officers and crew for work ordered by the Charterers or their agents, the Charterers shall pay the Owners, concurrently with the hire ....per month or pro rata.

30. Bills of Lading

(a) The Master shall sign the bills of lading or waybills for cargo as presented in conformity with mates or tally clerk's receipts. However, the Charterers may sign bills of lading or waybills on behalf of the Master, with the Owner's prior written authority, always in conformity with mates or tally clerk's receipts.

(b) All bills of lading or waybills shall be without prejudice to this Charter Party and the Charterers shall indemnify the Owners against all consequences or liabilities which may arise from any inconsistency between this Charter Party and any bills of lading or waybills signed by the Charterers or by the Master at their request.

(c) Bills of lading covering deck cargo shall be claused: "Shipped on deck at Charterers', Shippers' and Receivers' risk, expense and responsibility, without liability on the part of the Vessel, or her Owners for any loss, damage, expense or delay howsoever caused."

31. Protective Clauses

This Charter Party is subject to the following clauses all of which are also to be included in all bills of lading or waybills issued hereunder:

(a) CLAUSE PARAMOUNT
"This bill of lading shall have effect subject to the provisions of the Carriage of Goods by Sea Act of the United States, the Hague Rules, or the Hague-Visby Rules, as applicable, or such other similar national legislation as may mandatorily apply by virtue of origin or destination of the bills of lading, which shall be deemed to be incorporated herein and nothing herein contained shall be deemed a surrender by the carrier of any of its rights or immunities or an increase of any of its responsibilities or liabilities under said applicable Act. If any term of this bill of lading be repugnant to said applicable Act to any extent, such term shall be void to that extent, but no further."

and

(b) BOTH-TO-BLAME COLLISION CLAUSE
"If the ship comes into collision with another ship as a result of the negligence of the other ship and any act, neglect or default of the master, mariner, pilot or the servants of the carrier in the navigation or in the management of the ship, the owners of the goods carried hereunder will indemnify the carrier against all loss or liability to the other or non-carrying ship or her owners insofar as such loss or liability represents loss of, or damage to, or any claim whatsoever of the owners of said goods, paid or payable by the other or non-carrying ship or her owners to the owners of said goods and set off, recouped or recovered by the other or non-carrying ship or her owners as part of their claim against the carrying ship or carrier.

The foregoing provisions shall also apply where the owners, operators or those in charge of any ships or objects other than, or in addition to, the colliding ships or objects are at fault in respect to a collision or contact."

and

(c) NEW JASON CLAUSE
"In the event of accident, danger, damage or disaster before or after the commencement of the voyage resulting from any cause whatsoever, whether due to negligence or not, for which, or for the

consequences of which, the carrier is not responsible, by statute, contract, or otherwise, the goods, shippers, consignees, or owners of the goods shall contribute with the carrier in general average to the payment of any sacrifices, losses, or expenses of a general average nature that may be made or incurred, and shall pay salvage and special charges incurred in respect of the goods.

If a salving ship is owned or operated by the carrier, salvage shall be paid for as fully as if salving ship or ships belonged to strangers. Such deposit as the carrier or his agents may deem sufficient to cover the estimated contribution of the goods and any salvage and special charges thereon shall, if required, be made by the goods, shippers, consignees or owners of the goods to the carrier before delivery."

and

(d) U.S. TRADE - DRUG CLAUSE
"In pursuance of the provisions of the U.S. Anti Drug Abuse Act 1986 or any re-enactment thereof, the Charterers warrant to exercise the highest degree of care and diligence in preventing unmanifested narcotic drugs and marijuana to be loaded or concealed on board the Vessel.

Non-compliance with the provisions of this clause shall amount to breach of warranty for consequences of which the Charterers shall be liable and shall hold the Owners, the Master and the crew of the Vessel harmless and shall keep them indemnified against all claims whatsoever which may arise and be made against them individually or jointly. Furthermore, all time lost and all expenses incurred, including fines, as a result of the Charterers' breach of the provisions of this clause shall be for the Charterer's account and the Vessel shall remain on hire.

Should the Vessel be arrested as a result of the Charterers' non-compliance with the provisions of this clause, the Charterers shall at their expense take all reasonable steps to secure that within a reasonable time the Vessel is released and at their expense put up the bails to secure release of the Vessel.

The Owners shall remain responsible for all time lost and all expenses incurred, including fines, in the event that unmanifested narcotic drugs and marijuana are found in the possession or effects of the Vessel's personnel."

and

(e) WAR CLAUSES
"(i) No contraband of war shall be shipped. The Vessel shall not be required, without the consent of the Owners, which shall not be unreasonably withheld, to enter any port or zone which is involved in a state of war, warlike operations, or hostilities, civil strife, insurrection or piracy whether there be a declaration of war or not, where the Vessel, cargo or crew might reasonably be expected to be subject to capture, seizure or arrest, or to a hostile act by a belligerent power (the term "power" meaning any de jure or de facto authority or any purported governmental organization maintaining naval, military or air forces).

(ii) If such consent is given by the Owners, the Charterers will pay the provable additional cost of insuring the Vessel against hull war risks in an amount equal to the value under her ordinary hull policy but not exceeding a valuation of... In addition, the Owners may purchase and the Charterers will pay for war risk insurance on ancillary risks such as loss of hire, freight disbursements, total loss, blocking and trapping, etc. If such insurance is not obtainable commercially or through a government program, the Vessel shall not be required to enter or remain at any such port or zone.

(iii) In the event of the existence of the conditions described in (i) subsequent to the date of this Charter, or while the Vessel is on hire under this Charter, the Charterers shall, in respect of voyages to any such port or zone assume the provable additional cost of wages and insurance properly incurred in connection with master, officers and crew as a consequence of such war, warlike operations or hostilities.

(iv) Any war bonus to officers and crew due to the Vessel's trading or cargo carried shall be for the Charterers' account."

1. Time Charter NYPE 1946 and NYPE 1993

32. War Cancellation

In the event of the outbreak of war (whether there be a declaration of war or not) between any two or more of the following countries:..

....

....

....

either the Owners or the Charterers may cancel this Charter Party. Whereupon, the Charterers shall redeliver the Vessel to the Owners in accordance with Clause 10; if she has cargo on board, after discharge thereof at destination, or, if debarred under this Clause from reaching or entering it, at a near open and safe port as directed by the Owners; or, if she has no cargo on board, at the port at which she then is; or, if at sea, at a near open and safe port as directed by the Owners. In all cases hire shall continue to be paid in accordance with Clause 11 and except as aforesaid all other provisions of this Charter Party shall apply until redelivery.

33. Ice

The Vessel shall not be required to enter or remain in any icebound port or area, nor any port or area where lights or lightships have been or are about to be withdrawn by reason of ice, nor where there is risk that in the ordinary course of things the Vessel will not be able on account of ice to safely enter and remain in the port or area or to get out after having completed loading or discharging. Subject to the Owners' prior approval the Vessel is to follow ice-breakers when reasonably required with regard to her size, construction and ice class.

34. Requisition

Should the Vessel be requisitioned by the government of the Vessel's flag during the period of this Charter Party, the Vessel shall be deemed to be off hire during the period of such requisition, and any hire paid by the said government in respect of such requisition period shall be retained by the Owners. The period during which the Vessel is on requisition to the said government shall count as part of the period provided for in this Charter Party.

If the period of requisition exceeds .... months, either party shall have the option of cancelling this Charter Party and no consequential claim may be made by either party.

35. Stevedore Damage

Notwithstanding anything contained herein to the contrary, the Charterers shall pay for any and all damage to the Vessel caused by stevedores provided the Master has notified the Charterers and/or their agents in writing as soon as practical but not later than 48 hours after any damage is discovered. Such notice to specify the damage in detail and to invite Charterers to appoint a surveyor to assess the extent of such damage.

(a) In case of any and all damage(s) affecting the Vessel's seaworthiness and/or the safety of the crew and/or affecting the trading capabilities of the Vessel, the Charterers shall immediately arrange for repairs of such damage(s) at their expense and the Vessel is to remain on hire until such repairs are completed and if required passed by the Vessel's classification society.

(b) Any and all damage(s) not described under point (a) above shall be repaired at the Charterers' option, before or after redelivery concurrently with the Owners' work. In such case no hire and/or expenses will be paid to the Owners except and insofar as the time and/or the expenses required for the repairs for which the Charterers are responsible, exceed the time and/or expenses necessary to carry out the Owners' work.

36. Cleaning of Holds

The Charterers shall provide and pay extra for sweeping and/or washing and/or cleaning of holds between voyages and/or between cargoes provided such work can be undertaken by the crew and is permitted by local regulations, at the rate of................................ per hold.

In connection with any such operation, the Owners shall not be responsible if the Vessel's holds are not accepted or passed by the port or any other authority. The Charterers shall have the option to re-deliver the Vessel with unclean/unswept holds against a lumpsum payment of......................in lieu of cleaning.

37. Taxes

Charterers to pay all local, State, National taxes and/or dues assessed on the Vessel or the Owners resulting from the Charterers' orders herein, whether assessed during or after the currency of this Charter Party including any taxes and/or dues on cargo and/or freights and/or sub-freights and/or hire (excluding taxes levied by the country of the flag of the Vessel or the Owners).

38. Charterers' Colors

The Charterers shall have the privilege of flying their own house flag and painting the Vessel with their own markings. The Vessel shall be repainted in the Owners' colors before termination of the Charter Party. Cost and time of painting, maintaining and repainting those changes effected by the Charterers shall be for the Charterers' account.

39. Laid Up Returns

The Charterers shall have the benefit of any return insurance premium receivable by the Owners from their underwriters as and when received from underwriters by reason of the Vessel being in port for a minimum period of 30 days if on full hire for this period or pro rata for the time actually on hire.

40. Documentation

The Owners shall provide any documentation relating to the Vessel that may be required to permit the Vessel to trade within the agreed trade limits, including, but not limited to certificates of financial responsibility for oil pollution, provided such oil pollution certificates are obtainable from the Owners' P & I club, valid international tonnage certificate, Suez and Panama tonnage certificates, valid certificate of registry and certificates relating to the strength and/or serviceability of the Vessel's gear.

41. Stowaways

(a)   (i) The Charterers warrant to exercise due care and diligence in preventing stowaways in gaining access to the Vessel by means of secreting away in the goods and/or containers shipped by the Charterers.

(ii) If, despite the exercise of due care and diligence by the Charterers, stowaways have gained access to the Vessel by means of secreting away in the goods and/or containers shipped by the Charterers, this shall amount to breach of charter for the consequences of which the Charterers shall be liable and shall hold the Owners harmless and shall keep them indemnified against all claims whatsoever which may arise and be made against them. Furthermore, all time lost and all expenses whatsoever and howsoever incurred, including fines, shall be for the Charterers' account and the Vessel shall remain on hire.

(iii) Should the Vessel be arrested as a result of the Charterers' breach of charter according to sub-clause (a)(ii) above, the Charterers shall take all reasonable steps to secure that, within a reasonable time, the Vessel is released and at their expense put up bail to secure release of the Vessel.

(b)   (i) If, despite the exercise of due care and diligence by the Owners, stowaways have gained access to the Vessel by means other than secreting away in the goods and/or containers shipped by the Charterers, all time lost and all expenses whatsoever and howsoever incurred, including fines, shall be for the Owners' account and the Vessel shall be off hire.

1. Time Charter NYPE 1946 and NYPE 1993

(ii) Should the Vessel be arrested as a result of stowaways having gained access to the Vessel by means other than secreting away in the goods and/or containers shipped by the Charterers, the Owners shall take all reasonable steps to secure that, within a reasonable time, the Vessel is released and at their expense put up bail to secure release of the Vessel.

42. Smuggling

In the event of smuggling by the Master, Officers and/or crew, the Owners shall bear the cost of any fines, taxes, or imposts levied and the Vessel shall be off hire for any time lost as a result thereof.

43. Commissions

A commission of........................ percent is payable by the Vessel and the Owners to........................
....
....
....
on hire earned and paid under this Charter, and also upon any continuation or extension of this Charter.

44. Address Commission

An address commission of .... percent is payable to...
....
....
....on hire earned and paid under this Charter.

45. Arbitration

(a) NEW YORK
All disputes arising out of this contract shall be arbitrated at New York in the following manner, and subject to U.S. Law:

One Arbitrator is to be appointed by each of the parties hereto and a third by the two so chosen. Their decision or that of any two of them shall be final, and for the purpose of enforcing any award, this agreement may be made a rule of the court. The Arbitrators shall be commercial men, conversant with shipping matters. Such Arbitration is to be conducted in accordance with the rules of the Society of Maritime Arbitrators Inc.

For disputes where the total amount claimed by either party does not exceed US $ ....** the arbitration shall be conducted in accordance with the Shortened Arbitration Procedure of the Society of Maritime Arbitrators Inc.

(b) LONDON
All disputes arising out of this contract shall be arbitrated at London and, unless the parties agree forthwith on a single Arbitrator, be referred to the final arbitrament of two Arbitrators carrying on business in London who shall be members of the Baltic Mercantile & Shipping Exchange and engaged in Shipping, one to be appointed by each of the parties, with power to such Arbitrators to appoint an Umpire. No award shall be questioned or invalidated on the ground that any of the Arbitrators is not qualified as above, unless objection to his action be taken before the award is made. Any dispute arising hereunder shall be governed by English Law.

For disputes where the total amount claimed by either party does not exceed US $ ....** the arbitration shall be conducted in accordance with the Small Claims Procedure of the London Maritime Arbitrators Association.

* Delete para (a) or (b) as appropriate

Pitroff

V.1 V. Seefrachtrecht

** *Where no figure is supplied in the blank space this provision only shall be void but the other provisions of this clause shall have full force and remain in effect.*

If mutually agreed, clauses .... to ...., both inclusive, as attached hereto are fully incorporated in this Charter Party.

APPENDIX "A"

To Charter Party dated ....
Between..Owners
and ....Charterers

Further details of the Vessel:

EXPLANATORY NOTES ON CLAUSES

Preamble

To conform to modern ship technology, a reference to "GT" has been added.

It is left to the parties to fill in the actual figure agreed in respect of maximum force on the Beaufort wind scale depending on the size and type of vessel and her engine power.

In the Preamble as well as in various other places in the charter, it is necessary to specify whether "long" or "metric" tons which is also important in relation to the rate of hire (Clause 10) if fixed per ton on the vessel's total deadweight carrying capacity.

An Appendix "A" has been provided for filling-in such further details of the vessel as may be required. It is of particular importance to insert in Appendix A a full specification of the bunker fuel oil to be supplied for burning in the vessel's main engines and auxiliaries (for further comments on this subject see also comments on Clause 9 below).

Clause 1 – Duration

To avoid recurring disputes on the duration of charter, it is recommended to specify clearly the exact period of hire with any margin, if also agreed.

Clause 2 – Delivery

The NYPE 1946 provided in Line 22 for the vessel to be "in every way fitted for the service". This was amended in the ASBATIME 1981 revision to read "in every way fitted for ordinary cargo service" which was found to be clearer and has, therefore, been maintained in the NYPE 93.

Clause 3 – On-Off Hire Survey

Whereas the NYPE 1946 Charter contained no On-Off Hire Survey Clause, such clause was included as an optional clause in the ASBATIME Rider of Suggested Additional Clauses.

This clause has now been incorporated in the NYPE 93 and has been clarified to take into account, inter alia, the fact that nowadays vessels are often delivered/re-delivered during sea passage or on arrival/departure pilot station where no such surveys can be conducted.

Clause 4 – Dangerous Cargo/Cargo Exclusions

Instead of a blanket exclusion of dangerous cargoes as found in the NYPE 1946, Line 25, this clause follows the corresponding clause in the ASBATIME 1981 which permits the carriage of dangerous cargo if carried in accordance with the requirements of relevant authorities but still excludes the carriage of livestock, arms, ammunition, explosives, as well as nuclear and radioactive materials (sub-clause (a)).

Recognising that many hull insurance policies put a limit on the amount of dangerous cargo to be carried on any voyage, new provisions have been included (sub-clause (b)) which, if IMO – classified cargo is agreed to be carried, require the parties to agree and fill in the maximum amount of such cargo; the clause also gives clear rules as to the packing, labelling, loading and stowing of such cargo according to IMO regulations.

Clause 5 – Trading Limits

The pinted provisions in the NYPE 1946 (Lines 27–31) specifying trading areas and limits are obsolete and often amended in practice. This was changed in the ASBATIME 1981 leaving it to the parties to specify the agreed trading limits and excluded areas. The NYPE 93 also provides accordingly.

Clause 6 – Owners to Provide
and

Clause 7 – Charterers to Provide

These clauses, which are common in all time charter party forms, remain essentially the same as in the ASBATIME 1981, with some minor revision of wording.

Clause 8 – Performance of Voyages

This clause, whilst keeping the basic owners'/charterers' division of responsibility for cargo, has been clarified in order to remove uncertainties existing in Clause 8 of the NYPE 1946 including its serious shortcoming of omitting any reference to "discharge" which, therefore, is usually being type-added in practice. In the Asbatime 1981 (Clause 8), instead of describing charterers' cargo responsibilities in terms of an obligation "to load, stow and trim" as found in the NYPE 1946, the clause provides that the charterers are "to perform all cargo handling". This provision which encompasses the previously described functions (including "discharge" as omitted in the NYPE 1946) has been kept in the NYPE 93 and does not, as said, alter the basic owners'/charterers' division of responsibility for cargo in the original NYPE 1946.

Both the NYPE 1946 and the Asbatime 1981 contain provisions regarding signing of bills of lading, etc., which, it has been found to be somewhat misplaced in a clause which basically deals with the performance ot the voyage. Provisions covering the signing of bills of lading, etc. are now found in a self-standing clause (Clause 30) for comments on which see below.

Clause 9 – Bunkers

The provisions found in Clause 3 of the NYPE 1946 according to which payment of bunker fuel oil on delivery and re-delivery, respectively, should be settled on the basis of "current price" in the respective ports often give rise to disputes. This has now been clarified in Clause 9 of the NYPE 93 which requires the parties to agree and fill in not only the quantities of bunker fuel oil on delivery/re-delivery, but also the prices.

The supply of inferior bunker fuel oil has become a growing problem over recent years and serious damage to main engines or auxiliaries caused by unsuitable bunker fuel oil has frequently occurred.

Sub-clause (b) of Clause 9 addresses this problem and the parties are stongly recommended to agree and specifiy clearly in Appendix A the specification(s) of bunker fuel oil(s) required for the particular vessel and her main auxiliary engines.

Clause 10 – Rate of Hire/Redelivery Areas and Notices

Whereas the NYPE 1946 only provided for a monthly hire based on the vessel's deadweight carrying capacity, the ASBATIME 1981 provided for the parties to agree either a daily rate of hire or a hire based on the vessel's total deadweight carrying capacity. These options have been maintained in Clause 10 of the NYPE 93 and nowadays most but not all fixtures are based upon a daily rate of hire.

To avoid recurring disputes on whether local time or GMT shall apply for the purpose of hire calculation or termination, Clause 10 now solves this problem by providing that for this purpose the times of delivery/re-delivery or termination of charter shall be adjusted to GMT.

Clause 11 – Hire Payment

The Hire Payment Clause in the NYPE 1946 (Clause 5) was significantly changed when revising the charter in 1981 and the resulting ASBATIME 1981 Charter in Clause 5, combined with Clause 29 in the Rider of Suggested Additional Clauses, introduced some novelties including a grace period for payment of hire as well as stipulations which entitle the owners to withhold the performance of any of their obligations while hire is outstanding. Both the NYPE 1946 and the ASBATIME 1981 contain the important principle which gives the owners the right to withdraw the vessel in the event of failure of the charterers to pay hire on time.

1. Time Charter NYPE 1946 and NYPE 1993 V.1

Rather than continue to make some of these provisions optional as in the ASBATIME 1981, all these elements have now been integrated in Clause 11 of the NYPE 93 also because, in practice, they are commonly added to the basic NYPE 1946 form, albeit often in a badly drafted manner.

The right of withdrawal (cancelling) when the charterers are in default of payment of hire is a traditional and very important safeguard for owners. This principle has, therefore, been fully maintained in sub-clause (a) of Clause 11.

In recent years there have been frequent delays of remittances through banks and in order to avoid abuse of the right of withdrawal, it has become common practice, in many instances, to insert in time charter forms a so-called "Anti-Technicality" Clause or a "Grace Period" Clause. In some charter forms, the length of the period of grace has been arbitrarily determined, whereas other charter forms leave it open to the parties to agree on the length of the period of grace normally stipulated as "banking days" and, usually, combined with notification to the charterers.

This latter choice has been included in sub-clause (b) of Clause 11 and it is strongly recommended to study carefully the provisions of sub-clause (b) and to fill in the number of days of grace etc., as agreed, in a correct manner.

These provisions are also fair to charterers since they should prevent cancellations for trifling delays where the situation is no signal of lasting failure to pay.

On the other hand, any abuse of the period of grace by constant late remittance should be safeguarded against by the provisions in the last paragraph of sub-clause (b) entitling owners to withdraw in the case of continued "misuse" of the grace period.

If the hire happens to be still outstanding on the expiry of the grace period, or any time thereafter, the second paragraph of sub-clause (a) of Clause 11 entitles the owners, without prejudice to the liberty to withdraw, wo withhold the performance of any and all of their obligations under the charter. The hire may happen to be missing, for instance, just when the vessel is about to load for a new voyage and with a charterer who is about to go bankrupt, the owners then run the risk of being saddled with the performance of a new voyage without hire being paid and without cover for expenses falling upon the charterer. It is too late to withdraw the vessel if cargo has been loaded and bills of lading have been signed obliging the owners to perform the voyage according to the bill of lading contract. Such risk is guarded against by the last paragraph ob sub-clause (a).

In matters such as late hire payment, the parties must know where they stand, both when it comes to trifling delays or protracted delays, not to speak of complete failure to pay. It is believed that Clause 11 solves these problems in a fair and equitable manner.

It should also be noted that, whereas the Hire payment Clause in both the NYPE 1946 and the ASBATIME 1981 provided for payment of hire in U.S. currency only, Clause 11 provides for the option of agreeing on payment in a currency other than United States currency.

Finally, sub-clause (c) deald with last hire payment and sub-clause (d) covers the matter of cash advances.

Clause 12 – Berths

This is self-explanatory.

Clause 13 – Spaces Available

Sub-clause (a) is identical with Clause 7 of the ASBATIME 1981 whereas sub-clause (b) is new and has been included as a consequence of charterers' right to carry deck cargo (see also comments on Clause 30 below).

Clause 14 – Supercargo and Meals

This is a usual clause in time charters and follows the pattern of Clause 10 in both the NYPE 1946 and the ASBATIME 1981.

Clause 15 – Sailing Orders and Logs

This is another standard clause which follows closely the text of Clause 11 in both the NYPE 1946 and the ASBATIME 1981 with a new provision added to the effect that the English language shall apply in so far as matters dealt with in this clause are concerned.

Clause 16 – Delivery/Cancelling

The principle normally observed in charter parties for both voyage and time chartering that the charterers shall have the right to cancel if the vessel is not ready for delivery (loading) latest on the cancelling date agreed is fully maintained in the first paragraph of Clause 16.

The second paragraph titled "Extension of Cancelling" is a so-called Interpellation Clause. It is an attempt to avoid the sometimes harsh result to an owner who cannot make a cancelling date but, nevertheless, is legally obliged to tender his vessel perhaps at a remote port after having performed a long ballast voyage, only to be cancelled and find himself with a spot prompt vessel. With today's high capital investment in new vessels and high daily running costs this ist not considered fair and equitable when, for bona fide reasons, the vessel is delayed because of events beyond owners' control.

Within certain time limits, the clause requires the charterer either to cancel in advance or extend the cancelling date in circumstances when the vessel cannot make her cancelling date.

Over the last 10–15 years it has become common practice to include such interpellation provisions in modern charterparties for both voyage and time chartering.

Clause 17 – Off Hire

The Off-Hire Clause in the NYPE 1946 (Clause 15) is an example of a clause which, because of its short-comings, is commonly amended if not deleted in its entirety and substituted by a far more elaborate rider clause.

This practice was already recognised and acknowledged in connection with the ASBATIME 1981 revision which contained a very detailed off-hire clause. Subject to a few minor amendments, the text of the ASBATIME Off-Hire Clause has also been incorporated in Clause 17 of the NYPE 93 and should, hopefully, meet the requirements for a modern off-hire clause acceptable to both sides.

Clause 18 – Sublet

This is a clause found in most modern time charter forms.

Clause 19 – Drydocking

With modern paints and ship technique, the provisions in Clause 21 of the NYPE 1946 requiring shipowners to drydock the vessel "at least once in every six months" has become obsolete.

A modern solution which reflects present-day practice, is now offered in Clause 19 and leaves it to the parties to agree between themselves as to whether option (a) or (b) shall apply.

Clause 20 – Total Loss

This is self-explanatory.

Clause 21 – Exceptions

This is a mutual exceptions clause for the protection of both charterers and owners, similar to Clause 16 in both the NYPE 1946 and the ASBATIME 1981.

Clause 22 – Liberties

This is standard and self-explanatory.

1. Time Charter NYPE 1946 and NYPE 1993 V.1

Clause 23 – Liens

This is another standard clause found in most time charter forms and follows closely the pattern of Clause 18 in both the NYPE 1946 and the ASBATIME 1981.

Clause 24 – Salvage

This is self-explanatory.

Clause 25 – General Average

This clause has been considerably simplified as compared with the extremely lengthy provisions contained in Clause 19 of both the NYPE 1946 and the ASBATIME 1981, which provides for general average to be adjusted and settled in the United States in U.S. currency.

Given the global use of the NYPE Charter, it is now left to the parties to agree on the venue and currency for adjustment/settlement of general average.

Clause 26 – Navigation

This clause follows very closely the text of the corresponding clauses in the NYPE 1946 (Clause 26) and the ASBATIME 1981 (Clause 25).

Clause 27 – Cargo Claims

In daily chartering practice, a so-called "Inter-Club Agreement" Clause is often found to be attached as a rider clause to the NYPE 1946.

The backround to this clause is a more than 25 year old dispute resolution agreement between the International Group of P & I Clubs, the objective of which is to avoid costly litigation in matters of cargo claims.

According to the Inter-Club Agreement, ultimate liability for cargo loss or damage is allocated in accordance with a widely accepted formula based on the cause of damage. Basically, cargo claims caused by unseaworthiness of the vessel are borne 100% by the owners; cargo claims resulting from improper loading, stowing or discharging are allocated 100% to charterers and shortage claims are split equally between owners and charterers.

Regrettably, the Inter-Club Agreement has been considerably undermined over the years by owners and charterers agreeing on numerous deletions, alterations and additions to the printed text of the basic NYPE 1946 form resulting in a very considerable increase in litigation and arbitration over cargo claims arising under charterparties agreed on the NYPE 1946 form.

In the ASBATIME 1981 revision an attempt was made to curb the problem by including a so-called Cargo Claims Clause (Clause 30) which may, at best, be described as a simplified version of the Inter-Club Agreement, but without making any express reference to the Inter-Club Agreement itself. Moreover, and unfortunate enough, it was decided at that time to include the Cargo Claims Clause in the Rider of Suggested Additional Clauses instead of incorporating the clause in the printed body of the ASBATIME 1981, thus, limiting the use of the clause in practice.

This problem has now been solved in Clause 27 of the NYPE 93 which makes an express reference to the Inter-Club New York Produce Exchange Agreement and also includes a catch-all provision which will pick up any further modification or replacement thereof, thus, avoiding the necessity of revising the charter solely for the purpose of any future revision or replacement of the Inter-Club Agreement.

In this connection it may be mentioned that a sub-committee under the International Group of P & I Clubs is presently reviewing the Inter-Club New York Produce Exchange Agreement with a view to re-enforce the principle of the agreement, viz., to allocate the risks and costs of cargo claims between owners and charterers in a fair and equitable manner. For that purpose, the provisions in Clause 27 of the NYPE 93 expressly specifying that all cargo claims between the owners and charterers shall be subject to the Inter-Club New York Produce Exchange Agreement will be most helpful.

In this context there is reason to warn the commercial parties against any attempt to tamper with the text of Clause 27 or, for that matter, all other pertinent clauses in the printed text of the NYPE 93 including but not limited to Clause 8 (Performance of Voyages) and Clause 26 (Navigation) by way of amendments, deletions or additions as this may destroy the equitable allocation of responsibility for loss of or damage to cargo laid down in the Inter-Club Agreement and which, it is submitted, is not in the interest of either owners or charterers.

Clause 28 – Cargo Gear and Lights

Such a clause is commonly added to the NYPE 1946 and, in recognition of this pracitce, a similar clause was also included in the ASBATIME 1981 (Clause 21), the text of which has also been embodied in Clause 28 of the NYPE 93.

Clause 29 – Crew Overtime

The provisions in Clause 23 of the NYPE 1946, according to which charterers shall pay crew overtime in accordance with "the rates stated in the ship's articles" is frequently amended in practice and a lumpsum payment is usually agreed instead. This practice is now reflected in Clause 29 of the NYPE 93, the text of which follows closely the wording of Clause 22 in the ASBATIME 1981.

Clause 30 – Bills of Lading

As mentioned in the comments on Clause 8 above, it has been found more appropriate to make the provisions concerning signing of bills of lading etc. appearing in Clause 8 in both the NYPE 1946 and the ASBATIME 1981 appear in a self-standing clause as now suggested in Clause 30 which, in addition, now also includes a reference to waybills as weill as provisions dealing with clausing of bills of lading when deck cargo is carried.

Clause 31 Protective Clauses

In the NYPE 1946 Charter, Clause 24 makes the charter subject to the Harter Act as well as making the charter and all bills of lading issued hereunder subject to the Carriage of Goods by Sea Act of the United States. Given the use of the NYPE form world-wide as the most used time charter form for dry cargo vessels and also considering that in many instances no U.S. interests are involved, it has been found that it is no longer appropriate to make the charter subject to the Harter Act, the reference to which, therefore, has been left out.

Clause 31 of the NYPE 93 makes the charter and all bills of lading or waybills issued hereunder, subject to the provisions of the Carriage of Goods by Sea Act of the United States, the Hague Rules or the Hague-Visby Rules, as applicable, or "such other similar national legislation as may mandatorily apply by virtue of origin or destination of the bills of lading", as stipulated in sub-clause (a) (Clause Paramount) as well as the other protective clauses specified in sub-clauses (b), (c), (d) and (e).

Whereas sub-clause (b) (the Both-to-Blame Collision Clause) and sub-clause (c) (the New Jason Clause) are standard clauses, sub-clauses (d) and (e) may call for some observations.

Sub-clause (d) (U.S. Trade – Drug Clause).

It is a regrettable fact that during recent years the incidence of drug smuggling on board vessels has increased dramatically and has caused serious problems to the shipping industry, also resulting in the introduction of strict legislation and its enforcement in an attempt to curb this evil. To ignore this serious problem in a modern charterparty form would be wrong and the fact is that such an "anti-drug abuse clause" in one or the other form is commonly included in or added to the basic form of many charterparties. Sub-clause (d) of Clause 31 is an example of a clause commonly attached to, for instance, the NYPE 1946 and has been chosen for inclusion in the NYPE 93.

Sub-clause (e) (War Clauses).

One of the serious shortcomings of the NYPE 1946 ist that it contains no war clause in its printed text which, from time to time, has caused serious problems when parties having fixed on the basis of the NYPE 1946 form were confronted with a war or warlike situation. Even worse, in order to rectify this obvious shortcoming, there are many examples of parties having agreed to include as a rider clause to the NYPE 1946, the old Chamber of Shipping War Risks Clauses 1 & 2 which since long have been withdrawn as obsolete clauses and which were drafted way back in 1935 in connection with the Spanish Civil War for use with voyage charter parties only and, therefore, totally unsuitable for time chartering. This problem was recognised in the Asbatime 1981 which in Clause 23 (Clauses Paramount) included a proper war clause. In addition, a war cancellation clause as well as a war bonus clause were included as well, but only in the form of Rider Clauses in the Rider of Suggested Additional Clauses for use with the Asbatime 1981 which limited the use of these clauses in practice.

Conscious of the necessity of including a proper war clause which would apply not only to the charterparty itself but also to all bills of lading and sea waybills issued under the charter, Clause 31 in the NYPE 93 now provides that the charterparty is subject to the war clause (sub-clause (e)) which is also to be included in all bills of lading or waybills issued hereunder. The war clause as such contains no cancellation rights and for practical reasons provisions dealing with the parties' right to cancel in case of war has been kept separate from the war clause and are to be found in the self-standing War Cancellation Clause (Clause 32).

Things are changing fast in a fast-changing world and as far as international shipping is conserned, the necessity of up-dating and modernising charterparties to match changes and new developments is more important than ever before. This also applies to war clauses – be it for voyage or time chartering – and has recently prompted the Documentary Committee of BIMCO to revise its time-honoured and well tested standard war clauses, i.e., the "Conwartime 1939" War Risk Clause for Time Charters and the "Voywar 1950" War Clause for Voyage Chartering because of recent developments and, in particular, the fact that new supranational organisations such as the United Nations and the European Community are daily acquiring more power to intervene in war situations (the Gulf War and the situation in former Yugoslavia are recent examples of such intervention by the issuance of U.N. Security Council Resolutions and Directives issued by the European Community seriously affecting trading to and from war zones).

In connection with the discussions on how best to deal with the matter of a war clause in the NYPE 93, BIMCO had suggested that the revised "Conwartime" Clause known as the "Conwartime 1993" War Risks Clause for Time Charters, be incorporated in the NYPE 93 since this clause has been thoroughly revised to meet present-day requirements for a modern war clause including the possible action or intervention by supranational bodies or organisations as referred to above; besides, given the multitude and characteristics of war or warlike operations now seen, the Definitions in the "Conwartime" have been considerably expanded and clarified.

Whilst acknowledging that the "Conwartime 93" Clause is a great improvement, since the revision of the clause is of very recent date ASBA would prefer to see the clause in use and tested for some time before including the "Conwartime" Clause in the NYPE 93. However, ASBA would be prepared to circulate the "Conwartime 93" Clause to its members as an **alternative** clause and to consider including the clause in an amendment to the NYPE 93 at a future date when time had shown that the clause works satisfactorily.

For convenience, and in order to assist the parties using the NYPE 93 and who may wish to use the "Conwartime 93" Clause instead of the War Clause (Clause 31 (e)) in the NYPE

93, the full text of the "Conwartime 93" War Clause is reproduced at the end of this article. In case that the parties should so decide, it is important to remember that Clause 32 (War Cancellation) in the NYPE 93 should be fully maintained.

Clause 32 – War Cancellation

This clause is intended to give either party the right to cancel the charter in case of outbreak of war.

The parties shold ensure to fill in the names of the countries as may be agreed. In the event of the charter being concluded on the basis of world-wide trading, it may be advisable to mention the five Permanent Members of the U.N. Security Council, i.e., the United States of America, Russia, the United Kingdom, France and the People's Republic of China, whose conflict, in case of a conflict between themselves, may spread throughout the world or a large part of it.

If a vessel is chartered to trade in a restricted part of the world only, parties may wish to restrict the name of countries to be inserted, accordingly.

Clause 33 – Ice

This is a traditional clause similar to Clause 25 in the NYPE 1946 and Clause 24 in the ASBATIME 1981 but has been somewhat broadened to include an obligation for the vessel to follow ice-breakers subject to the conditions stated in the last sentence of the clause.

Clause 34 – Requisition

Such clause was not found in the NYPE 1946, but included in the Rider of Suggested Additional Clauses to the ASBATIME 1981 (Clause 33), the text of which has also been incorporated in Clause 34 of the NYPE 93.

Clause 35 – Stevedore Damage

No such clause is found in the NYPE 1946, failing which it is common practice nowadays to add a rider clause dealing with stevedore damage; unfortunately, some of these clauses found in executed charter parties based on the NYPE 1946 form would appear to have serious shortcomings resulting in frequent disputes. An attempt to address this problem was made in Clause 35 in the Rider of Suggested Additional Clauses recommended for use with the ASBATIME 1981.

The text now included in Clause 35 of the NYPE 93 has been carefully drafted in order to overcome the shortcomings of many home-made stevedore damage clauses presently seen in current charterparties and also with a view to ensure a balanced and equitable solution fair to both sides, thus, representing an new approach to a longstanding problem.

Clause 36 – Cleaning of Holds

This is another example of a clause commonly added as a rider clause to the NYPE 1946 basic form, which contained no such clause in its printed text, nor does the ASBATIME 1981 Charter. The text proposed in Clause 36 of the NYPE 93 reflects current practice and the parties should ensure to agree and insert the relevant figures in the fill-in spaces.

Clause 37 – Taxes

Neither the NYPE 1946 nor the ASBATIME 1981 contain any such clause even if such a clause is a common feature in other time charter forms for both dry cargo and tank vessels. Clause 37 aims at remedying this short-coming in an equitable manner.

Clause 38 – Charterers' Colors

This is self-explanatory.

1. Time Charter NYPE 1946 and NYPE 1993

Clause 39 – Laid Up Returns

Although a common feature in many other time charter forms, still, such clause is not found in the NYPE 1946 but is included in the Rider of Suggested Additional Clauses for use with the ASBATIME 1981 (Clause 37), the text of which has been followed in the NYPE 93.

Clause 40 – Documentation

This is a new clause which obliges owners to provide all necessary documentation relating to the vessel as may be required to permit the vessel to trade within the agreed trade limits.

Clause 41 – Stowaways

As will, undoubtedly, have been seen from the international shipping press, during recent years the number of incidents fo stowaways has increased considerably and has become a growing problem in many parts of the world. To ignore this problem in a modern charterparty form would be wrong; hence the provisions now laid down in Clause 41 which, in a balanced manner, attempt to allocate the risks and costs between owners and charterers in the case of stowaways gaining access to the vessel.

Clause 42 – Smuggling

This is new and it has been found useful to address this problem in a proper manner.

Clause 43 – Commission

No comments.

Clause 44 – Address Commission

It is, of course, left open to the parties to decide whether address commission should be paid and, if not, the provisions of Clause 44 may be disregarded.

Clause 45 – Arbitration

As a matter of consistency, ASBA has suggested that the arbitration clause in the various charter parties issued under the auspices of ASBA, including the "NORGRAIN 89" Charter, the NYPE 93 and the now revised Amwelsh Charter (AMWELSH 93), be identical by using the text of the Arbitration Clause in the "Norgrain 89" Charter (except for deleting the reference to "grain trade" which is peculiar to the "Norgrain" Charter). This was agreed and, as will be seen, Clause 45 provides for a choice between New York or London as venue for arbitration. It is not unusual that arbitration clauses in various charter parties provide for an optional choice of venue of arbitration but, surprisingly enough, there have been quite a few examples showing that the parties by oversight or ignorance have forgotten to decide which of the alternatives should apply. In order to avoid any surprises later on, it is therefore important to remember this during negotiations and to delete sub-clause (a) or subclause (b) as appropriate. Similarly, if the parties should wish to avail themselves of the possibility of conducting arbitration according to the Shortened Arbitration Procedure in New York of the Small Claims Procedure in London the actual figures as may be agreed during chartering negotiations should be duly filled in in (a) or (b) as the case may be.

. . . . .

Copyright and printers

The copyright belongs to the Association of Ships Agents and Brokers (U.S.A.) Inc., (ASBA), New York, and copies can be obtained from the Association's office.

War clauses

With reference to the comments on Clause 31 (e) (War Clauses) above, the full text of the BIMCO "Conwartime 1993" War Clause is reproduced below:

BIMCO Standard War Risks Clause for Time Charters, 1993
Code Name: "CONWARTIME 1993"

(1) For the purpose of this Clause, the words:

(a) "Owners" shall include the shipowners, bareboat charterers, disponent owners, managers or other operators who are charged with the management of the Vessel, and the Master; and

(b) "War Risks" shall include any war (whether actual or threatened), act of war, civil war, hostilities, revolution, rebellion, civil commotion, warlike operations, the laying of mines (whether actual or reported), acts of piracy, acts of terrorists, acts of hostility or malicious damage, blockades (whether imposed against all vessels or imposed selectively against vessels of certain flags or ownership, or against certain cargoes or crews or otherwise howsoever), by any person, body, terrorist or political group, or the Government of any state whatsoever, which, in the reasonable judgement of the Master and/or the Owners, may be dangerous or are likely to be or to become dangererous to the Vessel, her cargo, crew or other persons on board the Vessel.

(2) The Vessel, unless the written consent of the Owners be first obtained, shall not be ordered to or required to continue to or through, any port, place, area or zone (whether of land or sea), or any waterway or canal, where it appears that the Vessel, her cargo, crew or other persons on board the Vessel, in the reasonable judgement of the Master and/or the Owners, may be, or are likely to be, exposed to War Risks. Should the Vessel be within any such place as aforesaid, which only becomes dangerous, or is likely to be or to become dangerous, after her entry into it, she shall be at liberty to leave it.

(3) The Vessel shall not be required to load contraband cargo, or to pass through any blockade, whether such blockade be imposed on all vessels, or is imposed selectively in any way whatsoever against vessels of certain flags or ownership, or against certain cargoes or crews or otherwise howsoever, or to proceed to an area where she shall be subject, or is likely to be subject to a belligerent right of search and/or confiscation.

(4) (a) The Owners may effect war risks insurance in respect of the Hull and Machinery of the Vessel and their other interests (including, but not limited to, loss of earnings and detention, the crew and their Protection and Indemnity Risks), and the premiums and/or calls therefore shall be for their account.

(b) If the Underwriters of such insurance should require payment of premiums and/or calls because, pursuant to the Charterers' orders, the Vessel is within, or is due to enter and remain within, any area or areas which are specified by such Underwriters as being subject to additional premiums because of War Risks, then such premiums and/or calls shall be reimbursed by the Charterers to the Owners at the same time as the next payment of hire is due.

(5) If the Owners become liable under the terms of employment to pay to the crew any bonus or additional wages in respect of sailing into an area which is dangerous in the manner defined by the said terms, then such bonus or additional wages shall be reimbursed to the Owners by the Charterers at the same time as the next payment of hire is due.

(6) The Vessel shall have liberty:

(a) to comply with all orders, directions, recommendations or advice as to departure, arrival, routes, sailing in convoy, ports of call, stoppages, destinations, discharge of cargo, delivery, or in any other way whatsoever, which are given by the Government of the Nation under whose flag the Vessel sails, or other Government to whose laws the Owners are subject, or any other Government, body or group whatsoever acting with the power to compel compliance with their orders or directions;

(b) to comply with the order, directions or recommendations of any war risks underwriters who have the authority to give the same under the terms of the war risks insurance;

(c) to comply with the terms of any resolution of the Security Council of the United Nations, any directives of the European Community, the effective orders of any other

1. Time Charter NYPE 1946 and NYPE 1993 V.1

Supranational body which has the right to issue and give the same, and with national laws aimed at enforcing the same to which the Owners are subject, and to obey the orders and directions of those who are charged with their enforcement;

(d) to divert and discharge at any other port any cargo or part thereof which may render the Vessel liable to confiscation as a contraband carrier;

(e) to divert and call at any other port to change the crew or any part thereof or other persons on board the Vessel when there is reason to believe that they may be subject to internment, imprisonment or other sanctions.

(7) If in accordance with their rights under the foregoing provisions of this Clause, the Owners shall refuse to proceed to the loading or discharging ports, or any one or more of them, they shall immediately inform the Charterers. No cargo shall be discharged at any alternative port without first giving the Charterers notice of the Owners' intention to do so and requesting them to nominate a safe port for such discharge. Failing such nomination by the Charterers within 48 hours of the receipt of such notice and request, the Owners may discharge the cargo at any safe port of their own choice.

(8) If in compliance with any of the provisions of sub-clauses (2) to (7) of this Clause anything is done or not done, such shall not be deemed a deviation, but shall be considered as due fulfillment of this Charterparty.

Übersicht

		Seite
1.	Allgemeiner Hintergrund und Geschichte	1075
2.	Anmerkungen nach englischem Recht	1076
3.	Charakteristische Merkmale einer Time Charterparty	1077
4.	Wirtschaftliche Interessen des Reeders	1077
5.	Wirtschaftliche Interessen des Charterers	1088
6.	Schlichtung von Streitigkeiten – Schiedsverfahren	1092
7.	Arbitration Act 1996	1098

Anmerkungen

1. Allgemeiner Hintergrund und Geschichte. Ein Vertrag über die Charter eines Schiffes wird üblicherweise schriftlich in Form einer **Charterparty** abgeschlossen. Nach englischem Recht bestehen jedoch keine besonderen Formerfordernisse für einen Vertrag, der die Leistung eines Schiffs zum Inhalt hat. Ob die Parteien einen bindenden Vertrag geschlossen haben oder nicht, ergibt sich aus den allgemeinen Bestimmungen des Vertragsrechts. Danach kann eine Charterparty bindend sein, ohne daß sie von den Parteien unterzeichnet wurde. Tatsächlich ist auch eine mündliche Vereinbarung über die Charterung eines Schiffs bindend, soweit die Parteien eine völlige Einigung erzielt haben und diese bewiesen werden kann.

In der Praxis wurden allerdings im Lauf der Jahre spezielle Vertragsformulare für Charterparties entwickelt. Die **New York Produce Exchange Time Charter (NYPE)** ist dabei das am häufigsten eingesetzte Time-Charter-Formular für Trockenschiffe. Es wurde 1913 erstmals von der New York Produce Exchange herausgegeben, obgleich es bereits aus dem 19. Jahrhundert einige überlieferte amerikanische Fälle gibt, die Klauseln beinhalten, die später in die Charterparty von 1913 mit aufgenommen wurden. Das NYPE-Formular wurde jeweils in den Jahren 1921, 1931 und 1946 geändert (NYPE 46-Formular-Form. I a). Bis 1946 wurden sämtliche Änderungen des Formulars unter der Aufsicht des Shipping Committees der New York Produce Exchange, einer Warenbörse in New York, deren Mitglieder hauptsächlich Charterer waren, vorgenommen. Dies ist ohne Zweifel der Grund dafür, daß das NYPE-Formular als chartererfreundliches Formular bezeichnet wurde, während zum Beispiel das Baltime-Formular eher als reederfreundlich galt.

Nach 1946 (vor allem in den 60er und 70er Jahren) verlor die New York Produce Exchange an Bedeutung und löste sich schließlich auf. Ihre Funktionen übernahm die sog.

Pitroff 1075

International Commodity Exchange, die jedoch ebenfalls aufgelöst wurde. In der Folge gab es keinen Träger mehr, der den Namen „New York Produce Exchange" für sich hätte beanspruchen können, bis schließlich 1981 die Association of Shipbrokers and Agents (USA) Inc. (ASBA) eine überarbeitete Version des 1946er Formulars, bekannt als **ASBATIME**, herausgab. In einem dem ASBATIME-Formular beigefügten Anhang (Rider) wurde eine umfassende Liste aller vorgeschlagenen Fakultativklauseln aufgeführt. Man hoffte, damit dem sog. Rider-Syndrome beizukommen, das beim NYPE-Formular von 1946 zunehmend zum Problem wurde. Da jenes Formular für ein anderes Zeitalter der Schiffahrt geschaffen worden war, bürgerte es sich bei den Schiffbrokern allmählich ein, eigene Klauseln zu entwerfen, die an das 1946er Formular angehängt wurden, um es auf einen aktuellen Stand zu bringen.

Da das ASBATIME-Formular keinen großen Erfolg hatte, entschloß sich das Chartering and Documentary Committee der ASBA, in Zusammenarbeit mit dem Baltic International Maritime Council (BIMCO) und der Federation of National Associations of Shipbrokers and Agents (FONASBA), zu einer umfassenden Überarbeitung des NYPE/ASBATIME-Formulars. Dabei sollten die Änderungen auf dem Gebiet des Marketing und der Schiffstypen, die sich in den letzten Jahrzehnten vollzogen hatten, Berücksichtigung finden. So wurde schließlich das **NYPE 93-Formular** mit dem Vermerk „Revised 14th September 1993" fertiggestellt und angenommen.

Mit dem NYPE 93-Formular wollte man ein modernes und praxisnahes Time-Charterparty-Formular schaffen, das problemlos verwendet werden kann. Auch hat offensichtlich gegenüber dem Standard NYPE 46-Formular eine Verlagerung des Gewichts in der Weise stattgefunden, daß heute die Interessen des Reeders besser berücksichtigt werden als früher.

Im gegenwärtigen Stadium ist es noch zu früh vorauszusagen, ob sich das NYPE 93-Formular auch tatsächlich durchsetzen wird. Derzeit sieht es noch so aus, als ob in der Praxis auch weiterhin das alte NYPE 46-Formular mit einer ständig steigenden Anzahl schlecht formulierter Rider-Klauseln Verwendung finden wird. Und doch scheint das System zu funktionieren, und nur ein geringer Prozentsatz aller abgeschlossenen Charterparties endet mit Unstimmigkeiten oder in einem Rechtsstreit. Ganz offensichtlich hat sich das System seit vielen Jahren international bewährt.

Wenn im folgenden auf das NYPE-Formular verwiesen wird, ist die 46er Version gemeint, soweit nicht ausdrücklich das NYPE 93-Formular genannt ist.

Die der Begriffsbestimmung folgenden Erläuterungen sind in drei Abschnitte unterteilt. Abschnitt 3 geht auf die **wichtigsten Belange des Reeders** ein, d.h. (i) die sofortige Zahlung des Charterentgelts und die Rechtsbehelfe bei Nichtzahlung einschließlich (ii) des Rechts, dem Charterer die Nutzung des Schiffs zu untersagen oder (iii) ein Sicherungspfandrecht (*lien*) an der Ladung geltend zu machen. Des weiteren behandelt der Abschnitt die Notwendigkeit, daß sich der Reeder dagegen absichert, daß sein Schiff in Gefahr gerät, und zwar infolge (iv) der Beförderung von gefährlicher oder nicht zugelassener Ladung oder (v) der Ausführung gefährlicher Aufträge des Charterers (*employment and indemnity*).

In Abschnitt 4 geht es um die **wichtigsten Belange des Charterers**, d.h. ob (i) das gecharterte Schiff seetüchtig ist und (ii) daß der Auftrag innerhalb der mit dem Reeder vereinbarten Zeit ausgeführt wird, und zwar bei dem in der Charterparty angegebenen Treibstoffverbrauch. Für den Fall, daß die Erwartungen des Charterers nicht erfüllt werden, behandelt der vierte Abschnitt (iii) das Recht des Charterers, die Charterparty auszusetzen (*off-hire*) und (iv) das Charterentgelt zu kürzen.

Für den Fall, daß Streitigkeiten zwischen Reeder und Charterer nicht gütlich beigelegt werden können, befaßt sich Abschnitt 5 mit dem Inhalt einer Schiedsgerichtsvereinbarung.

2. Anmerkungen nach englischem Recht. Wie bereits dargelegt, werden in der Praxis Charterparties häufig die NYPE-Formulare zugrunde gelegt. Da diese in englischer Sprache abgefaßt sind und ihre Schiedsgerichtsvereinbarung englisches oder New Yorker Recht bestimmt, beruhen die nachfolgenden Anmerkungen auf englischem Recht.

3. Charakteristische Merkmale einer Time Charterparty. Unter einer Time Charterparty stellt der Reeder dem Time Charterer ein voll bemanntes Schiff für einen bestimmten Zeitraum gegen Bezahlung eines Charterentgelts (*hire*) zur Verfügung. Hire wird üblicherweise monatlich bezahlt. Die Charterparty wird für ein namentlich genanntes Schiff für einen bestimmten Zeitraum abgeschlossen und legt dabei Größe, Geschwindigkeit, Treibstoffart, Treibstoffverbrauch und Treibstoffmenge an Bord des Schiffs fest. Die *trading limits* sind zwar beliebig, aber eine Time Charter wird nur selten für eine bestimmte Reise abgeschlossen. Wenn doch, dann handelt es sich um einen sog. *time charter trip* (Reisecharter). Ein Befrachtungsvertrag wird verwendet, wenn von keinem bestimmten Schiff die Rede ist.

Der Time Charterer zahlt Bunker- und Hafengebühren und den Anteil des Schiffs an Lade- und Löschkosten. Dies sind die wichtigsten Posten. Sie variieren je nach dem vom Time Charterer gewählten Verkehr. Der Reeder ist für den Abschluß und die Bezahlung der Schiffsversicherungen und Bemannungskosten verantwortlich.

Der Charterer wird sich für eine Time Charterparty entscheiden, wenn er über die Kapazitäten seiner eigenen Schiffe hinaus (falls er Schiffe besitzt) Transportleistungen auf eigene Rechnung oder auf Rechnung Dritter, wie z.B. Subcharterer oder Ablader, in Anspruch nehmen muß. So chartern z.B. häufig Ölfirmen Schiffe auf der Basis einer *long time charter* auf eigene Rechnung, und Linienbetreiber (*liner operators*) chartern gleich mehrere Schiffe, um einen regelmäßigen Service auf einer gleichbleibenden Strecke für Ablader anzubieten, die entweder Stammkunden sind oder nur für eine einzige Reise Laderaum benötigen. Das verleiht Charterern Flexibilität, ohne daß größere Auslagen nötig werden.

Für eine umfassende Darstellung der Time Charterparty wird auf *Wilford/Coughlin/Kimball*, Time Charters, 4. Auflage, verwiesen.

4. Wirtschaftliche Interessen des Reeders. (1) Bezahlung des Charterentgelts (Leistungspflichten des hire). Das Reedereigeschäft lebt vom Charterentgelt. Das NYPE-Formular erkennt in clause 5 die Bedeutung des Charterentgelts für den Reeder an. Demnach kann der Reeder dem Charterer die Nutzung des Schiffs untersagen, falls dieser nicht in der Lage ist, das an oder vor einem festgelegten Termin fällige Charterentgelt zu zahlen.

Die Zahlung des Charterentgelts muß *cash* erfolgen. Dies bedeutet, daß der Charterer die Zahlung so zu leisten hat, daß dem Reeder am vereinbarten Zahlungstermin der sofortige Zugriff auf das Geld möglich ist. Unter *cash* sind zu verstehen Bank-zu-Bank-Überweisungen und Barschecks und wohl auch sog. *payment orders* (s. "The LACONIA" [1977] 1 Lloyd's Rep. 315). In dem Fall "The CHIKUMA" ([1991] 1 Lloyd's Rep. 371) entschied das House of Lords, daß die telegraphische Überweisung an die italienische Bank des Reeders am Fälligkeitstermin keine pünktliche Bezahlung darstellte (und der Reeder damit berechtigt war, die Nutzung des Schiffs zu untersagen), da der Reeder das Geld mehrere Tage lang nicht abheben konnte, ohne Zinsen zu zahlen.

Es ist ein Grundsatz des englischen Rechts, daß der Charterer, wenn der Termin für die Zahlung der *hire* auf einen Samstag, Sonntag oder Feiertag fällt, die Zahlung so zu leisten hat, daß sie dem Reeder am letzten Werktag vor dem Feiertag zugeht (s.o. "The LACONIA").

Die Klausel über die Zahlung der *hire* im NYPE 93-Formular (clause 11) ist gegenüber der des NYPE 46-Formulars umfassend geändert worden. Clause 11 des NYPE 93-Formulars enthält anerkannte Mechanismen zur Vermeidung unnötiger Streitigkeiten, einschließlich einer *grace period*, einer Nachfrist zur Zahlung des Charterentgelts, sowie einer Bestimmung, die es dem Reeder erlaubt, jegliche Leistungen einzustellen, solange das Charterentgelt noch aussteht. Das wichtige Prinzip, das den Reeder berechtigt, dem Charterer im Falle der verspäteten Zahlung die Nutzung des Schiffs zu untersagen, bleibt jedoch bestehen.

Zu beachten sind auch die Änderungen der lines 146–147 der clause 11 des NYPE 93-Formulars.

Das Wort *cash* wurde durch das Wort *funds* ersetzt. Näher definiert wurde *funds* jedoch durch den Zusatz *available to the owners on the due date*, d.h. die Gelder müssen dem Reeder am Fälligkeitstermin tatsächlich zugänglich sein. Das hat offensichtlich zur Folge, daß der Geldtransfer einen *value today*-Charakter haben muß. Demnach käme eine Zahlung per gewöhnlichem Scheck bzw. telegraphischer Überweisung am Fälligkeitstermin zu spät, und die englischen Gerichte würden zweifellos clause 11 des NYPE 93-Formulars wieder genauso streng auslegen wie seinerzeit line 58 des NYPE 46-Formulars.

Im Hinblick auf die strenge Auslegung der *hire payment clause*, wonach der Charterer gewährleisten muß, daß dem Reeder der zu zahlende Betrag am vereinbarten Termin zur Verfügung steht, wird das NYPE 46-Formular von den Vertragsparteien häufig durch das Hinzufügen einer *anti-technicality clause* bzw. *grace period clause* modifiziert. Ein Beispiel hierfür findet sich im Fall „The AFOVOS" ([1983] 1 Lloyd's Rep. 335). Hier wurde eine neue Klausel eingeführt, die den Reeder verpflichtete, vor Nutzungsuntersagung (Samstage, Sonn- und Feiertage ausgenommen) eine 48-Stunden-Frist einzuhalten, innerhalb der er die Nutzungsberechtigung nicht entziehen durfte. Eine derartige Fristbestimmung wurde ausdrücklich in subclause 11 (b) aufgenommen und besonders weit gefaßt, so daß dem Charterer eine Nachfrist zur Zahlung des Charterentgelts gewährt wird, sollte eine pünktliche bzw. regelmäßige Zahlung durch Versehen, Fahrlässigkeit, Irrtum oder Unterlassung von seiten des Charterers oder dessen Banken versäumt worden sein. Diese Klausel scheint nahezu alle Fälle abzudecken.

Der Reeder hat nicht nur das Recht, die Nutzung des Schiffs zu untersagen, wenn der Charterer mit der Bezahlung der *hire* in Verzug gerät, sondern auch, wenn eine Zahlung zwar fristgerecht, aber nur zum Teil erfolgt ist und der ausstehende Betrag nicht bis zum Fälligkeitstermin nachentrichtet worden ist. So regelt z.B. in "The MIHALIOS XILAS" ([1976] 2 Lloyd's Rep. 697) eine Riderklausel die monatliche Zahlung des Charterentgelts. Danach soll das Charterentgelt für den letzten Monat geschätzt und im voraus entrichtet werden, wobei Bunkerkosten, Auslagen des Reeders und weitere in der Verantwortung des Reeders liegende Posten, die bis zu dem Zeitpunkt der voraussichtlichen Ablieferung des Schiffes entstehen, abgezogen werden.

In dem Fall "The MIHALIOS XILAS" war das Charterentgelt für den neunten Monat am 22. März fällig. Am 21. März zahlte der Charterer einen bedeutend geringeren Betrag als das volle Charterentgelt für einen Monat, und zwar mit der Erklärung, er habe den Abzug im Hinblick auf gewisse Vorauszahlungen und geschätzte Bunkergebühren sowie Auslagen bei Wiederablieferung des Schiffs vorgenommen. Der Charterer gab damit zu verstehen, daß er diese *hire*-Zahlung als die letzte unter dieser Charterparty ansah. Das Schiedsgericht befand, daß der Charterer grundlos davon ausgegangen sei, er könne das Schiff am Ende des neunten Monats wieder zurückgeben, und der abgezogene Betrag daher in jedem Fall unangemessen und überhöht gewesen sei. In der Berufung erkannte das Gericht, daß der Reeder die Nutzung des Schiffs zu Recht untersagt habe. Es habe eine unvollständige Bezahlung des Charterentgelts für den neunten Monat vorgelegen. Deshalb habe es sich um einen Zahlungsverzug gehandelt, der nach der Rider-Klausel den Reeder zur Nutzungsuntersagung (*withdrawal of vessel*)berechtigt habe (s. [1979] 2 Lloyds's Rep. 303).

Für den Fall, daß das Schiff zum Zahlungstermin allerdings bereits *off-hire* gewesen war, entschied das Gericht, daß der Charterer von der Pflicht zur Zahlung einer Rate des Charterentgelts frei geworden sei. Clause 15 (lines 97–102) sieht nämlich vor, daß bei Zeitverlust aufgrund von Besatzungsmangel oder fehlender Schiffsausrüstung, Feuer, Maschinenschaden, Schäden an Schiff oder Ausrüstung, auf Grund laufen oder jedes anderen Umstands, der den Betrieb des Schiffs stört, die Zahlung des Charterentgelts eingestellt werden kann.

Das Gericht erkannte für Recht, daß die Verpflichtung des Charterers zur Vorauszahlung der nächsten Monatsrate im Falle eines Zeitverlusts aus den oben in clause 15 genannten Gründen bis unmittelbar vor der erneuten Indienstnahme des Schiffs durch den

1. Time Charter NYPE 1946 and NYPE 1993 V.1

Charterer entfalle (s. "The LUTETIAN" ([1982] 2 Lloyd's Rep. 140). Das Gericht gab allerdings zu bedenken, daß diese Entscheidung zu Verunsicherung führen könnte und deshalb mit Vorsicht anzuwenden sei (s. *Wilford/Coughlin/Kimball*, Time Charterers, 4. Aufl., S. 247).

(2) Untersagung der Nutzung des Schiffs (*withdrawal of vessel*). Wie bereits oben erläutert, hat der Reeder nach clause 5 des NYPE 46-Formulars (s. lines 61–62) das Recht, bei Zahlungsverzug des Charterers diesem die Nutzung des Schiffs zu untersagen. Diese sog. *withdrawal clause* gibt dem Reeder die Möglichkeit und das Recht, die Charterparty zu kündigen. Freilich ist der Reeder nicht zur Kündigung verpflichtet. Gäbe es diese *withdrawal clause* nicht, stünde dem Reeder kein derartiges Recht zu, denn im Common Law begründet die bloße Verspätung der Zahlung noch kein Recht auf Nutzungsuntersagung, sondern lediglich einen Anspruch auf Schadenersatz. Nach Common Law kann der Reeder eine Charterparty nur aufheben, wenn das Verhalten des Charterers Zahlungsunwilligkeit oder -unfähigkeit vermuten läßt, oder wenn die Nichtzahlung eine Nichterfüllung der Charterparty bedeuten würde.

Die Nutzungsuntersagung ist letztlich das einzig wirksame Mittel des Reeders gegen Nichtbezahlung des Charterentgelts. Ferner erlaubt sie es dem Reeder, sich bei einer Erhöhung der Frachtraten aus der Charterparty zu lösen. In der Tat scheint dies häufig der wahre Grund für die Nutzungsuntersagung durch den Reeder zu sein. So stieg z. B. in "The LACONIA" ([1977] A. C. 850) die Frachtrate auf dem Markt von den vertraglich vereinbarten US $ 3,10 pro Tonne auf US $ 5,59 pro Tonne. Nun war es für den Reeder günstiger, die Nutzungsberechtigung für das Schiff zurückzuziehen und es zu der höheren Rate zu verchartern. Auf der anderen Seite könnte der Charterer – soweit es ihm gelingt, eine Nutzungsuntersagung abzuwehren – die erhöhten Frachtraten ausnutzen und das Schiff gewinnbringend unterverchartern.

In "The LACONIA" legte das House of Lords die *withdrawal clause* wörtlich aus und entschied, daß die um nur einen Tag verspätete Zahlung dem Reeder das Recht zur Nutzungsuntersagung gibt. Dieses Recht verliert der Reeder auch dann nicht, wenn der Charterer die überfällige Zahlung des Charterentgelts noch vor Erklärung der Nutzungsuntersagung durch den Reeder anbietet. Das House of Lords entschied weiter, daß ein späteres Angebot der Zahlung diese Position auch nicht ändert.

Wenn jedoch infolge der vom Charterer gewählten Zahlungsweise das Charterentgelt zu spät verfügbar wird und der Reeder dies nicht beanstandet, dann kann dieser die Nutzungsberechtigung am Schiff nicht zurückziehen, es sei denn, er hat dem Charterer vorher in angemessener Weise mitgeteilt, daß er in Zukunft strikte Erfüllung verlange (s. "The PETROFINA" [1948] 82 L1.L.Rep. 43).

Der Wortlaut der Mitteilung über die beabsichtigte Nutzungsuntersagung ist von ausschlaggebender Bedeutung. Im Fall "The AEGNOUSSIOTIS" ([1977] 1 Lloyd's Rep. 268) wurde entschieden, daß für die Mitteilung zwar keine besonderen Formerfordernisse bestehen, der Reeder den Charterer aber darüber informieren müsse, daß er die Nichtzahlung des Charterentgelts als Grund für die Beendigung der Charterparty ansehen werde.

Der Reeder muß dem Charterer innerhalb eines angemessenen Zeitraums nach dem Ausbleiben der Zahlung mitteilen, daß er beabsichtige, die Nutzungsberechtigung zurückzuziehen. Was unter einem angemessenen Zeitraum zu verstehen ist, hängt von den Umständen des Einzelfalls ab. Laut "The LACONIA" (s.o.) ist unter einem angemessenen Zeitraum in den meisten Fällen ein kurzer Zeitraum zu verstehen, nämlich die kürzeste vernünftigerweise notwendige Zeit, in der der Reeder vom Verzug erfahren und Anweisungen erteilen kann.

Keine unangemessene Verzögerung liegt vor, wenn der Reeder zunächst bei der Bank Erkundigungen einholt, um sicherzugehen, daß der Betrag tatsächlich eingegangen ist. Desgleichen ist es angemessen, wenn der Reeder rechtlichen Rat sucht, bevor er sich zur Nutzungsuntersagung entschließt. Auf keinen Fall darf der Reeder aber die Charterparty bestätigen. Wenn nämlich der Reeder zwischen dem Tag der Fälligkeit und dem Tag der

Nutzungsuntersagung den Charterer ausdrücklich oder aufgrund seines Verhaltens glauben läßt, daß er die Charterparty fortführen möchte, so wäre eine nachfolgende Nutzungsuntersagung unrechtmäßig.

Auch im Falle einer zwar rechtzeitigen, aber nicht vollständigen Zahlung steht dem Reeder eine angemessene Frist zur Überprüfung der Richtigkeit des Abzugs durch den Charterer zu, bevor er sich zur Nutzungsuntersagung entschließt (s. "The MIHALIOS XILAS" ([1979] 2 Lloyd's Rep. 303 (H. L.)).

Entschließt sich der Reeder, die Nutzungsberechtigung am Schiff zurückzuziehen, darf er aber auch nur exakt dies tun. Der Reeder ist nicht berechtigt, vorübergehend seine Leistungen einzustellen, solange die Zahlung des Charterentgelts aussteht. Wurde die Nutzungsberechtigung nicht formell zurückgezogen, bleibt der Reeder verpflichtet, Anweisungen des Charterers zu befolgen, z.B. eine Fracht zu laden, auch wenn das Charterentgelt noch nicht gezahlt wurde. Eine Nichtbefolgung könnte leicht als Erfüllungsverweigerung (*repudiation*) des Reeders ausgelegt werden. Dann hätte der Charterer einen Anspruch auf Schadenersatz für jeden Verlust, den er aufgrund der Nichtbefolgung seiner Anweisungen durch den Reeder erleidet, ungeachtet der Gegenforderung des Reeders auf das noch offene Charterentgelt.

Liegt das in der Charterparty vereinbarte Charterentgelt über dem marktüblichen Niveau, wenn der Reeder das Nutzungsrecht an seinem Schiff zurückzieht, und muß der Reeder anschließend in einer neuen Charterparty ein niedrigeres Entgelt festsetzen, so berechnet sich der Verlust des Reeders für den Rest der Laufzeit der ursprünglichen Charterparty im allgemeinen aus der Differenz zwischen dem ursprünglich vereinbarten höheren und dem tatsächlich erzielten Entgelt. Im Falle einer Nutzungsuntersagung aufgrund Nichtbezahlung des Charterentgelts nach clause 5 des NYPE-Formulars verliert der Reeder allerdings das Recht auf Erstattung seines Verlusts. In den Augen der englischen Gerichte ist nämlich das Recht auf Nutzungsuntersagung nach clause 5 ein Vorteil für den Reeder und kein Recht, das einen Anspruch auf Schadensersatz des Reeders gegen den Charterer begründet. Der Reeder, der dem Charterer die Nutzungsberechtigung für das Schiff entzogen hat, kann mit einer Schadenersatzforderung (*loss of profit*) nur durchdringen, wenn das Verhalten des Charterers eine Erfüllungsverweigerung der Charterparty darstellte und vom Reeder auch ausdrücklich als solche verstanden wurde.

Es stellt sich nun die Frage, wann es zu einer Erfüllungsverweigerung (*repudiation*) der Charterparty kommt. Im englischen Recht gilt folgender Grundsatz: Wenn das Verhalten des Charterers bei Nichtzahlung des Charterentgelts oder in der Liquidation deutlich zeigt, daß dieser nicht beabsichtigt bzw. nicht dazu in der Lage ist, die Charterparty zu erfüllen, ist der Reeder berechtigt, dieses Verhalten als Erfüllungsverweigerung auszulegen und somit die Charterparty zu kündigen, unabhängig davon, ob das Recht auf Nutzungsuntersagung nach clause 5 eingetreten ist oder die Bedingungen einer *anti-technicality-clause* erfüllt worden sind. In der Praxis ist der Reeder dazu angehalten, dieses Recht nach Ankündigung an den Charterer auszuüben, zusammen mit dem gleichzeitigen Recht auf Nutzungsuntersagung nach clause 5.

Zweifellos genügt die Insolvenz des Charterers zur Feststellung der Erfüllungsverweigerung der Charterparty. Ebenso wird ein Verhalten des Charterers ausreichen, das vernünftigerweise seine Zahlungsunwilligkeit oder -unfähigkeit unterstellen läßt.

Untersagt nun der Reeder die Nutzung seines Schiffs, ob auf der Basis von clause 5 des NYPE-Formulars oder der Feststellung der Erfüllungsverweigerung, treten folgende Probleme auf:

Ist das Schiff beladen und sind Konnossemente ausgestellt, kann es sein, daß der Reeder gegenüber den Eigentümern der Ladung verpflichtet ist, diese auf eigene Kosten zum Bestimmungshafen zu befördern und dort zu löschen. Die einzige Aussicht des Reeders auf Erstattung der Kosten läge dabei in dessen Forderung gegen den Charterer. Ist der Charterer insolvent, befindet sich der Reeder in keiner glücklichen Lage. Folglich ist es für den Reeder lebenswichtig, seine Forderung gegen den Charterer zu sichern. Dies erfolgt ge-

1. Time Charter NYPE 1946 and NYPE 1993

wöhnlich durch die Geltendmachung eines Sicherungspfandrechts an der Ladung (s. a. Sicherungspfandrecht – *lien*).

Entschließt sich der Reeder zur Kündigung der Charterparty, ist der Zeitpunkt der Kündigung von allergrößter Bedeutung, vor allem, wenn sich eine Ladung an Bord befindet.

a) Keine Ladung an Bord. Die Antwort ist leicht, wenn sich keine Ladung an Bord befindet. In diesem Fall wird der Reeder das Verhalten des Charterers unbeschadet seiner Schadenersatzforderung als Erfüllungsverweigerung werten und die Nutzungsberechtigung an seinem Schiff aufgrund Nichtzahlung des Charterentgelts zurückziehen. Das Schiff kann sodann – soweit möglich – weiterverchartert werden, während sich der Reeder bemüht, den ausstehenden Betrag vom Charterer beizutreiben oder wenigstens seine Forderung zu sichern.

b) Beladung des Schiffs ist im Gange. Fällt die Entscheidung zur Nutzungsuntersagung in die Zeit, in der das Schiff beladen wird, besteht die Möglichkeit – sofern die Mitteilung über den Anspruch des Reeders auf die Konnossementsfracht bzw. ein Sicherungspfandrecht (*lien*) an der Fracht gleichzeitig mit der Entziehung der Nutzungsberechtigung gemacht wird – eine neue Vereinbarung mit dem Subcharterer oder dem Eigentümer der Ladung zu schließen. Diese zahlen sodann die Fracht oder das Charterentgelt direkt an den Reeder, um die Beladung des Schiffs und die Beendigung der Reise sicherzustellen. Alternativ wird die Mitteilung (*notice*) wirksam und führt damit zur Zahlung des Charterentgelts oder der Fracht an den Reeder gegen Ausstellung der Konnossemente.

Wird jedoch die Nutzung des Schiffs untersagt und machen Subcharterer oder Ladungseigentümer keine Anstalten, für die Kosten der Beförderung der Ladung an ihren Bestimmungsort aufzukommen, ist es aus Sicht des Reeders von größter Bedeutung, daß keine Konnossemente ausgestellt werden. Wenn also keine neuerliche Vereinbarung mit Subcharterer oder Ladungseigentümer zustandekommt, muß nun die Löschung der Ladung in die Wege geleitet werden. Zwar wurden die englischen Gerichte noch nie ersucht zu entscheiden, wer die Kosten einer derartigen Löschung zu tragen hat, nach allgemeiner Ansicht ist aber der Reeder berechtigt, vom Ladungseigentümer die Erstattung aller angemessenen Kosten zu fordern, die in Verbindung mit der Ladung entstehen, insbesondere die Löschkosten.

c) Ladung an Bord. Entschließt sich der Reeder erst nach abgeschlossener Beladung des Schiffs bzw. Ausstellung der Konnossemente zur Nutzungsuntersagung, ist die Angelegenheit sowohl rechtlich als auch praktisch komplizierter. In dieser Situation ist es besonders wichtig, zwischen Reederkonnossementen (*owners' bills of lading*) und Chartererkonnossementen (*charterers' bills of lading*) zu unterscheiden (s. u.).

Liegt ein Reederkonnossement vor, hat der Reeder eine vertragliche Verpflichtung gegenüber den Ladungseigentümern (*cargo interests*), die Ladung zu dem im Konnossement genannten Bestimmungshafen zu transportieren und dort zu löschen. Diese Verpflichtung besteht unabhängig von der Charterparty und bleibt auch im Falle der Nichtzahlung des Charterentgelts durch den Charterer bestehen.

aa) *Freight-pre-paid*-**Konnossement.** Wurden Konnossemente ausgestellt, bei denen die Fracht vorausbezahlt wurde, d.h. *freight-pre-paid*-Konnossemente, hat der Reeder kein Recht, den Ladungseigentümern ein zweites Mal Fracht zu berechnen. Ferner kann der Reeder kein Sicherungspfandrecht (*lien*) an der Ladung geltend machen, um die Kosten der Beendigung der Reise oder andere unter der Charterparty ausstehende Beträge beizutreiben, es sei denn, eine geeignete Bestimmung im Konnossement besagt etwas anderes (s. u. Sicherungspfandrecht – *lien*).

Allerdings sollte auch in dem Fall, daß *freight-pre-paid*-Konnossemente ausgestellt wurden, die Mitteilung über den Anspruch des Reeders auf jegliche ausstehenden Frachtkosten an alle Agenten und beteiligten Parteien gemacht werden, in der Hoffnung, daß wenigstens ein Teilbetrag gerettet werden kann. Tatsächlich wird die Fracht nämlich häufig erst mit Verspätung an den Charterer gezahlt.

bb) *Freight-collect*-Konnossement. Wurden *freight-collect*-Konnossemente (d. h. Konnossemente, bei denen die Fracht erst später bezahlt wird) ausgestellt, Rat der Reeder das Recht, die Zahlung (freight) am Löschhafen zu bekommen. Er sollte aber unverzüglich den Empfängern (*consignees*) und Agenten am Bestimmungshafen Mitteilung von diesem Recht machen.

cc) Chartererkonnossement. Liegt nun aber ein Chartererkonnossement vor, ist die Lage ganz anders und wesentlich günstiger für den Reeder. Hier braucht dieser nämlich lediglich die Anweisungen des Charterers gemäß der Charterparty zu befolgen. Die Verpflichtung des Reeders als *unpaid bailee* (d. h. unbezahltem Verwahrer) der Ladung gegenüber den Ladungseigentümern beschränkt sich auf die gebührende Sorgfalt (*reasonable care*) im Umgang mit der Ladung, während diese sich an Bord des Schiffs befindet.

Wird die Nutzungsberechtigung am Schiff zurückgezogen, erlischt die Verpflichtung des Reeders, die Ladung zu dem im Konnossement genannten Bestimmungshafen zu befördern. Der Reeder kann jetzt den nächsten sicheren *port of convenience* anlaufen und dort die Ladung löschen oder er kann mit den Ladungseigentümern eine neue Vereinbarung treffen, wonach das Schiff die beabsichtigte Reise unabhängig davon, ob bereits eine Zahlung an den Charterer erfolgt ist oder nicht, gegen Bezahlung an den Reeder fortsetzt.

d) Löschung ist im Gange. Entschließt sich der Reeder erst während des Löschens der Ladung zur Nutzungsuntersagung, ist es mit Sicherheit zu spät, erfolgreich Druck auszuüben, um die Bezahlung ausstehender Beträge gemäß der Charterparty zu erreichen oder ein Sicherungspfandrecht an der Ladung geltend zu machen. Dessen ungeachtet sollte den Empfängern bzw. den Agenten des Löschhafens Bescheid über den Anspruch auf *freight* oder ein Sicherungspfandrecht gegeben werden, und zwar für den Fall, daß von deren Seite noch Zahlungen an den Charterer ausstehen.

Wie oben gezeigt, kann der Reeder verschiedene Schritte zur Deckung der schweren Verluste unternehmen, die er mit größter Sicherheit erleiden wird, wenn der Charterer in Liquidation geht oder einfach die Zahlung des Charterentgelts verweigert.

(3) Sicherungspfandrecht – *lien*. Gemäß clause 18 des NYPE-Formulars kann der Reeder ein Sicherungspfandrecht an der Ladung geltend machen. Auf den ersten Blick scheint dies ein äußerst weitreichendes Mittel zu sein, tatsächlich ist aber der Spielraum sehr gering, wie im folgenden illustriert wird:

a) Geltendmachung des Sicherungspfandrechts an der Ladung. Zunächst muß der Reeder prüfen, ob das in clause 18 des NYPE-Formulars gewährte Sicherungspfandrecht die komplette an Bord befindliche Ladung betrifft oder nur die, die dem Charterer gehört. Clause 18 beschränkt das Sicherungspfandrecht nämlich nicht ausdrücklich auf im Eigentum des Charterers befindliche Ladung. Hier stellt sich nun die Frage, ob der Reeder auch an einer Ladung, die nicht dem Charterer gehört, ein Sicherungspfandrecht geltend machen darf. Diese Frage ist von Bedeutung, weil die heutigen Zeitcharterer – mit Ausnahme natürlich der großen Getreide- und Ölfirmen, bei denen ohnehin kaum eine solche Notwendigkeit entsteht – gewöhnlich nicht ihre eigene Ladung befördern. Unglücklicherweise haben die englischen Gerichte in diesem Punkt widersprüchlich entschieden: 1976 wurde im Fall "The AGIOS GIORGIS" ([1976] 2 Lloyd's Rep. 192) entschieden, daß clause 18 dem Reeder ein Sicherungspfandrecht nur an der Ladung gewährt, die tatsächlich im Eigentum des Charterers steht. 1977 entschied aber ein anderes Gericht im Fall "The AEGNOUSSIOTIS" ([1977] 1 Lloyd's Rep. 268), daß nach clause 18 der Reeder ein Sicherungspfandrecht an allen an Bord befindlichen Ladungen besitzt. Die zweite Entscheidung ist vorzuziehen und scheint auch von den London Arbitrators befolgt zu werden.

Auch wenn die weitergehende Auslegung des clause 18 bevorzugt wird und der Reeder ein Sicherungspfandrecht an der gesamten Ladung hat (ob sie nun dem Charterer gehört oder nicht), hilft ihm das jedoch nicht viel weiter. Befördert ein gechartertes Schiff auf einer Reise Ladung, die nicht dem Charterer gehört, existieren mindestens zwei getrennte Verträge: der Charterparty-Vertrag zwischen dem Reeder und dem Charterer und der

1. Time Charter NYPE 1946 and NYPE 1993 V.1

Konnossementsvertrag über die Beförderung der Ladung vom Lade- zum Löschhafen zwischen dem Reeder oder Charterer (oder möglichst beiden) einerseits und dem Ladungseigentümer andererseits.

Die Pfandrechtsklausel aus der Charterparty gilt zwischen Reeder und Charterer, hat aber keine bindende Wirkung auf das Verhältnis zwischen Reeder und Ladungseigentümer, es sei denn, die Klausel ist Teil des Konnossements (d.h. *validly incorporated into the bill of lading*) bzw. eine ähnliche Bestimmung befindet sich in den Bedingungen des Konnossements. Der Reeder darf also gegenüber den Ladungseigentümern ein Sicherungspfandrecht nur geltend machen, wenn dieses Recht ausdrücklich Teil des Konnossementsvertrags ist, und nicht aufgrund einer Pfandrechtsklausel der Charterparty. So stellte ein Richter im Leitfall fest:

„Das Recht, zur Sicherung einer Forderung gegen eine Person ein Sicherungspfandrecht an den Gütern einer anderen Person geltend zu machen, muß klar und deutlich übertragen worden sein, bevor ein Gericht dieses anerkennen kann."

bb) Sicherungspfandrecht an *sub-freight* und Einziehung von Frachtgebühren (*freight*). Das ebenfalls in clause 18 formulierte Sicherungspfandrecht an *sub-freights* und das Recht des Reeders zur Einziehung bestimmter Konnossementsfrachtgebühren sind die wohl wirksamsten Mittel des Reeders gegen den Charterer bei Nichtzahlung der Frachtgebühren.

Zweifelsfrei deckt das Sicherungspfandrecht an *sub-freights* gemäß clause 18 sowohl unter einem Konnossement als auch unter einer Reisecharterparty zu zahlende Frachtgebühren ab. Folgt man der Entscheidung des Justice Lloyd von 1983 im Fall "The CEBU" ([1983] 1 Lloyd's Rep. 302), deckt der Begriff *sub-freights* auch das unter einer *Sub-Time-Charterparty* zu zahlende Charterentgelt ab. Im Fall "The CEBU" (No. 2) ([1990] 2 Lloyd's Rep. 316) entschied Justice Steyn jedoch, daß unter *sub-freights* keine *Sub-Time Charterparty hire* zu verstehen sei. In diesem Punkt wird bei den Gerichten bis zur Prüfung durch den Court of Appeal wohl weiterhin Unsicherheit herrschen, zumal beide einander widersprechenden Entscheidungen begründet sind. Leider wurde bei "The CEBU" (No. 2) kein weiteres Rechtsmittel (*appeal*) eingelegt.

Im englischen Recht ist die Ausübung des Sicherungspfandrechts durch den Reeder an Konnossements- oder *Sub-Time-Charter-freight* (und möglicherweise *hire*) relativ unkompliziert. Das gewünschte Ergebnis wird dadurch erzielt, daß der Reeder vor Erfolgen der Zahlung der bezahlenden Partei seine Absicht mitteilt, von dem Sicherungspfandrecht Gebrauch zu machen, und verlangt, daß der fällige Betrag an ihn selbst und nicht an den Charterer ausgezahlt wird. Erfolgt die Mitteilung durch den Reeder allerdings zu spät, und ist die *freight* bereits an den Charterer gezahlt worden, ist das Sicherungspfandrecht nach clause 18 verloren.

Hat die Zahlung an den Agenten des Charterers und nicht direkt an den Charterer zu erfolgen, so kann der Bescheid über das Sicherungspfandrecht gegenüber dem Agenten abgegeben werden. Auch wenn er der alleinige Agent des Charterers ist, muß ihn der Bescheid erreicht haben, bevor er das Geld erhalten und nicht bevor er es an den Charterer weitergegeben hat. Das englische Recht erachtet nämlich den Geldeingang beim Agenten als gleichbedeutend mit dem Eingang beim Charterer selbst.

Das Recht des Reeders, *bill of lading freight* im Gegensatz zu *Sub-Time-Charterparty-freight* (und möglicherweise *Sub-Time-Charterparty hire*) „abzufangen," ist eine komplexere rechtliche Frage. Der Grund dafür ist in der rechtlichen Wirkung des Konnossements zu suchen.

Die Frage ist, ob es sich um ein Reeder- oder ein Chartererkonnossement handelt.

Die Mehrheit der heute gebräuchlichen Konnossemente wird vom Kapitän des Schiffs oder in dessen Namen unterschrieben oder enthält eine sog. *identity of carrier*- oder *demise*-Klausel. Anders als im deutschen Recht ist ein solches Konnossement im englischen Recht fast immer Beweis eines Vertrags zwischen Reeder und Ladungseigentümer (*cargo interests*). Dabei erklärt sich der Reeder bereit, die Ladung gemäß der im Konnossement formulierten Bedingungen vom Ladungs- zum Löschhafen zu befördern. Dies geschieht unabhängig davon, ob das Konnossement auf dem Chartererformular ausgestellt wurde oder ob es vom Agenten des Charterers im Namen des Kapitäns unterschrieben wurde oder einige bzw. alle Bedingungen der Charterparty enthält. Ist das Konnossement verbindlich für den Reeder, spricht man allgemein von einem Reederkonnossement.

Chartererkonnossemente werden gewöhnlich vom Agenten im Namen des Charterers unterzeichnet. Der Charterer wird meistens in der *signature clause* genannt und auf der Rückseite als *carrier* definiert. Eine *identity of carrier*- oder *demise*-clause ist im Konnossement nicht enthalten. Sehr selten kommen Konnossemente vor, die einen Vertrag zwischen Charterer und Ladungseigentümer beweisen. Unabhängig davon, ob das Konnossement auf dem Chartererformular abgefaßt ist, wird es im englischen Recht, wenn es vom Kapitän oder in dessen Namen unterschrieben wurde, immer als Reederkonnossement angesehen.

Liegt ein **Reederkonnossement** vor, ist der Reeder vertraglich berechtigt, daß die Fracht an ihn gezahlt wird. Der Reeder hat gesetzlich das Recht, die Zahlung der Konnossementsfracht (*bill of lading freight*) auf diesem Wege entweder direkt von den Ladungseigentümern oder vom Agenten des Charterers zu empfangen, indem er seinen Anspruch mitteilt. Dieses Recht steht dem Reeder gesetzlich zu und bleibt unabhängig von jeder Pfandrechtsklausel der Charterparty bestehen. Allerdings empfiehlt es sich, es gleichzeitig mit dem Sicherungspfandrecht auf *sub-freight* nach clause 18 anzuwenden, da es die gleichen praktischen Auswirkungen hat.

Ist das Konnossement, unter welchem die Fracht zu zahlen ist, ein Chartererkonnossement, hat der Reeder anders als beim Reederkonnossement keinen unmittelbaren vertraglichen Anspruch auf die Fracht. Statt dessen darf er nur sein Sicherungspfandrecht nach clause 18 ausüben, und zwar nur nach Ankündigung an den Ladungseigentümer vor dessen Zahlung der Fracht an den Charterer oder dessen Agenten oder nach der Ankündigung an den Agenten des Charterers, bevor diesem die Zahlung zugegangen ist.

Erwägt der Reeder, sein Sicherungspfandrecht auf *sub-freight* nach clause 18 des NYPE-Formulars auszuüben oder die direkte Zahlung der Konnossementsfracht zu fordern, sollte er die folgenden Punkte beachten:

(i) Das Sicherungspfandrecht kann nur geltend gemacht bzw. die Zahlung verlangt werden für Beträge, die unter der Charterparty tatsächlich zu dem Zeitpunkt fällig sind, zu dem das Sicherungspfandrecht angekündigt bzw. die Zahlung verlangt wird. Ein Sicherungspfandrecht kann für künftige, aber noch nicht fällige Raten der *hire* nicht geltend gemacht werden. Die Lage ist hier praktisch dieselbe wie bei der Forderung direkter Bezahlung des Charterentgelts. Gelingt es dem Reeder, vom Ladungseigentümer oder Subcharterer die Zahlung von mehr als dem Charterentgelt oder anderer tatsächlich ausstehender Beträge zu erhalten, und zwar durch direkte Zahlung der *freight* oder die Geltendmachung des Sicherungspfandrechts an *sub-freights*, muß der Reeder dem Charterer über die Differenz Rechenschaft ablegen. Tut er dies nicht, könnte ihm das als Erfüllungsverweigerung (*repudiation of Charterparty*) ausgelegt werden.

(ii) Bei der Geltendmachung des Sicherungspfandrechts an *sub-freights* oder der Forderung der direkten Bezahlung der Konnossementsfracht ist es aus Sicht des Reeders besonders wichtig, daß die Benachrichtigung so umgehend wie möglich an alle Parteien erfolgt, durch deren Hände die Fracht geht. Ein Verhalten des Reeders, das als Erfüllungsverweigerung ausgelegt werden könnte, gäbe dem Charterer eine Forderung gegen den Reeder oder zumindest die Möglichkeit, von der Charterparty zurückzutreten, bevor diese wirksam wird.

(iii) Entschließt sich der Reeder, ein Sicherungspfandrecht an den *sub-freights* geltend zu machen, oder die direkte Bezahlung der Konnossementsfracht zu fordern, sollte er sich bemühen, so viel Information wie möglich über die vertraglichen Vereinbarungen des Charterers einzuholen. Ein Sicherungspfandrecht kann nicht wirksam geltend gemacht werden bzw. Zahlung gefordert werden, ohne genaue Informationen darüber, wer die Fracht

1. Time Charter NYPE 1946 and NYPE 1993 V.1

wann und an wen zu zahlen hat. Derartige Informationen erhält man häufig von Befrachtungsmaklern oder anderen mit dem Markt eng verbundenen Personen oder durch Erkundigungen an den vorgesehenen Lade- und Löschhäfen.

(4) Gefahren durch gefährliche Ladungen (*dangerous cargo*), Ausschluß von Ladungen (*cargo exclusion*). a) Gefährliche Ladung. So wie dem Charterer an der Seetüchtigkeit des Schiffs gelegen ist, ist der Reeder daran interessiert, daß die zu befördernde Ladung weder gefährlich noch geeignet ist, das Schiff zu beschädigen.

Das NYPE-Formular enthält keine Bestimmung, die die Beförderung gefährlicher Güter verbieten würde. In lines 24–28 heißt es lediglich, daß nur *lawful merchandise* an Bord des Schiffs transportiert werden dürfe. Trotzdem vereinbaren Reeder und Charterer häufig den Ausschluß gefährlicher Ladung. Eingetragen wird dies in dem in line 25 dafür freigelassenen Raum.

Clause 4 des NYPE 93-Formulars dagegen gestattet die Beförderung gefährlicher Ladung, sofern die Auflagen der zuständigen Behörden erfüllt werden. Ausgeschlossen wird aber der Transport von Vieh, Waffen, Munition, Sprengstoff sowie nuklearen und radioaktiven Stoffen (s. subclause (a)). Das NYPE 93-Formular berücksichtigt auch, daß viele Schiffsversicherungen die Menge der auf einer Reise zu befördernden gefährlichen Ladung beschränken. Subclause (b) enthält deshalb neue Bestimmungen, denen zufolge die Parteien im Falle der Beförderung IMO-klassifizierter Ladung eine Höchstmenge festsetzen müssen. Die Klausel stellt klare Regeln über Verpackung, Etikettierung, Verladung und Lagerung gemäß den IMO-Regulations auf.

Es stellt sich nun die Frage, was eine „gefährliche" Ladung ist. Nach Common Law verpflichten sich Shipper bzw. Charterer implizit, keine Güter zu verladen, bei denen der Reeder nicht vernünftigerweise erkennen kann, ob sie gefährlich sind oder nicht. Kennt der Reeder den gefährlichen Charakter der Güter nicht und konnte er ihn nicht kennen, geht man davon aus, daß der Charterer die Gewähr dafür übernimmt, daß die Güter für die übliche Beförderung geeignet und nicht gefährlich sind. Hat der Reeder allerdings Gelegenheit, sich einen Eindruck über den Charakter der Güter zu verschaffen, so gilt das wie eine Mitteilung der Gefährlichkeit an diesen, und der Charterer ist nicht haftbar. Vereinbaren die Parteien die Beförderung einer bestimmten Ladung und kennen beide die Eigenschaften der Ladung, haftet der Charterer für keinerlei durch den Transport der Ladung entstandene Schäden oder Verspätungen.

Besondere Schwierigkeiten können sich ergeben, wenn die Ladung beiden Parteien zum Zeitpunkt des Vertragsschlusses zwar bekannt ist, aber besondere und nicht augenscheinliche Eigenschaften besitzt, die für das Schiff und andere Ladungen nicht vorhersehbare und nicht abwendbare Gefahren mit sich bringen. Dies geschieht manchmal in Verbindung mit gewöhnlichen Massengütern, die zwar nicht als gefährlich gelten, aufgrund ihrer inhärenten Eigenschaften aber de facto gefährlich werden können.

Diese Fragen wurden im Fall "The ATHANASIA COMNINOS" ([1990] 1 Lloyd's Rep. 277) behandelt. An Bord von drei Schiffen kam es zu Explosionen, als diese Kohle von Sydney in Neuschottland nach Birkenhead beförderten. In jedem der drei Fälle wurden die Explosionen durch die Entzündung einer Mischung aus Luft und Methangas, das sich nach Verladen aus der Kohle entwickelte, ausgelöst. Der Reeder begründete seinen Anspruch damit, daß der Gasgehalt jeder Ladung derart gewesen sei, daß dadurch eine Gefahr entstand, die zu tragen er sich bei seiner Einwilligung, die als Kohle beschriebene Ladung zu befördern, nicht einverstanden erklärt hatte. Darüber hinaus sei der übermäßige Gasgehalt der Kohle für Kapitän und Besatzung bei einer angemessenen Prüfung im Ladehafen nicht offensichtlich gewesen. Im übrigen sei die Kohle ordnungsgemäß entsprechend der damals üblichen Praxis befördert worden.

Das Gericht entschied, daß es unter diesen Umständen unmöglich sei, die Frage, ob Kohle nun eine sichere oder gefährliche Ladung sei, abstrakt zu beantworten. Man müßte die Tatsachen und die Bestimmungen der Charterparty im Zusammenhang betrachten und fragen, ob nach einer engen Auslegung des Vertrags diese spezielle

Schiffsladung Risiken mit sich brachte, die die zu tragen sich der Reeder vertraglich verpflichtet hatte.

Laut Judge Mustill waren die Güter von solcher Beschaffenheit, daß sogar die strikteste Einhaltung der anerkannten Transportmethoden nicht genügt hätten, die Möglichkeit eines Unfalls auszuschließen. Zusätzlich bedeutete diese Diskrepanz zwischen annehmbarer und sicherer Beförderung doch, daß es Fälle geben kann, die weder auf ungewöhnliche Ladung noch auf Versäumnisse durch den Carrier, sondern ganz einfach auf unglückliche Umstände zurückzuführen seien.

Dementsprechend entschied das Gericht, daß das Risiko vom Reeder zu tragen sei, wenn es durch einen angemessenen Transport der Güter hätte vermieden werden können. Demnach wird vom Reeder verlangt, daß er sich immer auf dem neuesten Stand der fachgerechten Transportmethoden hält. Waren auf der anderen Seite aber die durch die Ladung verursachten Risiken ganz andere als die ursprünglich vermuteten, so sollen sie vom Charterer getragen werden.

b) Ausschluß von Ladung. Dieses Prinzip der Gefahrtragung wurde auch auf Fälle ausgeweitet, in denen die Güter selbst in keiner Weise gefährlich waren. Im Fall "MITCHELL COTTS & CO. –v– STEEL BROS. & CO." ([1916] 2 KB 610) wußte der Shipper, daß die Ladung in Piräus nicht ohne die Genehmigung der britischen Regierung gelöscht werden konnte. Nachdem diese nicht erteilt wurde, machte man den Shipper für die entstandene Verspätung haftbar. Nach Ansicht des Gerichts ist nämlich die Verladung unrechtmäßiger Güter, die für das Schiff das Risiko einer Zurückhaltung oder Verspätung mit sich bringen, gleichbedeutend mit der Beförderung einer gefährlichen Ladung, die die Zerstörung des Schiffs verursachen könnte.

c) Blinde Passagiere (stowaways). "Gefährliche Ladung" kann auch ein blinder Passagier an Bord des Schiffs sein. Es ist in einem solchen Fall schwer zu entscheiden, wer Schadenersatz zu leisten hat. Eine Unterscheidung könnte anhand der Art und Weise, wie der blinde Passagier an Bord gelangte, gemacht werden. Der blinde Passagier könnte sich zum Beispiel bereits vor der Verladung in einem Container versteckt haben oder erst nach dem Verladen an Bord gegangen sein, um sich dort zu verstecken. Eine derartige Unterscheidung wurde in clause 41 des NYPE 93-Formulars gemacht.

(5) Befolgung der Anweisungen des Charterers: employment und indemnity. Gemäß lines 77–78 hat der Kapitän des Schiffs bestimmte Anweisungen des Charterers zu befolgen. Die sog. *employment*-Klausel überträgt für die Dauer der Charterparty vom Reeder auf den Charterer das Recht, über die Verwendung des Schiffs zu bestimmen. Im Gegenzug erteilt der Charterer dem Reeder eine Haftungsfreistellung (*indemnity*) gegenüber allen Folgen und anderen Verbindlichkeiten, die aus der Befolgung der Anweisungen des Charterers durch den Kapitän entstehen können.

Anders als etwa im Baltime-Formular wird dem Reeder im NYPE-Formular keine ausdrückliche Haftungsfreistellung erteilt. Normalerweise wird eine solche Haftungsfreistellung jedoch stillschweigend für den Fall angenommen, daß der Reeder infolge des Handelns des Charterers oder dessen Anweisungen in Verbindung mit der Verwendung (*employment*) des Schiffs haftbar wird.

Es sollte jedoch klar sein, daß sich diese Haftungsfreistellung ganz streng auf die Anweisungen beschränkt, die die Verwendung des Schiffs betreffen. Gemeint sind dabei nur Anweisungen bezüglich der Verwendung des Schiffs, zu denen der Charterer berechtigt ist, d.h. der Charterer darf unter keinen Umständen Anweisungen über Sicherheit oder Navigation des Schiffs erteilen.

Der Begriff *employment* ist gleichbedeutend mit dem Begriff *employment of the ship* (so entschied das House of Lords im Fall "LARRINAGA STEAMSHIP Co. –v– THE CROWN" ([1944] 78 Ll.L. Rep. 167)). Das Recht auf Haftungsfreistellung kann sich aber auch aus dem Gesetz ergeben, wenn der Kapitän des zeitgecharterten Schiffs die Ladung auf Verlangen des Charterers ohne Vorlage der Konnossemente abliefert. In einem derartigen Fall hat der Reeder ein Anrecht auf Haftungsfreistellung gegenüber den Inhabern der

1. Time Charter NYPE 1946 and NYPE 1993 V.1

Konnossemente. Im Fall "STRATHLORNE STEAMSHIP COMPANY LIMITED –v– ANDREW WEIR & CO." ([1934] 50 Ll. L. Rep. 185) wurde die STRATHLORNE unter einer Time Charterparty gechartert, auf Grund der der Kapitän bezüglich Verwendung, *agency* und anderer Maßnahmen die Anweisungen des Charterers zu befolgen hatte. Das Schiff wurde für eine Reise von Rangoon nach Swatow mit einer Ladung Reis subgechartert, die Konnossemente wurden dem Kapitän übergeben und ordnungsgemäß unterzeichnet. In Swatow teilten die Agenten des Charterers dem Kapitän mit, sie seien für die Lieferung der Ladung zuständig, wonach die Ladung dann auch ohne Vorlage der Konnossemente abgeliefert wurde. Die Konnossemente wurden also nicht bei der aufbewahrenden Bank abgeholt und tatsächlich wurde auch für sie nie bezahlt. Folglich wurde der Reeder für den Wert des Reises, der unter diesen Umständen nicht ordnungsgemäß ausgeliefert worden war, haftbar gemacht. Der Court of Appeal entschied, daß nach Common Law der Reeder von der Haftung für den Schaden, der dadurch entstand, daß der Kapitän die Anweisungen des Charterers befolgt hatte, freigestellt ist.

Der Reeder kann daher regelmäßig in solchen Fällen, in denen gemäß den Anweisungen des Charterers vorgegangen wurde, Haftungsfreistellung verlangen. Dies gilt jedoch nicht für den Fall, in dem das Verhalten des Kapitäns nachweislich unrechtmäßig war.

Weiterhin haftet der Reeder für die Fahrlässigkeit des Kapitäns, auch wenn dieser verpflichtet war, den Anweisungen des Charterers zu folgen. Ferner sei darauf hingewiesen, daß der Kapitän diesen Anweisungen nicht sofort Folge zu leisten hat, auch dann nicht, wenn er im übrigen verpflichtet ist, den Anweisungen des Charterers bezüglich des Einsatzes des Schiffes nachzukommen. Auch ist der Kapitän an keinerlei Weisungen des Charterers gebunden, die dieser gemäß den Bedingungen der Charterparty zu erteilen gar nicht berechtigt ist. Im Fall "The SUSSEX OAK" ([1950] 83 Ll.L. Rep. 297) hielt es Lord Justice Devlin für undenkbar, daß der Kapitän nach der Charterparty-Klausel, die ihn in bezug auf die Verwendung des Schiffs den Anweisungen des Charterers unterstellt, gezwungen sein sollte, Anweisungen zu befolgen, die der Charterer gar nicht geben durfte.

Lines 78 und 79 des NYPE-Formulars enthalten die Verpflichtung des Kapitäns, Konnossemente so zu unterzeichnen, wie sie ihm vom Charterer oder dessen Agenten vorgelegt werden (*as presented*). Verlangt allerdings der Charterer vom Kapitän, Konnossemente zu unterzeichnen, die dem Reeder eine größere Verantwortung auferlegen als in der Charterparty vereinbart, steht dem Reeder bei allen in der Folge erlittenen Schäden ein Recht auf Haftungsfreistellung gegenüber dem Charterer zu. Dies bedeutet nicht, daß der Charterer vom Kapitän die Unterzeichnung jeglicher vorgelegter Konnossemente verlangen darf. Nicht verpflichtet ist der Kapitän, Konnossemente zu unterzeichnen für Ware, die gar nicht verladen wurde. Auch muß er keine Konnossemente unterschreiben, die den Erhalt einer Ware, die nie verladen wurde bzw. beschädigt war, als äußerlich guter Verfassung (*in apparent good order and condition*) bestätigt. Der Kapitän hat sogar die Pflicht, die Unterzeichnung eines Konnossements, mit dem das Verladung der Ware an Bord bestätigt wird, zu unterlassen, wenn er weiß, daß sie nicht verladen wurde.

Bezüglich der dem Reeder zur Verfügung stehenden Rechtsmittel im Falle der Nichtzahlung der *hire* durch den Charterer (s. o.) wurde gesagt, daß der Kapitän die Unterzeichnung von *freight-prepaid*-Konnossementen nicht verweigern dürfe, um damit die Position seines Reeders zu schützen. So wurde im Fall "The NANFRI" ([1979] 1 Ll.L. Rep. 201) das Schiff verchartert, wobei der Charterer bestimmte Abzüge vom Charterentgelt vornahm, wozu er dem Reeder zufolge gar nicht berechtigt war. Ungeachtet der Proteste des Reeders machte der Charterer weitere Abzüge. Daraufhin entzog der Reeder dem Kapitän die Vollmacht zur Unterzeichnung von Konnossementen in seinem Namen und von *freight-prepaid*-Konnossementen. Der Charterer verwendete das Schiff im Getreidehandel auf den Great Lakes, wo Konnossemente üblicherweise *freight-prepaid* waren, und zwar ungeachtet irgendwelcher Charterparty-Bedingungen. Das House of Lords entschied, daß der Charterer unter der *employment*-Klausel vom Kapitän ohne Erwähnung der Time-Charterparty-Bedingungen die Unterzeichnung von *freight-prepaid*-Konnossementen verlangen konnte.

5. Wirtschaftliche Interessen des Charterers. (1) Seetüchtigkeit des Schiffes (*seaworthiness*). In der Schiffahrt ist die Seetüchtigkeit des Schiffs eines der wichtigsten Anliegen aller Beteiligten. Das NYPE-Formular befaßt sich damit in line 5 („...... with hull, machinery and equipment in a thoroughly efficient state") und in line 22 („...... tight, staunch, strong and in every way fitted for the service ......"). Beide Formulierungen stellen ein absolutes Versprechen der Seetüchtigkeit des Schiffs dar, und zwar zum Zeitpunkt der Unterzeichnung der Charterparty. Zusätzlich sind aufgrund clause 24 (line 151–155) die Haager Regeln Bestandteil der Charterparty. Daraus folgt vor allem, daß das absolute Versprechen der Seetüchtigkeit (*absolute undertaking as to the seaworthiness*) ersetzt wird durch ein Versprechen, das Schiff vor und bei Antritt jeder Reise unter der Charterparty unter Anwendung der im Verkehr erforderlichen Sorgfalt seetüchtig zu machen (*due diligence*).

Lines 37 und 38 des NYPE-Formulars enthalten die Verpflichtung des Reeders, das Schiff für die Dauer der Charterparty in jeder Hinsicht fahrbereit zu halten (*thoroughly efficient state*). Der Reeder würde demnach vertragsbrüchig, unterließe er Reparatur und Wartung des Schiffs. Trotzdem gilt es zu beachten, daß der Reeder gemäß lines 37 und 38 nicht automatisch vertragsbrüchig wird, nur weil es zu einem Maschinenschaden oder zur Seeuntüchtigkeit des Schiffs kommt.

Zum Begriff „Seetüchtigkeit" wurde entschieden, daß der Reeder sein Versprechen der Seetüchtigkeit bricht, wenn zum Zeitpunkt der Übergabe des Schiffs an den Charterer die Maschinenraumbesatzung inkompetent und inadäquat ist (s. Fall "The HONG KONG FIR" ([1961] 2 Lloyd's Rep. 478 (C. A.)). Allerdings wurde auch in "The HONG KONG FIR" entschieden, daß das Versprechen der Seetüchtigkeit keine wesentliche Vertragsbedingung (*condition*) für die Charterparty ist und folglich eine Verletzung dieses Versprechens allein den Charterer noch nicht berechtigt, die Charterparty als aufgehoben zu behandeln. Obwohl die Vertragsverletzung seitens des Reeders zu beträchtlicher Verspätung führte, entschied das Gericht weiter, daß dies den Vertrag (d.h. die Charterparty) nicht in seinem Kern (*root of the contract*) berührt habe bzw. dem Charterer der Nutzen aus der Charterparty dadurch nicht grundlegend entgangen sei. Anders verhielte es sich, wenn die Verspätungen derart gravierend wären, daß sie eine Vereitelung des Vertragszwecks bedeuteten.

Die HONG KONG FIR wurde für 24 Monate, plus minus einen Monat, gechartert. Auf der allerersten Charterreise versagte die Maschine in einer Reihe von Fällen. Die Reise von Liverpool nach Osaka schloß demnach eine Ausfallzeit (*off-hire*) von fünf Wochen für Reparaturen ein, gefolgt von weiteren 15 Wochen in Osaka. Trotz dieser Verspätungen entschied der Court of Appeal. daß in Anbetracht der Dauer der Charterparty (d.h. 24 Monate) und der Tatsache, daß gemäß den Bedingungen der Charterparty Ausfallzeiten zur Vertragsdauer addiert werden dürfen, die Verspätungen nicht so gravierend waren, daß sie eine Vereitelung des Vertragszwecks bedeuteten. Aus diesem Grunde hatte der Charterer kein Recht, das Verhalten des Reeders als Erfüllungsverweigerung zu behandeln.

Es ist zu beachten, daß jede einzelne Verletzung des Versprechens der Seetüchtigkeit durch den Reeder gesondert untersucht werden sollte, um festzustellen, ob der Charterer die Charterparty als aufgehoben betrachten darf.

Der Charterer ist nicht verpflichtet, ein anscheinend seeuntüchtiges Schiff zu akzeptieren. Im Fall "The HONG KONG FIR" wurde so entschieden: Wäre dem Charterer die Inkompetenz der Besatzung bekannt gewesen, hätte er sich über die nicht vertragsgemäße Ablieferung des Schiffs durch den Reeder beschweren und die Übernahme des Schiffs in diesem Zustand verweigern können.

Mit anderen Worten, der Charterer hätte gleich zu Beginn die Übernahme des Schiffs verweigern können. Auch sollte bedacht werden, daß der Charterer die Charterparty als

1. Time Charter NYPE 1946 and NYPE 1993 V.1

aufgehoben betrachten darf, wenn die Seeuntüchtigkeit des Schiffs von dem Reeder nicht so schnell behoben werden kann, daß die wirtschaftlichen Ziele der Charterparty gewahrt bleiben. Umstände, die eine Vereitelung des Vertragsziels nach sich ziehen, treten allerdings recht selten ein, und der Charterer ist auch nur zur Verweigerung der Übernahme des Schiffes und zur Vertragsaufhebung berechtigt, soweit die Seeuntüchtigkeit den Vertrag im Kern berührt. In jedem Falle aber kann er vom Reeder verlangen, die Seeuntüchtigkeit zu beheben. Kommt der Reeder diesem Verlangen bis zum *cancelling date* nach, muß der Charterer das Schiff abnehmen.

Clause 14 (lines 94–98) gibt dem Charterer das Recht, die Charterparty aufzulösen. Gemäß clause 14 darf der Charterer von einem Vertrag zurücktreten, wenn vor dem *cancelling date* keine gültige schriftliche Mitteilung (*notice of readiness*) über die Fahrbereitschaft des Schiffs gemacht wurde. Kann also der Schaden oder ein sonstiger vertragswidriger Zustand vor dem *cancelling date* nicht behoben werden, wäre der Charterer gemäß clause 16 zur Kündigung der Charterparty berechtigt.

(2) **Geschwindigkeit des Schiffes und *consumption of bunkers*.** Lines 9–11 behandeln das Versprechen des Reeders über Geschwindigkeit und Verbrauch des Schiffs. Zwar kann eine schwerwiegende Verletzung dieses Versprechens den Charterer unter bestimmten Umständen zur Auflösung der Charterparty berechtigen, die englischen Gerichte jedoch entscheiden gewöhnlich, daß mangelnde Geschwindigkeit oder übermäßiger Verbrauch durch Schadenersatzleistung ausgeglichen werden können, und der Charterer die Charterparty nicht als aufgehoben ansehen darf.

In Übereinstimmung mit wirtschaftlichen Überlegungen fordert das Gesetz, daß Angaben zu Geschwindigkeit und Verbrauch gültig sein müssen sowohl zur Zeit des Vertragsschlusses als auch im Zeitpunkt der Übergabe des Schiffs an den Charterer (s. "The APPOLONIUS" [1978] 1 Lloyd's Rep. 53). Die anderen in lines 9–11 erwähnten Merkmale, wie z.B. die Klassifizierung, brauchen jedoch nur zur Zeit des Vertragsschlusses und nicht bei der Übergabe des Schiffs zutreffen.

Ferner ist zu beachten, daß die Garantie der Geschwindigkeit durch die Ausdrücke wie *good weather conditions* und *about* eingeschränkt ist. Unter guten Wetterbedingungen wird allgemein Windstärke 4 auf der Beaufortskala verstanden. Das Wort „ungefähr" wird von Schiedsrichtern in der Regel als ein halber Knoten bzw. 5% der vertraglich vereinbarten Geschwindigkeit interpretiert.

Die Beurteilung der Leistung eines Schiffs und die daraus folgende Kalkulation von eventuellen Schäden ist für den Charterer eine schwierige Aufgabe. Die wichtigste Informationsquelle über mangelhafte Leistung oder übermäßigen Verbrauch sind die Deck- und Maschinenlogbücher. Einige Charterparties beinhalten auch detaillierte Bestimmungen über die Folgen, wenn Geschwindigkeit und Verbrauch nicht dem versprochenen Niveau entsprechen. Häufig ist ein automatischer Abzug von dem Charterentgelt die Folge. Das NYPE-Formular sieht für diesen Fall nichts vor. Deshalb müssen mangelhafte Leistung und übermäßige *consumption of bunkers* als Schadenersatzforderung aufgrund Vertragsbruchs behandelt werden, wobei die Beweislast beim Charterer liegt.

Um eine gleichbleibende Geschwindigkeit sicherstellen zu können, müssen Schiffe in regelmäßigen Abständen ins Dock gebracht werden, damit dort Ablagerungen und Bewuchs vom Schiffsrumpf entfernt werden und der Boden gestrichen wird. Hierüber gibt es im NYPE-Formular keine Bestimmungen. Oft wird allerdings an das Formular eine Riderklausel angehängt, die besagt, wie oft das Schiff ins Trockendock zu gehen hat und daß während der Arbeiten die Charter ausgesetzt ist. Allerdings sollte, auch wenn in dieser Hinsicht keine Regelung getroffen wurde, bei Übergabe des Schiffs der Boden nicht in einem solchen Zustand sein, daß dadurch die Geschwindigkeit stark vermindert würde. Nimmt die Verunreinigung während der Dauer der Charterparty zu, hängt die Pflicht zur Entfernung der Verunreinigung davon ab, wie lange die Charterparty dauert und welche Art von Reise unternommen wird.

(3) **Ausfallzeiten (*off-hire*).** Clause 15 des NYPE 46-Formulars beinhaltet die Ausnah-

men zur grundsätzlichen Verpflichtung des Charterers, während der gesamten Dauer der Charterparty Charterentgelt (*hire*) zu entrichten. Führt also einer der in der *off-hire*-Klausel aufgeführten Gründe zu einem Zeitverlust des Charterers, hebt clause 15 automatisch die Zahlungsverpflichtung des Charterers auf, und zwar ohne Rücksicht darauf, auf wessen Seite das Verschulden liegt. Es ist jedoch wichtig zu berücksichtigen, daß der Charterer in der Lage sein muß zu zeigen, daß der Zeitverlust aufgrund eines der in clause 15 aufgezählten Zwischenfälle eingetreten ist. Ein Schaden des Schiffs oder der Maschine, der die Nutzung des Schiffs durch den Charterer nicht beeinträchtigt, setzt die Charter nicht aus. Tritt der Schaden während des Ladens oder Löschens der Ladung auf, ohne diese Vorgänge zu behindern, bleibt der Charterer zur Zahlung des Charterentgelts an den Reeder verpflichtet.

Wurde während der Dauer der Charterparty aus einem der in der *off-hire*-Klausel aufgeführten Gründen Zeit verloren, so spielt es keine Rolle, daß der den Zeitverlust verursachende Zwischenfall bereits vor Beginn der Vertragsdauer eingetreten ist. Muß also das Schiff während der Vertragszeit zur Reparatur eines Schadens, der vor Übergabe des Schiffs an den Charterer durch Auflaufen entstanden ist, ins Trockendock, wird die Charter für diese Zeit ausgesetzt (s. "The ESSEX ENVOY" [1929] 25 Com. Cas. 61).

Der Ausdruck *deficiency of men* gemäß line 97 erlaubt es nur dann dem Charterer, die Charter auszusetzen, wenn durch irgendeinen Mangel der Besatzung ein *full working of the vessel* verhindert wird (s. line 99). Bei einem Mangel, der darin besteht, daß die Besatzung zahlenmäßig kleiner als vorgesehen ist, dieser Mangel im übrigen aber die Fahrbereitschaft des Schiffs insgesamt nicht beeinträchtigt und ein *full working* nicht verhindert, wird die Charter nicht ausgesetzt (s. "The GOOD HELMSMEN" [1981] 1 Ll. Rep. 377).

Die Zahlung des Charterentgelts wird auch dann ausgesetzt, wenn Zeit aus irgendeinem anderen Grund (*any other cause*) verloren wird (s. line 98). Wie aber auch bei allen vorher genannten Gründen gemäß lines 97 und 98 müssen diese beliebigen anderen Gründe ein *full working* des Schiffs verhindern. Nur wenn dies der Fall ist, geht die verlorene Zeit zu Lasten des Reeders. Der Präzedenzfall hierzu ist "COURT LINE –v– DENT & RUSSELL" ([1939] 44 Com. Cas. 345). In diesem Fall blieb das Schiff zwar voll fahrbereit, erreichte aber aufgrund des Krieges zwischen Japan und China nicht seinen Bestimmungshafen. Judge Branson entschied, daß der Wortlaut von clause 15 der Charterparty nicht auf einen Fall anwendbar sei, in dem sich das Schiff zwar in jeder Hinsicht in bestem Zustand befände, aber aus einem Grund wie diesem (z.B. Krieg) an der Fortsetzung der Reise gehindert würde.

Im Fall "COURT LINE –v– DENT & RUSSEL" ist die Lage relativ eindeutig, da der Hinderungsgrund für die Leistungserfüllung ein äußerer war. Die Gerichte könnten aber mit komplizierteren Fällen konfrontiert werden, in denen der Hinderungsgrund indirekt mit dem Schiff selbst zu tun hat. Englische Gerichte neigen zur Ansicht, daß der Sammelbegriff *any other cause* gemäß der *ejusdem-generis*-Regel eingeschränkt werden sollte, um die Interpretation dieser Bestimmung zu erleichtern.

Die **ejusdem-generis**-Regel ist eine Auslegungsregel, die die weite wörtliche Bedeutung allgemeiner Ausdrücke einschränken soll. Dieser Regel entsprechend wird die Bedeutung der Worte *any other cause* durch ihren Kontext in der *off-hire*-Klausel eingeschränkt. Im Fall "The AQUACHARM" ([1980] 2 Ll. Rep. 237) entschied deshalb Judge Lloyd, daß die volle Weite der Wortbedeutungen eingeschränkt werden sollte und Worte immer in ihrem Kontext, sei es der Sprache oder der Umstände, ausgelegt werden müssen.

Wird allerdings der Ausdruck *whatsoever* nach *any other cause* eingefügt, so schließt dies die *ejusdem-generis*-Regel aus (s. "The ROACHBANK" [1987] 2 Ll. Rep. 498).

Das **Maß für Schadenersatzansprüche** des Charterers aufgrund erlittener Zeitverluste aus einem der erwähnten Gründe ergibt sich gewöhnlich ausschließlich aus der *off-hire*-Klausel. Die Klausel darf jedoch nicht so verstanden werden, daß sie das Recht des Charterers auf Schadenersatz gegenüber dem Reeder einschränkt, solange der Charterer beweisen kann, daß er einen über den Verlust des Schiffs hinausgehenden Schaden infolge einer Verletzung der Charterparty durch den Reeder erlitten hat. Dies wurde im Fall "The DEMOCRITOS" ([1975] 1 Ll. Rep. 386) bestätigt. Führt nun ein Schaden am Schiff aufgrund Seeuntüchtigkeit bei Übergabe des Schiffs zu einer erheblichen Verspätung und führt dies beim Charterer zu entgangenem Gewinn für diese Reise, wäre der Charterer nicht nur berechtigt, unter der off-hire-Klausel auf Erstattung des Charterentgelts zu klagen, sondern auch den entgangenen Gewinn im Wege einer Schadenersatzklage je nach Grad des Schadens einzuklagen.

Gemäß der englischen Doktrin der Vereitelung des Vertragsziels (*frustration of contract*) findet man häufig in Charterparties eine maschinengeschriebene Klausel, die dem Charterer die Option zur Kündigung der Charterparty gibt, falls die Charter für eine bestimmte Zeit ausgesetzt wird. Derartige Klauseln wurden von den London Arbitrators aufrechterhalten. So wurde erklärt, daß es immer dann zu einer Vereitelung des Vertragsziels kommt, wenn ohne Verschulden einer der beiden Parteien eine vertragliche Verpflichtung unmöglich erfüllt werden kann, und zwar weil die Umstände, unter denen die Leistung erbracht werden sollte, zu etwas ganz anderem als dem vertraglich Vereinbarten führen würden. Um aber Sicherheit darüber zu erlangen, ob das Vertragsziel nun vereitelt wurde oder nicht, räumen sich die Vertragsparteien häufig in einer maschinengeschriebenen Riderklausel die Option zur Kündigung der Charterparty ein, wann immer die Charter für eine bestimmte Zeit *off-hire* ist.

Die *off-hire*-Klausel des NYPE 93-Formulars (clause 17) enthält einige wichtige Änderungen.

Erstens heißt es statt *deficiency of men* jetzt *deficiency and/or default and/or strike of officers or crew*. Dies kommt eindeutig dem Charterer zugute.

Zweitens wurde *off-hire* der Charter aufgrund eines *average accident* an der Ladung so modifiziert, daß versteckte Mängel (*inherent vice*) nun ausgeschlossen sind. Davon profitiert der Reeder.

Drittens wurde line 226 der Klausel vom ASBATIME 81 übernommen. Er erfüllt nun den Zweck vieler bisheriger Riderklauseln, d.h., kommt es aus einem anderen Grund als einem Unfall an der Ladung zu einer Abweichung (*deviation*) von der vertraglich vereinbarten Leistung, wird solange kein Charterentgelt fällig, bis das Schiff wieder in seinem alten Zustand und an einer gleichwertigen Stelle ist. Das wiederum ist durch einen weiteren aus dem ASBATIME 81 übernommenen Satz (ab line 231) modifiziert: Wird ein Schiff aufgrund schlechten Wetters zum Anlegen oder Ankern oder zum Einlaufen in flache Häfen oder Flüsse oder Häfen mit Beschränkungen gezwungen, so soll jedes Festhalten des Schiffs und/oder daraus entstehende Kosten zu Lasten des Charterers gehen.

(4) **Abzüge vom Charterentgelt.** a) **Aufrechnung nach** *equity* (*equitable set-off*). Verwehrt der Reeder dem Charterer in unrechtmäßiger und vertragsbrüchiger Weise für eine bestimmte Zeit die Benutzung des Schiffs, kann der Charterer eine dem Charterentgelt (*hire*) für die verlorene Zeit entsprechende Summe abziehen. Dieses Recht erstreckt sich aber nicht auf andere Verletzungen und Versäumnisse des Reeders. So darf z.B. eine Schadenersatzforderung aufgrund Beschädigung der Ladung infolge Fahrlässigkeit der Besatzung nicht vom Charterentgelt abgezogen werden (so: Court of Appeal im Fall "The NANFRI" [1978] 2 Lloyd's Rep. 132).

Die Rechtsfragen, welche Forderungen aufgerechnet werden können und welche nicht, sind noch nicht abschließend geklärt. In der NANFRI-Entscheidung vertrat Lord Denning, M. R., die Ansicht, daß Forderungen aufgerechnet werden können, soweit sie aus dem selben Geschäft herrühren oder eng damit verbunden sind und sie dem Anspruch des Klägers direkt entgegengehalten werden können, d. h. so eng mit dem Anspruch verbunden sind, daß es offensichtlich unbillig wäre, ihm zu erlauben, sie ohne Einbeziehung der Gegenforderung durchzusetzen.

So ist der Charterer zur Aufrechnung einer Schadenersatzforderung berechtigt, wenn der Reeder eine Fracht nicht komplett verladen hat ("The TENO" [1977] 2 Lloyd's Rep.

289). Auf der anderen Seite scheint festzustehen, daß eine Schadenersatzforderung aufgrund Beschädigung der Ware nicht abgezogen werden darf (Lord Denning, M. R., "The NANFRI").

b) Gemäß Bedingungen der Charterparty zulässige Abzüge. Neben dem oben erläuterten sog. *equitable set-off* darf der Charterer vom Charterentgelt auch solche Beträge abziehen, die ausdrücklich in den Bedingungen der Charterparty genannt sind. So heißt es in lines 65–66, Geld für die in jedem Hafen anfallenden gewöhnlichen Kosten und Auslagen könne je nach Bedarf vom Kapitän, Charterer oder dessen Agenten vorgeschossen werden. Diese Vorschüsse könnten dann vom Charterentgelt abgezogen werden.

Auch könne ein Abzug vorgenommen werden, wenn es infolge einer Verringerung der Geschwindigkeit aufgrund eines Schadens an Schiffskörper, Maschine oder Ausrüstung zu Zeitverlusten, erhöhtem Treibstoffverbrauch oder Entstehung weiterer Kosten kommt (s. lines 99–101).

Ob allerdings in Hinblick auf eine Ausfallzeit gemäß lines 98–99 („The payment of hire shall cease for the time thereby lost.") ein Abzug vorgenommen werden darf, ist nicht hinreichend geklärt. Im Fall "The LUTETIAN" (s. o.) wurde entschieden, daß es zulässig sei, für eine vergangene Ausfallzeit bereits bezahltes Charterentgelt von der im nächsten Monat fälligen Zahlung abzuziehen. Nicht zulässig sei dagegen ein Abzug in Erwartung einer kommenden Ausfallzeit. Hat der Charterer in gutem Glauben einen angemessenen Betrag berechnet, kann er, wie es scheint, diesen dann von der nächsten Zahlung abziehen. Folglich ist es nicht notwendig, das Ergebnis eines Schiedsverfahrens bzw. einer Gerichtsverhandlung abzuwarten.

Besteht weder auf der Grundlage des *equitable set-off* noch nach den Bedingungen der Charterparty ein Recht auf Abzug, kann auch die Tatsache, daß der Charterer ehrlich und begründet glaubt, ein solches Recht zu besitzen, nicht verhindern, daß der Reeder sein Recht auf Nutzungsuntersagung wegen unvollständiger Bezahlung des Charterentgelts ausübt (s. o. "The LUTETIAN").

6. Schlichtung von Streitigkeiten – Schiedsverfahren. Clause 17 des NYPE 46-Formulars enthält eine Schiedsklausel. Sie sieht vor, daß alle Streitigkeiten in einem Schiedsverfahren in New York beigelegt werden sollen. Ziehen die Parteien jedoch eine Verhandlung ihres Falls vor einem Schiedsgericht in London vor, wird in line 107 statt „New York" „London" geschrieben.

Wählen die Parteien London als Ort des Schiedsverfahrens, so bedeutet dies, sie haben sich darauf geeinigt, das englische Recht angemessen auf die Charterparty anzuwenden, außer es liegen gegenteilige Hinweise vor, denen zufolge die Anwendung eines anderen Rechtssystems in der Charterparty beabsichtigt war. Das englische Schiedsgericht wird dann dieses Rechtssystem zur Anwendung bringen.

Wurde von den Parteien London als Ort des Schiedsverfahrens gewählt, wird die zu befolgende Verfahrensweise vom englischen Recht bestimmt, unabhängig davon, ob es das vertraglich vorausgesetzte Recht ist oder nicht ("NAVIERA AMAZONICA PERUANA –v– COMPANIA INTERNACIONAL DE SEGUROS DEL PERU" [1988] 1 Lloyd's Rep. 116). Demnach unterliegt das Schiedsverfahren dem Arbitration Act i. d. F. 1950, 1975 und 1979.

Im Falle eines Rechtsstreits ist es von größter Bedeutung, die Bedingungen der Schiedsvereinbarung sorgfältig zu lesen und zu erfüllen. Wenn der Charterer Artikel III, Regel 6 der Haager Regeln in die Charterparty aufnimmt, muß ihm klar sein, daß er seine Klage innerhalb eines Jahres einreichen muß, da der Anspruch andernfalls verjährt. Gemäß Artikel III, Regel 6 sollen Carrier und Schiff von jeglicher Haftung für die Ware befreit werden, außer die Klage wird vor Ablauf eines Jahres nach Lieferung der Ware bzw. nach dem vereinbarten Liefertermin eingereicht.

Clause 24 nimmt in das NYPE-Formular die Haager Regeln auf und damit die Fristregelung nach Section 3(6) des United States Carriage of Goods by Sea Act. Darunter fallen jedoch nur Klagen des Charterers gegen den Reeder und nicht umgekehrt. Folglich kann der Reeder auch nach Ablauf der einjährigen Frist noch eine Klage gegen den Charterer einreichen.

(1) **Einleitung des Schiedsverfahrens.** Eine Klage gilt als erhoben, wenn eine Partei der anderen dies schriftlich mitteilt und sie auffordert, einen Schiedsrichter zu benennen bzw. der Nennung eines Einzelschiedsrichters zuzustimmen. Wurde die von der klagenden Partei dafür gesetzte Frist versäumt, so gibt es für die beklagte Partei unterschiedliche Möglichkeiten der Abhilfe, vom Überreden der anderen Partei, nicht auf der Verjährung zu bestehen, bis zur Beantragung einer Fristverlängerung beim englischen High Court nach Section 27 des Arbitration Act 1950. In jedem Fall werden unnötiger Zeitaufwand und zusätzliche Ausgaben kaum zu vermeiden sein. Es gibt keine Garantie, daß es der Partei, die die Frist versäumt hat, gelingen wird, Abhilfe zu schaffen, da der High Court nicht ohne weiteres Fristverlängerungen gewährt.

Clause 17 des NYPE-Formulars besagt, daß je ein Schiedsrichter von den Vertragsparteien und ein dritter von den beiden bereits bestellten Schiedsrichtern ernannt werden muß. Darüber hinaus müssen die Schiedsrichter *commercial men* sein. Daher ist es wichtig, einen Schiedsrichter zu ernennen, der diese Anforderung erfüllt, will man größere Schwierigkeiten, Zeitverluste und Ausgaben vermeiden, die entstehen, wenn der Schiedsspruch sich aufgrund einer ungültigen Ernennung nicht vollstrecken läßt.

Gemäß Section 34(3) des Limitation Act 1980 ist ein Schiedsverfahren als eingeleitet zu betrachten, wenn eine der Parteien des Verfahrens die andere Partei in einer Mitteilung auffordert, einen Schiedsrichter zu benennen bzw. der Benennung eines Schiedsrichters zuzustimmen.

Daraus folgt, daß der Kläger
(i) einen geeigneten, qualifizierten Schiedsrichter auswählt,
(ii) dafür sorgt, daß der Schiedsrichter die Ernennung annimmt,
(iii) der Gegenpartei die Identität des Schiedsrichters und Annahme der Benennung mitteilt und
(iv) die Gegenpartei zur Benennung eines Schiedsrichters auffordert.

(2) **Änderungen von clause 17 des NYPE-Formulars.** Manchmal wird Klausel 17 des NYPE-Formulars gestrichen und statt dessen wird eine zusätzliche Schiedsklausel in dem angefügten Rider eingefügt. So kann eine Schiedsvereinbarung zustande kommen, die „die Schiedsrichter" im Plural nennt, wodurch deutlich wird, daß kein Einzelschiedsrichter vorgesehen ist aber auch keine näher bestimmte Anzahl von Schiedsrichtern. Weiter könnte die Vereinbarung auch nur bestimmen, daß das Schiedsverfahren „in der üblichen Weise" (*in the customary manner*) geregelt werden sollte. In derartigen Fällen ("The LAERTIS" [1982] 1 Lloyd's Rep. 613) muß der Kläger herausfinden, was die zwischen den Geschäftsparteien übliche Praxis ist. Bestimmt die Schiedsklausel, daß das Schiedsverfahren in London stattfindet, so unterliegt das Verfahren folglich dem englischen Recht, d.h. dem Arbitration Act 1950, 1975 und 1979. Dabei sind insbesondere Sections 7–10 des 1950 Act sehr hilfreich, wenn die Gegenpartei nicht kooperieren kann oder will, während Section 6 mögliche Lücken hinsichtlich der Anzahl der Schiedsrichter schließt.

a) **Bezugnahme auf ein Schiedsverfahren ohne Angaben zum Tribunal.** Unter den oben beschriebenen Umständen ist Section 6 des 1950 Act anzuwenden. Dort heißt es, daß die Verweisung, soweit die Schiedsvereinbarung nicht die Anzahl der Schiedsrichter nennt, an einen Einzelschiedsrichter zu erfolgen hat.

b) **Verweisung an einen Einzelschiedsrichter.** Sieht eine Schiedsvereinbarung die Verweisung an einen Einzelschiedsrichter vor, können sich die Parteien aber nicht auf eine Person einigen, müssen sie entweder schriftlich einer Änderung der Vereinbarung zustimmen oder beim English High Court die Ernennung eines Einzelschiedsrichters gemäß Section 10(1)(a) des Arbitration Act 1950 beantragen. Wenn schließlich eine Partei aufgefordert wird, den Schiedsrichter allein oder gemeinsam mit der anderen Partei zu benennen, dem aber nicht innerhalb von sieben Tagen nachkommt, so kann die andere Partei beim High Court die Benennung des Schiedsrichters beantragen.

c) **Verweisung an zwei Schiedsrichter.** Section 7(b) des Arbitration Act 1950 ist anzuwenden, wenn die Verweisung an zwei Schiedsrichter zu erfolgen hat, wovon jede Partei einen benennt, eine Partei dies aber versäumt. Enthält die Schiedsvereinbarung keine gegenteilige Bestimmung, so sieht Section 7(b) folgendes vor: Wenn eine der Parteien nicht innerhalb von sieben Tagen ihren Schiedsrichter benennt, nachdem sie von der Gegenpartei, die die Benennung bereits vorgenommen hat, eine Mitteilung mit der Aufforderung hierzu erhalten hat, so wird der von der Gegenpartei ernannte Schiedsrichter als Einzelrichter auftreten. Dabei ist dann dessen Schiedsspruch für beide Parteien bindend, so als wäre er im gegenseitigen Einvernehmen ernannt worden. Der High Court kann jedoch eine derartige unter Section 7 erfolgte Benennung aufheben.

Um Verwechslungen zu vermeiden, ist aber auf alle Fälle zu beachten, daß Section 7 nicht anzuwenden ist, wenn an drei Schiedsrichter verwiesen wird, wobei zwei von je einer der Parteien und der dritte von den zwei bereits ernannten Schiedsrichtern benannt wird, wie es clause 17 des NYPE-Formulars vorsieht. Vielmehr gilt Section 7 für die Verweisung an zwei Schiedsrichter und einen Oberschiedsrichter (*umpire*) (Re: "SMITH & NELSON ARBITRATION" [1890] 25 QBD 545). Zur Verdeutlichung bestimmt Section 8 außerdem, daß jede Schiedsvereinbarung, die lediglich an zwei Schiedsrichter verweist, so auszulegen ist, als enthielte sie eine Bestimmung, nach der die zwei Schiedsrichter jederzeit nach ihrer eigenen Benennung einen Oberschiedsrichter wählen können. Sieht die Schiedsvereinbarung nichts anderes vor, so müssen sie dies sogar tun, wenn sie sich diesbezüglich nicht einigen können.

d) **Verweisung an drei Schiedsrichter.** Section 101(1) des Court's and Legal Services Act 1990 gibt der benennenden Partei in einem Drei-Mann-Schiedsverfahren eine Auswahlmöglichkeit, die diese bisher in Fällen, in denen die andere Partei nicht kooperierte, nicht hatte. Die klagende Partei kann jetzt gemäß Subsection 10(3B) des 1950 Act ihren eigenen Schiedsrichter als Einzelschiedsrichter ernennen, der unter der Aufsicht des High Court bindende Schiedssprüche zu fällen befugt ist. Außerdem ist es unter Subsection 10(3A) nach wie vor möglich, beim High Court den Schiedsrichter der säumigen Partei zu benennen. Diese zweite Möglichkeit wird allerdings nur selten genutzt, da sie zeitraubend und kostspielig ist.

e) **Tod oder Unfähigkeit der Schiedsrichter.** Stirbt ein Schiedsrichter oder weigert er sich oder wird er unfähig, sein Amt auszuüben, muß die Partei, die ihn benannt hat, als ersten Schritt einen Ersatz benennen. Ist eine Partei nicht zur Kooperation bereit, so hängen die zu ergreifenden Maßnahmen von der Zusammensetzung des Schiedsgerichts ab (s. Sections 7–10 des 1950 Arbitration Act und auch "The GRAZIELA FERRAZ" [1992] 1 WLR 1094).

Ein Schiedsrichter kann von seinem Amt auch abberufen werden, wenn er ein eigenes Interesse an dem Fall hat oder über Wissen verfügt oder andere Umstände vorliegen, nach denen seine Unbefangenheit nicht mehr gewährleistet ist (s. "The AGH MARINA" [1989] 2 Lloyd's Rep. 62).

(3) **Befugnisse der Schiedsrichter. a) Allgemein.** Die Befugnisse des Schiedsrichters leiten sich aus dem Gesetz, dem Common Law und vor allem aus der Vereinbarung der Parteien ab. Nach englischem Recht liegt die Durchführung eines Schiedsverfahrens weitgehend im Ermessen des Schiedsgerichts. Bei der Ausübung seiner Pflichten muß der Schiedsrichter alle Angelegenheiten strikt unparteiisch behandeln und sich absolut fair gegen die Parteien verhalten, d. h. stets beide über das von ihm beabsichtigte Vorgehen auf dem laufenden halten.

b) **Bedingungen der Benennung.** Seerechtliche Schiedsverfahren werden in London üblicherweise gemäß den Bedingungen der London Maritime Arbitrator's Association (LMAA) durchgeführt. Dabei akzeptieren LMAA-Schiedsrichter gewöhnlich die Benennung unter diesen Bedingungen. Ziel der LMAA-Bedingungen ist es, anhand einfacher und praktischer Richtlinien eine wirksamere und zügigere Durchführung des Schiedsverfahrens zu ermöglichen.

Zusätzlich enthält das LMAA-Handbuch neben einer vollständigen Erläuterung des Ablaufs eines Schiedsverfahrens eine Mitgliederliste der von der LMAA anerkannten Schiedsrichter mit Einzelheiten zu Adresse, Alter, beruflichem Fachwissen und die Art der üblicherweise von den Schiedsrichtern angenommenen Ernennungen.

c) **Zuständigkeit des Schiedsgerichts.** Die Parteien einer Schiedsvereinbarung können dem Schiedsgericht so viel oder so wenig Zuständigkeit übertragen, wie sie wollen. Die Formulierungen sind hier meistens sehr allgemein, z.B. Ansprüche oder Meinungsverschiedenheiten oder Streitigkeiten, die aus oder in Verbindung mit oder in Beziehung zu dem Vertrag entstehen (*claims or differences of disputes arising out of or in connection with or in relation to the contract*). Man hält derartige Klauseln für genügend weitgefaßt, um sie sogar für Klagen aus unerlaubten Handlungen (*tortious claims*) anzuwenden ("ASHVILLE INVESTMENTS LIMITED –v– ELMER CONTRACTORS LIMITED" [1988] 2 Lloyd's Rep. 73).

Das Schiedsgericht hat allerdings keine Befugnis zu entscheiden, ob die Charterparty, die die Schiedsvereinbarung enthält, rechtsgültig ist. Vereinfacht gesagt bedeutet dies, daß es keine Schiedsvereinbarung und damit auch kein Schiedsgericht gibt, ohne daß eine entsprechende vertragliche Bestimmung existiert. ("HARBOUR ASSURANCE COMPANY LIMITED –v– KANSA INTERNATIONAL COMPANY LIMITED" [1992] 1 Lloyd's Rep. 81).

Will eine Partei die Zuständigkeit eines Schiedsgerichts bestreiten, so tut sie das am besten, indem sie die Gegenpartei und die Schiedsrichter davon schriftlich unterrichtet. Die Parteien können sich dann entweder schriftlich darauf einigen, die Zuständigkeit des Gerichts durch eine Vereinbarung zu erweitern, oder sie können sich an den High Court wenden. Ist der Kläger jedoch nicht bereit, die Umstände und Ausgaben einer Anrufung des High Courts zu tragen, kann er aber die Gegenseite auch nicht von der Unzuständigkeit des Schiedsgerichts überzeugen, liegt es nun beim Gericht, zunächst zu prüfen, ob es zuständig ist, um sofort mit der Schiedsverhandlung zu beginnen. Dieses Vorgehen ist für den Kläger jedoch äußerst riskant, vor allem wenn die Verhandlung sich auf eine *default basis* bezieht, da dann die Vollstreckung des Schiedsspruchs fraglich wird.

d) **Übliche Befugnisse des Schiedsgerichts.** Das Schiedsgericht hat die Befugnisse,
 (i) den Parteien zu jedem Zeitpunkt des Verfahrens Anweisungen zu erteilen,
 (ii) Änderungen der förmlichen Schriftsätze zuzulassen und die ändernde Partei zur Zahlung der hierbei entstandenen Kosten aufzufordern,
 (iii) Sicherheitsleistung für alle Kosten zu verlangen, jedoch nur, wenn die Parteien dem Gericht diese Befugnis erteilt haben, z.B. wenn die LMAA-Bedingungen anzuwenden sind (s. u.) und
 (iv) vorläufige Schiedssprüche (*interim awards*) zu erlassen.

Gemäß Section 14 des Arbitration Act 1950 sollte jede Schiedsvereinbarung, soweit nicht ausdrücklich etwas anderes vorgesehen ist, eine Bestimmung enthalten, wonach der Schiedsrichter, wenn er es für angemessen hält, eine Teilentscheidung erlassen darf.

Damit sind die Schiedsrichter nach relativ freiem Ermessen zum Erlaß vorläufiger Schiedssprüche befugt. Häufig ist dies bei Haftungsentscheidungen angebracht, bei denen die Höhe des Schadenersatzes erst später festgelegt wird. Auch ist es in Fällen, in denen einer Partei bestimmte Beträge unbestritten zustehen, ratsam, rasch einen Schiedsspruch zu diesem Punkt zu erlassen, während die anderen Punkte der Streitigkeit später behandelt werden können ("The KOSTAS MELAS" [1981] 1 Lloyd's Rep. 18).

e) **Streichung der Klage aus dem Prozeßregister aufgrund Prozeßverschleppung (*want of prosecution*).** In Section 102 des Court and Legal Services Act 1990 drückt sich die Absicht des englischen Parlaments aus, sich mit der Verschleppung von Schiedsverfahren zu befassen. Auf diese Weise wurde Section 13(A) in den Arbitration Act 1950 eingefügt, wodurch dem Schiedsgericht die gleiche Befugnis zur Streichung der Klage aufgrund Verschleppung

übertragen wird, wie sie der High Court besitzt. Um diese Befugnis auch ausüben zu können, müssen folgende Voraussetzungen erfüllt sein:
(i) die Verzögerung auf Seiten des Klägers muß **übermäßig** und
(ii) **unentschuldbar** sein und
(ii) eine derartige Verzögerung muß eine faire Entscheidung unwahrscheinlich machen, oder die Gegenpartei muß dadurch erhebliche Nachteile erlitten haben.

Section 13(A) mit den oben genannten Bedingungen trat am 1.1.1992 in Kraft. Es stellte sich dabei die Frage, ob sich diese Bestimmung auch auf übermäßige und unentschuldbare Verzögerungen erstreckt, die vor Inkrafttreten dieser Bestimmung aufgetreten sind. Lord Mustill erkannte im Fall "The BOUCRAA" ([1994] 1 Lloyd's Rep. 251) die Rückwirkung von Section 13(A) an. Schließlich kann es seiner Ansicht nach kaum in der Absicht des Gesetzgebers gelegen sein, diese wichtige Gesetzesreform für diese Fälle quasi ungenutzt zu lassen.

f) **Schriftsätze** (*pleadings*). Nachdem das Schiedsgericht durch die Benennung der nötigen Anzahl von Schiedsrichtern gebildet worden ist, können die Parteien mit der Zustellung ihrer Schriftsätze beginnen. Im allgemeinen geschieht dies nach dem selben Muster wie das Zustellen von Schriftsätzen bei Gericht, wobei aber der Zeitplan Sache der Parteien ist und den jeweils gewählten Regeln, z.B. den LMAA-Regeln, und der Kontrolle des Schiedsgerichts unterliegt.

Zusätzlich kann jeder Partei vom Schiedsgericht gestattet werden, seine Schriftsätze zu ändern. Sie muß dann aber sämtliche der anderen Partei durch derartige Änderungen entstehenden Kosten tragen. Darüber hinaus kann jede Partei zur Klärung bestimmter Fragen die Erteilung genauerer Angaben über den Inhalt der Schriftsätze beantragen.

g) **Offenlegung von Dokumenten und Einsichtnahme** (*discovery* und *inspection*). Discovery ist für das englische Verfahren typisch. Von den Parteien wird die Vorlage aller Dokumente an die Gegenseite verlangt, die für das Schiedsverfahren wichtig sind, auch wenn diese nie für die Öffentlichkeit bestimmt waren. Geschäftsparteien geben dabei häufig nur äußerst widerstrebend die Existenz gewisser, in ihren Augen vertraulicher Dokumente zu, und zwar weder gegenüber ihren eigenen Anwälten und schon gar nicht gegenüber der Gegenseite. Gemäß "COMPAGNIE FINANCIENNE DU PACIFIQUE –v– PERUVIAN GUANO" ([1882] 1 QBD 55) muß aber eine Partei jedes Dokument offenlegen, von dem vernünftigerweise angenommen werden kann, daß es Informationen enthält, die die Offenlegung beantragende Partei zum eigenen Vorteil bzw. zum Nachteil der Gegenpartei verwenden kann.

Die Anwälte beider Parteien müssen dafür sorgen, daß sich die Parteien an die Bedingungen der *discovery* halten. Sie sind verpflichtet, dafür zu sorgen, daß alle relevanten Dokumente der Gegenseite ordnungsgemäß zur Einsichtnahme vorliegen. Ferner müssen sie auf der Verwahrung der Dokumente bestehen. Unterläßt eine der Parteien die vollständige Offenlegung der in ihrem Besitz befindlichen Dokumente, so ist das Schiedsgericht berechtigt, daraus für diese Partei nachteilige Schlüsse zu ziehen.

Nächster Schritt nach der *discovery* ist die *inspection*, die die Parteien berechtigt, die Dokumente der Gegenseite einzusehen und Kopien anzufertigen. Im günstigsten Fall treffen sich die Parteien nach der Offenlegung zu einer Besprechung des verfügbaren Materials, um als Vorbereitung des Verfahrens das vorhandene Beweismaterial zu beurteilen.

Bei LMAA-Verfahren setzt das Schiedsgericht den Termin des Verfahrens gewöhnlich erst nach Beendigung der *discovery* und der *inspection* fest, denn vorher ist nur in seltenen Fällen klar, was die wesentlichen Streitpunkte sind und wie lange es dauern wird, darüber zu verhandeln.

h) **Sicherheitsleistung für die Verfahrenskosten.** Eine Sicherheit für die Verfahrenskosten zu erhalten, ist für den Beklagten ebenso wichtig wie für den Kläger eine Sicherheit für seinen Anspruch: Der Zweck, vom Kläger, der seinen normalen Wohnsitz außerhalb der Zuständigkeit des Gerichts hat, eine Sicherheit für die Verfahrenskosten zu verlangen, ist sicherzustellen, daß der erfolgreiche Beklagte wegen seines Kostenerstattungsanspruches

1. Time Charter NYPE 1946 and NYPE 1993 V.1

auf Mittel zurückgreifen kann, die sich innerhalb der Zuständigkeit des Gerichts befinden ("PORZELACK K. G. –v– PORZELACK" (UK) Ltd. [1987] 1 WLR 420).

Order 23 des Supreme Court Practice Rule Book enthält die einschlägigen Bestimmungen zur Wirkung von Sicherheitsleistungen für die Verfahrenskosten und zur Art und Weise, wie sie geleistet werden müssen. Rule 1(1) der Order 23 bestimmt, daß das Gericht eine Sicherheitsleistung fordern darf, wenn es dies unter Berücksichtigung aller Umstände für erforderlich hält.

Bei Schiedsverfahren gilt allgemein, daß die Schiedsrichter selbst nicht berechtigt sind, Sicherheitsleistungen zu verlangen, da diese Befugnis gemäß Section 12(6)(a) des Arbitration Act 1950 nur dem Gericht zusteht. Diese allgemeine Regel kann jedoch durch eine ausdrückliche Vereinbarung zwischen den Parteien, die den Schiedsrichtern diese Befugnis einräumt, abgewandelt werden. So genügt z.B. die Anwendung der LMAA-Regeln, die Befugnisse des Schiedsgerichts in diesem Sinn zu erweitern.

i) **Verdeckte Angebote** (*sealed offers*). In England trägt die im Prozeß unterlegene Partei das meiste der Kosten der obsiegenden. Diese Kosten können gewaltig sein. Der Beklagte kann sich allerdings dadurch gegen dieses Risiko schützen, daß er ein „verdecktes Angebot" (*sealed offer*) abgibt. Ein „verdecktes Angebot" in diesem Sinn ist für das Schiedsverfahren das Gegenstück zum *payment into court*, das im Verfahren vor Gerichten mit dem Ziel gemacht wird, ein Verfahren gütlich beizulegen. Anders als beim *payment into court* hat das *sealed offer* für den Beklagten den Vorteil, daß er sich gegen sein Kostenrisiko schützen kann, ohne dafür einen Pfennig zahlen zu müssen. Der Beklagte übermittelt dem Kläger ein Angebot, mit der Mitteilung darüber, wieviel er zur Befriedigung des Anspruchs, einschließlich der Zinsen und der bis zu diesem Zeitpunkt angefallenen Verfahrenskosten, die – falls eine Einigung darüber nicht erzielt wird – festgesetzt werden, zu zahlen bereit sei.

Falls keine Einigung über das „verdeckte Angebot" zustandekommt, darf das Schiedsgericht keinen Einblick in das Angebot nehmen, bis eine abschließende Entscheidung über alle Streitpunkte, ohne die Kosten, getroffen ist.

Die Wirkung eines „verdeckten Angebots" wird im Fall "TRAMOUNTANA –v– ATLANTIC" ([1978] 1 Lloyd's Rep. 391) beschrieben. Danach hat der Schiedsrichter, bevor er eine Kostenentscheidung fällt, festzustellen, ob der Kläger dadurch, daß er das „verdeckte Angebot" zurückwies, mehr erhalten hat, als er bei Annahme des Angebotes erhalten hätte. Falls der Betrag, der dem Kläger im Schiedsspruch zuerkannt wurde, gleich oder geringer als der im „verdeckten Angebot" ist, kann der Beklagte seine Verfahrenskosten ab dem Zeitpunkt geltend machen, zu dem das „verdeckte Angebot" gemacht wurde. (Zu den Folgen eines „verdeckten Angebots" siehe auch "MARIA" ([1993] 2 Lloyd's Rep. 168).

Die Auswirkungen eines „verdeckten Angebots" sind geeignet, in Verhandlungen das Verhalten der anderen Seite stark zu beeinflussen und eine gütliche Einigung deutlich zu fördern. Der Grund ist, daß der Kläger nun zweimal überlegt, ob er das Schiedsverfahren weiterbetreibt und dadurch die Kostenübernahme riskiert. Nur, falls er von der Stichhaltigkeit seines Falles überzeugt ist, wird er das „verdeckte Angebot" ablehnen.

j) **Die Verhandlung** (*hearing*). Nach Abschluß der *discovery* und *inspection* können die Parteien zur Verhandlung übergehen. Dabei steht es den Parteien frei, je nach den Erfordernissen des Einzelfalles, die Art und Weise der Verhandlung zu vereinbaren.

Die Verhandlung kann **mündlich** erfolgen. Hier erhalten die Parteien die Gelegenheit, ihren Sache mündlich vorzutragen und Zeugen zu befragen. Diese Art von Verhandlung ist in den Fällen zu empfehlen, in denen mündliche Beweise benötigt werden oder in denen die Rechtslage kompliziert ist und die Art der Streitigkeit den größeren zeitlichen und finanziellen Aufwand einer solchen mündlichen Verhandlung rechtfertigt.

Eine Verhandlung **ausschließlich auf der Grundlage von Dokumenten** ist einer mündlichen Verhandlung in den Fällen vorzuziehen, in denen Streitgegenstand und Art des verfügbaren Beweismaterials den größeren Aufwand einer mündlichen Verhandlung nicht rechtfertigen. Dies ist ein wesentlich schnellerer, billigerer und einfacherer Ablauf.

Vor kurzem erst hat die LMAA die **Small Claims Procedure** eingeführt. Sie soll die weniger kostenaufwendigen Verfahren in Bagatellsachen vereinfachen. Diese Art von Verhandlung kann in Schiedsverfahren nach den LMAA-Terms angewendet werden, allerdings nur, wenn die Forderung nicht über einen Betrag von £ 50.000 hinausgeht. Verwiesen wird an einen Einzelschiedsrichter, und die Fristen zur Einreichung eines Anspruchs sind sehr kurz. Die Verhandlung findet allein auf der Grundlage von Dokumenten statt. Rechtsmittel können nicht eingelegt werden, und jede Partei trägt ihre eigenen Kosten. Die LMAA-Small Claims Procedure wird als unkompliziertes und damit äußerst zügiges und kostensparendes Verfahren empfohlen.

k) **Schiedsspruch und Berufung** (*right to appeal*). Im Anschluß an die Verhandlung erlassen die Schiedsrichter unter Würdigung sämtlicher Beweismittel einen für beide Parteien bindenden Schiedsspruch. Unter bestimmten Umständen kann die ganz oder teilweise unterlegene Partei das Recht, gegen den Schiedsspruch eine Berufung einzulegen. Üblicherweise können die Parteien eines internationalen Seefrachtvertrags nicht ausschließen, daß ein Rechtsmittel beim High Court eingelegt wird.

Der Arbitration Act 1979 bestätigt das Recht, ein Rechtsmittel beim High Court einzulegen, sofern sich aus dem Schiedsspruch rechtliche Fragen ergeben, aber nur
(i) wenn alle Parteien ihre Zustimmung geben oder
(ii) wenn das Gericht der Berufung stattgibt (Section 1(3) des Arbitration Act 1979).

Die Berufung ist auf Rechtsfragen beschränkt, wobei der High Court dieser nur stattgibt, wenn die vorgebrachte Rechtsfrage von allgemeinem öffentlichen Interesse ist oder aus einem anderen besonderen Grund geprüft werden soll (Section 1(7) des 1979 Act).

Die dem Gericht zustehende Befugnis, Anträge auf Berufung gegen Schiedssprüche, die nicht schnellstmöglich vorgebracht worden sind, wegen Prozeßverschleppung gemäß Section 1 des 1979 Act zurückzuweisen (*strike out for want of prosecution*) war Gegenstand eines erst kürzlich entschiedenen, bisher unveröffentlichten Falls ("The SECRETARY OF STATE FOR THE ENVIRONMENT –v– EUSTON CENTRE INVESTMENTS Ltd."). Hier erachtete das Gericht die Anberaumung einer Verhandlung über ein solches Rechtsmittel nach 10 Monaten als eine grob übertriebene Verschleppung des Verfahrens (*grossly excessive delay*) und einen Verstoß gegen den Geist des 1979 Act. Das Gericht machte deutlich, daß eine derartige Verschleppung in Zukunft die Berufung der Partei, die die Verschleppung zu verantworten hat, unzulässig macht.

Das Recht, eine Berufung einzulegen, kann nur in Fällen ausgeübt werden, in denen die Schiedssprüche („*reasoned*" awards) mit Begründung versehen worden sind. Die Schiedsrichter sind aber zu einer Begründung nicht verpflichtet, außer sie wurden von einer der Parteien im vorhinein dazu aufgefordert. Dessen ungeachtet können die Schiedsrichter aber auch unaufgefordert Gründe angeben (was sie auch meistens tun). Diese sind allerdings nicht Teil des Schiedsspruchs, und deshalb kann auf sie bei Einlegung eines Rechtsmittels nicht Bezug genommen werden.

Diese restriktive Regelung des Rechts auf Einlegung einer Berufung dient unter anderem dazu, den Ruf des Londoner Schiedsgerichts als Forum für die Beilegung geschäftlicher Streitigkeiten zu wahren, indem man Eingriffe des ordentlichen Gerichts möglichst beschränkt. Im Fall The NEMA ([1981] 2 Lloyd's Rep. 235) entschied deshalb das House of Lords, daß das Parlament mit dem 1979 Act nicht beabsichtigte, die Einlegung von Berufungen gegen Schiedssprüche zu fördern (s. aber auch "The BALEARES" [1991] 1 Lloyd's Rep. 345).

Diese kurze Zusammenfassung beansprucht nicht, sämtliche Aspekte des englischen Rechts im Bereich des Schiedswesens abzudecken. Die Autorin verweist daher im Fall von Streitigkeiten auf „Mustill & Boyd on Commercial Arbitration".

7. Arbitration Act 1996. Der Arbitration Act 1996 (AA 1996) ist am 31. Januar 1997 in Kraft getreten. Er ist auf alle schiedsgerichtlichen Verfahren, die nach dem 31. Januar

1997 eingeleitet und in England durchgeführt werden, anwendbar. Dadurch haben sich die Ausführungen in Anm. 6 in einigen Punkten geändert.

Durch dieses neue Gesetz werden die Arbitration Acts von 1950, 1975 und 1979 zusammengefaßt und ersetzt. Es führt auch zu spürbaren verfahrensrechtlichen Änderungen bei der Durchführung von Schiedsverfahren in England. Auf einige dieser Änderungen soll nachfolgend eingegangen werden:

Zu (1) Einleitung des Schiedsverfahrens. Ausschlußfrist. Section 27 des Arbitratrion Act 1950 wurde aufgehoben. Gemäß Section 12 des neuen AA 1996 werden die Regeln über die Fristverlängerung bei Verstreichen einer vertraglich vereinbarten Ausschlußfrist verschärft. Der High Court darf jetzt nur noch dann eingreifen, wenn er davon überzeugt ist, daß

(i) alle Verfahrensregelungen zur Fristverlängerung durch das Schiedsgericht erschöpft sind, und

(ii) (a) die Umstände jenseits der Vorstellung der Parteien waren, als sie der Frist zustimmten, und es gerecht wäre, sie zu verlängern, oder

(ii) (b) es nach dem Verhalten der einen Partei unbillig wäre, die andere Partei an den genauen Wortlaut der Bestimmung zu binden.

Bestellung der Schiedsrichter. Sections 15–22 regeln ausschließlich, wie das Schiedsgericht zu bilden ist.

Zu (2) a) Bezugnahme auf ein Schiedsverfahren ohne Angaben zum Schiedsgericht. Wie bereits im alten Recht wird dann, wenn die Schiedsvereinbarung keine Angaben zur Zahl der zu berufenden Schiedsrichter macht, auf den Einzelschiedsrichter verwiesen (Section 15).

Zu (2) b) Verweisung auf Einzelschiedsrichter. Gem. Section 16 (3) müssen sich die Parteien innerhalb einer Frist von 28 Tagen, gerechnet ab Zustellung einer schriftlichen Mitteilung durch eine der Parteien, auf einen Einzelschiedsrichter einigen. Falls sich die Parteien nicht rechtzeitig einigen (und falls für diesen Fall die Schiedsvereinbarung nichts anderes bestimmt), kann die eine oder andere Partei beim High Court die Bestellung beantragen (Section 18).

Zu (2) c), d) Verweisung an zwei oder mehrere Schiedsrichter. Sobald die Partei A die Partei B aufgefordert hat, einen Schiedsrichter zu benennen, hat die Partei B 14 Tage Zeit, tätig zu werden (Section 16 (4)). Falls die Partei B dieser Aufforderung nicht fristgerecht nachkommt, kann die Partei A, falls dies nicht schon geschehen ist, ihren eigenen Schiedsrichter benennen, und dies der Partei B mit dem Vorschlag mitteilen, ihren Schiedsrichter als Einzelschiedsrichter zu bestellen. Die Partei B hat dann 7 volle Tage Zeit, die vorgeschlagene Bestellung auszusprechen und A darüber zu informieren. Anderenfalls ist A berechtigt, ihren Schiedsrichter als Einzelschiedsrichter zu bestellen (Section 17).

Dieses Verfahren ähnelt dem der alten Sections 7 (b) und 10 (3)–3 B) in AA 1950, doch ist es nun das einzig anwendbare für alle Arten von Verweisungen an zwei oder mehrere Schiedsrichter, d. h. es schließt mit ein:

(a) eine Gruppe von drei Schiedsrichtern, bei der jede Partei ihre eigenen Schiedsrichter benennt und die so benannten einen dritten Schiedsrichter bestellen (entspricht der unveränderten Klausel 17 NYPE);

(b) eine Gruppe bestehend aus zwei Schiedsrichtern und einem Oberschiedsrichter *(umpire)*.

Zu (2) e) Tod oder Unfähigkeit eines Schiedsrichters. Eine Partei kann beim High Court die Abberufung eines Schiedsrichters beantragen, wenn einer der folgenden Gründe vorliegt:

(a) Befangenheit,

(b) mangelnde Eignung,

(c) Unfähigkeit, das Richteramt auszüben, oder

(d) Unvermögen, das Verfahren zweckmäßig und schnell zu betreiben, falls dies zu einer erheblichen Beeinträchtigung führt (Section 24).

Der letztgenannte Grund entspricht der den Schiedsrichtern neu auferlegten Pflicht, das Schiedsverfahren der Schwere des Falls und dem Gegenstandswert anzupassen (Section 33). Es ist auch wichtig zu beachten, daß eine Partei so behandelt wird, als hätte sie auf ihr Widerspruchsrecht verzichtet, falls sie ihr Recht, um Abhilfe nachzusuchen, nicht sofort ausübt. Dieses „Jetzt-oder-Nie"-Prinzip in Section 73 ist auf den gesamten AA 1996 anwendbar.

Der Schiedsrichter kann auch mit Zustimmung aller Parteien abberufen werden oder er tritt zurück (im Falle eines berechtigten Rücktritts kann der Schiedsrichter vom High Court Haftungsfreistellung beantragen, z.B. wenn auf Betreiben der Parteien das Verfahren sehr schleppend geführt wurde, und zwar entgegen der Pflicht der Schiedsrichter gemäß Section 33).

In jedem der vorgenannten Fälle sowie im Falle des Todes eines Schiedsrichters können sich die Parteien darauf verständigen, wie die offene Stelle gefüllt wird oder ob das Schiedsverfahren insgesamt fortgeführt werden soll. Kommt es zu keiner Einigung, wird das ursprüngliche Bestellungsverfahren wiederholt.

Zu (3) Befugnisse der Schiedsrichter. a) Allgemein. Soweit öffentliche Interessen nicht entgegenstehen, sind die Parteien frei zu entscheiden, wie die Schiedsrichter verfahren und mit welchen Befugnissen sie ausgestattet werden sollen. Dieser Grundsatz der Parteiautonomie folgt aus Section 1 des AA 1997. Section 40 bildet dazu das Gegengewicht, indem es die Parteien verpflichtet, alles Erforderliche zu tun, um sicherzustellen, daß das Schiedsverfahren sachgemäß und schnell durchgeführt werden kann.

Fehlt es an einer Parteivereinbarung, beschließt das Schiedsgericht gem. Section 34 (1) selbst über sein Verfahren und darüber, wie Beweis erhoben wird *(evidential matters)*. Dieser Machtzuwachs des Schiedsgerichts folgt aus Sections 33–41. Die bereits erwähnte Section 33 bestimmt die gegenseitige Kontrolle dieser Machtbefugnisse. Es zeigt auf, wie das Schiedsgericht seine Aufgabe, die Parteien gerecht zu behandeln, zu erfüllen hat. In diesem Sinne überträgt es ihm die allgemeine Pflicht, auf nachfolgend genannten Grundlagen ein rechtmäßiges Verfahren zu gewähren:
(i) rechtsstaatliches Verfahren *(natural justice)*;
(ii) das Verfahren soll den Umständen des Einzelfalles Rechnung tragen.

Diese Pflicht folgt aus
(i) Section 68, wonach einer der Gründe, gegen die Schiedsentscheidung vorzugehen, ein Verstoß des Schiedsgerichts gegen Section 33 ist;
(ii) Section 24, wonach ein Schiedsrichter auch dann abberufen werden kann, wenn das Schiedsgericht gegen das Gebot der Verfahrensbeschleunigung verstößt und dieser Verstoß zu einem schweren Unrecht führt.

Zu (3) b) Bedingungen der Bestellung. Schiedsgerichtliche Einrichtungen, wie die LMAA, sind dabei, ihre Regeln mit Rücksicht auf die neuen Befugnisse und Pflichten der Schiedsrichter gemäß Act 1996 neu zu bearbeiten. Ein Beispiel dafür sind die sogenannten FALCA-Regeln *(Fast And Low Cost Arbitration)*, die durch die LMAA in ihr Regelwerk übernommen worden sind und auf Ansprüche zwischen $ 50.000 und $ 250.000 anwendbar sind.

Sie sehen vor, daß Streitigkeiten von einem Einzelschiedsrichter mit einem genauen Zeitplan von nicht mehr als 9 Monaten und ohne mündliche Verhandlung entschieden werden können. Dies ergänzt das sogenannte *Small Claims Procedure* für Ansprüche unter $ 50.000.

Zu (3) c) Zuständigkeit *(Jurisdiction)*. Falls zwischen den Parteien nichts anderes vereinbart worden ist, ist das Schiedsgericht nunmehr befugt, über seine eigene Zuständigkeit zu entscheiden, d.h. eine Entscheidung darüber zu treffen, ob überhaupt eine gültige Schiedsvereinbarung vorliegt, ob das Schiedsgericht rechtmäßig bestellt worden ist, und in welchem Umfang ihm die Sachen zur Behandlung vorgelegt werden können. Jede Einwendung gegen die Zuständigkeit muß am Anfang des Verfahrens vorgebracht werden, und zwar grundsätzlich bevor eine der Parteien einen ersten Verfahrensschritt in der Sache selbst vornimmt. Andernfalls ist das Angriffsmittel verloren. Welche Auswirkungen dies auf die Vollstreckung der schiedsgerichtlichen Entscheidungen in Ländern hat, die nicht zur New York Convention gehören, muß abgewartet werden.

Zu (3) d) Die üblichen Befugnisse des Schiedsgerichts. Der AA 1996 enthält eine nicht abschließende Liste von Angelegenheiten, die das Schiedsgericht entscheiden kann, und Befugnisse, die dem Schiedsgericht bei Fehlen einer entgegenstehenden Vereinbarung zustehen, z.B.

- Offenlegung von Beweismitteln *(discovery)* und Beweis von Hörensagen *(hearsay)* sind nicht zwingend;
- die Befugnis, die Sache nach Aktenlage zu entscheiden;
- keine Bindung an feste Beweisregeln;
- das Prinzip des formellen Schriftsatzwechsels vor Gericht braucht nicht bzw. darf in einigen Fällen nicht befolgt werden;
- Zulässigkeit sowohl streitigen Verhandelns als auch der Verhandlung nach dem Untersuchungsgrundsatz;
- die Befugnis, eigene Sachverständige und Rechtsberater zu bestellen, die dem Schiedsgericht und den Parteien berichten, es sei denn, die Parteien vereinbaren etwas anderes;
- Sicherheitsleistung für die Kosten (– eine sehr wichtige Änderung). Die Zuständigkeit des High Court dazu wurde vollständig beseitigt. Die Schiedsrichter sind nunmehr selbst berechtigt, vom Schiedskläger nach eigenem Ermessen Kostensicherheit zu verlangen, allerdings unter dem einzigen Vorbehalt, daß Grund für dieses Verlangen nicht die Ausländereigenschaft des Klägers sein darf;
- mit Zustimmung der Parteien kann das Schiedsgericht vorläufigen Rechtsschutz (z.B. durch einstweilige Verfügung) gewähren.

Es ist zu erwarten, daß den handels- und schiedsgerichtlichen Institutionen eine bedeutende Rolle bei der Formulierung von Verfahrensgrundsätzen für ihre Mitglieder zukommt. Darauf wird in Schiedsvereinbarungen verwiesen oder sie werden in die Verfahrensgrundsätze, die sich die Schiedsrichter selbst geben, aufgenommen.

Zu (3) e) Streichung der Klage aus dem Prozeßregister aufgrund von Prozeßverschleppung. Diese Befugnis ist aufrechterhalten worden.

Zu (3) k) Schiedsspruch und Berufung. Die wichtigste Änderung für alle, die mit der internationalen Schiffahrt zu tun haben, ist, daß nunmehr im voraus der Ausschluß der Berufung zum High Court in Seehandels-, Rohstoffhandels- und Versicherungssachen vereinbart werden kann.

Die Einlegung der Berufung beim High Court wegen Rechtsfragen ist nunmehr gesetzlich geregelt. Wie bisher, kann die Berufung eingelegt werden, wenn die Parteien ihre Zustimmung dazu geben, oder wenn der High Court der Berufung stattgibt (was für internationale Schiedsverfahren im voraus erfolgen kann). Im letzteren Fall wurden die Kriterien aus dem Gesetz von 1979 entsprechend der Entscheidung des House of Lords im Falle "THE NEMA" [1982] AC 724 angepaßt. Bevor der High Court der Berufung wegen Rechtsfragen stattgibt, muß sichergestellt sein,

1. daß die Entscheidung die Rechte der Parteien in ihrer Substanz verletzt,
2. daß die Frage dem Schiedsgericht zur Entscheidung vorlag (selbst wenn sie im Schiedsspruch nicht behandelt wurde – neu!) und,
3. falls die Tatsachenfeststellungen durch das Schiedsgericht erfolgten,
   (a) entweder die Entscheidung offensichtlich falsch war
   (b) oder die Klärung der streitigen Frage im allgemeinen öffentlichen Interesse ist und die Entscheidung des Schiedsgerichts ernsthaft bezweifelt werden kann, und
4. daß es unter Berücksichtigung aller Umstände für den High Court recht und angemessen *(just and proper)* ist, die Angelegenheit zu entscheiden.

Berufung zum High Court ist ausgeschlossen, falls sich die Parteien darauf geeinigt haben, auf die Begründung zu verzichten. Es sollte beachtet werden, daß es bei Fehlen entsprechender Angaben nunmehr eine Vermutung zugunsten einer begründeten Entscheidung gibt.

Section 68 bestimmt, daß ein Schiedsspruch wegen eines ernsthaften Fehlers *(serious irregularity)* im Hinblick auf das Schiedsgericht, das Schiedsverfahren oder den Schiedsspruch angefochten werden kann. Der Begriff *"misconduct"* (fehlerhaftes Verhalten), der sich erstmals im AA 1889 findet und in Verbindung mit dem Begriff *"impropriety"* (Ungeeignetheit) Anwendung gefunden hat, wurde aufgegeben. In Übereinstimmung mit der Politik der Nichteinmischung des AA 1996, sind die Gründe für die Annahme ernsthafter Fehler nunmehr enumerativ aufgeführt. Die Partei, die gegen den Schiedsspruch vorgeht, muß ebenfalls nachweisen, daß die *serious irregularity* zu einer substantiellen Ungerechtigkeit führt. Dies betrifft verschiedene Fälle, die nach dem bisherigen Recht heftig umstritten waren, z.B. wo ein Schiedsspruch nur aus dem einen Grund angefochten wurde, weil die Anwälte es unterlassen hatten, dem Schiedsgericht gegenüber auf ein Rechtsargument hinzuweisen ("INDIAN OIL CORP. V. COASTAL BERMUDA" [1990] 2 L. R. 406).

NB: Das Recht, gegen einen Schiedsspruch vorzugehen, hängt auch von Section 73 ab: Falls ein Berufungsführer Einwendungen gegen *irregularities* nicht unverzüglich vorbringt, wird er so behandelt, als hätte er auf diesen Einwand verzichtet.

Diese Ausführungen werfen lediglich ein Schlaglicht auf einige Änderungen durch das neue Gesetz. Im übrigen werden die Leser auf Robert Merkin's annotierten Führer durch den Arbitration Act 1996 wegen weiterer Einzelheiten verwiesen.

2. Cross Charterparty[1]

dated
between
(Reeder bzw. Ausrüster des Containerschiffs) ...... (Disponent) Owners
– hereinafter called „the Owners"[2] –
and
(Stellplatznutzer) ......
– hereinafter called „the Charterers"[2] –
It is agreed

1. Space Allocation and Period[3]

The Owners let and the Charterers hire for the carriage of goods and containers (x) per cent of the container carrying capacity of the Containership (or more or less as may be agreed for each voyage) from ...... until ...... and thereafter unless and until terminated by either Party giving 6 (six) months' notice in writing.

2. Employment

2.1. The Containership shall be employed only in lawful trades[4] within the Institute Warranty Limits[5] for the carriage of lawful goods[4], properly packed and stowed in seaworthy containers of standard sizes and specifications, as may be mutually agreed, between good and safe ports where it can safely lie always afloat[6], save that uncontainerized goods[7] may, with the consent of the Owners and subject to such conditions as the Owners may require, be carried under the terms of this Charterparty. Live animals[7] shall not be shipped unless otherwise agreed. Goods which are of a dangerous, inflammable, radioactive, obnoxious or damaging nature[8] shall not be shipped unless:

a) previous written notice of their nature has been given to the Owners by or on behalf of the Charterers (including particulars of the characters of the goods, the flash point, if any, the type of packing of the goods and any other information which the Owners may reasonably require); and

b) the Owners have consented after receipt of such notice to accept those goods for shipment; and

c) all the relevant requirements and recommendations of the International Maritime Organization and the law and regulations in force at the country of registration of the Containership, the port of shipment, the port of discharge, any area through which the Containership may pass, and any scheduled port of call have been complied with; and

d) the goods shall have been packed, labelled and stowed within the containers and the containers have been labelled in accordance with such law, regulations, requirements or recommendations, and in any event, so as to avoid such goods causing damage, injury or material discomfort to the Containership, crew and other cargo and to any other property or person.

2.2. If the requirements of sub-clause 2.1. are not complied with, the Charterers shall, to the extent provided in sub-clause 10.9., indemnify the Owners against all loss, damage or expense arising out of the goods being tendered for shipment or being handled or carried by the Owners.

2.3. Goods which in the opinion of the Owners are or may at any time become dangerous, inflammable, radio-active, obnoxious, damaging or injurious may, at any time or place, be unloaded, destroyed, or rendered harmless without compensation to the Charterers and without liability to make any General Average contribution in respect of such goods.

3. Remuneration[9]

The Owners shall be remunerated in accordance with provisions from time to time to be separately agreed or in default of agreement shall receive such remuneration as shall be fair and reasonable.

4. Owners' Expenses[10]

Save as provided in sub-clause 10.7., the Owners shall pay all wages, insurance premiums, charges, dues, taxes, agencies, commissions, fees and all other expenses whatsoever incurred in connection with this Charterparty.

5. Voyage and Destination[11]

5.1. The itinerary of each voyage shall be mutually agreed between the Owners and the Charterers.

5.2. The Owners shall be entitled to exercise the liberties to deviate provided in the Hague Rules at any time without prior notice to the Charterers. However, if during the course of a voyage the Owners should deviate in circumstances which under English law do not permit the Charterers to deviate under the Hague Rules, the Owners shall indemnify the Charterers for any liability thereby incurred, unless the Owners shall have obtained prior consent from the Charterers of such deviation in which case this indemnity shall not operate.

6. Opening Containers[12]

The Owners shall be entitled at any time (but under no obligation) to open any container or package and to inspect the contents at the Owners' expense and shall promptly notify the Charterers if they do so.

7. Access to Logs[13]

The Master and Engineer shall keep full and correct logs and adequate records concerning the care and condition of the containers and the goods and all logs and records relevant to the voyage, the containers and the goods shall be accessible to the Charterers.

8. Charterers' Obligations[14]

8.1. The Charterers shall provide such information in relation to any goods shipped under this Charterparty as the Owners may reasonably require in connection with this Charterparty, and the Charterers warrant such information shall be complete and accurate.

8.2. The Charterers shall comply with the directions of the Master or other persons responsible for the stowage on behalf of the Owners as to when and where containers are to be stowed. The Charteres shall in their capacity as such be under no liability in respect of the consequences of complying with such directions notwithstanding the provisions of sub-clause 10.7. and the Owners shall indemnify the Charterers against the same.

8.3. Any liability of the Charterers arising from their obligations under this clause 8 shall be subject to sub-clause 10.9.

9. Indemnity and Agency[15]

9.1. The Charterers undertake that no claim or allegation shall be made against the Owners or any servant, agent or sub-contractor of the Owners by any person whatsoever other than the Charterers which imposes or attempts to impose upon the Owners or any such servant, agent or sub-contractor or any Containership owned by any of them any liability whatsoever in connection with the goods and containers which are the subject of this Charterparty (even if such liability arises wholly or in part by reason of the act, neglect or default of the Owners or of such servant, agent or sub-contractor), and in the event of any such claim or allegation nevertheless being made, the Charterers shall (to the extent provided in sub-clause 10.9.) indemnify the Owners and such servant, agent and subcontractor against all consequences whatsoever thereof.

9.2. The Charterers shall not make any claim or allegation against any servant, agent or sub-contractor of the Owners which imposes or attempts to impose upon any such servant, agent or sub-contractor any liability whatsoever in connection with the goods and containers which are the subject of this Charterparty (even if such liability arises wholly or in part by reason of the act, neglect or default of the Owners or of such servant, agent or sub-contractor), and in the event of any such claim or allegation nevertheless being made, the provisions of sub-clause 9.1. shall apply as if such claim or allegation had been made by a person other than the Charterers.

9.3. Without prejudice to sub-clause 9.1. the Owners authorize and empower the Charterers to act as the Owners' agents and/or trustees to stipulate for the Owners to have as against other persons the benefit of any immunities, exemptions or liberties regarding the goods and containers which are the subject of this Charterparty or their carriage, but the Charterers shall have no authority to make any contracts imposing any obligations upon the Owners in connection with the goods and containers or their carriage.

9.4. Sub-clauses 9.1. and 9.2. shall not apply to or preclude any claim made by the owners of any property on board the Containership for a General Average contribution in accordance with the York Antwerp Rules 1974.

9.5. Where the Owners are not the actual owners of the Containership the provisions of sub-clauses 9.1., 9.2. and 9.3. shall also apply to the actual owners of the Containership, their servants, agents and sub-contractors in the same manner as they apply to the Owners, their servants, agents and sub-contractors.

10. Responsibilities, Liabilities and Exemptions[16]

Without prejudice to the provisions of clauses 2, 8 and 9 hereof, as between the Owners and the Charterers, the responsibilities arising out of and in connection with this Charterparty shall be borne and divided as follows:

10.1. The Owners will be responsible for the seaworthiness of the Containership in accordance with Article III Rule 1 and Article IV Rule 1 of the Hague Rules as scheduled to the Carriage of Goods by Sea Act 1924, and for all purposes in connection with this Charterparty shall be entitled to the rights and immunities set out in Article IV Rules 2, 4 and 6 of said Hague Rules.

10.2. Subject to sub-clause 10.1., the Owners will be responsible for the proper and careful carriage, custody and care of the containers and goods whilst on board the Containership, and for discharging, handling and storing containers and goods discharged solely in order to be reloaded or in order to load or discharge other containers and goods, and for reloading and restowing the same.

10.3. Subject to sub-clause 10.1., the Owners shall be responsible for the provision of:

2. Cross Charterparty

   a) electrical power,
   b) supply of refrigerant gas, and
   c) a supply of the recommended lubricating oil

to integral or other refrigerated containers containing goods shipped on the Containership.

The Owners shall use all reasonable endeavours to monitor and record the performance of all such units whilst on board, and to repair and rectify any breakdown, fault or deficiency which may occur in respect of such units, using the resources on board the Containership. If such resources are insufficient, the Owners, at the expense of the Charterers, shall use all reasonable endeavours promptly to obtain any required spares or specialized repair facilities. The Owners shall only be liable for any loss of or damage to an integral refrigerated container, or the goods therein, arising out of any breakdown, fault or deficiency of its integral unit, to the extent that such loss or damage was caused by the failure of the Owners to comply with the terms of this sub-clause. Save as expressly provided, nothing in this sub-clause shall reduce or limit the liability of the Owners to the Charterers under this Charterparty.

10.4. The liabilities of the Owners under sub-clauses 10.1., 10.2. and 10.3. shall be subject to Article III Rule 6 of the said Hague Rules.

10.5. The liability of the Owners for any loss of or damage to or in connection with the goods, including containers not owned or hired by the Charterers, shall be subject to Article IV Rule 5 of the said Hague Rules[17], but as if no declaration as to value is made, provided always that:

   a) the liability of the Owners to the Charterers as aforesaid shall in no event exceed the liability (if any) of the Charterers to the persons interested in such goods in respect of such loss or damage;

   b) where the liability of the Owners to the Charterers and the liability of the Charterers to any other person(s) in respect of such goods are both subject to Article IV Rule 5 of the said Hague Rules, those goods shall be deemed as between the Owners and the Charterers and for the purposes of the said Rule 5, to consist of the number of packages or units which is applicable for the purposes of the said Rule 5 as between the Charterers and such other person(s);

   c) where by operation of law the liability of the Charterers to any other person is subject to Article IV Rule 5 of the Hague Rules as amended by the Carriage of Goods by Sea Act 1971, or similar legislation (The Hague Visby Rules) the Owners' liability to the Charterers shall be subject to Article IV Rule 5 as so amended.

10.6. The liability of the Owners and the Containership for any loss of or damage to or in connection with a container owned or hired by the Charterers shall not in any event exceed the cost of repair or the market value of the container at the time of such loss or damage, whichever is the less, and the Owners and the Containership shall not in any event be liable for any damage to a container which does not exceed US $ 300 on any one voyage[18].

10.7. Subject as aforesaid and subject to sub-clause 10.9. the Charterers[19] will be responsible for the proper and careful receipt, loading, handling, stowage, discharge and delivery of the goods and containers and shall pay all sums relating to such operations and shall be liable for all loss or damage (including loss or damage to the Containership) caused to the Owners by the improper or careless performance of such operations.

10.8. The Charterers shall to the extent provided in sub-clause 10.9. indemnify the Owners against any expenses, liabilities, loss, damage, claims or demands which the Owners may incur or suffer by reason of any failure to comply with any relevant laws, regulations, directions or notices of customs, port and any other authorities, or by reason of any infestation, contamination or condemnation or damage or loss arising from any act, neglect or default of the consignors or consignees of any goods or containers which are the subject of this Charterparty, their servants or agents.

The indemnity provided in this sub-clause shall extend to any loss suffered by the Owners in procuring, by whatever means the Owners consider appropriate, the release of the Containership where the Containership has been arrested either
   a) by virtue of any act done or omitted to be done by the Charterers or
   b) in circumstances where, but for the fact that the Containership was chartered to Charterers, such arrest would not have occurred,
unless the arrest follows from an event for which the Owners are responsible under this Charterparty or otherwise.

10.9. The liability of the Charterers for loss or damage of whatsoever nature and howsoever arising in connection with this Charterparty (even if such liability arises wholly or in part by reason of the act, neglect or default of the Charterers or of their servants, agents or sub-contractors) shall not in any event exceed the amount (if any) recoverable by the Charterers from any third party in connection with such liability, but the Charterers shall take all reasonable steps to recover such amount and shall account therefor to the Owners. For this purpose the Charterers' insurers shall not be considered as third parties. Notwithstanding the above, the provisions of this sub-clause shall not operate in respect of the indemnity under sub-clause 10.8. relating to the arrest of the Containership.

10.10. The Owners[20] undertake that no claim or allegation shall be made against the Charterers by any person other than the Owners which imposes or attempts to impose upon the Charterers any liability whatsoever arising from loss or damage to the Containership, whether for actual loss or consequential loss and whether or not arising as a result of negligence on the part of the Charterers and, if any such claim or allegation should nevertheless be made, to indemnify the Charterers against all consequences thereof.

10.11. Nothing in this Charterparty shall prejudice or deprive the Owners of their rights of limitation or exclusion of liability under any applicable or relevant law[21].

10.12. The Owners shall maintain the Containership's class and container carrying capacity throughout the period of this Charterparty, unless otherwise mutually agreed[22].

11. Sub-Contractors

In this Charterparty the expression „sub-contractor" shall include direct and indirect sub-contractors and their respective servants and agents.

12. General Average[23]

General Average shall be settled according to the York Antwerp Rules 1974. Owners' remuneration shall not contribute to General Average. The Owners authorize and empower the Charterers to act as the agents of the Owners in settlement of General Average. The Charterers shall guarantee the contributions properly due to the Owners in respect of
   a) goods for which the Charterers are Principal Carrier under a bill of lading or contract of affreightment unless delivered to the consignee prior to notice being given by the Owners to the Charterers that General Average security is required and
   b) containers owned or hired by the Charterers.

13. Salvage[24]

The Charterers shall be entitled to the percentage, as agreed for the voyage under clause 1, of all salvage and assistance to other vessels after deducting the Master's and crew's proportion and all legal and other expenses including a reasonable sum for the time lost in salvage and the cost of repairing damage incurred in the salvage to the extent not recoverable from hull insurers. The Charterers shall be bound by all measures taken by the Owners in order to secure payment of salvage and to fix its amount.

14. Deck Carriage

Goods and containers may be carried on deck and shall contribute in General Average whether carried on or under deck.

2. Cross Charterparty

15. No Assignment
The Charterers shall not assign this Charterparty. The Charterers shall not sublet any space or part thereof unless otherwise agreed.

16. Law and Arbitration[25]
16.1. This Charterparty shall be governed by and construed in accordance with the laws of England.
16.2. Any dispute or claim arising under, out of, or in connection with this Charterparty shall at the request of either party be referred to arbitration in London to a single arbitrator to be appointed by agreement or failing such agreement within 14 days of such reference to three arbitrators, one to be appointed by each party and the third by the first two arbitrators so chosen provided always that not less than 30 days' written notice of intention to refer the matter to arbitration specifying the nature of the dispute or claim shall have been delivered by the party requesting arbitration to the other party. Any such arbitration shall be in accordance with the Arbitration Acts 1950 and 1979 or any statutory modification thereof for the time being and the arbitrator's award shall be final and binding upon the parties.
16.3. To the extent permitted by the Arbitration Act 1979, the parties exclude the jurisdiction under sections 1 and 2 of the Act of the High Court of Justice in England.

Schrifttum: Bes, Chartering and Shipping Terms, Handbuch für Tramp- und Linienschiffahrt, 1956; *Herber,* Das neue Haftungsrecht der Schiffahrt, 1989; *Kühl,* Schiedsgerichtsbarkeit im Seehandel, 1990; *Prüßmann/Rabe,* Seehandelsrecht, 3. Aufl. 1992; *Röhreke,* Die X-CP, Schriften des deutschen Vereins für Internationales Seerecht, Reihe A, Heft 55 (1985); *Stahl,* Die Zeitcharter nach englischem Recht, 1989.

Übersicht

	Seite
1. Cross Charterparty	1107
2. Owners and Charterers	1108
3. Space Allocation and Period	1108
4. Lawful Goods in Lawful Trades	1109
5. Institute Warranty Limits	1109
6. Safe Ports; always Afloat	1109
7. Seaworthy Containers of Standard Sizes and Specifications; uncontainerized Goods and Live Animals	1109
8. Dangerous Goods	1109
9. Remuneration	1110
10. Owners' Expenses	1110
11. Voyage and Deviation	1110
12. Opening Containers	1111
13. Access to Logs	1111
14. Charterers' Obligations	1111
15. Indemnity and Agency	1111
16. Owners' Responsibilities and Liabilities	1113
17. Exemptions	1113
18. Loss of or Damage to Container	1114
19. Charterers' Responsibilities and Liabilities	1114
20. Owners' Indemnity	1115
21. Limitation of Liability for Maritime Claims	1115
22. Maintenance of Class and Container Carrying Capacity	1115
23. General Average	1115
24. Salvage	1116
25. Law and Arbitration	1116

Anmerkungen

1. Cross Charterparty. Die *Cross Charterparty (CCP)* hat sich in der Praxis als weitgehend standardisiertes Vertragsdokument für die Überlassung von Containertransportkapazität zwischen Reedern herausgebildet, die einen gemeinsamen Liniendienst in der Form eines Konsortiums betreiben (zum im einzelnen umstrittenen Rechtsbegriff des Konsortiums vgl. die Gruppenfreistellungsverordnung Nr. 870/95 der Europäischen Kommission für Konsortien, ABlEG 1995 Nr. L 89/7). Die Grundlagen der Zusammenarbeit regelt dabei ein Konsortialvertrag (sog. *Operating Agreement*). Die CCP wird regelmäßig als Anhang zum Konsortialvertrag vereinbart. Ihre Bezeichnung leitet sich aus dem Gegenseitigkeitsverhältnis ab, in dem die Konsortialpartner sich wechselseitig Schiffsraum zur Verfügung stellen.

Die im Konsortium zusammenarbeitenden Reeder bilden mit ihren Schiffen eine Konsortialflotte für einen Gemeinschaftsdienst in ein bestimmtes Fahrtgebiet. Die Schiffe bedienen die im Konsortialvertrag festgelegten Häfen des Fahrtgebiets nach einem abgestimmten regelmäßigen Fahrplan. Um eine bestmögliche Ausnutzung ihrer Schiffe zu erreichen, stellen sich die Konsortialpartner auf allen Schiffen der Flotte wechselseitig Containerstellplätze (sog. *Slots*) zur Verfügung. Die Maßeinheit, in der die Transportkapazität ausgedrückt wird, ist dabei die sog. TEU *(Twenty Foot Equivalent Unit)*, die einem Standardcontainer von 20 Fuß Länge entspricht. Jeder Partner ist berechtigt, auf jedem Schiff der Konsortialflotte in demjenigen Umfang Stellplätze zu belegen, wie er durch seine Schiffe selbst anteilig zur Containerkapazität der Gesamtflotte beiträgt. Dieses Prinzip, bei dem wirtschaftlich ein Naturaltausch von Stellplätzen, rechtlich eine frachtvertragliche Überlassung von Slots aufgrund der CCP stattfindet, wird schlagwortartig als *what you put in, you get out* bezeichnet. Die Zusammenarbeit im Konsortium führt für die Reeder wie für die Verlader zu technischen, operativen und wirtschaftlichen Vorteilen wie einer größeren Fahrplandichte, einer erhöhten Angebotsqualität, einer besseren Nutzung des Schiffsraums, Kostenentlastungen etc.

Die Frachtakquisition und Vermarktung der ihm zur Verfügung stehenden Slots betreibt dabei jeder Konsortialpartner auf eigene Rechnung. Das moderne Konsortium bildet daher im allgemeinen weder einen Frachten-, Kosten- oder Ergebnispool, bei dem die Partner die Frachteinnahmen, Kosten oder Erträge untereinander aufteilen, noch setzt es selbst Frachtraten fest. Die Ratenbildung fällt innerhalb der jeweils geltenden Konferenztarife ausschließlich in die Kompetenz des einzelnen Reeders (vgl. zu den unterschiedlichen Integrationsgraden von Konsortien *Röhreke,* Die X-CP, Schriften des Deutschen Vereins für Internationales Seerecht, Reihe A, Heft 55 (1985), S. 3 ff.).

2. Owners and Charterers. Parteien der CCP sind der Reeder des Schiffes, auf dem Transportraum zur Verfügung gestellt wird, und der Stellplatznutzer. Der Reeder heißt in der englischen Rechtsterminologie *Owner,* er ist der Schiffseigentümer (ebenso für das deutsche Recht § 484 HGB). Ist der Betreiber des Schiffes nicht dessen Eigentümer, setzt er das Schiff aber für eigene Rechnung ein und verfügt er über die Schiffsführung, gilt der Nichteigentümer als *Disponent Owner* im Außenverhältnis als Reeder. Er ist sog. Ausrüster, dem im Verhältnis zu Dritten, also auch gegenüber dem Stellplatznutzer, alle Rechte und Pflichten eines Reeders zustehen (vgl. für das deutsche Recht § 510 HGB).

Der Stellplatznutzer, der zugleich Konsortialpartner des Reeders ist (s. oben Anm. 1), mietet die Slots nicht lediglich zum Beschicken mit Containern, sondern kontrahiert mit dem Reeder „for the carriage of goods and containers". Den Reeder trifft somit eine Beförderungspflicht. Die CCP ist daher Raumfrachtvertrag in der Form der sog. Slot Charter (vgl. *Prüßmann/Rabe,* Seehandelsrecht, 3. Auflage 1992, § 556 HGB Erl. B 1). Der Stellplatznutzer ist deshalb Charterer.

3. Space Allocation and Period. Die Überlassung der Stellplätze an den Charterer erfolgt zum Zwecke der Schiffsbeförderung von containerisierter Ladung. Der Begriff des *Containership* wird im Konsortialvertrag hinsichtlich technischer Schiffsmerkmale im einzelnen definiert. Grundsätzlich fällt darunter jedes Schiff der Konsortialflotte.

Auf Verlangen ist der Reeder verpflichtet, dem Charterer für einzelne Reisen oder für einen bestimmten Zeitraum geltende Ausfertigungen der CCP zu erteilen. Im Konsortial-

2. Cross Charterparty

vertrag heißt es daher zumeist: „The provision of space shall be done in accordance with the terms of the Cross Charterparty set out in Schedule ...... and each Line undertakes when called upon to sign a Charterparty in those terms". In der Praxis des Containerverkehrs ist dies allerdings unüblich.

Laufzeit und Kündigungsfrist der CCP stimmen grundsätzlich mit den entsprechenden Klauseln des Konsortialvertrages überein. Es können aber kürzere Fristen als im Konsortialvertrag selbst vereinbart werden, weil das sog. *sailing schedule,* also die Zahl der Schiffsreisen, von den Konsortialpartnern zumeist nur für 6 Monate im Voraus festgelegt wird. Dem Charterer soll dadurch die Dispositionsfreiheit erforderlichenfalls durch Kündigung nur der CCP erhalten bleiben.

4. Lawful Goods in Lawful Trades. Die Verpflichtung des Charterers, nur „lawful goods in lawful trades" befördern zu lassen, dient dem Schutz des Reeders, dessen Schiff keinen Verfügungen von hoher Hand wie zB. Beschlagnahmen ausgesetzt werden soll. Die *lawfulness* bestimmt sich dabei nach den rechtlichen Bestimmungen sowohl des Lade- als auch des Löschhafens. Untersagt ist dem Charterer daher etwa der Transport von Schmuggelgut, Konterbande, Drogen oder – in jüngster Zeit von zunehmender Bedeutung – Embargoware.

5. Institute Warranty Limits. Das Schiff darf nur innerhalb der *Institute Warranty Limits* eingesetzt werden. Nach den Institute Warranties, die vom Technical and Clauses Committee of the Institute of London Underwriters für den englischen Seeversicherungsmarkt festgelegt wurden, sind bestimmte Regionen, insbesondere die Arktis und Antarktis, aber auch die Großen Seen in Nordamerika von der versicherten Seeschiffahrt – jedenfalls ohne Entrichtung zusätzlicher Risikoprämien – ausgeschlossen (zum Wortlaut der Institute Warranties s. *Bes,* Chartering and Shipping Terms, Handbuch für Tramp- und Linienschiffahrt, 1956, Anhang IV).

6. Safe Ports; always Afloat. Die von dem Containerschiff im Zuge des Liniendienstes anzulaufenden Häfen werden von den Vertragsparteien im Konsortialvertrag festgelegt (s. oben Anm. 1). Diese Häfen müssen geographisch, navigatorisch und politisch sicher sein (vgl. zum Begriff des *safe port Prüßmann/Rabe* § 560 HGB Erl. C 2, C 3 und D; *Stahl,* Die Zeitcharter nach englischem Recht, 1989, S. 64 ff.). Schließlich muß das Schiff in den zu bedienenden Häfen im beladenen Zustand eine ausreichende Wassertiefe vorfinden (vgl. zur *always afloat*-Klausel *Prüßmann/Rabe* § 560 HGB Erl. E 3).

7. Seaworthy Containers of Standard Sizes and Specifications; uncontainerized Goods and Live Animals. Die CCP gilt grundsätzlich nur für containerisierte Ladung in seetauglichen Containern, die als 20'- bzw. 40'-Container dem Internationalen Übereinkommen über sichere Container vom 2. 12. 1972 (BGBl. 1976 II 253; neu bekanntgemacht am 2. 8. 1985, BGBl. II 1009) sowie den ISO-Standards entsprechen müssen, um die technische Kompatibilität mit dem Schiffssystem zu gewährleisten. Uncontainerisierte Ladung fällt nur aufgrund besonderer Vereinbarung zwischen Charterer und Reeder unter die Beförderungspflicht. Hierfür kommen insbesondere solche Güter in Betracht, die aufgrund ihrer Abmessungen nicht in Container passen (zB. Lokomotiven, Waggons, Boote, Schiffsschrauben, Stahlträger, Bauteile etc.) und daher an Deck verladen werden. Decksverladung ist nach Klausel 14 grundsätzlich zulässig. Der Reeder wird seine Zustimmung zur Verfrachtung uncontainerisierter Ladung aber häufig mit weitergehenden Haftungsausschlüssen verbinden. Dasselbe gilt für den stets risikoreichen Transport lebender Tiere.

8. Dangerous Goods. Gefährliche Güter sind solche, die aufgrund ihrer Beschaffenheit geeignet sind, das Schiff, seine Besatzung, die übrige Ladung oder Dritte zu gefährden (vgl. zum Gefahrgutbegriff im einzelnen *Prüßmann/Rabe* § 565 b HGB Erl. B 1 mwN.). Darunter fallen insbesondere Stoffe und Gegenstände gemäß den Begriffsbestimmungen für die Klassen 1–9 des von der International Maritime Organization veröffentlichten International Maritime Dangerous Goods Code (IMDG-Code deutsch s. BAnz. Nr. 98a vom 1. 6.

1990). Nationale Rechtsvorschriften können den Begriff des Gefahrgutes über den IMDG-Code hinaus erweitern (zB. § 2 GefahrgutVO See vom 24. 7. 1991, BGBl. I 1714; zu öffentlich-rechtlichen Gefahrgutvorschriften des englischen Rechts s. *Stahl* S. 59 f.).

Für Gefahrguttransporte sind daher gemäß Klausel Ziff 2.1 (c) die Vorschriften des Flaggenstaates, des Lade- und Löschhafens sowie der Durchfahrtszonen (zB. Suez- und Panama-Kanal) und der Zwischenhäfen zu beachten. Dies setzt eine sorgfältige Prüfung durch den Reeder vor Annahme des Frachtauftrages voraus.

Die großen Linienreedereien haben deshalb für die Buchung von Gefahrguttransporten Fachabteilungen eingerichtet, die über das notwendige naturwissenschaftliche, technische und juristische Know-how verfügen, nach einem festgelegten Verfahren über die Annahme von gefährlicher Ladung entscheiden und sich um die Dokumentation sowie die Durchführung des Transportes kümmern (s. dazu § 10 GefahrgutVO See). Entsprechendes gilt für die Beförderung spaltbaren Materials (vgl. dazu *Prüßmann/Rabe* § 564 b HGB Erl. B 3). Sie ist für den Reeder versicherungsrechtlich besonders problematisch, wenn die Verladung in einem Staat erfolgt, der nicht Mitglied des Pariser Atomhaftungsübereinkommens vom 29. 7. 1960 (BGBl. 1976 II 310) und des Brüsseler Kernmaterial-Seetransport-Übereinkommens vom 17. 12. 1971 (BGBl. 1975 II 1026) ist, so daß die Haftung nicht auf den Betreiber der Kernanlage gelenkt werden kann, aus dem das radioaktive Material stammt.

Der Charterer hat den Reeder gemäß Klausel 2.2 von allen Folgen freizuhalten, die aus der Verletzung von Gefahrgutvorschriften durch den Charterer selbst, seine Hilfspersonen und seinen Auftraggeber, den Befrachter, entstehen. Entsprechend dem Gedanken der Risikoteilung im Konsortium haftet der Charterer dem Reeder gemäß Klausel 10.9 allerdings nur, wenn und soweit er sich bei einem Dritten, der den Verstoß im Innenverhältnis zum Charterer zu vertreten hat, im Wege des Rückgriffs erholen kann (vgl. dazu unten Anm. 15 und 19).

Ladung, die nach Auffassung des Reeders das Schiff, seine Besatzung und die übrige Ladung gefährden kann, also noch nicht notwendigerweise bereits eine konkrete Gefahr hervorgerufen hat, kann nach Klausel 2.3 jederzeit gelöscht, vernichtet oder in sonstiger Weise unschädlich gemacht werden, ohne daß dem Charterer hierfür eine Entschädigung zusteht (vgl. hierzu mit allerdings engeren Voraussetzungen Art. IV Abs. 6 Haager Regeln). Opfert der Kapitän gefährliche Ladung zur Rettung von Schiff und/oder Ladung aus einer gemeinsamen Gefahr (sog. große Haverei, vgl. für das deutsche Recht § 700 HGB), erhält der Charterer von den geretteten Werten keine Vergütung.

9. Remuneration. Obwohl wirtschaftlich ein Stellplatztausch in natura stattfindet, ist eine Regelung der Vergütung erforderlich, weil nach englischem Recht eine bindende vertragliche Verpflichtung nur dann wirksam begründet wird, wenn einer versprochenen Leistung eine Gegenleistung *(consideration)* gegenübersteht. Die Vergütung erfolgt aber nicht durch Geldzahlung, sondern durch die Zurverfügungstellung von Containerstellplätzen auf anderen Schiffen der Konsortialflotte. Häufig heißt es daher ergänzend im Konsortialvertrag selbst: „The consideration for each Line's utilization of space shall be that Line's contribution of space".

10. Owners' Expenses. Zu Lasten des Reeders gehen alle mit dem Schiffsbetrieb zusammenhängenden Kosten (zB. Heuern, Bunker, Versicherungsprämien, Hafen- und Kanalgebühren, Schlepper etc.). Ladungsbezogene Kosten (zB. Stau- und Umschlagkosten, Lagergelder, Zölle etc.) trägt dagegen der Charterer (s. Klausel 10.7).

11. Voyage and Deviation. Der Reiseweg des Containerschiffes wird grundsätzlich durch die Nennung der anzulaufenden Häfen im Konsortialvertrag festgelegt. Für den Reiseweg zwischen diesen Häfen haben sich übliche Schiffahrtsrouten ergeben. Eine Abweichung vom Reiseweg (Deviation) ist gerechtfertigt zur Rettung oder dem Versuch der Rettung von Leben oder Eigentum zur See oder wenn dies sonst gerechtfertigt *(reasonable)* ist (vgl. Art. IV Abs. 4 Haager Regeln; für das deutsche Recht § 636 a HGB). Zur Frage der *reasonable deviation* besteht eine umfangreiche, insbesondere englische Rechtsprechung,

2. Cross Charterparty

wobei letztere nicht nur den seemännischen, sondern auch den kaufmännischen Aspekt bei der Ermittlung der *reasonableness* betont (s. den Überblick bei *Prüßmann/Rabe* § 636 a HGB Erl. C 4, D 1 und F 1 und 2).

Verneint das (tendenziell engere) englische Recht eine gerechtfertigte Deviation, hat der Reeder den Charterer von Ansprüchen des Befrachters zB. wegen zusätzlicher Weiter- oder Rückbeförderungskosten sowie ggfs. Verspätungsschäden freizuhalten, sofern der Charterer der Abweichung vom Reiseweg nicht zugestimmt hat. Gegen diese Folgen kann sich der Charterer durch eine Deviationsversicherung schützen.

12. Opening Containers. Der Reeder ist vertraglich nicht verpflichtet, den Inhalt der ihm vom Charterer zur Beförderung übergebenen Container zu überprüfen. Er kann insoweit vielmehr auf die Ladungsangaben des Charterers vertrauen (vgl. Klausel 8.1). Aus Gründen der Ladungsfürsorge kann sich jedoch – insbesondere bei Gefahrguttransporten (vgl. § 13 GefahrgutVO See) – die Notwendigkeit des Öffnens eines Containers oder einer sonstigen Verpackung und der Besichtigung des Inhalts ergeben. Die vertragliche Befugnis hierfür räumt Klausel 6 dem Reeder ein, der den Charterer von einer etwa vorgenommenen Öffnung und Inspektion aber unverzüglich zu unterrichten hat.

13. Access to Logs. Die Pflicht zum Führen von Seetagebüchern (Schiffs- und Maschinentagebuch) ist im deutschen Recht durch die SeetagebuchVO vom 8. 2. 1985 (BGBl. I 306) öffentlich-rechtlich geregelt. Daneben ordnet der Reeder im eigenen Interesse kraft seines Direktionsrechts regelmäßig Aufzeichnungen über die Ladungsfürsorge, insbesondere bei Gefahrgut (vgl. § 13 GefahrgutVO See), Kühlcontainern und belüfteten Containern an. In derartige Unterlagen hat der Charterer etwa zur Feststellung einer Schadensursache, zur Ermittlung der Gründe für eine Deviation etc. ein Einsichtsrecht.

14. Charterers' Obligations. Der Charterer ist verpflichtet, dem Reeder auf Anforderung vollständige und zutreffende Auskunft über die Ladung zu geben. Derartige Informationen können sich auf Abmessungen und Gewicht beziehen, die der Reeder für seine Stauplanung benötigt, auf Temperaturdaten für Kühlladung oder die Gefahrgut- oder Kriegswaffeneigenschaft von Gütern.

Für aus unvollständigen oder fehlerhaften Angaben resultierende Schäden haftet der Charterer gegenüber dem Reeder ohne Verschulden *(warranty)*, aufgrund der Risikoteilung im Konsortium aber nur, wenn und soweit er selbst bei Dritten, insbesondere beim Befrachter, Regreß nehmen kann (vgl. Klausel 10.9 und unten Anm. 15 und 19).

Das Laden, Stauen und Löschen seiner Container ist nach Klausel 10.7 Sache des Charterers. Allerdings hat der Kapitän weiterhin die Verantwortung für die Seetüchtigkeit des Schiffes. Er oder sein Ladungsoffizier können dem Charterer daher Weisungen zu Ort und Zeit der Stauung erteilen, die der Charterer zu befolgen hat. Von den Folgen fehlerhafter Weisungen des Kapitäns oder Ladungsoffiziers ist der Charterer entlastet (vgl. dazu im einzelnen *Prüßmann/Rabe* § 606 HGB Erl. C 4). Die Haftung hierfür trifft den Reeder, der den Charterer insoweit von Ansprüchen der Ladungsbeteiligten freizuhalten hat.

15. Indemnity and Agency. Der Charterer hat den Reeder und dessen Leute *(servants)*, Vertreter *(agents)*, Erfüllungsgehilfen *(subcontractors)* und das Schiff von allen Ansprüchen Dritter wegen Ladungsschäden freizuhalten. Das Schiff wird in Klausel 9.1 gesondert erwähnt, weil nach englischem Recht eine dingliche actio in rem gegen das Schiff möglich ist. Alleiniger Anspruchsgegner des Reeders für Ladungsschäden soll der Charterer sein, dem vertragliche Ersatzansprüche aufgrund der CCP zustehen, während die Geltendmachung deliktischer Schadenersatzansprüche dritter Ladungsbeteiligter, die zu dem Reeder keine vertragliche Bindung haben, ausgeschlossen werden. Da der Charterer und der Reeder untereinander die Anwendbarkeit der Haftungsbeschränkungen der Haager Regeln auf die Ersatzansprüche des Charterers nach der CCP vereinbart haben (vgl. Klausel 10.1 bis 10.5; unten Anm. 16 und 17), haftet der Reeder nur in dem Umfang, in dem er nach den Haager Regeln auch eintreten müßte, wenn er selbst im Verhältnis zu den Ladungsbeteiligten Verfrachter wäre (vgl. für das deutsche Recht § 485 S. 2 HGB).

Die Freihalteverpflichtung des Charterers gegenüber dem Reeder gilt aufgrund der Verweisung auf Klausel 10.9 allerdings nur, wenn und soweit der Charterer wegen eines eingetretenen Schadens seinerseits bei einem Dritten (zB. seinen eigenen Hilfspersonen oder dem Befrachter) Rückgriff nehmen kann. Ist dies nicht der Fall, ist der Charterer mit Ausnahme des Arrestes (vgl. Klausel 10.9 aE. und unten Anm. 19) von jeder Haftung frei. Der Reeder haftet dann für den Schadenseintritt alleine, und zwar auch, wenn der Charterer selbst den Schaden schuldhaft verursacht hat (zB. durch falsche Angaben über die Beschaffenheit der Ladung, etwa inkompatible Gefahrgüter). Die darin scheinbar liegende Privilegierung des Charterers ist aus dem Gegenseitigkeitsverhältnis der Konsortialpartner zu verstehen: dem Reeder kommt dieselbe Haftungsbefreiung zugute, wenn er selbst in der Rolle des Charterers seine Container auf einem anderen Schiff der Konsortialflotte befördert, das der hiesige Charterer bereedert.

Der Charterer erfüllt seine Freihalteverpflichtung, indem er als Verfrachter mit den Ladungsbeteiligten zB. in seinen Konnossementsbedingungen entsprechende Haftungsfreizeichnungen zugunsten des Reeders vereinbart. Die typische Indemnity-Klausel im Konnossement lautet:

> „The Merchant undertakes that no claim or allegation shall be made against any Person whomsoever by whom the Carriage is performed or undertaken (including all Sub-Contractors of the Carrier), other than the Carrier, which imposes or attempts to impose upon any such Person, or any vessel owned by any such Person, any liability whatsoever in connection with the Goods or the Carriage of the Goods, whether or not arising out of negligence on the part of such Person and, if any such claim or allegation should nevertheless be made, to indemnify the Carrier against all consequences thereof."

Merchant im Sinne dieser Klausel sind der Befrachter/Ablader sowie aufgrund des Konnossementsverhältnisses auch der Ladungsempfänger, *Carrier* ist der vertragliche Beförderer, also der Verfrachter, der gleichzeitig wiederum der Charterer der Stellplätze unter der CCP ist. Ansprüche wegen Ladungsschäden sollen somit von den Ladungsbeteiligten ausschließlich gegen den Verfrachter erhoben werden, der dann seinerseits nach der CCP gegen den Reeder vorgehen kann (vgl. *Röhreke* S. 24 f.). Man spricht insoweit von einer *circular indemnity,* durch die die Haftung für Ladungsschäden im Ergebnis über den Charterer vertraglich auf den Reeder kanalisiert wird (vgl. dazu *Röhreke* S. 15 ff.).

Um zu vermeiden, daß der Reeder über die Geltendmachung von Ansprüchen des Charterers gegen die Leute, Vertreter und Erfüllungsgehilfen des Reeders infolge deren möglicher interner Freistellungsansprüche mittelbar zu einer Haftung ohne die nach Klausel 10 vereinbarten Beschränkungen der Haager Regeln herangezogen wird, verbietet Klausel 9.2 dem Charterer eine unmittelbare Inanspruchnahme dieses Personenkreises (sog. „Himalaya-Klausel"; vgl. dazu im einzelnen *Prüßmann/Rabe* § 607 a HGB Erl. C; *Herber,* Das neue Haftungsrecht der Schiffahrt, 1989, S. 198 ff.). Da dem Charterer ein Regreß gegen die Hilfspersonen des Reeders untersagt ist, andererseits die Freihalteverpflichtung des Charterers gegenüber dem Reeder nach Klausel 9.1 in Verbindung mit Klausel 10.9 dann mangels Regreßmöglichkeit nicht eingreift, haftet der Reeder im Außenverhältnis gegenüber Ladungsbeteiligten alleine, wenn die Schadensursache durch eine Handlung, Unterlassung oder Versäumnis von ihm oder seinen Hilfspersonen gesetzt worden ist. Auch dann bleiben ihm jedoch die Haftungsbeschränkungen der Haager Regeln erhalten.

Dieses Ergebnis wird über die Klausel 9.3 erreicht, über die der Reeder, der weder Partei des Frachtvertrages noch des Konnossementsverhältnisses ist, in den Schutzbereich der beschränkten Verfrachterhaftung nach den Haager Regeln einbezogen wird. Während dies nach deutschem Recht über die Figur des Vertrages mit Schutzwirkung für Dritte, den Reeder, möglich wäre, bedarf es hierfür nach englischem Recht einer Bevollmächtigung des Charterers, in seinen Konnossementsbedingungen Haftungsbeschränkungen auch für den Reeder zu vereinbaren (vgl. *Röhreke* S. 17 f.). Diese Bevollmächtigung enthält Klausel 9.3.

2. Cross Charterparty

Die auf ihrer Grundlage typischerweise vereinbarte Konnossementsbestimmung lautet (im Anschluß an die vorstehend zitierte Indemnity-Klausel):

„Without prejudice to the foregoing, every such Person shall have the benefit of every right, defence, limitation and liberty of whatsoever nature herein contained or otherwise a available to the Carrier as if such provisions were expressly for his benefit; and in entering into this contract, the Carrier, to the extent of these provisions, does so not only on his own behalf but also as agent and trustee for such Persons."

Klausel 9.3 ermächtigt den Charterer aber nicht zur Verwendung sog. *Identity of Carrier*-Klauseln, nach denen der vom Charterer als Verfrachter mit dem Befrachter abgeschlossene Frachtvertrag in toto als Vertrag mit dem Reeder gelten soll (vgl. zur Identity of Carrier-Problematik nach deutschem und englischem Recht *Prüßmann/Rabe* § 642 HGB Erl. B 3).

Die Klauseln 9.4 und 9.5 enthalten Einschränkungen bzw. Erweiterungen der Freihalteverpflichtung des Charterers. Nach Klausel 9.4 braucht der Charterer den Reeder nicht von der Beitragspflicht der geretteten Werte nach den York Antwerp Rules 1974, einem privaten Bedingungswerk für die große Haverei, freizuhalten (zu den York Antwerp Rules vgl. *Prüßmann/Rabe* Anhang § 733 HGB mit Textabdruck; die neueste Fassung der York Antwerp Rules ist die von Sydney 1994, TranspR. 1995, 466 ff.).

Klausel 9.5 bezieht in dem Falle, daß das eingesetzte Containerschiff nicht dem Reeder gehört, sondern von ihm eingechartert ist, auch den Schiffseigentümer in die Freihalteverpflichtung des Charterers mit ein. Auch ihm kommen wegen der entsprechenden Anwendung der Klausel 9.3 die Haftungsbeschränkungen der Haager Regeln zugute, etwa wenn Ladungsbeteiligte deliktische Ansprüche gegen den Schiffseigentümer geltend machen.

16. Owners' Responsibilities and Liabilities. Klausel 10 grenzt die Verantwortungsbereiche von Reeder und Charterer in ihrem Innenverhältnis unter der CCP nach Risikosphären ab: in die Sphäre des Reeders fallen die Stellung eines anfänglich see- und ladungstüchtigen Schiffes sowie die Ladungsfürsorge an Bord (im einzelnen Klauseln 10.1–10.6), in die Sphäre des Charterers dagegen Laden, Stauen und Löschen der Container sowie alle landseitigen Operationen (Klausel 10.7).

Der Reeder haftet dem Charterer gemäß Klausel 10.1 nicht, wenn er den vollen Beweis führen kann, daß ein Schaden durch sog. nautisches Verschulden, Feuer oder die sog. *excepted perils* wie Gefahren der See, Krieg, Verfügungen von hoher Hand etc. (Art. IV Abs. 2 Haager Regeln), gerechtfertigte Deviation (Art. IV Abs. 4 Haager Regeln) oder ohne Zustimmung des Reeders an Bord genommene gefährliche Güter (Art. IV Abs. 6 Haager Regeln) verursacht worden ist.

Die Ladungsfürsorge des Reeders, die ansich nur an Bord gilt (vgl. Art. I Abs. e Haager Regeln), erstreckt sich gemäß Klausel 10.2 auch auf Lade- und Löschvorgänge, die grundsätzlich gemäß Klausel 10.7 der Verantwortung des Charterers unterliegen, wenn Container nur zum Zwecke des Umladens oder des Umstauens und damit aus letzlich mit dem Schiffsbetrieb zusammenhängenden Gründen vorübergehend an Land gesetzt werden.

Besonders eingehend sind in Klausel 10.3 wegen der hohen Schadensanfälligkeit die Ladungsfürsorgepflichten des Reeders im Zusammenhang mit Kühlcontainern geregelt.

Verlust oder Beschädigung von Gütern sind dem Reeder im Löschhafen spätestens bei Auslieferung schriftlich anzuzeigen, bei äußerlich nicht erkennbaren Mängeln spätestens binnen 3 Tagen nach Auslieferung, anderenfalls verlagert sich die Beweislast auf den Charterer. Macht der Charterer seine Ansprüche nicht binnen Jahresfrist gerichtlich geltend, führt dies zum Anspruchsverlust (vgl. Art. III Abs. 6 Haager Regeln).

17. Exemptions. Die Haftung des Reeders gegenüber dem Charterer – aber über Klausel 9.3 auch im Außenverhältnis gegenüber Dritten – ist gemäß Klausel 10.5 nach Art. IV Abs. 5 Haager Regeln summenmäßig begrenzt auf £ 100,– pro Container bzw. dann, wenn der Charterer aufgrund zwingender Geltung der Haager-Visby Regeln selbst als Verfrachter haftet, – was die Regel ist, – gemäß Klausel 10.5 (c) auf 666,67 Sonderziehungsrechte pro Container bzw. 2 Sonderziehungsrechte pro Kilogramm, je nachdem welcher Betrag höher ist.

Für die Haftungsbegrenzung wird fingiert, daß seitens des Befrachters bzw. Abladers keine Wertdeklaration erfolgt ist, die die Haftungsbegrenzung sonst aufheben würde. Auch bei tatsächlich erfolgter Deklaration des Befrachters gegenüber dem Charterer/Verfrachter haftet der Reeder also stets nur auf die Höchstbeträge der Haager-Visby Regeln summenmäßig begrenzt.

Hat der Charterer mit dem Befrachter niedrigere Haftungsgrenzen vereinbart, was er immer dann kann, wenn er kein Konnossement ausstellt, weil dann die zwingende Haftung nach den Haager bzw. den Haager-Visby Regeln nicht eingreift, gilt gemäß Klausel 10.5 (a) diese niedrigere Haftungsgrenze auch im Verhältnis zwischen Charterer und Reeder. Haftet der Charterer als Verfrachter im Außenverhältnis durch Ausstellung eines Konnossements zwingend nach den Haager Regeln, wenngleich summenmäßig begrenzt, und der Reeder wiederum – nämlich aufgrund der in Klausel 10.5 getroffenen Vereinbarung – seinerseits dem Charterer, fingiert Klausel 10.5 (b), daß für die Schadensberechnung die im Konnossement genannte Zahl der Container, die im Verhältnis Charterer/Verfrachter zum Befrachter/Ablader bzw. Ladungsempfänger bindend ist, auch gegenüber dem Reeder gilt.

18. Loss of or Damage to Container. Klausel 10.6 enthält für den Verlust bzw. Schäden an dem Transportbehälter des Containers selbst eine Beschränkung auf den Ersatz des Sachschadens, und auch dies nur mit einer Franchise von US $ 300 sowie der Begrenzung maximal auf den Marktwert des Containers bzw. die Reparaturkosten, je nachdem was niedriger ist. Kommerzielle Folgeschäden, die aus der logistischen Nichtverfügbarkeit eines beschädigten oder verloren gegangenen Containers resultieren (zB. entgangener Gewinn, Anmietungskosten, Ersatzbeschaffung), sind nicht ersatzfähig.

Diese Haftungsbegrenzung für Containerschäden ist rein vertraglich vereinbart und nicht aus den Haager Regeln übernommen, die eine derartige Bestimmung nicht kennen.

19. Charterers' Responsibilities and Liabilities. In die Risikosphäre des Charterers, für deren Beherrschung er gegenüber dem Reeder einzustehen hat, fallen gemäß Klausel 10.7 die Annahme, das Laden, Stauen und Löschen sowie die Auslieferung der Ladung. Hierfür entstehende Kosten trägt der Charterer, insbesondere also die Terminalkosten, Zölle, Importabgaben etc. Kommt es hierbei zu Ladungsschäden, ist der Charterer im Verhältnis gegenüber den Ladungsbeteiligten alleine abschließend verantwortlich (vgl. *Röhreke* S. 12). Ein Rückgriff gegen den Reeder steht ihm nicht zu. Der Charterer deckt dieses Risiko durch Abschluß einer Haftpflichtversicherung, der sog. P & I (Protection & Indemnity)-Insurance, die ihn als *Carrier* (Verfrachter) gegen Schadenersatzansprüche von Ladungsbeteiligten schützt.

Für Schäden, die dem Reeder im Zusammenhang mit Laden, Stauen und Löschen von Ladung entstehen, insbesondere für Schäden am Schiff und dessen Verlust sowie für Containerschäden, haftet der Charterer wiederum nur, – wie die Verweisung auf Klausel 10.9 klarstellt, – sofern der Charterer sich seinerseits im Wege des Rückgriffs bei einem Dritten erholen kann. Derartige Dritte sind weder die Hilfspersonen des Reeders (s. oben Anm. 15) noch Versicherungen des Charterers, deren Leistungen er sich durch Prämienzahlung „erkauft" hat. Der Charterer ist allerdings verpflichtet, bestehende Regreßmöglichkeiten zu verfolgen und dem Reeder hierüber Rechnung zu legen. Steht dem Charterer aber kein Regreß gegen Dritte offen, ist er von jeder Haftung frei und der Schaden verbleibt beim Reeder. Diese Konzeption trägt zur Kosteneffizienz im Konsortium bei. Jeder Konsortialpartner versichert als Reeder seine Schiffe und Container gegen Kaskorisiken, braucht aber für von ihm als Charterer verursachte Schäden an den Schiffen und Containern seiner Konsortialpartner wegen der Haftungsbefreiung bei fehlender Regreßmöglichkeit keine Haftpflichtversicherung gegen eine Charterer's Liability abzuschließen (vgl. *Röhreke* S. 13 f.).

2. Cross Charterparty

Soweit der Charterer wegen vorhandener Regreßmöglichkeiten haftet, hat er den Reeder gemäß Klausel 10.8 auch von finanziellen Verpflichtungen und Schäden freizuhalten, die auf dem Verstoß gegen gesetzliche Vorschriften und öffentlich-rechtliche Anordnungen insbesondere der Zoll- und Hafenbehörden, Quarantänebestimmungen oder Versäumnissen der Ladungsempfänger und deren Hilfspersonen beruhen. Dies schließt das Einstehenmüssen für die zur Aufhebung eines Schiffsarrestes nach Auffassung des Reeders erforderlichen Maßnahmen ein, insbesondere die Leistung von Sicherheiten, sofern der Arrest wegen einer Handlung oder Unterlassung des Charterers erfolgt oder die Nutzung der Stellplätze durch den Charterer für den Arrest doch jedenfalls kausal ist. Für die Folgen eines Arrests haftet der Charterer dem Reeder im übrigen gemäß Klausel 10.9 letzter Satz unbeschränkt, also nicht nur dann, wenn er bei einem Dritten Regreß nehmen kann.

20. Owners' Indemnity. Klausel 10.10 bildet das Gegenstück zur Freihalteverpflichtung des Charterers gegenüber dem Reeder nach Klausel 9.1. Der Reeder hat den Charterer danach von allen Ansprüchen – außer seinen eigenen – freizuhalten, die Dritte gegen den Charterer wegen Verlustes oder Beschädigung des Containerschiffes erheben, und zwar auch dann, wenn dem Charterer insoweit schuldhaftes Verhalten zur Last fällt. Auch dies ist wiederum Ausfluß der Risikoteilung im Konsortium: der hier selbst bei eigenem Verschulden vom Reeder freizuhaltende Charterer muß umgekehrt den hiesigen Reeder freihalten, wenn dieser für Schäden an einem anderen Konsortialschiff, welches der Charterer bereedert, von dritter Seite auf deliktischer Grundlage in Anspruch genommen wird. Die Freihalteverpflichtung erfaßt insbesondere Ansprüche des Schiffseigentümers, wenn dieser – wie beim eingecharterten Schiff – nicht mit dem Reeder identisch ist, und erstreckt sich auf unmittelbare wie mittelbare Schäden (zB. entgangener Gewinn). Um die Freihalteverpflichtung zu realisieren, muß der Reeder mit dem Vercharterer des Schiffes sowie mit seinem eigenen Kaskoversicherer einen Regreßverzicht zugunsten des Charterers vereinbaren.

21. Limitation of Liability for Maritime Claims. Klausel 10.11 erhält dem Reeder schließlich – unabhängig von den vertraglich für anwendbar erklärten Haftungssummen der Haager bzw. der Haager-Visby Regeln – die Möglichkeit, bei Großschäden seine Haftung nach dem Londoner Übereinkommen vom 19. 11. 1976 über die Beschränkung der Haftung für Seeforderungen (BGBl. 1986 II 787) zu limitieren. Danach kann der Reeder seine Haftung für Personenschäden ebenso wie für Schäden aus dem Verlust und der Beschädigung von Sachen, die bei dem Betrieb eines Schiffes verursacht worden sind, auf Höchstbeträge beschränken, sofern ihn nicht ein persönliches (Organisations- oder Management-)Verschulden in der Form grober bewußter Fahrlässigkeit oder gar Vorsatz trifft. Die Haftungssumme, die aus einem gerichtlich verwalteten Haftungsfond an die Gläubiger verteilt wird, ist abhängig von dem Raumgehalt des Schiffes. Das Verteilungsverfahren dient der pro-ratarischen Befriedigung der Gläubiger im Verhältnis ihrer festgestellten Ansprüche. Mit der Annahme seines Anteils an der Haftungssumme durch den Gläubiger erlischt die persönliche Haftung des Reeders (vgl. für das deutsche Recht §§ 486–487d HGB sowie die Seerechtliche Verteilungsordnung vom 25. 7. 1986 (BGBl. I 1130); s. im einzelnen *Herber* S. 87 ff.).

22. Maintenance of Class and Container Carrying Capacity. Wie oben ausgeführt (vgl. Anm. 16), hat der Reeder bei Beginn der jeweiligen Reise ein see- und ladungstüchtiges Schiff zu stellen. Aufgrund der sog. *Maintenance*-Klausel hat er darüber hinaus während der gesamten Laufzeit der CCP die Klasse, d.h. die „Betriebserlaubnis" des Schiffes durch die Klassifikationsgesellschaft, sowie die vorhandene Containerkapazität des Schiffes zu erhalten. Zu letzterem ist er schon nach dem Konsortialvertrag verpflichtet, der bestimmte technische Spezifikationen der zur Konsortialflotte gehörenden Schiffe und damit auch deren Containerkapazität vorschreibt.

23. General Average. (vgl. zur großen Haverei und den York Antwerp Rules 1974 schon oben Anm. 15). Da der Reeder für die Überlassung der Stellplätze keine bare Vergütung erhält, sondern seine *remuneration* darin besteht, daß er selbst als Charterer Stellplätze auf anderen Konsortialschiffen belegen darf, trägt seine „Vergütung" zur Havarie Grosse nicht bei. Dem Charterer wird durch Klausel 12 Vollmacht zur Vertretung des Reeders im Havarie-Grosse-Verfahren erteilt. Seine Freihalteverpflichtung gegenüber dem Reeder erstreckt sich nach Klausel 9.4 nicht auf diejenigen Beiträge, die der Reeder für sein gerettetes Schiffes im Rahmen der großen Haverei leisten muß. Jedoch hat der Charterer als Verfrachter gegenüber dem Reeder für die Zahlung der einen Schiffsschaden vergütenden Havariebeiträge seitens derjenigen Ladungsbeteiligten einzustehen, deren Güter unter einem Konnossement des Charterers oder aufgrund eines mit ihm geschlossenen Frachtvertrages befördert worden und noch nicht ausgeliefert sind (vgl. im deutschen Recht § 731 HGB). Der insoweit in Klausel 12 (a) genannte Begriff des *Principal Carrier* wird im Konsortialvertrag definiert: er ist der Beförderer, der den Transport aufgrund Konnossements oder Frachtvertrages im eigenen Namen durchführt, also der Verfrachter. Ebenso hat der Charterer gegenüber dem Reeder für die Beitragspflicht seiner geretteten eigenen oder der von ihm angemieteten Container einzustehen.

24. **Salvage.** Das Recht der Bergung beruht weitgehend auf dem Internationalen Übereinkommen zur einheitlichen Feststellung von Regeln über die Hilfeleistung und Bergung in Seenot vom 23. 9. 1910 (Textabdruck bei *Prüßmann/Rabe* § 753 HGB Anhang I; vgl. für das deutsche Recht §§ 740 ff. HGB). Dem Berger bzw. Retter gebührt ein Berge- oder Hilfslohn. Durch Klausel 13 erhält der Charterer im Innenverhältnis gegen den Reeder, der einen Berge- oder Hilfslohn verdient hat, einen vertraglichen Anspruch auf Teilhabe an dessen Lohnquote in Höhe seines Konsortial-(Stellplatz-)Anteils gemäß Klausel 1. Auch diese Bestimmung ist Ausfluß der Risikogemeinschaft im Konsortium. Nach dem Internationalen Übereinkommen von 1910 bzw. dessen Umsetzung in nationales Recht hätte der Charterer dagegen als Ladungsbeteiligter keinen Lohnanspruch.

25. **Law and Arbitration.** Die CCP unterliegt typischerweise englischem Recht mit Schiedsgerichtsbarkeit in London (s. dazu die knappe, aber informative Zusammenfassung bei *Kühl,* Schiedsgerichtsbarkeit im Seehandel, 1990, S. 18 ff.). Das Schiedsgericht besteht grundsätzlich aus einem vereinbarten Schiedsrichter; kommt eine solche Einigung nicht zustande, aus einem dreigliedrigen Schiedsgericht. Das Schiedsverfahren folgt den in den Arbitration Acts 1950 und 1979 niedergelegten Regeln (Textabdruck der Arbitration Acts bei *Kühl* S. 208 ff., 229 ff.). Allerdings sind die Arbitration Acts keine abschließenden Regelungen des Schiedsgerichtsrechts, sondern nur eine (deklaratorische) Zusammenfassung bestimmter, letztlich dem Common Law entstammender Rechtssätze. Insbesondere enthalten die Arbitration Acts nur rudimentär das Verfahrensrecht (vgl. *Kühl* S. 18 f., S. 27 ff.).

Der Schiedsspruch ist für die Parteien *final and binding,* der Rechtsweg vor die ordentlichen Gerichte soll also ausgeschlossen sein. Dies ist vor allem deshalb wichtig, weil die Parteien vor Einführung des Arbitration Act 1979 grundsätzlich jede Schiedsgerichtsentscheidung vor den ordentlichen Gerichten zur Überprüfung stellen konnten mit der Folge, daß die Vorteile des Schiedsverfahrens (zB. Entscheidung durch Fachleute, nur Parteiöffentlichkeit) damit praktisch zur Disposition der mit dem Schiedsspruch nicht einverstandenen Partei gestellt werden konnten.

Für den Ausschluß der ordentlichen Rechtsbehelfe reicht allerdings die Formulierung *final and binding* als solche nicht aus, vielmehr ist ein schriftlicher Ausschluß des ordentlichen Rechtsweges erforderlich. Ein solches *exclusion agreement* enthält Klausel 16.3, die den Parteien die Möglichkeit versagt, während des Verfahrens auftretende Rechtsfragen vorab durch den High Court entscheiden zu lassen oder die Begründung des Schiedsspruchs wegen behaupteter Rechtsmängel durch Berufung anzugreifen.

Allerdings sind die Grenzen der Zulässigkeit eines – wie in Klausel 16.3 – vor Beginn eines konkreten Schiedsverfahrens geschlossenen „exclusion agreement" im einzelnen zweifelhaft (vgl. dazu *Kühl* S. 53 ff.). Wegen dieser Unsicherheit, der Dauer und der Kosten sind in letzter Zeit in den betroffenen Wirtschaftskreisen Zweifel an der Effizienz englischer Schiedsverfahren aufgetreten. Eine interessante Alternative bieten die Regeln der German Maritime Arbitration Association für ein Schiedsgericht in Hamburg oder Bremen (vgl. Textabdruck bei *Kühl* S. 268 ff). Für Konsortialverträge und CCPs hat sich die GMAA-Schiedsgerichtsbarkeit bisher jedoch international noch nicht durchgesetzt.

3. Slot Charter Agreement[1]

dated

between

(Reeder bzw. Ausrüster des Containerschiffs) ...... (Disponent) Owners
– hereinafter called „the Owners"[2]–

and

(Stellplatznutzer) ......
– hereinafter called „the Charterers"[2] –

It is agreed

1. Service[3]

1.1. The Owners undertake to operate the container shipping service („the Service") as per Appendix 1, weather, port delays and vessel problems permitting.

1.2. Permanent adjustments of the Service require the Charterers' prior approval. In the event of temporary adjustments of the Service requiring either cancellation of voyages or port calls or time intervals of three days or less between voyages, the Owners have to promptly consult with the Charterers in good faith to endeavour to establish an equitable course of action for both Parties, including a reduction of the Charterers' slot hire commitment to the effect that the Charterers pay only for the slots actually used on the relevant voyage(s).

2. Slot Charter and Charges

2.1. The Owners let and the Charterers hire ...... TEU slots[4] in each direction each week on the Service at a slot hire[5] of US $ ...... per each one way TEU slot resp. of US $ ...... per each round-trip TEU slot regardless of whether or not used. The slot hire includes all ship costs, bunkers and port charges incurred by Owners.

2.2. Slots in excess of ...... TEU each week are to be made available to Charterers at the sole discretion of the Owners only and at a slot hire to be agreed between the Parties.

2.3 The full slot hire has to be paid irrespective of whether any container carried is loaded or empty.

2.4. Payment of the slot hire has to be made by the Charterers on the first day of each month by remittance of US $ ...... covering the Charterers' slot hire commitment as per Clause 2.1. above to a bank and account as designated by the Owners from time to time.

2.5. The Owners shall arrange terminal handling[6] and pay for all normal terminal expenses incurred on behalf of the loading or unloading of Charterers' containers. The Charterers undertake to reimburse terminal handling expenses incurred by the Owners for full and empty containers at the lumpsum marine terminal charges as specified in Appendix 2 which the Owners will invoice to the Charterers after the end of each month.

3. Marketing[7]

Each Party is responsible for its own marketing and agency activities and issues its own bills of lading to customers.

4. Booking and Documentation[8]
The Charterers undertake to comply with the booking and documentation procedures, including hazardous cargo, outlined in the „Operations Procedure Manual" as per Appendix 3.

5. Containers[9]
The Charterers undertake to provide their containers and these shall be of ISO standard.

6. Conference[10]
The Charterers undertake to remain a full member of the relevant conference or its successors as long as the Owners so remain. If at any time the Charterers choose not to be full conference members any more, while the Owners continue to be full members, the Owners shall be entitled to terminate this Agreement by giving the Charterers 30 (thirty) days notice in writing.

7. Indemnity[11]
7.1. The Charterers shall indemnify, hold harmless and defend the Owners from and against any and all losses, claims, liens, charges, damages, P&I deductible, liabilities (including without limitation interest, penalties and attorney fees) resulting from a claim by a third party in connection with the goods carried under this Agreement and caused by any act or neglect or default of the Charterers or their servants, agents or sub-contractors including, if necessary, the setting up of a bond in the event of an arrest of a vessel resulting from any such claim.
7.2. The Owners shall indemnify, hold harmless and defend the Charterers from and against any and all losses, claims, liens, charges, damages, P&I deductible, liabilities (including without limitation interest, penalties and attorney fees) resulting from a claim by a third party in relation to goods carried under this Agreement under a Charterers' bill of lading and caused by any act or neglect or default of the Owners or their servants, agents or sub-contractors.

8. Liability and Claims[12]
8.1. The Charterers shall be responsible for the proper handling and settling of any claims for loss of, damage to or expenses of whatsoever nature or howsoever caused in connection with the goods carried under their bill of lading and, if requested by the Owners, shall take over the conduct of any proceedings brought against the Owners in respect thereof.
8.2. In the event that the loss of or damage to the goods shipped by the Charterers is caused by the goods shipped by another party, any recovery from the Owners shall be limited to the amount, if any, recovered by the Owners from that other party whose goods caused such loss or damage, unless the loss of or damage to the goods has been caused by improper or defective stowage and/or handling by the Owners.
8.3. The Parties shall make available to each other all information required for the handling of claims.
8.4. Rights of recourse between the Charterers and the Owners shall be governed by the following provisions:
8.4.1. The Charterers shall not later than 3 (three) months after receipt of any claim or after any legal action was instituted against them, but in any event not later than 12 (twelve) months after the date the goods have been or should have been delivered notify the Owners of any claim received or any legal action instituted against them.
8.4.2. The Charterers shall be entitled to settle, on reasonable terms, a claim or legal action against them, but only in so far as it concerns a legal liability under their standard bill of lading and where the aggregate amount of the settlements made by them in respect

of any single claim does not exceed US $ ......, in which case the amount of such settlement shall be recoverable from the Owners subject to the conditions of this Agreement.

8.4.3. In the event that a settlement made by the Charterers in respect of any single claim is likely to exceed US $ ......, the Charterers shall seek the Owners' prior written approval which shall not unreasonably be withheld.

8.4.4. The rights of recourse between the Charterers and the Owners shall be subject, as far as applicable, to all terms, conditions, limitations, defenses and exceptions of the Owners' standard bill of lading.

8.4.5. All liability or prejudice arising from the issuance of a bill of lading containing misrepresentations or mistakes shall be the sole responsibility of that party by whom or on whose behalf the bill of lading was issued.

8.5. Every three months the Charterers shall provide the Owners with a statement of accounting containing the main details of all pending claims as well as those settled during the previous three months.

8.5.1. The Charterers shall attach to these statements their invoice in US Dollars for any single claim settled in accordance with this Clause 8, also enclosing the respective receipts and claim releases.

8.5.2. Within thirty days from the date of such invoice the Owners shall remit the money due to the Charterers.

8.5.3. If the claim is settled in a currency other than US Dollars, then such amount shall be converted into US Dollars at the rate of exchange in force at the date the settlement was made between the Charterers and the claimant.

9. Duration

This Agreement shall come into effect on ...... and shall terminate on ...... unless extended by mutual agreement of the Parties hereto.

9. Law and Arbitration[13]

9.1. This Agreement shall be governed by and construed in accordance with the laws of England.

9.2. Any dispute or claim arising under, out of, or in connection with this Agrrement shall at the request of either party be referred to arbitration in London to a single arbitrator to be appointed by agreement or failing such agreement within 14 days of such reference to three arbitrators, one to be appointed by each party and the third by the first two arbitrators so chosen provided always that not less than 30 days' written notice of intention to refer the matter to arbitration specifying the nature of the dispute or claim shall have been delivered by the party requesting arbitration to the other party. Any such arbitration shall be in accordance with the Arbitration Acts 1950 and 1979 or any statutory modification thereof for the time being and the arbitrator's award shall be final and binding upon the parties.

9.3. To the extent permitted by the Arbitration Act 1979 the parties exclude the jurisdiction under sections 1 and 2 of the Act of the High Court of Justice in England.

IN WITNESS WHEREOF, this Agreement has been executed by duly authorized officers of the Parties hereto on the date first above mentioned.

For and on behalf
of the Owners

....

For and on behalf
of the Charterers

....

Schrifttum: S. dazu Schrifttumsverzeichnis Form. V. 2.

Übersicht

	Seite
1. Slot Charter Agreement	1120
2. Owners and Charterers	1120
3. Service	1120
4. TEU Slots	1120
5. Slot Hire	1120
6. Terminal Handling	1121
7. Marketing	1121
8. Booking and Documentation	1121
9. Containers	1121
10. Conference	1121
11. Indemnity	1121
12. Liability and Claims	1122
13. Law and Arbitration	1123

Anmerkungen

1. Slot Charter Agreement. Anders als bei der zwischen Konsortialpartnern verwendeten CCP (vgl. Form V. 2) hat sich ein standardisierter Text für Slot Charter Agreements in der Praxis bisher nicht entwickelt. Das Formular enthält jedoch die typischen Regelungsgegenstände eines Slot Charter Agreement. Über die Slot Charter nutzen Reeder die Möglichkeit, Liniendienste in bestimmte Fahrtgebiete anzubieten, ohne eigene Schiffe einsetzen zu müssen. Vertraglich stünde ansich nichts entgegen, Slot Charter Agreements auch zwischen Reedern und sog. Non-Vessel-Operating Common Carriers wie zB. Spediteuren abzuschließen, die ein regelmäßiges Frachtaufkommen für eine bestimmte Destination haben. In der wirtschaftlichen Realität bestehen Slot Charter Agreements jedoch praktisch ausschließlich zwischen Reedern. Ursächlich hierfür ist, daß NVOCCs anders als Linienreeder keine Mitglieder von Schiffahrtskonferenzen und daher nicht an Konferenztarife gebunden sind.

2. Owners and Charterers. Vgl. Form V. 2 Anm. 2. Der Slot Charterer ist mit dem Reeder nicht durch das Gegenseitigkeitsverhältnis eines Konsortiums verbunden. Anders als bei der CCP findet kein wechselseitiger Stellplatztausch statt. Dem Charterer wird der Schiffsraum vielmehr vom Reeder einseitig gegen Zahlung eines vereinbarten Entgelts überlassen (vgl. *Röhreke* S. 2, S. 9).

3. Service. Für den Slot Charterer, der selbst Linienreeder ist, jedoch in einem bestimmten Fahrtgebiet keine eigene Tonnage einsetzen will, ist es von Bedeutung, daß sein Vertragspartner ihm nicht nur Slots zur Nutzung überläßt, sondern sich zu einem regelmäßigen Containerdienst in das vorgesehene Fahrtgebiet verpflichtet (vgl. Klausel 1.1). Während dies bei der CCP der Konsortialvertrag festlegt (s. oben Form V. 2 Anm. 1), wird der *Service* bei der Slot Charter individualvertraglich geregelt, wobei die Einzelheiten wie die anzulaufenden Häfen, die Häufigkeit des Dienstes etc. regelmäßig in Anlagen zum Vertrag enthalten sind (im Formular wird dafür auf Appendix 1 (ohne Abdruck) verwiesen). Dauernde oder auch nur vorübergehende Veränderungen des Liniendienstes (zB. Auslassen von Häfen oder einzelnen Reisen etc.) sind daher zwischen den Vertragspartnern abzustimmen (vgl. Klausel 1.2).

4. TEU Slots. TEU steht für Twenty Foot Equivalent Unit, die einem Standardcontainer von 20 Fuß Länge entspricht. Sie ist die Maßeinheit im Containerverkehr. Der Charterer kann seine Stellplätze nach seinem Belieben mit 20'- oder 40'-Containern belegen, solange es sich um genormte Standardcontainer handelt (vgl. Klausel 5 und unten Anm. 9 sowie Form V. 2 Anm. 7).

5. Slot Hire. Das Stellplatzentgelt wird pro TEU für eine wöchentliche Abfahrt (die Häufigkeit der Abfahrten ist frei vereinbar und richtet sich nach den operativen Erfordernissen

3. Slot Charter Agreement V.3

des Reeders) nur in eine Richtung (*one way*) oder für einen Hin- und Rücktransport (*round trip*) in das Fahrtgebiet festgelegt. Da zwischen dem Reeder und dem Charterer kein Stellplatztausch in natura stattfindet, ist die Stellplatzvergütung in Geld zu entrichten, und zwar monatlich im Vorhinein. Sie deckt alle mit dem Schiffsbetrieb verbundenen Kosten, insbesondere also Heuern, Bunker, Versicherungsprämien und Hafengebühren (vgl. Klausel 2.1 Satz 2).

Das wirtschaftliche Nutzungsrisiko für die Slots liegt beim Charterer, d. h. er hat das Entgelt unabhängig davon zu entrichten, ob er die Stellplätze tatsächlich nutzt (vgl. Klausel 2.1 Satz 1 aE.) und ob er für seine Container Transportaufträge hat oder es sich um Leerfahrten handelt (vgl. Klausel 2.3). Die Überlassung zusätzlicher Stellplätze an den Charterer über dessen vertraglich festgelegtes *entitlement* hinaus liegt im Ermessen des Reeders und bedarf einer gesonderten Vereinbarung über die Vergütung (vgl. Klausel 2.2).

6. Terminal Handling Da der Reeder den Schiffsbetrieb durchführt und somit den Terminal auswählt, bezahlt er die anfallenden Lade- und Löschkosten auch für die fremden Container des Charterers an den Umschlagbetrieb. Der Reeder tritt jedoch nur in Vorlage. Er erhält die Umschlagkosten monatlich in Nachhinein vom Charterer erstattet. Der Einfachheit halber erfolgt dabei zwischen Reeder und Charterer keine Einzelabrechnung nach tatsächlichen Kosten, sondern der Charterer zahlt die Umschlagkosten in Form von Pauschalen, wobei die Einzelheiten regelmäßig in einer Anlage zum Vertrag festgelegt werden (im Formular wird dafür auf Appendix 2 (ohne Abdruck) verwiesen).

7. Marketing. Die Klausel soll klarstellen, daß durch die Slot Charter zwischen Reeder und Charterer kein Frachten-, Kosten- oder Ergebnispool entsteht. Jede Partei akquiriert ihre eigenen Kunden, benutzt ihre eigenen Agenten und stellt ihre eigenen Konnossemente aus. Bei der CCP ist eine entsprechende Bestimmung in der Regel bereits im Konsortialvertrag selbst enthalten (vgl. Form V. 2 Anm. 1).

8. Booking and Documentation. Der Charterer verpflichtet sich, für die Buchung von Frachtaufträgen interne Verfahren und Richtlinien des Reeders zu beachten, die dem Slot Charter Agreement als Anhang beigefügt werden (im Formular wird dafür auf Appendix 3 (ohne Textabdruck) verwiesen). Bedeutung hat dies insbesondere für die Annahme von Gefahrguttransporten (vgl. auch Form V. 2 Anm. 8).

9. Containers. Die Container, für die die Stellplätze genutzt werden, hat der Charterer selbst zu stellen. Um die Kompatibilität mit dem Schiffssystem zu gewährleisten, muß es sich um Standardcontainer handeln, die dem Internationalen Übereinkommen über sichere Container vom 2. 12. 1972 sowie ISO-Standards entsprechen (vgl. Form V. 2 Anm. 7).

10. Conference. Wie oben in Anm. 1 ausgeführt, ist auch der Charterer regelmäßig Reeder, der aber in dem Fahrtgebiet, für das er die Slot Charter abschließt, keine eigenen Schiffe einsetzen will. Die Parteien haben daher aus Wettbewerbsgründen ein Interesse, daß für die Vermarktung der Stellplätze die Tarife der für das Fahrtgebiet zuständigen Linienkonferenz gelten. Sie verpflichten sich deshalb untereinander im Slot Charter Agreement zumeist zur Konferenzmitgliedschaft oder sehen eine kurzfristige Kündigungsmöglichkeit vor, wenn eine Partei aus der zuständigen Konferenz ausscheidet.

11. Indemnity. Klausel 7 regelt die Haftungsverteilung zwischen Charterer und Reeder. Jede Partei hat die andere Seite von allen Ansprüchen Dritter freizuhalten, wenn der Schaden durch eine Handlung, Unterlassung oder Versäumnis von ihr selbst oder ihren Hilfspersonen verursacht worden ist. Der Charterer hat darüber hinaus erforderlichenfalls Sicherheit zu stellen, falls das Schiff von Seiten Dritter wegen eines sich gegen den Charterer richtenden Anspruchs arrestiert wird.

Anders als bei der CCP zwischen Konsortialpartnern ist der Haftungseintritt nicht davon abhängig, daß sich der in Anspruch Genommene seinerseits im Wege des Rückgriffs gegenüber hinter ihm stehenden, letztverantwortlichen Schadensverursachern (zB. seinen Erfüllungsgehilfen) erholen kann. Da Reeder und Charterer beim Slot Charter Agreement nicht durch Konsortialvertrag miteinander verbunden sind, greift hier das aus dem Gedanken der Risikoteilung im Konsortium resultierende Haftungsprivileg nicht ein.

12. Liability and Claims. Da die auf den gecharterten Slots transportierten Container unter dem Konnossement des Charterers befördert werden, der gegenüber seinen Verladern der Verfrachter ist, obliegt dem Charterer im Verhältnis zu den Ladungsbeteiligten die Schadensregulierung. Dies wird in der Praxis dadurch erleichtert, daß die großen Linienreedereien weitgehend vergleichbare Konnossemente verwenden, wonach die Ladungsbeteiligten Ansprüche wegen Ladungsschäden ausschließlich gegen den Verfrachter erheben dürfen (vgl. für die entsprechende Konnossementsklausel Form V. 2 Anm. 15).

Nimmt dennoch ein Ladungsbeteiligter – etwa auf deliktischer Grundlage – direkt den Reeder in Anspruch, kann dieser nach Klausel 8.1 die Übernahme der Schadensabwicklung durch den Charterer verlangen. Um das Claims Handling durch den Charterer zu ermöglichen, sind sich die Parteien nach Klausel 8.3 untereinander zur Auskunft verpflichtet.

Der Charterer haftet als Verfrachter im Außenverhältnis gegenüber den Ladungsbeteiligten nach den Haager Regeln (bzw. den Haager-Visby Regeln). Liegt die Schadensursache in der Sphäre des Reeders, insbesondere im Schiffsbetrieb, so daß die Haftung nach Klausel 7.2 letztlich auf den Reeder gelenkt wird, kann der Charterer im Innenverhältnis beim Reeder gemäß Klausel 8.4 Rückgriff nehmen.

Der Reeder haftet dem Charterer aufgrund der vertraglich in Klausel 8.4.4 vereinbarten Haftungsbeschränkung seinerseits nur nach seinen eigenen Konnossementsbedingungen, d. h. wiederum nach den Haager bzw. den Haager-Visby Regeln, obwohl der Reeder selbst ein Konnossement für die auf den gecharterten Stellplätzen beförderte Ladung nicht ausgestellt hat. Dadurch soll erreicht werden, daß der Reeder letztlich nicht schlechter steht, als wenn er selbst gegenüber den Ladungsbeteiligten Verfrachter wäre (vgl. für das deutsche Recht § 485 S. 2 HGB).

Liegt die Schadensursache nicht im Schiffsbetrieb, sondern stiftet die Ladung Dritter Schaden (zB. zerstört die gefährliche Ladung eines anderen Ladungsbeteiligten die Ladung des Charterers), so haftet der Reeder dem Charterer, wenn überhaupt, nur soweit, wie der Reeder sich seinerseits bei dem Dritten erholen kann, es sei denn, ihm fällt mangelnde Ladungsfürsorge oder fehlerhafte Ladungsbehandlung (zB. die Nichtbeachtung von Inkompatibilitätsvorschriften bei der Stauung gefährlicher Güter) zur Last (vgl. Klausel 8.2). Auch dann haftet der Reeder allerdings nach Klausel 8.4.4 wiederum nur summenmäßig auf die Höchstbeträge der Haager bzw. Haager-Visby Regeln beschränkt.

Reeder und Charterer decken ihre Haftpflichtrisiken für Ladungsschäden durch Abschluß einer P & I-Versicherung. Der Reeder versichert darüber hinaus sein Schiff und seine Container durch eine sog. Hull Insurance gegen Kaskoschäden. Der Charterer, dem anders als bei der CCP bei fehlender Regreßmöglichkeit keine Haftungsbefreiung zugute kommt, muß sich schließlich gegen seine Charterer's Liability für von ihm und seinen Hilfspersonen verursachte Schäden am Schiff und den Containern des Reeders eindecken. Die kostengünstige Versicherungskonzeption, die unter Konsortialpartnern üblich ist (vgl. Form V. 2 Anm. 19), läßt sich daher beim Slot Charter Agreement mangels Gegenseitigkeitsverhältnis der Vertragsparteien nicht realisieren (vgl. *Röhreke* S. 13 f.).

Für die Folgen vorsätzlicher Falschausstellung von Konnossementen (zB. Vor- oder Rückdatierung etc.) oder fahrlässige Fehler (zB. das Unterlassen von Abschreibungen) haftet die falsch ausstellende Partei nach Klausel 8.4.5 alleine, und zwar ohne die Haftungsbeschränkung nach den Haager bzw. Haager-Visby Regeln (vgl. *Prüßmann/Rabe* § 660 HGB Erl. A 2). In diesen Fällen findet ein Rückgriff gegen die andere nichtverantwortliche Vertragspartei naturgemäß nicht statt.

Die Klauseln 8.4 und 8.5 enthalten schließlich weitere Bestimmungen, wie der Rückgriff zwischen Charterer und Reeder technisch abzuwickeln ist. So hat der Charterer den Reeder von der Erhebung von Ansprüchen oder Klagen zu unterrichten (vgl. Klausel 8.4.1).

4. Liner Bill of Lading   V.4

Der Charterer hat grundsätzlich Regulierungsvollmacht, die allerdings zumeist summenmäßig begrenzt ist (vgl. Klauseln 8.4.2 und 8.4.3). Über den Fortgang des Claims Handling und geschlossene Vergleiche hat der Charterer dem Reeder regelmäßig zu berichten und mit ihm abzurechnen (vgl. im einzelnen Klausel 8.5).

13. Law and Arbitration. Vgl. Form V. 2 Anm. 25.

4. Liner Bill of Lading[1-3]

(Linien-Konnossement)

(Liner terms approved by The Baltic and International Maritime Conference)
Code Name: „CONLINEBILL"
Amended January 1st. 1950. August 1st. 1952, January 1st. 1973, July 1st. 1974, August 1st. 1976, January 1st. 1978.

1. Definition[4]
Wherever the term „Merchant" is used in this Bill of Lading, it shall be deemed to include the Shipper, the Receiver, the Consignee, the Holder of the Bill of Lading and the Owner of the cargo.

2. General Paramount Clause[5]
The Hague Rules contained in the International Convention for the Unification of certain rules relating to Bills of Lading, dated Brussels the 25th August 1924 as enacted in the country of shipment shall apply to this contract. When no such enactment is in force in the country of shipment, the corresponding legislation of the country of destination shall apply, but in respect of shipments to which no such enactments are compulsorily applicable, the terms of the said Convention shall apply.
Trades where Hague-Visby Rules apply.
In trades where the International Brussels Convention 1924 as amended by the Protocol signed at Brussels on February 23rd 1968 – The Hague-Visby Rules – apply compulsorily, the provisions of the respective legislation shall be considered incorporated in this Bill of Lading. The Carrier takes all reservations possible under such applicable legislation, relating to the period before loading and after discharging and while the goods are in the charge of another Carrier, and to deck cargo and live animals.

3. Jurisdiction[6]
Any dispute arising under this Bill of Lading shall be decided in the country where the carrier has his principal place of business, and the law of such country shall apply except as provided elsewhere herein.

4. Period of Responsibility[7]
The Carrier or his Agent shall not be liable for loss of or damage to the goods during the period before loading and after discharge from the vessel, howsoever such loss or damage arises.

5. The Scope of Voyage[8]

As the vessel is engaged in liner service the intended voyage shall not be limited to the direct route but shall be deemed to include any proceeding or returning to or stopping or slowing down at or off any ports or places for any reasonable purpose connected with the service including maintenance of vessel and crew.

6. Substitution of Vessel, Transhipment and Forwarding[9]

Whether expressly arranged beforehand or otherwise, the Carrier shall be at liberty to carry the goods to their port of destination by the said or other vessel or vessels either belonging to the Carrier or others, or by other means of transport, proceeding either directly or indirectly to such port and to carry the goods or part of them beyond their port of destination, and to tranship, land and store the goods either on shore or afloat and reship and forward the same at Carries's expense but at Merchant's risk. When the ultimate destination at which the Carrier may have engaged to deliver the goods is other than the vessel's port of discharge, the Carrier acts as Forwarding Agent only.

The responsibility of the Carrier shall be limited to the part of the transport performed by him on vessels under his management and no claim will be acknowledged by the Carrier for damage or loss arising during any other part of the transport even though the freight for the whole transport has been collected by him.

7. Lighterage[10]

Any lightering in or off ports of loading or ports of discharge to be for the account of the Merchant.

8. Loading, Discharging and Delivery[11]

of the cargo shall be arranged by the Carrier's Agent unless otherwise agreed.
Landing, storing and delivery shall be for the Merchant's account.
Loading and discharging may commence without previous notice.
The Merchant or his Assign shall tender the goods when the vessel is ready to load and as fast as the vessel can receive and – but only if required by the Carrier – also outside ordinary working hours notwithstanding any custom of the port. Otherwise the Carrier shall be relieved of any obligation to load such cargo and the vessel may leave the port without further notice and deadfreight is to be paid.
The Merchant or his Assign shall take delivery of the goods and continue to receive the goods as fast as the vessel can deliver and – but only if required by the Carrier – also outside ordinary working hours notwithstanding any custom of the port. Otherwise the Carrier shall be at liberty to discharge the goods and any discharge to be deemed a true fulfilment of the contract, or alternatively to act under Clause 16.
The Merchant shall bear all overtime charges in connection with tendering and taking delivery of the goods as above.
If the goods are not applied for within a reasonable time, the Carrier may sell the same privately or by auction.
The Merchant shall accept his reasonable proportion of unidentified loose cargo.

9. Live Animals and Deck Cargo[12]

shall be carried subject to the Hague Rules as referred to in Clause 2 hereof with the exception that notwithstanding anything contained in Clause 19 the Carrier shall not be liable for any loss or damage resulting from any act, neglect or default of his servants in the management of such animals and deck cargo.

4. Liner Bill of Lading

10. Options[13]

The port of discharge for optional cargo must be declared to the vessel's Agents at the first of the optional ports not later than 48 hours before the vessel's arrival there. In the absence of such declaration the Carrier may elect to discharge at the first or any other optional port and the contract of carriage shall then be considered as having been fulfilled. Any option can be exercised for the total quantity under this Bill of Lading only.

11. Freight and Charges[14]

(a) Prepayable freight, whether actually paid or not, shall be considered as fully earned upon loading and non-returnable in any event. The Carrier's claim for any charges under this contract shall be considered definitely payable in like manner as soon as the charges have been incurred.
Interest at 5 per cent., shall run from the date when freight and charges are due.
(b) The Merchant shall be liable for expenses of fumigation and of gathering and sorting loose cargo and of weighing onboard and expenses incurred in repairing damage to and replacing of packing due to excepted causes and for all expenses caused by extra handling of the cargo for any of the aforementioned reasons.
(c) Any dues, duties, taxes and charges which under any denomination may be levied on any basis such as amount of freight, weight of cargo or tonnage of the vessel shall be paid by the Merchant.
(d) The Merchant shall be liable for all fines and/or losses which the Carrier, vessel or cargo may incur through non-observance of Custom House and/or import or export regulations.
(e) The Carrier is entitled in case of incorrect declaration of contents, weights, measurements or value of the goods to claim double the amount of freight which would have been due if such declaration had been correctly given. For the purpose of ascertaining the actual facts, the Carrier reserves the right to obtain from the Merchant the original invoice and to have the contents inspected and the weight, measurement or value verified.

12. Lien[15]

The Carrier shall have a lien for any amount due under this contract and costs of recovering same and shall be entitled to sell the goods privately or by auction to cover any claims.

13. Delay[16]

The Carrier shall not be responsible for any loss sustained by the Merchant through delay of the goods unless caused by the Carriers's personal gross negligence.

14. General Average and Salvage[17]

General Average to be adjusted at any port or place at Carrier's option and to be settled according to the York-Antwerp Rules 1974. In the event of accident, danger, damage or disaster before or after commencement of the voyage resulting from any cause whatsoever, whether due to negligence or not, for which or for the consequence of which the Carrier is not responsible by statute, contract or otherwise, the Merchant shall contribute with the Carrier in General Average to the payment of any sacrifice, losses or expenses of a General Average nature that may be made or incurred, and shall pay salvage and special charges incurred in respect of the goods. If a salving vessel is owned or operated by the Carrier, salvage shall be paid for as fully as if the salving vessel or vessels belonged to strangers.

15. Both-to-Blame Collision Clause[18] (This clause to remain in effect even if unenforcible in the Courts of the United States of America).

If the vessel comes into collision with another vessel as a result of the negligence of the other vessel and any act, negligence or default of the Master, Mariner, Pilot or the servants of the Carrier in the navigation or in the management of the vessel, the Merchant will indemnify the Carrier against all loss or liability to the other or non-carrying vessel or her Owner in so far as such loss of liability represents loss of or damage to or any claim whatsoever of the owner of the said goods paid or payable by the other or non-carrying vessel or her Owner to the owner of said cargo and set-off, or recouped or recovered by the other or non-carrying vessel or her Owner as part of his claim against the carrying vessel or Carier. The foregoing provisions shall also apply where the Owner, operator or those in charge of any vessel or vessels or objects other than, or in addition to, the colliding vessels or objects are at fault in respect of a collision or contact.

16. Government directions, War, Epidemics, Ice, Strikes, etc[19]

(a) The Master and the Carrier shall have liberty to comply with any order or directions or recommendations in connection with the transport under this contract given by any Government or Authority, or anybody acting or purporting to act on behalf of such Government or Authority, or having under the terms of the insurance on the vessel the right to give such orders or directions or recommendations.
(b) Should it appear that the performance of the transport would expose the vessel or any goods onboard to risk of seizure or damage or delay, resulting from war, warlike operations, blockade, riots, civil commotions or piracy, or any person onboard to the risk of loss of life or freedom, or that any such risk has increased, the Master may discharge the cargo at port of loading or any other safe and convenient port.
(c) Should it appear that epidemics, quarantine, ice – labour troubles, labour obstructions, strikes, lockouts, any of which onboard or on shore – difficulties in loading or discharging would prevent the vessel from leaving the port of loading or reaching or entering the port of discharge or there discharging in the usual manner and leaving again, all of which safely and without delay, the Master may discharge the cargo at port of loading or any other safe and convenient port.
(d) The discharge under the provisions of this clause of any cargo for which a Bill of Lading has been issued shall be deemed due fulfilment of the contract. If in connection with the exercise of any liberty under this clause any extra expenses are incurred, they shall be paid by the Merchant in addition to the freight, together with return freight if any and a reasonable compensation for any extra services rendered to the goods.
(e) If any situation referred to in this clause may be anticipated, or if for any such reason the vessel cannot safely and without delay reach or enter the loading port or must undergo repairs, the Carrier may cancel the contract before the Bill of Lading is issued.
(f) The Merchant shall be informed if possible.

17. Identity of Carrier[20]

The Contract evidenced by this Bill of Lading is between the Merchant and the Owner of the vessel named herein (or substitute) and it is therefore agreed that said Shipowner only shall be liable for any damage or loss due to any breach or non-performance of any obligation arising out of the contract of carriage, whether or not relating to the vessel's seaworthiness. If, despite the foregoing, it is adjudged that any other is the Carrier and/or bailee of the goods shipped hereunder, all limitations of, and exonerations from, liability provided for by law or by this Bill of Lading shall be available to such other.
It ist further understood and agreed that as the Line, Company or Agents who has executed this Bill of Lading for and on behalf of the Master is not a principal in the

transaction, said Line, Company or Agents shall not be under any liability arising out of the contract of carriage, nor as Carrier nor bailee of the goods.

18. Exemptions and Immunities of all servants and agents of the Carrier[21]

It is hereby expressly agreed that no servant or agent of the Carrier (including every independent contractor from time to time employed by the Carrier) shall in any circumstances whatsoever be under any liability whatsoever to the Merchant for any loss. damage or delay arising or resulting directly or indirectly from any act, neglect or default on his part while acting in the course of or in connection with his employment and, but without prejudice to the generality of the foregoing provisions in this clause, every exemption, limitation, condition and liberty herein contained and every right, exemption from liability, defence and immunity of whatsoever nature applicable to the Carrier or to which the Carrier is entitled hereunder shall also be available and shall extend to protect every such servant or agent of the Carrier acting as aforesaid and for the purpose of all the foregoing provisions of this clause the Carrier is or shall be deemed to be acting as agent or trustee on behalf of and for the benefit of all persons who are or might be his servants or agents from time to time (including independent contractors as aforesaid) and all such persons shall to this extent be or be deemed to be parties to the contract evidenced by this Bill of Lading.
The Carrier shall be entitled to be paid by the Marchant on demand any sum recovered or recoverable by the Merchant or any other from such servant or agent of the Carrier for any such loss, damage or delay or otherwise.

19. Optional Stowage. Unitization[22]

(a) Goods may be stowed by the Carrier as received or, at Carrier's option, by means of containers, of similar articles of transport used to consolidate goods.
(b) Containers, trailers and transportable tanks, whether stowed by the Carrier or received by him in a stowed condition from the Merchant, may be carried on or under deck without notice to the Merchant.
(c) The Carrier's liability for cargo stowed as aforesaid shall be governed by the Hague Rules as defined above notwithstanding the fact that the goods are being carried on deck and the goods shall contribute to general average and shall receive compensation in general average.

ADDITIONAL CLAUSES[23]

(To be added if required in the contemplated trade).

A. Demurrage[24]

The Carrier shall be paid demurrage at the daily rate per ton of the vessel's gross register tonnage as indicated on Page 2 if the vessel is not loaded or discharged with the dispatch set out in Clause 8, any delay in waiting for berth at or off port to count. Provided that if the delay is due to causes beyond the control of the Merchant, 24 hours shall be deducted from the time on demurrage.
Each Merchant shall be liable towards the Carrier for a proportionate part of the total demurrage due, based upon the total freight on the goods to be loaded or discharged at the port in question.
No Merchant shall be liable in demurrage for any delay arisen only in connection with goods belonging to other Merchants.
The demurrage in respect of each parcel shall not exceed its freight.
(This Clause shall only apply if the Demurrage Box on Page 2 is filled in).

B. U.S. Trade. Period of Responsibility.[25]

In case the Contract evidenced by this Bill of Lading is subject to the U.S. Carriage of Goods by Sea Act, then the provisions stated in said Act shall govern before loading and after discharge and throughout the entire time the goods are in the Carrier's custody.

V.4   V. Seefrachtrecht

58-0 Page 2

LINER BILL OF LADING   B/L No.

Shipper	
	Reference No.
Consignee	
Notify address	

Pre-carriage by*	Place of receipt by pre-carrier*
Vessel	Port of loading
Port of discharge	Place of delivery by on-carrier*

Marks and Nos.	Number and kind of packages; description of goods	Gross weight	Measurement

Particulars furnished by the Merchant

Freight details, charges etc.	

SHIPPED on board in apparent good order and condition, weight, measure, marks, numbers, quality, contents and value unknown, for carriage to the Port of Discharge or so near thereunto as the Vessel may safely get and lie always afloat, to be delivered in the like good order and condition at the aforesaid Port unto Consignees or their Assigns, they paying freight as indicated to the left plus other charges incurred in accordance with the provisions contained in this Bill of Lading. In accepting this Bill of Lading the Merchant expressly accepts and agrees to all its stipulations on both pages, whether written, printed, stamped or otherwise incorporated, as fully as if they were all signed by the Merchant.
One original Bill of Lading must be surrendered duly endorsed in exchange for the goods or delivery order.
IN WITNESS whereof the Master of the said Vessel has signed the number of original Bills of Lading stated below, all of this tenor and date, one of which being accomplished, the others to stand void.

Daily demurrage rate (additional Clause A)	Freight payable at	Place and date of issue
* Applicable only when document used as a Through Bill of Lading	Number of original Bs/L	Signature

Printed and sold by Fr. G. Knudtzon A/S
55 Toldbodgade, DK-1253 Copenhagen K, Telefax +45 33 93 11 84,
by authority of The Baltic and International Maritime Conference,
(BIMCO), Copenhagen.

1128   Weipert

Übersetzung

Linien-Konnossement[1-3]

(Von The Baltic and International Maritime Conference bestätigte Linienbedingungen)
Code-Bezeichnung: „CONLINEBILL"
Geändert am 1. Januar 1950, 1. August 1952, 1. Januar 1973, 1. Juli 1974, 1. August 1976, 1. Januar 1978.

1. Begriffsbestimmung[4]

Soweit in diesem Konnossement der Ausdruck „Kaufmann" verwendet wird, soll er den Verlader, den Warenempfänger und -adressaten (Ist- und Sollempfänger), den Konnossementsinhaber und den Ladungseigentümer einschließen.

2. Allgemeine Paramount Klausel[5]

Die in der Brüsseler Vereinbarung vom 25. August 1924 über die Vereinheitlichung gewisser für Konnossemente gültiger Regeln enthaltenen HAAGER REGELN finden auf diesen Vertrag in der Gestalt Anwendung, wie sie im Verschiffungslande gesetzlich niedergelegt sind. Gilt im Verschiffungsland keine solche gesetzliche Regelung, so findet die entsprechende Gesetzgebung des Bestimmungslandes Anwendung; jedoch sollen auf solche Verschiffungen für die keine derartige gesetzliche Regelung zwingend vorgeschrieben ist, die Vorschriften der genannten Vereinbarung Anwendung finden.
Verschiffungen nach Haager-Visby Regeln.
Bei Verschiffungen, auf die die internationale Brüsseler Vereinbarung von 1924 ergänzt durch das Brüsseler Protokoll vom 23. Februar 1968 – Haager-Visby Regeln – zwingend Anwendung findet, bilden die Vorschriften der jeweiligen Gesetzesregelung Bestandteil dieses Vertrages. Der Verfrachter macht alle danach möglichen Vorbehalte in Bezug auf den Zeitraum vor der Beladung und nach der Entlöschung und während sich die Güter im Gewahrsam eines anderen Verfrachters befinden sowie die Decksverladung und lebende Tiere geltend.

3. Gerichtsbarkeit[6]

Alle Streitigkeiten aus diesem Konnossement werden in dem Lande entschieden, in welchem der Verfrachter seine geschäftliche Hauptniederlassung hat, und das Recht dieses Landes findet Anwendung, es sei denn, daß in diesem Konnossement etwas anderes bestimmt ist.

4. Haftungsdauer[7]

Der Verfrachter oder sein Agent haftet nicht für Verlust oder Beschädigung der Güter während der Zeit vor der Beladung und nach dem Entlöschen des Schiffes, gleichgültig in welcher Weise der Verlust oder die Beschädigung eintritt.

5. Reiseumfang[8]

Da das Schiff im Liniendienst fährt, soll die beabsichtigte Reise nicht auf den direkten Reiseweg beschränkt sein; vielmehr gelten als mitumfaßt jegliches Weiterlaufen, Zurücklaufen, Anhalten oder Fahrt-Vermindern nach, in oder außerhalb jedes Hafens oder Platzes zu jedem sinnvollen im Zusammenhang mit dem Dienst stehenden Zweck, einschließlich der Instandhaltung von Schiff und Mannschaft.

6. Schiffswechsel, Umladung und Weiterbeförderung[9]

Ohne Rücksicht darauf, ob dies vorher vereinbart ist oder nicht, ist der Verfrachter berechtigt, die Güter zum Bestimmungshafen mit dem bezeichneten oder einem anderen Schiff, oder mit Schiffen, welche entweder dem Verfrachter oder Dritten gehören, oder auf indirektem Wege zu diesem Hafen zu bringen und die Güter oder einen Teil derselben über den Bestimmungshafen hinaus zu befördern und sie an Land oder auf See umzuladen, an Land zu bringen und einzulagern und wieder zu verschiffen und weiter zu befördern, und zwar auf Kosten des Verfrachters, aber auf Risiko des Kaufmanns. Falls der endgültige Bestimmungsort, an dem der Verfrachter die Güter abzuliefern übernommen hat, ein anderer als der Entlöschungshafen des Schiffes ist wird der Verfrachter nur als Spediteur tätig.

Die Haftung des Verfrachters beschränkt sich auf den Abschnitt der Beförderung, der durch ihn oder mit seiner Leitung unterstehenden Schiffen erfolgt, und es werden keine Ansprüche gegen den Verfrachter wegen Beschädigung oder Verlust während irgendeines anderen Beförderungsabschnittes anerkannt, selbst wenn der Verfrachter die Fracht für die ganze Reise empfangen hat.

7. Leichterung[10]

Alle Leichterkosten innerhalb oder außerhalb vom Lade- oder Entlöschungshafen treffen den Kaufmann.

8. Laden, Entlöschen und Ablieferung[11]

der Ladung hat durch Verfrachters Agenten zu erfolgen, soweit nicht etwas anderes vereinbart ist. Anlandbringen, Lagerung und Ablieferung geschehen für Rechnung des Kaufmanns.

Beladung und Entlöschung können ohne vorherige Benachrichtigung beginnen. Der Kaufmann oder sein Bevollmächtigter hat die Güter anzuliefern, wenn das Schiff ladebereit ist, und zwar so schnell, wie das Schiff sie entgegennehmen kann, und – soweit der Verfrachter es verlangt – auch außerhalb der üblichen Arbeitszeit, ungeachtet irgendwelcher Hafenusancen. Anderenfalls wird der Verfrachter von jeder Verpflichtung zur Verschiffung dieser Ladung frei, das Schiff kann den Hafen ohne weitere Nachricht verlassen und der Verfrachter hat einen Anspruch auf Leerfracht.

Der Kaufmann oder sein Bevollmächtigter hat die Güter abzunehmen und so schnell, wie das Schiff ausliefern kann, entgegenzunehmen und – soweit der Verfrachter es verlangt – auch außerhalb der üblichen Arbeitszeit, ungeachtet irgendwelcher Hafenusancen. Anderenfalls ist der Verfrachter berechtigt, entweder die Güter zu löschen – wobei solche Löschung als gehörige Vertragserfüllung gilt – oder wahlweise nach Ziffer 16 zu verfahren.

Der Kaufmann hat alle in den vorstehend bezeichneten Fällen entstehenden Überstundenkosten zu tragen.

Wenn sich nicht innerhalb eines angemessenen Zeitraumes ein Empfänger für die Güter meldet, so kann der Verfrachter sie privat verkaufen oder versteigern lassen.

Der Kaufmann hat einen angemessenen Anteil nicht identifizierter loser Ladung entgegenzunehmen.

9. Lebende Tiere und Deckladung[12]

werden befördert nach Maßgabe der Haager Regeln, wie oben unter Klausel 2 dieses Konnossements angeführt, mit der Ausnahme, daß der Verfrachter nicht für Verluste oder Beschädigungen haftet, die aus irgendwelchem Handeln, Unterlassen oder Versehen seiner Gehilfen bei Behandlung dieser Tiere und Deckladung entstehen. Der Inhalt der Klausel 19 bleibt unberührt.

4. Liner Bill of Lading

10. Wahlrecht[13]

Der Entlöschungshafen für Wahlladung ist den Schiffsagenten am ersten der Wahlhäfen nicht später als 48 Stunden vor Ankunft des Schiffes an diesem Hafen anzuzeigen. Mangels solcher Anzeige ist der Verfrachter berechtigt, nach seiner Wahl entweder am ersten oder jedem anderen Wahlhafen zu löschen, und dies wird dann als ordnungsgemäße Vertragserfüllung angesehen. Das Wahlrecht kann nur einheitlich für die gesamte Warenmenge nach dem Konnossement ausgeübt werden.

11. Fracht und Kosten[14]

(a) Im voraus zahlbare Fracht ist ohne Rücksicht darauf, ob sie tatsächlich entrichtet ist oder nicht, mit erfolgter Verladung als voll verdient anzusehen und ist in keinem Fall rückzahlbar. In gleicher Weise gilt der Anspruch des Verfrachters aus diesem Vertrage auf Erstattung irgendwelcher Kosten als endgültig zahlbar, sobald die Kosten tatsächlich erwachsen sind. Vom Zeitpunkt der Fälligkeit von Fracht und Kosten an sind 5% Zinsen zu zahlen.
(b) Der Kaufmann haftet für Kosten, welche durch Ausgasung, Sammeln, Sortieren loser Ladung und Verwiegen an Bord, ferner für Kosten, die durch Reparatur und Ersatz beschädigter Verpackung aus ausgeschlossenen Ursachen entstehen, sowie für alle Kosten, die durch besondere Handhabung der Ladung aus einem der vorgenannten Gründe verursacht sind.
(c) Alle Abgaben, Zölle, Steuern und Kosten, welche unter irgendeiner Bezeichnung auf Basis des Frachtbetrages, des Ladungsgewichts, der Schiffstonnage oder auf irgendeiner anderen Basis erhoben werden, sind vom Kaufmann zu zahlen.
(d) Der Kaufmann haftet für alle Geldstrafen und/oder Verluste, die den Verfrachter, das Schiff oder die Ladung infolge Nichtbefolgung von Zoll- und/oder Import- oder Exportvorschriften treffen.
(e) Im Falle unrichtiger Erklärung über Inhalt, Gewicht, Masse oder Wert der Güter ist der Verfrachter berechtigt, den doppelten Frachtbetrag zu fordern, welcher bei richtiger Abgabe der Erklärung zu zahlen gewesen wäre. Zur Feststellung des genauen Sachverhalts behält sich der Verfrachter das Recht vor, vom Kaufmann die Vorlage der Orginalfaktura zu fordern, ferner den Inhalt besichtigen und Gewicht, Masse oder Wert nachprüfen zu lassen.

12. Pfandrecht[15]

Dem Verfrachter steht ein Pfandrecht zu für die nach Maßgabe dieses Vertrages fälligen Beträge und für die Kosten ihrer Beitreibung, und er ist berechtigt, die Güter zur Deckung aller Ansprüche privat oder im Wege der Versteigerung zu verkaufen.

13. Reiseverzögerung[16]

Der Verfrachter ist nicht verantwortlich für irgendeinen Verlust, der dem Kaufmann durch verzögertes Eintreffen der Güter entsteht, es sei denn, daß die Verzögerung durch grobe Fahrlässigkeit des Verfrachters persönlich verursacht ist.

14. Havarie Grosse und Bergung[17]

Havarie Grosse ist nach Wahl des Verfrachters in jedem Hafen oder Platz zu berechnen und nach Maßgabe der York-Antwerp Rules von 1974 zu regulieren.
In Fällen von Unfall, Gefahr, Schaden oder Unglück vor oder nach Reisebeginn, gleichgültig aus welcher Ursache und ob durch Fahrlässigkeit entstanden oder nicht, für die oder für deren Folgen der Verfrachter kraft Gesetzes, Vertrages oder in anderer Weise nicht haftet, leistet der Kaufmann mit dem Verfrachter zur Havarie Grosse einen Beitrag zur Deckung aller Opfer, Verluste oder Kosten von der Art der Havarie Grosse, die gemacht

werden oder erwachsen, und zahlt ferner Bergelohn und in Bezug auf die Güter entstehende besondere Kosten. Gehört das bergende Schiff dem Verfrachter oder ist er dessen Bewirtschafter, so ist der volle Bergelohn zu zahlen, in gleicher Weise als wenn das oder die bergenden Schiffe einem Dritten gehörten.

15. Kollisionsklausel im Falle beiderseitigen Verschuldens[18]
(Diese Klausel bleibt auch dann wirksam, wenn sie vor den Gerichten der USA nicht geltend gemacht werden kann).
Gerät das Schiff mit einem anderen in Kollision infolge von Fahrlässigkeit dieses anderen Schiffes und infolge eines Handelns, Unterlassens oder Versehens des Kapitäns, der Besatzung, des Lotsen oder der Gehilfen des Verfrachters bei der nautischen oder technischen Handhabung des Schiffes, so hat der Kaufmann den Verfrachter für alle Verluste oder von jeglicher Haftung gegenüber dem anderen oder dem nichtbefrachteten Schiff oder dessen Eigentümer insoweit freizuhalten, als dieser Verlust oder die Haftung einen Verlust, Schaden oder irgendeinen Anspruch des Eigentümers der genannten Güter darstellt, der bezahlt wird oder zu zahlen ist von dem anderen oder dem nicht befrachteten Schiff oder dessen Eigentümer an den Eigentümer der genannten Ladung, und der abgesetzt, einbehalten oder wiedererlangt wird von dem anderen oder dem nichtbefrachteten Schiff oder dessen Eigentümer als Teil seines Anspruchs gegen das befrachtete Schiff oder den Verfrachter. Diese Vorschriften finden auch Anwendung, wenn den Eigentümer, den Bewirtschafter oder diejenigen, denen anvertraut ist die Führung eines anderen Schiffes oder anderer Schiffe oder eines anderen Gegenstandes als der kollidierenden Schiffe oder kollidierenden Gegenstände, hinsichtlich der Kollision oder Berührung ein Verschulden trifft.

16. Regierungsanweisungen, Krieg, Seuchen, Eis, Streiks, usw.[19]
(a) Der Kapitän und der Verfrachter sind berechtigt, alle Befehle, Anweisungen oder Empfehlungen in Verbindung mit der Beförderung nach diesem Vertrage zu befolgen, welche von einer Regierung, Behörde oder irgendeiner Person gegeben werden, die für diese Regierung oder Behörde tätig wird oder vorgibt, für diese tätig zu sein, oder nach den Bedingungen der Schiffsversicherung berechtigt ist, diese Befehle, Anweisungen oder Empfehlungen zu erteilen.
(b) Wenn es den Anschein hat, daß die Durchführung der Beförderung das Schiff oder an Bord befindliche Güter der Gefahr der Beschlagnahme, der Beschädigung oder Verzögerung aussetzen würde, die sich auf Krieg, kriegerische Operationen, Blockade, Aufruhr, innere Unruhen oder Seeräuberei gründen, oder eine Person an Bord der Gefahr für Leben oder Freiheit, oder wenn eine derartige Gefahr zugenommen hat, so kann der Kapitän die Ladung im Ladehafen oder jedem anderen sicheren und geeigneten Hafen löschen.
(c) Wenn es den Anschein hat, daß Seuchen, Quarantäne, Eis, Arbeitsstreitigkeiten und Widerstand, Streiks, Aussperrungen, wenn sie an Bord oder an Land auftreten, Schwierigkeiten bei der Beladung oder Entlöschung das Schiff voraussichtlich daran hindern würden, den Ladehafen zu verlassen oder den Entlöschungshafen zu erreichen oder in denselben einzulaufen oder dort in üblicher Weise zu löschen und ihn wieder zu verlassen, und zwar in allen diesen Fällen sicher und ohne Verzögerung, so kann der Kapitän die Ladung im Ladehafen oder jedem anderen sicheren und geeigneten Hafen löschen.
(d) Entlöschung irgendwelcher Ladung, für die ein Konnossement ausgestellt ist, nach Maßgabe dieser Klausel wird als ordnungsgemäße Vertragserfüllung angesehen. Falls in Verbindung mit der Ausübung von Rechten aus dieser Klausel Extrakosten erwachsen, so sind diese vom Kaufmann zuzüglich zu der Fracht, zusammen mit etwaiger Rückfracht und einer angemessenen Entschädigung für besondere Dienste im Interesse der Güter zu zahlen.
(e) Falls der Eintritt eines der in dieser Klausel bezeichneten Fälle voraussehbar ist oder wenn aus einem solchen Grunde das Schiff den Ladehafen nicht sicher und ohne Verzöge-

rung erreichen oder ihn anlaufen kann oder Reparaturen vorgenommen werden müssen, kann der Verfrachter von dem Vertrage zurücktreten, bevor ein Konnossement ausgestellt ist.
(f) Der Kaufmann ist, wenn möglich, zu unterrichten.

17. Person des Verfrachters[20]

Der in diesem Konnossement beurkundete Vertrag besteht zwischen dem Kaufmann und dem Eigentümer des nachstehend benannten Schiffes (oder Ersatzschiffs), und es wird daher vereinbart, daß der genannte Schiffseigentümer lediglich für solchen Schaden oder Verlust haftet, der infolge eines Verstoßes oder Nichterfüllung von Verpflichtungen aus dem Frachtvertrage entsteht, ohne Rücksicht darauf, ob er seine Ursache in der Seetüchtigkeit des Schiffes hat oder nicht. Wird dessen ungeachtet entschieden, daß eine andere Person Verfrachter und/oder Depositar der hiernach verschifften Güter ist, dann finden auf diesen alle Haftungsbeschränkungen und Freizeichnungen nach dem Gesetz oder aus diesem Konnossement Anwendung.
Darüber hinaus ist vereinbart, daß die Linie, Gesellschaft oder die Agenten, welche dieses Konnossement namens und in Vollmacht des Kapitäns zeichnen, da sie selbst nicht Vertragspartei sind, keinerlei Verpflichtungen aus diesem Frachtvertrage treffen und zwar weder als Verfrachter noch als Depositar der Güter.

18. Freistellung und Bevorrechtigung aller Gehilfen und Vertreter des Verfrachters[21]

Hiermit wird ausdrücklich vereinbart, daß kein Gehilfe oder Vertreter des Verfrachters (einschließlich jedes unabhängigen Vertragspartners, den der Verfrachter von Zeit zu Zeit beschäftigt) unter welchen Umständen auch immer in irgendeiner Weise dem Kaufmann verantwortlich ist für Verlust, Schaden oder Verspätung, die unmittelbar oder mittelbar entstehen oder herrühren aus irgendeinem Handeln, Unterlassen oder Versehen seinerseits, während er in Verfolg oder in Zusammenhang mit seiner Beschäftigung handelt; ohne der allgemeinen Geltung der in dieser Klausel vorangehenden Bestimmungen Abbruch zu tun, soll jede Ausnahme, Begrenzung, Voraussetzung und Bevorrechtigung, welche hierin enthalten ist, und jedes Recht, jede Haftungsfreistellung, jedes Verteidigungsmittel und jede Ausnahmeregelung gleich welcher Art, die für den Verfrachter gilt oder zu der der Verfrachter hierunter berechtigt ist, auch jedem Gehilfen oder Vertreter des Verfrachters, der wie oben erwähnt handelt, zur Verfügung stehen und darüberhinaus ihn schützen; zum Zwecke aller voraufgegangenen Bestimmungen dieser Klausel handelt der Verfrachter, oder gilt als in dieser Eigenschaft handelnd, als Vertreter oder Bevollmächtigter namens und zum Wohle aller Personen, welche von Zeit zu Zeit seine Gehilfen oder Vertreter (unabhängige Vertragspartner wie oben erwähnt eingeschlossen) sind oder sein können. Und alle diese Personen sollen in diesem Umfang Parteien des Vertrages sein oder als solche gelten, welcher durch dieses Konnossement wiedergegeben wird.
Der Verfrachter ist berechtigt, vom Kaufmann auf Anforderung hin Zahlung jedes Betrages zu erhalten, den der Kaufmann oder jeder andere eingezogen hat oder einziehen kann von einem solchen Gehilfen oder Vertreter des Verfrachters für jeden solchen Verlust, Schaden, Verspätung oder sonstwie.

19. Wahl der Stauung. Ladungsverbund[22]

(a) Güter dürfen vom Verfrachter so gestaut werden, wie er sie erhalten hat, oder, nach seiner Wahl, mittels Container oder ähnlicher Transportvorrichtungen, die benutzt werden, um Güter zusammenzufassen.
(b) Container, Trailer und bewegliche Tanks, einerlei ob der Verfrachter sie vollgestaut hat oder ob er sie vom Kaufmann in gestautem Zustand erhalten hat, dürfen ohne Benachrichtigung des Kaufmanns auf oder unter Deck befördert werden.
(c) Die Haftung des Verfrachters für wie oben erwähnt gestaute Ladung wird von den

Haager Regeln so wie oben erläutert beherrscht, ungeachtet des Umstandes, daß die Güter auf Deck befördert werden; und die Güter sollen zu der Havarie Grosse beitragen und in der Havarie Grosse Vergütung erhalten.

ZUSÄTZLICHE KLAUSELN[23]
(Hinzuzufügen, wenn für den in Betracht kommenden Dienst erforderlich).
A. Liegegeld[24]
Der Verfrachter hat Anspruch auf Liegegeld zu einer täglichen Rate pro Bruttoregistertonne des Schiffes wie auf Seite 2 angegeben, wenn das Schiff nicht in der unter Klausel 8 genannten Zeit beladen oder entlöscht wird, wobei jedes Warten auf einen Liegeplatz im oder außerhalb des Hafens eingerechnet wird.
Von der Überliegezeit werden 24 Stunden abgezogen, wenn die Verzögerung auf Gründen beruht, die der Kaufmann nicht zu vertreten hat.
Jeder Kaufmann haftet dem Verfrachter für den entstandenen Liegegeldanspruch anteilig auf der Grundlage der Gesamtfracht für die in dem fraglichen Hafen zu ladenden oder zu entlöschenden Güter.
Kein Kaufmann haftet für einen Liegegeldanspruch, der auf einer Verzögerung beruht, die allein mit den anderen Kaufleuten gehörigen Gütern in Zusammenhang steht.
Das Liegegeld pro Packung soll nicht deren Fracht übersteigen.
(Diese Klausel gilt nur, wenn das Liegegeld-Feld auf Seite 2 ausgefüllt ist).
B. U.S. Dienst[25]
In dem Falle, daß der in diesem Konnossement bescheinigte Frachtvertrag dem U.S. Carriage of Goods by Sea Act unterliegt, finden die Bestimmungen dieses Gesetzes vor dem Laden und nach dem Entlöschen und während der gesamten Zeit Anwendung, in der sich die Güter im Gewahrsam des Verfrachters befinden.

4. Liner Bill of Lading V.4

		60-0 Seite 2
Verlader	**LINIEN-KONNOSSEMENT**	Konnossements-Nr.
	Bezug Nr.	

Empfänger

Melde-Adresse

Vortransport durch *	Ort der Annahme durch Vorbeförderer *
Schiff	Ladehafen
Löschhafen	Ort der Ablieferung durch Anschluss- beförderer *

Merkzeichen und Nummern	Nummer und Art der Verpackung; Beschreibung der Güter	Brutto-Gewicht	Masse

Einzelheiten durch den Kaufmann mitgeteilt

Fracht-Angaben, Unkosten, u. s. w.	**VERLADEN** an Bord in äusserlich gutem Zustand und guter Beschaffenheit, Gewicht, Mass, Merkzeichen, Zahl, Qualität, Inhalt und Wert unbekannt, zur Beförderung zum Löschhafen oder so nahe an diesen Ort heran, als das Schiff sicher gelangen und dort immer flott liegen kann, zur Auslieferung in gleichem Zustand und in gleicher Beschaffenheit im vorgenannten Hafen an den Empfänger oder seine Rechtsnachfolger gegen Zahlung der Fracht wie links angegeben zuzüglich anderer Beträge, die gemäss den Bestimmungen des Konnossements aufgewandt worden sind. Durch Annahme dieses Konnossements nimmt der Kaufmann ausdrücklich alle auf beiden Seiten desselben enthaltenen Bedingungen an und stimmt ihnen zu, gleich ob sie geschrieben, gedruckt, gestempelt oder auf andere Weise eingefügt sind, im gleichen Umfang, als wenn sie alle vom Kaufmann unterzeichnet worden wären. Ein Original des Konnossements muss ordnungsgemäss gezeichnet gegen Auslieferung der Güter oder eines Ausfolgescheines übergeben werden. ZUM ZEUGNIS hiervon hat der Kapitän des genannten Schiffes die unten angegebene Zahl von Original-Konnossementen gezeichnet, alle dieses Inhalts und mit diesem Datum. Mit Erfüllung eines derselben sind die übrigen erledigt.	
Liegegeld, Rate pro Tag (Zusatz-Klausel A)	

* Gilt nur falls als Durchkonnossement benutzt	Fracht zahlbar in	Ort und Datum der Ausstellung
	Zahl der Original-Konnossemente	Unterschrift

nted and sold
Fr. G. Knudtzon, Ltd., 55, Toldbodgade, Copenhagen,
authority of the Baltic and International Maritime Conference,
penhagen.

V.4

Schrifttum: Benedict on Admirality / Autor, The Law of American Admirality, its Jurisdiction, Law and Pratice, Vol. 2 A, Carriage of Goods by Sea, Loseblattsammlung, Stand Februar 1995; *Schütze,* Das Dokumentenakkreditiv im internationalen Handelsverkehr, 4. Aufl. 1996; *Herber,* Das neue Haftungsrecht der Schiffahrt, 1989; *Prüßmann/Rabe,* Seehandelsrecht, 3. Aufl. 1992; *Rabe/Schütte,* Die erste Verordnung des Rates zur Anwendung des EWG-Kartellrechts (Art. 85 und 86 EWGV) auf den Seeverkehr, RIW 1988, 701; *Schaps/Abraham,* Das Seerecht in der Bundesrepublik Deutschland, 4. Aufl. 1978; *Schmidt, Karsten,* Verfrachter-Konnossement, Reeder-Konnossement und Identity-of-Carrier-Klausel, 1980; *Trappe,* Probleme des Zeitfrachtvertrages, HANSA 1964, 2329; *Werner,* Anti-Dumping im Seeverkehr, RIW 1987, 715.

Übersicht

Seite

1. Sachverhalt 1136
2. Wahl des Formulars 1136
3. Liner Bill of Lading 1137
4. Definition 1138
5. General Paramount Clause 1139
6. Jurisdiction 1140
7. Period of Responsibility 1141
8. The Scope of Voyage 1141
9. Substitution of Vessel, Transshipment and Forwarding 1142
10. Lighterage 1143
11. Loading, Discharging and Delivery 1143
12. Live Animals and Deck Cargo 1145
13. Options 1145
14. Freight and Charges 1145
15. Lien 1147
16. Delay 1148
17. General Average and Salvage 1148
18. Both-to-Blame-Collision-Clause 1149
19. Government Directions, War, Epidemics, Ice, Strikes etc. .. 1150
20. Identity of Carrier 1151
21. Exemptions and Immunities of all Servants and Agents of Carrier 1152
22. Optional Stowage, Unitization 1153
23. ADDITIONAL CLAUSES 1154
24. A. Demurrage 1154
25. B. US-Trade, Period of Responsibility 1155

Anmerkungen

1. Sachverhalt. Das hier erläuterte Formular (**Liner Bill of Lading** – nachfolgend „Liner B/L") ist **Konnossement** im Sinne von § 642 HGB. Das Konnossement ist Beförderungsdokument im Seeverkehr für den Gütertransport von einem bestimmten Ladehafen nach einem bestimmten Löschhafen.

2. Wahl des Formulars. Die hier verwendete Liner B/L wurde von der „Baltic and International Maritime Conference" (BIMCO) unter der Kurzbezeichnung CONLINEBILL in zuletzt 1978 überarbeiteter Form herausgegeben. CONLINEBILL ist eines der am häufigsten zur Anwendung gelangenden Konnossementsformulare. Es entspricht internationalem Standard. Im Falle des Transports mit unter Zeitcharter aufgenommenen Schiffen kommt diesem Umstand besondere Bedeutung zu, denn der Eigentümer des Schiffs (Reeder) verpflichtet sich regelmäßig zur Unterzeichnung von Konnossementen durch seinen Kapitän nur unter der Voraussetzung, daß die vorgelegten Konnossemente üblichen Standards entsprechen. Linienreedereien varriieren CONLINEBILL je nach dem Zuschnitt

4. Liner Bill of Lading

der von ihnen angebotenen Beförderungsdienste, namentlich unter besonderer Berücksichtigung von Anforderungen des Container-Verkehrs und/oder des kombinierten Land-/Seetransports. Auf diese Besonderheiten wird in den Erläuterungen eingegangen, soweit Anlaß dafür besteht. Die Verwendung englischsprachiger Konnossemente entspricht internationalen Gepflogenheiten. Die folgenden Erläuterungen aller Klauseln der CONLINE-BILL tragen deren Titel.

3. Liner Bill of Lading. Die Liner B/L ist das Beförderungsdokument im Stückgutverkehr über See (§ 556 Nr. 2 HGB). Es ist eine Urkunde, in der mit Rechtswirkung für den Verfrachter im Seeverkehr der **Empfang von Gütern** unter Angabe von Maß, Gewicht und/oder Anzahl mit derjenigen Beschaffenheit bescheinigt wird, die aus der Urkunde hervorgeht. Verfrachter im Seeverkehr (Carrier) ist nach deutschem Recht derjenige, der die Beförderungsleistung schuldet (*Prüßmann/Rabe*, vor § 556 II Anm. A 1). Ob und aufgrund welchen Rechtsverhältnisses der Verfrachter befugt ist, das Seeschiff für die Beförderung einzusetzen, bleibt für seine Rechtsstellung gegenüber den anderen Beteiligten am Seefrachtgeschäft ohne Belang. Er kann Reeder (§ 484 HGB), Ausrüster (§ 510 HGB) oder Unterverfrachter sein. Letzterenfalls ist der Hauptfrachtvertrag Raumfrachtvertrag im Sinne von § 556 Nr. 1 HGB, und zwar entweder in der Form der Reisecharter oder der Zeitcharter (zu den begrifflichen Unterschieden vgl. *Prüßmann/Rabe* Anm. § 556 B). Wo der Hauptfrachtvertrag (Chartervertrag) die Einbeziehung seiner Bedingungen in das Konnossementsrechtsverhältnis fordert, kommt die Ausstellung einer Liner B/L nicht in Betracht.

Empfang der Güter bedeutet im Zweifel, daß sie zur Beförderung mit dem Schiff von dem Ladehafen nach einem bestimmten Löschhafen an Bord genommen worden sind. Damit wird die Verpflichtung gemäß § 642 Abs. 1 HGB ausgelöst, das Konnossement auszustellen und **dem Ablader** (zum Begriff Anmerkung 4) auszuhändigen. Wird dies vereinbart, dann kann anstelle eines solchen „Bordkonnossements" auch die Ausstellung eines „Übernahmekonnossements" begehrt werden; mit ihm wird die Übernahme der Güter zur Beförderung ohne gleichzeitige Verbringung an Bord bestätigt (§ 642 Abs. 5 HGB). Sobald die Güter nach Ausstellung eines Übernahmekonnossements an Bord genommen werden, wird das auf dem Übernahmekonnossement vermerkt (§ 642 Abs. 5 Satz 2 HGB), oder aber es wird das Übernahmekonnossement gegen das Bordkonnossement ausgetauscht (§ 642 Abs. 1 HGB). Übernahmekonnossemente erleichtern die Abfertigung dann, wenn der Verfrachter die Güter schon vor Ankunft des Schiffes in Verwahrung nimmt, was im Linienverkehr häufig anzutreffen ist.

Mit Ausstellung und Begebung des Konnossements wird seinem legitimierten Inhaber gegenüber eine von dem Inhalt des Frachtvertrages unabhängige, allein den Regeln des Konnossements unterworfene Auslieferungsverpflichtung des Verfrachters gegen Vorlage der Urkunde begründet. Das Konnossement ist deshalb Wertpapier und hat gemäß § 650 HGB Traditionsfunktion, dh. es ersetzt im Rechtsverkehr den Besitz der in ihm bezeichneten Güter. Seine Übertragung hat „für den Erwerb von Rechten an den Gütern dieselben Wirkungen, wie die Übergabe der Güter". Damit hat es vor allem Sicherungsfunktion bei der zahlungstechnischen Abwicklung des Überseekaufs. Es ist „annahmefähiges Dokument" im Sinne der **einheitlichen Richtlinien und Gebräuche für Dokumenten-Akkreditive (ERA)**.

Das Konnossement kann als Namens-, Order- oder Inhaberpapier ausgestellt werden. In Ermangelung einer hiervon abweichenden Vereinbarung hat der Verfrachter das Konnossement an die Order des Empfängers oder nur „an Order" zu stellen (§ 647 Abs. 1 HGB). Ohne Order-Klausel ist das Konnossement Namens-(Rekta-)-Papier, sofern in ihm ein namentlich bestimmter Empfänger bezeichnet ist (auch der Verfrachter oder der Kapitän können als Empfänger bezeichnet werden – § 647 Abs. 2 HGB). Wird ein Namenskonnossement ausgestellt, dann darf nur an den in der Urkunde bezeichneten Empfänger ausgeliefert werden. Fehlt es sowohl an der Order-Klausel als auch an einer Empfängerbezeichnung, dann liegt ein Inhaberkonnossement vor.

Das Konnossement hat Beweisfunktion in mehrfacher Weise:
- Es begründet die Vermutung, daß der Verfrachter die Güter so übernommen hat, wie sie nach Art, Menge, Merkzeichen sowie äußerlich erkennbarer Verfassung und Beschaffenheit im Konnossement bezeichnet sind (§ 656 Abs. 2 iVm. § 643 Nr. 8 sowie § 660 HGB).
- Seine Bedingungen bestimmen das Rechtsverhältnis zwischen dem Verfrachter und dem Empfänger der Güter (§ 656 Abs. 1 HGB).
- Im Stückgutverkehr, von dem hier die Rede ist, beweist das Konnossement darüber hinaus den Inhalt des der Beförderung zugrundeliegenden schuldrechtlichen Geschäfts, des Frachtvertrages (BGHZ 6, 127; Hans.OLG Hbg VersR 1973, 1138; Hans.OLG Hbg TranspR 1988, 24), es sei denn, daß ausnahmsweise auch für die Stückgutverfrachtung ein detaillierter Frachtvertrag abgeschlossen worden wäre (OLG Düsseldorf TranspR 1988, 329).

Aufgrund dieser rechtlichen Eigenschaften vertritt das Konnossement im weitesten Sinne die in ihm bezeichneten Güter während ihrer Beförderung. Innerhalb dieser Zeit können mit Hilfe des Konnossements Umsatzgeschäfte über die darin bezeichneten Waren abgeschlossen werden. Es ist möglich, mit Hilfe des Konnossements und in Verbindung mit der Transportversicherungspolice sowie je nach Vereinbarung üblicherweise weiteren Dokumenten (Warenrechnung, Ursprungszeugnis etc.) alle mit der Abwicklung des Überseekaufs verbundenen Zahlungsvorgänge zu erledigen, sei es durch Vorlage dieser Dokumente beim bestimmungsgemäßen Empfänger („Kasse gegen Dokumente") oder bei der für diesen Zweck beauftragten Bank im Falle der Abwicklung im Dokumentenakkreditivgeschäft. Das Konnossement, und zwar in der Form des Bord-Konnossements, ist damit das klassische Wertpapier für die Vereinfachung und Beschleunigung des Warengeschäfts im Überseeverkehr (Einzelheiten bei *Schütze*, S. 96 ff.).

Zur Ausstellung und Begebung des Konnossements ist der Verfrachter verpflichtet. Der Verfrachter ist zwingend Partei des Beförderungsvertrages. Üblicherweise geht der Name des Verfrachters (meist verbunden mit einem Firmenlogo) aus dem Konnossement hervor. Ist der Verfrachter nicht mit dem Reeder identisch, so gilt der Reeder als Verfrachter, wenn der Name des Verfrachters im Konnossement fehlt (§ 644 HGB). Dasselbe gilt, wenn derjenige, der in einem Konnossement als Verfrachter bezeichnet ist, diese Rechtsstellung in Wahrheit nicht innehat (BGHZ 25, 300). Voraussetzung für die auf diese Weise begründete Reederhaftung ist die Ausstellung des Konnossements durch den Kapitän oder einen anderen Vertreter des Reeders. Fehlt es daran, weil der Verfrachter selbst oder ein von ihm beauftragter Vertreter das Konnossement zeichnet oder weil der Verfrachter oder sein Vertreter ohne entsprechende Vollmacht (die in solchen Fällen regelmäßig Bestandteil des zugrundeliegenden Chartervertrages ist) gleichwohl „for the Master" zeichnet, dann bleibt allein der Verfrachter verpflichtet, auch wenn sein Name nicht aus dem Konnossement hervorgeht (*Trappe* HANSA 1964, 2329; *Prüßmann/Rabe*, § 644 Anm. A 2). Sofern der Verfrachter richtig im Konnossement bezeichnet ist, gilt der Kapitän und jeder andere dazu ermächtigte Vertreter des Reeders auch ohne besondere Ermächtigung des Verfrachters als dessen Vertreter bei der Ausstellung des Konnossements (§ 642 Abs. 4 HGB). Linien-Konnossemente werden üblicherweise in den Kontoren der Linienreedereien oder ihrer Agenten (Schiffsmakler) ausgefertigt, und zwar mit Rücksicht auf die hier maßgebliche gesetzliche Schriftform gemäß § 126 Abs. 1 BGB durch eigenhändige Unterschrift der ausstellenden Person. Wird die Unterschrift durch ein Faksimile oder durch Abstempelung ersetzt, dann können sich nach Ablieferung der Güter allerdings weder der Verfrachter noch der Empfänger auf die Ungültigkeit des Konnossements wegen Formmangels berufen – § 242 BGB (*Prüßmann/Rabe*, § 642 Anm. E).

4. Definition. Am Seefrachtgeschäft sind beteiligt
- der **Verfrachter** (Carrier): Er übernimmt die Beförderungs- und Auslieferungspflicht. Er muß nicht Eigentümer des dafür eingesetzten Seeschiffes sein. Seine Verpflichtung ge-

4. Liner Bill of Lading   V.4

genüber dem Befrachter wird durch schuldrechtliche Vereinbarung, den Frachtvertrag, (§§ 556, 656 Abs. 4 HGB) begründet. Stellt der Verfrachter ein Konnossement aus, dann sind dessen Bedingungen für das Rechtsverhältnis zum Empfänger der Güter maßgebend (§ 656 Abs. 1 HGB).

- der **Befrachter** (Charterer, Freighter): Er ist Vertragspartner des Verfrachters aus dem Frachtvertrag und schuldet Zahlung des Entgelts für die Beförderung, d. h. der Fracht und der Nebenleistungen, solange der Verfrachter die Güter nicht an den Empfänger ausgeliefert hat (§ 625 HGB). Häufig ist der Befrachter Spediteur, der im eigenen Namen, jedoch für Rechnung des Versenders den Frachtvertrag abschließt. Handelt es sich um einen Raumfrachtvertrag als Zeit- oder Reisecharter, dann wird der Befrachter üblicherweise als **Charterer** bezeichnet, anderenfalls als **Verlader**.
- der **Ablader** (Shipper): Er liefert die zur Beförderung vorgesehenen Güter, die Ladung, an und erlangt damit gegenüber dem Verfrachter den gesetzlichen Anspruch auf Ausstellung und Aushändigung des Konnossements, sobald die Ladung an Bord genommen wurde (§ 642 Abs. 1 HGB). Der Ablader kann mit dem Befrachter übereinstimmen. Häufig, insbesondere dann, wenn der Abschluß des Frachtvertrages durch Spediteure erfolgt, ist das nicht der Fall (§ 577 HGB). Die begriffliche Trennung zwischen Ablader und Befrachter beruht auf der Technik des Überseekaufs im FOB- oder FAS-Geschäft; dann schließt der Käufer den Seefrachtvertrag, der Verkäufer braucht aber bis zur Bezahlung des Kaufpreises das Verfügungsrecht über die Güter, was durch seinen Anspruch auf Aushändigung des Konnossements erreicht wird.
- der **Empfänger** (Consignee, Receiver): An ihn sind die Güter im Bestimmungshafen abzuliefern (§ 592 Abs. 1 HGB). Wer das ist, bestimmt der Frachtvertrag und, sobald ein Konnossement ausgestellt und begeben wurde, dessen Empfängerangabe bzw. in Ermangelung einer Empfängerangabe dessen legitimierter Inhaber. Der namentlich vereinbarte oder im Konnossement bezeichnete Empfänger ist Sollempfänger (Consignee); der legitimierte Inhaber des Konnossement wird Istempfänger (Receiver); sobald er mit Rücksicht auf seine so nachgewiesene Berechtigung die Ladung entgegennimmt. Sofern die Fracht nicht im voraus zu entrichten war und dies im Konnossement vermerkt wurde, geht in diesem Augenblick auch die Schuld des Befrachters auf Zahlung von Fracht und Nebenkosten von Gesetzes wegen auf den Empfänger über (§ 614 HGB), und zwar unter gleichzeitiger Entlassung des Befrachters aus der Haftung dafür (§ 625 HGB). Es handelt sich um einen Fall gesetzlicher privativer Schuldübernahme.

Die sonst üblicherweise an der Abwicklung des Seeverkehrs Beteiligten, also Spediteure, Schiffsmakler, Kaianstalten etc., haben samt und sonders Hilfsfunktionen, in denen sie, wo sie nicht im eigenen Namen handeln (z. B. die Spediteure), denjenigen vertreten, der sie beauftragte.

Gerade mit Rücksicht auf die schwierige Differenzierung des Rechtsverhältnisses zwischen dem Verfrachter (Carrier) einerseits und den Ladungsbeteiligten in ihren unterschiedlichen Funktionen andererseits faßt Klausel 1 der Liner-B/L alle Ladungsbeteiligten unter dem Begriff des „Merchant" zusammen. Die rechtlich einwandfreie Zuordnung des „Merchant" im Konnossementsrechtsverhältnis setzt jeweils präzise Feststellung der Funktion voraus, in der dieser Begriff gebraucht wird.

5. General Paramount Clause. Konnossemente sollen Rechtsschutz für die Ladungsbeteiligten gewährleisten. Dieser Rechtsschutz wäre unvollständig, wenn das Konnossement zwar den Auslieferungsanspruch seines legitimierten Inhabers gegenüber dem Verfrachter in bezug auf die im Konnossement bezeichneten Güter begründete, aber nicht gleichzeitig sichergestellt wäre, welche Verpflichtungen der Verfrachter hat, wenn die Güter verlorengehen oder beschädigt werden. Das deutsche Recht befriedigt dieses Bedürfnis durch das System der zwingenden Mindesthaftung des Verfrachters, wie es beschrieben ist in § 662 HGB und den darin in Bezug genommenen Bestimmungen von § 559 HGB (See- und Ladungstüchtigkeit); § 563 Abs. 2 und §§ 606–608 HGB (Schadensersatzpflicht), §§ 611 und 612 HGB (Schadensermittlung), § 656 HGB (Beweisvermutung des Konnossements), §§ 658 und 659 HGB (Wertersatz bei Verlust oder Beschädigung der Güter) sowie § 660 HGB (Haftungssumme). Im wesentlichen beruht dieses System auf der Festlegung einer zwingenden Schadensverursachungsverantwortung und eines ebenfalls zwingenden quantitativen Haftungsumfangs, ergänzt durch ein System von Schadenermittlungsregeln und Beweisvermutungen. Dieses Haftungssystem entspricht demjenigen der **International Convention for the Unification of certain Rules relating to Bills of Lading**, dem Internationalen Übereinkommen zur einheitlichen Feststellung von Regeln über Konnossemente (IÜK) – **Haager Regeln vom 25. 8. 1924** (RGBl 1939 II 1049), die durch das Seefrachtgesetz vom 10. August 1937 in das HGB übernommen wurden.

1968 wurde das IÜK auf der Grundlage der 1963 in Stockholm vom **Comité Maritime International** erzielten Arbeitsergebnisse (den sogenannten **Visby-Rules**) durch das **Brüsseler Protokoll vom 23. Februar 1968** geändert und ergänzt. Dieses Zusatzabkommen zum IÜK, die sogenannten **Hague-Visby-Rules** wurden von der Bundesrepublik Deutschland zwar nicht ratifiziert, aber durch das **Seerechtsänderungsgesetz vom 25. Juli 1986** (BGBl I 1120) in das HGB eingearbeitet.

Konnossementsrechtsverhältnisse, die durch Vereinbarung oder aus sonstigen Gründen deutschem Recht oder dem Recht eines Signatarstaates des IÜK oder des Brüsseler Protokolls unterworfen sind, bedürfen deshalb der mit der Paramount-Clause bezweckten internationalprivatrechtlichen Teilverweisungsregeln nicht. Die Klausel tritt in Funktion, wo das Konnossementsrechtsverhältnis nicht durch Vereinbarung dem Recht eines Staates unterliegt, in dem das Haftungssystem des IÜK oder der Hague-Visby-Rules gilt. In diesen Fällen wird es gleichwohl Bestandteil des Konnossementsrechtsverhältnisses, und zwar mit der Maßgabe, daß vorrangig die IÜK-Regeln so gelten, wie sie in das im Lande des Ladehafens geltende Recht übernommen wurden, und nachrangig, also dann, wenn das im Lande des Ladehafens geltende Recht die IÜK-Regeln gar nicht übernommen hat, mit dem Inhalt, mit dem diese Regeln in das im Lande des Löschhafens geltende Recht übernommen wurden (zu den Besonderheiten im Verkehr von und nach den USA vgl. Additional Clauses B). Sofern die IÜK-Regeln in keinem dieser Länder gelten, finden sie ohne Abstriche Anwendung. Wo die Regeln des internationalen Privatrechts auf die Anwendbarkeit eines Rechts verweisen, in dem die Hague-Visby-Rules gelten, finden diese Anwendung.

Soweit dies im Freizeichnungsrahmen gemäß § 663 Abs. 2 HGB zulässig ist, enthält die Paramount-Clause einen entsprechenden Vorbehalt.

Weil damit nur ein Mindestschutz der Ladungsbeteiligten garantiert werden soll, kann die Haftung des Verfrachters außerhalb dieses Mindestschutzes im weitestmöglichen Maße eingeschränkt oder ausgeschlossen werden.

Wirkungslos bleibt dieses durch die Paramout-Clause zum Bestandteil des Konnossementsrechtsverhältnisses gewordene Haftungssystem, wenn die Entlöschung der Ladung in Ländern erfolgt, die es nicht anerkennen, sondern weitergehende Haftungen des Verfrachters zwingend vorgeben und die Rechtswahlklausel des Konnossements für unbeachtlich halten.

6. Jurisdiction. Rechtswahl- und Gerichtsstandsvereinbarungen in Konnossementen sind üblich, und zwar auch dann, wenn der Gerichtsort nicht expressis verbis genannt ist. Schon die bloße „Einbeziehungsklausel", also eine Klausel wie etwa „otherwise CONLINE B/L" genügt nach deutschem Recht zur Begründung der internationalen und der örtlichen Zuständigkeit (HansOLG Hbg TranspR 1987, 443). Bei der Prüfung, ob die Rechtswahl- und Gerichtsstandsklausel wirksam in das Konnossementsrechtsverhältnis einbezogen wurde, ist die Wirksamkeit der Klausel zu unterstellen und dasjenige Recht anzuwenden, auf welches sie verweist oder welches anzuwenden wäre, wenn der Rechtsstreit am Gerichtsstand, den die Klausel bestimmt, auszutragen wäre (BGH TransportR 1987, 98). Die Frage hat im Zusammenhang mit den Folgen eingeschränkter Lesbarkeit solcher Konnossementsbedingungen eine Rolle gespielt. Ob die mühelose Lesbarkeit sol-

4. Liner Bill of Lading V.4

cher Klauseln Voraussetzung ihrer wirksamen Einbeziehung in das Konnossementsrechtsverhältnis ist, bleibt umstritten (Einzelheiten dazu bei *Prüßmann/Rabe*, vor § 556 Anm. VII B 2 a). Wenn in solchen Fällen der Klauselinhalt nicht auf deutsches Recht verweist, kann das letztlich nur unter ordre public-Gesichtspunkten geklärt werden.

Scheinbare Schwierigkeiten entstehen, wenn darüber gestritten wird, wer Verfrachter ist. Anlaß dafür kann die Identity-of-Carrier-Clause oder die unrichtige Angabe des Verfrachters (§ 644 Satz 2 HGB) geben. Solange der Verfrachter nicht feststeht, kann auch nicht feststehen, vor welchem Gericht und nach welcher Rechtsordnung über die Verfrachtereigenschaft gestritten werden soll. Das ist aber, wie gesagt, eine Scheinfrage, weil der Prozeß gegen den wirklichen oder vermeintlichen Verfrachter mit der Behauptung des Klägers beginnt, er, der Beklagte, sei Verfrachter. Dann kann die Klage nur zulässig sein, wenn sie am ordentlichen Gerichtsstand des Beklagten erhoben wurde, anderenfalls ist sie schon in Ermangelung dieser Zuständigkeit abzuweisen (HansOLG Bremen TranspR 1985, 430/432). Stellt sich während des Prozesses heraus, daß der Beklagte tatsächlich nicht Verfrachter war, und hängt der Erfolg der Klage von der Verfrachtereigenschaft ab, dann ist die Klage als unbegründet abzuweisen. Dasselbe gilt umgekehrt, d. h. wenn der Verfrachter klagt und seinen allgemeinen Gerichtsstand dafür in Anspruch nimmt.

Haben beide Parteien des Streits ihren Sitz im Gebiet der Europäischen Union, dann entscheidet sich die Wirksamkeit der Jurisdiction-Clause nach Art. 17 des EuGÜbK. Seit der Revision dieser Bestimmung im Jahre 1978 deckt sie die Gerichtsstands- und Rechtswahlregelung der CONLINEBILL.

Materiell umfaßt die Jurisdiction-Clause sämtliche Ansprüche, die sich aus dem Seetransport ergeben, z. B. Ansprüche aus unerlaubter Handlung oder Ansprüche des Verfrachters gegen den Empfänger wegen Rücklieferung und Beschädigung eines Containers. Die Beteiligten haben nach deutschem Verständnis die Regelung eines einheitlichen Lebenssachverhalts im Auge gehabt. Auf die Anspruchsvoraussetzungen im einzelnen kann es in diesem Zusammenhang nicht ankommen (HansOLG Hbg VersR 1987, 559).

7. Period of Responsibility. Die zwingende Haftung des Verfrachters ist auf die Zeit zwischen Übernahme der Ladung in das Schiff und Entlöschung derselben aus dem Schiff beschränkt. Für Schäden, die davor oder danach entstehen, gilt die Haftung nach den §§ 662 Abs. 1, 606 HGB nicht. Für den einkommenden Stückgutverkehr in deutschen Häfen gilt kraft Handelsbrauchs insofern eine abweichende Regelung, als die seefrachtrechtliche Haftung des Verfrachters mit der Aushändigung der gelöschten Güter durch die Kaianstalt an den legitimierten Empfänger endet. Der Kai ist die „Allonge" des Schiffes. Abgesehen von dieser Besonderheit ist entscheidender Zeitpunkt bei der Übernahme der Ladung das Anschlagen an das Umschlagsgerät, beim Entlöschen ist es das Lösen vom Umschlagsgerät („from tackle to tackle"). Agenten des Verfrachters, insbesondere diejenigen, die im Lade- und im Löschhafen vor Übernahme der Ladung an Bord des Schiffes und nach Entlöschung aus dem Schiff mit der Ladung umgehen, kommen ebenfalls in den Genuß des Haftungsausschlusses.

Die Freizeichnung für Land- und Leichterschäden wirkt sich im übrigen nur aus bei Gütern, die zwar noch nicht an Bord genommen oder schon gelöscht wurden, die aber bereits zuvor vom Verfrachter übernommen wurden oder sich noch in seinem Gewahrsam befinden. Fallen die Zeitpunkte für Einladung und Übernahme einerseits sowie Entlöschung und Ablieferung andererseits zusammen, und entsteht danach ein vom Verfrachter zu vertretender Schaden an diesen Gütern, dann kommt in Ermangelung jeder vertraglicher Haftung die Freizeichnungsklausel nicht zur Anwendung. Die Haftung bestimmt sich ausschließlich nach den gesetzlichen Tatbeständen, also nach § 485 HGB, §§ 823 ff BGB (HansOLG Hbg AWD 1961, 51; VersR 1966, 1153).

8. The Scope of Voyage. Die Verpflichtung zur Beförderung der Güter schließt die Verpflichtung zu möglichst schneller und gleichwohl möglichst sicherer Beförderung ein. Nicht immer ist der kürzeste Reiseweg in diesem Sinne der geeignetste. Wetter, insbesondere Eisgefahr, Sperrung von Schiffahrtswegen (aus was für Gründen auch immer), kriegerische und andere unvorsehbare Ereignisse gelten als Zufälle, die den Kapitän auch ohne ausdrücklichen Vorbehalt ermächtigten, „die Reise in einer anderen Richtung fortzusetzen oder sie auf kürzere oder längere Zeit einzustellen oder nach dem Abgangshafen zurückzukehren, je nachdem es den Verhältnissen und den möglichst zu berücksichtigenden Anweisungen entspricht (§ 536 Abs. 1 HGB). Aufgrund der Hague-Visby-Rules gelangte eine Selbstverständlichkeit, die auch schon vor Inkrafttreten der Hague-Visby-Rules allgemeiner Grundsatz war, in das Gesetz: Geht es um die Rettung von Leben oder Eigentum zur See oder um Vergleichbares, dann wird jede Reisewegabweichung auch dadurch gerechtfertigt (§ 636a HGB).

Außerhalb dieser Spielräume ist jede Reisewegabweichung Vertragsverletzung und Gefahrerhöhung im Sinne der Seeversicherung. Für ihre Folgen haftet der Verfrachter den Ladungsbeteiligten. Davor bewahrt nur die Deviationserlaubnis durch Konnossementsvorbehalt. Dem dient Klausel 5 CONLINEBILL.

9. Substitution of Vessel, Transshipment and Forwarding. Nach der dem deutschen HGB zugrunde liegenden Vorstellung des Seeverkehrs wird die Beförderung der Güter mit einem bestimmten Schiff Bestandteil des Seefrachtvertrages. Nach § 565 Abs. 1 HGB ist der Verfrachter deshalb nicht befugt, die Güter ohne Erlaubnis des Befrachters mit einem anderen Schiff zu befördern oder nach Übernahme in ein anderes Schiff umzuladen. In Konsequenz dieses Verbots tritt der Frachtvertrag außer Kraft, wenn das Schiff aus vom Verfrachter nicht zu vertretenden Gründen (Zufall) nicht zur Beförderung zur Verfügung steht (§ 628 HGB). Jeder Vertragsbeteiligte hat ein außerordentliches Kündigungsrecht, das ohne Verpflichtung zur Entschädigung des anderen Vertragsbeteiligten ausgeübt werden kann, wenn die Ausführung des Seefrachtvertrages unzumutbar wird, etwa wegen der Einführung von Handelsbeschränkungen, wegen Kriegsausbruchs oder aus ähnlichen Gründen (§ 629 HGB). Geht das Schiff während der Reise durch einen Zufall verloren, so endet der Frachtvertrag ebenfalls. Werden Güter ganz oder teilweise geborgen, dann schuldet der Befrachter bis zur Höhe des Wertes der geretteten Güter einen der zurückgelegten Entfernung entsprechenden Teil der Fracht, sogenannte Distanzfracht (§ 630 HGB).

Dieses nach der gesetzlichen Vorstellung auch für den Stückgutverkehr geltende System paßt nicht in die Verhältnisse der Linienfahrt – eigentlich paßt es überhaupt nicht in die Verhältnisse der modernen Verkehrswirtschaft. Wo einem Verfrachter jedenfalls in der Linienfahrt beliebige Möglichkeiten zur Substituierung des Transportmittels zu Gebote stehen, muß er darauf zurückgreifen dürfen, um den Vertragszweck, nämlich die Beförderung der Güter zum Bestimmungshafen „irgendwie" bewirken zu können. Seit langem ist anerkannt, daß die §§ 628 bis 630, 634, 641 HGB (sämtlich handelnd von den Folgen des Schiffsverlusts und ähnlicher gravierender Einschränkungen des kontrahierten Transportvorgangs) im Linienverkehr nicht gelten, wenn und soweit das Reisehindernis ein bestimmtes Schiff betrifft. Das entspricht einer international anerkannten Usance (*Prüßmann/Rabe*, § 565 Anm. E). Wegen des oben geschilderten logischen Zusammenhangs zwischen diesen Bestimmungen einerseits und dem Substitutions- und Umladungsverbot andererseits ist es im Linienverkehr der Disposition des Verfrachters überlassen, mit welchem Schiff die geschuldete Beförderungsleistung erbracht wird. Die Substitutionsklausel (Nr. 6 CONLINE-Bill) nimmt diesen Handelsbrauch auf und erlaubt es dem Verfrachter, die Güter mit beliebigen Schiffen seiner Wahl oder auf andere Weise an den Bestimmungsort zu verbringen und, wo nötig, einzulagern.

Die Haftung des Verfrachters im Konnossementsrechtsverhältnis soll sich dabei auf den Seetransport mit eigenen oder gecharterten Schiffen „under his management" beschränken, während er im übrigen wie ein Spediteur haften will, also insbesondere nur dafür einstehen will, daß er die hierfür eingesetzten Frachtführer oder Verfrachter mit der Sorgfalt eines ordentlichen Kaufmanns" auswählt (§ 408 HGB). Diese Hoffnung kann ihm das deutsche Recht nicht erfüllen, d.h., der Verfrachter kann sich aus der zwingenden Verfrachterhaftung vor Erfüllung der übernommenen Beförderungspflicht nicht zurückziehen (unbestr. seit HansOLG Hbg MDR 1957, 487). Wählt er in Ausübung des Transshipment-Vorbehalts gemäß Klausel 6 CONLINEBILL für bestimmte Teilstrecken des insgesamt kontrahierten Transportweges andere Transportmittel zur See, zu Lande oder in der Luft, dann ist er auf den Abschluß von Unterfrachtverträgen im eigenen Namen und für eigene Rechnung angewiesen. Für seine Haftung gegenüber dem Befrachter bzw. dem legitimierten Konnossementsinhaber gilt das Mindesthaftungssystem der mit dem Frachtvertrag gewählten Transportart, also Seerecht (LG Bremen/HansOLG BremenVersR 1986, 1120f). Es ist seine, des (Haupt-) Verfrachters Aufgabe, für Deckungsgleichheit der Unterfrachtverträge mit dem Hauptfrachtvertrag zu sorgen und Vorkehrungen zur Beweissicherung bei Schadenfällen in einer Transportkette mit unterschiedlichen Haftungsordnungen zu treffen (Einzelheiten bei *Weipert,* MünchVertrHdB Bd. 2 IV 1 Anm. 11–18).

10. Lighterage. Im Stückgutverkehr ist es Sache des Verfrachters, so zu disponieren, daß die Ladung vom Kai direkt in das Seeschiff übernommen werden kann und daß sie im Bestimmungshafen direkt auf den Kai gelöscht werden kann. Ist dies nicht möglich oder unwirtschaftlich, muß in den Lade- oder Löschvorgang also ein Zwischenumschlag in Leichter eingeschaltet werden, dann gehen die hierdurch verursachten Mehrkosten nach § 621 Abs. 2 HGB zu Lasten des Verfrachters. (Von dieser gesetzlichen Kostenzuweisung gilt in Deutschland allein für Bremen als Bestimmungshafen eine Ausnahme: Das **Bremische Gesetz wegen Löschung der Seeschiffe von 1879**, welches durch Art. 19 EGHGB aufrechterhalten worden ist, erlaubt dem Verfrachter die Leichterung der Ladung in Häfen der Unterweser zum Zwecke ihrer Verbringung in die stadtbremischen Häfen auf Kosten des Befrachters bzw. nach Annahme der Güter des Empfängers). Die Lighterage-Clause (Nr. 7 CONLINEBILL) überwälzt diese Kosten auf den Befrachter bzw. nach Empfang der Ladung im Löschhafen auf den Empfänger. Das entbindet den Verfrachter aber nicht von der Pflicht, zum Zwecke der Entgegennahme der Ladung im Ladehafen oder ihrer Entlöschung im Löschhafen einen Liegeplatz aufzusuchen, der unter Berücksichtigung von Wassertiefe, Schiffssicherheit sowie örtlichen Verordnungen, Einrichtungen und behördlichen Anweisungen so nahe wie möglich an die landseitige Übernahmestelle kommt (§ 560 Abs. 2 HGB).

11. Loading, Discharging and Delivery. Die Kosten des Einladens, also der Übernahme von Ladung an Bord des Schiffes, fallen nach deutschem Recht von Gesetzes wegen (§ 561 HGB) und im Stückgutverkehr kraft internationalen Handelsbrauchs dem Verfrachter zur Last. Dasselbe gilt für die Löschkosten (§ 593 HGB). Die Kosten der Abladung hingegen, das heißt die Kosten der Verbringung der Ladung bis zum Schiff und die Kosten der Entgegennahme der Ladung nach ihrer Entlöschung aus dem Schiff sowie ihrer weiteren Abfertigung im Löschhafen fallen ohne abweichende Vereinbarung und vorbehaltlich abweichenden Hafenbrauchs dem Befrachter bzw. nach Auslieferung an einen konnossementsmäßig legitimierten Empfänger diesem zur Last. Diesem Prinzip der Kostenzuordnung entsprechen die Sätze 1 und 2 von Klausel 8 CONLINEBILL.

Im Stückgutverkehr wird das der Praxis nicht gerecht: Regelmäßig erfolgt hier die Anlieferung der Güter durch den Ablader nach vorangegangener Buchung zur landseitigen Übernahme durch den Verfrachter, sei es im eigenen oder in einem von ihm beauftragten Kaibetrieb. Dem Befrachter fallen alle Kosten bis zur Anlieferung an den Kaibetrieb zur Last. Ab dann trägt der Verfrachter die Kosten der Einlagerung der Güter und ihrer Verbringung längsseits Seeschiff – sogenannte lagergeldfreie Stückgutannahme. Dies gilt freilich nicht, wenn bei Güteranlieferung noch kein Seefrachtvertrag durch Buchung zustande gekommen war. In diesem – nicht seltenen – Fall wird die Güteranlieferung bei der Kaianstalt mit dem Auftrag an diese verbunden, ihrerseits alles für den Seetransport erforderliche zu veranlassen. Darin liegt zugleich die Vollmacht, den Frachtvertrag abzuschließen, was sodann zur Anwendung des gesetzlichen Kostenzuordnungssystems führt, also dazu, daß die Güter kostenfrei für den Verfrachter bis an das Schiff zu liefern sind (Hans-

OLG Hbg VersR 1973, 1183). Entsprechende Gebräuche gelten für den Stückgutlinienverkehr im Löschhafen: Auch dort werden die Güter üblicherweise bei der Abfertigungsstelle des Verfrachters in Empfang genommen. Die Verbringungskosten bis dort hin gehen dem Verfrachter zur Last (*Prüßmann/Rabe*, § 593 Anm. D 1). Die konnossementsmäßige Verpflichtung für den Befrachter/Konnossementsinhaber, sich des Verfrachteragenten im Lade- und Löschhafen zu bedienen, ist Ausfluß dieser Abwicklungspraxis.

Daraus folgt auch die Rechtfertigung für die nächstfolgende Regelung der Klausel, nämlich die Befreiung des Verfrachters von der gesetzlichen Verpflichtung, den Befrachter durch den Kapitän auffordern zu lassen, die Abladung ohne Verzug zu bewirken (§ 588 Abs. 1 HGB). Es ist Sache des Befrachters, sich über den Agenten des Verfrachters zuverlässige Informationen über die Ladebereitschaft des Schiffes, den Liegeplatz und die vorgesehene Abfahrt zu verschaffen. Außerdem stehen dafür die veröffentlichten Informationen in den regionalen Hafengazetten zur Verfügung. Im Stückgutlinienverkehr gilt die Verpflichtung zur Abgabe einer Ladebereitschaftsnotiz schon kraft allgemein anerkannten Schiffahrtsbrauchs seit langem nicht mehr.

Den Bedingungen des modernen Stückgutverkehrs entspricht auch die konnossementsmäßige Verpflichtung des Befrachters, seine Anlieferungsgeschwindigkeit der Einladegeschwindigkeit des Schiffes anzupassen, und zwar auf Wunsch des Verfrachters zu allen Tageszeiten und ohne Rücksicht auf Arbeitszeitregelungen oder entgegenstehende Hafenbräuche unter Inkaufnahme von Mehrkosten (Überstundenzuschlägen). Kommt er dieser Verpflichtung nicht nach, so gilt er als im Verzug mit der Anlieferungsverpflichtung, was sowohl nach der Regel des Konnossements, als auch nach § 588 Abs. 2 HGB den Verfrachter von der Beförderungspflicht befreit und seinen Anspruch auf Fehlfracht auslöst. Während Fehlfracht nach englischem Recht nur im Umfange des verzugsbedingten Schadens gefordert werden kann, geht das deutsche Handelsrecht – systemgerecht – von der werkvertraglichen Vorstellung eines grundsätzlich vollen Vergütungsanspruchs (Frachtanspruchs) aus, der sich nur um dasjenige mindert, was der Verfrachter durch Übernahme anderer Güter (anstelle der nicht oder verspätet angelieferten) erlöste. Der Fehlfrachtanspruch verfällt, wenn die Absicht, ihn geltend zu machen, nicht vor Abreise gegenüber dem Befrachter bekanntgemacht wurde (§ 588 Abs. 3 HGB).

Vorbehaltlich der abweichenden Usancen im Linien-Stückgutverkehr ist die Ladung längsseits Seeschiff „aus der Winde" durch den legitimierten Empfänger oder seinen Bevollmächtigten abzunehmen. Wiederum ist es nicht Sache des Verfrachters, nach dem richtigen Empfänger zu suchen. Dieser muß sich selbst nach Löschplatz und etwaiger Löschzeit erkundigen, kurz alles Gebotene organisieren, damit eine zügige Auslieferung der Ladung an ihn erfolgen kann, denn erst mit der Auslieferung und nicht schon mit der Entlöschung hat der Verfrachter den Frachtvertrag erfüllt. Freilich muß der Verfrachter sortiert und ggf. markiert ausliefern. Alle diese Arbeiten werden von hierauf spezialisierten Stauereibetrieben erledigt. Schon im Ladehafen werden bis ins einzelne gehende Staupläne entwickelt, und es wird danach so gestaut, daß eine problemlose Entlöschung in der Reihenfolge der Löschhäfen möglich ist. Versäumt der bestimmungsgemäße Empfänger, die Güter entgegenzunehmen, so darf gleichwohl gelöscht werden. Freilich ist es Sache des Verfrachters, in diesem Falle für ordnungsmäßige Hinterlegung der Güter zu sorgen, denn die Auslieferungspflicht ist unabdingbar, ebenso wie die Pflicht zur Ladungsfürsorge bis zur Auslieferung (*Prüßmann/Rabe*, § 601 Anm. B). Die entgegenstehende Klausel des Konnossements, wonach in diesem Falle schon die Entlöschung der Ladung zur vollständigen Erfüllung aller Verfrachterpflichten führt („... to be deemed a true fulfilment of the contract") findet nach deutschem Recht nur insofern eingeschränkt Anerkennung, als der Verfrachter mit Rücksicht auf den Annahmeverzug seines Vertragspartners von der Haftung für nach der Entlöschung eintretende Ladungsschäden frei wird, sofern ihm kein Verschulden bei der Auswahl eines geeigneten Lagerhalters zur Last fällt. Weil er sich dies unter Verweisung auf Klausel 16 CONLINEBILL vorbehalten hat, darf der Verfrachter die für einen nicht abnahmebereiten Empfänger bestimmte Ladung auch im Schiff lassen

4. Liner Bill of Lading

und in einem anderen sicheren und geeigneten Hafen, ja sogar dem Ladehafen löschen. Kommt es nach Ablauf eines angemessenen Zeitraums nicht zur Auslieferung, so darf der Verfrachter die Ladung durch freihändigen Verkauf oder Versteigerung verwerten, ein Recht, das ihm – und dem Lagerhalter – von Gesetzes wegen nur zur Verwertung gesetzlicher Pfandrechte, sonst aber ohne den Vorbehalt in Klausel 8 CONLINEBILL nicht zustünde.

12. Live Animals and Deck Cargo. Die zwingende Haftung nach den Haager Regeln oder den Haager-Visby-Regeln kann ausgeschlossen werden, wenn sich der Frachtvertrag auf lebende Tiere oder Ladung bezieht, die an Deck befördert werden soll und so verladen wird (§ 663 Abs. 2 Nr. 1 HGB). Klausel 9 CONLINEBILL macht von dieser Freizeichnungsmöglichkeit eingeschränkten Gebrauch, und zwar in zweifacher Weise: Die Klausel greift nur, wo Klausel 19 (Optional Stowage, Unitization) nicht zur Anwendung kommt. Soweit die Klausel danach greift, läßt sie die grundsätzliche Anwendbarkeit der Haager Regeln unberührt, schließt aber die Haftung des Verfrachters für Ladungsverlust oder Ladungsschäden infolge des Verhaltens von Erfüllungsgehilfen im Umgang mit dieser Ladung aus. Damit bleibt die Haftung für See- und Ladungstüchtigkeit (§ 559 HGB) nach Maßgabe der General Paramount Clause (Klausel 2 CONLINEBILL) bestehen.

Im Anwendungsbereich deutschen Rechts besteht (für den Verfrachter) die Gefahr der Inhaltskontrolle nach den Bestimmungen des AGBG. Dies könnte dazu führen, daß der Haftungsausschluß nur insoweit anerkannt wird, als er leichte Fahrlässigkeit von Erfüllungsgehilfen erfaßt, während im übrigen auch für den kaufmännischen Verkehr § 11 Nr. 7 AGBG zur Anwendung kommt (BGHZ 89, 387; BGH NJW 1985, 915).

13. Options. Üblicherweise wird der Bestimmungshafen bei Abschluß des Seefrachtvertrages festgelegt und in das Konnossement aufgenommen. Es kommt aber auch vor, und zwar auch in der Stückgutlinienfahrt, daß der Befrachter es sich vorbehält, unter mehreren fahrplanmäßig anzulaufenden Löschhäfen des Schiffes zu wählen. Ladung, in bezug auf welche ein solcher Wahlvorbehalt vereinbart wurde, wird als Optionsladung (optional cargo) und die Löschhäfen, zwischen denen der Befrachter wählen darf, werden als Optionshäfen (optional ports) bezeichnet. Mit der Optionsvereinbarung wird ein Wahlschuldverhältnis begründet; es ist anerkannt, daß ein solches Wahlschuldverhältnis im Sinne der §§ 262 ff. BGB auch dann vorliegt, wenn sich das Wahlrecht auf die Wahl zwischen verschiedenen Erfüllungsmodalitäten beschränkt (RGZ 57, 141; *Palandt/Heinrichs*, § 262, Rdnr. 1). Nach § 262 BGB steht das Wahlrecht im Zweifel dem Schuldner zu. Das wäre hier der Verfrachter, denn es geht um die Wahl desjenigen Optionshafens, in dem er seine Beförderungspflicht durch Ablieferung der Ladung zu erfüllen gedenkt. Klausel 10 CONLINEBILL weicht davon, dem Sinn des Wahlvorbehalts entsprechend, ab und bestimmt die Voraussetzung, unter denen der Gläubiger (Befrachter) das Wahlrecht wirksam auszuüben berechtigt ist: Er muß den Agenten des Verfrachters im ersten fahrplanmäßigen Optionshafen mindestens 48 Stunden vor Ankunft des Schiffes darüber informieren, für welchen der mehreren Optionshäfen er sich entschieden hat. Anderenfalls hat der Verfrachter – entsprechend der im deutschen Recht geltenden gesetzlichen Regelung – (wieder) das Wahlrecht. Stets kann das Wahlrecht – von welcher Seite auch immer – nur in bezug auf die ganze in dem jeweiligen Konnossement bezeichnete Ladung ausgeübt werden.

14. Freight and Charges. (a) Fracht (freight) ist das Beförderungsentgelt. Charges sind Nebenleistungen, die der Verfrachter vereinbarungsgemäß zu verlangen berechtigt ist, sofern Sondertatbestände im Zusammenhang mit der Güterbeförderung eintreten. In Ermangelung abweichender Vereinbarungen gilt die Seefracht als „collect" gestellt, d.h. sie ist vom Empfänger der Ladung bei deren Ablieferung einzuziehen (§ 614 HGB; *Prüßmann/Rabe*, § 619 Anm. E 1). Soll die Fracht vor Beginn der Beförderung entrichtet werden, so bedarf dies besonderer Vereinbarung („freight to be prepaid" oder „freight prepayable"). Sie sind üblich. Hafenusancen (zB in Bremen) lassen dem Befrachter in solchen Fällen regelmäßig einige Wochen Zeit zur Entrichtung der Fracht nach Entgegennahme eines Konnossements mit dem Vermerk „freight prepaid". In diesen Fällen ist es ebenfalls Handelsbrauch, daß der Agent des Verfrachters, der ein solches Freight-prepaid-Konnossement ohne gleichzeitige Zahlung der Fracht herausgibt, seinem Prinzipal, dem Verfrachter, für die Fracht haftet. Die Frachtforderung geht in diesem Falle in analoger Anwendung von § 774 BGB auf ihn über, so daß er sie im eigenen Namen gegen den Befrachter geltend machen kann (HansOLG Hbg, HANSA 1963, 337). Diesen Usancen trägt Klausel 11 (a) CONLINEBILL Rechnung.

Der volle Frachtanspruch ist mit der Übernahme der Güter an Bord des Seeschiffes verdient, wenn Frachtvorauszahlung vereinbart war. Eine Rückerstattung für den Fall des Güterverlustes während der Beförderung, wie sie in Ermangelung abweichender Vereinbarung § 617 Abs. 1 HGB vorsieht, kommt nicht in Betracht. In gleicher Weise sind vereinbarte Charges zu entrichten. Solche Charges sind unterschiedlicher Natur. Im Container-Verkehr fallen sie regelmäßig an als
- THC (Terminal Handling Charges) im Lade- und im Löschhafen;
- LCL Charge (Less than full Container Load-Charge);
   das ist eine frachtvertragliche Nebenvergütung, die der Verfrachter dafür beansprucht, daß er die vom Befrachter angelieferten Güter zusammen mit anderen in einen Container staut und aus dem Container wieder auszupacken hat.

Je nach Verkehr kommen darüber hinaus vielfältige andere Charges in Betracht wie z.B.
- Congestion Charge (Überfüllungszuschlag) wird im Stückgutlinienverkehr verlangt, wenn nach den bekannten Verhältnissen des Löschhafens mit ungewöhnlichen Wartezeiten bis zum Verholen an einen Löschplatz gerechnet werden muß;
- Direct Delivery Charge; sie wird für direktes Laden oder Löschen an einem anderen als dem üblichen Lade- oder Löschplatz des Schiffes erhoben;
- Additional Charge for optional Cargo; hierzu siehe zunächst die Erläuterungen zu Klausel 10; optional cargo und entsprechende Zuschläge kommen regelmäßig bei Gütern vor, die schwimmend verkauft zu werden pflegen und hinsichtlich derer der Ablader ein Interesse daran hat, in der Bestimmung des Löschhafens möglichst lange frei zu sein;
- Excess Liability Charge (auch: ad valorem freight); sie wird erhoben, wenn Wertkolli abgeladen werden, ihre Art und ihr Wert vor der Einladung in das Seeschiff vom Ablader angegeben worden sind und diese Angabe in das Konnossement aufgenommen worden ist, wodurch die summenmäßige Höchsthaftungsbegrenzung der Haager-Visby-Regeln gemäß § 660 Abs. 1, Satz 1 HGB durchbrochen wird;
- Längen- und Schwergutzuschläge; sie werden erhoben, wenn besonders lange, schwere oder sperrige Güter abgeladen werden;
- Winter Surcharge; sie wird erhoben, wenn in dem betroffenen Trade mit Eisbehinderung zu rechnen ist;
- Collection Fee, diese Gebühr wird erhoben, wenn die Fracht ausnahmsweise nicht vorausentrichtet werden soll, sondern im Bestimmungshafen vom Empfänger zu entrichten ist.

Frachtzuschläge werden im Liniendienst auf die tarifmäßige Fracht erhoben. Im Container-Verkehr wird die Fracht nach der Anzahl der zu befördernden Einheiten, ihrer Größe und der Art und Weise, wie mit ihnen umgegangen werden soll, berechnet (Einzelheiten zur Struktur von Container-Tarifen bei *Prüßmann/Rabe*, § 619 Anm. D 3). Bei general cargo wird die Fracht nach Menge, Maß oder Gewicht oder einer Kombination aus Maß und Gewicht (sogenannte metric tons, worunter verstanden wird, daß der Frachtberechnung entweder das Maß oder das Gewicht zugrunde zu legen ist, je nachdem, welche Einheit zum höchsten Frachtanspruch führt). Frachttarife dürfen von sogenannten Linienkonferenzen nach dem „Verhaltenskodex" für Linienkonferenzen der UNCTAD (BGBl II, 1983, 84) im Kartellverbund gebildet werden. Dabei ist die EU-Verordnung Nr. 4056/1986 für den Umfang der Gruppenfreistellung vom Verbot des Artikels 85, Abs. 1 EU-

4. Liner Bill of Lading

Vertrag maßgeblich (Einzelheiten bei *Werner* RIW 1987, 715; *Rabe/Schütte* RIW 1988, 701).

(b) Solange der Verfrachter nach den seerechtlichen Bestimmungen für Verlust oder Beschädigung der Güter haftet, hat er „... für das Beste der Ladung nach Möglichkeit Sorge zu tragen" (§ 535 Abs. 1 HGB). Der Befrachter und der Ablader sind ihm für die Richtigkeit ihrer Angaben über Maß, Zahl und Gewicht sowie über Merkzeichen der Güter verantwortlich (§ 563 Abs. 1 HGB), und zwar als verschuldensunabhängige Gewährleistungspflicht. Wenn einem von ihnen dabei ein Verschulden zur Last fällt, haften sie sowohl dem Verfrachter als auch den übrigen Reiseinteressenten im Sinne von § 512 Abs. 1 HGB für die Folgen unrichtiger Angaben über die Art und Beschaffenheit der Güter (§ 564 Abs. 1 HGB). Dementsprechend sollen alle Kosten der Ladungsfürsorge einschließlich der Kosten für die Beseitigung von Verpackungsschäden dem Befrachter zur Last fallen. Soll die Fracht beim Empfänger erhoben werden, so wird dieser zahlungspflichtig, wenn er die Güter im Löschhafen entgegengenommen hat.

(c) Üblicherweise fallen die gewöhnlichen und ungewöhnlichen Kosten der Schiffahrt dem Verfrachter allein zur Last (§ 621 Abs. 2 HGB). Fallen solche Kosten, insbesondere aufgrund hoheitlicher Eingriffe jedoch ladungsbezogen an, werden sie also entweder in Abhängigkeit von der geschuldeten (oder bezahlten) Seefracht und/oder nach Menge, Maß oder Gewicht der Ladung erhoben, dann berühren sie nur die Sphäre der Ladungsbeteiligten und fallen diesen zur Last, auch wenn sie ungewöhnlich sind (BGHZ 8, 55). Klausel 11 (c) CONLINEBILL geht weiter: Der „Merchant" soll auch das an (zumeist öffentlich-rechtlichen) Abgaben tragen, was gegenüber dem Verfrachter auf der Grundlage der „tonnage of the vessel" erhoben wird. Insoweit handelt es sich um einen Fall der sogenannten „kleinen Haverei" – die Kosten wären unter den Ladungsbeteiligten nach einem angemessenen Verhältnis (z.B. nach dem Verhältnis der Fracht entsprechend add. clause A CONLINEBILL) umzulegen.

(d) Kosten und Schäden jedweder Art, die darauf beruhen, daß Einfuhr- oder Ausfuhrbestimmungen oder Zollvorschriften nicht beachtet werden, sind ebenfalls ausschließlich der Sphäre der Ladungsbeteiligten zuzurechnen und von ihnen zu tragen. Auch diese Klausel entspricht dem Verständnis des deutschen Rechts (BGHZ 8, 55).

(e) Befrachter und Ablader tragen eine Garantiehaftung für richtige Angaben über Maß, Zahl, Gewicht und Merkzeichen der abgeladenen Güter (§ 563 Abs. 1 HGB). Sie haften für schuldhaft unrichtige Angaben über Art und Beschaffenheit der Güter (§ 564 Abs. 1 HGB), im Falle falscher Angaben über entzündliche, explosive oder sonst gefährliche Güter sogar verschuldensunabhängig (§ 564b HGB). Welche Güter gefährlich in diesem Sinne sind, bestimmt das **Gesetz über die Beförderung gefährlicher Güter vom 6. August 1975** – BGBl I, 2121, zuletzt geändert am 26. 6. 1990 – BGBl I, 1243 – **GefahrgutG**. Klausel 11 (e) CONLINEBILL ist eine diesen Gedanken des deutschen Rechts entsprechende Präventionsvorschrift mit Vertragsstrafenvorbehalt.

15. Lien. Nach § 623 Abs. 1 HGB steht dem Verfrachter wegen aller in § 614 Abs. 1 HGB bezeichneten Forderungen ein Pfandrecht zu (gesetzliches Pfandrecht). Dieses Pfandrecht besteht neben dem Zurückbehaltungsrecht nach § 614 Abs. 2 HGB, und es besteht als sogenanntes „Folgerecht" auch nach Ablieferung der Güter an den Empfänger fort, solange der Empfänger im Besitz der Güter bleibt und sofern es innerhalb von 30 Tagen nach Ablieferung gerichtlich geltend gemacht wird (§ 623 Abs. 2 HGB). Dieser gesetzliche Schutz reicht zur Sicherung des Verfrachters aus, sofern der Ladungsempfänger durch Annahme der Ladung Schuldner der in § 614 Abs. 1 HGB bezeichneten Verfrachterforderungen wird oder werden kann.

Letzteres ist nicht der Fall, wenn das Konnossement den Vermerk „Freight prepaid" (oder Sinngleiches) trägt, und zwar auch dann, wenn die Fracht tatsächlich nicht vorausbezahlt wurde. In diesem Fall bleibt der Befrachter einziger Schuldner des Verfrachters. Nur dann, wenn der Befrachter mit dem Empfänger identisch ist, wirkt das gesetzliche Pfandrecht auch ihm gegenüber (*Prüßmann/Rabe*, § 623 Anm. B 3 a).

Die Lien-Klausel soll den Verfrachter auch für den Fall sichern, daß der Empfänger nicht zahlungspflichtig wird. Mit ihr wird ein rechtsgeschäftliches Pfandrecht an der Ladung begründet, welches nach den Bestimmungen der §§ 1204 ff. BGB gegenüber jedermann wirkt, solange der Verfrachter im Besitz oder mittelbaren Besitz der Güter ist. Liefert der Verfrachter die Güter im Löschhafen an eine Kaianstalt aus, die von ihm nicht selbst beauftragt wurde, dann verliert er den Besitz. Das Pfandrecht erlischt infolgedessen zwingend. Ein Folgerecht entsprechend § 623 Abs. 2 HGB besteht nicht. Allerdings wird angenommen, daß ein Empfänger, der die Güter in Kenntnis der Lien-Klausel übernimmt, die kumulative Schuldübernahme in bezug auf alle Forderungen erklärte, die durch das vertragliche Pfandrecht gesichert wurden. Es wird angenommen, daß nach der Verkehrsauffassung der Verfrachter mit der Auslieferung der Ladung an den Empfänger seine Rechte diesem gegenüber nicht schmälern will (*Prüßmann/Rabe*, § 623 Anm. F 2; *Schaps/Abraham*, § 614 Anm. 22). Demgemäß ist die Anwendung von § 625 HGB (Haftentlassung des Befrachters nach gesetzlichem Forderungsübergang gemäß § 614 HGB auf den Empfänger) ausgeschlossen.

16. Delay. Das Seefrachtrecht kennt keine besonderen Bestimmungen über die Haftung des Verfrachters für Verzug bei der Einladung der Güter oder bei der Ablieferung im Löschhafen. Es gelten für solche Fälle also die allgemeinen Bestimmungen des BGB über die Verzugsfolgen (*Schaps/Abraham*, § 606, Anm. 14; *Prüßmann/Rabe*, § 606 Anm. F 2b). Das führt bei verspäteter Ladungsübernahme zur Notwendigkeit der Nachfristsetzung gemäß § 326 Abs. 1 BGB, bei unverhältnismäßig verspäteter Ankunft des Schiffes im Löschhafen und dadurch bedingter verspäteter Ablieferung der Güter an den Empfänger zur Haftung nach den Grundsätzen der positiven Vertragsverletzung. Den Folgen solcher Tatbestände soll Klausel 13 CONLINEBILL vorbeugen. Die Haftung des Verfrachters soll danach auf sein persönliches grobes Verschulden bei der Beförderungsverzögerung begrenzt sein. Weil Konnossementsbedingungen nach deutschen Rechtsvorstellungen allgemeine Geschäftsbedingungen sind, und der Bundesgerichtshof im Falle einer so weit gehenden Haftungsbeschränkung § 11 Nr. 7 AGBG auch im kaufmännischen Verkehr für maßgeblich hält, dürfte grobes Verschulden von Erfüllungsgehilfen (namentlich von Schiffsbesatzung und Agenten) nach deutschem Recht zur Haftung für Verzögerungsschäden führen.

17. General Average and Salvage. General average (große Haverei (auch Havariegrosse)) ist eines der ältesten Institute des Seerechts. Sie liegt vor, wenn dem Schiff und/oder der Ladung durch den Kapitän auf dessen Weisung vorsätzlich Schaden zugefügt wird, um beide aus einer gemeinsamen Gefahr zu erretten. Diesen Schäden stehen die infolge der getroffenen Maßregeln ferner verursachten Schäden (sogenannte Havariegrosse-Folgen) und die zum selben Zweck aufgewandten Kosten gleich. Rechtliches Anliegen für die Befassung mit der Havariegrosse ist die **Verteilung** aller zum Zwecke der Errettung aus gemeinsamer Gefahr herbeigeführten Schäden und aufgewendeten Kosten. § 700 Abs. 1 HGB beschreibt den Tatbestand der großen Haverei, § 700 Abs. 2 HGB das Prinzip der Lastenverteilung: „die große Haverei wird von Schiff, Fracht und Ladung gemeinschaftlich getragen". Die Feststellung und Verteilung der Schäden und Kosten erfolgt durch Aufmachung der Dispache, für die nach deutschem Recht vom Gericht ernannte Personen, die Dispacheure, zuständig sind. Das Verfahren regeln die §§ 149 ff. FGG.

Die Bestimmungen der §§ 700 ff. HGB betreffend die verschiedenen Havereitatbestände und die Regelung ihrer Folgen sind dispositives Recht. Klausel 14 CONLINEBILL macht von der Möglichkeit ihrer Abbedingung Gebrauch und legt die York-Antwerp-Rules 1974 (YAR) als für das Rechtsverhältnis zwischen Schiff und Ladungsbeteiligten maßgebliche Schadenfeststellungs- und Verteilungsordnung fest. Die YAR sind kein bi- oder multilaterales Übereinkommen, sondern eine durch das Comité Maritime International anläßlich seiner Zusammenkunft in Hamburg 1974 zuletzt überarbeitete Empfehlung für die Regelung der Havariegrosse-Tatbestände durch privatrechtliche Vereinbarung

4. Liner Bill of Lading V.4

im internationalen Rechtsverkehr. Sie sind inzwischen die im internationalen Seehandelsrecht uneingeschränkt gebräuchliche Havariegrosse-Ordnung. Nationale Havariegrosse-Rechte gelten ihnen gegenüber nur, soweit die YAR Lücken aufweisen. Welches nationale Recht in diesen Fällen zur Anwendung kommt, ist nach üblichen Grundsätzen des jeweils maßgeblichen internationalen Privatrechts zu ermitteln (HansOLG Bremen VersR 1984, 735). Der Text der YAR mit Erläuterung findet sich bei *Prüßmann/Rabe*, § 733 Anhang.

Klausel 14 CONLINEBILL beschreibt den Tatbestand der Havariegrosse den vorgenannten Vorstellungen entsprechend als Ereignis, das Aufopferungen erforderlich machte und Schäden und Kosten zur Folge hatte, für die sämtlich der Verfrachter weder eine gesetzliche noch vertraglich bedungene Verantwortung trägt. Einbezogen in den Havariegrosse-Begriff werden – im Gegensatz zu den YAR – auch die Fälle der uneigentlichen großen Havarei, also eines zum Schaden, auch Verzögerungsschaden, führenden Ereignisses nach Übernahme der Ladung aber vor Auslaufen des Schiffes aus dem Abladungshafen, eine Regelung, die § 635 HGB entspricht.

Hilfs- und Bergelohn (salvage) sind nach Regel VI YAR als Rettungskosten in die Havariegrosse-Verteilung einzubeziehen, und zwar auch, soweit Bemühungen des Bergers bei Vermeidung oder Verringerung von Umweltschäden abzugelten sind. Die genannte Regel der YAR macht es für die Einbeziehung von Hilfs- und Bergelohn in die Havariegrosse-Abrechnung nicht zur Voraussetzung, daß das für die Bergung eingesetzte Schiff einem Dritten gehört. Das entspricht dem Verständnis des deutschen Rechts, § 743 HGB gewährt den gesetzlichen Anspruch auf Berge- oder Hilfslohn auch dann, wenn die Bergung oder Hilfeleistung zwischen mehreren Schiffen desselben Eigentümers stattgefunden hat. Klausel 14 CONLINEBILL regelt dies unabhängig von der anzuwendenden Rechtsordnung.

18. Both-to-Blame-Collision-Clause. Die Klausel regelt Rechtsfolgen, die sich bei Kollisionsfällen aus dem Mitverschulden der Schiffsbesatzung ergeben. Wo der Carrier (Verfrachter) nicht zugleich Reeder, also Eigentümer des Schiffes ist, kommt sein eigenes Verschulden bei der Führung des Schiffes nicht in Betracht. Gemäß § 607 Abs. 1 HGB hat er jedoch das Verschulden seiner Leute und der Schiffsbesatzung im gleichen Umfang zu vertreten wie eigenes Verschulden. Soweit Kollisionen durch die Schiffsbesatzung in schuldhafter Weise verursacht oder mitverursacht wurden, hat das nach dem Seefrachtvertrag grundsätzlich auch der Verfrachter zu vertreten. Eine Haftung folgt daraus jedoch in der Regel nicht, denn nach § 607 Abs. 2 HGB, welcher dem Haftungssystem der Haager-Regeln entspricht und damit über die General Paramount Clause (Klausel 2 CONLINEBILL) unabhängig von der Rechtswahl im übrigen dem Konnossementsrechtsverhältnis zugrunde liegt, ist der Verfrachter nicht verantwortlich für Schäden, die durch nautisches Verschulden der Schiffsbesatzung oder Feuer entstanden sind. Nur in den seltenen Fällen, bei denen die Kollision auf mangelnde See-/Reisetüchtigkeit bei Reisebeginn beruht, also zum Beispiel auf einem Defekt der Ruder- oder Propelleranlage oder der Signal-/Beleuchtungsanlagen, kommt eine Verfrachterhaftung auf der Grundlage des Seefrachtvertrages in Betracht (§ 559 HGB).

Abgesehen von diesen seltenen Fällen ist der Ladungsbeteiligte deshalb in der Regel darauf angewiesen, den infolge der Kollision an seiner Ladung entstandenen Schaden außerhalb des Seefrachtvertrages auf ausschließlich gesetzlicher Grundlage gegenüber den dafür Verantwortlichen geltend zu machen.

Als Adressat solcher Ansprüche kommt der Reeder jedes in die Kollision verwickelten Schiffes in Betracht, sofern dessen Schiffsbesatzung dafür eine Verantwortlichkeit trifft. Rechtsgrundlage für die Inanspruchnahme des Reeders unter den genannten Voraussetzungen (schuldhafte Verursachung oder Mitverursachung des kollisionsbedingten Ladungsschadens) sind im deutschen Recht die §§ 735 ff. HGB, die gemäß § 485 HGB eine sogenannte adjektizische Haftung des Reeders für den Fall begründen, daß dem Geschädigten gegen das schädigende Besatzungsmitglied oder gegen die haftungsrechtlich gleichgestellte Person (den Lotsen) ein Anspruch aus § 823 BGB zusteht (BGHZ 26, 152). Diese Haftungsregelung entspricht derjenigen des **Internationalen Übereinkommens zur einheitlichen Feststellung von Regeln über den Zusammenstoß von Schiffen (IÜZ) vom 23. 9. 1910**, die 1913 von Deutschland in das nationale Recht übernommen wurden (RGBl 1913, 90). Die meisten am Seehandel beteiligten Staaten sind diesem Übereinkommen beigetreten. Das IÜZ beruht auf dem Prinzip der Kongruenz von Verschuldensquote und Haftungsquote. Die IÜZ-Haftung ist pro-ratarisch; gesamtschuldnerische Haftung der Reeder mehrerer kollisionsbeteiligter Schiffe kommt nur bei Personenschäden (Tod oder Körperverletzung) in Betracht (§ 736 Abs. 2 HGB).

Bei diesem Haftungssystem scheidet demzufolge ein Gesamtschuldnerausgleich unter den Reedern mehrerer kollisionsbeteiligter Schiffe für Ladungsschäden aus.

Anders in den USA. Diese sind dem IÜZ nicht beigetreten. Dort haften die Reeder mehrerer kollisionsbeteiligter Schiffe gegenüber allen Ladungsbeteiligten gesamtschuldnerisch. Jeder aus der gesamtschuldnerischen Haftung in Anspruch genommene Reeder ist deshalb von Gesetzes wegen ausgleichsberechtigt gegenüber den Reedern anderer kollisionsbeteiligter Schiffe. Soweit diese Ausgleichspflicht auf den Verfrachter durchschlägt, weil er selbst Reeder ist oder weil der Reeder berechtigt ist, sich deswegen bei ihm schadlos zu halten, entsteht sein, des Verfrachters, Interesse an einer Haftungsüberwälzung auf die Ladungsbeteiligten, damit seine den Haager-Regeln entsprechende Haftungsfreistellung für die Folgen nautischen Verschuldens der Schiffsbesatzung (§ 607 Abs. 2 HGB) nicht durch die Gesamtschuldnerausgleichspflicht des amerikanischen Rechts zunichte gemacht wird. Der Sicherung dieses Interesses – und nur dieses Interesses – soll die Both-to-Blame-Collision-Clause dienen.

Für den Fall allerdings, daß das Konnossementsrechtsverhältnis (nur von diesem, nicht von Charterverträgen ist in diesem Zusammenhang die Rede) US-amerikanischem Recht unterliegt, verfehlt die Klausel ihre Wirkung, denn in diesem Rechtsverhältnis wurde sie vom Supreme Court für nichtig erklärt (United States vs. Atlantic Mutual Insurance Co., 1952, American Maritime Cases 659). Der erste Satz von Klausel 15 CONLINEBILL („This clause to remain in effect even if unenforceable in the Courts of the United States of America") soll der Rechtswirkung dieser Entscheidung des Supreme Court entgegenwirken: Unterliegt das Konnossementsrechtsverhältnis nicht US-amerikanischem Recht, droht aber dem Verfrachter eine Inanspruchnahme wegen der vom IÜZ-System abweichenden amerikanischen Reederhaftung in Kollisionsfällen, dann soll die Klausel zu Lasten der Ladung wirken.

19. Government Directions, War, Epidemics, Ice, Strikes etc.

(a) Die Haftung des Verfrachters für die Folgen der Ausführung von „Government Directions", also von behördlichen Anordnungen im weitesten Sinne oder von Anordnungen, die dem Schiff von seinem Kaskoversicherer erteilt werden, ist zulässigerweise ausgeschlossen. Das entspricht dem Verständnis des deutschen Rechts in § 608 Abs. 1 Nr. 2 HGB (sogenannte „excepted perils").

(b) Nach § 629 HGB kann jede der Parteien des Seefrachtvertrages vom Vertrage entschädigungsfrei zurücktreten, wenn vor Antritt der Reise Umstände eintreten, die ihre vertragsrechte Ausführung hindern oder vorhersehbar hindern werden. Hat der Verfrachter die Ladung bereits an Bord genommen, so besteht seine Obhutspflicht ungeachtet des Rücktritts (eigentlich „Kündigung") bis zur Rückgabe an den Ablader oder, sofern ein Konnossement bereits ausgestellt wurde, an dessen legitimierten Inhaber fort. Für die Rückabwicklung bereits empfangener Leistungen gelten die §§ 812 ff. BGB. Für noch aufzubringende Kosten (Löschungs- und Hafenkosten) gilt § 639 HGB mit der Maßgabe, daß die Kosten der Ausladung grundsätzlich dem Verfrachter, die übrigen Kosten dem Befrachter zur Last fallen. Nur wenn das der Reiseausführung entgegenstehende Hindernis ausschließlich mit der Ladung zusammenhängt, fallen dem Befrachter alle diese Kosten zur

4. Liner Bill of Lading

Last. Entsprechendes gilt nach § 634 HGB, wenn ein gleichartiges Reiseausführungshindernis nach Antritt der Reise eintritt.

Klausel 16 (b) CONLINEBILL entspricht dieser gesetzlichen Regelung in zulässiger Weise. Soweit der Anspruch auf Rückzahlung vorausentrichteter Frachten und Nebenvergütungen (Charges) ausgeschlossen ist (Klausel 11 (a) CONLINEBILL) und soweit die Kostenfolgen einer hiernach gerechtfertigten vorzeitigen Vertragsauflösung abweichend von § 636 HGB geregelt wurden (Klausel 16 (d) CONLINEBILL) in der Weise, daß alle diese Kosten einschließlich etwaiger Rückfracht dem Befrachter zur Last fallen, ist auch dies zulässig.

(c) Naturereignisse wie Behinderungen durch Eis, Seuchen und damit einhergehende Präventionsmaßnahmen (Quarantäne) sind Fälle höherer Gewalt, die, sofern sie die Ausführung des Frachtvertrages hindern, zur Kündigung oder unmittelbar zur Wiederausladung der bereits übernommenen Güter berechtigen. Auch für die Folgen von Arbeitsbehinderungen aller Art (Streik, Aussperrung etc.) braucht der Verfrachter nicht einzustehen (§ 608 Abs. 1 Nr. 4 HGB). Dasselbe ist anerkannt für jede andere auch mittelbare Behinderung der Transportausführung, zum Beispiel Druck auf den Kapitän oder Verfrachter, die Ladung auszuliefern, mit der Drohung, sonst Zwangsmaßnahmen gegen Angestellte oder Vermögen des Verfrachters zu ergreifen (*Prüßmann/Rabe*, § 608 Anm. B 2; RGZ 149, 374). In all diesen Fällen ist die Kündigung des Frachtvertrages und ggf. die Wiederausladung der Güter im Ladehafen oder ihre Entlöschung in einem anderen dafür in Betracht kommenden sicheren Hafen aufgrund dieses Klauselvorbehalts gerechtfertigt.

(d) Ob die rigorose Überwälzung aller durch gerechtfertigte vorzeitige Vertragsbeendigung hervorgerufenen Folgekosten auf den Befrachter, wie sie in diesem Teil der Klausel vorgesehen ist, gebilligt werden kann, hängt von den im Einzelfall zu prüfenden Umständen ab. Der Verfrachter muß sich redlich verhalten. Die Verpflichtung, auf eine Minderung des Schadens bedacht zu sein, gehört zu seinen frachtvertraglichen Nebenpflichten. Wenn es für ihn erkennbar ist, daß Ereignisse eintreten oder Situationen entstehen werden, die der Durchführung des Frachtvertrages entgegenstehen, muß er – gegebenenfalls im Benehmen mit dem Befrachter – rechtzeitig Maßnahmen treffen, die geeignet sind, die vorhersehbaren Rückabwicklungskosten zu vermeiden oder zu vermindern.

(e) Diesem Gedanken trägt Klausel 16 (e) CONLINEBILL Rechnung: Wenn der Verfrachter ein Reiseausführungshindernis vorhersieht, bevor das Konnossement ausgegeben wurde, darf er den Frachtvertrag kündigen. Dasselbe gilt als Grundgedanke dieses Teils der Konnossementsbedingungen für jede vergleichbare Situation nach Ausgabe des Konnossements mit Wirkung für dessen Inhaber.

(f) Wer immer als Merchant (Ladungsinteressent) in Betracht kommt, jedenfalls aber der Befrachter, ist, wo irgendmöglich, vom Reiseausführungshindernis zu unterrichten. Die weiterhin in jedem Falle vom Verfrachter geschuldete Ladungsfürsorge ist mit ihm abzustimmen. Zu beachten bleibt im übrigen, daß kraft internationalen Handelsbrauchs weder die gesetzlichen Bestimmungen in den §§ 628–630, 634 und 641 HGB, noch diese Klausel zur Anwendung kommen, wenn und soweit die Beförderung im Stückgutlinienverkehr erfolgen soll und nur ein bestimmtes Schiff des Verfrachters vom Reisehindernis betroffen ist (vgl. Erl. zu Klausel 6).

20. Identity of Carrier. Die Wirksamkeit von Klausel 17 CONLINEBILL, wonach nur der Eigentümer des jeweils eingesetzten Seeschiffes als Verfrachter, mithin als derjenige gilt, der die volle Verfrachterhaftung tragen soll (sogenannte Identity-of-Carrier-Clause oder IOC-Klausel), ist nach deutschem Recht umstritten (vgl. Karsten Schmidt, S. 88ff.). Nach inzwischen gefestigter Rechtsprechung begründet die Klausel keine Reederhaftung, wenn nach der äußeren Gestaltung des Konnossements ein anderer als der Reeder (zumeist ein Zeitcharterer) wie ein Verfrachter erscheint und wenn der Vertrag durch dessen Beauftragte abgeschlossen wird (HansOLG Hbg VersR 1990, 290; BGH VersR 1990, 503; BGH EWiR 1991, 435 mit Anm. von *Koller*). Der ursprüngliche Sinn der Identity-of-

Carrier-Clause zielte auch nicht auf diese Rechtsfolge. Die Klausel sollte vielmehr bewirken, daß ein nicht mit dem Reeder identischer Verfrachter auf die gleichen Möglichkeiten der Haftungsbeschränkung zurückgreifen kann, die von Gesetzes wegen dem Reeder zur Verfügung stehen (HansOLG Bremen VersR 1975, 732). In dieser Funktion wurde sie gewissermaßen im Vorgriff auf die beschränkte Haftung des Charterers, die durch das erste Seerechtsänderungsgesetz Bestandteil der gesetzlichen Regelung wurde, seit langem anerkannt. Mit der in der deutschen Praxis überwiegenden Deutungsvariante, der „Haftungsverlagerung", ist die Klausel aber nicht akzeptabel. Die Rechtsprechung verweist den Verfrachter insoweit auf die Möglichkeit, sich vom Reeder ausreichend bevollmächtigen zu lassen und den Frachtvertrag **offen** in dessen Namen abzuschließen, beispielsweise durch Zeichnung des Konnossements „on behalf of the Owners as Carrier" (HansOLG Bremen TranspR 1986, 153). Mit dieser Maßgabe entspricht Abs. 1 Satz 2 von Klausel 17 CONLINEBILL der Gesetzeslage, während die Klausel im übrigen nach deutschem Recht wirkungslos bleibt, es sei denn, die Zeichnung des Konnossements erfolgte in Vollmacht des Reeders im Individualabredeteil des Standardformulars (S. 2 desselben) erkennbar für diesen.

21. Exemptions and Immunities of all Servants and Agents of the Carrier. 1952 fiel Mrs. Adler, die Passagierin von MS „HIMALAYA" war, nach einem Landausflug bei der Rückkehr an Bord eine unsachgemäß befestigte Gangway auf den Kopf. Weil die dem Beförderungsvertrag zugrundeliegenden Passagebedingungen eine Haftung der Reederei für Mrs. Adlers Körperbeschädigung ausschlossen, nahm letztere mit Erfolg den Kapitän und den Bootsmann mit Rücksicht auf deren deliktsrechtliche Verantwortlichkeit in Anspruch. Das House of Lords (2 Lloyd'sRep 1954, 267) bemerkte, daß anders hätte entschieden werden müssen, wenn die Passagebedingungen der Reederei auch einen Haftungsausschluß zugunsten der Gehilfen des Reeders enthalten hätten. Das war die Geburt der „HIMALAYA-Klausel", der Klausel 18 CONLINEBILL entspricht. In dieser ursprünglichen Form wurde sie Bestandteil der Hague-Visby-Rules und mit diesen in das deutsche Recht übernommen (§ 607a Abs. 2 HGB): Die „Leute" des Verfrachters und die Mitglieder der Schiffsbesatzung können sich gegenüber Schadenersatzansprüchen wegen Ladungsverlusts oder Ladungsbeschädigung auf dieselben Haftungsbefreiungen und Haftungsbeschränkungen berufen, die auch dem Verfrachter zu Gebote stehen. Die Entstehungsgeschichte der Visby-Rules beschränkt die Anwendbarkeit dieser gesetzlichen Drittbegünstigung auf „Servants or Agents of the Carrier". Das sind die in strenger organisationsbedingter Weisungsabhängigkeit tätigen Leute des Verfrachters, nicht hingegen selbständige und vom Verfrachter unabhängige Unternehmen (*Prüßmann/Rabe*, § 700a Anm. C 1b, str. aA. *Herber*, S. 199).

Soweit es um den haftungsrechtlichen Schutz dieses Personenkreises, also der Leute des Verfrachters und der Schiffsbesatzung geht, bedarf es der HIMALAYA-Klausel nicht, wenn der Frachtvertrag deutschem Recht unterworfen ist oder nach Abs. 2 der General Paramount Clause die Hague-Visby-Rules auf ihn Anwendung finden. Klausel 18 CONLINEBILL gilt aber nicht nur für Servants or Agents of the Carrier, sondern außerdem für die außerhalb des Schutzbereichs der Hague-Visby-Rules bzw. von § 607a Abs. 2 HGB stehenden „independent Contractors from time to time employed by the Carrier". Das sind zum Beispiel Stauer, Schiffsbefestiger, Schiffsbewacher, kurzum Dienstleistungsunternehmen, die im Geschäftsbesorgungsvertrag für den Verfrachter tätig sind. Nach deutscher Rechtsvorstellung ist deren Einbeziehung in den haftungsrechtlichen Schutz des Verfrachters in analoger Anwendung von § 328 BGB möglich (*Gernhuber* JZ 1972, 445; *Blaurock* ZHR 146 (1982), 238, 251; MünchKomm/*Gottwald*, § 328, Rdnr. 95). Damit dies auch im englischen Rechtskreis, der grundsätzlich keine Verträge zugunsten Dritter kennt, gelingt, wurde die Klausel alternativ als Vertreter- oder Treuhändermaßnahme des Carriers für seine Leute ausgestaltet. Die Tendenz der deutschen Rechtsprechung zielt auf eine generelle Ausdehnung der Schutzwirkung von § 607a Abs. 2 HGB auf alle Erfüllungs-

4. Liner Bill of Lading

gehilfen des Verfrachters (BGH NJW 1974, 2177, Einzelheiten bei *Prüßmann/Rabe*, § 607a Anm. C 4).

22. Optional Stowage. Unitization. (a) Wenn nichts anderes vereinbart wurde, ist das Laden des Schiffes Sache des Verfrachters (§ 561 HGB). Den dabei zu beachtenden Sorgfaltsmaßstab bestimmt § 606 S. 1 HGB („Sorgfalt eines ordentlichen Verfrachters"). Abweichende Vereinbarungen („fio/fios" = free in and out ... stowed and trimmed) sind auch im Stückgutverkehr nicht selten; die Obhutspflicht des Verfrachters beginnt dann erst, wenn die Stauung abgeschlossen ist. Gegenüber dem konnossementsmäßigen Empfänger kann sich der Verfrachter letzterenfalls aber nur dann auf die Verkürzung der Haftungsperiode berufen, wenn die fio-/fios-Klausel im Konnossement vermerkt ist. Die Verantwortlichkeit des Verfrachters dafür, daß See- und Reisetüchtigkeit des Schiffes bei fio-Abladung nicht beeinträchtigt werden, bleibt immer unberührt. Dasselbe gilt für die insoweit gleichlaufende gesetzliche Haftung des Kapitäns nach § 514 HGB.

Sind Laden und Stauen Sache des Verfrachters, dann muß er frei sein in der Entscheidung darüber, wie gestaut werden soll. Diese Freiheit sichert ihm Klausel 19 (a) CONLINEBILL. Er darf so stauen, wie angeliefert wird. Er darf die angelieferten Güter mit anderen Gütern in Containern, auf Paletten oder Trailern zusammenpacken und muß ungeachtet dieser Freiheiten darauf achten, daß richtig gestaut wird, daß also nicht etwa zuerst eingeladene Güter durch Überstauung mit schwereren Gütern beschädigt werden oder daß unverträgliche Güter mit anderen zusammengepackt werden. Nach der Rechtsprechung des HansOLG Bremen (VersR 1972, 248; VersR 1972, 780) hat der Verfrachter „alle nur erdenklichen Vorkehrungen zu treffen, um die ihm anvertrauten Güter vor Schaden zu schützen". Vernünftigerweise wird man das relativieren müssen: Was richtige Stauung ist, bestimmt zunächst die Eigenart des Gutes, sodann die technische Auslegung des Schiffes und nicht zuletzt der Reiseweg und die dabei zu erwartenden Wetter- und Klimaverhältnisse.

(b) Grundsätzlich sind alle Güter im Schiffsraum und nicht an Deck zu stauen, d.h. sie sind so zu verladen, daß sie durch die Vorrichtungen des Schiffes selbst vor überkommenden Seen und unmittelbaren Witterungseinflüssen wie Regen und Eis geschützt sind. Auch die Beförderung in Decksaufbauten ist deshalb Beförderung „im Schiffsraum". Eine Verletzung dieser Pflicht ist Staufehler, d.h. sogenanntes „kommerzielles Verschulden" im Sinne von § 606 HGB (HansOLG Hbg HANSA 1958, 2029). Wird die unzulässigerweise an Deck gestaute Ladung durch See- oder Regenwasser beschädigt, oder geht sie infolge überkommender Seen oder Wind über Bord, so kann sich der Verfrachter nicht nach § 608 Abs. 1, Nr. 1 HGB exkulpieren.

Vom Verbot der Decksverladung gibt es drei Ausnahmen:
— Gesetzliche Verbote, unter Deck zu laden. Das trifft für bestimmte gefährliche Güter nach der **VO über die Beförderung gefährlicher Güter mit Seeschiffen — GefahrgutVSee** — vom 24. 7. 1991 — BGBl 1991, 1714 — und entsprechenden ausländischen Vorschriften zu. Hier wären entgegenstehende Anweisungen (mitunter auch Zustimmungserklärungen) des Befrachters oder Abladers unbeachtlich.
— Verkehrsüblichkeit der Decksverladung. Sie ist insbesondere im Container-Verkehr gegeben; Container-Schiffe sind konstruktionsbedingt darauf angelegt, daß mit ihnen beförderte Container in mehreren Lagen über Deck gestaut werden. Jeder Ladungsbeteiligte muß damit rechnen, daß sein Container in dieser Weise verladen wird (*Prüßmann/Rabe*, § 566 Anm. E 3a, a. A. *Schaps/Abraham*, § 566 Anm. 5). Dasselbe gilt im Falle des Transports von Gütern, deren Verbringung in den Laderaum des Schiffes gar nicht möglich ist, z.B. bei bestimmten Schwerkollis wie Lokomotiven oder ganzen Schiffen.
— Zustimmung des Abladers. Letztere bindet den Befrachter und kann umgekehrt durch dessen Zustimmung ersetzt werden (§ 566, Abs. 1 HGB).

Klausel 19 (b) CONLINEBILL enthält eine solche Zustimmung als Bestandteil des

Konnossementsrechtsverhältnis und des durch die Konnossementsbedingungen festgelegten Frachtvertragsinhalts. Diese Zustimmung umfaßt zweierlei, nämlich zunächst die Erlaubnis zur Decksverladung von durch den Ablader angelieferten Containern, Trailern und transportablen Tanks. Ferner umfaßt sie die Befugnis zur Decksverladung von Containern und Trailern, in die der Verfrachter vom Ablader angelieferte Güter unter Inanspruchnahme seiner in Klausel 19 (a) CONLINEBILL vorbehaltenen Option staute. Der so vereinbarte Deckverladevorbehalt gilt generell. Eine Notifizierung des Abladers ist nicht erforderlich.

(c) Haftungsrechtlich berührt die erlaubte Decksverladung die Position des Verfrachters nicht. Er bleibt wie bei jeder unter Deck gestauten Ladung obhutspflichtig und kann sich – im Gegensatz zur unerlaubten Decksverladung – auf § 608 Abs. 1, Nr. 1 HGB berufen, wenn die an Deck verladenen Güter durch Eintritt einer „Seegefahr" Schaden nehmen oder verloren gehen, sofern er nur an Deck ordnungsmäßig staute, d.h. insbesondere ausreichend laschte. Die erlaubte Decksverladung verschafft dem Verfrachter allerdings die Möglichkeit, sich von der zwingenden Mindesthaftung nach den Hague-Visby-Rules (hier: § 662 HGB) freizuzeichnen (§ 663 Abs. 2, Nr. 1 HGB). Auf diese Möglichkeit greifen die Bedingungen der CONLINEBILL gerade **nicht** zurück: Wenn nichts anderes vereinbart wurde, will der Verfrachter auch für die Güter/Behältnisse, die in Ausübung der Deckverladeoption gemäß Klausel 19 (b) CONLINEBILL an Deck verladen wurden, nach den Haager-Regeln haften.

„No jettison of cargo shall be made good as general average, unless such cargo is carried in accordance with the recognized custom of the trade" (Rule I YAR). Das HGB ist strenger: § 708 Nr. 1 verweigert jeder Decksladung – auch der erlaubten – die Beteiligung an der Havariegrosse, d.h. der Wert verlorengegangener Decksladung und der damit korrespondierenden Fracht (§§ 618 Abs. 2, 715 HGB) bleiben bei der Schadenfeststellung und der Verteilungsrechnung außer Betracht; werden die decksverladenen Güter allerdings gerettet, dann sind sie in der Havariegrosse auch beitragspflichtig (§ 723 Abs. 3 HGB). Dieses deutsche gesetzliche System für die Havariegrosse-Abrechnung ist durch Klausel 14 CONLINEBILL dahingehend modifiziert, daß an seiner Stelle die YAR 1974 Anwendung finden. Diese lassen es – wie eingangs zitiert – zu, daß durch Seewurf abgängige Decksladung an der Havariegrosse teilnimmt, sofern die Decksladung verkehrsüblich ist, also Handelsbrauch entspricht. Für die Transportmittel, von denen hier die Rede ist (Container, Trailer und transportable Tanks) trifft das jedenfalls dann zu, wenn das Schiff über verkehrsübliche Befestigungseinrichtungen an Deck verfügt. Die Anwendung der strengen Regel in § 708 Nr. 1 HGB bleibt außer Betracht. Nach Rule I YAR und Klausel 19 (c) CONLINEBILL nehmen die genannten Behältnisse mit ihrem Inhalt an der Havariegrosse teil.

23. ADDITIONAL CLAUSES (Zusatzbedingungen, die für einen bestimmten Verkehr in Betracht kommen, sofern sie vereinbart werden).

24. A. Demurrage. Demurrage ist vereinbartes Liege- oder Wartegeld, welches dem Verfrachter unter den Voraussetzungen des vereinbarten Verfalltatbestandes gebührt. Verfalltatbestand ist die Überschreitung der vereinbarten Lade- oder Löschzeit gemäß Klausel 8 CONLINEBILL einschließlich jeder Verzögerung, die dadurch entsteht, daß das Schiff im Hafen oder auf Reede warten muß, bis ihm ein Liegeplatz für die Ladungsübernahme oder die Entlöschung angewiesen wird. Weil die Wartezeit vor dem Verholen nach einem Liegeplatz regelmäßig außerhalb der Beeinflussungsmöglichkeiten durch den Ablader oder den Empfänger liegt, wird für diesen – aber auch für andere vergleichbare Fälle – eine 24-stündige liegegeldfreie Zeit zugestanden.

Ladehafenliegegeld ist dem Recht des Stückgutverkehrs fremd. Die Sanktion von Abladesäumnis ist Fautfracht (Fehlfracht/dead freight), wie in Klausel 8 CONLINEBILL vorbehalten (§ 588 Abs. 2 HGB). Das steht einer Liegegeldvereinbarung nicht entgegen. Unterliegt der Vertrag deutschem Recht, dann gelten in diesem Falle die §§ 567ff. HGB in entsprechender Anwendung. Liegegeld wird für die Überliegezeit geschuldet. Das ist die Zeit, während derer der Verfrachter über die vereinbarte Ladezeit hinaus auf die Abladung der Güter vereinbarungsgemäß zu warten verpflichtet ist (§ 567 Abs. 3 HGB). Ist nur, wie in Klausel A CONLINEBILL unterstellt, Liegegeld vereinbart, ohne daß gleichzeitig die Dauer der Überliegezeit festgelegt worden wäre, so beträgt die Überliegezeit nach dem Gesetz 14 Tage (§ 568 Abs. 2 HGB). Erst nach Ablauf der Überliegezeit darf der Verfrachter die Annahme der Ladung oder weiterer Ladung verweigern und von seinen in Klausel 8 CONLINEBILL vorbehaltenen Rechten Gebrauch machen. Der Beginn der Überliegezeit im Ladehafen setzt den Ablauf der Ladezeit voraus. Ist diese, wie hier, nicht fest vereinbart, sondern von der Ladungsübernahmekapazität des Schiffes bestimmt, dann setzt das Ende der Ladezeit und der Beginn der Überliegezeit eine entsprechende Notiz des Schiffes an den Befrachter voraus. Das Schiff (der Verfrachter) ist im Zweifel beweispflichtig für das Ende der Ladezeit. Gleiches gilt, wenn sich der Verfrachter auf den Ablauf der Überliegezeit berufen will (§§ 570, 571 HGB).

Löschhafenliegegeld gebührt dem Verfrachter auch im Stückgutverkehr schon von Gesetzes wegen (§ 604, Abs. 3 HGB), und zwar unbeschadet seines Rechtes, einen durch den Annahmeverzug verursachten höheren Schaden geltend zu machen. Für die Bestimmung der Löschzeit und der Überliegezeit im Löschhafen sowie die Notiz-Obliegenheiten des Verfrachters gelten gemäß § 604 Abs. 3 HGB die Bestimmungen in den §§ 594, 572 HGB; sie entsprechen denjenigen über die Feststellung von Ladezeit und Überliegezeit im Ladehafen. Notizen werden nicht gegenüber dem Befrachter, sondern gegenüber dem Empfänger geschuldet. Ist dieser dem Schiff nicht bekannt, so tritt öffentliche Bekanntmachung in ortsüblicherweise an die Stelle der Individualnotiz.

Schuldner des Liegegelds im Lade- wie im Löschhafen ist grundsätzlich der Befrachter. Im Löschhafen wird jedoch der Empfänger Liegegeldschuldner, wenn er die Güter angenommen hat (§§ 614, 625 HGB). Dies gilt in bezug auf das Liegegeld sowohl des Lade- als auch des Löschhafens auch dann, wenn das Konnossement „freight prepaid" gestellt wurde, denn ob und in welchem Umfange Ladehafen- und gar Löschhafenliegegeld anfallen wird, steht regelmäßig bei der Konnossementsbegebung noch nicht fest (HansOLG Hbg VersR 1982, 894).

Nach Klausel A CONLINEBILL wird das nach Bruttoregistertonnen des Schiffes berechnete Liegegeld nach dem Frachtverhältnis der Ladung auf diese umgelegt. In die Umlage nicht einbezogen wird die Fracht für Güter, die rechtzeitig, also während der Ladezeit angeliefert und hinsichtlich derer der Empfänger während der Löschzeit abnahmebereit war. Höchstbetrag des für jede Ladungspartie geschuldeten Liegegelds ist der Betrag der darauf entfallenden Fracht. Dies gilt in Ermangelung abweichender Regelung für die Summe aus Lade- und Löschhafenliegegeld.

25. B. US-Trade. Period of Responsibility. Die Vereinigten Staaten von Amerika sind Signatarstaat der Haager Regeln. Sie wurden in den **Carriage of Goods by Sea Act (COGSA)** übernommen und mit dieser Maßgabe 1936 Bestandteil des amerikanischen nationalen Rechts. Das ihnen innewohnende Haftungssystem wird Bestandteil des Seefrachtvertrages nach den Bedingungen von CONLINEBILL, weil Klausel 2, Satz 1 CONLINEBILL (General Paramount Clause) darauf verweist, sofern die Verschiffung von einem amerikanischen Hafen erfolgt. Wird die Ladung von einem außeramerikanischen Ladehafen nach einem amerikanischen Löschhafen befördert, dann gilt COGSA nach dem Wortlaut der General Paramount Clause nur dann, wenn im Land des Ladehafens weder die Haager Regeln noch die Haager-Visby-Regeln als zwingendes Recht maßgeblich sind. Ist dies nicht der Fall, gelten also die Haager oder die Haager-Visby-Regeln im Lande des außeramerikanischen Ladehafens, dann sollen sie nach dem Wortlaut der General Paramount Clause mit dem Inhalt maßgeblich sein, mit dem sie in das im Lande des Ladehafens geltende Recht übernommen wurden. Dies erkennt die amerikanische Rechtsprechung nicht uneingeschränkt an: COGSA wird auch für Verschiffungen nach amerikanischen Häfen als zwingende Haftungsregelung verstanden, die lediglich haftungsverschärfende Ausnahmen duldet. Sofern und soweit also das im Lande des Ladehafens geltende Haftungsrecht zu einer Verschärfung der Verfrachterhaftung führt (Hague-Visby-Rules), wird es anerkannt, im übrigen verbleibt es bei der Maßgeblichkeit von COGSA:

> „Despite some problems with this analysis, several courts have implicitly or explicitly accepted it and held carriers liable at the higher Visby levels on shipments to the United States. In essence the carrier is saddled with the less favourable aspects of each regime. To the extent that COGSA imposes a greater burden, the purported selection of the Hague-Visby Rules is ineffective under section 3 (8). But to the extent that COGSA offers the carrier greater protection, the selection of the Hague-Visby Rules in permitted as a contractual assumption of heavier liability on the carrier's part."
>
> (Benedict of Admirality/*Sturley*, V, § 45 [5–14])

Von Bedeutung ist diese Praxis insofern, als COGSA (§ 1311) die Bestimmungen des sogenannten **Harter Acts von 1893** unberührt läßt, soweit sie eine zwingende Verfrachterhaftung auch für die Zeit ab landseitiger Übernahme der Güter in den Verfrachtergewahrsam und bis zur landseitigen Auslieferung der Güter an den Empfänger begründen. Dieser Haftungszeitraum gilt zwingend für alle Verschiffungen von und nach amerikanischen Häfen. Im Hinblick darauf kann er zum Bestandteil des Seefrachtvertrages nach CONLINEBILL auch dann gemacht werden, wenn für die Inanspruchnahme des Verfrachters keine internationale Zuständigkeit in den Vereinigten Staaten begründet ist.

VI. Lizenz- und Know-how-Verträge

1. Patent and Know-How License Agreement

(Gemischter Patent- und Know-how Lizenzvertrag)

LICENSE AGREEMENT[1]
by and between

A. . . . . . .
France
– in the following referred to as „Licensor" –
and
B. . . . . . .
Germany
– in the following referred to as „Licensee" –

WHEREAS[2], Licensor is active in the environmental industry for combustion of waste of different kinds and has developed extensive technical knowledge in this area, comprised in a number of patents, including both basic and applied combustion technology;

WHEREAS, Licensor has developed a patented specialized procedure for such combustion of waste of municipalities which depends on the use of a specific catalytic converter produced by Licensor;

WHEREAS, Licensor is the owner of extensive secret and substantial know-how in this technical area or is licensed by its parent, a US corporation, with related know-how and with the right to sublicense;

WHEREAS, Licensee is desirous to license from Licensor the patents and know-how to enable Licensee to make use of the technology, both in building combustion facilities and in operating such facilities for the benefit of municipalities in the territory;

NOW, THEREFORE, it is agreed as follows:

Article 1. Definitions[3]

Unless the context shall otherwise require, the following terms shall have the following meanings throughout this Agreement.

1. „Combustion Facilities" means facilities containing at least one combustion chamber for the incineration of municipal waste as set forth in the list of specifications in Annex 1.1 using the products sold by Licensor.[4]
2. „Product" means catalytic converters necessary for the operation of Combustion Facilities as more closely defined in Annex 1.2.
3. „Technical Area" means the procedure of combustion of waste for municipalities with a combustion chamber bed size of not more than 200 m² per combustion chamber, burning waste collected from households and not including any industrial waste.
4. „Patents" means the patents and patent applications owned by Licensor or licensed to Licensor with the right to sublicense, as listed in Annex 1.3 to this Agreement and such other additional patents and patent applications as Licensor and Licensee may agree from time to time to make part of this Agreement.[5]
5. „Know-how" means the secret technical information relating to the design and building of Combustion Facilities, as defined and identified in Annex 1.4 and relating to the

manufacture and use of specialized products and related services in regard of the combustion of waste and the operation of Combustion Facilities as more closely defined and identified in Annex 1.5 and the documents listed in the respective annexes and drawings, which know-how is owned by Licensor or licensed to Licensor with the right to sublicense.[6]

6. „Territory" means the Federal Republic of Germany, Austria, Switzerland and Italy.

Article 2. Patents[7]

1. The Licensor herewith grants to the Licensee an exclusive license to use the Patents in the Technical Area in the Territory to design and build Combustion Facilities and to operate such Combustion Facilities for the benefit of Licensee and of municipalities.
2. This license excludes the right of Licensor to use the Patents for the design of Combustion Facilities in the Territory of the Licensee or to license such Patents to third parties for that purpose, even if the design does take place outside of the Territory.[8]

Article 3. Know-how[9]

1. The Licensor herewith grants to Licensee an exclusive license to use the Know-how in the Technical Area in the Territory in connection with the Patents to design, build and operate Combustion Facilities.
2. This license excludes the right of Licensor to use the Know-how for the design of Combustion Facilities in the Territory of the Licensee or to license the Know-how to third parties for that purpose, even if the design does take place outside of the Territory.

Article 4. Transfer of Know-how[10]

1. The documents listed in Annex 1.4 and Annex 1.5, comprising the Know-how as licensed, will be transmitted to the Licensee within a period of one month after signing of this Agreement.
2. Licensee acknowledges that under the confidentiality agreement and letter of intent of December 6, 1996, it has checked the content of the documents as listed in Annex 1.5 and has determined that those documents include information which Licensee found to be useful technical information for the design, building and operation of Combustion Facilities.
3. The obligation to provide for technical training as set forth in Article 8, shall not oblige Licensor to provide for any additional documentation on the Know-how unless such documentation is available at Licensor or becomes available to Licensor. Article 16.3 remains unaffected.

Article 5. Trademarks[11]

Licensee shall be obliged to name the Combustion Facilities designed, built and operated by Licensee „A-Combustion Plant" and shall use the trademarks of A as set forth in Annex 5.1 in connection with its operation of the Combustion Facilities. Licensee is entitled to indicate in connection with the use of the trademarks and the use of the name „A-Combustion Plant" that Licensee is the operator of the Combustion Facilities. This shall happen in the manner as shown in Annex 5.2. In addition, Licensee may use whatever indications and labeling it wants to use in its dealings with third parties as long as the use of the trademarks of Licensor is not affected by such use.

Article 6. Territory[12]

1. The license for the Patents and the license for the Know-how is granted for the Territory only.
2. Licensee is not entitled to design, build or operate Combustion Facilities outside of the

Territory, may it be as operator or for third parties. This limitation is valid for France until November 2, 2009 and the United Kingdom until October 15, 2010 (expiration of the longest running patent in this part of the European Common Market) and for 10 years for the remainder of the European Common Market from the date of signature of this Agreement, as far as Licensee is restricted from pursuing an active policy of designing, building and operating Combustion Facilities in those countries outside of its Territory. The restriction is valid for all countries of the European Common Market for five years from the signature of this Agreement, as far as Licensee is restricted not to design, build and operate Combustion Facilities in response to unsolicited orders coming from outside of the Territory.
3. Licensor expressly reserves its rights to exercise the rights conferred by the Patents to oppose any attempts of Licensee contrary to the rules of this Agreement to design, build and operate Combustion Facilities outside of the Territory.[13]

Article 7. Field of Use[14]

1. The license granted hereunder covers the entire area of the application of the Patents and of Know-how including further developments as they relate to the Technical Area.
2. Licensee acknowledges that Licensee is restricted to the Technical Area in its exploitation of the Patents and Know-how and that it may not use the Patents and Know-how for any combustion facilities which do not relate to the Technical Area.
3. Licensee shall not use the Patents and the Know-how to design, build or operate Combustion Facilities for third parties within the Territory not being municipalities. Licensee may enter into any financing arrangements or set up any ownership structures for Combustion Facilities (e.g., co-ownership with municipalities) as long as Licensee and/or the municipalities are the true operators of such Combustion Facilities. Nothing in this Agreement shall restrict Licensee from increasing the capacity of Combustion Facilities within its sole discretion.

Article 8. Technical training[15]

1. Licensor shall during the term of this Agreement at such times and for such periods to be mutually agreed upon provide technical training for a reasonable numbers of Licensee's employees at the Licensor's facilities.
2. This training shall be free of cost to Licensee but Licensee shall pay all the costs of travel and living expenses incurred by the employees of Licensee for such technical training.
3. Licensor is not obliged to make available any additional documentation to employees of Licensee during this training but will use the documents as listed in Annex 1.4 and Annex 1.5 to train the employees of Licensee.

Article 9. Best efforts of Licensee and Non Competition Covenant[16]

1. Licensee shall use its best efforts to exploit the Patents and the Know-how in the Territory.
2. If and when Licensee enters within the European Common Market into competition with Licensor or with companies connected with Licensor in respect of research and development, design, building and/or operation of combustion facilities competing with the Combustion Facilities, Licensor shall be entitled to terminate the exclusivity granted to Licensee under Article 2 and Article 3, respectively, and the license with Licensee shall continue as a non exclusive one. Furthermore, Licensor shall be entitle to stop with immediate effect to provide improvements to Licensee, as set forth in Article 11. The license fee to be paid by Licensee shall not be affected by this termination and Licensee shall not be entitled to claim that it is entitled to hold back part of such royalties or to pay a lower royalty because of such termination. In addition, Licensor shall be entitled to require from Licensee to prove and to give an undertaking under a penalty to the

effect that the Know-how is not used for the research and development, design, building and operation of combustion facilities competing with the Combustion Facilities.
3. Notwithstanding the above, nothing herein shall restrict Licensee from competing with Licensor or with companies connected with Licensor within the European Common Market in respect of research and development, designing, building and operation of combustion facilities competing with the Combustion Facilities.

Article 10. Improvements and New Developments by Licensee[17]

1. All improvements and new developments in the Technical Area as to the Patents and the Know-how („Improvements") by Licensee shall be reported by Licensee to Licensor immediately. Licensee shall claim any and all inventions made by its employees for unlimited use by the Licensee.
2. Licensee shall not be obliged to assign Improvements to Licensor, but Licensor shall be entitled to use Improvements under an exclusive license by Licensee if such Improvements are not severable from the technology licensed to Licensee as described in the Patents and the Know-how. To the extent that such Improvements are severable, such license shall be a non-exclusive license only, provided, that even in such a case Licensee shall not be entitled in its own use of the Improvements to disclose the Know-how to any third party. The burden of proof in regard of the severability of such Improvements shall be with Licensee.[18]
3. Licensee shall be the sole owner of such Improvements and shall be entitled to solely apply for patent protection in its discretion. Licensee shall be obliged to pay any and all inventor compensations as claimed by its employees or any third parties involved in the Improvement.
4. The licenses granted to Licensor under this Article shall entitle Licensor and companies connected with Licensor to make use of the Improvement for their own activities. The license shall be royalty free.

Article 11. Improvements or New Developments by Licensor[19]

1. Licensor shall inform Licensee of all Improvements in the Technical Area.
2. As long as the license grant under this Agreement is exclusive, Licensor shall exclusively license such Improvements in the Technical Area to Licensee subject to terms and conditions of this Agreement. No additional royalty shall be paid by Licensee for such license. If the license grant has become non-exclusive Licensor shall no longer be obliged to inform on such Improvements.

Article 12. Purchase of Products[20]

1. Licensee acknowledges that at this time only Licensor is in a position to produce and make available the Products to be used with the Combustion Facilities and that such Products are necessary for a technically proper functioning of the Combustion Facilities.
2. Licensee shall purchase such Products from Licensor only.
3. The purchase of the Products is subject to the standard terms and conditions of Licensor which will be in effect at the time of confirmation of an order for Products. Licensee shall pay the prices which are in effect at the time of such confirmation of order by Licensor. It is understood that Licensor may change such terms and conditions as well as the applicable prices from time to time as long as Licensor does so with respect to all of its licensees and customers.
4. Licensor may from time to time provide Licensee with addresses of additional manufacturers for the Products, which manufacturers will be licensed by Licensor to produce such Products.
5. If Licensee demonstrates to Licensor in the future that third party manufacturers are in

1. Patent and Know-How License Agreement

a position to produce products which are of the same quality as the Products and which safeguard a technically proper operation of the Combustion Facilities, Licensor will allow Licensee to procure Products from such third party manufacturers, provided, that such third party manufacturers do not violate any intellectual property rights of Licensor. If the latter was the case, Licensee shall be entitled to request from Licensor to clarify by appropriate means, including litigation, with the third party manufacturers whether Licensor's intellectual property rights forbid the production of the Products by those third party manufacturers.

Article 13. Royalties and Payment[21]

1. Licensee shall pay to Licensor a royalty of 1% for use of the Patents and the Know-how which 1% shall be calculated on the basis of the turnover of Licensee accomplished by the operation of the Combustion Facilities.
2. Licensee shall furthermore pay to Licensor an up-front royalty of DM 1,000,000,— as consideration for the start-up costs Licensor had in developing the technology comprised in the Patents and the Know-how. The up-front royalty shall be paid in 10 equal yearly installments of DM 100,000,— starting with year 5 after the date of signature of this Agreement. Such installments shall be due and payable on each anniversary of such signature date.[22]
3. The turnover of Licensee accomplished through the operation of the Combustion Facilities shall be calculated by taking into account the overall turnover of Licensee made with such operations less the costs of Licensee for purchasing the Products from Licensor.
4. Licensee shall be obliged to continue paying such royalty of 1% until the end of this Agreement, as long as Licensee uses the Patents and the Know-how, even if the Know-how becomes publicly known by an action other than of Licensor. The fact that one or more of the Patents are declared invalid or have expired shall have no influence on the royalties obligation of the Licensee. If all of the Patents are declared invalid or have expired and Licensee continues to use the Know-how only, the royalty shall be 0,75% only beginning with the month following the invalidation or expiration of the last existing Patent.[23]
The Parties furthermore agree that the yearly installments shall be paid by Licensee even if any and all of the Patents have been invalidated or expired before the last installment is to be rendered by Licensee.
5. The royalty of 1% shall be payable within thirty (30) days following the end of each calendar quarter. Within the same time frame Licensee shall account for the turnover of this calendar quarter in writing.
6. All turnover taxes and indirect taxes, which have to be paid based on the royalty payments, shall be borne by Licensee.[24]

Article 14. Minimum Royalty[25]

Licensee shall pay a minimum royalty of DM 500,000,— per calendar year, which minimum royalty shall be payable thirty (30) days following the end of each calendar year.

Article 15. Records[26]

1. Licensee shall keep separate records relating to the operation of the Combustion Facilities in the Territory, for each Combustion Facility respectively.
2. Licensee shall report to Licensor in writing quarterly, concurrently with the payment due pursuant to Article 13, the total turnover and the price for Products purchased for each of such Combustion Facility separately.
3. Licensor or its designated certified public accountant shall have the right to inspect at Licensor's expenses the books of accounts and other records, at reasonable times and to

such an extent as will not interfere with normal operations of Licensee, to determine the accuracy of the reports and payments made to Licensor under the provisions of this Agreement. The costs for such an audit shall be borne by Licensee in case of the discovery of any inaccuracies.

Article 16. Warranties of Licensor[27]

1. Licensor declares that it is not aware of any legal deficiencies of the Patents and the Know-how. Licensor assumes no liability for the lack of such unknown deficiencies.
2. Licensor warrants neither the patentability and validity of Patents or the secrecy of the Know-how nor the commercial exploitability of the Patents and Know-how.
3. Licensor is successfully operating Combustion Facilities outside the Territory. Accordingly, Licensor does warrant that the Know-how is capable and ready to be used for the operation of Combustion Facilities by technicians skilled in the art. If Licensee can prove that technicians skilled in the art are not enabled by the know-how for such operation, Licensor shall use its best efforts to further produce documents to cover any missing information and to train the employees of Licensee, which activities of Licensor shall be without charge to Licensee. Such obligations of Licensor shall be the only remedy of Licensee under this warranty.
4. Licensor warrants to the best of its knowledge that it has full authority to grant the license provided hereunder and that all necessary corporate actions have been taken.[28] Licensor further warrants that it will maintain the Patents throughout the term of this Agreement.[29]

Article 17. Warranties of Licensee[30]

1. Licensee warrants that it will maintain the secrecy of the Know-how as more specifically set for in Article 23.
2. Licensee warrants that it shall use its best efforts to exploit the Patents and the Know-how in designing, building and operating of Combustion Facilities.
3. Licensee warrants that to the best of its knowledge it has full authority to enter into this Agreement and that all necessary corporate actions have been taken.

Article 18. Maintenance, Validity and Necessary Nature of Patents[31]

1. Licensor shall maintain the Patents for the duration of this Agreement and shall pay any maintenance fees.
2. Licensee shall not contest the ownership of Licensor of the Patents and of the Know-how.[32]
3. If Licensee challenges the validity of the Patents or the secrecy or substantial nature of the Know-how Licensor shall be entitled to terminate this Agreement without notice.[33]
4. If Licensee challenges the fact that the Patents are necessary for designing, building and operating the Combustion Facilities, insofar as the realization of such design, building and operating of the Combustion Facilities would not be possible or would be possible to a lesser extent or at more difficult or costly conditions, Licensor shall be entitled to terminate this Agreement without notice.[34]

Article 19. Infringement, Validity Challenges and Litigation[35]

1. The Parties to this Agreement shall inform each other promptly of any infringement of the Patents. Licensor shall defend the Patents against validity challenges of third parties. Licensee shall take the necessary actions against infringers of the Patents and shall be entitled by the Licensor under this Agreement by way of authority to conduct litigation („Prozeßstandschaft").
2. All costs for an invalidity proceeding shall be borne by Licensor. All costs of an infringe-

ment proceeding shall be borne by Licensee. Licensee may join any invalidity proceeding at its own cost. Licensor may join any infringement proceeding at its own cost.
3. Any damages Licensee obtains based on an infringement proceeding shall be subject to the royalty obligation under this Agreement.

Article 20. Third Party Rights[36]

1. If Licensee is charged with the infringement of third party rights based on the exploitation of the Patents and/or the Know-how the Licensee shall immediately inform Licensor about this allegation.
2. Under the supervision of Licensor, Licensee shall defend itself against such an infringement allegation. Licensee shall not be entitled, without the prior written consent of Licensor, to make any acknowledgment in such dispute or enter into any settlement negotiations. Licensor has the right to join such a proceeding.
3. If Licensee by a final judgment is ordered to stop to use the Patents and the Know-how and if Licensor finally fails to secure Licensee's right to further use such Patents and Know-how, Licensee shall be entitled to stop payment of the royalties, provided, however, that no royalties paid up to this point shall be repaid by Licensor. In addition, Licensor shall cover any damages Licensee is ordered to pay to the third party for the past. Licensee has no further rights against Licensor because of the inability to continue to use the Patents and the Know-how, especially no claims as to lost profits or frustrated investments.
4. In any and all disputes with third parties, each Party shall cover its own costs, provided, however, that Licensor shall cover the costs of Licensee if Licensee is finally enjoined from using the Patents and the Know-how and if Licensor finally fails to secure the right of Licensee to continue to use the Patents and the Know-how. This payment obligation includes court costs and reasonable attorney's fees.

Article 21. Most Favored Licensee[37]

Licensor shall be obliged to grant Licensee the same favorable terms as Licensor grants to other of its licensees after the signature date of this Agreement, provided, that the rights and obligations of such other licensees under their respective license agreements are substantially comparable to the rights and obligations of Licensee under this Agreement.

Article 22. Minimum Quality[38]

1. Licensee shall observe the technical specifications for Combustion Facilities as set forth in the Know-how documents made available to Licensee in Annex 1.4 and Annex 1.5 insofar, as these technical specifications are necessary for a technically proper exploitation of the Patents and Know-how.
2. Licensor shall be entitled to carry out checks by itself or through independent third party specialists to safeguard that Licensee obeys with this minimum quality requirement.
3. If Licensee consistently fails to obey with this minimum quality requirement, which shall be assumed if Licensee does not cure any quality problems objected to by Licensor within a reasonable time period, Licensor shall be entitled to terminate this Agreement.

Article 23. Confidentiality[39]

1. Licensor and Licensee agree to keep secret and not to communicate during the term of this Agreement to third parties the Know-how, any material handed over by Licensor and any information which either Party may gain about the business of the other, including information on the terms and conditions of this Agreement („Confidential Information").

2. The Parties shall oblige their employees to also keep the Confidential Information secret.
3. The Parties may hand over Confidential Information to third parties only after the express written approval of the other Party has been obtained.
4. The Parties shall continue to keep the Confidential Information secret after termination of this Agreement as long as it is still secret.
5. The secrecy obligation does not apply to Confidential Information which was known to the Party at the time of disclosure by the other Party and was not disclosed to it by a third party who received it, directly or indirectly from such other Party or is generally available to the public through no fault of the Party receiving the Confidential Information or was received by the Party under no obligation of secrecy from someone who did not receive it, directly or indirectly, from the other Party.
6. Upon termination of this Agreement, the Parties shall return to each other all documents, files or other evidence and copies thereof containing Confidential Information. Licensee shall maintain the secrecy of the Confidential Information after termination and shall not exploit the Know-how or Patents after termination of this Agreement insofar as long as the Know-how is still secret or the Patents are still in force. This obligation of Licensee is not limited to the Territory.

Article 24. Assignability and Sublicensing[40]

1. This Agreement may not be assigned without the prior written consent of the other Party. This Agreement remains in existence even if one or all of the Patents are assigned to a third Party.
2. The Know-how or the Patents may not be sublicensed to any third Party without the prior written consent of Licensor.
3. Licensor shall be entitled to involve third parties to fulfill its training obligation according to Article 8.

Article 25. Term and Termination[41,42]

1. This Agreement becomes effective upon signing by both Parties and shall continue for each country of the Territory („Country of the Territory" being such part of the Territory only which constitutes an independent state like Germany, Austria or the like), seperately, for as long as the longest running patent licensed under this Agreement in existence in this Country of the Territory („Initial Term"), provided, however, that the license for the part of the Territory Italy shall only have a term of ten years from the date of signature of this Agreement.
2. This Agreement shall automatically be extended in its term for each Country of the Territory, seperately, by any Improvements by Licensor, may they be patented or not, for additional three years each, provided, that Licensee has the right to refuse such Improvements so that the Initial Term applies and, provided further, that each Party has the right to terminate this Agreement with six months notice to the expiration of the Initial Term and, with three months notice, to the end of every three years thereafter. The Parties have the right to terminate this Agreement seperately for each Country of the Territory.
3. In the event of default by either Party under any of the terms and conditions of this Agreement, the Party not being in default may terminate this Agreement by giving sixty (60) days written notice, provided that the default of the other Party is not cured within this notice period.
4. In the case of an important reason present on the side of a Party, the other Party shall have the right to terminate this Agreement for cause, which termination right has to be exercised within sixty (60) days from taking note for the first time of the important reason. Important reasons include, but are not limited to,

1. Patent and Know-How License Agreement   VI.1

- bankruptcy proceedings instituted against a Party or such Party declaring itself insolvent,
- a general assignment by a Party to the benefit of its creditors,
- a change of control within a Party,
- an acquisition of a Party by a direct or indirect competitor of the other Party.

Article 26. Effect of Termination

1. Upon the termination of this Agreement, Licensee shall immediately stop using the Patents and the Know-how, insofar and as long as the Know-how is still secret and the Patents are still in force, provided, however, that Licensee may continue to operate the Combustion Facilities in existence and operation at this time, purchasing the Products from time to time under seperate purchase agreements or without making use of the Products. Any changes to the Combustion Facilities necessary because the combustion process may no longer rely on the use of the Products have to be borne solely by Licensee. For any Combustion Facilities which are built at the time of termination, the Parties have to find a solution in good faith, which may include a sale of such Combustion Facilities to Licensor at market price, or the payment of a lump sum for the necessary continuing use of the Know-how by Licensee to finalize construction.
2. The Parties agree that the payment obligation of Licensee of the installment payments for the upfront royalties set forth in Article 13.2 shall continue beyond termination until the full upfront royalty is received by Licensor.[43]

Article 27. Notices[44]

Any notice required or permitted to be given under this Agreement by one of the Parties to the other Party shall be deemed to have been given as of the date of receipt if sent by mail, by telex or by telefax, at the following addresses:

for Licensor at

for Licensee at

Article 28. Severability[45]

Should any provision of this Agreement be or become invalid, ineffective or unenforceable, the remaining provisions of this Agreement shall be valid. The Parties agree to replace the invalid, ineffective or unenforceable provision by a valid, effective and enforceable provision which economically best meets the intention of the Parties. The same shall apply in the case of an omission.

Article 29. Entire Agreement

1. This Agreement contains the entire agreement between the Parties and any changes of this Agreement have to be made in writing.[46]
2. This Agreement has been made in the English language and has been executed in two copies. The German version of this Agreement is provided for understanding purposes only. In any and all cases the English version shall prevail.

Article 30. Applicable Law and Venue

1. This Agreement shall be construed according to the laws of the Federal Republic of Germany. The CISG-rules shall not apply.[47]
2. Any disputes arising out or in connection with this Agreement shall be settled by arbitration.[48] Should either Party wish to enter into arbitration it shall so inform the other Party and nominate its own arbitrator. Within two weeks after having received such notification the other Party to this Agreement shall nominate its arbitrator and so inform the first Party. Within two weeks after the second arbitrator having been appo-

Chrocziel

inted and the first Party having been so informed, the two arbitrators shall nominate a third arbitrator in mutual agreement. If they do not succeed in doing so within this two week-deadline or the second Party fails to nominate its own arbitrator, the second or third arbitrator, respectively, shall be nominated by the president of the Chamber of Commerce in Munich upon request by either Party hereto. The arbitrator so nominated must be fluent in English as arbitration proceedings must be conducted in the English language. The arbitrators must first try to reconcile and settle any dispute amicably before taking a decision. Arbitration shall take place in Munich.

....
Date and Signature A

....
Date and Signature B

*Übersetzung**

Lizenzvertrag[1]

zwischen

A. ....
Frankreich

– nachfolgend „Lizenzgeber" –

und

B. ....
Deutschland

– nachfolgend „Lizenznehmer" –

Präambel

Der Lizenzgeber ist auf dem Gebiet der Abfallverbrennung für verschiedene Abfallarten tätig und hat in diesem Bereich umfangreiches technisches Wissen erworben, welches in einer Reihe von Patenten u. a. für Grundlagen- und angewandte Verbrennungstechnologie enthalten ist.

Der Lizenzgeber hat ein patentiertes Spezialverfahren für die Verbrennung von kommunalem Abfall entwickelt, welches auf der Benutzung eines besonderen, vom Lizenzgeber hergestellten Katalysators beruht.

In diesem technischen Bereich ist der Lizenzgeber Inhaber von umfangreichem geheimen und wesentlichen Know-how oder ist von seinem Mutterunternehmen, einer US-amerikanischen Gesellschaft, zur Nutzung des entsprechenden Know-hows lizenziert worden, einschließlich des Rechts, Unterlizenzen zu gewähren.

Der Lizenznehmer möchte vom Lizenzgeber eine Lizenz über Patente und Know-how erwerben, um die Technologie bei Bau und Betrieb von Abfallverbrennungsanlagen für Gemeinden in dem Vertragsgebiet verwenden zu können.[2]

Dies vorausgeschickt, vereinbaren die Parteien folgendes:

---

* Diese Übersetzung dient ausschließlich dem besseren Verständnis des englischen Originals; sie erhebt keinen Anspruch auf Verbindlichkeit.

1. Patent and Know-How License Agreement

Artikel 1. Definitionen[3]

Soweit vom Sinnzusammenhang nicht anders gefordert, haben die folgenden Begriffe im Rahmen dieses Vertrages die folgende Bedeutung:

1. „Verbrennungsanlagen" bedeutet Anlagen, die gemäß der Spezifikationsliste der Anlage 1.1 mindestens eine Verbrennungskammer für die Verbrennung von kommunalem Abfall unter Nutzung der von dem Lizenzgeber verkauften Produkte enthalten.[4]
2. „Produkt" bedeutet Katalysatoren gemäß der Anlage 1.2, die für den Betrieb von Verbrennungsanlagen erforderlich sind.
3. „Technischer Bereich" bedeutet das Verfahren zur Abfallverbrennung für Gemeinden mit einer Verbrennungskammer-Grundfläche von nicht mehr als 200 m^2 pro Verbrennungskammer, in denen Hausabfälle und keine Industrieabfälle verbrannt werden.
4. „Patente" bedeutet die in Anlage 1.3 aufgeführten Patente und Patentanmeldungen, welche dem Lizenzgeber entweder gehören oder an denen er eine Lizenz, einschließlich des Rechts zur Unterlizenzierung, hat, sowie sämtliche weiteren Patente und Patentanmeldungen, soweit sie zukünftig durch Vereinbarung zwischen dem Lizenznehmer und dem Lizenzgeber zum Bestandteil dieses Vertrages gemacht werden.[5]
5. „Know-how" bedeutet die durch Anlage 1.4 gekennzeichneten geheimen technischen Kenntnisse über den Entwurf und den Bau von Verbrennungsanlagen, Herstellung und Benutzung von speziellen Produkten und zugehörigen Dienstleistungen im Zusammenhang mit Abfallverbrennung sowie den Betrieb von Abfallverbrennungsanlagen, wie sie in Anlage 1.5 sowie den in den jeweiligen Anlagen und Zeichnungen aufgeführten Dokumenten genauer gekennzeichnet sind; dieses Know-how gehört dem Lizenzgeber oder ist dem Lizenzgeber mit dem Recht zur Unterlizenzierung lizenziert worden.[6]
6. „Vertragsgebiet" bedeutet die Bundesrepublik Deutschland, Österreich, Schweiz und Italien.

Artikel 2. Patente[7]

1. Der Lizenzgeber gewährt dem Lizenznehmer hiermit eine exklusive Lizenz zur Nutzung der Patente in dem technischen Bereich im Vertragsgebiet, um Abfallverbrennungsanlagen zu entwerfen und zu bauen, sowie solche Abfallverbrennungsanlagen zum Nutzen des Lizenznehmers sowie für Gemeinden zu betreiben.
2. Diese Lizenz verbietet dem Lizenzgeber, die Patente für die Entwicklung von Abfallverbrennungsanlagen in dem Vertragsgebiet des Lizenznehmers zu nutzen oder an Dritte zu diesem Zweck zu lizenzieren, selbst wenn die Entwicklung außerhalb des Vertragsgebietes stattfindet.[8]

Artikel 3. Know-how[9]

1. Der Lizenzgeber gewährt dem Lizenznehmer hiermit eine exklusive Lizenz zur Nutzung des Know-hows in Verbindung mit den Patenten in dem technischen Bereich im Vertragsgebiet, um Verbrennungsanlagen zu entwickeln, zu bauen und zu betreiben.
2. Diese Lizenz verbietet dem Lizenzgeber, das Know-how für die Entwicklung von Abfallverbrennungsanlagen in dem Vertragsgebiet des Lizenznehmers zu nutzen oder an Dritte zu diesem Zweck zu lizenzieren, selbst wenn die Entwicklung außerhalb des Vertragsgebietes stattfindet.

Artikel 4. Zurverfügungstellung von Know-how[10]

1. Die in Anlage 1.4 und Anlage 1.5 aufgeführten Dokumente, welche das lizenzierte Know-how beinhalten, werden dem Lizenznehmer innerhalb eines Monats nach Unterzeichnung dieses Vertrages übergeben.
2. Der Lizenznehmer bestätigt, daß er die Inhalte der in Anlage 1.5 aufgeführten Dokumente gemäß der Geheimhaltungsvereinbarung und der Absichtserklärung vom

6. Dezember 1996 überprüft hat und zu der Überzeugung gekommen ist, daß die in den Dokumenten enthaltenen Informationen für den Lizenznehmer nützliche technische Informationen für die Entwicklung, den Bau und den Betrieb von Verbrennungsanlagen darstellen.
3. Die in Artikel 8 festgelegte Verpflichtung zur technischen Ausbildung verpflichtet den Lizenzgeber nicht dazu, zusätzliche Dokumente über das Know-how zu liefern, falls solche Dokumente nicht beim Lizenzgeber verfügbar sind oder verfügbar werden. Artikel 16.3 bleibt unberührt.

Artikel 5. Markenrechte[11]

Der Lizenznehmer ist verpflichtet, die von ihm entwickelten, gebauten und betriebenen Verbrennungsanlagen „A-Verbrennungsanlage" zu nennen und im Zusammenhang mit dem Betrieb der Verbrennungsanlagen die in Anlage 5.1 festgelegten Marken zu nutzen. Der Lizenznehmer ist berechtigt, in Verbindung mit der Nutzung der Marken und des Namens „A-Verbrennungsanlage" durch einen Zusatz klarzustellen, daß der Lizenznehmer der Betreiber der Verbrennungsanlagen ist. Dies hat in der in Anlage 5.2 aufgeführten Art und Weise zu geschehen. Darüber hinaus ist der Lizenznehmer frei, in seinen Geschäften mit Dritten Kennzeichen und Aufschriften nach seinem freien Ermessen zu benutzen, solange dadurch die Nutzung der Marken des Lizenzgebers nicht beeinträchtigt wird.

Artikel 6. Vertragsgebiet[12]

1. Die Lizenz für die Patente und die Lizenz für das Know-how werden nur für das Vertragsgebiet gewährt.
2. Der Lizenznehmer ist nicht berechtigt, Verbrennungsanlagen außerhalb des Vertragsgebietes zu entwickeln, zu bauen oder zu betreiben, gleich ob als Eigenbetreiber oder für Dritte. Soweit diese Beschränkung dem Lizenznehmer untersagt, eine aktive Vertriebspolitik hinsichtlich Entwicklung, Bau und Betrieb von Verbrennungsanlagen in den Ländern außerhalb seines Vertragsgebietes zu betreiben, gilt die Beschränkung in Frankreich bis zum 2. November 2009, in dem Vereinigten Königreich bis zum 15. Oktober 2010 (Ablauf des längsten Patentschutzes in diesem Teil des europäischen Gemeinsamen Marktes) und in sämtlichen übrigen Ländern des Gemeinsamen Marktes für 10 Jahre ab dem Tag der Unterzeichnung dieses Vertrages. Soweit diese Beschränkung dem Lizenznehmer auch untersagt, nicht von ihm veranlaßte Lieferanfragen hinsichtlich Entwicklung, Bau oder Betrieb von Verbrennungsanlagen von außerhalb des Vertragsgebietes anzunehmen, gilt diese Beschränkung für sämtliche Länder des Gemeinsamen Marktes für 5 Jahre ab dem Tag der Unterzeichnung dieses Vertrages.
3. Der Lizenzgeber behält sich audrücklich das Recht vor, seine Rechte aus dem Patent geltend zu machen, um dem Lizenznehmer jeglichen Versuch zu untersagen, entgegen den Bestimmungen dieses Vertrages eine Verbrennungsanlage außerhalb des Vertragsgebietes zu entwickeln, zu bauen oder zu betreiben.[13]

Artikel 7. Anwendungsbereich[14]

1. Die nach diesem Vertrag gewährte Lizenz umfaßt den gesamten Umfang der Patentanmeldungen und des Know-hows, einschließlich zukünftiger Entwicklungen, soweit sie sich auf den technischen Bereich beziehen.
2. Der Lizenznehmer erkennt an, daß er bei der Nutzung der Patente und des Know-hows auf den technischen Bereich beschränkt ist und daß er die Patente und das Know-how nicht für Verbrennungsanlagen benutzen darf, die sich nicht auf den technischen Bereich beziehen.
3. Der Lizenznehmer verpflichtet sich, die Patente und das Know-how nicht für die Entwicklung, den Bau oder den Betrieb von Verbrennungsanlagen im Vertragsgebiet für Dritte zu nutzen, welche keine Gemeinden sind. Der Lizenznehmer ist berechtigt, Finan-

zierungsmodelle oder Eigentumsgestaltungen über Verbrennungsanlagen einzugehen (z. B. gemeinsames Eigentum mit Gemeinden), solange der Lizenznehmer und/oder die Gemeinden die tatsächlichen Betreiber der jeweiligen Verbrennungsanlagen bleiben. Nichts in diesem Vertrag beschränkt den Lizenznehmer, die Kapazität von Verbrennungsanlagen nach eigenem Ermessen zu erhöhen.

Artikel 8. Technische Ausbildung[15]

1. Der Lizenzgeber verpflichtet sich, während der Laufzeit dieses Vertrages eine angemessene Anzahl von Arbeitnehmern des Lizenznehmers am Standort des Lizenzgebers technisch auszubilden. Die Zeiten und Zeiträume dieser Ausbildung werden gemeinsam festgelegt.
2. Die Ausbildung erfolgt kostenlos. Der Lizenznehmer ist jedoch verpflichtet, sämtliche Reise- und Lebenshaltungskosten der an der technischen Ausbildung teilnehmenden Arbeitnehmer des Lizenznehmers zu übernehmen.
3. Der Lizenznehmer ist nicht verpflichtet, zusätzliche Dokumente gegenüber den Arbeitnehmern des Lizenznehmers während der Ausbildung verfügbar zu machen, sondern wird die Ausbildung der Arbeitnehmer des Lizenznehmers mit den in Anlage 1.4 und Anlage 1.5 aufgeführten Dokumenten durchführen.

Artikel 9. Bestes Bemühen des Lizenznehmers und Wettbewerbsverbot[16]

1. Der Lizenznehmer verpflichtet sich, die Patente und das Know-how in dem Vertragsgebiet nach bestem Bemühen zu verwerten.
2. Falls und sobald der Lizenznehmer innerhalb des Gemeinsamen Marktes mit dem Lizenzgeber oder mit mit dem Lizenzgeber verbundenen Unternehmen in Bezug auf Forschung und Entwicklung, Entwurf, Bau und/oder Betrieb von Verbrennungsanlagen, welche mit den vertragsgegenständlichen Verbrennungsanlagen konkurrieren, in Wettbewerb tritt, ist der Lizenzgeber berechtigt, die dem Lizenznehmer nach Artikel 2 und Artikel 3 jeweils gewährte Exklusivität zu kündigen. In diesem Fall läuft die dem Lizenznehmer gewährte Lizenz auf nicht-exklusiver Basis fort. Der Lizenzgeber ist darüber hinaus berechtigt, die Lieferung von Verbesserungen an den Lizenznehmer gemäß Artikel 11 unverzüglich einzustellen. Die von dem Lizenznehmer zu zahlende Lizenzgebühr bleibt durch die Kündigung unberührt, und der Lizenznehmer ist nicht berechtigt, die fälligen Vergütungsgebühren wegen der Kündigung herabzusetzen oder an ihnen ein Zurückbehaltungsrecht geltend zu machen. Darüber hinaus ist der Lizenzgeber berechtigt, von dem Lizenznehmer eine strafbewehrte Unterlassungserklärung zu verlangen, nach welcher sich der Lizenznehmer verpflichtet, das Know-how nicht für Forschung und Entwicklung, Entwurf, Bau und Betrieb von Verbrennungsanlagen zu nutzen, welche mit den vertragsgegenständlichen Verbrennungsanlagen konkurrieren.
3. Unbeschadet des Vorstehenden wird dem Lizenznehmer durch diesen Vertrag nicht untersagt, mit dem Lizenzgeber oder mit dem Lizenzgeber verbundenen Unternehmen innerhalb des Gemeinsamen Marktes hinsichtlich Forschung und Entwicklung, Entwurf, Bau und Betrieb von Verbrennungsanlagen, welche mit den vertragsgegenständlichen Verbrennungsanlagen konkurrieren, in Wettbewerb zu treten.

Artikel 10. Verbesserungen und Weiterentwicklungen durch den Lizenznehmer[17]

1. Der Lizenznehmer verpflichtet sich, sämtliche Verbesserungen und Weiterentwicklungen an den Patenten und dem Know-how in dem technischen Bereich („Verbesserungen") unverzüglich dem Lizenzgeber mitzuteilen. Der Lizenznehmer hat hinsichtlich sämtlicher Erfindungen seiner Arbeitnehmer die unbeschränkten Nutzungsrechte zu erwerben.
2. Der Lizenznehmer ist nicht verpflichtet, Verbesserungen an den Lizenzgeber zu übertragen. Der Lizenzgeber ist jedoch berechtigt, Verbesserungen unter einer exklusiven

Lizenz des Lizenznehmers zu benutzen, wenn die Verbesserungen nicht von der dem Lizenznehmer lizenzierten und in den Patenten und dem Know-how beschriebenen Technologie abgetrennt werden können. Soweit die Verbesserungen abgetrennt werden können, ist die Lizenz nur eine nicht-ausschließliche Lizenz. Der Lizenznehmer ist jedoch auch in diesem Fall nicht berechtigt, das vertragsgegenständliche Know-how im Rahmen seiner eigenen Benutzung der Verbesserungen gegenüber Dritten offenzulegen. Die Beweislast hinsichtlich der Abtrennbarkeit von Verbesserungen liegt auf Seiten des Lizenznehmers.[18]

3. Der Lizenznehmer ist der alleinige Eigentümer von Verbesserungen und ist nach eigenem Ermessen berechtigt, Patente anzumelden. Der Lizenznehmer ist verpflichtet, sämtliche Erfindungsvergütungen, die von seinen in die Erfindung eingebundenen Arbeitnehmern oder Dritten geltend gemacht werden, zu zahlen.
4. Die nach diesem Artikel dem Lizenzgeber gewährten Lizenzrechte berechtigen den Lizenzgeber und die mit dem Lizenzgeber verbundenen Unternehmen, die Verbesserungen für eigene Aktivitäten zu benutzen. Die Lizenz ist vergütungsfrei.

Artikel 11. Verbesserungen und Weiterentwicklungen durch den Lizenzgeber[19]

1. Der Lizenzgeber informiert den Lizenznehmer über sämtliche Verbesserungen in dem technischen Bereich.
2. Während des Zeitraums, in dem die Lizenzgewährung nach diesem Vertrag auf exklusiver Basis erfolgt, ist der Lizenzgeber verpflichtet, die Verbesserungen in dem technischen Bereich ausschließlich an den Lizenznehmer zu den Bedingungen dieses Vertrages zu lizenzieren. Für diese Lizenz wird keine zusätzliche Lizenzgebühr erhoben. Wird die Lizenzgewährung nicht-exklusiv, endet die Informationspflicht des Lizenzgebers über die Verbesserungen.

Artikel 12. Kauf von Produkten[20]

1. Der Lizenznehmer erkennt an, daß zur Zeit nur der Lizenzgeber in der Lage ist, die mit den Verbrennungsanlagen zu benutzenden Produkte herzustellen und zu liefern und daß die Produkte für ein technisch einwandfreies Funktionieren der Verbrennungsanlagen erforderlich sind.
2. Der Lizenznehmer verpflichtet sich, die Produkte nur von dem Lizenzgeber zu erwerben.
3. Der Kauf der Produkte unterliegt denjenigen Allgemeinen Geschäftsbedingungen des Lizenzgebers, welche jeweils zum Zeitpunkt der Annahme einer Produktbestellung Gültigkeit haben. Der Lizenznehmer verpflichtet sich, dem jeweils zum Zeitpunkt der Annahme der Bestellung durch den Lizenzgeber gültigen Kaufpreis zu zahlen. Die Parteien vereinbaren, daß der Lizenzgeber berechtigt ist, jederzeit seine Allgemeinen Geschäftsbedingungen sowie die anwendbaren Kaufpreise zu ändern, solange der Lizenzgeber dies gegenüber seinen sämtlichen Lizenznehmern und Kunden tut.
4. Der Lizenzgeber kann dem Lizenznehmer jederzeit die Anschriften von zusätzlichen Herstellern der Produkte, welche von dem Lizenzgeber zur Herstellung der Produkte lizenziert worden sind, zur Verfügung stellen.
5. Wenn der Lizenznehmer gegenüber dem Lizenzgeber nachweist, daß dritte Hersteller Produkte herstellen, welche die gleiche Qualität besitzen wie die vertragsgegenständlichen Produkte und einen technisch einwandfreien Betrieb der Verbrennungsanlagen sicherstellen, gestattet der Lizenzgeber dem Lizenznehmer, Produkte von diesen dritten Herstellern zu erwerben, soweit diese Hersteller nicht gewerbliche Schutzrechte des Lizenzgebers verletzen. Falls das letztere der Fall ist, kann der Lizenznehmer den Lizenzgeber dazu auffordern, die Frage, ob die Produktion der Produkte durch den dritten Hersteller die gewerblichen Schutzrechte des Lizenzgebers verletzt, mit dem dritten Hersteller durch angemessene Mittel (einschließlich eines gerichtlichen Verfahrens) zu klären.

Artikel 13. Lizenzgebühren und Zahlung[21]

1. Der Lizenznehmer verpflichtet sich, an den Lizenzgeber für die Nutzung der Patente und des Know-hows eine Lizenzgebühr von 1% des von dem Lizenznehmer durch den Betrieb von Verbrennungsanlagen erzielten Umsatzes zu zahlen.
2. Der Lizenznehmer verpflichtet sich darüber hinaus, dem Lizenzgeber für die mit der Entwicklung der in den Patenten und dem Know-how enthaltenen Technologie verbundenen Kosten eine Pauschallizenzgebühr von DM 1.000.000,00 zu zahlen. Die Pauschallizenzgebühr ist ab dem 5. Jahr nach der Unterzeichnung dieses Vertrages in zehn jährlich gleichbleibenden Raten von DM 100.000,00 zu zahlen. Die Raten sind jeweils am Jahrestag des Unterzeichnungsdatums zur Zahlung fällig.[22]
3. Der mit dem Betrieb von Verbrennungsanlagen erzielte Umsatz des Lizenznehmers wird auf Grundlage des Umsatzes berechnet, den der Lizenznehmer insgesamt mit dem Betrieb von Verbrennungsanlagen erzielt, abzüglich der Kosten für den Kauf von Produkten von dem Lizenzgeber.
4. Der Lizenznehmer ist verpflichtet, die Lizenzgebühr von 1% bis zum Ablauf dieses Vertrages weiterzuzahlen, solange er die Patente und das Know-how benutzt, auch wenn das Know-how durch eine Handlung offenkundig werden sollte, die nicht durch den Lizenzgeber erfolgt. Sollten eins oder mehrere Patente für ungültig erklärt werden oder auslaufen, so hat dies keinen Einfluß auf die Vergütungspflicht des Lizenznehmers. Wenn sämtliche Patente für ungültig erklärt werden oder abgelaufen sind und der Lizenznehmer nur noch das Know-how benutzt, so ermäßigt sich die Lizenzgebühr ab dem Monat, der auf die Ungültigkeitserklärung oder den Ablauf des letzten bestehenden Patents folgt, auf 0,75%.
Die Parteien vereinbaren darüber hinaus, daß die jährlichen Raten durch den Lizenznehmer auch dann gezahlt werden, wenn sämtliche Patente vor dem Tag der letzten durch den Lizenznehmer vorzunehmenden Ratenzahlung für ungültig erklärt worden oder ausgelaufen sind.[23]
5. Die Lizenzgebühr von 1% ist innerhalb von dreißig (30) Tagen nach Ende eines jeden Kalenderquartals zur Zahlung fällig. Innerhalb des gleichen Zeitrahmens ist von dem Lizenznehmer eine schriftliche Abrechnung für die Umsätze des jeweiligen Kalenderquartals vorzulegen.
6. Sämtliche Umsatzsteuern und indirekten Steuern, welche auf die Zahlung der Lizenzgebühr Anwendung finden, werden von dem Lizenznehmer getragen.[24]

Artikel 14. Mindestlizenzgebühr[25]

Der Lizenznehmer verpflichtet sich, eine Mindestlizenzgebühr von DM 500 000,00 pro Kalenderjahr zu zahlen. Diese Mindestlizenzgebühr ist jeweils dreißig (30) Tage nach Ende eines Kalenderjahres zur Zahlung fällig.

Artikel 15. Aufzeichnungen[26]

1. Der Lizenznehmer verpflichtet sich, gesonderte Aufzeichnungen über den Betrieb der Verbrennungsanlagen in dem Vertragsgebiet zu führen, und zwar für jede Verbrennungsanlage einzeln.
2. Der Lizenznehmer verpflichtet sich, dem Lizenzgeber vierteljährlich zeitgleich mit der nach Artikel 13 fälligen Zahlung für jede Verbrennungsanlage gesondert einen schriftlichen Bericht über den Gesamtumsatz und die Preise der gekauften Produkte auszuhändigen.
3. Der Lizenzgeber oder ein von ihm benannter vereidigter Buchprüfer hat das Recht, auf Kosten des Lizenzgebers in die Aufzeichnungsbücher und andere Unterlagen des Lizenznehmers zu angemessenen Zeiten und ohne Störung des normalen Geschäftsbetriebes des Lizenznehmers Einsicht zu nehmen, um die Richtigkeit der Berichte und Zahlungen

gemäß den Bestimmungen dieses Vertrages nachzuprüfen. Werden bei der Prüfung Unrichtigkeiten festgestellt, trägt der Lizenznehmer die Prüfungskosten.

Artikel 16. Gewährleistungen des Lizenzgebers[27]

1. Der Lizenzgeber erklärt, daß ihm keine Rechtsmängel der Patente und des Know-how bekannt sind. Der Lizenzgeber übernimmt keine Haftung für das Fehlen von unbekannten Rechtsmängeln.
2. Der Lizenzgeber gewährleistet weder die Patentfähigkeit noch die Rechtsbeständigkeit der Patente oder den geheimen Charakter des Know-hows, noch die kommerzielle Verwertbarkeit der Patente und des Know-hows.
3. Der Lizenzgeber betreibt erfolgreich Verbrennungsanlagen außerhalb des Vertragsgebietes. Der Lizenzgeber gewährleistet daher, daß das Know-how für den Betrieb von Verbrennungsanlagen durch ausgebildete Techniker genutzt werden kann. Kann der Lizenznehmer nachweisen, daß ausgebildete Techniker mit dem Know-how den Betrieb nicht durchführen können, hat sich der Lizenzgeber darum zu bemühen, weitere Dokumente über die fehlenden Informationen bereitzustellen und die Arbeitnehmer des Lizenznehmers auszubilden. Diese Tätigkeiten des Lizenzgebers erfolgen kostenlos. Sie stellen die einzigen Gewährleistungspflichten des Lizenzgebers gegenüber dem Lizenznehmer gemäß dieser Gewährleistungsklausel dar.
4. Der Lizenzgeber gewährleistet, daß er nach seinem besten Wissen berechtigt ist, die nach diesem Vertrag gewährten Lizenzen einzuräumen und daß sämtliche notwendigen gesellschaftsrechtlichen Handlungen vorgenommen worden sind.[28] Der Lizenzgeber gewährleistet weiterhin, daß er die Patente während der Laufzeit dieses Vertrages aufrechterhalten wird.[29]

Artikel 17. Gewährleistungen des Lizenznehmers[30]

1. Der Lizenznehmer gewährleistet, daß er den geheimen Charakter des Know-how gemäß den Bestimmungen des Artikels 23 aufrecht erhalten wird.
2. Der Lizenznehmer gewährleistet, daß er sich nach besten Kräften darum bemühen wird, die Patente und das Know-how durch das Entwerfen, Bauen und Betreiben von Verbrennungsanlagen zu verwerten.
3. Der Lizenznehmer gewährleistet, daß er nach seinem besten Wissen berechtigt ist, diesen Vertrag abzuschließen und daß sämtliche erforderlichen gesellschaftsrechtlichen Handlungen vorgenommen worden sind.

Artikel 18. Aufrechterhaltung, Rechtsbeständigkeit und Erforderlichkeit der Patente[31]

1. Der Lizenzgeber verpflichtet sich, die Patente für die Laufzeit dieses Vertrages aufrechtzuerhalten und die entsprechenden Verlängerungsgebühren zu zahlen.
2. Der Lizenznehmer verpflichtet sich, die Inhaberschaft des Lizenzgebers an den Patenten und dem Know-how nicht zu bestreiten.[32]
3. Wenn der Lizenznehmer die Rechtsbeständigkeit der Patente oder den geheimen oder wesentlichen Charakter des Know-how bestreitet, ist der Lizenzgeber berechtigt, diesen Vertrag fristlos zu kündigen.[33]
4. Falls der Lizenznehmer die Tatsache bestreitet, daß die Patente für den Entwurf, Bau und Betrieb von Verbrennungsanlagen notwendig sind, insoweit, als die Ausführung von Entwurf, Bau und Betrieb von Verbrennungsanlagen nicht, nur in geringerem Maße oder nur unter schwierigeren Umständen oder höherem Kostenaufwand möglich wäre, ist der Lizenzgeber berechtigt, diesen Vertrag fristlos zu kündigen.[34]

Artikel 19. Rechtsverletzung, Angriffe gegen Rechtsbeständigkeit und Gerichtsverfahren[35]

1. Die Parteien vereinbaren, sich gegenseitig unverzüglich von jeder Verletzung der Patente zu informieren. Der Lizenzgeber verpflichtet sich, die Patente gegen jegliches Bestreiten

der Rechtsbeständigkeit durch Dritte zu verteidigen. Der Lizenznehmer verpflichtet sich, die notwendigen Handlungen gegen Patentverletzer vorzunehmen, und wird durch diesen Vertrag von dem Lizenzgeber zur Durchführung von Gerichtsstreitigkeiten ermächtigt („Prozeßstandschaft").
2. Sämtliche Kosten im Rahmen eines Nichtigkeitsverfahrens werden von dem Lizenzgeber getragen. Sämtliche Kosten eines Verletzungsverfahrens werden von dem Lizenznehmer getragen. Der Lizenznehmer ist berechtigt, sich an Nichtigkeitsverfahren auf eigene Kosten zu beteiligen. Der Lizenzgeber ist berechtigt, sich an Verletzungsverfahren auf eigene Kosten zu beteiligen.
3. Sämtliche aus Verletzungsverfahren erlangten Schadensersatzansprüche des Lizenznehmers unterliegen der Lizenzgebührenzahlungspflicht gemäß diesem Vertrag.

Artikel 20. Schutzrechte Dritter[36]

1. Wenn gegen den Lizenznehmer aufgrund der Verwertung der Patente und/oder des Know-hows von Dritten Verletzungsansprüche geltend gemacht werden, hat der Lizenznehmer den Lizenzgeber hierüber unverzüglich zu informieren.
2. Der Lizenznehmer verpflichtet sich, sich unter der Überwachung des Lizenzgebers selbst gegen vorgebrachte Verletzungsansprüche zu verteidigen. Der Lizenznehmer ist nicht berechtigt, ohne die vorherige schriftliche Zustimmung des Lizenzgebers in einem Verletzungsstreit ein Anerkenntnis abzugeben oder Vergleichsverhandlungen zu beginnen. Der Lizenzgeber hat das Recht, sich an einem solchen Verfahren zu beteiligen.
3. Wenn dem Lizenznehmer durch rechtskräftiges Urteil die Benutzung der Patente und des Know-how untersagt wird und der Lizenzgeber endgültig nicht in der Lage ist, für den Lizenznehmer ein Weiterbenutzungsrecht für die Patente und das Know-how sicherzustellen, ist der Lizenznehmer berechtigt, die Vergütungszahlungen einzustellen; bis zum diesem Zeitpunkt bereits gezahlte Vergütungen sind durch den Lizenzgeber nicht zurückzuzahlen. Der Lizenzgeber verpflichtet sich darüber hinaus, sämtliche Schadensersatzleistungen, zu denen der Lizenzgeber für die Vergangenheit verurteilt worden ist, zu übernehmen. Weitere Rechte aufgrund der Unmöglichkeit, die Patente und das Know-how weiterhin zu nutzen, stehen dem Lizenznehmer gegenüber dem Lizenzgeber nicht zu, insbesondere keine Ansprüche wegen entgangenen Gewinns oder vergeblichen Investitionen.
4. In sämtlichen Rechtsstreitigkeiten mit Dritten trägt jede Partei ihre eigenen Kosten. Für den Fall, daß dem Lizenznehmer die Benutzung der Patente und des Know-how rechtskräftig untersagt wird und der Lizenzgeber ein Weiterbenutzungsrecht des Lizenznehmers nicht sicherstellen kann, trägt der Lizenzgeber sämtliche Verfahrenskosten des Lizenznehmers. Diese Zahlungsverpflichtung schließt Gerichtskosten und angemessene Rechtsanwaltsgebühren mit ein.

Artikel 21. Meistbegünstigungsklausel[37]

Der Lizenzgeber ist verpflichtet, dem Lizenznehmer gleich günstige Bedingungen zu gewähren, wie er sie anderen Lizenznehmern nach dem Tag der Unterzeichnung dieses Vertrages gewährt, vorausgesetzt, daß die Rechte und Pflichten der jeweiligen anderen Lizenznehmer unter den entsprechenden Lizenzverträgen im wesentlichen vergleichbar sind mit den Rechten und Pflichten des Lizenznehmers nach diesem Vertrag.

Artikel 22. Mindestqualität[38]

1. Der Lizenznehmer verpflichtet sich, die technischen Spezifikationen für Verbrennungsanlagen einzuhalten, wie sie in den durch Anlage 1.4 und Anlage 1.5 dem Lizenznehmer zur Verfügung gestellten Know-how-Dokumenten festgelegt werden, soweit diese technischen Spezifikationen für eine technisch einwandfreie Verwertung der Patente und des Know-how erforderlich sind.

2. Der Lizenzgeber ist berechtigt, entweder selbst oder durch unabhängige dritte Spezialisten Überprüfungen vorzunehmen, um sicherzustellen, daß der Lizenznehmer die Mindestqualitätsanforderungen einhält.
3. Wenn der Lizenznehmer wiederholt die Mindestqualitätsanforderungen nicht einhält (was vermutet wird, wenn der Lizenznehmer durch den Lizenzgeber beanstandete Qualitätsprobleme nicht innerhalb einer angemessenen Zeit beseitigt), ist der Lizenzgeber berechtigt, diesen Vertrag zu kündigen.

Artikel 23. Geheimhaltung[39]

1. Die Parteien vereinbaren, während der Laufzeit dieses Vertrages über das Know-how, jegliches durch den Lizenzgeber ausgehändigtes Material und sämtliche Informationen, die eine Partei über das Geschäft der jeweils anderen Partei erhält, einschließlich Informationen über die Bestimmungen dieses Vertrages („Vertrauliche Informationen"), vertraulich zu behandeln und nicht an Dritte weiterzugeben.
2. Die Parteien verpflichten sich, ihre Angestellten ebenfalls zur Geheimhaltung der Vertraulichen Informationen zu verpflichten.
3. Die Parteien sind nur nach ausdrücklicher schriftlicher Zustimmung der jeweils anderen Partei zur Aushändigung von Vertraulichen Informationen an Dritte berechtigt.
4. Die Parteien verpflichten sich, die Vertraulichen Informationen auch nach Ablauf dieses Vertrages so lange geheimzuhalten, wie sie geheim sind.
5. Die Geheimhaltungsverpflichtung erstreckt sich nicht auf Vertrauliche Informationen, welche einer Partei vor Offenlegung durch die andere Partei bereits bekannt waren und nicht durch einen Dritten, welcher die Informationen direkt oder indirekt von der anderen Partei erhalten hat, offengelegt worden sind oder welche ohne Verstoß der die Vertraulichen Informationen erhaltenden Partei allgemein öffentlich zugänglich sind oder welche von der Partei ohne Geheimhaltungsverpflichtung von Dritten, die sie weder direkt noch indirekt von der anderen Partei erhalten haben, erlangt worden sind.
6. Die Parteien verpflichten sich, sich mit Beendigung dieses Vertrages sämtliche Dokumente, Akten oder andere Unterlagen sowie Kopien davon, soweit sie Vertrauliche Informationen enthalten, zurückzugeben. Der Lizenznehmer verpflichtet sich, Vertrauliche Informationen auch nach Beendigung des Vertrages geheimzuhalten und das Know-how oder die Patente nach der Kündigung des Vertrages insoweit nicht zu verwenden, als das Know-how noch geheim ist oder die Patente noch in Kraft sind. Diese Verpflichtung des Lizenznehmer beschränkt sich nicht auf das Vertragsgebiet.

Artikel 24. Abtretung und Unterlizenzierung[40]

1. Dieser Vertrag darf nicht ohne schriftliche Zustimmung der jeweils anderen Partei abgetreten werden. Er behält auch dann seine Gültigkeit, wenn einige oder alle Patente an Dritte übertragen worden sind.
2. Das Know-how oder die Patente dürfen nicht ohne schriftliche Zustimmung des Lizenzgebers an Dritte unterlizenziert werden.
3. Der Lizenzgeber ist berechtigt, seine nach Artikel 8 bestehenden Ausbildungsverpflichtungen auch durch Dritte erfüllen zu lassen.

Artikel 25. Vertragsdauer und Kündigung[41, 42]

1. Dieser Vertrag wird mit Unterzeichnung durch beide Parteien wirksam und läuft für jedes Land des Vertragsgebietes („Land des Vertragsgebietes" bedeutet jeder Teil des Vertragsgebietes, welcher einen unabhängigen Staat bildet, wie Deutschland, Österreich etc.) gesondert so lange, wie das längste nach diesem Vertrag lizenzierte und in dem jeweiligen Land des Vertragsgebietes bestehende Patent läuft („Anfangslaufzeit"). Die Lizenz für den Vertragsgebietsteil Italien läuft jedoch nur für 10 Jahre ab dem Tag der Unterzeichnung dieses Vertrages.

1. Patent and Know-How License Agreement VI.1

2. Der Vertrag verlängert sich aufgrund jeder Verbesserung durch den Lizenzgeber automatisch in jedem Land des Vertragsgebietes gesondert für 3 weitere Jahre, gleich ob die Verbesserung patentiert ist oder nicht. Der Lizenznehmer hat jedoch das Recht, die Verbesserungen zurückzuweisen, so daß die Anfangslaufzeit Anwendung findet. Darüber hinaus hat jede Partei das Recht, diesen Vertrag mit einer Kündigungsfrist von 6 Monaten zum Ablauf der Anfangslaufzeit sowie danach mit einer Kündigungsfrist von 3 Monaten zum Ablauf jeder dreijährigen Verlängerungszeit zu kündigen. Die Parteien können diesen Vertrag separat für jedes Land des Vertragsgebietes kündigen.
3. Im Fall einer Vertragsverletzung durch eine Partei gemäß den Bestimmungen dieses Vertrages hat die sich vertragsgemäß verhaltende Partei das Recht, diesen Vertrag mit einer Kündigungsfrist von sechzig (60) Tagen schriftlich zu kündigen, soweit die Vertragsverletzung der anderen Partei nicht innerhalb der Kündigungsfrist beseitigt wird.
4. Soweit ein wichtiger Grund auf Seiten einer Partei vorliegt, hat die jeweils andere Partei das Recht, diesen Vertrag aufgrund des wichtigen Grundes zu kündigen. Diese Kündigung hat innerhalb von sechzig (60) Tagen ab dem Zeitpunkt der Kenntniserlangung des wichtigen Grundes zu erfolgen. Wichtige Gründe schließen die folgenden Gründe mit ein, sind aber nicht auf diese beschränkt:
   – Einleitung eines Insolvenzverfahrens gegen eine Partei oder die Erklärung der Zahlungsunfähigkeit durch die Partei,
   – Allgemeine Vermögensübertragung einer Partei an ihre Gläubiger,
   – Änderung in der Kontrolle über eine Partei,
   – Erwerb der Partei durch einen direkten oder indirekten Wettbewerber der jeweils anderen Partei.

Artikel 26. Folgen der Vertragsbeendigung

1. Der Lizenznehmer verpflichtet sich, mit Vertragsbeendigung jede Benutzung der Patente und des Know-how zu beenden, soweit und solange das Know-how noch geheim ist und die Patente noch in Kraft sind. Der Lizenznehmer ist jedoch berechtigt, die zu diesem Zeitpunkt existierenden und in Betrieb befindlichen Verbrennungsanlagen weiterhin zu betreiben und dabei entweder die Produkte weiterhin gemäß gesonderten Kaufverträgen zu erwerben oder sie nicht weiter zu benutzen. Sämtliche Änderungen an den Verbrennungsanlagen, welche deswegen erforderlich werden, weil die Benutzung der Produkte für das Verbrennungsverfahren nicht länger sichergestellt werden kann, sind allein durch den Lizenznehmer zu tragen. Für sämtliche Verbrennungsanlagen, welche zum Zeitpunkt der Vertragsbeendigung noch im Bauzustand sind, haben die Parteien eine angemessene Lösung zu finden. Diese kann den Verkauf der Verbrennungsanlagen an den Lizenzgeber zum Marktpreis oder die Zahlung einer Pauschalgebühr für die weitere Benutzung des Know-how durch den Lizenzgeber bis zum Abschluß des Baus umfassen.
2. Die Parteien vereinbaren, daß die Zahlungsverpflichtung des Lizenznehmers hinsichtlich der Ratenzahlung für die in Artikel 13.2 festgesetzte Pauschalvergütung auch nach Vertragsbeendigung bis zum vollständigen Zahlungserhalt durch den Lizenzgeber weiterbestehen soll.[43]

Artikel 27. Mitteilungen[44]

Sämtliche nach diesem Vertrag von einer Partei gegenüber der anderen Partei vorzunehmende Mitteilungen gelten mit dem Tag des Zugangs als abgegeben, wenn sie per Post, Telex oder Telefax an folgende Anschriften geschickt werden:

Für den Lizenzgeber an:

Für den Lizenznehmer an:

Artikel 28. Salvatorische Klausel[45]

Sollte eine Bestimmung dieses Vertrages ungültig oder undurchsetzbar werden, so bleiben die übrigen Bestimmungen dieses Vertrages hiervon unberührt. Die Parteien vereinbaren, die ungültige oder undurchsetzbare Bestimmung durch eine gültige und durchsetzbare Bestimmung zu ersetzen, welche wirtschaftlich der Zielsetzung der Parteien am nächsten kommt. Das gleiche gilt im Falle einer Lücke.

Artikel 29. Gesamter Vertrag

1. Dieser Vertrag stellt die gesamte Vereinbarung zwischen den Parteien dar. Sämtliche Änderungen zu diesem Vertrag bedürfen der Schriftform.[46]
2. Dieser Vertrag ist in englischer Sprache verfaßt und in zweifacher Kopie ausgefertigt worden. Die deutsche Vertragsfassung gilt nur dem besseren Verständnis. In sämtlichen Fällen geht die englische Fassung vor.

Artikel 30. Anwendbares Recht und Gerichtsstand

1. Dieser Vertrag unterliegt dem Recht der Bundesrepublik Deutschland. Die Bestimmungen des UN-Kaufrechts finden keine Anwendung.[47]
2. Sämtliche nach diesem Vertrag entstehenden Rechtsstreitigkeiten werden durch ein Schiedsverfahren beigelegt. Will eine Partei ein Schiedsverfahren einleiten, so informiert sie hiervon die andere Partei und benennt ihren eigenen Schiedsrichter. Die andere Partei benennt innerhalb von zwei Wochen nach Erhalt der Mitteilung ihren Schiedsrichter und unterrichtet hiervon die erste Partei. Die zwei benannten Schiedsrichter benennen innerhalb von zwei Wochen, nachdem der zweite Schiedsrichter benannt und die erste Partei entsprechend informiert worden ist, durch gemeinsame Vereinbarung einen dritten Schiedsrichter. Sollte hierüber innerhalb der 2-Wochen-Frist keine Einigung erzielt werden oder sollte die zweite Partei keinen eigenen Schiedsrichter benennen, so wird der jeweils zweite oder dritte Schiedsrichter auf Anforderung einer Vertragspartei von dem Präsident der Handelskammer in München benannt. Da das Schiedsgerichtsverfahren in englischer Sprache durchgeführt wird, muß der auf diese Weise benannte Schiedsrichter fließend englisch sprechen. Die Schiedsrichter müssen vor einer Beschlußfassung zunächst versuchen, den Rechtsstreit gütlich beizulegen. Ort des Schiedsgerichtes ist München.

....
Datum und Unterschrift A

....
Datum und Unterschrift B

Schrifttum: Beier, Die internationalprivatrechtliche Beurteilung von Verträgen über gewerbliche Schutzrechte, GRUR Int. 1981, 299; *Deringer,* Internationale Lizenzverträge und Antitrustrecht, GRUR Int. 1968, 179; *Fischer,* Zahlungsverpflichtung in Know-how-Verträgen, wenn der Vertragsgegenstand offenkundig geworden ist, GRUR, 1985, 638; *Fuentes,* Zur Beurteilung von Patentlizenzverträgen nach EG-Recht, GRUR Int. 1987, 217ff; *Gaul/Bartenbach,* Patentlizenz- und Know-how-Vertrag, 3. Auflage, 1993; *Gleiss/ Hirsch,* Kommentar zum EWG-Kartellrecht, 4. Auflage 1993; *Groß,* Gruppenfreistellungsverordnung für Technologietransfer-Vereinbarungen (Zusammenfassung der Gruppenfreistellungsverordnungen, Patentlizenzen und Know-how-Vereinbarungen) Mitt. 1995, 85; *Grützmacher/Schmidt-Cotta/Laier,* Der Internationale Lizenzverkehr, 7. Auflage, Heidelberg 1985; *Henn,* Patent und Know-how-Lizenzvertrag, 3. Auflage 1992; *Immenga/Mestmäcker,* GWB, Kommentar zum Kartellgesetz, 2. Auflage 1992; *Jorda,* Licen-

1. Patent and Know-How License Agreement VI.1

sing of Know-how in U. S., XXI. Les Nouvelles 87 (1986); *Kraßer/Schmid*, Der Lizenzvertrag über technische Schutzrechte aus der Sicht des deutschen Zivilrechts, GRUR Int. 1982, 324 ff; *Langen*, Internationale Lizenzverträge, 2. Auflage 1958, S. 131 ff; *Langen/Bunte*, Kommentar zum europäischen Wahlrecht, 7. Auflage, 1994; *Lichtenstein*, Der Lizenzvertrag mit dem Ausland, NJW 1964, 1345; *Loewenheim*, Gewerbliches Schutzrecht, freier Warenverkehr und Lizenzverträge, GRUR 1982, 461 ff; *Lutz*, Technologie-, Patent- und Know-how-Lizenzverträge im EG-Recht, RIW 1996, 269; *Martin/Grützmacher*, Der Lizenzverkehr mit dem Ausland, 6. Auflage, Heidelberg 1977; *Moecke*, Vertragsgestaltung bei anlagebegleitenden Lizenzverträgen, RIW 1983, 488; *Müller-Henneberg/Schwartz*, Gemeinschaftskommentar, Gesetz gegen Wettbewerbsbeschränkungen und Europäisches Kartellrecht, 4. Auflage, 14. Lfg, 1993; *Pagenberg/Geissler*, Lizenzverträge, 3. Auflage 1991; *Pfaff/Nagel*, Internationale Rechtsgrundlagen für Lizenzverträge im gewerblichen Rechtsschutz, München 1993; *Sauter*, Die „gemischten Vereinbarungen" nach den Gruppenfreistellungsverordnungen für Patentlizenz- und Know-how-Vereinbarungen, FS Gaedertz, 1992, 481; *Schaub*, Zur Zulässigkeit von Nichtangriffsabreden in Patentlizenzverträgen, RIW/AWD 1989, 216; *Stoffmehl*, Die Gruppenfreistellungsverordnung der EU-Kommission für Technolgietransfer-Vereinbarungen, CR 1996, 305; *Stumpf/Groß*, Der Lizenzvertrag, 6. Auflage 1993; *Ullrich*, Lizenzkartellrecht auf dem Weg zur Mitte, GRUR Int. 1996, 555; *Ulmer*, Die Immaterialgüterrechte im internationalen Privatrecht, Schriftenreihe zum Gewerblichen Rechtsschutz, Band 38, Köln 1975; *Wiedemann*, Kommentar zu den Gruppenfreistellungsverordnungen des EWG Kartellrechts, Allgemeiner Teil, 1989, Besonderer Teil, 1990.

Zu den Nachweisen zum Schrifttum vergleiche auch Münchener Vertragshandbuch, Band 3.1, 4. Auflage, *Schultz-Süchting*, Form. VI.1, Anmerkung 1 und die eingehende Übersicht zu internationalen Lizenzverträgen bei *Stumpf/Groß*, a.a.O., Rdnr. 434.

Übersicht

	Seite
1. Sachverhalt	1178
2. Präambel	1179
3. Definitionen	1180
4. Definition Verbrennungsanlagen	1181
5. Definition Patente	1181
6. Definiton Know-how	1181
7. Patentlizenz	1182
8. Ausschluß durch den Lizenzgeber	1184
9. Know-how Lizenz	1184
10. Know-how Zurverfügungstellung	1184
11. Nutzung der Marken	1184
12. Vertragsgebiet	1185
13. Rechtsvorbehalt	1185
14. Technischer Anwendungsbereich	1186
15. Technische Ausbildung	1186
16. Wettbewerb durch den Lizenznehmer	1187
17. Verbesserungen durch den Lizenznehmer	1187
18. Rücklizenz an Weiterentwicklungen	1187
19. Verbesserungen durch den Lizenzgeber	1189
20. Bezugspflicht	1189
21. Lizenzgebühren	1190
22. Einstandsgebühr	1190
23. Lizenzgebührzahlung nach Offenkundigwerden oder Wegfall der Patente	1191
24. Steuern	1191
25. Mindestlizenzgebührzahlung	1192
26. Aufzeichnungen	1192
27. Gewährleistungen	1193

	Seite
28. Gewährleistung hinsichtlich rechtlicher Ermächtigung	1194
29. Gewährleistung hinsichtlich der Aufrechterhaltung der Patente	1194
30. Gewährleistung der Lizenznehmer	1194
31. Rechtsbeständigkeit der Patente	1194
32. Nichtangriffsverpflichtung hinsichtlich Eigentümerstellung	1195
33. Nichtangriffsverpflichtung hinsichtlich Rechtsbeständigkeit	1195
34. Nichtangriffsverpflichtung hinsichtlich der Notwendigkeit der Patente	1195
35. Rechtsverletzung durch Dritte	1196
36. Rechte Dritter	1196
37. Meistbegünstigungsklausel	1197
38. Qualitätsvorgaben	1198
39. Geheimhaltung	1198
40. Abtretung und Unterlizenzen	1198
41. Vertragslaufzeit	1199
42. Kündigung wegen Vertragsverletzung	1199
43. Lizenzgebühren	1200
44. Mitteilungen	1200
45. Salvatorische Klausel	1200
46. Schriftform	1200
47. Rechtswahl und Kartellrecht	1201
48. Gerichtsstand	1204

Anmerkungen

1. Sachverhalt. Das Formular enthält einen exklusiven Lizenzvertrag, der sowohl die Lizenzierung von Patenten als auch von geheimen Know-how enthält. Der Lizenzgeber hat eine besondere Abfallverbrennungsmethode entwickelt, die (technisch) zwingend den Einsatz von chemischen Katalysatoren vorsieht, die zu einem besonders günstigen Verbrennungsgrad führen. Die vom Lizenzgeber entwickelte Technologie ist dabei in Patenten niedergelegt, die dem Lizenzgeber entweder im eigenen Namen zustehen oder von seinem Mutterunternehmen, einer US-amerikanischen Gesellschaft, mit dem Recht zur Unterlizenzierung für das hier vorgesehene Territorium eingeräumt wurden. Zum Teil findet sich die Technologie aber allein in geheimem Know-how verkörpert, so daß ein Lizenznehmer, der die Technologie nutzen möchte, zwingend Patente und Know-how benutzen muß. Da auch dies noch nicht ausreichend ist, um einen Dritten tatsächlich in effektiver und erfolgversprechender Weise mit der Technologie bekanntzumachen, enthält das Muster darüber hinaus die Verpflichtung des Lizenzgebers, die Arbeitskräfte des Lizenznehmers in der Technologie auszubilden.

Durch die Lizenzgewährung nur an einen einzigen Lizenznehmer findet zwar zum einen eine starke Bindung des Lizenzgebers an den Erfolg dieses einen Vertragspartners statt, zum anderen wird in der Regel aber zu erwarten sein, daß der Lizenznehmer sich besonders einsetzt, um die lizenzierten Schutzrechte zu nutzen und er so zu einer besonders guten Marktdurchdringung beitragen wird. Um den Lizenznehmer hierzu anzuhalten, werden (wie auch im Formular) häufig Mindestlizenzgebühren neben einer generellen Ausübungspflicht vorgesehen. Darüber hinaus können entsprechende Kündigungsmöglichkeiten des Lizenzgebers Anreiz für den Lizenznehmer sein, die Lizenz in dem erforderlichen Umfang zu nutzen (vgl. allgemein auch Münchener Vertragshandbuch, Band 3.1, Form. VI.2, Anm. 1).

Das Formular unterstellt, daß dem Lizenznehmer für ein bestimmtes Vertragsgebiet die Nutzung der Patente und des Know-hows zur Verfügung gestellt werden soll und daß der Lizenznehmer in diesem Gebiet die Verbrennungsanlagen entwirft, baut und entweder selbst oder durch Dritte betreibt. Da die Verbrennungstechnologie einen sehr weiten Anwendungsbereich haben soll und in einer Reihe von technischen Feldern (im Sinne getrennter technischer Anwendungsbereiche) genutzt werden kann, wird dem Lizenznehmer nur für den Bereich eine Nutzungserlaubnis eingeräumt, der Verbrennungsanlagen für Kommunen („municipalities") betrifft. Den darüber hinaus möglichen technischen Einsatzbereich behält sich der Lizenzgeber ausdrücklich selbst vor (und damit auch die Möglichkeit, andere insoweit zu lizenzieren).

Als Vertragsgebiet wird dem Lizenznehmer in internationalen Lizenzverträgen häufig nicht nur ein bestimmtes Land zur Verfügung gestellt, sondern eine Reihe von Ländern mit unterschiedlichsten Wirtschafts- und Rechtssystemen. Damit wird vom Lizenznehmer eine Konzeption gefordert, die sich auf die verschiedenen Besonderheiten einstellt und mit diesen erfolgreich umgeht. Aus der Tatsache, daß nicht nur ein Land mit einem Rechtssystem (aber auch nur mit einer Sprache und gleichen örtlichen Usancen) gewählt wird, ergeben sich für den internationalen Lizenzvertrag die Notwendigkeit, übergreifende Regelungen zu finden, die für beide Parteien in einer Reihe von Ländern Gültigkeit haben können. Wenn auch, wie im Formular, das Recht eines der Vertragsstaaten zur Anwendung kommt, ist es in der Regel erforderlich, zu prüfen, ob rechtliche Besonderheiten aus anderen Staaten des Vertragsgebietes Anpassungen in der Formulierung erforderlich machen. Solche rechtlichen Besonderheiten finden sich insbesondere im nationalen Kartellrecht und im nationalen Außenwirtschaftsrecht.

Die vom Lizenznehmer entworfenen, gebauten und betriebenen Verbrennungsanlagen sollen nach außen hin deutlich machen, daß sie von der Technologie des Lizenzgebers Gebrauch machen, da man sich daraus auf beiden Seiten einen positiven Marketingeffekt verspricht. Zu diesem Zweck sieht das Formular auch die Benutzung bestehender Marken vor.

Von der kartellrechtlichen Seite her ist das Formular aufgrund des übergreifenden Vertragsgebietes unter den Regeln des EG-Vertrages und der von der EG-Kommission in Ausfüllung des Vertrages ergangenen Gruppenfreistellungsverordnungen zu prüfen. Da das Lizenzgebiet mehrere Staaten der Europäischen Gemeinschaft umfaßt, ist ein Einfluß auf den Handel zwischen den Mitgliedsstaaten gegeben, Artikel 85 Absatz 1 EG-Vertrag. Bis zum 31. 3. 1996 waren auf einen entsprechenden gemischten Patent- und Know-how-Lizenzvertrag entweder die Regelungen der Patentlizenz-Gruppenfreistellungsverordnung (Verordnung Nr. 2349/84 (ABl EG 1984 L 219, 15) oder der Know-how-Lizenzgruppenfreistellungsverordnung Nr. 556/89 (ABl EG 1989 L 61/1) anwendbar, je nachdem, wo der Schwerpunkt der Vereinbarung lag. Dies führte in der Praxis häufig zu schwer zu überwindenden Auslegungsproblemen (vgl. hierzu die Entscheidung Boussois/Interpane, Kommission, WuW/EV 1233 ff). Durch die nunmehr vorliegende Technologietransfer-Gruppenfreistellungsverordnung (Verordnung 240/96, ABl EG L 1996, 31/1) ist dieses Problem gelöst, da jetzt eine Gruppenfreistellungsverordnung für reine Patent- und Know-how-Lizenzverträge, aber auch für gemischte Know-how und Patentlizenzverträge (wie das vorliegende Formular) gilt.

Nach deutschem Kartellrecht (das hier aufgrund des Vertragsgebietes anwendbar ist, vgl. § 98 (2) GWB) sind technische Lizenzverträge insoweit nach § 20 GWB zu beurteilen, soweit es um die Beschränkungen des Lizenznehmers geht. Verträge über geheimes Know-how werden entsprechend beurteilt, da § 21 GWB auf § 20 GWB verweist. Beschränkungen des Lizenznehmers, die nach der in § 20 GWB enthaltenen Regelung unzulässig sind, sind nichtig (BGH Z 51, 263 – Silobehälter). Inwieweit die Nichtigkeit den gesamten Vertrag erfaßt, ist im Einzelfall zu überprüfen (vgl. *Benkhard/Ullmann,* Patentgesetz, 9. Auflage 1993, § 15, Rdnr. 152), wenn auch im Einzelfall die Nichtigkeit nicht grundsätzlich den gesamten Vertrag erfassen wird.

Beschränkungen des Lizenzgebers sind dagegen nicht nach § 20 GWB, sondern allein nach den §§ 15–19 GWB zu beurteilen, soweit es um die Anwendung deutschen Kartellrechtes geht. Zum Verhältnis zwischen deutschem und EG-Kartellrecht, vgl. Anm. 37.

2. Präambel. Die Präambel („Whereas clauses") ist an sich insoweit noch nicht Vertragsinhalt, als sich in ihr noch keine verbindlichen Regelungen zu den einzelnen Absprachen zwischen den Parteien finden. Insoweit steht diese Klausel „vor" dem Vertrag. Die Präambel bietet aber die Möglichkeit, niederzuschreiben, was die Parteien zueinander führt und unter welchen Vorstellungen sie das Vertragsverhältnis eingehen. Auf diese Weise kann die Präambel dazu dienen, eine Hilfe für die Auslegung des Vertrages darzustellen, da ein kurzer Abriß der Geschichte der Vertragsverhandlungen und der Motivationslage der Vertragsparteien gegeben werden kann. Nach den Grundsätzen des deutschen Rechtes kann die Präambel damit zur Auslegung hinsichtlich der Historie, aber auch hinsichtlich Sinn und Zweck des Vertrages herangezogen werden. Es ist in internationalen Lizenzverträgen nicht unüblich, solche Whereas-Klauseln in großer Ausführlichkeit über einige Seiten zu erstrecken, um die einzelnen relevanten Gesichtspunkte vor diesem Hintergrund in zeitlicher und logischer Reihenfolge niederzuschreiben.

Im Muster wird in der Präambel zunächst die Entwicklungsleistung des Lizenzgebers und die daraus resultierenden Patente und das Know-how geschildert, um so seine Eigentümerstellung bereits an dieser Stelle festzuhalten. Für den Lizenznehmer wird dessen Wunsch zur Nutzung der Technologie festgehalten.

Bemerkenswert in der Präambel ist, daß an dieser Stelle (vgl. Art 16.4) festgehalten wird, daß der Lizenzgeber auf zweifache Weise Berechtigter zur Lizenzerteilung ist, nämlich zum einen, weil er selber Schutzrechte und geheimes Know-how innehat, zum anderen, weil er von der eigenen Muttergesellschaft dazu berechtigt wurde. Für den Lizenznehmer bedeutet der letzte Hinweis, daß der Lizenznehmer sich Klarheit verschaffen muß, inwieweit der Lizenzgeber tatsächlich hier zur Lizenzierung berechtigt ist, da es einen gutgläubigen Erwerb von Rechten, jedenfalls im deutschen Recht, nicht gibt (vgl. *Palandt/Heinrichs*, Bürgerliches Gesetzbuch, 55. Auflage 1996, § 405, Rdnr. 1).

3. Definitionen. Bei komplexen Verträgen empfiehlt es sich generell, mit definierten Begriffen zu arbeiten, um Klarheit im Vertragstext zu schaffen und den Text der einzelnen Klauseln nicht zu überfrachten. Dies gilt im internationalen Zusammenhang um so mehr, als dort zwei Parteien miteinander in vertragliche Beziehung treten, die nicht unbedingt selbst für vertraute Begriffe wie „Patent" dasselbe Begriffsverständnis haben. Für den einen mag zum Beispiel dieser Begriff auch Gebrauchsmuster enthalten („utility patents"), für den anderen aber auch Geschmacksmuster („design patents"). Im internationalen Kontext ist es daher zu empfehlen, daß die Parteien sich über ihre Begriffswelt gegenseitig Klarheit verschaffen und sich auf gemeinsam festgelegte Begriffsinhalte verständigen. Auf diese Weise wird es den Parteien ermöglicht, schon im Vorfeld einer Auseinandersetzung zu erkennen, daß beide Parteien trotz der Verwendung des gleichen Begriffes von verschiedenen Dingen sprechen. Somit können noch bevor Unstimmigkeit entsteht, Unterschiede ausgeräumt werden. Man sollte einer „Definitionswut" einer der beiden Vertragsparteien Verständnis entgegenbringen; eine Definition mehr kann den Vertragstext nicht verschlechtern, eine Definition zuwenig kann aber direkt in die streitige Auseinandersetzung führen.

Vor diesem Hintergrund enthält das Vertragsmuster sehr wenige Definitionen, die sich nur mit dem absolut Wichtigen beschäftigen, gewissermaßen den Begriffen, die vor die Klammer gezogen werden müssen. Im weiteren Text werden die so definierten Begriffe dann jeweils mit einem großen Anfangsbuchstaben wiederverwendet. Eine Verwendung des definierten Begriffes mit kleinen Anfangsbuchstaben zeigt sofort, daß dieser Begriff nicht den gleichen Bedeutungsumfang haben muß. Um vor Schreibfehlern sicher zu sein, sieht man häufig in internationalen Verträgen auch die Übung, das gesamte Wort mit Großbuchstaben zu schreiben (dies kann sich insbesondere für den deutschen Vertragstext empfehlen).

Eine Reihe von Begriffen werden im weiteren Verlauf des Vertragsmusters definiert, jedoch nicht bereits im Definitionsartikel mitaufgeführt (vgl. z.B. die Definition „Improvement" in Artikel 10, „Confidential Information" in Artikel 23 oder „Initial Term" in Artikel 25). Hier wird davon ausgegangen, daß es sich insoweit um Begriffe handelt, die

1. Patent and Know-How License Agreement

nur für den jeweiligen Artikel eine Rolle spielen und dort zur Entlastung der Formulierung vorab definiert werden. Selbstverständlich ist es auch möglich, diese Begriffe mit in die allgemeine Definitionsliste aufzunehmen.

4. Definition Verbrennungsanlagen. Diese technisch bedingte Definition, die im Zusammenspiel mit der Definition des technischen Gebietes den Lizenzumfang mitbeschreibt, zeigt eine typische „Arbeitsentlastung" für die Vertragsgestaltung. Durch die Verweisung auf den Annex 1.1 wird es den Parteien ermöglicht, komplizierte technische Sachverhalte vom Vertragstext fernzuhalten und diese in der notwendigen Ausführlichkeit zu regeln. Technische Spezifikationen in derartigen Verträgen umfassen oft mehrere hundert Seiten. Die Zählweise der Anlagen selbst folgt einem bei internationalen Verträgen oftmals anzutreffenden Schema, das eine Zählweise nicht in numerischer Folge (Anlage 1, Anlage 2, Anlage 3 ...) sondern für den jeweiligen Artikel in aufsteigender Folge vorsieht (Anlage 1.1, Anlage 1.2; Anlage 2.1; Anlage 3.1, Anlage 3.2 ...). Auf diese Weise wird es den Parteien ermöglicht (was bei umfangreichen Verträgen eine große Arbeitserleichterung sein kann), neue Artikel einzuschieben und in den einzelnen Artikeln neue Anlagen vorzusehen, ohne jedesmal eine Änderung der fortlaufenden Zählweise vornehmen zu müssen.

5. Definition Patente. Die Definition des Begriffes Patente ist wesentlicher Teil der Lizenzeinräumung. Durch die in der Anlage befindliche Liste der Patente wird der Nutzungsbereich für den Lizenznehmer festgeschrieben. Es ist für beide Parteien von Wichtigkeit, sich über den Lizenzumfang Klarheit zu verschaffen. Für den Lizenzgeber, da er nicht mehr aus seinen Händen geben will, als dies für die Erreichung des Vertragzweckes erforderlich ist; für den Lizenznehmer, da dieser sicherstellen muß, daß er tatsächlich die Patente lizenziert erhält, die für die Nutzung der Technologie in dem von ihm beabsichtigten Umfang erforderlich sind. Für den Lizenznehmer kann es sich in diesem Zusammenhang empfehlen, vor Vertragsabschluß eine eingehende Überprüfung des Lizenzumfanges (im Rahmen einer „Due-Diligence") durchzuführen.

Als „Patent" können von einem Lizenzvertrag eine ganze Reihe von Gegenständen umfaßt werden. Darunter fallen nicht nur erteilte Patente, sondern auch Patentanmeldungen oder die Erfindung selbst, die noch nicht zum Patentschutz angemeldet ist. Artikel 8 (1) der Technologietransfer-Gruppenfreistellungsverordnung stellt darüber hinaus Gebrauchsmuster, deren Anmeldungen, Topographien von Halbleitererzeugnissen, ergänzende Schutzzertifikate für Arzneimittel, aber auch Sortenschutzrechte Patenten gleich. (Zu den verschiedenen Gegenständen der Patentlizenzierung vergleiche auch Münchener Vertragshandbuch, Band 3.1, Form. VI.2, Anm. 3.)

Gerade bei Einräumung einer Lizenz für mehr als ein Land ist es unumgänglich, daß die Parteien in einer Anlage zum Vertrag umfassend und unmißverständlich die von der Lizenzgewährung umfaßten Schutzrechte aufführen. Bei noch schwebenden Anmeldungen sollte darüber hinaus der Stand des Verfahrens unter Aufführung der entsprechenden Registernummern, in einer klaren und übersichtlichen Weise aufgeführt werden. Es ist davon abzuraten, die insoweit erforderlichen Anlagen erst zum Schluß der Verhandlung eines Vertrages zu erstellen, da sich oftmals aus der Auflistung in den Anlagen eine Reihe von regelungsbedürftigen Punkten ergeben, die zwischen den Parteien zu verhandeln sind (z.B., was gelten soll, wenn einzelne Anmeldungen nicht zur Erteilung kommen, ob Patente in einzelnen Ländern angegriffen wurden, wo parallele Patente bestehen, aber nicht lizenziert werden und dergleichen.)

6. Definition Know-how. Derselbe Grundsatz gilt im stärkeren Maße noch für die Definition des Begriffes Know-how. Üblicherweise wird es dem Lizenznehmer vor Abschluß eines gemischten oder reinen Know-how Lizenzvertrages ermöglicht, sich einen eingehenden Überblick über das Know-how des Lizenzgeber zu verschaffen, um so dem Lizenznehmer eine zuverlässige Einschätzung dessen zu vermitteln, was er vom Lizenzgeber zur Verfügung gestellt erhält. Das Mittel, das beiden Parteien diese Überprüfung ermöglicht, ist eine Geheimhaltungsvereinbarung (vgl. hierzu das Form. I.2 Non-Disclosure Agreement – Geheimhaltungsvereinbarung).

Von den rechtlichen Vorgaben her verlangt das europäische Kartellrecht eine eingehende Beschreibung des lizenzierten Know-how, wenn der Lizenzvertrag wettbewerbsbeschränkende Abreden enthält. Artikel 10 Nr. 1 der Verordnung (EG) Nr. 240/96 der Kommission vom 31. Januar 1996 zur Anwendung von Artikel 85 Absatz 3 des Vertrages auf Gruppen von Technologietransfer-Vereinbarungen (ABl EG L 31/1) definiert als Know-how im Sinne der Verordnung (und damit als Voraussetzung für die Freistellungen) die Gesamtheit technischer Kenntnisse, die geheim, wesentlich und in einer geeigneten Form identifiziert sind. Als identifiziert wird dabei nach Artikel 10 Ziffer 4 der Verordnung gefordert, daß das Know-how so beschrieben oder auf einem Träger festgehalten ist, daß überprüft werden kann, ob die geforderten Kriterien „geheim" und „wesentlich" erfüllt sind, und daß weiterhin sichergestellt werden kann, daß der Lizenznehmer bei der Nutzung der bei ihm bereits befindlichen eigenen Technologie nicht unangemessenen Beschränkungen unterworfen wird. Die EG-Kommission möchte damit erreichen, daß nicht nur der Lizenznehmer sich klar wird, für was er bereit ist, Lizenzgebühren zu zahlen und sich Verwendungsbeschränkungen zu unterwerfen, sondern auch für die Kartellbehörden überprüfbar wird, ob diese Abgrenzung zwischen den Parteien in der erforderlichen Weise richtig vorgenommen wurde. Die Identifizierung des Know-hows kann dabei in der Vereinbarung selbst erfolgen (als Anlage, wie im Muster vorgeschlagen) oder in einem gesonderten Dokument. Letzteres empfiehlt sich insbesondere, wenn die Spezifikationen des Know-hows so umfangreich sind, daß dies den Rahmen eines Lizenzvertrages sprengen würde (z.B. wenn es sich um mehrere Aktenordner allein zur Beschreibung des Know-how handelt).

Das Formular unterscheidet für die Beschreibung des Know-how zwischen dem Know-how, das sich mit dem Entwurf und Bau der Verbrennungsanlagen beschäftigt und dem davon zu trennenden Know-how, das den Betrieb der Verbrennungsanlagen betrifft.

7. Patentlizenz. Artikel 2 enthält den ersten Teil der Lizenzgewährung hinsichtlich der Patente. Die exklusive Lizenzeinräumung ermächtigt den Lizenznehmer in dem definierten technischen Bereich Verbrennungsanlagen im Territorium zu entwerfen, zu bauen und dann auch zu betreiben, vorausgesetzt, dies geschieht durch den Lizenznehmer selbst oder durch die Kommunen. Die Lizenzgewährung könnte auch nicht-exklusiv („non-exclusive") erfolgen, so daß sowohl dem Lizenzgeber als auch anderen Lizenznehmern die Berechtigung zur Nutzung im Territorium zustehen würde, oder aber auch (insoweit in Deutschland in der Formulierung weniger gebräuchlich) als alleinige Lizenz („sole license"), die dem Lizenznehmer gegenüber zwar sicherstellt, daß es keine weiteren Lizenznehmer geben wird, es aber dem Lizenzgeber vorbehält, die Technologie im Vertragsgebiet selbst zu nutzen. Vergleiche hierzu auch Münchener Vertragshandbuch, Band 3.1, Form. VI.2, Anmerkung 6. (Insbesondere zu der möglichen Auslegung unter nationalem (deutschem) Recht, die dazu führt, daß bei nicht eindeutiger Formulierung bei der Verwendung des Begriffes „ausschließliche" Lizenz der Lizenzgeber üblicherweise von der eigenen Verwertung ausgeschlossen wird.)

Die exklusive Lizenzgewährung ist durch die Technologietransfer-Gruppenfreistellungsverordnung ausdrücklich abgesegnet. Artikel 1 (1) Nr. 1 und Nr. 2 sehen es als mit Artikel 85 Absatz 1 vereinbar an, wenn sich der Lizenzgeber verpflichtet, einem anderen Unternehmen die Nutzung der Technologie im Vertragsgebiet nicht zu gestatten und selbst die überlassene Technologie im Vertragsgebiet nicht zu nutzen. Diese Verpflichtung ist bei dem hier vorliegenden gemischten Lizenzvertrag so lange freigestellt, als die Technologie durch „notwendige" Patente in den EG-Mitgliedsstaaten patentrechtlich geschützt ist, Artikel 1 (4) der Verordnung. Damit kann ein Freistellungszeitraum erreicht werden, der über die für reine Know-how Lizenzverträge zulässigen 10 Jahre hinausgeht, die ab dem ersten Inverkehrbringen des Lizenzerzeugnisses innerhalb des Gemeinsamen Marktes

1. Patent and Know-How License Agreement VI.1

durch einen Lizenznehmer zu laufen beginnen, Artikel 1 (3) der Verordnung. Sollten die notwendigen Patente den 10-Jahres-Zeitraum nicht erreichen, so gilt jedenfalls dieser von reinen Know-how-Vereinbarungen her erlaubte 10-Jahres-Zeitraum. Voraussetzung für diese Freistellungszeiten ist allerdings, daß die Patente gültig oder das identifizierte Knowhow geheim und wesentlich ist, je nachdem, welcher Zeitraum dann im Einzelfall sich als länger erweist, Artikel 1 (4) 3. Absatz der Verordnung.

Das Formular geht von einer exklusiven Lizenzeinräumung aus. Nach deutschem Recht liegt in einer solchen exklusiven Lizenzgewährung nicht lediglich die Einräumung einer obligatorischen Rechtsposition, sondern einer dinglichen Rechtsposition (vgl. *Benkard/ Ullmann*, § 15 PatG, Rdnr. 52ff). Durch diese erhält der Lizenznehmer eine dem Sachenrecht angenäherte absolute Rechtsstellung, die es mit sich bringt, daß er, so nichts gegenteiliges vereinbart ist, die Lizenz übertragen oder Unterlizenzen vergeben darf (*Benkard/ Ullmann*, § 15 PatG, Rdnr. 59) und auch ohne Zustimmung des Lizenzgebers die Befugnis hat, selbständig die Rechte aus dem Patent geltend zu machen. Eine Reihe der in dem Muster vorgesehenen Regelungen haben ihren Ursprung darin, daß eine exklusive Lizenzgewährung vorliegt.

Außerdem trifft einen exklusiven Lizenznehmer im Zweifel (jedenfalls nach deutscher Rechtslage) eine Pflicht zur Ausnutzung des Patentes, nämlich dann, wenn die Lizenzgebühr nach dem Umfang der Benutzung des Patentes bemessen wird (vgl. *Benkard/Ullmann*, § 15 PatG, Rdnr. 79).

Bei einer einfachen Lizenz fehlt es an dieser dinglichen, absoluten Natur und es wird nur eine rein obligatorische Position ohne jede dingliche Verfügungsmacht eingeräumt (vlg. *Benkard/Ullmann*, § 15 PatG, Rdnr. 56). Der Lizenznehmer hat dann, sollte im Vertrag nichts anderes vorgesehen sein, weder das Recht zur Übertragung der Lizenz noch das Recht zur Erteilung von Unterlizenzen (BGH Z 62, 272 – Anlagegeschäft) oder zur selbständigen Verteidigung der Patente. Auch eine Reihe von weiteren Regelungen, die sich üblicherweise in ausschließlichen Lizenzverträgen, wie auch im Muster, finden, fehlen bei der einfachen Lizenz. So ist, sollte nichts anderes vereinbart sein, der Lizenzgeber nicht verpflichtet, daß Schutzrecht aufrechtzuerhalten oder Dritten gegenüber geltend zu machen. Auf der anderen Seite ist auch der Lizenznehmer, sollte dies nicht anderes geregelt sein, nicht verpflichtet, den patentierten Gegenstand herzustellen. Zur einfachen Patentlizenz vergleiche Münchener Vertragshandbuch, Band 3.1, 4. Auflage, Form. VI.1, Anm. 1.

Aufgrund der Gesetzesänderung im Jahre 1986 (Gesetz zur Änderung des Gebrauchsmustergesetzes vom 15. 8. 1986 – BGBl I 1446) gibt es zwischen ausschließlicher und einfacher Lizenz nach deutschem Recht keinen Unterschied mehr, wenn es um den sogenannten Sukzessionsschutz geht, d.h. die Frage, ob die dem Lizenznehmer erteilte Lizenz bestehen bleibt, wenn das Schutzrecht auf einen Dritten übertragen wird oder kraft Gesetzes übergeht. Hierzu sieht der im Jahre 1986 eingefügte § 15 Abs. 3 PatG vor, daß die Lizenz in beiden Fällen bestehen bleibt. Artikel 24 Ziffer 1 des Musters erwähnt diese Rechtsfolge aber trotzdem ausdrücklich, um zu verhindern, daß nicht durch die Geltung nationaler Rechte für einzelne der nicht für Deutschland angemeldeten Patente eine andere Rechtslage eintritt.

Die Lizenz zur Nutzung der Patente wird örtlich auf das Territorium beschränkt, enthält aber nur insoweit Vorgaben für den Lizenznehmer hinsichtlich der Nutzung der Patente, daß dieser berechtigt ist, die Patente zu nutzen, um die Verbrennungsanlagen zu entwickeln, herzustellen und zu betreiben. Dies schließt, obwohl dies nicht ausdrücklich als Handlungsalternative aufgeführt ist, daß Anbieten und „Inverkehrbringen" der Verbrennungsanlagen mit ein, da nach dem Text des Lizenzvertrages der Lizenznehmer berechtigt ist, die Verbrennungsanlagen entweder selbst oder durch Dritte (hier die Gemeinden) betreiben zu lassen (vgl. Artikel 7 Absatz 3 des Musters). Allgemein zum Umfang einer Lizenzeinräumung für Patente und den dabei vorhandenen vielfältigen Gestaltungsmöglichkeiten vergleiche Münchener Vertragshandbuch, Band 3.1, Form. VI.1, Anm. 2. Es sollte an dieser Stelle festgehalten werden, daß eine reine Vertriebslizenz jedoch nicht den

Vorteil der Gruppenfreistellung unter der Technologietransfer-Gruppenfreistellungsverordnung genießt, da die Anwendbarkeit dieser Gruppenfreistellungsverordnung für reine Vertriebsverträge ausdrücklich ausgeschlossen ist, Artikel 5 (1) Nr. 5 und Erwägungsgrund 8 der Technologietransfer-Gruppenfreistellungsverordnung.

8. Ausschluß der Nutzung durch den Lizenzgeber. Wenn es auch schon nach deutschem Recht (insoweit in Übereinstimmung mit der internationalen Praxis) klargestellt ist, daß bei einer exklusiven Lizenz der Lizenzgeber selbst die Technologie nicht mehr im Vertragsgebiet nutzen darf, so ist es bei der hier vorliegenden Sachverhaltsgestaltung erforderlich festzuschreiben, daß der Lizenzgeber nicht berechtigt ist, außerhalb des Vertragsgebietes die Pläne für die Verbrennungsanlagen zu erstellen, um so auch diesen Bereich eindeutig dem Lizenznehmer vorzubehalten. Eine solche Klarstellung wird häufig vom Lizenznehmer verlangt, wenngleich man auch schon unter Anwendung üblicher Auslegungsgrundsätze zu dem gleichen Ergebnis kommen könnte. Hier gilt aber wieder, daß es sich im internationalen Zusammenhang empfiehlt, Regelungen in den Vertrag aufzunehmen, die solche Interpretationen überflüssig machen.

Die Freistellung nach Artikel 1 (1) Nr. 1 und 2 der Technologietransfer-Gruppenfreistellungsverordnung für exklusive Lizenzeinräumungen würde auch diesen Fall umfassen, da damit nur sichergestellt wird, daß der Lizenznehmer für die ihm eingeräumten Nutzungsmöglichkeiten im Vertragsgebiet auch tatsächlich exklusiver Lizenznehmer bleibt.

9. Know-how Lizenz. Artikel 3 sieht die exklusive Lizenzgewährung für das zur Umsetzung der Technologie erforderliche Know-how vor. Auch hier findet sich wieder die Klarstellung hinsichtlich der Nutzungsbeschränkung des Lizenzgebers auch außerhalb des Vertragsgebietes.

10. Know-how Zurverfügungstellung. Wie bereits angesprochen (vgl. Anm. 6) muß das Know-how in identifizierbarer Weise dem Vertrag beigefügt oder in einem separaten Dokument niedergelegt sein. Diese Dokumentation des Know-how wird dem Lizenznehmer übergeben. In Artikel 4 des Musters wird festgehalten, daß der Lizenznehmer sich in Vorbereitung des Lizenzvertragschlußes über das Know-how die erforderliche Kenntnis verschafft hat und zu der Überzeugung gekommen ist, daß für seine Zwecke das vorhandene Know-how geeignet, aber auch ausreichend ist. Auf diese Weise soll zugunsten des Lizenzgebers verhindert werden, daß später der Lizenznehmer den Anspruch geltend macht, daß das Know-how tatsächlich nicht wesentlich war, und er auf diese Weise versucht, eine Lizenzgebührzahlung zu unterlaufen.

Absatz 3 des Artikels 4 schreibt zugunsten des Lizenzgebers weiterhin fest, daß dieser nicht über die vom Lizenznehmer eingesehenen und als zweckmäßig angesehenen Dokumente hinaus zusätzliche Unterlagen über das Know-how erstellen muß.

11. Nutzung der Marken. Artikel 5 sieht vor, daß der Lizenznehmer die Marken des Lizenzgebers für die Verbrennungsanlagen zu nutzen hat. Damit soll erreicht werden, daß die neue Technologie des Lizenzgebers auch nach außen für Dritte sichtbar wird. Dies kann zum einen seinen Grund in reinen Marketinggesichtspunkten haben, zum anderen aber auch darin, daß auf diese Weise der Lizenznehmer deutlich machen will, daß die von ihm angebotene Verbrennungsanlage der bereits im Markt eingeführten Qualität des Lizenzgebers entspricht. Zum Lizenzhinweis und den dabei anzustellenden Überlegungen vergleiche auch Münchener Vertragshandbuch, Band 3.1, Form. VI.1, Anm. 6.

Durch das Anbringen einer Marke gilt nicht nur der Lizenznehmer sondern auch der Lizenzgeber im Sinne der Produkthaftungsvorschriften als Hersteller (Quasi-Hersteller), § 4 Absatz 1 Satz 2 ProdukthaftungsG. Dies gilt allerdings nur dann, wenn nicht gleichzeitig erkennbar wird, daß allein der Lizenznehmer der Hersteller ist. Durch einen Lizenzhinweis sollte dies klargestellt sein, vorausgesetzt, daß der entsprechende Hinweis klar und eindeutig ist (*Graf von Westphalen,* Produkthaftungshandbuch, Band 2, Rdnr. 39 ff, insbesondere Randnummer 48; *Gaul/Bartenbach,* Patentlizenz- und Know-how-Vertrag, K

1. Patent and Know-How License Agreement VI.1

463). Im Falle des Formulars stellt sich dieses Problem jedoch nicht, da der Lizenznehmer kein „Produkt" im Sinne des Produkthaftungsgesetzes herstellt.

Eine entsprechende Verpflichtung zur Nutzung der Marke durch den Lizenznehmer ist nach der Technologietransfer-Gruppenfreistellungsverordnung freigestellt, Artikel 1 (1) Ziffer 7 der Verordnung.

12. Vertragsgebiet. Der erste Absatz dieses Artikel stellt noch einmal klar, daß die Lizenz nur für das Vertragsgebiet eingeräumt wird. Dies ist bereits in den Artikeln 2 und 3 so geregelt. Der hier vorgeschlagene Artikel ist aber wichtig, um die Begrenzungen der Freistellung der Exklusivität aufzuzeigen, die durch die Technologietransfer-Gruppenfreistellungsverordnung gezogen werden. Dazu ist zum Sachverhalt zusätzlich auszuführen, daß der Lizenzgeber außerhalb des Vertragsgebietes im europäischen Gemeinsamen Markt lediglich noch in Frankreich und im Vereinigten Königreich Patente besitzt und im übrigen Bereich des Gemeinsamen Marktes über geheimes Know-how verfügt. Weiterhin sei unterstellt, daß der Lizenzgeber weitere Lizenznehmer hat, diese aber noch keine Lizenzerzeugnisse in den Markt gebracht haben. Die Verpflichtung des Lizenznehmers, die überlassene Technologie nicht im Gebiet des Lizenzgebers innerhalb des Gemeinsamen Marktes (oder im Gebiet anderer Lizenznehmer) zu nutzen, ist grundsätzlich nach Artikel 1 (1) Nr. 3 der Technologietransfer-Gruppenfreistellungsverordnung freigestellt, allerdings nur so lange, wie die überlassene Technologie in den Mitgliedstaaten durch notwendige Patente geschützt ist, Artikel 1 (4) der Verordnung. Soweit die Laufzeit der Patente 10 Jahre nicht überschreitet, verbleibt es bei diesen 10 Jahren der Begrenzung. Auch bei einer reinen Know-how-Vereinbarung wäre es nach Artikel 1 (3) der Verordnung nur möglich, für einen Zeitraum von höchstens 10 Jahren diese Beschränkungen aufzuerlegen. Zu beachten ist allerdings, daß das Vertragsmuster insoweit nicht für die übrigen Staaten des Gemeinsamen Marktes die volle Laufzeit ausschöpft. Die 10-Jahres-Verpflichtung beginnt nach der Technologietransfer-Gruppenfreistellungsverordnung erst ab dem ersten Inverkehrbringen des Lizenzerzeugnisses innerhalb des Gemeinsamen Marktes durch einen der Lizenznehmer zu laufen. Den Vertragsparteien kam es bei der Gestaltung ihres Vertrages darauf an, der Einfachheit der Regelung vor einer Genauigkeit der Laufzeit den Vorzug zu geben, so daß die 10 Jahre bereits von der Unterzeichnung des Vertrages an laufen und nicht darauf geachtet werden muß, wann der erste Lizenznehmer im gemeinsamen Markt das Produkt auf den Markt bringt. Bei der hier unterstellten bereits vollentwickelten Technologie, die den Lizenznehmern zur Verfügung gestellt wird, ist dies für den Lizenzgeber akzeptabel. Soweit es sich um eine Technologie handelt, die noch von den Lizenznehmern (weiter)entwickelt werden muß und bei der dies geraume Zeit in Anspruch nehmen kann, wäre die Regelung auf den Zeitpunkt des ersten Inverkehrbringens hin zu ändern.

Die Verpflichtung des Lizenznehmers, keine aktive Vertriebspolitik zu betreiben, ist nach Artikel 1 (1) Ziffer 5 der Verordnung freigestellt. Die Verpflichtung des Lizenznehmers, darüber hinaus auch die passive Vertriebspolitik zu unterlassen, ist nach Artikel 1 (1) Nr. 6 der Verordnung zulässig. Hiernach kann der Lizenznehmer verpflichtet werden, das Lizenzerzeugnis auch dann nicht im Vertragsgebiet anderer Lizenznehmer innerhalb des Gemeinsamen Marktes in den Verkehr zu bringen, wenn dies auf von ihm nicht veranlaßte Lieferanfragen geschieht. Diese einschneidende Verpflichtung ist allerdings hinsichtlich ihrer zeitlichen Gültigkeit nach Artikel 1 (4) auf maximal 5 Jahre von Unterzeichnung des Vertrages an beschränkt (nach der Gruppenfreistellungsverordnung könnte hier wieder auf den Zeitpunkt des ersten Inverkehrbringen abgestellt werden), unabhängig davon, ob in den entsprechenden Gebieten Patente bestehen oder nur geheimes Know-how des Lizenzgebers existiert. Zu beachten ist auch hier, daß diese Freistellung nur so lange gültig ist, wie die Patente gültig sind oder das Know-how geheim und wesentlich ist, je nachdem welcher Zeitraum länger ist.

13. Rechtsvorbehalt. Der Lizenzgeber weist den Lizenznehmer noch einmal ausdrücklich darauf hin, daß er sich für jeden Versuch des Lizenznehmers, das Vertragsgebiet zu verlassen, seine Rechte ausdrücklich vorbehält, eine Formulierung, die nach Artikel 2 (1) Nr. 14 der Technologietransfer-Gruppenfreistellungsverordnung ausdrücklich von Artikel 85 des EG-Vertrages ausgenommen ist.

14. Technischer Anwendungsbereich. Das Formular geht davon aus, daß die Technologie des Lizenzgebers außerhalb des lizenzierten Anwendungsbereiches für eine weitere Zahl von möglichen Anwendungen verwendbar ist. Aufgrund der Vorgaben auf Seiten des Lizenznehmers, aber auch aufgrund des eigenen Verwertungsinteresses des Lizenzgebers, stimmen die Parteien daher überein, daß dem Lizenznehmer nur ein bestimmter technischer Anwendungsbereich (hier: Verbrennungsanlagen für Kommunen) eröffnet werden soll. Artikel 7 des Formulars schreibt daher fest, daß der Lizenznehmer nur für diesen (technisch getrennten) Anwendungsbereich und nicht darüber hinaus die Technologie lizenziert erhält. Er ist somit nicht berechtigt, Verbrennungsanlagen für andere Dritte, die nicht Kommunen sind, zu betreiben. Da es allerdings bei Anlagen der hier unterstellten Größenordnung in der Regel erforderlich ist, daß der Lizenznehmer sich für den Betrieb der Anlagen refinanziert (z. B. durch Leasingverträge), wird dem Lizenznehmer diese Möglichkeit durch das Muster erhalten, und es werden ausdrücklich jedwede Finanzierungsmöglichkeiten oder Eigentumsstrukturen zum Betrieb der Verbrennungsanlagen zugelassen.

Die Verpflichtung des Lizenznehmers, die Nutzung der überlassenen Technologie auf einen (oder mehrere) technische Anwendungsbereiche oder auf einen (oder mehrere) Produktmärkte zu beschränken, wird durch Artikel 2 (1) Nr. 8 der Technologietransfer-Gruppenfreistellungsverordnung als in der Regel nicht wettbewerbsbeschränkend postuliert. Auch die Beschränkung, die Technologie nicht zur Errichtung von Anlagen für Dritte zu nutzen, ist über Artikel 2 (1) Nr. 12 der Verordnung freigestellt, solange dadurch das Recht des Lizenznehmers unberührt bleibt, die Kapazität seiner Anlagen zu erhöhen oder neue Anlagen für den eigenen Gebrauch zu errichten. Das Vertragsmuster stellt diese dem Lizenznehmer vorbehaltenen Rechte ausdrücklich in den Vertragstext ein.

Zu Field of Use-Klauseln vergleiche auch Münchener Vertragshandbuch, Band 3.1, Form. VI.2, Anm. 11.

15. Technische Ausbildung. Ohne besondere Regelung trifft einen Lizenzgeber auch im Rahmen eines exklusiven Lizenzvertrages keine Verpflichtung, den Lizenznehmer in die Technologie einzuweisen. Dies gilt auch dann, wenn Know-how mit zur Verfügung gestellt wird (vgl. zum deutschen Recht *Benkard/Ullmann*, § 15, Rdnr. 89). Wie bereits angeführt, ist es einem Lizenznehmer bei komplexer Technologie auch dann oftmals unmöglich, die Technologie effektiv zu nutzen, wenn er nicht nur den Zugang zu dem patentierten Wissen, sondern auch zum geheimen Know-how erhält. Meist wird es erforderlich sein, daß der Lizenznehmer durch den Lizenzgeber eine spezielle Unterweisung in der Technologie erhält. Artikel 8 des Formulars sieht daher in diesem Hinblick die Verpflichtung zur Ausbildung vor und regelt die Kostentragung. In der Praxis regeln Verträge diesen Punkt ausführlich und definieren im einzelnen (z. B. über eine Anlage), wieviele Mannstunden, Mannwochen oder Mannmonate auf welcher Ebene Training zu erfolgen hat. Wichtig ist es für den Lizenzgeber festzuschreiben, daß er auch im Rahmen der technischen Unterweisung nicht verpflichtet ist, zusätzliche Dokumente für die Arbeitnehmer des Lizenznehmers zu erstellen.

Bei Formulierung der technischen Unterweisung durch den Lizenzgeber und der dadurch sich ergebenden Zusammenarbeit zwischen Lizenzgeber und Lizenznehmer muß darauf geachtet werden, daß solche Verpflichtungen unter Umständen ein Verstoß gegen § 20 GWB und Artikel 85 Absatz 1 EG-Vertrag darstellen können, z.B. wenn ein über den Vertragsgegenstand hinausgehender zukünftiger Erfahrungsaustausch festgeschrieben wird (vgl. hierzu *Axster* in Gemeinschaftskommentar, §§ 20, 21 GWB, Rdnr. 229 und Münchener Vertragshandbuch, Band 3.1, Form. VI.2, Anm. 7, m. w. N.).

1. Patent and Know-How License Agreement

16. Wettbewerb durch den Lizenznehmer. Nicht selten ist es Wunsch des Lizenzgebers, Regelungen in den Lizenzvertrag aufzunehmen, die sicherstellen, daß der Lizenznehmer nicht oder nicht in wesentlichem Umfang dem Lizenzgeber Wettbewerb machen kann. Es gilt als unerwünscht, daß derjenige, dem durch die Zurverfügungstellung des Know-how erst die Geschäftstätigkeit in diesem Bereich eröffnet wird, dies dadurch mißbraucht, daß er nun selbst dem Lizenzgeber Wettbewerb macht.

Soweit dies durch die Exklusivitätsregeln nicht bereits aufgefangen wird, bestehen im Rahmen des kartellrechtlich Zulässigen nur eingeschränkte Möglichkeiten, insoweit Wettbewerbsbeschränkungen zu vereinbaren.

Das Formular sieht zunächst in Einklang mit Artikel 2 (1) Nr. 17 der Technologietransfer-Gruppenfreistellungsverordnung vor, daß der Lizenznehmer verpflichtet wird, die überlassene Technologie nach besten Kräften zu nutzen. Weiter nutzt das Formular die durch Artikel 2 (1) Nr. 18 der Verordnung eingeräumte Möglichkeit aus, die Ausschließlichkeit zu beenden und Verbesserungen nicht mehr zu lizenzieren, falls der Lizenznehmer innerhalb des Gemeinsamen Marktes mit dem Lizenzgeber in den Bereichen Forschung und Entwicklung, Herstellung, Gebrauch oder Vertrieb in Wettbewerb tritt. In einem solchen Fall kann die Exklusivität durch den Lizenzgeber gekündigt und die Lizenz als nicht exklusive weiter fortgesetzt werden. In der Technologietransfer-Gruppenfreistellungsverordnung ist es auch ausdrücklich als nicht wettbewerbsbeschränkend aufgeführt, daß der Lizenznehmer in einem solchen Fall mit der Beweislast beschwert werden kann. Er muß nachweisen, daß das im Lizenzvertrag überlassene Know-how nicht für die Herstellung anderer als der Lizenzerzeugnisse oder die Erbringung anderer als der vertragsgegenständlichen Dienstleistungen verwendet wird, Artikel 2 (1) Nr. 18 der Verordnung. Ob darüber hinaus auch vorgesehen werden kann, daß die Höhe der Lizenzgebühr sich durch die Umgestaltung des Lizenzvertrages von der exklusiven zur nicht exklusiven Lizenzierung nicht ändert, wird von der Gruppenfreistellungsverordnung nicht behandelt und ist daher im Einzelfall zu prüfen. Das Muster enthält im dritten Absatz von Artikel 9 die durch Artikel 3 Nr. 2 der Technologietransfer-Gruppenfreistellungsverordnung geforderte Bedingung, daß ein Vertragspartner nicht in seiner Freiheit beschränkt werden darf, mit dem anderen Vertragspartner in Wettbewerb zu treten, soweit dies nicht in der Verordnung (wie hier aufgeführt) ausdrücklich ausgenommen ist.

17. Verbesserungen durch den Lizenznehmer. Für beide Parteien ist die Behandlung von Verbesserungen der lizenzierten Technologie, die sowohl auf seiten des Lizenzgebers als auch auf seiten des Lizenznehmers entstehen können, von großer Bedeutung. Für den Lizenznehmer, da er wettbewerbsfähig bleiben muß und nicht gezwungen werden möchte, mit einer (lizenzierten) veralteten Technik arbeiten zu müssen. Für den Lizenzgeber ist dies von Bedeutung, da er von den Weiterentwicklungen profitieren möchte, die sein Lizenznehmer aufgrund der ihm überlassenen Technologie entwickelt.

Artikel 10 behandelt die Weiterentwicklungen und Verbesserungen durch den Lizenznehmer. Absatz 1 verpflichtet den Lizenznehmer, entsprechende Verbesserungen mitzuteilen und auf seiner Seite die technischen Verbesserungen entsprechend den Regeln des Arbeitnehmererfindergesetzes (vgl. §§ 6ff ArbNEfG) unbeschränkt in Anspruch zu nehmen, damit dem Lizenznehmer alle Rechte an den Weiterentwicklungen zustehen.

18. Rücklizenz an Weiterentwicklungen. Vor Aufnahme einer entsprechenden Regelung in einen Lizenzvertrag ist zu überdenken, ob in der Tat die Vertragspartner in Zukunft hinsichtlich Weiterentwicklung und Verbesserungen sich gegenseitig Nutzungsrechte einräumen wollen. Handelt es sich z.B. um eine fertig entwickelte, ausgereifte Technologie, die als solche dem Lizenznehmer durch Patente und Know-how zur Verfügung gestellt werden soll, wird der Lizenzgeber wenig Anreiz darin sehen, dem Lizenznehmer in Zukunft weitere Entwicklungen zur Verfügung zu stellen. Hier wird es ihm eher daran gelegen sein, dies nur im Rahmen eines weiteren Lizenzvertrages (mit zusätzlicher Lizenzgebührpflicht) zu tun. Wenn die Parteien im Lizenzvertrag selbst keine Regelung zur

Einräumung künftiger Verbesserungen und Weiterentwicklungen vorsehen, so trifft sie auch keine derartige Verpflichtung (vgl. *Benkard/Ullmann*, § 15 PatG, Rdnr. 89).

Wenn die Parteien eine entsprechende Regelung vorsehen, empfiehlt es sich, vorab zu überlegen, ob in der Tat der Lizenznehmer für die ihm zusätzlich zugänglich gemachten Kenntnisse keine weiteren Lizenzgebühren zu zahlen hat, sondern diese bereits von der im Vertrag vorgesehenen Lizenzgebühr mitumfaßt werden. Das Formular enthält eine zugunsten des Lizenznehmers formulierte Regelung, da der Lizenznehmer keiner weiteren Lizenzgebührpflicht unterliegt. Dies kann aber auch anders geregelt werden, so daß die Parteien im Falle von Weiterentwicklungen und Verbesserungen über die Erhöhung der Lizenzgebühren oder zusätzliche Lizenzgebühren nachdenken können. Es empfiehlt sich auch, darüber zu diskutieren, was in der Tat eine Verbesserung oder Weiterentwicklung des lizenzierten Gegenstandes darstellt und wann im einzelnen der Lizenzgeber (ebenso wie der Lizenznehmer) davon ausgehen kann, daß es sich um einen neue Technologie (außerhalb des Lizenzvertrages) und nicht lediglich um eine Weiterentwicklung (vom Vertrag umfaßt) handelt. Oftmals wird versucht, dies durch eingehende Formulierungen vorab klarzustellen, die aber oft an der Komplexität der Sachverhalte scheitern.

Die EG-Kommission sieht es nach wie vor nicht als freistellungsfähig an, wenn der Lizenznehmer verpflichtet wird, dem Lizenzgeber seine Rechte an Verbesserungen oder neuen Anwendungsformen der überlassenen Technologie ganz oder teilweise zu übertragen, Artikel 2 (1) Nr. 4 der Technologietransfer-Gruppenfreistellungsverordnung. Davon abgesehen, kann aber unter der Geltung der neuen Gruppenfreistellungsverordnung nun eine exklusive Rücklizenz zugunsten des Lizenzgebers vorgesehen werden, soweit die Verbesserungen „nicht abtrennbar" sind und der Lizenzgeber selbst sich verpflichtet hat, für eigene Verbesserungen eine ausschließliche oder nicht ausschließliche Lizenz zu erteilen, Artikel 2 (1) Nr. 4. Was unter der „Abtrennbarkeit" im einzelnen zu verstehen sein wird, muß die Entscheidungspraxis der EG-Kommission und des Europäischen Gerichtshofes noch zeigen. Die alleinige „Abhängigkeit" im patentrechtlichen Sinne (vgl. *Benkard/ Bruchhausen*, § 9, Rdnr. 72 ff) kann hierfür nicht schon ausreichen, da in der Regel Weiterentwicklungen der Technologie nicht ohne die zugrundeliegende Technologie nutzbar sind und sich somit jedesmal eine patentrechtliche Abhängigkeit ergeben würde. Abtrennbarkeit muß im technischen Sinne verstanden werden, so daß die Verbesserung ein verbundener unselbständiger Teil der lizenzierten Technologie sein muß. Die im Formular vorgesehene Beweislastverteilung zu Lasten des Lizenznehmers findet keine ausdrückliche Freistellung in der Technologietransfer-Gruppenfreistellungsverordnung. Der Gedanke der Beweislastumkehr folgt allerdings der Regelung in Artikel 2 (1) Nr. 18 der Verordnung, die eine solche Beweislastumkehr für den Fall vorsieht, daß der Lizenzgeber ein Kündigungsrecht für eine eingeräumte Ausschließlichkeit auf eine Wettbewerbshandlung des Lizenznehmers gründen möchte. Daher sollte eine Beweislastumkehr wie hier vorgesehen generell auch nicht wettbewerbsbeschränkend (wenn nicht gar schon durch die Regelung in Artikel 2 (1) Nr. 4 mitumfaßt) sein.

Die durch die Inanspruchnahme der Verbesserung entstehenden Arbeitnehmererfindervergütungen sind allein vom Lizenznehmer zu tragen. Letztlich wird noch geregelt, daß der Lizenznehmer im Rahmen seines Konzerns zur Nutzung der rücklizenzierten Verbesserungen berechtigt ist. Diese sehr lizenzgeberfreundliche Regelung findet keine spiegelbildliche Erstreckung auf die Lizenzeinräumung zugunsten des Lizenznehmers und kann daher als unakzeptabel empfunden werden.

Da durch die Einbeziehung von Verbesserungen, insbesondere durch die Einbeziehung von Patenten auf solche Verbesserungen und die vorgesehene Laufzeit des Lizenzvertrages nach § 25 des Musters (Laufzeit bis zum Auslauf des längstlaufenden lizenzierten Patentes), sehr leicht eine Verlängerung des Lizenzvertrages durch Weiterentwicklungen eintreten kann, schlägt das Muster in Artikel 25 Absatz 2 vor, daß der Lizenznehmer alle drei Jahre ein Kündigungsrecht hat, sollte sich durch die Einbeziehung von Weiterentwicklungen eine Laufzeitverlängerung ergeben, Art 8 (3) der Verordnung.

1. Patent and Know-How License Agreement

19. Verbesserungen durch den Lizenzgeber. Aufgrund der Tatsache, daß es sich um eine exklusive Lizenz handelt, sieht das Muster vor, daß alle Verbesserungen auf seiten des Lizenzgebers dem Lizenznehmer im Rahmen der exklusiven Nutzungsabsprache ohne zusätzliche Lizenzgebühr zur Verfügung stehen, solange nicht der Lizenzgeber aufgrund der Wettbewerbshandlungen des Lizenznehmers dazu berechtigt ist, solche Verbesserungen nicht mehr mitzuteilen.

Gelegentlich wird in Lizenzverträgen auch vorgesehen, daß die neuen Erkenntnisse eines Lizenznehmers auch den anderen Lizenznehmern des Lizenzgebers (natürlich außerhalb des Vertragsgebietes) lizenziert werden dürfen. Dies setzt zum einen voraus, daß eine klare Formulierung im Vertrag enthalten ist, zum anderen aber auch, daß allen Lizenznehmern in gleicher Weise eine Verpflichtung auferlegt wird (vgl. hierzu mit entsprechender Formulierung Münchener Vertragshandbuch, Band 3.1, Form. VI.2, Anm. 18).

20. Bezugspflicht. Bezugspflichten in Lizenzverträgen sind kartellrechlich gesehen heikele Regelungen zu Lasten des Lizenznehmers.

Vom Grundsatz her ist zunächst festzuhalten, daß Bezugsbindungen, die allein aufgrund wirtschaftlicher Überlegungen auf seiten des Lizenzgebers in den Vertrag Eingang finden, weder unter nationalem deutschem Kartellrecht nach § 20 Absatz 1 GWB in Verbindung mit § 20 Absatz 2 Ziffer 1 GWB zulässig sein werden (vgl. z. B. BKartA TB 1972, 95) noch vom europäischen Recht toleriert werden (vgl. z. B. EG-Kommission in ICI/WASAG, WUW/EV 787).

Soweit jedoch festgestellt ist, daß die Bezugsbindung, d. h. die Verpflichtung des Lizenznehmers zum Erwerb bestimmter Erzeugnisse notwendig ist, um eine technisch einwandfreie Nutzung der überlassenen Technologie zu gewährleisten, sieht dies anders aus. Artikel 2 (1) Nr. 5 der Technologietransfer-Gruppenfreistellungsverordnung sieht eine Vertragsbedingung in der Regel nicht als wettbewerbsbeschränkend an, die den Lizenznehmer verpflichtet, Erzeugnisse (oder Dienstleistungen) von dem Lizenzgeber oder von einem von diesem benannten Unternehmen zu beziehen, soweit diese notwendig sind, um eine technisch einwandfreie Nutzung der überlassenen Technologie zu gewährleisten. Das Formular stellt zunächst fest, daß beide Parteien darin übereinstimmen, daß diese technisch einwandfreie Nutzung den Bezug der Produkte für die Verbrennungsanlagen erfordert. Eine solche gemeinsame Feststellung kann natürlich nicht dazu führen, daß eine technisch nicht vorliegende Notwendigkeit zum Bezug der Erzeugnisse in zulässiger Weise kreiert wird. Die Kartellbehörden werden trotz der Formulierung hier ihre eigenen Untersuchungen anstellen. Das Formular sieht dann vor, daß zum einen der Lizenzgeber selbst den Lizenznehmer davon informieren kann, daß Dritte nunmehr die Produkte herstellen und er von diesen benannten Dritten beziehen kann (wie dies Artikel 2 (1) Nr. 5 der Verordnung bereits für zulässig erklärt), zum anderen, daß es dem Lizenznehmer unbenommen bleibt, selbst Herstellungsquellen aufzutun, die bereit sind, die Erzeugnisse herzustellen. Der Lizenzgeber verpflichtet sich – vorausgesetzt, daß die erforderliche Qualität gewährleistet ist – gegen den Bezug von diesen Dritten nicht vorgehen. Letztlich ist dies nur ein Ausfluß der Regulierung in Artikel 2 (1) Nr. 5 der Verordnung, da in einem solchen Fall der Bezug vom Lizenzgeber oder von einem von diesem benannten Dritten nicht mehr „notwendig" ist. Das Formular umfaßt einen Regelungsmechanismus, falls der Lizenzgeber im Falle eines entsprechenden Bezugsquellennachweises auf die ihm zustehenden gewerblichen Schutzrechte verweist und auf diese Weise versucht, den Lizenznehmer weiter an die Bezugsbindung zu halten.

Allgemein zur Bezugsbindung nach deutschem Recht vergleiche Münchener Vertragshandbuch, Band 3.1, Form. VI.2, Anm. 10.

Der Lizenzvertrag sieht für den Bezug der Produkte keine eigenen Regelungen hinsichtlich Gewährleistung vor. Sicherlich ist es nicht akzeptabel, wenn der Bezug der Produkte unter den gleichen Gewährleistungsausschlüssen erfolgt, wie diese für die Lizenzierung der Technologie vorgesehen werden. Aus diesem Grund verweist das Formular auf die Allgemeinen Geschäftsbedingungen des Lizenzgebers, die für den Bezug der Produkte gelten sollen und die (so wird unterstellt) Regelungen hinsichtlich Gewährleistung und Haftung enthalten.

Auf die Allgemeinen Geschäftsbedingungen muß auch insoweit Rückbezug genommen werden, wenn es darum geht, ob der Lizenznehmer im Falle der Produzentenhaftung einen Freistellungsanspruch gegen den Lizenzgeber hat (vgl. hierzu Münchener Vertragshandbuch, Band 3.1, Form. VI.2, Anm. 24). Bei dem Formular stellt sich dieses Problem nicht, da der Lizenznehmer mit der eingeräumten Technologie keine Produkte herstellt. Ansonsten muß im Falle einer Bezugsverpflichtung an eine Regelung dieses Bereiches gedacht werden.

21. Lizenzgebühren. Auch bei internationalen Lizenzverträgen muß auf die Regelung der Lizenzgebühren und Zahlungsmodalitäten große Sorgfalt verwendet werden. Zur Höhe und Ausgestaltung der Lizenzgebühr vergleiche allgemein die Anmerkungen im Münchener Vertragshandbuch, Band 3.1, Form. VI.1, Anm. 4 und Form. VI.2, Anm. 27. Das Formular schlägt insoweit eine sehr einfache Regelung vor, die die Lizenzgebühr lediglich prozentual mit dem Umsatz des Lizenznehmers koppelt. Von diesem Umsatz wird abgezogen, was der Lizenznehmer für den Kauf der Produkte zahlt. Dies ist an sich unlogisch, da der Lizenzgeber unabhängig vom Verkauf der Produkte an der Tätigkeit des Lizenznehmers partizipieren möchte – wie sich dies im Umsatz wiederschlägt. Andererseit erkennt der Lizenzgeber an, daß in dem Kaufpreis für diese Produkte bereits ein Lizenzanteil enthalten ist. Da diese Produkte aus dem Umsatz heraus bezahlt werden müssen, ist der Lizenzgeber bereit, die Basis für seine allgemeine Lizenzgebühr entsprechend zu vermindern. Alle anderen Kosten bleiben unberücksichtigt, da es nicht darum gehen soll, den Gewinn des Lizenznehmers zur Basis der Lizenzgebühren zu machen (eine Regelung, die häufig zu Streitigkeiten führt).

Bei der Ermessungsgrundlage für die Berechnung von (umsatz- oder gewinn-) bezogenen Lizenzgebühren ist zu beachten, daß bei einem Abstellen für die Lizenzgebührbasis auch auf nicht patentgeschützte Gegenstände die Lizenzberechnung im Einzelfall kartellrechtlichen Bedenken unterliegen kann, wenn sie nicht mehr nur der Vereinfachung der Abrechnungsmodalitäten dient, sondern den Lizenznehmer hinsichtlich der Nutzung patentfreier Gegenstände einer Zahlungspflicht unterwerfen soll (vgl. BGH GRUR 1975, 206 – Kunststoffschaumbahnen).

Oftmals findet sich bei einem gemischten Lizenzvertrag oder auch bei einem reinen Patentlizenzvertrag eine Abstaffelung der Lizenzgebühren für den die Patente betreffenden Teil der Lizenzierung bei Wegfall einzelner der lizenzierten Schutzrechte (vgl. hierzu Münchener Vertragshandbuch, Band 3.1, Form. VI.2, Anm. 30). Eine Abstaffelung kann darüber hinaus für bestimmte Umsatzhöhen vorgesehen werden (vgl. Form. VI.5).

Bei einem lang laufenden Lizenzvertrag ist es auch durchaus üblich, feste pauschale Lizenzgebühren mit einer Indexklausel jährlich der Inflationsentwicklung anzupassen, indem auf eine bestimmte Indexentwicklung (z. B. den 4-Personen Arbeiterhaushalt in den alten Bundesländern) abgestellt wird. Bei der hier vorgeschlagenen Lizenzgebühr, die auf den Umsatz des Lizenznehmers abstellt, wird eine solche Wertsicherungsklausel nicht für erforderlich gehalten, da davon ausgegangen wird, daß sich die Betreibergebühren des Lizenznehmers für die Abfallbeseitigungsanlagen aufgrund der eigenen Geschäftsinteressen des Lizenznehmers dieser Preisentwicklung anpassen werden. Sollte eine Indexierung gewählt werden, so muß beachtet werden, daß diese unter Umständen von der zuständigen Landeszentralbank nach § 3 WährungsG genehmigt werden muß.

22. Einstandsgebühr. Zusätzlich zu der variablen Lizenzgebühr verpflichtet sich der Lizenznehmer, einen Vorabbetrag von DM 1 Mio. für die Entwicklungskosten des Lizenzgebers zu zahlen. Für diese Einstandsgebühr wird dem Lizenznehmer als Zahlungserleichterung eingeräumt, daß er diesen Betrag in 10 gleichen Teilen entrichten darf. Dies hat zur Konsequenz, daß (was unter der Geltung der früheren Gruppenfreistellungsverordnungen

1. Patent and Know-How License Agreement VI.1

zu Patent- und Know-How-Lizenzverträgen, Verordnung 2349/84 und Verordnung 556/89, bereits als zulässig anerkannt, wenn auch nicht unumstritten war) eine entsprechende Zahlungsvereinbarung auch dann noch zur Zahlungsverpflichtung des Lizenznehmers führt, wenn die Patente ausgelaufen sind. Dies ist heute durch Artikel 2 (1) Nr. 7b der Technologietransfer-Gruppenfreistellungsverordnung ausdrücklich für unbedenklich erklärt. Eine Verpflichtung des Lizenznehmers zur Zahlung von Lizenzgebühren kann dann über die Geltungsdauer der lizenzierten Patente hinaus reichen, wenn dies allein zur Zahlungserleichterung geschieht.

Zu den allgemeinen Überlegungen hinsichtlich Mindestlizenzgebührzahlung und Ausübungspflicht vergleiche Münchener Vertragshandbuch, Band 3.1, Form. VI.2, Anm. 28.

23. Lizenzgebührzahlung nach Offenkundigwerden oder Wegfall der Patente. Das Muster nutzt die Möglichkeit der Technologietransfer-Gruppenfreistellungsverordnung gemäß Artikel 2 (1) Nr. 7a, den Lizenznehmer auch dann zur Zahlung der Lizenzgebühren zu verpflichten, wenn dieses Offenkundigwerden nicht dem Lizenzgeber anzulasten ist. Die Kommission geht (wie sich aus Erwägungsgrund 21 der Verordnung erkennen läßt) heute auch davon aus, daß das Kartellrecht nicht dazu genutzt werden kann, um die Parteien vor den finanziellen Folgen ihrer freiwillig eingegangenen Zahlungsverpflichtungen zu bewahren. Solange nicht durch Zahlungsklauseln Beschränkungen herbeigeführt werden, die in der schwarzen Liste der Technologietransfer-Gruppenfreistellungsverordnung aufgeführt sind (Artikel 3 der Verordnung) können die Parteien daher frei Zahlungsbedingungen vereinbaren. Vgl. auch Form. VI.3, Anm. 17.

Beim Wegfall eines der lizenzierten Patente schlägt das Muster vor, daß dies noch keinen Einfluß auf die zu zahlende Lizenzgebühr haben soll. Erst wenn alle Patente für unwirksam erklärt wurden oder weggefallen sind, wird dem Lizenznehmer die Lizenzgebühr auf einen niedrigeren Betrag ermäßigt, da er dann nur noch das geheime Know-how nutzt. In diesem Zusammenhang ist zu beachten, daß durch die Einbeziehung von weiteren Verbesserungen und Fortentwicklungen, insbesondere wenn diese patentiert sind, durchaus dem Lizenznehmer zu diesem Zeitpunkt noch eine Monopolstellung zur Verfügung stehen kann, die er ausnutzen kann. Da die Parteien zum Zeitpunkt des Vertragsabschlusses diese Entwicklung aber nicht voraussehen können, wird zugunsten des Lizenznehmers geregelt, daß dieser auch dann keine Lizenzgebühren mehr zu zahlen hat, wenn er (patentierte) Weiterverbesserungen nutzt, die Hauptpatente aber (und nur auf diese rekuriert der definierte Begriff „Patente") zu diesem Zeitpunkt weggefallen sein sollten. Zu den Auswirkungen bei Wegfall eines Schutzrechtes vergleiche auch die Anm. 8 zum Form. VI.1 des Münchener Vertragshandbuches, Band 3.1.

Zuletzt sei darauf hingewiesen, daß den Lizenznehmer die Beweislast dafür trifft, daß er das Know-how bei Überlassung bereits kannte oder dieses später offenkundig geworden ist, vgl. Bundeskartellamt WuW 1962, 555. Dies gilt um so mehr, wenn der Lizenznehmer sich nur von der Lizenzgebührzahlung befreien kann, indem er darauf hinweist, daß der Lizenzgeber selbst das Know-how hat offenkundig werden lassen.

24. Steuern. Artikel 13 Nr. 6 sieht in der üblichen Standardregelung vor, daß der Lizenznehmer alle Steuern zu tragen hat, die für die Zahlung der Lizenzgebühren anfallen.

Die entstehenden Steuern variieren von Land zu Land. In diesem Zusammenhang ist es insbesondere von Bedeutung, ob ein Doppelbesteuerungsabkommen besteht oder nicht. Zur Regelung der Doppelbesteuerung sieht das Musterabkommen (MA 1977) in seinem Artikel 12 vor, daß Lizenzgebühren grundsätzlich im Wohnsitzstaat des Lizenzgebers zu besteuern sind. Eine Ausnahme wird insoweit nur bei Betriebsstätten und fester Einrichtung nach Artikel 12 Absatz 3 des Musterabkommens vorgesehen. Soweit nach einem anzuwendenden Doppelbesteuerungsabkommen abweichend vom Musterabkommen eine Besteuerung bereits im Quellenstaat erfolgt (d.h. auf Seiten des Lizenznehmers), so ist die dort gezahlte Steuer im Wohnsitzstaat des Lizenzgebers anzurechnen (Artikel 23 A oder B des Musterabkommens). Auf diese Weise soll verhindert werden, daß auf die Lizenzeinnahmen zweifach Steuern zu zahlen sind. Nicht immer gelingt es aber auf diese Weise, daß der Lizenzgeber die bereits im Land des Lizenznehmers gezahlten Steuern mit seinen eigenen im Wohnsitzland fällig werdenden Steuern verrechnen kann.

Eine Übersicht über die existierenden Doppelbesteuerungsabkommen findet sich bei *Stumpf/Groß*, Der Lizenzvertrag, 6. Auflage, Rdnr. 443.

Bei einer Lizenzvergabe in das Ausland besteuert die Bundesrepublik Deutschland die Lizenzgebühren, die dem deutschen Lizenzgeber zufließen, im Rahmen seiner Gewinn- bzw. Einkommensbesteuerung. Etwaige im Ausland einbehaltene Quellensteuern (für die aber auch der Lizenzgeber alleiniger Steuerschuldner ist), können nach den Bestimmungen der §§ 34c und 34d des Einkommensteuergesetzes und § 26 des Körperschaftsteuergesetzes, sowie der §§ 68a–68c der Einkommensteuerdurchführungsverordnung angerechnet werden, wenn die ausländische Steuer mit der deutschen Einkommen- oder Körperschaftsteuer vergleichbar ist. Dazu ist es erforderlich, daß der Lizenzgeber durch entsprechende Dokumente den Nachweis erbringt, daß die ausländischen Steuern gezahlt wurden. Zur Regelung und Anrechnung im einzelnen (auch mit Rechenbeispielen) vergleiche *Grützmacher/Schmidt/Kotter/Baier*, Der Internationale Lizenzverkehr, 7. Aufl. 1985, 22 ff und *Stumpf/Groß*, a.a.O., Rdnr. 441.

Ausländische Umsatzsteuern, Stempelsteuern, Registergebühren oder dergleichen Abgaben, die lediglich Kostencharakter aufweisen, sind von der Steuer nicht abzugsfähig, können allerdings direkt als Betriebsausgaben vom Einkommen bzw. Umsatz des Lizenzgebers abgezogen werden.

Sitzt der Lizenzgeber im Ausland, so werden nach deutschem Recht die ins Ausland fließenden Lizenzgebühren grundsätzlich besteuert und zwar mit einer Quellensteuer in Höhe von 25% der Lizenzgebühren, § 50a Absatz 3b EStG. Wiederum haftet der Lizenznehmer dafür, daß die Steuer einbehalten und abgeführt wird. Die bestehenden Doppelbesteuerungsabkommen enthalten allerdings wichtige Ausnahmen, so daß im Lizenzverkehr mit einigen ausländischen Staaten überhaupt keine Quellensteuer oder aber eine Quellensteuer mit einem niedrigeren Prozentsatz einbehalten werden muß.

Letztlich sei noch darauf hingewiesen, daß einige Länder eine unterschiedliche steuerliche Behandlung für die Lizenzgebühren aus der Zurverfügungstellung von Know-how, Patenten oder Marken vorsehen, so daß durch eine Verteilung der Lizenzgebühren auf diese einzelnen Schutzrechtstypen steuerliche Vorteile erzielt werden können.

25. Mindestlizenzgebührzahlung. Zur Absicherung des Lizenzgebers in finanzieller Hinsicht, aber auch, um den Lizenznehmer zu zwingen, daß er tatsächlich von der lizenzierten Technologie Gebrauch macht, kann eine Mindestlizenzgebührzahlung vereinbart werden. Art. 2 (1) Ziffer 9 der Technologietransfer-Gruppenfreistellungsverordnung hält hierzu fest, daß es in der Regel nicht wettbewerbsbschränkend ist, den Lizenznehmer zu verpflichten, eine Mindestgebühr zu zahlen oder eine Mindestmenge der Lizenzerzeugnisse herzustellen oder eine Mindestzahl von lizenzpflichtigen Handlungen vorzunehmen. Das Formular sieht nur die Zahlung von Mindestlizenzgebühren vor und fügt auch an diese keine weiteren Folgen. So wäre es denkbar, eine Mindestlizenzgebührregelung so auszugestalten, daß der Lizenznehmer berechtigt wird, bei Nichterreichen der Mindestlizenzgebühr, die tatsächlich gezahlten Lizenzgebühren bis zur Mindestlizengebühr aufzuzahlen und sich so die vollen (exklusiven) Rechte unter dem Lizenzvertrag zu erhalten. Es kann aber auch dem Lizenzgeber daran gelegen sein, in einem solchen Fall die Exklusivität zu kündigen und den Lizenzvertrag mit dem Lizenznehmer nur noch als nicht exklusiven Lizenzvertrag fortzuführen. Das Form. VI, Ziffer 3 (Know-how-Lizenvertrag) sieht in Artikel 6 eine vergleichbare Regelung vor für eine Mindestmenge, die unter Nutzung der lizenzierten Technologie erreicht werden muß und deren Nichterreichen zu dem Recht führt, die Exklusivität zu kündigen.

26. Aufzeichnungen. Im internationalen Zusammenhang ist es aufgrund der verschiedenen Buchhaltungsregeln wichtig, im Lizenzvertrag die Mindeststandards zu regeln, die der

1. Patent and Know-How License Agreement VI.1

Lizenznehmer einzuhalten hat, um dem Lizengeber einen Überblick über die Benutzungshandlungen mit der lizenzierten Technologie zu ermöglichen. Aufgrund der einfach gehaltenen Lizenzgebührbasis muß im Falle des Musters der Lizenznehmer lediglich über den Gesamtumsatz pro Verbrennungsanlage und über die von ihm erworbenen vertragsgegenständlichen Produkte berichten. (Letzteres ist an sich dann überflüssig, wenn diese Produkte allein vom Lizenzgeber erworben werden. Da das Muster aber vorsieht, daß auch dritte Hersteller vom Lizenzgeber zum Bezug der Produkte benannt werden können, sollte diese Regelung nicht übersehen werden.)

Das Überprüfungsrecht durch einen unabhängigen Dritten ist Standard. Ob bereits jede Ungenauigkeit in der Abrechnung zu einer Kostentragungspflicht für diese Prüfung führen sollte oder lediglich erst eine Abweichung zu Lasten des Lizenzgebers, die einen bestimmten Prozentsatz überschreitet (so in Form. VI.3), ist letztlich Verhandlungssache. Zu der Abrechnung und Überprüfung von Lizenzgebühren vergleiche auch Münchener Vertragshandbuch, Band 3.1, Form. VI.1, Anm. 5. Zur Rechnungslegung vergleiche auch *Benkhard/Ullmann*, § 15, Rdnr. 84).

27. Gewährleistungen. Auch im internationalen Zusammenhang gilt für die Gewährleistung, das heißt für die Absicherung gegen Rechts- und Sachmängel, was bereits zum nationalen Recht festgestellt wurde (vgl. hierzu Münchner Vertragshandbuch Bd. 3.1, Form. VI, Anm. 20 und 21). Es sollte kurz darauf hingewiesen werden, daß nach nationalem (deutschem) Recht zwischen der Rechtsmängel- und der Sachmängel-Gewährleistung unterschieden wird und die deutsche Rechtsprechung zum Ergebnis gefunden hat, daß die technische Durchführbarkeit und die Brauchbarkeit der zur Verfügung gestellten Technologie entsprechend den Grundsätzen der Sachmängelhaftung des Kaufrechtes zu behandeln sind, Gewährleistung für die Verwendbarkeit, Fabriksreife oder die Konkurrenzfähigkeit, aber üblicherweise ohne ausdrückliche Formulierung im Vertrag nicht anzunehmen sind. Beim Aufeinandertreffen verschiedener Rechtskreise und bei dem durchaus unterschiedlichen Verständnis von Gewährleistungen und Zusicherungen ist es unumgänglich, daß im Vertrag nicht nur eine klare Regelung zu den Gewährleistungen gefunden wird, sondern auch geregelt wird, welche Folgen sich aus der Nichterfüllung von Gewährleistungen ergeben.

Vom Grundsatz her sind Lizenzverträge stets gewagte Geschäfte, die für beide Seiten Risiken beinhalten (vgl. *Benkard/Ullmann*, § 15, Rdnr. 90). Dennoch hat die Rechtsprechung auch für solche Verträge zu gewissen Mindestgewährleistungen gefunden (vgl. *Benkard/Ullmann*, § 15, Rdnr. 91 ff). So haftet auch ohne ausdrückliche Regelung im Vertrag der Lizenzgeber für den Bestand des lizenzierten Rechtes zur Zeit des Vertragsabschlusses (vgl. z.B. BGH Z 86, 330 – Brückenlegepanzer), aber auch für die technische Ausführbarkeit und die technische Brauchbarkeit entsprechend den Regeln der Sachmängelhaftung (vgl. BGH GRUR 1979, 768 – Mineralwolle). Eine solche Haftung kann dann ausgeschlossen sein, wenn der Lizenznehmer zum Zeitpunkt des Vertragsabschlusses wußte, daß der Lizenzgegenstand noch nicht hinreichend entwickelt ist.

Das Formular versucht, einen Mittelweg zu finden zwischen dem Wunsch des Lizenzgebers, auf eigene Gewährleistungen ganz zu verzichten, und dem Wunsch des Lizenznehmers, im weitesten Umfang für die von ihm einzusetzende Technik abgesichert zu sein. Der Lizenzgeber übernimmt daher keinerlei Gewährleistungen hinsichtlich rechtlicher Fehler, insbesondere hinsichtlich Fragen der Patentierbarkeit, des geheimen Charakters des Know-hows und des wirtschaftlichen Erfolges der Nutzung von Patenten und Know-how. Da es für den Lizenznehmer jedoch von großer Wichtigkeit ist zu wissen, daß er auch tatsächlich das erforderliche Know-how zum Betreiben der Verbrennungsanlagen erhält und ihm der Lizenzgeber es insoweit bereits abgelehnt hat, eine Erklärung in den Vertrag aufzunehmen, wonach die dem Lizenznehmer zu übergebenden Dokumente auch die Gesamtheit des Know-hows umfassen, das zum Betrieb der Anlagen erforderlich ist, ist es dem Lizenznehmer wenigstens gelungen, eine Gewährleitung vom Lizenzgeber dafür zu erhalten, daß das beim Lizenzgeber vorhandene Know-how ausreichend ist, um damit die vertragsgegenständlichen Verbrennungsanlagen zu betreiben. Der Lizenzgeber übernimmt aber keine unbedingte Verpflichtung, weiteres Know-how zur Verfügung zu stellen, falls sich dies als nicht zutreffend herausstellen sollte. Insoweit muß der Lizenznehmer (wahrscheinlich durch Sachverständigen-Expertise) nachweisen, daß für den Durchschnittsfachmann das übergebene Know-how doch nicht ausreichend zum Betrieb von Verbrennungsanlagen ist, und nur in diesem Fall wird der Lizengeber das als fehlend bezeichnete Know-how erstellen und die Arbeitskräfte des Lizenznehmers trainieren. Weitere Rechtsfolgen stehen dem Lizenznehmer nicht zur Seite.

28. Gewährleistung hinsichtlich rechtlicher Ermächtigung. Gerade im internationalen Zusammenhang ist es für die Parteien oftmals schwer zu durchschauen, welche Ermächtigungshandlungen die Rechtsform der Vertragspartner erfordert. Um hier eine gewisse Sicherheit zu vermitteln, lassen sich die Vertragsparteien häufig gegenseitig erklären, daß sie die erforderlichen Handlungen vorgenommen haben, um diesen Lizenzvertrag in wirksamer Weise abschließen zu können.

29. Gewährleistung hinsichtlich der Aufrechterhaltung der Patente. Es ist dem Lizenznehmer insbesondere daran gelegen, daß der Lizenzgeber während der Laufzeit des Lizenzvertrages die Patente aufrechterhält, indem er die jährlich anfallenden Verlängerungsgebühren einzahlt. Nur so kann sich der Lizenznehmer sicher sein, daß er die Monopolsituation (aufrecht)erhält, für die er bereit ist, Lizenzgebühren zu zahlen. Eine entsprechende Gewährleistung empfiehlt sich, um diese Verpflichtung des Lizenzgebers ausdrücklich festzuhalten. Dies um so mehr, da erst der Wegfall aller Patente den Lizenznehmer im Muster berechtigt, die Lizenzgebühr zu mindern.

30. Gewährleistung des Lizenznehmers. Auf Seiten des Lizenznehmers wird üblicherweise die Gewährleistung verlangt, daß übergebenes Know-how auch weiterhin geheimgehalten wird und daß der Lizenznehmer die ihm möglichen Anstrengungen unternehmen wird, um die Technologie tatsächlich auszunutzen.

Es kann durchaus empfehlenswert sein, auch hinsichtlich der Dauer von Gewährleistungsansprüchen oder entsprechenden Rügefristen Regelungen zu treffen (vergleiche hierzu Münchener Vertragshandbuch, Band 3.1, Form. VI.2, Anm. 21).

Bei dem hier vorgesehenen Sachverhalt spielt dies an sich keine Rolle, generell kann es jedoch dem Lizenzgeber darauf ankommen, daß bei einer Herstellung von Produkten durch den Lizenzgeber auch die Einhaltung bestimmter Qualitätsanforderungen mit einer Gewährleistung (wenn nicht gar Zusicherung) versehen wird (vgl. hierzu Münchener Vertragshandbuch, Band 3.1, Form. VI.2, Anm. 25).

31. Rechtsbeständigkeit der Patente. Als grundlegende und selbstverständliche Verpflichtung des Lizenzgebers aus dem Lizenzvertrag wird festgeschrieben, daß dieser verpflichtet ist, die Patente während der Laufzeit des Vertrages aufrechtzuerhalten und die anfallenden Verlängerungsgebühren zu zahlen. Zwischen in etwa gleichwertigen Unternehmen stellt dies eine übliche Regelung dar und müßte wohl auch gemäß den Grundsätzen von Treu und Glauben (jedenfalls unter deutschem Recht) bei einem exklusiven Lizenzverhältnis nicht unbedingt festgeschrieben werden. Abgewichen wird von dieser üblichen Regelung dann, wenn es sich beim Lizenzgeber um ein kleineres Unternehmen oder um einen Einzelerfinder handelt, dem die Zahlung der Aufrechterhaltungsgebühren Probleme bereiten kann oder bei dem (vom Lizenznehmer aus gesehen) die Möglichkeit besteht, daß hier auch einmal Zahlungen nicht erfolgen und dann die lizenzierten Patente gefährdet werden. In einem solchen Fall wird sich der Lizenznehmer die Berechtigung (oder gar Verpflichtung) einräumen lassen, die Verlängerungsgebühren selbst zu zahlen. In einem solchen Zusammenhang findet sich die Formulierung, daß der Lizenznehmer – sollte er entsprechende Zahlungen leisten – an den Patenten berechtigt wird und diese auf ihn übergehen.

1. Patent and Know-How License Agreement VI.1

32. Nichtangriffsverpflichtungen hinsichtlich Eigentümerstellung. Unter der Geltung der Gruppenfreistellungsverordnungen für Patentlizenzen (Verordnung 2349/84) und für Know-how-Lizenzen (Verordnung 556/89) wurden Nichtangriffsverpflichtungen hinsichtlich der Rechtsbeständigkeit und des geheimen Charakters des Know-how als unzulässige wettbewerbsbeschränkende Klauseln qualifiziert, die sich in der jeweiligen schwarzen Liste wiederfanden (vgl. Artikel 3 Nr. 1 VO No. 2349/84 und Artikel 3 Nr. 4 VO No. 556/89). Dagegen schien es zulässig, daß der Lizenzgeber den Lizenznehmer dazu verpflichten konnte, daß dieser die Eigentümerstellung an den lizenzierten Rechten (Patente und Knowhow) nicht angreift (vgl. EG Kommission, Moosehead/Whitbread, ABl. EG 1990 L 100).

Die Technologietransfer-Gruppenfreistellungsverordnung führt Nichtangriffsverpflichtungen nicht mehr in der schwarzen Listen auf, sondern macht diese zum Gegenstand des Widerspruchsverfahrens nach Artikel 4 (vgl. Art. 4 (2) b der Verordnung). Da dies aber wiederum nur für den Angriff auf die Rechtsbeständigkeit und den geheimen Charakter aufgeführt wird, kann davon ausgegangen werden, daß weiterhin eine Verpflichtung, die Eigentümerstellung des Lizenzgebers nicht anzugreifen, nicht unter Art. 85 EG-Vertrag fällt.

33. Nichtangriffsverpflichtung hinsichtlich Rechtsbeständigkeit. Wie soeben (Anm. 32) aufgeführt, führt eine Klausel, die dem Lizenznehmer verbietet, den geheimen oder den wesentlichen Charakter des überlassenen Know-how oder die Gültigkeit von innerhalb des Gemeinsamen Marktes lizenzierten Patenten anzugreifen, die sich im Besitz des Lizenzgebers (oder eines mit ihm verbundenen Unternehmens) befinden, dazu, daß der Rechtsvorteil der Freistellung der Technologietransfer-Gruppenfreistellungsverordnung einer solchen Vereinbarung nur dann zugute kommt, wenn diese der Kommission angemeldet wurde und die Kommission binnen vier Monaten keinen Widerspruch gegen die Freistellung erhebt (vgl. Art. 4 (2) b der Verordnung). Um zu verhindern, daß das vorgeschlagene Formular in ein Widerspruchsverfahren eingebracht werden muß, sieht es (wie auch schon unter Geltung der alten Gruppenfreistellungsverordnung für Patentlizenzverträge und Know-how-Lizenzverträge) vor, daß im Fall eines Angriffes auf die Rechtsbeständigkeit der Patente oder den geheimen oder wesentlichen Charakter des Know-how der Lizenzgeber zur Kündigung des Vertrages berechtigt ist. Der Lizenznehmer wird dadurch (jedenfalls rechtlich) nicht in seinen Angriffsmöglichkeiten beschränkt.

Zu der Zulässigkeit von Nichtangriffsklauseln nach deutschem Recht (§ 20 Absatz 2 Ziffer 4 GWB), vgl. Münchener Vertragshandbuch, Band 3.1, Form. VI.2, Anm. 36.

34. Nichtangriffsverpflichtung hinsichtlich der Notwendigkeit der Patente. Unter der Geltung der neuen Technologiet-Gruppenfreistellungsverordnung Nr. 240/96 wird bei gemischten Patentlizenz- und Know-how-Vereinbarungen für eine Reihe von möglichen Wettbewerbsbeschränkungen Wert darauf gelegt, daß die Technologie in den Mitgliedstaaten durch „notwendige" Patente geschützt ist. Da sich hieran weitreichende Folgen knüpfen (z. B. die Erstreckung des Zeitraumes für alle Exklusivitätsabsprachen über 10 Jahre hinaus, Art. 1 (4)) kann der Lizenznehmer auf den Gedanken kommen, die Notwendigkeit der Patente in Frage zu stellen. Dies soll ihm nach dem Grundgedanken der Gruppenfreistellungsverordnung auch nicht genommen werden (insoweit vergleichbar mit dem Angriff auf die Rechtsbeständigkeit der Patente). Da auch die Definition der Gruppenfreistellungsverordnung zum Begriff „notwendige Patente" nicht dergestalt ist, daß hierüber von vornherein zweifelsfrei eine Einigung erzielt werden könnte (Art. 10 Nr. 5: „Notwendige Patente (sind solche Patente), deren Lizenzierung für die Anwendung der überlassenen Technologie insofern notwendig ist, als eine Nutzung dieser Technologie ohne eine solche Lizenzierung gar nicht oder nur in geringerem Maße oder unter schwierigeren Umständen oder mit höherem Kostenaufwand möglich wäre. Diese Lizenzen müssen daher für den Lizenznehmer von technischem, rechtlichem oder wirtschaftlichem Interesse sein"), folgt das Formular der in Art. 2 (1) Nr. 16 der Verordnung vorgesehenen Möglichkeit, daß sich der Lizenzgeber das Recht vorbehält, die Lizenzvereinbarung dann zu beenden, wenn der Lizenznehmer geltend macht, daß die Patente nicht notwendig sind.

35. Rechtsverletzungen durch Dritte. Nicht selten betritt der Lizenzgeber durch die Lizenzeinräumung (geographisch gesehen) ihm unbekanntes Territorium und muß sich dann auch dort um die Durchsetzung seiner Rechte, die er dem Lizenznehmer einräumt, kümmern. Das Formular schlägt hierzu vor, daß neben einer sofortigen Informationspflicht die Parteien die Durchsetzungsverantwortlichkeit insoweit aufteilen, daß der Lizenzgeber für Angriffe auf die Rechtsbeständigkeit der Patente durch Dritte zuständig ist und diese zu verteidigen hat, während der Lizenznehmer sich aufgrund der örtlichen Nähe mit Verletzern der Patente beschäftigen wird. Zu diesem Zweck wird ihm bereits im Vertrag die prozessuale Möglichkeit der Rechtsdurchsetzung im Wege der Prozeßstandschaft eingeräumt. Ohne eine entsprechende Regelung ist grundsätzlich nur der Schutzrechtsinhaber zur Geltendmachung der Ansprüche aus Patenten berechtigt. Nach nationalem (deutschem) Recht steht diese Berechtigung darüber hinaus auch dem ausschließlichen Lizenznehmer kraft seiner quasi dinglichen Rechtsposition zu (*Benkard/Ullmann*, § 15 PatG, Rdnr. 55). In einigen Ländern bedarf eine solche eigene Aktivlegitimation allerdings um wirksam zu sein, der Eintragung in das entsprechende Patentregister, so daß es dem Lizenznehmer daran gelegen sein kann, dies als Pflicht des Lizenzgebers (Zustimmung zur Eintragung) an dieser Stelle gleich mitzuregeln.

Aufgrund des Lösungsansatzes dieser Aufgabenteilung werden beide Parteien ihre Prozeßkosten, wie in Artikel 19.2 des Formulars vorgesehen, selbst tragen; dies auch dann, wenn einer dem Verfahren des anderen Partners beitritt. Aufgrund dieser Kostenverteilung steht dem Lizenznehmer ein etwaiger Schadensersatz, den er im Verfahren erringt, zur Verfügung und wird (da es sich bei einem solchen Schaden letztlich um entgangene Lizenzgebühren handelt) der Lizenzgebührenzahlungspflicht unterworfen.

36. Rechte Dritter. Gerade im internationalen Zusammenhang birgt die Behandlung der sich durch die Geltendmachung von Rechten Dritter ergebenden Situation zusätzliche Probleme. Schon im allgemeinen ist ein sachgerechter Interessenausgleich zwischen Lizenzgeber und Lizenznehmer für die sich plötzlich einstellende Situation schwer, daß durch die Schutzrechte eines Dritten die Nutzung der Technologie erschwert, wenn nicht gar auf Dauer unmöglich gemacht wird. Denn dann stehen nicht nur Schadensersatz und Gerichtskosten im Raum stehen, sondern es werden (jedenfalls bei dauerhaftem Verbot der Nutzung der Technologie) auch die Investitionen des Lizenznehmers sinnlos. Die sich für beide Seiten ergebende Gefährdung ist aber weitaus größer, sobald man sich ins Ausland begibt und oftmals für den Lizenzgeber die sich in dem betreffenden Land ergebende Schutzrechtssituation nur schwer (oder jedenfalls nur mit großem Aufwand) abzuklären ist. Vor einer pauschalen Freistellung des Lizenznehmers durch den Lizenzgeber muß vor diesem Hintergrund nachdrücklich gewarnt werden.

Das Formular geht davon aus, daß der Lizenznehmer in der Lage sein wird, die von ihm gebauten und betriebenen Verbrennungsanlagen in einer Art und Weise umzubauen, daß diese (ohne Benutzung der zu beziehenden Produkte und ohne Nutzung der lizenzierten Technologie) noch funktionsfähig bleiben. Aus diesem Grund heraus vereinbaren die Parteien lediglich, daß der Lizenzgeber den Lizenznehmer von allen Schadensersatzansprüchen und den mit einem Gerichtsverfahren verbundenen Kosten freizustellen hat. Weitergehende Aufwendungen (hier insbesondere hinsichtlich des Umbaus der Anlagen) sind durch den Lizenznehmer zu tragen. Sollte es dem Lizenzgeber nicht möglich sein, die Technologie entsprechend zu ändern, so gibt die Rechtsprechung (jedenfalls nach deutschem Recht) dem Lizenznehmer die Möglichkeit, dann eine Anpassung der Lizenzgebühren über das Prinzip der Änderungen der Geschäftsgrundlage zu erwirken (vgl. *Benkard/Ullmann* § 15 PatG, Rdnr. 124), was im Notfall zu einem Kündigungsrecht des Lizenznehmers führen kann. Hin und wieder findet sich in Lizenzverträgen auch die Regelung, daß

1. Patent and Know-How License Agreement VI.1

der Lizenznehmer berechtigt ist, während des Schwebens von Auseinandersetzungen mit Dritten, die behaupten, bessere Rechte an der lizenzierten Technologie innezuhaben, die fällig werden Lizenzgebühren nicht mehr an den Lizenzgeber sondern an ein Treuhandkonto zu zahlen, auf das der Lizenzgeber so lange nicht Zugriff nehmen kann, solange der Rechtsstreit schwebt.

Um dem Lizenzgeber die volle Kontrolle über die Verteidigung gegen Ansprüche Dritter zu ermöglichen, wird dem Lizenznehmer die Möglichkeit genommen, im Innenverhältnis bindende Erklärungen gegenüber dem Dritten abzugeben. Eine dennoch insoweit vorgenommene Handlung des Lizenznehmers würde den Lizenzgeber von seiner Freistellungsverpflichtung befreien.

Auch die Technologietransfer-Gruppenfreistellungsverordnung qualifiziert Regelungen ausdrücklich als nicht wettbewerbsbeschränkend, die den Lizenznehmer verpflichten, jede unrechtmäßige Nutzung des Know-how oder Verletzung der lizenzierten Patente dem Lizenzgeber anzuzeigen, oder gegen eine unrechtmäßige Nutzung oder Patentverletzung gerichtlich vorzugehen oder dem Lizenzgeber dabei Beistand zu leisten (Artikel 2 (1) Nr. 6 a und b der Verordnung).

37. Meistbegünstigungsklausel. Durch diese Absprache wird der Lizenzgeber verpflichtet, dem Lizenznehmer die jeweils günstigsten Bedingungen einzuräumen, die der Lizenzgeber bereit ist, mit anderen Lizenznehmern zu vereinbaren. Vorausgesetzt wird dazu allerdings, daß die anderen Lizenzverträge mit den hier vorliegenden vergleichbar sein müssen.

Eine solche Klausel wird durch die Technologietransfer-Gruppenfreistellungsverordnung ausdrücklich als in der Regel nicht wettbewerbsbeschränkend angesehen, Artikel 2 (1) Nr. 10 der Verordnung. Danach ist eine Verpflichtung des Lizenzgebers zulässig, dem Lizenznehmer die günstigeren Vertragsbedingungen zu gewähren, die er einem anderen Unternehmen nach Abschluß der Vereinbarung gewährt. Nach deutschem Kartellrecht stellt eine entsprechende Klausel in der Regel ein Verstoß gegen § 15 GWB dar, da mit sämtlichen Arten von Meistbegünstigungsklauseln stets eine wirtschaftliche Bindung des verpflichteten Teils (hier des Lizenzgebers) hinsichtlich der Gestaltung der zukünftigen Verträge verbunden ist. Seine Inhaltsfreiheit hinsichtlich der zukünftigen (Zweit-) Verträge wird damit im Sinne des § 15 GWB beschränkt (vgl. *Immenga/Mestmäcker*, GWB, Kommentar zum Kartellgesetz, 2. Aufl., 1992, § 15 Rdnr. 62 m.w.N., vgl. hierzu auch Münchener Vertragshandbuch, Band 3.1, Form. VI.2, Anm. 37). Die sich damit einstellende Konkurrenz zwischen zulässigem Klauselinhalt nach der Technologietransfer-Gruppenfreistellungsverordnung und Kartellrechtsverstoß nach deutschem Kartellrecht muß nach den allgemeinen Grundsätzen des Zusammenspiels zwischen europäischem und nationalem Wettbewerbsrecht gelöst werden (vgl. hierzu *Immenga/Mestmäcker*, a.a.O., Einleitung Rdnr. 32 ff.). Dies bedeutet, daß ein Vorrang des Gemeinschaftsrechtes und damit die Zulässigkeit des gemeinschaftsrechtlich freigestellten, nach deutschem Recht aber verbotenen wettbewerbsbeschränkenden Handelns einen gestaltenden Akt auf seiten der EG-Behörden voraussetzt. Es ist streitig, ob eine Gruppenfreistellungsverordnung als ein solcher positiver gestaltender Akt angesehen werden kann (so *Immenga/Mestmäcker*, a.a.O. Rdnr. 54), oder ob es noch eines Einzelaktes bedarf (so *Mailänder* im GK EWG-Grdtz. Rdnr. 21). Die Kommission wird in der Regel bereit sein, kurzfristig einen positiven Freistellungsakt zur Durchsetzung des liberaleren EG-Wettbewerbsrechts zu erlassen, sollte im Einzelfall eine Partei nach nationalem Kartellrecht eine Beanstandung für ein Verhalten erfahren, das nach EG-Wettbewerbsrecht als ausdrücklich zulässig anerkannt wird. Unter der (wohl zutreffenden) Meinung, daß auch eine EG-Gruppenfreistellungsverordnung (nicht nur im Freistellungsteil, sondern im gesamten Klauselkatalog) als gestaltender Akt ausreichend ist, muß man zum Ergebnis kommen, daß damit die Anwendung von § 15 GWB für den Bereich der unter die Technologietransfer-Gruppenfreistellungsverordnung fallenden Lizenzverträge eingeschränkt ist.

38. Qualitätsvorgaben. Um sicherzustellen, daß die lizenzierte Technologie auch in der erforderlichen Qualität ausgeübt wird, werden häufig Mindestqualitätsstandards vereinbart. Bei dem Formular hat dies seinen Grund darin, daß zum einen die lizenzierte Technologie für Verbrennungsanlagen sicherheitsrelevante Aspekte erfüllen muß, damit von der Ausübung der Technologie keine Gefahren für die Umwelt ausgehen. Zum anderen ist es dem Lizenzgeber aber auch deswegen wichtig, daß die Technologie in der entsprechenden Qualität ausgeübt wird, da die Verbrennungsanlagen unter der Marke des Lizenzgebers betrieben werden. Nach Artikel 2 (1) Nr. 5 der Technologietransfer-Gruppenfreistellungsverordnung gilt eine Vertragsklausel in der Regel als nicht wettbewerbsbeschränkend, die den Lizenznehmer verpflichtet, Mindestqualitätsvorschriften einschließlich technischer Spezifikationen für das Lizenzerzeugnis einzuhalten, soweit diese Qualitätsvorschriften notwendig sind, um eine technisch einwandfreie Nutzung der überlassenen Technologie zu gewährleisten oder um sicherzustellen, daß die Produktion des Lizenznehmers den Qualitätsvorschriften entspricht, die für den Lizenzgeber selbst und für dessen andere Lizenznehmer gelten. Darüber hinaus kann der Lizenzgeber es sich vorbehalten, entsprechende Kontrollen durchzuführen.

Das Formular verpflichtet den Lizenznehmer, zumindest die technischen Spezifikationen einzuhalten, die der Lizenzgeber in dem übergebenen Know-how für die Anlagen vorgeschrieben hat. Der Lizenzgeber ist berechtigt, die Einhaltung zu überprüfen. Sollte sich herausstellen, daß der Lizenznehmer diese Vorgaben auf Dauer nicht erfüllt und auch nach entsprechender Forderung durch den Lizenzgeber nicht erfüllt, dann berechtigt den Lizenzgeber die Klausel in Artikel 22.3 des Formulars zur Kündigung.

39. Geheimhaltung. Herzstück des Know-how-Schutzes ist die Geheimhaltung. Das Formular verpflichtet den Lizenznehmer ebenso wie den Lizenzgeber, das Know-how und alle anderen Informationen, die als geheimhaltungsbedürftig angesehen werden, geheim zu halten. Artikel 2 (1) Nr. 1 der Technologietransfer-Gruppenfreistellungsverordnung sieht eine solche Verpflichtung in der Regel als nicht wettbewerbsbeschränkend an und hält auch fest, daß eine solche Verpflichtung dem Lizenznehmer auch über das Ende der Vereinbarung hinaus auferlegt werden kann, was im Muster im Artikel 23.6 geschieht.

Die erforderlichen Ausnahmen von der Geheimhaltungsverpflichtung findet sich in Artikel 23.5 des Formulars. Diese verhindern, daß die Geheimhaltungsverpflichtung zu einer unzulässigen Wettbewerbsbeschränkung wird, die auch bereits Bekanntes mitumfaßt.

40. Abtretung und Unterlizenzen. Es ist für beide Parteien von Bedeutung, zu verhindern, daß der Vertrag ohne Zustimmung an Dritte übertragen wird. Für den Lizenzgeber schon deswegen, weil er verhindern will, daß das Know-how unkontrolliert im Markt zirkulieren kann. Für den Lizenznehmer ist diese Restriktion wichtig, weil er auf die technische Unterstützung durch einen in der Technologie erfahrenen Lizenzgeber angewiesen ist. Oftmals ist nach nationalem Recht (so nach deutschem Recht) ein exklusiver Lizenznehmer berechtigt, eine Lizenz auch ohne Zustimmung des Lizenzgebers an Dritte zu übertragen (vgl. BGH GRUR 1969, 560 – Frischhaltegefäß). Aus diesem Grund sollte die Abtretbarkeit vorsorglich ausdrücklich ausgeschlossen werden.

Aus denselben Gründen ist auch die Unterlizenzierung des Know-hows ebenso wie der Patente ohne die vorherige schriftliche Zustimmung durch den Lizenzgeber nicht zugelassen. Da nach deutschem Rechtsverständnis bei einer exklusiven Lizenz eine solche Unterlizenzierung ohne Zustimmung des Lizenzgebers möglich wäre (vgl. oben Anm. 7) sieht das Formular ausdrücklich vor, daß hierzu jeweils die vorhergehende Zustimmung durch den Lizenzgeber eingeholt werden muß. Eine Unterlizenzierung kann bei dem hier angenommenen Sachverhalt insbesondere erforderlich sein, wenn der Lizenznehmer zur Finanzierung der Verbrennungsanlagen Leasingkonstruktionen eingehen muß, bei denen die Verbrennungsanlage selbst durch den Leasinggeber gehalten wird oder aber wenn der Lizenznehmer mit einer Kommune ein gemeinsames Tochterunternehmen unterhält. In einem solchen Fall hätte der Lizenznehmer aus Treu und Glauben gegen den Lizenzgeber den

1. Patent and Know-How License Agreement VI.1

Anspruch, die Lizenz zu übertragen oder (da hier mehrere Verbrennungsanlagen vorgesehen sind) eine Unterlizenz an die jeweilige Tochter einzuräumen, vorausgesetzt selbstverständlich, daß das Tochterunternehmen oder der Leasinggeber sich bereit erklären, die Verpflichtungen unter dem Lizenzvertrag einzuhalten.

Die Technologietransfer-Gruppenfreistellungsverordnung sieht eine entsprechende Klausel in der Regel als nicht wettbewerbsbeschränkend an. Wie in Artikel 2 (1) Nr. 2 festgehalten, darf der Lizenznehmer verpflichtet werden, keine Unterlizenzen zu erteilen und die Lizenz nicht zu übertragen.

41. Vertragslaufzeit. Das Formular geht davon aus, daß die notwendigen Patente nicht im gesamten Vertragsgebiet die 10-Jahresfrist nach Abschluß des Vertrages übersteigen. Für Italien wird davon ausgegangen, daß noch innerhalb der 10-Jahresfrist das lizenzierte Patent ausläuft. Damit können (gegründet auf das geheime Know-how) die Exklusivitätsabsprachen für diesen Bereich des Vertragsgebietes lediglich auf einen Zeitraum von höchstens 10 Jahren ab dem ersten Inverkehrbringen des Lizenzerzeugnisses innerhalb des Gemeinsamen Marktes durch einen der Lizenznehmer festgeschrieben werden, vgl. Artikel 1 (4) in Verbindung mit Artikel 1 (3) der Technologietransfer-Gruppenfreistellungsverordnung. Wiederum stellen die Parteien aus den bereits oben angegebenen Vereinfachungsgründen nicht auf den Zeitpunkt des ersten Inverkehrbringens des Lizenzerzeugnisses ab, sondern auf den Zeitpunkt des Vertragsschlußes (was seinen Grund auch darin haben könnte, daß der Lizenzgeber bereits zum Zeitpunkt des Abschlusses des Vertrages einen Lizenznehmer im Gemeinsamen Markt hat, der ein Vertragserzeugnis bereits auf den Markt gebracht hat).

Nach Ablauf dieser ursprünglichen Vertragslaufzeit muß für jeden Mitgliedsstaat jeweils getrennt festgestellt werden, wann und in welcher Weise sich die Vertragslaufzeit verlängert. Den Parteien wird in Einklang mit dem Grundgedanken der Regelung in Artikel 1 (4) der Verordnung ein Kündigungsrecht für jeden Teil des Territoriums gewährt, der einen eigenen Mitgliedsstaat des Gemeinsamen Marktes darstellt.

Allgemein zur Regellaufzeit eines Lizenzvertrages nach deutschem Recht vgl. Münchener Vertragshandbuch, Band 3.1, Form. VI.2, Anm. 40.

42. Kündigung wegen Vertragsverletzung. Artikel 25.3 und Artikel 25.4 enthalten die üblichen Regelungen zur Kündigung von Dauerschuldverhältnissen, die zum einen auf den wichtigen Grund abstellen, zum anderen aber auch separat eigene Kündigungsgründe normieren (vgl. hierzu auch Münchener Vertragshandbuch, Band 3.1, Form. VI.2, Anm. 42). Auch wenn das Recht zur fristlosen Kündigung (jedenfalls nach nationalem deutschen Recht) selbst ohne ausdrückliche Erwähnung im Vertrag besteht, sollte man für den nicht mit dem entsprechenden Recht vertrauten Partner und zur Vermeidung von Unklarheiten die fristlose Kündigung gesondert ansprechen. Das Formular enthält lediglich Beispiele für die Regelung und deren Inhalt. Insbesondere bei US-amerikanisch beeinflußten internationalen Lizenzverträgen findet sich oft eine weitaus eingehendere Darlegung der möglichen Kündigungsrechte.

Auch die Kündigung aus wichtigem Grund kann nach dem Formular erst dann ausgesprochen werden, wenn der Lizenznehmer die beanstandeten Vertragsverletzungen nicht binnen einer angemessen erscheinenden Frist abstellt. Diese übliche Regelung korrespondiert mit dem Rechtsverständnis nationaler Rechtsordnungen. So besteht für das deutsche Recht das Erfordernis einer Abmahnung im Rahmen der als Dauerschuldverhältnis anerkannten Lizenzverträge, die nur dann entbehrlich ist, wenn das Vertragsverhältnis durch die Vertragsverletzung so erschüttert ist, daß auch eine Abmahnung nicht mehr gefordert werden kann (vgl. *Benkard/Ullmann*, § 15, Rdnr. 128, m.w.N.).

Die beiden unter Artikel 25.4 des Formulars zuletzt genannten Kündigungsrechte sind nur für den Lizenzgeber von Interesse, da er verhindern möchte, daß seine Technologie an Wettbewerber zur Verfügung gestellt wird, mit denen er direkt keine Vertragsbeziehung eingehen würde.

Als Kündigungsfolge muß der Lizenznehmer die Nutzung der Patente und des Knowhows unterlassen, soweit und so lange das Know-how noch geheim ist und die Patente noch bestehen. Diese Beschränkung ist wiederum nach Artikel 2 (1) Nr. 3 der Technologietransfer-Gruppenfreistellungsverordnung nicht als wettbewerbsbeschränkend anzusehen und daher freigestellt. Da der Lizenznehmer zum Zeitpunkt der Kündigung Verbrennungsanlagen in Betrieb hat, die von der Technologie Gebrauch machen, wird ihm erlaubt, diese Verbrennungsanlagen weiterzubetreiben, dies jedoch mit der Besonderheit, daß er dann die Produkte vom Lizenznehmer entweder unter separaten Kaufverträgen bezieht oder er aber diese Produkte nicht weiter nutzt.

Da es gerade für geheimes Know-how sehr schwer ist, festzustellen, ob das Know-how tatsächlich „zurückgegeben" wurde oder zu überprüfen, daß der Lizenznehmer es nach Kündigung nicht weiter nutzt, wird häufig empfohlen, daß der Lizenzgeber seine Lizenzgebühr (insbesondere durch die Einstandzahlung) so gestaltet, daß er seiner relativen Schutzbedürftigkeit Rechnung trägt (vgl. hierzu Münchener Vertragshandbuch, Band 3.1, Form. VI.2, Anm. 44).

43. Lizenzgebühren. Auch bei Kündigung des Lizenzvertrages bleibt der Lizenznehmer verpflichtet, die Gebühren weiterzuzahlen, die lediglich zum Grunde der Zahlungserleichterung im Wege einer Ratenzahlung erstreckt wurden. Diese Verpflichtung ist nach Artikel 2 (1) Nr. 7b der Technologietransfer-Gruppenfreistellungsverordnung als unbedenklich anzusehen.

44. Mitteilungen. Auf internationaler Ebene ist es unumgänglich, daß die Parteien klarlegen, in welcher Art und Weise sie sich gegenseitig die im Vertrag geforderten oder möglichen Mitteilungen machen. Im Zeitalter von Telefax und e-mail müssen die Parteien Einigkeit darüber haben, auf welche Art und Weise sie miteinander in vertragsrelevanter Weise kommunizieren.

45. Salvatorische Klausel. Aufgrund der Tatsache, daß dieser Vertrag eine Reihe von Ländern und damit notwendigerweise auch eine Reihe von Rechtssystemen umfaßt, die (z.B. über kartellrechtliche Vorschriften) in das Vertragsverhältnis hineinspielen, auch wenn auf den Vertrag nur das deutsche Recht anwendbar ist (da die Anwendbarkeit nationalen wie europäischen Kartellrechtes nicht ausgeschlossen werden kann, vgl. Anm. 47) müssen sich die Parteien dagegen absichern, daß durch die Anwendung eines nationalen Rechtes die Gültigkeit des Vertrages beeinträchtigt wird. Artikel 85 Absatz 2 des EG-Vertrages verweist auf europäischer Ebene für die Folgen einer Kartellrechtsverletzung auf die nationalen Rechte, die (wenn man das Beispiel des deutschen Rechtes nimmt) über ihre nationalen Regelungen dazu kommen können, daß bereits ein Kartellrechtsverstoß in einer einzelnen Klausel oder in einem Teil davon zur Nichtigkeit des gesamten Vertrages führen kann, § 139 BGB.

46. Schriftform. Oftmals sieht das nationale Recht für den Abschluß eines Lizenzvertrages keine besondere Form vor. (Vergleiche insoweit das deutsche und auch das europäische Patentrecht, die für den Abschluß eines Lizenzvertrages auf keine besondere Form abstellen. Die in Artikel 72 EPÜ und auch Artikel 39 GPÜ vorgesehene Schriftform ist allein für die rechtsgeschäftliche Übertragung vorgeschrieben.) Verträge, die Wettbewerbsbeschränkungen im Sinne von § 20 GWB enthalten, müssen aber entsprechend § 34 GWB schriftlich abgefaßt werden (vgl. *Benkard/Ullmann,* Patentgesetz, § 15, Rdnr. 45; Münchener Vertragshandbuch, Band 3.1, Form. VI.1, Anm. 11, zu der Frage, wieweit das EG-Recht dies abändert, vgl. *Wiedemann,* Gruppenfreistellungsverordnungen, AT, Rdnr 348f.). Zur Einhaltung der Schriftformerfordernisse ist es nötig, daß außerhalb des Lizenzvertrages befindliche Regelungen, die Wettbewerbsbeschränkungen enthalten, im Lizenzvertrag selbst klar angesprochen und mit einem Hinweis versehen werden (vgl. OLG Karlsruhe WuW, OLG 5515). Darüber hinaus ist es gerade bei internationalen Sachverhalten und komplexen Verträgen mit vielen Dokumenten (mit technischen Spezifikationen,

Nebenerklärung und dergleichen) angezeigt, daß sich die Parteien gegenseitig bestätigen, daß sie alle relevanten Regelungen, die das Lizenzverhältnis betreffen, auch tatsächlich in diesem Vertrag niedergelegt haben.

47. Rechtswahl und Kartellrecht. Das Formular geht davon aus, daß sich der französische Lizenzgeber und der deutsche Lizenznehmer auf die Anwendbarkeit des deutschen Rechtes geeinigt haben, nicht zuletzt, da das Vertragsgebiet das Gebiet der Bundesrepublik Deutschland, aber auch Österreich und der Schweiz umfaßt, Länder, die dem deutschen Rechtssystem nicht zu fern stehen. Es kommt selbstverständlich immer auf die Verhandlungsposition und die auf den Seiten der Parteien vorhandenen Interessen an, welches Recht nun letztlich auf den Vertrag zur Anwendung kommt. Auf keinen Fall sollte, wie dies in der Praxis leider immer wieder zu beobachten ist, der Vertrag zunächst ausformuliert und durchverhandelt werden, die Rechtswahl jedoch offengelassen werden, damit sich die Parteien dann erst zuletzt, gewissermaßen kurz vor Unterzeichnung, auf das anwendbare Recht einigen. Da die Vertragsformulierung im Zweifel gerade dann nicht mit Blick auf das anwendbare Recht und die sich dort ergebenden Probleme gewählt wurde, kann dies nur zu unübersehbaren und teilweise sogar unlösbaren Problemen führen. Auch von einer Regelung, die die Rechtswahl davon abhängig macht, gegen wen zunächst geklagt wird (dessen Recht dann anwendbar sein soll), ist vernünftigerweise nicht akzeptabel.

Soweit die Parteien keine Aussage zur Rechtswahl treffen, ist auf folgendes hinzuweisen: Bei Lizenzverträgen, die nicht nur einen Bezug zum Recht des deutschen Staates sondern auch einen Bezug zum Recht eines oder mehrerer ausländischer Staaten haben, bestimmen die Regeln des internationalen Privatrechtes, welche Rechtsordnung auf den Vertrag anzuwenden ist. Dieser in Artikel 3 EGBGB niedergelegte Grundsatz kommt schon dann zur Anwendung, wenn eine ausländische Partei am Vertragsschluß beteiligt ist, da sich dann bereits ein Bezug zum Recht dieses ausländischen Staates ergeben wird. Aber auch zwischen zwei deutschen Parteien kann sich die Frage des anzuwendenden Rechtes zum Beispiel dann stellen, wenn die Parteien nicht nur eine Regelung über deutsche Patente sondern auch über ausländische Parallelpatente treffen (vgl. allgemein *Benkard/Ullmann*, a.a.O., § 15, Rdnr. 133).

Bei der Beurteilung nach den Regeln des internationalen Privatrechtes ist zunächst festzuhalten, daß es die Parteien generell in ihrer Hand haben, welches Recht sie auf den Vertrag zur Anwendung kommen lassen wollen. Die Parteien sind dabei völlig frei, welche Rechtsordnung und in welchem Umfang sie diese Rechtsordnung auf den zwischen den Parteien geschlossenen Vertrag anwenden wollen. Treffen die Parteien nun gerade keine Wahl hinsichtlich des anzuwendenden Rechtes, sei dies bewußt oder aufgrund eines Versehens, so kommen grundsätzlich zwei Statuten zur Anwendung: Das Schutzrechtstatut und das Schuldstatut. Das Schutzrechtstatut regelt, daß die Parteien insoweit keine Dispositionsmöglichkeit haben, als es um die Wahl der richtigen Rechtsordnung für die Schutzwirkung der gewerblichen Schutzrechte, hier der Patente, geht. Alle Regeln, die mit der Entstehung, dem Bestand, dem Erlöschen, der Lizenz und der Übertragbarkeit, sowie der sich aus den Schutzrechten ergebenden Klagebefugnis beschäftigen, sind der Disposition der Parteien entzogen (vgl. BGH GRUR 1992, 697 – ALF und *Benkard/Ullmann*, § 15 PatG, Rdnr. 134). Die Rechtswirkungen des lizenzierten Schutzrechtes richten sich zwingenderweise nach dem Recht des Landes, in dem das lizenzierte Recht besteht (Recht des Schutzlandes).

Davon abgesehen kommt aber das Schuldstatut zur Anwendung, wenn es darum geht, welche Rechtsordnung maßgeblich ist für die vertraglichen Regelungen als solche, d. h. Auslegung des Vertrages, Erfüllung, Folgen der Nichterfüllung, Haftung, Nichtigkeit, Kündigung und dergleichen. Insoweit sind die Parteien bei der Wahl des Rechtes frei. Sollten sie keine solche Wahl getroffen haben, so bestimmt Artikel 28 Absatz 1 EGBGB, daß das Recht desjenigen Staates zur Anwendung kommt, zu dem der Vertrag die engsten

Verbindungen aufweist. Es scheint herrschende Meinung zu sein, daß für Lizenzverträge insoweit das Recht des Landes zur Anwendung kommen soll, in dem der Lizenzgeber seinen Sitz hat (vgl. hierzu *Benkard/Ullmann*, § 15 PatG, Rdnr. 135). Liegt dagegen ein sogenannter multinationaler Lizenzvertrag vor (Lizenz zur Nutzung in mehreren Vertragsstaaten, wie hier im Form. Vorgesehen), so soll auch in diesem Fall das Recht des Staates zur Anwendung kommen, in dem der Lizenzgeber seinen Sitz oder seine Niederlassung hat, da dies das Land sei, in dem die Partei sitzt, die die charakteristische Leistung im Vertrag zu erbringen hat. Damit kommt insoweit der Grundsatz der einheitlichen Anknüpfung bei multinationalen Lizenzverträgen zum Tragen, der zu einer Verweisung auf die Rechtsordnung des Lizenzgebers führt (vgl. *Benkard/Ullmann*, a.a.O.). Diese Sicht ist jedoch nicht unbestritten (vgl. hierzu *Beier*, Die international privatrechtliche Beurteilung von Verträgen über gewerbliche Schutzrechte, in: *Holl/Klinke*, Internationales Privatrecht – Internationales Wirtschaftsrecht, Köln, 1985, 287 ff).

Abgesehen vom Territorialitätsprinzip, das seine Ausgestaltung hier im Schutzrechtstatut findet, und dem Prinzip der freien Rechtswahl (Schuldstatut) ist darauf hinzuweisen, daß durch die von den Parteien getroffene Rechtswahl von zwingenden nationalen, aber auch übernationalen Vorschriften nicht abgewichen werden kann (Artikel 34 EGBGB). Die wesentlichen Regelungen die hierbei anzusprechen sind, sind die Regeln des Kartellrechts. Ein Lizenzvertrag unterliegt auch dann dem nationalen deutschen Kartellrecht über § 98 Absatz 2 GWB, wenn er Wettbewerbsbeschränkungen enthält, die sich auf das Inland, d.h. auf das Gebiet der Bundesrepublik Deutschland auswirken. Dasselbe gilt für die Regeln des europäischen Kartellrechtes, die ebenso durch die Rechtswahl der Parteien nicht ausgeschlossen werden können, wenn Wettbewerbsbeschränkungen im Vertrag gegeben sind, die auf den Handel zwischen den Mitgliedsstaaten einwirken können, Artikel 85 Absatz 1 EG-Vertrag. Das ausländische Recht, soweit es sich um kartellrechtliche Regelungsbereiche handelt, enthält vergleichbare Grundsätze.

Zur Anwendbarkeit des EG-Rechtes sei der Vollständigkeit halber darauf hingewiesen, daß trotz des Vorliegens von wettbewerbsbeschränkenden Abreden dann keine Überprüfung des Vertragsinhaltes am EG-Recht stattfindet, wenn der Vertrag unter die Voraussetzung der sogenannten Bagatellbekanntmachung fällt (Bekanntmachung der Kommission vom 3. September 1986 über Vereinbarungen von geringer Bedeutung, die nicht unter Artikel 85 Absatz 1 des Vertrages zur Gründung der Europäischen Wirtschaftsgemeinschaft fallen, ABl EG C 231/2, geändert gemäß der Mitteilung der Kommission der Europäischen Gemeinschaften betreffend die Aktualisierung der Bekanntmachung von 1986 über Vereinbarungen von geringer Bedeutung, ABl EG 1994 C 368/20), d.h. wenn der Marktanteil der betroffenen Produkte der beteiligten Unternehmen unter 5% und der Umsatz der beteiligten Unternehmen weniger als 300 Millionen Ecu beträgt. Soweit die Bagatellbekanntmachung dazu führt, daß aufgrund der Marktbedeutung und Größe der Unternehmen Artikel 85 Absatz 1 des EG-Vertrages nicht zur Anwendung kommt, kann grundsätzlich von einer Beurteilung gemäß den europäischen kartellrechtlichen Bestimmungen abgesehen werden, d.h., diese müssen nicht beachtet werden. Über § 98 (2) GWB verbleibt es aber bei der Anwendung des deutschen Kartellrechtes (insbesondere §§ 20, 21 GWB), soweit der Lizenzvertrag auf den Geltungsbereich des GWB, d.h. auf den Bereich der Bundesrepublik Deutschland, Auswirkungen hat.

Zur Abgrenzung der Anwendbarkeit deutschen und europäischen Kartellrechtes und zum Verhältnis beider Rechtskreise vergleiche Münchener Vertragshandbuch, Band 3.1, Form. VI.1, Anm. 2.

Das Formular versucht, nur solche Wettbewerbsbeschränkungen aufzuführen und zu empfehlen, die aufgrund der Regelungen der Technologietransfer-Gruppenfreistellungsverordnung als unbedenklich oder freigestellt anzusehen sind. Sollten im Einzelfall von den Vertragsparteien auch Regelungen vorgesehen werden, für die nicht ohne weiteres davon ausgegangen werden kann, daß ihre kartellrechtliche Zulässigkeit gegeben ist, so können die Parteien eine Klärung der kartellrechtlichen Zulässigkeit für das nationale Recht durch

1. Patent and Know-How License Agreement VI.1

eine Anmeldung des Vertrages beim Bundeskartellamt und für das europäische Recht durch eine Anmeldung des Vertrages bei der Kommission im Wege des Widerspruchverfahrens geklärt werden.

Solche Klauseln liegen z.B. vor, wenn Mengenbeschränkungen, Preisabsprachen, Marktaufteilungsabreden oder Wettbewerbsverbote vereinbart werden (vgl. Artikel 3 der Technologietransfer-Gruppenfreistellungsverordnung. Allgemein insoweit Münchener Vertragshandbuch, Band 3.1, Form. VI.2, Anm. 12, 13).

Zum Anmeldeverfahren beim Bundeskartellamt siehe Münchener Vertragshandbuch, Band 3.1, Form. VI.2, Anm. 49.

Das Widerspruchsverfahren nach der Technologietransfer-Gruppenfreistellungsverordnung regelt sich nach Artikel 4 der Verordnung und soll insbesondere dann Anwendung finden, wenn dem Lizenznehmer Qualitätsvorschriften oder Bezugsverpflichtungen auferlegt werden, die nicht notwendig sind, um eine technisch einwandfreie Nutzung der Technologie zu gewährleisten oder aber dem Lizenznehmer verboten wird, den geheimen oder wesentlichen Charakter des Know-hows oder die Gültigkeit der lizenzierten Patente anzugreifen. Bei diesen in Artikel 4 (2) Ziffer a und b der Gruppenfreistellungsverordnung vorgesehenen Klauseln handelt es sich aber nur um Beispiele, so daß das Widerspruchsverfahren immer dann zur Anwendung kommen kann, wenn wettbewerbsbeschränkende Absprachen vorgesehen werden, die nicht in der Technologietransfer-Gruppenfreistellungsverordnung bereits freigestellt sind. Mit der Anmeldung der Vereinbarung bei der EG-Kommission beginnt eine 4-Monatsfrist zu laufen, binnen der die Kommission Widerspruch gegen die Freistellung erheben kann, Artikel 4 (5) der Verordnung. Tut sie dies nicht, so gilt die angemeldete Vereinbarung im Sinne von einer Anmeldung nach der Verordnung Nr. 17/162 als freigestellt.

Die Kommission hat aufgrund der Verordnung die Möglichkeit, die Vorteile der Gruppenfreistellung zu entziehen, wenn sie im Einzelfall feststellt, daß eine nach dieser Verordnung freigestellte Vereinbarung gleichwohl Wirkungen hat, die mit den Voraussetzungen des Artikel 85 Absatz 3 des Vertrages unvereinbar sind, Artikel 7 der Gruppenfreistellungsverordnung. Dies kann auch dann geschehen, wenn die Vereinbarung im Wege des Widerspruchsverfahrens von der Kommission genehmigt wurde. Im Zusammenhang mit dieser Regelung wurde der umstrittene Passus aufgenommen, daß insbesondere dann eine Entziehung der freistellenden Wirkung durch die Kommission möglich ist, wenn der Lizenznehmer einen Marktanteil von mehr als 40% hat und sich daraus ergibt, daß die Lizenzerzeugnisse im Vertragsgebiet nicht mehr mit anderen als austauschbar oder substituierbar angesehenen Produkten in wirksamen Wettbewerb stehen. Diese Formulierung in Artikel 7 (1) der Verordnung ist letztlich nur eine Ausformung des von der Kommission bereits früher verfolgten Grundsatzes, daß auch im Falle einer Gruppenfreistellung immer noch darauf geachtet werden muß, daß nicht aufgrund der tatsächlichen (insbesondere Markt-)Verhältnisse doch der Mißbrauch einer marktbeherrschenden Stellung durch die Ausübung des Lizenzvertrages eintritt (vgl. hierzu die Tetrapack-Entscheidung der Kommission, GRUR Int. 1989, 131, und des Europäischen Gerichtshofes, EuGH E 1995, 34). Auch im Falle eines gruppenfreigestellten Lizenzvertrages muß daher ein Blick auf die Markstellung der Beteiligten geworfen werden, sei es um festzustellen, inwieweit eine Freistellung aufgrund der Gruppenfreistellungsverordnung entzogen werden kann, oder um abzuschätzen, inwieweit durch die Anwendung des Artikels 86 des EG-Vertrages Probleme drohen. Vergleiche hierzu auch Münchener Vertragshandbuch, Band 3.1, Form. VI. 2, Anm. 50.

Neben dem Widerspruchsverfahren nach der Technologietransfer-Gruppenfreistellungsverordnung bleibt den Parteien auch die Möglichkeit, im Wege eines Negativattestes oder einer Einzelfreistellung gemäß Verordnung Nr. 17/162 eine Klärung der wettbewerbsbeschränkenden Vereinbarungen zu erlangen (vgl. hierzu Münchener Vertragshandbuch, Band 3.1, Form. VI.2, Anm. 49). Gerade bei internationalen Lizenzverträgen muß darauf geachtet werden, daß auch die kartellrechtlichen Genehmigungsvorschriften der sonst noch betroffenen Rechtskreise erfüllt werden. Erinnert sei hier nur an die Anmeldeverpflichtung unter dem US-amerikanischem Hart Scott Rodino-Act, die für exklusive Lizenzen gilt, die sich im Gebiet der Vereinigten Staaten von Amerika auswirken, vorausgesetzt, daß bestimmte Umsatzgrößen erreicht sind.

Zuletzt muß daran gedacht werden, daß bei Verträgen mit ausländischen Vertragspartner auch unter Umständen eine Genehmigung nach dem Außenwirtschaftsgesetz erforderlich ist (vgl. hierzu *Stumpf/Groß*, Rdnr. 435 ff).

48. Gerichtsstand. Die Parteien können sich, da sie aus verschiedenen Ländern kommen, nicht nur auf die Geltung eines nationalen Rechtes einigen, sondern auch darauf, daß auch in diesem Land die Gerichte die Zuständigkeit haben sollen. Für den Lizenzgeber mag es ein Anliegen sein, daß sein geheimes Know-how und lizenzierte Technologie nicht in öffentlichen Gerichten diskutiert wird, sollte er mit den Lizenznehmern in eine Auseinandersetzung geraten und so Wettbewerbern ermöglicht wird, Kenntnisse über das geheime Know-how zu erhalten. Zu diesem Zweck vereinbaren die Parteien ein Schiedsverfahren zur Beilegung ihrer Streitigkeiten.

Bei dem hier vorgeschlagenen Schiedsverfahren handelt es sich um ein sogenanntes ad hoc-Schiedsverfahren, daß nicht einer der gängigen Regeln (ICC oder DIS oder WIPO) folgt, sondern das selbst in der Klausel festschreibt, nach welcher Art und Weise Schiedsrichter auszuwählen und das Schiedsgericht tätig werden soll. (Zu einem ICC-Schiedsverfahren vgl. Form. VI.5. Anm. 32. Zu einem WIPO-Schiedsverfahren vgl. Form. VI.3 Anm. 24.)

Wenn auch den Parteien generell zu empfehlen sein wird, sich auf den ordentlichen Gerichtsweg zu einigen (vgl. zur Abwägung der Vor- und Nachteile Münchener Vertragshandbuch, Band 3.1, Form. VI.2, Anm. 48), so wird dies oftmals daran scheitern, daß die Parteien sich nicht auf die Zuständigkeit der Gerichte der einen oder anderen Vertragsseite einigen können. Insbesondere wenn auf Seiten des Lizenzgebers ein US-amerikanisches Unternehmen beteiligt ist, kann auch aufgrund der Nachteile der US-amerikanischen Prozeßpraxis einem Lizenznehmer nicht empfohlen werden, sich auf die Zuständigkeit der US-amerikanischen Gerichte einzulassen. In einem solchen Fall scheint das Einverständnis mit einem Schiedsverfahren das kleinere Übel zu sein.

2. Patent License Agreement

(Patentlizenzvertrag)

PATENT LICENSE AGREEMENT[1]

by and among

1. ABC Corp., 1 Main Street, Hoboken, New Jersey, USA

– in the following referred to as „A" –

2. BCD Tochtergesellschaft mbH, Musterstraße 1, 80000 München, DEUTSCHLAND

– in the following referred to as „B" –

and

3. CDE GmbH & Co. KG, Industriestraße 1, 60000 Frankfurt am Main, DEUTSCHLAND

– in the following referred to as „C" –

2. Patent License Agreement

RECITALS[2]

WHEREAS, A is the owner of various patents and utility model rights in the territory with B being its sole licensee under such rights in the territory;

WHEREAS, A and B have claimed that the manufacture and distribution of certain products by C infringes such rights;

WHEREAS, C has denied such allegations and has claimed to be entitled to such activities;

WHEREAS, A and B have initiated court proceedings against C pursuing their allegation of infringement of such rights at the Landgericht Frankfurt am Main, such procedures having led to a judgment against C finding for infringement of such rights, which judgment has been appealed by C and the appellate court has had its first oral hearing;

WHEREAS, C has filed a nullity action against certain of such patents and utility models of A upon which the Federal Patent Court has found for a (partial) invalidity of some of the patents, which decision has been appealed by A;

WHEREAS, to settle the dispute A and B are willing to grant C a license under the patents and C is willing to accept such license;

NOW, THEREFORE, the Parties agree as follows:

Article 1. Definitions[3]

1. „Patents" means all Patents and utility models, granted or applied for by A in various countries and solely licensed to B, as listed in Annex A to this Agreement.[4]
2. „Product" means the switching devices „X 305" and „X 315" and any later modifications and changes thereof, may such switching devices contain also means for digital conversion.[5]
3. „Technical Area" means the use of switching devices as switchboards of public or private telecommunication companies.[6]
4. „Territory" means all countries in the world in which A holds Patents.[7]

Article 2. License Grant[8]

1. A and B hereby grant to C the non-exclusive right to use the Patents in the Territory to manufacture, offer, put on the market, use, import or stock the Product for use in the Technical Area.
2. C has to limit its manufacture of the Product to the quantities it requires to make the Products part of its telephone switching equipment „The switch" as more closely defined in Annex B to this Agreement and to sell the Product only as an integral part of this switching equipment. C is entitled to freely determine the quantities required for such manufacture. C is also entitled to manufacture such quantities it requires to sell the Product as a replacement part for such switching equipment.

Article 3. Royalty[9]

1. As compensation for the license grant, C shall pay A and B, jointly, a yearly royalty payment of DM 1,0 Million.
2. C shall pay this royalty for each year on January 31 of the following year, the latest, to the bank account designated by A upon signing of this Agreement. This payment is valid payment both with respect to A and B.
3. The royalty payment shall be subject to applicable Value Added Tax, if any, which shall be borne by C.

Article 4. Settlement for Past Use[10]

1. The payment according to Article 3 does not cover the use of the Patents for switch „X 295", in any configuration („the Old Product") as well as the use of Patents for the Product in the past.

2. For such use of the Patents for the Old Product and for the Product in the past, C agrees to pay a lump sum royalty of DM 10,0 Million, which payment shall be made in yearly installments of DM 1,000,000.00. The Parties acknowledge that the payment of such installments will exceed the duration of the Patents. The Parties agree on this payment scheme to facilitate payment by C.[11]

3. A and/or B shall have no further claims based on the past activities of C making use of the Patents in the Territory and A and B expressly waive any such claims. This waiver includes, but is not limited to, any claims of A and/or B for damages, unjust enrichment or reasonable royalties.

Article 5. Old Product[12]

1. C shall cease manufacture of the Old Product with the end of 1997.
2. C shall have the right to furnish to its customers spare parts for the Old Product. A and B acknowledge that this furnishing by C will run for at least another 10 years starting with the conclusion of this Agreement.

Article 6. Conclusion of Legal Proceedings[13]

1. A and B shall immediately, after this Agreement has been signed and the first installment of past royalties in the amount of DM 1,000,000.00 has been paid by C, withdraw their infringement claim filed with the Landgericht Frankfurt am Main, which is now on appeal before the Oberlandesgericht Frankfurt am Main. C agrees to such withdrawal. C furthermore agrees not to file a motion with the court to order A and/or B to cover the attorney's cost of C.
2. C shall immediately after withdrawal of the infringement claim by A and B withdraw its claim to have the Patents declared invalid. A and B shall not file a motion with the court to order C to cover the attorney's costs of A and B.
3. Each Party shall cover its own court and out of court costs paid or to be paid. The Parties shall not reimburse each other for any of those costs.

Article 7. Validity of Patents[14]

1. Nothing in this Agreement shall restrict C from contesting in the future the validity of the Patents.
2. If C contests the validity of the Patents, A and B shall be entitled to terminate this License Agreement without notice and to reinstate infringement proceedings with competent courts.

Article 8. No Warranties[15]

A and B do not assume any warranties with respect to the Patents, especially with respect to their patentability and validity or their commercial exploitability.

Article 9. Third Party Rights[16]

A and B do not assume any obligation to defend C against any infringement allegation raised by third parties based on the exploitation of the Patents.

Article 10. Maintenance and Defense of Patents[17]

1. A is under no obligation to maintain the Patents for the duration of this Agreement and to pay the respective maintenance fees or to defend the Patents against any validity attacks of third parties. The maintenance as well as the defense of the Patents shall be in the sole discretion of A.
2. It shall not affect the payment obligation of C if A waives its rights to some of the Patents, or if some of the Patents are declared invalid or limited as to their scope. Only if

2. Patent License Agreement

all of the Patents are waived or declared finally invalid, C shall be entitled to stop the royalty payments according to Article 3 for any further use. The settlement payment set forth in Article 4 shall nevertheless be paid by C for the remainder of the payment period.

Article 11. No Obligation to Inform on Improvements[18]

Neither A and B nor C shall be obliged to inform each other of any improvements and/or new developments in the Technical Area. The Parties expressly exclude any obligation to license each other such improvements and new developments.

Article 12. Confidentiality Obligation[19]

The Parties to this Agreement agree that the content of this License Agreement shall be kept confidential and shall not be disclosed to any third parties, with the exception of such customers of C which have been charged by A and/or B with infringement claims as those customers are set forth in Annex C to this Agreement.

Article 13. Notices[20]

Any notices to be given under this Agreement by one of the Parties shall be deemed to have been given as of the date of receipt if sent by mail, by telex or by telefax at the following addresses:

For A at: ABC Corp. Attn.: Company Manger, 1 Main Street, Hoboken, New Jersey, USA

For B at: BCD Tochtergesellschaft mbH, z.H. Manager of Legal Department, Musterstraße 1, 80000 München, DEUTSCHLAND

For C at: CDE GmbH & Co. KG, z.H. Managing Board, Industriestraße 1, 60000 Frankfurt am Main, DEUTSCHLAND

Article 14. Term[21]

1. This Agreement shall end at the date of expiration of the longest running Patent. Notwithstanding Article 7, neither Party shall be entitled to terminate this Agreement before such expiration. The Parties acknowledge that the payment obligation according to Article 4 shall continue beyond expiration of the longest running Patent and beyond termination according to Article 7.
2. The right to terminate this Agreement because of an important reason shall not be affected.

Article 15. Assignability and Sublicense[22]

1. Neither Party shall be entitled to assign this Agreement or part of this Agreement without the prior written consent of all of the other Parties.
2. C shall not be entitled to sublicense the rights granted under this Agreement without the prior written consent of A and B, provided, however, that C shall be entitled to sublicense to the C–F joint venture.

Article 16. Severability[23]

Should any provision of this Agreement wholly or in part be or become invalid or not enforceable, the remaining parts of this Agreement shall not be affected. The invalid provision shall be replaced by a valid provision coming as close to the economic intent of the Parties as legally possible.

Article 17. Miscellaneous

1. This Agreement shall be governed by the laws of the Federal Republic of Germany.[24]

2. Place of jurisdiction shall be Munich. This venue does not apply for any infringement litigation filed by A or B after termination of this Agreement according to Article 7.[25]
3. Each Party shall bear its costs in connection with this Agreement, including attorney's fees.[26]
4. Any amendments to this Agreement (including to this subsection) must be made in writing.[27]

....
Signature A

....
Signature B

....
Signature C

Übersetzung*

PATENTLIZENZVERTRAG[1]

zwischen

1. ABC Corp., 1 Main Street, Hoboken, New Jersey, USA
– nachfolgend „A" –

2. BCD Tochtergesellschaft mbH, Musterstraße 1, 80000 München, DEUTSCHLAND
– nachfolgend „B" –

und

3. CDE GmbH & Co. KG, Industriestraße 1, 60000 Frankfurt am Main, DEUTSCHLAND
– nachfolgend „C" –

Präambel[2]

A ist Inhaber verschiedener Patente und Gebrauchsmuster in dem Vertragsgebiet, welche er an B als alleinigem Lizenznehmer in dem Vertragsgebiet lizenziert hat.
A und B haben geltend gemacht, daß die Herstellung und der Vertrieb von bestimmten Produkten von C diese Rechte verletzt.
C ist diesen Behauptungen entgegengetreten und hat beansprucht, zu diesen Tätigkeiten berechtigt zu sein.
A und B haben gegen C zur Verfolgung ihrer vorgebrachten Verletzungsansprüche vor dem Landgericht Frankfurt am Main Klage erhoben, woraufhin C erstinstanzlich wegen Verletzung der Schutzrechte verurteilt worden ist. Gegen dieses Urteil hat C Berufung eingelegt, und das Berufungsgericht hat eine erste mündliche Verhandlung durchgeführt.
C hat gegen einige der genannten Patente und Gebrauchsmuster von A Nichtigkeitsklage erhoben. Das Bundespatentgericht hat daraufhin einige Patente für (teilweise) nichtig erklärt. A hat gegen die Entscheidung Berufung eingelegt.
Zur Beilegung des Rechtsstreites sind A und B bereit, C eine Lizenz an den Patenten zu gewähren, und C ist bereit, diese Lizenz anzunehmen.
Dies vorausgeschickt, vereinbaren die Parteien folgendes:

---

* Diese Übersetzung dient ausschließlich dem besseren Verständnis des englischen Originals; sie erhebt keinen Anspruch auf Verbindlichkeit.

2. Patent License Agreement

Artikel 1. Definitionen[3]

1. „Patente" bedeutet sämtliche in Anlage A zu diesem Vertrag aufgeführten Patente und Gebrauchsmuster, für die A in verschiedenen Ländern Patentschutz angemeldet und gewährt bekommen hat und die A an B als alleinigem Lizenznehmer lizenziert hat.[4]
2. „Produkt" bedeutet die Schaltgeräte „X 305" und „X 315" sowie jegliche nachfolgenden Veränderungen und Modifikationen hierzu, auch wenn die Schaltgeräte ein Geräteteil zur digitalen Umwandlung enthalten.[5]
3. „Technischer Bereich" bedeutet die Nutzung von Schaltgeräten als telefonische Schaltanlagen von öffentlichen oder privaten Telekommunikationsgesellschaften.[6]
4. „Vertragsgebiet" bedeutet sämtliche Länder auf der Welt, in denen A Inhaber der Patente ist.[7]

Artikel 2. Lizenzgewährung[8]

1. A und B gewähren hiermit C das nicht-ausschließliche Recht, die Patente in dem Vertragsgebiet dazu zu nutzen, die Produkte für die Benutzung in dem technischen Bereich herzustellen, anzubieten, in Verkehr zu bringen, zu gebrauchen, einzuführen oder zu besitzen.
2. C verpflichtet sich, die Herstellung des Produktes auf die Menge zu beschränken, die erforderlich ist, um das Produkt als Bestandteil seines Telefonschaltgerätes „The switch", wie in Anlage B zu diesem Vertrag genauer definiert, einzusetzen, und das Produkt nur als integrierten Bestandteil dieses Schaltgerätes zu veräußern. C ist berechtigt, nach eigenem Ermessen die für diese Herstellung erforderlichen Mengen zu bestimmen. C ist auch berechtigt, die Mengen herzustellen, die zum Verkauf des Produktes als Ersatzteil für das Schaltgerät erforderlich sind.

Artikel 3. Lizenzgebühr[9]

1. Für die Lizenzgewährung zahlt C an A und B gemeinsam eine jährliche Lizenzgebühr in Höhe von DM 1,0 Millionen.
2. C zahlt diese Lizenzgebühr für jedes Jahr bis spätestens zum 31. Januar des Folgejahres auf das von A bei Unterzeichnung dieses Vertrages angegebene Bankkonto. Diese Zahlung gilt als wirksame Zahlung sowohl gegenüber A als auch gegenüber B.
3. Soweit die Lizenzgebühr der Mehrwertsteuer unterliegt, wird diese durch C getragen.

Artikel 4. Vergleich über die bisherige Nutzung[10]

1. Die Zahlung gemäß Artikel 3 umfaßt nicht die Nutzung der Patente für das Schaltgerät „X 295" in jeglicher Konfiguration („das alte Produkt") sowie die Nutzung der Patente für das Produkt in der Vergangenheit.
2. Für die Nutzung der Patente für das alte Produkt und für die Nutzung der Patente für das Produkt in der Vergangenheit zahlt C eine Gesamtlizenzgebühr von DM 10,0 Millionen in jährlichen Raten von DM 1,000,000.00. Die Parteien erkennen an, daß die Zahlung der Raten die Schutzdauer der Patente übersteigen wird. Die Parteien vereinbaren diesen Zahlungsplan, um C die Zahlung zu erleichtern.[11]
3. A und/oder B haben hinsichtlich der bisherigen Tätigkeiten von C, bei denen die Patente im Vertragsgebiet genutzt worden sind, keine weiteren Ansprüche und verzichten hiermit ausdrücklich auf sämtliche solche Ansprüche. Dieser Verzicht schließt sämtliche Ansprüche von A und/oder B für Schäden, ungerechtfertigte Bereicherung oder angemessene Lizenzgebühren mit ein, ist hierauf jedoch nicht beschränkt.

Artikel 5. Altes Produkt[12]

1. C verpflichtet sich, die Herstellung des alten Produktes mit Ablauf des Jahres 1997 einzustellen.

2. C hat das Recht, an seine Kunden Ersatzteile für das alte Produkt zu liefern. A und B erkennen an, daß diese Lieferungen durch C für mindestens weitere 10 Jahre nach dem Abschluß diese Vertrages anhalten werden.

Artikel 6. Beendigung der gerichtlichen Verfahren[13]

1. A und B verpflichten sich, unverzüglich nach der Unterzeichnung dieses Vertrages und dem Erhalt der ersten Ratenzahlung der Lizenzgebühr für die Vergangenheit in Höhe von DM 1.000.000,00 von C ihre Verletzungsklage vor dem Landgericht Frankfurt am Main, welche zur Zeit im Berufungsverfahren vor dem Oberlandesgericht Frankfurt am Main anhängig ist, zurückzunehmen. C erklärt sich mit der Klagerücknahme einverstanden. C verpflichtet sich darüber hinaus, keinen Kostenantrag zu Lasten von A und/oder B zu stellen.
2. C verpflichtet sich, unverzüglich nach der Rücknahme der Verletzungsklage durch A und B seine Nichtigkeitsklage gegen die Patente zurückzunehmen. A und B verpflichten sich, keinen Kostenantrag zu Lasten von C zu stellen.
3. Jede Partei trägt ihre bereits gezahlten oder noch zu zahlenden gerichtlichen und außergerichtlichen Kosten. Eine Erstattung dieser Kosten findet nicht statt.

Artikel 7. Rechtsbeständigkeit der Patente[14]

1. C wird durch keine Bestimmung dieses Vertrages darin beschränkt, in der Zukunft die Rechtsbeständigkeit der Patente zu bestreiten.
2. Falls C die Rechtsbeständigkeit der Patente bestreitet, sind A und B berechtigt, diesen Lizenzvertrag unverzüglich zu kündigen und die Verletzungsklagen bei den zuständigen Gerichten erneut zu erheben.

Artikel 8. Keine Gewährleistungen[15]

A und B übernehmen keinerlei Gewährleistungen hinsichtlich der Patente, insbesondere nicht hinsichtlich ihrer Patentfähigkeit, ihrer Rechtsbeständigkeit oder ihrer kommerziellen Verwertbarkeit.

Artikel 9. Schutzrechte Dritter[16]

A und B übernehmen keinerlei Verpflichtung, C gegen Verletzungsansprüche zu verteidigen, welche durch Dritte wegen der Verwertung der Patente geltend gemacht werden.

Artikel 10. Aufrechterhaltung und Verteidigung der Patente[17]

1. A ist nicht verpflichtet, die Patente für die Dauer dieses Vertrages aufrechtzuerhalten und die entsprechenden Verlängerungsgebühren zu zahlen oder die Patente in ihrer Rechtsbeständigkeit gegen Angriffe durch Dritte zu verteidigen. Die Verlängerung und die Verteidigung der Patente steht im alleinigen Ermessen von A.
2. Verzichtet A auf einige seiner Patentrechte oder werden einige Patente für unwirksam erklärt oder in ihrem Umfang beschränkt, so bleiben die Zahlungsverpflichtungen von C hiervon unberührt. Nur wenn A auf sämtliche Patente verzichtet hat oder sämtliche Patente rechtskräftig für unwirksam erklärt worden sind, hat C das Recht, die Zahlung der Lizenzgebühren nach Artikel 3 für jede weitere Benutzung einzustellen. Auch in diesem Fall hat C jedoch die in Artikel 4 festgesetzten Vergleichszahlungen für den Rest der Zahlungszeit zu zahlen.

Artikel 11. Keine Mitteilungsverpflichtung hinsichtlich Verbesserungen[18]

Weder A und B noch C sind verpflichtet, sich gegenseitig über Verbesserungen und/oder neue Entwicklungen in dem technischen Bereich zu informieren. Die Parteien schließen

2. Patent License Agreement

jede Verpflichtung, sich gegenseitig für solche Verbesserungen oder neue Entwicklungen zu lizenzieren, ausdrücklich aus.

Artikel 12. Geheimhaltungsverpflichtung[19]

Die Vertragsparteien vereinbaren, daß der Inhalt dieses Lizenzvertrages vertraulich behandelt und nicht gegenüber Dritten offengelegt werden soll. Das gilt nicht für die in Anlage C zu diesem Vertrag aufgeführten Kunden von C, gegen die A und/oder B Verletzungsansprüche geltend gemacht hat.

Artikel 13. Mitteilungen[20]

Sämtliche nach diesem Vertrag von einer Partei vorzunehmenden Mitteilungen gelten mit dem Tag des Erhalts als abgegeben, wenn sie per Post, Telex oder Telefax an folgende Anschriften geschickt werden:

Für A: ABC Corp., Attn.: Company Manager, 1 Main Street, Hoboken, New Jersey, USA

Für B: BCD Tochtergesellschaft mbH, z. Hd. Leiter der Rechtsabteilung, Musterstraße 1, 80000 München, DEUTSCHLAND

Für C: CDE GmbH & Co. KG., z. Hd. Geschäftsführung, Industriestraße 1, 60000 Frankfurt am Main, DEUTSCHLAND

Artikel 14. Vertragsdauer[21]

1. Dieser Vertrag endet am Tag des Ablaufes der Schutzdauer für das am längsten geschützte Patent. Unbeschadet des Artikels 7 ist keine Partei berechtigt, diesen Vertrag vor diesem Ablauf zu kündigen. Die Parteien erkennen an, daß die Zahlungsverpflichtung nach Artikel 4 auch nach Ablauf des am längsten geschützten Patentes und nach einer Kündigung entsprechend Artikel 7 fortbesteht.
2. Das Recht zur Kündigung dieses Vertrages aus wichtigem Grund bleibt unberührt.

Artikel 15. Abtretung und Unterlizenzierung[22]

1. Dieser Vertrag darf weder ganz noch teilweise ohne vorherige schriftliche Zustimmung sämtlicher Parteien abgetreten werden.
2. C ist nicht berechtigt, die nach dem Vertrag gewährten Rechte ohne vorherige schriftliche Zustimmung von A und B an Dritte unterzulizenzieren. Dies gilt nicht für eine Unterlizenzierung an das C–F Joint Venture.

Artikel 16. Salvatorische Klausel[23]

Sollte eine Bestimmung dieses Vertrages ganz oder teilweise ungültig oder undurchsetzbar sein oder werden, so bleiben die übrigen Bestimmungen dieses Vertrages hiervon unberührt. Die ungültige Bestimmung wird durch eine gültige Bestimmung ersetzt, welche der wirtschaftlichen Zielsetzung der Parteien im Rahmen des rechtlich Möglichen am nächsten kommt.

Artikel 17. Verschiedenes

1. Dieser Vertrag unterliegt dem Recht der Bundesrepublik Deutschland.[24]
2. Gerichtsstand ist München. Dieser Gerichtsstand gilt nicht für Verletzungsklagen, welche von A oder B nach Ablauf dieses Vertrages gemäß Artikel 7 eingereicht werden.[25]
3. Jede Partei trägt ihre Kosten im Zusammenhang mit diesem Vertrag, einschließlich der Rechtsanwaltskosten.[26]

4. Sämtliche Ergänzungen zu diesem Vertrag (einschließlich dieses Absatzes) bedürfen der Schriftform.[27]

....
Unterschrift A

....
Unterschrift B

....
Unterschrift C

Schrifttum: Siehe oben zu Form. VI.1.

Übersicht

	Seite
1. Sachverhalt	1212
2. Präambel	1213
3. Definition	1213
4. Definition: Patente	1213
5. Definition: Produkte	1213
6. Technischer Bereich	1213
7. Lizenzumfang	1213
8. Lizenzgewährung	1213
9. Lizenzgebühren	1214
10. Pauschallizenz	1214
11. Lizenzgebührzahlungsmodalitäten	1214
12. Abänderung des patentverletzenden Gegenstandes	1214
13. Erledigung der schwebenden Rechtsstreite	1215
14. Nichtangriffsverpflichtung	1215
15. Gewährleistung	1216
16. Angriffe Dritter	1216
17. Aufrechterhaltung der Patente	1216
18. Keine Verbesserung	1216
19. Geheimhaltungsverpflichtungen	1216
20. Mitteilungen	1216
21. Laufzeit	1217
22. Abtretbarkeit und Unterlizenz	1217
23. Kartellrecht	1217
24. Rechtswahl	1217
25. Gerichtsstand	1217
26. Kosten	1217
27. Schriftform	1217

Anmerkungen

1. Sachverhalt. Das Vertragsmuster enthält eine reine Patentlizenz. Eine solche findet sich selten im Zusammenhang mit der Übertragung von Technologie, da mit einer reinen Patentlizenz der Lizenznehmer in der Regel nicht in die Lage versetzt wird, die lizensierten Patente auszunutzen, ohne daß ihm auch das erforderliche Know-how, sei es hinsichtlich der Herstellung oder hinsichtlich der Nutzung der Produkte mit lizensiert wird. Das Formular geht daher von einer häufig anzutreffenden Fallgestaltung aus, nämlich der Einräumung einer Lizenz an Patenten zur Beilegung einer Verletzungsstreitigkeit.

Das Formular unterstellt, daß die Parteien bereits einige Zeit miteinander vor Gericht

2. Patent License Agreement

gestritten haben. Es wird angenommen, daß der Patentinhaber A ebenso wie das Tochterunternehmen B, sein alleiniger (A soll das Recht haben, die Patente noch selbst im Vertragsgebiet zu nutzen) Lizenznehmer in der Bundesrepublik Deutschland, in erster Instanz ein obsiegendes Urteil erstritten haben, das C der Patentverletzung für schuldig befindet. Gegen dieses Urteil hat C Berufung eingelegt. Als eines seiner Verteidigungsmittel hat C die geltend gemachten Patente und Gebrauchsmuster vor dem Bundespatentgericht mit einer Nichtigkeitsklage (§§ 20, 21 PatG) angegriffen und war dort ebenfalls in 1. Instanz erfolgreich: Ein Patent wurde für nichtig erklärt, einige wurden hinsichtlich ihres Umfanges beschränkt. Angesichts dieser Situation haben beide Seiten Anlaß gesehen, sich zur Beilegung der Streitigkeiten zu einer vergleichsweisen Lösung zusammenzufinden.

2. **Präambel.** In der Präambel wird die Vorgeschichte der Parteien erzählt, um auf diese Weise zum einen die Geschäftsgrundlage der Vereinbarung näher zu umschreiben, zum anderen aber auch, um Auslegungsgrundsätze im Falle späterer Streitigkeiten zur Verfügung zu haben, soweit es um die Historie der Vertragsbeziehung geht (vgl. hierzu Form. VI.1, Anm. 2). Unter Umständen sehen die Parteien keinen Anlaß, an dieser Stelle zu ausführlich zu sein, um nicht Gefahr zu laufen, daß ein Dritter, sollte das Vertragsdokument ihm zur Kenntnis gelangen, aufgrund einer eingehenden Schilderung des Sachverhaltes Schlüsse für seine eigene Rechtsposition ziehen kann.

3. **Definitionen.** Diese Definitionen erweisen sich als nützlich, um nicht den Text des Vertrages zu sehr mit Details zu überfrachten. Wenn erst einmal vorweg klargestellt ist, was unter Patenten zu verstehen ist, entfällt die Notwendigkeit, bei jeder späteren Erwähnung des Wortes „Patentes" auch die Gebrauchsmuster und die entsprechenden Anmeldungen für diese Schutzrechte mit zu erwähnen. Vgl. Form. VI.1, Anm. 3.

4. **Definition: Patente.** Vgl. Form. VI.1, Anm. 5.

5. **Definition: Produkte.** Wichtig ist insbesondere die Definition der Produkte, da der Patentinhaber und sein alleiniger Lizenznehmer nur insoweit zur Einräumung einer Lizenz bereit sein werden, als es sich um die derzeit bekannten und in der Regel in der Verletzungsklage angegriffenen Verletzungsgegenstände handelt. Eine genaue Beschreibung des Lizenzgegenstandes ist daher aus der Sicht des Patentinhabers essentiell. Der Lizenznehmer wird oftmals den Wunsch haben, hier eine weite Definition zu finden, damit auch zukünftige Produkte oder Weiterentwicklungen der verletzenden Produkte von der Lizenzgewährung mit umfaßt werden.

6. **Technischer Bereich.** Die Aufzählung des technischen Gültigkeitsbereiches ist zur noch deutlicheren Eingrenzung der Lizenzgewährung erforderlich. Vgl. Form. VI.1, Anm. 14.

7. **Lizenzumfang.** Da es sich um eine generelle Beilegung der Streitigkeiten handeln soll, ergibt es sich, daß die Parteien die weltweit existierenden Patente mit einbeziehen. Sollte sich zum räumlichen Geltungsbereich der Lizenz keine ausdrückliche Regelung im Vertrag finden, so wird sich der räumliche Geltungsbereich mit den Ländern decken, für die die lizenzierten Patente erteilt wurden. Zum Vertragsgebiet vergleiche auch Form. VI.1, Anm. 12.

8. **Lizenzgewährung.** Die Lizenzgewährung enthält in kurzer Form im Ergebnis den Verzicht auf die Geltendmachung der Patentrechte hinsichtlich der vergangenen und künftigen Aktivitäten des Patentverletzers. Dies könnte auch durch die einfache Erklärung geschehen, daß auf die Geltendmachung der Patentrechte für Vergangenheit und Zukunft verzichtet wird.

Die Lizenzgewährung enthält hinsichtlich der dem Lizenznehmer eingeräumten Nutzungsarten eine Wiederholung des Gesetzestextes von § 9 PatG. Die Lizenz kann auch auf einzelne dieser Nutzungsarten des § 9 PatG beschränkt werden (vgl. insoweit *Benkard/Ullmann*, § 15, Rdnr. 37 PatG). Zu beachten bleibt, daß die Erschöpfungswirkung dazu führen kann, daß der Lizenznehmer im weiteren Umfange berechtigt ist, als dies die wörtliche Formulierung des Lizenzvertrages vermuten lassen (vgl. *Immenga/Mestmäcker*, GWB, 2. Auflage 1992, § 20, Rdnr. 379).

9. Lizenzgebühren. Die Lizenzgebühren-Zahlungsverpflichtung wird in diesem Muster so gewählt, daß es sich um eine pauschale jährliche Lizenzgebühr handelt, die nicht vom tatsächlichen Nutzungsumfang des Lizenznehmers abhängt. Dies hat seinen Grund darin, daß die Parteien einen eingehenderen Kontakt in der Zukunft ebenso wie sich möglicherweise anbahnende zukünftige Auseinandersetzungen vermeiden wollen. Die damit unter Umständen eintretende Ungerechtigkeit gegenüber der einen oder anderen Partei (je nachdem ob mehr oder weniger Gegenstände des patentierten Produktes hergestellt werden) wird aus Gründen der Vereinfachung und der Befriedung der Parteien bewußt in Kauf genommen.

10. Pauschallizenz. Auch für die Vergangenheit versuchen die Parteien diesem Ansatz zu folgen. Sie sehen daher keine Verpflichtung zur Rechnungslegung für die stattgefundenen Verletzungshandlungen vor. Auch hier wird mit Schätzungen und pauschalen Summen gearbeitet. Zur Berechnung des Schadensersatzes bei Patentverletzung im allgemeinen und den dabei anzustellenden Überlegungen zur Regelung der Vergütung für die vorvertraglichen (patentverletzenden) Benutzungshandlungen, vergleiche Münchener Vertragshandbuch, Band 3.1, Form. VI.1, Anm. 7, m. w. N. Aus der dort aufgezeigten Rechtsprechung ergibt sich (für den Patentinhaber durchaus nachteilig) die Situation, daß aufgrund der üblicherweise von der Rechtsprechung angewandten Lizenzanalogie (vergleiche hierzu BGH Z 44, 372 – Meßmer Tee), der Schutzrechtsverletzer bei dieser Betrachtungsweise die günstigere Position zugewiesen erhält, da er im Verletzungsfalle, sollte er denn vom Patentinhaber der Patentverletzung überführt und auch von einem Gericht der Patentverletzung für schuldig befunden werden, lediglich eine angemessene Lizenzgebühr zu zahlen hat. Diese angemessene Lizenzgebühr hätte er im Zweifelsfalle auch bei vorheriger Kontaktaufnahme mit dem Patentinhaber und bei entsprechendem Vertragsschluß zahlen müssen.

11. Lizenzgebührzahlungsmodalitäten. Da es dem Verletzer aufgrund der finanziellen Verhältnisse nicht möglich ist, für die hier (unterstellt) sehr umfänglichen Verletzungshandlungen die erforderliche Lizenzgebühr von DM 10 Millionen in einem Betrag zu zahlen, wird dem Lizenznehmer eine Ratenzahlungsmöglichkeit in jährlich gleichbleibenden Beträgen eingeräumt.

Auf diese Weise wird der Lizenznehmer jährlich zusammen mit der pauschalen Lizenzgebühr auch für die Vergangenheit Zahlungsbeträge leisten. Die in Artikel 4 Abs. 2 und in Artikel 14 Abs. 1 des Musters vorgesehene Klausel, daß eine solche Zahlungsverpflichtung auch über die Laufzeit des längstlaufenden Patentes hinaus verbindlich ist, wird nun durch die neue Technologietransfer-Gruppenfreistellungsverordnung Nr. 240/96 vom 31. Januar 1996 (ABl EG L 31/2 vom 9. 2. 1996) ausdrücklich als zulässig anerkannt, Art. 2 Abs. 1 (7) (b), und Erwägungsgrund 21.

12. Abänderung des patentverletzenden Gegenstandes. Im Rahmen des Kompromisses zur Beilegung der Rechtsstreitigkeiten hat sich der Lizenznehmer verpflichtet, einen Teilbereich der vom Patentinhaber und seinem Lizenznehmer als Patentverletzung beanstandeten Produktreihe abzuändern, da die neueren Produkte einen weiteren Abstand von den vom Patentinhaber selbst hergestellten Produkten halten. Da der Verletzer und jetziger Lizenznehmer aber noch eine Reihe von alten Produkten auf Lager vorrätig hält, wird diesem erlaubt, innerhalb einer festgesetzten Aufbrauchsfrist diese Produkte abzuverkaufen. Darüber hinaus wird es dem Lizenznehmer ermöglicht, daß er seinen bisherigen Kunden insoweit Service leistet, als er noch Ersatzteile für die alte, jetzt aufgegebene Produktlinie bereithält. Auch insoweit muß die Lizenzgewährung aus Sicht des Verletzer explizit auf die Ersatzteile erstreckt werden, da sich unter bestimmten Voraussetzungen das Patent auch auf die Lieferung dieser Ersatzteile erstreckt (sei es im Wege des patentrechtlichen Teil-

2. Patent License Agreement VI.2

schutzes, vgl. *Benkard,* Patentgesetz, 9. Auflage 1993, § 14 Rdnr. 141 ff, oder im Wege der Wiederherstellung des patentierten Produkte, vgl. *Benkard,* a. a. O, § 9 Rdnr. 37, 39).

Nicht selten werden die Parteien auch dahin übereinkommen, daß sie statt einer Abänderungsverpflichtung (oder zusätzlich zu einer Abänderungsverpflichtung) Regelungen über die gemeinsame Festlegung des Schutzumfanges der geltend gemachten Patente vornehmen, um so auch dem angeblichen Verletzer gegenüber für Rechtssicherheit zu sorgen, damit er weiß, welche der Gegenstände nicht lizenzgebührenpflichtig sind und welche Gegenstände er demgegenüber ohne weiteres und auch ohne Beanstandung durch den Patentinhaber in Zukunft herstellen und vertreiben kann. Eine solche Vereinbarung über den Schutzumfang ist rechtlich mit Risiken behaftet, da es (aus kartellrechtlichen Gründen) nicht angehen kann, daß die Parteien einvernehmlich den Schutzumfang der streitgegenständlichen Patente soweit ausdehnen, daß die Lizenzzahlungspflicht und die mit der Lizenzierung verbundenen Wettbewerbsbeschränkungen auch in einen Bereich greifen, der vom Schutzumfang des Patentes nicht mehr umfaßt ist. Insoweit muß eine Schutzbereichsabgrenzung sich im Rahmen des objektiv Vertretbaren bewegen (vgl. hierzu Münchener Vertragshandbuch, Band 3.1, Form. VI.1, Anm. 3).

13. Erledigung der schwebenden Rechtsstreite. Da es Sinn des gesamten Vertrages ist, zu einer Befriedung zwischen den Parteien beizutragen, muß im Vertragstext selbst geregelt werden, wie die derzeit anhängigen Rechtsstreite zur Erledigung geführt werden. Das Muster schlägt insoweit vor, daß (allerdings erst nach Eingang der ersten Lizenzgebührzahlung) sowohl der Verletzungsrechtsstreit, der von A und B angestrengt wurde, durch Klagerücknahme, als auch die Nichtigkeitsklage durch entsprechende Prozeßhandlung erledigt wird. Die Parteien verpflichten sich gegenseitig, keine Kostenanträge zu stellen (vgl. § 269 Absatz 3 Satz 3 ZPO). Sollten in weiteren Ländern Streitigkeiten anhängig sein, so müssen in dieser Klausel, die mit den prozessualen Einzelheiten der Beilegung der Streitigkeiten zu tun hat, sämtliche schwebenden Prozesse erwähnt und deren Erledigung geregelt werden.

14. Nichtangriffsverpflichtung. Die Aufnahme einer Nichtangriffsverpflichtung in eine Lizenz, die eine vergleichsweise Beilegung einer gerichtlichen Streitigkeit enthält, ist trotz der Entscheidung in Bayer ./. Süllhofer (EuGHE 1988, 5249) nach wie vor nicht ohne weiteres möglich. Zum einen ging es in der Entscheidung Bayer ./. Süllhofer um eine lizenzgebührfreie Lizenz zur Beilegung der entstandenen Streitigkeit, so daß die Grundsätze auf das hier vorliegende Formular schon nicht anwendbar sind, da es sich um eine lizenzgebührenpflichtige Lizenz handelt. Auch die weitere Überlegung des Gerichtshofes, daß auch eine kostenpflichtige Lizenz eine solche Nichtangriffsabrede zuließe, wenn es sich um ein technisch überholtes Verfahren handelt, ist auf den hier gegebenen Sachverhalt ebenso nicht anwendbar. Zum anderen unterstellt die Technologietransfer-Gruppenfreistellungsverordnung Nr. 240/96 vom 31. Januar 1996 (ABl EG L 31/2 vom 9. 2. 1996) eine solche Nichtangriffsklausel als sogenannte „graue Klausel" dem Widerspruchsverfahren nach Artikel 4 (Art. 4 Para. 2 (b)) der Verordnung. Das Formular enthält daher die einzig ohne Widerspruchsverfahren mögliche Abrede hinsichtlich des „Nichtangriffes" der Rechtsbeständigkeit, die darin besteht, daß der Lizenzgeber berechtigt ist, in einem solchen Fall den Lizenzvertrag fristlos zu kündigen. Aufgrund der besonderen Zahlungsmodalität ist vorgesehen, daß die gestreckte Lizenzgebührzahlung für die Verletzungshandlungen in der Vergangenheit trotz einer etwaigen Kündigung weiter gültig bleibt, damit in jedem Fall die Lizenzgeber einen Schadensersatz von DM 10 Millionen für die Vergangenheit erhalten. Im Falle der Kündigung sollen die Lizenzgeber darüberhinaus nicht daran gehindert werden, erneut wegen Patentverletzung zu klagen.

Nach deutschem Recht ist eine Nichtangriffsklausel nach § 20 (2) Nummer 4 GWB generell zulässig und nur dann unwirksam, wenn sich die Vertragspartner darüber einig sind, daß das Schutzrecht an sich nicht schutzfähig ist, sie aber trotzdem den Vertrag abschließen, um beiderseits den Fortbestand der Monopolsituation zum eigenen Vorteil zu nutzen und Dritte aus dem Markt fernzuhalten (vgl. BGH GRUR 1969, 409 – Metallrahmen). Zu Nichtangriffsklauseln allgemein und zur Entwicklungsgeschichte des europäischen Rechtes siehe Münchener Vertragshandbuch, Band 3.1, Form. VI.1, Anm. 9.

15. Gewährleistung. Da der Lizenzgeber lediglich auf seine Patentrechte verzichten will, gibt es auch keinen Anlaß dafür, daß er irgendwelche Gewährleistungen hinsichtlich der Rechtsbeständigkeit der lizensierten Patente abgibt. Bei einer Lizenz, bei der der Lizenzgeber sich allein darauf beschränkt, sein Verbietungsrecht in Zukunft nicht geltend zu machen (eine sogenannte reine Negativlizenz) – wie sie hier im Muster letztlich vorliegt – kommt die Rechtsprechung zu dem Ergebnis, daß auch ohne entsprechende Regelung der Lizenzgeber keine Verpflichtung zur Gewährleistung hat. So haftet er nicht dafür, daß er das Patent nicht verfallen läßt oder darauf verzichtet, ebensowenig wird er für die technische Brauchbarkeit der in dem Patent verkörperten Erfindung zur Verantwortung gezogen (vgl. *Benkard/Ullmann*, § 15, Rdnr. 94).

16. Ansprüche Dritter. Der Lizenzgeber sieht auch keinen Anlaß, den Lizenznehmer von etwaigen Verletzungsansprüchen Dritter freizustellen. Dies hat seinen Grund auch darin, daß der Lizenznehmer selbst Verletzer der Patente war und zu diesem Zeitpunkt eine Einschätzung der sonstigen Schutzrechtslage vorgenommen hat, jedenfalls vornehmen konnte. Eine Schutzverpflichtung des Patentinhabers und Lizenzgebers vor Angriffen Dritter kann in einem solchen Fall verneint werden.

17. Aufrechterhaltung der Patente. Im allgemeinen wird einem Lizenzgeber, auch bei einer einfachen Lizenz, die Verpflichtung treffen, das lizenzierte Schutzrecht während der Laufzeit des Lizenzvertrages aufrecht zu erhalten und darauf nicht ohne die Zustimmung des Lizenznehmers zu verzichten (vgl. *Benkard/Ullmann*, § 15, Rdnr. 87). Aufgrund der besonderen Situation zwischen den Parteien gibt es hier aber keine Verpflichtung zur Aufrechterhaltung der Patente durch den Lizenzgeber. Darüber hinaus sieht das Formular vor, daß der Lizenznehmer noch so lange zur Zahlung der Lizenzgebühren verpflichtet ist, als noch wenigstens ein Patent des Lizenzgebers besteht. Die fehlende Abstaffelung der Lizenzgebühr für wegfallende Patente korrespondiert mit der pauschalen Zahlung der Lizenzgebühr für die Nutzung dieser Patente.

18. Keine Verbesserung. Aufgrund der rein (negativen) Lizenzgewährung sieht das Formular nicht vor, daß Lizenzgeber oder Lizenznehmer an neuen Entwicklungen der lizensierten Technologie teilhaben, mögen diese auf Seiten der Lizenzgeber oder des Lizenznehmers entstehen. Auch hier wird der Ansatz weiterverfolgt, daß die Parteien in Zukunft so wenig wie möglich miteinander zu tun haben wollen.

Bei dem gegebenen Sachverhalt sehen die Parteien auch keinen Grund dafür, sich wechselseitig über Weiterentwicklungen der Technologie zu informieren. Eine entsprechende Klausel findet sich allgemein in Form. VI.1 Anm. 17 bis 19.

19. Geheimhaltungsverpflichtung. Den Parteien ist daran gelegen, daß beiderseits über den Abschluß des Vergleiches Stillschweigen gewahrt wird, um so gegenüber der Fachöffentlichkeit nicht für Aufsehen zu sorgen. Der Lizenzgeber hat dieses Interesse, da er unter Umständen weiterhin Verletzer unnachgiebig verfolgen möchte, ohne daß bekannt ist, daß er zum Vergleichsabschluß bereit ist, während dem Lizenznehmer daran gelegen sein kann, daß nicht bekannt wird, daß er sich mit dem Lizenzgeber arrangiert hat. Eine Ausnahme wird im Formular insoweit vorgesehen, als der Lizenznehmer als bisher Beklagter ein starkes Interesse daran hat, daß er seine Abnehmer, die vom Patentinhaber und seinem alleinigen Lizenznehmer ebenso verwarnt wurden, über die gütliche Beilegung des Prozesses unterrichten möchte, um diesen wieder die Sicherheit zu geben, daß sie in Zukunft vom Lizenznehmer ohne die Gefahr einer Patentverletzung beziehen können. Zur Geheimhaltungsklausel allgemein vergleiche Form. VI.1, Anm. 39.

20. Mitteilungen. Vgl. hierzu Form. VI.1, Anm. 44.

3. Know-How Licensing Agreement

21. Laufzeit. Die Parteien regeln aufgrund der angestrebten Befriedung ihrer Auseinandersetzung zur Laufzeit des Lizenzvertrages, daß diese mit den streitgegenständlichen Patenten korrespondiert. Sollten die Parteien insoweit keine Regelung treffen, so gilt der Lizenzvertrag im Zweifel für die Dauer der lizenzierten Patente geschlossen (vgl. *Benkard/ Ullmann*, § 15 Rdnr. 36, m.w.N.). Sollte es sich um pharmazeutische Patente handeln und sollte hierfür ein ergänzendes Schutzzertifikat erwirkt werden, so erstreckt sich eine Lizenz, unabhängig davon, ob es sich um eine exklusive oder nicht-exklusive Lizenz handelt, auch auf dieses ergänzendes Schutzzertifikat, sofern nichts Gegenteiliges zwischen den Parteien vereinbart ist, § 16a Absatz 3 PatG.

22. Abtretbarkeit und Unterlizenz. Vgl. Form. VI.1, Anm. 40.

23. Kartellrecht. Vgl. Form. VI.1, Anm. 47.

24. Rechtswahl. Vgl. Form. VI.1, Anm. 47.

25. Gerichtsstand. Eine Schiedsgerichtsklausel erübrigt sich. Zwischen den Parteien hat bereits eine umfangreiche gerichtliche Auseinandersetzung stattgefunden und der Patentinhaber möchte jederzeit den Weg zu den ordentlichen Gerichten offenhalten, sollte der Lizenznehmer die Lizenzgebühr nicht zahlen oder aber die Rechtsbeständigkeit der Patente erneut angreifen. Da auch kein Know-how lizensiert wird, ergibt sich für die Parteien kein Bedürfnis, technische Details unter Ausschluß der Öffentlichkeit zu diskutieren. Darüber hinaus nutzen der Patentinhaber und sein Lizenznehmer die Gelegenheit, den Gerichtsstand näher zu sich zu ziehen.

26. Kosten. Das Formular sieht vor, daß jede Partei die ihr entstandenen Kosten selber trägt. Dies sind zum einen die für die Gerichtsverfahren verauslagten Gerichtskostenvorschüsse, zum anderen aber auch die anwaltlichen Gebühren. Zur Berechnung der Gebühren nach BRAGO vergleiche Münchener Vertragshandbuch, Band 3.1, Form. VI.1, Anm. 12.

27. Schriftform. Vgl. Form. VI.1, Anm. 46.

3. Know-How Licensing Agreement

(Know-how-Lizenzvertrag)

KNOW-HOW LICENSE[1]

entered into this day .... of ....

by and between

Mr. A. A., Bern, Switzerland

– hereinafter called the „Licensor" –

and

B S. A., Paris, France

– hereinafter called the „Licensee" –

Preamble[2]

Licensor is a private inventor who concentrates on developing improvements to chemicals, mainly chemicals used for the painting industry.
Licensor has as result of its studies developed certain chemicals which promise to be usable in rust protective coating.

As a result of Licensor's activities, Licensor is the owner of secret know-how relating to such chemicals which could be used for rust protective coating. At the time of entering into this Agreement, such chemicals have not been produced on an industrial scale and rust protective coating making use of such chemicals has not been produced.

Licensee is a world-wide active company in the chemical field and has accumulated over the years specific knowledge in industrial paints.

Licensee is desirous to license from Licensor the know-how to be enabled to make use of the technology and produce rust protective coating as licensed product.

Article 1. Definitions[3]

1. „Know-how" means the secret technical information relating to the manufacture and use of chemicals to be used in rust protective coating, as more closely defined in Annex 1 and the therein listed documents and drawings, which know-how has been developed and is owned by Licensor.
2. „Licensed Products" means rust protective coatings making use of the chemicals developed by Licensor.

Article 2. License Grant[4]

1. Licensor herewith grants to Licensee a license to make use of the Know-how on an exclusive basis in the territory to produce Licensed Products.
2. The documents listed in Annex 1 will be transmitted to the Licensee upon signature of this Agreement.
3. During the term of this Agreement, Licensor shall not grant any further licenses to the Know-how within the territory nor shall Licensor use the know-how in the territory itself.
4. Licensor is entitled to terminate the exclusiveness of the license grant two years after signature of this Agreement with a notice period of three months if Licensee without objective justification does not to a satisfactory extent make use of the Know-how in producing Licensed Products. If Licensor exercises this termination right, the license shall continue as a non-exclusive license. Licensor shall have the same termination right thereafter on each second anniversary of the signature of this Agreement with a notice period of three months to the end of the contract year.

Article 3. Territory[5]

1. The license is granted for the territory of Federal Republic of Germany, the Netherlands, Denmark, the United Kingdom, France, Austria, Italy, Russia and the Czech Republic („the Territory").
2. Licensee is not entitled to actively sell the Licensed Products to countries outside of the Territory. For countries of the European Union, this sales limitation ends ten years from the date that the Licensed Products are first put on the market within the Common Market by Licensee or any of the other licensees of Licensor.[6]
3. Licensee is not entitled to sell the Licensed Products to countries outside of the Territory, in response to unsolicited orders. For countries of the European Community, this sales limitation ends five years from the date when the Licensed Products are first put on the market within the Common Market by either the Licensee or by one of the other licensees of Licensor.[7]

Article 4. Field of Use[8]

The license covers the entire area of the application of the Know-how, including further developments, as it relates to the Licensed Products. Licensee shall be entitled to produce the chemicals making use of Know-how only for Licensed Products and shall not use any

3. Know-How Licensing Agreement

of the chemicals for the production of any other material, including, but not limited to any other painting material.

Article 5. Obligation to further Develop the Know-how and to Obtain Governmental Approvals[9]

1. Licensee solely shall be obliged to develop the Know-how to the extent necessary to manufacture and distribute the Licensed Products.
2. It shall be the sole obligation of Licensee to fulfill any marketing regulations within the Territory and to obtain governmental approvals within the Territory if such are necessary for marketing of the Licensed Products. Licensor shall provide whatever help necessary to obtain such approvals against reimbursement of costs.
3. In case of termination of this Agreement before the end of the initial term, Licensee shall enable Licensor to make use of the further developments of the know-how and shall assign any existing governmental approvals or pending applications for the Territory to Licensor against reimbursement of the costs incurred for the further developments and for obtaining such approvals.

Article 6. Obligation to Use Know-how[10]

1. Licensee shall use its best efforts to exploit the Know-how and to manufacture and market the Licensed Products.
2. Licensee shall produce a minimum quantity of the Licensed Products, as more closely set forth in Annex 2 to this Agreement for various countries of the Territory listed in such Annex. If Licensee does not fulfill the minimum quantities set forth, Licensor shall be entitled to terminate the exclusivity under this Agreement and the license shall continue to be non-exclusive for the respective country of the Territory. If the quantities produced of the Licensed Products by Licensee falls below 50 percent of the minimum quantities set forth for a respective country of the Territory during two consecutive years, Licensor shall be entitled to terminate the license grant for such respective country with three months notice. Such termination right does not require that Licensor has terminated the exclusivity of the license grant for such country of the Territory before.

Article 7. Improvements[11]

1. All improvements to the Know-how in the field of use by Licensor or by Licensee shall be reported to the other Party immediately. Each Party shall secure the exclusive rights to such improvements if it was not the sole developer of such improvements or if such improvements were developed by employees or third party contractors.
2. If Licensor made improvements to the Know-how such improvements shall come under the license grant set forth herein and shall be subject to the terms and conditions of this Agreement. No further royalty shall become due and payable because of such improvements.
3. If Licensee made such improvements it shall grant to Licensor a license in respect of such improvements, such license being only an exclusive license if the improvements cannot be separated from the Know-how. Under the terms and conditions of this Agreement Licensee shall be entitled to make use of such improvements. If the improvements can be separated from the know-how then the license shall be non-exclusive and Licensee shall be entitled within its sole discretion to apply for patent protection on such separable improvements, provided this does not require to lay open any part of the Know-how.

Article 8. Warranties[12]

1. Licensor warrants that according to its best knowledge, the Know-how is secret and has not become public knowledge or has not been made available to any third parties,

provided, however, that this may be the case if such third parties are bound by a non-disclosure agreement and are not entitled to make use of the Know-how or, provided, that such third parties are further licensees of Licensor outside of the Territory which want to make use of the Know-how outside of the Territory.
2. Licensor warrants that it is not aware of any prior use-rights of third parties and that it is also not aware of any third party rights which could be violated by the use of the Know-how by Licensee in the Territory. Licensor expressly warrants that it has instructed its patent attorney to search for such third party rights within the Territory and that such search has not revealed any relevant third party rights.
3. Licensor further warrants that it has not granted any prior license to any third party within the Territory. Licensee is aware of the fact that Licensor made the Know-how available to the XYZ corporation under a non-disclosure agreement for the evaluation of the Know-how by the XYZ corporation for use within the Territory and that because of expiration of the option granted to XYZ corporation to enter into a license agreement the XYZ corporation is not entitled to make use of the Know-how.

Article 9. Royalties[13]
1. Licensee shall pay upon signing of this Agreement an up front royalty of DM 500,000,—.
2. Licensee shall furthermore pay during the first two contract years of this Agreement a royalty as consideration for the exclusive license grant of DM 250,000,— per year, which royalty shall be due and payable at the end of each contract year.
3. Beginning with the third contract year, Licensee shall pay a royalty of 3% on the turnover of Licensee with the Licensed Products, which royalty shall be due and payable on the 15th of each following month, provided, that Licensee is entitled to deduct during the third and the fourth contract year 50 percent from each royalty payment due up to a maximum amount equaling the lump sum royalties paid during the first and second contract year. If the royalty payments during year three and four do not reach an amount which enables Licensee to deduct the full amount of the lump sum royalty payments made during the first and second contract year, such amounts not recovered by Licensee shall forfeit and Licensee shall not be entitled to ask for any reimbursement of such amounts or to deduct the remainder from any further royalty payments.
4. The royalty of 3% shall be based on the turnover with the Licensed Products minus costs incurred by Licensee for insurance, freight, customs and any other distribution related items.
5. If Licensor dies during the initial term of this Agreement the heirs of Licensor shall be entitled to collect the royalties set forth in this Agreement and shall have any and all payment related rights. Aside from this, the heirs of Licensor shall not be entitled to any rights nor shall they be obliged under any obligations of this Agreement.[14]
6. If Licensor terminates the exclusivity for any or all of the countries of the Territory in accordance with the terms of this Agreement such termination shall have no influence on the payment obligation of Licensee. The termination of the license grant for some countries of the Territory shall also have no influence on the amount of royalty paid, provided that the basis of the royalty payment will decrease.
7. Licensee shall keep separate records relating to the manufacture and sale of the Licensed Products for each country of the Territory. Licensee shall report in writing to Licensor, broken down for each respective country of the Territory, quarterly within 30 days after the end of a calendar quarter, what turnover was made by Licensee in the respective country of the Territory. Licensor shall be entitled through its certified public accountants to inspect at Licensor's expense the books of account and other records, at reasonable times and to such an extent as this will not interfere with normal operations of the Licensee, to determine the accuracy of the reporting and payments made by

Licensee. If such an audit reveals inaccuracies of 4% or more, the cost for such audit shall be borne by Licensee.
8. Licensee shall continue to pay the royalties even if the Know-how becomes publicly known if this is not caused by an act of Licensor.

Article 10. Option[15]

1. Licensor has been experimenting and will continue to do so whether the Know-how can also be used to produce heat protective coating. Licensor hereby grants to Licensee a right of first refusal to acquire such know-how should Licensor succeed in its experiments.
2. If the Parties do not agree on the terms and conditions for the use of such know-how, Licensee shall be entitled to this right of first refusal if Licensor has finalized negotiations with any third party on the assignment or license of the know-how for the use of the chemicals for heat protective coating. The right of first refusal does not exist if Licensor starts its own manufacture of protective coatings.
3. If Licensee exercises its right of first refusal it has to do so in writing, provided that Licensor has informed Licensee in writing under full disclosure of the negotiated contract with the third party and all of its terms and conditions, that it has finalized negotiations with third parties for the assignment or license of the know-how relating to heat protective coating. The right of first refusal can no longer be exercised if three months have expired after receipt of the written notice by Licensee. The exercise of the right of first refusal has the effect that the assignment or license finally negotiated with the third party shall become a binding contract between Licensor and Licensee.

Article 11. Third Party Rights[16]

If Licensee is charged with the infringement of third party rights based on the exploitation of the Know-how Licensee shall immediately inform Licensor about this allegation. Licensor shall defend Licensee of such infringement allegations if Licensee does not chose to defend itself, in which case Licensor shall cover the costs and expenses of Licensee. Licensor shall hold Licensee harmless of all damages and costs of Licensee incurred because of such infringement allegation.

Article 12. Confidentiality[17]

1. Licensor and Licensee agree to keep secret and not to communicate to third parties the Know-how or any other information which is either marked confidential or which has to be deemed confidential from the circumstances it is provided under or comes to the attention of the other Party. This does not restrict Licensor from entering into any agreements with further licensees outside of the Territory.
2. The secrecy obligation does not apply to any information of which Licensee can prove by written documents that it
   – was known to Licensee at the time of disclosure and was not disclosed to it by a third party breaching any secrecy obligation, or
   – is generally available to the public through no fault of Licensee, or
   – was received by Licensee under no obligation of secrecy from a third party which did not receive it directly or indirectly from Licensor.
3. Upon termination of this Agreement the Parties shall return to each other all documents, files, or other evidence or copies thereof containing secret information.
4. The secrecy obligation shall survive the termination of this Agreement.
5. Licensee shall not challenge the ownership of Licensor as to the Know-how. If Licensee challenges the secret nature of the Know-how, Licensor shall be entitled to terminate this Agreement without notice.[18]

Article 13. Assignability and Sublicensing[19]

This Agreement may neither be assigned without the prior written consent of the other Party nor may the Know-how be sublicensed without the prior written consent of Licensor.

Article 14. Term and Termination[20]

1. This Agreement becomes effective upon signing by both Parties and shall continue for a period of ten (10) years from the date of signature („initial term") and shall be renewed automatically from year to year thereafter until terminated with three months' notice to the end of any renewal period. If the Parties want to extend the exclusivity of the license grant beyond the initial term they shall take whatever steps appropriate to obtain the necessary approval, if any, for such exclusivity.
2. In the event of default by either Party under any of the terms and conditions of this Agreement, the Party not being in default may terminate this Agreement by giving thirty (30) days written notice.
3. In the case of an important reason, both Parties shall have the right to terminate this Agreement for cause, which termination right has to be exercised within thirty (30) days from the knowledge of the important reason. Important reasons include but are not limited to, bankruptcy proceedings which are instituted against the Licensee or, if the Licensee makes a general assignment to the benefit of its creditors or declares itself insolvent.

Article 15. Severability[21]

Should any provision of this Agreement be or become invalid, ineffective or unenforceable, the remaining provisions of this Agreement shall be valid. The Parties agree to replace the invalid, ineffective or unenforceable provision by a valid, effective and enforceable provision which economically best meets the intention of the Parties. The same shall apply in case of an omission.

Article 16. Entire Agreement[22]

1. This Agreement contains the entire Agreement between the Parties and any changes of this Agreement have to be made in writing.
2. This Agreement has been made in the English language and has been executed in two copies.

Article 17. Applicable Law and Arbitration

1. This Agreement shall be construed according to the laws of the Federal Republic of Germany.[23]
2. Any disputes between the Parties shall be settled by arbitration in accordance with a separate arbitration agreement attached as Annex 3.[24]

....
Mr. A. A.

....
B S. A.

ANNEX 1
Definitions

3. Know-How Licensing Agreement

ANNEX 2
Obligation to Use Know-how

ANNEX 3
Arbitration Agreement[24]

entered into this day .... of ....
by and between

Mr. A. A., Bern, Switzerland
– the „Licensor" –
and

B S. A., Paris, France
– the „Licensee" –

WHEREAS, the Parties have entered into a Know-how License Agreement („the Agreement"), effective as of today;
WHEREAS, Article 17.2 of the Agreement provides that any disputes between the Parties shall be settled by arbitration;
NOW, Therefore, the Parties agree as follows:
1. Any dispute, controverse or claim arising under, out of or relating to the Agreement and any subsequent amendments of the Agreement, including, without limitation, its formation, validity, binding effect, interpretation, performance, breach or termination, as well as non-contractual claims, shall be referred to and finally determined by arbitration in accordance with the WIPO arbitration rules.
2. The arbitral tribunal shall consist of three arbitrators.
3. The place of arbitration shall be in Stuttgart.
4. The language to be used in the arbitral proceedings shall be English.

....
Mr. A. A.

....
B S. A.

Übersetzung*

KNOW-HOW LIZENZVERTRAG[1]

abgeschlossen am .... des Jahres ....

zwischen

Herrn A. A., Bern, Schweiz
– nachfolgend der „Lizenzgeber" –
und

B S. A., Paris, Frankreich
– nachfolgend der „Lizenznehmer" –

---

* Diese Übersetzung dient ausschließlich dem besseren Verständnis des englischen Originals; sie erhebt keinen Anspruch auf Verbindlichkeit.

Präambel[2]

Der Lizenzgeber ist ein privater Erfinder, der sich vorwiegend mit der Entwicklung von Verbesserungen an chemischen Präparaten, insbesondere an Präparaten, welche für die Farbindustrie genutzt werden, beschäftigt.

Der Lizenzgeber hat als Ergebnis seiner Studien ein chemisches Präparat entwickelt, welches verspricht, als Rostschutzanstrich nutzbar zu sein.

Der Lizenzgeber ist als Ergebnis seiner Tätigkeiten Inhaber geheimen Know-hows über die als Rostschutzanstrich möglicherweise nutzbaren chemischen Präparate. Zum Zeitpunkt des Abschlusses dieses Vertrages sind diese chemischen Präparate noch nicht industriell produziert worden. Auch ist der Schutzanstrich, in dem diese chemischen Präparate genutzt werden sollen, noch nicht hergestellt.

Der Lizenznehmer ist eine weltweit tätige Gesellschaft auf dem chemischen Gebiet und hat über die Jahre besondere Kenntnisse über Industriefarben erworben.

Der Lizenznehmer möchte von dem Lizenzgeber das Know-how lizenzieren, um die Technik zur Herstellung von Rostschutzanstrich als lizenziertes Produkt benutzen zu können.

Artikel 1. Definitionen[3]

1. „Know-how" bedeutet die in Anlage 1 und den darin aufgeführten Dokumenten und Zeichnungen genauer beschriebene geheime technische Information über Herstellung und Benutzung von chemischen Präparaten für Rostschutzanstriche. Dieses Know-how ist von dem Lizenzgeber entwickelt worden und gehört diesem.
2. „Lizenzierte Produkte" bedeutet Rostschutzanstriche, welche die von dem Lizenzgeber entwickelten chemischen Präparate benutzen.

Artikel 2. Lizenzgewährung[4]

1. Der Lizenzgeber gewährt dem Lizenznehmer hiermit eine Lizenz, das Know-how auf exklusiver Basis in dem Vertragsgebiet zur Herstellung der lizenzierten Produkte zu nutzen.
2. Die in Anlage 1 aufgeführten Dokumente werden dem Lizenznehmer nach Unterzeichnung dieses Vertrages übergeben.
3. Der Lizenzgeber verpflichtet sich, während der Laufzeit dieses Vertrages keine weiteren Lizenzen an dem Know-how innerhalb des Vertragsgebietes zu gewähren; noch darf der Lizenzgeber selbst das Know-how in dem Vertragsgebiet nutzen.
4. Der Lizenzgeber ist berechtigt, die Exklusivität der Lizenzgewährung zwei Jahre nach der Unterzeichnung dieses Vertrages mit einer Kündigungsfrist von drei Monaten zu kündigen, wenn der Lizenznehmer das Know-how ohne sachlichen Grund nicht in einem ausreichenden Maße zur Herstellung der lizenzierten Produkte nutzt. Übt der Lizenzgeber dieses Kündigungsrecht aus, so besteht die Lizenz als nicht-exklusive Lizenz fort. Der Lizenzgeber hat hiernach an jedem zweiten Jahrestag der Unterzeichnung dieses Vertrages dasselbe Kündigungsrecht mit einer Kündigungsfrist von drei Monaten zum Ende eines Vertragsjahres.

Artikel 3. Vertragsgebiet[5]

1. Die Lizenz wird für das Gebiet der Bundesrepublik Deutschland, der Niederlande, Dänemarks, des Vereinigten Königreichs, Frankreichs, Österreichs, Italiens, Rußlands und der Tschechischen Republik gewährt („das Vertragsgebiet").
2. Der Lizenznehmer ist nicht berechtigt, die lizenzierten Produkte aktiv außerhalb der Länder des Vertragsgebietes zu verkaufen. Für Länder innerhalb der Europäischen Union endet diese Verkaufsbeschränkung zehn Jahre nach dem Tag, an dem die lizenzierten Produkte erstmals innerhalb des Gemeinsamen Marktes entweder durch den Lizenznehmer oder durch eine andere von dem Lizenzgeber lizenzierte Personen auf den Markt gebracht worden sind.[6]

3. Know-How Licensing Agreement

3. Der Lizenznehmer ist nicht berechtigt, die lizenzierten Produkte in Reaktion auf nicht von ihm veranlaßte Lieferanfragen in Ländern außerhalb des Vertragsgebietes zu verkaufen. Für die Länder der Europäischen Union endet diese Verkaufsbeschränkung fünf Jahre nach dem Tag, an dem die lizenzierten Produkte erstmals innerhalb des Gemeinsamen Marktes entweder durch den Lizenznehmer oder durch eine andere von dem Lizenzgeber lizenzierte Person auf den Markt gebracht worden sind.[7]

Artikel 4. Anwendungsbereich[8]

Die Lizenz umfaßt das gesamte Anwendungsgebiet des Know-how, einschließlich weiterer Entwicklungen, soweit es sich auf die lizenzierten Produkte bezieht. Der Lizenznehmer ist berechtigt, die chemischen Präparate unter Benutzung des Know-hows nur für die lizenzierten Produkte herzustellen und darf die chemischen Präparate für die Herstellung anderer Materialien, einschließlich, jedoch nicht beschränkt auf, andere Farbmaterialien, nicht benutzen.

Artikel 5. Verpflichtung, das Know-how weiterzuentwickeln und behördliche Genehmigungen einzuholen[9]

1. Nur der Lizenznehmer ist dazu verpflichtet, das Know-how in dem Umfang weiterzuentwickeln, welcher für die Herstellung und den Vertrieb der lizenzierten Produkte erforderlich ist.
2. Es ist die alleinige Verpflichtung des Lizenznehmers, Marketing-Vorschriften innerhalb des Vertragsgebietes einzuhalten und behördliche Genehmigungen innerhalb des Vertragsgebietes einzuholen, falls diese für das Marketing der lizenzierten Produkte erforderlich sind. Der Lizenzgeber ist verpflichtet, zur Erlangung dieser Genehmigungen jedwede Hilfe gegen Kostenerstattung zu leisten.
3. Im Falle einer Kündigung dieses Vertrages vor dem Ablauf der Anfangslaufzeit hat der Lizenznehmer den Lizenzgeber in die Lage zu versetzen, die Weiterentwicklungen des Know-hows nutzen zu können und sämtliche bestehenden behördlichen Genehmigungen für anhängige Anmeldungen innerhalb des Vertragsgebietes dem Lizenzgeber gegen Rückerstattung der im Zusammenhang mit den Weiterentwicklungen und den Genehmigungsverfahren entstandenen Kosten abzutreten.

Artikel 6. Verpflichtung zur Nutzung des Know-hows[10]

1. Der Lizenznehmer wird sich nach besten Kräften um die Verwertung des Know-hows und die Herstellung und Vermarktung der lizenzierten Produkte bemühen.
2. Der Lizenznehmer verpflichtet sich, eine Mindestmenge der lizenzierten Produkte herzustellen, wie sie in Anlage 2 zu diesem Vertrag für die verschiedenen in der Anlage aufgeführten Länder des Vertragsgebietes genauer festgelegt ist. Erfüllt der Lizenznehmer die festgelegten Mindestmengen nicht, so ist der Lizenzgeber berechtigt, die Exklusivität nach diesem Vertrag zu kündigen, und die Lizenz läuft für das entsprechende Land des Vertragsgebietes auf nicht-exklusiver Basis fort. Wenn die von dem Lizenznehmer hergestellten Mengen des lizenzierten Produktes in zwei aufeinanderfolgenden Jahren unter fünfzig Prozent der für das jeweilige Land des Vertragsgebietes festgelegten Mindestmengen fallen, ist der Lizenzgeber berechtigt, die Lizenzgewährung für das entsprechende Land mit einer Kündigungsfrist von drei Monaten zu kündigen. Diese Kündigung setzt nicht voraus, daß der Lizenzgeber zuvor die Exklusivität der Lizenzgewährung für das entsprechende Land des Vertragsgebietes gekündigt hat.

Artikel 7. Verbesserungen[11]

1. Sämtliche Verbesserungen an dem Know-how durch den Lizenzgeber oder den Lizenznehmer in dem Anwendungsbereich sind der jeweils anderen Partei unverzüglich zu

berichten. Ist eine Partei nicht der alleinige Entwickler der jeweiligen Verbesserungen oder sind solche Verbesserungen durch Arbeitnehmer oder unabhängige Subunternehmer entwickelt worden, so ist die Partei verpflichtet, das exklusive Recht an diesen Verbesserungen sicherzustellen.

2. Wenn der Lizenzgeber Verbesserungen an dem Know-how vornimmt, fallen diese Verbesserungen unter die hierin vorgenommene Lizenzgewährung und unterliegen den Bestimmungen dieses Vertrages. Für solche Verbesserungen werden keine weiteren Lizenzgebühren zur Zahlung fällig.
3. Wenn der Lizenznehmer Verbesserungen vornimmt, gewährt er dem Lizenzgeber eine Lizenz für die entsprechenden Verbesserungen; diese Lizenz ist nur dann eine exklusive Lizenz, wenn die Verbesserungen von dem Know-how nicht abgetrennt werden können. Der Lizenznehmer ist berechtigt, diese Verbesserungen gemäß den Bestimmungen dieses Vertrages zu nutzen. Können die Verbesserungen von dem Know-how abgetrennt werden, ist die Lizenz eine nicht-exklusive Lizenz, und der Lizenznehmer ist nach eigenem Ermessen berechtigt, Patentschutz für diese abtrennbaren Verbesserungen zu beantragen, solange dies nicht die Offenlegung irgendeines Teils des Know-hows erfordert.

Artikel 8. Gewährleistungen[12]

1. Der Lizenzgeber gewährleistet, daß nach seinem besten Wissen das Know-how geheim, nicht offenkundig und Dritten nicht zugänglich gemacht worden ist, soweit diese Dritten nicht selbst durch eine Geheimhaltungsvereinbarung gebunden sind und das Know-how nicht nutzen dürfen oder soweit diese Dritten nicht weitere Lizenznehmer des Lizenzgebers außerhalb des Vertragsgebietes sind, welche das Know-how außerhalb des Vertragsgebietes nutzen wollen.
2. Der Lizenzgeber gewährleistet, daß ihm vorbestehende Nutzungsrechte von Dritten nicht bekannt sind und daß er auch keinerlei Kenntnis von Schutzrechten Dritter hat, welche durch die Benutzung des Know-hows durch den Lizenznehmer in dem Vertragsgebiet verletzt werden könnten. Der Lizenzgeber gewährleistet ausdrücklich, daß er seinen Patentanwalt mit einer Recherche über solche Schutzrechte Dritter innerhalb des Vertragsgebietes beauftragt hat und daß diese Recherche keine einschlägigen Schutzrechte Dritter aufgezeigt hat.
3. Der Lizenzgeber gewährleistet weiterhin, daß er keine Lizenz an Dritte innerhalb des Vertragsgebietes gewährt hat. Dem Lizenznehmer ist die Tatsache bekannt, daß der Lizenzgeber das Know-how der XYZ-Gesellschaft unter einer Geheimhaltungsvereinbarung zur Bewertung des Know-hows durch die XYZ-Gesellschaft für die Benutzung innerhalb des Vertragsgebietes zur Verfügung gestellt hat und daß aufgrund des Ablaufs der der XYZ-Gesellschaft gewährten Option, einen Lizenzvertrag abzuschließen, die XYZ-Gesellschaft nicht berechtigt ist, das Know-how zu nutzen.

Artikel 9. Lizenzgebühren[13]

1. Der Lizenznehmer bezahlt mit Unterzeichnung dieses Vertrages eine einmalige Pauschallizenzgebühr von DM 500.000,—.
2. Der Lizenznehmer zahlt darüber hinaus während der ersten zwei Vertragsjahre als Gegenleistung für die exklusive Lizenzgewährung eine Pauschallizenzgebühr in Höhe von DM 250.000,— pro Jahr, welche jeweils zum Ende eines Vertragsjahres zur Zahlung fällig wird.
3. Ab dem 3. Vertragsjahr zahlt der Lizenznehmer eine Lizenzgebühr in Höhe von 3% des Umsatzes des Lizenznehmers mit den lizenzierten Produkten, welche jeweils am 15. eines Folgemonats zur Zahlung fällig wird, wobei der Lizenznehmer berechtigt ist, während des dritten und des vierten Vertragsjahres 50% des jeweils fälligen Lizenzgebührbetrages bis zu einem Höchstbetrag, welcher den in dem ersten und zweiten Vertragsjahr gezahlten Pauschallizenzgebühren gleichkommt, in Abzug zu bringen. Errei-

chen die Lizenzgebührzahlungen während des Jahres 3 und 4 nicht die Höhe, welche dem Lizenznehmer den Abzug der vollen während des ersten und zweiten Vertragsjahres gezahlten Pauschallizenzgebühren ermöglicht, gelten die nicht vom Lizenznehmer zurückerhaltenen Beträge als verwirkt; der Lizenznehmer ist nicht berechtigt, eine weitere Rückerstattung dieser Beträge zu verlangen oder den Restbetrag von weiteren Lizenzgebührzahlungen abzuziehen.
4. Die Lizenzgebühr von 3% wird auf Grundlage des mit den lizenzierten Produkten erzielten Umsatzes abzüglich der Kosten des Lizenznehmers für Versicherung, Fracht, Zoll und andere vertriebsbezogene Aufwendungen errechnet.
5. Stirbt der Lizenzgeber während der Anfangslaufzeit dieses Vertrages, sind die Erben des Lizenzgebers berechtigt, die in diesem Vertrag festgelegten Lizenzgebühren zu erhalten, und diese werden Inhaber sämtlicher mit der Zahlung in Zusammenhang stehender Rechte. Im übrigen werden die Erben des Lizenzgebers aus diesem Vertrag weder berechtigt noch verpflichtet.[14]
6. Kündigt der Lizenzgeber die Exklusivität für einige oder sämtliche Länder des Vertragsgebietes gemäß den Bestimmungen dieses Vertrages, so hat diese Kündigung keinen Einfluß auf die Zahlungsverpflichtungen des Lizenznehmers. Die Kündigung der Lizenzgewährung für einige Länder des Vertragsgebietes hat ebenfalls keinen Einfluß auf die zu zahlende Lizenzgebühr, mit der Ausnahme, daß die Grundlage für die Vergütung geringer wird.
7. Der Lizenznehmer ist verpflichtet, für jedes Land des Vertragsgebietes gesonderte Aufzeichnungen über die Herstellung und den Verkauf der lizenzierten Produkte zu führen. Der Lizenznehmer hat dem Lizenzgeber vierteljährlich innerhalb dreißig Tagen nach dem Ende eines Kalenderquartals eine schriftliche Aufstellung für jedes einzelne Land in dem Vertragsgebiet darüber zu übergeben, welcher Umsatz durch den Lizenznehmer in dem jeweiligen Land des Vertragsgebietes erzielt worden ist. Der Lizenzgeber ist berechtigt, auf eigene Kosten die Bücher und Aufzeichnungen durch einen vereidigten Buchprüfer zu angemessenen Zeiten und in einem Umfang, der den normalen Geschäftsbetrieb des Lizenznehmers nicht stört, überprüfen zu lassen, um die Richtigkeit der Berichte und Zahlungen des Lizenznehmers festzustellen. Ergibt eine solche Prüfung Unrichtigkeiten von 4% oder mehr, so trägt der Lizenznehmer die Prüfungskosten.
8. Der Lizenznehmer bleibt zur Zahlung der Lizenzgebühren auch dann verpflichtet, wenn das Know-how offenkundig geworden ist und wenn dieses Offenkundigwerden nicht durch den Lizenzgeber verursacht wird.

Artikel 10. Option[15]

1. Der Lizenzgeber hat Versuche darüber durchgeführt, ob das Know-how auch zur Herstellungen von Hitzeschutzanstrichen genutzt werden kann, und wird dies auch weiterhin tun. Der Lizenzgeber gewährt dem Lizenznehmer hiermit ausdrücklich eine Option („Right of First Refusal") zum Erwerb dieses Know-hows, sollten die Versuche des Lizenzgebers erfolgreich sein.
2. Falls die Parteien über die Bedingungen für die Benutzung dieses Know-hows keine Einigung erzielen, ist der Lizenznehmer zur Ausübung der Option berechtigt, wenn der Lizenzgeber Verhandlungen mit Dritten über die Übertragung oder Lizenzierung des Know-how zur Benutzung der chemischen Präparate für Hitzeschutzanstriche abgeschlossen hat. Die Option gilt nicht, wenn der Lizenzgeber selbst mit der Herstellung von Schutzanstrichen beginnt.
3. Übt der Lizenznehmer seine Option aus, so hat dies schriftlich zu erfolgen, vorausgesetzt der Lizenzgeber hat den Lizenznehmer unter Offenlegung des mit dem Dritten ausgehandelten Vertrages sowie seiner sämtlichen Bestimmungen schriftlich darüber informiert, daß die Verhandlungen mit dem Dritten über die Übertragung oder Lizenzierung des Know-how für Hitzeschutzanstriche abgeschlossen worden sind. Die

Option erlischt mit Ablauf von drei Monaten nach Erhalt der schriftlichen Mitteilung durch den Lizenznehmer. Die Ausübung der Option bewirkt, daß die mit dem Dritten ausgehandelte Übertragung oder Lizenzgewährung als bindender Vertrag zwischen dem Lizenzgeber und dem Lizenznehmer zustande kommt.

Artikel 11. Schutzrechte Dritter[16]

Wird gegen den Lizenznehmer aufgrund der Verwertung des Know-hows ein Anspruch wegen der Verletzung von Schutzrechten Dritter geltend gemacht, so hat der Lizenznehmer den Lizenzgeber hierüber unverzüglich zu unterrichten. Der Lizenzgeber verteidigt den Lizenznehmer gegen die Verletzungsbehauptungen, es sei denn, der Lizenznehmer möchte sich selbst verteidigen, in welchem Fall der Lizenzgeber die Kosten und Aufwendungen des Lizenznehmers trägt. Der Lizenzgeber hält den Lizenznehmer für sämtliche Schäden und Kosten, die der Lizenznehmer aufgrund der Verletzungsbehauptung zu zahlen hat, schadlos.

Artikel 12. Geheimhaltung[17]

1. Der Lizenzgeber und der Lizenznehmer vereinbaren, das Know-how sowie sämtliche anderen Informationen, welche entweder als vertraulich gekennzeichnet sind oder gemäß den Umständen, unter denen sie zur Verfügung gestellt oder der anderen Partei bekannt geworden sind, als vertraulich angesehen werden müssen, vertraulich zu behandeln und nicht an Dritte weiterzugeben. Dies beschränkt den Lizenzgeber nicht darin, Verträge mit anderen Lizenznehmern außerhalb des Vertragsgebietes abzuschließen.
2. Die Geheimhaltungsverpflichtung findet keine Anwendung auf Informationen, von denen der Lizenznehmer durch schriftliche Unterlagen nachweisen kann, daß
   – sie zum Zeitpunkt der Offenlegung dem Lizenznehmer bereits bekannt waren und nicht durch Bruch einer Geheimhaltungsverpflichtung durch einen Dritten offengelegt worden sind, oder
   – der Öffentlichkeit ohne Rechtsverletzung des Lizenznehmers allgemein zugänglich sind, oder
   – sie dem Lizenznehmer ohne Geheimhaltungsverpflichtung durch einen Dritten, welcher sie selbst weder direkt noch indirekt von dem Lizenzgeber erhalten hat, zur Verfügung gestellt worden sind.
3. Die Parteien verpflichten sich, sich mit Beendigung dieses Vertrages sämtliche Dokumente, Akten oder andere Unterlagen, welche geheime Informationen enthalten, sowie Kopien hiervon, zurückzugewähren.
4. Die Geheimhaltungsverpflichtung besteht auch nach Beendigung dieses Vertrages fort.
5. Der Lizenznehmer verpflichtet sich, die Inhaberschaft des Lizenzgebers an dem Know-how nicht anzugreifen. Wenn der Lizenznehmer die geheime Natur des Know-hows angreift, ist der Lizenzgeber berechtigt, diesen Vertrag unverzüglich zu kündigen.[18]

Artikel 13. Abtretung und Unterlizenzierung[19]

Dieser Vertrag darf ohne vorherige schriftliche Zustimmung der jeweils anderen Partei nicht abgetreten werden. Ohne vorherige schriftliche Zustimmung des Lizenzgebers ist eine Unterlizenzierung des Know-hows nicht gestattet.

Artikel 14. Vertragsdauer und Kündigung[20]

1. Dieser Vertrag tritt mit Unterzeichnung durch beide Parteien in Kraft und läuft zunächst für die Zeit von zehn (10) Jahren ab dem Tag der Unterzeichnung („Anfangslaufzeit"). Der Vertrag erneuert sich hiernach jährlich automatisch, bis er mit dreimonatiger Kündigungsfrist zum Ende eines Erneuerungszeitraums gekündigt wird. Wenn die Parteien die Exklusivität der Lizenzgewährung über die Anfangslaufzeit hinaus erstrek-

3. Know-How Licensing Agreement

ken wollen, so haben sie, soweit erforderlich, angemessene Maßnahmen zur Einholung der erforderlichen Genehmigung für diese Exklusivität vorzunehmen.

2. Im Fall einer Verletzung der Bestimmungen dieses Vertrages durch eine Partei ist die jeweils andere Partei berechtigt, diesen Vertrag unter Einhaltung einer Kündigungsfrist von dreißig (30) Tagen zu kündigen.
3. Im Falle eines wichtigen Grundes sind beide Parteien berechtigt, diesen Vertrag aus dem jeweiligen Grund fristlos zu kündigen. Die Kündigung ist innerhalb von dreißig (30) Tagen ab Kenntnis des wichtigen Grundes auszusprechen. Als wichtige Gründe gelten u. a. die Einleitung des Konkursverfahrens gegen den Lizenznehmer oder, wenn der Lizenznehmer eine allgemeine Vermögensübertragung an Gläubiger vornimmt oder sich selbst für zahlungsunfähig erklärt.

Artikel 15. Salvatorische Klausel[21]

Sollte eine Bestimmung dieses Vertrages ungültig oder undurchsetzbar sein oder werden, so bleiben die übrigen Bestimmungen des Vertrages gültig. Die Parteien vereinbaren, die ungültige oder undurchsetzbare Bestimmung durch eine gültige und durchsetzbare Bestimmung zu ersetzen, welche wirtschaftlich der Zielsetzung der Parteien am besten entspricht. Das gleiche gilt im Falle einer Lücke.

Artikel 16. Gesamter Vertrag[22]

1. Dieser Vertrag stellt die gesamte Vereinbarung zwischen den Parteien dar. Änderungen zu diesem Vertrag bedürfen der Schriftform.
2. Dieser Vertrag wird in englischer Sprache abgeschlossen und ist in zwei Originalen ausgefertigt worden.

Artikel 17. Anwendbares Recht und Schiedsgerichtsverfahren

1. Dieser Vertrag unterliegt dem Recht der Bundesrepublik Deutschland.[23]
2. Jeglicher Rechtsstreit zwischen den Parteien ist durch Schiedsverfahren gemäß der als Anlage 3[24] angefügten zusätzlichen Schiedsvereinbarung beizulegen.

....
Herr A. A.

....
B S. A.

ANLAGE 1
Definitionen

ANLAGE 2
Verpflichtung zur Nutzung des Know-hows

ANLAGE 3
Schiedsvereinbarung[24]

abgeschlossen am .... des Jahres ....
zwischen

Herrn A. A.., Bern, Schweiz
– nachfolgend der „Lizenzgeber" –
und
B S. A., Paris, Frankreich
– nachfolgend der „Lizenzgeber" –

Präambel

Die Parteien haben am heutigen Tag einen Know-how-Lizenzvertrag (den „Vertrag") abgeschlossen.
Artikel 17.2 des Vertrages sieht für den Fall von Rechtsstreitigkeiten zwischen den Parteien ein Schiedsverfahren vor.
In Anbetracht des Vorstehenden vereinbaren die Parteien folgendes:
1. Sämtliche Rechtsstreite oder Ansprüche, welche unter oder im Zusammenhang mit dem Vertrag und sämtlichen nachfolgenden Ergänzungen zu dem Vertrag entstehen, einschließlich, aber nicht beschränkt auf, Rechtsstreitigkeiten über Zustandekommen, Gültigkeit, Bindungswirkung, Auslegung, Vertragserfüllung, Vertragsverletzung oder Kündigung sowie nicht-vertragliche Ansprüche, werden durch Schiedsverfahren gemäß den Verfahrensregeln der WIPO geregelt und entschieden.
2. Das Schiedsgericht besteht aus drei Richtern.
3. Ort des Schiedsverfahrens ist Stuttgart.
4. Sprache des Schiedsverfahrens ist englisch.

....
Herr A. A.

....
B S. A.

Schrifttum: Siehe oben zu Form. 1.

Übersicht

	Seite
1. Sachverhalt	1231
2. Präambel	1231
3. Definitionen	1231
4. Lizenzgewährung	1232
5. Vertragsgebiet	1232
6. Aktiver Vertrieb	1232
7. Passiver Vertrieb	1233
8. Anwendungsbereich	1233
9. Weiterentwicklungsverpflichtung und Genehmigungen	1233
10. Ausnutzungspflicht und Mindestumsatz	1233
11. Verbesserungen	1234
12. Gewährleistungen	1234
13. Lizenzgebühr	1235
14. Erben des Lizenzgebers	1235
15. Einschluß weiterer Technologien	1236
16. Rechte Dritter	1236
17. Geheimhaltung	1236
18. Nichtangriffsverpflichtung	1236
19. Abtretbarkeit und Unterlizenz	1236
20. Laufzeit	1236
21. Kartellrecht	1237

3. Know-How Licensing Agreement VI.3

	Seite
22. Schriftform	1237
23. Abwendbares Recht	1237
24. Schiedsklausel	1237

Anmerkungen

1. Sachverhalt. Bei diesem Formular handelt es sich um einen reinen Know-how Lizenzvertrag, der sonst keine weitere Rechtseinräumung, z.B. hinsichtlich Patenten, Gebrauchsmuster oder Warenzeichen enthält. Es wird unterstellt, daß ein Einzelerfinder in einem bestimmten Industriebereich eine für ein Großunternehmen attraktive Erfindung gemacht hat, die allerdings noch nicht zur Produktionsreife entwickelt wurde. Vor diesem Hintergrund soll dem Erfinder die Mühe der Weiterentwicklung und der Erlangung der erforderlichen Zulassung für die Vermarktung des Produktes abgenommen werden, ihm für seine bisherige Entwicklungstätigkeit eine pauschale Abfindung gezahlt werden und er an der zukünftigen Vermarktung beteiligt werden.

Der hier vorliegende Know-how-Lizenzvertrag enthält die Zurverfügungstellung von technischem Wissen durch den Lizenzgeber. Für einen solchen Know-how-Lizenzvertrag sind sowohl die Regelungen der §§ 21, 20 GWB, als auch der Technologietransfer-Gruppenfreistellungsverordnung VO Nr. 240/96 (ABl EG L 31/1 vom 9. 2. 1996) anwendbar. Soweit nicht technisches sondern rein kaufmännisches Know-how lizenziert wird, unterliegt ein entsprechender Lizenzvertrag der Würdigung nach Artikel 85 EG-Vertrag bzw. § 18 GWB. Hierzu, und zum Know-how als Vertragsgegenstand im allgemeinen, vergleiche Münchener Vertragshandbuch, Band 3.1, Form. VI.2, Anm. 5.

Der Know-how-Lizenzvertrag ist nach seiner Rechtsnatur (jedenfalls nach dem deutschen Recht) dem Patentlizenzvertrag verwandt, wenn auch das Know-how selbst kein Ausschlußrecht darstellt. Aus diesem Grund wird auch die kartellrechtliche Behandlung nach deutschem Recht über § 21 GWB der kartellrechtlichen Behandlung von Patentlizenzverträgen nach § 20 GWB gleichgestellt. Für das europäische Kartellrecht gilt das gleiche. Artikel 85 und die anwendbare Technologietransfer-Gruppenfreistellungsverordnung Nr. 240/96 behandeln nunmehr reine Know-how-Lizenzverträge genauso wie reine Patentlizenzverträge, aber auch ebenso wie gemischte Patent- und Know-how-Lizenzverträge.

2. Präambel. Zur Bedeutung und Inhalt der Präambel kann auf das Form. VI.1, Anm. 2 verwiesen werden.

3. Definitionen. Das Muster hält den Definitionenartikel bewußt kurz, um nur das Notwendigste vorab zu regeln und den Einzelerfinder nicht durch ein zu umfangreiches Vertragswerk „abzuschrecken".

Es ist von größter Wichtigkeit, das Know-how, das Gegenstand des Vertrages ist, so eingehend wie nur möglich zu definieren und zu beschreiben. In dem Formular wird dies dadurch versucht, daß auf eine Anlage verwiesen wird, die selbst eingehende Definitionen und Verweise auf weiter hinzuziehende Dokumente enthält. Zum einen kann auf diese Weise kontrolliert wird, was tatsächlich Vertragsgegenstand ist und so verhindert werden, daß der Lizenznehmer behauptet, er habe nicht im erforderlichen Umfang das Wissen erhalten. Zum anderen wird an dieser Stelle den Parteien noch einmal Gelegenheit gegeben, zu überprüfen, ob das, was Vertragsgegenstand sein soll, von beiden Parteien übereinstimmend festgelegt ist. Know-how kann dabei nicht nur geheimes technisches (oder kaufmännisches) Wissen sein, sondern auch solches Wissen, daß sich auch Dritte selbst schaffen könnten, dies allerdings nur unter großen Mühen und Opfern (vgl. hierzu Münchener Vertragshandbuch, Band 3.1, Form. VI.2, Anm. 5). Letztlich wird dem Lizenzgeber durch eine genaue Definition auch die Möglichkeit gegeben, zu verhindern, daß der Lizenznehmer später eine Minderung der zu zahlenden Lizenzgebühren auf angebliche vorherige Bekanntheit stützt (*Stumpf/Groß*, Der Lizenzvertrag, 6. Auflage 1993, Rdnr. 563 ff). Zur

Definition des Begriffes „Know-how" und dessen rechtlicher Relevanz vergleiche Form. VI.1, Anm. 6.

4. Lizenzgewährung. Die Lizenzeinräumung ist für die Nutzung des Know-hows zur Herstellung der lizensierten Produkte exklusiv. Eine solche Exklusivität ist durch die Technologietransfer-Gruppenfreistellungsverordnung Nr. 240/96 ausdrücklich freigestellt, Artikel 1 Absatz 1 (1), Artikel 1 Absatz 1 (2) der Verordnung. Um zu verhindern, daß der Lizenzgeber exklusiv an den Lizenznehmer gebunden bleibt, obwohl dieser nicht die Technologie verwertet (eine Gefahr, die sich für einen Einzelerfinder gegenüber einem Großunternehmen immer wieder stellt), wird zugunsten des Lizenzgebers alle zwei Jahre ein Sonderkündigungsrecht vorgesehen, sollte der Lizenznehmer ohne gerechtfertigten Grund das Know-how nicht zur Herstellung der Lizenzprodukte verwerten. Das Muster sieht in einem solchen Fall vor, daß der Lizenzgeber die Exklusivität der Lizenzeinräumung kündigen kann und die Lizenz dann als nicht exklusive Lizenz weiterbestehen bleibt. Alternativ wäre es hierzu auch möglich, daß gestaffelt zunächst die Exklusivität kündbar und dann nach einer weiteren Periode ohne Verwertung des Know-hows der Vertrag insgesamt gekündigt werden kann.

Es wäre auch denkbar, eine Regelung dahin zu finden, daß der Lizenznehmer ab fertiger Entwicklung des Know-hows („Serienreife") dazu verpflichtet wird, gewisse Mindestlizenzgebühren zu zahlen. In einem solchen Fall könnte bei nicht ordnungsgemäßer Entwicklungsarbeit des Lizenznehmers durch eine Fiktion vorgesehen werden, daß nach einem gewissen Zeitpunkt die Serienreife angenommen wird (vgl. hierzu Münchener Vertragshandbuch, Band 3.1, Form. VI.2, Anm. 8).

Es sollte in jedem Fall genau überlegt werden, ob bei einer Umwandlung eines Lizenzvertrages von einer exklusiven in eine nicht-exklusive Lizenz allein durch eine Kündigung der Exklusivität das Vertragsverhältnis zwischen den Parteien als nicht-exklusives weiterbestehen soll und kann. Da ein exklusiver Lizenzvertrag oftmals weitergehende Beschränkungen des Lizenznehmers vorsieht, als dieser im Rahmen einer nicht-exklusiven Lizenz akzeptieren möchte (und kann), kann es sich unter Umständen auch empfehlen, eine Kündigung des gesamten Lizenzverhältnisses vorzusehen mit dem gleichzeitigen Angebot, die Lizenz als einfache fortzuführen (vgl. insoweit auch Münchener Vertragshandbuch, Band 3.1, Form. VIII.1, Anm. 18).

5. Vertragsgebiet. Die Lizenz greift in ihrem Territorium über den Bereich der Europäischen Gemeinschaften hinaus und daher können (soweit nicht das ausländische Recht, insbesondere das ausländische Kartellrecht dies unterbindet) in einem weiteren Umfang Verpflichtungen zu Lasten des Lizenznehmers vorgesehen werden. Das Formular trägt dieser Möglichkeit dadurch Rechnung, daß die zeitliche Eingrenzung des Verbots des aktiven und passiven Wettbewerbs in dem nach EU-Recht erforderlichen Umfang nur für die Länder stattfindet, die sich innerhalb der EU befinden.

Eine klare Eingrenzung des Vertragsgebietes ist bei einem Know-how-Lizenzvertrag unverzichtbar, da das Know-how von vornherein keiner örtlichen Beschränkung unterliegt. Sollten die Parteien im Know-how-Lizenzvertrag keine Regelung über das Vertragsgebiet treffen, so wäre es dem Lizenznehmer ein leichtes, später zu behaupten, daß ihm das Know-how zur weltweiten Nutzung eingeräumt wurde. Es muß vermieden werden, daß das anwendbare nationale Recht über die Reichweite der Know-how-Lizenzierung entscheidet.

6. Aktiver Vertrieb. Nach der Technologietransfer-Gruppenfreistellungsverordnung 240/96 kann der Lizenznehmer unter einem reinen Know-how Lizenzvertrag gehindert werden, eine aktive Vertriebspolitik innerhalb des gemeinsamen Marktes in den Bereichen vorzunehmen, die vom Lizenzgeber anderen Lizenznehmern vorbehalten sind, Artikel 1 (1) Nr. 5 der Verordnung. Diese Beschränkung kann allerdings in einem Know-how Lizenzvertrag nur für einen Zeitraum von maximal 10 Jahren von dem Zeitpunkt ab vorgesehen werden, zu dem das lizenzierte Produkt zum ersten Mal innerhalb des Gemeinsamen

3. Know-How Licensing Agreement

Marktes von irgendeinem der Lizenznehmer des Lizenzgebers auf den Markt gebracht wird, Artikel 1 (3) der Verordnung 240/96.

7. Passiver Vertrieb. Die Beschränkung des passiven Wettbewerbes wird wiederum nur auf den Bereich der EU-Länder begrenzt. Die Verpflichtung des Lizenznehmers, das lizensierte Produkt auch dann nicht in den anderen Lizenznehmern vorbehaltenen Gebieten auf den Markt zu bringen, wenn dies nur auf nicht provozierte Anfragen hin geschieht, ist grundsätzlich zulässig, Artikel 1 (1) Nr. 6 der Verordnung. Eine solche Verpflichtung muß aber nach Artikel 1 (3) auf einen maximalen Zeitraum von 5 Jahren nach dem ersten Inverkehrbringen des lizenzierten Produktes innerhalb des gemeinsamen Marktes durch den Lizenznehmer unter diesem Lizenzvertrag oder irgend einen anderen Lizenznehmer beschränkt werden.

8. Anwendungsbereich. Gerade in einem Fall, in dem eine Erfindung in einer Vielzahl von technischen Bereichen genutzt werden kann, empfiehlt es sich, im Vertrag festzuhalten, für welche Bereiche der Lizenznehmer zur Nutzung berechtigt ist, um zu verhindern, daß ein potenter Lizenznehmer, z. B. ein größeres Unternehmen, auch andere Bereiche mit in seine Tätigkeit einbezieht, für die der Lizenzgeber sich entweder selbst die Herstellung vorbehalten möchte, oder die er an Dritte in Lizenz vergeben möchte. Artikel 2 (1) Nr. 8 der Verordnung 240/96 sieht vor, daß ein Lizenznehmer auf einen bestimmten technischen Bereich der Verwertung des Know-hows beschränkt werden kann.

9. Weiterentwicklungsverpflichtung und Genehmigungen. Vom Sachverhalt her wird unterstellt, daß das Know-how, das der Einzelerfinder entwickelt hat, noch nicht vollständig durchentwickelt wurde, insbesondere entsprechende Chemikalien noch nicht auf ausreichend umfangreicher Basis hergestellt wurden und diese Chemikalien auch noch nicht benutzt wurden, um das Rostschutzmittel herzustellen. Vor diesem Hintergrund ist es erforderlich, daß das Know-how bis zur Serienreife weiterentwickelt wird. Aufgrund der finanziellen Verhältnisse auf Seiten des Lizenzgebers, aber auch aufgrund der vorhandenen Entwicklungskapazitäten übernimmt der Lizenznehmer diese Verpflichtung. Weiterhin wird es als erforderlich unterstellt, daß zum Vertrieb der Lizenzprodukte in einigen Ländern des Vertragsgebietes behördliche Genehmigungen (z. B. zur Abklärung der Umweltverträglichkeit) erforderlich sind. Die Verpflichtung zur Beantragung dieser Genehmigungen wird ebenso dem Lizenznehmer auferlegt. Dies hat seinen Grund darin, daß der Lizenznehmer als international tätiges Unternehmen die erforderliche Kenntnis davon hat, welche Vorschriften in den einzelnen Ländern für den Vertrieb der Produkte im Bereich des Lizenznehmers zu beachten sind. Folgerichtig muß geklärt werden, was im Falle einer vorzeitigen Kündigung des Vertrages mit diesen Weiterentwicklungen und den entsprechenden Genehmigungen geschehen soll. Das Formular geht davon aus, daß die Weiterentwicklungen dem Lizenzgeber gegen Kostenerstattung zur Verfügung gestellt werden, da er allein nach Beendigung des Lizenzvertrages davon noch in sinnvollerweise Gebrauch machen kann. Es erscheint auch sachgerecht, daß die Vermarktungsgenehmigungen dann dem Lizenzgeber (zur weiteren Lizenzierung oder zur eigenen Nutzung) zur Verfügung gestellt werden, vorausgesetzt, daß der Lizenzgeber dem Lizenznehmer die entstandenen Kosten erstattet.

10. Ausnutzungspflicht und Mindestumsatz. Die Verpflichtung, das lizensierte Knowhow auch auszunutzen, wird hier nicht nur abstrakt mit einem generellen Prinzip („Best Efforts") festgeschrieben, sondern es wird dem Lizenznehmer auch auferlegt, bestimmte Mindestumsatzzahlen zu erreichen. Eine solche Verpflichtung ist nach Artikel 2 (1) Nr. 9 der Verordnung 240/96 ausdrücklich von Artikel 85 des EG-Vertrages ausgenommen. Zur Gestaltung einer solchen Klausel sind eine Reihe verschiedener Möglichkeiten denkbar. Zum einen kann ein Mindestumsatz und, darauf aufbauend, eine Mindestlizenzgebührenzahlung vorgesehen werden, an deren Nichterreichung außer der grundsätzlichen Zahlungspflicht keine weiteren Rechtsfolgen geknüpft werden. In diesem Zusammenhang ist es dem Lizenznehmer möglich, das exklusive Lizenzrecht zu erhalten, wenn er einen Minderumsatz dadurch ausgleicht, daß er den zur Mindestlizenzgebühr fehlendem Betrag aufzahlt. Das Formular schlägt vor, daß der Lizenzgeber, sollten die vorgesehenen Mindestumsatzzahlen nicht erreicht werden, die Berechtigung hat, zunächst die Exklusivität für einen bestimmten Teil des Territorium zu kündigen und, sollte der Umsatz innerhalb von zwei Jahren auf 50% des vorgesehenen Umsatzes absinken, er weiterhin das Recht hat, die Lizenzgewährung für dieses Land des Territoriums ganz zu kündigen. In allen Fällen ist es damit dem Lizenzgeber möglich, zum einen den Lizenznehmer in der Vermarktung anzuspornen, zum anderen aber auch sich (notfalls) einen Lizenznehmer zu suchen, der eher zur effektiven Vermarktung befähigt ist.

11. Verbesserungen. Für die Behandlung von Verbesserung gilt das bereits für das Formular zum gemischten Patent und Know-how Lizenz gesagte (vgl. Form. VI. 1, Anm. 17, 18 und 19). Der Lizenzgeber kann verpflichtet werden, dem Lizenznehmer exklusiv Weiterentwicklungen zur Verfügung zu stellen. Eine korrespondierende Verpflichtung des Lizenznehmers ist nur dann zulässig, wenn es sich um nicht abtrennbare Weiterentwicklungen handelt, Artikel 2 (1) Nr. 4 der Verordnung 240/96. Das Formular sieht vor, daß im Falle der Abtrennbarkeit der Lizenznehmer berechtigt sein soll, eigene Schutzrechte anzumelden. Zu beachten ist hierbei selbstverständlich, daß dies nicht eine Anmeldung oder auch nur Offenlegung des ursprünglich lizensierten Know-hows umfassen darf.

12. Gewährleistungen. Zu den Gewährleistungen vergleiche allgemein Form. VI.1, Anm. 27, 28, 29 und 30. Die Sachmängelhaftung bei Know-how-Lizenzverträgen ist ein für den Lizenzgeber besonders risikoreicher Bereich, zumal wenn – wie im Formular vorgesehen – das Know-how noch nicht vollständig entwickelt ist. Hier muß der Lizenzgeber sehr sorgfältig abwägen, welche Gewährleistungen (oder gar Zusicherungen) er abgeben kann und will (vergleiche hierzu auch Münchener Vertragshandbuch, Band 3.1, Form. VI.2, Anm. 21).

Allgemein ist darauf hinzuweisen, daß (soweit die Parteien nichts anderes regeln) die Gewährleistung des Lizenzgebers für die technische Brauchbarkeit (die sonst allgemein angenommen wird – *Benkard/Ullmann*, § 15, Anmerkung 102) dann nicht zum Tragen kommt, wenn der Lizenznehmer bei Vertragsabschluß wußte, daß der Lizenzgegenstand selbst noch nicht ausreichend erprobt ist und noch weiterer Entwicklung bedarf (vgl. BGH GRUR 1979, 768 – Mineralwolle), wovon gerade das Formular ausgeht.

Ohne entsprechende andere Regelung im Know-how-Lizenzvertrag haftet der Lizenzgeber nach den Grundsätzen der Rechtsmängelhaftung, wenn das geheime Know-how von Schutzrechten Dritter erfaßt wird und damit dem Lizenznehmer nicht zur Verfügung steht. Auch für die technische Ausführbarkeit und Brauchbarkeit des Know-hows hat der Lizenzgeber mangels anderer Regelung einzustehen (vgl. *Benkard/Ullmann*, § 15, Rdnr. 143).

Die Gewährleistungen, die in diesem Formular vorgeschlagen werden, haben ihren Hintergrund darin, daß das lizenznehmende Unternehmen sich nicht sicher sein kann, ob der private Erfinder sich in dem üblichen Umfang hinsichtlich seiner Berechtigung und der Rechte Dritter abgesichert hat. Es sind daher Erklärungen vorgesehen, die den Lizenzgeber dazu anhalten sollen, vor Unterzeichnung des Vertrages noch einmal eingehend die Situation zu überdenken und zu überprüfen. Zum anderen soll aber auch dem Lizenznehmer (jedenfalls eine theoretische) Schadensersatzmöglichkeit bei Verletzung dieser Gewährleistungen eingeräumt werden. Weiterhin ist es für den Lizenznehmer von ausgesprochener Wichtigkeit, vom Lizenzgeber gewährleistet zu erhalten, daß dieser das Know-how bisher nicht Dritten bekanntgegeben oder gar im Vertragsgebiet lizenziert hat. Da die Formulierung sehr allgemein gehalten ist, muß die Erklärung des Lizenzgebers aufgenommen werden, daß er anderen Lizenznehmern (außerhalb des Vertragsgebietes) das Know-how zur Verfügung gestellt hat und auch im Territorium einer Gesellschaft das Know-how (durch

3. Know-How Licensing Agreement

eine Geheimhaltungsvereinbarung abgesichert) zur Verfügung gestellt hat, die sich dann aber nicht zur Lizenzierung entschlossen hat.

Das Formular geht davon aus, daß der Lizenznehmer verpflichtet ist, die erforderlichen behördlichen Genehmigung zum Vertrieb des mit dem lizenzierten Know-how hergestellten Produktes zu erlangen (Artikel 5 Absatz 2 des Musters). Aus diesem Grund werden Gewährleistungsfolgen an das Nichterhalten behördlicher Genehmigungen nicht geknüpft. Es ist aber vorgesehen, daß der Lizenzgeber die erforderliche Hilfe zur Erlangung dieser Genehmigungen zu leisten hat. Findet sich keine Regelung im Vertrag, wird (jedenfalls nach der deutschen) Rechtsprechung analog den Regeln der Sachmängelhaftung beurteilt, welche Folgen sich daraus ergeben, falls eine erforderliche behördliche Genehmigung nicht erteilt wird. Dem Lizenznehmer steht in einem solchen Fall üblicherweise ein Rücktrittsrecht zur Verfügung (vergleiche hierzu Münchener Vertragshandbuch, Band 3.1, Form. VI.2, Anm. 22).

Aufgrund des im Formular vorgesehenen Sachverhalts ist allein der Lizenznehmer Hersteller im Sinne der Produzentenhaftung. Dies könnte anders beurteilt werden, sollte der Lizenznehmer zum Bezug von Produkten verpflichtet sein oder sollte der Lizenznehmer genauen Vorgaben hinsichtlich der Herstellung der Produkte unterliegen (vgl. hierzu Münchener Vertragshandbuch, Band 3.1, Form. VI.2, Anm. 24). Eine Regelung der internen Haftungsverteilung mit entsprechender Freistellung ist aufgrund der Tatsache, daß auch im Außenverhältnis nur der Lizenznehmer Hersteller ist, nicht erforderlich.

13. Lizenzgebühr. Die Lizenzgebührenregelung sieht zunächst vor, daß der Lizenzgeber für die bisherigen Entwicklungsaufwendungen eine Einmalzahlung bei Abschluß des Vertrages erhalten soll, um die so von ihm vor Abschluß des Vertrages geleisteten Entwicklungsaktivitäten abzudecken. (Zur Einstandzahlung bei Know-how-Lizenzverträgen vgl. auch Münchener Vertragshandbuch, Band 3.1, Form. VI.2, Anm. 26). Darüber hinaus soll der Lizenzgeber während der (geschätzten) zwei Jahre, die für die Entwicklung des Knowhows bis zu Vermarktungsreife erforderlich sein werden, Pauschalzahlungen erhalten. Diese Pauschalzahlungen sind allerdings auf die späteren Lizenzgebührzahlungen durch den Lizenznehmer (jedenfalls zur Hälfte) anzurechnen. Diese Anrechnung wird aber auf weitere zwei Jahre begrenzt, um auch auf diese Weise den Lizenznehmer dazu anzuspornen, sehr schnell mit dem Produkt eine sinnvolle Vermarktung zu beginnen.

Soweit ein Umsatz des Lizenznehmers mit Konzernunternehmen erfolgt, sollte die Regelung der Lizenzgebühren auch eine Bestimmung dahingehend enthalten, daß in einem solchen Fall nicht die tatsächlichen Konzernverrechnungspreise zum Ansatz kommen, sondern Umsätze, wie sie mit Dritten üblicherweise erzielt würden (vgl. hierzu Münchener Vertragshandbuch, Band 3.1, Form. VI.2, Anm. 27).

Da als Basis der Lizenzgebühr auf den Umsatz des Lizenznehmers abgestellt wird, sind verkaufte Produkte vom Lizenznehmer erst dann lizenzgebührpflichtig, wenn tatsächlich auch der Lizenznehmer die Zahlung von seinen Abnehmern erhalten hat. Hierbei handelt es sich um eine Regelung die zugunsten des Lizenznehmers ausgestaltet ist. Sollte der Lizenzgeber in diesem Zusammenhang stärker bevorzugt werden, so kann vorgesehen werden, daß schon bereits die Rechnungsstellung („as invoiced") zur Anrechnung auf den Umsatz ausreichend sein soll. Damit würde es allein in die Sphäre des Lizenznehmers fallen, sollte einer seiner Abnehmer nicht zahlen.

14. Erben des Lizenzgebers. Das Formular sieht aufgrund der Besonderheit, daß auf Seiten des Lizenzgebers eine Privatperson steht, vor, daß im Todesfall die Lizenzgebühr den Erben des Lizenzgebers zusteht. Zwar wird grundsätzlich im Wege der Erbfolge die Rechtsstellung aus einem Lizenzvertrag auf die Erben des Lizenzgebers übergehen (vgl. § 15 Abs. 3 PatG). Das Muster folgt aber einem anderen Ansatz und will lediglich die Lizenzgebührberechtigung zugunsten der Erben erhalten, im übrigen aber die Erben aus dem Vertrag weder berechtigen noch verpflichten.

15. Einschluß weiterer Technologien. Der Lizenznehmer läßt sich eine Option einräumen auf die Nutzung einer Technologie, die vom Lizenzgeber zum Zeitpunkt des Lizenzabschlusses gerade entwickelt wird. Dies ist dann sinnvoll, wenn der Lizenznehmer auch in diesem Bereich aktiv ist und er das Know-how (für das er schon eine ganze Reihe von Aufwendungen und Weiterentwicklungsleistungen erbringt) in gleicher Weise auch für diesen Produktbereich nutzen kann. Die Option kommt nur dann zum Tragen, wenn der Lizenzgeber sich entschließt, einem Dritten das noch zu entwickelnde Know-how im Wege der Übertragung oder im Wege einer Lizenz anzubieten. Um das Verfahren so einfach wie möglich zu gestalten, greift die Option nur dann ein, wenn der Lizenzgeber bereits mit dem Dritten die Verträge voll durchverhandelt hat, um so dem Lizenznehmer einen vollen Überblick über die Konditionen zu geben, zu denen er das weitere Know-how lizenzieren oder gar erwerben kann. Dies natürlich nur, sollten sich nicht die Parteien bereits vorher im Verhandlungswege auf eine andere sinnvolle Lösung geeinigt haben.

16. Rechte Dritter. Vgl. allgemein Form. VI.1., Anm. 36. Obwohl es sich bei dem hier angenommenen Sachverhalt um einen Einzelerfinder handelt, der in der Regel nicht sehr vertraut sein wird mit der Führung entsprechender Prozesse, sieht dennoch das Formular vor, daß der Lizenzgeber in der Kontrolle für die Verteidigung des Know-hows verbleibt. Dies hat seinen Grund darin, daß es nicht dem Lizenznehmer überlassen werden soll, wie er sich gegen einen Angriff auf den geheimen Charakter des Know-how verteidigen will, steht er doch diesem Know-how ferner als der Lizenzgeber (zur Frage wieweit ein erfolgreicher Angriff von der Zahlung der Lizenzgebühren befreit vergleiche Anm. 17). Aus diesem Grund geht das Formular davon aus, daß es zwar zunächst das Recht des Lizenznehmers ist, sich gegen entsprechende Angriffe zu wehren, daß die endgültige Kontrolle über die Durchführung entsprechend der Prozesse, sollte der Lizenznehmer nicht tätig werden, aber beim Lizenzgeber verbleibt.

17. Geheimhaltung. Vgl. Form. VI.1., Anm. 39. Für den Know-how-Lizenzvertrag ist die Geheimhaltungsverpflichtung auf Seiten des Lizenznehmers gewissermaßen „Herzstück" des Vertrages. Beide Parteien wissen, daß es nur dann eine lizenzierbare Rechtsposition gibt, sofern das Know-how weiterhin geheimgehalten wird. In dem Moment, in dem das Know-how offenkundig wird und der Lizenzvertrag hierzu keine Regelungen enthält, muß über das Rechtsinstut des Wegfalls der Geschäftsgrundlage eine Anpassung des Lizenzvertrages vorgenommen werden, was beim Know-how-Lizenzvertrag (ohne weitere Trainingverpflichtung und dergleichen) an sich nur heißen kann, daß der Vertrag durch eine Kündigung des Lizenznehmers beendet werden kann. Das deutsche Kartellrecht geht hier noch weiter und erklärt einen Lizenzvertrag mit wettbewerbsbeschränkenden Abreden zu Lasten des Lizenznehmers dann für unwirksam, sobald das Know-how offenkundig geworden ist.

Um zu verhindern, daß der Lizenznehmer selbst zur Offenkundigwerdung des Knowhows beiträgt (um auf diese Weise Lizenzgebühren zu sparen), enthält das Formular in Artikel 9 Absatz 8 die Regelung, daß im Fall des Offenkundigwerdens der Lizenznehmer zur Zahlung der Lizenzgebühr weiterhin verpflichtet bleibt, soweit die Offenkundigkeit nicht durch den Lizenzgeber verursacht wurde. Diese Regelung ist kartellrechtlich zulässig, Artikel 2 (1) Nr. 7a der Technologietransfer-Gruppenfreistellungsverordnung (vgl. hierzu Form. VI.1 Anm. 23). Zur Bedeutung von Geheimhaltungsklauseln nach deutschem Vertrags- und Kartellrecht vergleiche auch Münchener Vertragshandbuch, Band 3.1, Form. VI.2, Anm. 38 und Anm. 41).

18. Nichtangriffsverpflichtung. Vgl. Form. VI.2., Anm. 32, 33 und 34.

19. Abtretbarkeit und Unterlizenz. Vgl. Form. VI.1, Anm. 40.

20. Laufzeit. Die Freistellung der Verordnung 240/96 für eine exklusive Lizenzgewährung ist nach Artikel 1 (1) auf maximal 10 Jahre von dem Zeitpunkt an zu begrenzen, zu dem das lizensierte Produkt erstmals innerhalb des Gemeinsamen Marktes von einem der

3. Know-How Licensing Agreement

Lizenznehmer auf den Markt gebracht wird. Da dies für die Berechnung der Vertragslaufzeit ein eher ungewöhnlicher Startzeitpunkt ist schlägt das Formular vor, den Vertrag auf 10 Jahre beginnend mit dem Vertragsabschluß zu begrenzen. Nach Ablauf der 10 Jahre fällt eine weitere Exklusivitätsabsprache nicht mehr in den Freistellungsbereich der Technologietransfer-Gruppenfreistellungsverordnung. In einem solchen Fall müßte nach dem derzeitigen Rechtsstand eine Individualfreistellung beantragt werden. Das Formular sieht daher vor, daß die Parteien, sollten sie eine weitere Exklusivität wünschen, dann die erforderlichen Schritte unternehmen, vorausgesetzt, daß zu diesem Zeitpunkt eine Laufzeitverlängerung möglich ist.

Offenkundiges Know-how kann nicht Gegenstand eines Lizenzvertrages sein, da sonst aus kartellrechtlichen Gesichtspunkten heraus die vorhandenen Beschränkungen des Lizenznehmers (man denke nur an die Zahlung der Lizenzgebühr für ein der Allgemeinheit zur Verfügung stehendes Wissen) unzulässig sind (vgl. z.B. BGH GRUR 1963, 207 – Kieselsäure; BGH GRUR 1976, 140 – Polyurethan). Der Lizenzvertrag endet auch ohne ausführliche Regelung dann, wenn das Know-how aufgrund Handlungen des Lizenzgebers offenkundig wird. Für die Vergangenheit bleibt es allerdings dabei, daß die Lizenzzahlungen zu Recht sind erfolgt und nicht zurückgefordert werden können, denn zu diesem Zeitpunkt hatte der Lizenznehmer aufgrund des noch geheimen Charakters des Knowhows einen Wettbewerbsvorsprung (vgl. hierzu OLG Düsseldorf WuW/OLG 201 – Steinwolle). Sollte das Know-how allerdings von vornherein offenkundig gewesen sein, so könnte der Lizenznehmer mit einer Klage auf Rückzahlung der Lizenzgebühren (insbesondere der Abschlagszahlungen) durchdringen (vgl. hierzu allgemein Münchener Vertragshandbuch, Band 3.1, Form. VI.2, Anm. 29).

Die Technologietransfer-Gruppenfreistellungsverordnung sieht vor (Artikel 2 (1) Nr. 7a), daß der Lizenznehmer auch dann noch zur Zahlung der Lizenzgebühren verpflichtet werden kann, wenn das Offenkundigwerden des Know-hows nicht dem Lizenzgeber anzulasten ist. Wenn dies gewünscht wird, so muß sich hierzu eine klare Formulierung im Lizenzvertrag finden (zu einem Formulierungsvorschlag vergleiche auch Form. VI.1 Artikel 13 Absatz 4).

21. Kartellrecht. Vgl. Form. VI.1, Anm. 47.

22. Schriftform. Vgl. Form. VI.1, Anm. 46.

23. Anwendbares Recht. Das Formular sieht als anwendbares Recht das deutsche Recht vor. Dies soll sich bei dem vorliegenden Sachverhalt daraus ergeben, daß weder der in der Schweiz ansässige Einzelerfinder, noch das in Frankreich ansässige Chemieunternehmen der Anwendung des französischen oder schweizerischen Rechtes zustimmen konnten. Bei dieser Situation schien die Anwendung eines neutralen, hier deutschen Rechtes als möglicher Ausweg. Dies setzt allerdings voraus, daß die Parteien über die sich daraus ergebenden Rechtsfolgen beraten wurden und nicht lediglich zum Schluß der Verhandlung in die entsprechende Klausel die Rechtsordnung eingesetzt haben, auf die man sich zuletzt einigen konnte. Vgl. hierzu Form. VI.1, Anm. 47.

24. Schiedsklausel. Aufgrund der besonderen Empfindlichkeit eines Lizenznehmers im Rahmen der Lizenzierung von geheimem Know-how, der auf alle Fälle vermeiden möchte, daß eine Auseinandersetzung mit seinem Lizenznehmer dazu führt, daß das geheime Know-how im großen Kreis in einem öffentlich zugängigen Gerichtsverfahren diskutiert wird, findet sich in der Regel in Know-how Lizenzverträgen eine Streitentscheidung durch Schiedsverfahren. Dabei kann es sich um ad hoc-Schiedsverfahren handeln, die ihre eigenen Regeln festsetzen. Solche ad hoc-Schiedsverfahren haben den Vorteil, daß sie auf die Bedürfnisse der Parteien individuell zugeschnitten werden können. Der Nachteil ist aber darin zu sehen, daß ein solches ad hoc-Schiedsverfahren eine sehr aufwendige vertragliche Regulierung erfordert, die bei einem Verweis auf existierende Schiedsgerichte (wie z.B. ICC, DIS oder WIPO Schiedsverfahren) nicht erforderlich ist. Bei dem hier vorgesehenen

Vertragsmuster, das ein WIPO Schiedsverfahren vorsieht, ist darauf zu achten, daß eine separate Schiedsvereinbarung geschlossen werden muß, da der Lizenzgeber als Einzelerfinder nicht Kaufmann ist und das deutsche Recht fordert, daß die Schiedsabrede in einer separaten Urkunde niedergelegt werden muß, § 1027 ZPO. Die Schiedsklausel selbst folgt dem WIPO Formulierungsvorschlag.

4. Trademark License Agreement

(Markenlizenzvertrag)

TRADEMARK LICENSE AGREEMENT[1,2]

of ....

by and between

1. X

....

....

(in the following: „Licensor")

and

2. Z

....

....

(in the following: „Licensee")

PREAMBLE[3]

WHEREAS, Licensor is the owner of the name „X" and of certain trademarks and service marks comprising such name;
WHEREAS, Licensee has pursuant to the Acquisition Agreement dated ...... acquired the Automotive Division from Licensor;
WHEREAS, Licensee desires to use the trademark „X" under license from Licensor in connection with its business operations and Licensor is willing to grant such a license upon the terms and conditions set forth in this Agreement.
NOW, THEREFORE, the Parties agree as follows:

Article 1. Definitions[4]

1. „Business Operations" shall mean the business activities of Licensee in the area of the Automotive Division, as more closely defined in Annex A.[5]

2. „Automotive Division" shall mean such part of Licensor's business operations which are related to the manufacturing and distribution of automotive parts, small engines, clutch systems, connecting parts and filters and which has been acquired by Licensee pursuant to the Acquisition Agreement dated ....[6]

3. „Territory" shall mean the countries or other geographic areas or locations as set forth in Annex B.[7]

4. Trademark License Agreement

4. „Trademark" shall mean the trademark „X", German registration number 100 100 and 200 200 and the corresponding foreign registrations and international trademarks covering the respective countries as set forth in Annex B.[8]

Article 2. License Grant[9]

1. Licensor hereby grants to Licensee, under the terms and conditions of this Agreement, a revocable, non-transferable license to use the Trademark in carrying out the Business Operations in the Territory. The license granted is exclusive for use in connection with the Business Operations for four (4) years from the date of signature of this Agreement. Thereafter the license is non-exclusive.
It is understood that Licensor will continue to use the Trademark for its remaining business but shall not use the Trademark in the Territory for any operations identical or similar to the Business Operations of Licensee. The Parties insofar expressly refer to the covenant not to compete of Licensor as set forth in Article 37 of the Acquisition Agreement.
2. Licensee shall be entitled to use the Trademark under this license only in connection with the word „Autozubehör" in the form „X Autozubehör". Licensee shall always use its own name concurrently as a designation of origin if space permits.[10]
3. Licensee shall only be entitled to use the Trademark in the form set forth in Annex C. The relationship or printing size between the Trademark and the following word „Autozubehör", as well as the relationship or printing size between the Trademark and the firm name of Licensee, as set forth in Annex D, has to be followed. In the text of any advertisements the Trademark may only be used if it is identified by an „R in a circle" with a footnote and a clear indication in such footnote that the Trademark is a registered trademark of Licensor.[11]
4. Licensee shall not be entitled to incorporate the Trademark or any similar name or trademarks into the company name of Licensee nor to use the Trademark as business name according to § 5 Absatz 2 MarkenG.[12]
5. Licensee shall not at any time use or employ the Trademark in any manner except as permitted in this Agreement.
6. Licensee shall be entitled to grant sublicenses within the license grant to such manufacturers which belong to the Licensee's group, provided, that any sublicensee agrees in writing to be bound by the provisions of this Agreement and to be liable directly to Licensor for its performance in addition to the Licensee's liability for such sublicensee's performance.[13]

Article 3. Royalty[14]

The consideration for the use of the Trademark by Licensee is part of the purchase price for the Automotive Division as determined by Article 12 of the Acquisition Agreement. No further royalty shall be due.

Article 4. Quality Standards[15]

1. Licensee shall meet Licensor's standards of quality in the performance of Business Operations under the Trademark as to enhance the value and good will of the business associated with and symbolized by the licensed Trademark and shall comply in all respects with all applicable standards required by any and all local laws or other regulation in the Territory. Licensee agrees to abide by all rules and standards established under Article 4.2 in respect thereto.
2. Licensor has the right and duty to formulate and enforce reasonable standards of quality and performance (as these, for example, are set forth in the „Qualitätshandbuch") to be observed by Licensee in rendering Business Operations under the Trademark. Licensor shall have the right, in its reasonable discretion, to make changes in

presently established standards of quality, set new standards and make new rules relating to quality control.
3. To assure Licensee's compliance, Licensor shall have the right to review Licensee's performance of Business Operations and inspect Licensee's Business Operations and the premises where Business Operations are rendered at reasonable times to determine that the quality of Business Operations meets Licensor's standards.[16]
4. Licensee shall, upon request of Licensor, submit prior to the printing and/or dissemination of brochures, advertisements and the like using the Trademark to allow Licensor to review the manner in which the Trademark is used.[16]
5. Licensee shall stop immediately any use of the Trademark which, in the sole discretion of Licensor, endangers the reputation or validity of the Trademark or the name „X". Upon request of Licensor Licensee shall remedy such danger in any way necessary.

Article 5. Ownership[17]

1. Licensee hereby agrees that, as between Licensee and Licensor, Licensor is the sole owner of the name „X" and the Trademark and all the good will relating thereto, and that the same, at all times, shall be and remain the sole and exclusive property of Licensor and that Licensee, by reason of this Agreement, has not acquired any right, title, interest or claim of ownership in such name and Trademark in the Territory and elsewhere, except for the license granted herein. Licensee shall make all declarations and shall furnish all documentation to Licensor necessary or useful for Licensor to maintain its rights in the Trademark. Licensee shall not challenge the ownership of Licensor. The use by Licensee of the Trademark in the Territory and any and all goodwill arising from such use shall inure solely to the benefit of Licensor and shall be deemed to be solely the property of Licensor in the event that this Agreement shall be terminated. Upon any termination of this Agreement, any and all rights in and to the Trademark granted to Licensee shall automatically terminate.
2. Upon termination or expiration of this Agreement, Licensee shall cease all use of, and will immediately cause its agents, contractors, consultants, and partners to discontinue the use of the Trademark or any similar trademarks and/or names and Licensee will be deemed to have assigned, transferred and conveyed to Licensor any and all equities, goodwill, title, or other rights including an acquired trade dress protection (Ausstattungsschutz) in and to the Trademark or the name „X" which may have been obtained by Licensee or which may have been vested in it by reason of Licensee's activities. Upon Licensor's request Licensee will execute and deliver to Licensor any instruments to accomplish or confirm the foregoing. Any acquired trade dress protection will be transferred by Licensee to Licensor.

Article 6. Official Approvals[18]

1. Licensor is entitled to forbid the use of the Trademark in a country of the Territory if and when the official approvals or procedures for that country (like deposition of license document, registered user entry, govermental approval) have not been fulfilled.
2. Licensee authorizes Licensor to conduct any approval procedures also on behalf of Licensee if Licensee is informed about such procedures in writing. Licensee irrevocably authorizes Licensor to pursue the cancellation and invalidation of any approval and registered user entries upon termination of this Agreement.
3. Licensor shall be in charge of conducting approval procedures for its own account, provided that the costs for the production of documents by Licensee shall be borne by Licensee.

4. Trademark License Agreement

Article 7. Warranty[19]

1. Licensor does not warrant the legal validity of the Trademark and does not accept any liability that the Trademark may be used without infringing any rights of third parties.
2. Licensor warrants that it has not granted a license to a third party to use the Trademark in connection with the Business Operations.

Article 8. Indemnification[20]

Licensee shall indemnify and hold harmless Licensor from and against all claims, suits, losses, damages and expenses (including without limitation, court costs and attorneys, fees) arising out of any and all activities of Licensee. This indemnification applies also to product liability claims.

Article 9. Penalty[21]

Aside from the obligation to cover Licensor's actual damages and in addition to any damages to be paid by Licensee, Licensee shall pay to Licensor for any breach of this Agreement or any use of the Trademark contrary to the terms of this Agreement a penalty of DM 100,000,—. If such breach is not cured after a written notice of Licensor Licensee shall pay for each month during which the breach occurs a further penalty of DM 100,000,—. Prerequisite for payment of the penalty is a prior written warning notice of Licensor. The termination rights of Licensor remain unaffected.

Article 10. Infringement of Trademark[22]

Licensee shall promptly notify Licensor in writing of any infringement or challenge of the rights of Licensor in the Trademark. Licensor shall have the exclusive right, but not the obligation, to commence actions or proceedings against infringers. Licensee shall take no action against infringers unless requested to do so by Licensor in which event Licensor will bear the expense of Licensee's action against the infringer and will have the right to manage such action. Licensee will render all and every assistance that may be necessary in connection with such action.

Article 11. Duration and Termination[23]

1. The term of this Agreement is six years, subject to termination in any of the following events.
2. Licensor shall have the right at its option to terminate with immediate effect this Agreement at any time by giving written notice to Licensee if:
   - Licensee breaches any of its obligations under the terms of this Agreement; provided, however, the termination shall not become effective if Licensee shall discontinue the breach and remedy its consequences to Licensor's satisfaction within thirty (30) days following the date of termination; or
   - Licensee sells the Business Operations; or
   - Licensee's shareholders or the form of Licensee's incorporation changes; or
   - Licensee challenges the validity of the Trademark; or
   - Licensee becomes insolvent, makes a general assignment for the benefit of creditors, bankruptcy or receivership proceedings are instituted against the assets of Licensee or are dismissed for lack of assets.
3. Licensee may terminate this Agreement at any time by giving written notice to Licensor.
4. Upon termination of this Agreement the rights and obligations of the Parties, especially the right of Licensee to use the Trademark, shall cease with exception of the obligations of Licensee set forth in Articles 5, 8, and 9 which shall survive termination.

Article 12. No Agency Created[24]

Nothing in this Agreement shall be construed to constitute either Party the agent of the other.

Article 13. Assignment[25]

Without written consent of Licensor, this Agreement and all rights and duties hereunder shall not be assigned. Any attempted assignment shall entitle Licensor to terminate this Agreement with immediate effect.

Article 14. Notices[26]

All notices given under this Agreement shall be in writing and shall be personally delivered or sent by certified mail, return receipt requested, or by express courier service, postage or delivery charges prepaid, and as to Licensor shall be addressed to:

> X
> Attn: CEO

and as to Licensee shall be addressed to:

> Z
> ....
> Attn: Geschäftsleitung

Article 15. Governing Law[27]

This Agreement shall be interpreted in accordance with and be governed by the laws of the Federal Republic of Germany, and the Parties hereto hereby irrevocably submit themselves to the exclusive jurisdiction of the Landgericht Hamburg.

Article 16. Integration Clause[28]

This Agreement embodies the entire agreement made between the Parties concerning the subject matter dealt with herein and terminates and supersedes all prior agreements between the Parties in respect to such subject matter.

Article 17. Amendment[28]

None of the terms of this Agreement, including this paragraph, can be waived or modified except by an express agreement in writing signed by both Parties.

Article 18. Validity[29]

The provisions of this Agreement shall be deemed to be independent and severable. If any provision of this Agreement is held invalid or unenforceable, the Parties agree to replace this provision by a valid and enforceable provision as close as possible to the intended commercial effect.

X:

By: ....
    Name:
    Title:

Z:

By: ....
    Name:
    Title:

4. Trademark License Agreement   VI.4

*Übersetzung**

MARKENLIZENZVERTRAG[1, 2]

vom ....

zwischen

1. X

....

(nachfolgend „Lizenzgeber")

und

2. Z

....

(nachfolgend „Lizenznehmer")

Präambel[3]

Der Lizenznehmer ist Inhaber der Rechte an der geschäftlichen Bezeichnung „X" sowie Eigentümer von bestimmten Marken und Dienstleistungsmarken, welche diese geschäftliche Bezeichnung beinhalten.
Der Lizenznehmer hat gemäß Kaufvertrag vom ...... den Automobil-Bereich von dem Lizenzgeber erworben.
Der Lizenznehmer möchte die Marke „X" in Verbindung mit seiner Geschäftstätigkeit unter einer Lizenz des Lizenzgebers nutzen. Der Lizenzgeber ist bereit, eine solche Lizenz gemäß den in diesem Vertrag festgelegten Bestimmungen zu gewähren.
Dies vorausgeschickt, vereinbaren die Parteien folgendes:

Artikel 1. Definitionen[4]

1. „Geschäftsbetrieb" bedeutet die geschäftlichen Aktivitäten des Lizenznehmers auf dem Geschäftsgebiet des Automobil-Bereichs, wie sie in Anlage A genauer definiert sind.[5]
2. „Automobil-Bereich" bedeutet der Teil des Geschäftsbetriebs des Lizenzgebers, welcher sich auf Herstellung und Vertrieb von Automobilteilen, Kleinmotoren, Kupplungssystemen, Verbindungsteilen und Filtern bezieht und vom Lizenznehmer gemäß dem Kaufvertrag vom ...... erworben worden ist.[6]
3. „Vertragsgebiet" bedeutet die in Anlage B aufgeführten Länder, geographischen Gebiete oder Orte.[7]
4. „Marke" bedeutet die Marke „X", deutsche Registriernummer 100 100 und 200 200, sowie die entsprechenden ausländischen Registrierungen und internationalen Marken, welche die in Anlage B jeweils aufgeführten Länder betreffen.[8]

Artikel 2. Lizenzgewährung[9]

1. Der Lizenzgeber gewährt dem Lizenznehmer hiermit gemäß den Bestimmungen dieses Vertrages eine widerrufliche, nicht-übertragbare Lizenz zur Nutzung der Marke bei dem Geschäftsbetrieb in dem Vertragsgebiet. Die gewährte Lizenz ist für die Nutzung im Zusammenhang mit dem Geschäftsbetrieb für vier (4) Jahre ab dem Tag der Unterzeichnung dieses Vertrages eine exklusive Lizenz. Hiernach ist die Lizenz eine nicht-exklusive Lizenz.
Die Parteien gehen davon aus, daß der Lizenzgeber die Marke für seinen verbleibenden Geschäftsbetrieb weiterhin nutzen wird, nicht jedoch für Tätigkeiten in dem Vertrags-

---

* Diese Übersetzung dient ausschließlich dem besseren Verständnis des englischen Originals; sie erhebt keinen Anspruch auf Verbindlichkeit.

gebiet, welche mit den geschäftlichen Tätigkeiten des Lizenznehmers identisch oder ihnen ähnlich sind. Die Parteien nehmen insofern ausdrücklich auf das in Artikel 37 des Kaufvertrages festgelegte Wettbewerbsverbot für den Lizenzgeber Bezug.
2. Der Lizenznehmer ist berechtigt, die Marke unter dieser Lizenz nur im Zusammenhang mit dem Wort „Autozubehör" im Form „X Autozubehör" zu nutzen. Soweit es der Raum zuläßt, hat der Lizenznehmer gleichzeitig stets seine eigene Firma als Herkunftskennzeichnung anzugeben.[10]
3. Der Lizenznehmer ist nur zur Nutzung der Marke in der in Anlage C festgesetzten Form berechtigt. Das Verhältnis oder die Druckgröße zwischen der Marke und dem folgenden Wort „Autozubehör" sowie das Verhältnis oder die Druckgröße zwischen der Marke und der Firma des Lizenznehmers sind entsprechend den Festlegungen der Anlage D einzuhalten. In Werbetexten darf die Marke nur genutzt werden, wenn sie durch ein „R in einem Kreis" mit einer Fußnote gekennzeichnet ist und in der Fußnote eine Klarstellung erfolgt, daß die Marke eine registrierte Marke des Lizenzgebers ist.[11]
4. Der Lizenznehmer ist nicht berechtigt, die Marke oder ähnliche Namen oder Marken in die Firmenbezeichnung des Lizenznehmers mit aufzunehmen oder die Marke als geschäftliche Bezeichnung gemäß § 5 Abs. 2 MarkenG zu nutzen.[12]
5. Der Lizenznehmer darf die Marke zu keiner Zeit auf andere Weise, als durch diesen Vertrag gestattet, nutzen oder verwenden.
6. Der Lizenznehmer ist berechtigt, Unterlizenzen innerhalb der Lizenzgewährung an Hersteller, welche zum Konzern des Lizenznehmers gehören, zu vergeben, vorausgesetzt, daß der Unterlizenznehmer sich schriftlich verpflichtet, durch die Bestimmungen dieses Vertrages gebunden zu sein und dem Lizenzgeber unmittelbar und zusätzlich zu der Haftung des Lizenznehmers für die Vertragserfüllung des Unterlizenznehmers für seine eigene Vertragserfüllung zu haften.[13]

Artikel 3. Lizenzgebühr[14]

Die Lizenzgebühr für die Nutzung der Marke durch den Lizenznehmer ist in dem in Artikel 12 des Erwerbsvertrages festgesetzten Kaufpreis für den Automobil-Bereich mit enthalten. Zusätzliche Lizenzgebühren werden nicht erhoben.

Artikel 4. Qualitätsanforderungen[15]

1. Der Lizenznehmer hat die Qualitätsanforderungen des Lizenzgebers bei der Erbringung des Geschäftsbetriebs mit der Marke einzuhalten, um den Wert und den Good Will des mit der lizenzierten Marke verbundenen und durch sie symbolisierten Geschäfts zu fördern, und hat darüber hinaus in jeder Hinsicht sämtliche durch lokale Gesetze oder andere Verordnungen in dem Vertragsgebiet vorgeschriebene anwendbare Anforderungen zu erfüllen. Der Lizenznehmer verpflichtet sich, sämtliche in Artikel 4.2 in dieser Hinsicht festgelegten Regeln und Anforderungen einzuhalten.
2. Der Lizenznehmer hat das Recht und die Pflicht, angemessene Qualitäts- und Leistungsanforderungen (wie sie z.B. in dem „Qualitätshandbuch" festgelegt sind) auszuformulieren und durchzusetzen, welche durch den Lizenznehmer bei seinem Geschäftsbetrieb mit der Marke eingehalten werden müssen. Der Lizenzgeber hat das Recht, nach eigenem angemessenen Ermessen Veränderungen in den jeweils geltenden Qualitätsanforderungen vorzunehmen, neue Anforderungen aufzustellen und neue Regeln hinsichtlich der Qualitätssicherung festzusetzen.
3. Zur Sicherstellung der Einhaltung der Qualitätsanforderungen durch den Lizenznehmer hat der Lizenzgeber das Recht, die Leistung des Geschäftsbetriebs durch den Lizenznehmer zu überprüfen sowie den Geschäftsbetrieb des Lizenznehmers und die Örtlichkeiten, auf denen der Geschäftsbetrieb vorgenommen wird, zu angemessenen Zeiten zu besichtigen, um festzustellen, daß die Qualität des Geschäftsbetriebs den Anforderungen des Lizenzgebers entspricht.[16]

4. Trademark License Agreement

4. Der Lizenznehmer verpflichtet sich, auf Anforderung durch den Lizenzgeber Broschüren, Werbemaßnahmen und ähnliches, bei denen die Marke genutzt wird, vor dem Druck und/oder der Verteilung dem Lizenzgeber zur Verfügung zu stellen, um diesem Gelegenheit zur Überprüfung der Art und Weise, in welcher die Marke genutzt wird, zu geben.
5. Der Lizenznehmer hat unverzüglich jede Nutzung der Marke zu beenden, welche nach freiem Ermessen des Lizenzgebers den Ruf oder die Gültigkeit der Marke oder der Kennzeichnung „X" gefährdet. Auf Anforderung des Lizenzgebers hat der Lizenznehmer eine solche Gefährdung durch die erforderlichen Mittel zu beseitigen.

Artikel 5. Eigentümerstellung[17]

1. Der Lizenznehmer erkennt hiermit an, daß zwischen dem Lizenznehmer und dem Lizenzgeber der Lizenzgeber der alleinige Inhaber der Rechte an der Kennzeichnung „X" sowie an der Marke und sämtlichem hiermit verbundenen Good Will ist, daß diese stets das alleinige und ausschließliche Eigentum des Lizenzgebers sein und bleiben werden und daß der Lizenznehmer aufgrund dieses Vertrages unter Ausnahme der hierin gewährten Lizenz kein Recht an oder Anspruch auf diese Kennzeichnung und Marke in dem Vertragsgebiet oder anderswo erworben hat. Der Lizenznehmer verpflichtet sich, gegenüber dem Lizenzgeber sämtliche Erklärungen abzugeben und Dokumente bereitzustellen, welche für den Lizenzgeber zum Erhalt seiner Rechte an der Marke notwendig oder nützlich sind. Der Lizenznehmer wird die Eigentümerstellung des Lizenzgebers nicht angreifen. Die Nutzung der Marke durch den Lizenznehmer in dem Vertragsgebiet sowie sämtlicher, hieraus entstehender Good Will erfolgt einzig zum Nutzen des Lizenzgebers und gilt im Falle einer Kündigung dieses Vertrages als alleiniges Eigentum des Lizenzgebers. Mit der Kündigung dieses Vertrages enden automatisch sämtliche dem Lizenznehmer gewährten Rechte an der Marke.
2. Mit der Kündigung oder dem Ablauf dieses Vertrages hat der Lizenznehmer die Nutzung der Marke oder ähnlicher Marken und/oder Kennzeichen zu beenden sowie unverzüglich dafür zu sorgen, daß seine Vertreter, Subunternehmer, Berater und Partner ebenfalls die Nutzung einstellen. Sämtliche Rechte, Good Will oder andere Ansprüche einschließlich einem erworbenen Ausstattungsschutz an der Marke oder dem Kennzeichen „X", welche durch den Lizenznehmer erworben worden sind oder bei dem Lizenznehmer aufgrund seiner eigenen Tätigkeiten entstanden sind, gelten als von dem Lizenznehmer an den Lizenzgeber abgetreten und übertragen. Auf Anforderung des Lizenzgebers wird der Lizenznehmer zur Erreichung oder Bestätigung des Vorstehenden sämtliche Dokumente ausfertigen und dem Lizenzgeber übergeben. Jeder erworbene Ausstattungsschutz wird von dem Lizenznehmer an den Lizenzgeber übertragen.

Artikel 6. Behördliche Genehmigungen[18]

1. Der Lizenzgeber ist berechtigt, die Nutzung der Marke in einem Land des Vertragsgebietes zu untersagen, falls und sobald die behördlichen Genehmigungen oder Verfahren für das jeweilige Land (wie Hinterlegung eines Lizenzdokumentes, Benutzerregistrierung, behördliche Genehmigung) nicht erfüllt worden sind.
2. Der Lizenznehmer bevollmächtigt den Lizenzgeber, sämtliche Genehmigungsverfahren auch im Namen des Lizenznehmers durchzuführen, vorausgesetzt, der Lizenznehmer wird über die Verfahren schriftlich informiert. Der Lizenznehmer bevollmächtigt den Lizenzgeber unwiderruflich, nach der Kündigung dieses Vertrages die Löschung und Ungültigkeitserklärung einer jeden Genehmigung oder Benutzerregistrierung herbeizuführen.
3. Der Lizenzgeber hat die Genehmigungsverfahren auf eigene Kosten durchzuführen, wobei der Lizenznehmer seine eigenen Kosten für die von ihm bereitzustellenden Dokumente übernimmt.

Artikel 7. Gewährleistung[19]

1. Der Lizenzgeber gewährleistet nicht die Rechtsbeständigkeit der Marke und übernimmt keinerlei Haftung dafür, daß die Marke ohne Verletzung der Rechte Dritter genutzt werden kann.
2. Der Lizenzgeber gewährleistet, daß er keinem Dritten eine Lizenz zur Nutzung der Marke in Verbindung mit dem Geschäftsbetrieb gewährt hat.

Artikel 8. Freistellung[20]

Der Lizenznehmer verpflichtet sich, den Lizenzgeber gegenüber sämtlichen Ansprüchen, Klagen, Verlusten, Schäden und Aufwendungen (einschließlich, aber nicht beschränkt auf, Gerichtskosten und Rechtsanwaltsgebühren), welche auf den Tätigkeiten des Lizenznehmers beruhen, zu entschädigen und schadlos zu halten. Diese Entschädigung gilt auch für Produkthaftungsansprüche.

Artikel 9. Vertragsstrafe[21]

Neben der Verpflichtung zur Übernahme der tatsächlichen Schäden des Lizenzgebers und zusätzlich zu den durch den Lizenznehmer vorzunehmenden Schadensersatzleistungen hat der Lizenznehmer an den Lizenzgeber für jeden Verstoß gegen diesen Vertrag oder jede Nutzung der Marke entgegen den Bestimmungen dieses Vertrages eine Vertragsstrafe von DM 100.000,— zu zahlen. Wird der Verstoß nicht nach einer schriftlichen Mitteilung durch den Lizenzgeber beseitigt, hat der Lizenznehmer für jeden Monat, in dem der Verstoß anhält, eine weitere Vertragsstrafe von DM 100.000,— zu zahlen. Voraussetzung für die Zahlung der Vertragsstrafe ist eine vorherige schriftliche Abmahnung durch den Lizenzgeber. Die Kündigungsrechte des Lizenzgebers bleiben unberührt.

Artikel 10. Markenverletzung[22]

Der Lizenznehmer hat den Lizenzgeber unverzüglich schriftlich von jeder Verletzung oder jedem Bestreiten der Rechte des Lizenzgebers an der Marke zu benachrichtigen. Der Lizenzgeber hat das ausschließliche Recht, jedoch nicht die Pflicht, Handlungen oder Verfahren gegen Verletzer vorzunehmen bzw. einzuleiten. Der Lizenznehmer verpflichtet sich, keine eigenen Handlungen gegen Verletzer vorzunehmen, soweit er nicht durch den Lizenzgeber hierzu aufgefordert wird; in diesem Fall trägt der Lizenzgeber die Aufwendungen für die Handlungen des Lizenznehmers gegen den Verletzer und hat das Recht, diese Handlungen zu leiten. Der Lizenznehmer verpflichtet sich, jede Unterstützung zu leisten, die im Zusammenhang mit diesen Handlungen erforderlich werden kann.

Artikel 11. Vertragsdauer und Kündigung[23]

1. Die Laufzeit dieses Vertrages beträgt 6 Jahre, soweit der Vertrag nicht in einem der folgenden Fälle vorzeitig gekündigt wird.
2. Der Lizenzgeber hat das Recht, nach seiner freien Wahl diesen Vertrag unverzüglich zu jeder Zeit durch schriftliche Benachrichtigung des Lizenznehmers zu kündigen, wenn:
   - Der Lizenznehmer gegen eine seiner Verpflichtungen gemäß den Bestimmungen dieses Vertrages verstößt; die Kündigung wird jedoch nicht wirksam, wenn der Lizenznehmer die Verletzung innerhalb von 30 Tagen nach dem Tag der Kündigungserklärung zur Zufriedenheit des Lizenzgebers beendigt und ihre Folgen beseitigt; oder
   - der Lizenznehmer den Geschäftsbetrieb verkauft, oder
   - die Gesellschafter des Lizenznehmers wechseln oder sich die Gesellschaftsform des Lizenznehmers verändert; oder
   - der Lizenznehmer die Rechtsbeständigkeit der Marke angreift; oder
   - der Lizenznehmer zahlungsunfähig wird, eine allgemeine Vermögensübertragung zugunsten von Gläubigern vornimmt, Konkurs- oder Vergleichsverfahren gegen das

4. Trademark License Agreement

Vermögen des Lizenznehmers eingeleitet oder wegen geringer Vermögensmasse abgelehnt werden.
3. Der Lizenznehmer ist berechtigt, diesen Vertrag zu jeder Zeit durch schriftliche Kündigungserklärung gegenüber dem Lizenzgeber zu kündigen.
4. Mit Beendigung dieses Vertrages enden sämtliche Rechte und Pflichten der Parteien, insbesondere das Recht des Lizenznehmers, die Marke zu nutzen, mit Ausnahme der Verpflichtungen des Lizenznehmers gemäß Artikel 5, 8 und 9, welche auch nach Beendigung des Vertrages fortbestehen bleiben.

Artikel 12. Kein Vertretungsverhältnis[24]

Nichts in diesem Vertrag soll so ausgelegt werden, daß die eine Partei der Vertreter der anderen ist.

Artikel 13. Abtretung[25]

Ohne schriftliche Zustimmung des Lizenzgebers dürfen weder dieser Vertrag noch irgendwelche Rechte oder Pflichten aus diesem Vertrag abgetreten oder übertragen werden. Jeglicher Abtretungs- oder Übertragungsversuch berechtigt den Lizenzgeber, diesen Vertrag unverzüglich zu kündigen.

Artikel 14. Mitteilungen[26]

Sämtliche nach diesem Vertrag abzugebenden Mitteilungen sind schriftlich vorzunehmen und entweder persönlich zu übergeben oder durch eingeschriebenen Brief mit Rückschein oder durch Express-Kurierdienst, Porto und Zustellungsgebühr jeweils vorausbezahlt, zu senden – für den Lizenzgeber an die folgende Anschrift:

X
z.H. CEO

für den Lizenznehmer an folgende Anschrift:

Z
z.H. Geschäftsleitung

Artikel 15. Anwendbares Recht[27]

Dieser Vertrag unterliegt dem Recht der Bundesrepublik Deutschland. Die Parteien unterwerfen sich hiermit unwiderruflich dem ausschließlichen Gerichtsstand des Landgerichts Hamburg.

Artikel 16. Gesamter Vertrag[28]

Dieser Vertrag stellt die gesamte Vereinbarung zwischen den Parteien hinsichtlich des Vertragsgegenstandes dar und beendet und ersetzt sämtliche vorherigen zwischen den Parteien hinsichtlich des Vertragsgegenstandes bestehenden Vereinbarungen.

Artikel 17. Vertragsergänzungen[28]

Auf Bestimmungen dieses Vertrages, einschließlich dieses Paragraphen, kann nur durch ausdrückliche, schriftliche, durch beide Parteien unterzeichnete Vereinbarung verzichtet werden. Das gleiche gilt für eine Vertragsänderung.

Artikel 18. Gültigkeit[29]

Sämtliche Bestimmungen dieses Vertrages gelten als unabhängige und abtrennbare Bestimmungen. Sollte eine Bestimmung dieses Vertrages für unwirksam oder undurchsetzbar erklärt werden, vereinbaren die Parteien, diese Bestimmung durch eine wirksame und durchsetzbare Bestimmung zu ersetzen, welche der beabsichtigten wirtschaftlichen Regelung am nächsten kommt.

X:

Durch: ....
      Name
      Titel

Z:

Durch: ....
      Name
      Titel

Schrifttum: Baumbach/Hefermehl, Warenzeichenrecht und Internationales Wettbewerbs- und Zeichenrecht, 12. Auflage 1985; *Berlit,* Das neue Markenrecht, 1995; *v. Gamm,* Warenzeichengesetz, 1965; *Grützmacher/Schmidt-Cotta/Laier,* Der Internationale Lizenzverkehr, 7. Auflage 1985; *Knoppe,* Die Besteuerung der Lizenz- und Know-how-Verträge, 2. Auflage 1972; *Schricker,* Lizenzverträge über löschbare Warenzeichen, GRUR 1980, 650 ff.

Vergleiche zum Schrifttum auch Form. VI.1, die Nachweise Münchener Vertragshandbuch, Band 3.1, Form. VIII.1 und die Zitate bei *Stumpf/Groß,* Lizenzverträge, 6. Auflage 1993, Anmerkung 434.

Übersicht

	Seite
1. Sachverhalt	1249
2. Aufbau als eigener Vertrag	1249
3. Präambel	1249
4. Definitionen	1249
5. Definition Geschäftstätigkeit	1249
6. Definition Automobilbereich	1249
7. Definition Vertragsgebiet	1249
8. Definition Marke	1250
9. Lizenzgewährung	1250
10. Beschränkung der Nutzungsberechtigung	1251
11. Beschränkung der Art der Nutzung	1251
12. Verbot der Aufnahme der Marke in die Firma	1251
13. Unterlizenzen	1252
14. Lizenzgebühr	1252
15. Qualitätssicherung	1252
16. Qualitätsgebühr	1252
17. Eigentümerstellung	1252
18. Amtliche Genehmigungen	1253
19. Gewährleistung	1253
20. Freistellung	1253
21. Vertragsstrafe	1253
22. Verletzung der Marke	1254
23. Vertragsdauer und Kündigung	1254
24. Ausschluß eines Vertretungsverhältnisses	1254
25. Abtretung	1254
26. Mitteilungen	1254
27. Geltendes Recht und Gerichtszuständigkeit	1254
28. Schriftform	1255
29. Kartellrecht	1255

4. Trademark License Agreement VI.4

Anmerkungen

1. Sachverhalt. Das Vertragsmuster ist Teil eines umfangreicheren Vertragswerkes, nämlich einer Unternehmensakquisition. Es wird angenommen, daß der Lizenznehmer vom Lizenzgeber einen unselbständigen Betriebsteil erwirbt und dieser Betriebsteil bisher, so wie der gesamte Betrieb des Veräußeres, die Marke „X" als Warenzeichen genutzt hat. Damit ergibt sich die Notwendigkeit, daß der Erwerber, will er von dem aufgebauten Goodwill unter der Marke profitieren, der auch dem erworbenen Betriebsteil zugute kommt, die Marke für diesen Betriebsteil weiterführen muß. Weiterhin wird unterstellt, daß der Veräußerer nur unter einem Namen (und unter einer Marke) sein gesamtes Geschäft, auch für die einzelnen Betriebsteile, betrieben hat und es ihm so nicht möglich ist, eine separate, nur zu diesem Betriebsteil gehörende Marke an Erwerber mit zu übertragen. Daraus resultiert die Schwierigkeit, daß nach dem Verkauf des Betriebsteiles beide Parteien, Veräußerer (hier für den verbleibenden Teil des Geschäftes) und Erwerber (hier für den veräußerten Betriebsteil) dieselbe Marke nutzen werden. Es wird davon ausgegangen, daß die Parteien im Akquisitionsvertrag dahin übereingekommen sind, daß der Erwerber für seinen Betriebsteil für 4 Jahre exklusiv die Marke nutzen darf und daß für weitere 2 Jahre die Nutzung nicht exklusiv wird und danach dem Erwerber nicht länger möglich ist. In dieser Zeit muß es dem Lizenznehmer gelingen, eine andere Kennzeichnung aufzubauen und im Markt durchzusetzen, unter der er künftig das erworbene Geschäft fortführen will.

Üblicherweise wird ein Vertrag, wie der hier vorliegende, in internationalen Akquisitionsverträgen als Anlage zum Hauptvertrag abgeschlossen, um im Detail die Markennutzung zu regeln, eine Regelung, die im Hauptvertrag nur zur Überfrachtung des Dokumentes führen würde.

2. Aufbau als eigener Vertrag. Obwohl es sich nur um einen Anhang zu einem Akquisitionsvertrag handelt, wird dennoch dieser Annex als komplett selbständiger Vertrag geschlossen. Dies hat seinen Vorteil darin, daß die Parteien ihre Rechte und Pflichten aus dem Warenzeichenvertrag auch gegenüber Dritten jederzeit nachweisen können, ohne hierzu den Akquisitionsvertrag jeweils heranziehen zu müssen. Weiterhin ist es für die Eintragung, z.B. von Registered User Vermerken erforderlich, Kopien des Lizenzvertrages vorzulegen, was wiederum einfach möglich ist, wenn es sich bei Anlage selbst um einen eigenständigen Vertrag handelt. Letzlich ist ein Weiterverkauf möglich, bei dem zum Nachweis der Markenrechte wiederum nur dieser Teil des Acquisitionsvertrages vorgelegt werden muß (vgl. hierzu jedoch das Kündigungsrecht, Anm. 23).

3. Präambel. Vgl. Form. VI. 1, Anm. 2.

4. Definitionen. Vgl. Form. VI.1, Anm. 3.

5. Definition Geschäftstätigkeit. Diese Definition ist von besonderer Bedeutung, da hiermit der Bereich umschrieben wird, für den der Lizenznehmer die Marke exklusiv nutzen darf.

6. Definition Automobilbereich. Dasselbe gilt für diese Begriffsbestimmung, die von der technischen Seite her den erworbenen Teilgeschäftsbetrieb bezeichnet und diesen der Nutzung der Marke zuordnet.

7. Definition Vertragsgebiet. Die Erklärung des Vertragsgebietes wird einer separaten Anlage vorbehalten, da davon ausgegangen wird, daß es sich um ein so umfangreiches Vertragsgebiet handelt, daß dieses in seiner genauen Umgrenzung zusammen mit den in den jeweiligen Ländern bestehenden Marken aufgeführt werden muß. Die Beschränkung der Lizenzgewährung auf einzelne EG-Länder kann allerdings nicht dazu führen, daß der Lizenznehmer die gekennzeichneten Waren nicht in andere EG-Länder ausführen darf. Markenlizenzen können kein Mittel zur Gebietsaufteilung sein.

8. Definition Marke. Dasselbe gilt für die Auflistung der lizenzierten Marken. Im Formular wird davon ausgegangen, daß es zwei deutsche Stamm-Markenanmeldungen gibt, auf die sich korrespondierende ausländische Markenanmeldungen ebenso wie internationale Registrierungen mit einzelnen benannten Ländern aufbauen, in denen die Registrierung gültig sein soll.

9. Lizenzgewährung. Der Lizenzgeber gewährt dem Lizenznehmer über 4 Jahre das Recht, die Marke für den Teilgeschäftsbetrieb im Vertragsgebiet exklusiv zu nutzen. Für die dann noch verbleibenden 2 Jahre der Vertragslaufzeit wandelt sich die exklusive Lizenz in eine nicht-exklusive um. Zu den bei Einräumung einer exklusiven Markenlizenz anzustellenden Abwägung der Interessen zwischen Lizenzgeber und Lizenznehmer vergleiche Münchener Vertragshandbuch, Band 3.1, Form. VIII.1, Anm. 5).

Nach der bisherigen deutschen Rechtslage war es anerkannt, daß exklusive Lizenzverträge über Warenzeichen nicht die gleiche Wirkung entfalten, wie z.B. exklusive Patentlizenzverträge (vgl. hierzu Form. VI.1 Anm. 7). Dies hatte seinen Grund darin, daß nicht zuletzt wegen der Bindung eines Warenzeichens an den dazugehörigen Geschäftsbetrieb, davon ausgegangen wurde, daß an einem Warenzeichen nur eine schuldrechtliche Lizenz eingeräumt werden konnte (vgl. insoweit Münchener Vertragshandbuch, Band 3.1, Form. VIII.1, Anm. 4). Nach der Neufassung des Markengesetzes kann mit Wirkung vom 1. 1. 1995 aufgrund § 30 MarkenG allerdings unterstellt werden, daß nunmehr eine Markenlizenz in gleicher Weise als exklusive Lizenz eingeräumt werden kann, wie eine Patentlizenz. Damit müßte auch einer Markenlizenz dinglicher Charakter zukommen. Dies bedeutet, daß auch bei einer Markenlizenz ein exklusiver Lizenznehmer ein eigenes Klagerecht hat und Unterlizenzen erteilen darf, sollte nicht der Markenlizenzvertrag eine andere Formulierung enthalten.

Zur kartellrechtlichen Seite der exklusiven Lizenzgewährung ist darauf hinzuweisen, daß die §§ 20, 21 GWB des deutschen Kartellrechtes für Markenlizenzverträge nicht gelten, da es sich insoweit nicht um Verträge mit technischem Inhalt handelt. Es bleibt die kartellrechtliche Beurteilung daher den § 15 ff GWB vorbehalten. Insbesondere § 18 GWB unterstellt damit Markenlizenzverträge der Mißbrauchsaufsicht des Bundeskartellamtes. In der Regel handelt es sich bei der Anwendung des § 18 GWB durch die Kartellbehörden allerdings um eine eher selten anzutreffende Ausnahme, die in der Praxis keine nennenswerte Bedeutung erlangt hat.

Von EG-kartellrechtlicher Seite her ist von Bedeutung, daß es bisher für Markenlizenzverträge keine eigene Gruppenfreistellungsverordnung gibt. Lediglich soweit die Markenlizenzierung eine Nebenabrede zu einer Technologietransfervereinbarung ist, kann die Technologietransfer-Gruppenfreistellungsverordnung (Verordnung EG) Nr. 240/96 der Kommission vom 31. Januar 1996 zur Anwendung von Artikel 85 Absatz 3 des Vertrages auf Gruppen von Technologietransfervereinbarungen (ABl EG L 31/1) Anwendung finden, Art 1 Abs 1 i.V.m. Art 10 Nr 15 Artikel 1 (1) Ziffer 7 der Verordnung. Da es sich üblicherweise bei Markenlizenzverträgen um vom Technologietransfer unabhängige Lizenzabsprachen handelt, ist dies jedoch nicht der Fall. Damit verbleibt es dabei, daß Ausschließlichkeitsabreden in Markenlizenzverträgen aufgrund der allgemeinen kartellrechtlichen Ausgangssituation (vgl. hierzu auch Münchener Vertragshandbuch, Band 3.1, Form. VIII.1, Anm. 5) der Einzelfreistellung nach Artikel 85 Absatz 3 EG-Vertrag bedürfen. Dies bedeutet, daß der Lizenzvertrag bei der EG-Kommission anzumelden ist, sollte nicht im Einzelfall der Vertrag aufgrund der Marktdaten der beteiligten Unternehmen unter die Bagatellbekanntmachung fallen (vgl. Form. VIII.1 Anm. 47).

Dies stellt allerdings für das Formular vom Grundsatz her kein Problem dar, da die Markenlizenzabrede als Nebenabsprache (*„ancillary restraint"*) zu einem Fusionsvorgang gedacht ist und dieser, sollte er die entsprechenden Schwellenwerte überschreiten, aufgrund der Fusionskontrollverordnung der EG-Kommission zur Überprüfung vorgelegt werden muß. Wenn die Fusion diese Schwellenwerte nicht erreicht, bleibt die Prüfung nach nationalem Kartellrecht. Wenn auch insoweit keine Überprüfung durch das Bundeskartellamt erfolgen sollte oder EG-rechtliche Zweifel bestehen sollten, empfiehlt es sich, den Vertrag der EG-Kommission vorzulegen, wobei im Einzelfall immer zu prüfen bleibt, ob überhaupt eine spürbare Wettbewerbsbeschränkung vorliegt.

10. Beschränkung der Nutzungsberechtigung. Aufgrund der besonderen Empfindlichkeit auf Seiten des Lizenzgebers für die Nutzung der Marke durch den Lizenznehmer und um zu verhindern, daß der Lizenznehmer über den erworbenen Teilgeschäftsbetrieb hinaus die Marke nutzt, wird in diesem Absatz zum einen der Lizenznehmer verpflichtet, die Marke nur zusammen mit einem beschreibenden Wort zu nutzen, das den Geschäftsbetrieb noch einmal deutlich kennzeichnet. Zum anderen wird der Lizenznehmer auch dazu verpflichtet, jeweils zur Marke seinen eigenen Namen zu verwenden, um auf die Herkunft der Produkte hinzuweisen. Dies ist besonderes wichtig, um im Markt nicht Verwirrung hinsichtlich der Herkunft der Waren aus dem nunmehr abgetrennten Teilgeschäftsbetrieb zu erzeugen. Aber auch für den Lizenznehmer ist dies von Wichtigkeit, da es ihm gerade darauf ankommt, über die Jahre, in denen er die Marke nutzen darf, seine eigene Kennzeichnung neben der Marke aufzubauen und diese dann durch seine eigene Kennzeichnung zu ersetzen.

Außerdem hat die vorgeschlagene Regelung auch Bedeutung vor dem Hintergrund der Produkthaftung. Nach § 4 Absatz 1 Satz 2 des Produkthaftungsgesetzes gilt auch als Hersteller, wer sich durch Anbringung seines Warenzeichens als Hersteller ausgibt (Quasi-Hersteller). Wenn klar und deutlich darauf hingewiesen wird, daß das Produkt lediglich „in Lizenz" hergestellt und vertrieben wird, sollte im Außenverhältnis die Produkthaftung des Lizenzgebers ausgeschlossen sein (vgl. *Gaul/Bartenbach*, Patenlizenz- und Know-how-Vertrag, Anm. K 463; *Taschner/Fritsch*, Produkthaftungsgesetz, § 4 Anm. 45 ff, insbesondere Anm. 51; *Graf von Westphalen*, Produkthaftungshandbuch, Band 2, Rdnr. 48). Da das Formular aber nicht ausdrücklich verlangt, daß die Formulierung „in Lizenz" verwandt wird, sondern lediglich (soweit der zur Verfügung stehende Raum dies zuläßt) der Lizenznehmer seinen eigenen Namen verwendet, um auf die Herkunft der Produkte hinzuweisen, kann durchaus im Einzelfall Streit entstehen, ob tatsächlich die Produkthaftung bereits im Außenverhältnis ausgeschlossen ist. Aus diesem Grund enthält das Formular in Artikel 8 eine Freistellung im Innenverhältnis, nach der Produkthaftungsansprüche allein den Lizenznehmer betreffen.

11. Beschränkung der Art der Nutzung. Um weiterhin dem Sicherheitsbedürfnis des Lizenzgebers Rechnung zu tragen, wird der Lizenznehmer verpflichtet, die Marke nur in der vom Lizenzgeber akzeptierten Form zu benutzen. Dazu wird diese Form separat in einer Anlage vorgeschrieben. Dies geschieht vor dem Hintergrund, daß der Lizenzgeber verhindern möchte, daß der Lizenznehmer die Marke nach seinem eigenen Gutdünken verändert und dadurch für die dem Lizenznehmer lizenzierten Warenklassen aufgrund der durch die Veränderung unter Umständen sich ergebenden Nichtbenutzung der Marke (jedenfalls für diese Waren) deren Löschungsreife herbeiführt. Die im Absatz 3 von Artikel 2 des Formulars vorgesehenen Kautelen dienen daher der Absicherung der Rechtsbeständigkeit der Marke.

Letztlich dient die Verpflichtung des Lizenznehmers, die Marke nur wie eingetragen zu nutzen, dazu, daß die Kennzeichnungskraft der Marke nicht geschwächt wird. Dies insbesondere deswegen, da bereits die Nutzung durch zwei unterschiedliche Unternehmen insoweit Gefahren in sich birgt (vgl. hierzu Münchener Vertragshandbuch, Band 3.1, Form. VIII.1, Anm. 9).

12. Verbot der Aufnahme der Marke in die Firma. Auch dies ist eine notwendige Sicherungsmaßnahme zugunsten des Lizenzgebers, der verhindern möchte, daß der Lizenznehmer eigene Rechte an der Marke aufbaut, indem er diese in seine Firma aufnimmt. Nicht übersehen werden darf dabei auch der Gesichtspunkt, daß eine Firma weitaus schwieriger zu ändern und der Gebrauch der Firma zu verbieten ist, als dies allein mit dem Verbot der Nutzung eines für den Lizenzgeber registrierten Warenzeichens der Fall ist.

Letztlich kann eine firmenmäßige Nutzung der Marke durch den Lizenznehmer auch dazu führen, daß der Verkehr die sonst vom Lizenznehmer außerhalb des vom Lizenzgeber verkauften Geschäftsbetriebes hergestellten Produkte mit der Marke in Zusammenhang bringt. Es soll dem Lizenznehmer lediglich für den veräußerten Geschäftsteil die Nutzung der Marke ermöglicht werden und eine indirekte Nutzung (auch über die Firma) für andere Produkte unmöglich gemacht werden.

13. Unterlizenzen. Ein generelles Verbot der Erteilung von Unterlizenzen ist bei dem gegebenen Sachverhalt nicht darstellbar, da innerhalb der Gruppe des Erwerbers einzelne Unternehmen bestimmte Teile des erworbenen Geschäftes durchführen werden und dazu auch die Marke nutzen. Für diesen Fall wird vorgesehen, daß dann jedenfalls die Unterlizenznehmer an den Vertrag gebunden sind und auch der Lizenznehmer weiterhin dem Lizenzgeber verantwortlich bleibt.

14. Lizenzgebühr. Da der Lizenzvertrag nur Teil einer größeren Akquisition ist, wird in durchaus üblicher Weise auf eine separate Lizenzgebühr für die Nutzung der Marke während des Übergangszeitraumes verzichtet. Diese Nutzung ist durch das (erhöhte) Entgelt für den Teilgeschäftsbetrieb mitumfaßt und abgegolten.

Allgemein zu den Möglichkeiten der Lizenzgebührgestaltung und der Frage, wann diese Lizenzgebühr anfällt, aber auch zu Zahlungsmodalitäten vergleiche Münchener Vertragshandbuch, Band 3.1, Form. VIII.1, Anm. 11 und 12).

Zu einer möglichen Regelung hinsichtlich Buchführung und Buchprüfung vergleiche Form. VI.1 Anm. 26.

15. Qualitätssicherung. Bei dem angenommenen Sachverhalt ist es von größter Wichtigkeit, daß der Lizenzgeber darauf achtet, daß seine Marke, die er nach Beendigung des Lizenzvertrages allein weiter nutzen wird, nicht in einer Art und Weise benutzt wird, die den über die Jahre mühsam aufgebauten Goodwill, d.h. den Wert der Marke, nachhaltig stört. Um dies zu verhindern, muß der Lizenzgeber den Lizenznehmer auf bestimmte Mindestqualitätsstandards festlegen, nämlich auf die, die der Lizenzgeber zuvor selbst für diesen Teilgeschäftsbetrieb angewendet hat.

Weil sowohl der Lizenzgeber für den bei ihm verbleibenden Geschäftsbetrieb als auch der Lizenznehmer nun eine identische Marke nutzen werden, muß der Lizenzgeber darauf achten, daß sein Warenzeichen nicht durch eine mangelhafte Qualität der unter diesem Zeichen hergestellten Produkte entwertet wird. Rein unter dem Blickwinkel des deutschen Rechtes kann darüber hinaus auch die Anwendung des § 3 UWG dazu führen, daß der Lizenzgeber gezwungen wird, eine mit der Marke im Verkehr vorhandene Gütevorstellung durch entsprechende Qualitätsvorgaben abzusichern (vgl. hierzu die Nachweise in Münchener Vertragshandbuch, Band 3.1, Form. VIII.1, Anm. 8).

16. Qualitätsprüfung. Um sicherzustellen, daß der Lizenznehmer die vom Lizenzgeber vorgegebenen Qualitätsanforderungen auch einhält, wird der Lizenzgeber berechtigt, in verschiedenen Qualitätsdokumenten (z.B. dem angesprochenen Qualitätshandbuch) Qualitätsvorgaben niederzulegen und deren Einhaltung jederzeit zu überprüfen. Zu diesem Zweck wird auch der Lizenznehmer verpflichtet, sämtliche Werbebroschüren, in denen die Marke erscheint, vorab dem Lizenzgeber zur Verfügung zu stellen, damit dieser die Nutzung der Marke prüfen und die Ordnungsgemäßheit der Nutzung feststellen kann.

17. Eigentümerstellung. Da die Marke gerade nicht Teil der Unternehmensakquisition werden kann (da Veräußerer und Lizenzgeber sie selbst für bestimmte Bereiche weiter nutzen muß), muß zwischen den Parteien festgehalten werden, daß der Lizenzgeber der alleinige Eigentümer an der Marke ist und bleibt und jedwede Benutzungshandlungen durch den Lizenznehmer während des Lizenzvertrages nicht dazu führen können, daß der Lizenznehmer Rechte an der Marke erwirbt. Dazu werden verschiedene Erklärungen abge-

4. Trademark License Agreement VI.4

geben, die alle das Ziel haben, daß allein der Lizenzgeber Berechtigter an der Marke bleibt. In zulässiger Weise wird weiterhin der Lizenznehmer verpflichtet, die Eigentümerstellung des Lizenzgebers nicht anzugreifen (vgl. EG Kommission Moosehead/Whitbread, ABl. EG 1990 L 100). Es sei daran erinnert, daß eine Nichtangriffsverpflichtung hinsichtlich der Rechtsbeständigkeit (Gültigkeit der Marke) kartellrechtlich (jetzt nicht mehr unzulässig im Sinne einer Schwarzen Liste einer Freistellungsverordnung, wohl aber noch im Sinne des Widerspruchsverfahren, vgl. die Ausführungen unter Form. VI.1. Anm. 33 und 47) relevant ist, und daher ohne Genehmigung durch die EG-Kommission nicht in wirksamer Weise vereinbart werden kann.

Um die Berechtigung des Markeninhabers im vollem Umfang festzuschreiben, wird auch vorgesehen, daß bei Kündigung etwa beim Lizenznehmer entstandene Rechte (wie z.B. durch die Art der Benutzung im Wege eines Ausstattungsschutzes) auf den Lizenzgeber zu übertragen sind und dem Lizenznehmer insoweit keine Rechte verbleiben sollen.

18. Amtliche Genehmigungen. Es ist in einigen Ländern der Welt üblich, daß die Lizenz an einer Marke der behördlichen Genehmigung bedarf oder aber (z.B. als Registered User) in der Markenrolle zu verzeichnen ist. Diese Vorschriften dienen letztlich dazu, die Öffentlichkeit vor Irreführung durch die Benutzung der Marke durch einen anderen als den Markeninhaber zu schützen. Damit wird eine wesentliche Funktion der Marke (Herkunftsfunktion) sichergestellt. Bei einer Lizenz, die mehrere Länder umfaßt, sollte daher mitgeregelt werden, daß der Lizenzgeber die Nutzung in den Ländern verbieten darf, in denen die erforderlichen behördlichen Genehmigungen noch nicht erreicht wurden, um so zu verhindern, daß seine Marke in diesen Ländern in rechtlich nicht einwandfreier Form genutzt wird. Weiterhin sollte allein der Lizenzgeber die Berechtigung und Federführung für entsprechende Genehmigungsverfahren innehaben, da es um sein Eigentum geht, das auch nach Beendigung der Lizenz weiter von ihm in diesen Ländern genutzt werden soll. Aus demselben Zweck heraus verpflichtet sich der Lizenznehmer auch bei Abschluß des Lizenzvertrages, daß er bei dessen Beendigung der Rückgängigmachung dieser öffentlichen Genehmigungen zustimmt.

19. Gewährleistung. Aufgrund des gegebenen Sachverhaltes besteht für die Abgabe von ausführlichen Gewährleistungserklärungen durch den Lizenzgeber kein Anlaß. Der Lizenzgeber wurde nur dazu gebracht, zu erklären, daß er nicht bereits für den hier betroffenen Geschäftsbetrieb eine Markenlizenz an Dritte eingeräumt hat.

Selbstverständlich ist es auch möglich, daß der Lizenzgeber (insoweit in einem üblichen Markenlizenzsachverhalt anzutreffen) sich dazu verpflichtet, den Lizenznehmer gegen Angriffe Dritter wegen der Nutzung der Marke zu verteidigen und, unter Umständen, auch von Ansprüchen frei zu stellen. Zur allgemeinen Interessenlage zwischen den Parteien insoweit und zu den Gestaltungsmöglichkeiten der vertraglichen Regelung vergleiche Münchener Vertragshandbuch, Band 3.1, Form. VIII.1, Anm. 17.

20. Freistellung. Die Tatsache, daß der Lizenznehmer unter der Marke des Lizenzgebers im Rahmen des Teilgeschäftsbetriebes produzieren wird, führt dazu, daß der Lizenzgeber für die Produktionshandlungen des Lizenznehmers vollumfänglich freigestellt werden muß. Dies gilt insbesondere für die Produkthaftungsansprüche, da der Lizenzgeber nach § 4 Absatz 1 Seite 2 des Produkthaftungsgesetz als (Quasi) Hersteller haftet, wenn er zustimmt, daß seine Marke auf einem Produkt erscheint, das in den Verkehr gegeben wird (vgl. oben Anm. 10).

21. Vertragsstrafe. Aufgrund der bisherigen Ausführungen wird klar, daß es für den Lizenzgeber von größter Wichtigkeit ist, daß der Lizenznehmer sich an die Vorgaben des Vertrages hält und auf diese Weise das Eigentumsgut „Marke" des Lizenzgebers respektiert und wahrt. Um hier die Aufmerksamkeit des Lizenznehmers zu erreichen und zu verhindern, daß dieser in Erwartung, daß tatsächliche Schäden kaum nachzuweisen sein werden, in nachlässiger Weise mit der Marke umgeht, wird vereinbart, daß zusätzlich zu

Chrocziel

etwaig entstehenden Schäden durch einen Verstoß gegen die Vorschriften des Vertrages, der Lizenznehmer auch eine Vertragsstrafe in empfindlicher Höhe zu zahlen hat. Die Vertragsstrafe steigt in ihrer Höhe, sollte über längere Zeit hinweg eine Verletzung der Bestimmungen des Vertrages verliegen. Zur Vertragsstrafe vgl. Form. I.2, Anm. 18.

22. Verletzung der Marke. Artikel 10 enthält für den angenommenen Sachverhalt in sinnvoller Weise die Regelung, daß allein der Lizenzgeber das Recht haben soll, gegen einen Verletzer der Marke vorzugehen. Der Lizenznehmer leistet hierbei nur Hilfe und wird selber gegen Dritte nicht vorgehen, soweit der Lizenzgeber dies nicht wünscht. Dies hat seinen Grund darin, daß Herr über die Marke allein der Lizenzgeber ist.

Unter der Geltung des alten Warenzeichengesetzes ging man davon aus, daß auch eine ausschließliche Warenzeichenlizenz selbst kein dingliches Recht des Lizenznehmers an der Marke begründet und daher auch ein ausschließlicher Lizenznehmer nicht selbst gegen Verletzer vorgehen kann. Auch wenn nach der Neuregelung in § 30 des Markengesetzes nunmehr unterstellt werden kann, daß auch exklusive Markenlizenzen dingliche Rechtstellungen einräumen, empfiehlt es sich nach wie vor, in Markenlizenzverträgen eine ausdrückliche Ermächtigung des Lizenznehmers zur Verfolgung Dritter aufzunehmen, wenn diese Rechtsverfolgung von den Parteien gewünscht wird. Dies sollte vorsorglich durch eine Prozeßstandschaftserklärung erfolgen (zu einer möglichen Formulierung vergleiche Form. VI.1 Artikel 19 Absatz 1). Zur Interessenlage zwischen Lizenzgeber und Lizenznehmer bei Verletzung der Marke durch einen Dritten ebenso wie zu den zur Verfügung stehenden Lösungsmöglichkeiten zur Regelung des Vorgehens gegen diese Dritte vergleiche im allgemeinen auch Münchener Vertragshandbuch, Band 3.1, Form. VIII.1, Anm. 16.

23. Vertragsdauer und Kündigung. Der Sachverhalt geht davon aus, daß der Vertrag lediglich für 6 Jahre laufen soll und danach der Lizenznehmer kein Recht hat, die Marke weiter zu nutzen. Die vorgesehenen Kündigungsrechte auf Seiten des Lizenzgebers enthalten (von den üblichen Klauseln abgesehen) zwei Besonderheiten, die wiederum erforderlich sind, um die Besonderheiten des Sachverhaltes zu reflektieren. Zum einen kann der Lizenzgeber jederzeit kündigen, wenn der Teilgeschäftsbetrieb vom Erwerber weiterveräußert wird. Für den Lizenzgeber stellt sich keine Notwendigkeit, auch einen Dritten, der vom Erwerber wiederum selbst den Teilgeschäftsbetrieb erwerben will, hinsichtlich der Nutzung der Marken zu bevorzugen. Weiterhin ist eine Kündigung dann zugelassen, wenn die Beteiligungsstruktur oder Rechtsform auf Seiten des Lizenznehmers wechselt. Dies hat seinen Grund darin, daß der Lizenzgeber die derzeitigen Anteilsverhältnisse und rechtliche Gestaltung auf Seiten des Lizenznehmers kennt und akzeptiert hat, er sich aber davor schützen muß, daß sich Situationen einstellen, die die Nutzung seiner Marke (z.B. durch Beteiligung eines Wettbewerbers) gefährden können. Das Kündigungsrecht des Lizenzgebers, sollte der Lizenznehmer die Gültigkeit seiner Marke angreifen, entspricht dem kartellrechtlichen Standard (vgl. hierzu Form. VI.1, Anm. 41 und 42.)

24. Ausschluß eines Vertretungsverhältnisses. In Markenlizenzverträgen wird üblicherweise ausgeschlossen, daß der Lizenznehmer allein durch die Nutzung der Marke des Lizenzgebers berechtigt wird, für diesen rechtsgeschäftlich aufzutreten. Dies ist erforderlich, da gegenüber Dritten bereits durch die Verwendung der Marke durch den Lizenznehmer leicht der Eindruck entstehen kann, daß zwischen Lizenzgeber und Lizenznehmer ein derartiges Vertretungsverhältnis besteht.

25. Abtretung. Vgl. hierzu Form. VI.1, Anm. 40.

26. Mitteilungen. Vgl. hierzu Form. VI.1, Anm. 44.

27. Geltendes Recht und Gerichtszuständigkeit. Die Parteien unterwerfen den Vertrag deutschem Recht, da sie beide in Deutschland ansässig sind, wenn auch die mitbetroffenen Marken (und wie unterstellt, einzelne Produktionsstätten des Teilgeschäftsbetriebes) im Ausland belegen sind. Trotz der Geltung des deutschen Rechtes verbleibt es bei der verbindlichen Geltung der für die Marken jeweils gültigen nationalen Gesetze. So sind die

5. License Agreement (im Konzern)

Fragen der Übertragung, wirksamen Lizenzierung und Rechtsbeständigkeit jeweils nach den nationalen Rechten zu beurteilen sein (vgl. Form. VI.1, Anm. 47). Für die Vereinbarung eines Schiedsverfahrens sehen die Parteien keinen Anlaß, da bei einer Auseinandersetzung über die Nutzung der Marke kein geheimes Know-how oder Einzelheiten aus der Unternehmensakquisition heraus offengelegt werden. Um eine schnelle Rechtsdurchsetzung für den Lizenzgeber zu gewährleisten, verständigt man sich daher auf die Zuständigkeit eines ordentlichen Gerichtes.

28. Schriftform. Vgl. Form. VI.1, Anm. 46.
29. Kartellrecht. Vergleiche Form. VI.1, Anm. 47.

5. License Agreement (im Konzern)

(Gemischter Lizenzvertrag im Konzern)

LICENSE AGREEMENT[1]

between

A.

....
....

(in the following referred to as „Licensor")

and

B.

....
....

(in the following referred to as „Licensee")

WHEREAS[2], Licensee is a wholly-owned subsidiary of Licensor;
WHEREAS, Licensee shall offer within the territory services relative to development, establishment and maintenance of networks of computer terminals;
WHEREAS, Licensor has developed the hardware, software and know-how necessary for a system to establish networks of computer terminals;
WHEREAS, Licensor is willing to license and Licensee desires to license such system to establish networks and the related intellectual and industrial property rights as further defined herein under the terms and conditions hereunder to distribute such system within the territory;
NOW, THEREFORE, the Parties agree as follows:

Article 1. Definitions[3]

„System" means a system to establish networks of Terminals, may it be set up as a local area network (LAN) or a wide area network (WAN).
„Effective Date" means the execution date of this Agreement.
„Intellectual and Industrial Property Rights" means patent rights, utility model rights, copyrights (including, but not limited to, rights in software and the right to make derivative works), mask work rights, trade secrets and secret know-how comprising the System, may those rights have been developed by Licensor or assigned or licensed to Licensor, as

well as trade marks, service marks, trade names and logos used for and in connection with the System.[4]
„Network Interface Specifications" means such specifications for interfaces which are necessary for the System to establish networks.
„Specifications" means the specifications of the System as set forth in Annex 1.[5]
„Terminal" means all kinds of computer terminals used in LAN and WAN networks, including but not limited to personal computers.
„Territory" means the Federal Republic of Germany, Austria, and Switzerland.[6]

Article 2. License Grant[7]

2.1 Licensor herewith grants to Licensee as of the Effective Date an exclusive license to use the Intellectual and Industrial Property Rights for Licensee's activities subject to the terms and conditions of this Agreement. Licensor furthermore grants to Licensee an exclusive license to use and market (distribute) the System hereunder.
2.2 The license is granted for the Territory only.
2.3 The license granted can only be assigned, sublicensed or brought into a partnership with the prior written approval of Licensor.[8]

Article 3. Further License Agreements[9]

3.1 Nothing in this Agreement shall restrict Licensor from negotiating and entering into contracts with third parties in the Territory to directly distribute the System itself, as long as no further distribution license is granted by Licensor.
3.2 Licensee has the right to name certain third parties within the Territory which may not be contacted by Licensor but which are exclusively reserved to Licensee.

Article 4. Delivery of System and Specifications[10]

4.1 Licensor shall deliver to Licensee the necessary hardware and software to enable Licensee to establish one reference System at the premises of Licensee.
4.2 Licensor shall deliver to Licensee the Specifications and Network Interface Specifications to enable Licensee to start its own production of the hardware and software necessary for the distribution of the System.

Article 5. Maintenance of Software[11]

Licensor shall make available to Licensee from time to time new versions of the licensed software, if and when those new versions become available. Nothing in this Agreement shall oblige Licensor to develop such new versions if Licensor within its discretion decides not to do so.

Article 6. Development of Software[11]

6.1 Licensee may request from Licensor to develop specific applications of software to be used in connection with the System.
6.2 The terms and conditions of such development work have to be negotiated in good faith between the Parties. No development shall take place before a written contract has been signed by both Parties.

Article 7. Support Services and Technical Assistance[12]

7.1 Licensor shall make available any and all support services and technical assistance necessary to install, implement, make serviceable, maintain and, in future, upgrade the System with future developments, including the necessary developments to enhance security of the System.

7.2 Licensee shall pay for such support services a lump sum fee of 8% of the yearly turnover of Licensee with the System.

Article 8. Royalties[13]

8.1 Licensee shall pay a variable royalty as consideration for use of the Intellectual and Industrial Property Rights in manufacturing and distributing the System.

8.2 As variable royalty, Licensee shall pay as of the Effective Date:
10% of Licensee's turnover for a turnover up to 2,000,000,— DM
9% of Licensee's turnover for a turnover of more than 2,000,000,— DM up to 5,000,000,— DM
8% of Licensee's turnover for a turnover of more than 5,000,000,— DM.

8.3 The turnover of Licensee is determined net by taking the gross turnover of Licensee with the System deducting costs for shipping and handling, sales rebates and discounts.

Article 9. Fee for Maintenance of Software[14]

Licensee shall pay a fee for maintenance of the software per year of 100,000,— DM.

Article 10. Payment Terms[15]

10.1 All prices set forth in this Agreement are exclusive of VAT and other taxes.
10.2 The payments are due as follows:
   (i) The yearly lump sum fee for support services and technical assistance shall be paid on January 31 of the following year.
   (ii) The variable royalty has to be paid within 20 days after the conclusion of a calender quarter together with submitting the report of Licensee on the turnover of the respective calender quarter.
   (iii) The fee for maintenance of software shall be paid together with the lump sum fee for support services and technical assistance.

Article 11. Secrecy[16]

11.1 Unless otherwise agreed in writing between the Parties, Licensee shall not disclose during the term of this Agreement and thereafter any information relating to the Intellectual and Industrial Property Rights and/or any confidential proprietary information, technical or non-technical, designated by Licensor as confidential information which is disclosed to Licensee under this Agreement including, but not limited to confidential information relating to the System (collectively referred to as „Confidential Information").

11.2 The Parties shall each take all appropriate steps to safeguard the Confidential Information and to protect the Confidential Information against disclosure, misuse, espionage, loss, unauthorized use or theft. The Parties shall oblige their employees and contractors to also keep the Confidential Information secret.

11.3 Documents handed over by Licensor to Licensee may only be handed over to contractors of Licensee after the express written approval of Licensor has been obtained.

11.4 Notwithstanding the foregoing, the following information shall not be deemed Confidential Information:
   (i) Information already owned or possessed by Licensee at the time of disclosure;
   (ii) Information which becomes publicly available without Licensee's breach of the confidentiality obligation hereunder;
   (iii) Information which Licensee received from a third party without any obligation to keep it confidential;
   (iv) Information which is developed by Licensee independently outside the scope of this Agreement.

11.5 The obligation to keep the Confidential Information secret survives this Agreement and continues as long as the Confidential Information has not become known to the public.

Article 12. Piracy[17]

12.1 The Parties shall inform each other immediately if and when they obtain any information on piracy acts in connection with or in relation to the System.

12.2 The Parties shall render to each other any and all help necessary to fight such piracy acts and to defend the proprietary nature of the System, including but not limited to the cooperation in any piracy enforcement litigation. Each party shall cover its costs in connection with such litigation.

Article 13. Restrictions on Use of the Intellectual and Industrial Property Rights[18]

13.1 Licensee shall use the Intellectual and Industrial Property Rights only in connection with the System.

13.2 Licensee shall not remove any copyright or patent notices, trademarks, tradenames, service marks, logos, restricted rights legends, or proprietary or confidential notices from any part of the System or the related documentation.

13.3 Licensee shall not decompile, disassemble or reverse engineer the System or any of the software related to the System.

Article 14. Limited Warranty[19]

14.1 Licensor warrants that the hardware and software made available to Licensee is suitable for the functioning of the System.

14.2 Except for the warranty described in this Article, the System is provided without any other express or implied warranties of any kind.

14.3 Licensee may provide the System to its customers with any warranty Licensee sees fit, provided, however, that Licensee may not oblige Licensor in any respect towards the customers of Licensee. Licensor does not extend any warranty to the customers of Licensee for any of the System supplied.

Article 15. Limited Liability[20]

Licensor shall under no circumstances be liable to Licensee or any of its customers for any damages because of the supplying of the System by Licensee to its customers, including any lost profits, lost savings, increased costs or other direct or indirect damages. This limitation of liability does not apply in case of intent.

Article 16. New Developments[21]

16.1 Any developments to the System shall be undertaken by Licensor only. Licensee may not try to further develop the System.

16.2 All worldwide right, title and interest in any and all new developments in connection with or related to the System shall be owned by Licensor only. Licensee is obliged to report any technical innovation, including discovery and invention, made by its employees in connection with the System and to claim unlimitedly such technical innovation under the provisions of the Arbeitnehmererfindergesetz. Licensee hereby assign to Licensor its rights in such technical invention.

16.3 Licensor shall make available to Licensee any new developments of the System under the terms of this Agreement.

Article 17. Ownership and Validity of Intellectual and Industrial Property Rights[22]

Licensee acknowledges that Licensor is the sole owner of the right, title and interest in the System and the Intellectual and Industrial Property Rights. Licensee undertakes not to

5. License Agreement (im Konzern)

challenge the ownership of Licensor or the validity of the Intellectual and Industrial Property Rights of Licensor.

Article 18. Source Code[23]

18.1 Licensee shall not acquire any rights as to the source code of the software related to the System.

18.2 Licensee acknowledges that the source code is and shall remain in the sole ownership of Licensor.

Article 19. Warranties and Representations[24]

19.1 Licensor declares that it is not aware of any legal deficiencies of the Intellectual and Industrial Property Rights. Licensor assumes no liability for the lack of such unknown deficiencies.

19.2 Licensor does neither guarantee the secrecy of any trade secrets or know-how nor the commercial exploitability and/or readiness for the planned use of such trade secrets or know-how by Licensee.

19.3 Licensor does neither guarantee the protectability and validity of any of the other Intellectual and Industrial Property Rights, nor the commercial exploitability and/or readiness for use of the underlying inventions or creations.

19.4 Licensor warrants that to the best of its knowledge it has full authority to grant the license to Licensee under this Agreement.

Article 20. Third Party Rights and Force Majeure[25]

20.1 If Licensee is charged with infringement of third party rights based on the exploitation of the Intellectual and Industrial Property Rights, it shall immediately inform Licensor about this allegation. Licensee shall defend itself against such an infringement allegation. Licensor has the right, but not the obligation, to join such an infringement proceeding. Each Party shall cover its costs and any damages payable to the third party.

20.2 Neither Party shall be liable for any delay in performing or failure to perform obligations if the delay or failure results from events or circumstances outside its reasonable control (such as strikes, lock-outs, faults of suppliers or subcontractors, acts of God and the like). Such delay or failure shall not constitute a breach of this Agreement and the time for performance shall be extended by a period equivalent to the duration of any such event or circumstance.

Article 21. Taxes and Audits[26]

21.1 Neither Party shall be responsible for the payment of, nor shall it be required to reimburse the other Party for, any taxes or duties of any kind assessed against the other Party by any governmental authority in connection with the subject matter of this Agreement.

21.2 Licensor shall be permitted to examine and audit through an independent third party accounting firm Licensee's accounting books to ascertain whether the accounting of Licensee in connection with the royalty payments is correct. Licensee shall be obliged to reimburse Licensor for the costs of the audit, if the audit reveals that the accounting was not correct, otherwise Licensor shall pay such costs.

Article 22. Term and Termination[27]

22.1 The initial term of this Agreement shall be five (5) years from the Effective Date.

22.2 This Agreement shall be automatically renewed for an additional term of five (5) years from then on, unless one of the Parties terminates this Agreement in writing with a notice period of twelve months prior to the expiration date.

22.3 This Agreement terminates automatically if and when Licensee ceases to be a wholly-owned subsidiary of Licensor.

Article 23. Effect of Termination[28]

23.1 In the event of termination of this Agreement, the Intellectual and Industrial Property Rights shall remain in the ownership of Licensor.

23.2 Licensee shall immediately upon termination cease to make use of the Intellectual and Industrial Property Rights for manufacturing the System. Any and all parts of the System shall be returned to Licensor immediately. Licensor shall reimburse Licensee for any amounts paid in connection with the parts returned.

23.3 The secrecy obligation under Article 11 survives the termination of this Agreement.

Article 24. Disclaimer of Agency and Partnership[29]

Nothing in this Agreement shall be construed in a way as to make one Party the agent of the other Party. No partnership is formed by this Agreement or through the execution of this Agreement.

Article 25. Notices[30]

25.1 All communication between the Parties shall be directed to
in case of Licensor:

....
....
....

in case of Licensee:

....
....

25.2 This notice instruction may be changed unilaterally by either of the Parties by written notice given to the other Party reasonably in advance and in accordance with this Article.

25.3 All notices in connection with this Agreement shall be given in English and in writing and may be given by registered mail, cable, telex or telefax. Any such notice shall be effective when received.

Article 26. Partial Invalidity or Unenforceability[31]

26.1 In case one or more of the provisions contained in this Agreement should be or become fully or in part invalid, illegal or unenforceable in any respect, the validity, legality and enforceability of the remaining provisions contained in this Agreement shall not in any way be affected or impaired thereby. Provisions which are fully or in part invalid, illegal, or unenforceable shall be replaced by a provision which best meets the purpose of the replaced provision.

26.2 The same applies in case of any omission in this Agreement.

Article 27. Governing Law and Jurisdiction[32]

27.1 This Agreement shall be governed by and construed in accordance with the laws of the Federal Republic of Germany, excluding the application of the CISG rules.

27.2 All disputes arising in connection with this Agreement shall be finally settled under the Rules of Conciliation and Arbitration of the International Chamber of Commerce

5. License Agreement (im Konzern) **VI.5**

in Paris by three arbitrators appointed in accordance with the said Rules. Arbitration shall take place in Geneva, Switzerland, and shall be held in the English language.

Article 28. Language and Amendments[33]

28.1 This Agreement has been drawn up both in an English and German language version. The English version shall prevail in case of any contradiction between the two versions.

28.2 All amendments to this Agreement shall be made in writing and shall be signed by the Parties.

Article 29. Entire Agreement[33]

29.1 This Agreement, together with all Annexes hereto, constitutes the entire understanding and agreement of the parties hereto with respect to the subject matter of this Agreement, and supersedes all prior and contemporaneous understandings and agreements, whether written or oral, with respect to such subject matter.

29.2 The Non-Disclosure Agreement of January 1, 1996 shall remain effective between the Parties and shall be deemed to be incorporated into this Agreement by this reference.

IN WITNESS THEREOF, the Parties hereto have executed this Agreement as of the ...... day of ......

....
　　　　　　　Licensor　　　　　　　　　　　　　　　　　Licensee

Übersetzung*

LIZENZVERTRAG[1]

zwischen

A.

(im folgenden „Lizenzgeber" genannt)

und

B.

(im folgenden „Lizenznehmer" genannt)

Der Lizenznehmer ist eine hundertprozentige Tochtergesellschaft des Lizenzgebers;
Der Lizenznehmer soll innerhalb des Vertragsgebietes Dienstleistungen hinsichtlich der Entwicklung, der Errichtung und der Wartung von Netzwerken von Computerterminals anbieten;
Der Lizenzgeber hat die für ein System erforderliche Hardware, Software und das Knowhow entwickelt, um Netzwerke von Computerterminals zu errichten;
Der Lizenzgeber ist bereit, ein solches System zur Errichtung von Netzwerken und die damit zusammenhängenden im folgenden genauer definierten Geistigen und Gewerblichen Schutzrechte unter den folgenden Bestimmungen zum Vertrieb der Systeme im Vertragsgebiet zu lizenzieren, und der Lizenznehmer wünscht, eine solche Lizenz zu erhalten.[2]
Aus diesem Grund einigen sich die Parteien wie folgt:

---

* Diese Übersetzung dient ausschließlich dem besseren Verständnis des englischen Originals; sie erhebt keinen Anspruch auf Verbindlichkeit.

VI.5

Artikel 1. Begriffsbestimmungen[3]

„System" bedeutet ein System, um ein Netzwerk von Terminals zu errichten, mögen sie als örtliche Netzwerke (local area network – LAN) oder als Weitbereichsnetzwerke (wide area network – WAN) errichtet sein.

„Tag des Inkrafttretens" bedeutet das Datum, an dem dieser Vertrag in Kraft tritt.

„Geistige und Gewerbliche Schutzrechte" bedeutet die an dem System bestehenden Patentrechte, Gebrauchsmusterrechte, Urheberrechte (einschließlich, aber nicht beschränkt auf, Rechte an Software und das Recht zur Herstellung abgeleiteter Werke), Halbleiterschutz, Geschäftsgeheimnisse und geheimes Know-how, mögen solche Rechte vom Lizenzgeber entwickelt oder an den Lizenzgeber abgetreten oder lizenziert worden sein, sowie Marken, Dienstleistungsmarken, Handelsnamen und Logos, die für das System und in Zusammenhang mit dem System benutzt werden.[4]

„Netzwerk-Schnittstellenspezifikationen" bedeutet solche Spezifikationen für Schnittstellen, die für das System notwendig sind, um Netzwerke zu errichten.

„Spezifikationen" bedeutet die Spezifikationen des Systems, wie sie in Anlage 1 aufgeführt sind.[5]

„Terminal" bedeutet jede Art von Computerterminals, die in LAN- und WAN-Netzwerken benutzt werden, einschließlich, aber nicht beschränkt auf, Personalcomputer.

„Vertragsgebiet" bedeutet die Bundesrepublik Deutschland, Österreich und die Schweiz.[6]

Artikel 2. Lizenzgewährung[7]

2.1 Hiermit gewährt der Lizenzgeber dem Lizenznehmer vom Tag des Inkrafttretens an eine ausschließliche Lizenz, die Geistigen und Gewerblichen Schutzrechte für die Tätigkeiten des Lizenznehmers gemäß der Bestimmungen dieses Vertrages zu nutzen. Weiterhin gewährt der Lizenzgeber dem Lizenznehmer eine ausschließliche Lizenz, das System gemäß diesem Vertrag zu gebrauchen und zu vermarkten (zu vertreiben).

2.2 Die Lizenz ist nur für das Vertragsgebiet gewährt.

2.3 Die gewährte Lizenz kann nur mit der vorherigen schriftlichen Zustimmung des Lizenzgebers abgetreten, unterlizenziert oder in eine Partnerschaft eingebracht werden.[8]

Artikel 3. Weitere Lizenzvereinbarungen[9]

3.1 Nichts innerhalb dieses Vertrages soll den Lizenzgeber daran hindern, Verträge mit Dritten innerhalb des Vertragsgebiet zu verhandeln und abzuschließen, um das System selbst direkt zu vertreiben, solange keine weitere Vertriebslizenz vom Lizenzgeber gewährt wird.

3.2 Der Lizenznehmer hat das Recht, bestimmte Dritte innerhalb des Vertragsgebiets zu benennen, die nicht vom Lizenzgeber angesprochen werden dürfen, sondern ausschließlich für den Lizenznehmer vorbehalten sind.

Artikel 4. Lieferung des Systems und der Spezifikationen[10]

4.1 Der Lizenzgeber liefert dem Lizenznehmer die erforderliche Hardware und Software, um den Lizenznehmer zu befähigen, ein Referenzsystem in den Räumen des Lizenznehmers aufzubauen.

4.2 Der Lizenzgeber liefert dem Lizenznehmer die Spezifikationen und Netzwerk-Schnittstellenspezifikationen, um den Lizenznehmer zu befähigen, seine eigene Produktion der für den Vertrieb des Systems notwendigen Hardware und Software zu beginnen.

Artikel 5. Wartung der Software[11]

Der Lizenzgeber stellt dem Lizenznehmer von Zeit zu Zeit neue Versionen der lizenzierten Software zur Verfügung, falls und sobald solche neuen Versionen verfügbar sind. Nichts in

5. License Agreement (im Konzern) VI.5

diesem Vertrag soll den Lizenzgeber verpflichten, solche neuen Versionen zu entwickeln, wenn der Lizenzgeber innerhalb seines Ermessens beschließt, dies nicht zu tun.

Artikel 6. Entwicklung der Software[11]

6.1 Der Lizenznehmer kann von dem Lizenzgeber verlangen, spezielle Anwendungen der Software zum Gebrauch im Zusammenhang mit dem System zu entwickeln.

6.2 Die Bedingungen für eine solche Entwicklungsarbeit werden zwischen den Parteien nach Treu und Glauben ausgehandelt. Es wird keine Entwicklung vorgenommen werden, bevor nicht ein schriftlicher Vertrag von beiden Parteien unterzeichnet worden ist.

Artikel 7. Unterstützungsleistungen und technische Hilfe[12]

7.1 Der Lizenzgeber soll sämtliche Unterstützungsleistungen und technische Hilfe verfügbar machen, die notwendig sind, um das System zu installieren, in Betrieb zu nehmen, zu unterhalten, zu warten und in Zukunft mit künftigen Entwicklungen, einschließlich der notwendigen Entwicklungen zur Verbesserung der Sicherheit des Systems, zu verbessern.

7.2 Der Lizenznehmer zahlt für diese Unterstützungsleistungen einen Pauschalbetrag in Höhe von 8% des Jahresumsatzes des Lizenznehmers mit dem System.

Artikel 8. Lizenzgebühren[13]

8.1 Der Lizenznehmer zahlt als Gegenleistung für die Nutzung der Geistigen und Gewerblichen Schutzrechte bei der Herstellung und dem Vertrieb des Systems eine variable Lizenzgebühr.

8.2 Der Lizenznehmer zahlt ab dem Tag des Inkrafttretens folgende variable Lizenzgebühr:
10% des Umsatzes des Lizenznehmers bis zu einem Umsatz von 2.000.000,— DM
9% des Umsatzes des Lizenznehmers für einen Umsatz über 2.000.000,— bis zu 5.000.000,— DM
8% des Umsatzes des Lizenznehmers für einen Umsatz über 5.000.000,— DM.

8.3 Der Umsatz des Lizenznehmers wird netto durch den Gesamtumsatz des Lizenznehmers mit dem System abzüglich Frachtkosten, Umschlagkosten, Verkaufsrabatte und Preisnachlasse bestimmt.

Artikel 9. Gebühr für die Wartung der Software[14]

Der Lizenznehmer zahlt für die Wartung der Software eine Gebühr von jährlich 100.000,— DM.

Artikel 10. Zahlungsbestimmungen[15]

10.1 Alle in diesem Vertrag genannten Preise verstehen sich ausschließlich der Umsatzsteuer und anderer Steuern.

10.2 Die Zahlungen werden wie folgt fällig:
(i) Der jährliche Pauschalbetrag für Unterstützungsleistungen und technische Hilfe ist am 31. Januar des folgenden Jahres zu zahlen.
(ii) Die variable Lizenzgebühr muß innerhalb von 20 Tagen nach Abschluß des Kalenderquartals zusammen mit der Einreichung des Berichtes des Lizenznehmers über den Umsatz des entsprechenden Kalenderquartals bezahlt werden.
(iii) Die Gebühr für die Wartung der Software wird zusammen mit dem Pauschalbetrag für die Unterstützungsleistungen und die technische Hilfe bezahlt.

Chrocziel

Artikel 11. Vertraulichkeit[16]

11.1 Solange es nicht anders in schriftlicher Form zwischen den Parteien vereinbart ist, soll der Lizenznehmer innerhalb der Laufzeit dieses Vertrages und danach keine Informationen bezüglich der Geistigen und Gewerblichen Schutzrechte und/oder keine vertraulichen, geschützten Informationen, seien sie technischer oder nicht-technischer Art, offenlegen, die vom Lizenzgeber als Vertraulichen Informationen bezeichnet und gegenüber dem Lizenznehmer gemäß diesem Vertrag bekanntgegeben worden sind, einschließlich aber nicht beschränkt auf vertrauliche Informationen über das System (zusammen als „Vertrauliche Informationen" bezeichnet).

11.2 Jede Partei unterimmt angemessene Schritte, um die Vertraulichen Informationen zu sichern und die Vertraulichen Informationen gegen Offenlegung, Mißbrauch, Spionage, Verlust, unberechtigten Gebrauch oder Diebstahl zu schützen. Die Parteien werden Ihre Arbeitnehmer und Vertragspartner verpflichten, ebenfalls die Vertraulichen Informationen geheim zu behandeln.

11.3 Vom Lizenzgeber an den Lizenznehmer übergebene Dokumente dürfen nur an Vertragspartner des Lizenznehmers weitergegeben werden, nachdem die ausdrückliche schriftliche Zustimmung des Lizenzgebers erlangt worden ist.

11.4 Ungeachtet des Vorstehenden sollen die folgenden Informationen nicht als Vertraulichen Informationenen angesehen werden:
  (i) Informationen, die dem Lizenznehmer schon zum Zeitpunkt der Offenlegung bekannt waren;
  (ii) Informationen, die ohne Bruch dieser Geheimhaltungspflicht durch den Lizenznehmer öffentlich zugänglich gemacht werden;
  (iii) Informationen, die der Lizenznehmer von Dritten ohne die Verpflichtung, sie geheimzuhalten, erhalten hat;
  (iv) Informationen, die vom Lizenznehmer selbständig außerhalb des Rahmens dieses Vertrages entwickelt wurden.

11.5 Die Verpflichtung, die Vertraulichen Informationen geheimzuhalten, überdauert diesen Vertrag und bleibt solange bestehen, wie die Vertraulichen Informationen nicht der Öffentlichkeit bekannt geworden sind.

Artikel 12. Piraterie[17]

12.1 Die Parteien werden einander sofort informieren, wenn sie irgendwelche Informationen über Pirateriehandlungen im Zusammenhang oder in Verbindung mit dem System erlangen.

12.2 Die Parteien werden einander jede Hilfe leisten, die notwendig ist, um solche Pirateriehandlungen zu bekämpfen und den Schutz des Systems zu verteidigen, einschließlich aber nicht beschränkt auf die Kooperation in Gerichtsverfahren zur Bekämpfung von Pirateriakten. Jede Partei trägt ihre eigenen Kosten im Zusammenhang mit solchen Verfahren.

Artikel 13. Beschränkungen der Nutzung der Geistigen und Gewerblichen Schutzrechte[18]

13.1 Der Lizenznehmer wird die Geistigen und Gewerblichen Schutzrechte nur im Zusammenhang mit dem System benutzen.

13.2 Der Lizenznehmer verpflichtet sich, keine Urheberrechts- oder Patentvermerke, Marken, Handelsnamen, Dienstleistungsmarken, Logos, beschränkte Rechtsvermerke oder Schutz- oder Vertraulichkeitshinweise von irgendeinem Teil des Systems oder der dazugehörigen Dokumentation zu entfernen.

13.3 Der Lizenznehmer darf das System oder irgendeine mit dem System verbundenen Software nicht dekompilieren, disassemblieren oder zurückzuentwickeln (reverse engineering),

5. License Agreement (im Konzern)

Artikel 14. Beschränkte Gewährleistung[19]

14.1 Der Lizenzgeber gewährleistet, daß die Hardware und die Software, die dem Lizenznehmer zugänglich gemacht wurde, für den Betrieb des Systems geeignet ist.

14.2 Außer der in diesem Artikel beschriebenen Gewährleistung wird das System ohne jede andere ausdrückliche oder konkludente Gewährleistung irgendeiner Art zur Verfügung gestellt.

14.3 Der Lizenznehmer kann das System seinen Kunden mit jeder Gewährleistung zur Verfügung stellen, zu der sich der Lizenznehmer in der Lage sieht; der Lizenznehmer darf jedoch den Lizenzgeber in keiner Hinsicht gegenüber den Kunden des Lizenznehmers verpflichten. Der Lizenzgeber erstreckt für kein geliefertes System seine Gewährleistung auf die Kunden des Lizenznehmers.

Artikel 15. Beschränkte Haftung[20]

Der Lizenzgeber haftet dem Lizenznehmer oder irgendeinem seiner Kunden unter keinen Umständen für irgendwelche Schäden aufgrund der Lieferung des Systems durch den Lizenznehmer an dessen Kunden, einschließlich entgangener Gewinne, entgangener Einsparungen, gestiegener Kosten oder anderer direkter oder indirekter Schäden. Diese Beschränkung der Haftung findet keine Anwendung im Falle von Vorsatz.

Artikel 16. Neue Entwicklungen[21]

16.1 Jegliche Entwicklungen des Systems sollen allein vom Lizenzgeber vorgenommen werden. Der Lizenznehmer darf nicht versuchen, das System weiterzuentwickeln.

16.2 Alle weltweiten Rechte an sämtlichen neuen Entwicklungen im Zusammenhang mit oder in bezug auf das System gehören allein dem Lizenzgeber. Der Lizenznehmer ist verpflichtet, über jede technische Innovation, einschließlich der Erfindungen, die von seinen Arbeitnehmern in Zusammenhang mit dem System gemacht werden, zu berichten und solche technischen Innovationen unbegrenzt nach den Bestimmungen des Arbeitnehmer-Erfindergesetzes zu beanspruchen. Der Lizenznehmer tritt hiermit seine Rechte an solchen technischen Innovationen an den Lizenzgeber ab.

16.3 Der Lizenzgeber wird dem Lizenznehmer alle neuen Entwicklungen des Systems nach den Bestimmungen dieses Vertrages zugänglich machen.

Artikel 17. Eigentum und Gültigkeit der Geistigen und Gewerblichen Schutzrechte des Lizenzgebers[22]

Der Lizenznehmer erkennt an, daß der Lizenzgeber der alleinige Eigentümer der Rechte an dem System und der Geistigen und Gewerblichen Schutzrechte ist. Der Lizenznehmer verpflichtet sich, das Eigentum des Lizenzgebers oder die Gültigkeit der Geistigen und Gewerblichen Schutzrechte des Lizenzgebers nicht anzugreifen.

Artikel 18. Source Code[23]

18.1 Der Lizenznehmer erhält im Zusammenhang mit dem System keine Rechte an dem Source Code der Software.

18.2 Der Lizenznehmer erkennt keine Rechte an dem Source Code der Software an, daß der Source Code im alleinigen Eigentum des Lizenzgebers steht und bleiben wird.

Artikel 19. Gewährleistungen und Zusicherungen[24]

19.1 Der Lizenzgeber erklärt, daß er von keinen rechtlichen Mängeln an den Geistigen und Gewerblichen Schutzrechten weiß. Der Lizengeber übernimmt keine Haftung für das Fehlen solcher unbekannter Mängel.

19.2 Der Lizenzgeber garantiert weder den geheimen Charakter irgendwelcher Geschäftsgeheimnisse oder des Know-how noch die geschäftliche Verwertbarkeit und/oder die

Geeignetheit der Geschäftsgeheimnisse oder des Know-how für die geplante Nutzung durch den Lizenznehmer.

19.3 Der Lizenzgeber garantiert weder die Schützbarkeit oder Gültigkeit von irgendeinem der sonstigen Geistigen und Gewerblichen Schutzrechte, noch die geschäftliche Verwertbarkeit und/oder Geeignetheit für die Nutzung der zugrunde liegenden Erfindungen oder Schöpfungen.

19.4 Der Lizenzgeber gewährleistet, daß er nach seinem besten Wissen in vollem Umfange berechtigt ist, dem Lizenznehmer die Lizenz nach diesem Vertrag zu gewähren.

Artikel 20. Rechte Dritter und Höhere Gewalt[25]

20.1 Soweit der Lizenznehmer wegen der Verletzung von Rechten Dritter angegriffen wird, die auf der Verwertung der Geistigen und Gewerblichen Schutzrechte basiert, hat er unverzüglich den Lizenzgeber von diesen Vorwürfen zu informieren. Der Lizenznehmer hat sich selbst gegen solche Verletzungsvorwürfe zu verteidigen. Der Lizenzgeber hat das Recht, aber nicht die Verpflichtung, sich an einem solchen Verletzungsverfahren zu beteiligen. Jede Partei wird ihre eigenen Kosten und jeden an Dritte zu zahlenden Schadensersatz selbst tragen.

20.2 Keine Partei ist für Verzögerungen oder Nichterfüllungen von Vertragspflichten haftbar, wenn die Verzögerung oder die Nichterfüllung aus Ereignissen oder Umständen resultiert, die außerhalb jeder zumutbaren Kontrolle liegen (wie Streiks, Aussperrungen, Fehler von Zulieferern oder Subunternehmern, höhere Gewalt oder Vergleichbares). Solch eine Verzögerung oder Nichterfüllung gilt nicht als Bruch dieses Vertrages, und die Leistungszeit wird um einen Zeitraum verlängert, der der Dauer eines solchen Ereignisses oder Umstands entspricht.

Artikel 21. Steuern und Prüfung[26]

21.1 Keine Partei ist verantwortlich für die Zahlung von Steuern oder Gebühren irgendwelcher Art, die der anderen Partei von Behörden in Zusammenhang mit dem Vertragsgegenstand auferlegt werden, noch ist sie zur Rückerstattung verpflichtet.

21.2 Dem Lizenzgeber ist es erlaubt, die Geschäftsbücher des Lizenznehmers durch eine unabhängige Prüfungsgesellschaft zu untersuchen und zu prüfen, um festzustellen, ob die Buchführung des Lizenznehmers in Zusammenhang mit der Zahlung der Lizenzgebühren korrekt ist. Der Lizenznehmer ist verpflichtet, dem Lizenzgeber die Kosten für die Prüfung zurückzuerstatten, wenn die Prüfung zeigt, daß die Buchführung nicht korrekt war, andernfalls hat der Lizengeber diese Kosten zu tragen.

Artikel 22. Dauer und Kündigung[27]

22.1 Die Anfangslaufzeit des Vertrages beträgt fünf (5) Jahre vom Tag des Inkrafttretens.

22.2 Dieser Vertrag verlängert sich automatisch um eine zusätzliche Laufzeit von fünf (5) Jahren, es sei denn, eine der Parteien kündigt diesen Vertrag schriftlich mit einer Kündigungsfrist von zwölf Monaten vor dem Ablaufdatum.

22.3 Dieser Vertrag endet automatisch, wenn und soweit der Lizenznehmer aufhört, eine hundertprozentige Tochtergesellschaft des Lizengebers zu sein.

Artikel 23. Folgen der Beendigung[28]

23.1 Im Falle der Beendigung dieses Vertrages bleiben die Geistigen und Gewerblichen Schutzrechte im Eigentum des Lizenzgebers.

23.2 Unverzüglich nach Beendigung hat der Lizenznehmer die Nutzung der Geistigen und Gewerblichen Schutzrechte für den Betrieb des Systems einzustellen. Sämtliche Teile des Systems sind sofort an den Lizenzgeber zurückzugeben. Der Lizenzgeber hat dem Lizenznehmer sämtliche im Zusammenhang mit den zurückgegebenen Teilen gezahlten Beträge zurückzugewähren.

23.3 Die Geheimhaltungspflicht gemäß Artikel 11 überdauert die Beendigung dieses Vertrages.

Artikel 24. Keine Stellvertretung oder Partnerschaft[29]

Nichts in diesem Vertrag soll so ausgelegt werden, daß die eine Partei der Vertreter der anderen Partei ist. Durch diesen Vertrag oder durch die Ausführung dieses Vertrags wird keine Partnerschaft gebildet.

Artikel 25. Mitteilungen[30]

25.1 Alle Mitteilungen zwischen den Parteien sollen adressiert werden an

im Falle des Lizenzgebers:
....
....
....

im Falle des Lizenznehmers:
....
....
....

25.2 Diese Mitteilungsanweisung kann von jeder Partei einseitig durch schriftliche Mitteilung geändert werden, soweit diese Mitteilung der anderen Partei angemessen im voraus und in Übereinstimmung mit diesem Artikel zugeleitet wird.

25.3 Alle Mitteilungen im Zusammenhang mit diesem Vertrag sind in Englisch und schriftlich abzugeben und können per Einschreiben, Telegramm, Telex oder Telefax gesendet werden. Jede solche Mitteilung wird mit Zugang wirksam.

Artikel 26. Teilweise Ungültigkeit oder Undurchsetzbarkeit[31]

26.1 Sind oder werden eine oder mehrere Bestimmungen dieses Vertrages in irgendeiner Hinsicht ganz oder in Teilen ungültig, rechtswidrig oder undurchsetzbar, wird die Wirksamkeit, Rechtmäßigkeit und Durchsetzbarkeit der übrigen Bestimmungen dieses Vertrages hierdurch in keiner Weise betroffen oder beeinträchtigt. Bestimmungen, welche ganz oder in Teilen ungültig, unrechtmäßig oder undurchsetzbar sind, werden durch eine Bestimmung ersetzt, die am besten dem Zweck der ersetzten Bestimmung dient.

26.2 Dasselbe gilt im Falle einer Lücke.

Artikel 27. Anwendbares Recht und Gerichtsstand[32]

27.1 Dieser Vertrag unterliegt dem Recht der Bundesrepublik Deutschland. Das UN-Kaufrecht wird ausgeschlossen.

27.2 Alle sich aus dem Vertrag ergebenden Streitigkeiten werden nach der Vergleichs- und Schiedsgerichtsordnung der Internationalen Handelskammer von drei gemäß dieser Ordnung ernannten Schiedsrichtern entschieden. Das Schiedsverfahren findet in Genf, Schweiz, in englischer Sprache statt.

Artikel 28. Sprache und Änderungen[33]

28.1 Dieser Vertrag wurde in einer deutschen und einer englischen Version erstellt. Die englische Version geht im Falle eines Widerspruchs zwischen den beiden Versionen vor.

28.2 Alle Änderungen dieses Vertrages sind schriftlich abzufassen und von den Parteien zu unterzeichnen.

Artikel 29. Gesamter Vertrag[33]

29.1 Dieser Vertrag, zusammen mit allen Anlagen hierzu, stellt die gesamte Vereinbarung der Parteien hinsichtlich des Vertragsgegenstandes dar und ersetzt alle vorherigen und zeitgleichen Überkommen und Vereinbarungen über den Vertragsgegenstand, seien sie schriftlich oder mündlich.

29.2 Der Geheimhaltungsvertrag vom 1. Januar 1996 bleibt zwischen den Parteien in Kraft und gilt durch diese Bezugnahme als Teil dieses Vertrages.

Die Parteien haben diesen Vertrag an dem heutigen Tag . . . . . , dem . . . . . . ausgefertigt.

....
Lizenzgeber   Lizenznehmer

Übersicht

	Seite
1. Sachverhalt	1268
2. Präambel	1269
3. Definition	1269
4. Definition gewerblicher Schutzrechte	1269
5. Definition Spezifikationen	1269
6. Vertragsgebiet	1269
7. Lizenzgewährung	1269
8. Abtretung und Unterlizenz	1270
9. Selbstvertrieb durch Lizenzgeber	1270
10. Spezifikationen und Referenzsystem	1270
11. Pflege und Weiterentwicklung der Software	1270
12. Technische Unterstützung	1270
13. Lizenzgebühr	1270
14. Pflege der Software	1272
15. Zahlungsbedingungen	1272
16. Geheimhaltung	1272
17. Vorkehrung gegen Piraterieakte	1272
18. Nutzungsbeschränkungen	1272
19. Gewährleistung	1272
20. Haftung	1273
21. Weiterentwicklungen	1273
22. Nichtangriffsklausel	1273
23. Quellcode	1273
24. Gewährleistungen	1273
25. Rechte Dritter und höhere Gewalt	1273
26. Abrechnung und Überprüfung	1273
27. Vertragslaufzeit	1274
28. Abwicklung nach Kündigung	1274
29. Vertretungsverhältnis	1274
30. Mitteilungen	1274
31. Salvatorische Klausel	1274
32. Rechtswahl und Gerichtszuständigkeit	1274
33. Schriftform	1274

Anmerkungen

1. Sachverhalt. Das Formular geht von einem im internationalen Lizenzverkehr häufig anzutreffenden Sachverhalt aus. Zwischen zwei Konzernunternehmen wird vereinbart, daß die im deutschsprachigen Raum ansässige Tochtergesellschaft B das Geschäft der Mutter A im Vertragsgebiet betreiben soll. Es wird unterstellt, daß es sich hierbei um

5. License Agreement (im Konzern) VI.5

besondere Dienstleistungen im Zusammenhang mit dem Aufbau von Computernetzwerken handelt, wobei angenommen wird, daß die Muttergesellschaft über Hardware, Software und entsprechendes Know-How verfügt, um solche Computernetzwerke aufzubauen. Der Tochtergesellschaft sollen alle bestehenden gewerblichen Schutzrechte zur Verfügung gestellt werden, um das Geschäft im Vertragsgebiet betreiben zu können. Von besonderer Wichtigkeit ist dabei, daß die Muttergesellschaft versuchen wird, den Gewinn, der bei der Tochtergesellschaft entsteht, zum großen Teil in das Ausland zu verlagern, wobei unterstellt wird, daß die Besteuerung im Ausland für die Muttergesellschaft günstiger ist. Da die Muttergesellschaft A alleiniger Gesellschafter der Tochtergesellschaft B ist, muß darauf geachtet werden, daß Regelungen getroffen werden, die als solche gelten können „wie zwischen Dritten vereinbart", um dadurch zu verhindern, daß die Finanzbehörden die Absprachen nicht anerkennen, sondern von verdeckten Gewinnausschüttungen zugunsten der Muttergesellschaft ausgehen. Letztlich ist eine Regelung „at arms length" auch deswegen zu empfehlen, um nicht der Argumentation die Tür zu öffnen, daß die Tochtergesellschaft nicht wie ein selbständiges Unternehmen betrieben wird und auf diese Weise einen Haftungsdurchgriff zu ermöglichen.

2. Präambel. Vgl. hierzu Form. VI.1, Anm. 2.

3. Definitionen. Vgl. hierzu Form. VI.1, Anm. 3.

4. Definition gewerblicher Schutzrechte. Aufgrund des geschilderten Sachverhaltes findet sich in dieser Definition eine umfassende Aufzählung der möglichen gewerblichen Schutzrechte, die das durch den Lizenznehmer im Vertragsgebiet zu vertreibende System betreffen. Dies hat seinen Grund nicht nur darin, daß man sicher sein will, daß tatsächlich dem Lizenznehmer die volle Bandbreite der bestehenden Schutzrechte zur Verfügung gestellt wird, sondern auch darin, für die Finanzbehörden in glaubhafter Weise darzulegen, daß die Höhe der Lizenzgebühr tatsächlich gerechtfertigt ist.

5. Definition Spezifikationen. Da das System bereits von der Muttergesellschaft, dem Lizenzgeber, voll entwickelt ist und in diesem Zustand auch dem Lizenznehmer zur Verfügung gestellt wird und weiterhin darauf geachtet werden muß, daß tatsächlich das System in seiner Gesamtheit auch so verwendet wird, wie dies der Lizenzgeber vorgesehen hat, wird der Lizenznehmer in einer detaillierten Anlage auf die technischen Spezifikationen dieses Systems festgeschrieben. Auch bei Lizenzverträgen zur Herstellung von Produkten, die bereits vom Lizenzgeber selbst produziert werden, empfiehlt es sich, mit entsprechend ausführlichen Spezifikationen zu arbeiten.

6. Vertragsgebiet. Vgl. Form. VI.1, Anm. 12.

7. Lizenzgewährung. Es handelt sich um einen exklusiven Lizenzvertrag, da der Lizenzgeber, die Konzernmutter, allein ihrer Konzerntochter das Nutzungsrecht im Gebiet einräumen will. Aus kartellrechtlicher Sicht ist dazu zunächst zu bemerken, daß die in der Lizenzgewährung liegende reine Vertriebslizenz nicht den Vorteil der Technologietransfer-Gruppenfreistellungsverordnung, Verordnung Nr. 240/96 (ABl. EG L 1996, 31/1) für sich in Anspruch nehmen kann, da diese Gruppenfreistellungsverordnung für reine Vertriebsabsprachen nicht gilt (Artikel 5 (1) Nr. 5 der Verordnung, Erwägungsgrund 8). Damit müßte für eine reine Vertriebslizenz im Hinblick auf vorgesehene Wettbewerbsbeschränkungen nach EG-Kartellrecht eine Einzelfreistellung bei der Kommission beantragt werden, vgl. hierzu Form. VI.1, Anm. 47.

Die kartellrechtliche Situation kann jedoch völlig außer Betracht gelassen werden, da es sich um eine Vertragsbeziehung im Konzern handelt und auf solche Vertragsbeziehungen weder das nationale noch das europäische Kartellrecht Anwendung findet, da von vornherein kein Wettbewerb besteht, der beschränkt werden könnte. (Zu den Voraussetzungen vgl. im einzelnen *Huber/Baums*, Frankfurter Kommentar, § 1 Rdnrn. 241 ff). Dies erfordert, daß die Konzernunternehmen eine wirtschaftliche Einheit bilden, in deren Rahmen die Tochtergesellschaft ihr Vorgehen auf dem Markt nicht mehr wirklich autonom bestimmen kann, weil sie der Leitung eines anderen Unternehmens untersteht (vgl. Béguelin Import Co. ./. SA GL Import/Export EuGHE, 1971, 949; ICI/Kommission EuGHE 1972, 619; Ahmed Saeed Flugreisen, EuGHE 1989, 803; Viho Europe BV/Kommission, EuG EuZW 1995, 583 – nicht rechtskräftig, und *Lange/Bunte,* Kommentar zum deutschen und europäischen Kartellrecht, 7. Auflage, Art. 85 Rdnr. 108).

8. Abtretung und Unterlizenz. Der Lizenzgeber will sicherstellen, daß die Tochtergesellschaft die zur Verfügung gestellte Technologie selbst ausnutzt und verbietet daher, daß eine Abtretung oder Einräumung einer Unterlizenz durch den Lizenznehmer erfolgt. Vgl. hierzu Form. VI.1, Anm. 40.

9. Selbstvertrieb durch Lizenzgeber. Obwohl dem Lizenznehmer eine „exklusive" Lizenz eingeräumt wird, behält es sich die Konzernmutter das Recht vor, das System im Territorium zu vertreiben. Damit kann die Lizenzgewährung zu einer alleinigen Lizenz werden, sollte der Lizenzgeber tatsächlich dieses Recht ausnutzen. (Zu der Unterscheidung zwischen „exklusiver" und „alleiniger" Lizenz vgl. Form. VI.1, Anm. 7). Dies hat seinen Grund darin, daß die Konzernmutter allein Herr über ihr Geschäft sein will. Zum Schutz der Tochter wird allerdings vorgesehen, daß diese sich bestimmte Vertragspartner exklusiv vorbehalten kann, die dann auch von der Mutter nicht mehr angesprochen werden dürfen.

10. Spezifikationen und Referenzsystem. Der Lizenzgeber stellt dem Lizenznehmer für seine Vertriebstätigkeiten ein Referenzsystem zur Verfügung, das der Lizenznehmer seinen Kunden vorführen kann. Weiterhin wird dem Lizenznehmer auch ermöglicht, selbst Hardware und Software herzustellen, sollte dies der Lizenznehmer wünschen. In einem solchen Falle wandelt sich die reine Vertriebstätigkeit des Lizenznehmers unter dem Vertrag in eine Herstellungstätigkeit um (auf die dann wieder, wäre man außerhalb des Konzernverhältnisses, die Regeln der Technologietransfer-Gruppenfreistellungsverordnung anwendbar sind).

11. Pflege und Weiterentwicklung der Software. Da es sich bei Software um ein Produkt handelt, das relativ schnell veraltet und ständiger Weiterentwicklung bedarf, um am Markt wettbewerbsfähig zu sein, sieht der Vertrag vor, daß der Lizenzgeber sich insoweit verpflichtet, zum einen die Software zu pflegen und dem Lizenznehmer neue Versionen (Updates) der Software zur Verfügung zu stellen, zum anderen aber auch, daß der Lizenznehmer aufgrund der Rückmeldung vom Markt vom Lizenzgeber verlangen kann, daß bestimmte Zusatzsoftware zum System entwickelt werden soll. Über diese Entwicklung müssen die Parteien sich im einzelnen näher abstimmen.

12. Technische Unterstützung. Für den Lizenznehmer ist es bei der technischen Kompliziertheit von Software und Netzwerksystemen besonders wichtig, daß ihn der Lizenzgeber unterstützt und ihm die erforderliche Hilfe zukommen läßt. Artikel 7 des Formulars sieht daher vor, daß der Lizenzgeber diese Unterstützungstätigkeit gegen eine gesonderte Pauschalgebühr zur Verfügung stellt. Dies sollte eine Regelung sein, die auch vor dem steuerlichen Hintergrund der Konzernbeziehung akzeptabel ist. Zur technischen Unterstützung allgemein vgl. Form. VI.1, Anm. 15.

13. Lizenzgebühr. Für den konzerninternen Lizenzvertrag handelt es sich hierbei um das Herzstück der Vertragsbeziehungen. Auf diese Weise sollen im Konzern Erträge der Tochter, die den Vertrieb vornimmt, zu der Mutter als Schutzrechtsinhaberin und Geschäftsherrin transferiert werden. Von der steuerlichen Seite her ist hierzu zu beurteilen, ob das Lizenzverhältnis zwischen den verbundenen Unternehmen in angemessener Weise („wie zwischen Dritten") ausgestaltet ist oder nicht.

Zur Angemessenheit der Lizenzgebühr fällt es schwer, generell verbindliche Richtlinien zu geben. Insbesondere sind die Richtlinien für Arbeitnehmererfindungen (Richtlinie 10 zu § 9 Arbeitnehmererfindergesetz) nicht wirklich hilfreich, da sich dort erhebliche Spannen auftun (vgl. auch Münchener Vertragshandbuch, Bd. 3.1, Form. VI.1, Anm. 4). Es ist daher auf die Grundsätze für die Prüfung der Einkunftsabgrenzung bei international ver-

5. License Agreement (im Konzern)

bundenen Unternehmen vom 23. Februar 1983 (BStBl. 1983 I 218) abzustellen, um zu beurteilen, ob die Lizenzgebühren, die hier vorgesehen sind, zutreffend sind oder nicht. Diese sehen in Ziffer 1.4.1 vor, daß im Verhältnis zum beherrschenden Gesellschafter in aller Regel ein Betriebsausgabenabzug (für die abgeführten Lizenzgebühren und sonstigen Gebühren unter dem Lizenzvertrag) nur anerkannt werden kann, wenn den Aufwendungen im voraus getroffene klare und eindeutige Vereinbarungen zugrunde liegen (vgl. BFH-Urteil vom 3. 11. 1976, BStBl 1977, II, 172; zu den Ausnahmen vgl. BFH-Urteil vom 21. 7. 1982, BStBl II, 761) und wenn wie zwischen Fremden begründete Rechtsansprüche zugrunde liegen. Letzteres stellt einen allgemeinen Grundsatz zur Einkunftsabgrenzung dar, nämlich den Maßstab des Fremdvergleichs. Geschäftsbeziehungen zwischen nahestehenden Unternehmen sind steuerlich danach zu beurteilen, ob sich die Beteiligten wie voneinander unabhängige Dritte verhalten haben. Dies erfordert einen Blick auf die Verhältnisse des freien Wettbewerbs, und es ist zu fragen, wie sich ordentliche und gewissenhafte Geschäftsführer gegenüber Fremden bei Anwendung der üblichen Sorgfalt verhalten hätten (Ziffer 2.1.1 der Verwaltungsgrundsätze). Zur Ermittlung dieser Fremdpreise sind die Daten heranzuziehen, aufgrund deren sich die Preise zwischen Fremden im Markt bilden, d.h. die marktüblichen Preise (Ziffer 2.1.5 der Verwaltungsgrundsätze). Für die Überlassung von Patenten, Know-how oder anderen immateriellen Wirtschaftsgütern sieht Ziffer 5 der Verwaltungsgrundsätze folgendes vor:

„5. Nutzungsüberlassung von Patenten, Know-how oder anderen immateriellen Wirtschaftsgütern; Auftragsforschung

5.1. Allgemeines

5.1.1 Wird einem nahestehenden Unternehmen ein immaterielles Wirtschaftsgut (vgl. Tz. 3.1.2.3.) zur Nutzung überlassen, so ist hierfür der Fremdpreis anzusetzen. Dies gilt auch dann, wenn das empfangende Unternehmen das immaterielle Wirtschaftsgut nicht nutzt, aber einen wirtschaftlichen Nutzen daraus erzielt oder voraussichtlich erzielen wird (z.B. Sperrwirkung bei Vorrats- und Sperrpatenten). Wegen des Rechts auf Führung des Konzernnamens vg. Tz. 6.3.2.

5.1.2 Die Verrechnung von Nutzungsentgelt ist steuerlich nicht anzuerkennen, wenn die Nutzungsüberlassung im Zusammenhang mit Lieferungen oder Leistungen steht, bei denen unter Fremden die Überlassung der immateriellen Wirtschaftsgüter im Preis der Lieferung oder Leistung mit abgegolten ist; ein Ausgleich von Vor- und Nachteilen bei gesonderten Inrechnungstellung von Lieferungen und Leistungen einerseits und für derartige Schutzrechtsüberlassungen andererseits ist anzuerkennen.

5.1.3 Überläßt der Nutzungsberechtigte seinerseits dem Überlasser eine nicht geschützte, die Technik bereichernde oder eine ähnliche Leistung (Know-how), die bei dem Nutzungsberechtigten im Zuge der Nutzung anfällt, so ist dies bei der Prüfung des Entgelts zu berücksichtigen. Überläßt er Know-how unabhängig von der Nutzung, so ist dies wie unter Fremden zwischen den Beteiligten zu verrechnen.

5.2 Ableitung der Fremdpreise

5.2.1 Bei der Verrechnung ist von den tatsächlich zur Nutzung überlassenen einzelnen immateriellen Wirtschaftsgütern auszugehen. Die von einem Lizenznehmer genutzten immateriellen Wirtschaftsgüter können grundsätzlich nur zusammengefaßt werden, wenn sie technisch und wirtschaftlich eine Einheit bilden.

5.2.2 Die Fremdpreise für die Überlassung der immateriellen Wirtschaftsgüter sind grundsätzlich durch den Ansatz von Nutzungsentgelten auf Grund einer sachgerechten Bemessungsgrundlage (z.B. Umsatz, Menge, Einmalbetrag) zu verrechnen. Für die steuerliche Prüfung kann, soweit möglich, das Bundesamt für Finanzen verkehrsübliche Vergütungsspannen für die Überlassung immaterieller Wirtschaftsgüter ermitteln. Bei ihrer Anwendung ist davon auszugehen, daß unter Fremden bei der Nutzungsüberlassung immaterieller Wirtschaftgüter die Bedingungen differenziert ausgehandelt werden.

5.2.3 Läßt sich die Angemessenheit der vereinbarten Lizenzgebühr nach der Preisvergleichsmethode nicht hinreichend beurteilen, so ist bei der Prüfung davon auszugehen, daß eine Lizenzgebühr von dem ordentlichen Geschäftsleiter eines Lizenznehmers regelmäßig nur bis zu der Höhe gezahlt wird, bei der für ihn ein angemessener Betriebsgewinn aus dem lizenzierten Produkt verbleibt.

Der ordentliche Geschäftsleiter wird diese Entscheidung in der Regel auf Grund einer Analyse über die Aufwendungen und Erträge treffen, die durch die Übernahme der immateriellen Wirtschaftsgüter zu erwarten sind. Zum Nachweis vgl. Tz. 9.

5.2.4 Die Kostenaufschlagsmethode kann bei Einzelabrechnung in Ausnahmefällen in Betracht kommen. Die Kosten können als Schätzungsanhalt bei der Verprobung von Lizenzgebühren verwendet werden.

5.3 Auftragsforschung
......"

Bei der Einräumung eines komplexen Systems aus Hardware, Software und know-how sollten im Softwarebereich die angegebenen Lizenzgebühren, die zudem noch degressiv gestaffelt sind, durchaus angemessen sein. Zu Lizenzgebührenabsprachen allgemein vgl. Form. VI.1, Anm. 21 bis 25 und *Groß,* Aktuelle Lizenzgebühren in Patentlizenz-, Know-how- und Computerprogrammlizenz-Verträgen, BB 1995, 885.

14. Pflege der Software. In Softwareverträgen findet sich häufig ein separater Zahlungsbetrag für die Pflegeleistungen des Lizenzgebers. Davon geht auch das Formular aus, das andererseits auch die Zahlungspflichten des Lizenzgebers aus den geschilderten Gründen im Sachverhalt im vollen Umfang ausschöpfen will.

15. Zahlungsbedingungen. Um für einen kontinuierlichen Zahlungsstrom zu sorgen, wird vorgesehen, daß die Lizenzgebühren vierteljährlich zu zahlen sind.

16. Geheimhaltung. Vgl. Form. VI.1, Anm. 39.

17. Vorkehrung gegen Pirateriakte. Das Formular unterstellt, daß die lizenzierte Software als Teil des Systems durch Dritte kopiert werden könnte, da Pirateriprodukte von Software allgemein leicht zu erstellen sind. Es wird daher die Pflicht normiert, daß sich die Parteien über entsprechende Pirateriakte informieren und diese bekämpfen.

18. Nutzungsbeschränkungen. Der Lizenznehmer wird noch einmal darauf hingewiesen, daß er die lizenzierten gewerblichen Schutzrechte nur für das ihm zum Vertrieb überlassene System nutzen darf. In diesem Zusammenhang wird ihm auch auferlegt, Schutzrechtshinweise, die den Lizenzgeber schützen sollen, im System zu belassen und diese, insbesondere die auf der Software befindlichen, nicht zu entfernen. Der letztgenannte Hinweis, daß der Lizenznehmer auch die Software nicht dekompilieren darf, kann im Verhältnis zu dem Konzernunternehmen eine übertriebene Vorsicht darstellen, ist dann aber von Vorteil, wenn das Konzernunternehmen unter Beibehaltung des Lizenzvertrages eines Tages verkauft wird. Zu beachten ist, daß die Paragraphen 69 a ff. UrhG unter den dort vorgesehenen Voraussetzungen dem Nutzer einer urheberrechtlich geschützten Software gewisse Rechte hinsichtlich der Dekompilierung einräumen.

19. Gewährleistung. Der Lizenzgeber will dem Lizenznehmer, d.h. seinem Konzernunternehmen das volle Risiko des Geschäftsbetriebes im Vertragsgebiet überantworten und übernimmt daher im wesentlichen nur die Gewährleistung, daß die Hardware und Software auch tatsächlich für das System geeignet sind. Diese Gewährleistung fällt dem Lizenzgeber nicht schwer, da er selbst das System vertreibt. Weitergehende Gewährleistungen

5. License Agreement (im Konzern) VI.5

werden nicht übernommen und es ist Sache des Lizenznehmers, hier im vollen eigenen unternehmerischen Risiko Gewährleistungen gegenüber seinen Kunden abzugeben.
Zur Gewährleistung vgl. auch Form. VI.1, Anm. 27 bis 30.

20. Haftung. Der Lizenzgeber zeichnet sich ebenso im wesentlichen von jeder Haftung frei, soweit dies nach nationalem Recht möglich ist. § 276 Absatz 2 BGB enthält insoweit die Begrenzung, daß von vornherein auf eine Haftung aus Vorsatz nicht verzichtet werden kann.

21. Weiterentwicklungen. Dem Lizenznehmer wird ausdrücklich verboten, Weiterentwicklungen am System vorzunehmen. Dies hat seinen Grund darin, daß der Lizenzgeber die Kontrolle darüber behalten will, wie sein System im Einzelfall aussieht und er nicht in eine Situation kommen möchte, bei der die Töchter in den einzelnen Vertriebsgebieten unterschiedliche Produkte auf den Markt bringen. Darüber hinaus wird der Lizenzgeber auch noch einmal darauf hingewiesen, daß ihm keine weiteren Entwicklungsrechte zustehen. Dies schon deswegen nicht, weil er gar nicht im Besitz des dazu erforderlichen Quellcodes ist und jede Entwicklungstätigkeit, insbesondere an der Software, ein reverse engineering beinhalten müßte. Weiterentwicklungen des Lizenzgebers sollen dem Lizenznehmer unter den Bestimmungen des Vertrages ohne zusätzliche Lizenzgebühr zur Verfügung gestellt werden. Weiterentwicklungen durch den Lizenznehmer, wären sie erlaubt, müßten rücklizenziert werden, vgl. insoweit Form. VI.1, Anm. 17 bis 19.

22. Nichtangriffsklausel. Der Lizenzgeber läßt sich von seinem Lizenznehmer bestätigen, daß die Rechte am System und den darin verkörperten gewerblichen Schutzrechten allein dem Lizenzgeber zur Verfügung stehen. Die hierin ebenso vorgesehene Nichtangriffsverpflichtung hinsichtlich der Rechtsbeständigkeit (die nunmehr durch die Technologietransfer-Gruppenfreistellungsverordnung zum Gegenstand des Widerspruchsverfahrens gemacht wird, vgl. Artikel 4 (2) b der Verordnung) ist im Konzernverhältnis unproblematisch, da die Kartellrechtsregeln nicht anwendbar sind. Zu beachten ist jedoch, daß im Falle eines Verkaufs des Lizenznehmers der Vertrag dann entsprechend überarbeitet werden muß, damit unwirksame Klauseln vermieden werden.

23. Quellcode. Der Quellcode als wichtigstes Verkörperungsteil der Software wird üblicherweise vom Lizenzgeber dem Lizenznehmer nur sehr ungern, und dann auch in der Regel nur im Rahmen eines Hinterlegungsverhältnisses zur Verfügung gestellt. Das Muster folgt diesem Grundansatz und hält auch gegenüber der Konzerntochter fest, daß diese keine Rechte am source code erwirbt und diesen auch nicht erhält.

24. Gewährleistungen. Vgl. Form. VI.1, Anm. 27 bis 30.

25. Rechte Dritter und höhere Gewalt. Vgl. Form. VI.1, Anm. 36. Die in internationalen Lizenzverträgen relativ häufig anzutreffende Ausformulierung der höheren Gewalt ist nach deutschem Rechtsverständnis an sich nicht erforderlich, da dieses Konzept sowieso jedes Vertragsverhältnis kontrolliert (vgl. *Palandt/Heinrichs*, BGB, 55. Aufl. § 203 Rdnr. 4). Zu beachten ist aber, daß oftmals (so auch im Muster) der Begriff der höheren Gewalt durch die in der Klausel vorhandene Definition erweitert wird (so wird hier auch ein Verschulden der Unterlieferanten zum Fall der höheren Gewalt erklärt). Insoweit muß im internationalen Vertrag der Ausformulierung der höheren Gewalt besondere Aufmerksamkeit gewidmet werden, um auf diese Weise nicht wesentliche Vertragspflichten der Parteien auszuhebeln. In einem normalen Lizenzverhältnis ist eine Regelung zur höheren Gewalt nicht unbedingt erforderlich, da mit der Zurverfügungstellung der Patente oder des know-hows in der Regel die Leistungspflicht des Lizenzgebers erfüllt ist. Da es sich im Muster aber um eine reine Vertriebslizenz handelt, erscheint es angemessen, die höhere Gewalt im Vertragstext selbst näher zu beschreiben.

26. Abrechnung und Überprüfung. Vgl. Form. VI.1, Anm. 26.

27. Vertragslaufzeit. Neben den allgemein bei einer Lizenz an die Vertragslaufzeit zu stellenden Überlegungen (vgl. insoweit Form. VI.1, Anm. 41) ist im Konzernverhältnis darauf hinzuweisen, daß diese dort nicht unbedingt zum Tragen kommen, da es den Parteien darauf ankommt, für ein lang andauerndes Zusammenarbeitsverhältnis zu sorgen. Das Formular sieht daher vor, daß sich die Vertragslaufzeit in Abständen von je 5 Jahren automatisch verlängert. Dies könnte (wäre denn das Kartellrecht anwendbar) bei Wegfall der Schutzrechte oder Offenkundigwerden des Know-hows zum Konflikt führen. Dies gilt aber schon deswegen nicht, weil kartellrechtliche Grundsätze im Konzernverhältnis nicht anwendbar sind. Zum anderen trifft dies auch deswegen zu, da das eingeräumte Nutzungsrecht am Urheberrecht (für die vertriebene Software) wie am Markenrecht keinen zeitlichen Beschränkungen unterliegt. Insoweit ist es sinnvoll, daß sich der Lizenzgeber absichert und die Lizenzgewährung dann enden läßt, sobald der Lizenznehmer nicht mehr sein Tochterunternehmen ist. Dies ist ein sehr sinnvoller Notanker, sollten die Parteien im Zuge eines Unternehmensverkaufes übersehen, den Vertrag explizit zu kündigen. So werden die Parteien noch einmal darauf hingewiesen, daß sie einige der Regelungen neu gestalten müssen (aufgrund der kartellrechtlichen Probleme), wenn der Lizenznehmer aufhört, mit dem Lizenzgeber im Konzern verbunden zu sein.

28. Abwicklung nach Kündigung. Der Lizenznehmer wird verpflichtet, die nicht bereits abverkauften Systeme an den Lizenzgeber im Falle der Kündigung gegen entsprechende Kostenerstattung zurückzuverkaufen. Die Geheimhaltungsverpflichtung überlebt wie üblich die Kündigung des Vertrages.

29. Vertretungsverhältnis. Wiederum geht es dem Lizenzgeber darum, durch das Tochterunternehmen nicht durch entsprechende Erklärungen, die das Tochterunternehmen gegenüber seinen eigenen Kunden fälschlicherweise im Namen des Lizenzgebers abgibt, in die Haftung genommen werden zu können. Daher wird der Lizenznehmer im Vertrag noch einmal darauf hingewiesen, daß dieser Vertrag ihm keine entsprechende Vollmacht einräumt. Vgl. auch Form. VI.4, Anm. 24.

30. Mitteilungen. Vgl. Form. VI.1, Anm. 44.

31. Salvatorische Klausel. Vgl. Form. VI.1, Anm. 45.

32. Rechtswahl und Gerichtszuständigkeit. Vgl. Form. VI.1, Anm. 47 und 48. Letztlich handelt es sich hier im Konzernverhältnis mehr um eine Formsache, da die Konzernmutter aufgrund ihrer Leitungsbefugnis entsprechende Prozesse hinsichtlich Entstehung und Durchführung kontrollieren wird. Das vorgeschlagene Schiedsverfahren unterliegt den Regeln der ICC. Die Formulierung der Klausel folgt dem ICC-Vorschlag.

33. Schriftform. Vgl. Form. VI.1, Anm. 46.

Sachregister

Römische und arabische Zahlen beziehen sich auf die Systematik des Vertragsbuches; Zahlen mit dem Zusatz „Anm." kennzeichnen die betreffende Anmerkung

AA s. Arbitration Act
Abänderungsverpflichtung VI.2 12
Abgaben III.1 33, 38
Abhilfe III.1 74
Ablader V.1 3; V.4 4
Ablöseklausel
– Englischer Franchisevertrag II.5 16
– Französischer Franchisevertrag II.4 69
Abmahnung
– UN-Kaufrecht III.1 81
Abrechnung
– Lizenzvertrag VI.1 26; VI.4 26
Abtrennbarkeit
– Weiterentwicklung von der Technologie VI.1 18; VI.3 11
Abtretung
– Akkreditiv IV.1 9
– Ausschluß der VI.1 40
– Kundenrechte II.3 3
– License Agreement VI.5 8
– Know-How Licensing Agreement VI.3 19
– Patent License Agreement VI.1 40; VI.2 22
– Patent and Know-How License Agreement VI.1 40
– Subunternehmervertrag III.2.2 15
– Trademark License Agreement VI.4 25
Abtretungsverbot
– Konsortialvertrag III.2.3 40
Abzugssteuern
– Fixed or determinable annual or periodical income (USA) IV.7 12
– OTC Derivate IV.7 7, 8, 12, 15, 34, 48
Act of State-Lehre IV.7 30
Additional Termination Event IV.7 47
Advance Payment Guarantee IV.3
– Formular IV.3 2
– Garantiebetrag IV.3 3
– Garantiefall IV.3 5
– rechtsmißbräuchliche Inanspruchnahme IV.3 4
– Rückführung der Garantie IV.3 6
– Sachverhalt IV.3 1
Advising bank III.1 47
AGB-Klauseln
– allgemeine Einkaufsbedingungen III.5 3
– Lieferbedingungen III.4 3
– Qualitätssicherungsvertrag III.3 3
– Vertragshändlervertrag II.2 4
Agency Contract s. Handelsvertretervertrag
Agreement for external Consortium with Consortium Leader s. Konsortialvertrag

Airway-bill IV.1 6
Akkreditiv III.1 39, 45 ff.; IV.1
– Einheitliche Richtlinien und Gebräuche III.1 54
– Eröffnung III.1 47
– Exportvertrag III.1 39
– Nichteröffnung III.1 84
– Nutzbarkeit III.1 49
– Präsentationsfrist III.1 49
– rechtsmißbräuchliche Inanspruchnahme IV.1 13
– Summe III.1 47
– Übertragbarkeit IV.1 9
– Unwiderruflichkeit IV.1 4
– Verfallfrist III.1 49
– Verladefrist III.1 49
– Vorzulegende Dokumente III.1 49
– Zahlstelle III.1 48
Akkreditivauftrag IV.1 3
Akkreditivbank
– Berufung auf höhere Gewalt IV.1 4
– Zahlungsverpflichtung IV.1 5
Akkreditivbetrag
– Zahlungsarten IV.1 8
Akzeptleistung IV.1 7, 8
Alleinbeauftragter Makler II.1 2
Alleinbezugsvereinbarung II.2 3 ff.
Alleinvertriebsvertrag II.2 3 ff.
Allgemeine Einkaufsbedingungen III.5
 s. a. Einkaufsbedingungen
– Abwehrklausel III.5 6
– AGB-Klausel III.5 3
– Angebotsbindung III.5 9
– Angebotsunterlagen III.5 10
– Anspruchskonkurrenzen III.5 18
– Aufhebungsklausel III.5 22
– Ausschließlichkeitsklausel III.5 6
– Einbeziehung III.5 4
– Ersatzlieferung III.5 19
– Formularwahl III.5 2
– Gewährleistungsfrist III.5 17
– Gewährleistungsregeln III.5 16
– Kaufleute III.5 7
– Kaufpreis III.5 11
– Kollision von Bedingungen III.5 5
– Lieferbedingungen III.5 15
– Lieferverzug III.5 14
– Lieferzeit III.5 13
– Rechtsmängel III.5 21
– Rechtsverletzung III.5 20
– Rechtswahl III.5 24

von Würzen 1275

Sachregister

Römische und arabische Zahlen = Formulare

- Schiedsvereinbarung III.5 25
- Schriftform III.5 8
- Zahlungsbedingungen III.5 12

Allgemeine Geschäftsbedingungen VI.1 20
- Französischer Franchisevertrag II.4 5

Allgemeine Lieferbedingungen
s. Lieferbedingungen

Änderungen des Vertrags
- OTC Derivate IV.7 26

Änderungskündigung
- Handelsvertretervertrag II.1 5, 6

Andienung
- Exportgeschäft III.1 26

Anerkenntnisklausel
- Handelsvertretervertrag II.1 7

Anfangszeitpunkt
- Englischer Franchisevertrag II.5 20

Anforderung IV.2 12
- Darlegungspflicht IV.2 12

Anlagengeschäft III.2.1.1

Anlagenvertrag III.2.1
- Abnahme III.2.1 44
- Abnahmefiktion III.2.1 35
- Abnahmeprotokoll III.2.1 46
- Abnahmeverweigerung III.2.1 47
- Änderungsaufträge III.2.1 54
- Anlagen zum Vertrag III.2.1 7
- Anrechnung anderweitigen Erwerbs III.2.1 59
- Arbeitsaufnahme III.2.1 40
- Arbeitsunterbrechung III.2.1 38
- Auftraggeber III.2.1 6
- Baustellenorganisation III.2.1 20
- Betriebsanleitungen III.2.1 8
- Bill of Quantities III.2.1 10
- BOT-Projekte III.2.1 1
- Checkliste III.2.1 4
- Contract Agreement III.2.1 18
- Definitionen III.2.1 5
- Eigentumsübertragung III.2.1 45
- Einweisung von Kundenpersonal beim Anlagenbetrieb III.2.1 9
- Energie- und Wasserversorgung III.2.1 25
- Entwicklungsvertrag III.2.1 31
- Ersatzvornahme III.2.1 53
- Finanzierung III.2.1 56
- Formularwahl III.2.1 2
- Fristen III.2.1 42
- Garantieerwartung III.2.1 51
- Gefahrübertragung III.2.1 45
- Gewährleistung III.2.1 37, 50
- Haftung III.2.1 26
- Haftungsbegrenzungen III.2.1 28
- Höhere Gewalt III.2.1 57
- Ingenieur III.2.1 12
- Inspektionen III.2.1 33
- Konfliktregelung III.2.1 60
- Kündigung III.2.1 38, 39
- Leistungsgarantie III.2.1 49
- Liquidated Damages III.2.1 43
- Lizenzvertrag III.2.1 31
- Mangelbehebung III.2.1 52
- Mitwirkungspflicht des Auftragsgebers III.2.1 24
- Mustervertragsbedingung III.2.1 3
- Neuverhandlungspflicht III.2.1 58
- Patentverletzung III.2.1 30
- Penalty III.2.1 43
- Personal III.2.1 20
- Plant III.2.1 11
- Prüfungspflicht des Unternehmers III.2.1 19
- Rechtsmängelhaftung III.2.1 30
- Rechtswahlklausel III.2.1 16
- Schadensbehebung III.2.1 52
- Schadensersatz III.2.1 43
- Schiedsgerichtsklausel III.2.1 61
- Schiedsgutachten III.2.1 13
- Schutzrechtsverletzungen III.2.1 30
- Selbstunterrichtungsklausel III.2.1 22
- Sicherheiten III.2.1 21
- Special risks III.2.1 57
- Steuerliche Behandlung III.2.1 67
- Subunternehmer III.2.1 15
- Subunternehmervertrag III.2.1 34
- Superintendence III.2.1 23
- Tests III.2.1 33
- Verletzung von Mitwirkungspflichten des Auftragsgebers III.2.1 63
- Versicherung III.2.1 27
- Versicherungsdauer III.2.1 29
- Vertragsgewährung III.2.1 65
- Vertragssprache III.2.1 17
- Vertragsstrafe III.2.1 16, 43
- Vertragsübertragung III.2.1 14
- Vorgezogene Prüfung von Anlagenteilen III.2.1 48
- Wartungsanleitungen III.2.1 8
- Zahlungsabwicklung III.2.1 64
- Zölle III.2.1 55
- Zustelladressen III.2.1 62
- Zustimmungsfiktion III.2.1 35

Anlegerschutz IV.7 30
Anleitungen III.1 14
Anlieferung
- Kosten V.4 11
- Verzug V.4 11

Anmeldung beim Bundeskartellamt VI.1 47
Annahmeverzug III.4 27
Anpassung des Lizenzvertrages VI.3 17
Anschriftenänderung III.1 8
Anzahlungsgarantie s. Advance Payment Guarantee
Arbeitsteilung
- horizontale III.3 16
- vertikale III.3 16

Arbitragegeschäfte
- OTC Derivate IV.7 1

Arbitration II.6 73
- England V.1 6 f.

Zahlen nach Anm. = Anmerkungen der Formulare **Sachregister**

Arbitration Act (UK) V.1 6 f.
Arglistiges Verschweigen III.1 70
Arrest IV.2 16
– Haftung des Charterers für Folgen des –
 V.2 19
ASBATIME-Formular V.1 1, 5
Aufhebungsklausel III.2.3 48
Aufklärungspflicht
– Franchisevertrag II.4 11; II.5 5; II.6 6
Aufrechnung
– Ausschluß III.1 58
– Charterentgelt V.1 5
Aufrechnungsausschluß III.1 58
Auftragsschwäche
– Englischer Franchisevertrag II.5 34
Aufwendungserstattung
– Handelsvertretervertrag II.1 9
Ausfallzeiten V.1 5
Ausfuhrgenehmigung
– UN-Kaufrecht III.1 86
Ausgleichsanspruch
– abstrakter – IV.7 44
– Altersversorgung II.1 13
– Ausschluß/Entfall des – II.1 13
– Ausschlußfrist II.1 13
– Handelsvertretervertrag II.1 13
– Vertragshändlervertrag II.2 18
Ausgleichsanspruch (OTC Derivate)
– First Method IV.7, 20, 45, 55
– gerichtliche und außergerichtliche Kosten
 IV.7 19, 28
– Loss IV.7 19, 37, 43
– Market Quotation IV.7 19, 21, 43
– Pauschalierung IV.7 19
– Replacement Costs IV.7 19
– Second Method IV.7 18, 20, 45, 55
– Währung s. Termination Currency
Auskunftsanspruch
– Vertragshändlervertrag II.2 12
Auskunftshaftung I.3 11
Auskunftspflicht
– Charterer über Ladung V.2 14
– Haftung für falsche Angaben V.2 14
Auskunftsvertrag I.3 5
Ausländischer Handelsvertreter II.1 14
Auslieferung
– Kosten V.4 11
Ausnutzungspflicht VI.3 10
Ausschließlichkeitsbindung
– Konsortialvertrag III.2.3 15
Ausschluß von Ladung V. 1 4
Ausstellerhaftung I.3 11
Automatic Early Termination IV.7 16, 19, 43, 44
Automatic Stay (USA) IV.7 18, 43
Automatische Beendigung s. Automatic Early Termination
Automatische Positionenaufrechnung
 s. Payment Netting

Bankgarantie IV.2
– rechtsmißbräuchliche Inanspruchnahme
 IV.2 15
Bankgeschäfte IV.1 ff.
– Advance Payment Guarantee IV.3
– Anzahlungsgarantie IV.3
– Bietungsgarantie IV.2
– Einbehaltsgarantie IV.6
– Erfüllungsgarantie IV.4
– Gewährleistungsgarantie IV.5
– Irrevocable Documentary Credit IV.1
– Performance Guarantee IV.4
– Retention money guarantee IV.6
– Tender Guarantee IV.2
– unwiderrufliches Dokumentenakkreditiv
 IV.1
– Warranty Guarantee IV.5
Bankruptcy Code 1978 (US) IV.7 18
Barguthaben, Besicherung s. Collateralization
Basler Eigenkapitalempfehlung (1988) IV.7 4,
 7, 18, 19, 20, 34
Bau-Arbeitsgemeinschaft III.2.3 5
Bau-ARGE III.2.3 5
Baustelleneinrichtung
– Subunternehmervertrag III.2.2 25
Befrachter V.4 4, 14
– Kostentragung V.4 11
Befrachtungsvertrag V.1 3
Befristung
– Bedeutung IV.2 9
– Garantie IV.2 9
– Wirksamkeit IV.2 9
Belieferungspflicht
– Vertragshändlervertrag II.2 5 f.
Belieferungsverweigerung
– Französischer Franchisevertrag II.4 10
Bemannungskosten
– Zahlung durch den Reeder V.1 3
Benutzbarkeit
– auf andere Weise IV.1 8
– hinausgeschobener Zahlung IV.1 8
– Sichtzahlung IV.1 8
– vorzeitiger Zahlung IV.1 8
Bergelohn V.4 17
Bergung V.2 24; V.4 17
Berichtspflicht
– Konsignationslagervertrag II.3 12
Bestätigung der Einzeltransaktionen
 s. Confirmations
Besteinsatzklausel
– Englischer Franchisevertrag II.5 58
– Französischer Franchisevertrag II.4 33
– US-amerikanischer Franchisevertrag II.6 38
Besteuerung
– Lizenzgebühren VI.1 24
Beteiligungsverbot II.5 70
Betriebsgeheimnis II.5 54
Beweisfunktion des Konnossements V.4 3
Bezirksvertreter II.1 3

von Würzen   1277

Sachregister

Römische und arabische Zahlen = Formulare

Bezugspflicht VI.1 20
- Freistellungsanspruch in AGB VI.1 20
- US-amerikanischer Franchisevertrag II.6 40

Bietungsgarantie s. Tender Guarantee
Bilan économique II.4 8
Bill of Quantities III.2.1 10
- Subunternehmervertrag III.2.2 9

Binding Agreement Clause I.3 9
blinde Passagiere V.1 4
Bonität des Vertragspartners
- Verschlechterung IV.7 47

Bordkonnossement V.4 3
Börsentermineinwand IV.7 10, 30
BOT-Projekte III.2.1 1
Bretton Woods Abkommen IV.2 7, 17
Building Societies
- England IV.7 10
- Irland IV.7 10
- Spekulationsgeschäfte IV.7 10

Bundeskartellamt VI.1 47
Bundespatentgericht VI.2 1
- Nichtigkeitsklage VI.2 1

Bürgschaft
- Abgrenzung zur Garantie IV.2 8
- auf erstes Anfordern IV.2 12

Calculation Agent
- OTC Derivate IV.7 7

Caps IV.7 1
Cargo exclusion s. Ausschluß von Ladung
Carnet III.1 31
Carrier s. Verfrachter
Charter payment clause V.1 4
Charterentgelt V.1 3, 4; V.3 5
- Abzüge V.1 5
- Aufrechnung nach equity V.1 5
- Sicherung V.1 4
- Verzug V.1 4
- Zahlungsweise V.1 4

Charterer V.2 2
- Ausfallzeiten, off-hire-Klausel V.1 5
- Haftung V.1 4; V.2 19
- Haftungsfreistellung V.2 20
- Pflichten V.2 14
- Schadensersatzansprüche V.1 5
- wirtschaftliche Interessen V.1 5

Charterer's bills of lading V.1 4
Charterkonnossement V.1 4; V.1 4
Charterpapierkonnossement IV. 1 6
Charterparty V.1; V.2
- Kündigung V.1 4

Checkliste
- Anlagenvertrag III.2.1 4
- Subunternehmervertrag III.2.2 4

Cherry picking
- OTC Derivate IV.7 1, 4, 5, 7, 18, 18

Clearing-Stelle
- OTC Derivate IV.7 1

Close-out-Netting IV.7 4, 5, 7, 14, 18, 61
- aufsichtsrechtliche Anerkennung IV.7 4
- Berechnung des Ausgleichsanspruchs IV.7 19
- Multibranch IV.7 18, 50
- rechtliche Anerkennung IV.7 18

Close-out, Affected Transaction IV.7 18, 47
Code of Ethics II.5 5, 102
Collateral agent
- OTC Derivate IV.7 34

Collateralization
- Auswirkungen auf die Eigenkapitalerfordernisse IV.7 34
- Barguthaben, Besicherung IV.7 34
- Bürgschaft IV.7 34
- Credit Support Amount IV.7 34
- dingliche Einigungserklärung IV.7 34
- Eligible Collateral IV.7 34
- Entpfändung IV.7 34
- Garantieversprechen IV.7 34
- Independent Amount IV.7 34
- Insolvenzanfechtung IV.7 34
- Insolvenzfestigkeit des Pfandrechts IV.7 34
- Mark-to-Market-Ansatz IV.7 34
- Minimum Transfer Amount IV.7 34
- Personalsicherheiten IV.7 34
- Representations- IV.7 34
- Sicherungsübertragung IV.7 34
- Single Pledgor-Vereinbarung IV.7 34
- Standby letters of credit IV.7 34
- steuer- und aufsichtsrechtliche Behandlung IV.7 37
- Threshold IV.7 34
- Treuhänder IV.7 34
- Two-way IV.7 34
- Übersicherung IV.7 34
- Untersicherung IV.7 34
- Verpfändung IV.7 34
- Weiterveräußerung der Sicherungsgüter IV.7 34

Comity of nations IV.7 30
Competitive impact-Klausel II.6 40
Computernetzwerke
- Vertrag über den Aufbau VI.4

Condition of closing I.3 2
Conditions of Contract for Works of Civil Engineering Construction s. Anlagenvertrag

Confirmation
- Bedeutung IV.7 1, 5
- Form IV.7 26, 59
- Initiativpflicht IV.7 58
- Schweigen auf IV.7 26
- Telefon IV.7 26, 56
- Telex IV.7 26

Confirming bank III.1 47
Consideration
- Doctrine II.5 6
- Exportvertrag III.1 10

Consignee II.3 1

Zahlen nach Anm. = Anmerkungen der Formulare

Consignment Stock Agreement II.3
s. Konsignationslagervertrag
Consignor II.3 1
Consortium s. a. Konsortialvertrag
Consortium Leader III.2.3
Consumption of bunkers s. Verbrauch des Schiffes
Container V.3 9
– Containertransport V.2; V.3
– Öffnen von – V.2 12
– Seetauglichkeit V.2 7
– Standardcontainer V.2 1, 7; V.3 4, 9
– TEU V.2 1; V.3 4
– Verlust und Schaden V.2 18
Container-Verkehr III.1 20
Contract for Works of Civil Engineering Construction s. Anlagenvertrag
Contract of Quality Assurance
s. Qualitätssicherungsvertrag
Contrat innommé II.4 4
Convention-cadre de place nationale ou internationale (Frankreich) IV.7 18
Corporate Books I.3 1
Credit Support Deed IV.7 34
Credit Support Document IV.7 34
Credit Support Provider IV.7 14
Cross Charterparty V.2
– Abweichung vom Reiseweg V.2 11
– Bergung V.2 24
– Decksverladung V.2 7
– Einsicht in Seetagebuch V.2 13
– gefährliche Güter V.2 8
– Haftung des Charterers V.2 19
– Haftung des Reeders V.2 15 ff.
– Haftungsbegrenzung V.2 17, 21
– Haftungsfreihaltungspflicht des Charterers gegenüber dem Reeder V.2 15, 23
– Haftungsfreihaltungspflicht des Reeders gegenüber dem Charterer V.2 20
– Institute Warranty Limits V.2 5
– Kostentragung und -verteilung V.2 10
– Kündigung V.2 3
– lawful goods in lawful trades V.2 4
– Öffnen der Container V.2 12
– Parteien V.2 2
– Pflichten des Charterers V.2 14
– Pflichten des Reeders V.2 14, 22
– Reiseweg V.2 11
– Schiedsgerichtsbarkeit V.2 25
– seetaugliche Container V.2 7
– sicherer Hafen V.2 6
– Standardcontainer V.2 7
– Überlassung von Stellplätzen V.2 3
– Vergütung für Stellplatztausch V.2 9
– Verlust und Schäden an Containern V.2 18
– Wassertiefe V.2 6
Cross Default s. Event of Default
– Threshold Amount IV.7 41

Cross-Product Netting s. Netting
culpa in contrahendo IV.1 7

Dangerous cargo s. gefährliche Ladung
Darlegungslast IV.2 12; IV.3 5
– Einbehaltsgarantie IV.6 5
– Erüllungsgarantie IV.4 5
– Gewährleistungsgarantie IV.5 5
Darlegungspflicht bezüglich des Garantiefalles IV.2 12
Datenschutz II.5 107
Dauer d. Geheimhaltungsvereinbarung I.2 25
Decksverladung V.2 7; V.4 12, 22
– Ausnahmen vom Verbot der – V.4 22
– Beteiligung an Havariegrosse V.4 22
– Haftung des Verfrachters V.4 22
Deed s. Credit Support Deed
Default Rate
– OTC Derivate IV.7 9, 19
Definitions s. ISDA Definitions
Delkredere-Provision II.1 8
Demand IV.2 12
– Darlegungspflicht IV.2 12
Demurrage s. Liegegeld
Denial of Jurisdiction Clause I.3 3
Derivative Finanzinstrumente
s. a. OTC Derivate
– Beendigung s. Event of Default, Termination Event, Early Termination Date
Derivatives Dealers Act of 1995 (USA) IV.7 10
Derivatives Limitations Act of 1995 IV.7 10
Deviation V.2 11
Devisenbestimmungen IV.2 13
– ausländische IV.7 30
Devisenkassageschäft IV.7 18
Devisenkontrollbestimmung, ausländische IV.7 30
Dienstleistungsmarke II.5 53
Differenzeinwand IV.7 10, 30
Direct Licensing II.5 3; II.6 10
Direktbelieferungsrecht
– Vertragshändlervertrag II.2 5
Diskriminierungsverbot
– Französischer Franchisevertrag II.4 10
Distanzfracht V.4 9
Distributor Agreement
s. Vertragshändlervertrag
Doctrine of implied terms II.5 9
Dokumentäre Zahlungsklausel III.2.3 21
Dokumentationspflicht
– Qualitätssicherungsvertrag III.3 18
Dokumentenakkreditiv, unwiderrufliches
s. Irrevocable Documentary Credit
Dokumenteninkasso III.1 46
Dokumentenvorlage
– Verpflichtung zur – IV.2 12
Doppelbesteuerungsabkommen IV.7 8, 12, 48; VI.1 24

Sachregister

Römische und arabische Zahlen = Formulare

Drittverzugsklausel s. Event of Default, Cross Default
Dual-Use-Waren III.1 28

Early Termination Date
– OTC Derivate IV.7 16
ECE s. Wirtschaftskommission der Vereinten Nationen für Europa (ECE)
Eigenschaftszusicherung III.4 40
Eigentumsvorbehalt III.1 24
– Englischer Franchisevertrag II.5 110
– Exportvertrag III.1 24
– Konsignationslagervertrag II.3 9 f.
– Lieferbedingungen III.4 30 f., 34
Einbehaltsgarantie s. Retention money guarantee
Einfirmenvertreter II.1 1
Eingriffsnormen, ausländische IV.7 30
Einheitliche Richtlinien und Gebräuche für Dokumentenakkreditive s. ERA
Einheitlicher Ausgleichsanspruch
– OTC Derivate IV.7 18
Einheitlicher Vertrag (OTC Derivate) IV.7 4, 61
– rechtliche Anerkennung IV.7 18
Einkaufsbedingungen s. Allgemeine Einkaufsbedingungen
Einredeausschluß III.1 58
Einstandsgebühr VI.1 22; VI.3 13
– Französischer Franchisevertrag II.4 35, 38
Einstandszahlung VI.3 13
Einstweilige Verfügung bei Tender Guarantee IV.2 16
– gegen den Begünstigten IV.2 16
– gegen die Garantiebank IV.2 16
einstweiliger Rechtsschutz IV.1 13; IV.2 16
Eintrittsgebühr
– Englischer Franchisevertrag II.5 26
– US-amerikanischer Franchisevertrag II.6 33
Einweisungstraining
– Englischer Franchisevertrag II.5 87
Einzelfreistellung VI.1 47
Ejusdem-generis-Regel V.1 5
Elektronische Kommunikationsmittel IV.7 26, 26, 59
Eligible financial contracts (kanadischer BIA) IV.7 18
employment-Klausel V.1 4
EMTA Master Options Agreement IV.7 1
Endverbleibserklärung III.1 28
Enforcement of Judgement Clause I.3 9
Englischer Franchisevertrag II.5
– Abrechnungszeitpunkt II.5 16
– Abweichung von der erteilten Franchise II.5 84
– Anfangszeitpunkt II.5 20
– Aufklärungspflicht II.5 5
– Aufrechnungsverbot II.5 78
– Auftragsschwäche II.5 34

– Ausstattung II.5 86
– Beendigung des Franchisevertrages II.5 102, 103
– Berichte über den Verkauf II.5 75
– Bestandgarantie für Immaterialgüterrechte II.5 91
– Besteinsatzverpflichtung II.5 58
– Beteiligungsverbot an Konkurrenzunternehmen II.5 70
– Betriebsförderung II.5 92
– Betriebsgeheimnis II.5 54
– Bezugsbindung II.5 68
– Bruttoumsatz II.5 29
– Buchführung II.5 79
– Code of Ethics II.5 5, 102
– Consideration Doctrine II.5 6
– Datenschutz II.5 107
– Definitionen II.5 15
– Dienstleistung II.5 47
– Dienstleistungsmarke II.5 53
– Direct Licensing II.5 3
– Doctrine of implied terms II.5 9
– Drittlieferant II.5 96
– Eigentumsvorbehalt II.5 110
– Einrichtung II.5 86
– Eintrittsgebühr II.5 26
– Einweisungstraining II.5 87
– Englisches Franchiserecht II.5 4
– Entwicklung des Franchising im Vereinigten Königreich II.5 2
– Eröffnungswerbung II.5 88
– Franchisegebühr II.5 46
– Franchisegeschäft II.5 18
– Franchisekonzept II.5 36
– Fristen II.5 40
– Fundamental Breach II.5 27
– Gebietsschutz II.5 85
– Gebührenzahlung II.5 77
– Geheimhaltungspflicht II.5 66
– Gerichtsstand II.5 111
– Geschäftsausstattung II.5 52
– Geschäftsbezeichnung II.5 43
– Geschäftstag II.5 24
– Geschäftsunfähigkeit des Franchisenehmers II.5 105
– Gleichbehandlung aller Systempartner II.5 98
– Goodwill II.5 28
– Gruppenfreistellungsverordnung II.5 12
– Haftpflichtversicherung II.5 101
– Haftung des Franchisenehmers gegenüber Dritten II.5 100
– Haftungsfreistellung des Franchisegebers II.5 81
– Haftungsfreistellung des Franchisenehmers II.5 99
– Handbuch II.5 35
– Handelsname II.5 51
– Immaterialgüterrechte II.5 31, 65, 91
– Joint Venture II.5 3

Zahlen nach Anm. = Anmerkungen der Formulare **Sachregister**

- Kartellrecht II.5 11
- Kennzeichnungsfragen II.5 59
- Know-how II.5 32
- Kontrolle der Bücher II.5 80
- Kreditgewährung II.5 97
- Kreditlinie II.5 23
- Kundenbindungen II.5 71
- Kundenkontaktmodalitäten II.5 63
- Kundenliste II.5 76
- Limited Company II.5 3
- Marktzugangsstrategie II.5 3
- Master Franchising II.5 3
- Mindestausstattung II.5 38
- Mindestgebühr II.5 37
- Mindestqualität II.5 68
- Mindestumsatz II.5 39
- Misrepresentation II.5 5
- Muster und Modelle II.5 25
- Nachvertragl. Konkurrenzverbot II.5 69
- Parteien II.5 13
- Patent II.5 41
- Pflichten des Franchisegebers II.5 83
- Pflichten des Franchisenehmers II.5 56
- Präambel (Recital) II.5 14
- Preisempfehlung II.5 61
- Pyramidalsysteme II.5 5
- Rechnungsprüfung II.5 79
- Rechtswahl II.5 111
- Representative Liaison Office II.5 3
- Salvatorische Klausel II.5 109
- Schulungsmaßnahmen II.5 64
- Set-off II.5 78
- Standort II.5 33
- Standortbindung II.5 73
- Standortfaktoren II.5 1
- Standortklausel II.5 72
- Systemkonformes Verhalten II.5 57
- Systemwerbung II.5 89
- Tod des Franchisenehmers II.5 105
- Trading Branch II.5 3
- Treu und Glauben, Grundsatz von II.5 8
- Übertragungsverbot II.5 82
- Unterstützung II.5 94
- Urheberrecht II.5 22
- Veräußerung des Franchisegeschäftes durch den Franchisenehmer II.5 106
- Verbindungsbüro II.5 3
- Versicherung II.5 62
- Versicherungsprämie II.5 30
- Vertragsauslegung II.5 9
- Vertragsbedingungen II.5 7, 21
- Vertragsende II.5 49
- Vertragslaufzeit II.5 48
- Vertragsschluß II.5 6
- Vertragsstrafe II.5 104
- Vertragsverstoß II.5 27
- Vertragsware II.5 44, 95
- Vorvertragliche Aufklärungs- und Offenbarungspflichten II.5 5
- Warenzeichen II.5 53
- Werbefonds II.5 45
- Werbegebühr II.5 17
- Werbemaßnahmen II.5 90
- Werbung II.5 60
- Wettbewerbsrecht II.5 10
- Wettbewerbsverbot II.5 67
- Zahltage II.5 42
- Zinsen II.5 108

Entlastungsbeweis III.3 11
Entwicklungsvertrag III.2.1 31
ERA III.1 54; III.2.1 21; IV.1 2, 11; V.4 3
- Rechtsnatur IV.1 11
Erben des Lizenznehmers VI.3 14
Erbfolge
- Vertragshändlervertrag II.2 13
Erfolgsvergütung
- Handelsvertretervertrag II.1 6
Erfüllungsgarantie s. Performance Guarantee
Erfüllungsgehilfe
- Haftung für – V.2 15
Erfüllungsort
- Exportvertrag III.1 97
- Lieferbedingungen III.4 23
- UN-Kaufrecht III.1 97
Erledigung
- schwebender Rechtsstreite VI.2 13
ERMA Master Agreement IV.7 1
Eröffnungswerbung
- Englischer Franchisevertrag II.5 88
Ersatzansprüche, vertragliche V.2 15
Ersatzlieferung III.1 71; III.2.3 43
Ersatzteil III.1 15
Ersatzteilbindung
- Vertragshändlervertrag II.2 11
Ersatzvornahme III.2.1 53
- Subunternehmervertrag III.2.2 42
Erstattung von Investitionen II.2 17
Erste Gesellschaftsrechtliche EWG-Richtlinie IV.7 10
Escrow clause IV.7 7, 52
EU-Konkursabkommen IV.7 18
EU-Solvabilitätsrichtlinie 89/647/EWG IV.7 4, 18, 19, 20
EU-Systemrichtlinie IV.7 7
EUFISERV IV.7 26
EuGVÜ III.2.3 53; IV.7 31
Europäische Währungsunion IV.7 47
Europäisches Recht VI.1 1, 6, 18, 23, 37, 47; VI.4 9; VI.4 7
Event of Default (OTC Derivate) IV.7 5, 14, 16, 19, 20, 55
- Bankruptcy IV.7 14, 18
- Berechnung des Ausgleichsanspruchs IV.7 20
- Breach of Agreement IV.7 14
- Credit Support Default IV.7 14
- Cross Default IV.7 5, 14
- Failure to Pay or to Deliver IV.7 14
- Merger Without Assumption IV.7 14

Sachregister

Römische und arabische Zahlen = Formulare

EWG-Schuldvertragsübereinkommen IV.7 26, 30, 30
Exception de jeu (Frankreich) IV.7 10
Exchange Clearing House (ECHO) IV.7 18
Exklusivität I.1 3, 10
- Französischer Franchisevertrag II.4 27 f.
Explained opinion I.3 9
Export s. Allgemeine Lieferbedingungen
Exportfreimachung III.1 28
Exportvertrag (Maschine) III.1 ff.
- Abgaben III.1 33, 38
- Abmahnung III.1 81
- Abnahme III.1 56
- Akkreditiv III.1 39, 45 ff, 84
- Anleitungen III.1 14
- Anschriftenänderung III.1 8
- Aufrechnungsausschluß III.1 58
- Ausfuhrgenehmigung III.1 86
- Benachrichtigungspflicht III.1 20
- Consideration III.1 10
- Dokumentation III.1 31
- Durchfuhr-/Importfreimachung III.1 31
- Eigentumsvorbehalt III.1 24
- Einredenausschluß III.1 58
- Endverbleibserklärung III.1 28
- Erfüllungsort III.1 97
- Ersatzteile III.1 15
- Exportfreimachung III.1 28
- Fälligkeit III.1 39
- Gefahrübergang III.1 20, 23
- Gerichtsstand III.1 101 f.
- Haftung von Mitarbeitern III.1 96
- Hindernisse III.1 25
- Insolvenzverfahren III.1 83
- Kaufpreis III.1 36
- Kaufvertrag III.1 5
- Kompensationsgeschäft III.1 5
- Lieferhandlungen III.1 18
- Liefermitteilung III.1 22
- Lieferort III.1 18
- Lieferzeit III.1 25
- Nichtzahlung III.1 85
- Preisvorbehalt III.1 36
- Produktinformation für Stoffe III.1 11
- Rechtsverfolgungskosten III.1 44
- Rechtswahl III.1 76
- Schadensersatz III.1 88 ff.
- Schriftform III.1 104
- Schutzrechte Dritter III.1 75
- Selbstspezifikation III.1 12
- Software III.1 13
- Transportdokumente III.1 21, 53
- Transportschaden III.1 66
- Transportversicherung III.1 55
- Unterschriften III.1 105
- Unzumutbarkeit III.1 87
- Verjährungsverkürzung III.1 95
- Versicherung III.1 30
- Vertragsaufhebung III.1 80, 82
- Vertragsgemäßheit III.1 60 ff., s. a. vertragswidrige Leistung
- Vertragsprodukte III.1 11
- Vertragssprache III.1 103
- Währung III.1 41
- Zahlungsort III.1 42
- Zinsen III.1 44
- Zurückhalterecht III.1 35
- Zweite Andienung III.1 26
Ex Work III.4 28

Fabrikationsverantwortung III.3 6
FALCA (Fast And Low Cost Arbitration) V.1 6A.
False Advertising Statutes II.6 6
Fax, OK-Vermerk auf dem Sendebericht IV.7 29
FCA-Klausel III.1 19
FDICIA (USA) IV.7 18, 20
Federal Trade Commission Act II.6 6
Fédération Internationale des Ingénieurs-Conseils s. FIDIC
Federführer III.2.3 37
Fehlerhaftung III.4 40
Fehlfrachtanspruch V.4 11
FEOMA IV.7 1
FIDIC (Fédération Internationale des Ingénieurs-Conseils) III.2.1 2
Financial Contracts (Irland) IV.7 10, 18, 26
Financial Law Panel (England) IV.7 18
Finanzleistungen s. Finanztermingeschäfte (EGInsO)
Finanztermingeschäfte (EGInsO) IV.7 4, 19, 20
FIRREA (USA) IV.7 18
Fixgeschäfte (§ 18 KO) IV.7 18
Flawed assets Klausel IV.7 5
Floating Charge (England) IV.7 34
Floors IV.7 1
Formerfordernisse, vertragliche
- OTC Derivate IV.7 26
Formstatut IV.7 26
Formularwahl
- Einkaufsbedingungen III.5 2
Formvorschrift
- Französischer Franchisevertrag II.4 7
- legal opinion I.3 3
- Lieferbedingungen III.2.3 2
Fortsetzungsklausel
- Konsortialvertrag III.2.3 40
Forum non conveniens IV.7 31
Forwards IV.7 1
Fracht V.4 14
Frachtgebühren V.1 4
- Sicherungspfandrecht V.1 4
Frachtvertrag V.2 1 ff.
Frachtzuschläge V.4 14
Franchisegebühr
- Englischer Franchisevertrag II.5 46
Franchiseorganisationen
- in Frankreich II.4 2

Zahlen nach Anm. = Anmerkungen der Formulare **Sachregister**

Franchisevertrag II.4
- Englischer II.5 s. a. dort
- Französischer II.4 s. a. dort
- US-amerikanischer II.6 s. a. dort
- Zahlungsverzug II.4 37

Französischer Franchisevertrag II.4
- Ablöseklausel II.4 69
- Allgemeine Geschäftsbedingungen II.4 5
- Arbeitsrecht und Franchising II.4 13
- Aufklärungsverpflichtung II.4 11
- Auflösung unbefristeter Franchiseverträge II.4 56
- Belieferungsverweigerung II.4 10
- Bilan économique II.4 9
- Contrat innommé II.4 4
- Diskriminierungsverbot II.4 10
- Einstandsgebühr II.4 35, 58
- Entwicklung des Franchiserechts in Frankreich II.4 1
- Exklusivitätspflicht II.4 28
- Exklusivrechte II.4 27
- Formvorschriften II.4 7
- Franchiseorganisationen II.4 2
- Garantie d'éviction II.4 23
- Geistigen Eigentum, Schutz des II.4 22
- Gerichtsstandsvereinbarung II.4 67
- Geschäftslokal, Ausstattung II.4 41
- Geschäftsverbot II.4 29
- Goodwillausgleich II.4 59
- Haftungsfragen II.4 16
- Information des Franchisegebers II.4 39
- Investitionsersatzanspruch II.4 60
- Juristische Unabhängigkeit des Franchisenehmers II.4 13
- Kartellrecht II.4 9
- Know-how, Übertragung des II.4 21
- Kontrollrechte des Franchisegebers II.4 51
- Lizenzvertragliche Regelungen II.4 20
- Loi Doubin II.4 11
- Markenrecht II.4 19
- Marktverantwortungsbereich II.4 28
- Mindestwarenbestand II.4 43
- Nachforschungspflicht des Franchisenehmers II.4 11
- Nutzungsrechte an Immaterialgüterrechten II.4 18
- Parteien II.4 13
- Pflichten des Franchisegebers II.4 17
- Präambel II.4 12
- Preisbindungsverbot II.4 45
- Preisklausel bei Sukzessivlieferung II.4 50
- Publizitätspflicht für ausländische Zweigniederlassungen II.4 8
- Publizitätspflichtige Unternehmen II.4 8
- Rahmenvertrag II.4 4
- Rechtliche Unmöglichkeit II.4 10
- Rechtsmängelhaftung des Franchisegebers II.4 23
- Rechtsnatur II.4 4

- Rechtsquellen II.4 3
- Rechtswahlklauseln II.4 66
- Refus de vente II.4 10
- Rücknahme des Warenbestandes II.4 62
- Savoir-faire II.4 21, 24
- Schiedsgerichtsvereinbarung II.4 68
- Serviceleistungen des Franchisegebers II.4 25
- Sprachschutzregelungen II.4 6
- Standortfragen II.4 30
- Steuerrecht II.4 14
- Strategieüberlegungen II.4 14
- Systemkennzeichen II.4 40
- Systemkonformes Verhalten II.4 38
- Territoriale Exklusivität II.4 28
- Veräußerung des Franchisegeschäftes II.4 65
- Versicherungspflicht II.4 48
- Vertragsbeendigung II.4 54, 57
- Vertragsgebiet II.4 29
- Vertragsstrafen II.4 64
- Vertragsverlängerung II.4 53
- Vertraulichkeitsklausel II.4 15
- Vorvertragliche Aufklärungspflichten II.4 11
- Vorzeitige Vertragsbeendigung II.4 55
- Werbebeschränkungen II.4 46
- Werbung des Franchisegebers II.4 26
- Wettbewerbsverbot, nachvertragliches II.4 63
- Wettbewerbsverbot, vertragliches II.4 47
- Wiederkehrende Gebühren II.4 36
- Wiederverkaufsbeschränkung II.4 44
- Zahlungsverpflichtungen des Franchisenehmers II.4 34

Freigabeverpflichtung III.2.3 38
Freight-collect-Konnossement V.1 4
Freight-pre-paid-Konnossement V.1 4; V.4 14
Freihalteverpflichtung
- Charterer gegenüber Reeder V.2 15
- Klausel V.2 15
- Reeder gegenüber Charterer V.2 20

Freilager II.3 8
Fremdpreis VI.5 13
Fremdwährungsansprüche, Ausgleichsanspruch IV.7 24
Fremdwährungsklausel III.1 41
Fristlose Kündigung des Handelsvertreters II.1 11
Frustration-Lehre IV.7 47
Fundamental Breach
- Englischer Franchisevertrag II.5 27

Future Contracts (USA) IV.7 10
Futures IV.7 1

G-10 Staaten IV.7 18
Gaming exception IV.7 10
Garantie IV.2 4
- Abgrenzung zur Bürgschaft IV.2 8
- auf erstes Anfordern IV.2 8, 9
- Form IV.2 5
- rechtsmißbräuchliche Inanspruchnahme IV.2 15; IV.3 4; IV.4 4; IV.5 4

von Würzen

Sachregister

Römische und arabische Zahlen = Formulare

- Rückführung der – IV.3 6
- unbefristete – IV.2 9

Garantie d'éviction II.4 23
Garantiebetrag IV.2 7; IV.3 3
- Einbehaltsgarantie IV.6 3
- Erfüllungsgarantie IV.4 5
- Gewährleistungsgarantie IV.5 3

Garantieverpflichtung IV.2 4
- einheitliche Richtlinien IV.2 4

Garantieversprechen
- Form IV.2 5

Garantievertrag IV.2 4
Gebietsbindung
- US-amerikanischer Franchisevertrag II.4C 26

Gebietsschutz
- Englischer Franchisevertrag II.5 85
- US-amerikanischer Franchisevertrag II.6 48

Gefahrguttransporte V.2 8; V.3 8
Gefährliche Güter V.2 8
- Ausnahme vom Verbot der Decksverladung V.4 22

Gefährliche Ladung V.1 4; V.2 8
- Begriff V.1 4

Gefahrtragung
- Konsignationslagervertrag II.3 12

Gefahrübergang III.1 23; III.2.1 45; III.4 28
Gegenseitigkeit (synallagmatische)
- OTC Derivate IV.7 5

Geheimhaltung
- Geheimhaltungsvereinbarung VI.1 6
- Know-How Licensing Agreement VI.3 17
- License Agreement (im Konzern) VI.5 16
- Patent and Know-How License Agreement VI.1 39

Geheimhaltungsschutz
- gesetzlicher I.2 1

Geheimhaltungsvereinbarung I. 2
- Anwendbares Recht I.2 23
- Arbeitnehmer I.2 15
- Begriff I.2 8
- Dauer I.2 25
- Englischer Franchisevertrag II.5 66
- Geheimhaltungsverpflichtung I.2 14
- gesetzlicher Geheimhaltungsschutz I.2 1
- Grenzen der I.2 19
- Know-How-Schutz I. 2 1, 7 ff.
- Laufzeit I.2 24
- Parteien I.2 3
- Patent License Agreement VI.2 19
- Präambel I.2 4
- Verbundene Unternehmen I.2 5, 20
- Vertragsstrafe I.2 18
- Weiterentwicklung von Know-How I.2 12
- 'Whereas'-Klausel I.2 4

Geheimhaltungsverpflichtung
- Patent License Agreement VI.2 19

Geistiges Eigentum II.6 47
Gemeinschaftswerbung II.2 3

Gemischter Lizenzvertrag im Konzern s. License Agreement
Gemischter Patent- und Know-how Lizenzvertrag s. Patent and Know-How License Agreement
Genehmigung
- Außenwirtschaftsgesetz VI.1 47
- Markenlizenz VI.4 18
- Nichterhalten von – VI.3 12
- Vertrieb VI.3 9

General average s. große Havarei
Gentleman Agreement I.1 1
Gerichtsstand IV.1 13; VI.2 25
- Englischer Franchisevertrag II.5 111
- Exportvertrag III.1 101 f.
- Französischer Franchisevertrag II.4 67
- Handelsvertretervertrag II.1 15
- Konsignationslagervertrag II.3 24
- legal opinion I.3 6
- Lizenz und Know-how Vertrag VI.1 48
- OTC Derivate IV.7 31
- Vertragshändlervertrag II.2 21

Gerichtsstandsklausel
s. Gerichtsstandsvereinbarung
Gerichtsstandsvereinbarung I.3 6; II.1 16; II.2 21; II.3 3; III.1 101 f.
- Letter of intent I.1 13
- Lieferbedingungen III.4 52
- Liner Bill of Lading V.4 6
- Tender Guarantee IV.2 18
- US-amerikanischer Franchisevertrag II.6 72

Gerichtszuständigkeit VI.5 32
- Trademark License Agreement VI.4 27

Geschäftsbesorgungsvertrag II.2 1
Geschäftsbezeichnung
- Englischer Franchisevertrag II.5 43

Geschäftsgeheimnis
- US-amerikanischer Franchisevertrag II.6 20

Geschäftsgrundlage, Wegfall VI.3 17
Geschäftsunfähigkeit
- US-amerikanischer Franchisevertrag II.6 60

Geschäftsveräußerung
- Vertragshändlervertrag II.2 13

Geschwindigkeit des Schiffes V.1 5
Gewährleistung
- Anlagenvertrag III.2.1 37, 50
- Aufrechterhaltung der Patente VI.1 29
- Einkaufsbedingungen III.5 16
- Know-How Licensing Agreement VI.3 12
- License Agreement (im Konzern) VI.4 19, 24
- Lizenznehmer VI.1 30
- Nichterhalten behördlicher Genehmigungen VI.3 12
- Patent and Know-How License Agreement VI.1 27 ff.
- Patent License Agreement VI.2 15
- rechtliche Ermächtigung VI.1 28
- rechtliche Fehler VI.1 27

Zahlen nach Anm. = Anmerkungen der Formulare   **Sachregister**

- Rechtsmängelhaftung VI.3 12
- Sachmängelhaftung VI.1 27; VI.3 12
- Trademark License Agreement VI.4 19

Gewährleistungsfrist
- Einkaufsbedingungen III.5 17
- Subunternehmervertrag III.2.2 37

Gewährleistungsgarantie s. Warranty Guarantee

Gewerbliches Eigentum
- US-amerikanischer Franchisevertrag II.6 24

Gewichtsbescheinigung III.1 51

Good Standing I.3 9
- Englischer Franchisevertrag II.5 12

Goodwill
- Englischer Franchisevertrag II.5 28
- Französischer Franchisevertrag II.4 59
- US-amerikanischer Franchisevertrag II.6 62

Grievance Procedure II.6 73

Große Havarei V.4 17
- Berge- und Hilfslohn V.4 17
- Beteiligung der Deckladung V.4 22
- internationales Privatrecht V.4 17

Gruppenfreistellung
- Vertragshändlervertrag II.2 3

Guarantee and Assignment-Klausel IV.7 55

Haager-Visby-Regeln V.4 5, 12, 24

Haftpflichtversicherung V.2 19
- Englischer Franchisevertrag II.5 101

Haftung
- Anlagenvertrag III.2.1 26
- Charterer V.2 19, 20; V.3 11, 12
- Federführer III.2.3 28
- gesamtschuldnerische – III.2.3 20
- Konsortialvertrag III.2.3 18 ff.
- Letter of Intent I.1 12
- License Agreement VI.5 20
- Mitarbeiter III.1 96
- Mitglieder der Schiffsbesatzung V.4 20
- Nichterhaltung behördlicher Genehmigungen VI.3 12
- Qualitätssicherungsvertrag III.3 20
- Reeder V.2 15 ff.; V.3 11, 12
- Regreßmöglichkeiten des Charterers V.2 19
- Schiffskollision V.4 17
- Slot Charter Agreement V.3 12
- Subunternehmervertrag III.2.2 28
- Timecharter NYPE 1946 V.1 4
- Trademark License Agreement VI.4 20
- US-amerikanischer Franchisevertrag II.6 11, 44
- Verfrachter V.4 5, 7, 9, 16, 20, 21

Haftungsausschluß
- Konsortialvertrag III.2.3 19

Haftungsbegrenzung V.2 17, 21
- Anlagenvertrag III.2.1 28
- Containerschäden V.2 18
- Cross Charterparty V.2 17, 21

Haftungsbeschränkung
- legal opinion I.3 10
- letter of Intent I.1 12
- Liner Bill of Lading V.4 20, 21

Haftungsfreistellung
- Charterer V.2 15, 23; V.3 11
- Charterparty V.2 15, 20
- Franchisegeber II.5 81
- Franchisenehmer II.5 99
- Know-How Licensing Agreement VI.3 12
- Lizenzgeber VI.4 20
- Lizenznehmer VI.1 36; VI.4 20
- Patent and Know-How License Agreement VI.1 36
- Reeder V.2 20; V.3 11
- Timecharter NYPE 1946 V.1 4
- US-amerikanischer Franchisevertrag II.6 44
- Vertragshändlervertrag II.2 3

Haftungsfreizeichnung III.4 41

Handelsbrauch IV.1 7

Handelsmakler II.2 2

Handelsname
- Englischer Franchisevertrag II.5 51
- US-amerikanischer Franchisevertrag II.6 22

Handelsrechnung III.1 51, 52; IV.1 6

Handelsvertreter II.1 1
- Provisionsanspruch II.1 6
- ständig betrauter – II.1 2
- Tätigkeitspflichten II.1 3
- Untervertreter II.1 3

Handelsvertretervertrag II.1
- Abgrenzung II.1 2
- Abrechnungsanspruch II.1 7
- Altersversorgung II.1 13
- Änderungskündigung II.1 5, 6
- Anerkenntnisklausel II.1 7
- Aufwendungserstattung II.1 9
- Ausgleichsanspruch II.1 13
- Ausländischer Handelsvertreter II.1 14
- Ausschlußfrist II.1 13
- Bezirksvertreter II.1 3
- Delkredere-Provision II.1 8
- Dispositionsrecht II.1 5
- Einfirmenvertreter II.1 1
- Erfolgsvergütung II.1 6
- Fälligkeit der Provision II.1 6
- fristlose Kündigung II.1 12
- Gerichtsstand II.1 15
- Handelsmakler II.2 2
- Handelsvertreter II.1 1
- Informationspflicht II.1 5
- Interessenwahrnehmungspflicht des Handelsvertreters II.1 2
- Kartellrecht II.1 4
- Kommissionär II.1 2
- Kostentragungsklausel II.1 7
- Kündigung II.1 11 f.

Sachregister

Römische und arabische Zahlen = Formulare

- Lagerhaltung II.1 3
- Makler II.1 2
- Mindestumsatz II.1 3
- ordentliche Kündigung II.1 11
- Preisnachlaß II.1 6
- Probezeit II.1 11
- Provisionsanspruch II.1 6
- Rechtswahl II.1 14
- Schadensersatzpflicht II.1 4
- Ständig Betrauter II.1 2
- Tätigkeitspflichten des Handelsvertreters II.1 3
- Teilkündigung II.1 11
- Überhangprovision II.1 6
- Untervertreter II.1 3
- Verjährung II.1 10
- Vertragspflichten II.1 4
- Vertragsstrafe II.1 4, 14
- Verwirkung des Kündigungsrechts II.1 12
- Wettbewerbsabrede II.1 14
- Zahlungsunfähigkeit des Kunden II.1 6

Händlersicherheit II.3 20
Harter Act V.4 24
Hauptpflichten
- OTC Derivate IV.7 5

Havariegrosse s. große Havarei
Havariegrosse-Folgen V.4 17
Heads of Agreement I.1 1
Hedge-Geschäfte IV.7 1, 10, 37, 43
Herkunftsfunktion
- Marke VI.4 18

HERMES-Deckung III.1 46
Herstatt-Risiko Settlement Risk
Herstellereigenschaft VI.1 11; VI.3 12; VI.4 20
Herstellergarantie II.2 10
Herstellerpflicht II.3 17
Hilfslohn V.4 17
Himalaya-Klausel V.4 21
Hinterlegungsbefugnis
- allgemeine – der Garantiebank IV.2 14

Hinterlegungsklausel s. Escrow clause
Hire s. Charterentgelt
Höhere Gewalt IV.1 4, 10; V.4 19; VI.4 25
- Anlagenvertrag III.2.1 57
- Konsortialvertrag III.2.3 29
- License Agreement VI.5 25
- OTC Derivate IV.7 14, 47
- Rechtsfolgen IV.1 10
- Verhältnis zur Unwiderruflichkeit IV.1 10
- Voraussetzungen IV.1 10

Hypothekenbank IV.7 10

IC s. Internationale Einfuhrbescheinigung
ICC s. Internationale Handelskammer
ICOM Master Agreement IV.7 1
Immunitätsverzicht
- OTC Derivate IV.7 33

Import s. Allgemeine Einkaufsbedingungen

Impossibility-Klausel
- OTC Derivate IV.7 14, 47

INCOTERMS III.1 1, 20 ff., 99
- Abnahme III.1 56
- Benachrichtigungspflicht III.1 20
- Fälligkeit III.1 39
- FAS-Klausel III.1 20
- FCA-Klausel III.1 19
- FCL-Klausel III.1 19
- Gefahrübergang III.1 20
- Sonstige Käuferpflichten III.1 57

Indexierung VI.1 21
Indossament IV.2 11
Informationspflicht
- Handelsvertretervertrag II.1 5

Ingenieur III.2.2 7
Inhaberwechsel
- Vertragshändlervertrag II.2 13

Inkassoprovision II.1 6
Inland Revenue extra statutory concession C 17 (UK) IV.7 12
Insolvenz
- US-amerikanischer Franchisevertrag II.6 59

Insolvenzanfechtung, Netting by Novation IV.7 7
Insolvenzverfahren
- UN-Kaufrecht III.1 83

Institute Warranty Limits V.2 5
Instruktionsverantwortung III.3 7
Interessen, wirtschaftliche
- Charter V.1 5
- Reeder V.1 4

Interessenkollision
- Legal opinion II. 3 7
- Letter of Intent I.1 7

Interessenwahrnehmungspflicht
- Handelsvertreter II.1 2

Internal Revenue Service (USA) IV.7 48
Internationale Einfuhrbescheinigung (IC) III.1 28
Internationale Handelskammer (ICC) III.1, IV.1 11
- Schiedsverfahren VI.5 32

Internationale Zuständigkeit
- Gerichtsstandsklausel IV.2 18; V.4 6
- jurisdiction V.4 6
- Liner Bill of Lading V.4 6

Internationales Insolvenzrecht IV.7 50
Internationales Privatrecht
- große Havarei V.4 17
- Irrevocable Documentary Credit IV.1 12
- Know-How Licensing Agreement VI.3 23
- License Agreement VI.4 32
- Patent and Know-How License Agreement VI.1 47
- Patent License Agreement VI.2 24
- Schiffszusammenstöße V.4 17
- Tender Guarantee IV.2 17
- Trademark License Agreement VI.4 27

Zahlen nach Anm. = Anmerkungen der Formulare

Sachregister

Investitionsersatz
- Französischer Franchisevertrag II.4 60
- US-amerikanischer Franchisevertrag II.6 63

Investments (UK Financial Services Act) IV.7 10

Irrevocable Documentary Credit IV. 1
- Akkreditivauftrag IV.1 3
- anwendbares Recht IV.1 12
- Arten der Zahlung des Akkreditivbetrages IV.1 8
- Dokumente IV.1 6
- einstweiliger Rechtsschutz IV.1 13
- ERA 500 IV.1 11
- Formular IV.1 2
- Handelsrechnung IV.1 6
- höhere Gewalt IV.1 4, 10
- Rechtsverfolgung IV.1 13
- Sachverhalt IV.1 1
- Transportdokumente IV.1 6
- Übertragbarkeit des Akkreditivs IV.1 9
- Unwiderruflichkeit des Akkreditivs IV.1 4
- Verfalldatum IV.1 7
- Versicherungsdokumente IV.1 6
- Zahlungsverpflichtung der Akkreditivbank IV.1 5

ISDA (Adresse) IV.7 1
- Bond Option Confirmation IV.7 1
- Caps Addendum IV.7 1, 45
- Commodity Derivatives Definitions IV.7 1
- Credit Support Dokumente IV.7 1
- Definitions IV.7 1, 60
- Equity Option Definitions IV.7 1
- FX and Currency Option Definitions IV.7 1
- IRCEA IV.7 1
- Local Currency – Single Jurisdiction Master Agreement IV.7 1
- Market Advisory Service IV.7 31
- Multicurrency-Cross Border Master Agreement IV.7 1
- Option Addendum IV.7 1
- US Municipal Counterparty Definitions IV.7 1

Issuing bank III.1 47
IWF-Abkommen IV.7 7, 30

Joint Venture I.1 5
- Englischer Franchisevertrag II.5 3

Joint Venture Agreement III.2.3
jurisdiction s. internationale Zuständigkeit
Juristische Personen des öffentlichen Rechts
- OTC Derivate IV.7 10

Jury Waiver IV.7 31

Kapitalanlagegesellschaften
- OTC Derivate IV.7 10

Kapitän
- Haftung für – V.1 4
- Verpflichtungen V.1 4

Kartellrecht VI.1 1, 32 ff., 47; VI.2 23; VI.3 1, 21; VI.4 9, 29; VI.4 7
- Englischer Franchisevertrag II.5 11
- europäisches VI.1 1, 6, 18, 23, 32 ff., 47; VI.4 9
- Französischer Franchisevertrag II.4 9
- Handelsvertretervertrag II.1 4
- Konsortialvertrag III.2.3 48
- Meistbegünstigungsklausel VI.1 37
- Nichtangriffsverpflichtung VI.1 32 ff.; VI.2 14; VI.3 18; VI.4 22
- Technologietransfer Gruppenfreistellungsverordnung VI.1 1, 5, 7, 8, 11 ff.; VI.2 14; VI.3 1, 4 ff.; VI.4 7, 9, 22
- Trademark License Agreement VI.4 9, 29
- US-amerikanischer Franchisevertrag II.6 9
- Vertragshändlervertrag II.2 2 ff.

Kassageschäfte IV.7 1
Kaufmännisches Bestätigungsschreiben I.1 2; III.1 4
Kaufpreisherabsetzung
- UN-Kaufrecht III.1 73

Kaufpreisminderung III.4 45
Kaufvertrag
- Exportvertrag III.1 5

Kennzeichnungsfragen II.5 59
Kfz-Leasing II.2 2
Know-how VI.1 6
- Begriff VI.1 6
- Englischer Franchisevertrag II.5 32
- Französischer Franchisevertrag II.4 21
- offenkundiges – VI.3 20
- Offenkundigwerden VI.3 17, 20
- Schutz I.2 1, 7 ff.
- Zurverfügungstellung VI.1 10

Know-How Licensing Agreement VI.3
- Abtretbarkeit VI.3 19
- aktiver Vertrieb VI.3 6
- Anpassung VI.3 17
- anwendbares Recht VI.3 23
- Anwendungsbereich VI.3 8
- Ausnutzungspflicht VI.3 10
- Definitionen VI.3 3
- Einschluß weiterer Technologien VI.3 15
- Erben des Lizenzgebers VI.3 14
- Geheimhaltung VI.3 17
- Genehmigung VI.3 9
- Gewährleistungen VI.3 12
- Kartellrecht VI.3 21
- Kündigung VI.3 4
- Laufzeit VI.3 20
- Lizenzgebühr VI.3 13
- Lizenzgewährung VI.3 4
- Mindestumsatz VI.3 10
- Nichtangriffsverpflichtung VI.3 18
- passiver Vertrieb VI.3 7
- Präambel VI.3 2
- Rechte Dritter VI.3 16
- Sachverhalt VI.3 1

Sachregister

Römische und arabische Zahlen = Formulare

- Schiedsklausel VI.3 24
- Schriftform VI.3 22
- Serienreife VI.3 4, 9
- Sonderkündigungsrecht VI.3 4
- Unterlizenz VI.3 19
- Verbesserungen VI.3 11
- Vertragsgebiet VI.3 5
- Weiterentwicklungsverpflichtung VI.3 9

Know-how Lizenz s. Know-How Licensing Agreement
Know-how Lizenzvertrag s. Know-How Licensing Agreement
Know-how-Verträge VI.1 ff.
Kommissionär II.1 2
Kompensationsgeschäft III.1 5
Konfliktregelung
- Anlagenvertrag III.2.1 60

Kompensationsgeschäft III.1 5
Konkurrenzverbot
- Englischer Franchisevertrag II.5 69

Konnossementsrechtsverhältnis V.4 1 ff.
Konsignationslager II.3 1
Konsignationslagervertrag II.3
- Abtretung der Kundenrechte II.3 3
- AGB-Beschränkungen II.3 4
- Auswahlkriterium II.3 2
- Benachrichtigungen II.3 25
- Berichtspflicht II.3 12
- Besteinsatzklausel II.4 33
- Distributorship Agreement II.3 1
- Eigentumsverhältnisse II.3 9, 10
- Eigentumsvorbehalt II.3 9 , 10
- Entnahme II.3 15
- Freilager II.3 8
- Gefahrtragung II.3 12
- Gerichtsstand II.3 24
- Geschäftsraummiete II.4 31
- Händlerpflichten II.3 13
- Händlersicherheit II.3 20
- Herstellerpflichten II.3 17
- Konsignationslager II.3 1
- Kontrollrecht II.3 12
- Ladenlokal II.4 30
- Lager II.3 7
- Lagerort II.3 3, 10
- Produkthaftung II.3 26
- Rechtswahl II.3 2, 23
- Sachmängelhaftung II.3 14
- Schiedsklausel II.3 24
- Security interest II.3 11
- Sicherungsrechte II.3 3, 10 f.
- Territorialitätsprinzip II.3 3
- Übernahmepflicht II.3 16
- Vergütung II.3 19
- Verlust II.3 12
- Versicherung II.3 12
- Vertragsbeendigung II.3 23
- Vertragscharakter II.3 5
- Vertragsdauer II.3 21

- Verwahrungserlös II.3 10
- Vollstreckungszugriff II.3 12
- Warenliste II.3 7
- Zahlungspflicht des Händlers II.3 18

Konsortialvertrag III.2.3; V.2 1 ff.
- Abtretungsverbot III.2.3 40
- Angebotsphase III.2.3 8
- Ausschließlichkeitsbindungen III.2.3 15
- Ausschreibungsbedingungen III.2.3 9
- Beschlußfassung III.2.3 35
- Beteiligungsschlüssel III.2.3 10
- Durchführungsphase III.2.3 21
- Federführer III.2.3 37
- Formularswahl III.2.3 2
- Fortsetzungsklausel III.2.3 40
- Gemeinsamer Zweck III.2.3 6
- Gesamtschuldnerische Haftung III.2.3 20
- Geschäftsführungsausschuß III.2.3 14; III.2.3 34
- Haftung des Federführers III.2.3 28
- Haftung III.2.3 25
- Haftungsausschluß III.2.3 19
- Haftungsumfang III.2.3 18
- Höhere Gewalt III.2.3 29
- Kartellrecht III.2.3 48
- Kostenersatz III.2.3 13
- Kundenvertragsbeendigung III.2.3 33
- Leistungen in der Durchführungsphase III.2.3 21
- Leistungsgarantie III.2.3 32
- Leistungskoordination III.2.3 38
- Minderungen III.2.3 26, 27
- Pauschalierte Minderungen III.2.3 26, 27
- Präambel III.2.3 3
- Rechtsform III.2.3 5
- Rechtswahl III.2.3 44
- Risikobegrenzung im Außenhandel III.2.3 23
- Schäden III.2.3 30
- Schiedsklausel III.2.3 45
- Schlußformel III.2.3 42
- Schriftform III.2.3 41
- Schutzrechte III.2.3 24
- Sicherheitsleistungen III.2.3 16
- Sitz III.2.3 7
- Steuern III.2.3 47
- Stilles Konsortium III.2.3 5
- Unterauftragnehmer III.2.3 11, 12
- Unterausschuß III.2.3 36
- Versicherung III.2.3 31
- Vertragssprache III.2.3 46
- Vertragsstrafe III.2.3 27
- Vertragsumfang III.2.3 4
- Vertraulichkeit III.2.3 39
- Verzug III.2.3 27
- Zahlungsanspruch III.2.3 17
- Zusatzaufträge III.2.3 22
- Zustellungsadresse III.2.3 43

Zahlen nach Anm. = Anmerkungen der Formulare

Sachregister

Konsortium V.2 1 ff.; III.2.3
– stilles – III.2.3 5
Konstruktionsverantwortung III.3 5
Kontowechsel
– OTC Derivate IV.7 6
Kontrollrecht
– Konsignationslagervertrag II.3 12
– US-amerikanischer Franchisevertrag II.6 45
Konzern
– Lizenzverträge s. License Agreement
Kosten
– Garantien IV.2 19
– Ladung, Löschung, Auslieferung V.4 11
– legal opinion I.3 12
– Patent License Agreement VI.2 26
Kostentragungsklausel
– Handelsvertretervertrag II.1 7
Kreditäquivalenzbetrag IV.7 34
Kreditlinie
– Englischer Franchisevertrag II.5 23
Kreditrisiko IV.7 1
– Multiplikationsfaktor für Gewichtung IV.7 34
Kundenlisten
– Englischer Franchisevertrag II.5 76
Kundenrechte
– Abtretung II.3 3
Kündigung
– Abwicklung des Lizenzvertrages nach – VI.4 28
– Charterparty V.1 4, 5
– Cross Charterparty V.2 3
– exklusiver Lizenzen VI.3 4
– Lizenzgeber VI.4 23
– OTC Derivate s. Termination Event, Event of Default
– Patent and Know-How License Agreement VI.1 18, 42, 43
– Subunternehmervertrag III.2.2 40
– Trademark License Agreement VI.4 23
– US-amerikanischer Franchisevertrag II.6 57
– Vertragshändlervertrag II.2 14 f.
Kündigung des Handelsvertreters II.1 11 f.
– fristlose – II.1 12
– ordentliche – II.1 11
– Teilkündigung II.1 11
– Verwirkung des Kündigungsrechts II.1 12
Kündigungsrecht IV.2 9
– Verwirkung II.1 12

Ladung
– Kosten für – V.4 6
– Verantwortung des Verfrachters V.4 22
Lagerhaltung
– Handelsvertretervertrag II.1 3
Lagerort II.3 3, 10
Landesbanken IV.7 10
Lawful Owner Clause I.3 9
Legal existence I.3 9

Legal opinion I.3
– OTC Derivate IV.7 7, 10, 49
– Adressat I.3 5
– Anwendbares Recht I.3 6
– Anwendungsbereich I.3. 1
– assumptions I.3 3, 10
– Aufbau I.3 3
– Auskunftshaftung I.3 11
– Auskunftsvertrag I.3 5
– Aussteller I.3 4
– Ausstellerhaftung I.3 11
– Binding Agreement Clause I.3 9
– Condition of closing I.3 2
– Corporate Books I.3 1
– Denial of Jurisdiction Clause I.3 9
– Documents I.3 8
– Enforcement of Judgement Clause I.3 9
– Explained opinion I.3 9
– Fahrlässigkeit I.3 11
– Form I.3 3
– Gerichtsstandsvereinbarung I.3 6
– Haftungsbeschränkung I.3 10
– Haftungsrisiko I.3 10
– Interessenkollision I.3 7
– Kosten I.3 12
– Lawful Owner Clause I.3 9
– Legal Existence and Good Standing I.3 9
– No Violation Clause I.3 9
– Operativer Teil I.3 9
– Opinion Letter I.3 1
– Power Clause I.3 9
– Qualifications I.3 10
– Rechtswahl I.3 6
– Reservations I.3 10
– Standesrecht I.3 7
– Third-Party-Legal-Opinion I.3 1
– Transfer Documents I.3 1
– Zweck I.3 1
Leichter V.4 10
Leistungsbegrenzung III.2.2 10
Leistungsgarantie
– Anlagenvertrag III.2.1 43
– Konsortialvertrag III.2.3 32
Leistungskoordination
– Konsortialvertrag III.2.3 38
Leistungsverweigerungsrecht
– OTC Derivate IV.7 51
Letter of Intent I.1
– Anwendungsbereich I.1 1
– Bindungswirkung I.1 11
– Gentleman Agreement I.1 1
– Gerichtsstandsklausel I.1 13
– Haftung I.1 12
– Haftungsbeschränkungen I.1 12
– Heads of Agreement I.1 1
– Memorandum of Understanding I.1 1
– Option I.1 1
– Rahmenvertrag I.1 1
– Rechtsgrundlagen I.1 4

Sachregister

Römische und arabische Zahlen = Formulare

- Regelungsumfang I.1 12
- Vorvertrag I.1 1
- Zweck I.1 1

Lex rei sitae IV.7 34, 34
License Agreement VI.5
- Abrechnung VI.5 26
- Abtretung VI.5 8
- Abwicklung nach Kündigung VI.5 28
- Fremdpreise VI.5 13
- Geheimhaltung VI.5 16
- Gerichtszuständigkeit VI.5 32
- Gewährleistung VI.5 19, 24
- Haftung VI.5 20
- höhere Gewalt VI.5 25
- Kartellrecht VI.5 7
- Lizenzgebühr VI.5 13, 15
- Lizenzgewährung VI.5 7
- Nichtangriffsklausel VI.5 22
- Nutzungsbeschränkungen VI.5 18
- Pflege der Software VI.5 11, 14
- Präambel VI.5 2
- Quellcode VI.5 23
- Rechte Dritter VI.5 25
- Rechtswahl VI.5 32
- Referenzsystem VI.5 10
- Sachverhalt VI.5 1
- salvatorische Klausel VI.5 31
- Schriftform VI.5 33
- Selbstvertrieb durch Lizenzgeber VI.5 9
- Spezifikation VI.5 10
- technische Unterstützung VI.5 12
- Überprüfung VI.5 26
- Unterlizenz VI.5 8
- Vertragsgebiet VI.5 6
- Vertragslaufzeit VI.5 27
- Vertretungsverhältnis VI.5 29
- Verwaltungsgrundsätze für die Überlassung von Patenten VI.5 13
- Vorkehrung gegen Pirateriakte VI.5 17
- Weiterentwicklung der Software VI.5 11
- Weiterentwicklungsverbot VI.5 21
- Zahlungsbedingungen VI.5 15

Lieferbedingungen III.4
- Abänderung III.4 9
- AGB-Klauseln III.4 3
- Änderungsvorbehalt III.4 24, 47
- Angebot III.4 11
- Annahmeverzug III.4 27
- Aufhebungsklausel III.4 48
- Ausschluß von Bedingungen des Käufers III.4 7
- Bestellung III.4 12 ff.
- Dokumentäre Zahlungsklausel III.4 21
- Eigenschaftszusicherung III.4 40
- Eigentumsvorbehalt III.4 30, 31, 34
- Einbeziehung III.4 4
- Erfüllungsort III.4 23
- Ersatzlieferung III.4 43
- Ex Work III.4 28
- Fehlerhaftung III.4 40
- Formularwahl III.4 2
- Freigabeverpflichtung III.4 38
- Gefahrübergang III.4 28
- Geltungsbereich III.4 10
- Gerichtsstandsvereinbarung III.4 52
- Haftungsfreizeichnung III.4 41
- Kaufpreis III.4 15
- Kaufpreisminderung III.4 45
- Kollision von Bedingungen III.4 5
- Lieferverzug III.4 25
- Mängelbeseitigung III.4 46
- Mängelgewährleistung III.4 39
- Nachbesserung III.4 44
- Parteiautonomie III.4 51
- Preisanpassungsklausel III.4 17
- Preisbestandteile III.4 18
- Preisliste III.4 16
- Rechtswahl III.4 50
- Rücktritt vom Vertrag III.4 26
- Rügefrist III.4 42
- Schadensersatz III.4 26
- Schriftform III.4 6
- Sorgfaltspflichten III.4 33
- Spezifizierung III.4 11
- UN-Kaufrecht III.4 2
- Verarbeitungsklausel III.4 35
- Verbindung III.4 36
- Verkaufsbedingungen III.4 1
- Vermischung III.4 36
- Vollstreckung in Vorbehaltseigentum III.4 37
- Vorformulierung III.4 8
- Zahlungsbedingungen III.4 19
- Zahlungsverzug III.4 22, 32
- Zuständigkeitsvorbehalt III.4 53

Liefermitteilung III.1 22
Lieferort
- Exportgeschäft III.1 18

Lieferverträge III.1 ff.
Lieferverzug III.4 25
Lieferzeit
- Exportgeschäft III.1 25

Liegegeld V.4 24, s. a. Wartegeld
- Ladehafen- V.4 24
- Löschhafen- V.4 24
- Schuldner V.4 24

Limited Company II.5 3
Limited-Two-Way-Payment s. Ausgleichsanspruch (OTC Derivate), First Method
Liner Bill of Lading V.4
- Ablader V.4 4
- Beförderung auf einem anderen Schiff V.4 9
- Befrachter V.4 4
- Berge- und Hilfslohn V.4 17
- Beweisfunktion des Konnossements V.4 3
- Bordkonnossement V.4 3
- Decksverladung V.4 12, 22
- Definitionen V.4 4
- Distanzfracht V.4 9

Zahlen nach Anm. = Anmerkungen der Formulare

Sachregister

- Fehlfrachtanspruch V.4 11
- Formular V.4 2
- Fracht V.4 14
- Gerichtsstandsklausel V.4 6
- große Havarei V.4 17, 22
- Haftung des Verfrachters V.4 5, 7, 9, 16, 20 f.
- Handel mit den USA V.4 24
- Inhalt und Funktion V.4 3
- internationale Zuständigkeit V.4 6
- Kosten für Ladung, Löschung, Auslieferung V.4 11
- lebende Tiere V.4 12
- Leichter V.4 10
- Liegegeld V.4 24
- Nebenleistungen V.4 14
- Optionshafen V.4 12
- Optionsladung V.4 13
- Paramount-Clause V.4 5
- Pfandrecht des Verfrachters V.4 15
- Sachverhalt V.4 1
- Schriftformerfordernis V.4 3
- Übernahmekonnossement V.4 3
- Verfrachter V.4 3, 4
- Verzug des Verfrachters V.4 16
- Wartegeld V.4 24

Linien-Konnossement s. Liner Bill of Lading
Liquidated Damages III.2.1 43
List of open issues I.1 8
Lizenz
- alleinige – I.1 7
- Ausnutzungspflicht VI.3 10
- exklusive – I.1 7; VI.3 4; VI.4 1, 9; VI.4 7
- Know-how – VI.1 9
- Nutzungsbeschränkung VI.4 10, 11; VI.5 18
- Patent- VI.1 7
- Pauschal- VI.2 10
- Rechtsvorbehalt VI.1 13
- Umfang VI.2 7
- US-amerikanischer Franchisevertrag II.6 20

Lizenz- und Know-how-Verträge VI.1 ff.
- gemischter Lizenzvertrag im Konzern VI.5
- gemischter Patent- und Know-how Lizenzvertrag VI.1
- Know-How Licensing Agreement VI.3
- Know-how Lizenzvertrag VI.3
- License Agreement VI.5
- Markenlizenzvertrag VI.4
- Patent and Kow-How License Agreement VI.1
- Patent License Agreement VI.2
- Patentlizenzvertrag VI.2
- Trademark License Agreement VI.4

Lizenzgeber
- Erben des – VI.3 14
- Kündigung VI.4 23
- Selbstvertrieb VI.5 9
- Verbesserung der Technologie durch – VI.1 19
- Verpflichtungen VI.1 31; VI.2 17

Lizenzgebühr VI.2 9, 11; VI.3 13; VI.4 14
- Abrechnung und Überprüfung VI.1 26; VI.4 26
- bei Verbesserung und Weiterentwicklung VI.1 18
- Besteuerung VI.1 24
- Fremdpreise VI.5 13
- Höhe und Ausgestaltung VI.1 21
- License Agreement VI.5 13, 15
- Mindest- VI.1 1, 22, 25
- nach Kündigung VI.1 43
- nach Offenkundigwerden oder Wegfall der Patente VI.1 23
- Patent and Know-How Licensing Agreement VI.1 7, 25, 43
- Trademark License Agreement VI.4 14
- Verwaltungsgrundsätze für Überlassung von Patenten VI.5 13
- Wertsicherungsklausel VI.1 21
- Zahlungsbedingungen VI.2 11; VI.4 15

Lizenzgewährung VI.2 8; VI.3 4; VI.4 9
- exklusive – über Marken VI.4 9
- kartellrechtliche Fragen VI.4 9
- License Agreement VI.5 7
- negative – VI.2 8, 18

Lizenznehmer
- Änderung der Beteiligungsstruktur VI.4 23
- Änderung der Rechtsform VI.4 23
- Freistellung von Schadensersatzansprüchen VI.1 36
- Gewährleistung VI.1 30
- Rücklizenz VI.1 18
- Veräußerung eines Teilgeschäftsbetriebs VI.4 23
- Verbesserung der Technologie durch – VI.1 17
- Verfolgung Dritter VI.4 22

Lizenzvertrag s. a. License Agreement; Patent and Know-How License Agreement
- Anlagenvertrag III.2.1 31

Lizenzvertrag, gemischter s. License Agreement
Local Business Day IV.7 36
Loi Doubin II.4 11
Loi Toubon IV.7 25
London Code of Conduct IV.7 20, 26, 57, 58
London Maritime Arbitrator's Association (LMAA) V.1 6 f.

Löschung
- Kosten V.4 11

Luftfrachtbrief IV.1 6
Lufttransportdokument IV.1 6
Lugano Abkommen IV.7 31

Makler II.1 2
- alleinbeauftragter – II.1 2

Mängelbeseitigung III.4 46
Mängelgewährleistung III.4 39
- Rechtsmängel bei Franchise II.4 23

Margins IV.7 1

von Würzen

Sachregister

Römische und arabische Zahlen = Formulare

Marken VI.4
- Französischer Franchisevertrag II.4 19
- Nutzung VI.1 11
- US-amerikanischer Franchisevertrag II.6 17
- Verbot der Aufnahme in die Firma VI.4 12
- Verletzung VI.4 22

Markenlizenzvertrag s. Trademark License Agreement

Markenverletzung VI.4 22

Markenware
- Vertragshändlervertrag II.2 8

Market Contracts
- UK Companies Act IV.7 18

Markt-oder Börsenpreis (EGInsO) IV.7 4

Marktbewertungsmethode s. Ausgleichsanspruch (OTC Derivate), Market Quotation

Marktkultur IV.7 31

Marktverantwortungsgebiet II.2 5

Marktzutrittsmodalitäten II.4 14; II.6 10

Master Energy Price Swap Agreement IV.7 1

Master Franchising II.5 3; II.6 10

Meistbegünstigungsklausel VI.1 37
- kartellrechtliche Fragen VI.1 37

Memorandum of Understanding I.1 1

Minderung
- pauschlierte – III.2.3 26 f.

Mindestabnahme II.2 7

Mindesthaftung
- Verfrachter V.4 5

Mindestgebühr
- Franchise II.5 27
- Lizenz- VI.1 1, 22
- Zahlung VI.1 25

Mindestqualitätsstandard
- Franchise II.5 68
- Patent and Know-How Licensing Agreement VI.1 38
- Trademark License Agreement VI.4 15

Mindestumsatz
- Franchise II.5 39
- Handelsvertreter II.1 3
- Know-How Licensing Agreement VI.3 10
- US-amerikanischer Franchisevertrag II.6 41

Mindestwarenbestand
- Französischer Franchisevertrag II.4 43

Minusdeckungssumme IV.1 b

Misrepresentation
- OTC Derivate IV.7 10, 14

Misrepresentation II.5 5

Mißbrauch der Vertretungsmacht
- OTC Derivate IV.7 10

Mitteilungen, Form
- OTC Derivate IV.7 29

Modellpolitik II.2 6

Multibranch Parties IV.7 7, 18, 50

Muster und Modelle
- Englischer Franchisevertrag II.5 25

Mustervertrag III.2.1 3; III.2.2 3

Nachbesserung III.4 44
- UN-Kaufrecht III.1 72
- vor Abnahme III.2.2 35

Nachnahme III.1 46

Naturereignisse s. höhere Gewalt

Nebeninsolvenzverfahren IV.7 18

Nebenleistungen V.4 14

Negative Interest Rates IV.7 53

Negativtest VI.1 47

Negoziierung IV.1 7, 8

Netting
- by novation IV.7 7, 7, s. a. Payment Netting
- Cross Product IV.7 7
- konnexe Forderungen IV.7 18
- Multilaterale Interbanken IV.7 18
- of Financial Contracts Act 1995 (Irland) IV.7 10, 18
- Optionsrechte IV.7 54

Neuverhandlungspflicht
- Anlagenvertrag III.2.1 58

Nichtangriffsverpflichtung
- Eigentümerstellung VI.1 32
- Know-How Licensing Agreement VI.3 18
- License Agreement VI.5 22
- Notwendigkeit der Patente VI.1 34
- Patent and Know-How License Agreement VI.1 32 ff.
- Patent License Agreement VI.2 14
- Rechtsbeständigkeit VI.1 33
- Trademark License Agreement VI.4 22

Nichtigkeitsklage VI.2 1

No Agency – Klausel IV.7 55

No Violation Clause I.3 9

Nominated bank III.1 47

Non-Disclosure-Agreement I.2
s. Geheimhaltungsvereinbarung

Novation IV.74, s. a. Netting by novation

Nutzung VI.4 10, 11
- Ausschluß durch Lizenzgeber VI.1 8
- Beschränkung der Art der – VI.4 11
- Know-how VI.1 1 ff.
- Marken VI.1 11
- Patente VI.1 1 ff.
- Verwaltungsgrundsätze VI.5 13

Nutzungsberechtigung
- Beschränkung VI.4 10, 11

Nutzungsbeschränkungen VI.5 18

Nutzungsüberlassung
- Verwaltungsgrundsätze VI.5 13

Nutzungsuntersagung
- Zahlungsverzug V.1 4

NYPE 93-Formular V.1 1

OECD-Musterabkommen IV.7 12

Off-hire s. Ausfallzeiten

Offene Rechnung III.1 46

Öffentliches Haushaltsrecht
- OTC Derivate IV.7 10

Öffentlichrechtliche Versicherungen
– OTC Derivate IV.7 10
One Way Payment-Methode s. Ausgleichsanspruch (OTC Derivate), First Method
Open price terms II.6 36
Opinion Letter s. Legal opinion
Option
– Letter of Intent I.1 1
– OTC IV.7 1
Optionshafen V.4 12
Optionsladung V.4 13
Ordentliche Kündigung
– Handelsvertreter II.1 11
Ordre Public-Vorbehalt IV.7 25, 30
OTC-Derivate
– Collateralization s. dort
– ISDA Rahmenvertrag IV.7
– Verzugszinsen s. Default Rate
Over-the-counter
– OTC IV.7 1
Owner s. Reeder
Owner's bills of lading V.1 4

Paramount-Clause V.4 5
– bei mitverschuldeter Kollision V.4 17
Parteiautonomie III.4 51
Parteien d. Franchisevertrags II.5 13
Patent and Know-How License Agreement VI.1
– Abtretung und Unterlizenzen VI.1 40
– Aufzeichnungen über Benutzung der Technologie VI.1 26
– Ausschluß durch den Lizenzgeber VI.1 8
– Bezugspflicht VI.1 20
– Definitionen VI.1 3 ff.
– Einstandsgebühr VI.1 22
– Geheimhaltung VI.1 39
– Genehmigung nach Außenwirtschaftsgesetz VI.1 47
– Gerichtsstand VI.1 48
– Gewährleistungen VI.1 27 ff.
– internationales Privatrecht VI.1 47
– Kartellrecht VI.1 47
– Know-how Lizenz VI.1 9
– Know-how Zurverfügungstellung VI.1 10
– Kündigung VI.1 18, 42
– Lizenzgebühren VI.1 21, 23, 25, 43
– Meistbegünstigungsklausel VI.1 37
– Mitteilungen VI.1 44
– Nichtangriffsverpflichtung VI.1 32 ff.
– Nutzung der Marken VI.1 11
– Patentlizenz VI.1 7
– Präambel VI.1 2
– Qualitätsvorgaben VI.1 38
– Rechte Dritter VI.1 36
– Rechtsbeständigkeit der Patente VI.1 31
– Rechtsverletzung durch Dritte VI.1 35
– Rechtsvorbehalt VI.1 13
– Rechtswahl VI.1 47

– Rücklizenz an Weiterentwicklungen VI.1 18
– Sachverhalt VI.1 1
– salvatorische Klausel VI.1 45
– Schiedsverfahren VI.1 48
– Schriftform VI.1 46
– Steuern VI.1 24
– technische Ausbildung VI.1 15
– technischer Anwendungsbereich VI.1 14
– Verbesserungen durch den Lizenznehmer VI.1 17
– Verbesserungen durch den Lizenznehmer VI.1 19
– Vertragsgebiet VI.1 12
– Vertragslaufzeit VI.1 41
– Wettbewerb durch den Lizenznehmer VI.1 16
– Widerspruchsverfahren VI.1 32, 33, 47
Patent License Agreement VI.2
– Abänderung des patentverletzenden Gegenstandes VI.2 12
– Abänderungsverpflichtung VI.2 12
– Abtretbarkeit VI.2 21
– Angriffe Dritter VI.2 16
– Aufrechterhaltung der Patente VI.2 17
– Definition VI.2 3 ff.
– Erledigung der schwebenden Rechtsstreite VI.2 13
– Geheimhaltungsverpflichtung VI.2 19
– Gerichtsstand VI.2 25
– Gewährleistung VI.2 15
– internationales Privatrecht VI.2 24
– Kartellrecht VI.2 22
– keine Verbesserungen VI.2 18
– Kosten VI.2 26
– Laufzeit VI.2 20
– Lizenzgebühren VI.2 9, 11
– Lizenzgewährung VI.2 8
– Lizenzumfang VI.2 7
– Nichtangriffsverpflichtung VI.2 14
– Pauschallizenz VI.2 10
– Präambel VI.2 2
– Rechtswahl VI.2 24
– Sachverhalt VI.2 1
– Schiedsgerichtsklausel VI.2 25
– Schriftform VI.2 27
– technischer Bereich VI.2 6
– Unterlizenz VI.2 21
– US-amerikanischer Franchisevertrag II.6 19
Patent VI.1 5
– Aufrechterhaltung VI.2 17
– Franchisevertrag II.5 41
– Gewährleistung VI.1 27 ff.
– Offenkundigwerden VI.1 23
– Rechtsbeständigkeit VI.1 31
– Wegfall VI.1 23
Patentlizenz VI.1 7
– exklusive VI.1 7
– Inhalt des Rechts VI.1 7
– nicht exklusive VI.1 7
Patentlizenzvertrag s. Patent License Agreement

Sachregister

Römische und arabische Zahlen = Formulare

Patentverletzung
- Anlagenvertrag III.2.1 30

Pauschalierte Minderung III.2.3 27
Pauschallizenz VI.2 10
Pay or Extend IV.2 10
- Rechtsmißbräuchlichkeit IV.2 10

Payment Netting IV.7 7, 10, 50
- Multibranch IV.7 7

Penalty III.2.1 43
Pensionsgeschäfte IV.7 18
Performance Guarantee IV.4
- Darlegung des Garantiefalles IV.4 5
- Formular IV.4 2
- Garantiebetrag IV.4 3
- rechtsmißbräuchliche Inanspruchnahme IV.4 4
- Sachverhalt IV.4 1

Pfandrecht des Verfrachters V.4 15
Pflege der Software VI.5 11, 14
Physical Settlement IV.7 6, 9
Piraterieakte
- Vorkehrungen VI.5 17

Plant III.2.1 11
Potential Event of Default IV.7 38
Power Clause I.3 9
Power to disclaim s. Wahlrecht des Konkursverwalters
Präambel III.1 9; II.5 14; II.4 12
Präsentationsfrist
- Akkreditiv III.1 49

Preisanpassungsklausel III.4 17
Preisbindungsverbot
- Französischer Franchisevertrag II.4 45

Preisempfehlung
- Englischer Franchisevertrag II.5 61

Preisgleitklausel III.1 36
Preisnachlaß
- Handelsvertretervertrag II.1 6

Preisvorbehalt
- Exportgeschäft III.1 36

Preisvorbehaltsklausel III.1 36
Probezeit
- Handelsvertretervertrag II.1 11

Produktbeobachtungsverantwortung III.3 8
Produkthaftung
- Know-How Licensing Agreement VI.3 12
- Konsignationslagervertrag II.3 26
- Patent and Know-How License Agreement VI.1 11
- Qualitätssicherungsvertrag III.3 4, 8, 14
- Trademark License Agreement VI.4 10, 20

Produktinformation für Stoffe III.1 11
Produktrecht III.1 64 f.
Proforma-Invoice III.1 3
Provision des Handelsvertreters II.1 6
- Abrechnungsanspruch II.1 7
- Anerkenntnisklausel II.1 7
- Aufwendungserstattung II.1 9

- Delkredere-Provision II.1 8
- Erfolgsvergütung II.1 6
- Fälligkeit der Provision II.1 6
- Inkassoprovision II.1 6
- Kostentragungsklausel II.1 7
- Preisnachlaß II.1 6
- Überhangprovision II.1 6
- Verjährung II.1 10
- Zahlungsunfähigkeit des Kunden II.1 6

Prozeßstandschaft
- Trademark License Agreement VI.4 22

Prozeßverschleppung V.1 6
Prüfungspflicht
- Subunternehmer III.2.2 12

Public Policy IV.7 30
Publizitätspflicht für ausländische Zweigniederlassungen II.4 8
Publizitätspflichtige Unternehmen II.4 8
Purchase of Goods
  s. Allgemeine Einkaufsbedingungen
Pyramidalsysteme II.5 5

Qualified Financial Contract (USA) IV.7 4, 10, 18, 20, 26, 34, 43
Qualitätsgebühr VI.4 16
Qualitätssicherung III.3; VI.4 15
Qualitätssicherungssystem III.3 13
Qualitätssicherungsvertrag III.3
- AGB-Vertrag III.3 3
- Arbeitsteiligkeit III.3 14 ff.
- Beweislast III.3 10
- Dokumentationspflicht III.3 18
- Entlastungsbeweis III.3 11
- Fabrikationsverantwortung III.3 6
- Funktion III.3 1
- Haftungsklausel III.3 20
- Horizontale Arbeitsteilung III.3 16
- Instruktionsverantwortung III.3 7
- Know-how, Schutz des III.3 21
- Konstruktionsverantwortung III.3 5
- Produktbeobachtungsverantwortung III.3 8, 14
- Produzentenhaftung III.3 4
- Qualitätssicherunssystem III.3 13
- Rechtsgüter, geschützte III.3 9
- Schiedsgerichtsabrede III.3 22
- Schutzgesetz III.3 12
- Untersuchungs- und Rügeobliegenheit III.3 19
- Verschulden III.3 10
- Vertikale Arbeitsteilung III.3 15
- Wesen III.3 1

Qualitätsvorgaben
- Patent and Know-How License Agreement VI.1 38
- Trademark License Agreement VI.4 14 ff.

Quality Assurance
  s. Qualitätssicherungsvertrag
Quellcode VI.4 23

Zahlen nach Anm. = Anmerkungen der Formulare

Rabatt
– Vertragshändlervertrag II.2 8
Rahmenvertrag I.1 1
Rahmenvertrag für Finanztermingeschäfte
IV.7 1
Rating IV.7 42, 47
Reasonable Relation Test, Rechtswahl (USA)
IV.7 30
Rechnungsprüfung
– Franchisevertrag II.5 79
Rechtliche Gestaltungsmacht
– OTC Derivate IV.7 10
Rechtliche Unmöglichkeit II.4 10
Rechtsansicht s. Legal opinion
Rechtsbehelfe III.1 69
– UN-Kaufrecht III.1 78
Rechtsbeständigkeit
– Patent VI.1 31
Rechtskraft, Prozeßhindernis IV.7 24
Rechtsmängelhaftung VI.3 12
– Anlagenvertrag III.2.1 30
– Franchise II.4 23
Rechtsmißbrauch
– Advance Payment Guarantee IV.3 4
– Einbehaltsgarantie IV.6 4
– Erfüllungsgarantie IV.4 4
– formaler Rechtsstellung IV.2 15
– Geltendmachung IV.2 15
– Performance Guarantee IV.4 4
– Sittenwidrigkeit des Grundgeschäfts IV.2 15
– Tender Guarantee IV.2 15
– Voraussetzungen IV.2 15
– Warrenty Guarantee IV.5 4
– Zweckentfremdung IV.2 15
Rechtsmittel
– Schiedsverfahren V.1 6
Rechtsverfolgungskosten III.1 44
Rechtsvorbehalt VI.1 13
Rechtswahl
– Anlagenvertrag III.2.1 16
– anzuwendendes Recht bei fehlender – VI.1 47
– Einkaufsbedingungen III.5 24
– Exportgeschäft III.1 76
– Franchisevertrag II.5 111; II.4 66
– Handelsvertretervertrag II.1 14
– Konsignationslagervertrag II.3 2, 23
– Konsortialvertrag III.2.3 44
– Legal opinion I.3 6
– License Agreement VI.5 32
– Lieferbedingungen VI.6 50
– Liner Bill of Lading V.4 5, 6
– OTC Derivate IV.7 30, 34
– Patent and Know-How License Agreement VI.1 47
– Patent License Agreement VI.2 24
– Trademark License Agreement VI.4 32
– US-amerikanischer Franchisevertrag II.6 74
– Vertragshändlervertrag II.2 20

Sachregister

Recital III.1 9; II.5 14
Reeder V.2 2
– Abschluß der Schiffsversicherung V.1 3
– Haftung V.2 15, 16
– Haftung für Fahrlässigkeit des Kapitäns V.1 4
– Haftungsbegrenzung V.2 17, 21
– Haftungsfreistellung V.1 4
– Kostentragung V.2 10
– Nutzungsuntersagung bei Zahlungsverzug V.1 4
– Pflichten V.2 14, 22
– wirtschaftliche Interessen V.1 4
– Zahlung der Bemannungskosten V.1 3
Reederkonnossement V.1 4
Reference Market-makers IV.7 19
Refus de vente II.4 10
Registrierung von Franchiseverträgen II.6 7
Regreßmöglichkeiten
– Charterer V.2 19
Reiseweg
– Abweichung vom – V.2 11
Remoteness Test
– Schadensberechnung IV.7 37
Replacement Transaction
– OTC Derivate IV.7 19
Representative Liaison Office II.5 3
Retention money guarantee IV.6
– Darlegung des Garantiefalles IV.6 5
– Formular IV.6 2
– Garantiebetrag IV.6 3
– rechtsmißbräuchliche Inanspruchnahme IV.6 4
– Sachverhalt IV.6 1
RICO (USA) IV.7 30
Risikobeteiligung
– Subunternehmer III.2.2 33
Risk Management Improvement and Derivatives Oversight Act of 1995 IV.7 18
Rückführung der Garantie IV.3 6
Rücklizenz VI.1 18
Rücknahmepflichten
– Vertragshändlervertrag II.2 16
Rücktritt vom Vertrag
– Lieferbedingungen III.4 26
Rückvergütungspauschalen II.2 10
Rügefrist III.2.3 42

Sachmängelhaftung
– Know-How Licensing Agreement VI.3 12
– Konsignationslagervertrag II.3 14
– Patent and Know-How License Agreement VI.1 27
Sale of Goods s. Allgemeine Lieferbedingungen
salvatorische Klausel II.5 109; VI.1 45; VI.4 31; VI.5 13
Savoir-faire II.4 21
Schadensbestimmung, konkrete
– OTC Derivate IV.7 19, 21

Sachregister

Römische und arabische Zahlen = Formulare

Schadensersatz
- Aufrechnung mit Charterentgelt V.1 5
- Charterer V.1 5
- Exportgeschäft III.1 88 ff.
- Fehlfrachtanspruch V.4 11
- Handelsvertretervertrag II.1 4
- Lieferbedingungen III.4 26
- mangelhafte Leistung des Schiffes V.1 5
- Sicherung durch Erfüllungsgarantie IV.4 5
- übermäßiger Verbrauch des Schiffes V.1 5

Schadensersatz (Exportverträge) III.1 88 ff.
- Schadensersatzpauschalierung III.1 91
- Schadensobergrenze III.1 94
- Schadensumfang III.1 93
- Verjährungsverkürzung III.1 95
- Verschulden III.1 89
- Verschuldensunabhängig III.1 90

Schadensersatzpflicht
- unwiderrufliches Dokumentenakkreditiv IV. 1 7
- Handelsvertretervertrag II.1 4

Schedule (ISDA MA) IV.7 3

Schiedsgericht V.1 6; III.2.2 43; V.2 25
- Befugnisse V.1 6
- Besetzung V.1 6
- Zusammensetzung bei Cross Charterparty V.2 25
- Zuständigkeiten V.1 6

Schiedsklausel
- Anlagenvertrag III.2.1 43
- Know-How Licensing Agreement VI.3 24
- Konsignationslagervertrag II.3 24
- Konsortialvertrag III.2.3 45
- OTC Derivate IV.7 31
- Qualitätssicherungsvertrag III.3 22

Schiedsrichter V.1 6
- Bedingung der Benennung V.1 6
- Befugnisse V.1 6
- London Maritime Arbitrator's Association (LMAA) V.1 6
- Tod und Unfähigkeit V.1 6

Schiedsspruch V.1 6
- Verbindlichkeit V.2 25

Schiedsverfahren
- Cross Charterparty V.2 25
- Einkaufsbedingungen III.5 25
- Einleitung V.1 6
- Einsichtnahme in Dokumente V.1 6
- Einzelrichter V.1 6
- England V.1 6 f.
- Franchise II.4 68
- ICC VI.5 32
- Know-How Licensing Agreement VI.3 24
- License Agreement VI.4 32
- Offenlegung von Dokumenten V.1 6
- Patent and Know-How License Agreement VI.1 48
- Patent License Agreement VI.2 25
- Rechtsmittel V.1 6
- Schriftsätze der Parteien V.1 6
- Sicherheitsleistung für Verfahrenskosten V.1 6
- Subunternehmervertrag III.2.2 44
- Timecharter V.1 6
- Trademark License Agreement VI.4 27
- US-amerikanischer Franchisevertrag II.6 73
- verdeckte Angebote V.1 6
- Verhandlung V.1 6
- WIPO VI.3 24

Schiffsversicherung
- Abschluß durch den Reeder V.1 3
- Beschränkung der gefährlichen Ladung V.1 4

Schlichtungsverfahren
- US-amerikanischer Franchisevertrag II.6 73

Schriftformerfordernis
- Charterparties V.1 1
- Einkaufsbedingungen III.5 8
- Exportvertrag III.1 104
- Garantie IV.2 5
- Know-How Licensing Agreement VI.3 22
- Konsortialvertrag III.2.3 41
- License Agreement VI.4 33
- License Agreement VI.5 33
- Lieferbedingungen III.4 6
- Liner Bill of Lading V.4 3
- Linien-Konnossement V.4 3
- Patent and Know-How License Agreement VI.1 46
- Patent License Agreement VI.2 27
- Trademark License Agreement VI.4 28
- Vertragshändlervertrag II.2 2, 19

Schuldversprechen, abstraktes IV.1 7
Schulungsmaßnahmen II.5 64
Schutzrechte Dritter III.1 75
- Anlagenvertrag III.2.1 30

Schwellenbetrag s. Threshold Amount
sealed offer s. verdeckte Angebote
seaworthiness s. Seetüchtigkeit
Securities (US-SEA) IV.7 10
Security Interest II.3 11
Seefrachtrecht V.1 ff.
- Cross Charterparty V.2
- Liner Bill of Lading V.4
- Linien-Konnossement V.4
- Slot Charter Agreement V.3
- Standard-Zeitcharter NYPE 1946 V.1
- Timecharter NYPE 1946 V.1

Seefrachtvertrag V.1 ff.
- Kündigung V.4 19
- Naturereignisse V.4 19
- Rücktritt V.4 19

Seekonnossement IV.1 6
Seetagebuch V.2 13
Seetüchtigkeit V.1 5
- Verantwortung des Reeders V.2 14

Sekundärinsolvenzverfahren IV.7 18
Selbstspezifikation III.1 12
Selbstunterrichtungsklausel III.2.1 22; III.2.2 22

Zahlen nach Anm. = Anmerkungen der Formulare

Sachregister

Selbstvertrieb durch Lizenzgeber VI.5 9
Serienreife VI.3 4, 9
Set off-Klausel IV.7 22, 55
- Franchisevertrag II.5 78
Settlement Risk IV.7 7, 52
Severability Klausel IV.7 61
Sicherer Hafen V.2 6
Sicherheitsleistung
- Konsortialvertrag III.2.3 16
- Verfahrenskosten im Schiedsverfahren V.1 6
Sicherungspfandrecht V.1 4
- Subfreight V.1 4
Sicherungsrechte
- Konsignationslagervertrag II.3 3, 10 f.
Sicherungsvereinbarung s. Collateralization
Sittenwidrigkeit IV.2 15
Slot Charter Agreement V.3
- Allgemeines V.3 1
- Container V.3 9
- Entgelt V.3 5
- Haftung V.3 11, 12
- Inhalt V.3 3
- Parteien V.3 2
- Schiedsverfahren V.3 13
- Terminal V.3 6
- TEU V.3 4
Small claims procedure V.1 6
Software
- Exportgeschäft III.1 13
- Pflege VI.5 11, 14
- Weiterentwicklung VI.5 11
Sorgfaltspflichten
- Lieferbedingungen III.4 33
Source code s. Quellcode
Special risks III.2.1 57
Specified Indebtedness
- OTC Derivate IV.7 40
Spekulationsgeschäfte IV.7 1, 10
Spiel- und Wetteinwand IV.7 10, 23
Sprachenschutzgesetz s. Loi Toubon
Sprachschutzregelung
- Franchise II.4 6
Staat, Vertragspartner bei OTC Derivaten IV.7 10
Standard Terms and Conditions for the Purchase of Goods (Import) s. Allgemeine Einkaufsbedingungen
Standard Terms and Conditions for the Sale of Goods (Export) s. Allgemeine Lieferbedingungen
Standard-Zeitcharter NYPE 1946 s. Timecharter NYPE 1946
Standardcontainer V.2 7
Standby Letter of Credit III.1 45
Standesrecht I.3 7
Ständig betrauter Handelsvertreter I.1 2
Standort
- Franchisevertrag II.5 33

Standortfaktoren
- Franchise II.5 1
Standortklausel
- Franchise II.5 72; II.6 27
Statute of Frauds IV.7 26
Stellplatznutzer V.2 2
Steuer-Netto-Klausel
- OTC Derivate IV.7 8
Steuern
- Doppelbesteuerungsabkommen VI.1 24
- Konsortialvertrag III.2.3 47
- Patent and Know-How License Agreement VI.1 24
- Subunternehmervertrag III.2.2 46
Steuern (OTC Derivate)
- Gross up IV.7 35
- Gross-up Payments IV.7 8, 14, 48
- Indemnifiable Tax IV.7 8, 35
- Kapitalertragssteuer IV.7 12
- Quellensteuerabzug IV.7 12
- Tax Representations IV.7 8, 12
Steuerrecht
- Franchise II.4 15
Steuerrechtliche Unterlagen, Pflicht zur Aushändigung
- OTC Derivate IV.7 48
Steuerrechtliche Zusicherungen
- OTC Derivate s. Steuern, Tax Representations
Stilles Konsortium III.2.3 5
Subcharter V.1 3
Subcontract Agreement III.2.2 19
Subcontract for Works of Civil Engineering Construction s. Subunternehmervertrag
Subunternehmer III.2.2 16, 27
Subunternehmervertrag III.2.2
- Abnahme III.2.2 34
- Abtretung III.2.2 15
- Änderung III.2.2 29
- Anlagen zum Vertrag III.2.2 8
- Anlagenvertrag III.2.1 34
- Anwendbares Recht III.2.2 18
- Auftraggeber III.2.2 6
- Auftraggeberkündigung III.2.2 41
- Ausführungsplan III.2.2 14
- Baustelleneinrichtung III.2.2 25
- Bill of Quantities III.2.2 9
- Checkliste III.2.2 4
- Definitionen III.2.2 5
- Ersatzvornahme III.2.2 42
- Formularwahl III.2.2 2
- Fristverlängerung III.2.2 26
- Gewährleistungsfrist III.2.2 37
- Haftung für Anordnungen III.2.2 28
- Ingenieur III.2.2 7
- Koordinierung mit dem Hauptvertrag III.2.2 21
- Kundenvertrag III.2.2 23
- Kündigungsrecht des Auftraggebers III.2.2 40

Sachregister

Römische und arabische Zahlen = Formulare

- Leistungsänderungen III.2.2 31
- Leistungsbegrenzung III.2.2 10
- Mehr- und Mindermassen III.2.2 32
- Musterverträge III.2.2 3
- Nachbesserung vor Abnahme III.2.2 35
- Nachtragsaufträge III.2.2 31
- Prüfungspflicht des Subunternehmers III.2.2 12
- Rangfolge der Vertragsbestimmungen III.2.2 20
- Risikobeteiligung des Subunternehmers III.2.2 33
- Risikoteilung III.2.2 24
- Schiedsgericht III.2.2 43
- Schiedsverfahren III.2.2 44
- Selbstunterrichtungsklausel III.2.2 22
- Sicherheiten III.2.2 13
- Steuern III.2.2 46
- Subunternehmer III.2.2 16
- Unterverstragsbedingungen III.1 3
- Versicherungsverpflichtung III.1 38
- Vertragspflichten III.2.2 11
- Vertragssprache III.2.2 17
- Weitere Subunternehmer III.2.2 27
- Zahlungsbedingungen III.2.2 39
- Zusatzleistungen III.2.2 29

Sukzessivlieferung
- Preisklausel II.4 8

Swap
- Agreements (US-BC) IV.7 4, 18, 43
- Derivate IV.7 1
- Exemption (USA) IV.7 10
- Policy Statement (USA) IV.7 10
- Transaction (IRCEA) IV.7 1, 2

Swaps IV.7 1
SWIFT IV.7 26, 59

Technologie
- Aufzeichnung über Benutzung VI.1 26
- Einschluß weiterer – VI.3 15
- Weiterentwicklung und Verbesserung durch den Lizenznehmer VI.1 17

Technologietransfer Gruppenfreistellungsverordnung VI.1 1, 5, 7, 8, 11 ff.; VI.2 14; VI.3 1, 4 ff.; VI.4 9

Technologieverbesserung VI.1 17
Teilkündigung des Handelsvertreters II.1 11
Teilnichtigkeit s. Severability Klausel
Telefonische Willenserklärungen
 s. Confirmations
Tender Guarantee IV.2
- Anforderung IV.2 12
- anwendbares Recht IV.2 17
- Befristung IV.2 9
- Bestätigung IV.2 11
- demand IV.2 12
- Devisenbestimmungen IV.2 13
- einstweiliger Rechtsschutz IV.2 16
- Form des Garantieversprechens IV.2 5
- Formular IV.2 2
- Garantiebetrag IV.2 7
- Garantieverpflichtung IV.2 4
- Gerichtsstandsvereinbarung IV.2 18
- Grundgeschäft IV.2 3
- Hinterlegungsbefugnis IV.2 14
- Indossament IV.2 11
- Kosten IV.2 19
- pay or extend IV.2 10
- rechtsmißbräuchliche Inanspruchnahme IV.2 15
- Sachverhalt IV.2 1
- Unwiderruflichkeit IV.2 6
- Verfalldatum IV.2 9
- Währung IV.2 7
- Zahlung auf erstes Anfordern IV.2 8

Terminal-/Interchange-Receipt III.1 51
Termination Currency IV.7 19
Termination Event IV.7 15, 19, 47
- Affected Party IV.7 21
- Berechnung des Ausgleichsanspruchs IV.7 19, 21
- Credit Event Upon Merger IV.7 15, 42
- Illegality IV.7 15, 17, 27
- Tax Event IV.7 15, 17, 27
- Tax Event Upon Merger IV.7 8, 15, 17
- Verschlechterung der Bonität des Vertragspartners IV.7 15, 42
- zusätzliche Beendigungsgründe IV.7 47

Terminbörsen IV.7 1
Terminkontrakte IV.7 1
Territorialitätsprinzip IV.7 30
- Konsignationslagervertrag II.3 3

TEU V.2 1; V.3 4
Third-Party Legal opinion s. Legal opinion
Threshold Amount s. Cross Default
Tiere
- Transport lebender – V.2 7; V.4 12

Timecharter NYPE 1946 V.1
- Abzüge vom Charterentgelt V.1 5
- allgemeiner Hintergrund V.1 1
- Anmerkungen nach englischem Recht V.1 2 ff.
- Ausfallzeiten V.1 5
- Ausschluß von Ladung V.1 4
- Bemannungskosten V.1 3
- blinde Passagiere V.1 4
- charakteristische Merkmale V.1 3
- gefährliche Ladung V.1 4
- Geschichte V.1 1
- Haftungsfreistellung V.1 4
- Kündigung V.1 4
- Schiedsverfahren V.1 6
- Schiffsversicherung V.1 3
- Seetüchtigkeit V.1 5
- Sicherung der Forderung V.1 4
- Sicherungspfandrecht V.1 4
- Subcharter V.1 3
- ungenehmigte Ladung V.1 4

Zahlen nach Anm. = Anmerkungen der Formulare **Sachregister**

– wirtschaftliche Interessen des Charterers V.1 5
– wirtschaftliche Interessen des Reeders V.1 4
– Zahlungsverzug V.1 4
Tonbandaufzeichnungen
– Vertragsverhandlungen IV.7 57
Trade Option Exemption (USA) IV.7 10
Trademark License Agreement VI.4
– Abtretung VI.4 25
– amtliche Genehmigungen VI.4 18
– Änderung der Rechtsform oder Beteiligungsstruktur des Lizenznehmers VI.4 23
– anwendbares Recht VI.4 27
– Ausschluß eines Vertretungsverhältnisses VI.4 24
– Beschränkung der Nutzungsart VI.4 11
– Beschränkung der Nutzungsberechtigung VI.4 10
– Eigentümerstellung VI.4 17
– Freistellung VI.4 20
– Gerichtszuständigkeit VI.4 27
– Gewährleistung VI.4 19
– Kartellrecht VI.4 9, 29
– Kündigung VI.4 23
– Lizenzgebühr VI.4 14
– Lizenzgewährung VI.4 9
– Markenverletzung VI.4 22
– Mitteilungen VI.4 26
– Präambel VI.4 3
– Produkthaftung VI.4 10
– Prozeßstandschaft VI.4 22
– Qualitätsgebühr VI.4 16
– Qualitätssicherung VI.4 15
– Sachverhalt VI.4 1
– Schriftform VI.4 28
– Selbständigkeit des Vertrages VI.4 2
– Unterlizenzen VI.4 13
– Veräußerung eines Teilgeschäftsbetriebs VI.4 23
– Verbot der Aufnahme der Marke in die Firma VI.4 12
– Vertragsaufbau VI.4 2
– Vertragsdauer VI.4 23
– Vertragsstrafe VI.4 21
Trading Branch II.5 3
Transaction (ISDA MA) IV.7 2, 5
Transfer Documents I.3 1
Transportdokumente III.1 21, 51; 53, IV.1 6
– Charterpapierkonnossement IV.1 6
– Lufttransportdokument IV.1 6
– multimodales – IV.1 6
– Seekonnossement IV.1 6
Transportschaden III.1 66
Transportversicherung III.1 55
Treuhandschaft
– OTC Derivate IV.7 55
Two Way Payments-Methode s. Ausgleichsanspruch (OTC Derivate), Second Method
Ty-in II.6 40

Übereinkommen der Vereinigten Nationen über Verträge über den internationalen Warenverkauf s. UN-Kaufrecht
Übereinkommen über die gerichtliche Zuständigkeit und Vollstreckung gerichtlicher Entscheidungen in Zivil-und Handelssachen III.2.3 53
Überhangprovision II.1 6
Überliegegeld V.4 24
Übernahmekonnossement V.4 3
– Beweisfunktion V.4 3
Übertragbarkeit des Akkreditivs IV.1 9
– Abgrenzung zur Abtretung IV.1 9
Ultra vires-Lehre IV.7 10
UN-Kaufrecht III.1 1, 98; III.4 2
– Abmahnung III.1 81
– Ausfuhrgenehmigung III.1 86
– Erfüllungsort III.1 97
– Insolvenzverfahren III.1 83
– Kaufpreisherabsetzung III.1 73
– Leistungsanspruch zugunsten Dritter III.1 77
– Nachbesserung III.1 72
– Nicht kontrollierbare Hindernisse III.1 91
– Nichtzahlung III.1 85
– Rechtsbehelfe zugunsten Dritter III.1 78
– Schadensersatz III.1 88 ff.
– Schutzrechte Dritter III.1 75
– Unzumutbarkeit III.1 87
– Verjährung III.1 76, 95
– Verschulden III.1 89
– Vertragsaufhebung III.1 80, 82
– Vertragsgemäßheit III.1 60 ff., s. a. vertragswidrige Leistung
– Zahlungsort III.1 72
– Zahlungsverzug III.1 43
Unfair Contract Terms Act 1977 IV.7 20
Ungenehmigte Ladung V.1 4
Uniform Commercial Code (USA) IV.7 26
Uniform Franchise Offering Circular II.6 6
Unit Trust
– OTC Derivate IV.7 10
Unmöglichkeit II.4 10
– OTC Derivate IV.7 14, 47
– rechtliche IV.7 10
Unpaid Amounts
– OTC Derivate IV.7 19, 39
Unterauftragnehmer III.2.3 11 f.
Unterausschuß
– Konsortialvertrag III.2.3 36
Unterlagen, Pflicht zur Herausgabe
– OTC Derivate IV.7 49
Unterlizenzen VI.1 40; VI.2 22; VI.3 19; VI.4 13; VI.5 8
Unternehmensakquisition VI.4 1 ff.
Unternehmensübernahme
– OTC Derivate IV.7 42
Unterschriften III.1 105
Untersicherung IV.7 34
Unterstützung, technische VI.5 12

von Würzen 1299

Sachregister

Römische und arabische Zahlen = Formulare

Untersuchungsobliegenheit III.1 75
– Qualitätssicherungsvertrag III.3 19
Untervertreter II.1 3
Unübertragbarkeit des Akkreditivs IV.1 9
unwiderrufliches Dokumentenakkreditiv
  s. Irrevocable Documentary Credit
Unwiderruflichkeit
– Akkreditivs IV.1 4
– Bankgarantien IV.2 6
– Verhältnis zu höherer Gewalt IV.1 10
Urheberrecht
– Franchisevertrag II.5 22
Ursprungszeugnis III.1 31
USA
– Handel mit – V.4 24
US-amerikanischer Franchisevertrag II.6
– „Competitive impact"-Klausel II.6 40
– Ablehnung der Vertragsverlängerung II.6 58
– Abtretung der Franchise II.6 71
– Arbitration II.6 73
– Assistenz während der Laufzeit des Vertrages II.6 53
– Aufklärungspflichten II.6 6
– Außergerichtliche Konfliktregelung II.6 73
– Beendigung des Franchiseverhältnisses II.6 56
– Begriffsbestimmungen II.6 14
– Beistandspflichten des Franchisegebers II.6 51
– Berichterstattung II.6 37
– Besteinsatzverpflichtung II.6 38
– Bezugsverpflichtungen II.6 40
– Definition des Franchising II.6 3
– Einräumung der Franchise II.6 16
– Eintrittsgebühr II.6 33
– Entwicklung des Franchising in den USA II.6 2
– Erneuerungsklausel II.6 55
– Eröffnungsdatum II.6 30
– Erscheinungsbild der Geschäftsräume II.6 29
– False Advertising Statutes II.6 6
– Federal Trade Commission Act II.6 6
– Form II.6 8
– Franchisemethode, Befolgung der II.6 31
– Gebietsbindung II.6 26
– Gebietsschutz II.6 48
– Geistiges Eigentum II.6 47
– Gerichtsstandklausel II.6 72
– Geschäftsausstattung II.6 21
– Geschäftsgeheimnis II.6 20
– Geschäftsunfähigkeit des Franchisenehmers II.6 60
– Gewerbliches Eigentum II.6 24, 25
– Goodwillausgleich II.6 62
– Grievance Procedure II.6 73
– Haftungsfragen II.6 11
– Haftungsfreistellung des Franchisegebers II.6 44
– Handbücher II.6 15
– Handelsname II.6 22
– Inhaberschaft am gewerblichen Eigentum II.6 24
– Insolvenz des Franchisenehmers II.6 59
– Investitionsersatz II.6 63
– Kartellrecht II.6 9
– Kontrollrechte des Franchisegebers II.6 45
– Kündigung des Franchisevertrages II.6 57
– Laufende Gebühren II.6 34
– Lieferungen des Franchisegebers, Zahlungen für II.6 36
– Lizenz zum Gebrauch von Geschäftsgeheimnissen II.6 20
– Marken II.6 17
– Marktzutrittsmodalitäten II.6 10
– Miete der Geschäftsräumlichkeiten II.6 28
– Mindeststandard des Franchisebetriebes II.6 31
– Mindestumsatz II.6 41
– Nachvertragliches Wettbewerbsverbot II.6 69
– Open price terms II.6 36
– Parteien II.6 13
– Patent-Lizenzverträge II.6 19
– Pflichten des Franchisegebers II.6 46
– Pflichten des Franchisenehmers II.6 23
– Präambel II.6 12
– Rechtsgrundlagen II.6 5
– Rechtsnatur des Franchisevertrages II.6 4
– Rechtsverhältnisse der Parteien II.6 67
– Rechtswahl II.6 74
– Registrierung von Franchiseverträgen II.6 7
– Rückgabe der Franchiseausstattung und der Kundenliste II.6 64
– Rückkauf von Restwarenbeständen und Ausstattungsmaterial II.6 65
– Schiedsverfahren II.6 73
– Schlichtungsverfahren II.6 73
– Sonstige Bestimmungen II.6 66
– Standortklausel II.6 27
– Tod des Franchisenehmers II.6 60
– Training II.6 39, 52
– Ty-in II.6 40
– Übertragung von Marken II.6 17
– Übertragung von Urheberrechten II.6 18
– Uniform Franchise Offering Circular II.6 6
– Unterstützung vor Eröffnung des Franchisegeschäftes II.6 49
– Verkaufsförderung II.6 50
– Versicherung II.6 43
– Vertragsänderungen II.6 75
– Vertragsbeendigung II.6 61
– Vertragsdauer II.6 54
– Vertragsstrafe II.6 70
– Vertragsverlängerung II.6 58
– Vorvertragliche Aufklärungs- und Offenbarungspflichten II.6 6
– Werbegebühr II.6 35
– Werbung II.6 42, 50
– Wettbewerbsschutz II.6 68
– Wettbewerbsverbot II.6 69

Zahlen nach Anm. = Anmerkungen der Formulare

- Zahlung für Lieferungen des Franchisegebers II.6 36
- Zahlungsverpflichtung II.6 32

Verarbeitungsklausel
- Lieferbedingungen III.4 35

Verbesserung der Technologie VI.1 17, 19; VI.3 11
- durch Lizenzgeber VI.1 19
- durch Lizenznehmer VI.1 17

Verbindung III.4 36

Verbotsgesetz
- ausländisches IV.7 30
- OTC Derivate IV.7 10, 30

Verbrauch des Schiffes V.1 5

Verbrennungsanlagen VI.1 1, 4
- Markennutzung VI.1 11
- Patentlizenz VI.1 7

Verbundene Unternehmen
- Geheimhaltungsvereinbarung I.2 5, 20
- OTC Derivate IV.7 55

verdeckte Angebote
- Schiedsverfahren V.1 6

Vereitelung des Vertragsziels V.1 5

Verfalldatum
- Akkreditiven IV. 1 7
- Garantien IV.2 9

Verfallfrist
- Akkreditive III.1 49

Verfrachter V.4 3, 4
- Freiheit beim Laden und Stauen V.4 22
- Haftung V.4 5, 20
- Himalaya-Klausel V.4 21
- Identity-of-Carrier-Clause V.4 20
- Kostentragung V.4 11
- Paramount-Clause V.4 5
- Pfandrecht V.4 15
- Pflichten V.4 11
- Versteigerung der Ladung V.4 11
- Verzug V.4 16

Vergütung
- Konsignationslagervertrag II.3 19

Verhandlung
- Schiedsverfahren V.1 6

Verjährung
- Exportgeschäft III.1 95
- Handelsvertretervertrag II.1 10
- UN-Kaufrecht III.1 76, 95

Verkaufsbedingungen
  s. Allgemeine Lieferbedingungen

Verladefrist III.1 49

Verlautbarung über Mindestanforderungen (BAKred) IV.7 1, 18, 26, 57

Vermischung III.4 36

Vermögensübertragung
- OTC Derivate IV.7 14, 15, 15, 23

Verpackungskosten III.1 37

Verrechnung von Zahlung
  s. Payment Netting

Verschmelzung IV.7 14, 15, 23

Versicherung V.2 5, 8
- Anlagenvertrag III.2.1 27
- Exportvertrag III.1 30
- Franchisevertrag II.4 48; II.5 62; II.6 43
- Konsignationslagervertrag II.3 12
- Konsortialvertrag III.2.3 31
- OTC Derivate IV.7 10, 43
- Subunternehmervertrag III.2.2 38
- Transportversicherung II.1 30, 55

Versicherungsdauer
- Anlagenvertrag III.2.1 29

Versicherungsdokumente III.1 51, IV.1 6
- Erfordernisse IV.1 6
- Minusdeckungssumme IV.1 6
- Währung IV.1 6

Versteigerung V.4 11

Vertragsaufhebung
- UN-Kaufrecht III.1 80, 82

Vertragsbeendigung II.6 56
- Konsignationslagervertrag II.3 23
- nicht zurechenbare Beendigungsgründe
  s. Termination Event
- zurechenbare Beendigungsgründe
  s. Event of Default

Vertragsdauer, Konsignationslagervertrag II.3 21

Vertragsgebiet
- Festlegung im Vertrag VI.1 12
- Franchise II.4 29
- Rechtsvorbehalt bei Verlassen VI.1 13

Vertragshändlervertrag II.2 1
- AGB-Klauselwerk II.2 4
- Alleinbezugsvereinbarungen II.2 3 ff.
- Alleinvertriebsverträge II.2 3 ff.
- Ausgleichsanspruch II.2 18
- Auskunftsanspruch II.2 12
- Belieferungspflicht II.2 5 f.
- Direktbelieferungsrecht II.2 5
- Erbfolge II.2 13
- Ersatzteilbindung II.2 11
- Erstattung von Investitionen II.2 17
- Freistellung II.2 3
- Fristlose Kündigung II.2 15
- Gemeinschaftswerbung II.2 3
- Gerichtsstandsvereinbarung II.2 21
- Geschäftsbesorgungsvertrag II.2 1
- Geschäftsveräußerung II.2 13
- Gewährleistungsarbeiten II.2 10
- Gruppenfreistellung II.2 3
- Herstellergarantien II.2 10
- Inhaberwechsel II.2 13
- Kartellrecht II.2 2 ff.
- Kfz-Leasing II.2 2
- Markenware II.2 8
- Marktverantwortungsgebiet II.2 5
- Mindestabnahme II.2 7
- Mindeststandards II.2 9
- Modellpolitik II.2 6

Sachregister

Römische und arabische Zahlen = Formulare

- Ordentliche Kündigung II.2 14
- Organisationsrecht II.2 5
- Preisgestaltung bei Rücknahme II.2 16
- Rabat II.2 8
- Rechtswahl II.2 20
- Rücknahmepflichten II.2 16
- Rückvergütungspauschalen II.2 10
- Schriftform II.2 2, 19
- Selektives Vertriebssystem II.2 5
- Wettbewerbsbeschränkungen II.2 3
- Zweitverwertung II.2 5

Vertragsprodukte III.1 11
Vertragssprache III.1 103; III.2.1 17
Vertragsstrafe VI.4 21
- Anlagenvertrag III.2.1 16, 43
- Franchisevertrag II.4 64; II.5 104; II.6 70
- Handelsvertretervertrag II.1 4
- Konsortialvertrag III.2.3 27
- Trademark License Agreement VI.4 21

Vertragsstrafeversprechen
- Performance Guarantee IV.4 5

Vertragsübernahme
- OTC Derivate IV.7 23

Vertragsware
- Franchisevertrag II.5 44, 95

Vertragswidrige Leistung III.1 60 ff.
- Abhilfe des Verkäufers III.1 74
- Anzeigenpflicht III.1 68
- Arglistiges Verschweigen III.1 70
- Ersatzlieferung III.1 71
- Kaufpreisherabsetzung III.1 73
- Nachbesserung III.1 72
- Produktrecht III.1 64 f.
- Rechtsbehelfe III.1 69
- Transportschaden III.1 66
- Untersuchungspflicht III.1 67
- Verjährung III.1 75

Vertragszinsen
- OTC Derivate, Non-default Rate IV.7 19

Vertraulichkeitsvereinbarung I.1 3, 9
- Franchise II.4 15

Vertreter
- Haftung für – V.2 15

Vertretungsmacht
- OTC Derivate s. Rechtliche Gestaltungsmacht

Vertretungsverhältnis
- Ausschluß VI.4 24, 29

Vertrieb
- aktiver – VI.3 7
- Genehmigungen VI.3 9
- passiver – VI.3 4

Vertriebslizenz VI.3; VI.4
Vertriebssystem, selektives
- Vertragshändlervertrag II.2 5

Vertriebsverträge II 1 ff.
Verwahrungserlös
- Konsignationslagervertrag II.3 10

Verwaltungsgrundsätze
- zur Überlassung von Patenten, Know-how oder anderen immateriellen Wirtschaftsgütern VI.5 13

Verwirkung des Kündigungsrechts II.1 12
Verzögerungsschaden
- OTC Derivate IV.7 9, 19

Verzug V.1 4
- bei Anlieferung V.4 11
- Konsortialvertrag III.2.3 27
- OTC Derivate IV.7 14
- UN-Kaufrecht III.1 43
- Verfrachter V.4 16

Vollstreckung
- Vorbehaltseigentum III.4 37

Verzugszinsen
- OTC Derivate IV.7 9, 19

Vollstreckungszugriff
- Konsignationslagervertrag II.3 12

Vorbehaltseigentum
- Vollstreckung in – III.4 37

Vorleistungsrisiko s. Settlement Risk
Vorvertrag
- Letter of Intent I.1 1

Wahlrecht des Insolvenzverwalters
- OTC Derivate IV.7 1, 6, 18, 43

Währung
- Bankgarantien IV.2 7
- Exportgeschäft III.1 41
- OTC Derivate IV.7 46
- Versicherungsdokumente IV.1 6

Währungsoptionen IV.7 54
Währungsverluste bei Vollstreckung
- OTC Derivate IV.7 24

Walk-away Klausel s. Ausgleichsanspruch (OTC Derivate), First Method
Warenliste II.3 7
Warentermingeschäfte IV.7 18, 20
Warenzeichen
- Englischer Franchisevertrag II.5 53

Warranty bond s. Warranty Guarantee
Warranty Guarantee IV.5
- Darlegung des Garantiefalles IV.5 5
- Formular IV.5 2
- Garantiebetrag IV.5 3
- rechtsmißbräuchliche Inanspruchnahme IV.5 4
- Sachverhalt IV.5 1

Wartegeld V.4 24 s. a. Liegegeld
Wartungsanleitung III.2.1 8
Wassertiefe V.2 6
Wechsel der Zweigniederlassung IV.7 27
Wechselkursrisiko III.1 41
Weiterentwicklung
- Software VI.5 11
- Technologie durch Lizenznehmer VI.1 17
- Rücklizenz VI.1 18
- Verbot der – VI.5 21

Zahlen nach Anm. = Anmerkungen der Formulare

Sachregister

Weiterentwicklungsverpflichtung VI.3 9
Werbebeschränkung
– Franchise II.4 46
Werbegebühren
– US-amerikanischer Franchisevertrag II.6 35
Werbefonds
– Franchisevertrag II.5 45
Werbung des Franchisegebers II.4 26; II.5 60; II.6 42, 50
Wertpapierdienstleistungsrichtlinie IV.7 10
Wertsicherungsklausel VI.1 21
Wettbewerb
– durch Lizenznehmer VI.1 16
– Vereinbarung von Wettbewerbsbeschränkungen VI.1 16
Wettbewerbsabrede
– Handelsvertretervertrag II.1 14
Wettbewerbsbeschränkungen
– Franchisevertrag II.4 47, 63; II.5 67
– Vertragshändlervertrag II.2 3
Wettbewerbsschutz
– US-amerikanischer Franchisevertrag II.6 68
Wettbewerbsverbot
– US-amerikanischer Franchisevertrag II.6 69
„Whereas"-Klausel
– Bedeutung I.2 4
Wiederverkaufsbeschränkung
– Franchise II.4 44
Widerspruch
– Technologietransfer-Gruppenfreistellungsverordnung VI.1 32, 33, 47; VI.2 14
WIPO-Schiedsverfahren VI.3 24
Wirtschaftskommission der Vereinigten Nationen für Europa (ECE) III.1 3

Zahlstelle
– Akkreditiv II.1 48
Zahlung IV.1 8
– auf erstes Anfordern IV.2 8
– Bemannungskosten V.1 3
Zahlungsbedingung
– Einkaufsbedingungen III.2.2 12
– License Agreement VI.5 15
– Lieferbedingungen III.4 19
– Lizenzgebühr VI.2 11; VI.4 15
– Subunternehmervertrag III.2.2 39
Zahlungsklausel, dokumentäre III.4 21

Zahlungsort
– Exportgeschäft III.1 42
– UN-Kaufrecht III.1 72
Zahlungsunfähigkeit
– Handelsvertretervertrag II.1 6
– OTC Derivate s. Event of Default, Bankruptcy
Zahlungsverpflichtung
– Akkreditivbank IV.1 5
– Franchisevertrag II.4 II.4 34; II.6 32
– Händler II.3 18
Zahlungsverpflichtung auf erstes Anfordern IV.2 8
– Abgrenzung Bürgschaft von Garantie IV.2 8
– Einwendungsausschluß IV.2 8
– Zahlungsfrist IV.2 8
Zahlungsverzug
– Französischer Franchisevertrag II.4 37
– Lieferbedingungen III.4 22, 32
– Timecharter V.1 4
– UN-Kaufrecht III.1 43
Zinsen
– Exportgeschäft III.1 44
– Franchisevertrag II.5 108
Zinseszinsen IV.7 9
Zölle III.2.1 55
Zugang von Erklärungen
– OTC Derivate IV.7 29
Zurückbehaltungsrecht III.1 35
– konzernweites IV.7 55
Zusatzzertifikate
– Anzahlungsgarantie IV.3 5
– Bietungsgarantie IV.2 12
– Einbehaltsgarantie IV.6 5
– Erfüllungsgarantie IV.4 5
– Gewährleistungsgarantie IV.5 5
Zusicherung III.4 40
– OTC Derivate IV.7 10, 27
Zuständigkeit VI.4 27; VI.4 32
Zuständigkeitsvorbehalt III.4 53
Zustellungsbevollmächtigte
– OTC Derivate IV.7 32
Zweckentfremdung IV.2 15
Zweigniederlassung IV.7 27
Zweites Finanzmarktförderungsgesetz IV.7 4
Zweitverwertung
– Vertragshändlervertrag II.2 5
Zwingendes Recht
– OTC Derivate IV.7 30